Le Robert
& Collins
poche

allemand

français-allemand / allemand-français

Le Robert

Collins

HarperCollins Publishers
Westerhill Road
Bishopbriggs
Glasgow
G64 2QT
Great Britain

Sixième édition/Sechste Auflage
2014

© HarperCollins Publishers 1996,
2002, 2005, 2008, 2011, 2014

Collins® is a registered trademark of
HarperCollins Publishers Limited

www.collins.co.uk
www.collinsdictionary.com

Dictionnaires Le Robert
25, avenue Pierre-de-Coubertin
75211 Paris cedex 13
France

www.lerobert.com

ISBN Poche+ 978-2-32100-457-8
ISBN Poche 978-2-32100-456-1

Dépôt légal juin 2014
Achevé d'imprimer en mai 2014

Photocomposition/Fotosatz
Davidson Publishing Solutions,
Glasgow

Imprimé en Italie par /
Gedruckt in Italien von
Grafica Veneta

Tous droits réservés/
Alle Rechte vorbehalten

Le contenu consultable depuis le site
www.lerobert.com vous est offert
pour l'achat de ce dictionnaire.

Cependant, l'accès à ce contenu
peut être payant. Il dépend de
votre connexion Internet, variable
selon votre fournisseur d'accès,
de votre opérateur et de votre type
d'abonnement. Les Dictionnaires
Le Robert ne peuvent être tenus
responsables de la qualité ni du
coût de la connexion au réseau,
au serveur ou au site. Ils ne
garantissent pas l'absence de virus,
de bogues ou de défauts dans les
contenus proposés en consultation
depuis le site www.lerobert.com. Ils
ne peuvent être tenus responsables
d'éventuelles difficultés d'accès
à ces contenus. Le contenu proposé
est destiné à votre usage personnel.
Il est propriété des Dictionnaires
Le Robert.

REDAKTIONELLE LEITUNG/DIRECTION
ÉDITORIALE
Catherine Love

PROJEKTLEITUNG/CHEF DE PROJET
Persephone Lock

MITARBEITER/COLLABORATEURS
Ralf Brockmeier
Sabine Citron
Horst Kopleck
Alice Lay
Carol McCann
Britta Nord
Marie Ollivier-Caudray

DATENVERARBEITUNG/INFORMATIQUE
ÉDITORIALE
Thomas Callan
Agnieszka Urbanowicz

VERLAGSMITARBEITER/POUR LA
MAISON D'ÉDITION
Gerry Breslin
Kerry Ferguson

Inhalt

Einleitung	iv
Abkürzungen	xii
Regelmäßige deutsche Substantivendungen	xv
Lautschrift	xvi
Französische Verben	xvii
Unregelmäßige deutsche Verben	xxiv
Zahlwörter	xxix
Uhrzeit	xxxi
Datum	xxxii
FRANZÖSISCH – DEUTSCH	1–366
Perspektiven auf die deutsche Sprache	1–32
DEUTSCH – FRANZÖSISCH	367–680
Deutsche Grammatik	1–32

WARENZEICHEN
Wörter, die unseres Wissens eingetragene Warenzeichen darstellen, sind als solche gekennzeichnet. Es ist jedoch zu beachten, dass weder das Vorhandensein noch das Fehlen derartiger Kennzeichnungen die Rechtslage hinsichtlich eingetragener Warenzeichen berührt.

Table des matières

Introduction	viii
Abréviations	xii
Terminaisons régulières des noms allemands	xv
Transcription phonétique	xvi
Verbes français	xvii
Verbes allemands irréguliers	xxiv
Les nombres	xxix
L'heure	xxxi
La date	xxxii
FRANÇAIS – ALLEMAND	1–366
Perspectives sur l'allemand	1–32
ALLEMAND – FRANÇAIS	367–680
Grammaire allemande	1–32

MARQUES DÉPOSÉES
Les termes qui constituent à notre connaissance une marque déposée ont été désignés comme tels. La présence ou l'absence de cette désignation ne peut toutefois être considérée comme ayant valeur juridique.

Einleitung

Sie möchten Französisch lernen oder vielleicht bereits vorhandene Kenntnisse vertiefen. Sie möchten sich auf Französisch ausdrücken, französische Texte lesen oder übersetzen, oder Sie möchten sich ganz einfach mit Französisch sprechenden Menschen unterhalten können. Ganz gleich ob Sie Französisch in der Schule oder auf der Universität lernen, in einem Büro oder in einem Unternehmen tätig sind: Sie haben sich den richtigen Begleiter für Ihre Arbeit ausgesucht! Dieses Buch ist der ideale Helfer, wenn Sie sich in französischer Sprache ausdrücken und verständlich machen wollen, ob Sie nun sprechen oder schreiben. Unser Wörterbuch ist ganz bewusst praktisch und modern, es räumt vor allem der Alltagssprache und der Sprache, wie sie Ihnen in Zeitungen und Nachrichten, im Geschäftsleben, im Büro und im Urlaub begegnet, großen Raum ein. Wie in allen unseren Wörterbüchern haben wir das Hauptgewicht auf zeitgenössische Sprache und idiomatische Redewendungen gelegt.

Wie man dieses Buch benutzt
Wir möchten Ihnen im Folgenden kurz erläutern, wie wir Ihnen die Informationen in Ihrem Wörterbuch präsentieren. Unser Ziel: Wir wollen Ihnen so viele Informationen wie möglich bieten, ohne dabei an Klarheit und Verständlichkeit einzubüßen.

Die Wörterbucheinträge
Hier also die verschiedenen Grundelemente, aus denen sich ein typischer Eintrag in Ihrem Wörterbuch zusammensetzt:

Lautschrift
Wie die meisten modernen Wörterbücher geben wir die Aussprache mit Zeichen an, die zum „internationalen phonetischen Alphabet" gehören. Weiter unten (auf der Seite xvi) finden Sie eine vollständige Liste der Zeichen, die in diesem System benutzt werden. Wir geben die Aussprache französischer Wörter auf der französisch-deutschen Seite unmittelbar hinter dem jeweiligen Wort in eckigen Klammern an.

Grammatik-Information
Alle Wörter gehören zu einer der folgenden grammatischen Klassen: Substantiv, Verb, Adjektiv, Adverb, Pronomen, Artikel, Konjunktion, Präposition, Abkürzung. Substantive können im Deutschen männlich, weiblich oder sächlich, im Französischen männlich oder weiblich sein; sie können im Singular oder Plural stehen. Verben können

transitiv, intransitiv, reflexiv oder auch unpersönlich sein. Die grammatische Klasse der Wörter wird jeweils gleich hinter dem Wort in *Kursivschrift* angezeigt.

Es kommt oft vor, dass ein Wort in verschiedene grammatische Klassen unterteilt wird. So kann z.B. das französische Wort **creux** ein Adjektiv (deutsch: „hohl") sein oder ein männliches Substantiv (deutsch: „Loch"); und das deutsche Wort **einfach** kann ein Adjektiv (französisch: „simple") oder ein Adverb (französisch: „simplement") sein. Ebenso kann z.B. das Verb **leiden** manchmal transitiv sein („jdn/etw nicht leiden können"), manchmal intransitiv („unter etw Dat leiden"). Damit Sie immer genau die Bedeutung finden, die Sie gerade suchen, und damit der Text leichter überschaubar wird, haben wir die verschiedenen grammatischen Kategorien durch das Symbol ▶ gegeneinander abgegrenzt; alle Beispielsätze und zusammengesetzten Wörter werden gesammelt am Ende des Eintrags aufgeführt.

Bedeutungsunterschiede

Die meisten Wörter haben mehr als eine Bedeutung. So kann z.B. **Rad** einen Teil eines Autos oder Fahrrades bezeichnen, aber auch ein Wort für das ganze Fahrrad sein. Oder Wörter müssen je nach dem Zusammenhang, in dem sie gebraucht werden, anders übersetzt werden: so muss z.B. das französische Wort **partir** für Fußgänger mit „gehen" oder „weggehen", für Autofahrer mit „wegfahren" übersetzt werden. Damit Sie in jedem Zusammenhang die richtige Übersetzung finden, haben wir die Einträge nach Bedeutungen eingeteilt. Jede Kategorie wird durch einen „Verwendungshinweis" bestimmt, der *kursiv* gedruckt ist und in Klammern steht. Die beiden Beispiele von oben sehen dann so aus:

Rad *nt* roue *f*; (*Fahrrad*) vélo *m*
partir *vi* gehen, weggehen; (*en voiture*) wegfahren

Außerdem haben manche Wörter eine andere Bedeutung und müssen im Französischen anders übersetzt werden, wenn sie in einem bestimmten Bereich verwendet werden. Wir zeigen Ihnen, welche Übersetzung Sie auswählen sollten, indem wir in Klammern *kursiv* mit großem Anfangsbuchstaben das jeweilige Fachgebiet angeben, im folgenden Fall *Tech* als Abkürzung für „Technik" und *Bot* als Abkürzung für „Botanik":

Winde *f* (*Tech*) treuil *m*; (*Bot*) volubilis *m*, liseron *m*

Sie finden eine Liste aller in diesem Wörterbuch benutzten Abkürzungen für solche Gebiete auf den Seiten xii bis xiv.

Übersetzungen

Die meisten deutschen Wörter können mit einem einzigen französischen Wort übersetzt werden und umgekehrt. Aber manchmal gibt es in der Zielsprache kein Wort, das dem Wort der Ausgangssprache genau entspricht. In solchen Fällen haben wir ein ungefähres Äquivalent angegeben, das durch das Zeichen ≈ gekennzeichnet ist, so z.B. beim deutschen Wort **Abitur**, dessen ungefähres französisches Äquivalent „baccalauréat" ist. Hier handelt es sich aber nur um eine ungefähre Entsprechung, nicht um eine „echte" Übersetzung, weil die beiden Schulsysteme sich stark unterscheiden:

Abitur *nt* ≈ baccalauréat *m*

Manchmal kann man nicht einmal ein ungefähres Äquivalent finden. Besonders oft ist das der Fall beim Essen, insbesondere bei lokalen Spezialitäten wie z.B. bei der folgenden arabisch beeinflussten Süßspeise:

baba au rhum *nm* *rumgetränkter Kuchen*

Hier wird statt einer Übersetzung (die es einfach gar nicht gibt) eine Erklärung gegeben, die in *Kursivschrift* gesetzt ist.

Manche Wörter haben, je nachdem ob sie allein oder als Teil fester Wendungen auftreten, unterschiedliche Übersetzungen. So wird z. B. das deutsche Wort **Hand** im Französischen mit „main" übersetzt, aber **freie Hand haben** nicht mit „avoir main libre", sondern mit „avoir carte blanche". Manchmal haben auch einfache Zusammensetzungen völlig andere Übersetzungen: so wird **Handschuh** eben nicht mit „chaussure de main" übersetzt, sondern mit „gant" und **doigt de pied** mit „Zehe" und nicht mit „Fußfinger". Gerade in diesen Bereichen werden Sie feststellen, dass Ihr Wörterbuch ganz besonders hilfreich und vollständig ist. Wir haben uns nämlich bemüht, so viele zusammengesetzte Wörter, Redewendungen und idiomatische Ausdrücke aufzunehmen wie möglich.

Sprachniveau
Im Deutschen wissen Sie ganz genau, in welchen Situationen Sie den Ausdruck **ich habe genug** verwenden, wann Sie **mir langts** sagen und wann **ich hab die Nase voll**. Aber wenn Sie versuchen, jemanden zu verstehen, der Französisch redet, oder wenn Sie selbst versuchen, sich auf Französisch auszudrücken, dann sollten Sie sich wirklich darüber im Klaren sein, welcher Ausdruck höflich ist und welcher weniger höflich. Wir haben also bei Wörtern, die aus der Umgangssprache stammen, die Kennzeichnung (*fam*) hinzugefügt, und bei besonders groben Ausdrücken die Kennzeichnung (*vulg*) und zwar sowohl in der Ausgangs- als auch in der Zielsprache, um Ihnen anzudeuten, dass diese Ausdrücke mit Vorsicht zu verwenden sind. Bitte beachten Sie außerdem: Wenn das Sprachniveau der Übersetzung dem des übersetzten Ausdrucks entspricht, finden Sie die Kennzeichnungen (*fam*) nur in der Ausgangssprache.

Schlüsselwörter
Es fällt Ihnen sicher auf, dass bestimmte Wörter als „Schlüsselwörter" gekennzeichnet sind. Das sind sehr komplizierte oder sehr wichtige Wörter wie z. B. **sein** oder **machen** und ihre französischen Entsprechungen **être** oder **faire**, die wir besonders eingehend behandelt haben, weil sie grundlegende Elemente der Sprache sind.

Landeskundliche Informationen
In vom restlichen Text durch eine senkrechte Reihe schattierter Punkte abgesetzten Artikeln werden landeskundliche Aspekte in deutsch- und französischsprachigen Ländern behandelt. Die Themen umfassen Politik, Ausbildung, Medien und Feiertage, z. B. **Bundestag**, **Abitur**, **Assemblée nationale** und **la fête des Rois**.

Introduction

Vous désirez apprendre l'allemand ou approfondir des connaissances déjà solides. Vous voulez vous exprimer dans la langue de Goethe, lire ou rédiger des textes allemands ou converser avec des interlocuteurs germanophones. Que vous soyez lycéen, étudiant, touriste, secrétaire, homme ou femme d'affaires, vous venez de choisir le compagnon de travail idéal pour vous exprimer et pour communiquer en allemand, oralement ou par écrit. Résolument pratique et moderne, votre dictionnaire fait une large place au vocabulaire de tous les jours, aux domaines de l'actualité, des affaires, de la bureautique et du tourisme. Comme dans tous nos dictionnaires, nous avons mis l'accent sur la langue contemporaine et sur les expressions idiomatiques.

Mode d'emploi
Vous trouverez ci-dessous quelques explications sur la manière dont les informations sont présentées dans votre dictionnaire. Notre objectif : vous donner un maximum d'informations dans une présentation aussi claire que possible.

Les articles
Voici les différents éléments dont est composé un article type dans votre dictionnaire :

Transcription phonétique
Nous avons donné à l'intention des utilisateurs allemands une transcription phonétique de tous les mots français.

La prononciation des mots figure, entre crochets, immédiatement après l'entrée. Comme la plupart des dictionnaires modernes, nous avons opté pour le système dit « alphabet phonétique international ». Vous trouverez ci-dessous, à la page xvi, une liste complète des caractères utilisés dans ce système.

Données grammaticales
Les mots appartiennent tous à une catégorie grammaticale donnée : substantif, verbe, adjectif, adverbe, pronom, article, conjonction, abréviation. Les substantifs peuvent être masculins ou féminins ou, en allemand, neutres ; ils peuvent être singuliers ou pluriels. Les verbes peuvent être transitifs, intransitifs, pronominaux (ou réfléchis) ou encore impersonnels. La catégorie grammaticale des mots est indiquée en *italique*, immédiatement après le mot.

Souvent un mot se subdivise en plusieurs catégories grammaticales. Ainsi le français **creux** peut-il être un adjectif ou un nom masculin et l'allemand **einfach** peut-il être soit un adjectif (« simple »), soit un adverbe (« simplement »). De même le verbe **fumer** est parfois transitif (« fumer un cigare »), parfois intransitif (« défense de fumer »). Pour vous permettre de trouver plus rapidement le sens que vous cherchez, et pour aérer la présentation, nous avons séparé les différentes catégories grammaticales par le symbole ▶. Les phrases et les mots composés sont tous regroupés à la fin de l'article.

Subdivisions sémantiques

La plupart des mots ont plus d'un sens ; ainsi **mappemonde** peut désigner soit une carte plane du monde, soit une sphère représentant le globe terrestre. D'autres mots se traduisent différemment selon le contexte dans lequel ils sont employés : **partir** se traduira en allemand par « weggehen » ou « wegfahren » selon que l'on part à pied ou en voiture. Pour vous permettre de choisir la bonne traduction dans tous les contextes, nous avons subdivisé les articles en catégories de sens : chaque catégorie est introduite par une « indication d'emploi » entre parenthèses et en *italique*. Pour les exemples ci-dessus, les articles se présenteront donc comme suit :

>   **mappemonde** nf *(carte)* Weltkarte f ; *(sphère)* Globus m
>   **partir** vi gehen, weggehen ; *(en voiture)* wegfahren

De même certains mots changent de sens lorsqu'ils sont employés dans un domaine spécifique, comme par exemple **rue** que nous employons tous les jours dans son acception de « voie publique », mais qui est aussi une plante. Pour montrer à l'utilisateur quelle traduction choisir, nous avons donc ajouté, en *italique* entre parenthèses, une indication de domaine, à savoir dans ce cas particulier « Botanique », que nous avons abrégé pour gagner de la place en (*Bot*) :

>   **rue** nf Straße f ; *(Bot)* Raute f

Une liste complète des abréviations dont nous nous sommes servis dans ce dictionnaire figure ci-dessous, aux pages xii à xiv.

Traductions

La plupart des mots français se traduisent par un seul mot allemand, et vice-versa, comme dans les exemples ci-dessus. Parfois, cependant, il n'y a pas d'équivalent exact dans la langue d'arrivée et nous avons donné un équivalent approximatif, indiqué par le signe ≈ ; c'est le cas par exemple pour le mot **baccalauréat** dont l'équivalent allemand est « Abitur » : il ne s'agit pas d'une traduction à proprement parler puisque nos deux systèmes scolaires sont différents :

    baccalauréat *nm* ≈ Abitur *nt*

Parfois, il est même impossible de trouver un équivalent approximatif. C'est le cas par exemple pour les noms de plats régionaux, comme le dessert autrichien suivant :

    Schmarren *m crêpe sucrée coupée en morceaux*

L'explication remplace ici une traduction (qui n'existe pas) ; pour plus de clarté, cette explication, ou glose, est donnée en *italique*.

Souvent aussi, on ne peut traduire isolément un mot, ou une acception particulière d'un mot. La traduction allemande de **copain**, par exemple, est « Freund » ; cependant **être copain avec qn** se dit « mit jdm gut befreundet sein ». Même une expression toute simple comme **doigt de pied** nécessite une traduction séparée, en l'occurrence « Zehe » (et non « Fußfinger »). C'est là que votre dictionnaire se révélera particulièrement utile et complet, car il contient un maximum de composés, de phrases et d'expressions idiomatiques.

Registre

En français, vous saurez instinctivement quand dire **j'en ai assez** et quand dire **j'en ai marre** ou **j'en ai ras le bol**. Mais lorsque vous essayez de comprendre quelqu'un qui s'exprime en allemand, ou de vous exprimer vous-même en allemand, il est particulièrement important de savoir ce qui est poli et ce qui l'est moins. Nous avons donc ajouté l'indication *(fam)* aux expressions de langue familière ; les expressions particulièrement grossières sont suivies de l'indication *(vulg)* (dans la langue de départ comme dans la langue d'arrivée), vous incitant à une prudence accrue. Notez que les indications *(fam)* ne sont pas répétées dans la langue d'arrivée lorsque le registre de la traduction est le même que celui du mot ou de l'expression traduits.

Mots-clés

Vous constaterez que certains mots sont intitulés « mots-clés ». Il s'agit de mots particulièrement complexes ou importants, comme **être** et **faire** ou leurs équivalents allemands **sein** et **machen**, que nous avons traités d'une manière plus approfondie parce que ce sont des éléments de base de la langue.

Notes culturelles
Les articles séparés du texte principal par une ligne pointillée verticale décrivent certaines caractéristiques culturelles des pays francophones et germaniques. La politique, l'éducation, les médias et les fêtes figurent parmi les sujets traités. Exemples : **Bundestag**, **Abitur**, **Assemblée nationale** et **la fête des Rois**.

Abkürzungen   Abréviations

Abkürzung	*abk, abr*	abréviation
Akkusativ	*acc*	accusatif
Adjektiv	*adj*	adjectif
Verwaltung	*Admin*	administration
Adverb	*adv*	adverbe
Landwirtschaft	*Agr*	agriculture
Akkusativ	*Akk*	accusatif
Anatomie	*Anat*	anatomie
Architektur	*Archit*	architecture
Artikel	*art*	article
Kunst	*Art*	beaux-arts
Astrologie	*Astrol*	astrologie
Astronomie	*Astron*	astronomie
attributiv	*attrib*	qualificatif
Auto, Verkehr	*Auto*	automobile
Hilfsverb	*aux*	auxiliaire
Luftfahrt	*Aviat*	aviation
besonderes	*bes*	en particulier
Biologie	*Biol*	biologie
Botanik	*Bot*	botanique
Boxen	*Boxe*	boxe
Chemie	*Chim*	chimie
Film	*Ciné*	cinéma
Handel	*Comm*	commerce
Konjunktion	*conj*	conjonction
Bauwesen	*Constr*	construction
Kochen und Backen	*Culin*	cuisine
Dativ	*Dat, dat*	datif
bestimmt	*déf*	défini
demonstrativ	*dém*	démonstratif
Wirtschaft	*Écon*	économie
Elektrizität	*Élec*	électricité
und so weiter	*etc*	et cetera
etwas	*etw*	quelque chose
Interjektion	*excl*	exclamation
Femininum, weiblich	*f*	féminin
umgangssprachlich	*fam*	familier
figurativ	*fig*	figuré
Finanzen	*Fin*	finance

Fußball	Foot	football
gehoben	geh	style soutenu
Genitiv	Gen, gén	génitif
Geografie, Geologie	Géo	géographie, géologie
Geometrie	Géom	géométrie
Geschichte	Hist	histoire
unpersönlich	impers	impersonnel
unbestimmt	indéf	indéfini
Computer	Inform	informatique
untrennbar	insép	non séparable
Interjektion	interj	exclamation
interrogativ	interrog	interrogatif
unveränderlich	inv	invariable
unregelmäßig	irr	irrégulier
jemand, jemandem, jemanden, jemandes	jd, jdm, jdn, jds	quelqu'un
Rechtswesen	Jur	juridique
Komparativ	komp	comparatif
Konjunktion	konj	conjonction
Sprachwissenschaft, Grammatik	Ling	linguistique et grammaire
Literatur	Litt	littérature
Maskulinum, männlich	m	masculin
Mathematik	Math	mathématiques
Medizin	Méd	médecine
Meteorologie	Météo	météorologie
Maskulinum und Femininum	mf	masculin et féminin
Militärwesen	Mil	domaine militaire
Musik	Mus	musique
Substantiv	n	nom
Seefahrt	Naut	nautisme
Neutrum, sächlich	nt	neutre
Zahlwort	num	numéral
oder	od	ou
Österreich	Österr	Autriche
pejorativ, abwertend	péj	péjoratif
Pharmakologie	Pharm	pharmacologie
Philosophie	Philos	philosophie
Fotografie	Photo	photographie
Physik	Phys	physique

Physiologie	*Physiol*	physiologie
Plural	*pl*	pluriel
Politik	*Pol*	politique
Possessivum	*poss*	possessif
Partizip Perfekt	*pp*	participe passé
Präposition	*präp, prép*	préposition
Präfix	*préf*	préfixe
Pronomen	*pron*	pronom
Psychologie	*Psych*	psychologie
etwas	*qch*	quelque chose
jemand	*qn*	quelqu'un
Warenzeichen	®	marque déposée
Eisenbahn	*Rail*	chemins de fer
Relativ-	*rel*	relatif
Religion	*Rel*	religion
Schulwesen	*Scol*	domaine scolaire
Singular	*sg*	singulier
Skifahren	*Ski*	ski
Konjunktiv	*sub*	subjonctif
Subjekt	*subj, suj*	sujet
Süddeutschland	*Südd*	Allemagne du Sud
Superlativ	*superl*	superlatif
Technik	*Tech*	technique
Nachrichtentechnik	*Tél*	télécommunications
Theater	*Théât*	théâtre
Fernsehen	*TV*	télévision
Typografie	*Typo*	typographie
Universität	*Univ*	université
unpersönlich	*unpers*	impersonnel
Verb	*vb*	verbe
intransitives Verb	*vi*	verbe intransitif
reflexives Verb	*vpr, vr*	verbe pronominal ou réfléchi
transitives Verb	*vt*	verbe transitif
derb	*vulg*	vulgaire
Zoologie	*Zool*	zoologie
zusammengesetztes Wort	*zW*	mot composé
zwischen zwei Sprechern	—	changement d'interlocuteur
ungefähre Entsprechung	≈	indique une équivalence culturelle
abtrennbares Präfix	|	préfixe séparable

Terminaisons régulières des noms allemands

nominatif		génitif	pluriel	nominatif		génitif	pluriel
-ade	f	-ade	-aden	-ist	m	-isten	-isten
-ant	m	-anten	-anten	-ium	nt	-iums	-ien
-anz	f	-anz	-anzen	-ius	m	-ius	-iusse
-ar	m	-ars	-are	-ive	f	-ive	-iven
-är	m	-ärs	-äre	-keit	f	-keit	-keiten
-at	nt	-at[els	-ate	-lein	nt	-leins	-lein
-atte	f	-atte	-atten	-ling	m	-lings	-linge
-chen	nt	-chens	-chen	-ment	nt	-ments	-mente
-ei	f	-ei	-eien	-mus	m	-mus	-men
-elle	f	-elle	-ellen	-nis	f	-nis	-nisse
-ent	m	-enten	-enten	-nis	nt	-nisses	-nisse
-enz	f	-enz	-enzen	-nom	m	-nomen	-nomen
-ette	f	-ette	-etten	-rich	m	-richs	-riche
-eur	m	-eurs	-eure	-schaft	f	-schaft	-schaften
-euse	f	-euse	-eusen	-sel	nt	-sels	-sel
-heit	f	-heit	-heiten	-tät	f	-tät	-täten
-ie	f	-ie	-ien	-tiv	nt, m	-tivs	-tive
-ik	f	-ik	-iken	-tor	m	-tors	-toren
-in	f	-in	-innen	-tum	m, nt	-tums	-tümer
-ine	f	-ine	-inen	-ung	f	-ung	-ungen
-ion	f	-ion	-ionen	-ur	f	-ur	-uren

Substantive, die mit einem geklammerten „r" oder „s" enden (z.B. **Angestellte(r)** *mf*, **Beamte(r)** *m*, **Gute(s)** *nt*) werden wie Adjektive dekliniert:

Les noms suivis d'un « r » ou d'un « s » entre parenthèses (par exemple **Angestellte(r)** *mf*, **Beamte(r)** *m*, **Gute(s)** *nt*) se déclinent comme des adjectifs :

der Angestellte *m*	die Angestellte *f*	die Angestellten *pl*
ein Angestellter *m*	eine Angestellte *f*	Angestellte *pl*
der Beamte *m*	die Beamte *f*	die Beamten *pl*
ein Beamter *m*	eine Beamte *f*	Beamte *pl*
das Gute *nt*		
ein Gutes *nt*		

Lautschrift
Transcription phonétique

Vokale		Voyelles	Konsonanten		Consonnes
plat, amour	[a]	matt	bombe	[b]	Ball
bas, pâte	[ɑ]		dinde	[d]	denn
jouer, été	[e]	Etage	fer, phare	[f]	fern
lait, merci	[ɛ]	Wäsche	gag, bague	[g]	gern
le, premier	[ə]	mache	yeux, paille, pied	[j]	ja
ici, vie, lyre	[i]	Vitamin	coq, qui, képi	[k]	Kind
or, homme	[ɔ]	Most	lent, salle	[l]	links
mot, gauche	[o]	Oase	maman, femme	[m]	Mann
beurre, peur	[œ]	Götter	non, nonne	[n]	Nest
peu, deux	[ø]	Ökonomie	agneau, vigne	[ɲ]	
genou, roue	[u]	zuletzt	camping	[ŋ]	Gong
rue, urne	[y]	Typ	poupée	[p]	Paar
			rare, rentrer	[ʀ]	
			sale, ce, nation	[s]	Bus
			tache, chat	[ʃ]	Stein, Schlag
			gilet, juge	[ʒ]	Etage
			tente, thermal	[t]	Tafel
			vase	[v]	wer
			fouetter, oui	[w]	
			huile, lui	[ɥ]	
			zéro, rose	[z]	singen

Nasale		Nasales
sang, dans	[ã]	Gourmand
matin, plein	[ɛ̃]	Timbre
brun	[œ̃]	Parfum
non, pont	[ɔ̃]	Bonbon

Bei Stichwörtern mit einem „h aspiré" steht in der Lautschrift [']. Diese Wörter werden nicht mit dem vorhergehenden Wort zusammengezogen.

Französische Verben

Hilfsverben

présent	imparfait	futur	passé composé
avoir			
j'ai	j'avais	j'aurai	j'ai eu
tu as	tu avais	tu auras	tu as eu
il a	il avait	il aura	il a eu
nous avons	nous avions	nous aurons	nous avons eu
vous avez	vous aviez	vous aurez	vous avez eu
ils ont	ils avaient	ils auront	ils ont eu
être			
je suis	j'étais	je serai	j'ai été
tu es	tu étais	tu seras	tu as été
il est	il était	il sera	il a été
nous sommes	nous étions	nous serons	nous avons été
vous êtes	vous étiez	vous serez	vous avez été
ils sont	ils étaient	ils seront	ils ont été

Zum Gebrauch der Hilfsverben in den zusammengesetzten Zeiten befindet sich beim entsprechenden Stichwort ein Vermerk. Steht keine Angabe zum Hilfsverb, wird bei transitivem und intransitivem Gebrauch des Verbs das Hilfsverb **avoir** benutzt. Bei Pronominalverben werden zusammengesetzte Zeiten grundsätzlich mit **être** gebildet.

Musterverben

	présent	imparfait	futur	passé composé
❖	**aimer -er**			
	j'aime	j'aimais	j'aimerai	j'ai aimé
	tu aimes	tu aimais	tu aimeras	tu as aimé
	il aime	il aimait	il aimera	il a aimé
	nous aimons	nous aimions	nous aimerons	nous avons aimé
	vous aimez	vous aimiez	vous aimerez	vous avez aimé
	ils aiment	ils aimaient	ils aimeront	ils ont aimé

auch für Verben auf „-ier", z. B. **prier**:

	je prie	je priais	je prierai	j'ai prié
	nous prions	nous priions		

und auf „-éer", z. B. **créer**:

	je crée	je créais	je créerai	j'ai créé
	nous créons	nous créions		

	présent	imparfait	futur	passé composé
❖	**placer -cer**			
	je place	je plaçais	je placerai	j'ai placé
	nous plaçons			
❖	**manger -ger**			
	je mange	je mangeais	je mangerai	j'ai mangé
	nous mangeons			
❖	**appeler -eler**			
	j'appelle	j'appelais	j'appellerai	j'ai appelé
	nous appelons			
❖	**jeter -eter**			
	je jette	je jetais	je jetterai	j'ai jeté
	nous jetons			

	présent	imparfait	futur	passé composé
❖	**geler -eler**			
	je gèle	je gelais	je gèlerai	j'ai gelé
	nous gelons			
❖	**acheter -eter**			
	j'achète	j'achetais	j'achèterai	j'ai acheté
	nous achetons			

gleiche Konjugation für Verben auf „-emer" (z. B.: **semer**)
„-ener" (z. B.: **mener**)
„-eser" (z. B.: **peser**)
„-ever" (z. B.: **lever**)

	présent	imparfait	futur	passé composé
❖	**céder**			
	je cède	je cédais	je céderai	j'ai cédé
	nous cédons			

auch für Verben mit „é" + Konsonant + „er" (z. B.: **célébrer**, **préférer**)

	présent	imparfait	futur	passé composé
❖	**nettoyer**			
	je nettoie	je nettoyais	je nettoierai	j'ai nettoyé
	nous nettoyons			

auch für Verben auf „-uyer" (z. B.: **appuyer**)

	présent	imparfait	futur	passé composé
❖	**payer**			
	je paie *od* paye	je payais	je paierai	j'ai payé
	nous payons			
❖	**finir**			
	je finis	je finissais	je finirai	j'ai fini
	tu finis			
	il finit			
	nous finissons			
	vous finissez			
	ils finissent			

	présent	imparfait	futur	passé composé
❖	**tenir** je tiens tu tiens il tient nous tenons vous tenez ils tiennent auch **venir**	je tenais	je tiendrai	j'ai tenu
❖	**partir** je pars tu pars il part nous partons vous partez ils partent	je partais	je partirai	je suis parti(e)
❖	**sentir** je sens nous sentons	je sentais	je sentirai	j'ai senti
❖	**ouvrir** j'ouvre tu ouvres il ouvre nous ouvrons vous ouvrez ils ouvrent auch **offrir**	j'ouvrais	j'ouvrirai	j'ai ouvert

	présent	*imparfait*	*futur*	*passé composé*

✿ **recevoir**
je reçois	je recevais	je recevrai	j'ai reçu
tu reçois			
il reçoit			
nous recevons			
vous recevez			
ils reçoivent			

✿ **prendre**
je prends	je prenais	je prendrai	j'ai pris
tu prends			
il prend			
nous prenons			
vous prenez			
ils prennent			

✿ **vendre**
je vends	je vendais	je vendrai	j'ai vendu
tu vends			
il vend			
nous vendons			
vous vendez			
ils vendent			

sowie Verben auf „-andre" (z. B.: **répandre**)
„-ondre" (z.B.: **répondre**)
„-ordre" (z.B.: **mordre**)

Unregelmäßige Verben

infinitif	présent	futur	participe passé
accroître	j'accrois, il acroît, nous accroissons	j'accroîtrai	accru(e)
acquérir	j'acquiers, nous acquérons, ils acquièrent	j'acquerrai	acquis(e)
aller	je vais, tu vas, il va, nous allons, ils vont	j'irai	allé(e)
asseoir	j'assieds *od* j'assois, asseyons *od* nous assoyons	j'assiérai *od* j'assoirai	assis(e)
battre	je bats, nous battons	je battrai	battu(e)
boire	je bois, nous buvons, ils boivent	je boirai	bu(e)
bouillir	je bous, nous bouillons	je bouillirai	bouilli(e)
conclure	je conclus, nous concluons	je conclurai	conclu(e)
conduire	je conduis, nous conduisons	je conduirai	conduit(e)
connaître	je connais, nous connaissons	je connaîtrai	connu(e)
coudre	je couds, nous cousons	je coudrai	cousu(e)
courir	je cours, nous courons	je courrai	couru(e)
craindre	je crains, nous craignons	je craindrai	craint(e)
croire	je crois, nous croyons	je croirai	cru(e)
cueillir	je cueille, nous cueillons	je cueillerai	cueilli(e)
devoir	je dois, nous devons, ils doivent	je devrai	dû, due
dire	je dis, nous disons, vous dites, ils disent	je dirai	dit(e)
dissoudre	je dissous, nous dissolvons	je dissoudrai	dissous, dissoute
dormir	je dors, nous dormons	je dormirai	dormi
écrire	j'écris, nous écrivons	j'écrirai	écrit(e)
faillir	je faillis, nous faillissons	je faillirai	failli(e)
faire	je fais, nous faisons, vous faites, ils font	je ferai	fait(e)
falloir	*nur:* il faut	*nur:* il faudra	*nur:* il a fallu
frire	*nur:* je fris, tu fris, il frit	*nur:* je frirai, tu friras, il frira	frit(e)

infinitif	présent	futur	participe passé
fuir	je fuis, nous fuyons, ils fuient	je fuirai	fui(e)
haïr	je hais, nous haïssons, ils haïssent	je haïrai	haï(e)
joindre	je joins, nous joignons	je joindrai	joint(e)
lire	je lis, nous lisons	je lirai	lu(e)
luire	je luis, nous luisons	je luirai	lui
mettre	je mets, nous mettons	je mettrai	mis(e)
moudre	je mouds, nous moulons	je moudrai	moulu(e)
mourir	je meurs, nous mourons, ils meurent	je mourrai	mort(e)
mouvoir	je meus, nous mouvons, ils meuvent	je mouvrai	mû, mue
naître	je nais, nous naissons	je naîtrai	né(e)
peindre	je peins, nous peignons	je peindrai	peint(e)
plaire	je plais, il plaît	je plairai	plu(e)
pleuvoir	*nur*: il pleut	*nur*: il pleuvra	*nur*: il a plu
pourvoir	je pourvois, nous pourvoyons	je pourvoirai	pourvu(e)
pouvoir	je peux, nous pouvons, ils peuvent	je pourrai	pu(e)
rire	je ris, nous rions, ils rient	je rirai	ri
saillir	il saille	il saillira	sailli
savoir	je sais, nous savons	je saurai	su(e)
suffire	je suffis, nous suffisons	je suffirai	suffi(e)
suivre	je suis, nous suivons	je suivrai	suivi(e)
taire, se	je me tais, nous nous taisons	je me tairai	tu(e)
traire	je trais, nous trayons, ils traient	je trairai	trait(e)
vaincre	je vaincs, nous vainquons	je vaincrai	vaincu(e)
valoir	je vaux, nous valons	je vaudrai	valu(e)
vêtir	je vêts, nous vêtons	je vêtirai	vêtu(e)
vivre	je vis, nous vivons	je vivrai	vécu(e)
voir	je vois, nous voyons, ils voient	je verrai	vu(e)
vouloir	je veux, nous voulons, ils veulent	je voudrai	voulu(e)

Verbes allemands irréguliers

Infinitiv	Präsens 2., 3. Singular	Imperfekt	Partizip Perfekt
abwägen	wägst ab, wägt ab	wog ab	abgewogen
ausbedingen	bedingst aus, bedingt aus	bedang aus	ausbedungen
backen	bäckst, bäckt	backte *ou* buk	gebacken
befehlen	befiehlst, befiehlt	befahl	befohlen
beginnen	beginnst, beginnt	begann	begonnen
beißen	beißt, beißt	biss	gebissen
bergen	birgst, birgt	barg	geborgen
bersten	birst, birst	barst	geborsten
betrügen	betrügst, betrügt	betrog	betrogen
biegen	biegst, biegt	bog	gebogen
bieten	bietest, bietet	bot	geboten
binden	bindest, bindet	band	gebunden
bitten	bittest, bittet	bat	gebeten
blasen	bläst, bläst	blies	geblasen
bleiben	bleibst, bleibt	blieb	geblieben
braten	brätst, brät	briet	gebraten
brechen	brichst, bricht	brach	gebrochen
brennen	brennst, brennt	brannte	gebrannt
bringen	bringst, bringt	brachte	gebracht
denken	denkst, denkt	dachte	gedacht
dreschen	drischst, drischt	drosch	gedroschen
dringen	dringst, dringt	drang	gedrungen
dürfen	darfst, darf	durfte	gedurft
empfangen	empfängst, empfängt	empfing	empfangen
empfehlen	empfiehlst, empfiehlt	empfahl	empfohlen
empfinden	empfindest, empfindet	empfand	empfunden
erschrecken	erschrickst, erschrickt	erschrak	erschrocken
erwägen	erwägst, erwägt	erwog	erwogen
essen	isst, isst	aß	gegessen
fahren	fährst, fährt	fuhr	gefahren
fallen	fällst, fällt	fiel	gefallen
fangen	fängst, fängt	fing	gefangen
fechten	fichst, ficht	focht	gefochten
finden	findest, findet	fand	gefunden
flechten	flichtst, flicht	flocht	geflochten

Infinitiv	Präsens 2., 3. Singular	Imperfekt	Partizip Perfekt
fliegen	fliegst, fliegt	flog	geflogen
fliehen	fliehst, flieht	floh	geflohen
fließen	fließt, fließt	floss	geflossen
fressen	frisst, frisst	fraß	gefressen
frieren	frierst, friert	fror	gefroren
gären	gärst, gärt	gor	gegoren
gebären	gebierst, gebiert	gebar	geboren
geben	gibst, gibt	gab	gegeben
gedeihen	gedeihst, gedeiht	gedieh	gediehen
gehen	gehst, geht	ging	gegangen
gelingen	--, gelingt	gelang	gelungen
gelten	giltst, gilt	galt	gegolten
genesen	genest, genest	genas	genesen
genießen	genießt, genießt	genoss	genossen
geraten	gerätst, gerät	geriet	geraten
geschehen	--, geschieht	geschah	geschehen
gewinnen	gewinnst, gewinnt	gewann	gewonnen
gießen	gießt, gießt	goss	gegossen
gleichen	gleichst, gleicht	glich	geglichen
gleiten	gleitest, gleitet	glitt	geglitten
glimmen	glimmst, glimmt	glomm	geglommen
graben	gräbst, gräbt	grub	gegraben
greifen	greifst, greift	griff	gegriffen
haben	hast, hat	hatte	gehabt
halten	hältst, hält	hielt	gehalten
hängen	hängst, hängt	hing	gehangen
hauen	haust, haut	haute	gehauen
heben	hebst, hebt	hob	gehoben
heißen	heißt, heißt	hieß	geheißen
helfen	hilfst, hilft	half	geholfen
kennen	kennst, kennt	kannte	gekannt
klingen	klingst, klingt	klang	geklungen
kneifen	kneifst, kneift	kniff	gekniffen
kommen	kommst, kommt	kam	gekommen
können	kannst, kann	konnte	gekonnt
kriechen	kriechst, kriecht	kroch	gekrochen
laden	lädst, lädt	lud	geladen

Infinitiv	Präsens 2., 3. Singular	Imperfekt	Partizip Perfekt
lassen	lässt, lässt	ließ	gelassen
laufen	läufst, läuft	lief	gelaufen
leiden	leidest, leidet	litt	gelitten
leihen	leihst, leiht	lieh	geliehen
lesen	liest, liest	las	gelesen
liegen	liegst, liegt	lag	gelegen
lügen	lügst, lügt	log	gelogen
mahlen	mahlst, mahlt	mahlte	gemahlen
meiden	meidest, meidet	mied	gemieden
melken	melkst, melkt	melkte *ou* molk	gemolken
messen	misst, misst	maß	gemessen
misslingen	--, misslingt	misslang	misslungen
mögen	magst, mag	mochte	gemocht
müssen	musst, muss	musste	gemusst
nehmen	nimmst, nimmt	nahm	genommen
nennen	nennst, nennt	nannte	genannt
pfeifen	pfeifst, pfeift	pfiff	gepfiffen
preisen	preist, preist	pries	gepriesen
quellen	quillst, quillt	quoll	gequollen
raten	rätst, rät	riet	geraten
reiben	reibst, reibt	rieb	gerieben
reißen	reißt, reißt	riss	gerissen
reiten	reitest, reitet	ritt	geritten
rennen	rennst, rennt	rannte	gerannt
riechen	riechst, riecht	roch	gerochen
ringen	ringst, ringt	rang	gerungen
rinnen	rinnst, rinnt	rann	geronnen
rufen	rufst, ruft	rief	gerufen
salzen	salzt, salzt	salzte	gesalzen
saufen	säufst, säuft	soff	gesoffen
saugen	saugst, saugt	sog *ou* saugte	gesogen *ou* gesaugt
schaffen	schaffst, schafft	schuf	geschaffen
scheiden	scheidest, scheidet	schied	geschieden
scheinen	scheinst, scheint	schien	geschienen
scheißen	scheißt, scheißt	schiss	geschissen

Infinitiv	Präsens 2., 3. Singular	Imperfekt	Partizip Perfekt
schelten	schiltst, schilt	schalt	gescholten
scheren	scherst, schert	schor	geschoren
schieben	schiebst, schiebt	schob	geschoben
schießen	schießt, schießt	schoss	geschossen
schinden	schindest, schindet	schindete	geschunden
schlafen	schläfst, schläft	schlief	geschlafen
schlagen	schlägst, schlägt	schlug	geschlagen
schleichen	schleichst, schleicht	schlich	geschlichen
schleifen	schleifst, schleift	schliff	geschliffen
schließen	schließt, schließt	schloss	geschlossen
schlingen	schlingst, schlingt	schlang	geschlungen
schmeißen	schmeißt, schmeißt	schmiss	geschmissen
schmelzen	schmilzt, schmilzt	schmolz	geschmolzen
schneiden	schneidest, schneidet	schnitt	geschnitten
schreiben	schreibst, schreibt	schrieb	geschrieben
schreien	schreist, schreit	schrie	geschrien
schreiten	schreitest, schreitet	schritt	geschritten
schweigen	schweigst, schweigt	schwieg	geschwiegen
schwellen	schwillst, schwillt	schwoll	geschwollen
schwimmen	schwimmst, schwimmt	schwamm	geschwommen
schwinden	schwindest, schwindet	schwand	geschwunden
schwingen	schwingst, schwingt	schwang	geschwungen
schwören	schwörst, schwört	schwör	geschworen
sehen	siehst, sieht	sah	gesehen
sein	bist, ist	war	gewesen
senden	sendest, sendet	sandte	gesandt
singen	singst, singt	sang	gesungen
sinken	sinkst, sinkt	sank	gesunken
sinnen	sinnst, sinnt	sann	gesonnen
sitzen	sitzt, sitzt	saß	gesessen
sollen	sollst, soll	sollte	gesollt
speien	speist, speit	spie	gespien
spinnen	spinnst, spinnt	spann	gesponnen
sprechen	sprichst, spricht	sprach	gesprochen
springen	springst, springt	sprang	gesprungen
stechen	stichst, sticht	stach	gestochen
stehen	stehst, steht	stand	gestanden

Infinitiv	Präsens 2., 3. Singular	Imperfekt	Partizip Perfekt
stehlen	stiehlst, stiehlt	stahl	gestohlen
steigen	steigst, steigt	stieg	gestiegen
sterben	stirbst, stirbt	starb	gestorben
stinken	stinkst, stinkt	stank	gestunken
stoßen	stößt, stößt	stieß	gestoßen
streichen	streichst, streicht	strich	gestrichen
streiten	streitest, streitet	stritt	gestritten
tragen	trägst, trägt	trug	getragen
treffen	triffst, trifft	traf	getroffen
treiben	treibst, treibt	trieb	getrieben
treten	trittst, tritt	trat	getreten
trinken	trinkst, trinkt	trank	getrunken
trügen	trügst, trügt	trog	getrogen
tun	tust, tut	tat	getan
verderben	verdirbst, verdirbt	verdarb	verdorben
vergessen	vergisst, vergisst	vergaß	vergessen
verlieren	verlierst, verliert	verlor	verloren
verschleißen	verschleißt, verschleißt	verschliss	verschlissen
verschwinden	verschwindest, verschwindet	verschwand	verschwunden
verzeihen	verzeihst, verzeiht	verzieh	verziehen
wachsen	wächst, wächst	wuchs	gewachsen
waschen	wäscht, wäscht	wusch	gewaschen
weben	webst, webt	webte *ou* wob	gewoben
weichen	weichst, weicht	wich	gewichen
weisen	weist, weist	wies	gewiesen
wenden	wendest, wendet	wandte	gewandt
werben	wirbst, wirbt	warb	geworben
werden	wirst, wird	wurde	geworden
werfen	wirfst, wirft	warf	geworfen
wiegen	wiegst, wiegt	wog	gewogen
winden	windest, windet	wand	gewunden
wissen	weißt, weiß	wusste	gewusst
wollen	willst, will	wollte	gewollt
wringen	wringst, wringt	wrang	gewrungen
ziehen	ziehst, zieht	zog	gezogen
zwingen	zwingst, zwingt	zwang	gezwungen

Zahlwörter

Grundzahlen

ein(s)	1	un(e)
zwei	2	deux
drei	3	trois
vier	4	quatre
fünf	5	cinq
sechs	6	six
sieben	7	sept
acht	8	huit
neun	9	neuf
zehn	10	dix
elf	11	onze
zwölf	12	douze
dreizehn	13	treize
vierzehn	14	quatorze
fünfzehn	15	quinze
sechzehn	16	seize
siebzehn	17	dix-sept
achtzehn	18	dix-huit
neunzehn	19	dix-neuf
zwanzig	20	vingt
einundzwanzig	21	vingt et un(e)
zweiundzwanzig	22	vingt-deux
dreißig	30	trente
vierzig	40	quarante
fünfzig	50	cinquante
sechzig	60	soixante
siebzig	70	soixante-dix
einundsiebzig	71	soixante et onze
zweiundsiebzig	72	soixante-douze
achtzig	80	quatre-vingts
einundachtzig	81	quatre-vingt-un(e)
neunzig	90	quatre-vingt-dix
einundneunzig	91	quatre-vingt-onze
hundert	100	cent
hunderteins	101	cent un(e)
zweihundert	200	deux cents
zweihunderteins	201	deux cent un(e)
dreihundert	300	trois cents
dreihunderteins	301	trois cent un(e)
tausend	1 000	mille
tausend(und)eins	1 001	mille un(e)
fünftausend	5 000	cinq mille
eine Million	1 000 000	un million

Les nombres

Les nombres cardinaux

Ordnungszahlen

1.	erste(r, s),
2.	zweite(r, s), 2.
3.	dritte(r, s), 3.
4.	vierte(r, s)
5.	fünfte(r, s)
6.	sechste(r, s)
7.	siebte(r, s)
8.	achte(r, s)
9.	neunte(r, s)
10.	zehnte(r, s)
11.	elfte(r, s)
12.	zwölfte(r, s)
13.	dreizehnte(r, s)
14.	vierzehnte(r, s)
15.	fünfzehnte(r, s)
16.	sechzehnte(r, s)
17.	siebzehnte(r, s)
18.	achtzehnte(r, s)
19.	neunzehnte(r, s)
20.	zwanzigste(r, s)
21.	einundzwanzigste(r, s)
30.	dreißigste(r, s)
100.	hundertste(r, s)
101.	hunderterste(r, s)
451.	vierhunderteinundfünfzigste(r, s)
1000.	tausendste(r, s)

Les nombres ordinaux

1er, 1ère	premier (première)
2e, 2ème	deuxième
3e, 3ème	troisième
4^e	quatrième
5^e	cinquième
6^e	sixième
7^e	septième
8^e	huitième
9^e	neuvième
10^e	dixième
11^e	onzième
12^e	douzième
13^e	treizième
14^e	quatorzième
15^e	quinzième
16^e	seizième
17^e	dix-septième
18^e	dix-huitième
19^e	dix-neuvième
20^e	vingtième
21^e	vingt et unième
30^e	trentième
100^e	centième
101^e	cent-unième
451^e	quatre cent cinquante et unième
1000^e	millième

Bruchzahlen

½ ein halb
⅓ ein Drittel
¼ ein Viertel
⅕ ein Fünftel
⅔ zwei Drittel
¾ drei Viertel
1½ eineinhalb
1,5 eins Komma fünf

Les fractions

½ un demi
⅓ un tiers
¼ un quart
⅕ un cinquième
⅔ deux tiers
¾ trois quarts
1½ un et demi
1,5 un virgule cinq

Uhrzeit

L'heure

wie viel Uhr ist es?, wie spät ist es?
es ist ...

quelle heure est-il ?
il est ...

Mitternacht, zwölf Uhr nachts — minuit
ein Uhr (morgens *ou* früh) — une heure du matin
fünf nach eins, ein Uhr fünf — une heure cinq
zehn nach eins, ein Uhr zehn — une heure dix
Viertel nach eins, ein Uhr fünfzehn — une heure et quart

fünf vor halb zwei, ein Uhr fünfundzwanzig — une heure vingt-cinq
halb zwei, ein Uhr dreißig — une heure et demie, une heure trente

fünf nach halb zwei, ein Uhr fünfunddreißig — une heure moins vingt-cinq, une heure trente-cinq
zwanzig vor zwei, ein Uhr vierzig — deux heures moins vingt, une heure quarante

Viertel vor zwei, ein Uhr fünfundvierzig — deux heures moins le quart, une heure quarante-cinq
zehn vor zwei, ein Uhr fünfzig — deux heures moins dix, une heure cinquante

zwölf Uhr (mittags), Mittag — midi
halb eins (mittags *ou* nachmittags), zwölf Uhr dreißig — midi et demi
zwei Uhr (nachmittags) — deux heures (de l'après-midi)
sieben Uhr (abends) — sept heures (du soir)

um wie viel Uhr?

à quelle heure ?

um Mitternacht — à minuit
um sieben Uhr — à sept heures
in zwanzig Minuten — dans vingt minutes
vor zehn Minuten — il y a dix minutes

Datum

La date

heute Abend	ce soir
heute Nachmittag	cet après-midi
gestern Morgen	hier matin
gestern Abend	hier soir
morgen Vormittag	demain matin
morgen Abend	demain soir
in der Nacht von Samstag auf Sonntag	dans la nuit de samedi à dimanche
er kommt am Samstag	il viendra samedi
samstags	le samedi
jeden Samstag	tous les samedis
letzten Samstag	samedi dernier
nächsten Samstag	samedi prochain
Samstag in einer Woche	samedi en huit
Samstag in zwei Wochen	samedi en quinze
von Montag bis Samstag	du lundi au samedi
jeden Tag	tous les jours
einmal in der Woche	une fois par semaine
einmal im Monat	une fois par mois
zweimal in der Woche	deux fois par semaine
vor einer Woche *ou* acht Tagen	il y a une semaine *od* huit jours
vor zwei Wochen *ou* vierzehn Tagen	il y a quinze jours
letztes Jahr	l'année dernière
in zwei Tagen	dans deux jours
in acht Tagen *ou* einer Woche	dans huit jours *od* une semaine
in vierzehn Tagen *ou* zwei Wochen	dans quinze jours
nächsten Monat	le mois prochain
nächstes Jahr	l'année prochaine
den Wievielten haben wir heute?, der Wievielte ist heute?	quel jour sommes-nous ?
der 1./24. Oktober 2014	le 1er/24 octobre 2014
ich bin am 1. Oktober 1995 geboren	je suis né le 1er octobre 1995
Berlin, den 29. Oktober 2014	Berlin, le 29 octobre 2014
(im Jahr) 2014	en 2014
zweitausend(und)acht	deux mille huit
44 v. Chr.	44 av. J.-C.
14 n. Chr.	14 apr. J.-C.
im 19. Jahrhundert	au XIXe (siècle)
in den 30er-Jahren	dans les années trente
es war einmal …	il était une fois …

FRANÇAIS – ALLEMAND
FRANZÖSISCH – DEUTSCH

a

A, a [a] *nm inv* A, a *nt*
A [ɑ] *abr* (= *autoroute*) A

(MOT-CLÉ)

à [a] (à + le = **au**, à + les = **aux**) *prép* **1** (*lieu : situation*) in +*dat*; **être à Paris/au Portugal** in Paris/Portugal sein; **être à l'école/au bureau** in der Schule/im Büro sein; **être à la campagne/maison** auf dem Land/zu Hause sein; **c'est à 10 km (d'ici)** das ist 10 km (von hier) entfernt; **il habite à cinq minutes de la gare** er wohnt fünf Minuten vom Bahnhof (entfernt); **à la radio/télévision** im Radio/Fernsehen
2 (*lieu : direction*) in +*acc*; (*avec villes et pays*) nach; **aller à l'école/au bureau** in die Schule/ins Büro gehen; **aller à Paris/au Portugal** nach Paris/Portugal fahren; **aller à la campagne** aufs Land fahren; **rentrer à la maison** nach Hause gehen
3 (*temps*) : **à 3 heures/minuit** um 3 Uhr/Mitternacht; **à midi** mittags; **au printemps/mois de juin** im Frühling/im Juni; **à demain/lundi/la semaine prochaine !** bis morgen/Montag/nächste Woche!
4 (*attribution, appartenance*) : **donner qch à qn** jdm etw geben; **ce livre est à Paul/lui/moi** das Buch gehört Paul/ihm/mir; **un ami à moi** ein Freund von mir
5 (*moyen*) mit; **se chauffer au gaz/à l'électricité** mit Gas/Strom heizen; **à la main/machine** mit der Hand/Maschine; **à bicyclette** mit dem Fahrrad; **à pied** zu Fuß
6 (*provenance*) aus; **prendre de l'eau à la fontaine** Wasser aus dem Brunnen holen; **boire à la bouteille** aus der Flasche trinken
7 (*caractérisation, manière*) : **l'homme aux yeux bleus/à la casquette rouge** der Mann mit den blauen Augen/der roten Mütze; **à l'européenne/la russe** auf europäische/russische Art; **à ma grande surprise** zu meiner großen Überraschung; **à ce qu'il prétend** so behauptet er jedenfalls; **ils sont arrivés à quatre** sie sind zu viert gekommen; **à nous trois nous n'avons pas su le faire** zu dritt haben wir es nicht geschafft
8 (*but, destination*) : **tasse à café** Kaffeetasse *f*; **maison à vendre** Haus zu verkaufen; **je n'ai rien à lire** ich habe nichts zu lesen
9 (*rapport, distribution etc*) pro; **100 km/unités à l'heure** 100 km/Einheiten in der *ou* pro Stunde; **payé au mois/à l'heure** monatlich/nach Stunden bezahlt; **4 à 5 heures/kilos** 4 bis 5 Stunden/Kilo

AB [abe] *abr* (= *assez bien*) ≈ befriedigend
abaissement [abɛsmɑ̃] *nm* Sinken *nt*; (*de l'âge de la retraite*) Senken *nt*
abaisser [abese] *vt* senken; (*vitre*) herunterlassen; (*manette*) nach unten drücken; (*prix, limite, niveau*) senken; (*fig*) demütigen; **s'abaisser** *vpr* sich senken; **s'~ à faire qch** sich herablassen, etw zu tun
abandon [abɑ̃dɔ̃] *nm* Verlassen *nt*, Aufgeben *nt*; **être à l'~** verwahrlost sein
abandonner [abɑ̃dɔne] *vt* verlassen; (*activité*) aufgeben ▶ *vi* (*Sport*) aufgeben
abasourdi, e [abazuʀdi] *adj* betäubt, benommen; **rester ~** wie betäubt dastehen
abasourdir [abazuʀdiʀ] *vt* betäuben, benommen machen
abat-jour [abaʒuʀ] (*pl* **abat-jour(s)**) *nm* Lampenschirm *m*
abats [aba] *nmpl* (*viande*) Innereien *pl*
abattant [abatɑ̃] *nm* Ausziehplatte *f*
abattement [abatmɑ̃] *nm* (*déduction*) Abzug *m*
abattis [abati] *nmpl* : **~ de poulet** Hühnerklein *nt*
abattoir [abatwaʀ] *nm* Schlachthof *m*
abattre [abatʀ] *vt* (*arbre*) fällen; (*mur, maison*) einreißen, abreißen; (*avion*) abschießen; (*animal*) schlachten; (*personne*) niederschießen; **s'abattre** *vpr* (*mât, malheur*) niederstürzen; **s'~ sur** (*suj : pluie*) niederprasseln auf +*acc*
abattu, e [abaty] *adj* (*déprimé*) entmutigt; (*fatigué*) erschöpft
abbaye [abei] *nf* Abtei *f*

abbé [abe] *nm* (*d'une abbaye*) Abt *m*; (*de paroisse*) Pfarrer *m*
abcès [apsɛ] *nm* Abszess *m*
abdication [abdikasjɔ̃] *nf* Abdankung *f*, Rücktritt *m*
abdiquer [abdike] *vi* abdanken ▶ *vt* verzichten auf +*acc*
abdomen [abdɔmɛn] *nm* Unterleib *m*, Bauch *m*
abdominal, e, -aux [abdɔminal, o] *adj* Unterleibs-; **cavité ~e** Bauchhöhle *f*
abeille [abɛj] *nf* Biene *f*
aberrant, e [aberɑ̃, ɑ̃t] *adj* absurd
abêtir [abetiʀ] *vt* verblöden (lassen); **s'abêtir** *vpr* verblöden
abhorrer [abɔʀe] *vt* verabscheuen
abîme [abim] *nm* Abgrund *m*
abîmer [abime] *vt* beschädigen; **s'abîmer** *vpr* kaputtgehen
abject, e [abʒɛkt] *adj* verabscheuungswürdig
abjurer [abʒyʀe] *vt* abschwören +*dat*
ablation [ablasjɔ̃] *nf* Entfernen *nt*
aboiement [abwamɑ̃] *nm* Bellen *nt*
abois [abwa] *nmpl* : **être aux ~** in die Enge getrieben sein
abolir [abɔliʀ] *vt* abschaffen
abolition [abɔlisjɔ̃] *nf* Abschaffung *f*
abominable [abɔminabl] *adj* abscheulich
abondance [abɔ̃dɑ̃s] *nf* (*grande quantité*) Fülle *f*; (*richesse*) Reichtum *m*; **en ~** in Hülle und Fülle
abondant, e [abɔ̃dɑ̃, ɑ̃t] *adj* reichlich
abonder [abɔ̃de] *vi* im Überfluss vorhanden sein; **~ en** wimmeln von
abonné, e [abɔne] *nm/f* (*du téléphone*) Teilnehmer(in); (*TV, à un journal*) Abonnent(in)
abonnement [abɔnmɑ̃] *nm* Abonnement *nt*; (*de transports en commun*) Zeitkarte *f*
abonner [abɔne] : **s'abonner** *vpr* : **s'~ à qch** etw abonnieren
abord [abɔʀ] *nm* : **être d'un ~ facile/difficile** leicht/schwer zugänglich sein; **abords** *nmpl* (*d'un lieu*) Umgebung *f*; **d'~** zuerst; **de prime ~, au premier ~** auf den ersten Blick
abordable [abɔʀdabl] *adj* erschwinglich; (*personne*) umgänglich
aborder [abɔʀde] *vi* einlaufen ▶ *vt* (*sujet, problème, vie*) ansprechen; (*personne*) ansprechen; (*Naut : attaquer*) entern; (*: heurter*) kollidieren mit
aboutir [abutiʀ] *vi* erfolgreich sein; **~ à/dans** enden in +*dat*
aboyer [abwaje] *vi* bellen

abrasif, -ive [abʀazif, iv] *adj* Schleif- ▶ *nm* Schleifmittel *nt*
abrégé [abʀeʒe] *nm* Abriss *m*
abréger [abʀeʒe] *vt* (ver)kürzen; (*mot*) abkürzen
abreuver [abʀœve] *vt* : **s'abreuver** *vpr* saufen
abreuvoir [abʀœvwaʀ] *nm* Tränke *f*
abréviation [abʀevjasjɔ̃] *nf* Abkürzung *f*
abri [abʀi] *nm* Schutz *m*; (*lieu couvert*) Unterstand *m*; (*cabane*) (Schutz)hütte *f*; **être à l'~ (de)** geschützt sein (vor +*dat*); **se mettre à l'~ (de)** sich in Sicherheit bringen (vor +*dat*)
abribus [abʀibys] *nm* Wartehäuschen *nt*
abricot [abʀiko] *nm* Aprikose *f*
abricotier [abʀikɔtje] *nm* Aprikosenbaum *m*
abriter [abʀite] *vt* schützen; (*recevoir, loger*) unterbringen; **s'abriter** *vpr* Schutz suchen
abroger [abʀɔʒe] *vt* außer Kraft setzen
abrupt, e [abʀypt] *adj* steil; (*personne, ton*) schroff, brüsk
abruti, e [abʀyti] *nm/f* Idiot(in)
abrutir [abʀytiʀ] *vt* (*fatiguer*) benommen machen
abrutissant, e [abʀytisɑ̃, ɑ̃t] *adj* (*bruit*) ohrenbetäubend; (*travail*) abstumpfend
abscisse [apsis] *nf* Abszisse *f*
absence [apsɑ̃s] *nf* Abwesenheit *f*
absent, e [apsɑ̃, ɑ̃t] *adj* (*personne*) abwesend; (*chose*) fehlend; (*distrait aussi*) zerstreut ▶ *nm/f* Abwesende(r) *f*(*m*)
absentéisme [apsɑ̃teism] *nm* häufiges Fehlen *nt* (*bei der Arbeit, in der Schule etc*); **taux d'~** Abwesenheitsquote *f*
absenter [apsɑ̃te] : **s'absenter** *vpr* weggehen; (*pour maladie etc*) sich *dat* freinehmen
abside [apsid] *nf* Apsis *f*
absinthe [apsɛ̃t] *nf* (*boisson*) Absinth *m*; (*Bot*) Wermut *m*
absolu, e [apsɔly] *adj* absolut ▶ *nm* : **dans l'~** absolut gesehen
absolument [apsɔlymɑ̃] *adv* absolut; (*sans faute*) unbedingt
absolution [apsɔlysjɔ̃] *nf* (*Rel*) Absolution *f*; (*Jur*) Freispruch *m*
absolutisme [apsɔlytism] *nm* Absolutismus *m*
absorbant, e [apsɔʀbɑ̃, ɑ̃t] *adj* (*matière*) saugfähig; (*tâche, travail*) fesselnd
absorber [apsɔʀbe] *vt* (*manger, boire*) zu sich nehmen; (*liquide*) absorbieren, aufnehmen; (*accaparer : personne*) in Anspruch nehmen
absoudre [apsudʀ] *vt* lossprechen

abstenir [apstəniʀ] : **s'abstenir** vpr (Pol) sich der Stimme enthalten; **s'~ de qch** sich etw *en général* enthalten; **s'~ de fumer** das Rauchen unterlassen

abstention [apstɑ̃sjɔ̃] nf (Stimm) enthaltung f

abstentionnisme [apstɑ̃sjɔnism] nm Wahlverdrossenheit f

abstentionniste [apstɑ̃sjɔnist] nmf Nichtwähler(in) m(f)

abstraction [apstʀaksjɔ̃] nf Abstraktion f; (idée) Abstraktum nt; **faire ~ de qch** etw beiseitelassen

abstraire [apstʀɛʀ] vt abstrahieren; **s'abstraire (de)** vpr sich zurückziehen (von)

abstrait, e [apstʀɛ, ɛt] adj abstrakt

absurde [apsyʀd] adj absurd

absurdité [apsyʀdite] nf Absurdität f

abus [aby] nm (d'alcool, de médicaments etc) Missbrauch m; (injustices : gén pl) Missstand m; **~ de confiance** Vertrauensmissbrauch m; **~ de médicaments** Arzneimittelmissbrauch

abuser [abyze] vi (dépasser la mesure) zu weit gehen; **s'abuser** vpr sich irren; **~ de** (force, droit, alcool) missbrauchen; (femme : violer) missbrauchen; **si je ne m'abuse** wenn ich mich nicht irre

abusif, -ive [abyzif, iv] adj (prix) unverschämt, maßlos; **usage ~** Missbrauch m

acacia [akasja] nm Akazie f

académie [akademi] nf Akademie f; **l'A~ (française)** die Académie Française

: Die **Académie française** wurde 1635
: von Kardinal Richelieu unter König
: Louis III gegründet. Sie besteht aus 40
: gewählten Gelehrten und
: Schriftstellern, die als *les Quarante* oder
: *les Immortels* bekannt sind. Eine der
: Hauptaufgaben der **Académie** ist die
: Entwicklung der französischen
: Sprache zu regulieren. Ihre
: Empfehlungen werden häufig heftig
: öffentlich diskutiert. Die **Académie**
: hat mehrere Ausgaben ihres
: berühmten Wörterbuchs
: herausgegeben und verleiht
: verschiedene literarische Preise.

académique [akademik] adj akademisch; (péj aussi) konventionell

Acadie [akadi] nf (au Canada) Akadien nt

acajou [akaʒu] nm Mahagoni nt

accablant, e [akɑblɑ̃, ɑ̃t] adj (chaleur, poids) unerträglich; (preuve) niederschmetternd

accabler [akɑble] vt belasten

accalmie [akalmi] nf Flaute f

accaparant, e [akapaʀɑ̃, ɑ̃t] adj viel Zeit und Energie fordernd

accaparer [akapaʀe] vt an sich acc reißen; (occuper) (völlig) in Anspruch nehmen

accéder [aksede] : **~ à** vt kommen zu, gelangen zu; (requête) nachkommen +dat

accélérateur [akseleʀatœʀ] nm (Auto) Gaspedal nt; (de particules) Beschleuniger m

accélération [akseleʀasjɔ̃] nf Beschleunigung f

accéléré [akseleʀe] nm : **en ~** im Zeitraffer

accélérer [akseleʀe] vt, vi beschleunigen

accent [aksɑ̃] nm Akzent m; (inflexions) Tonfall m; (intonation) Betonung f; (signe) Akzentzeichen nt, Akzent m; **mettre l'~ sur qch** (fig) etw betonen

accentuer [aksɑ̃tɥe] vt betonen; (orthographe) mit Akzent schreiben; (augmenter) steigern; **s'accentuer** vpr zunehmen

acceptable [aksɛptabl] adj annehmbar

acceptation [aksɛptasjɔ̃] nf (d'invitation, condition, offre) Annahme f; (de risque, responsabilité : tolérance, intégration) Akzeptieren nt; (de fait, hypothèse) Anerkennung f

accepter [aksɛpte] vt annehmen; (risque, responsabilité) auf sich acc nehmen; (fait, hypothèse) anerkennen; (personne, échec, danger etc) akzeptieren; **~ de faire qch** einwilligen, etw zu tun

acception [aksɛpsjɔ̃] nf Bedeutung f

accès [aksɛ] nm Zugang m; (routes) Zufahrt(sstraße) f; (Inform) Zugriff m; (de fièvre etc) Anfall m; **facile/difficile d'~** leicht/schwer zugänglich; **~ à Internet** Internetzugriff; **~ codé** Passwortschutz m; **~ de colère/de toux** Wut-/Hustenanfall m

accessible [aksesibl] adj leicht zu erreichen; (personne, sujet) zugänglich

accessoire [akseswaʀ] nm (pièce) Zubehörteil nt

accident [aksidɑ̃] nm (de voiture, d'avion etc) Unfall m; (événement fortuit) Zufall m; **par ~** zufällig(erweise), durch Zufall; **~ du travail** Arbeitsunfall m

accidenté, e [aksidɑ̃te] adj (relief, terrain) uneben; (voiture, personne) an einem Unfall beteiligt

acclamation [aklamasjɔ̃] nf : **par ~** durch Akklamation; **acclamations** nfpl Beifall m

acclamer [aklame] vt zujubeln +dat

acclimater [aklimate] : **s'acclimater** vpr sich akklimatisieren

accolade [akɔlad] nf Umarmung f; (Typo) geschweifte Klammer f

accommodant, e [akɔmɔdɑ̃, ɑ̃t] adj zuvorkommend

accommoder [akɔmɔde] vt (Culin) zubereiten; **s'accommoder** vpr : **s'~ de qch** sich mit etw abfinden

accompagnateur, -trice [akɔ̃paɲatœr, tris] nm/f Begleiter(in); (de voyage organisé) Reisebegleiter(in)

accompagnement [akɔ̃paɲmɑ̃] nm Begleitung f

accompagner [akɔ̃paɲe] vt begleiten

accompli, e [akɔ̃pli] adj : **musicien ~** vollendeter Musiker m

accomplir [akɔ̃plir] vt ausführen; **s'accomplir** vpr in Erfüllung gehen

accord [akɔr] nm (entente, Ling) Übereinstimmung f; (contrat, traité) Abkommen nt; (autorisation) Zustimmung f; (Mus) Akkord m; **être d'~** (s'entendre) sich einig sein, einer Meinung sein; **être d'~ avec qn** mit jdm einer Meinung sein; **être d'~ (pour faire qch)** einverstanden sein(, etw zu tun)

accord-cadre [akɔrkadr] (pl **accords-cadres**) nm Rahmenabkommen nt

accordéon [akɔrdeɔ̃] nm (Mus) Akkordeon nt

accordéoniste [akɔrdeɔnist] nmf Akkordeonspieler(in) m(f)

accorder [akɔrde] vt (donner) bewilligen; (harmoniser) abstimmen; (Mus) stimmen; **je vous accorde que …** ich gestehe Ihnen zu, dass …

accoster [akɔste] vt (Naut) anlaufen; (personne) ansprechen

accotement [akɔtmɑ̃] nm (de route) Seitenstreifen m

accouchement [akuʃmɑ̃] nm Entbindung f

accoucher [akuʃe] vi entbinden; **~ d'une fille** ein Mädchen gebären ou zur Welt bringen

accouder [akude] : **s'accouder** vpr : **s'~ à/contre/sur qch** sich mit den Ellbogen auf etw acc stützen

accoudoir [akudwar] nm Armlehne f

accoupler [akuple] vt (moteurs, bœufs) (zusammen)koppeln; **s'accoupler** vpr sich paaren

accourir [akurir] vi herbeilaufen

accoutrement [akutrəmɑ̃] (péj) nm Aufzug m

accoutrer [akutre] vt auftakeln; **s'accoutrer** vpr sich auftakeln

accoutumance [akutymɑ̃s] nf Sucht f

accoutumé, e [akutyme] adj gewohnt

accréditer [akredite] vt (nouvelle) glaubwürdig erscheinen lassen; **~ qn (auprès de)** jdn akkreditieren (bei)

accro [akro] (fam) adj : **être ~** ein Junkie sein

accroc [akro] nm (déchirure) Riss m; **sans ~s** (fig) ohne Probleme

accrochage [akrɔʃaʒ] nm Aufhängen nt; (Auto) Zusammenstoß m

accroche-cœur [akrɔʃkœr] (pl **accroche-cœurs**) nm Schmachtlocke f

accrocher [akrɔʃe] vt (suspendre) aufhängen; (attacher) festmachen; (heurter) anstoßen an +dat; (Mil) ein Gefecht liefern +dat; (regard) auf sich acc ziehen; (client) anlocken; **s'accrocher** vpr : **s'~ à** hängen bleiben an +dat; (fig) sich klammern an +acc

accrocheur, -euse [akrɔʃœr, øz] adj (vendeur, concurrent) beharrlich; (publicité, titre) zugkräftig

accroissement [akrwasmɑ̃] nm Zunahme f

accroître [akrwatr] vt vergrößern; **s'accroître** vpr anwachsen, stärker werden

accroupir [akrupir] : **s'accroupir** vpr hocken, kauern

accru, e [akry] pp de **accroître** ▶ adj verstärkt

accueil [akœj] nm Empfang m

accueillant, e [akœjɑ̃, ɑ̃t] adj gastfreundlich

accueillir [akœjir] vt begrüßen; (loger) unterbringen

accumulateur [akymylatœr] nm Akku(mulator) m

accumulation [akymylasjɔ̃] nf : **une ~ de** eine Anhäufung von

accumuler [akymyle] vt anhäufen; (chaleur) speichern; (preuves etc) sammeln; **s'accumuler** vpr sich ansammeln

accusateur, -trice [akyzatœr, tris] nm/f Ankläger(in) ▶ adj anklagend; (document, preuve) belastend

accusatif [akyzatif] nm Akkusativ m

accusation [akyzasjɔ̃] nf Beschuldigung f; (Jur) Anklage f

accusé, e [akyze] nm/f Angeklagte(r) f(m) ▶ nm : **~ de réception** Empfangsbestätigung f

accuser [akyze] vt beschuldigen; (Jur) anklagen; (souligner) betonen; **~ qn de qch** jdn etw gén beschuldigen

acerbe [asɛrb] adj bissig

achalandé, e [aʃalɑ̃de] *adj* : **bien/mal ~** gut/schlecht ausgestattet

acharné, e [aʃaʀne] *adj* (*lutte, adversaire*) erbarmungslos, unerbittlich; (*travail*) unermüdlich

acharnement [aʃaʀnəmɑ̃] *nm* (*dans une lutte*) Unerbittlichkeit *f*; (*de travail*) Unermüdlichkeit *f*

acharner [aʃaʀne] : **s'acharner** *vpr* : **s'~ contre** *ou* **sur qn** jdn unerbittlich verfolgen; (*suj : malchance*) jdn (ständig) verfolgen; **s'~ à faire qch** etw unbedingt tun wollen

achat [aʃa] *nm* Kauf *m*; **faire des ~s** einkaufen

acheminer [aʃ(ə)mine] *vt* befördern; **s'acheminer** *vpr* : **s'~ vers** zusteuern auf +*acc*

acheter [aʃ(ə)te] *vt* kaufen; **~ qch à qn** (*chez*) etw bei jdm kaufen; (*pour*) etw für jdn kaufen

acheteur, -euse [aʃ(ə)tœʀ, øz] *nm/f* Käufer(in)

achevé, e [aʃ(ə)ve] *adj* : **d'un ridicule ~** völlig lächerlich; **d'un comique ~** ungeheuer komisch

achever [aʃ(ə)ve] *vt* beenden; (*tuer*) den Gnadenstoß geben +*dat*; **s'achever** *vpr* zu Ende gehen

acide [asid] *adj* sauer ▶ *nm* Säure *f*

acidité [aside] *nf* Säure *f*

acidulé [asidyle] *adj* säuerlich

acier [asje] *nm* Stahl *m*; **~ inoxydable** nicht rostender Stahl

aciérie [asjeʀi] *nf* Stahlwerk *nt*

acné [akne] *nf* Akne *f*

acolyte [akɔlit] (*péj*) *nm* Komplize *m*, Komplizin *f*

acompte [akɔ̃t] *nm* Anzahlung *f*

Açores [asɔʀ] *nfpl* : **les ~** die Azoren *pl*

à-coup [aku] *nm* Ruck *m*; **sans ~s** glatt; **par ~s** unregelmäßig

acoustique [akustik] *nf* Akustik *f* ▶ *adj* akustisch

acquéreur, euse [akerœʀ, øz] *nm* Käufer(in) *m(f)*

acquérir [akeʀiʀ] *vt* erwerben; (*droit, certitude, valeur*) erlangen; (*habitude*) annehmen

acquiescer [akjese] *vi* zustimmen

acquis, e [aki, iz] *pp de* **acquérir** ▶ *adj* : **caractère ~** erworbene Eigenschaft *f*; **vitesse ~e** (Momentan)geschwindigkeit *f*

acquisition [akizisjɔ̃] *nf* Kauf *m*; (*de droit*) Erlangen *nt*

acquit [aki] *vb voir* **acquérir** ▶ *nm* Quittung *f*; **par ~ de conscience** zur Beruhigung des Gewissens

acquittement [akitmɑ̃] *nm* (*d'un accusé*) Freispruch *m*; (*de facture*) Begleichen *nt*; (*de promesse*) Einlösen *nt*; (*de tâche*) Ausführung *f*

acquitter [akite] *vt* (*accusé*) freisprechen; (*payer*) begleichen; **s'acquitter** *vpr* : **s'~ de** (*promesse*) einlösen; (*tâche*) ausführen

âcre [ɑkʀ] *adj* bitter

acrimonie [akʀimɔni] *nf* Bitterkeit *f*

acrobate [akʀɔbat] *nmf* Akrobat(in) *m(f)*

acrobatie [akʀɔbasi] *nf* (*exercice*) akrobatisches Kunststück *nt*

acrobatique [akʀɔbatik] *adj* akrobatisch

acronyme [akʀɔnim] *nm* Akronym *nt*

acrylique [akʀilik] *nm* Acryl *nt*

acte [akt] *nm* Tat *f*, Handlung *f*; (*document*) Urkunde *f*; (*Théât*) Akt *m*; **actes** *nmpl* (*compte-rendu*) Protokoll *nt*; **prendre ~ de qch** etw zur Kenntnis nehmen; **faire ~ de présence** sich sehen lassen; **faire ~ de candidature** sich als Kandidat vorstellen; **~ de mariage/de naissance** Heirats-/Geburtsurkunde *f*

acteur, -trice [aktœʀ, tʀis] *nm/f* Schauspieler(in)

actif, -ive [aktif, iv] *adj* aktiv ▶ *nm* (*Comm*) Aktiva *pl*; **mettre/avoir qch à son ~** (*fig*) etw auf seine Erfolgsliste setzen/etw als Erfolg verbuchen können; **~s toxiques** (*Écon*) faule Wertpapiere *pl*

action [aksjɔ̃] *nf* (*acte*) Tat *f*; (*activité*) Tätigkeit *f*; (*effet sur qch*) Wirkung *f*; (*de pièce, roman*) Handlung *f*; (*Comm*) Aktie *f*; **une bonne/mauvaise ~** eine gute/ schlechte Tat; **mettre en ~** in die Tat umsetzen; **un film d'~** ein Actionfilm *m*; **~ en diffamation** Verleumdungsklage *f*

actionnaire [aksjɔnɛʀ] *nmf* Aktionär(in) *m(f)*

actionner [aksjɔne] *vt* betätigen

activer [aktive] *vt* (*accélérer*) beschleunigen; (*Chim*) aktivieren; **s'activer** *vpr* sich betätigen

activisme [aktivism] *nm* Aktivismus *m*

activiste [aktivist] *nmf* Aktivist(in) *m(f)*

activité [aktivite] *nf* Aktivität *f*; (*occupation, loisir*) Betätigung *f*; **en ~** aktiv; (*volcan aussi*) tätig

actrice [aktʀis] *nf voir* **acteur**

actualiser [aktɥalize] *vt* aktualisieren

actualité [aktɥalite] *nf* Aktualität *f*; **les actualités** *nfpl* die Nachrichten *pl*

actuel, le [aktɥɛl] *adj* (*présent*) augenblicklich; (*d'actualité*) aktuell

actuellement [aktɥɛlmɑ̃] *adv* derzeit

acuponcteur, -trice [akypɔ̃ktœʀ, tʀis] *nm* Akupunkteur *m*, Akupunkteuse *f*

acuponcture [akypɔ̃ktyʀ] nf Akupunktur f
acupuncture [akypɔ̃ktyʀ] nf
 = **acuponcture**
adage [adaʒ] nm Redensart f
adaptable [adaptabl] adj
 anpassungsfähig; (chose) anpassbar
adaptateur, -trice [adaptatœʀ, tʀis]
 nm (Élec) Adapter m; **~ réseau** (Inform)
 Netzwerkkarte f
adaptation [adaptasjɔ̃] nf Anpassung f;
 (œuvre) Bearbeitung f
adapter [adapte] vt (œuvre) bearbeiten;
 s'adapter (à) vpr (suj : personne) sich
 anpassen (an +acc); **~ qch à** (rendre
 conforme) etw anpassen an +acc; (fixer)
 etw anbringen auf ou an +dat
addenda [adɛ̃da] nm Nachtrag m
additif [aditif] nm Zusatz m
addition [adisjɔ̃] nf Hinzufügen nt;
 (Math) Addition f; (au café etc) Rechnung f
additionnel, le [adisjɔnɛl] adj
 zusätzlich
additionner [adisjɔne] vt addieren;
 ~ un produit de sucre einem Produkt
 Zucker hinzufügen
adepte [adɛpt] nmf Anhänger(in) m(f)
adéquat, e [adekwa(t), at] adj
 angebracht
adhérence [adeʀɑ̃s] nf (des pneus)
 Haftung f
adhérent, e [adeʀɑ̃, ɑ̃t] nm/f Mitglied nt
adhérer [adeʀe] vi : **~ à** haften an +dat;
 (approuver) unterstützen; (devenir membre
 de) Mitglied werden bei
adhésif, -ive [adezif, iv] adj haftend
 ▶ nm Klebstoff m
adhésion [adezjɔ̃] nf Beitritt m; (à une
 opinion) Unterstützung f
adieu [adjø] excl tschüs(s) ▶ nm Abschied m
adipeux, -euse [adipø, øz] adj Fett-;
 (obèse) fett
adjectif, -ive [adʒɛktif, iv] nm Adjektiv nt
adjectival, e, -aux [adʒɛktival, o] adj
 adjektivisch
adjoindre [adʒwɛ̃dʀ] vt (ajouter)
 hinzufügen; **s'adjoindre** vpr : **s'~ un
 collaborateur** etc sich dat einen
 Mitarbeiter etc berufen
adjoint, e [adʒwɛ̃, wɛ̃t] nm/f :
 directeur ~ stellvertretender Direktor m;
 ~ au maire Zweiter ou stellvertretender
 Bürgermeister m
adjudication [adʒydikasjɔ̃] nf (vente aux
 enchères) Versteigerung f; (attribution)
 Zuschlag m; (de travaux) Ausschreibung f;
 (attribution) Vergabe f
adjuger [adʒyʒe] vt zusprechen;
 adjugé ! verkauft!

admettre [admɛtʀ] vt (laisser entrer)
 hereinlassen; (candidat) zulassen; (nouveau
 membre) aufnehmen; (tolérer) dulden,
 zulassen; (reconnaître) anerkennen,
 zugeben; **~ que** zugeben, dass
administrateur, -trice
 [administratœʀ, tʀis] nm/f
 Verwalter(in); **~ judiciaire**
 Konkursverwalter m
administratif, -ive [administratif, iv]
 adj administrativ, Verwaltungs-; (péj)
 bürokratisch
administration [administrasjɔ̃] nf
 Verwaltung f; **l'A~** der Staatsdienst
administrer [administre] vt (entreprise)
 führen, leiten; (remède, correction)
 verabreichen; (sacrement) spenden
admirable [admiʀabl] adj
 bewundernswert
admirateur, -trice [admiʀatœʀ, tʀis]
 nm/f Bewunderer m, Bewunderin f
admiratif, -ive [admiʀatif, iv] adj
 bewundernd
admiration [admiʀasjɔ̃] nf
 Bewunderung f; **être en ~ devant qch**
 etw voller Bewunderung betrachten
admirer [admiʀe] vt bewundern
admissible [admisibl] adj
 (comportement, attitude) zulässig;
 (candidat) (zur mündlichen Prüfung)
 zugelassen
admission [admisjɔ̃] nf Einlass m;
 (candidat reçu) Zulassung f
ADN [adeɛn] sigle m (= acide
 désoxyribonucléique) DNS f
ado [ado] (fam) nmf = **adolescent**
adolescence [adɔlesɑ̃s] nf Jugend f
adolescent, e [adɔlesɑ̃, ɑ̃t] nm/f
 Jugendliche(r) f(m)
adonner [adɔne] : **s'adonner** vpr : **s'~ à**
 sich hingebungsvoll widmen +dat
adopter [adɔpte] vt (motion etc)
 verabschieden; (politique, attitude)
 annehmen; (enfant) adoptieren
adoptif, -ive [adɔptif, iv] adj Adoptiv-;
 c'est sa patrie adoptive das Land ist
 seine Wahlheimat
adoption [adɔpsjɔ̃] nf (de motion etc)
 Verabschiedung f; (de politique, attitude)
 Annahme f; (d'un enfant) Adoption f; (d'un
 nouveau venu) Aufnahme f; **c'est sa
 patrie d'~** das Land ist seine Wahlheimat
adorable [adɔʀabl] adj bezaubernd
adoration [adɔʀasjɔ̃] nf (Rel) Anbetung f;
 (gén) Verehrung f; **être en ~ devant**
 abgöttisch verehren
adorer [adɔʀe] vt anbeten; (aimer
 beaucoup) furchtbar gernhaben

adosser [adose] vt : **~ qch à/contre qch** eine Sache an etw acc/gegen etw lehnen; **s'adosser** vpr : **s'~ à/contre** sich mit dem Rücken lehnen an +acc

adoucir [adusiʀ] vt (mœurs, caractère) verfeinern; (peau) zart machen; (peine, douleur) versüßen, erleichtern

adoucissant [adusisã] nm Weichspüler m

adoucissement [adusismã] nm Milderung f

adoucisseur [adusisœʀ] nm : **~ (d'eau)** (Wasser)enthärter m

adrénaline [adʀenalin] nf Adrenalin nt

adresse [adʀɛs] nf (habileté) Geschick nt; (domicile, Inform) Adresse f; **~ électronique** ou **mail** E-Mail-Adresse; **~ URL** URL f; **~ web** Webadresse f

adresser [adʀese] vt (expédier) schicken; (écrire l'adresse sur) adressieren; **~ à qn** (injure, compliments) an jdn richten; **s'adresser** vpr : **s'~ à** (parler à) ansprechen; (être destiné à) sich richten an +acc

Adriatique [adʀijatik] nf : **l'~** die Adria f

adroit, e [adʀwa, wat] adj geschickt

ADSL [adeɛsɛl] sigle m (= Asymmetrical Digital Subscriber Line) ADSL f

adulte [adylt] nmf Erwachsene(r) f(m) ▶ adj (chien, arbre) ausgewachsen; (attitude) reif

adultère [adyltɛʀ] nm Ehebruch m

advenir [advəniʀ] vi sich ereignen

adverbe [advɛʀb] nm Adverb nt

adverbial, e, -aux [advɛʀbjal, o] adj adverbial

adversaire [advɛʀsɛʀ] nmf Gegner(in) m(f)

adverse [advɛʀs] adj gegnerisch

adversité [advɛʀsite] nf Not f

aérateur [aeʀatœʀ] nm Ventilator m

aération [aeʀasjɔ̃] nf Lüftung f

aérer [aeʀe] vt lüften; (style, texte) auflockern

aérien, ne [aeʀjɛ̃, jɛn] adj (Aviat) Luft-; (câble) überirdisch; **métro ~** Hochbahn f

aérobic [aeʀɔbik] nm ou nf Aerobic nt

aérodrome [aeʀɔdʀom] nm Flugplatz m

aérodynamique [aeʀɔdinamik] adj aerodynamisch ▶ nf Aerodynamik f

aérofrein [aeʀɔfʀɛ̃] nm Bremsklappe f, Landeklappe f

aérogare [aeʀɔɡaʀ] nf (à l'aéroport) Terminal nt

aéroglisseur [aeʀɔɡlisœʀ] nm Luftkissenboot nt

aérogramme [aeʀɔɡʀam] nm Luftpostleichtbrief m

aéromodélisme [aeʀɔmɔdelism] nm Modellflugzeugbau m

aéronaute [aeʀɔnot] nm Luftschiffer(in) m(f)

aéronautique [aeʀɔnotik] adj aeronautisch

aéronaval, e [aeʀɔnaval] adj Luft- und See-

aéronef [aeʀɔnɛf] nm Luftschiff nt

aéroport [aeʀɔpɔʀ] nm Flughafen m

aéropostal, e, -aux [aeʀɔpɔstal, o] adj Luftpost-

aérosol [aeʀɔsɔl] nm (bombe) Spraydose f

aérospatial, e, -aux [aeʀɔspasjal, jo] adj Raumfahrt- ▶ nf Raumfahrt f

aérostat [aeʀɔsta] nm Ballon m

aérotrain® [aeʀɔtʀɛ̃] nm Luftkissenzug m

affabilité [afabilite] nf Umgänglichkeit f

affable [afabl] adj umgänglich

affaiblir [afebliʀ] vt schwächen; **s'affaiblir** vpr schwächer werden

affaiblissement [afeblismã] nm Schwächung f; (de la vue, mémoire etc) Nachlassen nt

affaire [afɛʀ] nf (question) Angelegenheit f; (scandale) Affäre f; (criminelle, judiciaire) Fall m; (entreprise, transaction) Geschäft nt; (occasion intéressante) (günstige) Gelegenheit f; **affaires** nfpl (activités commerciales) Geschäfte pl; (effets) Sachen pl; **avoir ~ à qn/qch** es mit jdm/etw zu tun haben; **les A~s étrangères** auswärtige Angelegenheiten pl

affairé, e [afeʀe] adj geschäftig

affairer [afeʀe] : **s'affairer** vpr geschäftig hin und her eilen

affairisme [afeʀism] nm Geschäftemacherei f

affaissement [afɛsmã] nm : **~ de terrain** Erdrutsch m

affaisser [afese] : **s'affaisser** vpr (terrain, immeuble) einstürzen; (personne) zusammenbrechen

affaler [afale] : **s'affaler** vpr : **s'~ dans/sur qch** sich erschöpft in/auf etw acc fallen lassen

affamé, e [afame] adj ausgehungert

affamer [afame] vt aushungern

affectation [afɛktasjɔ̃] nf (de crédits) (Zweck)bindung f; (à un poste) Zuweisung f; (manque de naturel) Geziertheit f; (simulation) Heuchelei f

affecté, e [afɛkte] adj geziert; (feint) geheuchelt

affecter [afɛkte] vt (toucher) berühren, treffen; (feindre) vortäuschen; **~ à** (personne, crédits) zuteilen +dat; **~ qch d'un coefficient/indice** etw mit einem Koeffizienten/Index versehen

affectif, -ive [afɛktif, iv] adj affektiv

affection [afɛksjɔ̃] nf Zuneigung f; (Méd) Leiden nt
affectionner [afɛksjɔne] vt mögen
affectueux, -euse [afɛktɥø, øz] adj liebevoll
affermir [afɛʀmiʀ] vt festigen
affichage [afiʃaʒ] nm Anschlag; (électronique) Anzeige f; **~ du numéro de l'appelant** Rufnummeranzeige
affiche [afiʃ] nf Plakat nt; **être à l'~** gespielt werden; **tenir l'~** lange auf dem Spielplan stehen
afficher [afiʃe] vt anschlagen; (attitude) zur Schau stellen
afficheur [afiʃœʀ] nm Plakatankleber m; (Inform) Display nt; **~ à cristaux liquides** Flüssigkristallanzeige f, LCD-Anzeige
affilée [afile]: **d'~** adv an einem Stück
affiliation [afiljasjɔ̃] nf Mitgliedschaft f
affilier [afilje]: **s'affilier à** vpr Mitglied werden bei
affinité [afinite] nf Verwandtschaft f
affirmatif, -ive [afiʀmatif, iv] adj positiv; (réponse aussi) bejahend; (personne) bestimmt
affirmation [afiʀmasjɔ̃] nf Behauptung f
affirmative [afiʀmativ] nf: **répondre par l'~** mit Ja antworten
affirmer [afiʀme] vt behaupten; (autorité etc) geltend machen
affliction [afliksjɔ̃] nf Kummer m
affligé, e [afliʒe] adj bedrückt; **~ d'une maladie/tare** an einer Krankheit/einem Gebrechen leidend
affliger [afliʒe] vt (peiner) zutiefst bekümmern
affluence [aflyɑ̃s] nf: **heure d'~** Stoßzeit f
affluent [aflyɑ̃] nm Nebenfluss m
affluer [aflye] vi (secours, biens) eintreffen; (gens, sang) strömen
afflux [afly] nm (de gens, de capitaux) Zustrom m; **~ de sang** Blutandrang m
affolant, e [afɔlɑ̃, ɑ̃t] adj erschreckend
affolé, e [afɔle] adj durcheinander
affolement [afɔlmɑ̃] nm Panik f
affoler [afɔle] vt verrückt machen; **s'affoler** vpr durchdrehen
affranchir [afʀɑ̃ʃiʀ] vt (lettre, paquet) frankieren; (esclave) freilassen; (fig) befreien
affranchissement [afʀɑ̃ʃismɑ̃] nm (voir vt) Frankieren nt; Freilassung f; Befreiung f; (prix payé) Porto nt
affréter [afʀete] vt mieten
affreux, -euse [afʀø, øz] adj schrecklich
affrontement [afʀɔ̃tmɑ̃] nm Konfrontation f
affronter [afʀɔ̃te] vt (adversaire) entgegentreten +dat

affût [afy] nm: **être à l'~ de qn/qch** auf jdn/etw lauern
affûter [afyte] vt schärfen
afghan, e [afgɑ̃, an] adj afghanisch
Afghanistan [afganistɑ̃] nm: **l'~** Afghanistan nt
afin [afɛ̃]: **~ que** conj sodass, damit; **~ de faire qch** um etw zu tun
AFNOR [afnɔʀ] sigle f (= Association française de normalisation) Organisation für Industrienormen
a fortiori [afɔʀsjɔʀi] adv umso mehr, a fortiori
AFP [aɛfpe] sigle f (= Agence France-Presse) französische Presseagentur
AFPA [afpa] sigle f (= Association pour la formation professionnelle des adultes) Organisation für Erwachsenenbildung
africain, e [afʀikɛ̃, ɛn] adj afrikanisch
▶ nm/f: **Africain, e** Afrikaner(in)
Afrique [afʀik] nf: **l'~** Afrika nt; **~ australe/du Sud** Südafrika nt; **~ du Nord** Nordafrika nt
afro [afʀo] adj: **coiffure ~** Frisur f im Afro-Look
AG [aʒe] sigle f (= assemblée générale) Generalversammlung f
agaçant, e [agasɑ̃, ɑ̃t] adj ärgerlich
agacement [agasmɑ̃] nm Gereiztheit f
agacer [agase] vt aufregen
agate [agat] nf Achat m
âge [ɑʒ] nm Alter nt; (ère) Zeitalter nt; **quel ~ as-tu?** wie alt bist du?
âgé, e [ɑʒe] adj alt; **~ de 10 ans** 10 Jahre alt
agence [aʒɑ̃s] nf Agentur f; (succursale) Filiale f; **~ immobilière** Maklerbüro nt; **~ matrimoniale** Heiratsvermittlung f, Ehe(anbahnungs)institut nt; **~ de publicité** Werbeagentur f; **~ de voyages** Reisebüro nt
agencer [aʒɑ̃se] vt (éléments, texte) zusammenfügen, arrangieren; (appartement) einrichten
agenda [aʒɛ̃da] nm Kalender m; (calepin) Taschenkalender m
agenouiller [aʒ(ə)nuje]: **s'agenouiller** vpr niederknien
agent, e [aʒɑ̃] nm/f (Admin) Vertreter(in) ▶ nm (fig: élément, facteur) (wirkende) Kraft f; **~ d'assurances** Versicherungsmakler(in); **~ de change** Börsenmakler(in); **~ (de police)** Polizist(in)
agglomération [aglomeʀasjɔ̃] nf Ortschaft f; **l'~ parisienne** das Stadtgebiet von Paris
aggloméré [aglomeʀe] nm Pressspan m

agglomérer [aglɔmeʀe] vt anhäufen; (Tech) zusammenpressen
aggravant, e [agʀavɑ̃, ɑ̃t] adj : **circonstances ~es** erschwerende Umstände pl
aggravation [agʀavasjɔ̃] nf Verschlimmerung f
aggraver [agʀave] vt verschlimmern
agile [aʒil] adj beweglich
agilité [aʒilite] nf Beweglichkeit f
agio [aʒjo] nm Agio nt
agir [aʒiʀ] vi (se comporter) sich verhalten; (entrer en action) handeln; (avoir de l'effet) wirken; **~ sur qch** (suj : médicament, substance) bei etw wirken; **de quoi s'agit-il ?** um was handelt es sich?
agissements [aʒismɑ̃] nmpl Machenschaften pl
agitateur, -trice [aʒitatœʀ, tʀis] nm/f Agitator(in)
agitation [aʒitasjɔ̃] nf Bewegung f; (excitation) Erregung f; (politique) Aufruhr m
agité, e [aʒite] adj unruhig; (troublé, excité) aufgeregt, erregt; (mer) aufgewühlt
agiter [aʒite] vt (bouteille) schütteln; (préoccuper, exciter) beunruhigen
agneau [aɲo] nm Lamm nt; (Culin) Lamm(fleisch) nt
agonie [agɔni] nf Todeskampf m
agoniser [agɔnize] vi in den letzten Zügen liegen
agrafe [agʀaf] nf (de bureau) Heftklammer f; (de vêtement) Haken m
agrafer [agʀafe] vt (feuilles de papier) (zusammen)heften
agrafeuse [agʀaføz] nf Heftmaschine f
agraire [agʀɛʀ] adj Agrar-, landwirtschaftlich
agrandir [agʀɑ̃diʀ] vt vergrößern; (domaine, entreprise aussi) erweitern; **s'agrandir** vpr größer werden
agrandissement [agʀɑ̃dismɑ̃] nm Vergrößerung f
agréable [agʀeabl] adj angenehm
agréé, e [agʀee] adj : **concessionnaire/ magasin ~** Vertragshändler m
agréer [agʀee] vt (requête, excuse) annehmen; (demande) stattgeben +dat; **~ à qn** jdm genehm sein; **veuillez ~ …** ≈ mit freundlichen Grüßen
agrég [agʀɛg] abr f = **agrégation**
agrégation [agʀegasjɔ̃] nf höchste Lehramtsbefähigung

: Die **agrégation** oder
: umgangssprachlich die *agrég* ist eine
: hoch angesehene Prüfung für zukünftige
: Dozenten in Frankreich. Die Anzahl der
: Prüfungskandidaten übersteigt immer
: weit die Anzahl der freien Stellen. Die
: meisten Lehrer der *classes préparatoires*
: und Universitätsdozenten haben die
: **agrégation**.

agrégé, e [agʀeʒe] nm/f Lehrer(in) mit der höchsten Lehramtsbefähigung, der agrégation
agrément [agʀemɑ̃] nm (accord) Zustimmung f; (plaisir) Vergnügen nt
agrès [agʀɛ] nmpl (Turn)geräte pl
agresser [agʀese] vt angreifen
agresseur, -euse [agʀesœʀ] nm/f Angreifer(in); (Pol, Mil) Aggressor m
agressif, -ive [agʀesif, iv] adj aggressiv
agression [agʀesjɔ̃] nf Aggression f; (attaque) Angriff m
agressivité [agʀesivite] nf Aggressivität f
agricole [agʀikɔl] adj landwirtschaftlich
agriculteur, -trice [agʀikyltœʀ, tʀis] nm/f Landwirt(in)
agriculture [agʀikyltyʀ] nf Landwirtschaft f; **~ biologique** Biolandwirtschaft
agripper [agʀipe] vt, vr : **~ qch, s'~ à qch** sich an etw acc klammern
agroalimentaire [agʀoalimɑ̃tɛʀ] (pl **agroalimentaires**) adj Lebensmittel-
agrumes [agʀym] nmpl Zitrusfrüchte pl
aguerrir [ageʀiʀ] vt abhärten, stählen
aguets [agɛ] nmpl : **être aux ~** auf der Lauer liegen
aguichant, e [agiʃɑ̃, ɑ̃t] adj aufreizend
aguicher [agiʃe] vt reizen
aguicheur, -euse [agiʃœʀ, øz] adj verführerisch
ah [ˈɑ] excl oh
ahuri, e [ayʀi] adj verblüfft
ahurissant, e [ayʀisɑ̃, ɑ̃t] adj verblüffend
aide [ɛd] nf Hilfe f ▶ nmf Assistent(in) m(f); **à l'~ de qch** mithilfe etw gén; **appeler qn à l'~** jdn zu Hilfe rufen; **appeler à l'~** um Hilfe rufen; **~ de camp** nmf Adjutant(in) m(f); **~ judiciaire** nf Rechtshilfe f; **~ sociale** nf Sozialhilfe f
aide-comptable [ɛdkɔ̃tabl(ə)] (pl **aides-comptables**) nmf Buchhaltungsgehilfe (Buchhaltungsgehilfin) m(f)
aide-éducateur, -trice [ɛdedykatœʀ, tʀis] nm/f Assistenzlehrkraft f
aide-mémoire [ɛdmemwaʀ] (pl **aide-mémoires**) nm Gedächtnisstütze f
aider [ede] vt helfen +dat; **~ à** (contribuer à) beitragen zu
aide-soignant, e [ɛdswaɲɑ̃, ɑ̃t] (pl **aides-soignants, es**) nm/f Krankenpfleger(in)
aïeux [ajø] nmpl Ahnen pl

aigle [ɛgl] *nm* Adler *m*
aiglefin [egləfɛ̃] *nm* = **églefin**
aigre [ɛgʀ] *adj* sauer, säuerlich; *(fig)* schneidend
aigre-doux, -douce [ɛgʀədu, dus] *(pl* **aigres-doux, -douces)** *adj* süßsauer; *(propos)* säuerlich
aigreur [ɛgʀœʀ] *nf* säuerlicher Geschmack *m*; *(d'un propos)* Schärfe *f*; **~s d'estomac** Sodbrennen *nt*
aigri, e [egʀi] *adj* verbittert
aigrir [egʀiʀ] *vt, vr (fig)* verbittern
aigu, -uë [egy] *adj (objet, angle, arête)* spitz; *(son, voix)* hoch; *(douleur, intelligence)* scharf
aigue-marine [ɛgmaʀin] *(pl* **aigues-marines)** *nf* Aquamarin *m*
aiguillage [egɥijaʒ] *nm* Weiche *f*
aiguille [egɥij] *nf* Nadel *f*; *(de montre, compteur)* Zeiger *m*; **~ à tricoter** Stricknadel *f*
aiguilleur [egɥijœʀ] *nm*: **~ du ciel** Fluglotse (Fluglotsin) *m(f)*
aiguillon [egɥijɔ̃] *nm (d'abeille)* Stachel *m*
aiguillonner [egɥijɔne] *vt* anspornen
aiguiser [egize] *vt* schleifen, schärfen; *(appétit, esprit)* anregen
ail [aj] *nm* Knoblauch *m*
aile [ɛl] *nf* Flügel *m*
aileron [ɛlʀɔ̃] *nm (de requin)* Flosse *f*; *(d'avion)* Querruder *nt*
ailier, -ière [elje, ʀ] *nm/f* Flügelspieler(in); **~ droit(e)/gauche** Rechts-/Linksaußen *m*
ailleurs [ajœʀ] *adv* woanders; **nulle part ~** nirgendwo anders; **d'~** *(du reste)* übrigens; **par ~** überdies
ailloli [ajɔli] *nm* Knoblauchmayonnaise *f*
aimable [ɛmabl] *adj* freundlich
aimant, e [ɛmɑ̃, ɑ̃t] *nm* Magnet *m*
aimanter [ɛmɑ̃te] *vt* magnetisieren
aimer [eme] *vt* lieben; *(d'amitié, affection)* mögen; *(chose, activité)* gernhaben; **bien ~ qn** jdn mögen; **bien ~ qch** etw gernhaben; **j'aime la plage/faire du ski** ich gehe gerne an den Strand/ich fahre gerne Ski; **j'aime mieux** *ou* **autant vous dire que** ich sage Ihnen lieber, dass; **j'~ais mieux y aller maintenant** ich würde jetzt lieber gehen
aine [ɛn] *nf* Leiste *f*
aîné, e [ene] *adj* älter ▶ *nm/f* ältestes Kind *nt*, Älteste(r) *f(m)*
ainsi [ɛ̃si] *adv* so; **~ que** *(comme)* wie; *(et aussi)* und; **pour ~ dire** sozusagen
aïoli [ajɔli] *nm* = **ailloli**
air [ɛʀ] *nm (atmosphérique, ciel)* Luft *f*; *(expression)* (Gesichts)ausdruck *m*; *(mélodie)* Melodie *f*; **prendre l'~** Luft schnappen; **paroles/menaces en l'~** leere Worte *pl*/Drohungen *pl*; **prendre de grands ~s avec qn** jdn herablassend behandeln; **avoir l'~** scheinen; **avoir l'~ d'un clown** aussehen wie ein Clown; **avoir l'~ triste** traurig aussehen
airbag [ɛʀbag] *nm* Airbag *m*; **~ conducteur/passager** Fahrer-/Beifahrerairbag *m*
aire [ɛʀ] *nf* Fläche *f*; *(domaine)* Gebiet *nt*; **~ de jeu** Spielplatz *m*; **~ de lancement** Abschussrampe *f*; **~ de repos** Raststätte *f*, Rastplatz *m*; **~ de stationnement** Parkplatz *m*
airelle [ɛʀɛl] *nf*: **~ rouge** Preiselbeere *f*
aisance [ɛzɑ̃s] *nf* Leichtigkeit *f*; *(adresse)* Geschicklichkeit *f*; *(grâce)* Leichtigkeit *f*; *(richesse)* Wohlstand *m*
aise [ɛz] *nf*: **être à l'~** *ou* **à son ~** sich wohlfühlen; *(financièrement)* gut gestellt sein; **se mettre à l'~** es sich *dat* bequem machen; **être mal à l'~** *ou* **à son ~** sich unbehaglich fühlen
aisé, e [eze] *adj (facile)* leicht; *(assez riche)* gut situiert
aisément [ezemɑ̃] *adv* leicht
aisselle [ɛsɛl] *nf* Achselhöhle *f*
ajonc [aʒɔ̃] *nm* Ginster *m*
ajournement [aʒuʀnəmɑ̃] *nm* Vertagen *nt*
ajourner [aʒuʀne] *vt* vertagen
ajout [aʒu] *nm* Zusatz *m*
ajouter [aʒute] *vt* hinzufügen; **~ foi à** Glauben schenken +*dat*
ajustage [aʒystaʒ] *nm* Justieren *nt*, Einrichten *nt*
ajustement [aʒystəmɑ̃] *nm (de statistique, prix)* Anpassung *f*
ajuster [aʒyste] *vt (régler)* einstellen; **~ qch à** *(adapter)* etw anpassen an +*acc*
ajusteur [aʒystœʀ] *nm* Metallarbeiter *m*
alambic [alɑ̃bik] *nm* Destillierapparat *m*
alarmant, e [alaʀmɑ̃, ɑ̃t] *adj* beunruhigend
alarme [alaʀm] *nf (signal)* Alarm *m*; *(inquiétude)* Sorge *f*, Beunruhigung *f*
alarmer [alaʀme] *vt (inquiéter)* beunruhigen; **s'alarmer** *vpr* sich *dat* Sorgen machen
alarmiste [alaʀmist] *adj* Unheil prophezeiend
albanais, e [albanɛ, ɛz] *adj* albanisch ▶ *nm/f*: **Albanais, e** Albaner(in)
Albanie [albani] *nf*: **l'~** Albanien *nt*
albâtre [albɑtʀ] *nm* Alabaster *m*
albatros [albatʀos] *nm* Albatros *m*
albinos [albinos] *nmf* Albino *m*
album [albɔm] *nm* Album *nt*
albumen [albymɛn] *nm* Eiweiß *nt*

albumine [albymin] *nf* Albumin *nt*
alcalin, e [alkalɛ̃, in] *adj* alkalisch
alcool [alkɔl] *nm* Alkohol *m*; **un ~** ≈ ein Schnaps *m*; **~ à 90°** Wundbenzin *nt*; **~ à brûler** Brennspiritus *m*
alcoolémie [alkɔlemi] *nf*: **taux d'~** Alkoholspiegel *m (im Blut)*
alcoolique [alkɔlik] *adj* alkoholisch ▶ *nmf* Alkoholiker(in) *m(f)*
alcoolisé, e [alkɔlize] *adj (boisson)* alkoholisch
alcoolisme [alkɔlism] *nm* Alkoholismus *m*
alcootest®, alcotest® [alkɔtɛst] *nm* Alkoholtest *m*
aléas [alea] *nmpl* Risiken *pl*
aléatoire [aleatwaʀ] *adj* zufällig; *(Inform, Stat)* Zufalls-
alémanique [alemanik] *adj* alemannisch
alentour [alɑ̃tuʀ] *adv* in der Umgebung; **alentours** *nmpl* Umgebung *f*
alerte [alɛʀt] *nf (signal)* Alarm *m*; **donner l'~** Alarm schlagen; **~ rouge** Alarmstufe 1
alerter [alɛʀte] *vt (pompiers etc)* alarmieren; *(informer, prévenir)* (darauf) aufmerksam machen
alevin [alvɛ̃] *nm (junger)* Zuchtfisch *m*
alexandrin [alɛksɑ̃dʀɛ̃] *nm* Alexandriner *m*
algèbre [alʒɛbʀ] *nf* Algebra *f*
algébrique [alʒebʀik] *adj* algebraisch
Algérie [alʒeʀi] *nf*: **l'~** Algerien *nt*
algérien, ne [alʒeʀjɛ̃, jɛn] *adj* algerisch ▶ *nm/f*: **Algérien, ne** Algerier(in)
algorithme [algɔʀitm] *nm* Algorithmus *m*
algue [alg] *nf* Alge *f*
alibi [alibi] *nm* Alibi *nt*
aliéné, e [aljene] *nm/f* Geistesgestörte(r) *f(m)*
aliéner [aljene] *vt (bien)* veräußern; *(liberté, indépendance)* aufgeben; **s'aliéner** *vpr (les sympathies)* sich *dat* verscherzen
alignement [aliɲ(ə)mɑ̃] *nm (voir vb)* Ausrichtung *f*; Aufstellung *f*; Aneinanderreihung *f*; Angleichung *f*; **se mettre à l'~** sich ausrichten
aligner [aliɲe] *vt (mettre en ligne)* in einer Reihe ausrichten; *(arguments, chiffres)* auflisten; **s'aligner** *vpr (soldats etc, Pol)* sich aufstellen; *(concurrents)* sich aufstellen; **~ qch sur** etw angleichen an +*acc*
aliment [alimɑ̃] *nm* Nahrungsmittel *nt*
alimentaire [alimɑ̃tɛʀ] *adj* Nahrungs-; *(péj)* lukrativ; **produits** *ou* **denrées ~s** Nahrungsmittel *pl*; **régime ~** Diät *f*
alimentation [alimɑ̃tasjɔ̃] *nf* Ernährung *f*; *(en eau, en électricité)* Versorgung *f*; **« ~ générale »** „Lebensmittel"; **~ en papier** Papiereinzug *m*

alimenter [alimɑ̃te] *vt* ernähren; *(Tech)* versorgen; *(conversation)* in Gang halten
alinéa [alinea] *nm* Absatz *m*
aliter [alite] : **s'aliter** *vpr* sich ins Bett legen; **alité** *(malade)* bettlägerig
allaitement [alɛtmɑ̃] *nm* Stillen *nt*
allaiter [alete] *vt* stillen
allant [alɑ̃] *nm* Elan *m*
alléchant, e [aleʃɑ̃, ɑ̃t] *adj* verlockend
allécher [aleʃe] *vt* anlocken
allée [ale] *nf* Allee *f*; **allées** *nfpl* : **allées et venues** Hin und Her *nt*
allégation [a(l)legasjɔ̃] *nf* Behauptung *f*
allégé, e [aleʒe] *adj* leicht
alléger [aleʒe] *vt* leichter machen; *(dette, impôt)* senken; *(souffrance)* lindern
allégorie [a(l)legɔʀi] *nf* Allegorie *f*
allégorique [a(l)legɔʀik] *adj* allegorisch
allégresse [a(l)legʀɛs] *nf* Fröhlichkeit *f*
alléguer [a(l)lege] *vt (fait)* anführen; *(prétexte)* vorbringen
Allemagne [almaɲ] *nf*: **l'~** Deutschland *nt*; **en ~** in Deutschland; **aller en ~** nach Deutschland fahren
allemand, e [almɑ̃, ɑ̃d] *adj* deutsch ▶ *nm (Ling)* Deutsch *nt* ▶ *nm/f*: **Allemand, e** Deutsche(r) *f(m)*; **apprendre l'~** Deutsch lernen; **parler l'~** Deutsch sprechen; **traduire en ~** ins Deutsche übersetzen

---

MOT-CLÉ

aller [ale] *vi* **1** *(se rendre : avec complément de lieu)* gehen; *(en voiture, train etc)* fahren; **aller au théâtre/concert/cinéma** ins Theater/Konzert/Kino gehen; **aller à l'école** in die Schule gehen; **aller jusqu'à Paris** bis Paris fahren; **aller jusqu'à 100 euros** bis 100 Euro gehen; **aller voir/chercher qn** jdn besuchen/abholen gehen
2 *(état)* : **il va bien/mal/mieux** es geht ihm gut/schlecht/besser; **comment allez-vous/vas-tu ?** wie geht es (Ihnen/dir)?; **comment ça va ?** wie gehts?; **ça va ? — oui, ça va** wie gehts? — gut; **ça va bien/mal** es geht mir gut/nicht gut; **tout va bien** alles läuft bestens; **ça ne va pas !** *(exclamatif)* du spinnst wohl!
3 *(convenir)* passen +*dat*; *(suj : style, couleur etc)* stehen +*dat*; **cette robe vous va très bien** dieses Kleid steht Ihnen sehr gut; **cela me va** das passt mir; **aller avec** passen zu
4 *(futur proche)* : **je vais y aller/me fâcher/le faire** ich werde hingehen/mich ärgern/das machen; **je vais m'en occuper demain** ich kümmere mich morgen darum

allergène | 12

5 (*progression*) : **aller en empirant/augmentant** immer schlimmer/mehr werden
6 (*exclamation*) : **allons !** los!; **allez !** los!; **allons-y !** auf gehts!; **allons donc !** ach, komm!; **allez, fais un effort !** Mensch, streng dich ein bisschen an!; **allez, je m'en vais** also, ich gehe jetzt; **allez, au revoir** na dann, auf Wiedersehen
7 (*locutions*) : **il n'y est pas allé par quatre chemins** er hat nicht lange gefackelt; **se laisser aller** (*se négliger*) sich gehen lassen; **il y va de leur vie** es geht um ihr Leben; **ça ne va pas sans difficultés/protestations** das geht nicht ohne Schwierigkeiten/Proteste ab; **ça va de soi** das versteht sich von selbst; **ça va sans dire** das versteht sich von selbst, das ist selbstverständlich; **il va sans dire que ...** es versteht sich von selbst, dass ...
▶ *vpr* : **s'en aller 1** (*partir*) weggehen
2 (*disparaître*) verschwinden
▶ *nm* **1** (*trajet*) Hinweg *m*
2 (*billet*) einfache Fahrkarte *f*; **aller simple** einfache Fahrkarte; **aller (et) retour** Rückfahrkarte *f*

allergène [alɛʀʒɛn] *nm* Allergen *nt*
allergie [alɛʀʒi] *nf* Allergie *f*
allergique [alɛʀʒik] *adj* : **~ à** allergisch auf +*acc*
alliage [aljaʒ] *nm* Legierung *f*
alliance [aljɑ̃s] *nf* Allianz *f*; (*bague*) Ehering *m*; **neveu par ~** angeheirateter Neffe *m*
allier [alje] *vt* verbünden; (*métaux*) legieren; **s'allier** *vpr* (*pays, personnes*) sich verbünden; (*éléments, caractéristiques*) sich verbinden; **s'~ à qn** sich mit jdm verbünden
alligator [aligatɔʀ] *nm* Alligator *m*
allô [alo] *excl* hallo
allocataire [alɔkatɛʀ] *nmf* Empfänger(in) *m(f)* (*einer Beihilfe*)
allocation [alɔkasjɔ̃] *nf* (*action*) Zuteilung *f*, Zuweisung *f*; **~ (de) chômage** Arbeitslosenunterstützung *f*; **~ (de) logement** Wohngeld *nt*; **~s familiales** Familienhilfe *f*
allocution [a(l)lɔkysjɔ̃] *nf* kurze Ansprache *f*
allonger [alɔ̃ʒe] *vt* verlängern; (*bras, jambe*) ausstrecken; **s'allonger** *vpr* (*se coucher*) sich hinlegen *ou* ausstrecken; **~ le pas** seinen Schritt beschleunigen
allumage [alymaʒ] *nm* (*Auto*) Zündung *f*
allume-cigare [alymsigaʀ] (*pl* **allume-cigares**) *nm* Zigarrenanzünder *m*
allume-gaz [alymgaz] *nm inv* Gasanzünder *m*
allumer [alyme] *vt* (*lampe, radio*) einschalten; **~ (la lumière** *ou* **l'électricité)** das Licht anmachen; **~ un feu** ein Feuer machen
allumette [alymɛt] *nf* Streichholz *nt*
allure [alyʀ] *nf* (*vitesse*) Geschwindigkeit *f*; (*démarche*) Gang *m*; (*aspect*) Aussehen *nt*; **avoir de l'~** Stil haben; **à toute ~** mit voller Geschwindigkeit
allusion [a(l)lyzjɔ̃] *nf* Anspielung *f*; **faire ~ à qch** auf etw *acc* anspielen
aloès [alɔɛs] *nm* Aloe *f*
alors [alɔʀ] *adv* (*à ce moment-là*) damals
▶ *conj* (*par conséquent*) dann; **~ que** (*tandis que*) während
alouette [alwɛt] *nf* Lerche *f*
alourdir [aluʀdiʀ] *vt* beschweren
alpage [alpaʒ] *nm* Alm *f*
Alpes [alp] *nfpl* : **les ~** die Alpen *pl*
alpestre [alpɛstʀ] *adj* alpin, Alpen-
alphabet [alfabɛ] *nm* Alphabet *nt*
alphabétique [alfabetik] *adj* alphabetisch; **par ordre ~** in alphabetischer Reihenfolge
alphabétiser [alfabetize] *vt* das Lesen und Schreiben beibringen +*dat*
alphanumérique [alfanymeʀik] *adj* alphanumerisch
alpin, e [alpɛ̃, in] *adj* Alpen-, alpin; **club ~** Alpenverein *m*
alpinisme [alpinism] *nm* Bergsteigen *nt*
alpiniste [alpinist] *nmf* Bergsteiger(in) *m(f)*
Alsace [alzas] *nf* : **l'~** das Elsass
alsacien, ne [alzasjɛ̃, jɛn] *adj* elsässisch
▶ *nm/f* : **Alsacien, ne** Elsässer(in)
altercation [altɛʀkasjɔ̃] *nf* (*heftige*) Auseinandersetzung *f*
altérer [alteʀe] *vt* (*faits*) (ab)ändern; (*vérité*) verdrehen; (*qualité*) beeinträchtigen
altermondialisme [altɛʀmɔ̃djalism] *nm* alternative Globalisierung *f*
altermondialiste [altɛʀmɔ̃djalist] *nmf* Globalisierungskritiker(in) *m(f)* ▶ *adj* globalisierungskritisch
alternance [altɛʀnɑ̃s] *nf* Abwechseln *nt*; **en ~** abwechselnd
alternateur [altɛʀnatœʀ] *nm* Wechselstromgenerator *m*
alternatif, -ive [altɛʀnatif, iv] *adj* wechselnd; **courant ~** Wechselstrom *m*
alternative [altɛʀnativ] *nf* Alternative *f*
alternativement [altɛʀnativmɑ̃] *adv* abwechselnd
alterner [altɛʀne] *vi* sich abwechseln; **~ avec qch** sich mit etw abwechseln

altimètre [altimɛtʀ] nm Höhenmesser m
altiste [altist] nmf Bratschist(in) m(f)
altitude [altityd] nf Höhe f (über dem Meeresspiegel)
alto [alto] nm (instrument à cordes) Bratsche f; (saxophone) Altsaxophon nt
▶ nf (chanteuse) Altistin f
altruisme [altʀyism] nm Altruismus m
aluminium [alyminjɔm] nm Aluminium nt
alunir [alyniʀ] vi auf den Mond landen
alunissage [alynisaʒ] nm Mondlandung f
alvéole [alveɔl] nf (de ruche etc) (Bienen)wabe f
amabilité [amabilite] nf Liebenswürdigkeit f; **il a eu l'~ de ...** er war so liebenswürdig zu ...
amadouer [amadwe] vt beschwichtigen
amaigrir [amegʀiʀ] vt abmagern
amaigrissant, e [amegʀisɑ̃, ɑ̃t] adj : **régime ~** Abmagerungskur f
amalgame [amalgam] nm Amalgam nt; (de gens, d'idées) Mischung f
amande [amɑ̃d] nf Mandel f; **en ~** mandelförmig
amandier [amɑ̃dje] nm Mandelbaum m
amanite [amanit] nf : **~ tue-mouches** Fliegenpilz m
amant, e [amɑ̃, ɑ̃t] nm/f Geliebte(r) f(m)
amarrer [amaʀe] vt (Naut) festmachen
amaryllis [amaʀilis] nf Amaryllis f
amas [ama] nm Haufen m
amasser [amɑse] vt anhäufen
amateur, -trice [amatœʀ, tʀis] nm/f Amateur(in); **~ de musique/de sport** Musik-/Sportfreund(in); **du travail d'~** (péj) dilettantische Arbeit
Amazone [amazon] nf Amazonas m
amazone [amazon] nf : **en ~** im Damensitz
ambassade [ɑ̃basad] nf Botschaft f
ambassadeur, -drice [ɑ̃basadœʀ, dʀis] nm/f Botschafter(in)
ambiance [ɑ̃bjɑ̃s] nf Atmosphäre f
ambiant, e [ɑ̃bjɑ̃, jɑ̃t] adj umgebend
ambidextre [ɑ̃bidɛkstʀ] adj mit beiden Händen gleich geschickt
ambigu, -uë [ɑ̃bigy] adj zweideutig
ambiguïté [ɑ̃biguite] nf Doppeldeutigkeit f
ambitieux, -euse [ɑ̃bisjø, jøz] adj ehrgeizig
ambition [ɑ̃bisjɔ̃] nf Ehrgeiz m
ambitionner [ɑ̃bisjɔne] vt anstreben
ambivalent, e [ɑ̃bivalɑ̃, ɑ̃t] adj ambivalent
ambre [ɑ̃bʀ] nm : **~ jaune** Bernstein m; **~ gris** Amber m
ambulance [ɑ̃bylɑ̃s] nf Krankenwagen m
ambulancier, -ière [ɑ̃bylɑ̃sje, jɛʀ] nm/f Sanitäter(in)

ambulant, e [ɑ̃bylɑ̃, ɑ̃t] adj Wander-
ambulatoire [ɑ̃bylatwaʀ] adj (Méd) ambulant
âme [ɑm] nf Seele f; **rendre l'~** den Geist aufgeben; **~ sœur** verwandte Seele
amélioration [ameljɔʀasjɔ̃] nf Verbesserung f
améliorer [ameljɔʀe] vt verbessern; **s'améliorer** vpr besser werden
aménagement [amenaʒmɑ̃] nm Ausstattung f, Einrichtung f
aménager [amenaʒe] vt (local) einrichten; (espace, terrain) anlegen; (mansarde, vieux bâtiment) umbauen; (coin-cuisine, placards) einbauen; **~ les combles en chambre** den Dachboden ausbauen
amende [amɑ̃d] nf Geldstrafe f; **mettre à l'~** bestrafen; **faire ~ honorable** sich öffentlich schuldig bekennen
amendement [amɑ̃dmɑ̃] nm Gesetzesänderung f
amender [amɑ̃de] vt (loi) ändern; **s'amender** vpr sich bessern
amener [am(ə)ne] vt mitbringen; (occasionner) mit sich führen; **s'amener** (fam) ▶ vpr aufkreuzen
amer, amère [amɛʀ] adj bitter
américain, e [ameʀikɛ̃, ɛn] adj amerikanisch ▶ nm/f : **Américain, e** Amerikaner(in)
Amérique [ameʀik] nf Amerika nt; **l'~ centrale** Zentralamerika nt; **l'~ latine** Lateinamerika nt; **l'~ du Nord/du Sud** Nord-/Südamerika nt
amerrir [ameʀiʀ] vi wassern
amerrissage [ameʀisaʒ] nm Wassern nt
amertume [amɛʀtym] nf Bitterkeit f
améthyste [ametist] nf Amethyst m
ameublement [amœbləmɑ̃] nm Einrichtung f
ameuter [amøte] vt (attrouper) zusammenlaufen lassen
ami, e [ami] nm/f Freund(in); **être (très) ~ avec qn** mit jdm gut befreundet sein; **petit ~/petite ~e** (fam) Liebchen nt
amiable [amjabl] adj : **à l'~** gütlich
amiante [amjɑ̃t] nm Asbest m
amibe [amib] nf Amöbe f
amical, e, -aux [amikal, o] adj (conseil, attitude) freundschaftlich
amicale [amikal] nf Verein m
amicalement [amikalmɑ̃] adv freundschaftlich; (formule épistolaire) ≈ mit freundlichen Grüßen
amidon [amidɔ̃] nm Stärke f
amidonner [amidɔne] vt stärken
amincir [amɛ̃siʀ] vt (objet) dünn machen; (personne) schlank machen;

s'amincir vpr (objet) dünner werden; (personne) schlanker werden

amiral, e, -aux [amiʀal, o] nm/f Admiral(in)

amitié [amitje] nf Freundschaft f; **faire ses ~s à qn** jdm herzliche Grüße übermitteln ou ausrichten

ammoniac [amɔnjak] nm Ammoniak m

ammoniaque [amɔnjak] nf Salmiakgeist m

amnésie [amnezi] nf Gedächtnisverlust m

amnésique [amnezik] adj : **elle est ~** sie hat ihr Gedächtnis verloren

amniocentèse [amnjosɛ̃tɛz] nf Amniozentese f

amnistie [amnisti] nf Amnestie f

amnistier [amnistje] vt amnestieren

amoindrir [amwɛ̃dʀiʀ] vt vermindern

amonceler [amɔ̃s(ə)le] vt anhäufen; **s'amonceler** vpr sich auftürmen

amont [amɔ̃] adv : **en ~** stromaufwärts; (sur une pente) bergauf

amoral, e, -aux [amɔʀal, o] adj amoralisch

amorce [amɔʀs] nf (sur un hameçon) Köder m; (explosif) Zünder m; (fig : début) Anfänge pl

amorcer [amɔʀse] vt (négociations) in die Wege leiten; (virage) anfahren; **~ un hameçon** einen Köder an den Angelhaken hängen

amorphe [amɔʀf] adj träge, passiv

amortir [amɔʀtiʀ] vt (choc, bruit) dämpfen; (mise de fonds, matériel) abschreiben

amortissement [amɔʀtismɑ̃] nm (de choc) Dämpfen nt; (d'une dette) Abbezahlen nt

amortisseur [amɔʀtisœʀ] nm (Auto) Stoßdämpfer m

amour [amuʀ] nm Liebe f; **faire l'~** sich lieben

amouracher [amuʀaʃe] : **s'amouracher** vpr : **s'~ de** (fam) sich verschießen in +acc

amoureusement [amuʀøzmɑ̃] adv verliebt; (avec soin) liebevoll

amoureux, -euse [amuʀø, øz] adj verliebt; (vie) Liebes-; ▶ nmpl Liebespaar nt; **être ~ (de qn)** (in jdn) verliebt sein

amour-propre [amuʀpʀɔpʀ] (pl **amours-propres**) nm Selbstachtung f

amovible [amɔvibl] adj abnehmbar

ampère [ɑ̃pɛʀ] nm Ampere nt

ampèremètre [ɑ̃pɛʀmɛtʀ] nm Amperemeter nt

amphétamine [ɑ̃fetamin] nf Amphetamin nt

amphi [ɑ̃fi] nm Hörsaal m

amphithéâtre [ɑ̃fiteɑtʀ] nm Amphitheater nt; (Univ) Hörsaal m

ample [ɑ̃pl] adj (vêtement) weit; (gestes, mouvement) ausladend; (ressources) üppig, reichlich

ampleur [ɑ̃plœʀ] nf Weite f; (d'un désastre, d'une manifestation) Ausmaß nt; **prendre de l'~** sich ausweiten

amplificateur [ɑ̃plifikatœʀ] nm Verstärker m

amplifier [ɑ̃plifje] vt (son, oscillation) verstärken; (importance, quantité) vergrößern

amplitude [ɑ̃plityd] nf (Phys) Amplitude f; (des températures) Schwankung f

ampoule [ɑ̃pul] nf (Élec) (Glüh)birne f; (de médicament) Ampulle f; (aux mains, pieds) Blase f

amputation [ɑ̃pytasjɔ̃] nf (Méd) Amputation f; (de budget etc) drastische Kürzung f

amputer [ɑ̃pyte] vt (Méd) amputieren; (texte, budget) drastisch kürzen

amusant, e [amyzɑ̃, ɑ̃t] adj komisch; (jeu) unterhaltsam

amuse-gueule [amyzgœl] (pl **amuse-gueules**) nm Appetithappen m

amusement [amyzmɑ̃] nm (hilarité) Belustigung f; (jeu, divertissement) Unterhaltung f

amuser [amyze] vt (divertir) unterhalten; (faire rire) belustigen; **s'amuser** vpr (jouer) spielen; (se divertir) sich amüsieren

amygdale [amidal] nf (Rachen)mandel f; **opérer qn des ~s** jdm die Mandeln herausnehmen

amygdalite [amidalit] nf Mandelentzündung f

AN [aɛn] sigle f (= Assemblée nationale) Nationalversammlung f

an [ɑ̃] nm Jahr nt; **le jour de l'an** Neujahr; **le nouvel an** das neue Jahr

anabolisants [anabolizɑ̃] nmpl Anabolika pl

anachronique [anakʀɔnik] adj nicht zeitgemäß, anachronistisch

anachronisme [anakʀɔnism] nm Anachronismus m

anaconda [anakɔ̃da] nm Anakonda f

analgésique [analʒezik] nm Schmerzmittel nt

anallergique [analɛʀʒik] adj antiallergisch

analogie [analɔʒi] nf Analogie f

analogique [analɔʒik] adj analog; **calculateur ~** Analogrechner m

analogue [analɔg] adj analog

analphabète [analfabɛt] nmf Analphabet(in) m(f)

analphabétisme [analfabetism] nm Analphabetentum nt
analyse [analiz] nf Analyse f; **~ syntaxique** (Ling) Satzanalyse
analyser [analize] vt analysieren
analyste [analist] nmf (Psych) Analytiker(in) m(f)
analyste-programmeur, -euse [analistpʀɔgʀamœʀ, øz] (pl **analystes-programmeurs, -euses**) nm/f Programmanalytiker(in)
analytique [analitik] adj analytisch
ananas [anana(s)] nm Ananas f
anarchie [anaʀʃi] nf Anarchie f
anarchique [anaʀʃik] adj anarchisch
anarchisme [anaʀʃism] nm Anarchismus m
anarchiste [anaʀʃist] nmf Anarchist(in) m(f)
anathème [anatɛm] nm : **jeter l'~ sur qn** jdn mit dem Bann belegen
anatomie [anatɔmi] nf Anatomie f
anatomique [anatɔmik] adj anatomisch
ancestral, e, -aux [ɑ̃sɛstʀal, o] adj Ahnen-
ancêtre [ɑ̃sɛtʀ] nmf Vorfahr m; **ancêtres** nmpl Vorfahren pl
anchois [ɑ̃ʃwa] nm Sardelle f
ancien, ne [ɑ̃sjɛ̃, jɛn] adj alt; (de l'antiquité) antik; (précédent) ehemalig ▶ nm/f (personne) Älteste(r) f(m)
anciennement [ɑ̃sjɛnmɑ̃] adv früher
ancienneté [ɑ̃sjɛnte] nf Alter nt; (temps de service) Dienstalter nt
ancre [ɑ̃kʀ] nf Anker m; **jeter/lever l'~** den Anker werfen/lichten; **à l'~** vor Anker
ancrer [ɑ̃kʀe] vt verankern; **s'ancrer** vpr Anker werfen
Andalousie [ɑ̃daluzi] nf : **l'~** Andalusien nt
Andes [ɑ̃d] nfpl Anden pl
Andorre [ɑ̃dɔʀ] nf Andorra nt
andouille [ɑ̃duj] nf Art Wurst (mit Innereien); (fam) Trottel m
andouillette [ɑ̃dujɛt] nf Art Würstchen (mit Innereien)
âne [ɑn] nm Esel m
anéantir [aneɑ̃tiʀ] vt vernichten; (accabler) fertigmachen
anecdote [anɛkdɔt] nf Anekdote f
anémie [anemi] nf Anämie f
anémique [anemik] adj anämisch
anémone [anemɔn] nf Anemone f; **~ de mer** Seeanemone f
ânerie [ɑnʀi] nf Dummheit f
anesthésie [anɛstezi] nf Betäubung f; **~ générale** Vollnarkose f; **~ locale** örtliche Betäubung

anesthésier [anɛstezje] vt betäuben
anesthésique [anɛstezik] nm Narkose f
anesthésiste [anɛstezist] nmf Anästhesist(in) m(f)
ange [ɑ̃ʒ] nm Engel m
angélique [ɑ̃ʒelik] adj engelgleich
angelot [ɑ̃ʒ(ə)lo] nm Putte f
angine [ɑ̃ʒin] nf Angina f; **~ de poitrine** Angina pectoris f
anglais, e [ɑ̃glɛ, ɛz] adj englisch ▶ nm (Ling) Englisch nt ▶ nm/f : **Anglais, e** Engländer(in); **filer à l'~e** sich (auf) Französisch verabschieden
angle [ɑ̃gl] nm Winkel m; **~ aigu** spitzer Winkel; **~ droit** rechter Winkel; **~ obtus** stumpfer Winkel
Angleterre [ɑ̃glətɛʀ] nf : **l'~** England nt
anglicisme [ɑ̃glisism] nm Anglizismus m
anglophile [ɑ̃glɔfil] adj anglophil
anglophobe [ɑ̃glɔfɔb] adj anglophob
anglophone [ɑ̃glɔfɔn] adj englischsprachig
angoisse [ɑ̃gwas] nf Angst f; **avoir des ~s** Ängste ausstehen
angoisser [ɑ̃gwase] vt beängstigen
Angola [ɑ̃gɔla] nm : **l'~** Angola nt
angolais, e [ɑ̃gɔlɛ, ɛz] adj angolanisch
angora [ɑ̃gɔʀa] adj Angora- ▶ nm Angorawolle f
anguille [ɑ̃gij] nf Aal m
angulaire [ɑ̃gylɛʀ] adj eckig
anguleux, -euse [ɑ̃gylø, øz] adj kantig
animal, e, -aux [animal, o] nm Tier nt ▶ adj tierisch; (règne) Tier-
animateur, -trice [animatœʀ, tʀis] nm/f (TV, de music-hall) Conférencier m; (de groupe) Leiter(in), Animateur m
animation [animasjɔ̃] nf (de rue) Belebtheit f; (Ciné) Animation f
animé, e [anime] adj (rue, lieu) belebt; (conversation, réunion) lebhaft; (opposé à inanimé) lebendig
animer [anime] vt (donner de la vie à) lebhaft machen, beleben; (pousser) anfeuern; (mener) leiten; **s'animer** vpr lebhaft werden; (rue, ville) sich beleben
animosité [animozite] nf Feindseligkeit f
anis [ani(s)] nm Anis m
anisette [anizɛt] nf Anislikör m
ankyloser [ɑ̃kiloze] : **s'ankyloser** vpr steif werden
annales [anal] nfpl Annalen pl
anneau, x [ano] nm Ring m; (de chaîne) Glied nt
année [ane] nf Jahr nt; **~ scolaire/fiscale** Schuljahr/Finanzjahr nt
annexe [anɛks] nf (bâtiment) Anbau m; (de document, ouvrage) Anhang m

annexer [anɛkse] *vt* (*pays*) annektieren; **~ qch à** (*document*) etw anhängen an +*acc*

annihiler [aniile] *vt* vernichten

anniversaire [anivɛRsɛR] *nm* Geburtstag *m*; (*d'un événement, bâtiment*) Jahrestag *m*

annonce [anɔ̃s] *nf* (*avis*) Ankündigung *f*; (*aussi:* **annonce publicitaire**) Anzeige *f*; (*Cartes*) Ansage *f*; **les petites ~s** die Kleinanzeigen *pl*

annoncer [anɔ̃se] *vt* ankündigen; **s'annoncer** *vpr*: **s'~ bien/difficile** vielversprechend/schwierig aussehen

annonceur, -euse [anɔ̃sœR, øz] *nm/f* (*publicitaire*) Inserent(in)

annotation [anɔtasjɔ̃] *nf* Randbemerkung *f*

annoter [anɔte] *vt* mit Anmerkungen versehen

annuaire [anɥɛR] *nm* Jahrbuch *nt*; **~ téléphonique** Telefonbuch *nt*

annuel, le [anɥɛl] *adj* jährlich

annuellement [anɥɛlmɑ̃] *adv* jährlich

annuité [anɥite] *nf* Jahresrate *f*

annulaire [anylɛR] *nm* Ringfinger *m*

annulation [anylasjɔ̃] *nf* (*d'un rendez-vous*) Absagen *nt*; (*d'un voyage*) Stornieren *nt*; (*d'un contrat*) Annullieren *nt*

annuler [anyle] *vt* (*rendez-vous*) absagen; (*voyage*) stornieren; (*mariage, contrat, résultat*) annullieren; (*Math, Phys*) aufheben

anode [anɔd] *nf* Anode *f*

anodin, e [anɔdɛ̃, in] *adj* unbedeutend

anomalie [anɔmali] *nf* Anomalie *f*

anonymat [anɔnima] *nm* Anonymität *f*

anonyme [anɔnim] *adj* anonym; (*sans caractère*) unpersönlich

anorak [anɔRak] *nm* Anorak *m*

anorexie [anɔRɛksi] *nf* Magersucht *f*

anorexique [anɔRɛksik] *adj* magersüchtig

anse [ɑ̃s] *nf* Henkel *m*; (*Géo*) (kleine) Bucht *f*

antagonisme [ɑ̃tagɔnism] *nm* Antagonismus *m*, Feindseligkeit *f*

antagoniste [ɑ̃tagɔnist] *adj* feindselig ▶ *nmf* Gegner(in) *m(f)*

antarctique [ɑ̃taRktik] *adj* antarktisch ▶ *nm*: **l'A~** die Antarktis *f*

antécédent [ɑ̃tesedɑ̃] *nm* (*Ling*) Bezugswort *nt*; **antécédents** *nmpl* (*Méd*) Vorgeschichte *f*

antédiluvien, ne [ɑ̃tedilyvjɛ̃, jɛn] *adj* vorsintflutlich

antenne [ɑ̃tɛn] *nf* Antenne *f*; **avoir/passer à l'~** auf Sendung sein/gehen; **prendre l'~** auf Sendung gehen

antérieur, e [ɑ̃teRjœR] *adj* (*d'avant*) vorhergehend; (*de devant*) vordere(r, s); **~ à** vor +*dat*

anthologie [ɑ̃tɔlɔʒi] *nf* Anthologie *f*

anthracite [ɑ̃tRasit] *nm* Anthrazit *m*

anti [ɑ̃ti] *préf* anti

antiaérien, ne [ɑ̃tiaeRjɛ̃, jɛn] *adj* (*canon, ouvrage*) Luftabwehr-; **défense ~ne** Luftabwehr *f*; **abri ~** Luftschutzbunker *m*

antiatomique [ɑ̃tiatɔmik] *adj*: **abri ~** Atomschutzbunker *m*

antibiotique [ɑ̃tibjɔtik] *nm* Antibiotikum *nt* ▶ *adj* antibiotisch

antibrouillard [ɑ̃tibRujaR] *adj*: **phare ~** Nebelscheinwerfer *m*

antibruit [ɑ̃tibRɥi] *adj inv*: **mur ~** Lärmschutzmauer *f*

anticancéreux, -euse [ɑ̃tikɑ̃seRø, øz] *adj*: **centre ~** Krebszentrum *nt*

antichambre [ɑ̃tiʃɑ̃bR] *nf* Vorzimmer *nt*

anticipation [ɑ̃tisipasjɔ̃] *nf* Vorwegnahme *f*; **par ~** (*rembourser etc*) im Voraus; **livre d'~** Zukunftsroman *m*; **film d'~** Science-Fiction-Film *m*

anticipé, e [ɑ̃tisipe] *adj* Voraus-; **avec mes remerciements ~s** mit herzlichem Dank im Voraus

anticiper [ɑ̃tisipe] *vt* vorausnehmen; (*en imaginant*) vorausahnen

anticoagulant, e [ɑ̃tikɔagylɑ̃, ɑ̃t] *adj* gerinnungshemmend

anticonceptionnel, le [ɑ̃tikɔ̃sɛpsjɔnɛl] *adj* empfängnisverhütend

anticonstitutionnel, le [ɑ̃tikɔ̃stitysjɔnɛl] *adj* verfassungswidrig

anticorps [ɑ̃tikɔR] *nm* Antikörper *m*

anticyclone [ɑ̃tisiklon] *nm* Antizyklon *m*

antidater [ɑ̃tidate] *vt* (zu)rückdatieren

antidémarrage [ɑ̃tidemaRaʒ] *nm* Wegfahrsperre *f*

antidérapant, e [ɑ̃tideRapɑ̃, ɑ̃t] *adj* rutschfest

antidopage [ɑ̃tidɔpaʒ] *adj*: **contrôle ~** Dopingkontrolle *f*

antidote [ɑ̃tidɔt] *nm* Gegenmittel *nt*

antigang [ɑ̃tigɑ̃g] *adj*: **brigade ~** Truppe zur Bekämpfung des Bandenunwesens

antigel [ɑ̃tiʒɛl] *nm* Frostschutzmittel *nt*

antigène [ɑ̃tiʒɛn] *nm* Antigen *nt*

antihistaminique [ɑ̃tiistaminik] *nm* Antihistamin *nt*

anti-inflammatoire [ɑ̃tiɛ̃flamatwaR] *nm* entzündungshemmendes Mittel *nt*

anti-inflationniste [ɑ̃tiɛ̃flasjɔnist] *adj* zur Bekämpfung der Inflation

Antilles [ɑ̃tij] *nfpl* Antillen *pl*

antilope [ɑ̃tilɔp] *nf* Antilope *f*

antimissile [ɑ̃timisil] *adj* Raketenabwehr-

antimite, antimites [ɑ̃timit] nm, adj : **(produit) ~** Mottenschutzmittel nt
antinucléaire [ɑ̃tinyklɛɛʀ] adj Antikernkraft-; **manifestation ~** Demonstration f von Kernkraftgegnern
antiparasite [ɑ̃tipaʀazit] adj Entstör-
antipathie [ɑ̃tipati] nf Antipathie f
antipathique [ɑ̃tipatik] adj unsympathisch
antipelliculaire [ɑ̃tipelikylɛʀ] adj Schuppen-
antipoison [ɑ̃tipwazɔ̃] adj : **centre ~** Entgiftungszentrum nt
antipollution [ɑ̃tipɔlysjɔ̃] adj umweltfreundlich, Umweltschutz-
antiquaire [ɑ̃tikɛʀ] nmf Antiquar(in) m(f)
antique [ɑ̃tik] adj antik; (très vieux) uralt
antiquité [ɑ̃tikite] nf Antiquität f; **l'A~** die Antike f; **magasin d'~s** Antiquitätengeschäft nt; **marchand d'~s** Antiquitätenhändler(in) m(f)
antireflet [ɑ̃tiʀəflɛ] adj : **verre ~** entspiegeltes Glas nt
antirides [ɑ̃tiʀid] adj gegen Falten, Falten-
antirouille [ɑ̃tiʀuj] adj inv Rostschutz-
antisémite [ɑ̃tisemit] adj antisemitisch
antisémitisme [ɑ̃tisemitism] nm Antisemitismus m
antiseptique [ɑ̃tisɛptik] adj antiseptisch
antislash [ɑ̃tislaʃ] nm Backslash m, umgekehrter Schrägstrich
antisocial, e, -aux [ɑ̃tisɔsjal, jo] adj unsozial
antispasmodique [ɑ̃tispasmɔdik] adj krampflösend
antisportif, -ive [ɑ̃tispɔʀtif, iv] adj unsportlich
antitabac [ɑ̃titaba] adj inv gegen das Rauchen
antitétanique [ɑ̃titetanik] adj Tetanus-
antithèse [ɑ̃titɛz] nf Antithese f
antitrust [ɑ̃titʀœst] adj : **loi ~** Kartellgesetz nt
antitussif, -ive [ɑ̃titysif, iv] adj gegen Husten, Husten-
antiviral, e, -aux [ɑ̃tiviʀal, o] adj (Méd) : **médicament ~** Virostatikum m
antivirus [ɑ̃tiviʀys] adj (Inform) Antiviren-
antivirus [ɑ̃tiviʀys] nm (Inform) Antivirensoftware f
antivol [ɑ̃tivɔl] nm, adj : **(dispositif) ~** Diebstahlsicherung f
antonyme [ɑ̃tɔnim] nm Antonym nt
antre [ɑ̃tʀ] nm Höhle f

anus [anys] nm Anus m
Anvers [ɑ̃vɛʀ] n Antwerpen nt
anxiété [ɑ̃ksjete] nf Bangigkeit f
anxieux, -euse [ɑ̃ksjø, jøz] adj ängstlich
AOC sigle f (= Appellation d'Origine Contrôlée) siehe Info-Artikel
: Die **AOC** ist die höchste französische
: Weinklassifizierung. Sie garantiert,
: dass der Wein strengen Vorschriften in
: Bezug auf das Weinanbaugebiet, die
: Weinsorte, das Herstellungsverfahren
: und den Alkoholgehalt genügt.

aorte [aɔʀt] nf Aorta f
août [u(t)] nm August m; **en ~** im August; **le 21 ~** am 21. August; **le 21 ~ 2015** der 21. August 2015 ; voir aussi **juillet**
aoûtien, ne [ausjɛ̃, jɛn] nm/f Person, die im August in Urlaub geht
apaisement [apɛzmɑ̃] nm Beruhigung f
apaiser [apeze] vt beruhigen; (colère) beschwichtigen; (douleur) lindern
apanage [apanaʒ] nm : **être l'~ de qn** jds Vorrecht ou Privileg sein
aparté [apaʀte] nm : **en ~** beiseite
apathie [apati] nf Apathie f
apathique [apatik] adj apathisch
apatride [apatʀid] nmf Staatenlose(r) f(m)
apercevoir [apɛʀsəvwaʀ] vt sehen, erblicken; (saisir) bemerken; **s'apercevoir** vpr : **s'~ de** bemerken; **s'~ que** bemerken, dass
aperçu [apɛʀsy] nm (vue d'ensemble) Überblick m; (idée) Einsicht f
apéritif, -ive [apeʀitif, iv] nm (boisson) Aperitif m ▸ adj appetitanregend
à-peu-près [apøpʀɛ] nm inv halbe Sache f
aphone [afɔn] adj völlig heiser; (Ling) stimmlos
aphrodisiaque [afʀɔdizjak] adj aphrodisisch ▸ nm Aphrodisiakum nt
aphte [aft] nm Bläschen nt auf der Mundschleimhaut
aphteuse [aftøz] adj : **fièvre ~** Maul- und Klauenseuche f
apiculteur, -trice [apikyltœʀ, tʀis] nm/f Imker(in)
apiculture [apikyltyʀ] nf Imkerei f
apitoyer [apitwaje] vt (zu Mitleid) rühren
aplanir [aplaniʀ] vt (surface) einebnen; (difficultés) beseitigen
aplatir [aplatiʀ] vt flach machen
aplomb [aplɔ̃] nm (sang-froid) Sicherheit f; **d'~** (mur) senkrecht
APN sigle m (= appareil photo numérique) Digitalkamera f

apogée [apɔʒe] nm Höhepunkt m
apoplexie [apɔplɛksi] nf Schlaganfall m
a posteriori [apɔsterjɔri] adv im Nachhinein
apostrophe [apɔstrɔf] nf (signe) Apostroph m; (interpellation) (rüde) Zwischenbemerkung f
apôtre [apotr] nm Apostel m
apparaître [aparɛtr] vi erscheinen; (sembler) scheinen
appareil [aparɛj] nm Apparat m; (avion) Maschine f; (dentaire) Zahnspange f; **~ digestif** Verdauungsapparat m; **~ numérique** Digitalkamera f; **~ photo(graphique)** Fotoapparat m; **~ photo numérique** Digitalkamera f
apparemment [aparamã] adv anscheinend
apparence [aparɑ̃s] nf Anschein m; **en ~** scheinbar
apparent, e [aparɑ̃, ɑ̃t] adj (visible) sichtbar; (évident) offensichtlich; (illusoire, superficiel) anscheinend; **coutures ~es** sichtbare (Zier)nähte pl; **poutres/pierres ~es** frei ou offen liegende Balken/Mauersteine
apparenté, e [aparɑ̃te] adj verwandt mit
apparition [aparisjɔ̃] nf Erscheinen nt
appartement [apartəmã] nm Wohnung f
appartenance [apartənɑ̃s] nf: **~ à** Zugehörigkeit zu
appartenir [apartənir]: **~ à** vt gehören +dat; (faire partie de, être membre de) gehören zu
appât [apɑ] nm Köder m
appauvrissement [apovrismã] nm Verarmung f
appel [apɛl] nm (cri, interpellation) Ruf m; (incitation, Tél) Anruf m; (Inform) Aufruf m; (nominal) (namentlicher) Aufruf m; (Mil) Einberufung f; **faire** ou **interjeter ~** (Jur) Berufung einlegen; **sans ~** ohne Berufung
appeler [ap(ə)le] vt rufen; (Tél) anrufen; (qualifier) nennen; (nécessiter) fordern; **s'appeler** vpr heißen; **comment ça s'appelle ?** wie heißt das?
appellation [apelasjɔ̃] nf Bezeichnung f
appendice [apɛ̃dis] nm (Anat) Blinddarm m; (d'un livre) Anhang m
appendicite [apɛ̃disit] nf Blinddarmentzündung f
appesantir [apəzɑ̃tir]: **s'~ sur** vpr sich lang und breit auslassen über +acc
appétissant, e [apetisɑ̃, ɑ̃t] adj appetitlich, appetitanregend

appétit [apeti] nm Appetit m; **bon ~ !** guten Appetit!
applaudimètre [aplodimɛtr] nm Applausmesser m
applaudir [aplodir] vt Beifall spenden +dat ▶ vi klatschen
applaudissements [aplodismã] nmpl Beifall m
appli [apli] nf App f
applicable [aplikabl] adj anwendbar
applicateur [aplikatœr] nm (de tampon) Einführhülse f
application [aplikasjɔ̃] nf (aussi Inform) Anwendung f; (de papier peint etc) Anbringen nt; (attention) Fleiß m; **mettre en ~** anwenden
applique [aplik] nf Wandlampe f
appliqué, e [aplike] adj (élève, ouvrier) fleißig; (science) angewandt
appliquer [aplike] vt anwenden; (poser) anbringen; **s'appliquer** vpr (élève, ouvrier) sich anstrengen
appoint [apwɛ̃] nm: **faire l'~** (en payant) mit abgezähltem Geld bezahlen
appointements [apwɛ̃tmã] nmpl Gehalt nt
apport [apɔr] nm Beitrag m
apporter [apɔrte] vt bringen
appréciable [apresjabl] adj (important) beträchtlich
appréciation [apresjasjɔ̃] nf (d'immeuble, de distance etc) Schätzung f; (de situation, personne) Einschätzung f
apprécier [apresje] vt (personne) schätzen; (distance) abschätzen; (importance) einschätzen
appréhender [apreɑ̃de] vt (craindre) fürchten; (arrêter) festnehmen
appréhension [apreɑ̃sjɔ̃] nf (crainte) Angst f
apprendre [aprɑ̃dr] vt lernen; (nouvelle) erfahren; **~ qch à qn** (informer) jdm etw mitteilen; (enseigner) jdm etw beibringen
apprenti, e [aprɑ̃ti] nm/f Lehrling m, Auszubildende(r) f(m)
apprentissage [aprɑ̃tisaʒ] nm Lehre f
apprivoiser [aprivwaze] vt zähmen
approbation [aprɔbasjɔ̃] nf Zustimmung f
approche [aprɔʃ] nf (d'un problème) Angehen nt
approcher [aprɔʃe] vi sich nähern; (vacances, date) nahen, näher rücken ▶ vt (personne) herantreten an +acc; **s'approcher de** vpr sich nähern +dat
approfondir [aprɔfɔ̃dir] vt vertiefen
appropriation [aprɔprijasjɔ̃] nf Aneignung f

approprié, e [apʀɔpʀije] *adj* : **~ à** angemessen +*dat*

approprier [apʀɔpʀije] : **s'approprier** *vpr* sich *dat* aneignen

approuver [apʀuve] *vt* (*loi*) annehmen; (*projet*) genehmigen; (*être d'accord avec*) zustimmen +*dat*

approvisionnement [apʀɔvizjɔnmɑ̃] *nm* Belieferung *f*; (*provisions*) Vorräte *pl*

approvisionner [apʀɔvizjɔne] *vt* beliefern, versorgen; (*compte bancaire*) auffüllen

approximatif, -ive [apʀɔksimatif, iv] *adj* ungefähr

appt *abr* = **appartement**

appui [apɥi] *nm* (*fig*) Unterstützung *f*; **prendre ~ sur** sich stützen auf +*acc*; **à l'~ de** (*pour prouver*) zur Bestätigung +*gén*; **~ de fenêtre** Fensterbrett *nt*

appuie-tête [apɥitɛt] (*pl* **appuie-têtes**) *nm* Kopfstütze *f*

appuyer [apɥije] *vt* (*soutenir*) unterstützen; **s'appuyer** *vpr* : **s'~ sur** sich stützen auf +*acc*; **~ sur** drücken auf +*acc*; (*frein*) betätigen; (*mot, détail*) unterstreichen; **~ qch sur** etw stützen auf +*acc*; **~ sur le champignon** (*fam*) Gas geben; **~ qch contre/à** etw lehnen gegen/an +*acc*

âpre [ɑpʀ] *adj* herb; (*voix*) rau; (*discussion, lutte*) erbittert

après [apʀɛ] *prép* nach +*dat* ▶ *adv* danach; **~ qu'il est** *ou* **soit parti** nachdem er weggegangen ist; **~ avoir lu la lettre, elle ...** nachdem sie den Brief gelesen hatte, ...; **d'~ lui** ihm zufolge, seiner Meinung nach; **~ coup** hinterher

après-demain [apʀɛdmɛ̃] *adv* übermorgen

après-guerre [apʀɛɡɛʀ] (*pl* **après-guerres**) *nm* Nachkriegszeit *f*; **d'~** Nachkriegs-

après-midi [apʀɛmidi] (*pl* **après-midi(s)**) *nm ou nf* Nachmittag *m*

après-rasage [apʀɛʀazaʒ] (*pl* **après-rasages**) *nm* Aftershave *nt*

après-shampooing [apʀɛʃɑ̃pwɛ̃] *nm* Haarspülung *f*

après-ski [apʀɛski] (*pl* **après-skis**) *nm* (*chaussure*) Après-Ski-Stiefel *m*

après-soleil [apʀɛsɔlɛj] *adj* After-Sun- ▶ *nm* After-Sun-Lotion *f*

après-vente [apʀɛvɑ̃t] (*pl* **après-vente(s)**) *adj* : **service ~** Kundendienst *m*

à-propos [apʀopo] *nm inv* (*d'une remarque*) Schlagfertigkeit *f*; **faire preuve d'~** seine Geistesgegenwart beweisen

apte [apt] *adj* : **~ à qch** zu etw fähig; (*Mil*) tauglich

aptitude [aptityd] *nf* Fähigkeit *f*; **avoir des ~s pour** eine Begabung haben für

aquaculture [akwakyltyʀ] *nf* Fischzucht *f* (*im Meer*)

aquaplanage [akwaplanaʒ] *nm* Aquaplaning *nt*

aquaplane [akwaplan] *nm* (*planche*) Monoski *m*; (*Sport*) Wasserskilaufen *nt* (*auf dem Monoski*)

aquaplaning [akwaplaniŋ] *nm* Aquaplaning *nt*

aquarelle [akwaʀɛl] *nf* Aquarellmalerei *f*; (*tableau*) Aquarell *nt*

aquarium [akwaʀjɔm] *nm* Aquarium *nt*

aquatique [akwatik] *adj* Wasser-

aqueduc [ak(ə)dyk] *nm* Aquädukt *nt*

AR [aɛʀ] *sigle m* (= *aller (et) retour*) *voir* **aller**

arabe [aʀab] *adj* arabisch ▶ *nm* (*Ling*) Arabisch *nt* ▶ *nmf* : **Arabe** Araber(in) *m(f)*

Arabie [aʀabi] *nf* : **l'~ Saoudite** Saudi-Arabien *nt*

arachide [aʀaʃid] *nf* Erdnuss *f*

araignée [aʀɛɲe] *nf* Spinne *f*

arbitrage [aʀbitʀaʒ] *nm* (*de match, de conflit*) Schlichtung *f*; (*de débat*) Gesprächsführung *f*; **erreur d'~** Schiedsrichterirrtum *m*

arbitraire [aʀbitʀɛʀ] *adj* willkürlich

arbitre [aʀbitʀ] *nmf* Schlichter(in) *m(f)*; (*Sport*) Schiedsrichter(in) *m(f)*

arbitrer [aʀbitʀe] *vt* (*conflit*) schlichten; (*débat, confrontation*) die Gesprächsführung haben bei; (*Sport*) als Schiedsrichter leiten; (: *Boxe*) als Ringrichter leiten

arborer [aʀbɔʀe] *vt* (*drapeau, enseigne*) gehisst haben; (*vêtement, chapeau, attitude*) zur Schau stellen

arbre [aʀbʀ] *nm* Baum *m*; **~ à cames** Nockenwelle *f*; **~ généalogique** Stammbaum *m*; **~ de transmission** Kardanwelle *f*

arbuste [aʀbyst] *nm* Strauch *m*

arc [aʀk] *nm* Bogen *m*

arcade [aʀkad] *nf* Arkade *f*; **~ sourcilière** Augenbrauenbogen *m*

arc-boutant [aʀkbutɑ̃] (*pl* **arcs-boutants**) *nm* Strebebogen *m*

arc-bouter [aʀkbute] : **s'arc-bouter** *vpr* sich aufstemmen

arc-en-ciel [aʀkɑ̃sjɛl] (*pl* **arcs-en-ciel**) *nm* Regenbogen *m*

archaïque [aʀkaik] *adj* archaisch, veraltet

archange [aʀkɑ̃ʒ] *nm* Erzengel *m*

arche [aʀʃ] *nf* Brückenbogen *m*

archéologie [aʀkeɔlɔʒi] *nf* Archäologie *f*
archéologique [aʀkeɔlɔʒik] *adj* archäologisch
archéologue [aʀkeɔlɔg] *nmf* Archäologe *m*, Archäologin *f*
archer [aʀʃe] *nm* Bogenschütze *m*
archet [aʀʃɛ] *nm* (*Mus*) Bogen *m*
archevêque [aʀʃəvɛk] *nm* Erzbischof *m*
archi [aʀʃi] *préf* (*très*) erz-, Erz-
archipel [aʀʃipɛl] *nm* Archipel *m*
architecte [aʀʃitɛkt] *nmf* Architekt(in) *m(f)*
architecture [aʀʃitɛktyʀ] *nf* Architektur *f*
archiver [aʀʃive] *vt* archivieren
archives [aʀʃiv] *nfpl* Archiv *nt*
arctique [aʀktik] *adj* arktisch ▶ *nm* : **l'A~** die Arktis *f*
ardent, e [aʀdɑ̃, ɑ̃t] *adj* (*feu, soleil, amour*) glühend, heiß; (*lutte*) erbittert; (*prière*) inbrünstig
ardeur [aʀdœʀ] *nf* (*du soleil, feu*) Glut *f*, Hitze *f*; (*fig : ferveur*) Leidenschaft *f*
ardoise [aʀdwaz] *nf* (*matière*) Schiefer *m*; (*d'écolier*) Schiefertafel *f*
ardu, e [aʀdy] *adj* schwierig
arène [aʀɛn] *nf* Arena *f*; **arènes** *nfpl* (*de corrida*) Stierkampfarena *f*
arête [aʀɛt] *nf* (*de poisson*) Gräte *f*; (*montagne*) Grat *m*, Kamm *m*; (*d'un solide*) Kante *f*
argent [aʀʒɑ̃] *nm* (*métal*) Silber *nt*; (*monnaie*) Geld *nt*; **~ liquide** Bargeld *nt*
argenterie [aʀʒɑ̃tʀi] *nf* Silber *nt*
argentin, e [aʀʒɑ̃tɛ̃, in] *adj* (*son*) silberhell; (*d'Argentine*) argentinisch
Argentine [aʀʒɑ̃tin] *nf* : **l'~** Argentinien *nt*
argentique [aʀʒɑ̃tik] *adj* (*appareil-photo*) Analog-
argile [aʀʒil] *nf* Ton *m*
argileux, -euse [aʀʒilø, øz] *adj* Ton-
argot [aʀgo] *nm* ≈ Slang *m*
argument [aʀgymɑ̃] *nm* Argument *nt*
argumentaire [aʀgymɑ̃tɛʀ] *nm* (*brochure*) (Verkaufs)broschüre *f*
argus [aʀgys] *nm* Zeitschrift mit Preisen für Gebrauchtwagen
aride [aʀid] *adj* trocken; (*cœur*) gefühllos
aristocrate [aʀistɔkʀat] *nmf* Aristokrat(in) *m(f)*
aristocratie [aʀistɔkʀasi] *nf* Aristokratie *f*
arithmétique [aʀitmetik] *adj* arithmetisch ▶ *nf* Arithmetik *f*
armagnac [aʀmaɲak] *nm* Armagnac *m*
armateur [aʀmatœʀ] *nm* Reeder *m*
armature [aʀmatyʀ] *nf* Gerüst *nt*; (*de soutien-gorge*) Verstärkung *f*

arme [aʀm] *nf* Waffe *f*; **armes** *nfpl* (*blason*) Wappen *nt*; **~s de destruction massive** Massenvernichtungswaffen *pl*; **~ à feu** Feuerwaffe *f*
armé, e [aʀme] *adj* bewaffnet; **~ de** (*garni, équipé*) ausgerüstet mit, versehen mit
armée [aʀme] *nf* Armee *f*; **~ de l'air** Luftwaffe *f*
armement [aʀməmɑ̃] *nm* Bewaffnung *f*, Waffen *pl*
Arménie [aʀmeni] *nf* : **l'~** Armenien *nt*
arménien, ne [aʀmenjɛ̃, jɛn] *adj* armenisch
armer [aʀme] *vt* bewaffnen; (*arme à feu, appareil-photo*) spannen; **s'armer** *vpr* : **s'~ de** sich bewaffnen mit; (*courage, patience*) sich wappnen mit
armistice [aʀmistis] *nm* Waffenstillstand *m*
armoire [aʀmwaʀ] *nf* Schrank *m*
armoiries [aʀmwaʀi] *nfpl* Wappen *nt*
armure [aʀmyʀ] *nf* Rüstung *f*
arnaque [aʀnak] (*fam*) *nf* : **c'est de l'~** das ist (doch) Betrug
arnaquer [aʀnake] (*fam*) *vt* : **se faire ~** sich übers Ohr hauen lassen
arnaqueur [aʀnakœʀ] (*fam*) *nm* Schwindler *m*, Gauner *m*
arnica [aʀnika] *nm* Arnika *nt*
arobase [aʀɔbaz] *nf* At-Zeichen *nt*, Klammeraffe *m*
aromates [aʀɔmat] *nmpl* (*épices*) Gewürze *pl*
aromatique [aʀɔmatik] *adj* aromatisch
arôme [aʀom] *nm* Aroma *nt*
arpentage [aʀpɑ̃taʒ] *nm* Vermessung *f*
arpenter [aʀpɑ̃te] *vt* (*parcourir*) auf und ab gehen
arpenteur [aʀpɑ̃tœʀ] *nm* Landvermesser *m*
arqué, e [aʀke] *adj* gekrümmt
arrache-pied [aʀaʃpje] : **d'~** *adv* unermüdlich
arracher [aʀaʃe] *vt* herausziehen; (*dent*) ziehen; (*souche, page etc*) herausreißen; (*fig : obtenir*) abringen; **s'arracher** *vpr* (*personne, article très recherché*) sich prügeln um; **s'~ de** (*lieu*) sich losreißen von
arraisonner [aʀɛzɔne] *vt* (*bateau*) überprüfen, kontrollieren
arrangeant, e [aʀɑ̃ʒɑ̃, ɑ̃t] *adj* verträglich
arranger [aʀɑ̃ʒe] *vt* (*appartement etc*) einrichten; (*rendez-vous, rencontre*) vereinbaren; (*voyage*) organisieren; (*problème, difficulté*) regeln, in Ordnung bringen; (*pièce de musique, fleurs*)

arrangieren; **s'arranger** vpr (se mettre d'accord) sich einigen; **s'~ pour que** es so einrichten, dass

arrestation [aʀɛstasjɔ̃] nf Verhaftung f, Festnahme f

arrêt [aʀɛ] nm (de projet, construction) Einstellung f; (de croissance, hémorragie, trafic) Stillstand m; (de bus etc) Haltestelle f; (Jur) Urteil nt, Entscheidung f; **sans ~** ununterbrochen, unaufhörlich; **~ d'autobus** Bushaltestelle f; **~ de mort** Todesurteil nt

arrêté [aʀete] nm (Jur) Erlass m

arrêter [aʀete] vt anhalten; (projet, construction) einstellen; (date) festlegen; (suspect, criminel) festnehmen; **~ son choix sur** sich entscheiden für; **s'arrêter** vpr stehen bleiben; (pluie, bruit) aufhören; **~ de faire qch** aufhören, etw zu tun; **s'~ sur** (suj: regard) fallen auf +acc; **sans s'~** ohne Unterlass

arrhes [aʀ] nfpl Anzahlung f

arrière [aʀjɛʀ] adj inv : **feu/siège ~** Rücklicht nt/ Rücksitz m ▶ nm (d'une voiture) Heck nt; (d'une maison) Rückseite f; (Sport) Verteidiger m; **roue ~** Hinterrad nt; **à l'~** hinten; **en ~** rückwärts

arrière- [aʀjɛʀ] préf Hinter-, Nach-

arriéré, e [aʀjeʀe] adj rückständig ▶ nm (d'argent) (Zahlungs)rückstand m

arrière-cour [aʀjɛʀkuʀ] (pl **arrière-cours**) nf Hinterhof m

arrière-garde [aʀjɛʀgaʀd] (pl **arrière-gardes**) nf Nachhut f

arrière-goût [aʀjɛʀgu] (pl **arrière-goûts**) nm Nachgeschmack m

arrière-grand-mère [aʀjɛʀgʀɑ̃mɛʀ] (pl **arrière-grands-mères**) nf Urgroßmutter f

arrière-grand-père [aʀjɛʀgʀɑ̃pɛʀ] (pl **arrière-grands-pères**) nm Urgroßvater m

arrière-pays [aʀjɛʀpei] nm inv Hinterland nt

arrière-pensée [aʀjɛʀpɑ̃se] (pl **arrière-pensées**) nf Hintergedanke m

arrière-plan [aʀjɛʀplɑ̃] (pl **arrière-plans**) nm Hintergrund m

arrière-saison [aʀjɛʀsɛzɔ̃] (pl **arrière-saisons**) nf Nachsaison f

arrimer [aʀime] vt (chargement) festzurren

arrivage [aʀivaʒ] nm Eingang m

arrivée [aʀive] nf Ankunft f, (Sport) Ziel nt; **~ d'air** Luftzufuhr f; **~ de gaz** Gaszufuhr f

arriver [aʀive] vi ankommen; (survenir) geschehen, sich ereignen; **j'arrive à faire qch** es gelingt mir, etw zu tun; **il lui arrive de rire** es kommt (manchmal) vor, dass er lacht

arrivisme [aʀivism] nm Strebertum nt

arriviste [aʀivist] nmf Streber m

arrobase [aʀɔbaz] nf = **arobase**

arrogance [aʀɔgɑ̃s] nf Arroganz f

arrogant, e [aʀɔgɑ̃, ɑ̃t] adj arrogant

arroger [aʀɔʒe] : **s'arroger** vpr sich dat anmaßen

arrondir [aʀɔ̃diʀ] vt (forme, objet) runden; (somme : en augmentant) aufrunden; (: en diminuant) abrunden; **~ ses fins de mois** ein bisschen (nebenbei) dazuverdienen

arrondissement [aʀɔ̃dismɑ̃] nm ≈ Verwaltungsbezirk m; (à Paris) Arrondissement nt

arrosage [aʀozaʒ] nm Gießen nt

arroser [aʀoze] vt gießen; (Culin : fêter) begießen

arrosoir [aʀozwaʀ] nm Gießkanne f

arsenal, -aux [aʀsənal, o] nm (dépôt d'armes) Waffenlager nt, Arsenal nt; (Naut) Marinewerft f; (matériel) Ausrüstung f

art [aʀ] nm Kunst f; **~ dramatique** dramatische Kunst

art. abr = **article**

artère [aʀtɛʀ] nf Arterie f; (rue) Verkehrsader f

artériosclérose [aʀteʀjoskleʀoz] nf Arteriosklerose f

arthrite [aʀtʀit] nf Arthritis f

arthrose [aʀtʀoz] nf Arthrose f

artichaut [aʀtiʃo] nm Artischocke f

article [aʀtikl] nm Artikel m; **faire l'~** seine Waren anpreisen; **~ de fond** Leitartikel m

articulation [aʀtikylasjɔ̃] nf (Anat) Gelenk nt; (prononciation) Artikulation f

articuler [aʀtikyle] vt (mot, phrase) aussprechen; **s'articuler** vpr : **s'~ sur** basieren auf

artifice [aʀtifis] nm Trick m

artificiel, le [aʀtifisjɛl] adj künstlich; (péj) gekünstelt

artisan, e [aʀtizɑ̃] nm/f Handwerker(in); (fig) Urheber(in)

artisanal, e, -aux [aʀtizanal, o] adj handwerklich

artisanat [aʀtizana] nm Handwerk nt

artiste [aʀtist] nmf Künstler(in) m(f) ▶ adj künstlerisch

artistique [aʀtistik] adj künstlerisch

ARTT nm abr (= accord sur la réduction du temps de travail) Vereinbarung f zur Arbeitszeitverkürzung

aryen, ne [aʀjɛ̃, jɛn] adj arisch

AS [aɛs] sigle f (= association sportive) ≈ SV
as [ɑs] nm Ass nt
ascendant, e [asɑ̃dɑ̃, ɑ̃t] adj aufsteigend ▶ nm (Astrol) Aszendent m; (influence) Einfluss m
ascenseur [asɑ̃sœʀ] nm Aufzug m
ascension [asɑ̃sjɔ̃] nf Besteigung f; (d'un ballon etc) Aufstieg m; **l'A~** (Christi) Himmelfahrt f
aseptiser [asɛptize] vt keimfrei machen
asiatique [azjatik] adj asiatisch ▶ nmf: **Asiatique** Asiat m, Asiatin f
Asie [azi] nf: **l'A~** Asien nt
asile [azil] nm Zuflucht f; (Pol) Asyl nt; (pour malades mentaux) Anstalt f, Heim nt; **droit d'~** Asylrecht nt
aspect [aspɛ] nm (apparence, air) Aussehen nt; (point de vue) Aspekt m, Gesichtspunkt m
asperge [aspɛʀʒ] nf Spargel m
asperger [aspɛʀʒe] vt bespritzen
aspérité [aspeʀite] nf Unebenheit f
asphyxie [asfiksi] nf Ersticken nt
asphyxier [asfiksje] vt ersticken; (fig) lähmen
aspic [aspik] nm (Zool) Natter f; (Culin) Sülze f
aspirateur [aspiʀatœʀ] nm Staubsauger m; **passer l'~** staubsaugen
aspiration [aspiʀasjɔ̃] nf (d'air) Einatmen nt; (de liquide, poussière etc) Aufsaugen nt; **~s** (ambitions) Ziele pl
aspirer [aspiʀe] vt (respirer) einatmen; **~ à qch** nach etw streben
aspirine [aspiʀin] nf Aspirin® nt
assagir [asaʒiʀ]: **s'assagir** vpr ruhiger werden
assaillir [asajiʀ] vt angreifen; **~ qn de** jdn überschütten mit
assainir [aseniʀ] vt (pièce) desinfizieren; (nettoyer) säubern; (finances) sanieren
assaisonnement [asɛzɔnmɑ̃] nm Gewürz nt
assaisonner [asɛzɔne] vt (plat) würzen; (salade) anmachen
assassin [asasɛ̃] nm Mörder m
assassinat [asasina] nm Ermordung f
assassiner [asasine] vt ermorden
assaut [aso] nm (Mil) Sturmangriff m; **prendre d'~** stürmen
assécher [aseʃe] vt trockenlegen
assemblage [asɑ̃blaʒ] nm (menuiserie) Verbindung f; (fig) Ansammlung f; **langage d'~** (Inform) Assemblersprache f
assemblée [asɑ̃ble] nf Versammlung f; **~ générale** Generalversammlung; **l'A~ nationale** die (französische) Nationalversammlung f

: Die **Assemblée nationale** ist das
: Unterhaus des französischen
: Parlaments, das Oberhaus ist der
: Sénat. Sie tagt im Palais Bourbon in
: Paris und besteht aus ungefähr 580
: députés (Abgeordneten), die alle fünf
: Jahre nach dem Mehrheitswahlrecht
: vom Volk gewählt werden.

assembler [asɑ̃ble] vt zusammensetzen; (mots, idées) verbinden; **s'assembler** vpr (personnes) sich versammeln
assembleur [asɑ̃blœʀ] nm Assembler m
assentiment [asɑ̃timɑ̃] nm Einwilligung f; (approbation) Zustimmung f
asseoir [aswaʀ] vt hinsetzen; (autorité, réputation) festigen; **s'asseoir** vpr sich hinsetzen
assermenté, e [asɛʀmɑ̃te] adj beeidigt, vereidigt
assertion [asɛʀsjɔ̃] nf Behauptung f
assez [ase] adv (suffisamment) genug; (avec adjectif, adverbe) ziemlich; **~ de pain/livres** genug Brot/Bücher, genügend Brot/Bücher; **en avoir ~ de qch** von etw genug haben, etw satthaben
assidu, e [asidy] adj (zélé) eifrig; (consciencieux) gewissenhaft
assiduité [asiduite] nf Eifer m, Gewissenhaftigkeit f; **assiduités** nfpl ständige Bemühungen pl
assiéger [asjeʒe] vt belagern
assiette [asjɛt] nf Teller m; **~ anglaise** ≈ kalte Platte f; **~ creuse** tiefer Teller m; **~ à dessert** Dessertteller m; **~ plate** flacher Teller m
assigner [asiɲe] vt zuweisen, zuteilen; (valeur, importance) zumessen; (limites) festsetzen; (cause, effet) zuschreiben
assimiler [asimile] vt (aliments) verdauen; (connaissances, idée) verarbeiten; (immigrants, nouveaux venus) integrieren, aufnehmen; **~ qch/qn à** (comparer) etw/jdn gleichstellen mit
assis, e [asi, iz] adj sitzend; **être ~** sitzen
assise [asiz] nf (d'une maison) Unterbau m; (fig) Grundlage f; **assises** nfpl (Jur) ≈ Schwurgericht nt
assistance [asistɑ̃s] nf (public) Publikum nt; (aide) Hilfe f; **A~ (publique)** ≈ Fürsorge f; **~ juridique** Rechtsschutzversicherung f
assistant, e [asistɑ̃, ɑ̃t] nm/f Assistent(in); **assistants** nmpl (auditeurs etc) Publikum nt; **~ personnel numérique** Organizer m; **~(e) social(e)** Sozialarbeiter(in)

assisté, e [asiste] adj : **direction ~e** (*Auto*) Servolenkung f ▶ nm/f ≈ Sozialhilfeempfänger(in)

assister [asiste] vt (*seconder*) helfen +dat; **~ à** (*voir*) beiwohnen +dat, dabei sein bei

association [asɔsjasjɔ̃] nf Vereinigung f; (*groupe*) Verein m; **~ d'idées** Gedankenassoziation f

associé, e [asɔsje] nm/f Partner(in)

associer [asɔsje] vt vereinigen; (*mots, idées*) verbinden; **s'associer** vpr (*suj*) sich verbinden; **~ qn à** (*projets, profits*) jdn beteiligen an +dat; **~ qch à** (*joindre, allier*) etw anschließen an +acc; **s'~ à qch** (*se joindre à*) sich an etw acc anschließen

assombrir [asɔ̃bʀiʀ] vt verdunkeln

assommer [asɔme] vt niederschlagen

Assomption [asɔ̃psjɔ̃] nf : **l'~** Mariä Himmelfahrt f

: **L'Assomption** oder üblicher *le 15 août*
: am 15. August ist ein gesetzlicher
: Feiertag in Frankreich.
: Traditionsgemäß verbringen an
: diesem Tag sehr viele Franzosen ihren
: Ferien, sodass das öffentliche Leben
: auf ein Minimum reduziert ist.

assorti, e [asɔʀti] adj zusammenpassend; **fromages/ légumes ~s** Käse-/Gemüseplatte f; **~ à** passend zu

assortiment [asɔʀtimɑ̃] nm Auswahl f

assoupir [asupiʀ] : **s'assoupir** vpr einschlummern

assouplir [asupliʀ] vt geschmeidig machen; (*fig*) lockern

assouplissant [asuplisɑ̃] nm Weichspüler m

assourdir [asuʀdiʀ] vt dämpfen, abschwächen; (*rendre sourd*) taub machen

assujettir [asyʒetiʀ] vt unterwerfen; **~ qn à qch** (*impôt*) jdm etw auferlegen

assumer [asyme] vt (*fonction, emploi*) übernehmen

assurance [asyʀɑ̃s] nf (*confiance en soi*) Selbstbewusstsein nt; (*contrat, garantie*) Versicherung f; **~ annulation** Reiserücktrittsversicherung; **~ au tiers** Haftpflichtversicherung f; **~ auto(mobile)** Kfz-Versicherung f; **~ maladie** Krankenversicherung f; **~ tierce collision** Teilkaskoversicherung f; **~ tous risques** Vollkaskoversicherung f; **~ vie** Lebensversicherung f; **~ voyage** Reiseversicherung f; **~ vol** Diebstahlversicherung f

assuré, e [asyʀe] adj (*sûr*) sicher ▶ nm/f (*couvert par une assurance*) Versicherte(r) f(m)

assurément [asyʀemɑ̃] adv sicherlich, ganz gewiss

assurer [asyʀe] vt (*contre un risque*) versichern; (*stabiliser, protéger*) absichern; (*succès, victoire*) sichern; (*service, garde*) sorgen für; **s'assurer** vpr : **s'~ (contre)** sich versichern (gegen); **~ (à qn) que** (jdm) versichern, dass; **~ qn de qch** jdm etw zusichern; **~ qch à qn** (*garantir*) jdm etw zusichern; (*certifier*) jdm etw versichern; **s'~ de** sich überzeugen von

astérisque [asteʀisk] nm Sternchen nt

asthmatique [asmatik] adj asthmatisch

asthme [asm] nm Asthma nt

asticot [astiko] nm Made f

asticoter [astikɔte] vt (*tracasser*) schikanieren

astiquer [astike] vt polieren

astre [astʀ] nm Gestirn nt

astreindre [astʀɛ̃dʀ] vt : **~ qn à qch** jdn zu etw zwingen; **~ qn à faire qch** jdn dazu zwingen, etw zu tun

astrologie [astʀɔlɔʒi] nf Astrologie f

astrologique [astʀɔlɔʒik] adj astrologisch

astrologue [astʀɔlɔg] nmf Astrologe (Astrologin) m(f)

astronaute [astʀɔnot] nmf Astronaut (Astronautin) m(f)

astronautique [astʀɔnotik] nf Raumfahrt f

astronomie [astʀɔnɔmi] nf stronomie f

astronomique [astʀɔnɔmik] adj astronomisch

astuce [astys] nf (*ingéniosité*) Findigkeit f; (*truc*) Trick m, Kniff m; (*plaisanterie*) Witz m

astucieux, -euse [astysjø, jøz] adj schlau, pfiffig

atelier [atəlje] nm Werkstatt f; (*de peintre*) Atelier nt

athée [ate] adj atheistisch

athéisme [ateism] nm Atheismus m

Athènes [atɛn] n Athen nt

athlète [atlɛt] nmf Athlet(in) m(f)

athlétisme [atletism] nm Leichtathletik f

atlantique [atlɑ̃tik] nm : **l'(océan) A~** der Atlantische Ozean

atlantiste [atlɑ̃tist] nmf Befürworter(in) m(f) des Atlantikpaktes

atlas [atlɑs] nm Atlas m

atmosphère [atmɔsfɛʀ] nf Atmosphäre f; (*air*) Luft f

atmosphérique | 24

atmosphérique [atmɔsferik] adj atmosphärisch

atoll [atɔl] nm Atoll nt

atome [atom] nm Atom nt

atomique [atɔmik] adj Atom-

atomiseur [atɔmizœR] nm Zerstäuber m

atout [atu] nm Trumpf m

atroce [atROs] adj entsetzlich

atrocité [atROsite] nf (d'un crime) Grausamkeit f; **atrocités** (actes) Gräuel(taten pl) pl

atrophier [atRɔfje] : **s'atrophier** vpr verkümmern

attabler [atable] : **s'attabler** vpr sich an den Tisch setzen

attachant, e [ataʃɑ̃, ɑ̃t] adj liebenswert

attache [ataʃ] nf (agrafe) (Heft)klammer f; (fig) Bindung f, Band nt

attaché, e [ataʃe] adj : **être ~ à** (aimer) sehr hängen an +dat ▶ nm (Admin) Attaché m; **~ d'ambassade** Botschaftsattaché m; **~ commercial** Handelsattaché m; **~ de presse** Presseattaché m

attaché-case [ataʃekez] (pl **attachés-cases**) nm Aktenkoffer m

attachement [ataʃmɑ̃] nm Zuneigung f

attacher [ataʃe] vt (chien) anbinden, festbinden; (bateau) festmachen; (fixer) befestigen; (mains, prisonnier etc) fesseln; (ceinture, tablier) umbinden; (souliers) binden, zuschnüren ▶ vi (riz, sucre) kleben; **s'attacher** vpr (robe etc) zumachen; **~ qch à** (fixer) etw festmachen ou befestigen an +dat; **s'~ à** (par affection) Zuneigung fassen zu

attaque [atak] nf Angriff m; (Méd : cardiaque) Anfall m; (: cérébrale) Schlaganfall m

attaquer [atake] vt angreifen; (travail) in Angriff nehmen

attardé, e [ataRde] adj verspätet; (enfant, classe) zurückgeblieben; (conceptions etc) veraltet

attarder [ataRde] : **s'attarder** vpr sich lange aufhalten

atteindre [atɛ̃dR] vt erreichen; (blesser) treffen; **~ son but** sein Ziel erreichen; **rien ne l'atteint** ihn ficht nichts an

atteint, e [atɛ̃, ɛ̃t] pp de **atteindre** ▶ adj (Méd) : **être ~ de** leiden an +dat

atteinte [atɛ̃t] nf Angriff m; (Méd) Anfall m; **hors d'~** außer Reichweite; **porter ~ à** angreifen

attelle [atɛl] nf Schiene f

attenant, e [at(ə)nɑ̃, ɑ̃t] adj : **~ à** angrenzend an +acc

attendant [atɑ̃dɑ̃] adv : **en ~** vorerst

attendre [atɑ̃dR] vt warten auf +acc; (être destiné ou réservé à, espérer) erwarten ▶ vi warten; **s'attendre** vpr : **s'~ à** rechnen mit; **~ qch de qn/qch** etw von jdm/etw dat erwarten; **~ un enfant** ein Kind erwarten; **~ que** warten, bis

attendrir [atɑ̃dRiR] vt (personne) rühren; **s'attendrir** vpr : **s'~ (sur)** gerührt sein (von)

attendu, e [atɑ̃dy] pp de **attendre** ▶ adj erwartet; **~ que** in Anbetracht der Tatsache, dass

attentat [atɑ̃ta] nm Attentat nt, Anschlag m; **~ à la pudeur** Sittlichkeitsvergehen nt; **~ suicide** Selbstmordattentat nt

attente [atɑ̃t] nf Warten nt; (espérance) Erwartung f; **contre toute ~** entgegen allen Erwartungen

attenter [atɑ̃te] : **~ à** vt (liberté) antasten; **~ à la vie de qn** einen Anschlag auf jds Leben acc machen

attentif, -ive [atɑ̃tif, iv] adj aufmerksam; (soins, travail) sorgfältig

attention [atɑ̃sjɔ̃] nf Aufmerksamkeit f; **à l'~ de** zu Händen von; **faire ~ à** achtgeben auf +acc; **faire ~ (à ce) que** aufpassen, dass; **~ !** Vorsicht!, Achtung!

attentionné, e [atɑ̃sjɔne] adj aufmerksam, zuvorkommend

attentisme [atɑ̃tism] nm Abwartepolitik f

attentiste [atɑ̃tist] adj abwartend

attentivement [atɑ̃tivmɑ̃] adv aufmerksam

atténuant, e [atenɥɑ̃, ɑ̃t] adj : **circonstances ~es** mildernde Umstände pl

atténuer [atenɥe] vt abschwächen

atterrer [ateRe] vt bestürzen

atterrir [ateRiR] vi landen

atterrissage [ateRisaʒ] nm Landung f

attestation [atɛstasjɔ̃] nf Bescheinigung f

attester [atɛste] vt bestätigen; (témoigner de) zeugen von

attifer [atife] vt aufdonnern

attirail [atiRaj] nm Ausrüstung f; (péj) Zeug nt

attirer [atiRe] vt anlocken; (chose, aimant etc) anziehen; **~ qn dans un coin/vers soi** jdn in eine Ecke/zu sich ziehen; **s'~ des ennuis** sich dat Ärger einhandeln

attitude [atityd] nf (comportement) Verhalten nt; (position du corps, état d'esprit) Haltung f

attractif, -ive [atRaktif, iv] adj (prix, salaire) verlockend

attraction [atʀaksjɔ̃] nf (attirance) Reiz m; (Phys) Anziehungskraft f; (de foire) Attraktion f

attrait [atʀɛ] nm Reiz m

attrape-nigaud [atʀapnigo] (pl **attrape-nigauds**) nm Bauernfänger m

attraper [atʀape] vt fangen; (train, maladie, amende) bekommen; (habitude) annehmen; (duper) hereinlegen

attrayant, e [atʀɛjɑ̃, ɑ̃t] adj attraktiv

attribuer [atʀibɥe] vt (prix) verleihen; (rôle, tâche) zuweisen; (conséquence, fait) zuschreiben; **s'attribuer** vpr für sich in Anspruch nehmen

attribut [atʀiby] nm Merkmal nt, Kennzeichen nt; (Ling) Attribut nt

attrouper [atʀupe]: **s'attrouper** vpr sich versammeln

au [o] voir **à**

aubaine [obɛn] nf unverhoffter Glücksfall m

aube [ob] nf Morgengrauen nt; **à l'~ de** bei Tagesanbruch; **à l'~ de** bei Anbruch +gén

aubépine [obepin] nf Hagedorn m

auberge [obɛʀʒ] nf: **~ de jeunesse** Jugendherberge f

aubergine [obɛʀʒin] nf Aubergine f

aubergiste [obɛʀʒist] nmf Gastwirt(in) m(f)

aucun, e [okœ̃, yn] adj kein(e) ▶ pron keine(r, s); **sans ~ doute** zweifellos; **plus qu'~ autre (homme)** mehr als jeder andere (Mann); **~ des deux/participants** keiner von beiden/der Teilnehmer

audace [odas] nf (hardiesse) Kühnheit f; (péj : culot) Frechheit f

audacieux, -euse [odasjø, jøz] adj kühn

au-delà [od(ə)la] (pl **au-delàs**) adv weiter ▶ nm: **l'~** das Jenseits nt; **~ de** jenseits von; (de limite, somme etc) über +dat

au-dessous [odsu] adv darunter, unten; **~ de** unter +dat; (avec verbe de mouvement) unter +acc

au-dessus [odsy] adv darüber, oben; **~ de** über +dat; (avec verbe de mouvement) über +acc

au-devant [od(ə)vɑ̃] prép: **aller ~ de** entgegengehen +dat; (désirs) zuvorkommen +dat

audience [odjɑ̃s] nf (entrevue) Audienz f; (Jur : séance) Sitzung f; (d'une émission) Publikum nt

audimat® [odimat] nm (taux d'écoute) Einschaltquote f

audiovisuel, le [odjovizɥɛl] adj audiovisuell ▶ nm Funk und Fernsehen pl

auditeur, -trice [oditœʀ, tʀis] nm/f (Zu)Hörer(in); **~ libre** Gasthörer(in)

audition [odisjɔ̃] nf (ouïe) Gehör nt; (de témoins) Anhörung f; (Théât) Vorsprechen nt

auditionner [odisjɔne] vt (Mus) vorspielen lassen, (: chanteur) vorsingen lassen; (Théât) vorsprechen lassen

auditoire [oditwaʀ] nm Publikum nt

augmentation [ɔgmɑ̃tasjɔ̃] nf Erhöhung f; **~ (de salaire)** Gehaltserhöhung f

augmenter [ɔgmɑ̃te] vt erhöhen; (grandeur) erweitern ▶ vi zunehmen, sich vergrößern; (vitesse, prix) steigen; (vie, produit) teurer werden; **~ un employé/salarié** einem Angestellten eine Gehaltserhöhung geben

augure [ogyʀ] nm (prophète) Wahrsager(in) m(f); **être de bon/mauvais ~** ein gutes/schlechtes Zeichen sein

aujourd'hui [oʒuʀdɥi] adv heute; (de nos jours) heutzutage

aumône [omon] nf Almosen nt

auparavant [opaʀavɑ̃] adv vorher, zuvor

auprès [opʀɛ]: **~ de** prép bei

auquel [okɛl] prép +pron voir **lequel**

auriculaire [oʀikylɛʀ] nm kleiner Finger m

aurore [oʀɔʀ] nf Morgendämmerung f; **~ boréale** Nordlicht nt

ausculter [ɔskylte] vt abhorchen

aussi [osi] adv auch, ebenfalls; (dans comparaison) (genau)so; (si, tellement) so ▶ conj daher, deshalb; **~ fort/rapidement que** genauso stark/schnell wie; **lui ~** er auch

aussitôt [osito] adv sofort, sogleich; **~ que** sobald

austère [ostɛʀ] adj (personne) streng; (paysage) karg

austérité [osteʀite] nf (Écon) Sparmaßnahmen pl

austral, e [ostʀal] adj südlich, Süd-

Australie [ostʀali] nf: **l'~** Australien nt

australien, ne [ostʀaljɛ̃, jɛn] adj australisch ▶ nm/f: **Australien, ne** Australier(in)

autant [otɑ̃] adv so viel; **~ (que)** genauso viel (wie); **~ (de)** (nombre) so viele; (quantité) so viel; **~ partir/ne rien dire** es ist besser abzufahren/nichts zu sagen; **il n'est pas découragé pour ~** trotzdem ist er nicht entmutigt; **pour ~ que** soviel, soweit; **d'~ plus/moins/mieux (que)** umso mehr/weniger/besser (als)

autel [otɛl] nm Altar m

auteur, e [otœʀ] nm/f (écrivain) Autor(in); (d'un crime) Täter(in); **droits d'~** Urheberrecht nt

auteur-compositeur [otœrkɔ̃pozitœr] (pl **auteurs-compositeurs**) nm ≈ Liedermacher(in) m(f)
authentique [otɑ̃tik] adj echt; (véridique) wahr
autisme [otism] nm Autismus m
autiste [otist] adj autistisch
auto [oto] préf Auto-, Selbst-
autoallumage [otoalymaʒ] nm Selbstzündung f
autobiographie [otobjɔgrafi] nf Autobiografie f
autobiographique [otobjɔgrafik] adj autobiografisch
autobus [otobys] nm Bus m
autocar [otokar] nm Reisebus m
autochtone [otɔktɔn] adj eingeboren ▶ nmf Eingeborene(r) f(m)
autocollant, e [otokɔlɑ̃, ɑ̃t] adj selbstklebend ▶ nm Aufkleber m
auto-couchettes [otokuʃɛt] adj inv : **train ~** Autoreisezug m
autocritique [otokritik] nf Selbstkritik f
autocuiseur [otokɥizœr] nm Schnellkochtopf m
autodéfense [otodefɑ̃s] nf Selbstverteidigung f
autodétermination [otodetɛrminasjɔ̃] nf Selbstbestimmung f
autodidacte [otodidakt] nmf Autodidakt(in) m(f)
autodrome [otodrom] nm Autorennbahn f
auto-école [otoekɔl] (pl **auto-écoles**) nf Fahrschule f
autoentrepreneur, -euse [otoɑ̃trəprənœr, øz] nm/f selbständiger Einzelunternehmer(in)
autofocus [otofɔkys] nm (Photo) Autofokus m
autogestion [otoʒɛstjɔ̃] nf Selbstverwaltung f
autographe [otograf] nm Autogramm m
automate [otomat] nm Automat m
automatique [otomatik] adj automatisch
automatiquement [otomatikmɑ̃] adv automatisch
automatiser [otomatize] vt automatisieren
automatisme [otomatism] nm Automatismus m
automédication [otomedikasjɔ̃] nf Selbstverordnung f von Arzneimitteln
automitrailleuse [otomitrajøz] nf Panzerwagen m

automnal, e, -aux [ɔtɔnal, o] adj herbstlich
automne [ɔtɔn] nm Herbst m; **en ~** im Herbst
automobile [ɔtɔmɔbil] nf Auto nt
automobiliste [ɔtɔmɔbilist] nmf Autofahrer(in) m(f)
autonettoyant, e [otonetwajɑ̃, ɑ̃t] adj : **four ~** selbstreinigender Backofen m
autonome [ɔtɔnɔm] adj autonom; (appareil, système) unabhängig
autonomie [ɔtɔnɔmi] nf Unabhängigkeit f; (Pol) Autonomie f
autonomiste [ɔtɔnɔmist] nmf Separatist(in) m(f)
autopsie [ɔtɔpsi] nf Autopsie f
autoradio [otoradjo] nm Autoradio nt
autorail [otoraj] nm Schienenbus m
autorisation [ɔtɔrizasjɔ̃] nf Genehmigung f, Erlaubnis f; **~ de séjour** Aufenthaltserlaubnis
autorisé, e [ɔtɔrize] adj (source) offiziell; (opinion) maßgeblich
autoriser [ɔtɔrize] vt genehmigen; (chose) berechtigen zu
autoritaire [ɔtɔritɛr] adj autoritär
autorité [ɔtɔrite] nf Machtbefugnis f; (ascendant, influence) Autorität f; **faire ~** maßgeblich sein
autoroute [otorut] nf Autobahn f; **~ de l'information** Datenautobahn f
autostop [otostɔp] nm Trampen nt; **faire de l'~** per Anhalter fahren, trampen
auto-stoppeur, -euse [otostɔpœr, øz] (pl **auto-stoppeurs, -euses**) nm/f Anhalter(in), Tramper(in)
autour [otur] adv herum, umher; **~ de qch** um etw acc herum; (environ) etwa etw; **tout ~** rundherum
autre [otr] adj, pron andere(r, s); **un(e) ~** ein anderer/eine andere/ein anderes; **je préférerais un ~ verre** ich möchte lieber ein anderes Glas; **je voudrais un ~ verre d'eau** (supplémentaire) ich möchte noch ein Glas Wasser; **~ part** anderswo; **d'~ part** andererseits; **nous/vous ~s** wir/ihr; **d'~s** andere; **l'~** der/die/das andere; **les ~s** die anderen; **l'un et l'~** beide; **se détester l'un l'~/les uns les ~s** einander verabscheuen; **d'une semaine/minute à l'~** von einer Woche/Minute auf die andere; **entre ~s** unter anderem
autrefois [otrəfwa] adv früher, einst
autrement [otrəmɑ̃] adv (d'une manière différente) anders; (sinon) sonst; **je n'ai pas pu faire ~** ich konnte nicht anders; **~ dit** anders ausgedrückt

Autriche [otʁiʃ] *nf* : **l'~** Österreich *nt*
autrichien, ne [otʁiʃjɛ̃, jɛn] *adj* österreichisch ▶ *nm/f* : **Autrichien, ne** Österreicher(in)
autruche [otʁyʃ] *nf* Strauß *m*
autrui [otʁɥi] *pron* die anderen *pl*
auvent [ovã] *nm* (*de tente*) Vorzelt *nt*
Auvergne [ovɛʁɲ] *nf* : **l'~** die Auvergne *f*
aux [o] *voir* **à**
auxiliaire [ɔksiljɛʁ] *adj* Hilfs- ▶ *nmf* (*Admin*) Hilfskraft *f* ▶ *nm* (*Ling*) Hilfsverb *nt*
auxquels [okɛl] *prép +pron voir* **lequel**
av. *abr* = **avenue**
aval [aval] *nm* (*accord*) Unterstützung *f* ; **en ~ de** flussabwärts von
avalanche [avalãʃ] *nf* Lawine *f*
avaler [avale] *vt* verschlingen
avance [avãs] *nf* (*sur un concurrent*) Vorsprung *m* ; (*d'argent*) Vorschuss *m* ; (*opposé à retard*) Verfrühung *f* ; **avances** *nfpl* (*ouvertures*) Annäherungsversuche *pl* ; **être en ~** zu früh dran sein ; **à l'~, d'~, par ~** im Voraus
avancé, e [avãse] *adj* (*technique, opinions*) fortschrittlich ; (*heure, travail*) fortgeschritten ; **d'un âge ~** fortgeschrittenen Alters
avancement [avãsmã] *nm* (*professionnel*) Beförderung *f*
avancer [avãse] *vi* sich vorwärtsbewegen ; (*dans le temps*) voranschreiten ; (*montre, réveil*) vorgehen ▶ *vt* vorschieben ; (*date, rencontre*) vorverlegen ; (*hypothèse*) aufstellen ; (*argent*) vorstrecken ; (*montre*) vorstellen ; **s'avancer** *vpr* (*s'approcher*) näher kommen ; (*être en saillie, surplomb*) herausragen
avant [avã] *prép* vor +*dat* ; (*avec verbe de mouvement*) vor +*acc* ▶ *adj inv* : **siège/roue ~** Vordersitz *m* /Vorderrad *nt* ▶ *nm* (*d'un véhicule*) Vorderteil *nt* ; **~ tout** vor allem ; **en ~** nach vorne ; **en ~ de** vor +*dat* ; **~ qu'il (ne) parte** ehe *ou* bevor er geht
avantage [avãtaʒ] *nm* Vorteil *m* ; (*supériorité*) Überlegenheit *f*
avantager [avãtaʒe] *vt* bevorzugen
avantageux, -euse [avãtaʒø, øz] *adj* vorteilhaft, günstig
avant-bras [avãbʁa] *nm inv* Unterarm *m*
avant-centre [avãsãtʁ] (*pl* **avant-centres**) *nm* Mittelstürmer *m*
avant-coureur [avãkuʁœʁ] *adj* vorangehend ; **~ de** etw +*dat* ; **signe ~** Vorzeichen *nt*
avant-dernier, -ière [avãdɛʁnje, jɛʁ] *adj* vorletze(r, s) ▶ *nm/f* Vorletzte(r) *f(m)*

avant-garde [avãgaʁd] (*pl* **avant-gardes**) *nf* (*Mil*) Vorhut *f* ; (*fig*) Avantgarde *f*, Vorreiter *pl* ; **d'~** avantgardistisch
avant-goût [avãgu] (*pl* **avant-goûts**) *nm* Vorgeschmack *m*
avant-hier [avãtjɛʁ] *adv* vorgestern
avant-première [avãpʁəmjɛʁ] (*pl* **avant-premières**) *nf* (*de film*) Voraufführung *f*
avant-projet [avãpʁɔʒɛ] (*pl* **avant-projets**) *nm* Pilotprojekt *nt*
avant-propos [avãpʁopo] *nm inv* Vorwort *nt*
avant-veille [avãvɛj] *nf* : **l'~** zwei Tage davor
avare [avaʁ] *adj* geizig
avarice [avaʁis] *nf* Geiz *m*
avarié, e [avaʁje] *adj* (*viande, fruits*) verdorben
avaries [avaʁi] *nfpl* Schaden *m*
avec [avɛk] *prép* mit ; (*en plus de, à l'égard de*) zu ; **~ habileté** geschickt ; **~ lenteur** langsam
avenant, e [av(ə)nã, ãt] *adj* freundlich ▶ *nm* : **le reste à l'~** der Rest (ist) entsprechend
avenir [avniʁ] *nm* Zukunft *f* ; **à l'~** in Zukunft
Avent [avã] *nm* Advent *m*
aventure [avãtyʁ] *nf* Abenteuer *nt*
aventurer [avãtyʁe] : **s'aventurer** *vpr* sich wagen
aventureux, -euse [avãtyʁø, øz] *adj* (*personne*) abenteuerlustig ; (*projet, vie*) abenteuerlich
aventurier, -ière [avãtyʁje, jɛʁ] *nm/f* Abenteurer(in)
avenue [avny] *nf* Allee *f*
avérer [aveʁe] : **s'avérer** *vpr* : **s'~ faux/coûteux** sich als falsch/kostspielig erweisen
averse [avɛʁs] *nf* Regenschauer *m*
aversion [avɛʁsjɔ̃] *nf* Abneigung *f*
avertir [avɛʁtiʁ] *vt* benachrichtigen ; **~ qn de qch** jdn vor etw *dat* warnen
avertissement [avɛʁtismã] *nm* Warnung *f* ; (*blâme*) Mahnung *f*
avertisseur [avɛʁtisœʁ] *nm* (*Auto*) Hupe *f*
aveu [avø] *nm* Geständnis *nt*
aveugle [avœgl] *adj* blind
aveuglément [avœglemã] *adv* blindlings
aveugler [avœgle] *vt* blenden ; (*fig : amour, colère*) blind machen
aviateur, -trice [avjatœʁ, tʁis] *nm/f* Flieger(in)
aviation [avjasjɔ̃] *nf* Luftfahrt *f* ; (*Mil*) Luftwaffe *f*

aviculture [avikyltyʀ] nf Geflügelzucht f
avide [avid] adj begierig; (péj) gierig
avion [avjɔ̃] nm Flugzeug nt; **aller (à Pise) en ~** (nach Pisa) fliegen
avion-cargo [avjɔ̃kaʀgo] (pl **avions-cargos**) nm Transportflugzeug nt
avion-citerne [avjɔ̃sitɛʀn] (pl **avions-citernes**) nm Tankflugzeug nt
aviron [aviʀɔ̃] nm Ruder nt; (sport) Rudern nt
avis [avi] nm (point de vue) Meinung f, Ansicht f; (conseil) Rat(schlag) m; (notification) Mitteilung f; **être d'~ que** der Meinung sein, dass; **changer d'~** seine Meinung ändern
avisé, e [avize] adj (sensé) vernünftig
aviser [avize] vt (voir) bemerken ▶ vi (réfléchir) (nach)denken; **s'aviser** vpr : **s'~ de qch/que** (remarquer) etw bemerken ou entdecken/bemerken ou entdecken, dass; **~ qn de qch** jdn von etw in Kenntnis setzen; **~ qn que** jdn davon in Kenntnis setzen, dass
avocat, e [avɔka, at] nm/f (Jur) Rechtsanwalt m, Rechtsanwältin f ▶ nm (Culin) Avocado f; **~ général** ≈ Staatsanwalt m
avoine [avwan] nf Hafer m

MOT-CLÉ

avoir [avwaʀ] vt **1** haben; **elle a deux enfants/une belle maison** sie hat zwei Kinder/ein schönes Haus; **il a les yeux gris** er hat graue Augen; **vous avez du sel ?** haben Sie Salz?; **avoir du courage/de la patience** Mut/Geduld haben; **avoir faim/peur** Hunger/Angst haben; **avoir les cheveux blancs/un chapeau rouge** weiße Haare/einen roten Hut haben; **avoir du goût** einen guten Geschmack haben; **avoir horreur de** verabscheuen; **avoir rendez-vous** eine Verabredung haben; **avoir qch à faire** etw zu tun haben
2 (âge, dimensions) : **il a 3 ans** er ist 3 Jahre alt; **le mur a 3 mètres de haut** die Mauer ist 3 m hoch
3 (fam : duper) hereinlegen; **on t'a bien eu !** wir haben dich hereingelegt!
4 (obtenir, attraper : train, prix, renseignement) bekommen
5 : **en avoir : en avoir après** ou **contre qn** es auf jdn abgesehen haben; **en avoir assez** genug haben; **j'en ai pour une demi-heure** ich habe damit noch eine halbe Stunde zu tun
▶ vb aux **1** haben; **avoir mangé/dormi** gegessen/geschlafen haben
2 (avoir à + infinitif) : **avoir à faire qch** etw tun müssen; **vous n'avez qu'à lui demander** Sie brauchen ihn nur zu fragen; **tu n'as pas à me poser de questions** du hast mir keine Fragen zu stellen; **tu n'as pas à le savoir** das braucht du nicht zu wissen
▶ vb impers **1** : **il y a** es gibt; **il y a du sable** da ist Sand; **il y a un homme sur le toit** da ist ein Mann auf dem Dach; **il y a des hommes, qui ...** es gibt Männer, die ...; **qu'y a-t-il ?** was gibts?; **qu'est-ce qu'il y a ?** was gibts?; **il doit y avoir une explication** es muss eine Erklärung geben; **il n'y a qu'à faire qch** man muss nur etw tun, man braucht nur etw zu tun; **il ne peut y en avoir qu'un** es kann nur einen geben
2 (temporel) : **il y a 10 ans** vor 10 Jahren; **il y a longtemps/10 ans que je le sais** ich weiß es seit lange/10 Jahre; **il y a 10 ans qu'il est arrivé** er ist vor 10 Jahren angekommen
▶ nm Vermögen nt; (Comm) Guthaben nt

---

avoisiner [avwazine] vt angrenzen an +acc
avortement [avɔʀtəmɑ̃] nm Abtreibung f
avorter [avɔʀte] vi abtreiben, misslingen, scheitern
avorton [avɔʀtɔ̃] nm (kleiner) Wicht m
avoué [avwe] nm nicht plädierender Anwalt
avouer [avwe] vt gestehen; **s'avouer** vpr : **s'~ vaincu** sich geschlagen geben; **s'~ incompétent** zugeben, dass man inkompetent ist
avril [avʀil] nm April m; **en ~** im April; **le 13 ~** am 13. April; **le 13 ~ 2008** der 13. April 2008 ; voir aussi **juillet**
axe [aks] nm Achse f
ayant droit [ejɑ̃dʀwa] (pl **ayants droit**) nm Empfangsberechtigte(r) f(m)
azalée [azale] nf Azalee f
Azerbaïdjan [azɛʀbaidʒɑ̃] nm : **l'~** Aserbaidschan nt
azote [azɔt] nm Stickstoff m
azur [azyʀ] nm (couleur) Azur(blau) nt, Himmelsblau nt

b

B¹, b [be] *nm inv* B, b *nt*
B² [be] *abr* (= *bien*) gut
BA [bea] *sigle f* (= *bonne action*) gute Tat *f*
baba [baba] *adj* : **être ~** (*fam*) völlig platt *ou* verblüfft sein ▶ *nm* : **~ au rhum** rumgetränkter Kuchen
babiller [babije] *vi* plappern
babiole [babjɔl] *nf* Kleinigkeit *f*
bâbord [bɑbɔʀ] *nm* : **à** *ou* **par ~** backbord
babouin [babwɛ̃] *nm* Pavian *m*
babyfoot [babifut] *nm* Tischfußball *m*
baby-sitter [babisitœʀ] (*pl* **baby-sitters**) *nmf* Babysitter(in) *m(f)*
baby-sitting [babisitiŋ] *nm* Babysitten *nt*
bac¹ [bak] *nm* (*bateau*) Fähre *f*; (*récipient*) Behälter *m*
bac² [bak] *abr m* (= *baccalauréat*) ≈ Abi *nt*
baccalauréat [bakalɔʀea] *nm* ≈ Abitur *nt*

: Das **baccalauréat** oder kurz *bac* ist das
: französische Abitur, das man nach
: dem *lycée* im Alter von etwa 18 Jahren
: ablegt. Die drei Hauptzweige
: (allgemeine, technologische und
: berufliche Bildung) bieten eine Vielzahl
: von Fächerkombinationen. Etwa 80%
: eines Jahrgangs bestehen das Abitur
: oder das Fachabitur.

bâche [bɑʃ] *nf* Plane *f*
bâcher [bɑʃe] *vt* mit einer Plane abdecken
bachoter [baʃɔte] (*fam*) *vt* büffeln
bacille [basil] *nm* Bazillus *m*
bâcler [bɑkle] *vt* pfuschen
bactéricide [bakteʀisid] *adj* keimtötend
▶ *nm* keimtötendes Mittel *nt*
bactérie [bakteʀi] *nf* Bakterie *f*
badaud, e [bado, od] *nm/f* Schaulustige(r) *f(m)*
badge [badʒ] *nm* Button *m*
badigeonner [badiʒɔne] *vt* tünchen; (*Méd*) bepinseln

badin, e [badɛ̃, in] *adj* scherzhaft
badinage [badinaʒ] *nm* Geplänkel *nt*
badiner [badine] *vi* scherzen; **(ne pas) ~ avec qch** mit etw (keinen) Scherz treiben
badminton [badmintɔn] *nm* Badminton *nt*
baffe [baf] (*fam*) *nf* Ohrfeige *f*
baffle [bafl] *nm* Lautsprecherkette *f*
bafouer [bafwe] *vt* lächerlich machen
bafouillage [bafujaʒ] *nm* Gestammel *nt*
bafouiller [bafuje] *vi*, *vt* stammeln
bâfrer [bɑfʀe] (*fam*) *vi* fressen ▶ *vt* herunterschlingen
bagage [bagaʒ] *nm* : **bagages** *nmpl* Gepäck *nt*; **~ littéraire** (*fig*) literarische Kenntnisse; **~ à main** Handgepäck *nt*
bagarre [bagaʀ] *nf* Rauferei *f*; **il aime la ~** er ist rauflustig
bagarrer [bagaʀe] : **se bagarrer** *vpr* sich raufen
bagarreur, -euse [bagaʀœʀ, øz] *adj* rauflustig ▶ *nm/f* Raufbold *m*
bagatelle [bagatɛl] *nf* Kleinigkeit *f*
bagnard [baɲaʀ] *nm* Sträfling *m*
bagne [baɲ] *nm* Strafkolonie *f*
bagnole [baɲɔl] (*fam*) *nf* Auto *nt*
bagout [bagu] *nm* : **avoir du ~** ein geschmiertes *ou* gutes Mundwerk haben
bague [bag] *nf* Ring *m*; **~ de fiançailles** Verlobungsring *m*; **~ de serrage** Klammer *f*
baguette [bagɛt] *nf* Stab *m*; (*de chef d'orchestre*) Taktstock *m*; (*pain*) Stangenweißbrot *nt*; **mener qn à la ~** jdn an der Kandare halten; **~ de tambour** Trommelstock *m*
Bahamas [baamas] *nfpl* : **les (îles) ~** die Bahamas *pl*
Bahreïn [baʀɛn] *nm* Bahrein *nt*
bahut [bay] *nm* Truhe *f*
baie [bɛ] *nf* (*Géo*) Bucht *f*; (*fruit*) Beere *f*; **~ (vitrée)** großes Fenster *nt*
baignade [bɛɲad] *nf* Baden *nt*
baigner [bɛɲe] *vt* baden ▶ *vi* : **~ dans son sang** im eigenen Blut schwimmen; **se baigner** *vpr* schwimmen; (*dans une baignoire*) baden; **tout baigne !** (*fam*) es läuft alles wie geschmiert!
baigneur, -euse [bɛɲœʀ, øz] *nm/f* Badende(r) *f(m)*
baignoire [bɛɲwaʀ] *nf* Badewanne *f*; (*Théât*) Parterreloge *f*
bail, baux [baj, bo] *nm* Mietvertrag *m*
bâiller [bɑje] *vi* gähnen; (*être ouvert*) offen stehen
bailleur [bajœʀ] *nm* : **~ de fonds** Geldgeber *m*
bâillon [bɑjɔ̃] *nm* Knebel *m*

bâillonner [bɑjɔne] vt knebeln
bain [bɛ̃] nm Bad nt; **se mettre dans le ~** sich mit etw vertraut machen; **~ de pieds** Fußbad nt; **~ de soleil** Sonnenbad nt; **~s de mer** Baden im Meer
bain-marie [bɛ̃maʀi] (pl **bains-marie**) nm Wasserbad nt
baïonnette [bajɔnɛt] nf Bajonett nt
baisemain [bɛzmɛ̃] nm Handkuss m
baiser [beze] nm Kuss m ▶ vt (embrasser) küssen; (vulg : coucher avec) bumsen, ficken
baisse [bɛs] nf Sinken nt
baisser [bese] vt (store, vitre) herunterlassen; (radio) leiser stellen; (chauffage) niedriger stellen; (prix) herabsetzen ▶ vi fallen; **se baisser** vpr sich bücken
bal [bal] nm Ball m; **~ costumé** Kostümball m
balade [balad] nf Spaziergang m; (en voiture) Spazierfahrt f
balader [balade] vt (traîner) mit sich herumschleppen; (promener) spazieren führen; **se balader** vpr spazieren gehen
baladeur [baladœʀ] nm : **MP3 ~** MP3-Player m
baladeuse [baladøz] nf Kontrollampe f
balafre [balɑfʀ] nf Schnitt m; (cicatrice) Narbe f
balai [balɛ] nm Besen m; **donner un coup de ~ dans** ausfegen
balai-brosse [balɛbʀɔs] (pl **balais-brosses**) nm Schrubber m
balance [balɑ̃s] nf Waage f; **la B~** (Astrol) die Waage; **~ des paiements** Zahlungsbilanz f
balancer [balɑ̃se] vt (bras, jambes etc) baumeln lassen; (encensoir etc) schwenken; (fam : renvoyer, jeter) hinauswerfen; **se balancer** vpr sich hin- und herbewegen; (bateau, sur une balançoire) schaukeln; **~ qch à la poubelle** (fam) etw in den Müll befördern; **se ~ de qch** (fam) sich um etw einen Dreck scheren
balancier [balɑ̃sje] nm (de pendule) Pendel nt; (perche) Balancierstange f
balançoire [balɑ̃swaʀ] nf (suspendue) Schaukel f; (sur pivot) Wippe f
balayer [baleje] vt (feuilles etc) zusammenfegen; (pièce, cour) (aus) fegen; (soucis etc) vertreiben; (suj : radar, phares) absuchen
balayette [balɛjɛt] nf Handfeger m
balayeur, -euse [balejœʀ, øz] nm/f Straßenkehrer(in) ▶ nf (engin) Straßenkehrmaschine f

balbutiement [balbysimɑ̃] nm Stammeln nt
balbutier [balbysje] vi, vt stammeln
balcon [balkɔ̃] nm Balkon m; (Théât) erster Rang m
Bâle [bɑl] nf Basel nt
Baléares [baleaʀ] nfpl : **les (îles) ~** die Balearen pl
baleine [balɛn] nf Wal(fisch m) m; (de parapluie) Speiche f
balisage [balizaʒ] nm Befeuerung f, Markierung f
balise [baliz] nf (Naut) Bake f, Seezeichen nt; (Aviat) Befeuerungslicht nt; (Auto, Ski) Markierung f
baliser [balize] vt befeuern, markieren ▶ vi (fam) Angst haben
balistique [balistik] adj ballistisch ▶ nf Ballistik f
balivernes [balivɛʀn] nfpl Geschwätz nt
balkanique [balkanik] adj Balkan-
Balkans [balkɑ̃] nmpl : **les ~** die Balkanländer pl
ballade [balad] nf Ballade f
ballant, e [balɑ̃, ɑ̃t] adj baumelnd; **les bras ~s** mit hängenden Armen
ballast [balast] nm Schotter m
balle [bal] nf Ball m; (d´arme à feu) Kugel f; (du blé) Spreu f; (paquet) Ballen m; **~ perdue** verirrte Kugel
ballerine [bal(ə)ʀin] nf Ballerina f; (chaussure) leichter, flacher Damenschuh
ballet [balɛ] nm Ballett nt
ballon [balɔ̃] nm Ball m; (Aviat) Ballon m; (de vin) (Wein)glas nt; **~ de football** Fußball m
ballonner [balɔne] vt : **j'ai le ventre ballonné** ich habe einen Blähbauch
ballon-sonde [balɔ̃sɔ̃d] (pl **ballons-sondes**) nm Registrierballon m
ballot [balo] nm Ballen m; (péj) Blödmann m
ballottage [balɔtaʒ] nm (Pol) Stichwahl f
ballotter [balɔte] vi hin- und herrollen ▶ vt durcheinanderwerfen; **être ballotté entre** hin- und hergerissen sein zwischen
balluchon [balyʃɔ̃] nm Bündel nt
balnéaire [balneɛʀ] adj Bade-
balnéothérapie [balneoteʀapi] nf Bäderkur f
balourd, e [baluʀ, uʀd] adj linkisch
balourdise [baluʀdiz] nf Unbeholfenheit f, Schwerfälligkeit f
balte [balt] adj baltisch ▶ nmf : **Balte** Balte m, Baltin f
baltique [baltik] adj baltisch ▶ nf : **la (mer) B~** die Ostsee f
balustrade [balystʀad] nf Geländer nt

bambin [bɑ̃bɛ̃] nm kleines Kind nt
bambou [bɑ̃bu] nm Bambus m
ban [bɑ̃] nm : **être au ~ de** ausgestoßen sein aus; **bans** nmpl (de mariage) Aufgebot nt; **mettre au ~ de** ausstoßen aus
banal, e [banal] adj banal
banalisé, e [banalize] adj (voiture de police) (als Zivilfahrzeug) getarnt
banaliser [banalize] vt banal machen
banalité [banalite] nf Banalität f
banane [banan] nf Banane f; (pochette) Gürteltasche f
bananier [bananje] nm (arbre) Bananenstaude f; (cargo) Bananendampfer m
banc [bɑ̃] nm (siège) Bank f; (de poissons) Schwarm m; **~ des accusés** Anklagebank f; **~ d'essai** Prüfstand m; **~ de sable** Sandbank f; **~ des témoins** Zeugenbank f
bancaire [bɑ̃kɛʀ] adj Bank-
bancal, e [bɑ̃kal] adj wackelig
bandage [bɑ̃daʒ] nm Verband m
bande [bɑ̃d] nf (de tissu etc) Streifen m, Band nt; (Méd) Binde f; (magnétique) Tonband nt; (motif, dessin) Streifen; **une ~ de** (péj) eine Horde ou Bande von; **faire ~ à part** sich absondern; **~ d'arrêt d'urgence** Seitenstreifen m; **~ dessinée** Comic m; **la ~ de Gaza** der Gazastreifen; **~ sonore** Tonspur f
bande-annonce [bɑ̃dɑnɔ̃s] (pl **bandes-annonces**) nf Vorschau f
bandeau [bɑ̃do] nm (ruban) Stirnband nt; (sur les yeux) Augenbinde f
bander [bɑ̃de] vt (blessure) verbinden; (muscle etc) anspannen ▶ vi (vulg) einen stehen haben; **~ les yeux à qn** jdm die Augen verbinden
banderole [bɑ̃dʀɔl] nf Spruchband nt
bande-son [bɑ̃dsɔ̃] (pl **bandes-son**) nf Tonspur f
bande-vidéo [bɑ̃dvideo] (pl **bandes-vidéo**) nf Video(band) nt
bandit [bɑ̃di] nm Bandit m; (fig : escroc) Gauner m
bandoulière [bɑ̃duljɛʀ] nf : **en ~** umgehängt
Bangladesh [bɑ̃gladɛʃ] nm : **le ~** Bangladesch nt
banjo [bɑ̃(d)ʒo] nm Banjo nt
banlieue [bɑ̃ljø] nf Vorort m; **quartier de ~** Vorstadtviertel nt
banlieusard, e [bɑ̃ljøzaʀ, aʀd] nm/f Vorortbewohner(in); (voyageur) Pendler(in)
bannière [banjɛʀ] nf Banner nt
bannir [baniʀ] vt verbannen

banque [bɑ̃k] nf Bank f; **~ d'affaires** Handelsbank f; **B~ centrale (européenne)** (Europäische) Zentralbank; **~ à domicile** Homebanking nt; **~ de données** Datenbank f; **~ d'organes** Organbank f
banqueroute [bɑ̃kʀut] nf Bankrott m
banquet [bɑ̃kɛ] nm Festmahl nt, Bankett nt
banquette [bɑ̃kɛt] nf Sitzbank f
banquier, -ière [bɑ̃kje, jɛʀ] nm/f Bankier m
baptême [batɛm] nm Taufe f; **~ de l'air** Jungfernflug m
baptiser [batize] vt taufen
baquet [bakɛ] nm Zuber m, Kübel m
bar [baʀ] nm Bar f; (comptoir) Tresen m; (poisson) Barsch m
baragouin [baʀagwɛ̃] nm Kauderwelsch nt
baragouiner [baʀagwine] vi, vt radebrechen
baraque [baʀak] nf (cabane, hutte) Hütte f; (fam : maison) Bude f; **~ foraine** Jahrmarktsbude f
baraqué, e [baʀake] (fam) adj gut beieinander
baraquements [baʀakmɑ̃] nmpl Barackensiedlung f
baratin [baʀatɛ̃] (fam) nm : **faire du ~ à qn** jdn beschwatzen
baratiner [baʀatine] (fam) vt beschwatzen +acc
Barbade [baʀbad] nf : **la ~** Barbados nt
barbare [baʀbaʀ] adj barbarisch; (inculte) unzivilisiert ▶ nmf Barbar(in) m(f)
barbarie [baʀbaʀi] nf Barbarei f
barbe [baʀb] nf Bart m; **au nez et à la ~ de qn** vor jds Nase dat; **quelle ~ !** (fam) so ein Mist!; **~ à papa** Zuckerwatte f
barbecue [baʀbəkju] nm Barbecue nt
barbelé [baʀbəle] nm Stacheldraht m
barber [baʀbe] (fam) vt tödlich langweilen
barbiche [baʀbiʃ] nf Spitzbart m
barbiturique [baʀbityʀik] nm Schlafmittel nt
barboter [baʀbote] vi waten ▶ vt (fam) klauen
barboteuse [baʀbotøz] nf Strampelanzug m
barbouiller [baʀbuje] vt beschmieren; **avoir l'estomac barbouillé** sich dat den Magen verdorben haben
barbu, e [baʀby] adj bärtig
barbue [baʀby] nf (poisson) Glattbutt m
Barcelone [baʀsəlɔn] nf Barcelona nt
barda [baʀda] (fam) nm Zeug nt, Krempel m
barde [baʀd] nf (Culin) Speckstreifen m ▶ nm (poète) Barde m

barder [baʀde] (fam) vi : **ça va ~** das gibt Ärger
barème [baʀɛm] nm Skala f; **~ des salaires** Lohnskala f
baril [baʀi(l)] nm (de pétrole) Barrel nt
bariolé, e [baʀjɔle] adj bunt
barman [baʀman] nm Barkeeper m
baromètre [baʀɔmɛtʀ] nm Barometer nt
baron, ne [baʀɔ̃] nm/f Baron(in); (aussi fig) Magnat(in)
baroque [baʀɔk] adj barock; (fig) seltsam
barque [baʀk] nf Barke f
barrage [baʀaʒ] nm Damm m; (sur route) Straßensperre f; **~ de police** Polizeisperre f
barre [baʀ] nf Stange f; (Naut) Ruderpinne f; (écrite) (Feder)strich m; **être à** ou **tenir la ~** (Naut) am Ruder sein; **comparaître à la ~** vor Gericht erscheinen; **~ chocolatée** Schokoriegel m; **~ de défilement** Bildlaufleiste f; **~ d'espacement** Leertaste f; **~ d'état** Statusleiste f; **~ fixe** Reck nt; **~ d'icônes** Symbolleiste f; **~ de menu** Menüzeile f; **~ d'outils** Symbolleiste f; **~ de recherche** Suchleiste f; **~s parallèles** Barren pl
barreau, x [baʀo] nm Stab m; (Jur) Anwaltschaft f
barrer [baʀe] vt (route etc) (ab)sperren; (mot) (durch)streichen; (chèque) zur Verrechnung ausstellen; (Naut) steuern; **se barrer** (fam) vpr abhauen
barrette [baʀɛt] nf (pour les cheveux) Spange f; **~ (de) mémoire** USB-Speichermodul nt
barreur [baʀœʀ] nm Steuermann m
barricade [baʀikad] nf Barrikade f
barricader [baʀikade] vt verbarrikadieren; **se barricader** vpr : **se ~ chez soi** sich verbarrikadieren
barrière [baʀjɛʀ] nf Zaun m; (de passage à niveau) Schranke f; (obstacle) Hindernis nt; **~ acoustique** Lärmschutzwall m, Lärmschutzwand f; **~s douanières** Zollschranken pl
barrique [baʀik] nf Fass nt
baryton [baʀitɔ̃] nm Bariton m
bas, basse [bɑ, bɑs] adj niedrig; (température, ton) tief; (action) niedrig, niederträchtig ▶ nm (chaussette) Strumpf m; (partie inférieure) : **le ~ de ...** der untere Teil von ... ▶ adv niedrig, tief; **plus ~** weiter unten; (dans un texte) unten; **parler plus ~** leiser sprechen; **la tête ~se** mit gesenktem Kopf; **avoir la vue ~se** kurzsichtig sein; **au ~ mot** mindestens; **enfant en ~ âge** Kleinkind nt; **en ~** unten; **en ~ de**

unterhalb von; **de ~ en haut** von oben bis unten; **« à ~ la dictature/l'école ! »** „nieder mit der Diktatur/Schule!"
basalte [bazalt] nm Basalt m
basané, e [bazane] adj braun gebrannt
bas-côté [bakote] (pl **bas-côtés**) nm (de route) Rand m; (d'église) Seitenschiff nt
bascule [baskyl] nf : **(jeu de) ~** Wippe f; **(balance à) ~** (Balken)waage f; **fauteuil à ~** Schaukelstuhl m
basculer [baskyle] vi (um)fallen; (benne etc) (um)kippen ▶ vt (faire basculer) (um) kippen
base [baz] nf Basis f; (d'édifice) Fundament nt; (de montagne) Fuß m; (de triangle) Grundlinie f; (militaire) Stützpunkt m; (fondement, principe) Grundlage f; **jeter les ~s de** das Fundament legen für; **sur la ~ de** ausgehend von; **principe de ~** Grundprinzip nt; **à ~ de café/sucre** auf Kaffee-/Zuckerbasis; **~ de données** Datenbank f
base-ball [bɛzbol] nm Baseball nt
baser [baze] vt : **~ qch sur** etw basieren auf +acc; **se baser** vpr : **se ~ sur** sich stützen auf +acc
bas-fond [bafɔ̃] (pl **bas-fonds**) nm (Naut) Untiefe f; **bas-fonds** nmpl (fig) Abschaum m
basilic [bazilik] nm (Culin) Basilikum nt
basilique [bazilik] nf Basilika f
basket [baskɛt] nm Basketball m
basket-ball [baskɛtbol] nm Basketball m
baskets [baskɛt] nfpl (chaussures) Turnschuhe pl; **être bien dans ses ~** (fam) sich sauwohl fühlen; **lâche-moi les ~ !** (fam) lass mich in Ruhe!
basque [bask] adj baskisch
basse [bɑs] adj f voir **bas** ▶ nf (Mus) Bass m
basse-cour [baskuʀ] (pl **basses-cours**) nf (Hühner)hof m
Basse-Saxe [bassaks] nf : **la ~** Niedersachsen nt
basset [basɛ] nm Basset m
bassin [basɛ̃] nm Becken nt; (pièce d'eau) Bassin nt; **~ houiller** Steinkohlenrevier nt
bassiste [basist] nmf Kontrabassspieler(in) m(f)
basson [basɔ̃] nm (instrument) Fagott nt
bastingage [bastɛ̃gaʒ] nm Reling f
bastion [bastjɔ̃] nm Bastion f; (fig) Bollwerk nt
bas-ventre [bavɑ̃tʀ] (pl **bas-ventres**) nm Unterleib m
bataille [bataj] nf Schlacht f, Kampf m; **~ rangée** offener Kampf
bâtard, e [batɑʀ, aʀd] adj (solution) Misch- ▶ nm/f (enfant) Bastard m

batavia [batavja] *nf* Bataviasalat *m*
bateau, x [bato] *nm* Schiff *nt*
bateau-mouche [batomuʃ] (*pl* **bateaux-mouches**) *nm* Ausflugsdampfer *m auf der Seine*
bateau-pilote [batopilɔt] (*pl* **bateaux-pilotes**) *nm* Lotsenboot *nt*
batelier, -ière [batəlje, jɛʀ] *nm/f* Flussschiffer(in)
bâti, e [bati] *adj* (*terrain*) bebaut ▶ *nm* (*armature*) Rahmen *m*; **bien ~** gut gebaut
batifoler [batifɔle] *vi* herumalbern
bâtiment [batimɑ̃] *nm* Gebäude *nt*; (*Naut*) Schiff *nt*; **le ~** (*industrie*) das Baugewerbe *nt*
bâtir [batiʀ] *vt* bauen
bâton [batɔ̃] *nm* Stock *m*; (*d'agent de police*) (Gummi)knüppel *m*; **mettre des ~s dans les roues de qn** jdm Knüppel zwischen die Beine werfen; **parler à ~s rompus** über dies und das reden; **~ de rouge (à lèvres)** Lippenstift *m*; **~ de ski** Skistock *m*
bâtonnet [batɔnɛ] *nm* Stäbchen *nt*; **~ de poisson** Fischstäbchen
batraciens [batʀasjɛ̃] *nmpl* Amphibien *pl*
battage [bataʒ] *nm* Werbung *f*
battant, e [batɑ̃, ɑ̃t] *nm/f* (*personne*) Kämpfernatur *f* ▶ *nm* (*de cloche*) Klöppel *m*; (*de volet, de porte*) Flügel *m*; **porte à double ~** zweiflügelige Tür *f*
battement [batmɑ̃] *nm* (*de cœur*) Schlagen *nt*; **10 minutes de ~** 10 Minuten Zeit; **~ de paupières** Blinzeln *nt*
batterie [batʀi] *nf* (*Mil, Élec*) Batterie *f*; (*Mus*) Schlagzeug *nt*; **~ de cuisine** Küchenutensilien *pl*
batteur, -euse [batœʀ, øz] *nm/f* (*Mus*) Schlagzeuger(in); *nm* (*appareil*) Rührgerät *nt*, Mixer *m*
battre [batʀ] *vt* schlagen; (*blé*) dreschen; (*tapis*) klopfen; (*fer*) hämmern; (*cartes*) mischen; (*cœur*) schlagen; (*fenêtre, porte*) klappern; **se battre** *vpr* sich schlagen; **~ des mains** in die Hände klatschen; **~ de l'aile** (*fig*) auf der Nase liegen; **~ en brèche** einreißen; **~ son plein** in vollem Schwung sein; **~ en retraite** den Rückzug antreten
battue [baty] *nf* Treibjagd *f*
baud [bo] *nm* Baud *nt*
baume [bom] *nm* Balsam *m*
bauxite [boksit] *nf* Bauxit *m*
bavard, e [bavaʀ, aʀd] *adj* schwatzhaft
bavardage [bavaʀdaʒ] *nm* Geschwätz *nt*
bavarder [bavaʀde] *vi* schwatzen; (*indiscrètement*) klatschen
bavarois, e [bavaʀwa, waz] *adj* bay(e)risch

bave [bav] *nf* Speichel *m*; (*de chien etc*) Geifer *m*; (*d'escargot etc*) Schleim *m*
baver [bave] *vi* sabbern; **en ~** (*fam*) ganz schön ins Schwitzen kommen
bavette [bavɛt] *nf* Lätzchen *nt*
baveux, -euse [bavø, øz] *adj* sabbernd; (*omelette*) flüssig
Bavière [bavjɛʀ] *nf*: **la ~** Bayern *nt*
bavoir [bavwaʀ] *nm* Lätzchen *nt*
bavure [bavyʀ] *nf* (*fig*) Schnitzer *m*; **~ policière** Irrtum *m* der Polizei
bazar [bazaʀ] *nm* Basar *m*; (*fam : désordre*) Durcheinander *nt*
BCBG [besebeʒe] *sigle* (= *bon chic bon genre*) chic, schick
BCE [beseeə] *sigle f* (= *Banque centrale européenne*) EZB f
BD [bede] *sigle f* (= *bande dessinée*) Comic *m*
bd *abr* = *boulevard*
béant, e [beɑ̃, ɑ̃t] *adj* weit offen, klaffend
béat, e [bea, at] *adj* (*glück*)selig
béatitude [beatityd] *nf* Glückseligkeit *f*
beau, belle [bo, bɛl] (*devant nom masculin commençant par une voyelle ou un h muet* **bel**, *mpl* **beaux**) *adj* schön; (*homme*) gut aussehend; (*moralement*) gut; **faire le ~** (*chien*) Männchen machen ▶ *nf* (*Sport*): **la belle** das Entscheidungsspiel; **il fait ~** es ist schönes Wetter; **un ~ geste** eine noble Geste; **un ~ gâchis** (*ironique*) ein schöner Schlamassel; **un ~ rhume** (*ironique*) ein ordentlicher Schnupfen; **un ~ jour** eines schönen Tages; **bel et bien** wahrhaftig; **le plus ~ c'est que** das Schönste daran ist, dass; **c'est du ~ !** das ist (ja) ein starkes Stück!; **nous avons eu ~ essayer ça n'a rien donné** wie sehr wir uns auch bemüht haben, es hat nichts genutzt; **~ parleur** Schönredner *m*
beaucoup [boku] *adv* viel; **~ de** (*nombre*) viele; (*quantité*) viel; **~ plus de** viel mehr; **~ trop de** (*nombre*) viel zu viele; (*quantité*) viel zu viel; **de ~** bei Weitem
beau-fils [bofis] (*pl* **beaux-fils**) *nm* Schwiegersohn *m*; (*d'un remariage*) Stiefsohn *m*
beau-frère [bofʀɛʀ] (*pl* **beaux-frères**) *nm* Schwager *m*
beau-père [bopɛʀ] (*pl* **beaux-pères**) *nm* Schwiegervater *m*; (*d'un remariage*) Stiefvater *m*
beauté [bote] *nf* Schönheit *f*; **de toute ~** wunderbar; **finir en ~** mit einem eleganten Schwung abschließen; (*brillamment*) glänzend abschließen
beaux-arts [bozaʀ] *nmpl* schöne Künste *pl*
beaux-parents [bopaʀɑ̃] *nmpl* Schwiegereltern *pl*

bébé [bebe] nm Baby nt
bébé-éprouvette [bebeepʀuvɛt] (pl **bébés-éprouvette**) nm Retortenbaby nt
bec [bɛk] nm Schnabel m; **clouer le ~ à qn** jdm das Maul stopfen; **~ de gaz** Gaslaterne f; **~ verseur** Schnabel
bécane [bekan] (fam) nf (vélo) Fahrrad nt; (Inform) Kiste f
bécasse [bekas] nf (Zool) Waldschnepfe f; (fig) dumme Gans f
bec-de-lièvre [bɛkdəljɛvʀ] (pl **becs-de-lièvre**) nm Hasenscharte f
bêche [bɛʃ] nf Spaten m
bêcher [beʃe] vt umgraben
bécoter [bekɔte] : **se bécoter** vpr sich abküssen
becquée [beke] nf : **donner la ~ à** füttern
becqueter [bɛkte] (fam) vt schnabulieren
bedaine [bədɛn] nf Wanst m
bédé [bede] (fam) nf Comic m
bedonnant, e [bədɔnɑ̃, ɑ̃t] adj dick(bäuchig)
bée [be] adj : **bouche ~** mit offenem Mund
beffroi [befʀwa] nm Glockenturm m
bégayer [begeje] vi, vt stottern, stammeln
bégonia [begɔnja] nm Begonie f
bègue [bɛg] adj, nm/f : **être ~** stottern
bégueule [begœl] adj prüde, zimperlich
béguin [begɛ̃] nm : **avoir le ~ pour** schwärmen für
beige [bɛʒ] adj beige
beignet [bɛɲɛ] nm Krapfen m
bel [bɛl] adj m voir **beau**
bêler [bele] vi blöken
belette [bəlɛt] nf Wiesel nt
belge [bɛlʒ] adj belgisch ▸ nmf : **Belge** Belgier(in) m(f)
: **La fête nationale belge** am 21. Juli ist
: in Belgien ein Feiertag zur Erinnerung
: an den 21. Juli 1831, an dem Leopold von
: Sachsen-Coburg Gotha König Leopold I
: wurde.
Belgique [bɛlʒik] nf : **la ~** Belgien nt
bélier [belje] nm Widder m; (engin) Rammbock m; **être B~** (Astrol) Widder sein
belle [bɛl] adj f voir **beau**
belle-fille [bɛlfij] (pl **belles-filles**) nf Schwiegertochter f; (d'un remariage) Stieftochter f
belle-mère [bɛlmɛʀ] (pl **belles-mères**) nf Schwiegermutter f; (d'un remariage) Stiefmutter f
belle-sœur [bɛlsœʀ] (pl **belles-sœurs**) nf Schwägerin f
belligérant [beliʒeʀɑ̃] nm Krieg führendes Land nt

belliqueux, -euse [belikø, øz] adj kriegerisch
belote [bəlɔt] nf Kartenspiel mit 32 Karten
belvédère [bɛlvedɛʀ] nm Aussichtspunkt m
bémol [bemɔl] nm (Mus) b nt, Erniedrigungszeichen nt
bénédiction [benediksjɔ̃] nf Segen m
bénéfice [benefis] nm (Comm) Gewinn m; (avantage) Nutzen m; **au ~ de** zugunsten von
bénéficiaire [benefisjɛʀ] nm Nutznießer m
bénéficier [benefisje] vi : **~ de** (avoir) genießen; (tirer profit de) Nutzen ziehen aus; (obtenir) erhalten
bénéfique [benefik] adj wohltuend; (avantageux) vorteilhaft
Benelux [benelyks] nm : **le ~** die Beneluxländer pl
benêt [bənɛ] adj m einfältig
bénévole [benevɔl] adj freiwillig ▸ nmf Freiwillige(r) f(m)
bénévolement [benevɔlmɑ̃] adv freiwillig
Bénin [benɛ̃] nm : **le ~** Benin nt
bénin, -igne [benɛ̃, iɲ] adj gütig; (Méd) gutartig
bénir [beniʀ] vt segnen
bénit, e [beni, it] adj : **eau ~e** Weihwasser nt
bénitier [benitje] nm Weihwasserbecken nt
benjamin, e [bɛ̃ʒamɛ̃, in] nm/f Benjamin m
benne [bɛn] nf (de camion) Kipplader m; (de téléphérique) Gondel f; **~ basculante** Kipplore f; **~ à ordures (ménagères)** (camion) Müllwagen m
benzine [bɛ̃zin] nf Leichtbenzin nt
BEP [beøpe] sigle m (= brevet d'études professionnelles) Zeugnis einer technischen Schule
BEPC [beøpese] sigle m (= brevet d'études du premier cycle) ≈ mittlere Reife f
béquille [bekij] nf Krücke f; (de bicyclette) Ständer m
berbère [bɛʀbɛʀ] adj berberisch ▸ nm (Ling) Berberisch nt
Berbère [bɛʀbɛʀ] nmf Berber(in) m(f)
berceau, x [bɛʀso] nm Wiege f
bercer [bɛʀse] vt wiegen; (suj : musique etc) einlullen; **~ qn de promesses** jdn mit Versprechungen irreführen
berceuse [bɛʀsøz] nf Wiegenlied nt
béret [beʀɛ] nm : **~ (basque)** Baskenmütze f
berge [bɛʀʒ] nf Ufer nt

berger, -ère [bɛʁʒe, ɛʁ] nm/f Schäfer(in)
▶ nf (fauteuil) ≈ Polstersessel m;
~ allemand (chien) Schäferhund m
bergerie [bɛʁʒəʁi] nf Schafstall m
béribéri [beʁibeʁi] nm Beriberi f
Berlin [bɛʁlɛ̃] nf Berlin nt
berline [bɛʁlin] nf (Auto) Limousine f
berlingot [bɛʁlɛ̃go] nm (emballage) Tetrapack® nt
berlinois, e [bɛʁlinwa, waz] adj Berliner
bermuda [bɛʁmyda] nm Bermudas pl
Bermudes [bɛʁmyd] nfpl : **les (îles) ~** die Bermudas pl
Berne [bɛʁn] nf Bern nt
berne [bɛʁn] nf : **en ~** auf halbmast
berner [bɛʁne] vt zum Narren halten
besogne [bəzɔɲ] nf Arbeit f
besogneux, -euse [bəzɔɲø, øz] adj fleißig
besoin [bəzwɛ̃] nm Bedürfnis nt, Bedarf m; (pauvreté) Bedürftigkeit f; **au ~** notfalls; **avoir ~ de qch** etw nötig haben; **avoir ~ de faire qch** etw tun müssen; **il n'y a pas ~ de faire qch** es besteht keine Notwendigkeit, etw zu tun; **faire ses ~s** seine Notdurft verrichten
bestiaux [bɛstjo] nmpl Vieh nt
bestiole [bɛstjɔl] nf Tierchen nt
bêtabloquant [bɛtablɔkɑ̃] nm Betablocker m
bétail [betaj] nm Vieh nt
bête [bɛt] nf Tier nt ▶ adj dumm; **chercher la petite ~** übergenau sein; **c'est ma ~ noire** das ist für mich ein rotes Tuch; **~ de somme** Lasttier nt; **~s sauvages** wilde Tiere pl
bêtement [bɛtmɑ̃] adv dumm; **tout ~** schlicht und ergreifend
bêtise [bɛtiz] nf Dummheit f; (bagatelle) Kleinigkeit f; **dire une ~** Unsinn reden
béton [betɔ̃] nm Beton m; **~ armé** Stahlbeton m
bétonner [betɔne] vt betonieren
bétonnière [betɔnjɛʁ] nf Betonmischmaschine f
bette [bɛt] nf Mangold m
betterave [bɛtʁav] nf : **~ (rouge)** Rote Bete f
beugler [bøgle] vi brüllen; (péj : personne, radio) plärren ▶ vt (péj) grölen
beur [bœʁ] nmf junger Franzose maghrebinischer Abstammung

: **Beur** ist die Bezeichnung für jemanden,
: der in Frankreich geboren wurde und
: dessen Eltern aus Nordafrika
: stammen. Es ist kein rassistischer
: Ausdruck und wird oft von den
: Medien, Anti-Rassismus-Gruppen und
: den « beurs » selbst benutzt.

beurre [bœʁ] nm Butter f
beurrer [bœʁe] vt buttern
beurrier [bœʁje] nm Butterdose f
beuverie [bøvʁi] nf Sauferei f
bévue [bevy] nf Schnitzer m
Bhoutan [butɑ̃] nm : **le ~** Bhutan nt
Biafra [bjafʁa] nm : **le ~** Biafra nt
biais [bjɛ] nm Schrägstreifen m; **par le ~ de** mittels +gén; **en ~, de ~** (obliquement) schräg
biaiser [bjeze] vi (fig) ausweichen
bibelot [biblo] nm Ziergegenstand m
biberon [bibʁɔ̃] nm (Saug)flasche f; **nourrir au ~** mit der Flasche ernähren
bible [bibl] nf Bibel f
bibliobus [biblijobys] nm Fahrbücherei f
bibliophile [biblijɔfil] nmf Bücherfreund(in) m(f)
bibliothécaire [biblijɔtekɛʁ] nmf Bibliothekar(in) m(f)
bibliothèque [biblijɔtɛk] nf (meuble) Bücherschrank m; (institution) Bibliothek f; **~ municipale** Stadtbücherei f
biblique [biblik] adj biblisch
bicarbonate [bikaʁbɔnat] nm : **~ (de soude)** Natron nt
biceps [bisɛps] nm Bizeps m
biche [biʃ] nf Hirschkuh f
bichonner [biʃɔne] vt verhätscheln
bicolore [bikɔlɔʁ] adj zweifarbig
bicoque [bikɔk] (péj) nf Bruchbude f
bicyclette [bisiklɛt] nf Fahrrad nt
bidasse [bidas] (fam) nm Soldat m
bide [bid] (fam) nm (ventre) Bauch m; (Théât) Reinfall m, Flop m; **faire un ~** (fam) ein Reinfall sein
bidet [bidɛ] nm Bidet nt
bidoche [bidɔʃ] (fam) nf Fleisch nt
bidon [bidɔ̃] nm Kanister m ▶ adj inv (fam) Schein-; **c'est du ~ !** (fam) das ist alles Quatsch!
bidonville [bidɔ̃vil] nm Slumvorstadt f
bidule [bidyl] nm Dingsda nt

MOT-CLÉ

bien [bjɛ̃] nm 1 (avantage, profit) : **faire du bien à qn** jdm gut tun; **dire du bien de qn/qch** gut von jdm/etw sprechen; **c'est pour son bien que ...** es ist zu seinem Guten, dass ...; **changer en bien** sich zum Guten wenden; **il a changé en bien** er hat sich zu seinem Vorteil verändert; **mener à bien** zum guten Ende führen; **je te veux du bien** ich meine es gut mit dir
2 (possession, patrimoine) Besitz m; **son bien le plus précieux** sein kostbarstes Gut nt; **avoir du bien** Besitz haben;

biens de consommation Verbrauchsgüter pl; **les biens de ce monde** die Güter pl dieser Welt **3** (moral): **le bien** das Gute; **distinguer le bien du mal** Gut und Böse unterscheiden; **faire le bien** Gutes tun; **le bien public** das Allgemeinwohl
▶ adv **1** (de façon satisfaisante) gut; **elle travaille/mange bien** sie arbeitet/isst gut; **vite fait, bien fait** hopplahopp; **croire/vouloir bien faire** es gut meinen **2** (valeur intensive) sehr; **bien jeune** ein bisschen (zu) jung; **bien souvent** sehr oft; **bien mieux** sehr viel besser; **bien sûr !** sicher!; **c'est bien fait !** er etc verdient es!; **j'espère bien y aller** ich hoffe doch, dass ich dort hingehe; **je veux bien t'aider, mais...** (concession) ich will dir ja gerne helfen, aber...; **il y a bien deux ans** das ist gut und gerne zwei Jahre her; **tu as eu bien raison de faire cela** du hast gut daran getan, das zu tun; **il faut bien l'admettre** ou **le reconnaître** das muss man einfach zugeben; **se donner bien du mal** sich dat sehr viel Mühe geben; **où peut-il bien être passé ?** wo kann er nur sein? **3** (beaucoup): **bien du temps/des gens** viel Zeit/viele Leute
4: **bien que** obwohl
▶ adj inv **1** (en bonne forme, à l'aise): **être/se sentir bien** sich wohlfühlen; **je ne me sens pas bien** mir ist nicht gut; **on est bien dans ce fauteuil** in diesem Sessel sitzt man sehr bequem
2 (joli, beau) schön; **tu es bien dans cette robe** in diesem Kleid siehst du gut aus; **elle est bien, cette femme** das ist eine hübsche Frau
3 (satisfaisant, adéquat) gut; **elle est bien, cette maison** dieses Haus ist genau richtig; **mais non, c'est très bien** aber nein, das ist sehr gut so; **c'est très bien (comme ça)** das ist sehr gut so
4 (juste, moral) anständig; **ce n'est pas bien de faire ça** das macht man nicht, es gehört sich nicht, das zu tun
5 (convenable: parfois péj): **des gens bien** feine Leute pl
6 (en bons termes): **être bien avec qn** auf freundschaftlichem Fuß mit jdm stehen

bien-aimé, e [bjɛ̃neme] adj geliebt
bien-être [bjɛ̃ɛtʀ] nm (sensation) Wohlbefinden nt
bienfaisance [bjɛ̃fəzɑ̃s] nf Wohltätigkeit f
bienfaisant, e [bjɛ̃fəzɑ̃, ɑ̃t] adj (chose) gut, zuträglich
bienfait [bjɛ̃fɛ] nm (acte) gute Tat; (avantage) Vorteil m
bienfaiteur, -trice [bjɛ̃fɛtœʀ, tʀis] nm/f Wohltäter(in)
bien-fondé [bjɛ̃fɔ̃de] nm Berechtigung f
bienheureux, -euse [bjɛ̃nœʀø, øz] adj glücklich; (Rel) selig
biennal, e, -aux [bjenal, o] adj (plan) Zweijahres-; (exposition) alle zwei Jahre stattfindend
bien-pensant, e [bjɛ̃pɑ̃sɑ̃, ɑ̃t] (pl **bien-pensants, es**) adj spießbürgerlich
bienséance [bjɛ̃seɑ̃s] nf Anstand m
bienséant, e [bjɛ̃seɑ̃, ɑ̃t] adj anständig
bientôt [bjɛ̃to] adv bald; **à ~** bis bald
bienveillance [bjɛ̃vɛjɑ̃s] nf Wohlwollen nt
bienveillant, e [bjɛ̃vɛjɑ̃, ɑ̃t] adj wohlwollend
bienvenu, e [bjɛ̃vny] adj willkommen
▶ nm/f: **être le ~/la ~e** willkommen sein
▶ nf: **souhaiter la ~e à qn** jdn willkommen heißen; **~e à Bienne** willkommen in Biel
bière [bjɛʀ] nf (boisson) Bier nt; (cercueil) Sarg m
biffer [bife] vt durchstreichen
bifteck [biftɛk] nm Beefsteak nt
bifurcation [bifyʀkasjɔ̃] nf Gabelung f
bifurquer [bifyʀke] vi (route) sich gabeln; (véhicule) abbiegen
bigame [bigam] adj bigamistisch
bigamie [bigami] nf Bigamie f
bigarré, e [bigaʀe] adj kunterbunt
bigorneau, x [bigɔʀno] nm Strandschnecke f
bigot, e [bigo, ɔt] adj bigott ▶ nm/f Frömmler(in)
bigoudi [bigudi] nm Lockenwickler m
bigrement [bigʀəmɑ̃] (fam) adv verdammt
bijou, x [biʒu] nm Schmuckstück nt; (fig) Juwel nt; **mes ~x** mein Schmuck m
bijouterie [biʒutʀi] nf (magasin) Juwelierladen m
bijoutier, -ière [biʒutje, jɛʀ] nm/f Juwelier m
bikini [bikini] nm Bikini m
bilan [bilɑ̃] nm Bilanz f; **faire le ~ de** die Bilanz ziehen aus; **déposer son ~** Konkurs anmelden; **~ carbone** CO_2-Bilanz f
bilatéral, e, -aux [bilateʀal, o] adj bilateral
bile [bil] nf Galle f; **se faire de la ~** sich dat große Sorgen machen
biliaire [biljɛʀ] adj Gallen-
bilieux, -euse [biljø, øz] adj (teint) gelblich; (tempérament) aufbrausend

bilingue [bilɛ̃g] *adj* zweisprachig
billard [bijaʀ] *nm* Billard *nt*; (*table*) Billardtisch *m*; **passer sur le ~** (*fam*) unters Messer müssen; **~ électrique** Flipper *m*
bille [bij] *nf* Kugel *f*; (*de verre*) Murmel *f*
billet [bijɛ] *nm* (*argent*) Banknote *f*; (*de cinéma, musée etc*) Eintrittskarte *f*; (*de bus etc*) Fahrkarte *f*; (*courte lettre*) Notiz *f*; **~ d'avion** Flugticket *nt*, Flugschein *m*; **~ de banque** Banknote *f*; **~ circulaire** Rundreiseticket *nt*; **~ doux** Liebesbrief *m*; **~ électronique** E-Ticket *nt*; **~ de loterie** Lotterielos *nt*; **~ de train** Fahrkarte
billetterie [bijɛtʀi] *nf* (*pour spectacles*) Kasse *f*; (*pour transports*) Fahrscheinautomat *m*
billion [biljɔ̃] *nm* Billion *f*
billot [bijo] *nm* Klotz *m*
bimensuel, le [bimɑ̃sɥɛl] *adj* vierzehntägig
binaire [binɛʀ] *adj* binär
binette [binɛt] *nf* (*outil*) Hacke *f*
binocle [binɔkl] *nm* Kneifer *m*
bio [bjo] *adj* (*produits, aliments*) Bio-
biocarburant [bjokaʀbyʀɑ̃] *nm* Biokraftstoff *m*
biochimie [bjoʃimi] *nf* Biochemie *f*
biochimique [bjoʃimik] *adj* biochemisch
biodégradable [bjodegʀadabl] *adj* biologisch abbaubar
biodiversité [bjodivɛʀsite] *nf* Artenvielfalt *f*
bioéthique [bjoetik] *nf* Bioethik *f*
biographe [bjɔgʀaf] *nmf* Biograf(in) *m(f)*
biographie [bjɔgʀafi] *nf* Biografie *f*
biographique [bjɔgʀafik] *adj* biografisch
biologie [bjɔlɔʒi] *nf* Biologie *f*
biologique [bjɔlɔʒik] *adj* biologisch; (*agriculture, alimentation*) biodynamisch
biologiste [bjɔlɔʒist] *nmf* Biologe *m*, Biologin *f*
biomasse [bjomas] *nf* Biomasse *f*
biopsie [bjɔpsi] *nf* Biopsie *f*
biorythme [bjoʀitm] *nm* Biorhythmus *m*
biosphère [bjɔsfɛʀ] *nf* Biosphäre *f*
bioterrorisme [bjotɛʀɔʀism] *nm* Bioterrorismus *m*
biotope [bjɔtɔp] *nm* Biotop *m ou nt*
bip [bip] *nm*: **~ sonore** Pfeifton *m*; **laissez votre message après le ~ sonore** hinterlassen Sie Ihre Nachricht nach dem Pfeifton
bipartisme [bipaʀtism] *nm* Zweiparteiensystem *nt*
bipartite [bipaʀtit] *adj* (*gouvernement*) Zweiparteien-; (*accord*) zweiseitig

bipède [bipɛd] *nm* Zweibeiner *m*
biplan [biplɑ̃] *nm* Doppeldecker *m*
bipolaire [bipɔlɛʀ] *adj* bipolar
biréacteur [biʀeaktœʀ] *nm* zweimotoriges Düsenflugzeug *nt*
Birmanie [biʀmani] *nf*: **la ~** Birma *nt*
bis [bi] *adj* bi, biz *adv, excl, nm* bis] *adj* (*couleur*) graubraun ▶ *adv* (*après un chiffre*): **12 ~** ≈ 12 a ▶ *excl* Zugabe ▶ *nm* Zugabe *f*
bisannuel, le [bizanɥɛl] *adj* zweijährlich
bisbille [bisbij] *nf*: **être en ~ avec qn** sich mit jdm in den Haaren liegen
biscornu, e [biskɔʀny] *adj* unförmig, ungestalt; (*péj: idée, esprit*) bizarr
biscotte [biskɔt] *nf* Zwieback *m*
biscuit [biskɥi] *nm* Keks *m ou nt*; (*porcelaine*) Biskuitporzellan *nt*
bise [biz] *nf* (*baiser*) Kuss *m*; (*vent*) Nordwind *m*
bisexuel, le [bisɛksɥɛl] *adj* bisexuell
bison [bizɔ̃] *nm* Bison *nt*
bisou [bizu] (*fam*) *nm* Küsschen *nt*
bisque [bisk] *nf*: **~ d'écrevisses/de homard** Garnelen-/Hummersuppe *f*
bisser [bise] *vt* um eine Zugabe bitten
bissextile [bisɛkstil] *adj*: **année ~** Schaltjahr *nt*
bistro, bistrot [bistʀo] *nm* Lokal *nt*
bit [bit] *nm* Bit *nt*
bitume [bitym] *nm* Asphalt *m*
bivalent, e [bivalɑ̃, ɑ̃t] *adj* zweiwertig
bivouac [bivwak] *nm* Biwak *nt*
bivouaquer [bivwake] *vi* biwakieren
bizarre [bizaʀ] *adj* bizarr
bizarrerie [bizaʀʀi] *nf* Merkwürdigkeit *f*
blackbouler [blakbule] *vt* stimmen gegen
blafard, e [blafaʀ, aʀd] *adj* bleich
blague [blag] *nf* Witz *m*; (*farce*) Streich *m*; **sans ~ !** mach keine Witze!; **~ à tabac** Tabakbeutel *m*
blaguer [blage] *vi* Witze machen
blagueur, -euse [blagœʀ, øz] (*fam*) *adj* neckend ▶ *nm/f* Witzbold *m*
blaireau, x [blɛʀo] *nm* (*Zool*) Dachs *m*; (*brosse*) Rasierpinsel *m*
blairer [blɛʀe] (*fam*) *vt*: **je ne peux pas le ~** ich kann ihn nicht riechen *ou* ausstehen
blâme [blɑm] *nm* Tadel *m*
blâmer [blɑme] *vt* tadeln
blanc, blanche [blɑ̃, blɑ̃ʃ] *adj* weiß; (*non imprimé*) leer; (*innocent*) rein ▶ *nm/f* Weiße(r) *f(m)* ▶ *nm* (*couleur*) Weiß *nt*; (*linge*) Weißwäsche *f*; (*espace non écrit*) freier Raum *m*; (*aussi* **blanc d'œuf**) Eiweiß *nt*; (*aussi* **blanc de poulet**)

Hühnerbrust f; (aussi: **vin blanc**) Weißwein m ▶ adv: **à ~** (chauffer) bis zur Weißglut; (tirer) mit Platzpatronen; **d'une voix ~he** mit tonloser Stimme; **laisser en ~** frei lassen; **chèque en ~** Blankoscheck m; **le ~ de l'œil** das Weiße im Auge

blanc-bec [blɑ̃bɛk] (pl **blancs-becs**) nm Grünschnabel m

blancheur [blɑ̃ʃœʀ] nf Weiß nt

blanchiment [blɑ̃ʃimɑ̃] nm (mur) Weißen nt, Tünchen nt; (de tissu, etc) Bleichen nt; **~ d'argent** (fig) Geldwäsche f

blanchir [blɑ̃ʃiʀ] vt weiß machen; (linge, argent) waschen; (Culin) blanchieren; (disculper) rein waschen ▶ vi weiß werden; (cheveux) grau werden; **blanchi à la chaux** geweißelt

blanchissage [blɑ̃ʃisaʒ] nm (du linge) Waschen nt

blanchisserie [blɑ̃ʃisʀi] nf Wäscherei f

blanchisseur, -euse [blɑ̃ʃisœʀ, øz] nm/f Wäscher(in)

blanc-seing [blɑ̃sɛ̃] (pl **blancs-seings**) nm Blankovollmacht f

blanquette [blɑ̃kɛt] nf: **~ de veau** Kalbsragout nt

blasé, e [blɑze] adj blasiert

blason [blɑzɔ̃] nm Wappen nt

blasphème [blasfɛm] nm Blasphemie f

blasphémer [blasfeme] vi Gott lästern

blatte [blat] nf Schabe f

blazer [blazɛʀ] nm Blazer m

blé [ble] nm Weizen m; (argent: fam) Heu nt

bled [blɛd] (péj) nm Kaff nt

blême [blɛm] adj blass

blennorragie [blenɔʀaʒi] nf Tripper m

blessant, e [blesɑ̃, ɑ̃t] adj verletzend

blessé, e [blese] adj verletzt ▶ nm/f Verletzte(r) f(m); **un ~ grave, un grand ~** ein Schwerverletzter m; **~(e) dans son orgueil** in seinem Stolz verletzt

blesser [blese] vt verletzen; **se blesser** vpr sich verletzen; **se ~ au pied/doigt** sich dat den Fuß/Finger verletzen

blessure [blesyʀ] nf Wunde f, Verletzung f

blet, blette [blɛ, blɛt] adj überreif

blette [blɛt] nf (Bot) = **bette**

bleu, e [blø] adj blau; (bifteck) blutig ▶ nm (couleur) Blau nt; (contusion) blauer Fleck m; (novice) Grünschnabel m; **une peur ~e** Todesangst f; **~ marine** marineblau; **~ (de travail)** Blaumann m

bleuet [bløɛ] nm Kornblume f

bleuté, e [bløte] adj bläulich

blindage [blɛ̃daʒ] nm Panzerung f

blindé, e [blɛ̃de] adj gepanzert; (fig) abgehärtet ▶ nm Panzer m

blinder [blɛ̃de] vt panzern; (fig) abhärten

bling-bling [bliŋbliŋ] (fam) nm inv Bling-Bling m ▶ adj inv protzig

blizzard [blizaʀ] nm Schneesturm m

bloc [blɔk] nm Block m; **refuser en ~** in Bausch und Bogen ablehnen; **faire ~** zusammenhalten; **serré à ~** fest angezogen

blocage [blɔkaʒ] nm Blockieren nt; (Psych) Sperre f; **~ des prix/des salaires** Preis-/Lohnstopp m

bloc-moteur [blɔkmɔtœʀ] (pl **blocs-moteurs**) nm Motorblock m

bloc-notes [blɔknɔt] (pl **blocs-notes**) nm Notizblock m

blocus [blɔkys] nm Blockade f

blog [blɔg] nm Blog m, Weblog m

blogging [blɔgiŋ] nm Blogging nt

blogosphère [blɔgɔsfɛʀ] nf Blogosphäre f

bloguer [blɔge] vi bloggen

blogueur, -euse [blɔgœʀ, øz] nm/f Blogger(in)

blond, e [blɔ̃, blɔ̃d] adj blond; (sable, blés) golden ▶ nm/f Blonde(r) m, Blondine f; **~ cendré** aschblond

bloquer [blɔke] vt blockieren; (crédits, compte) sperren; (jours de congé) zusammenfassen; **~ les freins** eine Vollbremsung machen

blottir [blɔtiʀ]: **se blottir** vpr sich verkriechen

blouse [bluz] nf Kittel m

blouson [bluzɔ̃] nm Blouson m

blue-jean [bludʒin], **blue-jeans** [bludʒins] nm (Blue)jeans pl

bluff [blœf] nm Bluff m

bluffer [blœfe] vi, vt bluffen; **~ qn** (fam) jn anschmieren

boa [bɔa] nm (Feder)boa f; (Zool): **~ (constricteur)** Boa f (Constrictor)

bob [bɔb] nm = **bobsleigh**

bobard [bɔbaʀ] (fam) nm Lügenmärchen nt

bobine [bɔbin] nf Spule f

bobo¹ [bɔbo] nm (langage enfantin) Wehweh nt

bobo² [bɔbo] nmf (= bourgeois bohème) alternativ eingestellte Wohlstandsbürger(in) m(f)

boboïser [bɔbɔize]: **se boboïser** vpr (quartier, ville) gentrifizieren

bobsleigh [bɔbslɛg] nm Bob m

bocage [bɔkaʒ] nm Heckenlandschaft f

bocal, -aux [bɔkal, o] nm Glasbehälter m

bock [bɔk] nm (kleines) Bierglas nt

body [bɔdi] nm (vêtement féminin) Body m

bœuf [bœf] nm (animal) Ochse m; (Culin) Rindfleisch nt

bof [bɔf] excl nicht besonders

bogue [bɔg] *nf* (*Bot*) Kastanienhülle *f*
▶ *nm* (*Inform*) Bug *m*
bohémien, ne [bɔemjɛ̃, jɛn] *nm/f* Zigeuner(in) *m(f)*
boire [bwaʀ] *vt* trinken; (*s'imprégner de*) aufsaugen ▶ *vi* trinken
bois [bwa] *nm* (*matériau*) Holz *nt*; (*forêt*) Wald *m*; **de** *ou* **en ~** aus Holz; **~ de chauffage** Brennholz
boisé, e [bwaze] *adj* bewaldet; (*goût*) holzig
boiser [bwaze] *vt* (*chambre*) (mit Holz) täfeln; (*galerie de mine*) abstützen; (*terrain*) aufforsten
boiseries [bwazʀi] *nfpl* (Holz)vertäfelung *f*
boisson [bwasɔ̃] *nf* Getränk *nt*; **~s alcoolisées** alkoholische Getränke *pl*; **~s gazeuses** Sprudelgetränke *pl*
boîte [bwat] *nf* Schachtel *f*; (*de conserve*) Dose *f*; (*fam : entreprise*) Laden *m*; **aliments en ~** Büchsenkost *f*; **~ d'allumettes** Streichholzschachtel *f*; **~ de conserve** Konservendose *f*; **~ crânienne** Schädel(kapsel *f*) *m*; **~ aux lettres** Briefkasten *m*; (*électronique*) Mailbox *f*; **~ noire** Flugschreiber *m*; **~ (de nuit)** Nachtklub *m*; **~ postale** Postfach *nt*; **~ de sardines** Sardinenbüchse *f*; **~ de vitesses** Getriebe *nt*; **~ vocale** (*dispositif*) Voicemail *f*
boiter [bwate] *vi* hinken
boiteux, -euse [bwatø, øz] *adj* hinkend
boîtier [bwatje] *nm* Gehäuse *nt*
bol [bɔl] *nm* Schale *f*; **un ~ d'air** ein bisschen frische Luft; **avoir du ~** (*fam*) Schwein haben; **un coup de ~** (*fam*) Glück
bolet [bɔlɛ] *nm* Röhrling *m*
bolide [bɔlid] *nm* Rennwagen *m*; **comme un ~** rasend schnell
Bolivie [bɔlivi] *nf* : **la ~** Bolivien *nt*
bolivien, ne [bɔlivjɛ̃, jɛn] *adj* bolivisch
▶ *nm/f* : **Bolivien, ne** Bolivier(in)
bombardement [bɔ̃baʀdəmɑ̃] *nm* Bombardierung *f*
bombarder [bɔ̃baʀde] *vt* bombardieren; **~ qn de** (*cailloux etc*) jdn bewerfen mit; (*lettres etc*) jdn überhäufen mit; **~ qn directeur** jdn auf den Posten des Direktors katapultieren
bombe [bɔ̃b] *nf* Bombe *f*; (*atomiseur*) Spraydose *f*; **faire la ~** (*fam*) einen draufmachen, auf Sauftour gehen; **~ atomique** Atombombe *f*; **~ à retardement** Zeit(zünder)bombe *f*
bombé, e [bɔ̃be] *adj* gewölbt
bomber [bɔ̃be] *vi* sich wölben ▶ *vt* (*graffiti*) sprühen; **~ le torse** sich (zu voller Größe) aufblasen

---

MOT-CLÉ

bon, bonne [bɔ̃, bɔn] *adj* 1 gut; **un bon repas/restaurant** ein gutes Essen/Restaurant; **être bon en maths** gut in Mathematik sein; **être bon (envers)** gut sein (zu); **vous êtes trop bon** (Sie sind) zu gütig; **avoir bon goût** (*fruit etc*) gut schmecken; (*fig : personne*) einen guten Geschmack haben
2 (*approprié, apte*) : **bon à/pour** gut zu/für; **à quoi bon ?** was soll das?
3 (*correct*) richtig; **le bon moment** der richtige Augenblick; **juger bon de faire qch** es für richtig halten, etw zu tun
4 (*souhaits*) : **bon anniversaire !** herzlichen Glückwunsch zum Geburtstag!; **bon voyage !** gute Reise!; **bonne chance !** viel Glück!; **bonne année !** ein gutes Neues Jahr!; **bonne nuit !** gute Nacht!
5 (*composés*) : **bon enfant** *adj inv* gutmütig; **de bonne heure** früh; **bon marché** (*adj inv, adv*) preiswert; **bon mot** Bonmot *nt*; **bon sens** gesunder Menschenverstand *m*; **bon vivant** Lebenskünstler *m*
▶ *adv* : **il fait bon** es ist schön warm; **sentir bon** gut riechen; **tenir bon** aushalten
▶ *excl* : **bon !** gut!; **ah bon ?** ach ja?; **bon, je reste** na gut, ich bleibe noch
▶ *nm* 1 (*billet*) Bon *m*; **bon cadeau** Geschenkgutschein *m*; **bon d'essence** Benzingutschein *m*; **bon de caisse** Kassenbon *m*, Kassenzettel *m*; **bon de commande** (*Comm*) Bestellschein *m*
2 : **avoir du bon** etw für sich haben; **il y a du bon dans ce qu'il dit** an dem, was er sagt, ist etw dran; **il y a du bon dans tout cela** das hat etw Gutes für sich; **pour de bon** für immer

---

bonasse [bɔnas] *adj* (viel zu) gutmütig
bonbon [bɔ̃bɔ̃] *nm* Bonbon *m ou nt*
bonbonne [bɔ̃bɔn] *nf* Korbflasche *f*; **~ de gaz** Gasflasche
bond [bɔ̃] *nm* Sprung *m*; **faire un ~** einen Sprung machen; **d'un seul ~** mit einem Satz
bonde [bɔ̃d] *nf* (*d'évier etc*) Stöpsel *m*; (*de tonneau*) Spund *m*
bondé, e [bɔ̃de] *adj* überfüllt
bondir [bɔ̃diʀ] *vi* springen
bonheur [bɔnœʀ] *nm* Glück *nt*; **avoir le ~ de faire qch** das Glück haben, etw zu tun; **porter ~ (à qn)** (jdm) Glück bringen; **au petit ~** auf gut Glück; **par ~** glücklicherweise

bonhomie [bɔnɔmi] nf Gutmütigkeit f
bonhomme [bɔnɔm] (pl **bonshommes**) [bɔ̃zɔm] nm Mensch m, Typ m; **aller son ~ de chemin** gemächlich seinen Weg gehen; **~ de neige** Schneemann m
boni [bɔni] nm Profit m
bonification [bɔnifikasjɔ̃] nf (somme) Bonus m
bonifier [bɔnifje] vt verbessern
bonjour [bɔ̃ʒuʀ] excl, nm guten Tag; **dire ~ à qn** jdn grüßen; **donner** ou **souhaiter le ~ à qn** jdm guten ou Guten Tag sagen; **~, Monsieur** guten ou Guten Tag
bonne [bɔn] adj f voir **bon** ▶ nf (domestique) (Haus)mädchen nt
bonne-maman [bɔnmamɑ̃] (pl **bonnes-mamans**) nf Oma f
bonnement [bɔnmɑ̃] adv : **tout ~** ganz einfach
bonnet [bɔnɛ] nm Mütze f; (de soutien-gorge) Körbchen nt; **~ d'âne** Hut, der früher dem schlechtesten Schüler zur Strafe aufgesetzt wurde; **~ de bain** Badekappe f, Bademütze f; **~ de nuit** Nachtmütze f
bon-papa [bɔ̃papa] (pl **bons-papas**) nm Opa m
bonsoir [bɔ̃swaʀ] excl, nm guten Abend
bonté [bɔ̃te] nf Güte f; **avoir la ~ de faire qch** so freundlich ou so gut sein und etw tun
bonus [bɔnys] nm Bonus m
boom [bum] nm Boom m; **~ démographique** Bevölkerungsexplosion f
boomerang [bumʀɑ̃g] nm Bumerang m
boots [buts] nmpl Boots pl
bord [bɔʀ] nm Rand m; (de rivière, lac) Ufer nt; **au ~ de la mer** am Meer; **au ~ de la route** am Straßenrand; **à ~** an Bord; **monter à ~** an Bord gehen; **jeter par-dessus ~** über Bord werfen; **du même ~** der gleichen Meinung; **être au ~ de la crise de nerfs** kurz vor einem Nervenzusammenbruch stehen; **être au ~ des larmes** den Tränen nahe sein
bordeaux [bɔʀdo] nm (vin) Bordeaux m ▶ adj inv (couleur) weinrot
bordel [bɔʀdɛl] (fam) nm Bordell nt; (désordre) heilloses Durcheinander nt
bordélique [bɔʀdelik] (fam) adj heillos unordentlich
border [bɔʀde] vt (être le long de) säumen; **~ qch de** (garnir) etw einfassen mit
bordereau, x [bɔʀdəʀo] nm Aufstellung f; (facture) Rechnung f
bordure [bɔʀdyʀ] nf Umrandung f; (sur un vêtement) Bordüre f; **en ~ de** am Rand von

borgne [bɔʀɲ] adj einäugig; (fenêtre) blind; **hôtel ~** Absteige f
borne [bɔʀn] nf Grenzstein m; (kilométrique) Kilometerstein m; **dépasser les ~s** zu weit gehen; **sans ~(s)** grenzenlos; **~ wifi** Hotspot m
borné, e [bɔʀne] adj engstirnig
borner [bɔʀne] vt (délimiter) be- ou eingrenzen; (fig) einschränken; **se borner** vpr : **se ~ à faire qch** sich damit begnügen, etw zu tun
bosniaque [bɔznjak] adj bosnisch
Bosnie [bɔzni] nf Bosnien nt
Bosnie-Herzégovine [bɔzniɛʀzegɔvin] nf Bosnien und Herzegowina nt
Bosphore [bɔsfɔʀ] nm : **le ~** der Bosporus m
bosquet [bɔskɛ] nm Wäldchen nt
bosse [bɔs] nf (de terrain, sur un objet etc) Unebenheit f; (enflure) Beule f; (du bossu) Buckel m; (du chameau) Höcker m; **avoir la ~ des maths** (fam) ein As in Mathe sein; **rouler sa ~** immer auf Achse sein
bosseler [bɔsle] vt (ouvrer) treiben; (abîmer) verbeulen
bosser [bɔse] (fam) vi (travailler) schuften
bosseur, -euse [bɔsœʀ, øz] nm/f Arbeitstier nt
bossu, e [bɔsy] adj buckelig ▶ nm/f Bucklige(r) f(m)
botanique [bɔtanik] nf Botanik f ▶ adj botanisch
Botswana [bɔtswana] nm : **le ~** Botswana nt
botte [bɔt] nf (soulier) Stiefel m; (Escrime : coup) Stoß m; **~ d'asperges** Spargel-, **~ de paille** Strohbündel nt; **~ de radis** Bund nt Radieschen
botter [bɔte] vt Stiefel anziehen +dat; (donner un coup de pied à) einen Tritt versetzen +dat ▶ vi (Rugby) schießen; **ça me botte** (fam) das reizt mich
bottier [bɔtje] nm (magasin) Schuhboutique f
bottin [bɔtɛ̃] nm Telefonbuch nt
bottine [bɔtin] nf Stiefelette f
botulisme [bɔtylism] nm Fleischvergiftung f
bouc [buk] nm Ziegenbock m; (barbe) Spitzbart m; **~ émissaire** Sündenbock m
boucan [bukɑ̃] (fam) nm Lärm m, Radau m
bouche [buʃ] nf Mund m; (de volcan, four etc) Öffnung f; **de ~ à oreille** von Mund zu Mund; **~ cousue !** kein Sterbenswörtchen!; **~ d'égout** Kanalschacht m; **~ d'incendie** Hydrant m; **~ de métro** Eingang m zur U-Bahn
bouché, e [buʃe] adj verstopft; (bouteille) verkorkt; (temps, ciel) bewölkt; (péj :

personne) vernagelt; **cidre ~** Cidre aus der Flasche

bouche-à-bouche [buʃabuʃ] *nm inv* : **faire du ~ à qn** bei jdm Mund-zu-Mund-Beatmung machen

bouchée [buʃe] *nf* Bissen *m*; **ne faire qu'une ~ de** schnell fertig werden mit; **pour une ~ de pain** für ein Butterbrot; **~s à la reine** Königinpastetchen *pl*

boucher [buʃe] *nm* Metzger *m* ▶ *vt* (*passage, porte*) versperren; (*tuyau, lavabo*) verstopfen; **se boucher** *vpr* sich verstopfen; **se ~ le nez** sich *dat* die Nase zuhalten

boucherie [buʃʀi] *nf* Metzgerei *f*; (*fig*) Gemetzel *nt*

bouche-trou [buʃtʀu] (*pl* **bouche-trous**) *nm* (*fig*) Notbehelf *m*

bouchon [buʃɔ̃] *nm* (*en liège*) Korken *m*; (*autre matière*) Stöpsel *m*; (*embouteillage*) Stau *m*

bouchonner [buʃɔne] *vi* einen Stau verursachen

bouchot [buʃo] *nm* Austernbank *f*

boucle [bukl] *nf* (*d'un lacet, d'une lettre*) Schleife *f*; (*d'une ceinture*) Schnalle *f*; (*de lacet, lettre, fleuve*) Schleife *f*; **~ (de cheveux)** Locke *f*; **~s d'oreilles** Ohrringe *pl*; **en ~** (*écouter, passer*) in eine(r) Endlosschleife

bouclé, e [bukle] *adj* lockig

boucler [bukle] *vt* abschließen; (*budget*) ausgleichen; (*fam : enfermer*) einsperren ▶ *vi* (*cheveux*) sich kräuseln

bouclier [buklije] *nm* Schild *m*; **~ fiscale** Schutz gegen übermäßige Besteuerung; **~ humain** humain menschlicher Schutzschild

bouddha [buda] *nm* Buddha *m*

bouddhisme [budism] *nm* Buddhismus *m*

bouddhiste [budist] *nmf* Buddhist(in) *m(f)*

bouder [bude] *vi* schmollen

boudeur, -euse [budœʀ, øz] *adj* schmollend

boudin [budɛ̃] *nm* (*Culin*) ≈ Blutwurst *f*

boue [bu] *nf* Schlamm *m*

bouée [bwe] *nf* Boje *f*; **~ (de sauvetage)** Rettungsring *m*

boueux, -euse [bwø, øz] *adj* schlammig ▶ *nm* Müllmann *m*

bouffant, e [bufɑ̃, ɑ̃t] *adj* bauschig

bouffe [buf] (*fam*) *nf* Essen *nt*

bouffée [bufe] *nf* (*d'air*) Hauch *m*; (*de pipe*) Schwade *f*; **~ de chaleur** fliegende Hitze *f*; **~ d'orgueil** Anfall *m* von Stolz

bouffer [bufe] (*fam*) *vt* futtern

bouffi, e [bufi] *adj* geschwollen

bougeoir [buʒwaʀ] *nm* Kerzenhalter *m*

bougeotte [buʒɔt] *nf* : **avoir la ~** (*fam*) kein Sitzfleisch haben

bouger [buʒe] *vi* sich bewegen; (*voyager*) herumreisen; (*changer*) sich ändern; (*agir*) sich regen ▶ *vt* bewegen

bougie [buʒi] *nf* Kerze *f*; (*Auto*) Zündkerze *f*

bougon, ne [bugɔ̃, ɔn] *adj* mürrisch, grantig

bougonner [bugɔne] *vi* murren, brummen

bougre [bugʀ] *nm* Kerl *m*; **ce ~ de** dieser verfluchte

boui-boui [bwibwi] (*pl* **bouis-bouis**) (*fam*) *nm* Kneipe

bouillabaisse [bujabɛs] *nf* Bouillabaisse *f*

bouillant, e [bujɑ̃, ɑ̃t] *adj* (*qui bout*) kochend; (*très chaud*) siedend heiß

bouille [buj] (*fam*) *nf* Birne *f*, Rübe *f*

bouilli, e [buji] *adj* gekocht

bouillie [buji] *nf* Brei *m*; **en ~** zermatscht

bouillir [bujiʀ] *vi* kochen; **faire ~** kochen; (*pour stériliser*) abkochen

bouilloire [bujwaʀ] *nf* Kessel *m*

bouillon [bujɔ̃] *nm* (*Culin*) Bouillon *f*; (*bulles, écume*) Bläschen *nt*

bouillonner [bujɔne] *vi* schäumen

bouillotte [bujɔt] *nf* Wärmflasche *f*

boulanger, -ère [bulɑ̃ʒe, ɛʀ] *nm/f* Bäcker(in)

boulangerie [bulɑ̃ʒʀi] *nf* Bäckerei *f*; (*commerce, branche*) Bäckerhandwerk *nt*

boulangerie-pâtisserie [bulɑ̃ʒʀipɑtisʀi] (*pl* **boulangeries-pâtisseries**) *nf* Bäckerei und Konditorei *f*

boule [bul] *nf* (*pour jouer*) Kugel *f*; **roulé en ~** zusammengerollt; **se mettre en ~** an die Decke gehen; **perdre la ~** durchdrehen; **~ de neige** Schneeball *m*; **faire ~ de neige** sich aufblähen

bouleau, x [bulo] *nm* Birke *f*

bouledogue [buldɔg] *nm* Bulldogge *f*, Hodensack *m*

boulet [bulɛ] *nm* (*de canon*) Kanonenkugel *f*; (*charbon*) Eierbrikett *nt*

boulette [bulɛt] *nf* Bällchen *nt*; **~ de viande** Fleischklößchen *nt*

boulevard [bulvaʀ] *nm* Boulevard *m*

bouleversement [bulvɛʀsəmɑ̃] *nm* (*politique, social*) Aufruhr *m*

bouleverser [bulvɛʀse] *vt* erschüttern; (*pays, vie, objets*) durcheinanderbringen

boulier [bulje] *nm* Abakus *m*

boulimie [bulimi] *nf* Bulimie *f*

boulimique [bulimik] *adj* bulimiekrank

boulon [bulɔ̃] *nm* Bolzen *m*

boulonner [bulɔne] *vt* anschrauben

boulot¹ [bulo] (*fam*) *nm* Arbeit *f*; **petit ~** Gelegenheitsarbeit

boulot², te [bulo, ɔt] *adj* rundlich
boum [bum] *nf* Fete *f*
bouquet [bukɛ] *nm* (*de fleurs*) (Blumen)strauß *m*; (*de persil*) Bund *nt*; (*de parfum*) Bukett *nt*; **c'est le ~!** das ist doch wirklich die Höhe!
bouquetin [buk(ə)tɛ̃] *nm* Steinbock *m*
bouquin [bukɛ̃] (*fam*) *nm* Buch *nt*
bouquiner [bukine] (*fam*) *vi* lesen
bourbeux, -euse [buʁbø, øz] *adj* schlammig
bourbier [buʁbje] *nm* Morast *m*
bourdon [buʁdɔ̃] *nm* Hummel *f*
bourdonnement [buʁdɔnmɑ̃] *nm* Summen *nt*; **avoir des ~s d'oreilles** Ohrensausen haben
bourdonner [buʁdɔne] *vi* (*abeilles etc*) summen; (*oreilles*) dröhnen
bourg [buʁ] *nm* Stadt *f*
bourgade [buʁɡad] *nf* kleiner Marktflecken *m*
bourgeois, e [buʁʒwa, waz] (*souvent péj*) *adj* bürgerlich, spießig ▶ *nm/f* Bürger(in); (*péj*) Spießbürger(in)
bourgeoisie [buʁʒwazi] *nf* Bürgertum *nt*; **petite ~** Kleinbürgertum *nt*
bourgeon [buʁʒɔ̃] *nm* Knospe *f*
bourgeonner [buʁʒɔne] *vi* knospen
Bourgogne [buʁɡɔɲ] *nf*: **la ~** Burgund *nt* ▶ *nm*: **bourgogne** (*vin*) Burgunder *m*
bourguignon, ne [buʁɡiɲɔ̃, ɔn] *adj* burgundisch; (**bœuf**) **~** Rindfleisch *nt* Burgunder Art (*in Rotwein*)
bourlinguer [buʁlɛ̃ɡe] (*fam*) *vi* herumziehen
bourrade [buʁad] *nf* Schubs *m*
bourrage [buʁaʒ] *nm*: **~ de crâne** Gehirnwäsche *f*; **~ papier** Papierstau *m*
bourrasque [buʁask] *nf* Bö(e) *f*
bourratif, -ive [buʁatif, iv] *adj* stopfend
bourré, e [buʁe] *adj*: **~ de** vollgestopft mit
bourreau [buʁo] *nm* (*qui torture*) Folterknecht *m*; (*qui tue*) Henker *m*; **~ de travail** Arbeitstier *nt*
bourrelet [buʁlɛ] *nm* (*isolant*) Dichtungsband *nt*
bourrer [buʁe] *vt* vollstopfen; (*pipe*) stopfen; **~ qn de coups** Schläge auf jdn einhageln lassen
bourrique [buʁik] *nf* (*ânesse*) Eselin *f*
bourru, e [buʁy] *adj* mürrisch, missmutig
bourse [buʁs] *nf* (*subvention*) Stipendium *nt*; (*porte-monnaie*) Geldbeutel *m* ▶ *nfpl* (*Anat*) Hodensack *m*; **la B~** die Börse *f*; **sans ~ délier** ohne einen Pfennig Geld auszugeben
boursier, -ière [buʁsje, jɛʁ] *nm/f* Stipendiat(in)

boursouflé, e [buʁsufle] *adj* geschwollen
boursoufler [buʁsufle] *vt* anschwellen lassen; **se boursoufler** *vpr* (*visage*) anschwellen
bousculade [buskylad] *nf* (*précipitation*) Hast *f*; (*mouvements de foule*) Gedränge *nt*
bousculer [buskyle] *vt* anrempeln; (*fig*: *presser*) drängeln
bouse [buz] *nf*: **~ (de vache)** Kuhmist *m*
bousiller [buzije] (*fam*) *vt* ruinieren
boussole [busɔl] *nf* Kompass *m*
bout [bu] *nm* (*extrémité*) Ende *nt*; (*morceau*) Stück *nt*; (*de pied, bâton*) Spitze *f*; **au ~ de** (*après*) nach; **être à ~** am Ende sein; **pousser qn à ~** jdn zur Weißglut bringen; **venir à ~ de qch/qn** mit etw/jdm fertig werden; **~ à ~** aneinander; **d'un ~ à l'autre, de ~ en ~** von Anfang bis Ende
boutade [butad] *nf* witzige Bemerkung *f*
boute-en-train [butɑ̃tʁɛ̃] *nm inv* Betriebsnudel *f*
bouteille [butɛj] *nf* Flasche *f*; **il a pris de la ~** (*fam*) er ist alt geworden
boutique [butik] *nf* Laden *m*
bouton [butɔ̃] *nm* Knopf *m*; (*Bot*) Knospe *f*; (*sur la peau*) Pickel *m*; **~ de commande** (*Inform*) Befehlsschaltfläche *f*; **~ d'or** Butterblume *f*
boutonner [butɔne] *vt* zuknöpfen
boutonnière [butɔnjɛʁ] *nf* Knopfloch *nt*
bouton-pression [butɔ̃pʁesjɔ̃] (*pl* **boutons-pression**) *nm* Druckknopf *m*
bouture [butyʁ] *nf* Steckling *m*; **faire des ~s** Ableger ziehen
bouvreuil [buvʁœj] *nm* Dompfaff *m*
bovin, e [bɔvɛ̃, in] *adj* Rinder-; (*air*) blöd
box [bɔks] *nm* (*d'écurie*) Box *f*; **le ~ des accusés** die Anklagebank *f*
boxe [bɔks] *nf* Boxen *nt*
boxer [ˈɛvbʰ bɔkse* ˈɛnʰ bɔksɛʁ] *vi* boxen
boxeur [bɔksœʁ] *nm* Boxer *m*
boyau, x [bwajo] *nm* (*galerie*) Gang *m*; (*de bicyclette*) Schlauch *m*; **boyaux** *nmpl* (*viscères*) Eingeweide *pl*
boycottage [bɔjkɔtaʒ] *nm* Boykott *m*
boycotter [bɔjkɔte] *vt* boykottieren
BP [bepe] *sigle f* (*= boîte postale*) Postfach *nt*
bracelet [bʁaslɛ] *nm* Armband *nt*
bracelet-montre [bʁaslɛmɔ̃tʁ] (*pl* **bracelets-montres**) *nm* Armbanduhr *f*
braconnage [bʁakɔnaʒ] *nm* Wilderei *f*
braconner [bʁakɔne] *vi* wildern
braconnier, -ière [bʁakɔnje, jɛʁ] *nm/f* Wilderer(in)
brader [bʁade] *vt* verschleudern
braderie [bʁadʁi] *nf* Trödelmarkt *m*; (*soldes*) Ausverkauf *m*

braguette [bʀagɛt] nf Hosenschlitz m
braillard, e [bʀajaʀ, aʀd] adj brüllend
braille [bʀaj] nm Blindenschrift f
braillement [bʀajmɑ̃] nm Geschrei nt
brailler [bʀaje] vi grölen, schreien ▶ vt brüllen
braire [bʀɛʀ] vi schreien; (âne) iahen
braise [bʀɛz] nf Glut f
braiser [bʀeze] vt schmoren; **bœuf braisé** geschmortes Rindfleisch nt
bramer [bʀame] vi (cerf) röhren
brancard [bʀɑ̃kaʀ] nm (civière) Bahre f
brancardier, -ière [bʀɑ̃kaʀdje] nm/f Krankenträger(in)
branche [bʀɑ̃ʃ] nf Ast m; (de lunettes) Bügel m; (d'enseignement, de science) Zweig m
branché, e [bʀɑ̃ʃe] (fam) adj voll im Trend
branchement [bʀɑ̃ʃmɑ̃] nm Anschluss m
brancher [bʀɑ̃ʃe] vt anschließen; **ça te branche d'aller au restau ce soir ?** (fam) hast du Bock, heute Abend essen zu gehen?
branchies [bʀɑ̃ʃi] nfpl Kiemen pl
brandir [bʀɑ̃diʀ] vt schwenken, fuchteln mit
branlant, e [bʀɑ̃lɑ̃, ɑ̃t] adj wackelig
branle [bʀɑ̃l] nm : **mettre en ~** in Gang bringen
branle-bas [bʀɑ̃lba] nm inv Aufregung f, Durcheinander nt
branler [bʀɑ̃le] vi wackeln ▶ vt : **~ la tête** mit dem Kopf wackeln
braquage [bʀakaʒ] (fam) nm Überfall m
braquer [bʀake] vi (Auto) steuern ▶ vt (fam : attaquer) überfallen; **se braquer** vpr : **se ~ (contre)** sich widersetzen (+dat)
bras [bʀa] nm Arm m ▶ nmpl (travailleurs) Arbeitskräfte pl; **avoir le ~ long** viel Einfluss haben; **à ~ raccourcis** mit aller Gewalt; **~ droit** (fig) rechte Hand f; **~ de mer** Meeresarm m
brassage [bʀasaʒ] nm (fig) Vermischung f
brassard [bʀasaʀ] nm Armbinde f
brasse [bʀas] nf (nage) Brustschwimmen nt; **~ papillon** Schmetterlingsstil m
brasser [bʀase] vt (remuer) mischen; **~ de l'argent** viel Geld in Umlauf bringen; **~ des affaires** groß im Geschäft sein
brasserie [bʀasʀi] nf (restaurant) Gaststätte f; (usine) Brauerei f
brasseur [bʀasœʀ] nm (de bière) Brauer m; **~ d'affaires** wichtiger Geschäftsmann m
brassière [bʀasjɛʀ] nf (de bébé) Babyjäckchen nt
bravade [bʀavad] nf : **par ~** aus Mutwillen

brave [bʀav] adj (courageux) mutig; (bon, gentil) lieb, brav
braver [bʀave] vt trotzen +dat
bravo [bʀavo] excl bravo ▶ nm Bravoruf m
bravoure [bʀavuʀ] nf Mut m
break [bʀɛk] nm (Auto) Kombi m; (fam : pause) Pause f
brebis [bʀəbi] nf (Mutter)schaf nt; **~ galeuse** schwarzes Schaf nt
brèche [bʀɛʃ] nf Öffnung f; **être sur la ~** (fig) auf Trab sein
bredouille [bʀəduj] adj mit leeren Händen
bredouiller [bʀəduje] vi, vt murmeln
bref, brève [bʀɛf, ɛv] adj kurz ▶ adv kurz und gut; **en ~** kurz (gesagt)
breloque [bʀəlɔk] nf Anhänger m
brème [bʀɛm] nf (poisson) Brasse f
Brême [bʀɛm] nf Bremen nt
Brésil [bʀezil] nm : **le ~** Brasilien nt
brésilien, ne [bʀeziljɛ̃, jɛn] adj brasilianisch ▶ nm/f : **Brésilien, ne** Brasilianer(in)
Bretagne [bʀətaɲ] nf Bretagne f
bretelle [bʀətɛl] nf (de vêtement) Träger m; (de fusil etc) Schulterriemen m; (d'autoroute) Verbindung f; **bretelles** nfpl (pour pantalon) Hosenträger pl; **~ de raccordement** Zubringer m
breton, ne [bʀətɔ̃, ɔn] adj bretonisch ▶ nm/f : **Breton, ne** Bretone m, Bretonin f
brève [bʀɛv] adj f voir **bref**
brevet [bʀəvɛ] nm Diplom nt; **~ d'apprentissage** Gesellenbrief m; **~ d'invention** Patent nt
breveté, e [bʀəv(ə)te] adj (invention) patentiert; (diplômé) diplomiert
breveter [bʀəv(ə)te] vt patentieren
bréviaire [bʀevjɛʀ] nm Brevier nt
bribes [bʀib] nfpl (de conversation) Bruchstücke pl; **par ~** stückweise
bric-à-brac [bʀikabʀak] nm inv Trödel m
bricolage [bʀikɔlaʒ] nm Basteln nt
bricole [bʀikɔl] nf Kleinigkeit f
bricoler [bʀikɔle] vi herumwerkeln ▶ vt (réparer) herumwerkeln an +dat
bricoleur, -euse [bʀikɔlœʀ, øz] nm/f Bastler(in) ▶ adj Bastler-
bride [bʀid] nf Zaum m; (d'un bonnet) Band nt; **à ~ abattue** (fig) in Windeseile; **tenir en ~** im Zaum halten
bridé, e [bʀide] adj : **yeux ~s** Schlitzaugen pl
brider [bʀide] vt (réprimer) zügeln; (cheval) aufzäumen; (volaille) dressieren
bridge [bʀidʒ] nm (jeu) Bridge nt; (dentaire) Brücke f
brièvement [bʀijɛvmɑ̃] adv kurz

brièveté [bʀijɛvte] nf Kürze f
brigade [bʀigad] nf (Police) Trupp m; (Mil) Brigade f
brigadier, -ière [bʀigadje, jɛʀ] nm/f ≈ Gefreite(r) f(m)
brigand [bʀigɑ̃] nm Räuber m
brillamment [bʀijamɑ̃] adv glänzend, großartig
brillant, e [bʀijɑ̃, ɑ̃t] adj strahlend; (remarquable) erstklassig ▶ nm (diamant) Brillant m
briller [bʀije] vi leuchten, glänzen
brimade [bʀimad] nf (vexation) Schikane f
brimer [bʀime] vt schikanieren
brin [bʀɛ̃] nm (de laine, ficelle etc) Faden m; **un ~ de** (un peu) ein bisschen; **~ d'herbe** Grashalm m; **~ de muguet** Zweig m Maiglöckchen; **~ de paille** Strohhalm m
brindille [bʀɛ̃dij] nf Zweig m
brio [bʀijo] nm : **avec ~** großartig
brioche [bʀijɔʃ] nf Brioche f, Art Brötchen; (fam : ventre) Bauch m
brique [bʀik] nf Ziegelstein m ▶ adj inv (couleur) ziegelrot
briquet [bʀikɛ] nm Feuerzeug nt
brise [bʀiz] nf Brise f
brisé, e [bʀize] adj gebrochen
brisées [bʀize] nfpl : **aller** ou **marcher sur les ~ de qn** jdm ins Gehege kommen
brise-glace [bʀizglas] (pl **brise-glaces**) nm Eisbrecher m
brise-lame [bʀizlam] (pl **brise-lames**) nm Wellenbrecher m
briser [bʀize] vt zerbrechen; (fig : cœur) brechen; (: rêve) zerstören; (: volonté, grève, résistance) brechen; (fatiguer) erschöpfen; **se briser** vpr brechen; (espoir) sich zerschlagen
brise-tout [bʀiztu] nm inv Raubein nt
briseur, -euse [bʀizœʀ, øz] nm/f : **~ de grève** Streikbrecher(in)
brise-vent [bʀizvɑ̃] nm Windschirm m
bristol [bʀistɔl] nm (carte de visite) Visitenkarte f
britannique [bʀitanik] adj britisch ▶ nmf : **Britannique** Brite m, Britin f
broc [bʀo] nm Kanne f
brocante [bʀokɑ̃t] nf (activités) Antiquitätenhandel m; (magasin) Antiquitätenhandlung f
brocanteur, -euse [bʀokɑ̃tœʀ, øz] nm/f Antiquitätenhändler(in)
brocart [bʀokaʀ] nm Brokat m
broche [bʀɔʃ] nf Brosche f; (Culin) Bratspieß m; **à la ~** am Spieß
broché, e [bʀɔʃe] adj (livre) broschiert
brochet [bʀɔʃɛ] nm Hecht m

brochette [bʀɔʃɛt] nf (Culin) Schaschlik m ou nt; **une ~ de stars** (groupe de personnes) eine Reihe von Stars
brochure [bʀɔʃyʀ] nf Broschüre f
brocoli [bʀɔkɔli] nm Brokkoli m
broder [bʀode] vt sticken ▶ vi : **~ (sur des faits/une histoire)** (die Tatsachen/eine Geschichte) ausschmücken
broderie [bʀodʀi] nf Stickerei f
broncher [bʀɔ̃ʃe] vi : **sans ~** ohne mit der Wimper zu zucken
bronches [bʀɔ̃ʃ] nfpl Bronchien pl
bronchite [bʀɔ̃ʃit] nf Bronchitis f
broncho-pneumonie [bʀɔ̃kopnømɔni] (pl **broncho-pneumonies**) nf schwere Bronchitis f
bronzage [bʀɔ̃zaʒ] nm Sonnenbräune f
bronze [bʀɔ̃z] nm Bronze f
bronzé, e [bʀɔ̃ze] adj sonnengebräunt, braun
bronzer [bʀɔ̃ze] vt bräunen ▶ vi (peau, personne) braun werden; **se bronzer** vpr sonnenbaden
brosse [bʀɔs] nf Bürste f; **donner un coup de ~ à qch** etw abbürsten; **(avec) les cheveux en ~** mit Bürstenschnitt; **~ à cheveux** Haarbürste f; **~ à dents** Zahnbürste f
brosser [bʀɔse] vt (ab)bürsten; (fig : tableau, bilan etc) in groben Zügen zeichnen; **se brosser** vpr sich bürsten; **se ~ les dents** sich dat die Zähne putzen
brouette [bʀuɛt] nf Schubkarren m
brouhaha [bʀuaa] nm Tumult m
brouillard [bʀujaʀ] nm Nebel m
brouille [bʀuj] nf Streit m
brouillé, e [bʀuje] adj (teint) unrein; **il est ~ avec ses parents** er ist mit seinen Eltern verkracht
brouiller [bʀuje] vt (embrouiller) durcheinanderbringen, vermischen; (Radio) stören; (rendre confus) trüben; (désunir) entzweien; **se brouiller** vpr (ciel, temps) sich zuziehen; (vue) sich verschlechtern; (détails) durcheinandergeraten; **se ~ (avec)** sich verkrachen (mit)
brouillon, ne [bʀujɔ̃, ɔn] adj unordentlich ▶ nm (écrit) Konzept nt; **cahier de ~** Vorschreibheft nt
broussailles [bʀusaj] nfpl Gestrüpp nt, Gebüsch nt
broussailleux, -euse [bʀusajø, øz] adj buschig
brousse [bʀus] nf Busch m
brouter [bʀute] vt fressen ▶ vi (Auto, Tech) ruckeln
broutille [bʀutij] nf Lappalie f

broyer [bʀwaje] *vt* zerkleinern; **~ du noir** grübeln
brugnon [bʀyɲɔ̃] *nm* Nektarine *f*
bruine [bʀɥin] *nf* Nieselregen *m*
bruissement [bʀɥismã] *nm* Rascheln *nt*
bruit [bʀɥi] *nm* Geräusch *nt*; (*désagréable*) Lärm *m*; (*fig : rumeur*) Gerücht *nt*; **pas/ trop de ~** kein/zu viel Lärm; **sans ~** geräuschlos; **faire grand ~ de** (*fig*) viel hermachen von; **le ~ court que...** es geht das Gerücht, dass...; **~ de fond** Hintergrundgeräusch *nt*
bruitage [bʀɥitaʒ] *nm* Toneffekte *pl*
brûlant, e [bʀylã, ãt] *adj* siedend heiß; (*regard*) feurig; (*sujet*) heiß
brûlé, e [bʀyle] *adj* verbrannt; (*fig : démasqué*) entlarvt ▶ *nm* : **odeur de ~** Brandgeruch *m*
brûle-pourpoint [bʀylpuʀpwɛ̃] *adv* : **à ~** direkt
brûler [bʀyle] *vt* verbrennen; (*suj : eau bouillante*) verbrühen; (*consommer : carburant, électricité*) verbrauchen; (*feu rouge, signal*) überfahren ▶ *vi* brennen; (*être brûlant, ardent*) glühen; **se brûler** *vpr* sich verbrennen; (*avec de l'eau bouillante*) sich verbrühen; **se ~ la cervelle** sich *dat* eine Kugel in den Kopf jagen; **~ les étapes** ein paar Stufen überspringen
brûleur [bʀylœʀ] *nm* Brenner *m*
brûlure [bʀylyʀ] *nf* (*lésion*) Verbrennung *f*; (*sensation*) Brennen *nt*; **~s d'estomac** Sodbrennen *nt*
brume [bʀym] *nf* Nebel *m*
brumeux, -euse [bʀymø, øz] *adj* neblig; (*fig*) unklar, verschwommen
brumisateur [bʀymizatœʀ] *nm* Zerstäuber *m*
brun, e [bʀœ̃, bʀyn] *adj* braun ▶ *nm* (*couleur*) Braun *nt*
brunch [bʀœntʃ] *nm* Brunch *m*
Brunéi [bʀunei] *nm* : **le ~** Brunei *nt*
brunir [bʀyniʀ] *vi* braun werden ▶ *vt* bräunen
brushing [bʀœʃiŋ] *nm* Föhnwelle *f*
brusque [bʀysk] *adj* (*rude*) schroff; (*soudain*) plötzlich
brusquement [bʀyskəmã] *adv* (*soudain*) plötzlich
brusquer [bʀyske] *vt* (*personne*) hetzen, drängen
brusquerie [bʀyskəʀi] *nf* Barschheit *f*
brut, e [bʀyt] *adj* roh; (*bénéfice, salaire, poids*) Brutto- ▶ *nm* : **(champagne) ~** trockener Champagner *m*
brutal, e, -aux [bʀytal, o] *adj* brutal
brutaliser [bʀytalize] *vt* brutal *ou* grob behandeln
brutalité [bʀytalite] *nf* Brutalität *f*
brute [bʀyt] *nf* Bestie *f*
Bruxelles [bʀysɛl] *nf* Brüssel *nt*
bruyamment [bʀɥijamã] *adv* laut
bruyant, e [bʀɥijã, ãt] *adj* laut
bruyère [bʀyjɛʀ] *nf* Heidekraut *nt*
BT [bete] *sigle m* (= *brevet de technicien*) Zeugnis einer technischen Schule
BTA [betea] *sigle m* (= *brevet de technicien agricole*) Zeugnis einer Landwirtschaftsschule
BTP [betepe] *sigle mpl* (= *bâtiments et travaux publics*) ≈ öffentliches Bauwesen *nt*
BTS [beteɛs] *sigle m* (= *brevet de technicien supérieur*) Abschlusszeugnis einer technischen Schule
BU [bey] *sigle f* (= *bibliothèque universitaire*) UB *f*
bu, e [by] *pp de* **boire**
buanderie [bɥɑ̃dʀi] *nf* Waschküche *f*
buccal, e, -aux [bykal, o] *adj* (*cavité etc*) Mund-
bûche [byʃ] *nf* Holzscheit *nt*; **prendre une ~** (*fam*) auf die Nase fallen; **~ de Noël** Weihnachtskuchen in Form eines Holzscheites
bûcher [byʃe] (*fam*) *vi, vt* büffeln
bûcheron, ne [byʃʀɔ̃] *nm/f* Holzfäller(in)
budget [bydʒɛ] *nm* Etat *m*, Haushalt *m*
budgétaire [bydʒetɛʀ] *adj* Haushalts-
budgétiser [bydʒetize] *vt* veranschlagen
buée [bɥe] *nf* (*sur une vitre*) Kondensation *f*; (*haleine*) Dampf *m*
buffet [byfɛ] *nm* (*meuble*) Anrichte *f*; (*de réception*) Büffet *nt*; **~ (de gare)** Bahnhofsgaststätte *f*
buffle [byfl] *nm* Büffel *m*
buisson [bɥisɔ̃] *nm* Busch *m*
buissonnière [bɥisɔnjɛʀ] *adj f* : **faire l'école ~** die Schule schwänzen
bulbe [bylb] *nm* (*Bot*) Zwiebel *f*; (*coupole*) Zwiebelturm *m*
bulgare [bylgaʀ] *adj* bulgarisch ▶ *nmf* : **Bulgare** Bulgare *m*, Bulgarin *f*
Bulgarie [bylgaʀi] *nf* : **la ~** Bulgarien *nt*
bulldozer [buldɔzɛʀ] *nm* Bulldozer *m*
bulle [byl] *nf* Blase *f*; (*papale*) Bulle *f*; **~ de savon** Seifenblase *f*
bulletin [byltɛ̃] *nm* (*communiqué*) Bulletin *nt*; (*Radio, TV*) Sendung *f*; **~ (de notes** *ou* **scolaire)** Bulletin *nt*; **~ de salaire** Lohnstreifen *m*; **~ de santé** (ärztliches) Gesundheitszeugnis *nt*; **~ de vote** Stimmzettel *m*; **~ météorologique** Wetterbericht *m*
buraliste [byʀalist] *nmf* Tabakwarenhändler(in) *m(f)*
bureau, x [byʀo] *nm* (*meuble*) Schreibtisch *m*; (*pièce, d'une entreprise*)

Büro nt; **~ de change** Wechselstube f; **~ de poste** Postamt nt; **~ de tabac** Tabakwarenhandlung f; **~ de vote** Wahllokal nt
bureaucrate [byʀɔkʀat] nm Bürokrat m
bureaucratie [byʀɔkʀasi] nf Bürokratie f
bureaucratique [byʀɔkʀatik] adj bürokratisch
bureautique [byʀɔtik] nf Büroautomation f
Burkina-Faso [byʀkinafaso] nm : **le ~** Burkina Faso nt
burlesque [byʀlɛsk] adj lächerlich; (Litt) burlesk
burnous [byʀnu(s)] nm Burnus m
Burundi [buʀundi] nm : **le ~** Burundi nt
bus [bys] nm Bus m; (Inform) (Daten)bus m
buse [byz] nf Bussard m
busqué, e [byske] adj : **nez ~** Hakennase f
buste [byst] nm (Anat) Brustkorb m; (sculpture) Büste f
bustier [bystje] nm Mieder nt; (soutien-gorge) Bustier m
but [by(t)] nm (cible) Zielscheibe f; (fig) Ziel nt; (Football etc) Tor nt; **de ~ en blanc** geradeheraus; **avoir pour ~ de faire qch** zum Ziel haben, etw zu tun; **dans le ~ de** mit der Absicht zu; **gagner par 3 ~s à 2** (mit) 3 zu 2 (Toren) gewinnen
butane [bytan] nm Butan nt; (domestique) Propangas nt
buté, e [byte] adj stur
buter [byte] vi : **~ contre/sur qch** gegen/auf etw acc stoßen ▶ vt (personne) aufbringen; **se buter** vpr sich stur stellen
buteur [bytœʀ] nm Torjäger m
butin [bytɛ̃] nm Beute f
butiner [bytine] vi Honig sammeln
butor [bytɔʀ] nm Trampel nt, Tölpel m
butte [byt] nf Hügel m; **être en ~ à** ausgesetzt sein +dat
buvable [byvabl] adj trinkbar
buvard [byvaʀ] nm Löschpapier nt
buvette [byvɛt] nf Erfrischungsraum m
buveur, -euse [byvœʀ, øz] (péj) nm/f Säufer(in); **~ de cidre/de vin** Cidre-/Weintrinker(in)
BVP [bevepe] sigle m (= Bureau de vérification de la publicité) Werbekontrollbehörde
BZH abr (= Breizh) Bretagne f

C

C, c [se] nm inv C, c nt
CA [sea] sigle m (= chiffre d'affaires) Umsatz m
ça [sa] pron das; **ça va?** wie gehts?; **ça alors!** na so was!; **c'est ça** richtig
çà [sa] adv : **çà et là** hier und da
cabane [kaban] nf Hütte f
cabaret [kabaʀɛ] nm Nachtklub m
cabillaud [kabijo] nm Kabeljau m
cabine [kabin] nf Kabine f; (de camion) Führerhaus nt; (d'avion) Cockpit nt; **~ de douche** Duschkabine f; **~ (téléphonique)** Telefonzelle f
cabinet [kabinɛ] nm (petite pièce) Kammer f; (de médecin) Praxis f; (d'avocat, de notaire etc) Büro nt, Kanzlei f; (clientèle) Praxis; (Pol) Kabinett nt; **cabinets** nmpl (W.C.) Toiletten pl
câble [kabl] nm Kabel nt; (TV) Kabelfernsehen nt
câblé, e [kable] adj (branché) mega-in; (TV) verkabelt
câbler [kable] vt (TV) verkabeln
cabrer [kabʀe] vt (cheval) steigen lassen; (avion) hochziehen; **se cabrer** vpr (cheval) sich aufbäumen; (fig) sich auflehnen
cabriolet [kabʀijɔlɛ] nm Kabriolett nt
caca [kaka] nm (langage enfantin) Aa nt
cacahuète [kakaųɛt] nf Erdnuss f
cacao [kakao] nm Kakao m
cache [kaʃ] nm Maske f, Versteck nt; **~ d'armes** Waffenversteck nt
caché, e [kaʃe] adj versteckt
cache-cache [kaʃkaʃ] nm inv : **jouer à ~** Verstecken spielen
cacher [kaʃe] vt verstecken; (intention) verbergen; (vérité, nouvelle) verheimlichen; (masquer, voiler) verdecken; **se cacher** vpr sich verstecken; **je ne vous cache pas que** ich verhehle nicht, dass; **~ son jeu** mit verdeckten Karten spielen

cache-sexe [kaʃsɛks] (pl **cache-sexes**) nm Minislip m
cachet [kaʃɛ] nm (comprimé) Tablette f; (sceau) Siegel nt; (rétribution) Gage f; (fig) Stil m
cacheter [kaʃte] vt versiegeln
cachette [kaʃɛt] nf Versteck nt; **en ~** heimlich
cachot [kaʃo] nm Verlies nt
cachotterie [kaʃɔtri] : **cachotteries** nfpl Heimlichtuerei f; **faire des ~s** heimlich tun
cacophonie [kakɔfɔni] nf Kakofonie f
cactus [kaktys] nm inv Kaktus m
c.-à-d. abr (= c'est-à-dire) d. h.
cadavre [kadavʀ] nm Leiche f
caddie® [kadi] nm Einkaufswagen m (im Supermarkt)
cadeau, x [kado] nm Geschenk nt; **faire un ~ à qn** jdm etw schenken; **faire ~ de qch à qn** jdm etw schenken
cadenas [kadna] nm Vorhängeschloss nt
cadenasser [kadnase] vt (mit einem Vorhängeschloss) verschließen
cadence [kadɑ̃s] nf (Mus) Kadenz f; (de travail etc) Tempo nt; **en ~** im Takt
cadencé, e [kadɑ̃se] adj (Mus etc) rhythmisch
cadet, te [kadɛ, ɛt] adj jüngere(r, s) ▶ nm/f: **le ~/la ~te** der/die Jüngste
cadran [kadʀɑ̃] nm Zifferblatt nt; **~ solaire** Sonnenuhr f
cadre [kadʀ] nm Rahmen m; (environnement) Umgebung f; (personne) Führungskraft f; **rayer qn des ~s** entlassen; **dans le ~ de** im Rahmen von; **~ moyen** mittlere(r) Angestellte(r) f(m); **~ supérieur** gehobene(r) Angestellte(r) f(m)
cadrer [kadʀe] vi : **~ avec qch** etw dat entsprechen ▶ vt (Ciné) zentrieren
caduc, -uque [kadyk] adj veraltet; **arbre à feuilles caduques** Laubbaum m
CAF [seaɛf] sigle f (= Caisse d'allocations familiales) ≈ Familienhilfe f des Sozialamtes
cafard [kafaʀ] nm Schabe f; **avoir le ~** (fam) deprimiert sein
cafardeux, -euse [kafaʀdø, øz] adj (personne) deprimiert; (ambiance) deprimierend
café [kafe] nm Kaffee m; (bistro) Kneipe f; **~ au lait** Milchkaffee m; **~ noir** schwarzer Kaffee
café-concert [kafekɔ̃sɛʀ] (pl **cafés-concerts**) nm (aussi : **caf' conc'**) ≈ Varieté nt
caféine [kafein] nf Koffein nt

47 | **calcul**

cafétéria [kafeteʀja] nf Cafeteria f
café-théâtre [kafeteatʀ] (pl **cafés-théâtres**) nm kleines Experimentiertheater
cafetier, -ière [kaftje, jɛʀ] nm/f Besitzer(in) einer Gastwirtschaft
cafetière [kaftjɛʀ] nf (pot) Kaffeekanne f
cafouillage [kafujaʒ] (fam) nm Durcheinander nt
cage [kaʒ] nf Käfig m; **~ d'escalier** Treppenhaus nt; **~ (des buts)** Tor nt
cagibi [kaʒibi] (fam) nm Kämmerchen nt
cagnotte [kaɲɔt] nf gemeinsame Kasse f
cagoule [kagul] nf Kapuze f; (passe-montagne) Kapuzenmütze f
cahier [kaje] nm (Schul)heft nt; **~ de brouillon** Schmierheft nt; **~ des charges** Vertragsbedingungen pl
cahot [kao] nm Stoß m
cahoter [kaɔte] vi holpern
caille [kaj] nf Wachtel f
caillé, e [kaje] adj : **lait ~** saure Milch f
cailler [kaje] vi (lait, sang) gerinnen; (fam : avoir froid) frieren; **ça caille** es ist klapperkalt
caillou, x [kaju] nm (kleiner) Stein m; (galet) Kieselstein m
caillouteux, -euse [kajutø, øz] adj steinig
caïman [kaimɑ̃] nm Kaiman m
Caire [kɛʀ] nm : **Le ~** Kairo nt
caisse [kɛs] nf Kasse f; (cageot, boîte) Kiste f; **~ d'épargne/de retraite** Spar-/Pensionskasse f; **~ enregistreuse** Registrierkasse f
caissier, -ière [kesje, jɛʀ] nm/f Kassierer(in)
caisson [kɛsɔ̃] nm Kiste f; **~ de décompression** Dekompressionskammer f
cajoler [kaʒɔle] vt besonders lieb sein zu, hätscheln
cajoleries [kaʒɔlʀi] nfpl Schmeicheleien pl; (manières) Zärtlichkeiten pl
cajou [kaʒu] nm : **(noix de) ~** Cashewnuss f
cake [kɛk] nm englischer Kuchen m
cal abr (= calorie) cal
calaminé, e [kalamine] adj (Auto) verrußt
calamité [kalamite] nf Katastrophe f
calandre [kalɑ̃dʀ] nf (Auto) Kühlergrill m
calanque [kalɑ̃k] nf kleine Felsenbucht am Mittelmeer
calcaire [kalkɛʀ] nm Kalkstein m ▶ adj (eau) kalkhaltig; (terrain) kalkig
calcium [kalsjɔm] nm Kalzium nt
calcul [kalkyl] nm Rechnung f; (Scol) Rechnen nt; **~ biliaire** Gallenstein m;

~ **mental** Kopfrechnen nt; ~ **rénal** Nierenstein m
calculateur [kalkylatœʀ] nm (machine) Rechner m
calculatrice [kalkylatʀis] nf (de poche) Taschenrechner m
calculer [kalkyle] vt berechnen; (combiner, arranger) kalkulieren ▸ vi rechnen
calculette [kalkylɛt] nf Taschenrechner m
cale [kal] nf (de bateau) Laderaum m; (en bois) Keil m; ~ **sèche** Trockendock nt
calé, e [kale] adj (fixé) fixiert; (fam) bewandert
caleçon [kalsɔ̃] nm (sous-vêtement) Unterhose f; (pantalon) Leggings pl
calembour [kalɑ̃buʀ] nm Wortspiel nt
calendes [kalɑ̃d] nfpl: **renvoyer qch aux ~ grecques** etw auf den St. Nimmerleinstag verschieben
calendrier [kalɑ̃dʀije] nm Kalender m; (programme) Zeitplan m
calepin [kalpɛ̃] nm Notizbuch nt
caler [kale] vt (fixer) festkeilen ▸ vi nicht mehr können; (voiture) stehen bleiben
calfeutrer [kalføtʀe] vt abdichten
calibre [kalibʀ] nm Kaliber nt; (d'un fruit) Größe f
calice [kalis] nm Kelch m
calife [kalif] nm Kalif m
Californie [kalifɔʀni] nf: **la ~** Kalifornien nt
califourchon [kalifuʀʃɔ̃] nm: **à ~** adv rittlings
câlin, e [kɑlɛ̃, in] adj anschmiegsam
câliner [kɑline] vt schmusen mit
calleux, -euse [kalø, øz] adj schwielig
callosité [kalozite] nf Schwiele f
calmant, e [kalmɑ̃, ɑ̃t] adj beruhigend ▸ nm Beruhigungsmittel nt
calmar [kalmaʀ] nm Tintenfisch m
calme [kalm] adj ruhig ▸ nm Ruhe f
calmement [kalməmɑ̃] adv ruhig
calmer [kalme] vt lindern, mildern; (personne) beruhigen; **se calmer** vpr (personne, mer) sich beruhigen; (vent, colère etc) sich legen
calomnie [kalɔmni] nf Verleumdung f
calomnier [kalɔmnje] vt verleumden
calorie [kalɔʀi] nf Kalorie f
calorifère [kalɔʀifɛʀ] nm Ofen m
calorifique [kalɔʀifik] adj wärmeerzeugend
calorifuge [kalɔʀifyʒ] adj wärmedämmend ▸ nm (isolant) Wärmeisolierung f
calotte [kalɔt] nf: ~ **glaciaire** Gletscherkappe f

calque [kalk] nm (aussi: **papier calque**) Pauspapier nt; (dessin) Pause f; (fig) Nachahmung f
calquer [kalke] vt durchpausen; (fig) nachahmen
calvados [kalvados] nm Calvados m
calvaire [kalvɛʀ] nm (croix) Wegkreuz nt; (fig) Martyrium nt
calvitie [kalvisi] nf Kahlköpfigkeit f
camarade [kamaʀad] nmf (ami) Kumpel m; (Pol) Genosse m, Genossin f; ~ **de classe** Schulkamerad(in) m(f), Klassenkamerad(in) m(f)
camaraderie [kamaʀadʀi] nf Freundschaft f
Camargue [kamaʀg] nf: **la ~** die Camargue f
cambiste [kɑ̃bist] nm Devisenhändler m
Cambodge [kɑ̃bɔdʒ] nm: **le ~** Kambodscha nt
cambouis [kɑ̃bwi] nm Ölschmiere f
cambrer [kɑ̃bʀe] vt krümmen; **se cambrer** vpr das Kreuz durchdrücken
cambriolage [kɑ̃bʀijɔlaʒ] nm Einbruch m
cambrioler [kɑ̃bʀijɔle] vt einbrechen in +dat; (personne) einbrechen bei
cambrioleur, -euse [kɑ̃bʀijɔlœʀ, øz] nm/f Einbrecher(in)
came [kam] nf (fam: drogue) Koks m; **arbre à ~s** Nockenwelle f
camé, e [kame] nm/f (drogué) Junkie mf
caméléon [kameleɔ̃] nm Chamäleon nt
camélia [kamelja] nm Kamelie f
camelot [kamlo] nm Hausierer m
camelote [kamlɔt] (fam) nf Ramsch m
camembert [kamɑ̃bɛʀ] nm Camembert m
camer [kame]: **se camer** vpr (fam) sich bekiffen
caméra [kameʀa] nf Kamera f
caméraman [kameʀaman] nm Kameramann m
Cameroun [kamʀun] nm: **le ~** Kamerun nt
caméscope [kameskɔp] nm Videokamera f, Camcorder m
camion [kamjɔ̃] nm Lastwagen m
camion-citerne [kamjɔ̃sitɛʀn] (pl **camions-citernes**) nm Tankwagen m
camionnage [kamjɔnaʒ] nm: **frais de ~** Transportkosten pl; **entreprise de ~** Spedition f
camionnette [kamjɔnɛt] nf Kleintransporter m
camionneur, -euse [kamjɔnœʀ] nm/f Lkw-Fahrer(in)
camisole [kamizɔl] nf: ~ **de force** Zwangsjacke f
camomille [kamɔmij] nf Kamille f; (boisson) Kamillentee m

camouflage [kamuflaʒ] nm Tarnung f
camoufler [kamufle] vt tarnen
camp [kɑ̃] nm Lager nt; **~ de concentration** Konzentrationslager nt, KZ nt; **~ de nudistes** FKK-Zentrum nt; **~ de vacances** Ferienlager nt
campagnard, e [kɑ̃paɲaʀ, aʀd] adj Land-; (mœurs) ländlich
campagne [kɑ̃paɲ] nf Land nt; (opération) Kampagne f; **à la ~** auf dem Land; **~ électorale** Wahlkampf m
campement [kɑ̃pmɑ̃] nm Lager nt
camper [kɑ̃pe] vi zelten ▸ vt (chapeau, casquette) kess aufsetzen; **se camper** vpr: **se ~ devant qn/qch** sich vor jdm/etw aufpflanzen
campeur, -euse [kɑ̃pœʀ, øz] nm/f Camper(in)
camphre [kɑ̃fʀ] nm Kampfer m
camping [kɑ̃piŋ] nm (activité) Camping nt, Zelten nt; **(terrain de) ~** Campingplatz m; **faire du ~** zelten, campen
camping-car [kɑ̃piŋkaʀ] (pl **camping-cars**) nm Wohnmobil nt
camping-gaz® [kɑ̃piŋɡɑz] nm Campingkocher m
campus [kɑ̃pys] nm Universitätsgelände nt
Canada [kanada] nm : **le ~** Kanada nt
canadien, ne [kanadjɛ̃, jɛn] adj kanadisch ▸ nm/f: **Canadien, ne** Kanadier(in) ▸ nf (veste) gefütterte Schaffelljacke f; (tente) Zweimannzelt nt
canaille [kanaj] f Schurke m
canal, -aux [kanal, o] nm Kanal m
canalisation [kanalizɑsjɔ̃] nf (tuyau) Leitung f
canaliser [kanalize] vt kanalisieren; (fig : efforts, foule) kanalisieren
canapé [kanape] nm Sofa nt; (Culin) belegtes Brot nt
canapé-lit [kanapeli] (pl **canapés-lits**) nm Bettsofa nt
canaque [kanak] adj kanakisch ▸ nm/f: **Canaque** Kanake m, Kanakin f
canard [kanaʀ] nm Ente f; (fam : journal) Zeitung f
canari [kanaʀi] nm Kanarienvogel m
Canaries [kanaʀi] nfpl: **les (îles) ~** die Kanarischen Inseln pl
cancaner [kɑ̃kane] vi tratschen; (canard) quaken
cancans [kɑ̃kɑ̃] nmpl Tratsch m
cancer [kɑ̃sɛʀ] nm Krebs m; **être C~** (Astrol) Krebs sein
cancéreux, -euse [kɑ̃seʀø, øz] adj Krebs-; (malade) krebskrank
cancérigène [kɑ̃seʀiʒɛn] adj krebserregend

cancérologue [kɑ̃seʀɔlɔɡ] nmf Krebsspezialist(in) m(f)
cancre [kɑ̃kʀ] nm Niete f
candélabre [kɑ̃delabʀ] nm Kandelaber m; (lampadaire) Straßenlaterne f
candeur [kɑ̃dœʀ] nf Naivität f
candi [kɑ̃di] adj : **sucre ~** Kandiszucker m
candidat, e [kɑ̃dida, at] nm/f Kandidat(in); (à un poste) Bewerber(in)
candidature [kɑ̃didatyʀ] nf (Pol) Kandidatur f; (à un poste) Bewerbung f; **poser sa ~** (à un poste) sich bewerben
candide [kɑ̃did] adj naiv, unbefangen
cane [kan] nf Ente f
caneton [kantɔ̃] nm Entenküken nt, Entchen nt
canette [kanɛt] nf (de bière) Flasche f; (en métal) Getränkedose f
canevas [kanva] nm (couture) Sticklinen nt; (d'un texte, récit) Struktur f
caniche [kaniʃ] nm Pudel m
canicule [kanikyl] nf (chaleur) brütende Hitze f
canif [kanif] nm Taschenmesser nt
canin, e [kanɛ̃, in] adj Hunde- ▸ nf Eckzahn m
caniveau [kanivo] nm Rinnstein m
cannabis [kanabis] nm Cannabis m
canne [kan] nf Stock m; **~ à pêche** Angelrute f; **~ à sucre** Zuckerrohr nt
cannelle [kanɛl] nf Zimt m
cannibale [kanibal] adj kannibalisch ▸ nmf Kannibale m, Kannibalin f
cannibalisme [kanibalism] nm Kannibalismus m
canoë [kanɔe] nm Kanu nt
canon [kanɔ̃] nm Kanone f; (d'une arme) Lauf m; (Mus) Kanon m ▸ adj : **être ~** (fam) super aussehen; **droit ~** kanonisches Recht nt; **~ à neige** Schneekanon m
canoniser [kanɔnize] vt heiligsprechen
canot [kano] nm Boot nt; **~ de sauvetage** Rettungsboot nt; **~ pneumatique** Schlauchboot nt
canotier [kanɔtje] nm Kreissäge f (Hut)
cantatrice [kɑ̃tatʀis] nf Sängerin f
cantine [kɑ̃tin] nf Kantine f
cantique [kɑ̃tik] nm Kirchenlied nt
canton [kɑ̃tɔ̃] nm (en France) Verwaltungsbezirk, der mehrere Gemeinden umfasst; (en Suisse) Kanton m

> Ein **canton** ist in Frankreich die Gebietskörperschaft, die von einem Abgeordneten im Conseil général vertreten wird. Der **canton** umfasst eine Anzahl von communes und ist wiederum eine Unterabteilung des arrondissement.

cantonal, e, -aux [kɑ̃tɔnal, o] *adj (en France)* Bezirks-; *(en Suisse)* kantonal

cantonner [kɑ̃tɔne] : **se cantonner dans** *vpr* sich beschränken auf *+acc*; *(maison)* sich zurückziehen in *+acc*; **se ~ à qch** sich auf etw konzentrieren

cantonnier [kɑ̃tɔnje] *nm* Straßenwärter *m*

canular [kanylaʀ] *nm (blague)* Scherz *m*; *(fausse nouvelle)* Ente *f*

canyoning [kanjɔniŋ] *nm* Canyoning *nt*

CAO [seao] *sigle f (= conception assistée par ordinateur)* CAD *nt*

caoutchouc [kautʃu] *nm* Kautschuk *m*; **en ~** aus Gummi; **~ mousse®** Schaumgummi *m*

CAP [seape] *sigle m (= certificat d'aptitude professionnelle)* Zeugnis einer technischen Schule

cap [kap] *nm* Kap *nt*; **franchir** *ou* **passer le ~ de** *(fig)* die Hürde nehmen von; **mettre le ~ sur** Kurs nehmen auf *+acc*; **le ~ de Bonne Espérance** das Kap der guten Hoffnung; **le ~ Horn** Kap Hoorn

capable [kapabl] *adj* fähig; **~ de faire qch** fähig, etw zu tun

capacité [kapasite] *nf (aptitude)* Fähigkeit *f*; *(d'un récipient)* Fassungsvermögen *nt*; *(Inform)* Kapazität *f*

cape [kap] *nf* Cape *nt*; **rire sous ~** sich *dat* ins Fäustchen lachen

capé, e [kape] *adj (footballeur)* Fußballer(in) *m(f)*; *(rugbyman)* Rugbyspieler(in) *m(f)*

CAPES [kapes] *sigle m (= certificat d'aptitude au professorat de l'enseignement du second degré)* Staatsexamen für Sekundarstufe zwei

: Das **CAPES** ist ein Auswahlverfahren
: für zukünftige französische Lehrer am
: *collège* oder *lycée*. Sie wird nach einem
: fünfjährigen Studium mit dem Master
: abgelegt. Erfolgreiche Kandidaten
: werden dann *professeurs certifiés*.

capharnaüm [kafaʀnaɔm] *nm* heilloses Durcheinander *nt*

capillaire [kapileʀ] *adj* Haar-; *(vaisseau etc)* Kapillar-

capitaine [kapiten] *nmf* Kapitän(in) *m(f)*; *(Mil : de gendarmerie, pompiers)* Hauptmann *m*

capital, e, -aux [kapital, o] *adj* wesentlich ▶ *nm* Kapital *nt*; **capitaux** *nmpl (fonds)* Gelder *pl*; **~ social** Kapital *nt* der Gesellschaft; **peine ~e** Todesstrafe *f*

capitale [kapital] *nf (ville)* Hauptstadt *f*; *(lettre)* Großbuchstabe *m*

capitaliser [kapitalize] *vt (amasser)* anhäufen

capitalisme [kapitalism] *nm* Kapitalismus *m*

capitaliste [kapitalist] *adj* kapitalistisch

capiteux, -euse [kapitø, øz] *adj* berauschend

capitonner [kapitɔne] *vt* polstern

capitulation [kapitylasjɔ̃] *nf* Kapitulation *f*

capituler [kapityle] *vi* kapitulieren

caporal, e, -aux [kapɔʀal, o] *nm/f* Gefreite(r) *f(m)*

capot [kapo] *nm (de voiture)* Kühlerhaube *f*

capote [kapɔt] *nf (de voiture, de landau)* Verdeck *nt*; *(de soldat)* Überzieher *m*; **~ (anglaise)** *(fam)* Pariser *m*

capoter [kapɔte] *vi (voiture)* sich überschlagen

câpre [kɑpʀ] *nf* Kaper *f*

caprice [kapʀis] *nm* Laune *f*

capricieux, -euse [kapʀisjø, jøz] *adj* launisch

Capricorne [kapʀikɔʀn] *nm* : **le ~** *(Astrol)* Steinbock *m*

capsule [kapsyl] *nf (de bouteille)* Verschluss *m*; *(spatiale)* Raumkapsel *f*

capter [kapte] *vt (eau)* fassen; *(attention, intérêt)* erregen; *(fam : comprendre)* kapieren

capteur [kaptœʀ] *nm* : **~ solaire** Sonnenkollektor *m*

captieux, -euse [kapsjø, jøz] *adj* fadenscheinig

captif, -ive [kaptif, iv] *adj* gefangen

captivant, e [kaptivɑ̃, ɑ̃t] *adj* fesselnd, faszinierend

captiver [kaptive] *vt* fesseln, faszinieren

captivité [kaptivite] *nf* Gefangenschaft *f*

capturer [kaptyʀe] *vt* einfangen

capuche [kapyʃ] *nf (de manteau)* Kapuze *f*

capuchon [kapyʃɔ̃] *nm* Kapuze *f*; *(de stylo)* Kappe *f*

capucine [kapysin] *nf* Kapuzinerkresse *f*

caquelon [kaklɔ̃] *nm* Fonduetopf *m*

caqueter [kakte] *vi (poule)* gackern; *(fig)* plappern

car [kaʀ] *nm* Reisebus *m* ▶ *conj* weil, da

caractère [kaʀaktɛʀ] *nm* Charakter *m*; *(Typo)* Schriftzeichen *nt*; **avoir bon/mauvais ~** gutmütig sein/ein übles Wesen haben; **en ~s gras** fett gedruckt; **en ~s d'imprimerie** in Druckschrift

caractériel, le [kaʀakteʀjɛl] *adj (enfant)* gestört; **troubles ~s** Verhaltensstörungen *pl*

caractérisé, e [kaʀakteʀize] *adj* : **c'est une grippe/de l'insubordination ~e**

das ist ein klarer Fall von Grippe/von Ungehorsam
caractériser [kaʀakteʀize] vt charakterisieren
caractéristique [kaʀakteʀistik] adj charakteristisch ▶ nf typisches Merkmal nt
carafe [kaʀaf] nf Karaffe f
caraïbe [kaʀaib] adj karibisch ▶ nf: **la mer des C~s** die Karibik f
carambolage [kaʀɑ̃bɔlaʒ] nm Karambolage f
caramel [kaʀamɛl] nm (bonbon) Karamellbonbon m ou nt; (substance) Karamell m
carapace [kaʀapas] nf Panzer m
carat [kaʀa] nm Karat nt
caravane [kaʀavan] nf (de chameaux) Karawane f; (camping) Wohnwagen m
caravaning [kaʀavaniŋ] nm (camping) Urlaub m mit dem Wohnwagen; (terrain) Campingplatz m für Wohnwagen
carbonade [kaʀbɔnad] nf geschmortes Rind mit Zwiebeln in Biersoße
carbone [kaʀbɔn] nm Kohlenstoff m; (aussi: **papier carbone**) Kohlepapier nt; (double) Durchschlag m; **empreinte ~** CO^2-Bilanz f
carbonique [kaʀbɔnik] adj: **neige ~** Trockeneis nt
carboniser [kaʀbɔnize] vt (forêt, maison) völlig verbrennen
carburant [kaʀbyʀɑ̃] nm Treibstoff m; **~ vert** Biotreibstoff m
carburateur [kaʀbyʀatœʀ] nm Vergaser m
carcasse [kaʀkas] nf (d'animal) Kadaver m; (de voiture etc) Karosserie f
carcinogène [kaʀsinɔʒɛn] adj krebserregend
carcinome [kaʀsinom] nm Karzinom nt
cardiaque [kaʀdjak] adj Herz-
cardigan [kaʀdigɑ̃] nm Strickjacke f
cardinal, e, -aux [kaʀdinal, o] adj (nombre) Kardinal- ▶ nm Kardinal m
cardiologie [kaʀdjɔlɔʒi] nf Kardiologie f
cardiologue [kaʀdjɔlɔg] nmf Kardiologe m, Kardiologin f
carême [kaʀɛm] nm: **le ~** die Fastenzeit f
carence [kaʀɑ̃s] nf Mangel m; (inefficacité, incapacité) Unfähigkeit f
caresse [kaʀɛs] nf Zärtlichkeit f
caresser [kaʀese] vt streicheln; (projet, espoir) liebäugeln mit
cargaison [kaʀgɛzɔ̃] nf (Schiffs)fracht f
cargo [kaʀgo] nm Frachter m
caricature [kaʀikatyʀ] nf Karikatur f
caricaturiste [kaʀikatyʀist] nmf Karikaturist(in) m(f)

51 | carte

carie [kaʀi] nf: **la ~ (dentaire)** Karies f; **une ~** ein Loch nt im Zahn
carié, e [kaʀje] adj: **dent ~e** kariöser Zahn m
carillon [kaʀijɔ̃] nm (d'église) Glockenspiel nt; **~ (électrique)** (de porte) Türglocke f
carlingue [kaʀlɛ̃g] nf (d'avion) Cockpit nt
carnage [kaʀnaʒ] nm Blutbad nt
carnassier, -ière [kaʀnasje, jɛʀ] adj fleischfressend
carnaval [kaʀnaval] nm Karneval m
carnet [kaʀnɛ] nm Heft nt; **~ de chèques** Scheckbuch nt
carnivore [kaʀnivɔʀ] adj fleischfressend
carotide [kaʀɔtid] nf Halsschlagader f
carotte [kaʀɔt] nf Möhre f
Carpates [kaʀpat] nfpl: **les ~** die Karpaten pl
carpe [kaʀp] nf Karpfen m
carquois [kaʀkwa] nm Köcher m
carré, e [kaʀe] adj quadratisch; (visages, épaules) eckig; (direct, franc) geradeaus, aufrichtig ▶ nm Quadrat nt; (de terrain, jardin) Stück nt; **élever un nombre au ~** eine Zahl ins Quadrat erheben; **mètre/kilomètre ~** Quadratmeter m/Quadratkilometer m
carreau, x [kaʀo] nm (par terre) Fliese f; (au mur) Kachel f; (de fenêtre) Scheibe f; (Cartes) Karo nt; **papier à ~x** kariertes Papier nt; **tissu à ~x** Karostoff m
carrefour [kaʀfuʀ] nm Kreuzung f
carrelage [kaʀlaʒ] nm Fliesen pl
carreler [kaʀle] vt fliesen
carrelet [kaʀlɛ] nm (poisson) Scholle f
carreleur [kaʀlœʀ] nm Fliesenleger m
carrément [kaʀemɑ̃] adv geradeheraus; (nettement) ganz einfach
carrière [kaʀjɛʀ] nf (de craie, sable) Steinbruch m; (métier) Karriere f; **militaire de ~** Berufssoldat m
carriériste [kaʀjeʀist] adj karrieresüchtig
carrossable [kaʀɔsabl] adj befahrbar
carrosse [kaʀɔs] nm Kutsche f
carrosserie [kaʀɔsʀi] nf Karosserie f
carrossier [kaʀɔsje] nm Karosseriebauer m; (dessinateur) Karosseriedesigner m
carrousel [kaʀuzɛl] nm Karussell nt
carrure [kaʀyʀ] nf Statur f
cartable [kaʀtabl] nm Schultasche f
carte [kaʀt] nf Karte f; (d'électeur, de parti) Ausweis m; (au restaurant) Speisekarte f; (aussi: **carte de visite**) (Visiten)karte f; **avoir ~ blanche** freie Hand haben; **donner ~ blanche à qn** jdm freie Hand ou eine Blankovollmacht geben; **~ à**

puce Chipkarte f; **C~ Bleue®** Kundenkarte f; **~ d'identité** Personalausweis m; **~ de crédit** Kreditkarte f; **~ d'embarquement** Bordkarte, Einsteigekarte f; **~ d'étudiant** Studentenausweis m; **~ de séjour** Aufenthaltsgenehmigung f; **~ mémoire** Speicherkarte f; **~ à puce** Chipkarte f; **~ SIM** SIM-Karte f; **~ grise** ≈ Kraftfahrzeugschein m; **~ postale** Postkarte f; **~ sénior** Karte, mit der Senioren Ermäßigung bei der Bahn erhalten; **~ routière** Straßenkarte f; **~ Vitale** elektronische Versichertenkarte

cartel [kaʀtɛl] nm Kartell nt

carte-lettre [kaʀtəlɛtʀ] (pl **cartes-lettres**) nf Briefkarte f

carte-mère [kaʀtəmɛʀ] (pl **cartes-mères**) nf (Inform) Motherboard nt

carter [kaʀtɛʀ] nm Gehäuse nt; (Auto) Ölwanne f

carte-réponse [kaʀt(ə)ʀepɔ̃s] (pl **cartes-réponses**) nf Antwortkarte f

cartilage [kaʀtilaʒ] nm Knorpel m

cartilagineux, -euse [kaʀtilaʒinø, øz] adj knorpelig

cartographe [kaʀtɔgʀaf] nm Kartograf(in) m(f)

cartographie [kaʀtɔgʀafi] nf Kartografie f

cartomancie [kaʀtɔmɑ̃si] nf Kartenlegen nt

cartomancien, ne [kaʀtɔmɑ̃sjɛ̃, jɛn] nm/f Kartenleger(in)

carton [kaʀtɔ̃] nm (matériau) Pappe f; (boîte) Karton m; **faire un ~** (fam) schießen; **~ (à dessin)** Mappe f

cartonnage [kaʀtɔnaʒ] nm Verpackungskarton m

cartonné, e [kaʀtɔne] adj (livre) kartoniert

cartouche [kaʀtuʃ] nf Patrone f; (de film, de toner etc) Kassette f

cas [kɑ] nm Fall m; **faire peu de ~/grand ~ de** viel/wenig Aufhebens machen um; **en aucun ~** keinesfalls; **au ~ où** falls; **en ~ de** im Falle +gén; **en ~ de besoin** bei Bedarf; **en ~ d'urgence** notfalls; **en tout ~** auf alle Fälle, auf jeden Fall

casanier, -ière [kazanje, jɛʀ] adj häuslich

cascade [kaskad] nf Wasserfall m; **en ~** sich überstürzend; **~ de rires** schallendes Gelächter nt

cascadeur, -euse [kaskadœʀ, øz] nm/f Stuntman m/-girl nt

case [kɑz] nf (hutte) Hütte f; (compartiment) Fach nt; (sur un formulaire, de mots croisés, d'échiquier) Kästchen nt

caser [kaze] vt (loger) unterbringen; **se caser** vpr (personne) sich niederlassen

caserne [kazɛʀn] nf Kaserne f

cash [kaʃ] adv: **payer ~** bar zahlen

casier [kɑzje] nm (à journaux) Ständer m; (case) Fach nt; **~ à bouteilles** Flaschenregal nt; **~ judiciaire** Vorstrafenregister nt

casino [kazino] nm Kasino nt

casque [kask] nm Helm m; (chez le coiffeur) Trockenhaube f; (pour audition) Kopfhörer m; **les C~s bleus** die Blauhelme pl; **~ intégral** Integralhelm m

casquette [kaskɛt] nf Kappe f

cassant, e [kasɑ̃, ɑ̃t] adj zerbrechlich; (fig) schroff

cassation [kasasjɔ̃] nf: **recours en ~** Berufung f beim Höchsten Gerichtshof; **cour de ~** Berufungsgericht nt

casse [kas] nf: **mettre à la ~** verschrotten; **il y a eu de la ~** es hat viel Bruch gegeben

casse-cou [kasku] adj inv waghalsig

casse-croûte [kaskʀut] (pl **casse-croûte(s)**) nm Imbiss m

casse-noisette, casse-noisettes [kasnwazɛt] nm Nussknacker m

casse-noix [kasnwa] nm inv Nussknacker m

casse-pied [kaspje] (pl **casse-pieds**) (fam) adj, n: **il est ~, c'est un ~** er ist ein Nervtöter

casser [kase] vt brechen; (œuf) aufschlagen; (gradé) degradieren; (Jur) aufheben ▶ vi (corde etc) reißen; **se casser** vpr brechen; **se ~ une jambe** sich das Bein brechen

casserole [kasʀɔl] nf Kochtopf m

casse-tête [kastɛt] (pl **casse-têtes**) nm (problème difficile) harte Nuss f

cassette [kasɛt] nf Kassette f; (coffret) Schatulle f

casseur [kasœʀ] nm (vandale) Hooligan m

cassis [kasis] nm (Bot) Schwarze Johannisbeere f; (de la route) Unebenheit f

cassonade [kasɔnad] nf brauner Zucker m

cassoulet [kasulɛ] nm Ragout mit weißen Bohnen und Gänse-, Enten-, Hammel- oder Schweinefleisch

caste [kast] nf Kaste f

castor [kastɔʀ] nm Biber m

castrer [kastʀe] vt kastrieren

catadioptre [katadjɔptʀ] nm Katzenauge nt

catalogue [katalɔg] nm Katalog m

cataloguer [katalɔge] vt katalogisieren; **~ qn** (péj) jdn in eine Schublade einordnen

catalyseur [katalizœʀ] nm Katalysator m
catalytique [katalitik] adj katalytisch; **pot ~** Auspuff m mit (eingebautem) Katalysator
catamaran [katamaʀɑ̃] nm Katamaran m
cataphote [katafɔt] nm Katzenauge nt
cataplasme [kataplasm] nm Umschlag m
catapulter [katapylte] vt katapultieren
cataracte [kataʀakt] nf grauer Star m
catarrhe [kataʀ] nm Katarrh m
catastrophe [katastʀɔf] nf Katastrophe f
catastrophé [katastʀɔfe] (fam) adj wie vom Donner gerührt
catastrophique [katastʀɔfik] adj katastrophal
catch [katʃ] nm Catchen nt
catéchisme [kateʃism] nm Religionsunterricht m
catégorie [kategɔʀi] nf Kategorie f; (Sport) Klasse f
catégorique [kategɔʀik] adj kategorisch
catégoriser [kategɔʀize] vt in Kategorien einordnen
cathédrale [katedʀal] nf Kathedrale f
cathode [katɔd] nf Kat(h)ode f
catholicisme [katɔlisism] nm Katholizismus m
catholique [katɔlik] adj katholisch; **pas très ~** (louche) nicht ganz astrein
catimini [katimini] : **en ~** adv still und leise
catogan [katɔgɑ̃] nm Pferdeschwanz m
Caucase [kokaz] nm : **le ~** der Kaukasus m
cauchemar [koʃmaʀ] nm Albtraum m
cauchemardesque [koʃmaʀdɛsk] adj grauenvoll
cause [koz] nf Grund m; (d'un accident etc) Ursache f; (Jur) Fall m; **à ~ de** wegen +gén ou dat; **pour ~ de** wegen +gén ou dat; **(et) pour ~** (und) zu Recht; **la qualité est en ~** es geht hier um die Qualität; **mettre en ~** verwickeln; **remettre en ~** infrage stellen; **faire ~ commune avec qn** mit jdm gemeinsame Sache machen
causer [koze] vt verursachen ▶ vi plaudern
causerie [kozʀi] nf Plauderei f
caustique [kostik] adj (personne, remarque) bissig
caution [kosjɔ̃] nf Kaution f; (fig) Unterstützung f; **libéré sous ~** gegen Kaution freigelassen
cautionner [kosjɔne] vt unterstützen
cavale [kaval] (fam) nf : **en ~** auf der Flucht
cavalier, -ière [kavalje, jɛʀ] adj (désinvolte) unbekümmert ▶ nm/f Reiter(in); (au bal) Partner(in) ▶ nm (Échecs) Springer m
cave [kav] nf Keller m
caveau, x [kavo] nm Gruft f
caverne [kavɛʀn] nf Höhle f
caverneux, -euse [kavɛʀnø, øz] adj : **voix caverneuse** hohle Stimme f
caviar [kavjaʀ] nm Kaviar m
cavité [kavite] nf Hohlraum m
CB [sibi] sigle f CB nt
CC [sese] sigle m (= corps consulaire) CC
c.c. abr (= compte courant) Girokonto nt
CCI [sesei] sigle f (= Chambre de commerce et d'industrie) ≈ IHK f
CCP [sesepe] sigle m (= compte chèque postal) voir **compte**
CD [sede] sigle m (= compact disc) CD f; (= corps diplomatique) CD
CDD [sedede] sigle m (= contrat à durée déterminée) befristeter Arbeitsvertrag m
CDI [sedei] sigle m (= centre de documentation et d'information) Schulbücherei f; (= contrat à durée indéterminée) unbefristeter Arbeitsvertrag m
CDIser [sedeize] vt fest anstellen
CD-ROM [sedeʀɔm] abr m (= Compact Disc Read Only Memory) CD-ROM f
CE [seə] sigle m (= Conseil de l'Europe) Europarat m

(MOT-CLÉ)

ce, c', cette [sə, s, sɛt] (devant nom masculin commençant par une voyelle ou un h muet **cet**, pl **ces**) adj diese(r, s); (pl) diese; **cette maison(-ci/là)** dieses Haus da; **cet homme** dieser Mann; **cette nuit** (qui vient) heute Nacht; (dernière) heute ou letzte Nacht
▶ pron 1 : **c'est** das ist, es ist; **c'est un peintre** das ist ein Maler; **ce sont des peintres** das sind Maler; **c'est une voiture/girafe** das ist ein Auto/eine Giraffe; **c'est un brave homme** er ist ein guter Mensch; **c'est un peintre qui me l'a donné** das hat mir ein Maler gegeben; **c'est petit/grand** es ist klein/groß; **c'est le facteur** es ist der Briefträger; **qui est-ce ?** wer ist das?; (en désignant) wer ist das?; **c'est toi qui le dis** das sagst du; **c'est toi qui lui as parlé** du hast mit ihm gesprochen; **sur ce** darüber; (à cet instant) darauf; **si ce n'est ...** außer ...
2 : **ce qui** was; **ce que** was; **tout ce qui bouge** alles was sich bewegt; **tout ce que je sais** alles, was ich weiß; **ce dont j'ai parlé** (das) wovon ich gesprochen habe; **ce que c'est grand !** das ist aber groß!

ceci [səsi] *pron* dies, das
cécité [sesite] *nf* Blindheit *f*
céder [sede] *vt* aufgeben; **~ le passage** Vorfahrt achten
CEDEX [sedɛks] *sigle m* (= *courrier d'entreprise à distribution exceptionnelle*) Postzustellung für Großkunden
cédille [sedij] *nf* Cedille *f*
cèdre [sɛdʀ] *nm* Zeder *f*
CEI [seəi] *sigle f* (= *Communauté des Etats indépendants*) GUS *f*
ceindre [sɛ̃dʀ] *vt* : **~ sa tête/ses épaules de qch** etw um den Kopf/die Schultern schlingen
ceinture [sɛ̃tyʀ] *nf* Gürtel *m*; **~ de sécurité** Sicherheitsgurt *m*; **~ verte** Grüngürtel
ceinturer [sɛ̃tyʀe] *vt* (*saisir*) (um die Taille) packen
ceinturon [sɛ̃tyʀɔ̃] *nm* Gürtel *m*
cela [s(ə)la] *pron* das
célébration [selebʀasjɔ̃] *nf* Feier *f*; (*de messe*) Feiern *nt*
célèbre [selebʀ] *adj* berühmt
célébrer [selebʀe] *vt* feiern; (*messe*) lesen
célébrité [selebʀite] *nf* Berühmtheit *f*
céleri [sɛlʀi] *nm* : **~(-rave)** (Knollen)sellerie *f* ou *m*; **~ en branche** Staudensellerie *f* ou *m*
céleste [selɛst] *adj* himmlisch
célibat [seliba] *nm* Ehelosigkeit *f*; (*de prêtre*) Zölibat *m*
célibataire [selibatɛʀ] *adj* unverheiratet, ledig ▶ *nmf* Junggeselle (Junggesellin) *m(f)*
celle, celles [sɛl] *pron voir* **celui**
cellophane® [selɔfan] *nf* Cellophan® *nt*
cellulaire [selylɛʀ] *adj* : **voiture** ou **fourgon ~** grüne Minna *f*
cellule [selyl] *nf* Zelle *f*; **~ (photo-électrique)** Fotozelle *f*; **~ souche** Stammzelle *f*
cellulite [selylit] *nf* Cellulitis *f*
cellulose [selyloz] *nf* Zellulose *f*
celte [sɛlt], **celtique** [sɛltik] *adj* keltisch

(MOT-CLÉ)

celui, celle [səlɥi, sɛl] (*mpl* **ceux**, *fpl* **celles**) *pron* **1** : **celui-ci/là, celle-ci/là** der/die/das; **ceux-ci, celles-ci** die; **ceux-là, celles-là** die; **celui de mon frère** der/die/das von meinem Bruder; **ce n'est pas mon livre, c'est celui de mon frère** das ist nicht mein Buch, es ist das von meinem Bruder; **celui du salon** der/die/das im Wohnzimmer
2 : **quel oiseau ? — celui qui chante** welcher Vogel? — der, der singt; **celui que je vois** (*m*) der, den ich sehe; (*f*) die, die ich sehe; (*nt*) das, das ich sehe; **celui/celle dont je parle** der/die, von dem/der ich spreche
3 (*valeur indéfinie*) : **celui qui veut** wer will

cendre [sɑ̃dʀ] *nf* Asche *f*
cendré, e [sɑ̃dʀe] *adj* (*couleur*) aschgrau
cendrier [sɑ̃dʀije] *nm* Aschenbecher *m*
censé, e [sɑ̃se] *adj* : **être ~ faire qch** etw (eigentlich) tun sollen
censeur [sɑ̃sœʀ] *nmf* (*du lycée*) Aufsicht *f*; (*Pol, Presse, Ciné*) Kritiker(in) *m(f)*
censure [sɑ̃syʀ] *nf* Zensur *f*
censurer [sɑ̃syʀe] *vt* zensieren
cent [sɑ̃] *num* hundert; **trois ~(s)** dreihundert; **pour ~** Prozent *nt*
centaine [sɑ̃tɛn] *nf* : **une ~ (de)** hundert; (*environ 100*) etwa hundert
centenaire [sɑ̃t(ə)nɛʀ] *adj* hundertjährig ▶ *nmf* Hundertjährige(r) *f(m)* ▶ *nm* (*anniversaire*) hundertster Geburtstag *m*
centième [sɑ̃tjɛm] *num* hundertste(r, s)
centigrade [sɑ̃tigʀad] *nm* Grad *m* Celsius
centigramme [sɑ̃tigʀam] *nm* Zentigramm *nt*
centilitre [sɑ̃tilitʀ] *nm* Zentiliter *m*
centime [sɑ̃tim] *nm* Centime *m*; (*suisse*) Rappen *m*; **~ d'euro** (Euro)cent *m*
centimètre [sɑ̃timɛtʀ] *nm* Zentimeter *m* ou *nt*; (*ruban*) Zentimetermaß *nt*
central, e, -aux [sɑ̃tʀal, o] *adj* zentral ▶ *nm* : **~ (téléphonique)** (Telefon)zentrale *f*
centrale [sɑ̃tʀal] *nf* : **~ électrique** Elektrizitätswerk *nt*; **~ nucléaire** Kernkraftwerk *nt*
centralisation [sɑ̃tʀalizasjɔ̃] *nf* Zentralisierung *f*
centraliser [sɑ̃tʀalize] *vt* zentralisieren
centre [sɑ̃tʀ] *nm* Zentrum *nt*; (*milieu*) Mitte *f*; **~ commercial** Geschäftszentrum *nt*; **~ culturel** Kulturzentrum *nt*; **~ d'appels** Callcenter *m*; **~ d'apprentissage** Ausbildungszentrum *nt*; **~ de gravité** Schwerpunkt *m*; **~ hospitalier** Krankenhaus *nt*; **~ sportif** Sportzentrum *nt*
centrer [sɑ̃tʀe] *vt* zentrieren
centre-ville [sɑ̃tʀəvil] *nm* Stadtzentrum *nt*
centriste [sɑ̃tʀist] *adj* (*Pol*) Zentrums- ▶ *nmf* Zentrumspolitiker(in) *m(f)*
centuple [sɑ̃typl] *nm* : **le ~ de qch** das Hundertfache von etw
cep [sɛp] *nm* Rebstock *m*

cépage [sepaʒ] nm Rebsorte f
cèpe [sɛp] nm Steinpilz m
cependant [s(ə)pɑ̃dɑ̃] adv jedoch
céramique [seramik] nf Keramik f
cercle [sɛrkl] nm Kreis m; (objet circulaire) Reifen m; **~ vicieux** Teufelskreis; **~ vertueux** positive Spirale
cercueil [sɛrkœj] nm Sarg m
céréale [sereal] nf Getreide nt; **céréales** nfpl Getreide nt; (au petit déjeuner) Getreideflocken pl
cérébral, e, -aux [serebral, o] adj Hirn-
cérémonie [seremɔni] nf Zeremonie f; **cérémonies** nfpl (péj) Theater nt, Umstände pl
cerf [sɛr] nm Hirsch m
cerfeuil [sɛrfœj] nm Kerbel m
cerf-volant [sɛrvɔlɑ̃] (pl **cerfs-volants**) nm Drachen m
cerise [s(ə)riz] nf Kirsche f; **la ~ sur le gâteau** (fig) das Tüpfelchen auf dem I
cerisier [s(ə)rizje] nm Kirschbaum m
cerné, e [sɛrne] adj (ville, armée) umzingelt; (yeux) mit dunklen Ringen
cerner [sɛrne] vt umzingeln; (problème, question) einkreisen
certain, e [sɛrtɛ̃, ɛn] adj (sûr) sicher; (avec art indéf) : **un ~ Georges** ein gewisser Georges; **un ~ courage** eine ordentliche Portion Mut; **~ de qch/que** sicher etw gén/dass; **certains** pron pl manche; **~s cas** gewisse Fälle pl
certainement [sɛrtɛnmɑ̃] adv sicher
certes [sɛrt] adv sicherlich
certificat [sɛrtifika] nm Zeugnis nt; **~ de concubinage** ou **de vie commune** Bescheinigung über eine eheähnliche Gemeinschaft; **~ médical** ärztliche Bescheinigung f, ärztliches Attest nt
certifié, e [sɛrtifje] adj : **professeur ~** ≈ staatlich geprüfter Lehrer m; **copie ~e conforme (à l'original)** beglaubigte Kopie f
certifier [sɛrtifje] vt bestätigen; **~ à qn que** jdm bestätigen, dass
certitude [sɛrtityd] nf Gewissheit f
cérumen [serymɛn] nm Ohrenschmalz nt
cerveau, x [sɛrvo] nm Gehirn nt
cervelle [sɛrvɛl] nf Gehirn nt; (Culin) Hirn nt; **se creuser la ~** sich dat das Hirn zermartern
cervical, e, -aux [sɛrvikal, o] adj (du cou) Hals-
Cervin [sɛrvɛ̃] nm : **le ~** das Matterhorn
CES [seəɛs] sigle m (= collège d'enseignement secondaire) Sekundarstufe I f
ces [se] adj dém voir **ce**

césarienne [sezarjɛn] nf Kaiserschnitt m
césium [sezjɔm] nm Cäsium nt
cesse [sɛs] : **sans ~** adv unaufhörlich
cesser [sese] vt aufhören mit
cessez-le-feu [sesel(ə)fø] nm inv Waffenruhe f
c'est-à-dire [sɛtadir] adv das heißt
cétacé [setase] nm Wal m
cette [sɛt] adj dém voir **ce**
ceux [sø] pron voir **celui**
Cévennes [sevɛn] nfpl Cevennen pl
cf [seef] abr (= confer) s
CFAO [seefao] sigle f (= conception et fabrication assistées par ordinateur) CAM nt
CFC [seefse] nm abr (= chlorofluorocarbone) FCKW nt
CFDT [seefdete] sigle f (= Confédération française et démocratique du travail) Gewerkschaft
CFE-CGC [seefəsegese] sigle f (= Confédération générale des cadres) Angestelltengewerkschaft
CFTC [seeftese] sigle f (= Confédération française des travailleurs chrétiens) Gewerkschaft
CGT [seʒete] sigle f (= Confédération générale du travail) Gewerkschaft
CH abr (= Confédération helvétique) CH
chacal [ʃakal] nm Schakal m
chacun, e [ʃakœ̃, yn] pron jede(r, s)
chagrin, e [ʃagrɛ̃, in] adj missmutig ▶ nm Kummer m
chahut [ʃay] nm (Scol) Krawall m
chahuter [ʃayte] vt (professeur) auf der Nase herumtanzen +dat ▶ vi Unfug treiben
chai [ʃe] nm Wein- und Spirituosenlager nt
chaîne [ʃɛn] nf Kette f; (Radio, TV) Programm nt; **travail à la ~** Fließbandarbeit f; **faire la ~** eine Kette bilden; **~ (de fabrication)** Fließband nt; **~ (hi-fi)** Hi-Fi-Anlage f; **~ (de montage)** Montageband nt
chaînon [ʃɛnɔ̃] nm (Ketten)glied nt; (fig) Verbindungsglied; **le ~ manquant** das fehlende Glied (in der Kette)
chair [ʃɛr] nf Fleisch nt ▶ adj : **(couleur) ~** fleischfarben; **avoir la ~ de poule** eine Gänsehaut haben; **être bien en ~** gut beieinander sein; **en ~ et en os** leibhaftig
chaire [ʃɛr] nf (d'église) Kanzel f; (Univ) Lehrstuhl m
chaise [ʃɛz] nf Stuhl m; **~ longue** Liegestuhl m
châle [ʃal] nm Schultertuch nt
chalet [ʃalɛ] nm Chalet nt
chaleur [ʃalœr] nf Wärme f; (forte) Hitze f

chaleureux, -euse [ʃalœʀø, øz] *adj* warmherzig, herzlich

challenge [ʃalɑ̃ʒ] *nm* Wettkampf *m*

challenger [ʃalɑ̃ʒœʀ] *nm* Herausforderer *m*

chaloupe [ʃalup] *nf (de sauvetage)* Rettungsboot *nt*

chalumeau, x [ʃalymo] *nm (outil)* Lötlampe *f*

chalut [ʃaly] *nm* Schleppnetz *nt*

chalutier [ʃalytje] *nm* Fischdampfer *m*

chamailler [ʃamɑje] : **se chamailler** *vpr* sich streiten

chambouler [ʃɑ̃bule] *(fam) vt* durcheinanderbringen

chambre [ʃɑ̃bʀ] *nf* Zimmer *nt*; *(Tech, Jur, Pol, Comm)* Kammer *f*; **~ à air** Schlauch *m*; **~ à coucher** Schlafzimmer *nt*; **~ à un lit/ deux lits** *(à l'hôtel)* Einzelzimmer/ Zweibettzimmer *nt*; **~ de commerce et d'industrie** Industrie- und Handelskammer *f*; **~ frigorifique** ou **froide** Kühlraum *m*; **~ pour une/deux personne(s)** Einzel-/Doppelzimmer *nt*

chambrer [ʃɑ̃bʀe] *vt (vin)* auf Zimmertemperatur bringen

chameau, x [ʃamo] *nm* Kamel *nt*

chamois [ʃamwa] *nm* Gämse *f*

champ [ʃɑ̃] *nm* Feld *nt*; *(domaine)* Gebiet *nt*; **~ de bataille** Schlachtfeld *nt*

Champagne [ʃɑ̃paɲ] *nf*: **la ~** die Champagne *f*

champagne [ʃɑ̃paɲ] *nm (vin)* Champagner *m*

champêtre [ʃɑ̃pɛtʀ] *adj* ländlich

champignon [ʃɑ̃piɲɔ̃] *nm* Pilz *m*; *(fam: accélérateur)* Gas(pedal) *nt*; **~ de couche** ou **de Paris** Champignon *m*

champion, ne [ʃɑ̃pjɔ̃, jɔn] *nm/f (Sport)* Champion *m*, Meister(in); *(d'une cause)* Verfechter(in); **~ du monde** Weltmeister(in)

championnat [ʃɑ̃pjɔna] *nm* Meisterschaft *f*

chance [ʃɑ̃s] *nf (bonne fortune)* Glück *nt*; *(hasard)* Zufall *m*; **chances** *nfpl* Chancen *pl*; **bonne ~ !** viel Glück!; **avoir de la ~** Glück haben

chanceler [ʃɑ̃s(ə)le] *vi (personne)* wackelig auf den Beinen sein; *(meuble, mur)* wackeln

chancelier [ʃɑ̃səlje] *nm (allemand)* (Bundes)kanzler *m*; *(d'ambassade)* Sekretär *m*

chanceux, -euse [ʃɑ̃sø, øz] *adj* glücklich; **être ~** Glück haben

chandail [ʃɑ̃daj] *nm* dicker Pullover *m*

Chandeleur [ʃɑ̃dlœʀ] *nf*: **la ~** Mariä Lichtmess *f*

chandelier [ʃɑ̃dəlje] *nm (Kerzen)leuchter *m*

chandelle [ʃɑ̃dɛl] *nf* Kerze *f*; **dîner aux ~s** Abendessen *nt* bei Kerzenschein; **monter en ~** *(Aviat)* kerzengerade aufsteigen; **tenir la ~** *(humoristique)* den Anstandswauwau spielen

change [ʃɑ̃ʒ] *nm (Comm)* Wechseln *nt*

changement [ʃɑ̃ʒmɑ̃] *nm* Änderung *f*; **~ climatique** Klimawandel *m*

changer [ʃɑ̃ʒe] *vt (modifier)* ändern; *(remplacer, échanger)* wechseln; *(rhabiller)* umziehen ▶ *vi* sich ändern; **se changer** *vpr* sich umziehen; **~ de nom** seinen Namen ändern; **~ de côté** die Seite wechseln; **~ d'adresse** umziehen; **~ de couleur/direction** die Farbe/Richtung ändern; **~ de place avec qn** mit jdm den Platz tauschen; **~ de vitesse** *(Auto)* schalten; **~ (de train)** umsteigen

chanson [ʃɑ̃sɔ̃] *nf* Lied *nt*

chansonnier [ʃɑ̃sɔnje] *nm (de cabaret)* Chansonsänger *m*; *(livre)* Liederbuch *nt*

chant [ʃɑ̃] *nm (chanson)* Lied *nt*

chantage [ʃɑ̃taʒ] *nm* Erpressung *f*

chanter [ʃɑ̃te] *vi, vt* singen; **~ juste/faux** richtig/falsch singen; **si cela lui chante** *(fam)* wenn es ihm gerade passt; **faire ~ qn** jn erpressen

chanterelle [ʃɑ̃tʀɛl] *nf* Pfifferling *m*

chanteur, -euse [ʃɑ̃tœʀ, øz] *nm/f* Sänger(in)

chantier [ʃɑ̃tje] *nm* Baustelle *f*; **être en ~** in Arbeit sein; **mettre en ~** die Arbeit beginnen an +*dat*; **~ naval** Werft *f*

chantilly [ʃɑ̃tiji] *nf*: **(crème) ~** Schlagsahne *f*

chanvre [ʃɑ̃vʀ] *nm* Hanf *m*

chaos [kao] *nm* Chaos *nt*

chaotique [kaɔtik] *adj* chaotisch

chaparder [ʃapaʀde] *(fam) vt* klauen

chapeau, x [ʃapo] *nm* Hut *m*; **~ de soleil** Sonnenhut

chapelet [ʃaplɛ] *nm* Rosenkranz *m*

chapelle [ʃapɛl] *nf* Kapelle *f*; **~ ardente** Leichenhalle *f*

chapelure [ʃaplyʀ] *nf* Paniermehl *nt*

chaperon [ʃapʀɔ̃] *nm* Anstandsdame *f*; **le Petit C~ rouge** (das) Rotkäppchen

chaperonner [ʃapʀɔne] *vt (accompagner)* (als Anstandsdame) begleiten

chapiteau, x [ʃapito] *nm (Archit)* Kapitell *nt*; *(de cirque)* (Zirkus)zelt *nt*

chapitrage [ʃapitʀaʒ] *nm (de DVD)* Szenenauswahl *f*

chapitre [ʃapitʀ] *nm* Kapitel *nt*; *(fig)* Thema *nt*

chaque [ʃak] *adj* jede(r, s); **c'est deux euros ~** das sind jeweils zwei Euro; **~ fois que** jedes Mal, wenn

char [ʃaʀ] nm Wagen m; (aussi : **char d'assaut**) Panzer m
charabia [ʃaʀabja] nm Kauderwelsch nt
charbon [ʃaʀbɔ̃] nm Kohle f
charcuterie [ʃaʀkytʀi] nf (magasin) (Schweine)metzgerei f; (produits) Wurstwaren pl
charcutier, -ière [ʃaʀkytje, jɛʀ] nm/f Schweinemetzger(in); (traiteur) Delikatessenhändler(in)
chardon [ʃaʀdɔ̃] nm Distel f
charge [ʃaʀʒ] nf (fardeau) Last f; (Élec) Ladung f; (rôle, mission) Aufgabe f; (attaque) Angriff m; (Jur) Anklagepunkt m; **charges** nfpl (du loyer) Nebenkosten pl; **à la ~ de** (dépendant de) abhängig von; (aux frais de) zulasten von; **prendre en ~** übernehmen; **~s sociales** Sozialabgaben pl
chargé, e [ʃaʀʒe] adj (journée) voll; **~ d'affaires** Geschäftsträger; **~ de cours** Dozent
chargement [ʃaʀʒəmɑ̃] nm Ladung f
charger [ʃaʀʒe] vt beladen; (fusil, batterie) laden; (un portrait, une description) übertreiben, überziehen ▶ vi angreifen; **se charger** vpr : **se ~ de** sich kümmern um; **~ qn de qch/faire qch** jdn mit etw beauftragen/jdn beauftragen, etw zu tun
chargeur [ʃaʀʒœʀ] nm (d'arme à feu) Magazin nt; (Photo) Kassette f; **~ de batterie** Ladegerät nt
chariot [ʃaʀjo] nm Wagen m; (table roulante) Teewagen m; (à bagages) Kofferkuli m; (à provisions) Einkaufswagen m; (charrette) Karren m
charisme [kaʀism] nm Charisma nt
charitable [ʃaʀitabl] adj karitativ, wohltätig
charité [ʃaʀite] nf (vertu) Nächstenliebe f; **faire la ~ à qn** jdm ein Almosen geben; **fête/vente de ~** Wohltätigkeitsveranstaltung f/-basar m
charlotte [ʃaʀlɔt] nf Charlotte f
charmant, e [ʃaʀmɑ̃, ɑ̃t] adj charmant
charme [ʃaʀm] nm (d'une personne) Charme m; (d'un endroit, d'une activité) Reiz m; (envoûtement) Anziehungskraft f; **faire du ~ à qn** mit jdm flirten
charmer [ʃaʀme] vt bezaubern
charmeur, -euse [ʃaʀmœʀ, øz] adj (sourire, manières) verführerisch ▶ nm/f Charmeur m, überaus charmante Frau f; **~ de serpents** Schlangenbeschwörer(in)
charnier [ʃaʀnje] nm Massengrab nt
charnière [ʃaʀnjɛʀ] nf (de porte) Türangel f
charnu, e [ʃaʀny] adj fleischig
charogne [ʃaʀɔɲ] nf Aas nt
charpente [ʃaʀpɑ̃t] nf Gerüst nt; (de maison) Gebälk nt
charpentier, -ière [ʃaʀpɑ̃tje, jɛʀ] nm/f Zimmermann m
charrette [ʃaʀɛt] nf Karren m
charrier [ʃaʀje] vt (suj : camion) transportieren; (: fleuve etc) mit sich führen; (fam) verspotten ▶ vi (fam) wild übertreiben
charrue [ʃaʀy] nf Pflug m
charte [ʃaʀt] nf Charta f; **C~ internationale des droits de l'homme** Internationale Charta der Menschenrechte
charter [ʃaʀtɛʀ] nm (avion) Charterflugzeug nt; **vol ~** Charterflug m
chas [ʃɑ] nm Öhr nt
chasse [ʃas] nf Jagd f; (aussi : **chasse d'eau**) (Wasser)spülung f; **prendre en ~** jagen, verfolgen; **tirer la ~ (d'eau)** die Wasserspülung betätigen
châsse [ʃɑs] nf Reliquienschrein m
chasse-neige [ʃasnɛʒ] (pl **chasse-neige(s)**) nm Schneepflug m
chasser [ʃase] vt (gibier) jagen; (personne) verjagen; (intrus, idée) vertreiben; (employé) hinauswerfen; (nuages, scrupules) zerstreuen
chasseur, -euse [ʃasœʀ, øz] nm/f Jäger(in) ▶ nm (avion) Jagdflieger m; (domestique) Page m
châssis [ʃɑsi] nm (de voiture) Chassis nt; (cadre) Rahmen m; (de jardin) Frühbeet nt
chaste [ʃast] adj keusch
chasuble [ʃazybl] nf (Rel) Messgewand nt
chat¹ [ʃa] nm Katze f
chat² [tʃat] nm (Inform) Chat m
châtaigne [ʃɑtɛɲ] nf Kastanie f
châtaignier [ʃɑtɛɲe] nm Kastanienbaum m
châtain [ʃɑtɛ̃] adj kastanienbraun
château, x [ʃɑto] nm Schloss nt; (forteresse) Burg f; **~ fort** Festung f
châtier [ʃɑtje] vt bestrafen; (son style, langage) den letzten Schliff geben +dat
châtiment [ʃɑtimɑ̃] nm Bestrafung f
chaton [ʃatɔ̃] nm Kätzchen nt; (de bague) Fassung f
chatouillement [ʃatujmɑ̃] nm Kitzeln nt
chatouiller [ʃatuje] vt kitzeln; (l'odorat, le palais) anregen
chatouilleux, -euse [ʃatujø, øz] adj kitzelig; (susceptible) empfindlich
chatoyer [ʃatwaje] vi (couleur) schimmern
châtrer [ʃɑtʀe] vt kastrieren

chatte [ʃat] nf Katze f
chatter [tʃate] vi (Inform) chatten
chatterton [ʃatɛʀtɔn] nm Isolierband nt
chaud, e [ʃo, ʃod] adj warm; (très chaud) heiß; **il fait ~** es ist warm/heiß; **j'ai ~** mir ist warm; **donner ~** die Hölle heiß machen; **tenir ~** warm halten
chaudière [ʃodjɛʀ] nf (de chauffage central) Boiler m; (de bateau) Dampfkessel m
chaudron [ʃodʀɔ̃] nm großer Kessel m
chauffage [ʃofaʒ] nm (appareils) Heizung f; **~ au gaz** Gasheizung f; **~ central** Zentralheizung f; **~ électrique** Elektroheizung f
chauffant, e [ʃofɑ̃, ɑ̃t] adj: **couverture/plaque ~e** Heizdecke f/-platte f
chauffard [ʃofaʀ] (péj) nm Verkehrsrowdy m
chauffe-biberon [ʃofbibʀɔ̃] (pl **chauffe-biberons**) nm Babyflaschenwärmer m
chauffe-eau [ʃofo] nm inv Heißwasserbereiter m
chauffe-plat [ʃofpla] (pl **chauffe-plats**) nm Warmhalteplatte f
chauffer [ʃofe] vt (appartement) heizen; (eau) erhitzen ▶ vi sich erwärmen; (moteur) sich überhitzen, heiß laufen; **se chauffer** vpr (sportif) sich aufwärmen; (au soleil) sich wärmen; **se ~ à l'électricité/au gaz** elektrisch/mit Gas heizen
chauffeur, -euse [ʃofœʀ, øz] nm/f Fahrer(in); (privé) Chauffeur m; **~ de taxi** Taxifahrer
chaume [ʃom] nm (du toit) Stroh nt; (tiges) Stoppeln pl
chaumière [ʃomjɛʀ] nf strohgedecktes Haus nt
chaussée [ʃose] nf Fahrbahn f
chausse-pied [ʃospje] (pl **chausse-pieds**) nm Schuhlöffel m
chausser [ʃose] vt (bottes, skis) anziehen; (enfant) die Schuhe anziehen +dat; **~ du 38/42** Schuhgröße 38/42 haben; **~ grand** (suj: soulier) zu groß sein
chaussette [ʃosɛt] nf Socke f
chausson [ʃosɔ̃] nm Hausschuh m; (de bébé) Babyschuh m; **~ (aux pommes)** Apfeltasche f
chaussure [ʃosyʀ] nf Schuh m; **~s basses** Halbschuhe pl; **~s de ski** Skistiefel pl
chauve [ʃov] adj kahl(köpfig)
chauve-souris [ʃovsuʀi] (pl **chauves-souris**) nf Fledermaus f
chauvin, e [ʃovɛ̃, in] adj chauvinistisch (nationalistisch)

chaux [ʃo] nf Kalk m
chef [ʃɛf] nmf (patron) Chef(in) m(f); (d'armée, parti, groupe) Führer(in) m(f); (de cuisine) Koch m, Köchin f; **~ d'accusation** (Jur) Anklage f; **~ d'État** Staatschef(in) m(f); **~ d'orchestre** Dirigent(in) m(f)
chef-d'œuvre [ʃɛdœvʀ] (pl **chefs-d'œuvre**) nm Meisterwerk nt
chef-lieu [ʃɛfljø] (pl **chefs-lieux**) nm (Admin) ≈ Kreisstadt f, Hauptstadt eines französischen Departements
cheikh [ʃɛk] nm Scheich m
chemin [ʃ(ə)mɛ̃] nm Weg m; **en ~** unterwegs; **~(s) de fer** Eisenbahn f
cheminée [ʃ(ə)mine] nf (sur le toit) Schornstein m; (à l'intérieur) Kamin m
cheminer [ʃ(ə)mine] vi (personne) gehen
cheminot [ʃ(ə)mino] nm Eisenbahner m
chemise [ʃ(ə)miz] nf Hemd nt; (dossier) Aktendeckel m
chemisier [ʃ(ə)mizje] nm Bluse f
chenal, -aux [ʃənal, o] nm Kanal m
chêne [ʃɛn] nm Eiche f
chenille [ʃ(ə)nij] nf Raupe f; (de char, chasse-neige) (Raupen)kette f
chèque [ʃɛk] nm Scheck m; **faire/toucher un ~** einen Scheck ausstellen/einlösen; **~ au porteur** Inhaberscheck m; **~ barré** Verrechnungsscheck; **~ de voyage** Reisescheck m, Travellerscheck m; **~ sans provision** ungedeckter Scheck
chèque-cadeau [ʃɛkkado] (pl **chèques-cadeaux**) nm Geschenkgutschein m
chèque-repas [ʃɛkʀəpa] (pl **chèques-repas**), **chèque-restaurant** [ʃɛkʀɛstɔʀɑ̃] (pl **chèques-restaurant**) nm Essensbon m
chéquier [ʃekje] nm Scheckbuch nt
cher, chère [ʃɛʀ] adj (aimé) lieb; (coûteux) teuer ▶ adv: **coûter/payer ~** teuer sein/bezahlen
chercher [ʃɛʀʃe] vt suchen; **aller ~** holen
chercheur, -euse [ʃɛʀʃœʀ, øz] nm/f (scientifique) Forscher(in)
chéri, e [ʃeʀi] adj geliebt; **(mon) ~** Liebling m
chérir [ʃeʀiʀ] vt lieben
chétif, -ive [ʃetif, iv] adj schwächlich
cheval [ʃ(ə)val] (pl **chevaux**) nm Pferd nt; **faire du ~** reiten; **à ~ sur** rittlings auf +dat; **être à ~ sur le règlement** sich streng an die Regeln halten; **~ de Troie** trojanisches Pferd
chevalerie [ʃ(ə)valʀi] nf Rittertum nt
chevalet [ʃ(ə)valɛ] nm Staffelei f
chevalier [ʃ(ə)valje] nm Ritter m
chevalière [ʃ(ə)valjɛʀ] nf Siegelring m

chevalin, e [ʃ(ə)valɛ̃, in] *adj* : **boucherie ~e** Pferdemetzgerei *f*
cheval-vapeur [ʃəvalvapœʀ] *nm* Pferdestärke *f*
chevaucher [ʃ(ə)voʃe] *vi (aussi :* **se chevaucher***)* sich überlappen ▶ *vt* (rittlings) sitzen auf +*dat*
chevelu, e [ʃəv(ə)ly] *adj* haarig; **cuir ~** Kopfhaut *f*
chevelure [ʃəv(ə)lyʀ] *nf* Haar *nt*
chevet [ʃ(ə)vɛ] *nm* : **au ~ de qn** an jds Bett *dat*; **table de ~** Nachttischchen *nt*
cheveu, x [ʃ(ə)vø] *nm* Haar *nt*; **avoir les ~x courts/en brosse** kurze Haare/einen Bürstenschnitt haben
cheville [ʃ(ə)vij] *nf (Anat)* Knöchel *m*; *(de bois)* Stift *m*
chèvre [ʃɛvʀ] *nf* Ziege *f* ▶ *nm (fromage)* Ziegenkäse *m*
chèvrefeuille [ʃɛvʀəfœj] *nm* Geißblatt *nt*
chevreuil [ʃəvʀœj] *nm* Reh *nt*; *(Culin)* Reh(fleisch) *nt*
chevron [ʃəvʀɔ̃] *nm (poutre)* Sparren *m*; **à ~s** im Fischgrätmuster
chevronné, e [ʃəvʀɔne] *adj* erfahren
chevrotant, e [ʃəvʀɔtɑ̃, ɑ̃t] *adj* bebend, zitternd
chewing-gum [ʃwiŋɡɔm] (*pl* **chewing-gums**) *nm* Kaugummi *m* ou *nt*
chez [ʃe] *prép* bei; **~ moi/toi** bei mir/dir (zu Hause); *(direction)* zu mir/dir (nach Hause)
chez-soi [ʃeswa] *nm inv* Zuhause *nt*
chiant, e [ʃjɑ̃, ʃjɑ̃t] *(vulg) adj* beschissen
chic [ʃik] *adj (élégant)* chic; *(généreux)* anständig ▶ *nm (élégance)* Schick *m*; **avoir le ~ pour faire qch** (ein) Talent haben, etw zu tun; **~ !** toll!
chicane [ʃikan] *nf (obstacle)* Hindernis *nt*; *(querelle)* Streitigkeit *f*
chiche [ʃiʃ] *adj* knauserig; **~ !** wetten, dass?
chichis [ʃiʃi] *nmpl* : **faire des ~** viel Theater machen
chicorée [ʃikɔʀe] *nf (café)* Zichorienkaffee *m*
chien [ʃjɛ̃] *nm* Hund *m*; *(de pistolet)* Hammer *m*
chiendent [ʃjɛ̃dɑ̃] *nm* Quecke *f*
chier [ʃje] *(vulg) vi* scheißen; **faire ~ qn** *(importuner)* jdm auf den Wecker gehen; *(causer des ennuis à)* jdn herumschikanieren; **se faire ~** *(s'ennuyer)* sich tödlich langweilen
chiffon [ʃifɔ̃] *nm* Lappen *m*
chiffonner [ʃifɔne] *vt* zerknittern
chiffonnier [ʃifɔnje] *nm* Lumpensammler *m*
chiffre [ʃifʀ] *nm (représentant un nombre, d'un code)* Ziffer *f*; *(montant, total)* Summe *f*; **en ~s ronds** in runden Zahlen; **~ d'affaires** Umsatz *m*; **~ de ventes** Verkaufszahlen *pl*
chiffrer [ʃifʀe] *vt (dépense)* beziffern; *(message)* verschlüsseln
chignon [ʃiɲɔ̃] *nm* Knoten *m*
chiite [ʃiit] *adj* schiitisch
Chili [ʃili] *nm* : **le ~** Chile *nt*
chilien, ne [ʃiljɛ̃, jɛn] *adj* chilenisch
chimie [ʃimi] *nf* Chemie *f*
chimio [ʃimjo], **chimiothérapie** [ʃimjoteʀapi] *nf* Chemotherapie *f*
chimique [ʃimik] *adj* chemisch
chimiste [ʃimist] *nmf* Chemiker(in) *m(f)*
chimpanzé [ʃɛ̃pɑ̃ze] *nm* Schimpanse *m*
Chine [ʃin] *nf* : **la ~** China *nt*; **la République populaire de ~** die Volksrepublik China
chinois, e [ʃinwa, waz] *adj* chinesisch ▶ *nm* : **le ~** *(Ling)* Chinesisch *nt* ▶ *nm/f* : **Chinois, e** Chinese *m*, Chinesin *f*
chips [ʃips] *nfpl (aussi :* **pommes chips***)* Chips *pl*
chiquer [ʃike] *vi* Tabak kauen ▶ *vt* kauen
chiromancie [kiʀɔmɑ̃si] *nf* Handlesen *nt*
chiropraticien, ne [kiʀɔpʀatisjɛ̃, jɛn] *nm/f* Chiropraktiker(in)
chirurgical, e, -aux [ʃiʀyʀʒikal, o] *adj* chirurgisch
chirurgie [ʃiʀyʀʒi] *nf* Chirurgie *f*; **~ esthétique** Schönheitschirurgie *f*
chirurgien, ne [ʃiʀyʀʒjɛ̃, jɛn] *nm/f* Chirurg(in)
chlore [klɔʀ] *nm* Chlor *nt*
chloroforme [klɔʀɔfɔʀm] *nm* Chloroform *nt*
chlorophylle [klɔʀɔfil] *nf* Chlorophyll *nt*
choc [ʃɔk] *nm* Stoß *m*; *(moral)* Schock *m*; **troupe de ~** Kampftruppe *f*; **en état de ~** unter Schock
chocolat [ʃɔkɔla] *nm* Schokolade *f*; **~ au lait** Milchschokolade *f*
chœur [kœʀ] *nm* Chor *m*; **en ~** im Chor
choisir [ʃwaziʀ] *vt* auswählen; *(nommer)* wählen; *(décider de)* sich entscheiden für
choix [ʃwa] *nm* Wahl *f*; *(assortiment)* Auswahl *f*; **avoir le ~** die Wahl haben; **de premier ~** erster Wahl; **au ~** zur Auswahl
choléra [kɔleʀa] *nm* Cholera *f*
cholestérol [kɔlɛsteʀɔl] *nm* Cholesterin *nt*
chômage [ʃomaʒ] *nm* Arbeitslosigkeit *f*; **être au ~** arbeitslos sein
chômer [ʃome] *vi (travailleur)* arbeitslos sein; *(équipements)* stillstehen

chômeur, -euse [ʃomœʀ, øz] nm/f Arbeitslose(r) f(m)
chope [ʃɔp] nf (verre) Schoppenglas nt
choquant, e [ʃɔkɑ̃, ɑ̃t] adj schockierend
choquer [ʃɔke] vt schockieren; (commotionner) erschüttern
chorégraphe [kɔʀegʀaf] nmf Choreograf(in) m(f)
chorégraphie [kɔʀegʀafi] nf Choreografie f
choriste [kɔʀist] nmf Chorsänger(in) m(f)
chose [ʃoz] nf Ding nt; (sujet, matière) Sache f; (événement, histoire) Ereignis nt; **les choses** (situation) die Dinge pl; **dire bien des ~ à qn** jn grüßen; **c'est peu de ~** das ist nicht der Rede wert
chou, x [ʃu] nm Kohl m; **mon petit ~** mein Süßer m, meine Süße f; **~ (à la crème)** Windbeutel m; **~ de Bruxelles** Rosenkohl m
chouchou, te [ʃuʃu, ut] (fam) nm/f (Scol) Liebling m
chouchouter [ʃuʃute] (fam) vt vorziehen
choucroute [ʃukʀut] nf Sauerkraut nt
chouette [ʃwɛt] nf Eule f ▶ adj (fam): **~ !** toll!
chou-fleur [ʃuflœʀ] (pl **choux-fleurs**) nm Blumenkohl m
chou-navet (pl **choux-navets**) [ʃunavɛ] nm Kohlrübe f
chou-rave [ʃuʀav] (pl **choux-raves**) nm Kohlrabi m
choyer [ʃwaje] vt verwöhnen
CHR [seaʃɛʀ] sigle m (= centre hospitalier régional) Regionalkrankenhaus nt
chrétien, ne [kʀetjɛ̃, jɛn] adj christlich ▶ nm/f Christ(in)
Christ [kʀist] nm: **le ~** Christus m
christianisme [kʀistjanism] nm Christentum nt
chrome [kʀom] nm Chrom nt
chromé, e [kʀome] adj verchromt
chromosome [kʀomozom] nm Chromosom nt
chronique [kʀonik] adj chronisch ▶ nf (de journal) Kolumne f; (historique) Chronik f; **~ sportive** Sportbericht m; **~ théâtrale** Theaterübersicht f; **~ locale** Lokalnachrichten pl
chrono [kʀono] nm = **chronomètre**
chronologie [kʀonɔlɔʒi] nf Chronologie f, zeitliche Reihenfolge
chronologique [kʀonɔlɔʒik] adj chronologisch
chronomètre [kʀonɔmɛtʀ] nm Stoppuhr f
chronométrer [kʀonometʀe] vt stoppen

chrysalide [kʀizalid] nf Puppe f
chrysanthème [kʀizɑ̃tɛm] nm Chrysantheme f
chtarbé, e [ʃtaʀbe] (fam) adj verrückt
CHU [seaʃy] sigle m (= centre hospitalo-universitaire) Universitätsklinik f
chuchoter [ʃyʃɔte] vt, vi flüstern
chut [ʃyt] excl pst
chute [ʃyt] nf Sturz m; (des feuilles, des prix, de la température etc) Fallen nt; (de papier, de tissu) Stückchen nt; **la ~ des cheveux** der Haarausfall; **~ (d'eau)** Wasserfall m; **~ libre** freier Fall m; **~s de neige** Schneefall m; **~s de pluie** Regenfall m
Chypre [ʃipʀ] nf Zypern nt
ci [si] adv: **ce garçon/cet homme-ci** dieser Junge/Mann (da); **cette femme-ci** diese Frau; **ces hommes/femmes-ci** diese Männer/Frauen
ci-après [siapʀɛ] adv im Folgenden
cibiste [sibist] nm CB-Funker(in) m(f)
cible [sibl] nf Zielscheibe f
ciboule [sibul] nf Winterlauch m
ciboulette [sibulɛt] nf Schnittlauch m
cicatrice [sikatʀis] nf Narbe f
cicatriser [sikatʀize] vi: **se cicatriser** vpr (ver)heilen
ci-contre [sikɔ̃tʀ] adv gegenüber
ci-dessous [sidəsu] adv unten
ci-dessus [sidəsy] adv oben
cidre [sidʀ] nm Apfelwein m
Cie abr (= compagnie) Co
ciel [sjɛl] (pl **ciels** ou (litt) **cieux**) nm Himmel m; **à ~ ouvert** unter freiem Himmel; **tomber du ~** aus allen Wolken fallen; **~ !** gütiger Himmel!
cierge [sjɛʀʒ] nm Kerze f
cigale [sigal] nf Zikade f
cigare [sigaʀ] nm Zigarre f
cigarette [sigaʀɛt] nf Zigarette f; **~ électronique** E-Zigarette f
ci-gît [siʒi] adv + vb hier ruht
cigogne [sigɔɲ] nf Storch m
ci-inclus, e [siɛ̃kly, yz] adj, adv beiliegend
ci-joint, e [siʒwɛ̃, ɛ̃t] adj, adv beiliegend
cil [sil] nm (Augen)wimper f
cime [sim] nf (d'arbre) Wipfel m; (de montagne) Gipfel m
ciment [simɑ̃] nm Zement m
cimetière [simtjɛʀ] nm Friedhof m
cinéaste [sineast] nmf Filmemacher(in) m(f)
ciné-club [sineklœb] (pl **ciné-clubs**) nm Filmklub m
cinéma [sinema] nm (salle) Kino nt; (Art) Film m; **c'est du ~** (fam) das ist alles Theater
cinémascope® [sinemaskɔp] nm Breitwand f

cinémathèque [sinematɛk] *nf* Kinemathek *f*, Filmarchiv *nt*
cinématographie [sinematɔgrafi] *nf* Filmkunst *f*
cinéphile [sinefil] *nmf* Filmfreund(in) *m(f)*
cinétique [sinetik] *adj* kinetisch
cinglé, e [sɛ̃gle] *(fam) adj* verrückt
cingler [sɛ̃gle] *vt* peitschen; *(fig : suj : insulte etc)* treffen ▶ *vi* : **~ vers** *(Naut)* Kurs nehmen auf +acc
cinq [sɛ̃k] *num* fünf
cinquantaine [sɛ̃kɑ̃tɛn] *nf* : **une ~ (de)** etwa fünfzig
cinquante [sɛ̃kɑ̃t] *num* fünfzig
cinquantenaire [sɛ̃kɑ̃tnɛʀ] *adj* fünfzigjährig ▶ *nm* fünfzigjähriges Jubiläum *nt*
cinquième [sɛ̃kjɛm] *num* fünfte(r, s) ▶ *nm* Fünftel *nt*
cinquièmement [sɛ̃kjɛmmɑ̃] *adv* fünftenscomp
cintre [sɛ̃tʀ] *nm* (à vêtement) Kleiderbügel *m*; **plein ~** *(Archit)* (Halbkreis)bogen *m*
cintré, e [sɛ̃tʀe] *adj (chemise)* tailliert; *(bois)* gewölbt
CIO [seio] *sigle m* (= Comité international olympique) IOK *nt*
cirage [siʀaʒ] *nm (pour parquet)* Bohnerwachs *nt*; *(pour chaussures)* Schuhcreme *f*
circoncire [siʀkɔ̃siʀ] *vt* beschneiden
circoncision [siʀkɔ̃sizjɔ̃] *nf* Beschneidung *f*
circonférence [siʀkɔ̃feʀɑ̃s] *nf* Umfang *m*
circonflexe [siʀkɔ̃flɛks] *adj* : **accent ~** Zirkumflex *m*
circonscription [siʀkɔ̃skʀipsjɔ̃] *nf* : **~ électorale** Wahlkreis *m*
circonscrire [siʀkɔ̃skʀiʀ] *vt (incendie)* eindämmen; *(propriété)* abstecken
circonstance [siʀkɔ̃stɑ̃s] *nf* Umstand *m*; **~s atténuantes** mildernde Umstände *pl*
circonstancié, e [siʀkɔ̃stɑ̃sje] *adj* ausführlich
circuit [siʀkɥi] *nm (trajet)* Rundgang *m*; *(Élec)* Stromkreis *m*; **~ intégré** integrierter Schaltkreis *m*
circulaire [siʀkylɛʀ] *adj* kreisförmig; *(regard)* im Kreis herum; *(mouvement)* Kreis- ▶ *nf* Rundschreiben *nt*
circulation [siʀkylasjɔ̃] *nf (Auto)* Verkehr *m*; *(Méd)* Kreislauf *m*; *(de capitaux)* Umlauf *m*; **mettre en ~** *(argent)* in Umlauf bringen
circuler [siʀkyle] *vi (personne)* (herum-) gehen; *(voiture)* fahren; *(sang, électricité etc)* fließen, zirkulieren; *(devises, capitaux)* im Umlauf sein; **faire ~** *(nouvelle)* verbreiten; *(badauds)* zum Weitergehen auffordern
cire [siʀ] *nf* Wachs *nt*
ciré, e [siʀe] *adj (parquet)* gewachst ▶ *nm (vêtement)* Ölzeug *nt*
cirer [siʀe] *vt (parquet)* bohnern; *(meubles, chaussures)* polieren
cirque [siʀk] *nm* Zirkus *m*; *(Géo)* Kar *nt*
cirrhose [siʀoz] *nf* : **~ du foie** Leberzirrhose *f*
cisaille [sizaj] *nf (de jardin)* Heckenschere *f*
cisailles [sizaj] *nfpl* Heckenschere *f*
ciseau, x [sizo] *nm* : **~ (à bois)** Meißel *m*; **ciseaux** *nmpl* Schere *f*
citadelle [sitadɛl] *nf* Zitadelle *f*
citadin, e [sitadɛ̃, in] *nm/f* Städter(in)
citation [sitasjɔ̃] *nf (d'auteur)* Zitat *nt*; *(Jur)* Vorladung *f*
cité [site] *nf (ville)* Stadt *f*; **~ universitaire** Studentenviertel *nt*
cité-dortoir [sitedɔʀtwaʀ] *(pl* **cités-dortoirs***) nf* Schlafstadt *f*
citer [site] *vt (se référer à)* zitieren; *(Jur)* vorladen
citerne [sitɛʀn] *nf* Zisterne *f*
citoyen, ne [sitwajɛ̃, jɛn] *nm/f* Bürger(in)
citron [sitʀɔ̃] *nm* Zitrone *f*
citronnade [sitʀɔnad] *nf* Zitronenlimonade *f*
citronnelle [sitʀɔnɛl] *nf* Zitronenmelisse *f*
citronnier [sitʀɔnje] *nm* Zitronenbaum *m*
citrouille [sitʀuj] *nf* Kürbis *m*
cive [siv] *nf* Schnittlauch *m*
civet [sivɛ] *nm* Wildragout mit Wein
civette [sivɛt] *nf (Bot, Culin)* Schnittlauch *m*
civière [sivjɛʀ] *nf* Bahre *f*
civil, e [sivil] *adj* (staats)bürgerlich; *(Jur)* Zivil-, zivil-; *(poli)* höflich ▶ *nm (personne)* Zivilist(in) *m(f)*; **habillé en ~** in Zivil; **mariage ~** standesamtliche Trauung *f*; **enterrement ~** nicht kirchliche Bestattung *f*
civilisation [sivilizasjɔ̃] *nf* Zivilisation *f*
civilisé, e [sivilize] *adj* zivilisiert
civiliser [sivilize] *vt* zivilisieren
civilité [sivilite] *nf* Höflichkeit *f*
civique [sivik] *adj* staatsbürgerlich; **instruction ~** Staatsbürgerkunde *f*
civisme [sivism] *nm* vorbildliches staatsbürgerliches Verhalten *nt*
clair, e [klɛʀ] *adj* hell; *(fig)* klar ▶ *adv* : **voir ~** klar *ou* deutlich sehen ▶ *nm* : **~ de lune** Mondschein *m*; **bleu ~** hellblau; **tirer qch au ~** etw aufklären; **le plus ~ de son temps** die meiste Zeit

clairière [klɛrjɛr] nf Lichtung f
clairsemé, e [klɛrsəme] adj dünn gesät
clairvoyant, e [klɛrvwajɑ̃, ɑ̃t] adj (perspicace) hellsichtig
clam [klam] nm Venusmuschel f
clameur [klamœr] nf Lärm m
clandestin, e [klɑ̃dɛstɛ̃, in] adj heimlich; (commerce) Schwarz-; **passager ~** blinder Passagier m ▶ nm/f/illegaler Einwanderer (illegale Einwanderin)
clapoter [klapɔte] vi plätschern
claque [klak] nf (gifle) Klaps m, Schlag m ▶ nm (chapeau) Chapeau Claque m; **la ~** (Théât) die Claque f
claqué, e [klake] (fam) adj abgeschlafft
claquer [klake] vi (drapeau) flattern; (coup de feu) krachen ▶ vt (porte) zuschlagen; **~ des doigts** mit den Fingern knipsen
clarifier [klarifje] vt (fig) klären
clarinette [klarinɛt] nf Klarinette f
clarté [klarte] nf Helligkeit f; (netteté) Klarheit f
classe [klas] nf Klasse f; (local) Klassenzimmer nt; **un (soldat de) deuxième ~** ein gemeiner Soldat m; **faire la ~** (Scol) unterrichten; **~ affaires** (Aviat) Businessclass f; **~ économique** (Aviat) Economyclass f; **~ sociale** soziale Schicht f
classement [klasmɑ̃] nm (action) Einteilung f; (rang) Einstufung f
classer [klase] vt (ein)ordnen; (candidat, concurrent) einstufen; (Jur : affaire) abschließen; **se classer** vpr : **se ~ premier/dernier** als Beste(r)/Schlechteste(r) abschließen
classeur [klasœr] nm (cahier) Aktenordner m; (meuble) Aktenschrank m
classifier [klasifje] vt klassifizieren
classique [klasik] adj klassisch; (habituel) üblich
clause [kloz] nf Klausel f
claustrophobie [klostrɔfɔbi] nf Klaustrophobie f
clavecin [klav(ə)sɛ̃] nm Cembalo nt
clavicule [klavikyl] nf Schlüsselbein nt
clavier [klavje] nm (de piano) Klaviatur f; (de machine) Tastatur f
clé, clef [kle] nf Schlüssel m; (Mus) Notenschlüssel m; (de boîte de conserves) Öffner m; (de mécanicien) Schraubenschlüssel; (solution) Lösung f ▶ adj : **problème/position clef** Schlüsselproblem nt/-position f; **mettre la clef sous la porte** (fig) heimlich verschwinden; (commerce) dichtmachen; **clé d'accès** (Inform) Passwort nt; **clef anglaise** ou **à molette** Engländer m; **clef de contact** Zündschlüssel m; **~ en croix** Kreuzschlüssel m; **clef de fa** Bassschlüssel m; **clef de sol** Violinschlüssel m; **clef USB** USB-Stick m; **clef de voûte** Schlussstein m
clément, e [klemɑ̃, ɑ̃t] adj mild
clémentine [klemɑ̃tin] nf Klementine f
cleptomane [klɛptɔman] nmf = **kleptomane**
clerc [klɛr] nm : **~ de notaire** Notariatsangestellte(r) f(m)
clergé [klɛrʒe] nm Klerus m
clérical, e, -aux [klerikal, o] adj geistlich
clic [klik] nm Klick m; **en un ~** mit einem Klick
clic-clac® [klikklak] nm inv Bettcouch f
cliché [klife] nm Klischee nt; (Photo) Negativ nt
client, e [klijɑ̃, klijɑ̃t] nm/f (d'un magasin, restaurant) Kunde m, Kundin f; (de médecin) Patient(in); (d'avocat) Klient(in)
clientèle [klijɑ̃tɛl] nf Kundschaft f; (de médecin, d'avocat) Klientel f
cligner [kliɲe] vi : **~ des yeux** blinzeln; **~ de l'œil** (mit dem Auge) zwinkern
clignotant, e [kliɲɔtɑ̃, ɑ̃t] adj Blink- ▶ nm (Auto) Blinker m
clignoter [kliɲɔte] vi (étoiles etc) funkeln; (lumière) blinken; (: vaciller) flackern; (yeux) zwinkern
climat [klima] nm Klima nt
climatique [klimatik] adj klimatisch, Klima-
climatisation [klimatizasjɔ̃] nf Klimaanlage f
climatisé, e [klimatize] adj mit Klimaanlage
climatologie [klimatɔlɔʒi] nf Klimatologie f, Klimaforschung f
clin d'œil [klɛ̃dœj] nm (Augen)zwinkern nt; **en un ~** im Nu
clinique [klinik] nf Klinik f
clip [klip] nm Videoclip m
cliquer [klike] vi (Inform) klicken; **~ deux fois** doppelklicken
cliqueter [klik(ə)te] vi (ferraille, clefs) klirren; (monnaie) klimpern; (moteur) klingeln
clitoris [klitɔris] nm Klitoris f
clivage [klivaʒ] nm Kluft f
clochard, e [klɔʃar, ard] nm/f Stadtstreicher(in), Penner(in)
cloche [klɔʃ] nf Glocke f; (fam) Trottel m; **~ à fromage** Käseglocke f
cloche-pied [klɔʃpje] : **à ~** adv auf einem Bein hüpfend

clocher [klɔʃe] nm Kirchturm m ▶ vi (fam) nicht hinhauen
clochette [klɔʃɛt] nf Glöckchen nt
cloison [klwazɔ̃] nf Trennwand f
cloître [klwatʀ] nm Kreuzgang m
cloîtrer [klwatʀe] : **se cloîtrer** vpr sich ein- ou abschließen
clonage [klɔnaʒ] nm Klonen nt
clone [klon] nm Klon m
clope [klɔp] (fam) nf Fluppe f
cloque [klɔk] nf Blase f
clore [klɔʀ] vt abschließen
clos, e [klo, kloz] adj geschlossen; (fini) beendet
clôture [klotyʀ] nf (barrière) Zaun m; (d'un festival, d'une manifestation) Abschluss m
clou [klu] nm Nagel m; **clous** nmpl (passage clouté) Zebrastreifen m; **le ~ du spectacle** der Höhepunkt m der Veranstaltung; **~ de girofle** (Gewürz)nelke f
clouer [klue] vt nageln; (immobiliser) festnageln
clown [klun] nm Clown m
club [klœb] nm Klub m
cm abr (= centimètre) cm
CMU [seɛmy] nf abr (= couverture maladie universelle) kostenlose medizinische Versorgung für sozial Schwache
CNRS [seɛnɛʀɛs] sigle m (= Centre national de la recherche scientifique) ≈ Wissenschaftsrat m
c/o abr (= care of) bei
coaching [kotʃiŋ] nm Coaching nt
coaguler [kɔagyle] vi (aussi : **se coaguler**) gerinnen
coaliser [kɔalize] : **se coaliser** vpr koalieren
coalition [kɔalisjɔ̃] nf Koalition f
coaxial, e, -aux [kɔaksjal, jo] adj Koaxial-
cobalt [kɔbalt] nm Kobalt nt
cobaye [kɔbaj] nm Meerschweinchen nt; (fig) Versuchskaninchen nt
cobra [kɔbʀa] nm Kobra f
coca® [kɔka] nm Cola f
cocagne [kɔkaɲ] nf : **pays de ~** Schlaraffenland nt
cocaïne [kɔkain] nf Kokain nt
cocasse [kɔkas] adj komisch, spaßig
coccinelle [kɔksinɛl] nf Marienkäfer m
cocher [kɔʃe] nm Kutscher m ▶ vt abhaken; (marquer d'une croix) ankreuzen
cochère [kɔʃɛʀ] adj f : **porte ~** Hoftor nt
cochon, ne [kɔʃɔ̃, ɔn] adj schweinisch ▶ nm Schwein nt
cochonnerie [kɔʃɔnʀi] (fam) nf (saleté, grivoiserie) Schweinerei f
cochonnet [kɔʃɔnɛ] nm Zielkugel f

cocker [kɔkɛʀ] nm Cocker(spaniel) m
cocktail [kɔktɛl] nm Cocktail m; (réception) Cocktailparty f
coco [kɔko] nm voir **noix** ; (fam) Typ m
cocon [kɔkɔ̃] nm Kokon m
cocooning [kɔkuniŋ] nm Cocooning nt (neue Häuslichkeit)
cocorico [kɔkɔʀiko] excl kikeriki
cocotier [kɔkɔtje] nm Kokospalme f
cocotte [kɔkɔt] nf (en fonte) Kasserolle f; **ma ~** (fam) meine Süße; **~ (minute)®** Schnellkochtopf m
cocu, e [kɔky] adj gehörnt ▶ nm betrogener Ehemann m
code [kɔd] nm (Jur) Gesetzbuch nt; (conventions) Kodex m; (Auto) : **phares ~(s)** Abblendlicht; **~ d'accès** Zugriffscode m; **~ banque** Bankleitzahl f; **~ civil** bürgerliches Gesetzbuch nt; **~ de conduite** Verhaltensregeln fpl; **~ pénal** Strafgesetzbuch nt; **~ postal** Postleitzahl f; **~ de la route** Straßenverkehrsordnung f; **~ secret** Geheimcode m; **~ source** (Inform) Quellcode m
code-barre [kɔdbaʀ] (pl codes-barres) nm Strichcode m
codéine [kɔdein] nf Codein nt
coder [kɔde] vt codieren
codétenu, e [kɔdet(ə)ny] nm/f Mitgefangene(r) f(m)
coefficient [kɔefisjɑ̃] nm Koeffizient m
cœur [kœʀ] nm Herz nt; **avoir bon** ou **du ~** gutherzig sein; **j'ai mal au ~** mir ist schlecht; **par ~** auswendig; **de bon ~** bereitwillig, gern; **avoir à ~ de faire qch** Wert darauf legen, etw zu tun; **cela lui tient à ~** das liegt ihm (sehr) am Herzen
coexistence [kɔɛgzistɑ̃s] nf Zusammenleben nt; **~ pacifique** friedliches Zusammenleben
coffre [kɔfʀ] nm (meuble) Truhe f; (d'auto) Kofferraum m; **avoir du ~** (fam) gut bei Puste sein
coffre-fort [kɔfʀəfɔʀ] (pl coffres-forts) nm Tresor m
coffret [kɔfʀɛ] nm Schatulle f
cogner [kɔɲe] vi schlagen; **~ sur un clou** auf einen Nagel schlagen ou hämmern; **~ à la porte/fenêtre** an die Tür/das Fenster klopfen
cohabitation [kɔabitasjɔ̃] nf Zusammenleben nt
cohabiter [kɔabite] vi zusammenleben
cohérence [kɔeʀɑ̃s] nf Zusammenhang m
cohérent, e [kɔeʀɑ̃, ɑ̃t] adj zusammenhängend; (politique) einheitlich

coi, coite [kwa, kwat] *adj* : **il en est resté ~** das verschlug ihm die Sprache

coiffe [kwaf] *nf* Haube *f*

coiffé, e [kwafe] *adj* : **bien ~** frisiert; **mal ~** unfrisiert; **être ~ d'un béret** eine Baskenmütze auf dem Kopf tragen; **être ~ en arrière** die Haare nach hinten zurückgekämmt tragen; **être ~ en brosse** einen Bürstenschnitt haben

coiffer [kwafe] *vt* frisieren; *(colline, sommet)* bedecken; **se coiffer** *vpr (se peigner)* sich frisieren; **~ qn d'un chapeau/béret** jdm einen Hut/eine Baskenmütze aufsetzen; **~ qn au poteau** jn kurz vor dem Ziel überholen

coiffeur, -euse [kwafœR, øz] *nm/f* Friseur *m*, Friseuse *f* ▶ *nf (table)* Frisiertisch *m*

coiffure [kwafyR] *nf (cheveux)* Frisur *f*; *(chapeau)* Kopfbedeckung *f*

coin [kwɛ̃] *nm* Ecke *f*; *(pour caler, fendre le bois)* Keil *m*; **l'épicerie du ~** der (kleine) Laden *m* an der Ecke; **dans le ~** in der Ecke *ou* Gegend; **au ~ du feu** am Kamin; **~ cuisine** Kochecke *f*, Kochnische *f*

coincé, e [kwɛ̃se] *adj* verklemmt

coincer [kwɛ̃se] *vt* einklemmen; *(fam)* in die Enge treiben

coïncidence [kɔɛ̃sidɑ̃s] *nf* Zufall *m*

coïncider [kɔɛ̃side] *vi* übereinstimmen; **~ avec** zusammenfallen mit

coing [kwɛ̃] *nm* Quitte *f*; **pâte de ~s** Quittengeleehappen *pl*

coït [kɔit] *nm* Koitus *m*

coke¹ [kɔk] *nm* Koks *m*

coke² [kɔk] *(fam) nf (cocaïne)* Koks *m*

col [kɔl] *nm* Kragen *m*; *(encolure, de bouteille)* Hals *m*; *(de montagne)* Pass *m*; **~ de l'utérus** Gebärmutterhals *m*; **~ du fémur** Oberschenkelhals *m*; **~ roulé** Rollkragen *m*

coléoptère [kɔleɔptɛR] *nm* Käfer *m*

colère [kɔlɛR] *nf* Wut *f*; **mettre qn en ~** jdn wütend machen; **se mettre en ~** wütend werden

coléreux, -euse [kɔleRø, øz] *adj* jähzornig

colibacille [kɔlibasil] *nm* Kolibakterie *f*

colimaçon [kɔlimasɔ̃] *nm* : **escalier en ~** Wendeltreppe *f*

colin [kɔlɛ̃] *nm* Seehecht *m*

colique [kɔlik] *nf* Kolik *f*

colis [kɔli] *nm* Paket *nt*

collaborateur, -trice [kɔ(l)labɔRatœR, tRis] *nm/f* Mitarbeiter(in); *(Pol : péj)* Kollaborateur(in)

collaboration [kɔ(l)labɔRasjɔ̃] *nf* Mitarbeit *f*; *(Pol : péj)* Kollaboration *f*; **en ~ avec** in Zusammenarbeit mit

collaborer [kɔ(l)labɔRe] *vi* zusammenarbeiten; **~ à** *(travail)* mitarbeiten an +*dat*

collant, e [kɔlɑ̃, ɑ̃t] *adj* klebrig; *(robe etc)* hauteng; *(péj : personne)* aufdringlich ▶ *nm (bas)* Strumpfhose *f*; *(de danseur)* Trikot *nt*

collation [kɔlasjɔ̃] *nf* Imbiss *m*

colle [kɔl] *nf* Klebstoff *m*; *(devinette)* harte Nuss *f*; *(Scol)* Nachsitzen *nt*

collecte [kɔlɛkt] *nf* Sammlung *f*

collecteur [kɔlɛktœR] *nm (égout)* Abwasserkanal *m*

collectif, -ive [kɔlɛktif, iv] *adj* Kollektiv-; *(nom, terme)* Sammel-

collection [kɔlɛksjɔ̃] *nf* Sammlung *f*; *(de mode)* Kollektion *f*

collectionner [kɔlɛksjɔne] *vt* sammeln

collectionneur, -euse [kɔlɛksjɔnœR, øz] *nm/f* Sammler(in)

collectivité [kɔlɛktivite] *nf* Gemeinschaft *f*

collège [kɔlɛʒ] *nm (école)* höhere Schule *f*; *(assemblée)* Kollegium *nt*

> **Le collège** ist eine staatliche Schule für Kinder im Alter von 11 bis 15 Jahren. Schüler werden nach einem vorgeschriebenen landesweiten Lehrplan, der Pflicht- und Wahlfächer enthält, unterrichtet. Ein **collège** kann seinen eigenen Stundenplan aufstellen und seine eigenen Unterrichtsmethoden auswählen. Das *Brevet des Collèges* ist eine zentrale Prüfung am ende des **collège**, die das erworbene Wissen kontrolliert.

collégien, ne [kɔleʒjɛ̃] *nm/f* Gymnasiast(in)

collègue [kɔ(l)lɛg] *nmf* Kollege *m*, Kollegin *f*

coller [kɔle] *vt* kleben; *(morceaux)* zusammenkleben; *(élève)* nachsitzen lassen ▶ *vi (être collant)* kleben; *(fam)* hinhauen, klappen; **~ à** kleben an +*dat*

collet [kɔlɛ] *nm (piège)* Falle *f*; **prendre qn au ~** jdn am Kragen packen

collier [kɔlje] *nm (bijou)* (Hals)kette *f*; *(de chien)* Halsband *nt*

colline [kɔlin] *nf* Hügel *m*

collision [kɔlizjɔ̃] *nf (de véhicules)* Zusammenstoß *m*; **entrer en ~ (avec qch)** (mit etw) zusammenstoßen

collyre [kɔliR] *nm (Méd)* Augentropfen *pl*

colo [kɔlo] *nf abr (= colonie de vacances)* Ferienlager *nt*

colocataire [kɔlɔkatɛR] *nmf* Mitbewohner(in) *m(f)*

Cologne [kɔlɔɲ] *nf* Köln *nt*

colombage [kɔlɔ̃baʒ] *nm* Fachwerk *nt*

colombe [kɔlɔ̃b] nf Taube f
Colombie [kɔlɔ̃bi] nf : **la ~** Kolumbien nt
colombien, ne [kɔlɔ̃bjɛ̃, jɛn] adj kolumbianisch ▶ nm/f : **Colombien, ne** Kolumbianer(in)
colon [kɔlɔ̃] nm Siedler(in) m(f)
colonel [kɔlɔnɛl] nm Oberst m
colonie [kɔlɔni] nf Kolonie f; **~ (de vacances)** Ferienkolonie f
colonne [kɔlɔn] nf Säule f; (sur une page) Spalte f; **~ Morris** Litfaßsäule f; **~ de secours** Rettungstrupp m; **~ (vertébrale)** Wirbelsäule f
colorant, e [kɔlɔrɑ̃, ɑ̃t] adj (shampooing) Färbe-, Tönungs- ▶ nm (alimentaire) Farbstoff m
coloration [kɔlɔrasjɔ̃] nf Färbung f
colorer [kɔlɔre] vt färben
coloris [kɔlɔri] nm Farbe f
colporter [kɔlpɔrte] vt (marchandises) hausieren mit; (nouvelle) verbreiten
colporteur, -euse [kɔlpɔrtœr, øz] nm/f Hausierer(in)
colza [kɔlza] nm Raps m
coma [kɔma] nm Koma nt
combat [kɔ̃ba] nm Kampf m
combattant, e [kɔ̃batɑ̃, ɑ̃t] adj kämpfend ▶ nm Kämpfer m; **ancien ~** Kriegsveteran m
combattre [kɔ̃batr] vt bekämpfen
combien [kɔ̃bjɛ̃] adv (interrogatif : quantité) wie viel; (: nombre) wie viele; (exclamatif : comme) wie; **~ d'argent/de personnes** wie viel Geld/wie viele Personen; **~ coûte/pèse ceci ?** wie viel kostet/wiegt das?
combinaison [kɔ̃binezɔ̃] nf Zusammenstellung f, Kombination f; (de femme) Unterrock m; (spatiale, d'homme-grenouille) Anzug m
combine [kɔ̃bin] (fam) nf Trick m
combiné [kɔ̃bine] nm (téléphonique) Hörer m
combiner [kɔ̃bine] vt kombinieren, zusammenstellen; (projet, rencontre) planen
comble [kɔ̃bl] adj brechend voll ▶ nm (du bonheur, plaisir) Höhepunkt m; **combles** nmpl (de maison) Dachboden m; **c'est le ~ !** das ist wirklich der Gipfel ou die Höhe!; **faire salle ~** vor ausverkauftem Haus spielen; **de fond en ~** von oben bis unten
combler [kɔ̃ble] vt (trou) zustopfen, zumachen; (fig : lacune, déficit) ausgleichen; (désirs, personne) zufriedenstellen
combustible [kɔ̃bystibl] nm Brennstoff m
combustion [kɔ̃bystjɔ̃] nf Verbrennung f

comédie [kɔmedi] nf Komödie f; (fig) Theater nt

: **La Comédie française**, die 1680 von
: Louis XIV gegründet wurde, ist das
: französische Nationaltheater. Das
: staatlich subventionierte Ensemble
: tritt meist im *Palais-Royal* in Paris auf
: und führt in erster Linie klassische
: französische Stücke auf.

comédien, ne [kɔmedjɛ̃, jɛn] nm/f Schauspieler(in)
comédon [kɔmedɔ̃] nm Mitesser m
comestible [kɔmɛstibl] adj essbar, genießbar
comète [kɔmɛt] nf Komet m
comique [kɔmik] adj komisch ▶ nmf (artiste) Komiker(in) m(f)
comité [kɔmite] nm Komitee nt; **~ d'entreprise** Betriebsrat m; **~ d'experts** Sachverständigengremium nt; **~ des fêtes** Festausschuss m; **~ directeur** Leitungsteam nt
commandant, e [kɔmɑ̃dɑ̃] nm/f (Mil) Kommandant(in); (Naut) Fregattenkapitän(in); **~ (de bord)** (Aviat) Kapitän m
commande [kɔmɑ̃d] nf (Comm) Bestellung f; (Inform) Befehl m; **commandes** nfpl (de voiture, d'avion) Steuerung f; **prendre les ~s** das Steuer übernehmen; **sur ~** auf Befehl
commandement [kɔmɑ̃dmɑ̃] nm (ordre) Befehl m; (Rel) Gebot n
commander [kɔmɑ̃de] vt (Comm) bestellen; (armée) kommandieren; **~ à qn de faire qch** jdm befehlen, etw zu tun; **c'est moi qui commande ici !** ich bestimme hier!
commanditaire [kɔmɑ̃ditɛr] nm stiller Teilhaber m
commanditer [kɔmɑ̃dite] vt finanzieren; (sponsoriser) sponsern

(MOT-CLÉ)

comme [kɔm] prép **1** (comparaison, manière) wie; **comme mon père** wie mein Vater; **fort comme un bœuf** stark wie ein Ochse; **joli/bête comme tout** unheimlich hübsch/dumm; **comme c'est pas permis** (fam) wie verrückt; **comme ça** so; **faites(-le) comme ça** machen Sie es so; **comme ci, comme ça** so, lala; **on ne parle pas comme ça à ...** so redet man nicht mit ...; **ce n'est pas comme ça qu'on va réussir** so kommen wir nicht zum Ziel; **comme cela** ou **ça, on n'aura pas d'ennuis** auf diese Weise gibt es keine Probleme

2 (en tant que) als; **donner comme prix/ raison** als Preis/Grund angeben; **travailler comme secrétaire** als Sekretärin arbeiten ▶ conj **1** (ainsi que) wie; **elle écrit comme elle parle** sie schreibt, wie sie spricht; **comme dit/dirait ma mère** wie meine Mutter sagt/sagen würde; **comme on dit** wie man so sagt; **comme si** als ob; **comme quoi** (disant que) wonach; (d'où il s'ensuit que) woraus folgt, dass; **comme il faut** wie es sich gehört
2 (au moment où, alors que) als; **il est parti comme j'arrivais** er ging, als ich ankam
3 (parce que, puisque) da; **comme il était en retard** da er zu spät kam
▶ adv (exclamation) : **comme c'est bon !** das ist aber gut!; **comme il est petit/ fort !** wie klein/stark er ist!

commémorer [kɔmemɔre] vt gedenken +gén
commencement [kɔmɑ̃smɑ̃] nm Anfang m; **au ~** am Anfang
commencer [kɔmɑ̃se] vt anfangen; (être placé au début de) beginnen ▶ vi anfangen, beginnen; **~ à** ou **de faire qch** beginnen ou anfangen, etw zu tun; **~ par faire qch** etw zuerst tun
comment [kɔmɑ̃] adv wie; **~ ?** (que dites-vous?) wie bitte?
commentaire [kɔmɑ̃tɛr] nm Kommentar m; **~ (de texte)** Kommentar m
commentateur, -trice [kɔmɑ̃tatœr, tris] nm/f (Radio, TV) Kommentator(in)
commenter [kɔmɑ̃te] vt kommentieren
commérages [kɔmeraʒ] nmpl Klatsch m
commerçant, e [kɔmɛrsɑ̃, ɑ̃t] adj (rue, personne) Geschäfts-; (ville) Handels- ▶ nm/f (marchand) Geschäftsmann m, Geschäftsfrau f
commerce [kɔmɛrs] nm (activité) Handel m; (boutique) Geschäft nt; **~ électronique** E-Commerce m; **~ équitable** Fairer Handel; **~ extérieur** Außenhandel m
commercial, e, -aux [kɔmɛrsjal, jo] adj Handels-, geschäftlich ▶ nm/f kaufmännische(r) Angestellte(r) f(m)
commercialiser [kɔmɛrsjalize] vt auf den Markt bringen
commère [kɔmɛr] nf Klatschbase f
commettre [kɔmɛtr] vt begehen
commis [kɔmi] nm (de magasin) Verkäufer(in) m(f); (de banque) Angestellte(r) f(m); **~ voyageur** Handlungsreisende(r) m
commisération [kɔmizerasjɔ̃] nf Mitleid nt

commissaire [kɔmisɛr] nmf (de police) ≈ Kommissar(in) m(f)
commissaire-priseur [kɔmisɛrprizœr] (pl **commissaires- priseurs**) nm Auktionator m
commissariat [kɔmisarja] nm (de police) Polizeiwache f
commission [kɔmisjɔ̃] nf (comité) Kommission f; (pourcentage) Provision f; (message) Botschaft f; **commissions** nfpl (achats) Besorgungen pl
commode [kɔmɔd] adj (pratique) praktisch; (facile, aisé) bequem, leicht; (aimable) umgänglich ▶ nf Kommode f
commotion [kɔmosjɔ̃] nf : **~ (cérébrale)** Gehirnerschütterung f
commuer [kɔmɥe] vt (Jur) umwandeln
commun, e [kɔmœ̃, yn] adj (à plusieurs) gemeinsam; (ordinaire, vulgaire) gewöhnlich; **communs** nmpl (bâtiments) Nebengebäude pl; **en ~** (faire) gemeinsam, miteinander; (mettre) zusammen
communal, e, -aux [kɔmynal, o] adj Gemeinde-, Kommunal-
communautaire [kɔmynotɛr] adj Gemeinschafts-; (de l'UE) EG-
communauté [kɔmynote] nf Gemeinschaft f; (Rel) Ordensgemeinschaft f; **régime de la ~** gemeinsamer Güterstand m; **C~ des États indépendants** Gemeinschaft Unabhängiger Staaten; **C~ européenne** Europäische Gemeinschaft f
commune [kɔmyn] nf (Admin) Gemeinde f; (: urbaine) Stadtbezirk m
communication [kɔmynikasjɔ̃] nf Kommunikation f, Verständigung f; (message) Mitteilung f; (téléphonique) (Telefon)gespräch nt; **communications** nfpl Verbindungen pl, Verkehr m; **travailler dans la ~** im Kommunikationsbereich tätig sein
communier [kɔmynje] vi (Rel) zur Kommunion gehen
communion [kɔmynjɔ̃] nf (catholique) Kommunion f; (protestant) Abendmahl nt; (fig) Einigkeit f
communiqué [kɔmynike] nm Kommuniqué nt; **~ de presse** (amtliche) Presseverlautbarung f
communiquer [kɔmynike] vt (annoncer) mitteilen; (transmettre) übermitteln; (dossier) übergeben; (maladie, sentiment, mouvement) übertragen ▶ vi (salles) miteinander verbunden sein; **se communiquer à** vpr übergreifen auf +acc
communisme [kɔmynism] nm Kommunismus m

communiste [kɔmynist] *adj* kommunistisch ▶ *nmf* Kommunist(in) *m(f)*

commutable [kɔmytabl] *adj* umschaltbar

commutateur [kɔmytatœʀ] *nm* Schalter *m*

Comores [kɔmɔʀ] *nfpl* : **les (îles) ~** die Komoren *pl*

compact, e [kɔ̃pakt] *adj* (*matière*) dicht; (*véhicule, appareil*) kompakt

compagne [kɔ̃paɲ] *nf* (*camarade*) Kameradin *f*; (*concubine*) Partnerin *f*

compagnie [kɔ̃paɲi] *nf* Gesellschaft *f*; (*Mil*) Kompanie *f*; **tenir ~ à qn** jdm Gesellschaft leisten; **en ~ de** in Begleitung von

compagnon [kɔ̃paɲɔ̃] *nm* (*de voyage*) Begleiter *m*, Gefährte *m*; (*époux, partenaire*) Partner *m*; (*ouvrier*) Geselle *m*, Gesslin *f*

comparable [kɔ̃paʀabl] *adj* : **~ (à)** vergleichbar (mit)

comparaison [kɔ̃paʀɛzɔ̃] *nf* Vergleich *m*; **en ~ de, par ~ à** im Vergleich zu; **sans ~** unvergleichlich

comparatif, -ive [kɔ̃paʀatif, iv] *adj* vergleichend ▶ *nm* Komparativ *m*

comparer [kɔ̃paʀe] *vt* vergleichen; **~ qch/qn à** *ou* **et qch/qn** etw/jdn mit etw/jdm vergleichen

compartiment [kɔ̃paʀtimɑ̃] *nm* (*de train*) Abteil *nt*; (*case*) Fach *nt*

comparution [kɔ̃paʀysjɔ̃] *nf* Erscheinen *nt* vor Gericht

compas [kɔ̃pa] *nm* (*Math*) Zirkel *m*; (*boussole*) Kompass *m*

compassion [kɔ̃pasjɔ̃] *nf* Mitgefühl *nt*

compatibilité [kɔ̃patibilite] *nf* Verträglichkeit *f*

compatible [kɔ̃patibl] *adj* (*Inform*) kompatibel; **~ (avec)** vereinbar (mit)

compatriote [kɔ̃patʀijɔt] *nmf* Landsmann *m*, Landsmännin *f*

compenser [kɔ̃pɑ̃se] *vt* ausgleichen

compère [kɔ̃pɛʀ] *nm* Komplize *m*

compétence [kɔ̃petɑ̃s] *nf* (*aptitude*) Fähigkeit *f*; (*Jur*) Kompetenz *f*

compétent, e [kɔ̃petɑ̃, ɑ̃t] *adj* (*apte*) fähig; (*Jur*) zuständig

compétitif, -ive [kɔ̃petitif, iv] *adj* (*Comm*) wettbewerbsfähig

compétition [kɔ̃petisjɔ̃] *nf* Wettbewerb *m*; (*Sport*) Wettkampf *m*

compétitivité [kɔ̃petitivite] *nf* Wettbewerbsfähigkeit *f*

compil [kɔ̃pil] *nf* Sampler *m*

compilateur [kɔ̃pilatœʀ] *nm* (*Inform*) Compiler *m*

compiler [kɔ̃pile] *vt* kompilieren, zusammenstellen

complainte [kɔ̃plɛ̃t] *nf* Klage(lied *nt*) *f*

complaire [kɔ̃plɛʀ] : **se complaire** *vpr* : **se ~ dans** Gefallen finden an +*dat*; **se ~ parmi** sich wohlfühlen bei

complaisance [kɔ̃plɛzɑ̃s] *nf* Gefälligkeit *f*; (*péj*) Nachsichtigkeit *f*; **attestation de ~** aus Gefälligkeit ausgestellte Bescheinigung

complaisant, e [kɔ̃plɛzɑ̃, ɑ̃t] *adj* gefällig, zuvorkommend; (*péj*) nachsichtig

complément [kɔ̃plemɑ̃] *nm* Ergänzung *f*; **~ (d'objet) direct** Akkusativobjekt *nt*; **~ (d'objet) indirect** Dativobjekt *nt*

complet, -ète [kɔ̃plɛ, ɛt] *adj* (*entier*) vollständig, komplett; (*total*) völlig, total; (*hôtel, cinéma*) voll ▶ *nm* (*costume*) Anzug *m*

complètement [kɔ̃plɛtmɑ̃] *adv* völlig

compléter [kɔ̃plete] *vt* ergänzen; (*études*) abschließen

complexe [kɔ̃plɛks] *adj* kompliziert, komplex ▶ *nm* Komplex *m*; **faire un ~** Komplexe haben; **~ industriel/portuaire/hospitalier** Industrie-/Hafen-/Hotelkomplex

complication [kɔ̃plikasjɔ̃] *nf* (*d'une situation*) Kompliziertheit *f*; (*difficulté, ennui*) Komplikation *f*; **complications** *nfpl* (*Méd*) Komplikationen *pl*

complice [kɔ̃plis] *nmf* Komplize *m*, Komplizin *f*, Mittäter(in) *m(f)*

complicité [kɔ̃plisite] *nf* Mittäterschaft *f*

compliment [kɔ̃plimɑ̃] *nm* Kompliment *nt*; **mes ~s !** herzlichen Glückwunsch!

complimenter [kɔ̃plimɑ̃te] *vt* : **~ qn (sur** *ou* **de)** jdm Komplimente machen (über +*acc*)

compliqué, e [kɔ̃plike] *adj* kompliziert

compliquer [kɔ̃plike] *vt* komplizieren

complot [kɔ̃plo] *nm* Komplott *nt*, Verschwörung *f*

comportement [kɔ̃pɔʀtəmɑ̃] *nm* Verhalten *nt*

comporter [kɔ̃pɔʀte] *vt* sich zusammensetzen aus; **se comporter** *vpr* sich verhalten

composante [kɔ̃pozɑ̃t] *nf* Komponente *f*

composé, e [kɔ̃poze] *adj* zusammengesetzt; (*visage, air*) affektiert ▶ *nm* (*Chim*) Verbindung *f*; **~ de** zusammengesetzt aus

composer [kɔ̃poze] *vt* (*musique*) komponieren; (*texte*) schreiben; (*former, assembler*) zusammenstellen; (*constituer*) bilden ▶ *vi* (*transiger*) sich abfinden; **se composer** *vpr* : **se ~ de** sich zusammensetzen aus

composite [kɔ̃pozit] *adj* verschiedenartig

compositeur, -trice [kɔ̃pozitœʀ, tʀis] *nm/f* (*Mus*) Komponist(in); (*Typo*) Setzer(in)

composition [kɔ̃pozisjɔ̃] *nf* (*action*: *Typo*) Setzen *nt*; (*d'une équipe etc*) Zusammenstellung *f*; (*Scol*) Klassenarbeit *f*; (*Mus*) Komposition *f*; **de bonne ~** (*accommodant*) verträglich

compost [kɔ̃pɔst] *nm* Kompost *m*

composter [kɔ̃pɔste] *vt* (*ticket*) entwerten; (*déchets*) kompostieren

composteur [kɔ̃pɔstœʀ] *nm* Entwerter *m*

compote [kɔ̃pɔt] *nf* Kompott *nt*; **~ de pommes** Apfelkompott *nt*

compotier [kɔ̃pɔtje] *nm* Kompottschale *f*

compréhensible [kɔ̃pʀeɑ̃sibl] *adj* verständlich

compréhensif, -ive [kɔ̃pʀeɑ̃sif, iv] *adj* verständnisvoll

compréhension [kɔ̃pʀeɑ̃sjɔ̃] *nf* Verständnis *nt*

comprendre [kɔ̃pʀɑ̃dʀ] *vt* verstehen; (*inclure*) umfassen

compresse [kɔ̃pʀɛs] *nf* Umschlag *m*

compresser [kɔ̃pʀese] *vt* (*Inform*) komprimieren

compression [kɔ̃pʀesjɔ̃] *nf* (*d'un gaz*) Kompression *f*; (*des effectifs*) Verringerung *f*; (*de crédits etc*) Kürzung *f*

comprimé, e [kɔ̃pʀime] *adj*: **air ~** Pressluft *f* ▶ *nm* Tablette *f*

comprimer [kɔ̃pʀime] *vt* (*presser*) zusammenpressen; (*crédits*) einschränken; (*effectifs*) verringern

compris, e [kɔ̃pʀi, iz] *pp de* **comprendre** ▶ *adj* (*inclus*) enthalten, einbezogen; (*Comm*) inklusive; **~ entre** (*situé*) gelegen zwischen +*dat*; **la maison ~e, y ~ la maison** einschließlich des Hauses, mitsamt dem Haus; **non ~ la maison, la maison non ~e** das Haus nicht mitgerechnet, ohne das Haus

compromettre [kɔ̃pʀɔmɛtʀ] *vt* (*personne*) kompromittieren; (*plan, chances*) gefährden

compromis [kɔ̃pʀɔmi] *nm* Kompromiss *m*

comptabiliser [kɔ̃tabilize] *vt* verbuchen

comptabilité [kɔ̃tabilite] *nf* Buchhaltung *f*, Buchführung *f*; (*comptes*) Geschäftsbücher *pl*

comptable [kɔ̃tabl] *nmf* Buchhalter(in) *m(f)*

comptant [kɔ̃tɑ̃] *adv*: **payer ~** bar bezahlen; **acheter ~** gegen bar kaufen

compte [kɔ̃t] *nm* (*dénombrement*) Zählung *f*; (*total, montant*) Betrag *m*, Summe *f*; (*bancaire*) Konto *nt*; (*facture*) Rechnung *f*; **comptes** *nmpl* Geschäftsbücher *pl*; **rendre des ~s à qn (de qch)** jdm Rechenschaft ablegen (über etw *acc*); **en fin de ~** letztlich; **à bon ~** günstig; **pour le ~ de qn** für jdn; **travailler à son ~** selb(st)ständig sein; **~ chèque postal** Postscheckkonto *nt*; **~ chèques** *ou* **courant** Girokonto *nt*; **~ de dépôt** Sparkonto *nt*; **~ rendu** Bericht *m*; (*de film, livre*) Besprechung *f*

compte-goutte [kɔ̃tgut] (*pl* **compte-gouttes**) *nm* Pipette *f*; **au ~** (*fig*) tröpfchenweise

compter [kɔ̃te] *vt* zählen; (*facturer*) berechnen; (*avoir à son actif*) aufweisen; (*comporter*) haben; (*prévoir*) rechnen mit ▶ *vi* (*calculer*) rechnen; (*être économe*) Haus halten; (*être non négligeable*) zählen; **~ pour** wert sein; **~ parmi** zählen zu; **~ réussir/revenir** hoffen, dass man Erfolg hat/zurückkehrt; **~ sur** rechnen mit, sich verlassen auf +*acc*; **~ avec/ sans qch/qn** mit etw/jdm rechnen/ nicht rechnen; **sans ~ que** abgesehen davon, dass

compte-tour [kɔ̃ttuʀ] (*pl* **compte-tours**) *nm* Drehzahlmesser *m*, Tourenmesser *m*

compteur [kɔ̃tœʀ] *nm* Zähler *m*; **~ de vitesse** Tachometer *m ou nt*

comptine [kɔ̃tin] *nf* Abzählreim *m*

comptoir [kɔ̃twaʀ] *nm* (*de magasin*) Ladentisch *m*; (*de café*) Theke *f*

compulser [kɔ̃pylse] *vt* konsultieren

comte, comtesse [kɔ̃t, kɔ̃tɛs] *nm/f* Graf *m*, Gräfin *f*

con, ne [kɔ̃, kɔn] (*vulg*) *adj* bescheuert ▶ *nm/f* Arschloch *nt*

concave [kɔ̃kav] *adj* konkav

concéder [kɔ̃sede] *vt* zugestehen; **~ que** zugeben, dass

concentration [kɔ̃sɑ̃tʀasjɔ̃] *nf* Konzentration *f*

concentré, e [kɔ̃sɑ̃tʀe] *adj* konzentriert ▶ *nm* (*de tomate*) Püree *nt*; (*d'orange*) Konzentrat *nt*

concentrer [kɔ̃sɑ̃tʀe] *vt* konzentrieren; (*pouvoirs*) vereinigen, vereinen; **se concentrer** *vpr* sich konzentrieren

concept [kɔ̃sɛpt] *nm* Begriff *m*

concepteur, -trice [kɔ̃sɛptœʀ, tʀis] *nm/f* Designer(in)

conception [kɔ̃sɛpsjɔ̃] *nf* (*d'un projet*) Konzeption *f*; (*d'un enfant*) Empfängnis *f*; (*d'une machine etc*) Design *nt*

concernant [kɔ̃sɛʀnɑ̃] *prép* betreffend +*acc*

concerner [kɔ̃sɛʀne] vt betreffen, angehen; **en ce qui me concerne** was mich betrifft; **en ce qui concerne qch** was etw betrifft

concert [kɔ̃sɛʀ] nm Konzert nt; **de ~** (ensemble) gemeinsam; (d'un commun accord) einstimmig

concertation [kɔ̃sɛʀtasjɔ̃] nf Meinungsaustausch m; (rencontre) Treffen nt

concerter [kɔ̃sɛʀte] : **se concerter** vpr sich absprechen

concerto [kɔ̃sɛʀto] nm Konzert nt

concession [kɔ̃sesjɔ̃] nf Zugeständnis nt; (terrain, exploitation) Konzession f

concessionnaire [kɔ̃sesjɔnɛʀ] nmf Inhaber(in) m(f) einer Konzession

concevable [kɔ̃s(ə)vabl] adj denkbar

concevoir [kɔ̃s(ə)vwaʀ] vt (projet, idée) sich dat ausdenken; (enfant) empfangen

concierge [kɔ̃sjɛʀʒ] nmf ≈ Hausmeister(in) m(f)

concile [kɔ̃sil] nm Konzil nt

conciliabules [kɔ̃siljabyl] nmpl vertrauliche Besprechungen pl

concilier [kɔ̃silje] vt in Einklang bringen, miteinander vereinbaren

concis, e [kɔ̃si, iz] adj kurz, knapp

concitoyen, ne [kɔ̃sitwajɛ̃, jɛn] nm/f Mitbürger(in)

concluant, e [kɔ̃klyɑ̃, ɑ̃t] adj schlüssig, überzeugend

conclure [kɔ̃klyʀ] vt schließen; **~ qch de qch** etw aus etw folgern ou schließen; **~ au suicide** auf Selbstmord acc befinden

conclusion [kɔ̃klyzjɔ̃] nf Schluss m

concocter [kɔ̃kɔkte] vt zusammenbrauen

concombre [kɔ̃kɔ̃bʀ] nm (Salat)gurke f

concordance [kɔ̃kɔʀdɑ̃s] nf Übereinstimmung f; **la ~ des temps** (Ling) die Zeitenfolge f

concorde [kɔ̃kɔʀd] nf Eintracht f

concorder [kɔ̃kɔʀde] vi übereinstimmen

concourir [kɔ̃kuʀiʀ] vi : **~ à** beitragen zu

concours [kɔ̃kuʀ] nm Wettbewerb m; (Sport) Wettkampf m; (Scol) Auswahlprüfung f; (aide) Hilfe f, Unterstützung f; **apporter son ~ à** beitragen zu; **~ de circonstances** Zusammentreffen nt von Umständen; **~ hippique** Reitturnier nt

concret, -ète [kɔ̃kʀɛ, ɛt] adj konkret

conçu, e [kɔ̃sy] pp de **concevoir**

concubinage [kɔ̃kybinaʒ] nm eheähnliche Gemeinschaft f

concurremment [kɔ̃kyʀamɑ̃] adv (en même temps) gleichzeitig

concurrence [kɔ̃kyʀɑ̃s] nf Konkurrenz f; **jusqu'à ~ de** bis zur Höhe von; **~ déloyale** unlauterer Wettbewerb m

concurrencer [kɔ̃kyʀɑ̃se] vt Konkurrenz machen +dat

concurrent, e [kɔ̃kyʀɑ̃, ɑ̃t] nm/f Konkurrent(in); (Sport) Teilnehmer(in)

condamnation [kɔ̃danasjɔ̃] nf Verurteilung f; **~ à mort** Todesurteil nt

condamné, e [kɔ̃dane] nm/f Verurteilte(r) f(m)

condamner [kɔ̃dane] vt verurteilen; (malade, fig) aufgeben; (porte, ouverture) zumauern; **~ qn à qch/faire qch** jdn zu etw verurteilen/jdn dazu verurteilen, etw zu tun; **~ qn à deux ans de prison/ une amende** jdn zu zwei Jahren Freiheitsentzug/zu einer Geldstrafe verurteilen

condensateur [kɔ̃dɑ̃satœʀ] nm Kondensator m

condensation [kɔ̃dɑ̃sasjɔ̃] nf Kondensation f

condenser [kɔ̃dɑ̃se] vt (discours, texte) zusammenfassen; (gaz etc) kondensieren; **se condenser** vpr sich kondensieren

condescendre [kɔ̃desɑ̃dʀ] vi : **~ à qch** sich zu etw herablassen

condiment [kɔ̃dimɑ̃] nm Gewürz nt

condisciple [kɔ̃disipl] nmf (Scol) Mitschüler(in) m(f); (Univ) Kommilitone m, Kommilitonin f

condition [kɔ̃disjɔ̃] nf (clause) Bedingung f; (état) Zustand m; (rang social) Stand m, Rang m; **conditions** nfpl Bedingungen pl; **sans ~** bedingungslos; **à ~ de/que** vorausgesetzt, dass

conditionné, e [kɔ̃disjɔne] adj : **air ~** Klimaanlage f

conditionnel, le [kɔ̃disjɔnɛl] adj bedingt ▶ nm (Ling) Konditional nt

conditionnement [kɔ̃disjɔnmɑ̃] nm (emballage) Verpackung f

conditionner [kɔ̃disjɔne] vt (déterminer) bestimmen; (Comm : produit) verpacken

condoléances [kɔ̃dɔleɑ̃s] nfpl Beileid nt

conducteur, -trice [kɔ̃dyktœʀ, tʀis] adj (Élec) leitend ▶ nm/f (Auto etc) Fahrer(in)

conduire [kɔ̃dqiʀ] vt (véhicule, passager) fahren; (délégation, troupeau, société) führen; **se conduire** vpr sich betragen, sich benehmen; **~ à** (suj : attitude, erreur, études) führen zu

conduit [kɔ̃dqi] nm (Tech) Leitung f, Rohr nt; (Anat) Gang m, Kanal m

conduite [kɔ̃dqit] nf (comportement) Verhalten nt, Benehmen nt; (d'eau, gaz)

Leitung f, Rohr nt; **~ intérieure** Limousine f

cône [kon] nm Kegel m

confection [kɔ̃fɛksjɔ̃] nf (fabrication) Herstellung f; **la ~** (secteur) die Konfektion f, die Bekleidungsindustrie f

confectionner [kɔ̃fɛksjɔne] vt herstellen

confédération [kɔ̃federasjɔ̃] nf (Pol) Bündnis nt, Bund m

conférence [kɔ̃feRɑ̃s] nf (exposé) Vortrag m; (pourparlers) Konferenz f; **~ de presse** Pressekonferenz f

conférencier, -ère [kɔ̃feRɑ̃sje, jɛR] nm/f Redner(in)

conférer [kɔ̃feRe] vt verleihen

confesser [kɔ̃fese] vt gestehen, zugeben; (Rel) beichten; **se confesser** vpr (Rel) beichten (gehen)

confesseur [kɔ̃fesœR] nm Beichtvater m

confession [kɔ̃fesjɔ̃] nf (Rel) Beichte f; (croyance) Bekenntnis nt, Konfession f

confessionnal, -aux [kɔ̃fesjɔnal, o] nm Beichtstuhl m

confessionnel, le [kɔ̃fesjɔnɛl] adj kirchlich

confetti [kɔ̃feti] nm Konfetti nt

confiance [kɔ̃fjɑ̃s] nf Vertrauen nt; **avoir ~ en** Vertrauen haben zu, vertrauen +dat; **question de ~** Vertrauensfrage f; **vote de ~** Misstrauensvotum nt

confiant, e [kɔ̃fjɑ̃, jɑ̃t] adj vertrauensvoll

confidence [kɔ̃fidɑ̃s] nf vertrauliche Mitteilung f

confident, e [kɔ̃fidɑ̃, ɑ̃t] nm/f Vertraute(r) f(m)

confidentiel, le [kɔ̃fidɑ̃sjɛl] adj vertraulich

confier [kɔ̃fje] vt anvertrauen; (travail, responsabilité) betrauen mit; **~ qch à qn** jm etw anvertrauen; **se ~ à qn** sich jdm anvertrauen

configuration [kɔ̃figyRasjɔ̃] nf Beschaffenheit f; (Inform) Konfiguration f

confiner [kɔ̃fine] vt : **~ à** grenzen an +acc; **se confiner dans** ou **à** vpr sich beschränken auf +acc

confins [kɔ̃fɛ̃] nmpl : **aux ~ de** am äußersten Ende von

confirmation [kɔ̃fiRmasjɔ̃] nf Bestätigung f; (Rel : catholique) Firmung f; (: protestante) Konfirmation f

confirmer [kɔ̃fiRme] vt bestätigen

confiserie [kɔ̃fizRi] nf (magasin) Süßwarenladen m; **confiseries** nfpl Süßigkeiten pl

confiseur, -euse [kɔ̃fizœR, øz] nm/f ≈ Konditor(in)

confisquer [kɔ̃fiske] vt beschlagnahmen

confit, e [kɔ̃fi, it] adj : **fruits ~s** kandierte Früchte pl; **~ d'oie** nm eingelegte Gans f

confiture [kɔ̃fityR] nf Marmelade f

conflit [kɔ̃fli] nm Konflikt m

confluent [kɔ̃flyɑ̃] nm Zusammenfluss m

confondre [kɔ̃fɔ̃dR] vt verwechseln; (dates, faits aussi) durcheinanderbringen; (témoin, menteur) entlarven

conforme [kɔ̃fɔRm] adj : **~ à** übereinstimmend mit; **copie certifiée ~** beglaubigte Abschrift f

conformément [kɔ̃fɔRmemɑ̃] adv : **~ à** entsprechend +dat

conformer [kɔ̃fɔRme] vt : **~ qch à** etw anpassen an +acc; **se conformer à** vpr sich richten nach

conformisme [kɔ̃fɔRmism] nm Konformismus m

conformité [kɔ̃fɔRmite] nf Übereinstimmung f; **en ~ avec** entsprechend +dat

confort [kɔ̃fɔR] nm Komfort m; **tout ~** mit allem Komfort

confortable [kɔ̃fɔRtabl] adj (fauteuil etc) bequem; (hôtel) komfortabel; (somme) ausreichend

conforter [kɔ̃fɔRte] vt bestärken

confrère [kɔ̃fRɛR] nm Kollege m

confrontation [kɔ̃fRɔ̃tasjɔ̃] nf Gegenüberstellung f

confronter [kɔ̃fRɔ̃te] vt gegenüberstellen

confus, e [kɔ̃fy, yz] adj (vague) wirr, verworren; (embarrassé) verlegen

confusion [kɔ̃fyzjɔ̃] nf (caractère confus) Verworrenheit f; (erreur) Verwechslung f; (embarras) Verlegenheit f

congé [kɔ̃ʒe] nm Urlaub m; (avis de départ) Kündigung f; **en ~** auf Urlaub; **j'ai une semaine/un jour de ~** ich habe eine Woche/einen Tag Urlaub ou frei; **prendre ~ de qn** sich von jdm verabschieden; **donner son ~ à qn** jdm kündigen; **être en ~ (de) maladie** krankgeschrieben sein; **~ de maternité** Mutterschaftsurlaub m; **~ parental** Elternzeit f; **~s payés** bezahlter Urlaub

congédier [kɔ̃ʒedje] vt entlassen

congélateur [kɔ̃ʒelatœR] nm Gefriertruhe f; (compartiment) Gefrierfach nt

congélation [kɔ̃ʒelasjɔ̃] nf (de l'eau) Gefrieren nt; (d'aliments) Einfrieren nt

congeler [kɔ̃ʒ(ə)le] vt einfrieren

congénital, e, -aux [kɔ̃ʒenital, o] adj angeboren

congère [kɔ̃ʒɛR] nf Schneewehe f

congestion [kɔ̃ɛstjɔ̃] nf : **~ cérébrale** Schlaganfall m; **~ pulmonaire** Lungenemphysem nt

congestionner [kɔ̃ɛstjɔne] vt (rue) verstopfen

Congo [kɔ̃go] nm : **le ~** der Kongo

congrégation [kɔ̃gregasjɔ̃] nf (Rel) Bruderschaft f

congrès [kɔ̃grɛ] nm Kongress m, Tagung f

conifère [kɔnifɛr] nm Nadelbaum m

conique [kɔnik] adj kegelförmig

conjecture [kɔ̃ʒɛktyr] nf Vermutung f

conjoint, e [kɔ̃ʒwɛ̃, wɛ̃t] adj (commun) gemeinsam ▶ nm/f (époux) Ehegatte m, Ehegattin f

conjonctif, -ive [kɔ̃ʒɔ̃ktif, iv] adj : **tissu ~** Bindegewebe nt

conjonction [kɔ̃ʒɔ̃ksjɔ̃] nf (Ling) Konjunktion f, Bindewort nt

conjonctivite [kɔ̃ʒɔ̃ktivit] nf Bindehautentzündung f

conjoncture [kɔ̃ʒɔ̃ktyr] nf Umstände pl, Lage f; **la ~ économique** die Konjunktur f

conjoncturel, le [kɔ̃ʒɔ̃ktyrɛl] adj Konjunktur-

conjugaison [kɔ̃ʒygɛzɔ̃] nf (Ling) Konjugation f

conjugal, e, -aux [kɔ̃ʒygal, o] adj ehelich

conjuguer [kɔ̃ʒyge] vt (Ling) konjugieren; (efforts) vereinen

conjuré, e [kɔ̃ʒyre] nm/f Verschwörer(in)

conjurer [kɔ̃ʒyre] vt (sort, maladie) abwenden; **~ qn de faire qch** jdn beschwören, etw zu tun

connaissance [kɔnɛsɑ̃s] nf (personne connue) Bekannte(r) f(m), Bekanntschaft f; **connaissances** nfpl (savoir) Wissen nt; **être sans ~** bewusstlos sein; **perdre/ reprendre ~** das Bewusstsein verlieren/ wieder zu Bewusstsein kommen; **à ma/ sa ~** meines/seines Wissens, soviel ich/ er weiß; **avoir/prendre ~ de qch** von etw Kenntnis haben/etw zur Kenntnis nehmen; **en ~ de cause** in Kenntnis der Sachlage

connaisseur, -euse [kɔnɛsœr, øz] nm/f Kenner(in)

connaître [kɔnɛtr] vt kennen; **se connaître** (se rencontrer) sich kennenlernen; **~ qn de nom/vue** jdn dem Namen nach/vom Sehen kennen; **~ le succès/une fin tragique** Erfolg haben/ein tragisches Ende nehmen

connard, connasse [kɔnar, -as] (vulg) nm/f blöde Sau f

connecté, e [kɔnɛkte] adj (Inform) online

connecter [kɔnɛkte] vt anschließen ▶ vpr : **se ~ à Internet** sich ins Internet einloggen

connecteur [kɔnɛktœr] nm (Inform) Steckplatz m

connerie [kɔnri] (vulg) nf totaler Quatsch m

connu, e [kɔny] pp de **connaître** ▶ adj bekannt

conquérir [kɔ̃kerir] vt erobern; (droit) erkämpfen

conquête [kɔ̃kɛt] nf Eroberung f

consacré, e [kɔ̃sakre] adj (béni) geweiht; (habituel, accepté) üblich

consacrer [kɔ̃sakre] vt (Rel) weihen; (sanctionner) sanktionieren; (dévouer) widmen; **se consacrer** vpr : **se ~ à qch** sich etw dat widmen

consanguin, e [kɔ̃sɑ̃gɛ̃, in] adj : **mariage ~** Heirat f unter Blutsverwandten

conscience [kɔ̃sjɑ̃s] nf Bewusstsein nt; (morale) Gewissen nt; **avoir/prendre ~ de** sich etw gen bewusst sein/werden; **perdre/reprendre ~** das Bewusstsein verlieren/wiedererlangen; **avoir bonne/mauvaise ~** ein gutes/ schlechtes Gewissen haben; **~ professionnelle** Berufsethos nt

consciencieux, -euse [kɔ̃sjɑ̃sjø, jøz] adj gewissenhaft

conscient, e [kɔ̃sjɑ̃, jɑ̃t] adj (Méd) bei Bewusstsein; **être ~ de qch** sich dat etw gen bewusst sein

conscrit [kɔ̃skri] nm Rekrut m

consécutif, -ive [kɔ̃sekytif, iv] adj aufeinanderfolgend; **~ à** folgend auf +acc

conseil [kɔ̃sɛj] nm (avis) Rat m, Ratschlag m; (assemblée) Rat, Versammlung f; **tenir ~** sich beraten; (se réunir) eine Sitzung abhalten; **prendre ~ (auprès de qn)** sich dat (bei jdm) Rat holen; **~ d'administration** Aufsichtsrat m; **~ de classe** Treffen von Lehrern, Eltern und Schülervertretern; **~ des ministres** Ministerrat m; **C~ général** siehe Info-Artikel; **~ municipal** ≈ Stadtrat m

: Ein **Conseil général** ist eine gewählte
: Versammlung in jedem département und
: besteht aus conseillers généraux, die
: wiederum jeweils einen canton vertreten.
: Ein Conseil ist für sechs Jahre gewählt und
: die Hälfte der Ratsmitglieder werden alle
: drei Jahre neu gewählt. Die Aufgaben des
: **Conseil général** umfassen
: Verwaltungsangelegenheiten wie
: Personalfragen, Infrastruktur,
: Wohnungsbau und wirtschaftliches
: Wachstum.

conseiller¹ [kɔ̃seje] vt (qn) raten +dat, einen Rat geben +dat; **~ qch à qn** jdm etw raten, jdm zu etw raten

conseiller², -ère [kɔ̃seje, ɛʀ] nm/f Ratgeber(in), Berater(in); **~ municipal** Stadtrat m, Stadträtin f; **~ d'orientation** Berufsberate

consentement [kɔ̃sɑ̃tmɑ̃] nm Zustimmung f, Einwilligung f

consentir [kɔ̃sɑ̃tiʀ] vt: **~ à qch** etw dat zustimmen, in etw acc einwilligen; **~ à faire qch** sich einverstanden erklären, etw zu tun

conséquence [kɔ̃sekɑ̃s] nf Konsequenz f, Folge f; **en ~** (donc) folglich; (de façon appropriée) entsprechend; **ne pas tirer à ~** keine Folgen haben

conséquent, e [kɔ̃sekɑ̃, ɑ̃t] adj konsequent; **par ~** folglich

conservateur, -trice [kɔ̃sɛʀvatœʀ, tʀis] adj (traditionaliste) konservativ ▶ nm/f (de musée) Kustos m

conservation [kɔ̃sɛʀvasjɔ̃] nf (action) Erhaltung f; (état) Konservierung f

conservatoire [kɔ̃sɛʀvatwaʀ] nm (de musique) Konservatorium nt

conserve [kɔ̃sɛʀv] nf Konserve f; **en ~** Dosen-, Büchsen-

conserver [kɔ̃sɛʀve] vt behalten; (habitude) beibehalten; (préserver) konservieren, frisch halten; (Culin) einmachen

considérable [kɔ̃sideʀabl] adj beträchtlich

considération [kɔ̃sideʀasjɔ̃] nf Erwägung f; (estime) Achtung f; **prendre qch en ~** etw in Betracht ou Erwägung ziehen

considérer [kɔ̃sideʀe] vt (étudier, regarder) betrachten; (tenir compte de) berücksichtigen; **~ que** meinen, dass; **~ qch comme terminé** etw für beendet halten

consigne [kɔ̃siɲ] nf (de bouteilles etc) Pfand nt; (de gare) Gepäckaufbewahrung f; (Scol, Mil) Arrest m; (ordre) Anweisung f; **~ automatique** Schließfächer pl

consigné, e [kɔ̃siɲe] adj (bouteille) Pfand-; (emballage) mit Pfand; **non ~** Einweg-

consigner [kɔ̃siɲe] vt (noter) notieren; (punir: Mil) mit Arrest bestrafen; (: élève) nachsitzen lassen; (emballage) Pfand verlangen für

consistance [kɔ̃sistɑ̃s] nf Konsistenz f

consistant, e [kɔ̃sistɑ̃, ɑ̃t] adj (liquide) dickflüssig; (repas, nourriture) solide; (argument) stichhaltig

consister [kɔ̃siste] vi: **~ en** bestehen aus; **~ à faire qch** daraus bestehen, etw zu tun

consœur [kɔ̃sœʀ] nf Kollegin f

consolation [kɔ̃sɔlasjɔ̃] nf Trost m

console [kɔ̃sɔl] nf (table) Konsole f; (d'ordinateur) Kontrollpult nt; **~ de jeux** Spielekonsole f; **~ de mixage** Mischpult

consoler [kɔ̃sɔle] vt trösten; **se consoler** vpr: **se ~ (de qch)** (über etw acc) hinwegkommen

consolider [kɔ̃sɔlide] vt (maison) befestigen; (meuble) verstärken

consommateur, -trice [kɔ̃sɔmatœʀ, tʀis] nm/f Verbraucher(in); (dans un café) Gast m

consommation [kɔ̃sɔmasjɔ̃] nf Verbrauch m; **régler les ~s** (dans un café) (für die Getränke) zahlen; **~ aux 100 km** (Benzin)verbrauch m auf 100 km

consommé, e [kɔ̃sɔme] adj vollendet, vollkommen ▶ nm (potage) Kraftbrühe f

consommer [kɔ̃sɔme] vt verbrauchen ▶ vi (dans un café) etw verzehren

consonne [kɔ̃sɔn] nf Konsonant m, Mitlaut m

consortium [kɔ̃sɔʀsjɔm] nm Konsortium m

conspirateur, -trice [kɔ̃spiʀatœʀ, tʀis] nm/f Verschwörer(in)

conspiration [kɔ̃spiʀasjɔ̃] nf Verschwörung f

conspirer [kɔ̃spiʀe] vi sich verschwören; **tout conspire à faire qch** alles kommt zusammen, um etw zu tun

constamment [kɔ̃stamɑ̃] adv andauernd

constant, e [kɔ̃stɑ̃, ɑ̃t] adj (personne) standhaft; (température) gleichbleibend; (augmentation) konstant; (préoccupation, intérêt) beständig

constat [kɔ̃sta] nm Bericht m; (procès-verbal) Protokoll nt

constatation [kɔ̃statasjɔ̃] nf Feststellung f

constater [kɔ̃state] vt feststellen

constellation [kɔ̃stelasjɔ̃] nf (Astron) Konstellation f

consternant, e [kɔ̃stɛʀnɑ̃, ɑ̃t] adj bestürzend

consternation [kɔ̃stɛʀnasjɔ̃] nf Bestürzung f

consterner [kɔ̃stɛʀne] vt bestürzen

constipation [kɔ̃stipasjɔ̃] nf Verstopfung f

constipé, e [kɔ̃stipe] adj verstopft

constiper [kɔ̃stipe] vt verstopfen

constitué, e [kɔ̃stitɥe] adj: **~ de** zusammengesetzt aus

constituer [kɔ̃titɥe] vt (comité, équipe) bilden, aufstellen; (dossier, collection) zusammenstellen; (éléments, parties) bilden, ausmachen; **se constituer** vpr: **se ~ prisonnier** sich stellen; **~ une panacée/un début** ein Allheilmittel/ein Anfang sein

constitution [kɔ̃stitysjɔ̃] nf (santé) Konstitution f, Gesundheit f; (composition) Zusammensetzung f; (Pol) Verfassung f

constructeur [kɔ̃stryktœʀ] nm Hersteller m; **~ automobile** Autohersteller m

construction [kɔ̃stryksjɔ̃] nf Bau m

construire [kɔ̃strɥiʀ] vt (bâtiment, pont, navire) bauen; (histoire) sich dat ausdenken; (phrase) konstruieren; (théorie) aufbauen

consul [kɔ̃syl] nmf Konsul(in) m(f)

consulat [kɔ̃syla] nm Konsulat nt

consultant, e [kɔ̃syltɑ̃, ɑ̃t] adj (expert) beratend ▶ nm/f Berater(in) m(f)

consultation [kɔ̃syltasjɔ̃] nf (d'un expert) Konsultation f; (séance : médicale) Untersuchung f; (: juridique, astrologique) Beratung f; **consultations** nfpl (Pol) Gespräche pl; **heures de ~** (Méd) Sprechstunden pl

consulter [kɔ̃sylte] vt (médecin, avocat, conseiller) konsultieren, zurate ziehen; (dictionnaire, annuaire) nachschlagen in +dat; (plan) nachsehen auf +dat; (baromètre, montre) sehen auf +acc ▶ vi (médecin) Sprechstunden haben; **se consulter** vpr miteinander beraten

consumer [kɔ̃syme] vt (brûler) verbrennen; **se consumer** vpr (feu) verbrennen; **se ~ de chagrin/douleur** sich vor Kummer/Schmerz verzehren

consumérisme [kɔ̃symeʀism] nm Konsum m

contact [kɔ̃takt] nm Kontakt m; **mettre/ couper le ~** den Motor anlassen/ ausschalten; **entrer en ~** in Berührung kommen; **se mettre en ~ avec qn** mit jdm Verbindung aufnehmen; **prendre ~ avec** mit jdm Verbindungen aufnehmen; (connaissance) sich mit jdm in Verbindung setzen

contacter [kɔ̃takte] vt sich in Verbindung setzen mit

contagieux, -euse [kɔ̃taʒjø, jøz] adj ansteckend

container [kɔ̃tɛnɛʀ] nm Container m

contamination [kɔ̃taminasjɔ̃] nf Infektion f; (de l'eau etc) Verseuchung f

contaminer [kɔ̃tamine] vt anstecken

conte [kɔ̃t] nm Erzählung f; **~ de fées** Märchen nt

contempler [kɔ̃tɑ̃ple] vt betrachten

contemporain, e [kɔ̃tɑ̃pɔʀɛ̃, ɛn] adj zeitgenössisch ▶ nm/f Zeitgenosse m, Zeitgenossin f

contenance [kɔ̃t(ə)nɑ̃s] nf (d'un récipient) Fassungsvermögen nt; (attitude) Haltung f; **perdre ~** die Fassung verlieren; **se donner une ~** Haltung bewahren

conteneur [kɔ̃t(ə)nœʀ] nm Container m; (pour plantes) Pflanztrog m, Blumencontainer m; **~ à papier** Papiertonne f; **~ à verre** (Alt) glascontainer m

contenir [kɔ̃t(ə)niʀ] vt enthalten; (capacité) fassen; **se contenir** vpr sich beherrschen

content, e [kɔ̃tɑ̃, ɑ̃t] adj zufrieden; (heureux) froh; **~ de qn/qch** mit jdm/etw zufrieden

contenter [kɔ̃tɑ̃te] vt (personne) zufriedenstellen; **se contenter de** vpr sich begnügen mit

contenu [kɔ̃t(ə)ny] nm Inhalt m

conter [kɔ̃te] vt : **en ~ de(s) belles à qn** jdm Märchen erzählen

contestation [kɔ̃tɛstasjɔ̃] nf : **la ~** (Pol) der Protest m

conteste [kɔ̃tɛst] : **sans ~** adv zweifellos

contester [kɔ̃tɛste] vt (résultat) anfechten; (autorité) infrage stellen ▶ vi protestieren

contexte [kɔ̃tɛkst] nm Zusammenhang m

contigu, -uë [kɔ̃tigy] adj (choses) aneinandergrenzend, benachbart

continent [kɔ̃tinɑ̃] nm Kontinent m

contingences [kɔ̃tɛ̃ʒɑ̃s] nfpl Eventualitäten pl

continu, e [kɔ̃tiny] adj ständig, dauernd; (ligne) ununterbrochen; **courant ~** Gleichstrom m

continuation [kɔ̃tinɥasjɔ̃] nf Fortsetzung f

continuel, le [kɔ̃tinɥɛl] adj ständig, fortwährend

continuer [kɔ̃tinɥe] vt weitermachen mit; (voyage, études etc) fortsetzen; (prolonger) verlängern ▶ vi nicht aufhören; (pluie) andauern; **~ à** ou **de faire qch** etw weiter tun

contorsion [kɔ̃tɔʀsjɔ̃] nf Verrenkung f

contour [kɔ̃tuʀ] nm Umriss m, Kontur f

contourner [kɔ̃tuʀne] vt umgehen

contraceptif, -ive [kɔ̃tʀasɛptif, iv] adj empfängnisverhütend ▶ nm Verhütungsmittel nt

contraception [kɔ̃trasɛpsjɔ̃] *nf* Empfängnisverhütung *f*

contractant, e [kɔ̃traktɑ̃, ɑ̃t] *nm/f* Vertragspartner(in)

contracter [kɔ̃trakte] *vt (muscle)* zusammenziehen; *(visage)* verziehen; *(maladie, habitude)* sich *dat* zuziehen; *(dette)* machen; *(obligation)* eingehen; *(assurance)* abschließen; **se contracter** *vpr (suj : muscle)* sich zusammenziehen

contraction [kɔ̃traksjɔ̃] *nf (spasme)* Krampf *m*; **contractions** *nfpl (de l'accouchement)* Wehen *pl*

contractuel, le [kɔ̃traktɥɛl] *adj* vertraglich ▶ *nm/f (agent)* Verkehrspolizist(in)

contradiction [kɔ̃tradiksjɔ̃] *nf* Widerspruch *m*

contradictoire [kɔ̃tradiktwar] *adj* widersprüchlich; **débat ~** Debatte *f*

contraindre [kɔ̃trɛ̃dr] *vt* : **~ qn à qch/faire qch** jdn zu etw zwingen/jdn zwingen, etw zu tun

contrainte [kɔ̃trɛ̃t] *nf* Zwang *m*; **sans ~** zwanglos

contraire [kɔ̃trɛr] *adj* entgegengesetzt ▶ *nm* Gegenteil *nt*; **~ à** *(loi, raison)* gegen +*acc*, wider +*acc*; **au ~** im Gegenteil

contralto [kɔ̃tralto] *nm (voix)* Alt *m*; *(personne)* Altistin *f*

contrariant, e [kɔ̃trarjɑ̃, jɑ̃t] *adj (personne)* widerborstig; *(incident)* ärgerlich

contrarier [kɔ̃trarje] *vt* ärgern; *(mouvement, action)* stören

contrariété [kɔ̃trarjete] *nf* Ärger *m*

contraste [kɔ̃trast] *nm* Kontrast *m*, Gegensatz *m*

contraster [kɔ̃traste] *vi* : **~ (avec)** kontrastieren (mit), im Gegensatz stehen (zu)

contrat [kɔ̃tra] *nm* Vertrag *m*; **~ à durée déterminée** Zeitverlag *m*; **~ à durée indéterminé** unbefristeter Vertrag

contravention [kɔ̃travɑ̃sjɔ̃] *nf (infraction)* Verstoß *m*; *(amende)* Geldstrafe *f*; *(pour stationnement interdit)* gebührenpflichtige Verwarnung *f*, Strafzettel *m*

contre [kɔ̃tr] *prép* gegen; **par ~** hingegen

contre-attaquer [kɔ̃tratake] *vi* zurückschlagen

contrebande [kɔ̃trəbɑ̃d] *nf* Schmuggel *m*; *(marchandise)* Schmuggelware *f*; **faire la ~ de qch** etw schmuggeln

contrebas [kɔ̃trəba] : **en ~** *adv* unten

contrebasse [kɔ̃trəbɑs] *nf* Kontrabass *m*

contrecarrer [kɔ̃trəkare] *vt (action)* vereiteln

contrecœur [kɔ̃trəkœr] : **à ~** *adv* widerwillig

contrecoup [kɔ̃trəku] *nm* Nachwirkung *f*

contre-courant [kɔ̃trəkurɑ̃] *(pl* **contre-courants)** *nm* : **à ~** gegen den Strom

contredire [kɔ̃trədir] *vt* widersprechen +*dat*; *(chose)* im Widerspruch stehen zu; **se contredire** *vpr* einander widersprechen

contre-espionnage [kɔ̃trɛspjɔnaʒ] *(pl* **contre-espionnages)** *nm* Spionageabwehr *f*

contre-expertise [kɔ̃trɛkspɛrtiz] *(pl* **contre-expertises)** *nf* Gegengutachten *nt*

contrefaçon [kɔ̃trəfasɔ̃] *nf* Fälschung *f*; *(d'article de marque)* Produktpiraterie *f*

contrefaire [kɔ̃trəfɛr] *vt (document, signature)* fälschen; *(personne, démarche)* nachahmen, nachmachen

contreforts [kɔ̃trəfɔr] *nmpl (Gebirgs)* ausläufer *pl*

contre-indication [kɔ̃trɛ̃dikasjɔ̃] *(pl* **contre-indications)** *nf* Kontraindikation *f*, Gegenanzeige *f*

contre-jour [kɔ̃trəʒur] : **à ~** *adv* im Gegenlicht

contremaître [kɔ̃trəmɛtr] *nmf* Vorarbeiter(in) *m(f)*

contremarque [kɔ̃trəmark] *nf (ticket)* Kontrollkarte *f*

contre-offensive [kɔ̃trɔfɑ̃siv] *(pl* **contre-offensives)** *nf* Gegenoffensive *f*, Gegenangriff *m*

contrepartie [kɔ̃trəparti] *nf* : **en ~** zum Ausgleich

contrepèterie [kɔ̃trəpetri] *nf* Schüttelreim *m*

contre-pied [kɔ̃trəpje] *nm* : **prendre le ~ de** das genaue Gegenteil tun *ou* sagen von

contreplaqué [kɔ̃trəplake] *nm* Sperrholz *nt*

contrepoids [kɔ̃trəpwɑ] *nm* Gegengewicht *nt*; **faire ~** als Gegengewicht dienen

contrepoint [kɔ̃trəpwɛ̃] *nm* Kontrapunkt *m*

contreproductif, -ive [kɔ̃trəprɔdyktif, iv] *adj* kontraproduktiv

contrer [kɔ̃tre] *vt (adversaire)* (erfolgreich) kontern +*dat*

contresens [kɔ̃trəsɑ̃s] *nm (d'interprétation)* Fehldeutung *f*;

contresigner [kɔ̃tʀəsiɲe] *vt* gegenzeichnen

contretemps [kɔ̃tʀətɑ̃] *nm* (*complication*) Zwischenfall *m*; **à ~** (*Mus*) gegen den Takt; (*fig*) zur Unzeit

contrevenir [kɔ̃tʀəv(ə)niʀ] : **~ à** *vt* verstoßen gegen

contribuable [kɔ̃tʀibyabl] *nmf* Steuerzahler(in) *f(m)*

contribuer [kɔ̃tʀibɥe] : **~ à** *vt* beitragen zu; (*dépense, frais*) beisteuern zu

contribution [kɔ̃tʀibysjɔ̃] *nf* Beitrag *m*; **mettre qn à ~** jds Dienste in Anspruch nehmen; **~s directes/indirectes** (*impôts*) direkte/indirekte Steuern *pl*

contrôle [kɔ̃tʀol] *nm* Kontrolle *f*, Überprüfung *f*; (*surveillance*) Überwachung *f*; **perdre le ~ de son véhicule** die Kontrolle *ou* Gewalt über sein Fahrzeug verlieren; **~ antipollution** (*Auto*) Abgassonderuntersuchung *f*; **~ d'identité** Ausweiskontrolle *f*; **~ des naissances** Geburtenkontrolle *f*; **~ radar** Radarkontrolle; **~ technique** (*de voiture*) ≈ TÜV *m*

contrôler [kɔ̃tʀole] *vt* (*vérifier*) kontrollieren, überprüfen; (*surveiller*) beaufsichtigen; (*Comm*) kontrollieren; **se contrôler** *vpr* sich beherrschen; **~ ses émotions** seine Gefühle beherrschen

contrôleur, -euse [kɔ̃tʀolœʀ, øz] *nm/f* (*de train, bus*) Schaffner(in) *f* ▶ *nm* (*Inform*) Steuergerät *nt*

contrordre [kɔ̃tʀɔʀdʀ] *nm* Gegenbefehl *m*; **sauf ~** wenn nicht anders angewiesen

controversé, e [kɔ̃tʀɔvɛʀse] *adj* umstritten

contusion [kɔ̃tyzjɔ̃] *nf* Prellung *f*

conurbation [kɔnyʀbasjɔ̃] *nf* Ballungsgebiet *nt*

convaincant, e [kɔ̃vɛ̃kɑ̃, ɑ̃t] *adj* überzeugend

convaincre [kɔ̃vɛ̃kʀ] *vt* : **~ qn (de qch)** jdn (von etw) überzeugen; (*de délit*) jdn (etw *gén*) überführen

convaincu, e [kɔ̃vɛ̃ky] *pp de* **convaincre** ▶ *adj* überzeugt

convalescence [kɔ̃valesɑ̃s] *nf* Genesung *f*, Rekonvaleszenz *f*

convenable [kɔ̃vnabl] *adj* anständig

convenablement [kɔ̃vnabləmɑ̃] *adv* (*placé, choisi*) gut; (*s'habiller, s'exprimer*) passend; (*payé, logé*) anständig

convenance [kɔ̃vnɑ̃s] *nf* : **à ma/votre ~** nach (meinem/Ihrem) Belieben; **convenances** *nfpl* Anstand *m*

convenir [kɔ̃vniʀ] *vi* passen; **~ à** passen +*dat*; **~ de** (*admettre*) zugeben; (*fixer*) vereinbaren; **~ de faire qch** übereinkommen, etw zu tun; **il convient de faire qch** es gehört sich, etw zu tun; **il a été convenu que** es wurde vereinbart, dass; **comme convenu** wie vereinbart

convention [kɔ̃vɑ̃sjɔ̃] *nf* Abkommen *nt*, Vereinbarung *f*; (*assemblée*) Versammlung *f*; **conventions** *nfpl* Konventionen *pl*; **~ collective** Tarifvertrag *m*; **~ type** (*Jur*) Rahmenabkommen *nt*

conventionné, e [kɔ̃vɑ̃sjɔne] *adj* (*médecin*) ≈ Kassen-

convenu, e [kɔ̃vny] *pp de* **convenir** ▶ *adj* vereinbart, festgesetzt

converger [kɔ̃vɛʀʒe] *vi* konvergieren; (*efforts, idées*) übereinstimmen; **~ vers** *ou* **sur** zustreben +*dat*

conversation [kɔ̃vɛʀsasjɔ̃] *nf* Gespräch *nt*; **avoir de la ~** ein guter Gesprächspartner/eine gute Gesprächspartnerin sein

converser [kɔ̃vɛʀse] *vi* sich unterhalten

conversion [kɔ̃vɛʀsjɔ̃] *nf* Umwandlung *f*; (*Pol*) Umbildung *f*; (*Rel*) Bekehrung *f*; (*Comm, Inform*) Konvertierung *f*

convertir [kɔ̃vɛʀtiʀ] *vt* : **~ qn (à)** jdn bekehren (zu); **~ qch en** etw umwandeln in +*acc*; **se convertir (à)** *vpr* (*Rel*) konvertieren (zu)

conviction [kɔ̃viksjɔ̃] *nf* Überzeugung *f*

convier [kɔ̃vje] *vt* : **~ qn à** jdn einladen zu; **~ qn à faire qch** jdn dazu auffordern, etw zu tun

convive [kɔ̃viv] *nmf* Gast *m* bei Tisch

convivial, e, -aux [kɔ̃vivjal, jo] *adj* gesellig; (*Inform*) benutzerfreundlich

convocation [kɔ̃vɔkasjɔ̃] *nf* (*papier, document*) Vorladung *f*; (*d'une assemblée*) Einberufung *f*

convoi [kɔ̃vwa] *nm* Konvoi *m*, Kolonne *f*; (*train*) Zug *m*; **~ (funèbre)** Leichenzug *m*

convoquer [kɔ̃vɔke] *vt* (*assemblée, comité*) einberufen; (*candidat à un examen*) bestellen; (*témoin*) (vor)laden

convoyeur [kɔ̃vwajœʀ] *nm* (*Naut*) Begleitschiff *nt*; **~ de fonds** Sicherheitsbeamte(r) *m*

convulsions [kɔ̃vylsjɔ̃] *nfpl* (*Méd*) Zuckungen *pl*, Krämpfe *pl*

cookie [kuki] *nm* (*Inform*) Cookie *nt*

coopérant, e [kɔɔpeʀɑ̃, ɑ̃t] *nm/f* ≈ Entwicklungshelfer(in)

coopération [kɔɔpeʀasjɔ̃] *nf* Kooperation *f*, Unterstützung *f*; **la ~**

(militaire/technique) die militärische/technische Entwicklungshilfe f
coopérer [kɔɔpeʀe] vi zusammenarbeiten; **~ à** mitarbeiten an +dat
coordonné, e [kɔɔʀdɔne] adj koordiniert; **coordonnés** nmpl Kleidung f zum Kombinieren ▶ nf (Ling) Nebensatz m; **coordonnées** nfpl Koordinaten pl; (détails personnels) Angaben pl zur Person
copain, copine [kɔpɛ̃, kɔpin] (fam) nm/f Freund(in); **~ de classe** Klassenkamerad ▶ adj : **être ~ avec qn** mit jdm gut befreundet sein; **petit ~** (fester) Freund m; **petite ~e** (feste) Freundin f
coparentalité [kɔpaʀɑ̃talite] nf gemeinsames Sorgerecht nt (bei getrennt lebenden Eltern)
copeau, x [kɔpo] nm Hobelspan m
copie [kɔpi] nf Kopie f; (feuille d'examen) Blatt nt, Bogen m; (devoir) Schularbeit f; **~ certifiée conforme** beglaubigte Kopie; **~ d'écran** Screenshot m
copier [kɔpje] vt kopieren ▶ vi (tricher) abschreiben; **~ sur** abschreiben von
copieur [kɔpjœʀ] nm Kopiergerät nt, Kopierer m
copieux, -euse [kɔpjø, jøz] adj (repas, portion) reichlich
copilote [kɔpilɔt] nm Kopilot(in) m(f); (Auto) Beifahrer(in) m(f)
copine [kɔpin] nf voir **copain**
coproduction [kɔpʀɔdyksjɔ̃] nf Koproduktion f
copropriété [kɔpʀɔpʀijete] nf Miteigentum nt, Mitbesitz m; **acheter un appartement en ~** eine Eigentumswohnung erwerben
copyright [kɔpiʀajt] nm Copyright nt
coq [kɔk] nm Hahn m
coq-à-l'âne [kɔkalɑn] nm inv abrupter Themawechsel m
coque [kɔk] nf (de noix) Schale f; (de bateau, d'avion) Rumpf m; (mollusque) Herzmuschel f; **à la ~** (Culin) weich gekocht
coquelicot [kɔkliko] nm Mohn m
coqueluche [kɔklyʃ] nf Keuchhusten m
coquet, te [kɔkɛ, ɛt] adj (qui veut plaire) kokett; (joli) hübsch, nett
coquetier [kɔk(ə)tje] nm Eierbecher m
coquillage [kɔkijaʒ] nm Muschel f
coquille [kɔkij] nf Schale f; (Typo) Druckfehler m; **~ Saint-Jacques** Jakobsmuschel f
coquin, e [kɔkɛ̃, in] adj schelmisch, spitzbübisch
cor [kɔʀ] nm (Mus) Horn nt; **~ (au pied)** Hühnerauge nt; **réclamer à ~ et à cri** lautstark fordern; **~ de chasse** Jagdhorn nt
corail, -aux [kɔʀaj, o] nm Koralle f
Coran [kɔʀɑ̃] nm Koran m
corbeau, x [kɔʀbo] nm Rabe m
corbeille [kɔʀbɛj] nf Korb m; (Inform) Papierkorb m; **la ~** (à la Bourse) das Parkett (der Pariser Börse); **~ à pain** Brotkorb m; **~ à papiers** Papierkorb m; **~ de mariage** Hochzeitsgeschenke pl
corbillard [kɔʀbijaʀ] nm Leichenwagen m
corde [kɔʀd] nf Seil nt, Strick m; (de violon, raquette) Saite f; (d'arc) Sehne f; (trame) Faden(lauf) m; (Athlétisme, Auto) Innenbahn f; **les (instruments à) ~s** (Mus) die Streicher pl; **~s vocales** Stimmbänder pl
cordeau, x [kɔʀdo] nm Richtschnur f
cordée [kɔʀde] nf (d'alpinistes) Seilschaft f
cordial, e, -aux [kɔʀdjal, jo] adj herzlich
cordialement [kɔʀdjalmɑ̃] adv herzlich; (formule épistolaire) mit herzlichen Grüßen
cordon [kɔʀdɔ̃] nm Schnur f; **~ de police** Polizeikordon m, Postenkette f; **~ ombilical** Nabelschnur f; **~ sanitaire** Sperrgürtel m (um ein Seuchengebiet)
cordon-bleu [kɔʀdɔ̃blø] nm Meisterkoch m, Meisterköchin f
cordonnier, -ière [kɔʀdɔnje, jɛʀ] nm/f Schuster(in), Schuhmacher(in)
Corée [kɔʀe] nf : **la ~** Korea nt
coréen, ne [kɔʀeɛ̃, ɛn] adj koreanisch ▶ nm/f: **Coréen, ne** Koreaner(in)
coriace [kɔʀjas] adj zäh; (adversaire, problème aussi) hartnäckig
coriandre [kɔʀjɑ̃dʀ] nf Koriander m
cormoran [kɔʀmɔʀɑ̃] nm Kormoran m
corne [kɔʀn] nf Horn nt
cornée [kɔʀne] nf Hornhaut f
corneille [kɔʀnɛj] nf Krähe f
cornélien, ne [kɔʀneljɛ̃, jɛn] adj (débat etc) zwischen Pflicht und Neigung
cornemuse [kɔʀnəmyz] nf Dudelsack m
corner¹ [kɔʀnɛʀ] nm (Football) Ecke f
corner² [kɔʀne] vt (pages) ein Eselsohr nt machen in +acc
cornet [kɔʀnɛ] nm Tüte f; (de glace) Eistüte f; **~ à piston** (Mus) Kornett nt
cornette [kɔʀnɛt] nf (coiffure) Schwesternhaube f
corniche [kɔʀniʃ] nf (route) Küstenstraße f
cornichon [kɔʀniʃɔ̃] nm Gewürzgurke f
corporation [kɔʀpɔʀasjɔ̃] nf Innung f, Zunft f
corporel, le [kɔʀpɔʀɛl] adj Körper-; (besoin, blessures) körperlich

corps [kɔʀ] nm Körper m; (cadavre) Leiche f; (d'un texte, discours) Hauptteil m; **à son ~ défendant** widerwillig, ungern; **à ~ perdu** blindlings; **prendre ~** Gestalt annehmen; **~ à ~** Handgemenge nt; **~ d'armée** Armeekorps nt; **~ de ballet** Corps de Ballet nt; **~ étranger** Fremdkörper m

corpulent, e [kɔʀpylɑ̃, ɑ̃t] adj korpulent

correct, e [kɔʀɛkt] adj (exact) richtig; (bienséant, honnête) korrekt; (passable) ausreichend

correctement [kɔʀɛktəmɑ̃] adv richtig

correcteur, -trice [kɔʀɛktœʀ, tʀis] nm/f (Typo) Korrektor(in) ▶ nm: **~ orthographique** Rechtschreibhilfe f

correction [kɔʀɛksjɔ̃] nf Korrektur f; (de faute, erreur) Berichtigung f, Verbesserung f; (coups, punition) Züchtigung f, Schläge pl

correctionnel, le [kɔʀɛksjɔnɛl] adj: **tribunal ~** Strafgericht nt ▶ nf: **la ~le** das Strafgericht

corrélation [kɔʀelasjɔ̃] nf Wechselbeziehung f, direkter Zusammenhang m

correspondance [kɔʀɛspɔ̃dɑ̃s] nf (analogie, rapport) Entsprechung f; (échange de lettres) Korrespondenz f; (de train, d'avion) Anschluss m, Verbindung f; **ce train assure la ~ avec** mit diesem Zug hat man Anschluss an +acc

correspondant, e [kɔʀɛspɔ̃dɑ̃, ɑ̃t] nm/f (épistolaire) Brieffreund(in); (journaliste) Korrespondent(in)

correspondre [kɔʀɛspɔ̃dʀ] vi (données, témoignages) übereinstimmen; (chambres) miteinander verbunden sein; **~ à** entsprechen +dat; **~ avec qn** mit jdm in Briefwechsel stehen

corrida [kɔʀida] nf Stierkampf m

corridor [kɔʀidɔʀ] nm Korridor m, Gang m

corriger [kɔʀiʒe] vt korrigieren; (erreur, défaut) verbessern; (punir) züchtigen

corroborer [kɔʀɔbɔʀe] vt bestätigen

corroder [kɔʀɔde] vt zerfressen

corrompre [kɔʀɔ̃pʀ] vt (dépraver) verderben, korrumpieren; (soudoyer) bestechen

corrosion [kɔʀozjɔ̃] nf Korrosion f

corruption [kɔʀypsjɔ̃] nf Korruption f

corsage [kɔʀsaʒ] nm Bluse f

corse [kɔʀs] adj korsisch ▶ nmf: **Corse** Korse m, Korsin f ▶ nf: **la C~** Korsika nt

corsé, e [kɔʀse] adj (café etc) kräftig (im Geschmack); (compliqué) heikel; (scabreux) pikant

corset [kɔʀsɛ] nm Korsett nt

cortège [kɔʀtɛʒ] nm Zug m

cortisone [kɔʀtizɔn] nf Kortison nt

corvée [kɔʀve] nf lästige Aufgabe f; (Mil) Arbeitsdienst m

cosmétique [kɔsmetik] nm Kosmetikprodukt nt ▶ adj kosmetisch

cosmétologie [kɔsmetɔlɔʒi] nf Schönheitspflege f

cosmique [kɔsmik] adj kosmisch

cosmonaute [kɔsmɔnot] nmf Kosmonaut(in) m(f)

cosmopolite [kɔsmɔpɔlit] adj multikulturell; (personne) kosmopolitisch

cosmos [kɔsmos] nm Kosmos m, Weltall nt

cosse [kɔs] nf (Bot) Hülse f, Schote f

cossu, e [kɔsy] adj (maison) prunkvoll

Costa Rica [kɔstaʀika] nm: **le ~** Costa Rica nt

costaricien, ne [kɔstaʀisjɛ̃, jɛn] adj costa-ricanisch

costaud, e [kɔsto, od] adj (personne) stämmig, kräftig; (objet) stabil

costume [kɔstym] nm (d'homme) Anzug m; (de théâtre) Kostüm nt

cotation [kɔtasjɔ̃] nf Notierung f

cote [kɔt] nf (d'une valeur boursière) Börsennotierung f; (d'un cheval) Gewinnquote f; (d'un candidat etc) Chancen pl; (Géo) Höhenmarkierung f; **avoir la ~** (fam) hoch im Kurs stehen; **~ d'alerte** Hochwassermarke f; **~ de popularité** Beliebtheitsgrad m

côte [kot] nf (rivage) Küste f; (pente) Gefälle nt; (Anat, Tricot) Rippe f; (d'agneau, de porc) Rippchen nt; **~ à ~** Seite an Seite; **la C~ (d'Azur)** die Côte d'Azur f; **la C~ d'Ivoire** die Elfenbeinküste f

côté [kote] nm Seite f; **de tous les ~s** von allen Seiten; **de quel ~ est-il parti ?** in welche Richtung ist er gegangen?; **de ce/de l'autre ~** auf dieser/auf der anderen Seite; (mouvement) in diese/die andere Richtung; **du ~ de ...** (provenance) von ... her; (direction) in Richtung auf +acc; (proximité) in der Nähe von; **de ~** (marcher, se tourner) zur Seite; (regarder) von der Seite; **laisser de ~** beiseitelassen; **mettre de ~** auf die Seite legen; **à ~** (pièce ou maison adjacente) nebenan; (de la cible) daneben; **à ~ de** neben +dat

coteau [kɔto] nm Hügel m, Anhöhe f

côtelé, e [kot(ə)le] adj (pull) gerippt; **pantalons en velours ~** Cord(samt)-hosen pl

côtelette [kotlɛt] nf Kotelett nt

coter [kɔte] vt notieren
côtier, -ière [kotje, jɛʀ] adj Küsten-
cotisant, e [kɔtizɑ̃, ɑ̃t] nm/f Beitragszahler(in)
cotisation [kɔtizasjɔ̃] nf Beitrag m
cotiser [kɔtize] vi : **~ à** seinen Beitrag bezahlen +dat; **se cotiser** vpr zusammenlegen
coton [kɔtɔ̃] nm Baumwolle f; **c'est ~ !** (fam : ardu, complexe) das ist ganz schön verzwickt!; **~ hydrophile** Verbandwatte f
Coton-Tige® [kɔtɔ̃tiʒ] (pl **Cotons-Tiges**) nm Wattestäbchen nt
côtoyer [kotwaje] vt (personne) zusammenkommen mit; (longer) entlangfahren, entlanggehen; (fig) grenzen an +acc
cou [ku] nm Hals m
couche [kuʃ] nf Schicht f; (de bébé) Windel f; **couches** nfpl (Méd) Entbindung f; **~ jetable** Wegwerfwindel f; **~ d'ozone** Ozonschicht; **~s sociales** Gesellschaftsschichten pl
couché, e [kuʃe] adj : **être ~** liegen; **rester ~** liegen bleiben
couche-culotte [kuʃkylɔt] (pl **couches-culottes**) nf Windel f
coucher [kuʃe] vt (mettre au lit) ins ou zu Bett bringen; (écrire) niederschreiben ▶ vi (dormir) schlafen; **se coucher** vpr (pour dormir) schlafen gehen; (s'étendre) sich hinlegen ▶ nm : **~ de soleil** Sonnenuntergang m; **~ avec qn** mit jdm schlafen
couche-tard [kuʃtaʀ] nm/f inv Nachtmensch m
couchette [kuʃɛt] nf (de train) Liegewagenplatz m
couci-couça [kusikusa] (fam) adv so, lala
coucou [kuku] nm Kuckuck m
coude [kud] nm (de tuyau) Knie nt; (de route) Kurve f; **~ à ~** Seite an Seite
cou-de-pied [kudpje] (pl **cous-de-pied**) nm Spann m, Rist m
coudre [kudʀ] vt nähen; (bouton) annähen ▶ vi nähen
couenne [kwan] nf (porc) Schwarte f
couette [kwɛt] nf (édredon) Steppdecke f
couffin [kufɛ̃] nm Körbchen nt
coulant, e [kulɑ̃, ɑ̃t] adj (indulgent) gelassen
couler [kule] vi fließen; (fuir) auslaufen, lecken; (sombrer : bateau) untergehen ▶ vt (métal, cloche, sculpture) gießen; (bateau) versenken; (fig : magasin, entreprise) zugrunde richten; (: candidat) durchfallen lassen; **se couler dans** vpr (se glisser) hineinschlüpfen in +acc
couleur [kulœʀ] nf Farbe f; **couleurs** nfpl (du teint) Gesichtsfarbe f; (Mil) Nationalfarben pl; **film/télévision en ~(s)** Farbfilm m/-fernsehen nt
couleuvre [kulœvʀ] nf Ringelnatter f
coulisse [kulis] nf (Tech) Führungsleiste f; **coulisses** nfpl (Théât) Kulisse f; **dans les ~s** im Hintergrund
couloir [kulwaʀ] nm (de maison) Flur m, Gang m; (de bus) Gang; **~ aérien** Luftkorridor m

(MOT-CLÉ)

coup [ku] nm **1** (heurt, choc, Tennis, Golf, Boxe) Schlag m; **coup de poing** Faustschlag m; **coup de pied** Fußtritt m; **coup de coude** Stoß m mit dem Ellbogen; **un coup sec** ein kurzer Schlag; **coup de couteau** Messerstich m; **à coups de hache/marteau** mit der Hacke/dem Hammer; **coup de vent** Windstoß m; **en coup de vent** in Windeseile
2 (Échecs) **coup franc** Freistoß m; **coup de feu** Schuss m; **coup de fusil** (Gewehr)schuss m
3 (bruit : à la porte etc) Schlag m; (frappé par une horloge) (Stunden)schlag m; **coup de sonnette** Klingeln nt; **coup de tonnerre** Donner(schlag) m
4 (fam : fois) Mal nt; **d'un seul coup** mit einem Schlag, auf einmal; **du premier coup** auf Anhieb; **du même coup** gleichzeitig; **après coup** hinterher; **à tous les coups** jedes Mal; **coup sur coup** Schlag auf Schlag
5 (locutions) : **donner un coup de balai/chiffon** fegen/staubwischen; **coup dur** harter Schlag m; **avoir le coup** (fig) den Dreh heraushaben; **être dans le/hors du coup** auf dem/nicht auf dem Laufendem sein; **du coup** (fam) daraufhin; **boire un coup** (fam) einen Schluck trinken; **à coup sûr** bestimmt, ganz sicher; **être sur un coup** (fam) etw dat auf der Spur sein; **sur le coup** auf der Stelle; **sous le coup de** (surprise etc) unter dem Eindruck +gén; **tomber sous le coup de la loi** (Jur) eine Straftat sein; **pour le coup** (für) diesmal; **il a raté son coup** er hat die Sache vermasselt; **faire un coup bas à qn** (fig) jdm einen Tiefschlag versetzen; **faire un coup fourré à qn** jdm in den Rücken fallen
6 (composés) : **coup de chance** Glücksfall m; **coup de chapeau** Kompliment nt; **coup de crayon** Bleistiftstrich m; **coup**

d'envoi Anpfiff m; (fig) Startschuss m; **coup d'essai** erster Versuch m; **coup d'État** Staatsstreich m; **coup de fil** Anruf m; **donner** ou **passer un coup de fil (à qn)** (jdn) anrufen; **coup de filet** Fang m; **coup de foudre** Liebe f auf den ersten Blick; **coup de frein**: **donner un coup de frein** (Auto) scharf bremsen; **coup de grâce** Gnadenstoß m; **coup du lapin** Schlag m ins Genick; **coup de main**: **donner un coup de main à qn** jdm helfen; **coup de maître** Meisterstück nt; **coup d'œil** Blick m; **coup de pied** Fußtritt m; **coup de pinceau** Pinselstrich m; **coup de poing** Faustschlag m; **coup de soleil** Sonnenbrand m; **coup de téléphone** Anruf m; **donner un coup de téléphone à qn** jdn anrufen; **coup de tête** (fig) impulsive Entscheidung f; **coup de théâtre** (fig) Knalleffekt m

coupable [kupabl] adj schuldig ▶ nmf Schuldige(r) f(m); **~ de** schuldig +gén

coupe [kup] nf (à champagne) (Sekt)schale f; (à fruits) Schale f; (Sport) Pokal m; (de cheveux, vêtement) Schnitt m; **vu en ~** im Querschnitt; **être sous la ~ de qn** unter jds Fuchtel dat stehen

coupe-faim [kupfɛ̃] (pl **coupe-faim(s)**) nm Appetitzügler m

coupe-gorge [kupgɔʀʒ] (pl **coupe-gorges**) nm gefährliche Gasse f

coupe-ongle [kupɔ̃gl] (pl **coupe-ongles**) nm (pince) Nagelzwicker m; (ciseaux) Nagelschere f

coupe-papier [kuppapje] (pl **coupe-papiers**) nm Brieföffner m

couper [kupe] vt schneiden; (tissu) zuschneiden; (tranche, morceau, route, retraite) abschneiden; (communication) unterbrechen; (eau, courant) sperren, abstellen; (fièvre) senken; (vin) verdünnen ▶ vi schneiden; (prendre un raccourci) eine Abkürzung nehmen; (Cartes) abheben; (: avec l'atout) stechen; **se couper** vpr sich schneiden; (se contredire) sich verraten, sich versprechen; **~ la parole à qn** jdm ins Wort fallen; **~ les vivres à qn** jdm den Lebensunterhalt streichen; **~ le contact** ou **l'allumage** die Zündung ausstellen

coupe-vent [kupvɑ̃] (pl **coupe-vent(s)**) nm Windjacke f

couple [kupl] nm Paar nt; (époux) Ehepaar nt

coupler [kuple] vt (Tech) zusammenkoppeln

couplet [kuplɛ] nm (Mus) Strophe f

coupole [kupɔl] nf Kuppel f; **la Coupole** die Académie française

coupon [kupɔ̃] nm (ticket) Abschnitt m

coupon-réponse [kupɔ̃ʀepɔ̃s] (pl **coupons-réponse**) nm Antwortschein m

coupure [kupyʀ] nf (blessure) Schnittwunde f, Schnitt m; (billet de banque) Banknote f; (de journal, de presse) Ausschnitt m; **~ d'eau** Abstellen nt des Wassers; **~ de courant** Stromsperre f

cour [kuʀ] nf Hof m; (Jur) Gericht nt; **faire la ~ à qn** jdm den Hof machen; **~ d'assises** Schwurgericht nt; **~ martiale** Kriegsgericht nt

courage [kuʀaʒ] nm Mut m

courageux, -euse [kuʀaʒø, øz] adj mutig, tapfer

couramment [kuʀamɑ̃] adv (souvent) oft, häufig; (parler) fließend

courant, e [kuʀɑ̃, ɑ̃t] adj (fréquent) häufig; (normal) geläufig, gebräuchlich; (en cours) laufend ▶ nm (Élec) Strom m; (de rivière etc) Strömung f; **eau ~e** fließendes Wasser; **être au ~ (de)** auf dem Laufenden sein (über +acc); **mettre qn au ~ (de)** jdn auf den neuesten Stand bringen (über +acc); **se tenir au ~ (de)** sich auf dem Laufenden halten (über +acc); **allemand ~** heutiges Deutsch; **~ d'air** Durchzug m; **~ électrique** (elektrischer) Strom m

courbatures [kuʀbatyʀ] nfpl Muskelkater m

courbe [kuʀb] nf Kurve f ▶ adj gebogen

courber [kuʀbe] vt biegen; **~ la tête** den Kopf senken

coureur, -euse [kuʀœʀ, øz] nm/f (cycliste) Radrennfahrer(in); (automobile) Rennfahrer(in); (à pied) Läufer(in); (péj: dragueur) Schürzenjäger m, Mannstolle f

courge [kuʀʒ] nf Kürbis m

courgette [kuʀʒɛt] nf Zucchini f

courir [kuʀiʀ] vi laufen, rennen; (Sport) laufen ▶ vt (danger) sich aussetzen +dat; (risque) eingehen; **~ les cafés/bals** sich ständig in Cafés/auf Bällen herumtreiben; **le bruit court que** es geht das Gerücht um, dass

couronne [kuʀɔn] nf Krone f; (de fleurs) Kranz m

couronner [kuʀɔne] vt (roi) krönen; (lauréat, ouvrage) auszeichnen; (carrière, efforts) der Höhepunkt ou die Krönung sein von

courriel [kuʀjɛl] nm E-Mail f; **envoyer qch par ~** etw per E-Mail schicken

courrier [kuʀje] nm Post f, Briefe pl; **~ électronique** E-Mail f

courroie [kurwa] nf Riemen m; **~ de transmission** Antriebsriemen m

cours [kur] nm Kurs m; (leçon) Unterrichtsstunde f; (à l'université) Vorlesung f; **donner libre ~ à qch** etw dat freien Lauf lassen; **avoir ~** (monnaie) gesetzliches Zahlungsmittel sein; (fig) gebräuchlich sein; (Scol) Unterricht haben; **en ~** laufend; **en ~ de route** unterwegs; **au ~ de** im Verlauf +gén; **~ d'eau** Wasserweg m; **~ du change** Wechselkurs m; **~ du soir** Abendkurs m

course [kurs] nf (action de courir) Wettlauf m; (épreuve) Rennen nt; (trajet : du soleil) Lauf m; (: d'un projectile) Flugbahn f; (: d'une pièce mécanique) Hub m; (excursion) Bergtour f; (d'un taxi, autocar) Fahrt f; (petite mission) Besorgung f; **courses** nfpl (achats) Einkäufe pl; (Hippisme) Pferderennen; **faire les** ou **ses ~** einkaufen gehen; **~ à pied** Jogging nt; **~s de chevaux** Pferderennen nt

court, e [kur, kurt] adj kurz ▶ adv kurz ▶ nm (de tennis) (Tennis)platz m; **tourner ~** plötzlich ou abrupt aufhören; **couper ~ à** abbrechen; **être à ~ d'argent/de papier** kein Geld/kein Papier mehr haben; **prendre qn de ~** jdn überraschen

court-bouillon [kurbujɔ̃] (pl **courts-bouillons**) nm Fischbouillon f

court-circuit [kursirkɥi] (pl **courts-circuits**) nm Kurzschluss m

court-circuiter [kursirkɥite] vt (fig) umgehen

courtier, -ière [kurtje, jɛr] nm/f Makler(in)

courtiser [kurtize] vt den Hof machen +dat

courtois, e [kurtwa, waz] adj höflich
courtoisie [kurtwazi] nf Höflichkeit f
couscous [kuskus] nm Kuskus m ou nt
cousin, e [kuzɛ̃, in] nm/f Vetter m, Cousine f; **~ germain** Vetter/Cousine ersten Grades

coussin [kusɛ̃] nm Kissen nt; **~ d'air** Luftkissen nt

cousu, e [kuzy] pp de **coudre**
coût [ku] nm Kosten pl; **le ~ de la vie** die Lebenshaltungskosten pl

coûtant [kutɑ̃] adj m : **au prix ~** zum Selbstkostenpreis

couteau, x [kuto] nm Messer nt; (mollusque) Scheidenmuschel f; **~ à cran d'arrêt** Klappmesser nt

couteau-scie [kutosi] (pl **couteaux-scies**) nm Sägemesser nt

coûter [kute] vt, vi kosten; **~ à qn** (décision etc) jdm schwerfallen; **~ cher** teuer sein; **combien ça coûte ?** wie viel kostet das?; **coûte que coûte** koste es, was es wolle

coûteux, -euse [kutø, øz] adj teuer
coutume [kutym] nf Sitte f, Brauch m
couture [kutyr] nf (activité) Nähen nt; (art) Schneiderhandwerk nt; (ouvrage) Näharbeit f; (points) Naht f

couturier [kutyrje] nm Couturier m, Modeschöpfer m

couturière [kutyrjɛr] nf Schneiderin f
couvée [kuve] nf Brut f
couvent [kuvɑ̃] nm Kloster nt
couver [kuve] vt ausbrüten ▶ vi (feu) schwelen; (révolte) sich zusammenbrauen

couvercle [kuvɛrkl] nm Deckel m
couvert, e [kuvɛr, ɛrt] pp de **couvrir** ▶ adj (ciel, temps) bedeckt, bewölkt ▶ nm (ustensile) Besteck nt; (place à table) Gedeck nt; **couverts** nmpl (ustensiles) Gedeck; **~ de** bedeckt mit; **rester ~** seinen Hut aufbehalten; **mettre le ~** den Tisch decken; **à ~** geschützt, sicher; **sous le ~ de** im Schutze +gén

couverture [kuvɛrtyr] nf (de lit) Decke f; (de livre) Einband m; (de cahier) Umschlag m; (d'un événement) Berichterstattung f

couveuse [kuvøz] nf (pour bébé) Brutkasten m

couvre-chef [kuvrəʃɛf] (pl **couvre-chefs**) nm Kopfbedeckung f

couvre-feu [kuvrəfø] (pl **couvre-feux**) nm Ausgangssperre f

couvre-lit [kuvrəli] (pl **couvre-lits**) nm Tagesdecke f

couvre-pied [kuvrəpje] (pl **couvre-pieds**) nm Steppdecke f

couvrir [kuvrir] vt bedecken; (protéger) decken; (distance) zurücklegen; **se couvrir** vpr (temps, ciel) sich bedecken, sich bewölken; (s'habiller) sich anziehen; (se coiffer) sich dat einen Hut aufsetzen; (par une assurance) sich absichern

covoiturage [kovwatyraʒ] nm (déplacement en commun) Fahrgemeinschaft f; (voiture en commun) Carsharing nt

cow-boy [koboj] (pl **cow-boys**) nm Cowboy m

coyote [kɔjɔt] nm Kojote m
CQFD [sekyɛfde] abr (= ce qu'il fallait démontrer) QED

crabe [krab] nm Krabbe f
cracher [kraʃe] vi spucken ▶ vt ausspucken; (lave) speien; (injures) ausstoßen

crachin [kʀaʃɛ̃] *nm* Sprühregen *m*
crachiner [kʀaʃine] *vi* nieseln
crack [kʀak] *nm* (*drogue*) Crack *nt*
cradingue [kʀadɛ̃g], **crade** [kʀad] (*fam*) *adj* dreckig
craie [kʀɛ] *nf* Kreide *f*
craindre [kʀɛ̃dʀ] *vt* fürchten, sich fürchten vor; (*chaleur, froid*) nicht vertragen; **~ que** befürchten, dass
crainte [kʀɛ̃t] *nf* Furcht *f*; **soyez sans ~** nur keine Angst; **de ~ de/que** aus Furcht vor/aus Furcht dass
craintif, -ive [kʀɛ̃tif, iv] *adj* furchtsam, ängstlich
cramoisi, e [kʀamwazi] *adj* puterrot
crampe [kʀɑ̃p] *nf* Krampf *m*
crampon [kʀɑ̃pɔ̃] *nm* (*de semelle*) Stollen *m*; (*Alpinisme*) Steigeisen *nt*; **raccrocher les ~s** (*fig*) die Fußballschuhe an den Nagel hängen
cramponner [kʀɑ̃pɔne]: **se cramponner (à)** *vpr* sich klammern (an +*acc*)
cran [kʀɑ̃] *nm* (*entaille*) Kerbe *f*, Einschnitt *m*; (*courage*) Schneid *m*, Mumm *m*; **~ d'arrêt** *ou* **de sûreté** Sicherung *f*
crâne [kʀɑn] *nm* Schädel *m*
crâner [kʀɑne] (*fam*) *vi* angeben
crapaud [kʀapo] *nm* Kröte *f*
crapule [kʀapyl] *nf* Schuft *m*
crapuleux, -euse [kʀapylø, øz] *adj*: **crime ~** scheußliches Verbrechen *nt*
craquelure [kʀaklyʀ] *nf* Sprung *m*, Riss *m*
craquement [kʀakmɑ̃] *nm* Krachen *nt*
craquer [kʀake] *vi* (*bruit*) knacken, knarren; (*fil, couture*) (zer)reißen; (*branche*) brechen; (*s'effondrer*) zusammenbrechen; **j'ai craqué !** (*fam*) ich bin ausgeflippt!; **craqué pour qch** (*fam*) auf etw stehen ▶ *vt*: **~ une allumette** ein Streichholz anzünden
crasse [kʀas] *nf* Schmutz *m*, Dreck *m*
crasseux, -euse [kʀasø, øz] *adj* dreckig, schmutzig
cratère [kʀatɛʀ] *nm* Krater *m*
cravate [kʀavat] *nf* Krawatte *f*
crawl [kʀol] *nm* Kraulen *nt*
crayon [kʀɛjɔ̃] *nm* Bleistift *m*; **~ de couleur** Farbstift *m*; **~ optique** Lichtgriffel *m*
crayon-feutre [kʀɛjɔ̃føtʀ] (*pl* **crayons-feutres**) *nm* Filzstift *m*
créancier, -ière [kʀeɑ̃sje, jɛʀ] *nm/f* Gläubiger(in)
créateur, -trice [kʀeatœʀ, tʀis] *nm/f* Schöpfer(in)
créatif, -ive [kʀeatif, iv] *adj* kreativ

création [kʀeasjɔ̃] *nf* Schöpfung *f*; (*d'entreprise, emplois etc*) Schaffung *f*; (*nouvelle robe, voiture etc*) Kreation *f*
créativité [kʀeativite] *nf* Kreativität *f*
créature [kʀeatyʀ] *nf* Geschöpf *nt*, Lebewesen *nt*
crèche [kʀɛʃ] *nf* Krippe *f*
crédibilité [kʀedibilite] *nf* Glaubwürdigkeit *f*
crédible [kʀedibl] *adj* glaubwürdig
crédit [kʀedi] *nm* (*prêt*) Kredit *m*; (*d'un compte bancaire*) Guthaben *nt*; (*confiance*) Glaube *m*; (*autorité*) Ansehen *nt*; **crédits** *nmpl* (*fonds*) Mittel *pl*, Gelder *pl*; **payer à ~** in Raten zahlen; **acheter à ~** auf Kredit kaufen; **faire ~ à qn** jdm Kredit geben *ou* gewähren
crédit-bail [kʀedibaj] (*pl* **crédits-bails**) *nm* Leasing *nt*
créditer [kʀedite] *vt*: **~ un compte d'une somme** einem Konto einen Betrag gutschreiben
créditeur, -trice [kʀeditœʀ, tʀis] *adj* (*personne*) Kredit habend; (*compte, solde*) Kredit- ▶ *nm/f* Schuldner(in)
credo [kʀedo] *nm* Glaubensbekenntnis *nt*
crédule [kʀedyl] *adj* leichtgläubig
crédulité [kʀedylite] *nf* Leichtgläubigkeit *f*
créer [kʀee] *vt* schaffen; (*Rel*) erschaffen; (*problème, besoins etc aussi*) verursachen; (*produit, marque*) herausbringen; (*Théât : spectacle*) uraufführen
crémaillère [kʀemajɛʀ] *nf* Zahnstange *f*; **chemin de fer à ~** Zahnradbahn *f*; **pendre la ~** seinen Einzug im neuen Haus feiern
crémation [kʀemasjɔ̃] *nf* Einäscherung *f*
crématoire [kʀematwaʀ] *adj*: **four ~** Krematorium *nt*
crématorium [kʀematɔʀjɔm] *nm* Krematorium *nt*
crème [kʀɛm] *nf* (*du lait*) Sahne *f*, Rahm *m*; (*de beauté, entremets*) Creme *f* ▶ *adj inv* cremefarben; **un (café) ~** ein Kaffee *m* mit Milch; **~ Chantilly** *ou* **fouettée** Schlagsahne *f*
crémerie [kʀɛmʀi] *nf* Milchhandlung *f*
crémeux, -euse [kʀemø, øz] *adj* sahnig
créneau, x [kʀeno] *nm* (*de fortification*) Zinne *f*; (*fig : dans un emploi du temps*) Zeitfenster *nt*; (*Comm*) Marktlücke *f*; (*TV*) Sendeplatz *m*; **faire un ~** sein Auto rückwärts (in eine Lücke) einparken
créole [kʀeɔl] *adj* kreolisch ▶ *nmf*: **Créole** Kreole *m*, Kreolin *f*
crêpe [kʀɛp] *nf* (*galette*) (dünner) Pfannkuchen *m*, Crêpe *f* ▶ *nm*

crêpé | 82

(*tissu*) Krepp m; (*de deuil*) Trauerflor m; **semelle (de) ~** Kreppsohle f

crêpé, e [kʀepe] *adj* (*cheveux*) toupiert

crêperie [kʀepʀi] *nf* Crêperie f

crépi [kʀepi] *nm* (Ver)putz m

crépitement [kʀepitmɑ̃] *nm* (*du feu*) Prasseln nt; (*d'une mitrailleuse*) Knattern nt

crépiter [kʀepite] *vi* (*pluie, feu*) prasseln; (*huile*) zischen; (*mitrailleuse*) knattern

crépon [kʀepɔ̃] *nm* Kräuselkrepp m; **papier ~** Krepppapier nt

crépu, e [kʀepy] *adj* kraus, gekräuselt

crépuscule [kʀepyskyl] *nm* (Abend) dämmerung f

cresson [kʀesɔ̃] *nm* Brunnenkresse f

Crète [kʀɛt] *nf*: **la ~** Kreta nt

crête [kʀɛt] *nf* Kamm m

crétin, e [kʀetɛ̃, in] *nm/f* Schwachkopf m

creuser [kʀøze] *vt* (*trou, tunnel*) graben; (*sol*) graben in +*dat*; (*fig: approfondir*) vertiefen; **se creuser** *vpr*: **se ~ la cervelle** *ou* **la tête** sich *dat* den Kopf zerbrechen; **ça creuse** (*fam*) das macht hungrig

creux, creuse [kʀø, kʀøz] *adj* hohl; (*assiette*) tief ▶ *nm* Loch nt; **j'ai un ~ (à l'estomac)** (*fam*) ich habe Kohldampf; **heures creuses** stille *ou* ruhige Zeit f, Flaute f

crevaison [kʀəvɛzɔ̃] *nf* Reifenpanne f

crevant, e [kʀəvɑ̃, ɑ̃t] (*fam*) *adj* (*fatigant*) ermüdend; (*amusant*) umwerfend komisch

crevasse [kʀəvas] *nf* Spalte f; (*de glacier*) Gletscherspalte f; (*sur la peau*) Schrunde f, Riss m

crevé, e [kʀəve] *adj* (*pneu*) platt; **je suis ~** (*fam*) ich bin fix und fertig *ou* total kaputt

crever [kʀəve] *vt* (*ballon, tambour*) zerplatzen lassen ▶ *vi* (*pneu*) platzen; (*automobiliste*) einen Platten haben; (*abcès, nuage*) aufbrechen; (*outre*) platzen; (*fam: mourir*) krepieren

crevette [kʀəvɛt] *nf*: **~ (rose)** Krabbe f; **~ grise** Garnele f, Krevette f

cri [kʀi] *nm* Schrei m; (*appel*) Ruf m; **~s d'enthousiasme** Begeisterungsschreie *pl*; **~s de protestation** Protestrufe *pl*; **c'est le dernier ~** das ist der letzte Schrei

criard, e [kʀijaʀ, kʀijaʀd] *adj* (*couleur*) grell; (*voix*) kreischend

crible [kʀibl] *nm* Sieb nt; **passer qch au ~** etw durchsieben

criblé, e [kʀible] *adj*: **~ de** (*de balles*) durchlöchert von; **être ~ de dettes** bis über die Ohren in Schulden stecken

cric [kʀik] *nm* Wagenheber m

crier [kʀije] *vi* schreien ▶ *vt* (*ordre*) brüllen

crime [kʀim] *nm* Verbrechen nt; **le ~ organisé** das organisierte Verbrechen

Crimée [kʀime] *nf* Krim f

criminalité [kʀiminalite] *nf* Kriminalität f

criminel, le [kʀiminɛl] *nm/f* Kriminelle(r) f(m), Verbrecher(in); **~ de guerre** Kriegsverbrecher m

criminologie [kʀiminɔlɔʒi] *nf* Kriminologie f

criminologue [kʀiminɔlɔg] *nmf* Kriminologe m, Kriminologin f

crin [kʀɛ̃] *nm* (Mähnen)haar nt; (*fibre*) Rosshaar nt; **à tous ~s** *ou* **tout ~** durch und durch

crinière [kʀinjɛʀ] *nf* Mähne f

crique [kʀik] *nf* kleine Bucht f

criquet [kʀikɛ] *nm* Grille f

crise [kʀiz] *nf* Krise f; **avoir une ~ de nerfs** mit den Nerven am Ende sein; **piquer une ~** (*fam*) ausrasten; **~ cardiaque** Herzanfall m; **~ de foie** Leberbeschwerden *pl*

crispant, e [kʀispɑ̃, ɑ̃t] *adj* ärgerlich

crispé, e [kʀispe] *adj* angespannt

crisper [kʀispe] *vt* (*visage*) verzerren; (*muscle*) anspannen; **se crisper** *vpr* sich verkrampfen

crisser [kʀise] *vi* (*neige*) knirschen; (*pneu*) quietschen; (*tissu*) rascheln

cristal, -aux [kʀistal, o] *nm* Kristall nt; **~ de roche** Bergkristall nt

cristallin, e [kʀistalɛ̃, in] *adj* kristallklar ▶ *nm* Augenlinse f

cristalliser [kʀistalize] *vi* (*aussi*: **se cristalliser**) sich kristallisieren

critère [kʀitɛʀ] *nm* Kriterium nt

critérium [kʀiteʀjɔm] *nm* Ausscheidungswettkampf m

critiquable [kʀitikabl] *adj* tadelnswert

critique [kʀitik] *nf* Kritik f ▶ *nmf* Kritiker(in) m(f)

critiquer [kʀitike] *vt* kritisieren

croasser [kʀɔase] *vi* krächzen

croate [kʀɔat] *adj* kroatisch; **C~** *nmf* Kroate m, Kroatin f

Croatie [kʀɔasi] *nf*: **la ~** Kroatien nt

croc [kʀo] *nm* (*dent*) Zahn m; (*de boucher*) Haken m

croc-en-jambe [kʀɔkɑ̃ʒɑ̃b] (*pl* **crocs-en-jambe**) *nm*: **faire un ~ à qn** jdm ein Bein stellen

croche [kʀɔʃ] *nf* Achtel(note f) nt; **double/triple ~** Sechzehntel-/ Zweiunddreißigstel(note f) nt

crochet [kʀɔʃɛ] *nm* Haken m; (*tige, clef*) Dietrich m; (*détour*) Abstecher m; (*Tricot*:

aiguille) Häkelnadel f; (: technique) Häkeln nt; **crochets** nmpl (Typo) eckige Klammern pl; **vivre aux ~s de qn** auf jds Kosten acc leben
crocheter [kʀɔʃte] vt mit dem Dietrich öffnen
crochu, e [kʀɔʃy] adj krumm; (nez)
crocodile [kʀɔkɔdil] nm Krokodil nt; (peau) Krokodilleder nt
crocus [kʀɔkys] nm Krokus m
croire [kʀwaʀ] vt glauben; (personne) glauben +dat; **~ que** glauben, dass; **~ à** ou **en** glauben an +acc; **~ en Dieu** an Gott glauben; **~ qn honnête** jdn für ehrlich halten
croisade [kʀwazad] nf Kreuzzug m
croisé, e [kʀwaze] adj (pull, veste) zweireihig ▶ nm (guerrier) Kreuzritter m
croisement [kʀwazmɑ̃] nm Kreuzung f
croiser [kʀwaze] vt (personne, voiture) begegnen +dat; (route, Biol) kreuzen; (jambes) übereinanderschlagen; (bras) verschränken ▶ vi (Naut) kreuzen; **se croiser** vpr (personnes, véhicules) einander begegnen; (regards) sich begegnen; (routes, lettres) sich kreuzen; **se ~ les bras** (fig) die Hände in den Schoß legen
croiseur [kʀwazœʀ] nm Kreuzer m
croisière [kʀwazjɛʀ] nf Kreuzfahrt f; **vitesse de ~** Reisegeschwindigkeit f
croissance [kʀwasɑ̃s] nf Wachstum nt; **~ économique** Wirtschaftswachstum nt
croissant, e [kʀwasɑ̃, ɑ̃t] adj wachsend, zunehmend ▶ nm (à manger) Croissant nt, Hörnchen nt; **~ de lune** Mondsichel f
croître [kʀwatʀ] vi wachsen; (fig) zunehmen
croix [kʀwa] nf Kreuz nt; **en ~** über Kreuz, kreuzweise; **la C~ Rouge** das Rote Kreuz
croquant, e [kʀɔkɑ̃, ɑ̃t] adj (pomme) knackig
croque-madame [kʀɔkmadam] nm inv überbackener Käsetoast mit Schinken und Spiegelei
croque-mitaine [kʀɔkmitɛn] (pl **croque-mitaines**) nm Buhmann m
croque-monsieur [kʀɔkməsjø] nm inv überbackener Käsetoast mit Schinken
croque-mort [kʀɔkmɔʀ] (pl **croque-morts**) (fam) nm Sargträger m
croquer [kʀɔke] vt (manger) knabbern; (dessiner) skizzieren ▶ vi: **chocolat à ~** Bitterschokolade f; **~ la vie à belles dents** (fig) das Leben in vollen Zügen genießen; **être à ~** (fig) zum Anbeißen sein
croquette [kʀɔkɛt] nf Krokette f
croquis [kʀɔki] nm Skizze f

cross [kʀɔs], **cross-country** [kʀɔskuntʀi] nm Querfeldeinrennen nt, Geländelauf m
crotale [kʀɔtal] nm Klapperschlange f
crotte [kʀɔt] nf Kot m; **~!** (fam) Mist!
crotté, e [kʀɔte] adj dreckig
crottin [kʀɔtɛ̃] nm (de cheval) Pferdeäpfel pl; (fromage) kleiner Ziegenkäse
croulant, e [kʀulɑ̃, ɑ̃t] (fam) nm/f Grufti m
crouler [kʀule] vi (s'effondrer) einstürzen; (être délabré) verfallen; **~ sous (le poids de) qch** unter dem Gewicht etw gén zusammenbrechen
croupe [kʀup] nf Kruppe f; **monter en ~** hinten aufsitzen
croupier [kʀupje] nm Croupier m
croupir [kʀupiʀ] vi (eau) faulen; (personne) stagnieren
CROUS [kʀus] sigle m (= Centre régional des œuvres universitaires et scolaires) Schüler- und Studentenvertretung
croustade [kʀustad] nf Überbackene(s) nt
croustillant, e [kʀustijɑ̃, ɑ̃t] adj knusprig; (histoire) pikant
croustiller [kʀustije] vi knusprig sein
croûte [kʀut] nf (du fromage) Rinde f; (du pain) Kruste f; (couche) Schicht f; (Méd) Schorf m; **en ~** (Culin) im Teigmantel; **~ au fromage** Käsetoast m; **~ aux champignons** Champignontoast m
croûton [kʀutɔ̃] nm (Culin) Crouton m; (bout de pain) Brotkanten m
croyable [kʀwajabl] adj glaubwürdig
croyant, e [kʀwajɑ̃, ɑ̃t] adj: **être/ne pas être ~** gläubig/ungläubig sein ▶ nm/f (Rel) Gläubige(r) f(m)
CRS [seɛʀɛs] sigle m (= Compagnies républicaines de sécurité) ≈ Bereitschaftspolizist m
cru, e [kʀy] pp de **croire** ▶ adj (non cuit) roh; (lumière, couleur) grell; (paroles, langage) derb ▶ nm (vignoble) (Wein)lage f; (vin) Wein(sorte f) m
crû [kʀy] pp de **croître**
cruauté [kʀyote] nf Grausamkeit f
cruche [kʀyʃ] nf Krug m
crucial, e, -aux [kʀysjal, jo] adj entscheidend
crucifier [kʀysifje] vt kreuzigen
crucifix [kʀysifi] nm Kruzifix nt
crudités [kʀydite] nfpl Rohkostplatte f (als Vorspeise)
cruel, le [kʀyɛl] adj grausam
crustacés [kʀystase] nmpl (Culin) Meeresfrüchte pl
crypte [kʀipt] nf Krypta f

crypté, e [kʀipte] adj (chaîne de TV) codiert; (message) verschlüsselt
CSA [seesa] sigle f (= Conseil supérieur de l'audiovisuel) Fernseh-Aufsichtsgremium
CSCE [seessea] nf abr (= Conférence sur la sécurité et la coopération en Europe) KSZE f
Cuba [kyba] nf ou nm Kuba nt
cubage [kyba3] nm Rauminhalt m
cube [kyb] nm Würfel m; (jouet) Bauklotz m; (d'un nombre) Kubikzahl f; **élever au ~** in die dritte Potenz erheben, hoch drei nehmen; **mètre ~** Kubikmeter m
cubique [kybik] adj würfelförmig
cubisme [kybism] nm Kubismus m
cubitus [kybitys] nm Elle f
cueillette [kœjɛt] nf Ernte f
cueillir [kœjiʀ] vt (fleurs) pflücken; (prendre au passage) einsammeln; (fam : fig) **~ qn** (arrêter) schnappen; **~ qc** (lauriers, baiser) einheimsen; (ballon) auffangen
cuiller [kɥijɛʀ] nf Löffel m; **~ à café** Kaffeelöffel, Teelöffel; **~ à soupe** Esslöffel
cuillerée [kɥijʀe] nf Löffel m
cuir [kɥiʀ] nm Leder nt
cuire [kɥiʀ] vt (aliments) kochen; (au four) backen
cuisant, e [kɥizɑ̃, ɑ̃t] adj (douleur) stechend, brennend; (souvenir, échec) schmerzlich
cuisine [kɥizin] nf Küche f; (nourriture) Kost f; **faire la ~** kochen
cuisiné, e [kɥizine] adj : **plat ~** Fertiggericht nt
cuisiner [kɥizine] vt zubereiten; (fam : interroger) ins Gebet ou Verhör nehmen ▶ vi kochen
cuisinette [kɥizinɛt] nf Kochnische f
cuisinier, -ière [kɥizinje, jɛʀ] nm/f Koch m, Köchin f
cuissard [kɥisaʀ] nm Radlerhose f
cuisse [kɥis] nf Oberschenkel m; (de mouton) Keule f; (de poulet) Schlegel m
cuit, e [kɥi, kɥit] pp de **cuire** ▶ adj (légumes) gekocht; (pain) gebacken; **bien ~** gut durchgebraten
cuivre [kɥivʀ] nm Kupfer nt; **les ~s** (Mus) die Blechbläser pl
cul [ky] (vulg) nm Arsch m; **~ de bouteille** Flaschenboden m
culasse [kylas] nf (Auto) Zylinderkopf m; (de fusil) Verschluss m
culbute [kylbyt] nf (en jouant) Purzelbaum m; (accidentelle) Sturz m
culbuter [kylbyte] vi hinfallen
culbuteur [kylbytœʀ] nm (Auto) Unterbrecherhebel m
cul-de-sac [kydsak] (pl **culs-de-sac**) nm Sackgasse f

culinaire [kylinɛʀ] adj kulinarisch
culminant [kylminɑ̃] adj : **point ~** höchster Punkt m
culminer [kylmine] vi den höchsten Punkt erreichen
culot [kylo] nm (d'ampoule) Sockel m; (fam : effronterie) Frechheit f
culotte [kylɔt] nf (pantalon) Kniehose f; **petite ~** (slip) Schlüpfer m; **~ de cheval** Reithose f
culotté, e [kylɔte] adj (pipe) geschwärzt; (cuir) abgegriffen; (effronté) frech
culpabiliser [kylpabilize] vt : **~ qn** jdm Schuldgefühle geben
culpabilité [kylpabilite] nf Schuld f
culte [kylt] nm Verehrung f, Kult m; (religion) Religion f; (service) Gottesdienst m; **un film ~** ein Kultfilm
cultivateur, -trice [kyltivatœʀ, tʀis] nm/f Landwirt(in)
cultivé, e [kyltive] adj (terre) bebaut; (personne) kultiviert, gebildet
cultiver [kyltive] vt (terre) bebauen, bestellen; (légumes etc) anbauen, anpflanzen; (esprit, mémoire) entwickeln
culture [kyltyʀ] nf Kultur f; (du blé etc) Anbau m; **~ physique** Leibesübungen pl
culturel, le [kyltyʀɛl] adj kulturell
culturisme [kyltyʀism] nm Bodybuilding nt
culturiste [kyltyʀist] nmf Bodybuilder(in) m(f)
cumin [kymɛ̃] nm Kümmel m
cumuler [kymyle] vt (emplois, honneurs) gleichzeitig innehaben; (salaires) gleichzeitig beziehen
cupide [kypid] adj habgierig
cure [kyʀ] nf Kur f; (maison) Pfarrhaus nt; **faire une ~ de fruits** eine Obstkur machen; **n'avoir ~ de** sich nicht kümmern um; **~ de désintoxication** Entziehungskur f; **~ thermale** Badekur f
curé [kyʀe] nm Pfarrer m
cure-dents [kyʀdɑ̃] nm Zahnstocher m
cure-ongle [kyʀɔ̃gl] (pl **cure-ongles**) nm Nagelreiniger m
cure-pipe [kyʀpip] (pl **cure-pipes**) nm Pfeifenreiniger m
curer [kyʀe] vt säubern
curetage [kyʀtaʒ] nm Ausschabung f
curieusement [kyʀjøzmɑ̃] adv merkwürdigerweise
curieux, -euse [kyʀjø, jøz] adj (étrange) eigenartig, seltsam; (indiscret, intéressé) neugierig ▶ nmpl (badauds) Schaulustige pl
curiosité [kyʀjozite] nf Neugier(de) f; (objet) Kuriosität f; (site) Sehenswürdigkeit f

curiste [kyrist] *nmf* Kurgast *m*
curling [kœrliŋ] *nm* Eisschießen *nt*
curriculum vitae [kyrikylɔmvite] *nm* Lebenslauf *m*
curry [kyri] *nm* Curry *m ou nt*
curseur [kyrsœr] *nm* (*Inform*) Cursor *m*; **position du ~** Schreibstelle *f*
cursif, -ive [kyrsif, iv] *adj* : **écriture cursive** kursive Schrift *f*
cursus [kyrsys] *nm* Studiengang *m*
cuticule [kytikyl] *nf* Nagelhaut *f*
cutiréaction [kytireaksjɔ̃] *nf* Hauttest *m*
cuve [kyv] *nf* Bottich *m*
cuvée [kyve] *nf* Jahrgang *m*
cuvette [kyvɛt] *nf* Becken *nt*
CV [seve] *sigle m* = **curriculum vitae** (= *cheval-vapeur*) PS *nt*
cybercafé [sibɛrkafe] *nm* Internet-Café *nt*
cybercriminalité [sibɛrkriminalite] *nf* Internetkriminalität *f*
cyberespace [sibɛrɛspas] *nm* Cyberspace *m*
cybernétique [sibɛrnetik] *nf* Kybernetik *f*
cyclable [siklabl] *adj* : **piste ~** Radweg *m*
cyclamen [siklamɛn] *nm* Alpenveilchen *nt*
cycle [sikl] *nm* Zyklus *m*, Kreislauf *m*; (*vélo*) (Fahr)rad *nt*
cyclisme [siklism] *nm* Radfahren *nt*; (*Sport*) Radrennfahren *nt*
cycliste [siklist] *nmf* Radfahrer(in) *m(f)*
cyclomoteur [siklomɔtœr] *nm* Mofa *nt* (*bis 50 Kubik*)
cyclomotoriste [siklomɔtɔrist] *nmf* Mofafahrer(in) *m(f)*
cyclone [siklon] *nm* Wirbelsturm *m*
cyclotourisme [siklɔturism] *nm* Fahrradtourismus *m*
cygne [siɲ] *nm* Schwan *m*
cylindre [silɛ̃dr] *nm* Zylinder *m*
cylindrée [silɛ̃dre] *nf* Hubraum *m*
cymbale [sɛ̃bal] *nf* Becken *nt*
cynique [sinik] *adj* zynisch
cynisme [sinism] *nm* Zynismus *m*
cyprès [siprɛ] *nm* Zypresse *f*
cypriote [siprijɔt] *adj* zypriotisch
cyrillique [sirilik] *adj* kyrillisch
cystite [sistit] *nf* Blasenentzündung *f*
cytise [sitiz] *nm* Goldregen *m*

d

D, d [de] *nm inv* D, d *nt*
d' [d] *prép voir* **de**
dactylo [daktilo] *nf* Stenotypistin *f*
dactylographier [daktilɔgrafje] *vt* mit der Maschine schreiben
dada [dada] *nm* Steckenpferd *nt*
dahlia [dalja] *nm* Dahlie *f*
daigner [dɛɲe] *vt* : **~ faire qch** sich (dazu) herablassen, etw zu tun
daim [dɛ̃] *nm* Damhirsch *m*; (*peau*) Wildleder *nt*
dalle [dal] *nf* (Stein)platte *f*
Dalmatie [dalmasi] *nf* : **la ~** Dalmatien *nt*
dalmatien [dalmasjɛ̃] *nm* (*chien*) Dalmatiner *m*
daltonien, ne [daltɔnjɛ̃, jɛn] *adj* farbenblind
daltonisme [daltɔnism] *nm* Farbenblindheit *f*
dame [dam] *nf* Dame *f*; **dames** *nfpl* (*jeu*) Dame(spiel) *nt*
dame-jeanne [damʒan] (*pl* **dames-jeannes**) *nf* Korbflasche *f*
damier [damje] *nm* (*dessin*) Schachbrettmuster *nt*
damner [dane] *vt* verdammen
dancing [dãsiŋ] *nm* Tanzlokal *nt*
dandiner [dãdine] *vpr* : **se dandiner** hin und her schwanken
Danemark [danmark] *nm* : **le ~** Dänemark *nt*
danger [dãʒe] *nm* Gefahr *f*; **~ de mort** Lebensgefahr *f*
dangereux, -euse [dãʒrø, øz] *adj* gefährlich
danois, e [danwa, waz] *adj* dänisch
▶ *nm/f* : **Danois, e** Däne *m*, Dänin *f*

MOT-CLÉ

dans [dã] *prép* **1** (*lieu* : *sans mouvement*) in +*dat*; **dans le tiroir** in der Schublade;

dans l'enveloppe im Umschlag; **dans la rue** auf der Straße; **je l'ai lu dans un journal** ich habe es in der Zeitung gelesen
2 (*lieu : avec mouvement*) in +*acc*; **mettre une lettre dans une enveloppe** einen Brief in einen Umschlag stecken; **dans la rue** auf die Straße; **monter dans une voiture/le bus** in ein Auto/den Bus einsteigen; **elle a couru dans le salon** sie ist ins Wohnzimmer gelaufen
3 (*lieu : provenance*) aus; **je l'ai pris dans le tiroir/salon** ich habe es aus der Schublade/dem Wohnzimmer geholt; **boire dans un verre** aus einem Glas trinken
4 (*temps*) in +*dat*; **dans deux mois** in zwei Monaten; **dans quelques instants** in einigen Augenblicken; **dans quelques jours** in einigen Tagen; **il part dans quinze jours** er fährt in vierzehn Tagen ab
5 (*approximation*) ungefähr; **dans les 20 euros/4 mois** etwa 20 Euro/4 Monate

danse [dɑ̃s] *nf* Tanz *m*; (*activité*) Tanzen *nt*
danser [dɑ̃se] *vt, vi* tanzen
danseur, -euse [dɑ̃sœʀ, øz] *nm/f* Tänzer(in)
Danube [danyb] *nm* Donau *f*
d'après [dapʀɛ] *prép voir* **après**
dard [daʀ] *nm* Stachel *m*
dare-dare [daʀdaʀ] (*fam*) *adv* auf die Schnelle
darne [daʀn] *nf* (Fisch)steak *nt*
date [dat] *nf* Datum *nt*; **de longue ~** langjährig; **~ limite** (Schluss)termin *m*; (*de conservation*) Haltbarkeitsdatum *nt*; **~ de naissance** Geburtsdatum *nt*
dater [date] *vt* datieren ▶ *vi* veraltet sein; **~ de** stammen aus; **à ~ de juin** von Juni an
datif [datif] *nm* Dativ *m*
datte [dat] *nf* Dattel *f*
dattier [datje] *nm* Dattelpalme *f*
dauber [dobe] (*fam*) *vi* stinken, miefen
dauphin [dofɛ̃] *nm* Delfin *m* ▶ *nm/f* (*Hist*) Dauphin *m*
davantage [davɑ̃taʒ] *adv* mehr; (*plus longtemps*) länger; **~ de** mehr
DDASS [das] *sigle f* (= *Direction départementale de l'action sanitaire et sociale*) ≈ Sozialamt *nt*

MOT-CLÉ

de [də] (*de* + *le* = **du**, *de* + *les* = **des**) *prép*
1 (*appartenance*) +*gén*; **le toit de la maison** das Dach des Hauses; **la voiture d'Anna** Annas Auto; **la voiture de mes parents** das Auto meiner Eltern
2 (*moyen*) : **suivre des yeux** mit den Augen folgen
3 (*provenance, point de départ*) aus; **il vient de Londres/d'Angleterre** er kommt aus London/England; **elle est sortie du cinéma** sie kam aus dem Kino; **de Paris à Nice** von Paris nach Nizza; **de la table à la fenêtre** vom Tisch (bis) zum Fenster; **tomber du ciel** vom Himmel fallen; **sauter du toit** vom Dach springen; **de 14 à 18 heures** von 14 bis 18 Uhr
4 (*caractérisation, mesure*) : **un mur de brique** eine Mauer aus Backsteinen, eine Backsteinmauer; **un billet de 50 euros** eine 50-Euro-Note; **12 mois de crédit/travail** 12 Monate Kredit/Arbeit; **3 jours de libres** 3 Tage frei; **une pièce de 2m de large** *ou* **large de 2m** ein 2 m breites Zimmer; **un bébé de 10 mois** ein 10 Monate altes Baby; **un séjour de deux ans** ein Aufenthalt von zwei Jahren, ein zweijähriger Aufenthalt; **augmenter de 10 euros** 10 Euro teurer werden; **être payé 20 euros de l'heure** 20 Euro pro Stunde *ou* die Stunde bekommen; **de nos jours** heutzutage
5 (*cause*) : **elle est morte d'une pneumonie** sie ist an einer Lungenentzündung gestorben; **elle est morte de peur** sie ist starr vor Schreck
6 (*avec infinitif*) zu; **il refuse de parler** er weigert sich zu reden; **il est impossible de partir aujourd'hui** es ist unmöglich heute abzufahren
▶ *art* **1** (*phrases affirmatives et interrogatives*) : **du vin/de l'eau/des pommes** Wein/Wasser/Äpfel; **des enfants sont venus** es sind Kinder gekommen; **il mange de tout** er isst von allem; **pendant des mois** monatelang; **y a-t-il du vin ?** ist Wein da?
2 (*phrases négatives et interro-négatives*) : **il ne veut pas d'enfants/de femme** er möchte keine Kinder/keine Frau; **il n'y a pas de vin/pommes ?** gibt es keinen Wein/keine Äpfel?; **il n'a pas de chance** er hat kein Glück

dé [de] *nm* Würfel *m*; (*à coudre*) Fingerhut *m*
dealer [dilœʀ] (*fam*) *nm* Dealer *m*
débâcle [debakl] *nf* (*dégel*) Eisschmelze *f*; (*Mil*) Debakel *nt*
déballer [debale] *vt* auspacken
débandade [debɑ̃dad] *nf* (wilde) Flucht *f*
débarbouiller [debaʀbuje] : **se débarbouiller** *vpr* sich waschen

débarcadère [debaʀkadɛʀ] *nm* Landungsbrücke *f*
débardeur, -euse [debaʀdœʀ, øz] *nm/f* Docker(in) ▶ *nm* (*maillot*) Pullunder *m*
débarquement [debaʀkəmɑ̃] *nm* (*de personnes*) Aussteigen *nt*; (*arrivée*) Ankunft *f*; (*de marchandises*) Entladen *nt*; (*Mil*) Landung *f*
débarquer [debaʀke] *vt* ausladen ▶ *vi* von Bord gehen; (*fam : arriver*) (plötzlich) ankommen
débarras [debaʀɑ] *nm* Rumpelkammer *f*; **bon ~ !** den/die/das sind wir glücklich los!
débarrasser [debaʀɑse] *vt* (*local*) räumen; (*la table*) abräumen; **se débarrasser de** *vpr* loswerden; **~ qn de qch** jdm etw abnehmen
débat [deba] *nm* Debatte *f*; **~ télévisé** Fernsehdebatte *f*
débattre [debatʀ] *vt* diskutieren *ou* debattieren über *+acc*; **se débattre** *vpr* kämpfen
débauche [deboʃ] *nf* Ausschweifung *f*
débaucher [deboʃe] *vt* (*licencier*) entlassen
débile [debil] (*fam*) *adj* (*idiotisch*) schwachsinnig
débit [debi] *nm* (*de rivière, barrage etc*) Flussvolumen *nt*; (*élocution*) Redefluss *m*; (*d'un magasin*) Absatz *m*, Umsatz *m*; (*bancaire*) Soll *nt*; **~ de boissons** (Getränke)ausschank *m*; **~ de tabac** Tabakladen *m*; **haut ~** (*Internet*) Breitband-
débiter [debite] *vt* (*compte*) belasten; (*liquide, gaz*) ausstoßen; (*couper*) zerkleinern; (*vendre*) verkaufen
débiteur, -trice [debitœʀ, tʀis] *nm/f* Schuldner(in)
déblayer [debleje] *vt* räumen
débloquer [deblɔke] *vt* losmachen; (*prix, salaires*) freigeben; (*crédits*) bewilligen ▶ *vi* (*fam*) dummes Zeug daherreden
débogage [debɔɡaʒ] *nm* (*Inform*) Fehlerbeseitigung *f*
déboguer [debɔɡe] *vt* (*Inform*) debuggen
déboires [debwaʀ] *nmpl* Rückschläge *pl*
déboisement [debwazmɑ̃] *nm* Abholzen *nt*
déboiser [debwaze] *vt* abholzen
déboîter [debwate] *vi* (*Auto*) ausscheren; **se déboîter** *vpr* (*genou etc*) sich *dat* ausrenken *ou* auskugeln
débonnaire [debɔnɛʀ] *adj* sehr gutmütig
débordé, e [debɔʀde] *adj* : **être ~** überlastet sein

déborder [debɔʀde] *vi* (*rivière*) über die Ufer treten; (*eau, lait*) überlaufen; **~ (de) qch** über etw *+acc* hinausgehen; **~ de joie/zèle** sich vor Freude/Eifer überschlagen
débouché [debuʃe] *nm* (*gén pl : marché*) Absatzmarkt *m*; (*perspectives d'emploi*) (Berufs)aussichten *pl*
déboucher [debuʃe] *vt* frei machen; (*bouteille*) entkorken ▶ *vi* (*aboutir*) herauskommen; **~ sur** (*fig*) hinführen auf *+acc*
débourser [debuʀse] *vt* ausgeben
debout [d(ə)bu] *adv* : **être ~** stehen; (*levé, éveillé*) auf sein; **se mettre ~** aufstehen; **~ !** aufstehen!; **cette histoire ne tient pas ~** diese Geschichte ist doch nicht hieb- und stichfest
déboutonner [debutɔne] *vt* aufknöpfen
débraillé, e [debʀaje] *adj* schlampig
débrancher [debʀɑ̃ʃe] *vt* abschalten
débrayage [debʀɛjaʒ] *nm* (*Auto*) Kupplung *f*
débrayer [debʀeje] *vi* (*Auto*) kuppeln; (*cesser le travail*) die Arbeit niederlegen
débris [debʀi] *nm* (*fragment*) Scherbe *f* ▶ *nmpl* (*déchets*) Trümmer *pl*
débrouillard, e [debʀujaʀ, aʀd] *adj* einfallsreich, findig
débrouiller [debʀuje] *vt* klären; **se débrouiller** *vpr* zurechtkommen
début [deby] *nm* Anfang *m*, Beginn *m*; **débuts** *nmpl* (*Ciné, Sport etc*) Debüt *nt*
débutant, e [debytɑ̃, ɑ̃t] *nm/f* Anfänger(in)
débuter [debyte] *vi* anfangen
décade [dekad] *nf* (10 *jours*) 10 Tage *pl*; (10 *ans*) Dekade *f*
décadence [dekadɑ̃s] *nf* Dekadenz *f*
décaféiné, e [dekafeine] *adj* koffeinfrei
décalage [dekalaʒ] *nm* (*écart*) Unterschied *m*; **~ horaire** Zeitverschiebung *f*
décalcification [dekalsifikasjɔ̃] *nf* Kalkmangel *m*
décalcomanie [dekalkɔmani] *nf* Abziehbild *nt*
décaler [dekale] *vt* verschieben; **~ de 10 cm/2 h** um 10 cm/2 Stunden verschieben
décalitre [dekalitʀ] *nm* 10 Liter *pl*
décalquer [dekalke] *vt* abpausen; (*par pression*) durchpausen
décamètre [dekamɛtʀ] *nm* 10 Meter *pl*; (*chaîne ou ruban d'acier*) Metermaß *nt* (*von* 10 *m Länge*)
décamper [dekɑ̃pe] *vi* abziehen
décanter [dekɑ̃te] *vt* sich setzen lassen

décapiter [dekapite] vt enthaupten; (par accident) köpfen
décapotable [dekapɔtabl] adj, nf: **(voiture) ~** Kabriolett nt
décapsuler [dekapsyle] vt den Deckel abnehmen von
décapsuleur [dekapsylœʀ] nm Flaschenöffner m
décathlon [dekatlɔ̃] nm Zehnkampf m
décédé, e [desede] adj verstorben
décéder [desede] vi sterben
déceler [des(ə)le] vt entdecken; (montrer) erkennen lassen
décélérer [deselere] vi langsamer werden
décembre [desɑ̃bʀ] nm Dezember m; voir aussi **juillet**
décemment [desamɑ̃] adv anständig; (raisonnablement) wirklich
décence [desɑ̃s] nf Anstand m
décennie [deseni] nf Jahrzehnt nt
décent, e [desɑ̃, ɑ̃t] adj anständig
décentralisation [desɑ̃tʀalizasjɔ̃] nf Dezentralisierung f
décentraliser [desɑ̃tʀalize] vt dezentralisieren
déception [desɛpsjɔ̃] nf Enttäuschung f
décerner [desɛʀne] vt (prix) verleihen
décès [desɛ] nm Ableben nt
décevant, e [des(ə)vɑ̃, ɑ̃t] adj enttäuschend
décevoir [des(ə)vwaʀ] vt enttäuschen
déchaîner [deʃene] vt auslösen; **se déchaîner** vpr (tempête) losbrechen; (mer) toben; (passions, colère etc) ausbrechen; (se mettre en colère) wütend werden
décharge [deʃaʀʒ] nf (dépôt d'ordures) Mülldeponie f; (aussi: **décharge électrique**) Schock m; **à la ~ de** zur Entlastung von
décharger [deʃaʀʒe] vt entladen; (faire feu) abfeuern; **~ qn de** jdn befreien von
décharné, e [deʃaʀne] adj hager
déchausser [deʃose] vt die Schuhe ausziehen +dat; (skis) ausziehen; **se déchausser** vpr (personne) (sich dat) die Schuhe ausziehen; (dent) wackelig werden
dèche [dɛʃ] (fam) nf: **être dans la ~** völlig abgebrannt ou pleite sein
déchéance [deʃeɑ̃s] nf Verfall m
déchet [deʃɛ] nm Abfall m; **~s radioactifs** radioaktiver Müll m; **~s verts** Biomüll m
déchetterie [deʃɛtʀi] nf Müllverwertungsanlage f
déchiffrer [deʃifʀe] vt entziffern; (Mus) vom Blatt lesen ou spielen

déchiqueter [deʃik(ə)te] vt zerreißen, zerfetzen
déchirant, e [deʃiʀɑ̃, ɑ̃t] adj herzzerreißend
déchirer [deʃiʀe] vt zerreißen; **se déchirer** vpr reißen; **se ~ un muscle/ tendon** sich dat einen Muskel/eine Sehne zerren
décibel [desibɛl] nm Dezibel nt
décidé, e [deside] adj entschlossen; **c'est ~** es ist beschlossen
décidément [desidemɑ̃] adv wahrhaftig
décider [deside] vt beschließen; (qn) überreden; **se décider** vpr sich entschließen; **~ de qch** etw entscheiden; **se ~ à qch/faire qch** sich zu etw entschließen/sich entschließen, etw zu tun; **se ~ pour qch** sich für etw entscheiden
décideur [desidœʀ] nm Entscheidungsträger m
décilitre [desilitʀ] nm Deziliter m
décimal, e, -aux [desimal, o] adj dezimal
décimètre [desimɛtʀ] nm Dezimeter m; **double ~** Lineal von 20 cm Länge
décisif, -ive [desizif, iv] adj entscheidend
décision [desizjɔ̃] nf Entscheidung f; (fermeté) Entschiedenheit f
déclaration [deklaʀasjɔ̃] nf Erklärung f; **~ (d'amour)** Liebeserklärung f; **~ de décès/naissance** Meldung f (eines Todesfalles/einer Geburt); **~ (de sinistre)** Schadensmeldung f
déclarer [deklaʀe] vt erklären; (Admin: revenus, employés etc) angeben; (: décès, naissance) melden; **se déclarer** vpr (feu, maladie) ausbrechen; (amoureux) eine Liebeserklärung machen; **se ~ prêt à** sich bereit erklären zu
déclasser [deklɑse] vt niedriger einstufen
déclencher [deklɑ̃ʃe] vt auslösen; (Inform) starten; **se déclencher** vpr losgehen
déclic [deklik] nm Auslöservorrichtung f; (bruit) Klicken nt
déclin [deklɛ̃] nm Niedergang m
déclinaison [deklinɛzɔ̃] nf Deklination f
décliner [dekline] vi (santé) sich verschlechtern; (jour) sich neigen; (soleil) sinken ▶ vt (invitation, responsabilité) ablehnen; (identité) angeben; (Ling) deklinieren
décocher [dekɔʃe] vt (flèche) abschießen; (regard) werfen
décodage [dekɔdaʒ] nm Decodierung f, Entschlüsselung f

décoder [dekɔde] vt decodieren
décodeur [dekɔdœʀ] nm Decoder m
décoiffer [dekwafe] vt : **~ qn** jdm die Haare zerzausen; **se décoiffer** vpr (se découvrir) den Hut abnehmen
décoincer [dekwɛ̃se] (fam) vt entspannen
décollage [dekɔlaʒ] nm (avion) Abflug m
décoller [dekɔle] vt lösen ▶ vi (avion) abheben; **se décoller** vpr sich lösen
décolleté, e [dekɔlte] adj ausgeschnitten ▶ nm Dekolleté nt
décoloniser [dekɔlɔnize] vt entkolonialisieren
décolorer [dekɔlɔʀe] vt bleichen; **se décolorer** vpr verblassen
décombres [dekɔ̃bʀ] nmpl Ruinen pl, Trümmer pl
décommander [dekɔmɑ̃de] vt abbestellen; (réception) absagen; **se décommander** vpr absagen
décompacter [dekɔ̃pakte] vt (Inform) entpacken
décomplexé, e [dekɔ̃plɛkse] adj ohne Komplexe; **la droite ~e** die Rechte ohne Komplexe
décomposé, e [dekɔ̃poze] adj (visage) verzerrt
décomposer [dekɔ̃poze] vt zerlegen; **se décomposer** vpr sich zersetzen, verwesen
décompresser [dekɔ̃pʀese] vt dekomprimieren
décompte [dekɔ̃t] nm (déduction) Abzug m; (facture détaillée) aufgeschlüsselte Rechnung f
décompter [dekɔ̃te] vt abziehen
déconcerter [dekɔ̃sɛʀte] vt aus der Fassung bringen
décongeler [dekɔ̃ʒ(ə)le] vt auftauen
décongestionner [dekɔ̃ʒɛstjɔne] vt (Méd) abschwellen lassen; (rue) entlasten
déconnecté, e [dekɔnɛkte] adj (Inform) offline, Offline-
déconnecter [dekɔnɛkte] : **se déconnecter** vpr sich ausloggen
déconner [dekɔne] (vulg) vi (en parlant) dummes Zeug reden; (faire des bêtises) Mist ou Unfug machen
déconseiller [dekɔ̃seje] vt : **~ qch (à qn)** (jdm) von etw abraten
déconsidérer [dekɔ̃sideʀe] vt in Misskredit ou Verruf bringen
décontamination [dekɔ̃taminasjɔ̃] nf Entseuchung f
décontenancer [dekɔ̃t(ə)nɑ̃se] vt aus der Fassung bringen
décontracté, e [dekɔ̃tʀakte] adj entspannt
décontracter [dekɔ̃tʀakte] vt entspannen; **se décontracter** vpr sich entspannen
déconvenue [dekɔ̃v(ə)ny] nf Enttäuschung f
décor [dekɔʀ] nm Ausstattung f; (Ciné) Szene f; (Théât) Bühnenbild nt; **aller** ou **partir dans le ~** von der Straße abkommen
décorateur, -trice [dekɔʀatœʀ, tʀis] nm/f Dekorateur(in); (Ciné) Bühnenbildner(in)
décoratif, -ive [dekɔʀatif, iv] adj dekorativ
décoration [dekɔʀasjɔ̃] nf (ornement) Schmuck m; (médaille) Auszeichnung f
décorer [dekɔʀe] vt schmücken; (médailler) auszeichnen
décortiquer [dekɔʀtike] vt (noix, crevettes) schälen; (fig) analysieren
découcher [dekuʃe] vi auswärts schlafen
découdre [dekudʀ] vt auftrennen; **se découdre** vpr aufgehen
découler [dekule] vi : **~ de** folgen aus
découper [dekupe] vt (article) ausschneiden; (volaille, viande) zerteilen; **se découper** vpr : **se ~ sur** sich abheben von
découplé, e [dekuple] adj : **bien ~** wohlproportioniert
décourageant, e [dekuʀaʒɑ̃, ɑ̃t] adj entmutigend
découragement [dekuʀaʒmɑ̃] nm Entmutigung f
décourager [dekuʀaʒe] vt entmutigen; (dissuader) abhalten; **se décourager** vpr den Mut verlieren
décousu, e [dekuvɛʀ, ɛʀt] adj bloß; (lieu) kahl, nackt ▶ nm (bancaire) Kontoüberziehung f; **à ~** (Mil) ungeschützt; (Comm) überzogen
découvrir [dekuvʀiʀ] vt entdecken; (enlever ce qui couvre ou protège) aufdecken; **se découvrir** vpr (ôter son chapeau) den Hut lüften; (se déshabiller) sich ausziehen; (au lit) sich aufdecken; (ciel) sich aufklären; **~ que** entdecken ou herausfinden, dass
décret [dekʀɛ] nm Verordnung f
décréter [dekʀete] vt anordnen
décrire [dekʀiʀ] vt beschreiben
décrocher [dekʀɔʃe] vt herunternehmen ▶ vi (téléphone) abnehmen; (fam : abandonner) aufgeben
décroître [dekʀwatʀ] vi abnehmen, zurückgehen
décrypter [dekʀipte] vt entziffern
déçu, e [desy] pp de **décevoir**

déculpabiliser [dekylpabilize] vt von Schuldgefühlen befreien

décupler [dekyple] vt verzehnfachen ▶ vi sich verzehnfachen

dédaigner [dedeɲe] vt verachten; **~ de faire qch** sich nicht herablassen, etw zu tun

dédaigneux, -euse [dedɛɲø, øz] adj verächtlich

dédain [dedɛ̃] nm Verachtung f

dédale [dedal] nm Labyrinth nt

dedans [dədɑ̃] adv innen ▶ nm Innere(s) nt; **là-~** dort drinnen; **au ~** drinnen

dédiaboliser [dedjabɔlize] vt entdämonisieren

dédicace [dedikas] nf Widmung f

dédicacer [dedikase] vt mit einer Widmung versehen

dédier [dedje] vt : **~ qch à** etw widmen +dat

dédire [dediʀ] : **se dédire** vpr sein Wort zurücknehmen

dédommagement [dedɔmaʒmɑ̃] nm Entschädigung f

dédommager [dedɔmaʒe] vt : **~ qn (de)** jdn entschädigen (für)

dédouaner [dedwane] vt zollamtlich abfertigen

dédoubler [deduble] vt (classe, effectifs) halbieren

dédramatiser [dedʀamatize] vt (situation) entschärfen

déductible [dedyktibl] adj (Fin) (von der Steuer) absetzbar

déduction [dedyksjɔ̃] nf (d'argent) Abzug m; (raisonnement) Folgerung f

déduire [dedɥiʀ] vt : **~ qch (de)** etw abziehen (von); (conclure) etw folgern (aus)

déesse [deɛs] nf Göttin f

défaillance [defajɑ̃s] nf Schwächeanfall m; (technique) Versagen nt

défaillir [defajiʀ] vi ohnmächtig werden

défaire [defɛʀ] vt (installation, échafaudage etc) abmontieren; (paquet, bagages etc) auspacken; (nœud, vêtement) aufmachen; **se défaire** vpr aufgehen; (mariage etc) zerbrechen; **se ~ de** loswerden

défait, e [defɛ, ɛt] pp de **défaire** ▶ adj (visage) verzerrt

défaitisme [defetism] nm Defätismus m

défaut [defo] nm Fehler m; (Inform) Vorgabe(einstellung) f; **en ~** im Unrecht; **faire ~** fehlen; **à ~ de** mangels +gén; **par ~** in Abwesenheit

défaveur [defavœʀ] nf Ungnade f

défavorable [defavɔʀabl] adj ungünstig

défavoriser [defavɔʀize] vt benachteiligen

défection [defɛksjɔ̃] nf Abfall m, Abtrünnigwerden nt; (absence) Nichterscheinen nt; **faire ~** abtrünnig werden +dat

défectueux, -euse [defɛktɥø, øz] adj defekt, fehlerhaft

défendre [defɑ̃dʀ] vt (soutenir) verteidigen; (opinion, théorie) vertreten; (interdire) untersagen, verbieten; **se défendre** vpr sich verteidigen; **~ à qn de faire qch** jdm verbieten, etw zu tun; **se ~ de/contre qch** (se protéger) sich vor etw dat/gegen etw schützen

défense [defɑ̃s] nf Verteidigung f; (protection) Schutz m; (d'éléphant) Stoßzahn m; **« ~ de fumer/cracher »** „Rauchen/Spucken verboten"

défenseur [defɑ̃sœʀ] nm Verteidiger m

défensif, -ive [defɑ̃sif, iv] adj (arme, système) Verteidigungs-; (attitude) defensiv ▶ nf : **être sur la défensive** in der Defensive sein

déférer [defeʀe] vt : **~ à** sich beugen +dat; **~ qn à la justice** jdn vor Gericht bringen

déferler [defɛʀle] vi (vagues) brechen; (foule) strömen

défi [defi] nm Herausforderung f; (bravade) Trotz m

défiance [defjɑ̃s] nf Misstrauen nt

déficeler [defis(ə)le] vt aufschnüren

déficience [defisjɑ̃s] nf Mangel m; **~ immunitaire** Immunschwäche f

déficient, e [defisjɑ̃, jɑ̃t] adj (organisme, intelligence) schwach; (argumentation) mangelhaft

déficit [defisit] nm Defizit nt

déficitaire [defisitɛʀ] adj Verlust-; (année, récolte) schlecht

défier [defje] vt herausfordern; (fig) trotzen +dat; **se défier de** vpr (se méfier) misstrauen +dat

défigurer [defigyʀe] vt entstellen

défilé [defile] nm (Géo) Enge f; (soldats, manifestants) Vorbeimarsch m

défiler [defile] vi vorbeiziehen, vorbeimarschieren; **se défiler** (fam) vpr sich verdrücken

définir [definiʀ] vt definieren

définitif, -ive [definitif, iv] adj endgültig

définition [definisjɔ̃] nf Definition f; (de mots croisés) Frage f; (TV) Bildauflösung f

définitive [definitiv] nf : **en ~** eigentlich

définitivement [definitivmɑ̃] adv endgültig

déflorer [deflɔʀe] vt entjungfern

défoliant [defɔljɑ̃] *nm* Entlaubungsmittel *nt*

défoncer [defɔ̃se] *vt* (*caisse, porte*) aufbrechen; **se défoncer** *vpr* (*se donner à fond*) sich *dat* ein Bein ausreißen; (*fam: se droguer*) sich dopen

déforestation [defɔʀɛstasjɔ̃] *nf* Raubbau *m* am Wald

déformation [defɔʀmasjɔ̃] *nf* Verformung *f*; **~ professionnelle** Berufsblindheit *f*

déformer [defɔʀme] *vt* aus der Form bringen; (*pensée, fait*) verdrehen; **se déformer** *vpr* sich verformen

défoulement [defulmɑ̃] *nm* Abreagieren *nt*

défouler [defule] : **se défouler** *vpr* sich abreagieren

défragmenter [defʀagmɑ̃te] *vt* (*Inform*) defragmentieren

défraîchir [defʀeʃiʀ] : **se défraîchir** *vpr* verbleichen, verschießen

défunt, e [defœ̃, œ̃t] *adj* verstorben

dégagé, e [degaʒe] *adj* klar; (*ton, air*) lässig, ungezwungen

dégagement [degaʒmɑ̃] *nm* : **voie de ~** Zufahrtsstraße *f*; **itinéraire de ~** Entlastungsroute *f*

dégager [degaʒe] *vt* (*délivrer*) befreien; (*désencombrer*) räumen; (*exhaler*) aussenden, ausströmen; **se dégager** *vpr* (*odeur*) sich ausbreiten; (*se libérer*) sich befreien; (*ciel*) sich aufklären

dégarnir [degaʀniʀ] *vt* (*vider*) leeren; **se dégarnir** *vpr* (*salle, rayons*) sich leeren; (*tempes, crâne*) sich lichten

dégâts [dega] *nmpl* Schaden *m*

dégel [deʒɛl] *nm* Tauwetter *nt*

dégeler [deʒ(ə)le] *vi* auftauen ▶ *vt* (*prix, dossiers*) freigeben; (*atmosphère*) entspannen

dégénéré, e [deʒeneʀe] *adj* degeneriert

dégénérer [deʒeneʀe] *vi* degenerieren; (*violence, situation*) ausarten

dégivrage [deʒivʀaʒ] *nm* Abtauen *nt*

dégivrer [deʒivʀe] *vt* abtauen, entfrosten

dégivreur [deʒivʀœʀ] *nm* Enteiser *m*

déglutir [deglytiʀ] *vi* (hinunter) schlucken

dégonflé, e [degɔ̃fle] *adj* (*pneu*) platt

dégonfler [degɔ̃fle] *vt* die Luft herauslassen aus; **se dégonfler** (*fam*) *vpr* kneifen

dégorger [degɔʀʒe] *vi* : **faire ~** (*Culin*) (ent)wässern

dégoter [degɔte] (*fam*) *vt* ausgraben

dégouliner [deguline] *vi* tropfen

91 | **déjouer**

dégourdi, e [deguʀdi] *adj* gewitzt, gerissen

dégourdir [deguʀdiʀ] : **se dégourdir** *vpr* : **se ~ les jambes** sich *dat* die Beine vertreten

dégoût [degu] *nm* Ekel *m*, Abneigung *f*

dégoûtant, e [degutɑ̃, ɑ̃t] *adj* widerlich; (*injuste*) empörend, gemein

dégoûté, e [degute] *adj* angewidert; **~ de** angewidert von

dégoûter [degute] *vt* anwidern, anekeln; (*fig*) empören; **se dégoûter** *vpr* : **se ~ de qch** etw *gén* überdrüssig werden; **~ qn de qch** jdm etw verleiden

dégradé [degʀade] *nm* Farbabstufung *f*; (*de coiffure*) Stufenschnitt *m*

dégrader [degʀade] *vt* (*Mil*) degradieren; (*abîmer*) verunstalten; (*avilir*) erniedrigen; **se dégrader** *vpr* (*relations, situation*) sich verschlechtern

dégraisser [degʀese] *vt* (*soupe*) entfetten

degré [dəgʀe] *nm* Grad *m*; (*escalier, échelon*) Stufe *f*; **équation du 1er/2ème ~** Gleichung *f* ersten/zweiten Grades; **alcool à 90 ~s** 90-prozentiger Alkohol *m*; **par ~(s)** nach und nach

dégringoler [degʀɛ̃gɔle] *vi* herunterpurzeln

dégriser [degʀize] *vt* nüchtern machen

déguerpir [degɛʀpiʀ] *vi* sich aus dem Staub machen

dégueulasse [degœlas] (*vulg*) *adj* widerlich

dégueuler [degœle] (*vulg*) *vi* kotzen

déguisement [degizmɑ̃] *nm* Verkleidung *f*

déguiser [degize] *vt* verkleiden; (*fig*) verschleiern; **se déguiser** *vpr* sich verkleiden

dégustation [degystasjɔ̃] *nf* : **~ de vin(s)** Weinprobe *f*

déguster [degyste] *vt* (*vin, fromage etc*) probieren; (*savourer*) genießen ▶ *vi* (*fam*) einstecken; **qu'est-ce qu'il a dégusté !** (*injures, coups*) er hat ganz schön einstecken müssen!

dehors [dəɔʀ] *adv* draußen ▶ *nmpl* Äußerlichkeiten *pl*; **mettre** *ou* **jeter ~** hinauswerfen; **en ~** nach draußen; **en ~ de** (*hormis*) mit Ausnahme von

déjà [deʒa] *adv* schon, bereits; **comment vous appelez-vous, ~ ?** wie war noch mal Ihr Name?

déjanté, e [deʒɑ̃te] (*fam*) *adj* ausgeflippt

déjeuner [deʒœne] *vi* zu Mittag essen; (*le matin*) frühstücken ▶ *nm* Mittagessen *nt*; **petit ~** Frühstück *nt*

déjouer [deʒwe] *vt* (*complot*) vereiteln; (*attention*) sich entziehen +*dat*

delà [dəla] *adv* : **par-~, au-~ de** jenseits +*gén*

délabré, e [delabʀe] *adj* (*maison, mur*) verfallen, baufällig; (*mobilier*) klapperig; (*matériel*) brüchig

délabrement [delabʀəmɑ̃] *nm* Baufälligkeit *f*

délabrer [delabʀe] : **se délabrer** *vpr* verfallen, herunterkommen

délai [dele] *nm* Frist *f*; **sans ~** unverzüglich; **à bref ~** kurzfristig; **dans les ~s** innerhalb der Frist

délaisser [delese] *vt* vernachlässigen

délasser [delɑse] *vt* entspannen

délavé, e [delave] *adj* verwaschen

délayer [deleje] *vt* (*Culin*) mit Wasser verrühren; (*couleur, peinture*) verdünnen; (*fig*) strecken, ausdehnen

delco® [dɛlko] *nm* (*Auto*) Verteiler *m*

délégation [delegasjɔ̃] *nf* (*groupe*) Delegation *f*, Abordnung *f*; (*de pouvoirs, autorité*) Übertragung *f*; **~ de pouvoir** (*document*) Vollmacht *f*

délégué, e [delege] *nm/f* Vertreter(in); **ministre ~ à la Culture** Minister *m* mit dem Kulturaufgabenbereich

déléguer [delege] *vt* delegieren

délibération [deliberasjɔ̃] *nf* [deliberasjɔ̃] (*réflexions*) Beratung *f*

délibéré, e [delibere] *adj* (*conscient*) absichtlich

délibérément [deliberemɑ̃] *adv* mit Absicht, bewusst

délibérer [delibere] *vi* sich beraten

délicat, e [delika, at] *adj* (*odeur, goût*) fein; (*peau, fleur, santé*) zart; (*manipulation, problème*) delikat, heikel; (*embarrassant*) peinlich; (*attentionné*) feinfühlig

délicatesse [delikates] *nf* Feinfühligkeit *f*

délice [delis] *nm* Freude *f*; **délices** *nfpl* Genüsse *pl*

délicieusement [delisjøzmɑ̃] *adv* wunderbar

délicieux, -euse [delisjø, jøz] *adj* köstlich; (*sensation, femme, robe*) wunderbar

délimiter [delimite] *vt* abgrenzen

délinquance [delɛ̃kɑ̃s] *nf* Kriminalität *f*; **~ juvénile** Jugendkriminalität *f*

délinquant, e [delɛ̃kɑ̃, ɑ̃t] *nm/f* Delinquent(in)

délire [deliʀ] *nm* (*fièvre*) Delirium *nt*

délirer [deliʀe] *vi* (*fig*) wirr spinnen

délit [deli] *nm* Delikt *nt*, Straftat *f*; **commettre un ~** eine Straftat begehen; **~ de fuite** Fahrerflucht *f*

délivrer [delivʀe] *vt* entlassen; (*passeport, certificat*) ausstellen; **~ qn de** jdn befreien von

délocalisation [delɔkalizasjɔ̃] *nf* Auslagerung *f*

délocaliser [delɔkalize] *vt* ins Ausland verlagern ▶ *vi* auslagern

déloger [delɔʒe] *vt* (*ennemi*) vertreiben; (*locataire*) ausquartieren

deltaplane® [dɛltaplan] *nm* Deltaflieger *m*, (Flug)drachen *m*

déluge [delyʒ] *nm* (*Bible*) Sintflut *f*; **un ~ de** eine Flut von

déluré, e [delyʀe] *adj* clever; (*péj*) dreist

demain [d(ə)mɛ̃] *adv* morgen; **~ matin/midi/soir** morgen früh/Mittag/Abend; **à ~ !** bis morgen!

demande [d(ə)mɑ̃d] *nf* Forderung *f*; (*Admin : formulaire*) Antrag *m*; **la ~** (*Écon*) die Nachfrage *f*; **~ d'emploi** (*candidature*) Bewerbung *f*; **« ~s d'emploi »** "Stellengesuche"

demandé, e [d(ə)mɑ̃de] *adj* : **très ~** sehr gefragt

demander [d(ə)mɑ̃de] *vt* bitten um; (*renseignement*) fragen nach; (*salaire*) verlangen; (*exiger*) fordern; (*personnel*) suchen; (*nécessiter*) erfordern; **~ qch à qn** jdn um etw bitten; **~ à qn de faire qch** jdn darum bitten, etw zu tun; **cela demande de la patience/beaucoup de temps** das erfordert Geduld/viel Zeit haben; **~ que** verlangen, dass; **~ la main de qn** um jds Hand anhalten; **se demander** *vpr* : **se ~ si/pourquoi** sich fragen, ob/warum; **on vous demande au téléphone** Sie werden am Telefon verlangt

demandeur, -euse [dəmɑ̃dœʀ, øz] *nm/f* : **~ d'emploi** Stellensuchende(r) *f(m)*

démangeaison [demɑ̃ʒɛzɔ̃] *nf* Jucken *nt*

démanger [demɑ̃ʒe] *vi* jucken

démanteler [demɑ̃t(ə)le] *vt* (*bâtiment*) demontieren; (*organisation*) auflösen

démaquillant, e [demakijɑ̃, ɑ̃t] *adj* Reinigungs-

démaquiller [demakije] : **se démaquiller** *vpr* sich abschminken

démarchage [demaʀʃaʒ] *nm* (*Comm*) Haustürhandel *m*; **~ téléphonique** Telefonmarketing *nt*

démarche [demaʀʃ] *nf* (*allure*) Gang *m*; (*intellectuelle etc*) Denkweise *f*; **faire** *ou* **entreprendre des ~s auprès de qn** bei jdm vorstellig werden

démarquer [demaʀke] *vt* (*prix*) heruntersetzen; (*joueur*) freispielen

démarrage [demaʀaʒ] *nm* Anfahren *nt*

démarrer [demaʀe] vi starten ▶ vt (*voiture*) anlassen; (*Inform, Tech*) hochfahren; (*travail*) in die Wege leiten

démarreur [demaʀœʀ] nm Anlasser m

démasquer [demaske] vt entlarven

démêler [demele] vt entwirren

démêlés [demele] nmpl Auseinandersetzung f; **avoir des ~ avec la justice** mit dem Gericht zu tun haben

déménagement [demenaʒmɑ̃] nm Umzug m; **camion de ~** Möbelwagen m

déménager [demenaʒe] vi umziehen ▶ vt (*meubles*) umziehen

déménageur, -euse [demenaʒœʀ] nm/f Möbelpacker(in); (*entreprise*) Möbelspediteur m

démence [demɑ̃s] nf Demenz f; **~ sénile** Altersdemenz f

démener [dem(ə)ne] : **se démener** vpr (*remuer*) um sich schlagen

dément, e [demɑ̃, ɑ̃t] adj irre

démentir [demɑ̃tiʀ] vt (*nier*) dementieren; (*contredire*) widerlegen

démerder [demɛʀde] (*vulg*) vi : **se démerder** vpr sich durchschlagen

démesure [dem(ə)zyʀ] nf Maßlosigkeit f

démettre [demɛtʀ] vt : **~ qn de** jdn entheben +*gén*; **se démettre** vpr (*épaule etc*) sich *dat* ausrenken; **se ~ de ses fonctions** das ou sein Amt niederlegen

demeurant [d(ə)mœʀɑ̃] : **au ~** adv im Übrigen

demeure [d(ə)mœʀ] nf Wohnung f, Wohnsitz m; **mettre qn en ~ de faire qch** jdn anweisen, etw zu tun

demeurer [d(ə)mœʀe] vi (*habiter*) wohnen; (*rester*) bleiben

demi, e [d(ə)mi] adj : **trois jours/ bouteilles et ~(e)** dreieinhalb Tage/ Flaschen ▶ nm (*bière*) kleines Bier nt ▶ adv halb; **il est 2 heures et ~e/midi et ~** es ist halb drei/eins; **à ~** adj halb-; **à la ~e** (*heure*) um halb

demi- [d(ə)mi] préf Halb-

demi-cercle [d(ə)misɛʀkl] (pl **demi-cercles**) nm Halbkreis m

demi-douzaine [d(ə)miduzɛn] (pl **demi-douzaines**) nf halbe(s) Dutzend nt

demi-finale [d(ə)mifinal] (pl **demi-finales**) nf Halbfinale nt

demi-frère [d(ə)mifʀɛʀ] (pl **demi-frères**) nm Halbbruder m

demi-heure [d(ə)mijœʀ] (pl **demi-heures**) nf halbe Stunde f

demi-jour [d(ə)miʒuʀ] (pl **demi-jour(s)**) nm Zwielicht nt

demi-journée [d(ə)miʒuʀne] (pl **demi-journées**) nf halbe(r) Tag m

93 | **démontrer**

démilitariser [demilitaʀize] vt entmilitarisieren

demi-litre [d(ə)militʀ] (pl **demi-litres**) nm halbe(r) Liter m

demi-mot [d(ə)mimo] **à ~** adv andeutungsweise

demi-pension [d(ə)mipɑ̃sjɔ̃] (pl **demi-pensions**) nf Halbpension f

démis, e [demi, iz] pp de **démettre** ▶ adj (*épaule etc*) ausgerenkt

demi-saison [d(ə)misɛzɔ̃] (pl **demi-saisons**) nf : **vêtements de ~** Übergangskleidung f

demi-sec [d(ə)misɛk] adj (*vin*) halbtrocken

demi-sel [d(ə)misɛl] adj inv (*beurre, fromage*) leicht gesalzen

démission [demisjɔ̃] nf Rücktritt m, Kündigung f; **donner sa ~** seinen Rücktritt erklären

démissionner [demisjɔne] vi zurücktreten

demi-tarif [d(ə)mitaʀif] (pl **demi-tarifs**) nm halber Preis m

demi-tour [d(ə)mituʀ] (pl **demi-tours**) nm Kehrtwendung f; **faire ~** umkehren

démocrate [demɔkʀat] adj demokratisch ▶ nmf Demokrat(in) m(f)

démocratie [demɔkʀasi] nf Demokratie f

démocratique [demɔkʀatik] adj demokratisch

démocratiser [demɔkʀatize] vt demokratisieren

démodé, e [demɔde] adj altmodisch

démographique [demɔɡʀafik] adj demografisch; **poussée ~** Bevölkerungszuwachs m

demoiselle [d(ə)mwazɛl] nf Fräulein nt; **~ d'honneur** Ehrenjungfrau f

démolir [demɔliʀ] vt abreißen, einreißen; (*fig*) vernichten

démolition [demɔlisjɔ̃] nf (*de bâtiment*) Abbruch m; **entreprise de ~** Abbruchunternehmen nt

démon [demɔ̃] nm Dämon m; (*enfant*) (kleiner) Teufel m

démoniaque [demɔnjak] adj teuflisch

démonstrateur, -trice [demɔ̃stʀatœʀ, tʀis] nm/f Vorführer(in)

démonstration [demɔ̃stʀasjɔ̃] nf Demonstration f, Vorführung f

démonté, e [demɔ̃te] adj (*mer*) tobend; (*fig*) rasend

démonter [demɔ̃te] vt auseinandernehmen; **se démonter** vpr (*personne*) die Fassung verlieren

démontrer [demɔ̃tʀe] vt beweisen

démoralisant, e [demɔralizɑ̃, ɑ̃t] *adj* entmutigend

démoraliser [demɔralize] *vt* entmutigen

démordre [demɔʀdʀ] *vi* : **ne pas ~ de** beharren auf +*dat*

démouler [demule] *vt* aus der Form nehmen

démuni, e [demyni] *adj* mittellos; **les plus ~s** die Bedürftigsten

démunir [demyniʀ] *vt* (*de qch*) berauben +*gén*

dénazification [denazifikasjɔ̃] *nf* Entnazifizierung *f*

dénégations [denegasjɔ̃] *nfpl* Leugnen *nt*

dénicher [deniʃe] *vt* aufstöbern, auftreiben

denier [dənje] *nm* : **de ses (propres) ~s** mit seinem eigenen Geld; **~s publics** öffentliche Mittel *pl*

dénier [denje] *vt* leugnen; **~ qch à qn** jdm etw verweigern

dénigrement [denigʀəmɑ̃] *nm* Verunglimpfung *f*; **campagne de ~** Hetzkampagne *f*

dénombrer [denɔ̃bʀe] *vt* zählen; (*énumérer*) aufzählen

dénominateur [denɔminatœʀ] *nm* Nenner *m*

dénomination [denɔminasjɔ̃] *nf* Bezeichnung *f*

dénommé, e [denɔme] *adj* : **le ~ Dupont** ein gewisser Dupont

dénoncer [denɔ̃se] *vt* (*personne*) anzeigen; (*abus, erreur*) anprangern; **se dénoncer** *vpr* sich stellen

dénonciation [denɔ̃sjasjɔ̃] *nf* Denunziation *f*

dénoter [denɔte] *vt* verraten

dénouement [denumɑ̃] *nm* Ausgang *m*

dénouer [denwe] *vt* aufknoten

dénoyauter [denwajɔte] *vt* entsteinen

denrée [dɑ̃ʀe] *nf* Lebensmittel *nt*; **~s alimentaires** Nahrungsmittel *pl*

dense [dɑ̃s] *adj* dicht

densité [dɑ̃site] *nf* Dichte *f*

dent [dɑ̃] *nf* Zahn *m*; **avoir les ~s longues** den Hals nicht voll kriegen; **être sur les ~s** auf dem Zahnfleisch gehen; **à belles ~s** mit sichtlichem Genuss; **en ~s de scie** gezackt; **~ de lait** Milchzahn *m*; **~ de sagesse** Weisheitszahn *m*

dentaire [dɑ̃tɛʀ] *adj* Zahn-

denté, e [dɑ̃te] *adj* : **roue ~e** Zahnrad *nt*

dentelé, e [dɑ̃t(ə)le] *adj* gezackt

dentelle [dɑ̃tɛl] *nf* Spitze *f*; **ne pas faire dans la ~** (*fam*) sich wie ein Elefant im Porzellanladen benehmen

dentier [dɑ̃tje] *nm* Gebiss *nt*

dentifrice [dɑ̃tifʀis] *nm* Zahnpasta *f*

dentiste [dɑ̃tist] *nmf* Zahnarzt *m*, Zahnärztin *f*

dentition [dɑ̃tisjɔ̃] *nf* (*dents*) Zähne *pl*

dénucléariser [denykleaʀize] *vt* atomwaffenfrei machen

dénudé, e [denyde] *adj* kahl

dénuder [denyde] *vt* (*corps*) entblößen

dénué, e [denɥe] *adj* : **~ de** ohne

dénuement [denymɑ̃] *nm* bittere Not *f*, Elend *nt*

déodorant [deɔdɔʀɑ̃] *nm* Deodorant *nt*; **~ à bille** Deoroller *m*

déontologie [deɔ̃tɔlɔʒi] *nf* Berufsethos *nt*

dépannage [depanaʒ] *nm* Reparatur *f*; **service de ~** (*Auto*) Pannendienst *m*

dépanner [depane] *vt* (*voiture, télévision*) reparieren; (*automobiliste*) (bei einer Panne) helfen +*dat*; (*fam*) aus der Patsche helfen +*dat*

dépanneur [depanœʀ] *nm* Pannenhelfer(in) *m(f)*; (*TV*) Fernsehmechaniker(in) *m(f)*

dépanneuse [depanøz] *nf* Abschleppwagen *m*

déparer [depaʀe] *vt* verderben

départ [depaʀ] *nm* Abreise *f*; (*Sport*) Start *m*; (*sur un horaire*) Abfahrt *f*; **au ~** zu Beginn; **tableau des ~s** (*à la gare*) Abfahrtstafel *m*; (*à l'aéroport*) Abflugtafel *m*

départager [depaʀtaʒe] *vt* entscheiden zwischen +*dat*

département [depaʀtəmɑ̃] *nm* (*de ministère*) Abteilung *f*; (*en France*) Departement *nt*, ≈ Regierungsbezirk *m*; **~ d'outre-mer** in Übersee gelegenes Departement

: **Les départements** sind die 96
: Gebietskörperschaften, in die
: Frankreich aufgeteilt ist. Diese
: **départements** werden von ernannten
: *préfets* geleitet und von einem
: gewählten *Conseil général* verwaltet.
: Die **départements** werden meistens
: nach geografischen Besonderheiten,
: wie einem Fluss oder einer
: Gebirgskette benannt.

départir [depaʀtiʀ] : **se ~ de** *vpr* verlieren

dépassé, e [depɑse] *adj* veraltet, überholt; (*affolé*) überfordert

dépassement [depɑsmɑ̃] *nm* Überschreitung *f*

dépasser [depɑse] *vt* überholen; (*endroit*) vorübergehen an +*dat*; (*somme, limite fixée, prévisions*) überschreiten; (*en intelligence, beauté etc*) übertreffen ▶ *vi* (*ourlet, jupon*) hervorschauen; **cela me dépasse** das geht über meinen Verstand

dépaysé, e [depeize] *adj* verloren

dépaysement [depeizmã] *nm* Verwirrung *f*

dépayser [depeize] *vt* verwirren

dépecer [depəse] *vt* zerlegen

dépêcher [depeʃe] *vt* senden, schicken; **se dépêcher** *vpr* sich beeilen

dépeindre [depɛ̃dʀ] *vt* schildern

dépénalisation [depenalizasjɔ̃] *nf* Entkriminalisierung *f*

dépendre [depɑ̃dʀ] *vt* (*tableau*) abhängen, abnehmen ▶ *vi* : **~ de** abhängen von; (*financièrement*) abhängig sein von; **ça dépend** das kommt ganz drauf an

dépens [depɑ̃] *nmpl* : **aux ~ de qn** auf jds Kosten *acc*

dépense [depɑ̃s] *nf* Ausgabe *f*; **~ énergétique** Energiekosten *pl*; **~s publiques** Staatsausgaben *pl*

dépenser [depɑ̃se] *vt* ausgeben *pl*; **se dépenser** *vpr* sich anstrengen *pl*

dépensier, -ière [depɑ̃sje, jɛʀ] *adj* verschwenderisch

dépérir [depeʀiʀ] *vi* verkümmern

dépeupler [depœple] *vt* entvölkern; **se dépeupler** *vpr* sich entvölkern

déphasé, e [defɑze] *adj* phasenverschoben; (*désorienté*) aus dem Tritt

dépilatoire [depilatwaʀ] *adj* : **crème/lait ~** Enthaarungscreme *f*/-milch *f*

dépistage [depistaʒ] *nm* (*Méd*) Früherkennung *f*; **~ du cancer** Krebsvorsorge *f*

dépister [depiste] *vt* (*Méd*) erkennen; (*voleur*) finden

dépit [depi] *nm* : **par ~** aus Trotz; **en ~ de** (*malgré*) trotz +*gén*; **en ~ du bon sens** gegen alle Vernunft

dépité, e [depite] *adj* verärgert

déplacé, e [deplase] *adj* (*inopportun*) unangebracht, deplatziert

déplacement [deplasmɑ̃] *nm* (*voyage*) Reise *f*

déplacer [deplase] *vt* umstellen; (*employé*) versetzen; **se déplacer** *vpr* (*voyager*) verreisen

déplaire [deplɛʀ] *vi* : **~ à qn** jdm nicht gefallen

dépliant [deplijɑ̃] *nm* Faltblatt *nt*

déplier [deplije] *vt* auseinanderfalten; **se déplier** *vpr* (*parachute*) sich entfalten

déploiement [deplwamɑ̃] *nm* Ausbreiten *nt*; (*Mil*) Einsatz *m*

déplomber [deplɔ̃be] *vt* (*caisse, compteur*) das Siegel entfernen von

déplorable [deplɔʀabl] *adj* (*triste*) beklagenswert; (*blâmable*) bedauerlich

déplorer [deplɔʀe] *vt* bedauern

déployer [deplwaje] *vt* (*aile, carte*) ausbreiten; (*troupes*) einsetzen

dépolluer [depɔlɥe] *vt* reinigen

déporter [depɔʀte] *vt* (*Pol*) deportieren; (*voiture*) vom Weg abbringen

déposer [depoze] *vt* (*mettre, poser*) legen, stellen; (*à la banque*) einzahlen; (*à la consigne*) aufgeben; (*passager, roi*) absetzen; (*faire enregistrer*) einreichen ▶ *vi* (*vin etc*) sich absetzen; **~ (contre)** (*Jur*) aussagen (gegen); **se déposer** *vpr* (*calcaire, poussière*) sich ablagern

déposition [depozisjɔ̃] *nf* Aussage *f*

déposséder [deposede] *vt* enteignen

dépôt [depo] *nm* (*de sable, poussière*) Ablagerung *f*; (*entrepôt, réserve*) (Waren) lager *nt*; **~ de bilan** Konkursanmeldung *f*

dépotoir [depotwaʀ] *nm* Müllabladeplatz *m*

dépouille [depuj] *nf* abgezogene Haut *f*; **~ (mortelle)** sterbliche Überreste *pl*

dépouillé, e [depuje] *adj* (*style*) nüchtern

dépouiller [depuje] *vt* (*animal*) häuten; (*personne*) berauben; (*résultats, documents*) sorgfältig durchsehen

dépourvu, e [depuʀvy] *adj* : **~ de** ohne ▶ *nm* : **prendre qn au ~** jdn unvorbereitet finden

dépraver [depʀave] *vt* verderben

déprécier [depʀesje] *vt* (*personne*) herabsetzen; (*chose*) entwerten; **se déprécier** *vpr* an Wert verlieren

dépressif, -ive [depʀesif, iv] *adj* depressiv

dépression [depʀesjɔ̃] *nf* (*Psych*) Depression *f*; (*creux*) Vertiefung *f*; (*Écon*) Flaute *f*; (*Météo*) Tief(druckgebiet) *nt*; **faire une ~ nerveuse** einen Nervenzusammenbruch haben

déprimant, e [depʀimɑ̃, ɑ̃t] *adj* deprimierend

déprime [depʀim] (*fam*) *nf* : **faire de la ~** ein Tief haben

déprimé, e [depʀime] *adj* deprimiert

déprimer [depʀime] *vt* deprimieren

dépt *abr* = **département**

(MOT-CLÉ)

depuis [dəpɥi] *prép* **1** (*temps*) seit; **il habite Paris depuis 1983** er wohnt seit 1983 in Paris; **il habite Paris depuis 5 ans/l'an dernier** er lebt seit 5 Jahren/ seit letztem Jahr in Paris; **depuis quand le connaissez-vous ?** seit wann kennen Sie ihn?

2 (*lieu*) : **elle a téléphoné depuis Valence** sie hat aus Valence angerufen; **il a plu depuis Metz** ab Metz hat es (nur) geregnet
3 (*quantité, rang*) von; **depuis les plus petits jusqu'aux plus grands** vom Kleinsten bis zum Größten
▶ *adv* (*temps*) seither, seitdem; **je ne lui ai pas parlé depuis** ich habe seitdem *ou* seither nicht mehr mit ihm/ihr gesprochen; **depuis lors** seitdem; **depuis que** seit; **depuis qu'il me l'a dit** seit er es mir gesagt hat

député, e [depyte] *nm/f* Abgeordnete(r) *f(m)*; **~(e) au Parlement européen** Europaabgeordnete(r) *f(m)*
déraciner [deʀasine] *vt* entwurzeln
dérailler [deʀaje] *vi* entgleisen
dérailleur [deʀajœʀ] *nm* Kettenschaltung *f*
déraisonner [deʀɛzɔne] *vi* Unsinn reden
dérangement [deʀɑ̃ʒmɑ̃] *nm* Störung *f*; **en ~** (*téléphone*) gestört
déranger [deʀɑ̃ʒe] *vt* (*objets*) durcheinanderbringen; (*personne*) stören; **est-ce que cela vous dérange si …?** stört es Sie, wenn …?; **excusez-moi de vous ~** (*au téléphone*) entschuldigen Sie die Störung
déraper [deʀape] *vi* (*voiture*) schleudern; (*personne*) ausrutschen
déréglé, e [deʀegle] *adj* : **ma montre est ~e** meine Uhr geht falsch; **le mécanisme est ~** der Mechanismus funktioniert nicht richtig
déréglementation [deʀeɡləmɑ̃tasjɔ̃] *nf* Deregulierung *f*
dérégler [deʀegle] *vt* (*mécanisme*) außer Betrieb setzen
déréguler [deʀegyle] *vt* deregulieren
dérider [deʀide] : **se dérider** *vpr* fröhlicher werden
dérision [deʀizjɔ̃] *nf* Spott *m*; **tourner en ~** verspotten
dérisoire [deʀizwaʀ] *adj* lächerlich
dérivatif [deʀivatif] *nm* Ablenkung *f*
dérive [deʀiv] *nf* : **aller à la ~** sich treiben lassen
dérivé, e [deʀive] *adj* (*Ling, Math*) abgeleitet; (*Chim*) derivativ ▶ *nm* (*Ling*) Derivat *nt*
dériver [deʀive] *vt* (*Math, Ling*) ableiten; (*cours d'eau etc*) umleiten ▶ *vi* (*bateau, avion*) abgetrieben werden; **~ de** stammen von; (*Ling*) sich ableiten von
dermatite [dɛʀmatit] *nf* Hautentzündung *f*

dermatologue [dɛʀmatɔlɔg] *nmf* Hautarzt *m*, Hautärztin *f*
dermatose [dɛʀmatoz] *nf* Hautkrankheit *f*
dernier, -ière [dɛʀnje, jɛʀ] *adj* letzte(r, s); **lundi/le mois ~** letzten *ou* vorigen Montag/Monat; **du ~ chic** äußerst chic *ou* schick; **en ~** zuletzt; **ce ~** Letzterer
dernièrement [dɛʀnjɛʀmɑ̃] *adv* kürzlich
dernier-né, dernière-née [dɛʀnjene, dɛʀnjɛʀne] (*pl* **derniers-nés, dernières-nées**) *nm/f* Letztgeborene(r) *f(m)*; (*fig*) Neueste(r) *f(m)*
dérobé, e [deʀobe] *adj* (*porte, escalier*) geheim, versteckt ▶ *nf* : **à la ~e** verstohlen, heimlich
dérober [deʀobe] *vt* stehlen; **se dérober** *vpr* sich wegstehlen; **se ~ à** sich entziehen +*dat*
déroger [deʀɔʒe] *vi* : **~ à** abweichen von
dérouler [deʀule] *vt* aufrollen; **se dérouler** *vpr* stattfinden
déroutant, e [deʀutɑ̃, ɑ̃t] *adj* verwirrend
déroute [deʀut] *nf* Debakel *nt*
dérouter [deʀute] *vt* umleiten; (*personne*) aus der Fassung bringen
derrick [deʀik] *nm* Bohrturm *m*
derrière [dɛʀjɛʀ] *prép* hinter +*dat*; (*direction*) hinter +*acc* ▶ *adv* hinten ▶ *nm* Rückseite *f*; (*postérieur*) Hinterteil *nt*; **les pattes de ~** die Hinterbeine *pl*; **par ~** von hinten
des [de] *voir* **de**
dès [dɛ] *prép* ab; **~ que** sobald; **~ son retour** gleich nach seiner Rückkehr; **~ lors** seitdem
désabusé, e [dezabyze] *adj* desillusioniert
désaccord [dezakɔʀ] *nm* Meinungsverschiedenheit *f*; (*contraste*) Diskrepanz *f*; **être en ~ avec qn** mit jm uneinig sein
désaccordé, e [dezakɔʀde] *adj* verstimmt
désactiver [dezaktive] *vt* (*Inform*) deaktivieren
désaffecté, e [dezafɛkte] *adj* (*église, gare etc*) leer stehend
désagréable [dezagʀeabl] *adj* unangenehm; (*personne aussi*) unfreundlich
désagréger [dezagʀeʒe] : **se désagréger** *vpr* auseinanderbröckeln
désagrément [dezagʀemɑ̃] *nm* Unannehmlichkeit *f*
désaltérer [dezaltere] *vt* : **~ qn** jds Durst stillen ▶ *vi* den Durst stillen; **se**

désaltérer vpr seinen Durst löschen; **ça désaltère** das löscht den Durst
désamorcer [dezamɔʀse] vt entschärfen
désappointé, e [dezapwɛ̃te] adj enttäuscht
désapprouver [dezapʀuve] vt missbilligen
désarmement [dezaʀməmɑ̃] nm (d'un pays) Abrüstung f
désarmer [dezaʀme] vt (personne) entwaffnen; (pays) abrüsten
désarroi [dezaʀwa] nm Ratlosigkeit f
désarticuler [dezaʀtikyle] : **se désarticuler** vpr sich verrenken
désastre [dezastʀ] nm Katastrophe f
désastreux, -euse [dezastʀø, øz] adj katastrophal
désavantage [dezavɑ̃taʒ] nm Nachteil m
désavantager [dezavɑ̃taʒe] vt benachteiligen
désavantageux, -euse [dezavɑ̃taʒø, øz] adj nachteilig
désaxé, e [dezakse] adj (personne) geistesgestört
descendant, e [desɑ̃dɑ̃, ɑ̃t] nm/f Nachkomme m
descendre [desɑ̃dʀ] vt (escalier, rue) hinuntergehen; (en voiture, bateau) hinunterfahren; (montagne) hinuntersteigen von; (objet) hinuntertragen, hinunterbringen; (fam: abattre) abschießen ▶ vi hinuntergehen; (passager) aussteigen; (avion) absteigen; (voiture) hinunterfahren; (niveau, température, marée) sinken; **~ de** (famille) abstammen von; **~ du train/de cheval** aus dem Zug/vom Pferd steigen; **~ à l'hôtel** in einem Hotel absteigen
descente [desɑ̃t] nf Abstieg m; (Ski) Abfahrt f; **~ de lit** Bettvorleger m; **~ de police** Razzia f
description [dɛskʀipsjɔ̃] nf Beschreibung f
désemparé, e [dezɑ̃paʀe] adj ratlos
désemparer [dezɑ̃paʀe] vi : **sans ~** ununterbrochen
désemplir [dezɑ̃pliʀ] vi : **ne pas ~** immer voll sein
déséquilibre [dezekilibʀ] nm Unausgeglichenheit f; **en ~** aus dem Gleichgewicht
déséquilibrer [dezekilibʀe] vt aus dem seelischen Gleichgewicht bringen
désert, e [dezɛʀ, ɛʀt] adj verlassen ▶ nm Wüste f
déserter [dezɛʀte] vi (Mil) desertieren ▶ vt verlassen

déserteur, -euse [dezɛʀtœʀ, øz] nm/f Deserteur(in)
désertification [dezɛʀtifikasjɔ̃] nf Desertifikation f, Verödung f
désespéré, e [dezɛspeʀe] adj verzweifelt
désespérément [dezɛspeʀemɑ̃] adv verzweifelt
désespérer [dezɛspeʀe] vi verzweifeln ▶ vt zur Verzweiflung bringen; **~ de qn/qch** an jdm/etw verzweifeln
désespoir [dezɛspwaʀ] nm Verzweiflung f
déshabillé, e [dezabije] adj unbekleidet ▶ nm Negligé nt
déshabiller [dezabije] vt ausziehen; **se déshabiller** vpr sich ausziehen
déshabituer [dezabitɥe] : **se déshabituer** vpr : **se ~ de qch** sich dat etw abgewöhnen
désherbant [dezɛʀbɑ̃] nm Unkrautvernichtungsmittel nt
déshériter [dezeʀite] vt enterben
déshonorer [dezɔnɔʀe] vt Schande machen +dat
déshydraté, e [dezidʀate] adj sehr durstig; (Méd) dehydriert; (aliment) Trocken-
designer [dizajnœʀ] nm Designer(in) m(f)
désigner [deziɲe] vt (montrer) zeigen, deuten auf +acc; (dénommer) bezeichnen; (nommer) ernennen
désinence [dezinɑ̃s] nf Endung f
désinfectant, e [dezɛ̃fɛktɑ̃, ɑ̃t] adj desinfizierend ▶ nm Desinfektionsmittel nt
désinfecter [dezɛ̃fɛkte] vt desinfizieren
désinstaller [dezɛ̃stale] vt (programme) deinstallieren
désintégrer [dezɛ̃tegʀe] vt spalten; **se désintégrer** vpr zerfallen
désintéressé, e [dezɛ̃teʀese] adj uneigennützig, selbstlos
désintéresser [dezɛ̃teʀese] : **se désintéresser** vpr : **se ~ (de qn/qch)** das Interesse (an jdm/etw) verlieren
désintoxication [dezɛ̃tɔksikasjɔ̃] nf Entgiftung f; (de drogue) Entziehung f; **faire une cure de ~** eine Entziehungskur machen
désinvolte [dezɛ̃vɔlt] adj (personne, attitude) lässig
désir [deziʀ] nm Verlangen nt; (souhait) Wunsch m; **exprimer le ~ de qch/de faire qch** den Wunsch nach etw äußern/ den Wunsch äußern, etw zu tun
désirable [deziʀabl] adj begehrenswert
désirer [deziʀe] vt wünschen; (sexuellement) begehren; **~ faire qch** etw

désister [deziste] : **se désister** vpr : **se ~ en faveur de qn/qch** zugunsten von jdm/etw ... zurücktreten

désobéir [dezɔbeiʀ] vi nicht gehorchen

désobéissance [dezɔbeisɑ̃s] nf Ungehorsam m

désobéissant, e [dezɔbeisɑ̃, ɑ̃t] adj ungehorsam

désobligeant, e [dezɔbliʒɑ̃, ɑ̃t] adj unfreundlich

désodorisant, e [dezɔdɔʀizɑ̃, ɑ̃t] adj deodorierend ▶ nm Deodorant nt; (d'appartement) Raumspray nt

désodoriser [dezɔdɔʀize] vt deodorieren

désœuvré, e [dezœvʀe] adj müßig

désolé, e [dezɔle] adj : **je suis ~** es tut mir leid

désoler [dezɔle] vt Kummer bereiten +dat

désopilant, e [dezɔpilɑ̃, ɑ̃t] adj urkomisch

désordre [dezɔʀdʀ] nm Unordnung f; **désordres** nmpl (Pol) Unruhen pl; **en ~** unordentlich

désorganiser [dezɔʀɡanize] vt durcheinanderbringen

désorienté, e [dezɔʀjɑ̃te] adj verwirrt

désorienter [dezɔʀjɑ̃te] vt verwirren

désormais [dezɔʀmɛ] adv von jetzt an, in Zukunft

désosser [dezɔse] vt entbeinen

dessaisir [desezir] : **se dessaisir de** vpr verzichten auf +acc

dessécher [deseʃe] vt austrocknen

dessein [desɛ̃] nm Absicht f; **dans le ~ de faire qch** mit der Absicht, etw zu tun; **à ~** absichtlich

desserrer [desere] vt lösen

dessert [desɛʀ] nm Nachtisch m

desservir [desɛʀviʀ] vt (table) abräumen, abdecken; (moyen de transport) versorgen; (nuire à) schaden +dat, einen schlechten Dienst erweisen +dat

dessin [desɛ̃] nm Zeichnung f; (art) Zeichnen nt; (motif) Muster nt; **~ animé** Zeichentrick(film) m

dessinateur, -trice [desinatœʀ, tʀis] nm/f Zeichner(in)

dessiner [desine] vt zeichnen

dessoûler [desule] vi (wieder) nüchtern werden

dessous [d(ə)su] adv darunter ▶ nm Unterseite f ▶ nmpl (fig) Hintergründe pl; (sous-vêtements) Unterwäsche f; **en ~** darunter

dessous-de-plat [dəsudpla] nm inv Untersetzer m

dessus [d(ə)sy] adv oben; (collé, écrit) darüber ▶ nm Oberteil nt; **en ~** obendrauf; **avoir/prendre/reprendre le ~** die Oberhand haben/gewinnen/wiedergewinnen

dessus-de-lit [dəsydli] nm inv Bettüberwurf m

destin [dɛstɛ̃] nm Schicksal nt

destinataire [dɛstinatɛʀ] nmf Empfänger(in) m(f)

destination [dɛstinasjɔ̃] nf Bestimmung f; (d'un voyageur) Reiseziel nt; (usage) Zweck m; **à ~ de** (avion, train, bateau) in Richtung

destinée [dɛstine] nf Schicksal nt

destiner [dɛstine] vt : **~ qn à** jdn bestimmen für; **~ qn/qch à** (prédestiner) jdn/etw ausersehen für

destituer [dɛstitɥe] vt absetzen

destructeur, -trice [dɛstʀyktœʀ, tʀis] adj zerstörerisch ▶ nm Zerstörer m; **~ de documents** Schredder m

destructif, -ive [dɛstʀyktif, iv] adj zerstörerisch

destruction [dɛstʀyksjɔ̃] nf Zerstörung f

désuet, -ète [dezɥɛ, ɛt] adj altmodisch

désuétude [desɥetyd] nf : **tomber en ~** außer Gebrauch kommen

désunir [dezyniʀ] vt entzweien

détaché, e [detaʃe] adj (air, ton) distanziert, kühl

détachement [detaʃmɑ̃] nm (Mil) (Sonder)kommando nt; **être en ~** (fonctionnaire, employé) abgestellt sein

détacher [detaʃe] vt (enlever) lösen; (prisonnier) befreien; (nettoyer) Flecken entfernen aus; **se détacher** vpr (se défaire) abgehen; **~ qn (auprès de)** jdn abordnen (zu); **se ~ de qn** ou **qch** (se désintéresser) sich (innerlich) von jdm ou etw lösen

détail [detaj] nm Einzelheit f; (Comm) Einzelhandel m; **en ~** im Einzelnen

détaillant, e [detajɑ̃, ɑ̃t] nm/f Einzelhändler(in)

détartrer [detaʀtʀe] vt entkalken

détecter [detɛkte] vt wahrnehmen

détecteur [detɛktœʀ] nm Detektor m, Sensor m; **~ de fumée** Rauchmelder m

détective [detɛktiv] nm : **~ (privé)** Detektiv m

déteindre [detɛ̃dʀ] vi verblassen; **~ sur** abfärben auf +acc

dételer [det(ə)le] vt (cheval) abschirren

détendre [detɑ̃dʀ] : **se détendre** vpr (ressort) sich lockern; (personne) sich entspannen

détendu, e [detɑ̃dy] *adj* entspannt
détenir [det(ə)niʀ] *vt* besitzen; *(otage, prisonnier)* festhalten
détente [detɑ̃t] *nf* Entspannung *f*; *(d'une arme)* Abzug *m*; **être dur(e) à la ~** *(fam: lent à comprendre)* schwer von Begriff sein
détenteur, -trice [detɑ̃tœʀ, tʀis] *nm/f* Inhaber(in)
détention [detɑ̃sjɔ̃] *nf* (*possession*) Besitz *m*; **~ préventive** Untersuchungshaft *f*
détenu, e [det(ə)ny] *nm/f* (*prisonnier*) Häftling *m*
détergent [detɛʀʒɑ̃] *nm* (*lessive*) Reinigungsmittel *nt*
détériorer [deteʀjɔʀe] *vt* beschädigen; **se détériorer** *vpr* (*situation, relations, santé*) sich verschlechtern
déterminant, e [detɛʀminɑ̃, ɑ̃t] *adj* ausschlaggebend ▶ *nm* Determinante *f*; **un facteur ~** ein entscheidender Faktor
détermination [detɛʀminasjɔ̃] *nf* (*résolution*) Entscheidung *f*
déterminé, e [detɛʀmine] *adj* entschlossen; (*fixé*) festgelegt; **être ~ à faire qch** entschlossen sein, etw zu tun
déterminer [detɛʀmine] *vt* bestimmen
déterrer [deteʀe] *vt* ausgraben
détester [detɛste] *vt* verabscheuen, hassen
détonateur [detɔnatœʀ] *nm* Zündkapsel *f*, Sprengkapsel *f*
détonner [detɔne] *vi* (*Mus*) falsch singen; (*fig*) nicht harmonieren
détour [detuʀ] *nm* Umweg *m*; (*courbe*) Kurve *f*; **sans ~** ohne Umschweife
détourné, e [detuʀne] *adj* : **par des moyens ~s** auf Umwegen
détournement [detuʀnəmɑ̃] *nm* : **~ d'avion** Flugzeugentführung *f*; **~ de fonds** Unterschlagung *f* von Geldern; **~ de mineur** Verführung *f* Minderjähriger
détourner [detuʀne] *vt* (*rivière, trafic*) umleiten; (*yeux, tête*) abwenden; (*de l'argent*) unterschlagen; **se détourner** *vpr* sich abwenden
détracteur, -trice [detʀaktœʀ, tʀis] *nm/f* Verleumder(in)
détraquer [detʀake] *vt* (*appareil*) kaputt machen; **se détraquer** *vpr* (*appareil*) kaputtgehen
détresse [detʀɛs] *nf* Verzweiflung *f*; (*misère*) Not *f*; **en ~** in Not; **feux de ~** (*Auto*) Warnblinkanlage *f*; **~ respiratoire** Atemnot *f*
détriment [detʀimɑ̃] *nm* : **au ~ de** zum Schaden von
détroit [detʀwa] *nm* Meerenge *f*; **le ~ de Behring** *ou* **de Béring** die Be(h)ringstraße

détromper [detʀɔ̃pe] *vt* eines Besseren belehren; **se détromper** *vpr* : **détrompez-vous** machen Sie sich/ macht euch keine Illusionen
détruire [detʀɥiʀ] *vt* zerstören
dette [dɛt] *nf* Schuld *f*
DEUG [dœg] *sigle m* (= *diplôme d'études universitaires générales*) ≈ Zwischenprüfung *f*
deuil [dœj] *nm* Trauer *f*; (*période*) Trauerzeit *f*; (*perte*) Trauerfall *m*; **porter le ~** Trauer tragen; **être en ~** trauern
deux [dø] *num* zwei
deuxième [døzjɛm] *adj* zweite(r, s) ▶ *nmf* Zweite(r) *f(m)*
deuxièmement [døzjɛmmɑ̃] *adv* zweitens
deux-pièces [døpjɛs] *nm inv* (*maillot de bain*) Bikini *m*; (*tailleur*) Zweiteiler *m*; (*appartement*) Zweizimmerwohnung *f*
deux-temps [døtɑ̃] *adj inv* : **moteur ~** Zweitaktmotor *m*
dévaler [devale] *vt* hinunterrennen
dévaliser [devalize] *vt* berauben
dévalorisation [devalɔʀizasjɔ̃] *nf* Erniedrigung *f*
dévaloriser [devalɔʀize] *vt* mindern, herabsetzen; **se dévaloriser** *vpr* (*monnaie*) an Kaufkraft verlieren
dévaluation [devalɥasjɔ̃] *nf* Geldentwertung *f*; (*Fin*) Abwertung *f*
dévaluer [devalɥe] *vt* abwerten
devancer [d(ə)vɑ̃se] *vt* (*distancer*) hinter sich *dat* lassen; (*arriver avant*) ankommen vor +*dat*; (*prévenir, anticiper*) zuvorkommen +*dat*
devant [d(ə)vɑ̃] *adv* (*en tête*) vorne, vorn ▶ *prép* vor +*dat*; (*avec mouvement*) vor +*acc* ▶ *nm* Vorderseite *f*; **de ~** Vorder-; **aller au-~ de qn** jdm entgegenkommen; **aller au-~ de qch** etw *dat* zuvorkommen
devanture [d(ə)vɑ̃tyʀ] *nf* (*étalage*) Auslage *f*; (*vitrine*) Schaufenster *nt*
dévastateur, -trice [devastatœʀ, tʀis] *adj* verheerend
dévastation [devastasjɔ̃] *nf* Verheerungen *pl*
dévaster [devaste] *vt* verwüsten
développement [dev(ə)lɔpmɑ̃] *nm* Entwicklung *f*; **les pays en voie de ~** die Entwicklungsländer; **~ durable** nachhaltige Entwicklung *f*
développer [dev(ə)lɔpe] *vt* entwickeln; **se développer** *vpr* sich entwickeln
devenir [dəv(ə)niʀ] *vt* werden
dévergondé, e [devɛʀgɔ̃de] *adj* schamlos
déverser [devɛʀse] *vt* ausgießen, ausschütten; **se ~ dans** (*fleuve, mer*) münden in +*acc*

dévêtir [devetiʀ] vt ausziehen; **se dévêtir** vpr sich ausziehen
déviation [devjasjɔ̃] nf (Auto) Umleitung f
déviationniste [devjasjɔnist] nmf Abweichler(in) m(f)
dévider [devide] vt abwickeln
dévier [devje] vt umleiten ▶ vi (véhicule, balle) vom Kurs abkommen
deviner [d(ə)vine] vt raten
devinette [d(ə)vinɛt] nf Rätsel nt
devis [d(ə)vi] nm (Kosten)voranschlag m
dévisager [devizaʒe] vt mustern
devise [dəviz] nf (formule) Devise f, Motto nt; (monnaie) Währung f; **devises** nfpl Devisen pl
deviser [dəvize] vi plaudern
dévisser [devise] vt aufschrauben
dévoiler [devwale] vt enthüllen
devoir [d(ə)vwaʀ] nm Pflicht f; (Scol) Hausaufgabe f ▶ vb aux müssen ▶ vt (argent, respect) schulden; **il doit le faire** er muss es machen; **je devrais le faire** ich sollte es machen; **faire ses ~s** seine Hausaufgaben machen; **~ de mémoire** Erinnerungspflicht f; **~ sur table** Klassenarbeit f
dévolu, e [devɔly] adj : **~ à qn/qch** für jdn/etw vorgesehen ▶ nm : **jeter son ~ sur** sein Augenmerk richten auf +acc
dévorer [devɔʀe] vt verschlingen; (feu, soucis) verzehren
dévot, e [devo, ɔt] adj fromm
dévoué, e [devwe] adj ergeben
dévouement [devumɑ̃] nm Hingabe f
dévouer [devwe] : **se dévouer** vpr : **se ~ (pour)** sich aufopfern (für); **se ~ à** sein Leben widmen +dat
dextérité [dɛksteʀite] nf Geschicklichkeit f
DG [deʒe] sigle m (= directeur général) voir **directeur**
diabète [djabɛt] nm Diabetes m, Zuckerkrankheit f
diabétique [djabetik] nmf Diabetiker(in) m(f), Zuckerkranke(r) f(m)
diable [djabl] nm Teufel m; (chariot à deux roues) Sackkarre f; **un vacarme du ~,** ou **de tous les ~s** ein Höllenlärm
diabolique [djabɔlik] adj teuflisch
diabolo [djabɔlo] nm (boisson) Limonade mit Sirup
diacre [djakʀ] nm Diakon m
diagnostic [djagnɔstik] nm Diagnose f
diagnostiquer [djagnɔstike] vt diagnostizieren
diagonal, e, -aux [djagɔnal, o] adj diagonal

diagonale [djagɔnal] nf Diagonale f; **en ~** diagonal; **lire en ~** überfliegen
diagramme [djagʀam] nm Diagramm nt
dialecte [djalɛkt] nm Dialekt m
dialogue [djalɔg] nm Dialog m
dialoguer [djalɔge] vi (Pol) im Dialog stehen
dialyse [djaliz] nf Dialyse f
diamant [djamɑ̃] nm Diamant m
diamètre [djamɛtʀ] nm Durchmesser m
diapason [djapazɔ̃] nm Stimmgabel f
diaphragme [djafʀagm] nm (Anat) Zwerchfell nt; (Photo) Blende f; (contraceptif) Pessar nt
diapo [djapo] nf Dia nt
diaporama [djapɔʀama] nm Diashow f
diapositive [djapozitiv] nf Dia(positiv) nt
diarrhée [djaʀe] nf Durchfall m
dictateur [diktatœʀ] nm Diktator m
dictatorial, e, -aux [diktatɔʀjal, jo] adj diktatorisch
dictature [diktatyʀ] nf Diktatur f
dictée [dikte] nf Diktat nt
dicter [dikte] vt diktieren; (conditions) vorschreiben
diction [diksjɔ̃] nf Diktion f; **cours de ~** Sprecherziehung f
dictionnaire [diksjɔnɛʀ] nm Wörterbuch nt
dicton [diktɔ̃] nm Redensart f
didacticiel [didaktisjɛl] nm (Inform) Lernprogramm nt, Lernsoftware f
dièse [djɛz] nm Kreuz(chen) nt; **appuyez sur la touche ~** drücken Sie die Taste mit dem Kreuz
diesel [djezɛl] nm Diesel(öl) nt; **un (véhicule/moteur) ~** ein Diesel m
diète [djɛt] nf Diät f
diététicien, ne [djetetisjɛ̃, jɛn] nm/f Diätist(in)
diététique [djetetik] adj diätetisch ▶ nf Ernährungswissenschaft f
dieu, x [djø] nm Gott m
diffamation [difamasjɔ̃] nf Verleumdung f
diffamer [difame] vt verleumden
différé, e [difeʀe] adj : **traitement ~** (Inform) Stapelverarbeitung f ▶ nm : **en ~** (TV) als Aufzeichnung
différence [difeʀɑ̃s] nf Unterschied m; (Math) Differenz f; **à la ~ de** im Unterschied zu
différencier [difeʀɑ̃sje] vt unterscheiden
différent, e [difeʀɑ̃, ɑ̃t] adj verschieden; **~s objets** verschiedene ou mehrere Gegenstände

différentiel, le [diferɑ̃sjɛl] *adj (tarif, droit)* unterschiedlich ▶ *nm (Auto)* Differenzial *nt*

différer [difere] *vt* aufschieben, verschieben ▶ *vi* : **~ (de)** sich unterscheiden (von)

difficile [difisil] *adj* schwierig

difficilement [difisilmɑ̃] *adv* schwer; **~ compréhensible/lisible** schwer verständlich/zu lesen

difficulté [difikylte] *nf* Schwierigkeit *f*; **en ~** in Schwierigkeiten; *(bateau)* in Seenot; **avoir des ~s pour faire qch** Schwierigkeiten haben, etw zu tun

difforme [difɔʀm] *adj* deformiert

diffus, e [dify, yz] *adj* diffus

diffuser [difyze] *vt* verbreiten; *(émission, musique)* ausstrahlen

diffusion [difyzjɔ̃] *nf* Verbreitung *f*, Ausstrahlung *f*

digérer [diʒere] *vt* verdauen

digestif, -ive [diʒɛstif, iv] *adj* Verdauungs- ▶ *nm* Verdauungsschnaps *m*

digestion [diʒɛstjɔ̃] *nf* Verdauung *f*

digicode® [diʒikɔd] *nm* Türcode *m*

digital, e, -aux [diʒital, o] *adj* digital

digne [diɲ] *adj (respectable)* würdig; **~ d'intérêt** beachtenswert; **~ de foi** glaubwürdig; **~ de qn** jds würdig

dignitaire [diɲitɛʀ] *nm* Würdenträger *m*

dignité [diɲite] *nf* Würde *f*

digue [dig] *nf* Damm *m*; *(pour protéger la côte)* Deich *m*

dilapider [dilapide] *vt (gaspiller)* verschwenden

dilater [dilate] *vt (joues, ballon)* aufblasen; *(narines, pupilles etc)* erweitern; **se dilater** *vpr* sich (aus) dehnen

dilemme [dilɛm] *nm* Dilemma *nt*

diligence [diliʒɑ̃s] *nf (véhicule)* Postkutsche *f*; *(empressement)* Eifer *m*

diluer [dilɥe] *vt* verdünnen

diluvien, ne [dilyvjɛ̃, jɛn] *adj* : **pluie ~ne** Wolkenbruch *m*

dimanche [dimɑ̃ʃ] *nm* Sonntag *m*; *voir aussi* **lundi**

dimension [dimɑ̃sjɔ̃] *nf (grandeur)* Größe *f*; *(Math, fig)* Dimension *f*

diminuer [diminɥe] *vt* verringern; *(ardeur)* abschwächen; *(personne)* angreifen; *(dénigrer)* herabsetzen ▶ *vi* abnehmen

diminutif [diminytif] *nm (Ling)* Verkleinerungsform *f*; *(surnom)* Kosename *m*

diminution [diminysjɔ̃] *nf* Abnahme *f*, Rückgang *m*

dinde [dɛ̃d] *nf* Truthenne *f*

dindon [dɛ̃dɔ̃] *nm* Puter *m*

dîner [dine] *nm* Abendessen *nt* ▶ *vi* zu Abend essen; **~ d'affaires** Arbeitsessen *nt*

dingue [dɛ̃g] *(fam) adj* verrückt

dinosaure [dinozɔʀ] *nm* Dinosaurier *m*

diode [djɔd] *nf* Diode *f*

dioxine [djɔksin] *nf* Dioxin *nt*

diphtérie [difteri] *nf* Diphtherie *f*

diplomate [diplɔmat] *adj* diplomatisch ▶ *nmf* Diplomat(in) *m(f)*

diplomatie [diplɔmasi] *nf* Diplomatie *f*

diplomatique [diplɔmatik] *adj* diplomatisch

diplôme [diplom] *nm* Diplom *nt*

diplômé, e [diplome] *adj* Diplom-

dircom [diʀkɔm] *nmf* PR-Manager(in) *m(f)*

dire [diʀ] *vt* sagen; *(secret, mensonge)* erzählen; *(réciter)* aufsagen ▶ *nm* : **au ~ des témoins** Zeugenaussagen zufolge; **vouloir ~ que** bedeuten, dass; **on dirait que** man könnte meinen, dass; **à vrai ~** offen gestanden; **dis/dites donc !** *(agressif)* na hör/na hören Sie mal!; **et ~ que ...** es ist kaum zu glauben, dass ...

direct, e [diʀɛkt] *adj* direkt

directement [diʀɛktəmɑ̃] *adv* direkt

directeur, -trice [diʀɛktœʀ, tʀis] *adj* Haupt- ▶ *nm/f* Direktor(in); *(d'école primaire)* Rektor(in); **~ général** Generaldirektor(in); **~ de thèse** Doktorvater *m*

direction [diʀɛksjɔ̃] *nf* Leitung *f*, Führung *f*; *(Auto)* Lenkung *f*; *(directeurs, bureaux)* Geschäftsleitung *f*; *(sens)* Richtung *f*; **sous la ~ de** unter der Leitung von; **« toutes ~s »** *(Auto)* „alle Richtungen"; **~ assistée** *(Auto)* Servolenkung *f*; **~ générale** Geschäftsleitung *f*

directive [diʀɛktiv] *nf* Direktive *f*, Anweisung *f*; *(de l'UE)* Richtlinie *f*

dirigeable [diʀiʒabl] *nm* Luftschiff *nt*, Zeppelin *m*

diriger [diʀiʒe] *vt* leiten; *(personnes, véhicule)* führen; *(orchestre)* dirigieren; **se diriger** *vpr (s'orienter)* sich orientieren; **~ sur** *(braquer)* richten auf +*acc*; **se ~ vers** *ou* **sur** sich zubewegen auf +*acc*

discernement [disɛʀnəmɑ̃] *nm (bon sens)* Verstand *m*

discerner [disɛʀne] *vt* wahrnehmen

disciple [disipl] *nmf* Jünger *m*; **un ~ de** ein Schüler von

discipline [disiplin] *nf* Disziplin *f*

disc-jockey [diskʒɔke] (*pl* **disc-jockeys**) *nm* Discjockey *m*

discontinu, e [diskɔ̃tiny] *adj* mit Unterbrechungen

discordant, e [diskɔʀdɑ̃, ɑ̃t] *adj* nicht harmonierend

discorde [diskɔʀd] *nf* Zwist *m*

discothèque [diskɔtɛk] *nf* (*boîte de nuit*) Diskothek *f*; (*disques*) Plattensammlung *f*; **~ (de prêt)** Schallplattenverleih *m*

discours [diskuʀ] *nm* Rede *f*

discréditer [diskʀedite] *vt* in Misskredit bringen

discret, -ète [diskʀɛ, ɛt] *adj* (*réservé, modéré*) zurückhaltend; **un endroit ~** ein stilles *ou* verschwiegenes Plätzchen *nt*

discrètement [diskʀɛtmɑ̃] *adv* (*sans attirer l'attention*) diskret; (*sobrement*) dezent

discrétion [diskʀesjɔ̃] *nf* Diskretion *f*, Zurückhaltung *f*; **à ~** in beliebigen Mengen; **à la ~ de qn** nach jds Gutdünken

discrimination [diskʀiminasjɔ̃] *nf* Diskriminierung *f*; (*discernement*) Unterscheidung *f*

disculper [diskylpe] *vt* entlasten

discussion [diskysjɔ̃] *nf* Diskussion *f*; **discussions** *nfpl* (*négociations*) Verhandlungen *pl*

discutable [diskytabl] *adj* (*contestable*) anfechtbar

discuté, e [diskyte] *adj* umstritten

discuter [diskyte] *vt* (*problème*) diskutieren über +*acc*; (*débattre*) verhandeln über +*acc*; (*contester*) infrage stellen ▶ *vi*: **~ de** diskutieren über +*acc*

disette [dizɛt] *nf* Hungersnot *f*

disgrâce [disgʀɑs] *nf* Ungnade *f*; **être tombé en ~** in Ungnade gefallen sein

disgracieux, -euse [disgʀasjø, jøz] *adj* unansehnlich

disjoindre [disʒwɛ̃dʀ] *vt* auseinandernehmen; **se disjoindre** *vpr* auseinandergehen

dislocation [dislɔkasjɔ̃] *nf* Auskugeln *nt*

disloquer [dislɔke] *vt* (*membre*) ausrenken; (*chaise*) auseinandernehmen; **se disloquer** *vpr* (*parti, empire*) auseinanderfallen; **se ~ l'épaule** sich *dat* die Schulter ausrenken

disparaître [dispaʀɛtʀ] *vi* verschwinden; (*mourir*) sterben

disparité [dispaʀite] *nf* Ungleichheit *f*; (*de salaires*) Gefälle *nt*

disparition [dispaʀisjɔ̃] *nf* Verschwinden *nt*; (*mort*) Sterben *nt*

disparu, e [dispaʀy] *nm/f* (*défunt*) Verstorbene(r) *f(m)*

dispatcher [dispatʃe] *vt* verteilen

dispensaire [dispɑ̃sɛʀ] *nm* ≈ Ambulanz *f*

dispenser [dispɑ̃se] *vt* (*distribuer*) gewähren; **se dispenser** *vpr*: **se ~ de qch** sich etw *dat* entziehen; **~ qn de faire qch** jdm erlassen, etw zu tun

disperser [dispɛʀse] *vt* zerstreuen; (*troupes, manifestants*) auseinandertreiben; **se disperser** *vpr* sich zerstreuen

disponibilité [disponibilite] *nf* Verfügbarkeit *f*; **en fonction de vos/leurs ~s** je nach eurer/Ihrer/ihrer Verfügbarkeit

disponible [disponibl] *adj* verfügbar

dispos [dispo] *adj m*: **frais et ~** frisch und munter

disposé, e [dispoze] *adj* (*arrangé d'une certaine manière*) angeordnet; **~ à** bereit zu

disposer [dispoze] *vt* (*arranger*) anordnen ▶ *vi*: **vous pouvez ~** Sie können gehen; **se disposer** *vpr*: **se ~ à faire qch** sich darauf vorbereiten, etw zu tun; **~ qn à faire qch** jdn in die Lage versetzen, etw zu tun; **~ de** (*avoir*) verfügen über +*acc*

dispositif [dispozitif] *nm* Vorrichtung *f*; (*policier, de contrôle*) Einsatzplan *m*

disposition [dispozisjɔ̃] *nf* (*arrangement*) Anordnung *f*; (*humeur*) Stimmung *f*; (*tendance*) Neigung *f*; **dispositions** *nfpl* (*mesures*) Maßnahmen *pl*; (*précautions*) Vorsorge *f*; (*d'une loi, d'un testament*) Verfügungen *pl*; **être à la ~ de qn** jdm zur Verfügung stehen; **prendre ses ~s pour faire qch** die nötigen Vorkehrungen treffen, um etw zu tun

disproportion [dispʀɔpɔʀsjɔ̃] *nf* Missverhältnis *nt*

disproportionné, e [dispʀɔpɔʀsjɔne] *adj* unverhältnismäßig, unangepasst

dispute [dispyt] *nf* Streit *m*

disputer [dispyte] *vt* (*match, combat, course*) austragen; **se disputer** *vpr* sich streiten; **se ~ avec qn** sich mit jm streiten; **ils se disputent sans cesse** sie streiten ständig; **~ qch à qn** mit jdm um etw kämpfen

disquaire [diskɛʀ] *nmf* Schallplattenhändler(in) *m(f)*

disqualification [diskalifikasjɔ̃] *nf* Disqualifizierung *f*

disqualifier [diskalifje] *vt* disqualifizieren

disque [disk] *nm* (*Mus*) Schallplatte *f*; (*Inform*) Platte *f*; (*forme, Tech*) Scheibe *f*; (*Sport*) Diskus *m*; **~ compact** Compact Disc *f*, CD *f*; **~ dur** Festplatte *f*

disquette [diskɛt] nf Diskette f
disséminer [disemine] vt zerstreuen
dissension [disãsjɔ̃] nf Meinungsverschiedenheit f
dissertation [disɛRtasjɔ̃] nf (Scol) Aufsatz m
disserter [disɛRte] vi (discuter) diskutieren; **~ sur** erörtern
dissident, e [disidã, ãt] nm/f Dissident(in)
dissimuler [disimyle] vt (taire, cacher) verheimlichen; (masquer à la vue) verbergen; **se dissimuler** vpr sich verbergen
dissiper [disipe] vt (doutes, brouillard) zerstreuen; (fortune) durchbringen; **se dissiper** vpr (brouillard) sich auflösen; (doutes) sich zerstreuen; (élève) sich leicht ablenken lassen
dissolu, e [disɔly] adj zügellos
dissolution [disɔlysjɔ̃] nf Auflösung f
dissolvant, e [disɔlvã, ãt] vb voir **dissoudre** ▶ nm (Chim) Lösungsmittel nt; (pour ongles) Nagellackentferner m
dissonant, e [disɔnã, ãt] adj nicht harmonierend
dissoudre [disudʀ] vt auflösen; **se dissoudre** vpr sich auflösen
dissuader [disɥade] vt : **~ qn de faire qch** jdn davon abbringen, etw zu tun; **~ qn de qch** jdn von etw abbringen
dissuasion [disɥazjɔ̃] nf Abschreckung f; **force de ~** Abschreckungspotenzial nt
distance [distãs] nf Entfernung f, Distanz f; (fig) Abstand m; **à ~** aus der Entfernung; **tenir qn à ~** Distanz zu jdm halten; **~ de freinage** Bremsweg m; **~ de sécurité** Sicherheitsabstand m
distancer [distãse] vt hinter sich dat lassen
distant, e [distã, ãt] adj (éloigné) entfernt; (réservé) distanziert; **~ de 5 km** 5 km entfernt
distiller [distile] vt destillieren; (venin, suc etc) tropfenweise absondern
distillerie [distilʀi] nf Destillerie f
distinct, e [distɛ̃(kt), ɛ̃kt] adj (différent) verschieden; (clair, net) deutlich, klar
distinctement [distɛ̃ktəmã] adv deutlich
distinction [distɛ̃ksjɔ̃] nf (différence) Unterschied m; (bonnes manières) Vornehmheit f; (médaille, honneur etc) Auszeichnung f; **sans ~** ohne Unterschied
distingué, e [distɛ̃ge] adj (raffiné, élégant) distinguiert, vornehm; (éminent) von hohem Rang

distinguer [distɛ̃ge] vt (apercevoir) erkennen; (différencier) unterscheiden; **se distinguer** vpr (s'illustrer) sich auszeichnen; **se ~ de** (différer) sich unterscheiden von; **qch ~ qch/qn de** (suj : caractéristique, trait) jd unterscheidet sich durch etw von/etw; **sa générosité le distingue des autres** er unterscheidet sich durch seine Großzügigkeit von den anderen
distraction [distRaksjɔ̃] nf (diversion) Zerstreuung f; (manque d'attention) Zerstreutheit f
distraire [distRɛR] vt (déranger, dissiper) ablenken; (amuser, divertir) unterhalten; **se distraire** vpr (s'amuser) sich unterhalten
distrait, e [distRɛ, ɛt] adj zerstreut
distribuer [distRibɥe] vt verteilen; (gifles, coups) austeilen; (Comm) vertreiben
distributeur, -trice [distRibytœR, tRis] nm/f (Comm) Vertreiber m ▶ nm : **~ automatique de billets** (Banque) Geldautomat m
distribution [distRibysjɔ̃] nf Verteilung f; (Comm) Vertrieb m; (choix d'acteurs) Besetzung f; **circuits de ~** (Comm) Absatzwege pl
district [distRikt] nm Bezirk m
dit [di] pp de **dire** ▶ adj : **à l'heure ~e** zur vereinbarten Zeit; **~ Pierre** genannt Pierre
diurétique [djyRetik] adj harntreibend
divaguer [divage] vi (péj) (unzusammenhängendes Zeug) faseln
divan [divã] nm Diwan m
divergence [divɛRʒãs] nf Meinungsverschiedenheit f
diverger [divɛRʒe] vi (personnes, idées) voneinander abweichen; (rayons, lignes) divergieren
divers, e [divɛR, ɛRs] adj unterschiedlich; (indéfini) mehrere; **~ et variés/~es et variées** Sonstiges; **frais ~** (Comm) sonstige Kosten
diversifier [divɛRsifje] vt abwechslungsreicher gestalten
diversion [divɛRsjɔ̃] nf Ablenkung f
diversité [divɛRsite] nf Vielfalt f
divertir [divɛRtiR] vt unterhalten; **se divertir** vpr sich amüsieren
divertissement [divɛRtismã] nm Unterhaltung f; (passe-temps) Zeitvertreib m
dividende [dividãd] nm (Math) Zähler m; (Comm) Dividende f
divin, e [divɛ̃, in] adj göttlich

divinité [divinite] *nf* Gottheit *f*
diviser [divize] *vt* (Math) teilen, dividieren; (morceler) aufteilen; (subdiviser) unterteilen; **se diviser** *vpr* : **se ~ en** sich unterteilen in +*acc*
diviseur [divizœʀ] *nm* Teiler *m*, Nenner *m*
divisible [divizibl] *adj* teilbar
division [divizjɔ̃] *nf* Teilung *f*, Division *f*; (de somme, terrain) Aufteilung *f*; (secteur, branche, graduation) Abteilung *f*; (Mil) Division *f*; **1ère/2ème ~** (Sport) ≈ Erste/Zweite Liga *f*
divorce [divɔʀs] *nm* Scheidung *f*
divorcé, e [divɔʀse] *adj* geschieden ▶ *nm/f* Geschiedene(r) *f(m)*
divorcer [divɔʀse] *vi* sich scheiden lassen
divulgation [divylgasjɔ̃] *nf* Veröffentlichung *f*
divulguer [divylge] *vt* veröffentlichen
dix [dis] *num* zehn
dix-huit [dizɥit] *num* achtzehn
dixième [dizjɛm] *adj* zehnte(r, s) ▶ *nm* (fraction) Zehntel *nt*
dixièmement [dizjɛmmɑ̃] *adv* zehntens
dix-neuf [diznœf] *num* neunzehn
dix-sept [di(s)sɛt] *num* siebzehn
dizaine [dizɛn] *nf* : **une ~ de** etwa zehn
dl *abr* (= *décilitre*) dl
dm *abr* (= *décimètre*) dm
do [do] *nm* (Mus) C *nt*
doberman [dɔbɛʀman] *nm* Dobermann *m*
docile [dɔsil] *adj* gefügig
docker [dɔkɛʀ] *nm* Dockarbeiter *m*
docteur, e [dɔktœʀ] *nm/f* Arzt *m*, Ärztin *f*; (titre) Doktor(in); **~ en médecine** medizinischer Doktor *m*; **~ en droit** Doktor *m* in Jura
doctorat [dɔktɔʀa] *nm* Doktorwürde *f*
doctrine [dɔktʀin] *nf* Doktrin *f*
document [dɔkymɑ̃] *nm* Dokument *nt*
documentaire [dɔkymɑ̃tɛʀ] *nm* (film) Dokumentarfilm *m*
documentation [dɔkymɑ̃tasjɔ̃] *nf* (documents) Dokumentation *f*
documenter [dɔkymɑ̃te] *vt* dokumentieren; **se ~ (sur)** sich *dat* Unterlagen verschaffen (zu)
dodo [dodo] (*fam*) *nm* : **faire ~** schlafen
dodu, e [dɔdy] *adj* gut gepolstert
dogmatique [dɔgmatik] *adj* dogmatisch
dogme [dɔgm] *nm* Dogma *nt*
dogue [dɔg] *nm* Dogge *f*
doigt [dwa] *nm* Finger *m*; **compter sur ses ~s** mit Hilfe der Finger zählen; **être à deux ~s de faire qch** um ein Haar etw tun; **lever le ~** (Scol) sich melden; **montrer du ~** mit dem Finger zeigen auf; **les ~s dans le nez** (fam : fig) mit links; **~ de pied** Zehe *f*
doléances [dɔleɑ̃s] *nfpl* Beschwerden *pl*
dollar [dɔlaʀ] *nm* Dollar *m*
Dolomites [dɔlɔmit] *nfpl* : **les ~** die Dolomiten
DOM [dɔm] *sigle m ou mpl* (= *département(s) d'outre-mer*) voir **département**
domaine [dɔmɛn] *nm* (propriété) Grundbesitz *m*; (Inform) Domäne *f*, Domain *nt*; (champ, sphère) Gebiet *nt*; **tomber dans le ~ public** Gemeineigentum werden
domanial, e, -aux [dɔmanjal, jo] *adj* (forêt, biens) Staats-
dôme [dom] *nm* Kuppel *f*
domesticité [dɔmɛstisite] *nf* Hauspersonal *nt*
domestique [dɔmɛstik] *adj* (animal) Haus-; (travaux, soucis, accidents) häuslich, Haus- ▶ *nmf* Hausangestellte(r) *f(m)*
domestiquer [dɔmɛstike] *vt* (animal) domestizieren
domicile [dɔmisil] *nm* Wohnsitz *m*; **à ~** zu Hause; (livrer) ins Haus; **sans ~ fixe** ohne festen Wohnsitz
domicilié, e [dɔmisilje] *adj* : **être ~ à** seinen Wohnsitz haben in +*dat*
dominant, e [dɔminɑ̃, ɑ̃t] *adj* dominierend; (principal) Haupt-
dominateur, -trice [dɔminatœʀ, tʀis] *adj* dominierend
dominer [dɔmine] *vt* (soumettre, maîtriser) beherrschen; (surpasser) übertreffen ▶ *vi* dominieren; **se dominer** *vpr* sich beherrschen
dominical, e, -aux [dɔminikal, o] *adj* Sonntags-
domino [dɔmino] *nm* (pièce) Dominostein *m*; **dominos** *nmpl* (jeu) Domino *nt*; **jouer aux ~s** Domino spielen
dommage [dɔmaʒ] *nm* (préjudice) Schaden *m*; **c'est ~ que** es ist schade, dass; **quel ~ !** das ist aber schade!; **~s et intérêts** Schaden(s)ersatz *m*
dommages-intérêts [dɔmaʒ(əz)ɛ̃teʀɛ] *nmpl* Schaden(s)ersatz *m*
dompter [dɔ̃(p)te] *vt* bändigen
DOM-TOM [dɔmtɔm] *sigle m ou mpl* (= *département(s) et région(s)/territoire(s) d'outre-mer*); siehe Info-Artikel

: Es gibt vier *Départements d'outre-mer*:
: Guadeloupe, Martinique, Réunion and
: Französisch-Guayana. Diese werden in
: gleicher Weise wie die *départements*

geleitet und ihre Bewohner sind französische Staatsbürger. Verwaltungsmäßig zählen sie als *régions* und werden als solche ebenfalls als **ROM** (*Régions d'outre-mer*) bezeichnet. Der Begriff **DOM-TOM** ist ebenfalls noch gebräuchlich, aber der Begriff *territoire d'outre-mer* wurde ersetzt durch *collectivité d'outre-mer* (**COM**). **COM** umfasst Französisch-Polynesien, Wallis und Futuna, Neukaledonien sowie Polargebiete. Sie sind unabhängig, befinden sich jedoch unter kultureller Tatsache, dass …

don [dɔ̃] *nm* (*aptitude*) Gabe *f*, Talent *nt*; (*charité*) Spende *f*; (*cadeau*) Geschenk *nt*; **avoir des ~s pour** Talent haben für; **~ d'organes** Organspende *f*

donation [dɔnasjɔ̃] *nf* Schenkung *f*

donc [dɔ̃k] *conj* daher, deshalb; (*après une digression*) also

dongle [dɔ̃gl] *nm* Dongle *m*

donjon [dɔ̃ʒɔ̃] *nm* Bergfried *m*

donne [dɔn] *nf* (*Cartes*) Geben *nt*; (*fig*) Konstellation *f*; **à toi la ~** du gibst; **nouvelle ~** neue Rollenverteilung; **changer la ~** die Karten neu mischen

donné, e [dɔne] *adj*: **à un moment ~** zu einem bestimmten Zeitpunkt; **c'est ~** (*pas cher*) das ist geschenkt; **étant ~ que …** angesichts der Tatsache, dass …

donnée [dɔne] *nf* (*Math*) bekannte Größe *f*; **données** *nfpl* (*Inform*) Daten *pl*

donner [dɔne] *vt* geben; (*en cadeau*) schenken; (*nom, renseignements*) (an)geben; (*film, spectacle*) zeigen ▶ *vi* (*regarder*): **la chambre donne sur la mer** das Zimmer hat einen Blick aufs Meer; **se donner** *vpr*: **se ~ à fond (à qch)** sich (etw *dat*) ganz widmen; **se ~ du mal** ou **de la peine (pour faire qch)** sich *dat* Mühe geben (, etw zu tun)

donneur, -euse [dɔnœʀ, øz] *nm/f* (*Méd*) Spender(in); (*Cartes*) Geber(in)

MOT-CLÉ

dont [dɔ̃] *pron relatif* **1** (*appartenance*) wovon; (*possesseur m ou nt sg*) dessen; (*possesseur pl ou f sg*) deren; **la maison dont le toit est rouge** das Haus, dessen Dach rot ist; **l'homme dont je connais la sœur** der Mann, dessen Schwester ich kenne; **le chat dont le maître habite en face** die Katze, deren Herrchen gegenüber wohnt

2 (*parmi lesquels*): **deux livres, dont l'un est gros** zwei Bücher, von denen eines dick ist; **il y avait plusieurs personnes, dont Gabrielle** es waren mehrere Leute da, (unter anderen) auch Gabrielle; **10 blessés, dont 2 grièvement** 10 Verletzte, davon 2 schwer verletzt

3 (*provenance, origine*): **le pays dont il est originaire** das Land, aus dem er stammt

4 (*façon*): **la façon dont il l'a fait** die Art und Weise, wie er es gemacht hat

5 (*au sujet de qui ou quoi*): **le voyage dont je t'ai parlé** die Reise, von der ich dir erzählt habe; **ce dont je parle** (das,) wovon ich spreche; **le fils/livre dont il est si fier** der Sohn/das Buch, auf den/das er so stolz ist

dopage [dɔpaʒ] *nm* Doping *nt*

dopant, e [dɔpɑ̃, ɑ̃t] *adj* Doping- ▶ *nm* Dopingmittel *nt*

doper [dɔpe] *vt* dopen; (*fig*: *croissance, investissements*) ankurbeln

doping [dɔpiŋ] *nm* Doping *nt*

doré, e [dɔʀe] *adj* golden; (*plaqué*) vergoldet

dorénavant [dɔʀenavɑ̃] *adv* von nun an

dorer [dɔʀe] *vt* vergolden ▶ *vi*: **faire ~** goldbraun backen

dorloter [dɔʀlɔte] *vt* verhätscheln

dormeur, -euse [dɔʀmœʀ, øz] *nm/f* Schläfer(in)

dormir [dɔʀmiʀ] *vi* schlafen

dorsal, e, -aux [dɔʀsal, o] *adj* Rücken-

dortoir [dɔʀtwaʀ] *nm* Schlafsaal *m*

dorure [dɔʀyʀ] *nf* Vergoldung *f*

doryphore [dɔʀifɔʀ] *nm* Kartoffelkäfer *m*

dos [do] *nm* Rücken *m*; **voir au ~** siehe Rückseite; **de ~** von hinten; **à ~ de** (*chameau etc*) auf dem Rücken +*gén*

DOS [dɔs] *sigle m* (= *disk operating system*) DOS *nt*

dosage [dozaʒ] *nm* Dosierung *f*

dose [doz] *nf* Dosis *f*

doser [doze] *vt* dosieren

dosimètre [dozimɛtʀ] *nm* Dosimeter *nt*, Strahlenmessgerät *nt*

dossier [dosje] *nm* (*de chaise*) Rückenlehne *f*; (*documents*) Akte *f*; (*classeur*) Aktendeckel *m*; (*Inform*) Ordner *m*; (*Presse*) Feature *nt*

dot [dɔt] *nf* Mitgift *f*

doté, e [dɔte] *adj*: **~ de** ausgestattet mit

doter [dɔte] *vt*: **~ qn/qch de** jdn/etw ausstatten mit

douane [dwan] *nf* Zoll *m*

douanier, -ière [dwanje, jɛʀ] *adj* Zoll- ▶ *nm* Zollbeamte(r) *m*, Zollbeamtin *f*

double [dubl] *adj* doppelt ▶ *adv*: **voir ~** doppelt sehen ▶ *nm*: **le ~ (de)** doppelt so

doublé | 106

viel (wie), das Doppelte (von); *(autre exemplaire)* Duplikat *nt*; *(sosie)* Doppelgänger(in) *m(f)*; **~ messieurs/mixte** Herrendoppel *nt*/gemischtes Doppel *nt*; **~ clic** Doppelklick *m*

doublé, e [duble] *adj (vêtement)* gefüttert; *(film)* synchronisiert; **~ de** gefüttert mit

double-cliquer [dubl(ə)klike] *vt, vi* doppelklicken; **~ sur un dossier** einen Ordner doppelklicken

doubler [duble] *vt (multiplier par deux)* verdoppeln; *(vêtement, chaussures)* füttern; *(voiture, concurrent)* überholen; *(film)* synchronisieren; *(acteur)* doubeln ▶ *vi (devenir double)* sich verdoppeln

doublure [dublyʀ] *nf (de vêtement)* Futter *nt*; *(acteur)* Double *nt*

douce [dus] *adj voir* **doux**

douceâtre [dusɑtʀ] *adj* süßlich

doucement [dusmɑ̃] *adv* behutsam; *(lentement)* langsam

doucereux, -euse [dus(ə)ʀø, øz] *adj* süßlich

douceur [dusœʀ] *nf (de peau, parfum, couleur)* Zartheit *f*; *(de personne)* Sanftheit *f*; *(de vent, temps, climat)* Milde *f*; **douceurs** *nfpl (friandises)* Süßigkeiten *pl*

douche [duʃ] *nf* Dusche *f*; **prendre une ~** duschen

doucher [duʃe] : **se doucher** *vpr* duschen

doudoune [dudun] *nf* Daunenjacke *f*

doué, e [dwe] *adj* begabt; **être ~ de** besitzen

douillet, te [dujɛ, ɛt] *adj (péj : personne)* empfindlich; *(lit, maison)* gemütlich, behaglich

douleur [dulœʀ] *nf* Schmerz *m*

douloureux, -euse [duluʀø, øz] *adj* schmerzhaft; *(membre)* schmerzend; *(séparation, perte)* schmerzlich

doute [dut] *nm* Zweifel *m*; **un ~** ein Verdacht *m*; **sans ~** zweifellos; **sans nul** *ou* **aucun ~** ohne jeden Zweifel

douter [dute] *vt* : **~ de** zweifeln an +*dat*; **se douter** *vpr* : **se ~ de qch/que** etw ahnen/ahnen, dass

douteux, -euse [dutø, øz] *adj* zweifelhaft; *(péj)* fragwürdig

doux, douce [du, dus] *adj (personne)* sanft; *(vent, climat, moutarde etc)* mild; *(peau, voix, parfum, couleur)* zart; *(sucré)* süß

douzaine [duzɛn] *nf* : **une ~ (de)** ein Dutzend *nt*

douze [duz] *num* zwölf

doyen, ne [dwajɛ̃, jɛn] *nm/f (en âge)* Älteste(r) *f(m)*; *(de faculté)* Dekan *m*

Dr *abr* (= *docteur*) Dr.

dragée [dʀaʒe] *nf* Zuckermandel *f*; *(Méd)* Dragee *nt*

dragon [dʀagɔ̃] *nm* Drache *m*

draguer [dʀage] *vt (pour nettoyer)* ausbaggern; *(fam)* anmachen, aufreißen

dragueur, -euse [dʀagœʀ, øz] *nm/f (fam : séducteur)* Aufreißertyp *m*, Anmacherin *f* ▶ *nm (de mines)* Minensuchboot *nt*

drainage [dʀɛnaʒ] *nm (du sol)* Entwässerung *f*

drainer [dʀene] *vt (sol)* entwässern

dramatique [dʀamatik] *adj* dramatisch; *(tragique)* tragisch ▶ *nf (TV)* Fernsehspiel *nt*

dramatiser [dʀamatize] *vt* dramatisieren

dramaturge [dʀamatyʀʒ] *nmf* Dramaturg(in) *m(f)*

drame [dʀam] *nm* Drama *nt*

drap [dʀa] *nm (de lit)* (Bett)laken *nt*; *(tissu)* (Woll)stoff *m*; **être dans de beaux ~s** *(fam : fig)* in der Klemme stecken

drapeau, x [dʀapo] *nm* Fahne *f*; **sous les ~x** beim Militär

drap-housse [dʀaus] *(pl* **draps-housses***) nm* Spannbetttuch *nt*

Dresde [dʀɛzd] *nf* Dresden *nt*

dresser [dʀese] *vt (établir, ériger, lever)* aufstellen; *(animal)* dressieren; **se dresser** *vpr (église, obstacle)* emporragen; **~ l'oreille** die Ohren spitzen; **~ la table** den Tisch decken; **~ qn contre qn** jdn gegen jdn aufbringen

dressoir [dʀeswaʀ] *nm* Anrichte *f*

driver [dʀajvœʀ] *nm* (Drucker)treiber *m*

drogue [dʀɔg] *nf* Droge *f*; **~ douce/dure** weiche/harte Droge *f*

drogué, e [dʀɔge] *nm/f* Drogensüchtige(r) *f(m)*, Drogenabhängige(r) *f(m)*

droguer [dʀɔge] *vt* betäuben; *(malade)* mit Medikamenten vollpumpen +*dat*; **se droguer** *vpr* Drogen nehmen

droguerie [dʀɔgʀi] *nf* Drogerie *f*

droguiste [dʀɔgist] *nmf* Drogist(in) *m(f)*

droit, e [dʀwa, dʀwat] *adj (non courbe)* gerade; *(vertical)* senkrecht; *(opposé à gauche)* rechte(r, s); *(loyal, franc)* aufrecht ▶ *adv (marcher)* gerade ▶ *nm* : **un ~** ein Recht *nt*; **le ~** das Gesetz; *(matière d'étude)* Jura *nt*, Jurisprudenz *f*; **~ au but** *ou* **au fait** gleich zur Sache; **être en ~ de faire qch** berechtigt sein, etw zu tun; **à qui de ~** an die betreffende Person; **~ civil/international/privé** Zivil-/Völker-/Privatrecht *nt*; **~ de vote** Stimmrecht *nt*; **~s d'auteur** Tantiemen *pl*; **~s de douane** Zoll(gebühren *pl*) *m*;

les **~s de l'homme** die Menschenrechte; **~s d'inscription** Einschreibegebühren pl
droite [dʀwat] nf: **à ~** nach rechts; **à ~ de** rechts von; **la ~** (Pol) die Rechte f
droitier, -ière [dʀwatje, jɛʀ] nm/f Rechtshänder(in)
droiture [dʀwatyʀ] nf Aufrichtigkeit f
drôle [dʀol] adj komisch
drôlement [dʀolmɑ̃] adv komisch; **il fait ~ froid** (fam) es ist echt kalt
dromadaire [dʀɔmadɛʀ] nm Dromedar nt
dru, e [dʀy] adj (herbe, cheveux) dicht; (pluie) heftig
druide [dʀɥid] nm Druide m
DST [deɛste] sigle f (= Direction de la surveillance du territoire) ≈ BND m
du [dy] voir **de**
dû, e [dy] pp de **devoir** ▶ adj (somme) schuldig; (: venant à échéance) fällig ▶ nm Schuld f; **dû à** (causé par) wegen +gén ou dat; **réclamer son dû** einfordern, was einem zusteht
dubitatif, -ive [dybitatif, iv] adj zweifelnd
duc [dyk] nm Herzog m
ducal, e, -aux [dykal, o] adj herzoglich
duchesse [dyʃɛs] nf Herzogin f
duel [dɥɛl] nm Duell nt
dûment [dymɑ̃] adv ordnungsgemäß
dumping [dœmpiŋ] nm Dumping nt
dune [dyn] nf Düne f
Dunkerque [dœ̃kɛʀk] nf Dünkirchen nt
dupe [dyp] adj : **(ne pas) être ~ de qch** (nicht) auf etw acc hereinfallen
duper [dype] vt betrügen
duplex [dypleks] nm (appartement) Wohnung f auf zwei Etagen
duplicata [dyplikata] nm Duplikat nt
duplicité [dyplisite] nf Doppelspiel nt
dur, e [dyʀ] adj hart; (difficile) schwierig; (sévère) streng; (climat) rau; (col) steif; (viande) zäh ▶ adv (travailler) schwer; (taper) hart; **mener la vie ~e à qn** jdm das Leben schwer machen; **~ d'oreille** schwerhörig
durable [dyʀabl] adj dauerhaft
durant [dyʀɑ̃] prép während +gén ou dat; **~ des mois, des mois ~** monatelang
durcir [dyʀsiʀ] vt härten; (politique etc) verhärten ▶ vi (colle) hart werden; **se durcir** vpr hart werden
durcissement [dyʀsismɑ̃] nm Verhärtung f
durée [dyʀe] nf Dauer f
durement [dyʀmɑ̃] adv hart; **~ touché(e) par la crise** stark von der Krise betroffen
durer [dyʀe] vi dauern
dureté [dyʀte] nf Härte f; (sévérité) Strenge f
durit® [dyʀit] nf Kühlschlauch m
DUT [deyte] sigle m (= diplôme universitaire de technologie) Diplom einer technischen Hochschule
duvet [dyvɛ] nm Daunen pl
DVD [devede] sigle m (= digital versatile disc) DVD f
dynamique [dinamik] adj dynamisch
dynamisme [dinamism] nm Dynamik f; (d'une personne) Tatkraft f
dynamite [dinamit] nf Dynamit nt
dynamiter [dinamite] vt mit Dynamit sprengen
dynamo [dinamo] nf Dynamo m
dysenterie [disɑ̃tʀi] nf Ruhr f
dyslexie [dislɛksi] nf Legasthenie f
dyslexique [dislɛksik] adj legasthenisch
dyspepsie [dispɛpsi] nf Verdauungsstörung f

e

E, e [ə] *nm inv* E, e *nt*
eau, x [o] *nf* Wasser *nt*; **prendre l'~** nicht wasserdicht sein; **~ courante** fließendes Wasser *nt*; **~ de Cologne** Kölnischwasser *nt*; **~ de javel** Chlorbleiche *f*; **~ gazeuse** Sprudelwasser *nt*; **~ minérale** Mineralwasser *nt*; **~ plate** stilles Wasser *nt*; **~ du robinet** Leitungswasser *nt*; **~x territoriales** Hoheitsgewässer *pl*; **~x usées** Abwasser *nt*
eau-de-vie [odvi] (*pl* **eaux-de-vie**) *nf* Schnaps *m*
ébahi, e [ebai] *adj* verblüfft
ébats [eba] *nmpl* Herumtollen *nt*
ébattre [ebatʀ] : **s'ébattre** *vpr* sich tummeln
ébauche [eboʃ] *nf* Entwurf *m*
ébaucher [eboʃe] *vt* entwerfen; **s'ébaucher** *vpr* sich abzeichnen; **~ un sourire/geste** ein Lächeln/eine Geste andeuten
ébène [eben] *nf* Ebenholz *nt*
ébéniste [ebenist] *nmf* Möbeltischler(in) *m(f)*
éberlué, e [ebɛʀlɥe] *adj* verblüfft
éblouir [ebluiʀ] *vt* blenden; (*fig*) beeindrucken
éboueur, -euse [ebwœʀ, øz] *nm/f* Müllmann *m*
ébouillanter [ebujɑ̃te] *vt* (*légumes*) kurz überbrühen
éboulis [ebuli] *nm* Geröll *nt*
ébouriffé, e [eburife] *adj* zerzaust
ébranler [ebʀɑ̃le] *vt* erschüttern; (*rendre instable*) ins Wanken bringen; **s'ébranler** *vpr* (*train*) sich in Bewegung setzen
ébrécher [ebreʃe] *vt* anschlagen
ébriété [ebʀijete] *nf*: **en état d'~** in betrunkenem Zustand
ébrouer [ebʀue] : **s'ébrouer** *vpr* (*souffler*) schnauben; (*s'agiter*) sich schütteln
ébruiter [ebʀɥite] *vt* verbreiten
ébullition [ebylisjɔ̃] *nf*: **être en ~** sieden
écaille [ekaj] *nf* (*de poisson, reptile*) Schuppe *f*; (*matière*) Schildpatt *nt*; (*de peinture etc*) Splitter *m*
écailler [ekaje] *vt* (*poisson*) schuppen; (*huître*) öffnen; **s'écailler** *vpr* abblättern
écarlate [ekaʀlat] *adj* scharlachrot
écarquiller [ekaʀkije] *vt* : **~ les yeux** die Augen (weit) aufreißen
écart [ekaʀ] *nm* Abstand *m*; (*de prix etc*) Differenz *f*; (*embardée, mouvement*) Schlenker *m*; **à l'~ (de)** abseits (von); **faire le grand ~** einen Spagat machen; **~ de conduite** Vergehen *nt*
écarté, e [ekaʀte] *adj* abgelegen; **les bras ~s** mit ausgebreiteten Armen; **les jambes ~es** mit gespreizten Beinen
écarteler [ekaʀtəle] *vt* vierteilen; (*fig*) hin- und herreißen
écartement [ekaʀtəmɑ̃] *nm* Abstand *m*; **~ (des rails)** Spurweite *f*
écarter [ekaʀte] *vt* (*éloigner*) entfernen; (*jambes*) spreizen; (*bras*) aufhalten; (*rideaux*) öffnen; (*candidat, possibilité*) ausscheiden; **s'écarter** *vpr* sich öffnen; **s'~ de** sich entfernen von
ecclésiastique [eklezjastik] *adj* kirchlich
écervelé, e [esɛʀvəle] *adj* leichtsinnig
échafaud [eʃafo] *nm* Schafott *nt*
échafaudage [eʃafodaʒ] *nm* Gerüst *nt*
échafauder [eʃafode] *vt* (*plan*) entwerfen
échalas [eʃala] *nm* Pfahl *m*; (*personne*) Bohnenstange *f*
échalote [eʃalɔt] *nf* Schalotte *f*
échancrure [eʃɑ̃kʀyʀ] *nf* (*de robe*) Ausschnitt *m*; (*de côte, arête rocheuse*) Einbuchtung *f*
échange [eʃɑ̃ʒ] *nm* Austausch *m*; **en ~** dafür; **en ~ de** für; **~s de lettres** Briefwechsel *m*
échanger [eʃɑ̃ʒe] *vt* austauschen; **~ qch (contre)** etw eintauschen (gegen); **~ qch avec qn** (*clin d'œil, lettres etc*) etw mit jdm wechseln
échangeur [eʃɑ̃ʒœʀ] *nm* (*d'autoroute*) Autobahnkreuz *nt*
échangisme [eʃɑ̃ʒism] *nm* Partnertausch *m*
échantillon [eʃɑ̃tijɔ̃] *nm* (*Comm*) Muster *nt*; (*fig*) Probe *f*
échappée [eʃape] *nf* (*vue*) Ausblick *m*; (*Cyclisme*) Ausbruch *m*
échappement [eʃapmɑ̃] *nm* (*Auto*) Auspuff *m*

échapper [eʃape] : **~ à** vt entkommen +dat; (punition, péril etc) entgehen +dat; **s'échapper** vpr (prisonnier) fliehen; (gaz, eau) entweichen; **~ à qn** (suj : détail, sens) jdm entgehen; (: objet) jdm entgleiten; (: mot, remarque) jdm entfallen; **l'~ belle** mit knapper Not davonkommen

écharde [eʃaʀd] nf Splitter m

écharpe [eʃaʀp] nf Schal m; (de maire) Schärpe f

échauffer [eʃofe] vt erwärmen; (plus chaud) erhitzen; (moteur) überhitzen; (corps, personne) aufwärmen; **s'échauffer** vpr (Sport) sich aufwärmen; (dans une discussion) sich erhitzen; **les esprits s'échauffent pour qch** etw erhitzt die Gemüter

échauffourée [eʃofuʀe] nf (Mil) Gefecht nt

échéance [eʃeɑ̃s] nf (d'un paiement) Fälligkeit f; **à brève/longue ~** auf kurze/ lange Sicht

échéant [eʃeɑ̃] : **le cas ~** adv gegebenenfalls

échec [eʃɛk] nm Misserfolg m; **échecs** nmpl (jeu) Schach(spiel) nt; **~ et mat** schachmatt; **~ au roi** Schach dem König; **tenir en ~** in Schach halten

échelle [eʃɛl] nf Leiter f; (de valeurs, sociale) Ordnung f; (d'une carte) Maßstab m

échelon [eʃ(ə)lɔ̃] nm (d'échelle) Sprosse f; (grade) Rang m

échelonner [eʃ(ə)lɔne] vt staffeln; **paiement échelonné** Ratenzahlung f

échevelé, e [eʃəv(ə)le] adj zerzaust

échine [eʃin] nf Rückgrat nt; **courber l'~** (fig) buckeln; **~ de porc** Schweinekamm m

échiquier [eʃikje] nm Schachbrett nt

écho [eko] nm Echo nt

échographie [ekɔgʀafi] nf Ultraschalluntersuchung f

échouer [eʃwe] vi scheitern; **s'échouer** vpr auf Grund laufen

échu, e [eʃy] adj (délais) abgelaufen

éclabousser [eklabuse] vt bespritzen

éclair [eklɛʀ] nm Blitz m; (gâteau) Eclair nt

éclairage [eklɛʀaʒ] nm Beleuchtung f

éclaircie [eklɛʀsi] nf Aufheiterung f

éclaircir [eklɛʀsiʀ] vt (fig) aufklären; (sauce) verdünnen; **s'éclaircir** vpr sich (auf)klären; **s'~ la voix** sich räuspern

éclaircissement [eklɛʀsismɑ̃] nm Erklärung f

éclairer [eklɛʀe] vt beleuchten; (instruire) aufklären ▶ vi : **~ bien/mal** gutes/schlechtes Licht geben; **s'éclairer** vpr : **s'~ à la bougie/l'électricité** Kerzenbeleuchtung/elektrisches Licht haben

éclat [ekla] nm (de bombe, verre) Splitter m; (du soleil, d'une couleur etc) Leuchten nt; (d'une cérémonie) Pracht f; **faire un ~** (scandale) Aufsehen erregen; **~s de rire** schallendes Gelächter nt; **~s de voix** laute Stimmen pl

éclatant, e [eklatɑ̃, ɑ̃t] adj hell; (vérité) offensichtlich

éclater [eklate] vi platzen; (guerre, épidémie) ausbrechen; **~ de rire** auflachen; **~ en sanglots** aufschluchzen

éclipse [eklips] nf (Astron) Finsternis f

éclipser [eklipse] (fig) vt in den Schatten stellen; **s'éclipser** vpr verschwinden

écluse [eklyz] nf Schleuse f

écœurant, e [ekœʀɑ̃, ɑ̃t] adj ekelerregend

écœurer [ekœʀe] vt anwidern

école [ekɔl] nf Schule f; **aller à l'~** in die Schule gehen; **les grandes ~s** die Elitehochschulen; **~ coranique** Koranschule f; **~ maternelle** Kindergarten m; **~ normale supérieure** Hochschule für die Ausbildung von Gymnasial- und Hochschullehrern; **~ primaire** Grundschule f; **~ privée** Privatschule f; **~ secondaire** höhere Schule f

écolier, -ière [ekɔlje, jɛʀ] nm/f Schüler(in)

écolo [ekɔlo] nm/f Öko mf

écologie [ekɔlɔʒi] nf Ökologie f; (protection de l'environnement) Umweltschutz m

écologique [ekɔlɔʒik] adj ökologisch

écologiste [ekɔlɔʒist] nm/f Umweltschützer(in) m(f)

éconduire [ekɔ̃dɥiʀ] vt abweisen

économe [ekɔnɔm] adj sparsam ▶ nmf (Finanz)verwalter(in) m(f)

économie [ekɔnɔmi] nf (vertu) Sparsamkeit f; (gain) Ersparnis f; (science) Wirtschaftswissenschaft f; (situation économique) Wirtschaft f; **économies** nfpl (pécule) Ersparnisse pl

économique [ekɔnɔmik] adj wirtschaftlich

économiser [ekɔnɔmize] vt, vi sparen

économiseur [ekɔnɔmizœʀ] nm : **~ d'écran** Bildschirmschoner m

écoper [ekɔpe] vt (Naut) ausschöpfen; **~ de** bekommen

écorce [ekɔʀs] nf Rinde f; (de fruit) Schale f

écorcher [ekɔʀʃe] vt (animal) häuten; (égratigner) aufschürfen

écorecharge [ekɔʀəʃaʀʒ] nf Nachfüllpackung f

écossais, e [ekɔsɛ, ɛz] adj schottisch ▶ nm/f : **Écossais, e** Schotte m, Schottin f

Écosse [ekɔs] *nf*: **l'~** Schottland *nt*
écosser [ekɔse] *vt* enthülsen
écosystème [ekosistɛm] *nm* Ökosystem *nt*
écotaxe [ekɔtaks] *nf* Ökosteuer *f*
écouler [ekule] *vt* (*stock*) absetzen; **s'écouler** *vpr* (*eau*) (ab)fließen; (*jours, temps*) vergehen
écourter [ekuʀte] *vt* abkürzen *pl*
écoute [ekut] *nf*: **heure de grande ~** Hauptsendezeit *f*; **être à l'~ de qn** für jn da sein; **rester à l'~** (*au téléphone*) dranbleiben; **être sur ~** abgehört werden; **mettre qn sur ~** jn abhören; **~s téléphoniques** Abhörmaßnahmen *pl*
écouter [ekute] *vt* hören; (*personne, conversation etc*) zuhören +*dat*; (*suivre les conseils de*) hören auf +*acc*
écouteur [ekutœʀ] *nm* (*téléphone*) Hörer *m*
écoutille [ekutij] *nf* (*Naut*) Luke *f*
écran [ekʀɑ̃] *nm* Bildschirm *m*; (*de cinéma*) Leinwand *f*; **le petit ~** das Fernsehen, die Mattscheibe; **~ antibruit** Lärmschutzwall *m*; **~ de fumée/d'eau** Rauch-/Wasserwand *f*; **~ graphique** Grafikbildschirm *m*; **~ plat** Flachbildschirm *m*; **~ tactile** Touchscreen *m*
écrasant, e [ekʀɑzɑ̃, ɑ̃t] *adj* erdrückend
écraser [ekʀɑze] *vt* zerquetschen, zerdrücken; (*piéton*) überfahren; (*ennemi, équipe adverse*) vernichten; (*travail, impôts, responsabilités*) erdrücken; **s'écraser** *vpr*: **s'~ (au sol)** (auf dem Boden) zerschellen; **s'~ contre/sur** knallen gegen/auf +*acc*
écrémé, e [ekʀeme] *adj* entrahmt
écrémer [ekʀeme] *vt* entrahmen
écrevisse [ekʀəvis] *nf* Krebs *m*
écrier [ekʀije]: **s'écrier** *vpr* ausrufen
écrin [ekʀɛ̃] *nm* Schmuckkästchen *nt*
écrire [ekʀiʀ] *vt*, *vi* schreiben; **s'écrire** *vpr* sich *dat* schreiben
écrit [ekʀi] *nm* Schriftstück *nt*; (*examen*) schriftliche Prüfung *f*
écriteau, x [ekʀito] *nm* Schild *nt*
écriture [ekʀityʀ] *nf* Schrift *f*; (*Comm*) Eintrag *m*; **écritures** *nfpl* (*Comm*) Konten *pl*; **les É~s, l'É~ (sainte)** die Heilige Schrift
écrivain, e [ekʀivɛ̃] *nm/f* Schriftsteller(in)
écrou [ekʀu] *nm* (Schrauben)mutter *f*
écrouer [ekʀue] *vt* (*Jur*) inhaftieren
écrouler [ekʀule]: **s'écrouler** *vpr* (*mur*) einstürzen; (*personne, animal*) zusammenbrechen
écru [ekʀy] *adj* ungebleicht
ecstasy [ɛkstazi] *nf* Ecstasy *nt*
écueil [ekœj] *nm* Riff *nt*; (*fig*) Falle *f*
éculé, e [ekyle] *adj* (*chaussure*) abgelaufen; (*fig*) abgedroschen
écume [ekym] *nf* Schaum *m*
écumer [ekyme] *vt* (*Culin*) abschöpfen; (*fig*) ausplündern ▸ *vi* schäumen
écumoire [ekymwaʀ] *nf* Schaumlöffel *m*
écureuil [ekyʀœj] *nm* Eichhörnchen *nt*
écurie [ekyʀi] *nf* Pferdestall *m*
écusson [ekysɔ̃] *nm* Wappen *nt*
eczéma [ɛgzema] *nm* Ekzem *nt*
éd. *abr* (= *édition*) Aufl.; (= *éditeur*) Hrsg
EDF [ədeɛf] *sigle f* (= *Électricité de France*) französisches Elektrizitätswerk
édifice [edifis] *nm* Gebäude *nt*
édifier [edifje] *vt* erbauen; (*plan, théorie*) aufstellen
édit [edi] *nm* Erlass *m*
éditer [edite] *vt* (*publier*) herausgeben; (*Inform*) editieren
éditeur, -trice [editœʀ, tʀis] *nm/f* Herausgeber(in); (*Inform*) Editor *m*
édition [edisjɔ̃] *nf* (*industrie du livre*) Verlagswesen *nt*; (*série d'exemplaires*) Auflage *f*; (*version d'un texte*) Ausgabe *f*; **~ spéciale** Sonderausgabe *f*
éditorial, -aux [editɔʀjal, jo] *nm* Leitartikel *m*
édredon [edʀədɔ̃] *nm* Federbett *nt*
éducateur, -trice [edykatœʀ, tʀis] *nm/f* Lehrer(in)
éducation [edykasjɔ̃] *nf* Erziehung *f*; (*formation*) Ausbildung *f*; **l'Éducation (nationale)** (*Admin*) das Erziehungswesen; **~ physique** Sport *m*
édulcorant [edylkɔʀɑ̃] *nm* Süßstoff *m*
édulcorer [edylkɔʀe] *vt* süßen; (*fig*) abmildern
éduquer [edyke] *vt* (*personne*) erziehen; (*faculté, don*) entwickeln
EEE [əəə] *sigle m* (= *Espace économique européen*) EWR *m*
effacé, e [efase] *adj* (*personne*) zurückhaltend
effacer [efase] *vt* (*dessin*) ausradieren; (*Inform*) löschen; (*fig*) auslöschen; **s'effacer** *vpr* (*s'estomper*) verblassen; (*pour laisser passer*) zurücktreten
effarer [efaʀe] *vt* beunruhigen
effaroucher [efaʀuʃe] *vt* aufschrecken
effectif, -ive [efɛktif, iv] *adj* effektiv ▸ *nm* Bestand *m*
effectivement [efɛktivmɑ̃] *adv* tatsächlich
effectuer [efɛktɥe] *vt* ausführen
efféminé, e [efemine] *adj* weibisch

effervescence [efɛʀvesɑ̃s] *nf* (*fig*) Aufruhr *f*; **en ~** in Aufruhr
effervescent, e [efɛʀvesɑ̃, ɑ̃t] *adj* (*cachet, boisson*) sprudelnd
effet [efɛ] *nm* Wirkung *f*; **faire de l'~** wirken; **sous l'~ de** unter dem Einfluss von; **en ~** (*effectivement*) tatsächlich; **~ de serre** Treibhauseffekt *m*; **~s personnels** persönliche Gegenstände *pl*; **~s secondaires** (*Méd*) Nebenwirkungen *pl*; **~s spéciaux** Spezialeffekte *pl*
efficace [efikas] *adj* wirksam; (*personne*) kompetent
efficacité [efikasite] *nf* Wirksamkeit *f*
effigie [efiʒi] *nf* Bildnis *nt*
effilé, e [efile] *adj* dünn, zugespitzt
effiler [efile] : **s'effiler** *vpr* (*tissu*) ausfransen
efflanqué, e [eflɑ̃ke] *adj* hager
effleurer [eflœʀe] *vt* streifen
effluves [eflyv] *nmpl* Ausdünstungen *pl*
effondrement [efɔ̃dʀəmɑ̃] *nm* Einsturz *m*
effondrer [efɔ̃dʀe] : **s'effondrer** *vpr* einstürzen; (*prix, marché*) stürzen; (*personne*) zusammenbrechen
efforcer [efɔʀse] : **s'efforcer** *vpr* : **s'~ de faire qch** sich bemühen, etw zu tun
effort [efɔʀ] *nm* Anstrengung *f*; **faire un ~** sich anstrengen
effraction [efʀaksjɔ̃] *nf* Einbruch *m*; **vol avec ~** *ou* **par ~** Einbruchdiebstahl *m*
effrayant, e [efʀejɑ̃, ɑ̃t] *adj* schrecklich
effrayer [efʀeje] *vt* erschrecken; **s'effrayer** *vpr* : **s'~ (de)** erschrecken (über +*acc*)
effréné, e [efʀene] *adj* wild, zügellos
effriter [efʀite] : **s'effriter** *vpr* bröckeln
effroi [efʀwa] *nm* panische Angst *f*
effronté, e [efʀɔ̃te] *adj* unverschämt
effronterie [efʀɔ̃tʀi] *nf* Unverschämtheit *f*
effroyable [efʀwajabl] *adj* grauenvoll
effusion [efyzjɔ̃] *nf* (überschwänglicher) Gefühlsausbruch *m*; **sans ~ de sang** ohne Blutvergießen
égal, e, -aux [egal, o] *adj* gleich; (*plan*) eben; (*constant*) gleichmäßig ▶ *nm/f* Gleichgestellte(r) *f(m)*; **être ~ à zéro** gleich null sein; **ça lui/nous est ~** das ist ihm/uns egal; **sans ~** unvergleichlich
également [egalmɑ̃] *adv* genauso; (*partager etc*) gerecht; (*aussi*) auch
égaler [egale] *vt* (*personne*) gleichkommen +*dat*; (*record*) einstellen
égalisateur, -trice [egalizatœʀ, tʀis] *adj* : **but ~** Ausgleichstor *nt*
égalisation [egalizasjɔ̃] *nf* Ausgleich *m*
égaliser [egalize] *vt* (*sol*) einebnen; (*salaires, chances*) ausgleichen ▶ *vi* (*Sport*) ausgleichen
égalitaire [egalitɛʀ] *adj* egalitär
égalité [egalite] *nf* Gleichheit *f*; **être à ~ (de points)** punktegleich sein; **~ de droits** Gleichberechtigung *f*
égard [egaʀ] *nm* Rücksicht *f*; **égards** *nmpl* Rücksicht; **à cet ~/certains ~s/ tous ~s** in dieser/in mancher/in jeder Hinsicht; **eu ~ à** mit Rücksicht auf +*acc*; **par ~ pour** aus Rücksicht für; **à l'~ de** gegenüber +*dat*
égaré, e [egaʀe] *adj* (*personne, animal*) verirrt; (*air, regard*) verwirrt
égarer [egaʀe] *vt* verlegen; (*moralement*) irreleiten; **s'égarer** *vpr* sich verirren; (*dans une discussion etc*) vom Thema abkommen
égayer [egeje] *vt* erheitern, belustigen; (*rendre gai*) aufheitern
Égée [eʒe] *nf* : **la mer ~** die Ägäis *f*
églantier [eglɑ̃tje] *nm* Heckenrose *f*
églantine [eglɑ̃tin] *nf* Heckenrose *f*, Wildrose *f*
églefin [egləfɛ̃] *nm* Schellfisch *m*
église [egliz] *nf* Kirche *f*
égocentrique [egosɑ̃tʀik] *adj* egozentrisch
égoïsme [egɔism] *nm* Egoismus *m*
égoïste [egɔist] *adj* egoistisch
égorger [egɔʀʒe] *vt* die Kehle durchschneiden +*dat*
égosiller [egozije] : **s'égosiller** *vpr* sich heiser schreien
égout [egu] *nm* der Abwasserkanal *m*; **le tout(-)à(-)l'~** der Abwasseranschluss
égoutter [egute] *vt* (*vaisselle, fromage*) abtropfen lassen
égratigner [egʀatiɲe] *vt* zerkratzen; **s'égratigner** *vpr* sich kratzen
égratignure [egʀatiɲyʀ] *nf* Kratzer *m*
égrener [egʀəne] *vt* entkörnen; (*raisin*) abzupfen; (*chapelet*) beten
Égypte [eʒipt] *nf* : **l'~** Ägypten *nt*
égyptien, ne [eʒipsjɛ̃, jɛn] *adj* ägyptisch
eh [e] *excl* he; **eh bien!** na so was!
éhonté, e [eɔ̃te] *adj* schamlos
éjaculation [eʒakylasjɔ̃] *nf* Ejakulation *f*, Samenerguss *m*
éjaculer [eʒakyle] *vi* ejakulieren
éjectable [eʒɛktabl] *adj* : **siège ~** Schleudersitz *m*
éjecter [eʒɛkte] *vt* (*Tech*) ausstoßen; (*fam*) hinauswerfen
élaborer [elabɔʀe] *vt* ausarbeiten
élagage [elagaʒ] *nm* Schnitt *m*
élaguer [elage] *vt* schneiden; (*fig*) kürzen

élan [elɑ̃] nm (Zool) Elch m; (Sport) Anlauf m; (d'objet en mouvement) Schwung m; (amoureux, de tendresse, patriotique) Anwandlung f; **prendre son ~** Anlauf nehmen

élancé, e [elɑ̃se] adj schlank

élancement [elɑ̃smɑ̃] nm stechender Schmerz m

élancer [elɑ̃se] : **s'élancer** vpr sich stürzen; (arbre, clocher) (hoch) aufragen

élargir [elaʀʒiʀ] vt verbreitern; (vêtement) weiter machen; (groupe) vergrößern; (débat) ausweiten; (Jur) freilassen; **s'élargir** vpr breiter werden; (vêtement) weiter werden

élargissement [elaʀʒismɑ̃] nm Verbreiterung f; (libération) Freilassung f; **l'~ de l'UE** die EU-Erweiterung

élastique [elastik] adj elastisch ▶ nm Gummiband nt

électeur, -trice [elɛktœʀ, tʀis] nm/f Wähler(in)

élection [elɛksjɔ̃] nf Wahl f; **~s législatives** ≈ Parlamentswahlen pl
: **Élections législatives** werden in
: Frankreich alle fünf Jahre abgehalten um
: députés (Abgeordnete) für die Assemblée
: nationale zu wählen. Der Präsident wird
: in der élection présidentielle, die ebenfalls
: alle fünf Jahre stattfindet, gewählt. Die
: Wahlen werden nach einem allgemeinen
: direkten Wahlrecht in zwei Durchgängen
: durchgeführt und finden an zwei
: Sonntagen statt.

électoralisme [elɛktɔʀalism] nm Wahlpropaganda f

électorat [elɛktɔʀa] nm Wählerschaft f

électricien, ne [elɛktʀisjɛ̃, jɛn] nm/f Elektriker(in)

électricité [elɛktʀisite] nf Elektrizität f

électrifier [elɛktʀifje] vt elektrifizieren

électrique [elɛktʀik] adj elektrisch

électro- [elɛktʀo] préf Elektro-

électroaimant [elɛktʀoɛmɑ̃] nm Elektromagnet m

électrocardiogramme [elɛktʀokaʀdjɔɡʀam] nm Elektrokardiogramm nt

électrochoc [elɛktʀoʃɔk] nm Elektroschock m

électrocuter [elɛktʀokyte] vt durch einen Stromschlag töten

électrocution [elɛktʀokysjɔ̃] nf Stromschlag m

électrode [elɛktʀɔd] nf Elektrode f

électroencéphalogramme [elɛktʀoɑ̃sefalɔɡʀam] nm Elektroenzephalogramm nt

électromagnétique [elɛktʀomaɲetik] adj elektromagnetisch

électroménager [elɛktʀomenaʒe] adj : **appareils ~s** elektrische Haushaltsgeräte pl, Elektrogeräte pl

électron [elɛktʀɔ̃] nm Elektron nt; **~ libre** (fig) nicht sehr erzeugter Anhänger

électronicien, ne [elɛktʀɔnisjɛ̃, jɛn] nm/f Elektroniker(in)

électronique [elɛktʀɔnik] adj elektronisch ▶ nf Elektronik f

élégance [eleɡɑ̃s] nf Eleganz f

élégant, e [eleɡɑ̃, ɑ̃t] adj elegant

élément [elemɑ̃] nm Element nt; (composante) Bestandteil m; **éléments** nmpl (eau, air etc) Elemente pl; (rudiments) Grundbegriffe pl

élémentaire [elemɑ̃tɛʀ] adj einfach, simpel

éléphant [elefɑ̃] nm Elefant m

élevage [el(ə)vaʒ] nm Zucht f

élévateur [elevatœʀ] nm Fahrstuhl m

élévation [elevasjɔ̃] nf Erhöhung f; (plan) Aufriss m

élevé, e [el(ə)ve] adj hoch; (fig) erhaben; **bien/mal ~** gut/schlecht erzogen

élève [elɛv] nmf Schüler(in) m(f)

élever [el(ə)ve] vt (enfant) aufziehen; (animaux) züchten; (taux, niveau etc) erhöhen; (âme, esprit) erheben; **s'élever** vpr (avion, alpiniste) hochsteigen; (clocher, montagne) aufragen; (cri, protestations) sich erheben; (niveau, température) steigen; **~ la voix/le ton** die Stimme/den Ton heben; **s'~ contre qch** sich gegen etw erheben; **s'~ à** (frais, dégâts) steigen auf +acc

éleveur, -euse [el(ə)vœʀ, øz] nm/f (de bétail) Viehzüchter(in)

éligibilité [eliʒibilite] nf Wählbarkeit f

éligible [eliʒibl] adj wählbar

élimé, e [elime] adj abgewetzt

élimination [eliminasjɔ̃] nf Ausscheiden nt; **~ des déchets** (Abfall)entsorgung f

éliminatoire [eliminatwaʀ] nf (Sport) Ausscheidungswettkampf m

éliminer [elimine] vt ausscheiden lassen; (déchets etc) ausscheiden

élire [eliʀ] vt wählen

élite [elit] nf Elite f; **tireur d'~** Scharfschütze m

élitisme [elitism] nm Elitedenken nt

élitiste [elitist] adj elitär

élixir [eliksiʀ] nm Elixier nt

(MOT-CLÉ)

elle [ɛl] pron **1** (sujet : personne) sie; (: chose : selon le genre du mot allemand) er/

sie/es; **elle me l'a dit** sie hat es mir gesagt; **c'est elle qui me l'a dit** sie hat es mir gesagt; **elle-même** sie selbst; **je mange une pomme ; elle est aigre** ich esse einen Apfel; er ist sauer
2 (*avec préposition : personne : accusatif*) sie; (: *datif*) ihr; (: *chose : accusatif*) ihn/sie/es; (: *datif*) ihm/ihr/ihm; **pour elle** für sie; **avec elle** mit ihr
3 : **elles** (*pl : nominatif, accusatif*) sie; (*pl : datif*) ihnen; **pour elles** für sie; **à cause d'elles** wegen ihnen

ellipse [elips] *nf* Ellipse *f*
élocution [elɔkysjɔ̃] *nf* Vortragsweise *f*
éloge [elɔʒ] *nm* Lob *nt*; **faire l'~ de qn/qch** jdn loben/etw preisen; **ne pas tarir d'~s sur qn/qch** in Bezug auf jn/etw nicht mit Lob geizen; **~ funèbre** Grabrede *f*
éloigné, e [elwaɲe] *adj* weit (entfernt)
éloignement [elwaɲmɑ̃] *nm* Entfernung *f*
éloigner [elwaɲe] *vt* entfernen; (*fig : soupçons, danger*) abwenden; **s'éloigner** *vpr* (*personne*) sich entfernen; (: *affectivement*) sich entfremden; (*véhicule*) wegfahren; **s'~ de** sich entfernen von
élongation [elɔ̃gasjɔ̃] *nf* (*Méd*) Überdehnung *f*
éloquence [elɔkɑ̃s] *nf* Beredtheit *f*
éloquent, e [elɔkɑ̃, ɑ̃t] *adj* wortgewandt; (*discours, mot, attitude*) vielsagend
élu, e [ely] *pp de* **élire** ▶ *nm/f* (*Pol*) Abgeordnete(r) *f(m)*; **l'~ de son cœur** der Auserwählte; **les ~s locaux** die Abgeordneten des Regionalparlaments/ die Mitglieder des Gemeinderats
élucider [elyside] *vt* aufklären
élucubrations [elykybrasjɔ̃] *nfpl* Hirngespinste *pl*
éluder [elyde] *vt* ausweichen +*dat*
Élysée [elize] *nm* : **l'~, le palais de l'~** der Élyséepalast
: **Le palais de l'Élysée**, im Herzen von
: Paris nicht weit von den Champs-
: Élysées gelegen, ist der offizielle
: Amts- und Wohnsitz des französischen
: Präsidenten. Der im 18. Jh. erbaute
: Palast dient seit 1876 diesem Zweck.
: Der Begriff **« l'Élysée »** wird oft für das
: Präsidentenamt verwendet.

émacié, e [emasje] *adj* ausgezehrt
e-mail [imɛl] *nm* E-Mail *f*; **envoyer qch par ~** etw per E-Mail schicken
émail, -aux [emaj, o] *nm* Email *nt*; (*des dents*) Zahnschmelz *m*

émaillé, e [emaje] *adj* emailliert; **~ de** übersät mit
émancipation [emɑ̃sipasjɔ̃] *nf* (*de mineur*) Mündigsprechung *f*; (*des femmes*) Emanzipation *f*
émanciper [emɑ̃sipe] *vt* (*Jur*) mündig sprechen; (*libérer*) befreien; **s'émanciper** *vpr* sich frei machen; (*femmes*) sich emanzipieren
émaner [emane] : **~ de** *vt* herrühren von
emballage [ɑ̃balaʒ] *nm* Verpackung *f*; **~ sous vide** Vakuumverpackung *f*
emballer [ɑ̃bale] *vt* einpacken, verpacken; (*fam*) packen; **s'emballer** *vpr* (*moteur, cheval*) jagen; (*fig : cheval*) durchgehen; (*personne*) sich aufregen; **qn s'emballe pour qch** jd begeistert sich für etw
embarcadère [ɑ̃barkadɛr] *nm* Anlegestelle *f*
embarcation [ɑ̃barkasjɔ̃] *nf* kleines Boot *nt*
embardée [ɑ̃barde] *nf* Schlenker *m*
embargo [ɑ̃bargo] *nm* Embargo *nt*
embarquement [ɑ̃barkəmɑ̃] *nm* Einsteigen *nt*; **« vol AF 321 : ~ immédiat, porte 30 »** „Aufruf für Passagiere des Flugs AF 321, sich zum Flugsteig 30 zu begeben"
embarquer [ɑ̃barke] *vt* einschiffen; (*fam*) mitgehen lassen ▶ *vi* an Bord gehen; **s'embarquer** *vpr* an Bord gehen; **s'~ dans** (*affaire, aventure*) sich einlassen auf +*acc*
embarras [ɑ̃bara] *nm* Hindernis *nt*; (*gêne*) Verlegenheit *f*; **être dans l'~** (*être ennuyé*) in Schwierigkeiten sein; (*gêne financière*) in Geldnot sein; **mettre qn dans l'~** jdn in Schwierigkeiten bringen
embarrassant, e [ɑ̃barasɑ̃, ɑ̃t] *adj* peinlich
embarrassé, e [ɑ̃barase] *adj* (*encombré*) behindert; (*gêné*) verlegen; (*explications etc*) peinlich
embarrasser [ɑ̃barase] *vt* (*encombrer*) behindern; (*gêner*) in Verlegenheit bringen; **s'~ de qch** (*s'encombrer*) sich mit etw belasten; (*se soucier*) sich um etw sorgen; **ne pas s'~ de scrupules** keinerlei Skrupel haben
embauche [ɑ̃boʃ] *nf* Anstellung *f*; **bureau d'~** Stellenvermittlung *f*
embaucher [ɑ̃boʃe] *vt* einstellen
embauchoir [ɑ̃boʃwar] *nm* Schuhspanner *m*
embaumer [ɑ̃bome] *vt* (*lieu*) mit Duft erfüllen
embellie [ɑ̃beli] *nf* Aufheiterung *f*

embellir [ɑ̃beliʀ] vt verschönern ▶ vi schöner werden
embêtant, e [ɑ̃bɛtɑ̃, ɑ̃t] (fam) adj ärgerlich
embêtement [ɑ̃bɛtmɑ̃] (fam) nm Schererei f
embêter [ɑ̃bete] (fam) vt ärgern; **s'embêter** vpr (s'ennuyer) sich langweilen
emblée [ɑ̃ble] : **d'~** adv sofort
emblème [ɑ̃blɛm] nm Symbol nt
embobiner [ɑ̃bɔbine] (fam) vt an der Nase herumführen
emboîter [ɑ̃bwate] vt (assembler) einfügen; **~ le pas à qn** jdm auf den Fersen folgen; **s'~ dans** passen in +acc
embonpoint [ɑ̃bɔ̃pwɛ̃] nm Korpulenz f, Fülligkeit f
embouchure [ɑ̃buʃyʀ] nf (Géo) Mündung f; (Mus) Mundstück nt
embourgeoiser [ɑ̃buʀʒwaze] : **s'embourgeoiser** vpr verbürgerlichen
embout [ɑ̃bu] nm Kappe f
embouteillage [ɑ̃buteja ʒ] nm (Verkehrs)stau m
embouteiller [ɑ̃buteje] vt (route) verstopfen
emboutir [ɑ̃butiʀ] vt (entrer en collision avec) prallen ou krachen gegen +acc
embranchement [ɑ̃bʀɑ̃ʃmɑ̃] nm (routier) Abzweigung f
embrasser [ɑ̃bʀase] vt küssen; (contenir) umfassen; **s'embrasser** vpr sich küssen; **~ une carrière** eine Laufbahn einschlagen
embrasure [ɑ̃bʀazyʀ] nf Öffnung f
embrayage [ɑ̃bʀɛja ʒ] nm Kupplung f
embrayer [ɑ̃bʀeje] vi (Auto) einkuppeln; **~ sur qch** (fig) auf etw zu sprechen kommen
embrocher [ɑ̃bʀɔʃe] vt aufspießen
embrouiller [ɑ̃bʀuje] vt (personne aussi) verwirren; (objets, idées) durcheinanderbringen; **s'embrouiller** vpr (personne) konfus werden
embryon [ɑ̃bʀijɔ̃] nm Embryo m
embûches [ɑ̃byʃ] nfpl Fallen pl
embué, e [ɑ̃bɥe] adj beschlagen
embuscade [ɑ̃byskad] nf Hinterhalt m; **tendre une ~ à qn** jdm (in einem Hinterhalt) auflauern
éméché, e [emeʃe] (fam) adj beschwipst
émeraude [em(ə)ʀod] nf Smaragd m
émergence [emɛʀʒɑ̃s] (fig) nf Auftauchen nt
émerger [emɛʀʒe] vi auftauchen
émeri [em(ə)ʀi] nm : **papier** ou **toile ~** Schmirgelpapier nt ou Schmirgeltuch nt

émerveillement [emɛʀvɛjmɑ̃] nm Staunen nt; (vision) wunderschöner Anblick m
émerveiller [emɛʀveje] vt in Bewunderung versetzen; **s'émerveiller** vpr : **s'~ de qch** über etw acc staunen
émetteur, -trice [emetœʀ, tʀis] adj (poste, station) Sende- ▶ nm (poste) Sender m
émettre [emɛtʀ] vt (son, lumière) ausstrahlen; (Radio, TV) senden; (billet, timbre, emprunt) ausgeben; (hypothèse, avis, vœu) zum Ausdruck bringen ▶ vi : **~ sur ondes courtes** auf Kurzwelle senden
émeute [emøt] nf Aufruhr m
émietter [emjete] vt zerkrümeln
émigrant, e [emigʀɑ̃, ɑ̃t] nm/f Emigrant(in)
émigration [emigʀasjɔ̃] nf Emigration f, Auswanderung f
émigré, e [emigʀe] nm/f Emigrant(in)
émigrer [emigʀe] vi auswandern
éminence [eminɑ̃s] nf (colline) Erhebung f; **Son/Votre É~** Seine/Eure Eminenz; **~ grise** graue Eminenz f
éminent, e [eminɑ̃, ɑ̃t] adj (hoch) angesehen
émir [emiʀ] nm Emir m
émirat [emiʀa] nm Emirat nt; **les Émirats arabes unis** die Vereinigten Arabischen Emirate pl
émission [emisjɔ̃] nf (TV, Radio) Sendung f
emmagasiner [ɑ̃magazine] vt (marchandises) einlagern
emmanchure [ɑ̃mɑ̃ʃyʀ] nf Armloch nt
emménager [ɑ̃menaʒe] vi : **~ dans** einziehen in +acc
emmener [ɑ̃m(ə)ne] vt mitnehmen
emmerder [ɑ̃mɛʀde] (vulg) vt (importuner) ankotzen
emmitoufler [ɑ̃mitufle] vt warm einpacken; **s'emmitoufler** vpr sich einmummeln
émoi [emwa] nm Aufregung f
émoluments [emɔlymɑ̃] nmpl Vergütung f
émotif, -ive [emɔtif, iv] adj emotional; (personne) gefühlsbetont
émotion [emɔsjɔ̃] nf (vif sentiment) Gefühl nt; (réaction affective) Bewegtheit f
émotionnel, le [emɔsjɔnɛl] adj emotional
émotionner [emɔsjɔne] vt aufwühlen, aufregen
émoulu, e [emuly] adj : **frais ~ de** frisch entlassen aus, frisch von

émoussé, e [emuse] *adj* (*lame, pointe*) stumpf; (*sensibilité*) abgestumpft

émousser [emuse] *vt* stumpf machen; (*fig*) abstumpfen

émouvant, e [emuvɑ̃, ɑ̃t] *adj* rührend, bewegend

émouvoir [emuvwaʀ] *vt* bewegen; (*attendrir aussi*) rühren; **s'émouvoir** *vpr* gerührt sein

empailler [ɑ̃paje] *vt* ausstopfen

empaler [ɑ̃pale] : **s'empaler** *vpr* : **s'~ sur** sich aufspießen auf +*dat*

empaquetage [ɑ̃pakta:ʒ] *nm* Verpackung *f*

empaqueter [ɑ̃pakte] *vt* verpacken

emparer [ɑ̃paʀe] : **s'emparer** *vpr* : **s'~ de** ergreifen; (*ville, position*) einnehmen; (*peur, colère, doute*) überkommen

empâter [ɑ̃pɑte] : **s'empâter** *vpr* dicker werden

empattement [ɑ̃patmɑ̃] *nm* (*Auto*) Radabstand *m*

empêchement [ɑ̃pɛʃmɑ̃] *nm* Hindernis *nt*, Schwierigkeit *f*

empêcher [ɑ̃peʃe] *vt* verhindern; **~ qn de faire qch** jdn daran hindern *ou* davon abhalten, etw zu tun; **il n'empêche que** trotzdem; **il n'a pas pu s'~ de rire** er konnte nicht anders, er musste lachen

empereur [ɑ̃pʀœʀ] *nm* Kaiser *m*

empeser [ɑ̃pəze] *vt* stärken

empester [ɑ̃pɛste] *vt* (*lieu*) verstänkern ▶*vi* stinken; **~ le tabac/le vin** nach Tabak/Wein stinken

empêtrer [ɑ̃petʀe] : **s'empêtrer** *vpr* : **s'~ dans** : sich verheddern in +*dat*

emphase [ɑ̃faz] *nf* Pathos *nt*; **avec ~** mit Pathos

empiéter [ɑ̃pjete] *vi* : **~ sur** übergreifen auf +*acc*

empiffrer [ɑ̃pifʀe] : **s'empiffrer** *vpr* (*fam*) sich vollstopfen; **s'~ de qch** (*fam*) sich mit etw voll stopfen

empiler [ɑ̃pile] *vt* aufstapeln, anhäufen

empire [ɑ̃piʀ] *nm* Reich *nt*; **sous l'~ de la colère** unter dem Einfluss der Wut

empirer [ɑ̃piʀe] *vi* sich verschlechtern

empirique [ɑ̃piʀik] *adj* empirisch

emplacement [ɑ̃plasmɑ̃] *nm* Platz *m*, Stelle *f*

emplette [ɑ̃plɛt] *nf*: **faire des ~s** einkaufen

emplir [ɑ̃pliʀ] *vt* füllen; (*fig*) erfüllen; **s'emplir** *vpr* : **s'~ (de)** sich füllen (mit)

emploi [ɑ̃plwa] *nm* Gebrauch *m*; (*poste*) Stelle *f*; **d'~ facile/délicat** leicht/ schwierig zu benutzen; **~ jeune** Arbeitsbeschaffungsprogramm *nt* für Jugendliche; **~ du temps** Zeitplan *m*

employé, e [ɑ̃plwaje] *nm/f* Angestellte(r) *f(m)*

employer [ɑ̃plwaje] *vt* verwenden, gebrauchen; (*personne*) beschäftigen; **s'employer** *vpr* : **s'~ à qch** sich etw *dat* widmen

employeur, -euse [ɑ̃plwajœʀ, øz] *nm/f* Arbeitgeber(in)

empocher [ɑ̃pɔʃe] *vt* einstecken

empoignade [ɑ̃pwaɲad] *nf* Rauferei *f*

empoigner [ɑ̃pwaɲe] *vt* packen

empoisonnement [ɑ̃pwazɔnmɑ̃] *nm* Vergiftung *f*

empoisonner [ɑ̃pwazɔne] *vt* vergiften; (*empester*) verpesten; **~ qn** (*fam*) jdm auf die Nerven gehen

emporte-pièce [ɑ̃pɔʀtəpjɛs] (*pl* **emporte-pièces**) *nm* (*cuisine*) Ausstechform *f*

emporter [ɑ̃pɔʀte] *vt* mitnehmen; (*blessés, voyageurs*) wegbringen; (*entraîner*) mitreißen; (*arracher*) fortreißen; (*Mil : position*) einnehmen; **s'emporter** *vpr* (*de colère*) aufbrausen; **l'~ (sur)** (*adversaire*) die Oberhand gewinnen (über +*acc*); (*méthode etc*) besser sein (als)

empreint, e [ɑ̃pʀɛ̃, ɛ̃t] *adj* : **~ de** voller

empreinte [ɑ̃pʀɛ̃t] *nf* Abdruck *m*; **~ écologique** ökologischer Fußabdruck *m*, CO_2-Bilanz *f*; **~s digitales** Fingerabdrücke *pl*

empressé, e [ɑ̃pʀese] *adj* beflissen

empressement [ɑ̃pʀɛsmɑ̃] *nm* Eifer *m*; (*hâte*) Eile *f*

emprise [ɑ̃pʀiz] *nf* Einfluss *m*; **sous l'~ de** unter dem Einfluss von

emprisonnement [ɑ̃pʀizɔnmɑ̃] *nm* Haft *f*

emprisonner [ɑ̃pʀizɔne] *vt* einsperren

emprunt [ɑ̃pʀœ̃] *nm* Anleihe *f*; (*Finance aussi*) Darlehen *nt*; (*Ling*) Lehnwort *nt*

emprunter [ɑ̃pʀœ̃te] *vt* (*argent*) leihen; (*route, itinéraire*) einschlagen; **~ qch à qn** etw bei jm leihen; **un mot emprunté à l'allemand** ein Lehnwort aus dem Deutschen

emprunteur, -euse [ɑ̃pʀœ̃tœʀ, øz] *nm/f* Kreditnehmer(in)

ému, e [emy] *pp de* **émouvoir**

émulation [emylasjɔ̃] *nf* Nacheifern *nt*

MOT-CLÉ

en [ɑ̃] *prép* **1** (*endroit, pays : situation*) in +*dat*; (*direction*) in +*acc*; (: *pays*) nach; **habiter en France/ville** in Frankreich/ in der Stadt leben; **aller en ville/France** in die Stadt/nach Frankreich gehen **2** (*temps*) in +*dat*; **en 3 jours/20 ans** in 3

Tagen/20 Jahren; **en été/juin** im Sommer/Juni
3 (*moyen de transport*) en; **en avion/taxi** im Flugzeug/Taxi
4 (*composition*) aus; **c'est en verre/bois** das ist aus Glas/Holz; **un collier en argent** eine Halskette aus Silber
5 (*description, état*) : **une femme (habillée) en rouge** eine Frau in Rot; **peindre qch en rouge** etw rot anstreichen; **en étoile** in Sternform; **en T** in T-Form; **en chemise** im Hemd; **en chaussettes** auf Strümpfen; **en réparation** in Reparatur; **partir en vacances** in die Ferien fahren; **en deuil** in Trauer; **le même en plus grand** das Gleiche in größer; **fort en maths** gut in Mathematik; **en bonne santé** bei guter Gesundheit; **en deux volumes** in zwei Bänden; **en une pièce** an einem Stück; **se casser en deux/plusieurs morceaux** in zwei/mehrere Stücke zerbrechen
6 (*avec gérondif*) : **en travaillant** bei der Arbeit; **en dormant** im Schlaf; **en apprenant la nouvelle/sortant** als er/sie *etc* die Nachricht hörte/wegging; **sortir en courant** herausrennen
▶ *pron* **1** (*indéfini*) : **j'en ai/veux** (*des livres etc*) ich habe welche/möchte welche; (*du sable, lait etc*) ich habe/möchte davon; **en veux-tu ?** (*voir ci-dessus*) möchtest du welche/davon?; **je n'en veux pas** (*voir ci-dessus*) ich möchte keine/nichts davon; **j'en ai deux** ich habe zwei; **j'en ai assez** ich habe genug (davon); (*j'en ai marre*) mir reichts; **en vouloir à qn** etw gegen jdn haben; **où en étais-je ?** wo war ich stehen geblieben?; **ne pas s'en faire** sich *dat* keine Gedanken machen; **j'en viens à penser que ...** ich komme langsam zu dem Schluss, dass ...
2 (*provenance*) : **j'en viens** ich komme daher
3 (*cause*) : **il en est malade/perd le sommeil** er ist deswegen krank/kann deswegen nicht schlafen
4 (*autre complément*) : **j'en connais les dangers/défauts** ich kenne die Gefahren/Fehler (dieser Sache); **j'en suis fier** ich bin stolz darauf; **j'en ai besoin** ich brauche es

ENA [ena] *sigle f* (= *École nationale d'administration*) Eliteschule für Verwaltungskräfte
énarque [enaʀk] *nmf* Absolvent(in) *m(f)* der ENA

encadrement [ɑ̃kadʀəmɑ̃] *nm* Rahmen *m*
encadrer [ɑ̃kadʀe] *vt* (*tableau, image*) einrahmen; (*entourer*) umgeben; (*former*) ausbilden
encadreur [ɑ̃kadʀœʀ] *nm* Rahmer(in) *m(f)*
encaisse [ɑ̃kɛs] *nf* Geldbestände *pl*; **~ or** Goldreserven *pl*
encaisser [ɑ̃kese] *vt* (*chèque*) einlösen; (*argent*) einstreichen; (*coup, défaite*) einstecken
encanailler [ɑ̃kanaje] : **s'encanailler** *vpr* vulgär werden
encart [ɑ̃kaʀ] *nm* Einlage *f*; **~ publicitaire** Werbebeilage *f*
encas [ɑ̃ka] *nm inv* (*repas*) kleine Zwischenmahlzeit *f*
encastrable [ɑ̃kastʀabl] *adj* Einbau-
encastrer [ɑ̃kastʀe] *vt* : **~ qch dans** etw einbauen in +*acc*; (*mur*) etw einlassen in +*acc*; **s'encastrer** *vpr* : **s'~ dans** hineinpassen in +*acc*; (*heurter*) hineinprallen in +*acc*
encaustique [ɑ̃kostik] *nf* (Bohner)wachs *nt*
encaustiquer [ɑ̃kostike] *vt* wachsen
enceinte [ɑ̃sɛ̃t] *adj f* schwanger ▶ *nf* (*mur*) Mauer *f*; (*espace, clos*) abgeschlossener Bereich *m*; **dans l'~ de** innerhalb von; **~ de six mois** im sechsten Monat schwanger; **~ (acoustique)** Lautsprecher *m*
encens [ɑ̃sɑ̃] *nm* Weihrauch *m*
encenser [ɑ̃sɑ̃se] *vt* beweihräuchern
encensoir [ɑ̃sɑ̃swaʀ] *nm* Weihrauchfass *nt*
encéphalogramme [ɑ̃sefalɔgʀam] *nm* Enzephalogramm *nt*
encercler [ɑ̃sɛʀkle] *vt* umzingeln
enchaîner [ɑ̃ʃene] *vt* in Ketten legen; (*mouvements, séquence*) (miteinander) verknüpfen
enchanté, e [ɑ̃ʃɑ̃te] *adj* entzückt, hocherfreut; **~** (*de faire votre connaissance*) angenehm
enchantement [ɑ̃ʃɑ̃tmɑ̃] *nm* Zauber *m*; **comme par ~** wie durch Zauber
enchanter [ɑ̃ʃɑ̃te] *vt* (hoch) erfreuen
enchanteur, -eresse [ɑ̃ʃɑ̃tœʀ, tʀɛs] *adj* zauberhaft
enchère [ɑ̃ʃɛʀ] *nf* : **mettre** *ou* **vendre aux ~s** versteigern
enclencher [ɑ̃klɑ̃ʃe] *vt* auslösen
enclin, e [ɑ̃klɛ̃, in] *adj* : **être ~ à qch** zu etw neigen; **être ~ à faire qch** dazu neigen, etw zu tun
enclos [ɑ̃klo] *nm* Einfriedung *f*

enclume [ɑ̃klym] nf Amboss m
encoche [ɑ̃kɔʃ] nf Kerbe f
encoder [ɑ̃kɔde] vt codieren, verschlüsseln
encodeur [ɑ̃kɔdœʀ] nm Codierer m
encolure [ɑ̃kɔlyʀ] nf (mesure) Kragenweite f; (cou) Hals m
encombrant, e [ɑ̃kɔ̃bʀɑ̃, ɑ̃t] adj sperrig
encombre [ɑ̃kɔ̃bʀ] : **sans ~** adv ohne Zwischenfälle
encombrer [ɑ̃kɔ̃bʀe] vt behindern; **s'encombrer de** vpr sich beladen mit
encontre [ɑ̃kɔ̃tʀ] : **à l'~ de** prép (contre) gegen; (contrairement à) im Gegensatz zu
encorbellement [ɑ̃kɔʀbɛlmɑ̃] nm Erker m; **fenêtre en ~** Erkerfenster nt
encorder [ɑ̃kɔʀde] : **s'encorder** vpr sich anseilen

(MOT-CLÉ)

encore [ɑ̃kɔʀ] adv 1 (continuation) noch; **il travaille encore** er arbeitet noch; **pas encore** noch nicht; **encore deux jours** noch zwei Tage
2 (pas plus tard que) : **hier encore** erst gestern
3 (de nouveau) wieder, erneut; **encore un effort** noch ein bisschen; **encore !** (insatisfaction) nicht schon wieder!; **(et puis) quoi encore ?** was noch?; **encore une fois** noch einmal
4 (intensif) : **encore plus fort/mieux** noch lauter/besser
5 (aussi) : **non seulement ..., mais encore** nicht nur ..., sondern auch
6 (restriction) freilich, allerdings; **si encore** wenn nur; **encore que** obwohl

encourageant, e [ɑ̃kuʀaʒɑ̃, ɑ̃t] adj ermutigend
encouragement [ɑ̃kuʀaʒmɑ̃] nm Ermutigung f
encourager [ɑ̃kuʀaʒe] vt ermutigen; (activité, tendance) fördern; **~ qn à faire qch** jdn dazu ermutigen, etw zu tun
encourir [ɑ̃kuʀiʀ] vt sich dat zuziehen, auf sich acc ziehen
encre [ɑ̃kʀ] nf Tinte f; **~ de Chine** Tusche f
encrier [ɑ̃kʀije] nm Tintenfass nt
encroûter [ɑ̃kʀute] : **s'encroûter** vpr (personne) in einen festen Trott geraten
encyclopédie [ɑ̃siklɔpedi] nf Enzyklopädie f
endetté, e [ɑ̃dete] adj verschuldet
endettement [ɑ̃dɛtmɑ̃] nm Schulden pl
endetter [ɑ̃dete] vt in Schulden stürzen +dat; **s'endetter** vpr sich verschulden
endiablé, e [ɑ̃djable] adj leidenschaftlich
endimancher [ɑ̃dimɑ̃ʃe] : **s'endimancher** vpr seinen Sonntagsstaat anziehen
endive [ɑ̃div] nf Chicorée m
endoctriner [ɑ̃dɔktʀine] vt indoktrinieren
endolori, e [ɑ̃dɔlɔʀi] adj schmerzend
endommager [ɑ̃dɔmaʒe] vt beschädigen
endormir [ɑ̃dɔʀmiʀ] vt (enfant) zum Schlafen bringen; (chaleur etc) schläfrig machen; (soupçons, ennemi etc) einlullen; (ennuyer) langweilen; (Méd) betäuben; **s'endormir** vpr einschlafen
endoscope [ɑ̃dɔskɔp] nm Endoskop nt
endoscopie [ɑ̃dɔskɔpi] nf Endoskopie f
endosser [ɑ̃dose] vt (responsabilité) übernehmen; (chèque) gegenzeichnen; (uniforme, tenue) anlegen
endroit [ɑ̃dʀwa] nm Ort m; (emplacement) Stelle f; (opposé à l'envers) rechte Seite f; **à cet ~** an dieser Stelle; **à l'~** richtig herum
enduire [ɑ̃dɥiʀ] vt : **~ qch de** etw bestreichen mit; **s'enduire** vpr : **s'~ de** sich einreiben mit
enduit, e [ɑ̃dɥi, ɥit] pp de **enduire** ▶ nm Überzug m
endurance [ɑ̃dyʀɑ̃s] nf Durchhaltevermögen nt
endurant, e [ɑ̃dyʀɑ̃, ɑ̃t] adj ausdauernd
endurci, e [ɑ̃dyʀsi] adj : **buveur ~** abgehärteter Trinker m; **célibataire ~** eingefleischter Junggeselle m
endurcir [ɑ̃dyʀsiʀ] vt abhärten; **s'endurcir** vpr hart ou zäh werden
endurer [ɑ̃dyʀe] vt ertragen
énergétique [enɛʀʒetik] adj Energie-
énergie [enɛʀʒi] nf Energie f
énergique [enɛʀʒik] adj energisch
énergisant, e [enɛʀʒizɑ̃, ɑ̃t] adj Energie spendend
énergumène [enɛʀgymɛn] nm Unruhestifter m
énervant, e [enɛʀvɑ̃, ɑ̃t] adj irritierend
énervé, e [enɛʀve] adj aufgeregt; (agacé) verärgert
énervement [enɛʀvəmɑ̃] nm Irritation f
énerver [enɛʀve] vt aufregen; **s'énerver** vpr sich aufregen
enfance [ɑ̃fɑ̃s] nf Kindheit f; (enfants) Kinder pl
enfant [ɑ̃fɑ̃] nmf Kind nt; **~ unique** Einzelkind nt
enfanter [ɑ̃fɑ̃te] vi, vt gebären
enfantillage [ɑ̃fɑ̃tijaʒ] (péj) nm Kinderei f
enfantin, e [ɑ̃fɑ̃tɛ̃, in] adj kindlich; (péj) kindisch; (simple) kinderleicht

enfer [ɑ̃fɛʀ] nm Hölle f
enfermer [ɑ̃fɛʀme] vt einschließen; (*prisonnier*) einsperren; **s'enfermer** vpr sich einschließen
enfiévré [ɑ̃fjevʀe] (*fig*) adj fiebrig
enfiler [ɑ̃file] vt (*perles etc*) auffädeln; (*aiguille*) einfädeln; (*vêtement*) schlüpfen in +*acc*; (*rue, couloir*) einbiegen in +*acc*
enfin [ɑ̃fɛ̃] adv endlich; (*en dernier lieu*) schließlich; (*de restriction*) doch
enflammé, e [ɑ̃flame] adj (*torche, allumette*) brennend; (*Méd : plaie*) entzündet; (*nature*) feurig; (*discours, déclaration*) flammend
enflammer [ɑ̃flame] vt in Brand setzen; (*Méd*) entzünden; **s'enflammer** vpr Feuer fangen; (*Méd*) sich entzünden
enflé, e [ɑ̃fle] adj geschwollen
enfler [ɑ̃fle] vi anschwellen
enfoncer [ɑ̃fɔ̃se] vt einschlagen ▸ vi versinken; **s'enfoncer** vpr: **s'~ dans** (*neige, vase etc*) versinken in +*dat*; (*forêt, ville*) verschwinden in +*dat*; (*mensonge, erreur*) sich verstricken in +*dat*; **~ qch dans** etw einschlagen in
enfouir [ɑ̃fwiʀ] vt (*dans le sol*) vergraben; (*dans un tiroir, une poche etc*) verstecken; **s'enfouir** vpr: **s'~ dans/sous** sich vergraben in +*dat*/unter +*dat*
enfourcher [ɑ̃fuʀʃe] vt besteigen
enfourner [ɑ̃fuʀne] vt in den Ofen schieben
enfreindre [ɑ̃fʀɛ̃dʀ] vt : **~ qch** gegen etw verstoßen
enfuir [ɑ̃fɥiʀ] : **s'enfuir** vpr fliehen, weglaufen
enfumer [ɑ̃fyme] vt einräuchern
engagé, e [ɑ̃gaʒe] adj (*littérature, politique*) engagiert
engagement [ɑ̃gaʒmɑ̃] nm (*promesse*) Versprechen nt; (*Mil : combat*) Gefecht nt; **sans ~** ohne Verpflichtung
engager [ɑ̃gaʒe] vt (*embaucher*) anstellen, einstellen; (*commencer*) beginnen; (*entraîner*) verwickeln; (*investir*) investieren; **s'engager** vpr (*s'embaucher*) eingestellt werden; (*Mil*) sich melden; (*promettre*) sich verpflichten; **~ qch dans** etw hineinstecken in +*acc*; **s'~ à faire qch** sich verpflichten, etw zu tun; **s'~ dans** (*rue, passage*) einbiegen in +*acc*
engelures [ɑ̃ʒlyʀ] nfpl Frostbeulen pl
engendrer [ɑ̃ʒɑ̃dʀe] vt zeugen; (*fig*) hervorbringen
engin [ɑ̃ʒɛ̃] nm Gerät nt; (*péj*) Ding nt; (*missile*) Rakete f
englober [ɑ̃glɔbe] vt umfassen

engloutir [ɑ̃glutiʀ] vt verschlingen; **s'engloutir** vpr verschwinden
engoncé, e [ɑ̃gɔ̃se] adj unvorteilhaft gekleidet; **~ dans** unvorteilhaft gekleidet in
engorger [ɑ̃gɔʀʒe] vt verstopfen
engouement [ɑ̃gumɑ̃] nm Begeisterung f, Schwärmerei f
engouffrer [ɑ̃gufʀe] vt verschlingen; **s'engouffrer** vpr: **s'~ dans** hineinströmen in +*acc*
engourdi, e [ɑ̃guʀdi] adj gefühllos, taub
engourdir [ɑ̃guʀdiʀ] vt gefühllos werden lassen; **s'engourdir** vpr gefühllos werden
engrais [ɑ̃gʀɛ] nm Dünger m
engraisser [ɑ̃gʀese] vt (*animal*) mästen
engrenage [ɑ̃gʀənaʒ] nm Getriebe nt
engueuler [ɑ̃gœle] (*vulg*) vt anschnauzen; **se faire ~** angeschnauzt werden
énigmatique [enigmatik] adj rätselhaft
énigme [enigm] nf Rätsel nt
enivrant, e [ɑ̃nivʀɑ̃, ɑ̃t] adj berauschend
enivrer [ɑ̃nivʀe] vt betrunken machen; (*parfums, vitesse, succès*) berauschen; **s'enivrer** vpr sich betrinken
enjambée [ɑ̃ʒɑ̃be] nf Schritt m
enjamber [ɑ̃ʒɑ̃be] vt überschreiten; (*pont*) überspannen
enjeu, x [ɑ̃ʒø] nm Einsatz m
enjoliver [ɑ̃ʒɔlive] vt ausschmücken
enjoliveur [ɑ̃ʒɔlivœʀ] nm (*Auto*) Radkappe f
enjoué, e [ɑ̃ʒwe] adj fröhlich
enlacer [ɑ̃lase] vt (*personne*) umarmen
enlèvement [ɑ̃lɛvmɑ̃] nm (*rapt*) Entführung f
enlever [ɑ̃l(ə)ve] vt (*vêtement*) ausziehen; (*lunettes*) absetzen; (*organe, tumeur*) entfernen; (*ordures, meubles à déménager*) abholen; (*kidnapper*) entführen; (*obtenir*) davontragen; **~ qch à qn** jdm etw nehmen
enneigé, e [ɑ̃neʒe] adj verschneit
ennemi, e [ɛnmi] adj feindlich ▸ nm/f Feind(in); **être l'~ de qch** der Feind etw +*gén* sein
ennoblir [ɑ̃nɔbliʀ] vt adeln
ennui [ɑ̃nɥi] nm (*lassitude*) Langeweile f; (*difficulté*) Schwierigkeit f
ennuyer [ɑ̃nɥije] vt ärgern; (*lasser*) langweilen; **s'ennuyer** vpr sich langweilen; **si cela ne vous ennuie pas** wenn es Ihnen keine Umstände macht
ennuyeux, -euse [ɑ̃nɥijø, øz] adj (*lassant*) langweilig; (*contrariant*) ärgerlich

énoncé [enɔse] nm Wortlaut m; (Ling) Aussage f
énoncer [enɔse] vt ausdrücken
enorgueillir [ɑ̃nɔʀɡœjiʀ]: **s'enorgueillir** vpr: **s'~ de** sich rühmen +gén
énorme [enɔʀm] adj enorm, gewaltig
énormément [enɔʀmemɑ̃] adv: **~ de neige/gens** ungeheuer viel Schnee/Menschen
enquérir [ɑ̃keʀiʀ]: **s'enquérir** vpr: **s'~ de** sich erkundigen nach +dat ou über +acc
enquête [ɑ̃kɛt] nf (judiciaire, de police) Untersuchung f, Ermittlung f; (de journaliste) Nachforschungen pl; (sondage d'opinion) (Meinungs)umfrage f
enquêter [ɑ̃kete] vi ermitteln
enquêteur, -euse ou **trice** [ɑ̃ketœʀ, øz, tʀis] nm/f Ermittler(in); (de sondage) Meinungsforscher(in)
enquiquiner [ɑ̃kikine] (fam) vt ärgern
enraciné, e [ɑ̃ʀasine] adj tief verwurzelt
enragé, e [ɑ̃ʀaʒe] adj (chien) tollwütig; (passionné) fanatisch
enrager [ɑ̃ʀaʒe] vi rasend ou wütend sein
enrayer [ɑ̃ʀeje] vt aufhalten, stoppen; **s'enrayer** vpr klemmen
enregistrement [ɑ̃ʀ(ə)ʒistʀəmɑ̃] nm Aufnahme f; (d'une plainte) Registrierung f; **~ des bagages** Gepäckaufgabe f
enregistrer [ɑ̃ʀ(ə)ʒistʀe] vt (Mus) aufnehmen; (Inform) sichern; (Admin) eintragen, registrieren; (mémoriser) sich dat merken; (bagages) aufgeben
enrhumé, e [ɑ̃ʀyme] adj erkältet
enrhumer [ɑ̃ʀyme]: **s'enrhumer** vpr sich erkälten
enrichi, e [ɑ̃ʀiʃi] adj (Chim) angereichert
enrichir [ɑ̃ʀiʃiʀ] vt reich machen; (moralement) bereichern; **s'enrichir** vpr reich werden
enrichissant, e [ɑ̃ʀiʃisɑ̃, ɑ̃t] adj bereichernd
enrober [ɑ̃ʀɔbe] vt: **~ qch de** etw umhüllen mit
enrôler [ɑ̃ʀole] vt aufnehmen; **s'enrôler** vpr: **s'~ (dans)** sich anmelden (bei)
enroué, e [ɑ̃ʀwe] adj heiser
enrouer [ɑ̃ʀwe]: **s'enrouer** vpr heiser werden
enrouler [ɑ̃ʀule] vt (fil, corde) aufwickeln; **~ qch autour de** etw herumwickeln um
enrouleur, -euse [ɑ̃ʀulœʀ, øz] adj Wickel- ▶ nm: **ceinture de sécurité à ~** Automatikgurt m
ensanglanté, e [ɑ̃sɑ̃ɡlɑ̃te] adj blutbefleckt

enseignant, e [ɑ̃sɛɲɑ̃, ɑ̃t] adj (personnel) Lehr- ▶ nm/f Lehrer(in)
enseigne [ɑ̃sɛɲ] nf Geschäftsschild nt ▶ nm: **~ de vaisseau** Leutnant m zur See; **à telle ~ que** so sehr, dass; **être logé à la même ~** im gleichen Boot sitzen; **~ lumineuse** Leuchtreklame f
enseignement [ɑ̃sɛɲ(ə)mɑ̃] nm Unterricht m; (conclusion) Lehre f; (profession) Lehrerberuf m
enseigner [ɑ̃sene] vt unterrichten; (choses) lehren, beibringen ▶ vi unterrichten; **~ qch à qn** jdm etw beibringen
ensemble [ɑ̃sɑ̃bl] adv zusammen ▶ nm (groupe, assemblage) Komplex m; (Math) Menge f; (unité, harmonie) Einheit f; **l'~ du/de la ...** der/die/das ganze ...; **aller ~** zusammenpassen; **impression/idée d'~** Gesamteindruck m/Gesamtidee f; **dans l'~** im Ganzen
ensoleillé, e [ɑ̃sɔleje] adj sonnig
ensommeillé, e [ɑ̃sɔmeje] adj schläfrig, verschlafen
ensorceler [ɑ̃sɔʀsəle] vt verzaubern
ensuite [ɑ̃sɥit] adv dann
ensuivre [ɑ̃sɥivʀ]: **s'ensuivre** vpr folgen; **il s'ensuit que** daraus ergibt sich, dass; **et tout ce qui s'ensuit** und so weiter
entailler [ɑ̃taje] vt einkerben
entamer [ɑ̃tame] vt (pain) anschneiden; (bouteille) anbrechen; (hostilités, pourparlers) eröffnen; (altérer) beeinträchtigen
entasser [ɑ̃tase] vt (empiler) anhäufen, aufhäufen; (prisonniers etc) zusammenpferchen; **s'entasser** vpr sich anhäufen
entendre [ɑ̃tɑ̃dʀ] vt hören; (Jur: accusé, témoin) vernehmen; (comprendre) verstehen; (vouloir dire) meinen; **s'entendre** vpr (sympathiser) sich verstehen; (se mettre d'accord) übereinkommen
entendu, e [ɑ̃tɑ̃dy] pp de **entendre** ▶ adj (réglé) abgemacht; (air) wissend; **bien ~ !** selbstverständlich!
entente [ɑ̃tɑ̃t] nf Einvernehmen nt; (accord, traité) Vertrag m
entériner [ɑ̃teʀine] vt bestätigen
enterrement [ɑ̃tɛʀmɑ̃] nm Begräbnis nt
enterrer [ɑ̃teʀe] vt begraben; (trésor etc) vergraben
entêtant, e [ɑ̃tɛtɑ̃, ɑ̃t] adj betäubend
en-tête [ɑ̃tɛt] (pl **en-têtes**) nm: **papier à ~** Papier nt mit Briefkopf
entêtement [ɑ̃tɛtmɑ̃] nm Sturheit f

entêter [ɑ̃tete] : **s'entêter** vpr : **s'~ à faire qch** sich darauf versteifen, etw zu tun

enthousiasme [ɑ̃tuzjasm] nm Begeisterung f, Enthusiasmus m

enthousiasmer [ɑ̃tuzjasme] vt begeistern; **s'enthousiasmer** vpr : **s'~ (pour qch)** sich (für etw) begeistern

entier, -ère [ɑ̃tje, jɛʀ] adj ganz; (intact, complet) vollständig; (personne, caractère) geradlinig ▶ nm (Math) ganze Zahl f; **en ~** vollständig; **lait ~** Vollmilch f

entièrement [ɑ̃tjɛʀmɑ̃] adv völlig

entité [ɑ̃tite] nf Wesen nt

entonner [ɑ̃tɔne] vt (chanson) anstimmen

entonnoir [ɑ̃tɔnwaʀ] nm Trichter m

entorse [ɑ̃tɔʀs] nf (Méd) Verstauchung f; **~ au règlement** Regelverstoß m

entortiller [ɑ̃tɔʀtije] vt : **~ qch dans** etw einwickeln in +acc; **~ qch autour de** etw (herum)wickeln um

entourage [ɑ̃tuʀaʒ] nm Umgebung f

entourer [ɑ̃tuʀe] vt umgeben; (cerner) umzingeln; (apporter son soutien à) umsorgen

entourloupette [ɑ̃tuʀlupɛt] nf (gén pl) übler Trick m

entracte [ɑ̃tʀakt] nm Pause f

entraide [ɑ̃tʀɛd] nf gegenseitige Hilfe f

entrailles [ɑ̃tʀaj] nfpl (intestins) Eingeweide pl; (fig) Innere(s) nt

entrain [ɑ̃tʀɛ̃] nm Elan m; **avec ~** schwungvoll; **sans ~** lustlos

entraînement [ɑ̃tʀɛnmɑ̃] nm Training nt; (Tech) Antrieb m

entraîner [ɑ̃tʀene] vt (tirer) ziehen; (Tech) antreiben; (emmener) mitschleppen; (Sport) trainieren; (impliquer) mit sich bringen; **s'entraîner** vpr trainieren; **~ qn à faire qch** jdn dazu bringen, etw zu tun; **s'~ à qch** sich in etw dat üben

entraîneur, -euse [ɑ̃tʀɛnœʀ, øz] nm/f (Sport) Trainer(in) ▶ nf (de bar) Animierdame f

entraver [ɑ̃tʀave] vt behindern

entre [ɑ̃tʀ] prép zwischen +dat; (avec mouvement) zwischen +acc; (parmi) unter +dat; **l'un d'~ eux** einer von ou unter ihnen; **~ autres (choses)** unter anderem; **~ nous** unter uns gesagt

entrebâillé, e [ɑ̃tʀəbaje] adj angelehnt

entrechoquer [ɑ̃tʀəʃɔke] : **s'entrechoquer** vpr aneinanderstoßen

entrecôte [ɑ̃tʀəkot] nf Entrecôte nt

entrée [ɑ̃tʀe] nf (accès, porte) Eingang m; (d'une personne) Eintreten nt; (billet) Eintrittskarte f; (Culin) Vorspeise f; (Inform) Eingabe f; **d'~** von Anfang an; **~ en matière** Einführung f

entrefilet [ɑ̃tʀəfilɛ] nm Notiz f

entrelacer [ɑ̃tʀəlase] vt ineinander verschlingen

entrelarder [ɑ̃tʀəlaʀde] vt (viande) spicken; **entrelardé de** (fig) gespickt mit

entremêler [ɑ̃tʀəmele] vt (fils) miteinander verschlingen; (mélanger) vermischen

entremets [ɑ̃tʀəmɛ] nm Nachspeise f

entremetteur, -euse [ɑ̃tʀəmɛtœʀ, øz] (péj) nm/f Kuppler(in)

entremettre [ɑ̃tʀəmɛtʀ] : **s'entremettre** vpr (péj) sich einmischen

entremise [ɑ̃tʀəmiz] nf : **par l'~ de** durch Vermittlung +gén

entreposer [ɑ̃tʀəpoze] vt einlagern

entrepôt [ɑ̃tʀəpo] nm Lagerhaus nt

entreprenant, e [ɑ̃tʀəpʀənɑ̃, ɑ̃t] adj (actif) unternehmungslustig; (trop galant) dreist

entreprendre [ɑ̃tʀəpʀɑ̃dʀ] vt machen; (commencer) anfangen; (personne) angehen

entrepreneur, -euse [ɑ̃tʀəpʀənœʀ, øz] nm/f Unternehmer(in); **~ (en bâtiment)** Bauunternehmer(in)

entreprise [ɑ̃tʀəpʀiz] nf Unternehmen nt

entrer [ɑ̃tʀe] vi hereinkommen; (véhicule) hereinfahren; (pénétrer, s'enfoncer) eindringen ▶ vt (marchandises) einführen; (Inform) eingeben; **~ qch dans** etw hineintun in +acc; **~ dans** kommen in +acc; (: véhicule) fahren in +acc; (pénétrer dans) eindringen in +acc; **faire ~ qn** jdn hereinbitten

entresol [ɑ̃tʀəsɔl] nm Hochparterre nt

entre-temps [ɑ̃tʀətɑ̃] adv in der Zwischenzeit

entretenir [ɑ̃tʀət(ə)niʀ] vt unterhalten; (feu) am Leben halten; (amitié, relations) aufrechterhalten; **s'entretenir** vpr : **s'~ (de qch)** sich unterhalten (über etw acc); (se maintenir en forme) sich fit halten

entretien [ɑ̃tʀətjɛ̃] nm Unterhalt m; (discussion) Unterhaltung f; (audience) Unterredung f; **~ d'embauche** Vorstellungsgespräch nt

entrevoir [ɑ̃tʀəvwaʀ] vt (à peine) (kaum) ausmachen; (brièvement) kurz sehen

entrevue [ɑ̃tʀəvy] nf Gespräch nt; (audience) Interview nt

entrouvert, e [ɑ̃tʀuvɛʀ, ɛʀt] adj halb offen ou halb geöffnet

énumérer [enymeʀe] vt aufzählen

envahir [ɑ̃vaiʀ] vt überfallen; (suj: marchandises) überschwemmen; (: inquiétude, peur) überkommen

envahissant, e [ɑ̃vaisɑ̃, ɑ̃t] (péj) adj aufdringlich

enveloppe [ɑ̃v(ə)lɔp] nf (de lettre) (Brief)umschlag m; (revêtement, gaine) Hülle f

envelopper [ɑ̃v(ə)lɔpe] vt einpacken; (entourer) einhüllen; **s'envelopper** vpr: **s'~ dans un châle/une couverture** sich in einen Schal/eine Decke hüllen

envenimer [ɑ̃v(ə)nime]: **s'envenimer** vpr (situation) sich verschärfen

envergure [ɑ̃vɛʀɡyʀ] nf (d'un oiseau, avion) Spannweite f; (d'un projet, d'une action) Ausmaß nt; **d'~, de grande ~** (travaux, opération) groß angelegt

envers [ɑ̃vɛʀ] prép gegenüber +dat ▶ nm (d'une feuille) Rückseite f; (d'une étoffe, d'un vêtement) linke Seite f; **ses sentiments ~ elle** seine Gefühle für sie; **à l'~** verkehrt herum

enviable [ɑ̃vjabl] adj beneidenswert; **peu ~** nicht zu beneiden

envie [ɑ̃vi] nf (jalousie) Neid m; (souhait, désir) Verlangen nt; **avoir ~ de qch** Lust auf etw acc haben; **avoir ~ de faire qch** Lust (darauf) haben, etw zu tun

envier [ɑ̃vje] vt beneiden

envieux, -euse [ɑ̃vjø, jøz] adj neidisch

environ [ɑ̃viʀɔ̃] adv ungefähr; **environs** nmpl Umgebung f

environnement [ɑ̃viʀɔnmɑ̃] nm Umwelt f; **la protection de l'~** der Umweltschutz

environner [ɑ̃viʀɔne] vt umgeben

envisageable [ɑ̃vizaʒabl] adj vorstellbar

envisager [ɑ̃vizaʒe] vt (considérer) betrachten; (avoir en vue) beabsichtigen; **~ de faire qch** vorhaben, etw zu tun

envoi [ɑ̃vwa] nm (paquet, lettre) Sendung f

envol [ɑ̃vɔl] nm (avion) Abflug m; (oiseau) Auffliegen nt; **prendre son ~** (oiseau) auffliegen; (avion) abfliegen; (fig) sich entfalten

envoler [ɑ̃vɔle]: **s'envoler** vpr wegfliegen; (avion) abfliegen

envoûtant, e [ɑ̃vutɑ̃, ɑ̃t] adj berückend

envoûter [ɑ̃vute] vt verzaubern

envoyé, e [ɑ̃vwaje] nm/f (Pol) Gesandte(r) f(m); **bien ~** (fam: remarque, réponse) schlagfertig; **~ spécial** Sonderberichterstatter m

envoyer [ɑ̃vwaje] vt schicken; (ballon) werfen; (projectile) abschießen; **~ chercher qn/qch** nach jm schicken/etw holen lassen

enzyme [ɑ̃zim] nf ou nm Enzym nt

éolien, ne [eɔljɛ̃, jɛn] adj Wind-; **énergie ~ne** Windkraft f ▶ nf Windrad nt ▶ nm Windkraftanlage f; **~ terrestre/maritime** Onshore-/Offshore-Windkraftanlage f

épagneul, e [epaɲœl] nm/f Spaniel m

épais, se [epɛ, ɛs] adj dick; (sauce, liquide) dickflüssig; (fumée, brouillard, ténèbres, forêt) dicht

épaisseur [epesœʀ] nf Dicke f

épaissir [epesiʀ] vt andicken; **s'épaissir** vpr (brouillard) dichter werden; (fig: mystère) undurchdringlicher werden

épancher [epɑ̃ʃe]: **s'épancher** vpr (personne) sich aussprechen; (liquide) herausströmen

épanouir [epanwiʀ]: **s'épanouir** vpr aufblühen

épargne [epaʀɲ] nf: **l'~** das Sparen nt; **l'~-logement** das Bausparen nt

épargner [epaʀɲe] vt sparen; (ne pas tuer ou détruire) verschonen ▶ vi sparen; **~ qch à qn** jdm etw ersparen

éparpiller [epaʀpije] vt verstreuen; (pour répartir) streuen; **s'éparpiller** vpr sich verzetteln

épars, e [epaʀ, aʀs] adj verstreut

épatant, e [epatɑ̃, ɑ̃t] (fam) adj super

épaté, e [epate] adj: **nez ~** platte (breite) Nase f

épater [epate] vt beeindrucken

épaule [epol] nf Schulter f

épauler [epole] vt (aider) unterstützen; (arme) anlegen ▶ vi anlegen

épave [epav] nf Wrack nt

épée [epe] nf Schwert nt

épeler [ep(ə)le] vt buchstabieren

éperdu, e [epɛʀdy] adj verzweifelt; (sentiment) überschwänglich

éperdument [epɛʀdymɑ̃] adv: **~ amoureux** bis über beide Ohren verliebt; **s'en ficher ~** (fam) sich einen Dreck (darum) scheren

épervier [epɛʀvje] nm (Zool) Sperber m; (Pêche) Wurfnetz nt

éphémère [efemɛʀ] adj kurz, kurzlebig

éphéméride [efemeʀid] nf Abreißkalender m

épi [epi] nm Ähre f; (dans les cheveux) Wirbel m; **stationnement en ~** schräges Parken nt

épice [epis] nf Gewürz nt

épicéa [episea] nm Fichte f

épicentre [episɑ̃tʀ] nm Epizentrum nt

épicer [epise] vt würzen

épicerie [episʀi] nf (magasin) Lebensmittelgeschäft nt; **~ fine** Feinkostgeschäft nt

épicier, -ière [episje, jɛʀ] nm/f Lebensmittelhändler(in)
épidémie [epidemi] nf Epidemie f
épidémiologie [epidemjɔlɔʒi] nf Epidemiologie f
épidémiologique [epidemjɔlɔʒik] adj epidemiologisch
épiderme [epidɛʀm] nm Haut f
épier [epje] vt (personne) bespitzeln; (occasion) lauern auf +acc
épieu, x [epjø] nm Speer m
épilepsie [epilɛpsi] nf Epilepsie f
épiler [epile] vt enthaaren; **s'épiler** vpr: **s'~ les jambes** (sich dat) die Beine enthaaren; **s'~ les sourcils** (sich dat) die Augenbrauen zupfen
épilogue [epilɔg] nm Epilog m; (fig) Ausgang m
épiloguer [epilɔge] vi: **~ sur** sich auslassen über +acc
épinards [epinaʀ] nmpl Spinat m
épine [epin] nf (de rose) Dorne f; (d'oursin) Stachel m; **~ dorsale** Rückgrat nt
épineux, -euse [epinø, øz] adj dornig; (fig) heikel
épingle [epɛ̃gl] nf Nadel f; **tirer son ~ du jeu** sich aus der Affäre ziehen; **tiré à quatre ~s** wie aus dem Ei gepellt; **~ de nourrice** ou **de sûreté** ou **double** Sicherheitsnadel f
épingler [epɛ̃gle] vt: **~ qch sur** etw feststecken auf +dat
Épiphanie [epifani] nf Dreikönigsfest nt
épique [epik] adj episch
épiscopal, e, -aux [episkɔpal, o] adj bischöflich
épisode [epizɔd] nm (de récit, film) Fortsetzung f; (dans la vie, l'histoire) Episode f
épistolaire [epistɔlɛʀ] adj Brief-
épithète [epitɛt] adj: **adjectif ~** attributives Adjektiv nt
éplucher [eplyʃe] vt schälen; (texte, comptes) genau unter die Lupe nehmen
épluche-légumes [eplyʃlegym] nm inv Kartoffelschäler m
épluchures [eplyʃyʀ] nfpl Schalen pl
éponge [epɔ̃ʒ] nf Schwamm m; **passer l'~ sur qch** etw vergeben und vergessen; **passons-y!** Schwamm drüber!; **jeter l'~** das Handtuch werfen
éponger [epɔ̃ʒe] vt (liquide) aufsaugen; (surface) (mit dem Schwamm) abwischen; (dette, déficit) absorbieren; **s'éponger** vpr: **s'~ le front** sich dat die Stirn abwischen
épopée [epɔpe] nf Epos nt
époque [epɔk] nf (de l'histoire) Epoche f, Ära f; (de l'année, la vie) Zeit f; **d'~** (meuble etc) Stil-; **à l'~ où** zu der Zeit als; **à l'~ de** zur Zeit +gén
époumoner [epumɔne]: **s'époumoner** vpr sich heiser schreien
épouse [epuz] nf Ehefrau f
épouser [epuze] vt heiraten; (idées, vues) sich dat zu eigen machen; (forme, mouvement) sich anpassen an +acc
épousseter [epuste] vt abstauben
époustouflant, e [epustuflɑ̃, ɑ̃t] adj atemberaubend, umwerfend
épouvantable [epuvɑ̃tabl] adj schrecklich, entsetzlich
épouvantail [epuvɑ̃taj] nm Vogelscheuche f
épouvante [epuvɑ̃t] nf: **film/livre d'~** Horrorfilm m/Horrorroman m
épouvanter [epuvɑ̃te] vt erschrecken
époux, -ouse [epu, uz] nm/f Ehemann m, Ehefrau f ▶ nmpl: **les ~** das Ehepaar
éprendre [epʀɑ̃dʀ]: **s'éprendre** vpr: **s'~ de** sich verlieben in +acc
épreuve [epʀœv] nf Prüfung f; (Sport) Wettkampf m; (Photo) Abzug m; (Typo) Fahne f; **à l'~ des balles** kugelsicher; **à l'~ du feu** feuerfest; **à toute ~** unfehlbar; **mettre à l'~** auf die Probe stellen
épris [epʀi] vb voir **éprendre**
éprouver [epʀuve] vt (ressentir) verspüren; (difficultés) begegnen +dat; (faire souffrir, marquer) Kummer machen +dat; (personne) prüfen
éprouvette [epʀuvɛt] nf Reagenzglas nt
EPS [əpɛs] sigle f (= Education physique et sportive) Sportunterricht m
épuisant, e [epɥizɑ̃, ɑ̃t] adj erschöpfend
épuisé, e [epɥize] adj erschöpft; (livre) vergriffen
épuisement [epɥizmɑ̃] nm Erschöpfung f; **jusqu'à ~ du stock** ou **des stocks** solange der Vorrat reicht
épuiser [epɥize] vt erschöpfen; **s'épuiser** vpr müde werden; (stock) ausgehen
épurer [epyʀe] vt reinigen
Équateur [ekwatœʀ] nm (pays): **l'~** Ecuador nt
équateur [ekwatœʀ] nm (ligne) Äquator m
équation [ekwasjɔ̃] nf Gleichung f
équatorien, ne [ekwatɔʀjɛ̃, jɛn] adj ecuadorianisch
équerre [ekɛʀ] nf (pour dessiner) Reißschiene f; (pour mesurer) Winkel m; (pour fixer) Winkeleisen nt
équestre [ekɛstʀ] adj: **statue ~** Reiterstandbild nt
équilibre [ekilibʀ] nm Gleichgewicht nt

équilibré, e [ekilibʀe] *adj* ausgeglichen
équilibrer [ekilibʀe] *vt* ausgleichen; **s'équilibrer** *vpr* (*poids*) sich ausbalancieren; (*fig*) sich ausgleichen
équilibriste [ekilibʀist] *nmf* Seiltänzer(in) *m(f)*
équinoxe [ekinɔks] *nm* Tagundnachtgleiche *f*
équipage [ekipaʒ] *nm* Mannschaft *f*
équipe [ekip] *nf* (*de joueurs*) Mannschaft *f*; (*au travail*) Team *nt*; **travailler en ~** in einem Team arbeiten
équipement [ekipmɑ̃] *nm* Ausrüstung *f*, Ausstattung *f*; **~s sportifs/collectifs** Sporteinrichtungen *pl*/Gemeinschaftseinrichtungen *pl*
équiper [ekipe] *vt* ausrüsten; **~ qch de** etw ausstatten mit
équitable [ekitabl] *adj* gerecht; **commerce ~** Fairer Handel *m*
équitation [ekitasjɔ̃] *nf* Reiten *nt*; **faire de l'~** reiten
équité [ekite] *nf* Fairness *f*
équivalence [ekivalɑ̃s] *nf* Äquivalenz *f*; (*Univ*) Gleichstellung *f*
équivalent, e [ekivalɑ̃, ɑ̃t] *adj* gleichwertig ▶ *nm* : **l'~ de qch** das Äquivalent von etw *gén*
équivaloir [ekivalwaʀ] : **~ à** *vt* entsprechen +*dat*; (*refus etc*) gleichkommen +*dat*
équivoque [ekivɔk] *adj* doppeldeutig; (*louche*) zweideutig
érable [eʀabl] *nm* Ahorn(baum) *m*
érafler [eʀafle] *vt* zerkratzen; **s'~ la main/les jambes** sich *dat* die Hand/die Beine zerkratzen
éraillé, e [eʀaje] *adj* (*voix*) heiser
ère [ɛʀ] *nf* Ära *f*, Zeitalter *nt*; **en l'an 1050 de notre ~** im Jahr 1050 unserer Zeitrechnung
érection [eʀɛksjɔ̃] *nf* (*Physiol*) Erektion *f*
éreinter [eʀɛ̃te] *vt* erschöpfen
érémiste [eʀemist] *nmf* (*bénéficiaire du RMI*) Sozialhilfeempfänger(in) *m(f)*
ergonomie [ɛʀɡɔnɔmi] *nf* Ergonomie *f*
ergonomique [ɛʀɡɔnɔmik] *adj* ergonomisch
ergot [ɛʀɡo] *nm* (*de coq*) Sporn *m*
ergoter [ɛʀɡɔte] *vi* Haare spalten
ergothérapeute [ɛʀɡoteʀapøt] *nmf* Ergotherapeut(in) *m(f)*
ergothérapie [ɛʀɡoteʀapi] *nf* Ergotherapie *f*
ériger [eʀiʒe] *vt* errichten; **s'ériger** *vpr* : **s'~ en juge/critique** sich zum Richter/Kritiker aufspielen
ermite [ɛʀmit] *nm* Einsiedler *m*
éroder [eʀɔde] *vt* erodieren
érogène [eʀɔʒɛn] *adj* erogen
érosion [eʀozjɔ̃] *nf* Erosion *f*
érotique [eʀɔtik] *adj* erotisch
érotisme [eʀɔtism] *nm* Erotik *f*
errer [eʀe] *vi* umherirren; (*pensées*) schweifen
erreur [eʀœʀ] *nf* Fehler *m*; (*de jugement*) Irrtum *m*; **induire qn en ~** jdn irreführen; **par ~** irrtümlicherweise; **~ judiciaire** Justizirrtum *m*; **~ médicale** Kunstfehler *m*; **~ système** (*Inform*) Systemfehler *m*
erroné, e [eʀɔne] *adj* irrig, falsch
érudit, e [eʀydi, it] *adj* gelehrt, gebildet ▶ *nm/f* Gelehrte(r) *f(m)*
érudition [eʀydisjɔ̃] *nf* Gelehrsamkeit *f*
éruption [eʀypsjɔ̃] *nf* Ausbruch *m*; **en ~** aktiv; **~ cutanée** Hautausschlag *m*; **~ volcanique** Vulkanausbruch *m*
Érythrée [eʀitʀe] *nf* : **l'~** Eritrea *nt*
ès [ɛs] *prép* : **docteur ès lettres/sciences** Dr. phil./Dr. rer. nat.
ESB [əɛsbe] *sigle f* (= *encéphalite spongiforme bovine*) BSE *f*
escabeau, x [ɛskabo] *nm* Hocker *m*
escadre [ɛskadʀ] *nf* (*Naut*) Geschwader *nt*; (*Aviat*) Staffel *f*
escadrille [ɛskadʀij] *nf* (*Aviat*) Formation *f*
escadron [ɛskadʀɔ̃] *nm* Schwadron *f*
escalade [ɛskalad] *nf* (*en montagne*) Bergsteigen *nt*; **l'~ de la guerre/violence** die Eskalation *f* des Krieges/der Gewalt; **~ libre** freies Klettern *nt*
escalader [ɛskalade] *vt* klettern auf +*acc*
escalator [ɛskalatɔʀ] *nm* Rolltreppe *f*
escale [ɛskal] *nf* Anlaufstation *f*; **faire ~ (à)** (*Naut*) Zwischenhalt machen (in +*dat*); (*Aviat*) zwischenlanden (in +*dat*)
escalier [ɛskalje] *nm* Treppe *f*; **dans l'~** *ou* **les ~s** auf der Treppe; **~ mécanique** *ou* **roulant** Rolltreppe *f*
escalope [ɛskalɔp] *nf* Schnitzel *nt*
escamoter [ɛskamote] *vt* umgehen, ausweichen +*dat*; (*illusionniste*) wegzaubern
escapade [ɛskapad] *nf* : **faire une ~** (*écolier etc*) ausreißen
escargot [ɛskaʀɡo] *nm* Schnecke *f*
escarmouche [ɛskaʀmuʃ] *nf* Gefecht *nt*
escarpé, e [ɛskaʀpe] *adj* steil
escarpin [ɛskaʀpɛ̃] *nm* Pumps *m*
escient [esjɑ̃] *nm* : **à bon ~** aus gutem Grund
esclaffer [ɛsklafe] : **s'esclaffer** *vpr* schallend loslachen
esclandre [ɛsklɑ̃dʀ] *nm* : **faire un ~** eine Szene machen

esclavage [ɛsklavaʒ] *nm* Sklaverei *f*
esclave [ɛsklav] *nm/f* Sklave *m*, Sklavin *f*
escompte [ɛskɔ̃t] *nm (Fin)* Skonto *m ou nt*; *(Comm)* Rabatt *m*
escompter [ɛskɔ̃te] *vt (Comm)* nachlassen; *(espérer)* erwarten
escorte [ɛskɔʀt] *nf* Eskorte *f*
escorter [ɛskɔʀte] *vt* eskortieren
escrime [ɛskʀim] *nf* Fechten *nt*
escrimer [ɛskʀime] *vt*: **s'escrimer** *vpr*: **s'~ à faire qch** sich anstrengen, etw zu tun
escroc [ɛskʀo] *nm* Schwindler(in) *m(f)*
escroquer [ɛskʀɔke] *vt*: **~ qn (de qch)** jdn (um etw) beschwindeln
escroquerie [ɛskʀɔkʀi] *nf* Betrug *m*
ésotérique [ezɔteʀik] *adj* esoterisch
ésotérisme [ezɔteʀism] *nm* Esoterik *f*
espace [ɛspas] *nm* Raum *m*; *(écartement)* Abstand *m*; **~ disque** Speicherplatz *m*; **E~ économique européen** Europäischer Wirtschaftsraum *m*; **~ publicitaire** Werbefläche *f*; **~ de stockage** *(Inform)* Speicherbereich *m*
espacement [ɛspasmɑ̃] *nm (intervalle)* Abstand *m*
espacer [ɛspase] *vt (spatialement)* (räumlich) verteilen; *(dans le temps)* (zeitlich) verteilen; **s'espacer** *vpr* immer seltener werden
espadon [ɛspadɔ̃] *nm* Schwertfisch *m*
espadrille [ɛspadʀij] *nf* Espadrille *f*
Espagne [ɛspaɲ] *nf*: **l'~** Spanien *nt*
espagnol, e [ɛspaɲɔl] *adj* spanisch ▸ *nm* (*Ling*) Spanisch *nt* ▸ *nm/f*: **Espagnol, e** Spanier(in)
espèce [ɛspɛs] *nf* Art *f*; **espèces** *nfpl (Comm)* Bargeld *nt*; **une ~ de ...** eine Art ...; **en l'~** im vorliegenden Fall; **payer en ~s** bar zahlen
espérance [ɛspeʀɑ̃s] *nf* Hoffnung *f*; **~ de vie** Lebenserwartung *f*
espérer [ɛspeʀe] *vt* hoffen auf +*acc* ▸ *vi* hoffen; **j'espère (bien) !** das hoffe ich (doch)!; **~ que** hoffen, dass
espiègle [ɛspjɛgl] *adj* schelmisch
espion, ne [ɛspjɔ̃, jɔn] *nm/f* Spion(in)
espionnage [ɛspjɔnaʒ] *nm* Spionage *f*
espionner [ɛspjɔne] *vt* ausspionieren
espoir [ɛspwaʀ] *nm* Hoffnung *f*; **l'~ de qch** die Hoffnung auf etw +*acc*
esprit [ɛspʀi] *nm* Geist *m*; **l'~ de parti/ de clan** das Gruppenbewusstsein; **avoir l'~ de contradiction** Widerspruchsgeist besitzen; **faire de l'~** geistvolle Bemerkungen machen; **reprendre ses ~s** (wieder) zu sich kommen
esquimau, -aude, x [ɛskimo, od] *adj* Eskimo- ▸ *nm (glace)* Eislutscher *m*
▸ *nm/f*: **Esquimau, -aude** Eskimo *m*, Eskimofrau *f*
esquinter [ɛskɛ̃te] *(fam) vt* erledigen
esquisse [ɛskis] *nf* Skizze *f*; **l'~ d'un sourire/changement** die Andeutung eines Lächelns/einer Veränderung
esquisser [ɛskise] *vt*: **~ un geste/un sourire** eine Geste/ein Lächeln andeuten
esquiver [ɛskive] *vt* ausweichen +*dat*; **s'esquiver** *vpr* sich wegstehlen
essai [ese] *nm (tentative)* Versuch *m*; *(Litt)* Essay *m*; **à l'~** versuchsweise
essaim [esɛ̃] *nm* Schwarm *m*
essayage [esejaʒ] *nm* Anprobe *f*
essayer [eseje] *vt* (aus)probieren; *(vêtement, chaussures)* anprobieren ▸ *vi*: **~ de faire qch** probieren, etw zu tun
essence [esɑ̃s] *nf (carburant)* Benzin *nt*; *(d'une plante)* Essenz *f*; *(d'une chose, d'un être)* Wesen *nt*; *(Biol: d'arbre)* Art *f*; **~ sans plomb** bleifreies Benzin
essentiel, -le [esɑ̃sjɛl] *adj (indispensable)* unbedingt notwendig; *(de base)* wesentlich ▸ *nm*: **l'~ de** das Wesentliche +*gén*; **l'~ d'un discours** der Hauptteil eines Vortrags; **c'est l'~** das ist das Wesentliche
essentiellement [esɑ̃sjɛlmɑ̃] *adv* im Wesentlichen
essieu, x [esjø] *nm* Achse *f*
essor [esɔʀ] *nm (de l'économie etc)* Aufschwung *m*
essorer [esɔʀe] *vt* auswringen; *(dans une essoreuse)* schleudern
essoreuse [esɔʀøz] *nf* Schleuder *f*
essouffler [esufle] *vt* außer Atem bringen; **s'essouffler** *vpr* außer Atem kommen; *(fig)* den Schwung verlieren
essuie-glace [esɥiglas] *(pl* **essuie-glaces***) nm* Scheibenwischer *m*
essuie-main [esɥimɛ̃] *(pl* **essuie-mains***) nm* Handtuch *nt*
essuie-tout [esɥitu] *nm inv* Küchenrolle *f*
essuyer [esɥije] *vt* abtrocknen; *(meuble, surface etc)* abwischen; *(subir)* erleiden; **s'essuyer** *vpr* sich abtrocknen
est [ɛst] *nm* Osten *m* ▸ *adj inv* Ost-, östlich; **à l'~** östlich von
estafette [ɛstafɛt] *nf* Kurier *m*
estampe [ɛstɑ̃p] *nf (image)* Stich *m*
est-ce que [ɛskə] *adv voir* **être**
esthéticien, ne [ɛstetisjɛ̃, jɛn] *nm/f (Art)* Ästhet(in) ▸ *nf (d'institut de beauté)* Kosmetikerin *f*
esthétique [ɛstetik] *adj (sens, jugement)* Schönheits-; *(joli, décoratif)* ästhetisch
estimation [ɛstimasjɔ̃] *nf* Schätzung *f*

estime [ɛstim] nf Wertschätzung f
estimer [ɛstime] vt schätzen; **s'estimer** vpr: **s'~ heureux** sich glücklich schätzen; **~ que/être** meinen, dass/meinen, zu sein
estival, e, -aux [ɛstival, o] adj sommerlich
estivant, e [ɛstivã, ãt] nm/f Sommerfrischler(in)
estomac [ɛstɔma] nm Magen m; **avoir mal à l'~** Magenschmerzen haben
estomaqué, e [ɛstɔmake] adj verblüfft, platt
estomper [ɛstɔ̃pe] vt verwischen, trüben; **s'estomper** vpr undeutlich werden
Estonie [ɛstɔni] nf: **l'~** Estland nt
estonien, ne [ɛstɔnjɛ̃, jɛn] adj estnisch ▶ nm/f: **Estonien, ne** Este m, Estin f
estrade [ɛstʀad] nf Podium nt
estragon [ɛstʀagɔ̃] nm Estragon m
estuaire [ɛstɥɛʀ] nm Mündung f
estudiantin, e [ɛstydjɑ̃tɛ̃, in] adj studentisch
esturgeon [ɛstyʀʒɔ̃] nm Stör m
et [e] conj und; **et puis** und dann; **et alors** ou **(puis) après ?** na und?
ETA [ətea] sigle m ETA f
étable [etabl] nf Kuhstall m
établi [etabli] nm Werkbank f
établir [etabliʀ] vt (papiers d'identité, facture) ausstellen; (liste, programme, gouvernement, record) aufstellen; (entreprise) gründen; (atelier) einrichten; (camp) errichten; (fait, culpabilité) beweisen; **s'établir** vpr: **s'~ (à son compte)** sich selb(st)ständig machen; **s'~ à/près de** sich niederlassen in +dat/ in der Nähe von
établissement [etablismã] nm (entreprise) Unternehmen nt; **~ scolaire** schulische Einrichtung f, Schule f
étage [etaʒ] nm Stockwerk nt; (de fusée, Géo) Stufe f; **habiter à l'~/au deuxième ~** oben/im zweiten Stock(werk) wohnen; **de bas ~** niedrig
étager [etaʒe] vt (prix) staffeln; (cultures) verschieden hoch anlegen
étagère [etaʒɛʀ] nf (rayon) (Regal)brett nt; (meuble) Regal nt
étai [etɛ] nm Stütze f
étain [etɛ̃] nm Zinn nt
étal [etal] nm Stand m
étalage [etalaʒ] nm Auslage f; **faire ~ de qch** etw zur Schau stellen
étalagiste [etalaʒist] nmf Dekorateur(in) m(f)
étaler [etale] vt ausbreiten; (peinture, beurre, liquide) verstreichen; (paiements, dates, vacances) verteilen; (marchandises) ausstellen; **s'étaler** vpr (beurre) verstrichen werden; (fam : tomber) auf die Nase fliegen; **s'~ sur** (se répartir) sich verteilen über +acc
étalon [etalɔ̃] nm (mesure) Standard m; (cheval) Zuchthengst m
étalonnage [etalɔnaʒ] nm Eichung f
étamine [etamin] nf (de fleur) Staubgefäß nt
étanche [etɑ̃ʃ] adj wasserdicht; **cloison ~** Schott nt; (fig) hermetische Trennung f
étancher [etɑ̃ʃe] vt (liquide, sang) aufhalten; **~ sa soif** seinen Durst löschen
étang [etɑ̃] nm Teich m
étant [etɑ̃] vb voir **être**
étape [etap] nf Etappe f; (lieu d'arrivée) Rastplatz m; **faire ~ à** Rast machen in +dat
état [eta] nm (condition) Zustand m; (liste, inventaire) Bestandsaufnahme f; **État** Staat m; **être en ~ de faire qch** in der Lage sein, etw zu tun; **être hors d'~ de faire qch** außerstande sein, etw zu tun; **en tout ~ de cause** auf alle Fälle; **être dans tous ses ~s** Zustände haben; **faire ~ de** vorbringen; **~ civil** Personenstand m; **~ d'urgence** Notstand m; **~ de santé** Gesundheitszustand m; **~ des lieux** unbewegliches Inventar nt
étatiser [etatize] vt verstaatlichen
état-major [etamaʒɔʀ] (pl **états-majors**) nm (Mil) Stab m
État-providence [etapʀɔvidɑ̃s] nm Wohlfahrtsstaat m
États-Unis [etazyni] nmpl: **les ~ (d'Amérique)** die Vereinigten Staaten pl (von Amerika)
étau, x [eto] nm (Tech) Schraubstock m; (fig): **être pris(e) (comme) dans un ~** festsitzen; **l'~ se resserre (autour d'eux)** das Netz (um sie herum) zieht sich zu
étayer [eteje] vt abstützen; (fig) unterstützen
etc. [ɛtsetera] abr (= et c(a)etera) usw.
et caetera, et cetera [ɛtsetera] adv und so weiter
été [ete] pp de **être** ▶ nm Sommer m; **en ~** im Sommer
éteignoir [etɛɲwaʀ] nm Kerzenlöscher m; (péj) Spielverderber(in) m(f)
éteindre [etɛ̃dʀ] vt ausmachen; (incendie, bougie, dette, aussi fig) löschen; **s'éteindre** vpr ausgehen; (mourir) verscheiden
éteint, e [etɛ̃, ɛ̃t] pp de **éteindre** ▶ adj (personne, regard, voix) matt, stumpf; (volcan) erloschen

étendre [etɑ̃dʀ] vt (pâte, liquide) streichen; (carte, tapis) ausbreiten; (lessive, linge) aufhängen; (bras, jambes) ausstrecken; (blessé, malade) hinlegen; (vin, sauce) strecken; **s'étendre** vpr sich ausdehnen; (terrain, forêt etc) sich erstrecken; (s'allonger) sich hinlegen; **s'~ sur** (fig) sich ausbreiten über

étendue [etɑ̃dy] nf Ausmaß nt; (surface) Fläche f

éternel, le [etɛʀnɛl] adj ewig

éterniser [etɛʀnize] : **s'éterniser** vpr ewig andauern; (visiteur) ewig lang bleiben

éternité [etɛʀnite] nf Ewigkeit f

éternuer [etɛʀnɥe] vi niesen

éther [etɛʀ] nm Äther m

Éthiopie [etjɔpi] nf : **l'~** Äthiopien nt

éthique [etik] adj ethisch ▶ nf Ethik f

ethnie [ɛtni] nf ethnische Gruppe f

ethnique [ɛtnik] adj ethnisch

ethnologie [ɛtnɔlɔʒi] nf Völkerkunde f

éthologie [etɔlɔʒi] nf Verhaltensforschung f

étinceler [etɛ̃s(ə)le] vi funkeln

étincelle [etɛ̃sɛl] nf Funke m

étiqueter [etik(ə)te] vt (paquet, boîte) beschriften; (péj) abstempeln

étiquette [etikɛt] nf (à coller) Aufkleber m; (fig) Etikett nt; (protocole) Etikette f

étirer [etire] vt dehnen; **s'étirer** vpr (personne) sich strecken; **s'~ sur plusieurs kilomètres** sich über mehrere Kilometer erstrecken

étoffe [etɔf] nf Stoff m; **avoir l'~ d'un chef** das Zeug zum Chef haben

étoffer [etɔfe] vt anreichern; **s'étoffer** vpr füllig werden

étoile [etwal] nf Stern m; (vedette) Star m ▶ adj : **danseur/danseuse ~** Startänzer m/-tänzerin f; **à la belle ~** unter freiem Himmel; **~ de mer** Seestern m; **~ filante** Sternschnuppe f

étonnant, e [etɔnɑ̃, ɑ̃t] adj erstaunlich

étonné, e [etɔne] adj erstaunt

étonnement [etɔnmɑ̃] nm Erstaunen nt; **à mon grand ~** zu meinem großen Erstaunen

étonner [etɔne] vt erstaunen; **s'étonner** vpr : **s'~ que/de** erstaunt sein, dass/über +acc; **cela m'~ait (que)** es würde mich wundern (wenn)

étouffant, e [etufɑ̃, ɑ̃t] adj erstickend, bedrückend

étouffée [etufe] nf : **à l'~** adv gedünstet

étouffer [etufe] vt ersticken; (bruit) dämpfen; (nouvelle, scandale) vertuschen ▶ vi ersticken; (être mal à l'aise) sich sehr unwohl fühlen; **s'étouffer** vpr sich verschlucken

étourderie [etuʀdəʀi] nf Schusseligkeit f

étourdi, e [etuʀdi] adj schusselig

étourdiment [etuʀdimɑ̃] adv unüberlegt

étourdir [etuʀdiʀ] vt (suj : bruits, chocs) betäuben; (: éloges, vitesse) schwindelig machen

étourdissement [etuʀdismɑ̃] nm Schwindelgefühl nt

étrange [etʀɑ̃ʒ] adj sonderbar, eigenartig

étranger, -ère [etʀɑ̃ʒe, ɛʀ] adj (d'un autre pays) ausländisch; (pas de la famille) fremd ▶ nm/f Ausländer(in), Fremde(r) f(m) ▶ nm : **à l'~** im Ausland; **de l'~** aus dem Ausland

étranglement [etʀɑ̃gləmɑ̃] nm (d'une vallée, de canalisation) Verengung f

étrangler [etʀɑ̃gle] vt erwürgen; (accidentellement) ersticken; **s'étrangler** vpr sich verschlucken

étrave [etʀav] nf Vordersteven m

MOT-CLÉ

être [ɛtʀ] vi 1 sein; **il est fort** er ist stark; **il est instituteur** er ist Lehrer; **vous êtes fatigué** sie sind müde; **elle est à Paris/au salon** sie ist in Paris/im Wohnzimmer; **je ne serai pas ici demain** ich bin morgen nicht hier

2 : **être à** (appartenir) gehören +dat; **ce livre est à Paul** das Buch gehört Paul; **c'est à moi/eux** das gehört mir/ihnen

3 : **il est de Paris/de la même famille** er ist aus Paris/stammt aus der gleichen Familie; **il est des nôtres** er ist einer von uns

4 (date) : **nous sommes le 5 juin** wir haben den 5. Juni

▶ vb aux 1 sein; **être arrivé/allé** angekommen/gegangen sein; **elle est partie** sie ist weggegangen

2 (forme passive) werden; **être mangé (par)** gegessen werden (von); **il a été promu** er ist befördert worden

3 (obligation) : **c'est à faire** das muss gemacht werden; **c'est à essayer** das wäre zu versuchen

▶ vb impers 1 : **il est** (+adjectif) es ist; **il serait facile de le faire** es wäre einfach, das zu tun; **il serait souhaitable que** es wäre zu wünschen, dass

2 (heure) : **il est 10 heures/1 heure/minuit** es ist 10 Uhr/1 Uhr/Mitternacht

3 (emphatique) : **c'est moi** ich bins; **c'est à lui de le faire/de décider** er muss es machen/entscheiden

4 (est-ce que) : **est-ce que c'est cher ?** ist es teuer?; **est-ce que c'était bon ?** war es gut?; **quand est-ce qu'il part ?** wann reist er ab?; **où est-ce qu'il va ?** wohin geht er?; **qui est-ce qui a fait ça ?** wer hat das gemacht?
▶ *nm* (*individu*) Wesen *nt*

étreindre [etʀɛ̃dʀ] *vt* (*amoureusement, amicalement*) umarmen; (*pour s'accrocher, retenir*) festhalten, umklammern; (*douleur, peur*) ergreifen; **s'étreindre** *vpr* sich umarmen

étreinte [etʀɛ̃t] *nf* (*amicale, amoureuse*) Umarmung *f*; (*pour s'accrocher, retenir*) Griff *m*

étrenner [etʀene] *vt* zum ersten Mal tragen

étrennes [etʀen] *nfpl* Neujahrsgeschenke *pl*

étrier [etʀije] *nm* Steigbügel *m*

étriper [etʀipe] (*fam*) *vt* abstechen

étriqué, e [etʀike] *adj* knapp

étroit, e [etʀwa, wat] *adj* eng ▶ *nm* : **à l'~** beschränkt

étroitesse [etʀwates] *nf* Enge *f*; **~ d'esprit** Engstirnigkeit *f*

étude [etyd] *nf* (*action*) Studieren *nt*; (*ouvrage*) Studie *f*; (*de notaire*) Büro *nt*, Kanzlei *f*; (*salle de travail*) Studierzimmer *nt*; (*Mus*) Etüde *f*; **études** *nfpl* Studium *nt*; **être à l'~** geprüft werden; **faire des ~s de droit/médecine** Jura/Medizin studieren; **~ de marché** Marktstudie *f*

étudiant, e [etydjɑ̃, jɑ̃t] *nm/f* Student(in) ▶ *adj* Studenten-

étudié, e [etydje] *adj* (*air*) gespielt; (*démarche, système*) wohldurchdacht; (*prix*) niedrig

étudier [etydje] *vt* studieren; (*élève*) lernen; (*analyser*) untersuchen ▶ *vi* (*Scol*) studieren

étui [etɥi] *nm* Etui *nt*

étuvée [etyve] : **à l'~** *adv* gedämpft

étymologie [etimɔlɔʒi] *nf* Etymologie *f*

eu, eue [y] *pp de* **avoir**

eucalyptus [økaliptys] *nm* Eukalyptus *m*

euphémisme [øfemism] *nm* Euphemismus *m*, Beschönigung *f*

euphorie [øfɔʀi] *nf* Euphorie *f*

euro [øʀo] *nm* Euro *m*

eurocrate [øʀɔkʀat] (*péj*) *nmf* Eurokrat(in) *m(f)*

eurodollar [øʀodɔlaʀ] *nm* Eurodollar *m*

Euroland [øʀolɑ̃d] *nm* Euroland *nt*, Eurozone *f*

Europe [øʀɔp] *nf* : **l'~** Europa *nt*

européanisation [øʀɔpeanizasjɔ̃] *nf* Europäisierung *f*

européen, ne [øʀɔpeɛ̃, ɛn] *adj* europäisch ▶ *nm/f* : **Européen, ne** Europäer(in)

Europol [øʀopɔl] *nm* Europol *f*

eurosceptique [øʀosɛptik] *nmf* Euroskeptiker(in) *m(f)*

Eurovision [øʀovizjɔ̃] *nf* Eurovision *f*

euthanasie [øtanazi] *nf* Euthanasie *f*

eux [ø] *pron* sie; (*objet indirect, après prép* +*dat*) ihnen

évacuation [evakɥasjɔ̃] *nf* Evakuierung *f*

évacuer [evakɥe] *vt* räumen; (*population, occupants*) evakuieren; (*Méd*) ausscheiden

évadé, e [evade] *nm/f* entwichener Häftling *m*

évader [evade] *vpr* : **s'évader** *vpr* flüchten

évaluation [evalɥasjɔ̃] *nf* Einschätzung *f*

évaluer [evalɥe] *vt* einschätzen

évangile [evɑ̃ʒil] *nm* Evangelium *nt*; **ce n'est pas parole d'Evangile** das ist nicht der Weisheit letzter Schluss

évanouir [evanwiʀ] : **s'évanouir** *vpr* ohnmächtig werden; (*fig*) schwinden

évanouissement [evanwismɑ̃] *nm* Ohnmacht *f*

évaporer [evapɔʀe] : **s'évaporer** *vpr* verdunsten

évasif, -ive [evazif, iv] *adj* ausweichend

évasion [evazjɔ̃] *nf* Flucht *f*; **~ fiscale** Steuerflucht *f*

évêché [eveʃe] *nm* Bistum *nt*; (*palais, édifice*) Bischofssitz *m*

éveil [evɛj] *nm* Erwachen *nt*; **être en ~** wachsam sein

éveillé, e [eveje] *adj* wach

éveiller [eveje] *vt* wecken; **s'éveiller** *vpr* (*se réveiller*) aufwachen

événement [evɛnmɑ̃] *nm* Ereignis *nt*; **un ~ historique** ein historisches Ereignis; **un heureux ~** ein freudiges Ereignis

éventail [evɑ̃taj] *nm* Fächer *m*; (*choix*) Spektrum *nt*

éventer [evɑ̃te] *vt* (*secret, complot*) aufdecken

éventrer [evɑ̃tʀe] *vt* den Bauch aufschlitzen +*dat*; (*sac, maison etc*) aufreißen

éventualité [evɑ̃tɥalite] *nf* Eventualität *f*; **dans l'~ de** im Falle +*gén*; **parer à toute ~** auf alle Eventualitäten vorbereitet sein

éventuel, le [evɑ̃tɥɛl] *adj* möglich

évêque [evɛk] *nm* Bischof *m*

évertuer [evɛʀtɥe] : **s'évertuer** *vpr* : **s'~ à faire qch** sich anstrengen, etw zu tun

éviction [eviksjɔ̃] nf (de locataire) Hinauswurf m; (de rival) Ausschalten nt
évidemment [evidamɑ̃] adv (de toute évidence) offensichtlich; (bien sûr) natürlich
évidence [evidɑ̃s] nf Offensichtlichkeit f; (fait) Tatsache f; **se rendre à l'~** sich den Tatsachen beugen; **mettre en ~** aufzeigen
évident, e [evidɑ̃, ɑ̃t] adj offensichtlich
évider [evide] vt aushöhlen
évier [evje] nm Spülbecken nt
éviter [evite] vt ausweichen +dat; (obstacle, ville) meiden; (catastrophe, malheur) verhindern; **~ de faire qch** vermeiden, etw zu tun; **~ que qch ne se passe** verhindern, dass etw geschieht; **~ qch à qn** jdm etw ersparen
évocation [evɔkasjɔ̃] nf Heraufbeschwören nt
évolué, e [evɔlɥe] adj hoch entwickelt
évoluer [evɔlɥe] vi sich entwickeln; (danseur, avion etc) kreisen
évolution [evɔlysjɔ̃] nf Entwicklung f
évoquer [evɔke] vt heraufbeschwören
ex [ɛks] préf : **son ex-mari** ihr Exmann m
ex. abr (= exemple) Beisp.
exacerber [ɛgzasɛʀbe] vt verschlimmern
exact, e [ɛgza(kt), ɛgzakt] adj (précis) genau; (correct) exakt; **c'est ~** das stimmt; **l'heure ~e** die genaue Uhrzeit f
exactement [ɛgzaktəmɑ̃] adv genau
exactitude [ɛgzaktityd] nf Genauigkeit f
ex aequo [ɛgzeko] adj inv : **être classé premier ~** sich den ersten Platz mit jemandem teilen
exagération [ɛgzaʒeʀasjɔ̃] nf Übertreibung f
exagérer [ɛgzaʒeʀe] vt übertreiben ▶ vi übertreiben; **il ne faut pas ~ !** nur nicht übertreiben!
exalter [ɛgzalte] vt (enthousiasmer) begeistern; (glorifier) preisen
examen [ɛgzamɛ̃] nm (d'un dossier, d'un problème) Untersuchung f; (Scol) Prüfung f; **à l'~** auf Probe; **mettre en ~** (Jur) das Verfahren einleiten gegen; **~ de conscience** Gewissenserforschung f; **~ médical** ärztliche Untersuchung f
examinateur, -trice [ɛgzaminatœʀ, tʀis] nm/f Prüfer(in)
examiner [ɛgzamine] vt prüfen; (malade, problème, question) untersuchen
exaspérant, e [ɛgzaspeʀɑ̃, ɑ̃t] adj überaus ärgerlich
exaspération [ɛgzaspeʀasjɔ̃] nf Ärger m
exaspérer [ɛgzaspeʀe] vt zur Verzweiflung bringen
exaucer [ɛgzose] vt (vœu) erfüllen

excavateur [ɛkskavatœʀ] nm Bagger m
excavation [ɛkskavasjɔ̃] nf Ausgrabung f
excédent [ɛksedɑ̃] nm Überschuss m; **en ~** überschüssig; **~ commercial** Handelsüberschuss m; **~ de bagages** Übergepäck nt
excéder [ɛksede] vt (dépasser) überschreiten; (agacer) zur Verzweiflung bringen
excellence [ɛksɛlɑ̃s] nf hervorragende Qualität f; **son E~** Exzellenz f; **par ~** par excellence
excellent, e [ɛksɛlɑ̃, ɑ̃t] adj ausgezeichnet, hervorragend
exceller [ɛksele] vi : **~ (en** ou **dans)** sich auszeichnen (in +dat)
excentrique [ɛksɑ̃tʀik] adj exzentrisch; (quartier) Außen-
excepté, e [ɛksɛpte] adj : **les élèves/ dictionnaires ~s** ausgenommen Schüler/Wörterbücher ▶ prép außer +dat; **~ si** es sei denn; **~ quand** außer wenn
excepter [ɛksɛpte] vt ausnehmen
exception [ɛksɛpsjɔ̃] nf Ausnahme f; **faire ~** eine Ausnahme sein; **faire une ~** eine Ausnahme machen; **sans ~** ausnahmslos
exceptionnel, le [ɛksɛpsjɔnɛl] adj außergewöhnlich
exceptionnellement [ɛksɛpsjɔnɛlmɑ̃] adv außergewöhnlich; (par exception) außerordentlich
excès [ɛksɛ] nm Überschuss m; **à l'~** übertrieben; **~ de vitesse** Geschwindigkeitsüberschreitung f; **~ de zèle** Übereifer m
excessif, -ive [ɛksesif, iv] adj überhöht
excitant [ɛksitɑ̃] nm Aufputschmittel nt
excitation [ɛksitasjɔ̃] nf Aufregung f
exciter [ɛksite] vt aufregen; (sexuellement) erregen; (Physiol) anregen; **s'exciter** vpr sich erregen, sich aufregen
exclamation [ɛksklamasjɔ̃] nf Ausruf m
exclamer [ɛksklame] : **s'exclamer** vpr rufen
exclu, e [ɛkskly] adj ausgeschlossen; **il est/n'est pas ~ que** es ist ausgeschlossen/nicht ausgeschlossen, dass; **ce n'est pas ~** es ist nicht ausgeschlossen
exclure [ɛksklyʀ] vt ausschließen; (faire sortir) hinausweisen
exclusif, -ive [ɛksklyzif, iv] adj exklusiv
exclusion [ɛksklyzjɔ̃] nf : **à l'~ de** mit Ausnahme von; **la lutte contre l'~** der Kampf gegen Ausgrenzung
exclusivement [ɛksklyzivmɑ̃] adv ausschließlich

exclusivité [ɛksklyzivite] nf (Comm) Alleinvertretung f; **film passant en ~ dans un cinéma** Film, der exklusiv in einem bestimmten Kino gezeigt wird
excommunier [ɛkskɔmynje] vt exkommunizieren
excréments [ɛkskremɑ̃] nmpl Exkremente pl
excroissance [ɛkskrwasɑ̃s] nf Wucherung f
excursion [ɛkskyrsjɔ̃] nf Ausflug m
excursionniste [ɛkskyrsjɔnist] nmf Ausflügler(in) m(f)
excusable [ɛkskyzabl] adj entschuldbar
excuse [ɛkskyz] nf Entschuldigung f; (prétexte aussi) Ausrede f
excuser [ɛkskyze] vt entschuldigen; **s'excuser** vpr sich entschuldigen; **excusez-moi** Entschuldigung
exécrable [ɛgzekrabl] adj scheußlich
exécrer [ɛgzekre] vt verabscheuen
exécuter [ɛgzekyte] vt (prisonnier) hinrichten; (ordre, mission, travail, Inform) ausführen; (opération) durchführen; (Mus : jouer) vortragen; **s'exécuter** vpr sich fügen
exécutif, -ive [ɛgzekytif, iv] adj exekutiv ▶ nm: **l'~** die Exekutive f
exécution [ɛgzekysjɔ̃] nf Hinrichtung f, Ausführung f, Durchführung f; **mettre à ~** ausführen; **~ capitale** Hinrichtung f
exemplaire [ɛgzɑ̃plɛr] adj beispielhaft, vorbildlich; (châtiment) exemplarisch ▶ nm Exemplar nt; **en deux/trois ~s** in zweifacher/dreifacher Ausfertigung
exemple [ɛgzɑ̃pl] nm Beispiel nt; **par ~** zum Beispiel; **donner l'~** ein Vorbild sein; **prendre ~ sur qn** sich an jdm ein Beispiel nehmen; **à l'~ de** genau wie
exempt, e [ɛgzɑ̃, ɑ̃(p)t] adj: **~ de** befreit von; (sans) frei von
exempter [ɛgzɑ̃(p)te] vt: **~ qn de** jdn befreien von
exercer [ɛgzɛrse] vt ausüben; (personne, faculté) trainieren ▶ vi (médecin, avocat) praktizieren; **s'exercer** vpr (musicien) üben; (sportif) trainieren; (pression, poussée etc) sich auswirken
exercice [ɛgzɛrsis] nm Übung f; (physique) Bewegung f; (Comm, Admin) Finanzjahr nt; **en ~** im Amt
exhaler [ɛgzale] vt ausströmen
exhaustif, -ive [ɛgzostif, iv] adj erschöpfend
exhiber [ɛgzibe] vt vorzeigen; **s'exhiber** vpr sich zur Schau stellen
exhibitionnisme [ɛgzibisjɔnism] nm Exhibitionismus m

exhibitionniste [ɛgzibisjɔnist] nmf Exhibitionist(in) m(f)
exhortation [ɛgzɔrtasjɔ̃] nf Flehen nt
exhorter [ɛgzɔrte] vt: **~ qn à faire qch** jdn anflehen, etw zu tun
exhumer [ɛgzyme] vt ausgraben
exigeant, e [ɛgziʒɑ̃, ɑ̃t] adj anspruchsvoll
exigence [ɛgziʒɑ̃s] nf Forderung f
exiger [ɛgziʒe] vt fordern, erfordern
exigible [ɛgziʒibl] adj fällig
exigu, ë [ɛgzigy] adj eng
exil [ɛgzil] nm Exil nt; **~ fiscal** Steuerflucht f
exiler [ɛgzile] vt verbannen; **s'exiler** vpr ins Exil gehen
existence [ɛgzistɑ̃s] nf Existenz f; (vie) Leben nt, Dasein nt
exister [ɛgziste] vi existieren; (vivre) leben; **il existe** es gibt
exode [ɛgzɔd] nm: **~ rural** Landflucht f
exonérer [ɛgzɔnere] vt: **~ de** befreien von
exorbitant, e [ɛgzɔrbitɑ̃, ɑ̃t] adj astronomisch
exorbité, e [ɛgzɔrbite] adj: **yeux ~s** weit aufgerissene Augen pl
exorciser [ɛgzɔrsize] vt exorzieren
exotique [ɛgzɔtik] adj exotisch
exp. abr (= expéditeur) Abs.
expansif, -ive [ɛkspɑ̃sif, iv] adj mitteilsam
expansion [ɛkspɑ̃sjɔ̃] nf Expansion f
expatrié, e [ɛkspatrije] nm/f im Ausland Lebende(r) f(m)
expatrier [ɛkspatrije] vt (argent) ins Ausland verschieben; **s'expatrier** vpr ins Ausland gehen
expectative [ɛkspɛktativ] nf: **être dans l'~** abwarten
expédient [ɛkspedjɑ̃] nm: **vivre d'~s** von Gelegenheitsarbeiten leben
expédier [ɛkspedje] vt abschicken; (troupes, renfort) entsenden; (péj : faire rapidement) kurzen Prozess machen mit
expéditeur, -trice [ɛkspeditœr, tris] nm/f Absender(in)
expéditif, -ive [ɛkspeditif, iv] adj schnell, prompt
expédition [ɛkspedisjɔ̃] nf Expedition f; (d'une lettre) Absenden nt
expérience [ɛkspeʀjɑ̃s] nf Erfahrung f; (scientifique) Experiment nt
expérimenter [ɛksperimɑ̃te] vt erproben
expert, e [ɛkspɛr, ɛrt] adj: **être ~ en** gut Bescheid wissen über +acc ▶ nm Experte m, Expertin f

expert-comptable, experte-comptable [ɛkspɛʀkɔ̃tabl] (pl **experts-comptables**) nmf Wirtschaftsprüfer(in) m(f)
expertise [ɛkspɛʀtiz] nf Gutachten nt
expertiser [ɛkspɛʀtize] vt (tableau, objet de valeur) schätzen; (dégâts) abschätzen
expirer [ɛkspiʀe] vi (passeport, bail) ablaufen; (respirer) ausatmen; (mourir) verscheiden
explication [ɛksplikasjɔ̃] nf Erklärung f; (discussion) Aussprache f; **~ de texte** (Scol) Textanalyse f
explicite [ɛksplisit] adj ausdrücklich
expliquer [ɛksplike] vt erklären; (justifier) rechtfertigen; **s'expliquer** vpr (se comprendre) verständlich sein; (discuter, se disputer) sich aussprechen; **~ (à qn) comment/que** (jm) erklären, wie/dass; **je ne m'explique pas son retard/absence** ich kann mir sein Verspätung/sein Fehlen nicht erklären
exploit [ɛksplwa] nm Großtat f; (Sport) Leistung f
exploitation [ɛksplwatasjɔ̃] nf Ausbeutung f; **~ agricole** landwirtschaftlicher Betrieb m
exploiter [ɛksplwate] vt (aussi péj) ausbeuten; (entreprise, ferme) betreiben; (dons, facultés etc) nutzen; (erreur, faiblesse) ausnützen
explorateur, -trice [ɛksplɔʀatœʀ, tʀis] nm/f Forscher(in)
exploration [ɛksplɔʀasjɔ̃] nf Erforschung f
explorer [ɛksplɔʀe] vt erforschen
exploser [ɛksploze] vi explodieren; (joie, colère) ausbrechen
explosif, -ive [ɛksplozif, iv] adj explosiv ▶ nm Sprengstoff m
explosion [ɛksplozjɔ̃] nf Explosion f; **~ de colère** Wutausbruch m; **~ démographique** Bevölkerungsexplosion f
exportateur, -trice [ɛkspɔʀtatœʀ, tʀis] adj Export- ▶ nm (personne) Exporteur m
exportation [ɛkspɔʀtasjɔ̃] nf Export m
exporter [ɛkspɔʀte] vt exportieren
exposant, e [ɛkspozɑ̃] nm/f (personne) Aussteller(in) ▶ nm (Math) Exponent m
exposé, e [ɛkspoze] adj (orienté) ausgerichtet ▶ nm (conférence) Referat nt; **être ~ à l'est/au sud** nach Osten/Süden gehen ou liegen; **bien ~** (vignoble) sonnig
exposer [ɛkspoze] vt ausstellen; (parler de) darlegen; (Photo) belichten; **s'exposer** vpr ein Risiko eingehen; **s'~ à** sich etw +dat aussetzen; **s'~ au soleil** seinen Körper der Sonne aussetzen; **~ qn/qch à** jdn/etw aussetzen +dat
exposition [ɛkspozisjɔ̃] nf Ausstellung f; (Photo) Belichtung f
exprès[1] [ɛkspʀɛ] adv absichtlich
exprès[2], **-esse** [ɛkspʀɛs] adj (ordre, défense) ausdrücklich ▶ adj inv : **lettre ~** Eilbrief m; **colis ~** Schnellpaket nt
express [ɛkspʀɛs] adj, nm : **(café) ~** Espresso m
expressément [ɛkspʀesemɑ̃] adv ausdrücklich
expressif, -ive [ɛkspʀesif, iv] adj ausdrucksvoll
expression [ɛkspʀesjɔ̃] nf Ausdruck m
exprimer [ɛkspʀime] vt ausdrücken; **s'exprimer** vpr sich ausdrücken
exproprier [ɛkspʀɔpʀije] vt enteignen
expulser [ɛkspylse] vt verweisen; (locataire) hinauswerfen
expulsion [ɛkspylsjɔ̃] nf Ausweisung f
exquis, e [ɛkski, iz] adj exquisit, herrlich; (personne, temps) reizend
exsangue [ɛksɑ̃g] adj blutleer
extasier [ɛkstazje] : **s'extasier** vpr : **s'~ sur** in Ekstase geraten über +acc
extenseur [ɛkstɑ̃sœʀ] nm (Sport) Expander m
extensible [ɛkstɑ̃sibl] adj dehnbar
extensif, -ive [ɛkstɑ̃sif, iv] adj extensiv
extension [ɛkstɑ̃sjɔ̃] nf Strecken nt; (fig) Expansion f; **~ de mémoire** (Inform) Speichererweiterung f
exténuer [ɛkstenɥe] vt erschöpfen
extérieur, e [ɛksteʀjœʀ] adj Außen-; (influences, pressions) äußere(r, s); (superficiel) äußerlich ▶ nm (d'une maison, d'un récipient) Außenseite f; **contacts avec l'~** Kontakte pl mit der Außenwelt; **à l'~** (dehors) draußen
extérioriser [ɛksteʀjɔʀize] vt nach außen (hin) zeigen
exterminer [ɛkstɛʀmine] vt ausrotten
externat [ɛkstɛʀna] nm Tagesschule f
externe [ɛkstɛʀn] adj extern
extincteur [ɛkstɛ̃ktœʀ] nm Feuerlöscher m
extinction [ɛkstɛ̃ksjɔ̃] nf (d'une race) Aussterben nt; **~ des feux** Lichtausmachen nt; **~ de voix** Stimmverlust m
extirper [ɛkstiʀpe] vt (plante) ausreißen; (tumeur) entfernen
extorquer [ɛkstɔʀke] vt : **~ qch à qn** etw von jdm erpressen
extra [ɛkstʀa] adj erstklassig

extraconjugal, e, -aux
[ɛkstrakɔ̃ʒygal, o] *adj* außerehelich;
relations ~es außereheliche
Beziehungen *pl*
extraction [ɛkstraksjɔ̃] *nf* Gewinnung *f*;
(*de dent*) Ziehen *nt*
extradition [ɛkstradisjɔ̃] *nf*
Auslieferung *f*
extraire [ɛkstrɛr] *vt* (*minerai*) gewinnen;
(*dent, Math : racine*) ziehen; **~ qch de**
(*balle, corps étranger*) etw herausziehen
aus; (*citation etc*) etw entnehmen +*dat*
extrait, e [ɛkstrɛ, ɛt] *pp de* **extraire**
▶ *nm* (*de plante*) Extrakt *m*; (*de film, livre*)
Auszug *m*
extraordinaire [ɛkstraɔrdinɛr] *adj*
außergewöhnlich; **mission ~**
Sondermission *f*; **assemblée ~**
Sondersitzung *f*
extraterrestre [ɛkstratɛrɛstr(ə)] *nmf*
Außerirdische(r) *f(m)*
extravagance [ɛkstravagɑ̃s] *nf*
Extravaganz *f*
extravagant, e [ɛkstravagɑ̃, ɑ̃t] *adj*
extravagant
extraverti, e [ɛkstravɛrti] *adj*
extrovertiert
extrême [ɛkstrɛm] *adj* extrem; (*limite*)
äußerste(r, s) ▶ *nm* : **les ~s** die Extreme *pl*
extrême-onction [ɛkstrɛmɔ̃ksjɔ̃] (*pl*
extrêmes-onctions) *nf* Letzte Ölung *f*
Extrême-Orient [ɛkstrɛmɔrjɑ̃] *nm* : **l'~**
der Ferne Osten
extrémiste [ɛkstremist] *nmf*
Extremist(in) *m(f)*
extrémité [ɛkstremite] *nf* äußerstes
Ende *nt*; (*situation*) äußerste Not *f*;
extrémités *nfpl* (*pieds et mains*)
Extremitäten *pl*
exubérant, e [ɛgzyberɑ̃, ɑ̃t] *adj*
überschwänglich
exulter [ɛgzylte] *vi* frohlocken
ex-voto [ɛksvɔto] *nm inv* Votivbild *nt*
eye-liner [ajlajnœr] (*pl* **eye-liners**) *nm*
Lidstrich *m*

f

F, f [ɛf] *nm inv* F, f *nt*
fa [fa] *nm inv* (*Mus*) F *nt*
fable [fabl] *nf* Fabel *f*
fabricant [fabrikɑ̃] *nm* Hersteller *m*
fabrication [fabrikasjɔ̃] *nf* Herstellung *f*
fabrique [fabrik] *nf* Fabrik *f*
fabriquer [fabrike] *vt* herstellen;
qu'est-ce qu'il fabrique ? (*fam*) was
macht er jetzt schon wieder?
fabulateur, -trice [fabylatœr, tris]
nm/f Fabulant *m*
fabuleux, -euse [fabylø, øz] *adj* (*récit
etc*) Fabel-; (*somme, quantité etc*)
märchenhaft
fac [fak] (*fam*) *abr f* (= *faculté*) Uni *f*
façade [fasad] *nf* Fassade *f*
face [fas] *nf* (*côté*) Seite *f*; (*visage*) Gesicht
nt; **la maison/le trottoir d'en ~** das
Haus/der Gehweg gegenüber; **il habite
en ~** er wohnt gegenüber; **en ~ de**
gegenüber von; (*fig*) im Angesicht +*gén*;
de ~ von vorn; **~ à** gegenüber von; (*fig*)
angesichts +*gén*; **faire ~ à qn/qch** jdm/
etw gegenüberstehen; **faire ~ à la
demande** der Nachfrage *dat*
nachkommen; **~ à ~** einander gegenüber
facétieux, -euse [fasesjø, jøz] *adj*
spöttisch
facette [fasɛt] *nf* Facette *f*; (*d'un
problème*) Seite *f*
fâché, e [faʃe] *adj* wütend, böse; **être ~
avec qn** mit jdm zerstritten sein
fâcher [faʃe] *vt* ärgern; **se fâcher** *vpr*
wütend werden; **se ~ contre qn** sich
über jdn ärgern; **se ~ avec qn** sich mit
jdm zerstreiten
fâcheusement [faʃøzmɑ̃] *adv*
unangenehm; **avoir ~ tendance à faire
qch** die bedauerliche Angewohnheit
haben, etw zu tun

fâcheux, -euse [fɑʃø, øz] *adj* leidig; *(contretemps, initiative)* dumm
facial, e, -aux [fasjal, jo] *adj* Gesichts-
faciès [fasjɛs] *nm (visage)* Gesichtszüge *pl*
facile [fasil] *adj* leicht, einfach; *(péj : littérature, effet)* seicht; **c'est ~ de critiquer** Kritisieren ist einfach; **personne ~ à tromper** ein Mensch, der auf alles hereinfällt; **~ à faire** leicht
facilement [fasilmɑ̃] *adv* leicht
facilité [fasilite] *nf (aise)* Leichtigkeit *f*; **~s de crédit** günstige Kreditbedingungen *pl*; **~s de paiement** günstige Zahlungsbedingungen *pl*
faciliter [fasilite] *vt* erleichtern
façon [fasɔ̃] *nf (manière)* (Art und Weise) *f*; *(coupe)* Schnitt *m*; **façons** *nfpl* Benehmen *nt*; **faire des ~s** *(péj : être affecté, faire des histoires)* sich anstellen; **de quelle ~ l'a-t-il fait ?** wie hat er es gemacht?; **de toute ~** auf jeden Fall; **d'une autre ~** anders; **de ~ agréable/agressive** angenehm/aggressiv; **de ~ à faire** um etw zu tun; **de ~ à ce que** sodass; **c'est une ~ de parler** das sagt man (nur) so
façonner [fasɔne] *vt (fabriquer)* herstellen; *(travailler)* bearbeiten; *(fig)* formen
facteur, -trice [faktœʀ, tʀis] *nm/f* Briefträger(in); *(d'instruments)* Bauer(in) ▸ *nm (Math, fig)* Faktor *m*; **le ~ humain** der menschliche Faktor; **~ d'orgues/de pianos** Orgel-/Klavierbauer *m*; **~ rhésus** Rhesusfaktor
factice [faktis] *adj* nachgemacht; *(situation, sourire)* gekünstelt
faction [faksjɔ̃] *nf (groupe)* (Splitter)gruppe *f*; *(garde)* Wache *f*; **être en ~** Wache stehen
facture [faktyʀ] *nf* Rechnung *f*; *(façon de faire)* Stil *m*
facturer [faktyʀe] *vt* berechnen
facultatif, -ive [fakyltatif, iv] *adj* freiwillig
faculté [fakylte] *nf (possibilité, pouvoir)* Fähigkeit *f*, Vermögen *nt*; *(Univ)* Fakultät *f*
fade [fad] *adj* fade
fadette [fadɛt] *f* detaillierte Telefonrechnung *f*
fading [fadiŋ] *nm (Radio)* Ausblenden *nt*
fagot [fago] *nm (de bois)* Reisigbündel *nt*
fagoté, e [fagɔte] *(fam) adj* : **drôlement ~** unmöglich gekleidet
FAI [ɛfai] *sigle m* (= *fournisseur d'accès à Internet*) Internetprovider *m*
faible [fɛbl] *adj* schwach; *(moralement)* (willens)schwach; *(rendement, revenus)* niedrig ▸ *nm* : **avoir un ~ pour qn/qch** eine Schwäche *ou* ein Faible für jdn/etw haben; **le point ~ de qn/qch** die Schwäche von jm/der Schwachpunkt von etw
faiblement [fɛbləmɑ̃] *adv* schwach
faiblesse [fɛblɛs] *nf* Schwäche *f*
faiblir [fɛbliʀ] *vi* schwächer werden
faïence [fajɑ̃s] *nf* Töpferware *f*, Keramik *f*
faille [faj] *vb voir* **falloir** ▸ *nf (dans un rocher)* Spalte *f*; *(fig)* Schwachstelle *f*
faillible [fajibl] *adj* fehlbar
faillir [fajiʀ] *vi* : **j'ai failli tomber** ich wäre beinahe hingefallen
faillite [fajit] *nf* Bankrott *m*
faim [fɛ̃] *nf* Hunger *m*; **avoir ~** Hunger haben; **rester sur sa ~** noch nicht genug haben
fainéant, e [fɛneɑ̃, ɑ̃t] *adj* faul ▸ *nm/f* Faulenzer(in)
fainéantise [fɛneɑ̃tiz] *nf* Faulenzerei *f*

MOT-CLÉ

faire [fɛʀ] *vt* **1** machen; **que fait-il ?** was macht er?; **qu'allons-nous faire ?** was sollen wir tun?; **qu'a-t-il fait de sa sœur/valise ?** was hat er mit seiner Schwester/mit seinem Koffer gemacht?; **que faire ?** was tun?; **que faites-vous ?** was machen Sie (gerade)?; *(quel métier)* was machen Sie (beruflich)?; **faire un travail** eine Arbeit machen; **faire du bruit** Krach machen; **faire une faute** einen Fehler machen; **faire des dégâts** Schaden anrichten; **faire la lessive** Wäsche waschen; **faire la cuisine** kochen; **faire les courses** einkaufen; **faire les magasins** einen Einkaufsbummel machen; **faire l'Europe** Europa durchstreifen; **faire une remarque** eine Bemerkung machen; **il ne fait que critiquer** er kritisiert immer nur; **n'avoir que faire de qch** etw nicht nötig haben
2 *(produire)* erzeugen; **faire un film** einen Film drehen; **fait à la main** Handarbeit; **fait à la machine** mit der Maschine gefertigt
3 *(études)* betreiben; *(sport)* treiben; *(musique)* machen; **faire du droit/du français** Jura/Französisch studieren; **faire du rugby** Rugby spielen; **faire du ski** Ski laufen; **faire du violon/piano** Geige/Klavier spielen
4 *(maladie)* haben; **faire du diabète/de la tension/de la fièvre** Diabetes/Bluthochdruck/Fieber haben
5 *(simuler)* : **faire l'ignorant/l'innocent**

unwissend/unschuldig tun; **faire le malade** den Kranken spielen
6 (*transformer, avoir un effet sur*) : **faire de qn un frustré** jdn frustrieren; **faire de qn un avocat** jdn Anwalt werden lassen; **ça ne me fait rien** das ist mir egal; **ça ne me fait ni chaud ni froid** das ist mir egal; **ça ne fait rien** das macht nichts
7 (*calculs, prix, mesures*) : **2 et 2 font 4** 2 und 2 macht *ou* ist 4; **9 divisé par 3 fait 3** 9 geteilt durch 3 macht *ou* ist 3; **ça fait 10 m** das sind 10 m; **ça fait 15 euros** das macht 15 Euro; **je vous le fais (à) 10 euros** ich gebe es Ihnen für 10 Euro
8 (*dire*) sagen; **« vraiment ? » fit-il** „wirklich?" sagte er
▶ **vi 1** (*agir, s'y prendre*) machen; **il faut faire vite** wir müssen uns beeilen; **je n'ai pas pu faire autrement** es ging nicht anders; **tu fais bien de me le dire** gut, dass du mir das gesagt hast; **faites comme chez vous** fühlen Sie sich wie zu Hause
2 (*paraître*) aussehen; **faire vieux/ démodé/petit** alt/altmodisch/klein aussehen; **ça fait bien** das sieht gut aus
▶ **vb substitut** machen; **remets-le en place — je viens de le faire** tu es zurück — ich habs gerade *ou* schon gemacht
▶ **vb impers 1** : **il fait beau** es ist schönes Wetter; **il fait froid/chaud** es ist kalt/warm; **il fait jour** es ist Tag
2 (*temps écoulé, durée*) : **ça fait cinq heures qu'il est parti** er ist vor fünf Stunden weggefahren; **ça fait deux ans/heures qu'il y est** er ist schon zwei Jahre/Stunden dort
3 (*avoir pour conséquence*) : **faire que** bewirken, dass
▶ **vb semi-aux** (*avec infinitif*) lassen; **faire tomber qch** etw fallen lassen; **faire démarrer un moteur** einen Motor anlassen; **faire chauffer de l'eau** Wasser aufsetzen; **cela fait dormir** das macht schläfrig; **cela fait tomber la fièvre** das bringt das Fieber zum Sinken; **essayer de faire tomber/bouger qch** versuchen, etw zu Fall/in Bewegung zu bringen; **cela le fait ressembler à un clown** damit sieht es aus wie ein Clown aus; **faire faire la vaisselle à qn** jdn Geschirr spülen lassen; **faire réparer qch** etw reparieren lassen; **il m'a fait ouvrir la porte** (*contraindre*) er hat mich gezwungen, die Tür zu öffnen; **il m'a fait traverser la rue** (*aider*) er hat mir geholfen, die Straße zu überqueren
▶ **se faire** *vpr* **1** (*vin, fromage*) reifen
2 : **cela se fait beaucoup** das sieht man oft; **cela ne se fait pas** das macht man nicht
3 (+*nom ou pronom*) : **se faire une jupe** sich *dat* einen Rock machen *ou* nähen; **se faire des amis** Freunde gewinnen; **se faire du souci** sich *dat* Sorgen machen; **il ne s'en fait pas** er macht sich keine Sorgen; **sans s'en faire** ohne Bedenken; **se faire des illusions** sich *dat* Illusionen machen
4 (+*adj*) : **se faire vieux** (langsam) alt werden; **se faire beau** sich schön machen
5 : **se faire à** (*s'habituer*) sich gewöhnen an +*acc*; **je n'arrive pas à me faire à la nourriture/au climat** ich kann mich einfach nicht an das Essen/Klima gewöhnen
6 (+*infinitif*) : **se faire opérer** sich operieren lassen; **se faire couper les cheveux** sich *dat* die Haare schneiden lassen; **il s'est fait aider (par Simon)** er hat sich *dat* (von Simon) helfen lassen; **se faire montrer/expliquer qch** sich *dat* etw zeigen/erklären lassen; **se faire faire un vêtement** sich *dat* ein Kleidungsstück anfertigen lassen; **je vais me faire punir/gronder** ich werde noch bestraft/ausgeschimpft (werden)
7 (*impersonnel*) : **comment se fait-il/ faisait-il que ... ?** wie kommt/kam es, dass ...?; **il peut se faire que ...** es kann sein, dass ...

faire-part [fɛʀpaʀ] *nm inv* : **~ de mariage/décès** Heiratsanzeige *f*/ Todesanzeige *f*
fair-play [fɛʀplɛ] *adj inv* fair
faisabilité [fəzabilite] *nf* Machbarkeit *f*
faisable [fəzabl] *adj* machbar
faisan, e [fəzɑ̃, an] *nm/f* Fasan *m*
faisandé, e [fəzɑ̃de] *adj* angegangen; (*fig*) verdorben
faisceau, x [fɛso] *nm* (*de lumière, électronique etc*) Strahl *m*; (*de branches etc*) Bündel *nt*; (*fig*) : **un ~ de preuves** eine Kette von Beweisen
fait[1] [fɛ] *nm* (*événement*) Ereignis *nt*; (*réalité, donnée*) Tatsache *f*; **le ~ que** die Tatsache, dass; **être le ~ de** (*typique de*) typisch sein für; (*causé par*) verursacht sein von; **au ~** übrigens; **aller droit au ~** sofort zur Sache kommen; **de ~** tatsächlich; **du ~ que** weil; **du ~ de** wegen +*gén ou dat*; **en ~** tatsächlich; **en ~ de repas/vacances** als Mahlzeit/ Ferien; **prendre ~ et cause pour qn** für

jdn Partei ergreifen; **~ accompli** vollendete Tatsache; **« ~ divers »** „Vermischtes"

fait², e [fɛ, fɛt] *pp de* **faire** ▸ *adj (fromage)* reif; **être ~ pour** *(conçu)* gemacht sein für; *(doué)* begabt sein für; **c'en est ~ de lui/notre tranquillité** damit war es um ihn/unsere Ruhe geschehen; **c'est bien ~ pour lui/eux** das geschieht ihm/ihnen ganz recht

faîte [fɛt] *nm (d'arbre)* Wipfel *m*; **au ~ de la gloire/des honneurs** auf dem Gipfel des Ruhms/der Ehre

faitout [fɛtu] *nm* großer Kochtopf *m*

falaise [falɛz] *nf* Klippe *f*

fallacieux, -euse [fa(l)lasjø, jøz] *adj* trügerisch

falloir [falwaʀ] *vb impers*: **il va ~ 100 euros** *(besoin)* es werden 100 Euro nötig sein; **il faut** +*infinitif (obligation)*: **il faut faire les lits** die Betten müssen gemacht werden; **il a fallu qu'il l'apprenne** er hat es dann doch erfahren; **il me faut/ faudrait 100 euros/de l'aide** ich brauche/bräuchte 100 Euro/Hilfe; **il vous faut tourner à gauche après l'église** nach der Kirche müssen Sie links abbiegen; **nous avons ce qu'il (nous) faut** wir haben alles, was wir brauchen; **il faut que je fasse les lits** ich muss die Betten machen; **il faudrait qu'elle rentre** sie sollte wirklich nach Hause gehen; **il s'en faut/s'en est fallu de cinq minutes/100 euros (pour que)** es fehlten fünf Minuten/100 Euro(, damit); **il s'en est fallu de peu que** es hat nicht viel gefehlt und; **ou peu s'en faut** oder jedenfalls beinahe

falsifier [falsifje] *vt* fälschen

famé, e [fame] *adj*: **mal ~** zwielichtig

famélique [famelik] *adj* ausgehungert

fameux, -euse [famø, øz] *adj* berühmt; *(bon)* ausgezeichnet; **un ~ problème** ein echtes Problem

familial, e, -aux [familjal, jo] *adj* Familien- ▸ *nf (Auto)* Kombi *m*

familiariser [familjaʀize] *vt*: **~ qn avec qch** jdn mit etw vertraut machen; **se familiariser** *vpr*: **se ~ avec** vertraut werden mit

familiarité [familjaʀite] *nf* Vertraulichkeit *f*, *(connaissance)* Vertrautheit *f*; **familiarités** *nfpl (privautés)* (plumpe) Vertraulichkeiten *pl*

familier, -ière [familje, jɛʀ] *adj (connu)* vertraut; *(dénotant une certaine intimité)* vertraulich; *(Ling)* umgangssprachlich; *(cavalier, impertinent)* plumpvertraulich ▸ *nm (de lieu)* regelmäßiger Gast *m*

famille [famij] *nf* Familie *f*; *(dîner, fête)* Familien-; **il a de la ~ à Paris** er hat Verwandte in Paris; **~ monoparentale/ homoparentale** ein(e) Alleinerziehende(r)/eine gleichgeschlechtliche Partnerschaft mit Kind(ern)

famine [famin] *nf* Hungersnot *f*

fana [fana] *(fam) abr* = **fanatique**

fanatique [fanatik] *adj* fanatisch ▸ *nmf* Fanatiker(in) *m(f)*; **~ de rugby/de voile** Rugby-/Segelfan *m*

fanatisme [fanatism] *nm* Fanatismus *m*

fané, e [fane] *adj (fleur, beauté)* verwelkt

faner [fane] : **se faner** *vpr (fleur)* verwelken, verblühen; *(couleur, tissu)* verblassen

fanfare [fɑ̃faʀ] *nf (orchestre)* Blaskapelle *f*; *(musique)* Fanfare *f*

fanfaron, ne [fɑ̃faʀɔ̃, ɔn] *nm/f* Angeber(in)

fange [fɑ̃ʒ] *nf* Morast *m*

fanion [fanjɔ̃] *nm* Wimpel *m*

fantaisie [fɑ̃tezi] *nf* Fantasie *f*; *(caprice)* Laune *f* ▸ *adj*: **bijou ~** Modeschmuck *m*; **agir selon sa ~** nach Lust und Laune handeln

fantaisiste [fɑ̃tezist] *(péj) adj* unseriös; *(hypothèses, estimations)* haltlos ▸ *nmf (de music-hall)* Varietékünstler(in) *m(f)*

fantasme [fɑ̃tasm] *nm* Hirngespinst *nt*

fantasque [fɑ̃task] *adj* launisch

fantassin [fɑ̃tasɛ̃] *nm* Infanterist *m*

fantastique [fɑ̃tastik] *adj* fantastisch

fantomatique [fɑ̃tɔmatik] *adj* gespenstisch

fantôme [fɑ̃tom] *nm* Gespenst *nt*

faon [fɑ̃] *nm* Hirschkalb *nt*, Rehkitz *nt*

FAQ [fak] *sigle f (Inform*: = *foire aux questions)* FAQ *pl*

faramineux, -euse [faʀaminø, øz] *(fam) adj* kolossal, phänomenal; *(bêtise)* Riesen-; *(quantité)* enorm

farce [faʀs] *nf (Culin)* Füllung *f*; *(blague)* Streich *m*; *(Théât)* Possenspiel *nt*; **faire une ~ à qn** jdm einen Streich spielen; **~s et attrapes** Scherzartikel *pl*

farceur, -euse [faʀsœʀ, øz] *nm/f* Spaßvogel *m*

farcir [faʀsiʀ] *vt (Culin)* füllen; **se farcir** *vpr (fam)*: **je me suis farci la vaisselle** das Geschirrspülen blieb an mir hängen; **~ qch de** *(fig)* etw spicken mit

fard [faʀ] *nm* Schminke *f*; **~ à joues** Rouge *nt*; **~ à paupières** Lidschatten *m*

fardeau, x [faʀdo] *nm* Last *f*

farder [faʀde] *vt* schminken

farfelu, e [faʀfəly] *adj* exzentrisch

farfouiller [faʀfuje] *vi* herumwühlen

farine [faʀin] *nf* Mehl *nt*; **~ de blé** Weizenmehl *nt*; **~s animales** Tiermehl *nt*; **~ lactée** (*pour bouillie*) Babybrei *m*

farineux, -euse [faʀinø, øz] *adj* (*pomme etc*) mehlig ▶ *nmpl* (*catégorie d'aliments*) Hülsenfrüchte und Kartoffeln

farouche [faʀuʃ] *adj* (*sauvage*) scheu; (*brutal, indompté*) wild; (*volonté*) eisern; (*détermination*) wild

fart [faʀt] *nm* Skiwachs *nt*

farter [faʀte] *vt* wachsen

fascicule [fasikyl] *nm* Heft *nt*

fascinant, e [fasinɑ̃, ɑ̃t] *adj* faszinierend

fasciner [fasine] *vt* faszinieren

fascisme [faʃism] *nm* Faschismus *m*

fasciste [faʃist] *adj* faschistisch ▶ *nmf* Faschist(in) *m(f)*

faste [fast] *nm* Pracht *f* ▶ *adj* : **un jour ~** ein Glückstag *m*

fast-food [fastfud] (*pl* **fast-foods**) *nm* Fast Food *nt*; (*restaurant*) Schnellimbiss *m*

fastidieux, -euse [fastidjø, jøz] *adj* langweilig; (*travail*) mühsam

fastueux, -euse [fastɥø, øz] *adj* prunkvoll, prächtig

fat [fa(t)] *adj m* selbstgefällig

fatal, e [fatal] *adj* tödlich; (*coup, erreur*) fatal; (*inévitable*) unvermeidlich

fatalité [fatalite] *nf* (*destin*) Schicksal *nt*; (*coïncidence fâcheuse*) Verhängnis *nt*

fatigant, e [fatigɑ̃, ɑ̃t] *adj* ermüdend

fatigue [fatig] *nf* Müdigkeit *f*; (*d'un matériau*) Ermüdung *f*

fatigué, e [fatige] *adj* müde

fatiguer [fatige] *vt* ermüden, müde machen; (*importuner*) belästigen ▶ *vi* (*moteur*) überlastet sein; **se fatiguer** *vpr* müde werden, ermüden

fatras [fatʀɑ] *nm* Durcheinander *nt*

fatuité [fatɥite] *nf* Selbstgefälligkeit *f*

faubourg [fobuʀ] *nm* Vorstadt *f*

fauché, e [foʃe] (*fam*) *adj* abgebrannt, blank

faucher [foʃe] *vt* (*herbe, champs*) mähen; (*mort, véhicule*) niedermähen; (*fam : voler*) mopsen

faucheur, -euse [foʃœʀ, øz] *nm/f* Mäher(in), Schnitter(in) ▶ *nf* (*machine*) Mähmaschine *f*

faucille [fosij] *nf* Sichel *f*

faucon [fokɔ̃] *nm* (*Zool*) Falke *m*

faufiler [fofile] *vt* heften; **se faufiler** *vpr* : **se ~ dans/parmi** sich einschleichen in +*acc*; **se ~ entre** hindurchschlüpfen durch +*acc*

faune [fon] *nf* Fauna *f*, Tierwelt *f*; (*péj*) Haufen *m* ▶ *nm* Faun *m*

faussaire [fosɛʀ] *nmf* Fälscher(in) *m(f)*

faussement [fosmɑ̃] *adv* fälschlich

fausser [fose] *vt* (*serrure, objet*) verbiegen; (*résultat, données*) verfälschen

fausseté [foste] *nf* Falschheit *f*

faut [fo] *voir* **falloir**

faute [fot] *nf* Fehler *m*; (*mauvaise action*) Verstoß *m*; **par la ~ de Pierre** durch Pierres Schuld; **c'est de sa/ma ~** das ist seine/meine Schuld; **prendre qn en ~** jdn ertappen; **~ de** aus Mangel an +*dat*, mangels +*gén*; **sans ~** ganz bestimmt; **~ d'orthographe** Schreibfehler *m*; **~ de frappe** Tippfehler *m*; **~ de goût** Geschmacksverirrung *f*; **~ professionnelle** berufliches Fehlverhalten *nt*

fauteuil [fotœj] *nm* Sessel *m*; **~ d'orchestre** (*Théât*) Sperrsitz *m*; **~ roulant** Rollstuhl *m*

fauteur [fotœʀ] *nm* : **~ de troubles** Unruhestifter *m*

fautif, -ive [fotif, iv] *adj* (*responsable*) schuldig; (*incorrect*) fehlerhaft, falsch

fauve [fov] *nm* Raubkatze *f* ▶ *adj* (*couleur*) rehbraun

fauvette [fovɛt] *nf* Grasmücke *f*

faux¹ [fo] *nf* (*Agr*) Sense *f*

faux², fausse [fo, fos] *adj* falsch; (*falsifié*) gefälscht ▶ *adv* (*Mus*) : **jouer/chanter ~** falsch spielen/singen ▶ *nm* (*copie*) Fälschung *f*; (*opposé au vrai*) Unwahrheit *f*; **distinguer le vrai du ~** wahr und falsch unterscheiden; **faire ~ bond à qn** jdn hängen lassen; **fausse clé** Dietrich *m*; **fausse couche** Fehlgeburt *f*; **~ col** abnehmbarer Kragen *m*; **~ frais** *nmpl* Nebenausgaben *pl*; **~ pas** Stolpern *nt*; (*fig*) Fauxpas *m*

faux-filet [fofilɛ] (*pl* **faux-filets**) *nm* (*Culin*) ≈ Lendenstück *nt*

faux-fuyant [fofɥijɑ̃] (*pl* **faux-fuyants**) *nm* Ausflucht *f*

faux-monnayeur [fomɔnɛjœʀ] (*pl* **faux-monnayeurs**) *nm* Falschmünzer *m*

faux-semblant [fosɑ̃blɑ̃] (*pl* **faux-semblants**) *nm* Vorwand *m*

faveur [favœʀ] *nf* Gunst *f*; (*service*) Gefallen *m*; **avoir la ~ de qn** sich jds Gunst *gén* erfreuen; **régime/traitement de ~** Bevorzugung *f*; **en ~ de qn/qch** zu jds Gunsten/zugunsten etw *gén*

favorable [favɔʀabl] *adj* (*propice*) günstig; (*bien disposé*) wohlwollend; **être ~ à qch** etw *dat* positiv gegenüberstehen

favori, -ite [favɔʀi, it] *adj* Lieblings- ▶ *nm* Favorit(in) *m(f)*; **favoris** *nmpl* (*sur la joue*) Koteletten *pl*

favoriser [favɔʀize] vt (personne) bevorzugen; (activité) fördern; (chance, événements) begünstigen

favoritisme [favɔʀitism] nm Vetternwirtschaft f

fax [faks] nm Fax nt

fébrifuge [febʀifyʒ] adj fiebersenkend

fébrile [febʀil] adj (activité, attitude) fieberhaft; (personne) aufgeregt

fécond, e [fekɔ̃, ɔ̃d] adj fruchtbar; (imagination) blühend; (auteur) produktiv

fécondation [fekɔ̃dasjɔ̃] nf Befruchtung f; **~ in vitro** In-vitro-Fertilisation f, künstliche Befruchtung

féconder [fekɔ̃de] vt befruchten

fécondité [fekɔ̃dite] nf Fruchtbarkeit f

fécule [fekyl] nf Stärke f

FED nm abr (= Fonds européen de développement) europäischer Entwicklungsfonds, EEF m

fédéral, e, -aux [federal, o] adj Bundes-

fédération [federasjɔ̃] nf Verband m; (Pol) Staatenbund m, Föderation f

fée [fe] nf Fee f

féerique [fe(e)ʀik] adj zauberhaft

feindre [fɛ̃dʀ] vt (simuler) vortäuschen; **~ de faire qch** vorgeben, etw zu tun

feint, e [fɛ̃, fɛ̃t] pp de **feindre** ▶ adj vorgetäuscht

feinte [fɛ̃t] nf Finte f

fêlé, e [fele] adj (verre) gesprungen; **être ~** einen Sprung haben; (fam) einen Sprung in der Schüssel haben

fêler [fele] vt (verre, assiette) einen Sprung machen in +acc; (os) anbrechen; **se fêler** vpr (voir vt) einen Sprung bekommen; **se ~ le tibia/le coccyx** sich das Schienbein/Steißbein anbrechen

félicitations [felisitasjɔ̃] nfpl Glückwünsche pl

féliciter [felisite] vt beglückwünschen, gratulieren +dat; **se féliciter** vpr : **se ~ de qch/d'avoir fait qch** froh über etw sein/darüber sein, etw getan zu haben

félin, e [felɛ̃, in] adj Katzen-, katzenartig ▶ nm (Zool) Katze f

fêlure [felyʀ] nf (de vase, verre) Sprung m

femelle [fəmɛl] nf (d'animal) Weibchen nt ▶ adj weiblich

féminin, e [feminɛ̃, in] adj weiblich; (équipe, vêtements etc) Frauen- ▶ nm (Ling) Femininum nt

féminisme [feminism] nm Feminismus m

féministe [feminist] adj feministisch ▶ nf Feministin f

féminité [feminite] nf Weiblichkeit f

femme [fam] nf Frau f; **~ de chambre** Zimmermädchen nt; **~ de ménage** Putzfrau f

fémur [femyʀ] nm Oberschenkel m

FEN [fɛn] sigle f (= Fédération de l'éducation nationale) französische Gewerkschaft für Erziehung

fendre [fɑ̃dʀ] vt spalten; (foule) sich dat einen Weg bahnen durch; (flots) durchpflügen; **se fendre** vpr bersten, zerspringen

fendu, e [fɑ̃dy] adj (sol, mur) rissig; (crâne) gespalten; (lèvre) aufgesprungen; (jupe) geschlitzt

fenêtre [f(ə)nɛtʀ] nf Fenster nt; **~ de dialogue** (Inform) Dialogfeld nt

Feng-shui [fɛ̃gʃyi] nm Feng-Shui m

fenouil [fənuj] nm Fenchel m

fente [fɑ̃t] nf (fissure) Riss m, Sprung m; (de boîte à lettres, dans un vêtement etc) Schlitz m

féodal, e, -aux [feɔdal, o] adj Lehns-

fer [fɛʀ] nm Eisen nt; **de** ou **en ~** aus Eisen; **~ à cheval** Hufeisen; **en ~ à cheval** hufeisenförmig; **~ (à repasser)** Bügeleisen nt; **~ à souder** Lötkolben m; **~ à vapeur** Dampfbügeleisen nt; **~ forgé** Schmiedeeisen nt

fer-blanc [fɛʀblɑ̃] (pl **fers-blancs**) nm Blech nt

ferblanterie [fɛʀblɑ̃tʀi] nf Klempnerei f

ferblantier [fɛʀblɑ̃tje] nm Klempner m, Spengler m

férié, e [feʀje] adj : **jour ~** Feiertag m

ferme [fɛʀm] nf (exploitation) Bauernhof m; (maison) Bauernhaus nt ▶ adj fest; (personne) entschieden ▶ adv : **travailler ~** hart arbeiten; **discuter ~** heftig diskutieren

fermé, e [fɛʀme] adj geschlossen; (personne, visage) verschlossen; **~ pour travaux** wegen Bauarbeiten geschlossen

fermement [fɛʀməmɑ̃] adv fest, entschieden

fermentation [fɛʀmɑ̃tasjɔ̃] nf Gärung f

fermenter [fɛʀmɑ̃te] vi gären

fermer [fɛʀme] vt schließen, zumachen; (eau, électricité, robinet) abstellen; (aéroport, route) sperren ▶ vi (porte, valise) zugehen; (entreprise) schließen; **se fermer** vpr sich schließen; **~ la lumière/radio/télévision** das Licht/das Radio/den Fernseher ausschalten; **~ les yeux (sur qch)** die Augen verschließen (vor etw dat)

fermeté [fɛʀməte] nf Festigkeit f; (d'une personne) Entschiedenheit f

fermeture [fɛrmətyr] nf Schließen nt; (dispositif) Verschluss m; **jour de ~** Ruhetag m; **~ annuelle** Betriebsferien pl; **~ à glissière, ~ éclair®** Reißverschluss m

fermier, -ière [fɛrmje, jɛr] nm/f Bauer m, Bäuerin f ▶ adj : **beurre/cidre ~** Landbutter f/Cidre m vom Land

fermoir [fɛrmwar] nm Verschluss m, Schließe f

féroce [feros] adj wild; (appétit) unbändig

férocité [ferosite] nf Wildheit f

ferraille [fɛraj] nf Schrott m, Alteisen nt; **mettre à la ~** verschrotten

ferré, e [fɛre] adj (chaussure) genagelt; (canne) mit Eisen beschlagen; **~ en** (fam : savant) beschlagen o bewandert in +dat

ferreux, -euse [fɛrø, øz] adj eisenhaltig

ferronnerie [fɛrɔnri] nf Schmiedeeisen nt; **~ d'art** Kunstschmiedearbeit f

ferroviaire [fɛrɔvjɛr] adj Eisenbahn-

ferrugineux, -euse [fɛryʒinø, øz] adj eisenhaltig

ferrure [fɛryr] nf (garniture) Eisenbeschlag m

ferry [fɛri] (pl **ferries**), **ferry-boat** [fɛribot] (pl **ferry-boats**) nm Fähre f

fertile [fɛrtil] adj fruchtbar; **~ en événements/incidents** ereignisreich

fertiliser [fɛrtilize] vt (terre) düngen

fertilité [fɛrtilite] nf Fruchtbarkeit f

féru, e [fery] adj : **~ de** begeistert von

férule [feryl] nf : **être sous la ~ de qn** unter jds Fuchtel dat stehen

fervent, e [fɛrvɑ̃, ɑ̃t] adj (prière) inbrünstig; (admirateur) glühend

ferveur [fɛrvœr] nf Inbrunst f, Eifer m

fesse [fɛs] nf Hinterbacke f; **les ~s** das Hinterteil nt

fessée [fese] nf Schläge pl (auf das Hinterteil)

festin [fɛstɛ̃] nm Festmahl nt

festival [fɛstival] nm Festival nt, Festspiele pl

festivalier [fɛstivalje] nm Festivalbesucher(in) m(f)

festivités [fɛstivite] nfpl Festlichkeiten pl

festoyer [fɛstwaje] vi schmausen

fêtard, e [fetar, ard] (fam) nm Feiernde(r) f(m)

fête [fɛt] nf (publique) Feiertag m; (en famille) Feier f, Fest nt; (d'une personne) Namenstag m; **faire la ~** in Saus und Braus leben; **faire ~ à qn** jdn herzlich empfangen; **jour de ~** Festtag m, Feiertag m; **les ~s (de fin d'année)** die (Weihnachts)feiertage pl; **salle/comité des ~s** Festsaal m/Festausschuss m; **la ~ nationale** der Nationalfeiertag m; **~ foraine** Jahrmarkt m

: **La fête de la musique** ist ein
: Musikfestival, das seit dem 21. Juni 1981
: alljährlich stattfindet. In ganz
: Frankreich veranstalten Musiker
: kostenlose Konzerte in Parks und auf
: Straßen und Plätzen.

Fête-Dieu [fɛtdjø] (pl **Fêtes-Dieu**) nf : **la ~** Fronleichnam m

fêter [fete] vt feiern

fétiche [fetiʃ] nm Fetisch m; **animal/objet ~** Fetisch

fétichisme [fetiʃism] nm Fetischismus m

fétichiste [fetiʃist] adj, nm/f fetischistisch, Fetischist(in) m(f)

fétide [fetid] adj (odeur) übel; (haleine) übel riechend

fétu [fety] nm : **~ de paille** Strohhalm m

feu¹ [fø] adj inv : **~ le roi/Mme Dupont** der verstorbene König/die verstorbene Mme Dupont; **~ son père** sein verstorbener Vater

feu², x [fø] nm Feuer nt; (Naut) (Leucht)feuer nt; (de voiture, avion) Licht nt; (de circulation) Ampel f; (sensation de brûlure) Brennen nt; **feux** nmpl (éclat, lumière) Licht; **au ~ !** Feuer, Feuer!; **à ~ doux/vif** auf kleiner/großer Flamme; **à petit ~** (Culin) auf Sparflamme; (fig) langsam; **faire ~** (avec arme) feuern; **prendre ~** Feuer fangen; **avez-vous du ~ ?** (pour cigarette) haben Sie Feuer?; **donner le ~ vert à** grünes Licht geben +dat; **s'arrêter aux ~x** ou **au rouge** an der roten Ampel stehen bleiben; **~ arrière** (Auto) Rücklicht nt; **~ de camp** Lagerfeuer nt; **~x d'artifice** Feuerwerk nt; **~x de brouillard** Nebelscheinwerfer pl; **~x de croisement** Abblendlicht nt; **~x de position** Parklicht nt

feuillage [fœjaʒ] nm Blätter pl

feuille [fœj] nf Blatt nt; **~ d'impôts** Steuerbescheid m; **~ (de papier)** Blatt Papier; **~ de paye** Gehaltsabrechnung f; **~ de vigne** Weinblatt nt; (sur statue) Feigenblatt nt; **~ morte** welkes Blatt; **~ volante** loses Blatt

feuillet [fœjɛ] nm Blatt nt, Seite f

feuilleté, e [fœjte] adj : **pâte ~e** Blätterteig m

feuilleter [fœjte] vt durchblättern

feuilleton [fœjtɔ̃] nm (roman) Fortsetzungsroman m; (TV, Radio) Serie f

feuillu, e [fœjy] adj belaubt ▶ nm (Bot) Laubbaum m

feutre [føtr] nm (matière) Filz m; (chapeau) Filzhut m; (stylo) Filzstift m

feutré, e [føtʀe] *adj (tissu etc)* filzartig; *(pas, voix, atmosphère)* gedämpft

feutrer [føtʀe] *vt (revêtir de feutre)* mit Filz auslegen; *(bruits)* dämpfen; **se feutrer** *vpr (tissu)* verfilzen

feutrine [føtʀin] *nf* (dünner) Filz *m*

fève [fɛv] *nf* dicke Bohne *f*

février [fevʀije] *nm* Februar *m*; *voir aussi* **juillet**

fez [fɛz] *nm* Fes *m*

FFF *abr* = **Fédération française de football**

fi [fi] *excl*: **faire fi de** nicht befolgen

fiabilité [fjabilite] *nf* Zuverlässigkeit *f*

fiable [fjabl] *adj* zuverlässig

fiançailles [fjɑ̃saj] *nfpl* Verlobung *f*; *(période)* Verlobungszeit *f*

fiancé, e [fjɑ̃se] *nm/f* Verlobte(r) *f(m)* ▶ *adj*: **être ~ (à)** verlobt sein (mit)

fiancer [fjɑ̃se]: **se fiancer** *vpr*: **se ~ (à** *ou* **avec)** sich verloben (mit)

fibre [fibʀ] *nf* Faser *f*; **avoir la ~ paternelle** der geborene Vater sein; **~ de bois** Holzwolle *f*; **~ optique** optische Faser; **~ de verre** Glasfaser *f*

fibreux, -euse [fibʀø, øz] *adj* faserig

ficeler [fis(ə)le] *vt (paquet)* verschnüren

ficelle [fisɛl] *nf* Turf, Bindfaden *m*; **connaître les ~s du métier** sein Metier beherrschen; **tirer les ~s** *(fig)* die Fäden ziehen

fichage [fiʃaʒ] *nm* Registrierung *f*

fiche [fiʃ] *nf (carte)* Karteikarte *f*; *(Élec)* Stecker *m*; **~ de paye** Gehaltsabrechnung *f*

ficher [fiʃe] *vt (police)* in die Akten aufnehmen; *(fam: faire)* machen; **se ficher** *vpr*: **se ~ de** *(fam: se moquer)* sich lustig machen über +*acc*; (: *être indifférent*) sich nicht scheren um; **fiche-le dans un coin** tu es in die Ecke; **~ qn à la porte** *(fam)* jdn zur Tür rauswerfen; **fiche(-moi) le camp !** *(fam)* hau ab!; **fiche-moi la paix** *(fam)* lass mich in Ruhe *ou* Frieden; **se ~ de qn/qch** *(fam: se désintéresser)* auf jn/etw pfeifen

fichier [fiʃje] *nm* Kartei *f*; *(Inform)* Datei *f*; **~ d'adresses** *(Inform)* Adressendatei *f*; **~ d'installation** Setup-Datei *f*; **~ de témoins** Cookie *nt*; **~ joint** *(Inform)* Attachment *nt*, Anhang *m*

fichu, e [fiʃy] *pp de* **ficher** ▶ *adj (fam: inutilisable)* kaputt ▶ *nm (foulard)* Kopftuch *nt*; **n'être pas ~ de faire qch** *(fam)* nicht imstande *ou* in der Lage sein, etw zu tun; **qn est mal ~** *(fam)* jm geht es nicht gut; **qch est mal ~** *(fam)* etw ist schlecht gemacht; **bien ~** *(fam: avenant)* gelungen; **~ temps/caractère** Mistwetter *nt*/mieser Charakter *m*

fictif, -ive [fiktif, iv] *adj* fiktiv; *(promesse, nom)* falsch

fiction [fiksjɔ̃] *nf* Fiktion *f*

fidèle [fidɛl] *adj* treu; *(appareil)* zuverlässig ▶ *nmf*: **les ~s** *(Rel)* die Gläubigen *pl*; **être ~ à** treu sein +*dat*; *(parole donnée)* halten

fidéliser [fidelize] *vt (Comm)* als Stammkunde gewinnen

fidélité [fidelite] *nf* Treue *f*, Zuverlässigkeit *f*, Genauigkeit *f*

Fidji [fidʒi] *nfpl*: **les îles ~** die Fidschi-Inseln *pl*

fiduciaire [fidysjɛʀ] *adj* treuhänderisch

fief [fjɛf] *nm (Hist)* Lehen *nt*; *(fig)* Herrschaftsgebiet *nt*; *(Pol)* Hochburg *f*

fiel [fjɛl] *nm* Galle *f*; *(fig)* Bitterkeit *f*

fiente [fjɑ̃t] *nf (Vogel)*mist *m*

fier¹ [fje]: **se ~ à** *vpr* sich verlassen auf +*acc*

fier², fière [fjɛʀ] *adj* stolz; **~ de qch/qn** stolz auf etw/jdn; **avoir fière allure** eine gute Figur machen

fierté [fjɛʀte] *nf* Stolz *m*

fièvre [fjɛvʀ] *nf* Fieber *nt*

fiévreux, -euse [fjevʀø, øz] *adj* fiebrig; *(fig)* fieberhaft

FIFA [fifa] *sigle f* (= Fédération internationale de football association) FIFA *f*

figer [fiʒe] *vt (sang)* gerinnen lassen; *(personne)* erstarren lassen, lähmen; *(institutions)* lähmen

figue [fig] *nf* Feige *f*; **~ de Barbarie** Kaktusfeige *f*

figuier [figje] *nm* Feigenbaum *m*

figurant, e [figyʀɑ̃, ɑ̃t] *nm/f* Statist(in)

figuratif, -ive [figyʀatif, iv] *adj (art)* gegenständlich

figure [figyʀ] *nf (visage)* Gesicht *nt*; *(image, forme, tracé)* Figur *f*; *(illustration, dessin)* Abbildung *f*; *(aspect)* Aussehen *nt*; *(personnage)* Gestalt *f*; **se casser la ~** *(fam)* auf die Nase fallen

figuré, e [figyʀe] *adj (Ling)* übertragen

figurer [figyʀe] *vi (apparaître)* erscheinen ▶ *vt (représenter)* darstellen; **se figurer** *vpr*: **se ~ qch** sich *dat* etw vorstellen; **se ~ que** sich *dat* vorstellen, dass

fil [fil] *nm* Faden *m*; *(électrique)* Leitung *f*; *(tranchant)* Schneide *f*; **sans ~** *(Tél)* schnurlos; **au ~ des heures/années** im Laufe der Stunden/Jahre; **au ~ de l'eau** mit dem Strom; **donner un coup de ~** anrufen; **recevoir un coup de ~** angerufen werden; **~ à coudre** Nähgarn *nt*; **~ à pêche** Angelschnur *f*; **~ à plomb**

Lot *nt*; **~ de fer** Draht *m*; **~ de fer barbelé** Stacheldraht *m*; **~ dentaire** Zahnseide *f*

filament [filamɑ̃] *nm (Élec)* Glühfaden *m*; *(de liquide etc)* Faden *m*

filandreux, -euse [filɑ̃dʀø, øz] *adj (viande)* faserig

filant, e [filɑ̃, ɑ̃t] *adj* : **étoile ~e** Sternschnuppe *f*

filasse [filas] *adj inv* : **cheveux (couleur) ~** strohblondes Haar *nt*

filature [filatyʀ] *nf (fabrique)* Spinnerei *f*; *(d'un suspect)* Beschattung *f*; **prendre qn en ~** jdn beschatten

file [fil] *nf* Reihe *f*; *(d'attente)* Schlange *f*; **stationner en double ~** in der zweiten Reihe parken; **à la ~** hintereinander; **en ~ indienne** im Gänsemarsch; **~ d'attente** Warteschlange *f*

filer [file] *vt* spinnen; *(prendre en filature)* beschatten; *(fam : donner)* geben ▶ *vi (bas)* eine Laufmasche haben; *(aller vite)* flitzen; *(fam : partir)* sich aus dem Staub machen; **~ doux** sich fügen; **~ un mauvais coton** auf die schiefe Bahn geraten sein

filet [filɛ] *nm* Netz *nt*; *(Culin)* Filet *nt*; *(d'eau, sang)* Rinnsal *nt*; **~ à bagages** Gepäcknetz *nt*; **~ à provisions** Einkaufsnetz *nt*

filial, e, -aux [filjal, jo] *adj* Kindes- ▶ *nf* Filiale *f*

filiation [filjasjɔ̃] *nf* Abstammung *f*; *(fig)* Abfolge *f*

filière [filjɛʀ] *nf (hiérarchique, administrative)* Wege *pl*; **la ~ bois/ viande/automobile** die Holz-/Fleisch-/ Automobilbranche *f*; **suivre la ~** von der Pike auf dienen

filiforme [filifɔʀm] *adj* fadenförmig, fadendünn

filigrane [filigʀan] *nm (d'un billet, timbre)* Wasserzeichen *nt*; **en ~** *(fig)* zwischen den Zeilen

fille [fij] *nf (opposé à garçon)* Mädchen *nt*; *(opposé à fils)* Tochter *f*; **jeune ~** junges Mädchen *nt*; **vieille ~** (alte) Jungfer

fillette [fijɛt] *nf* kleines Mädchen *nt*

filleul, e [fijœl] *nm/f* Patenkind *nt*

film [film] *nm* Film *m*; **~ alimentaire** Frischhaltefolie *f*; **~ d'horreur** Horrorfilm *m*; **~ muet/parlant** Stummfilm */* Tonfilm *m*

filmer [filme] *vt* filmen

filon [filɔ̃] *nm (de mine)* Ader *f*; *(fig)* Goldgrube *f*

filou [filu] *nm* Gauner *m*

fils [fis] *nm* Sohn *m*; **~ à papa** verzogenes Kind *nt* reicher Eltern; **~ de famille** junger Mann *m* aus gutem Hause

filtrage [filtʀaʒ] *nm* Filtern *nt*; *(de visiteurs)* Überprüfung *f*

filtrant, e [filtʀɑ̃, ɑ̃t] *adj (huile solaire etc)* mit Schutzfaktor

filtre [filtʀ] *nm* Filter *m*; *(aussi Inform)* Filter *m*; **café/cafetière ~** Filterkaffee/ Filterkaffeemaschine; **~ à air/à huile/à particules** Luft-/Öl-/Partikelfilter *m*; **~ à café** Kaffeefilter *m*; **~ à huile** Ölfilter *m*

filtrer [filtʀe] *vt* filtern; *(candidats, nouvelles etc)* sieben ▶ *vi (lumière)* durchschimmern, durchscheinen; *(bruit, liquide, nouvelle)* durchsickern

fin¹ [fɛ̃] *nf* Ende *nt*; **fins** *nfpl (desseins)* Ziele *pl*; **parvenir à ses ~s** seine Ziele erreichen; **(à la) ~ mai/juin** Ende Mai/ Juni; **en ~ de journée/semaine** am Ende des Tages/der Woche; **toucher à sa ~** sich seinem Ende nähern; **mettre ~ à qch** etw *dat* ein Ende machen; **mettre ~ à ses jours** sein Leben beenden; **à la ~** schließlich; **à cette ~** zu diesem Zweck; **~ de non-recevoir** *(Jur)* Abweisung *f*; *(Admin)* abschlägiger Bescheid *m*

fin², e [fɛ̃, fin] *adj* fein; *(papier, couche, cheveux)* dünn; *(visage)* fein geschnitten; *(taille)* schmal, zierlich; *(pointe, pinceau)* fein, spitz; *(esprit, personne, remarque)* feinsinnig ▶ *adv* völlig; **vouloir jouer au plus ~ avec qn** jdn zu überlisten versuchen; **au ~ fond de** mitten in +*dat*; **savoir le ~ mot de l'histoire** die wahre Geschichte kennen; **la ~e fleur de ...** die Elite *f* +*gén*; **vin/repas ~** erlesener Wein *m*/köstliches Essen *nt*; **~ gourmet** großer Feinschmecker *m*; **~es herbes** fein gehackte Kräuter *pl*; **~ soûl** völlig betrunken

final, e [final] *adj* letzte(r, s); *(Philos)* final ▶ *nm (Mus)* Finale *nt*; **cause ~e** Urgrund *m*

finale [final] *nf (Sport)* Finale *nt*; **quart/ huitièmes de ~** Viertel-/Achtelfinale *nt*; **seizièmes de ~** erste Runde *f* (in einem 5-Runden-Wettbewerb)

finalement [finalmɑ̃] *adv* schließlich

finaliste [finalist] *nmf* Endrundenteilnehmer(in) *m(f)*

finance [finɑ̃s] *nf* Finanz(welt) *f*; **finances** *nfpl (situation)* Finanzen *pl*; **la ~ internationale** die internationale Finanz; **moyennant ~** gegen Zahlung *ou* Entgelt

financement [finɑ̃smɑ̃] *nm* Finanzierung *f*

financer [finɑ̃se] *vt* finanzieren

financier, -ière [finɑ̃sje, jɛʀ] *adj* Finanz- ▶ *nm/f* Finanzmann *m*, Finanzfrau *f* ▶ *nf* (*compagnie*) Finanzierungsgesellschaft *f* ▶ *nm* (*gâteau*) Mandelbiskuit, oft mit kandierten Früchten

finasser [finase] *vi* Tricks anwenden

finaud, e [fino, od] *adj* listig, schlau

finement [finmɑ̃] *adv* fein

finesse [fines] *nf* Feinheit *f*; **une réponse/écriture/analyse pleine de ~** eine scharfsinnige Antwort/ein eleganter Schreibstil/eine detaillierte Analyse

fini, e [fini] *adj* (*terminé*) fertig; (*sans avenir*) erledigt; (*Math, Philos*) endlich; **bien/mal ~** gut/schlecht verarbeitet; **un égoïste ~** ein ausgemachter Egoist *m*; **un nombre ~ de** eine begrenzte Anzahl von ▶ *nm*: **un ~ mat/brillant** eine matte/glänzende Verarbeitung

finir [finiʀ] *vt* (*travail, opération*) fertig machen, beenden; (*vie, études*) beenden; (*repas, paquet de bonbons etc*) aufessen ▶ *vi* (*se terminer*) zu Ende gehen, aufhören; **~ de faire qch** (*terminer*) etw beenden *ou* zu Ende machen; (*cesser*) aufhören, etw zu tun; **~ par qch** enden in etw *dat ou* mit etw; **~ par faire qch** schließlich etw tun; **il finit par m'agacer** er geht mir allmählich auf die Nerven; **~ en pointe** spitz auslaufen; **~ en tragédie** in einer Tragödie enden; **en ~ avec qch** etw beenden; **il finit de manger** er ist gleich mit dem Essen fertig; **cela/il va mal ~** das/er wird ein böses Ende nehmen

finissage [finisaʒ] *nm* Fertigstellung *f*, letzter Schliff *m*

finition [finisjɔ̃] *nf* Fertigstellung *f*; (*fini*) Verarbeitung *f*

finlandais, e [fɛ̃lɑ̃dɛ, ɛz] *adj* finnisch ▶ *nm/f*: **Finlandais, e** Finne *m*, Finnin *f*

Finlande [fɛ̃lɑ̃d] *nf*: **la ~** Finnland *nt*

finnois, e [finwa, waz] *adj* finnisch

fiole [fjɔl] *nf* Fläschchen *nt*

fioriture [fjɔʀityʀ] *nf* (*ornement*) Schnörkel *m*; **sans ~(s)** schnörkellos

fioul [fjul] *nm* Heizöl *nt*

firmament [fiʀmamɑ̃] *nm* Firmament *nt*

firme [fiʀm] *nf* Firma *f*

fisc [fisk] *nm*: **le ~** der Fiskus *m*, die Steuerbehörde *f*

fiscal, e, -aux [fiskal, o] *adj* Steuer-; **l'année ~e** das Finanzjahr *nt*; **charges ~es** Steuerlast *f*

fiscaliser [fiskalize] *vt* besteuern

fiscalité [fiskalite] *nf* (*système*) Steuerwesen *nt*; (*charges*) Steuerlast *f*; **~ directe/indirecte** direkte/indirekte Besteuerung *f*

fissible [fisibl] *adj* spaltbar

fission [fisjɔ̃] *nf* Spaltung *f*

fissure [fisyʀ] *nf* (*lézarde, cassure*) Sprung *m*; (*crevasse*) Riss *m*

fissurer [fisyʀe] *vpr*: **se fissurer** Risse bekommen, rissig werden

fiston [fistɔ̃] (*fam*) *nm* Söhnchen *nt*

FIV [fiv] *abr f* (= *fécondation in vitro*) In-vitro-Fertilisation *f*

fixateur [fiksatœʀ] *nm* (*Photo*) Fixiermittel *nt*; (*pour cheveux*) Festiger *m*

fixation [fiksasjɔ̃] *nf* Befestigung *f*; (*Psych*) Fixierung *f*; (*Ski*) Bindung *f*; **faire une ~ sur qn/qch** auf jn/etw fixiert sein

fixe [fiks] *adj* fest; (*regard*) starr ▶ *nm* (*salaire*) Festgehalt *nt*; **à date/heure ~** zu einem bestimmten Datum/zu einer bestimmten Uhrzeit; **menu à prix ~** Menü zu einem festen Preis

fixé, e [fikse] *adj*: **être ~ (sur)** (*savoir à quoi s'en tenir*) genau Bescheid wissen (über +*acc*)

fixer [fikse] *vt* (*attacher*) festmachen, befestigen; (*déterminer*) festlegen, festsetzen; (*Chim, Photo*) fixieren; (*poser son regard sur*) fixieren, anstarren; **se fixer** *vpr* (*s'établir*) sich niederlassen; **~ son attention sur** seine Aufmerksamkeit richten auf +*acc*; **se ~ sur** (*suj: regard, attention*) verweilen bei

flacon [flakɔ̃] *nm* Fläschchen *nt*

flagada [flagada] (*fam*) *adj* schlapp

flageller [flaʒele] *vt* geißeln

flageoler [flaʒɔle] *vi* (*jambes*) schlottern

flageolet [flaʒɔlɛ] *nm* (*Mus*) Flageolett *nt*; **flageolets** *nmpl* (*Culin*) kleine, blassgrüne (Trocken)bohnen

flagrant, e [flagʀɑ̃, ɑ̃t] *adj* offenkundig; **prendre qn en ~ délit** jdn auf frischer Tat ertappen

flair [flɛʀ] *nm* (*du chien*) Geruchssinn *m*; (*fig*) Gespür *nt*; **avoir du ~** (*fig*) ein feines Gespür haben

flairer [flɛʀe] *vt* (*aussi fig*) wittern

flamand, e [flamɑ̃, ɑ̃d] *adj* flämisch ▶ *nm* (*Ling*) Flämisch *nt* ▶ *nm/f*: **Flamand, e** Flame *m*, Flamin *f*

flamant [flamɑ̃] *nm* Flamingo *m*; **~ rose** rosafarbener Flamingo

flambant [flɑ̃bɑ̃] *adv*: **~ neuf** funkelnagelneu

flambé, e [flɑ̃be] *adj* (*Culin: bananes, crêpe*) flambiert

flambeau, x [flɑ̃bo] *nm* Fackel *f*; **passer le ~ à qn** die Tradition an jdn weiterreichen

flambée [flɑ̃be] *nf* (*feu*) (hell aufloderndes) Feuer *nt*; **~ de violence** Aufflackern *nt* von Gewalt; **~ des prix** Emporschießen *nt* der Preise

flamber [flɑ̃be] *vi* (*feu*) auflodern; (*maison*) abbrennen ▶ *vt* (*poulet*) absengen; (*banane, crêpe*) flambieren

flamboyant, e [flɑ̃bwajɑ̃, ɑ̃t] *adj* (*couleur*) leuchtend; **gothique ~** Spätgotik *f*

flamboyer [flɑ̃bwaje] *vi* (*couleur, yeux*) (auf)leuchten; (*feu*) (auf)lodern

flamingant, e [flamɛ̃gɑ̃, ɑ̃t] *adj* flämischsprachig

flamme [flam] *nf* Flamme *f*; (*fig*) Glut *f*, Leidenschaft *f*

flan [flɑ̃] *nm* (*Culin*) Pudding *m*; **en rester comme deux ronds de ~** (*fam*) völlig baff sein

flanc [flɑ̃] *nm* (*Anat*) Seite *f*; (*d'une armée, montagne*) Flanke *f*; **à ~ de coteau** am Hang; **prêter le ~ à** sich aussetzen +*dat*

Flandre [flɑ̃dʀ] *nf*: **la ~, les ~s** Flandern *nt*

flanelle [flanɛl] *nf* Flanell *m*

flâner [flɑne] *vi* bummeln, umherschlendern

flâneur, -euse [flɑnœʀ, øz] *adj* bummelnd ▶ *nm/f* Spaziergänger(in)

flanquer [flɑ̃ke] *vt* (*être accolé à*) flankieren; **~ qch sur/dans** (*fam*) etw schmeißen auf +*acc*/in +*acc*; **~ qn à la porte** (*fam*) jdn zur Tür hinauswerfen; **~ la frousse à qn** (*fam*) jdm eine Heidenangst einjagen

flapi, e [flapi] *adj* hundemüde

flaque [flak] *nf* Pfütze *f*; (*d'huile*) Lache *f*

flash [flaʃ] (*pl* **flashes**) *nm* (*Photo*) Blitz(licht *nt*) *m*; **~ d'information** Kurznachrichten *pl*

flash-back [flaʃbak] *nm inv* Rückblende *f*

flasque [flask] *adj* schlaff ▶ *nf* (*flacon*) Fläschchen *nt*

flatter [flate] *vt* (*personne*) schmeicheln +*dat*; **se flatter** *vpr*: **se ~ de qch** sich etw *gén* rühmen; **se ~ de pouvoir faire qch** sich rühmen, etw tun zu können

flatterie [flatʀi] *nf* Schmeichelei *f*

flatteur, -euse [flatœʀ, øz] *adj* schmeichelhaft ▶ *nm/f* Schmeichler(in)

flatulence [flatylɑ̃s] *nf* Blähungen *pl*

fléau, x [fleo] *nm* (*calamité*) Geißel *f*, Plage *f*; (*Agr*) Dreschflegel *m*

fléchage [fleʃaʒ] *nm* Ausschilderung *f*

flèche [flɛʃ] *nf* Pfeil *m*; (*de clocher*) Turmspitze *f*; (*de grue*) Arm *m*; **monter en ~** blitzschnell ansteigen

flécher [fleʃe] *vt* ausschildern

fléchette [fleʃɛt] *nf* Wurfpfeil *m*

fléchir [fleʃiʀ] *vt* beugen; (*personne, détermination de qn*) schwächen; (*fig*) erweichen ▶ *vi* (*poutre*) sich durchbiegen; (*courage, prix etc*) nachlassen; (*personne*) schwach werden

fléchissement [fleʃismɑ̃] *nm* Beugen *nt*; (*de l'économie*) Flaute *f*; (*des prix, des cours*) Sinken *nt*

flegmatique [flɛgmatik] *adj* phlegmatisch

flegme [flɛgm] *nm* Phlegma *nt*

flemmard, e [flemaʀ, aʀd] (*fam*) *adj* stinkfaul ▶ *nm/f* Faulpelz *m*

flemme [flɛm] (*fam*) *nf*: **j'ai la ~ de le faire** ich habe keinen Bock, es zu tun

flétan [fletɑ̃] *nm* Heilbutt *m*

flétri, e [fletʀi] *adj* (*feuilles, fleur*) verwelkt; (*fruit, peau, visage*) runzlig

flétrir [fletʀiʀ] *vt* (*fleur*) verwelken lassen; (*fruit, peau, visage*) runzlig machen; **se flétrir** *vpr* verwelken

fleur [flœʀ] *nf* Blume *f*; (*d'un arbre*) Blüte *f*; **être en ~** blühen; **être ~ bleue** sehr sentimental sein; **~ de lys** bourbonische Lilie *f*

fleuret [flœʀɛ] *nm* Florett *nt*

fleurette [flœʀɛt] *nf*: **conter ~ à qn** jdm den Hof machen

fleuri, e [flœʀi] *adj* (*jardin*) blühend, in voller Blüte; (*maison, balcon*) blumengeschmückt; (*style, propos*) blumig; (*teint, nez*) gerötet

fleurir [flœʀiʀ] *vi* blühen; (*fig*) seine Blütezeit haben ▶ *vt* (*tombe, chambre*) mit Blumen schmücken

fleuriste [flœʀist] *nmf* Florist(in) *m(f)*

fleuron [flœʀɔ̃] *nm* (*fig*) Schmuckstück *nt*

fleuve [flœv] *nm* Fluss *m*; **~ de boue** Strom von Schlamm *m*

flexibilité [flɛksibilite] *nf* Flexibilität *f*

flexible [flɛksibl] *adj* (*objet*) biegsam; (*matériau*) elastisch; (*personne, caractère*) flexibel

flexion [flɛksjɔ̃] *nf* Biegung *f*; (*Ling*) Flexion *f*, Beugung *f*

flic [flik] (*fam*) *nm* Bulle *m*

flingue [flɛ̃g] (*fam*) *nm* Knarre *f*

flinguer [flɛ̃ge] (*fam*) *vt* abknallen

flipper¹ [flipœʀ] *nm* (*billard*) Flipper *m*

flipper² [flipe] (*fam*) *vi* (*être exalté*) ausflippen; (: *être déprimé*) down sein

flirter [flœʀte] *vi* flirten; **~ avec qn** (*fig*) mit jdm flirten; **~ avec qch** mit etw liebäugeln

FLN [ɛfɛlɛn] *sigle m* (= *Front de libération nationale*) nationale Befreiungsfront

flocon [flɔkɔ̃] *nm* Flocke *f*; **~s d'avoine** Haferflocken *pl*

floconneux, -euse [flɔkɔnø, øz] *adj* flockig
floraison [flɔrɛzɔ̃] *nf* Blütezeit *f*
floral, e, -aux [flɔral, o] *adj* Blumen-
flore [flɔr] *nf* Flora *f*
floriculture [flɔrikyltyr] *nf* Blumenzucht *f*
florissant, e [flɔrisɑ̃, ɑ̃t] *adj* (entreprise, commerce) blühend
flot [flo] *nm* Flut *f*; **flots** *nmpl* (de la mer) Wellen *pl*; **à ~s** in Strömen; **être à ~** (Naut) flott sein; **mettre à ~** (Naut) flott machen
flottaison [flɔtɛzɔ̃] *nf*: **ligne de ~** Wasserlinie *f*
flottant, e [flɔtɑ̃, ɑ̃t] *adj* (maison) schwimmend; (vêtement) lose, wallend
flotte [flɔt] *nf* (bateaux) Flotte *f*; (fam: eau) Wasser *nt*
flottement [flɔtmɑ̃] *nm* (fig : hésitation) Schwanken *nt*, Zögern *nt*; (Écon) Floating *nt*
flotter [flɔte] *vi* (bateau, bois) schwimmen; (dans l'air : nuage, odeur) schweben; (: drapeau, cheveux) wehen, flattern; (vêtements) wallen; (monnaie) floaten ▶ *vt* (bois) flößen ▶ *vb impers* (fam : pleuvoir): **il flotte** es regnet
flotteur [flɔtœr] *nm* (d'hydravion etc) Schwimmkörper *m*; (de canne à pêche) Schwimmer *m*
flou, e [flu] *adj* verschwommen; (photo) unscharf ▶ *nm*: **être dans le ~** im Ungewissen sein
fluctuation [flyktɥasjɔ̃] *nf* Schwankung *f*
fluctuer [flyktɥe] *vi* schwanken
fluet, te [flyɛ, ɛt] *adj* zart, zerbrechlich
fluide [flɥid] *adj* flüssig ▶ *nm* (Phys) Flüssigkeit *f*
fluidité [flɥidite] *nf* Flüssigkeit *f*
fluor [flyɔr] *nm* Fluor *m*
fluorescent, e [flyɔresɑ̃, ɑ̃t] *adj* fluoreszierend, Leucht-
flûte [flyt] *nf* Flöte *f*; (pain) Stangenbrot *nt*; **~!** Mist!; **~ à bec** Blockflöte *f*; **~ traversière** Querflöte *f*
flûtiste [flytist] *nmf* Flötist(in) *m(f)*
fluvial, e, -aux [flyvjal, jo] *adj* Fluss-
flux [fly] *nm* Flut *f*; **le ~ et le reflux** Ebbe *f* und Flut; (fig) das Auf und Ab
FM [ɛfɛm] *sigle f* (= fréquence modulée) FM
FMI [ɛfɛmi] *sigle m* (= Fonds monétaire international) IWF *m*
FN [ɛfɛn] *sigle m* (= Front national) rechtsextreme Partei
FNAC [fnak] *sigle f* (= Fédération nationale des achats des cadres) Kette von Buchläden
FNSEA [ɛfɛnɛsəa] *sigle f* (= Fédération nationale des syndicats d'exploitants agricoles) Bauernverband
FO [ɛfo] *sigle f* (= Force ouvrière) Gewerkschaft
fœtus [fetys] *nm* Fötus *m*
foi [fwa] *nf* Glaube *m*; **sous la ~ du serment** unter Eid; **avoir ~ en** (confiance) vertrauen auf +acc; **ajouter ~ à** Glauben schenken +dat; **digne de ~** glaubwürdig; **sur la ~ de** aufgrund +gén; **être de bonne/mauvaise ~** guten Glaubens sein/nicht guten Glaubens sein
foie [fwa] *nm* Leber *f*
foin [fwɛ̃] *nm* Heu *nt*; **faire du ~** (fam) Krach schlagen
foire [fwar] *nf* Markt *m*; (fête foraine) Jahrmarkt *m*; (exposition) Messe *f*; **faire la ~** (fam) auf die Pauke hauen; **~ aux questions** FAQ *pl*
fois [fwa] *nf* Mal *nt*; **une ~** einmal; **deux ~** zweimal; **vingt ~** zwanzigmal; **2 ~ 2** 2 mal 2; **deux/quatre ~ plus grand (que)** zweimal/viermal so groß (wie); **encore une ~** noch einmal; **cette ~** diesmal; **la ~ suivante** das nächste Mal, nächstes Mal; **des ~** manchmal; **chaque ~ que** jedes Mal, wenn; **une (bonne) ~ pour toutes** ein für alle Mal; **une ~ qu'il sera parti** nachdem er gegangen ist; **à la ~** auf einmal; **si des ~** (fam) wenn (zufällig); **il était une ~** es war einmal
foison [fwazɔ̃] *nf*: **une ~ de** eine Fülle von; **à ~** in Hülle und Fülle
foisonner [fwazɔne] *vi*: **~ en** *ou* **de** reich sein an +dat
folâtre [fɔlɑtr] *adj* ausgelassen
folichon, ne [fɔliʃɔ̃, ɔn] *adj*: **ça n'a rien de ~** das ist nicht gerade umwerfend
folie [fɔli] *nf* Verrücktheit *f*; (maladie) Wahnsinn *m*; **faire des ~s** ein Vermögen ausgeben; **~ des grandeurs** Größenwahn *m*
folklore [fɔlklɔr] *nm* Folklore *f*
folklorique [fɔlklɔrik] *adj* Volks-, volkstümlich; (fam : péj) seltsam
folle [fɔl] *adj f*, *nf voir* **fou**
follement [fɔlmɑ̃] *adv* wahnsinnig
fomenter [fɔmɑ̃te] *vt* schüren
foncé, e [fɔ̃se] *adj* dunkel; **bleu/rouge ~** dunkelblau/dunkelrot
foncer [fɔ̃se] *vi* (tissu, teinte) dunkler werden; (fam : aller vite) rasen; **~ sur** (fam) sich stürzen auf +acc
fonceur, -euse [fɔ̃sœr, øz] *nm/f* (fam) Tatmensch *m*
foncier, -ière [fɔ̃sje, jɛr] *adj* (honnêteté, malhonnêteté) grundlegend, fundamental; (propriétaire, impôt) Grund-

fonction [fɔ̃ksjɔ̃] *nf* Funktion *f*; (*poste*) Posten *m*; **fonctions** *nfpl* (*activité, pouvoirs*) Aufgaben *pl*; (*corporelles, biologiques*) Funktionen *pl*; **entrer en ~s** sein Amt antreten; **reprendre ses ~s** seine Tätigkeit wiederaufnehmen; **voiture/maison de ~** Dienstwagen *m*/ Dienstwohnung *f*; **être ~ de** abhängen von; **en ~ de** entsprechend +*dat*; **faire ~ de** (*suj : personne*) fungieren als; (*: chose*) dienen als; **la ~ publique** der öffentliche Dienst *m*; **~ veille** Stand-by-Betrieb *m*

fonctionnaire [fɔ̃ksjɔnɛʀ] *nmf* Beamte(r) *m*, Beamtin *f*

fonctionnel, le [fɔ̃ksjɔnɛl] *adj* Funktions-; (*bien conçu*) funktionell

fonctionner [fɔ̃ksjɔne] *vi* funktionieren

fond [fɔ̃] *nm* (*d'un récipient, trou*) Boden *m*; (*d'une salle, d'un tableau, décor*) Hintergrund *m*; (*opposé à la forme*) Inhalt *m*; (*Sport*) Langstreckenlauf *m*; **un ~ de bouteille** ein Tropfen in der Flasche; **au ~ de** (*salle*) im hinteren Teil +*gén*; **sans ~** bodenlos; **à ~** (*connaître, soutenir*) gründlich; (*appuyer, visser*) kräftig, fest; **à ~ (de train)** (*fam*) mit Höchstgeschwindigkeit; **dans le** ou **au ~** im Grunde; **de ~ en comble** (*fouiller*) von oben bis unten; **~ de teint** Grundierung *f*; **~ sonore** Geräuschkulisse *f*

fondamental, e, -aux [fɔ̃damɑ̃tal, o] *adj* grundlegend, fundamental

fondamentalisme [fɔ̃damɑ̃talism] *nm* Fundamentalismus *m*

fondant, e [fɔ̃dɑ̃, ɑ̃t] *adj* schmelzend; (*au goût*) auf der Zunge zergehend; **gâteau ~** Rührteigkuchen *m*

fondateur, -trice [fɔ̃datœʀ, tʀis] *nm/f* Gründer(in); **groupe ~** Gründergruppe *f*; **membre ~** Gründungsmitglied *nt*

fondation [fɔ̃dasjɔ̃] *nf* Gründung *f*; (*établissement*) Stiftung *f*; **fondations** *nfpl* (*d'une maison*) Fundament *nt*

fondé, e [fɔ̃de] *adj* begründet ▶ *nm*: **~ de pouvoir** Prokurist(in) *m(f)*; **bien ~** wohlbegründet; **être à ~ croire** Grund zu der Annahme haben, dass

fondement [fɔ̃dmɑ̃] *nm* (*postérieur*) Hinterteil *nt*; **fondements** *nmpl* (*fig*) Grundlage *f*; **sans ~** unbegründet, grundlos

fonder [fɔ̃de] *vt* gründen; **se fonder** *vpr*: **se ~ sur qch** sich stützen auf +*acc*; **~ qch sur** etw stützen auf +*acc*; **~ un foyer** eine Familie gründen

fonderie [fɔ̃dʀi] *nf* Gießerei *f*

fondre [fɔ̃dʀ] *vt* schmelzen; (*mélanger*) vermischen ▶ *vi* schmelzen; (*dans de l'eau*) sich auflösen; (*argent, courage*) zerrinnen; **~ sur** herfallen über +*acc*; **faire ~** schmelzen; **~ en larmes** in Tränen ausbrechen

fondrière [fɔ̃dʀijɛʀ] *nf* Schlagloch *nt*

fonds [fɔ̃] *nm* (*de bibliothèque*) Bestand *m*; **fonds** *nmpl* (*argent*) Kapital *nt*, Gelder *pl*; **~ (de commerce)** Geschäft *nt*; **à ~ perdus** auf Nimmerwiedersehen; **~ (de commerce)** Geschäft *nt*; **le F~ monétaire international** der Internationale Währungsfonds; **~ publics** öffentliche Gelder

fondu, e [fɔ̃dy] *adj* geschmolzen; (*couleurs*) verschwommen, verfließend ▶ *nm* (*Ciné : ouverture*) Einblendung *f*; (*: fermeture*) Ausblendung *f*

fondue [fɔ̃dy] *nf*: **~ (savoyarde)/ bourguignonne** Käse-/Fleischfondue *nt*

fongicide [fɔ̃ʒisid] *nm* Fungizid *nt*; (*Méd*) Hautpilzmittel *nt*

fontaine [fɔ̃tɛn] *nf* Quelle *f*; (*construction*) Brunnen *m*

fonte [fɔ̃t] *nf* Schmelze *f*, Schmelzen *nt*; (*métal*) Gusseisen *nt*; **en ~ émaillée** aus emailliertem Gusseisen; **la ~ des neiges** die Schneeschmelze *f*

fonts baptismaux [fɔ̃batismo] *nmpl* Taufbecken *nt*

foot [fut] (*fam*) *nm* Fußball *m*; **jouer au ~** kicken

football [futbol] *nm* Fußball *m*

footballeur, -euse [futbolœʀ, øz] *nm/f* Fußballspieler(in)

footing [futiŋ] *nm* : **faire du ~** joggen

for [fɔʀ] *nm* : **dans** ou **en mon/son ~ intérieur** in meinem/seinem (*ou* ihrem) Innersten

forain, e [fɔʀɛ̃, ɛn] *adj* Jahrmarkts- ▶ *nm/f* Schausteller(in)

forçat [fɔʀsa] *nm* Sträfling *m*

force [fɔʀs] *nf* Kraft *f*; (*degré de puissance*) Stärke *f*; **forces** *nfpl* (*Mil*) Streitkräfte *pl*; **ménager ses ~s** mit seinen Kräften Haus halten; **reprendre des ~s** wieder zu Kräften kommen; **être à bout de ~** am Ende seiner Kräfte sein; **c'est au-dessus de mes ~s** das geht über meine Kräfte; **de toutes ses/mes ~s** aus Leibeskräften; **à ~ de le critiquer** wenn man ihn fortwährend kritisiert; **arriver en ~** in Scharen ankommen; **de ~** mit Gewalt; **les ~s armées** die Streitkräfte *pl*; **être de ~ à faire qch** imstande sein, etw zu tun; **par la ~ des choses** zwangsläufig; **la ~ de l'habitude** die Macht *f* der Gewohnheit; **~ de caractère** Charakterstärke *f*; **~ de dissuasion**

forcé | 144

Abschreckungskraft f; **~ de frappe** Militärmacht f; **~ d'inertie** Trägheit f; **~ majeure** höhere Gewalt f; **les ~s de l'ordre** die Polizei f

forcé, e [fɔʀse] *adj* (*rire, attitude*) gezwungen; (*bain*) unfreiwillig; (*atterrissage*) Not-; **c'est ~ !** das geht gar nicht anders!

forcément [fɔʀsemɑ̃] *adv* (*bien sûr*) ganz bestimmt; **pas ~** nicht unbedingt

forcené, e [fɔʀsəne] *nm/f* Wahnsinnige(r) f(m)

forceps [fɔʀsɛps] *nm* Geburtszange f

forcer [fɔʀse] *vt* (*porte, serrure*) aufbrechen; (*moteur*) überfordern; (*contraindre*) zwingen ▶ *vi* (*Sport*) sich verausgaben; **se forcer** *vpr* : **se ~ à qch/ faire qch** sich dazu zwingen/sich dazu zwingen, etw zu tun; **~ qn à faire qch** jdn dazu zwingen, etw zu tun; **~ la main à qn** jdm die Entscheidung abnehmen; **~ la dose** (*fam*) es übertreiben; **~ l'allure** die Geschwindigkeit erhöhen

forcing [fɔʀsiŋ] *nm* : **faire du ~** Druck machen

forer [fɔʀe] *vt* (*objet, rocher*) durchbohren; (*puits*) bohren

forestier, -ière [fɔʀɛstje, jɛʀ] *adj* Forst-, Wald-

foret [fɔʀɛ] *nm* Bohrer m

forêt [fɔʀɛ] *nf* Wald m; **~ vierge** Urwald m

Forêt-Noire [fɔʀɛnwaʀ] *nf* (*Géo*) Schwarzwald m

forêt-noire [fɔʀɛnwaʀ] *nf* (*Culin*) Schwarzwälder Kirschtorte f

foreuse [fɔʀøz] *nf* Bohrmaschine f

forfait [fɔʀfɛ] *nm* (*Comm*) Pauschalpreis m; (*crime*) Verbrechen nt, Schandtat f; **déclarer ~** nicht antreten, zurücktreten; **travailler à ~** für eine Pauschale arbeiten

forfaitaire [fɔʀfɛtɛʀ] *adj* Pauschal-

forfait-vacances [fɔʀfɛvakɑ̃s] (*pl* **forfaits-vacances**) *nm* Pauschalreise f

forge [fɔʀʒ] *nf* Schmiede f

forgé, e [fɔʀʒe] *adj* : **~ de toutes pièces** von A bis Z erfunden

forger [fɔʀʒe] *vt* (*métal, grille*) schmieden; (*personnalité, moral*) formen; (*prétexte, alibi*) erfinden

forgeron, ne [fɔʀʒəʀɔ̃] *nm/f* Schmied m

formaliser [fɔʀmalize] : **se formaliser** *vpr* gekränkt sein; **se ~ de qch** an etw Anstoß nehmen

formalité [fɔʀmalite] *nf* Formalität f

format [fɔʀma] *nm* Format nt

formater [fɔʀmate] *vt* formatieren

formation [fɔʀmasjɔ̃] *nf* Bildung f; (*groupe*) Gruppe f; (*éducation, apprentissage*) Ausbildung f; (*Géo*) Formation f; **la ~ professionnelle** die Berufsausbildung

forme [fɔʀm] *nf* Form f; (*genre*) Art f; **formes** *nfpl* (*bonnes manières*) Umgangsformen pl; (*d'une femme*) Kurven pl; **en ~ de poire** birnenförmig; **sous ~ de** in der Form von; **être en ~, avoir la ~** gut in Form sein; **être en pleine ~** in Topform sein; **en bonne et due ~** in gebührender Form; **prendre ~** Gestalt annehmen

formel, le [fɔʀmɛl] *adj* (*preuve, décision*) klar; (*logique*) formal; (*politesse*) förmlich, formell

formellement [fɔʀmɛlmɑ̃] *adv* (*interdit*) ausdrücklich

former [fɔʀme] *vt* bilden; (*projet, idée*) entwickeln; (*personne*) ausbilden; (*caractère, intelligence, goût*) ausbilden; (*lettre etc*) gestalten; **se former** *vpr* (*apparaître*) sich bilden, entstehen; (*se développer*) sich entwickeln

formica® [fɔʀmika] *nm* Resopal® nt

formidable [fɔʀmidabl] *adj* (*important*) gewaltig, ungeheuer; (*excellent*) wunderbar, toll

formulaire [fɔʀmylɛʀ] *nm* Formular nt; **remplir un ~** ein Formular ausfüllen

formule [fɔʀmyl] *nf* (*Science*) Formel f; (*de crédit*) System nt; **~ de politesse** Höflichkeitsfloskel f

formuler [fɔʀmyle] *vt* ausdrücken, formulieren

forniquer [fɔʀnike] *vi* Unzucht treiben

forsythia [fɔʀsisja] *nm* Forsythie f

fort, e [fɔʀ, fɔʀt] *adj* stark; (*doué*) begabt; (*important*) beträchtlich; (*sauce etc*) scharf ▶ *adv* (*frapper, serrer*) kräftig; (*sonner, parler*) laut ▶ *nm* (*édifice*) Fort nt; **au plus ~ de** mitten in +*dat*; **les ~s** die Stärken

forteresse [fɔʀtəʀɛs] *nf* Festung f

fortifiant, e [fɔʀtifjɑ̃, jɑ̃t] *adj* stärkend ▶ *nm* Stärkungsmittel nt

fortifications [fɔʀtifikasjɔ̃] *nfpl* Befestigungsanlagen pl

fortifier [fɔʀtifje] *vt* stärken; (*Mil*) befestigen

fortiori [fɔʀsjɔʀi] : **à ~** *adv* um so mehr

fortuit, e [fɔʀtɥi, it] *adj* zufällig

fortune [fɔʀtyn] *nf* (*richesse*) Vermögen nt; (*destin*) Schicksal nt; **faire ~** reich werden; **de ~** improvisiert

fortuné, e [fɔʀtyne] *adj* wohlhabend

forum [fɔʀɔm] *nm* Forum nt; (*débat*) Diskussionsforum nt

fosse [fos] *nf* (*grand trou*) Grube f; (*Géo*) Graben m; (*tombe*) Grab nt, Gruft f;

~ commune Gemeinschaftsgrab *nt*;
~ d'orchestre Orchestergraben *m*;
~ septique Klärgrube *f*; **~s nasales** Nasennebenhöhlen *pl*

fossé [fose] *nm* Graben *m*, Kluft *f*

fossile [fɔsil] *nm* Fossil *nt* ▶ *adj* : **animal/coquillage ~** versteinertes Tier *nt*/versteinerte Muschel *f*

fossoyeur, -euse [foswajœʀ, øz] *nm/f* Totengräber(in)

fou, folle [fu, fɔl] (*devant nm commençant par voyelle ou h muet* **fol**) *adj* verrückt; (*regard, tentative, pensée*) irr; (*extrême*) wahnsinnig ▶ *nm/f* Verrückte(r) *f(m)* ▶ *nm* (*d'un roi*) Hofnarr *m*; (*Échecs*) Läufer *m*; **être ~ de** (*sport, art etc*) verrückt sein auf +*acc*; (*personne*) verrückt sein nach

foudre [fudʀ] *nf* : **la ~** der Blitz; **s'attirer les ~s de qn** jds Zorn auf sich *acc* ziehen

foudroyant, e [fudʀwajɑ̃, ɑ̃t] *adj* (*rapidité, succès*) überwältigend; (*maladie, poison*) sofort tödlich

foudroyer [fudʀwaje] *vt* erschlagen; **~ qn du regard** jdm einen vernichtenden Blick zuwerfen

fouet [fwɛ] *nm* Peitsche *f*; (*Culin*) Schneebesen *m*; **de plein ~** (*se heurter, entrer en collision*) frontal

fouetter [fwete] *vt* peitschen; (*personne*) auspeitschen; (*Culin*) schlagen

fougère [fuʒɛʀ] *nf* Farn *m*

fouille [fuj] *nf* (*de police, douane*) Durchsuchung *f*; **fouilles** *nfpl* (*archéologiques*) Ausgrabungen *pl*

fouiller [fuje] *vt* (*personne, local*) durchsuchen; (*sol*) durchwühlen; **~ dans/parmi** herumwühlen in +*dat*/zwischen +*dat*

fouillis [fuji] *nm* Durcheinander *nt*

fouine [fwin] *nf* Steinmarder *m*

fouiner [fwine] (*fam*) *vi* : **~ dans** herumschnüffeln in +*dat*

foulard [fulaʀ] *nm* (Hals)tuch *nt*, (Kopf)tuch *nt*; **~ islamique** Schleier *m*

foule [ful] *nf* Menschenmenge *f*; **une ~ de** (*beaucoup*) eine Menge (von); **les ~s** die Massen *pl*

fouler [fule] *vt* (*raisin*) keltern; **se fouler** *vpr* (*fam : se fatiguer*) sich kaputtmachen; **se ~ la cheville/le bras** sich *dat* den Knöchel/den Arm verstauchen; **~ aux pieds** mit Füßen treten

foulure [fulyʀ] *nf* Verstauchung *f*

four [fuʀ] *nm* (Back)ofen *m*; (*échec*) Reinfall *m*; **~ à micro-ondes** Mikrowellenherd *m*

fourbe [fuʀb] *adj* (*personne*) betrügerisch; (*regard*) verschlagen

fourbi [fuʀbi] (*fam*) *nm* Krempel *m*

fourbir [fuʀbiʀ] *vt* (*polir*) blank putzen, polieren; **~ ses armes** (*fig*) sich zum Kampf rüsten

fourbu, e [fuʀby] *adj* erschöpft

fourche [fuʀʃ] *nf* (*à foin*) Heugabel *f*; (*à fumier*) Mistgabel *f*; (*de bicyclette*) Gabel *f*; (*d'une route*) Gabelung *f*

fourchette [fuʀʃɛt] *nf* Gabel *f*; (*Statistique*) Spanne *f*; (*des salaires*) Bandbreite *f*; **~ à dessert** Kuchengabel *f*; **~ de prix** Preisspanne *f*

fourchu, e [fuʀʃy] *adj* (*cheveu, langue*) gespalten; (*branche*) gegabelt; (*chemin*) verzweigt

fourgon [fuʀgɔ̃] *nm* (*Auto*) Lieferwagen *m*; **~ mortuaire** *ou* **funéraire** Leichenwagen *m*

fourgonnette [fuʀgɔnɛt] *nf* Lieferwagen *m*

fourmi [fuʀmi] *nf* Ameise *f*; **j'ai des ~s dans les jambes** mir sind die Beine eingeschlafen

fourmilière [fuʀmiljɛʀ] *nf* Ameisenhaufen *m*

fourmillement [fuʀmijmɑ̃] *nm* (*démangeaison*) Kribbeln *nt*; (*grouillement*) Wimmeln *nt*

fourmiller [fuʀmije] *vi* wimmeln; **ce texte fourmille de fautes** in diesem Text wimmelt es von Fehlern

fournaise [fuʀnɛz] *nf* Feuersbrunst *f*; (*lieu très chaud*) Treibhaus *nt*

fourneau, x [fuʀno] *nm* (*de cuisine*) Herd *m*

fournée [fuʀne] *nf* (*de pain*) Schub *m*; (*de touristes*) Schwung *m*

fourni, e [fuʀni] *adj* (*barbe, cheveux*) dicht; **bien/mal ~ (en)** gut/schlecht ausgestattet (mit)

fournir [fuʀniʀ] *vt* liefern; **se fournir** *vpr* : **se ~ chez** einkaufen bei; **~ un effort** sich anstrengen; **~ en** beliefern mit; **~ qch à qn** jdm etw geben

fournisseur, -euse [fuʀnisœʀ, øz] *nm/f* Lieferant(in); **~ d'accès à Internet** Netzbetreiber *m*, Provider *m*

fourniture [fuʀnityʀ] *nf* Lieferung *f*; **fournitures** *nfpl* Ausstattung *f*; **~s scolaires** Schreibwaren *pl* (für die Schule)

fourrage [fuʀaʒ] *nm* (Vieh)futter *nt*

fourrager [fuʀaʒe] *vi* : **~ dans/parmi** herumwühlen in +*dat*/zwischen +*dat*

fourré, e [fuʀe] *adj* (*bonbon, chocolat etc*) gefüllt; (*manteau, bottes etc*) gefüttert ▶ *nm* Dickicht *nt*

fourreau, x [fuʀo] *nm* (*d'épée*) Scheide *f*

fourrer [fuʀe] (*fam*) *vt* : **~ qch dans** etw stecken in +*acc*; **se fourrer** *vpr* : **se ~**

dans sich verkriechen in +*dat*; (*mauvaise situation*) hineingeraten in +*acc*
fourre-tout [fuʀtu] *nm inv* (*sac*) Reisetasche *f*; (*local*) Abstellkammer *f*; (*meuble*) Schrank *f*, in dem alles Mögliche verstaut wird; (*fig*) Mischmasch *m*
fourreur [fuʀœʀ] *nm* Kürschner(in) *m(f)*
fourrière [fuʀjɛʀ] *nf* (*pour chiens*) Tierheim *nt*; (*pour voitures*) Abstellplatz *m* für abgeschleppte Fahrzeuge; **ma voiture a été mise en** *ou* **à la ~** mein Auto wurde abgeschleppt
fourrure [fuʀyʀ] *nf* (*pelage*) Fell *nt*; (*matériau, manteau*) Pelz *m*; **manteau/col de ~** Pelzmantel *m*/Pelzkragen *m*
fourvoyer [fuʀvwaje] *se fourvoyer vpr* sich verirren
foutre [futʀ] (*vulg*) *vt* = **ficher**; **je m'en fous** das ist mir scheißegal; **qu'est-ce que tu fous ?** was treibst du so?; **j'en ai rien à ~** ich habe nichts zu tun
foutu, e [futy] (*vulg*) *adj* = **fichu**; **c'est ~** alles Scheiße; **c'est bien ~** es ist gut gemacht
foyer [fwaje] *nm* (*d'une cheminée, d'un four*) Feuerstelle *f*; (*d'incendie, d'infection*) Herd *m*; (*famille, domicile*) Heim *nt*; (*Théât*) Foyer *nt*; (*résidence*) Wohnheim *nt*; (*Optique, Photo*) Brennpunkt *m*; **lunettes à double ~** Bifokalbrille *f*
fracas [fʀaka] *nm* Krach *m*, Getöse *nt*
fracasser [fʀakase] *vt* zertrümmern; (*verre*) zerschlagen; **se fracasser** *vpr* : **se ~ contre** *ou* **sur** zerschellen an +*dat*
fraction [fʀaksjɔ̃] *nf* (*Math*) Bruch *m*; (*partie*) Bruchteil *m*; **une ~ de seconde** der Bruchteil einer Sekunde
fractionner [fʀaksjɔne] *vt* aufteilen; **se fractionner** *vpr* sich spalten
fracture [fʀaktyʀ] *nf* (*Méd*) Bruch *m*; **~ du crâne** Schädelbruch *m*; **~ ouverte** offener Bruch *m*; **~ sociale** Wohlstandsschere *f*
fracturer [fʀaktyʀe] *vt* (*coffre, serrure*) aufbrechen; (*os, membre*) brechen; **se ~ la jambe** sich *dat* ein Bein brechen; **se ~ le crâne** einen Schädelbruch erleiden
fragile [fʀaʒil] *adj* (*objet*) zerbrechlich; (*estomac*) empfindlich; (*santé*) schwach, zart; (*personne*) zart, zerbrechlich; (*équilibre, situation*) unsicher
fragilisé [fʀaʒilize]**, e** *adj* (*personne*) angegriffen
fragiliser [fʀaʒilize] *vt* schwächen
fragilité [fʀaʒilite] *nf* Zerbrechlichkeit *f*, Zartheit *f*, Unsicherheit *f*
fragment [fʀagmɑ̃] *nm* (*morceau*) (Bruch)stück *nt*, Teil *m*; (*extrait*) Auszug *m*
fragmentaire [fʀagmɑ̃tɛʀ] *adj* bruchstückhaft, unvollständig
fragmenter [fʀagmɑ̃te] *vt* aufteilen; (*roches*) spalten; **se fragmenter** *vpr* zerbrechen
fraîchement [fʀɛʃmɑ̃] *adv* (*sans enthousiasme*) kühl, zurückhaltend; (*récemment*) kürzlich, neulich
fraîcheur [fʀɛʃœʀ] *nf* Frische *f*
fraîchir [fʀeʃiʀ] *vi* abkühlen; (*vent*) auffrischen
frais¹, fraîche [fʀɛ, fʀɛʃ] *adj* frisch; (*froid*) kühl ▶ *nm* : **mettre au ~** (*au réfrigérateur*) kühl lagern; **il fait ~** es ist kühl; **le voilà ~ !** jetzt sitzt er schön in der Patsche!; **à boire/servir ~** gut gekühlt trinken/servieren; **prendre le ~** frische Luft schöpfen *ou* schnappen
frais² [fʀɛ] *nmpl* (*dépenses*) Kosten *pl*, Ausgaben *pl*; **faire des ~** Geld ausgeben; **faire les ~ de** die Kosten tragen für; **~ de déplacement** Fahrtkosten *pl*; **~ généraux** allgemeine Unkosten *pl*
fraise [fʀɛz] *nf* Erdbeere *f*; (*outil*) (*de dentiste*) Bohrer *m*; **~ des bois** Walderdbeere *f*
fraiser [fʀeze] *vt* fräsen
fraiseuse [fʀezøz] *nf* Fräse *f*
fraisier [fʀezje] *nm* Erdbeerpflanze *f*; (*gâteau*) Erdbeertorte *f*
framboise [fʀɑ̃bwaz] *nf* Himbeere *f*
franc, franche [fʀɑ̃, fʀɑ̃ʃ] *adj* (*personne*) offen, aufrichtig; (*visage*) offen; (*refus, couleur*) klar; (*coupure*) sauber; (*zone, port*) Frei- ▶ *adv* : **à parler ~** und ehrlich gesagt ▶ *nm* (*monnaie*) Franc *m*; **~ de port** portofrei, gebührenfrei; **~ suisse** Schweizer Franken *m*
français, e [fʀɑ̃sɛ, ɛz] *adj* französisch ▶ *nm* (*Ling*) Französisch *nt* ▶ *nm/f* : **Français, e** Franzose *m*, Französin *f*; **apprendre le ~** Französisch lernen; **parler ~** Französisch sprechen
France [fʀɑ̃s] *nf* : **la ~** Frankreich *nt*; **en ~** in Frankreich; **aller en ~** nach Frankreich fahren
franchement [fʀɑ̃ʃmɑ̃] *adv* ehrlich; (*tout à fait*) ausgesprochen
franchir [fʀɑ̃ʃiʀ] *vt* (*obstacle, distance*) überwinden; (*seuil, ligne, rivière*) überschreiten
franchise [fʀɑ̃ʃiz] *nf* Offenheit *f*, Aufrichtigkeit *f*; (*douanière, d'impôt*) (Gebühren)freiheit *f*; (*Assurances*) Selbstbeteiligung *f*
franciser [fʀɑ̃size] *vt* französisieren
franc-jeu [fʀɑ̃ʒø] (*pl* **francs-jeux**) *nm* : **jouer ~** fair sein

franc-maçon, ne [fʀɑ̃masɔ̃, ɔn] (mpl **franc-maçons**, fpl **franc-maçonnes**) nm/f Freimaurer(in)

franc-maçonnerie [fʀɑ̃masɔnʀi] (pl **franc-maçonneries**) nf Freimaurerei f

franco¹ [fʀɑ̃ko] adv : **~ (de port)** franko, gebührenfrei

franco² [fʀɑ̃ko] préf französisch

franco-canadien [fʀɑ̃kokanadjɛ̃] nm (Ling) kanadisches Französisch nt

francophile [fʀɑ̃kɔfil] adj frankophil

francophone [fʀɑ̃kɔfɔn] adj Französisch sprechend

francophonie [fʀɑ̃kɔfɔni] nf Gesamtheit der Französisch sprechenden Bevölkerungsgruppen

franc-parler [fʀɑ̃paʀle] (pl **francs-parlers**) nm Freimütigkeit f, Unverblümtheit f

franc-tireur, -euse [fʀɑ̃tiʀœʀ, øz] (mpl **francs-tireurs**, fpl **francs-tireuses**) nm Freischärler(in) m(f); (fig) Einzelkämpfer(in) m(f)

frange [fʀɑ̃ʒ] nf (de vêtement, tissu etc) Franse f; (de cheveux) Pony(franse f) m; (fig) Rand m

frangipane [fʀɑ̃ʒipan] nf Mandelcreme f

franglais [fʀɑ̃glɛ] nm Französisch mit vielen Anglizismen

franquette [fʀɑ̃kɛt] : **à la bonne ~** adv ohne Umstände, ganz zwanglos

frappe [fʀap] nf Anschlag m; (Boxe) Schlag m; (d'une dactylo, pianiste) Anschlag m

frapper [fʀape] vt schlagen; (étonner) beeindrucken, auffallen +dat; (atteindre) treffen; (monnaie) prägen ▶ vi (en arrivant chez qn) klopfen; **se frapper** vpr (s'inquiéter) sich aufregen; **~ à la porte** an die Tür klopfen

frasques [fʀask] nfpl Eskapaden pl

fraternel, le [fʀatɛʀnɛl] adj brüderlich

fraterniser [fʀatɛʀnize] vi freundschaftlichen Umgang haben

fraternité [fʀatɛʀnite] nf Brüderlichkeit f

fraude [fʀod] nf Betrug m; **~ fiscale** Steuerhinterziehung f

frauder [fʀode] vt, vi betrügen; **~ le fisc** Steuern hinterziehen

fraudeur, -euse [fʀodœʀ, øz] nm/f Betrüger(in)

frauduleux, -euse [fʀodylø, øz] adj betrügerisch, unlauter

frayer [fʀeje] vt (passage) bahnen, schaffen; (voie) erschließen, auftun ▶ vi (poisson) laichen; **se frayer** vpr : **se ~ un passage/chemin dans** sich dat einen Weg bahnen durch; **~ avec qn** mit jdm verkehren

frayeur [fʀejœʀ] nf Schrecken m

fredonner [fʀədɔne] vt summen

free-lance [fʀilɑ̃s] adj freiberuflich (tätig) ▶ nm freiberufliche Tätigkeit f; **journaliste ~** freier Journalist, freie Journalistin

freezer [fʀizœʀ] nm Gefrierfach nt

frégate [fʀegat] nf Fregatte f

frein [fʀɛ̃] nm Bremse f; **mettre un ~ à** bremsen; **liquide de ~** Bremsflüssigkeit f; **~ à main** Handbremse f; **~s à disques** Scheibenbremse f; **~s à tambours** Trommelbremse f

freinage [fʀenaʒ] nm Bremsen nt; **distance de ~** Bremsweg m

freiner [fʀene] vi, vt bremsen

frelaté, e [fʀəlate] adj (vin) gepan(t)scht; (produit) verfälscht

frêle [fʀɛl] adj zart, zerbrechlich

frelon [fʀəlɔ̃] nm Hornisse f

frémir [fʀemiʀ] vi (de peur, de froid) zittern; (eau) sieden; (feuille) zittern

frémissement [fʀemismɑ̃] nm Zittern nt; (frisson, agitation) Beben nt

frêne [fʀɛn] nm Esche f

frénétique [fʀenetik] adj (passion, sentiments) rasend; (musique, applaudissements) frenetisch, rasend

fréquemment [fʀekamɑ̃] adv oft

fréquence [fʀekɑ̃s] nf Häufigkeit f; (Phys) Frequenz f; **haute/basse ~** Hoch-/Niederfrequenz f

fréquent, e [fʀekɑ̃, ɑ̃t] adj häufig

fréquentation [fʀekɑ̃tasjɔ̃] nf (d'un lieu) häufiger Besuch m; **la ~ de ces gens** der Umgang mit diesen Leuten; **mauvaises ~s** schlechter Umgang

fréquenté, e [fʀekɑ̃te] adj (rue, plage) belebt; (établissement) gut besucht

fréquenter [fʀekɑ̃te] vt (lieu) häufig besuchen

frère [fʀɛʀ] nm Bruder m

fresque [fʀɛsk] nf Fresko nt

fret [fʀɛ] nm Fracht f

fréter [fʀete] vt chartern

frétiller [fʀetije] vi (poisson etc) zappeln; (de joie) springen, hüpfen; **~ de la queue** mit dem Schwanz wedeln

fretin [fʀətɛ̃] nm : **le menu ~** kleine Fische pl

friable [fʀijabl] adj bröckelig, brüchig

friand, e [fʀijɑ̃, fʀijɑ̃d] adj : **être ~ de qch** etw sehr gern mögen ▶ nm (Culin) Fleischpastetchen nt

friandise [fʀijɑ̃diz] nf Leckerei f

Fribourg [fʀibuʀ] nf (ville et canton) Freiburg nt

fric [fʀik] (fam) nm Kohle f, Geld nt

fric-frac [fʀikfʀak] nm inv (fam) Einbruch m

friche [fʀiʃ] nf Brache f ▶ adj brachliegend; **en ~** brachliegend; **~ industrielle** Industriebrache f

friction [fʀiksjɔ̃] nf Abreiben nt; (chez le coiffeur) Massage f; (Tech) Reibung f; (fig) Reiberei f

frictionner [fʀiksjɔne] vt abreiben

frigidaire® [fʀiʒidɛʀ] nm Kühlschrank m

frigide [fʀiʒid] adj frigide

frigo [fʀigo] (fam) nm Kühlschrank m

frigorifier [fʀigɔʀifje] vt (produit) tiefkühlen; **être frigorifié** (fam) frieren wie ein Schneider

frigorifique [fʀigɔʀifik] adj Kühl-

frileux, -euse [fʀilø, øz] adj verfroren; (péj) übervorsichtig

frimas [fʀima] nmpl Raureif m

frime [fʀim] (fam) nf: **c'est de la ~** das ist alles nur Schau

frimer [fʀime] (fam) vi eine Schau abziehen

frimeur, -euse [fʀimœʀ, øz] nm/f Angeber(in)

frimousse [fʀimus] (fam) nf Gesichtchen nt

fringale [fʀɛ̃gal] (fam) nf: **avoir la ~** Heißhunger haben

fringant, e [fʀɛ̃gɑ̃, ɑ̃t] adj (personne) munter, flott

fringues [fʀɛ̃g] (fam) nfpl Klamotten pl

fripé, e [fʀipe] adj zerknittert

friperie [fʀipʀi] nf Secondhandladen m; (vêtements) Kleider pl aus zweiter Hand

fripes [fʀip] nfpl Klamotten pl

fripier, -ière [fʀipje, jɛʀ] nm/f Kleiderhändler(in) (mit Secondhandkleidern)

fripon, ne [fʀipɔ̃, ɔn] adj spitzbübisch, schelmisch ▶ nm/f (enfant) Schlingel m

fripouille [fʀipuj] (péj) nf Schurke m

frire [fʀiʀ] vt, vi braten

Frisbee® [fʀizbi] nm Frisbee® nt; (disque) Frisbeescheibe f

frise [fʀiz] nf Fries m

frisé, e [fʀize] adj lockig; **(chicorée) ~e** Friséesalat m

friser [fʀize] vt (cheveux) Locken machen in +acc ▶ vi (cheveux) lockig sein, sich locken; **~ la quarantaine** fast vierzig sein

frisson [fʀisɔ̃] nm (de peur) Schaudern nt; (de froid) Schauer m; (de douleur) Erbeben nt

frissonner [fʀisɔne] vi (personne) schaudern; (eau, feuillage) rauschen

frit, e [fʀi, fʀit] pp de **frire** ▶ nf (aussi: **pomme frite**) Pomme frite f, Fritte f

friterie [fʀitʀi] nf Pommes-frites-Bude f

friteuse [fʀitøz] nf Fritteuse f

friture [fʀityʀ] nf (huile) Bratfett nt; (Radio) Rauschen nt; **~ (de poissons)** gebratene Fische pl

frivole [fʀivɔl] adj oberflächlich

froc [fʀɔk] nm (Rel) Kutte f; (fam: pantalon) Hosen pl

froid, e [fʀwa, fʀwad] adj kalt; (personne, accueil) kühl ▶ nm : **le ~** die Kälte f; **il fait ~** es ist kalt; **j'ai ~** mir ist kalt, ich friere; **prendre ~** sich erkälten; **à ~** (démarrer) kalt; (sans préparation) ohne Vorbereitung; **les grands ~s** die kalte Jahreszeit f; **jeter un ~** wie eine kalte Dusche wirken; **être en ~ avec qn** mit jdm zerstritten sein

froidement [fʀwadmɑ̃] adv kühl; (décider) mit kühlem Kopf; **~ assassiné/abattu** kaltblütig ermordet

froideur [fʀwadœʀ] nf Kühle f

froisser [fʀwase] vt zerknittern; (vexer) kränken; **se froisser** vpr knittern; (se vexer) gekränkt sein, beleidigt sein; **se ~ un muscle** sich dat einen Muskel zerren

frôler [fʀole] vt streifen, leicht berühren; (catastrophe, échec) nahe sein an +dat

fromage [fʀɔmaʒ] nm Käse m; **~ blanc** ≈ Quark m

fromager, -ère [fʀɔmaʒe, ɛʀ] nm/f (marchand) Käsehändler(in)

fromagerie [fʀɔmaʒʀi] nf Käserei f; (boutique) Käseladen m

froment [fʀɔmɑ̃] nm Weizen m

fronce [fʀɔ̃s] nf geraffte Falte f

fronde [fʀɔ̃d] nf (arme) Schleuder f; (opposition) Revolte f

frondeur, -euse [fʀɔ̃dœʀ, øz] adj aufrührerisch

front [fʀɔ̃] nm (Anat) Stirn f; (Mil, Météo, Pol) Front f; **avoir le ~ de faire qch** die Stirn haben, etw zu tun; **de ~** frontal; (rouler) Kopf an Kopf; (simultanément) gleichzeitig, zugleich; **~ de libération** Befreiungsfront f; **~ de mer** Küstenstrich m

frontal, e, -aux [fʀɔ̃tal, o] adj (Anat) Stirn-; (choc, attaque) frontal

frontalier, -ière [fʀɔ̃talje, jɛʀ] adj Grenz- ▶ nm/f Grenzgänger(in)

frontière [fʀɔ̃tjɛʀ] nf Grenze f; **poste/ville ~** Grenzposten m/Grenzstadt f; **à la ~** an der Grenze

frontispice [fʀɔ̃tispis] nm Titelblatt nt

fronton [fʀɔ̃tɔ̃] nm Giebel m

frottement [fʀɔtmɑ̃] nm (friction) Reiben nt

frotter [fʀɔte] vi reiben ▶ vt reiben; (pour nettoyer) scheuern; (meuble) polieren; **se frotter** vpr : **se ~ à qn** (fig) sich mit jdm einlassen; **se ~ à qch** sich auf etw acc einlassen

frottis [fʀɔti] nm (Méd) Abstrich m

frousse [fʀus] (fam) nf Muffe f; **avoir la ~** Muffensausen haben

fructifier [fʀyktifje] vi (argent) Zinsen tragen; (propriété) an Wert zunehmen; (arbre) Früchte tragen; **faire ~** gewinnbringend anlegen

fructueux, -euse [fʀyktɥø, øz] adj einträglich

frugal, e, -aux [fʀygal, o] adj (repas) frugal, einfach; (vie, personne) schlicht, genügsam

fruit [fʀɥi] nm Frucht f; (fig) Früchte pl; **fruits** nmpl Obst nt; **~s de mer** Meeresfrüchte pl; **~s secs** Dörrobst nt

fruité, e [fʀɥite] adj (vin, goût) adj fruchtig

fruiterie [fʀɥitʀi] nf Obstgeschäft nt

fruitier, -ière [fʀɥitje, jɛʀ] adj : **arbre ~** Obstbaum m ▶ nm/f (marchand) Obsthändler(in)

fruste [fʀyst] adj ungehobelt, roh

frustrant, e [fʀystʀɑ̃, ɑ̃t] adj frustrierend

frustration [fʀystʀasjɔ̃] nf Frustration f

frustré, e [fʀystʀe] adj frustriert

frustrer [fʀystʀe] vt (Psych) frustrieren; (espoirs etc) zunichtemachen; **~ qn de qch** (priver) jdn um etw bringen

fuchsia [fyʃja] nm Fuchsie f

fuel [fjul] nm Heizöl nt

fugace [fygas] adj flüchtig

fugitif, -ive [fyʒitif, iv] adj (lueur, amour) flüchtig; (prisonnier, esclave etc) flüchtig, entflohen ▶ nm/f Ausbrecher(in)

fugue [fyg] nf (d'un enfant) Ausreißen nt; (Mus) Fuge f; **faire une ~** ausreißen

fuir [fɥiʀ] vt fliehen ou flüchten vor; (responsabilités) sich entziehen +dat ▶ vi (personne) fliehen; (gaz, eau) entweichen; (robinet) tropfen; (tuyau) lecken, undicht sein

fuite [fɥit] nf Flucht f; (écoulement) Entweichen nt; (divulgation) Indiskretion f; **être en ~** auf der Flucht sein; **mettre en ~** in die Flucht schlagen; **prendre la ~** die Flucht ergreifen; **~ de gaz** undichte Stelle in der Gasleitung

fulgurant, e [fylgyʀɑ̃, ɑ̃t] adj atemberaubend

fulminant, e [fylminɑ̃, ɑ̃t] adj (lettre) Protest-; (regard) drohend; **~ de colère** wutschnaubend

fulminer [fylmine] vi : **~ contre** wettern gegen

fumé, e [fyme] adj (Culin) geräuchert; (verres) getönt

fume-cigarette [fymsigaʀɛt] (pl **fume-cigarettes**) nm Zigarettenspitze f

fumée [fyme] nf Rauch m

fumer [fyme] vi rauchen; (liquide) dampfen ▶ vt (cigarette, pipe) rauchen; (jambon, poisson) räuchern; (terre, champ) düngen

fumet [fymɛ] nm Aroma nt

fumeur, -euse [fymœʀ, øz] nm/f Raucher(in); **compartiment (pour) ~s** Raucherabteil nt

fumeux, -euse [fymø, øz] (péj) adj verschwommen

fumier [fymje] nm (engrais) Dünger m, Dung m

fumigation [fymigasjɔ̃] nf (Méd) Inhalieren nt

fumiste [fymist] nm/f Faulpelz m

fumisterie [fymistəʀi] (péj) nf Schwindel m

fumoir [fymwaʀ] nm Rauchzimmer nt

funambule [fynɑ̃byl] nm Seiltänzer m

funèbre [fynɛbʀ] adj (service, marche etc) Trauer-; (lugubre) düster, finster

funérailles [fyneʀaj] nfpl Begräbnis nt, Beerdigung f

funéraire [fyneʀɛʀ] adj Bestattungs-

funeste [fynɛst] adj tödlich, fatal

funiculaire [fynikylɛʀ] nm Seilbahn f

fur [fyʀ] nm : **au ~ et à mesure** nach und nach; **au ~ et à mesure que** sobald

furax [fyʀaks] (fam) adj inv fuchsteufelswild

fureur [fyʀœʀ] nf (colère) Wut f; **faire ~** Furore machen, in sein

furibard, e [fyʀibaʀ, aʀd], **furibond, e** [fyʀibɔ̃, ɔ̃d] (fam) adj stinkwütend

furie [fyʀi] nf Wut f; (femme) Furie f; **en ~** tobend

furieux, -euse [fyʀjø, jøz] adj wütend; (combat) wild, erbittert; (tempête) heftig

furoncle [fyʀɔ̃kl] nm Furunkel m ou nt

furtif, -ive [fyʀtif, iv] adj verstohlen

fusain [fyzɛ̃] nm Zeichenkohle f; (dessin) Kohlezeichnung f

fuseau, x [fyzo] nm (pour filer) Spindel f; (pantalon) Keilhose f; **en ~** (colonne) gebaucht; **~ horaire** Zeitzone f

fusée [fyze] nf Rakete f; **~ éclairante** Leuchtrakete f

fuselage [fyz(ə)laʒ] nm (Flugzeug)rumpf m

fuselé, e [fyz(ə)le] adj schlank

fusible [fyzibl] nm (fil) Schmelzdraht m; (fiche) Sicherung f

fusil [fyzi] nm Gewehr nt; **~ de chasse** Jagdflinte f

fusillade [fyzijad] nf Gewehrfeuer nt
fusiller [fyzije] vt (exécuter) erschießen
fusil-mitrailleur [fyzimitRajœR] (pl **fusils-mitrailleurs**) nm Maschinengewehr nt
fusion [fyzjɔ̃] nf (d'un métal) Schmelzen nt; (Comm, Science) Fusion f; **entrer en ~** schmelzen, flüssig werden
fusionner [fyzjɔne] vi fusionieren
fustiger [fystiʒe] vt (critiquer) tadeln
fût [fy] nm (tonneau) Fass nt; (de canon, de colonne) Schaft m; (d'arbre) Stamm m
futaie [fytɛ] nf Hochwald m
futé, e [fyte] adj schlau, gerissen
futile [fytil] adj (prétexte, activité, propos) nebensächlich
futilité [fytilite] nf Nebensächlichkeit f; (de personne) Oberflächlichkeit f
futur, e [fytyR] adj zukünftig ▶ nm Zukunft f; (Ling) Futur nt; **au ~** (Ling) im Futur; **~ antérieur** vollendete Zukunft
futuriste [fytyRist] adj futuristisch
futurologie [fytyRɔlɔʒi] nf Futurologie f
fuyant, e [fɥijɑ̃, ɑ̃t] adj (regard) ausweichend; (personne) schwer fassbar; (lignes etc) fliehend; **perspective ~e** (Art) Fluchtlinien pl

g

G, g [ʒe] nm inv G, g nt
gabegie [gabʒi] nf Chaos nt
Gabon [gabɔ̃] nm : **le ~** Gabun nt
gâcher [gɑʃe] vt (gâter) verderben; (gaspiller) verschwenden; (plâtre, mortier) anrühren
gâchette [gɑʃɛt] nf Abzug m
gâchis [gɑʃi] nm (gaspillage) Verschwendung f
gadget [gadʒɛt] nm (technische) Spielerei f
gadoue [gadu] nf (boue) Schlamm m
gaffe [gaf] nf (instrument) Bootshaken m; (fam : erreur) Schnitzer m; **faire ~** (fam) aufpassen
gaffer [gafe] vi einen Schnitzer machen
gaga [gaga] (fam) adj trottelig
gage [gaʒ] nm Pfand nt; (de fidélité etc) Zeichen nt; **gages** nmpl (salaire) Lohn m; **mettre en ~** verpfänden
gager [gaʒe] vt : **~ que** wetten, dass
gageure [gaʒyR] nf Herausforderung f
gagnant, e [gaɲɑ̃, ɑ̃t] nm/f Gewinner(in)
gagne-pain [gaɲpɛ̃] nm inv Broterwerb m
gagner [gaɲe] vt gewinnen; (somme d'argent, revenu) verdienen; (aller vers) erreichen; (maladie, feu) angreifen, übergreifen auf +acc ▶ vi gewinnen; **~ de la place** Platz sparen; **~ l'amitié de qn** jds Freundschaft gewinnen; **~ sa vie** sich dat seinen Lebensunterhalt verdienen; **~ du terrain** (an) Boden gewinnen
gai, gaie [ge] adj fröhlich; (un peu ivre) angeheitert
gaieté [gete] nf Fröhlichkeit f; **de ~ de cœur** leichten Herzens
gaillard, e [gajaR, aRd] adj (robuste) kräftig; (grivois) derb ▶ nm Kerl m
gain [gɛ̃] nm (revenu : gén pl) Einkünfte pl; (au jeu) Gewinn(e pl) m; **l'appât du ~** die Aussicht auf Gewinn

gaine [gɛn] nf (corset) Hüfthalter m; (fourreau) Scheide f
gaine-culotte [gɛnkylɔt] (pl **gaines-culottes**) nf Miederhöschen nt
gala [gala] nm Gala(veranstaltung) f
galant, e [galɑ̃, ɑ̃t] adj galant; **en ~e compagnie** in Damenbegleitung
galanterie [galɑ̃tʀi] nf Galanterie f
galantine [galɑ̃tin] nf (Culin) Fleisch in Aspik
galbe [galb] nm Rundung f
galbé, e [galbe] adj wohlgerundet
gale [gal] nf Krätze f; (de chien) Räude f
galère [galɛʀ] nf Galeere f; (fam) Schlamassel m
galérer [galeʀe] (fam) vi schuften
galerie [galʀi] nf Galerie f; (Théât) Rang m; (de voiture) (Dach)gepäckträger m
galet [galɛ] nm Kiesel(stein) m; (Tech) Rad nt
galette [galɛt] nf (gâteau) runder flacher Kuchen; **~ des Rois** Kuchen zum Dreikönigstag
galeux, -euse [galø, øz] adj (chien) räudig
galimatias [galimatja] nm Kauderwelsch nt
Galles [gal] nfpl : **le pays de ~** Wales nt
gallicisme [galisism] nm (Ling) idiomatische Redewendung f; (: dans une langue étrangère) Gallizismus m
gallois, e [galwa, waz] adj walisisch ▶ nm/f : **Gallois, e** Waliser(in)
galop [galo] nm Galopp m; **au ~** im Galopp
galoper [galɔpe] vi galoppieren
galopin [galɔpɛ̃] nm Strolch m
gambader [gɑ̃bade] vi herumspringen
gamberger [gɑ̃bɛʀʒe] (fam) vt grübeln
Gambie [gɑ̃bi] nf : **la ~** Gambia nt
gamelle [gamɛl] nf Kochgeschirr nt; **ramasser une ~** auf die Nase fallen
gamin, e [gamɛ̃, in] nm/f Kind nt ▶ adj (puéril) kindisch
gaminerie [gaminʀi] nf Kinderei f
gamme [gam] nf (Mus) Tonleiter f; (fig) Skala f
gammé, e [game] adj : **croix ~e** Hakenkreuz nt
Gange [gɑ̃ʒ] nm : **le ~** der Ganges
ganglion [gɑ̃glijɔ̃] nm Lymphknoten m; **avoir des ~s** geschwollene Drüsen haben
gangrène [gɑ̃gʀɛn] nf (Méd) (Wund)brand m
gangstérisme [gɑ̃gstɛʀism] nm Gangstertum nt
gant [gɑ̃] nm Handschuh m; **prendre des ~s avec qn** jdn mit Samthandschuhen anfassen; **~ de toilette** Waschhandschuh m; **~s de caoutchouc** Gummihandschuhe pl
garage [gaʀaʒ] nm (abri) Garage f; (entreprise) Autowerkstatt f
garagiste [gaʀaʒist] nmf (propriétaire) Werkstattbesitzer(in) m(f); (mécanicien) Automechaniker(in) m(f)
garant, e [gaʀɑ̃, ɑ̃t] nm/f Bürge m, Bürgin f; **se porter ~ de qch/de qn** für etw/jn bürgen
garantie [gaʀɑ̃ti] nf Garantie f; **~ de qualité** Qualitätssicherung f
garantir [gaʀɑ̃tiʀ] vt garantieren; (Comm) eine Garantie geben für; (attester) versichern
garce [gaʀs] (péj) nf Schlampe f
garçon [gaʀsɔ̃] nm Junge m; (jeune homme) junger Mann; (serveur) Kellner m; **un gentil ~** (jeune homme) ein netter junger Mann; **~ de café** Kellner m; **un ~ manqué** ein halber Junge m; **vieux ~** Junggeselle m
garçonnet [gaʀsɔnɛ] nm kleiner Junge m
garçonnière [gaʀsɔnjɛʀ] nf Junggesellenwohnung f
garde [gaʀd] nmf Aufseher(in) m(f), Wächter(in) m(f); (de domaine etc) Aufseher(in) m(f); (soldat, sentinelle) Wachtposten m ▶ nf Bewachung f; (soldats) Wache f; (Boxe, Escrime) Deckung f; (page ou feuille de garde) Vorsatzblatt nt; **de ~** im Dienst; **mettre en ~** warnen; **mise en ~** Warnung f; **prendre ~ à** achten auf +acc; **être sur ses ~s** auf der Hut sein; **monter la ~** Wache stehen; **avoir la ~ des enfants** das Sorgerecht für die Kinder haben; **jusqu'à la ~** bis zum Heft; (fig) bis zum Hals; **~ à vue** nm Polizeigewahrsam m; **~ champêtre** nmf Landpolizist(in) m(f); **~ d'honneur** nf Ehrengarde f; **~ des Sceaux** ≈ Justizminister(in) m(f); **~ du corps** nmf Leibwache f; **~ forestier(ière)** nmf Förster(in) m(f)
garde-à-vous [gaʀdavu] nm inv : **être/se mettre au ~** stillstehen; **~!** stillgestanden!
garde-barrière [gaʀdəbaʀjɛʀ] (pl **gardes-barrière(s)**) nmf Bahnwärter(in) m(f)
garde-boue [gaʀdəbu] (pl **garde-boues**) nm Schutzblech nt
garde-chasse [gaʀdəʃas] (pl **gardes-chasse(s)**) nmf Jagdaufseher(in) m(f)
garde-fou [gaʀdəfu] (pl **garde-fous**) nm Geländer nt

garde-malade [gaʀdəmalad] (pl **gardes-malade(s)**) nmf Krankenschwester f (im Hause), Krankenpfleger m

garde-manger [gaʀdmɑ̃ʒe] (pl **garde-mangers**) nm Speisekammer f

garder [gaʀde] vt halten; (surveiller) bewachen; (: enfants) hüten; (réserver) reservieren; **se garder** vpr (se conserver) sich halten; **~ le lit** das Bett hüten; **se ~ de faire qch** sich hüten, etw zu tun

garderie [gaʀdəʀi] nf Kinderkrippe f

gardien, ne [gaʀdjɛ̃, jɛn] nm/f (de prison) Aufseher(in), Wärter(in); (de musée) Wärter(in); (d'immeuble) Hausmeister(in); (fig) Hüter(in); **~ de but** Torwart m; **~ de la paix** Polizist(in)

gardon [gaʀdɔ̃] nm Plötze f

gare [gaʀ] nf Bahnhof m; **~ de triage** Verschiebebahnhof m; **~ routière** Busbahnhof m

gare [gaʀ] excl : **~ à toi !** pass bloß auf!

garer [gaʀe] vt parken; **se garer** vpr parken; (pour laisser passer) ausweichen

gargariser [gaʀgaʀize] : **se gargariser** vpr gurgeln; **se ~ de** (fig) seine helle Freude haben an +dat

gargarisme [gaʀgaʀism] nm Gurgeln nt; (produit) Gurgelwasser nt

gargote [gaʀgɔt] nf (billige) Kneipe f

gargouille [gaʀguj] nf Wasserspeier m

gargouiller [gaʀguje] vi (estomac) knurren; (eau) gurgeln

garnement [gaʀnəmɑ̃] nm Schlingel m

garni, e [gaʀni] adj (plat) mit Beilagen

garnir [gaʀniʀ] vt (décorer, orner) schmücken; (pourvoir, approvisionner) ausstatten; **se garnir** vpr (pièce, salle) sich füllen

garniture [gaʀnityʀ] nf Verzierung f; (protection) Beschlag m; (Culin) Beilagen pl; (: farce) Füllung f; **~ de frein** Bremsbelag m

garrot [gaʀo] nm (Méd) Aderpresse f

garrotter [gaʀɔte] vt fesseln

gars [ga] nm Bursche m

Gascogne [gaskɔɲ] nf : **la ~** die Gascogne f

gas-oil [gazwal] nm Diesel(kraftstoff) m

gaspillage [gaspijaʒ] nm Verschwendung f

gaspiller [gaspije] vt verschwenden

gaspilleur, -euse [gaspijœʀ, øz] adj verschwenderisch

gastrique [gastʀik] adj Magen-

gastro-entérite [gastʀoɑ̃teʀit] (pl **gastro-entérites**) nf Gastroenteritis f, Magen-Darm-Entzündung f

gastro-intestinal, e, -aux [gastʀoɛ̃testinal, o] adj Magen-Darm-

gastronomie [gastʀɔnɔmi] nf Gastronomie f

gastronomique [gastʀɔnɔmik] adj : **menu ~** Feinschmeckermenü nt

gâteau, x [gato] nm Kuchen m; **~ sec** Keks m ou nt; **c'est du ~** das ist ein Kinderspiel

gâter [gate] vt (enfant etc) verwöhnen; (gâcher) verderben; **se gâter** vpr (dent, fruit) schlecht werden; (temps, situation) schlechter werden

gâterie [gatʀi] nf kleine Freude f

gâteux, -euse [gatø, øz] adj senil

gâtisme [gatism] nm Senilität f

gauche [goʃ] adj linke(r, s); (maladroit) linkisch ▶ nf (Pol) Linke f; **à ~** links; (direction) nach links; **à la ~ de** links von

gaucher, -ère [goʃe, ɛʀ] adj linkshändig ▶ nm/f Linkshänder(in)

gaucherie [goʃʀi] nf Ungeschicklichkeit f

gauchir [goʃiʀ] vt verbiegen; (fait, idée) verdrehen

gauchiste [goʃist] nmf Linke(r) f(m)

gaufre [gofʀ] nf Waffel f

gaufrette [gofʀɛt] nf Waffel f

gaufrier [gofʀije] nm Waffeleisen nt

Gaule [gol] nf : **la ~** Gallien nt

gaullisme [golism] nm Gaullismus m

gaulois, e [golwa, waz] adj gallisch; (grivois) derb ▶ nm/f : **Gaulois, e** Gallier(in)

gausser [gose] : **se ~ de** vpr sich lustig machen über +acc

gaver [gave] vt mästen; **se gaver** vpr : **se ~ de** sich vollstopfen mit; **~ de** (fig) vollstopfen mit

gay [gɛ] adj schwul

gaz [gaz] nm inv Gas nt; **~ à effet de serre** Treibhausgas nt; **~ hilarant/lacrymogène** Lach-/Tränengas nt; **~ naturel/propane** Erd-/Propangas nt; **~ de pétrole liquéfié** Flüssiggas nt; **~ de schiste** Schiefergas nt

gaze [gaz] nf (pansement) Verbandmull m; (étoffe) Gaze f

gazéifié, e [gazeifje] adj kohlensäurehaltig

gazelle [gazɛl] nf Gazelle f

gazer [gaze] vt vergasen ▶ vi (fam) (wie geschmiert) laufen

gazeux, -euse [gazø, øz] adj gasförmig; **eau/boisson gazeuse** Mineralwasser nt/Getränk nt mit Kohlensäure

gazoduc [gazodyk] nm Gasleitung f

gazomètre [gazɔmɛtʀ] nm Gaszähler m

gazon [gazɔ̃] nm (pelouse) Rasen m

gazouiller [gazuje] vi (*oiseau*) zwitschern; (*enfant*) plappern

geai [ʒɛ] nm Eichelhäher m

géant, e [ʒeɑ̃, ɑ̃t] adj riesig ▶ nm/f Riese m, Riesin f

geindre [ʒɛ̃dʀ] vi stöhnen

gel [ʒɛl] nm (*temps*) Frost m; (*produit de beauté*) Gel nt; (*des salaires, prix*) Einfrieren nt; **~ douche** Duschgel nt

gélatine [ʒelatin] nf Gelatine f

gelé, e [ʒ(ə)le] adj (*lac*) zugefroren; **je suis ~** mir ist eiskalt

gelée [ʒ(ə)le] nf (*Météo*) Frost m; (*de viande, de fruits*) Gelee f; **viande en ~** Fleisch nt in Aspik; **~ blanche** Raureif m

geler [ʒ(ə)le] vt gefrieren lassen; (*prix, salaires, crédits, capitaux*) einfrieren ▶ vi (*sol, eau*) gefrieren; (*personne*) frieren ▶ vb impers : **il gèle** es friert

gélule [ʒelyl] nf Kapsel f

Gémeaux [ʒemo] nmpl : **les ~** die Zwillinge pl; **être ~** Zwilling sein

gémir [ʒemiʀ] vi stöhnen

gênant, e [ʒɛnɑ̃, ɑ̃t] adj (*meuble, objet*) hinderlich; (*situation*) peinlich

gencive [ʒɑ̃siv] nf Zahnfleisch nt

gendarme [ʒɑ̃daʀm] nmf Polizist(in) m(f)

gendarmerie [ʒɑ̃daʀməʀi] nf (Land) polizei f

gendre [ʒɑ̃dʀ] nm Schwiegersohn m

gène [ʒɛn] nm Gen nt

gêne [ʒɛn] nf (*physique*) Schwierigkeit f; (*embarras, confusion*) Verlegenheit f; (*dérangement*) Störung f; (*manque d'argent*) (Geld)verlegenheit f

gêné, e [ʒene] adj (*embarrassé*) verlegen

gêner [ʒene] vt stören; (*encombrer*) behindern; (*embarrasser*) in Verlegenheit bringen; **se gêner** vpr sich dat Mühe machen

général, e, -aux [ʒeneʀal, o] adj allgemein ▶ nm (*Mil*) General m ▶ nf : (**répétition**) **~e** Generalprobe f; **en ~** im Allgemeinen; **assemblée ~e** Vollversammlung f; **grève ~e** Generalstreik m; **culture/médecine ~e** Allgemeinbildung f/Allgemeinmedizin f

généralement [ʒeneʀalmɑ̃] adv allgemein

généralisation [ʒeneʀalizasjɔ̃] nf Verallgemeinerung f

généraliser [ʒeneʀalize] vt, vi verallgemeinern; **se généraliser** vpr sich verbreiten

généraliste [ʒeneʀalist] nmf (*Méd*) praktischer Arzt m, praktische Ärztin f

générateur, -trice [ʒeneʀatœʀ, tʀis] adj : **être ~ de** die Ursache sein von ▶ nm Generator m

génération [ʒeneʀasjɔ̃] nf Generation f

généreux, -euse [ʒeneʀø, øz] adj großzügig

générique [ʒeneʀik] adj artgemäß; **médicaments ~s** Generika pl ▶ nm (*Ciné, TV* : *au début du film*) Vorspann m

générosité [ʒeneʀozite] nf Großzügigkeit f

genèse [ʒənɛz] nf Entstehung f

genêt [ʒ(ə)nɛ] nm Ginster m

généticien, ne [ʒenetisjɛ̃, jɛn] nm/f Genetiker(in)

génétique [ʒenetik] adj genetisch

génétiquement [ʒenetikmɑ̃] adv genetisch; **~ modifié(e)** gentechnisch verändert

Genève [ʒ(ə)nɛv] n Genf nt

genévrier [ʒənevʀije] nm Wacholder m

génial, e, -aux [ʒenjal, jo] adj genial; (*fam*) fantastisch

génie [ʒeni] nm Genie nt; (*don*) Begabung f; **le ~** (*Mil*) die Pioniere pl; **de ~** genial; **~ civil** Hoch- und Tiefbau m

genièvre [ʒənjɛvʀ] nm Wacholder m; (*boisson*) Wacholder(schnaps) m

génital, e, -aux [ʒenital, o] adj genital

génitif [ʒenitif] nm Genitiv m

génocide [ʒenɔsid] nm Völkermord m

génoise [ʒenwaz] nf (*gâteau*) Biskuitkuchen m

genou, x [ʒ(ə)nu] nm Knie nt; **à ~x** auf (den) Knien; **se mettre à ~x** niederknien; **prendre qn sur ses ~x** jdn auf den Schoß nehmen

genouillère [ʒ(ə)nujɛʀ] nf Knieschützer m

genre [ʒɑ̃ʀ] nm Art f; (*Ling*) Genus nt; (*Art*) Genre nt; (*Zool etc*) Gattung f; **s'accorder en ~ et en nombre** (*Ling*) in Genus und Numerus angeglichen werden

gens [ʒɑ̃] nmpl Leute pl, Menschen pl

gentiane [ʒɑ̃sjan] nf Enzian m

gentil, le [ʒɑ̃ti, ij] adj nett

gentillesse [ʒɑ̃tijɛs] nf Nettigkeit f

gentiment [ʒɑ̃timɑ̃] adv nett

géographe [ʒeɔgʀaf] nmf Geograf(in) m(f)

géographie [ʒeɔgʀafi] nf Geografie f, Erdkunde f

géographique [ʒeɔgʀafik] adj geografisch

géologie [ʒeɔlɔʒi] nf Geologie f

géologique [ʒeɔlɔʒik] adj geologisch

géologue [ʒeɔlɔg] nmf Geologe m, Geologin f

géométrie [ʒeɔmetʀi] nf Geometrie f

géométrique [ʒeɔmetʀik] adj geometrisch

Géorgie [ʒeɔrʒi] *nf*: **la ~** Georgien *nt*
géostationnaire [ʒeostasjɔnɛr] *adj* geostationär
géothermique [ʒeotɛrmik] *adj*: **énergie ~** Erdwärme *f*
gérance [ʒerɑ̃s] *nf* Verwaltung *f*; **mettre en ~** verwalten lassen; **prendre en ~** verwalten
géranium [ʒeranjɔm] *nm* Geranie *f*
gérant, e [ʒerɑ̃, ɑ̃t] *nm/f* Leiter(in), Manager(in); **~ d'immeuble** Hausverwalter(in)
gerbe [ʒɛrb] *nf* (*de fleurs*) Strauß *m*; (*de blé*) Garbe *f*
gercé, e [ʒɛrse] *adj* aufgesprungen
gerçure [ʒɛrsyr] *nf* Riss *m*
gérer [ʒere] *vt* verwalten; (*entreprise*) leiten
gériatrie [ʒerjatri] *nf* Geriatrie *f*, Altersheilkunde *f*
gériatrique [ʒerjatrik] *adj* geriatrisch
germanique [ʒɛrmanik] *adj* germanisch
germaniste [ʒɛrmanist] *nmf* Germanist(in) *m(f)*
germanophone [ʒɛrmanɔfɔn] *adj* deutschsprachig
germe [ʒɛrm] *nm* Keim *m*
germer [ʒɛrme] *vi* keimen
gérondif [ʒerɔ̃dif] *nm* Gerundium *nt*
gérontologie [ʒerɔ̃tɔlɔʒi] *nf* Gerontologie *f*
gérontologue [ʒerɔ̃tɔlɔg] *nmf* Gerontologe *m*, Gerontologin *f*
gestation [ʒɛstasjɔ̃] *nf* (*d'un animal*) Trächtigkeit *f*; (*fig*) Reifungsprozess *m*
geste [ʒɛst] *nm* Geste *f*; **faire un ~ de refus** eine ablehnende Geste machen; **il fit un ~ de la main pour m'appeler** er rief mich mit einer Handbewegung zu sich
gesticuler [ʒɛstikyle] *vi* gestikulieren
gestion [ʒɛstjɔ̃] *nf* (*d'entreprise*) Leitung *f*; (*de budget etc*) Verwaltung *f*; (*Inform*) Steuerung *f*; **~ des coûts** Kostenmanagement *nt*
gestionnaire [ʒɛstjɔnɛr] *nmf* Geschäftsführer(in) *m(f)*
geyser [ʒɛzɛr] *nm* Geysir *m*
Ghana [gana] *nm*: **le ~** Ghana *nt*
ghetto [geto] *nm* G(h)etto *nt*
gibelotte [ʒiblɔt] *nf* Hasenpfeffer *m* (in Weißwein)
gibet [ʒibɛ] *nm* Galgen *m*
gibier [ʒibje] *nm* (*animaux*) Wild *nt*; (*fig*) Beute *f*
giboulée [ʒibule] *nf* Regenschauer *m*
Gibraltar [ʒibraltar] *nm* Gibraltar *nt*
gicler [ʒikle] *vi* spritzen
gicleur [ʒiklœr] *nm* Düse *f*
gifle [ʒifl] *nf* Ohrfeige *f*
gifler [ʒifle] *vt* ohrfeigen
gigantesque [ʒigɑ̃tɛsk] *adj* riesig
gigantisme [ʒigɑ̃tism] *nm* Riesenwuchs *m*
GIGN [ʒeiʒeɛn] *sigle m* (= *Groupe d'intervention de la gendarmerie nationale*) Antiterroristentruppe
gigot [ʒigo] *nm* (*de mouton, d'agneau*) Keule *f*
gigoter [ʒigɔte] *vi* zappeln
gilet [ʒilɛ] *nm* (*de costume*) Weste *f*; (*pull*) Strickjacke *f*; (*sous-vêtement*) Unterhemd *nt*; **~ de sauvetage** Schwimmweste *f*; **~ pare-balles** kugelsichere Weste
gingembre [ʒɛ̃ʒɑ̃br] *nm* Ingwer *m*
gingivite [ʒɛ̃ʒivit] *nf* Zahnfleischentzündung *f*
girafe [ʒiraf] *nf* Giraffe *f*
giratoire [ʒiratwar] *adj*: **sens ~** Kreisverkehr *m*
girofle [ʒirɔfl] *nf*: **clou de ~** (Gewürz)nelke *f*
giroflée [ʒirɔfle] *nf* Goldlack *m*
girolle [ʒirɔl] *nf* Pfifferling *m*
Gironde [ʒirɔ̃d] *nf*: **la ~** die Gironde *f*
girouette [ʒirwɛt] *nf* Wetterfahne *f*
gisement [ʒizmɑ̃] *nm* Ablagerung *f*
gitan, e [ʒitɑ̃, an] *nm/f* Zigeuner(in)
gîte [ʒit] *nm* Unterkunft *f*; (*du lièvre*) Bau *m*; **le ~ et le couvert** Kost *f* und Logis *nt*; **~ rural** Ferienhaus *nt* auf dem Lande
givre [ʒivr] *nm* Raureif *m*
glabre [glabr] *adj* glatt rasiert
glace [glas] *nf* Eis *nt*; (*miroir*) Spiegel *m*; (*de voiture*) Fenster *nt*; **rompre la ~** das Eis brechen
glacé, e [glase] *adj* (*lac, eau*) zugefroren; (*boisson*) eisgekühlt; (*main*) eiskalt; (*rire, accueil*) eisig
glacer [glase] *vt* (*main, visage etc*) eiskalt werden lassen; (*gâteau*) mit Zuckerguss überziehen; (*papier, tissu*) appretieren
glaciaire [glasjɛr] *adj* Gletscher-; **ère ~** Eiszeit *f*
glacial, e, -aux [glasjal, jo] *adj* eiskalt
glacier [glasje] *nm* Gletscher *m*; (*fabricant de glaces*) Eiskonditor *m*
glacière [glasjɛr] *nf* Kühlbox *f*
glaçon [glasɔ̃] *nm* Eiszapfen *m*; (*pour boisson*) Eiswürfel *m*
glaïeul [glajœl] *nm* Gladiole *f*
glaire [glɛr] *nf* (*Méd*) Schleim *m*
glaise [glɛz] *nf* Lehm *m*
gland [glɑ̃] *nm* Eichel *f*; (*décoration*) Quaste *f*

glande [glɑ̃d] nf Drüse f
glander [glɑ̃de] (fam) vi rumhängen
glaner [glane] vi nachlesen ▶ vt (prix, récompenses) einsammeln
glapir [glapiʀ] vi kläffen
Glaris [glaʀis] nm Glarus nt
glauque [glok] adj meergrün; (fig) düster
glissant, e [glisɑ̃, ɑ̃t] adj rutschig; **s'aventurer sur un terrain ~** sich auf unsicheres Terrain begeben
glisse [glis] nf : **sports de ~** Gleitsportarten
glissement [glismɑ̃] nm : **~ de terrain** Erdrutsch m
glisser [glise] vi (avancer, coulisser) gleiten; (tomber) rutschen; (déraper) ausrutschen; (être glissant) rutschig ou glatt sein ▶ vt (mot, conseil) zuflüstern; **~ qch sous/dans** etw schieben unter +acc/in +acc
glissière [glisjɛʀ] nf Gleitschiene f; **porte/fenêtre à ~** Schiebetür f/Schiebefenster nt; **~ de sécurité** (Auto) Leitplanke f
global, e, -aux [global, o] adj Gesamt-
globalement [globalmɑ̃] adv insgesamt
globe [glob] nm (Géo) Globus m; **~ oculaire** Augapfel m
globulaire [globylɛʀ] adj : **numération ~** Blutbild nt
globule [globyl] nm : **~ blanc/rouge** weißes/rotes Blutkörperchen nt
globuleux, -euse [globylø, øz] adj : **yeux ~** Glupschaugen pl
gloire [glwaʀ] nf Ruhm m; (mérite) Verdienst nt; (personne) Berühmtheit f
glorieux, -euse [gloʀjø, jøz] adj glorreich
glorifier [gloʀifje] vt rühmen
gloriole [gloʀjɔl] nf Eitelkeit f
glossaire [glosɛʀ] nm Glossar nt
glotte [glot] nf Stimmritze f
glouglouter [gluglute] vi gluckern
glousser [gluse] vi gackern; (rire) glucksen
glouton, ne [glutɔ̃, ɔn] adj gefräßig
gloutonnerie [glutɔnʀi] nf Gefräßigkeit f
glu [gly] nf Kleber m
gluant, e [glyɑ̃, ɑ̃t] adj klebrig
glucide [glysid] nm Kohle(n)hydrat nt
glucose [glykoz] nm Glukose f
gluten [glytɛn] nm Gluten nt
glycérine [gliseʀin] nf Glyzerin nt
glycine [glisin] nf Glyzinie f
GN [ʒeɛn] abr = **gendarmerie nationale** französische Vollzugspolizei
gnangnan [ɲɑ̃ɲɑ̃] (fam) adj quengelig

gnome [gnom] nm Gnom m
GO [ʒeo] sigle fpl (= grandes ondes) LW
go [go] : **tout de go** adv ohne Umschweife
goal [gol] nm Torhüter(in) m(f)
gobelet [gɔblɛ] nm Becher m
gober [gɔbe] vt roh essen; (croire facilement) schlucken
goberger [gɔbɛʀʒe] : **se goberger** vpr es sich dat gut gehen lassen
Gobi [gɔbi] n : **désert de ~** Wüste f Gobi
godasse [gɔdas] (fam) nf Latsche f
godet [gɔdɛ] nm (récipient) Becher m
godiller [gɔdije] vi (Ski) wedeln
goéland [gɔelɑ̃] nm Seemöwe f
goémon [gɔemɔ̃] nm Tang m
gogo [gogo] : **à ~** adv in Hülle und Fülle
goguenard, e [gɔg(ə)naʀ, aʀd] adj spöttisch
goguette [gɔgɛt] nf : **en ~** angesäuselt
goinfre [gwɛ̃fʀ] nm Vielfraß m
goinfrer [gwɛ̃fʀe] : **se goinfrer** vpr sich vollfressen; **se ~ de** sich vollstopfen mit
goitre [gwatʀ] nm Kropf m
golf [golf] nm Golf m; (terrain) Golfplatz m
golfe [golf] nm Golf m; **les États du G~** die Golfstaaten pl; **le ~ de Gascogne** die (Bucht von) Biskaya f
golfeur, -euse [gɔlfœʀ, øz] nm/f Golfer(in)
gommage [gɔmaʒ] nm (de la peau) Peeling nt
gomme [gom] nf (à effacer) Radiergummi m ou nt; **boule** ou **pastille de ~** Halsbonbon nt
gommer [gome] vt (effacer) ausradieren
gond [gɔ̃] nm (de porte, fenêtre) Angel f; **sortir de ses ~s** (fig) an die Decke gehen
gondole [gɔ̃dɔl] nf Gondel f; (Comm) Regal nt (in einem Supermarkt)
gondoler [gɔ̃dɔle] vi sich wellen, sich verziehen; **se gondoler** vpr sich wellen, sich verziehen; (fam) sich schieflachen
gonflable [gɔ̃flabl] adj (bateau) Gummi-; (matelas) Luft-
gonflage [gɔ̃flaʒ] nm (des pneus) Aufpumpen nt
gonflé, e [gɔ̃fle] adj (yeux, visage) geschwollen; **être ~** (fam) gute Nerven haben
gonflement [gɔ̃fləmɑ̃] nm Aufpumpen nt; (de nombre) Vergrößerung f; (Méd) Schwellung f
gonfler [gɔ̃fle] vt (pneu, ballon) aufpumpen; (exagérer) übertreiben ▶ vi (partie du corps) anschwellen
gonfleur [gɔ̃flœʀ] nm Luftpumpe f
gonzesse [gɔ̃zɛs] (fam) nf Tussi f
googler [gugle] vt googeln

goret [gɔʀɛ] *nm* Ferkel *nt*
gorge [gɔʀʒ] *nf* (*Anat*) Kehle *f*; (*poitrine*) Brust *f*; (*Géo*) Schlucht *f*; (*rainure*) Rille *f*; **avoir la ~ serrée** einen Kloß im Hals haben
gorgé, e [gɔʀʒe] *adj*: **~ de** gefüllt mit; (*d'eau*) durchtränkt mit
gorgée [gɔʀʒe] *nf* Schluck *m*
gorille [gɔʀij] *nm* Gorilla *m*
gosier [gozje] *nm* Kehle *f*
gosse [gɔs] *nmf* Kind *nt*
gothique [gɔtik] *adj* gotisch ▶ *nm* (*style*) Gotik *f*
goudron [gudʀɔ̃] *nm* Teer *m*
goudronner [gudʀɔne] *vt* asphaltieren
gouffre [gufʀ] *nm* Abgrund *m*
goujat [guʒa] *nm* Rüpel *m*
goulot [gulo] *nm* Flaschenhals *m*; **boire au ~** aus der Flasche trinken
goulu, e [guly] *adj* gierig
goulûment [gulymɑ̃] *adv* gierig
gourd, e [guʀ, guʀd] *adj* steif
gourde [guʀd] *nf* (*récipient*) Feldflasche *f*
gourdin [guʀdɛ̃] *nm* Knüppel *m*
gourmand, e [guʀmɑ̃, ɑ̃d] *adj* naschhaft
gourmandise [guʀmɑ̃diz] *nf* Gefräßigkeit *f*; (*bonbon*) Leckerei *f*
gourmet [guʀmɛ] *nm* Feinschmecker *m*
gourmette [guʀmɛt] *nf* Armband *nt*
gourou [guʀu] *nm* Guru *m*
gousse [gus] *nf* (*de vanille etc*) Schote *f*; **~ d'ail** Knoblauchzehe *f*
goût [gu] *nm* Geschmack *m*; **de bon ~** geschmackvoll; **de mauvais ~** geschmacklos; **avoir du ~** Geschmack haben; **manquer de ~** keinen Geschmack haben; **prendre ~ à** Gefallen finden an +*dat*
goûter [gute] *vt* (*essayer*) versuchen; (*apprécier*) genießen ▶ *vi* (*à 4 heures*) eine Nachmittagsmahlzeit einnehmen, vespern ▶ *nm* Vesper *f* ou *nt*, Nachmittagsmahlzeit *f*
goutte [gut] *nf* Tropfen *m*; (*Méd*) Gicht *f*; **~ à ~** tröpfchenweise
goutte-à-goutte [gutagut] *nm inv* Tropf *m*
gouttière [gutjɛʀ] *nf* Dachrinne *f*
gouvernail [guvɛʀnaj] *nm* Ruder *nt*
gouvernance [guvɛʀnɑ̃s] *nf* Führung *f*
gouverne [guvɛʀn] *nf*: **pour votre ~** zu Ihrer Orientierung
gouvernement [guvɛʀnəmɑ̃] *nm* Regierung *f*
gouvernemental, e, -aux [guvɛʀnəmɑ̃tal, o] *adj* Regierungs-
gouverner [guvɛʀne] *vt* (*pays, peuple*) regieren; (*diriger*) lenken, steuern; (*personne, conduite*) lenken

goyave [gɔjav] *nf* Gua(ja)ve *f*
GPL [ʒepeɛl] *sigle m* (= *gaz de pétrole liquéfié*) Flüssiggas *nt*, LPG *nt*
GPS [ʒepeɛs] *sigle m* (= *global positionaing system*) GPS *nt*
GR [ʒeɛʀ] *nf abr* (= *Grande randonnée*) (Fern)wanderung *f*
grâce [gʀɑs] *nf* (*charme*) Anmut *f*; (*Rel*) Gnade *f*; (*bienfait*) Gefallen *m*; (*bienveillance*) Gunst *f*; (*Jur*) Begnadigung *f*; **grâces** *nfpl* (*Rel*) Dankgebet *nt*; **de bonne ~** bereitwillig; **de mauvaise ~** widerstrebend; **dans les bonnes ~s de qn** in jds Gunst *dat*; **rendre ~(s) à** danksagen +*dat*; **demander ~** um Gnade bitten; **droit de/recours en ~** (*Jur*) Gnadenrecht *nt*/Gnadengesuch *nt*; **~ à** dank +*gén*
gracier [gʀasje] *vt* begnadigen
gracieusement [gʀasjøzmɑ̃] *adv* (*aimablement*) freundlich; (*gratuitement*) kostenlos
gracieux, -euse [gʀasjø, jøz] *adj* graziös, anmutig; **à titre ~** kostenlos
gradation [gʀadasjɔ̃] *nf* Abstufung *f*
grade [gʀad] *nm* Rang *m*
gradé, e [gʀade] *adj* Unteroffizier *m*
gradin [gʀadɛ̃] *nm* Rang *m*
gradué, e [gʀadɥe] *adj* (*règle*) mit Zentimetereinteilung; (*thermomètre*) mit Gradteinteilung; **verre ~** Messbecher *m*
graduel, le [gʀadɥɛl] *adj* allmählich
graduellement [gʀadɥɛlmɑ̃] *adv* allmählich
graduer [gʀadɥe] *vt* (*règle, verre*) mit Maßzahlen versehen; (*exercices*) nach Schwierigkeitsgrad staffeln; (*effort etc*) allmählich steigern
graffiti [gʀafiti] *nm* Graffiti *pl*
grain [gʀɛ̃] *nm* Korn *nt*; **~ de beauté** Schönheitsfleck *m*; **~ de café** Kaffeebohne *f*; **~ de poussière** Staubkörnchen *nt*; **~ de raisin** Traube *f*
graine [gʀɛn] *nf* Samen *m*
graissage [gʀesaʒ] *nm* Ölen *nt*; (*Auto*) Abschmieren *nt*
graisse [gʀɛs] *nf* Fett *nt*; (*lubrifiant*) (Schmier)fett *nt*
graisser [gʀese] *vt* (*machine*) schmieren, ölen; (*Auto*) abschmieren; (*tacher*) fettig machen
grammaire [gʀamɛʀ] *nf* Grammatik *f*
grammatical, e, -aux [gʀamatikal, o] *adj* grammatisch
gramme [gʀam] *nm* Gramm *nt*
grand, e [gʀɑ̃, gʀɑ̃d] *adj* groß; (*voyage*) lang ▶ *adv*: **~ ouvert** weit offen; **un ~ homme/artiste** ein großer Mann *m*/

Künstler *m*; **avoir ~ besoin de qch** etw dringend nötig haben; **il est ~ temps de** es ist höchste Zeit, zu; **au ~ air** im Freien; **~ blessé** Schwerverletzte(r) *f(m)*; **~ ensemble** Wohnsiedlung *f*; **~ magasin** Kaufhaus *nt*; **~e personne** Erwachsene(r) *f(m)*; **~e randonnée** Wanderung *f*; **sentier de ~e randonnée** markierter französischer Wanderweg; **~e surface** Supermarkt *m*

: **Les grandes écoles** sind hoch
: angesehene französische
: Bildungsstätten, die Studenten auf
: bestimmte Karrieren vorbereiten.
: Studenten, die nach ihrem *baccalauréat*
: zwei Jahre lang die *classes préparatoires*
: absolviert haben, werden nach einem
: Auswahlverfahren aufgenommen.
: Studenten der **grandes écoles** haben
: ein starkes Zugehörigkeitsgefühl und
: bilden die intellektuelle und politische
: Elite des Landes.

grand-angle [gʀɑ̃tɑ̃gl] (*pl* **grands-angles**) *nm* Weitwinkel(objektiv) *nt*
grand-chose [gʀɑ̃ʃoz] *nm/f inv*: **pas ~** nichts Besonderes
Grande-Bretagne [gʀɑ̃dbʀətaɲ] *nf*: **la ~** Großbritannien *nt*
grandement [gʀɑ̃dmɑ̃] *adv* (*tout à fait*) völlig; (*largement*) sehr; (*généreusement*) großzügig
grandeur [gʀɑ̃dœʀ] *nf* Größe *f*; **~ nature** *adj* lebensgroß
grandiloquent, e [gʀɑ̃dilɔkɑ̃, ɑ̃t] *adj* hochtrabend
grandiose [gʀɑ̃djoz] *adj* großartig, grandios
grandir [gʀɑ̃diʀ] *vi* wachsen; (*bruit, hostilité*) zunehmen ▶ *vt* größer erscheinen lassen
grandissant, e [gʀɑ̃disɑ̃, ɑ̃t] *adj* zunehmend
grand-mère [gʀɑ̃mɛʀ] (*pl* **grand(s)-mères**) *nf* Großmutter *f*
grand-messe [gʀɑ̃mɛs] (*pl* **grand(s)-messes**) *f* Hochamt *nt*
grand-peine [gʀɑ̃pɛn]: **à ~** *adv* mühsam
grand-père [gʀɑ̃pɛʀ] (*pl* **grands-pères**) *nm* Großvater *m*
grand-route [gʀɑ̃ʀut] *nf* Haupt(verkehrs)straße *f*
grand-rue [gʀɑ̃ʀy] *nf* Hauptstraße *f*
grands-parents [gʀɑ̃paʀɑ̃] *nmpl* Großeltern *pl*
grange [gʀɑ̃ʒ] *nf* Scheune *f*
granit [gʀanit] *nm* Granit *m*
granulé [gʀanyle] *nm* (*gén, Méd*) Granulat *nt*

granuleux, -euse [gʀanylø, øz] *adj* körnig
grapheur [gʀafœʀ] *nm* (*Inform*) Grafikprogramm *nt*
graphie [gʀafi] *nf* Schreibung *f*
graphique [gʀafik] *adj* grafisch ▶ *nm* Grafik *f*
graphiste [gʀafist] *nmf* Grafiker(in) *m(f)*
graphite [gʀafit] *nm* Grafit *m*
grappe [gʀap] *nf* Traube *f*; (*fig aussi*) Ansammlung *f*; **~ de raisin** (Wein)traube *f*
grappin [gʀapɛ̃] *nm*: **mettre le ~ sur** in die Finger bekommen
gras, grasse [gʀɑ, gʀɑs] *adj* fett; (*surface, main, cheveux*) fettig; (*plaisanterie*) derb ▶ *nm* (*Culin*) Fett *nt*; **faire la ~se matinée** lang ausschlafen; **en caractères ~, en ~** fett
grassement [gʀɑsmɑ̃] *adv*: **~ payé** sehr gut bezahlt
grassouillet, te [gʀasujɛ, ɛt] *adj* rundlich, dicklich
gratifier [gʀatifje] *vt*: **~ qn de qch** jdm etw gewähren
gratin [gʀatɛ̃] *nm* (*Culin*) Gratin *nt*; **au ~** überbacken; **le ~** (*fam*) die Crème (de la Crème)
gratiné, e [gʀatine] *adj* (*Culin*) überbacken
gratis [gʀatis] *adv, adj* gratis
gratitude [gʀatityd] *nf* Dankbarkeit *f*
gratte-ciel [gʀatsjɛl] (*pl* **gratte-ciels**) *nm* Wolkenkratzer *m*
gratte-papier [gʀatpapje] (*pl* **gratte-papiers**) (*péj*) *nm* Schreiberling *m*
gratter [gʀate] *vt* kratzen; (*enlever*) abkratzen; **se gratter** *vpr* sich kratzen
gratuit, e [gʀatɥi, ɥit] *adj* kostenlos; (*entrée*) frei; (*hypothèse, idée*) ungerechtfertigt
gratuité [gʀatɥite] *nf* Gebührenfreiheit *f*
gratuitement [gʀatɥitmɑ̃] *adv* gratis, kostenlos; (*sans preuve, motif*) unbegründet
gravats [gʀava] *nmpl* Trümmer *pl*
grave [gʀav] *adj* (*maladie, accident, faute*) schwer; (*sérieux*) ernst; (*voix, son*) tief
gravement [gʀavmɑ̃] *adv* schwer
graver [gʀave] *vt* (*plaque*) gravieren; (*nom*) eingravieren; **~ qch dans son esprit** *ou* **sa mémoire** sich *dat* etw einprägen
graveur [gʀavœʀ] *nm*: **~ de CD/DVD** CD/DVD-Brenner *m*
gravier [gʀavje] *nm* Kies *m*
gravillons [gʀavijɔ̃] *nmpl* Schotter *m*
gravir [gʀaviʀ] *vt* hinaufsteigen auf +*acc*

gravitation [gʀavitasjɔ̃] nf Schwerkraft f
gravité [gʀavite] nf Ernst m; (Phys) Gravitation f
graviter [gʀavite] vi : **~ autour de** sich drehen um
gravure [gʀavyʀ] nf (reproduction) Stich m; (action) Gravieren nt
gré [gʀe] nm : **à mon ~** nach meinem Geschmack; **au ~ de qn** mit etw; **contre le ~ de qn** gegen jds Willen; **de son (plein) ~** aus freien Stücken; **de ~ ou de force** wohl oder übel; **bon ~ mal ~** wohl oder übel; **savoir ~ à qn de qch** jdm wegen etw gén ou dat sehr dankbar sein
grec, grecque [gʀɛk] adj griechisch ▶ nm/f : **Grec, Grecque** Grieche m, Griechin f
Grèce [gʀɛs] nf : **la ~** Griechenland nt
greffe [gʀɛf] nf (Agr) Pfropfreis nt; (: action) Pfropfen nt; (Méd : du cœur, rein) Transplantation f; (: organe) Transplantat nt ▶ nm (Jur) Kanzlei f
greffer [gʀefe] vt (Bot) pfropfen; (Méd) verpflanzen
greffier, -ière [gʀefje, jɛʀ] nm/f (Jur) Gerichtsschreiber(in)
grégaire [gʀegɛʀ] adj : **instinct ~** Herdentrieb m
grêle [gʀɛl] adj mager ▶ nf Hagel m
grêler [gʀele] vb impers : **il grêle** es hagelt
grêlon [gʀelɔ̃] nm Hagelkorn nt
grelotter [gʀəlɔte] vi (vor Kälte) zittern
grenade [gʀənad] nf (explosive) Granate f; (Bot) Granatapfel m
grenat [gʀəna] adj inv granatrot
grenier [gʀənje] nm Speicher m
grenouille [gʀənuj] nf Frosch m
grès [gʀɛ] nm (roche) Sandstein m; (poterie) Steingut nt
grésillement [gʀezijmɑ̃] nm (Culin) Brutzeln nt; (Radio) Rauschen nt
grésiller [gʀezije] vi (Culin) brutzeln; (Radio) knacken, rauschen
grève [gʀɛv] nf (arrêt du travail) Streik m; (plage) Ufer nt; **se mettre en** ou **faire ~** streiken; **~ de la faim** Hungerstreik m; **~ du zèle** ≈ Dienst m nach Vorschrift; **~ sur le tas** Sitzstreik m
grever [gʀəve] vt belasten
gréviste [gʀevist] nmf Streikende(r) f(m)
gribouiller [gʀibuje] vt, vi kritzeln
grief [gʀijɛf] nm : **faire ~ à qn de qch** jdm etw vorwerfen
grièvement [gʀijɛvmɑ̃] adv : **~ blessé** schwer verletzt
griffe [gʀif] nf (d'animal) Kralle f

griffer [gʀife] vt kratzen
griffonner [gʀifɔne] vt hinkritzeln
grignoter [gʀiɲɔte] vt herumnagen an +dat
gril [gʀil] nm Grill m
grillade [gʀijad] nf Gegrilltes nt
grillage [gʀijaʒ] nm Gitter nt
grille [gʀij] nf (portail) Tor nt; (clôture) Gitter(zaun m) nt
grille-pain [gʀijpɛ̃] (pl **grille-pains**) nm Toaster m
griller [gʀije] vt (pain) toasten; (viande etc) grillen; (ampoule, résistance) durchbrennen lassen; (feu rouge) überfahren
grillon [gʀijɔ̃] nm Grille f
grimace [gʀimas] nf Grimasse f; **faire des ~s** Grimassen schneiden
grimpant, e [gʀɛ̃pɑ̃, ɑ̃t] adj : **plante ~e** Kletterpflanze f
grimper [gʀɛ̃pe] vt hinaufsteigen ▶ vi (route, terrain) ansteigen; (prix, nombre) steigen; **~ à/sur** klettern auf +acc
grimpeur, -euse [gʀɛ̃pœʀ, øz] nm/f (alpiniste) Bergsteiger(in); (cycliste) Bergspezialist(in)
grinçant, e [gʀɛ̃sɑ̃, ɑ̃t] adj beißend, ätzend
grincement [gʀɛ̃smɑ̃] nm Quietschen nt; **~ de dents** Zähneknirschen nt
grincer [gʀɛ̃se] vi quietschen; (plancher) knarren; **~ des dents** mit den Zähnen knirschen
grincheux, -euse [gʀɛ̃ʃø, øz] adj mürrisch
gringalet [gʀɛ̃galɛ] adj m mickrig
griotte [gʀijɔt] nf Sauerkirsche f
grippe [gʀip] nf Grippe f; **~ A** Schweinegrippe f; **~ aviaire** Vogelgrippe f
grippé, e [gʀipe] adj : **être ~** die ou eine Grippe haben
grippe-sou [gʀipsu] (pl **grippe-sous**) nm Pfennigfuchser m
gris, e [gʀi, gʀiz] adj grau; (ivre) beschwipst
grisaille [gʀizaj] nf Trübheit f
grisant, e [gʀizɑ̃, ɑ̃t] adj berauschend
grisâtre [gʀizɑtʀ] adj (temps, ciel, jour) trüb
griser [gʀize] vt berauschen
griserie [gʀizʀi] nf Rausch m
grisonnant, e [gʀizɔnɑ̃, ɑ̃t] adj ergrauend
grisonner [gʀizɔne] vi grau werden
Grisons [gʀizɔ̃] nmpl : **les ~** Graubünden nt
grisou [gʀizu] nm Grubengas nt

grive [gʀiv] *nf* Drossel *f*
grivois, e [gʀivwa, waz] *adj* derb
grivoiserie [gʀivwazʀi] *nf* Zote *f*
Groenland [gʀɔɛnlɑ̃d] *nm*: **le ~** Grönland *nt*
grogne [gʀɔɲ] *nf* Unruhe *f*
grogner [gʀɔɲe] *vi* (*animal*) knurren; (*personne*) murren
grognon, ne [gʀɔɲɔ̃, ɔn] *adj* mürrisch
groin [gʀwɛ̃] *nm* Rüssel *m*
grommeler [gʀɔm(ə)le] *vi* grummeln
grondement [gʀɔ̃dmɑ̃] *nm* (*de tonnerre*) Grollen *nt*
gronder [gʀɔ̃de] *vi* (*tonnerre*) grollen; (*animal*) knurren; (*révolte, mécontentement*) gären ▶ *vt* schimpfen mit
gros, grosse [gʀo, gʀos] *adj* dick; (*volumineux, grand*) groß; (*travaux*) umfangreich; (*orage*) schwer; (*bruit*) gewaltig ▶ *adv*: **risquer/gagner ~** viel riskieren/verdienen ▶ *nm* (*Comm*) Großhandel *m*; **par ~ temps/~se mer** bei schlechtem Wetter/stürmischer See; **le ~ de** der Großteil +*gén*; **prix de ~** Großhandelspreis *m*; **~ intestin** Dickdarm *m*; **~ lot** großes Los *nt*; **~ mot** Schimpfwort *nt*; **~ œuvre** (*Constr*) Rohbau *m*; **~ plan** (*Photo*) Nahaufnahme *f*
groseille [gʀozɛj] *nf*: **~ (rouge)** rote Johannisbeere *f*; **~ (blanche)** weiße Johannisbeere; **~ à maquereau** Stachelbeere *f*
grossesse [gʀosɛs] *nf* Schwangerschaft *f*
grosseur [gʀosœʀ] *nf* (*corpulence*) Dicke *f*; (*volume*) Größe *f*
grossier, -ière [gʀosje, jɛʀ] *adj* (*vulgaire*) derb; (*laine*) grob; (*erreur, faute*) krass
grossièrement [gʀosjɛʀmɑ̃] *adv* derb, grob; (*à peu près*) grob
grossièreté [gʀosjɛʀte] *nf* Derbheit *f*; (*mot, propos*) Grobheit *f*
grossir [gʀosiʀ] *vi* zunehmen; (*rivière, eaux*) steigen ▶ *vt* (*personne*) jdn dicker erscheinen lassen; (*nombre, importance*) erhöhen; (*exagérer*) übertreiben; (*microscope, lunette*) vergrößern
grossiste [gʀosist] *nmf* Großhändler(in) *m(f)*
grosso modo [gʀosomɔdo] *adv* ungefähr
grotesque [gʀotɛsk] *adj* grotesk
grotte [gʀɔt] *nf* Höhle *f*
grouiller [gʀuje] *vi* wimmeln; **se grouiller** *vpr* sich beeilen; **~ de** wimmeln vor +*dat*
groupe [gʀup] *nm* Gruppe *f*; **~ sanguin** Blutgruppe *f*

groupement [gʀupmɑ̃] *nm* Vereinigung *f*; **~ d'intérêt économique** wirtschaftliche Interessengemeinschaft *f*
grouper [gʀupe] *vt* gruppieren; **se grouper** *vpr* sich versammeln
grue [gʀy] *nf* (*de chantier*) Kran *m*; (*Zool*) Kranich *m*
grumeaux [gʀymo] *nmpl* (*Culin*) Klumpen *pl*
gruyère [gʀyjɛʀ] *nm* Gruyère *m*, Greyerzer(käse) *m*
Guadeloupe [gwadlup] *nf*: **la ~** Guadeloupe *nt*
Guatemala [gwatemala] *nm*: **le ~** Guatemala *nt*
guatémaltèque [gwatemaltɛk] *adj* guatemaltekisch
gué [ge] *nm* Furt *f*
guenilles [gənij] *nfpl* Lumpen *pl*
guenon [gənɔ̃] *nf* Äffin *f*
guépard [gepaʀ] *nm* Gepard *m*
guêpe [gɛp] *nf* Wespe *f*
guêpier [gepje] *nm* (*fig*) Wespennest *nt*
guère [gɛʀ] *adv*: **ne … ~** kaum; **il n'y a ~ que lui qui soit resté** außer ihm ist kaum jemand dageblieben
guérilla [geʀija] *nf* Guerilla *f*
guérillero [geʀijeʀo] *nm* Guerillero *m*
guérir [geʀiʀ] *vt* (*Méd*) heilen ▶ *vi* (*personne*) gesund werden; (*plaie*) heilen
guérison [geʀizɔ̃] *nf* Genesung *f*
guérissable [geʀisabl] *adj* heilbar
guérisseur, -euse [geʀisœʀ, øz] *nm/f* Heiler(in)
Guernesey [gɛʀn(ə)zɛ] *nf* Guernsey *nt*
guerre [gɛʀ] *nf* Krieg *m*; **en ~** im Kriegszustand; **faire la ~ à** Krieg führen mit; **de ~ lasse** vom langen Hin und Her ermüdet; **~ atomique** Atomkrieg *m*; **~ civile** Bürgerkrieg *m*; **~ mondiale** Weltkrieg *m*
guerrier, -ière [gɛʀje, jɛʀ] *adj* kriegerisch ▶ *nm/f* Krieger(in)
guet [gɛ] *nm*: **faire le ~** auf der Lauer liegen
guet-apens [gɛtapɑ̃] (*pl* **guets-apens**) *nm* Hinterhalt *m*
guetter [gete] *vt* lauern auf +*acc*
gueule [gœl] *nf* (*d'animal*) Maul *nt*; (*du canon, tunnel*) Öffnung *f*; (*fam*: *visage*) Visage *f*; (*bouche*) Klappe *f*
gueule-de-loup [gœldəlu] (*pl* **gueules-de-loup**) *nf* Löwenmäulchen *nt*
gueuler [gœle] (*fam*) *vi* schreien, plärren
gueuleton [gœltɔ̃] (*fam*) *nm* Fresserei *f*
gui [gi] *nm* Mistel *f*
guichet [giʃɛ] *nm* Schalter *m*; (*au théâtre*) Kasse *f*; **jouer à ~s fermés** vor

ausverkauftem Haus spielen; **~ automatique** Geldautomat m
guide [gid] nmf Führer(in) m(f); (livre) Führer m; **guides** nfpl (d'un cheval) Zügel pl; **~ de montagne** Bergführer(in) m(f)
guider [gide] vt führen
guidon [gidɔ̃] nm (de vélo) Lenkstange f
guigne [giɲ] (fam) nf: **avoir la ~** Pech haben
guignol [giɲɔl] nm Kasper m; (fig) Clown m
guillemets [gijmɛ] nmpl: **entre ~** in Anführungszeichen
guillotine [gijɔtin] nf Guillotine f
guillotiner [gijɔtine] vt enthaupten
guimauve [gimov] nf Eibisch m
guindé, e [gɛ̃de] adj gekünstelt
Guinée [gine] nf: **la (République de) ~** Guinea nt; **la ~ équatoriale** Äquatorialguinea nt
Guinée-Bissau [ginebiso] nf: **la ~** Guinea-Bissau nt
guirlande [giʀlɑ̃d] nf Girlande f
guise [giz] nf: **à votre ~** wie Sie wollen ou wünschen; **en ~ de** (comme) als; (à la place de) anstelle von
guitare [gitaʀ] nf Gitarre f
Gulf Stream [gɔlfstʀim] nm Golfstrom m
gustatif, -ive [gystatif, iv] adj Geschmacks-
Guyane [gɥijan] nf: **la ~** Guayana nt
G20 [ʒevɛ̃] nm (Pol) G-20 f
gymkhana [ʒimkana] nm ≈ Sportfest nt; **~ motocycliste** Geschicklichkeitswettbewerb m für Motorradfahrer
gymnase [ʒimnɑz] nm Turnhalle f
gymnaste [ʒimnast] nmf Turner(in) m(f)
gymnastique [ʒimnastik] nf (Scol) Turnen nt; (au réveil etc) Gymnastik f
gynécologie [ʒinekɔlɔʒi] nf Gynäkologie f
gynécologique [ʒinekɔlɔʒik] adj gynäkologisch
gynécologue [ʒinekɔlɔg] nmf Gynäkologe m, Gynäkologin f
gypse [ʒips] nm Gips m
gyrocompas [ʒiʀokɔ̃pa] nm Kreiselkompass m
gyrophare [ʒiʀofaʀ] nm (sur une voiture) ≈ Blaulicht nt

h

H, h [aʃ] nm inv H, h nt
h abr = **heure (s)** Std.
habile [abil] adj geschickt; (malin) gerissen
habileté [abilte] nf Geschick nt; (ruse) Gerissenheit f
habilité, e [abilite] adj: **~ à faire qch** ermächtigt, etw zu tun
habillé, e [abije] adj gekleidet; (robe, costume) elegant
habillement [abijmɑ̃] nm Kleidung f
habiller [abije] vt anziehen; (fournir en vêtements) einkleiden; **s'habiller** vpr sich anziehen; (mettre des vêtements chic) sich chic anziehen
habit [abi] nm (costume) Kostüm nt; **habits** nmpl (vêtements) Kleider pl; **~ (de soirée)** Abendanzug m
habitable [abitabl] adj bewohnbar
habitacle [abitakl] nm (de voiture) Führerhaus nt; (Aviat) Cockpit nt
habitant, e [abitɑ̃, ɑ̃t] nm/f Einwohner(in); (d'une maison) Bewohner(in)
habitat [abita] nm Lebensraum m
habitation [abitasjɔ̃] nf (demeure) Wohnsitz m; (bâtiment) Wohngebäude nt
habiter [abite] vt bewohnen, wohnen in +dat; (sentiment, envie) innewohnen +dat ▶ vi : **~ à/dans** wohnen in +dat; **~ rue Montmartre** in der rue Montmartre wohnen
habitude [abityd] nf Gewohnheit f; **avoir l'~ de faire qch** etw gewöhnlich tun; (expérience) gewohnt sein, etw zu tun; **d'~** gewöhnlich; **comme d'~** wie gewöhnlich
habitué, e [abitɥe] adj : **être ~ à** gewöhnt sein an +acc ▶ nm/f (d'un café etc) Stammgast m

habituel, le [abituɛl] *adj* üblich
habituer [abitɥe] *vt* : **~ qn à qch/faire qch** jdn an etw *acc* gewöhnen/jdn daran gewöhnen, etw zu tun; **s'habituer** *vpr* : **s'~ à qch** sich an etw *acc* gewöhnen
hâbleur, -euse [ˈɑblœʀ, øz] *adj* angeberisch
hache [ˈaʃ] *nf* Axt *f*, Beil *nt*
haché, e [ˈaʃe] *adj* (*Culin*) gehackt; (*phrase, style*) abgehackt; **viande ~e** Hackfleisch *nt*
hache-légume [ˈaʃlegym] (*pl* **hache-légumes**) *nm* Gemüsezerkleinerer *m*
hacher [ˈaʃe] *vt* (zer)hacken; **~ menu** fein hacken
hache-viande [ˈaʃvjɑ̃d] (*pl* **hache-viandes**) *nm* Fleischwolf *m*; (*couteau*) Hackmesser *nt*
hachis [ˈaʃi] *nm* (*viande*) Hackfleisch *nt*; **~ Parmentier** Gericht aus Hackfleisch und Kartoffelpüree
hachisch [ˈaʃiʃ] *nm* = **haschisch**
hachoir [ˈaʃwaʀ] *nm* (*appareil*) Fleischwolf *m*; (*planche*) Hackbrett *nt*
hachurer [ˈaʃyʀe] *vt* schraffieren
hagard, e [ˈagaʀ, aʀd] *adj* verstört
haie [ˈɛ] *nf* Hecke *f*; (*Sport*) Hürde *f*; (*rangée*) Reihe *f*, Spalier *nt*; **~ d'honneur** Spalier
haine [ˈɛn] *nf* Hass *m*
haïr [ˈaiʀ] *vt* hassen
Haïti [aiti] *n* Haiti *nt*
hâlé, e [ˈɑle] *adj* (sonnen)gebräunt
haleine [alɛn] *nf* Atem *m*; **hors d'~** außer Atem; **de longue ~** langwierig
haleter [ˈalte] *vi* keuchen
hall [ˈol] *nm* Halle *f*
halle [ˈal] *nf* Markthalle *f*; **halles** *nfpl* städtische Markthallen *pl*
hallucinant, e [alysinɑ̃, ɑ̃t] *adj* verblüffend
hallucination [alysinasjɔ̃] *nf* Halluzination *f*, Sinnestäuschung *f*
halo [ˈalo] *nm* (*de lumière*) Hof *m*
halogène [alɔʒɛn] *nm* : **lampe (à) ~** Halogenlampe *f*
halte [ˈalt] *nf* Rast *f*; (*escale*) Zwischenstation *f*; (*Rail*) Haltestelle *f* ▶ *excl* halt; **faire ~** halten
halte-garderie [ˈaltgaʀdəʀi] (*pl* **haltes-garderies**) *nf* Kinderkrippe *f*
haltère [altɛʀ] *nm* Hantel *f*; **faire des ~s** Gewichte heben
haltérophile [alteʀɔfil] *nm* Gewichtheber *m*
haltérophilie [alteʀɔfili] *nf* Gewichtheben *nt*

161 | **harmonisation**

hamac [ˈamak] *nm* Hängematte *f*
Hambourg [ˈɑ̃buʀ] *nf* Hamburg *nt*
hamburger [ˈɑ̃buʀgœʀ] *nm* Hamburger *m*
hameau, x [ˈamo] *nm* Weiler *m*
hameçon [amsɔ̃] *nm* Angelhaken *m*
hameçonnage [amsɔnaʒ] *nm* Phishing *nt*
hamster [ˈamstɛʀ] *nm* Hamster *m*
hanche [ˈɑ̃ʃ] *nf* Hüfte *f*
handball [ˈɑ̃dbal] *nm* Handball *m*
handballeur, -euse [ˈɑ̃dbalœʀ, øz] *nm/f* Handballer(in)
handicap [ˈɑ̃dikap] *nm* Handicap *nt*
handicapé, e [ˈɑ̃dikape] *adj* behindert ▶ *nm/f* Behinderte(r) *f(m)*; **~ mental** geistig Behinderter *m*; **~ moteur** Spastiker *m*; **~ physique** Körperbehinderter *m*
handicaper [ˈɑ̃dikape] *vt* behindern
handisport [ˈɑ̃dispɔʀ] *nm* Behindertensport *m*
hangar [ˈɑ̃gaʀ] *nm* Schuppen *m*; (*Aviat*) Hangar *m*, Flugzeughalle *f*
hanneton [ˈantɔ̃] *nm* Maikäfer *m*
Hanovre [ˈanɔvʀ] *nf* Hannover *nt*
hanter [ˈɑ̃te] *vt* (*suj : fantôme*) spuken in +*dat*, umgehen in +*dat*; (: *idée, souvenir*) verfolgen, keine Ruhe lassen +*dat*; **château hanté** Spukschloss
hantise [ˈɑ̃tiz] *nf* (übertriebene) Angst *f*
happer [ˈape] *vt* schnappen; (*train, voiture*) erfassen
haranguer [ˈaʀɑ̃ge] *vt* eine Rede halten +*dat*
haras [ˈaʀɑ] *nm* Gestüt *nt*
harassant, e [ˈaʀasɑ̃, ɑ̃t] *adj* erschöpfend
harcèlement [ˈaʀsɛlmɑ̃] *nm* Belästigung *f*; **~ sexuel** sexuelle Belästigungen *pl*; **~ moral** Mobbing *nt*
harceler [ˈaʀsəle] *vt* (*importuner*) belästigen; **~ de questions** mit Fragen bestürmen
hardi, e [ˈaʀdi] *adj* (*courageux*) kühn, tapfer
harem [ˈaʀɛm] *nm* Harem *m*
hareng [ˈaʀɑ̃] *nm* Hering *m*
hargne [ˈaʀɲ] *nf* Gehässigkeit *f*
haricot [ˈaʀiko] *nm* Bohne *f*; **~ blanc** weiße Bohne; **~ vert** grüne Bohne
harmonie [aʀmɔni] *nf* Harmonie *f*; (*Mus : théorie*) Harmonielehre *f*
harmonieux, -euse [aʀmɔnjø, øz] *adj* harmonisch
harmonisation [aʀmɔnizasjɔ̃] *nf* Angleichung *f*; **~ juridique** Rechtsangleichung *f*

harmoniser [aʀmɔnize] *vt* aufeinander abstimmen

harmonium [aʀmɔnjɔm] *nm* Harmonium *nt*

harnacher ['aʀnaʃe] *vt* anschirren

harnais ['aʀnɛ] *nm* Geschirr *nt*

harpe ['aʀp] *nf* Harfe *f*

harpiste ['aʀpist] *nmf* Harfenist(in) *m(f)*

harpon ['aʀpɔ̃] *nm* Harpune *f*

harponner ['aʀpɔne] *vt* harpunieren; *(fam)* aufhalten

hasard ['azaʀ] *nm* Zufall *m*; **au ~** auf gut Glück; **par ~** zufällig; **à tout ~** auf gut Glück

hasarder ['azaʀde] *vt* riskieren; **se hasarder** *vpr*: **se ~ à faire qch** es wagen, etw zu tun

hasardeux, -euse ['azaʀdø, øz] *adj* riskant; *(hypothèse)* gewagt

haschisch ['aʃiʃ] *nm* Haschisch *nt*

hâte ['ɑt] *nf* Eile *f*; **à la ~** hastig; **en ~** in aller Eile; **j'ai ~ de faire qch** ich kann es nicht abwarten, etw zu tun

hâter ['ɑte] *vt* beschleunigen; **se hâter** *vpr* sich beeilen

hâtif, -ive ['ɑtif, iv] *adj (travail)* gepfuscht; *(décision)* übereilt; *(fruit, légume)* frühreif

hausse ['os] *nf* Anstieg *m*; **en ~** steigend

hausser ['ose] *vt* erhöhen; *(voix)* erheben; **se hausser** *vpr*: **se ~ sur la pointe des pieds** sich auf die Zehenspitzen stellen; **~ les épaules** mit den Schultern zucken

haut, e ['o, 'ot] *adj* hoch ▶ *adv*: **monter/lever ~** hochsteigen/-heben ▶ *nm (d'un objet)* oberer Teil *m*; *(d'un arbre)* Wipfel *m*; **~ de 2 m/5 étages** 2 m/5 Stockwerke hoch; **en ~e montagne** im Hochgebirge; **en ~ lieu** an höchster Stelle; **à ~e voix** mit lauter Stimme; **à ~e résolution** *ou* **définition** hoch auflösend; **un mur de 3 m de ~** eine 3 m hohe Mauer; **des ~s et des bas** Höhen und Tiefen *pl*; **du ~ de …** von … herab; **de ~ en bas** *(regarder)* von oben bis unten; *(frapper)* von oben nach unten; **en ~** oben; *(mouvement)* nach oben; **en ~ de** auf +*dat*; *(mouvement)* auf +*acc*; **plus ~** höher; *(position, aussi dans un texte)* weiter oben; *(parler)* lauter; **~ les mains!** Hände hoch!

hautain, e ['otɛ̃, ɛn] *adj* hochmütig

hautbois ['obwɑ] *nm* Oboe *f*

hautboïste ['obɔist] *nmf* Oboist(in) *m(f)*

haut-débit ['odebi] *nm (Inform)* Breitband *nt*

haut-de-forme ['odfɔʀm] *(pl* **hauts-de-forme***) nm* Zylinder *m*

hauteur ['otœʀ] *nf* Höhe *f*; *(arrogance)* Hochmut *m*; **à la ~** *(fig)* der Situation gewachsen

haut-fourneau ['ofuʀno] *(pl* **hauts-fourneaux***) nm* Hochofen *m*

haut-le-cœur ['olkœʀ] *nm inv* Würgen *nt*, Brechreiz *m*

haut-parleur ['opaʀlœʀ] *(pl* **haut-parleurs***) nm* Lautsprecher *m*

Haye ['ɛ] *nf*: **La ~** Den Haag *nt*

hayon ['ɛjɔ̃] *nm* Hecktür *f*

hebdo [ɛbdo] *(fam) nm* Wochenzeitschrift *f*

hebdomadaire [ɛbdɔmadɛʀ] *adj* wöchentlich ▶ *nm* Wochenzeitschrift *f*

hébergement [ebɛʀʒəmɑ̃] *nm* Beherbergen *nt*, Aufnahme *f*

héberger [ebɛʀʒe] *vt (bei sich)* aufnehmen

hébergeur [ebɛʀʒœʀ] *nm (Inform)* Host *m*

hébété, e [ebete] *adj* benommen

hébraïque [ebʀaik] *adj* hebräisch

hébreu, x [ebʀø] *adj* hebräisch

HEC ['aʃøse] *sigle fpl* (= *École des hautes études commerciales*) Eliteschule für Betriebswirte

hécatombe [ekatɔ̃b] *nf* Blutbad *nt*

hectare [ɛktaʀ] *nm* Hektar *nt ou m*

hectolitre [ɛktɔlitʀ] *nm* Hektoliter *m*

hédoniste [edɔnist] *adj* hedonistisch

hégémonie [eʒemɔni] *nf* Vorherrschaft *f*

hein ['ɛ̃] *excl* was?; **tu m'approuves, ~ ?** du bist doch einverstanden, oder?

hélas ['elas] *excl* ach; **~ non/oui!** leider nicht/leider!

héler ['ele] *vt* herbeirufen; **~ un taxi** ein Taxi rufen

hélice [elis] *nf* Schraube *f*; *(de bateau, d'avion)* Propeller *m*

hélicoptère [elikɔptɛʀ] *nm* Hubschrauber *m*

héliport [elipɔʀ] *nm* Hubschrauberlandeplatz *m*

héliporté, e [elipɔʀte] *adj* per Hubschrauber befördert

hélium [eljɔm] *nm* Helium *nt*

helvète [ɛlvɛt] *adj* helvetisch

Helvétie [ɛlvesi] *nf*: **l'~** Helvetien *nt*

helvétique [ɛlvetik] *adj* schweizerisch

hématome [ematom] *nm* Bluterguss *m*

hémicycle [emisikl] *nm* Halbkreis *m*; **l'~** *(Pol)* das französische Parlament

hémiplégie [emipleʒi] *nf* halbseitige Lähmung *f*

hémisphère [emisfɛʀ] *nm*: **~ nord/sud** nördliche/südliche Hemisphäre *f ou* Halbkugel *f*

hémoglobine [emɔglɔbin] *nf* Hämoglobin *nt*
hémophile [emɔfil] *adj* bluterkrank; **il est ~** er ist Bluter
hémophilie [emɔfili] *nf* Bluterkrankheit *f*
hémorragie [emɔraʒi] *nf* starke Blutung *f*; **~ cérébrale** Gehirnblutung *f*
hémorroïdes [emɔrɔid] *nfpl* Hämorr(ho)iden *pl*
hémostatique [emɔstatik] *adj* blutstillend
henné ['ene] *nm* Henna *f*
hennir ['enir] *vi* wiehern
hennissement ['enismã] *nm* Wiehern *nt*
hépatique [epatik] *adj* Leber-
hépatite [epatit] *nf* Hepatitis *f*
herbe [ɛrb] *nf* Gras *nt*; (*Culin, Méd*) Kraut *nt*
herbicide [ɛrbisid] *nm* Unkrautvertilgungsmittel *nt*
herbier [ɛrbje] *nm* Herbarium *nt*
herbivore [ɛrbivɔr] *nm* Pflanzenfresser *m*
herboriste [ɛrbɔrist] *nmf* Naturheilkundige(r) *f(m)*
héréditaire [erediter] *adj* erblich
hérédité [eredite] *nf* Vererbung *f*
hérésie [erezi] *nf* Ketzerei *f*
hérétique [eretik] *nmf* Ketzer(in) *m(f)*
hérissé, e ['erise] *adj* (*poil, cheveux*) borstig, struppig; **~ de** (*piquants, clous*) gespickt mit; (*pièges, difficultés*) voller
hérisser ['erise] *vt*: **~ qn** (*fig*) jdn aufbringen; **se hérisser** *vpr* (*poils*) sich sträuben
hérisson ['erisɔ̃] *nm* Igel *m*
héritage [eritaʒ] *nm* Erbschaft *f*; (*fig*) Erbe *nt*
hériter [erite] *vi, vt* erben; **~ de qch** etw erben
héritier, -ière [eritje, jɛr] *nm/f* Erbe *m*, Erbin *f*
hermétique [ɛrmetik] *adj* hermetisch; (*à l'air*) luftdicht; (*à l'eau*) wasserdicht
hermine [ɛrmin] *nf* Hermelin *nt*
hernie ['ɛrni] *nf* Bruch *m*
héroïne [erɔin] *nf* Heldin *f*; (*drogue*) Heroin *nt*
héroïnomane [erɔinɔman] *nmf* Heroinsüchtige(r) *f(m)*
héroïque [erɔik] *adj* heldenhaft, heroisch
héron ['erɔ̃] *nm* Reiher *m*
héros ['ero] *nm* Held *m*
herpès [ɛrpɛs] *nm* Herpes *m*
hésitation [ezitasjɔ̃] *nf* Zögern *nt*
hésiter [ezite] *vi* zögern
hétéroclite [eterɔklit] *adj* (*ensemble*) heterogen; (*objets*) zusammengewürfelt
hétérogène [eterɔʒɛn] *adj* heterogen
hétérosexuel, le [eterɔsɛkɥɛl] *adj* heterosexuell
hêtre ['ɛtr] *nm* Buche *f*
heure [œr] *nf* Stunde *f*; **quelle ~ est-il ?** wie viel Uhr ist es?; **pourriez-vous me donner l'~, s'il vous plaît ?** können Sie mir bitte sagen, wie spät es ist?; **2 ~s (du matin)** 2 Uhr (morgens); **être à l'~** pünktlich sein; (*montre*) richtig gehen; **mettre à l'~** stellen; **à toute ~** den ganzen Tag (lang); **24 ~s sur 24** rund um die Uhr; **à l'~ actuelle** gegenwärtig; **~ d'été** Sommerzeit *f*; **~ de pointe** Hauptverkehrszeit *f*; **~ locale** Ortszeit *f*; **~s supplémentaires** Überstunden *pl*
heureusement [œrøzmã] *adv* glücklicherweise
heureux, -euse [œrø, øz] *adj* glücklich
heurt ['œr] *nm* (*choc*) Zusammenstoß *m*; **heurts** *nmpl* (*désaccord*) Rangeleien *pl*
heurté, e ['œrte] *adj* sprunghaft
heurter ['œrte] *vt* stoßen gegen; (*fig*) verletzen; **se heurter** *vpr* zusammenstoßen; **se ~ à** stoßen auf +*acc*
hexagonal, e, -aux [ɛgzagɔnal, o] *adj* sechseckig; (*français*) französisch
hexagone [ɛgzagon] *nm* Sechseck *nt*; **l'H~** Frankreich *nt* (*wegen seiner annähernd sechseckigen Form*)
hibernation [ibɛrnasjɔ̃] *nf* Winterschlaf *m*
hiberner [ibɛrne] *vi* Winterschlaf halten
hibiscus [ibiskys] *nm* Hibiskus *m*
hibou, x ['ibu] *nm* Eule *f*
hideux, -euse ['idø, øz] *adj* abscheulich
hier [jɛr] *adv* gestern
hiérarchie ['jerarʃi] *nf* Hierarchie *f*
hiéroglyphe ['jerɔglif] *nm* Hieroglyphe *f*
hi-fi ['ifi] *nf inv* Hi-Fi *nt*
hilarité [ilarite] *nf* Heiterkeit *f*
hindou, e [ɛ̃du] *adj* Hindu-; (*indien*) indisch ▶ *nm/f*: **Hindou, e** (*Indien*) Inder(in)
hindouisme [ɛ̃duism] *nm* Hinduismus *m*
hippique [ipik] *adj* Pferde-
hippisme [ipism] *nm* Pferdesport *m*
hippocampe [ipɔkɑ̃p] *nm* Seepferdchen *nt*
hippodrome [ipɔdrom] *nm* Hippodrom *nt*
hippopotame [ipɔpɔtam] *nm* Nilpferd *nt*
hirondelle [irɔ̃dɛl] *nf* Schwalbe *f*
hirsute [irsyt] *adj* strubbelig, struppig
hisser ['ise] *vt* hissen; **se hisser** *vpr*: **se ~ sur** sich hochziehen auf +*acc*

histoire [istwaʀ] nf Geschichte f; **histoires** nfpl (ennuis) Scherereien pl, Ärger m; **faire des ~s** Ärger/Scherereien machen; **une drôle d'~** etw Komisches
historien, ne [istɔʀjɛ̃, ɛn] nm/f Historiker(in)
historique [istɔʀik] adj historisch
hit-parade ['itpaʀad] (pl **hit-parades**) nm Hitparade f
HIV ['aʃ'ive] abr m (= Human Immunodeficiency Virus) HIV m
hiver [ivɛʀ] nm Winter m; **en ~** im Winter
hivernal, e, -aux [ivɛʀnal, o] adj winterlich
hiverner [ivɛʀne] vi überwintern
HLM ['aʃɛlɛm] sigle m ou sigle f (= habitation à loyer modéré) ≈ Sozialwohnung f
hobby ['ɔbi] nm Hobby nt
hocher ['ɔʃe] vt: **~ la tête** mit dem Kopf nicken; (signe négatif ou dubitatif) den Kopf schütteln
hochet ['ɔʃɛ] nm Rassel f
hockey ['ɔkɛ] nm: **~ sur glace/gazon** Eishockey nt/Feldhockey nt
hockeyeur, -euse ['ɔkejœʀ, øz] nm/f Hockeyspieler(in); (sur glace) Eishockeyspieler(in)
holding ['ɔldiŋ] nm Holding(gesellschaft f) nt
hold-up ['ɔldœp] nm inv Raubüberfall m
hollandais, e ['ɔlɑ̃dɛ, ɛz] adj holländisch ▶ nm/f: **Hollandais, e** Holländer(in)
Hollande ['ɔlɑ̃d] nf: **la ~** Holland nt
holocauste [ɔlɔkost] nm Holocaust m
hologramme [ɔlɔɡʀam] nm Hologramm nt
homard ['ɔmaʀ] nm Hummer m
homélie [ɔmeli] nf Predigt f
homéopathe [ɔmeɔpat] nmf Homöopath(in) m(f)
homéopathie [ɔmeɔpati] nf Homöopathie f
homéopathique [ɔmeɔpatik] adj homöopathisch
homicide [ɔmisid] nm Totschlag m; **~ involontaire** fahrlässige Tötung f
hommage [ɔmaʒ] nm Huldigung f; **présenter ses ~s à qn** jdn grüßen; **rendre ~ à qn** jdm huldigen
homme [ɔm] nm (individu) Mann m; (espèce) Mensch m; **l'~ de la rue** der Mann auf der Straße; **~ d'affaires** Geschäftsmann m; **~ d'État** Staatsmann m; **~ de paille** Strohmann m; **~ des cavernes** Höhlenmensch m
homme-grenouille [ɔmɡʀənuj] (pl **hommes-grenouilles**) nm Froschmann m

homme-orchestre [ɔmɔʀkɛstʀ] (pl **hommes-orchestres**) nm Einmannband f
homme-sandwich [ɔmsɑ̃dwitʃ] (pl **hommes-sandwichs**) nm Plakatträger m
homogène [ɔmɔʒɛn] adj homogen
homogénéisé, e [ɔmɔʒeneize] adj homogenisiert
homologue [ɔmɔlɔɡ] nmf Gegenstück nt
homologué, e [ɔmɔlɔɡe] adj (Sport) offiziell anerkannt; (tarif) genehmigt
homonyme [ɔmɔnim] nm (Ling) Homonym nt
homoparental, e, -aux [ɔmɔpaʀɑ̃tal, o] adj gleichgeschlechtlich
homoparentalité [ɔmɔpaʀɑ̃talite] nf gleichgeschlechtliche Elternschaft f
homosexualité [ɔmɔsɛksɥalite] nf Homosexualität f
homosexuel, le [ɔmɔsɛksɥɛl] adj homosexuell ▶ nm/f Homosexuelle(r) f(m)
Honduras ['ɔ̃dyʀas] nm: **le ~** Honduras nt
Hongrie ['ɔ̃ɡʀi] nf: **la ~** Ungarn nt
hongrois, e ['ɔ̃ɡʀwa, waz] adj ungarisch ▶ nm/f: **Hongrois, e** Ungar(in)
honnête [ɔnɛt] adj ehrlich; (juste, satisfaisant) anständig
honnêtement [ɔnɛtmɑ̃] adv ehrlich
honnêteté [ɔnɛtte] nf Ehrlichkeit f
honneur [ɔnœʀ] nm Ehre f; **en l'~ de** zu Ehren von; **faire ~ à** (engagements) einhalten; (famille, professeur) Ehre machen +dat; (repas etc) zu würdigen wissen
honorable [ɔnɔʀabl] adj ehrenhaft; (suffisant) zufriedenstellend
honoraire [ɔnɔʀɛʀ] adj ehrenamtlich; **honoraires** nmpl Honorar nt; **professeur ~** emeritierter Professor m
honorer [ɔnɔʀe] vt ehren; (Comm) bezahlen; **s'honorer** vpr: **s'~ de** sich rühmen +gén; **~ qn de** jdn beehren mit
honorifique [ɔnɔʀifik] adj Ehren-
honte ['ɔ̃t] nf Schande f; **avoir ~ de** sich schämen +gén; **faire ~ à qn** jdm Schande machen
honteux, -euse ['ɔ̃tø, øz] adj (personne) beschämt; (conduite, acte) schändlich
hôpital, -aux [ɔpital, o] nm Krankenhaus nt
hoquet ['ɔkɛ] nm Schluckauf m; **avoir le ~** (einen) Schluckauf haben
hoqueter ['ɔkte] vi (einen) Schluckauf haben
horaire [ɔʀɛʀ] adj Stunden- ▶ nm (emploi du temps) Zeitplan m; (Scol) Stundenplan m;

(de transports) Fahrplan m; (Aviat) Flugplan m; **~ à la carte** ou **flexible** ou **mobile** Gleitzeit f
horizon [ɔʀizɔ̃] nm Horizont m
horizontal, e, -aux [ɔʀizɔ̃tal, o] adj horizontal
horizontalement [ɔʀizɔ̃talmɑ̃] adv horizontal
horloge [ɔʀlɔʒ] nf Uhr f; **~ parlante** Zeitansage f
horloger, -ère [ɔʀlɔʒe, ɛʀ] nm/f Uhrmacher(in)
horlogerie [ɔʀlɔʒʀi] nf Uhrenindustrie f; **pièces d'~** Uhrteile pl
hormis ['ɔʀmi] prép außer +dat
hormonal, e, -aux [ɔʀmɔnal, o] adj hormonell
hormone [ɔʀmɔn] nf Hormon nt
horodatage [ɔʀɔdataʒ] nm Zeitangabe f
horodateur, -trice [ɔʀɔdatœʀ, tʀis] adj (appareil) mit Zeitstempel ▶ nm Automat m mit Zeitstempel
horoscope [ɔʀɔskɔp] nm Horoskop nt
horreur [ɔʀœʀ] nf Entsetzen nt; (objet) Abscheulichkeit f; **quelle ~ !** wie entsetzlich!; **avoir ~ de qch** etw verabscheuen; **cela me fait ~** das widert mich an
horrible [ɔʀibl] adj schrecklich, grauenhaft
horrifier [ɔʀifje] vt entsetzen
horrifique [ɔʀifik] adj entsetzlich
horripilant, e [ɔʀipilɑ̃, ɑ̃t] adj nervtötend
horripiler [ɔʀipile] vt zur Verzweiflung bringen
hors ['ɔʀ] prép außer +dat; **~ de** außerhalb von; **~ de propos** unpassend; **être ~ de soi** außer sich dat sein; **~ d'usage** defekt; **~ pair** außerordentlich; **~ service** außer Betrieb; **~ d'usage** defekt
hors-bord [ˈɔʀbɔʀ] (pl **hors-bords**) nm Außenborder m
hors-concours [ˈɔʀkɔ̃kuʀ] adj inv außer Konkurrenz
hors-d'œuvre [ˈɔʀdœvʀ] nm inv Vorspeise f, Horsd'œuvre nt
hors-jeu [ˈɔʀʒø] (pl **hors-jeux**) nm Abseits nt
hors-la-loi [ˈɔʀlalwa] nm inv Geächteter m
hors-piste [ˈɔʀpist] (pl **hors-pistes**) nm Skilaufen nt abseits der Pisten
hors taxe [ɔʀtaks] adj zollfrei
hors-texte [ˈɔʀtɛkst] (pl **hors-textes**) nm Tafel f
hortensia [ɔʀtɑ̃sja] nm Hortensie f
horticulteur, -trice [ɔʀtikyltœʀ, tʀis] nm/f Gärtner(in)
horticulture [ɔʀtikyltyʀ] nf Gartenbau m
hospice [ɔspis] nm (de vieillards) Heim nt
hospitalier, -ière [ɔspitalje, jɛʀ] adj (accueillant) gastfreundlich; (Méd) Krankenhaus-
hospitalisation [ɔspitalizasjɔ̃] nf Einweisung f ins Krankenhaus
hospitaliser [ɔspitalize] vt ins Krankenhaus einweisen
hospitalité [ɔspitalite] nf Gastfreundschaft f
hostie [ɔsti] nf Hostie f
hostile [ɔstil] adj feindselig; **~ à** gegen +acc
hostilité [ɔstilite] nf Feindseligkeit f; **hostilités** nfpl Feindseligkeiten pl
hot-dog [ˈɔtdɔg] (pl **hot-dogs**) nm Hotdog m ou nt
hôte [ot] nm (maître de maison) Gastgeber m ▶ nmf (invité) Gast m
hôtel [otɛl] nm Hotel nt; **~ de ville** Rathaus nt; **~ (particulier)** Villa f
hôtelier, -ière [otəlje, jɛʀ] adj Hotel- ▶ nm/f Hotelier m
hôtellerie [otɛlʀi] nf (profession) Hotelgewerbe nt; (auberge) Gasthaus nt
hôtesse [otɛs] nf (maîtresse de maison) Gastgeberin f; **~ d'accueil** Hostess f; **~ de l'air** Stewardess f
hotline [ˈɔtlajn] nf Hotline f
hotspot [ɔtspɔt] nm (Inform) Hotspot m
hotte [ˈɔt] nf (de cheminée) Abzugshaube f
houblon [ˈublɔ̃] nm Hopfen m
houille [ˈuj] nf Kohle f; **~ blanche** Wasserkraft f
houlette [ˈulɛt] nf: **sous la ~ de** unter der Führung von
houleux, -euse [ˈulø, øz] adj (mer) wogend, unruhig; (fig) erregt
houspiller [ˈuspije] vt ausschimpfen
housse [ˈus] nf Bezug m
houx [ˈu] nm Stechpalme f
HS [aʃɛs] abr (= hors service) voir **hors**
hublot [ˈyblo] nm (Naut) Bullauge nt; (Aviat) Fenster nt
huées [ˈɥe] nfpl Buhrufe pl
huer [ˈɥe] vt ausbuhen
huile [ɥil] nf Öl nt; **~ d'arachide** Erdnussöl nt; **~ de foie de morue** Lebertran m
huiler [ɥile] vt ölen
huis [ɥi] nm: **à ~ clos** unter Ausschluss der Öffentlichkeit
huissier, -ière [ɥisje, jɛʀ] nm/f Amtsdiener(in); (Jur) ≈ Gerichtsvollzieher(in)
huit [ˈɥi(t)] num acht; **dans ~ jours** in acht Tagen, in einer Woche; **samedi en ~** Samstag in acht Tagen

huitaine ['ɥitɛn] *nf*: **une ~ de jours** etwa eine Woche *ou* acht Tage
huitante ['ɥitɑ̃t] *num* (Suisse) achtzig
huitième ['ɥitjɛm] *num* achte(r, s) ▶ *nm* Achtel *nt*
huitièmement ['ɥitjɛmmɑ̃] *adv* achtens
huître [ɥitʀ] *nf* Auster *f*
hululement ['ylylmɑ̃] *nm* Schreien *nt*
humain, e [ymɛ̃, ɛn] *adj* menschlich
humainement [ymɛnmɑ̃] *adv* menschlich
humaniser [ymanize] *vt* menschlicher machen
humanitaire [ymanitɛʀ] *adj* humanitär
humanité [ymanite] *nf* Menschheit *f*; (*sensibilité*) Menschlichkeit *f*
humanoïde [ymanɔid] *nmf* menschenähnliches Wesen *nt*
humble [œ̃bl] *adj* bescheiden
humecter [ymɛkte] *vt* anfeuchten
humer ['yme] *vt* einatmen
humérus [ymeʀys] *nm* Oberarmknochen *m*
humeur [ymœʀ] *nf* (*momentanée*) Laune *f*, Stimmung *f*; (*irritation*) schlechte Laune; (*tempérament*) Wesen *nt*; **être de mauvaise/bonne ~** schlechte/gute Laune haben
humide [ymid] *adj* feucht; (*terre, route*) nass; (*saison*) regnerisch
humidificateur [ymidifikatœʀ] *nm* Verdunster *m*
humidifier [ymidifje] *vt* befeuchten
humidité [ymidite] *nf* Feuchtigkeit *f*
humiliant, e [ymiljɑ̃, ɑ̃t] *adj* demütigend
humiliation [ymiljasjɔ̃] *nf* Demütigung *f*
humilier [ymilje] *vt* demütigen
humilité [ymilite] *nf* Bescheidenheit *f*
humoriste [ymɔʀist] *nmf* Humorist(in) *m(f)*
humoristique [ymɔʀistik] *adj* humoristisch
humour [ymuʀ] *nm* Humor *m*
huppé, e ['ype] (*fam*) *adj* vornehm
hurlement ['yʀləmɑ̃] *nm* Heulen *nt*
hurler ['yʀle] *vi* heulen; (*personne*) schreien
hurluberlu [yʀlybɛʀly] (*péj*) *nm* Spinner *m*
hutte ['yt] *nf* Hütte *f*
hybride [ibʀid] *adj*: **une (voiture) ~** ein Hybridauto *nt*; **un moteur ~** ein Hybridmotor *m*
hydratant, e [idʀatɑ̃, ɑ̃t] *adj* Feuchtigkeits-
hydrate [idʀat] *nm*: **~s de carbone** Kohle(n)hydrate *pl*
hydrater [idʀate] *vt* Feuchtigkeit verleihen +*dat*
hydraulique [idʀolik] *adj* hydraulisch
hydravion [idʀavjɔ̃] *nm* Wasserflugzeug *nt*
hydrocarbure [idʀɔkaʀbyʀ] *nm* Kohlenwasserstoff *m*
hydrogène [idʀɔʒɛn] *nm* Wasserstoff *m*
hydroglisseur [idʀɔglisœʀ] *nm* Gleitboot *nt*
hydroptère [idʀɔptɛʀ] *nm* Tragflächenboot *nt*
hydropulseur [idʀɔpylsœʀ] *nm* Munddusche *f*
hyène [jɛn] *nf* Hyäne *f*
hygiène [iʒjɛn] *nf* Hygiene *f*; **~ corporelle** Körperpflege *f*; **~ intime** Intimpflege *f*
hygiénique [iʒjenik] *adj* hygienisch
hymne [imn] *nm* Hymne *f*; **~ national** Nationalhymne *f*
hyperlien [ipɛʀljɛ̃] *nm* Hyperlink *m*
hypermarché [ipɛʀmaʀʃe] *nm* Supermarkt *m*
hypermétrope [ipɛʀmetʀɔp] *adj* weitsichtig
hypernerveux, -euse [ipɛʀnɛʀvø, øz] *adj* hypernervös
hypersensible [ipɛʀsɑ̃sibl] *adj* hypersensibel
hypertendu, e [ipɛʀtɑ̃dy] *adj* mit zu hohem Blutdruck
hypertension [ipɛʀtɑ̃sjɔ̃] *nf* Bluthochdruck *m*
hypertexte [ipɛʀtɛkst] *nm* Hypertext *m*; **lien ~** Hyperlink *m*
hypertrophié, e [ipɛʀtʀɔfje] *adj* vergrößert
hypnose [ipnoz] *nf* Hypnose *f*
hypnotique [ipnɔtik] *adj* hypnotisch
hypnotiser [ipnɔtize] *vt* hypnotisieren
hypnotiseur [ipnɔtizœʀ] *nm* Hypnotiseur *m*
hypo-allergénique [ipoalɛʀʒenik] *adj* frei von Allergenen
hypocondriaque [ipɔkɔ̃dʀijak] *adj* hypochondrisch ▶ *nmf* Hypochonder *m*
hypocrisie [ipɔkʀizi] *nf* Heuchelei *f*
hypocrite [ipɔkʀit] *adj* heuchlerisch ▶ *nmf* Heuchler(in) *m(f)*
hypotendu, e [ipɔtɑ̃dy] *adj* mit niedrigem Blutdruck
hypotension [ipɔtɑ̃sjɔ̃] *nf* niedriger Blutdruck *m*
hypoténuse [ipotenyz] *nf* Hypotenuse *f*
hypothèque [ipɔtɛk] *nf* Hypothek *f*

hypothéquer [ipɔteke] vt mit einer Hypothek belasten
hypothermie [ipɔtɛʀmi] nf Hypothermie f
hypothèse [ipɔtɛz] nf Hypothese f; **dans l'~ où** gesetzt den Fall, dass
hypothétique [ipɔtetik] adj hypothetisch
hypothétiquement [ipɔtetikmɑ̃] adv hypothetisch
hystérectomie [isteʀɛktɔmi] nf Hysterektomie f, Totaloperation f
hystérie [isteʀi] nf Hysterie f
hystérique [isteʀik] adj hysterisch

i

I, i [i] nm inv I, i nt
ibère [ibɛʀ] adj iberisch
ibérique [ibeʀik] adj : **la péninsule I~** die Iberische Halbinsel f
iceberg [ajsbɛʀg] nm Eisberg m
ici [isi] adv hier
icône [ikon] nf Ikone f; (Inform) Ikon nt
iconographie [ikɔnɔgʀafi] nf (illustrations) Abbildungen pl
id. [id] abr (= idem) id.
idéal, e, -aux [ideal, o] adj ideal ▶ nm Ideal nt
idéaliser [idealize] vt idealisieren
idéalisme [idealism] nm Idealismus m
idéaliste [idealist] adj idealistisch ▶ nmf Idealist(in) m(f)
idée [ide] nf Idee f; **idées** nfpl (opinions) Denkweise f; **avoir dans l'~ que** das Gefühl haben, dass; **à l'~ que** beim (bloßen) Gedanken, dass; **venir à l'~ de qn** jdm in den Sinn kommen; **~s noires** schwarze Gedanken pl; **~s reçues** konventionelle Ansichten pl
identifiant [idɑ̃tifjɑ̃] nm (Inform) Login nt, Benutzername m
identifier [idɑ̃tifje] vt (reconnaître) identifizieren; **s'identifier** vpr : **s'~ avec** ou **à qch/qn** sich mit etw/jdm identifizieren; **~ à** (assimiler) gleichsetzen mit
identique [idɑ̃tik] adj identisch; **~ à** identisch mit
identité [idɑ̃tite] nf (de vues, goûts) Übereinstimmung f; (d'une personne) Identität f; **~ bancaire** Bankverbindung f
idéologie [ideɔlɔʒi] nf Ideologie f
idéologique [ideɔlɔʒik] adj ideologisch
idiomatique [idjɔmatik] adj : **expression ~** idiomatischer Ausdruck m
idiot, e [idjo, idjɔt] adj idiotisch ▶ nm/f Idiot(in)

idiotie [idjɔsi] nf Idiotie f
idolâtrer [idɔlɑtʀe] vt vergöttern
idole [idɔl] nf (Rel) Götzenbild nt; (vedette) Idol nt
idylle [idil] nf (amourette) Romanze f
idyllique [idilik] adj idyllisch
if [if] nm (Bot) Eibe f
igloo [iglu] nm Iglu nt ou m
IGN [iʒeɛn] sigle m (= Institut géographique national) topografisches Institut
ignare [iɲaʀ] adj ungebildet, unwissend
ignoble [iɲɔbl] adj niederträchtig
ignominie [iɲɔmini] nf Schmach f, Schande f; (action) Schandtat f
ignorance [iɲɔʀɑ̃s] nf Unkenntnis f, Unwissenheit f; **tenir qn dans l'~ de qch** jdn in Unkenntnis über etw lassen
ignorant, e [iɲɔʀɑ̃, ɑ̃t] adj unwissend ▶ nm/f Ignorant(in)
ignorer [iɲɔʀe] vt nie gehört haben von; (bouder) ignorieren; **j'ignore comment/si** ich weiß nicht, wie/ob
iguane [igwan] nm Leguan m
il [il] pron er; (selon le genre du nom allemand) sie/es; (impersonnel) es; **ils** sie; **il neige** es schneit
île [il] nf Insel f; **l'~ de Beauté** Korsika nt; **l'~ Maurice** Mauritius nt; **les ~s Britanniques** die Britischen Inseln pl
Île-de-France [ildəfʀɑ̃s] nf Île-de-France f (französische Region)
illégal, e, -aux [i(l)legal, o] adj illegal
illégalité [i(l)legalite] nf Illegalität f; **être dans l'~** in der Illegalität ou außerhalb des Gesetzes leben
illégitime [i(l)leʒitim] adj (enfant) unehelich; (pouvoir, revendications) unrechtmäßig
illettré, e [i(l)letʀe] nm/f Analphabet(in) ▶ adj analphabetisch
illettrisme [i(l)letʀism] nm Analphabetismus m
illicite [i(l)lisit] adj verboten
illico [i(l)liko] (fam) adv auf der Stelle
illimité, e [i(l)limite] adj unbegrenzt
illisible [i(l)lizibl] adj unleserlich; (roman) unlesbar
illisiblement [i(l)lizibləmɑ̃] adv unleserlich
illogique [i(l)lɔʒik] adj unlogisch
illumination [i(l)lyminasjɔ̃] nf Beleuchtung f; (inspiration) Erleuchtung f
illuminer [i(l)lymine] vt beleuchten; **s'illuminer** vpr (visage, ciel) sich erhellen
illusion [i(l)lyzjɔ̃] nf Illusion f; **se faire des ~s** sich dat Illusionen machen; **faire ~** täuschen, irreführen; **~ d'optique** optische Täuschung f

illusionniste [i(l)lyzjɔnist] nmf Zauberkünstler(in) m(f)
illusoire [i(l)lyzwaʀ] adj illusorisch
illustratif, -ive [i(l)lystʀatif, iv] adj erläuternd
illustration [i(l)lystʀasjɔ̃] nf Illustration f, Abbildung f; (d'une théorie) Erläuterung f
illustre [i(l)lystʀ] adj berühmt
illustré, e [i(l)lystʀe] adj illustriert ▶ nm Illustrierte f
illustrer [i(l)lystʀe] vt illustrieren
îlot [ilo] nm Inselchen nt; (bloc de maisons) (Häuser)block m; **un ~ de verdure** ein Grasfleckchen nt
îlotier, -ière [ilotje, ɛʀ] nm/f Kontaktbereichspolizist(in) (für einen bestimmten Häuserblock zuständiger Polizist)
image [imaʒ] nf Bild nt; (reflet) (Spiegel)bild nt
imaginable [imaʒinabl] adj vorstellbar
imaginaire [imaʒinɛʀ] adj imaginär
imaginatif, -ive [imaʒinatif, iv] adj fantasievoll
imagination [imaʒinasjɔ̃] nf Fantasie f; (invention) Einbildung f
imaginer [imaʒine] vt sich dat vorstellen; (inventer) sich dat ausdenken; **s'imaginer** vpr sich dat vorstellen; **j'imagine qu'il a voulu plaisanter** ich nehme an, er hat Spaß gemacht; **s'~ que** meinen, dass
imam [imam] nm Imam m
imbattable [ɛ̃batabl] adj unschlagbar
imbécile [ɛ̃besil] adj blödsinnig ▶ nmf Idiot(in) m(f)
imbécillité [ɛ̃besilite] nf Blödsinnigkeit f; (action, propos, film) Idiotie f
imbiber [ɛ̃bibe] vt tränken; **s'imbiber de** vpr sich vollsaugen mit; **~ qch de** etw tränken mit; **imbibé d'eau** (chaussures, étoffe) durchnässt
imbuvable [ɛ̃byvabl] (fam) adj (aussi fig) ungenießbar
imitateur, -trice [imitatœʀ, tʀis] nm/f (professionnel) Imitator(in)
imitation [imitasjɔ̃] nf Nachahmung f, Imitation f; **un sac ~ cuir** eine Tasche aus Kunstleder ou Lederimitat
imiter [imite] vt nachahmen, imitieren; (contrefaire) fälschen
immaculé, e [imakyle] adj blütenweiß
immatriculation [imatʀikylasjɔ̃] nf Einschreibung f
immatriculer [imatʀikyle] vt anmelden; (à l'université) einschreiben; **se faire ~** sich einschreiben; **une voiture immatriculée dans l'Ain** ein Auto mit Kennzeichen des Bezirks Ain

immature [imatyʀ] *adj* unreif
immédiat, e [imedja, jat] *adj* unmittelbar ▶ *nm* : **dans l'~** augenblicklich; sofort; **dans le voisinage ~ de** in der unmittelbaren Umgebung von
immédiatement [imedjatmã] *adv* (*aussitôt*) sofort; (*sans intermédiaire*) direkt, unmittelbar
immense [i(m)mɑ̃s] *adj* riesig; (*fig*) ungeheuer
immensément [i(m)mɑ̃semɑ̃] *adv* ungeheuer
immensité [i(m)mɑ̃site] *nf* ungeheure Größe *f*; (*de la mer*) Weite *f*
immergé, e [imɛʀʒe] *adj* unter Wasser
immerger [imɛʀʒe] *vt* eintauchen; (*déchets*) versenken; **s'immerger** *vpr* (*sous-marin*) (ab)tauchen
immersion [imɛʀsjɔ̃] *nf* Eintauchen *nt*
immeuble [imœbl] *nm* Gebäude *nt* ▶ *adj* unbeweglich; **~ locatif** Wohnblock *m*
immigrant, e [imigʀɑ̃, ɑ̃t] *nm/f* Einwanderer *m*, Einwanderin *f*
immigration [imigʀasjɔ̃] *nf* Einwanderung *f*
immigré, e [imigʀe] *nm/f* Einwanderer *m*, Einwanderin *f*
immigrer [imigʀe] *vi* einwandern
imminent, e [iminɑ̃, ɑ̃t] *adj* unmittelbar, nahe, bevorstehend
immiscer [imise] : **s'~ dans** *vpr* sich einmischen in +*acc*
immobile [i(m)mɔbil] *adj* bewegungslos; **rester** *ou* **se tenir ~** sich nicht bewegen
immobilier, -ière [imɔbilje, jɛʀ] *adj* Immobilien-; (*biens*) unbeweglich ▶ *nm* (*Comm*) Immobilienhandel *m*
immobiliser [imɔbilize] *vt* lahmlegen; (*stopper, empêcher de fonctionner*) zum Stillstand bringen; **s'immobiliser** *vpr* stehen bleiben
immodéré, e [imɔdeʀe] *adj* übermäßig, übertrieben
immonde [i(m)mɔ̃d] *adj* ekelhaft; (*trafic, propos*) widerlich
immondices [imɔ̃dis] *nfpl* (*ordures*) Müll *m*, Abfall *m*
immoral, e, -aux [i(m)mɔʀal, o] *adj* unmoralisch
immortaliser [imɔʀtalize] *vt* verewigen
immortel, le [imɔʀtɛl] *adj* unsterblich
immortelle [imɔʀtɛl] *nf* (*Bot*) Strohblume *f*
immuable [imɥabl] *adj* unveränderlich
immunisation [imynizasjɔ̃] *nf* Immunisierung *f*
immuniser [imynize] *vt* immunisieren

immunité [imynite] *nf* Immunität *f*
impact [ɛ̃pakt] *nm* (*Aus*)wirkung *f*; (*Inform*) Hit *m*; **point d'~** Aufprallstelle *f*
impair, e [ɛ̃pɛʀ] *adj* ungerade ▶ *nm* (*gaffe*) Fehler *m*
impardonnable [ɛ̃paʀdɔnabl] *adj* unverzeihlich
imparfait, e [ɛ̃paʀfɛ, ɛt] *adj* (*inachevé, incomplet*) unvollständig; (*défectueux, grossier*) mangelhaft ▶ *nm* (*Ling*) Imperfekt *nt*
impartial, e, -aux [ɛ̃paʀsjal, jo] *adj* unparteiisch, unvoreingenommen
impartialité [ɛ̃paʀsjalite] *nf* Unparteilichkeit *f*
impartir [ɛ̃paʀtiʀ] *vt* gewähren
impasse [ɛ̃pas] *nf* Sackgasse *f*; **être dans l'~** (*négociations*) festgefahren sein
impassibilité [ɛ̃pasibilite] *nf* Gelassenheit *f*, Unbeweglichkeit *f*
impassible [ɛ̃pasibl] *adj* gelassen; (*fermé, impénétrable*) unbeweglich
impatiemment [ɛ̃pasjamɑ̃] *adv* ungeduldig
impatience [ɛ̃pasjɑ̃s] *nf* Ungeduld *f*
impatient, e [ɛ̃pasjɑ̃, jɑ̃t] *adj* ungeduldig
impatienter [ɛ̃pasjɑ̃te] : **s'impatienter** *vpr* ungeduldig werden
impeccable [ɛ̃pekabl] *adj* tadellos
impeccablement [ɛ̃pekabləmɑ̃] *adv* tadellos
impénétrable [ɛ̃penetʀabl] *adj* (*forêt*) undurchdringlich; (*impossible à comprendre*) unergründlich
impénitent, e [ɛ̃penitɑ̃, ɑ̃t] *adj* unverbesserlich
impensable [ɛ̃pɑ̃sabl] *adj* (*inconcevable*) undenkbar; (*incroyable*) unglaublich
imper [ɛ̃pɛʀ] (*fam*) *nm* = **imperméable**
impératif, -ive [ɛ̃peʀatif, iv] *adj* dringend; (*disposition, loi*) zwingend ▶ *nm* (*Ling*) Imperativ *m*; **impératifs** *nmpl* (*d'une charge*) Voraussetzungen *pl*, Erfordernisse *pl*
impératrice [ɛ̃peʀatʀis] *nf* Kaiserin *f*
imperceptible [ɛ̃pɛʀsɛptibl] *adj* kaum wahrnehmbar
imperfection [ɛ̃pɛʀfɛksjɔ̃] *nf* Unvollkommenheit *f*
impérial, e, -aux [ɛ̃peʀjal, jo] *adj* kaiserlich
impériale [ɛ̃peʀjal] *nf* : **autobus à ~** Doppeldecker(bus) *m*
impérialisme [ɛ̃peʀjalism] *nm* Imperialismus *m*
impérieux, -euse [ɛ̃peʀjø, jøz] *adj* (*caractère, air, ton*) herrisch, gebieterisch; (*obligation, besoin*) dringend

impérissable [ɛ̃peʀisabl] *adj* unvergänglich

imperméabiliser [ɛ̃pɛʀmeabilize] *vt* imprägnieren

imperméable [ɛ̃pɛʀmeabl] *adj* (*terrain, sol*) undurchlässig; (*toile, tissu*) wasserdicht ▶ *nm* Regenmantel *m*

impersonnel, le [ɛ̃pɛʀsɔnɛl] *adj* unpersönlich

impertinence [ɛ̃pɛʀtinɑ̃s] *nf* Unverschämtheit *f*

impertinent, e [ɛ̃pɛʀtinɑ̃, ɑ̃t] *adj* unverschämt

imperturbable [ɛ̃pɛʀtyʀbabl] *adj* unerschütterlich

impétueux, -euse [ɛ̃petɥø, øz] *adj* feurig, ungestüm

impétuosité [ɛ̃petɥozite] *nf* Ungestüm *nt*

impie [ɛ̃pi] *adj* gottlos

impitoyable [ɛ̃pitwajabl] *adj* erbarmungslos

implacable [ɛ̃plakabl] *adj* unerbittlich; (*haine*) unversöhnlich

implant [ɛ̃plɑ̃] *nm* (*Méd*) Implantat *nt*

implantation [ɛ̃plɑ̃tasjɔ̃] *nf* (*d'usine, industrie*) Ansiedlung *f*

implanter [ɛ̃plɑ̃te] *vt* (*usage, mode*) einführen; (*idée, préjugé*) einpflanzen; **s'implanter** *vpr* sich niederlassen

implication [ɛ̃plikasjɔ̃] *nf* Implikation *f*

implicite [ɛ̃plisit] *adj* implizit

impliquer [ɛ̃plike] *vt* (*compromettre*) verwickeln; (*supposer, entraîner*) voraussetzen

implorer [ɛ̃plɔʀe] *vt* (*personne, dieu*) anflehen; (*aide, faveur, appui*) flehen ou bitten um

imploser [ɛ̃ploze] *vi* implodieren

impoli, e [ɛ̃pɔli] *adj* unhöflich

impolitesse [ɛ̃pɔlitɛs] *nf* Unhöflichkeit *f*

impopulaire [ɛ̃pɔpylɛʀ] *adj* unbeliebt; (*gouvernement, mesure*) unpopulär

impopularité [ɛ̃pɔpylaʀite] *nf* Unbeliebtheit *f*

importance [ɛ̃pɔʀtɑ̃s] *nf* Wichtigkeit *f*, Bedeutung *f*; (*de somme, effectif*) Größe *f*; **sans ~** unbedeutend, unwichtig

important, e [ɛ̃pɔʀtɑ̃, ɑ̃t] *adj* wichtig, bedeutend; (*somme, préjugé, effectifs*) bedeutend, beträchtlich; (*péj*) wichtigtuerisch ▶ *nm* : **l'~ (est de/que)** das Wichtigste (ist, zu/dass)

importateur, -trice [ɛ̃pɔʀtatœʀ, tʀis] *adj* Import- ▶ *nm/f* Importeur(in)

importation [ɛ̃pɔʀtasjɔ̃] *nf* Import *m*, Einfuhr *f*

importer [ɛ̃pɔʀte] *vt* importieren ▶ *vi* (*être important*) von Bedeutung sein; **~ à qn** für jdn wichtig sein; **il importe de/que** es ist wichtig, zu/dass

importun, e [ɛ̃pɔʀtœ̃, yn] *adj* (*curiosité, présence*) aufdringlich; (*visite*) ungelegen; (*personne*) lästig, aufdringlich ▶ *nm* Eindringling *m*

importuner [ɛ̃pɔʀtyne] *vt* belästigen

imposable [ɛ̃pozabl] *adj* steuerpflichtig

imposant, e [ɛ̃pozɑ̃, ɑ̃t] *adj* beeindruckend

imposer [ɛ̃poze] *vt* (*taxer*) besteuern; **s'imposer** *vpr* (*être nécessaire*) erforderlich sein; (*se faire connaître*) bekannt werden; (*être importun*) sich aufdrängen; **~ qch à qn** jdm etw auferlegen; **en ~ (à qn)** Eindruck machen (auf jdn)

imposition [ɛ̃pozisjɔ̃] *nf* (*taxation*) Besteuerung *f*

impossibilité [ɛ̃posibilite] *nf* Unmöglichkeit *f*; **être dans l'~ de faire qch** nicht in der Lage sein, etw zu tun

impossible [ɛ̃posibl] *adj* unmöglich ▶ *nm* : **l'~** das Unmögliche *nt*; **il m'est ~ de le faire** es ist mir nicht möglich, das zu machen; **faire l'~** sein Möglichstes tun

imposteur [ɛ̃pɔstœʀ] *nm* Betrüger(in) *m(f)*

impôt [ɛ̃po] *nm* Steuer *f*; **payer 1000 euros d'~s** 1.000 Euro Steuern zahlen; **~ foncier** Grundsteuer *f*; **~ sur la fortune** Vermögenssteuer *f*; **~ sur le chiffre d'affaires** Umsatzsteuer *f*; **~ sur le revenu** Einkommensteuer *f*

impotence [ɛ̃pɔtɑ̃s] *nf* Behinderung *f*

impotent, e [ɛ̃pɔtɑ̃, ɑ̃t] *adj* behindert

impraticable [ɛ̃pʀatikabl] *adj* (*projet, idée*) nicht machbar; (*route*) nicht befahrbar

imprécis, e [ɛ̃pʀesi, iz] *adj* ungenau

imprécision [ɛ̃pʀesizjɔ̃] *nf* Ungenauigkeit *f*

imprégner [ɛ̃pʀeɲe] *vt* tränken; (*lieu, air*) erfüllen; (*amertume, ironie etc*) durchziehen; **s'imprégner de** *vpr* (*d'eau*) sich vollsaugen mit

imprésario [ɛ̃pʀesaʀjo] *nm* Impresario *m*

impression [ɛ̃pʀesjɔ̃] *nf* Eindruck *m*; (*d'un ouvrage, tissu*) Druck *m*; **faire bonne/mauvaise ~** einen guten/schlechten Eindruck machen; **avoir l'~ que** den Eindruck haben, dass

impressionnable [ɛ̃pʀesjɔnabl] *adj* leicht zu beeindrucken; (*Photo*) lichtempfindlich

impressionnant, e [ɛ̃pʀesjɔnɑ̃, ɑ̃t] *adj* eindrucksvoll

impressionner [ɛ̃pʀesjɔne] *vt* (*frapper*) beeindrucken; (*Photo*) belichten

impressionnisme [ɛ̃pʀesjɔnism] *nm* Impressionismus *m*

impressionniste [ɛ̃pʀesjɔnist] *nmf* Impressionist(in) *m(f)*

imprévisible [ɛ̃pʀevizibl] *adj* unvorhersehbar

imprévoyance [ɛ̃pʀevwajɑ̃s] *nf* Sorglosigkeit *f*

imprévoyant, e [ɛ̃pʀevwajɑ̃, ɑ̃t] *adj* sorglos

imprévu, e [ɛ̃pʀevy] *adj* unvorhergesehen, unerwartet ▶ *nm* : **un ~** ein unerwartetes Ereignis *nt*; **en cas d'~** falls etw dazwischenkommt

imprimante [ɛ̃pʀimɑ̃t] *nf* Drucker *m*; **~ couleur** Farbdrucker *m*; **~ à jet d'encre** Tintenstrahldrucker *m*; **~ laser** Laserdrucker *m*

imprimé, e [ɛ̃pʀime] *adj (tissu)* bedruckt ▶ *nm (formulaire)* Formular *nt*; *(Poste)* Drucksache *f*

imprimer [ɛ̃pʀime] *vt* drucken; *(tissu)* bedrucken; *(Inform)* (aus)drucken; *(empreinte, marque)* hinterlassen; *(mouvement, impulsion, vitesse)* übermitteln

imprimerie [ɛ̃pʀimʀi] *nf (technique)* Drucken *nt*, Druck *m*; *(établissement)* Druckerei *f*

imprimeur, -euse [ɛ̃pʀimœʀ] *nm/f* Drucker(in)

improbable [ɛ̃pʀɔbabl] *adj* unwahrscheinlich

improductif, -ive [ɛ̃pʀɔdyktif, iv] *adj (terre)* unfruchtbar; *(travail, personne)* unproduktiv; *(capital, richesses)* nicht gewinnbringend

impromptu, e [ɛ̃pʀɔ̃pty] *adj* improvisiert

imprononçable [ɛ̃pʀɔnɔ̃sabl] *adj* unmöglich auszusprechen

impropre [ɛ̃pʀɔpʀ] *adj (incorrect)* falsch; **~ à** ungeeignet für; **~ à la consommation** *(aliments, produits)* nicht zum Verzehr geeignet

improvisation [ɛ̃pʀɔvizasjɔ̃] *nf* Improvisation *f*

improvisé, e [ɛ̃pʀɔvize] *adj* improvisiert

improviser [ɛ̃pʀɔvize] *vt*, *vi* improvisieren

improviste [ɛ̃pʀɔvist] : **à l'~** *adv* unerwartet

imprudence [ɛ̃pʀydɑ̃s] *nf* Leichtsinn *m*

imprudent, e [ɛ̃pʀydɑ̃, ɑ̃t] *adj* leichtsinnig; *(remarque)* unklug

impudence [ɛ̃pydɑ̃s] *nf* Unverschämtheit *f*

impudent, e [ɛ̃pydɑ̃, ɑ̃t] *adj* unverschämt

impudeur [ɛ̃pydœʀ] *nf* Schamlosigkeit *f*

impudique [ɛ̃pydik] *adj* schamlos

impuissance [ɛ̃pɥisɑ̃s] *nf* Hilflosigkeit *f*; *(sexuelle)* Impotenz *f*

impuissant, e [ɛ̃pɥisɑ̃, ɑ̃t] *adj (faible)* hilflos, schwach; *(sans effet)* ineffektiv; *(sexuellement)* impotent; **~ à faire qch** außerstande, etw zu tun

impulsif, -ive [ɛ̃pylsif, iv] *adj* impulsiv

impulsion [ɛ̃pylsjɔ̃] *nf* Impuls *m*; *(Phys)* Antrieb *m*; **~ donnée aux affaires** wirtschaftlicher Aufschwung *m*

impunément [ɛ̃pynemɑ̃] *adv* ungestraft

impuni, e [ɛ̃pyni] *adj* unbestraft

impunité [ɛ̃pynite] *nf* Straffreiheit *f*; **en toute ~** ungestraft

impur, e [ɛ̃pyʀ] *adj* unrein, verunreinigt

impureté [ɛ̃pyʀte] *nf* Unreinheit *f*

imputable [ɛ̃pytabl] *adj* : **~ à** *(attribuable)* zuzuschreiben +*dat*; **~ sur** *(somme)* zu berechnen +*dat*

imputer [ɛ̃pyte] *vt (attribuer)* zuschreiben; *(frais, dépenses)* anrechnen

inabordable [inabɔʀdabl] *adj (lieu)* unerreichbar; *(cher)* unerschwinglich

inacceptable [inaksɛptabl] *adj* unannehmbar

inaccessible [inaksesibl] *adj (endroit)* unerreichbar

inaccoutumé, e [inakutyme] *adj* ungewohnt

inachevé, e [inaʃ(ə)ve] *adj* unvollendet

inactif, -ive [inaktif, iv] *adj* untätig; *(inefficace)* wirkungslos

inaction [inaksjɔ̃] *nf* Untätigkeit *f*

inactivité [inaktivite] *nf* : **être en ~** im zeitweiligen Ruhestand sein; **se faire mettre en ~** sich in den zeitweiligen Ruhestand versetzen lassen

inadapté, e [inadapte] *adj (Psych)* verhaltensgestört; **~ à** nicht geeignet für

inadéquat, e [inadekwa(t), kwat] *adj* unangemessen

inadmissible [inadmisibl] *adj* unzulässig

inadvertance [inadvɛʀtɑ̃s] *nf* : **par ~** versehentlich

inaliénable [inaljenabl] *adj* unveräußerlich

inaltérable [inalteʀabl] *adj* unveränderlich; **~ à l'air/la chaleur** luft-/hitzebeständig

inanimé, e [inanime] *adj* leblos

inanition [inanisjɔ̃] *nf* Erschöpfungszustand *m*

inaperçu, e [inapɛʀsy] *adj* : **passer ~** unbemerkt bleiben

inapplicable [inaplikabl] *adj* nicht anwendbar

inappréciable [inapʀesjabl] *adj* unschätzbar

inapproprié, e [inapʀɔpʀije] *adj* ungeeignet

inapte [inapt] *adj* (Mil) untauglich; **~ à qch/faire qch** unfähig zu etw/, etw zu tun

inaptitude [inaptityd] *nf* Unfähigkeit *f*; (Mil) Untauglichkeit *f*

inassouvi, e [inasuvi] *adj* unbefriedigt

inattaquable [inatakabl] *adj* unangreifbar; (*argument*) unschlagbar

inattendu, e [inatɑ̃dy] *adj* unerwartet

inattentif, -ive [inatɑ̃tif, iv] *adj* unaufmerksam; **~ à qch** ohne auf etw *acc* zu achten

inattention [inatɑ̃sjɔ̃] *nf*: **une minute d'~** eine Minute der Unaufmerksamkeit; **faute** *ou* **erreur d'~** Flüchtigkeitsfehler *m*

inaudible [inodibl] *adj* unhörbar; (*murmure*) kaum hörbar

inaugural, e, -aux [inogyʀal, o] *adj* Eröffnungs-; **discours ~** Antrittsrede *f*

inauguration [inogyʀasjɔ̃] *nf* Eröffnung *f*

inaugurer [inogyʀe] *vt* einweihen; (*nouvelle politique*) einführen

inavouable [inavwabl] *adj* schändlich

inavoué, e [inavwe] *adj* uneingestanden

INC [iɛnse] *sigle m* (= Institut national de la consommation) Institut für Verbraucherforschung

inca [ɛ̃ka] *adj* Inka- ▶ *nmpl* : **les I~s** die Inkas *pl*

incalculable [ɛ̃kalkylabl] *adj* unberechenbar; (*conséquences*) unabsehbar

incandescence [ɛ̃kɑ̃desɑ̃s] *nf* Weißglut *f*; **porter qch à ~** etw zur Weißglut erhitzen

incapable [ɛ̃kapabl] *adj* unfähig; **~ de faire qch** unfähig, etw zu tun; (*empêché*) nicht in der Lage, etw zu tun

incapacité [ɛ̃kapasite] *nf* (*incompétence*) Unfähigkeit *f*; **être dans l'~ de faire qch** außerstande sein, etw zu tun; **~ de travail** Arbeitsunfähigkeit *f*

incarcération [ɛ̃kaʀseʀasjɔ̃] *nf* Inhaftierung *f*

incarcérer [ɛ̃kaʀseʀe] *vt* inhaftieren

incarné, e [ɛ̃kaʀne] *adj* eingewachsen; **ongle ~** eingewachsener Nagel *m*

incarner [ɛ̃kaʀne] *vt* (*représenter*) verkörpern; **s'incarner** *vpr* : **s'~ dans** (Rel) erscheinen in +*dat*

incassable [ɛ̃kɑsabl] *adj* unzerbrechlich; (*fil*) reißfest

incendiaire [ɛ̃sɑ̃djɛʀ] *adj* Brand-; (*propos, déclarations*) aufwiegelnd ▶ *nmf* Brandstifter(in) *m(f)*

incendie [ɛ̃sɑ̃di] *nm* Feuer *nt*, Brand *m*; **~ criminel** Brandstiftung *f*

incendier [ɛ̃sɑ̃dje] *vt* (*mettre le feu à*) in Brand setzen; (*brûler complètement*) niederbrennen

incertain, e [ɛ̃sɛʀtɛ̃, ɛn] *adj* (*indéterminé*) unbestimmt; (*douteux*) ungewiss; (*temps*) unbeständig; (*personne, pas, démarche*) unsicher

incertitude [ɛ̃sɛʀtityd] *nf* Ungewissheit *f*

incessamment [ɛ̃sesamɑ̃] *adv* unverzüglich

incessant, e [ɛ̃sesɑ̃, ɑ̃t] *adj* unaufhörlich

inceste [ɛ̃sɛst] *nm* Inzest *m*

inchangé, e [ɛ̃ʃɑ̃ʒe] *adj* unverändert

incidemment [ɛ̃sidamɑ̃] *adv* beiläufig

incidence [ɛ̃sidɑ̃s] *nf* Effekt *m*, Wirkung *f*; (Phys) Einfall *m*

incident, e [ɛ̃sidɑ̃, ɑ̃t] *adj* (Jur, Ling) Neben- ▶ *nm* Zwischenfall *m*

incinérateur [ɛ̃sineʀatœʀ] *nm* Müllverbrennungsanlage *f*

incinération [ɛ̃sineʀasjɔ̃] *nf* (*d'ordures*) Müllverbrennung *f*; (*crémation*) Einäscherung *f*

incinérer [ɛ̃sineʀe] *vt* verbrennen

incisif, -ive [ɛ̃sizif, iv] *adj* (*ironie, style*) scharf, beißend

incision [ɛ̃sizjɔ̃] *nf* (Bot) Schnitt *m*; (Méd) Einschnitt *m*

incisive [ɛ̃siziv] *nf* Schneidezahn *m*

incitatif, -ive [ɛ̃sitatif, iv] *adj* Förderungs-

incitation [ɛ̃sitasjɔ̃] *nf* Anstiftung *f*

inciter [ɛ̃site] *vt* : **~ qn à qch** jdn zu etw veranlassen

incivil, e [ɛ̃sivil] *adj* unhöflich

incivilité [ɛ̃sivilite] *nf* Unhöflichkeit *f*

inclassable [ɛ̃klɑsabl] *adj* nicht einzuordnen

inclinaison [ɛ̃klinɛzɔ̃] *nf* Neigung *f*

inclination [ɛ̃klinasjɔ̃] *nf* (*penchant*) Neigung *f*; **montrer de l'~ pour les sciences** eine Neigung zu den Naturwissenschaften haben; **~ de (la) tête** Neigen *nt* des Kopfes

incliner [ɛ̃kline] *vt* neigen ▶ *vi* : **~ à qch** zu etw neigen; **s'incliner** *vpr* (*personne*) sich beugen; **s'~ devant qn** sich vor jdm verbeugen; **s'~ devant qch** sich vor etw *dat* verbeugen; (*céder*) sich etw *dat* beugen

inclure [ɛ̃klyʀ] *vt* einschließen; (*joindre à un envoi*) beilegen

inclus, e [ɛ̃kly, yz] pp de **inclure** ▶ adj (joint à un envoi) beiliegend; (compris) inklusive; **jusqu'au troisième chapitre ~** bis zum dritten Kapitel einschließlich; **jusqu'au 10 mars ~** bis einschließlich 10. März

inclusivement [ɛ̃klyzivmɑ̃] adv inklusive

incoercible [ɛ̃kɔɛʀsibl] adj nicht zu unterdrücken

incognito [ɛ̃kɔɲito] adv inkognito

incohérence [ɛ̃kɔeʀɑ̃s] nf Zusammenhanglosigkeit f

incohérent, e [ɛ̃kɔeʀɑ̃, ɑ̃t] adj (discours, ouvrage) unzusammenhängend

incollable [ɛ̃kɔlabl] adj (riz) nicht klebend; **il est ~** (fam) er ist einfach unschlagbar

incolore [ɛ̃kɔlɔʀ] adj farblos

incomber [ɛ̃kɔ̃be] vi : **~ à qn** jdm obliegen

incombustible [ɛ̃kɔ̃bystibl] adj unbrennbar

incommensurable [ɛ̃kɔmɑ̃syʀabl] adj unermesslich

incommode [ɛ̃kɔmɔd] adj unpraktisch; (inconfortable) unbequem

incommoder [ɛ̃kɔmɔde] vt stören

incommodité [ɛ̃kɔmɔdite] nf Unbequemlichkeit f

incomparable [ɛ̃kɔ̃paʀabl] adj (inégalable) unvergleichlich

incompatibilité [ɛ̃kɔ̃patibilite] nf Unvereinbarkeit f; (Inform) Inkompatibilität f; **~ d'humeur** Unvereinbarkeit

incompatible [ɛ̃kɔ̃patibl] adj unvereinbar; (Inform) inkompatibel

incompétence [ɛ̃kɔ̃petɑ̃s] nf Inkompetenz f; (Jur) mangelnde Zuständigkeit f

incompétent, e [ɛ̃kɔ̃petɑ̃, ɑ̃t] adj inkompetent

incomplet, -ète [ɛ̃kɔ̃plɛ, ɛt] adj unvollständig

incompréhensible [ɛ̃kɔ̃pʀeɑ̃sibl] adj unverständlich; (personne, accident) unbegreiflich

incompréhensif, -ive [ɛ̃kɔ̃pʀeɑ̃sif, iv] adj wenig verständnisvoll

incompréhension [ɛ̃kɔ̃pʀeɑ̃sjɔ̃] nf Unverständnis f

incompris, e [ɛ̃kɔ̃pʀi, iz] adj unverstanden

inconcevable [ɛ̃kɔ̃s(ə)vabl] adj unvorstellbar; (conduite etc) unfassbar

inconciliable [ɛ̃kɔ̃siljabl] adj unvereinbar

inconditionnel, le [ɛ̃kɔ̃disjɔnɛl] adj bedingungslos

inconduite [ɛ̃kɔ̃dɥit] nf liederlicher Lebenswandel m

inconfortable [ɛ̃kɔ̃fɔʀtabl] adj unbequem

incongru, e [ɛ̃kɔ̃gʀy] adj unschicklich

inconnu, e [ɛ̃kɔny] adj unbekannt ▶ nm/f Fremde(r) f(m) ▶ nm : **l'~** das Unbekannte nt ▶ nf (Math) Unbekannte f

inconscience [ɛ̃kɔ̃sjɑ̃s] nf (physique) Bewusstlosigkeit f; (morale) Gedankenlosigkeit f

inconscient, e [ɛ̃kɔ̃sjɑ̃, jɑ̃t] adj (évanoui) bewusstlos; (irréfléchi) gedankenlos; (instinctif, spontané) unbewusst ▶ nm : **l'~** das Unbewusste nt

inconséquent, e [ɛ̃kɔ̃sekɑ̃, ɑ̃t] adj inkonsequent; (irréfléchi) gedankenlos

inconsidéré, e [ɛ̃kɔ̃sideʀe] adj unüberlegt, unbedacht

inconsistant, e [ɛ̃kɔ̃sistɑ̃, ɑ̃t] adj (raisonnement, accusation) nicht stichhaltig; (crème, bouillie) zu flüssig

inconsolable [ɛ̃kɔ̃sɔlabl] adj untröstlich

inconstance [ɛ̃kɔ̃stɑ̃s] nf Unbeständigkeit f

inconstant, e [ɛ̃kɔ̃stɑ̃, ɑ̃t] adj unbeständig

incontestable [ɛ̃kɔ̃tɛstabl] adj unbestreitbar

incontestablement [ɛ̃kɔ̃tɛstabləmɑ̃] adv unbestreitbar

incontesté, e [ɛ̃kɔ̃tɛste] adj unbestritten, unangefochten

incontinent, e [ɛ̃kɔ̃tinɑ̃, ɑ̃t] adj (Méd) inkontinent

incontournable [ɛ̃kɔ̃tuʀnabl] adj unausweichlich

incontrôlable [ɛ̃kɔ̃tʀolabl] adj nicht verifizierbar

inconvenant, e [ɛ̃kɔ̃v(ə)nɑ̃, ɑ̃t] adj unpassend, unschicklich

inconvénient [ɛ̃kɔ̃venjɑ̃] nm Nachteil m; **si vous n'y voyez pas d'~** wenn Sie nichts dagegen einzuwenden haben

incorporer [ɛ̃kɔʀpɔʀe] vt (mélanger) einrühren; (insérer, joindre) eingliedern; (Mil) einziehen

incorrect, e [ɛ̃kɔʀɛkt] adj falsch; (inconvenant) unpassend

incorrigible [ɛ̃kɔʀiʒibl] adj unverbesserlich

incorruptible [ɛ̃kɔʀyptibl] adj unbestechlich

incrédule [ɛ̃kʀedyl] adj (Rel) ungläubig; (sceptique) skeptisch

increvable [ɛ̃kʀəvabl] adj (ballon) unzerstörbar; (fam : fig) unverwüstlich

incriminer [ɛ̃kʀimine] vt (personne) belasten

incrochetable [ɛ̃kʀɔʃ(ə)tabl] adj einbruchsicher

incroyable [ɛ̃kʀwajabl] adj unglaublich

incroyablement [ɛ̃kʀwajabləmɑ̃] adv unglaublich

incrustation [ɛ̃kʀystasjɔ̃] nf (Art) Einlegearbeit f

incruster [ɛ̃kʀyste] vt (Art) einlegen; **s'incruster** vpr (invité) sich einnisten; **incrusté de (pierres précieuses)** eingelegt mit

incubation [ɛ̃kybasjɔ̃] nf (Méd) Inkubation f; (d'un œuf) Ausbrüten nt; **période d'~** (Méd) Inkubationszeit f

inculpation [ɛ̃kylpasjɔ̃] nf Anklage f, Anschuldigung f

inculpé, e [ɛ̃kylpe] nm/f Angeklagte(r) f(m), Beschuldigte(r) f(m)

inculper [ɛ̃kylpe] vt : **~ qn (de)** Anklage erheben gegen jdn (wegen +gén), jdn beschuldigen +gén

inculquer [ɛ̃kylke] vt : **~ qch à qn** jdm etw einprägen

inculte [ɛ̃kylt] adj (terre) unbestellt; (cheveux) ungepflegt; (personne) ungebildet

incurable [ɛ̃kyʀabl] adj unheilbar

incursion [ɛ̃kyʀsjɔ̃] nf Einfall m

Inde [ɛ̃d] nf : **l'~** Indien nt

indécent, e [ɛ̃desɑ̃, ɑ̃t] adj unanständig

indécis, e [ɛ̃desi, iz] adj (personne) unentschlossen; (paix, victoire) zweifelhaft; (contours, formes) undeutlich

indécision [ɛ̃desizjɔ̃] nf Unentschlossenheit f

indécrottable [ɛ̃dekʀɔtabl] (fam) adj unverbesserlich

indéfini, e [ɛ̃defini] adj (imprécis, incertain) undefiniert; (illimité, Ling) unbestimmt

indéfiniment [ɛ̃definimɑ̃] adv unbegrenzt lange

indélicat, e [ɛ̃delika, at] adj (grossier) taktlos; (malhonnête) unredlich

indemne [ɛ̃dɛmn] adj unverletzt, unversehrt

indemnisation [ɛ̃dɛmnizasjɔ̃] nf Entschädigung f

indemniser [ɛ̃dɛmnize] vt : **~ qn de qch** jdn für etw entschädigen

indemnité [ɛ̃dɛmnite] nf Entschädigung f; (allocation) Zuschuss m; **~ de licenciement** Abfindung f; **~ de logement** Wohngeld nt

indéniable [ɛ̃denjabl] adj unbestreitbar

indéniablement [ɛ̃denjabləmɑ̃] adv zweifellos

indépendamment [ɛ̃depɑ̃damɑ̃] adv unabhängig; **~ de** (en faisant abstraction de) abgesehen von

indépendance [ɛ̃depɑ̃dɑ̃s] nf Unabhängigkeit f

indépendant, e [ɛ̃depɑ̃dɑ̃, ɑ̃t] adj unabhängig; (emploi) selb(st)ständig

indescriptible [ɛ̃dɛskʀiptibl] adj unbeschreiblich

indésirable [ɛ̃deziʀabl] adj unerwünscht

indestructible [ɛ̃dɛstʀyktibl] adj (matière, chaussures) unzerstörbar; (lien) unzerstörbar

indétermination [ɛ̃detɛʀminasjɔ̃] nf Unentschlossenheit f

indéterminé, e [ɛ̃detɛʀmine] adj unbestimmt; (sens d'un mot, d'un passage) ungewiss

index [ɛ̃dɛks] nm (doigt) Zeigefinger m; (d'un livre etc) Index m

indexation [ɛ̃dɛksasjɔ̃] nf Anpassung f

indexé, e [ɛ̃dɛkse] adj : **~ (sur)** gekoppelt an

indexer [ɛ̃dɛkse] vt : **~ (sur)** anpassen (an +acc)

indicateur, -trice [ɛ̃dikatœʀ, tʀis] nm/f (de la police) Informant m, Spitzel m ▶ nm : **~ de vitesse/de pression/de niveau** Geschwindigkeits-/Druck-/Höhenmesser m; **~ immobilier/des chemins de fer/des rues** Immobilienverzeichnis nt/Kursbuch nt/Straßenverzeichnis nt

indicatif, -ive [ɛ̃dikatif, iv] adj : **à titre ~** zur Information ▶ nm (Ling) Indikativ m; (Radio) Erkennungsmelodie f; (Tél) Vorwahl f

indication [ɛ̃dikasjɔ̃] nf Angabe f; (mode d'emploi) Anweisung f; (marque, signe) Zeichen nt; (renseignement) Auskunft f; (Méd) Indikation f

indice [ɛ̃dis] nm (marque, signe) Zeichen nt; (Jur : preuve) Indiz nt; (Écon, Sciences) Index m; **~ d'octane** Oktanzahl f; **~ des prix** Preisindex m

indicible [ɛ̃disibl] adj unsagbar

indien, ne [ɛ̃djɛ̃, jɛn] adj (d'Inde) indisch; (d'Amérique) indianisch ▶ nm/f : **Indien, ne** (d'Inde) Inder(in); (d'Amérique) Indianer(in)

indifféremment [ɛ̃difeʀamɑ̃] adv wahllos

indifférence [ɛ̃difeʀɑ̃s] nf Gleichgültigkeit f

indifférent, e [ɛ̃difeʀɑ̃, ɑ̃t] adj gleichgültig; **être ~ à qn/qch** (insensible) ungerührt von jdm/etw sein; **ça m'est ~** das ist mir völlig egal

indigence [ɛ̃diʒɑ̃s] nf Armut f
indigène [ɛ̃diʒɛn] adj einheimisch ▶ nmf Einheimische(r) f(m)
indigeste [ɛ̃diʒɛst] adj unverdaulich
indigestion [ɛ̃diʒɛstjɔ̃] nf Magenverstimmung f
indignation [ɛ̃diɲasjɔ̃] nf Entrüstung f
indigne [ɛ̃diɲ] adj unwürdig
indigné, e [ɛ̃diɲe] adj entrüstet
indigner [ɛ̃diɲe] vt aufbringen, entrüsten; **s'indigner** vpr : **s'~ (de qch/contre qn)** sich (über etw/jdn) aufregen ou empören
indiqué, e [ɛ̃dike] adj (adéquat) angemessen; **ce n'est pas ~** das ist nicht ratsam
indiquer [ɛ̃dike] vt zeigen; (recommander) empfehlen; (signaler) mitteilen
indirect, e [ɛ̃diʀɛkt] adj indirekt
indirectement [ɛ̃diʀɛktəmɑ̃] adv indirekt
indiscipline [ɛ̃disiplin] nf Disziplinlosigkeit f
indiscipliné, e [ɛ̃disipline] adj (écolier, troupes) undiszipliniert
indiscret, -ète [ɛ̃diskʀɛ, ɛt] adj indiskret
indiscrétion [ɛ̃diskʀesjɔ̃] nf Indiskretion f; **sans ~, ...** ich will nicht indiskret sein, aber ...
indiscutable [ɛ̃diskytabl] adj unbestreitbar
indispensable [ɛ̃dispɑ̃sabl] adj (essentiel) unerlässlich; (connaissances, objet, vêtement) unbedingt erforderlich; (de première nécessité) unverzichtbar
indisponible [ɛ̃dispɔnibl] adj (local) nicht frei; (personne) unabkömmlich; (capitaux) gebunden
indisposé, e [ɛ̃dispoze] adj unpässlich
indisposer [ɛ̃dispoze] vt (incommoder) nicht bekommen +dat; (mécontenter) verärgern
indisposition [ɛ̃dispozisjɔ̃] nf Unpässlichkeit f
indissociable [ɛ̃disɔsjabl] adj nicht voneinander zu trennen
indistinct, e [ɛ̃distɛ̃(kt), ɛ̃kt] adj undeutlich
indistinctement [ɛ̃distɛ̃ktəmɑ̃] adv undeutlich
individu [ɛ̃dividy] nm Individuum nt
individualiser [ɛ̃dividɥalize] vt individualisieren; (personnaliser) individuell gestalten; **s'individualiser** vpr sich individuell entwickeln
individualiste [ɛ̃dividɥalist] nmf Individualist(in) m(f)

individualité [ɛ̃dividɥalite] nf Individualität f
individuel, le [ɛ̃dividɥɛl] adj individuell; (personnel) persönlich; (isolé) einzeln
indivisible [ɛ̃divizibl] adj unteilbar
Indochine [ɛ̃dɔʃin] nf : **l'~** Indochina nt
indochinois, e [ɛ̃dɔʃinwa, waz] adj indochinesisch
indocile [ɛ̃dɔsil] adj widerspenstig
indolent, e [ɛ̃dɔlɑ̃, ɑ̃t] adj (personne, élève) träge; (regard, air, démarche) lässig
indomptable [ɛ̃dɔ̃(p)tabl] adj unzähmbar; (caractère, orgueil) unbezähmbar
Indonésie [ɛ̃dɔnezi] nf : **l'~** Indonesien nt
indonésien, ne [ɛ̃dɔnezjɛ̃, jɛn] adj indonesisch ▶ nm/f : **Indonésien, ne** Indonesier(in)
indu, e [ɛ̃dy] adj : **à des heures ~es** zu einer unchristlichen Zeit
indubitable [ɛ̃dybitabl] adj unzweifelhaft; **il est ~ que** es steht außer Zweifel, dass
indubitablement [ɛ̃dybitabləmɑ̃] adv zweifellos
induire [ɛ̃dɥiʀ] vt : **~ qn en erreur** jdn irreführen
indulgent, e [ɛ̃dylʒɑ̃, ɑ̃t] adj nachsichtig; (juge, examinateur) milde
indûment [ɛ̃dymɑ̃] adv (à tort) ungebührlich
industrialisation [ɛ̃dystʀijalizasjɔ̃] nf Industrialisierung f
industrialiser [ɛ̃dystʀijalize] vt industrialisieren
industrie [ɛ̃dystʀi] nf (Écon) Industrie f; **petite ~** Kleingewerbe nt; **moyenne ~** mittlere Industrie; **~ automobile** Automobilindustrie f; **~ textile** Textilindustrie f
industriel, le [ɛ̃dystʀijɛl] adj Industrie-; (activité) industriell ▶ nm Industrielle(r) f(m)
industrieux, -euse [ɛ̃dystʀijø, ijøz] adj fleißig
inébranlable [inebʀɑ̃labl] adj unerschütterlich; (masse, colonne) solid, fest
inédit, e [inedi, it] adj (non publié) unveröffentlicht; (spectacle, moyen) neuartig
ineffaçable [inefasabl] adj unauslöschlich
inefficace [inefikas] adj wirkungslos; (machine, employé) wenig leistungsfähig
inefficacité [inefikasite] nf Wirkungslosigkeit f; (d'une machine, personne) geringe Leistungsfähigkeit f

inégal, e, -aux [inegal, o] *adj* ungleich; (*surface*) uneben; (*rythme, pouls*) unregelmäßig

inégalable [inegalabl] *adj* einzigartig

inégalité [inegalite] *nf* Ungleichheit *f*; (*de terrain*) Unebenheit *f*; **inégalités** (*nfpl économiques, sociales*) Ungleichheit *f*; **les ~s du terrain** die Unebenheiten des Geländes

inéligible [ineliʒibl] *adj* nicht wählbar

inéluctable [inelyktabl] *adj* unausweichlich

inepte [inɛpt] *adj* (*histoire, raisonnement*) unsinnig; (*personne*) unfähig

ineptie [inɛpsi] *nf* Unsinn *m*

inépuisable [inepɥizabl] *adj* unerschöpflich

inerte [inɛʀt] *adj* unbeweglich; (*fig*) apathisch; (*Phys*) träge

inertie [inɛʀsi] *nf* Trägheit *f*

inestimable [inɛstimabl] *adj* unschätzbar

inévitable [inevitabl] *adj* unvermeidlich

inévitablement [inevitabləmɑ̃] *adv* zwangsläufig

inexact, e [inɛgza(kt), akt] *adj* ungenau; (*calcul*) falsch; (*non ponctuel*) unpünktlich

inexactement [inɛgzaktəmɑ̃] *adv* ungenau

inexactitude [inɛgzaktityd] *nf* Ungenauigkeit *f*; (*d'un calcul*) Fehlerhaftigkeit *f*; (*erreur*) Fehler *m*

inexcusable [inɛkskyzabl] *adj* unverzeihlich

inexistant, e [inɛgzistɑ̃, ɑ̃t] *adj* nicht vorhanden

inexorable [inɛgzɔʀabl] *adj* unerbittlich

inexpérience [inɛkspeʀjɑ̃s] *nf* Unerfahrenheit *f*

inexpérimenté, e [inɛkspeʀimɑ̃te] *adj* unerfahren, ungeübt; (*objet, procédé*) unerprobt

inexplicable [inɛksplikabl] *adj* unerklärlich

inexplicablement [inɛksplikabləmɑ̃] *adv* auf unerklärliche Weise

inexploré, e [inɛksplɔʀe] *adj* unerforscht

inexpressif, -ive [inɛkspʀesif, iv] *adj* ausdruckslos

inexprimable [inɛkspʀimabl] *adj* unbeschreiblich

in extenso [inɛkstɛ̃so] *adv* ganz, vollständig

in extremis [inɛkstʀemis] *adv* in letzter Minute; (*testament*) auf dem Sterbebett

inextricable [inɛkstʀikabl] *adj* unentwirrbar; (*fig*) verwickelt

infaillible [ɛ̃fajibl] *adj* unfehlbar

infaisable [ɛ̃fəzabl] *adj* unmöglich

infalsifiable [ɛ̃falsifjabl] *adj* fälschungssicher

infâme [ɛ̃fɑm] *adj* niederträchtig, gemein; (*malpropre, sale*) übel

infamie [ɛ̃fami] *nf* Gemeinheit *f*

infanterie [ɛ̃fɑ̃tʀi] *nf* Infanterie *f*

infanticide [ɛ̃fɑ̃tisid] *nmf* Kindesmörder(in) *m(f)* ▶ *nm* (*meurtre*) Kindsmord *m*

infantile [ɛ̃fɑ̃til] *adj* kindlich; **maladie ~** Kinderkrankheit *f*

infarctus [ɛ̃faʀktys] *nm*: **~ (du myocarde)** Herzinfarkt *m*

infatigable [ɛ̃fatigabl] *adj* unermüdlich

infatué, e [ɛ̃fatɥe] *adj* eingebildet; **être ~ de son importance** sehr von sich eingenommen sein

infécond, e [ɛ̃fekɔ̃, ɔ̃d] *adj* unfruchtbar

infect, e [ɛ̃fɛkt] *adj* übel, ekelhaft

infecter [ɛ̃fɛkte] *vt* (*atmosphère, eau*) verunreinigen; (*Méd*) infizieren; **s'infecter** *vpr* (*plaie*) sich infizieren

infectieux, -euse [ɛ̃fɛksjø, jøz] *adj* ansteckend

infection [ɛ̃fɛksjɔ̃] *nf* Infektion *f*, Entzündung *f*

inférieur, e [ɛ̃feʀjœʀ] *adj* untere(r, s); (*qualité*) minderwertig; (*nombre*) niedriger; (*intelligence, esprit*) geringer; **~ à** kleiner als; (*moins bon que*) schlechter als

infériorité [ɛ̃feʀjɔʀite] *nf* Minderwertigkeit *f*; **~ en nombre** zahlenmäßige Unterlegenheit *f*

infernal, e, -aux [ɛ̃fɛʀnal, o] *adj* höllisch; (*satanique*) teuflisch; (*enfant*) unerträglich

infester [ɛ̃fɛste] *vt*: **infesté de moustiques/rats** von Mücken heimgesucht/mit Ratten verseucht

infidèle [ɛ̃fidɛl] *adj* untreu

infidélité [ɛ̃fidelite] *nf* Untreue *f*

infiltrer [ɛ̃filtʀe]: **s'infiltrer** *vpr*: **s'~ dans** eindringen in +*acc*; (*liquide*) einsickern in +*acc*; (*fig*) sich einschleichen in +*acc*

infime [ɛ̃fim] *adj* (*minuscule*) winzig; (*niveau*) niedrigste(r, s)

infini, e [ɛ̃fini] *adj* unendlich; (*bavardages, prétentions etc*) endlos ▶ *nm* Unendliche(s) *nt*; **à l'~** (*Math*) bis unendlich; (*discours*) endlos; (*agrandir, varier, multiplier*) unendlich

infiniment [ɛ̃finimɑ̃] *adv* (*sans borne*) grenzenlos; (*extrêmement*) ungeheuer; **~ grand/petit** unendlich groß/klein

infinité [ɛ̃finite] nf : **une ~ de** unendliche viele
infinitif, -ive [ɛ̃finitif, iv] adj Infinitiv- ▶ nm Infinitiv m
infirme [ɛ̃firm] adj behindert ▶ nmf Behinderte(r) f(m)
infirmer [ɛ̃firme] vt entkräften
infirmerie [ɛ̃firməri] nf Krankenrevier nt
infirmier, -ière [ɛ̃firmje] nm/f Krankenpfleger m, Krankenschwester f
infirmité [ɛ̃firmite] nf Behinderung f
inflammable [ɛ̃flamabl] adj leicht entzündlich
inflammation [ɛ̃flamasjɔ̃] nf Entzündung f
inflation [ɛ̃flasjɔ̃] nf Inflation f
inflexible [ɛ̃flɛksibl] adj unbeugsam, unerbittlich
inflexion [ɛ̃flɛksjɔ̃] nf (de la voix) Tonfall m ; **~ de la tête** Nicken nt
infliger [ɛ̃fliʒe] vt : **~ qch à qn** jdm etw auferlegen
influençable [ɛ̃flyɑ̃sabl] adj beeinflussbar
influence [ɛ̃flyɑ̃s] nf Einfluss m ; **sous l'~ de l'alcool** unter Alkoholeinfluss
influencer [ɛ̃flyɑ̃se] vt beeinflussen
info [ɛ̃fo] (fam) nf Nachricht f
infographie® [ɛ̃fɔgrafi] nf Computergrafik f
infographiste [ɛ̃fɔgrafist] nm/f Computergrafiker(in) m(f)
informaticien, ne [ɛ̃fɔrmatisjɛ̃, jɛn] nm/f Informatiker(in)
information [ɛ̃fɔrmasjɔ̃] nf Information f ; (renseignement) Auskunft f ; **informations** nfpl (Radio, TV) Nachrichten pl ; **~s politiques/sportives** politische Nachrichten/Sportnachrichten pl
informatique [ɛ̃fɔrmatik] nf Informatik f ; (techniques) Datenverarbeitung f
informatisation [ɛ̃fɔrmatizasjɔ̃] nf Umstellung f auf Computer
informatiser [ɛ̃fɔrmatize] vt auf Computer umstellen
informe [ɛ̃fɔrm] adj formlos ; (laid) unförmig
informer [ɛ̃fɔrme] vt : **~ qn (de)** jdn informieren (über +acc) ; **s'informer** vpr : **s'~ (de)** sich erkundigen (über +acc) ; **s'~ sur** sich informieren über +acc
inforoute [ɛ̃fɔrut] (fam) nf Verkehrsfunk m
infortune [ɛ̃fɔrtyn] nf Missgeschick nt
infraction [ɛ̃fraksjɔ̃] nf : **~ à** (violation) Verstoß m gegen ; **être en ~** (Auto) gegen die Straßenverkehrsordnung verstoßen

infranchissable [ɛ̃frɑ̃ʃisabl] adj unüberwindlich
infrarouge [ɛ̃fraruʒ] adj infrarot
infrason [ɛ̃frasɔ̃] nm Ultraschall m
infrastructure [ɛ̃frastryktyr] nf (Constr) Unterbau m ; (Aviat) Bodenanlagen pl ; (Mil, Écon) Infrastruktur f
infructueux, -euse [ɛ̃fryktɥø, øz] adj fruchtlos
infuser [ɛ̃fyze] vt ziehen lassen ▶ vi ziehen
infusion [ɛ̃fyzjɔ̃] nf Kräutertee m
ingénier [ɛ̃ʒenje] : **s'ingénier** vpr : **s'~ à faire qch** bemüht sein, etw zu tun
ingénierie [ɛ̃ʒeniri] nf Ingenieurwesen nt ; **~ génétique** Gentechnologie f
ingénieur, e [ɛ̃ʒenjœr] nm/f Ingenieur(in) ; **~ agronome** Agronom(in) ; **~ chimiste** Chemieingenieur(in) ; **~ du son** Toningenieur(in)
ingénieux, -euse [ɛ̃ʒenjø, jøz] adj genial ; (personne) erfinderisch
ingénu, e [ɛ̃ʒeny] adj naiv
ingérence [ɛ̃ʒerɑ̃s] nf Einmischung f
ingérer [ɛ̃ʒere] : **s'ingérer** vpr : **s'~ dans** sich einmischen in +acc
ingrat, e [ɛ̃gra, at] adj undankbar
ingratitude [ɛ̃gratityd] nf Undankbarkeit f
ingrédient [ɛ̃gredjɑ̃] nm (Culin) Zutat f ; (d'un médicament) Bestandteil m
inguérissable [ɛ̃gerisabl] adj unheilbar
ingurgiter [ɛ̃gyrʒite] vt (nourriture) herunterschlingen ; (boisson) in sich hineinschütten ; **faire ~ qch à qn** jdm etw verabreichen
inhabitable [inabitabl] adj unbewohnbar
inhalation [inalasjɔ̃] nf Inhalation f ; **faire une ~** ou **des ~s** inhalieren
inhérent, e [inerɑ̃, ɑ̃t] adj : **~ à** innewohnend +dat
inhibition [inibisjɔ̃] nf Hemmung f
inhumain, e [inymɛ̃, ɛn] adj unmenschlich
inhumer [inyme] vt bestatten
inimaginable [inimaʒinabl] adj unvorstellbar
inimitable [inimitabl] adj unnachahmlich ; (qualité) unnachahmbar
iniquité [inikite] nf Ungerechtigkeit f
initial, e, -aux [inisjal, jo] adj anfänglich ; (lettre) Anfangs-
initialiser [inisjalize] vt (Inform) initialisieren

initiateur, -trice [inisjatœʀ, tʀis] *nm/f* Initiator(in); **~ d'une mode/technique** Wegbereiter *m* einer Mode/Technik

initiative [inisjativ] *nf* Initiative *f*; **prendre l'~ de faire qch** die Initiative ergreifen, etw zu tun

initier [inisje] *vt* : **~ qn à** (*religion*) jdn feierlich aufnehmen in +*acc*; (*secret, procédé, art, jeu*) jdn einweihen in +*acc*; **s'initier à** *vpr* erlernen

injecté, e [ɛ̃ʒɛkte] *adj* : **yeux ~s de sang** blutunterlaufene Augen *pl*

injecter [ɛ̃ʒɛkte] *vt* einspritzen

injection [ɛ̃ʒɛksjɔ̃] *nf* (*Méd, Écon*) Injektion *f*; (*piqûre*) : **~ intraveineuse/sous-cutanée** intravenöse/subkutane Injektion *f ou* Spritze *f*

injonction [ɛ̃ʒɔ̃ksjɔ̃] *nf* Anordnung *f*

injure [ɛ̃ʒyʀ] *nf* (*insulte*) Schimpfwort *nt*; (*Jur*) Beleidigung *f*

injurier [ɛ̃ʒyʀje] *vt* beschimpfen

injurieux, -euse [ɛ̃ʒyʀjø, jøz] *adj* beleidigend

injuste [ɛ̃ʒyst] *adj* ungerecht

injustice [ɛ̃ʒystis] *nf* Ungerechtigkeit *f*; (*acte, jugement*) Unrecht *nt*

injustifié, e [ɛ̃ʒystifje] *adj* ungerechtfertigt

inlassable [ɛ̃lɑsabl] *adj* unermüdlich

inné, e [i(n)ne] *adj* angeboren

innocence [inɔsɑ̃s] *nf* Unschuld *f*

innocent, e [inɔsɑ̃, ɑ̃t] *adj* unschuldig ▶ *nm/f* Unschuldige(r) *f(m)*; **~ de qch** etw *gén* nicht schuldig

innocenter [inɔsɑ̃te] *vt* (*juge etc*) für unschuldig erklären; (*déclaration etc*) jds Unschuld beweisen

innovateur, -trice [inɔvatœʀ, tʀis] *adj* innovativ

innovation [inɔvasjɔ̃] *nf* Neuerung *f*

innover [inɔve] *vi* Neuerungen einführen

inoccupé, e [inɔkype] *adj* (*logement*) unbewohnt, leer stehend; (*personne, vie*) untätig

inoculer [inɔkyle] *vt* : **~ qch à qn** (*fig*) jdm etw einimpfen; **~ une maladie à qn** (*Méd*) jdn gegen eine Krankheit impfen; **~ qn contre qch** jdn gegen etw impfen

inodore [inɔdɔʀ] *adj* geruchlos

inoffensif, -ive [inɔfɑ̃sif, iv] *adj* harmlos

inondation [inɔ̃dasjɔ̃] *nf* Überschwemmung *f*; (*afflux massif*) Flut *f*

inonder [inɔ̃de] *vt* überschwemmen; (*fig*) strömen in +*acc*

inopérable [inɔpeʀabl] *adj* inoperabel

inopérant, e [inɔpeʀɑ̃, ɑ̃t] *adj* wirkungslos

inopiné, e [inɔpine] *adj* unerwartet

inopportun, e [inɔpɔʀtœ̃, yn] *adj* ungelegen

inoubliable [inublijabl] *adj* unvergesslich

inouï, e [inwi] *adj* einmalig; (*incroyable*) unglaublich

inox [inɔks] *nm* Nirosta® *nt*

inoxydable [inɔksidabl] *adj* rostfrei

inqualifiable [ɛ̃kalifjabl] *adj* unbeschreiblich, abscheulich

inquiet, -ète [ɛ̃kjɛ, ɛ̃kjɛt] *adj* besorgt; (*par nature*) unruhig

inquiétant, e [ɛ̃kjetɑ̃, ɑ̃t] *adj* beunruhigend; (*mine, visage, expression*) finster

inquiéter [ɛ̃kjete] *vt* beunruhigen, Sorgen machen +*dat*; (*harceler*) schikanieren; **s'inquiéter** *vpr* : **s'~ de** sich *dat* Sorgen *ou* Gedanken machen über +*acc*

inquiétude [ɛ̃kjetyd] *nf* Besorgnis *f*; **avoir de l'~** *ou* **des ~s au sujet de** besorgt sein wegen +*gén ou dat*

inquisition [ɛ̃kizisjɔ̃] *nf* Untersuchung *f*

insaisissable [ɛ̃sezisabl] *adj* (*fugitif, ennemi*) flüchtig; (*nuance, différence*) schwer fassbar

insalubre [ɛ̃salybʀ] *adj* ungesund

insanité [ɛ̃sanite] *nf* Wahnsinn *m*

insatiable [ɛ̃sasjabl] *adj* unersättlich

insatisfaction [ɛ̃satisfaksjɔ̃] *nf* Unzufriedenheit *f*

insatisfait, e [ɛ̃satisfɛ, ɛt] *adj* unzufrieden; (*non comblé*) unbefriedigt

inscription [ɛ̃skʀipsjɔ̃] *nf* (*sur mur, écriteau*) Inschrift *f*; (*à une institution*) Anmeldung *f*

inscrire [ɛ̃skʀiʀ] *vt* (*marquer*) aufschreiben; (*sur un mur, une affiche etc*) schreiben; (*dans la pierre, le marbre*) einmeißeln; (*sur une liste*) einschreiben; **s'inscrire** *vpr* sich anmelden; **~ qn à** (*un club, la cantine, l'université*) jdn einschreiben in +*dat*; (*l'école*) jdn anmelden in +*dat*; (*un examen, concours*) jdn anmelden für; **s'~ (à)** (*un club, parti*) beitreten (+*dat*); (*à l'université*) sich immatrikulieren *ou* einschreiben (an +*dat*); (*à un examen, concours*) sich anmelden (zu); **s'~ en faux contre qch** etw anfechten

insecte [ɛ̃sɛkt] *nm* Insekt *nt*

insecticide [ɛ̃sɛktisid] *nm* Insektenvernichtungsmittel *nt* ▶ *adj* zur Insektenvernichtung

insécurité [ɛ̃sekyʀite] *nf* Unsicherheit *f*; **vivre dans l'~** in der Ungewissheit leben

insémination [ɛ̃seminasjɔ̃] *nf*: **~ artificielle** künstliche Befruchtung *ou* Besamung *f*
insensé, e [ɛ̃sɑ̃se] *adj* wahnsinnig, unsinnig
insensibiliser [ɛ̃sɑ̃sibilize] *vt* betäuben
insensible [ɛ̃sɑ̃sibl] *adj* (*nerf, membre*) taub; (*dur, sévère*) gefühllos; (*pouls*) nicht *ou* kaum wahrnehmbar; **~ aux compliments** unempfänglich für Komplimente; **~ au froid/à la chaleur** gegen Kälte/Hitze unempfindlich
insensiblement [ɛ̃sɑ̃sibləmɑ̃] *adv* unmerklich
inséparable [ɛ̃sepaʀabl] *adj* (*amis, couple*) unzertrennlich
insérer [ɛ̃seʀe] *vt* (*dans un livre etc*) einlegen; (*dans un journal*) aufgeben; **s'insérer** *vpr*: **s'~ dans qch** (*fig*) im Rahmen etw *gén* geschehen
insertion [ɛ̃sɛʀsjɔ̃] *nf* (*d'une personne*) Integration *f*
insidieux, -euse [ɛ̃sidjø, jøz] *adj* heimtückisch
insigne [ɛ̃siɲ] *nm* (*d'un parti, club*) Abzeichen *nt* ▶ *adj* hervorragend
insignifiant, e [ɛ̃siɲifjɑ̃, jɑ̃t] *adj* unbedeutend; (*paroles, visage, roman etc*) nichtssagend
insinuation [ɛ̃sinɥasjɔ̃] *nf* Anspielung *f*
insinuer [ɛ̃sinɥe] *vt*: **que voulez-vous ~?** was wollen Sie damit andeuten?; **s'insinuer** *vpr*: **s'~ dans** sich einschleichen in +acc
insipide [ɛ̃sipid] *adj* fad(e); (*personne*) nichtssagend
insistance [ɛ̃sistɑ̃s] *nf* (*d'une personne*) Beharren *nt*
insister [ɛ̃siste] *vi* bestehen, beharren; **~ sur** (*détail, note*) betonen; **~ pour faire qch** darauf beharren, etw zu tun
insolation [ɛ̃sɔlasjɔ̃] *nf* (*Méd*) Sonnenstich *m*
insolence [ɛ̃sɔlɑ̃s] *nf* Unverschämtheit *f*
insolent, e [ɛ̃sɔlɑ̃, ɑ̃t] *adj* unverschämt, frech
insolite [ɛ̃sɔlit] *adj* ungewöhnlich; (*étrange, anormal*) ausgefallen
insoluble [ɛ̃sɔlybl] *adj* (*problème*) unlösbar; **~ dans** nicht löslich in +*dat*
insolvable [ɛ̃sɔlvabl] *adj* zahlungsunfähig
insomniaque [ɛ̃sɔmnjak] *adj* schlaflos; **être ~** an Schlaflosigkeit leiden
insomnie [ɛ̃sɔmni] *nf* Schlaflosigkeit *f*; **avoir des ~s** an Schlaflosigkeit leiden
insondable [ɛ̃sɔ̃dabl] *adj* (*mystère, secret*) unergründlich; (*maladresse, bêtise*) unermesslich

insonorisation [ɛ̃sɔnɔʀizasjɔ̃] *nf* Schalldämmung *f*
insonoriser [ɛ̃sɔnɔʀize] *vt* schalldicht machen
insouciance [ɛ̃susjɑ̃s] *nf* Sorglosigkeit *f*
insoumis, e [ɛ̃sumi, iz] *adj* (*caractère, enfant*) widerspenstig, rebellisch; (*contrée, tribu*) unbezwungen
insoupçonnable [ɛ̃supsɔnabl] *adj* über jeden Verdacht erhaben
insoupçonné, e [ɛ̃supsɔne] *adj* ungeahnt
insoutenable [ɛ̃sut(ə)nabl] *adj* (*opinion, théorie*) unhaltbar; (*effort, chaleur, spectacle*) unerträglich
inspecter [ɛ̃spɛkte] *vt* kontrollieren
inspecteur, -trice [ɛ̃spɛktœʀ, tʀis] *nm/f* Inspektor(in); **~ (de police)** (Polizei)inspektor(in); **~ des finances** Steuerprüfer(in)
inspection [ɛ̃spɛksjɔ̃] *nf* Prüfung *f*, Kontrolle *f*
inspiration [ɛ̃spiʀasjɔ̃] *nf* (*divine*) Erleuchtung *f*; (*d'un écrivain, chercheur*) Inspiration *f*; (*idée*) Eingebung *f*
inspirer [ɛ̃spiʀe] *vt* (*prophète*) erleuchten; (*poète*) inspirieren, anregen ▶ *vi* (*aspirer*) einatmen; **~ de la crainte/de l'horreur à qn** jn Furcht/einen Schrecken einjagen
instable [ɛ̃stabl] *adj* unbeständig; (*meuble*) wackelig
installateur [ɛ̃stalatœʀ] *nm* Installateur *m*
installation [ɛ̃stalasjɔ̃] *nf* (*de l'électricité, du téléphone*) Anschließen *nt*; (*appareils*) Anlage *f*, Vorrichtung *f*; (*Inform : logiciel*) Installation *f*; **~s électriques/sanitaires** elektrische/sanitäre Anlagen *pl*; **~s portuaires/industrielles** Hafenanlagen *pl*/Industrieanlage *f*
installer [ɛ̃stale] *vt* (*gaz, électricité, téléphone*) anschließen; (*Inform*) installieren; (*appartement*) einrichten; (*fonctionnaire, magistrat*) einsetzen; (*rideaux etc*) anbringen; (*meuble, tente*) (auf)stellen; (*caser, loger*) unterbringen; (*coucher*) legen; (*asseoir*) setzen; **s'installer** *vpr* (*s'établir*) sich niederlassen; **s'~ à l'hôtel/chez qn** sich im Hotel/bei jdm einquartieren
instamment [ɛ̃stamɑ̃] *adv* eindringlich
instance [ɛ̃stɑ̃s] *nf* (*Jur*) Verfahren *nt*; **instances** *nfpl* (*prières*) inständige Bitten *pl*; **être en ~ de divorce** in Scheidung leben
instant, e [ɛ̃stɑ̃, ɑ̃t] *adj* (*prière etc*) eindringlich ▶ *nm* Augenblick *m*; **dans un ~** in einem Augenblick; **à l'~ (même)**

instantané | 180

où im (gleichen) *ou* in dem Moment, wo; **à chaque** *ou* **tout ~** jederzeit; **pour l'~** im Augenblick; **par ~s** manchmal; **de tous les ~s** ständig, fortwährend
instantané, e [ɛ̃stɑ̃tane] *adj (explosion, mort)* unmittelbar, sofortig
instar [ɛ̃staʀ] *nm* : **à l'~ de ...** dem Beispiel von ... folgend
instaurer [ɛ̃stoʀe] *vt* einführen
instigateur, -trice [ɛ̃stigatœʀ, tʀis] *nm/f* Initiator(in), Anstifter(in)
instigation [ɛ̃stigasjɔ̃] *nf* : **à l'~ de qn** auf jds Betreiben *acc*
instinct [ɛ̃stɛ̃] *nm* Instinkt *m*; **d'~** instinktiv; **~ de conservation** Selbsterhaltungstrieb *m*
instinctif, -ive [ɛ̃stɛ̃ktif, iv] *adj* instinktiv
instituer [ɛ̃stitɥe] *vt* einführen
institut [ɛ̃stity] *nm* Institut *nt*; **~ de beauté** Schönheitsinstitut *nt*; **I~ universitaire de technologie** ≈ technische Hochschule *f ou* Universität *f*
instituteur, -trice [ɛ̃stitytœʀ, tʀis] *nm/f* ≈ Grundschullehrer(in)
institution [ɛ̃stitysjɔ̃] *nf* Einrichtung *f*, Institution *f*; *(collège, école privée)* Privatschule *f*; **institutions** *nfpl (structures)* Institutionen *pl*
institutionnaliser [ɛ̃stitysjɔnalize] *vt* institutionalisieren
instructeur [ɛ̃stʀyktœʀ] *nm* Lehrer *m*; **juge ~** Untersuchungsrichter *m*
instructif, -ive [ɛ̃stʀyktif, iv] *adj* lehrreich, instruktiv
instruction [ɛ̃stʀyksjɔ̃] *nf* Ausbildung *f*; *(enseignement)* Unterricht *m*; *(savoir, connaissances)* Bildung *f*; *(Jur)* Ermittlungen *pl*; *(Inform)* Anweisung *f*, Befehl *m*; **instructions** *nfpl (directives)* Anweisungen *pl*; *(mode d'emploi)* Gebrauchsanweisung *f*; **~ civique** Staatsbürgerkunde *f*; **~ religieuse** Religionsunterricht *m*
instruire [ɛ̃stʀɥiʀ] *vt (élèves)* unterrichten; *(Jur)* ermitteln in +*dat*; **s'instruire** *vpr* sich bilden
instruit, e [ɛ̃stʀɥi, it] *adj* gebildet
instrument [ɛ̃stʀymɑ̃] *nm* Instrument *nt*; **~ à cordes** Saiteninstrument *nt*; **~ à percussion** Schlaginstrument *nt*; **~ à vent** Blasinstrument *nt*; **~ de mesure** Messinstrument *nt*, Messgerät *nt*; **~ de musique** Musikinstrument *nt*; **~ de travail** Werkzeug *nt*
insu [ɛ̃sy] *nm* : **à l'~ de qn** ohne jds Wissen
insubordination [ɛ̃sybɔʀdinasjɔ̃] *nf (Mil)* Gehorsamsverweigerung *f*; *(d'un élève)* Aufsässigkeit *f*

insuffisamment [ɛ̃syfizamɑ̃] *adv* unzureichend
insuffisance [ɛ̃syfizɑ̃s] *nf* Unzulänglichkeit *f*; **insuffisances** *nfpl (déficiences, lacunes)* Unzulänglichkeiten *pl*, Mängel *pl*; **~ cardiaque** Herzinsuffizienz *f*, Herzschwäche *f*
insuffisant, e [ɛ̃syfizɑ̃, ɑ̃t] *adj* unzureichend; *(en nombre)* ungenügend; *(connaissances, travail)* mangelhaft, unzulänglich
insuffler [ɛ̃syfle] *vt* : **~ qch (dans)** etw einblasen (in +*acc*)
insulaire [ɛ̃sylɛʀ] *adj* Insel-
insuline [ɛ̃sylin] *nf* Insulin *nt*
insulte [ɛ̃sylt] *nf* Beleidigung *f*
insulter [ɛ̃sylte] *vt* beschimpfen, beleidigen
insupportable [ɛ̃sypɔʀtabl] *adj* unerträglich
insurgé, e [ɛ̃syʀʒe] *nm/f* Aufständische(r) *f(m)*
insurger [ɛ̃syʀʒe] : **s'insurger (contre)** *vpr* sich auflehnen (gegen)
insurmontable [ɛ̃syʀmɔ̃tabl] *adj* unüberwindlich
insurrection [ɛ̃syʀɛksjɔ̃] *nf* Aufstand *m*
intact, e [ɛ̃takt] *adj* unversehrt, intakt
intangible [ɛ̃tɑ̃ʒibl] *adj (impalpable)* nicht greifbar; *(sacré)* unantastbar
intarissable [ɛ̃taʀisabl] *adj* unerschöpflich
intégral, e, -aux [ɛ̃tegʀal, o] *adj* vollständig
intégrant, e [ɛ̃tegʀɑ̃, ɑ̃t] *adj* : **faire partie ~e de qch** ein fester Bestandteil von etw sein
intégration [ɛ̃tegʀasjɔ̃] *nf* Integration *f*
intégrationniste [ɛ̃tegʀasjɔnist] *adj (manifestation)* für die Rassenintegration; *(politique)* (Rassen)integrations-
intègre [ɛ̃tɛgʀ] *adj* rechtschaffen, integer
intégré, e [ɛ̃tegʀe] *adj* integriert; **circuit ~** integrierter Schaltkreis *m*
intégrer [ɛ̃tegʀe] *vt* integrieren; *(Univ)* aufgenommen werden; **s'intégrer** *vpr* : **s'~ à** *ou* **dans qch** sich in etw *acc* integrieren *ou* eingliedern
intégrisme [ɛ̃tegʀism] *nm* Fundamentalismus *m*
intégriste [ɛ̃tegʀist] *adj* fundamentalistisch ▶ *nmf* Fundamentalist(in) *m(f)*
intellectuel, le [ɛ̃telɛktɥɛl] *adj* intellektuell ▶ *nm/f* Intellektuelle(r) *f(m)*
intelligence [ɛ̃teliʒɑ̃s] *nf* Intelligenz *f*; **vivre en bonne ~ avec qn** mit jdm gut auskommen; **~ artificielle** künstliche Intelligenz

intelligent, e [ɛ̃teliʒɑ̃, ɑ̃t] *adj* intelligent, gescheit
intelligible [ɛ̃teliʒibl] *adj* verständlich
intello [ɛ̃telo] (*fam*) *adj* (schrecklich) intellektuell ▶ *nmf* Intelligenzbestie *f*
intempérant, e [ɛ̃tɑ̃peʀɑ̃, ɑ̃t] *adj* unmäßig
intempéries [ɛ̃tɑ̃peʀi] *nfpl* schlechtes Wetter *nt*
intempestif, -ive [ɛ̃tɑ̃pɛstif, iv] *adj* unpassend
intenable [ɛ̃t(ə)nabl] *adj* (*situation, chaleur, enfant*) unerträglich
intendant, e [ɛ̃tɑ̃dɑ̃] *nm/f* Verwalter(in)
intense [ɛ̃tɑ̃s] *adj* stark, intensiv; (*froid*) groß; (*lumière*) hell
intensif, -ive [ɛ̃tɑ̃sif, iv] *adj* intensiv
intensifier [ɛ̃tɑ̃sifje] *vt* steigern
intensité [ɛ̃tɑ̃site] *nf* Intensität *f*; (*d'un courant électrique*) Stromstärke *f*
intenter [ɛ̃tɑ̃te] *vt* : **~ un procès/une action à qn** einen Prozess/einen Vorgang gegen jdn anstrengen
intention [ɛ̃tɑ̃sjɔ̃] *nf* Absicht *f*; **avoir l'~ de faire qch** beabsichtigen *ou* die Absicht haben, etw zu tun; **à l'~ de qn** für jdn; **à cette ~** zu diesem Zweck
intentionné, e [ɛ̃tɑ̃sjɔne] *adj* : **bien/mal ~** wohlgesinnt/nicht wohlgesinnt
intentionnel, le [ɛ̃tɑ̃sjɔnɛl] *adj* absichtlich; (*Jur*) vorsätzlich
interactif, -ive [ɛ̃teʀaktif, iv] *adj* interaktiv
interaction [ɛ̃teʀaksjɔ̃] *nf* Wechselwirkung *f*
intercalaire [ɛ̃teʀkalɛʀ] *nm* (*feuille, feuillet*) Einlegblatt *nt*
intercaler [ɛ̃teʀkale] *vt* : **~ (dans)** einfügen (in +*acc*)
intercéder [ɛ̃teʀsede] *vi* : **~ en faveur de qn** sich für jdn verwenden
intercepter [ɛ̃teʀsɛpte] *vt* abfangen
intercepteur [ɛ̃teʀsɛptœʀ] *nm* (*Aviat*) Abfangjäger *m*
interchangeable [ɛ̃teʀʃɑ̃ʒabl] *adj* austauschbar
interclasse [ɛ̃teʀklɑs] *nm* (*Scol*) kurze Pause *f* (*zwischen Schulstunden*)
interconnecter [ɛ̃teʀkɔnɛkte] *vt* miteinander verbinden
interconnexion [ɛ̃teʀkɔnɛksjɔ̃] *nf* Schaltstelle *f*
interdépendance [ɛ̃teʀdepɑ̃dɑ̃s] *nf* wechselseitige Abhängigkeit *f*
interdiction [ɛ̃teʀdiksjɔ̃] *nf* Verbot *nt*; **~ de séjour** Aufenthaltsverbot *nt*
interdire [ɛ̃teʀdiʀ] *vt* verbieten; **s'interdire** *vpr* (*excès etc*) sich *dat* versagen; **~ à qn de faire qch** jdm verbieten, etw zu tun
interdit, e [ɛ̃teʀdi, it] *adj* verboten; (*stupéfait*) erstaunt, verblüfft; **sens/stationnement ~** Einbahnstraße *f*/Parkverbot *nt*
intéressant, e [ɛ̃teʀesɑ̃, ɑ̃t] *adj* interessant
intéressé, e [ɛ̃teʀese] *adj* interessiert; (*service, amitié, motifs*) eigennützig; (*puissances, parties, personnes*) betroffen
intéresser [ɛ̃teʀese] *vt* interessieren; (*concerner*) betreffen; (*aux bénéfices*) beteiligen; **s'intéresser** *vpr* : **s'~ à qn/qch** sich für jdn/etw interessieren
intérêt [ɛ̃teʀɛ] *nm* Interesse *nt*; (*importance, avantage*) Bedeutung *f*; (*dividende*) Zins *m*; (*cupidité, égoïsme*) Eigennutz *m*; **avoir ~ à faire qch** besser daran tun, etw zu tun; **tu as ~ à te taire !** du solltest lieber nichts sagen!; **les ~s de la dette** die Schuldzinsen *pl*; **~s composés** Zinseszins *m*
interface [ɛ̃teʀfas] *nf* (*Inform*) Schnittstelle *f*, Interface *nt*
interférer [ɛ̃teʀfeʀe] *vi* interferieren
intérieur, e [ɛ̃teʀjœʀ] *adj* innere(r, s); (*politique, cour*) Innen- ▶ *nm* : **l'~** das Innere *nt*; **ministère de l'I~** Innenministerium *nt*; **un ~ bourgeois/confortable** eine bürgerliche/bequeme (Innen)einrichtung *f*; **à l'~ (de)** im Inneren (von *ou* +*gén*); (*avec mouvement*) ins Innere (von *ou* +*gén*); **tourner (une scène) en ~** (eine Szene) im Studio drehen
intérim [ɛ̃teʀim] *nm* Zwischenzeit *f*; (*travail temporaire*) Zeitarbeit *f*; **assurer l'~ (de qn)** die Vertretung (für jdn) übernehmen; **par ~** vorläufig
intérimaire [ɛ̃teʀimɛʀ] *nmf* (*personne*) Zeitarbeiter(in) *m(f)*
intérioriser [ɛ̃teʀjɔʀize] *vt* verinnerlichen
interjection [ɛ̃teʀʒɛksjɔ̃] *nf* Ausruf *m*
interligne [ɛ̃teʀliɲ] *nm* Zeilenabstand *m*; **simple/double ~** einfacher/doppelter Zeilenabstand *m*
interlocuteur, -trice [ɛ̃teʀlɔkytœʀ, tʀis] *nm/f* Gesprächspartner(in)
interloquer [ɛ̃teʀlɔke] *vt* sprachlos machen
interlude [ɛ̃teʀlyd] *nm* Zwischenspiel *nt*
intermédiaire [ɛ̃teʀmedjɛʀ] *adj* Zwischen- ▶ *nmf* (*médiateur*) Vermittler(in) *m(f)*; (*Comm*) Mittelsmann *m* ▶ *nm* : **sans ~** direkt; **par l'~ de** durch (die) Vermittlung von, durch

interminable [ɛ̃tɛʀminabl] *adj* endlos
intermittence [ɛ̃tɛʀmitɑ̃s] *nf*: **par ~** zeitweilig
intermittent, e [ɛ̃tɛʀmitɑ̃, ɑ̃t] *adj* (*pouls*) unregelmäßig; (*lumière*) flackernd ▶ *nm/f* Zeitarbeiter(in); **les ~s du spectacle** die auf Produktionsdauer Beschäftigten
internat [ɛ̃tɛʀna] *nm* (*établissement*) Internat *nt*
international, e, -aux [ɛ̃tɛʀnasjɔnal, o] *adj* international ▶ *nm/f* (*Sport*) Nationalspieler(in)
internaute [ɛ̃tɛʀnot] *nmf* Internetsurfer(in) *m(f)*, Websurfer(in) *m(f)*
interne [ɛ̃tɛʀn] *adj* innere(r, s) ▶ *nmf* (*élève*) Internatsschüler(in) *m(f)*; (*Méd*) Arzt (Ärztin) *m(f)* im Praktikum
interner [ɛ̃tɛʀne] *vt* (*Pol*) internieren; (*Méd*) in eine Anstalt einweisen
Internet [ɛ̃tɛʀnɛt] *nm*: **(l')~** das Internet; **~ mobile** mobiles Internet *nt*
interpeller [ɛ̃tɛʀpəle] *vt* (*appeler*) zurufen +*dat*; (*arrêter*) festnehmen; (*Pol*) befragen
interphone [ɛ̃tɛʀfɔn] *nm* (Wechsel) sprechanlage *f*
Interpol [ɛ̃tɛʀpɔl] *sigle m* Interpol *f*
interposer [ɛ̃tɛʀpoze] *vt* dazwischentun; **s'interposer** *vpr* dazwischentreten; **par personnes interposées** durch Mittelsmänner
interprétation [ɛ̃tɛʀpʀetasjɔ̃] *nf* Interpretation *f*
interprète [ɛ̃tɛʀpʀɛt] *nmf* (*traducteur*) Dolmetscher(in) *m(f)*; (*Mus, Théât, Ciné*) Interpret(in) *m(f)*
interpréter [ɛ̃tɛʀpʀete] *vt* interpretieren; (*songes, présages*) deuten; (*traduire*) übersetzen
interrogateur, -trice [ɛ̃tɛʀɔgatœʀ, tʀis] *adj* fragend
interrogatif, -ive [ɛ̃tɛʀɔgatif, iv] *adj* fragend; (*Ling*) Frage-
interrogation [ɛ̃tɛʀɔgasjɔ̃] *nf* Befragung *f*; **~ écrite/orale** (*Scol*) schriftliche/mündliche Prüfung *f*; **~ directe/indirecte** direkte/indirekte Frage *f*; **~ à distance** (*répondeur*) Fernabfrage *f*
interrogatoire [ɛ̃tɛʀɔgatwaʀ] *nm* Verhör *nt*; (*au tribunal*) Vernehmung *f*
interroger [ɛ̃tɛʀɔʒe] *vt* befragen; (*inculpé*) verhören, vernehmen; (*données, ordinateur*) abfragen
interrompre [ɛ̃tɛʀɔ̃pʀ] *vt* unterbrechen; **s'interrompre** *vpr* aufhören
interrupteur [ɛ̃tɛʀyptœʀ] *nm* Schalter *m*

interruption [ɛ̃tɛʀypsjɔ̃] *nf* Unterbrechung *f*; **~ volontaire de grossesse** Schwangerschaftsabbruch *m*
intersection [ɛ̃tɛʀsɛksjɔ̃] *nf* Schnittpunkt *m*; (*croisement*) Kreuzung *f*
interstice [ɛ̃tɛʀstis] *nm* Zwischenraum *m*, Spalt *m*
intersyndical, e, -aux [ɛ̃tɛʀsɛ̃dikal, o] *adj* zwischen verschiedenen Gewerkschaften ▶ *nf* Gewerkschaftsbund *m*
interurbain, e [ɛ̃tɛʀyʀbɛ̃, ɛn] *adj*: **communication ~e** Ferngespräch *nt*
intervalle [ɛ̃tɛʀval] *nm* Zwischenraum *m*; **à deux mois d'~** im Abstand von zwei Monaten; **dans l'~** inzwischen
intervenir [ɛ̃tɛʀvəniʀ] *vi* eingreifen; (*Pol*) intervenieren; (*se produire*) sich ereignen; **~ auprès de qn/en faveur de qn** sich bei jdm/für jdn verwenden
intervention [ɛ̃tɛʀvɑ̃sjɔ̃] *nf* Eingreifen *nt*; (*conférence*) Vortrag *m*; **~ (chirurgicale)** (chirurgischer) Eingriff *m*
interventionnisme [ɛ̃tɛʀvɑ̃sjɔnism] *nm* Interventionismus *m*
intervertir [ɛ̃tɛʀvɛʀtiʀ] *vt* umkehren; **~ les rôles** die Rollen vertauschen
interview [ɛ̃tɛʀvju] *nf* Interview *m*
interviewer [ɛ̃tɛʀvjuve] *vt* interviewen
intestin, e [ɛ̃tɛstɛ̃, in] *adj*: **querelles/luttes ~es** innere Kämpfe *pl* ▶ *nm* Darm *m*; **~ grêle** Dünndarm *m*
intestinal, e, -aux [ɛ̃tɛstinal, o] *adj* Darm-
intime [ɛ̃tim] *adj* intim ▶ *nmf* Vertraute(r) *f(m)*, enger Freund *m*, enge Freundin *f*
intimer [ɛ̃time] *vt* (*citer*) vorladen; **~ à qn l'ordre de faire qch** jdm den Befehl zukommen lassen, etw zu tun
intimidation [ɛ̃timidasjɔ̃] *nf* Einschüchterung *f*
intimider [ɛ̃timide] *vt* einschüchtern
intimité [ɛ̃timite] *nf*: **dans la plus stricte ~** im privaten Kreis, im engsten Familienkreis
intituler [ɛ̃tityle] *vt*: **comment a-t-il intitulé son livre ?** welchen Titel hat er seinem Buch gegeben?; **s'intituler** *vpr* (*ouvrage*) den Titel tragen
intolérable [ɛ̃tɔleʀabl] *adj* unerträglich
intolérance [ɛ̃tɔleʀɑ̃s] *nf* Intoleranz *f*
intolérant, e [ɛ̃tɔleʀɑ̃, ɑ̃t] *adj* intolerant
intoxication [ɛ̃tɔksikasjɔ̃] *nf* Vergiftung *f*; (*Pol*) Indoktrination *f*; **~ alimentaire** Lebensmittelvergiftung *f*
intoxiqué, e [ɛ̃tɔksike] *adj* süchtig ▶ *nm/f* Süchtige(r) *f(m)*

intoxiquer [ɛ̃tɔksike] vt vergiften; (fig) indoktrinieren

intraduisible [ɛ̃tradɥizibl] adj unübersetzbar

intraitable [ɛ̃trɛtabl] adj (intransigeant) unnachgiebig; **~ sur** unnachgiebig in Bezug auf +acc; **demeurer ~** nicht nachgeben

intranet [ɛ̃tranɛt] nm Intranet nt

intransigeant, e [ɛ̃trɑ̃ziʒɑ̃, ɑ̃t] adj unnachgiebig, stur

intransitif, -ive [ɛ̃trɑ̃zitif, iv] adj (Ling) intransitiv

intraveineux, -euse [ɛ̃travɛnø, øz] adj intravenös

intrépide [ɛ̃trepid] adj mutig, beherzt

intrigue [ɛ̃trig] nf (manœuvre) Intrige f; (scénario) Handlung f

intriguer [ɛ̃trige] vi intrigieren ▶ vt neugierig machen

introduction [ɛ̃trɔdyksjɔ̃] nf (d'un ouvrage, exposé) Einleitung f; (de marchandise) Einfuhr f; (dans club, auprès de qn) Einführung f; **~ en Bourse** Börsengang m

introduire [ɛ̃trɔdɥir] vt einführen; (visiteur) hereinführen; (Inform) eingeben; **s'introduire** vpr (usages, idées) in Gebrauch kommen; **~ qch dans** etw stecken in +acc; **s'~ dans** (personne, eau, fumée) eindringen in +acc; (dans un groupe) sich dat Zutritt verschaffen in

introspection [ɛ̃trɔspɛksjɔ̃] nf Selbstbeobachtung f

introuvable [ɛ̃truvabl] adj unauffindbar; (édition) schwer auffindbar

introverti, e [ɛ̃trɔvɛrti] adj introvertiert

intrus, e [ɛ̃try, yz] nm/f Eindringling m

intrusion [ɛ̃tryzjɔ̃] nf Eindringen nt; (ingérence) Einmischung f

intuitif, -ive [ɛ̃tɥitif, iv] adj intuitiv

intuition [ɛ̃tɥisjɔ̃] nf Intuition f, Vorahnung f; (pressentiment) Vorgefühl nt

inusable [inyzabl] adj unverwüstlich

inusité, e [inyzite] adj ungebräuchlich

inutile [inytil] adj nutzlos; (superflu) unnötig

inutilisable [inytilizabl] adj unbrauchbar

invalide [ɛ̃valid] adj körperbehindert ▶ nmf Körperbehinderte(r) f(m); **~ de guerre** Invalide(in) m(f); **~ du travail** Arbeitsunfähige(r) f(m)

invalider [ɛ̃valide] vt (donation, contrat, élection) ungültig machen

invariable [ɛ̃varjabl] adj unveränderlich

invasion [ɛ̃vazjɔ̃] nf Invasion f

invectiver [ɛ̃vɛktive] vt beschimpfen

invendable [ɛ̃vɑ̃dabl] adj unverkäuflich

invendu, e [ɛ̃vɑ̃dy] adj unverkauft

inventaire [ɛ̃vɑ̃tɛr] nm Inventar nt; (Comm : liste) Warenliste f; (: opération) Inventur f; (fig) Bestandsaufnahme f

inventer [ɛ̃vɑ̃te] vt erfinden

inventeur, -trice [ɛ̃vɑ̃tœr, tris] nm/f Erfinder(in)

inventif, -ive [ɛ̃vɑ̃tif, iv] adj schöpferisch; (ingénieux) einfallsreich

invention [ɛ̃vɑ̃sjɔ̃] nf Erfindung f; (découverte) Entdeckung f

inventorier [ɛ̃vɑ̃tɔrje] vt eine Aufstellung machen von

inverse [ɛ̃vɛrs] adj umgekehrt; (sens) entgegengesetzt ▶ nm : **l'~** das Gegenteil nt

inverser [ɛ̃vɛrse] vt umkehren

inversion [ɛ̃vɛrsjɔ̃] nf Umkehrung f; (d'un groupe de mots) Inversion f

invertébré, e [ɛ̃vɛrtebre] adj wirbellos ▶ nm wirbelloses Tier nt

investigation [ɛ̃vɛstigasjɔ̃] nf Untersuchung f

investir [ɛ̃vɛstir] vt (Mil) belagern; (Fin) investieren; (argent) anlegen (dans in +acc); **s'investir** vpr sich einbringen; **s'~ dans qch** (travail, activité) sich bei etw engagieren; **~ qn de** jdn betrauen mit, jdn einsetzen in +acc; (d'un pouvoir) jdn ausstatten mit

investissement [ɛ̃vɛstismɑ̃] nm Investition f, Anlage f

investiture [ɛ̃vɛstityr] nf Einsetzung f; (à une élection) Nominierung f

invincible [ɛ̃vɛ̃sibl] adj unbesiegbar; (irrésistible) unwiderstehlich

inviolable [ɛ̃vjɔlabl] adj unverletzlich, unantastbar

invisible [ɛ̃vizibl] adj unsichtbar

invitation [ɛ̃vitasjɔ̃] nf Einladung f; **à** ou **sur l'~ de qn** (exhortation) auf jds Aufforderung acc hin

invité, e [ɛ̃vite] nm/f Gast m

inviter [ɛ̃vite] vt einladen; **~ qn à faire qch** (exhorter) jdn auffordern, etw zu tun

involontaire [ɛ̃vɔlɔ̃tɛr] adj unabsichtlich; (réaction) unwillkürlich

invoquer [ɛ̃vɔke] vt (Dieu, muse) anrufen; (excuse, argument) anbringen; (loi, texte, ignorance) sich berufen auf +acc

invraisemblable [ɛ̃vrɛsɑ̃blabl] adj unwahrscheinlich; (fantastique, inimaginable) unglaublich

invulnérable [ɛ̃vylnerabl] adj unverletzbar; (position) unangreifbar

iode [jɔd] nm Jod nt

iodler [jɔdle] vi jodeln

ion [jɔ̃] nm Ion nt
ionique [jɔnik] adj (Archit) ionisch; (Science) Ionen-
iPod® [aipɔd, ipɔd] nm iPod® m
Irak [iʀak] nm : **l'~** (der) Irak m
irakien, ne [iʀakjɛ̃, jɛn] adj irakisch ▶ nm/f : **Irakien, ne** Iraker(in)
Iran [iʀɑ̃] nm : **l'~** (der) Iran m
iranien, ne [iʀanjɛ̃, jɛn] adj iranisch ▶ nm/f : **Iranien, ne** Iraner(in)
Iraq [iʀak] nm = **Irak**
iraquien, ne [iʀakjɛ̃, jɛn] = **irakien**
irascible [iʀasibl] adj jähzornig
iris [iʀis] nm Iris f
irisé, e [iʀize] adj (in allen Regenbogenfarben) schillernd
irlandais, e [iʀlɑ̃dɛ, ɛz] adj irisch ▶ nm/f : **Irlandais, e** Ire m, Irin f
Irlande [iʀlɑ̃d] nf : **l'~** Irland nt; **l'~ du Nord** Nordirland nt
ironie [iʀɔni] nf Ironie f
ironique [iʀɔnik] adj ironisch
ironiser [iʀɔnize] vi spotten
IRPP [iɛʀpepe] sigle m (= impôt sur le revenu des personnes physiques) Einkommensteuer f
irradiation [iʀadjasjɔ̃] nf Bestrahlung f
irradier [iʀadje] vi ausstrahlen ▶ vt bestrahlen; (contaminer) verstrahlen
irraisonné, e [iʀezɔne] adj (geste, acte) unüberlegt; (crainte) unbegründet, unsinnig
irréalisable [iʀealizabl] adj unerfüllbar; (projet) undurchführbar
irrecevable [iʀas(ə)vabl] adj unannehmbar
irréconciliable [iʀekɔ̃siljabl] adj unversöhnlich
irrécupérable [iʀekypeʀabl] adj (outil, voiture) nicht wiederverwertbar; (personne) nicht mehr zu retten; **un menteur ~** ein unverbesserlicher Lügner
irrécusable [iʀekyzabl] adj (personne) glaubwürdig; (témoignage, preuve) unanfechtbar
irréductible [iʀedyktibl] adj (obstacle) unbezwingbar; (opposition, ennemi) unversöhnlich
irréel, le [iʀeɛl] adj unwirklich
irréfléchi, e [iʀeflefi] adj unüberlegt, gedankenlos
irréfutable [iʀefytabl] adj unwiderlegbar
irrégularité [iʀegylaʀite] nf Unregelmäßigkeit f; (de surface) Unebenheit f; (inconstance) Unbeständigkeit f; (illégalité) Ungesetzlichkeit f
irrégulier, -ière [iʀegylje, jɛʀ] adj unregelmäßig; (surface, terrain) uneben; (non constant) unbeständig, wechselhaft; (illégitime) ungesetzlich; (peu honnête) zwielichtig
irrémédiable [iʀemedjabl] adj nicht wiedergutzumachen
irremplaçable [iʀɑ̃plasabl] adj unersetzlich
irrépressible [iʀepʀesibl] adj unbezähmbar
irréprochable [iʀepʀɔʃabl] adj einwandfrei, tadellos
irrésistible [iʀezistibl] adj unwiderstehlich; (preuve, logique) zwingend
irrésolu, e [iʀezɔly] adj unentschlossen
irrespectueux, -euse [iʀɛspɛktɥø, øz] adj respektlos
irresponsable [iʀɛspɔ̃sabl] adj unverantwortlich; (Jur) unmündig; (irréfléchi) verantwortungslos
irrévérencieux, -euse [iʀeveʀɑ̃sjø, jøz] adj respektlos
irréversible [iʀevɛʀsibl] adj nicht rückgängig zu machen
irrévocable [iʀevɔkabl] adj unwiderruflich
irrigation [iʀigasjɔ̃] nf Bewässerung f
irriguer [iʀige] vt bewässern
irritabilité [iʀitabilite] nf Reizbarkeit f
irritable [iʀitabl] adj reizbar
irritant, e [iʀitɑ̃, ɑ̃t] adj irritierend; (Méd) Reiz-
irritation [iʀitasjɔ̃] nf (exaspération) Gereiztheit f; (inflammation) Reizung f
irriter [iʀite] vt reizen
irruption [iʀypsjɔ̃] nf Eindringen nt, Hereinstürzen nt; **faire ~ dans un endroit/chez qn** plötzlich an einem Ort/bei jdm erscheinen
Islam [islam] nm Islam m
islamique [islamik] adj islamisch
islamisation [islamizasjɔ̃] nf Islamisierung f
islamiste [islamist] nmf Islamist(in) m(f)
islamophobie [islamɔfɔbi] nf Islamophobie f
islandais, e [islɑ̃dɛ, ɛz] adj isländisch ▶ nm (Ling) Isländisch nt ▶ nm/f : **Islandais, e** Isländer(in)
Islande [islɑ̃d] nf : **l'~** Island nt
isocèle [izɔsɛl] adj gleichseitig
isolant, e [izɔlɑ̃, ɑ̃t] adj isolierend ▶ nm Isoliermaterial nt
isolation [izɔlasjɔ̃] nf : **~ acoustique** Schalldämmung f; **~ électrique** Isolierung f; **~ thermique** Wärmeisolierung f

isolé, e [izɔle] *adj* isoliert; (*séparé*) einzeln; (*éloigné*) abgelegen; (*fait, cas*) vereinzelt
isoler [izɔle] *vt* isolieren
isoloir [izɔlwaʀ] *nm* Wahlkabine *f*
isorel® [izɔʀɛl] *nm* Pressspanplatte *f*
isotope [izɔtɔp] *nm* Isotop *nt*
Israël [isʀaɛl] *nm* Israel *nt*
israélien, ne [isʀaeljɛ̃, jɛn] *adj* israelisch ▶ *nm/f*: **Israélien, ne** Israeli *mf*
israélite [isʀaelit] *adj* jüdisch ▶ *nmf*: **Israélite** Israelit(in) *m(f)*
issu, e [isy] *adj*: **être ~ de** abstammen von; (*résulter de*) herrühren von
issue [isy] *nf* Ausgang *m*; (*résultat*) Ergebnis *nt*; **à l'~ de** am Ende von; **chemin/rue sans ~** Sackgasse *f*; **~ de secours** Notausgang *m*
isthme [ism] *nm* Landenge *f*
Italie [itali] *nf*: **l'~** Italien *nt*
italien, ne [italjɛ̃, jɛn] *adj* italienisch ▶ *nm/f*: **Italien, ne** Italiener(in)
italique [italik] *nm*: **en ~(s)** kursiv
item [itɛm] *adv* dito
itinéraire [itineʀɛʀ] *nm* Route *f*; **~ de délestage** Umleitung *f*
itinérant, e [itineʀɑ̃, ɑ̃t] *adj* Wander-
IUFM [iyɛfɛm] *nm abr* = **Institut universitaire de formation des maîtres** ≈ pädagogische Hochschule *f*
IUT [iyte] *sigle m* (= *Institut universitaire de technologie*) *voir* **institut**
IVG [iveʒe] *sigle f* (= *interruption volontaire de grossesse*) *voir* **interruption**
ivoire [ivwaʀ] *nm* Elfenbein *nt*
ivoirien, ne [ivwaʀjɛ̃, jɛn] *adj* von der Elfenbeinküste ▶ *nm/f*: **Ivoirien, ne** Einwohner(in) der Elfenbeinküste
ivraie [ivʀɛ] *nf*: **séparer le bon grain de l'~** die Spreu vom Weizen scheiden
ivre [ivʀ] *adj* betrunken; **~ de colère** wutentbrannt; **~ de bonheur** freudentrunken
ivresse [ivʀɛs] *nf* Trunkenheit *f*
ivrogne [ivʀɔɲ] *nmf* Trinker(in) *m(f)*

J

J, j [ʒi] *nm inv* J, j *nt*
jacasser [ʒakase] *vi* schwatzen
jachère [ʒaʃɛʀ] *nf*: **(être) en ~** brach(liegen)
jacinthe [ʒasɛ̃t] *nf* Hyazinthe *f*
jacuzzi® [ʒakuzi] *nm* Whirlpool® *m*
jadis [ʒadis] *adv* einst(mals)
jaillir [ʒajiʀ] *vi* herausspritzen, hervorsprudeln; (*cri*) erschallen
jalon [ʒalɔ̃] *nm* Markierungspfosten *m*
jalousie [ʒaluzi] *nf* Eifersucht *f*; (*store*) Jalousie *f*
jaloux, -se [ʒalu, uz] *adj* eifersüchtig
Jamaïque [ʒamaik] *nf*: **la ~** Jamaika *nt*
jamais [ʒamɛ] *adv* nie, niemals; (*sans négation*) je(mals); **ne ... ~** niemals
jambe [ʒɑ̃b] *nf* Bein *nt*
jambon [ʒɑ̃bɔ̃] *nm* Schinken *m*
jambonneau, x [ʒɑ̃bɔno] *nm* (gekochtes) Eisbein *nt*
jante [ʒɑ̃t] *nf* Felge *f*
janvier [ʒɑ̃vje] *nm* Januar *m*; *voir aussi* **juillet**
Japon [ʒapɔ̃] *nm*: **le ~** Japan *nt*
japonais, e [ʒapɔnɛ, ɛz] *adj* japanisch ▶ *nm/f*: **Japonais, e** Japaner(in)
jaquette [ʒakɛt] *nf* (*de livre*) Schutzumschlag *m*
jardin [ʒaʀdɛ̃] *nm* Garten *m*; **~ d'enfants** Kindergarten *m*
jardinage [ʒaʀdinaʒ] *nm* Gartenarbeit *f*
jardiner [ʒaʀdine] *vi* im Garten arbeiten
jardinier, -ière [ʒaʀdinje, jɛʀ] *nm/f* Gärtner(in) ▶ *nf* (*caisse*) Blumenkasten *m*; **jardinière d'enfants** Kindergärtnerin *f*; **jardinière (de légumes)** gemischtes Gemüse *nt*
jarret [ʒaʀɛ] *nm* (*Anat*) Kniekehle *f*; (*Culin*) Haxe *f*, Hachse *f*
jarretelle [ʒaʀtɛl] *nf* Strumpfhalter *m*

jarretière [ʒaʀtjɛʀ] *nf* Strumpfband *nt*
jars [ʒaʀ] *nm* Gänserich *m*
jaser [ʒɑze] *vi* schwatzen; *(indiscrètement)* klatschen
jasmin [ʒasmɛ̃] *nm* Jasmin *m*
jatte [ʒat] *nf* Napf *m*, Schale *f*
jauger [ʒoʒe] *vt (mesurer)* messen; *(juger)* beurteilen
jaunâtre [ʒonɑtʀ] *adj* gelblich
jaune [ʒon] *adj* gelb ▶ *nm* Gelb *nt*; *(d'œuf)* Eigelb *nt*, Dotter *m ou nt* ▶ *adv*: **rire ~** gezwungen lachen
java [ʒava] *nf*: **faire la ~** *(fam)* einen draufmachen
Javel [ʒavɛl] *nf*: **eau** *f* **de ~** Chlorbleiche *f*
javelot [ʒavlo] *nm* Speer *m*
jazz [dʒɑz] *nm* Jazz *m*
J.-C. *abr* = **Jésus-Christ**
JDC [ʒidese] *nf* (= *Journée défense et citoyenneté*) *siehe Info-Artikel*

: Seit 1997 ist die allgemeine Wehrpflicht
: in Frankreich abgeschafft. Dennoch
: müssen alle Sechzehnjährigen oder
: Siebzehnjährigen, ob männlich oder
: weiblich, an einem eintägigen
: Lehrgang teilnehmen, dem **JDC**, an
: dem Grundsätze und Organisation der
: französischen Landesverteidigung
: vermittelt und Informationen zu
: Berufsaussichten im Militär sowie
: Diensten im freiwilligen Sektor
: gegeben werden. Alle jungen
: Menschen müssen vor ihrem 18.
: Geburtstag an diesem
: Ausbildungstag teilnehmen.

je [ʒə], **j'** *(avant voyelle ou h muet) pron* ich
jean [dʒin] *nm* Jeans *f ou pl*
jeep® [(d)ʒip] *nf* Jeep® *m*
je-ne-sais-quoi [ʒən(ə)sɛkwa] *nm inv*: **un ~** ein gewisses Etwas
jérémiades [ʒeʀemjad] *nfpl* Gejammer *nt sg*
jerrycan [dʒeʀikan] *nm* (Benzin)kanister *m*
Jersey [ʒɛʀze] *nf* Jersey *nt*
jersey [ʒɛʀze] *nm (tissu)* Jersey *m*
jésuite [ʒezɥit] *nm* Jesuit *m*; *(péj)* Heuchler *m*
Jésus-Christ [ʒezykʀi(st)] *nm* Jesus Christus *m*; **600 avant/après ~** 600 vor/nach Christus *ou* Christi Geburt
jet¹ [dʒɛt] *nm (avion)* Jet *m*
jet² [ʒɛ] *nm (action)* Werfen *nt*; *(son résultat, distance)* Wurf *m*; *(jaillissement)* Strahl *m*; **premier ~** erster Entwurf *m*; **~ d'eau** Wasserstrahl *m*; *(fontaine)* Fontäne *f*
jetable [ʒ(ə)tabl] *adj* Wegwerf-
jetée [ʒəte] *nf* Mole *f*
jeter [ʒ(ə)te] *vt (lancer)* werfen; (: *violemment*) schleudern; *(se défaire de)* wegwerfen; *(cri, insultes)* ausstoßen
jeton [ʒ(ə)tɔ̃] *nm (au jeu)* Spielmarke *f*; **avoir les ~s** *(fam)* Schiss haben; **~s de présence** Sitzungsgeld *nt*
jeu, x [ʒø] *nm* Spiel *nt*; *(marge)* Spielraum *m*; **un ~ de clés/d'aiguilles** ein Satz *m* Schlüssel/ein Spiel *nt* Nadeln; **cacher son ~** sich *dat* nicht in die Karten sehen lassen; **être en ~** *(fig)* auf dem Spiel stehen; **mettre en ~** aufs Spiel setzen; **remettre en ~** *(Football)* einwerfen; **entrer dans le ~ de qn** jds Spiel mitspielen; **~ de hasard** Glücksspiel *nt*; **~ de société** Gesellschaftsspiel *nt*; **~ télévisé** Gameshow *f*; **~ vidéo** Videospiel *nt*; **J~x olympiques** Olympische Spiele *pl*
jeu-concours [ʒøkɔ̃kuʀ] *(pl* **jeux-concours**) *nm* Preisausschreiben *nt*
jeudi [ʒødi] *nm* Donnerstag *m*; **~ saint** Gründonnerstag *m*
jeun [ʒœ̃]: **à ~** *adv* nüchtern; *(prendre)* auf nüchternen Magen
jeune [ʒœn] *adj* jung ▶ *adv*: **faire ~** jugendlich *ou* jung aussehen ▶ *nm*: **les ~s** die Jugend *f*, die Jugendlichen *pl*; **~ fille** (junges) Mädchen *nt*; **~ homme** junger Mann *m*
jeûne [ʒøn] *nm* Fasten *nt*
jeûner [ʒøne] *vi* fasten
jeunesse [ʒœnɛs] *nf* Jugend *f*; *(apparence)* Jugendlichkeit *f*
JO [ʒio] *sigle mpl* (= *Jeux olympiques*) *voir* **jeu** ▶ *sigle m* (= *Journal officiel*) *voir* **journal**
joaillerie [ʒɔajʀi] *nf (magasin)* Juweliergeschäft *nt*
joaillier, -ière [ʒɔaje, jɛʀ] *nm/f* Juwelier *m*
job [dʒɔb] *(fam) nm* Job *m*
jockey [ʒɔkɛ] *nm* Jockey *m*
jogging [dʒɔgiɲ] *nm* Jogging *nt*; *(vêtement)* Jogginganzug *m*; **faire du ~** joggen
joie [ʒwa] *nf* Freude *f*
joindre [ʒwɛ̃dʀ] *vt* verbinden; *(ajouter)* beifügen; *(réussir à contacter)* erreichen; **se joindre** *vpr*: **se ~ à** sich anschließen +*dat*; **~ les mains** die Hände falten; **~ les deux bouts** (gerade) eben mit seinem Geld auskommen; **~ un fichier à un mail** eine Datei an eine E-mail anhängen
joint [ʒwɛ̃] *nm (ligne)* Naht *f*; *(de robinet)* Dichtung *f*; *(fam : de cannabis)* Joint *m*; **~ de culasse** Zylinderkopfdichtung *f*

joker [(d)ʒɔkɛʀ] nm Joker m; (Inform) Wildcard f, Jokerzeichen nt
joli, e [ʒɔli] adj hübsch; **c'est du ~ !** das ist ja reizend!; **un ~ gâchis** ein schöner Schlamassel
jonc [ʒɔ̃] nm (Schilf)rohr nt
joncher [ʒɔ̃ʃe] vt verstreut liegen auf +dat; **jonché de** bestreut mit
jonction [ʒɔ̃ksjɔ̃] nf (de routes) Kreuzung f; (de fleuves) Zusammenfluss m; (action de joindre) Verbindung f
jongleur, -euse [ʒɔ̃glœʀ, øz] nm/f Jongleur(in)
jonquille [ʒɔ̃kij] nf Osterglocke f
Jordanie [ʒɔʀdani] nf: **la ~** Jordanien nt
jordanien, ne [ʒɔʀdanjɛ̃, jɛn] adj jordanisch
joue [ʒu] nf Backe f, Wange f
jouer [ʒwe] vt spielen; (argent) setzen; (réputation etc) aufs Spiel setzen; (simuler) vortäuschen ▶ vi spielen; (bois, porte) sich verziehen; **se jouer** vpr: **se ~ de** (difficultés) spielend fertig werden mit; **se ~ de qn** jdn zum Narren halten; **~ à** spielen; **~ avec** (santé etc) aufs Spiel setzen; **~ un tour à qn** jdm einen Streich spielen; **~ des coudes** seine Ellbogen gebrauchen; **~ de malchance/malheur** vom Pech/ Unglück verfolgt sein
jouet [ʒwɛ] nm Spielzeug nt; **être le ~ de** das Opfer sein +gén
joueur, -euse [ʒwœʀ, øz] nm/f Spieler(in)
joufflu, e [ʒufly] adj pausbäckig
joug [ʒu] nm Joch nt; **mettre sous le ~** (fig) unterjochen
jouir [ʒwiʀ] vi (sexuellement) kommen; **~ de** (avoir) haben; (savourer) genießen, sich erfreuen +gén
jouissance [ʒwisɑ̃s] nf (plaisir) Freude f; (orgasme) Orgasmus m; (usage) Nutznießung f
jour [ʒuʀ] nm Tag m; (clarté) (Tages)licht nt; (ouverture) Öffnung f; (: décorative) Durchbruch m; **sous un ~ favorable/ nouveau** in einem günstigen/neuen Licht; **du ~ au lendemain** von heute auf morgen; **au ~ le ~** von einem Tag zum anderen; **il fait ~** es ist Tag; **au grand ~** am hellichten Tage; **mettre à ~** auf den neuesten Stand bringen; **se faire ~** zutage treten; **~ férié** Feiertag m; **~ ouvrable** Arbeitstag m
journal, -aux [ʒuʀnal, o] nm Zeitung f; (personnel) Tagebuch nt; **~ intime** Tagebuch nt; **le J~ officiel (de la République française)** das Gesetz und Verordnungsblatt Frankreichs; **~ télévisé** (Fernseh)nachrichten pl; **tenir un ~** ein Tagebuch führen
journalisme [ʒuʀnalism] nm Journalismus m
journaliste [ʒuʀnalist] nmf Journalist(in) m(f)
journalistique [ʒuʀnalistik] adj journalistisch
journée [ʒuʀne] nf Tag m; **la ~ continue** durchgehende Arbeitszeit (ohne Mittagspause)
jouvence [ʒuvɑ̃s] nf: **bain de ~** Jungbrunnen m
jovial, e, -aux [ʒɔvjal, jo] adj jovial
joyau, x [ʒwajo] nm Juwel nt
joyeux, -euse [ʒwajø, øz] adj fröhlich; (nouvelle) freudig; **~ Noël !** frohe ou fröhliche Weihnachten!; **~ anniversaire !** alles Gute zum Geburtstag!
JT [ʒite] sigle m (= journal télévisé) voir **journal**
jubilé [ʒybile] nm Jubiläum nt
jubiler [ʒybile] vi jubeln, jauchzen
judaïque [ʒydaik] adj jüdisch
judaïsme [ʒydaism] nm Judentum nt
judas [ʒyda] nm (trou) Guckloch nt
judiciaire [ʒydisjɛʀ] adj gerichtlich, Justiz-
judicieux, -euse [ʒydisjø, jøz] adj klug, gescheit
judo [ʒydo] nm Judo nt
judoka [ʒydɔka] nmf Judokämpfer(in) m(f)
juge [ʒyʒ] nmf Richter(in) m(f); (Sport) Kampfrichter(in) m(f); (de concours) Preisrichter(in) m(f); **~ d'instruction** Untersuchungsrichter(in) m(f)
jugement [ʒyʒmɑ̃] nm Urteil nt; (perspicacité) Urteilsvermögen nt; **~ de valeur** Werturteil nt
jugeote [ʒyʒɔt] (fam) nf Grips m
juger [ʒyʒe] vt beurteilen; (affaire) entscheiden über +acc; **~ qn/qch satisfaisant** etc jdn/etw für zufriedenstellend etc halten; **~ bon de faire qch** es für richtig halten, etw zu tun; **~ que** meinen, dass, der Ansicht sein, dass
jugulaire [ʒygylɛʀ] nf Halsschlagader f
juguler [ʒygyle] vt in den Griff bekommen; (inflation) eindämmen
juif, -ive [ʒɥif, ʒɥiv] adj jüdisch ▶ nm/f Jude m, Jüdin f
juillet [ʒɥijɛ] nm Juli m; **en ~** im Juli; **au mois de ~** im Monat Juli; **arriver le 17 ~** am 17. Juli ankommen; **Genève, le 17 ~**

(*lettre*) Genf, den 17. Juli; **début/fin ~** Anfang/Ende Juli

: Der **14 juillet** ist ein Nationalfeiertag in Frankreich, zum Gedenken an den Sturm auf die Bastille während der französischen Revolution. Im ganzen Land gibt es Feste, Paraden, Musik- und Tanzaufführungen und Feuerwerk. In Paris findet auf den Champs-Élysées eine Militärparade, der der Präsident beiwohnt, statt.

juin [ʒɥɛ̃] *nm* Juni *m*; *voir aussi* **juillet**
juke-box [dʒukbɔks] *nm inv* Musikbox *f*
jumeau, -elle, x [ʒymo, ɛl] *nm/f* Zwilling *m* ▶ *adj* (*frère, sœur*) Zwillings-; **maisons jumelles** Doppelhaus *nt*
jumelage [ʒym(ə)laʒ] *nm* (Städte)partnerschaft *f*
jumeler [ʒym(ə)le] *vt* (*Tech*) koppeln, miteinander verbinden; (*villes*) zu Partnerstädten machen
jumelle [ʒymɛl] *adj, nf voir* **jumeau**
jumelles [ʒymɛl] *nfpl* Fernglas *nt*
jument [ʒymɑ̃] *nf* Stute *f*
jungle [ʒœ̃gl] *nf* Dschungel *m*
junte [ʒœ̃t] *nf* Junta *f*
jupe [ʒyp] *nf* Rock *m*
jupe-culotte [ʒypkylɔt] (*pl* **jupes-culottes**) *nf* Hosenrock *m*
jupon [ʒypɔ̃] *nm* Unterrock *m*
Jura [ʒyʀa] *nm* : **le ~** der Jura
jurassien, ne [ʒyʀasjɛ̃, jɛn] *adj* aus dem Jura
juré [ʒyʀe] *nm* Geschworene(r) *f(m)*
jurer [ʒyʀe] *vt* schwören, geloben ▶ *vi* (*dire des jurons*) fluchen; **~ (avec)** (*être mal assorti*) sich beißen (mit); **~ de faire qch** schwören, etw zu tun; **~ que** schwören, dass
juridique [ʒyʀidik] *adj* juristisch
jurisprudence [ʒyʀispʀydɑ̃s] *nf* Rechtsprechung *f*; **faire ~** einen Präzedenzfall schaffen
juron [ʒyʀɔ̃] *nm* Fluch *m*
jury [ʒyʀi] *nm* Geschworene *pl*; (*Scol*) Prüfungsausschuss *m*
jus [ʒy] *nm* Saft *m*; **~ de pommes** Apfelsaft *m*; **~ de viande** Bratensaft *m*
jusqu'au-boutiste [ʒyskobutist] *adj* extremistisch ▶ *nmf* Extremist(in) *m(f)*
jusque [ʒysk] *prép* : **jusqu'à** (*endroit*) bis (an) +*acc*; (*: ville, pays*) bis (nach); (*moment*) bis (zu); (*limite*) bis zu; **jusqu'à ce que** bis; **jusqu'à présent** *ou* **maintenant** bis jetzt; **~ sur/dans** bis zu/in +*acc*; **~-là** (*temps*) bis jetzt
justaucorps [ʒystokɔʀ] *nm* Trikot *nt*
juste [ʒyst] *adj* (*équitable*) gerecht; (*légitime*) gerechtfertigt; (*exact, précis*) genau; (*vrai, correct*) richtig; (*étroit, insuffisant*) knapp ▶ *adv* (*avec exactitude*) genau, richtig; (*seulement*) nur, bloß; **~ assez** gerade genug; **au ~** genau; **à ~ titre** mit vollem *ou* gutem Recht
justement [ʒystəmɑ̃] *adv* (*avec raison*) zu Recht; **c'est ~ ce qu'il fallait faire** (*précisément*) genau das musste gemacht werden
justesse [ʒystɛs] *nf* (*exactitude*) Richtigkeit *f*; (*précision*) Genauigkeit *f*; **de ~** mit knapper Not, gerade noch
justice [ʒystis] *nf* (*équité*) Gerechtigkeit *f*; (*pouvoir judiciaire*) Justiz *f*; **rendre la ~** Recht sprechen; **obtenir ~** sein Recht bekommen; **rendre ~ à qn** jdm Recht widerfahren lassen
justiciable [ʒystisjabl] *adj* : **être ~ des tribunaux français** der französischen Gerichtsbarkeit unterworfen sein; **être ~ de** (*fig*) sich verantworten müssen vor +*dat*
justifiable [ʒystifjabl] *adj* zu rechtfertigen, vertretbar
justificatif, -ive [ʒystifikatif, iv] *adj* (*document etc*) unterstützend ▶ *nm* Beleg *m*; **~ de domicile** Wohnsitzbescheinigung *f*
justification [ʒystifikasjɔ̃] *nf* Rechtfertigung *f*
justifier [ʒystifje] *vt* rechtfertigen
jute [ʒyt] *nm* Jute *f*
juteux, -euse [ʒytø, øz] *adj* saftig
juvénile [ʒyvenil] *adj* jugendlich
juxtaposer [ʒykstapoze] *vt* nebeneinanderstellen

K

K, k [kɑ] *nm inv* K, k *nt*
kaki [kaki] *adj inv* kaki ▶ *nm* (*fruit*) Kakipflaume
kaléidoscope [kaleidɔskɔp] *nm* Kaleidoskop *nt*
kangourou [kɑ̃guʀu] *nm* Känguru *nt*
kapok [kapɔk] *nm* Kapok *m*
karaoké [kaʀaoke] *nm* Karaoke *nt*
karaté [kaʀate] *nm* Karate *nt*
kart [kaʀt] *nm* Gokart *m*
karting [kaʀtiŋ] *nm* Gokartfahren *nt*
kasher [kaʃɛʀ] *adj* koscher
kayak [kajak] *nm* Kajak *m*
Kazakhstan [kazakstɑ̃] *nm* : **le ~** Kasachstan *nt*
kebab [kebab] *nm* Kebab *m*
Kenya [kenja] *nm* : **le ~** Kenia *nt*
képi [kepi] *nm* Käppi *nt*
kermesse [kɛʀmɛs] *nf* (*villageoise*) Kirmes *f*; (*de bienfaisance*) Wohltätigkeitsbasar *m*
kérosène [keʀozɛn] *nm* Kerosin *nt*
keuf [kœf] (*fam*) *nm* Bulle *m*
kg *abr* (= *kilogramme*) kg
khmer, -ère [kmɛʀ] *adj* Khmer- ▶ *nm/f* : **Khmer, -ère** Khmer
khôl [kol] *nm* Kajal *nt*
kidnapper [kidnape] *vt* entführen, kidnappen
kidnappeur, -euse [kidnapœʀ, øz] *nm/f* Kidnapper(in)
kidnapping [kidnapiŋ] *nm* Entführung *f*
kilo [kilo] *nm* Kilo *nt*
kilocalorie [kilɔkalɔʀi] *nf* Kilokalorie *f*
kilogramme [kilɔgʀam] *nm* Kilogramm *nt*
kilométrage [kilɔmetʀaʒ] *nm* (*au compteur*) Kilometerstand *m*
kilomètre [kilɔmɛtʀ] *nm* Kilometer *m*; **~s à l'heure** Stundenkilometer *pl*
kilomètre-heure (*pl* **kilomètres-heures**) [kilɔmetʀœʀ] *nm* Stundenkilometer *m*
kilométrique [kilɔmetʀik] *adj* (*borne, compteur*) Kilometer-; (*distance*) in Kilometern
kilooctet [kilɔɔktɛ] *nm* Kilobyte *nt*
kilowatt [kilɔwat] *nm* Kilowatt *nt*
kimono [kimɔno] *nm* Kimono *m*
kinésithérapeute [kineziteʀapøt] *nmf* Physiotherapeut(in) *m(f)*
kinésithérapie [kineziteʀapi] *nf* Physiotherapie *f*
kiosque [kjɔsk] *nm* (*à journaux, fleurs*) Kiosk *m*; (*de jardin*) Pavillon *m*
Kirghizistan [kiʀgizistɑ̃] *nm* : **le ~** Kirgistan *nt*, Kirgiesien *nt*, Kirgisistan *nt*
Kiribati [kiʀibas] *nm* : **le ~** Kiribati *nt*
kirsch [kiʀʃ] *nm* Kirschwasser *nt*
kit [kit] *nm* Bastelsatz *m*; (*pour entretien*) Set *nt*; **~ mains libres** Freisprechanlage *f*
kitchenette [kitʃ(ə)nɛt] *nf* Kochnische *f*
kitsch [kitʃ] *nm inv* Kitsch *m*
kiwi [kiwi] *nm* (*Zool*) Kiwi *m*; (*Bot*) Kiwi *f*
klaxon [klaksɔn] *nm* Hupe *f*
klaxonner [klaksɔne] *vi* hupen ▶ *vt* anhupen
kleenex® [klinɛks] *nm* Papiertaschentuch *nt*
kleptomane [klɛptɔman] *nmf* Kleptomane *m*, Kleptomanin *f*
km *abr* (= *kilomètre*) km
km/h *abr* (= *kilomètre-heure*) km/h
knock-out [nɔkaut] *nm inv* Knock-out *m*
Ko *abr* (*Inform* : = *kilooctet*) KB *nt*, Kilobyte *nt*
K.-O. [kao] *adj inv* k. o.
koala [kɔala] *nm* Koala(bär) *m*
kosovar [kɔsɔvaʀ] *adj* kosovarisch ▶ *nmf* : **Kosovar** Kosovar *m*, Kosovarin *f*
Kosovo [kɔsɔvo] *nm* : **le ~** der Kosovo *m*
Koweit [kɔwɛt] *nm* : **le ~** Kuwait *nt*
krach [kʀak] *nm* Börsenkrach *m*
kraft [kʀaft] *nm* : **papier ~** Packpapier *nt*
Kremlin [kʀəmlɛ̃] *nm* Kreml *m*
kurde [kyʀd] *adj* kurdisch ▶ *nmf* : **Kurde** Kurde *m*, Kurdin *f*
kW *abr* (= *kilowatt*) kW
K-way® [kawe] *nm* Windhemd *nt*
kW/h *abr* (= *kilowatt heure*) kWh
kyrielle [kiʀjɛl] *nf* : **une ~ de** ein Strom von
kyste [kist] *nm* Zyste *f*

L, l [ɛl] *nm inv* L, l *nt*
l [ɛl] *abr* (= *litre*) l
l' [l] *art, pron voir* **le**
la [la] *nm* (*Mus*) A *nt* ▶ *art, pron voir* **le**
là [la] *adv* dort; (*ici*) da, hier; **elle n'est pas là** sie ist nicht da; **c'est là que** dort; **de là** (*fig*) daher; **par là** dort entlang?; **que veux-tu dire par là ?** was meinst du damit?
là-bas [labɑ] *adv* dort
label [labɛl] *nm* (*marque*) Marke *f*; **~ de qualité** Gütezeichen *nt ou* -siegel *nt*
labeur [labœʀ] *nm* Mühe *f*, Arbeit *f*
labo [labo] *nm* Labor *nt*; = **laboratoire**
laborantin, e [labɔʀɑ̃tɛ̃, in] *nm/f* Laborant(in)
laboratoire [labɔʀatwaʀ] *nm* Labor *nt*; **~ d'analyses** Untersuchungslabor *nt*; **~ de langues** Sprachlabor *nt*
laborieux, -euse [labɔʀjø, jøz] *adj* (*tâche*) mühsam, mühselig; (*personne*) fleißig
labour [labuʀ] *nm* Pflügen *nt*
labourer [labuʀe] *vt* pflügen; (*fig*) zerfurchen
labrador [labʀadɔʀ] *nm* (*chien*) Labrador *m*
labyrinthe [labiʀɛ̃t] *nm* Labyrinth *nt*
lac [lak] *nm* See *m*; **~ Léman** Genfer See
lacer [lase] *vt* zubinden, zuschnüren
lacérer [laseʀe] *vt* zerreißen, zerfetzen
lacet [lasɛ] *nm* (*de chaussure*) Schnürsenkel *m*; (*de route*) scharfe Kurve *f*; (*piège*) Schlinge *f*
lâche [lɑʃ] *adj* locker; (*poltron*) feige ▶ *nmf* Feigling *m*
lâchement [lɑʃmɑ̃] *adv* locker, feige
lâcher [lɑʃe] *vt* loslassen; (*ce qui tombe, remarque*) fallen lassen; (*animal*) freilassen; (*Sport*: *distancer*) hinter sich

dat lassen; (*abandonner*) fallen lassen ▶ *vi* (*corde, amarres*) reißen; (*freins*) versagen; **~ les chiens après qn** die Hunde auf jdn hetzen; **~ prise** (*fig*) loslassen
lâcheté [lɑʃte] *nf* Feigheit *f*
laconique [lakɔnik] *adj* lakonisch
lacrymal, e, -aux [lakʀimal, o] *adj* Tränen-
lacrymogène [lakʀimɔʒɛn] *adj* (*bombe, grenade*) Tränengas-
lacté, e [lakte] *adj* Milch-
lactose [laktoz] *nm* Milchzucker *m*
lacune [lakyn] *nf* Lücke *f*
là-dedans [laddɑ̃] *adv* drinnen
là-derrière [ladɛʀjɛʀ] *adv* dahinter
là-dessous [ladsu] *adv* darunter; (*fig*) dahinter
là-dessus [ladsy] *adv* darüber; (*fig*) darauf
là-devant [ladvɑ̃] *adv* da vorn, vorn
lagon [lagɔ̃] *nm* Lagune *f* (*hinter einem Korallenriff*)
lagune [lagyn] *nf* Lagune *f*
là-haut [lao] *adv* da *ou* dort oben
laïc [laik] *adj*, *nm* = **laïque**
laïcité [laisite] *nf* Trennung *f* von Kirche und Staat
laid, e [lɛ, lɛd] *adj* hässlich
laideron [lɛdʀɔ̃] *nm* hässliches Mädchen *nt*
laideur [lɛdœʀ] *nf* Hässlichkeit *f*; (*bassesse*) Gemeinheit *f*
laie [lɛ] *nf* Wildsau *f*
lainage [lɛnaʒ] *nm* (*vêtement*) wollenes Kleidungsstück *nt*; (*linge*) Wollwäsche *f*
laine [lɛn] *nf* Wolle *f*; **~ de verre** Glaswolle *f*
laineux, -euse [lɛnø, øz] *adj* (*étoffe*) Woll-
laïque [laik] *adj* Laien-; (*école, enseignement*) staatlich ▶ *nmf* Laie *m*
laisse [lɛs] *nf* Leine *f*; **tenir en ~** an der Leine führen
laisser [lese] *vt, vb aux* lassen; **se laisser** *vpr* : **se ~ aller** sich gehen lassen
laisser-aller [leseale] *nm inv* (*désinvolture*) Unbekümmertheit *f*, Nachlässigkeit *f*
laissez-passer [lesepase] *nm inv* Passierschein *m*
lait [lɛ] *nm* Milch *f*; **~ concentré** *ou* **condensé** Kondensmilch *f*; **~ de beauté** Schönheitslotion *f*; **~ démaquillant** Reinigungsmilch *f*; **~ écrémé** Magermilch *f*; **~ en poudre** Milchpulver *nt*; **~ entier** Vollmilch *f*
laitage [lɛtaʒ] *nm* Milchprodukt *nt*
laiterie [lɛtʀi] *nf* (*usine*) Molkerei *f*
laiteux, -euse [lɛtø, øz] *adj* milchig

laitier, -ière [letje, lɛtjɛʀ] *adj* Milch- ▶ *nm/f* Milchmann *m*, Milchfrau *f*
laiton [lɛtɔ̃] *nm* Messing *nt*
laitue [lety] *nf* Lattich *m*; (*salade*) (Kopf)salat *m*
laïus [lajys] (*péj*) *nm* Sermon *m*
lama [lama] *nm* Lama *nt*; (*bouddhisme*) Lama *m*
lambda [lãbda] *adj* : **le lecteur ~** (*fam*) der Durchschnittsleser
lambeau, x [lãbo] *nm* Fetzen *m*; **en ~x** in Fetzen
lambiner [lãbine] *vi* trödeln
lame [lam] *nf* Klinge *f*; (*vague*) Welle *f*; **~ de rasoir** Rasierklinge *f*
lamelle [lamɛl] *nf* Lamelle *f*, Blättchen *nt*; (*petit morceau*) kleiner Streifen *m*
lamentable [lamãtabl] *adj* erbärmlich
lamentablement [lamãtabləmã] *adv* erbärmlich
lamentation [lamãtasjɔ̃] *nf* (*gémissement*) Klagen *nt*
lamenter [lamãte] : **se lamenter (sur)** *vpr* klagen (über +*acc*)
lamifié, e [lamifje] *adj* Verbund- ▶ *nm* Laminat *nt*
laminer [lamine] *vt* walzen; (*fig*) niederwalzen
laminoir [laminwaʀ] *nm* Walzwerk *nt*
lampadaire [lãpadɛʀ] *nm* (*de salon*) Stehlampe *f*; (*dans la rue*) Straßenlaterne *f*
lampe [lãp] *nf* Lampe *f*; **~ de poche** Taschenlampe *f*; **~ halogène** Halogenleuchte *f*
lampée [lãpe] *nf* Schluck *m*
lampe-tempête [lãptãpɛt] (*pl* **lampes-tempêtes**) *nf* Sturmlampe *f*
lampion [lãpjɔ̃] *nm* Lampion *m*
lamproie [lãpʀwa] *nf* Neunauge *nt*
lance [lãs] *nf* Speer *m*, Lanze *f*; **~ d'incendie** Feuerwehrschlauch *m*
lance-flamme [lãsflam] (*pl* **lance-flammes**) *nm* Flammenwerfer *m*
lance-fusée [lãsfyze] (*pl* **lance-fusées**) *nm* Raketenwerfer *m*
lancement [lãsmã] *nm* (*d'un produit, d'une voiture*) Einführung *f*; (*d'un bateau*) Stapellauf *m*; (*d'une fusée*) Abschuss *m*
lance-missile [lãsmisil] (*pl* **lance-missiles**) *nm* Raketenwerfer *m*
lance-pierre [lãspjɛʀ] (*pl* **lance-pierres**) *nm* Steinschleuder *f*
lancer [lãse] *vt* werfen; (*bateau*) vom Stapel lassen; (*fusée*) abschießen; (*Inform*) starten; (*produit, mode*) auf den Markt bringen; (*artiste*) herausbringen, lancieren ▶ *nm* (*Sport*) Wurf *m*; (*Pêche*) Angeln *nt*; **se lancer** *vpr* : **se ~ sur** *ou*

contre losstürmen auf +*acc*; **~ qch à qn** jdm etw zuwerfen; (*de façon agressive*) etw auf jdn schleudern
lance-roquette [lãsʀɔkɛt] (*pl* **lance-roquettes**) *nm* Raketenwerfer *m*
lance-torpille [lãstɔʀpij] (*pl* **lance-torpilles**) *nm* Torpedorohr *nt*
lanceur, -euse [lãsœʀ, øz] *nm/f* (*Sport*) Werfer(in) ▶ *nm* (*fusée*) Trägerrakete *f*
lancinant, e [lãsinã, ãt] *adj* (*douleur*) stechend; (*regrets etc*) quälend
lanciner [lãsine] *vi* (*douleur*) stechen; (*fig*) quälen
landau [lãdo] *nm* (*de bébé*) Kinderwagen *m*
lande [lãd] *nf* Heide *f*
langage [lãgaʒ] *nm* Sprache *f*; **~ de programmation** Programmiersprache *f*
lange [lãʒ] *nm* Windel *f*
langer [lãʒe] *vt* wickeln, die Windeln wechseln +*dat*; **table à ~** Wickeltisch *m*
langoureux, -euse [lãguʀø, øz] *adj* schmachtend
langouste [lãgust] *nf* Languste *f*
langoustine [lãgustin] *nf* Garnele *f*
langue [lãg] *nf* (*Anat, Culin*) Zunge *f*; (*Ling*) Sprache *f*; **tirer la ~ (à)** die Zunge herausstrecken (+*dat*); **de ~ française** französischsprachig; **~ maternelle** Muttersprache *f*; **~ de terre** Landzunge *f*; **~ vivante** lebende Sprache; **~s étrangères** Fremdsprachen *pl*
langue-de-chat [lãgdəʃa] (*pl* **langues-de-chat**) *nf* Löffelbiskuit *m*
Languedoc [lãgdɔk] *nm* : **le ~** anguedoc *nt*
languette [lãgɛt] *nf* (*de chaussure*) Zunge *f*
langueur [lãgœʀ] *nf* (*mélancolie*) Wehmut *f*
languir [lãgiʀ] *vi* verkümmern; (*conversation*) erlahmen; **faire ~ qn** jdn lange schmachten lassen
lanière [lanjɛʀ] *nf* Riemen *m*; **en ~s** (*Culin*) in Streifen
lanterne [lãtɛʀn] *nf* Laterne *f*
Laos [laɔs] *nm* : **le ~** Laos *nt*
laotien, ne [laɔsjɛ̃, jɛn] *adj* laotisch
lapalissade [lapalisad] *nf* Binsenwahrheit *f*
lapidaire [lapidɛʀ] *adj* (*fig*) knapp
lapider [lapide] *vt* (*attaquer*) mit Steinen bewerfen; (*tuer*) steinigen
lapin [lapɛ̃] *nm* Kaninchen *nt*
lapis-lazuli [lapislazyli] (*pl* **lapis-lazulis**) *nm* Lapislazuli *m*
lapon, ne [lapɔ̃, ɔn] *adj* lapp(länd)isch ▶ *nm/f* : **Lapon, ne** Lappe *m*, Lappin *f*

Laponie [lapɔni] *nf*: **la ~** Lappland *nt*
laps [laps] *nm*: **~ de temps** Zeitraum *m*
lapsus [lapsys] *nm* Versprecher *m*; (*écrit*) Lapsus *m*
laquais [lakɛ] *nm* Lakai *m*
laque [lak] *nf* Lack *m*; (*pour cheveux*) Haarspray *nt*
larcin [laʀsɛ̃] *nm* kleiner Diebstahl *m*
lard [laʀ] *nm* Speck *m*
larder [laʀde] *vt* (*Culin*) spicken
lardon [laʀdɔ̃] *nm* (*Culin*) Speckstreifen *m*; (*fam: enfant*) Sprössling *m*
large [laʀʒ] *adj* breit; (*généreux*) großzügig ▶ *nm*: **5 m de ~** 5 m breit; **le ~** (*mer*) das offene Meer; **au ~ de** in Höhe von; **~ d'esprit** liberal
largement [laʀʒəmɑ̃] *adv* weit; (*au minimum, sans compter*) reichlich; **il a ~ le temps** er hat reichlich Zeit; **il a ~ de quoi vivre** er hat ein sehr gutes Auskommen
largesse [laʀʒɛs] *nf* Großzügigkeit *f*
largeur [laʀʒœʀ] *nf* Breite *f*; (*de vue, d'esprit*) Weite *f*
larguer [laʀge] (*fam*) *vt* (*se débarrasser de*) loswerden
larme [laʀm] *nf* Träne *f*; **une ~ de** ein Tröpfchen *nt*; **en ~s** in Tränen aufgelöst
larmoyant, e [laʀmwajɑ̃, ɑ̃t] *adj* weinerlich
larmoyer [laʀmwaje] *vi* (*yeux*) tränen; (*se plaindre*) jammern
larron [laʀɔ̃] *nm* Spitzbube *m*
larve [laʀv] *nf* Larve *f*
laryngite [laʀɛ̃ʒit] *nf* Kehlkopfentzündung *f*
larynx [laʀɛ̃ks] *nm* Kehlkopf *m*
las, lasse [lɑ, lɑs] *adj* müde, matt
lasagne [lazaɲ] *nf* Lasagne *f*
lascif, -ive [lasif, iv] *adj* lasziv, sinnlich
laser [lazɛʀ] *nm* Laser *m*; **rayon ~** Laserstrahl *m*
lasser [lɑse] *vt* erschöpfen; **se lasser** *vpr*: **se ~ de qch** etw leid werden
lassitude [lɑsityd] *nf* Müdigkeit *f*; (*fig*) Überdruss *m*
lasso [laso] *nm* Lasso *nt*
latent, e [latɑ̃, ɑ̃t] *adj* latent
latéral, e, -aux [lateʀal, o] *adj* seitlich
latéralement [lateʀalmɑ̃] *adv* seitlich; (*arriver*) von der Seite
latex [latɛks] *nm inv* Latex *m*
latin, e [latɛ̃, in] *adj* lateinisch ▶ *nm* Latein *nt*
latino-américain, e [latinoameʀikɛ̃, ɛn] (*pl* **latino-américains, es**) *adj* lateinamerikanisch
latitude [latityd] *nf* Breite *f*; **à 48 degrés de ~ nord** bei 48 Grad nördlicher Breite;

avoir toute ~ de faire qch völlig freie Hand haben, etw zu tun
latte [lat] *nf* Latte *f*; (*de plancher*) Brett *nt*
lauréat, e [lɔʀea, at] *nm/f* Gewinner(in)
laurier [lɔʀje] *nm* (*Bot*) Lorbeer(baum) *m*; (*Culin*) Lorbeerblatt *nt*; **s'endormir sur ses ~s** sich auf seinen Lorbeeren ausruhen
laurier-rose [lɔʀjeʀoz] (*pl* **lauriers-roses**) *nm* Oleander *m*
lavabo [lavabo] *nm* Waschbecken *nt*; **lavabos** *nmpl* (*toilettes*) Toilette *f*
lavage [lavaʒ] *nm* Waschen *nt*; **~ d'estomac** Magenspülung *f*; **~ de cerveau** Gehirnwäsche *f*; **~ à la main** Handwäsche *f*
lavande [lavɑ̃d] *nf* Lavendel *m*
lave [lav] *nf* Lava *f*
lave-glace [lavglas] (*pl* **lave-glaces**) *nm* Scheibenwaschanlage *f*
lave-linge [lavlɛ̃ʒ] (*pl* **lave-linges**) *nm* Waschmaschine *f*
laver [lave] *vt* waschen; (*tache*) abwaschen; (*baigner*) baden; **se laver** *vpr* sich waschen; **se ~ les dents** sich *dat* die Zähne putzen; **se ~ les mains** sich *dat* die Hände waschen
laverie [lavʀi] *nf*: **~ (automatique)** Waschsalon *m*
lavette [lavɛt] *nf* (*chiffon*) Abwaschlappen *m*; (*brosse*) Spülbürste *f*; (*péj*) Waschlappen *m*
laveur, -euse [lavœʀ, øz] *nm/f*: **~ de carreaux** Fensterputzer *m*; **~ de voitures** Autowäscher *m*
lave-vaisselle [lavvɛsɛl] (*pl* **lave-vaisselles**) *nm* Geschirrspülmaschine *f*
lavoir [lavwaʀ] *nm* (*bac*) Waschzuber *m*; (*édifice*) Waschhaus *nt*
laxatif, -ive [laksatif, iv] *adj* abführend ▶ *nm* Abführmittel *nt*
laxisme [laksism] *nm* Nachlässigkeit *f*
laxiste [laksist] *adj* lax
layette [lɛjɛt] *nf* Babyausstattung *f*

MOT-CLÉ

le, la [lə, la], **l'** (*avant voyelle ou h muet*) (*pl* **les**) *art déf* **1** der *m*, die *f*, das *nt*; **le livre** das Buch; **la pomme** der Apfel; **l'amitié** die Freundschaft; **les étudiants/ étudiantes** die Studenten/Studentinnen

2 (*indiquant la possession*): **se casser la jambe** sich *dat* das *ou* ein Bein brechen; **levez la main** heben Sie die Hand; **avoir les yeux gris/le nez rouge** graue Augen/eine rote Nase haben

3 (*temps*): **le matin/soir** am Morgen/

Abend; **le jeudi/dimanche** (*d'habitude*) donnerstags/sonntags; (*ce jeudi-là/dimanche-là*) am Donnerstag/Sonntag **4** (*distribution, fraction*) pro; **10 euros le mètre/kilo** 10 Euro pro Meter/Kilo; **le tiers/quart de** ein Drittel/Viertel von ▶ *pron* **1** (*personne : mâle*) ihn; (: *femelle*) sie; (: *pluriel*) sie; **je le/la/les vois** ich sehe ihn/sie/sie; **je l'écoute/les écoute** ich höre ihn *ou* ihr/ihnen zu
2 (*animal, chose : singulier : selon le genre du mot allemand*) ihn/sie/es; (: *pluriel*) sie; **je le/la vois** ich sehe ihn/sie/es; **je les vois** ich sehe sie
3 (*remplaçant une phrase*) : **je ne le savais pas** ich wusste es *ou* das nicht

leader [lidœʀ] *nm* (*Comm*) Marktführer *m*
leasing [lizin] *nm* Leasing *nt*; **acheter en ~** im Mietkauf erwerben
lèche-bottes [lɛʃbɔt], **lèche-cul** [lɛʃky] (*pl* **lèche-bottes, lèche-culs**) *nm* Speichellecker *m*
lécher [leʃe] *vt* (ab)lecken
lèche-vitrine [lɛʃvitʀin] (*pl* **lèche-vitrines**) *nm* : **faire du ~** einen Schaufensterbummel machen
leçon [l(ə)sɔ̃] *nf* (*heure de classe*) Stunde *f*; (*devoir*) Lektion *f*; (*avertissement*) Lehre *f*; **faire la ~ à** einen langen Vortrag halten +*dat*; **~s particulières** Privatstunden *pl*, Nachhilfestunden *pl*
lecteur, -trice [lɛktœʀ, tʀis] *nm/f* (*de journal, livre*) Leser(in); (*de manuscrits*) Lektor(in) ▶ *nm* : **~ de disquette(s)** Diskettenlaufwerk *nt*; **~ Blu-ray** Blu-ray-Player *m*; **~ de CD/DVD** CD/DVD-Spieler *m*; **~ de CD-ROM** CD-ROM-Laufwerk *nt*; **~ MP3** MP3-Spieler *m*
lecture [lɛktyʀ] *nf* Lesen *nt*, Lektüre *f*
ledit, ladite [lədi] (*mpl* **lesdits**, *fpl* **lesdites**) *adj* besagte(r, s)
légal, e, -aux [legal, o] *adj* gesetzlich
légalisation [legalizasjɔ̃] *nf* Legalisierung *f*
légaliser [legalize] *vt* legalisieren
légalité [legalite] *nf* Legalität *f*
légataire [legatɛʀ] *nm* : **~ universel** Alleinerbe *m*
légendaire [leʒɑ̃dɛʀ] *adj* legendär; (*fig*) berühmt
légende [leʒɑ̃d] *nf* Legende *f*; (*de dessin*) Text *m*
léger, -ère [leʒe, ɛʀ] *adj* leicht; (*peu sérieux*) oberflächlich; **à la légère** gedankenlos; **de mœurs légères** freizügig

légèrement [leʒɛʀmɑ̃] *adv* leicht, locker; (*parler, agir*) unbesonnen; **~ plus grand** ein bisschen größer; **~ en retard** leicht verspätet
légèreté [leʒɛʀte] *nf* Leichtigkeit *f*; (*d'étoffe*) Duftigkeit *f*; (*péj*) Leichtfertigkeit *f*
légion [leʒjɔ̃] *nf* Legion *f*; (*grande quantité*) Vielzahl *f*; **être ~** sehr zahlreich sein; **L~ d'honneur** Ehrenlegion *f*; **~ étrangère** Fremdenlegion *f*

> **La légion d'honneur**, die 1802 von Napoleon geschaffen wurde, ist ein hoch angesehener französischer Orden. Der Präsident der Republik, der *Grand Maître*, ist das Oberhaupt dieses Ordens. Mitglieder erhalten jedes Jahr eine nominelles, abzugsfreies Honorar.

légionnaire [leʒjɔnɛʀ] *nm* Legionär *m*
législateur [leʒislatœʀ] *nm* Gesetzgeber *m*
législatif, -ive [leʒislatif, iv] *adj* gesetzgebend
législation [leʒislasjɔ̃] *nf* Gesetzgebung *f*
législatives [leʒislativ] *nfpl* (allgemeine) Parlamentswahlen *pl*
législature [leʒislatyʀ] *nf* Legislative *f*
légitime [leʒitim] *adj* legitim, gültig; (*enfant*) ehelich; (*fig*) berechtigt; **~ défense** Notwehr *f*
legs [lɛg] *nm* Erbe *nt*
léguer [lege] *vt* : **~ qch à qn** jdm etw vermachen; (*fig*) etw an jdn vererben
légume [legym] *nm* Gemüse *nt*; **une grosse ~** (*fam*) ein hohes Tier
légumier [legymje] *nm* (*plat*) Gemüseschüssel *f*
légumineuses [legyminøz] *nfpl* Hülsenfrüchte *pl*
Léman [lemɑ̃] *nm* : **le lac ~** der Genfer See
lendemain [lɑ̃dmɛ̃] *nm* : **le ~** der nächste Tag; **le ~ matin/soir** am nächsten Morgen/Abend; **le ~ de** am Tag nach; **au ~ de** nach; **sans ~** kurzlebig
lent, e [lɑ̃, lɑ̃t] *adj* langsam
lente [lɑ̃t] *nf* Nisse *f*
lentement [lɑ̃tmɑ̃] *adv* langsam
lenteur [lɑ̃tœʀ] *nf* Langsamkeit *f*; **lenteurs** *nfpl* Schwerfälligkeit *f*
lentille [lɑ̃tij] *nf* Linse *f*; **~s (de contact)** Kontaktlinsen *pl*; **~s jetables** Einmallinsen *pl*
léopard [leɔpaʀ] *nm* Leopard *m*
lèpre [lɛpʀ] *nf* Lepra *f*
lépreux, -euse [lepʀø, øz] *nm/f* Leprakranke(r) *f(m)* ▶ *adj* (*mur*) abbröckelnd

MOT-CLÉ

lequel, laquelle [ləkɛl, lakɛl] (*mpl* **lesquels**, *fpl* **lesquelles**) (*à + lequel =* **auquel**, *de + lequel =* **duquel** *etc*) *pron* **1** (*interrogatif : sujet*) welcher/welche/welches; (: *accusatif*) welchen/welche/welches; (: *datif*) welchem/welcher/welchem; (: *pl*) welche; **dans lequel de ces hôtels avez-vous logé ?** in welchem dieser Hotels haben Sie gewohnt?
2 (*relatif : sujet*) der/die/das; (: *accusatif*) den/die/das; (: *datif*) dem/der/dem; (: *pl*) die; **la femme à laquelle j'ai acheté mon chien** die Frau, von der ich meinen Hund gekauft habe; **l'entreprise avec laquelle il doit travailler** das Unternehmen, für das er arbeiten soll
▶ *adj* (*relatif*) : **auquel cas** in diesem Fall; **il prit un livre, lequel livre …** er nahm ein Buch, und dieses Buch …

les [le] *art, pron voir* **le**
lesbienne [lɛsbjɛn] *nf* Lesbierin *f*
lésiner [lezine] *vi* : **~ (sur)** sparen (an +*dat*)
lésion [lezjɔ̃] *nf* Verletzung *f*; **~s cérébrales** Gehirnschädigung *f*
Lesotho [lezoto] *nm* : **le ~** Lesotho *nt*
lesquels, lesquelles [lekɛl] *pron voir* **lequel**
lessive [lesiv] *nf* Waschpulver *nt*; (*linge*) Wäsche *f*; **faire la ~** (Wäsche) waschen
lessiver [lesive] *vt* (*sol*) aufwischen; (*mur*) abwaschen
leste [lɛst] *adj* flink, behände
lester [lɛste] *vt* mit Ballast beladen
léthargie [letaʀʒi] *nf* Lethargie *f*
léthargique [letaʀʒik] *adj* lethargisch
letton, ne [letɔ̃, ɔn] *adj* lettisch ▶ *nm/f* : **Letton, ne** Lette *m*, Lettin *f*
Lettonie [lɛtɔni] *nf* : **la ~** Lettland *nt*
lettre [lɛtʀ] *nf* Brief *m*; (*caractère*) Buchstabe *m*; **lettres** *nfpl* Literatur *f*; **à la ~** (*prendre*) wörtlich; **en toutes ~s** (*en entier*) ausgeschrieben; (*fig : clairement*) klar und deutlich; **~ de change** Wechsel *m*; **~ de démission** Kündigungsschreiben *nt*; **~ piégée** Briefbombe *f*
lettré, e [letʀe] *adj* gebildet, belesen
leucémie [løsemi] *nf* Leukämie *f*
leucémique [løsemik] *adj* leukämisch

MOT-CLÉ

leur [lœʀ] *adj possessif* (*selon le genre de l'objet en allemand*) ihr/ihre/ihr; (*pluriel*) ihre; **leur maison** ihr Haus; **leurs amis** ihre Freunde; **dans leur maison/cuisine** in ihrem Haus/ihrer Küche; **à leurs amis** ihren Freunden; **à leur approche** als sie näher kamen
▶ *pron* **1** (*objet indirect*) ihnen; **je leur ai dit la vérité** ich habe ihnen die Wahrheit gesagt; **je le leur ai donné** ich habe es ihnen gegeben
2 (*possessif*) : **le/la leur** ihrer/ihre/ihres; **les leurs** ihre

leurre [lœʀ] *nm* Köder *m*; (*illusion*) Blendwerk *nt*
leurrer [lœʀe] *vt* täuschen
levain [ləvɛ̃] *nm* Sauerteig *m*; **pain au ~** Sauerteigbrot
levant [ləvɑ̃] *adj m* : **soleil ~** aufgehende Sonne *f*
levé, e [ləve] *adj* : **être ~** auf sein
levée [ləve] *nf* (*Postes*) Leerung *f*; (*Cartes*) Stich *m*; **~ de boucliers** Welle *f* des Protests; **~ de troupes** Truppenaushebung *f*
lever [ləve] *vt* aufheben; (*bras*) hochheben; (*difficulté*) beseitigen; (*impôts*) erheben; (*armée*) ausheben; (*lièvre*) aufstöbern; (*perdrix*) aufscheuchen ▶ *vi* aufgehen; **se lever** *vpr* aufstehen; (*soleil*) aufgehen; (*jour*) anbrechen ▶ *nm* : **au ~** beim Aufstehen; **~ de soleil** Sonnenaufgang *m*; **~ du jour** Tagesanbruch *m*; **~ du rideau** Beginn *m* der Vorstellung
lève-tard [lɛvtaʀ] *nm/f inv* Langschläfer(in) *m(f)*
lève-tôt [lɛvto] *nm/f inv* Frühaufsteher(in) *m(f)*
levier [ləvje] *nm* Hebel *m*; **~ de changement de vitesse** Schalthebel *m*
lèvre [lɛvʀ] *nf* Lippe *f*
lévrier [levʀije] *nm* Windhund *m*
levure [l(ə)vyʀ] *nf* Hefe *f*; **~ chimique** Backpulver *nt*
lexique [lɛksik] *nm* Glossar *nt*; (*Ling*) Wortschatz *m*
lézard [lezaʀ] *nm* Eidechse *f*
lézarde [lezaʀd] *nf* Riss *m*
lézarder [lezaʀde] *vi* sich in der Sonne aalen
liaison [ljɛzɔ̃] *nf* Verbindung *f*; (*amoureuse*) Affäre *f*; **entrer/être en ~ avec** in Kontakt treten/sein mit; **avoir une ~ avec qn** eine Affäre mit jm haben
liane [ljan] *nf* Liane *f*
liasse [ljas] *nf* Bündel *nt*
Liban [libɑ̃] *nm* : **le ~** der Libanon
libanais, e [libanɛ, ɛz] *adj* libanesisch ▶ *nm/f* : **Libanais, e** Libanese *m*, Libanesin *f*

libeller [libele] vt (lettre, rapport) formulieren; **~ (au nom de)** (chèque, mandat) (auf jdn) ausstellen

libellule [libelyl] nf Libelle f

libéral, e, -aux [liberal, o] adj (personne, attitude) großzügig; (économie, politique) liberal

libéraliser [liberalize] vt liberalisieren

libéralisme [liberalism] nm Liberalismus m; (tolérance) Großzügigkeit f

libéralité [liberalite] nf Großzügigkeit f

libérateur, -trice [liberatœr, tris] nm/f Befreier(in)

libération [liberasjɔ̃] nf Befreiung f; **la L~** die Befreiung (Frankreichs 1945)

libéré, e [libere] adj (femme) emanzipiert; **~ de** (libre de) befreit von; **être ~ sous caution/sur parole** gegen Kaution/auf Ehrenwort freigelassen werden

libérer [libere] vt befreien; (prisonnier) freilassen; (gaz) freisetzen; **se libérer** vpr (se rendre disponible) sich freimachen

Libéria [liberja] nm : **le ~** Liberia nt

liberté [liberte] nf Freiheit f; **libertés** nfpl (privautés) Freiheiten pl; **être en ~** frei sein; **mettre en ~** freilassen; **prendre des ~s avec qn** sich jdm gegenüber Freiheiten herausnehmen; **en ~ provisoire** auf Kaution freigelassen; **en ~ surveillée** mit Meldeverpflichtung freigelassen; **~ d'opinion** Meinungsfreiheit f; **~ de la presse** Pressefreiheit f

libertin, e [libertɛ̃, in] adj zügellos

libidineux, -euse [libidinø, øz] adj lüstern

libido [libido] nf Libido f

libraire [librɛr] nmf Buchhändler(in) m(f)

librairie [libreri] nf Buchhandlung f

libre [libr] adj frei; (enseignement, école) Privat-; **~ de** frei von; **être ~ de faire qch** frei sein, etw zu tun; **~ arbitre** freier Wille m

libre-échange [librəʃɑ̃ʒ] nm Freihandel m

libre-service [librəservis] (pl **libres-services**) nm Selbstbedienung f; (magasin) Selbstbedienungsladen m

librettiste [libretist] nm/f Librettist(in) m(f)

Libye [libi] nf : **la ~** Libyen nt

libyen, ne [libjɛ̃, ɛn] adj libysch ▶ nm/f : **Libyen, ne** Libyer(in)

lice [lis] nf Turnierfeld nt; **entrer en ~** sich einmischen

licence [lisɑ̃s] nf (permis) Erlaubnis f, Befugnis f; (diplôme) Lizenz f; (Univ) Licence f; (des mœurs) Zügellosigkeit f; **~ monoposte/multiutilisateurs** (Inform) Einzelplatz-/Mehrplatzlizenz f; **~ poétique** dichterische Freiheit f

licencié, e [lisɑ̃sje] nm/f (Sport) Lizenzspieler(in); **~ ès lettres/en droit** ≈ Absolvent(in) des philosophischen/juristischen Staatsexamens

licenciement [lisɑ̃simɑ̃] nm Entlassung f; **~ économique** konjunkturbedingte Entlassung

licencier [lisɑ̃sje] vt entlassen, kündigen +dat

lichen [likɛn] nm Flechte f

licorne [likɔrn] nf Einhorn nt

licou [liku] nm Halfter m ou nt

lie [li] nf Bodensatz m

lié, e [lje] adj : **être très ~ avec qn** mit jdm sehr eng verbunden sein; **être ~ par** verpflichtet ou gebunden sein durch

Liechtenstein [liʃtɛnʃtajn] nm : **le ~** Liechtenstein nt

Liège [ljɛʒ] n Lüttich

liège [ljɛʒ] nm Kork m

liégeois, e [ljeʒwa, waz] adj aus Lüttich; **café/chocolat ~** Mokka-/Schokoladeneis nt mit Schlagsahne

lien [ljɛ̃] nm Band nt; (fig) Bande pl, Verbindung f; **~s de famille** ou **de parenté** Familienbande pl; **~ hypertexte** Hyperlink m; **le ~ social** soziale Bindung f

lier [lje] vt (zusammen)binden; (paquet) zubinden; (fig) verbinden; **se lier** vpr : **se ~ (avec qn)** Freundschaft schließen (mit jdm); **~ conversation (avec)** eine Unterhaltung anknüpfen (mit); **~ connaissance (avec)** eine Bekanntschaft anknüpfen (mit)

lierre [ljɛr] nm Efeu m

lieu, x [ljø] nm Ort m; **lieux** nmpl : **vider** ou **quitter les ~x** die Räumlichkeiten verlassen; **arriver/être sur les ~x** am Schauplatz ankommen/sein; **en premier ~** erstens; **en dernier ~** schließlich; **avoir ~** stattfinden; **il n'y a pas ~ de s'inquiéter** es besteht kein Grund zur Besorgnis; **tenir ~ de qch** als etw fungieren ou dienen; **donner ~ à** Veranlassung geben zu; **au ~ de** statt +gén ou dat

lieu-dit [ljødi] (pl **lieux-dits**) nm Weiler m

lieutenant, e [ljøt(ə)nɑ̃, ɑ̃t] nm/f ≈ Oberleutnant m

lièvre [ljɛvr] nm (Feld)hase m

liftier [liftje] nm Liftboy m

lifting [liftiŋ] nm (Face)lift m

ligament [ligamɑ̃] nm Band nt

ligaturer [ligatyre] vt abbinden

ligne [liɲ] nf Linie f; (Transports: liaison) Verbindung f; (: trajet) Strecke f, Linie f; (de texte) Zeile f; **garder la ~** seine Figur halten; **en ~** (Inform) online; **à la ~** neue Zeile; **entrer en ~ de compte** in Betracht gezogen werden; **~ de but** Torlinie f; **~ médiane** Mittellinie f

lignée [liɲe] nf (famille) Linie f

lignite [liɲit] nm Braunkohle f

ligoter [liɡɔte] vt binden, fesseln

ligue [liɡ] nf Bund m, Liga f; **la L~ arabe** die Arabische Liga

liguer [liɡe] : **se liguer** vpr : **se ~ contre** sich verbünden gegen

lilas [lila] nm Flieder m

limace [limas] nf Nacktschnecke f

limaille [limaj] nf : **~ de fer** Eisen(feil) späne pl

limande [limɑ̃d] nf (poisson) Scharbe f

lime [lim] nf (Tech) Feile f; **~ à ongles** Nagelfeile f

limer [lime] vt feilen

limier [limje] nm Spürhund m

limitation [limitasjɔ̃] nf Beschränkung f; **~ de vitesse** Geschwindigkeitsbegrenzung f

limite [limit] nf Grenze f; **sans ~s** grenzenlos; **vitesse ~** Höchstgeschwindigkeit f; **charge ~** Höchstlast f; **cas ~** Grenzfall m; **date ~ de vente** Verkaufsdatum nt; **date ~ de consommation** Haltbarkeitsdatum nt

limiter [limite] vt (délimiter) begrenzen; **~ qch (à)** (restreindre) etw beschränken (auf +acc)

limitrophe [limitʁɔf] adj angrenzend, Nachbar-

limoger [limɔʒe] vt entlassen

limon [limɔ̃] nm Schlick m

limonade [limɔnad] nf Limonade f

limpide [lɛ̃pid] adj klar

lin [lɛ̃] nm Flachs m, Lein m; (tissu) Leinen nt

linceul [lɛ̃sœl] nm Leichentuch nt

linéaire [lineɛʁ] adj linear; (feuille) länglich ▸ nm : **~ (de vente)** Regalplatz m

linge [lɛ̃ʒ] nm Wäsche f; (pièce de tissu) Tuch nt; (aussi : **linge de corps**) Unterwäsche f; (aussi : **linge de toilette**) Handtücher pl; **~ sale** schmutzige Wäsche f

lingerie [lɛ̃ʒʁi] nf Damenwäsche f

lingot [lɛ̃ɡo] nm Barren m

linguiste [lɛ̃ɡɥist] nmf Linguist(in) m(f)

linguistique [lɛ̃ɡɥistik] nf Linguistik f

lino [lino], **linoléum** [linɔleɔm] nm Linoleum nt

linotte [linɔt] nf : **tête de ~** Trottel m

lion, ne [ljɔ̃, ljɔn] nm/f Löwe m, Löwin f; **être L~** (Astrol) Löwe sein

liquéfier [likefje] vt verflüssigen

liqueur [likœʁ] nf Likör m

liquidation [likidasjɔ̃] nf (Comm) Ausverkauf m; (règlement) Regelung f, Erledigung f; (meurtre) Beseitigung f

liquide [likid] adj flüssig ▸ nm Flüssigkeit f; **en ~** in bar; **~ vaisselle** Geschirrspülmittel nt

liquider [likide] vt (société, biens) verkaufen; (compte, dettes) regeln, bezahlen; (affaire, travail, problème) erledigen; (Comm) ausverkaufen; (tuer) beseitigen, liquidieren

liquidités [likidite] nf Liquidität f

liquoreux, -euse [likɔʁø, øz] adj likörartig

lire [liʁ] vt, vi lesen

lis [lis] nm = **lys**

Lisbonne [lisbɔn] nf Lissabon nt

liseuse [lizøz] nf E-Book-Leser m

lisible [lizibl] adj lesbar; (fig) transparent

lisiblement [lizibləmɑ̃] adv leserlich

lisière [lizjɛʁ] nf (de forêt, bois) Rand m; (de tissu) Kante f, Saum m

lisse [lis] adj glatt

lisser [lise] vt glätten

lisseur [lisœʁ] nm Haarglätter m, Glätteisen nt

listage [listaʒ] nm Auflisten nt; (Inform) Ausdruck m

liste [list] nf Liste f; **faire la ~ de** eine Liste machen von; **~ électorale** Wählerverzeichnis nt; **~ rouge** : **être sur (la) ~ rouge** eine Geheimnummer haben

lister [liste] vt auflisten

listing [listiŋ] nm Ausdruck m; **un ~ des abonnés** eine Abonnentenliste

lit [li] nm Bett nt; **faire son ~** sein Bett machen; **aller ou se mettre au ~** ins Bett gehen; **~ de camp** Feldbett nt; **~s superposés** Etagenbett nt

litanie [litani] nf Litanei f

litchi [litʃi] nm Litschi f

literie [litʁi] nf Bettzeug nt

litière [litjɛʁ] nf Streu f; **~ pour chats** Katzenstreu f

litige [litiʒ] nm Rechtsstreit m

litigieux, -euse [litiʒjø, jøz] adj umstritten, strittig

litote [litɔt] nf Untertreibung f

litre [litʁ] nm Liter m; **un ~ de vin/bière** ein Liter Wein/Bier

littéraire [liteʁɛʁ] adj literarisch

littéral, e, -aux [literal, o] adj wörtlich

littéralement [literalmɑ̃] adv (textuellement) wörtlich; (au sens propre) buchstäblich

littérature [liteRatyR] *nf* Literatur *f*
littoral, e, -aux [litɔRal, o] *nm* Küste *f*
Lituanie [lituani] *nf*: **la ~** Litauen *nt*
lituanien, ne [lituanjɛ̃, jɛn] *adj* litauisch ▶ *nm/f*: **Lituanien, ne** Litauer(in)
liturgie [lityRʒi] *nf* Liturgie *f*
livide [livid] *adj* blass, bleich
living [liviŋ] *nm* Wohnzimmer *nt*
livrable [livRabl] *adj* lieferbar
livraison [livRɛzɔ̃] *nf* Lieferung *f*
livre [livR] *nm* Buch *nt* ▶ *nf* Pfund *nt*; **~ de bord** Logbuch *nt*; **~ électronique** *ou* **numérique** E-Book *nt*; elektronisches Buch *nt*; **~ de poche** Taschenbuch *nt*
livrée [livRe] *nf* Livree *f*
livrer [livRe] *vt* (*marchandises*) liefern; (*otage, coupable*) ausliefern; (*secret, information*) verraten, preisgeben; **se livrer à** *vpr* (*se confier à*) sich anvertrauen +*dat*; (*se rendre*) sich stellen +*dat*; (*se consacrer à*) sich widmen +*dat*
livret [livRɛ] *nm* (*petit livre*) Broschüre *f*; (*d'opéra*) Libretto *nt*; **~ de caisse d'épargne** Sparbuch *nt*; **~ de famille** Familienstammbuch *nt*; **~ scolaire** Zeugnisheft *nt*
livreur, -euse [livRœR, øz] *nm/f* Lieferant(in)
lob [lɔb] *nm* (*Tennis*) Lob *m*
lobe [lɔb] *nm*: **~ de l'oreille** Ohrläppchen *nt*
lober [lɔbe] *vt* (*balle*) hoch spielen
local, e, -aux [lɔkal, o] *adj* lokal ▶ *nm* (*salle*) Raum *m*; **locaux** *nmpl* Räumlichkeiten *pl*
localiser [lɔkalize] *vt* lokalisieren; (*dans le temps*) datieren; (*limiter*) eindämmen
localité [lɔkalite] *nf* Örtlichkeit *f*, Ortschaft *f*
locataire [lɔkatɛR] *nmf* Mieter(in) *m(f)*
location [lɔkasjɔ̃] *nf* Mieten *nt*; (*par le propriétaire*) Vermieten *nt*; **~ de voitures** Autoverleih *m*; **~ de vacances** Ferienhaus *nt*/-wohnung *f*
location-vente [lɔkasjɔ̃vɑ̃t] (*pl* **locations-ventes**) *nf* Leasing *nt*
lockout [lɔkaut] *nm* Aussperrung *f*
lock-outer [lɔkaute] *vt* aussperren
locomotion [lɔkɔmosjɔ̃] *nf* Fortbewegung *f*
locomotive [lɔkɔmɔtiv] *nf* Lokomotive *f*; (*fig*) Schrittmacher *m*
locuteur, -trice [lɔkytœR, tRis] *nm/f* Sprecher(in); **~ natif** Muttersprachler(in)
locution [lɔkysjɔ̃] *nf* Ausdruck *m*
logarithme [lɔgaRitm] *nm* Logarithmus *m*
loge [lɔʒ] *nf* Loge *f*

logement [lɔʒmɑ̃] *nm* Unterkunft *f*; (*appartement*) Wohnung *f*; **~ de fonction** Dienstwohnung *f*
loger [lɔʒe] *vt* unterbringen ▶ *vi* (*habiter*) wohnen; **se loger** *vpr*: **trouver à se ~** eine Unterkunft finden; **se ~ dans** (*balle, flèche etc*) stecken bleiben in +*dat*
logeur, -euse [lɔʒœR, øz] *nm/f* Vermieter(in)
logiciel, le [lɔʒisjɛl] *adj* Software- ▶ *nm* Software *f*
logique [lɔʒik] *adj* logisch ▶ *nf* Logik *f*
logiquement [lɔʒikmɑ̃] *adv* logischerweise; (*de façon cohérente*) logisch; (*normalement*) eigentlich
logis [lɔʒi] *nm* Wohnung *f*
logistique [lɔʒistik] *nf* Logistik *f* ▶ *adj*: **soutien ~** (*Mil*) logistische Unterstützung *f*
logo [lɔgo] *nm* Logo *nt*
loi [lwa] *nf* Gesetz *nt*; **faire la ~** das Sagen haben
loin [lwɛ̃] *adv* (*dans l'espace*) weit; (*dans le temps*: *passé*) weit zurück; (: *futur*) fern; **plus ~** weiter; **moins ~ (que)** nicht so weit (wie); **~ de** weit von; **au ~** in der Ferne; **de ~** von Weitem; (*de beaucoup*) bei Weitem
lointain, e [lwɛ̃tɛ̃, ɛn] *adj* entfernt; (*dans le passé*) weit zurückliegend
loir [lwaR] *nm* Siebenschläfer *m*; **dormir comme un ~** wie ein Murmeltier schlafen
Loire [lwaR] *nf*: **la ~** die Loire
loisir [lwaziR] *nm*: **heures de ~** Mußestunden *pl*; **loisirs** *nmpl* (*temps libre*) Freizeit *f*; (*activités*) Freizeitgestaltung *f*; **avoir le ~ de faire qch** Zeit haben, etw zu tun
lollo rosso [lɔlɔRɔso] *nf* Lollo rosso *m*
lombaire [lɔ̃bɛR] *adj* Lenden-
Londres [lɔ̃dR] *nf* London *nt*
long, longue [lɔ̃, lɔ̃g] *adj* lang ▶ *nm*: **de 5 m de ~** 5 m lang ▶ *nf*: **à la ~ue** auf die Dauer; **de ~ue date** alt; **être ~ à faire qch** lange dazu brauchen, etw zu tun; **en ~** längs; **(tout) le ~ de la rue** die Straße entlang; **de ~ en large** kreuz und quer
long-courrier [lɔ̃kuRje] (*pl* **long-courriers**) *nm* (*Aviat*) Langstreckenflugzeug *nt*
longe [lɔ̃ʒ] *nf* (*corde*) Strick *m*, Longe *f*; (*Culin*) Lende *f*
longer [lɔ̃ʒe] *vt* (*en voiture*) entlangfahren an +*dat*; (*à pied*) entlanggehen; (*mur, route*) entlangführen an +*dat*
longévité [lɔ̃ʒevite] *nf* Langlebigkeit *f*

longitude [lɔ̃ʒityd] *nf* Länge *f*; **à 45 degrés de ~ nord** bei 45 Grad nördlicher Länge

longitudinal, e, -aux [lɔ̃ʒitydinal, o] *adj* Längen-

longtemps [lɔ̃tɑ̃] *adv* lange; **avant ~** bald; **pendant ~** lange; **il y a ~ que je travaille** ich arbeite schon lange; **il y a ~ que je n'ai pas travaillé** ich arbeite schon lange nicht mehr

longuement [lɔ̃gmɑ̃] *adv* lange

longueur [lɔ̃gœR] *nf* Länge *f*; **longueurs** *nfpl* Längen *pl*; **tirer en ~** sich in die Länge ziehen; **~ d'onde** Wellenlänge *f*

longue-vue [lɔ̃gvy] (*pl* **longues-vues**) *nf* Fernrohr *nt*

lopin [lɔpɛ̃] *nm*: **~ de terre** Stück *nt* Land

loquace [lɔkas] *adj* redselig

loquacité [lɔkasite] *nf* Gesprächigkeit *f*, Redseligkeit *f*

loque [lɔk] *nf* (*fig*) Fetzen *m*; (*personne*) Wrack *nt*; **loques** *nfpl* (*habits*) Fetzen *pl*; **tomber en ~s** in Fetzen sein

loquet [lɔkɛ] *nm* Riegel *m*

lorgner [lɔrɲe] *vt* (*regarder*) schielen nach; (*convoiter*) liebäugeln mit

lorrain, e [lɔrɛ̃, ɛn] *adj* lothringisch ▶ *nf*: **la L~e** Lothringen *nt* ▶ *nm/f*: **Lorrain, e** Lothringer(in); **quiche ~e** Quiche Lorraine *f*

lors [lɔr] *adv*: **~ de** anlässlich +*gén*, bei

lorsque [lɔrsk] *conj* (*passé*) als; (*présent et futur*) wenn

losange [lɔzɑ̃ʒ] *nm* Raute *f*

lot [lo] *nm* (*part, portion*) Anteil *m*; (*de loterie*) Los *nt*; (*Comm*) Posten *m*; (*Inform*) Batch *m*

loterie [lɔtri] *nf* Lotterie *f*

loti, e [lɔti] *adj*: **être bien/mal ~** es gut/schlecht getroffen haben

lotion [losjɔ̃] *nf* Lotion *f*

lotir [lɔtir] *vt* (*diviser*) parzellieren; (*vendre*) parzellenweise verkaufen

lotissement [lɔtismɑ̃] *nm* Siedlung *f*; (*parcelle*) Parzelle *f*

loto [lɔto] *nm* Lotto *nt*

lotte [lɔt] *nf* (*de mer*) Seeteufel *m*

louage [lwaʒ] *nm*: **voiture de ~** Mietwagen *m*

louanges [lwɑ̃ʒ] *nfpl* Lob *nt*

loubard [lubar] (*fam*) *nm* (junger) Rowdy *m*

louche [luʃ] *adj* zwielichtig, dubios ▶ *nf* Schöpflöffel *m*

loucher [luʃe] *vi* schielen

louer [lwe] *vt* (*suj: propriétaire*) vermieten; (: *locataire*) mieten; (*réserver*) reservieren; (*faire l'éloge de*) loben; **à ~** zu vermieten

loufoque [lufɔk] (*fam*) *adj* verrückt

loup [lu] *nm* Wolf *m*

loupe [lup] *nf* Lupe *f*

louper [lupe] (*fam*) *vt* (*train etc*) verpassen; (*examen etc*) durchfallen durch

lourd, e [lur, lurd] *adj* schwer; (*démarche, gestes*) schwerfällig; (*chaleur, temps*) drückend; **~ de conséquences** folgenschwer

lourdaud, e [lurdo, od] (*fam*) *adj* (*au physique*) schwerfällig; (*au moral*) flegelhaft

lourdeur [lurdœR] *nf* Schwere *f*; (*de démarche, gestes, style*) Schwerfälligkeit *f*; **~ d'estomac** Magendrücken *nt*

loutre [lutr] *nf* (Fisch)otter *m*

louve [luv] *nf* Wölfin *f*

louvoyer [luvwaje] *vi* (*Naut*) kreuzen; (*fig*) geschickt taktieren

loyal, e, -aux [lwajal, o] *adj* (*fidèle*) loyal, treu; (*fair-play*) fair

loyauté [lwajote] *nf* Loyalität *f*, (*fidélité*) Treue *f*

loyer [lwaje] *nm* Miete *f*

lu [ly] *pp de* **lire**

lubie [lybi] *nf* Marotte *f*

lubrifiant [lybrifjɑ̃] *nm* Schmiermittel *nt*

lubrifier [lybrifje] *vt* schmieren

lucarne [lykarn] *nf* kleines Dachfenster *nt*

Lucerne [lysɛrn] *nf* Luzern *nt*

lucide [lysid] *adj* (*esprit*) klar; (*personne*) bei klarem Verstand

lucidité [lysidite] *nf* (*esprit*) Scharfsinn *m*; (*conscience*) klares Bewusstsein *nt*

luciole [lysjɔl] *nf* Glühwürmchen *nt*

lucratif, -ive [lykratif, iv] *adj* lukrativ; **à but non ~** ≈ gemeinnützig

ludique [lydik] *adj* Spiel-

ludothèque [lydɔtɛk] *nf* Spielothek *f*

luette [lɥɛt] *nf* Zäpfchen *nt*

lueur [lɥœR] *nf* Schimmer *m*

luge [lyʒ] *nf* Schlitten *m*; **faire de la ~** Schlitten fahren

lugubre [lygybr] *adj* finster; (*voix, musique*) düster

lui¹ [lɥi] *pp de* **luire**

(MOT-CLÉ)

lui² [lɥi] *pron* **1** (*objet indirect: personne: mâle*) ihm; (: *femelle*) ihr; (: *chose, animal: selon le genre du mot allemand*) ihm/ihr/ihm; **il lui a offert un cadeau** er hat ihm/ihr ein Geschenk gemacht
2 (*après préposition: avec accusatif*) ihn; (: *avec datif*) ihm; **elle est contente de lui** sie ist zufrieden mit ihm

3 (*dans comparaison*) : **je la connais mieux que lui** (*que je ne le connais*) ich kenne sie besser als ihn; (*qu'il ne la connaît*) ich kenne sie besser als er; **elle est comme lui** sie ist wie er
4 (*forme emphatique*) er; **lui, il est à Paris** er, er ist in Paris; **c'est lui qui l'a fait** er hat es gemacht

luire [lɥiʀ] *vi* scheinen, leuchten
lumbago [lɔ̃bago] *nm* Hexenschuss *m*
lumière [lymjɛʀ] *nf* Licht *nt*; **lumières** *nfpl* (18ᵉ siècle) Aufklärung *f*; **à la ~ de** (*fig*) im Lichte +*gén*; **faire (toute) la ~ sur** gänzlich aufklären +*acc*
luminaire [lyminɛʀ] *nm* (*appareil*) Lampe *f*
luminescent, e [lyminesɑ̃, ɑ̃t] *adj* (*tube*) Leuchtstoff-
lumineux, -euse [lyminø, øz] *adj* leuchtend; (*corps, cadran, enseigne*) Leucht-; (*ciel, journée, couleur*) hell; (*Phys*) Licht-
luminosité [lyminozite] *nf* (*Tech*) Lichtstärke *f*
lunaire [lynɛʀ] *adj* Mond-
lunatique [lynatik] *adj* launisch
lundi [lœ̃di] *nm* Montag *m*; **on est ~** heute ist Montag; **il est venu ~** er ist am Montag gekommen; **le ~** (*chaque lundi*) montags; **à ~ !** bis Montag!; **~ de Pâques** Ostermontag *m*; **~ de Pentecôte** Pfingstmontag *m*
lune [lyn] *nf* Mond *m*; **~ de miel** Flitterwochen *pl*
luné, e [lyne] *adj* : **bien/mal ~** gut/schlecht gelaunt
lunette [lynɛt] *nf* : **lunettes** *nfpl* Brille *f*; (*protectrices*) Schutzbrille *f*; **~ arrière** (*Auto*) Heckscheibe *f*; **~ d'approche** Teleskop *nt*; **~s de plongée** Taucherbrille *f*; **~s de soleil** Sonnenbrille *f*
lupin [lypɛ̃] *nm* Lupine *f*
lustre [lystʀ] *nm* (*de plafond*) Kronleuchter *m*; (*fig : éclat*) Glanz *m*
lustrer [lystʀe] *vt* polieren; (*poil d'un animal*) striegeln
luth [lyt] *nm* Laute *f*
luthier, ère [lytje, jɛʀ] *nm/f* Geigenbauer *m*
lutin [lytɛ̃] *nm* Kobold *m*
lutte [lyt] *nf* Kampf *m*; (*Sport*) Ringen *nt*
lutter [lyte] *vi* kämpfen; (*Sport*) ringen
luxation [lyksasjɔ̃] *nf* Ausrenken *nt*
luxe [lyks] *nm* Luxus *m*; **de ~** Luxus-; **l'industrie du ~** Luxusartikelindustrie *f*
Luxembourg [lyksɑ̃buʀ] *nm* : **le ~** Luxemburg *nt*

luxembourgeois, e [lyksɑ̃buʀʒwa, waz] *adj* luxemburgisch ▶ *nm/f* : **Luxembourgeois, e** Luxemburger(in) *m(f)*
luxer [lykse] *vpr* : **se ~ l'épaule/le genou** sich *dat* die Schulter/das Knie ausrenken
luxueux, -euse [lyksɥø, øz] *adj* luxuriös
luxuriant, e [lyksyʀjɑ̃, jɑ̃t] *adj* üppig
luzerne [lyzɛʀn] *nf* Luzerne *f*
lycée [lise] *nm* Gymnasium *nt*
: **Le lycée** ist eine Art
: Oberstufengymnasium, an dem
: französische Schüler die letzten drei
: Jahre vor ihrem *baccalauréat*
: verbringen. Es gibt neben dem *lycée*
: *général* andere Arten von *lycées*, wie
: z.B. die *lycées d'enseignement*
: *technologique*, die technische Kurse,
: und die *lycées d'enseignement*
: *professionnel*, die berufsbildende Kurse
: anbieten.
lycéen, ne [liseɛ̃, ɛn] *nm/f* Gymnasiast(in)
lymphatique [lɛ̃fatik] *adj* apathisch
lymphe [lɛ̃f] *nf* Lymphe *f*
lyncher [lɛ̃ʃe] *vt* lynchen
lynx [lɛ̃ks] *nm* Luchs *m*
lyophilisé, e [ljɔfilize] *adj* gefriergetrocknet
lyre [liʀ] *nf* Leier *f*
lyrique [liʀik] *adj* lyrisch; **comédie ~** komische Oper *f*
lyrisme [liʀism] *nm* (*mode d'expression*) Lyrismus *m*; (*manière de vivre*) Poesie *f*
lys [lis] *nm* Lilie *f*

m

M, m [ɛm] *nm inv (lettre)* M, m *nt*
M *abr* = **Monsieur**
m *abr* (= *mètre*) m
m' [m] *pron voir* **me**
ma [ma] *adj possessif voir* **mon**
macaron [makaʁɔ̃] *nm (gâteau)* Makrone *f*; *(insigne)* rundes Etikett *nt*
macaroni [makaʁɔni] *nm*: **des ~s** Makkaroni *pl*; **~s au fromage** Käsemakkaroni *pl*; **~s au gratin** Makkaroniauflauf *m*
Macédoine [masedwan] *nf*: **la ~** Mazedonien *nt*
macédoine [masedwan] *nf*: **~ de fruits** Obstsalat *m*; **~ de légumes** gemischtes Gemüse *nt*
macérer [maseʁe] *vi*: **faire ~** einlegen
mâché, e [maʃe] *adj*: **papier ~** Pappmaschee *nt*, Papiermaschee *nt*
mâcher [maʃe] *vt* kauen; **ne pas ~ ses mots** kein Blatt vor den Mund nehmen; **~ le travail à qn** jdm alles vorkauen
machin [maʃɛ̃] *(fam) nm* Ding(s) *nt*, Dingsda *m*
machinal, e, -aux [maʃinal, o] *adj* mechanisch
machinations [maʃinasjɔ̃] *nfpl* Machenschaften *pl*
machine [maʃin] *nf* Maschine *f*; **la ~ administrative/économique** der Verwaltungs-/Wirtschaftsapparat; **~ à coudre** Nähmaschine *f*; **~ à écrire** Schreibmaschine *f*; **~ à laver** Waschmaschine *f*
machine-outil [maʃinuti] *(pl* **machines-outils***) nf* Werkzeugmaschine *f*
machinerie [maʃinʁi] *nf* Maschinen *pl*; *(d'un navire)* Maschinenraum *m*
machinisme [maʃinism] *nm* Mechanisierung *f*

machiniste [maʃinist] *nm/f (Théât)* Bühnentechniker(in) *m(f)*; *(conducteur, mécanicien)* Maschinist(in) *m(f)*
machisme [maʃism] *nm* männlicher Chauvinismus *m*
macho [matʃo] *(fam) nm* Macho *m* ▶ *adj* Macho-
mâchoire [maʃwaʁ] *nf* Kiefer *m*; *(Tech)* Backe *f*; **~ de frein** Bremsbacke *f*
maçon, ne [masɔ̃, ɔn] *nm/f* Maurer(in)
maçonnerie [masɔnʁi] *nf (activité)* Maurerarbeit *f*; *(murs)* Mauerwerk *nt*
macramé [makʁame] *nm* Makramee *nt*
macro [makʁo] *nf (Inform)* Makro *nt*
macrobiotique [makʁɔbjɔtik] *adj* makrobiotisch
macroéconomique [makʁɔekɔnɔmik] *adj* gesamtwirtschaftlich
maculer [makyle] *vt* beschmutzen; *(Typo)* verschmieren
Madagascar [madagaskaʁ] *nf* Madagaskar *nt*
Madame [madam] *(pl* **Mesdames***) nf*: **~ Dupont** Frau Dupont; **occupez-vous de ~** würden Sie bitte die Dame bedienen; **bonjour, ~** guten Tag; *(si le nom est connu)* guten Tag, Frau X; **madame!** *(pour appeler)* Entschuldigung!; **~ (Dupont)** *(sur lettre)* sehr geehrte Frau Dupont; **chère ~ (Dupont)** sehr geehrte Frau Dupont; **~ la directrice** Frau Direktorin; **Mesdames** meine Damen
madeleine [madlɛn] *nf* Madeleine *nt* *(kleines rundes Sandplätzchen)*
Mademoiselle [madmwazɛl] *(pl* **Mesdemoiselles***) nf* Fräulein *nt* *(ne s'utilise pratiquement plus)*, Frau *f*; **~ Dupont** Frau Dupont; **bonjour, ~** guten Tag; *(si le nom est connu)* guten Tag, Frau X; **~ (Dupont)** *(sur lettre)* sehr geehrte Frau Dupont; **chère ~ (Dupont)** sehr geehrte Frau Dupont
madère [madɛʁ] *nm* Madeira *m*
madone [madɔn] *nf* Madonna *f*
madré, e [madʁe] *adj* schlau, raffiniert
maffia, mafia [mafja] *nf* Maf(f)ia *f*
magasin [magazɛ̃] *nm (boutique)* Geschäft *nt*, Laden *m*; *(entrepôt)* Lager *nt*; *(d'une arme, Photo)* Magazin *nt*; **en ~** auf Lager; **grand ~** Kaufhaus *nt*
magazine [magazin] *nm* Zeitschrift *f*
mage [maʒ] *nm*: **les Rois ~s** die Heiligen Drei Könige *pl*
Maghreb [magʁɛb] *nm*: **le ~** der Maghreb
maghrébin, e [magʁebɛ̃, in] *adj* maghrebinisch ▶ *nm/f*: **Maghrébin, e** Maghrebiner(in) *m(f)*, ≈ Nordafrikaner(in) *m(f)*

magicien, ne [maʒisjɛ̃, jɛn] *nm/f* Zauberer *m*, Zauberin *f*

magie [maʒi] *nf* (*alchimie, sorcellerie*) Magie *f*; (*charme, séduction*) Zauber *m*

magique [maʒik] *adj* (*occulte*) magisch; (*fig*) wunderbar

magistral, e, -aux [maʒistʁal, o] *adj* (*œuvre, adresse*) meisterhaft; (*ton*) meisterlich; **enseignement/cours ~** Vorlesung *f*/Kursus *m*

magistrat, e [maʒistʁa, at] *nm/f* (*Jur*) ≈ (Friedens)richter(in)

magistrature [maʒistʁatyʁ] *nf* (*charge*) Richteramt *nt*; (*corps*) Gerichtswesen *nt*

magma [magma] *nm* Magma *nt*; (*fig*) (unentwirrbares) Durcheinander *nt*

magnanime [mananim] *adj* großmütig

magnat [magna] *nm* Magnat *m*; **~ de la presse** Pressezar *m*

magner [mane] : **se magner** *vpr* (*fam*) sich beeilen

magnésium [manezjɔm] *nm* Magnesium *nt*

magnétique [manetik] *adj* magnetisch; (*champ*) Magnet-

magnétiser [manetize] *vt* magnetisieren; (*fig : fasciner*) faszinieren

magnétisme [manetism] *nm* Magnetismus *m*

magnéto [maneto] *nf* Magnetzünder *m*

magnifier [manifje] *vt* verherrlichen

magnifique [manifik] *adj* großartig; (*splendide*) herrlich

magnolia [manɔlja] *nm* Magnolie *f*

magnum [magnɔm] *nm* Magnum(flasche) *f*

magot [mago] *nm* (*fam : argent*) Knete *f*; (*économies*) Erspartes *nt*

magouille [maguj] (*fam*) *nf* finstere Geschäfte *pl*

mai [mɛ] *nm* Mai *m*; *voir aussi* **juillet**

: **Le premier mai** ist wie in vielen Ländern ein gesetzlicher Feiertag in Frankreich zum Tag der Arbeit. Es ist Tradition, an diesem Tag kleine Maiglöckchensträuße zu verschenken. Man sieht auf den Straßen und Plätzen dann zahlreiche Maiglöckchenverkäufer. *Le 8 mai* ist ebenfalls ein gesetzlicher Feiertag in Frankreich, zur Erinnerung an das Ende des Zweiten Weltkriegs im Mai 1945. Die sozialen Unruhen im Mai und Juni 1968, mit Studentendemonstrationen, Streiks und allgemeinem Aufruhr werden mit *les événements de mai 68* umschrieben. De Gaulles Regierung überlebte, aber die Ereignisse führten zu Reformen im Ausbildungssystem und größerer Dezentralisierung.

maigre [mɛgʁ] *adj* mager; (*repas, végétation, moisson etc*) dürftig, spärlich

maigreur [mɛgʁœʁ] *nf* (*de personne, viande*) Magerkeit *f*, Magerheit *f*; (*de repas, végétation*) Spärlichkeit *f*, Dürftigkeit *f*

maigrichon, -ne [mɛgʁiʃɔ̃, ɔn] *adj* etw dünn

maigrir [mɛgʁiʁ] *vi* abnehmen

mail [mɛl] *nm* E-Mail *f*

mailing [melɪŋ] *nm* Postwurfsendung *f*, Mailing *nt*

maille [maj] *nf* Masche *f*; **~ à l'endroit/à l'envers** rechte/linke Masche

maillon [majɔ̃] *nm* (*d'une chaîne*) Glied *nt*

maillot [majo] *nm* Trikot *nt*; **~ de bain** Badeanzug *m*

main [mɛ̃] *nf* Hand *f*; **la ~ dans la ~** Hand in Hand; **à deux ~s** mit beiden Händen; **à la ~** (*faire, tricoter etc*) von Hand; **sous la ~** unter der Hand; **haut les ~s !** Hände hoch!; **attaque à ~ armée** bewaffneter Überfall *m*; **à ~ droite/gauche** nach rechts/links; **prendre qch en ~** etw in die Hand nehmen; **forcer la ~ à qn** jdn zwingen; **un kit ~s libres** eine Freisprechanlage *f*

main-d'œuvre [mɛ̃dœvʁ] (*pl* **mains-d'œuvre**) *nf* (*façon*) Arbeit *f*; (*ouvriers*) Arbeitskräfte *pl*

main-forte [mɛ̃fɔʁt] *nf* : **prêter ~ à qn** jdm beistehen

maint, e [mɛ̃, mɛ̃t] *adj* : **à ~es reprises** immer wieder

maintenance [mɛ̃t(ə)nɑ̃s] *nf* Wartung *f*

maintenant [mɛ̃t(ə)nɑ̃] *adv* jetzt; **~ que** jetzt, wo ou da

maintenir [mɛ̃t(ə)niʁ] *vt* halten; (*garder, entretenir*) aufrechterhalten; (*affirmer*) behaupten; **se maintenir** *vpr* anhalten, andauern; (*santé*) gleich bleiben; (*préjugé, malade*) sich halten

maintien [mɛ̃tjɛ̃] *nm* Haltung *f*, Aufrechterhaltung *f*; (*allure*) Haltung *f*; **cours de ~** Kurs für Anstandsregeln

maire [mɛʁ] *nmf* Bürgermeister(in) *m(f)*

mairie [meʁi] *nf* Rathaus *nt*; (*administration*) Stadtverwaltung *f*

mais [mɛ] *conj* aber

maïs [mais] *nm* Mais *m*

maison [mɛzɔ̃] *nf* Haus *nt*; (*chez-soi, demeure*) Zuhause *nt*; (*Comm*) Firma *f* ▶ *adj inv* (*fam*) : **pâté/tarte ~** Pastete *f*/Torte *f* Hausmacherart; **à la ~** zu Hause; (*direction*) nach Hause; **~ close** Freudenhaus *nt*; **~ de campagne** Landhaus *nt*; **~ de correction** Besserungsanstalt *f*; **~ de passe** Freudenhaus *nt*; **~ de repos**

Erholungsheim nt; **~ de retraite** Altersheim nt; **~ de santé** Heilanstalt f; **~ des jeunes et de la culture** Jugend- und Kulturzentrum nt; **~ mère** Stammhaus nt

maître, -esse [mɛtʀ, mɛtʀɛs] nm/f (dirigeant) Herr(in); (propriétaire) Eigentümer(in); (Scol) Lehrer(in) ▸ nm (artiste) Meister(in) ▸ nf (amante) Geliebte f ▸ adj : **carte ~sse** (fig) höchste Karte f; **M~/M~sse** (titre : Jur) Herr m, Frau f (vor dem Namen eines Rechtsanwaltes oder Notars); **maison de ~** Herrenhaus nt; **être/rester ~ de la situation** Herr der Lage sein/bleiben; **être passé ~ dans l'art de qch** etw meisterhaft beherrschen; **~ à penser** geistiges Vorbild; **~/~sse d'école** Lehrer(in); **~/~sse d'hôtel** Oberkellner(in); **~/~sse d'œuvre** (Constr) Vorarbeiter(in); **~/~sse de conférences** (Univ) Dozent(in); **~/~sse de maison** Hausherr(in); **~/~sse nageur(-euse)** Rettungsschwimmer(in)

maîtrise [metʀiz] nf (aussi : **maîtrise de soi**) Selbstbeherrschung f; (habileté) Können nt; (domination) Herrschaft f; (diplôme) ≈ Master m; (contremaîtres et chefs d'équipe) Aufsicht f

maîtriser [metʀize] vt (cheval forcené etc) bändigen; (incendie) unter Kontrolle bringen; (sujet) meistern; (émotion) beherrschen; **se maîtriser** vpr sich beherrschen

majesté [maʒɛste] nf Majestät f; **Sa/ Votre M~** Seine/Eure Majestät

majestueux, -euse [maʒɛstɥø, øz] adj majestätisch

majeur, e [maʒœʀ] adj (important) wichtig; (Jur) volljährig; **en ~e partie** größtenteils; **la ~e partie de** der größere Teil +gén

major [maʒɔʀ] nm : **~ de promotion** Jahrgangsbester m

majoration [maʒɔʀasjɔ̃] nf Erhöhung f

majorer [maʒɔʀe] vt erhöhen

majoritaire [maʒɔʀitɛʀ] adj Mehrheits-; **système** ou **scrutin ~** Mehrheitssystem nt

majorité [maʒɔʀite] nf Mehrheit f; (Jur) Volljährigkeit f; **~ absolue** absolute Mehrheit; **~ relative** relative Mehrheit; **la ~ silencieuse** die schweigende Mehrheit

Majorque [maʒɔʀk] nf Mallorca nt

majuscule [maʒyskyl] nf Großbuchstabe m ▸ adj : **un A ~** ein großes A

mal, maux [mal, mo] nm Böse nt; (malheur) Übel nt; (douleur physique) Schmerz m; (maladie) Krankheit f; (difficulté, peine) Schwierigkeit f, Mühe f; (souffrance morale) Leiden nt ▸ adv schlecht ▸ adj inv (opposé à bien) : **c'est ~ (de faire qch)** es ist schlecht(, etw zu tun); **être ~** sich nicht wohlfühlen; **~ en point** nicht in Höchstform; **dire du ~ de qn** schlecht von jdm reden; **il n'a rien fait de ~** er hat nichts Böses getan; **avoir du ~ à faire qch** Mühe haben, etw zu tun; **faire du ~ à qn** (nuire) jdm schaden; **se donner du ~ pour faire qch** sich Mühe geben, etw zu tun; **se faire ~** sich wehtun; **se faire ~ au pied** sich am Fuß verletzen; **ça fait ~** das tut weh; **j'ai ~ (ici)** mir tut es (hier) weh; **avoir ~ à la tête/à la gorge/au dos** Kopf-/Hals-/Rückenschmerzen haben; **j'ai ~ au cœur** mir ist schlecht; **avoir le ~ du pays** Heimweh haben; **~ de mer** Seekrankheit f

malabar [malabaʀ] (fam) nm Muskelprotz m

malade [malad] adj krank ▸ nmf Kranke(r) f(m); **tomber ~** krank werden; **être ~ du cœur** herzleidend ou herzkrank sein; **j'en suis ~** das macht mich ganz krank; **grand ~** Schwerkranke(r) f(m); **~ mental** Geisteskranke(r) f(m)

maladie [maladi] nf Krankheit f; **~ d'Alzheimer** Alzheimerkrankheit f; **~ héréditaire** Erbkrankheit f; **~ infantile** Kinderkrankheit f; **~ de Parkinson** parkinsonsche Krankheit f; **~ professionnelle** Berufskrankheit f; **~ sexuellement transmissible** Geschlechtskrankheit f

maladif, -ive [maladif, iv] adj (personne) kränkelnd; (pâleur) kränklich; (curiosité, besoin, peur) krankhaft

maladresse [maladʀɛs] nf Ungeschicklichkeit f

maladroit, e [maladʀwa, wat] adj ungeschickt

maladroitement [maladʀwatmɑ̃] adv ungeschickt

mal-aimé, e [maleme] (pl **mal-aimés, es**) nm/f Ungeliebte(r) f(m)

malaise [malɛz] nm (Méd) Unwohlsein nt; (inquiétude) Unbehagen nt; **~ cardiaque** Herzbeschwerden pl

Malaisie [malɛzi] nf : **la ~** Malaysia nt

malaria [malaʀja] nf Malaria f

malavisé, e [malavize] adj unbedacht

Malawi [malawi] nm : **le ~** Malawi nt

malbouffe [malbuf] (fam) nf : **la ~** Junkfood nt

malchance [malʃɑ̃s] *nf* Pech *nt*; **par ~** unglücklicherweise
malcommode [malkɔmɔd] *adj* unpraktisch
Maldives [maldiv] *nfpl* : **les ~** die Malediven *pl*
mâle [mɑl] *nm (animal)* Männchen *nt*; *(fam)* männliches Wesen *nt* ▶ *adj* männlich; **prise ~** *(Élec)* Stecker *m*
malédiction [malediksjɔ̃] *nf* Fluch *m*
malentendant, e [malɑ̃tɑ̃dɑ̃, ɑ̃t] *adj* schwerhörig ▶ *nm/f*: **les ~s** die Schwerhörigen *pl*
malentendu [malɑ̃tɑ̃dy] *nm* Missverständnis *nt*
malfaisant, e [malfəzɑ̃, ɑ̃t] *adj* boshaft; *(idées, influence)* schädlich
malfaiteur, trice [malfɛtœʀ, tʀis] *nm/f* Übeltäter(in)
malfamé, e [malfame] *adj* verrufen
malformation [malfɔʀmasjɔ̃] *nf* Missbildung *f*
malfrat [malfʀa] *(fam) nm* Gauner *m*
malgache [malgaʃ] *adj* madegassisch ▶ *nmf*: **Malgache** Madegasse *m*, Madegassin *f*
malgré [malgʀe] *prép* trotz +*gén* ou *dat*; **~ soi/lui** gegen seinen Willen; **~ tout** trotz allem
malheur [malœʀ] *nm* Unglück *nt*
malheureusement [malœʀøzmɑ̃] *adv* leider
malheureux, -euse [malœʀø, øz] *adj* unglücklich; *(regrettable)* bedauerlich ▶ *nm/f* Arme(r) *f(m)*; **la malheureuse femme/victime** die arme Frau/das arme Opfer
malhonnête [malɔnɛt] *adj* unredlich
malhonnêteté [malɔnɛtte] *nf* Unehrlichkeit *f*
Mali [mali] *nm* : **le ~** Mali *nt*
malice [malis] *nf* Schalkhaftigkeit *f*
malicieux, -euse [malisjø, jøz] *adj* schelmisch
malien, ne [maljɛ̃, ɛn] *adj* aus Mali ▶ *nm/f*: **Malien, ne** Malier(in)
malin, -igne [malɛ̃, maliɲ] *adj* clever, schlau; *(Méd)* bösartig
malle [mal] *nf* großer Reisekoffer *m*
malléable [maleabl] *adj* formbar
mallette [malɛt] *nf (valise)* Köfferchen *nt*
malmener [malməne] *vt (maltraiter)* grob behandeln; *(fig)* hart angreifen
malnutrition [malnytʀisjɔ̃] *nf* Unterernährung *f*; *(mauvaise alimentation)* schlechte Ernährung *f*
malodorant, e [malɔdɔʀɑ̃, ɑ̃t] *adj* übelriechend

malotru, e [malɔtʀy] *nm/f* Lümmel *m*, Flegel *m*
malpoli, e [malpɔli] *adj* unhöflich
malpropre [malpʀɔpʀ] *adj* schmutzig; *(travail)* gepfuscht; *(malhonnête)* unanständig
malsain, e [malsɛ̃, ɛn] *adj* ungesund; *(esprit, curiosité)* krankhaft
malséant, e [malseɑ̃, ɑ̃t] *adj* unschicklich
malt [malt] *nm* Malz *nt*
maltais, e [maltɛ, ɛz] *adj* maltesisch ▶ *nm/f*: **Maltais, e** Malteser(in)
Malte [malt] *nf* Malta *nt*
maltraitance [maltʀɛtɑ̃s] *nf* Misshandlung *f*
maltraiter [maltʀete] *vt* misshandeln; *(fig)* hart angreifen
malus [malys] *nm* Erhöhung der Versicherungsprämie nach Autounfällen
malveillance [malvɛjɑ̃s] *nf (hostilité)* Feindseligkeit *f*; *(intention de nuire)* Böswilligkeit *f*
malveillant, e [malvɛjɑ̃, ɑ̃t] *adj* feindselig
malvenu, e [malvəny] *adj* : **être ~ de** ou **à faire qch** nicht das Recht haben, etw zu tun
maman [mamɑ̃] *nf* Mama *f*
mamelle [mamɛl] *nf* Zitze *f*
mamelon [mam(ə)lɔ̃] *nm (Anat)* Brustwarze *f*; *(petite colline)* Hügel *m*
mamie [mami] *(fam) nf* Oma *f*
mammifère [mamifɛʀ] *nm* Säugetier *nt*
mammouth [mamut] *nm* Mammut *nt*
management [manadʒmɑ̃] *nm* Management *nt*
manche [mɑ̃ʃ] *nf* Ärmel *m*; *(d'un jeu, tournoi)* Runde *f* ▶ *nm* Griff *m*; *(de violon, guitare)* Hals *m*; **la M~** *(Géo)* der Ärmelkanal; **à ~s courtes/longues** kurzärmelig/langärmelig; **~ à air** *nf* Windsack *m*; **~ à balai** *nm (Aviat)* Steuerknüppel *m*; *(Inform)* Joystick *m*
manchette [mɑ̃ʃɛt] *nf* Manschette *f*; *(titre)* Schlagzeile *f*
manchon [mɑ̃ʃɔ̃] *nm (de fourrure)* Muff *m*; **~ (à incandescence)** Glühstrumpf *m*
manchot, e [mɑ̃ʃo, ɔt] *adj* einarmig ▶ *nm (Zool)* Pinguin *m*
mandarine [mɑ̃daʀin] *nf* Mandarine *f*
mandat [mɑ̃da] *nm (postal)* Postanweisung *f*; *(d'un député, président)* Mandat *nt*; *(procuration)* Vollmacht *f*; **toucher un ~** eine Postanweisung erhalten; **~ d'amener** Vorladung *f*; **~ d'arrêt** Haftbefehl *m*; **~ de perquisition** Durchsuchungsbefehl *m*

mandataire [mɑ̃datɛʀ] nmf Bevollmächtigte(r) f(m)

mandat-carte [mɑ̃dakaʀt] (pl **mandats-cartes**) nm Anweisung f als Postkarte

mandater [mɑ̃date] vt bevollmächtigen; (député) ein Mandat geben +dat

mandat-lettre [mɑ̃dalɛtʀ] (pl **mandats-lettres**) nm Postanweisung f

manège [manɛʒ] nm Manege f; (d'un cirque) Karussell nt; (fig : manœuvre) Schliche pl; **faire un tour de ~** Karussell fahren; **~ de chevaux de bois** Pferdekarussell nt

manette [manɛt] nf Hebel m; **~ de jeu** Joystick m

mangeable [mɑ̃ʒabl] adj essbar

mangeoire [mɑ̃ʒwaʀ] nf Futtertrog m

manger [mɑ̃ʒe] vt essen; (animal) fressen; (ronger, attaquer) zerfressen ▸ vi essen

mange-tout [mɑ̃ʒtu] nm inv : **pois ~** Zuckererbse f; **haricot ~** Gartenbohne f

mangue [mɑ̃g] nf Mango f

maniable [manjabl] adj handlich; (voiture, voilier) wendig; (personne) lenksam, fügsam

maniaque [manjak] adj pingelig ▸ nmf (obsédé, fou) Wahnsinnige(r) f(m)

manie [mani] nf Manie f; (Méd) Wahn m

maniement [manimɑ̃] nm Umgang m; **~ d'armes** Waffenübung f

manier [manje] vt umgehen mit

manière [manjɛʀ] nf Art f, Weise f; (style) Stil m; **manières** nfpl (attitude) Benehmen nt; (chichis) Theater nt; **de ~ à** sodass, damit; **de telle ~ que** sodass; **de cette ~** auf diese Weise; **d'une ~ générale** ganz allgemein; **de toute ~** auf alle Fälle; **d'une certaine ~** in gewisser Weise; **faire des ~s** Theater machen; **complément/adverbe de ~** Attribut nt/Adverb nt der Art und Weise

maniéré, e [manjere] adj manieriert

manif [manif] nf (= manifestation) Demo f

manifestant, e [manifɛstɑ̃, ɑ̃t] nm/f Demonstrant(in)

manifestation [manifɛstasjɔ̃] nf (de joie, mécontentement) Ausdruck m; (fête, réunion etc) Ereignis nt; (Pol) Demonstration f

manifeste [manifɛst] adj offenbar ▸ nm Manifest nt

manifester [manifɛste] vt (intentions etc) kundtun; (révéler) zeigen ▸ vi demonstrieren; **se manifester** vpr sich zeigen; (difficultés) auftauchen; (personne, témoin etc) sich melden

manioc [manjɔk] nm Maniok m

manipulateur, -trice [manipylatœʀ, tʀis] nm/f (technicien) Techniker(in); (prestidigitateur) Zauberkünstler(in); (péj) Manipulator(in)

manipulation [manipylasjɔ̃] nf (Tech) Handhabung f; (Phys, Chim) Versuch m; (fig) Manipulation f; **~ génétique** Genmanipulierung f

manipuler [manipyle] vt handhaben

manivelle [manivɛl] nf Kurbel f

mannequin [mankɛ̃] nm (Couture) Schneiderpuppe f; (d'un étalage) Schaufensterpuppe f ▸ nmf (Mode) Modell nt, Mannequin nt

manœuvre [manœvʀ] nf (opération) Bedienung f; (Auto) Steuern nt; (Mil, fig) Manöver m ▸ nmf (profession) Hilfsarbeiter(in) m(f)

manœuvrer [manœvʀe] vt (bateau, voiture) steuern; (levier, machine) bedienen; (personne) manipulieren ▸ vi manövrieren

manoir [manwaʀ] nm Landsitz m

manque [mɑ̃k] nm Mangel m; **manques** nmpl Mängel pl; **par ~ de** aus Mangel an; **être en ~** Entzugserscheinungen haben

manqué, e [mɑ̃ke] adj verfehlt; (essai) gescheitert; **garçon ~** halber Junge m

manquement [mɑ̃kmɑ̃] nm : **~ à** Verstoß m ou Verfehlung f gegen

manquer [mɑ̃ke] vi fehlen ▸ vt verpassen, verfehlen ▸ vb impers : **il manque des pages** es fehlen Seiten

mansarde [mɑ̃saʀd] nf Mansarde f

mante [mɑ̃t] nf : **~ religieuse** Femme fatale f

manteau, x [mɑ̃to] nm Mantel m; **sous le ~** heimlich

manucure [manykyʀ] nf Maniküre f

manuel, le [manɥɛl] adj manuell; (commande) Hand- ▸ nm Handbuch nt; **travailleur ~** Arbeiter m

manuellement [manɥɛlmɑ̃] adv von Hand

manufacture [manyfaktyʀ] nf (établissement) Fabrik f

manufacturé, e [manyfaktyʀe] adj : **produit ~** Fertigerzeugnis nt

manuscrit, e [manyskʀi, it] adj handschriftlich ▸ nm Manuskript nt

manutention [manytɑ̃sjɔ̃] nf (Comm) Verladen nt

mappemonde [mapmɔ̃d] nf (carte) Weltkarte f; (sphère) Globus m

maquereau, x [makʀo] nm (Zool) Makrele f; (souteneur) Zuhälter m

maquette [makɛt] nf Modell nt; (Typo) Layout nt

maquillage [makijaʒ] nm Schminken nt; (de passeport, papiers) Fälschen nt; (produits) Make-up nt

maquiller [makije] vt schminken; (falsifier) fälschen; **se maquiller** vpr sich schminken

maquis [maki] nm Dickicht nt; (Hist) französische Widerstandsbewegung im 2. Weltkrieg

maquisard, e [makizaʀ] nm/f französischer Widerstandskämpfer(in) (im 2. Weltkrieg)

marabout [maʀabu] nm Marabu m

maraîcher, -ère [maʀeʃe, ɛʀ] adj (culture) Gemüse- ▶ nm/f Gemüsegärtner(in)

marais [maʀɛ] nm Sumpf m, Moor nt; **~ salant** Salzsumpf m

marasme [maʀasm] nm (économique) Stagnation f

marathon [maʀatɔ̃] nm Marathon m

maraudeur, -euse [maʀodœʀ, øz] nm/f Dieb(in)

marbre [maʀbʀ] nm Marmor m

marbrer [maʀbʀe] vt marmorieren

marc [maʀ] nm (de raisin, pommes) Obstwasser m; **~ de café** Kaffeesatz m

marchand, e [maʀʃɑ̃, ɑ̃d] nm/f Händler(in) ▶ adj : **valeur ~e** Marktwert m; **~ au détail** Einzelhändler m; **~ de poisson** Fischhändler m; **~ des quatre saisons** Obst- und Gemüsehändler m; **~ en gros** Großhändler m

marchandage [maʀʃɑ̃daʒ] nm Handeln nt, Feilschen nt

marchander [maʀʃɑ̃de] vt handeln ou feilschen um ▶ vi handeln, feilschen

marchandise [maʀʃɑ̃diz] nf Ware f

marche [maʀʃ] nf (d'escalier) Stufe f; (activité) Gehen nt; (promenade) Spaziergang m; (allure, démarche, fonctionnement) Gang m; (d'un train, navire) Fahrt f; (du temps, du progrès) Lauf m; (d'un service) Verlauf m; (Mil, Mus) Marsch m; **à une heure de ~** zu Fuß eine Stunde entfernt; **prendre le train en ~** während der Fahrt aufspringen; **mettre en ~** in Gang setzen; **~ à suivre** (sur notice) Gebrauchsanweisung f; **~ arrière** Rückwärtsgang m; **faire ~ arrière** (Auto) rückwärtsfahren; (fig) einen Rückzieher machen

marché [maʀʃe] nm Markt m; (accord, affaire) Geschäft nt; **par dessus le ~** obendrein, noch dazu; **bon ~** billig; **~ aux puces** Flohmarkt m; **~ du travail** Arbeitsmarkt m; **~ noir** Schwarzmarkt m

marchepied [maʀʃəpje] nm Trittbrett nt; **servir de ~ à qn** jdm als Sprungbrett dienen

marcher [maʀʃe] vi (personne) gehen; (Mil) marschieren; (fonctionner) laufen; (fam : consentir) mitmachen; (: croire naïvement) darauf hereinfallen; **~ sur** gehen auf +dat; (mettre le pied sur) treten auf +acc; (ville etc) zumarschieren auf +acc; **~ dans** (herbe etc) gehen in +dat; (flaque) treten in +acc; **faire ~ qn** jdn auf den Arm nehmen

marcheur, -euse [maʀʃœʀ, øz] nm/f Wanderer m, Wanderin f

mardi [maʀdi] nm Dienstag m; **M~ gras** Fastnachtsdienstag m; voir aussi **lundi**

mare [maʀ] nf Tümpel m; **~ de sang** Blutlache f

marécage [maʀekaʒ] nm Sumpf m, Moor nt

marécageux, -euse [maʀekaʒø, øz] adj sumpfig

maréchal, -e, -aux [maʀeʃal, o] nm/f Marschall(in)

marée [maʀe] nf Gezeiten pl; (poissons) frische Seefische pl; **~ basse** Niedrigwasser nt; **~ haute** Hochflut f; **~ noire** Ölteppich m

marelle [maʀɛl] nf : **jouer à la ~** ≈ Himmel und Hölle spielen

marémotrice [maʀemɔtʀis] adj : **usine/énergie ~** Gezeitenkraftwerk nt/-energie f

margarine [maʀgaʀin] nf Margarine f

marge [maʀʒ] nf Rand m; (fig) Spielraum m; (de salaires, de prix) Bandbreite f; **en ~** am Rande; **en ~ de** am Rande +gén; **~ bénéficiaire** Gewinnspanne f

marginal, e, -aux [maʀʒinal, o] adj Rand-; (secondaire) nebensächlich ▶ nm/f Aussteiger(in) m(f)

marguerite [maʀɡəʀit] nf (Bot) Margerite f

mari [maʀi] nm (Ehe)mann m

mariage [maʀjaʒ] nm (union, état) Ehe f; (noce) Heirat f, Hochzeit f; (fig) Verbindung f; **~ blanc** Scheinehe f; **~ civil** standesamtliche Trauung f; **~ religieux** kirchliche Trauung f

marié, e [maʀje] adj verheiratet ▶ nm/f Bräutigam m, Braut f; **les jeunes ~s** die Frisch- ou Jungvermählten pl; **vive la ~e!** ein Hoch auf die Braut!

marier [maʀje] vt (prêtre etc) trauen; (parents) verheiraten; (fig) vereinen; **se marier** vpr heiraten; **se ~ avec qn** jdn heiraten

marijuana [maʀiʒɥana] nf Marihuana nt

marin, e [maʀɛ̃, in] adj (sel) Meeres- ▶ nm/f (navigateur) Seemann m; (matelot) Matrose (Matrosin) ▶ nf Marine f;

(bleu) ~e marineblau; **~e de guerre** Kriegsmarine f; **~e marchande** Handelsmarine f
marina [maʁina] nf Jachthafen m
marinade [maʁinad] nf Marinade f
mariner [maʁine] vi: **faire ~** marinieren
marionnette [maʁjɔnɛt] nf Marionette f; **marionnettes** nfpl (spectacle) Puppentheater nt
maritime [maʁitim] adj See-
marjolaine [maʁʒɔlɛn] nf Majoran m
mark [maʁk] nm (Hist) Mark f
marketing [maʁketiŋ] nm Marketing nt
marmelade [maʁməlad] nf (compote) Kompott nt; (confiture) Marmelade f
marmite [maʁmit] nf Topf m
marmonner [maʁmɔne] vt, vi murmeln
marmot [maʁmo] (fam) nm Kind nt
marmotte [maʁmɔt] nf Murmeltier nt
Maroc [maʁɔk] nm: **le ~** Marokko nt
marocain, e [maʁɔkɛ̃, ɛn] adj marokkanisch ▶ nm/f: **Marocain, e** Marokkaner(in)
maroquinerie [maʁɔkinʁi] nf (industrie) Lederverarbeitung f; (boutique) Lederwarengeschäft nt; (articles) Lederwaren pl
marotte [maʁɔt] nf Marotte f
marquant, e [maʁkɑ̃, ɑ̃t] adj markant
marque [maʁk] nf Zeichen nt; (de pas, doigts) Abdruck m; (décompte des points) (Spiel)stand m; (Comm) Marke f; **à vos ~s!** (Sport) auf die Plätze!; **de ~** (Comm) Marken-; (fig) bedeutend; **~ de fabrique** Marken- ou Firmenzeichen nt; **~ déposée** eingetragenes Warenzeichen nt; **~ du pluriel** (Ling) Pluralzeichen nt
marqué, e [maʁke] adj (linge, drap, visage) gezeichnet; (taille) betont; (différence, préférence) deutlich; **il n'y a rien de ~** hier steht nichts
marquer [maʁke] vt (noter) aufschreiben; (: frontières) einzeichnen; (linge, drap etc) zeichnen; (bétail) brandmarken; (endommager) beschädigen; (impressionner) beeindrucken; (indiquer) anzeigen; (but, essai, panier) schießen; (: joueur) decken; (différence) aufzeigen; (manifester) ausdrücken, zeigen ▶ vi (coup) sitzen; (événement, personnalité) von Bedeutung sein; (Sport) ein Tor schießen
marqueterie [maʁkɛtʁi] nf Intarsienarbeit f
marqueur, -euse [maʁkœʁ, øz] nm/f (de but) Torschütze(Torschützin) m(f) ▶ nm (feutre) Marker m
marquis, e [maʁki] nm/f Marquis m, Marquise f ▶ nf (auvent) Markise f

marraine [maʁɛn] nf Patentante f
marrant, e [maʁɑ̃, ɑ̃t] (fam) adj lustig
marre [maʁ] (fam) adv: **en avoir ~ de** die Nase vollhaben von
marrer [maʁe] (fam): **se marrer** vpr (rire) sich kugeln; (s'amuser) sich kugeln vor Lachen
marron [maʁɔ̃] nm Esskastanie f; **~ d'Inde** (Ross)kastanie f ▶ adj inv (couleur) braun; **avocat ~** (péj) Winkeladvokat m; **médecin ~** (péj) Kurpfuscher m
marronnier [maʁɔnje] nm Rosskastanie(nbaum m) f
Mars [maʁs] nm ou f Mars m
mars [maʁs] nm März m; voir aussi **juillet**
marseillais, e [maʁsejɛ, ɛz] adj aus Marseille ▶ nf: **la M~e** die Marseillaise f

: **La Marseillaise** ist seit 1879 die
: Nationalhymne Frankreichs. Der Text
: des Chant de guerre de l'armée du Rhin,
: wie das Lied ursprünglich hieß, wurde
: zu einer anonymen Melodie von dem
: Hauptmann Rouget de Lisle 1792
: geschrieben. Das Bataillon von
: Marseille sang es als Marschlied und
: machte es schließlich unter dem
: Namen Marseillaise bekannt.

marsupiaux [maʁsypjo] nmpl Beuteltiere pl
marteau, x [maʁto] nm Hammer m; (de porte) Türklopfer m
marteau-piqueur [maʁtopikœʁ] (pl **marteaux-piqueurs**) nm Presslufthammer m
marteler [maʁtəle] vt hämmern
martial, e, -aux [maʁsjal, jo] adj kriegerisch; **arts martiaux** Kampfsportarten pl; **loi ~e** Kriegsgesetz nt; **cour ~e** Kriegsgericht nt
martien, ne [maʁsjɛ̃, jɛn] nm/f Marsmensch m
martinet [maʁtinɛ] nm (fouet) (mehrschwänzige) Peitsche f; (Zool) Mauersegler m
Martinique [maʁtinik] nf: **la ~** Martinique f
martin-pêcheur (pl **martins-pêcheurs**) [maʁtɛ̃peʃœʁ] nm Eisvogel m
martre [maʁtʁ] nf Marder m
martyr, e [maʁtiʁ] nm/f Märtyrer(in) m(f) ▶ nm Martyrium nt; **souffrir le ~** Höllenqualen erleiden
martyriser [maʁtiʁize] vt martern; (fig) peinigen
marxisme [maʁksism] nm Marxismus m
marxiste [maʁksist] adj marxistisch ▶ nmf Marxist(in) m(f)
mascara [maskaʁa] nm Wimperntusche f

mascarade [maskaʀad] *nf* Maskerade *f*; (*hypocrisie*) Heuchelei *f*

mascotte [maskɔt] *nf* Maskottchen *nt*

masculin, e [maskylɛ̃, in] *adj* männlich; (*équipe, vêtements, métier*) Männer- ▶ *nm* Maskulinum *nt*

masochisme [mazɔʃism] *nm* Masochismus *m*

masochiste [mazɔʃist] *adj* masochistisch ▶ *nmf* Masochist(in) *m(f)*

masque [mask] *nm* Maske *f*; **~ à gaz** Gasmaske *f*; **~ de plongée** Tauchermaske *f*

masquer [maske] *vt* (*cacher*) verbergen; (*goût, odeur*) übertönen

massacre [masakʀ] *nm* Massaker *nt*; **jeu de ~** Ballwurfspiel *nt*

massacrer [masakʀe] *vt* massakrieren; (*fig*) verschandeln

massage [masaʒ] *nm* Massage *f*; **~ cardiaque** Herzmassage *f*

masse [mas] *nf* Masse *f*; (*quantité*) Menge *f*; **une ~** ou **des ~s de** (*fam*) jede Menge; **les ~s (populaires)** die (Volks-) Massen; **en ~** en masse, in Scharen

massepain [maspɛ̃] *nm* Marzipan *nt*

masser [mase] *vt* massieren; (*assembler*) versammeln; **se masser** *vpr* sich versammeln

masseur, -euse [masœʀ, øz] *nm/f* Masseur(in)

massif, -ive [masif, iv] *adj* massiv; (*visage, silhouette*) massig ▶ *nm* (*montagneux*) Massiv *nt*; (*de fleurs*) Beet *nt*

mass média [masmedja] *nmpl* Massenmedien *pl*

massue [masy] *nf* Keule *f*; **argument ~** schlagendes Argument *nt*

mastic [mastik] *nm* (*pour vitres*) Kitt *m*; (*pour fentes*) Spachtelmasse *f*

mastiquer [mastike] *vt* (*aliment*) kauen; (*vitre*) kitten

mastoc [mastɔk] (*fam*) *adj* feist

mastodonte [mastɔdɔ̃t] *nm* (*personne*) Koloss *m*; (*machine, véhicule*) Gigant *m*

masturbation [mastyʀbasjɔ̃] *nf* Masturbation *f*

masturber [mastyʀbe] : **se masturber** *vpr* masturbieren

m'as-tu-vu [matyvy] *nm/f inv* Wichtigtuer(in) *m(f)*

masure [mazyʀ] *nf* Bruchbude *f*

mat, e [mat] *adj* matt; (*bruit, son*) dumpf ▶ *adj inv* : **être ~** (*Échecs*) schachmatt sein

mât [ma] *nm* Mast *m*

match [matʃ] *nm* Spiel *nt*; **~ aller** Hinspiel *nt*; **~ nul** unentschieden spielen; **~ retour** Rückspiel *nt*

matelas [mat(ə)la] *nm* Matratze *f*; **~ pneumatique** Luftmatratze *f*

matelot [mat(ə)lo] *nm* Matrose (Matrosin) *m(f)*

mater [mate] *vt* (*personne, prisonniers*) bändigen; (*incendie, révolte, passions*) unter Kontrolle bringen

matérialisme [mateʀjalism] *nm* Materialismus *m*

matérialiste [mateʀjalist] *adj* materialistisch ▶ *nmf* Materialist(in) *m(f)*

matériau, x [mateʀjo] *nm* Material *nt*; (*Constr*) Baumaterial *nt*; **~x de construction** Baumaterialien *pl*

matériel, le [mateʀjɛl] *adj* materiell; (*impossibilité, organisation, aide*) praktisch; (*preuve*) greifbar ▶ *nm* Material *nt*; (*de camping, pêche*) Ausrüstung *f*; (*Inform*) Hardware *f*

matériellement [mateʀjɛlmɑ̃] *adv* (*effectivement*) praktisch; (*physiquement*) körperlich; **c'est ~ impossible** das ist praktisch unmöglich

maternel, le [matɛʀnɛl] *adj* mütterlich; (*grand-père, oncle*) mütterlicherseits ▶ *nf* (*aussi* : **école maternelle**) Kindergarten *m*

maternité [matɛʀnite] *nf* (*état, qualité de mère*) Mutterschaft *f*; (*grossesse*) Schwangerschaft *f*; (*établissement*) Entbindungsheim *nt*; (*service*) Entbindungsstation *f*

mathématicien, ne [matematisjɛ̃, jɛn] *nm/f* Mathematiker(in)

mathématique [matematik] *adj* mathematisch ▶ *adj* ; **mathématiques** *nfpl* Mathematik *f*

maths [mat] *nfpl* (*fam*) Mathe

matière [matjɛʀ] *nf* Materie *f*, Stoff *m*; **~s premières** Rohstoffe *pl*

Matignon [matiɲɔ̃] *nm* Amtssitz des französischen Premierministers

: **L'hôtel Matignon** ist der Pariser
: Amts- und Wohnsitz des französischen
: Premierministers. Der Begriff **Matignon**
: wird oft für den Premierminister oder
: seinen Stab verwendet.

matin [matɛ̃] *nm* Morgen *m*, Vormittag *m*; **le ~** (*moment*) morgens; **jusqu'au ~** bis (früh)morgens; **le lendemain ~** am nächsten Morgen; **hier ~** gestern Morgen; **demain ~** morgen früh; **du ~ au soir** von morgens bis abends; **tous les ~s** jeden Morgen; **une heure du ~** ein Uhr nachts; **un beau ~** eines schönen Morgens; **de grand** *ou* **bon ~** am frühen Morgen

matinal, e, -aux [matinal, o] *adj* morgendlich; **être ~** Frühaufsteher sein

matinée [matine] *nf* Morgen *m*, Vormittag *m*; *(spectacle)* Matinee *f*, Frühvorstellung *f*

matois, e [matwa, waz] *adj* schlau

matou [matu] *nm* Kater *m*

matraquage [matrakaʒ] *nm* Knüppeln *nt*; **~ publicitaire** massive Werbung *f*

matraque [matrak] *nf* Knüppel *m*

matraquer [matrake] *vt* (nieder)knüppeln; *(touristes etc)* ausnehmen; *(disque etc)* immer wieder spielen

matricule [matrikyl] *nf* (aussi : **registre matricule**) Aufnahmeregister *nt* ▶ *nm* (aussi : **numéro matricule**) Kennnummer *f*

matrimonial, e, -aux [matrimɔnjal, jo] *adj* ehelich; **agence ~e** Heiratsvermittlung *f*

matrone [matrɔn] *nf* Matrone *f*

mature [matyr] *adj* reif

maturité [matyrite] *nf* Reife *f*; *(Suisse : baccalauréat)* ≈ Abitur *nt*

maudire [modir] *vt* verfluchen

maudit, e [modi, it] *adj* verflucht

mauresque [mɔrɛsk] *adj* maurisch

Maurice [mɔris] *nf*: **l'île ~** Mauritius *nt*

mauricien, ne [mɔrisjɛ̃, jɛn] *adj* mauritisch

Mauritanie [mɔritani] *nf*: **la ~** Mauretanien *nt*

mausolée [mozɔle] *nm* Mausoleum *nt*

maussade [mosad] *adj* mürrisch; *(ciel, temps)* unfreundlich; **(être) d'humeur ~** mürrisch (sein)

mauvais, e [mɔvɛ, ɛz] *adj* schlecht; *(faux)* falsch; *(méchant, malveillant)* böse ▶ *adv*: **sentir ~** schlecht riechen; **la mer est ~e** das Meer ist stürmisch; **il fait ~** es ist schlechtes Wetter

mauve [mov] *nf* (Bot) Malve *f* ▶ *adj* *(couleur)* malvenfarbig, mauve

maximal, e, -aux [maksimal, o] *adj* maximal

maxime [maksim] *nf* Maxime *f*

maximiser [maksimize] *vt* maximieren

maximum [maksimɔm] *adj* maximal, Höchst- ▶ *nm* Maximum *nt*; **au ~** *(le plus possible)* bis zum Äußersten; *(tout au plus)* höchstens, maximal

Mayence [majɑ̃s] *nf* Mainz *nt*

mayonnaise [majɔnɛz] *nf* Mayonnaise *f*

mazout [mazut] *nm* Heizöl *nt*

mazouté, e [mazute] *adj* ölverschmiert

Me *abr* (= **Maître**) Titel eines Rechtsanwalts oder Notars

me [mə], **m'** *(avant voyelle ou h muet)* *pron* *(acc)* mich; *(dat)* mir

mec [mɛk] *(fam)* *nm* Typ *m*

mécanicien, ne [mekanisjɛ̃, jɛn] *nm/f* Mechaniker(in)

mécanique [mekanik] *adj* mechanisch ▶ *nf* Mechanik *f*; **ennui ~** Motorschaden *m*

mécanisation [mekanizasjɔ̃] *nf* Mechanisierung *f*

mécaniser [mekanize] *vt* mechanisieren

mécanisme [mekanism] *nm* Mechanismus *m*

mécanographie [mekanɔgrafi] *nf* maschinelle Datenverarbeitung *f*

mécanographique [mekanɔgrafik] *adj* *(fiche)* Buchungs-

mécène [mesɛn] *nmf* Mäzen(in) *m(f)*

méchamment [meʃamɑ̃] *adv* böse

méchanceté [meʃɑ̃ste] *nf* Gemeinheit *f*

méchant, e [meʃɑ̃, ɑ̃t] *adj* boshaft, gemein; *(enfant)* unartig, böse; *(animal)* bösartig; *(fam : avant le nom)* übel; **attention, chien ~** Vorsicht, bissiger Hund

mèche [mɛʃ] *nf* (d'une lampe, bougie) Docht *m*; *(d'un explosif)* Zündschnur *f*; *(de vilebrequin, perceuse, de dentiste)* Bohrer *m*; *(de cheveux : coupés)* Locke *f*; (: d'une autre couleur) Strähne *f*

Mecklembourg-Poméranie (Occidentale) [mɛklɑ̃burpɔmerani(ɔksidɑ̃tal)] *nm*: **le ~** Mecklenburg-Vorpommern *nt*

méconnaissable [mekɔnɛsabl] *adj* unkenntlich

méconnaître [mekɔnɛtr] *vt* verkennen

mécontent, e [mekɔ̃tɑ̃, ɑ̃t] *adj*: **~ (de)** unzufrieden (mit) ▶ *nm/f* Miesepeter *m*

mécontenter [mekɔ̃tɑ̃te] *vt* enttäuschen

Mecque [mɛk] *nf*: **La ~** Mekka *nt*

médaille [medaj] *nf* Medaille *f*; **~ d'argent/de bronze/d'or** Silber-/ Bronze-/Goldmedaille *f*

médaillon [medajɔ̃] *nm* Medaillon *nt*

médecin [med(ə)sɛ̃] *nmf* Arzt *m*, Ärztin *f*; **~ de famille** Hausarzt *m*; **~ généraliste** praktischer Arzt *m*; **~ traitant** behandelnder Arzt *m*

médecine [med(ə)sin] *nf* Medizin *f*; *(profession)* Arztberuf *m*; **~ douce** Alternativmedizin *f*, Naturmedizin *f*

médias [medja] *nmpl* Medien *pl*

médiateur, -trice [medjatœr, tris] *nm/f* Vermittler(in)

médiathèque [medjatɛk] *nf* Mediothek *f*

médiation [medjasjɔ̃] *nf* Schlichtung *f*

médiatique [medjatik] *adj* Medien-

médiatisation [medjatizasjɔ̃] *nf* Vermarktung *f* durch die Medien

médiatiser [medjatize] *vt* in den Medien vermarkten

médical, e, -aux [medikal, o] *adj* ärztlich
médicalement [medikalmɑ̃] *adv* ärztlich
médicament [medikamɑ̃] *nm* Medikament *nt*
médication [medikasjɔ̃] *nf* medikamentöse Behandlung *f*
médicinal, e, -aux [medisinal, o] *adj* Heil-
médicolégal, e, -aux [medikɔlegal, o] *adj* gerichtsmedizinisch
médiéval, e, -aux [medjeval, o] *adj* mittelalterlich
médiocre [medjɔkʀ] *adj* mittelmäßig
médiocrité [medjɔkʀite] *nf* Mittelmäßigkeit *f*
médire [mediʀ] : **~ de** *vt* herziehen über +*acc*
médisance [medizɑ̃s] *nf* üble Nachrede *f*
méditatif, -ive [meditatif, iv] *adj* nachdenklich
méditation [meditasjɔ̃] *nf* Meditation *f*; (*fig*) Nachdenken *nt*
méditer [medite] *vt* meditieren *ou* nachdenken über +*acc*; (*préparer*) planen ▶ *vi* nachdenken; (*Rel*) meditieren
Méditerranée [mediteʀane] *nf* : **la (mer) ~** das Mittelmeer
méditerranéen, ne [mediteʀaneɛ̃, ɛn] *adj* Mittelmeer-
médium [medjɔm] *nm* Medium *nt*
médius [medjys] *nm* Mittelfinger *m*
méduse [medyz] *nf* Qualle *f*
méduser [medyze] *vt* sprachlos machen
meeting [mitiŋ] *nm* Treffen *nt*; **~ aérien** Flugschau *f*
méfait [mefɛ] *nm* (*faute*) Missetat *f*; **méfaits** *nmpl* (*ravages*) Schäden *pl*
méfiance [mefjɑ̃s] *nf* Misstrauen *nt*
méfiant, e [mefjɑ̃, jɑ̃t] *adj* misstrauisch
méfier [mefje] : **se méfier** *vpr* sich in Acht nehmen; **se ~ de** misstrauen +*dat*
mégalomane [megalɔman] *adj* größenwahnsinnig ▶ *nmf* Größenwahnsinnige(r) *f(m)*
mégalomanie [megalɔmani] *nf* Größenwahn *m*
mégalopole [megalɔpɔl] *nf* Riesenstadt *f*
méga-octet [megaɔktɛ] *nm* Megabyte *nt*
mégarde [megaʀd] *nf* : **par ~** aus Versehen
mégatonne [megatɔn] *nf* Megatonne *f*
mégot [mego] *nm* Kippe *f*
mégoter [megɔte] (*fam*) *vi* kleinlich sein; **~ sur** knausern mit
meilleur, e [mɛjœʀ] *adj* (*comparatif*) bessere(r, s); (*superlatif*) beste(r, s) ▶ *nm/f* : **le ~, la ~e** der/die/das Beste ▶ *adv* : **il fait ~ qu'hier** es ist schöner als gestern; **c'est la ~e !** das/sie ist die Beste!; **le ~ élève de la classe** der beste Schüler der Klasse; **~ marché** billiger
méjuger [meʒyʒe] *vt* falsch beurteilen
mél [mɛl] *nm* E-Mail *f*
mélancolie [melɑ̃kɔli] *nf* Melancholie *f*
mélancolique [melɑ̃kɔlik] *adj* melancholisch
Mélanésie [melanezi] *nf* : **la ~** Melanesien *nt*
mélange [melɑ̃ʒ] *nm* Mischung *f*
mélanger [melɑ̃ʒe] *vt* mischen; (*mettre en désordre, confondre*) durcheinanderbringen
mélasse [melas] *nf* Melasse *f*
mêlée [mele] *nf* (*bataille, cohue*) (Hand)gemenge *nt*; (*Rugby*) offenes Gedränge *nt*; **entrer dans la ~** sich ins Getümmel stürzen; **dans la ~ générale** im allgemeinen Durcheinander
mêler [mele] *vt* (ver)mischen; (*embrouiller*) verwirren; **se mêler** *vpr* sich vermischen; **~ à** (hinzu)mischen zu; **se ~ à** *ou* **avec** (*chose*) sich vermischen mit; **se ~ à** (*personne*) sich mischen unter +*acc*; **se ~ de** sich mischen in +*acc*; **~ qn à une affaire** jdn in eine Sache verwickeln; **mêle-toi de tes affaires !** kümmere dich um deine eigenen Angelegenheiten!
mélo [melo] (*fam*) *adj* theatralisch
mélodie [melɔdi] *nf* Melodie *f*
mélodieux, -euse [melɔdjø, jøz] *adj* melodisch
mélodramatique [melɔdʀamatik] *adj* melodramatisch
mélodrame [melɔdʀam] *nm* Melodrama *nt*
melon [m(ə)lɔ̃] *nm* Melone *f*
membrane [mɑ̃bʀan] *nf* Membran *f*
membre [mɑ̃bʀ] *nm* (*Anat*) Glied *nt*; (*personne, pays, élément*) Mitglied *nt* ▶ *adj* Mitglieds-; **~ de phrase** Satzglied *nt*; **~s inférieurs** untere Gliedmaßen *pl*; **les Etats ~s de l'Union européenne** die Mitgliedstaaten *pl* der Europäischen Union
mémé [meme] (*fam*) *nf* Oma *f*

MOT-CLÉ

même [mɛm] *adj* **1** (*identique*) gleich; **le/la même ...** der/die/das gleiche ...; **en même temps** gleichzeitig
2 (*semblable*) derselbe/dieselbe/dasselbe ...; **ils ont les mêmes goûts** sie haben den gleichen Geschmack
3 (*après le nom : renforcement*) : **il est la loyauté même** er ist die Treue selbst; **ce sont ses paroles mêmes** das sind genau

seine Worte; **ce sont celles-là mêmes** das sind dieselben
▶ *pron* **1** (*semblable*) der/die/das Gleiche; (*identique*) derselbe/dieselbe/dasselbe; **les mêmes** (*semblables*) die Gleichen; (*identiques*) dieselben; **cela revient au même** das kommt aufs Gleiche heraus; **ce sont toujours les mêmes qui ...** es sind immer dieselben, die ...
▶ *adv* **1** (*renforcement*) : **il n'a même pas pleuré** er hat nicht einmal geweint; **même André l'a dit** sogar André hat es gesagt; **ici même** genau hier; **même si** auch wenn
2 : **à même la bouteille** direkt aus der Flasche; **à même la peau** direkt auf der Haut; **être à même de faire qch** in der Lage sein, etw zu tun
3 : **faire de même** das Gleiche tun; **lui de même** er auch; **de même que** wie auch

mémento [meměto] *nm* (*note*) Notiz f
mémoire [memwaʀ] *nf* Gedächtnis nt; (*Inform*) Speicher m; (*souvenir*) Erinnerung f ▶ *nm* (*Admin, Jur*) Memorandum nt; (*Scol*) Aufsatz m; **mémoires** *nmpl* Memoiren pl; **avoir la ~ des visages/chiffres** ein gutes Personengedächtnis/Zahlengedächtnis haben; **à la ~ de** zur Erinnerung an +*acc*; **pour ~** übrigens; **de ~** auswendig; **~ disponible** Speicherplatz m; **~ de maîtrise** (*Scol*) Magisterarbeit f; **~ morte** ROM nt, Lesespeicher m; **~ principale** Hauptspeicher m; **~ tampon** (*Inform*) Zwischenspeicher m; **~ vive** RAM nt, Lese-Schreibspeicher m
mémorable [memoʀabl] *adj* denkwürdig
mémorandum [memoʀɑ̃dɔm] *nm* Memorandum nt
mémorial, e, -aux [memoʀjal, jo] *nm* Denkmal nt
mémoriser [memoʀize] *vt* sich dat einprägen; (*Inform*) (ab)speichern
menaçant, e [mənasɑ̃, ɑ̃t] *adj* drohend; (*temps*) bedrohlich
menace [mənas] *nf* Drohung f; (*danger*) Bedrohung f
menacer [mənase] *vt* drohen +*dat*
ménage [menaʒ] *nm* (*travail*) Haushalt m; (*couple*) (Ehe)paar nt; (*famille, Admin*) Haushalt m; **faire le ~** den Haushalt machen
ménagement [menaʒmɑ̃] *nm* Rücksicht f; **ménagements** *nmpl* Umsicht f

ménager¹ [menaʒe] *vt* schonen; (*temps, argent*) sparen; (*arranger*) sorgen für; (*installer*) anbringen; **~ ses forces** mit seinen Kräften haushalten
ménager², -ère [menaʒe, ɛʀ] *adj* Haushalts- ▶ *nf* (*femme*) Hausfrau f
ménagerie [menaʒʀi] *nf* (*lieu*) Tierpark m; (*animaux*) Menagerie f
mendiant, e [mɑ̃djɑ̃, jɑ̃t] *nm/f* Bettler(in)
mendicité [mɑ̃disite] *nf* Bettelei f
mendier [mɑ̃dje] *vi* betteln ▶ *vt* betteln um
mener [m(ə)ne] *vt* führen; (*enquête*) durchführen ▶ *vi* (*Sport*) führen; **~ à/chez** (*suj : personne*) mitnehmen nach/zu; (: *train, bus, métro*) fahren nach/zu; **~ à rien** zu nichts führen; **~ à tout** alle Möglichkeiten bieten
meneur, -euse [mənœʀ, øz] *nm/f* Anführer(in); (*péj : agitateur*) Rädelsführer(in); **~ de jeu** (*Radio, TV*) Quizmaster(in) m(f); (*Sport*) Spielmacher(in)
menhir [meniʀ] *nm* Menhir m
méningite [menɛ̃ʒit] *nf* Hirnhautentzündung f
ménisque [menisk] *nm* Meniskus m
ménopause [menopoz] *nf* Wechseljahre pl
menotte [mənɔt] *nf* (*main*) Händchen nt; **menottes** *nfpl* Handschellen pl
mensonge [mɑ̃sɔ̃ʒ] *nm* Lüge f
mensonger, -ère [mɑ̃sɔ̃ʒe, ɛʀ] *adj* verlogen
menstruation [mɑ̃stʀyasjɔ̃] *nf* Menstruation f, Monatsblutung f
mensualiser [mɑ̃sɥalize] *vt* (*salaire*) monatlich zahlen; (*ouvrier, salarié*) monatlich bezahlen
mensualité [mɑ̃sɥalite] *nf* Monatsrate f; (*d'ouvrier*) Monatslohn m; (: *de salarié*) Monatsgehalt nt
mensuel, le [mɑ̃sɥɛl] *adj* monatlich ▶ *nm* Monatszeitschrift f
mensuellement [mɑ̃sɥɛlmɑ̃] *adv* monatlich
mental, e, -aux [mɑ̃tal, o] *adj* (*calcul*) Kopf-; (*maladie*) Geistes-; (*âge*) geistig; (*restriction*) innerlich ▶ *nm* geistige Verfassung f; **avoir un ~ d'acier/à toute épreuve** unerschütterlich sein
mentalement [mɑ̃talmɑ̃] *adv* (*réciter*) auswendig; (*compter*) im Kopf
mentalité [mɑ̃talite] *nf* Denkweise f, Mentalität f
menteur, -euse [mɑ̃tœʀ, øz] *nm/f* Lügner(in)

menthe [mɑ̃t] nf Minze f
mention [mɑ̃sjɔ̃] nf (note) Vermerk m; **~ passable/assez bien/bien/très bien** (Scol) ≈ Note ausreichend/befriedigend/gut/sehr gut; **«rayer la ~ inutile»** „Nichtzutreffendes bitte streichen"
mentionner [mɑ̃sjɔne] vt erwähnen
mentir [mɑ̃tiʀ] vi lügen; **~ à qn** jdn belügen ou anlügen
menton [mɑ̃tɔ̃] nm Kinn nt; **double ~** Doppelkinn nt
menu, e [məny] adj (très petit) winzig; (mince) dünn; (peu important) gering (fügig) ▶ adv : **hacher ~** fein hacken ▶ nm (liste de mets) Speisekarte f; (à prix fixe, Inform) Menü nt; **~ déroulant** Pull-down-Menü nt; **~ de démarrage** Startmenü nt; **~ touristique** Touristenmenü nt; **~e monnaie** Kleingeld nt
menuiserie [mənɥizʀi] nf Schreinerei f; **plafond en ~** Holzdecke f
menuisier [mənɥizje] nm Schreiner m
méprendre [mepʀɑ̃dʀ] : **se méprendre** vpr sich irren; **se ~ sur** sich täuschen in +dat
mépris [mepʀi] nm Verachtung f; **au ~ de** ohne Rücksicht auf +acc
méprisable [mepʀizabl] adj verachtenswert
méprise [mepʀiz] nf Irrtum m; (malentendu) Missverständnis nt
mépriser [mepʀize] vt verachten
mer [mɛʀ] nf Meer nt; **en haute** ou **pleine ~** auf hoher See; **la ~ du Nord** die Nordsee f
mercantilisme [mɛʀkɑ̃tilism] nm Gewinnsucht f
mercatique [mɛʀkatik] nf Marketing nt
mercenaire [mɛʀsənɛʀ] nm Söldner m
mercerie [mɛʀsəʀi] nf (boutique) Kurzwarengeschäft nt; **articles de ~** Kurzwaren pl
merci [mɛʀsi] excl danke; **~ de** ou **pour** vielen Dank für; **à la ~ de qn/qch** jdm/etw ausgeliefert
mercredi [mɛʀkʀədi] nm Mittwoch m; voir aussi **lundi**
mercure [mɛʀkyʀ] nm Quecksilber nt
merde [mɛʀd] (vulg) nf, excl Scheiße f
merdeux, -euse [mɛʀdø, øz] (vulg) nm/f (kleiner) Scheißer m
mère [mɛʀ] nf Mutter f; **maison ~** Muttergesellschaft f; **~ adoptive** Adoptivmutter f; **~ célibataire** ledige Mutter; **~ porteuse** Leihmutter f
merguez [mɛʀgɛz] nf pikante nordafrikanische Wurst aus Lamm- und Rindfleisch

méridional, e, -aux [meʀidjɔnal, o] adj südlich; (du Midi) südfranzösisch ▶ nm/f (du Midi) Südfranzose m, Südfranzösin f
meringue [məʀɛ̃g] nf Baiser nt
mérinos [meʀinos] nm (Zool) Merinoschaf nt; (laine) Merinowolle f
merisier [məʀizje] nm Vogelkirsche f
méritant, e [meʀitɑ̃, ɑ̃t] adj verdienstvoll
mérite [meʀit] nm Verdienst nt
mériter [meʀite] vt verdienen; **~ que** es verdienen, dass
méritocratie [meʀitɔkʀasi] nf Leistungsgesellschaft f
merlan [mɛʀlɑ̃] nm Weißling m
merle [mɛʀl] nm Amsel f
merluche [mɛʀlyʃ] nf Meerhecht m
mérou [meʀu] nm Riesenbarsch m
merveille [mɛʀvɛj] nf Wunder nt; **faire ~** ou **des ~s** Wunder vollbringen; **les Sept M~s du monde** die sieben Weltwunder pl
merveilleux, -euse [mɛʀvɛjø, øz] adj herrlich, wunderbar
mes [me] adj possessif voir **mon**
mésange [mezɑ̃ʒ] nf Meise f
mésaventure [mezavɑ̃tyʀ] nf Missgeschick nt
Mesdames [medam] nfpl voir **Madame**
Mesdemoiselles [medmwazɛl] nfpl voir **Mademoiselle**
mésentente [mezɑ̃tɑ̃t] nf Unstimmigkeit f
mesquin, e [mɛskɛ̃, in] adj kleinlich; **esprit ~** Kleingeist m
mesquinerie [mɛskinʀi] nf Kleinlichkeit f
mess [mɛs] nm Kasino nt
message [mesaʒ] nm Nachricht f; (fig) Botschaft f; **~ publicitaire** Werbung f; **~ SMS** SMS f
messager, -ère [mesaʒe, ɛʀ] nm/f Bote m, Botin f
messagerie [mesaʒʀi] nf (Inform) Mailsystem nt; (sur Internet) Bulletinboard nt; **~ instantanée** Instant Messaging nt, IM nt; **~ vocale** Voicemail f
messe [mɛs] nf Messe f; **~ de minuit** Mitternachtsmesse f
messie [mesi] nm : **le M~** der Messias m
Messieurs [mesjø] nmpl voir **Monsieur**
mesure [m(ə)zyʀ] nf Maß nt; (Mus) Takt m; (fait de mesurer) Messen nt; (disposition, acte) Maßnahme f; **~ de longueur/capacité** Längenmaß nt/Hohlmaß nt; **sur ~** nach Maß; **à la ~ de** angemessen +dat; **dans la ~ où** soweit ou insofern, als; **à la ~ de** nach Art von; **à ~ que** so wie; **être en ~ de faire qch** imstande sein, etw zu tun; **~ de sécurité** Sicherheitsmaßnahme f

mesuré, e [məzyʀe] *adj* gemäßigt
mesurer [məzyʀe] *vt* messen; *(juger)* ermessen, einschätzen; *(modérer)* mäßigen; **se mesurer** *vpr* : **se ~ avec** *ou* **à qn** sich mit jdm messen
métabolisme [metabɔlism] *nm* Stoffwechsel *m*
métal, -aux [metal, o] *nm* Metall *nt*
métallique [metalik] *adj* Metall-; *(éclat, reflet, son)* metallisch
métallisé, e [metalize] *adj* : **peinture ~e** Metalliclackierung *f*
métallurgiste [metalyʀʒist] *nmf* Metallarbeiter(in) *m(f)*
métamorphose [metamɔʀfoz] *nf* Metamorphose *f*; *(fig)* Verwandlung *f*
métaphore [metafɔʀ] *nf* Metapher *f*
métaphorique [metafɔʀik] *adj* metaphorisch, bildlich
métaphysique [metafizik] *nf* Metaphysik *f* ▶ *adj* metaphysisch
métastase [metastaz] *nf* Metastase *f*
métempsycose [metɑ̃psikoz] *nf* Seelenwanderung *f*
météo [meteo] *nf* Wetterbericht *m*
météore [meteɔʀ] *nm* Meteor *m*
météorite [meteɔʀit] *nm ou nf* Meteorit *m*
météorologie [meteɔʀɔlɔʒi] *nf (étude)* Wetterkunde *f*, Meteorologie *f*; *(service)* Wetterdienst *m*
météorologique [meteɔʀɔlɔʒik] *adj* meteorologisch, Wetter-
météorologiste [meteɔʀɔlɔʒist], **météorologue** [meteɔʀɔlɔg] *nmf* Meteorologe *m*, Meteorologin *f*
métèque [metɛk] *(péj) nm* Kaffer *m*
méthadone [metadɔn] *nf* Methadon *nt*
méthane [metan] *nm* Methan *nt*
méthode [metɔd] *nf* Methode *f*; *(ouvrage)* Lehrbuch *nt*
méthodique [metɔdik] *adj* methodisch
méthodiquement [metɔdikmɑ̃] *adv* methodisch
méthodiste [metɔdist] *nmf* Methodist(in) *m(f)*
méticuleux, -euse [metikylø, øz] *adj* gewissenhaft
métier [metje] *nm* Beruf *m*; *(technique, expérience)* Erfahrung *f*; **avoir du ~** Geschick haben; **être du ~** vom Fach sein; **~ à tisser** Webstuhl *m*
métis, se [metis] *adj* Mischlings- ▶ *nm/f* Mischling *m*
métisser [metise] *vt* kreuzen
métrage [metʀaʒ] *nm (mesure)* Vermessen *nt*; *(longueur de tissu)* Länge *f*; **long ~** *(langer)* Spielfilm *m*; **moyen ~** Film *m* mittlerer Länge; **court ~** Kurzfilm *m*

mètre [mɛtʀ] *nm* Meter *m ou nt*; *(règle, ruban)* Metermaß *nt*; **un cent/huit cents ~s** *(Sport)* ein Hundert-/Achthundertmeterlauf *m*; **~ carré** Quadratmeter *m*; **~ cube** Kubikmeter *m*
métrer [metʀe] *vt* vermessen
métrique [metʀik] *adj* metrisch
métro [metʀo] *nm* U-Bahn *f*
métronome [metʀɔnɔm] *nm* Metronom *nt*
métropole [metʀɔpɔl] *nf (capitale)* Hauptstadt *f*; *(France)* Frankreich *nt*
métropolitain, e [metʀɔpɔlitɛ̃, ɛn] *adj (territoire, troupe)* französisch
mets [mɛ] *nm* Gericht *nt*
metteur, -euse [metœʀ, øz] *nm/f* : **~ en scène** Regisseur(in)

(MOT-CLÉ)

mettre [mɛtʀ] *vt* **1** *(placer)* tun, setzen, stellen, legen; **mettre ses gants dans un tiroir** die Handschuhe in eine Schublade legen; **mettre le couvercle sur une casserole** den Deckel auf einen Topf tun; **mettre une lettre dans une enveloppe** einen Brief in einen Umschlag stecken; **mettre en bouteille** in Flaschen (ab)füllen; **mettre à la poste** zur Post geben; **mettre debout/assis** hinstellen/hinsetzen

2 *(vêtements : revêtir)* anziehen; *(: porter)* tragen; **mets ton bonnet** zieh eine Mütze an; **je ne mets plus mon manteau** ich trage meinen Mantel nicht mehr

3 *(faire fonctionner : chauffage, électricité)* anmachen, anstellen; *(: réveil, minuteur)* stellen; **faire mettre le gaz/l'électricité** Gas/Elektrizität legen lassen; **mettre en marche** in Gang setzen

4 *(consacrer)* : **mettre du temps/deux heures à faire qch** lang/zwei Stunden brauchen, um etw zu machen; **y mettre du sien** sich einsetzen

5 *(écrire)* schreiben; **mettez ... au pluriel** bilden Sie den Plural von ...

6 *(supposer)* : **mettons que ...** angenommen, ...

▶ **se mettre** *vpr* **1** *(réfléchi : se placer)* sich setzen; *(: debout)* sich hinstellen; *(: dans une situation)* sich bringen; **vous pouvez vous mettre là** Sie können sich dort hinsetzen; **se mettre au lit** sich ins Bett legen; **se mettre bien avec qn** sich mit jdm gut stellen; **se mettre qn à dos** jdn gegen sich aufbringen

2 *(s'habiller)* : **se mettre en maillot de bain** sich *dat* einen Badeanzug anziehen;

n'avoir rien à se mettre nichts anzuziehen haben
3 : **se mettre à** sich machen an +*acc*; **se mettre au travail** sich an die Arbeit machen; **se mettre à faire qch** anfangen, etw zu tun; **se mettre au piano** (*s'asseoir*) sich ans Klavier setzen; (*apprendre*) anfangen, Klavierspielen zu lernen; **se mettre au régime** eine Diät anfangen

meuble [mœbl] *nm* Möbelstück *nt*; **~s** Möbel *pl* ▶ *adj* (*sol, terre*) locker; **biens ~s** (*Jur*) bewegliches Gut *nt*

meublé, e [mœble] *adj* : **chambre ~e** möbliertes Zimmer *nt*; (*appartement, chambre*) möbliert ▶ *nm* (*chambre*) möbliertes Zimmer *nt*; (*appartement*) möblierte Wohnung *f*

meubler [mœble] *vt* möblieren; (*fig*) erfüllen

meuf [mœf] (*fam*) *nf* Tussi *f*

meunier, -ière [mønje, jɛʀ] *nm/f* Müller(in); **truite meunière** Forelle *f* Müllerin

meurtre [mœʀtʀ] *nm* Mord *m*

meurtrier, -ière [mœʀtʀije, ijɛʀ] *nm/f* Mörder(in) ▶ *adj* mörderisch; (*arme*) Mord-

meurtrir [mœʀtʀiʀ] *vt* quetschen; (*fig*) verletzen

meurtrissure [mœʀtʀisyʀ] *nf* blauer Fleck *m*; (*d'un fruit, légume*) Druckstelle *f*

Meuse [møz] *nf* : **la ~** die Maas *f*

meute [møt] *nf* Meute *f*

mexicain, e [mɛksikɛ̃, ɛn] *adj* mexikanisch ▶ *nm/f* : **Mexicain, e** Mexikaner(in)

Mexico [mɛksiko] *nm* Mexiko *nt*

Mexique [mɛksik] *nm* : **le ~** Mexiko *nt*

mi [mi] *nm* (*Mus*) E *nt* ▶ *préf* halb-; **à la mi-janvier** Mitte Januar; **à mi-hauteur** auf halber Höhe

miaulement [mjolmɑ̃] *nm* Miauen *nt*

miauler [mjole] *vi* miauen

miche [miʃ] *nf* Laib *m* (Brot)

mi-chemin [miʃmɛ̃] : **à ~** *adv* auf halbem Wege

mi-clos, e [miklo, kloz] (*pl* **mi-clos, es**) *adj* halb geschlossen

micmac [mikmak] (*fam*) *nm* Tricks *pl*

micro [mikʀo] *nm* (*microphone*) Mikrofon *nt*

microbe [mikʀɔb] *nm* Mikrobe *f*

microbiologie [mikʀobjɔlɔʒi] *nf* Mikrobiologie *f*

microchirurgie [mikʀoʃiʀyʀʒi] *nf* Mikrochirurgie *f*

microcosme [mikʀokɔsm] *nm* Mikrokosmos *m*

213 | mieux

microédition [mikʀoedisjɔ̃] *nf* Desktop-Publishing *nt*

microélectronique [mikʀoelɛktʀɔnik] *nf* Mikroelektronik *f*

microfibre [mikʀofibʀə] *nf* Mikrofaser *f*

microfiche [mikʀofiʃ] *nf* Mikrofiche *nt ou m*

microfilm [mikʀofilm] *nm* Mikrofilm *m*

Micronésie [mikʀonezi] *nf* : **la ~** Mikronesien *nt*

micro-onde [mikʀoɔ̃d] (*pl* **micro-ondes**) *nf* Mikrowelle *f*; **(four à) ~s** Mikrowellenherd *m* ▶ *nm* : **un ~(s)** ein Mikrowellenherd *m*

micro-organisme [mikʀoɔʀganism] (*pl* **micro-organismes**) *nm* Mikroorganismus *m*

microphone [mikʀofon] *nm* Mikrofon *nt*

microplaquette [mikʀoplakɛt] *nf* Mikrochip *m*

microprocesseur [mikʀopʀosɛsœʀ] *nm* Mikroprozessor *m*

microscope [mikʀoskɔp] *nm* Mikroskop *nt*; **~ électronique** Elektronenmikroskop *nt*

microsillon [mikʀosijɔ̃] *nm* Langspielplatte *f*

midi [midi] *nm* (*milieu du jour*) Mittag *m*; (*sud*) Süden *m*; **à ~** um zwölf Uhr; **tous les ~s** jeden Mittag; **le M~** (*de la France*) Südfrankreich *nt*

midinette [midinɛt] *nf* dummes Gänschen *nt*

mie [mi] *nf* weiches Inneres *nt* (des Brotes)

miel [mjɛl] *nm* Honig *m*

mielleux, -euse [mjelø, øz] (*péj*) *adj* zuckersüß

mien, ne [mjɛ̃, mjɛn] *pron* : **le/la ~(ne)** meine(r, s); **les ~s** meine

miette [mjɛt] *nf* Krümel *m*; **ne pas perdre une ~ de qch** kein Quäntchen von etw versäumen

(MOT-CLÉ)

mieux [mjø] *adv* **1** (*comparatif*) : **mieux (que)** besser (als); **elle travaille/mange mieux** sie arbeitet/isst besser; **elle travaille mieux que lui** sie arbeitet besser als er; **elle va mieux** es geht ihr besser; **aimer mieux** lieber mögen; **j'attendais mieux de vous** ich hatte etw Besseres von Ihnen erwartet; **de mieux en mieux** immer besser
2 (*superlatif*) am besten; **ce que je sais le mieux faire** was ich am besten kann; **les travaux les mieux faits** die am besten ausgeführten Arbeiten; **au mieux** bestenfalls; **être au mieux avec qn** mit jdm bestens stehen

▶ *adj* **1**(*comparatif*) besser; **se sentir mieux** sich besser fühlen; **c'est mieux ainsi** so ist es besser
2(*superlatif*): **le mieux des deux** der/die/das Bessere von beiden; **le/la mieux** der/die/das Beste; **les mieux** die Besten
3(*plus joli*): **il est mieux sans moustache/que son frère** er sieht besser aus ohne Schnurrbart/als sein Bruder
▶ *nm* **1**(*amélioration, progrès*) Verbesserung f
2(*qch de mieux*): **faute de mieux** in Ermangelung einer besseren Lösung; **pour le mieux** zum Besten
3: **de mon/ton mieux** so gut wie ich kann/du kannst; **faire de son mieux** sein Bestes tun

mieux-être [mjøzɛtʀ] *nm inv* höherer Lebensstandard m
mièvre [mjɛvʀ] *adj* geziert
mignon, ne [miɲɔ̃, ɔn] *adj* niedlich, süß; (*aimable, gentil*) nett
migraine [migʀɛn] *nf* Migräne f
migrant, e [migʀɑ̃, ɑ̃t] *nm/f* Wanderarbeiter(in)
migrateur, -trice [migʀatœʀ, tʀis] *adj* (*oiseau*) Zug-
migration [migʀasjɔ̃] *nf* (*de populations*) Wanderung f; (*d'oiseaux, de poissons*) Zug m
mijoter [miʒɔte] *vt* (*plat*) schmoren; (: *préparer avec soin*) liebevoll zubereiten; (*tramer*) aushecken ▶ *vi* schmoren
milice [milis] *nf* Miliz f
milieu, x [miljø] *nm* Mitte f; (*Biol, Géo*) Lebensraum m; (*entourage*) Milieu nt; (*pègre*) Unterwelt f; **au ~ de** mitten in +dat; **au beau** ou **en plein ~ (de)** mitten in +dat; **le juste ~** die goldene Mitte
militaire [militɛʀ] *adj* Militär- ▶ *nmf* Soldat(in) m(f); **marine ~** Marine f; **service ~** Militärdienst m
militant, e [militɑ̃, ɑ̃t] *nm/f* Militante(r) f(m)
militantisme [militɑ̃tism] *nm* militante Haltung f
militariser [militaʀize] *vt* militarisieren
militarisme [militaʀism] *nm* Militarismus m
militariste [militaʀist] *adj* militaristisch
militer [milite] *vi*: **~ pour/contre** sich einsetzen für/gegen
milk-shake [milkʃɛk] (*pl* **milk-shakes**) *nm* Milchshake m
mille [mil] *num* (ein)tausend ▶ *nm*: **mettre dans le ~** ins Schwarze treffen; **~ marin** *nm* Seemeile f

millefeuille [milfœj] *nm* (*Culin*) Blätterteiggebäck nt mit Cremefüllung
millénaire [milenɛʀ] *nm* Jahrtausend nt
▶ *adj* tausendjährig
millepatte [milpat] *nm* Tausendfüßler m
millésime [milezim] *nm* (*d'un vin*) Jahrgang m
millésimé, e [milezime] *adj* mit Jahrgangsangabe
millet [mijɛ] *nm* Hirse f
milliard [miljaʀ] *nm* Milliarde f
milliardaire [miljaʀdɛʀ] *nmf* Milliardär(in) m(f)
millième [miljɛm] *num* tausendstel
▶ *adj* tausendste(r, s) ▶ *nm* Tausendstel nt
millier [milje] *nm* Tausend nt; **un ~ (de)** etwa tausend; **par ~s** zu Tausenden
milligramme [miligʀam] *nm* Milligramm nt
millilitre [mililitʀ] *nm* Milliliter m
millimètre [milimɛtʀ] *nm* Millimeter m
millimétré, e [milimetʀe] *adj*: **papier ~** Millimeterpapier nt
million [miljɔ̃] *nm* Million f
millionnaire [miljɔnɛʀ] *nmf* Millionär(in) m(f)
mime [mim] *nmf* (*acteur*) Pantomime m, Pantomimin f ▶ *nm* (*art*) Pantomime f
mimer [mime] *vt* pantomimisch darstellen; (*imiter*) nachmachen
mimétisme [mimetism] *nm* Mimese f
mimique [mimik] *nf* Mimik f
mimosa [mimoza] *nm* Mimose f
minable [minabl] *adj* erbärmlich
minaret [minaʀɛ] *nm* Minarett nt
minauder [minode] *vi* sich geziert benehmen
minauderies [minodʀi] *nfpl* Getue nt
mince [mɛ̃s] *adj* dünn; (*svelte*) schlank; (*profit, connaissances*) gering; (*prétexte*) fadenscheinig; **~ alors!** verflixt!
minceur [mɛ̃sœʀ] *nf* Dünne f, Schlankheit f
mincir [mɛ̃siʀ] *vi* abnehmen
mine [min] *nf* (*figure, physionomie*) Miene f; (*allure*) Aussehen nt; (*gisement*) Bergwerk nt; (*de crayon, explosif*) Mine f; **une ~ de** (*fig*) eine Fundgrube an +dat; **avoir bonne ~** gut aussehen; **avoir mauvaise ~** schlecht aussehen; **faire ~ de faire qch** so tun, als täte man etw; **faire des ~s** sich auffällig benehmen; **~ de rien** mit einer Unschuldsmiene; **~ antipersonnel** Landmine f
miner [mine] *vt* (*saper*) aushöhlen; (*fig*) unterminieren; (*Mil*) verminen
minerai [minʀɛ] *nm* Erz nt
minéral, e, -aux [mineʀal, o] *adj* Mineral- ▶ *nm* Mineral nt

minéralogique [mineralɔʒik] *adj*: **plaque ~** Nummernschild *nt*

minet, te [minɛ, ɛt] *nm/f (chat)* Kätzchen *nt* ▶ *nf (péj)* Modepüppchen *nt*

mineur, e [minœʀ] *adj* zweitrangig; *(Jur)* minderjährig ▶ *nm/f (Jur)* Minderjährige(r) *f(m)* ▶ *nm (travailleur)* Bergmann *m*

miniature [minjatyʀ] *adj* Miniatur- ▶ *nf* Miniatur *f*; **en ~** im Kleinformat

miniaturiser [minjatyʀize] *vt* miniaturisieren

minibus [minibys] *nm* Minibus *m*

minichaîne [miniʃɛn] *nf* Kompaktanlage *f*

minier, -ière [minje, jɛʀ] *adj (gisement, industrie)* Bergwerks-, Bergbau-; *(pays, bassin)* Bergbau-

minijupe [miniʒyp] *nf* Minirock *m*

minimal, e, -aux [minimal, o] *adj (dose)* Mindest-, minimal, Tiefst-

minime [minim] *adj* sehr klein ▶ *nmf (Sport)* Junior(in) *m(f)*

minimiser [minimize] *vt* bagatellisieren

minimum, -ma [minimɔm, a] *adj (âge)* Mindest- ▶ *nm* Minimum *nt*; **un ~ de** ein Minimum an +*dat*; **au ~** mindestens; **minima sociaux** Mindestsozialleistungen *fpl*; **~ vital** Existenzminimum *nt*

ministère [ministɛʀ] *nm* Ministerium *nt*; *(portefeuille)* Ministerposten *m*; *(gouvernement)* Regierung *f*; *(Rel)* Priesteramt *nt*; **~ des Affaires étrangères** Außenministerium *nt*; **~ public** *(Jur)* Staatsanwaltschaft *f*

ministériel, le [ministeʀjɛl] *adj* Regierungs-

ministre [ministʀ] *nmf* Minister(in) *m(f)*; *(Rel)* Pfarrer(in) *m(f)*; **~ d'État** Staatsminister(in) *m(f)*

minoritaire [minɔʀitɛʀ] *adj* Minderheits-; *(en sociologie)* Minderheiten-

minorité [minɔʀite] *nf* Minderheit *f*; *(d'une personne : période)* Minderjährigkeit *f*; **être en ~** in der Minderheit sein

Minorque [minɔʀk] *nf* Menorca *nt*

minuit [minɥi] *nm* Mitternacht *f*

minuscule [minyskyl] *adj* winzig, sehr klein; **un a ~** ein kleines a ▶ *nf*: **(lettre) ~** kleiner Buchstabe *m*

minute [minyt] *nf* Minute *f*; *(Jur)* Urschrift *f*; **d'une ~ à l'autre** jeden Augenblick; **entrecôte** *ou* **steak ~** Minutensteak *nt*

minuter [minyte] *vt* zeitlich genau festlegen

minuterie [minytʀi] *nf* Schaltuhr *f*

minutie [minysi] *nf* Gewissenhaftigkeit *f*

minutieusement [minysjøzmã] *adv* sehr genau

minutieux, -euse [minysjø, jøz] *adj* gewissenhaft, äußerst genau

mirabelle [miʀabɛl] *nf (fruit)* Mirabelle *f*

miracle [miʀakl] *nm* Wunder *nt*

miraculeux, -euse [miʀakylø, øz] *adj* wunderbar

mirage [miʀaʒ] *nm* Fata Morgana *f*

mire [miʀ] *nf (TV)* Testbild *nt*; **être le point de ~** *(fig)* der Mittelpunkt sein

miroir [miʀwaʀ] *nm* Spiegel *m*

miroiter [miʀwate] *vi* spiegeln; **faire ~ qch à qn** jdm etw in den leuchtendsten Farben ausmalen

miroiterie [miʀwatʀi] *nf* Glaserei *f*

mis, e [mi, miz] *adj (table)* gedeckt

misanthrope [mizɑ̃tʀɔp] *nm* Menschenfeind *m*

mise [miz] *nf (au jeu)* Einsatz *m*; *(tenue)* Kleidung *f*; **~ à jour** Aktualisierung *f*; *(Inform)* Update *nt*; **~ au point** *(Photo)* Scharfstellen *nt*; *(fig)* Richtigstellung *f*; **~ de fonds** Investition *f*; **~ en scène** Inszenierung *f*

miser [mize] *vt (enjeu)* setzen; **~ sur** setzen auf +*acc*; *(fig)* rechnen mit

misérable [mizeʀabl] *adj* elend; *(insignifiant)* kümmerlich; *(honteux, mesquin)* jämmerlich ▶ *nmf* Elende(r) *f(m)*

misère [mizɛʀ] *nf* Armut *f*; **misères** *nfpl* *(malheurs)* Elend *nt*; *(ennuis)* Sorgen *pl*; **salaire de ~** Hungerlohn *m*; **faire des ~s à qn** jdn quälen *ou* schikanieren

miséricorde [mizeʀikɔʀd] *nf* Barmherzigkeit *f*

misogyne [mizɔʒin] *adj* frauenfeindlich ▶ *nmf* Frauenfeind(in) *m(f)*

missel [misɛl] *nm* Messbuch *nt*

missile [misil] *nm* Rakete *f*; **~ de croisière** Marschflugkörper *m*, Cruise-Missile *nt*; **~ téléguidé** Lenkflugkörper *m*

mission [misjɔ̃] *nf (charge, tâche)* Auftrag *m*; *(Rel)* Mission *f*; **~ de reconnaissance** Aufklärungsmission *f*

missionnaire [misjɔnɛʀ] *nmf* Missionar(in) *m(f)*

missive [misiv] *nf* Schreiben *nt*

mistral [mistʀal] *nm* Mistral *m*

mite [mit] *nf* Motte *f*

mité, e [mite] *adj* mottenzerfressen

mi-temps [mitɑ̃] *nf inv (Sport)* Halbzeit *f* ▶ *nm inv* Halbtagsarbeit *f*; **travailler à ~** halbtags arbeiten

mitigation [mitigasjɔ̃] *nf*: **~ des peines** Strafmilderung *f*

mitigé, e [mitiʒe] *adj* gemäßigt
mitraille [mitʀaj] *nf (décharge)* Geschützfeuer *nt*
mitrailler [mitʀaje] *vt (avion, train)* (mit Maschinengewehren) beschießen; *(photographier)* (immer wieder) knipsen; **~ qn de questions** jdn mit Fragen bombardieren
mitraillette [mitʀajɛt] *nf* Maschinenpistole *f*
mitrailleur [mitʀajœʀ] *nm* MG-Schütze *m*
mitrailleuse [mitʀajøz] *nf* Maschinengewehr *nt*
mi-voix [mivwa] : **à ~** *adv* halblaut
mixage [miksaʒ] *nm* Tonmischung *f*
mixer, mixeur [miksœʀ] *nm (Culin)* Mixer *m*
mixité [miksite] *nf* Mischung *f*; **~ sociale** soziale Mischung *f*
mixte [mikst] *adj* gemischt; **mariage ~** Mischehe *f*; **à usage ~** Mehrzweck-; **double ~** gemischtes Doppel *nt*
mixture [mikstyʀ] *nf* Mixtur *f*; *(péj : boisson)* Gesöff *nt*
MJC [ɛmʒise] *sigle f* = **Maison des jeunes et de la culture**
ml *abr* (= *millilitre*) ml
MLF [ɛmɛlɛf] *sigle m* (= *Mouvement de libération de la femme*) Frauenbewegung *f*
Mlle (*pl* **Mlles**) *abr* (= *Mademoiselle*) Frl
MM *abr* = **Messieurs**
mm *abr* (= *millimètre*) mm
Mme (*pl* **Mmes**) *abr* (= *Madame*) Fr
mn *abr* (= *minute*) Min
Mo *abr* (Inform : = *méga-octet*) MB, Megabyte *nt*
mobile [mɔbil] *adj* beweglich; *(nomade)* Wander-, mobil ▶ *nm (motif)* Beweggrund *m*; *(téléphone)* Handy *nt*
mobilier, -ière [mɔbilje, jɛʀ] *adj (Jur)* beweglich ▶ *nm (meubles)* Mobiliar *nt*; **effets ~s** übertragbare Effekte *pl*; **valeurs mobilières** übertragbare Werte *pl*; **vente mobilière** Eigentumsverkauf *m*; **saisie mobilière** Eigentumspfändung *f*
mobilisation [mɔbilizasjɔ̃] *nf* Mobilisieren *nt*; **~ générale** allgemeine Mobilmachung *f*
mobiliser [mɔbilize] *vt* mobilisieren; *(fig : enthousiasme, courage)* wecken
mobilité [mɔbilite] *nf* Mobilität *f*, Beweglichkeit *f*
mobylette® [mɔbilɛt] *nf* Mofa *nt*
mocassin [mɔkasɛ̃] *nm* Mokassin *m*
moche [mɔʃ] *(fam) adj* hässlich
modalité [mɔdalite] *nf* Modalität *f*; **~s de paiement** Zahlungsbedingungen *pl*

mode [mɔd] *nf* Mode *f* ▶ *nm* Art *f*, Weise *f*; *(Ling, Inform)* Modus *m*; **à la ~** modisch; **~ autonome** *(Inform)* Offline-Betrieb *m*; **~ connecté** *(Inform)* Online-Betrieb *m*; **~ d'emploi** Gebrauchsanweisung *f*; **~ de paiement** Zahlungsweise *f*
modèle [mɔdɛl] *nm* Modell *nt*; *(exemple)* Beispiel *nt* ▶ *adj* mustergültig; *(cuisine, ferme)* Muster-; **~ déposé** eingetragenes Warenzeichen *nt*; **~ réduit** : *(avion/voiture)* **~ réduit** Modellflugzeug *nt*/Modellauto *nt*
modeler [mɔd(ə)le] *vt* modellieren; **~ sa conduite sur celle de son père** sich *dat* ein Beispiel am Verhalten des Vaters nehmen
modem [mɔdɛm] *nm* Modem *nt*
modérateur, -trice [mɔdeʀatœʀ, tʀis] *nm/f* Schlichter(in)
modération [mɔdeʀasjɔ̃] *nf (qualité)* Mäßigung *f*
modéré, e [mɔdeʀe] *adj* gemäßigt; *(prix, vent, température)* mäßig ▶ *nm/f (Pol)* Gemäßigte(r)
modérément [mɔdeʀemɑ̃] *adv* in Maßen
modérer [mɔdeʀe] *vt* mäßigen; *(dépenses)* einschränken; *(allure, vitesse)* drosseln; **se modérer** *vpr* sich mäßigen
moderne [mɔdɛʀn] *adj* modern; *(langues, histoire)* neuere(r, s)
modernisation [mɔdɛʀnizasjɔ̃] *nf* Modernisierung *f*
moderniser [mɔdɛʀnize] *vt* modernisieren
modeste [mɔdɛst] *adj* bescheiden; *(employé, commerçant)* klein
modestement [mɔdɛstəmɑ̃] *adv* bescheiden
modestie [mɔdɛsti] *nf* Bescheidenheit *f*
modification [mɔdifikasjɔ̃] *nf* (Ver) änderung *f*
modifier [mɔdifje] *vt* (ver)ändern, modifizieren; **se modifier** *vpr* sich ändern, sich wandeln
modique [mɔdik] *adj* gering
modulation [mɔdylasjɔ̃] *nf* : **~ de fréquence** Frequenzmodulation *f*
module [mɔdyl] *nm* Modul *nt*; *(élément)* (Bau)element *nt*; **~ de commande** Kommandokapsel *f*
moduler [mɔdyle] *vt* modulieren
moelle [mwal] *nf* Mark *nt*
moelleux, -euse [mwalø, øz] *adj* weich; *(aliment)* cremig
mœurs [mœʀ(s)] *nfpl* Sitten *pl*; *(pratiques sociales, coutumes)* Bräuche *pl*; **~ simples** einfaches Leben *nt*; **contraire aux bonnes ~** gegen die guten Sitten

momentané

MOT-CLÉ

moi [mwa] *pron* **1** (*sujet*) ich; **c'est moi** ich bins; **c'est moi qui l'ai fait** das habe ich gemacht; **il l'a fait mieux que moi** er hat es besser als ich gemacht
2 (*objet direct: après prép avec acc*) mich; **c'est moi que vous avez appelé?** haben Sie mich gerufen?; **pour moi** für mich
3 (*objet indirect: après prép avec dat*) mir; **apporte-le-moi** bring es mir; **donnez-m'en** geben Sie mir etw davon; **à moi** mir; **avec moi** mit mir; **chez moi** bei mir (zu Hause); **le livre est à moi** das ist mein Buch
4 (*emphatique*): **moi, je …** ich (für mein Teil) …
▶ *nm* (*Psych*) Ich *nt*

moignon [mwaɲɔ̃] *nm* Stumpf *m*
moindre [mwɛ̃dʀ] *adj* geringer; **le/la ~** der/die/das Geringste
moine [mwan] *nm* Mönch *m*
moineau (*pl* **moineaux**) [mwano] *nm* Spatz *m*

MOT-CLÉ

moins [mwɛ̃] *adv* **1** (*comparatif*): **moins (que)** weniger (als); **elle travaille moins que moi** sie arbeitet weniger als ich; **il a 3 ans de moins que moi** er ist 3 Jahre jünger als ich; **moins grand que** kleiner als; **moins je travaille, mieux je me porte** je weniger ich arbeite, desto besser geht es mir
2 (*superlatif*): **le moins** am wenigsten; **c'est ce que j'aime le moins** das mag ich am wenigsten; **le moins doué** der am wenigsten Begabte, der Unbegabteste; **au moins** wenigstens; **du moins** wenigstens; **pour le moins** mindestens
3: **moins de** weniger; **moins de sable/ de livres** weniger Sand/Bücher; **moins de 2 ans/100 euros** weniger als 2 Jahre/100 Euro
4: **100 euros/3 jours de moins** 100 Euro/3 Tage weniger; **de l'argent en moins** weniger Geld; **le soleil en moins** ohne die Sonne; **à moins que** conj es sei denn, dass; **à moins de** ≈ ausgenommen; **à moins de prendre un taxi, nous serons en retard** wenn wir kein Taxi nehmen, kommen wir zu spät; **à moins que tu ne fasses** wenn du nicht etw tust; **à moins que tu ne te maries** es sei denn, du heiratest; **à moins d'un accident** wenn kein Unfall passiert
▶ *prép* weniger, minus; **4 moins 2** 4 weniger *ou* minus 2; **il est (six heures) moins cinq** es ist fünf vor (sechs); **il était moins cinq** (*fig*) es war fünf vor zwölf; **il fait moins 5** es ist minus 5 (Grad)

mois [mwa] *nm* Monat *m*; (*salaire*) Monatsgehalt *nt*
moisi, e [mwazi] *adj* schimmelig ▶ *nm* Schimmel *m*
moisir [mwaziʀ] *vi* schimmeln; (*fig*) gammeln
moisissure [mwazisyʀ] *nf* Schimmel *m*
moisson [mwasɔ̃] *nf* Ernte *f*
moissonner [mwasɔne] *vt* (*céréales*) ernten; (*champ*) abernten
moissonneur, -euse [mwasɔnœʀ, øz] *nm/f* Erntearbeiter(in) ▶ *nf* (*machine*) Mähmaschine *f*
moite [mwat] *adj* feucht
moitié [mwatje] *nf* Hälfte *f*; **sa ~** (*épouse*) seine bessere Hälfte
molaire [mɔlɛʀ] *nf* Backenzahn *m*
Moldavie [mɔldavi] *nf*: **la ~** Moldawien *nt*
môle [mol] *nm* Mole *f*
moléculaire [mɔlekylɛʀ] *adj* molekular
molécule [mɔlekyl] *nf* Molekül *nt*
molester [mɔlɛste] *vt* misshandeln
molle [mɔl] *adj f voir* **mou**
mollement [mɔlmɑ̃] *adv* (*faiblement*) schwach; (*nonchalamment*) lässig
mollet [mɔlɛ] *nm* Wade *f* ▶ *adj m*: **œuf ~** weich gekochtes Ei *nt*
molleton [mɔltɔ̃] *nm* Molton *m*
molletonné, e [mɔltɔne] *adj* gefüttert
mollir [mɔliʀ] *vi* weich werden; (*vent*) abflauen; (*courage*) nachlassen
mollusque [mɔlysk] *nm* Weichtier *nt*
môme [mom] (*fam*) *nmf* (*enfant*) Knirps *m*
moment [mɔmɑ̃] *nm* Moment *m*, Augenblick *m*; **les grands ~s de l'histoire** die großen Augenblicke *ou* Momente der Geschichte; **un ~ de gêne/bonheur** ein peinlicher/ glücklicher Moment *ou* Augenblick; **profiter du ~** die Gelegenheit beim Schopf packen; **ce n'est pas le ~** jetzt ist nicht der richtige Zeitpunkt; **à un ~ donné** zu einem bestimmten Zeitpunkt; **pour un bon ~** eine ganze Zeit lang; **pour le ~** im Moment *ou* Augenblick; **au ~ de partir** beim Gehen; **au ~ où** in dem Moment, als; **à tout ~** jederzeit; **en ce ~** jetzt; **sur le ~** zu der Zeit; **par ~s** ab und zu; **d'un ~ à l'autre** jeden Augenblick; **du ~ où** *ou* **que** da
momentané, e [mɔmɑ̃tane] *adj* momentan, augenblicklich

momie [mɔmi] nf Mumie f
mon, ma [mɔ̃, ma] (pl **mes**) adj possessif mein(e)
Monaco [mɔnako] nm : **(la principauté de) ~** (das Fürstentum) Monaco nt
monarchie [mɔnaʀʃi] nf Monarchie f
monarque [mɔnaʀk] nm Monarch(in) m(f)
monastère [mɔnastɛʀ] nm Kloster nt
monceau, x [mɔ̃so] nm Haufen m
mondain, e [mɔ̃dɛ̃, ɛn] adj gesellschaftlich; (peintre, soirée) Gesellschafts-; **carnet ~** Klatschblatt nt
mondanités [mɔ̃danite] nfpl gesellschaftliches Leben nt
monde [mɔ̃d] nm Welt f; (gens) Leute pl; **le ~** (la bonne société) die (feine) Gesellschaft f, die High Society f; **le ~ capitaliste** die kapitalistische Welt; **le ~ végétal** die Pflanzenwelt; **il y a du ~** es sind viele Leute da; **beaucoup/peu de ~** viele/wenige Leute; **l'autre ~** das Jenseits; **tout le ~** alle, jedermann; **pas le moins du ~** nicht im Geringsten; **homme/femme du ~** Mann m/Frau f von Welt
mondial, e, -aux [mɔ̃djal, jo] adj Welt-; **à l'échelon ~** weltweit
mondialement [mɔ̃djalmɑ̃] adv weltweit
mondialisation [mɔ̃djalizasjɔ̃] nf Globalisierung f
mondovision [mɔ̃dɔvizjɔ̃] nf weltweite Fernsehsendung f
monégasque [mɔnegask] adj monegassisch
monétaire [mɔnetɛʀ] adj (unité) Währungs-; (circulation) Geld-
monétique [mɔnetik] nf Plastikgeld nt
monétiser [mɔnetize] vt monetarisieren
mongol, e [mɔ̃gɔl] adj mongolisch ▶ nm/f : **Mongol, e** Mongole m, Mongolin f
Mongolie [mɔ̃gɔli] nf : **la ~** die Mongolei
mongolien, ne [mɔ̃gɔljɛ̃, jɛn] adj mongoloid ▶ nm/f Mongoloide(r) f(m)
moniteur, -trice [mɔnitœʀ, tʀis] nm/f (Sport) Lehrer(in); (de ski) Skilehrer(in); (de colonie de vacances) Animateur(in) ▶ nm (Inform) Monitor m, Bildschirm m
monnaie [mɔnɛ] nf (pièce) Münze f; (Écon) Währung f; (petites pièces) Kleingeld nt; **faire de la ~** Geld wechseln; **faire** ou **donner à qn la ~ de 20 euros** jdm 20 Euro wechseln; **rendre à qn la ~ (sur 20 euros)** jdm (auf 20 Euro) herausgeben
monnayeur [mɔnɛjœʀ] nm (appareil) Geldwechselautomat m

monochrome [mɔnokʀom] adj einfarbig; (écran) monochrom
monocle [mɔnɔkl] nm Monokel nt
monocorde [mɔnɔkɔʀd] adj monoton
monoculture [mɔnokyltyʀ] nf Monokultur f
monogamie [mɔnogami] nf Monogamie f
monogramme [mɔnogʀam] nm Monogramm nt
monolingue [mɔnolɛ̃g] adj einsprachig
monologue [mɔnolog] nm Selbstgespräch nt; (Théât) Monolog m
monologuer [mɔnologe] vi Selbstgespräche führen
monoparental, e, -aux [mɔnopaʀɑ̃tal, o] adj nur mit einem Elternteil
monoplace [mɔnoplas] adj einsitzig ▶ nm, nf Einsitzer m
monopole [mɔnopɔl] nm Monopol nt
monopoliser [mɔnopolize] vt monopolisieren; (fig) für sich allein beanspruchen
monoski [mɔnoski] nm Monoski m
monospace [mɔnospas] nm Van m
monosyllabe [mɔnosi(l)lab] nm einsilbiges Wort nt
monotone [mɔnotɔn] adj monoton
monotonie [mɔnotoni] nf Monotonie f
monseigneur [mɔ̃sɛɲœʀ] nm Seine Exzellenz
Monsieur [məsjø] (pl **Messieurs**) nm Herr m; **un ~** ein Herr; **~ Dupont** Herr Dupont; **occupez-vous de ~** würden Sie bitte den Herrn bedienen; **bonjour, ~** guten Tag; (si le nom est connu) guten Tag, Herr X; **~ !** (pour appeler) Entschuldigung!; **~ (Dupont)** (sur lettre) sehr geehrter Herr Dupont; **cher ~ (Dupont)** sehr geehrter Herr Dupont; **m~ le directeur** Herr Direktor; **Messieurs** meine Herren
monstre [mɔ̃stʀ] nm (être anormal) Monstrum nt; (Mythologie) Ungeheuer nt ▶ adj (fam) kolossal; **~ sacré** (Théât, Ciné) Superstar m
monstrueux, -euse [mɔ̃stʀyø, øz] adj (difforme) missgebildet; (colossal) Riesen-; (abominable) ungeheuerlich, grauenhaft
monstruosité [mɔ̃stʀyozite] nf Ungeheuerlichkeit f; (Méd) Missbildung f
mont [mɔ̃] nm Berg m; **par ~s et par vaux** über Berg und Tal
montage [mɔ̃taʒ] nm Aufbau m; (Photo) Fotomontage f; (Ciné) Montage f
montagnard, e [mɔ̃taɲaʀ, aʀd] adj Berg-, Gebirgs- ▶ nm/f Gebirgsbewohner(in)

montagne [mɔ̃taɲ] nf Berg m; (région) Gebirge nt, Berge pl; **la haute/moyenne ~** Hoch-/Mittelgebirge nt; **~s russes** Achterbahn f

montagneux, -euse [mɔ̃taɲø, øz] adj bergig, gebirgig

montant, e [mɔ̃tɑ̃, ɑ̃t] adj (mouvement) aufwärts; (marée) steigend; (robe, col, corsage) hochgeschlossen ▶ nm (somme) Betrag m; (d'une fenêtre, d'un lit) Pfosten m; (d'une échelle) Sprosse f

mont-de-piété [mɔ̃dpjete] (pl **monts-de-piété**) nm Pfandleihanstalt f

monte-charge [mɔ̃tʃaʀʒ] (pl **monte-charges**) nm Lastenaufzug m

montée [mɔ̃te] nf Aufstieg m; (côte) Steigung f, Anstieg m

monte-plat [mɔ̃tpla] (pl **monte-plats**) nm Speiseaufzug m

monter [mɔ̃te] vi steigen; (passager) einsteigen; (avion) aufsteigen; (voiture) hochfahren; (chemin, route) ansteigen; (niveau, température, prix) (an)steigen; (bruit) anschwellen; (à cheval) reiten ▶ vt (escalier, marches, côte) hinaufgehen; (valise, déjeuner, courrier) hinauftragen; (tente) aufschlagen; (machine, échafaudage, étagère etc) aufstellen; (bijou) fassen; (manches, col) annähen; (film) schneiden; (pièce) aufführen; (société) aufbauen; **se monter** vpr (s'équiper) sich ausrüsten; **~ sur/à un arbre/une échelle** auf einen Baum/eine Leiter steigen; **~ à cheval** reiten; **~ à bord** an Bord gehen; **se ~ à** (frais, réparation) sich belaufen auf +acc

monteur, -euse [mɔ̃tœʀ, øz] nm/f (Tech) Monteur(in); (Ciné) Cutter(in)

montgolfière [mɔ̃gɔlfjɛʀ] nf Heißluftballon m

monticule [mɔ̃tikyl] nm Hügel m; (tas) Haufen m

montre [mɔ̃tʀ] nf Uhr f; **faire ~ de** (étaler) zur Schau stellen; (faire preuve de) unter Beweis stellen

montre-bracelet [mɔ̃tʀəbʀaslɛ] (pl **montres-bracelets**) nf Armbanduhr f

montrer [mɔ̃tʀe] vt zeigen; **se montrer** vpr (paraître) erscheinen; **se ~ habile/à la hauteur** sich geschickt/kompetent zeigen, sich als geschickt/kompetent erweisen

montreur, -euse [mɔ̃tʀœʀ, øz] nm/f: **~ de marionnettes** Marionettenspieler(in) m(f)

monture [mɔ̃tyʀ] nf (animal) Reittier nt; (d'une bague) Fassung f; (de lunettes) Gestell nt

monument [mɔnymɑ̃] nm Denkmal nt, Monument nt; **~ aux morts** Kriegerdenkmal nt

monumental, e, -aux [mɔnymɑ̃tal, o] adj monumental; (énorme) gewaltig

moquer [mɔke] : **se moquer** vpr : **se ~ de** sich lustig machen über +acc; (se désintéresser de) sich nicht kümmern um

moquerie [mɔkʀi] nf Spott m

moquette [mɔkɛt] nf Teppichboden m

moqueur, -euse [mɔkœʀ, øz] adj spöttisch

moraine [mɔʀɛn] nf Moräne f

moral, e, -aux [mɔʀal, o] adj moralisch; (force, douleur) seelisch ▶ nm (état d'esprit) Stimmung f; **avoir le ~ à zéro** überhaupt nicht in Stimmung sein

morale [mɔʀal] nf Moral f; **faire la ~ à qn** jdm eine Strafpredigt halten

moraliser [mɔʀalize] vi Moralpredigten halten

moraliste [mɔʀalist] nmf (auteur) Moralist(in) m(f); (moralisateur) Moralprediger(in) m(f)

moralité [mɔʀalite] nf Moral f

moratoire [mɔʀatwaʀ] adj : **intérêts ~s** Verzugszinsen pl

morceau, x [mɔʀso] nm Stück nt

mordant, e [mɔʀdɑ̃, ɑ̃t] adj bissig; (froid) beißend

mordicus [mɔʀdikys] (fam) adv steif und fest

mordiller [mɔʀdije] vt knabbern an +dat

mordoré, e [mɔʀdɔʀe] adj goldbraun

mordre [mɔʀdʀ] vt beißen; (lime, ancre, vis) fassen ▶ vi (poisson) anbeißen; **~ à l'hameçon** anbeißen; **~ sur** (ligne de départ, marge) übertreten

mordu, e [mɔʀdy] nm/f : **un ~ de** (fam) ein Fan m von

morfondre [mɔʀfɔ̃dʀ] : **se morfondre** vpr sich zu Tode langweilen; (de soucis) bedrückt sein

morgue [mɔʀg] nf (arrogance) Dünkel m; (lieu) Leichenschauhaus nt

morille [mɔʀij] nf Morchel f

mormon, e [mɔʀmɔ̃, ɔn] nm/f Mormone m, Mormonin f

morne [mɔʀn] adj trübsinnig

morose [mɔʀoz] adj mürrisch; (marché) schleppend

morphine [mɔʀfin] nf Morphium nt

morphologie [mɔʀfɔlɔʒi] nf Morphologie f

morse [mɔʀs] nm (Zool) Walross nt; (Tél) Morsealphabet nt

morsure [mɔʀsyʀ] nf Biss m

mort, e [mɔʀ] *adj* tot ▶ *nf* Tod *m*; *(fig)* Ende *nt* ▶ *nm/f* Tote(r) *f(m)*; **à la ~ de qn** bei jds Tod; **à la vie, à la ~** in guten und schlechten Zeiten; **~ ou vif** tot oder lebendig; **~ de peur** zu Tode erschrocken; **~ de fatigue** todmüde; **faire le ~** sich tot stellen; **~ clinique** klinischer Tod

mortalité [mɔʀtalite] *nf* Sterblichkeit *f*; *(chiffre)* Sterblichkeitsziffer *f*

mort-aux-rats [mɔʀ(t)oʀa] *nf inv* Rattengift *nt*

mortel, le [mɔʀtɛl] *adj (entraînant la mort)* tödlich; *(Rel)* sterblich

mortellement [mɔʀtɛlmɑ̃] *adv (blessé etc)* tödlich; *(pâle etc)* toten-; *(ennuyeux etc)* sterbens-

morte-saison [mɔʀt(ə)sɛzɔ̃] *(pl* **mortes-saisons**) *nf* Saure-Gurken-Zeit *f*

mortier [mɔʀtje] *nm (mélange)* Mörtel *m*; *(récipient, canon)* Mörser *m*

mortifier [mɔʀtifje] *vt* zutiefst treffen

mort-né, e [mɔʀne] *(pl* **mort-nés, es**) *adj* tot geboren

mortuaire [mɔʀtɥɛʀ] *adj* Toten-; **drap ~** Leichentuch *nt*

morue [mɔʀy] *nf* Kabeljau *m*

morveux, -euse [mɔʀvø, øz] *(fam) adj* rotznäsig

mosaïque [mɔzaik] *nf* Mosaik *nt*

Moscou [mɔsku] *nf* Moskau *nt*

mosquée [mɔske] *nf* Moschee *f*

mot [mo] *nm* Wort *nt*; **bon ~** geistreiches Wort *nt*; **mettre/écrire/recevoir un ~ de la fin** das letzte Wort; **~ à ~** wortwörtlich; **en un ~** mit einem Wort; **~ pour ~** wortwörtlich; **avoir le dernier ~** das letzte Wort haben; **prendre qn au ~** jdn beim Wort nehmen; **~ de passe** Kennwort *nt*, Passwort *nt*; **~s croisés** Kreuzworträtsel *nt*

motard, e [mɔtaʀ, aʀd] *nm/f* Motorradfahrer(in); *(de la police)* Motorradpolizist(in)

motel [mɔtɛl] *nm* Motel *nt*

moteur, -trice [mɔtœʀ, tʀis] *adj (force, roue)* treibend; *(Méd)* motorisch ▶ *nm* Motor *m*; **à ~** Motor-; **~ à deux temps** Zweitaktmotor *m*; **~ à explosion** Verbrennungsmotor *m*; **~ à injection** Einspritzmotor *m*; **~ à quatre temps** Viertaktmotor *m*; **~ de recherche** *(Inform)* Suchmaschine *f*; **~ thermique** Verbrennungsmotor

motif [mɔtif] *nm* Motiv *nt*; *(raison)* Grund *m*; **motifs** *nmpl (Jur)* Begründung *f*; **sans ~** *adj* grundlos; **un ~ à fleurs** Blumenmotiv

motion [mosjɔ̃] *nf* Antrag *m*; **~ de censure** Misstrauensantrag *m*

motivation [mɔtivasjɔ̃] *nf* Begründung *f*; *(Psych)* Motivation *f*

motivé, e [mɔtive] *adj (personne)* motiviert

motiver [mɔtive] *vt* begründen; *(Psych)* motivieren

moto [mɔto] *nf* Motorrad *nt*

motocross [mɔtɔkʀɔs] *nm inv* Motocross *nt*

motoculteur [mɔtɔkyltœʀ] *nm* kleiner Traktor *m* zum Schieben per Hand

motocyclette [mɔtɔsiklɛt] *nf* Motorrad *nt*

motocyclisme [mɔtɔsiklism] *nm* Motorradsport *m*

motocycliste [mɔtɔsiklist] *nmf* Motorradfahrer(in) *m(f)*

motoneige [mɔtɔnɛʒ] *nf* Motorbob *m*

motorisé, e [mɔtɔʀize] *adj* motorisiert

motoriser [mɔtɔʀize] *vt* motorisieren

motus [mɔtys] *excl*: **~ (et bouche cousue) !** still, nichts verraten!

mou, molle [mu, mɔl] *(devant nom masculin commençant par une voyelle et un h muet* **mol***, mpl* **mous***) adj* weich; *(poignée de main)* schlaff; *(résistance, protestations)* schwach ▶ *nm (abats)* Lunge *f*

mouchard, e [muʃaʀ, aʀd] *nm/f* Spion(in); *(Scol)* Petze *f*; *(Police)* Spitzel *m*

mouche [muʃ] *nf* Fliege *f*

moucher [muʃe] *vt (enfant)* schnäuzen; *(chandelle, lampe)* putzen; **se moucher** *vpr* sich *dat* die Nase putzen, sich schnäuzen

moucheron [muʃʀɔ̃] *nm* Mücke *f*

moucheté, e [muʃ(ə)te] *adj (cheval)* gescheckt

mouchoir [muʃwaʀ] *nm* Taschentuch *nt*; **~ en papier** Papiertaschentuch *nt*

moudre [mudʀ] *vt* mahlen

moue [mu] *nf*: **faire la ~** einen Flunsch ziehen

mouette [mwɛt] *nf* Möwe *f*

moufle [mufl] *nf (gant)* Fausthandschuh *m*

mouflon [muflɔ̃] *nm* Mufflon *m*

mouillage [mujaʒ] *nm (lieu)* Liegeplatz *m*

mouillé, e [muje] *adj* feucht

mouiller [muje] *vt* nass machen; *(humecter)* anfeuchten; *(diluer)* verdünnen; *(ragoût, sauce)* mit Flüssigkeit verdünnen; *(mine)* legen ▶ *vi* ankern

moule [mul] *nf (mollusque)* Miesmuschel *f* ▶ *nm* Form *f*; **~ à gâteaux** Kuchenform *f*

mouler [mule] *vt (reproduire)* einen Abguss machen von; **~ qch sur qch** *(fig)* etw nach dem Vorbild von etw machen

moulin [mulɛ̃] nm Mühle f; **~ à café** Kaffeemühle f; **~ à légumes** Gemüsezerkleinerer m; **~ à poivre** Pfeffermühle f; **~ à vent** Windmühle f

moulinet [mulinɛ] nm : **faire des ~s avec les bras** die Arme herumwirbeln

moulinette® [mulinɛt] nf Küchenmaschine f

moulu, e [muly] pp de **moudre**

moulure [mulyʀ] nf Stuckverzierung f

mourant, e [muʀɑ̃, ɑ̃t] adj sterbend; (feu, son, voix) ersterbend

mourir [muʀiʀ] vi sterben; (civilisation, pays) untergehen; (flamme) erlöschen; **~ de faim** verhungern; (fig) vor Hunger beinahe umkommen; **~ de froid** erfrieren; **~ d'ennui** sich zu Tode langweilen; **~ d'envie de faire qch** darauf brennen, etw zu tun

mousquetaire [muskətɛʀ] nm Musketier m

moussant, e [musɑ̃, ɑ̃t] adj : **bain ~** Schaumbad nt

mousse [mus] nf Schaum m; (Bot) Moos nt; (dessert) Mousse f ▶ nm (Naut) Schiffsjunge m; **~ à raser** Rasierschaum m; **~ carbonique** Feuerlöschschaum m

mousseline [muslin] nf Musselin m; **pommes ~** Kartoffelpüree nt

mousser [muse] vi schäumen

mousseux, -euse [musø, øz] adj schaumig ▶ nm Schaumwein m

mousson [musɔ̃] nf Monsun m

moustache [mustaʃ] nf Schnurrbart m

moustiquaire [mustikɛʀ] nf (rideau) Moskitonetz nt; (fenêtre) Fliegenfenster nt

moustique [mustik] nm Stechmücke f

moutarde [mutaʀd] nf Senf m

moutardier [mutaʀdje] nm Senftopf m

mouton [mutɔ̃] nm Schaf nt; (peau) Schafsleder nt; (fourrure) Schaffell nt; (Culin) Hammelfleisch nt; **moutons** nmpl (de poussière) Wollmäuse pl

mouvement [muvmɑ̃] nm Bewegung f; (trafic) Betrieb m; (d'une phrase, d'un récit) Rhythmus m; (Mus : mesure, rythme) Tempo nt; (: partie) Satz m; (de montre) Uhrwerk nt; **en ~** in Bewegung; **~ d'opinion** Stimmungsumschwung m

mouvementé, e [muvmɑ̃te] adj (terrain) uneben; (vivant) lebhaft; (agité) turbulent

mouvoir [muvwaʀ] vt bewegen; (fig : personne) antreiben, animieren; **se mouvoir** vpr sich bewegen

moyen, ne [mwajɛ̃, jɛn] adj mittlere(r, s); (de grandeur moyenne, passable) durchschnittlich; (lecteur, spectateur, température) Durchschnitts- ▶ nm (procédé) Mittel nt; **moyens** nmpl (ressources pécuniaires) Mittel pl; (intellectuels, physiques) Fähigkeiten pl; **au ~ de** mithilfe von; **par tous les ~s** auf Biegen und Brechen; **employer les grands ~s** zum Äußersten greifen; **par ses propres ~s** allein, selbst; **~ de transport** Transportmittel nt

Moyen Âge [mwajɛnɑʒ] nm : **le ~** das Mittelalter

moyenâgeux, -euse [mwajɛnɑʒø, øz] adj mittelalterlich

moyen-courrier [mwajɛ̃kuʀje] (pl **moyen-courriers**) nm Mittelstreckenflugzeug nt

moyennant [mwajɛnɑ̃] prép (prix) für; (travail, effort) durch

Moyen-Orient [mwajɛnɔʀjɑ̃] nm : **le ~** der Mittlere Osten

Mozambique [mɔzɑ̃bik] nm : **le ~** Mosambik nt

MP3 [empetʀwa] nm MP3 nt

MST [emɛste] sigle f (= maladie sexuellement transmissible) sexuell übertragbare Krankheit f

mû, mue [my] pp de **mouvoir**

mucosité [mykozite] nf Schleim m

mucus [mykys] nm Schleim m

muer [mɥe] vi (oiseau) sich mausern; (serpent, mammifère) sich häuten; (adolescent) im Stimmbruch sein; (voix) brechen; **se muer** vpr : **se ~ en** sich verwandeln in +acc

muet, te [mɥɛ, mɥɛt] adj stumm ▶ nm/f Stumme(r) f(m) ▶ nm : **le ~** (Ciné) der Stummfilm m

mufle [myfl] nm (d'animal) Maul nt; (fam : péj) Flegel m

mugir [myʒiʀ] vi (bœuf, vache) muhen; (vent, sirène) heulen

mugissement [myʒismɑ̃] nm (bœuf, vache) Muhen nt; (vent, sirène) Geheul nt

muguet [mygɛ] nm (Bot) Maiglöckchen nt

mulâtre, -tresse [mylɑtʀ, mylɑtʀɛs] nm/f Mulatte m, Mulattin f

mule [myl] nf (Zool) Maulesel m; **mules** nfpl (pantoufles) Pantoffeln pl

mulet [mylɛ] nm Maulesel m; (poisson) Meerbarbe f

mulot [mylo] nm Feldmaus f

multicolore [myltikɔlɔʀ] adj bunt

multiculturel, le [myltikyltyʀɛl] adj multikulturell

multidisciplinaire [myltidisiplinɛʀ] adj : **enseignement ~** fachübergreifender Unterricht m

multifenêtre [myltif(ə)nɛtʀ] adj mit mehreren Bildschirmfenstern

multifonctionnel, le [myltifɔ̃ksjɔnɛl] *adj* multifunktional

multilatéral, e, -aux [myltilateral, o] *adj* mehrseitig, multilateral

multimédia [myltimedja] *adj* Multimedia-, multimedial

multimillionnaire [myltimiljɔnɛR] *nmf* Multimillionär(in) *m(f)*

multinational, e, -aux [myltinasjɔnal, o] *adj* multinational

multiple [myltipl] *adj* vielfältig; *(nombre)* vielfach, mehrfach ▶ *nm* Vielfaches *nt*

multiplex [myltiplɛks] *nm (programme)* Konferenzschaltung *f*

multiplexe [myltiplɛks] *nm (cinéma)* Multiplexkino *nt*

multiplicateur [myltiplikatœR] *nm* Multiplikator *m*

multiplication [myltiplikasjɔ̃] *nf (augmentation)* Zunahme *f*, Vermehrung *f*; *(Math)* Multiplikation *f*

multiplicité [myltiplisite] *nf* Vielfalt *f*

multiplier [myltiplije] *vt* vermehren; *(exemplaires)* vervielfältigen; *(Math)* multiplizieren; **se multiplier** *vpr (ouvrages, partis, accidents)* zunehmen; *(être vivant)* sich vermehren

multiprogrammation [myltipRɔgRamasjɔ̃] *nf* Mehrprogrammbetrieb *m*, Multitasking *nt*

multipropriété [myltipRɔpRijete] *nf* Timesharing *nt*

multitraitement [myltitRɛtmɑ̃] *nm (Inform)* Mehrprozessorbetrieb *m*, Parallelverarbeitung *f*

multitude [myltityd] *nf* Menge *f*; **une ~ de** eine Vielzahl von, sehr viele

Munich [mynik] *nf* München *nt*

municipal, e, -aux [mynisipal, o] *adj* Stadt-, Gemeinde-

municipalité [mynisipalite] *nf (corps municipal)* Stadtverwaltung *f*, Gemeinderat *m*; *(commune)* Gemeinde *f*

munir [myniR] *vt* : **~ de** ausstatten *ou* versehen mit

munitions [mynisjɔ̃] *nfpl* Munition *f*

muqueuse [mykøz] *nf* Schleimhaut *f*

mur [myR] *nm* Mauer *f*; *(à l'intérieur)* Wand *f*; **~ d'escalade** Kletterwand; **~ par-feu** *(Inform)* Firewall *f*; **~ du son** Schallmauer *f*

mûr, e [myR] *adj* reif

muraille [myRaj] *nf* Mauer *f*; *(fortification)* Festungsmauer *f*

mural, e, -aux [myRal, o] *adj* Wand-, Mauer-

mûre [myR] *nf (de la ronce)* Brombeere *f*; *(du mûrier)* Maulbeere *f*

mûrement [myRmɑ̃] *adv* : **ayant ~ réfléchi** nach reiflicher Überlegung

murène [myRɛn] *nf* Muräne *f*

murer [myRe] *vt (enclos)* ummauern; *(porte, issue)* zumauern; *(personne)* einmauern

muret [myRɛ] *nm* Mäuerchen *nt*

mûrier [myRje] *nm* Maulbeerbaum *m*; *(ronce)* Brombeerstrauch *m*

mûrir [myRiR] *vi* reifen ▶ *vt* reifen lassen

murmure [myRmyR] *nm (de ruisseau, vagues)* Plätschern *nt*; **murmures** *nmpl (plaintes)* Murren *nt*; **~ d'approbation/d'admiration** beifälliges/bewunderndes Murmeln *nt*; **~ de protestation** Protestgemurmel *nt*

murmurer [myRmyRe] *vi (chuchoter)* murmeln; *(protester, se plaindre)* murren; *(ruisseau, vagues)* plätschern

musaraigne [myzaRɛɲ] *nf* Spitzmaus *f*

musarder [myzaRde] *vi* die Zeit vertrödeln; *(en marchant)* herumtrödeln

musc [mysk] *nm* Moschus *m*

muscade [myskad] *nf* : **(noix de) ~** Muskatnuss *f*

muscat [myska] *nm (raisin)* Muskatellertraube *f*; *(vin)* Muskateller *m*

muscle [myskl] *nm* Muskel *m*

musclé, e [myskle] *adj* muskulös; *(discussion)* scharf

musculaire [myskylɛR] *adj* Muskel-

musculation [myskylasjɔ̃] *nf* : **(travail *ou* exercices de) ~** Muskeltraining *nt*

musculature [myskylatyR] *nf* Muskulatur *f*

muse [myz] *nf* Muse *f*

museau, x [myzo] *nm* Schnauze *f*

musée [myze] *nm* Museum *nt*

museler [myz(ə)le] *vt* einen Maulkorb anlegen +*dat*

muselière [myzəljɛR] *nf* Maulkorb *m*

musette [myzɛt] *nf (sac)* Proviantbeutel *m* ▶ *adj* : **bal ~** Tanzvergnügen *nt* mit Akkordeonmusik

musical, e, -aux [myzikal, o] *adj* musikalisch, Musik-; *(phrase, voix)* klangvoll

music-hall [myzikol] *(pl* music-halls*)* *nm* Varieté *nt*

musicien, ne [myzisjɛ̃, jɛn] *adj* musikalisch ▶ *nm/f* Musiker(in)

musique [myzik] *nf* Musik *f*; *(notation écrite)* Noten *pl*; *(d'un vers, d'une phrase)* Melodie *f*; **~ de chambre** Kammermusik *f*; **~ de film** Filmmusik *f*

must [mœst] *nm* Muss *nt*

musulman, e [myzylmɑ̃, an] *adj* moslemisch ▶ *nm/f* Moslem (Moslime) *m(f)*

mutation [mytasjɔ̃] *nf* (*Biol*) Mutation *f*; (*d'un fonctionnaire*) Versetzung *f*; **~ génétique** Genmutation *f*
muter [myte] *vt* (*Admin*) versetzen
mutilation [mytilasjɔ̃] *nf* Verstümmelung *f*
mutilé, e [mytile] *nm/f* Krüppel *m*; **~ de guerre** Kriegsversehrte(r) *f(m)*
mutiler [mytile] *vt* verstümmeln
mutin, e [mytɛ̃, in] *adj* verschmitzt ▶ *nm* Meuterer *m*
mutiner [mytine] : **se mutiner** *vpr* meutern
mutinerie [mytinʀi] *nf* Meuterei *f*
mutisme [mytism] *nm* Stummheit *f*
mutuel, le [mytɥɛl] *adj* gegenseitig ▶ *nf* Versicherungsverein *m* auf Gegenseitigkeit
Myanmar [mianmaʀ] *nm* : **le ~** Myanmar *nt*
myope [mjɔp] *adj* kurzsichtig ▶ *nmf* Kurzsichtige(r) *f(m)*
myopie [mjɔpi] *nf* Kurzsichtigkeit *f*
myosotis [mjɔzɔtis] *nm* Vergissmeinnicht *nt*
myriade [miʀjad] *nf* Unzahl *f*
myrtille [miʀtij] *nf* Heidelbeere *f*
mystère [mistɛʀ] *nm* Geheimnis *nt*; (*énigme*) Rätsel *nt*
mystérieusement [misteʀjøzmɑ̃] *adv* auf geheimnisvolle Weise
mystérieux, -euse [misteʀjø, jøz] *adj* geheimnisvoll; (*inexplicable*) rätselhaft; (*secret*) geheim
mysticisme [mistisism] *nm* Mystik *f*
mystificateur, -trice [mistifikatœʀ, tʀis] *nm/f* Schwindler(in)
mystification [mistifikasjɔ̃] *nf* (*tromperie*) Täuschung *f*; (*mythe*) Mythos *m*
mystifier [mistifje] *vt* narren, irreführen, täuschen
mystique [mistik] *adj* mystisch ▶ *nmf* Mystiker(in) *m(f)*
mythe [mit] *nm* Mythos *m*; (*légende*) Sage *f*
mythique [mitik] *adj* mythisch
mythologie [mitɔlɔʒi] *nf* Mythologie *f*
mythologique [mitɔlɔʒik] *adj* mythologisch
mythomane [mitɔman] *adj* lügensüchtig ▶ *nmf* Fantast(in) *m(f)*

n

N, n [ɛn] *nm inv* N, n *nt*
n' [n] *adv voir* **ne**
nabot [nabo] (*péj*) *nm* Knirps *m*
nacelle [nasɛl] *nf* (*de ballon*) Korb *m*
nacre [nakʀ] *nf* Perlmutt *nt*
nacré, e [nakʀe] *adj* perlmutterfarben, schimmernd
nage [naʒ] *nf* Schwimmen *nt*; (*style*) (Schwimm)stil *m*; **traverser/s'éloigner à la ~** durchschwimmen/ wegschwimmen; **en ~** schweißgebadet; **~ libre** Freistil *m*
nageoire [naʒwaʀ] *nf* Flosse *f*
nager [naʒe] *vi* schwimmen; (*fig*) in der Luft hängen, ins Schwimmen kommen ▶ *vt* : **~ le crawl** (im) Kraulstil schwimmen; **il nage dans ses vêtements** die Kleider sind ihm viel zu groß; **~ dans le bonheur** im Glück schwimmen
nageur, -euse [naʒœʀ, øz] *nm/f* Schwimmer(in)
naguère [nagɛʀ] *adv* unlängst
naïf, -ïve [naif, naiv] *adj* naiv
nain, e [nɛ̃, nɛn] *nm/f* Zwerg(in)
naissance [nɛsɑ̃s] *nf* Geburt *f*; (*fig*) Entstehung *f*; **donner ~ à** gebären; (*fig*) entstehen lassen
naître [nɛtʀ] *vi* geboren werden; **~ (de)** (*fig*) entstehen (aus); **il est né en 1960** er ist 1960 geboren; **faire ~** (*fig*) erwecken
naïveté [naivte] *nf* Naivität *f*
Namibie [namibi] *nf* : **la ~** Namibia *nt*
nana [nana] (*fam*) *nf* Biene *f*
nanotechnologie [nanotɛknɔlɔʒi] *nf* Nanotechnologie *f*
napalm [napalm] *nm* Napalm *nt*
naphtaline [naftalin] *nf* : **boules de ~** Mottenkugeln *pl*
Naples [napl] *nf* Neapel *nt*

nappe [nap] *nf* Tischdecke *f*; **~ d'eau** glatte Wasserfläche *f*; **~ phréatique** Grundwasserspiegel *m*
napper [nape] *vt* : **~ qch de** etw bedecken mit
napperon [naprɔ̃] *nm* Untersetzer *m*
narcisse [narsis] *nf* Narzisse *f*
narcissisme [narsisism] *nm* Narzissmus *m*
narcodollars [narkodɔlar] *nmpl* Drogendollars *pl*
narcotique [narkɔtik] *nm* Betäubungsmittel *nt*
narcotrafic [narkɔtrafik] *nm* Drogenhandel *m*
narguer [narge] *vt* spöttisch ansehen
narine [narin] *nf* Nasenloch *nt*
narquois, e [narkwa, waz] *adj* spöttisch
narrateur, -trice [naratœr, tris] *nm/f* Erzähler(in)
narration [narasjɔ̃] *nf* Erzählung *f*
nasal, e, -aux [nazal, o] *adj* (Anat) Nasen-; (Ling) nasal
naseau, x [nazo] *nm* Nüster *f*
natal, e [natal] *adj* Geburts-
natalité [natalite] *nf* Geburtenrate *f*
natation [natasjɔ̃] *nf* Schwimmen *nt*; **faire de la ~** Schwimmsport betreiben
natif, -ive [natif, iv] *adj* : **~ (de)** gebürtig (aus)
nation [nasjɔ̃] *nf* Nation *f*, Volk *nt*; **les N~s unies** die Vereinten Nationen *pl*
national, e, -aux [nasjɔnal, o] *adj* national
nationalisation [nasjɔnalizasjɔ̃] *nf* Verstaatlichung *f*
nationaliser [nasjɔnalize] *vt* verstaatlichen
nationalisme [nasjɔnalism] *nm* Nationalismus *m*
nationaliste [nasjɔnalist] *adj* nationalistisch ▶ *nmf* Nationalist(in) *m(f)*
nationalité [nasjɔnalite] *nf* Nationalität *f*, Staatsbürgerschaft *f*; **il est de ~ française** er ist französischer Staatsbürger
natte [nat] *nf* (tapis) Matte *f*; (cheveux) Zopf *m*
natter [nate] *vt* flechten
naturalisation [natyralizasjɔ̃] *nf* (de personne) Einbürgerung *f*
naturaliser [natyralize] *vt* einbürgern, naturalisieren
naturaliste [natyralist] *nmf* Naturforscher(in) *m(f)*
nature [natyr] *nf* Natur *f* ▶ *adj inv* (sans affectation) natürlich; **payer en ~** in Naturalien zahlen; **omelette ~** (Culin) Omelette *f* ohne Füllung; **yaourt ~** Naturjoghurt *m ou nt*
naturel, le [natyrɛl] *adj* natürlich ▶ *nm* (caractère) Wesen *nt*; (spontanéité) Natürlichkeit *f*
naturellement [natyrɛlmɑ̃] *adv* natürlich
naturisme [natyrism] *nm* Freikörperkultur *f*, FKK *sigle f*
naturiste [natyrist] *nmf* FKK-Anhänger(in) *m(f)*
naufrage [nofraʒ] *nm* Schiffbruch *m*; **faire ~** Schiffbruch erleiden
naufragé, e [nofraʒe] *adj* schiffbrüchig ▶ *nm/f* Schiffbrüchige(r) *f(m)*
nauséabond, e [nozeabɔ̃, ɔ̃d] *adj* widerlich
nausée [noze] *nf* : **j'ai la ~** mir ist übel
nautique [notik] *adj* nautisch
nautisme [notism] *nm* Wassersport *m*
navet [navɛ] *nm* (Steck)rübe *f*; (péj : film) schlechter Film *m*
navette [navɛt] *nf* (pour tisser) (Weber) schiffchen *nt*; (transport) Pendelverkehr *m*; (véhicule) Shuttle *m*; **faire la ~ (entre)** pendeln (zwischen); **~ aéroportuaire** Flughafenzubringerdienst *m*; **~ spatiale** Raumfähre *f*
navigable [navigabl] *adj* schiffbar
navigateur, trice [navigatœr, tris] *nm/f* (Aviat) Navigator(in); (Naut) Seefahrer(in) ▶ *nm* (Inform) Browser *m*
navigation [navigasjɔ̃] *nf* Schifffahrt *f*
naviguer [navige] *vi* fahren; **~ sur Internet** im Internet surfen
navire [navir] *nm* Schiff *nt*
navire-citerne [navirsitɛrn] (*pl* **navires-citernes**) *nm* Tanker *m*
navrant, e [navrɑ̃, ɑ̃t] *adj* (affligeant) betrüblich; (consternant) bedauerlich
navrer [navre] *vt* betrüben; **je suis navré (que)** es tut mir leid(, dass)
NB [ɛnbe] *abr* (= nota bene) NB
ne [n(ə)] *adv* nicht; (explétif) *wird nicht übersetzt*; **je ne dors pas/plus** ich schlafe nicht/nicht mehr
né, e [ne] *adj* geboren; **un comédien né** der geborene Schauspieler; **née Dupont** geborene Dupont
néanmoins [neɑ̃mwɛ̃] *adv* trotzdem
néant [neɑ̃] *nm* Nichts *nt*; **réduire à ~** vernichten
nébuleux, -euse [nebylø, øz] *adj* (fig) nebulös
nébuliseur [nebylizœr] *nm* Zerstäuber *m*
nécessaire [nesesɛr] *adj* notwendig, nötig ▶ *nm* : **faire le ~** alles Nötige tun; **n'emporter que le strict ~** nur das

Nötigste mitnehmen; **~ de couture** Nähzeug *nt*; **~ de toilette** (*sac*) Kulturbeutel *m*

nécessairement [nesesɛrmɑ̃] *adv* zwangsläufig; **pas ~** nicht unbedingt

nécessité [nesesite] *nf* Notwendigkeit *f*; **se trouver dans la ~ de faire qch** sich gezwungen sehen, etw zu tun; **par ~** notgedrungen

nécessiter [nesesite] *vt* erfordern

nécessiteux, -euse [nesesitø, øz] *adj* bedürftig

nectar [nɛktaʀ] *nm* Nektar *m*

nectarine [nɛktaʀin] *nf* Nektarine *f*

néerlandais, e [neɛʀlɑ̃dɛ, ɛz] *adj* niederländisch ▶ *nm/f*: **Néerlandais, e** Niederländer(in)

nef [nɛf] *nf* Schiff *nt*

néfaste [nefast] *adj* (*influence*) schlecht; (*jour*) unglückselig

négatif, -ive [negatif, iv] *adj* negativ ▶ *nm* (*Photo*) Negativ *nt* ▶ *nf*: **répondre par la négative** mit Nein antworten

négation [negasjɔ̃] *nf* Negieren *nt*; (*Ling*) Verneinung *f*

négligé, e [negliʒe] *adj* (*en désordre*) schlampig ▶ *nm* (*vêtement*) Negligé *nt*

négligeable [negliʒabl] *adj* minimal, bedeutungslos

négligence [negliʒɑ̃s] *nf* Nachlässigkeit *f*; (*faute, erreur*) Versehen *nt*

négligent, e [negliʒɑ̃, ɑ̃t] *adj* nachlässig

négliger [negliʒe] *vt* vernachlässigen; (*avis, précautions*) nicht beachten; **~ de faire qch** es versäumen, etw zu tun

négoce [negɔs] *nm* Handel *m*

négociable [negɔsjabl] *adj* übertragbar

négociant, e [negɔsjɑ̃, jɑ̃t] *nm/f* Händler(in)

négociateur, -trice [negɔsjatœʀ, tʀis] *nm/f* Unterhändler(in)

négociation [negɔsjasjɔ̃] *nf* Verhandlung *f*

négocier [negɔsje] *vt* aushandeln; (*virage, obstacle*) nehmen ▶ *vi* (*Pol*) verhandeln

nègre [nɛgʀ] (*péj*) *nm* Neger *m*; (*écrivain*) Ghostwriter *m*

négresse [negʀɛs] (*péj*) *nf* Negerin *f*

neige [nɛʒ] *nf* Schnee *m*; **battre les œufs en ~** Eiweiß zu Schnee schlagen; **~ carbonique** Trockenschnee *m*

neiger [neʒe] *vb impers*: **il neige** es schneit

nem [nɛm] *nm* kleine Frühlingsrolle *f*

nénuphar [nenyfaʀ] *nm* Seerose *f*

néologisme [neɔlɔʒism] *nm* Neologismus *m*

néon [neɔ̃] *nm* Neon *nt*

néonazi [neɔnazi] *adj* neonazistisch ▶ *nmf* Neonazi *m*

néophyte [neɔfit] *nmf* Neuling *m*

néo-zélandais, e [neozelɑ̃dɛ, ɛz] (*pl* **néo-zélandais, es**) *adj* neuseeländisch ▶ *nm/f*: **Néo-Zélandais, e** Neuseeländer(in)

Népal [nepal] *nm*: **le ~** Nepal *nt*

népalais, e [nepalɛ, ɛz] *adj* nepalesisch ▶ *nm/f*: **Népalais, e** Nepalese *m*, Nepalesin *f*

néphrétique [nefʀetik] *adj* (*colique*) Nieren-

néphrite [nefʀit] *nf* Nierenentzündung *f*

népotisme [nepɔtism] *nm* Vetternwirtschaft *f*

nerf [nɛʀ] *nm* Nerv *m*; (*vigueur*) Elan *m*, Schwung *m*

nerveux, -euse [nɛʀvø, øz] *adj* nervös; (*Méd, Anat*) Nerven-; (*tendineux*) sehnig; (*voiture*) sensibel

nervosité [nɛʀvozite] *nf* Nervosität *f*

n'est-ce pas [nɛspɑ] *adv* nicht wahr

Net [nɛt] *nm* (*Internet*): **le ~** das (Inter)net *nt*

net, nette [nɛt] *adj* deutlich; (*propre*) sauber; (*Comm*) Netto- ▶ *adv* (*refuser*) glatt ▶ *nm*: **mettre au ~** ins Reine schreiben; **s'arrêter ~** plötzlich stehen bleiben

nétiquette [nɛtikɛt] *nf* Netiquette *f*

nettement [nɛtmɑ̃] *adv* klar; (*distinctement*) deutlich; **~ mieux/ meilleur** deutlich besser; **~ plus grand** deutlich größer

netteté [nɛtte] *nf* Klarheit *f*

nettoyage [nɛtwajaʒ] *nm* Reinigung *f*, Säuberung *f*; **~ à sec** chemische Reinigung *f*

nettoyer [nɛtwaje] *vt* reinigen, säubern

Neuchâtel [nøʃatɛl] *nf* Neuenburg *nt*

neuf¹ [nœf] *num* neun

neuf², neuve [nœf, nœv] *adj* neu; (*pensée, idée*) neu(artig) ▶ *nm*: **remettre à ~** renovieren; **n'acheter que du ~** nur Neues kaufen; **quoi de ~ ?** was gibts Neues?

neurologique [nøʀɔlɔʒik] *adj* neurologisch

neurologue [nøʀɔlɔɡ] *nmf* Neurologe *m*, Neurologin *f*

neutraliser [nøtʀalize] *vt* (*adversaire etc*) lähmen; (*Chim*) neutralisieren

neutralité [nøtʀalite] *nf* Neutralität *f*

neutre [nøtʀ] *adj* neutral; (*Ling*) sächlich ▶ *nm* (*Ling*) Neutrum *nt*

neutron [nøtʀɔ̃] *nm* Neutron *nt*

neuvième [nœvjɛm] *num* neunte(r, s)
neuvièmement [nœvjɛmɑ̃] *adv* neuntens
neveu, x [n(ə)vø] *nm* Neffe *m*
névralgie [nevralʒi] *nf* Neuralgie *f*
névralgique [nevralʒik] *adj* neuralgisch; **centre ~** Nervenzentrum *nt*
névrite [nevrit] *nf* Nervenentzündung *f*
névrose [nevroz] *nf* Neurose *f*
névrosé, e [nevroze] *adj* neurotisch
névrotique [nevrotik] *adj* neurotisch
nez [ne] *nm* Nase *f*; **rire au ~ de qn** jdm ins Gesicht lachen; **~ à ~ avec qn** Auge in Auge mit jdm
NF *sigle f* (= *norme française*) ≈ DIN
ni [ni] *conj* : **ni ... ni ...** weder ... noch ...; **ni l'un ni l'autre ne sont ...** weder der eine noch der andere sind ...; **il n'a rien vu ni entendu** er hat weder etw gesehen noch etw gehört
niais, e [njɛ, njɛz] *adj* dümmlich
niaiserie [njɛzri] *nf* Einfältigkeit *f*; (*action, parole niaise*) Dummheit *f*; (*futilité*) Albernheit *f*
Nicaragua [nikaragwa] *nm* : **le ~** Nicaragua *nt*
Nice [nis] *nf* Nizza *nt*
niche [niʃ] *nf* (*de chien*) (Hunde)hütte *f*; (*dans mur*) Nische *f*
nicher [niʃe] *vi* brüten; **se ~ dans** (s)ein Nest bauen in +*dat*; (*se blottir*) sich kuscheln in +*acc*; (*se cacher*) sich verstecken in +*dat*
nichon [niʃɔ̃] (*fam*) *nm* Titte *f*
nickel [nikɛl] *nm* Nickel *nt*
niçois, e [niswa, waz] *adj* aus Nizza
nicotine [nikotin] *nf* Nikotin *nt*
nid [ni] *nm* Nest *nt*
nid-de-poule [nidpul] (*pl* **nids-de-poule**) *nm* Schlagloch *nt*
nièce [njɛs] *nf* Nichte *f*
nième [ɛnjɛm] *adj* : **la ~ fois** das zigste Mal
nier [nje] *vt* leugnen
Niger [niʒɛr] *nm* : **le ~** Niger *nt*; (*fleuve*) der Niger
Nigéria [niʒerja] *nm* : **le ~** Nigeria *nt*
nigérian, e [niʒerjɑ̃, an] *adj* (*du Nigéria*) nigerianisch
nigérien, ne [niʒerjɛ̃, jɛn] *adj* aus Niger
night-club [najtklœb] (*pl* **night-clubs**) *nm* Nachtklub *m*
nihilisme [niilism] *nm* Nihilismus *m*
nihiliste [niilist] *adj* nihilistisch
Nil [nil] *nm* : **le ~** der Nil
n'importe [nɛ̃pɔrt] *adv* : **~ qui** jeder; **il dit ~ quoi** er redet irgendwelchen Unsinn; **à ~ quel prix** zu jedem Preis; **~ comment** schlampig

nippes [nip] *nfpl* Klamotten *pl*
nippon, e [nipɔ̃, ɔn] *adj* japanisch
nique [nik] *nf* : **faire la ~ à** auslachen
nitouche [nituʃ] *nf* : **une sainte ~** (*péj*) eine Scheinheilige
nitrate [nitrat] *nm* Nitrat *nt*
nitroglycérine [nitrogliserin] *nf* Nitroglyzerin *nt*
niveau, x [nivo] *nm* Höhe *f*; (*fig*) Niveau *nt*; **au ~ de** auf gleicher Höhe mit; **de ~ (avec)** gleich hoch (wie); **le ~ de la mer** der Meeresspiegel; **~ (d'eau)** Wasserstand *m*; **~ de vie** Lebensstandard *m*
niveler [niv(ə)le] *vt* einebnen; (*fig*) angleichen
n° *abr* (= *numéro*) Nr.
noble [nɔbl] *adj* edel; (*généreux*) nobel ▶ *nmf* Adlige(r) *f(m)*
noblesse [nɔblɛs] *nf* Adel *m*; (*d'une action etc*) Großmütigkeit *f*
noce [nɔs] *nf* Hochzeit *f*; **en secondes ~s** in zweiter Ehe; **faire la ~** (*fam*) einen draufmachen; **~s d'argent** Silberhochzeit *f*; **~s d'or** goldene Hochzeit *f*
nocif, -ive [nɔsif, iv] *adj* schädlich
nocivité [nɔsivite] *nf* Schädlichkeit *f*
nocturne [nɔktyrn] *adj* nächtlich
Noël [nɔɛl] *nm* Weihnachten *nt*
nœud [nø] *nm* Knoten *m*; (*en ruban*) Schleife *f*; (*d'une question*) Kernpunkt *m*; **~ papillon** Fliege *f*
noir, e [nwar] *adj* schwarz; (*sombre*) dunkel; (*ivre*) besoffen ▶ *nm/f* (*personne*) Schwarze(r) *f(m)* ▶ *nm* (*couleur*) Schwarz *nt*; (*obscurité*) Dunkel *nt*; **au ~** (*travailler*) schwarz; **dans le ~** im Dunkeln
noirceur [nwarsœr] *nf* Schwärze *f*
noircir [nwarsir] *vt* schwärzen
noire [nwar] *nf* (*Mus*) Viertelnote *f*
noisetier [nwaz(ə)tje] *nm* Haselnussstrauch *m*
noisette [nwazɛt] *nf* Haselnuss *f* ▶ *adj inv* (*yeux*) nussbraun
noix [nwa] *nf* Walnuss *f*; **à la ~** (*fam*) wertlos; **une ~ de beurre** ein kleines Stück Butter; **~ de cajou** Cashewnuss *f*; **~ de coco** Kokosnuss *f*; **~ de veau** Kalbsnüsschen *nt*; **~ muscade** Muskatnuss *f*
nom [nɔ̃] *nm* Name *m*; (*Ling*) Substantiv *nt*; **au ~ de qn** in jds Namen; **~ d'une pipe** *ou* **d'un chien !** (*fam*) verdammt noch mal!; **~ de famille** Familienname *m*; **~ de jeune fille** Mädchenname *m*; **~ d'utilisateur** Benutzername *m*
nomade [nɔmad] *adj* nomadisch ▶ *nmf* Nomade *m*, Nomadin *f*

nombre [nɔ̃bʀ] *nm* Zahl *f*; *(singulier et pluriel)* Numerus *m*; **sans ~** zahllos; **(bon) ~ de** viele; **au ~ de mes amis** unter meinen Freunden

nombreux, -euse [nɔ̃bʀø, øz] *adj (avec pluriel)* viele; *(avec singulier)* groß; **être ~** zahlreich sein

nombril [nɔ̃bʀi(l)] *nm* Nabel *m*

nominal, e, -aux [nɔminal, o] *adj (autorité, valeur)* nominell; *(appel, liste)* namentlich; *(Ling)* Nominal-

nominatif [nɔminatif] *nm* Nominativ *m*

nomination [nɔminasjɔ̃] *nf* Ernennung *f*

nommer [nɔme] *vt* nennen; *(citer)* erwähnen; *(désigner, élire)* ernennen

non [nɔ̃] *adv* nicht; *(réponse)* nein ▶ *nm* Nein *nt*

non- [nɔ̃] *préf* nicht-

nonagénaire [nɔnaʒenɛʀ] *adj, nmf* Neunzigjährige(r) *f(m)*

non-agression [nɔnagʀesjɔ̃] *nf*: **pacte de ~** Nichtangriffspakt *m*

non alcoolisé, e [nɔnalkɔlize] *adj* alkoholfrei

non aligné, e [nɔnaliɲe] *adj* blockfrei

non-alignement [nɔnaliɲmɑ̃] *nm* Blockfreiheit *f*

nonante [nɔnɑ̃t] *num (Belgique, Suisse)* neunzig

non-assistance [nɔnasistɑ̃s] *nf*: **~ à personne en danger** unterlassene Hilfeleistung *f*

nonchalance [nɔ̃ʃalɑ̃s] *nf* Lässigkeit *f*

nonchalant, e [nɔ̃ʃalɑ̃, ɑ̃t] *adj* lässig

non-conformisme [nɔ̃kɔ̃fɔʀmism] *nm* Nonkonformismus *m*

non-conformité [nɔ̃kɔ̃fɔʀmite] *nf* mangelnde Übereinstimmung *f*

non-croyant, e [nɔ̃kʀwajɑ̃, ɑ̃t] *(pl* **non-croyants, es)** *nm/f* Ungläubige(r) *f(m)*

non-européen, ne *(pl* **non-européens, nes)** [nɔnøʀɔpeɛ̃, ɛn] *nm/f* Nichteuropäer(in) *m(f)*

non-fumeur, -euse [nɔ̃fymœʀ, øz] *(pl* **non-fumeurs, -euses)** *nm/f* Nichtraucher(in)

non-ingérence [nɔnɛ̃ʒeʀɑ̃s] *nf* Nichteinmischung *f*

non-initié, e [nɔninisje] *(pl* **non-initiés, es)** *adj* laienhaft ▶ *nmpl*: Uneingeweihte *pl*

non-inscrit, e [nɔnɛ̃skʀi, it] *(pl* **non-inscrits, es)** *nm/f (Pol)* Unabhängige(r) *f(m)*

non-intervention [nɔnɛ̃tɛʀvɑ̃sjɔ̃] *nf* Nichteinmischung *f*

non-lieu [nɔ̃ljø] *nm*: **il y a eu ~** das (Straf)verfahren wurde eingestellt

nonne [nɔn] *nf* Nonne *f*

nonobstant [nɔnɔpstɑ̃] *prép* trotz *+gén ou dat* ▶ *adv* trotzdem

non-paiement [nɔ̃pɛmɑ̃] *(pl* **non-paiements)** *nm* Nichtzahlung *f*

non-prolifération [nɔ̃pʀɔlifeʀasjɔ̃] *nf* Nichtverbreitung *f (von Atomwaffen)*

non-résident, e [nɔ̃ʀezidɑ̃] *(pl* **non-résidents, es)** *nm/f* Nicht(orts)ansässige(r) *f(m)*

non-retour [nɔ̃ʀətuʀ] *nm*: **le point de ~** der Punkt, von dem es kein Zurück mehr gibt

non-sens [nɔ̃sɑ̃s] *nm* Unsinn *m*

non-spécialiste [nɔ̃spesjalist] *(pl* **non-spécialistes)** *nmf* Laie *m*

non-stop [nɔnstɔp] *adj inv* nonstop

non-syndiqué, e [nɔ̃sɛ̃dike] *(pl* **non-syndiqués, es)** *nm/f* nicht gewerkschaftlich organisierte(r) Arbeitnehmer(in)

non-violence [nɔ̃vjɔlɑ̃s] *nf* Gewaltlosigkeit *f*

non-violent, e [nɔ̃vjɔlɑ̃, ɑ̃t] *adj* gewaltfrei

non voyant, e *(pl* **non voyants, es)** [nɔ̃vwajɑ̃, ɑ̃t] *adj* blind

nord [nɔʀ] *nm* Norden *m* ▶ *adj inv* nördlich, Nord-; **au ~ de** nördlich von

nord-africain, e [nɔʀafʀikɛ̃, ɛn] *(pl* **nord-africains, es)** *adj* nordafrikanisch ▶ *nm/f*: **Nord-Africain, e** Nordafrikaner(in)

nord-américain, e [nɔʀameʀikɛ̃, ɛn] *(pl* **nord-américains, es)** *adj* nordamerikanisch ▶ *nm/f*: **Nord-Américain, e** Nordamerikaner(in)

nord-coréen, ne [nɔʀkɔʀeɛ̃, ɛn] *(pl* **nord-coréens, nes)** *adj* nordkoreanisch

nord-est [nɔʀɛst] *nm inv* Nordosten *m*

nordique [nɔʀdik] *adj* nordisch

nord-ouest [nɔʀwɛst] *nm inv* Nordwesten *m*

normal, e, -aux [nɔʀmal, o] *adj* normal

normale [nɔʀmal] *nf* Norm *f*

normalement [nɔʀmalmɑ̃] *adv* normalerweise

normaliser [nɔʀmalize] *vt* normen; *(Pol)* normalisieren

normand, e [nɔʀmɑ̃, ɑ̃d] *adj* aus der Normandie ▶ *nm/f*: **Normand, e** Mann *m*/Frau *f* aus der Normandie; **une réponse de N~** eine unklare Antwort

Normandie [nɔʀmɑ̃di] *nf*: **la ~** die Normandie

norme [nɔʀm] *nf* Norm *f*

Norvège [nɔʀvɛʒ] *nf*: **la ~** Norwegen *nt*
norvégien, ne [nɔʀveʒjɛ̃, jɛn] *adj* norwegisch ▶ *nm/f*: **Norvégien, ne** Norweger(in)
nos [no] *adj possessif voir* **notre**
nostalgie [nɔstalʒi] *nf* Nostalgie *f*
nostalgique [nɔstalʒik] *adj* nostalgisch
notable [nɔtabl] *adj* bedeutend ▶ *nmf* Prominente(r) *f(m)*
notaire [nɔtɛʀ] *nmf* Notar(in) *m(f)*
notamment [nɔtamɑ̃] *adv* besonders
notariat [nɔtaʀja] *nm* Notariat *nt*
notarié [nɔtaʀje] *adj m*: **acte ~** (notariell) beglaubigte Urkunde *f*
notation [nɔtasjɔ̃] *nf* (*Scol*) Zensierung *f*; (*note, trait*) Note *f*
note [nɔt] *nf* Note *f*; (*facture*) Rechnung *f*; (*billet*) Zettel *m*; (*annotation*) Anmerkung *f*; **prendre des ~s** sich *dat* Notizen machen; **prendre ~ de qch** sich *dat* etw merken
noté, e [nɔte] *adj*: **être bien/mal ~** gut/schlecht bewertet werden
notebook [nɔtbuk] *nm* Notebook *nt*
noter [nɔte] *vt* notieren; (*remarquer*) bemerken; (*évaluer*) bewerten; **notez bien que ...** beachten Sie bitte, dass ...
notice [nɔtis] *nf* Notiz *f*; **~ explicative** Erläuterung *f*
notification [nɔtifikasjɔ̃] *nf* Benachrichtigung *f*; (*acte*) Bekanntgabe *f*
notifier [nɔtifje] *vt*: **~ qch à qn** jdn von etw benachrichtigen
notion [nɔsjɔ̃] *nf* Vorstellung *f*; **avoir des ~s en** Grundkenntnisse haben in
notoire [nɔtwaʀ] *adj* bekannt; (*en mal*) notorisch
notoirement [nɔtwaʀmɑ̃] *adv* bekanntlich
notoriété [nɔtɔʀjete] *nf* allgemeine Bekanntheit *f*; **c'est de ~ publique** das ist ja allgemein bekannt
notre [nɔtʀ] (*pl* **nos**) *adj possessif* (*selon le genre de l'objet en allemand*) unser/unsere/unser; (*pl*) unsere
nôtre [notʀ] *pron*: **le/la ~** der/die/das Unsere; **les ~s** unsere; (*famille, groupe*) die Unsrigen *pl*; **serez-vous des ~s ?** schließen Sie sich uns an?
nouba [nuba] *nf*: **faire la ~** einen draufmachen
nouer [nwe] *vt* binden
nougat [nuga] *nm* Süßigkeit *f* aus Honig und Mandeln
nougatine [nugatin] *nf* ≈ Krokant *m*
nouille [nuj] *nf* Nudel *f*; (*fam*) Blödmann *m*
nounours [nunuʀs] (*fam*) *nm* Teddybär *m*

nourrice [nuʀis] *nf* Amme *f*; (*sens moderne*) Tagesmutter *f*
nourrir [nuʀiʀ] *vt* (*alimenter*) füttern; (*donner les moyens de subsister*) ernähren; (*espoir, haine*) nähren; **se nourrir** *vpr*: **se ~ de légumes** sich von Gemüse ernähren; **nourri logé** mit Übernachtung und Verpflegung; **bien nourri** gut genährt; **mal nourri** schlecht ernährt
nourrissant, e [nuʀisɑ̃, ɑ̃t] *adj* nahrhaft
nourrisson [nuʀisɔ̃] *nm* Säugling *m*
nourriture [nuʀityʀ] *nf* Nahrung *f*
nous [nu] *pron* (*sujet*) wir; (*objet, après préposition*) uns; **~-mêmes** wir selbst
nouveau, nouvelle [nuvo, nuvɛl] (*devant nom masculin commençant par une voyelle et un h muet* **nouvel**, *mpl* **nouveaux**) *adj* neu ▶ *nm/f* Neue(r) *f(m)* ▶ *nm*: **il y a du ~** es gibt was Neues; **de ~, à ~** nochmals; **~ riche** neureich; **~ venu/nouvelle venue** Neuankömmling *m*
nouveau-né, e [nuvone] (*pl* **nouveau-nés, es**) *adj* neugeboren ▶ *nm/f* Neugeborene *nt*
nouveauté [nuvote] *nf* Neuheit *f*
nouvelle [nuvɛl] *adj f voir* **nouveau** ▶ *nf* Nachricht *f*; (*Litt*) Novelle *f*; **nouvelles** *nfpl* Nachrichten *pl*; **je suis sans ~s de lui** ich habe nichts (mehr) von ihm gehört
Nouvelle-Calédonie [nuvɛlkaledɔni] *nf*: **la ~** Neukaledonien *nt*
Nouvelle-Guinée [nuvɛlgine] *nf*: **la ~** Neuguinea *nt*
Nouvelle-Zélande [nuvɛlzelɑ̃d] *nf*: **la ~** Neuseeland *nt*
novembre [nɔvɑ̃bʀ] *nm* November *m*; *voir aussi* **juillet**

> **Le 11 novembre** ist ein gesetzlicher Feiertag in Frankreich, an dem an die Unterzeichnung des Waffenstillstands bei Compiègne am Ende des Ersten Weltkriegs gedacht wird.

novice [nɔvis] *adj* unerfahren ▶ *nmf* Neuling *m*
noyau, x [nwajo] *nm* Kern *m*
noyauter [nwajote] *vt* (*Pol*) unterwandern
noyer [nwaje] *nm* (*Bot*) Walnussbaum *m* ▶ *vt* ertränken; (*submerger*) überschwemmen; **se noyer** *vpr* ertrinken; **~ son moteur** den Motor absaufen lassen
N/Réf. *abr* (= *notre référence*) unser Zeichen
NTIC [ɛntɛise] *sigle fpl* (= *nouvelles technologies de l'information et de la communication*) neue Informations- und Kommunikationstechnologien *fpl*

nu, e [ny] *adj* nackt; *(chambre)* leer ▶ *nm (Art)* Akt *m*; **(les) pieds nus** barfuß; **à mains nues** mit bloßen Händen; **se mettre nu** sich (nackt) ausziehen; **mettre à nu** entblößen

nuage [nɥaʒ] *nm* Wolke *f*; **le ~** *(Inform)* die Cloud *f*

nuageux, -euse [nɥaʒø, øz] *adj* wolkig, bewölkt

nuance [nɥɑ̃s] *nf* Nuance *f*; **il y a une ~ entre** es gibt einen feinen Unterschied zwischen +*dat*

nuancer [nɥɑ̃se] *vt* nuancieren

nubuck [nybyk] *nm* Nubukleder *nt*

nucléaire [nykleɛʀ] *adj* Kern-

nudisme [nydism] *nm* Freikörperkultur *f*

nudiste [nydist] *nmf* Nudist(in) *m(f)*

nudité [nydite] *nf* Nacktheit *f*

nuée [nɥe] *nf* : **une ~ de** eine Wolke von, ein Schwarm von

nues [ny] *nfpl* : **tomber des ~** aus allen Wolken fallen; **porter qn aux ~** jdn in den Himmel loben

nuire [nɥiʀ] *vi* schädlich sein; **~ à** schaden +*dat*

nuisible [nɥizibl] *adj* schädlich

nuit [nɥi] *nf* Nacht *f*; *(à l'hôtel)* Übernachtung *f*; **il fait ~** es ist Nacht; **cette ~** heute Nacht; **de ~** *(vol, service)* Nacht-; **~ blanche** schlaflose Nacht *f*; **~ de noces** Hochzeitsnacht *f*

nul, nulle [nyl] *adj (aucun)* kein; *(non valable)* ungültig; *(péj)* unnütz ▶ *pron* niemand; **résultat** *ou* **match ~** unentschieden; **~le part** nirgends

nullement [nylmɑ̃] *adv* keineswegs

nullité [nylite] *nf (de document, mariage)* Ungültigkeit *f*; *(péj : personne)* Null *f*

numéraire [nymeʀɛʀ] *nm* Bargeld *nt*

numérateur [nymeʀatœʀ] *nm* Zähler *m*

numération [nymeʀasjɔ̃] *nf* : **~ décimale** Dezimalsystem *nt*; **~ binaire** Binärsystem *nt*

numérique [nymeʀik] *adj* numerisch; *(technologie)* Digital-

numériquement [nymeʀikmɑ̃] *adv (en nombres)* numerisch

numérisation [nymeʀizasjɔ̃] *nf* Digitalisierung *f*

numériser [nymeʀize] *vt* digitalisieren

numéro [nymeʀo] *nm* Nummer *f*; **~ d'identification personnel** (persönliche) Geheimzahl *f*; **~ vert** ≈ gebührenfreier Anruf *m*

numéroter [nymeʀɔte] *vt* nummerieren

nuque [nyk] *nf* Nacken *m*

nutritif, -ive [nytʀitif, iv] *adj (fonction, valeur)* Nähr-; *(élément, aliment)* nahrhaft

nutrition [nytʀisjɔ̃] *nf* Ernährung *f*

nutritionniste [nytʀisjɔnist] *nmf* Ernährungswissenschaftler(in) *m(f)*

nylon [nilɔ̃] *nm* Nylon *nt*

nymphe [nɛ̃f] *nf* Nymphe *f*

nymphomane [nɛ̃fɔman] *nf* Nymphomanin *f*

O

O, o [o] *nm inv* O, o *nt*
oasis [ɔazis] *nf ou nm* Oase *f*
obéir [ɔbeiʀ] *vi* gehorchen; **~ à** gehorchen +*dat*; *(ordre, loi, impulsion)* folgen +*dat*; *(force)* nachgeben +*dat*
obéissance [ɔbeisɑ̃s] *nf* Gehorsam *m*
obéissant, e [ɔbeisɑ̃, ɑ̃t] *adj* gehorsam
obélisque [ɔbelisk] *nm* Obelisk *m*
obèse [ɔbɛz] *adj* fettleibig
obésité [ɔbezite] *nf* Fettleibigkeit *f*
objecter [ɔbʒɛkte] *vt* (*prétexter*) vorgeben; **~ qch à qch** etw gegen etw einwenden; **~ qch à qn** jdm etw entgegenhalten
objecteur [ɔbʒɛktœʀ] *nm*: **~ de conscience** Wehrdienstverweigerer *m*
objectif, -ive [ɔbʒɛktif, iv] *adj* objektiv ▶ *nm* (*but, Photo*) Objektiv *nt*; (*Mil, fig*) Ziel *nt*
objection [ɔbʒɛksjɔ̃] *nf* Einwand *m*, Widerspruch *m*
objectivement [ɔbʒɛktivmɑ̃] *adv* objektiv
objectivité [ɔbʒɛktivite] *nf* Objektivität *f*
objet [ɔbʒɛ] *nm* Gegenstand *m*; (*sujet, but*) Objekt *nt*; **être ou faire l'~ de qch** Gegenstand etw *gén* sein; **sans ~** gegenstandslos; **(bureau des) ~s trouvés** Fundbüro *nt*; **~ d'art** Kunstgegenstand *m*; **~s personnels** persönliche Habe *f*; **~s de toilette** Toilettenartikel *pl*
obligation [ɔbligasjɔ̃] *nf* Pflicht *f*; (*Fin*) Obligation *f*; **sans ~ d'achat** ohne Kaufzwang; **sans ~ de votre part** unverbindlich; **être dans l'~ de faire qch** verpflichtet sein, etw zu tun
obligatoire [ɔbligatwaʀ] *adj* obligatorisch
obligatoirement [ɔbligatwaʀmɑ̃] *adv* (*nécessairement*) unbedingt; (*fatalement*) zwangsläufig
obligé, e [ɔbliʒe] *adj*: **~ de faire qch** verpflichtet, etw zu tun; **être très ~ à qn** (*redevable*) jdm sehr verbunden *ou* verpflichtet sein
obligeance [ɔbliʒɑ̃s] *nf*: **avoir l'~ de faire qch** so freundlich sein, etw zu tun
obliger [ɔbliʒe] *vt*: **~ qn** (*rendre service*) jdm einen Gefallen tun; **~ qn à qch** (*contraindre*) jdn zu etw zwingen; **~ qn à faire qch** jdn zwingen, etw zu tun; (*Jur: engager*) jdn verpflichten, etw zu tun
oblique [ɔblik] *adj* schief, schräg; **en ~** diagonal
obliquer [ɔblike] *vi*: **~ vers** (seitwärts) abbiegen in Richtung auf +*acc*
oblitération [ɔbliteʀasjɔ̃] *nf* (*de timbre*) Entwerten *nt*
oblitérer [ɔbliteʀe] *vt* stempeln; (*Méd*) blockieren
oblong, oblongue [ɔblɔ̃, ɔ̃g] *adj* länglich
obscène [ɔpsɛn] *adj* obszön
obscénité [ɔpsenite] *nf* Obszönität *f*
obscur, e [ɔpskyʀ] *adj* (*sombre*) finster, dunkel; (*raisons, point, exposé*) obskur; (*médiocre*) unscheinbar; (*inconnu*) obskur
obscurcir [ɔpskyʀsiʀ] *vt* (*assombrir*) verdunkeln; (*fig*) unklar machen; **s'obscurcir** *vpr*: **le ciel s'obscurcit** es wird dunkel
obscurité [ɔpskyʀite] *nf* Dunkelheit *f*; **dans l'~** im Dunkeln
obsédé, e [ɔpsede] *nm/f*: **~ sexuel** Sexbesessene(r) *f(m)*
obséder [ɔpsede] *vt* verfolgen; **être obsédé par** besessen sein von
obsèques [ɔpsɛk] *nfpl* Begräbnis *nt*; **~ nationales** Staatsbegräbnis *nt*
observateur, -trice [ɔpsɛʀvatœʀ, tʀis] *adj* aufmerksam ▶ *nm/f* Beobachter(in)
observation [ɔpsɛʀvasjɔ̃] *nf* Beobachtung *f*; (*d'un règlement etc*) Befolgen *nt*; (*commentaire, critique*) Bemerkung *f*
observatoire [ɔpsɛʀvatwaʀ] *nm* Observatorium *nt*; (*lieu élevé*) Beobachtungsstand *m*
observer [ɔpsɛʀve] *vt* beobachten; (*remarquer*) bemerken; (*respecter*) befolgen; **faire ~ qch à qn** jdn auf etw *acc* aufmerksam machen
obsession [ɔpsesjɔ̃] *nf* Besessenheit *f*
obsolescence [ɔpsɔlesɑ̃s] *nf* Veralten *nt*; **l'~ programmée (d'un appareil)** die gewollte Kurzlebigkeit (eines Geräts)
obsolète [ɔpsɔlɛt] *adj* veraltet

obstacle [ɔpstakl] *nm* Hindernis *nt*; (*Sport*) Hürde *f*; **faire ~ à qch** sich etw *dat* entgegenstellen

obstétricien, ne [ɔpstetʀisjɛ̃, jɛn] *nm/f* Geburtshelfer(in)

obstétrique [ɔpstetʀik] *nf* Geburtshilfe *f*

obstination [ɔpstinasjɔ̃] *nf* Eigensinn *m*

obstiné, e [ɔpstine] *adj* eigensinnig; (*effort, travail, résistance*) stur

obstiner [ɔpstine] : **s'obstiner** *vpr* nicht nachgeben, stur bleiben; **s'~ à faire qch** hartnäckig darauf bestehen, etw zu tun; **s'~ sur qch** sich auf etw *acc* versteifen

obstruction [ɔpstʀyksjɔ̃] *nf* (*Sport*) Sperren *nt*; (*Méd*) Verschluss *m*; (*Pol*) Obstruktion *f*; **faire de l'~** (*fig*) sich querstellen

obstructionnisme [ɔpstʀyksjɔnism] *nm* Obstruktionspolitik *f*

obstruer [ɔpstʀye] *vt* verstopfen

obtenir [ɔptəniʀ] *vt* bekommen, erhalten; (*total, résultat*) erreichen; **~ de qn qu'il fasse qch** erreichen, dass jd etw macht; **~ satisfaction** Genugtuung erhalten

obturateur [ɔptyʀatœʀ] *nm* (*Photo*) Verschluss *m*

obturation [ɔptyʀasjɔ̃] *nf* Verstopfen *nt*; **~ (dentaire)** Füllung *f*

obturer [ɔptyʀe] *vt* zustopfen; (*dent*) plombieren

obtus, e [ɔpty, yz] *adj* (*angle*) stumpf; (*fig*) abgestumpft

obus [ɔby] *nm* Granate *f*

occasion [ɔkazjɔ̃] *nf* Gelegenheit *f*; (: *acquisition avantageuse*) Gelegenheitskauf *m*; **à plusieurs ~s** mehrfach; **à cette/la première ~** bei dieser/bei der ersten *ou* nächsten Gelegenheit; **à l'~** gelegentlich; **à l'~ de** anlässlich +*gén*; **être l'~ de qch** der Anlass für etw sein; **d'~** gebraucht

occasionnel, le [ɔkazjɔnɛl] *adj* (*fortuit*) zufällig; (*non régulier*) gelegentlich

occasionnellement [ɔkazjɔnɛlmɑ̃] *adv* gelegentlich

occasionner [ɔkazjɔne] *vt* verursachen; **~ qch à qn** jdm etw verursachen

occident [ɔksidɑ̃] *nm* : **l'~** der Westen

occidental, e, -aux [ɔksidɑ̃tal, o] *adj* westlich

occiput [ɔksipyt] *nm* Hinterkopf *m*

occlusion [ɔklyzjɔ̃] *nf* : **~ intestinale** Darmverschluss *m*

occulte [ɔkylt] *adj* okkult

occulter [ɔkylte] *vt* (*fig*) überschatten, verdunkeln

occultisme [ɔkyltism] *nm* Okkultismus *m*

occupant, e [ɔkypɑ̃, ɑ̃t] *adj* (*armée, autorité*) Besatzungs- ▶ *nm/f* (*d'un appartement*) Bewohner(in)

occupation [ɔkypasjɔ̃] *nf* (*de pays, usine*) Besetzung *f*; (*passe-temps, emploi*) Beschäftigung *f*; **l'O~** (1941-44) die Besetzung Frankreichs durch deutsche Truppen

occupé, e [ɔkype] *adj* besetzt; (*personne*) beschäftigt; (*esprit: occupé*) völlig in Anspruch genommen

occuper [ɔkype] *vt* (*pays, territoire, usine*) besetzen; (*place, endroit*) einnehmen; (*appartement, maison*) bewohnen; (*surface, période*) ausfüllen; (*heure, loisirs*) in Anspruch nehmen; (*poste, fonction*) innehaben; (*personne, main d'œuvre*) beschäftigen; **s'occuper** *vpr* : **s'~ de** sich kümmern um; (*s'intéresser à, pratiquer*) sich beschäftigen mit

OCDE [ɔsedeə] *sigle f* (= *Organisation de coopération et de développement économique*) OECD *f* (= *Organisation für wirtschaftliche Zusammenarbeit und Entwicklung*)

océan [ɔseɑ̃] *nm* Ozean *m*

Océanie [ɔseani] *nf* : **l'~** Ozeanien *nt*

océanique [ɔseanik] *adj* Meeres-; (*climat*) See-

océanographe [ɔseanɔgʀaf] *nmf* Meeresforscher(in) *m(f)*

océanographie [ɔseanɔgʀafi] *nf* Meeresforschung *f*

océanographique [ɔseanɔgʀafik] *adj* ozeanografisch

ocelot [ɔs(ə)lo] *nm* Ozelot *m*

ocre [ɔkʀ] *adj inv* ocker(farben)

octane [ɔktan] *nm* Oktan *nt*

octante [ɔktɑ̃t] *num* (*Suisse*) achtzig

octave [ɔktav] *nf* Oktave *f*

octet [ɔktɛ] *nm* Byte *nt*

octobre [ɔktɔbʀ] *nm* Oktober *m*; *voir aussi* **juillet**

octogénaire [ɔktɔʒenɛʀ] *adj* achtzigjährig ▶ *nmf* Achtzigjährige(r) *f(m)*

octogone [ɔktɔgɔn] *nm* Achteck *nt*

octroyer [ɔktʀwaje] *vt* : **~ qch à qn** jdm etw gewähren *ou* bewilligen; **s'octroyer** *vpr* sich *dat* genehmigen

oculaire [ɔkylɛʀ] *adj* Augen-

oculiste [ɔkylist] *nmf* Augenarzt (Augenärztin) *m(f)*

odeur [ɔdœʀ] *nf* Geruch *m*; **mauvaise ~** Gestank *m*

odieux, -euse [ɔdjø, jøz] *adj* widerlich, ekelhaft; (*enfant*) unerträglich

odontologie [ɔdɔ̃tɔlɔʒi] *nf* Zahnheilkunde *f*

odorant, e [ɔdɔrɑ̃, ɑ̃t] *adj* duftend
odorat [ɔdɔra] *nm* Geruchssinn *m*; **avoir l'~ fin** eine feine Nase haben
œcuménique [ekymenik] *adj* ökumenisch
œdème [edɛm] *nm* Ödem *nt*
œil [œj] (*pl* **yeux**) *nm* Auge *nt*; (*d'une aiguille*) Öhr *nt*; **avoir un ~ au beurre noir** *ou* **un ~ poché** ein blaues Auge haben; **tenir qn à ~** jdn im Auge behalten; **voir qch d'un bon ~** etw gut finden; **voir qch d'un mauvais ~** etw nicht gerne sehen; **à mes yeux** in meinen Augen; **de ses propres yeux** mit eigenen Augen; **fermer les yeux (sur qch)** (bei etw) ein Auge zudrücken; **à l'~** (*fam*: *gratuitement*) umsonst
œillade [œjad] *nf*: **lancer une ~ à qn** jdm zuzwinkern; **faire des ~s à qn** jdm schöne Augen machen
œillères [œjɛr] *nfpl* Scheuklappen *pl*
œillet [œjɛ] *nm* Nelke *f*; (*trou, bordure rigide*) Öse *f*
œstrogène [ɛstrɔʒɛn] *adj* Östrogen *nt*
œuf [œf, *pl* ø] *nm* Ei *nt*; **~ à la coque** weiches *ou* weich gekochtes Ei; **~ à repriser** Stopfpilz *m*; **~ dur** hartes *ou* hart gekochtes Ei; **~ mollet** wachsweiches Ei; **~ de Pâques** Osterei *nt*; **~ au plat** Spiegelei *nt*; **~ poché** pochiertes Ei; **~s brouillés** Rührei *nt*
œuvre [œvr] *nf* Werk *nt*; (*organisation charitable*) Stiftung *f* ▶ *nm* (*d'un artiste*) Werk *nt*; **œuvres** *nfpl* (*Rel : actions, actes*) Werke *pl*; **bonnes ~s, ~s de bienfaisance** gute Werke; **le gros ~** der Rohbau; **être/se mettre à l'~** arbeiten/ sich an die Arbeit machen; **mettre en ~** (*moyens*) einsetzen, Gebrauch machen von; **~ d'art** Kunstwerk *nt*
œuvrer [œvre] *vi* : **~ (pour)** arbeiten (für)
offense [ɔfɑ̃s] *nf* (*affront*) Beleidigung *f*; (*Rel*) Sünde *f*
offenser [ɔfɑ̃se] *vt* (*personne*) beleidigen; (*bon sens, bon goût, principes*) verletzen; (*Dieu*) sündigen gegen; **s'offenser** *vpr* : **s'~ de qch** an etw *dat* Anstoß nehmen
offensif, -ive [ɔfɑ̃sif, iv] *adj* Offensiv-
offensive [ɔfɑ̃siv] *nf* (*Mil*) Offensive *f*, Angriff *m*; **l'~ de l'hiver** der Einbruch des Winters; **passer à l'~** zum Angriff übergehen
office [ɔfis] *nm* (*charge*) Amt *nt*; (*bureau, agence*) Büro *nt*; (*messe*) Gottesdienst *m* ▶ *nm ou nf* (*pièce*) Vorratskammer *f*; **faire ~ de** fungieren als; **avocat désigné d'~** Pflichtverteidiger *m*; **bons ~s** Vermittlung *f*; **~ du tourisme** Fremdenverkehrsamt *nt*

officiel, le [ɔfisjɛl] *adj* offiziell ▶ *nm/f* Offizielle(r) *f(m)*; (*Sport*) Funktionär(in)
officier [ɔfisje] *nm* Offizier *m* ▶ *vi* (*Rel*) einen Gottesdienst (ab)halten; **~ de police** Polizeibeamte(r) *m*, -beamtin *f*; **~ ministériel** Ministerialbeamte(r) *m*, -beamtin *f*
officieux, -euse [ɔfisjø, jøz] *adj* halbamtlich, halb amtlich
officinal, e, -aux [ɔfisinal, o] *adj* : **plantes ~es** Heilpflanzen *pl*
offrande [ɔfrɑ̃d] *nf* Gabe *f*; (*Rel*) Opfergabe *f*
offrant [ɔfrɑ̃] *nm* : **vendre/adjuger au plus ~** an den Meistbietenden verkaufen/versteigern
offre [ɔfr] *nf* Angebot *nt*; (*aux enchères*) Gebot *nt*; (*Admin : soumission*) Angebot, Offerte *f*; **~ d'emploi** Stellenangebot *nt*; **« ~s d'emploi »** „Stellenmarkt"; **~ publique d'achat** Übernahmeangebot *nt*
offrir [ɔfrir] *vt* schenken; (*choix, avantage, etc*) bieten; (*aspect, spectacle*) darbieten; **s'offrir** *vpr* (*se payer*) sich *dat* leisten *ou* genehmigen; **~ (à qn) de faire qch** (jdm) anbieten, etw zu tun; **~ à boire à qn** jdm etw zu trinken anbieten; **~ ses services à qn** jdm seine Dienste anbieten; **~ le bras à qn** jdm den Arm reichen; **s'~ aux regards** sich den Blicken aussetzen
offset [ɔfsɛt] *nm* Offsetdruck *m*
ogive [ɔʒiv] *nf* (*Archit*) Spitzbogen *m*; (*Mil*) Sprengkopf *m*
ogre [ɔɡr] *nm* Menschenfresser *m*
oie [wa] *nf* Gans *f*; **~ blanche** (*péj* : *jeune fille candide*) Unschuld *f* vom Lande
oignon [ɔɲɔ̃] *nm* Zwiebel *f*
oiseau, x [wazo] *nm* Vogel *m*; **~ de nuit** Nachtvogel *m*; **~ de proie** Greifvogel *m*
oiseau-mouche [wazomuʃ] (*pl* **oiseaux-mouches**) *nm* Kolibri *m*
oisif, -ive [wazif, iv] *adj* müßig ▶ *nm/f* (*péj*) Müßiggänger(in)
oisiveté [wazivte] *nf* Müßiggang *m*
ola [ɔla] *nf* (*Sport*) La-Ola-Welle *f*
oléiculture [ɔleikyltyr] *nf* Olivenanbau *m*
oléoduc [ɔleɔdyk] *nm* (Öl)pipeline *f*
oligoélément [ɔliɡoelemɑ̃] *nm* Spurenelement *nt*
olive [ɔliv] *nf* Olive *f* ▶ *adj inv* olivgrün
oliveraie [ɔlivrɛ] *nf* Olivenhain *m*
olivier [ɔlivje] *nm* Olivenbaum *m*; (*bois*) Olivenholz *nt*
OLP [ɔɛlpe] *sigle f* (= *Organisation de libération de la Palestine*) PLO (= *Palästinensische Befreiungsorganisation*)

olympique [ɔlɛ̃pik] *adj* olympisch
Oman [ɔman] *nm* : **le sultanat d'~** das Sultanat Oman
ombilical, e, -aux [ɔ̃bilikal, o] *adj* Nabel-
ombrage [ɔ̃bʀaʒ] *nm* (*ombre*) Schatten *m*; **ombrages** *nmpl* (*feuillage*) (schattiges) Blätterwerk *nt*
ombragé, e [ɔ̃bʀaʒe] *adj* schattig
ombrageux, -euse [ɔ̃bʀaʒø, øz] *adj* (*cheval, âne*) unruhig; (*personne*) empfindlich
ombre [ɔ̃bʀ] *nf* Schatten *m*; **à l'~** im Schatten; **à l'~ de** im Schatten +*gén*; **donner/faire de l'~** Schatten spenden/ werfen; **dans l'~** im Dunkeln; **~ à paupières** Lidschatten *m*
ombrelle [ɔ̃bʀɛl] *nf* Sonnenschirmchen *nt*
OMC [ɔɛmse] *sigle f* (= *organisation mondiale du commerce*) WTO *f*, Welthandelsorganisation *f*
omelette [ɔmlɛt] *nf* Omelett *nt*; **~ au fromage** Käseomelett *nt*; **~ aux herbes** Kräuteromelett *nt*; **~ au jambon** Omelett mit Schinken
omettre [ɔmɛtʀ] *vt* unterlassen; (*oublier*) vergessen; (*de liste*) auslassen; **~ de faire qch** etw nicht tun
omission [ɔmisjɔ̃] *nf* Unterlassung *f*, Vergessen *nt*, Auslassen *nt*
omnibus [ɔmnibys] *nm* : **(train) ~** Personenzug *m*
omnipotent, e [ɔmnipɔtɑ̃, ɑ̃t] *adj* allmächtig
omnipraticien, ne [ɔmnipʀatisjɛ̃, jɛn] *nm/f* Allgemeinarzt (Allgemeinärztin)
omniprésent, e [ɔmnipʀezɑ̃, ɑ̃t] *adj* allgegenwärtig
omniscient, e [ɔmnisjɑ̃, jɑ̃t] *adj* allwissend
omnisports [ɔmnispɔʀ] *adj inv* Sport-
omnivore [ɔmnivɔʀ] *adj* alles fressend
omoplate [ɔmɔplat] *nf* Schulterblatt *nt*
OMS [ɔɛmɛs] *sigle f* (= *Organisation mondiale de la santé*) WHO *f*

(MOT-CLÉ)

on [ɔ̃] *pron* **1** (*indéterminé, les gens*) man; **on peut le faire ainsi** man kann es so machen; **autrefois, on croyait que** früher glaubte man, dass
2 (*quelqu'un*) : **on frappe à la porte** es klopft an der Tür; **on les a attaqués** man hat sie angegriffen, sie wurden angegriffen; **on vous demande au téléphone** Sie werden am Telefon verlangt
3 (*fam : nous*) wir; **on va y aller demain** wir gehen morgen hin
4 : **on ne peut plus** bis zum Gehtnichtmehr

oncle [ɔ̃kl] *nm* Onkel *m*
onction [ɔ̃ksjɔ̃] *nf voir* **extrême-onction**
onctueux, -euse [ɔ̃ktɥø, øz] *adj* cremig
onde [ɔ̃d] *nf* Welle *f*; **sur les ~s** (*la radio*) im Radio; **mettre en ~s** für den Rundfunk bearbeiten; **grandes ~s** Langwellen *pl*; **~s courtes** Kurzwellen *pl*; **~s moyennes** Mittelwellen *pl*
ondée [ɔ̃de] *nf* Regenguss *m*
on-dit [ɔ̃di] *nm inv* Gerücht *nt*
ondulation [ɔ̃dylasjɔ̃] *nf* (*des cheveux*) Welle *f*; **~ du sol** Bodenwelle *f*
ondulé, e [ɔ̃dyle] *adj* wellig
onduler [ɔ̃dyle] *vi* (*cheveux*) sich wellen; (*vagues, houle, blés*) wogen
onéreux, -euse [ɔneʀø, øz] *adj* kostspielig
ONG [ɔɛnʒe] *sigle f* (= *organisation non-gouvernementale*) Nichtregierungsorganisation *f*
ongle [ɔ̃gl] *nm* Nagel *m*; **se ronger les ~s** Nägel kauen; **se faire les ~s** sich *dat* die Fingernägel maniküren
onguent [ɔ̃gɑ̃] *nm* Salbe *f*
ONU [ɔny] *sigle f* (= *Organisation des Nations unies*) UNO *f*
onyx [ɔniks] *nm* Onyx *m*
onze [ɔ̃z] *num* elf
onzième [ɔ̃zjɛm] *num* elfte(r, s)
OPA [ɔpea] *sigle f* (= *offre publique d'achat*) Übernahmeangebot *nt*; **~ hostile** feindliche Übernahme *f*
opacité [ɔpasite] *nf* (*voir* opaque) Undurchsichtigkeit *f*, Undurchdringlichkeit *f*
opale [ɔpal] *nf* Opal *m*
opaque [ɔpak] *adj* undurchsichtig; (*brouillard*) undurchdringlich; (*fig*) : **des pratiques ~s** undurchsichtige Methoden; **~ à** undurchdringlich für
OPEP [ɔpɛp] *sigle f* (= *Organisation des pays exportateurs de pétrole*) OPEC *f*
opéra [ɔpeʀa] *nm* Oper *f*
opéra-comique [ɔpeʀakɔmik] (*pl* **opéras-comiques**) *nm* komische Oper *f*
opérateur, -trice [ɔpeʀatœʀ, tʀis] *nm/f* (*machiniste, manipulateur*) Operator(in), Bediener(in); **les ~s de téléphonie mobile** die Mobilfunkanbieter; **~ de prise de vues** Kameramann *m*
opération [ɔpeʀasjɔ̃] *nf* Operation *f*; (*processus*) Vorgang *m*; **~ de sauvetage** Rettungsaktion *f*; **~s de bourse** Börsengeschäfte *pl*

opérationnel, le [ɔpeʁasjɔnɛl] adj (organisation, usine) funktionsfähig; (Mil) einsatzfähig

opératoire [ɔpeʁatwaʁ] adj operativ; **bloc ~** OP-Bereich m

opérer [ɔpeʁe] vt (Méd) operieren; (faire, exécuter) durchführen; (choix) treffen ▸ vi (faire effet) wirken; (procéder, agir) vorgehen; **s'opérer** vpr stattfinden, sich ereignen; **~ qn des amygdales** jdm die Mandeln herausnehmen; **se faire ~** sich operieren lassen; **se faire ~ des amygdales** sich dat die Mandeln herausnehmen lassen

opérette [ɔpeʁɛt] nf Operette f

ophtalmique [ɔftalmik] adj (nerf) Seh-; (migraine) Augen-

ophtalmologie [ɔftalmɔlɔʒi] nf Augenheilkunde f

ophtalmologue [ɔftalmɔlɔg] nmf Augenarzt (Augenärztin) m(f)

opiner [ɔpine] vi : **~ de la tête** zustimmend mit dem Kopf nicken

opiniâtre [ɔpinjɑtʁ] adj hartnäckig

opinion [ɔpinjɔ̃] nf Meinung f; **opinions** nfpl (philosophiques, religieuses) Anschauungen pl; **avoir bonne/mauvaise ~ de** eine gute/schlechte Meinung haben von; **l'~ (publique)** die öffentliche Meinung

opium [ɔpjɔm] nm Opium nt

opportun, e [ɔpɔʁtœ̃, yn] adj günstig

opportunisme [ɔpɔʁtynism] nm Opportunismus m

opportuniste [ɔpɔʁtynist] nmf Opportunist(in) m(f) ▸ adj opportunistisch

opposant, e [ɔpozɑ̃, ɑ̃t] adj (parti) gegnerisch; (minorité) opponierend ▸ nm (à un régime, projet) Gegner m

opposé, e [ɔpoze] adj (contraire) entgegengesetzt; (rive) gegenüberliegend; (couleurs) kontrastierend; (faction) gegnerisch ▸ nm : **l'~** (contraire) das Gegenteil; **il est tout l'~ de son frère** er ist das genaue Gegenteil von seinem Bruder; **à l'~ de** (du côté opposé à) gegenüber von; (fig) im Gegensatz zu; **être ~ à qch** gegen etw sein; **à l'~** dagegen, andererseits

opposer [ɔpoze] vt einander gegenüberstellen; (résistance) entgegenstellen; **s'opposer** vpr (l'un à l'autre) entgegengesetzt sein; (: couleurs) kontrastieren; **~ qch à** (comme objection, contraste) etw entgegenhalten +dat; (comme obstacle, défense) etw entgegensetzen +dat; **s'~ à** (interdire, empêcher) Widerspruch erheben gegen; (tenir tête à) sich auflehnen gegen; **sa religion s'y oppose** das kann er mit seiner Religion nicht in Einklang bringen; **s'~ à ce que qn fasse qch** dagegen sein, dass jd etw tut

opposition [ɔpozisjɔ̃] nf Opposition f; (contraste) Gegensatz m; (d'intérêts) Konflikt m; (idées, conduite) im Widerspruch stehen zu; (objection) Widerspruch m; **par ~ à** im Gegensatz zu; **entrer en ~ avec qn** in Konflikt mit jdm geraten; **être en ~ avec** (parents, directeur) sich widersetzen +dat; **faire ~ à un chèque** einen Scheck sperren; **membres de l'~** Oppositionsmitglieder

oppressant, e [ɔpʁesɑ̃, ɑ̃t] adj (chaleur) drückend; (atmosphère) bedrückend

oppresser [ɔpʁese] vt (chaleur, angoisse) bedrücken; **se sentir oppressé** sich beklommen fühlen

oppressif, -ive [ɔpʁesif, iv] adj drückend

oppression [ɔpʁesjɔ̃] nf (gêne, malaise) Beklemmung f; (asservissement) Unterdrückung f

opprimer [ɔpʁime] vt unterdrücken

opprobre [ɔpʁɔbʁ] nm Schande f; **vivre dans l'~** in Schande leben

opter [ɔpte] vi : **~ pour** sich entscheiden für

opticien, ne [ɔptisjɛ̃, jɛn] nm/f Optiker(in)

optimal, e, -aux [ɔptimal, o] adj optimal

optimisation [ɔptimizasjɔ̃] nf Optimierung f

optimiser [ɔptimize] vt optimieren; (ressources) optimal (aus)nutzen

optimisme [ɔptimism] nm Optimismus m

optimiste [ɔptimist] nmf Optimist(in) m(f)

optimum [ɔptimɔm] nm Optimum nt ▸ adj optimal, beste(r, s)

option [ɔpsjɔ̃] nf Wahl f; (Scol) Wahlfach nt; (supplément) (optionales) Extra nt; **matière à ~** Wahlfach; **texte à ~** wahlweiser Zusatztext m

optionnel, le [ɔpsjɔnɛl] adj (matière) Wahl-; (accessoire etc) zusätzlich

optique [ɔptik] adj optisch ▸ nf Optik f; (fig) Sehweise f

opulence [ɔpylɑ̃s] nf Reichtum m; **vivre dans l'~** im Überfluss leben

opulent, e [ɔpylɑ̃, ɑ̃t] adj üppig; (pays) reich

or [ɔʁ] nm Gold nt ▸ conj nun, aber; **en or** golden; (occasion) einmalig; **plaqué or** vergoldet; **or blanc** Weißgold nt; **or jaune** Gelbgold nt; **or noir** flüssiges Gold

oracle [ɔRakl] nm Orakel nt
orage [ɔRaʒ] nm Gewitter nt; (fig) Sturm m
orageux, -euse [ɔRaʒø, øz] adj Gewitter-; (fig) stürmisch
oraison [ɔRɛzɔ̃] nf Gebet nt; **~ funèbre** Grabrede f
oral, e, -aux [ɔRal, o] adj mündlich; (Ling) oral ▶ nm mündliche Prüfung f; **par voie ~e** oral
oralement [ɔRalmɑ̃] adv mündlich
orange [ɔRɑ̃ʒ] nf Orange f, Apfelsine f ▶ adj inv orange; **~ pressée** frisch gepresster Orangensaft m; **~ sanguine** Blutorange f
orangé, e [ɔRɑ̃ʒe] adj orange(farben)
orangeade [ɔRɑ̃ʒad] nf Orangeade f
oranger [ɔRɑ̃ʒe] nm Orangenbaum m
orangeraie [ɔRɑ̃ʒRɛ] nf Orangenhain m
orangerie [ɔRɑ̃ʒRi] nf Orangerie f
orang-outan [ɔRɑ̃utɑ̃] (pl **orangs-outans**), **orang-outang** (pl **orangs-outangs**) nm Orang-Utan m
orateur, -trice [ɔRatœR, tRis] nm/f Redner(in) m(f)
orbital, e, -aux [ɔRbital, o] adj : **station ~e** Raumstation f
orbite [ɔRbit] nf (Phys) Umlaufbahn f; (Anat) Augenhöhle f; **placer** ou **mettre un satellite sur** ou **en ~** einen Satelliten in ou auf die Umlaufbahn bringen
orchestre [ɔRkɛstR] nm (Mus) Orchester nt; (Théât, Ciné) Parkett nt
orchestrer [ɔRkɛstRe] vt (Mus) orchestrieren; (fig) inszenieren
orchidée [ɔRkide] nf Orchidee f
ordi [ɔRdi] (fam) nm Computer m, Kiste f
ordinaire [ɔRdinɛR] adj gewöhnlich; (de tous les jours) alltäglich ▶ nm : **d'~** gewöhnlich
ordinal, e, -aux [ɔRdinal, o] adj : **adjectif ~** Zahlwort nt; **nombre ~** Ordnungszahl f
ordinateur [ɔRdinatœR] nm Computer m; **~ individuel** ou **personnel** Personal Computer, PC m; **~ portable** Laptop m
ordonnance [ɔRdɔnɑ̃s] nf (disposition) Anordnung f; (Méd) Rezept nt; (décret, loi) Verordnung f; (Mil) Ordonnanz f; **d'~** (arme) Dienst-
ordonné, e [ɔRdɔne] adj (en bon ordre) (wohl)geordnet; (personne) ordentlich
ordonner [ɔRdɔne] vt (arranger, agencer) anordnen; (Rel) weihen; (Méd) verordnen; (donner un ordre) : **~ à qn de faire qch** jdm befehlen, etw zu tun
ordre [ɔRdR] nm Ordnung f; (succession : alphabétique etc) Reihenfolge f; (directive) Befehl m; (association) Verband m; (Rel)

235 | orgeat

Orden m; (Archit) (Säulen)ordnung f; **être/entrer dans les ~s** einem Orden angehören/in einen Orden eintreten; **en ~** in Ordnung; **mettre en ~** in Ordnung bringen; **rentrer dans l'~** wieder in Ordnung kommen; **par ~ d'entrée en scène** in der Reihenfolge des Auftrittes; **être aux ~s** ou **sous les ~s de qn** jds Befehlsgewalt dat unterstellt sein; **jusqu'à nouvel ~** bis auf Weiteres; **donner (à qn) l'~ de faire qch** (jdm) den Befehl geben, etw zu tun; **libeller à l'~ de** ausstellen auf +acc; **~ de grandeur** Größenordnung f; **~ du jour** Tagesordnung f; **à l'~ du jour** (fig) auf der Tagesordnung
ordure [ɔRdyR] nf Unrat m; **ordures** nfpl (déchets) Abfall m; **~s ménagères** Müll m
ordurier, -ière [ɔRdyRje, jɛR] adj vulgär
oreille [ɔRɛj] nf Ohr nt; (d'un écrou) Öhr nt; **avoir de l'~** ein gutes Gehör haben; **dire qch à l'~ de qn** jdm etw ins Ohr sagen
oreiller [ɔReje] nm Kopfkissen nt
oreillons [ɔRɛjɔ̃] nmpl Ziegenpeter m, Mumps m ou f
orfèvre [ɔRfɛvR] nmf Goldschmied m; **être ~ en la matière** (fig) sich bestens auskennen
orfèvrerie [ɔRfɛvRəRi] nf Goldschmiedekunst f
organe [ɔRgan] nm Organ nt; (porte-parole) Sprachrohr nt; **~ génital** Geschlechtsorgan nt
organigramme [ɔRganigRam] nm Organisationsplan m
organique [ɔRganik] adj organisch
organisateur, -trice [ɔRganizatœR, tRis] nm/f Organisator(in)
organisation [ɔRganizasjɔ̃] nf Organisation f; **l'O~ mondiale de la santé** die Weltgesundheitsorganisation; **l'O~ des Nations unies** die Vereinten Nationen pl; **l'O~ du traité de l'Atlantique Nord** der Nordatlantikpakt, die NATO
organiser [ɔRganize] vt organisieren; (mettre sur pied aussi) veranstalten
organisme [ɔRganism] nm Organismus m; (Admin, Pol) Organ nt; (association, organisation) Organisation f; **~ génétiquement modifié** genmanipulierter Organismus m
organiste [ɔRganist] nmf Organist(in) m(f)
orgasme [ɔRgasm] nm Orgasmus m
orge [ɔRʒ] nf Gerste f
orgeat [ɔRʒa] nm : **sirop d'~** Mandelmilch f

orgelet [ɔʀʒəlɛ] *nm (Méd)* Gerstenkorn *nt*
orgie [ɔʀʒi] *nf* Orgie *f*
orgue [ɔʀg] *nm* Orgel *f*; **~ de Barbarie** Drehorgel *f*; **~ électrique** *ou* **électronique** elektronische Orgel
orgueil [ɔʀgœj] *nm (amour-propre)* Stolz *m*; *(péj)* Hochmut *m*
orgueilleux, -euse [ɔʀgøjø, øz] *adj* hochmütig, überheblich
oriel [ɔʀjɛl] *nm* Erkerfenster *nt*
Orient [ɔʀjɑ̃] *nm*: **l'~** der Orient; **le Proche-/le Moyen-/l'Extrême-~** der Nahe/Mittlere/Ferne Osten
oriental, e, -aux [ɔʀjɑ̃tal, o] *adj* orientalisch ▶ *nm/f*: **Oriental, e** Orientale (Orientalin)
orientation [ɔʀjɑ̃tasjɔ̃] *nf* Orientierung *f*; *(d'un journal etc)* Tendenz *f*; **avoir le sens de l'~** einen guten Orientierungssinn haben; **~ professionnelle** Berufsberatung *f*
orienté, e [ɔʀjɑ̃te] *adj (Pol)* tendenziös; **~ au sud** nach Süden gelegen
orienter [ɔʀjɑ̃te] *vt* ausrichten; *(maison)* legen; *(voyageur, touriste)* die Richtung weisen +*dat*; *(élève)* beraten; **~ vers** *(recherches)* richten auf +*acc*; **s'orienter** *vpr (se repérer)* sich zurechtfinden; **s'~ vers** *(recherches, étudiant)* sich ausrichten auf +*acc*
orifice [ɔʀifis] *nm* Öffnung *f*
origan [ɔʀigɑ̃] *nm* Oregano *m*
originaire [ɔʀiʒinɛʀ] *adj*: **être ~ de** stammen aus
original, e, -aux [ɔʀiʒinal, o] *adj (pièce, document etc)* original; *(idée, auteur etc)* ursprünglich; *(bizarre)* originell ▶ *nm/f (excentrique, fantaisiste)* Original *nt* ▶ *nm (document, œuvre)* Original *nt*
originalité [ɔʀiʒinalite] *nf* Originalität *f*; *(d'un nouveau modèle)* Besonderheit *f*
origine [ɔʀiʒin] *nf (de personne, message, vin)* Herkunft *f*; *(d'un animal)* Abstammung *f*; *(d'un mot)* Ursprung *m*; **dès l'~** von Anfang an; **à l'~** am Anfang, anfänglich; **être à l'~ de qch** der Grund für etw sein; **avoir son ~ dans qch** seinen Ursprung in etw *dat* haben
originel, le [ɔʀiʒinɛl] *adj* ursprünglich; **le péché ~** die Erbsünde
ORL [ɔɛʀɛl] *sigle m/f (= oto-rhino-laryngologiste)* HNO-Arzt *m*, HNO-Ärztin *f*
orme [ɔʀm] *nm* Ulme *f*
orné, e [ɔʀne] *adj (style, discours)* ausgeschmückt; **~ de** geschmückt mit
ornement [ɔʀnəmɑ̃] *nm* Verzierung *f*; **~s sacerdotaux** Priestergewänder *pl*
ornementer [ɔʀnəmɑ̃te] *vt* verzieren
orner [ɔʀne] *vt* schmücken
ornière [ɔʀnjɛʀ] *nf* Spurrille *f*; **sortir de l'~** *(fig : impasse)* wieder aus der Sackgasse herauskommen
ornithologie [ɔʀnitɔlɔʒi] *nf* Vogelkunde *f*
ornithologique [ɔʀnitɔlɔʒik] *adj* ornithologisch
ornithologue [ɔʀnitɔlɔg] *nmf* Ornithologe (Ornithologin) *m(f)*
orphelin, e [ɔʀfəlɛ̃, in] *adj* verwaist ▶ *nm/f* Waisenkind *nt*, Waise *f*; **~ de mère/de père** Halbwaise *f*
orphelinat [ɔʀfəlina] *nm* Waisenhaus *nt*
ORSEC [ɔʀsɛk] *sigle f (= Organisation des secours)*; **le plan ~** ≈ der Plan für den Katastrophenfall
orteil [ɔʀtɛj] *nm* Zehe *f*; **gros ~** große *ou* dicke Zehe
orthodontiste [ɔʀtodɔ̃tist] *nmf* Kieferorthopäde (Kieferorthopädin) *m(f)*
orthodoxe [ɔʀtɔdɔks] *adj* orthodox
orthographe [ɔʀtɔgʀaf] *nf* Rechtschreibung *f*
orthographier [ɔʀtɔgʀafje] *vt* (richtig) schreiben
orthopédie [ɔʀtɔpedi] *nf* Orthopädie *f*
orthopédique [ɔʀtɔpedik] *adj* orthopädisch
orthopédiste [ɔʀtɔpedist] *nmf* Orthopäde (Orthopädin) *m(f)*
orthophonie [ɔʀtɔfɔni] *nf* Logopädie *f*
orthophoniste [ɔʀtɔfɔnist] *nmf* Logopäde (Logopädin) *m(f)*
ortie [ɔʀti] *nf* Brennnessel *f*
OS [oɛs] *sigle m (= ouvrier spécialisé)* Hilfsarbeiter *m*
os [ɔs] *nm* Knochen *m*
oscar [ɔskaʀ] *nm* Oscar *m*
OSCE [oɛsseə] *nf abr (= Organisation de sécurité et de coopération européenne)* OSZE *f*
osciller [ɔsile] *vi* schwingen; **~ entre** *(hésiter)* schwanken zwischen +*dat*
osé, e [oze] *adj* gewagt
oseille [ozɛj] *nf (Bot)* Sauerampfer *m*
oser [oze] *vi*: **~ faire qch** es wagen, etw zu tun; **je n'ose pas** ich traue mich nicht
osier [ozje] *nm* (Korb)weide *f*; **d'~, en ~** Korb-
osmose [ɔsmoz] *nf* Osmose *f*
ossature [ɔsatyʀ] *nf* Skelett *nt*; *(d'un bâtiment etc)* Gerippe *nt*; *(fig)* Struktur *f*
osseux, -euse [ɔsø, øz] *adj* Knochen-; *(main, visage)* knochig
ostensible [ɔstɑ̃sibl] *adj* ostentativ

ostentation [ɔstɑ̃tasjɔ̃] nf Prahlerei f
ostentatoire [ɔstɑ̃tatwaʀ] adj prahlerisch
ostraciser [ɔstʀasize] vt ächten
ostracisme [ɔstʀasism] nm Ächtung f
ostréicole [ɔstʀeikɔl] adj Austern-
ostréiculteur, -trice [ɔstʀeikyltœʀ, tʀis] nm/f Austernzüchter(in)
ostréiculture [ɔstʀeikyltyʀ] nf Austernzucht f
otage [ɔtaʒ] nm Geisel f; **prendre qn en ~** jdn als Geisel nehmen
OTAN [ɔtɑ̃] sigle f (= Organisation du traité de l'Atlantique Nord) NATO f
otarie [ɔtaʀi] nf Seelöwe m
ôter [ote] vt wegnehmen; (vêtement) ausziehen; (tache, noyau) herausmachen; (arête) herausziehen; **~ qch à qn** jdm etw wegnehmen; **6 ôté de 10 égale 4** 10 weniger 6 ist 4
otite [ɔtit] nf Mittelohrentzündung f
oto-rhino [ɔtoʀino] nmf Hals-Nasen-Ohrenarzt (Hals-Nasen-Ohrenärztin) m(f)
oto-rhino-laryngologiste [ɔtoʀinolaʀɛ̃gɔlɔʒist(ə)] nmf Hals-Nasen-Ohrenarzt (Hals-Nasen-Ohrenärztin) m(f)
ou [u] conj oder; **ou ... ou** entweder ... oder; **ou bien** oder (auch)

(MOT-CLÉ)

où [u] pron relatif **1** (lieu) wo; (: direction) wohin; **la ville où je l'ai rencontré** die Stadt, wo ich ihn kennenlernte; **le pays où il est né** das Land, in dem er geboren ist; **la chambre où il était** das Zimmer, in dem er war; **la ville où je vais** die Stadt, in die ich ou wohin ich fahre; **la pièce d'où il est sorti** das Zimmer, aus dem er herausging; **le village d'où je viens** das Dorf, aus dem ich komme; **les villes par où il est passé** die Städte, durch die er gefahren ist; **où que l'on aille** wohin man auch geht
2 (temps, état) : **le jour où il est parti** der Tag, an dem er wegging; **au prix où sont les choses** bei den Preisen heutzutage
▶ adv **1** (interrogatif : situation) wo; **où est-elle ?** wo ist sie?
2 (direction) wohin; **où va-t-il ?** wohin geht er?; **par où est-elle entrée/ sortie ?** wo ist sie hereingekommen/ hinausgegangen?; **par où est-elle partie/venue ?** in welche Richtung ist sie gegangen/aus welcher Richtung ist sie gekommen?
3 (relatif : situation) wo; (: direction) wohin; **je sais où il est** ich weiß, wo er ist; **où que l'on aille** wohin man auch geht

ouate ['wat] nf Watte f
oubli [ubli] nm (acte) Vergessen nt; (étourderie, négligence) Vergesslichkeit f; **tomber dans l'~** in Vergessenheit geraten
oublier [ublije] vt vergessen; **s'oublier** vpr sich vergessen; **~ que/de faire qch** vergessen, dass/vergessen, etw zu tun; **~ l'heure** die Zeit vergessen
oubliettes [ublijɛt] nfpl Verlies nt
ouest [wɛst] nm Westen m ▶ adj inv West-, westlich; **l'O~** (région de France) Westfrankreich nt; (Pol : l'Occident) der Westen; **à l'~ de** westlich von
Ouganda [ugɑ̃da] nm : **l'~** Uganda nt
ougandais, e [ugɑ̃dɛ, ɛz] adj ugandisch
oui ['wi] adv ja; **répondre (par) ~** mit Ja antworten
ouï-dire ['widiʀ] nm inv : **par ~** vom Hörensagen
ouïe [wi] nf Gehör nt; **ouïes** nfpl (de poisson) Kiemen pl
ouragan [uʀagɑ̃] nm Orkan m
ourler [uʀle] vt säumen
ourlet [uʀlɛ] nm Saum m; (de l'oreille) Rand m; **faire un ~ à** säumen
ours [uʀs] nm Bär m; **~ blanc** Eisbär m; **~ brun** Braunbär m; **~ en peluche** Teddybär m
oursin [uʀsɛ̃] nm Seeigel m
ourson [uʀsɔ̃] nm Bärenjunge(s) nt
ouste [ust] excl raus
outil [uti] nm Werkzeug nt; **~ de travail** Arbeitsgerät nt
outillage [utijaʒ] nm Ausrüstung f
outiller [utije] vt ausrüsten
outrage [utʀaʒ] nm Beleidigung f; **~ à la pudeur** Erregung f öffentlichen Ärgernisses
outragé, e [utʀaʒe] adj empört
outrager [utʀaʒe] vt (schwer) beleidigen
outrageusement [utʀaʒøzmɑ̃] adv (excessivement) übertrieben
outrance [utʀɑ̃s] nf : **à ~** bis zum Exzess
outre [utʀ] nf Schlauch m ▶ prép außer +dat ▶ adv : **passer ~** weitergehen; **passer ~ à** hinweggehen über +acc; **en ~** außerdem; **~ que** abgesehen davon, dass; **~ mesure** über die ou alle Maßen
outré, e [utʀe] adj (excessif) übertrieben; (indigné) empört
outremer [utʀəmɛʀ] adj ultramarin(blau)

outre-mer [utʀəmɛʀ] *adv* : **d'~** Übersee-
outrepasser [utʀəpɑse] *vt* überschreiten
outrer [utʀe] *vt* übertreiben; *(indigner)* aufbringen
outre-Rhin [utʀəʀɛ̃] *adv* auf der anderen Rheinseite
ouvert, e [uvɛʀ, ɛʀt] *pp de* **ouvrir** ▶ *adj (aussi fig)* offen; *(robinet, gaz)* aufgedreht
ouvertement [uvɛʀtəmɑ̃] *adv* offen, freiheraus
ouverture [uvɛʀtyʀ] *nf (action)* Öffnen *nt*; *(orifice, Pol)* Öffnung *f*; *(commencement)* Eröffnung *f*; *(Mus)* Ouverture *f*; **~ (du diaphragme)** *(Photo)* Blende *f*
ouvrable [uvʀabl] *adj* : **jour ~** Werktag *m*
ouvrage [uvʀaʒ] *nm (objet, œuvre)* Werk *nt*; *(Tricot etc)* Arbeit *f*; **panier** ou **corbeille à ~** Handarbeitskorb *m*; **se mettre à l'~** sich an die Arbeit machen
ouvragé, e [uvʀaʒe] *adj* (fein) verziert
ouvrant, e [uvʀɑ̃, ɑ̃t] *adj* : **toit ~** *(Auto)* Schiebedach *nt*
ouvré, e [uvʀe] *adj (Admin)* : **jour ~** Arbeitstag *m*
ouvre-boîte [uvʀəbwat] *(pl* **ouvre-boîtes***) nm* Büchsenöffner *m*
ouvre-bouteille [uvʀəbutɛj] *(pl* **ouvre-bouteilles***) nm* Flaschenöffner *m*
ouvrier, -ière [uvʀije, ijɛʀ] *nm/f* Arbeiter(in) ▶ *adj* Arbeiter-; **~ spécialisé** Hilfsarbeiter(in)
ouvrir [uvʀiʀ] *vt* öffnen; *(Méd : abcès)* incidere; *(exposition, débat etc)* eröffnen; *(eau, électricité, chauffage)* anmachen; *(robinet)* aufdrehen ▶ *vi (magasin, théâtre)* aufmachen, öffnen; **s'ouvrir** *vpr* aufgehen, sich öffnen; *(procès)* anfangen; **~ l'œil** *(fig)* die Augen aufmachen; **~ des horizons/perspectives** neue Horizonte/Perspektiven (er)öffnen; **~ à cœur/trèfle** *(Cartes)* mit Herz/Kreuz herauskommen; **~** *ou* **s'~ sur** sich öffnen nach; **s'~ à qn de ses soucis** jdn in seine Probleme einbeziehen
Ouzbékistan [uzbekistɑ̃] *nm* : **l'~** Usbekistan *nt*
ovaire [ɔvɛʀ] *nm* Eierstock *m*
ovale [ɔval] *adj* oval
ovation [ɔvasjɔ̃] *nf* Ovation *f*
ovationner [ɔvasjɔne] *vt* : **~ qn** jdm zujubeln
overdose [ɔvœʀdoz] *nf* Überdosis *f*
ovni [ɔvni] *sigle m* (= *objet volant non identifié*) UFO *nt*
ovulation [ɔvylasjɔ̃] *nf* Eisprung *m*
ovule [ɔvyl] *nm* Ei *nt*, Eizelle *f*; *(Méd)* Zäpfchen *nt*
oxyde [ɔksid] *nm* Oxid *nt*; **~ de carbone** Kohlenmonoxid *nt*
oxyder [ɔkside] *vt* : **s'oxyder** *vpr* oxidieren
oxygène [ɔksiʒɛn] *nm* Sauerstoff *m*
oxygéné, e [ɔksiʒene] *adj* : **eau ~e** Wasserstoff(su)peroxid *nt*
ozone [ozon] *nm* Ozon *m ou nt*

P

P, p [pe] *nm inv* P, p *nt*
p *abr* (= *page*) S.
PAC [pak] *sigle f* (= *politique agricole commune*) gemeinsame Agrarpolitik *f* der EG
pacemaker [pɛsmɛkœʀ] *nm* (Herz)schrittmacher *m*
pachyderme [paʃidɛʀm] *nm* Dickhäuter *m*
pacifier [pasifje] *vt* (*pays, peuple*) Ruhe und Frieden stiften in +*dat*; (*fig*) beruhigen
pacifique [pasifik] *adj* friedlich; (*personne*) friedfertig ▸ *nm* : **le P~** der Pazifische Ozean
pacifisme [pasifism] *nm* Pazifismus *m*
pacifiste [pasifist] *nmf* Pazifist(in) *m(f)*
pacotille [pakɔtij] *nf* Billigware *f*
PACS [paks] *sigle m* (= *pacte civil de solidarité*) (standesamtlich) eingetragene Lebensgemeinschaft *f*
pacsé, e [pakse] *nm/f* Partner(in) einer eingetragenen Lebensgemeinschaft
pacser [pakse] : **se pacser** *vpr* eine eingetragene Lebensgemeinschaft eingehen
pacte [pakt] *nm* Pakt *m*; **~ d'alliance** Bündnis *nt*; **~ de non-agression** Nichtangriffspakt *m*
pactiser [paktize] *vi* : **~ avec** sich einigen mit
PAF [paf] *sigle m* (= *paysage audiovisuel français*) die französische Medienlandschaft
pagaie [pagɛ] *nf* Paddel *nt*
pagaille [pagaj] *nf* Durcheinander *nt*, Unordnung *f*
paganisme [paganism] *nm* Heidentum *nt*
pagayer [pageje] *vi* paddeln
page [paʒ] *nf* Seite *f* ▸ *nm* Page *m*; **mettre en ~s** layouten; **mise en ~s** Layout *nt*; **être à la ~** auf dem Laufenden sein; **~ blanche** leere Seite; **~ d'accueil** (*Internet*) Homepage *f*; **~ de démarrage** (*Inform*) Startseite *f*; **~ de garde** Vorsatzpapier *nt*; **~ Web** Webseite *f*
page-écran [paʒekʀɑ̃] (*pl* **pages-écrans**) *nf* Bildschirmseite *f*
pagination [paʒinasjɔ̃] *nf* Paginierung *f*
pagode [pagɔd] *nf* Pagode *f*
paie [pɛ] *nf* = **paye**
paiement [pɛmɑ̃] *nm* Zahlung *f*; (*d'employé*) Bezahlung *f*
païen, ne [pajɛ̃, pajɛn] *adj* heidnisch ▸ *nm/f* Heide *m*, Heidin *f*
paillard, e [pajaʀ, aʀd] *adj* derb
paillasse [pajas] *nf* (*matelas*) Strohsack *m*
paillasson [pajasɔ̃] *nm* (*de porte*) Fußmatte *f*
paille [paj] *nf* Stroh *nt*; (*pour boire*) Strohhalm *m*; **être sur la ~** ruiniert sein; **~ de fer** Stahlwolle *f*
paillette [pajɛt] *nf* Paillette *f*; **lessive en ~s** Seifenflocken *pl*
pain [pɛ̃] *nm* Brot *nt*; **~ bis** Graubrot *nt*; **~ complet** Vollkornbrot *nt*; **~ d'épice(s)** Lebkuchen *m*; **~ de cire** Stück *nt* Wachs; **~ au chocolat** mit Schokolade gefülltes Gebäckstück; **~ de mie** Weißbrot *nt* (ohne Kruste); **~ de seigle** Roggenbrot *nt*; **~ de sucre** Zuckerhut *m*; **~ grillé** Toast *m*
pair, e [pɛʀ] *adj* gerade ▸ *nf* Paar *nt*; **au ~** (*Fin*) zum Nennwert; **jeune fille au ~** Aupairmädchen *nt*; **une ~e de lunettes** eine Brille; **une ~e de tenailles** eine Beißzange; **aller** *ou* **marcher de ~ (avec)** Hand in Hand gehen (mit)
paisible [pezibl] *adj* friedlich; (*sommeil, lac*) ruhig
paisiblement [peziblәmɑ̃] *adv* friedlich
paître [pɛtʀ] *vi* weiden, grasen
paix [pɛ] *nf* Frieden *m*; **faire la ~ avec** sich versöhnen mit; **avoir la ~** Ruhe haben
Pakistan [pakistɑ̃] *nm* : **le ~** Pakistan *nt*
pakistanais, e [pakistanɛ, ɛz] *adj* pakistanisch ▸ *nm/f* : **Pakistanais, e** Pakistaner(in)
palabrer [palabʀe] *vi* palavern
palace [palas] *nm* Luxushotel *nt*
palais [palɛ] *nm* Palast *m*; (*Anat*) Gaumen *m*; **le ~ de Justice** der Pariser Gerichtshof
palan [palɑ̃] *nm* Flaschenzug *m*
Palatinat [palatina] *nm* : **le ~** die Pfalz *f*
pâle [pɑl] *adj* blass; (*personne, teint*) bleich, blass; **bleu/vert ~** blassblau/blassgrün
Palestine [palɛstin] *nf* : **la ~** Palästina *nt*
palestinien, ne [palɛstinjɛ̃, jɛn] *adj* palästinensisch ▸ *nm/f* : **Palestinien, ne** Palästinenser(in)
palet [palɛ] *nm* Scheibe *f*; (*Hockey*) Puck *m*
paletot [palto] *nm* (kurzer) Mantel *m*

palette [palɛt] nf Palette f
palétuvier [paletyvje] nm Mangrovenbaum m
pâleur [pɑlœʀ] nf Blässe f
palier [palje] nm (d'escalier) Treppenabsatz m; (d'un graphique, fig) Plateau nt; **par ~s** in Stufen
pâlir [pɑliʀ] vi (personne) erbleichen; (couleur) verblassen; **faire ~ qn** jdn blass werden lassen
palissade [palisad] nf Zaun m
palissandre [palisɑ̃dʀ] nm Palisander m
palliatif, -ive [paljatif, iv] adj lindernd ▶ nm Überbrückungsmaßnahme f; **soins ~s** palliative Behandlung
pallier [palje] vt ausgleichen
palmarès [palmaʀɛs] nm Preisträgerliste f
palme [palm] nf (Bot) Palmzweig m; (symbole de la victoire) Siegespalme f; (de plongeur) Schwimmflosse f
palmeraie [palmǝʀɛ] nf Palmenhain m
palmier [palmje] nm Palme f
palmipède [palmipɛd] nm (oiseau) Schwimmvogel m
palombe [palɔ̃b] nf Ringeltaube f
pâlot, te [pɑlo, ɔt] adj blass, blässlich
palourde [paluʀd] nf Venusmuschel f
palper [palpe] vt befühlen, (ab)tasten
palpitant, e [palpitɑ̃, ɑ̃t] adj spannend, aufregend
palpitation [palpitasjɔ̃] nf: **avoir des ~s** Herzklopfen haben
palpiter [palpite] vi (cœur, pouls) schlagen
paludisme [palydism] nm Malaria f
pâmer [pame] vpr: **se pâmer** vpr: **se ~ d'amour/d'admiration** vor Liebe/ Bewunderung vergehen
pampa [pɑ̃pa] nf Pampa f
pamphlet [pɑ̃flɛ] nm Schmähschrift f
pamplemousse [pɑ̃pləmus] nm Grapefruit f, Pampelmuse f
pan [pɑ̃] excl peng ▶ nm: **~ de chemise** Hemdschoß m
panacée [panase] nf Allheilmittel nt
panache [panaʃ] nm (faisceau de plumes) Federbusch m; **se battre avec ~** beherzt kämpfen; **~ de fumée** Rauchfahne f
panaché, e [panaʃe] adj: **glace ~e** gemischtes Eis nt ▶ nm (bière) Radler m, Alsterwasser nt
panais [panɛ] nm Pastinake f
Panama [panama] nm: **le ~** Panama nt
panaméen, ne [panameɛ̃, ɛn] adj panamaisch
panaris [panaʀi] nm Nagelbettentzündung f
pancarte [pɑ̃kaʀt] nf Schild nt; (dans un défilé) Transparent nt
pancréas [pɑ̃kʀeas] nm Bauchspeicheldrüse f
panda [pɑ̃da] nm Panda(bär) m
pandémie [pɑ̃demi] nf Pandemie f
pané, e [pane] adj paniert
panier [panje] nm Korb m; **mettre au ~** wegwerfen; **~ à provisions** Einkaufskorb m; **~ à salade** (Culin) Salatschleuder f; (Police) grüne Minna f; **le ~ de la ménagère** der Warenkorb; **~ de crabes** (fig) Schlangengrube f; **~ percé** (fig) Verschwender(in) m(f)
panier-repas [panje(ə)pa] (pl **paniers-repas**) nm Lunchpaket nt
panique [panik] nf Panik f
paniquer [panike] vi in Panik geraten
panne [pan] nf Panne f; **mettre en ~** (Naut) stoppen; **être ou tomber en ~** eine Panne haben; **être en ~ d'essence** kein Benzin mehr haben; **~ d'électricité** Stromausfall m; **~ de courant** Stromausfall
panneau, x [pano] nm Tafel f; **tomber dans le ~** (fig) in die Falle gehen; **~ d'affichage** Anschlagbrett nt; **~ de signalisation** Straßenschild nt; **~ électoral** Wahlplakat nt; **~ indicateur** Straßenschild nt; **~ publicitaire** Plakatwand f
panonceau [panɔ̃so] nm Schild nt
panoplie [panɔpli] nf (d'armes) Waffensammlung f; (d'arguments etc) (ansehnliche) Reihe f; **~ de pompier/d'infirmière** (jouet) Feuerwehrmann-/ Krankenschwesterausrüstung f
panorama [panɔʀama] nm (vue) Panorama nt; (fig) Übersicht f
panoramique [panɔʀamik] adj Panorama-
pansement [pɑ̃smɑ̃] nm Verband m
panser [pɑ̃se] vt verbinden; (cheval) striegeln
pantalon [pɑ̃talɔ̃] nm Hose f; **~ de golf** Golfhose f; **~ de pyjama** Schlafanzughose f; **~ de ski** Skihose f
pantelant, e [pɑ̃t(ə)lɑ̃, ɑ̃t] adj keuchend
panthère [pɑ̃tɛʀ] nf (d'Afrique) Leopard m
pantin [pɑ̃tɛ̃] nm Hampelmann m
pantois [pɑ̃twa] adj m: **rester ~** sprachlos sein
pantomime [pɑ̃tɔmim] nf Pantomime f
pantouflard, e [pɑ̃tuflaʀ, aʀd] adj stubenhockerisch
pantoufle [pɑ̃tufl] nf Pantoffel m
panure [panyʀ] nf Paniermehl nt
PAO [peao] sigle f (= publication assistée par ordinateur) DTP f
paon [pɑ̃] nm Pfau m

papa [papa] *nm* Papa *m*
paparazzi [paparadzi] *nmpl* Paparazzi *pl*
papauté [papote] *nf* Papsttum *nt*
papaye [papaj] *nf* Papaya(frucht) *f*
pape [pap] *nm* : **le ~** der Papst
paperasse [papras] *nf* Papierwust *m*
paperasserie [paprasri] *nf* Papierwust *m*
papeterie [papɛtri] *nf* (*magasin*) Schreibwarenladen *m*
papetier, -ière [pap(ə)tje, jɛr] *nm/f* (*commerçant*) Schreibwarenhändler(in)
papi [papi] (*fam*) *nm* Opa *m*
papier [papje] *nm* Papier *nt*; (*feuille*) Blatt *nt* (Papier); **papiers** *nmpl* (*d'identité*) (Ausweis)papiere *pl*; **sur le ~** auf dem Papier; **~ à lettres** Briefpapier *nt*; **~ bible** Dünndruckpapier *nt*; **~ buvard** Löschpapier *nt*; **~ calque** Transparentpapier *nt*; **~ carbone** Kohlepapier *nt*; **~ collant** Klebestreifen *m*; **~ couché** Kunstdruckpapier *nt*; **~ (d') aluminium** Alufolie *f*; **~ d'Arménie** Räucherpapier *nt*; **~ d'emballage** Packpapier *nt*; **~ de brouillon** Schmierpapier *nt*; **~ de verre** Sandpapier *nt*; **~ glacé** appretiertes Papier; **~ gommé** gummiertes Papier; **~ hygiénique** Toilettenpapier *nt*; **~ journal** Zeitungspapier *nt*; **~ kraft** Packpapier *nt*; **~ mâché** Papiermaschee *nt*; **~ machine** Schreibmaschinenpapier *nt*; **~ peint** Tapete *f*
papier-filtre [papjefiltr] *nm* Filterpapier *nt*
papier-monnaie [papjemɔnɛ] *nm* Papiergeld *nt*
papillon [papijɔ̃] *nm* Schmetterling *m*; (*contravention*) Strafzettel *m*; (*écrou*) Flügelmutter *f*
papillonner [papijɔne] *vi* herumflattern
papilloter [papijɔte] *vi* (*yeux, paupières*) zwinkern; (*lumière, étoiles*) funkeln
papoter [papɔte] *vi* schwatzen
Papouasie-Nouvelle-Guinée [papwazinuvɛlɡine] *nf* : **la ~** Papua-Neuguinea *nt*
paprika [paprika] *nm* Paprika *m*
papyrus [papirys] *nm* Papyrus *m*
pâque [pɑk] *nf* Passahfest *nt*; **Pâques** *nfpl* Ostern *nt*
paquebot [pak(ə)bo] *nm* Passagierschiff *nt*
pâquerette [pɑkrɛt] *nf* Gänseblümchen *nt*
Pâques [pɑk] *nfpl voir* **pâque**
paquet [pakɛ] *nm* Paket *nt*; (*de cigarettes*) Päckchen *nt*; **mettre le ~** (*fam*) sein Bestes tun
paquet-cadeau [pakɛkado] (*pl* **paquets-cadeaux**) *nm* : **pourriez-vous me faire un ~ ?** können Sie es bitte als Geschenk einpacken?

(MOT-CLÉ)

par [par] *prép* **1** (*agent*) von; **la souris a été mangée par le chat** die Maus ist von der Katze gefressen worden
2 (*lieu*) : **passer par Lyon** über Lyon fahren; **passer par la côte** an der Küste entlangfahren; **par la fenêtre** aus dem Fenster; **par terre** auf dem Boden; **par le haut/bas** von oben/unten; **par ici** hierher; (*dans la région*) hier; **par-ci, par-là** hier und da
3 (*fréquence, distribution*) pro; **trois fois par semaine** dreimal pro Woche *ou* in der Woche; **trois par jour/personne** drei am Tag/pro Person; **par centaines** zu hunderten *ou* Hunderten; **deux par deux** (*marcher, entrer*) zu zweit; (*prendre*) jeweils zwei
4 (*cause*) : **par amour** aus Liebe
5 (*moyen*) mit; **par la poste** mit der Post; **finir/commencer par faire qch** schließlich/anfangs etw tun

parabole [parabɔl] *nf* (*Rel*) Gleichnis *nt*; (*Math*) Parabel *f*
parabolique [parabɔlik] *adj* Parabol-
parachever [paraʃ(ə)ve] *vt* vollenden
parachutage [paraʃytaʒ] *nm* (*fig*) plötzliches Auftauchen *nt*
parachute [paraʃyt] *nm* Fallschirm *m*
parachuter [paraʃyte] *vt* mit dem Fallschirm absetzen; (*fam : fig*) hineinkatapultieren
parachutisme [paraʃytism] *nm* Fallschirmspringen *nt*
parachutiste [paraʃytist] *nmf* Fallschirmspringer(in) *m(f)*
parade [parad] *nf* Parade *f*; (*Boxe*) Abwehr *f*; **trouver la ~ à une attaque/mesure** einen Angriff/eine Maßnahme parieren
parader [parade] *vi* herumstolzieren
paradis [paradi] *nm* Paradies *nt*; **~ fiscal** Steueroase *f*; **le P~ terrestre** das Paradies auf Erden
paradisiaque [paradizjak] *adj* paradiesisch, himmlisch
paradoxal, e, -aux [paradɔksal, o] *adj* paradox
paradoxe [paradɔks] *nm* Paradox *nt*
parafer [parafe] *vt voir* **parapher**
paraffine [parafin] *nf* Paraffin *nt*
parages [paraʒ] *nmpl* (*Naut*) Gewässer *pl*; **dans les ~ (de)** in der unmittelbaren Umgebung (von)

paragraphe [paʀagʀaf] *nm* Absatz *m*, Abschnitt *m*
Paraguay [paʀagwɛ] *nm*: **le ~** Paraguay *nt*
paraître [paʀɛtʀ] *vi* (*Presse, Édition*) erscheinen; (*sembler*) scheinen; (*un certain âge*) wirken; (*soleil*) herauskommen; **aimer/vouloir ~** gern Aufmerksamkeit erregen/Aufmerksamkeit erregen wollen; **il paraît que** es scheint, dass; **il me paraît que** mir scheint, dass; **il paraît absurde de/préférable que …** es scheint absurd zu/es ist wohl vorzuziehen, dass …; **laisser ~ qch** etw zeigen; **il ne paraît pas son âge** man sieht ihm sein Alter nicht an
parallèle [paʀalɛl] *adj* parallel; (*comparable*) vergleichbar ▶ *nf* Parallele *f* ▶ *nm*: **faire un ~ entre** eine Parallele ziehen zwischen; **~ (de latitude)** Breitengrad *m*; **en ~** parallel; **mettre en ~** (*fig*) vergleichen
parallélogramme [paʀalelɔgʀam] *nm* Parallelogramm *nt*
paralyser [paʀalize] *vt* lähmen; (*grève*) lahmlegen
paralysie [paʀalizi] *nf* Lähmung *f*
paramédical, e, -aux [paʀamedikal, o] *adj*: **personnel ~** medizinisches Hilfspersonal *nt*
paramètre [paʀamɛtʀ] *nm* Parameter *m*
paramilitaire [paʀamilitɛʀ] *adj* paramilitärisch
paranoïa [paʀanɔja] *nf* Verfolgungswahn *m*
paranoïaque [paʀanɔjak] *nmf* Paranoiker(in) *m(f)*
parapente [paʀapɑ̃t] *nm* (*sport*) Gleitschirmfliegen *nt*
parapet [paʀapɛ] *nm* Brüstung *f*
parapher [paʀafe] *vt* paraphieren
paraphrase [paʀafʀɑz] *nf* Umschreibung *f*, Paraphrasierung *f*
paraphraser [paʀafʀɑze] *vt* umschreiben, paraphrasieren
paraplégie [paʀapleʒi] *nf* doppelseitige Lähmung *f*
parapluie [paʀaplɥi] *nm* Regenschirm *m*; **~ atomique** *ou* **nucléaire** Nuklearschutz *m*
parapsychique [paʀapsiʃik] *adj* parapsychologisch
parapsychologie [paʀapsikɔlɔʒi] *nf* Parapsychologie *f*
parascolaire [paʀaskɔlɛʀ] *adj* außerschulisch
parasite [paʀazit] *nm* Parasit *m*, Schmarotzer *m*; **parasites** *nmpl* (*Tél*) Störung *f*
parasol [paʀasɔl] *nm* Sonnenschirm *m*

paratonnerre [paʀatɔnɛʀ] *nm* Blitzableiter *m*
paravent [paʀavɑ̃] *nm* (*meuble*) spanische Wand *f*; (*fig*) Schirm *m*
parc [paʀk] *nm* Park *m*; (*pour le bétail*) Pferch *m*; **~ à huîtres** Austernbank *f*; **~ automobile** (*d'un pays*) Wagenbestand *m*; **~ d'attractions** Vergnügungspark *m*; **~ éolien** Windfarm *f*; **~ national** Nationalpark *m*; **~ naturel** Naturpark *m*; **~ zoologique** Zoo *m*, zoologischer Garten *m*
parcelle [paʀsɛl] *nf* (*de terrain*) Parzelle *f*; (*d'or, de vérité*) Stückchen *nt*
parce que [paʀs(ə)kə] *conj* weil
parchemin [paʀʃəmɛ̃] *nm* Pergament *nt*
parcimonie [paʀsimɔni] *nf* Sparsamkeit *f*; **avec ~** äußerst sparsam
parcimonieux, -euse [paʀsimɔnjø, jøz] *adj* äußerst sparsam
parcmètre [paʀkmɛtʀ], **parcomètre** [paʀkɔmɛtʀ] *nm* Parkuhr *f*
parcourir [paʀkuʀiʀ] *vt* gehen durch; (*trajet, distance*) zurücklegen; (*en lisant*) überfliegen
parcours [paʀkuʀ] *nm* Strecke *f*, Route *f*; (*Sport*) Parcours *m*; (*Golf*) Runde *f*; **sur le ~** auf der Strecke; **~ du combattant** (*Mil*) Truppenübungsgelände *nt*; (*fig*) Hindernisrennen *nt*
par-dessous [paʀdəsu] *prép* unter +*dat*; (*avec mouvement*) unter +*acc* ▶ *adv* darunter
pardessus [paʀdəsy] *nm* Mantel *m*
par-dessus [paʀdəsy] *prép* über +*dat*; (*avec mouvement*) über +*acc* ▶ *adv* darüber
par-devant [paʀdəvɑ̃] *adv* vorne
pardon [paʀdɔ̃] *nm* Verzeihung *f* ▶ *excl* Verzeihung, Entschuldigung; (*contradiction, pour interpeller*) entschuldigen Sie; **demander ~ à qn (de qch)** jdn (wegen etw *gén*) um Verzeihung bitten; **demander ~ à qn d'avoir fait qch** jdn um Verzeihung bitten, weil man etw getan hat; **je vous demande ~** verzeihen *ou* entschuldigen Sie
pardonnable [paʀdɔnabl] *adj* entschuldbar
pardonner [paʀdɔne] *vt* verzeihen, vergeben; **~ qch à qn** jdm etw verzeihen
pare-balles [paʀbal] *adj inv* kugelsicher
parebrise [paʀbʀiz] *nm* Windschutzscheibe *f*
pare-chocs [paʀʃɔk] *nm inv* Stoßstange *f*
pare-étincelles [paʀetɛ̃sɛl] *nm inv* Schutzgitter *nt*
pare-feu [paʀfø] (*pl* **pare-feux**) *nm* Feuerschneise *f*; (*Inform*) Firewall *f*

pareil, le [paʀɛj] *adj* (*identique*) gleich ▶ *adv* : **habillés ~** gleich angezogen ▶ *nm/f* : **ne pas avoir son ~** nicht seinesgleichen haben, ohnegleichen sein; **~ à** wie; **un courage ~** so großer Mut; **de ~s livres** solche Bücher; **j'en veux un ~** ich möchte auch so etw haben; **rien de ~** nichts dergleichen; **en ~ cas** in einem solchen Fall; **sans ~** ohnegleichen; **c'est du ~ au même** das ist gehupft wie gesprungen; **rendre la ~le à qn** jdm Gleiches mit Gleichem vergelten
pareillement [paʀɛjmɑ̃] *adv* ebenso
parent, e [paʀɑ̃, ɑ̃t] *adj, nm/f* Verwandte(r) *f(m)* ▶ *adj* : **être ~ de qn** mit jdm verwandt sein; **parents** *nmpl* (*père et mère*) Eltern *pl*
parental, e, -aux [paʀɑ̃tal, o] *adj* elterlich
parenté [paʀɑ̃te] *nf* Verwandtschaft *f*; **une ~ entre** eine Verwandtschaft zwischen
parenthèse [paʀɑ̃tɛz] *nf* Klammer *f*; (*digression*) Einschub *m*; **entre ~s** in Klammern
parer [paʀe] *vt* schmücken, zieren; (*Culin*) vorbereiten; (*éviter*) abwehren; **~ à** abwenden; **~ à toute éventualité** auf alle Eventualitäten vorbereitet sein; **~ au plus pressé** sich um die dringendsten Probleme kümmern
pare-soleil [paʀsɔlɛj] *nm inv* Sonnenblende *f*
paresse [paʀɛs] *nf* Faulheit *f*
paresser [paʀese] *vi* faulenzen
paresseux, -euse [paʀesø, øz] *adj* (*personne, esprit*) faul; (*estomac*) träge ▶ *nm* (*Zool*) Faultier *nt*
parfaire [paʀfɛʀ] *vt* vervollkommnen
parfait, e [paʀfɛ, ɛt] *adj* perfekt, vollkommen; (*accompli*) völlig, total ▶ *nm* (*Ling*) Perfekt *nt*; (*Culin*) Parfait *nt*
parfaitement [paʀfɛtmɑ̃] *adv* perfekt, ausgezeichnet; **cela lui est ~ égal** das ist ihm völlig *ou* vollkommen egal; **~ !** doch!
parfois [paʀfwa] *adv* manchmal
parfum [paʀfœ̃] *nm* (*produit*) Parfüm *nt*; (*odeur : de fleur*) Duft *m*; (: *d'un tabac, d'un vin*) Aroma *nt*; (*d'une glace, d'un yaourt*) Sorte *f*
parfumé, e [paʀfyme] *adj* (*papier à lettres etc, femme*) parfümiert; (*fleur, fruit*) duftend, wohlriechend; **~ au café** mit Kaffeegeschmack
parfumer [paʀfyme] *vt* parfümieren; (*crème, gâteau*) aromatisieren; **se parfumer** *vpr* sich parfümieren

parfumerie [paʀfymʀi] *nf* (*boutique*) Parfümerie *f*; **rayon ~** Toilettenartikel *pl*
pari [paʀi] *nm* Wette *f*
parier [paʀje] *vt* wetten
Paris [paʀi] *nf* Paris *nt*
parisien, ne [paʀizjɛ̃, jɛn] *adj* Pariser ▶ *nm/f* : **Parisien, ne** Pariser(in)
paritaire [paʀitɛʀ] *adj* : **commission ~** gemeinsamer Ausschuss *m*
parité [paʀite] *nf* Gleichheit *f*; (*hommes-femmes*) Parität *f*; **~ de change** Wechselkursparität *f*
parjure [paʀʒyʀ] *nm* Meineid *m*
parjurer [paʀʒyʀe] : **se parjurer** *vpr* einen Meineid schwören
parka [paʀka] *nm* Parka *m*
parking [paʀkiŋ] *nm* Parkplatz *m*; (*souterrain*) Tiefgarage *f*
parlant, e [paʀlɑ̃, ɑ̃t] *adj* (*portrait, image*) ausdrucksvoll; (*chiffres, résultats*) vielsagend ▶ *adv* : **généralement/humainement ~** allgemein/menschlich gesprochen; **le cinéma ~** der Tonfilm
parlé, e [paʀle] *adj* : **langue ~e** gesprochene Sprache *f*
parlement [paʀləmɑ̃] *nm* Parlament *nt*; **P~ européen** Europaparlament *nt*
parlementaire [paʀləmɑ̃tɛʀ] *adj* parlamentarisch ▶ *nmf* Parlamentarier
parlementer [paʀləmɑ̃te] *vi* verhandeln
parler [paʀle] *vi, vt* reden, sprechen; (*avouer*) reden; **les faits parlent d'eux-mêmes** die Tatsachen sprechen für sich; **~ de** sprechen *ou* reden von; **~ (à qn) de** (mit jdm) reden über +*acc*; **~ de faire qch** davon sprechen, dass man etw tun will; **~ (le) français** Französisch sprechen; **~ en français** französisch sprechen; **~ affaires/politique** über Geschäfte/Politik reden; **~ en dormant** im Schlaf sprechen; **~ du nez** durch die Nase sprechen; **~ par gestes** sich mit Gesten verständlich machen; **~ en l'air** ins Blaue hinein reden; **sans ~ de** ganz abgesehen von; **tu parles !** von wegen!; **n'en parlons plus** reden wir nicht mehr davon
parloir [paʀlwaʀ] *nm* (*d'une prison*) Besuchszimmer *nt*
parmesan [paʀməzɑ̃] *nm* Parmesan *m*
parmi [paʀmi] *prép* unter +*dat*
parodie [paʀɔdi] *nf* Parodie *f*
parodier [paʀɔdje] *vt* parodieren
paroi [paʀwa] *nf* Wand *f*; (*cloison*) Trennwand *f*; **~ rocheuse** Felswand *f*
paroisse [paʀwas] *nf* Pfarrei *f*
parole [paʀɔl] *nf* (*faculté*) Sprache *f*; (*engagement*) Wort *nt*; **paroles** *nfpl* (*Mus*) Text *m*; **tenir ~** sein Wort halten; **n'avoir**

qu'une ~ zu seinem Wort stehen; **avoir/obtenir la ~** das Wort haben/erhalten; **prendre la ~** das Wort ergreifen; **demander la ~** ums Wort bitten; **donner la ~ à qn** jdm das Wort geben; **perdre la ~** die Sprache verlieren; **croire qn sur ~** jdm aufs Wort glauben; **temps de ~** Sprechzeit f, Redezeit f; **histoire sans ~s** Zeichenwitz m ohne Worte; **ma ~!** (*surprise*) du meine Güte!; **~ d'honneur** Ehrenwort nt

parquer [paʀke] vt (*voiture*) parken; (*bestiaux*) einsperren, einpferchen

parquet [paʀke] nm (*plancher*) Parkett nt; **le ~** (*Jur*) die Staatsanwaltschaft f

parrain [paʀɛ̃] nm Pate m; (*d'un nouvel adhérent*) Bürge m; (*sponsor*) Sponsor m

parrainage [paʀɛnaʒ] nm (*d'un enfant*) Patenschaft f; (*patronage*) Schirmherrschaft f; (*financier*) Förderung f, Sponsering f

parrainer [paʀene] vt sponsern

parsemer [paʀsəme] vt : **~ qch de** etw bestreuen mit

part [paʀ] nf Teil m, (*d'efforts, de peines*) Anteil m; **prendre ~ à** teilnehmen an +*dat*; **faire ~ de qch à qn** jdm etw mitteilen; **pour ma ~** was mich betrifft; **à ~ entière** mit vollen Rechten; **de la ~ de qn** von jdm; **c'est de la ~ de qui ?** (*au téléphone*) wer ist am Apparat, bitte?; **de toute(s) ~(s)** von allen Seiten; **de ~ et d'autre** auf beiden Seiten; **de ~ en ~** durch und durch; **d'une ~ ... d'autre ~** einerseits ..., andererseits; **nulle ~** nirgendwo; **autre ~** anderswo; **quelque ~** irgendwo; **à ~** (*adv*) gesondert; (*de côté*) beiseite; **à ~ cela** abgesehen davon; **pour une large** ou **bonne ~** zum großen Teil; **prendre qch en mauvaise ~** schlecht auf etw *acc* reagieren; **faire la ~ des choses** Zugeständnisse machen

partage [paʀtaʒ] nm Aufteilung f; **donner/recevoir qch en ~** etw als Anteil geben/bekommen

partagé, e [paʀtaʒe] adj geteilt; (*opinions*) geteilt; **être ~ entre** (*fig*) hin und her gerissen sein zwischen; **l'amour est ~** die Liebe wird erwidert; **les torts sont ~s** nicht einer allein ist schuld; **être ~ sur** geteilter Meinung sein über

partager [paʀtaʒe] vt teilen; **se partager** vpr sich *dat* (auf)teilen

partance [paʀtɑ̃s] nf : **le train en ~ pour Poitiers** der Zug nach Poitiers

partant, e [paʀtɑ̃, ɑ̃t] adj : **être ~ pour qch** bereit sein für etw ▶ nm/f (*Sport*) Teilnehmer(in)

partenaire [paʀtənɛʀ] nmf Partner(in) m(f); **~s sociaux** Sozialpartner pl

parterre [paʀtɛʀ] nm (*de fleurs*) Blumenbeet nt; (*Théât*) Parkett nt

parti [paʀti] nm (*personne à marier*) : **un beau/riche ~** eine gute Partie; **tirer ~ de** Nutzen ziehen aus; **prendre le ~ de faire qch** sich entschließen, etw zu tun; **prendre ~ (pour/contre qn)** (für/gegen jdn) Partei ergreifen; **prendre son ~ de qch** sich mit etw abfinden; **~ pris** Voreingenommenheit f

partial, e, -aux [paʀsjal, jo] adj voreingenommen, parteiisch

partialité [paʀsjalite] nf Voreingenommenheit f

participant, e [paʀtisipɑ̃, ɑ̃t] nm/f Teilnehmer(in)

participation [paʀtisipasjɔ̃] nf Teilnahme f; (*Comm*) Beteiligung f; (*Pol*) Mitbestimmung f; **~ aux frais** Beteiligung an den Kosten; **~ aux bénéfices** Gewinnbeteiligung f; **avec la ~ de** unter Mitwirkung von

participe [paʀtisip] nm Partizip nt; **~ passé** Partizip Perfekt nt; **~ présent** Partizip Präsens nt

participer [paʀtisipe] vi (*Scol*) sich beteiligen; **~ à** teilnehmen an +*dat*; (*frais, entreprise etc*) sich beteiligen an +*dat*

particularité [paʀtikylaʀite] nf Besonderheit f

particule [paʀtikyl] nf Teilchen nt; (*Ling*) Partikel f

particulier, -ière [paʀtikylje, jɛʀ] adj besondere(r, s); (*personnel, privé*) privat; (*individuel*) eigene(r, s); (*cas*) Einzel- ▶ nm (*individu*) Privatperson f; **être ~ à** eigen sein +*dat*; **en ~** (*à part*) gesondert; (*en privé*) vertraulich; (*surtout*) besonders

particulièrement [paʀtikyljɛʀmɑ̃] adv besonders

partie [paʀti] nf Teil m; (*spécialité*) Gebiet nt; (*Mus*) Partie f; (*de cartes, tennis etc*) Spiel nt, Partie f; (*fig : lutte, combat*) Kampf m; **en ~** teilweise; **faire ~ de qch** zu etw gehören; **prendre qn à ~** jdn ins Gebet nehmen; **en grande ~** zu einem großen Teil; **en majeure ~** hauptsächlich; **ce n'est que ~ remise** aufgeschoben ist nicht aufgehoben; **avoir ~ liée avec qn** mit jdm gemeinsame Sache machen; **~ de campagne/de pêche** Ausflug m aufs Land/gemeinsames Angeln; **~ civile** (*Jur*) Privatkläger m; **~ de pêche** Angeltour f; **~ publique** (*Jur*) Staatsanwaltschaft f

partiel, le [paʀsjɛl] *adj* Teil-, teilweise
▶ *nm* (Scol) Teilprüfung *f*

partir [paʀtiʀ] *vi* gehen, weggehen; (*en voiture*) wegfahren; (*train, bus*) abfahren; (*avion*) abfliegen; (*lettre, bouton*) abgehen; (*pétard, fusil, affaire*) losgehen; (*tache*) herausgehen; (*moteur*) anspringen; **~ de** (*lieu : personne*) aufbrechen von; (: *route, principe*) ausgehen von; **~ pour/à** (*lieu*) aufbrechen nach; **~ de rien** mit nichts anfangen; **à ~ de …** von … an, ab …

partisan, e [paʀtizã, an] *nm/f* Anhänger(in) ▶ *adj* : **être ~ de qch** für etw sein; **être ~ de faire qch** dafür sein, etw zu tun

partition [paʀtisjɔ̃] *nf* Partitur *f*

partout [paʀtu] *adv* überall; **de ~** von überall her; **trente ~** (Tennis) dreißig beide

paru, e [paʀy] *pp* de **paraître**

parure [paʀyʀ] *nf* (*vêtements, ornements*) Staat *m*, Aufmachung *f*; (*de table, sous-vêtements*) Garnitur *f*; **~ de diamants** Diamantschmuck *m*

parution [paʀysjɔ̃] *nf* (*d'un livre*) Veröffentlichung *f*

parvenir [paʀvəniʀ] : **~ à** *vt* erreichen; **~ à ses fins/à un âge avancé** sein Ziel/ein fortgeschrittenes Alter erreichen; **~ à faire qch** es schaffen, etw zu tun

parvenu, e [paʀvəny] (*péj*) *nm/f* Emporkömmling *m*

parvis [paʀvi] *nm* Vorplatz *m*

pas¹ [pa] *nm* Schritt *m*; (*de vis, d'écrou*) Gewinde *nt*; **~ à ~** Schritt für Schritt; **s'approcher à ~ de loup** sich heranschleichen; **rouler au ~** im Schritttempo fahren; **sur le ~ de la porte** auf der Schwelle

MOT-CLÉ

pas² [pa] *adv* **1** (*avec ne, non etc*) nicht; **pas de** (*avec nom*) kein, keine, kein; **je ne vais pas à l'école** ich gehe nicht in die Schule; **il ne la voit pas/ne l'a pas vue/ne la verra pas** er sieht sie nicht/hat sie nicht gesehen/wird sie nicht sehen; **je ne mange pas de pain** ich esse kein Brot; **ils n'ont pas d'enfants** sie haben keine Kinder; **il m'a dit de ne pas le faire** er hat mir gesagt, dass ich es nicht tun soll; **non pas que …** nicht dass …; **je n'en sais pas plus** mehr weiß ich nicht darüber; **il n'y avait pas plus de 200 personnes** es waren nicht mehr als 200 Leute da; **ce n'est pas sans peine/hésitation que …** nicht ohne Mühe/Zögern …; **ils sont quatre et non pas trois** sie sind zu viert, nicht zu dritt; **je ne reviendrai/il ne recommencera pas de sitôt** so bald komme ich nicht wieder/fängt er nicht wieder damit an

2 (*sans ne*) : **pas moi** ich nicht; **pas encore** noch nicht; **pas du tout** überhaupt nicht; **tu viens ou pas ?** kommst du oder nicht?; **elle travaille, lui pas** *ou* **pas lui** sie arbeitet, er nicht; **pas de sucre, merci !** danke, keinen Zucker!; **une pomme pas mûre** ein unreifer Apfel; **pas plus tard qu'hier** nicht später als gestern; **pas mal** nicht schlecht; **pas mal de problèmes/d'argent** ziemlich viele Probleme/viel Geld

passable [pasabl] *adj* passabel, leidlich (gut)

passablement [pasabləmã] *adv* (*pas trop mal*) ganz passabel; **~ de** ziemlich viel(e)

passage [pasaʒ] *nm* (*traversée*) Überquerung *f*; (*prix de la traversée*) Überfahrt *f*; (*d'un état à l'autre, lieu*) Übergang *m*; (*extrait*) Passage *f*; (*petite rue*) Passage *f*; **au ~** (*en passant*) im Vorübergehen; **~ à niveau** Bahnübergang *m*; **~ à vide** Leerlauf *m*; **~ clouté** Fußgängerüberweg *m*; **« ~ interdit »** „Durchfahrt verboten"; **~ protégé** Vorfahrtsstraße *f*

passager, -ère [pasaʒe, ɛʀ] *adj* vorübergehend ▶ *nm/f* Passagier(in); **~ clandestin** blinder Passagier *m*

passant, e [pasã, ãt] *adj* (*rue, endroit*) belebt ▶ *nm/f* Passant(in); **bande ~e** (*Inform*) Bandbreite *f*

passation [pasasjɔ̃] *nf* : **~ des pouvoirs** Übergabe *f* der Macht

passe [pas] *nf* (*Sport*) Pass *m* ▶ *nm* (*passe-partout*) Hauptschlüssel *m*

passé, e [pase] *adj* vergangen; (*couleur, tapisserie*) verblasst ▶ *prép* : **~ 10 heures** nach 10 Uhr ▶ *nm* Vergangenheit *f*; **il est midi ~** es ist schon nach 12 Uhr; **~ de mode** unmodern; **par le ~** früher, in der Vergangenheit; **~ composé** Perfekt *nt*; **~ simple** historisches Präteritum *nt*

passe-montagne [pasmɔ̃taɲ] (*pl* **passe-montagnes**) *nm* Kapuzenmütze *f*

passe-partout [paspaʀtu] *nm inv* (*clé*) Hauptschlüssel *m* ▶ *adj inv* : **tenue/phrase ~** Allzweckkleidung *f*/Allzweckwendung *f*

passe-passe [paspas] *nm inv* : **tour de ~** Taschenspielertrick *m*; (*fig*) Trick *m*

passe-plat [pɑspla] (*pl* **passe-plats**) *nm* Durchreiche *f*
passeport [pɑspɔʀ] *nm* Pass *m*
passer [pɑse] *vi* (*se rendre, aller*) gehen; (*voiture*) vorbeifahren; (*piétons, jours*) vorbeigehen; (*chez qn, à travers un obstacle*) vorbeikommen; (*courant électrique*) durchfließen; (*air, soleil, lumière*) durchkommen; (*temps, douleur*) vergehen; (*liquide, café*) durchlaufen; (*projet de loi*) angenommen werden; (*réplique, plaisanterie*) durchgehen; (*film, pièce*) laufen; (*couleur, papier*) verblassen; (*mode, maladie*) vorübergehen; (*Cartes*) passen ▶ *vt* (*frontière, rivière etc*) überqueren; (*examen*) ablegen; (*temps, journée*) verbringen; (*faute, bêtise, caprice*) durchgehen lassen; (*donner*) geben; (: *message*) übermitteln; (*vêtement*) anziehen; (*dépasser*) vorbeigehen an +*dat*; (: *en voiture etc*) vorbeifahren an +*dat*; (*café*) filtern; (*thé, soupe*) durchseihen; (*film*) zeigen; (*pièce, disque*) spielen; **se passer** *vpr* (*scène, action*) stattfinden, sich abspielen; (*arriver*) passieren, geschehen; (*s'écouler*) vergehen; **~ par** gehen durch; (*véhicule*) fahren durch; (*intermédiaire, organisme*) gehen über +*acc*; (*expérience*) durchmachen; **~ chez qn** bei jm vorbeigehen; **~ sur** (*ne pas tenir compte de*) übergehen; **~ dans les mœurs** *ou* **l'usage** üblich *ou* gebräuchlich werden; **~ avant** kommen vor; **laisser ~** durchlassen; (*affaire, erreur*) durchgehen lassen; **~ dans la classe supérieure** (in die nächste Klasse) versetzt werden; **~ la** *ou* **en seconde/troisième** (*Auto*) in den zweiten/dritten Gang schalten; **~ à la radio/télévision** im Radio/Fernsehen kommen; **~ aux aveux** ein Geständnis ablegen; **~ à l'action** zur Tat schreiten; **~ inaperçu** unbemerkt bleiben; **~ pour riche/un imbécile** für reich/einen Idioten gehalten werden *ou* gelten; **~ à table** sich zu Tisch setzen; **~ au salon** ins Wohnzimmer gehen; **~ à l'opposition/à l'ennemi** zur Opposition/zum Feind überlaufen; **je ne fais que ~** ich bin nur auf einen Sprung hier; **passe encore d'arriver en retard, mais** es mag ja noch angehen, dass man zu spät kommt, aber; **dire qch en passant** etw beiläufig sagen; **faire ~ à qn le goût** *ou* **l'envie de qch** jdm den Geschmack an etw *dat* verderben; **faire ~ pour** ausgeben für; **passons** nun aber weiter; **~ la visite médicale** ärztlich untersucht werden; **~ une maladie à qn** jdn mit einer Krankheit anstecken; **~ son chemin** seiner Wege gehen; **~ son tour** aussetzen; **~ en fraude** schmuggeln; **~ la tête/la main par la portière** den Kopf/die Hand aus der Tür strecken; **~ le balai/l'aspirateur** fegen/staubsaugen *ou* Staub saugen; **je vous passe M. Blanc** ich verbinde Sie mit Herrn Blanc; **~ la parole à qn** jdm das Wort geben; **~ qn par les armes** jdn erschießen; **~ commande de** bestellen; **~ un marché/accord** einen Vertrag/ein Abkommen schließen; **se ~ les mains sous l'eau** die Hände unter das Wasser halten; **se ~ de l'eau sur le visage** sich Wasser über das Gesicht laufen lassen; **cela se passe de commentaires** da erübrigt sich jeglicher Kommentar; **se ~ de qch** (*s'en priver*) auf etw *acc* verzichten; **que s'est-il passé ?** was ist passiert *ou* geschehen?
passereau, x [pɑsʀo] *nm* Spatz *m*
passerelle [pɑsʀɛl] *nf* (*pont étroit*) Fußgängerbrücke *f*; (*d'un navire, avion*) Gangway *f*
passe-temps [pɑstɑ̃] *nm inv* Zeitvertreib *m*
passette [pɑsɛt] *nf* Teesieb *nt*
passeur, -euse [pɑsœʀ, øz] *nm/f* (*de personnes*) Menschenschmuggler(in)
passible [pasibl] *adj* : **~ de** zu bestrafen mit
passif, -ive [pasif, iv] *adj* passiv ▶ *nm* (*Ling*) Passiv *nt*; (*Comm*) Passiva *pl*, Schulden *pl*
passion [pasjɔ̃] *nf* Leidenschaft *f*; **avoir la ~ de** eine Leidenschaft haben für; **la ~ du jeu** die Spielleidenschaft *f*; **fruit de la ~** Maracuja *f*
passionnant, e [pasjɔnɑ̃, ɑ̃t] *adj* spannend
passionné, e [pasjɔne] *adj* leidenschaftlich
passionnément [pasjɔnemɑ̃] *adv* leidenschaftlich
passionner [pasjɔne] *vt* (*sujet*) faszinieren, fesseln; (*débat, discussion*) begeistern; **se passionner** *vpr* : **se ~ pour qch** sich leidenschaftlich für etw interessieren
passivement [pasivmɑ̃] *adv* passiv
passivité [pasivite] *nf* Passivität *f*
passoire [pɑswaʀ] *nf* Sieb *nt*
pastèque [pastɛk] *nf* Wassermelone *f*
pasteur [pastœʀ] *nm* Pfarrer(in) *m(f)*
pasteuriser [pastœʀize] *vt* pasteurisieren
pastiche [pastiʃ] *nm* Persiflage *f*
pastille [pastij] *nf* Pastille *f*
pastis [pastis] *nm* Pastis *m*

patate [patat] (fam) nf Kartoffel f
patauger [patoʒe] vi plan(t)schen; (fig : exposé, explications) ins Schwimmen geraten in +dat; **~ dans** (en marchant) waten durch
pâte [pɑt] nf Teig m; (autre substance molle) Brei m, Paste f; **pâtes** nfpl (macaroni etc) Teigwaren pl; **~ à modeler** Knetmasse f; **~ à papier** Papierbrei m; **~ brisée** Mürbeteig m; **~ d'amandes** Marzipan nt; **~ de fruits** Geleeschnitte f; **~ feuilletée** Blätterteig m
pâté [pɑte] nm (charcuterie) Pastete f; (tache d'encre) Tintenfleck m; **~ de foie** Leberpastete f; **~ de maisons** Häuserblock m; **~ de sable** Sandkuchen m; **~ en croûte** Fleischpastete f
pâtée [pɑte] nf Futterbrei m
patelin [patlɛ̃] (fam) nm Örtchen nt
paternaliste [patɛʀnalist] adj paternalistisch
paternel, le [patɛʀnɛl] adj väterlich
paternité [patɛʀnite] nf Vaterschaft f
pâteux, -euse [pɑtø, øz] adj zähflüssig
pathétique [patetik] adj ergreifend
pathologie [patɔlɔʒi] nf Pathologie f
pathologique [patɔlɔʒik] adj pathologisch
patiemment [pasjamɑ̃] adv geduldig
patience [pasjɑ̃s] nf Geduld f; **perdre ~** die Geduld verlieren
patient, e [pasjɑ̃, jɑ̃t] adj geduldig ▶ nm/f Patient(in)
patienter [pasjɑ̃te] vi sich gedulden, geduldig warten
patin [patɛ̃] nm : **~s (à glace)** Schlittschuhe pl; **~s à roulettes** Rollschuhe pl
patinage [patinaʒ] nm Schlittschuhlaufen nt; **~ artistique** Eiskunstlaufen nt; **~ de vitesse** Eisschnelllaufen nt
patine [patin] nf Patina f
patiner [patine] vi (personne) Schlittschuh laufen; (embrayage) schleifen; (roue, voiture) nicht fassen
patineur, -euse [patinœʀ, øz] nm/f Schlittschuhläufer(in)
patinoire [patinwaʀ] nf Eisbahn f
pâtisserie [pɑtisʀi] nf (boutique) Konditorei f; (à la maison) Backen nt; **pâtisseries** nfpl (gâteaux) feine Kuchen pl, Gebäck nt
pâtissier, -ière [pɑtisje, jɛʀ] nm/f Konditor(in)
patois [patwa] nm Mundart f
patriarche [patʀijaʀʃ] nm Patriarch m
patrie [patʀi] nf Vaterland nt, Heimat f

patrimoine [patʀimwan] nm Erbe nt; **~ génétique** ou **héréditaire** Erbgut nt
patriote [patʀijɔt] adj patriotisch ▶ nmf Patriot(in) m(f)
patriotique [patʀijɔtik] adj patriotisch
patriotisme [patʀijɔtism] nm Patriotismus m
patron, ne [patʀɔ̃, ɔn] nm/f (chef) Chef(in); (propriétaire) Besitzer(in); (Rel : saint) Namenspatron(in) ▶ nm (Couture) Schnittmuster nt; **~s et employés** Arbeitgeber und Arbeitnehmer
patronage [patʀɔnaʒ] nm Schirmherrschaft f; (club) Jugendklub m
patronal, e, -aux [patʀɔnal, o] adj Arbeitgeber-
patronat [patʀɔna] nm Arbeitgeber pl
patronner [patʀɔne] vt (personne, entreprise) protegieren, sponsern
patronyme [patʀɔnim] nm Familienname m
patrouille [patʀuj] nf (Mil) Patrouille f; (de police) Streife f; **~ de reconnaissance** Aufklärungspatrouille f
patrouiller [patʀuje] vi patrouillieren
patte [pat] nf (pied : de chien, chat) Pfote f; (fam : jambe) Bein nt; (: main) Pfote; (languette de cuir, d'étoffe) Streifen m; **~s (de lapin)** Koteletten pl; **à ~s d'éléphant** (pantalon) mit Schlag; **à quatre ~s** auf allen vieren; **en avoir plein les ~s** (fam) alle sein; **~s d'oie** (rides) Krähenfüße pl
pâturage [pɑtyʀaʒ] nm Weide f
paume [pom] nf Handfläche f, Handteller m
paumé, e [pome] (fam) adj : **être ~(e)** nicht durchblicken; (désorienté) sich verirrt haben; **habiter dans un coin (complètement) ~** am Ende der Welt wohnen
paumer [pome] (fam) vt (perdre) verlieren
paupière [popjɛʀ] nf Lid nt
paupiette [popjɛt] nf : **~ de veau** Kalbsroulade f
pause [poz] nf Pause f
pause-café [pozkafe] (pl **pauses-café**) nf Kaffeepause f
pauvre [povʀ] adj arm
pauvrement [povʀəmɑ̃] adv ärmlich
pauvreté [povʀəte] nf Armut f
pavaner [pavane] : **se pavaner** vpr umherstolzieren
pavé, e [pave] adj gepflastert ▶ nm (bloc) Pflasterstein m; (fam : livre) Wälzer m
paver [pave] vt pflastern
pavillon [pavijɔ̃] nm Pavillon m; (maisonnette, villa) Häuschen nt; (drapeau) Flagge f

pavot [pavo] *nm* Mohn *m*
payable [pejabl] *adj* zahlbar
payant, e [pɛjɑ̃, ɑ̃t] *adj* (*hôte, spectateur*) zahlend; (*parking*) gebührenpflichtig; (*entreprise, coup*) gewinnbringend
paye [pɛj] *nf* Lohn *m*
payer [peje] *vt* (*personne*) bezahlen, zahlen +*dat*; (*rente, loyer, impôts, appartement*) zahlen; (*faute, crime*) bezahlen für ▶ *vi* sich auszahlen : **se ~ qch** sich *dat* etw leisten ; **~ qch à qn** jdm etw (be)zahlen ; **~ comptant** *ou* **en espèces** bar zahlen ; **cela ne paie pas de mine** das macht nicht viel her ; **se ~ la tête de qn** jdn auf die Schippe nehmen
pays [pei] *nm* Land *nt* ; **du ~** *adj* einheimisch ; **~ en voie de développement** Entwicklungsland *nt*
paysage [peizaʒ] *nm* Landschaft *f*
paysagiste [peizaʒist] *nmf* (*Art*) Landschaftsmaler(in) *m(f)*; (*de jardin*) Landschaftsarchitekt(in) *m(f)*
paysan, ne [peizɑ̃, an] *nm/f* Bauer *m*, Bäuerin *f* ▶ *adj* bäuerlich
Pays-Bas [peiba] *nmpl* : **les ~** die Niederlande *pl*
PC [pese] *sigle m* (= *personal computer*) PC *m*
pcc *abr* (= *pour copie conforme*) DD
PCV [peseve] *abr* (= *percevoir*) R-Gespräch *nt*
PDA [pedea] *sigle m* (= *personal digital assistant*) PDA *m*
PDG [pedeʒe] *sigle m/f* (= *président-directeur général*) *voir* **président**
péage [peaʒ] *nm* (*sur autoroute*) Straßenzoll *m*, Maut *f*; (*sur pont*) Brückenzoll *m*; **autoroute à ~** Autobahn *f* mit Straßenzoll
peau, x [po] *nf* Haut *f*; **gants de ~** Handschuhe *pl* aus feinem Leder ; **être bien/mal dans sa ~** sich in seiner Haut wohlfühlen/nicht wohlfühlen ; **se mettre dans la ~ de qn** sich in jds Lage versetzen ; **faire ~ neuve** seinen Stil völlig ändern ; **~ d'orange** (*aussi fig*) Orangenhaut *f*; **~ de banane** Bananenschale *f*; **~ de chamois** (*chiffon*) Fensterleder *nt*
peccadille [pekadij] *nf* lässliche Sünde *f*
pêche [pɛʃ] *nf* (*fruit*) Pfirsich *m*; (*au poisson*) Fischen *nt*; (: *à la ligne*) Angeln *nt*; (*poissons pêchés*) Fang *m*; **aller à la ~** fischen/angeln gehen ; **avoir la ~** (*fam*) in Spitzenform sein ; **~ à la ligne** Angeln ; **~ sous-marine** Unterwasserfischen *nt*
péché [peʃe] *nm* Sünde *f*
pécher [peʃe] *vi* sündigen
pêcher [peʃe] *nm* (*Bot*) Pfirsichbaum *m* ▶ *vi* (*en mer*) fischen ; (*en rivière*) angeln

pécheur, -eresse [peʃœr, peʃrɛs] *nm/f* Sünder(in)
pêcheur, -euse [pɛʃœr, øz] *nm/f* Fischer(in), Angler(in); **~ de perles** Perlenfischer(in) *m/f*
pectoral, e, -aux [pɛktɔral, o] *adj* (*sirop*) zum Einreiben der Brust ; (*muscle*) Brust-; **pectoraux** *nmpl* (*Anat*) Brustmuskulatur(in) *m(f)*
pécule [pekyl] *nm* Ersparnisse *pl*
pécuniaire [pekynjɛr] *adj* finanziell
pédagogie [pedagɔʒi] *nf* Pädagogik *f*
pédagogique [pedagɔʒik] *adj* pädagogisch
pédagogue [pedagɔg] *nmf* Pädagoge *m*, Pädagogin *f*
pédale [pedal] *nf* Pedal *nt*; (*fam*) Schwuler *m*
pédaler [pedale] *vi* in die Pedale treten
pédalo [pedalo] *nm* Tretboot *nt*
pédant, e [pedɑ̃, ɑ̃t] *adj* wichtigtuerisch
pédé [pede] (*fam*) *nm* Schwule(r) *m*
pédéraste [pederast] *nm* Päderast *m*
pédestre [pedɛstr] *adj* : **randonnée ~** (*excursion*) Wanderung *f*
pédiatre [pedjatr] *nmf* Kinderarzt *m*, Kinderärztin *f*
pédiatrie [pedjatri] *nf* Pädiatrie *f*
pédicure [pedikyr] *nmf* Fußpfleger(in) *m(f)*
pédophile [pedɔfil] *adj* pädophil ▶ *nmf* Pädophile(r) *f(m)*
peeling [pilin] *nm* Peeling *nt*
pègre [pɛgr] *nf* Unterwelt *f*
peigne [pɛɲ] *nm* Kamm *m*
peigner [peɲe] *vt* kämmen ; **se peigner** *vpr* sich kämmen
peignoir [pɛɲwar] *nm* Bademantel *m*; (*déshabillé*) Morgenmantel *m*
peinard, e [penar, ard] (*fam*) *adj* gemütlich, geruhsam
peindre [pɛ̃dr] *vt* malen ; (*mur*) streichen
peine [pɛn] *nf* (*effort*) Mühe *f*; (*chagrin*) Kummer *m*; (*punition*) Strafe *f*; **faire de la ~ à qn** jds Mitleid erwecken ; **prendre la ~ de faire qch** sich *dat* die Mühe machen, etw zu tun ; **se donner de la ~** sich *dat* Mühe geben ; **ce n'est pas la ~** es ist nicht nötig ; **à ~** kaum ; **défense d'afficher sous ~ d'amende** Plakatieren wird strafrechtlich verfolgt ; **~ capitale** *ou* **de mort** Todesstrafe *f*
peiner [pene] *vi* sich quälen ▶ *vt* betrüben
peintre [pɛ̃tr] *nmf* (*ouvrier*) Anstreicher(in) *m(f)*; (*Art*) Maler(in) *m(f)*; **~ en bâtiment** Anstreicher(in)
peinture [pɛ̃tyr] *nf* (*Art*) Malerei *f*; (*tableau*) Bild *nt*; (*matière*) Farbe *f*; (*action* :

de mur) Anstreichen nt; (: de paysage, personne) Malen nt; **« ~ fraîche »** „frisch gestrichen"; **~ brillante** ou **laquée** Glanzlack m; **~ mate** Mattlack m
péjoratif, ive [peʒɔʀatif, iv] adj pejorativ, abwertend
Pékin [pekɛ̃] nm Peking nt
pelage [pəlaʒ] nm Fell nt
pêle-mêle [pɛlmɛl] adv durcheinander
peler [pəle] vt schälen ▶ vi sich schälen
pèlerin [pɛlʀɛ̃] nm Pilger(in) m(f)
pèlerinage [pɛlʀinaʒ] nm Wallfahrt f
pélican [pelikã] nm Pelikan m
pelle [pɛl] nf Schaufel f; **~ à gâteau** ou **à tarte** Tortenheber m; **~ mécanique** Schaufelbagger m
pelleteuse [pɛltøz] nf (pelle mécanique) Schaufelbagger m
pellicule [pelikyl] nf (couche fine) Häutchen nt; (Photo, Ciné) Film m; **pellicules** nfpl Schuppen pl
pelote [p(ə)lɔt] nf (de fil, laine) Knäuel nt; **~ d'épingles** Nadelkissen nt; **~ basque** Pelota f
peloter [p(ə)lɔte] (fam) vt begrapschen; **se peloter** vpr Petting machen
peloton [p(ə)lɔtɔ̃] nm (Sport) (Haupt)feld nt; **~ d'exécution** Hinrichtungskommando nt
pelotonner [p(ə)lɔtɔne] : **se pelotonner** vpr sich zusammenrollen
pelouse [p(ə)luz] nf Rasen m
peluche [p(ə)lyʃ] nf : **animal en ~** Stofftier nt
pelure [p(ə)lyʀ] nf (de fruit, légume) Schale f
pénal, e, -aux [penal, o] adj Straf-
pénalisation [penalizasjɔ̃] nf (Sport) Bestrafung f
pénalité [penalite] nf Strafe f; (Rugby) Strafstoß m
penalty [penalti] (pl **penalties**) nm Elfmeter m
penchant [pɑ̃ʃɑ̃] nm : **avoir un ~ pour qch** eine Vorliebe für etw haben
pencher [pɑ̃ʃe] vi sich neigen ▶ vt neigen; **se pencher** vpr sich vorbeugen; **~ pour** neigen zu; **se ~ sur** sich vertiefen in +acc
pendaison [pɑ̃dɛzɔ̃] nf (de personne) Erhängen nt
pendant, e [pɑ̃dɑ̃, ɑ̃t] adj schwebend ▶ prép während; **faire ~ à** entsprechen +dat; **~ que** während; **~s d'oreilles** Ohrringe pl
pendentif [pɑ̃dɑ̃tif] nm (bijou) Anhänger m
penderie [pɑ̃dʀi] nf (meuble) Kleiderschrank m
pendre [pɑ̃dʀ] vt aufhängen; (personne) hängen ▶ vi hängen; **se pendre** vpr : **se ~ (à)** (se suicider) sich aufhängen (an +dat); **se ~ à** (se suspendre) sich hängen an +acc
pendu, e [pɑ̃dy] pp de **pendre** ▶ nm/f Gehängte(r) f(m)
pendule [pɑ̃dyl] nf (Wand)uhr f ▶ nm Pendel nt
pénétrer [penetʀe] vi eindringen ▶ vt eindringen in +acc; (mystère, secret) herausfinden; **~ dans** ou **à l'intérieur de** eindringen in +acc
pénible [penibl] adj mühsam, schwierig; (douloureux, affligeant) schmerzlich; (personne) lästig
péniblement [penibləmɑ̃] adv mühsam; (avec douleur) schmerzlich
péniche [peniʃ] nf Frachtkahn m, Lastkahn m
pénicilline [penisilin] nf Penizillin nt
péninsule [penɛ̃syl] nf Halbinsel f
pénis [penis] nm Penis m
pénitence [penitɑ̃s] nf (peine) Buße f; (punition) Strafe f; **faire ~** Buße tun
pénitencier [penitɑ̃sje] nm (prison) Zuchthaus nt
pénombre [penɔ̃bʀ] nf Halbdunkel nt
pense-bête [pɑ̃sbɛt] (pl **pense-bêtes**) nm Eselsbrücke f
pensée [pɑ̃se] nf Gedanke m; (faculté) Denken nt; (doctrine) Lehre f; (Bot) Stiefmütterchen nt; **par la ~/en ~** im Geist; **~ claire/obscure/organisée** klares/ verworrenes/strukturiertes Denken
penser [pɑ̃se] vi denken; (réfléchir aussi) nachdenken ▶ vt denken; (imaginer) sich dat denken; **~ à** denken an +acc; (problème, offre) nachdenken über +acc; **~ que** denken, dass; **~ faire qch** vorhaben, etw zu tun; **~ du bien/du mal de qn/qch** gut/schlecht über jdn/etw denken; **qu'en pensez-vous ?** was denken ou halten Sie davon?; **je le pense aussi** das denke ich auch; **je ne le pense pas** ich denke, nicht; **je pense que oui/non** ich denke ja/nein; **j'aurais pensé que si/ non** ich hätte gedacht ja/nein; **vous n'y pensez pas !** daran ist nicht zu denken!; **sans ~ à mal** ohne etw Böses zu denken
penseur, -euse [pɑ̃sœʀ, øz] nm/f Denker(in)
pensif, -ive [pɑ̃sif, iv] adj nachdenklich
pension [pɑ̃sjɔ̃] nf (allocation) Rente f; (prix du logement) Unterkunft f; (petit hôtel) Pension f; (école) Internat nt; **prendre ~ chez qn/dans un hôtel** sich bei jdm/in einem Hotel einquartieren; **prendre qn en ~** jdm ein Zimmer vermieten; **mettre en ~** (enfant) in ein Internat schicken; **~ alimentaire** (de

divorcée) Unterhalt *m*; **~ complète** Vollpension *f*; **~ de famille** Familienpension *f*
pensionnaire [pɑ̃sjɔnɛʀ] *nmf* (*dans hôtel*) Pensionsgast *m*; (*dans une école*) Internatsschüler(in) *m(f)*
pensionnat [pɑ̃sjɔna] *nm* Internat *nt*
pensum [pɛ̃sɔm] *nm* (Scol) Strafarbeit *f*; (*fig*) lästige Arbeit *f*
pentagone [pɛ̃tagɔn] *nm* Fünfeck *nt*; **le P~** das Pentagon
pentathlon [pɛ̃tatlɔ̃] *nm* (moderner) Fünfkampf *m*
pente [pɑ̃t] *nf* (*descente*) Abhang *m*; (*inclinaison*) Gefälle *nt*; **en ~** schräg, abfallend
Pentecôte [pɑ̃tkot] *nf*: **la ~** Pfingsten *nt*
pénurie [penyʀi] *nf* Mangel *m*
people [pipɔl] *adj inv* = **pipole**
pépé [pepe] (*fam*) *nm* Opa *m*
pépier [pepje] *vi* zwitschern
pépin [pepɛ̃] *nm* (Bot) Kern *m*; (*fam: ennui*) Haken *m*; (: *parapluie*) Regenschirm *m*
pépinière [pepinjɛʀ] *nf* Baumschule *f*
pépite [pepit] *nf* Goldklumpen *m*
perçant, e [pɛʀsɑ̃, ɑ̃t] *adj* (*vue*) scharf, (*cri, voix*) schrill
percée [pɛʀse] *nf* Durchbruch *m*; (*trouée*) Öffnung *f*
perce-neige [pɛʀsənɛʒ] (*pl* **perce-neiges**) *nm ou nf* Schneeglöckchen *nt*
percepteur, -trice [pɛʀsɛptœʀ, tʀis] *nm/f* Steuereinnehmer(in)
perceptible [pɛʀsɛptibl] *adj* wahrnehmbar
perception [pɛʀsɛpsjɔ̃] *nf* Wahrnehmung *f*; (*bureau*) Finanzamt *nt*
percer [pɛʀse] *vt* ein Loch machen in +*acc*; (*oreilles, narines*) durchstechen; (*abcès*) aufschneiden; (*coffre-fort*) sprengen; (*pneu*) zum Platzen bringen; (*trou, tunnel*) bohren; (*fenêtre*) ausbrechen; (*avenue*) anlegen; (*mystère, énigme*) auflösen ▶ *vi* durchkommen, durchdringen; (*réussir*) den Durchbruch schaffen; **~ une dent** zahnen
perceuse [pɛʀsøz] *nf* Bohrer *m*
percevable [pɛʀsəvabl] *adj* zahlbar, zu zahlen
percevoir [pɛʀsəvwaʀ] *vt* (*discerner*) wahrnehmen; (*taxe, impôt*) einnehmen
perche [pɛʀʃ] *nf* (Zool) Flussbarsch *m*; (*pièce de bois, métal*) Stange *f*
percher [pɛʀʃe]: **se percher** *vpr* (*oiseau*) hocken, sitzen
perchiste [pɛʀʃist] *nmf* (Sport) Stabhochspringer(in) *m(f)*; (TV, Ciné) Tontechniker(in) *m(f)*

perchoir [pɛʀʃwaʀ] *nm* Stange *f*
percolateur [pɛʀkɔlatœʀ] *nm* Kaffeemaschine *f*
percussion [pɛʀkysjɔ̃] *nf*: **instrument à ~** Schlaginstrument *nt*
percussionniste [pɛʀkysjɔnist] *nmf* Schlagzeuger(in) *m(f)*
percutant, e [pɛʀkytɑ̃, ɑ̃t] *adj* (*article, discours*) schlagkräftig
percuter [pɛʀkyte] *vt* stoßen auf +*acc*, schlagen auf +*acc* ▶ *vi*: **~ contre** knallen gegen
perdant, e [pɛʀdɑ̃, ɑ̃t] *nm/f* Verlierer(in)
perdition [pɛʀdisjɔ̃] *nf*: **en ~** (Naut) in Seenot; **lieu de ~** Sündenpfuhl *m*
perdre [pɛʀdʀ] *vt* verlieren; (*gaspiller*) verschwenden; (*manquer*) verpassen; (*moralement*) verderben ▶ *vi* verlieren; (*fuir*) undicht sein, lecken; **se perdre** *vpr* (*s'égarer*) sich verirren; (*rester inutilisé*) liegen bleiben; (*disparaître*) sich verlieren; **~ son chemin** sich verirren; **~ de vue** aus den Augen verlieren; **~ connaissance/l'équilibre** das Bewusstsein/das Gleichgewicht verlieren; **~ la raison/la parole/la vue** den Verstand/die Sprache/das Augenlicht verlieren
perdreau, x [pɛʀdʀo] *nm* junges Rebhuhn *nt*
perdrix [pɛʀdʀi] *nf* Rebhuhn *nt*
perdu, e [pɛʀdy] *pp de* **perdre** ▶ *adj* verloren; (*enfant, chien, balle*) verirrt; (*isolé*) abgelegen, gottverlassen; (*emballage*) Einweg-; (*occasion*) vertan; **il est ~** (*malade, blessé*) er ist nicht zu retten
père [pɛʀ] *nm* Vater *m*; **de ~ en fils** vom Vater auf den Sohn; **~ de famille** Familienvater *m*; **le ~ Noël** der Weihnachtsmann
péremption [peʀɑ̃psjɔ̃] *nf*: **date de ~** Verfallsdatum *nt*
péremptoire [peʀɑ̃ptwaʀ] *adj* kategorisch; (*ton*) schneidend
perfection [pɛʀfɛksjɔ̃] *nf* Vollkommenheit *f*; **à la ~** tadellos
perfectionner [pɛʀfɛksjɔne] *vt* vervollkommnen; **se perfectionner** *vpr*: **se ~ en anglais** sein Englisch verbessern
perfectionniste [pɛʀfɛksjɔnist] *nmf* Perfektionist(in) *m(f)*
perfide [pɛʀfid] *adj* heimtückisch
perforatrice [pɛʀfɔʀatʀis] *nf* (*perceuse*) Bohrer *m*
perforer [pɛʀfɔʀe] *vt* (Tech, Méd) perforieren; (*ticket, carte*) lochen
perforeuse [pɛʀfɔʀøz] *nf* Bohrer *m*

performance [pɛRfɔRmɑ̃s] nf Leistung f; **performances** nfpl (d'une machine, d'un véhicule) Leistung f

performant, e [pɛRfɔRmɑ̃, ɑ̃t] adj leistungsfähig

perfusion [pɛRfyzjɔ̃] nf Infusion f

péricliter [peRiklite] vi bergab gehen

péridurale [peRidyRal] nf Epiduralanästhesie f

périf [peRif] (fam) nm voir **périphérique**

péril [peRil] nm Gefahr f; **à ses risques et ~s** auf eigene Gefahr

périlleux, -euse [peRijø, øz] adj gefährlich

périmé, e [peRime] adj (conception, idéologie) überholt; (passeport) abgelaufen

périmètre [peRimɛtR] nm (Math) Umfang m; (ligne) Grenze f; **~ de sécurité** abgeriegeltes Gebiet

période [peRjɔd] nf Zeit f, Zeitraum m; **~ d'essai** (d'un emploi) Probezeit f

périodique [peRjɔdik] adj periodisch; (journal, publication) regelmäßig erscheinend ▶ nm (revue) Zeitschrift f; **serviette ~** (Damen)binde f

péripéties [peRipesi] nfpl Ereignisse pl, Vorfälle pl

périphérie [peRifeRi] nf Peripherie f; (d'une ville) Stadtrand m

périphérique [peRifeRik] adj Außen- ▶ nm (Inform) Peripheriegerät nt; **(boulevard) ~** Umgehungsstraße f

périphrase [peRifRaz] nf Umschreibung f

périple [peRipl] nm Reise f

périr [peRiR] vi umkommen, sterben

périscolaire [peRiskɔlɛR] adj außerschulisch

périscope [peRiskɔp] nm Periskop nt

périssable [peRisabl] adj (denrée) verderblich

perle [pɛRl] nf Perle f; (de liquide) Tropfen m

perler [pɛRle] vi (sueur) herabperlen, herabtropfen

permanence [pɛRmanɑ̃s] nf Beständigkeit f; (local) Bereitschaft(szentrale) f; **en ~** permanent, ständig; **être de ~** Bereitschaft(sdienst) haben

permanent, e [pɛRmanɑ̃, ɑ̃t] adj ständig; (constant, stable) beständig, dauerhaft ▶ nf Dauerwelle f ▶ nm/f (d'un syndicat, parti) Funktionär(in)

perméable [pɛRmeabl] adj durchlässig; **~ à** (fig) offen für

permettre [pɛRmɛtR] vt erlauben; **se permettre** vpr: **se ~ qch** sich dat etw erlauben ou herausnehmen; **~ qch à qn** jdm etw erlauben; **se ~ de faire qch** sich dat erlauben, etw zu tun

permis, e [pɛRmi, iz] nm Genehmigung f; **~ d'inhumer** Totenschein m; **~ de chasse** Jagdschein m; **~ de conduire** Führerschein m; **~ de construire** Baugenehmigung f; **~ de pêche** Angelschein m; **~ de séjour** Aufenthaltsgenehmigung f; **~ de travail** Arbeitsgenehmigung f; **~ poids lourds** Lkw-Führerschein m

permissif, -ive [pɛRmisif, iv] adj freizügig

permission [pɛRmisjɔ̃] nf Erlaubnis f; (Mil) Urlaub m; (: papier) Urlaubsschein m; **avoir la ~ de faire qch** die Erlaubnis haben, etw zu tun

permissivité [pɛRmisivite] nf Permissivität f

permuter [pɛRmyte] vt austauschen ▶ vi tauschen

pernicieux, -euse [pɛRnisjø, jøz] adj (Méd) bösartig; (fig) gefährlich

Pérou [peRu] nm: **le ~** Peru nt

perpendiculaire [pɛRpɑ̃dikylɛR] adj senkrecht ▶ nf Senkrechte f; **~ à** senkrecht zu

perpète [pɛRpɛt] (fam) nf: **à ~** (longtemps) ewig; **être condamné à ~** lebenslänglich bekommen

perpétrer [pɛRpetRe] vt begehen, verüben

perpétuel, le [pɛRpetɥɛl] adj ständig, fortwährend; (fonction) lebenslang

perpétuellement [pɛRpetɥɛlmɑ̃] adv ständig

perpétuité [pɛRpetɥite] nf: **à ~** lebenslänglich; **être condamné à ~** zu lebenslänglich verurteilt werden

perplexe [pɛRplɛks] adj ratlos

perplexité [pɛRplɛksite] nf Ratlosigkeit f

perquisition [pɛRkizisjɔ̃] nf Haussuchung f

perquisitionner [pɛRkizisjɔne] vi eine Haussuchung vornehmen

perron [peRɔ̃] nm Freitreppe f

perroquet [peRɔkɛ] nm Papagei m

perruche [peRyʃ] nf Wellensittich m

perruque [peRyk] nf Perücke f

persan, e [pɛRsɑ̃, an] adj Perser-, persisch

Perse [pɛRs] nf: **la ~** Persien f

persécuter [pɛRsekyte] vt verfolgen

persécution [pɛRsekysjɔ̃] nf Verfolgung f

persévérance [pɛRseveRɑ̃s] nf Ausdauer f

persévérant, e [pɛRseveRɑ̃, ɑ̃t] adj ausdauernd, beharrlich

persévérer [pɛʀsevere] vi nicht aufgeben; **~ dans qch** etw nicht aufgeben; (dans une erreur) auf etw dat beharren

persiennes [pɛʀsjɛn] nfpl Fensterläden pl (mit schrägen Latten)

persiflage [pɛʀsiflaʒ] nm Spott m

persil [pɛʀsi] nm Petersilie f

persistant, e [pɛʀsistɑ̃, ɑ̃t] adj anhaltend; (feuilles) immergrün; **arbre à feuillage ~** immergrüner Baum m

persister [pɛʀsiste] vi fortdauern; (personne) nicht aufhören; **~ dans qch** auf etw dat beharren; **~ à faire qch** etw weiterhin tun

personnage [pɛʀsɔnaʒ] nm Persönlichkeit f; (Litt) Person f

personnaliser [pɛʀsɔnalize] vt (voiture, appartement) eine persönliche Note geben +dat; (impôt, assurance, crédit) auf den Einzelnen abstimmen

personnalité [pɛʀsɔnalite] nf Persönlichkeit f

personne [pɛʀsɔn] nf Person f ▶ pron niemand; **personnes** nfpl Menschen pl; **10 euros par ~** 10 Euro pro Person; **en ~** persönlich; **il n'y a ~** es ist niemand da; **mieux que ~** besser als alle anderen; **~ à charge** Abhängige(r) f(m); **~ âgée** älterer Mensch m; **~ civile** ou **morale** (Jur) juristische Person f

personnel, le [pɛʀsɔnɛl] adj persönlich ▶ nm (employés) Personal nt

personnellement [pɛʀsɔnɛlmɑ̃] adv persönlich

personnification [pɛʀsɔnifikasjɔ̃] nf Verkörperung f

personnifier [pɛʀsɔnifje] vt verkörpern

perspective [pɛʀspɛktiv] nf Perspektive f; (point de vue) Blickwinkel m; **perspectives** nfpl Aussichten pl; **en ~** in Aussicht

perspicace [pɛʀspikas] adj scharfsinnig

perspicacité [pɛʀspikasite] nf Scharfsinn m

persuader [pɛʀsyade] vt überzeugen; **~ qn de qch** jdn von etw überzeugen; **~ qn de faire qch** jdn dazu überreden, etw zu tun; **j'en suis persuadé** davon bin ich überzeugt

persuasif, -ive [pɛʀsyazif, iv] adj überzeugend

persuasion [pɛʀsyazjɔ̃] nf Überzeugung(skraft) f

perte [pɛʀt] nf Verlust m, Ruin m; **pertes** nfpl Verluste pl; **à ~** (Comm) mit Verlust; **à ~ de vue** so weit das Auge reicht; (fig) endlos; **en pure ~** für nichts und wieder nichts; **courir à sa ~** auf den Ruin zusteuern; **être en ~ de vitesse** auf dem absteigenden Ast sein; **avec ~ et fracas** mit Gewalt; **~ de chaleur/d'énergie** Hitzeverlust m/Energieverlust m; **~ sèche** Totalverlust m; **~s blanches** Ausfluss m

pertinemment [pɛʀtinamɑ̃] adv treffend; (savoir) genau

pertinence [pɛʀtinɑ̃s] nf Genauigkeit f

pertinent, e [pɛʀtinɑ̃, ɑ̃t] adj treffend

perturbation [pɛʀtyʀbasjɔ̃] nf Störung f; (agitation) Unruhe f; **~ (atmosphérique)** atmosphärische Störungen pl

perturber [pɛʀtyʀbe] vt stören; (personne) beunruhigen

péruvien, ne [peʀyvjɛ̃, jɛn] adj peruanisch ▶ nm/f: **Péruvien, ne** Peruaner(in)

pervers, e [pɛʀvɛʀ, ɛʀs] adj pervers ▶ nm/f perverser Mensch m

perversion [pɛʀvɛʀsjɔ̃] nf Perversion f

perversité [pɛʀvɛʀsite] nf Perversität f

perverti, e [pɛʀvɛʀti] nm/f perverser Mensch m

pervertir [pɛʀvɛʀtiʀ] vt verderben

pesage [pəzaʒ] nm Wiegen nt; (Hippisme: enceinte) Wiegeplatz m

pesamment [pəzamɑ̃] adv schwerfällig

pesant, e [pəzɑ̃, ɑ̃t] adj schwer; (pas) schwer(fällig); (présence) lästig; (sommeil) tief

pesanteur [pəzɑ̃tœʀ] nf (Phys) Schwerkraft f

pèse-bébé [pɛzbebe] (pl **pèse-bébé(s)**) nm Säuglingswaage f

pèse-lettre [pɛzlɛtʀ] (pl **pèse-lettre(s)**) nm Briefwaage f

pèse-personne [pɛzpɛʀsɔn] (pl **pèse-personne(s)**) nm Personenwaage f

peser [pəze] vt wiegen; (considérer, comparer) abwägen ▶ vi wiegen; (fig) schwer wiegen; **~ cent kilos** 100 kg wiegen; **~ sur** (accabler) lasten auf +dat; (influencer) beeinflussen

pessimisme [pesimism] nm Pessimismus m

pessimiste [pesimist] adj pessimistisch ▶ nmf Pessimist(in) m(f)

peste [pɛst] nf Pest f; **une ~** (fig) eine Nervensäge f

pester [pɛste] vi: **~ contre** schimpfen auf +acc

pesticide [pɛstisid] nm Schädlingsbekämpfungsmittel nt, Pestizid nt

pet [pɛ] (fam) nm Furz m

pétale [petal] nm Blütenblatt nt

pétanque [petɑ̃k] *nf* südfranzösisches Kugelspiel
pétarade [petaʀad] *nf* Fehlzündungen *pl*
pétarader [petaʀade] *vi* Fehlzündungen haben
pétard [petaʀ] *nm* Knallkörper *m*
péter [pete] *vi (personne)* furzen
pétiller [petije] *vi (mousse, écume, champagne)* perlen; *(joie, yeux)* funkeln; **~ d'intelligence** vor Intelligenz sprühen
petit, e [p(ə)ti, it] *adj* klein; *(pluie)* fein; *(court)* kurz; *(bruit, cri)* schwach ▶ *nm/f (petit enfant)* Kleinkind *nt* ▶ *nm (d'un animal)* Junge(s) *nt*; **mon ~** mein Kleiner; **ma ~e** meine Kleine; **pour ~s et grands** für Groß und Klein; **les tout-~s** die Kleinen; **~ à ~** nach und nach; **~(e) ami(e)** Freund(in *f*) *m*; **~ doigt** kleiner Finger *m*; **~ écran** Fernsehen *nt*; **~ four** Petit four *nt*; **~ pain** Brötchen *nt*; **~e monnaie** Kleingeld *nt*; **~s pois** Erbsen *pl*; **les ~es annonces** die Kleinanzeigen *pl*; **~es gens** kleine Leute *pl*
petit-bourgeois, petite-bourgeoise [p(ə)tibuʀʒwa] *(pl* **petits-bourgeois, petites-bourgeoises)** *(péj) adj* kleinbürgerlich ▶ *nm/f* Kleinbürger(in), Spießbürger(in)
petit-déjeuner *(pl* **petits-déjeuners)** [p(ə)tideʒœne] *nm* Frühstück *nt*
petite-fille [p(ə)titfij] *(pl* **petites-filles)** *nf* Enkelin *f*
petitesse [p(ə)tites] *nf* Kleinheit *f*; *(de somme)* Geringfügigkeit *f*; *(mesquinerie)* Gemeinheit *f*
petit-fils [p(ə)tifis] *(pl* **petits-fils)** *nm* Enkel *m*
pétition [petisjɔ̃] *nf* Petition *f*
pétitionnaire [petisjɔnɛʀ] *nmf* Bittsteller(in) *m(f)*
petit-lait [p(ə)tilɛ] *(pl* **petits-laits)** *nm* Molke *f*
petit-nègre [p(ə)tinɛgʀ] *(péj) nm* Kauderwelsch *nt*
petits-enfants [p(ə)tizɑ̃fɑ̃] *nmpl* Enkelkinder *pl*, Enkel *pl*
petit-suisse [p(ə)tisɥis] *(pl* **petits-suisses)** *nm* Frischkäse in Portionstöpfchen
pétoche [petɔʃ] *(fam) nf*: **avoir la ~** Muffensausen haben
pétrifier [petʀifje] *vt* versteinern
pétrin [petʀɛ̃] *nm* Backtrog *m*; **dans le ~** *(fam)* in der Klemme
pétrir [petʀiʀ] *vt* kneten
pétrochimie [petʀoʃimi] *nf* Petrochemie *f*
pétrodollar [petʀodɔlaʀ] *nm* Petrodollar *m*

pétrole [petʀɔl] *nm* Öl *nt*; **lampe à ~** Paraffinlampe *f*
pétrolier, -ière [petʀɔlje, jɛʀ] *adj* Öl- ▶ *nm (navire)* Öltanker *m*
pétrolifère [petʀɔlifɛʀ] *adj* ölhaltig, Öl führend
pétulant, e [petylɑ̃, ɑ̃t] *adj* ausgelassen
pétunia [petynja] *nm* Petunie *f*

MOT-CLÉ

peu [pø] *adv* **1** wenig; **il boit peu** er trinkt wenig; **il est peu bavard** er ist nicht gerade geschwätzig; **peu avant/après** kurz davor/danach
2: **peu de** *(nombre)* wenige; *(quantité)* wenig; **peu de femmes** wenige Frauen; **il a peu de pain/d'espoir** er hat wenig Brot/Hoffnung; **peu de gens le savent** nur wenige wissen das; **à peu de frais** billig; **pour peu de temps** (für) kurze Zeit; **c'est (si) peu de chose** das ist (doch) eine Kleinigkeit
3 *(locutions)*: **peu à peu** nach und nach; **à peu près** ungefähr; **à peu près 10 kg/ 10 euros** ungefähr 10 kg/10 Euro; **avant** *ou* **sous peu** bald, binnen Kurzem; **de peu** knapp; **il a gagné de peu** er hat nur knapp gewonnen; **il s'en est fallu de peu** es wäre beinahe passiert; **éviter qch de peu** etw *dat* knapp entgehen; **depuis peu** seit Kurzem
▶ *nm* **1**: **le peu de gens qui** die wenigen Leute, die; **le peu de courage qui nous restait** das bisschen Mut, das uns noch blieb
2: **un peu** ein bisschen, etw, ein wenig; **un peu d'espoir** eine Spur von Hoffnung, ein kleines bisschen; **un petit peu** ein kleines bisschen; **elle est un peu grande** sie ist ein bisschen groß; **essayez un peu !** versucht ihr es einmal!; **un peu plus/moins de** etw mehr/weniger

peuple [pœpl] *nm* Volk *nt*; **il y a du ~** es sind viele Leute da
peuplé, e [pœple] *adj* bevölkert; **très/ peu ~** dicht/schwach bevölkert
peupler [pœple] *vt* bevölkern; *(habiter)* leben in +*dat*; *(imagination, rêves)* erfüllen
peuplier [pøplije] *nm* Pappel *f*
peur [pœʀ] *nf* Angst *f*; **avoir ~ (de)** Angst haben (vor); **avoir ~ de faire qch** Angst haben, etw zu tun; **avoir ~ que** fürchten, dass; **faire ~ à qn** jdm Angst machen *ou* einjagen; **de ~ que** aus Furcht, dass
peureux, -euse [pøʀø, øz] *adj* ängstlich
peut-être [pøtɛtʀ] *adv* vielleicht; **~ bien** es kann gut sein; **~ que** es kann sein, dass

p. ex. abr (= par exemple) z. B.
pH [peaʃ] abr m (= potentiel d'hydrogène) pH-Wert m
phalange [falɑ̃ʒ] nf (des doigts) Fingerglied nt; (des orteils) Zehenglied nt; (Mil) Phalanx f
phallique [falik] adj phallisch
phallocrate [falɔkʀat] nm Macho m
phallocratie [falɔkʀasi] nf Phallokratie f
phallus [falys] nm Phallus m
phare [faʀ] nm (en mer) Leuchtturm m; (d'un aéroport) Leuchtfeuer nt; (de véhicule) Scheinwerfer m; **se mettre en** ou **mettre ses ~s** Fernlicht einschalten
pharmaceutique [faʀmasøtik] adj pharmazeutisch
pharmacie [faʀmasi] nf (science) Pharmazie f; (magasin) Apotheke f; (produits) Arzneimittel pl
pharmacien, ne [faʀmasjɛ̃, jɛn] nm/f Apotheker(in)
pharmacologie [faʀmakɔlɔʒi] nf Arzneimittelkunde f
pharyngite [faʀɛ̃ʒit] nf Rachenkatarrh m
pharynx [faʀɛ̃ks] nm Rachen m
phase [faz] nf Phase f
phénoménal, e, -aux [fenɔmenal, o] adj phänomenal
phénomène [fenɔmɛn] nm Phänomen nt; (excentrique) (komischer) Kauz m
philanthrope [filɑ̃tʀɔp] nmf Menschenfreund(in) m(f)
philanthropie [filɑ̃tʀɔpi] nf Menschenfreundlichkeit f
philatélie [filateli] nf Briefmarkensammeln nt
philharmonique [filaʀmɔnik] adj philharmonisch
philippin, e [filipɛ̃, in] adj philippinisch
Philippines [filipin] nfpl : **les ~** die Philippinen pl
philistin [filistɛ̃] nm Banause m
philosophe [filɔzɔf] nmf Philosoph(in) m(f) ▶ adj philosophisch
philosophie [filɔzɔfi] nf Philosophie f; (calme, résignation) Gelassenheit f
philosophique [filɔzɔfik] adj philosophisch
phlébite [flebit] nf Venenentzündung f
phobie [fɔbi] nf Phobie f; (horreur) Abscheu m
phonétique [fɔnetik] adj phonetisch ▶ nf Phonetik f
phoque [fɔk] nm Seehund m
phosphate [fɔsfat] nm Phosphat nt
phosphore [fɔsfɔʀ] nm Phosphor m
phosphorer [fɔsfɔʀe] (fam) vi mit dem Kopf arbeiten

photo¹ [fɔto] nf Foto nt; **prendre qn en ~** ein Foto von jdm machen; **faire de la ~** fotografieren; **~ d'identité** Passbild nt
photo² [fɔto] préf foto-, Foto-
photocopie [fɔtɔkɔpi] nf Fotokopie f
photocopier [fɔtɔkɔpje] vt fotokopieren
photocopieur [fɔtɔkɔpjœʀ] nm, **photocopieuse** [fɔtɔkɔpjøz] ▶ nf (machine) Fotokopierer m, Kopiergerät nt
photo-finish [fɔtofiniʃ] (pl **photos-finish**) nf (appareil) Zielkamera f; (photo) Zielfoto nt
photogénique [fɔtɔʒenik] adj fotogen
photographe [fɔtɔgʀaf] nmf Fotograf(in) m(f)
photographie [fɔtɔgʀafi] nf Fotografie f
photographier [fɔtɔgʀafje] vt fotografieren
photographique [fɔtɔgʀafik] adj fotografisch
photomontage [fɔtomɔ̃taʒ] nm Fotomontage f
photo-robot [fɔtɔʀɔbo] (pl **photos-robots**) nf Phantombild nt
photosensible [fɔtosɑ̃sibl] adj lichtempfindlich
photostat [fɔtosta] nm Fotokopie f
phrase [fʀɑz] nf Satz m
phraseur, -euse [fʀɑzœʀ, øz] nm/f Schwätzer(in)
physicien, ne [fizisjɛ̃, jɛn] nm/f Physiker(in)
physiologique [fizjɔlɔʒik] adj physiologisch
physionomie [fizjɔnɔmi] nf Gesichtsausdruck m; (fig) Gestalt f
physiothérapie [fizjoteʀapi] nf Physiotherapie f
physique [fizik] adj physisch; (Phys) physikalisch; (douleur, peur, amour) körperlich ▶ nm (d'une personne) Statur f ▶ nf : **la ~** die Physik; **au ~** körperlich
physiquement [fizikmɑ̃] adv (au physique) körperlich
phytothérapie [fitoteʀapi] nf Pflanzen- ou Naturheilkunde f
piailler [pjaje] vi piepsen
pianiste [pjanist] nmf Pianist(in) m(f)
piano [pjano] nm Klavier nt
pianoter [pjanɔte] vi (jouer du piano) (auf dem Klavier) klimpern; **~ sur** mit den Fingern trommeln auf +acc
PIB [peibe] sigle m (= produit intérieur brut) Bruttoinlandsprodukt nt, BIP nt
pic [pik] nm (instrument) Spitzhacke f; (montagne, cime) Gipfel m; (Zool) Specht m; **à ~** (verticalement) senkrecht; **arriver à ~** wie gerufen kommen; **tomber à ~** sich gut treffen

Picardie [pikaʀdi] *nf* Picardie *f*
pichenette [piʃnɛt] *nf* Schnipsen *nt*
pichet [piʃɛ] *nm* Krug *m*
pickpocket [pikpɔkɛt] *nmf* Taschendieb(in) *m(f)*
picorer [pikɔʀe] *vt* picken
picoter [pikɔte] *vt* picken ▶ *vi* (*piquer, irriter*) stechen, prickeln
pictogramme [piktɔgʀam] *nm* Piktogramm *nt*
pie [pi] *nf* Elster *f*
pièce [pjɛs] *nf* Stück *nt*; (*d'un logement*) Zimmer *nt*; (*d'un mécanisme, d'une machine, Couture*) Teil *nt*; (*de monnaie*) Münze *f*; (*d'un jeu d'échecs*) Figur *f*; **mettre en ~s** in Stücke zerschlagen; **dix euros ~** je zehn Euro, zehn Euro das Stück; **vendre à la ~** stückweise verkaufen; **travailler à la ~** Akkord arbeiten; **payer à la ~** Stücklohn zahlen; **inventer de toutes ~s** frei erfinden; **un deux-~s cuisine** eine Zweizimmerwohnung mit Küche; **~ d'identité** Ausweis *m*; **~ à conviction** Beweisstück *nt*; **~ d'eau** Zierteich *m*; **~ de rechange** Ersatzteil *nt*; **~ de résistance** (*plat*) Hauptgericht *nt*; **~ jointe** (*de lettre*) Anlage *f*; (*Inform*) Attachment *nt*; **~ montée** Baumkuchen *m*; **~s détachées** Einzelteile *pl*; **en ~s détachées** in Einzelteilen; **~s justificatives** zusätzliche Dokumente *pl*
pied [pje] *nm* Fuß *m*; (*d'un verre*) Stiel *m*; (*de meuble*) Bein *nt*; (*Poésie*) Versfuß *m*; **~s nus** barfuß; **à ~** zu Fuß; **à ~ d'œuvre** startbereit; **au ~ de la lettre** buchstäblich; **de ~ en cap** von Kopf bis Fuß; **perdre ~** den Boden unter den Füßen verlieren; **être sur ~** wieder auf den Beinen sein; **mettre sur ~** auf die Beine stellen; **mettre à ~** entlassen; **sur le ~ de guerre** schlagbereit; **sur un ~ d'égalité** auf gleicher Basis; **faire du ~ à qn** (*galamment*) mit jdm füßeln; **mettre les ~s quelque part** irgendwo hingehen; **faire des ~s et des mains** Himmel und Erde in Bewegung setzen; **mettre qn au ~ du mur** jdn in die Enge treiben; **c'est le ~ !** (*fam*) das ist ja toll *ou* spitze!; **se lever du bon ~** den Tag gut gelaunt beginnen; **il s'est levé du ~ gauche** er ist mit dem linken Bein zuerst aufgestanden; **~ de nez** : **faire un ~ de nez à qn** jdm eine lange Nase drehen; **~ de lit** Fußende *nt* des Bettes; **~ de salade** Kopf *m* Salat; **~ de vigne** Weinstock *m*
pied-à-terre [pjetatɛʀ] *nm inv* Zweitwohnung *f*
pied-de-biche [pjedbiʃ] (*pl* **pieds-de-biche**) *nm* Steppfuß *m*
piédestal, -aux [pjedɛstal, o] *nm* Sockel *m*
pied-noir [pjenwaʀ] (*pl* **pieds-noirs**) *nm* in Algerien geborener Franzose
piège [pjɛʒ] *nm* Falle *f*; **prendre au ~** in einer Falle fangen; **tomber dans le ~** in die Falle gehen
piéger [pjeʒe] *vt* in der Falle fangen; (*avec une bombe, mine*) verminen; **lettre piégée** Briefbombe *f*; **voiture piégée** Autobombe *f*
piercing [pjɛʀsiŋ] *nm* Piercing *nt*
pierrade [pjeʀad] *nf* Tischgrill *m*
pierre [pjɛʀ] *nf* Stein *m*; **~ à briquet** Feuerstein *m*; **~ de taille** Quaderstein *m*; **~ ponce** Bimsstein *m*; **~ précieuse** Edelstein *m*; **~ tombale** Grabstein *m*
pierreries [pjɛʀʀi] *nfpl* Edelsteine *pl*
piété [pjete] *nf* Frömmigkeit *f*
piétiner [pjetine] *vi* auf der Stelle treten; (*fig*) stocken ▶ *vt* herumtrampeln auf +*dat*
piéton, ne [pjetɔ̃, ɔn] *nm/f* Fußgänger(in)
piétonnier, -ière [pjetɔnje, jɛʀ] *adj* Fußgänger-
pieu, x [pjø] *nm* Pfahl *m*
pieuvre [pjœvʀ] *nf* Tintenfisch *m*
pieux, -euse [pjø, pjøz] *adj* fromm
pif [pif] (*fam*) *nm* Riechkolben *m*; **au ~** nach dem Gefühl
piffer [pife] (*fam*) *vt* : **je ne peux pas le ~** ich kann ihn nicht riechen
pifomètre [pifɔmɛtʀ] (*fam*) *nm* Gefühl *nt*; **au ~** nach dem Gefühl
pigeon [piʒɔ̃] *nm* (*Zool*) Taube *f*
pigeonnier [piʒɔnje] *nm* Taubenschlag *m*
piger [piʒe] (*fam*) *vt, vi* kapieren
pigiste [piʒist] *nmf* (*journaliste*) freiberufliche(r) Journalist(in) *m(f)* (*der/die nach Zeilen bezahlt wird*)
pigment [pigmɑ̃] *nm* Pigment *nt*
pignon [piɲɔ̃] *nm* (*d'un mur*) Giebel *m*; (*d'un engrenage*) Zahnrad *nt*; **avoir ~ sur rue** gut etabliert sein
pile [pil] *nf* (*tas*) Stapel *m*, Stoß *m*; (*Élec*) Batterie *f* ▶ *adv* (*brusquement*) plötzlich, abrupt; **à deux heures ~** (um) Punkt zwei Uhr; **jouer à ~ ou face** (mit Münzen) knobeln; **~ ou face ?** Kopf oder Zahl?; **une ~ de livres** ein Bücherstapel *m*; **~ alcaline/électrique** Solarzelle *f*/Batterie *f*; **~ solaire** Solar-Batterie *f*
piler [pile] *vt* (*écraser*) zerdrücken
pileux, -euse [pilø, øz] *adj* : **système ~** Behaarung *f*
pilier [pilje] *nm* Pfeiler *m*; (*personne*) Stütze *f*; **~ de bar** Barhocker *m*
piller [pije] *vt* plündern

pilon [pilɔ̃] *nm* (*instrument*) Stößel *m*
pilori [pilɔʀi] *nm* : **mettre** *ou* **clouer qn au ~** jdn an den Pranger stellen
pilotage [pilɔtaʒ] *nm* (*d'avion*) Fliegen *nt*; **~ automatique** Autopilot *m*
pilote [pilɔt] *nmf* (*Naut*) Lotse (Lotsin) *m(f)*; (*Aviat*) Pilot(in) *m(f)*; **appartement-~** Musterwohnung; **~ d'essai** Versuchspilot(in) *m(f)*; **~ de chasse** Jagdflieger(in) *m(f)*; **~ de course** Rennfahrer(in) *m(f)*; **~ de ligne** Linienpilot(in) *m(f)*
piloter [pilɔte] *vt* (*navire*) lotsen; (*automobile*) fahren
pilule [pilyl] *nf* Pille *f*; **~ anticonceptionnelle** Antibabypille *f*; **~ du lendemain** Pille *f* danach
pimbêche [pɛ̃bɛʃ] (*péj*) *nf* Ziege *f*
piment [pimɑ̃] *nm* Peperoni *f*; (*fig*) Würze *f*
pin [pɛ̃] *nm* Kiefer *f*; (*bois*) Kiefernholz *nt*; **~ parasol** Pinie *f*
pinard [pinaʀ] (*fam*) *nm* Wein *m*
pince [pɛ̃s] *nf* (*outil*) Zange *f*; (*d'un homard, crabe*) Schere *f*; (*Couture*) Abnäher *m*; **~ à épiler** Pinzette *f*; **~ à linge** Wäscheklammer *f*; **~ à sucre** Zuckerzange *f*; **~s de cycliste** Hosenklammern *pl*
pincé, e [pɛ̃se] *adj* (*air*) steif; (*sourire, bouche*) verkniffen ▸ *nf* : **une ~e de sel/poivre** eine Prise Salz/Pfeffer
pinceau, x [pɛ̃so] *nm* (*instrument*) Pinsel *m*
pince-monseigneur [pɛ̃smɔ̃sɛɲœʀ] (*pl* **pinces-monseigneur**) *nf* Brechstange *f*
pincer [pɛ̃se] *vt* kneifen; (*cordes*) zupfen; (*fam* : *malfaiteur*) schnappen; **se pincer** *vpr* : **se ~ le doigt** sich *dat* den Finger klemmen; **se ~ le nez** sich *dat* die Nase zuhalten
pince-sans-rire [pɛ̃ssɑ̃ʀiʀ] *nm inv* Mensch, der mit unerschütterlicher Miene Witze erzählt
pincettes [pɛ̃sɛt] *nfpl* Pinzette *f*; (*pour le feu*) Feuerzange *f*
pingouin [pɛ̃gwɛ̃] *nm* Pinguin *m*
ping-pong [piŋpɔ̃g] *nm* Pingpong *nt*, Tischtennis *nt*
pingre [pɛ̃gʀ] *adj* knauserig
pin's [pinz] *nm* Pin *m*, Anstecker *m*
pinson [pɛ̃sɔ̃] *nm* Buchfink *m*
pintade [pɛ̃tad] *nf* Perlhuhn *nt*
pin-up [pinœp] *nf inv* Pin-up-Girl *nt*
pioche [pjɔʃ] *nf* (*outil*) Spitzhacke *f*
piocher [pjɔʃe] *vt* (*terre, sol*) aufhacken; **~ dans** herumwühlen in +*dat*
pion, ne [pjɔ̃, pjɔn] *nm/f* (*fam* : *Scol* : *surveillant*) Aufsicht *f* ▸ *nm* (*de jeu*) Figur *f*; (*Échecs*) Bauer *m*

pionnier, -ère [pjɔnje, jɛʀ] *nm/f* Pionier(in)
pipe [pip] *nf* Pfeife *f*; **fumer la ~/une ~** Pfeife/eine Pfeife rauchen
pipeau, x [pipo] *nm* (*flûte*) (Weiden)flöte *f*
pipeline [piplin] *nm* Pipeline *f*
piper [pipe] *vt* : **sans ~ mot** (*fam*) ohne einen Pieps (zu sagen); **les dés sont pipés** das ist ein abgekartetes Spiel
pipérade [pipeʀad] *nf* Omelett *nt* mit Tomaten und Paprika
pipette [pipɛt] *nf* Pipette *f*
pipi [pipi] (*fam*) *nm* : **faire ~** Pipi machen
pipole [pipɔl] *adj inv* Promi-, Celebrity- ▸ *nm/f* Promi *m*
piquant, e [pikɑ̃, ɑ̃t] *adj* (*barbe*) kratzig; (*plante*) stachelig; (*saveur, fig*) scharf ▸ *nm* (*épine*) Dorne *f*; (*fig*) Würze *f*
pique [pik] *nf* (*arme*) Pike *f*, Spieß *m* ▸ *nm* (*Cartes*) Pik *nt*
piqué, e [pike] *adj* (*tissu*) gesteppt; (*livre, glace*) fleckig; (*vin*) sauer
pique-assiette [pikasjɛt] (*pl* **pique-assiettes**) (*péj*) *nm/f* Schmarotzer(in) *m(f)*
pique-fleur [pikflœʀ] (*pl* **pique-fleurs**) *nm* Blumenigel *m*
pique-nique [piknik] (*pl* **pique-niques**) *nm* Picknick *nt*
pique-niquer [piknike] *vi* ein Picknick machen
pique-olive [pikɔliv] (*pl* **pique-olives**) *nm* Partyspießchen *nt*
piquer [pike] *vt* stechen; (*animal*) eine Spritze geben +*dat*; (*serpent, fumée, froid*) beißen; (*barbe*) kratzen; (*ortie, poivre, piment*) brennen; (*Couture*) steppen; (*fam* : *voler*) klauen; (*fixer*) : **~ qch à/sur** etw heften an ▸ *vi* (*oiseau, avion*) einen Sturzflug machen; (*saveur*) scharf sein; **se piquer** *vpr* (*avec une aiguille*) sich stechen; (*avec une seringue*) sich spritzen; **se ~ de faire qch** sich *dat* viel darauf einbilden, dass man etw tut; **~ sur** (*suj* : *avion*) einen Sturzflug machen auf +*acc*; **~ du nez** einnicken; **~ une tête** (*plonger*) einen Kopfsprung machen; **~ un galop** galoppieren; **~ un cent mètres** losrennen; **~ une crise** (*fam*) einen Anfall bekommen; **~ au vif** (*fig*) bis ins Mark treffen
piquet [pikɛ] *nm* (*pieu*) Pflock *m*; (*de tente*) Hering *m*; **mettre un élève au ~** einen Schüler in die Ecke stellen; **~ de grève** Streikposten *m*
piquette [pikɛt] (*fam*) *nf* (*vin*) Beerenwein *m*
piqûre [pikyʀ] *nf* (*d'insecte*) Stich *m*; (*d'ortie*) Brennen *nt*; (*Méd*) Spritze *f*;

(*Couture*) Naht *f*; **faire une ~ à qn** jdm eine Spritze setzen *ou* geben
piranha [piʀana] *nm* Piranha *m*
piratage [piʀataʒ] *nm* (*Inform*) Hacken *nt*
pirate [piʀat] *nm* Pirat(in) *m(f)* ▶ *adj* : **émetteur ~** Piratensender *m*; **édition ~** Raubdruck *m*; **~ de l'air** Luftpirat *m*; **~ informatique** Hacker(in) *m(f)*
pirater [piʀate] *vt* eine Raubkopie machen von
pire [piʀ] *adj* (*comparatif*) schlechter, schlimmer ▶ *nm* : **le ~ (de)** der/die/das Schlechteste (unter +*dat*); **le/la ~ ...** (*adjectif*) der/die/das schlechteste ...
pirogue [piʀɔg] *nf* Einbaum *m*
pirouette [piʀwɛt] *nf* Pirouette *f*; **répondre par une ~** geschickt ausweichen
pis [pi] *nm* (*de vache*) Euter *nt* ▶ *adj* schlimm ▶ *adv* schlimmer; **de mal en ~** immer schlimmer
pis-aller [pizale] *nm inv* Notlösung *f*, Notbehelf *m*
pisciculteur [pisikyltœʀ] *nm* Fischzüchter *m*
pisciculture [pisikyltyʀ] *nf* Fischzucht *f*
piscine [pisin] *nf* Schwimmbad *nt*; **~ couverte** Hallenbad *nt*; **~ en plein air** Freibad *nt*
pissenlit [pisɑ̃li] *nm* Löwenzahn *m*; **manger les ~s par la racine** (*fam*) die Gänseblümchen von unten besehen
pisser [pise] (*fam*) *vi* pinkeln
pistache [pistaʃ] *nf* Pistazie *f*
piste [pist] *nf* Spur *f*; (*d'un hippodrome, vélodrome*) Bahn *f*; (*de stade*) Rennbahn *f*; (*de cirque*) Ring *m*; (*de danse*) Tanzfläche *f*; (*de ski*) Piste *f*; (*sentier*) Weg *m*; (*Aviat*) Start- und Landebahn *f*; **être sur la ~ de qn** jdm auf der Spur sein, auf jds Spur sein; **~ cyclable** Radweg *m*
pistil [pistil] *nm* Stempel *m*
pistolet [pistɔlɛ] *nm* Pistole *f*; (*à peinture, vernis*) Spritzpistole *f*; **~ à air comprimé** Luftgewehr *nt*
pistolet-mitrailleur [pistɔlɛmitʀajœʀ] (*pl* **pistolets-mitrailleurs**) *nm* Maschinenpistole *f*
piston [pistɔ̃] *nm* (*Tech*) Kolben *m*
pistonner [pistɔne] (*fam*) *vt* Beziehungen spielen lassen für
piteusement [pitøzmɑ̃] *adv* jämmerlich
piteux, -euse [pitø, øz] *adj* jämmerlich
pitié [pitje] *nf* Mitleid *nt*; **avoir ~ de qn** Mitleid mit jdm haben; **faire ~** Mitleid erregen
piton [pitɔ̃] *nm* Haken *m*; **~ rocheux** Felsnase *f*

pitoyable [pitwajabl] *adj* erbärmlich
pitre [pitʀ] *nm* Clown *m*
pitrerie [pitʀəʀi] *nf* Unsinn *m*
pittoresque [pitɔʀɛsk] *adj* (*lieu*) malerisch; (*expression, détail*) anschaulich, bildhaft
pivert [pivɛʀ] *nm* Grünspecht *m*
pivoine [pivwan] *nf* Pfingstrose *f*
pivot [pivo] *nm* (*axe*) Lagerzapfen *m*, Drehzapfen *m*; (*fig*) Dreh- und Angelpunkt *m*
pivoter [pivɔte] *vi* sich drehen
pixel [piksɛl] *nm* Pixel *nt*
pizza [pidza] *nf* Pizza *f*
PJ [peʒi] *sigle f* (= *police judiciaire*) Kriminalpolizei *f*; (= *pièce jointe*) Anl.
pl. *abr* = **place**
placard [plakaʀ] *nm* Schrank *m*; **~ publicitaire** Großanzeige *f*; **mettre qn/qch au ~** (*fig*) jn/etw aufs Abstellgleis schieben
place [plas] *nf* Platz *m*; (*endroit*) Ort *m*, Platz; (*situation*) Lage *f*; (*emploi*) Stelle *f*; **sur ~** an Ort und Stelle; **faire ~ à qch** etw *dat* weichen; **à votre ~** an Ihrer Stelle; **à la ~ de** anstelle von; **il y a 20 ~s assises/debout** es gibt 20 Sitzplätze/Stehplätze; **~ d'honneur** Ehrenplatz *m*
placé, e [plase] *adj* : **haut ~** von hohem Rang; **être bien/mal ~ pour faire qch** gut/kaum in der Lage sein, etw zu tun
placebo [plasebo] *nm* Placebo *nt*
placement [plasmɑ̃] *nm* (*investissement*) Anlage *f*
placenta [plasɛ̃ta] *nm* Plazenta *f*
placer [plase] *vt* setzen, stellen, legen; (*procurer un emploi, un logement*) unterbringen; (*marchandises, valeurs*) absetzen; (*capital, argent*) anlegen; (*mot, histoire*) anbringen; (*Courses*) sich platzieren; **se ~ au premier rang/devant qch** sich in die erste Reihe/vor etw *acc* stellen *ou* setzen; **~ qn chez qn** jdn bei jdm unterbringen; **~ qn sous les ordres de qn** jdn unter jds Befehl stellen
placide [plasid] *adj* ruhig, gelassen
plafond [plafɔ̃] *nm* Decke *f*; (*altitude maximum*) Steig- *ou* Gipfelhöhe *f*; (*fig*) Obergrenze *f*
plafonnier [plafɔnje] *nm* Deckenlicht *nt*; (*Auto*) Innenbeleuchtung *f*
plage [plaʒ] *nf* Strand *m*; (*d'un lac, fleuve*) Ufer *nt*; (*horaire*) Zeitabschnitt *m*; (*musicale*) Zwischenmusik *f*; **~ arrière** (*Auto*) Hutablage *f*
plagier [plaʒje] *vt* plagiieren
plaider [plede] *vi* das Plädoyer halten ▶ *vt* (*cause*) verteidigen, vertreten;

~ coupable/non coupable schuldig/nicht schuldig plädieren; **~ pour** ou **en faveur de qn** für jdn sprechen

plaie [plɛ] *nf* Wunde *f*

plaignant, e [plɛɲɑ̃, ɑ̃t] *adj* klagend ▶ *nm/f* Kläger(in)

plaindre [plɛ̃dʀ] *vt* bedauern; **se plaindre** *vpr* : **se ~ à qn de qn/qch** sich bei jdm über jdn/etw beklagen; **se ~ que** sich beklagen, dass

plaine [plɛn] *nf* Ebene *f*

plain-pied [plɛ̃pje] : **de ~** *adv* auf gleicher Höhe; **de ~ avec** auf gleicher Höhe mit

plainte [plɛ̃t] *nf* Klage *f*; **porter ~** klagen

plaire [plɛʀ] *vi* gefallen; **se plaire** *vpr* (*quelque part*) sich wohlfühlen; **elle plaît aux hommes** sie gefällt den Männern; **s'il vous plaît** bitte

plaisance [plɛzɑ̃s] *nf* (*aussi* : **navigation de plaisance**) Hobbysegeln *nt*

plaisant, e [plɛzɑ̃, ɑ̃t] *adj* (*maison, décor, site*) schön; (*personne*) angenehm; (*histoire, anecdote*) amüsant, unterhaltend

plaisanter [plɛzɑ̃te] *vi* Spaß machen, scherzen; **pour ~** zum Spaß; **on ne plaisante pas avec cela** damit scherzt man nicht; **tu plaisantes !** mach keine Witze!

plaisanterie [plɛzɑ̃tʀi] *nf* Scherz *m*, Spaß *m*

plaisir [plezir] *nm* Vergnügen *nt*; (*joie*) Freude *f*; **boire/manger avec ~** mit Genuss trinken/essen; **faire ~ à qn** jdm eine Freude machen; **ça me fait ~** es freut mich; **prendre ~ à qch** Gefallen an etw *dat* finden; **prendre ~ à faire qch** Gefallen daran finden, etw zu tun; **j'ai le ~ de** es ist mir eine Freude, zu; **M et Mme Lesucre ont le ~ de vous faire part de …** Herr und Frau Lesucre beehren sich, Ihnen … bekannt zu geben; **se faire un ~ de faire qch** etw sehr gern *ou* mit großem Vergnügen tun; **au ~ (de vous revoir)** bis hoffentlich bald einmal; **pour le ~** zum reinen Vergnügen

plan, e [plɑ̃, an] *adj* eben ▶ *nm* Plan *m*; (*Géom*) Ebene *f*; (*Ciné*) Einstellung *f*; **sur tous les ~s** in jeder Hinsicht; **au premier/second ~** im Vordergrund/Hintergrund; **à l'arrière ~** im Hintergrund; **mettre qch au premier ~** etw *dat* den Vorrang geben; **de premier/second ~** erst-/zweitrangig; **sur le ~ sexuel** was das Sexuelle betrifft; **~ d'action** Aktionsplan *m*; **~ d'eau** Wasserfläche *f*; **~ de cuisson** Herdfläche *f*; **~ de travail** Arbeitsfläche *f*; **~ de vol** Flugplan *m*; **~ directeur** (*Mil*) Generalstabskarte *f*

planche [plɑ̃ʃ] *nf* Brett *nt*; (*dans un livre*) Abbildung *f*; (*de salades etc*) Beet *nt*; (*d'un plongeoir*) Sprungbrett *nt*; **planches** *nfpl* (*Théât*) Bretter *pl*, Bühne *f sg*; **en ~s** aus Brettern; **faire la ~** (*dans l'eau*) den toten Mann machen; **avoir du pain sur la ~** alle Hände voll zu tun haben; **~ à découper** Schneidbrett *nt*; **~ à dessin** Reißbrett *nt*; **~ à pain** Schneidbrett; **~ à repasser** Bügelbrett *nt*; **~ à roulettes** Skateboard *nt*; **~ à voile** Surfbrett *nt*; (*sport*) Windsurfen *nt*; **~ de salut** (*fig*) Rettungsanker *m*

plancher [plɑ̃ʃe] *nm* Fußboden *m*; **~ des cotisations/salaires** untere Grenze *f ou* Untergrenze *f* der Beiträge/Gehälter

planchiste [plɑ̃ʃist] *nmf* Windsurfer(in) *m(f)*

plancton [plɑ̃ktɔ̃] *nm* Plankton *nt*

planer [plane] *vi* gleiten; (*fumée, odeur*) in der Luft hängen; (*fam*) schweben; **~ sur** schweben über +*dat*

planétaire [planetɛʀ] *adj* Planeten-

planétarium [planetaʀjɔm] *nm* Planetarium *nt*

planète [planɛt] *nf* Planet *m*

planeur [planœʀ] *nm* Segelflugzeug *nt*

planification [planifikasjɔ̃] *nf* Planung *f*

planifier [planifje] *vt* planen

planning [planiŋ] *nm* (*plan de travail*) Planung *f*; **~ familial** Familienplanung *f*

planque [plɑ̃k] (*fam*) *nf* (*emploi*) ruhige Kugel *f*; (*cachette*) Versteck *nt*

plantage [plɑ̃taʒ] *nm* (*d'ordinateur*) Absturz *m*

plantation [plɑ̃tasjɔ̃] *nf* Pflanzung *f*, Plantage *f*

plante [plɑ̃t] *nf* Pflanze *f*; **~ du pied** Fußsohle *f*

planter [plɑ̃te] *vt* pflanzen; (*lieu*) bepflanzen, einschlagen; (*drapeau, échelle, décors*) aufstellen; (*tente*) aufschlagen ▶ *vi* (*fam* : *ordinateur*) abstürzen; **se planter** *vpr* (*fam* : *se tromper*) sich irren; **~ là** stehen lassen; **planté d'arbres** (*terrain*) bewaldet; (*avenue*) von Bäumen gesäumt; **se ~ devant qn/qch** sich vor jdn/etw hinpflanzen

plantureux, -euse [plɑ̃tyʀø, øz] *adj* (*repas*) reichlich; (*femme, poitrine*) üppig

plaque [plak] *nf* Platte *f*; (*d'eczéma, rouge etc*) Fleck *m*; (*avec inscription*) Schild *nt*; **~ d'immatriculation** *ou* **minéralogique** Nummernschild *nt*, Kraftfahrzeugkennzeichen *nt*;

~ d'identité Erkennungsmarke f; **~ de cuisson** Kochplatte f; **~ de four** Herdplatte f; **~ de propreté** Türbeschlag m; **~ tournante** (fig) Drehscheibe f

plaquer [plake] vt (laisser tomber: fam) sitzen lassen; **se plaquer** vpr: **se ~ contre** sich pressen gegen

plasma [plasma] nm Plasma nt

plastic [plastik] nm Plastiksprengstoff m

plastifié, e [plastifje] adj plastiküberzogen

plastique [plastik] adj plastisch ▶ nm Plastik nt; **en ~** Plastik-

plastiquer [plastike] vt sprengen

plat, e [pla, at] adj flach; (cheveux) glatt; (style, livre) langweilig ▶ nm (récipient) Schale f; (mets) Gericht nt; **le premier/ deuxième ~** (d'un repas) der erste/zweite Gang; **le ~ de la main** die Handfläche f; **à ~ ventre** bäuchlings; **à ~** (horizontalement) horizontal; (batterie) leer; (personne) völlig fertig; **pneu à ~** platter Reifen m; **~ cuisiné** Fertiggericht nt; **~ de résistance** Hauptgericht nt; **~ du jour** Tagesgericht nt

platane [platan] nm Platane f

plateau, x [plato] nm Platte f; (d'une balance) Waagschale f; (Géo) Plateau nt; (Radio, TV) Studiobühne f; **~ de fromages** Käseplatte f

plate-bande [platbãd] (pl **plates-bandes**) nf Rabatte f, Beet nt

plate-forme [platfɔʀm] (pl **plates-formes**) nf: **~ de forage** Bohrinsel f; **~ pétrolière** Ölbohrinsel f

platine [platin] nm (métal) Platin nt; **~ laser** CD-Player m

platonique [platɔnik] adj platonisch

plâtre [plɑtʀ] nm (matériau) Gips m; (statue) Gipsstatue f; (Méd) Gips(verband) m; **avoir un bras dans le ~** den Arm in ou im Gips haben

plâtrer [plɑtʀe] vt (mur) verputzen; (Méd) in Gips legen

plausibilité [plozibilite] nf Plausibilität f

plausible [plozibl] adj plausibel

play-back [plɛbak] nm inv Play-back nt

play-boy [plɛbɔj] (pl **play-boys**) nm Playboy m

plébiscite [plebisit] nm Volksentscheid m

plein, e [plɛ̃, plɛn] adj voll; (porte, roue) massiv; (joues, visage, formes) voll, rund; (chienne, jument) trächtig ▶ nm: **faire le ~** (d'essence) volltanken; **~ de** voller; **avoir de l'argent ~ les poches** die Taschen voller Geld haben; **avoir les mains ~es** die Hände voll haben; **à ~es mains** (ramasser) mit vollen Händen; **à** ou **en ~** völlig; **à ~ régime** mit Vollgas; **à ~ temps** ou **temps ~** ganztags; **en ~ air** im Freien; **jeux de ~ air** Spiele im Freien; **en ~ soleil** in der prallen Sonne; **en ~e mer** auf hoher See; **en ~e rue** mitten auf der Straße; **en ~ milieu** genau in der Mitte; **en ~ jour** am hellichten Tag; **en ~e nuit** mitten in der Nacht; **en ~e croissance** stark wachsend; **en ~ sud** im tiefsten Süden; **en avoir ~ le dos** (fam) die Nase vollhaben; **~s pouvoirs** Vollmacht f

plein-emploi [plɛ̃ãplwa] nm Vollbeschäftigung f

plénière [plenjɛʀ] adj f: **assemblée** ou **réunion ~** Plenarsitzung f

plénitude [plenityd] nf (d'un son, des formes) Fülle f

pleurer [plœʀe] vi weinen; (yeux) tränen ▶ vt (regretter) nachtrauern +dat; **~ de rire** Tränen lachen

pleurésie [plœʀezi] nf Brustfellentzündung f

pleurnicher [plœʀniʃe] vi flennen

pleuvoir [pløvwaʀ] vb impers: **il pleut** es regnet ▶ vi (coups, critiques) niederhageln; (nouvelles, lettres) in Fluten hereinkommen; **il pleut des cordes** es regnet Bindfäden; **il pleut à verse** es regnet in Strömen

pli [pli] nm Falte f; (dans un papier) Kniff m; (Admin: lettre) Brief m; (Cartes) Stich m; **prendre le ~ de faire qch** sich dat angewöhnen, etw zu tun; **ça ne va pas faire un ~** das geht glatt; **faux ~** Falte; **~ d'aisance** Kellerfalte f

pliable [plijabl] adj faltbar

pliant, e [plijã, jãt] adj Klapp- ▶ nm Klappstuhl m

plier [plije] vt zusammenfalten; (nappe) falten; (tente) abschlagen; (table pliante) zusammenklappen; (ranger) aufräumen; (genou, bras) beugen, biegen ▶ vi (branche, arbre) sich biegen; (fig: personne) nachgeben; **se plier** vpr: **se ~ à** sich beugen +dat; **~ bagage** (fig) seine Siebensachen zusammenpacken, seine Zelte abbrechen

plinthe [plɛ̃t] nf (au bas d'une cloison) Fußleiste f, Scheuerleiste f

plissé, e [plise] adj (jupe, robe) plissiert; (peau) faltig, runzlig

plisser [plise] vt (jupe) fälteln; (front) runzeln; (bouche) verziehen; **se plisser** vpr (se froisser) Falten bekommen

plomb [plɔ̃] nm (métal) Blei nt; (d'une cartouche) Schrot m ou nt; (Pêche) Senker m; (sceau) Plombe f; (Élec) Sicherung f; **sans ~** (essence) bleifrei, unverbleit

plomber [plɔ̃be] vt (canne, ligne) mit Blei beschweren; (colis, wagon, marchandises) verplomben; (mur) (aus)loten; (dent) plombieren

plomberie [plɔ̃bʀi] nf (installation) Rohre und Leitungen pl

plombier, -ère [plɔ̃bje, jɛʀ] nm/f Installateur(in)

plombifère [plɔ̃bifɛʀ] adj bleihaltig

plonge [plɔ̃ʒ] nf : **faire la ~** Geschirr spülen

plongeant, e [plɔ̃ʒɑ̃, ɑ̃t] adj (vue) von oben; (décolleté) tief (ausgeschnitten)

plongée [plɔ̃ʒe] nf (Sport) Tauchen nt; (Ciné, TV) Aufnahme f von oben; **~ sous-marine** Tauchen nt

plongeoir [plɔ̃ʒwaʀ] nm Sprungbrett nt

plongeon [plɔ̃ʒɔ̃] nm Sprung m

plonger [plɔ̃ʒe] vi (personne, sous-marin) tauchen; (oiseau, avion) einen Sturzflug machen; (gardien de but) hechten ▶ vt (immerger) tauchen ▶ vpr : **se ~ dans un livre** sich in ein Buch vertiefen; **~ qn dans l'embarras** jdn in Verlegenheit bringen

plongeur, -euse [plɔ̃ʒœʀ, øz] nm/f Taucher(in); (de restaurant) Tellerwäscher(in)

plouc [pluk] (fam) nm Proll m

ployer [plwaje] vi sich biegen, nachgeben; **~ sous le joug** (fig) unter dem Joch zusammenbrechen

plu [ply] pp de **plaire**; **pleuvoir**

pluie [plɥi] nf Regen m; **une ~ de** (pierres, baisers) in Hagel m von; **retomber en ~** niederprasseln; **sous la ~** im Regen; **~s acides** saurer Regen m

plumage [plymaʒ] nm Gefieder nt

plume [plym] nf Feder f

plumeau, x [plymo] nm Staubwedel m

plumer [plyme] vt rupfen

plupart [plypaʀ] nf : **la ~** die meisten; **la ~ des hommes/d'entre nous** die meisten Menschen/die meisten von uns; **la ~ du temps** meistens; **dans la ~ des cas** in den meisten Fällen; **pour la ~** meistens

pluralisme [plyʀalism] nm Pluralismus m

pluriel [plyʀjɛl] nm Plural m ▶ adj (gauche, société) pluralistisch; **au ~** im Plural

---

MOT-CLÉ

plus [ply] adv **1** (forme négative) : **ne ... plus** nicht mehr; **je n'ai plus d'argent** ich habe kein Geld mehr; **il ne travaille plus** er arbeitet nicht mehr; **il ne reste plus que deux tomates** es sind nur noch zwei Tomaten da

2 (comparatif) mehr; (superlatif) : **le plus** am meisten; **plus grand/intelligent (que)** größer/intelligenter (als); **le plus grand/intelligent** der Größte/Intelligenteste

3 : **plus de** (d'avantage) mehr; **plus de pain** mehr Brot; **plus de 3 heures/4 kilos** mehr als 3 Stunden/4 Kilo; **plus d'argent/de possibilités (que)** mehr Geld/Möglichkeiten (als); **plus de 10 personnes** mehr als 10 Personen; **il était plus de minuit** es war schon nach Mitternacht

4 : **plus que** (d'avantage) mehr als; **il travaille plus que moi** er arbeitet mehr als ich; **3 heures/kilos de plus que** 3 Stunden/Kilo mehr als; **il a 3 ans de plus que moi** er ist 3 Jahre älter als ich

5 (locutions) : **sans plus** aber mehr (auch) nicht; **de plus** (en supplément) zusätzlich; (en outre) außerdem; **de plus en plus** mehr und mehr, immer mehr; **3 kilos en plus** 3 Kilo mehr; **en plus de** zusätzlich zu; **(tout) au plus** (aller)höchstens; **d'autant plus que** umso mehr als; **qui plus est** und außerdem; **plus ou moins** mehr oder weniger; **ni plus ni moins** nicht mehr und nicht weniger

▶ prép : **4 plus 2** 4 plus 2

---

plusieurs [plyzjœʀ] pron, adj mehrere, einige

plus-que-parfait [plyskəpaʀfɛ] nm Plusquamperfekt nt

plus-value [plyvaly] (pl **plus-values**) nf (Écon) Mehrwert m

plutonium [plytɔnjɔm] nm Plutonium nt

plutôt [plyto] adv eher, vielmehr; **je ferais ~ cela** ich würde lieber das machen; **fais ~ comme ça** mach es lieber so; **~ que (de) faire qch** (an)statt etw zu tun; **~ grand/rouge** eher groß/rot

pluvieux, -euse [plyvjø, jøz] adj regnerisch

PME [peɛmə] sigle fpl ou fsg (= petites et moyennes entreprises) kleine und mittelständische Betriebe pl

PMI [peɛmi] sigle f (= centre de protection maternelle et infantile) voir **protection**

PMU [peɛmy] sigle m (= pari mutuel urbain) Wettannahmestelle f

PNB [peɛnbe] sigle m (= produit national brut) BSP nt, Bruttosozialprodukt nt

pneu, x [pnø] nm Reifen m; **~s neige** Winterreifen pl

pneumonie [pnømɔni] *nf* Lungenentzündung *f*

p.o. *abr* (= *pour ordre*) i. A.

poche [pɔʃ] *nf* Tasche *f*; ▶ *nm* (*livre*) Taschenbuch *nt*; **faire une ~** *ou* **des ~s** sich ausbeulen; **carnet/couteau/ lampe de ~** Taschenbuch *nt*/ Taschenmesser *nt*/Taschenlampe *f*; **en être** *ou* **y être de sa ~** Geld verloren haben; **c'est dans la ~** das haben wir in der Tasche

poché, e [pɔʃe] *adj* : **œuf ~** pochiertes Ei *nt*; **œil ~** blaues Auge *nt*

pocher [pɔʃe] *vt* (*Culin*) pochieren

poche-revolver [pɔʃʀəvɔlvɛʀ] (*pl* **poches-revolver**) *nf* Gesäßtasche *f*

pochette [pɔʃɛt] *nf* (*mouchoir*) Ziertuch *nt*; **~ d'allumettes** Streichholzheftchen *nt*; **~ de disque** Plattenhülle *f*

podcast [pɔdkast] *nm* Podcast *m*

podcaster [pɔdkaste] *vi* podcasten

podcasting [pɔdkastiŋ] *nm* Podcasting *nt*

podium [pɔdjɔm] *nm* Podest *nt*; (*estrade*) Podium *nt*

poêle [pwal] *nm* (*appareil de chauffage*) Ofen *m*; **~ à accumulation** Speicherofen ▶ *nf* : **~ (à frire)** Bratpfanne *f*

poêlon [pwalɔ̃] *nm* Schmortopf *m*

poème [pɔɛm] *nm* Gedicht *nt*

poésie [pɔezi] *nf* Gedicht *nt*; (*art*) Dichtung *f*

poète [pɔɛt] *nmf* Dichter(in) *m(f)* ▶ *adj* dichterisch veranlagt

poétesse [pɔetɛs] *nf* Dichterin *f*

poétique [pɔetik] *adj* poetisch; (*œuvres, talent, licence*) dichterisch

pognon [pɔɲɔ̃] (*fam*) *nm* Kohle *f*, Kies *m*

poids [pwa] *nm* Gewicht *nt*; (*fardeau*) Last *f*; (*responsabilité*) Belastung *f*; (*importance*) Bedeutung *f*; **~ et haltères** *nmpl* Gewichtheben *nt*; **vendre qch au ~** etw nach Gewicht verkaufen; **prendre du ~** zunehmen; **perdre du ~** abnehmen; **faire le ~** (*fig*) sich messen können; **de ~** (*important*) gewichtig; **~ et haltères** *nmpl* Gewichtheben *nt*; **~ coq** (*Boxe*) Bantamgewicht *nt*; **~ lourd** (*camion*) Lastkraftwagen *m*; **~ mort** (*Tech*) Leergewicht *nt*; (*fig : péj*) Ballast *m*; **~ mouche** (*Boxe*) Fliegengewicht *nt*; **~ moyen** (*Boxe*) Mittelgewicht *nt*; **~ net** Nettogewicht *nt*; **~ plume** (*Boxe*) Federgewicht *nt*; **~ utile** Nutzlast *f*

poignant, e [pwaɲɑ̃, ɑ̃t] *adj* (*émotion, souvenir*) schmerzlich; (*lecture*) ergreifend

poignard [pwaɲaʀ] *nm* Dolch *m*

poignarder [pwaɲaʀde] *vt* erdolchen

poignée [pwaɲe] *nf* (*de couvercle, porte, etc*) Griff *m*; (*quantité*) Handvoll *f*; **~ de main** Händedruck *m*

poignet [pwaɲɛ] *nm* Handgelenk *nt*; (*d'une chemise*) Manschette *f*

poil [pwal] *nm* Haar *nt*; (*de tissu, tapis*) Flor *m*; (*pelage*) Fell *nt*; (*ensemble des poils*) Haare *pl*; **de tout ~** aller Sorten; **être de bon/mauvais ~** (*fam*) gut/schlecht drauf sein; **~ à gratter** Juckpulver *nt*

poilu, e [pwaly] *adj* haarig

poinçon [pwɛ̃sɔ̃] *nm* (*outil*) Pfriem *m*; (*marque de contrôle*) Stempel *m*

poinçonner [pwɛ̃sɔne] *vt* (*marchandise, bijou etc*) stempeln; (*billet, ticket*) knipsen

poing [pwɛ̃] *nm* Faust *f*

point [pwɛ̃] *nm* Punkt *m*; (*endroit*) Stelle *f*, Ort *m*; (*moment*) Zeitpunkt *m*; (*Couture*) Stich *m*; (*Tricot*) Masche *f*; **ne ... ~** nicht; **faire le ~** (*Naut, Aviat*) die Position bestimmen; **faire le ~ de la situation** die Lage zusammenfassen; **en tous ~s** in jeder Hinsicht; **être sur le ~ de faire qch** im Begriff sein, etw zu tun; **au ~** *ou* **à tel ~ que** so sehr, dass; **mettre au ~** (*mécanisme, procédé*) entwickeln; (*appareil-photo*) scharf einstellen; (*affaire*) klären; **à ~** (*viande*) medium; **à ~ nommé** zur rechten Zeit; **~ chaud** Krisenherd *m*; **~ de contact** Kontaktpunkt *m*; **~ culminant** Höhepunkt *m*; **~ d'eau** Wasserstelle *f*; **~ d'exclamation** Ausrufezeichen *nt*; **~ d'interrogation** Fragezeichen *nt*; **~ de chute** (*fig*) Haltepunkt *m*; **~ de côté** Seitenstechen *nt*; **~ de croix** Kreuzstich *m*; **~ de repère** Orientierungspunkt *m*; **~ de vente** Verkaufsstelle *f*; **~ de vue** (*paysage*) Aussichtspunkt *m*; (*fig*) Meinung *f*; **du ~ de vue de** (*paysage*) von ... aus; (*fig*) vom Standpunkt +*gén*; **~ faible** schwacher Punkt; **~ final** Schlusspunkt *m*; **~ noir** (*sur le visage*) Mitesser *m*; (*Auto*) gefährliche Stelle *f*; **~s cardinaux** (vier) Himmelsrichtungen *pl*; **~s de suspension** Auslassungspunkte *pl*

pointe [pwɛ̃t] *nf* Spitze *f*; **faire des ~s** (*Danse*) Spitzentanz machen; **une ~ d'ail** ein Hauch *m* Knoblauch; **une ~ d'accent/d'ironie** ein Anflug *m* von einem Akzent/von Ironie; **faire** *ou* **pousser une ~ jusqu'à** einen Abstecher machen nach +*acc*; **sur la ~ des pieds** auf Zehenspitzen; **en ~** spitz; **de ~** (*industries, recherches*) führend; (*vitesse*) Spitzen-; (*heures*) Stoß-

pointer [pwɛ̃te] *vt* (*cocher*) abhaken; (*employés, ouvriers*) kontrollieren; (*diriger*) richten ▶ vi (ouvrier, employé) stempeln; **~ qch vers qch** etw auf etw acc richten; **~ les oreilles** die Ohren spitzen

pointeur, -euse [pwɛ̃tœʀ, øz] nm/f (personne) Aufsicht f; (Sport) Zeitnehmer(in) ▶ nm (Inform) Cursor m ▶ nf (machine) Stechuhr f

pointillé [pwɛ̃tije] nm (trait) punktierte Linie f

pointilleux, -euse [pwɛ̃tijø, øz] adj pingelig

pointu, e [pwɛ̃ty] adj spitz; (question) hoch spezialisiert

pointure [pwɛ̃tyʀ] nf Größe f

point-virgule [pwɛ̃viʀgyl] (pl **points-virgules**) nm Strichpunkt m

poire [pwaʀ] nf (fruit) Birne f

poireau, x [pwaʀo] nm Lauch m

poirier [pwaʀje] nm (Bot) Birnbaum m

pois [pwa] nm (Bot) Erbse f; **à ~** gepunktet; **~ chiche** Kichererbse f

poison [pwazɔ̃] nm Gift nt

poisse [pwas] (fam) nf Pech nt

poisson [pwasɔ̃] nm Fisch m; **les P~s** (Astrol) die Fische pl; **être P~s** Fisch sein; **~ d'avril** ≈ Aprilscherz m; **~ d'avril!** April, April!; **~ rouge** Goldfisch m

poisson-chat [pwasɔ̃ʃa] (pl **poissons-chats**) nm Wels m

poissonnerie [pwasɔnʀi] nf Fischgeschäft nt

poisson-scie [pwasɔ̃si] (pl **poissons-scies**) nm Sägefisch m

poitrine [pwatʀin] nf Brust f; (seins aussi) Busen m

poivre [pwavʀ] nm Pfeffer m; **~ blanc** weißer Pfeffer; **~ et sel** (cheveux) grau meliert; **~ de Cayenne** Cayennepfeffer m; **~ en grains** Pfefferkörner pl; **~ gris** schwarzer Pfeffer; **~ vert** grüner Pfeffer

poivré, e [pwavʀe] adj gepfeffert

poivrer [pwavʀe] vt pfeffern

poivrier [pwavʀije] nm (Bot) Pfefferstrauch m; (ustensile) Pfefferstreuer m

poivrière [pwavʀijɛʀ] nf Pfefferstreuer m

poivron [pwavʀɔ̃] nm Paprika m; **~ rouge/vert** roter/grüner Paprika

poix [pwa] nf Pech nt

polaire [pɔlɛʀ] adj Polar-; (froid) Eises- ▶ nf (vêtement) Fleecejacke f

polar [pɔlaʀ] (fam) nm Krimi m

polariser [pɔlaʀize] vt (Élec) polarisieren

pôle [pol] nm Pol m; **le ~ Nord/Sud** der Nord-/Südpol m; **~ positif/négatif** (Élec) Plus-/Minuspol m; **~ d'attraction** Anziehungspunkt m

polémique [pɔlemik] adj polemisch ▶ nf (controverse) Streit m

poli, e [pɔli] adj höflich; (lisse) poliert, glatt

police [pɔlis] nf Polizei f; **~ d'assurance** Versicherungspolice f; **~ judiciaire** Kriminalpolizei f; **~ secours** Notdienst m; **~ secrète** Geheimpolizei f

polichinelle [pɔliʃinɛl] nm Kasper m

policier, -ière [pɔlisje, jɛʀ] adj Polizei-; (mesures) polizeilich; (roman, film) Kriminal- ▶ nm/f Polizist(in) ▶ nm (aussi: **roman policier**) Krimi m

-policlinique [pɔliklinik] nf ≈ Ambulanz f

poliment [pɔlimɑ̃] adv höflich

polio [pɔljo], **poliomyélite** [pɔljɔmjelit] nf Kinderlähmung f, Polio f

polir [pɔliʀ] vt polieren

polisson, ne [pɔlisɔ̃, ɔn] adj frech

politesse [pɔlitɛs] nf Höflichkeit f

politicien, ne [pɔlitisjɛ̃, jɛn] nm/f Politiker(in)

politique [pɔlitik] adj politisch ▶ nf Politik f ▶ nm (politicien) Politiker m; **homme/femme ~** Politiker(in) m(f)

politiser [pɔlitize] vt politisieren

pollen [pɔlɛn] nm Blütenstaub m

polluant, e [pɔlɥɑ̃, ɑ̃t] adj umweltbelastend ▶ nm Schadstoff m

polluer [pɔlɥe] vt verschmutzen

pollueur, -euse [pɔlɥœʀ, øz] nm/f Umweltverschmutzer(in)

pollution [pɔlysjɔ̃] nf Umweltverschmutzung f; **~ atmosphérique** Luftverschmutzung f; **~ sonore** Lärmbelastung f

polo [pɔlo] nm (sport) Polo nt; (tricot) Polohemd nt

Pologne [pɔlɔɲ] nf: **la ~** Polen nt

polonais, e [pɔlɔnɛ, ɛz] adj polnisch ▶ nm/f: **Polonais, e** Pole m, Polin f

poltron, ne [pɔltʀɔ̃, ɔn] adj feige

polyamide [pɔljamid] nm Polyamid nt

polyclinique [pɔliklinik] nf Poliklinik f

polycopié, e [pɔlikɔpje] adj vervielfältigt ▶ nm Vorlesungsskript nt

polyester [pɔliestɛʀ] nm Polyester nt

polygamie [pɔligami] nf Polygamie f

polyglotte [pɔliglɔt] adj vielsprachig

Polynésie [pɔlinezi] nf: **la ~** Polynesien nt

polynésien, ne [pɔlinezjɛ̃, jɛn] adj polynesisch

polype [pɔlip] nm (Zool) Polyp m; (Méd) Polype f

polystyrène [pɔlistiʀɛn] nm Styropor® nt

polyvalent, e [pɔlivalɑ̃, ɑ̃t] adj (personne) vielseitig; (salle) Mehrzweck-; (Chim) mehrwertig
pomélo [pɔmelo] nm Pomelo m
Poméranie [pɔmeʁani] nf: **la ~** Pommern nt
pommade [pɔmad] nf Salbe f
pomme [pɔm] nf Apfel m; (pomme de terre) Kartoffel f; **~ d'Adam** Adamsapfel m; **~ de pin** Tannenzapfen m; **~ de terre** Kartoffel f; **~s frites** Pommes frites pl
pommeau, x [pɔmo] nm (de canne, parapluie) Knauf m; (de selle) Knopf m
pommette [pɔmɛt] nf Backenknochen m
pommier [pɔmje] nm Apfelbaum m
pompe [pɔ̃p] nf (appareil) Pumpe f; (faste) Pomp m; **~ à eau** Wasserpumpe f; **~ (à essence)** Zapfsäule f; **~ à huile** Ölpumpe f; **~ à incendie** Feuerspritze f; **~ de bicyclette** Fahrradpumpe f; **~s funèbres** Beerdigungsinstitut nt
pomper [pɔ̃pe] vt pumpen
pompeux, -euse [pɔ̃pø, øz] (péj) adj bombastisch, schwülstig
pompier, -ère [pɔ̃pje, jɛʁ] nm/f Feuerwehrmann m ▶ adj m (péj) schwülstig, aufgeblasen
pompiste [pɔ̃pist] nmf Tankwart(in) m(f)
pompon [pɔ̃pɔ̃] nm Bommel m, Pompon m
pomponner [pɔ̃pɔne]: **se pomponner** vpr sich fein machen
ponce [pɔ̃s] nf: **pierre ~** Bimsstein m
poncer [pɔ̃se] vt schleifen
ponceuse [pɔ̃søz] nf (machine) Schleifmaschine f
ponctionner [pɔ̃ksjɔne] vt (Méd) punktieren
ponctualité [pɔ̃ktɥalite] nf Pünktlichkeit f
ponctuation [pɔ̃ktɥasjɔ̃] nf Interpunktion f
ponctuel, le [pɔ̃ktɥɛl] adj pünktlich; (opération, intervention) punktuell
ponctuellement [pɔ̃ktɥɛlmɑ̃] adv (à l'heure) pünktlich
ponctuer [pɔ̃ktɥe] vt (texte) mit Satzzeichen versehen
pondéré, e [pɔ̃deʁe] adj (esprit, personne) ausgeglichen
pondre [pɔ̃dʁ] vt (œufs) legen
poney [pɔnɛ] nm Pony nt
pongiste [pɔ̃ʒist] nmf Tischtennisspieler(in) m(f)
pont [pɔ̃] nm Brücke f; (Naut) Deck nt; **~ arrière/avant** (Auto) Hinter-/Vorderachse f; **faire le ~** einen Fenstertag nehmen; **faire un ~ d'or à qn** jdm goldene Brücken bauen; **P~s et Chaussées** Amt für Straßenbau

pontage [pɔ̃taʒ] nm Bypassoperation f
ponte [pɔ̃t] nf (action) Legen nt ▶ nm (fam : personnage) hohes Tier nt
pontifier [pɔ̃tifje] vi dozieren
pont-levis [pɔ̃lvi] (pl **ponts-levis**) nm Zugbrücke f
ponton [pɔ̃tɔ̃] nm Ponton m
pop [pɔp] adj inv Pop- ▶ nm (Mus) Popmusik f
popcorn [pɔpkɔʁn] nm Popkorn nt
populace [pɔpylas] (péj) nf Pöbel m
populaire [pɔpylɛʁ] adj Volks-; (croyances, traditions, bon sens) volkstümlich; (Ling) umgangssprachlich; (milieu, classes, clientèle) Arbeiter-; (mesure, écrivain, roi, politique) populär
populariser [pɔpylaʁize] vt populär machen
popularité [pɔpylaʁite] nf Beliebtheit f, Popularität f
population [pɔpylasjɔ̃] nf Bevölkerung f; (d'une ville) Einwohner pl; **~ active** arbeitende Bevölkerung f
populeux, -euse [pɔpylø, øz] adj dicht bevölkert
porc [pɔʁ] nm (Zool) Schwein nt; (Culin) Schweinefleisch nt
porcelaine [pɔʁsəlɛn] nf Porzellan nt
porcelet [pɔʁsəlɛ] nm Ferkel nt
porc-épic [pɔʁkepik] (pl **porcs-épics**) nm Stachelschwein nt
porche [pɔʁʃ] nm Vorhalle f
porcherie [pɔʁʃəʁi] nf Schweinestall m
pore [pɔʁ] nm Pore f
poreux, -euse [pɔʁø, øz] adj porös
porno [pɔʁno] adj Porno-
pornographie [pɔʁnɔgʁafi] nf Pornografie f
pornographique [pɔʁnɔgʁafik] adj pornografisch
port [pɔʁ] nm Hafen m; (ville) Hafenstadt f; (Inform) Port m, Ausgang m; (poste) Porto nt; **~ de pêche** Fischereihafen m; **~ dû** unfrei; **~ franc** Freihafen m; **~ payé** frei; **~ de plaisance** Jachthafen m
portable [pɔʁtabl] adj tragbar ▶ nm (Tél) Handy nt; (ordinateur) Laptop m
portail [pɔʁtaj] nm (gén, Internet) Eingangsportal nt; (d'une cathédrale) Portal nt
portant, e [pɔʁtɑ̃, ɑ̃t] adj tragend; **bien ~** gesund; **mal ~** krank
portatif, -ive [pɔʁtatif, iv] adj tragbar
porte [pɔʁt] nf Tür f; (d'une ville, forteresse, Ski) Tor nt; **mettre qn à la ~** jdn hinauswerfen; **journée ~s ouvertes** Tag m der offenen Tür; **~ d'entrée** Eingangstür f; **~ d'embarquement**

(*Aviat*) Flugsteig *m*; **~ de secours** Notausgang *m*

porte-avion [pɔʀtavjɔ̃] (*pl* **porte-avions**) *nm* Flugzeugträger *m*

porte-bagage [pɔʀtbagaʒ] (*pl* **porte-bagages**) *nm* (*d'une bicyclette, moto*) Gepäckträger *m*; (*Auto*) Dachgepäckträger *m*

porte-bébé [pɔʀtbebe] (*pl* **porte-bébés**) *nm* Babytrage *f*

porte-bonheur [pɔʀtbɔnœʀ] (*pl* **porte-bonheur(s)**) *nm* Glücksbringer *m*

porte-bouteille [pɔʀtbutɛj] (*pl* **porte-bouteilles**) *nm* (*à anse*) Flaschenkorb *m*; (*à casiers*) Flaschenregal *nt*

porte-cigarette [pɔʀtsigaʀɛt] (*pl* **porte-cigarettes**) *nm* Zigarettenetui *nt*

porte-clef, porte-clé [pɔʀtəkle] (*pl* **porte-clefs, porte-clés**) *nm* Schlüsselring *m*

porte-conteneurs [pɔʀtəkɔ̃tnœʀ] (*pl* **porte-conteneurs**) *nm* Containerschiff *nt*

porte-documents [pɔʀtdɔkymɑ̃] *nm inv* Aktenmappe *f*

porte-drapeau [pɔʀtdʀapo] (*pl* **porte-drapeaux**) *nmf* (*Mil*) Fahnenträger(in) *m(f)*

portée [pɔʀte] *nf* (*d'une arme*) Reichweite *f*; (*fig : importance*) Tragweite *f*; (*d'un animal etc*) Wurf *m*; (*Mus*) Notenlinien *pl*; **hors de ~ (de)** außer Reichweite (von); **à ~ de la main** in Reichweite; **à la ~ de qn** in jds Reichweite; (*fig*) auf jds Niveau; **à la ~ de toutes les bourses** für jeden Geldbeutel (erschwinglich)

porte-fenêtre [pɔʀtfənɛtʀ] (*pl* **portes-fenêtres**) *nf* Verandatür *f*

portefeuille [pɔʀtəfœj] *nm* (*porte-monnaie*) Brieftasche *f*; (*d'un ministre*) Ministerposten *m*; (*Bourse*) Portfolio *nt*

porte-jarretelles [pɔʀtʒaʀtɛl] *nm inv* Strumpfgürtel *m*

portemanteau, x [pɔʀt(ə)mɑ̃to] *nm* Garderobenständer *m*

portemine [pɔʀtəmin] *nm* Drehbleistift *m*

portemonnaie [pɔʀtmɔnɛ] *nm* Geldbeutel *m*

porte-parapluie [pɔʀtpaʀaplɥi] (*pl* **porte-parapluies**) *nm* Schirmständer *m*

porte-parole [pɔʀtpaʀɔl] (*pl* **porte-parole(s)**) *nm/f* Wortführer(in) *m(f)*

porteplume [pɔʀtəplym] *nm* Federhalter *m*

porter [pɔʀte] *vt* tragen; (*apporter*) bringen ▶ *vi* (*voix*) tragen; (*regard, cri, arme*) reichen; (*reproche, coup*) die gewünschte Wirkung erzielen; **se porter** *vpr* : **se ~ bien/mal** sich gut/schlecht fühlen; **~ secours à qn** jdm Hilfe leisten; **~ bonheur à qn** jdm Glück bringen; **~ un toast** einen Toast ausbringen; **~ un jugement sur qn/qch** über jdn/etw ein Urteil fällen; **~ une cuillère à sa bouche** einen Löffel zum Mund führen; **~ son attention/regard sur** die Aufmerksamkeit/den Blick richten auf +*acc*; **~ un fait à la connaissance de qn** jdn von etw in Kenntnis setzen; **~ sur** (*peser*) getragen werden von; (*accent*) liegen auf +*dat*; (*suj : conférence*) behandeln; (*avoir pour objet*) behandeln

porte-savon [pɔʀtsavɔ̃] (*pl* **porte-savons**) *nm* Seifenschale *f*

porte-serviettes [pɔʀtsɛʀvjɛt] (*pl* **porte-serviettes**) *nm* Handtuchhalter *m*

porte-skis [pɔʀtski] *nm inv* (*Auto*) Skiträger *m*

porteur, -euse [pɔʀtœʀ, øz] *nm/f* (*de messages*) Überbringer(in); (*Fin : d'une action, obligation*) Inhaber(in); (*dans une gare etc*) Gepäckträger *m* ▶ *adj* zukunftsträchtig; **être ~ de** (*bonnes nouvelles*) überbringen; (*de microbes*) übertragen; **créneau ~** Marktlücke *f*; **les petits ~s** (*Fin*) die Kleinaktionäre *pl*

porte-vélos [pɔʀtvelo] *nm inv* Fahrradträger *m*

porte-voix [pɔʀtəvwa] *nm inv* Megafon *nt*

portier, -ère [pɔʀtje, jɛʀ] *nm/f* Portier *m*, Pförtner(in) *m(f)*

portillon [pɔʀtijɔ̃] *nm* Sperre *f*

portion [pɔʀsjɔ̃] *nf* Teil *m*; (*de nourriture*) Portion *f*; (*d'héritage*) Anteil *m*

portique [pɔʀtik] *nm* (*Archit*) Säulenhalle *f*; **~ de sécurité** *ou* **électronique** elektronische Sicherheitskontrolle *f*

porto [pɔʀto] *nm* Portwein *m*

portoricain, e [pɔʀtɔʀikɛ̃, ɛn] *adj* puerto-ricanisch

Porto Rico [pɔʀtɔʀiko] *nf* Puerto Rico *nt*

portrait [pɔʀtʀɛ] *nm* Porträt *nt*; **c'est tout le ~ de sa mère** sie ist das Ebenbild ihrer Mutter

portrait-robot [pɔʀtʀɛʀɔbo] (*pl* **portraits-robots**) *nm* Phantombild *nt*

portuaire [pɔʀtɥɛʀ] *adj* Hafen-

portugais, e [pɔʀtygɛ, ɛz] *adj* portugiesisch ▶ *nm/f* : **Portugais, e** Portugiese *m*, Portugiesin *f*

Portugal [pɔʀtygal] *nm* : **le ~** Portugal *nt*

POS [peɔɛs] sigle m (= plan d'occupation des sols) Flächennutzungsplan m
pose [poz] nf (attitude) Haltung f, Pose f; (de moquette) Verlegen nt; (de rideau, papier peint) Anbringen nt; **(temps de) ~** (Photo) Belichtungszeit f
posé, e [poze] adj (réfléchi) gesetzt
posemètre [pozmɛtʀ] nm Belichtungsmesser m
poser [poze] vt legen; (debout) stellen; (déposer : personne) absetzen; (rideaux, papier peint) anbringen; (principe, conditions) aufstellen; (question, problème) stellen ▶ vi (modèle) posieren, sitzen; **se poser** vpr (oiseau, avion) landen; (question, problème) sich stellen; **~ son regard sur qn/qch** den Blick auf jdm/etw ruhen lassen; **~ sa candidature** sich bewerben; (Pol) kandidieren; **se ~ en** sich aufspielen als
poseur, -euse [pozœʀ, øz] (péj) nm/f Angeber(in)
positif, -ive [pozitif, iv] adj positiv; (incontestable) bestimmt, sicher; (objectif) nüchtern; **pôle ~** Pluspol m
position [pozisjɔ̃] nf Lage f; (attitude, posture) Stellung f; (Mil) Haltung f; (emplacement) Stelle f; (: d'un navire) Position f; (dans un classement) Platz m; (point de vue, attitude) Meinung f, Haltung f; (d'un compte en banque) Stand m; **être dans une ~ difficile/délicate** in einer schwierigen/heiklen Lage sein; **prendre ~** (fig) Stellung beziehen
positionnement [pozisjɔnmɑ̃] nm (Inform) Positionierung f
positionner [pozisjɔne] vt (navire, etc) lokalisieren; (Inform : publicité) positionieren
posséder [posede] vt besitzen; (bien connaître) beherrschen
possessif, -ive [pɔsesif, iv] adj (Ling) Possessiv-; (personne) besitzergreifend ▶ nm (Ling) Possessiv(pronomen) nt
possession [pɔsesjɔ̃] nf Besitz m, Eigentum nt; **être en ~ de qch** im Besitz etw gén sein
possibilité [pɔsibilite] nf Möglichkeit f
possible [pɔsibl] adj möglich; (réalisable) durchführbar ▶ nm : **faire (tout) son ~** sein Möglichstes tun; **pas ~** unmöglich; **autant que ~** so viel wie möglich; **(ce n'est) pas ~ !** (étonnement) das darf doch nicht wahr sein!; **comme c'est pas ~** (fam) wie verrückt; **le plus/moins ~ de livres** so wenig/viele Bücher wie möglich; **le plus/moins ~ d'eau** so viel/ so wenig Wasser wie möglich; **aussitôt** ou **dès que ~** so bald wie möglich, baldmöglichst; **gentil au ~** ungeheuer ou äußerst nett
postal, e, -aux [pɔstal, o] adj Post-
postdater [pɔstdate] vt (zu)rückdatieren
poste [pɔst] nf Post f; (bureau) Post f, Postamt nt ▶ nm (Mil : charge, fonction) Posten m; (de radio, télévision) Gerät nt; **agent/employé(e) des ~s** Postbeamte (Postbeamtin) m(f); **mettre à la ~** zur Post bringen; **~ à essence** Tankstelle f; **~ d'incendie** Feuerlöschstelle f; **~ de police** Polizeiwache f; **~ de secours** Erste-Hilfe-Station f; **~ de télévision** Fernsehgerät nt; **~ de travail** Arbeitsstelle f; **~ restante** nf postlagernde Post
poster¹ [pɔste] vt (lettre, colis) aufgeben; (soldats, policiers etc) postieren; (sur internet) posten
poster² [pɔstɛʀ] nm Poster nt
postérieur, e [pɔsteʀjœʀ] adj (date, document) spätere(r, s); (partie) hintere(r, s) ▶ nm (fam) Hintern m
postérieurement [pɔsteʀjœʀmɑ̃] adv später; **~ à** nach +dat
postérité [pɔsteʀite] nf Nachwelt f; **passer à la ~** in die Geschichte eingehen
posthume [pɔstym] adj (enfant) nach dem Tod des Vaters geboren; (œuvre, décoration, gloire) posthum; **à titre ~** posthum
postiche [pɔstiʃ] nm Haarteil nt
postillonner [pɔstijɔne] vi eine feuchte Aussprache haben
postmoderne [pɔstmɔdɛʀn] adj postmodern
postnatal, e [pɔstnatal] adj postnatal
post-scriptum [pɔstskʀiptɔm] nm inv Postskriptum nt
postulant, e [pɔstylɑ̃, ɑ̃t] nm/f Bewerber(in)
postuler [pɔstyle] vt (emploi) sich bewerben um
posture [pɔstyʀ] nf (attitude) Haltung f; **être en bonne/mauvaise ~** in einer guten/schlechten Lage sein
pot [po] nm Topf m; (pour liquide) Kanne f, Krug m; **avoir du ~** (fam : chance) Schwein ou Glück haben; **boire** ou **prendre un ~** (fam) einen trinken; **~ catalytique** Katalysator m; **~ d'échappement** Auspufftopf m; **~ de chambre** Nachttopf m; **~ de fleurs** Blumentopf m
potable [pɔtabl] adj trinkbar; **eau (non) ~** (kein) Trinkwasser
potage [pɔtaʒ] nm Suppe f

potager, -ère [pɔtaʒe, ɛʀ] *adj (plante, cultures)* Gemüse- ▶ *nm (jardin)* Gemüsegarten *m*

potasser [pɔtase] *(fam) vt (examen)* büffeln für

potassium [pɔtasjɔm] *nm* Kalium *nt*

pot-au-feu [pɔtofø] *(pl* pot(s)-au-feu*) nm* Potaufeu *nt*

pot-de-vin [pɔdvɛ̃] *(pl* pots-de-vin*) nm* Schmiergeld *nt*, Bestechungsgeld *nt*

pote [pɔt] *(fam) nm* Kumpel *m*

poteau, x [pɔto] *nm* Pfosten *m*, Pfahl *m*; **~ indicateur** Wegweiser *m*; **~ télégraphique** Telegrafenmast *m*

potelé, e [pɔt(ə)le] *adj* rundlich, mollig

potentiel, le [pɔtɑ̃sjɛl] *adj* potenziell ▶ *nm* Potenzial *nt*

poterie [pɔtʀi] *nf (fabrication)* Töpferei *f*; *(objet)* Töpferware *f*

potiche [pɔtiʃ] *nf* große Porzellanvase *f*; *(fig : fam)* Aushängeschild *nt*

potier, -ière [pɔtje, jɛʀ] *nm/f* Töpfer(in)

potion [posjɔ̃] *nf* Trank *m*

potiron [pɔtiʀɔ̃] *nm* Kürbis *m*

pot-pourri [popuʀi] *(pl* pots-pourris*) nm* Potpourri *nt*

pou, x [pu] *nm* Laus *f*

poubelle [pubɛl] *nf* Mülleimer *m*

pouce [pus] *nm* Daumen *m*

poudre [pudʀ] *nf* Pulver *nt*; *(fard)* Puder *m*; *(explosif)* (Schieß)pulver *nt*; **café en ~** Pulverkaffee *m*; **lait en ~** Milchpulver *nt*; **savon en ~** Seifenpulver *nt*

poudrer [pudʀe] *vt* pudern

poudreux, -euse [pudʀø, øz] *adj (neige)* pulverig ▶ *nf (neige)* Pulverschnee *m*

poudrier [pudʀije] *nm* Puderdose *f*

pouffer [pufe] *vi* : **~ (de rire)** kichern

pouilleux, -euse [pujø, øz] *adj* verlaust; *(sordide)* heruntergekommen

poulailler [pulaje] *nm* Hühnerstall *m*; *(fam : Théât)* Galerie *f*

poulain [pulɛ̃] *nm* Fohlen *nt*

poularde [pulaʀd] *nf* Poularde *f*

poule [pul] *nf (Zool)* Henne *f*; *(Culin)* Huhn *nt*; **~ pondeuse** Legehenne *f*

poulet [pulɛ] *nm (Culin)* Hühnchen *nt*; *(fam : policier)* Bulle *m*

poulie [puli] *nf* Flaschenzug *m*

poulpe [pulp] *nm* Tintenfisch *m*

pouls [pu] *nm* Puls *m*; **prendre le ~ de qn** jdm den Puls fühlen

poumon [pumɔ̃] *nm* Lunge *f*; **~ artificiel** *ou* **d'acier** eiserne Lunge

poupe [pup] *nf (Naut)* Heck *nt*; **avoir le vent en ~** *(fig)* Rückenwind *ou* den Wind im Rücken haben

poupée [pupe] *nf* Puppe *f*; **maison de ~** Puppenhaus *nt*; **jardin de ~** winziger Garten *m*

poupin, e [pupɛ̃, in] *adj* pummelig

MOT-CLÉ

pour [puʀ] *prép* **1** für; **pour Marie/moi** für Marie/mich; **pour trois jours** für drei Tage; **pour 10 euros d'essence** für 10 Euro Benzin; **un livre pour les enfants de cinq ans** ein Buch für Fünfjährige; **mauvais pour la santé** schlecht für die Gesundheit; **être pour la peine de mort** für die Todesstrafe sein; **payer pour qn** für jdn zahlen; **il a parlé pour moi** *(à ma place)* er hat für mich gesprochen

2 *(direction)* nach; **partir pour Rouen** nach Rouen fahren; **le train pour Rouen** der Zug nach Rouen

3 *(en vue de, intention)* zu; **pour le plaisir** zum Vergnügen; **pour ton anniversaire** zu deinem Geburtstag; **pour de bon** wirklich; **pour quoi faire ?** wozu?; **pour que** damit

4 *(à cause de)* wegen; **fermé pour (cause de) travaux** wegen Reparaturarbeiten/Bauarbeiten geschlossen; **c'est pour cela que j'ai démissionné** deswegen habe ich gekündigt

5 *(comme)* als; **la femme qu'il a eue pour mère** die Frau, die er zur Mutter hatte

6 *(point de vue)* : **pour moi** *(quant à moi)* was mich betrifft; **pour moi, il a tort** meiner Meinung nach hat er unrecht; **pour ce qui est de nos vacances** was unseren Urlaub betrifft

7 *(avec infinitif : but)* : **pour faire qch** um etw zu tun; *(: cause)* : **pour avoir fait qch** dafür, etw getan zu haben

8 *(locutions)* : **10 pour cent** 10 Prozent; **10 pour cent des gens** 10 Prozent aller Menschen; **je n'y suis pour rien** ich kann nichts dafür; **être pour beaucoup dans qch** wesentlich zu etw beigetragen haben; **pour autant que je sache** soweit ich weiß; **ce n'est pas pour dire, mais ...** *(fam)* ich will ja nichts sagen, aber ...

▶ *nm* : **le pour et le contre** das Für und Wider

pourboire [puʀbwaʀ] *nm* Trinkgeld *nt*

pourcentage [puʀsɑ̃taʒ] *nm* Prozentsatz *m*

pourlécher [puʀleʃe] : **se pourlécher** *vpr* sich mit die Lippen lecken

pourparlers [puʀpaʀle] *nmpl* Verhandlungen *pl*

pourpre [puʀpʀ] *adj* purpurrot
pourquoi [puʀkwa] *adv, conj* warum
▶ *nm* : **le ~ (de)** der Grund *m* (für); **c'est ~** darum
pourri, e [puʀi] *adj* faul; *(arbre, bois, câble)* morsch; *(temps, climat, hiver)* scheußlich; *(fig)* verdorben ▶ *nm* : **sentir le ~** faulig *ou* nach Verwesung riechen
pourriel [puʀjɛl] *nm (Inform)* Spam *nt*
pourrir [puʀiʀ] *vi (fruit, arbre)* verfaulen; *(cadavre)* verwesen; *(fig : situation)* immer schlimmer werden; *(: personne)* verderben; *(: enfant)* verziehen
poursuite [puʀsɥit] *nf* Verfolgung *f*; **poursuites** *nfpl (Jur)* Strafverfahren *nt*
poursuivant, e [puʀsɥivɑ̃, ɑ̃t] *nm/f* Verfolger(in)
poursuivre [puʀsɥivʀ] *vt* verfolgen; *(continuer)* fortsetzen; **se poursuivre** *vpr* fortgeführt werden
pourtant [puʀtɑ̃] *adv* trotzdem; **c'est ~ facile** es ist doch einfach
pourvoi [puʀvwa] *nm* : **~ en cassation/en grâce/en révision** Berufung *f*/Gnadengesuch *nt*/Wiederaufnahmeantrag *m*
pourvoir [puʀvwaʀ] *vt (poste)* besetzen; **~ en** versehen mit ▶ *vi* : **~ à qch** für etw sorgen; **se pourvoir** *vpr* : **se ~ en cassation** Berufung einlegen
pourvoyeur, -euse [puʀvwajœʀ, øz] *nm/f (de drogue)* Dealer(in)
pourvu, e [puʀvy] *adj* : **~ de** versehen mit; **~ que** vorausgesetzt dass; **~ qu'il vienne !** hoffentlich kommt er!
pousse [pus] *nf (croissance)* Wachsen *nt*; *(bourgeon)* Sproß *m*, Trieb *m*; **jeune ~** *(Internet : entreprise)* Start-up *nt*
poussée [puse] *nf (pression)* Druck *m*; *(de la foule, l'ennemi)* Ansturm *m*; *(Méd)* Ausbruch *m*
pousse-pousse [puspus] *nm inv* Rikscha *f*
pousser [puse] *vt* schieben; *(bousculer)* stoßen; *(exhorter)* drängen; *(émettre)* ausstoßen ▶ *vi (croître)* wachsen; **faire ~** *(plante)* anbauen; **~ un moteur/une voiture** einen Motor/Wagen auf Hochtouren fahren; **~ jusqu'à un endroit/plus loin** bis zu einem Ort/weiter vorstoßen
poussette [pusɛt] *nf* Kinderwagen *m*; *(des courses)* Einkaufstrolley *m*
poussette-canne [pusɛtkan] *(pl* **poussettes-cannes)** *nf* Buggy *m*
poussière [pusjɛʀ] *nf* Staub *m*; **une ~** ein Staubkorn *nt*; **et des ~s** *(fig)* und ein paar Zerquetschte

poussiéreux, -euse [pusjeʀø, øz] *adj* staubig; *(teint)* grau
poussin [pusɛ̃] *nm* Küken *nt*
poutre [putʀ] *nf (en bois)* Balken *m*; *(en fer, ciment armé)* Träger *m*

(MOT-CLÉ)

pouvoir [puvwaʀ] *nm* Macht *f*; *(propriété, capacité)* Fähigkeit *f*; *(législatif, exécutif)* Gewalt *f*; *(Jur : d'un tuteur, mandataire)* Befugnis *f*; **pouvoir absorbant** Saugfähigkeit *f*; **pouvoir d'achat** Kaufkraft *f*; **pouvoirs** *nmpl (surnaturels, extraordinaires)* Kräfte *pl*; *(attributions : d'un préfet etc)* Befugnisse *pl*; **les pouvoirs publics** die öffentliche Hand *f*
▶ *vb semi-aux* **1** können; **je ne peux pas le réparer** ich kann es nicht reparieren; **tu ne peux pas savoir !** du kannst es dir gar nicht vorstellen!; **je ne peux pas dire le contraire** ich kann kaum das Gegenteil behaupten; **je n'en peux plus** *(épuisé)* ich kann nicht mehr; *(à bout de nerfs)* ich halt es nicht mehr aus; **tu peux le dire !** das kannst du wohl sagen!; **il aurait pu le dire !** er hätte es sagen können!
2 *(avoir le droit, la permission)* dürfen, können; **vous pouvez aller au cinéma** ihr könnt *ou* dürft ins Kino gehen; **qu'est-ce que je pouvais bien faire ?** was hätte ich (schon) tun können?
▶ *vb impers* können; **il peut arriver que …** es kann vorkommen, dass …; **il pourrait pleuvoir** es könnte Regen geben
▶ *vt* können; **il a fait (tout) ce qu'il a pu** er hat (alles) getan, was er konnte; **on ne peut mieux** so gut wie irgend möglich
▶ *vpr* : **il se peut que …** es könnte sein, dass …; **cela se pourrait** das könnte sein

pp *abr (= pages)* S.
p.p. *abr (= par procuration)* i. A.
pragmatique [pʀagmatik] *adj* pragmatisch
Prague [pʀag] *nf* Prag *nt*
prairie [pʀeʀi] *nf* Wiese *f*
praline [pʀalin] *nf* Zuckermandel *f*
praliné, e [pʀaline] *adj (amande)* mit Zuckerguss; *(feuilleté)* mit Mandelfüllung; *(chocolat, crème, glace)* mit gerösteten Mandeln
praticable [pʀatikabl] *adj (route)* befahrbar
praticien, ne [pʀatisjɛ̃, jɛn] *nm/f (médecin)* praktizierender Arzt *m*, praktizierende Ärztin *f*

pratiquant, e [pratikɑ̃, ɑ̃t] *adj (Rel)* praktizierend

pratique [pratik] *nf (opposé à théorie)* Praxis *f*; *(d'une religion, d'un métier)* Ausübung *f* ▶ *adj* praktisch; **mettre en ~** in die Praxis umsetzen

pratiquement [pratikmɑ̃] *adv (dans la pratique)* in der Praxis; *(à peu près)* praktisch

pratiquer [pratike] *vt* ausüben; *(méthode, le chantage etc)* anwenden; *(sport)* betreiben; *(opération)* durchführen; *(ouverture, abri)* machen ▶ *vi (Rel)* praktizieren

pré [pre] *nm* Wiese *f*

préado [preado] *nm* Heranwachsende(r) *f(m) (vor der Pubertät)*, Kid *nt*

préalable [prealabl] *adj* vorhergehend ▶ *nm (condition)* Voraussetzung *f*; **sans avis ~** ohne Vorankündigung; **au ~** vorerst

préalablement [prealabləmɑ̃] *adv* vorerst

Préalpes [prealp] *nfpl* : **les ~** das Alpenvorland

préambule [preɑ̃byl] *nm* Einleitung *f*; *(d'un texte de loi)* Präambel *f*

préau, x [preo] *nm* Schulhof *m*

préavis [preavi] *nm (avertissement)* Vorankündigung *f*; **~ (de licenciement)** Kündigungsfrist *f*; **sans ~** fristlos

précaire [preker] *adj* prekär; *(bonheur)* flüchtig ▶ *nmf* befristet Angestellte(r) *f(m)*

précaution [prekosjɔ̃] *nf (mesure)* Vorsichtsmaßnahme *f*; *(prudence)* Vorsicht *f*; **avec ~** vorsichtig; **prendre des** *ou* **ses ~s** Vorsichtsmaßnahmen *ou* Sicherheitsvorkehrungen treffen

précédemment [presedamɑ̃] *adv* vorher

précédent, e [presedɑ̃, ɑ̃t] *adj* vorhergehend ▶ *nm* Präzedenzfall *m*; **le jour ~** der Vortag *m*; **sans ~** erstmalig, einmalig

précéder [presede] *vt* kommen vor +*dat*; *(dans le temps)* vorangehen +*dat*; *(rouler devant)* vorausfahren

précepte [presεpt] *nm* Grundsatz *m*

précepteur, -trice [preseptœr, tris] *nm/f* Hauslehrer(in)

préchauffer [preʃofe] *vt (four)* vorheizen

prêcher [preʃe] *vt, vi (Rel)* predigen; **~ un converti** offene Türen einrennen

précieux, -euse [presjø, jøz] *adj* kostbar, wertvoll; *(littérature, style, écrivain)* preziös

précipice [presipis] *nm* Abgrund *m*

précipitamment [presipitamɑ̃] *adv* überstürzt

précipitation [presipitasjɔ̃] *nf (hâte)* Hast *f*; *(Chim)* Niederschlag *m*; **~s (atmosphériques)** Niederschläge *pl*

précipité, e [presipite] *adj (respiration)* beschleunigt; *(pas)* hastig; *(démarche, départ, entreprise)* überstürzt

précipiter [presipite] *vt (faire tomber)* hinabstürzen; *(accélérer)* beschleunigen; *(départ, événements)* überstürzen; **se précipiter** *vpr (battements du cœur, respiration)* schneller werden; *(événements)* sich überstürzen; **se ~ sur qn/qch** sich auf jdn/etw stürzen; **se ~ au-devant de qn** jdm entgegenstürzen

précis, e [presi, iz] *adj* genau; *(bruit, contours, point)* deutlich

précisément [presizemɑ̃] *adv* genau

préciser [presize] *vt* präzisieren; **se préciser** *vpr* konkreter werden

précision [presizjɔ̃] *nf* Genauigkeit *f*; *(détail)* Einzelheit *f*; **précisions** *nfpl* weitere Einzelheiten *pl*

précoce [prekɔs] *adj (plante, animal)* früh; *(enfant, jeune fille)* frühreif

précocité [prekɔsite] *nf (de plante, animal)* Frühe *f*

préconiser [prekɔnize] *vt* empfehlen, befürworten

précurseur [prekyrsœr] *nm* Vorläufer(in) *m(f)*

prédateur [predatœr] *nm* Raubtier *nt*

prédécesseur, -e [predesesœr] *nm/f* Vorgänger(in)

prédestiner [predestine] *vt* : **~ qn à qch** jdn zu etw vorbestimmen; **~ qn à faire qch** jdn dazu vorbestimmen, etw zu tun

prédiction [prediksjɔ̃] *nf* Prophezeiung *f*

prédilection [predilεksjɔ̃] *nf* : **avoir une ~ pour qn/qch** eine Vorliebe für etw/jdn haben; **de ~** Lieblings-

prédire [predir] *vt* prophezeien, vorhersagen; **~ l'avenir** die Zukunft voraussagen

prédisposer [predispoze] *vt* : **~ qn à qch** jdn auf etw vorbereiten; **~ qn à faire qch** jdn darauf vorbereiten, etw zu tun

prédisposition [predispozisjɔ̃] *nf* Veranlagung *f*

prédominance [predominɑ̃s] *nf* Vorherrschaft *f*

prédominant, e [predominɑ̃, ɑ̃t] *adj* vorherrschend

prédominer [predomine] *vi* vorherrschen

préemption [preɑ̃psjɔ̃] *nf* : **droit de ~** *(Jur)* Vorkaufsrecht *nt*

préfabriqué, e [pʀefabʀike] *adj* : **élément ~** Fertigteil *nt*; **maison ~e** Fertighaus *nt* ▶ *nm* Fertigbauteil *nt*

préface [pʀefas] *nf* Vorwort *nt*

préfecture [pʀefɛktyʀ] *nf* Präfektur *f*; (*bureau*) Präfektur, ≈ Rathaus *nt*; **~ de police** Polizeihauptquartier *nt*
: **La préfecture** ist das
: Verwaltungszentrum eines
: *département*. *Le préfet* ist ein hoher von
: der Regierung ernannter Beamter, der
: dafür verantwortlich ist, dass
: Regierungserlasse ausgeführt werden.
: Die 25 Regionen Frankreichs mit
: jeweils mehreren *départements* haben
: ebenfalls einen *préfet*: *le préfet de région*.

préférable [pʀefeʀabl] *adj* vorzuziehen; **être ~ à** vorzuziehen sein +*dat*

préféré, e [pʀefeʀe] *adj* Lieblings-

préférence [pʀefeʀɑ̃s] *nf* Vorliebe *f*; **de ~** am liebsten; **donner la ~ à qn** jdm den Vorzug geben

préférentiel, le [pʀefeʀɑ̃sjɛl] *adj* Vorzugs-

préférer [pʀefeʀe] *vt* : **~ qn/qch (à)** jdn/etw vorziehen (+*dat*), jdn/etw lieber mögen (als); **~ faire qch** etw lieber tun; **je ~ais du thé** ich hätte lieber Tee

préfet, -ète [pʀefɛ, ɛt] *nm*, *nf* Präfekt *m*; **~ de police** Polizeipräfekt *m*

préfixe [pʀefiks] *nm* Präfix *nt*, Vorsilbe *f*

préhistoire [pʀeistwaʀ] *nf* : **la ~** die Urgeschichte *f*

préhistorique [pʀeistɔʀik] *adj* prähistorisch

préjudice [pʀeʒydis] *nm* Schaden *m*

préjudiciable [pʀeʒydisjabl] *adj* : **~ à** schädlich für

préjugé [pʀeʒyʒe] *nm* Vorurteil *nt*

prélavage [pʀelavaʒ] *nm* Vorwäsche *f*

prélèvement [pʀelɛvmɑ̃] *nm* (*Méd*) Entnahme *f*; (*Fin*) Abbuchung *f*; **~ automatique** Lastschriftverfahren *nt*; **~ à la source** (*Fin* : *des impôts*) Quellensteuerabzugsverfahren *nt*; **~s obligatoires** (*Admin*) Abgaben *pl*

prélever [pʀel(ə)ve] *vt* (*échantillon, organe, tissu etc*) entnehmen; **~ (sur)** (*argent*) abheben (von)

préliminaire [pʀeliminɛʀ] *adj* Vor-, vorbereitend; **préliminaires** *nmpl* (*négociations*) Vorgespräche *pl*; (*prélude*) Vorspiel *nt*

prématuré, e [pʀematyʀe] *adj* verfrüht, vorzeitig; (*enfant*) früh geboren ▶ *nm*/*f* Frühgeburt *f*

préméditation [pʀemeditasjɔ̃] *nf* : **avec ~** vorsätzlich

préméditer [pʀemedite] *vt* vorsätzlich planen

prémices [pʀemis] *nfpl* Anfänge *pl*

premier, -ière [pʀəmje, jɛʀ] *adj* erste(r, s); (*branche, marche, barreau*) unterste(r, s); (*cause, donnée, principe*) grundlegend ▶ *nm*/*f* Erste(r) *f*(*m*) ▶ *nm* (*premier étage*) erster Stock *m* ▶ *nf* (*Auto*) erster Gang *m*; (*première classe*) erste Klasse *f*; (*Théât, Ciné*) Premiere *f*; (*exploit*) Weltpremiere *f*; **au ~ abord** auf den ersten Blick; **du ~ coup** gleich, auf Anhieb; **à la première occasion** bei der ersten (besten) Gelegenheit; **de première qualité** von bester Qualität; **de ~ choix** *ou* **ordre** erstklassig; **le ~ venu** der Erstbeste; **le ~ de l'an** der Neujahrstag *m*; **en ~ lieu** in erster Linie; **P~ ministre** Premierminister(in); **première communion** Erstkommunion *f*

premièrement [pʀəmjɛʀmɑ̃] *adv* erstens; (*d'abord*) zuerst, zunächst; (*introduisant une objection*) zunächst einmal

premier-né, première-née [pʀəmjene, pʀəmjɛʀne] (*pl* **premiers-nés, -nées**) *nm*/*f* Erstgeborene(r) *f*(*m*)

prémonition [pʀemɔnisjɔ̃] *nf* Vorahnung *f*

prémonitoire [pʀemɔnitwaʀ] *adj* warnend

prémunir [pʀemyniʀ] : **se prémunir** *vpr* : **se ~ contre qch** sich gegen etw schützen *ou* wappnen

prénatal, e [pʀenatal] *adj* (*soins, visite*) vorgeburtlich

prendre [pʀɑ̃dʀ] *vt* nehmen; (*enlever*) wegnehmen; (*aller chercher*) holen; (*emporter, emmener*) mitnehmen; (*malfaiteur, poisson*) fangen; (*surprendre*) ertappen; (*aliment, boisson*) zu sich nehmen; (*médicament*) einnehmen; (*engagement, risques*) eingehen; (*mesures, précautions*) ergreifen; (*voix, ton, attitude, pose, client*) annehmen; (*dispositions*) treffen; (*temps*) kosten ▶ *vi* (*ciment, pâte*) fest werden; (*bouture, semis, greffe, vaccin*) anschlagen; (*feu, allumette*) angehen; **se prendre** *vpr* : **se ~ pour** sich halten für; **~ qn par la main/dans ses bras** jdn an der Hand/in die Arme nehmen; **~ l'air** (in der frischen Luft) spazieren gehen; **~ son temps** sich *dat* Zeit lassen; **~ feu** Feuer fangen; **~ sa retraite** in den Ruhestand *ou* in Pension gehen; **~ qn comme** *ou* **pour amant/associé** sich *dat* jdn zum Liebhaber/Partner nehmen; **~ sur soi** (*supporter*) auf sich *acc* nehmen; **~ à**

gauche (nach) links abbiegen; **s'en ~ à** (*agresser*) angreifen; **s'y ~ bien/mal** sich geschickt/ungeschickt anstellen; **il faudra s'y ~ à l'avance** damit muss man früh anfangen

preneur, -euse [pʀənœʀ, øz] nm/f : **trouver ~** einen Käufer *ou* Abnehmer finden

prénom [pʀenɔ̃] nm Vorname m

préoccupation [pʀeɔkypasjɔ̃] nf Sorge f

préoccuper [pʀeɔkype] vt (*personne*) Sorgen machen +dat; (*esprit, attention*) stark beschäftigen

préparatifs [pʀepaʀatif] nmpl Vorbereitungen pl

préparation [pʀepaʀasjɔ̃] nf Vorbereitung f; (*de repas, café, viande*) Zubereitung f; (*Chim, Pharm*) Präparat nt; (*devoir*) Hausaufgabe f

préparatoire [pʀepaʀatwaʀ] adj vorbereitend

: **Classes préparatoires** sind
: zweijährige Kurse, in denen intensiv
: gelernt wird, um die
: Aufnahmeprüfungen für die *grandes*
: *écoles* zu bestehen. Es handelt sich
: dabei um äußerst anstrengende Kurse,
: die man nach dem bestandenen
: *baccalauréat*, im *lycée* belegt. Schulen,
: die solche Kurse anbieten, sind
: besonders hoch angesehen.

préparer [pʀepaʀe] vt vorbereiten; (*repas, café, viande*) zubereiten; **se préparer** vpr (*orage, tragédie*) sich anbahnen; **se ~ à qch/faire qch** sich auf etw *acc* vorbereiten/darauf vorbereiten, etw zu tun

préposition [pʀepozisjɔ̃] nf Präposition f

préretraite [pʀeʀ(ə)tʀɛt] nf vorgezogener Ruhestand m

prérogative [pʀeʀɔgativ] nf Vorrecht nt

près [pʀɛ] adv nahe, in der Nähe; **~ de** bei; **de ~** genau; **à 5 mm ~** auf 5 mm genau; **à cela ~ que** abgesehen davon, dass

présage [pʀezaʒ] nm Vorzeichen nt; **un mauvais ~ (pour qn/qch)** ein böses Vorzeichen (für jn/etw)

présager [pʀezaʒe] vt (*prévoir*) voraussehen; (*annoncer*) voraussagen

presbyte [pʀɛsbit] adj weitsichtig

presbytère [pʀɛsbitɛʀ] nm Pfarrhaus nt

prescription [pʀɛskʀipsjɔ̃] nf (*instruction*) Vorschrift f; (*Jur*) Verjährung f; (*Méd*) Anweisung f

prescrire [pʀɛskʀiʀ] vt (*repos, médicament, traitement*) verordnen

présence [pʀezɑ̃s] nf Gegenwart f, Anwesenheit f; (*d'un acteur, écrivain*) Ausstrahlung f; **en ~ de** in Gegenwart von, vor +dat; **~ d'esprit** Geistesgegenwart f

présent, e [pʀezɑ̃, ɑ̃t] adj anwesend; (*actuel*) gegenwärtig ▶ nm (*partie du temps*) Gegenwart f; (*Ling*) Präsens nt; (*cadeau*) Geschenk nt ▶ nf : **la ~e** (*Comm*) das vorliegende Schreiben; **présents** nmpl (*personnes*) Anwesende pl; **« ~ ! »** „hier!"; **à ~** jetzt; **dès à ~** von nun an; **jusqu'à ~** bis jetzt; **à ~ que** jetzt, wo

présentable [pʀezɑ̃tabl] adj vorzeigbar

présentateur, -trice [pʀezɑ̃tatœʀ, tʀis] nm/f (*animateur*) Moderator(in)

présentation [pʀezɑ̃tasjɔ̃] nf (*de personne*) Vorstellung f; (*de thèse, projet, note*) Vorlegen nt; (*apparence*) Erscheinung f; **faire les ~s** die Vorstellung übernehmen

présenter [pʀezɑ̃te] vt (*personne, collection*) vorstellen; (*candidature, candidat*) anmelden; (*spectacle, vue*) (dar) bieten; (*émission*) ansagen; (*thèse, projet, note*) vorlegen; (*étalage, vitrine*) ausstellen; (*défense, théorie, doctrine*) darlegen; (*condoléances, félicitations, excuses*) aussprechen; (*symptômes, avantages, danger*) haben, aufweisen ▶ vi : **~ mal/bien** einen guten/schlechten Eindruck machen; **se présenter** vpr (*arriver*) ankommen; (*se faire connaître*) sich vorstellen; (*doute, solution, difficulté*) auftauchen; (*occasion*) sich bieten; **se ~ bien/mal** (*affaire*) gut/schlecht aussehen

préservatif [pʀezɛʀvatif] nm Präservativ nt

préservation [pʀezɛʀvasjɔ̃] nf Erhaltung f

préserver [pʀezɛʀve] vt : **~ de** schützen vor +dat

président, e [pʀezidɑ̃] nm/f Vorsitzende(r) f(m); (*Pol*) Präsident(in); **~ de la République** Staatspräsident m; **~-directeur général** Generaldirektor m

présidentiel, le [pʀezidɑ̃sjɛl] adj Präsidentschafts-; **présidentielles** nfpl Präsidentschaftswahlen pl

présider [pʀezide] vt leiten, den Vorsitz führen bei; (*dîner*) Ehrengast sein bei

présomption [pʀezɔ̃psjɔ̃] nf (*prétention*) Anmaßung f; (*supposition*) Vermutung f, Annahme f; **~ d'innocence** Unschuldsannahme f

présomptueux, -euse [pʀezɔ̃ptɥø, øz] adj anmaßend

presque [pʀɛsk] *adv* fast, beinahe
presqu'île [pʀɛskil] *nf* Halbinsel *f*
pressant, e [pʀɛsɑ̃, ɑ̃t] *adj* dringend
presse [pʀɛs] *nf* Presse *f*; **ouvrage sous ~** Werk *nt* im Druck
pressé, e [pʀese] *adj* eilig ▶ *nm*: **aller au plus ~** das Wichtigste zuerst erledigen; **être ~** es eilig haben; **orange ~e** frisch gepresster Orangensaft *m*
presse-citron [pʀɛsitʀɔ̃] (*pl* **presse-citrons**) *nm* Zitronenpresse *f*
presse-fruit [pʀɛsfʀɥi] (*pl* **presse-fruits**) *nm* Saftpresse *f*
pressentiment [pʀesɑ̃timɑ̃] *nm* Vorgefühl *nt*, Vorahnung *f*
pressentir [pʀesɑ̃tiʀ] *vt* ahnen; **~ qn comme ministre** bei jdm wegen des Ministeramtes vorfühlen
presse-papiers [pʀɛspapje] *nm inv* Briefbeschwerer *m*
presser [pʀese] *vt* (*fruit*) auspressen; (*interrupteur, bouton*) drücken auf +*acc*; (*harceler*) drängen ▶ *vi* drängen; **se presser** *vpr* (*se hâter*) sich beeilen; **~ le pas** *ou* **l'allure** seinen Schritt *ou* Gang beschleunigen; **~ qn de questions** jdn mit Fragen bestürmen; **le temps presse** es eilt; **se ~ contre qn** sich an jdn drücken
pressing [pʀesiŋ] *nm* (*magasin*) chemische Reinigung *f*
pression [pʀesjɔ̃] *nf* Druck *m*; (*bouton*) Druckknopf *m*; **faire ~ sur qn/qch** auf jdn/etw Druck ausüben; **~ artérielle** Blutdruck *m*; **~ atmosphérique** Luftdruck *m*
pressoir [pʀeswaʀ] *nm* (*machine*) Presse *f*
prestataire [pʀɛstatɛʀ] *nmf* (*bénéficiaire*) Leistungsempfänger(in) *m(f)*; **~ de services** Dienstleistende(r) *f(m)*
prestation [pʀɛstasjɔ̃] *nf* Leistung *f*; **~s familiales** Familienbeihilfe *f*
prestidigitateur, -trice [pʀɛstidiʒitatœʀ, tʀis] *nm/f* Zauberkünstler(in)
prestige [pʀɛstiʒ] *nm* Prestige *nt*
prestigieux, -euse [pʀɛstiʒjø, jøz] *adj* angesehen
présumer [pʀezyme] *vt*: **~ que** annehmen, dass; **~ de qn/qch** jdn/etw überschätzen *ou* zu hoch einschätzen; **~ qn coupable/innocent** jdn für schuldig/unschuldig halten
présupposer [pʀesypoze] *vt* voraussetzen
prêt, e [pʀɛ, pʀɛt] *adj* fertig, bereit ▶ *nm* (*action*) Verleihen *nt*; (*somme*) Anleihe *f*; **~ à faire qch** bereit, etw zu tun; **~ à tout** zu allem bereit; **~ à toute éventualité** auf alles vorbereitet; **~ sur gages** Pfandleihe *f*
prêt-à-porter [pʀɛtapɔʀte] (*pl* **prêts-à-porter**) *nm* Konfektion *f*
prétendant [pʀetɑ̃dɑ̃] *nm* (*à un trône*) Prätendent *m*; (*d'une femme*) Freier *m*
prétendre [pʀetɑ̃dʀ] *vt* (*affirmer*) behaupten; **~ faire qch** (*avoir l'intention*) beabsichtigen, etw zu tun; **~ à** Anspruch erheben auf +*acc*
prétendu, e [pʀetɑ̃dy] *adj* (*supposé*) angeblich
prête-nom [pʀɛtnɔ̃] (*pl* **prête-noms**) *nm* Strohmann *m*
prétentieux, -euse [pʀetɑ̃sjø, jøz] *adj* anmaßend; (*maison, villa*) protzig
prétention [pʀetɑ̃sjɔ̃] *nf* (*arrogance*) Überheblichkeit *f*; (*exigence*) Anspruch *m*, Forderung *f*; (*ambition*) Ambition *f*; **sans ~** bescheiden
prêter [pʀete] *vt* leihen; (*attribuer*) unterstellen; **se prêter** *vpr*: **se ~ à qch** (*personne*) bei etw mitmachen; (*chose*) sich eignen für; **~ aux commentaires/à équivoque/à rire** Anlass zu Kommentaren/zu Missverständnissen/zum Lachen geben; **~ assistance à** helfen +*dat*; **~ attention** aufpassen; **~ serment** einen Eid leisten; **~ de l'importance à qch** etw *dat* Wichtigkeit beimessen
prétexte [pʀetɛkst] *nm* Vorwand *m*; **sous aucun ~** keinesfalls
prêtre [pʀɛtʀ] *nm* Priester *m*
preuve [pʀœv] *nf* Beweis *m*; **jusqu'à ~ du contraire** bis zum Beweis des Gegenteils; **faire ~ de** zeigen, beweisen; **faire ses ~s** seine Fähigkeiten beweisen *ou* unter Beweis stellen
prévaloir [pʀevalwaʀ] *vi* sich durchsetzen, siegen; **se ~ de qch** *vpr* (*tirer vanité de*) sich *dat* etw einbilden auf etw +*acc*
prévenant, e [pʀev(ə)nɑ̃, ɑ̃t] *adj* aufmerksam
prévenir [pʀev(ə)niʀ] *vt* (*éviter*) verhindern; **~ qn (de qch)** (*avertir*) jdn (vor etw) warnen; (*informer*) jdn (von etw) benachrichtigen; **~ les besoins/ désirs/questions de qn** jds Bedürfnissen/Wünschen/Fragen *dat* zuvorkommen
préventif, -ive [pʀevɑ̃tif, iv] *adj* vorbeugend
prévention [pʀevɑ̃sjɔ̃] *nf* Verhütung *f*
prévenu, e [pʀev(ə)ny] *nm/f* Angeklagte(r) *f(m)* (*in Untersuchungshaft*)

prévisible [pʀeviziblǝ] *adj* vorhersehbar
prévision [pʀevizjɔ̃] *nf* : **en ~ de qch** in Erwartung etw *gén;* **~s météorologiques** Wettervorhersage *f*
prévoir [pʀevwaʀ] *vt* vorhersehen
prévoyance [pʀevwajɑ̃s] *nf* Vorsorge *f;* **société/caisse de ~** Rentenversicherung *f*/Rentenfonds *m*
prévoyant, e [pʀevwajɑ̃, ɑ̃t] *adj* vorsorgend, vorausschauend
prier [pʀije] *vi* beten ▶ *vt* (*Dieu*) beten zu; (*personne*) inständig bitten; **~ qn de faire qch** jdn ersuchen *ou* bitten, etw zu tun; **je vous en prie** bitte
prière [pʀijɛʀ] *nf* (*Rel*) Gebet *nt;* (*demande instante*) Bitte *f;* **dire une ~/ses ~s** beten; **« ~ de sonner avant d'entrer »** „bitte erst läuten und dann eintreten"
primaire [pʀimɛʀ] *adj* (*Scol*) Grundschul-; (*péj*) simpel ▶ *nm* (*Scol*) Grundschulausbildung *f;* **secteur ~** (*Écon*) Primarsektor *m;* **primaires** *fpl* (*élections*) Vorwahlen *pl*
primauté [pʀimote] *nf* Vorrang *m*
prime [pʀim] *nf* Prämie *f;* (*cadeau*) Werbegeschenk *nt* ▶ *adj* : **de ~ abord** auf den ersten Blick; **~ de risque** Gefahrenzulage *f*
primer [pʀime] *vt* (*récompenser*) prämieren ▶ *vi* überwiegen; **~ sur qch** etw *dat* überlegen sein
primeur [pʀimœʀ] *nf* : **avoir la ~ de qch** der/die Erste sein, der etw erfährt; **primeurs** *nfpl* (*fruits*) Frühobst *nt;* (*légumes*) Frühgemüse *nt;* **marchand de ~s** Obst- und Gemüsehändler *m*
primevère [pʀimvɛʀ] *nf* Schlüsselblume *f*
primitif, -ive [pʀimitif, iv] *adj* primitiv; (*forme, état, texte*) Ur-, ursprünglich
primo [pʀimo] *adv* erstens
primordial, e, -aux [pʀimɔʀdjal, jo] *adj* wesentlich, unerlässlich
prince [pʀɛ̃s] *nm* Prinz *m;* **~ charmant** Märchenprinz *m*
princier, -ière [pʀɛ̃sje, jɛʀ] *adj* fürstlich
principal, e, -aux [pʀɛ̃sipal, o] *adj* Haupt- ▶ *nm* (*essentiel*) das Wesentliche; (*d'un collège*) Rektor *m*
principalement [pʀɛ̃sipalmɑ̃] *adv* hauptsächlich
principauté [pʀɛ̃sipote] *nf* : **la ~ de Monaco/du Liechtenstein** das Fürstentum Monaco/Liechtenstein
principe [pʀɛ̃sip] *nm* Prinzip *nt;* (*d'une discipline, d'une science*) Grundsatz *m;* **principes** *nmpl* Prinzipien *pl;* **partir du ~ que** davon ausgehen, dass; **par ~** aus Prinzip; **pour le ~** aus Prinzip; **en ~** im Prinzip; **de ~** prinzipiell
printemps [pʀɛ̃tɑ̃] *nm* Frühling *m,* Frühjahr *nt;* **au ~** im Frühling
prioritaire [pʀijɔʀitɛʀ] *adj* (*personne, industrie*) bevorrechtigt; (*véhicule*) mit Vorfahrt; (*Inform*) mit Vorrang
priorité [pʀijɔʀite] *nf* : **avoir la ~ (sur)** (*Auto*) Vorfahrt haben (vor +*dat*); **en ~** vorrangig, zuerst; **~ à droite** rechts vor links
pris, e [pʀi, pʀiz] *pp de* **prendre** ▶ *adj* (*place*) besetzt; (*journée, mains*) voll; (*personne*) beschäftigt; **avoir la gorge ~e** einen entzündeten Hals haben
prise [pʀiz] *nf* (*d'une ville*) Einnahme *f;* (*Sport*) Griff *m;* (*Pêche*) Fang *m;* (*Élec*) Stecker *m;* (: *femelle*) Steckdose *f;* **être aux ~s avec qn** sich *dat* mit jdm in den Haaren liegen; **lâcher ~** loslassen; **~ de sang** Blutabnahme *f;* **~ de son** Tonaufnahme *f;* **~ de terre** Erdung *f;* **~ en charge** (*par la sécurité sociale*) Kostenübernahme *f;* **~ multiple** Mehrfachsteckdose *f;* **~ péritel** SCART-Anschluss *m*
priser [pʀize] *vt* (*prendre*) schnupfen
prisme [pʀism] *nm* Prisma *nt*
prison [pʀizɔ̃] *nf* Gefängnis *nt*
prisonnier, -ière [pʀizɔnje, jɛʀ] *nm/f* (*détenu*) Häftling *m,* Gefangene(r) *f(m)* ▶ *adj* gefangen; **faire qn ~** jdn gefangen nehmen
privations [pʀivasjɔ̃] *nfpl* Entbehrungen *pl*
privatisation [pʀivatizasjɔ̃] *nf* Privatisierung *f*
privatiser [pʀivatize] *vt* privatisieren
privautés [pʀivote] *nfpl* Freiheiten *pl*
privé, e [pʀive] *adj* privat, Privat-; (*correspondance, vie*) persönlich ▶ *nm* : **en ~** privat; **~ de** ohne; **dans le ~** (*Écon* : *secteur*) im Privatsektor
priver [pʀive] *vt* (*droits*) jdm etw entziehen; **se priver** *vpr* : **se ~ de qch/faire qch** sich *dat* etw versagen/sich *dat* versagen, etw zu tun
privilège [pʀivilɛʒ] *nm* Privileg *nt*
privilégié, e [pʀivileʒje] *adj* privilegiert; (*favorisé*) begünstigt
privilégier [pʀivileʒje] *vt* (*personne*) begünstigen, bevorzugen; (*méthode, chose*) den Vorzug geben +*dat*
prix [pʀi] *nm* Preis *m;* **au ~ fort** zum Höchstpreis; **hors de ~** sehr teuer; **à aucun ~** um keinen Preis; **à tout ~** um jeden Preis; **~ de revient** Selbstkostenpreis *m*
pro [pʀo] (*fam*) *nmf* (= *professionnel*) Profi *m*

probabilité [pʀɔbabilite] *nf* Wahrscheinlichkeit *f*; **probabilités** *nfpl* Wahrscheinlichkeit; **selon toute ~** aller Wahrscheinlichkeit nach

probable [pʀɔbabl] *adj* wahrscheinlich

probablement [pʀɔbabləmɑ̃] *adv* wahrscheinlich

probant, e [pʀɔbɑ̃, ɑ̃t] *adj* beweiskräftig, überzeugend

probité [pʀɔbite] *nf* Redlichkeit *f*

problématique [pʀɔblematik] *adj* problematisch ▶ *nf* Problematik *f*

problème [pʀɔblɛm] *nm* Problem *nt*; (*Scol*) Rechenaufgabe *f*

procédé [pʀɔsede] *nm* Verfahren *nt*, Prozess *m*

procéder [pʀɔsede] *vi* (*agir*) vorgehen; **~ à** durchführen

procédure [pʀɔsedyʀ] *nf* Verfahrensweise *f*; (*Jur*) Prozessordnung *f*; **~ civile/pénale** Zivil-/Strafprozessordnung *f*

procès [pʀɔsɛ] *nm* Prozess *m*; **être en ~ avec qn** mit jdm prozessieren; **~ d'intention** Unterstellung *f*

processeur [pʀɔsesœʀ] *nm* Prozessor *m*

processus [pʀɔsesys] *nm* Prozess *m*

procès-verbal [pʀɔsɛvɛʀbal] (*pl* **procès-verbaux**) *nm* Protokoll *nt*; (*contravention*) Strafmandat *nt*

prochain, e [pʀɔʃɛ̃, ɛn] *adj* nächste(r, s); **la ~e fois** das nächste Mal; **la semaine ~e** nächste Woche

prochainement [pʀɔʃɛnmɑ̃] *adv* demnächst

proche [pʀɔʃ] *adj* nah; **proches** *nmpl* (*parents*) nächste Verwandte *pl*; **~ de** nah bei; **de ~ en ~** nach und nach

Proche-Orient [pʀɔʃɔʀjɑ̃] *nm* : **le ~** der Nahe Osten *m*

proclamation [pʀɔklamasjɔ̃] *nf* Bekanntgabe *f*

proclamer [pʀɔklame] *vt* (*annoncer*) erklären, verkünden; (*la république, un roi*) ausrufen, proklamieren; (*résultats d'un examen*) bekannt geben; (*son innocence etc*) erklären, beteuern

procréation [pʀɔkʀeasjɔ̃] *nf* : **~ assistée** künstliche Befruchtung *f*

procréer [pʀɔkʀee] *vt* zeugen, hervorbringen

procuration [pʀɔkyʀasjɔ̃] *nf* Vollmacht *f*

procurer [pʀɔkyʀe] *vt* (*fournir*) verschaffen; (*causer*) bereiten, machen; **se procurer** *vpr* sich *dat* verschaffen

procureur, e [pʀɔkyʀœʀ] *nm/f* : **~ (de la République)** ≈ Staatsanwalt *m*; **~ général** ≈ Generalstaatsanwalt *m*

prodige [pʀɔdiʒ] *nm* Wunder *nt*; **un/une enfant ~** ein Wunderkind

prodigieux, -euse [pʀɔdiʒjø, jøz] *adj* fantastisch, wunderbar

prodigue [pʀɔdig] *adj* verschwenderisch; **le fils ~** der verlorene Sohn

prodiguer [pʀɔdige] *vt* (*argent, biens etc*) vergeuden; **~ qch à qn** jdn überhäufen *ou* überschütten mit etw

producteur, -trice [pʀɔdyktœʀ, tʀis] *adj* : **~ de blé/pétrole** Weizen erzeugend/Öl produzierend ▶ *nm/f* (*de biens, denrées*) Hersteller(in); (*Ciné, Radio, TV*) Produzent(in)

productif, -ive [pʀɔdyktif, iv] *adj* (*activité, sol*) fruchtbar, ertragreich; (*investissement, capital, personnel*) produktiv

production [pʀɔdyksjɔ̃] *nf* Produktion *f*, Erzeugung *f*

productivité [pʀɔdyktivite] *nf* Produktivität *f*

produire [pʀɔdɥiʀ] *vt* erzeugen; (*suj : entreprise*) produzieren, herstellen; (*: vigne, terre*) hervorbringen; (*résultat, changement, impression, sensation*) bewirken; (*documents, témoins*) liefern, beibringen ▶ *vi* Gewinn bringen, arbeiten; **se produire** *vpr* (*acteur*) sich produzieren; (*changement, événement*) sich ereignen

produit, e [pʀɔdɥi] *nm* Produkt *nt*; **~ d'entretien** Putzmittel *nt*; **~ fini** Fertigprodukt *nt*; **~ national brut** Bruttosozialprodukt *nt*; **~ net** Reingewinn *m*; **~ (pour la) vaisselle** Geschirrspülmittel *nt*; **~s de beauté** Kosmetika *pl*

prof [pʀɔf] (*fam*) *nm/f* (*Scol* : = *professeur*) Lehrer(in) *m(f)*

profane [pʀɔfan] *adj* (*Rel*) weltlich; (*non initié*) laienhaft ▶ *nmf* Laie *m*; **être ~** (ein) Laie sein

professer [pʀɔfese] *vt* (*déclarer*) bekunden; (*enseigner*) unterrichten

professeur [pʀɔfesœʀ] *nm/f* (*nf aussi* **professeure**) Lehrer(in) *m(f)*; (*à l'université*) Professor(in) *m(f)*

profession [pʀɔfesjɔ̃] *nf* Beruf *m*; **de ~** von Beruf

professionnel, -le [pʀɔfesjɔnɛl] *adj* Berufs-, beruflich ▶ *nm/f* Profi *m*; (*ouvrier*) Facharbeiter(in)

professorat [pʀɔfesɔʀa] *nm* Lehrberuf *m*

profil [pʀɔfil] *nm* Profil *nt*; (*section*) Längsschnitt *m*; **de ~** im Profil

profiler [pʀɔfile] *vt* (*Tech*) stromlinienförmig machen; **se profiler** *vpr* sich abzeichnen

profit [pʀɔfi] nm (avantage) Nutzen m, Vorteil m; (Comm) Profit m, Gewinn m; **au ~ de qn/qch** zugunsten von jdm/etw gén; **tirer** ou **retirer ~ de qch** aus etw Gewinn schlagen; **pertes et ~s** (Comm) Gewinn-und-Verlustrechung f

profitable [pʀɔfitabl] adj gewinnbringend, nützlich

profiter [pʀɔfite] vi : **~ de** ausnutzen; **~ à qn/qch** jdm/etw dat nutzen ou nützlich sein

profond, e [pʀɔfɔ̃, ɔ̃d] adj tief; (esprit, écrivain, signification) tiefsinnig; (erreur) schwer; (indifférence) vollkommen

profondément [pʀɔfɔ̃demɑ̃] adv (creuser, pénétrer etc) tief; (choqué, convaincu etc) vollkommen; **~ endormi** fest eingeschlafen

profondeur [pʀɔfɔ̃dœʀ] nf Tiefe f

profusément [pʀɔfyzemɑ̃] adv stark

profusion [pʀɔfyzjɔ̃] nf Fülle f; **à ~ in** Hülle und Fülle

progéniture [pʀɔʒenityʀ] nf Nachwuchs m

progiciel [pʀɔʒisjɛl] nm (Software)paket nt

programmable [pʀɔgʀamabl] adj programmierbar

programmateur, -trice [pʀɔgʀamatœʀ, tʀis] nm/f (Ciné, Radio, TV) Programmdirektor(in) ▶ nm (de machine à laver) Programmschalter m

programmation [pʀɔgʀamasjɔ̃] nf (Ciné, Radio, TV) Programm nt; (Inform) Programmieren nt

programme [pʀɔgʀam] nm Programm nt; (Scol, Univ) Lehrplan m

programmer [pʀɔgʀame] vt (Inform) programmieren; (TV, Radio) aufs Programm setzen

programmeur, -euse [pʀɔgʀamœʀ, øz] nm/f Programmierer(in)

progrès [pʀɔgʀɛ] nm Fortschritt m; (d'un incendie, d'une inondation etc) Fortschreiten nt

progresser [pʀɔgʀese] vi vorrücken, vordringen; (élève, recherche) Fortschritte machen

progressif, -ive [pʀɔgʀesif, iv] adj (impôt, taux) progressiv; (développement) fortschreitend; (difficulté) zunehmend

progression [pʀɔgʀesjɔ̃] nf Entwicklung f; (d'une armée) Vorrücken nt; (Math) Progression f

progressivement [pʀɔgʀesivmɑ̃] adv nach und nach

prohiber [pʀɔibe] vt verbieten

prohibitif, -ive [pʀɔibitif, iv] adj (tarifs, prix) unerschwinglich

proie [pʀwa] nf Beute f; **être en ~ à** leiden unter +dat

projecteur [pʀɔʒɛktœʀ] nm Projektor m; (de théâtre, cirque) Scheinwerfer m

projectile [pʀɔʒɛktil] nm Geschoss nt

projection [pʀɔʒɛksjɔ̃] nf (de film, photos) Vorführen nt; **conférence avec ~** Diavortrag m

projectionniste [pʀɔʒɛksjɔnist] nmf (Film)vorführer(in) m(f)

projet [pʀɔʒɛ] nm Plan m; (ébauche) Entwurf m; **faire des ~s** Pläne machen; **~ de loi** Gesetzentwurf m

projeter [pʀɔʒ(ə)te] vt (envisager) planen; (film, photos) projizieren, vorführen

prolétaire [pʀɔletɛʀ] nmf Proletarier(in) m(f)

prolétariat [pʀɔletaʀja] nm Proletariat nt

prolétarien, ne [pʀɔletaʀjɛ̃, jɛn] adj proletarisch

prolifération [pʀɔlifeʀasjɔ̃] nf Vermehrung f, Verbreitung f

proliférer [pʀɔlifeʀe] vi sich stark vermehren

prolifique [pʀɔlifik] adj fruchtbar

prolo [pʀɔlo] (fam) nmf Prolo m

prolongation [pʀɔlɔ̃gasjɔ̃] nf Verlängerung f; **jouer les ~s** (Sport) in die Verlängerung gehen

prolongement [pʀɔlɔ̃ʒmɑ̃] nm Verlängerung f; **prolongements** nmpl Folgen pl, Auswirkungen pl; **dans le ~ de** weiterführend von

prolonger [pʀɔlɔ̃ʒe] vt verlängern; (rue, voie ferrée, piste) weiterführen; (être dans le prolongement de) die Verlängerung sein von; **se prolonger** vpr (leçon, repas, effet) andauern; (route, chemin) weitergehen

promenade [pʀɔm(ə)nad] nf Spaziergang m; (en voiture, à vélo) Spazierfahrt f

promener [pʀɔm(ə)ne] vt spazieren führen; **se promener** vpr spazieren gehen; (en voiture) spazieren fahren; **~ qch sur** (doigts, main, regards) etw gleiten lassen über +acc

promeneur, -euse [pʀɔm(ə)nœʀ, øz] nm/f Spaziergänger(in)

promesse [pʀɔmɛs] nf Versprechen nt

prometteur, -euse [pʀɔmɛtœʀ, øz] adj vielversprechend

promettre [pʀɔmɛtʀ] vt versprechen ▶ vi (enfant, musicien etc) vielversprechend sein; **se promettre** vpr : **se ~ de faire qch** sich dat versprechen, etw zu tun

promiscuité [pʀɔmiskɥite] nf Mangel m an Privatsphäre

promo [pʀomo] (fam) nf (Scol) Jahrgang m
promoteur, -trice [pʀomotœʀ, tʀis] nm/f (instigateur) Initiator(in); **~ (immobilier)** (Immobilien)makler(in)
promotion [pʀomosjɔ̃] nf (avancement) Beförderung f; (élèves d'une même année) Jahrgang(sstufe f) m; **article en ~** Sonderangebot nt; **~ des ventes** Absatzförderung f
promotionnel, le [pʀomosjɔnɛl] adj Werbe-
promouvoir [pʀomuvwaʀ] vt (personne) befördern; (politique, réforme, recherche) fördern, sich einsetzen für
prompt, e [pʀɔ̃(pt), pʀɔ̃(p)t] adj schnell
prompteur [pʀɔ̃ptœʀ] nm Teleprompter m
pronom [pʀonɔ̃] nm Pronomen nt
pronominal, e, -aux [pʀonominal, o] adj : **verbe ~** reflexives Verb nt
prononcé, e [pʀonɔ̃se] adj ausgeprägt
prononcer [pʀonɔ̃se] vt aussprechen; (jugement, sentence) verkünden; (discours) sprechen; **se prononcer** vpr (se décider) sich entscheiden; **se ~ sur qch** seine Meinung über etw acc äußern; **se ~ en faveur de/contre** sich aussprechen für/gegen; **ça se prononce comment ?** wie spricht man das aus?
prononciation [pʀonɔ̃sjasjɔ̃] nf Aussprache f
pronostic [pʀonostik] nm Prognose f
pronostiquer [pʀonostike] vt (Méd) prognostizieren; (annoncer) voraussagen
propagande [pʀopagɑ̃d] nf Propaganda f
propager [pʀopaʒe] vt verbreiten; **se propager** vpr sich ausbreiten
propane [pʀopan] nm Propan nt
prophète, prophétesse [pʀofɛt, pʀofetɛs] nm/f Prophet(in)
prophétie [pʀofesi] nf Prophezeiung f
prophétiser [pʀofetize] vt prophezeien
prophylactique [pʀofilaktik] adj vorbeugend, prophylaktisch
prophylaxie [pʀofilaksi] nf Prophylaxe f
propice [pʀopis] adj günstig
proportion [pʀopɔʀsjɔ̃] nf (relation) Verhältnis nt; **proportions** nfpl Proportionen pl; **en ~ de** im Verhältnis zu; **il n'y a aucune ~ entre la faute et la peine** die Strafe steht in keinem Verhältnis zum Verbrechen; **toute(s) ~(s) gardée(s)** den Verhältnissen entsprechend
proportionnel, le [pʀopɔʀsjɔnɛl] adj proportional, anteilmäßig; **~ à** proportional zu; **représentation ~le** Verhältniswahlrecht nt

275 | **prospectus**

proportionner [pʀopɔʀsjɔne] vt : **~ qch à qch** etw auf etw acc abstimmen
propos [pʀopo] nm (paroles) Worte pl; (intention) Absicht f; **à quel ~ ?** in welcher Angelegenheit?; **à ~ de** bezüglich +gén; **à tout ~** ständig, bei jeder Gelegenheit; **à ~** gelegen, günstig
proposer [pʀopoze] vt (suggérer) vorschlagen; (offrir) anbieten; (loi, motion) einbringen; **se proposer** vpr : **se ~ pour faire qch** sich anbieten, etw zu tun; **se ~ de faire qch** sich dat vornehmen, etw zu tun
proposition [pʀopozisjɔ̃] nf (offre) Angebot nt; (suggestion) Vorschlag m; (Pol) Antrag m; (Ling) Satz m; **~ de loi** Gesetzesantrag m; **~ principale/subordonnée** Haupt-/Nebensatz m
propre [pʀopʀ] adj sauber; (cahier, copie, travail) ordentlich; (intensif possessif) eigene(r, s) ▶ nm : **mettre** ou **recopier au ~** (Scol) ins Reine schreiben; **le ~ de** (qualité distinctive) eine Eigenschaft +gén; **~ à** (particulier) typisch für, eigen +dat; **~ à faire qch** (de nature à) dazu geeignet, etw zu tun
proprement [pʀopʀəmɑ̃] adv (avec propreté) sauber, ordentlich; **à ~ parler** eigentlich, streng genommen
propreté [pʀopʀəte] nf Sauberkeit f
propriétaire [pʀopʀijetɛʀ] nmf Besitzer(in) m(f), Eigentümer(in) m(f); (pour le locataire) Vermieter(in) m(f), Hausbesitzer(in) m(f)
propriété [pʀopʀijete] nf (Jur) Besitz m; (immeuble, objet etc) Eigentum nt; (qualité, Chimie, Math) Eigenschaft f; **~ industrielle** Patentrechte pl
propulser [pʀopylse] vt (missile, engin) antreiben; (projeter) schleudern
propulsion [pʀopylsjɔ̃] nf Antrieb m
prorata [pʀoʀata] nm : **au ~ de** im Verhältnis zu
proroger [pʀoʀoʒe] vt (renvoyer) aufschieben; (prolonger) verlängern; (assemblée) vertagen
proscrire [pʀoskʀiʀ] vt (bannir) verbannen; (interdire) verbieten
prose [pʀoz] nf Prosa f
prosélytisme [pʀozelitism] nm : **faire du ~** andere zu bekehren versuchen
prospecter [pʀospɛkte] vt (terrain) nach Bodenschätzen suchen in dat; (Comm) erforschen
prospecteur-placier [pʀospɛktœʀplasje] (pl **prospecteurs-placiers**) nm Arbeitsvermittler(in) m(f)
prospectus [pʀospɛktys] nm Prospekt m

prospère [pʀɔspɛʀ] *adj (année, période)* erfolgreich; *(finances, entreprise)* florierend, gut gehend

prospérer [pʀɔspeʀe] *vi* gut gedeihen; *(entreprise, ville, science)* blühen, florieren

prospérité [pʀɔspeʀite] *nf* Wohlstand *m*

prostate [pʀɔstat] *nf* Prostata *f*

prostitué, e [pʀɔstitɥe] *nm/f* Prostituierte(r) *f(m)*

prostitution [pʀɔstitysjɔ̃] *nf* Prostitution *f*

protagoniste [pʀɔtagɔnist] *nmf* Protagonist(in) *m(f)*

protecteur, -trice [pʀɔtɛktœʀ, tʀis] *adj* beschützend; *(péj : air, ton)* gönnerhaft ▶ *nm/f* Beschützer(in); *(des arts)* Mäzen(in)

protection [pʀɔtɛksjɔ̃] *nf* Schutz *m*; *(d'un personnage influent, Écon)* Protektion *f*; **(centre de) ~ maternelle et infantile** Wohlfahrtsorganisation für Schwangere und Kleinkinder; **~ de l'environnement** Umweltschutz *m*

protectionnisme [pʀɔtɛksjɔnism] *nm* Protektionismus *m*

protégé, e [pʀɔteʒe] *nm/f* Schützling *m*, Protegé *m*

protège-cahier [pʀɔtɛʒkaje] (*pl* **protège-cahiers**) *nm* Schutzumschlag *m*

protéger [pʀɔteʒe] *vt* schützen; *(physiquement)* beschützen; *(intérêt, liberté)* wahren; *(Inform)* sichern; **se protéger** *vpr* : **se ~ de qch/contre qch** sich vor etw *dat*/gegen etw schützen

protège-slip [pʀɔtɛʒslip] (*pl* **protège-slips**) *nm* Slipeinlage *f*

protéine [pʀɔtein] *nf* Protein *nt*

protestant, e [pʀɔtɛstɑ̃, ɑ̃t] *adj* protestantisch ▶ *nm/f* Protestant(in)

protestation [pʀɔtɛstasjɔ̃] *nf (plainte)* Protest *m*; *(déclaration)* Beteuerung *f*

protester [pʀɔtɛste] *vi* protestieren; **~ de son innocence/sa loyauté** seine Unschuld/Treue beteuern

prothèse [pʀɔtɛz] *nf (appareil)* Prothese *f*; **~ dentaire** Zahnprothese *f*, Gebiss *nt*

protocole [pʀɔtɔkɔl] *nm* Protokoll *nt*; **~ d'accord** Vereinbarungsprotokoll *nt*; **~ de transfert** (*Inform*) Übertragungsprotokoll *nt*

prototype [pʀɔtɔtip] *nm* Prototyp *m*

protubérance [pʀɔtybeʀɑ̃s] *nf* Beule *f*

protubérant, e [pʀɔtybeʀɑ̃, ɑ̃t] *adj* vorstehend

proue [pʀu] *nf* Bug *m*

prouesse [pʀuɛs] *nf (acte de courage)* Heldentat *f*; *(exploit)* Kunststück *nt*, Meisterleistung *f*

prouver [pʀuve] *vt* beweisen

provenance [pʀɔv(ə)nɑ̃s] *nf* Herkunft *f*, Ursprung *m*; **avion/train en ~ de** Flugzeug *nt*/Zug *m* aus

provençal, e, -aux [pʀɔvɑ̃sal, o] *adj* provenzalisch

Provence [pʀɔvɑ̃s] *nf* : **la ~** die Provence

provenir [pʀɔv(ə)niʀ] *vi* : **~ de** *(venir de)* (her)kommen aus; *(tirer son origine de)* stammen von; *(résulter de)* kommen von

proverbe [pʀɔvɛʀb] *nm* Sprichwort *nt*

proverbial, e, -aux [pʀɔvɛʀbjal, jo] *adj* sprichwörtlich

providence [pʀɔvidɑ̃s] *nf* Vorsehung *f*

providentiel, le [pʀɔvidɑ̃sjɛl] *adj* glücklich, unerwartet

province [pʀɔvɛ̃s] *nf* Provinz *f*; **Paris et la ~** Paris und das übrige Frankreich; **la Belle P~** Quebec *nt*

provincial, e, -aux [pʀɔvɛ̃sjal, jo] *adj* Provinz-; *(péj)* provinzlerisch

proviseur, e [pʀɔvizœʀ] *nm/f* (*Scol*) Direktor(in)

provision [pʀɔvizjɔ̃] *nf* Vorrat *m*; *(acompte)* Anzahlung *f*, Vorschuss *m*; *(dans un compte)* Deckung *f*; **provisions** *nfpl* Vorräte *pl*; **faire ~ de qch** einen Vorrat von etw anlegen

provisoire [pʀɔvizwaʀ] *adj* vorläufig; **mise en liberté ~** vorläufige Haftentlassung *f*

provisoirement [pʀɔvizwaʀmɑ̃] *adv* vorläufig

provocant, e [pʀɔvɔkɑ̃, ɑ̃t] *adj* provozierend

provocateur, -trice [pʀɔvɔkatœʀ, tʀis] *nm/f (meneur)* Provokateur(in)

provocation [pʀɔvɔkasjɔ̃] *nf* Provokation *f*

provoquer [pʀɔvɔke] *vt (inciter)* provozieren; *(défier)* herausfordern; *(causer)* hervorrufen; *(révolte, troubles)* verursachen

proxénète [pʀɔksenɛt] *nmf* Zuhälter(in) *m(f)*

proximité [pʀɔksimite] *nf* Nähe *f*; **à ~ (de)** in der Nähe (von)

prude [pʀyd] *adj* prüde

prudence [pʀydɑ̃s] *nf* Vorsicht *f*, Umsicht *f*; **par (mesure de) ~** als Vorsichtsmaßnahme

prudent, e [pʀydɑ̃, ɑ̃t] *adj* vorsichtig; *(sage)* umsichtig

prune [pʀyn] *nf* Pflaume *f*

pruneau, x [pʀyno] *nm* Backpflaume *f*

prunelle [pʀynɛl] *nf (de l'œil)* Pupille *f*

prunier [pʀynje] *nm* Pflaumenbaum *m*

Prusse [pʀys] *nf* : **la ~** Preußen *nt*

PS [pεεs] sigle m (= *parti socialiste*) sozialistische Partei f; (= *post-scriptum*) PS nt
psaume [psom] nm Psalm m
pseudo [psœdo] nm Nick m, Nickname m
pseudonyme [psødɔnim] nm Pseudonym nt
psychanalyse [psikanaliz] nf Psychoanalyse f
psychanalyser [psikanalize] vt einer Psychoanalyse unterziehen
psychanalyste [psikanalist] nmf Psychoanalytiker(in) m(f)
psychanalytique [psikanalitik] adj psychoanalytisch
psychédélique [psikedelik] adj psychedelisch
psychiatre [psikjatʀ] nmf Psychiater(in) m(f)
psychiatrie [psikjatʀi] nf Psychiatrie f
psychiatrique [psikjatʀik] adj psychiatrisch
psychique [psiʃik] adj psychisch
psychologie [psikɔlɔʒi] nf Psychologie f; (*intuition*) Menschenkenntnis f
psychologique [psikɔlɔʒik] adj psychologisch; (*psychique*) psychisch
psychologue [psikɔlɔg] nmf Psychologe m, Psychologin f
psychopathe [psikɔpat] nmf Psychopath(in) m(f)
psychose [psikoz] nf Psychose f
psychosomatique [psikosɔmatik] adj psychosomatisch
psychothérapie [psikoteʀapi] nf Psychotherapie f
psychotique [psikɔtik] adj psychotisch
puanteur [pɥɑ̃tœʀ] nf Gestank m
pub [pyb] (*fam*) abr (*publicité*) Werbung f
puberté [pybɛʀte] nf Pubertät f
pubis [pybis] nm Schambein nt
public, -ique [pyblik] adj öffentlich ▶ nm (*population*) Öffentlichkeit f; (*assistance*) Publikum nt; **en ~** öffentlich; **interdit au ~** für die Öffentlichkeit nicht zugänglich; **le grand ~** die (große) Öffentlichkeit
publication [pyblikasjɔ̃] nf Veröffentlichung f
publicitaire [pyblisitɛʀ] adj Werbe-
publicité [pyblisite] nf Werbung f; (*annonce*) Annonce f
publier [pyblije] vt veröffentlichen, (*éditeur*) herausgeben, herausbringen; (*nouvelle*) verbreiten
publiphone® [pyblifɔn] nm Kartentelefon nt
puce [pys] nf Floh m; (*Inform*) Chip m; **les puces** nmpl: **le marché aux ~s** der Flohmarkt; **mettre la ~ à l'oreille de qn** einen Verdacht in jdm erwecken
pucelle [pysɛl] nf Jungfrau f
pudeur [pydœʀ] nf Schamhaftigkeit f
pudique [pydik] adj (*chaste*) schamhaft; (*discret*) dezent, diskret
puer [pɥe] vi stinken
puériculteur, -trice [pɥeʀikyltœʀ, tʀis] nm/f Betreuer(in) von Kleinkindern, Säuglingsschwester f
puériculture, -trice [pɥeʀikyltyʀ] nf Säuglingspflege f
puéril, e [pɥeʀil] adj kindisch
pugilat [pyʒila] nm Faustkampf m
puis [pɥi] adv dann; (*en outre*): **et ~** und dann; **et ~ après?** na und?; **et ~ quoi encore?** sonst noch was?
puiser [pɥize] vt: **~ qch dans qch** etw aus etw schöpfen; (*exemple, renseignement*) etw etw dat entnehmen
puisque [pɥisk] conj da; **~ je te le dis!** und wenn ich es dir sage!
puissance [pɥisɑ̃s] nf Macht f; (*de personnalité*) Stärke f; **deux (à la) ~ cinq** zwei hoch fünf; (*Math*) potenziell
puissant, e [pɥisɑ̃, ɑ̃t] adj mächtig; (*musculature*) stark, kräftig
puits [pɥi] nm (*d'eau*) Brunnen m; (*de pétrole*) Bohrloch nt
pull [pyl], **pull-over** [pylɔvɛʀ] (pl **pull-overs**) nm Pullover m, Pulli m
pulluler [pylyle] vi wimmeln
pulmonaire [pylmɔnɛʀ] adj Lungen-
pulpe [pylp] nf Fleisch nt
pulvérisateur [pylveʀizatœʀ] nm Zerstäuber m
pulvériser [pylveʀize] vt (*solide*) pulverisieren; (*liquide*) sprühen; (*adversaire*) fertigmachen; (*record*) brechen
puma [pyma] nm Puma m
punaise [pynɛz] nf (*Zool*) Wanze f; (*clou*) Reißzwecke f
punch [pœnʃ] nm (*Boxe*) Schlagkraft f; (*dynamisme*) Pfeffer m
punir [pyniʀ] vt bestrafen; **~ qn de qch** jdn für etw bestrafen
punition [pynisjɔ̃] nf Bestrafung f
pupille [pypij] nf (*Anat*) Pupille f; (*enfant*) Mündel nt; **~ de l'État** Fürsorgekind nt
pupitre [pypitʀ] nm Pult nt; (*Rel*) Kanzel f; (*de chef d'orchestre*) Dirigenten)pult nt
pupitreur, -euse [pypitʀœʀ, øz] nm/f (*Inform*) Operator(in)
pur, e [pyʀ] adj rein; (*vin*) unverdünnt; (*whisky, gin*) pur; (*air, eau*) klar; (*intentions*) lauter; **~ et simple** schlicht und einfach; **en ~e perte** vergeblich

purée [pyʀe] *nf*: **~ (de pommes de terre)** Kartoffelbrei *m*, Kartoffelpüree *nt*; **~ de marrons** Kastanienpüree *nt*; **~ de pois** (*brouillard*) Waschküche *f*
pureté [pyʀte] *nf* Reinheit *f*
purgatif [pyʀgatif] *nm* Abführmittel *nt*
purgatoire [pyʀgatwaʀ] *nm* Fegefeuer *nt*
purge [pyʀʒ] *nf* (*Pol*) Säuberungsaktion *f*; (*Méd*) starkes Abführmittel *nt*
purger [pyʀʒe] *vt* (*conduite, radiateur etc*) entlüften; (*Méd*) entschlacken; (*peine*) verbüßen; (*Pol*) säubern
purification [pyʀifikasjɔ̃] *nf* Reinigung *f*; **~ ethnique** ethnische Säuberung(saktionen *pl*) *f*
purifier [pyʀifje] *vt* reinigen
puriste [pyʀist] *nmf* Purist(in) *m(f)*
pur-sang [pyʀsɑ̃] (*pl* **pur-sangs**) *nm* Vollblut *nt*
purulent, e [pyʀylɑ̃, ɑ̃t] *adj* eitrig
pus [py] *nm* Eiter *m*
pusillanime [pyzi(l)lanim] *adj* zaghaft, ängstlich
pustule [pystyl] *nf* Pustel *f*
putain [pytɛ̃] (*fam*) *nf* Hure *f*
putois [pytwa] *nm* Iltis *m*; **crier comme un ~** schreien wie am Spieß
putréfier [pytʀefje] *vt* verwesen lassen; (*fruit*) faulen lassen; **se putréfier** *vpr* verwesen; (*fruit*) verfaulen
putsch [putʃ] *nm* Putsch *m*
puzzle [pœzl] *nm* Puzzle *nt*
PV [peve] *sigle m* = **procès-verbal**
pyjama [piʒama] *nm* Schlafanzug *m*
pylône [pilon] *nm* (*d'un pont*) Pfeiler *m*; (*mât, poteau*) Mast *m*
pyramide [piʀamid] *nf* Pyramide *f*
Pyrénées [piʀene] *nfpl*: **les ~** die Pyrenäen *pl*
pyrex® [piʀɛks] *nm* Jenaer Glas® *nt*
pyrolyse [piʀɔliz] *nf* Pyrolyse *f*
pyromane [piʀɔman] *nmf* Pyromane *m*, Pyromanin *f*
python [pitɔ̃] *nm* Python(schlange *f*) *m*

q

Q, q [ky] *nm inv* Q, q *nt*
Qatar [kataʀ] *nm*: **le ~** Katar *nt*
QCM [kyseɛm] *sigle m* (= *questionnaire à choix multiples*) Multiple-Choice-Test *m*
QI [kyi] *sigle m* (= *quotient intellectuel*) IQ *m*
quadragénaire [k(w)adʀaʒenɛʀ] *nmf* Person *f* in den Vierzigern
quadrangulaire [k(w)adʀɑ̃gylɛʀ] *adj* viereckig
quadrichromie [k(w)adʀikʀɔmi] *nf* Vierfarbendruck *m*
quadrilatère [k(w)adʀilatɛʀ] *nm* Viereck *nt*
quadrillage [kadʀijaʒ] *nm* (*de la police, Mil*) Bewachung *f*
quadriller [kadʀije] *vt* (*papier, page*) karieren; (*Police: ville, région etc*) ein Netz aus Kontrollpunkten errichten in
quadripartite [kwadʀipaʀtit] *adj* (*entre pays*) Viermächte-; (*entre partis*) Vierer-
quadriphonie [k(w)adʀifɔni] *nf* Quadrofonie *f*
quadriréacteur [k(w)adʀiʀeaktœʀ] *nm* vierstrahlige Düsenmaschine *f*
quadrupède [k(w)adʀypɛd] *nm* Vierfüßer *m* ▶ *adj* vierfüßig
quadruple [k(w)adʀypl] *adj* vierfach ▶ *nm*: **le ~ de** das Vierfache von
quadrupler [k(w)adʀyple] *vt* vervierfachen ▶ *vi* sich vervierfachen
quadruplés, -ées [k(w)adʀyple] *nmpl/nfpl* Vierlinge *pl*
quai [ke] *nm* (*d'un port*) Kai *m*; (*d'une gare*) Bahnsteig *m*; (*d'un cours d'eau*) Uferstraße *f*; **être à ~** im Hafen liegen; **le Q~ d'Orsay** *Sitz des französischen Außenministeriums*
qualificatif, -ive [kalifikatif, iv] *adj* (*Ling*) erläuternd ▶ *nm* (*terme*) Bezeichnung *f*

qualification [kalifikasjɔ̃] *nf* nähere Bestimmung *f*; (*aptitude*) Qualifikation *f*, Befähigung *f*; (*Sport*) Qualifikation *f*; **~ professionnelle** berufliche Qualifikation

qualifier [kalifje] *vt* näher bestimmen; (*appeler*) bezeichnen; (*Sport*) qualifizieren; **se qualifier** *vpr* (*Sport*) sich qualifizieren

qualitatif, -ive [kalitatif, iv] *adj* qualitativ

qualité [kalite] *nf* Qualität *f*; (*d'une personne*) (gute) Eigenschaft *f*; **en ~ de** in der Eigenschaft als

quand [kɑ̃] *conj, adv* wenn; **~ je serai riche** wenn ich (einmal) reich bin; **~ pars-tu?** wann reist du ab?; **~ même** trotzdem; **~ même ! tu exagères** also wirklich, da übertreibst du aber

quant [kɑ̃t] *adv*: **~ à moi/cette affaire** was mich/diese Angelegenheit betrifft; **il n'a rien dit ~ à ses projets** er hat mir nichts über seine Pläne gesagt

quant-à-soi [kɑ̃taswa] *nm inv*: **rester sur son ~** reserviert bleiben

quantitatif, -ive [kɑ̃titatif, iv] *adj* quantitativ

quantité [kɑ̃tite] *nf* (*opposé à qualité*) Menge *f*, Quantität *f*; **une ~/des ~s de** (*grand nombre*) eine Unmenge/ Unmengen von; **~ négligeable** vernachlässigbare Größe *f*; **en grande ~** in großen Mengen

quarantaine [kaʀɑ̃tɛn] *nf* (*isolement*) Quarantäne *f*; **une ~ (de)** ungefähr vierzig; **avoir la ~** um die vierzig sein; **mettre en ~** unter Quarantäne stellen; (*fig*) schneiden

quarante [kaʀɑ̃t] *num* vierzig

quart [kaʀ] *nm* Viertel *nt*; (*surveillance*) Wache *f*; **un ~ de beurre** ein halbes Pfund Butter; **un ~ de vin** ein Viertel Wein; **le ~ de** ein Viertel von; **deux heures et ~** *ou* **un ~** Viertel nach zwei; **une heure moins le ~** Viertel vor eins; **les trois ~s du temps** die meiste Zeit; **être de ~** Wache schieben; **prendre le ~** die Wache übernehmen; **~ d'heure** Viertelstunde *f*; **~s de finale** Viertelfinale *nt*

quartier [kaʀtje] *nm* Viertel *nt*; **quartiers** *nmpl* (*Mil*) Quartier *nt*; **avoir ~ libre** Ausgang haben; **~ général** Hauptquartier *nt*

quartz [kwaʀts] *nm* Quarz *m*

quasi [kazi] *adv* quasi ▶ *préf*: **la ~-totalité de** fast die Gesamtheit +*gén*

quasiment [kazimɑ̃] *adv* fast

quatorze [katɔʀz] *num* vierzehn

quatre [katʀ] *num* vier; **à ~ pattes** auf allen vieren; **se mettre en ~ pour qn** sich *dat* für jdn ein Bein ausreißen

quatre-vingt-dix [katʀəvɛ̃dis] *num* neunzig

quatre-vingts [katʀəvɛ̃] *num* achtzig

quatrième [katʀijɛm] *num* vierte(r, s)

quatrièmement [katʀijɛmmɑ̃] *adv* viertens

quatuor [kwatɥɔʀ] *nm* Quartett *nt*

(MOT-CLÉ)

que [kə] *conj* **1** (*après comparatif*) als; **plus grand que** größer als

2 (*seulement*): **ne … que** nur; **il ne boit que de l'eau** er trinkt nur Wasser

3 (*introduisant complétive*) dass; **il sait que tu es là** er weiß, dass du hier bist; **je voudrais que tu acceptes** ich möchte, dass du annimmst

4 (*temps*): **elle venait à peine de sortir qu'il se mit à pleuvoir** sie war kaum aus dem Haus, als es zu regnen anfing; **il y a 4 ans qu'il est parti** es ist 4 Jahre her, dass er weggegangen ist, er ist nun schon 4 Jahre weg

5 (*reprise d'autres conjonctions*): **quand il rentrera et qu'il aura mangé** wenn er zurück ist und gegessen hat; **si vous y allez ou que vous téléphoniez** wenn Sie dorthin gehen oder anrufen

6 (*en tête de phrase : hypothèse, souhait, ordre etc*): **qu'il le veuille ou non** ob er will oder nicht; **qu'il fasse ce qu'il voudra !** er soll doch machen, was er will!

7 (*attribut*): **c'est une erreur que de croire …** es ist ein Fehler, zu glauben …

8 (*but*) damit; **tenez-le qu'il ne tombe pas** halten Sie es fest, damit es nicht hinfällt

▶ *adv* (*exclamation*): **(qu'est-ce) qu'il est bête !** wie dumm er ist!, ist der dumm!; **(qu'est-ce) qu'il court vite !** wie schnell er läuft!, läuft der schnell!; **que de livres !** sind das viele Bücher!

▶ *pron* **1** (*relatif : personne*) den/die; (: *chose*) den/die/das; **le livre que tu lis** das Buch, das du liest; **le journal que tu lis** die Zeitung, die du liest; **l'homme que je vois** der Mann, den ich sehe; **la femme que je vois** die Frau, die ich sehe

2 (*interrogatif*) was; **que fais-tu ?, qu'est-ce que tu fais ?** was machst du?; **je ne sais pas que faire** ich weiß nicht, was ich tun soll; **que préfères-tu ?** was magst du lieber?; **que fait-il dans la vie ?** was macht er (beruflich)?; **qu'est-ce que c'est ?** (*ceci*) was ist das?

Québec [kebɛk] *nm* : **le ~** Quebec *nt*
québécois, e [kebekwa, waz] *adj* aus Quebec ▶ *nm/f* : **Québécois, e** Bewohner(in) von Quebec

MOT-CLÉ

quel, quelle [kɛl] (*mpl* **quels**, *fpl* **quelles**) *adj* **1** (*interrogatif*) welche(r, s); (: *pluriel*) welche; **quel livre ?** welches Buch?; **dans quel pays êtes-vous allé ?** in welches Land sind Sie gefahren?; **quels acteurs préfères-tu ?** welche Schauspieler magst du am liebsten?; **de quel auteur va-t-il parler ?** über welchen Autor spricht er?; **quel est ce livre ?** was ist das für ein Buch?
2 (*exclamatif*) : **quelle surprise/ coïncidence !** so eine Überraschung/ein Zufall!; **quel dommage !** wie schade!
3 : **quel que soit le coupable** wer auch immer der Schuldige ist, ganz gleich, wer der Schuldige ist; **quel que soit votre avis** was auch immer Ihre Meinung ist, ganz gleich, was Ihre Meinung ist
▶ *pron interrogatif* welche(r,s); **de ces enfants, quel est le plus intelligent ?** welches von diesen Kindern ist das intelligenteste?

quelconque [kɛlkɔ̃k] *adj* (*n'importe quel*) irgendein(e); (*sans attrait*) gewöhnlich

MOT-CLÉ

quelque [kɛlk] *adj* **1** (*avec pl*) einige; **il a quelques amis** er hat einige Freunde; **a-t-il quelques amis ?** hat er Freunde?
2 (*avec sg*) einige(r, s); **cela fait quelque temps que je ne l'ai pas vu** ich habe ihn schon einige Zeit nicht mehr gesehen; **il habite à quelque distance d'ici** er wohnt ziemlich weit von hier entfernt
3 (*pl avec article*) : **les quelques enfants/ livres qui …** die paar *ou* wenigen Kinder/ Bücher, die …
4 : **quelque livre qu'il choisisse** welches Buch er auch auswählt, ganz gleich, welches Buch er auswählt; **quelque temps qu'il fasse** ganz gleich *ou* egal, wie das Wetter ist
5 (*locutions*) : **quelque chose** etw; **quelque chose d'autre** etw anderes; **puis-je faire quelque chose pour vous ?** kann ich etw für Sie tun?; **y être pour quelque chose** etw dazu beigetragen haben; **quelque part** irgendwo; **en quelque sorte** gewissermaßen, sozusagen
▶ *adv* (*environ, à peu près*) etwa; **une rue de quelque 100 mètres** eine Straße von etwa 100 Metern (Länge); **20 kg et quelque(s)** etw über 20 Kilo; **quelque peu** ziemlich

quelquefois [kɛlkəfwa] *adv* manchmal
quelques-uns, quelques-unes [kɛlkəzœ̃, yn] *pron* einige, manche; **~ de nos lecteurs** manche von unseren Lesern
quelqu'un, quelqu'une [kɛlkœ̃, yn] *pron* jemand; **~ d'autre** jemand anders *ou* anderer
quémander [kemɑ̃de] *vt* betteln um
quenelle [kənɛl] *nf* Klößchen *nt* (*aus Fleisch oder Fisch*)
querelle [kəʀɛl] *nf* Streit *m*
quereller [kəʀele] : **se quereller** *vpr* sich streiten
querelleur, -euse [kəʀelœʀ, øz] *adj* streitsüchtig, zankend
qu'est-ce que [kɛskə] *pron* was
question [kɛstjɔ̃] *nf* Frage *f*; **il a été ~ de** es ging um; **de quoi est-il ~ ?** worum geht es?; **il n'en est pas ~** das steht außer Frage; **c'est hors de ~** (das) kommt nicht infrage; **en ~** fraglich; **(re) mettre en ~** infrage stellen
questionnaire [kɛstjɔnɛʀ] *nm* Fragebogen *m*
questionner [kɛstjɔne] *vt* befragen, Fragen stellen +*dat*
quête [kɛt] *nf* (*collecte*) Sammlung *f*; (*recherche*) Suche *f*; **faire la ~** (*à l'église*) sammeln; **en ~ de** auf der Suche nach
quêter [kete] *vi* sammeln ▶ *vt* (*suffrages, argent*) bitten um; (*sourire, regard*) betteln um
quetsche [kwɛtʃ] *nf* Zwetsch(g)e *f*
queue [kø] *nf* Schwanz *m*; (*d'une casserole, d'un fruit, d'une feuille*) Stiel *m*; (*file de personnes*) Schlange *f*; (*fin*) Ende *nt*; **faire la ~** Schlange stehen; **histoire sans ~ ni tête** hirnrissige Geschichte; **~ de cheval** Pferdeschwanz *m*

MOT-CLÉ

qui [ki] *pron* **1** (*interrogatif : sujet*) wer; **qui (est-ce qui) est venu ?** wer ist gekommen?; **je ne sais pas qui c'est** ich weiß nicht, wer das ist
2 (*objet direct, après préposition avec accusatif*) wen; **qui as-tu vu ?** wen hast du gesehen?; **qui est-ce que tu as vu ?** wen hast du gesehen?; **pour qui ?** für wen?
3 (*objet indirect, après préposition avec datif*) wem; **à qui est ce sac ?** wem gehört diese Tasche?; **avec qui parlais-tu ?** mit

wem hast du gesprochen?
▶ *pron relatif* **1**(*sujet : personne*) der/die; (: *chose, animal*) der/die/das; **la femme/fleur qui** die Frau/Blume, die; **qu'est-ce qui est sur la table ?** was ist auf dem Tisch?
2(*après prép*) : **l'homme pour qui je travaille** der Mann, für den ich arbeite; **la dame avec qui je t'ai vu** die Dame, mit der ich dich gesehen habe
3(*sans antécédent*) : **amenez qui vous voulez** bringen Sie mit, wen Sie wollen

quiche [kiʃ] *nf* : **~ lorraine** Quiche *f* Lorraine

quiconque [kikɔ̃k] *pron* (*rel*) wer auch immer; (*indéf*) **mieux que ~** besser als irgendein(e) anderer (andere)

quiétude [kjetyd] *nf* (*d'un lieu*) Stille *f*; **en toute ~** in aller Ruhe

quille [kij] *nf* Kegel *m*; **(jeu de) ~s** Kegeln *nt*

quincaillerie [kɛ̃kajʀi] *nf* Eisen- und Haushaltswaren *pl*; (*magasin*) Eisen- und Haushaltswarenhandlung *f*

quinconce [kɛ̃kɔ̃s] *nm* : **en ~** jeweils vier an den Ecken eines Quadrats und eines in der Mitte

quinine [kinin] *nf* Chinin *nt*

quinquagénaire [kɛ̃kaʒenɛʀ] *nmf* Person *f* in den Fünfzigern

quinquennat [kɛ̃kena] *nm* fünfjährige Amtszeit des "*Président de la République*"

quintette [k(ɥ)ɛ̃tɛt] *nm* Quintett *nt*

quintuple [kɛ̃typl] *adj* fünffach ▶ *nm* : **le ~ de** das Fünffache von

quintuplés, -ées [kɛ̃typle] *nmpl/nfpl* Fünflinge *pl*

quinzaine [kɛ̃zɛn] *nf* : **une ~ (de)** etwa fünfzehn; **une ~ (de jours)** vierzehn Tage *pl*

quinze [kɛ̃z] *num* fünfzehn ▶ *nm* : **le ~ de France** die französische Rugbymannschaft *f*; **demain/lundi en ~** morgen/Montag in vierzehn Tagen; **dans ~ jours** in vierzehn Tagen

quiproquo [kipʀɔko] *nm* Missverständnis *nt*

quittance [kitɑ̃s] *nf* Quittung *f*

quitte [kit] *adj* : **être ~ envers qn** mit jdm quitt sein; **être ~ de qch** etw los sein; **~ à faire qch** selbst wenn das bedeutet, dass man etw tun muss

quitter [kite] *vt* verlassen; (*vêtement*) ausziehen; (*renoncer à*) aufgeben; **se quitter** *vpr* auseinandergehen; **ne quittez pas** (*Tél*) bleiben Sie am Apparat

quitus [kitys] *nm* : **donner ~ à** entlasten

qui-vive [kiviv] *nm inv* : **être sur le ~** auf der Hut sein

MOT-CLÉ

quoi [kwa] *pron interrog* **1**(*interrogation directe*) was; **quoi de plus beau que …?** was ist schöner als …?; **quoi ?** (*qu'est-ce que tu dis?*) was?, wie?; **quoi de neuf ?** gibt es etw Neues?
2(*avec prép*) : **à quoi penses-tu ?** woran denkst du?; **de quoi parlez-vous ?** wovon reden Sie?; **en quoi puis-je vous aider ?** was kann ich für Sie tun?; **à quoi bon ?** wozu das Ganze?
3(*interrogation indirecte*) : **dis-moi à quoi ça sert** sag mir, wozu das gut ist; **je ne sais pas à quoi il pense** ich weiß nicht, woran er denkt; **j'aimerais savoir de quoi il est question** ich wüsste gern, wovon die Rede ist
▶ *pron rel* **1**was; **ce à quoi tu m'obliges** das, was du von mir verlangst; **emporter de quoi écrire** etw zum Schreiben mitnehmen; **merci — il n'y a pas de quoi** danke — gern geschehen
2(*locutions*) : **après quoi** wonach; **sur quoi** woraufhin; **sans quoi** ansonsten; **faute de quoi** ansonsten, andernfalls; **moyennant quoi** wofür; **comme quoi** wie man sieht
3 : **quoi que** : **quoi qu'il arrive** was auch passiert; **quoi qu'il en soit** wie dem auch sein mag; **quoi qu'elle fasse** was auch immer sie tut; **si vous avez besoin de quoi que ce soit** falls Sie irgendeinen Wunsch haben sollten
▶ *excl* : **quoi !** was?

quoique [kwak] *conj* obwohl
quolibet [kɔlibɛ] *nm* spöttische Bemerkung *f*
quorum [k(w)ɔʀɔm] *nm* beschlussfähige Anzahl *f*, Quorum *nt*
quota [kɔta] *nm* Quote *f*
quote-part [kɔtpaʀ] (*pl* **quotes-parts**) *nf* Anteil *m*
quotidien, ne [kɔtidjɛ̃, jɛn] *adj* täglich; (*banal*) alltäglich ▶ *nm* (*journal*) Tageszeitung *f*
quotient [kɔsjɑ̃] *nm* Quotient *m*; **~ intellectuel** Intelligenzquotient *m*

r

R, r [ɛʀ] *nm inv* R, r *nt*
rab [ʀab] (*fam*) *nm* Extraportion *f*
rabâcher [ʀabaʃe] *vt* dauernd wiederholen
rabais [ʀabɛ] *nm* Rabatt *m*; **au ~** mit Rabatt
rabaisser [ʀabese] *vt* herabsetzen
rabat [ʀaba] *vb voir* **rabattre** ▶ *nm* Beffchen *nt*
rabat-joie [ʀabaʒwa] (*pl* **rabat-joie(s)**) *nm/f* Spielverderber(in) *m(f)*
rabattre [ʀabatʀ] *vt* (*couvercle, siège*) herunterklappen; (*gibier, balle*) treiben; **se rabattre** *vpr* (*bords, couvercle*) herunterfallen; (*véhicule, coureur*) einscheren; **se ~ sur** vorliebnehmen mit
rabbin [ʀabɛ̃] *nm* Rabbiner(in) *m(f)*
rabiot [ʀabjo] (*fam*) *nm voir* **rab**
râble [ʀɑbl] *nm* Rücken *m*
râblé, e [ʀɑble] *adj* stämmig
rabot [ʀabo] *nm* Hobel *m*
raboter [ʀabɔte] *vt* (ab)hobeln
raboteux, -euse [ʀabɔtø, øz] *adj* holprig
rabougri, e [ʀabugʀi] *adj* (*végétal*) verkümmert; (*personne*) mickrig
racaille [ʀakɑj] (*péj*) *nf* Gesindel *nt*
raccommodage [ʀakɔmɔdaʒ] *nm* Flicken *nt*
raccommoder [ʀakɔmɔde] *vt* flicken, stopfen; (*fam : réconcilier*) (miteinander) versöhnen
raccompagner [ʀakɔ̃paɲe] *vt* zurückbringen
raccord [ʀakɔʀ] *nm* (*pièce*) Verbindungsstück *nt*; (*Ciné*) Übergang *m*
raccordement [ʀakɔʀdəmɑ̃] *nm* Verbindung *f*
raccorder [ʀakɔʀde] *vt* verbinden
raccourci [ʀakuʀsi] *nm* Abkürzung *f*; (*fig : tour elliptique etc*) Verkürzung *f*; **en ~** kurz gesagt; **~ clavier** (*Inform*) Tastenkombination *f*
raccourcir [ʀakuʀsiʀ] *vt* kürzen ▶ *vi* (*au lavage*) eingehen; (*jours*) kürzer werden
raccrocher [ʀakʀɔʃe] *vt* wieder aufhängen; (*récepteur*) auflegen ▶ *vi* (*Tél*) auflegen; **se raccrocher** *vpr*: **se ~ à** sich klammern an +*acc*
race [ʀas] *nf* Rasse *f*; (*origine*) Geschlecht *nt*; (*espèce*) Gattung *f*; **de ~** Rasse-
rachat [ʀaʃa] *nm* Rückkauf *m*; (*fig*) Sühne *f*
racheter [ʀaʃ(ə)te] *vt* (*acheter de nouveau*) wieder kaufen, noch einmal kaufen; (*acheter davantage de*) nachkaufen; (*acheter après avoir vendu*) zurückkaufen; (*acheter d'occasion*) kaufen; (*pension, rente*) ablösen; (*Rel*) erlösen; (: *péché*) sühnen; **se racheter** *vpr* es wiedergutmachen
rachitisme [ʀaʃitism] *nm* Rachitis *f*
racial, e, -aux [ʀasjal, jo] *adj* Rassen-
racine [ʀasin] *nf* Wurzel *f*; **~ carrée/cubique** Quadrat-/Kubikwurzel *f*; **prendre ~** Wurzeln schlagen
racisme [ʀasism] *nm* Rassismus *m*
raciste [ʀasist] *adj* rassistisch ▶ *nmf* Rassist(in) *m(f)*
racket [ʀakɛt] *nm* Erpressung *f*
racketteur [ʀakɛtœʀ] *nm* Erpresser *m*
racler [ʀɑkle] *vt* (*os, tache, boue*) abkratzen; (*casserole, plat*) auskratzen; (*instrument de musique*) herumkratzen auf +*dat*; (*frotter contre*) reiben an +*dat*
racoler [ʀakɔle] *vt* (*prostituée*) ansprechen; (*fig*) (aufdringlich) werben
racontars [ʀakɔ̃taʀ] *nmpl* Geschichten *pl*
raconter [ʀakɔ̃te] *vt* erzählen
radar [ʀadaʀ] *nm* Radar *m ou nt*
rade [ʀad] *nf* (*bassin*) Reede *f*; **en ~ de Toulon** im Hafen von Toulon; **laisser en ~** (*fig*) im Stich lassen; **rester en ~** (*fig*) auf dem Trockenen sitzen
radeau, x [ʀado] *nm* Floß *nt*; **~ de sauvetage** Rettungsfloß *nt*
radial, e, -aux [ʀadjal, jo] *adj*: **pneu à carcasse ~e** Gürtelreifen *m*
radiateur [ʀadjatœʀ] *nm* Heizkörper *m*; (*Auto*) Kühler *m*; **~ électrique** elektrischer Ofen *m*
radiation [ʀadjasjɔ̃] *nf* (*Phys*) Strahlung *f*; (*du barreau*) Ausschluss *m*
radical, e, -aux [ʀadikal, o] *adj* radikal ▶ *nm* (*Ling*) Stamm *m*; (*Math*) Wurzelzeichen *nt*; **le Parti ~** konservative politische Partei
radicalisation [ʀadikalizasjɔ̃] *nf* (*Pol*) Radikalisierung *f*

radicaliser [ʀadikalize] vt radikalisieren; **se radicaliser** vpr radikaler werden

radier [ʀadje] vt (du barreau) ausschließen

radiesthésie [ʀadjɛstezi] nf Radiästhesie f

radieux, -euse [ʀadjø, jøz] adj strahlend

radin, e [ʀadɛ̃, in] (fam) adj knauserig

radio [ʀadjo] nf (appareil) Radio(gerät) nt; (Méd) Röntgenaufnahme f ▶ nm (personne) Bordfunker m; **à la ~** im Radio; **passer une ~** geröntgt werden

radioactif, -ive [ʀadjoaktif, iv] adj radioaktiv

radioactivité [ʀadjoaktivite] nf Radioaktivität f

radioamateur [ʀadjoamatœʀ] nm Amateurfunker m

radiobalise [ʀadjobaliz] nf Funkfeuer nt

radiocassette [ʀadjokasɛt] nf Radiorekorder m

radiodiffuser [ʀadjodifyze] vt senden, übertragen

radiodiffusion [ʀadjodifyzjɔ̃] nf Rundfunk m

radiographie [ʀadjɔgʀafi] nf Röntgenaufnahme f

radiographier [ʀadjɔgʀafje] vt röntgen

radioguidage [ʀadjogidaʒ] nm Funksteuerung f; (diffusion d'informations) Verkehrsfunk m

radiologie [ʀadjɔlɔʒi] nf Radiologie f

radiologique [ʀadjɔlɔʒik] adj radiologisch

radiologue [ʀadjɔlɔg] nmf Radiologe m, Radiologin f

radiophare [ʀadjofaʀ] nm Funkfeuer nt

radiophonique [ʀadjofɔnik] adj (programme, émission) Radio-; **jeu ~** Spielprogramm nt

radioreportage [ʀadjoʀ(ə)pɔʀtaʒ] nm Funkreportage f

radio-réveil [ʀadjoʀevɛj] (pl **radios-réveils**) nm Radiowecker m

radioscopie [ʀadjoskɔpi] nf Durchleuchten nt

radio-taxi [ʀadjotaksi] (pl **radio-taxis**) nm Funktaxi nt

radiotéléphone [ʀadjotelefɔn] nm Funktelefon nt, Mobilfunk m

radiotélévisé, e [ʀadjotelevize] adj in Funk und Fernsehen gesendet

radiothérapie [ʀadjoteʀapi] nf Strahlentherapie f

radis [ʀadi] nm Radieschen nt; **~ noir** Rettich m

radium [ʀadjɔm] nm Radium nt

radoter [ʀadote] vi faseln

radoucir [ʀadusiʀ] : **se radoucir** vpr (température, temps) wärmer werden; (personne, voix) sich beruhigen

rafale [ʀafal] nf (de vent) Bö(e) f, Windstoß m; (de balles, d'obus) Salve f

raffermir [ʀafɛʀmiʀ] vt stärken

raffiné, e [ʀafine] adj (sucre, pétrole) raffiniert; (élégance, éducation) erlesen; (personne) kultiviert

raffinement [ʀafinmɑ̃] nm Erlesenheit f

raffiner [ʀafine] vt (sucre, pétrole) raffinieren

raffinerie [ʀafinʀi] nf Raffinerie f

raffoler [ʀafɔle] : **~ de** vt ganz wild ou versessen sein auf +acc

raffut [ʀafy] (fam) nm Radau m

rafle [ʀafl] nf (de police) Razzia f

rafler [ʀafle] (fam) vt an sich acc raffen; **~ la mise** (fig) alle anderen aus dem Feld schlagen

rafraîchir [ʀafʀeʃiʀ] vt (atmosphère, température) abkühlen; (boisson, dessert) kühlen; (personne) erfrischen; (rénover) auffrischen ▶ vi : **mettre du vin/une boisson à ~** Wein/ein Getränk kalt stellen; **se rafraîchir** vpr (temps, température) sich abkühlen

rafraîchissant, e [ʀafʀeʃisɑ̃, ɑ̃t] adj erfrischend

rafraîchissement [ʀafʀeʃismɑ̃] nm (de la température) Abkühlung f; (boisson) Erfrischung f

rafting [ʀaftiŋ] nm Rafting nt

rage [ʀaʒ] nf (Méd) Tollwut f; (fureur) Wut f; **faire ~** wüten; **~ de dents** rasende Zahnschmerzen pl

rageur, -euse [ʀaʒœʀ, øz] adj jähzornig

ragots [ʀago] (fam) nmpl Klatsch m

ragoût [ʀagu] nm Ragout nt

raid [ʀɛd] nm (Mil) Überfall m; (: attaque aérienne) Luftangriff m

raide [ʀɛd] adj steif; (cheveux) glatt; (tendu) gespannt; (escarpé) steil; (osé) gewagt; (fam : surprenant) unglaublich ▶ adv : **tomber ~ mort** auf der Stelle tot umfallen

raidir [ʀediʀ] vt (muscles, membres) anspannen; (câble, fil de fer) straff anziehen; **se raidir** vpr sich anspannen; (se montrer plus intransigeant) sich verhärten

raie [ʀɛ] nf (Zool) Rochen m; (rayure) Streifen m; (des cheveux) Scheitel m

raifort [ʀɛfɔʀ] nm Meerrettich m

rail [ʀaj] nm Schiene f; **par ~** per Bahn

railler [ʀaje] vt verspotten

raillerie [ʀajʀi] nf Spott m

railroute [ʀajʀut] *adj* : **transport ~** Schienen- und Straßentransport *m*
rainure [ʀenyʀ] *nf* Rille *f*
raisin [ʀɛzɛ̃] *nm* Traube *f*; **~ blanc/noir** weiße/blaue Trauben *pl*; **~s secs** Rosinen *pl*
raison [ʀɛzɔ̃] *nf* (*faculté*) Vernunft *f*, Verstand *m*; (*motif*) Grund *m*; **avoir ~** recht haben; **donner ~ à qn** jdm recht geben; **se faire une ~** sich damit abfinden; **perdre la ~** den Verstand verlieren; **ramener qn à la ~** jdn wieder zur Vernunft bringen; **à plus forte ~** umso mehr; **en ~ de** wegen +*gén ou dat*; **à ~ de** (*au taux de*) in Höhe von; (*à proportion de*) entsprechend; **sans ~** grundlos; **~ d'État** Staatsräson *f*; **~ d'être** Lebensinhalt *m*; **~ sociale** Firmenname *m*
raisonnable [ʀɛzɔnabl] *adj* vernünftig
raisonné, e [ʀɛzɔne] *adj* (*projet, décision*) durchdacht; **agriculture ~e** umweltfreundliche Landwirtschaft *f*
raisonnement [ʀɛzɔnmɑ̃] *nm* Überlegung *f*; (*argumentation*) Argumentation *f*
raisonner [ʀɛzɔne] *vi* (*penser*) denken; (*argumenter*) argumentieren; (*discuter*) Einwände machen ▶ *vt* (*personne*) gut zureden +*dat*
rajeunir [ʀaʒœniʀ] *vt* jünger machen, verjüngen; (: *installation, mobilier*) modernisieren ▶ *vi* jünger aussehen
rajouter [ʀaʒute] *vt* hinzufügen; **en ~** dick auftragen
rajustement [ʀaʒystəmɑ̃] *nm* Angleichung *f*
rajuster [ʀaʒyste] *vt* (*cravate*) zurechtrücken; (*coiffure*) wieder in Ordnung bringen; (*salaires, prix*) anpassen
ralenti [ʀalɑ̃ti] *nm* : **au ~** (*Auto*) im Leerlauf; (*Ciné*) in Zeitlupe
ralentir [ʀalɑ̃tiʀ] *vt* verlangsamen; (*production, expansion*) drosseln; **se ralentir** *vpr* langsamer werden
ralentissement [ʀalɑ̃tismɑ̃] *nm* Verlangsamung *f*; **le ~ de l'économie** die Schwächung der Wirtschaft
râler [ʀɑle] *vi* röcheln; (*fam : protester*) schimpfen
ralliement [ʀalimɑ̃] *nm* (*rassemblement*) Versammlung *f*; (*adhésion*) Anschluss *m* (*à* an +*acc*)
rallier [ʀalje] *vt* (*rassembler*) versammeln; (*rejoindre*) sich wieder anschließen +*dat*; (*gagner à sa cause*) für sich gewinnen; **se rallier** *vpr* : **se ~ à** sich anschließen +*dat*

rallonge [ʀalɔ̃ʒ] *nf* (*de table*) Ausziehplatte *f*; (*Élec*) Verlängerungsschnur *f*
rallonger [ʀalɔ̃ʒe] *vt* verlängern
rallye [ʀali] *nm* Rallye *f*
ramadan [ʀamadɑ̃] *nm* (*Rel*) Ramadan *m*
ramassage [ʀamɑsaʒ] *nm* : **~ scolaire** Schulbusdienst *m*
ramassé, e [ʀamɑse] *adj* (*trapu*) stämmig, gedrungen
ramasser [ʀamɑse] *vt* aufheben; (*recueillir*) einsammeln; (*récolter*) sammeln; (: *pommes de terre*) ernten; **se ramasser** *vpr* (*sur soi-même*) sich zusammenkauern
ramasseur, -euse [ʀamɑsœʀ, øz] *nm/f* : **~ de balles** Balljunge *m*; **ramasseuse de balles** Ballmädchen *nt*
rambarde [ʀɑ̃baʀd] *nf* Geländer *nt*
rame [ʀam] *nf* (*aviron*) Ruder *nt*; (*de métro*) Zug *m*; (*de papier*) Ries *nt*
rameau, x [ʀamo] *nm* Zweig *m*; **les R~x** Palmsonntag *m*
ramener [ʀam(ə)ne] *vt* zurückbringen; (*en voiture*) nach Hause fahren; (*rétablir*) wiederherstellen; **se ramener** *vpr* (*fam : arriver*) aufkreuzen; **~ qch à** etw reduzieren auf +*acc*; **se ~ à** hinauslaufen auf +*acc*
ramer [ʀame] *vi* rudern
rameur, -euse [ʀamœʀ] *nm/f* Ruderer *m*, Ruderin *f*
ramification [ʀamifikasjɔ̃] *nf* Verzweigung *f*
ramollir [ʀamɔliʀ] *vt* weich machen; **se ramollir** *vpr* weich werden
ramoneur [ʀamɔnœʀ] *nm* Schornsteinfeger *m*
rampe [ʀɑ̃p] *nf* (*d'escalier*) (Treppen)geländer *nt*; (*dans un garage, Théâtre*) Rampe *f*; **~ de lancement** Abschussrampe *f*
ramper [ʀɑ̃pe] *vi* kriechen
rancard [ʀɑ̃kaʀ] (*fam*) *nm* : **avoir ~ avec qn** sich mit jdm treffen
rancart [ʀɑ̃kaʀ] (*fam*) *nm* : **mettre au ~** ausrangieren
rance [ʀɑ̃s] *adj* ranzig
rancœur [ʀɑ̃kœʀ] *nf* Groll *m*
rançon [ʀɑ̃sɔ̃] *nf* Lösegeld *nt*
rancune [ʀɑ̃kyn] *nf* Groll *m*; **garder ~ à qn (de qch)** gegen jdn (wegen etw *gén*) einen Groll hegen; **sans ~ !** nichts für ungut!
randonnée [ʀɑ̃dɔne] *nf* Ausflug *m*; **~ pédestre** Wanderung *f*; **ski de ~** Skiwandern
randonneur, -euse [ʀɑ̃dɔnœʀ, øz] *nm/f* Wanderer *m*, Wanderin *f*

rang [Rɑ̃] nm (rangée) Reihe f; (grade, position) Rang m; **se mettre en ~s** sich in einer Reihe aufstellen; **se mettre sur les ~s** (fig) sich unter die Bewerber einreihen; **au premier/dernier ~** (de sièges) in der ersten/letzten Reihe

rangé, e [Rɑ̃ʒe] adj (personne) ordentlich

rangée [Rɑ̃ʒe] nf Reihe f

rangement [Rɑ̃ʒmɑ̃] nm Aufräumen nt; (classement) Ordnen nt; **faire du ~** aufräumen

ranger [Rɑ̃ʒe] vt (classer) ordnen; (mettre à sa place) wegräumen; (: voiture) parken; (mettre de l'ordre dans) aufräumen; (disposer) anordnen; **se ranger** vpr (s'écarter) ausweichen; (se garer) parken; (s'assagir) sich beruhigen

ranimer [Ranime] vt wiederbeleben; (forces, courage, souvenirs) wiederaufleben lassen; (feu) schüren

rap [Rap] nm (Mus) Rap m

rapace [Rapas] nm Raubvogel m ▶ adj (péj) geldgierig

râpe [Rɑp] nf (Culin) Reibe f, Raspel f

râpé, e [Rɑpe] adj (Culin) gerieben; (vêtement, tissu) abgeschabt

râper [Rɑpe] vt reiben, raspeln

rapetisser [Rap(ə)tise] vt (vêtement) kürzer machen; (faire paraître plus petit) kleiner erscheinen lassen

raphia [Rafja] nm (Raphia)bast m

rapide [Rapid] adj schnell ▶ nm (d'un cours d'eau) Stromschnelle f; (train) Schnellzug m

rapidement [Rapidmɑ̃] adv schnell

rapidité [Rapidite] nf Schnelligkeit f

rapiécer [Rapjese] vt flicken

rappel [Rapɛl] nm (d'un exilé, d'un ambassadeur) Zurückberufung f; (Mil) Einberufung f; (vaccination) Wiederholungsimpfung f; (Théât etc) Vorhang m; (d'une aventure, d'un nom, d'une date) Erinnerung f; (sur écriteau) Wiederholung f

rappeler [Rap(ə)le] vt zurückrufen; (évoquer) erinnern an +acc; **se rappeler** vpr (se souvenir) sich erinnern; **se ~ que/de** sich erinnern, dass/an +acc

rapport [RapɔR] nm (compte rendu) Bericht m; (: de médecin légiste, d'expert) Gutachten nt; (profit) Ertrag m; (lien) Zusammenhang m; (proportion) Verhältnis nt; **rapports** nmpl Beziehungen pl; **être en ~ avec** im Zusammenhang stehen mit; **être en ~ avec qn** mit jdm in Verbindung stehen; **se mettre en ~ avec qn** sich mit jdm in Verbindung setzen; **par ~ à** im Vergleich zu; **sous le ~ de** hinsichtlich +gén; **~ annuel** (comptabilité) Jahresbericht; **~s (sexuels)** (Geschlechts)verkehr m

rapporter [RapɔRte] vt (remettre à sa place, rendre) zurückbringen; (apporter davantage) noch einmal bringen; (revenir avec, ramener) mitbringen; (Couture) aufnähen; (produire) abwerfen, einbringen; (relater) berichten ▶ vi (investissement, propriété) Gewinn abwerfen; (moucharder) petzen; **se ~ à** vpr sich beziehen auf +acc

rapporteur, -euse [RapɔRtœR, øz] nm/f (d'un procès, d'une commission) Berichterstatter(in); (péj) Petze f ▶ nm (Géom) Winkelmesser m

rapprochement [RapRɔʃmɑ̃] nm (réconciliation) Versöhnung f; (analogie) Parallele f

rapprocher [RapRɔʃe] vt (approcher) heranrücken; (deux objets) zusammenrücken; (personnes) zusammenbringen; (associer, comparer) vergleichen, gegenüberstellen; **se rapprocher** vpr sich nähern; **se ~ de** sich nähern +dat; (présenter une analogie avec) vergleichbar sein mit

rapt [Rapt] nm Entführung f

raquette [Rakɛt] nf Schläger m; (à neige) Schneeschuh m

rare [RɑR] adj selten; (cheveux, herbe) dünn; **il est ~ que** es kommt selten vor, dass

rarement [RɑRmɑ̃] adv selten

RAS [ɛRɑɛs] abr (= rien à signaler) nichts zu berichten

ras, e [Rɑ, Rɑz] adj kurz geschoren; (poil, herbe) kurz ▶ adv (couper) kurz; **~ du cou** (pull, robe) mit rundem Halsausschnitt

raser [Rɑze] vt (barbe, cheveux) abrasieren; (menton, personne) rasieren; (fam : ennuyer) langweilen; (démolir) dem Erdboden gleichmachen; (frôler) streifen; **se raser** vpr sich rasieren; (fam : s'ennuyer) sich langweilen, sich mopsen

ras-le-bol [Rɑlbɔl] nm : **en avoir ~ (de qch)** (fam) (von etw) die Nase vollhaben

rasoir [RɑzwaR] nm : **~ électrique** Rasierapparat m; **~ mécanique** Nassrasierer m

rassemblement [Rasɑ̃bləmɑ̃] nm Versammlung f; (Mil) Sammeln nt

rassembler [Rasɑ̃ble] vt versammeln; (troupes) zusammenziehen; (regrouper, accumuler) (an)sammeln; **se rassembler** vpr sich versammeln

rassis, e [Rasi, iz] adj (pain, brioche) altbacken

rassurant, e [ʀasyʀɑ̃, ɑ̃t] *adj* beruhigend
rassurer [ʀasyʀe] *vt* beruhigen; **se rassurer** *vpr* sich beruhigen; **rassure-toi** beruhige dich
rat [ʀa] *nm* Ratte *f*
ratatiné, e [ʀatatine] *adj* runzelig
rate [ʀat] *nf* (Anat) Milz *f*
raté, e [ʀate] *adj* (tentative, opération) misslungen; (spectacle) missraten ▶ *nm/f* (personne) Versager(in) ▶ *nm* (Auto) Fehlzündung *f*
râteau, x [ʀɑto] *nm* (de jardinage) Rechen *m*
rater [ʀate] *vi* (affaire, projet etc) fehlschlagen, schiefgehen ▶ *vt* (cible, balle) verfehlen; (train, occasion) verpassen; (démonstration, devoir, plat) verpfuschen; (examen) durchfallen bei *ou* durch
raticide [ʀatisid] *nm* Rattengift *nt*
ratification [ʀatifikasjɔ̃] *nf* Ratifizierung *f*
ratifier [ʀatifje] *vt* ratifizieren
ratio [ʀasjo] *nm* Verhältnis *nt*
ration [ʀasjɔ̃] *nf* Ration *f*; (fig) Teil *m*
rationalisation [ʀasjɔnalizasjɔ̃] *nf* Rationalisierung *f*
rationaliser [ʀasjɔnalize] *vt* rationalisieren
rationnel, le [ʀasjɔnɛl] *adj* rational; (procédé, méthode) rationell
rationnement [ʀasjɔnmɑ̃] *nm* Rationierung *f*
rationner [ʀasjɔne] *vt* (vivres) rationieren; (personne) auf (feste) Rationen setzen; **se rationner** *vpr* sich einteilen
ratisser [ʀatise] *vt* harken, rechen; **~ large** ein breites Publikum ansprechen wollen
raton [ʀatɔ̃] *nm* : **~ laveur** Waschbär *m*
RATP [ɛʀatepe] *sigle f* (= Régie autonome des transports parisiens) Pariser Verkehrsverbund
rattacher [ʀataʃe] *vt* (animal) wieder anbinden; (cheveux) wieder festbinden; **se ~ à** *vpr* (avoir un lien avec) verbunden sein mit
rattraper [ʀatʀape] *vt* (fugitif, animal) wieder einfangen; (empêcher de tomber) auffangen; (rejoindre) einholen; (réparer) wiedergutmachen; **se rattraper** (de temps perdu) aufholen
rature [ʀatyʀ] *nf* Korrektur *f*
raturer [ʀatyʀe] *vt* ausstreichen
rauque [ʀok] *adj* heiser, rau
ravager [ʀavaʒe] *vt* verwüsten; (maladie, chagrin etc) verheeren

ravages [ʀavaʒ] *nmpl* (de la guerre, de l'alcoolisme) Verheerungen *pl*; (d'un incendie, orage etc) Verwüstung *f*
ravaler [ʀavale] *vt* (mur, façade) restaurieren; (déprécier) erniedrigen; (avaler de nouveau) (wieder) hinunterschlucken
rave [ʀav] *nf* (légume) Rübe *f*
rave [ʀɛiv] *nf* (aussi : **rave-party**) Rave *m*
ravi, e [ʀavi] *adj* begeistert; **être ~ de/que** hocherfreut sein über +acc/darüber, dass
ravin [ʀavɛ̃] *nm* Schlucht *f*
ravir [ʀaviʀ] *vt* (enchanter) hinreißen; (enlever de force) rauben
raviser [ʀavize] : **se raviser** *vpr* seine Meinung ändern
ravissant, e [ʀavisɑ̃, ɑ̃t] *adj* hinreißend, entzückend
ravissement [ʀavismɑ̃] *nm* Entzücken *nt*
ravisseur, -euse [ʀavisœʀ, øz] *nm/f* Entführer(in)
ravitaillement [ʀavitajmɑ̃] *nm* Versorgung *f*; (provisions) Vorräte *pl*; **~ en vol** Auftanken *nt* während des Fluges
ravitailler [ʀavitaje] *vt* versorgen; (véhicule) auftanken; **se ravitailler** *vpr* sich versorgen
raviver [ʀavive] *vt* (feu, flamme) neu beleben; (couleurs) auffrischen
rayé, e [ʀeje] *adj* gestreift; (éraflé) zerkratzt
rayer [ʀeje] *vt* (érafler) zerkratzen; (barrer, radier) streichen
rayon [ʀejɔ̃] *nm* Strahl *m*; (Math) Radius *m*; (d'une roue) Speiche *f*; (étagère) Regal *nt*; (de grand magasin) Abteilung *f*; (d'une ruche) Wabe *f*; **dans un ~ de** in einem Umkreis von; **~ de braquage** Wendekreis *m*; **~ de soleil** (aussi fig) Sonnenstrahl *m*; **~s X** Röntgenstrahlen *pl*
rayonnage [ʀejɔnaʒ] *nm* Regal *nt*
rayonnant, e [ʀejɔnɑ̃, ɑ̃t] *adj* strahlend; **~ de** (joie) strahlend vor; **~ de bonheur** strahlend vor Glück
rayonnement [ʀejɔnmɑ̃] *nm* Strahlung *f*; (fig) Einfluss *m*
rayonner [ʀejɔne] *vi* (chaleur, énergie) ausgestrahlt werden; (être radieux) strahlen; (touristes) (von einem Ausgangspunkt aus) Ausflüge machen
rayure [ʀejyʀ] *nf* (motif) Streifen *m*; (éraflure) Schramme *f*, Kratzer *m*; (rainure) Rille *f*; **à ~s** gestreift
raz-de-marée [ʀɑdmaʀe] *nm inv* Flutwelle *f*; (fig) Welle *f*

razzia [ʀa(d)zja] *nf* Razzia *f*

R-D [ɛʀde] *sigle f* (= *Recherche-Développement*) FE

ré [ʀe] *nm* (*Mus*) D *nt*

réacteur [ʀeaktœʀ] *nm* (*Aviat*) Düsentriebwerk *nt*; **~ nucléaire** (Kern- ou Atom)reaktor *m*

réaction [ʀeaksjɔ̃] *nf* Reaktion *f*; **avion/moteur à ~** Düsenflugzeug *nt*/Düsentriebwerk *nt*; **~ en chaîne** Kettenreaktion *f*

réactionnaire [ʀeaksjɔnɛʀ] *adj* reaktionär

réadapter [ʀeadapte] *vt* (wieder) anpassen; (*Méd*) rehabilitieren

réagir [ʀeaʒiʀ] *vi* reagieren; **~ à/contre** reagieren auf +*acc*; **~ sur** sich auswirken auf +*acc*

réalisateur, -trice [ʀealizatœʀ, tʀis] *nm/f* Regisseur(in)

réalisation [ʀealizasjɔ̃] *nf* Verwirklichung *f*, Erfüllung *f*; (*œuvre*) Werk *nt*

réaliser [ʀealize] *vt* (*projet*) verwirklichen; (*rêve, souhait*) wahr machen, erfüllen; (*exploit*) vollbringen; (*achat, vente*) tätigen; (*film*) machen, produzieren; (*bien, capital*) zu Geld machen; (*comprendre*) begreifen; **se réaliser** *vpr* (*projet*) verwirklicht werden

réalisme [ʀealism] *nm* Realismus *m*

réaliste [ʀealist] *adj* realistisch ▶ *nmf* Realist(in) *m(f)*

réalité [ʀealite] *nf* Realität *f*; **en ~** in Wirklichkeit; **dans la ~** in der Wirklichkeit; **~ augmentée** (*Inform*) erweiterte Realität *f*

réanimation [ʀeanimasjɔ̃] *nf* Wiederbelebung *f*; **service de ~** Intensivstation *f*

réanimer [ʀeanime] *vt* wiederbeleben

réarmement [ʀeaʀməmɑ̃] *nm* Wiederbewaffnung *f*

rébarbatif, -ive [ʀebaʀbatif, iv] *adj* abstoßend

rebattu, e [ʀ(ə)baty] *adj* abgedroschen

rebelle [ʀəbɛl] *nmf* Rebell(in) *m(f)* ▶ *adj* (*troupes*) aufständisch; (*enfant, mèche etc*) widerspenstig; **~ à** (*un art, un sujet*) nicht zugänglich für

rebeller [ʀ(ə)bele] *vt*: **se rebeller** *vpr* rebellieren

rébellion [ʀebeljɔ̃] *nf* Rebellion *f*, Aufruhr *m*

rebiffer [ʀ(ə)bife]: **se rebiffer** (*fam*) *vpr* sich sträuben

reboisement [ʀ(ə)bwazmɑ̃] *nm* Aufforsten *nt*

reboiser [ʀ(ə)bwaze] *vt* aufforsten

rebond [ʀ(ə)bɔ̃] *nm* Aufprall *m*

rebord [ʀ(ə)bɔʀ] *nm* Rand *m*

rebours [ʀ(ə)buʀ]: **à ~** *adv* (*brosser, caresser*) gegen den Strich; (*comprendre etc*) verkehrt

rebrousser [ʀ(ə)bʀuse] *vt*: **~ chemin** kehrtmachen, umkehren

rebuter [ʀ(ə)byte] *vt* (*suj*) abschrecken

récalcitrant, e [ʀekalsitʀɑ̃, ɑ̃t] *adj* störrisch

recaler [ʀ(ə)kale] *vt* (*Scol*) durchfallen lassen

récapituler [ʀekapityle] *vt* (*résumer*) zusammenfassen; (*passer en revue*) rekapitulieren

recel [ʀəsɛl] *nm* Hehlerei *f*

receleur, -euse [ʀ(ə)səlœʀ, øz] *nm/f* Hehler(in)

récemment [ʀesamɑ̃] *adv* kürzlich

recensement [ʀ(ə)sɑ̃smɑ̃] *nm* Volkszählung *f*

recenser [ʀ(ə)sɑ̃se] *vt* (*population*) zählen; (*inventorier*) auflisten

récent, e [ʀesɑ̃, ɑ̃t] *adj* neu

récépissé [ʀesepise] *nm* Empfangsbescheinigung *f*

récepteur, -trice [ʀesɛptœʀ, tʀis] *adj* Empfangs- ▶ *nm* (*Radio, TV*) Apparat *m*, Empfänger *m*

réception [ʀesɛpsjɔ̃] *nf* Empfang *m*; **heures de ~** (*Méd*) Sprechzeiten *pl*

réceptionniste [ʀesɛpsjɔnist] *nmf* Empfangsdame *f*, Empfangschef *m*

récession [ʀesesjɔ̃] *nf* Rezession *f*

recette [ʀ(ə)sɛt] *nf* (*Culin, fig*) Rezept *nt*; (*bureau des impôts*) Finanzamt *nt*; **recettes** *nfpl* (*Comm*) Einnahmen *pl*

receveur, -euse [ʀ(ə)səvœʀ, øz] *nm/f* (*des contributions*) Eintreiber(in); (*des postes*) Vorsteher(in); (*d'autobus*) Schaffner(in)

recevoir [ʀ(ə)səvwaʀ] *vt* erhalten, bekommen; (*accueillir*) empfangen; (*candidat*) zulassen ▶ *vi* Gäste empfangen

rechange [ʀ(ə)ʃɑ̃ʒ] *nf*: **de ~** Reserve-; (*politique, plan, solution*) Ausweich-

rechaper [ʀ(ə)ʃape] *vt* runderneuern

recharge [ʀ(ə)ʃaʀʒ] *nf* (*de briquet*) Nachfüllpatrone *f*; (*de stylo*) Tintenpatrone *f*

recharger [ʀ(ə)ʃaʀʒe] *vt* (*camion*) wieder beladen; (*fusil*) wieder laden; (*appareil de photo*) laden; (*briquet, stylo*) nachfüllen; (*batterie*) wiederaufladen

réchaud [ʀeʃo] *nm* Rechaud *m*, Stövchen *nt*

réchauffement [ʀeʃofmɑ̃] *nm*: **le ~ climatique** die globale Erwärmung

réchauffer [ʀeʃofe] vt aufwärmen; **se réchauffer** vpr (*personne*) sich aufwärmen; (*température*) wieder wärmer werden

recherche [ʀ(ə)ʃɛʀʃ] nf Suche f; (*scientifique*) Forschung f; (*raffinement*) Eleganz f; **recherches** nfpl (*de la police*) Nachforschungen pl; **être à la ~ de qch** auf der Suche nach etw sein; **se mettre à la ~ de qch** sich auf die Suche nach etw machen

recherché, e [ʀ(ə)ʃɛʀʃe] adj begehrt, gesucht; (*raffiné*) erlesen; (*précieux*) affektiert

rechercher [ʀ(ə)ʃɛʀʃe] vt suchen

rechute [ʀ(ə)ʃyt] nf Rückfall m

récidive [ʀesidiv] nf Rückfall m

récidiver [ʀesidive] vi rückfällig werden; (*Méd*) wieder auftreten

récidiviste [ʀesidivist] nmf Wiederholungstäter(in) m(f)

récif [ʀesif] nm Riff nt

récipient [ʀesipjɑ̃] nm Behälter m

réciproque [ʀesipʀɔk] adj gegenseitig; (*Ling*) reflexiv

récit [ʀesi] nm Erzählung f

récital [ʀesital] nm Konzert nt

récitation [ʀesitasjɔ̃] nf Vortrag m; (*texte*) Text m (*zum auswendigen Vortragen*)

réciter [ʀesite] vt vortragen; (*péj*) herunterleiern

réclamation [ʀeklɑmɑsjɔ̃] nf Reklamation f, Beschwerde f; **service des ~s** Beschwerdeabteilung f

réclame [ʀeklɑm] nf: **article en ~** Sonderangebot nt

réclamer [ʀeklɑme] vt verlangen; (*nécessiter*) erfordern ▶ vi (*protester*) sich beschweren

réclusion [ʀeklyzjɔ̃] nf (*Jur*) Freiheitsstrafe f

recoin [ʀəkwɛ̃] nm verborgener Winkel m; (*fig*) geheimer Winkel

récolte [ʀekɔlt] nf Ernte f

récolter [ʀekɔlte] vt ernten

recommandation [ʀ(ə)kɔmɑ̃dɑsjɔ̃] nf Empfehlung f; **lettre de ~** Empfehlungsschreiben nt

recommandé, e [ʀ(ə)kɔmɑ̃de] adj empfohlen; **en ~** eingeschrieben

recommander [ʀ(ə)kɔmɑ̃de] vt empfehlen; (*envoi*) als Einschreiben schicken; **se recommander** vpr: **se ~ à qn** sich jdm empfehlen

recommencer [ʀ(ə)kɔmɑ̃se] vt wieder anfangen; (*refaire*) noch einmal anfangen ▶ vi wieder anfangen

récompense [ʀekɔ̃pɑ̃s] nf Belohnung f

récompenser [ʀekɔ̃pɑ̃se] vt belohnen

recomposé, e [ʀəkɔ̃poze] adj: **famille ~e** neue Familienkonstellation f mit Scheidungskindern

réconciliation [ʀekɔ̃siljɑsjɔ̃] nf Versöhnung f

réconcilier [ʀekɔ̃silje] vt versöhnen, aussöhnen; (*opinions, doctrines*) in Einklang bringen; **se réconcilier** vpr sich versöhnen

reconduire [ʀ(ə)kɔ̃dɥiʀ] vt (*à la maison*) nach Hause bringen; (*Jur, Pol*) verlängern

réconfort [ʀekɔ̃fɔʀ] nm Trost m

réconfortant, e [ʀekɔ̃fɔʀtɑ̃, ɑ̃t] adj tröstlich

réconforter [ʀekɔ̃fɔʀte] vt (*consoler*) trösten

reconnaissance [ʀ(ə)kɔnɛsɑ̃s] nf (*gratitude*) Dankbarkeit f; (*de gouvernement, pays*) Anerkennung f; (*Mil*) Aufklärung f

reconnaissant, e [ʀ(ə)kɔnɛsɑ̃, ɑ̃t] adj dankbar; **je vous serais ~ de bien vouloir faire qch** ich wäre Ihnen sehr dankbar, wenn Sie etw tun könnten

reconnaître [ʀ(ə)kɔnɛtʀ] vt erkennen; (*distinguer*) auseinanderhalten; (*pays, enfant, valeur etc*) anerkennen; (*Mil*) erkunden; **~ que** zugeben ou zugestehen, dass; **~ qn/qch à** jdn/etw erkennen an +dat

reconnu, e [ʀ(ə)kɔny] pp de **reconnaître** ▶ adj anerkannt

reconsidérer [ʀ(ə)kɔ̃sideʀe] vt noch einmal überdenken

reconstituer [ʀ(ə)kɔ̃stitɥe] vt rekonstruieren; (*fortune, patrimoine*) wiederherstellen; (*tissus etc*) erneuern

recontacter [ʀ(ə)kɔ̃takte] vt sich wieder in Verbindung setzen mit

record [ʀ(ə)kɔʀ] nm Rekord m ▶ adj Rekord-; **battre tous les ~s** alle Rekorde schlagen; **~ du monde** Weltrekord m

recouper [ʀ(ə)kupe]: **se recouper** vpr (*témoignages, déclarations*) übereinstimmen

recourbé, e [ʀ(ə)kuʀbe] adj gebogen, krumm

recourir [ʀ(ə)kuʀiʀ] vi: **~ à** (*personne, agence*) sich wenden an +acc; (*force, ruse, emprunt*) zurückgreifen auf +acc

recours [ʀ(ə)kuʀ] nm: **le ~ à la violence** die Gewaltanwendung f; **le ~ à la ruse** die Verwendung einer List; **avoir ~ à** sich wenden an +acc; **en dernier ~** als letzter Ausweg

recouvrer [ʀ(ə)kuvʀe] vt (*retrouver*) wiedererlangen; (*impôts, créance*) eintreiben, einziehen

recouvrir [R(ə)kuvRiR] vt (*couvrir à nouveau*) wieder zudecken; (*couvrir entièrement*) zudecken; (*cacher*) verbergen; (*embrasser*) umfassen; **se recouvrir** vpr (*idées, concepts*) sich decken

récréatif, -ive [RekReatif, iv] adj unterhaltsam

récréation [RekReasjɔ̃] nf (*détente*) Erholung f; (*Scol*) Pause f

récrier [RekRije] : **se récrier** vpr protestieren

recroqueviller [R(ə)kRɔk(ə)vije] : **se recroqueviller** vpr (*plantes, feuilles*) sich aufrollen; (*personne*) sich zusammenkauern

recruter [R(ə)kRyte] vt (*Mil*) ausheben; (*personnel, collaborateurs*) einstellen; (*clients, partisans, adeptes*) anwerben

rectal, e, -aux [Rεktal, o] adj : **par voie ~e** rektal

rectangle [Rεktɑ̃gl] nm Rechteck nt

rectangulaire [Rεktɑ̃gylεR] adj rechteckig

rectifier [Rεktifje] vt (*tracé, virage*) begradigen; (*calcul, compte, adresse*) berichtigen; (*erreur, faute*) richtigstellen

rectiligne [Rεktilin] adj gerade (verlaufend); (*Géom*) geradlinig

reçu, e [R(ə)sy] pp de **recevoir** ▶ adj (*idées*) althergebracht ▶ nm Quittung f

recueil [Rəkœj] nm Sammlung f

recueillir [R(ə)kœjiR] vt sammeln; (*accueillir*) (bei sich) aufnehmen; **se recueillir** vpr sich sammeln

recul [R(ə)kyl] nm (*d'une armée, épidémie etc*) Rückzug m; (*d'une arme à feu*) Rückschlag m; **avoir un mouvement de ~** zurückschrecken ou -fahren; **prendre du ~** Abstand nehmen

reculade [R(ə)kylad] nf Rückzieher m

reculé, e [R(ə)kyle] adj (*isolé*) zurückgezogen; (*lointain*) entfernt

reculer [R(ə)kyle] vi sich rückwärtsbewegen; (*conducteur*) rückwärtsfahren; (*épidémie, civilisation*) Boden verlieren; (*se dérober*) sich zurückziehen ▶ vt (*meuble*) zurückschieben; (*véhicule*) zurücksetzen; (*mur, frontières*) verschieben

reculons [R(ə)kylɔ̃] nm : **à ~** adv rückwärts

récupérer [RekypeRe] vt wiederbekommen; (*forces*) wiedererlangen; (*déchets etc*) wiederverwerten; (*journée, heure de travail*) aufholen; (*Pol*) übernehmen ▶ vi sich erholen

récurer [RekyRe] vt scheuern

récuser [Rekyze] vt (*témoin, juré*) ablehnen; (*argument, témoignage*) zurückweisen; **se récuser** vpr sich für nicht zuständig erklären

recyclable [R(ə)siklabl] adj recycelbar

recyclage [R(ə)siklaʒ] nm Umschulung f; (*de déchets*) Wiederverwertung f; **cours de ~** Umschulung f

recyclé, e [R(ə)sikle] adj Recycling-; **papier ~** Umwelt(schutz)papier nt, Recyclingpapier nt

recycler [R(ə)sikle] vt (*matériaux, eaux usées etc*) wiederverwerten

rédacteur, -trice [RedaktœR, tRis] nm/f Redakteur(in); **~ en chef** Chefredakteur(in); **~ publicitaire** Werbetexter(in)

rédaction [Redaksjɔ̃] nf Schreiben nt; (*Journalisme*) Redaktion f; (*Scol*) Aufsatz m

redémarrage [R(ə)demaRaʒ] nm (*Inform*) Neustart m; **~ à chaud** Warmstart

redémarrer [R(ə)demaRe] vi (*véhicule*) wieder losfahren; (*ordinateur*) neu starten; (*fig*) neuen Aufschwung nehmen

rédemption [Redɑ̃psjɔ̃] nf Erlösung f

redessiner [R(ə)desine] vt (*paysage, jardin*) neu gestalten; (*frontière*) neu ziehen

redevable [R(ə)dəvabl] adj : **être ~ de qch à qn** (*somme*) jdm etw schulden; (*vie*) jdm etw verdanken

rédiger [Rediʒe] vt abfassen

redire [R(ə)diR] vt wiederholen; **avoir ou trouver à ~ à qch** an etw dat etw auszusetzen haben

redoubler [R(ə)duble] vt verdoppeln; (*Scol*) wiederholen ▶ vi (*tempête, vent, violence*) zunehmen; (*Scol*) sitzen bleiben; **~ de** (*amabilité, efforts, soins*) verdoppeln

redoutable [R(ə)dutabl] adj furchtbar

redouter [R(ə)dute] vt fürchten

redressement [R(ə)dRεsmɑ̃] nm (*Écon*) (Wieder)aufschwung m

redresser [R(ə)dRese] vt (*arbre, mât*) wieder aufrichten; (*pièce tordue*) wieder gerade richten; (*situation, économie*) sanieren, wiederherstellen; **se redresser** vpr (*se remettre droit*) sich wieder aufrichten; (*se tenir très droit*) sich gerade aufrichten

réduction [Redyksjɔ̃] nf Reduzierung f, Verkleinerung f; (*rabais, remise*) Rabatt m; **~ du personnel** Personalabbau m; **~ du temps de travail** Arbeitszeitverkürzung f

réduire [RedɥiR] vt reduzieren; (*salaires, budget, texte, fraction*) kürzen; (*carte, photographie*) verkleinern; (*jus, sauce*) einkochen; **se réduire** vpr : **se ~ à** sich reduzieren auf +acc; **~ qn au silence** jdn zum Schweigen bringen; **~ qn au désespoir** jdn zur Verzweiflung treiben; **~ qch à** etw zurückführen auf +*acc*; **~ qch en** etw verwandeln in +*acc*; **se ~ en** sich verwandeln in +*acc*

réduit, e [ʀedɥi, it] *pp de* **réduire** ▸ *adj* (*prix, tarif*) reduziert; (*échelle*) verkleinert; (*vitesse*) gedrosselt ▸ *nm* (*local*) Abstellkammer *f*

redynamiser [ʀ(ə)dinamize] *vt* (*économie, secteur, tourisme*) neu beleben, neuen Aufschwung geben +*dat*

rééducation [ʀeedykasjɔ̃] *nf* (*Méd*) Physiotherapie *f*; (*de la parole*) Sprechtherapie *f*; (*de délinquants*) Rehabilitation *f*

rééduquer [ʀeedyke] *vt* (*blessé etc*) physiotherapeutisch behandeln; (*délinquant*) rehabilitieren

réel, le [ʀeɛl] *adj* (*non fictif*) real, tatsächlich; (*intensif*) wirklich

réélection [ʀeelɛksjɔ̃] *nf* Wiederwahl *f*

réélire [ʀeeliʀ] *vt* wiederwählen

réellement [ʀeɛlmɑ̃] *adv* wirklich

réévaluer [ʀeevalɥe] *vt* aufwerten

réexpédier [ʀeɛkspedje] *vt* (*à l'envoyeur*) zurücksenden; (*au destinataire*) nachsenden

réf. *abr* (= *référence*) Bez.

refaire [ʀ(ə)fɛʀ] *vt* noch einmal machen, wiederholen; (*recommencer, faire autrement*) neu machen; (*réparer*) reparieren; (*restaurer*) restaurieren; (*rétablir*) wiederherstellen; **se refaire** *vpr* (*en santé, argent etc*) sich erholen

réfectoire [ʀefɛktwaʀ] *nm* Speisesaal *m*; (*de caserne*) Kantine *f*

référence [ʀefeʀɑ̃s] *nf* (*renvoi*) Verweis *m*; (*Comm*) Bezug(nahme *f*) *m*; **références** *nfpl* (*recommandation*) Referenzen *pl*; **faire ~ à** Bezug nehmen auf +*acc*; **ouvrage de ~** Nachschlagewerk *nt*

référendum [ʀefeʀɛ̃dɔm] *nm* Referendum *nt*

référer [ʀefeʀe] *vi*: **en ~ à qn** jdm die Entscheidung überlassen; **se référer** *vpr*: **se ~ à** (*ami, avis*) sich beziehen auf +*acc*

réfléchi, e [ʀefleʃi] *adj* (*personne, caractère*) besonnen; (*action, décision*) überlegt; (*Ling*) reflexiv

réfléchir [ʀefleʃiʀ] *vt* (*lumière, image*) reflektieren ▸ *vi* nachdenken, überlegen; **~ à** *ou* **sur** nachdenken über +*acc*

reflet [ʀ(ə)flɛ] *nm* Spiegelbild *nt*, Spiegelung *f*; **reflets** *nmpl* (*du soleil, de la lumière*) Widerschein *m*; (*d'une étoffe, d'un métal, des cheveux*) Schimmern *nt*

refléter [ʀ(ə)flete] *vt* reflektieren; (*exprimer*) erkennen lassen; **se refléter** *vpr* sich spiegeln; (*fig*) sich widerspiegeln

reflex [ʀeflɛks] *adj inv* (*Photo*) Spiegelreflex-

réflexe [ʀeflɛks] *nm* Reflex *m* ▸ *adj*: **mouvement ~** Reflexbewegung *f*; **avoir de bons ~s** gute Reflexe haben; **~ conditionné** bedingter Reflex

réflexion [ʀeflɛksjɔ̃] *nf* (*Phys*) Reflexion *f*; (*fait de penser*) (Nach)denken *nt*; (*pensée*) Gedanke *m*; (*remarque*) Bemerkung *f*

refluer [ʀ(ə)flye] *vi* zurückfließen; (*foule, manifestants*) zurückströmen

reflux [ʀəfly] *nm* Ebbe *f*

refondre [ʀ(ə)fɔ̃dʀ] *vt* (*texte, manuel*) völlig umarbeiten *ou* neu bearbeiten

réformateur, -trice [ʀefɔʀmatœʀ, tʀis] *nm/f* Reformer(in); (*Rel*) Reformer(in) ▸ *adj* Reform-

réforme [ʀefɔʀm] *nf* Reform *f*; (*Mil*) Ausmusterung *f*; (*Rel*) Reformation *f*

réformé, e [ʀefɔʀme] *adj* (*Rel*) reformiert ▸ *nm* (*Mil*) Untauglicher *m*

réformer [ʀefɔʀme] *vt* reformieren; (*Mil*) ausmustern

refoulé, e [ʀ(ə)fule] *adj* verklemmt

refoulement [ʀ(ə)fulmɑ̃] *nm* (*d'envahisseurs*) Zurückdrängen *nt*; (*de liquide : Psych*) Verdrängung *f*

refouler [ʀ(ə)fule] *vt* (*envahisseurs*) zurückdrängen; (*liquide, Psych*) verdrängen; (*larmes, colère*) unterdrücken

réfractaire [ʀefʀaktɛʀ] *adj* (*rebelle*) aufsässig; (*Tech*) hitzebeständig; **être ~ à** sich widersetzen +*dat*

refrain [ʀ(ə)fʀɛ̃] *nm* Refrain *m*; (*fig*) Lied *nt*

refréner [ʀefʀene] *vt* zügeln

réfrigérateur [ʀefʀiʒeʀatœʀ] *nm* Kühlschrank *m*

réfrigération [ʀefʀiʒeʀasjɔ̃] *nf* Kühlung *f*

réfrigérer [ʀefʀiʒeʀe] *vt* kühlen; (*fam : glacer*) unterkühlen; (*fig*) abkühlen

refroidir [ʀ(ə)fʀwadiʀ] *vt* abkühlen lassen ▸ *vi* abkühlen; **se refroidir** *vpr* abkühlen; (*prendre froid*) sich erkälten

refroidissement [ʀ(ə)fʀwadismɑ̃] *nm* (*grippe, rhume*) Erkältung *f*

refuge [ʀ(ə)fyʒ] *nm* Zuflucht *f*; (*de montagne*) (Schutz)hütte *f*; (*pour piétons*) Verkehrsinsel *f*

réfugié, e [ʀefyʒje] *adj* geflüchtet ▸ *nm/f* Flüchtling *m*; **~ économique** Wirtschaftsflüchtling *m*

réfugier [ʀefyʒje] : **se réfugier** *vpr* (*s'abriter*) sich flüchten; **se ~ en France** nach Frankreich flüchten *ou* fliehen

refus [ʀ(ə)fy] nm Ablehnung f; **ce n'est pas de ~** (fam) da sage ich nicht Nein

refuser [ʀ(ə)fyze] vt ablehnen; (ne pas accorder) verweigern; **se refuser** vpr: **~ à faire qch** sich weigern, etw zu tun; **~ de faire qch** sich weigern, etw zu tun; **se ~ à qn** sich jdm verweigern; **il ne se refuse rien** er lässt es sich an nichts fehlen

réfuter [ʀefyte] vt widerlegen

regagner [ʀ(ə)ɡaɲe] vt zurückgewinnen; (lieu, place) zurückkommen nach

regain [ʀəɡɛ̃] nm: **un ~ de** (fig) ein neuer Aufschwung in +dat

régal [ʀeɡal] nm Köstlichkeit f; **c'est un (vrai) ~** das ist (wirklich) köstlich; **un ~ pour les yeux** ein Augenschmaus m; **ce paysage est un ~ pour les yeux** diese Landschaft ist wunderschön

régaler [ʀeɡale] vt: **~ qn** jdn fürstlich bewirten; **se régaler** vpr (faire un bon repas) schlemmen

regard [ʀ(ə)ɡaʀ] nm Blick m; **menacer du ~** drohend ansehen; **au ~ de la loi** dem Gesetz nach

regardant, e [ʀ(ə)ɡaʀdɑ̃, ɑ̃t] adj (économe) knauserig; **être très/peu ~ sur** geizen/nicht geizen mit; (dépensier) nicht knauserig mit

regarder [ʀ(ə)ɡaʀde] vt ansehen, betrachten; (livre, film, match) sich dat ansehen; (situation, avenir) betrachten; (considérer) im Auge haben, bedacht sein auf +acc; **~ la télévision** fernsehen; **~ dans le dictionnaire/l'annuaire** im Wörterbuch/im Telefonbuch nachsehen; **~ par la fenêtre** aus dem Fenster sehen; **~ à** achten auf +acc; **dépenser sans ~** mit seinem Geld verschwenderisch umgehen; **ça ne vous regarde pas** das geht Sie nichts an

régénérant, e [ʀeʒeneʀɑ̃, ɑ̃t] adj (lait, crème) revitalisierend

régie [ʀeʒi] nf (Admin) Verwaltung f; (Ciné, Théât) Produktion f; (Radio, TV) Regie f; **~ d'État** staatlich geführtes Unternehmen

regimber [ʀ(ə)ʒɛ̃be] vi sich sträuben

régime [ʀeʒim] nm Regime nt; (Admin) System nt; (Méd) Diät f; (d'un moteur) Drehzahl f; (de bananes, dattes) Büschel nt; **suivre un/se mettre au ~** Diät leben/auf Diät gehen; **à plein ~** auf vollen Touren; **~ matrimonial** Ehe(schließungs)abkommen nt

régiment [ʀeʒimɑ̃] nm (Mil) Regiment nt; **un ~ de** (fam) Heerscharen von; **un copain de ~** ein Freund aus der Militärzeit

région [ʀeʒjɔ̃] nf Gegend f; (Anat) Bereich m; **la ~ parisienne** die Gegend um Paris

régional, e, -aux [ʀeʒjɔnal, o] adj regional

régir [ʀeʒiʀ] vt bestimmen; (Ling aussi) regieren

régisseur, -euse [ʀeʒisœʀ, øz] nm/f Verwalter(in); (Ciné, Théât, TV) Produktionsassistent(in)

registre [ʀeʒistʀ] nm Register nt, Verzeichnis nt; (Ling) Stilebene f

réglable [ʀeɡlabl] adj (siège, flamme) regulierbar; (payable : achat) zahlbar

réglage [ʀeɡlaʒ] nm Einstellen nt

règle [ʀɛɡl] nf Regel f; (instrument) Lineal nt; **règles** nfpl (Méd) Periode f; **en ~** (papiers) in Ordnung; **dans** ou **selon les ~s** den Regeln entsprechend; **en ~ générale** generell, im Allgemeinen

réglé, e [ʀeɡle] adj (affaire, vie, personne) geregelt; (papier) liniert

règlement [ʀɛɡləmɑ̃] nm Regelung f; (paiement) Bezahlung f

réglementaire [ʀɛɡləmɑ̃tɛʀ] adj vorschriftsmäßig

réglementation [ʀɛɡləmɑ̃tasjɔ̃] nf Regulierung f

réglementer [ʀɛɡləmɑ̃te] vt regeln

régler [ʀeɡle] vt regeln; (mécanisme, machine) regulieren, einstellen; (note, facture, dette) bezahlen

réglisse [ʀeɡlis] nf Lakritz m ou nt

règne [ʀɛɲ] nm Herrschaft f; **le ~ végétal/animal** das Pflanzen-/Tierreich nt

régner [ʀeɲe] vi herrschen

régression [ʀeɡʀesjɔ̃] nf Rückgang m; **être en ~** zurückgehen, abnehmen

regret [ʀ(ə)ɡʀɛ] nm (nostalgie) Sehnsucht f; (repentir) Reue f; (d'un projet non réalisé) Bedauern nt; **à ~** ungern; **avec ~** mit Bedauern; **à mon grand ~** zu meinem großen Bedauern; **j'ai le ~ de vous informer que** bedauerlicherweise ou leider muss ich Ihnen mitteilen, dass

regrettable [ʀ(ə)ɡʀetabl] adj bedauerlich

regretter [ʀ(ə)ɡʀete] vt bedauern; (action commise) bereuen; (époque passée, personne partie) nachtrauern +dat; **je regrette** es tut mir leid

regroupement [ʀ(ə)ɡʀupmɑ̃] nm Zusammenfassung f; (groupe) Gruppe f

regrouper [ʀ(ə)ɡʀupe] vt (grouper) zusammenfassen; (contenir) umfassen

régularité [ʀeɡylaʀite] nf Regelmäßigkeit f; (de pression etc) Gleichmäßigkeit f; (constance) gleichbleibende Leistung f; (caractère légal) Legalität f; (honnêteté) Anständigkeit f

régulation [ʀegylasjɔ̃] nf Regelung f; **~ des naissances** Geburtenregelung f

régulier, -ière [ʀegylje, jɛʀ] adj regelmäßig; (uniforme) gleichmäßig; (constant) gleichbleibend; (légal) ordnungsgemäß; (fam : correct) anständig; **troupes régulières** reguläre Truppen pl

rehausser [ʀəose] vt erhöhen; (dessin, portrait) hervorheben

rein [ʀɛ̃] nm Niere f; **reins** nmpl (dos) Kreuz nt; **avoir mal aux ~s** Kreuzschmerzen haben

reine [ʀɛn] nf Königin f; (Échecs) Dame f

reine-claude [ʀɛnklod] (pl **reines-claudes**) nf Reneklode f

reinette [ʀɛnɛt] nf Renette f

réinitialisation [ʀeinisjalizasjɔ̃] nf (Inform) Resetten nt, Neustart m

réinscriptible [ʀeɛ̃skʀiptibl] adj (CD, DVD) wiederbeschreibbar

réinscription [ʀeɛ̃skʀipsjɔ̃] nf (Scol) Rückmeldung f

réinsérer [ʀeɛ̃seʀe] vt rehabilitieren

réinsertion [ʀeɛ̃sɛʀsjɔ̃] nf Rehabilitation f

réintégrer [ʀeɛ̃tegʀe] vt (lieu) zurückkehren nach +acc; (fonctionnaire) wieder einsetzen

réitérer [ʀeiteʀe] vt wiederholen

rejet [ʀəʒɛ] nm Ablehnung f; **rejets** nmpl Emissionen pl; **~s industriels/polluants** Industrie-/umweltschädliche Emissionen

rejeter [ʀəʒ(ə)te] vt (refuser) ablehnen; (renvoyer) zurückwerfen; **~ la tête en arrière** den Kopf nach hinten werfen; **~ la responsabilité de qch sur qn** die Verantwortung für etw auf jdn abwälzen

rejeton [ʀəʒ(ə)tɔ̃] (fam) nm Sprössling m

rejoindre [ʀəʒwɛ̃dʀ] vt zurückkehren zu; (rattraper) einholen; (route etc) münden in +acc; **se rejoindre** vpr (personnes) sich treffen; (routes) zusammenlaufen; (observations, arguments) übereinstimmen; **je te rejoins au café** ich treffe dich im Café

réjouir [ʀeʒwiʀ] vt erfreuen; **se réjouir** vpr sich freuen; **se ~ de qch** sich über etw acc freuen

réjouissances [ʀeʒwisɑ̃s] nfpl (fête) Freudenfest nt

relâche [ʀəlɑʃ] nf: **jour de ~** Ruhetag m; **sans ~** ohne Unterbrechung, ohne Pause

relâchement [ʀəlɑʃmɑ̃] nm (de cordes, discipline) Lockerung f; (d'élève etc) Nachlassen nt

relâcher [ʀ(ə)lɑʃe] vt (ressort, cordes, discipline) lockern; (animal, prisonnier) freilassen; **se relâcher** vpr locker werden; (élève etc) nachlassen

relais [ʀ(ə)lɛ] nm (Sport : course) Staffel(lauf m) f; (Radio, TV) Übertragung f; **équipe de ~** (dans une usine) Schicht f; **prendre le ~ de qn** jdn ablösen; **~ routier** Raststätte f (für Lkw-Fahrer)

relance [ʀəlɑ̃s] nf Aufschwung m

relancer [ʀ(ə)lɑ̃se] vt (balle) zurückwerfen; (moteur) wieder anlassen; (Inform) neu starten; (économie, agriculture, projet) ankurbeln; (débiteur) ermahnen

relater [ʀ(ə)late] vt erzählen

relatif, -ive [ʀ(ə)latif, iv] adj relativ; (positions, situations) gegenseitig; (Ling) Relativ-; **~ à qch** etw betreffend

relation [ʀ(ə)lasjɔ̃] nf (récit) Erzählung f; (rapport) Beziehung f, Verhältnis nt; **relations** nfpl Beziehungen pl; **être/entrer en ~(s) avec** in Verbindung ou Kontakt stehen/treten mit; **avoir** ou **entretenir des ~s avec** Beziehungen haben ou unterhalten zu ou mit; **~s publiques** Public Relations pl

relationnel, le [ʀ(ə)lasjɔnɛl] adj (Inform) relational; (Psych) Beziehungs-

relativement [ʀ(ə)lativmɑ̃] adv relativ; **~ à** verglichen mit

relativité [ʀ(ə)lativite] nf Relativität f

relax [ʀəlaks] adj inv (personne) gelassen; **fauteuil ~** Ruhesessel m

relaxant, e [ʀ(ə)laksɑ̃, ɑ̃t] adj entspannend

relaxation [ʀ(ə)laksasjɔ̃] nf Entspannung f

relaxer [ʀəlakse] vt (détendre) entspannen; (détenu) freilassen, entlassen; **se relaxer** vpr sich entspannen

relayer [ʀ(ə)leje] vt ablösen; (Radio, TV) übertragen; **se relayer** vpr sich ou einander ablösen

reléguer [ʀ(ə)legɛ] vt (confiner) verbannen; **~ au second plan** an die zweite Stelle verweisen; **être relégué** (Sport) absteigen

relève [ʀəlɛv] nf Ablösung f; (personnes) Ablösung(smannschaft f) f; **prendre la ~** übernehmen

relevé, e [ʀəl(ə)ve] adj (manches) hochgekrempelt; (virage) überhöht; (conversation, style) gehoben; (sauce, plat) scharf, stark gewürzt ▶ nm (liste) Aufstellung f; (d'un compteur) Stand m; **~ d'identité bancaire** Bankverbindung und Kontonummer f; **~ de compte** Kontoauszug m

relever [Rəl(ə)ve] vt (redresser) aufheben; (statue, meuble) wieder aufstellen, wieder aufrichten; (personne tombée) wieder auf die Beine helfen +dat; (vitre) hochdrehen; (store) hochziehen; (plafond, niveau de vie, salaire) erhöhen; (économie, entreprise) einen Aufschwung geben +dat; (sentinelle, équipe) ablösen; (souligner) betonen, hervorheben; (remarquer) bemerken; (répliquer à) erwidern auf +acc; (défi) annehmen; (noter) aufschreiben; (compteur) ablesen; (cahiers, copies) einsammeln; **se relever** vpr aufstehen; **~ qn de** (fonctions, vœux) jdn entbinden von; **~ la tête** den Kopf heben; **~ de** (être du ressort de) eine Angelegenheit sein von

relief [Rəljɛf] nm Relief nt; (de pneu) Profil nt; **reliefs** nmpl (restes) Überreste pl; **en ~** erhaben; (photographie) dreidimensional; **mettre en ~** hervorheben

relier [Rəlje] vt verbinden; (livre) binden; **~ qch à** etw verbinden mit; **livre relié cuir** in Leder gebundenes Buch

relieur, -euse [Rəljœʀ, jøz] nm/f Buchbinder(in)

religieusement [R(ə)liʒjøzmɑ̃] adv (vivre) fromm; (enterré, mariés) kirchlich; (scrupuleusement) gewissenhaft; (écouter) ganz genau

religieux, -euse [R(ə)liʒjø, jøz] adj religiös; (respect, silence) andächtig ▶ nm Mönch m ▶ nf Nonne f; (gâteau) doppelter Windbeutel

religion [R(ə)liʒjɔ̃] nf Religion f

relire [R(ə)liR] vt (à nouveau) noch einmal lesen; (vérifier) durchlesen, überprüfen

reliure [RəljyR] nf (art, métier) Buchbinderei f; (couverture) Einband m

relooker [Rəluke] vt : **~ qn** jdm ein neues Aussehen verpassen

reluire [R(ə)lɥiR] vi glänzen, schimmern

remaniement [R(ə)manimɑ̃] nm : **~ ministériel** Kabinettsumbildung f

remanier [R(ə)manje] vt (texte) völlig umarbeiten; (cabinet) umbilden

remarier [R(ə)maʀje] : **se marier** vpr wieder heiraten

remarquable [R(ə)maʀkabl] adj bemerkenswert

remarquablement [R(ə)maʀkabləmɑ̃] adv außerordentlich

remarque [R(ə)maʀk] nf Bemerkung f

remarquer [R(ə)maʀke] vt bemerken; **se remarquer** vpr auffallen; **se faire ~** auffallen; **faire ~ à qn que** jdn darauf hinweisen, dass; **faire ~ qch à qn** jdn auf etw +acc hinweisen; **remarquez que** übrigens

remblai [Rɑ̃blɛ] nm Böschung f, Damm m; **travaux de ~** Aufschüttungsarbeiten pl

rembourrer [Rɑ̃buʀe] vt polstern

remboursable [Rɑ̃buʀsabl] adj zurückzahlbar

remboursement [Rɑ̃buʀsəmɑ̃] nm Rückerstattung f, Rückzahlung f; **envoi contre ~** Nachnahme f

rembourser [Rɑ̃buʀse] vt zurückzahlen; (personne) bezahlen

remède [R(ə)mɛd] nm Heilmittel nt, Arzneimittel nt; (fig) (Heil)mittel nt; **un ~ à la crise** ein Mittel gegen die Krise

remémorer [R(ə)memɔʀe] : **se remémorer** vpr sich dat ins Gedächtnis zurückrufen

remerciements [RəmɛRsimɑ̃] nmpl Dank m; **(avec) tous mes ~** mit herzlichem ou bestem Dank

remercier [R(ə)mɛʀsje] vt danken +dat; (congédier) entlassen; **~ qn de qch** jdm für etw danken; **~ qn d'avoir fait qch** jdm dafür danken, dass er/sie etw gemacht hat

remettre [R(ə)mɛtR] vt (replacer) zurückstellen, zurücktun; (rétablir : courant, eau) wieder anstellen; (vêtement) wieder anziehen; (ajouter) hinzufügen, hinzugeben; (rendre) zurückgeben; (confier) übergeben; (ajourner) verschieben; **se remettre** vpr (personne malade) sich erholen; (temps) (wieder) besser werden; **~ qch en place** etw (an seinen Platz) zurücklegen ou zurückstellen; **~ sa démission** seine Kündigung einreichen, kündigen; **~ les pendules à l'heure** (fig) klare Verhältnisse schaffen; **~ à plus tard** auf später verschieben; **~ à neuf** wieder wie neu machen; **s'en ~ à** sich richten nach; **se ~ à faire qch** wieder anfangen, etw zu tun; **~ qn** (fam : reconnaître) sich erinnern an

réminiscence [Reminisɑ̃s] nf Erinnerung f

remise [R(ə)miz] nf (d'un colis, d'une récompense etc) Übergabe f; (rabais) Rabatt m; (local) Schuppen m, Remise f; **~ de peine** Strafnachlass m

rémission [Remisjɔ̃] nf : **sans ~** unerbittlich

remontant [R(ə)mɔ̃tɑ̃] nm Stärkung f

remontée [R(ə)mɔ̃te] nf (de pente, côte) Wiederaufstieg m; (plongeur) Auftauchen nt; **~s mécaniques** (Ski) Skilift m

remonte-pente [R(ə)mɔ̃tpɑ̃t] (pl **remonte-pentes**) nm (Ski) Skilift m

remonter [R(ə)mɔ̃te] vi (sur un cheval) wieder aufsteigen; (après une descente) wieder hinaufsteigen; (dans une voiture) wieder einsteigen; (au deuxième étage etc) wieder hinaufgehen; (jupe) hochrutschen; (baromètre, fièvre) (wieder) steigen ▶ vt (escalier) wieder hinaufgehen; (fleuve) hinauffahren; (pantalon, manches) hochkrempeln; (col) hochschlagen; (limite, niveau) erhöhen; (réconforter) aufmuntern; (garde-robe, collection) erneuern; (montre, mécanisme) aufziehen; **~ à** zurückgehen auf +acc

remontrer [R(ə)mɔ̃tRe] vt (montrer de nouveau) wieder zeigen; **en ~ à qn** es jdm zeigen

remords [R(ə)mɔR] nm schlechtes Gewissen nt; **avoir des ~** Gewissensbisse haben

remorque [R(ə)mɔRk] nf Anhänger m; **prendre en ~** abschleppen

remorquer [R(ə)mɔRke] vt (véhicule) abschleppen; (bateau) schleppen

rémoulade [Remulad] nf Remoulade f

rémouleur [RemulœR] nm Scherenschleifer m

rempart [Rɑ̃paR] nm (Schutz)wall m; **remparts** nmpl Stadtmauer f

remplaçant, e [Rɑ̃plasɑ̃, ɑ̃t] nm/f Ersatz m; (temporaire) Vertretung f

remplacement [Rɑ̃plasmɑ̃] nm Vertretung f

remplacer [Rɑ̃plase] vt ersetzen; (temporairement) vertreten; (pneu) wechseln; (ampoule) auswechseln; **~ par** ersetzen durch

remplir [Rɑ̃pliR] vt füllen; (journée, vacances, vie, questionnaire) ausfüllen; (obligations, promesses, conditions) erfüllen; (fonction, rôle) ausüben; **se remplir** vpr sich füllen; **~ qch de** etw füllen mit; **~ qn de** jdn erfüllen mit

remporter [Rɑ̃pɔRte] vt (livre, marchandise) (wieder) mitnehmen; (victoire, succès) davontragen

remuant, e [Rəmɥɑ̃, ɑ̃t] adj (enfant etc) lebhaft

remue-ménage [R(ə)mymenaʒ] (pl **remue-ménage(s)**) nm Tohuwabohu nt

remue-méninges [R(ə)mymenɛ̃ʒ] nm inv (fam) Brainstorming nt

remuer [Rəmɥe] vt (partie du corps) bewegen; (objet) verschieben; (café) umrühren; (salade) mischen; (émouvoir) rühren, bewegen ▶ vi (feuille, personne) sich bewegen; (fig) sich bemerkbar machen; **se remuer** vpr sich bewegen

rémunération [RemyneRasjɔ̃] nf Bezahlung f, Entlohnung f

rémunérer [RemyneRe] vt bezahlen, entlohnen

renaissance [R(ə)nɛsɑ̃s] nf Wiedergeburt f; **la R~** die Renaissance

renaître [R(ə)nɛtR] vi wiedergeboren werden; **~ à la vie/à l'espoir** wieder auf die Beine kommen/wieder Hoffnung schöpfen

renard [R(ə)naR] nm Fuchs m

renchérir [Rɑ̃ʃeRiR] vi teurer werden, sich verteuern; **~ (sur)** übertreffen

renchérissement [Rɑ̃ʃeRismɑ̃] nm Verteuerung f

rencontre [Rɑ̃kɔ̃tR] nf Begegnung f; (congrès) Treffen nt; **faire la ~ de qn** jds Bekanntschaft machen; **aller à la ~ de qn** jdm entgegengehen

rencontrer [Rɑ̃kɔ̃tRe] vt treffen; (mot, expression, difficultés, opposition) stoßen auf +acc; **se rencontrer** vpr sich treffen; (fleuves) zusammenfließen

rendement [Rɑ̃dmɑ̃] nm Leistung f; (d'un investissement) Ertrag m; **à plein ~** auf vollen Touren

rendez-vous [Rɑ̃devu] nm inv Verabredung f; (lieu) Treffpunkt m; **prendre ~ (avec qn)** sich (mit jdm) verabreden; **donner un ~ à qn** sich mit jdm verabreden; **avoir ~ (avec qn)** (mit jdm) verabredet sein

rendormir [Rɑ̃dɔRmiR] : **se rendormir** vpr wieder einschlafen

rendre [Rɑ̃dR] vt zurückgeben; (salut, visite etc) erwidern; (honneurs) erweisen; (vomir) erbrechen; (exprimer) ausdrücken; (verdict, jugement, etc) erlassen; (produire) hervorbringen; **se rendre** vpr (capituler) sich ergeben; (aller) sich begeben, gehen; **se ~ à l'évidence** der Realität ins Auge schauen; **~ qn célèbre/qch possible** jdn berühmt/etw möglich machen; **~ la monnaie** (Wechsel)geld herausgeben; **se ~ insupportable/malade** unerträglich werden/sich krank machen

rênes [Rɛn] nfpl Zügel pl

renfermé, e [Rɑ̃fɛRme] adj (personne) verschlossen ▶ nm : **sentir le ~** muffig riechen

renfermer [Rɑ̃fɛRme] vt (contenir) enthalten; **se renfermer** vpr : **se ~ (sur soi-même)** sich (in sich selbst) zurückziehen

renflouer [Rɑ̃flue] vt (aussi fig) wieder flott machen; (caisses) wieder füllen; (finances) sanieren

renfoncement [ʀɑ̃fɔ̃smɑ̃] *nm* Vertiefung *f*, Nische *f*

renforcer [ʀɑ̃fɔʀse] *vt* verstärken; *(expression, argument)* bekräftigen; **~ qn dans ses opinions** jdn in seiner Meinung bestätigen *ou* bestärken

renfort [ʀɑ̃fɔʀ] *nm* : **à grand ~ de** mit (einem) großen Aufwand an +*dat*; **renforts** *nmpl* Verstärkung *f*

rengaine [ʀɑ̃gɛn] *(péj) nf* altes Lied *nt*

rengorger [ʀɑ̃gɔʀʒe] : **se rengorger** *vpr* sich aufplustern

renier [ʀənje] *vt* verleugnen; *(engagements)* nicht anerkennen

renifler [ʀ(ə)nifle] *vi* schnüffeln ▶ *vt (odeur)* riechen, schnüffeln

renne [ʀɛn] *nm* Ren(tier) *nt*

renom [ʀənɔ̃] *nm* Ruf *m*

renommé, e [ʀ(ə)nɔme] *adj* renommiert, berühmt ▶ *nf* Ruhm *m*

renoncement [ʀ(ə)nɔ̃smɑ̃] *nm* Verzicht *m*

renoncer [ʀ(ə)nɔ̃se] *vi* : **~ à** aufgeben; *(droit, succession)* verzichten auf +*acc*; **~ à faire qch** darauf verzichten, etw zu tun

renouer [ʀənwe] *vt* neu binden; *(conversation, liaison)* wieder anknüpfen; **~ avec** *(tradition, habitude)* wiederaufnehmen; **~ avec qn** sich mit jdm wieder anfreunden

renouvelable [ʀ(ə)nuv(ə)labl] *adj* verlängerbar; *(expérience)* wiederholbar; *(énergie)* erneuerbar

renouveler [ʀ(ə)nuv(ə)le] *vt* erneuern; *(personnel, membres d'un comité)* austauschen; *(passeport, bail, contrat)* verlängern; *(usage, mode, style)* wiederbeleben; *(demande, remerciements, exploit, méfait)* wiederholen; **se renouveler** *vpr (incident)* sich wiederholen

renouvellement [ʀ(ə)nuvɛlmɑ̃] *nm* Erneuern *nt*, Austausch *m*, Verlängerung *f*, Wiederbelebung *f*, Wiederholung *f*

rénovation [ʀenɔvasjɔ̃] *nf* Renovierung *f*

rénover [ʀenɔve] *vt* renovieren; *(quartier)* sanieren

renseignement [ʀɑ̃sɛɲmɑ̃] *nm* Auskunft *f*; **prendre des ~s sur** sich erkundigen über +*acc*

renseigner [ʀɑ̃seɲe] *vt* : **~ qn (sur)** jdn informieren (über +*acc*); **se renseigner** *vpr* sich erkundigen

rentabiliser [ʀɑ̃tabilize] *vt* rentabel machen

rentabilité [ʀɑ̃tabilite] *nf* Rentabilität *f*

rentable [ʀɑ̃tabl] *adj* rentabel

rente [ʀɑ̃t] *nf (revenu d'un bien, capital)* Einkommen *nt*; *(retraite)* Rente *f*; *(titre)* Staatsanleihe *f*; **~ viagère** Leibrente *f*

rentier, -ière [ʀɑ̃tje, jɛʀ] *nm/f* Rentner(in)

rentrée [ʀɑ̃tʀe] *nf (retour)* Rückkehr *f*; **~ (d'argent)** Einnahmen *pl*; **la ~ (des classes)** der Schuljahrsbeginn; **la ~ parlementaire** das Wiederzusammentreten *nt* des Parlamentes *(nach den Ferien)*

: **La rentrée (des classes)** jedes Jahr im
: September bedeutet mehr als nur der
: Schulbeginn für Schüler und Lehrer.
: Es ist auch die Zeit nach den langen
: Sommerferien, wenn das politische
: und soziale Leben wieder beginnt.

rentrer [ʀɑ̃tʀe] *vi (entrer de nouveau : venir)* wieder hereinkommen; (: *aller)* wieder hineingehen; *(entrer : venir)* hereinkommen; (: *aller)* hineingehen; *(chez soi : venir)* nach Hause kommen; (: *aller)* nach Hause gehen; *(pénétrer)* eindringen; *(revenu, argent)* hereinkommen ▶ *vt* hineinbringen, hereinbringen; *(foins)* einbringen; *(véhicule etc)* abstellen; *(griffes)* einziehen; *(train d'atterrissage)* einfahren; *(larmes, rage)* hinunterschlucken; **~ dans un arbre** gegen einen Baum prallen; **~ dans ses frais** auf seine Kosten kommen; **~ le ventre** den Bauch einziehen

renverse [ʀɑ̃vɛʀs] *nf* : **à la ~** nach hinten

renversé, e [ʀɑ̃vɛʀse] *adj (écriture)* nach links geneigt; *(image)* umgekehrt

renversement [ʀɑ̃vɛʀsəmɑ̃] *nm (d'un régime)* Umsturz *m*; **~ de la situation** Umkehrung *f* der Lage

renverser [ʀɑ̃vɛʀse] *vt (faire tomber)* umwerfen, umstoßen, umkippen; *(piéton)* anfahren; (: *tuer)* totfahren; *(liquide, contenu d'un récipient)* verschütten; *(inverser)* umkehren; *(fig)* umstoßen; *(ministère, gouvernement)* stürzen; *(stupéfier)* umwerfen

renvoi [ʀɑ̃vwa] *nm (référence)* Verweis *m*; *(éructation)* Rülpser *m*

renvoyer [ʀɑ̃vwaje] *vt* zurückschicken; *(congédier)* entlassen; *(Tennis)* zurückschlagen; *(lumière, son)* reflektieren; *(ajourner)* verschieben; **~ qn à** (référer) jdn verweisen auf +*acc*; **~ qch au lendemain** etw auf den nächsten Tag verschieben

réorganiser [ʀeɔʀganize] *vt* umorganisieren

repaire [ʀ(ə)pɛʀ] *nm* Höhle *f*

répandre [ʀepɑ̃dʀ] *vt (renverser)* verschütten; *(gravillons, sable)* streuen;

(étaler) streichen; **se répandre** vpr sich verbreiten; **se ~ en** sich ergehen in +dat

réparation [ʀepaʀasjɔ̃] nf Reparatur f; (compensation) Wiedergutmachung f; **réparations** nfpl (travaux) Reparaturarbeiten pl

réparer [ʀepaʀe] vt reparieren; (fig) wiedergutmachen

repartie [ʀepaʀti] nf schlagfertige Antwort f; **avoir de la ~** schlagfertig sein

repartir [ʀ(ə)paʀtiʀ] vi (wieder) gehen; (retourner) zurückgehen; (affaire) sich wieder erholen; **~ à zéro** noch einmal von vorne anfangen

répartir [ʀepaʀtiʀ] vt verteilen, aufteilen; **se répartir** vpr (travail) sich dat teilen; (rôles) aufteilen

répartition [ʀepaʀtisjɔ̃] nf Aufteilung f, Verteilung f

repas [ʀ(ə)pɑ] nm Mahlzeit f; **à l'heure des ~** zur Essenszeit

repassage [ʀ(ə)pɑsaʒ] nm Bügeln nt

repasser [ʀ(ə)pɑse] vi (passer de nouveau) wieder vorbeikommen ▶ vt (vêtement, tissu) bügeln; (examen) noch einmal machen; (film) noch einmal zeigen; (leçon, rôle) wiederholen

repenser [ʀ(ə)pɑ̃se] vi : **~ à qch** (par hasard) sich an etw acc erinnern; (considérer à nouveau) etw noch einmal überdenken

repentir [ʀəpɑ̃tiʀ] nm Reue f; **se repentir** vpr Reue empfinden; **se ~ de qch** etw bereuen; **se ~ d'avoir fait qch** bereuen, etw getan zu haben

répercussions [ʀepeʀkysjɔ̃] nfpl Auswirkungen pl, Folgen pl

répercuter [ʀepeʀkyte] vt (consignes, charges etc) weiterleiten; **se répercuter** vpr (bruit, écho) widerhallen; **se ~ sur** sich auswirken auf +acc

repère [ʀ(ə)pɛʀ] nm Zeichen nt, Markierung f; **point de ~** Bezugspunkt m

repérer [ʀ(ə)peʀe] vt entdecken; (abri, ennemi) auskundschaften; **se repérer** vpr (s'orienter) sich zurechtfinden; **se faire ~** entdeckt werden

répertoire [ʀepeʀtwaʀ] nm Verzeichnis nt, Register nt; (Inform) Verzeichnis nt; (d'un artiste, chanteur) Repertoire nt

répéter [ʀepete] vt wiederholen; (rapporter) weitersagen ▶ vi (Théât etc) proben; **se répéter** vpr sich wiederholen

répétition [ʀepetisjɔ̃] nf Wiederholung f; (Théât) Probe f

répit [ʀepi] nm Erholungspause f; **sans ~** ununterbrochen, unablässig

repli [ʀəpli] nm (d'une étoffe) Falte f; (retraite) Rückzug m

replier [ʀ(ə)plije] vt (vêtement) zusammenfalten; **se replier** vpr (troupes, armée) sich zurückziehen, zurückweichen

réplique [ʀeplik] nf (repartie) Antwort f, Erwiderung f; (objection) Einwand m; (Théât) Replik f; (copie) Nachahmung f; **sans ~** (ton) keine Widerrede duldend; (argument) nicht zu widerlegen

répliquer [ʀeplike] vi erwidern

répondeur [ʀepɔ̃dœʀ] nm automatischer Anrufbeantworter m

répondre [ʀepɔ̃dʀ] vi antworten; (avec impertinence) Widerworte geben; (freins, mécanisme) ansprechen; **se ~ à** (question, remarque, invitation etc) antworten auf +acc; (avec impertinence) Widerworte geben +dat; (convocation) Folge leisten +dat; (excitation, provocation) reagieren auf +acc; (correspondre à) entsprechen +dat; **~ de** bürgen für

réponse [ʀepɔ̃s] nf Antwort f; (solution) Lösung f; (réaction) Reaktion f; **en ~ à** als Antwort auf +acc

reportage [ʀ(ə)pɔʀtaʒ] nm Reportage f

reporter¹ [ʀəpɔʀtɛʀ] nmf Reporter(in) m(f)

reporter² [ʀəpɔʀte] vt (ajourner) verschieben; (transférer) übertragen; **se reporter** vpr : **~ à** (époque) sich zurückversetzen in +acc; (document, texte) sich beziehen auf +acc

repos [ʀ(ə)po] nm Ruhe f

reposant, e [ʀ(ə)pozɑ̃, ɑ̃t] adj erholsam

reposé, e [ʀ(ə)poze] adj ausgeruht, frisch; **à tête ~e** in aller Ruhe

reposer [ʀ(ə)poze] vt (verre) wieder hinstellen ou absetzen; (livre) wieder hinlegen; (rideaux, carreaux) wieder anbringen; (question) erneut stellen; (délasser) entspannen ▶ vi (liquide, pâte) ruhen; **se reposer** vpr (se délasser) sich ausruhen; **ici repose** hier ruht; **~ sur** ruhen auf +dat; **se ~ sur qn** sich auf jdn verlassen

repousser [ʀ(ə)puse] vi nachwachsen ▶ vt (personne) abstoßen; (ennemi, attaque) zurückschlagen; (offre, proposition, tentation) ablehnen; (rendez-vous, entrevue) aufschieben

répréhensible [ʀepʀeɑ̃sibl] adj tadelnswert

reprendre [ʀ(ə)pʀɑ̃dʀ] vt (prisonnier) wieder festnehmen ou ergreifen; (Mil : ville) zurückerobern; (aller chercher) wieder abholen; (prendre à nouveau) wieder nehmen; (récupérer) zurücknehmen; (se resservir de) noch einmal nehmen; (firme, entreprise, argument, idée) übernehmen; (travail, *études*) wiederaufnehmen; (*refaire : article etc*) bearbeiten; (: *jupe, pantalon*) ändern; (*réprimander*) tadeln; (*corriger*) verbessern ▶ *vi* (*cours, classes*) wieder anfangen, wieder beginnen; (*froid, pluie etc*) wieder einsetzen; (*affaires, industrie*) sich erholen; **se reprendre** *vpr* (*se corriger*) sich verbessern; (*se ressaisir*) sich fangen; **s'y ~ à deux/plusieurs fois** es zweimal/ mehrmals versuchen; **~ courage** neuen Mut schöpfen; **~ des forces** neue Kraft schöpfen; **~ la route/l'air** sich wieder auf den Weg machen/weiterfliegen; **~ connaissance** wieder zu Bewusstsein *ou* zu sich kommen; **~ haleine** *ou* **son souffle** verschnaufen

repreneur [ʀ(ə)pʀənœʀ] *nm* Sanierer *m* (*der marode Unternehmen aufkauft*)

représailles [ʀ(ə)pʀezaj] *nfpl* Repressalien *pl*

représentant, e [ʀ(ə)pʀezɑ̃tɑ̃, ɑ̃t] *nm/f* Vertreter(in)

représentatif, -ive [ʀ(ə)pʀezɑ̃tatif, iv] *adj* repräsentativ

représentation [ʀ(ə)pʀezɑ̃tasjɔ̃] *nf* (*symbole, image*) Darstellung *f*; (*de pièce, opéra*) Aufführung *f*; (*de pays, syndicat, maison de commerce*) Vertretung *f*; **frais de ~** Aufwandsentschädigung *f*

représenter [ʀ(ə)pʀezɑ̃te] *vt* darstellen; (*pièce, opéra*) aufführen; (*pays, syndicat, maison de commerce*) vertreten; **se représenter** *vpr* (*occasion*) sich wieder bieten; (*s'imaginer*) sich *dat* vorstellen; **se ~ à** (*examen*) sich noch einmal melden zu; (*élections*) sich noch einmal aufstellen lassen zu

répression [ʀepʀesjɔ̃] *nf* Unterdrückung *f*; (*d'une révolte*) Niederschlagen *nt*; (*punition*) Bestrafung *f*

réprimande [ʀepʀimɑ̃d] *nf* Tadel *m*, Verweis *m*

réprimer [ʀepʀime] *vt* (*désirs, passions, envie*) unterdrücken; (*révolte*) niederschlagen; (*abus, désordres*) vorgehen gegen, bestrafen

reprise [ʀ(ə)pʀiz] *nf* (*Mil*) Rückeroberung *f*; (*recommencement*) Wiederbeginn *m*; (*économique*) (Wieder)aufschwung *m*; (*Théât, TV, Ciné*) Wiederholung *f*; (*Auto*) Beschleunigung *f*; (*d'un article usagé*) Inzahlungnahme *f*; (*raccommodage*) Kunststopfen *nt*; **à plusieurs ~s** mehrmals

repriser [ʀ(ə)pʀize] *vt* (*raccommoder*) stopfen

réprobation [ʀepʀɔbasjɔ̃] *nf* Missbilligung *f*

reproche [ʀ(ə)pʀɔʃ] *nm* Vorwurf *m*; **sans ~(s)** tadellos

reprocher [ʀ(ə)pʀɔʃe] *vt* vorwerfen; **se reprocher** *vpr* sich *dat* vorwerfen

reproduction [ʀ(ə)pʀɔdyksjɔ̃] *nf* (*de nature, son*) Wiedergabe *f*; (*tableau, dessin*) Reproduktion *f*; (*d'un texte*) Nachdruck *m*, Kopie *f*; (*Biol*) Fortpflanzung *f*; **droits de ~** (Vervielfältigungs)rechte *pl*; **~ interdite** alle Rechte vorbehalten

reproduire [ʀ(ə)pʀɔdɥiʀ] *vt* (*nature, réalité, son*) wiedergeben; (*dessin etc*) reproduzieren; **se reproduire** *vpr* (*Biol*) sich fortpflanzen; (*faits, erreurs*) sich wiederholen

réprouver [ʀepʀuve] *vt* missbilligen

reptile [ʀɛptil] *nm* Reptil *nt*

repu, e [ʀəpy] *adj* satt

république [ʀepyblik] *nf* Republik *f*; **R~ centrafricaine** Zentralafrikanische Republik; **R~ dominicaine** Dominikanische Republik

répudier [ʀepydje] *vt* (*femme*) verstoßen; (*opinion, doctrine*) verwerfen

répugnance [ʀepyɲɑ̃s] *nf* Ekel *m*, Abscheu *m ou f*

répugner [ʀepyɲe] : **~ à** *vt* (*nourriture*) anekeln; (*comportement*) anwidern; **~ à faire qch** etw sehr ungern tun

répulsion [ʀepylsjɔ̃] *nf* Abscheu *m ou f*

réputation [ʀepytasjɔ̃] *nf* Ruf *m*

réputé, e [ʀepyte] *adj* berühmt

requérir [ʀəkeʀiʀ] *vt* erfordern; (*Jur*) fordern

requête [ʀəkɛt] *nf* Bitte *f*, Ersuchen *nt*

requin [ʀəkɛ̃] *nm* Hai *m*

requinquer [ʀ(ə)kɛ̃ke] (*fam*) *vt* aufmöbeln

requis, e [ʀəki, iz] *adj* erforderlich

réquisitionner [ʀekizisjɔne] *vt* beschlagnahmen; (*civils etc*) dienstverpflichten

RER [ɛʀəɛʀ] *sigle m* (= *Réseau express régional*) Schnellzugnetz von Paris

rescapé, e [ʀɛskape] *nm/f* Überlebende(r) *f(m)*

réseau, x [ʀezo] *nm* Netz *nt*; (*Inform*) Netzwerk *nt*; **~ social** soziales Netzwerk; **mettre en ~** (*ordinateurs*) ans Netz anschließen; (*ressources*) ins Netz stellen

réseautage [ʀezotaʒ] *nm* Netzwerken *nt*

réseauter [ʀezote] *vi* netzwerken

réservation [ʀezɛʀvasjɔ̃] *nf* Reservierung *f*

réserve [ʀezɛʀv] *nf* Reserve *f*; (*entrepôt*) Lager *nt*; (*zoologique, botanique, d'Indiens etc*) Reservat *nt*, Schutzgebiet *nt*; (*de pêche, chasse*) Revier *nt*; (*Mil*)

Reserve(truppen pl) f; **réserves** nfpl (de gaz, pétrole etc) Reserven pl; (nutritives) Vorräte pl, Reserven; **officier de ~** Reserveoffizier m; **sous toutes ~s** mit allen Vorbehalten; **sous ~ de** unter Vorbehalt +gén; **sans ~** vorbehaltlos; **avoir qch en ~** etw in Reserve haben; **de ~** Reserve-; **~ naturelle** Naturschutzgebiet nt

réservé, e [Rezɛrve] adj reserviert; (chasse, pêche) privat; **~ à** ou **pour** reserviert für

réserver [Rezɛrve] vt reservieren, vorbestellen; (réponse, diagnostic) sich dat vorbehalten; **se réserver** vpr: **se ~ qch** sich dat etw reservieren; **~ qch pour/à** etw vorsehen ou reservieren für; **~ qch à qn** etw für jdn reservieren; (surprise, accueil etc) jdm etw bereiten; **se ~ le droit de faire qch** sich dat das Recht vorbehalten, etw zu tun

réservoir [RezɛRvwaR] nm Reservoir nt; (d'essence) Tank m

résidence [Rezidɑ̃s] nf (Admin) Wohnsitz m; (habitation luxueuse) Residenz f; **~ secondaire** Nebenwohnsitz m, zweiter Wohnsitz m; **~ universitaire** Studentenwohnheim nt

résident, e [Rezidɑ̃, ɑ̃t] nm/f (étranger) ausländische(r) Bürger(in)

résidentiel, le [Rezidɑ̃sjɛl] adj Wohn-; **quartier ~** gutes Wohnviertel nt

résider [Rezide] vi (habiter) wohnen; **~ en** (problème etc) bestehen in +dat

résidu [Rezidy] nm (Chim, Phys) Rückstand m; (fig) Überbleibsel nt

résignation [Reziɲasjɔ̃] nf Resignation f

résigner [Reziɲe]: **se résigner** vpr: **se ~ à qch** sich mit etw abfinden; **se ~ à faire qch** sich damit abfinden, etw zu tun

résilier [Rezilje] vt auflösen

résine [Rezin] nf Harz nt

résistance [Rezistɑ̃s] nf Widerstand m; (endurance) Widerstandsfähigkeit f; (fil) Heizelement nt; (Pol): **la R~** die französische Widerstandsbewegung im 2. Weltkrieg

résister [Reziste] vi standhalten; **~ à** (effort, souffrance) aushalten; (personne) sich widersetzen +dat; (tentation, péché) widerstehen +dat

résolu, e [Rezɔly] adj entschlossen

résolution [Rezɔlysjɔ̃] nf (de problème) Lösung f; (fermeté) Entschlossenheit f; (décision) Beschluss m; **prendre la ~ de faire qch** den Entschluss fassen, etw zu tun

résonance [Rezɔnɑ̃s] nf (d'une cloche) Klang m; (d'une salle) Akustik f

résonner [Rezɔne] vi (cloche) klingen; (pas) hallen; (voix) erklingen, schallen; (salle, rue) widerhallen

résorber [RezɔRbe]: **se résorber** vpr (tumeur, abcès) sich zurückbilden; (déficit, chômage) abgebaut werden

résoudre [RezudR] vt lösen; **se résoudre** vpr: **se ~ à faire qch** sich dazu durchringen, etw zu tun

respect [Rɛspɛ] nm Respekt m, Achtung f; (pour les morts) Ehrfurcht f; **tenir qn en ~** jdn in Schach halten

respectable [Rɛspɛktabl] adj (personne) achtbar, anständig; (scrupules etc) ehrenhaft; (quantité) ansehnlich, beachtlich

respecter [Rɛspɛkte] vt achten, respektieren; (tradition, convenances, loi) achten; (consignes, hiérarchie, ordre alphabétique) beachten

respectif, -ive [Rɛspɛktif, iv] adj jeweilig

respectivement [Rɛspɛktivmɑ̃] adv beziehungsweise

respectueux, -euse [Rɛspɛktɥø, øz] adj respektvoll; **être ~ de** achten

respiration [RɛspiRasjɔ̃] nf Atem m; (fonction) Atmung f; **retenir sa ~** den Atem anhalten; **~ artificielle** künstliche Beatmung f

respirer [Rɛspire] vi atmen; (être soulagé) aufatmen ▶ vt einatmen; (santé, calme etc) ausstrahlen

responsabilité [Rɛspɔ̃sabilite] nf Verantwortung f; (légale) Haftung f; **~ civile** Haftpflicht f

responsable [Rɛspɔ̃sabl] adj verantwortlich; (légalement) haftbar ▶ nmf Verantwortliche(r) f(m); (d'un parti, syndicat etc) Vertreter(in) m(f); **~ de** verantwortlich für

resquiller [Rɛskije] vi (au cinéma, au stade) keinen Eintritt zahlen; (dans le train) schwarzfahren

resquilleur, -euse [Rɛskijœr, øz] nm/f Schwarzfahrer(in) schwarzfahren

ressaisir [R(ə)seziR]: **se ressaisir** vpr sich fassen, sich fangen

ressemblance [R(ə)sɑ̃blɑ̃s] nf Ähnlichkeit f

ressemblant, e [R(ə)sɑ̃blɑ̃, ɑ̃t] adj ähnlich

ressembler [R(ə)sɑ̃ble]: **~ à** vt ähnlich sein +dat; **se ressembler** vpr sich ähneln, einander ähnlich sein

ressemeler [R(ə)səm(ə)le] vt neu besohlen

ressentiment [R(ə)sɑ̃timɑ̃] nm Groll m, Ressentiment nt

ressentir [R(ə)sɑ̃tiR] vt empfinden; **se ressentir** vpr : **se ~ de qch** (travail etc) unter den Folgen von etw leiden

resserrer [R(ə)seRe] vt (nœud, boulon) anziehen; (liens d'amitié) stärken; **se resserrer** vpr (route, vallée) sich verengen

resservir [R(ə)seRviR] vt (servir à nouveau) wieder auftischen ▶ vi noch einmal gebraucht werden; **~ qn (d'un plat)** jdm (von einem Gericht) nachgeben

ressort [RəsɔR] nm (pièce) Feder f; **avoir du/manquer de ~** innere Kraft/keine innere Kraft haben; **en dernier ~** als letzten Ausweg; **être du ~ de qn** in jds Ressort ou Bereich fallen

ressortir [RəsɔRtiR] vi (venir) wieder herauskommen; (partir) wieder hinausgehen; (contraster) sich abheben; **il ressort de ceci que** daraus ergibt sich, dass

ressortissant, e [R(ə)sɔRtisɑ̃, ɑ̃t] nm/f Staatsbürger(in)

ressource [R(ə)suRs] nf (recours) Möglichkeit f; **ressources** nfpl Mittel pl; **~s d'énergie** Energiequellen pl

ressusciter [Resysite] vt wiederbeleben ▶ vi (Christ) auferstehen

restant, e [Restɑ̃, ɑ̃t] adj restlich, übrig ▶ nm : **le ~ (de)** der Rest (von ou +gén)

restaurant [RestɔRɑ̃] nm Restaurant nt; **~ universitaire** Mensa f

restaurateur, -trice [RestɔRatœR, tRis] nm/f (aubergiste) Gastronom(in); (de tableaux) Restaurator(in)

restauration [RestɔRasjɔ̃] nf (Art) Restauration f; **la ~** (hôtellerie) das Gastronomiegewerbe nt; **~ rapide** Fast Food nt

restaurer [RestɔRe] vt wiederherstellen; (œuvre d'art) restaurieren; **se restaurer** vpr etw essen

reste [Rest] nm Rest m; **restes** nmpl (Culin) Reste pl; (d'une cité, fortune) Überreste pl; **utiliser un ~ de poulet/soupe/tissu** einen Rest Huhn/Suppe/Stoff verwerten; **le ~ du temps** die restliche ou übrige Zeit; **le ~ des gens** die übrigen Leute; **et tout le ~** und so weiter; **du ~** außerdem; **au ~** außerdem

rester [Reste] vi bleiben; (subsister) übrig bleiben ▶ vb impers : **il reste du pain** es ist noch Brot übrig; **il reste deux œufs** es sind noch zwei Eier übrig; **il reste du temps** es ist noch Zeit; **il me reste du pain/deux œufs** ich habe noch Brot/zwei Eier; **il me reste assez de temps/10 minutes** ich habe noch genug Zeit/noch 10 Minuten Zeit; **ce qui (me)**
reste à faire was ich noch tun muss; **(il) reste à savoir/établir si** es wäre noch abzuwarten/festzustellen, ob; **restons-en là** lassen wir es dabei; **~ immobile** sich nicht bewegen; **~ assis** sitzen bleiben

restituer [Restitɥe] vt zurückgeben; (texte, inscription) wiederherstellen; (énergie) wieder abgeben

restitution [Restitysjɔ̃] nf Rückgabe f

resto, restau [Resto] (fam) nm Restaurant nt; **~ U** (= restaurant universitaire) Mensa f

restoroute [RestɔRut] nm (Autobahn)raststätte f

restreindre [RestRɛ̃dR] vt einschränken

restriction [RestRiksjɔ̃] nf Einschränkung f, Beschränkung f; **restrictions** nfpl (rationnement) Beschränkungen pl; **sans ~** uneingeschränkt

restructurer [RəstRyktyRe] vt umstrukturieren

résultat [Rezylta] nm Ergebnis nt; **~ de recherche** (Inform) Suchergebnis nt

résulter [Rezylte] : **~ de** vt herrühren von; **il en résulte que** daraus ergibt sich, dass

résumé [Rezyme] nm Zusammenfassung f; (ouvrage) Übersicht f; **en ~** zusammenfassend

résumer [Rezyme] vt zusammenfassen; (récapituler) rekapitulieren; **se résumer** vpr (personne) zusammenfassen

rétablir [Retablir] vt wiederherstellen; (faits) richtigstellen; (monarchie) wiedereinsetzen; (guérir) gesund werden lassen; **se rétablir** vpr (personne) gesund werden; (silence, calme) wieder eintreten; **~ qn dans ses droits** jdm seine Rechte wieder zusprechen

rétablissement [Retablismɑ̃] nm Wiederherstellung f; (guérison) Besserung f, Genesung f

retaper [R(ə)tape] vt herrichten; (redactylographier) noch einmal tippen; (fam : revigorer) wieder auf die Beine bringen

retard [R(ə)taR] nm Verspätung f; (dans un paiement, sur un programme) Rückstand m; (mental, industriel) Zurückgebliebenheit f; **être en ~** (personne) zu spät kommen; (train) Verspätung haben; (dans paiement, travail) im Rückstand sein; (pays) rückständig sein; **être en ~ (de deux heures)** (zwei Stunden) Verspätung haben; **avoir du ~** Verspätung haben; **prendre du ~** sich verspäten; **sans ~** unverzüglich

retardement [R(ə)taRdəmã] *nm* : **à ~** (*mine, mécanisme*) mit Zeitauslöser; **bombe à ~** Zeitbombe *f*

retarder [R(ə)taRde] *vt* (*mettre en retard*) aufhalten, verspäten; (: *sur un programme*) in Rückstand bringen; (*montre*) zurückstellen; (*départ, date*) verschieben ▶ *vi* (*horloge, montre*) nachgehen; **je retarde (d'une heure)** meine Uhr geht (eine Stunde) nach

retenir [Rət(ə)niR] *vt* zurückhalten; (*garder*) dabehalten; (*retarder*) aufhalten; (*saisir, maintenir*) halten; (*se rappeler*) behalten; (*accepter*) annehmen; (*réserver*) reservieren; **se retenir** *vpr* sich beherrschen; **~ un rire/sourire** sich *dat* ein Lachen/Lächeln verkneifen; **~ son souffle** *ou* **haleine** die Luft anhalten; **~ qn de faire qch** jdn daran hindern, etw zu tun; **se ~ à** (*se raccrocher*) sich halten an *+acc*; **se ~ de faire qch** es sich *dat* verkneifen, etw zu tun

rétention [Retãsjõ] *nf* : **~ d'urine** Harnverhaltung *f*

retentir [R(ə)tãtiR] *vi* (*bruit, paroles*) hallen; **~ de** widerhallen von

retentissant, e [R(ə)tãtisã, ãt] *adj* (*voix*) schallend; (*succès etc*) aufsehenerregend

retentissement [R(ə)tãtismã] *nm* (*répercussion*) Auswirkung *f*; (*d'une nouvelle, d'un discours*) durchschlagende Wirkung *f*

retenu, e [Rət(ə)ny] *adj* (*place*) reserviert; (*personne*) verhindert ▶ *nf* (*modération, réserve*) Zurückhaltung *f*; (*somme*) Abzug *m*; (*Math*) (im Kopf) behaltene Zahl *f*; (*Scol*) Arrest *m*

réticence [Retisãs] *nf* (*hésitation*) Zögern *nt*; **sans ~** bedenkenlos

réticent, e [Retisã, ãt] *adj* zögernd

rétine [Retin] *nf* Netzhaut *f*

retiré, e [R(ə)tiRe] *adj* (*personne, vie*) zurückgezogen; (*quartier*) abgelegen

retirer [R(ə)tiRe] *vt* (*candidature, plainte*) zurückziehen; (*vêtement*) ausziehen; (*lunettes*) abnehmen; (*enlever*) wegnehmen; (*bagages, objet en gage, billet réservé*) abholen; (*somme d'argent*) abheben; **se retirer** *vpr* (*partir*) sich zurückziehen, weggehen; (*Pol* : *d'une compétition*) zurücktreten; (*reculer*) zurückweichen

retombées [Rətõbe] *nfpl* (*radioactives*) Niederschlag *m*; (*d'un événement*) Auswirkungen *pl*

retomber [R(ə)tõbe] *vi* noch einmal fallen; (*atterrir*) aufkommen; (*redescendre*) herunterkommen; (*pendre*) fallen; **~ sur qn** (*responsabilité, frais*) auf jdn fallen

rétorquer [RetoRke] *vt* erwidern

rétorsion [RetoRsjõ] *nf* : **mesures de ~** Vergeltungsmaßnahmen *pl*

retouche [R(ə)tuʃ] *nf* (*à une peinture, photographie*) Retusche *f*; (*à un vêtement*) Änderung *f*

retoucher [R(ə)tuʃe] *vt* (*photographie, tableau, texte*) retuschieren; (*vêtement*) ändern

retour [R(ə)tuR] *nm* Rückkehr *f*; (*voyage*) Rückreise *f*; (*de marchandise*) Rückgabe *f*; (*par la poste*) Rücksendung *f*; **à mon/ton ~** bei meiner/deiner Rückkehr; **être de ~ (de)** zurück sein (von/aus *+dat*); **« de ~ dans 10 minutes »** „bin in 10 Minuten zurück"; **en ~** dafür; **par ~ du courrier** postwendend; **match ~** Rückspiel *nt*; **~ en arrière** (*Cinéma, Littérature*) Rückblende *f*; (*mesure*) Rückschritt *m*; **« ~ à l'envoyeur »** „zurück an Absender"

retourner [R(ə)tuRne] *vt* (*dans l'autre sens*) umdrehen; (*terre, sol*) umgraben; (*renvoyer* : *lettre*) zurückschicken; (: *marchandise*) zurückgeben, umtauschen; (*restituer*) zurückgeben; (*émouvoir*) erschüttern ▶ *vi* (*aller de nouveau*) wieder gehen; **se retourner** *vpr* (*personne*) sich umdrehen; (*voiture*) sich überschlagen; **~ à** (*état initial, activité*) zurückkehren zu; **~ en arrière** *ou* **sur ses pas** umkehren; **~ quelque part** wieder irgendwohin gehen; **~ chez soi** heimgehen; **~ à l'école** wieder in die Schule gehen

rétracter [RetRakte] *vt* (*affirmation, promesse*) zurücknehmen; (*antenne etc*) einziehen; **se rétracter** *vpr* (*sur ses promesses*) sein Versprechen zurücknehmen

retrait [R(ə)tRɛ] *nm* (*de candidature, plainte*) Zurückziehen *nt*; (*de bagage, billet réservé*) Abholung *f*; (*de somme d'argent*) Abheben *nt*; (*Pol* : *d'une compétition*) Rücktritt *m*; (*de personne, armée, eaux*) Zurückweichen *nt*; **en ~** zurückgesetzt; **~ du permis (de conduire)** Führerscheinentzug *m*

retraite [R(ə)tRɛt] *nf* (*d'une armée*) Rückzug *m*; (*d'un employé, fonctionnaire*) Ruhestand *m*; (: *pension*) Rente *f*; (*asile, refuge*) Zuflucht(sort *m*) *f*; **être à la ~** im Ruhestand sein; **mettre à la ~** in den Ruhestand versetzen; **prendre sa ~** in den Ruhestand gehen; **~ anticipée** vorgezogener Ruhestand

retraité, e [R(ə)tRete] *adj* pensioniert ▶ *nm/f* Rentner(in)

retraitement [ʀ(ə)tʀɛtmɑ̃] *nm* Wiederaufbereitung *f*

retraiter [ʀ(ə)tʀete] *vt* wiederaufbereiten

retrancher [ʀ(ə)tʀɑ̃ʃe] *vt* entfernen; (*nombre, somme*) abziehen

retransmettre [ʀ(ə)tʀɑ̃smɛtʀ] *vt* übertragen

retransmission [ʀ(ə)tʀɑ̃smisjɔ̃] *nf* (*Radio, TV*) Übertragung *f*

rétrécir [ʀetʀesiʀ] *vt* enger machen ▶ *vi* (*vêtement*) eingehen; **se rétrécir** *vpr* sich verengen

rétribution [ʀetʀibysjɔ̃] *nf* Bezahlung *f*

rétro [ʀetʀo] *adj*: **mode/style ~** Nostalgiemode *f*/-stil *m* ▶ *nm* (*fam*) = **rétroviseur**

rétroactif, -ive [ʀetʀoaktif, iv] *adj* rückwirkend

rétrograde [ʀetʀɔgʀad] *adj* rückschrittlich

rétrograder [ʀetʀɔgʀade] *vi* (*élève, économie*) zurückfallen; (*Auto*) hinunterschalten

rétroprojecteur [ʀetʀopʀɔʒɛktœʀ] *nm* Overheadprojektor *m*

rétrospectif, -ive [ʀetʀɔspɛktif, iv] *adj* (*étude*) zurückblickend; (*jalousie, peur*) im Nachhinein ▶ *nf* Retrospektive *f*, Rückschau *f*

rétrospectivement [ʀetʀɔspɛktivmɑ̃] *adv* im Nachhinein

retrousser [ʀ(ə)tʀuse] *vt* (*pantalon, jupe, manches*) hochkrempeln

retrouver [ʀ(ə)tʀuve] *vt* wiederfinden; (*occasion, travail*) (wieder) finden; (*reconnaître*) wiedererkennen; (*revoir*) wiedersehen; (*rejoindre*) wiedertreffen; **se retrouver** *vpr* (*s'orienter*) sich zurechtfinden; **se ~ seul/sans argent** auf einmal allein/ohne Geld dastehen; **s'y ~** (*rentrer dans ses frais*) auf seine Kosten kommen

rétrovirus [ʀetʀoviʀys] *nm* Retrovirus *nt*

rétroviseur [ʀetʀɔvizœʀ] *nm* Rückspiegel *m*

réunification [ʀeynifikasjɔ̃] *nf* (*Pol*) Wiedervereinigung *f*

Réunion [ʀeynjɔ̃] *nf*: **la ~** Réunion *nt*

réunion [ʀeynjɔ̃] *nf* Versammlung *f*; (*de famille etc*) Treffen *nt*; **~ électorale** Wahlveranstaltung *f*

réunir [ʀeyniʀ] *vt* (*convoquer*) versammeln; (*rapprocher*) zusammenbringen; (*rassembler*) sammeln; (*États, tendances*) vereinigen; (*raccorder, relier*) verbinden; **se réunir** *vpr* (*se rencontrer*) zusammenkommen; (*s'associer*) sich verbünden

réussi, e [ʀeysi] *adj* gelungen

réussir [ʀeysiʀ] *vi* gelingen; (*personne*) Erfolg haben ▶ *vt* (*examen*) bestehen; **~ à faire qch** es schaffen, etw zu tun; **le travail/le mariage lui réussit** die Arbeit/die Ehe bekommt ihm gut; **elle a bien réussi sa sauce** die Soße ist ihr gut gelungen

réussite [ʀeysit] *nf* Erfolg *m*

revaloriser [ʀ(ə)valɔʀize] *vt* (*monnaie*) aufwerten; (*salaires, pensions*) erhöhen; (*doctrine, institution, tradition*) wiederaufwerten

revanche [ʀ(ə)vɑ̃ʃ] *nf* Rache *f*; (*Sport*) Revanche *f*; **prendre sa ~ (sur)** sich rächen (an +*dat*); **en ~** andererseits

rêve [ʀɛv] *nm* Traum *m*; (*activité*) Träumen *nt*; **de ~** traumhaft; **la voiture/maison de ses ~s** das Auto/Haus seiner Träume

revêche [ʀəvɛʃ] *adj* mürrisch

réveil [ʀevɛj] *nm* Aufwachen *nt*; (*de la nature*) Erwachen *nt*; (*d'un volcan*) Aktivwerden *nt*; (*pendule*) Wecker *m*; **au ~** beim Aufwachen; **sonner le ~** zum Wecken blasen

réveiller [ʀeveje] *vt* (*personne*) (auf) wecken; (*douleur*) wecken; **se réveiller** *vpr* aufwachen; (*douleur, animosité*) wiederaufleben; (*volcan*) wieder aktiv werden

réveillon [ʀevɛjɔ̃] *nm* Heiligabend *m*; (*du Nouvel An*) Silvester *nt*; (*dîner*) Abendessen *nt* am Heiligabend/an Silvester

réveillonner [ʀevɛjɔne] *vi* Heiligabend/Silvester feiern

révélateur, -trice [ʀevelatœʀ, tʀis] *adj*: **~ (de qch)** bezeichnend (für etw) ▶ *nm* (*Photo*) Entwickler *m*

révélation [ʀevelasjɔ̃] *nf* (*information*) Enthüllung *f*; (*prise de conscience*) Erkenntnis *f*; (*artiste etc*) Sensation *f*; (*d'un secret, projet*) Bekanntgabe *f*

révéler [ʀevele] *vt* (*divulguer*) enthüllen, bekannt geben; (*témoigner de*) zeigen; (*faire connaître*) bekannt machen; (*Rel*) offenbaren; **se révéler** *vpr* sich zeigen; **se ~ facile/faux** sich als leicht/falsch erweisen

revenant, e [ʀ(ə)vənɑ̃, ɑ̃t] *nm/f* Gespenst *nt*, Geist *m*

revendeur, -euse [ʀ(ə)vɑ̃dœʀ, øz] *nm/f* (*détaillant*) Einzelhändler(in); (*d'occasion*) Gebrauchtwarenhändler(in)

revendication [ʀ(ə)vɑ̃dikasjɔ̃] *nf* Forderung *f*; **journée de ~** ≈ Aktionstag *m*; **~ salariale** Gehaltsforderung *f*

revendiquer [ʀ(ə)vɑ̃dike] vt fordern; (*responsabilité*) beanspruchen; (*attentat*) sich bekennen zu

revendre [ʀ(ə)vɑ̃dʀ] vt (*d'occasion*) weiterverkaufen; (*détailler*) (im Einzelhandel) verkaufen; **avoir du talent/de l'énergie à ~** mehr als genug Talent/Energie haben

revenir [ʀəv(ə)niʀ] vi (*venir de nouveau, réapparaître*) wiederkommen; (*rentrer*) zurückkommen; (*calme*) wieder eintreten; **faire ~** (*Culin*) anbräunen; **~ cher** teuer kommen; **~ à** (*études, conversation, projet*) wiederaufnehmen; (*équivaloir à*) hinauslaufen auf +*acc*; **~ à qn** (*part, honneur, responsabilité*) jdm zufallen; (*souvenir, nom*) jdm einfallen; **~ à 100 euros** 100 Euro kosten; **~ à soi** wieder zu sich kommen; **~ de** sich erholen von; **~ sur** (*question, sujet*) zurückkehren zu; (*promesse*) zurücknehmen; **je n'en reviens pas** ich kann es nicht fassen; **~ sur ses pas** umkehren

revente [ʀ(ə)vɑ̃t] nf Weiterverkauf m, Wiederverkauf m

revenu [ʀəv(ə)ny] nm (*d'un individu*) Einkommen nt; (*de l'État*) Einnahmen pl; (*d'une terre*) Ertrag m; (*d'un capital*) Rendite f; **~ minimum d'insertion** ≈ Sozialhilfe f

rêver [ʀeve] vi, vt träumen; **~ de** träumen von; **~ à** träumen von

réverbère [ʀeveʀbɛʀ] nm Straßenlaterne f

révérence [ʀeveʀɑ̃s] nf (*salut*) Verbeugung f; (: *de femme*) Knicks m

rêverie [ʀɛvʀi] nf Träumerei f

revers [ʀ(ə)vɛʀ] nm Rückseite f; (*d'une étoffe*) linke Seite f; (*de pantalon*) Aufschlag m; (*échec*) Rückschlag m; (*Tennis etc*) Rückhand f; **le ~ de la médaille** die Kehrseite der Medaille

revêtement [ʀ(ə)vɛtmɑ̃] nm (*d'une paroi*) Verkleidung f; (*des sols, d'une chaussée*) Belag m; (*enduit*) Überzug m

revêtir [ʀ(ə)vetiʀ] vt (*vêtement*) anziehen; (*forme, caractère*) annehmen; **~ qn de qch** (*autorité*) jdm etw verleihen; **~ qch de** (*carreaux*) etw auslegen mit; (*boiserie*) etw verkleiden mit; (*asphalte, enduit etc*) etw überziehen mit

rêveur, -euse [ʀɛvœʀ, øz] adj verträumt ▶ nm/f Träumer(in)

revigorer [ʀ(ə)vigɔʀe] vt beleben

revirement [ʀ(ə)viʀmɑ̃] nm (*changement d'avis*) (Meinungs) umschwung m

réviser [ʀevize] vt (*texte, ouvrage*) überprüfen; (*comptes*) prüfen; (*Scol*) wiederholen; (*machine, moteur etc*) überholen; (*procès*) wiederaufnehmen

révision [ʀevizjɔ̃] nf (*de texte*) Überprüfung f; (*de comptes*) Prüfung f; (*de leçon*) Wiederholung f; (*de machine*) Überholen nt; (*de procès*) Wiederaufnahme f, Revision f; (*de voiture*) Inspektion f; **faire des ~s** (*Scol*) den Stoff wiederholen

révisionnisme [ʀevizjɔnism] nm Revisionismus m

revitaliser [ʀ(ə)vitalize] vt neu beleben

revivre [ʀ(ə)vivʀ] vi wiederaufleben ▶ vt noch einmal durchleben

revoir [ʀ(ə)vwaʀ] vt wiedersehen; (*être à nouveau le témoin de*) noch einmal erleben; (*en imagination*) vor sich dat sehen; (*texte, édition*) durchsehen, korrigieren; (*Scol*) wiederholen ▶ nm **au ~** auf Wiedersehen; **se revoir** vpr sich wiedersehen; **dire au ~ à qn** sich von jdm verabschieden

révolte [ʀevɔlt] nf Aufstand m

révolter [ʀevɔlte] vt entrüsten, empören; **se révolter** vpr: **se ~ (contre)** rebellieren (gegen)

révolution [ʀevɔlysjɔ̃] nf (*rotation*) Umdrehung f; (*Pol*) Revolution f; **la ~ industrielle** die industrielle Revolution; **la R~ française** die Französische Revolution

révolutionnaire [ʀevɔlysjɔnɛʀ] adj Revolutions-; (*opinions, méthodes*) revolutionär

revolver [ʀevɔlvɛʀ] nm Revolver m

révoquer [ʀevɔke] vt (*fonctionnaire*) seines Amtes entheben; (*arrêt, contrat*) annullieren, aufheben; (*donation*) rückgängig machen

revue [ʀ(ə)vy] nf (*défilé*) Parade f; (*satirique*) Kabarett nt; (*de music-hall*) Revue f; (*périodique*) Zeitschrift f; **passer en ~** (*problèmes, possibilités*) durchgehen

rez-de-chaussée [ʀed(ə)ʃose] nm inv Erdgeschoss nt

RF [ɛʀɛf] sigle f (= *République française*) Frankreich nt

RFA [ɛʀɛfa] sigle f (= *République fédérale d'Allemagne*) BRD f

Rhénanie [ʀenani] nf Rheinland nt; **la ~-Palatinat** Rheinland-Pfalz nt; **la ~-(du-Nord-)Westphalie** Nordrhein-Westfalen nt

rhésus [ʀezys] adj Rhesus- ▶ nm Rhesusfaktor m

Rhin [ʀɛ̃] nm : **le ~** der Rhein

rhinite [ʀinit] nf Nasenkatarrh m
rhinocéros [ʀinɔseʀɔs] nm Nashorn nt, Rhinozeros nt
rhododendron [ʀɔdɔdɛ̃dʀɔ̃] nm Rhododendron m
Rhône [ʀon] nm : **le ~** die Rhone f
rhubarbe [ʀybaʀb] nf Rhabarber m
rhum [ʀɔm] nm Rum m
rhumatisant, e [ʀymatizɑ̃, ɑ̃t] nm/f Rheumatiker(in)
rhumatisme [ʀymatism] nm Rheuma(tismus m) nt
rhumatologie [ʀymatɔlɔʒi] nf Rheumatologie f
rhume [ʀym] nm Schnupfen m; **le ~ des foins** Heuschnupfen m; **~ de cerveau** Kopfgrippe f
ri [ʀi] pp de **rire**
riant, e [ʀ(i)jɑ̃, ʀ(i)jɑ̃t] adj lachend; (campagne, paysage) strahlend
RIB [ʀib] sigle m (= relevé d'identité bancaire) voir **relevé**
ricain, e [ʀikɛ̃, ɛn] (péj) adj amerikanisch
ricanement [ʀikanmɑ̃] nm (méchant) boshaftes Lachen nt; (bête) Kichern nt
ricaner [ʀikane] vi boshaft lachen; (bêtement) blöde kichern
riche [ʀiʃ] adj reich; (sompteux) prächtig; (aliment) nahrhaft; (fertile) fruchtbar; (sujet, matière) ergiebig; (documentation, vocabulaire) umfangreich ▶ nmf : **les ~s** die Reichen pl; **~ en** reich an +dat; **~ de** voller
richesse [ʀiʃɛs] nf Reichtum m; **richesses** nfpl Reichtümer pl
ricocher [ʀikɔʃe] vi : **~ (sur)** hüpfen (auf +dat); (balle) abprallen (von); **faire ~** (pierre) schnalzen ou hüpfen lassen
ricochet [ʀikɔʃɛ] nm : **faire des ~s** Steine auf dem Wasser hüpfen lassen; (fig) indirekte Auswirkungen haben; **par ~** (fig) indirekt
rictus [ʀiktys] nm Grinsen nt
ride [ʀid] nf Falte f, Runzel f
ridé, e [ʀide] adj faltig, runzlig
rideau, x [ʀido] nm Vorhang m; **tirer/ouvrir les ~x** die Vorhänge zuziehen/aufziehen; **~ de fer** (d'une devanture) Eisenrouleau nt; (Pol) Eiserner Vorhang
rider [ʀide] vt (peau, front) runzeln; (eau, sable etc) kräuseln; **se rider** vpr (avec l'âge) Falten bekommen
ridicule [ʀidikyl] adj lächerlich ▶ nm : **le ~** (état) das Lächerliche nt; (absurdité) die lächerliche Seite f
ridiculiser [ʀidikylize] vt lächerlich machen; **se ridiculiser** vpr sich lächerlich machen

(MOT-CLÉ)

rien [ʀjɛ̃] pron 1 : **(ne) … rien** nichts; **il n'a rien dit/fait** er hat nichts gesagt/gemacht; **il n'a rien** er hat nichts; **qu'est-ce que vous avez ? — rien** was haben Sie ? — nichts; **de rien !** bitte!, keine Ursache!; **n'avoir peur de rien** vor nichts zurückschrecken
2 (quelque chose) : **a-t-il jamais rien fait pour nous ?** hat er je etw für uns getan?
3 : **rien d'intéressant** nichts Interessantes; **rien d'autre** nichts anderes; **rien du tout** überhaupt nichts
4 : **rien que** nichts als; **rien que la vérité** nichts als die Wahrheit; **rien que cela** nur das; **rien que pour lui faire plaisir** nur um ihm eine Freude zu machen
▶ nm : **un petit rien** (cadeau) eine Kleinigkeit; **des riens** Nichtigkeiten pl; **un rien de** ein Hauch (von)

rieur, -euse [ʀ(i)jœʀ, ʀ(i)jøz] adj fröhlich
rigide [ʀiʒid] adj steif; (personne, éducation) streng
rigolade [ʀigɔlad] nf Spaß m; **c'est de la ~** das ist ein Witz
rigoler [ʀigɔle] (fam) vi (rire) lachen; (s'amuser) sich amüsieren; (plaisanter) Spaß machen
rigolo, -ote [ʀigɔlo, ɔt] (fam) adj komisch ▶ nm/f Scherzbold m
rigoureusement [ʀiguʀøzmɑ̃] adv ganz genau; **~ vrai/interdit** genau der Wahrheit entsprechend/strengstens verboten
rigoureux, -euse [ʀiguʀø, øz] adj streng; (climat) rau, hart; (démonstration, analyse, preuves) genau
rigueur [ʀigœʀ] nf Strenge f; (du climat) Härte f; (exactitude) Genauigkeit f; **être de ~** vorgeschrieben sein, Pflicht sein; **à la ~** zur Not
rillettes [ʀijɛt] nfpl ≈ Schmalzfleisch nt
rime [ʀim] nf Reim m
rimer [ʀime] vi sich reimen; **ne ~ à rien** völlig ungereimt sein; **~ avec** sich reimen mit
rimmel® [ʀimɛl] nm Wimperntusche f
rinçage [ʀɛ̃saʒ] nm Spülen nt; **liquide de ~** (pour lave-vaisselle) Klarspülmittel
rince-doigts [ʀɛ̃sdwa] nm inv Fingerschale f
rincer [ʀɛ̃se] vt (récipient) ausspülen; (objet) abspülen; (linge) spülen; **se rincer** vpr : **se ~ la bouche** (sich dat) den Mund ausspülen
ring [ʀiŋ] nm Boxring m; **monter sur le ~** in den Ring steigen ou gehen

ringard, e [ʀɛ̃gaʀ, aʀd] (fam) adj altmodisch

RIP [ɛʀi'e] nm abr (= relevé d'identité postale) Nachweis m der Bankverbindung beim Postgiroamt

ripaille [ʀipaj] nf: **faire ~** schmausen

riposte [ʀipɔst] nf (schlagfertige) Antwort f; (contre-attaque) Gegenschlag m

riposter [ʀipɔste] vi (répondre) antworten; (contre-attaquer) zurückschlagen; **~ que** erwidern, dass; **~ à** erwidern +acc

ripou [ʀipu] nm korrupter Beamter ▶ adj korrupt

rire [ʀiʀ] vi lachen; (se divertir) Spaß haben; (plaisanter) Spaß machen ▶ nm Lachen nt; **se rire** vpr: **se ~ de** nicht ernst nehmen; **~ de** lachen über +acc; **~ aux éclats/aux larmes** schallend/Tränen lachen; **~ jaune** gezwungen lachen; **pour ~** zum Spaß

ris [ʀi] nm: **~ de veau** Kalbsbries m

risible [ʀizibl] adj lächerlich

risque [ʀisk] nm Risiko nt; **prendre un ~/des ~s** ein Risiko/Risiken eingehen; **à ses ~s et périls** auf eigene Gefahr, auf eigenes Risiko; **au ~ de faire qch** auf die Gefahr hin, etw zu tun; **~ d'incendie** Feuergefahr f

risqué, e [ʀiske] adj riskant, gewagt

risquer [ʀiske] vt riskieren, aufs Spiel setzen; (hasarder, tenter) wagen; **se risquer** vpr: **se ~ dans** sich wagen in +acc; **ça ne risque rien** da kann nichts passieren; **il a risqué de se tuer** er wäre beinahe dabei umgekommen; **ce qui risque de se produire** was passieren könnte; **se ~ à faire qch** es wagen, etw zu tun

risque-tout [ʀiskətu] nm/f inv Draufgänger(in) m(f)

rissoler [ʀisɔle] vi, vt: **(faire) ~ de la viande/des légumes** Fleisch/Gemüse anbräunen

ristourne [ʀistuʀn] nf Rabatt m

rite [ʀit] nm Ritus m; (fig) Ritual nt

ritournelle [ʀituʀnɛl] nf: **c'est toujours la même ~** (fam) immer das gleiche Lied

rituel, le [ʀitɥɛl] adj rituell; (fig) üblich ▶ nm Ritual nt

rivage [ʀivaʒ] nm Ufer nt

rival, e, -aux [ʀival, o] adj gegnerisch ▶ nm/f (adversaire) Gegner(in), Rivale m, Rivalin f; **sans ~** unerreicht

rivaliser [ʀivalize] vi: **~ avec** (personne) rivalisieren mit, sich messen mit; (choses) sich messen können mit

rivalité [ʀivalite] nf Rivalität f

rive [ʀiv] nf Ufer nt

river [ʀive] vt nieten

riverain, e [ʀiv(ə)ʀɛ̃, ɛn] nm/f (d'un fleuve, lac) Uferbewohner(in); (d'une route, rue) Anlieger(in)

rivet [ʀivɛ] nm Niete f

riveter [ʀiv(ə)te] vt nieten

rivière [ʀivjɛʀ] nf Fluss m; **~ de diamants** Diamantencollier nt

rixe [ʀiks] nf Rauferei f

riz [ʀi] nm Reis m; **~ au lait** Milchreis m

RN [ɛʀɛn] sigle f (= route nationale) voir **route**

RNIS [ɛʀɛniɛs] sigle m (= Réseau numérique à intégration de service) ISDN nt

robe [ʀɔb] nf Kleid nt; (de juge, d'avocat) Robe f, Talar m; (d'ecclésiastique) Gewand nt; (d'un animal) Fell nt; **~ de chambre** Morgenrock m; **~ de grossesse** Umstandskleid nt; **~ de mariée** Brautkleid nt; **~ de soirée** Abendkleid nt

robinet [ʀɔbinɛ] nm Hahn m; **~ du gaz** Gashahn m; **~ mélangeur** Mischbatterie f

robot [ʀɔbo] nm Roboter m; **~ de cuisine** Küchenmaschine f

robotique [ʀɔbɔtik] nf Robotik f

robuste [ʀɔbyst] adj robust

roc [ʀɔk] nm Fels(en) m

rocade [ʀɔkad] nf Umgehungsstraße f

rocaille [ʀɔkaj] nf (pierraille) Geröll nt; (terrain) steiniges Gelände nt; (jardin) Steingarten m ▶ adj: **style ~** Rokokostil m

rocailleux, -euse [ʀɔkajø, øz] adj steinig; (style, voix) hart

roche [ʀɔʃ] nf Fels(en) m

rocher [ʀɔʃe] nm (bloc) Felsen m; (matière) Fels(en m) m

rocheux, -euse [ʀɔʃø, øz] adj felsig

rodage [ʀɔdaʒ] nm (Auto) Einfahren nt; (fig) Erprobungsphase f; **« en ~ »** „wird eingefahren"

roder [ʀɔde] vt (moteur, voiture) einfahren; (spectacle, service) aus den Anfangsschwierigkeiten herausbringen

rôder [ʀode] vi herumziehen; (péj) sich herumtreiben

rogne [ʀɔɲ] nf: **être en ~** gereizt ou wütend sein; **se mettre en ~** wütend ou gereizt werden

rogner [ʀɔɲe] vt (cuir, plaque de métal, pages) beschneiden ▶ vi: **~ sur** kürzen

rognons [ʀɔɲɔ̃] nmpl Nieren pl

rognures [ʀɔɲyʀ] nfpl Schnitzel pl, Abfälle pl

roi [ʀwa] *nm* König *m*; **les R~s mages** die Heiligen Drei Könige *pl*; **le jour** *ou* **la fête des R~s, les R~s** das Dreikönigsfest *nt*
: **La fête des Rois** ist das Dreikönigsfest am 6. Januar. Man isst *la galette des Rois*, einen einfachen, flachen Kuchen, in dem ein Porzellantalisman (la fève) versteckt ist. Wer den Talisman findet, ist König bzw. Königin für den Tag und wählt sich einen Partner aus.

roitelet [ʀwat(ə)lɛ] *nm* Zaunkönig *m*
rôle [ʀol] *nm* Rolle *f*; **jouer un ~ important dans** eine wichtige Rolle spielen bei
romain, e [ʀɔmɛ̃, ɛn] *adj* römisch; (*Typo*) mager ▶ *nm/f*: **Romain, e** Römer(in) ▶ *nf* (*laitue*) Romagnasalat *m*
roman, e [ʀɔmɑ̃, an] *adj* romanisch ▶ *nm* Roman *m*; **~ d'espionnage** Spionageroman *m*; **~ policier** Kriminalroman *m*
romance [ʀɔmɑ̃s] *nf* sentimentale Ballade *f*
romancer [ʀɔmɑ̃se] *vt* romantisch verklären
romanche [ʀɔmɑ̃ʃ] *adj* rätoromanisch
romancier, -ière [ʀɔmɑ̃sje, jɛʀ] *nm/f* Romanschriftsteller(in)
romand, e [ʀɔmɑ̃, ɑ̃d] *adj* aus der französischen Schweiz, französischschweizerisch ▶ *nm/f*: **Romand, e** Französischschweizer(in)
romanesque [ʀɔmanɛsk] *adj* (*fantastique*) sagenhaft; (*sentimental*) romantisch, sentimental
roman-feuilleton [ʀɔmɑ̃fœjtɔ̃] (*pl* **romans-feuilletons**) *nm* Fortsetzungsroman *m*
romanichel, le [ʀɔmaniʃɛl] *nm/f* Zigeuner(in)
roman-photo [ʀɔmɑ̃fɔto] (*pl* **romans-photos**) *nm* Fotoroman *m*
romantique [ʀɔmɑ̃tik] *adj* romantisch
romantisme [ʀɔmɑ̃tism] *nm* Romantik *f*
romarin [ʀɔmaʀɛ̃] *nm* Rosmarin *m*
rombière [ʀɔ̃bjɛʀ] (*péj*) *nf* alte Schachtel *f*
Rome [ʀɔm] *nf* Rom *nt*
rompre [ʀɔ̃pʀ] *vt* brechen; (*digue*) sprengen; (*silence*) unterbrechen; (*entretien, relations*) abbrechen; (*fiançailles*) lösen; (*équilibre*) stören ▶ *vi* (*couple*) sich trennen; **se rompre** *vpr* (*corde*) reißen; (*digue, branche*) brechen; **~ avec** (*personne*) brechen mit; (*habitude, tradition*) aufgeben
rompu, e [ʀɔ̃py] *pp de* **rompre** ▶ *adj* (*fourbu*) erschöpft; **~ à** beschlagen in +*dat*

romsteck [ʀɔmstɛk] *nm* Rumpsteak *nt*
ronce [ʀɔ̃s] *nf* (*Bot*) Brombeerstrauch *m*; **ronces** *nfpl* (*branches*) Dornen(zweige) *pl*
ronchonner [ʀɔ̃ʃɔne] (*fam*) *vi* meckern
rond, e [ʀɔ̃, ʀɔ̃d] *adj* rund; (*fam: ivre*) voll ▶ *nm* Kreis *m*; **en ~** im Kreis; **je n'ai plus un ~** (*fam*) ich habe keinen roten Heller mehr; **~ de serviette** Serviettenring *m*
rond-de-cuir [ʀɔ̃dkɥiʀ] (*pl* **ronds-de-cuir**) (*péj*) *nm* Bürohengst *m*
ronde [ʀɔ̃d] *nf* (*de surveillance*) Runde *f*, Rundgang *m*; (*danse*) Ringelreihen *m*; (*Mus*) ganze Note *f*; **à 10 km à la ~** im Umkreis von 10 km
rondelet, te [ʀɔ̃dlɛ, ɛt] *adj* rundlich; (*somme*) stattlich
rondelle [ʀɔ̃dɛl] *nf* (*tranche*) Scheibe *f*; (*Tech*) Unterlegscheibe *f*
rondement [ʀɔ̃dmɑ̃] *adv* (*promptement*) zügig, prompt; (*franchement*) ohne Umschweife
rondin [ʀɔ̃dɛ̃] *nm* Klotz *m*
rond-point [ʀɔ̃pwɛ̃] (*pl* **ronds-points**) *nm* Kreisverkehr *m*
ronfler [ʀɔ̃fle] *vi* (*personne*) schnarchen; (*moteur*) brummen; (*poêle*) bullern
ronger [ʀɔ̃ʒe] *vt* annagen, nagen an +*dat*; (*mal, pensée*) quälen; **se ronger** *vpr*: **se ~ les ongles** an den Fingernägeln kauen; **se ~ d'inquiétude/de souci** von Unruhe/Sorgen verzehrt werden; **se ~ les sangs** vor Sorgen fast umkommen
rongeur [ʀɔ̃ʒœʀ] *nm* Nagetier *nt*
ronronner [ʀɔ̃ʀɔne] *vi* schnurren
roquette [ʀɔkɛt] *nf* (*Mil*) Rakete *f*; (*salade*) Salatrauke *f*, Rucola *f*
rosace [ʀozas] *nf* Rosette *f*
rosaire [ʀozɛʀ] *nm* Rosenkranz *m*
rosbif [ʀɔsbif] *nm* Roastbeef *nt*
rose [ʀoz] *nf* Rose *f* ▶ *adj* rosa, rosarot ▶ *nm* (*couleur*) Rosa(rot) *nt*; **~ des vents** Windrose *f*
rosé, e [ʀoze] *adj* rosa(farben), zartrosa ▶ *nm*: **(vin) ~** Rosé(wein *m*) *m*
roseau, x [ʀozo] *nm* Schilf *nt*
rosée [ʀoze] *nf* Tau *m*
roseraie [ʀozʀɛ] *nf* Rosengarten *m*
rosier [ʀozje] *nm* Rosenstrauch *m*
rosse [ʀɔs] *adj* scharf
rosser [ʀɔse] (*fam*) *vt* verprügeln
rossignol [ʀɔsiɲɔl] *nm* Nachtigall *f*; (*crochet*) Dietrich *m*
rot [ʀo] *nm* Rülpser *m*; (*de bébé*) Bäuerchen *nt*
rotation [ʀɔtasjɔ̃] *nf* Umdrehung *f*, Rotation *f*; **par ~** im Turnus; **~ des cultures** Fruchtwechsel *m*; **~ des stocks** (*Comm*) Lagerumschlag *m*

rôti [ʀoti] *nm* Braten *m*; **~ de bœuf/porc** Rinder-/Schweinebraten *m*

rotin [ʀɔtɛ̃] *nm* Rattan *nt*

rôtir [ʀotiʀ] *vt, vi* braten; **faire ~** braten

rôtisserie [ʀotisʀi] *nf* (*restaurant*) Steakhaus *nt*

rôtissoire [ʀotiswaʀ] *nf* Grill *m*

rotonde [ʀɔtɔ̃d] *nf* (*Archit*) Rundbau *m*

rotule [ʀɔtyl] *nf* Kniescheibe *f*

rouage [ʀwaʒ] *nm* (*d'un mécanisme*) Zahnrad *nt*; (*fig*) Rädchen *nt* im Getriebe

roublard, e [ʀublaʀ, aʀd] (*péj*) *adj* durchtrieben

rouble [ʀubl] *nm* Rubel *m*

roucouler [ʀukule] *vi* gurren; (*amoureux*) turteln

roue [ʀu] *nf* Rad *nt*; **faire la ~** ein Rad schlagen; **descendre en ~ libre** im Leerlauf herunterfahren; **~s avant/ arrière** Vorder-/Hinterräder *pl*; **grande ~** Riesenrad *nt*; **~ de secours** Reserverad *nt*; **~ dentée** Zahnrad *nt*

roué, e [ʀwe] *adj* gerissen

rouer [ʀwe] *vt* : **~ de coups** verprügeln

rouet [ʀwɛ] *nm* Spinnrad *nt*

rouge [ʀuʒ] *adj* rot ▸ *nmf* (*Pol*) Rote(r) *f(m)* ▸ *nm* (*couleur*) Rot *nt*; (*fard*) Rouge *nt*; **(vin) ~** Rotwein *m*; **passer au ~** (*signal*) auf Rot schalten; **porter au ~** (*métal*) rot glühend werden lassen; **~ (à lèvres)** Lippenstift *m*

rougeâtre [ʀuʒatʀ] *adj* rötlich

rouge-gorge [ʀuʒgɔʀʒ] (*pl* **rouges-gorges**) *nm* Rotkehlchen *nt*

rougeole [ʀuʒɔl] *nf* Masern *pl*

rouget [ʀuʒɛ] *nm* Seebarbe *f*

rougeur [ʀuʒœʀ] *nf* Röte *f*

rougir [ʀuʒiʀ] *vi* rot werden; (*de honte, timidité*) erröten

rouille [ʀuj] *nf* Rost *m*; (*Culin*) pikante provenzalische Knoblauchmayonnaise zu Fischsuppe ▸ *adj inv* (*couleur*) rostrot

rouillé, e [ʀuje] *adj* verrostet, rostig

rouiller [ʀuje] *vt* rosten lassen; (*corps, esprit*) einrosten lassen ▸ *vi* rosten; **se rouiller** *vpr* rosten; (*fig*) einrosten

roulade [ʀulad] *nf* (*Culin*) Roulade *f*; (*Mus*) Koloratur *f*; (*Sport*) Rolle *f*

roulage [ʀulaʒ] *nm* Straßentransport *m*

roulant, e [ʀulɑ̃, ɑ̃t] *adj* (*surface, trottoir, chaise*) Roll-

rouleau, x [ʀulo] *nm* Rolle *f*; (*bigoudi*) Lockenwickler *m*; (*vague*) Roller *m*; **être au bout du ~** (*fam*) am Ende sein; **~ à pâtisserie** Nudelrolle *f*; **~ compresseur** Dampfwalze *f*; **~ de printemps** Frühlingsrolle *f*

roulement [ʀulmɑ̃] *nm* (*d'ouvriers*) Schichtwechsel *m*; **par ~** im Turnus; **~ à billes** Kugellager *nt*

rouler [ʀule] *vt* rollen; (*tissu, papier, tapis*) aufrollen; (*cigarette*) drehen; (*pâte*) ausrollen; (*fam : tromper*) reinlegen ▸ *vi* rollen; (*voiture, train, automobiliste, cycliste*) fahren; (*bateau*) rollen, schlingern; **se rouler** *vpr* : **se ~ dans** (*boue*) sich wälzen in +*dat*; (*couverture*) sich einrollen in +*acc*; **~ sa bosse** (*fam*) ständig unterwegs sein

roulette [ʀulɛt] *nf* (*d'un meuble*) Rolle *f*; (*de dentiste*) Bohrer *m*; (*à pâtisserie*) Teigrädchen *nt*; **la ~** (*jeu*) Roulette *nt*

roulotte [ʀulɔt] *nf* Planwagen *m*

roumain, e [ʀumɛ̃, ɛn] *adj* rumänisch ▸ *nm/f* : **Roumain, e** Rumäne *m*, Rumänin *f*

Roumanie [ʀumani] *nf* : **la ~** Rumänien *nt*

roupiller [ʀupije] (*fam*) *vi* pennen

rouquin, e [ʀukɛ̃, in] (*péj*) *nm/f* Rotschopf *m*

rouspéter [ʀuspete] (*fam*) *vi* schimpfen

rousse [ʀus] *adj voir* **roux**

rousseur [ʀusœʀ] *nf* : **tache de ~** Sommersprosse *f*

roussi [ʀusi] *nm* : **ça sent le ~** es riecht angebrannt; (*fig*) da ist etw faul

roussir [ʀusiʀ] *vt* (*herbe, linge*) ansengen ▸ *vi* (*feuilles*) braun werden; **faire ~** (*Culin*) anbräunen

routard, e [ʀutaʀ, aʀd] *nm/f* Tramper(in)

route [ʀut] *nf* Straße *f*; (*itinéraire, fig*) Weg *m*; **par (la) ~** auf dem Landweg; **il y a a 3 heures de ~** es ist eine Strecke von 3 Stunden; **en ~** unterwegs; **en ~ !** auf geht's!; **en cours de ~** unterwegs; **se mettre en ~** sich auf den Weg machen; **faire fausse ~** sich verirren; **~ nationale** ≈ Bundesstraße *f*

router [ʀute] *vt* nach Versandgebieten sortieren

routeur [ʀutœʀ] *nm* (*Inform*) Router *m*

routier, -ière [ʀutje, jɛʀ] *adj* Straßen- ▸ *nm* (*camionneur*) Lastwagenfahrer(in) *m(f)*

routine [ʀutin] *nf* Routine *f*

routinier, -ière [ʀutinje, jɛʀ] *adj* (*travail, procédé*) eingefahren; (*personne, esprit*) starr

rouvrir [ʀuvʀiʀ] *vt* wieder öffnen; (*débat etc*) wiedereröffnen; **se rouvrir** *vpr* (*porte*) sich wieder öffnen; (*blessure*) wieder aufgehen

roux, rousse [ʀu, ʀus] *adj* (*barbe, cheveux*) rot; (*personne*) rothaarig ▸ *nm/f*

Rothaarige(r) *f(m)* ▶ *nm (Culin)* Mehlschwitze *f*

royal, e, -aux [ʀwajal, o] *adj* königlich; *(festin, cadeau)* fürstlich; *(fam : paix)* göttlich

royaume [ʀwajom] *nm* Königreich *nt*; *(fig)* Reich *nt*

Royaume-Uni [ʀwajomyni] *nm* : **le ~** das Vereinigte Königreich

royauté [ʀwajote] *nf (dignité)* Königswürde *f*; *(régime)* Monarchie *f*

RSA [ɛʀɛsa] *sigle m (= revenu de solidarité active)* Sozialhilfeprogramm

RSVP [ɛʀɛsvepe] *abr (= répondez s'il vous plaît)* u. A. w. g.

RTL [ɛʀteɛl] *sigle f (= Radio-Télévision Luxembourg)* RTL

RTT [ɛʀtete] *abr f (= réduction du temps de travail)* Arbeitszeitverkürzung *f*

ruban [ʀybɑ̃] *nm* Band *nt*; *(d'acier etc)* Streifen *m*; **~ adhésif** Klebestreifen *m*

rubéole [ʀybeɔl] *nf* Röteln *pl*

rubis [ʀybi] *nm* Rubin *m*

rubrique [ʀybʀik] *nf* Rubrik *f*; *(Presse)* Spalte *f*

ruche [ʀyʃ] *nf* Bienenstock *m*

rude [ʀyd] *adj* rau, hart; **un hiver très ~** ein strenger Winter; **une ~ journée** ein harter Tag

rudement [ʀydmɑ̃] *adv* hart

rudimentaire [ʀydimɑ̃tɛʀ] *adj (ameublement, équipement)* elementar; *(insuffisant)* unzureichend; *(connaissances)* rudimentär, Grundlagen-

rudiments [ʀydimɑ̃] *nmpl* Grundlagen *pl*

rudoyer [ʀydwaje] *vt* grob behandeln

rue [ʀy] *nf* Straße *f*; *(Bot)* Raute *f*

ruée [ʀɥe] *nf* Gedränge *nt*; **la ~ vers l'or** der Goldrausch

ruelle [ʀɥɛl] *nf* Sträßchen *nt*

ruer [ʀɥe] *vi (cheval, âne)* ausschlagen; **se ruer** *vpr* : **se ~ sur** sich stürzen auf +*acc*; **~ dans les brancards** auf die Barrikaden gehen; **se ~ vers** sich stürzen auf +*acc*; **se ~ dans** sich stürzen in +*acc*; **se ~ hors de** sich hinausstürzen aus

rugby [ʀygbi] *nm* Rugby *nt*

rugir [ʀyʒiʀ] *vi, vt* brüllen

rugueux, -euse [ʀygø, øz] *adj* rau

ruine [ʀɥin] *nf (d'un édifice)* Ruine *f*; *(fig)* Ruin *m*; **tomber en ~** zerfallen

ruiner [ʀɥine] *vt* ruinieren; **se ruiner** *vpr* sich ruinieren

ruineux, -euse [ʀɥinø, øz] *adj* ruinös, sehr kostspielig

ruisseau, x [ʀɥiso] *nm* Bach *m*; *(caniveau)* Gosse *f*

ruisseler [ʀɥis(ə)le] *vi (eau, larmes)* strömen; *(pluie)* in Strömen fließen; *(mur, arbre)* tropfen; **~ de larmes/sueur** tränenüberströmt/schweißgebadet sein

rumeur [ʀymœʀ] *nf (nouvelle)* Gerücht *nt*; *(bruit confus)* Lärm *m*, Gemurmel *nt*

ruminer [ʀymine] *vt (herbe)* wiederkäuen; *(chagrin, projet)* mit sich herumtragen ▶ *vi* wiederkäuen

rumsteck [ʀɔmstɛk] *nm* = **romsteck**

rupture [ʀyptyʀ] *nf (d'un câble)* Zerreißen *nt*; *(d'une digue, d'un contrat)* Bruch *m*; *(d'un tendon)* Riss *m*; *(des négociations etc)* Abbruch *m*; *(séparation, désunion)* Trennung *f*

rural, e, -aux [ʀyʀal, o] *adj* ländlich

ruse [ʀyz] *nf* List *f*; **par ~** durch eine List

rusé, e [ʀyze] *adj* listig, gewitzt

russe [ʀys] *adj* russisch ▶ *nm (Ling)* Russisch *nt* ▶ *nmf* : **Russe** Russe *m*, Russin *f*

Russie [ʀysi] *nf* : **la ~** Russland *nt*

rustique [ʀystik] *adj (mobilier etc)* rustikal; *(vie)* ländlich; *(plante)* widerstandsfähig

rustre [ʀystʀ] *nm* Flegel *m*

rutabaga [ʀytabaga] *nm* Kohlrübe *f*, Steckrübe *f*

RV *sigle m* = **rendez-vous**

Rwanda [ʀwɑ̃da] *nm* : **le ~** Ruanda *nt*

rythme [ʀitm] *nm* Rhythmus *m*; *(de la vie)* Tempo *nt*

rythmé, e [ʀitme] *adj* rhythmisch

rythmique [ʀitmik] *adj* rhythmisch

S

S, s [ɛs] *nm inv* S, s *nt*
s *abr* (= *siècle*) Jh
s' [s] *pron voir* **se**
SA [ɛsa] *sigle f* (= *société anonyme*) AG *f*
sa [sa] *adj possessif voir* **son**
sable [sabl] *nm* Sand *m*; **~s mouvants** Treibsand *m*
sablé [sable] *nm* ≈ Butterkeks *m*
sabler [sable] *vt* mit Sand bestreuen; (*contre le verglas*) streuen; **~ le champagne** Champagner schlürfen
sablier [sablije] *nm* Sanduhr *f*; (*de cuisine*) Eieruhr *f*
sablière [sablijɛʀ] *nf* Sandgrube *f*
sablonneux, -euse [sablɔnø, øz] *adj* sandig
sabot [sabo] *nm* (*de cheval, bœuf*) Huf *m*; (*chaussure*) Holzschuh *m*; **~ (de Denver)** Hemmschuh *m*
sabotage [sabɔtaʒ] *nm* Sabotage *f*
saboter [sabɔte] *vt* sabotieren
sabre [sabʀ] *nm* Säbel *m*
sac [sak] *nm* Tasche *f*; (*à charbon, plâtre etc*) Sack *m*; (*en papier*) Tüte *f*; (*pillage*) Plünderung *f*; **mettre à ~** plündern; **~ à dos** Rucksack *m*; **~ à main** Handtasche *f*; **~ à provisions** Einkaufstasche *f*; **~ de couchage** Schlafsack *m*
saccade [sakad] *nf* Ruck *m*; **par ~s** ruckweise
saccager [sakaʒe] *vt* plündern; (*dévaster*) verwüsten
saccharine [sakaʀin] *nf* Sa(c)charin *nt*, Süßstoff *m*
SACEM [sasɛm] *sigle f* (= *Société des auteurs, compositeurs et éditeurs de musique*) ≈ GEMA *f*
sachet [saʃɛ] *nm* Tütchen *nt*; **~ de thé** Teebeutel *m*

sacoche [sakɔʃ] *nf* Tasche *f*; (*de bicyclette, motocyclette*) Satteltasche *f*
sacré, e [sakʀe] *adj* heilig; (*fam*) verdammt
sacrement [sakʀəmɑ̃] *nm* Sakrament *nt*
sacrifice [sakʀifis] *nm* Opfer *nt*
sacrifier [sakʀifje] *vt* opfern; **se sacrifier** *vpr* sich aufopfern; **~ à** (*obéir à*) sich unterordnen +*dat*
sacrilège [sakʀilɛʒ] *nm* Sakrileg *nt*; (*fig*) Frevel ▶ *adj* frevelhaft
sacristain [sakʀistɛ̃] *nm* Küster *m*
sacristie [sakʀisti] *nf* Sakristei *f*
sacro-saint, e [sakʀɔsɛ̃, sɛ̃t] (*pl* **sacro-saints, es**) *adj* hochheilig
sadique [sadik] *adj* sadistisch ▶ *nmf* Sadist(in) *m(f)*
sadisme [sadism] *nm* Sadismus *m*
sadomasochisme [sadomazɔʃism] *nm* Sadomasochismus *m*
sadomasochiste [sadomazɔʃist] *adj* sadomasochistisch
safari [safaʀi] *nm* Safari *f*
safran [safʀɑ̃] *nm* Safran *m*
sagace [sagas] *adj* scharfsinnig
sage [saʒ] *adj* klug, weise; (*enfant*) brav, artig ▶ *nmf* Weiser(in) *f(m)*; **comité des ~s** Expertenkomitee
sage-femme [saʒfam] (*pl* **sages-femmes**) *nf* Hebamme *f*
sagement [saʒmɑ̃] *adv* (*raisonnablement*) klug; (*tranquillement*) artig
sagesse [saʒɛs] *nf* Weisheit *f*, Klugheit *f*
Sagittaire [saʒitɛʀ] *nm* (*Astrol*) Schütze *m*
Sahara [saaʀa] *nm* Sahara *f*
Sahel [saɛl] *nm* Sahel *m*
saignant, e [sɛɲɑ̃, ɑ̃t] *adj* blutend, blutig; (*viande*) blutig
saignée [seɲe] *nf* (*Méd*) Aderlass *m*; (*fig*) schwere Verluste *pl*; **la ~ du bras** die Armbeuge *f*
saignement [sɛɲmɑ̃] *nm* Blutung *f*; **~ de nez** Nasenbluten *nt*
saigner [seɲe] *vi* bluten ▶ *vt* (*Méd*) Blut abnehmen +*dat*; (*animal*) ausbluten lassen; (*fig*) ausnehmen
saillie [saji] *nf* (*d'une construction*) Vorsprung *m*
saillir [sajiʀ] *vi* (*faire saillie*) herausragen
sain, e [sɛ̃, sɛn] *adj* gesund; **~ et sauf** unversehrt
saindoux [sɛ̃du] *nm* Schweineschmalz *nt*
saint, e [sɛ̃, sɛ̃t] *adj* heilig ▶ *nm/f* Heilige(r) *f(m)*; **~ Pierre** der heilige Petrus; (*église*) Sankt Peter
saint-bernard [sɛ̃bɛʀnaʀ] (*pl* **saint-bernards**) *nm* (*chien*) Bernhardiner *m*

Saint-Esprit [sɛ̃tɛspʀi] *nm* : **le ~** der Heilige Geist *m*
sainteté [sɛ̃tte] *nf* Heiligkeit *f*
Saint-Laurent [sɛ̃lɔʀɑ̃] *nm* : **le ~** der Sankt-Lorenz-Strom *m*
Saint-Marin [sɛ̃maʀɛ̃] *nm* San Marino *nt*
Saint-Siège [sɛ̃sjɛʒ] *nm inv* : **le ~** der Heilige Stuhl *m*
Saint-Sylvestre [sɛ̃silvɛstʀ] *nf* : **la ~** Silvester *m*
saisie [sezi] *nf* (*Jur*) Beschlagnahmung *f*; **~ de données** Dateneingabe *f*
saisir [seziʀ] *vt* ergreifen; (*comprendre, entendre*) erfassen; (*Inform*) eingeben; (*Culin*) scharf anbraten; (*Jur*) beschlagnahmen; **~ un tribunal d'une affaire** ein Gericht wegen etw anrufen
saisissant, e [sezisɑ̃, ɑ̃t] *adj* ergreifend
saisissement [sezismɑ̃] *nm* : **muet de ~** überwältigt
saison [sɛzɔ̃] *nf* Jahreszeit *f*; (*des moissons, semailles*) Zeit *f*; (*touristique*) Saison *f*; **en/hors ~** in/außerhalb der Saison; **haute/basse/morte ~** Hoch-/Neben-/Nachsaison *f*; **les quatre ~s** die vier Jahreszeiten
saisonnier, -ière [sɛzɔnje, jɛʀ] *adj* (*produits*) der Jahreszeit ▶ *nm/f* (*travailleur*) Saisonarbeiter(in)
salace [salas] *adj* schlüpfrig
salade [salad] *nf* Salat *m*; **raconter des ~s** (*fam*) Märchen erzählen; **~ de fruits** Obstsalat *m*
saladier [saladje] *nm* Salatschüssel *f*
salaire [salɛʀ] *nm* (*hebdomadaire, journalier*) Lohn *m*; **~ de base** Grundgehalt *nt*; **~ minimum interprofessionnel de croissance** gesetzlicher Mindestlohn *m*
salaison [salɛzɔ̃] *nf* (*opération*) Einsalzen *nt*; **salaisons** *nfpl* (*produits*) Gepökeltes *nt*
salamandre [salamɑ̃dʀ] *nf* Salamander *m*
salami [salami] *nm* Salami *f*
salariat [salaʀja] *nm* Gehaltsempfänger *pl*, Lohnempfänger *pl*
salarié, e [salaʀje] *nm/f* Gehaltsempfänger(in), Lohnempfänger(in)
salaud [salo] (*vulg*) *nm* Scheißkerl *m*
sale [sal] *adj* dreckig
salé, e [sale] *adj* salzig; (*assaisonné de sel* : *note, facture*) gesalzen
salement [salmɑ̃] *adv* (*manger etc*) wie ein Schwein
saler [sale] *vt* (*plat*) salzen; (*pour conserver*) einpökeln
saleté [salte] *nf* Schmutz *m*; (*action vile, obscénité*) Schweinerei *f*; (*chose sans valeur*) Mist *m*

salière [saljɛʀ] *nf* Salzfässchen *nt*
saligaud [saligo] (*vulg*) *nm* Schweinehund *m*
salin, e [salɛ̃, in] *adj* Salz- ▶ *nf* Saline *f*
salir [saliʀ] *vt* beschmutzen, schmutzig machen; (*fig*) in den Dreck *ou* Schmutz ziehen
salissant, e [salisɑ̃, ɑ̃t] *adj* leicht schmutzend, empfindlich; (*métier*) schmutzig; **le blanc, c'est ~** Weiß wird leicht schmutzig
salive [saliv] *nf* Speichel *m*
saliver [salive] *vi* sabbern
salle [sal] *nf* Zimmer *nt*; (*de musée, d'un cinéma, public*) Saal *m*; **faire ~ comble** (ein) volles Haus haben; **~ à manger** Esszimmer *nt*; **~ d'attente** Wartesaal *m*; **~ de bain(s)** Badezimmer *nt*; **~ de séjour** Wohnzimmer *nt*
salmonellose [salmɔneloz] *nf* Salmonellenvergiftung *f*
salon [salɔ̃] *nm* Wohnzimmer *nt*; (*mobilier*) Wohnzimmer(möbel *pl*) *nt*; **~ de coiffure** Friseursalon *m*; **~ de thé** Café *nt*
salopard [salɔpaʀ] (*vulg*) *nm* Scheißkerl *m*
salope [salɔp] (*vulg*) *nf* Miststück *nt*
saloper [salɔpe] (*vulg*) *vt* versauen
saloperie [salɔpʀi] (*vulg*) *nf* Schweinerei *f*, Sauerei *f*
salopette [salɔpɛt] *nf* (*de travail*) Overall *m*; (*pantalon*) Latzhose *f*
salpêtre [salpɛtʀ] *nm* Salpeter *m*
salsa [salsa] *nf* Salsamusik *f*
salsifis [salsifi] *nm* Schwarzwurzel *f*
saltimbanque [saltɛ̃bɑ̃k] *nmf* Schausteller(in) *m(f)*
salubre [salybʀ] *adj* gesund
saluer [salɥe] *vt* grüßen; (*pour dire au revoir*) sich verabschieden von; (*Mil*) salutieren +*dat*
salut [saly] *nm* (*sauvegarde*) Wohl *nt*; (*Rel*) Heil *nt*, Erlösung *f*; (*geste, parole d'accueil etc*) Gruß *m*; (*Mil*) Salut *m* ▶ *excl* (*fam*) hallo; (*pour dire au revoir*) tschüs(s)
salutaire [salytɛʀ] *adj* heilsam, nützlich
salutations [salytasjɔ̃] *nfpl* Grüße *pl*; **veuillez agréer, Monsieur, mes ~ distinguées** *ou* **respectueuses** ≈ mit freundlichen Grüßen
Salvador [salvadɔʀ] *nm* : **le ~** El Salvador *nt*
salvadorien, ne [salvadɔʀjɛ̃, ɛn] *adj* salvadorianisch
samedi [samdi] *nm* Samstag *m*; *voir aussi* **lundi**
SAMU [samy] *sigle m* (= *service d'assistance médicale d'urgence*) ≈ medizinischer Notdienst *m*

sanatorium [sanatɔʀjɔm] *nm* Sanatorium *nt*
sanctifier [sãktifje] *vt* heiligen
sanction [sãksjɔ̃] *nf* Sanktion *f*
sanctuaire [sãktɥɛʀ] *nm (d'une église)* Allerheiligstes *nt*; *(édifice, lieu saint)* heiliger Ort *m*
sandale [sãdal] *nf* Sandale *f*
sandwich [sãdwi(t)ʃ] *nm* Sandwich *nt*; **être pris en ~ entre** eingeklemmt sein zwischen +dat
sang [sã] *nm* Blut *nt*; **se faire du mauvais ~** sich aufregen
sang-froid [sãfʀwa] *nm inv* Kaltblütigkeit *f*; **garder son ~** einen kühlen Kopf bewahren; **perdre son ~** seinen kühlen Kopf verlieren
sanglant, e [sãglã, ãt] *adj* blutig; *(reproche, affront)* verletzend
sangle [sãgl] *nf* Gurt *m*
sanglier [sãglije] *nm* Wildschwein *nt*
sangloter [sãglɔte] *vi* schluchzen
sangria [sãgʀija] *nf* Sangria *f*
sangsue [sãsy] *nf* Blutegel *m*
sanguin, e [sãgɛ̃, in] *adj* Blut-; *(tempérament)* feurig
sanguinaire [sãginɛʀ] *adj* blutrünstig
sanguine [sãgin] *nf (orange)* Blutorange *f*; *(Art)* Rötelzeichnung *f*
sanisette® [sanizɛt] *nf (automatische) öffentliche Toilette*
sanitaire [sanitɛʀ] *adj (Méd)* Gesundheits-; **sanitaires** *nmpl* Sanitäreinrichtungen *pl*; **installation ~** sanitäre Anlagen *pl*
sans [sã] *prép* ohne; **~ qu'il s'en aperçoive** ohne dass er es merkt
sans-abri [sãzabʀi] *(pl* **sans-abris***) nm/f* Obdachlose(r) *f(m)*
sans-emploi [sãzãplwa] *(pl* **sans-emplois***) nm/f* Arbeitslose(r) *f(m)*
sans-faute [sãfot] *(pl* **sans-fautes***) nm (Sport)* fehlerfreier Lauf *m*; *(fig)* Glanzleistung *f*
sans-gêne [sãʒɛn] *adj inv* ungeniert ▶ *nm inv* Ungeniertheit *f*
sans-logis [sãlɔʒi] *n/f inv* Obdachlose(r) *f(m)*
sans-papiers [sãpapje] *nm/f inv* illegaler Einwanderer *m*, illegale Einwanderin *f*
sans-souci [sãsusi] *adj inv* sorglos
santal [sãtal] *nm* Sandelholz *nt*
santé [sãte] *nf* Gesundheit *f*; **être en bonne ~** gesund sein; **boire à la ~ de qn** auf jds Wohl trinken; **(à votre/ta) ~ !** zum Wohl!
santon [sãtɔ̃] *nm* Krippenfigur *f*

saoudien, ne [saudjɛ̃, jɛn] *adj* saudi-arabisch ▶ *nm/f*: **Saoudien, ne** Saudi-Araber(in)
saoul, e [su, sul] *adj* = **soûl**
saper [sape] *vt* untergraben; *(fig)* unterminieren
sapeur [sapœʀ] *nm (Mil)* Pionier *m*
sapeur-pompier, sapeuse-pompière [sapœʀpɔ̃pje, sapøzpɔ̃pjɛʀ] *(pl* **sapeurs-pompiers , sapeuses-pompières***) nm/f* Feuerwehrmann (Feuerwehrfrau) *m(f)*
saphir [safiʀ] *nm* Saphir *m*
sapin [sapɛ̃] *nm* Tanne *f*; **~ de Noël** Weihnachtsbaum *m*
sarbacane [saʀbakan] *nf* Blasrohr *nt*; *(jouet)* Pusterohr *nt*
sarcasme [saʀkasm] *nm* Sarkasmus *m*
sarcastique [saʀkastik] *adj* sarkastisch
sarcler [saʀkle] *vt* jäten
sarcome [saʀkom] *nm* Sarkom *nt*; **~ de Kaposi** Kaposisarkom *nt*
sarcophage [saʀkɔfaʒ] *nm* Sarkophag *m*
Sardaigne [saʀdɛɲ] *nf*: **la ~** Sardinien *nt*
sarde [saʀd] *adj* sardisch
sardine [saʀdin] *nf* Sardine *f*
sari [saʀi] *nm* Sari *m*
SARL [ɛsaɛʀɛl] *sigle f (= société à responsabilité limitée)* GmbH *f*
sarment [saʀmã] *nm* : **~ (de vigne)** Weinranke *f*
sarrau [saʀo] *nm* Kittel *m*
Sarre [saʀ] *nf*: **la ~** das Saarland; *(rivière)* die Saar *f*
Sarrebruck [saʀbʀyk] *n* Saarbrücken *nt*
sarriette [saʀjɛt] *nf* Bohnenkraut *n*
sas [sas] *nm (d'un sous-marin, d'un engin spatial)* Luftschleuse *f*; *(d'une écluse)* Schleusenkammer *f*
satané, e [satane] *adj* verflucht
satanique [satanik] *adj* teuflisch
satelliser [satelize] *vt* in die Umlaufbahn schießen; *(pays)* zu seinem Satelliten machen
satellite [satelit] *nm* Satellit *m*
satellite-espion [satelitɛspjɔ̃] *(pl* **satellites-espions***) nm* Spionagesatellit *m*
satellite-observatoire [satelitɔpsɛʀvatwaʀ] *(pl* **satellites-observatoires***) nm* Beobachtungssatellit *m*
satellite-relais [satelitʀəlɛ] *(pl* **satellites-relais***) nm* Übertragungssatellit *m*
satiété [sasjete] *nf*: **manger à ~** sich satt essen; **boire à ~** seinen Durst löschen; **répéter à ~** bis zum Überdruss wiederholen

satin [satɛ̃] *nm* Satin *m*
satiné, e [satine] *adj* satiniert; *(peau)* seidig
satirique [satiʀik] *adj* satirisch
satisfaction [satisfaksjɔ̃] *nf (d'un besoin, désir)* Befriedigung *f; (état)* Zufriedenheit *f;* **obtenir ~** Genugtuung erlangen; **donner ~ (à qn)** (jdn) zufriedenstellen
satisfaire [satisfɛʀ] *vt* befriedigen; **~ à** erfüllen
satisfaisant, e [satisfəzɑ̃, ɑ̃t] *adj* befriedigend
satisfait, e [satisfɛ, ɛt] *adj* zufrieden; **~ de** zufrieden mit
saturation [satyʀasjɔ̃] *nf (Phys)* Sättigung *f; (de l'emploi, du marché)* Übersättigung *f*
saturer [satyʀe] *vt* übersättigen
sauce [sos] *nf* Soße *f;* **en ~** mit Soße; **~ tomate** Tomatensoße *f*
saucière [sosjɛʀ] *nf* Soßenschüssel *f,* Sauciere *f*
saucisse [sosis] *nf* Wurst *f*
saucisson [sosisɔ̃] *nm* Wurst *f;* **~ à l'ail** Knoblauchwurst *f;* **~ sec** Hartwurst *f*
saucissonner [sosisɔne] *(fam) vi* einen Happen essen
sauf[1] [sof] *prép* außer +*dat;* **~ si** außer, wenn; **~ avis contraire** sofern nichts Gegenteiliges gesagt wird; **~ empêchement** wenn sich keine Probleme ergeben; **~ erreur** wenn ich mich nicht irre
sauf[2]**, sauve** [sof, sov] *adj* unbeschadet; **laisser la vie sauve à qn** jds Leben verschonen
sauf-conduit [sofkɔ̃dɥi] *(pl* **sauf-conduits)** *nm* Geleitbrief *m*
sauge [soʒ] *nf* Salbei *m*
saugrenu, e [soɡʀəny] *adj* absurd
saule [sol] *nm* Weide *f;* **~ pleureur** Trauerweide *f*
saumon [somɔ̃] *nm* Lachs *m;* **~ fumé** Räucherlachs *m*
saumure [somyʀ] *nf* Salzlake *f*
sauna [sona] *nm* Sauna *f*
saupoudrer [sopudʀe] *vt :* **~ qch de** etw bestreuen mit
saut [so] *nm* Sprung *m; (Sport)* Springen *nt;* **faire un ~ chez qn** auf einen Sprung bei jdm vorbeischauen; **au ~ du lit** beim Aufstehen; **~ en hauteur/longueur/à la perche** Hoch-/Weit-/Stabhochsprung *m;* **~ à l'élastique** Bungeejumping *nt;* **~ en parachute** Fallschirm(ab)sprung *m;* **~ périlleux** Salto mortale *m*
saute [sot] *nf :* **~ de température** Temperaturschwung *m;* **avoir des ~s d'humeur** launisch sein

311 | savoir-faire

sauté, e [sote] *adj (Culin)* gebraten ▶ *nm :* **~ de veau** ≈ Kalbsbraten *m*
saute-mouton [sotmutɔ̃] *nm (pl* **saute-moutons)** *nm :* **jouer à ~** Bockspringen spielen
sauter [sote] *vi* springen; *(exploser)* in die Luft fliegen; *(fusibles)* durchbrennen; *(corde etc)* reißen ▶ *vt (obstacle)* überspringen; **faire ~** in die Luft sprengen; *(Culin)* braten; **~ en parachute** mit dem Fallschirm abspringen; **~ à la corde** seilspringen; **~ de joie** vor Freude hüpfen
sauterelle [sotʀɛl] *nf* Heuschrecke *f*
sautiller [sotije] *vi* hüpfen
sauvage [sovaʒ] *adj* wild; *(insociable)* ungesellig ▶ *nmf (primitif)* Wilde(r) *f(m); (brute)* Barbar(in) *m(f)*
sauve [sov] *adj f voir* **sauf**
sauvegarde [sovɡaʀd] *nf* Schutz *m;* (Inform) Speichern *nt,* Sichern *nt;* **logiciel de ~** Sicherungssoftware *f;* **faire une ~** (Inform) ein Back-up durchführen
sauvegarder [sovɡaʀde] *vt* schützen; (Inform) sichern
sauve-qui-peut [sovkipø] *nm inv* Panik *f* ▶ *excl* rette sich, wer kann
sauver [sove] *vt* retten; **se sauver** *vpr* *(s'enfuir)* weglaufen; *(fam : partir)* abhauen; **~ qn de** jdn retten aus
sauvetage [sov(ə)taʒ] *nm* Rettung *f*
sauveteur, -euse [sov(ə)tœʀ, øz] *nm/f* Retter(in)
sauvette [sovɛt] *nf :* **à la ~** *(se marier etc)* überstürzt; **vente à la ~** illegaler Verkauf *m*
sauveur [sovœʀ] *nm* Retter *m;* **le S~** (Rel) der Erlöser *m*
SAV [ɛsave] *sigle m* (= *service après-vente*) Kundendienst *m*
savamment [savamɑ̃] *adv (avec érudition)* gelehrt; *(habilement)* geschickt
savane [savan] *nf* Savanne *f*
savant, e [savɑ̃, ɑ̃t] *adj (érudit, instruit)* gelehrt; *(édition, revue, travaux)* wissenschaftlich; *(démonstration, combinaison)* geschickt ▶ *nm* Gelehrter *m;* **animal ~** dressiertes Tier *nt*
saveur [savœʀ] *nf* Geschmack *m; (fig)* Reiz *m*
Savoie [savwa] *nf :* **la ~** Savoyen *nt*
savoir [savwaʀ] *vt* wissen; *(le grec, la grammaire, sa leçon, son rôle etc : être capable de)* können ▶ *nm* Wissen *nt;* **~ nager** schwimmen können; **sans le ~** unbewusst
savoir-faire [savwaʀfɛʀ] *nm inv :* **le ~** das Know-how

savoir-vivre [savwaRvivR] *nm inv* gute Manieren *pl*
savon [savɔ̃] *nm* Seife *f*; **passer un ~ à qn** (*fam*) jdm ordentlich den Kopf waschen
savonner [savɔne] *vt* einseifen
savonnette [savɔnɛt] *nf* Toilettenseife *f*
savonneux, -euse [savɔnø, øz] *adj* seifig
savourer [savuRe] *vt* genießen
savoureux, -euse [savuRø, øz] *adj* köstlich
Saxe [saks] *nf*: **la ~** Sachsen *nt*; **la ~-Anhalt** Sachsen-Anhalt *nt*
saxo [saksɔ], **saxophone** [saksɔfɔn] *nm* Saxofon *m*
scalpel [skalpɛl] *nm* Skalpell *nt*
scalper [skalpe] *vt* skalpieren
scampi [skãpi] *nmpl* Scampi *pl*
scandale [skãdal] *nm* Skandal *m*; **faire ~** Anstoß erregen
scandaleux, -euse [skãdalø, øz] *adj* skandalös
scandaliser [skãdalize] *vt* entsetzen
scandinave [skãdinav] *adj* skandinavisch ▶ *nmf*: **Scandinave** Skandinavier(in) *m(f)*
Scandinavie [skãdinavi] *nf*: **la ~** Skandinavien *nt*
scanner¹ [skanɛR] *nm* Scanner *m*; (*Méd*) Tomografie *f*
scanner² [skane] *vt* (ein)scannen
scaphandre [skafɑ̃dR] *nm* (*de plongeur*) Taucheranzug *m*
scaphandrier , ère [skafɑ̃dRije] *nm/f* Taucher(in) *m(f)*
scarabée [skaRabe] *nm* Mistkäfer *m*
scarlatine [skaRlatin] *nf*: **la ~** Scharlach *m*
sceau, x [so] *nm* Siegel *nt*; (*fig*) Stempel *m*
scélérat, e [seleRa, at] *nm/f* Schurke *m*, Schurkin *f*
sceller [sele] *vt* besiegeln; (*fermer*) versiegeln
scénario [senaRjo] *nm* Skript *nt*, Drehbuch *nt*
scène [sɛn] *nf* Szene *f*; (*lieu de l'action*) Schauplatz *m*; (*Théât*) Bühne *f*; **entrer en ~** auftreten; **mettre en ~** inszenieren; **~ de ménage** Ehekrach *m*
sceptique [sɛptik] *adj* skeptisch
sceptre [sɛptR] *nm* Zepter *nt*
Schaffhouse [ʃafuz] *nf* Schaffhausen *nt*
schéma [ʃema] *nm* Schema *nt*
schématique [ʃematik] *adj* schematisch
schisme [ʃism] *nm* Spaltung *f*
schiste [ʃist] *nm* Schiefer *m*; **gaz de ~** Schiefergas *nt*
schizophrène [skizɔfRɛn] *nmf* Schizophrene(r) *f(m)*

schizophrénie [skizɔfReni] *nf* Schizophrenie *f*
Schleswig-Holstein [ʃlɛsvikɔlʃtajn] *nm*: **le ~** Schleswig-Holstein *nt*
sciatique [sjatik] *nf* Ischias *m*
scie [si] *nf* Säge *f*; **~ à bois** Holzsäge *f*; **~ à métaux** Metallsäge *f*; **~ circulaire** Kreissäge *f*
sciemment [sjamɑ̃] *adv* wissentlich
science [sjɑ̃s] *nf* Wissenschaft *f*; (*savoir*) Wissen *nt*; **les ~s** die Naturwissenschaften *pl*; **~s politiques** politische Wissenschaft
science-fiction [sjɑ̃sfiksjɔ̃] (*pl* **sciences-fictions**) *nf* Science-Fiction *f*
scientifique [sjɑ̃tifik] *adj* wissenschaftlich ▶ *nmf* (*savant*) Wissenschaftler(in) *m(f)*
scier [sje] *vt* sägen
scierie [siRi] *nf* Sägewerk *nt*
scinder [sɛ̃de] *vt* aufspalten; **se scinder** *vpr* (*parti*) sich spalten
scintiller [sɛ̃tije] *vi* funkeln
sciure [sjyR] *nf*: **~ (de bois)** Sägemehl *nt*
sclérose [skleRoz] *nf* Sklerose *f*; (*fig*) Verknöcherung *f*; **~ artérielle** Arterienverkalkung *f*; **~ en plaques** multiple Sklerose *f*
scléroser [skleRoze] : **se scléroser** *vpr* sklerotisch werden; (*fig*) verknöchern
scolaire [skɔlɛR] *adj* Schul-, schulisch; **l'année ~** das Schuljahr *nt*; **d'âge ~** im schulpflichtigen Alter
scolarisation [skɔlaRizasjɔ̃] *nf* (*d'un enfant*) Einschulung *f*
scolariser [skɔlaRize] *vt* mit Schulen versorgen; (*enfant*) einschulen
scolarité [skɔlaRite] *nf* Schulbesuch *m*, Schulzeit *f*; **frais de ~** Schulgeld *nt*; **la ~ obligatoire** die Schulpflicht *f*
scoop [skup] *nm* Knüller *m*
scooter [skutœR] *nm* Motorroller *m*; **~ des neiges** Schneebob *m*
score [skɔR] *nm* Punktestand *m*
scorpion [skɔRpjɔ̃] *nm* Skorpion *m*; **être S~** (*Astrol*) Skorpion sein
scotch [skɔtʃ] *nm* (*whisky*) Scotch *m*; **S~®** Tesafilm® *m*
scout [skut] *nm* Pfadfinder *m*
scoutisme [skutism] *nm* Pfadfinderbewegung *f*
scribe [skRib] *nm* Schreiber(in) *m(f)*; (*péj*) Schreiberling *m*
script [skRipt] *nm* (*écriture*) Druckschrift *f*; (*Ciné*) Drehbuch *nt*
scrupule [skRypyl] *nm* Skrupel *m*
scrupuleusement [skRypyløzmɑ̃] *adv* gewissenhaft

scrupuleux, -euse [skʀypylø, øz] *adj* gewissenhaft

scrutateur, -trice [skʀytatœʀ, tʀis] *adj* forschend

scruter [skʀyte] *vt* erforschen

scrutin [skʀytɛ̃] *nm* Wahl *f*; **~ à deux tours** Wahl mit zwei Wahlgängen; **~ majoritaire** Mehrheitswahl *f*

sculpter [skylte] *vt* in Stein hauen; *(matière)* behauen

sculpteur [skyltœʀ] *nm (nf aussi* **sculpteure, sculptrice)** Bildhauer(in) *m(f)*

sculpture [skyltyʀ] *nf* Skulptur *f*

SDF *sigle m/f* (= *sans domicile fixe*) Obdachlose(r) *f(m)*

> [!NOTE] MOT-CLÉ

se, s' [sə] *pron* **1** *(réfléchi)* sich; **se voir dans un miroir** sich in einem Spiegel sehen; **se casser la jambe/laver les mains** sich *dat* das Bein brechen/die Hände waschen

2 *(réciproque)* sich, einander; **ils s'aiment** sie lieben sich *ou* einander

3 *(passif)* : **cela se répare facilement** das ist leicht zu reparieren

séance [seɑ̃s] *nf* Sitzung *f*; *(Ciné, Théât)* Vorstellung *f*; **~ tenante** unverzüglich

séant, e [seɑ̃, ɑ̃t] *adj* anständig ▶ *nm (postérieur)* Hinterteil *nt*

seau, x [so] *nm* Eimer *m*; **~ à glace** (Eis)kühler *m*

sébum [sebɔm] *nm* Hauttalg *m*

sec, sèche [sɛk, sɛʃ] *adj* trocken; *(bruit)* kurz; *(fruits)* getrocknet; *(réponse, ton)* schroff; *(cœur)* hart ▶ *nm* : **tenir au ~** trocken aufbewahren ▶ *adv (démarrer)* hart

sécateur [sekatœʀ] *nm* Gartenschere *f*

sécession [sesesjɔ̃] *nf* : **faire ~** sich abspalten

sèche [sɛʃ] *adj voir* **sec**

sèche-cheveux [sɛʃʃəvø] *nm inv* Haartrockner *m*

sèche-linge [sɛʃlɛ̃ʒ] (*pl* **sèche-linge(s)**) *nm* Wäschetrockner *m*

sèche-mains [sɛʃmɛ̃] *nm inv* Händetrockner *m*

sécher [seʃe] *vt* trocknen; *(peau, blé, bois)* austrocknen; *(fam : Scol)* schwänzen ▶ *vi* trocknen; *(fam : candidat)* ins Rotieren kommen

sécheresse [sɛʃʀɛs] *nf* Trockenheit *f*

séchoir [seʃwaʀ] *nm* Wäschetrockner *m*; *(à cheveux)* Haartrockner *m*

second, e [s(ə)gɔ̃, ɔ̃d] *adj* zweite(r, s) ▶ *nm (adjoint)* zweiter Mann *m*; *(Naut)*

≈ Unteroffizier *m*, Maat *m*; *(étage)* zweiter Stock *m* ▶ *nf* Sekunde *f*; *(Scol)*
≈ Obersekunda *f*, elfte Klasse *f*; **voyager en ~e** zweiter Klasse reisen

secondaire [s(ə)gɔ̃dɛʀ] *adj* zweitrangig, sekundär; *(Scol)* höher

secondement [s(ə)gɔ̃dmɑ̃] *adv* zweitens

seconder [s(ə)gɔ̃de] *vt* helfen +*dat*, unterstützen

secouer [s(ə)kwe] *vt* schütteln; *(tapis)* ausschütteln; *(passagers)* durchschütteln; *(explosion, séisme)* erschüttern

secourir [s(ə)kuʀiʀ] *vt* helfen

secourisme [s(ə)kuʀism] *nm* Erste Hilfe *f*

secouriste [s(ə)kuʀist] *nmf* Sanitäter(in) *m(f)*

secours [s(ə)kuʀ] *nm* Hilfe *f*; **secours** *nmpl (soins à un malade, blessé)* Hilfe *f*; **appeler au ~** um Hilfe rufen; **aller au ~ de qn** jdm zu Hilfe eilen; **porter ~ à qn** jdm helfen; **les premiers ~** Erste Hilfe

secousse [s(ə)kus] *nf* Erschütterung *f*; *(électrique)* Schock *m*; **~ sismique** *ou* **tellurique** Erdstoß *m*

secret, -ète [səkʀɛ, ɛt] *adj* geheim; *(renfermé)* reserviert ▶ *nm* Geheimnis *nt*; **en ~** insgeheim; **~ médical** ärztliche Schweigepflicht *f*

secrétaire [s(ə)kʀetɛʀ] *nmf* Sekretär(in) *m(f)* ▶ *nm (meuble)* Sekretär *m*; **~ d'État** Staatssekretär(in) *m(f)*; **~ de direction** Direktionssekretär(in) *m(f)*; **~ général** Generalsekretär(in) *m(f)*

secrétariat [s(ə)kʀetaʀja] *nm (profession)* Sekretärinnenberuf *m*; *(bureau)* Sekretariat *nt*

sécréter [sekʀete] *vt* absondern

sectaire [sɛktɛʀ] *adj* sektiererisch

sectarisme [sɛktaʀism] *nm* Sektierertum *nt*

secte [sɛkt] *nf* Sekte *f*

secteur [sɛktœʀ] *nm* Sektor *m*; **branché sur le ~** *(Élec)* ans Stromnetz angeschlossen; **le ~ privé/public** der private/öffentliche Sektor

section [sɛksjɔ̃] *nf* Schnitt *m*; *(tronçon)* Abschnitt *m*; (: *de parcours)* Teilstrecke *f*; *(d'une entreprise, école)* Abteilung *f*; *(Mil, Scol)* Zug *m*

sectionner [sɛksjɔne] *vt* durchschneiden; *(membre)* abtrennen

sécu [seky] *abr f* (= *sécurité sociale*) *voir* **sécurité**

séculaire [sekylɛʀ] *adj (qui a lieu tous les cent ans)* Jahrhundert-; *(très vieux)* uralt

séculier, -ière [sekylje, jɛʀ] *adj* weltlich

secundo [s(ə)gɔ̃do] *adv* zweitens
sécuriser [sekyRize] *vt* ein Gefühl der Sicherheit geben +*dat*
sécurité [sekyRite] *nf* Sicherheit *f*; **la ~ de l'emploi** ein sicherer Arbeitsplatz *m*; **~ routière** Sicherheit *f* im Straßenverkehr; **la S~ sociale** die Sozialversicherung *f*
sédatif, -ive [sedatif, iv] *adj* beruhigend ▶ *nm* Beruhigungsmittel *nt*
sédentaire [sedɑ̃tɛR] *adj* sesshaft; (*profession*) sitzend
sédiment [sedimɑ̃] *nm* Bodensatz *m*; **sédiments** *nmpl* (*alluvions*) Ablagerungen *pl*
séducteur, -trice [sedyktœR, tRis] *nm/f* Verführer(in)
séduction [sedyksjɔ̃] *nf* Verführung *f*; (*charme, attrait*) Reiz *m*
séduire [sedɥiR] *vt* (*personne*) erobern; (*péj*) verführen; (*chose*) ansprechen
séduisant, e [sedɥizɑ̃, ɑ̃t] *adj* verführerisch
segment [sɛgmɑ̃] *nm* (*Math*) Segment *nt*; (*section, morceau*) Abschnitt *m*; **~ (de piston)** Kolbenring *m*
segmenter [sɛgmɑ̃te] *vt* teilen
ségrégation [segRegasjɔ̃] *nf* Absonderung *f*
seiche [sɛʃ] *nf* Tintenfisch *m*
seigle [sɛgl] *nm* Roggen *m*
seigneur [sɛɲœR] *nm* (*féodal*) (Guts)herr *m*; **le S~** (*Rel*) der Herr *m*
sein [sɛ̃] *nm* Brust *f*; **au ~ de** inmitten +*gén*; **nourrir au ~** stillen
Seine [sɛn] *nf* : **la ~** die Seine *f*
séisme [seism] *nm* Erdbeben *nt*
seize [sɛz] *num* sechzehn
séjour [seʒuR] *nm* Aufenthalt *m*; (*pièce*) Wohnzimmer *nt*
séjourner [seʒuRne] *vi* sich aufhalten
sel [sɛl] *nm* Salz *nt*; (*fig*) Würze *f*
sélection [selɛksjɔ̃] *nf* Auswahl *f*
sélectionner [selɛksjɔne] *vt* auswählen
sélectivité [selɛktivite] *nf* (*Radio*) Trennschärfe *f*
self [sɛlf] (*fam*) *nm* SB-Restaurant *nt*
self-service [sɛlfsɛRvis] (*pl* **self-services**) *adj* Selbstbedienungs- ▶ *nm* (*magasin*) Selbstbedienungsladen *m*; (*restaurant*) Selbstbedienungsrestaurant *nt*
selle [sɛl] *nf* Sattel *m*; (*Culin*) Rücken *m*; **selles** *nfpl* (*Méd*) Stuhlgang *m*; **se mettre en ~** aufsitzen
seller [sele] *vt* satteln
sellier [selje] *nm* Sattler *m*
selon [s(ə)lɔ̃] *prép* gemäß +*dat*; **~ que** je nachdem, ob; **~ moi** meiner Meinung nach; **c'est ~** (*fam*) es kommt darauf an

semailles [s(ə)maj] *nfpl* (*Aus*)saat *f*
semaine [s(ə)mɛn] *nf* Woche *f*; **en ~** werktags; **la ~ sainte** die Karwoche *f*
semblable [sɑ̃blabl] *adj* ähnlich ▶ *nm* (*prochain*) Mitmensch *m*; **être ~ à** ähneln +*dat*; **de ~s mésaventures/calomnies** dergleichen *ou* solche Missgeschicke/ Verleumdungen
semblant [sɑ̃blɑ̃] *nm* Anschein *m*; **faire ~** nur so tun; **faire ~ de faire qch** so tun, als ob man etw machte
sembler [sɑ̃ble] *vi* scheinen ▶ *vb impers* : **il (me) semble inutile/bon de** es scheint (mir) unnötig/ratsam, zu; **il semble (bien) que** es hat den Anschein, dass; **cela leur semblait cher/pratique** es kam ihnen teuer/praktisch vor; **comme/ quand bon lui semble** nach seinem Gutdünken
semelle [s(ə)mɛl] *nf* Sohle *f*
semence [s(ə)mɑ̃s] *nf* (*graine*) Samen(korn *nt*) *m*
semer [s(ə)me] *vt* (aus)säen; (*poursuivants*) abschütteln; **~ la confusion** Verwirrung säen *ou* stiften; **~ la terreur parmi** Angst und Schrecken verbreiten unter +*dat*
semestre [s(ə)mɛstR] *nm* Halbjahr *nt*; (*Scol*) Semester *nt*
semi- [səmi] *préf* halb-
semi-conducteur [səmikɔ̃dyktœR] (*pl* **semi-conducteurs**) *nm* Halbleiter *m*
séminaire [seminɛR] *nm* Seminar *nt*
semi-remorque [səmiRəmɔRk] (*pl* **semi-remorques**) *nm* (*camion*) Sattelschlepper *m*
sémite [semit], **sémitique** [semitik] *adj* semitisch
semonce [səmɔ̃s] *nf* (*réprimande*) Verweis *m*
semoule [s(ə)mul] *nf* Grieß *m*
sénat [sena] *nm* Senat *m*
: Der **Sénat** ist das Oberhaus des
: französischen Parlaments, das im
: Palais du Luxembourg in Paris
: zusammenkommt. Ein Drittel der
: *sénateurs* werden für eine neunjährige
: Legislaturperiode alle drei Jahre von
: einem aus *députés* und anderen
: gewählten Volksvertretern
: bestehenden Wahlausschuss gewählt.
: Der **Sénat** besitzt weitreichende
: Befugnisse; bei Unstimmigkeiten kann
: sich aber die *Assemblée nationale* über
: ihn hinwegsetzen.

sénateur, -trice [senatœR, tRis] *nm/f* Senator(in)
Sénégal [senegal] *nm* : **le ~** Senegal *nt*

sénégalais, e [senegalɛ, ɛz] *adj* senegalesisch ▶ *nm/f*: **Sénégalais, e** Senegalese *m*, Senegalesin *f*
sénescence [senesɑ̃s] *nf* Alterung *f*
sénile [senil] *adj* Alters-; (*péj*) senil
sénilité [senilite] *nf* Senilität *f*
senior [senjɔʀ] *nmf* Senior(in) *m(f)*; **le taux de chômage des ~s** die Arbeitslosenrate bei älteren Menschen
sens¹ [sɑ̃s] *vb voir* **sentir**
sens² [sɑ̃s] *nm* Sinn *m*; (*signification aussi*) Bedeutung *f*; (*direction*) Richtung *f*; **avoir le ~ des affaires** (einen guten) Geschäftssinn haben; **avoir le ~ de la mesure** einen Sinn für das rechte Maß haben; **dans le ~ de la longueur/largeur** der Länge/Breite nach; **dans le mauvais ~** verkehrt herum; **bon ~** gesunder Menschenverstand *m*; **~ dessus dessous** völlig durcheinander; **~ commun** gesunder Menschenverstand *m*; **~ figuré** übertragener (Wort)sinn *m*; **~ interdit** Einbahnstraße *f*; **~ propre** eigentlicher Wortsinn *m*; **~ unique** Einbahnstraße *f*; **un sixième ~** ein sechster Sinn
sensas [sɑ̃sas] (*fam*) *adj* irre
sensation [sɑ̃sɑsjɔ̃] *nf* Gefühl *nt*; (*effet*) Sensation *f*; **faire ~** Aufsehen erregen
sensationnel, le [sɑ̃sɑsjɔnɛl] *adj* fantastisch
sensé, e [sɑ̃se] *adj* vernünftig
sensibiliser [sɑ̃sibilize] *vt*: **~ qn (à)** jdn sensibilisieren (für)
sensibilité [sɑ̃sibilite] *nf* Empfindlichkeit *f*; (*affectivité, émotivité*) Sensibilität *f*
sensible [sɑ̃sibl] *adj* sensibel, empfindlich; (*perceptible*) wahrnehmbar; (*appréciable*) spürbar; (*Photo*) lichtempfindlich; **~ à** (*flatterie, musique*) empfänglich für; (*chaleur, radiations*) empfindlich gegen
sensiblement [sɑ̃sibləmɑ̃] *adv* (*notablement*) merklich; (*à peu près*) so etwa
sensitif, -ive [sɑ̃sitif, iv] *adj* (*nerf*) sensorisch
sensualité [sɑ̃syalite] *nf* Sinnlichkeit *f*
sensuel, le [sɑ̃syɛl] *adj* sinnlich
sentence [sɑ̃tɑ̃s] *nf* (*jugement*) Urteil *nt*; (*adage*) Maxime *f*
sentencieux, -euse [sɑ̃tɑ̃sjø, jøz] *adj* dozierend
sentier [sɑ̃tje] *nm* Pfad *m*, Weg *m*
sentiment [sɑ̃timɑ̃] *nm* Gefühl *nt*; **veuillez agréer l'expression de mes ~s respectueux/dévoués** ≈ mit freundlichen Grüßen; **faire du ~** auf die Tränendrüsen drücken
sentimental, e, -aux [sɑ̃timɑ̃tal, o] *adj* sentimental; (*vie, aventure*) Liebes-
sentimentalité [sɑ̃timɑ̃talite] *nf* Sentimentalität *f*
sentinelle [sɑ̃tinɛl] *nf* Wachposten *m*
sentir [sɑ̃tiʀ] *vt* fühlen, spüren; (*par l'odorat*) riechen; (*avoir la même odeur que*) riechen wie ▶ *vi* (*exhaler une mauvaise odeur*) stinken; **se sentir** *vpr*: **se ~ bien** sich wohlfühlen; **~ bon/mauvais** gut/schlecht riechen; **se ~ mal** sich krank *ou* unwohl fühlen; **se ~ le courage/la force de faire qch** den Mut/die Kraft verspüren, etw zu tun; **ne plus se ~ de joie** vor Freude außer sich *dat* sein
SEP *abr f* (= *sclérose en plaques*) MS *f*
séparation [sepaʀasjɔ̃] *nf* Trennung *f*; (*cloison*) Trennwand *f*; **~ de biens** Gütertrennung *f*; **~ de corps** gesetzliche Trennung
séparatisme [sepaʀatism] *nm* Separatismus *m*
séparé, e [sepaʀe] *adj* getrennt; (*appartements, maisons*) separat; **~ de** getrennt von
séparément [sepaʀemɑ̃] *adv* getrennt
séparer [sepaʀe] *vt* trennen; **se séparer** *vpr* sich trennen; (*se diviser*) sich teilen; **~ une pièce/un jardin en deux** ein Zimmer/einen Garten in zwei Teile aufteilen; **~ qch de** (*détacher*) etw (ab)trennen von; **~ qch par** *ou* **au moyen de** etw teilen durch *ou* mit
sépia [sepja] *nf* (*colorant*) Sepia *f*; (*dessin*) Sepiazeichnung *f*
sept [sɛt] *num* sieben
septante [sɛptɑ̃t] *num* (*Belgique, Suisse*) siebzig
septembre [sɛptɑ̃bʀ] *nm* September *m*; *voir aussi* **juillet**
septentrional, e, -aux [sɛptɑ̃tʀijɔnal, o] *adj* nördlich
septicémie [sɛptisemi] *nf* Blutvergiftung *f*
septième [sɛtjɛm] *adj* siebte(r, s) ▶ *nm* (*fraction*) Siebtel *nt*
septièmement [sɛtjɛmmɑ̃] *adv* siebtens
septique [sɛptik] *adj*: **fosse ~** Klärgrube *f*
septuagénaire [sɛptyaʒenɛʀ] *adj* siebzigjährig ▶ *nmf* Siebzigjährige(r) *f(m)*
sépulture [sepyltyʀ] *nf* Grabstätte *f*
séquelles [sekɛl] *nfpl* Folgen *pl*
séquençage [sekɑ̃saʒ] *nm* Sequenzierung *f*

séquence [sekɑ̃s] *nf* (*Ciné*) Sequenz *f*; (*Inform*) Folge *f*

séquenceur [sekɑ̃sœʀ] *nm* (*Inform*) Sequenzer *m*

séquentiel, le [sekɑ̃sjɛl] *adj* sequenziell

séquestre [sekɛstʀ] *nm* Beschlagnahmung *f*

séquestrer [sekɛstʀe] *vt* (*personne*) der Freiheit berauben; (*biens*) beschlagnahmen

serbe [sɛʀb] *adj* serbisch ▶ *nmf*: **Serbe** Serbe *m*, Serbin *f*

Serbie [sɛʀbi] *nf*: **la ~** Serbien *nt*

serbo-croate [sɛʀbokʀɔat] *nm* (*Ling*) Serbokroatisch *nt*

serein, e [sǝʀɛ̃, ɛn] *adj* (*visage, regard, personne*) ruhig, gelassen; (*ciel*) wolkenlos

sérénade [seʀenad] *nf* Serenade *f*; (*fam*) Radau *m*

sérénité [seʀenite] *nf* Gelassenheit *f*

sergent, e [sɛʀʒɑ̃, ɑ̃t] *nm/f* Unteroffizier(in), ≈ Feldwebel(in)

sériciculture [seʀisikyltyʀ] *nf* Seidenraupenzucht *f*

série [seʀi] *nf* Reihe *f*, Serie *f*; (*Sport*) Klasse *f*; **en ~** serienweise; (*fabrication*) in Serie; **hors ~** (*Comm*) speziell gefertigt; (*fig*) außergewöhnlich; **~ noire** (*suite de malheurs*) Pechsträhne *f*

sériel, -le [seʀjɛl] *adj* seriell

sérieusement [seʀjøzmɑ̃] *adv* ernst; **~?** im Ernst?

sérieux, -euse [seʀjø, jøz] *adj* ernst; (*élève, employé, travail, études*) gewissenhaft; (*client, renseignement*) zuverlässig; (*maison, proposition*) seriös; (*important*) bedeutend ▶ *nm* Ernst *m*; (*conscience*) Gewissenhaftigkeit *f*; (*sur qui on peut compter*) Zuverlässigkeit *f*; **garder son ~** ernst bleiben; **prendre au ~** ernst nehmen

sérigraphie [seʀigʀafi] *nf* Siebdruck *m*

serin [s(ǝ)ʀɛ̃] *nm* Zeisig *m*

seringue [s(ǝ)ʀɛ̃g] *nf* Spritze *f*

serment [sɛʀmɑ̃] *nm* Schwur *m*; (*juré aussi*) Eid *m*; **prêter ~** schwören; **témoigner sous ~** unter Eid aussagen

sermon [sɛʀmɔ̃] *nm* Predigt *f*

séronégatif, -ive [seʀɔnegatif, iv] *adj* HIV-negativ

séropositif, -ive [seʀɔpozitif, iv] *adj* HIV-positiv

sérotonine [seʀɔtɔnin] *nf* Serotonin *nt*

serpe [sɛʀp] *nf* Sichel *f*

serpent [sɛʀpɑ̃] *nm* Schlange *f*

serpenter [sɛʀpɑ̃te] *vi* sich schlängeln

serpentin [sɛʀpɑ̃tɛ̃] *nm* (*ruban*) Papierschlange *f*

serpillière [sɛʀpijɛʀ] *nf* Putz- *ou* Scheuerlappen *m*

serre [sɛʀ] *nf* (*construction*) Gewächshaus *nt*; **serres** *nfpl* (*griffes*) Krallen *pl*; **l'effet de ~** der Treibhauseffekt; **~ chaude** Treibhaus *nt*; **~ froide** Kühlhaus *nt*

serré, e [seʀe] *adj* eng; (*passagers etc*) dicht gedrängt; (*lutte, partie, match*) knapp; (*café*) sehr stark ▶ *adv*: **jouer ~** vorsichtig spielen

serre-livres [sɛʀlivʀ] *nm inv* Bücherstütze *f*

serrer [seʀe] *vt* (*tenir*) festhalten; (*comprimer, coincer*) drücken, pressen; (*corde, ceinture, nœud*) zuziehen; (*frein, vis*) anziehen; (*robinet*) fest zudrehen; (*poings*) ballen; (*mâchoires*) zusammenbeißen; (*vêtement*) zu eng sein +dat; (*rapprocher*) zusammenrücken ▶ *vi*: **~ à droite/gauche** sich rechts/links halten; **se serrer** *vpr* (*personnes*) zusammenrücken; **~ la main à qn** jdm die Hand schütteln; **~ qn dans ses bras/contre son cœur** jdn in die Arme schließen/an sein Herz drücken; **~ qn de près** jdm auf den Fersen sein; **se ~ contre qn** sich eng an jdn schmiegen; **se ~ les coudes** zusammenhalten

serre-tête [sɛʀtɛt] (*pl* **serre-têtes**) *nm* Stirnband *nt*

serrure [seʀyʀ] *nf* Schloss *nt*

serrurerie [seʀyʀʀi] *nf* Schlosserei *f*; **~ d'art** Kunstschmiedearbeit *f*

serrurier, -ère [seʀyʀje] *nm/f* Schlosser(in)

sertir [sɛʀtiʀ] *vt* (*pierre précieuse*) fassen; (*deux pièces métalliques*) mit einem Falz verbinden

sérum [seʀɔm] *nm* Serum *nt*; **~ antitétanique** Tetanusserum *nt*; **~ physiologique** Serumersatz *m*

servante [sɛʀvɑ̃t] *nf* Dienstmädchen *nt*

serveur, -euse [sɛʀvœʀ, øz] *nm/f* (*de restaurant*) Kellner(in) ▶ *nm* (*Inform*) Server *m*; **~ de données** Server *m*

serviable [sɛʀvjabl] *adj* gefällig, hilfsbereit

service [sɛʀvis] *nm* (*des convives, clients, pour boire*) Bedienung *f*; (*série de repas*) Sitzung *f*; (*aide, faveur*) Gefallen *m*; (*fonction, travail*) Dienst *m*; (*département*) Abteilung *f*; (*de bus, bateau etc*) Verbindung *f*; (*Rel*) Gottesdienst *m*; (*de vaisselle*) Service *nt*; (*Tennis, Volley-Ball*) Aufschlag *m*; **services** *nmpl* (*travail, prestations*) Dienst *m*; (*secteur*) Dienstleistungsbetriebe *pl*; **~ compris/non compris** inklusive Bedienung/

Bedienung nicht enthalten; **être au ~ de qn** jdm zur Verfügung stehen; **rendre un ~ à qn** jdm einen Gefallen tun; **être/mettre en ~** in Betrieb sein/nehmen; **hors ~** außer Betrieb; **~ après-vente** Kundendienst m; **~ d'ordre** Ordner pl; **~ militaire** Militärdienst m; **~s secrets** Geheimdienst m; **~s sociaux** Sozialdienste pl

serviette [sɛʀvjɛt] nf (de table) Serviette f; (de toilette) Handtuch nt; (portedocuments) Aktentasche f; **~ hygiénique** Monatsbinde f

servile [sɛʀvil] adj unterwürfig

servir [sɛʀviʀ] vt dienen +dat; (domestique) arbeiten für; (convive, client) bedienen; (plat, boisson) servieren; (aider) helfen ▶ vi (Tennis) aufschlagen; (Cartes) geben; **se servir** vpr (prendre d'un plat) sich bedienen; **~ à qn** jdm nutzen; **à quoi cela sert-il?** wozu soll das gut sein?; **se ~ de** (plat) sich dat nehmen von; (voiture, outil, relations, amis) benutzen

servitude [sɛʀvityd] nf Knechtschaft f; (fig) Zwang m

servocommande [sɛʀvokɔmɑ̃d] nf Servolenkung f

servofrein [sɛʀvofʀɛ̃] nm Servobremse f

ses [se] adj possessif voir **son**

sésame [sezam] nm Sesam m; **le ~ de la réussite/du bonheur** der Schlüssel zum Erfolg/Glück

session [sesjɔ̃] nf Sitzung f

set [sɛt] nm (Sport) Satz m; **~ de table** (napperons) Sets pl

seuil [sœj] nm Schwelle f

seul, e [sœl] adj allein; (isolé) einsam; (unique) einzig ▶ adv allein ▶ nm/f: **j'en veux un ~** ich möchte nur einen/eine/eins; **lui ~ peut** nur er allein kann; **à lui (tout) ~** ganz allein; **d'un ~ coup** mit einem Schlag; **parler tout ~** Selbstgespräche führen; **il en reste un ~** es ist nur noch einer/eine/eines da

seulement [sœlmɑ̃] adv nur; (pas avant) erst

sève [sɛv] nf (d'une plante) Saft m; (fig) Lebenskraft f

sévère [sevɛʀ] adj streng; (punition, mesures) hart; (pertes, échec) schwer

sévérité [sevɛʀite] nf Strenge f; (du climat) Härte f

sévices [sevis] nmpl Misshandlung f

sexagénaire [sɛksaʒenɛʀ] adj sechzigjährig ▶ nmf Sechzigjährige(r) f(m)

sexe [sɛks] nm Geschlecht nt; (sexualité) Sex m

sexisme [sɛksism] nm Sexismus m

sexiste [sɛksist] adj sexistisch

sextuple [sɛkstypl] adj sechsfach

sexualité [sɛksyalite] nf Sexualität f

sexuel, le [sɛksɥɛl] adj sexuell

seyant, e [sejɑ̃, ɑ̃t] adj kleidsam

Seychelles [sɛʃɛl] nfpl: **les ~** die Seychellen pl

shampooiner [ʃɑ̃pwine] vt shampoonieren

shampooing [ʃɑ̃pwɛ̃] nm (lavage) Haarwäsche f; (produit) Shampoo nt, Haarwaschmittel nt

shooter [ʃute] vi: **se shooter** vpr (drogué) fixen, spritzen

shopping [ʃɔpiŋ] nm: **faire du ~** einkaufen gehen

short [ʃɔʀt] nm Shorts pl

MOT-CLÉ

si [si] adv **1** (oui) doch; **Paul n'est pas venu? — si!** Paul ist nicht gekommen? — doch!; **mais si!** doch, doch!; **je suis sûr que si** ich bin ganz sicher; **je vous assure que si** ich versichere es Ihnen
2 (tellement) so; **si gentil/vite** so nett/schnell; **ce n'est pas si facile** so einfach ist das nicht; **si rapide qu'il soit** so schnell er auch sein mag
▶ conj **1** (éventualité, hypothèse, souhait) wenn; **si j'étais riche** wenn ich reich wäre; **si tu veux** wenn du willst; **si seulement** wenn (doch) nur; **s'il pouvait (seulement) venir!** wenn er doch (nur) kommen könnte!
2 (interrogation indirecte) ob; **je me demande si** ich frage mich, ob
3 (opposition) während; **s'il est aimable, sa femme par contre ...** während er freundlich ist, ist seine Frau ...
4 (explication): **s'il le fait, c'est que ...** er macht es nur, weil ...
5 (locutions): **si ce n'est ...** außer ...; **si ce n'est que** außer dass; **si bien que** so (sehr), dass; **(tant et) si bien que** so sehr, dass
▶ nm (Mus) H nt; (: en chantant la gamme) Si nt

siamois, e [sjamwa, waz] adj siamesisch

Sibérie [sibeʀi] nf: **la ~** Sibirien nt

sibérien, ne [sibeʀjɛ̃, jɛn] adj sibirisch

SICAV [sikav] sigle f (= société d'investissement à capital variable) Investmentgesellschaft f

Sicile [sisil] nf: **la ~** Sizilien nt

sicilien, ne [sisiljɛ̃, jɛn] adj sizilianisch

sida [sida] sigle m (= syndrome immunodéficitaire acquis) AIDS nt

side-car [sidkaʀ] (pl **side-cars**) nm Beiwagen m

sidéen, -ne [sideɛ̃, ɛn] nm/f Aidskranke(r) f(m)

sidéré, e [sideʀe] adj verblüfft

sidérurgie [sideʀyʀʒi] nf Eisenverhüttung f

siècle [sjɛkl] nm Jahrhundert nt

siège [sjɛʒ] nm Sitz m; (d'une douleur, maladie) Herd m; (Mil) Belagerung f; **~ arrière** (Auto) Rücksitz m; **~ avant** (Auto) Vordersitz m; **~ social** (Comm) Firmensitz m

siéger [sjeʒe] vi (député) einen Sitz haben; (assemblée, tribunal) tagen

sien, ne [sjɛ̃, sjɛn] pron: **le/la ~(ne)** seine(r, s); (possesseur féminin) ihre(r, s); **les ~s/~nes** seine; (possesseur féminin) ihre; **y mettre du ~** das seinige ou Seinige tun; **faire des ~nes** (fam) etw anstellen

Sierra Leone [sjeʀa leɔn(e)] nf: **la ~** Sierra Leone nt

sieste [sjɛst] nf Mittagsschlaf m; **faire la ~** Mittagsschlaf halten

sifflement [sifləmɑ̃] nm Pfeifen nt

siffler [sifle] vi pfeifen; (merle, serpent, projectile, vapeur) zischen ▶ vt pfeifen; (pièce, orateur) auspfeifen; (faute, fin d'un match, départ) abpfeifen; (fam: verre, bouteille) kippen

sifflet [siflɛ] nm (instrument) Pfeife f; (sifflement) Pfiff m; **coup de ~** Pfiff m

siffloter [siflɔte] vi, vt vor sich hinpfeifen

sigle [sigl] nm Abkürzung f

signal, -aux [siɲal, o] nm Zeichen nt; (indice, signe précurseur) (An)zeichen nt; (écriteau) Schild nt; (appareil) Signal nt; **donner le ~ de** das Signal ou Zeichen geben zu; **~ d'alarme** Alarm(signal nt) m; **~ de détresse** Notruf m; **~ optique** Lichtsignal nt; **~ sonore** Tonsignal nt

signalement [siɲalmɑ̃] nm Personenbeschreibung f

signaler [siɲale] vt (être l'indice de) ankündigen; (à la police) melden; **se signaler** vpr: **se ~ (par)** sich hervortun (durch); **~ qch à qn** jdn auf etw hinweisen; **~ (à qn) que** jdn darauf hinweisen, dass

signalétique [siɲaletik] adj: **fiche ~** Personalbogen m

signalisation [siɲalizasjɔ̃] nf (ensemble des signaux) Verkehrszeichen pl; **panneau de ~** Verkehrsschild nt

signaliser [siɲalize] vt beschildern

signataire [siɲatɛʀ] nmf Unterzeichnende(r) f(m)

signature [siɲatyʀ] nf Unterschrift f; (action) Unterzeichnung f

signe [siɲ] nm Zeichen nt; **c'est bon/mauvais ~** das ist ein gutes/schlechtes Zeichen; **faire un ~ de la tête/main** ein Zeichen mit dem Kopf/der Hand geben; **faire ~ à qn** sich bei jdm melden; **le ~ de la croix** das Kreuzzeichen; **~ de ponctuation** Satzzeichen nt; **~ du zodiaque** Sternzeichen nt

signer [siɲe] vt unterschreiben; (œuvre) signieren; **se signer** vpr sich bekreuzigen

signet [siɲɛ] nm Lesezeichen nt

significatif, -ive [siɲifikatif, iv] adj bezeichnend, vielsagend

signification [siɲifikasjɔ̃] nf Bedeutung f

signifier [siɲifje] vt (vouloir dire) bedeuten; **~ qch à qn** (jdm) etw zu verstehen geben

silence [silɑ̃s] nm Schweigen nt; (absence de bruit) Stille f; (Mus) Pause f; **garder le ~ sur qch** über etw acc Stillschweigen bewahren; **~!** Ruhe!

silencieux, -euse [silɑ̃sjø, jøz] adj still, leise; (personne) schweigsam ▶ nm (d'arme) Schalldämpfer m

silex [silɛks] nm Feuerstein m

silhouette [silwɛt] nf Silhouette f; (lignes, contour) Umriss m

silicium [silisjɔm] nm Silizium nt

silicone [silikon] nf Silikon nt

sillage [sijaʒ] nm Kielwasser nt; **dans le ~ de** (fig) im Kielwasser von

sillon [sijɔ̃] nm (d'un champ) Furche f; (d'un disque) Rille f

sillonner [sijɔne] vt (creuser) furchen; (parcourir) durchstreifen

silo [silo] nm Silo nt

simagrées [simagʀe] nfpl Getue nt

similaire [similɛʀ] adj ähnlich

similarité [similaʀite] nf Ähnlichkeit f

similicuir [similikɥiʀ] nm Kunstleder nt

similitude [similityd] nf Ähnlichkeit f

simple [sɛ̃pl] adj einfach; (péj) einfältig, simpel ▶ nm: **~ messieurs/dames** (Tennis) Herren-/Dameneinzel nt; **une ~ objection/formalité** nur ein Einwand/eine bloße Formsache

simplement [sɛ̃pləmɑ̃] adv einfach

simplicité [sɛ̃plisite] nf Einfachheit f; (candeur) Naivität f

simplification [sɛ̃plifikasjɔ̃] nf Vereinfachung f

simplifier [sɛ̃plifje] vt vereinfachen; (Math) kürzen

simplissime [sɛ̃plisim] adj kinderleicht

simpliste [sɛ̃plist] *adj* allzu einfach, simpel
simulacre [simylakʀ] *nm* : **un ~ de procès** ein Scheinprozess *m*
simulateur, -trice [simylatœʀ, tʀis] *nm/f* Simulant(in) ▶ *nm* : **~ de vol** Flugsimulator *m*
simulation [simylasjɔ̃] *nf* Vortäuschung *f*
simuler [simyle] *vt* vortäuschen ; *(maladie, fatigue, ivresse)* simulieren
simultané, e [simyltane] *adj* gleichzeitig, simultan
simultanément [simyltanemɑ̃] *adv* gleichzeitig
sincère [sɛ̃sɛʀ] *adj* aufrichtig, ehrlich ; **mes ~s condoléances** mein aufrichtiges Beileid
sincèrement [sɛ̃sɛʀmɑ̃] *adv* aufrichtig, ehrlich
sincérité [sɛ̃seʀite] *nf* Aufrichtigkeit *f* ; **en toute ~** ganz offen
sine qua non [sinekwanɔn] *adj* : **condition ~** unbedingt notwendige Voraussetzung *f*
Singapour [sɛ̃gapuʀ] *nf* Singapur *nt*
singe [sɛ̃ʒ] *nm* Affe *m*
singer [sɛ̃ʒe] *vt* nachäffen
singeries [sɛ̃ʒʀi] *nfpl* Faxen *pl*
singulariser [sɛ̃gylaʀize] *vt* auszeichnen ; **se singulariser** *vpr* auffallen
singularité [sɛ̃gylaʀite] *nf* Einzigartigkeit *f*
singulier, -ière [sɛ̃gylje, jɛʀ] *adj* eigenartig ; *(Ling)* Singular- ▶ *nm (Ling)* Singular *m*
sinistre [sinistʀ] *adj* unheimlich ▶ *nm* Katastrophe *f* ; *(Assurances)* Schadensfall *m*
sinistré, e [sinistʀe] *adj (maison, région)* von einer Katastrophe heimgesucht ▶ *nm/f* Katastrophenopfer *nt*
sinon [sinɔ̃] *adv* sonst, andernfalls ▶ *conj (sauf)* außer ; *(si ce n'est)* wenn nicht
sinueux, -euse [sinɥø, øz] *adj* gewunden ; *(fig)* umständlich
sinus [sinys] *nm (Anat)* Höhle *f* ; *(Math)* Sinus *m*
sinusite [sinyzit] *nf* Stirnhöhlenentzündung *f*
sionisme [sjɔnism] *nm* Zionismus *m*
siphon [sifɔ̃] *nm* Siphon *m* ; *(tube)* Saugheber *m*
sirène [siʀɛn] *nf* Sirene *f*
sirop [siʀo] *nm* Sirup *m* ; **~ contre la toux** Hustensirup *m* ou -saft *m*
siroter [siʀɔte] *vt* schlürfen

sismique [sismik] *adj* seismisch
sismographe [sismɔgʀaf] *nm* Seismograf *m*
sismologie [sismɔlɔʒi] *nf* Seismologie *f*
sitcom [sitkɔm] *nf* Situationskomödie *f*
site [sit] *nm (environnement)* Umgebung *f* ; *(emplacement)* Lage *f* ; **~s touristiques** (touristische) Sehenswürdigkeiten *pl* ; **~ Web** Website *f*
sitôt [sito] *adv* sogleich ; **~ parti, il est revenu** kaum war er gegangen, kam er wieder ; **~ après** kurz danach ; **pas de ~** nicht so bald ; **~ (après) que** sobald
situation [sitɥasjɔ̃] *nf* Lage *f*, Situation *f* ; *(emploi)* Stellung *f* ; **~ de famille** Familienstand *m*
situé, e [sitɥe] *adj* gelegen
situer [sitɥe] *vt* legen ; *(en pensée)* einordnen ; **se situer** *vpr (être, se trouver)* liegen
six [sis] *num* sechs
sixième [sizjɛm] *adj* sechste(r, s) ▶ *nm (fraction)* Sechstel *nt*
sixièmement [sizjɛmmɑ̃] *adv* sechstens
skate [skɛt], **skateboard** [skɛtbɔʀd] *nm (planche)* Skateboard *nt* ; *(sport)* Skateboardfahren *nt*
ski [ski] *nm* Ski *m* ; **faire du ~** Ski laufen ; **~ de fond** (Ski)langlauf *m* ; **~ de piste** Abfahrtslauf *m* ; **~ de randonnée** (Ski) langlauf ; **~ nautique** Wasserski *nt*
ski-bob [skibɔb] *(pl* **ski-bobs***) nm* Skibob *m*
skier [skje] *vi* Ski laufen
skieur, -euse [skjœʀ, skjøz] *nm/f* Skifahrer(in)
skin [skin], **skinhead** [skinɛd] *nm* Skinhead *m*
Skype® [skajp] *nm (Inform)* Skype® *nt*
slalom [slalɔm] *nm* Slalom *m* ; **faire du ~ entre** *(fig)* sich durchschlängeln durch ; **~ géant/spécial** Riesen-/ Spezialslalom *m*
slalomer [slalɔme] *vi* Slalom fahren
slalomeur, -euse [slalɔmœʀ, øz] *nm/f* Slalomfahrer(in)
slave [slav] *adj* slawisch ▶ *nmf* : **Slave** Slawe *m*, Slawin *f*
slip [slip] *nm* Unterhose *f* ; *(de bain)* Badehose *f* ; *(de bikini)* Unterteil *m* ou *nt*
slogan [slɔgɑ̃] *nm* Slogan *m*
slovaque [slɔvak] *adj* slowakisch ▶ *nmf* : **Slovaque** Slowake *m*, Slowakin *f*
Slovaquie [slɔvaki] *nf* : **la ~** die Slowakei *f*
slovène [slɔvɛn] *adj* slowenisch ▶ *nmf* : **Slovène** Slowene *m*, Slowenin *f*
Slovénie [slɔveni] *nf* : **la ~** Slowenien *nt*

slow [slo] nm (danse) langsamer Tanz m
smartphone [smartfɔn] nm (Inform) Internethandy nt, Smartphone nt
smasher [sma(t)ʃe] vi, vt (Tennis) schmettern
SMIC [smik] sigle m (= salaire minimum interprofessionnel de croissance) gesetzlicher Mindestlohn m
: Le **SMIC** ist ein Mindeststundenlohn
: für Arbeitnehmer über 18 Jahren. Der
: **SMIC** wird immer, wenn die
: Lebenshaltungskosten um zwei
: Prozent steigen, angehoben.
smicard, e [smikar, ard] nm/f Mindestlohnempfänger(in)
smiley [smaili] nm Smiley m
smoking [smɔkiŋ] nm Smoking m
SMS [ɛsɛmɛs] sigle m (= short message service) SMS f; **envoyer un ~** eine SMS schicken
snack [snak] nm (endroit) Imbissstube f, Schnellgaststätte f
SNCF [ɛsɛnseɛf] sigle f (= Société nationale des chemins de fer français) französische Eisenbahn
snob [snɔb] adj versnobt ▶ nmf Snob m
snobisme [snɔbism] nm Snobismus m
snowboard [snobɔrd] nm (planche) Snowboard nt; (sport) Snowboarden nt
snowboardeur, -euse [snobɔrdœr, øz] nm/f Snowboardfahrer(in)
sobre [sɔbr] adj (personne) mäßig; (élégance, style) schlicht
sobriété [sɔbrijete] nf Enthaltsamkeit f, Schlichtheit f
sobriquet [sɔbrikɛ] nm Spitzname m
sociable [sɔsjabl] adj gesellig
social, e, -aux [sɔsjal, jo] adj sozial; (de la société) gesellschaftlich; **réseau ~** soziales Netzwerk nt
socialiser [sɔsjalize] vt sozialisieren; (Pol) vergesellschaften
socialisme [sɔsjalism] nm Sozialismus m
socialiste [sɔsjalist] adj sozialistisch ▶ nmf Sozialist(in) m(f)
société [sɔsjete] nf Gesellschaft f; **la ~ d'abondance/de consommation** die Wohlstands-/Konsumgesellschaft f; **~ à responsabilité limitée** Gesellschaft mit beschränkter Haftung; **~ anonyme** Aktiengesellschaft f;
~ d'investissement à capital variable Investmenttrust m
socioculturel, le [sɔsjokyltyrɛl] adj soziokulturell
socio-éducatif, -ive [sɔsjoedykatif, -iv] (pl **socio-éducatifs, -ives**) adj sozialpädagogisch

sociolinguistique [sɔsjɔlɛ̃gɥistik] adj soziolinguistisch
sociologie [sɔsjɔlɔʒi] nf Soziologie f
sociologique [sɔsjɔlɔʒik] adj soziologisch
sociologue [sɔsjɔlɔg] nmf Soziologe m, Soziologin f
socioprofessionnel, le [sɔsjoprɔfesjɔnɛl] adj : **catégorie ~le** Berufsgruppe f
socle [sɔkl] nm Sockel m
socquette [sɔkɛt] nf Söckchen nt
soda [sɔda] nm Limo f; (eau gazéifiée) Mineralwasser nt
sodium [sɔdjɔm] nm Natrium nt
sodomie [sɔdɔmi] nf Sodomie f
sodomiser [sɔdɔmize] vt Sodomie treiben mit
sœur [sœr] nf Schwester f; (religieuse) Nonne f; **~ aînée** ältere Schwester;
~ cadette jüngere Schwester
sofa [sɔfa] nm Sofa nt
SOFRES [sɔfrɛs] sigle f (= Société française d'enquête par sondage) französisches Meinungsforschungsinstitut
soi [swa] pron sich; **cela va de ~** das versteht sich von selbst
soi-disant [swadizɑ̃] adj inv sogenannt ▶ adv angeblich
soie [swa] nf Seide f; (poil) Borste f
soierie [swari] nf Seidenindustrie f; (tissu) Seide f
soif [swaf] nf Durst m; **avoir ~** Durst haben; **donner ~ (à qn)** (jdn) durstig machen; **~ de** (fig) Gier f auf +acc ou nach +dat
soigné, e [swaɲe] adj gepflegt; (travail) sorgfältig
soigner [swaɲe] vt pflegen; (docteur) behandeln; (travail) sorgfältig machen; (clientèle, invités) gut sorgen für
soigneusement [swaɲøzmɑ̃] adv sorgfältig
soigneux, -euse [swaɲø, øz] adj sorgfältig; **être ~ de** sorgfältig umgehen mit ou achten auf +acc
soi-même [swamɛm] pron (sich) selbst
soin [swɛ̃] nm Sorgfalt f; (charge, responsabilité) Verantwortung f; **soins** nmpl Pflege f; (prévenance) Fürsorge f; **avoir** ou **prendre ~ de qch/qn** sich um etw/jdn kümmern; **avoir** ou **prendre ~ de faire qch** darauf achten, etw zu tun; **~s du cheveu/de beauté/du corps** Haar-/Schönheits-/Körperpflege f; **aux bons ~s de** bei, per Adresse; **être aux petits ~s pour qn** jdn bemuttern; **confier qn aux ~s de qn** jdm jdn anvertrauen

soir [swaʀ] *nm* Abend *m*; **dimanche ~** Sonntag Abend; **il fait frais/il travaille le ~** abends ist es kühl/er arbeitet abends; **ce ~** heute Abend; **à ce ~!** bis heute Abend!; **hier ~** gestern Abend; **demain ~** morgen Abend; **la veille au ~** am Vorabend; **sept heures du ~** sieben Uhr abends; **le repas du ~** das Abendessen *nt*; **le journal du ~** die Abendzeitung *f*

soirée [swaʀe] *nf* Abend *m*; (*réception*) Abendgesellschaft *f*

soit [swa] *adv* in Ordnung, einverstanden ▶ *conj* (*à savoir*) das heißt; **~ ..., ~ ...** entweder ... oder ....; **~ que ..., ~ que ...** sei es, dass ..., oder dass ...

soixantaine [swasɑ̃tɛn] *nf*: **une ~ (de)** etwa sechzig; **avoir la ~** um die sechzig (Jahre alt) sein

soixante [swasɑ̃t] *num* sechzig

soixante-dix [swasɑ̃tdis] *num* siebzig

soixante-huitard, e [swasɑ̃tɥitaʀ, aʀd] (*pl* **soixante-huitards, es**) *nm/f* Achtundsechziger(in)

soja [sɔʒa] *nm* Soja *nt*

sol [sɔl] *nm* Boden *m*; (*Mus*) G *nt*

solaire [sɔlɛʀ] *adj* Sonnen-; (*cadran, chauffage*) Solar-

solarium [sɔlaʀjɔm] *nm* Solarium *nt*

soldat, e [sɔlda] *nm/f* Soldat(in); **S~ inconnu** unbekannter Soldat; **~ de plomb** Bleisoldat *m*

solde [sɔld] *nf* (*Mil*) Sold *m* ▶ *nm* (*Comm*) Saldo *m*; **soldes** *nmpl* (*Comm*) Ausverkauf *m*; **à la ~ de qn** in jds Sold *dat*; **en ~** zu reduzierten Preisen; **~ créditeur** Schuld *f*; **~ débiteur** Guthaben *nt*

solder [sɔlde] *vt* (*marchandise*) ausverkaufen; (*compte*) saldieren; **se solder** *vpr*: **se ~ par** enden mit

sole [sɔl] *nf* Seezunge *f*

soleil [sɔlɛj] *nm* Sonne *f*; **il y a** *ou* **il fait du ~** die Sonne scheint; **au ~** in der Sonne; **en plein ~** in der prallen Sonne; **le ~ levant/couchant** die aufgehende/ untergehende Sonne

solennel, le [sɔlanɛl] *adj* feierlich

solennité [sɔlanite] *nf* Feierlichkeit *f*

Soleure [sɔlœʀ] *nf* Solothurn *nt*

solidaire [sɔlidɛʀ] *adj* (*personnes*) solidarisch; (*choses, pièces mécaniques*) miteinander verbunden

solidariser [sɔlidaʀize]: **se solidariser (avec)** *vpr* sich solidarisch erklären (mit)

solidarité [sɔlidaʀite] *nf* Solidarität *f*

solide [sɔlid] *adj* (*mur, maison, meuble, outil*) stabil; (*connaissances*) solid; (*argument*) solid, handfest; (*personne, estomac*) kräftig, robust; (*nourriture, aliment, Phys*) fest ▶ *nm* Festkörper *m*

solidifier [sɔlidifje] *vt* fest werden lassen; **se solidifier** *vpr* sich verfestigen

solidité [sɔlidite] *nf* (*voir adj*) Stabilität *f*; (*d'amitié etc*) Dauerhaftigkeit *f*

soliste [sɔlist] *nmf* Solist(in) *m(f)*

solitaire [sɔlitɛʀ] *adj* einsam; (*isolé*) einzeln (stehend) ▶ *nmf* Einsiedler(in) *m(f)* ▶ *nm* (*diamant*) Solitär *m*

solitude [sɔlityd] *nf* Einsamkeit *f*

sollicitations [sɔlisitasjɔ̃] *nfpl* dringende Bitten *pl*

solliciter [sɔlisite] *vt* (*personne*) sich wenden an; (*emploi*) sich bewerben um; (*faveur, audience*) bitten um; (*occupations, attractions etc*) reizen

sollicitude [sɔlisityd] *nf* Fürsorge *f*

solo [sɔlo] *nm* Solo *nt*

solstice [sɔlstis] *nm* Sonnenwende *f*

soluble [sɔlybl] *adj* löslich

solution [sɔlysjɔ̃] *nf* Lösung *f*; **~ de continuité** Unterbrechung *f*; **~ de facilité** bequeme Lösung

solutionner [sɔlysjɔne] *vt* lösen

solvable [sɔlvabl] *adj* zahlungsfähig

solvant [sɔlvɑ̃] *nm* Lösungsmittel *nt*

Somalie [sɔmali] *nf*: **la ~** Somalia *nt*

somalien, ne [sɔmaljɛ̃, jɛn] *adj* somalisch

sombre [sɔ̃bʀ] *adj* dunkel; (*péj*) düster; (*personne*) finster; (*humeur*) schwarz

sombrer [sɔ̃bʀe] *vi* (*bateau*) untergehen, sinken; **~ dans la misère/le désespoir/ la folie** im Elend verkommen/in Verzweiflung sinken/dem Wahnsinn verfallen

sommaire [sɔmɛʀ] *adj* (*simple*) einfach ▶ *nm* Zusammenfassung *f*; **exécution ~** Standgericht *nt*

sommation [sɔmasjɔ̃] *nf* (*Jur*) Aufforderung *f*; (*avant de faire feu*) Vorwarnung *f*

somme [sɔm] *nf* Summe *f* ▶ *nm*: **faire un ~** ein Nickerchen machen; **en ~** insgesamt; **~ toute** letzten Endes

sommeil [sɔmɛj] *nm* Schlaf *m*; **avoir ~** müde *ou* schläfrig sein

sommeiller [sɔmeje] *vi* schlafen; (*fig*) schlummern

sommelier, -ière [sɔməlje, jɛʀ] *nm/f* Getränkekellner(in)

sommer [sɔme] *vt* (*Jur*) vorladen; **~ qn de faire qch** jdn auffordern, etw zu tun

sommet [sɔme] *nm* Gipfel *m*; (*d'un arbre*) Wipfel *m*; (*de la hiérarchie*) Spitze *f*; (*Math*) Scheitelpunkt *m*; (*conférence*) Gipfel(konferenz *f*) *m*

sommier [sɔmje] nm Bettrost m; **~ à lattes** Lattenrost m; **~ métallique** Metallrost m; **~ à ressorts** Sprungfederrost m

somnambule [sɔmnɑ̃byl] nmf Schlafwandler(in) m(f)

somnifère [sɔmnifɛʀ] nm Schlafmittel nt

somnoler [sɔmnɔle] vi dösen

somptueux, -euse [sɔ̃ptɥø, øz] adj prunkvoll, prächtig

son¹, sa [sɔ̃, sa] (pl **ses**) adj possessif (possesseur masculin) sein(e); (possesseur féminin) ihr(e)

son² [sɔ̃] nm Ton m; (résidu de mouture) Kleie f

sonar [sɔnaʀ] nm Echolot nt

sonate [sɔnat] nf Sonate f

sondage [sɔ̃daʒ] nm (de terrain) Bohrung f; **~ (d'opinion)** Meinungsumfrage f

sonde [sɔ̃d] nf Sonde f

sonder [sɔ̃de] vt untersuchen; (terrain) bohren in +dat; (fig) erforschen, ergründen; (: personne) ausfragen

songer [sɔ̃ʒe] : **~ à** vt (penser à, envisager) denken an +acc; **~ à faire qch** daran denken, etw zu tun; **~ que** bedenken, dass

songeur, -euse [sɔ̃ʒœʀ, øz] adj nachdenklich

sonnant, e [sɔnɑ̃, ɑ̃t] adj : **à huit heures ~es** Schlag acht Uhr

sonné, e [sɔne] (fam) adj (fou) bekloppt; **il a quarante ans bien ~s** er ist gut über vierzig

sonner [sɔne] vi (cloche) läuten; (réveil, téléphone, à la porte) klingeln ▶ vt (cloche, tocsin) läuten +dat; (messe, réveil) läuten zu; (étourdir) umwerfen; **~ les heures** die Stunden schlagen; **~ du clairon** ins Horn stoßen; **~ faux** falsch klingen; **~ chez qn** bei jdm klingeln

sonnerie [sɔnʀi] nf (son : de téléphone) Klingeln nt; (: de portable) Ringtone m; (: d'horloge) Schlagen nt; (mécanisme) Schlagwerk nt, Läutwerk nt; (sonnette) Klingel f

sonnet [sɔnɛ] nm Sonett nt

sonnette [sɔnɛt] nf Klingel f; **~ d'alarme** Alarm m; **~ de nuit** Nachtglocke f

sono [sɔno] nf voir **sonorisation**

sonore [sɔnɔʀ] adj (film, signal) Ton-; (métal) klingend; (voix) laut; (salle, pièce) mit einer guten Akustik; **effets ~s** Klangeffekte pl

sonorisation [sɔnɔʀizasjɔ̃] nf (matériel) Lautsprecheranlage f

sonoriser [sɔnɔʀize] vt (salle) mit einer Lautsprecheranlage versehen

sonorité [sɔnɔʀite] nf Klang m; (d'un lieu) Akustik f; **sonorités** nfpl Klänge pl

sonothèque [sɔnɔtɛk] nf Tonarchiv nt

sophistication [sɔfistikasjɔ̃] nf (de personne) Kultiviertheit f

sophistiqué, e [sɔfistike] adj (personne) kultiviert; (style, élégance) gesucht; (complexe) hoch entwickelt

soporifique [sɔpɔʀifik] adj einschläfernd; (péj) langweilig

soprano [sɔpʀano] nm Sopran m ▶ nmf (personne) Sopran m, Sopranistin f

sorbetière [sɔʀbətjɛʀ] nf Eismaschine f

sorbier [sɔʀbje] nm Eberesche f

sorcellerie [sɔʀsɛlʀi] nf Hexerei f

sorcier, -ière [sɔʀsje, jɛʀ] adj : **ce n'est pas ~** das ist keine Zauberei ▶ nm Zauberer m ▶ nf Hexe f

sordide [sɔʀdid] adj (logement, quartier) verkommen; (gains, affaire) schmutzig

sornettes [sɔʀnɛt] (péj) nfpl Gefasel nt

sort [sɔʀ] nm Schicksal nt; (situation) Los nt; **jeter un ~ à qn** jdn verhexen; **tirer au ~** losen; **tirer qch au ~** etw verlosen

sorte [sɔʀt] nf Sorte f, Art f; **une ~ de** eine Art (von); **de la ~** so; **en quelque ~** gewissermaßen; **de (telle)** ou **en ~ que** so, dass

sortie [sɔʀti] nf Ausgang m; (Mil) Ausfall m; (attaque verbale) Schimpfkanonade f; (écoulement) Austreten nt; (de livre) Veröffentlichung f; (promenade) Spaziergang m; (somme dépensée) Ausgabe f; **à sa ~** als er/sie ging; **~ papier** Ausdruck m; **~ de secours** Notausgang m

sortilège [sɔʀtilɛʒ] nm Zauber m

sortir [sɔʀtiʀ] vi hinausgehen; (partir, se retirer) (weg)gehen; (aller au spectacle, dans le monde) ausgehen; (apparaître) herauskommen ▶ vt ausführen; (produit, ouvrage, modèle) herausbringen; (fam : chasser) hinauswerfen; **se sortir** vpr : **se ~ de** sich ziehen aus; **~ de** (d'un endroit) kommen aus; **~ de ses gonds** (fig) aus der Haut fahren; **s'en ~** durchkommen

sosie [sɔzi] nm Doppelgänger(in) m(f)

sot, sotte [so, sɔt] adj dumm ▶ nm/f Dummkopf m

sottise [sɔtiz] nf Dummheit f

sou [su] nm : **les ~s** (fam) das Geld; **être près de ses ~s** sein Geld zusammenhalten; **être sans le ~** keinen blanken ou roten Heller haben

souahéli [swaeli] nm Kisuaheli nt

souche [suʃ] nf (d'un arbre) Stumpf m; (d'un registre, carnet) Abschnitt m; **de vieille ~** aus altem Geschlecht

souci [susi] *nm* Sorge *f*; (Bot) Ringelblume *f*; **se faire du ~** sich *dat* Sorgen machen

soucier [susje] : **se ~ de** *vpr* sich sorgen um

soucieux, -euse [susjø, jøz] *adj* bekümmert; **être ~ de son apparence** großen Wert auf sein Äußeres legen

soucoupe [sukup] *nf* Untertasse *f*; **~ volante** fliegende Untertasse *f*

soudain, e [sudɛ̃, ɛn] *adj, adv* plötzlich

Soudan [sudɑ̃] *nm* : **le ~** der Sudan

soudanais, e [sudanɛ, ɛz] *adj* sudanesisch

soude [sud] *nf* Natron *nt*

soudé, e [sude] *adj* (pétales, organes) verbunden; (fig) : **avoir les pieds ~s au plancher** wie angewurzelt dastehen

souder [sude] *vt* (avec fer à souder) löten; (par soudure autogène) schweißen

soudure [sudyʀ] *nf* Löten *nt*, Schweißen *nt*; (joint) Lötstelle *f*, Schweißnaht *f*

souffle [sufl] *nm* Atemzug *m*; (respiration) Atem *m*; (d'une explosion) Druckwelle *f*; **retenir son ~** die Luft *ou* den Atem anhalten; **être à bout de ~** außer Atem sein; **avoir le ~ court** kurzatmig sein

soufflé, e [sufle] *adj* (fam : surpris) baff ▶ *nm* (Culin) Soufflé *nt*; **maïs ~** Popcorn

souffler [sufle] *vi* (vent, personne) blasen; (respirer avec peine) schnaufen ▶ *vt* (feu, bougie) ausblasen; (chasser) wegblasen, wegpusten; (verre) blasen; (explosion) umblasen, in die Luft sprengen; (dire) jdm etw zuflüstern; (: rôle) soufflieren; (fam : voler) klauen; **~ sur** blasen auf +*acc*

soufflet [suflɛ] *nm* (instrument) Blasebalg *m*; (entre wagons) Verbindungsgang *m*

souffrance [sufʀɑ̃s] *nf* Leiden *nt*; **en ~** unerledigt

souffrant, e [sufʀɑ̃, ɑ̃t] *adj* (personne) unwohl; (air) leidend

souffrir [sufʀiʀ] *vi* leiden ▶ *vt* (éprouver) erleiden; (supporter) ertragen, aushalten; **~ de** leiden unter +*dat*; **ne pas pouvoir ~** nicht leiden können

soufre [sufʀ] *nm* Schwefel *m*

souhait [swɛ] *nm* Wunsch *m*; **tous nos ~s de réussite** unsere besten Erfolgswünsche; **à vos ~s!** Gesundheit!; **onctueux à ~** weich, wie man es sich nur wünschen kann

souhaitable [swɛtabl] *adj* wünschenswert

souhaiter [swete] *vt* wünschen

souiller [suje] *vt* schmutzig machen; (fig) beschmutzen

soûl, e [su, sul] *adj* betrunken ▶ *nm* : **boire/manger tout son ~** nach Herzenslust trinken/essen

soulagement [sulaʒmɑ̃] *nm* Erleichterung *f*

soulager [sulaʒe] *vt* (personne) erleichtern; (douleur, peine) lindern; **~ qn de** (fardeau) jdm abnehmen

soûler [sule] *vt* betrunken machen; (fig) benebeln, berauschen; **se soûler** *vpr* sich betrinken

soulèvement [sulɛvmɑ̃] *nm* (insurrection) Aufstand *m*

soulever [sul(ə)ve] *vt* hochheben; (vagues) erzeugen; (poussière) aufwirbeln; (pousser à la révolte) aufhetzen; (indigner) empören; (enthousiasme, protestations) auslösen; (question, problème) aufwerfen; **se soulever** *vpr* (personne couchée) sich aufrichten; (s'insurger) sich auflehnen

soulier [sulje] *nm* Schuh *m*; **~s à talons** Schuhe *pl* mit Absatz; **~s plats** flache Schuhe *pl*

souligner [suliɲe] *vt* unterstreichen

soumettre [sumɛtʀ] *vt* (subjuguer) unterwerfen; (à traitement, épreuve, analyse, examen) unterziehen; **se soumettre** *vpr* : **se ~ (à)** sich unterwerfen (+*dat*); **~ qch à qn** (projet, problème, article) jdm etw vorlegen

soumis, e [sumi, iz] *pp de* **soumettre** ▶ *adj* (personne, air) unterwürfig

soumission [sumisjɔ̃] *nf* (de rebelles etc) Unterwerfung *f*; (docilité) Unterwürfigkeit *f*; (Comm) Angebot *nt*

soupape [supap] *nf* Ventil *nt*; **~ de sûreté** Sicherheitsventil *nt*

soupçon [supsɔ̃] *nm* Verdacht *m*; (petite quantité) : **un ~ de** eine Spur

soupçonner [supsɔne] *vt* (personne) verdächtigen; (qch) vermuten

soupçonneux, -euse [supsɔnø, øz] *adj* misstrauisch

soupe [sup] *nf* Suppe *f*; **~ à l'oignon** Zwiebelsuppe *f*; **~ au lait** : **être ~ au lait** jähzornig sein; **~ populaire** Volksküche *f*

souper [supe] *vi* (régional : dîner) zu Abend essen, Abendbrot essen; **avoir soupé de qch** (fam) die Nase von etw vollhaben

soupière [supjɛʀ] *nf* Suppenschüssel *f*

soupir [supiʀ] *nm* Seufzer *m*; (Mus) Viertelpause *f*

soupirant [supiʀɑ̃] *nm* Verehrer *m*

soupirer [supiʀe] *vi* seufzen

souple [supl] *adj* weich; (membres, corps, personne) geschmeidig, gelenkig; (branche) biegsam; (col, cuir) weich, geschmeidig; (fig : règlement, esprit, caractère) flexibel; (gracieux) anmutig

souplesse [suplɛs] *nf* (de branches) Biegsamkeit *f*; (d'un col, de cuir)

Weichheit f; (d'une personne) Gelenkigkeit f; (intellectuelle, élasticité) Flexibilität f; (adresse) Anmut f

source [suʀs] nf Quelle f; **prendre sa ~ à/dans** entspringen in +dat; **~ d'eau minérale** Mineralquelle f; **~ de chaleur** Wärmequelle f; **~ lumineuse** Lichtquelle f; **~ thermale** Thermalquelle f

sourcil [suʀsi] nm Augenbraue f

sourciller [suʀsije] vi: **sans ~** ohne mit der Wimper zu zucken

sourcilleux, -euse [suʀsijø, øz] adj (pointilleux) pingelig, kleinlich

sourd, e [suʀ, suʀd] adj taub; (bruit, voix, gémissement) leise; (douleur, bruit) dumpf; (lutte) stumm ▶ nm/f Taube(r) f(m); **être ~ à** taub sein für

sourd-muet, sourde-muette [suʀmyɛ, suʀdmyɛt] (pl **sourds-muets, sourdes-muettes**) adj taubstumm ▶ nm/f Taubstumme(r) f(m)

sourdre [suʀdʀ] vi (eau) sprudeln; (fig) aufsteigen

souricière [suʀisjɛʀ] nf Mausefalle f; (fig) Falle f

sourire [suʀiʀ] vi lächeln ▶ nm Lächeln nt; **~ à qn** jdn anlächeln; **garder le ~** sich nicht unterkriegen lassen

souris [suʀi] nf Maus f

sournois, e [suʀnwa, waz] adj heimtückisch

sous[1] [su] prép unter +dat; (avec mouvement) unter +acc; **~ la pluie/le soleil** im Regen/in der Sonne; **~ mes yeux** vor meinen Augen; **~ terre** unterirdisch; **~ peu** in Kürze

sous[2] [su] préf unter-, Unter-

sous-alimentation [suzalimɑ̃tasjɔ̃] (pl **sous-alimentations**) nf Unterernährung f

sous-bois [subwa] nm inv Unterholz nt

sous-catégorie [sukategɔʀi] (pl **sous-catégories**) nf Unterabteilung f

sous-chef [suʃɛf] (pl **sous-chefs**) nm stellvertretender Leiter m

sous-continent [sukɔ̃tinɑ̃] (pl **sous-continents**) nm Subkontinent m

souscription [suskʀipsjɔ̃] nf Subskription f

souscrire [suskʀiʀ] : **~ à** vt (emprunt) zeichnen; (publication) subskribieren; (approuver) gutheißen

sous-développé, e [sudevlɔpe] (pl **sous-développés, es**) adj unterentwickelt

sous-directeur, -trice [sudiʀɛktœʀ, tʀis] (pl **sous-directeurs, -trices**) nm/f stellvertretender Direktor m, stellvertretende Direktorin f

sous-emploi [suzɑ̃plwa] nm Unterbeschäftigung f

sous-entendre [suzɑ̃tɑ̃dʀ] vt andeuten

sous-entendu, e [suzɑ̃tɑ̃dy] (pl **sous-entendus, es**) adj unausgesprochen; (Ling) ausgelassen ▶ nm Andeutung f

sous-estimer [suzɛstime] vt unterschätzen

sous-exposer [suzɛkspoze] vt unterbelichten

sous-jacent, e [suʒasɑ̃, ɑ̃t] (pl **sous-jacents, es**) adj (fig) latent

sous-location [sulɔkasjɔ̃] (pl **sous-locations**) nf Untermiete f; **en ~** zur Untermiete

sous-louer [sulwe] vt: **~ à qn** (locataire principal) an jdn untervermieten; (sous-locataire) jds Untermieter sein

sous-main [sumɛ̃] (pl **sous-mains**) nm Schreibunterlage f; **racheter des actions en ~** Aktien unter der Hand weiterverkaufen

sous-marin, e [sumaʀɛ̃, in] (pl **sous-marins, es**) adj Unterwasser-; (flore) Meeres- ▶ nm U-Boot nt

sous-payé, e [supeje] (pl **sous-payés, es**) adj unterbezahlt

sous-préfecture [supʀefɛktyʀ] (pl **sous-préfectures**) nf Unterpräfektur f

sous-produit [supʀɔdɥi] (pl **sous-produits**) nm Nebenprodukt nt; (péj) schwacher Abklatsch m

sous-pull [supul] (pl **sous-pulls**) nm Unterziehpulli m

sous-répertoire [suʀepɛʀtwaʀ] (pl **sous-répertoires**) nm (Inform) Unterverzeichnis nt

soussigné, e [susiɲe] adj: **je ~ ...** ich, der/die Unterzeichnete, ... ▶ nm/f: **le ~** der Unterzeichnete m; **les ~s** die Unterzeichneten pl

sous-sol [susɔl] (pl **sous-sols**) nm Untergeschoss nt; (Géo) Untergrund m; **en ~** im Untergeschoss

sous-titre [sutitʀ] (pl **sous-titres**) nm Untertitel m

sous-titré, e [sutitʀe] (pl **sous-titrés, es**) adj (film) mit Untertiteln

soustraction [sustʀaksjɔ̃] nf Subtraktion f

soustraire [sustʀɛʀ] vt subtrahieren, abziehen; **se soustraire** vpr: **se ~ à** (dérober) sich entziehen +dat; **~ qch à qn** jdm etw wegnehmen; **~ qn à** jdn schützen vor +dat

sous-traitance [sutʀɛtɑ̃s] (pl **sous-traitances**) nf vertraglich geregelte Weitervergabe f von Arbeit

sous-traitant [sutʀɛtɑ̃] (pl **sous-traitants**) nm Zulieferer m
sous-verre [suvɛʀ] (pl **sous-verres**) nm Bilderrahmen m
sous-vêtement [suvɛtmɑ̃] (pl **sous-vêtements**) nm Stück nt Unterwäsche; **sous-vêtements** nmpl Unterwäsche f
soutenable [sut(ə)nabl] adj vertretbar
soutenance [sut(ə)nɑ̃s] nf : **~ de thèse** Rigorosum nt
soutènement [sutɛnmɑ̃] nm : **mur de ~** Stützmauer f
soutenir [sut(ə)nœʀ] nm Zuhälter m
soutenir [sut(ə)niʀ] vt (supporter) tragen; (consolider, empêcher de tomber) stützen; (réconforter, aider) beistehen +dat; (assaut, choc) aushalten; (intérêt, effort) aufrechterhalten; (argument, doctrine, thèse) verfechten, verteidigen; **~ que** behaupten, dass
soutenu, e [sut(ə)ny] pp de **soutenir** ▶ adj (attention, efforts) anhaltend; (style) gehoben
souterrain, e [sutɛʀɛ̃, ɛn] adj unterirdisch ▶ nm unterirdischer Gang m
soutien [sutjɛ̃] nm Stütze f; **apporter son ~ à** unterstützen; **~ scolaire** Nachhilfe
soutien-gorge [sutjɛ̃gɔʀʒ] (pl **soutiens-gorge**) nm Büstenhalter m
soutirer [sutiʀe] vt : **~ qch à qn** jdm etw entlocken
souvenir [suv(ə)niʀ] nm (réminiscence) Erinnerung f; (objet, marque) Andenken nt; **se souvenir** vpr : **se ~ de** sich erinnern an +acc; **en ~ de** zur Erinnerung an +acc; **amical ~** (en fin de lettre) ≈ mit herzlichen Grüßen; **se ~ que** sich erinnern, dass
souvent [suvɑ̃] adv oft; **peu ~** selten
souverain, e [suv(ə)ʀɛ̃, ɛn] adj (Pol) souverän, unabhängig; (suprême) höchste(r, s) ▶ nm/f Herrscher(in); **le ~ pontife** der Papst m
souveraineté [suv(ə)ʀɛnte] nf Souveränität f
soviétique [sɔvjetik] adj sowjetisch
soyeux, -euse [swajø, øz] adj seidig
SPA [ɛspea] sigle f (= Société protectrice des animaux) Tierschutzbund m
spacieux, -euse [spasjø, jøz] adj geräumig
spaghettis [spageti] nmpl Spag(h)etti pl
spam [spam] nm (Inform) Spam nt
sparadrap [spaʀadʀa] nm Heftpflaster nt
spasme [spasm] nm Krampf m
spatial, e, -aux [spasjal, jo] adj (Aviat) (Welt)raum-; (Psych) räumlich

spatule [spatyl] nf Spachtel m
spécial, e, -aux [spesjal, jo] adj speziell, besondere(r, s); (bizarre) eigenartig
spécialement [spesjalmɑ̃] adv speziell, besonders; (tout exprès) eigens, speziell; **pas ~** nicht besonders
spécialiser [spesjalize] : **se spécialiser** vpr sich spezialisieren
spécialiste [spesjalist] nmf Spezialist(in) m(f); (Méd) Facharzt (Fachärztin) m(f)
spécialité [spesjalite] nf (sujet) Spezialgebiet nt; (d'un cuisinier etc) Spezialität f
spécification [spesifikasjɔ̃] nf genauere Angabe f, Spezifizierung f
spécifier [spesifje] vt spezifizieren; **~ que** betonen, dass
spécifique [spesifik] adj spezifisch
spécifiquement [spesifikmɑ̃] adv spezifisch; (tout exprès) eigens
spécimen [spesimɛn] nm Probeexemplar nt
spectacle [spɛktakl] nm Anblick m; (représentation) Vorstellung f, Aufführung f; (industrie) Unterhaltungsindustrie f; **se donner en ~** (péj) sich zur Schau stellen
spectaculaire [spɛktakylɛʀ] adj spektakulär
spectateur, -trice [spɛktatœʀ, tʀis] nm/f Zuschauer(in)
spectre [spɛktʀ] nm Gespenst nt; (Phys) Spektrum nt
spéculateur, -trice [spekylatœʀ, tʀis] nm/f Spekulant(in)
spéculation [spekylasjɔ̃] nf Spekulation f
spéculer [spekyle] vi spekulieren; **~ sur** (tabler sur) spekulieren auf +acc
speedé, e [spide] (fam) adj : **être ~** (fig) unter Strom stehen
spéléologie [speleɔlɔʒi] nf Höhlenforschung f
spermatozoïde [spɛʀmatɔzɔid] nm Spermium nt
sperme [spɛʀm] nm Sperma nt, Samenflüssigkeit f
spermicide [spɛʀmisid] nm Spermizid nt
sphère [sfɛʀ] nf Kugel f; (domaine) Sphäre f, Bereich m; **~ d'activité/d'influence** Wirkungs-/Einflussbereich m
sphérique [sferik] adj rund
sphinx [sfɛ̃ks] nm Sphinx f
spirale [spiʀal] nf Spirale f
spiritisme [spiʀitism] nm Spiritismus m
spirituel, le [spiʀitɥɛl] adj geistlich; (intellectuel) geistig; (plein d'esprit) geistreich

spiritueux [spiRituø] *nmpl* Spirituosen *pl*
splendeur [splɑ̃dœR] *nf* Herrlichkeit *f*, Pracht *f*
splendide [splɑ̃did] *adj* herrlich
spongieux, -euse [spɔ̃ʒjø, jøz] *adj* schwammig
sponsor [spɔ̃sɔR] *nm* Sponsor *m*
sponsoriser [spɔ̃sɔRize] *vt* sponsern
spontané, e [spɔ̃tane] *adj* spontan
spontanéité [spɔ̃taneite] *nf* Spontaneität *f*
spontanément [spɔ̃tanemɑ̃] *adv* spontan
sport [spɔR] *nm* Sport *m*; **faire du ~** Sport treiben; **~ d'hiver** Wintersport *m*
sportif, -ive [spɔRtif, iv] *adj* sportlich; *(association, épreuve)* Sport- ▸ *nm/f* Sportler(in)
sportivité [spɔRtivite] *nf* Sportlichkeit *f*
spot [spɔt] *nm (lampe)* Scheinwerfer *m*; **~ (publicitaire)** Werbespot *m*
spray [spRɛ] *nm* Spray *m ou nt*
sprint [spRint] *nm (en fin de course)* Endspurt *m*; *(épreuve)* Sprint *m*; **piquer un ~** zum Endspurt ansetzen
square [skwaR] *nm* Grünanlage *f*
squash [skwaʃ] *nm* Squash *nt*
squat [skwat] *nm (maison)* besetztes Haus *nt*
squatter¹ [skwate] *vt* besetzen
squatter², squatteur [skwatɛR] *nm* Hausbesetzer(in) *m(f)*
squelette [skəlɛt] *nm* Skelett *nt*
squelettique [skəletik] *adj* spindeldürr; *(fig)* dürftig, kümmerlich
Sri Lanka [sRilɑ̃ka] *nm*: **le ~** Sri Lanka *nt*
St, Ste *abr* = **saint, sainte**
stabiliser [stabilize] *vt* stabilisieren; *(terrain)* befestigen
stabilité [stabilite] *nf* Stabilität *f*
stable [stabl] *adj* stabil
stade [stad] *nm (Sport)* Stadion *nt*; *(phase)* Stadium *nt*
stage [staʒ] *nm* Praktikum *nt*; *(de perfectionnement)* Fortbildungskurs *m*; *(d'avocat, d'enseignant)* ≈ Referendarzeit *f*
stagiaire [staʒjɛR] *nmf* Praktikant(in) *m(f)*
stagnant, e [stagnɑ̃, ɑ̃t] *adj* stehend; *(fig)* stagnierend
stalactite [stalaktit] *nf* Stalaktit *m*
stalagmite [stalagmit] *nf* Stalagmit *m*
stand [stɑ̃d] *nm (d'exposition)* Stand *m*; **~ de ravitaillement** *(Auto)* Box *f*; **~ de tir** Schießstand *m*
standard [stɑ̃daR] *adj* Standard- ▸ *nm* Standard *m*; *(téléphonique)* Telefonzentrale *f*
standardiser [stɑ̃daRdize] *vt* standardisieren
standardiste [stɑ̃daRdist] *nmf* Telefonist(in) *m(f)*
standing [stɑ̃diŋ] *nm* Status *m*; **immeuble de grand ~** Luxuswohnungen *pl*
star [staR] *nf*: **~ (de cinéma)** (Film)star *m*
starter [staRtɛR] *nm (Auto)* Choke *m*
station [stasjɔ̃] *nf (lieu d'arrêt)* Haltestelle *f*; *(Radio, TV)* Sender *m*; *(d'observation scientifique, Rel)* Station *f*; *(de villégiature)* Ferienort *m*; **la ~ debout** die aufrechte Haltung, das Stehen; **~ balnéaire** Badeort *m*; **~ de sports d'hiver** Wintersportort *m*; **~ de taxis** Taxistand *m*; **~ thermale** Thermalbad *nt*
stationnaire [stasjɔnɛR] *adj* gleichbleibend
stationnement [stasjɔnmɑ̃] *nm* Parken *nt*; **~ alterné** Parken abwechselnd auf der einen und der anderen Straßenseite
stationner [stasjɔne] *vi* parken
station-service [stasjɔ̃sɛRvis] *(pl* **stations-service)** *nf* Tankstelle *f*
statique [statik] *adj (Élec)* statisch; *(fig)* unbewegt, starr
statistique [statistik] *nf* Statistik *f*; **statistiques** *nfpl (données)* statistische Angaben *pl*
statue [staty] *nf* Statue *f*
stature [statyR] *nf (taille)* Größe *f*; *(fig)* Bedeutung *f*
statut [staty] *nm* Status *m*; **statuts** *nmpl (règlement)* Satzung *f*
statutaire [statytɛR] *adj* satzungsgemäß
Ste *abr voir* **St, sainte**
Sté *abr (= société)* Ges.
steak [stɛk] *nm* Steak *nt*
sténo [steno] *nf (aussi:* **sténographie)** Stenografie *f*; **prendre en ~** stenografieren
stéréo [steReo] *adj* Stereo- ▸ *nf* Stereo *nt*, Stereofonie *f*; **en ~** in Stereo
stéréotype [steReotip] *nm* Klischee *nt*
stéréotypé, e [steReotipe] *adj* klischeehaft
stérile [steRil] *adj* unfruchtbar; *(aseptique)* steril
stérilet [steRilɛ] *nm* Spirale *f*
stériliser [steRilize] *vt* sterilisieren
stérilité [steRilite] *nf* Unfruchtbarkeit *f*
sternum [stɛRnɔm] *nm* Brustbein *nt*
stick [stik] *nm* Stift *m*; *(déodorant)* Deostift *m*
stigmates [stigmat] *nmpl (Rel)* Wundmal *nt*; *(fig)* Stigma *nt*

stigmatiser [stigmatize] *vt* brandmarken

stimulant, e [stimylɑ̃, ɑ̃t] *adj (réussite, succès)* aufmunternd; *(potion)* anregend ▶ *nm (fig)* Ansporn *m*

stimulateur [stimylatœʀ] *nm* : **~ cardiaque** Herzschrittmacher *m*

stimuler [stimyle] *vt (personne)* stimulieren, anregen; *(estomac, appétit)* anregen; *(exportations etc)* beleben

stipulation [stipylasjɔ̃] *nf* Bedingung *f*

stipuler [stipyle] *vt (condition)* vorschreiben; *(détail)* genau angeben

stock [stɔk] *nm (de marchandises)* Lagerbestand *m*; *(réserve)* Reserve *f*; *(fig)* Vorrat *m*

stockage [stɔkaʒ] *nm* Lagerung *f*; **~ d'informations** *(Inform)* Datenspeicherung *f*

stocker [stɔke] *vt (marchandises)* auf Lager legen, einlagern; *(déchets)* lagern

stoïque [stɔik] *adj* stoisch

stomacal, e, -aux [stɔmakal, o] *adj* Magen-

stomatite [stɔmatit] *nf* Mundfäule *f*

stop [stɔp] *nm (panneau)* Stoppschild *nt*; *(feux arrière)* Bremslicht *nt*; *(auto-stop)* Anhalterfahren *nt* ▶ *excl* halt!, stop!; **faire du ~** trampen

stoppage [stɔpaʒ] *nm* (Kunst)stopfen *nt*

stopper [stɔpe] *vt* anhalten; *(mouvement, attaque)* aufhalten; *(machine)* abstellen; *(vêtement, bas)* stopfen ▶ *vi* anhalten

store [stɔʀ] *nm* Rollo *nt*, Rollladen *m*

strabisme [stʀabism] *nm* Schielen *nt*

strapontin [stʀapɔ̃tɛ̃] *nm (siège)* Klappsitz *m*

stratagème [stʀataʒɛm] *nm* List *f*

stratégie [stʀateʒi] *nf* Strategie *f*

stratégique [stʀateʒik] *adj* strategisch

stratifié, e [stʀatifje] *adj (Géo)* geschichtet; *(Tech)* beschichtet

stratosphère [stʀatɔsfɛʀ] *nf* Stratosphäre *f*

stress [stʀɛs] *nm* Stress *m*

stressant, e [stʀesɑ̃, ɑ̃t] *adj* stressig

stressé, e [stʀese] *adj* gestresst

stresser [stʀese] *vt* stressen

strict, e [stʀikt] *adj* streng; *(obligation, interprétation)* strikt; *(tenue)* schlicht; **c'est son droit le plus ~** das ist sein/ihr gutes Recht; **dans la plus ~e intimité** im engsten Familienkreis; **au sens ~ du mot** im wahrsten Sinn des Wortes; **le ~ nécessaire** *ou* **minimum** das Allernotwendigste

strictement [stʀiktəmɑ̃] *adv* streng; *(vêtu)* konservativ

strident, e [stʀidɑ̃, ɑ̃t] *adj* schrill, kreischend

strie [stʀi] *nf* Streifen *m*

strié, e [stʀije] *adj* gerillt

strip-tease [stʀiptiz] (*pl* **strip-teases**) *nm* Striptease *m*

strip-teaseuse [stʀiptizøz] (*pl* **strip-teaseuses**) *nf* Stripteasetänzerin *f*, Stripperin *f*

strophe [stʀɔf] *nf* Strophe *f*

structuration [stʀyktyʀasjɔ̃] *nf* Strukturierung *f*

structure [stʀyktyʀ] *nf* Struktur *f*; **~s d'accueil** Empfangseinrichtungen *pl*

stuc [styk] *nm* Stuck *m*

studieux, -euse [stydjø, jøz] *adj* fleißig; *(vacances, retraite)* den Studien gewidmet

studio [stydjo] *nm (logement)* Einzimmerwohnung *f*; *(d'artiste, de photographe)* Atelier *nt*; *(de danse, Cinéma, Radio, TV)* Studio *nt*

stupéfaction [stypefaksjɔ̃] *nf* Verblüffung *f*

stupéfait, e [stypefɛ, ɛt] *adj* verblüfft

stupéfiant, e [stypefjɑ̃, jɑ̃t] *adj* verblüffend ▶ *nm* Rauschgift *nt*

stupéfier [stypefje] *vt* verblüffen

stupeur [stypœʀ] *nf* Verblüffung *f*; *(Méd)* Benommenheit *f*

stupide [stypid] *adj* dumm

stupidité [stypidite] *nf* Dummheit *f*

style [stil] *nm* Stil *m*; **meuble de ~** Stilmöbel *nt*; **en ~ télégraphique** im Telegrammstil; **~ de vie** Lebensstil *m*

stylé, e [stile] *adj (domestique)* geschult

stylisé, e [stilize] *adj* stilisiert

stylo [stilo] *nm* Kugelschreiber *m*; **~ (à) bille** Kugelschreiber *m*; **~ à encre** Füller *m*

stylo-feutre [stiloføtʀ] (*pl* **stylos-feutres**) *nm* Filzstift *m*

su, e [sy] *pp de* **savoir** ▶ *nm* : **au vu et au su de qn** mit jds Wissen

suave [sɥav] *adj (odeur)* süß; *(voix, coloris)* süß, lieblich

subalterne [sybaltɛʀn] *adj (employé, officier)* untergeben; *(rôle)* untergeordnet ▶ *nmf* Untergebene(r) *f(m)*

subconscient, e [sypkɔ̃sjɑ̃, ɑ̃t] *adj* unterbewusst ▶ *nm* Unterbewusstsein *nt*

subdiviser [sybdivize] *vt* unterteilen

subir [sybiʀ] *vt* erleiden; *(influence, charme)* erliegen +*dat*; *(traitement, opération, examen)* sich unterziehen +*dat*; *(personne)* ertragen

subit, e [sybi, it] *adj* plötzlich

subitement [sybitmɑ̃] *adv* plötzlich

subjectif, -ive [sybʒɛktif, iv] *adj* subjektiv

subjonctif [sybʒɔ̃ktif] *nm* Konjunktiv *m*
subjuguer [sybʒyge] *vt* erobern
sublime [syblim] *adj* wunderbar, wunderschön
submerger [sybmɛʀʒe] *vt* (*inonder*) überschwemmen
submersible [sybmɛʀsibl] *nm* U-Boot *nt*
subordonné, e [sybɔʀdɔne] *adj* untergeordnet ▶ *nm/f* Untergebene(r) *f(m)* ▶ *nf* (*Ling*) Nebensatz *m*
subside [sybid] *nm* Zuschuss *m*, Beihilfe *f*
subsidiaire [sybzidjɛʀ] *adj*: **question ~** entscheidende Frage *f*
subsistance [sybzistɑ̃s] *nf* Unterhalt *m*; **pourvoir à la ~ de qn** für jds Unterhalt sorgen
subsister [sybziste] *vi* (*rester*) (weiter)bestehen; (*vivre*) leben
substance [sypstɑ̃s] *nf* Substanz *f*, Stoff *m*; (*fig*) Substanz *f*, Gehalt *m*; **en ~** im Wesentlichen
substantiel, le [sypstɑ̃sjɛl] *adj* (*aliment, repas*) nahrhaft; (*fig: avantage, bénéfice*) wesentlich, bedeutend
substantif [sypstɑ̃tif] *nm* Substantiv *nt*
substituer [sypstitɥe] *vt*: **~ qn/qch à** jdn/etw ersetzen durch; **se substituer** *vpr*: **se ~ à qn** jdn ersetzen
substitut [sypstity] *nm* (*Jur: magistrat*) Vertreter *m*; (*succédané*) Ersatz *m*
substitution [sypstitysjɔ̃] *nf* Ersetzen *nt*
subterfuge [sypɛʀfyʒ] *nm* List *f*; (*échappatoire*) Ausrede *f*
subtil, e [syptil] *adj* (*personne, esprit, réponse*) fein; (*raisonnement, manœuvre, nuance*) subtil
subtilité [syptilite] *nf* (*de personne*) Feinsinn *m*; (*de raisonnement, manœuvre*) Subtilität *f*
subtropical, e, -aux [sybtʀɔpikal, o] *adj* subtropisch
subvenir [sybvənir] : **~ à** *vt* sorgen für
subvention [sybvɑ̃sjɔ̃] *nf* Subvention *f*, Zuschuss *m*
subventionner [sybvɑ̃sjɔne] *vt* subventionieren
suc [syk] *nm* Saft *m*; **~s gastriques** Magensaft *m*
succédané [syksedane] *nm* Ersatz *m*
succéder [syksede] : **~ à** *vt* (*qn*) nachfolgen +*dat*; (*dans une série, énumération etc*) folgen auf +*acc*; **se succéder** *vpr* aufeinanderfolgen
succès [syksɛ] *nm* Erfolg *m*; **avec ~** erfolgreich; **sans ~** erfolglos; **auteur à ~** Erfolgsautor *m*
successeur [syksesœʀ] *nm* Nachfolger(in) *m(f)*; (*héritier*) Erbe *m*, Erbin *f*
successif, -ive [syksesif, iv] *adj* aufeinanderfolgend
succession [syksesjɔ̃] *nf* (*patrimoine*) Erbe *nt*; (*Pol*) Nachfolge *f*
successivement [syksesivmɑ̃] *adv* nacheinander
succinct, e [syksɛ̃, ɛ̃t] *adj* knapp, kurz und bündig
succomber [sykɔ̃be] *vi* (*mourir*) umkommen; **~ à** erliegen +*dat*
succulent, e [sykylɑ̃, ɑ̃t] *adj* köstlich
succursale [sykyʀsal] *nf* Filiale *f*; **magasin à ~s multiples** Ladenkette *f*
sucer [syse] *vt* lutschen; **~ son pouce** am Daumen lutschen
sucette [sysɛt] *nf* (*bonbon*) Lutscher *m*; (*de bébé*) Schnuller *m*
sucre [sykʀ] *nm* Zucker *m*; **~ de betterave** Rübenzucker *m*; **~ de canne** Rohrzucker *m*; **~ en morceaux** Würfelzucker *m*; **~ en poudre, ~ glace** Puderzucker *m*
sucré, e [sykʀe] *adj* (*au goût*) süß; (*tasse de thé etc*) gezuckert; (*produit alimentaire*) gesüßt; (*péj*) zuckersüß
sucrer [sykʀe] *vt* zuckern, süßen; **se sucrer** *vpr* (*fam*) sich gesundstoßen
sucrerie [sykʀəʀi] *nf* (*usine*) Zuckerraffinerie *f*; **sucreries** *nfpl* (*bonbons*) Süßigkeiten *pl*
sucrette [sykʀɛt] *nf* Süßstofftablette *f*
sucrier, -ière [sykʀije, ijɛʀ] *adj* Zucker- ▶ *nm* (*récipient*) Zuckerdose *f*
sud [syd] *nm* Süden *m* ▶ *adj inv* Süd-; **au ~ de** im Süden ou südlich von
sud-américain, e [sydameʀikɛ̃, ɛn] (*pl* **sud-américain, es**) *adj* südamerikanisch
sudation [sydasjɔ̃] *nf* Schwitzen *nt*
sud-coréen, ne [sydkɔʀeɛ̃, ɛn] (*pl* **sud-coréens**) *adj* südkoreanisch
sud-est [sydɛst] *nm inv* Südosten *m*
sud-ouest [sydwɛst] *nm inv* Südwesten *m*
Suède [sɥɛd] *nf*: **la ~** Schweden *nt*
suédois, e [sɥedwa, waz] *adj* schwedisch ▶ *nm/f*: **Suédois, e** Schwede *m*, Schwedin *f*
suer [sɥe] *vi* schwitzen; (*fam: se fatiguer*) sich abqualen
sueur [sɥœʀ] *nf* Schweiß *m*; **en ~** schweißgebadet; **avoir des ~s froides** in kaltem Schweiß gebadet sein
suffire [syfiʀ] *vi* (aus)reichen, genügen ▶ *vb impers*: **il suffit d'une négligence pour que** man braucht nur einmal unachtsam zu sein und; **se suffire** *vpr* unabhängig sein; **ça suffit !** jetzt reichts aber!

suffisamment [syfizamɑ̃] *adv* ausreichend, genügend; **~ de** genug, genügend

suffisance [syfizɑ̃s] *nf (vanité)* Selbstgefälligkeit *f*

suffisant, e [syfizɑ̃, ɑ̃t] *adj* ausreichend; *(vaniteux)* selbstgefällig

suffocation [syfɔkasjɔ̃] *nf* Ersticken *nt*

suffoquer [syfɔke] *vt (chaleur)* erdrücken; *(fumée)* ersticken; *(émotion, colère, nouvelles)* überwältigen ▶ *vi* ersticken

suffrage [syfraʒ] *nm (voix)* Stimme *f*; **~ universel/direct/indirect** allgemeines Wahlrecht *nt*/direkte/ indirekte Wahl *f*

suggérer [sygʒere] *vt (conseiller)* vorschlagen; *(évoquer, faire penser à)* erinnern an +*acc*

suggestif, -ive [sygʒɛstif, iv] *adj (évocateur)* stimmungsvoll; *(érotique)* aufreizend

suggestion [sygʒɛstjɔ̃] *nf* Vorschlag *m*; *(Psych)* Suggestion *f*

suicidaire [sɥisidɛʀ] *adj* selbstmörderisch

suicide [sɥisid] *nm* Selbstmord *m*

suicider [sɥiside] : **se suicider** *vpr* sich umbringen

suif [sɥif] *nm* Talg *m*

suisse [sɥis] *adj* schweizerisch ▶ *nmf* : **Suisse** Schweizer(in) *m(f)* ▶ *nf* : **la S~** die Schweiz; **la S~ allemande** ou **alémanique** die deutsch(sprachig)e Schweiz; **~ romand(e)** *adj* französischschweizerisch; **S~ romand(e)** *nmf* Französischschweizer(in) *m(f)*; **la S~ romande** die französisch(sprachig)e Schweiz

suite [sɥit] *nf* Folge *f*; *(série)* Reihe *f*; *(cohérence)* Zusammenhang *m*; *(escorte)* Gefolgschaft *f*; *(Mus)* Suite *f*; **suites** *nfpl (d'une maladie, chute)* Folgen *pl*; **prendre la ~ de** *(directeur etc)* jds Nachfolge antreten; **donner ~ à** weiterverfolgen; **(faisant) ~ à votre lettre du** mit Bezug auf Ihr Schreiben vom; **de ~** *(d'affilée)* nacheinander; *(immédiatement)* unmittelbar; **par la ~** später; **à la ~ de** *(en conséquence de)* aufgrund von; **avoir de la ~ dans les idées** zielstrebig sein

suivant, e [sɥivɑ̃, ɑ̃t] *adj* folgend ▶ *nm/f* : **au ~ !** der Nächste bitte! ▶ *prép (selon)* gemäß +*dat*; **l'exercice ~** *(ci-après)* die folgende Übung

suivi, e [sɥivi] *pp de* **suivre** ▶ *adj (régulier)* regelmäßig; *(cohérent)* logisch; *(politique)* konsequent ▶ *nm (Méd)* Nachuntersuchung *f*; **très/peu ~** *(cours)* sehr/nicht sehr gut besucht; *(mode)* die großen/kaum Anklang findet

suivre [sɥivʀ] *vt* folgen +*dat*; *(bagages)* (nach)folgen +*dat*; *(consigne)* befolgen; *(cours)* teilnehmen an +*dat*; *(être attentif à)* aufpassen bei; *(observer l'évolution de)* beobachten; *(Comm : article)* weiter führen ▶ *vi* folgen; *(écouter attentivement)* (gut) aufpassen; **se suivre** *vpr* aufeinanderfolgen; **~ des yeux** mit den Augen folgen +*dat* ou verfolgen; **faire ~** *(lettre)* nachsenden; **~ son cours** seinen/ ihren Lauf nehmen; **à ~** Fortsetzung folgt

sujet, te [syʒɛ, ɛt] *adj* : **être ~ à** *(accidents)* neigen zu; *(vertige etc)* leiden unter +*dat* ▶ *nm/f (d'un souverain)* Untertan(in) ▶ *nm (matière)* Gegenstand *m*; *(thème)* Thema *nt*; *(raison)* Anlass *m*; *(Ling)* Subjekt *nt*; **avoir ~ de se plaindre** allen Grund zur Klage haben; **au ~ de** über +*acc*; **~ à caution** fragwürdig, zweifelhaft; **~ d'examen** Prüfungsstoff *m*; **~ d'expérience** *(animal)* Versuchstier *nt*; **~ de conversation** Gesprächsthema *nt*

sulfamide [sylfamid] *nm* Sulfonamid *nt*

sulfureux, -euse [sylfyʀø, øz] *adj* schwefelig, Schwefel-

sulfurique [sylfyʀik] *adj* : **acide ~** Schwefelsäure *f*

summum [sɔmɔm] *nm* : **le ~ de** der Gipfel +*gén*

super [sypɛʀ] *adj (fam)* super

superbe [sypɛʀb] *adj (très beau)* wundervoll, herrlich; *(remarquable)* fantastisch

superbement [sypɛʀbəmɑ̃] *adv* herrlich

supercarburant [sypɛʀkaʀbyʀɑ̃] *nm* Super(benzin *nt*) *nt*

supercherie [sypɛʀʃəʀi] *nf* Betrug *m*

superficie [sypɛʀfisi] *nf (mesure)* (Grund) fläche *f*; *(aspect extérieur)* Oberfläche *f*

superficiel, le [sypɛʀfisjɛl] *adj* oberflächlich; *(plaie, brûlure)* leicht

superflu, e [sypɛʀfly] *adj* überflüssig ▶ *nm* : **le ~** das Überflüssige *nt*

supérieur, e [sypeʀjœʀ] *adj* obere(r, s); *(plus élevé)* höher; *(meilleur)* besser; *(excellent, hautain)* überlegen ▶ *nm/f (hiérarchique)* Vorgesetzte(r) *f(m)*; **~ à** höher als; *(meilleur)* besser als; **Mère ~e** Oberin *f*; **~ en nombre** zahlenmäßig überlegen, in der Überzahl

supériorité [sypeʀjɔʀite] *nf* Überlegenheit *f*

superlatif [sypɛʀlatif] *nm* Superlativ *m*

supermarché [sypɛʀmaʀʃe] *nm* Supermarkt *m*

superposer [sypɛʀpoze] *vt* aufeinanderlegen; *(meubles, caisses)* stapeln; **se superposer** *vpr (images, souvenirs)* sich vermischen; **lits superposés** Etagenbett *nt*

superproduction [sypɛʀpʀɔdyksjɔ̃] *nf (film)* Monumentalfilm *m*

superpuissance [sypɛʀpɥisɑ̃s] *nf* Supermacht *f*

supersonique [sypɛʀsɔnik] *adj* Überschall-

superstar [sypɛʀstaʀ] *nf* Megastar *m*

superstitieux, -euse [sypɛʀstisjø, jøz] *adj* abergläubisch

superstition [sypɛʀstisjɔ̃] *nf* Aberglaube *m*

superstructure [sypɛʀstʀyktyʀ] *nf* Überbau *m*

superviser [sypɛʀvize] *vt* beaufsichtigen

supervision [sypɛʀvizjɔ̃] *nf* Aufsicht *f*

suppléance [sypleɑ̃s] *nf* Vertretung *f*

suppléant, e [sypleɑ̃, ɑ̃t] *adj* stellvertretend ▶ *nm/f* (Stell)vertreter(in)

suppléer [syplee] *vt (ce qui manque)* ergänzen; *(lacune)* ausfüllen; *(défaut)* ausgleichen; *(remplacer)* vertreten; **~ à** *(compenser)* ausgleichen; *(chose manquante)* ersetzen

supplément [syplemɑ̃] *nm* Ergänzung *f*; *(à payer)* Zuschlag *m*; *(d'un livre)* Anhang *m*; *(d'un journal)* Beilage *f*; **être en ~** *(au menu etc)* extra kosten; **un ~ d'information** zusätzliche Informationen *pl*; **un ~ de frites** eine Extraportion Pommes frites

supplémentaire [syplemɑ̃tɛʀ] *adj* zusätzlich

supplication [syplikasjɔ̃] *nf* (Für)bitte *f*; **supplications** *nfpl* Flehen *nt*

supplice [syplis] *nm (peine corporelle)* Folter *f*; *(souffrance)* Qual *f*; **être au ~** Folterqualen erleiden

supplier [syplije] *vt* anflehen

support [sypɔʀ] *nm* Stütze *f*; *(pour outils)* Ständer *m*; *(Inform)* Support *m*; **~ audiovisuel** audiovisuelles Hilfsmittel *nt*; **~ de données** Datenträger *m*; **~ publicitaire** Werbemittel *nt*

supportable [sypɔʀtabl] *adj* erträglich

supporter¹ [sypɔʀte] *vt (porter)* tragen; *(mur, édifice)* stützen; *(endurer)* ertragen; *(résister à)* vertragen

supporter² [sypɔʀtɛʀ], **supporteur, -trice** *nm/f* Fan *m*

supposé, e [sypoze] *adj* mutmaßlich

supposer [sypoze] *vt* annehmen; *(suj: chose)* voraussetzen; **en supposant** *ou* **à ~ que** angenommen *ou* vorausgesetzt, (dass)

supposition [sypozisjɔ̃] *nf* Annahme *f*

suppositoire [sypozitwaʀ] *nm* Zäpfchen *nt*

suppression [sypʀesjɔ̃] *nf* Abschaffung *f*

supprimer [sypʀime] *vt* abschaffen; *(obstacle)* beseitigen, entfernen; *(clause, mot)* weglassen; *(douleur, anxiété)* beheben; **~ qch à qn** jdm etw entziehen

suppurer [sypyʀe] *vi* eitern

supranational, e, -aux [sypʀanasjɔnal, ɔno] *adj* übernational

suprématie [sypʀemasi] *nf (Pol)* Vormachtstellung *f*; *(intellectuelle, morale)* Überlegenheit *f*

suprême [sypʀɛm] *adj* oberste(r, s); *(bonheur, habileté)* höchste(r, s); **un ~ espoir** eine letzte Hoffnung; **un ~ effort** eine äußerste Anstrengung

(MOT-CLÉ)

sur¹ [syʀ] *prép* **1** *(position)* auf +*dat*; *(au-dessus)* über +*dat*; **tes lunettes sont sur la table** deine Brille ist auf dem Tisch; **je n'ai pas d'argent sur moi** ich habe kein Geld dabei *ou* bei mir

2 *(direction)* auf +*acc*; *(au-dessus)* über +*acc*; **pose-le sur la table** lege es auf den Tisch; **en rentrant sur Paris** auf dem Rückweg nach Paris; **sur votre droite** zu Ihrer Rechten, rechts; **avoir de l'influence/un effet sur** Einfluss/ Wirkung haben auf +*acc*

3 *(après)* : **avoir accident sur accident** einen Unfall nach dem anderen haben; **sur ce** daraufhin

4 *(à propos de)* über +*acc*; **un livre/une conférence sur Balzac** ein Buch/ Vortrag über Balzac

5 *(proportion)* : **un sur 10** einer von 10; **avoir un sur dix** *(Scol)* ≈ eine Sechs bekommen; **sur vingt, deux sont venus** von 20 sind 2 gekommen; **4 m sur 2** 4 mal 2 m

sur², e [syʀ] *adj (aigre)* sauer

sûr, e [syʀ] *adj* sicher; *(digne de confiance)* zuverlässig; **être ~ de qn** sich *dat* jds sicher sein; **~ de soi** selbstsicher; **le plus ~ est de** das Sicherste ist, zu

surabondance [syʀabɔ̃dɑ̃s] *nf (de produits, richesse)* Überangebot *m*; *(de couleurs, détails)* Überfülle *f*

suraigu, -uë [syʀegy] *adj* schrill

surajouter [syʀaʒute] *vt* hinzufügen

suranné, e [syʀane] *adj* veraltet
surbooké, e [syʀbuke] *adj* überbucht
surcharge [syʀʃaʀʒ] *nf* Überlastung *f*
surchargé, e [syʀʃaʀʒe] *adj* überladen; **~ de travail/soucis** mit Arbeit überlastet/mit Sorgen überladen
surcharger [syʀʃaʀʒe] *vt* überladen
surchauffé, e [syʀʃofe] *adj* überhitzt
surchoix [syʀʃwa] *adj inv* von bester Qualität
surclasser [syʀklase] *vt* übertreffen
surcouper [syʀkupe] *vt* übertrumpfen
surcroît [syʀkʀwa] *nm*: **un ~ de travail/d'inquiétude** zusätzliche Arbeit/Unruhe; **par** *ou* **de ~** zu allem Überfluss, obendrein
surdité [syʀdite] *nf* Taubheit *f*
surdose [syʀdoz] *nf* Überdosis *f*
surdoué, e [syʀdwe] *adj* höchst begabt
sureau, x [syʀo] *nm* Holunder *m*
surélever [syʀel(ə)ve] *vt* (*immeuble*) aufstocken
sûrement [syʀmɑ̃] *adv* sicher
suremploi [syʀɑ̃plwa] *nm* Überbeschäftigung *f*
surenchère [syʀɑ̃ʃɛʀ] *nf* höheres Gebot *nt*; **~ électorale** gegenseitiges Übertrumpfen *nt* im Wahlkampf
surenchérir [syʀɑ̃ʃeʀiʀ] *vi* höher bieten
surendettement [syʀɑ̃dɛtmɑ̃] *nm* Überschuldung *f*
surestimer [syʀɛstime] *vt* überschätzen
sûreté [syʀte] *nf* Sicherheit *f*; **être/mettre en ~** in Sicherheit *dat* sein/in Sicherheit *acc* bringen; **pour plus de ~** zur Sicherheit; **la S~ (nationale)** der staatliche Sicherheitsdienst *m*
surexciter [syʀɛksite] *vt* überreizen
surexposer [syʀɛkspoze] *vt* überbelichten
surf [sœʀf] *nm* Surfen *nt*; **faire du ~** surfen
surface [syʀfas] *nf* Oberfläche *f*; (*Math*) Fläche *f*; **faire ~** auftauchen; **la pièce fait 100 mètres carrés de ~** das Zimmer hat eine Fläche von 100 Quadratmetern; **grande ~** Einkaufszentrum *nt*; **~ de réparation** Strafraum *m*
surfait, e [syʀfɛ, ɛt] *adj* überbewertet
surfer [sœʀfe] *vi* (*Inform*) (im Internet) surfen
surfeur, -euse [sœʀfœʀ, øz] *nm/f* Surfer(in)
surfin, e [syʀfɛ̃, in] *adj* hochfein
surgelé, e [syʀʒəle] *adj* tiefgekühlt
surgénérateur [syʀʒeneʀatœʀ] *nm* Schneller Brüter *m*, Hochtemperaturreaktor *m*

surgir [syʀʒiʀ] *vi* plötzlich auftauchen; (*jaillir*) hervorschießen
surhumain, e [syʀymɛ̃, ɛn] *adj* übermenschlich
surimpression [syʀɛ̃pʀesjɔ̃] *nf* (*Photo*) Doppelbelichtung *f*
Surinam [syʀinam] *nm*: **le ~** Surinam *nt*
sur-le-champ [syʀləʃɑ̃] *adv* sofort, auf der Stelle
surlendemain [syʀlɑ̃d(ə)mɛ̃] *nm*: **le ~** der übernächste Tag; (*quand?*) am übernächsten Tag; **le ~ de** der zweite Tag nach
surligneur [syʀliɲœʀ] *nm* Leuchtstift *m*
surmédiatisation [syʀmediatizasjɔ̃] *nf* Medienrummel *m*
surmédiatiser [syʀmediatize] *vt* in den Medien aufbauschen
surmenage [syʀmənaʒ] *nm* Überanstrengung *f*
surmené, e [syʀməne] *adj* überanstrengt
surmener [syʀməne] *vt* überanstrengen, überfordern; **se surmener** *vpr* sich überanstrengen
surmonter [syʀmɔ̃te] *vt* (*suj: coupole etc*) sich erheben über +*dat*; (*vaincre*) überwinden
surmultiplié, e [syʀmyltiplije] *adj*: **vitesse ~e** Overdrive *m*
surnaturel, le [syʀnatyʀɛl] *adj* übernatürlich
surnom [syʀnɔ̃] *nm* Spitzname *m*
surnombre [syʀnɔ̃bʀ] *nm*: **être en ~** in der Überzahl sein
surnommer [syʀnɔme] *vt* taufen
surpasser [syʀpase] *vt* übertreffen; **se surpasser** *vpr* sich selbst übertreffen
surpeuplé, e [syʀpœple] *adj* (*région*) überbevölkert; (*maison*) überfüllt
surpeuplement [syʀpœpləmɑ̃] *nm* Überbevölkerung *f*
surplace [syʀplas] *nm*: **faire du ~** im Schneckentempo fahren
surplomb [syʀplɔ̃] *nm* Überhang *m*
surplomber [syʀplɔ̃be] *vi, vt* überragen
surplus [syʀply] *nm* (*Comm*) Überschuss *m*
surprenant, e [syʀpʀənɑ̃, ɑ̃t] *adj* überraschend
surprendre [syʀpʀɑ̃dʀ] *vt* überraschen; (*secret*) herausfinden; (*conversation*) mithören; (*clin d'œil etc*) mitbekommen; **se surprendre** *vpr*: **se ~ à faire qch** sich dabei ertappen, wie man etw tut
surprime [syʀpʀim] *nf* Zuschlagsprämie *f*
surpris, e [syʀpʀi, iz] *pp de* **surprendre**
▶ *adj* überrascht

surprise [syrpriz] nf Überraschung f; **faire une ~ à qn** jdn überraschen; **voyage sans ~s** ereignislose Reise f; **par ~** unvorbereitet

surproduction [syrprodyksjɔ̃] nf Überproduktion f

surréaliste [syrrealist] adj surrealistisch

sursaut [syrso] nm Zusammenzucken nt; **se réveiller en ~** aus dem Schlaf auffahren; **~ d'énergie** Energieanwandlung f ou -anfall m; **~ d'indignation** plötzlicher Ausbruch m von Entrüstung

sursauter [syrsote] vi zusammenfahren

sursis [syrsi] nm (Jur) Bewährung f; (: de condamnation à mort) Aufschub m; **condamné à 5 mois (de prison) avec ~** zu 5 Monaten (Haftstrafe) mit Bewährung verurteilt

surtaxe [syrtaks] nf Zuschlag m; (Poste) Nachporto nt

surtout [syrtu] adv besonders; **cet été, il a ~ fait de la pêche** diesen Sommer hat er hauptsächlich geangelt; **~ ne dites rien !** sagen Sie bloß nichts!; **~ pas !** bitte nicht!; **~ que ...** umso mehr, als ...

surveillance [syrvɛjɑ̃s] nf Überwachung f; (d'un gardien) Aufsicht f; **être sous la ~ de qn** unter jds Aufsicht stehen; **sous ~ médicale** unter ärztlicher Aufsicht

surveillant, e [syrvɛjɑ̃, ɑ̃t] nm/f Aufseher(in)

surveiller [syrveje] vt (enfant) aufpassen auf +acc; (malade, bagages, suspect) überwachen; (élèves, prisonnier, travaux, cuisson) beaufsichtigen; **se surveiller** vpr sich zurückhalten; **~ son langage/sa ligne** auf seine Sprache/Linie achten

survenir [syrvənir] vi eintreten, vorkommen

survêtement [syrvɛtmɑ̃] nm Trainingsanzug m

survie [syrvi] nf Überleben nt; (Rel) Leben nt nach dem Tode

survivant, e [syrvivɑ̃, ɑ̃t] nm/f (d'un accident) Überlebende(r) f(m); (d'une personne) Hinterbliebene(r) f(m)

survivre [syrvivr] vi überleben

survoler [syrvɔle] vt überfliegen

survolté, e [syrvɔlte] adj (Élec) hinauftransformiert; (fig) überreizt

sus [sy] adv: **en ~ de** zusätzlich zu; **en ~** zusätzlich

susceptible [sysɛptibl] adj (trop sensible) empfindlich; **~ d'améliorations** ou **d'être amélioré** verbesserungsfähig; **être ~ de faire qch** (capacité) in der Lage sein, etw zu tun; (probabilité) imstande sein, etw zu tun

susciter [sysite] vt hervorrufen

suspect, e [syspɛ(kt), ɛkt] adj (personne, attitude etc) verdächtig; (témoignage, opinions) zweifelhaft ▶ nm/f (Jur) Verdächtige(r) f(m); **être ~/peu ~ de qch** etw gén verdächtigt/nicht verdächtigt werden können

suspecter [syspɛkte] vt (personne) verdächtigen; (honnêteté etc) anzweifeln; **~ qn de qch** jdn etw gén verdächtigen; **~ qn de faire qch** jdn verdächtigen, etw zu tun

suspendre [syspɑ̃dr] vt (accrocher) aufhängen; (interrompre) einstellen; (interdire) verbieten; (démettre) suspendieren; (: séance) vertagen; **se suspendre** vpr: **se ~ à** sich hängen an +acc

suspendu, e [syspɑ̃dy] pp de **suspendre** ▶ adj: **être ~ à** hängen an +dat; **~ au-dessus de** schweben über +dat; **voiture bien/mal ~e** gut/schlecht gefedertes Auto nt; **être ~ aux lèvres de qn** an jds Lippen dat hängen

suspens [syspɑ̃] nm: **en ~** (affaire, question) in der Schwebe

suspense [syspɛns] nm Spannung f

suspension [syspɑ̃sjɔ̃] nf (Auto) Federung f; (lustre) Hängelampe f; (de travaux, paiements) Einstellung f; (de journal) Verbot nt; (de prêtre, fonctionnaire) Suspendierung f; **en ~** schwebend; **~ d'audience** Vertagung f

suspicion [syspisjɔ̃] nf Verdacht m

susurrer [sysyre] vt flüstern

suture [sytyr] nf: **point de ~** Stich m

suturer [sytyre] vt nähen

svelte [svɛlt] nf schlank

SVP [ɛsvepe] sigle (= s'il vous plaît) bitte

Swaziland [swazilɑ̃d] nm: **le ~** Swasiland nt

sweat-shirt [switʃœrt] (pl **sweat-shirts**) nm Sweatshirt nt

syllabe [silab] nf Silbe f

sylviculture [silvikyltyr] nf Forstwirtschaft f

symbole [sɛ̃bɔl] nm Symbol nt

symbolique [sɛ̃bɔlik] adj symbolisch

symboliser [sɛ̃bɔlize] vt symbolisieren

symétrie [simetri] nf Symmetrie f

symétrique [simetrik] adj symmetrisch

sympa [sɛ̃pa] (fam) adj voir **sympathique**

sympathie [sɛ̃pati] nf Sympathie f; (*participation à douleur*) Mitgefühl nt; **témoignages de ~** Beileidsbekundungen pl; **croyez à toute ma ~** mein aufrichtiges Beileid

sympathique [sɛ̃patik] adj sympathisch; (*déjeuner, endroit etc*) nett

sympathisant, e [sɛ̃patizɑ̃, ɑ̃t] nm/f Sympathisant(in)

sympathiser [sɛ̃patize] vi (*s'entendre*) sich gut verstehen

symphonie [sɛ̃fɔni] nf Sinfonie f

symphonique [sɛ̃fɔnik] adj sinfonisch

symptôme [sɛ̃ptom] nm Symptom nt

synagogue [sinagɔg] nf Synagoge f

synchronisation [sɛ̃kRɔnizasjɔ̃] nf Synchronisierung f

synchroniser [sɛ̃kRɔnize] vt synchronisieren

syncope [sɛ̃kɔp] nf Ohnmacht f; (*Mus*) Synkope f; **tomber en ~** in Ohnmacht fallen

syndic [sɛ̃dik] nm (*d'immeuble*) Verwalter m

syndical, e, -aux [sɛ̃dikal, o] adj gewerkschaftlich; **centrale ~e** Gewerkschaftshaus nt

syndicaliste [sɛ̃dikalist] nmf Gewerkschaftler(in) m(f)

syndicat [sɛ̃dika] nm Gewerkschaft f; **~ d'initiative** Fremdenverkehrsbüro nt; **~ de propriétaires** Eigentümerverband m; **~ patronal** Arbeitgeberverband m

syndiqué, e [sɛ̃dike] adj gewerkschaftlich organisiert; (*personne*) einer Gewerkschaft angeschlossen

syndiquer [sɛ̃dike] : **se syndiquer** vpr sich gewerkschaftlich organisieren; (*adhérer*) in eine/die Gewerkschaft eintreten

syndrome [sɛ̃dRom] nm Syndrom nt

synergie [sinɛRʒi] nf Synergie f

synonyme [sinɔnim] adj synonym ▶ nm Synonym nt; **être ~ de** synonym sein mit

synoptique [sinɔptik] adj : **tableau ~** Übersicht(stabelle f) f

syntaxe [sɛ̃taks] nf Syntax f, Satzbau m

synthèse [sɛ̃tɛz] nf Synthese f

synthétique [sɛ̃tetik] adj synthetisch

synthétiseur [sɛ̃tetizœR] nm Synthesizer m

syphilis [sifilis] nf Syphilis f

Syrie [siRi] nf : **la ~** Syrien nt

syrien, ne [siRjɛ̃, jɛn] adj syrisch ▶ nm/f : **Syrien, ne** Syrier(in)

systématique [sistematik] adj systematisch

systématiser [sistematize] vt systematisieren

système [sistɛm] nm System nt; **le ~ D** Einfallsreichtum m; **~ décimal** Dezimalsystem nt; **~ d'exploitation** (*Inform*) Betriebssystem nt; **~ expert** Expertensystem nt; **~ métrique** metrisches System; **~ nerveux** Nervensystem nt; **~ solaire** Sonnensystem nt

t

T, t [te] *nm inv* T, t *nt*

t *abr* (= **tonne**) t

t' [t] *pron voir* **te**

ta [ta] *adj possessif voir* **ton**

tabac [taba] *nm* Tabak *m*; (*magasin*) Tabakwaren- und Zeitungshandlung *f*; **faire un ~** (*fam*) groß einschlagen; **~ à priser** Schnupftabak *m*; **~ blond** heller Tabak; **~ brun** dunkler Tabak

tabagisme [tabaʒism] *nm* Nikotinabhängigkeit *f*

tabernacle [tabɛʀnakl] *nm* Tabernakel *m*

table [tabl] *nf* Tisch *m*; (*liste*) Verzeichnis *nt*; (*numérique*) Tabelle *f*; **à ~ !** zu Tisch!, (das) Essen ist fertig!; **se mettre à ~** sich zu Tisch setzen; (*fam : parler*) auspacken; **faire ~ rase de** Tabula rasa machen mit; **~ de chevet** Nachttisch(chen *nt*) *m*; **~ de multiplication** Multiplikationstabelle *f* ou -tafel *f*; **~ de nuit** Nachttisch(chen); **~ des matières** Inhaltsverzeichnis *nt*; **~ ronde** (*débat*) runder Tisch

tableau, x [tablo] *nm* (*Art*) Bild *nt*, Gemälde *nt*; (*description*) Schilderung *f*; (*panneau*) Tafel *f*; (*schéma*) Tabelle *f*; **~ blanc (interactif)** (interaktive) Weißwandtafel *f*; **~ d'affichage** Anschlagbrett *nt*; **~ de bord** Armaturenbrett *nt*; **~ noir** Schwarzes Brett *nt*

tablette [tablɛt] *nf* (*planche*) Regalbrett *nt*; **~ de chocolat** Tafel *f* Schokolade; **~ (tactile)** Tablet-Computer *m*

tableur [tablœʀ] *nm* (*Inform*) Tabelle *f*

tablier [tablije] *nm* Schürze *f*

tabou, e [tabu] *adj* tabu ▶ *nm* Tabu *nt*

tabouret [tabuʀɛ] *nm* Schemel *m*, Hocker *m*

tabulateur [tabylatœʀ] *nm* Tabulator *m*

tac [tak] *nm* : **répondre du ~ au ~** mit gleicher Münze zurückzahlen

tache [taʃ] *nf* Fleck *m*; **~s de rousseur** *ou* **de son** Sommersprossen *pl*

tâche [taʃ] *nf* Aufgabe *f*; **travailler à la ~** im Stücklohn arbeiten

tacher [taʃe] *vt* schmutzig ou fleckig machen, beschmutzen; (*fig*) beflecken; **se tacher** *vpr* (*fruits*) Flecken bekommen

tâcher [taʃe] *vi* : **~ de faire qch** versuchen, etw zu machen

tacite [tasit] *adj* stillschweigend

taciturne [tasityʀn] *adj* schweigsam

tacot [tako] (*fam*) *nm* Karre *f*

tact [takt] *nm* Takt *m*, Feingefühl *nt*; **avoir du ~** Takt haben

tactile [taktil] *adj* Tast-

tactique [taktik] *adj* taktisch ▶ *nf* Taktik *f*

tag [tag] *nm* Graffito *m ou nt*

tagueur, -euse [tagœʀ, øz] *nm/f* Graffiti-Sprüher(in)

Tahiti [taiti] *nf* Tahiti *nt*

taï chi [tajtʃi] *nm* Tai-Chi *nt*

taie [tɛ] *nf* : **~ (d'oreiller)** Kopfkissenbezug *m*

taille [taj] *nf* (*grandeur, grosseur*) Größe *f*; (*milieu du corps*) Taille *f*; (*de pierre*) Behauen *nt*; (*de diamant*) Schleifen *nt*; (*de plante, arbre*) Beschneiden *nt*; **être de ~ à faire qch** imstande *ou* fähig sein, etw zu tun; **de ~** von Format; **quelle ~ faites-vous ?** welche Größe haben Sie?

taillé, e [taje] *adj* (*moustache, arbre*) gestutzt; (*ongles*) geschnitten; **~ pour** gemacht für; **~ en pointe** spitz zugeschnitten

taille-crayon [tajkʀɛjɔ̃] (*pl* **taille-crayons**) *nm* Bleistiftspitzer *m*

tailler [taje] *vt* (*pierre*) behauen; (*diamant*) schleifen; (*plante*) beschneiden; (*arbre*) stutzen; (*vêtement*) zuschneiden; (*crayon*) anspitzen; **se tailler** *vpr* (*barbe*) sich *dat* stutzen; (*fam : s'enfuir*) abhauen

tailleur, -euse [tajœʀ] *nm/f* (*couturier*) Schneider(in) *m*; (*vêtement*) Kostüm *nt*; **en ~** (*assis*) im Schneidersitz; **~ de pierre** Steinmetz

tailleur-pantalon [tajœʀpɑ̃talɔ̃] (*pl* **tailleurs-pantalons**) *nm* Hosenanzug *m*

taillis [taji] *nm* Dickicht *nt*

taire [tɛʀ] *vt* für sich behalten ▶ *vi* : **faire ~ qn** jdn zum Schweigen bringen; **se taire** *vpr* schweigen; (*s'arrêter de parler ou de crier*) verstummen; **tais-toi !** sei ruhig!; **taisez-vous !** seid ruhig!

Taïwan [tajwan] *n* Taiwan *nt*

talc [talk] *nm* Talkum(puder *m*) *nt*

talent [talɑ̃] *nm* Talent *nt*
talisman [talismɑ̃] *nm* Talisman *m*
talkie-walkie [tɔkiwɔki] (*pl* **talkies-walkies**) *nm* Walkie-Talkie *nt*
talon [talɔ̃] *nm* Ferse *f*; (*de chaussure, chaussette*) Absatz *m*; (*de chèque, billet*) Abschnitt *m*; **~s aiguilles** Pfennigabsätze *pl*
talonner [talɔne] *vt* dicht folgen +*dat*; (*cheval*) die Fersen geben +*dat*; (*harceler*) hart verfolgen; (*Rugby*) hetzen
talus [taly] *nm* Böschung *f*
tambour [tɑ̃buʀ] *nm* Trommel *f*; (*musicien*) Trommler *m*; (*porte*) Drehtür *f*
tambourin [tɑ̃buʀɛ̃] *nm* Tamburin *nt*
tamis [tami] *nm* Sieb *nt*
tamisé, e [tamize] *adj* gedämpft
tamiser [tamize] *vt* sieben
tampon [tɑ̃pɔ̃] *nm* (*en coton*) Wattebausch *m*; (*hygiénique*) Tampon *m*; (*bouchon*) Stöpsel *m*; (*timbre*) Stempel *m*; (*amortisseur*) Puffer *m*; (*Inform*) Pufferspeicher *m*
tamponner [tɑ̃pɔne] *vt* (*essuyer*) abtupfen; (*avec un timbre*) stempeln; (*heurter*) zusammenstoßen mit; **se tamponner** *vpr* (*voitures*) aufeinanderfahren
tamponneuse [tɑ̃pɔnøz] *adj f*: **autos ~s** Autoskooter *pl*
tandem [tɑ̃dɛm] *nm* Tandem *nt*
tandis [tɑ̃di] *conj*: **~ que** während
tangent, e [tɑ̃ʒɑ̃, ɑ̃t] *adj* (*Math*) tangential ▶ *nf* (*Math*) Tangente *f*; **c'était ~** (*fam*) es war knapp
tangible [tɑ̃ʒibl] *adj* greifbar
tango [tɑ̃go] *nm* Tango *m*
tank [tɑ̃k] *nm* (*char*) Panzer *m*; (*citerne*) Tank *m*
tanker [tɑ̃kœʀ] *nm* Tanker *m*
tankini [tɑ̃kini] *nm* Tankini *m*
tanné, e [tane] *adj* (*cuir*) gegerbt; (*peau*) wettergegerbt
tanner [tane] *vt* gerben; (*fam*: *harceler*) auf die Nerven gehen
tannerie [tanʀi] *nf* Gerberei *f*
tanneur [tanœʀ] *nm* Gerber *m*
tant [tɑ̃] *adv* so viel, so sehr; **~ de** (*quantité*) so viel; (*nombre*) so viele; **~ que** (*tellement*) so, dass; (*aussi longtemps que*) so lange; **~ mieux** umso besser; **~ pis** macht nichts; **~ pis pour lui** Pech für ihn; **~ bien que mal** einigermaßen
tante [tɑ̃t] *nf* Tante *f*
tantôt [tɑ̃to] *adv* (*cet après-midi*) heute Nachmittag; **~ ... ~** bald ... bald
Tanzanie [tɑ̃zani] *nf*: **la ~** Tansania *nt*
taon [tɑ̃] *nm* Bremse *f*

tapage [tapaʒ] *nm* (*bruit*) Lärm *m*; **~ nocturne** nächtliche Ruhestörung *f*
tapageur, -euse [tapaʒœʀ, øz] *adj* (*bruyant*) lärmend, laut; (*voyant*) auffällig
tape-à-l'œil [tapalœj] *adj inv* protzig
tapenade [tapnad] *nf* Paste aus Kapern, schwarzen Oliven und Sardellen
taper [tape] *vt* schlagen; (*dactylographier*) tippen, schreiben; (*Inform*) eingeben ▶ *vi* (*soleil*) stechen; **se taper** *vpr* (*fam*: *travail*) am Hals haben; **~ qn de 10 euros** (*fam*) jdn um 10 Euro anpumpen; **~ sur qn** jdn verhauen; (*fig*) jdn schlechtmachen; **~ à la porte** an die Tür klopfen; **~ dans** (*fam*: *se servir*) anzapfen; **~ des mains** in die Hände klatschen; **~ des pieds** mit den Füßen trampeln ou stampfen
tapir [tapiʀ]: **se tapir** *vpr* (*se blottir*) kauern; (*se cacher*) sich verstecken; **tapi dans/derrière** hockend ou kauernd in/hinter +*dat*; (*caché*) versteckt in/hinter +*dat*
tapis [tapi] *nm* Teppich *m*; **mettre le ~** aufs Tapet bringen; **aller/envoyer au ~** zu Boden gehen/schicken; **~ de prière** Gebetsteppich *m*; **~ de sol** Bodenplane *f*; **~ de souris** Mauspad *nt*; **~ roulant** Fließband *nt*
tapis-brosse [tapibʀɔs] (*pl* **tapis-brosses**) *nm* Fußmatte *f*
tapisser [tapise] *vt* tapezieren; **~ (de)** beziehen (mit)
tapisserie [tapisʀi] *nf* (*papier peint*) Tapete *f*; (*tenture*) Wandteppich *m*; (*broderie*) Gobelinarbeit *f*
tapissier, -ière [tapisje, jɛʀ] *nm/f* (*aussi*: **tapissier-décorateur**) Tapezierer(in)
tapoter [tapɔte] *vt* leicht klopfen auf +*acc*
taquet [takɛ] *nm*: **~ de tabulation** (*Inform*) Tabstopp *m*
taquiner [takine] *vt* necken
taquinerie [takinʀi] *nf* Neckerei *f*
tarabiscoté, e [taʀabiskɔte] *adj* überladen
tarama [taʀama] *nm* Taramasalata *f*
tard [taʀ] *adv* spät ▶ *nm*: **sur le ~** spät im Leben; **au plus ~** spätestens; **plus ~** später
tarder [taʀde] *vi* lange auf sich *acc* warten lassen ▶ *vb impers*: **il me tarde de le revoir** ich kann es kaum erwarten, ihn wiederzusehen; **~ à faire qch** etw hinausschieben; **sans (plus) ~** ohne (weitere) Verzögerung
tardif, -ive [taʀdif, iv] *adj* spät
tardivement [taʀdivmɑ̃] *adv* spät
tare [taʀ] *nf* (*poids*) Tara *f*; (*défaut*) Schaden *m*

targuer [taʀge] : **se targuer de** vpr sich rühmen +gén

tarif [taʀif] nm (liste) Preisliste f; (barème) Tarif m

tarifer [taʀife] vt einen Tarif festsetzen für

tarir [taʀiʀ] vi versiegen ▶ vt (source) austrocknen; (fig) erschöpfen

tartare [taʀtaʀ] adj : **sauce ~** ≈ Remouladensoße f; **steak ~** Steak Tartare nt

tarte [taʀt] nf Kuchen m; **~ à la crème** Sahnetorte f; **~ aux pommes/abricots** Apfel-/Aprikosenkuchen m

tartelette [taʀtəlɛt] nf Törtchen nt

tartine [taʀtin] nf (de pain) Schnitte f, Butterbrot nt; **~ beurrée** Butterbrot nt; **~ de** ou **au miel** Honigbrot nt

tartiner [taʀtine] vt streichen; (pain) bestreichen; **fromage à ~** Streichkäse m

tartre [taʀtʀ] nm (des dents) Zahnstein m; (de chaudière) Kesselstein m

tas [tɑ] nm Haufen m; **un ~ de** (fam) eine Menge, ein Haufen; **en ~** auf einem Haufen; **dans le ~** (fig) darunter; **formé sur le ~** am Arbeitsplatz ausgebildet

tasse [tɑs] nf Tasse f; **boire la ~** (en nageant) Wasser schlucken; **~ à café** Kaffeetasse f; **~ à thé** Teetasse f

tasser [tɑse] vt (terre, neige) festtreten, feststampfen; (entasser) stopfen; **se tasser** vpr (sol, terrain) sich setzen; (personne avec l'âge) zusammenfallen; (problème) sich geben

tâter [tɑte] vt abtasten ▶ vi : **~ de** erfahren; **se tâter** vpr (hésiter) sich dat unschlüssig sein

tâtonnement [tɑtɔnmɑ̃] nm : **par ~s** durch Probieren

tâtonner [tɑtɔne] vi herumtappen; (fig) im Dunkeln tappen

tâtons [tɑtɔ̃] : **à ~** adv : **chercher à ~** tasten nach; **avancer à ~** sich vorantasten

tatouage [tatwaʒ] nm Tätowierung f; (action) Tätowieren nt

tatouer [tatwe] vt tätowieren

taudis [todi] nm Bruchbude f

taule [tol] (fam) nf Kittchen nt

taupe [top] nf Maulwurf m

taupinière [topinjɛʀ] nf Maulwurfshügel m

taureau, x [tɔʀo] nm Stier m; **être T~** (Astrol) Stier sein

tauromachie [tɔʀɔmaʃi] nf Stierkampf m

taux [to] nm Rate f; **~ d'alcool (dans le sang)** Alkoholspiegel m; **~ d'intérêt** Zinssatz m, Zinsfuß m; **~ de mortalité** Sterblichkeitsrate f ou -ziffer f

taxe [taks] nf (impôt) Steuer f; (douanière) Zoll m; **toutes ~s comprises** alle Abgaben inklusive; **~ à** ou **sur la valeur ajoutée** Mehrwertsteuer f

taxer [takse] vt besteuern; **~ qn de qch** (accuser) jdn etw gén beschuldigen; (qualifier) jdn etw nennen

taxi [taksi] nm Taxi nt

taxidermiste [taksidɛʀmist] nmf Tierpräparator(in) m(f)

taximètre [taksimɛtʀ] nm Taxameter nt

TB [tebe] abr (= très bien) ≈ sehr gut

Tchad [tʃad] nm : **le ~** (der) Tschad

tchao [tʃao] (fam) excl tschüss

tchatche [tʃatʃ] (fam) nf Geplapper nt; **avoir la ~** ein ziemlich flinkes Mundwerk haben

tchatcher [tʃatʃe] (fam) vt quatschen

tchèque [tʃɛk] adj tschechisch ▶ nmf : **Tchèque** Tscheche m, Tschechin f; **la République ~** die Tschechische Republik, Tschechen nt

Tchétchénie [tʃetʃeni] nf : **la ~** Tschetschenien nt

TD [tede] nmpl abr (= travaux dirigés) Seminar nt

te [tə] pron (objet direct, accusatif) dich; (objet indirect, datif) dir

technicien, ne [tɛknisjɛ̃, jɛn] nm/f Techniker(in)

technico-commercial, e, -aux [tɛknikokɔmɛʀsjal, jo] adj : **employé ~** technisch ausgebildeter Verkäufer m

technique [tɛknik] adj technisch ▶ nf Technik f

techniquement [tɛknikmɑ̃] adv technisch

techno [tɛkno] nf Techno nt ou m

technocrate [tɛknɔkʀat] nmf Technokrat(in) m(f)

technologie [tɛknɔlɔʒi] nf Technologie f

technologique [tɛknɔlɔʒik] adj technologisch

teck [tɛk] nm Teakholz nt

teckel [tekɛl] nm Dackel m

tee-shirt [tiʃœʀt] (pl **tee-shirts**) nm T-Shirt nt

teindre [tɛ̃dʀ] vt färben; **se teindre** vpr : **se ~ (les cheveux)** sich dat die Haare färben

teint, e [tɛ̃, tɛ̃t] pp de **teindre** ▶ adj gefärbt ▶ nm (du visage) Teint m ▶ nf (couleur) Farbe f; **grand ~** farbecht

teinté, e [tɛ̃te] adj (verres) getönt

teinter [tɛ̃te] vt färben

teinture [tɛ̃tyʀ] nf (*substance*) Farbe f; (*action*) Färben nt; **~ d'iode** Jodtinktur f; **~ d'arnica** Arnikatinktur f

teinturerie [tɛ̃tyʀʀi] nf Reinigung f

tel, telle [tɛl] adj: **un ~/une ~le** (*pareil*) so ein/so eine; (*indéfini*) ein gewisser/eine gewisse; (*intensif*) ein solcher/eine solche; **~ un miroir** wie ein Spiegel; **~ quel** so; **~ que** so wie

tél. abr (= *téléphone*) Tel.

télé¹ [tele] nf (*télévision*) Fernsehen nt; (*poste*) Fernseher m

télé² [tele] préf Tele-, tele-

téléachat [teleaʃa] nm Teleshopping nt

télébanking [telebãkiŋ] nm elektronisches Banking

télécabine [telekabin] nf Kabinenbahn f

télécarte [telekaʀt] nf Telefonkarte f

téléchargeable [teleʃaʀʒabl] adj (*Inform*) herunterladbar

téléchargement [teleʃaʀʒmã] nm (*Inform*) Download m; **la lutte contre le ~ illégal** der Kampf gegen illegale Downloads

télécharger [teleʃaʀʒe] vt (*Inform*) herunterladen, downloaden

télécommande [telekɔmãd] nf Fernsteuerung f; (*TV*) Fernbedienung f

télécommander [telekɔmãde] vt fernsteuern

télécommunications [telekɔmynikasjɔ̃] nfpl Fernmeldewesen nt

téléconférence [telekɔ̃feʀãs] nf Telekonferenz f

télécopie [telekɔpi] nf (Tele)fax nt

télécopier [telekɔpje] vt faxen

télécopieur [telekɔpjœʀ] nm Faxgerät nt

télédiffuser [teledifyze] vt ausstrahlen, übertragen

télédistribution [teledistʀibysjɔ̃] nf Kabelfernsehen nt

téléenseignement [teleãsɛɲmã] nm Fern(lehr)kurs m

téléférique [teleferik] nm = **téléphérique**

téléfilm [telefilm] nm Fernsehfilm m

télégramme [telegʀam] nm Telegramm nt

télégraphier [telegʀafje] vt, vi telegrafieren

télégraphique [telegʀafik] adj telegrafisch; (*style*) Telegramm-

téléguider [telegide] vt fernsteuern

télématique [telematik] nf Telematik f

téléobjectif [teleɔbʒɛktif] nm Teleobjektiv nt

télépathie [telepati] nf Telepathie f

télépathique [telepatik] adj telepathisch

téléphérique [teleferik] nm Seilbahn f

téléphone [telefɔn] nm Telefon nt; **avoir le ~** (ein) Telefon haben; **au ~** am Telefon; **~ arabe** Buschtelefon nt; **~ à carte** Kartentelefon nt; **~ mobile** ou **portable** Handy nt, Mobiltelefon nt; **~ sans fil** schnurloses Telefon nt

téléphoner [telefɔne] vi telefonieren ▶ vt telefonieren; **~ à qn** jdn anrufen

téléphonie [telefɔni] nf Telefonie f; **~ mobile** Mobilfunk m

téléphonique [telefɔnik] adj telefonisch; **cabine/appareil ~** Telefonzelle f/-apparat m

téléphoniste [telefɔnist] nmf Telefonist(in) m(f)

téléprospection [telepʀɔspɛksjɔ̃] nf Telefonverkauf m

téléréalité [teleʀealite] nf Reality-TV nt

télescopage [telɛskɔpaʒ] nm Zusammenstoß m

télescope [telɛskɔp] nm Teleskop nt

télescoper [telɛskɔpe] vt hineinfahren in +acc, zusammenstoßen mit; **se télescoper** vpr zusammenstoßen

télescopique [telɛskɔpik] adj (*qui s'emboîte*) ausziehbar

téléscripteur [teleskʀiptœʀ] nm Fernschreiber m

télésiège [telesjɛʒ] nm Sessellift m

téléski [teleski] nm Skilift m

téléspectateur, -trice [telespɛktatœʀ, tʀis] nm/f (Fernseh)zuschauer(in)

télétraitement [teletʀɛtmã] nm Datenfernverarbeitung f

télétransmission [teletʀãsmisjɔ̃] nf Datenübertragung f

télétravail [teletʀavaj] nm Telearbeit f

télétravailleur, -euse [teletʀavajœʀ, øz] nm/f Telearbeiter(in)

téléverser [televɛʀse] vt (*fichier, photo*) hochladen, uploaden

téléviser [televize] vt im Fernsehen senden ou übertragen

téléviseur [televizœʀ] nm Fernseher m, Fernsehgerät nt

télévision [televizjɔ̃] nf (*système*) Fernsehen nt; **(poste de) ~** Fernsehgerät nt, Fernseher m; **avoir la ~** Fernsehen haben; **à la ~** im Fernsehen; **~ à la demande** Video-on-Demand nt; **~ numérique** Digitalfernsehen nt; **~ par câble** Kabelfernsehen nt

télex [telɛks] nm Telex nt, Fernschreiben nt

tellement [tɛlmɑ̃] *adv* (*tant*) so sehr, so viel; (*si*) so; **~ plus grand/cher (que)** so viel größer/teurer (als); **~ de** (*quantité*) so viel; (*nombre*) so viele; **il était ~ fatigué qu'il s'est endormi** er war so müde, dass er eingeschlafen ist; **pas ~** nicht besonders

téméraire [temerɛr] *adj* tollkühn

témérité [temerite] *nf* Tollkühnheit *f*

témoignage [temwaɲaʒ] *nm* Zeugnis *nt*; (*déclaration*) Zeugenaussage *f*

témoigner [temwaɲe] *vt* (*manifester*) zeigen, beweisen ▶ *vi* (*Jur*) als Zeuge aussagen; **~ que** aussagen *ou* bezeugen, dass; **~ de** bezeugen

témoin [temwɛ̃] *nm* Zeuge *m*, Zeugin *f*; (*Sport*) Staffelholz *nt* ▶ *adj inv* Kontroll-, Test-; **être ~ de** Zeuge/Zeugin sein von; **appartement ~** Musterwohnung *f*; **~ de connexion** (*Internet*) Cookie *nt*; **~ oculaire** Augenzeuge *m*/-zeugin *f*

tempe [tɑ̃p] *nf* Schläfe *f*

tempérament [tɑ̃peramɑ̃] *nm* Temperament *nt*; (*caractère*) Wesen *nt*; **à ~** (*vente*) Teilzahlungs-

température [tɑ̃peratyr] *nf* Temperatur *f*; (*Méd*) Fieber *nt*; **prendre la ~ de** die Temperatur messen bei; (*fig*) die Stimmung erkunden bei; **avoir** *ou* **faire de la ~** Fieber *ou* erhöhte Temperatur haben

tempéré, e [tɑ̃pere] *adj* gemäßigt

tempérer [tɑ̃pere] *vt* mildern

tempête [tɑ̃pɛt] *nf* Unwetter *nt*; **~ de neige** Schneesturm *m*; **~ de sable** Sandsturm *m*

temple [tɑ̃pl] *nm* Tempel *m*; (*protestant*) Kirche *f*

temporaire [tɑ̃pɔrɛr] *adj* vorübergehend

temporiser [tɑ̃pɔrize] *vi* Zeit schinden

temps [tɑ̃] *nm* Zeit *f*; (*atmosphériques, conditions*) Wetter *nt*; (*Mus*) Takt *m*; **les ~ changent/sont durs** die Zeiten ändern sich/sind hart; **il fait beau/mauvais ~** es ist schönes/schlechtes Wetter; **avoir le ~/tout le ~/juste le ~** Zeit/viel Zeit/gerade genug Zeit haben; **en ~ de paix/guerre** in Friedens-/Kriegszeiten; **en ~ utile** *ou* **voulu** zu gegebener Zeit; **de ~ en ~**, **de ~ à autre** von Zeit zu Zeit, dann und wann; **en même ~** zur gleichen Zeit; **à ~** rechtzeitig; **à plein ~** (*travailler*) ganztags; **à ~ partiel** (*travailler*) Teilzeit; (*travail*) Teilzeit-; **dans le ~** früher; **~ d'accès** (*Inform*) Zugriffszeit *f*; **~ d'arrêt** Pause *f*; **~ réel** (*Inform*) Echtzeit *f*

tenable [t(ə)nabl] *adj* erträglich

tenace [tənas] *adj* beharrlich, hartnäckig

ténacité [tenasite] *nf* Beharrlichkeit *f*

tenailles [tənɑj] *nfpl* Kneifzange *f*

tenancier, -ière [tənɑ̃sje, jɛr] *nm/f* Inhaber(in)

tendance [tɑ̃dɑ̃s] *nf* Tendenz *f*; (*inclination aussi*) Hang *m* ▶ *adj inv* trendig; **~ à la hausse/baisse** Aufwärts-/Abwärtstrend *m*; **il a ~ à oublier que** er neigt dazu, zu vergessen, dass

tendancieux, -euse [tɑ̃dɑ̃sjø, jøz] *adj* tendenziös

tendinite [tɑ̃dinit] *nf* Sehnenscheidenentzündung *f*

tendon [tɑ̃dɔ̃] *nm* Sehne *f*

tendre [tɑ̃dr] *adj* zart; (*bois, roche*) weich; (*affectueux*) zärtlich ▶ *vt* (*raidir, allonger*) spannen; (*: muscle*) anspannen; **~ qch à qn** (*présenter*) jdm etw geben, jdm etw reichen; (*offrir*) jdm etw anbieten; (*piège, embuscade*) jdm etw stellen; **se tendre** *vpr* (*relations, atmosphère*) angespannt werden; **~ à qch** etw anstreben; **~ à faire qch** danach streben, etw zu tun; **~ la main à qn** jdm die Hand reichen

tendrement [tɑ̃drəmɑ̃] *adv* zärtlich

tendresse [tɑ̃drɛs] *nf* Zärtlichkeit *f*

tendu, e [tɑ̃dy] *pp de* **tendre** ▶ *adj* angespannt

ténébreux, -euse [tenebrø, øz] *adj* finster

teneur [tənœr] *nf* (*contenu*) Inhalt *m*; (*d'une lettre*) Wortlaut *m*

ténia [tenja] *nm* Bandwurm *m*

tenir [t(ə)nir] *vt* halten; (*magasin, hôtel*) haben, führen ▶ *vi* halten; (*neige, gel*) andauern; **se tenir** *vpr* (*avoir lieu*) stattfinden; **~ à** (*aimer*) hängen an +*dat*; (*avoir pour cause*) herrühren *ou* kommen von; **~ à faire qch** etw unbedingt tun wollen; **~ de** (*ressembler à*) ähneln +*dat*; **~ qn pour** jdn halten für; **~ qch de qn** etw von jdm haben; **~ l'alcool** Alkohol gut vertragen; **~ le coup** durchhalten, es aushalten; **~ chaud** warm machen; **tiens, voilà le stylo !** hier ist ja der Füller!; **tiens, Pierre !** guck mal, Pierre; **tiens ?** ach, wirklich?; **bien/mal se ~** (*se conduire*) sich gut/schlecht benehmen; **s'en ~ à qch** sich an etw +*acc* halten

tennis [tenis] *nm* Tennis *nt*; (*court*) Tennisplatz *m* ▶ *nmpl ou nfpl* (*aussi* : **chaussures de tennis**) Tennisschuhe *pl*; **~ de table** Tischtennis *nt*

tennisman [tenisman] *nm* Tennisspieler *m*

ténor [tenɔʀ] *nm* Tenor *m*
tension [tãsjɔ̃] *nf* Spannung *f*; (*Méd*) Blutdruck *m*; **faire** *ou* **avoir de la ~** (einen) hohen Blutdruck haben
tentacule [tɑ̃takyl] *nm* (*de pieuvre*) Tentakel *nt ou m*, Fangarm *m*
tentant, e [tɑ̃tɑ̃, ɑ̃t] *adj* verlockend
tentation [tɑ̃tasjɔ̃] *nf* Versuchung *f*
tentative [tɑ̃tativ] *nf* Versuch *m*; **~ d'évasion** Ausbruchsversuch *m*
tente [tɑ̃t] *nf* Zelt *nt*; **~ à oxygène** Sauerstoffzelt *nt*
tenter [tɑ̃te] *vt* in Versuchung führen; (*essayer*) versuchen
tenture [tɑ̃tyʀ] *nf* Wandbehang *m*
tenu, e [t(ə)ny] *pp de* tenir ▶ *adj* : **bien/mal ~** gut/schlecht geführt ▶ *nf* (*vêtements*) Kleidung *f*; (*comportement*) Benehmen *nt*; **être ~ de faire qch** gehalten sein, etw zu tun; **avoir de la ~e** (*personne*) sich gut benehmen; (*journal*) Niveau haben; **~e de route** Straßenlage *f*; **~e de soirée** Abendkleidung *f*; **~e de ville** Straßenbekleidung *f*; **~e correcte exigée** Eintritt nur mit angemessener Kleidung
ter [tɛʀ] *adj* : **16 ~** 16b
térébenthine [teʀebɑ̃tin] *nf* : **(essence de) ~** Terpentin *nt*
tergiversations [tɛʀʒivɛʀsasjɔ̃] *nfpl* Ausflüchte *pl*
terme [tɛʀm] *nm* (*Ling*) Ausdruck *m*; (*élément*) Glied *nt*; (*fin*) Ende *nt*; (*échéance*) Frist *f*, Termin *m*; **vente/achat à ~** Terminverkauf *m*/Terminkauf *m*; **au ~ de** am Ende +*gén*; **à court/moyen/long ~** kurz-/mittel-/langfristig; **naissance avant ~** Frühgeburt *f*; **mettre un ~ à** ein Ende setzen +*dat*
terminaison [tɛʀminɛzɔ̃] *nf* Endung *f*
terminal, e, -aux [tɛʀminal, o] *adj* End-, letzte(r, s) ▶ *nm* Terminal *nt* ▶ *nf* (*Scol*) ≈ Abschlussklasse *f*
terminer [tɛʀmine] *vt* beenden; (*nourriture*) aufessen; (*être le dernier élément*) abschließen; **se terminer** *vpr* zu Ende sein; **se ~ par/en** aufhören mit
terminus [tɛʀminys] *nm* Endstation *f*
termite [tɛʀmit] *nm* Termite *f*
terne [tɛʀn] *adj* matt, trüb; (*regard, œil*) stumpf
ternir [tɛʀniʀ] *vt* matt *ou* glanzlos machen; (*honneur, réputation*) beflecken; **se ternir** *vpr* stumpf *ou* glanzlos werden
terrain [teʀɛ̃] *nm* Boden *m*; (*parcelle*) Grundstück *nt*; (*fig*) Gebiet *nt*, Bereich *m*; **gagner/perdre du ~** Boden gewinnen/verlieren; **~ de camping** Zeltplatz *m*, Campingplatz *m*; **~ de football** Fußballplatz *m*; **~ de jeu** Spielplatz *m*; **~ de rugby** Rugbyfeld *nt*; **~ vague** unbebautes Gelände *nt*
terrasse [teʀas] *nf* Terrasse *f*; **culture en ~s** Terrassenanbau *m*
terrassement [teʀasmɑ̃] *nm* (*activité*) Erdarbeiten *pl*; (*terres creusées*) Erdaufschüttung *f*
terrasser [teʀase] *vt* (*suj : adversaire*) niederschlagen; (*: maladie, crise cardiaque etc*) niederstrecken
terrassier [teʀasje] *nm* Straßenarbeiter *m*
terre [tɛʀ] *nf* Erde *f*; (*opposé à mer*) Land *nt*; **terres** *nfpl* (*propriété*) Landbesitz *m*; **la T~** die Erde; **une ~ d'élection/d'exil** ein Wahl-/Exilland *nt*; **pipe/vase en ~** Tonpfeife *f*/-vase *f*; **mettre en ~** (*plante etc*) einpflanzen; (*personne*) begraben; **à** *ou* **par ~** auf dem Boden; (*avec mouvement*) an den Boden; **~ cuite** Terrakotta *f*; **la ~ ferme** das Festland; **~ glaise** Ton *m*; **la T~ promise** das Gelobte Land; **la T~ Sainte** das Heilige Land
terre-à-terre [tɛʀatɛʀ] *adj* nüchtern, prosaisch
terreau, x [tɛʀo] *nm* Kompost(erde *f*) *m*
Terre-Neuve [tɛʀnœv] *nf* Neufundland *nt*
terre-plein [tɛʀplɛ̃] (*pl* **terre-pleins**) *nm* (*sur route*) Mittelstreifen *m*
terrer [teʀe] : **se terrer** *vpr* sich verkriechen
terrestre [teʀɛstʀ] *adj* (*surface, croûte*) Erd-; (*Zool, Bot, Mil*) Land-; (*Rel*) weltlich, irdisch
terreur [teʀœʀ] *nf* Schrecken *m*
terrible [teʀibl] *adj* furchtbar; (*violent*) fürchterlich; **pas ~** (*fam*) nicht so toll
terriblement [teʀibləmɑ̃] *adv* (*très*) furchtbar
terrien, ne [tɛʀjɛ̃, jɛn] *nm/f* (*habitant de la Terre*) Erdbewohner(in)
terrier [tɛʀje] *nm* (*de lapin*) Bau *m*; (*chien*) Terrier *m*
terrifier [teʀifje] *vt* in Schrecken versetzen
terrine [teʀin] *nf* Terrine *f*
territoire [teʀitwaʀ] *nm* Territorium *nt*; (*de pays aussi*) Hoheitsgebiet *nt*; **les ~s d'Outre-mer** die französischen Überseegebiete
territorial, e, -aux [teʀitɔʀjal, jo] *adj* territorial-; **eaux ~es** Hoheitsgewässer *pl*
terroir [tɛʀwaʀ] *nm* (*Agr*) Ackerboden *m*; **accent du ~** ländlicher Akzent *m*
terroriser [tɛʀɔʀize] *vt* terrorisieren

terrorisme [tɛʀɔʀism] *nm* Terrorismus *m*

terroriste [tɛʀɔʀist] *nmf* Terrorist(in) *m(f)*

tertiaire [tɛʀsjɛʀ] *adj* (*Écon*) Dienstleistungs-; (*Géo*) tertiär ▶ *nm* Dienstleistungssektor *m*

tertio [tɛʀsjo] *adv* drittens

tertre [tɛʀtʀ] *nm* Anhöhe *f*, Hügel *m*

tes [te] *adj possessif voir* **ton**

Tessin [tesɛ̃] *nm* : **le ~** das Tessin

test [tɛst] *nm* Test *m*; **~ de grossesse** Schwangerschaftstest *m*; **~ de niveau** Einstufungstest *m*

testament [tɛstamɑ̃] *nm* Testament *nt*

testicule [tɛstikyl] *nm* Hoden *m*

tétanie [tetani] *nf* Muskelkrampf *m*

tétanos [tetanos] *nm* Tetanus *m*

têtard [tɛtaʀ] *nm* Kaulquappe *f*

tête [tɛt] *nf* Kopf *m*; (*d'un cortège, d'une armée*) Spitze *f*; (*Football*) Kopfball *m*; **il a une ~ sympathique** er sieht sympathisch aus; **de ~** (*wagon, voiture*) vorderste(r, s); (*concurrent*) führend; (*calculer*) im Kopf; **être à la ~ de qch** an der Spitze etw *gén* stehen; **perdre la ~** (*s'affoler*) den Kopf verlieren; (*devenir fou*) verrückt werden; **se mettre en ~ de faire qch** es sich *dat* in den Kopf setzen, etw zu tun; **tenir ~ à qn** jdm die Stirn bieten; **la ~ la première** kopfüber; **faire la ~** schmollen; **arriver en ~** Erste(r, s) sein *ou* werden; **de la ~ aux pieds** von Kopf bis Fuß; **la ~ chercheuse** Lenkkopf *m*; **~ d'affiche** Hauptdarsteller(in) *m(f)*; **~ de lecture** Tonkopf *m*; **~ de liste** (*Pol*) Spitzenkandidat *m*; **~ de mort** Totenkopf *m*

tête-à-queue [tɛtakø] *nm inv* : **faire un ~** sich um 180 Grad drehen

tête-à-tête [tɛtatɛt] *nm inv* Gespräch *nt* unter vier Augen; **en ~** unter vier Augen

téter [tete] *vt* : **~ (sa mère)** (von der Mutter) gestillt *ou* gesäugt werden

tétine [tetin] *nf* (*de vache*) Euter *nt*; (*sucette*) Schnuller *m*

téton [tetɔ̃] (*fam*) *nm* Brust *f*

têtu, e [tety] *adj* störrisch

teuf [tœf] (*fam*) *nf* Party *f*

texte [tɛkst] *nm* Text *m*; **apprendre son ~** seinen Text *ou* seine Rolle lernen

textile [tɛkstil] *adj* Textil- ▶ *nm* Stoff *m*; (*industrie*) Textilindustrie *f*

texto® [tɛksto] *nm* SMS *f*, Textnachricht *f*

textuel, le [tɛkstɥɛl] *adj* wörtlich

texture [tɛkstyʀ] *nf* (*d'une matière*) Textur *f*, Struktur *f*

thaï, e [taj] *adj* thailändisch

thaïlandais, e [tajlɑ̃dɛ, ɛz] *adj* thailändisch ▶ *nm/f* : **Thaïlandais, e** Thailänder(in)

Thaïlande [tailɑ̃d] *nf* : **la ~** Thailand *nt*

thalassothérapie [talasoteʀapi] *nf* Meerwassertherapie *f*

thé [te] *nm* Tee *m*; (*réunion*) Teegesellschaft *f*; **prendre le ~** Tee trinken; **faire du ~** Tee kochen; **~ au citron** Tee mit Zitrone; **~ au lait** Tee mit Milch

théâtral, e, -aux [teatʀal, o] *adj* dramatisch; (*péj*) theatralisch

théâtre [teatʀ] *nm* Theater *nt*; (*œuvres*) Dramen *pl*, Theaterstücke *pl*; (*fig*) Schauplatz *m*; **faire du ~** Theater spielen

théière [tejɛʀ] *nf* Teekanne *f*

thème [tɛm] *nm* Thema *nt*; (*Scol : traduction*) Übersetzung *f* in die Fremdsprache

théologie [teɔlɔʒi] *nf* Theologie *f*

théologique [teɔlɔʒik] *adj* theologisch

théorème [teɔʀɛm] *nm* Lehrsatz *m*

théoricien, ne [teɔʀisjɛ̃, jɛn] *nm/f* Theoretiker(in)

théorie [teɔʀi] *nf* Theorie *f*; **en ~** theoretisch

théorique [teɔʀik] *adj* theoretisch

théoriser [teɔʀize] *vi* theoretisieren

thérapeute [teʀapøt] *nmf* Therapeut(in) *m(f)*

thérapeutique [teʀapøtik] *adj* therapeutisch ▶ *nf* Therapie *f*

thérapie [teʀapi] *nf* Therapie *f*

thermal, e, -aux [tɛʀmal, o] *adj* Thermal-; **station ~e** Thermalbad *nt*

thermes [tɛʀm] *nmpl* (*établissement thermal*) Thermalbad *nt*; (*romains*) Thermen *pl*

thermique [tɛʀmik] *adj* thermisch

thermoélectrique [tɛʀmoelɛktʀik] *adj* thermoelektrisch

thermomètre [tɛʀmɔmɛtʀ] *nm* Thermometer *nt*

thermonucléaire [tɛʀmonykleɛʀ] *adj* thermonuklear

thermoplongeur [tɛʀmoplɔ̃ʒœʀ] *nm* Tauchsieder *m*

thermos® [tɛʀmos] *nm ou nf* Thermosflasche *f*

thermostat [tɛʀmɔsta] *nm* Thermostat *m*

thésauriser [tezoʀize] *vi* horten

thèse [tɛz] *nf* These *f*; (*de doctorat*) Dissertation *f*

thon [tɔ̃] *nm* T(h)unfisch *m*

thoracique [tɔʀasik] *adj* : **cage ~** Brustkorb *m*

thorax [tɔʀaks] *nm* Brustkorb *m*
thrombose [tʀɔ̃boz] *nf* Thrombose *f*
Thurgovie [tyʀgɔvi] *nf*: **la ~** der Thurgau
Thuringe [tyʀɛ̃ʒ] *nf*: **la ~** Thüringen *nt*
thym [tɛ̃] *nm* Thymian *m*
thyroïde [tiʀɔid] *nf* Schilddrüse *f*
tiare [tjaʀ] *nf* Tiara *f*
Tibet [tibɛ] *nm*: **le ~** Tibet *nt*
tibétain, e [tibetɛ̃, ɛn] *adj* tibetanisch
▶ *nm/f*: **Tibétain, e** Tibetaner(in)
tibia [tibja] *nm* Schienbein *nt*
TIC [teise] *sigle fpl* (= *technologies de l'informatique et de la communication*) ICT
tic [tik] *nm* (*mouvement nerveux*) Zucken *nt*; (*manie*) Eigenart *f*, Tick *m*
ticket [tikɛ] *nm* Fahrschein *m*
ticket-repas [tikɛʀəpa] (*pl* **tickets-repas**) *nm* Essensbon *m*
tiède [tjɛd] *adj* lauwarm; (*vent, air*) lau
tiédir [tjediʀ] *vi* (*refroidir*) abkühlen
tien [tjɛ̃] *pron*: **le/la ~(ne)** deine(r, s); **les ~s** deine
tiens [tjɛ̃] *vb voir* **tenir**
tierce [tjɛʀs] *adj voir* **tiers**
tiercé [tjɛʀse] *nm* (*aux courses*) Dreierwette *f*
tiers, tierce [tjɛʀ, tjɛʀs] *adj* dritte(r, s)
▶ *nm* (*fraction*) Drittel *nt*; (*Jur*) Dritte(r) *m(f)* ▶ *nf* (*Mus*) Terz *f*; (*Cartes*) Dreierreihe *f*
tiers-monde [tjɛʀmɔ̃d] *nm*: **le ~** die Dritte Welt *f*
tige [tiʒ] *nf* Stiel *m*, Stängel *m*; (*baguette*) Stab *m*
tigre [tigʀ] *nm* Tiger *m*
tigré, e [tigʀe] *adj* (*tacheté*) gefleckt; (*rayé*) getigert
tilleul [tijœl] *nm* (*arbre*) Linde *f*; (*boisson*) Lindenblütentee *m*
timbre [tɛ̃bʀ] *nm* (*timbre-poste*) Briefmarke *f*; (*tampon*) Stempel *m*; (*sonnette*) Klingel *f*; (*Mus*) Klang *m*
timbre-poste [tɛ̃bʀpɔst] *nm* Briefmarke *f*
timbrer [tɛ̃bʀe] *vt* stempeln
timide [timid] *adj* schüchtern; (*fig*) zögernd
timidement [timidmɑ̃] *adv* schüchtern
timidité [timidite] *nf* Schüchternheit *f*
tinter [tɛ̃te] *vi* klingeln
Tipp-Ex® [tipɛks] *nm* Tipp-Ex® *nt*
tique [tik] *nf* Zecke *f*
tir [tiʀ] *nm* Schießen *nt*; (*trajectoire*) Schuss *m*; (*stand*) Schießbude *f*; **~ à l'arc** Bogenschießen *nt*; **~ au pigeon** Tontaubenschießen *nt*
tirade [tiʀad] (*péj*) *nf* Tirade *f*
tirage [tiʀaʒ] *nm* (*Photo*) Abzug *m*; (*Typo, Inform*) Drucken *nt*; (*de journal, livre*) Auflage *f*; (*d'une cheminée, d'un poêle*) Zug *m*; (*de loterie*) Ziehung *f*; (*fam*: *désaccord*) Unstimmigkeiten *f*; **~ au sort** Auslosung *f*
tirailler [tiʀaje] *vt* (*suj*) quälen
tiré, e [tiʀe] *adj* (*visage, traits*) abgespannt
▶ *nm* (*Comm*) Bezogene(r) *f(m)*, Trassat *m*; **~ à part** Sonderdruck *m*
tire-au-flanc [tiʀoflɑ̃] *nm inv* Drückeberger *m*
tire-bouchon [tiʀbuʃɔ̃] (*pl* **tire-bouchons**) *nm* Korkenzieher *m*
tire-fesses [tiʀfɛs] *nm inv* Schlepplift *m*
tirelire [tiʀliʀ] *nf* Sparbüchse *f*
tirer [tiʀe] *vt* ziehen; (*fermer*) zuziehen; (*balle, coup*) abschießen; (*animal, Football*) schießen; (*journal, livre*) drucken; (*Photo*) abziehen ▶ *vi* schießen; (*cheminée*) ziehen; **se tirer** *vpr* (*fam*) sich verziehen; **~ qch de** (*extraire*) etw herausziehen aus; **~ sur** ziehen an +*dat*; (*faire feu sur*) schießen auf +*acc*; (*couleur*) grenzen an +*acc*; **~ la langue** die Zunge herausstrecken; **~ avantage/parti de** Nutzen ziehen aus/ausnutzen; **~ qn de** (*embarras*) jdm heraushelfen aus; **~ les cartes** die Karten legen; **~ une substance d'une matière première** einem Rohstoff eine Substanz entziehen; **~ à l'arc** bogenschießen; **~ en longueur** sich in die Länge ziehen; **s'en ~** durchkommen
tiret [tiʀɛ] *nm* Gedankenstrich *m*
tireur, -euse [tiʀœʀ, øz] *nm/f* (*Mil*) Schütze *m*, Schützin *f*; (*Comm*) Trassant *m*
tiroir [tiʀwaʀ] *nm* Schublade *f*
tiroir-caisse [tiʀwaʀkɛs] (*pl* **tiroirs-caisses**) *nm* Registrierkasse *f*
tisane [tizan] *nf* Kräutertee *m*
tisser [tise] *vt* weben; (*fig*) spinnen
tisserand, e [tisʀɑ̃, ɑ̃d] *nm/f* Weber(in)
tissu, e [tisy] *nm* Stoff *m*; (*Anat, Biol*) Gewebe *nt*; **~ de mensonges** Lügengespinst *nt*
titre [titʀ] *nm* Titel *m*; (*de journal*) Schlagzeile *f*; (*diplôme*) Diplom *nt*, Qualifikation *f*; (*Chim*) Titer *m*, Gehalt *m*; **en ~** offiziell; **à juste ~** mit vollem Recht; **au même ~ (que)** genauso (wie); **à ~ d'essai** versuchsweise; **à ~ exceptionnel** ausnahmsweise; **à ~ provisoire** provisorisch; **à ~ privé** privat; **~ de transport** Fahrausweis *m*
tituber [titybe] *vi* taumeln, (sch)wanken
titulaire [tityleʀ] *adj*: **professeur ~** ordentlicher Professor ▶ *nmf* (*Admin*) Amtsinhaber(in) *m(f)*; **être ~ de** (*poste*) innehaben; (*permis*) besitzen

titulariser [titylaʀize] vt (fonctionnaire) verbeamten; (professeur d'université) berufen

TNT [teɛnte] sigle f (= Télévision numérique terrestre) Digitalfernsehen nt

toast [tost] nm Toast m; **porter un ~ à qn** auf jds Wohl acc trinken

toasteur [tostœʀ] nm Toaster m

toboggan [tɔbɔɡɑ̃] nm (pour enfants) Rutschbahn f

tocsin [tɔksɛ̃] nm Alarmglocke f

tofu [tɔfu] nm Tofu m

Togo [togo] nm : **le ~** Togo nt

togolais, e [tɔɡɔlɛ, ɛz] adj togolesisch

toi [twa] pron du; (objet direct, accusatif) dich; (objet indirect, datif) dir

toile [twal] nf (tissu) Stoff m, Tuch nt; (grossière, de chanvre) Leinwand f; (Art) Gemälde nt; **la T~** (le Web) das Netz; **~ cirée** Wachstuch nt; **~ d'araignée** Spinnennetz nt; **~ de fond** (fig) Hintergrund m; **~ de tente** Zeltplane f

toilette [twalɛt] nf (vêtements) Kleidung f; **toilettes** nfpl Toiletten pl; **faire sa ~** sich waschen; **articles de ~** Toilettenartikel pl

toi-même [twamɛm] pron du selbst; (objet indirect, datif) dir selbst

toiser [twaze] vt von oben bis unten mustern

toison [twazɔ̃] nf (de mouton) Vlies nt

toit [twa] nm Dach nt; (de véhicule) Verdeck nt; **~ ouvrant** Schiebedach nt

toiture [twatyʀ] nf Bedachung f, Dach nt

tôle [tol] nf Blech nt; **~ d'acier** Stahlblech nt; **~ ondulée** Wellblech nt

tolérable [tɔleʀabl] adj erträglich

tolérance [tɔleʀɑ̃s] nf Toleranz f, Duldsamkeit f

tolérer [tɔleʀe] vt ertragen, tolerieren; (Méd) vertragen; (erreur, marge) zulassen

TOM [tɔm] sigle m ou mpl (= territoire(s) d'outre-mer) französische Überseegebiete

tomate [tɔmat] nf Tomate f

tombant, e [tɔ̃bɑ̃, ɑ̃t] adj (fig) : **épaules ~es** Hängeschultern pl

tombe [tɔ̃b] nf Grab nt

tombeau, x [tɔ̃bo] nm Grabmal nt

tombée [tɔ̃be] nf : **à la ~ du jour** ou **de la nuit** bei(m) Einbruch der Nacht

tomber [tɔ̃be] vi fallen; (fruit, feuille) herunterfallen, herabfallen; **~ sur** (rencontrer) zufällig treffen; (attaquer) herfallen über +acc; **~ de fatigue/de sommeil** vor Erschöpfung/Müdigkeit fast umfallen; **~ en panne** eine Panne haben; **ça tombe bien/mal** das trifft sich gut/schlecht; **il est bien/mal tombé** er hat Glück/Pech gehabt; **laisser ~** fallen lassen

tombeur [tɔ̃bœʀ] nm Frauenheld m

tombola [tɔ̃bola] nf Tombola f

tome [tɔm] nm (d'un livre) Band m

tomographie [tɔmɔɡʀafi] nf (Computer)tomografie f

ton¹, ta [tɔ̃, ta] (pl **tes**) adj possessif dein(e)

ton² [tɔ̃] nm Ton m; (d'un morceau) Tonart f; (style) Stil m; **il est de bon ~ de faire qch** es gehört zum guten Ton, etw zu tun; **~ sur ~** Ton in Ton

tonalité [tɔnalite] nf (au téléphone) Freizeichen nt; (Mus) Tonart f; (de couleur) (Farb)ton m

tondeuse [tɔ̃døz] nf (à gazon) Rasenmäher m; (de coiffeur) Haarschneidemaschine f

tondre [tɔ̃dʀ] vt (pelouse, herbe) mähen; (haie, cheveux) schneiden; (mouton, toison) scheren

toner [tɔnɛʀ] nm Toner m

tonifier [tɔnifje] vt stärken

tonique [tɔnik] adj stärkend ▶ nm Tonikum nt

tonne [tɔn] nf Tonne f

tonneau, x [tɔno] nm Fass nt; **jauger 2000 ~x** 2.000 Bruttoregistertonnen haben; **faire un ~** (voiture) sich überschlagen

tonnelier [tɔnəlje] nm Böttcher m, Küfer m

tonnelle [tɔnɛl] nf Gartenlaube f

tonner [tɔne] vi donnern ▶ vb impers : **il tonne** es donnert

tonnerre [tɔnɛʀ] nm Donner m

tonus [tɔnys] nm (des muscles) Tonus m; (d'une personne) Energie f

top [tɔp] nm : **au 3ème ~** beim dritten Ton

topaze [tɔpaz] nf Topas m

toper [tɔpe] vi : **tope-là/topez-là !** topp!, abgemacht!

topinambour [tɔpinɑ̃buʀ] nm Topinambur m

topographique [tɔpɔɡʀafik] adj topografisch

toque [tɔk] nf : **~ de cuisinier** Kochmütze f; **~ de juge** Barett nt

torche [tɔʀʃ] nf Fackel f; **~ électrique** Taschenlampe f

torchon [tɔʀʃɔ̃] nm Lappen m; (à vaisselle) Geschirrtuch nt

tordre [tɔʀdʀ] vt (chiffon, vêtement) auswringen; (barre) verbiegen; (visage, bouche) verziehen; **se tordre** vpr (barre) sich biegen; (roue) sich verbiegen; (ver, serpent) sich winden; **~ le bras à qn** jdm den Arm verdrehen; **se ~ le pied/bras**

sich *dat* den Fuß/Arm verrenken; **se ~ de douleur/rire** sich vor Schmerzen krümmen/vor Lachen biegen
tordu, e [tɔʀdy] *pp de* **tordre** ▶ *adj* (*fig*) verdreht
tornade [tɔʀnad] *nf* Tornado *m*
torpeur [tɔʀpœʀ] *nf* Betäubung *f*
torpille [tɔʀpij] *nf* Torpedo *m*
torpiller [tɔʀpije] *vt* torpedieren
torréfier [tɔʀefje] *vt* rösten
torrent [tɔʀɑ̃] *nm* Sturzbach *m*; **il pleut à ~s** es regnet *ou* gießt in Strömen
torrentiel, le [tɔʀɑ̃sjɛl] *adj* strömend
torride [tɔʀid] *adj* glühend heiß
torse [tɔʀs] *nm* Oberkörper *m*; (*Art*) Torso *m*; **~ nu** mit nacktem Oberkörper
torsion [tɔʀsjɔ̃] *nf* (*Tech, Phys*) Torsion *f*; (*action de tordre*) Verdrehen *nt*
tort [tɔʀ] *nm* (*défaut*) Fehler *m*; (*préjudice*) Unrecht *nt*; **torts** *nmpl* (*Jur*) Schuld *f*; **avoir ~** unrecht haben; **être dans son ~** im Unrecht sein; **donner ~ à qn** jdm unrecht geben; **causer du ~ à** schaden +*dat*; **à ~** zu Unrecht; **à ~ et à travers** aufs Geratewohl, wild drauflos
tortellini [tɔʀtelini] *nmpl* Tortellini *pl*
torticolis [tɔʀtikɔli] *nm* steife(r) Hals *m*
tortiller [tɔʀtije] *vt* (*corde, mouchoir*) zwirbeln; (*cheveux, cravate*) zwirbeln an; (*doigts*) drehen; **se tortiller** *vpr* sich winden
tortue [tɔʀty] *nf* Schildkröte *f*
tortueux, -euse [tɔʀtɥø, øz] *adj* gewunden, sich schlängelnd; (*fig*) kompliziert
torture [tɔʀtyʀ] *nf* Folter *f*
torturer [tɔʀtyʀe] *vt* foltern; (*problème, question*) quälen
Toscane [tɔskan] *nf*: **la ~** die Toskana
tôt [to] *adv* früh; **~ ou tard** früher oder später; **si ~** so bald; **au plus ~** so bald wie möglich
total, e, -aux [tɔtal, o] *adj* völlig; (*somme, hauteur*) gesamt ▶ *nm* (*somme*) Summe *f*; **au ~** im Ganzen; **faire le ~ (de)** zusammenzählen, zusammenrechnen
totalement [tɔtalmɑ̃] *adv* völlig, total
totaliser [tɔtalize] *vt* (*avoir au total*) insgesamt erreichen
totalitaire [tɔtalitɛʀ] *adj* totalitär
totalité [tɔtalite] *nf*: **la ~ des élèves** alle Schüler; **la ~ de mes biens** mein gesamtes Vermögen *nt*
toubib [tubib] (*fam*) *nmf* Doktor *m*
touchant, e [tuʃɑ̃, ɑ̃t] *adj* rührend
touche [tuʃ] *nf* (*de piano, de machine à écrire etc*) Taste *f*; (*Peinture etc*)

Pinselstrich *m*; (*fig*) Hauch *m*, Anflug *m*; (*Football : remise en touche*) Einwurf *m*; (: *ligne de touche*) Auslinie *f*; (*Escrime*) Treffer *m*; **~ d'accès direct** Kurzwahltaste; **~ à effleurement** Folientaste *f*; **~ de commande** Steuertaste *f*; **~ Contrôle** Controltaste *f*; **~ dièse** Doppelkreuztaste *f*; **~ de retour** Return-Taste *f*
toucher [tuʃe] *nm* (*sens*) Tastsinn *m*; (*Mus*) Anschlag *m* ▶ *vt* berühren; (*atteindre, affecter*) betreffen; (*émouvoir*) ergreifen; (*concerner*) betreffen, angehen; (*recevoir*) bekommen; **au ~** anzufühlen; **~ à** berühren; (*modifier*) ändern; (*concerner*) betreffen; **je vais lui en ~ un mot** ich werde ein Wörtchen mit ihm darüber reden
touffe [tuf] *nf* Büschel *nt*
touffu, e [tufy] *adj* (*haie, forêt, cheveux*) dicht; (*cheveux*) dick
toujours [tuʒuʀ] *adv* immer; (*encore*) immer noch; **pour ~** für immer; **depuis ~** schon immer; **~ est-il que** die Tatsache bleibt bestehen, dass; **essaie ~** du kannst es ja mal versuchen
toupet [tupɛ] *nm* Toupet *nt*; (*fam*) Frechheit *f*
toupie [tupi] *nf* (*jouet*) Kreisel *m*
tour [tuʀ] *nf* Turm *m*; (*immeuble*) Hochhaus *nt* ▶ *nm* (*excursion*) Ausflug *m*; (*Sport*) Runde *f*; (*rotation*) Drehung *f*; (*de la situation, conversation*) Wende *f*; (*Auto*) Umdrehung *f*; (*Pol*) Wahlgang *m*; (*ruse*) Trick *m*; (*de prestidigitation, d'acrobatie*) Kunststück *nt*; (*de potier*) Töpferscheibe *f*; (*à bois, métaux*) Drehscheibe *f*; **faire le ~ de** (*à pied*) herumgehen um; (*en voiture*) herumfahren um; (*fig*) durchspielen; **fermer à double ~** zweimal abschließen; **c'est mon/ton ~** ich bin/du bist dran *ou* an der Reihe; **c'est au ~ de Philippe** Philippe ist an der Reihe *ou* dran; **à ~ de rôle, ~ à ~** abwechselnd; **~ d'horizon** *nm* Überblick *m*; **~ de chant** Tournee *f*; **~ de contrôle** *nf* Kontrollturm *m*; **~ de force** *nm* Gewaltaktion *f*; **~ de main** *nm*: **en un ~ de main** im Handumdrehen; **~ de poitrine** Brustumfang *m ou* -weite *f*; **~ de reins** *nm* verrenkte(s) Kreuz *nt*; **~ de taille** *nm* Taillenweite *f*
tourbière [tuʀbjɛʀ] *nf* Torfmoor *nt*
tourbillon [tuʀbijɔ̃] *nm* (*d'eau*) Strudel *m*; (*de vent*) Wirbelwind *m*; (*de poussière*) Gestöber *nt*; (*fig*) Herumwirbeln *nt*
tourbillonner [tuʀbijɔne] *vi* herumwirbeln; (*eau, rivière*) strudeln

tourelle [tuʀɛl] nf Türmchen nt; (de véhicule) Turm m
tourisme [tuʀism] nm Tourismus m; **office du ~** Verkehrsbüro nt; **faire du ~** auf Besichtigungstour gehen
touriste [tuʀist] nmf Tourist(in) m(f)
touristique [tuʀistik] adj (région) touristisch; **menu ~** Touristenmenü nt
tourment [tuʀmɑ̃] nm Qual f
tourmenté, e [tuʀmɑ̃te] adj aufgewühlt; (mer) stürmisch
tourmenter [tuʀmɑ̃te] vt quälen; **se tourmenter** vpr sich quälen
tournage [tuʀnaʒ] nm (d'un film) Dreharbeiten pl
tournant, e [tuʀnɑ̃, ɑ̃t] adj (feu, scène, mouvement) Dreh- ▶ nm (de route) Kurve f; (fig) Wende(punkt m) f
tourne-disque [tuʀnədisk] (pl **tourne-disques**) nm Plattenspieler m
tournedos [tuʀnədo] nm Tournedo(s) nt
tournée [tuʀne] nf Runde f; (d'artiste) Tournee f; **payer une ~** eine Runde zahlen ou ausgeben; **~ électorale** Wahlkampfreise f
tourner [tuʀne] vt drehen; (sauce, mélange) umrühren; (cap) umsegeln; (obstacle, difficulté) umgehen ▶ vi sich drehen; (changer de direction) drehen; (moteur, compteur) laufen; (lait etc) sauer werden; (chance) sich wenden; **se tourner** vpr sich umdrehen; **~ le dos à** den Rücken kehren +dat; **~ de l'œil** (fam) umkippen; **bien/mal ~** sich zum Guten/ Schlechten entwickeln; **~ autour de** herumlaufen um; (planète) sich drehen um; **~ à/en** sich verwandeln in +acc; **~ à la pluie/au rouge** regnerisch/rot werden; **se ~ vers** sich zuwenden +dat; (pour demander aide, conseil) sich wenden an +acc
tournesol [tuʀnəsɔl] nm Sonnenblume f
tournevis [tuʀnəvis] nm Schraubenzieher m
tourniquet [tuʀnike] nm (pour arroser) Rasensprenger m; (portillon) Drehkreuz nt; (présentoir) Drehständer m
tournoi [tuʀnwa] nm Turnier nt
tournoyer [tuʀnwaje] vi (oiseau) kreisen; (fumée) herumwirbeln
tournure [tuʀnyʀ] nf (Ling) Ausdruck m; **la ~ des événements** der Gang der Ereignisse
tour-opérateur [tuʀɔpeʀatœʀ] (pl **tour-opérateurs**) nm Reiseveranstalter(in) m(f)
tourte [tuʀt] nf (Culin) Pastete f
tourterelle [tuʀtəʀɛl] nf Turteltaube f

tous [tu] adj, pron voir **tout**
Toussaint [tusɛ̃] nf : **la ~** Allerheiligen nt
: **La Toussaint** (Allerheiligen) am 1.
: November, ist ein gesetzlicher Feiertag
: in Frankreich. Man besucht die Gräber
: von Freunden und Verwandten und
: schmückt sie mit Chrysanthemen.
tousser [tuse] vi husten
toussoter [tusɔte] vi hüsteln

(MOT-CLÉ)

tout, e [tu, tut] (mpl **tous**, fpl **toutes**) adj
1 (avec article singulier) : **tout le/toute la ...** der/die/das ganze ...; **tout le lait** die ganze Milch; **tout l'argent** das ganze Geld; **toute la nuit/semaine** die ganze Nacht/Woche lang ou über; **tout le livre/bureau** das ganze Buch/Büro; **tout un pain/un livre** ein ganzes Brot/ Buch; **tout le monde** alle; **tout le temps** dauernd; **c'est tout le contraire** ganz im Gegenteil
2 (avec article pluriel) : **tous/toutes les ...** alle ...; **tous les livres/enfants** alle Bücher/Kinder; **tous les deux** alle beide; **toutes les trois** alle drei; **toutes les nuits** (chaque) jede Nacht; **toutes les fois que ...** jedes Mal wenn ...; **toutes les trois semaines** alle drei Wochen
3 (sans article) : **à tout âge** in jedem Alter; **à toute heure** zu jeder Stunde; **à toute vitesse** mit Höchstgeschwindigkeit; **de tous côtés** ou **toutes parts** von allen Seiten; **à tout hasard** auf gut Glück
▶ pron **1** : **tout** alles; **il a tout fait** er hat alles gemacht; **tout ou rien** alles oder nichts; **c'est tout** (fini) das ist alles; **en tout** insgesamt; **en tout et pour tout** alles in allem; **tout ce qu'il sait** alles, was er weiß; **tout ce qu'il y a de plus aimable** sehr liebenswürdig
2 : **tous/toutes** alle; **je les vois tous/ toutes** ich sehe sie alle; **nous y sommes tous allés** wir sind alle hingegangen
▶ nm Ganzes nt; **le tout** alles; **pas du tout** gar nicht; **du tout au tout** ganz und gar, völlig; **le tout est de ...** die Hauptsache ist, zu ...
▶ adv (« toute » avant adj f commençant par consonne ou h aspiré) **1** (très, complètement) ganz; **elle était tout émue/toute petite** sie war ganz gerührt/klein; **le tout premier** der Allererste; **tout seul** ganz allein; **le livre tout entier** das ganze ou gesamte Buch; **tout ouvert/ rouge** ganz offen/rot; **tout près** ou **à côté** ganz in der Nähe; **tout en haut** ganz oben; **tout droit** geradeaus;

parler tout bas ganz leise sprechen; **tout simplement** ganz einfach
2 (*locutions*): **tout d'abord** zuallererst; **tout à coup** plötzlich; **tout à fait** völlig; (*exactement*) genau; **tout à l'heure** (*passé*) soeben, gerade; (*futur*) gleich; **à tout à l'heure!** bis gleich!; **tout de même** trotzdem; **tout de suite** sofort

toutefois [tutfwa] *adv* jedoch, dennoch
toutou [tutu] (*fam*) *nm* Hündchen *nt*
tout-terrain [tuterɛ̃] *adj inv* : **voiture ~** Geländewagen *m*; **vélo ~** Mountainbike *nt*
toux [tu] *nf* Husten *m*
toxémie [tɔksemi] *nf* Blutvergiftung *f*
toxicité [tɔksisite] *nf* Giftigkeit *f*
toxicologie [tɔksikɔlɔʒi] *nf* Toxikologie *f*
toxicologique [tɔksikɔlɔʒik] *adj* toxikologisch
toxicomane [tɔksikɔman] *adj, nm/f* Rauschgiftsüchtige(r) *f(m)*
toxicomanie [tɔksikɔmani] *nf* Drogensucht *f*
toxine [tɔksin] *nf* Gift(stoff *m*) *nt*
toxique [tɔksik] *adj* giftig
toxoplasmose [tɔksoplasmoz] *nf* Toxoplasmose *f*
TP [tepe] *sigle mpl* (= *travaux pratiques*) Übungsseminar *nt*; (= *travaux publics*) öffentliche Bauvorhaben *pl*
trac [tRak] *nm* (*aux examens etc*) Prüfungsangst *f*; (*Théât*) Lampenfieber *nt*
traçabilité [tRasabilite] *nf* Rückverfolgbarkeit *f* der Herkunft
tracas [tRaka] *nmpl* Scherereien *pl*
tracasser [tRakase] *vt* plagen, quälen; **se tracasser** *vpr* sich *dat* Sorgen machen
tracasseries [tRakasRi] *nfpl* Schikanen *pl*
trace [tRas] *nf* Spur *f*; **~s de freinage** Bremsspuren *pl*; **~s de pas** Fußspuren *pl*; **~s de pneus** Reifenspuren *pl*
tracer [tRase] *vt* zeichnen; (*piste*) markieren; (*fig*: *chemin, voie*) weisen
traceur [tRasœR] *nm* (*Inform*) Plotter *m*
tract [tRakt] *nm* Flugblatt *nt*
tractations [tRaktasjɔ̃] *nfpl* Handeln *nt*, Feilschen *nt*
tracteur [tRaktœR] *nm* Traktor *m*
traction [tRaksjɔ̃] *nf* (*Tech*) Ziehen *nt*; (*Auto*) Antrieb *m*; **~ arrière** Hinterradantrieb *m*; **~ avant** Vorderradantrieb *m*; **~ électrique** Elektroantrieb *m*; **~ mécanique** mechanischer Antrieb
tradition [tRadisjɔ̃] *nf* Tradition *f*
traditionalisme [tRadisjɔnalism] *nm* Traditionalismus *m*
traditionnel, le [tRadisjɔnɛl] *adj* traditionell
traducteur, -trice [tRadyktœR, tRis] *nm/f* Übersetzer(in)
traduction [tRadyksjɔ̃] *nf* (*action*) Übersetzen *nt*; (*texte*) Übersetzung *f*; **~ assistée par ordinateur** computergestützte Übersetzung *f*; **~ simultanée** Simultanübersetzung *f*
traduire [tRadɥiR] *vt* übersetzen; (*exprimer*) ausdrücken; **se ~ par** (*s'exprimer*) sich ausdrücken in +*dat*; **~ en/du français** ins Französische/aus dem Französischen übersetzen
traduisible [tRadɥizibl] *adj* übersetzbar
trafic [tRafik] *nm* (*commerce*) Handel *m*; **~ routier/aérien** Straßen-/Flugverkehr *m*; **~ d'armes** Waffenhandel *m*, Waffenschieberei *f*; **~ de drogue** Drogenhandel *m*, Drogenschieberei *f*
trafiquant, e [tRafikɑ̃, ɑ̃t] *nm/f* Schieber(in)
trafiquer [tRafike] (*péj*) *vt* (*moteur*) frisieren ▸ *vi* ein Schieber sein
tragédie [tRaʒedi] *nf* Tragödie *f*
tragique [tRaʒik] *adj* tragisch
tragiquement [tRaʒikmɑ̃] *adv* tragisch
trahir [tRaiR] *vt* verraten; **se trahir** *vpr* sich verraten
trahison [tRaizɔ̃] *nf* Verrat *m*
train [tRɛ̃] *nm* (*Rail*) Zug *m*; (*allure*) Tempo *nt*; **être en ~ de faire qch** gerade etw tun; **~ à grande vitesse** Hochgeschwindigkeitszug *m*; **~ arrière** Hinterachse *f*; **~ autos-couchettes** Autoreisezug *m*; **~ avant** Vorderachse *f*; **~ d'atterrissage** Fahrgestell *nt*; **~ de vie** Lebensstil *m*; **~ électrique** (*jouet*) Modelleisenbahn *f*; **~ spécial** Sonderzug *m*
traîneau, x [tRɛno] *nm* Schlitten *m*
traîner [tRɛne] *vt* ziehen, schleppen; (*enfant, chien*) hinter sich *dat* herziehen ▸ *vi* (*aller ou agir lentement*) bummeln, trödeln; (*vagabonder*) sich herumtreiben; (*durer*) sich hinziehen; (*être en désordre*) herumliegen; **se traîner** *vpr* (*ramper*) kriechen; (*durer*) sich hinziehen; **~ les pieds** schlurfen; **~ par terre** auf dem Boden schleifen; **~ en longueur** sich in die Länge ziehen

train-train [tʀɛtʀɛ̃] *nm inv* tägliches Einerlei *nt*, Trott *m*

traire [tʀɛʀ] *vt* melken

trait, e [tʀɛ] *nm (ligne)* Strich *m*; *(caractéristique)* Zug *m*; **traits** *nmpl (du visage)* Gesichtszüge *pl*; **d'un ~** in einem Zug; **de ~** *(animal)* Zug-; **avoir ~ à** sich beziehen auf +*acc*; **~ d'esprit** Geistesblitz *m*; **~ d'union** Bindestrich *m*; *(fig)* Verbindung *f*; **~ de caractère** Charakterzug *m*

traitant, e [tʀɛtɑ̃, ɑ̃t] *adj* : **votre médecin ~** Ihr Hausarzt *m*; **shampooing ~** Pflegeshampoo *nt*

traite [tʀɛt] *nf (Comm)* Tratte *f*; *(Agr)* Melken *nt*; **d'une (seule) ~** ohne Unterbrechung; **la ~ des blanches** der Mädchenhandel; **la ~ des noirs** der Sklavenhandel

traité [tʀete] *nm* Vertrag *m*

traitement [tʀɛtmɑ̃] *nm* Behandlung *f*; *(d'affaire, difficulté)* Handhabung *f*; *(Inform, Tech)* Verarbeitung *f*; *(salaire)* Gehalt *nt*; **~ de données** Datenverarbeitung *f*; **~ de texte** Textverarbeitung *f*; **~ par lots** *(Inform)* Stapelverarbeitung *f*

traiter [tʀete] *vt* behandeln ▶ *vi* verhandeln; **~ de qch** von etw handeln, etw behandeln; **~ qn d'idiot** jdn einen Idioten nennen

traiteur [tʀɛtœʀ] *nm* ≈ Partyservice *m*; *(charcutier)* Geschäft für Fleischspezialitäten und Fertiggerichte

traître, -esse [tʀɛtʀ, tʀɛtʀɛs] *adj* (heim) tückisch ▶ *nm/f* Verräter(in)

traîtrise [tʀetʀiz] *nf (caractère)* Heimtücke *f*; *(acte)* Verrat *m*

trajectoire [tʀaʒɛktwaʀ] *nf* Flugbahn *f*

trajet [tʀaʒɛ] *nm* Strecke *f*; *(voyage)* Reise *f*; *(d'un nerf, d'une artère)* Verlauf *m*

tram [tʀam] *nm* = **tramway**

trame [tʀam] *nf (d'un tissu)* Schuss *m*; *(d'un roman)* Grundgerüst *nt*

trampoline [tʀɑ̃pɔlin] *nm* Trampolin *nt*; *(sport)* Trampolinspringen *nt*

tramway [tʀamwɛ] *nm* Straßenbahn *f*

tranchant, e [tʀɑ̃ʃɑ̃, ɑ̃t] *adj* scharf; *(personne, ton)* kategorisch ▶ *nm (d'un couteau)* Schneide *f*; **à double ~** zweischneidig

tranche [tʀɑ̃ʃ] *nf (morceau)* Scheibe *f*; *(arête)* Kante *f*; *(de travaux, temps, vie)* Abschnitt *m*; *(d'actions, de bons)* Tranche *f*; *(de revenus, d'impôts)* Stufe *f*; **~ d'âge/de salaires** Alters-/Gehaltsstufe *f*

tranché, e [tʀɑ̃ʃe] *adj* deutlich

tranchée [tʀɑ̃ʃe] *nf* Graben *m*

trancher [tʀɑ̃ʃe] *vt (in Scheiben)* schneiden; *(corde)* durchschneiden; *(résoudre)* entscheiden ▶ *vi* : **~ avec** *ou* **sur** sich deutlich unterscheiden von

tranchoir [tʀɑ̃ʃwaʀ] *nm (couteau)* Hackmesser *nt*; *(planche)* Hackbrett *nt*

tranquille [tʀɑ̃kil] *adj* ruhig; *(rassuré)* beruhigt; **se tenir ~** *(enfant)* stillhalten; **avoir la conscience ~** ein ruhiges *ou* gutes Gewissen haben; **laisse-moi ~ !** lass mich in Ruhe!

tranquillement [tʀɑ̃kilmɑ̃] *adv* ruhig

tranquillisant, e [tʀɑ̃kilizɑ̃, ɑ̃t] *adj* beruhigend ▶ *nm* Beruhigungsmittel *nt*

tranquillité [tʀɑ̃kilite] *nf* Ruhe *f*; **~ d'esprit** Gemütsruhe *f*

transaction [tʀɑ̃zaksjɔ̃] *nf* Transaktion *f*, Geschäft *nt*

transat [tʀɑ̃zat] *nm* Liegestuhl *m*

transatlantique [tʀɑ̃zatlɑ̃tik] *adj* überseeisch ▶ *nm (bateau)* Überseedampfer *m*

transbordement [tʀɑ̃sbɔʀdəmɑ̃] *nm* Umladen *nt*

transborder [tʀɑ̃sbɔʀde] *vt* umladen

transcodeur [tʀɑ̃skɔdœʀ] *nm (Inform)* Compiler *m*

transcription [tʀɑ̃skʀipsjɔ̃] *nf (de texte)* Abschrift *f*

transférer [tʀɑ̃sfeʀe] *vt (prisonnier)* überführen; *(Psych)* übertragen; *(société, bureau)* verlegen; *(argent)* überweisen; *(fonctionnaire)* versetzen

transfert [tʀɑ̃sfɛʀ] *nm (de prisonnier)* Überführung *f*; *(Psych)* Übertragung *f*; **~ de fonds** Überweisung *f*

transformateur [tʀɑ̃sfɔʀmatœʀ] *nm* Transformator *m*

transformation [tʀɑ̃sfɔʀmasjɔ̃] *nf (de personne)* Veränderung *f*; *(de maison, magasin)* Umbau *m*

transformer [tʀɑ̃sfɔʀme] *vt* verändern; *(maison, magasin)* umbauen; *(matière première)* verwandeln; **se transformer** *vpr* sich verändern; **~ du plomb en or** Blei in Gold verwandeln *ou* zu Gold machen

transfrontalier, -ière [tʀɑ̃sfʀɔ̃talje, ɛʀ] *adj* grenzüberschreitend

transfuge [tʀɑ̃sfyʒ] *nm* Überläufer *m*

transfusion [tʀɑ̃sfyzjɔ̃] *nf* : **~ sanguine** Bluttransfusion *f*

transgénique [tʀɑ̃sʒenik] *adj* transgen; **maïs ~** Genmais *m*

transgresser [tʀɑ̃sgʀese] *vt* übertreten

transistor [tʀɑ̃zistɔʀ] *nm* Transistor *m*

transit [tʀɑ̃zit] *nm* Transitverkehr *m*

transitif, -ive [tʀɑ̃zitif, iv] *adj* transitiv

transition [tʀɑ̃zisjɔ̃] nf Übergang m; **de ~** Übergangs-; **la ~ énergétique** der Energiewandel

transitoire [tʀɑ̃zitwaʀ] adj vorläufig; (fugitif) kurzlebig

translucide [tʀɑ̃slysid] adj durchscheinend

transmetteur [tʀɑ̃smetœʀ] nm Sender m

transmettre [tʀɑ̃smetʀ] vt übertragen; (secret, recette) mitteilen; (vœux, amitiés, ordre, message) übermitteln

transmissible [tʀɑ̃smisibl] adj übertragbar

transmission [tʀɑ̃smisjɔ̃] nf Übertragung f; (de message, d'ordre) Übermittlung f; **~ de données** Datenübertragung f; **~ de pensée** Gedankenübertragung f

transparaître [tʀɑ̃spaʀɛtʀ] vi durchscheinen

transparence [tʀɑ̃spaʀɑ̃s] nf Durchsichtigkeit f, Transparenz f; **regarder qch par ~** etw gegen das Licht halten

transparent, e [tʀɑ̃spaʀɑ̃, ɑ̃t] adj durchsichtig

transpercer [tʀɑ̃spɛʀse] vt durchbohren; (froid, insulte) durchdringen; **~ un vêtement/mur** durch ein Kleidungsstück/durch eine Mauer hindurchgehen

transpiration [tʀɑ̃spiʀasjɔ̃] nf Schweiß m

transpirer [tʀɑ̃spiʀe] vi schwitzen

transplanter [tʀɑ̃splɑ̃te] vt verpflanzen

transport [tʀɑ̃spɔʀ] nm Beförderung f, Transport m; **~ aérien** Lufttransport m; **~ de marchandises** Warentransport m; **~ de voyageurs** Beförderung von Passagieren; **~s publics** ou **en commun** öffentliche Verkehrsmittel pl; **~s routiers** Transport auf der Straße

transporter [tʀɑ̃spɔʀte] vt befördern, transportieren; (énergie) übertragen; **être transporté de bonheur/joie** vor Glück/Freude hingerissen sein

transporteur [tʀɑ̃spɔʀtœʀ] nm (entrepreneur) Spediteur m

transposer [tʀɑ̃spoze] vt versetzen, umwandeln; (Mus) transponieren

transsexuel, le [tʀɑ̃(s)sɛksyɛl] nm/f Transsexuelle(r) f(m)

transsibérien, ne [tʀɑ̃(s)sibeʀjɛ̃, jɛn] adj transsibirisch

transversal, e, -aux [tʀɑ̃svɛʀsal, o] adj Quer-

trapèze [tʀapɛz] nm Trapez nt

trappe [tʀap] nf (porte) Falltür f; (piège) Falle f; **passer à la ~** gekippt werden fam

trappeur [tʀapœʀ] nm Trapper m

trapu, e [tʀapy] adj untersetzt, stämmig

traumatiser [tʀomatize] vt einen Schock versetzen +dat, traumatisieren

traumatisme [tʀomatism] nm (Méd) Trauma nt; (Psych) Schock m; **~ crânien** Gehirntrauma nt

travail, -aux [tʀavaj, o] nm Arbeit f; (Méd) Wehen pl; **travaux** nmpl (sur route) Straßenarbeiten pl; (de construction) Bauarbeiten pl; **~ (au) noir** Schwarzarbeit f; **~ d'intérêt général** sozialer Dienst (für Straftäter); **travaux forcés** Zwangsarbeit; **~ posté** Schichtarbeit f; **travaux des champs** Feldarbeit f; **travaux dirigés** (à l'université) Seminar nt; **travaux forcés** ≈ Zuchthaus nt; **travaux manuels** (Scol) Werken nt; **travaux ménagers** Hausarbeit f; **travaux pratiques** Übungsseminar nt; (en laboratoire) Laborarbeit f; **travaux publics** öffentliche Bauvorhaben pl, Hoch- und Tiefbau m

travaillé, e [tʀavaje] adj poliert

travailler [tʀavaje] vi arbeiten; (bois) sich verziehen ou werfen ▶ vt (bois, métal) bearbeiten; (discipline) arbeiten an +dat; **cela le travaille** das geht ihm im Kopf herum; **~ la terre** den Boden bestellen; **~ son piano** Klavier üben; **~ à** arbeiten an +dat; (contribuer à) hinarbeiten auf +acc

travailleur, -euse [tʀavajœʀ, øz] adj fleißig ▶ nm/f Arbeiter(in)

travée [tʀave] nf (rangée) Reihe f

travelling [tʀavliŋ] nm Kamerafahrt f; **~ optique** Zoomaufnahmen pl

travelo [tʀavlo] (fam) nm Transvestit m

travers [tʀavɛʀ] nm (défaut) Schwäche f; **en ~ (de)** quer (zu); **à ~** quer durch; **au ~ (de)** quer (durch); **de ~** schief

traverse [tʀavɛʀs] nf (Rail) Schwelle f; **chemin de ~** Abkürzung f

traversée [tʀavɛʀse] nf (de salle, forêt) Durchquerung f; (de ville, tunnel) Durchfahrt f; (en mer) Überfahrt f

traverser [tʀavɛʀse] vt (rue, mer, frontière) überqueren; (salle, forêt) gehen durch; (ville, tunnel) durchfahren; (percer, passer à travers) durchgehen durch; (vivre) durchmachen

traversin [tʀavɛʀsɛ̃] nm Kopf- ou Nackenrolle f

travesti [tʀavɛsti] *nm* Transvestit *m*
travestir [tʀavɛstiʀ] *vt* verzerren; **se travestir** *vpr* sich verkleiden
trébucher [tʀebyʃe] *vi* : **~ (sur)** stolpern (über +*acc*)
trèfle [tʀɛfl] *nm* Klee *m*; (*Cartes*) Kreuz *nt*; **~ à quatre feuilles** vierblättriges Kleeblatt *nt*
treille [tʀɛj] *nf* Weinlaube *f*
treillis [tʀeji] *nm* (*métallique, en bois*) Gitter *nt*
treize [tʀɛz] *num* dreizehn
treizième [tʀɛzjɛm] *adj* dreizehnte(r, s)
trekking [tʀekiŋ] *nm* Trekking *nt*; **~ à poney** Pony-Trekking *nt*
tréma [tʀema] *nm* Trema *nt*
tremblant, e [tʀɑ̃blɑ̃, ɑ̃t] *adj* zitternd
tremblement [tʀɑ̃bləmɑ̃] *nm* Zittern *nt*; **~ de terre** Erdbeben *nt*
trembler [tʀɑ̃ble] *vi* zittern; (*flamme*) flackern; (*terre*) beben; **~ de** (*froid, fièvre*) zittern vor +*dat*
trémousser [tʀemuse] : **se trémousser** *vpr* herumzappeln
trempe [tʀɑ̃p] *nf* : **un homme de cette/sa ~** ein Mann von diesem/seinem Schlag
trempé, e [tʀɑ̃pe] *adj* patschnass; **acier ~** gehärteter Stahl *m*
tremper [tʀɑ̃pe] *vt* durchnässen, nass machen ▸ *vi* (*lessive*) eingeweicht sein; **se tremper** *vpr* (*dans la mer, piscine etc*) kurz hineingehen *ou* hineintauchen; **faire ~** einweichen; **mettre à ~** einweichen; **~ dans** (*affaire, crime*) verwickelt sein in +*dat*
tremplin [tʀɑ̃plɛ̃] *nm* Sprungbrett *nt*; (*Ski*) Sprungschanze *f*
trentaine [tʀɑ̃tɛn] *nf* : **une ~ (de)** etwa dreißig
trente [tʀɑ̃t] *num* dreißig; **être/se mettre sur son ~ et un** seine besten Kleider tragen/anziehen
trentenaire [tʀɑ̃tənɛʀ] *adj* dreißigjährig, zwischen dreißig und vierzig
trépied [tʀepje] *nm* (*d'appareil*) Stativ *nt*; (*meuble*) Dreifuß *m*
trépigner [tʀepiɲe] *vi* : **~ (de colère/d'impatience)** (vor Zorn/Ungeduld) stampfen *ou* trampeln
très [tʀɛ] *adv* sehr; **~ critiqué/admiré** viel kritisiert/bewundert; **j'ai ~ envie de chocolat** ich habe große Lust auf Schokolade
trésor [tʀezɔʀ] *nm* Schatz *m*, Finanzverwaltung *f*
trésorerie [tʀezɔʀʀi] *nf* (*gestion*) Kassenführung *f*; (*bureaux*) Kasse *f*
trésorier, -ière [tʀezɔʀje, jɛʀ] *nm/f* (*d'une association, société*) Schatzmeister(in), Kassenführer(in)
tressaillir [tʀesajiʀ] *vi* beben
tresse [tʀɛs] *nf* (*de cheveux*) Zopf *m*
tresser [tʀese] *vt* flechten; (*corde*) drehen
trêve [tʀɛv] *nf* Waffenstillstand *m*; (*fig*) Ruhe *f*; **~ de plaisanteries** Schluss *m* mit den Witzen; **sans ~** unaufhörlich
Trêves [tʀɛv] *nf* Trier *nt*
tri [tʀi] *nm* Sortieren *nt*; (*sélection*) Auswahl *f*; **~ sélectif des déchets** Mülltrennung
triage [tʀijaʒ] *nm* Sortieren *nt*; **gare de ~** Rangierbahnhof *m*
triangle [tʀijɑ̃gl] *nm* Dreieck *nt*; (*Mus*) Triangel *m*
tribord [tʀibɔʀ] *nm* : **à ~** steuerbord(s)
tribu [tʀiby] *nf* Stamm *m*
tribunal, -aux [tʀibynal, o] *nm* Gericht *nt*; **~ de grande instance** ≈ oberster Gerichtshof *m*; **~ de police** Polizeigericht *nt*; **~ pour enfants** ≈ Jugendgericht *nt*
tribune [tʀibyn] *nf* Tribüne *f*; (*d'église*) Empore *f*; (*de tribunal*) Galerie *f*; (*débat*) Diskussion *f*
tribut [tʀiby] *nm* Abgabe *f*
tributaire [tʀibytɛʀ] *adj* : **être ~ de** abhängig sein von; (*fleuve*) einmünden in +*acc*
tricher [tʀiʃe] *vi* schummeln
tricherie [tʀiʃʀi] *nf* Betrug *m*
tricheur, -euse [tʀiʃœʀ, øz] *nm/f* Betrüger(in)
tricolore [tʀikɔlɔʀ] *adj* dreifarbig; (*français*) französisch; **le drapeau ~** die Trikolore *f*
tricot [tʀiko] *nm* (*technique*) Stricken *nt*; (*ouvrage*) Strickarbeit *f*, Strickzeug *nt*; (*tissu*) Strickware *f*, Trikot *m*; (*vêtement*) Pullover *m*
tricoter [tʀikɔte] *vt* stricken; **machine/aiguille à ~** Strickmaschine *f*/-nadel *f*
tricycle [tʀisikl] *nm* Dreirad *nt*
triennal, e, -aux [tʀijenal, o] *adj* dreijährlich; (*charge, mandat, plan*) dreijährig
trier [tʀije] *vt* sortieren; (*choisir*) auswählen; (*fruits*) aussortieren; (*déchets*) trennen
trimaran [tʀimaʀɑ̃] *nm* Trimaran *m*
trimestre [tʀimɛstʀ] *nm* (*Scol*) Trimester *nt*; (*Comm*) Quartal *nt*, Vierteljahr *nt*
trimestriel, le [tʀimɛstʀijɛl] *adj* vierteljährlich
tringle [tʀɛ̃gl] *nf* Stange *f*
Trinité [tʀinite] *nf* : **la ~** die Heilige Dreifaltigkeit *f*

trinquer [tʀɛ̃ke] vi anstoßen; (fam) büßen müssen; **~ à qch/la santé de qn** auf etw acc/jds Gesundheit anstoßen
trio [tʀijo] nm Trio nt
triomphe [tʀijɔ̃f] nm Triumph m
triompher [tʀijɔ̃fe] vi triumphieren; **~ de qch/qn** über etw/jdn triumphieren
tripes [tʀip] nfpl (Culin) Kutteln pl, Kaldaunen pl
triple [tʀipl] adj dreifach ▶ nm : **le ~ (de)** das Dreifache (von); **en ~ exemplaire** in dreifacher Ausfertigung
triplé [tʀiple] nm (Hippisme) Wette auf drei Pferde in drei verschiedenen Rennen; (Sport) Hattrick m; **triplés, -es** nmpl/nfpl Drillinge pl
tripler [tʀiple] vi sich verdreifachen ▶ vt verdreifachen
tripoter [tʀipɔte] vt herumfummeln mit; (femme) herumfummeln an
trique [tʀik] nf Knüppel m
trisomie [tʀizɔmi] nf Downsyndrom nt
triste [tʀist] adj traurig
tristesse [tʀistɛs] nf Traurigkeit f
trivial, e, -aux [tʀivjal, jo] adj (commun) trivial, alltäglich
troc [tʀɔk] nm Tauschhandel m
troglodyte [tʀɔglɔdit] nmf Höhlenbewohner(in) m(f)
trognon [tʀɔɲɔ̃] nm (de fruit) Kerngehäuse nt; (de légume) Strunk m
trois [tʀwa] num drei; **les ~ quarts de** drei Viertel +gén
troisième [tʀwazjɛm] adj dritte(r, s); **le ~ âge** das Seniorenalter
troisièmement [tʀwazjɛmmɑ̃] adv drittens
trolleybus [tʀɔlɛbys] nm Obus m
trombe [tʀɔ̃b] nf : **en ~** wie ein Wirbelwind; **~ d'eau** Regenguss m
trombone [tʀɔ̃bɔn] nm (instrument) Posaune f; (de bureau) Büroklammer f
trompe [tʀɔ̃p] nf (d'éléphant) Rüssel m; (Mus) Horn nt
tromper [tʀɔ̃pe] vt betrügen; (espoir, attente) enttäuschen; (vigilance, poursuivants) irreführen; **se tromper** vpr sich irren; **se ~ de voiture/jour** sich im Auto/im Tag täuschen; **se ~ de 3 cm/20 euros** sich um 3 cm/20 Euro vertun
tromperie [tʀɔ̃pʀi] nf Betrug m
trompette [tʀɔ̃pɛt] nf Trompete f
trompettiste [tʀɔ̃petist] nmf Trompeter(in) m(f)
trompeur, -euse [tʀɔ̃pœʀ, øz] adj täuschend
tronc [tʀɔ̃] nm (Bot) Stamm m; (Anat) Rumpf m; (d'église) Opferstock m; **~ commun** (Scol) gemeinsamer Unterricht m; **~ d'arbre** Baumstamm m
tronçon [tʀɔ̃sɔ̃] nm Teilstrecke f
tronçonner [tʀɔ̃sɔne] vt zersägen
tronçonneuse [tʀɔ̃sɔnøz] nf Kettensäge f
trône [tʀon] nm Thron m; **monter sur le ~** den Thron besteigen
trop [tʀo] adv zu; (avec verbe) zu viel; (avec adverbe) zu; (avec adjectif) (viel) zu; (aimer, chauffer, insister) zu sehr; **~ (nombreux)** zu viele, zu zahlreich; **~ peu (nombreux)** zu wenige; **~ souvent** zu oft; **~ longtemps** zu lange; **~ de** (nombre) zu viele; (quantité) zu viel; **du lait en ~** zu viel Milch
trophée [tʀɔfe] nm Trophäe f
tropical, e, -aux [tʀɔpikal, o] adj tropisch
tropique [tʀɔpik] nm Wendekreis m; **tropiques** nmpl (région) die Tropen pl; **~ du Cancer/Capricorne** Wendekreis m des Krebses/des Steinbocks
trop-plein [tʀɔplɛ̃] (pl **trop-pleins**) nm Überlauf m
troquer [tʀɔke] vt eintauschen
trot [tʀo] nm Trab m; **aller au ~** im Trab reiten
trotter [tʀɔte] vi traben; (souris, enfants) herumtrippeln
trotteuse [tʀɔtøz] nf (de montre) Sekundenzeiger m
trottiner [tʀɔtine] vi trippeln
trottinette [tʀɔtinɛt] nf Roller m
trottoir [tʀɔtwaʀ] nm Gehweg m; **faire le ~** auf den Strich gehen; **~ roulant** Rollsteig m
trou [tʀu] nm Loch nt; **~ d'air** Luftloch nt; **~ de la serrure** Schlüsselloch nt; **~ de mémoire** Gedächtnislücke f
trouble [tʀubl] adj trüb; (louche) zwielichtig ▶ adv : **voir ~** undeutlich sehen ▶ nm (désarroi, embarras) Verwirrung f; (émoi sensuel) Erregung f; (zizanie) Unruhe f; **troubles** nmpl (Pol) Aufruhr m, Unruhen pl; (Méd) Störung f; **~s obsessionnels compulsifs** Zwangshandlung f
trouble-fête [tʀubləfɛt] (pl **trouble-fêtes**) nm/f Spielverderber(in) m(f)
troubler [tʀuble] vt verwirren; (inquiéter) beunruhigen; (émouvoir) bewegen; (liquide) trüben; (perturber) stören; **se troubler** vpr (personne) verlegen werden
troué, e [tʀue] adj durchlöchert ▶ nf (dans un mur, une haie) Lücke f; (Géo) Spalte f

trouer [tʀue] *vt* ein Loch machen in +*acc*; *(mur)* durchbohren; *(silence, air, nuit)* durchbrechen

trouille [tʀuj] *(fam) nf*: **avoir la ~** einen Mordsbammel haben

troupe [tʀup] *nf (Mil)* Truppe *f*; *(groupe)* Gruppe *f*, Schar *f*; **~ (de théâtre)** Theatertruppe *f*

troupeau, x [tʀupo] *nm* Herde *f*

trousse [tʀus] *nf (étui)* Etui *nt*; *(d'écolier)* (Feder)mäppchen *nt*; *(de docteur)* Arzttasche *f*; **aux ~s de** auf den Fersen von; **~ à outils** Werkzeugtasche *f*; **~ de toilette** *ou* **de voyage** Kulturbeutel *m*

trousseau, x [tʀuso] *nm (de mariée)* Aussteuer *f*; **~ de clefs** Schlüsselbund *m*

trouvaille [tʀuvaj] *nf* Entdeckung *f*

trouver [tʀuve] *vt* finden; **se trouver** *vpr (être)* sein; *(être soudain)* sich finden ▶ *vb impers*: **il se trouve que** zufälligerweise; **aller/venir ~ qn** jdn besuchen gehen/kommen; **je trouve que** ich finde, dass; **~ à boire/critiquer** etw zu Trinken/etw auszusetzen finden; **se ~ mal** in Ohnmacht fallen

truand [tʀyɑ̃] *nm* Gangster *m*

truander [tʀyɑ̃de] *(fam) vt* übers Ohr hauen

truc [tʀyk] *nm (astuce)* Dreh *m*; *(de cinéma, de prestidigitateur)* Trick *m*; *(fam: chose)* Ding *nt*

truffe [tʀyf] *nf* Trüffel *f*; *(nez)* Nase *f*

truffer [tʀyfe] *vt*: **truffé de** gespickt mit

truie [tʀɥi] *nf* Sau *f*

truite [tʀɥit] *nf* Forelle *f*

truquer [tʀyke] *vt* fälschen; *(Ciné)* Trickaufnahmen anwenden bei

tsétsé [tsetse] *nf*: **(mouche) ~** Tsetsefliege *f*

t-shirt [tiʃœʀt] (*pl* **t-shirts**) *nm* T-Shirt *nt*

tsigane [tsigan] *adj, nm/f* = **tzigane**

TSVP [teɛsvepe] *abr* (= *tournez s'il vous plaît*) b.w.

TTC [tetese] *abr* (= *toutes taxes comprises*) alles inbegriffen

tu[1] [ty] *pron* du

tu[2], **e** [ty] *pp de* **taire**

tuant, e [tɥɑ̃, tɥɑ̃t] *adj (épuisant)* erschöpfend; *(énervant)* unausstehlich

tuba [tyba] *nm (Mus)* Tuba *f*; *(Sport)* Schnorchel *m*

tube [tyb] *nm* Röhre *f*; *(de canalisation, métallique etc)* Rohr *nt*; *(de comprimés)* Röhrchen *nt*; *(de dentifrice etc)* Tube *f*; *(chanson)* Hit *m*; **~ à essai** Reagenzglas *nt*; **~ digestif** Verdauungskanal *m*

tuberculose [tybɛʀkyloz] *nf* Tuberkulose *f*

tubulaire [tybylɛʀ] *adj* Stahlrohr-

tue-mouche [tymuʃ] *adj*: **papier ~** Fliegenfänger *m*

tuer [tɥe] *vt* töten; *(commerce)* ruinieren; **se tuer** *vpr (se suicider)* sich *dat* das Leben nehmen; *(dans un accident)* umkommen

tue-tête [tytɛt]: **à ~** *adv* aus Leibeskräften

tueur, -euse [tɥœʀ, øz] *nm/f (assassin)* Mörder(in); **~ à gages** Auftragskiller(in)

tuile [tɥil] *nf* Dachziegel *m*; *(fam: ennui)* Pech *nt*

tulipe [tylip] *nf* Tulpe *f*

tulle [tyl] *nm* Tüll *m*

tumeur [tymœʀ] *nf* Tumor *m*

tumultueux, -euse [tymyltɥø, øz] *adj* tobend, lärmend

tuner [tynɛʀ] *nm* Tuner *m*

tunique [tynik] *nf* Tunika *f*

Tunisie [tynizi] *nf*: **la ~** Tunesien *nt*

tunisien, ne [tynizjɛ̃, jɛn] *adj* tunesisch ▶ *nm/f*: **Tunisien, ne** Tunesier(in)

tunnel [tynɛl] *nm* Tunnel *m*

turban [tyʀbɑ̃] *nm* Turban *m*

turbine [tyʀbin] *nf* Turbine *f*

turbo [tyʀbo] *nm* Turbolader *m*; **un moteur ~** ein Turbomotor *m*

turbocompresseur [tyʀbokɔ̃pʀesœʀ] *nm* Turbolader *m*

turbopropulseur [tyʀbopʀopylsœʀ] *nm* Turboantrieb *m*

turboréacteur [tyʀboʀeaktœʀ] *nm* Turbotriebwerk *nt*

turbot [tyʀbo] *nm* Steinbutt *m*

turbulent, e [tyʀbylɑ̃, ɑ̃t] *adj (enfant)* wild, ausgelassen

turc, turque [tyʀk] *adj* türkisch ▶ *nm/f*: **Turc, Turque** Türke *m*, Türkin *f*; **à la turque** *(cabinet)* Steh-

turf [tyʀf] *nm* Pferderennen *pl*

Turkménistan [tyʀkmenistɑ̃] *nm*: **le ~** Turkmenistan *nt*

turque [tyʀk] *adj f voir* **turc**

Turquie [tyʀki] *nf*: **la ~** die Türkei *f*

turquoise [tyʀkwaz] *adj inv* türkis ▶ *nf* Türkis *m*

tutelle [tytɛl] *nf (Jur)* Vormundschaft *f*; *(de l'État, d'une société)* Treuhandschaft *f*; **être sous la ~ de qn** unter jds Aufsicht *dat* stehen

tuteur, -trice [tytœʀ, tʀis] *nm/f (Jur)* Vormund *m* ▶ *nm (de plante)* Stütze *f*

tutoiement [tytwamɑ̃] *nm* Duzen *nt*

tutoyer [tytwaje] *vt* duzen

tutu [tyty] *nm* Ballettröckchen *nt*

tuyau, x [tɥijo] *nm* Rohr *nt*, Röhre *f*; *(flexible)* Schlauch *m*; *(fam: conseil)* Wink *m*, Tipp *m*; **~ d'arrosage** Gartenschlauch *m*; **~ d'échappement** Auspuffrohr *nt*

tuyauterie [tɥijotʀi] *nf* Rohrsystem *nt*
tuyère [tyjɛʀ] *nf* Düse *f*
TV [teve] *sigle f* (= *télévision*) TV *nt*
TVA [tevea] *sigle f* (= *taxe à ou sur la valeur ajoutée*) MwSt. *f*
TVHD *abr f* (= *télévision haute définition*) HDTV *nt*
tweet [twit] *nm* Tweet *m*
tweeter [twite] *vt* twittern
Twitter® [twitɛʀ] *nm* (*Inform*) Twitter® *nt*
tympan [tɛ̃pɑ̃] *nm* (*Anat*) Trommelfell *nt*
type [tip] *nm* Typ *m* ▶ *adj* typisch; **avoir le ~ nordique** ein nordischer Typ sein
typé, e [tipe] *adj* ausgeprägt
typhoïde [tifɔid] *nf* Typhus *m*
typhon [tifɔ̃] *nm* Taifun *m*
typhus [tifys] *nm* Flecktyphus *m*
typique [tipik] *adj* typisch
typographie [tipɔgʀafi] *nf* Typografie *f*
typographique [tipɔgʀafik] *adj* typografisch
tyran [tiʀɑ̃] *nm* Tyrann *m*
tyrannie [tiʀani] *nf* Tyrannei *f*
tyrannique [tiʀanik] *adj* tyrannisch
tyranniser [tiʀanize] *vt* tyrannisieren
Tyrol [tiʀɔl] *nm* : **le ~** Tirol *nt*
tyrolien, ne [tiʀɔljɛ̃, jɛn] *adj* Tiroler
tzigane [dzigan] *adj* Zigeuner- ▶ *nmf* Zigeuner(in) *m(f)*

U

U, u [y] *nm inv* U, u *nt*
UE [ye] *sigle f* (= *Union européenne*) EU *f*
UER [yeɛʀ] *sigle f* (= *unité d'enseignement et de recherche*) Fachbereich *m*
Ukraine [ykʀɛn] *nf* : **l'~** die Ukraine *f*
ukrainien, ne [ykʀenjɛ̃, jɛn] *adj* ukrainisch
ulcère [ylsɛʀ] *nm* Geschwür *nt*
ulcérer [ylseʀe] *vt* (*fig*) zutiefst verärgern
ultérieur, e [ylteʀjœʀ] *adj* später; **reporté à une date ~e** auf einen späteren Zeitpunkt verschoben
ultérieurement [ylteʀjœʀmɑ̃] *adv* später
ultimatum [yltimatɔm] *nm* Ultimatum *nt*
ultime [yltim] *adj* letzte(r, s)
ultra [yltʀa] *préf* ultra-
ultrasensible [yltʀasɑ̃sibl] *adj* hoch empfindlich
ultrasons [yltʀasɔ̃] *nmpl* Ultraschall *m*
ultraviolet, te [yltʀavjɔlɛ, ɛt] *adj* ultraviolett
ululer [ylyle] *vi* schreien
UMP [yɛmpe] *sigle f* (= *Union pour un mouvement populaire*) politische Partei

MOT-CLÉ

un, une [œ̃, yn] *art indéf* eine(r, s); **un homme** ein Mann; **une femme** eine Frau; **une chaussure** ein Schuh; **une tulipe** eine Tulpe; **un chocolat** eine Schokolade
▶ *pron* eine(r, s); **l'un des meilleurs** einer der Besten; **l'un …, l'autre …** der eine …, der andere …; **les uns …, les autres …** die einen …, die anderen …; **l'un et l'autre** beide; **l'un ou l'autre** eine(r, s) von beiden; **l'un, l'autre** einander; **les uns les autres** einander;

pas un seul kein Einziger; **un par un** einer nach dem anderen
▶ *num* eins
▶ *nf*: **la une** (*Presse*) die Titelseite

unanime [ynanim] *adj* einstimmig
unanimité [ynanimite] *nf* Einstimmigkeit *f*; **à l'~** einstimmig
UNESCO [ynɛsko] *sigle f* (= *United Nations Educational, Scientific and Cultural Organization*) UNESCO *f*
uni, e [yni] *adj* (*tissu, couleur*) einfarbig, uni; (*surface, terrain*) eben; (*famille, groupe*) eng verbunden; (*pays*) vereinigt
UNICEF [ynisɛf] *sigle m* (= *United Nations International Children's Emergency Fund*) UNICEF *f*
unification [ynifikasjɔ̃] *nf* Vereinigung *f*
unifier [ynifje] *vt* vereinigen
uniforme [ynifɔʀm] *adj* gleichmäßig; (*surface*) eben; (*objets, maisons*) gleichartig; (*fig*) einförmig ▶ *nm* Uniform *f*
uniformiser [ynifɔʀmize] *vt* vereinheitlichen
uniformité [ynifɔʀmite] *nf* Gleichmäßigkeit *f*; (*de surface*) Ebenheit *f*; (*d'objets*) Gleichartigkeit *f*; (*péj*) Einförmigkeit *f*
unilatéral, e, -aux [ynilateʀal, o] *adj* einseitig; **stationnement ~** Parken *nt* nur auf einer Straßenseite
union [ynjɔ̃] *nf* Vereinigung *f*; (*d'éléments, couleurs, mariage*) Verbindung *f*; **l'U~ soviétique** die Sowjetunion *f*; **l'U~ européenne** die Europäische Union; **~ libre** freie Liebe *f*
unique [ynik] *adj* (*seul*) einzig; (*exceptionnel*) einzigartig; **prix/système ~** Einheitspreis *m*/-system *nt*; **route à sens ~** Einbahnstraße *f*; **fils ~** einziger Sohn; **fille ~** einzige Tochter
uniquement [ynikmɑ̃] *adv* nur, bloß
unir [yniʀ] *vt* vereinen, vereinigen; (*éléments, couleurs, qualités*) verbinden; **s'unir** *vpr* sich vereinigen; **~ qch à** etw vereinigen/verbinden mit
unisexe [ynisɛks] *adj* Einheits-; (*coiffure*) für Damen und Herren
unisson [ynisɔ̃] *nm*: **à l'~** einstimmig
unitaire [ynitɛʀ] *adj* vereinigend; **prix ~** Einzelpreis *m*
unité [ynite] *nf* Einheit *f*; (*harmonie*) Einigkeit *f*; **~ centrale** (*Inform*) Zentraleinheit *f*; **~ de valeur** (*Scol*) Unterrichtseinheit *f*
univers [ynivɛʀ] *nm* Universum *nt*; (*fig*) Welt *f*

universel, le [ynivɛʀsɛl] *adj* allgemein; (*esprit, outil, système*) vielseitig; **remède ~** Allheilmittel *nt*
universitaire [ynivɛʀsitɛʀ] *adj* Universitäts- ▶ *nmf* Lehrkraft *f* an der Universität, Akademiker(in) *m(f)*
université [ynivɛʀsite] *nf* Universität *f*
Untel [œ̃tɛl] *nm*: **Monsieur ~** Herr Soundso; **Madame ~** Frau Soundso
uranium [yʀanjɔm] *nm* Uran *nt*
urbain, e [yʀbɛ̃, ɛn] *adj* städtisch
urbanisme [yʀbanism] *nm* Städtebau *m*
urbaniste [yʀbanist] *nmf* Stadtplaner(in) *m(f)*
urbanité [yʀbanite] *nf* Weltgewandtheit *f*
urgence [yʀʒɑ̃s] *nf* Dringlichkeit *f*; (*Méd*) Notfall *m*; **d'~** dringend; **en cas d'~** im Notfall; **service des ~s** Unfallstation *f*
urgent, e [yʀʒɑ̃, ɑ̃t] *adj* dringend
urine [yʀin] *nf* Urin *m*
urinoir [yʀinwaʀ] *nm* Pissoir *nt*
urne [yʀn] *nf* Urne *f*; **aller aux ~s** zur Wahl gehen; **~ funéraire** Urne
urologie [yʀɔlɔʒi] *nf* Urologie *f*
URSS [yʀs] *sigle f* (*Hist*: = *Union des Républiques Socialistes Soviétiques*) UdSSR *f*
urticaire [yʀtikɛʀ] *nf* Nesselsucht *f*
Uruguay [yʀygwɛ] *nm*: **l'~** Uruguay *nt*
uruguayen, ne [yʀygwajɛ̃, ɛn] *adj* uruguayisch
us [ys] *nmpl*: **us et coutumes** Sitten und Gebräuche *pl*
USA [yɛsa] *sigle mpl* (= *United States of America*) USA *pl*
usage [yzaʒ] *nm* Benutzung *f*, Gebrauch *m*; (*coutume*) Sitte *f*; (*Ling*) Gebrauch; (*bonnes manières*) (gute) Manieren *pl*; **c'est l'~** das ist (der) Brauch; **faire ~ de** Gebrauch machen von; **avoir l'~ de** benutzen können; **~ mit dem** Deutschen; **à l'~ de** zum Gebrauch von, für; **en ~** in Gebrauch; **hors d'~** nicht mehr zu gebrauchen
usagé, e [yzaʒe] *adj* (*usé*) abgenutzt; (*d'occasion*) gebraucht
usager, -ère [yzaʒe, ɛʀ] *nm/f* Benutzer(in)
usé, e [yze] *adj* abgenutzt; (*santé, personne*) verbraucht; (*rebattu*) abgedroschen
user [yze] *vt* abnutzen; (*santé, personne*) mitnehmen, verschleißen; (*consommer*) verbrauchen; **s'user** *vpr* sich abnutzen; (*facultés, santé*) nachlassen; **~ de** gebrauchen, anwenden; **s'~ à la tâche** *ou* **au travail** sich bei der Arbeit aufreiben

usine [yzin] *nf* Fabrik *f*, Werk *nt*; **~ à gaz** (*fig*) Dickicht *nt*
usiner [yzine] *vt* verarbeiten, maschinell bearbeiten
usité, e [yzite] *adj* gebräuchlich
ustensile [ystɑ̃sil] *nm* Gerät *nt*; **~ de cuisine** Küchengerät *nt*
usuel, le [yzɥɛl] *adj* üblich
usurier, -ière [yzyrje, jɛr] *nm/f* Wucherer *m*, Wucherin *f*
usurper [yzyrpe] *vt* (*pouvoir*) widerrechtlich an sich reißen; (*titre*) widerrechtlich annehmen; **réputation usurpée** nicht gerechtfertigtes Ansehen
ut [yt] *nm* (*Mus*) C *nt*
utérus [yterys] *nm* Gebärmutter *f*
utile [ytil] *adj* nützlich
utilisateur, -trice [ytilizatœr, tris] *nm/f* Benutzer(in)
utilisation [ytilizasjɔ̃] *nf* Benutzung *f*
utiliser [ytilize] *vt* benutzen; (*force, moyen*) anwenden; (*restes*) verwenden, verwerten
utilitaire [ytilitɛr] *adj* Gebrauchs-; (*but*) auf Nützlichkeit ausgerichtet; **véhicules ~s** Nutzfahrzeuge *pl*
utilité [ytilite] *nf* Nützlichkeit *f*, Nutzen *m*; **reconnu d'~ publique** staatlich zugelassen
utopie [ytɔpi] *nf* Utopie *f*

V

V, v [ve] *nm inv* V, v *nt*
V *abr* (= *volt*) V
va [va] *vb voir* **aller**
vacance [vakɑ̃s] *nf* (*poste*) freie Stelle *f*; **vacances** *nfpl* Ferien *pl*; **les grandes ~s** die großen Ferien; **prendre des/ses ~s (en juin)** (im Juni) Ferien machen; **aller en ~s** in die Ferien fahren; **~s de Noël** Weihnachtsferien *pl*; **~s de Pâques** Osterferien *pl*
vacancier, -ière [vakɑ̃sje, jɛr] *nm/f* Urlauber(in)
vacant, e [vakɑ̃, ɑ̃t] *adj* (*poste, chaire*) frei; (*appartement*) leer stehend, frei
vacarme [vakarm] *nm* Lärm *m*, Getöse *nt*
vacataire [vakatɛr] *nmf* Vertretung *f*
vaccin [vaksɛ̃] *nm* Impfstoff *m*; **~ antirabique** Tollwutimpfung *f*
vaccination [vaksinasjɔ̃] *nf* Impfung *f*
vacciner [vaksine] *vt* impfen
vache [vaʃ] *nf* Kuh *f*; (*cuir*) Rindsleder *nt*
▶ *adj* (*fam : méchant*) gemein; **manger de la ~ enragée** (*fam*) am Hungertuch nagen; (*fig*): **période de ~s maigres** magere Zeiten; **~ laitière** Milchkuh *f*
vachement [vaʃmɑ̃] (*fam*) *adv* unheimlich
vacherin [vaʃrɛ̃] *nm* (*fromage*) Art Weichkäse aus dem Jura; **~ glacé** Eismeringue *f* mit Schlagsahne
vachette [vaʃɛt] *nf* Kalbsleder *nt*
vaciller [vasije] *vi* schwanken; (*bougie, flamme, lumière*) flackern; (*mémoire, raison, intelligence*) unzuverlässig sein
vadrouille [vadruj] (*fam*) *nf*: **être en ~** einen Bummel machen; **être/partir en ~** bummeln (gehen)
VAE [veaə] *sigle m* (= *vélo à assistance électrique*) Elektrofahrrad *nt*, E-Bike *nt*
va-et-vient [vaevjɛ̃] *nm inv* Kommen und Gehen *nt*; (*Élec*) Zweiwegschalter *m*

vagabond, e [vagabɔ̃, ɔ̃d] *adj* (*chien*) streunend; (*vie*) unstet; (*peuple*) nomadenhaft; (*imagination, pensées*) umherschweifend

vagabonder [vagabɔ̃de] *vi* (*errer*) umherziehen; (*pensées, imagination*) schweifen

vagin [vaʒɛ̃] *nm* Scheide *f*, Vagina *f*

vaginal, e, -aux [vaʒinal, o] *adj* Scheiden-, vaginal

vague [vag] *nf* Welle *f* ▶ *adj* (*imprécis*) unbestimmt, vage; (*flou*) verschwommen; (*vêtement*) weit, lose ▶ *nm* : **être/rester dans le ~** im Unklaren sein/bleiben; **un ~ bureau/cousin** irgendein Büro *nt*/Vetter *m*; **~ souvenir/notion** vage Erinnerung *f*/Vorstellung *f*

vaguement [vagmɑ̃] *adv* vage

vaillant, e [vajɑ̃, ɑ̃t] *adj* (*courageux*) mutig, tapfer; (*vigoureux*) gesund

vain, e [vɛ̃, vɛn] *adj* (*illusoire*) vergeblich; (*personne*) eitel, eingebildet; **en ~** vergeblich

vaincre [vɛ̃kʀ] *vt* besiegen; (*fig*) überwinden

vaincu, e [vɛ̃ky] *pp de* **vaincre** ▶ *nm/f* Besiegte(r) *f(m)*

vainement [vɛnmɑ̃] *adv* vergeblich

vainqueur [vɛ̃kœʀ] *nmf* Sieger(in) *m(f)* ▶ *adj m* siegreich

vaisseau, x [veso] *nm* (*Anat*) Gefäß *nt*; **~ sanguin** Blutgefäß *nt*; **~ spatial** Raumschiff *nt*

vaisselle [vɛsɛl] *nf* Geschirr *nt*; (*lavage*) Abwasch *m*; **faire la ~** (das) Geschirr spülen, abwaschen

val [val] (*pl* **vaux** *ou* **vals**) *nm* : **par monts et (par) vaux** über Berg und Tal

valable [valabl] *adj* gültig; (*motif, excuse, solution*) annehmbar; (*interlocuteur, écrivain*) fähig

Valais [valɛ] *nm* : **le ~** das Wallis

valet [valɛ] *nm* Diener *m*; (*Cartes*) Bube *m*; **~ de chambre** Kammerdiener *m*

valeur [valœʀ] *nf* Wert *m*; (*titre*) Wertpapier *nt*; **valeurs** *nfpl* (*morales*) (sittliche) Werte *pl*; **mettre en ~** nutzbar machen; (*fig*) zur Geltung bringen; **prendre de la ~** an Wert gewinnen *ou* zunehmen; **sans ~** wertlos; **~ absolue** Absolutwert *m*; **~ d'échange** Tauschwert *m*; **~s mobilières** bewegliche Habe *f*

valide [valid] *adj* gesund; (*passeport, billet*) gültig

valider [valide] *vt* für gültig erklären

validité [validite] *nf* Gültigkeit *f*

valise [valiz] *nf* Koffer *m*; **faire sa ~** (den Koffer) packen; **~ diplomatique** diplomatisches Gepäck *nt*

vallée [vale] *nf* Tal *nt*

valoir [valwaʀ] *vi* (*un certain prix*) wert sein; (*être valable*) taugen ▶ *vt* (*équivaloir à*) so gut sein wie; (*causer, procurer*) : **~ qch à qn** jdm etw einbringen; **se valoir** *vpr* gleichwertig sein; **faire ~** (*ses droits, prérogatives*) geltend machen; (*domaine, capitaux*) nutzbar machen; **~ la peine** sich lohnen; **ça ne vaut rien** das taugt nichts; **~ cher** teuer sein

valoriser [valɔʀize] *vt* aufwerten

valse [vals] *nf* Walzer *m*

valve [valv] *nf* (*Zool*) Muschelschale *f*; (*Tech*) Ventil *nt*

vampire [vɑ̃piʀ] *nm* Vampir *m*

vandale [vɑ̃dal] *nmf* Vandale *m*, Vandalin *f*

vandalisme [vɑ̃dalism] *nm* Vandalismus *m*

vanille [vanij] *nf* Vanille *f*; **glace/crème à la ~** Vanilleeis *nt*/Vanillecreme *f*

vanité [vanite] *nf* (*inutilité*) Vergeblichkeit *f*, Nutzlosigkeit *f*; (*orgueil*) Eitelkeit *f*, Einbildung *f*

vaniteux, -euse [vanitø, øz] *adj* eitel, eingebildet

vanity-case [vanitikɛz] (*pl* **vanity-cases**) *nm* Kosmetikkoffer *m*

vannerie [vanʀi] *nf* (*fabrication*) Korbmacherei *f*; (*objets*) Korbwaren *pl*

vantard, e [vɑ̃taʀ, aʀd] *adj* angeberisch, großsprecherisch

vantardise [vɑ̃taʀdiz] *nf* Aufschneiderei *f*

vanter [vɑ̃te] *vt* (an)preisen; **se vanter** *vpr* (*péj*) angeben; **se ~ de qch** sich etw *gén* rühmen; (*péj*) mit etw angeben; **se ~ d'avoir fait/de pouvoir faire qch** damit angeben, dass man etw gemacht hat/dass man etw kann; **~ les mérites de qch** die Vorzüge von etw preisen

vapeur [vapœʀ] *nf* Dampf *m*; (*brouillard, buée*) Dunst *m*; **vapeurs** *nfpl* (*bouffées de chaleur*) Wallungen *pl*; **machine/locomotive à ~** Dampfmaschine *f*/-lokomotive *f*; **renverser la ~** (*fig*) eine Kehrtwendung machen

vaporeux, -euse [vapɔʀø, øz] *adj* (*lumière*) dunstig; (*tissu*) duftig

vaporisateur [vapɔʀizatœʀ] *nm* Zerstäuber *m*

vaporiser [vapɔʀize] *vt* (*Chim*) verdampfen; (*parfum etc*) zerstäuben

vaquer [vake] *vi* (*Admin*) Urlaub machen; **~ à ses occupations** seinen Beschäftigungen nachgehen

varappe [vaʀap] *nf* Felsklettern *nt*

varech [vaʀɛk] *nm* Tang *m*

vareuse [vaʀøz] *nf* (*de marin*) Matrosenbluse *f*; (*d'uniforme*) Uniformjacke *f*

variable [varjabl] *adj* (*temps*) veränderlich; (*divers : résultats*) unterschiedlich ▶ *nf* (*Math*) Variable *f*; **~ d'ajustement** Anpassungsvariable

variante [varjɑ̃t] *nf* Variante *f*

variateur [varjatœr] *nm*: **~ de lumière** Dimmer *m*

variation [varjasjɔ̃] *nf* Variation *f*; **variations** *nfpl* (*changements*) Veränderungen *pl*; (*de température etc*) Schwankungen *pl*; (*différences*) Unterschiede *pl*

varice [varis] *nf* Krampfader *f*

varicelle [varisɛl] *nf* Windpocken *pl*

varié, e [varje] *adj* (*divers*) abwechslungsreich; (*non monotone*) unterschiedlich

varier [varje] *vi* (*temps, humeur*) sich ändern; (*Tech, Math*) variieren; (*être divers*) unterschiedlich sein; (*changer d'avis*) seine Meinung ändern; (*différer d'opinion*) verschiedener Meinung sein ▶ *vt* (*diversifier*) variieren; (*faire alterner*) abwechseln

variété [varjete] *nf* Abwechslungsreichtum *m*; (*type*) Spielart *f*; **une (grande) ~ de** eine große Auswahl an +*dat*; **spectacle/émission de ~s** Varietéstück *nt*/-programm *nt*

variole [varjɔl] *nf* Pocken *pl*

vase [vɑz] *nm* Vase *f* ▶ *nf* Schlamm *m*, Morast *m*; **~ de nuit** Nachttopf *m*; **~s communicants** kommunizierende Röhren *pl*

vasectomie [vazɛktɔmi] *nf* Vasektomie *f*

vaseline [vaz(ə)lin] *nf* Vaseline *f*

vaseux, -euse [vazø, øz] *adj* schlammig; (*raisonnement*) schwammig; (*fatigué*) schlapp

vasistas [vazistɑs] *nm* kleines Oberlicht *nt*

vaste [vast] *adj* weit; (*connaissances, expérience*) umfangreich, groß

Vatican [vatikɑ̃] *nm*: **le ~** der Vatikan

va-tout [vatu] *nm inv*: **jouer son ~** alles auf eine Karte setzen

Vaud [vo] *nm* Waadt *f*

vaudeville [vod(ə)vil] *nm* Lustspiel *nt*

vaurien, ne [vorjɛ̃, jɛn] *nm/f* (*fam*) Satansbraten *m*

vaut [vo] *vb voir* **valoir**

vautour [votur] *nm* Geier *m*

vautrer [votre]: **se vautrer** *vpr* sich (herum)wälzen; (*dans le vice*) sich suhlen

VDQS [vedekyɛs] *abr m* (= *vin délimité de qualité supérieure*) Qualitätswein

VDQS auf einer Flasche französischen Weins bedeutet, dass es sich um einen Wein von hoher Qualität von einem empfohlenen Weingut handelt. Es ist die zweithöchste Weinklassifikation nach der AOC und wird von der *vin de pays* gefolgt.

vds *abr* (= *vends*) verkaufe

veau, x [vo] *nm* Kalb *nt*; (*Culin*) Kalbfleisch *nt*; (*peau*) Kalbsleder *nt*

vécu, e [veky] *pp de* **vivre** ▶ *nm* Erfahrungen *pl*

vedette [vədɛt] *nf* Star *m*; (*canot*) Motorboot *nt*; **mettre qn en ~** jdn groß herausstreichen; **avoir la ~** im Mittelpunkt des Interesses stehen

végétal, e, -aux [veʒetal, o] *adj* Pflanzen-; (*graisse, teinture*) pflanzlich ▶ *nm* Pflanze *f*

végétalien, ne [veʒetaljɛ̃, jɛn] *nm/f* Veganer(in)

végétalisme [veʒetalism] *nm* strenger Vegetarismus *m*

végétarien, ne [veʒetarjɛ̃, jɛn] *adj* vegetarisch ▶ *nm/f* Vegetarier(in)

végétarisme [veʒetarism] *nm* Vegetarismus *m*

végétation [veʒetasjɔ̃] *nf* Vegetation *f*; **végétations** *nfpl* Polypen *pl*

véhément, e [veemɑ̃, ɑ̃t] *adj* heftig

véhicule [veikyl] *nm* Fahrzeug *nt*; (*fig*) Mittel *nt*; **~ utilitaire** Nutzfahrzeug *nt*

veille [vɛj] *nf* (*garde*) Wache *f*; (*Psych*) Wachzustand *m*; **la ~** (*jour*) der Vortag, der Tag davor; (*quand?*) am Vortag; **la ~ de** der Tag vor; (*quand?*) am Tag vor; **à la ~ de** am Vorabend +*gén*; **l'état de ~** der Wachzustand; **~ technologique/concurentielle** Erfassung der technologischen Entwicklungen/Wettbewerbsanalyse

veillée [veje] *nf*: **~ funèbre** Totenwache *f*

veiller [veje] *vi* wachen ▶ *vt* wachen *ou* Wache halten bei; **~ à** (*s'occuper de*) sich kümmern um; **~ à faire qch/à ce que** aufpassen, dass man etw tut/aufpassen, dass; **~ sur** aufpassen auf +*acc*

veilleur, -euse [vɛjœr, øz] *nm/f*: **~ de nuit** Nachtwächter(in) *m(f)*

veilleuse [vɛjøz] *nf* (*lampe*) Nachtlicht *nt*; **en ~** (*fig*) auf Sparflamme

veinard, e [venar, ard] *nm/f* Glückspilz *m*

veine [vɛn] *nf* (*Anat*) Vene *f*; (*filon minéral*) Ader *f*; (*du bois, marbre etc*) Maserung *f*; (*fam : chance*) Glück *nt*

Velcro® [vɛlkro] *nm*: **fermeture ~** Klettverschluss *m*

vélin [velɛ̃] nm : **(papier) ~** weiches Pergament nt
véliplanchiste [veliplɑ̃ʃist] nmf Windsurfer(in) m(f)
vélo [velo] nm Fahrrad nt; **faire du ~** Rad fahren; **~ de course** Rennrad nt; **~ tout terrain** Mountainbike nt
vélocité [velɔsite] nf Geschwindigkeit f
vélodrome [velɔdʁom] nm Radrennbahn f
vélomoteur [velɔmɔtœʁ] nm Mofa nt
véloski [veloski] nm Skibob m
velours [v(ə)luʁ] nm Samt m; **~ côtelé** Cordsamt m
velouté, e [vəlute] adj samtig; (au goût) cremig ▶ nm : **~ d'asperges/de tomates** Spargel-/Tomatencremesuppe f
velu, e [vəly] adj haarig
vénal, e, -aux [venal, o] adj bestechlich, käuflich
venant [v(ə)nɑ̃] nm : **à tout ~** jedem
vendange [vɑ̃dɑ̃ʒ] nf Weinlese f
vendanger [vɑ̃dɑ̃ʒe] vi Wein lesen ▶ vt lesen
vendeur, -euse [vɑ̃dœʁ, øz] nm/f Verkäufer(in)
vendre [vɑ̃dʁ] vt verkaufen; (trahir) verraten
vendredi [vɑ̃dʁədi] nm Freitag m; **~ saint** Karfreitag m; voir aussi **lundi**
vendu, e [vɑ̃dy] pp de **vendre** ▶ adj gekauft
vénéneux, -euse [venenø, øz] adj giftig
vénérable [veneʁabl] adj ehrwürdig
vénérer [veneʁe] vt (Rel) verehren; (maître, traditions) ehren
vénérien, ne [veneʁjɛ̃, jɛn] adj Geschlechts-
Venezuela [venezɥela] nm : **le ~** Venezuela nt
vénézuélien, ne [venezɥeljɛ̃, jɛn] adj venezolanisch
vengeance [vɑ̃ʒɑ̃s] nf Rache f
venger [vɑ̃ʒe] vt rächen; (affront) sich rächen für; **se venger** vpr sich rächen; **se ~ de qch** sich für etw rächen; **se ~ sur qch/qn** sich an etw/jdm rächen
vengeur, -eresse [vɑ̃ʒœʁ, ʒ(ə)ʁɛs] nm/f Rächer(in) ▶ adj rächend
venimeux, -euse [vənimø, øz] adj giftig
venin [vənɛ̃] nm Gift nt; (fig) Bosheit f
venir [v(ə)niʁ] vi kommen; **~ de** kommen von; **je viens d'y aller/de le voir** ich bin gerade dorthin gegangen/ ich habe ihn gerade gesehen; **s'il vient à pleuvoir** falls es regnen sollte; **j'en viens à croire** que ich glaube langsam, dass; **il en est venu à mendier** es kam so weit, dass er betteln musste; **les années/ générations à ~** die kommenden Jahre/ Generationen; **il me vient une idée** ich habe eine Idee; **faire ~ qn** jdn kommen lassen; **voir ~** abwarten

Venise [vəniz] n Venedig nt
vent [vɑ̃] nm Wind m; **il y a du ~** es ist windig; **avoir le ~ debout** ou **en face/ arrière** ou **en poupe** Gegenwind/ Rückenwind haben
vente [vɑ̃t] nf Verkauf m; **~ aux enchères** Versteigerung f; **~ de charité** Wohltätigkeitsbasar m; **~ par correspondance** Versandhandel m
venteux, -euse [vɑ̃tø, øz] adj windig
ventilateur [vɑ̃tilatœʁ] nm Ventilator m
ventilation [vɑ̃tilasjɔ̃] nf Belüftung f; (installation) Lüftung f; (Comm) Aufschlüsselung f
ventiler [vɑ̃tile] vt (local) belüften; (répartir) aufgliedern
ventouse [vɑ̃tuz] nf (Méd) Schröpfkopf m; (de caoutchouc) Saugnapf m; (pour déboucher) Saugglocke f; (Zool) Saugnapf
ventre [vɑ̃tʁ] nm Bauch m
ventriloque [vɑ̃tʁilɔk] nmf Bauchredner(in) m(f)
ventru, e [vɑ̃tʁy] adj dickbäuchig
venu, e [v(ə)ny] pp de **venir** ▶ nf (arrivée) Ankunft f ▶ adj : **être mal ~ de faire qch** keinen Grund ou keine Ursache haben, etw zu tun
ver [vɛʁ] nm Wurm m; **~ à soie** Seidenraupe f; **~ blanc** Made f; **~ de terre** Regenwurm m; **~ luisant** Glühwürmchen nt; **~ solitaire** Bandwurm m
véracité [veʁasite] nf Wahrhaftigkeit f
verbal, e, -aux [vɛʁbal, o] adj (oral) mündlich; (Ling) verbal
verbe [vɛʁb] nm (Ling) Verb nt; **avoir le ~ sonore** laut reden
verdâtre [vɛʁdɑtʁ] adj grünlich
verdeur [vɛʁdœʁ] nf (vigueur) Vitalität f; (crudité) Derbheit f; (de fruit, vin) Unreife f
verdict [vɛʁdik(t)] nm Urteil nt
verdir [vɛʁdiʁ] vi grün werden ▶ vt grün werden lassen
verdure [vɛʁdyʁ] nf (arbres, feuillages) Laub nt
verge [vɛʁʒ] nf (Anat) Penis m, Glied nt
verger [vɛʁʒe] nm Obstgarten m
vergeture [vɛʁʒətyʁ] nf (gén pl) Schwangerschaftsstreifen m
verglacé, e [vɛʁglase] adj vereist
verglas [vɛʁgla] nm Glatteis nt
vergogne [vɛʁgɔɲ] nf : **sans ~** schamlos
véridique [veʁidik] adj (témoin) ehrlich; (récit) wahrheitsgemäß

vérification [veʁifikasjɔ̃] nf Überprüfung f
vérifier [veʁifje] vt überprüfen; (hypothèse) verifizieren; (prouver) beweisen; **se vérifier** vpr sich bewahrheiten
véritable [veʁitabl] adj echt; (nom, identité, histoire) wahr; **un ~ miracle** ein wahres Wunder
vérité [veʁite] nf Wahrheit f; (d'un portrait) Naturtreue f; (sincérité) Aufrichtigkeit f; **en ~, à la ~** in Wirklichkeit
vermeil, le [vɛʁmɛj] adj karminrot
vermicelles [vɛʁmisɛl] nmpl Fadennudeln pl
vermifuge [vɛʁmify3] nm Wurmmittel nt
vermillon [vɛʁmijɔ̃] adj zinnoberrot
vermine [vɛʁmin] nf Ungeziefer nt; (fig) Pack nt, Gesindel nt
vermoulu, e [vɛʁmuly] adj wurmstichig
vermout, vermouth [vɛʁmut] nm Wermut m
verni, e [vɛʁni] adj lackiert; **souliers ~s** Lackschuhe pl
vernir [vɛʁniʁ] vt lackieren
vernis [vɛʁni] nm Lack m; (fig) Schliff m; **~ à ongles** Nagellack m
vernissage [vɛʁnisaʒ] nm (d'une exposition) Vernissage f; (d'un tableau etc) Lackieren nt
vérole [veʁɔl] nf (aussi : **petite vérole**) Pocken pl
verre [vɛʁ] nm Glas nt; **boire** ou **prendre un ~** etw trinken gehen; **~ à dents** Zahnputzbecher m
verrerie [vɛʁʁi] nf (fabrique) Glashütte f; (activité) Glasbläserei f; (objets) Glas nt
verrière [vɛʁjɛʁ] nf (grand vitrage) großes Fenster nt; (toit vitré) Glasdach nt
verrou [vɛʁu] nm Riegel m
verrouillage [vɛʁujaʒ] nm Verriegelung f; (Inform) Sperren nt; **~ central** Zentralverriegelung f
verrouiller [vɛʁuje] vt (porte) verriegeln
verrue [vɛʁy] nf Warze f
vers¹ [vɛʁ] nm Vers m ▶ nmpl Gedichte pl
vers² [vɛʁ] prép (en direction de) in Richtung auf +acc; (près de, dans les environs de) in der Nähe von; (temporel) gegen, etwa um
versant [vɛʁsɑ̃] nm Abhang m
versatile [vɛʁsatil] adj unbeständig, wankelmütig
verse [vɛʁs] nf : **il pleut à ~** es gießt in Strömen
Verseau [vɛʁso] nm : **le ~** Wassermann m

versement [vɛʁsəmɑ̃] nm (paiement) Zahlung f; (sur un compte) Einzahlung f
verser [vɛʁse] vt (liquide, grains) schütten; (servir) gießen; (larmes, sang) vergießen; (argent : à qn) zahlen; (: sur un compte) einzahlen ▶ vi : **~ dans le mélo** immer melodramatischer werden
verset [vɛʁsɛ] nm (Rel) Vers m
version [vɛʁsjɔ̃] nf Version f; (traduction) Übersetzung f (aus der Fremdsprache); **film en ~ originale** Film m in Originalfassung
verso [vɛʁso] nm Rückseite f; **voir au ~** siehe Rückseite
vert, e [vɛʁ, vɛʁt] adj grün; (personne) rüstig; (cru, âpre) derb ▶ nm Grün nt; **les V~s** (Pol) die Grünen; **en voir/dire des ~es et des pas mûres** unerhörte Dinge erzählen/erleben
vert-de-gris [vɛʁdəgʁi] nm inv Grünspan m
vertébral, e, -aux [vɛʁtebʁal, o] adj : **colonne ~e** Wirbelsäule f
vertèbre [vɛʁtɛbʁ] nf (Rücken)wirbel m
vertébré, e [vɛʁtebʁe] adj Wirbel-; **vertébrés** nmpl Wirbeltiere pl
vertement [vɛʁtəmɑ̃] adv scharf
vertical, e, -aux [vɛʁtikal, o] adj vertikal, senkrecht
verticalement [vɛʁtikalmɑ̃] adv senkrecht
vertige [vɛʁtiʒ] nm : **j'ai le ~** ich bin nicht schwindelfrei; **j'ai des ~s** mir ist schwindlig; **ça me donne le ~** davon wird mir schwindlig
vertigineux, -euse [vɛʁtiʒinø, øz] adj schwindelerregend
vertu [vɛʁty] nf (propriété) Eigenschaft f; (opposé à vice) Tugend f; **en ~ de** kraft +gén
vertueux, -euse [vɛʁtɥø, øz] adj tugendhaft; (action, conduite) ehrenhaft
verveine [vɛʁvɛn] nf Eisenkraut nt; (infusion) Eisenkrauttee m
vésicule [vezikyl] nf Bläschen nt; **~ biliaire** Gallenblase f
vessie [vesi] nf (Harn)blase f
veste [vɛst] nf Jacke f; **retourner sa ~** (fig) sein Fähnchen nach dem Wind drehen; **~ croisée** Zweireiher m; **~ droite** Einreiher m
vestiaire [vɛstjɛʁ] nm (au théâtre etc) Garderobe f; (Sport etc) Umkleideraum m
vestibule [vɛstibyl] nm Diele f; (d'hôtel, temple etc) Vorhalle f
vestige [vɛstiʒ] nm (objet) Überrest m; (fragment) Spur f
veston [vɛstɔ̃] nm Jacke f

vêtement [vɛtmɑ̃] nm Kleidungsstück nt; **vêtements** nmpl (habits) Kleider pl

vétérinaire [veteRinɛR] nmf Tierarzt m, Tierärztin f

vêtir [vetiR] vt anziehen; **se vêtir** vpr sich anziehen

véto [veto] nm Veto nt; **droit de ~** Vetorecht nt

vêtu, e [vety] pp de **vêtir**

veuf, veuve [vœf, vœv] adj verwitwet ▶ nm Witwer m ▶ nf Witwe f

vexations [vɛksasjɔ̃] nfpl Demütigungen pl

vexer [vɛkse] vt beleidigen; **se vexer** vpr beleidigt sein

VF [veɛf] sigle f (= version française) in französischer Sprache

viabiliser [vjabilize] vt erschließen

viabilité [vjabilite] nf (d'une route, d'un chemin) Befahrbarkeit f

viable [vjabl] adj (enfant) lebensfähig; (entreprise) durchführbar

viaduc [vjadyk] nm Viadukt m ou nt

viager, -ère [vjaʒe, ɛR] adj: **rente viagère** Leibrente f

viagra® [vjagRa] nm Viagra® nt

viande [vjɑ̃d] nf Fleisch nt

vibrant, e [vibRɑ̃, ɑ̃t] adj vibrierend; (fig: de colère) bebend

vibraphone [vibRafɔn] nm Vibrafon nt

vibration [vibRasjɔ̃] nf Schwingung f, Vibration f

vibrer [vibRe] vi schwingen, vibrieren ▶ vt (Tech: béton) schütteln; **faire ~** zum Schwingen bringen; (personne, auditoire) mitreißen, fesseln

vibromasseur [vibRomasœR] nm Vibrator m

vice¹ [vis] nm (immoralité) Laster nt; **~ de fabrication/construction** Fabrikations-/Konstruktionsfehler m; **~ de forme** Formfehler m

vice² [vis] préf Vize-

vice-président, e [vispRezidɑ̃, ɑ̃t] (pl **vice-présidents, es**) nm/f Vizepräsident m

vice-versa [visevɛRsa] adv umgekehrt

vicieux, -euse [visjø, jøz] adj (pervers) pervers; (fautif) inkorrekt, falsch

vicinal, e, -aux [visinal, o] adj: **chemin ~** Gemeindeweg m, Gemeindestraße f

victime [viktim] nf Opfer nt; **être (la) ~ de** ein Opfer +gén sein, zum Opfer fallen +dat

victoire [viktwaR] nf Sieg m

victorieux, -euse [viktɔRjø, jøz] adj siegreich; (sourire, attitude) triumphierend

vidange [vidɑ̃ʒ] nf (d'un fossé, réservoir) Entleerung f; (Auto) Ölwechsel m

vidanger [vidɑ̃ʒe] vt entleeren; **faire ~ la voiture** einen Ölwechsel machen lassen

vide [vid] adj leer ▶ nm (Phys) Vakuum nt; (espace) Lücke f; (sous soi) Abgrund m; (fig) Leere f; **~ de** ohne; **emballé sous ~** vakuumverpackt; **regarder dans le ~** ins Leere starren; **à ~** (sans occupants) leer; (Tech) im Leerlauf

vidéo [video] nf Video nt ▶ adj inv Video-

vidéocassette [videokasɛt] nf Videokassette f

vidéoclip [videoklip] nm Videoclip m

vidéoclub [videoklœb] nm Videoklub m

vidéoconférence [videokɔ̃feRɑ̃s] nf Videokonferenz f

vidéophone [videofɔn] nm Bildtelefon nt

vide-ordures [vidɔRdyR] nm inv Müllschlucker m

vidéosurveillance [videosyRvejɑ̃s] nf Videoüberwachung f

vidéothèque [videotɛk] nf Videothek f

vide-poche [vidpɔʃ] (pl **vide-poches**) nm (Auto) Handschuhfach nt

vider [vide] vt (récipient) (aus)leeren; (salle, lieu) räumen; (volaille, poisson) ausnehmen; (querelle) beilegen; **se vider** vpr sich leeren

videur [vidœR] nm (de boîte de nuit) Rausschmeißer m

vie [vi] nf Leben nt; **sans ~** leblos; **à ~** auf Lebenszeit

vieillard [vjejaR] nm alter Mann m; **les vieillards** nmpl die alten Leute pl

vieilleries [vjɛjRi] nfpl alte Sachen pl; (fig) alter Kram m

vieillesse [vjɛjɛs] nf Alter nt; (vieillards) alte Leute pl

vieillir [vjejiR] vi alt werden; (se flétrir) altern; (institutions, doctrine) veralten; (vin, alcool) reifen ▶ vt alt machen

vieillissement [vjejismɑ̃] nm Altern nt

Vienne [vjɛn] Wien nt

viennois, e [vjɛnwa, waz] adj wienerisch

vierge [vjɛRʒ] adj jungfräulich; (page, feuille) unbeschrieben; (espaces, neige, terres) unberührt; (film) unbelichtet; (casier judiciaire) ohne Vorstrafen ▶ nf Jungfrau f; **être V~** (Astrol) Jungfrau sein

Viêt-Nam, Vietnam [vjɛtnam] nm: **le ~** Vietnam nt

vietnamien, ne [vjɛtnamjɛ̃, jɛn] adj vietnamesisch ▶ nm/f: **Vietnamien, ne** Vietnamese m, Vietnamesin f

vieux, vieille [vjø, vjɛj] (*devant nom masculin commençant par une voyelle et un h muet* **vieil**, *mpl* **vieux**) *adj* alt ▶ *nm/f* Alte(r) *f(m)*; (*péj*) alte Menschen *pl*; **mon ~/ma vieille** (*fam*) mein Lieber/meine Liebe; **prendre un coup de ~** über Nacht altern; **vieille fille** alte Jungfer *f*; **~ garçon** Junggeselle *m*; **~ jeu** altmodisch; **~ rose** altrosa

vif, vive [vif, viv] *adj* (*animé*) lebhaft; (*alerte*) rege, wach; (*emporté*) aufbrausend; (*aigu*) scharf; (*lumière, couleur*) grell; (*air*) frisch; (*vent*) scharf; (*froid*) schneidend; (*sentiment*) tief ▶ *nm* : **toucher** *ou* **piquer qn au ~** jdn tief treffen; **de vive voix** mündlich; **à ~** (*plaie*) offen; **avoir les nerfs à ~** aufs Äußerste gespannt sein; **brûlé ~** bei lebendigem Leibe verbrannt; **sur le ~** (*Art*) nach der Natur

vigilant, e [viʒilɑ̃, ɑ̃t] *adj* wachsam

vigne [viɲ] *nf* (*plante*) Weinstock *m*, Weinrebe *f*; (*plantation*) Weinberg *m*; **~ vierge** Wilder Wein *m*

vigneron, ne [viɲ(ə)ʁɔ̃] *nm/f* Winzer(in)

vignette [viɲɛt] *nf* Vignette *f*; (*de marque*) Markenzeichen *nt*; (*Auto*) ≈ Kfz-Steuerplakette *f*; (*sur médicament*) Gebührenmarke *f* (*auf Medikamenten, die bei Vorlage von der Krankenkasse ersetzt werden*)

vignoble [viɲɔbl] *nm* (*plantation*) Weinberg *m*; (*vignes d'une région*) Weinberge *pl*

vigoureux, -euse [viguʁø, øz] *adj* kräftig; (*style, dessin*) kraftvoll

vigueur [vigœʁ] *nf* Kraft *f*, Stärke *f*; (*fig*) Ausdruckskraft *f*; **être/entrer en ~** (*Jur*) in Kraft sein/treten; **selon la loi en ~** nach dem geltenden Gesetz

vil, e [vil] *adj* abscheulich, gemein; **à ~ prix** spottbillig

vilain, e [vilɛ̃, ɛn] *adj* (*laid*) hässlich; (*temps, affaire, blessure*) scheußlich; (*enfant*) ungezogen; **~ mot** Grobheit *f*

villa [villa] *nf* Villa *f*

village [vilaʒ] *nm* Dorf *nt*; **~ de vacances** Feriendorf *nt*

villageois, e [vilaʒwa, waz] *adj* ländlich ▶ *nm/f* Dorfbewohner(in)

ville [vil] *nf* Stadt *f*; **habiter en ~** in der Stadt wohnen

villégiature [vi(l)leʒjatyʁ] *nf* Urlaub *m*

vin [vɛ̃] *nm* Wein *m*; **avoir le ~ gai/triste** nach ein paar Gläschen lustig/traurig werden; **~ blanc** Weißwein *m*; **~ d'honneur** kleiner Empfang *m*; **~ de messe** Messwein *m*; **~ de pays** Landwein *m*; **~ de table** *ou* **ordinaire** Tafelwein *m*; **~ rosé** Rosé(wein) *m*; **~ rouge** Rotwein *m*

vinaigre [vinɛgʁ] *nm* Essig *m*

vinaigrette [vinɛgʁɛt] *nf* Vinaigrette *f*, Salatsoße *f*

vinaigrier [vinɛgʁije] *nm* (*fabricant*) Essighersteller *m*; (*flacon*) Essigflasche *f*

vindicatif, -ive [vɛ̃dikatif, iv] *adj* rachsüchtig

vingt [vɛ̃] *num* zwanzig; **~ et un** einundzwanzig

vingtaine [vɛ̃tɛn] *nf* : **une ~ (de)** etwa zwanzig

vingt-deux [vɛ̃tdø] *num* zweiundzwanzig

vingt-quatre [vɛ̃tkatʁ] *num* : **~ heures sur ~** rund um die Uhr

vinicole [vinikɔl] *adj* Weinbau-

vinyle [vinil] *nm* Vinyl *nt*

viol [vjɔl] *nm* (*d'une femme*) Vergewaltigung *f*; (*d'un lieu sacré*) Entweihung *f*, Schändung *f*

violation [vjɔlasjɔ̃] *nf* (*d'un traité, d'une loi*) Verstoß *m* (*de* gegen); **~ de sépulture** Grabschändung *f*

violemment [vjɔlamɑ̃] *adv* (*brutalement*) brutal

violence [vjɔlɑ̃s] *nf* Gewalt *f*; (*de personne*) Gewalttätigkeit *f*, Brutalität *f*

violent, e [vjɔlɑ̃, ɑ̃t] *adj* (*personne, instincts*) gewalttätig; (*langage*) brutal; (*choc, effort, bruit, vent*) gewaltig; (*colère, besoin, désir*) heftig

violenter [vjɔlɑ̃te] *vt* vergewaltigen

violer [vjɔle] *vt* (*femme*) vergewaltigen; (*lieu, sépulture*) schänden; (*loi, traité, secret, serment*) brechen

violet, te [vjɔlɛ, ɛt] *adj* violett ▶ *nm* Violett *nt* ▶ *nf* Veilchen *nt*

violeur [vjɔlœʁ] *nm* Vergewaltiger *m*

violon [vjɔlɔ̃] *nm* Geige *f*; (*musicien*) Geiger(in) *m(f)*; **~ d'Ingres** Hobby *nt*

violoncelle [vjɔlɔ̃sɛl] *nm* Cello *nt*

violoncelliste [vjɔlɔ̃selist] *nmf* Cellist(in) *m(f)*

violoniste [vjɔlɔnist] *nmf* Geiger(in) *m(f)*

vipère [vipɛʁ] *nf* Viper *f*

virage [viʁaʒ] *nm* Kurve *f*; (*Chim*) Farbänderung *f*; (*Photo*) Tönung *f*; **prendre un ~** eine Kurve nehmen

virago [viʁago] (*péj*) *nf* Mannweib *nt*

viral, e, -aux [viʁal, o] *adj* Virus-

virée [viʁe] *nf* Spritztour *f*; (: *à pied*) Bummel *m*

virement [viʁmɑ̃] *nm* (*Fin*) Überweisung *f*; **~ bancaire** Banküberweisung *f*; **~ postal** Postüberweisung *f*

virer [viʀe] vt (Fin) überweisen; (Photo) tönen; (fam : renvoyer) rausschmeißen ▶ vi (changer de direction) wenden, umdrehen; (changer de couleur) umschlagen; (cuti-réaction) positiv ausfallen

virevolte [viʀvɔlt] nf (d'une danseuse) schnelle Drehung f; (fig) plötzlicher Umschwung m

virginité [viʀʒinite] nf Jungfräulichkeit f; (fig) Reinheit f

virgule [viʀgyl] nf Komma nt

viril, e [viʀil] adj männlich; (attitude, air etc) mannhaft

virilité [viʀilite] nf Männlichkeit f; (vigueur sexuelle) Potenz f, Manneskraft f; (courage) Entschlossenheit f

virologie [viʀɔlɔʒi] nf Virologie f

virologiste [viʀɔlɔʒist] nmf Virologe m, Virologin f

virtualité [viʀtɥalite] nf Möglichkeit f

virtuel, le [viʀtɥɛl] adj virtuell; (potentiel) potenziell

virtuellement [viʀtɥɛlmɑ̃] adv (presque) praktisch

virtuose [viʀtɥoz] nmf Virtuose m, Virtuosin f

virtuosité [viʀtɥozite] nf Virtuosität f

virulent, e [viʀylɑ̃, ɑ̃t] adj (microbe, poison) bösartig; (poison) stark; (satire, critique) geharnischt, scharf

virus [viʀys] nm Virus m ou nt; **~ informatique** (Computer)virus m ou nt

vis [vis] vb voir **voir** ; **vivre** ▶ nf Schraube f; **~ à tête plate** Flachkopfschraube f; **~ à tête ronde** Rundkopfschraube f; **~ platinées** (Auto) Kontakte pl; **~ sans fin** Endlosschraube f

visa [viza] nm (sceau) Stempel m; (dans passeport) Visum nt; **~ de censure** (Ciné) Zensurvermerk m (zur Altersbeschränkung)

visage [vizaʒ] nm Gesicht nt

visagiste [vizaʒist] nmf (Gesichts)-kosmetiker(in) m(f)

vis-à-vis [vizavi] adv gegenüber ▶ nm inv Gegenüber nt; **~ de** gegenüber von; (en comparaison de) im Vergleich zu; **en ~** gegenüberliegend

viscéral, e, -aux [viseʀal, o] adj Eingeweide-; (fig) tief wurzelnd

viscères [viseʀ] nmpl Eingeweide pl

viscose [viskoz] nf Viskose f

visée [vize] nf (avec une arme) Zielen nt; (Arpentage) Anpeilen nt; **visées** nfpl Absichten pl; **avoir des ~s sur qn/qch** es auf jdn/etw abgesehen haben

viser [vize] vi zielen ▶ vt (objectif, cible) anpeilen; (carrière etc) anstreben; (concerner) betreffen; (apposer un visa sur) mit einem Sichtvermerk versehen; **~ à qch** auf etw acc hinzielen

viseur [vizœʀ] nm (d'arme) Kimme f; (Photo) Sucher m

visibilité [vizibilite] nf Sicht f; **sans ~** (pilotage) Blind-; (virage) unübersichtlich

visible [vizibl] adj sichtbar; (évident) sichtlich; (disponible) zu sprechen

visiblement [vizibləmɑ̃] adv (ostensiblement) sichtlich, sichtbar; (manifestement) offensichtlich

visière [vizjɛʀ] nf (Mützen)schirm m

vision [vizjɔ̃] nf (sens) Sehvermögen nt; (image mentale : conception) Vorstellung f, Bild nt; (apparition) Halluzination f

visite [vizit] nf Besuch m; (touristique, d'inspection) Besichtigung f; (Méd : à domicile) Hausbesuch m; (consultation) Visite f; (Mil) Musterung f; **faire une ~** ou **rendre ~ à qn** jdn besuchen; **être en ~ (chez qn)** (bei jdm) zu Besuch sein

visiter [vizite] vt (prisonniers, malades) besuchen; (musée, ville) besichtigen

visiteur, -euse [vizitœʀ, øz] nm/f Besucher(in)

visqueux, -euse [viskø, øz] adj zähflüssig; (surface) glitschig

visser [vise] vt festschrauben

visualisation [vizɥalizasjɔ̃] nf: **écran de ~** Bildschirm m

visualiser [vizɥalize] vt (Inform) (auf dem Bildschirm) anzeigen

visuel, le [vizɥɛl] adj visuell; **champ ~** Gesichtsfeld nt ▶ nm (Inform) Display nt

visuellement [vizɥɛlmɑ̃] adv visuell

vital, e, -aux [vital, o] adj Lebens-; (indispensable) lebensnotwendig

vitalité [vitalite] nf (d'une personne) Vitalität f; (d'une entreprise, région) Dynamik f

vitamine [vitamin] nf Vitamin nt

vite [vit] adv schnell

vitesse [vites] nf Geschwindigkeit f; (Auto : dispositif) Gang m; **prendre qn de ~** jdm zuvorkommen; **à toute ~** mit Volldampf; **~ de croisière** Reisegeschwindigkeit f; **~ de pointe** Spitzengeschwindigkeit f

viticole [vitikɔl] adj Weinbau-

viticulteur, -trice [vitikyltœʀ, tʀis] nm/f Weinbauer(in)

viticulture [vitikyltyʀ] nf Weinbau m

vitrage [vitʀaʒ] nm (cloison) Glaswand f; (toit) Glasdach nt; **double ~** Doppelverglasung

vitrail, -aux [vitʀaj, o] nm buntes Kirchenfenster nt; (technique) Glasmalerei f

vitre [vitʀ] *nf* Fensterscheibe *f*; (*Auto*) Scheibe *f*

vitrer [vitʀe] *vt* verglasen

vitreux, -euse [vitʀø, øz] *adj* Glas-; (*œil*) glasig

vitrier [vitʀije] *nm* Glaser *m*

vitrifier [vitʀifje] *vt* zu Glas verschmelzen; (*parquet*) versiegeln

vitrine [vitʀin] *nf* Schaufenster *nt*; (*petite armoire*) Vitrine *f*; **en ~** im Schaufenster; **~ publicitaire** Schaukasten *m*

vitupérations [vitypeʀasjɔ̃] *nfpl* Geschimpfe *nt sg*

vivable [vivabl] *adj* (*personne*) verträglich; (*endroit*) bewohnbar

vivace [vivas] *adj* widerstandsfähig; (*haine*) tief verwurzelt; (*Bot*) : **plante ~** mehrjährige Pflanze

vivacité [vivasite] *nf* Lebhaftigkeit *f*

vivant, e [vivɑ̃, ɑ̃t] *adj* lebendig; (*langue*) lebend ▶ *nm* : **du ~ de qn** zu jds Lebzeiten

vivarium [vivaʀjɔm] *nm* Terrarium *nt*

vivats [viva] *nmpl* Hochrufe *pl*

vive [viv] *excl* : **~ le roi/la république !** es lebe der König/die Republik!; **~ les vacances/la liberté !** ein Hoch auf die Ferien/die Freiheit!

vivement [vivmɑ̃] *adv* (*brusquement*) brüsk; (*regretter, s'intéresser*) sehr ▶ *excl* : **~ qu'il s'en aille !** wenn er doch nur ginge!

viveur [vivœʀ] *nm* Lebemann *m*

vivier [vivje] *nm* (*réservoir*) Fischtank *m*; (*étang*) Fischteich *m*

vivifiant, e [vivifjɑ̃, jɑ̃t] *adj* belebend, erfrischend; (*fig*) anregend

vivisection [viviseksjɔ̃] *nf* Vivisektion *f*

vivre [vivʀ] *vi* leben ▶ *vt* erleben; (*une certaine vie*) führen; **vivres** *nmpl* (*nourriture*) Verpflegung *f*; **se laisser ~** das Leben nehmen, wie es kommt; **il est facile à ~** mit ihm ist gut Kirschen essen; **faire ~ qn** (*pourvoir à sa subsistance*) jdn ernähren

vlan [vlɑ̃] *excl* peng

VO [veo] *sigle f* (= *version originale*) OF *f*, Originalfassung *f*

vocabulaire [vɔkabylɛʀ] *nm* Wortschatz *m*; (*livre*) Wörterverzeichnis *nt*

vocal, e, -aux [vɔkal, o] *adj* Stimm-

vocation [vɔkasjɔ̃] *nf* Berufung *f*; **avoir la ~ de l'enseignement** sich zum Lehrer berufen fühlen

vociférations [vɔsifeʀasjɔ̃] *nfpl* Geschrei *nt*

vociférer [vɔsifeʀe] *vi* brüllen, (*wütend*) schreien ▶ *vt* schreien, brüllen

vodka [vɔdka] *nf* Wodka *m*

vœu, x [vø] *nm* (*souhait*) Wunsch *m*; (*à Dieu*) Gelübde *nt*; **faire ~ de faire qch** geloben, etw zu tun; **avec nos meilleurs ~x** mit den besten Wünschen; **~x de bonheur** Glückwünsche *pl*; **~x de bonne année** Glückwünsche zum neuen Jahr

vogue [vɔg] *nf* : **en ~** in Mode, in

voici [vwasi] *prép* hier ist/sind; **~ mon bureau/des fleurs** hier ist mein Büro/sind Blumen; **~ deux ans que j'habite ici** ich lebe nun seit zwei Jahren hier; **me ~** da *ou* hier bin ich; **en ~ un** hier ist eine (*r, s*); **~** (*en offrant qch*) hier

voie [vwa] *nf* Weg *m*; (*Rail*) Gleis *nt*; (*Auto*) (Fahr)spur *f*; **par ~ buccale** *ou* **orale** oral; **par ~ rectale** rektal; **être en bonne ~** auf dem besten Weg sein; **mettre qn sur la ~** jdm auf die Sprünge helfen; **route à deux/trois ~s** zwei-/dreispurige Fahrbahn *f*; **~ d'eau** Leck *nt*; **~ ferrée** Schienenweg *m*; **la ~ lactée** die Milchstraße *f*

voilà [vwala] *prép* da ist/sind; **~ le livre/les livres que vous cherchiez** da ist das Buch/da sind die Bücher, die Sie gesucht haben; **les ~** da sind sie; **en ~ un** hier ist eine (*r, s*); **~ deux ans** vor/seit zwei Jahren; **~ deux ans que** nun sind es zwei Jahre, dass; **~ tout** das ist alles, das wär's; **~ !** (*en apportant qch*) hier, bitte

voile [vwal] *nm* Schleier *m*; (*tissu léger*) Tüll *m*; (*Photo* : *défaut*) dunkler Schleier ▶ *nf* (*de bateau*) Segel *nt*; (*sport*) Segeln *nt*

voiler [vwale] *vt* verschleiern; (*roue*) verbiegen, verbeulen; **se voiler** *vpr* (*lune*) sich verschleiern; (*regard, ciel*) sich trüben; (*voix*) heiser werden; (*roue, disque*) sich verbiegen; (*planche*) sich verziehen; **se ~ la face** sein Gesicht verhüllen

voilier [vwalje] *nm* Segelschiff *nt*; (*plus petit*) Segelboot *nt*

voir [vwaʀ] *vi* sehen; (*comprendre*) verstehen ▶ *vt* sehen; (*être témoin de*) erleben; (*fréquenter*) verkehren mit; **se voir** *vpr* : **se ~ critiquer/transformer** kritisiert/verändert werden; **cela se voit** (*cela arrive*) das kommt vor; (*c'est évident*) das sieht man; **~ que/comme** sehen, dass/wie; **~ loin** vorausschauen; **faire ~ qch à qn** jdm etw zeigen; **en faire ~ à qn** jdm die Hölle heiß machen; **ne pas pouvoir ~ qn** (*fig*) jdn nicht ausstehen können; **montrez ~** zeigen Sie mal!; **voyons !** na, hör/hört mal!; **a ~ quelque chose à ~ avec qch** mit etw zu tun haben

voire [vwaʀ] *adv* ja sogar
voisin, e [vwazɛ̃, in] *adj (proche)* benachbart; *(ressemblant)* nah verwandt ▶ *nm/f* Nachbar(in)
voisinage [vwazinaʒ] *nm (proximité)* Nähe *f*; *(quartier, voisins)* Nachbarschaft *f*; **relations de bon ~** gutnachbarliche Beziehungen *pl*
voisiner [vwazine] *vi* : **~ avec qn/qch** *(être proche)* sich in jds Nähe/in der Nähe von etw befinden
voiture [vwatyʀ] *nf* Wagen *m*, Auto *nt*; *(wagon)* Wagen *m*; **en ~ !** alles einsteigen!; **~ de course** Rennwagen *m*; **~ d'enfant** Kinderwagen *m*; **~ de fonction** Dienstwagen *m*; **~ de location** Mietwagen *m*; **~ d'occasion** Gebrauchtwagen *m*; **~ de sport** Sportwagen *m*
voiture-lit [vwatyʀli] *(pl* **voitures-lits***) nf* Schlafwagen *m*
voiture-restaurant [vwatyʀʀɛstɔʀɑ̃] *(pl* **voitures-restaurants***) nf* Speisewagen *m*
voix [vwa] *nf* Stimme *f*; **à haute ~** laut, mit lauter Stimme; **à ~ basse** leise, mit leiser Stimme; **à deux/quatre ~** zwei-/vierstimmig
vol¹ [vɔl] *nm* Flug *m*; **à ~ d'oiseau** (in der) Luftlinie; **en ~** im Flug; **attraper qch au ~** etw im Flug erwischen; **de haut ~** *(fig)* großen Stils; **~ à voile** Segelflug *m*; **~ libre** *(Sport)* Drachenfliegen *nt*; **~ plané** Gleitflug *m*
vol² [vɔl] *nm (délit)* Diebstahl *m*; **~ à l'étalage** Ladendiebstahl *m*; **~ à la tire** Taschendiebstahl *m*; **~ à main armée** bewaffneter Raubüberfall *m*; **~ de données** Datendiebstahl *m*
vol. *abr (= volume)* Vol.
volaille [vɔlaj] *nf* Geflügel *nt*
volailler [vɔlaje] *nm* Geflügelhändler *m*
volant, e [vɔlɑ̃, ɑ̃t] *adj* fliegend; *(feuille)* lose; *(personnel)* Flug- ▶ *nm (Auto)* Lenkrad *nt*; *(Tech : de commande)* Steuer(rad) *nt*; *(balle)* Federball *m*; *(jeu)* Federball(spiel) *nt*; *(de tissu)* Volant *m*
volatil, e [vɔlatil] *adj* flüchtig
volatiliser [vɔlatilize] : **se volatiliser** *vpr (Chim)* sich verflüchtigen; *(fig)* sich in Luft auflösen
vol-au-vent [vɔlovɑ̃] *(pl* **vol(s)-au-vent***) nm* Königinpastete *f*
volcan [vɔlkɑ̃] *nm* Vulkan *m*
volcanique [vɔlkanik] *adj* vulkanisch; *(tempérament)* aufbrausend
volcanologie [vɔlkanɔlɔʒi] *nf* Vulkanforschung *f*

volée [vɔle] *nf (d'oiseaux)* Schwarm *m*; *(Tennis)* Flugball *m*; **rattraper qch à la ~** etw im Flug erwischen; **à toute ~** mit voller Kraft; **~ de coups** Hagel *m* von Schlägen; **~ de flèches** Pfeilhagel *m*; **~ d'obus** Granathagel *m*
voler [vɔle] *vi* fliegen; *(voleur)* stehlen; *(aller vite)* eilen ▶ *vt (dérober)* stehlen; *(personne)* bestehlen
volet [vɔlɛ] *nm (de fenêtre)* Fensterladen *m*; *(Aviat : sur l'aile)* Landeklappe *f*; *(fig : d'un plan etc)* Teil *m*
voleter [vɔl(ə)te] *vi* (umher)flattern
voleur, -euse [vɔlœʀ, øz] *nm/f* Dieb(in) ▶ *adj* diebisch
volière [vɔljɛʀ] *nf* Voliere *f*
volley [vɔlɛ], **volley-ball** [vɔlɛbol] *nm* Volleyball *m*
volleyeur, -euse [vɔlɛjœʀ, øz] *nm/f* Volleyballspieler(in)
volontaire [vɔlɔ̃tɛʀ] *adj* freiwillig; *(décidé)* entschlossen ▶ *nmf* Freiwillige(r) *f(m)*
volontairement [vɔlɔ̃tɛʀmɑ̃] *adv* freiwillig; *(exprès)* absichtlich
volonté [vɔlɔ̃te] *nf* Wille *m*; *(fermeté)* Willenskraft *f*; **à ~** nach Belieben; **bonne ~** guter Wille; **mauvaise ~** Mangel *m* an gutem Willen; **les dernières ~s de qn** jds letzter Wille
volontiers [vɔlɔ̃tje] *adv* gern
volt [vɔlt] *nm* Volt *nt*
voltage [vɔltaʒ] *nm* Spannung *f*; *(d'un appareil)* Voltzahl *f*
volte-face [vɔltəfas] *(pl* **volte-faces***) nf* Kehrtwendung *f*
voltige [vɔltiʒ] *nf (au cirque)* Akrobatik *f*; *(Équitation)* Voltigieren *nt*; *(Aviat)* Luftakrobatik *f*
voltiger [vɔltiʒe] *vi* herumflattern
voltigeur, -euse [vɔltiʒœʀ, øz] *nm/f (au cirque)* Trapezkünstler(in)
voltmètre [vɔltmɛtʀ] *nm* Voltmeter *nt*
volume [vɔlym] *nm* Volumen *nt*, Rauminhalt *m*; *(Géom : solide)* Körper *m*; *(quantité, importance)* Umfang *m*; *(intensité)* Lautstärke *f*; *(livre)* Band *m*
volumineux, -euse [vɔlyminø, øz] *adj* umfangreich; *(courrier etc)* reichlich
volupté [vɔlypte] *nf (des sens)* Lust *f*; *(esthétique etc)* Genuss *m*
voluptueux, -euse [vɔlyptɥø, øz] *adj* wollüstig, sinnlich
vomir [vɔmiʀ] *vi* brechen, erbrechen ▶ *vt* spucken, speien; *(vapeurs, injures)* ausstoßen; *(exécrer)* verabscheuen
vomissement [vɔmismɑ̃] *nm* Erbrechen *nt*

vomitif [vɔmitif] nm Brechmittel nt
vorace [vɔʀas] adj gefräßig; (fig) unersättlich
voracité [vɔʀasite] nf Gefräßigkeit f; (fig) Unersättlichkeit f
vos [vo] adj possessif voir **votre**
Vosges [voʒ] nfpl: **les ~** die Vogesen pl
VOST [veɔeste] sigle f (= version originale sous-titrée) OmU (= Original mit Untertiteln)
votant, e [vɔtɑ̃, ɑ̃t] nm/f Wähler(in)
vote [vɔt] nm (consultation) Abstimmung f; (suffrage) Stimme f; (élection) Wahl f; **~ par correspondance** Briefwahl f
voter [vɔte] vi abstimmen; (élection) wählen ▶ vt (loi, décision) annehmen; **~ pour qn** für jdn stimmen
votre [vɔtʀ] (pl **vos**) adj possessif euer/eu(e)re; (forme de politesse) Ihr(e); **vos** eure; (forme de politesse) Ihre
vôtre [votʀ] pron: **le/la ~** eure(r, s); (forme de politesse) Ihre(r, s); **les ~s** eure; (forme de politesse) Ihre; (famille) Ihre Familie; **à la ~!** (toast) auf euer/Ihr Wohl!
voué, e [vwe] adj: **~ à l'échec** zum Scheitern verurteilt
vouer [vwe] vt (Rel) weihen; (vie, temps) widmen; **se vouer** vpr: **se ~ à** sich widmen +dat; **~ une haine/amitié éternelle à qn** jdm ewigen Hass/ewige Freundschaft schwören

(MOT-CLÉ)

vouloir [vulwaʀ] vi, vt **1** (exiger) wollen; **vouloir faire qch** etw tun wollen; **vouloir que qn fasse qch** wollen, dass jd etw tut; **que me veut-il?** was will er von mir?; **sans le vouloir** unabsichtlich; **je voudrais ceci** ich möchte das; **je voudrais faire qch** ich möchte etw tun; **le hasard a voulu que ...** wie es der Zufall so wollte ...; **la tradition veut que ...** die Tradition verlangt, dass ...
2 (désirer) wollen, mögen; **voulez-vous du thé?** möchten Sie Tee?; **comme vous voudrez** wie Sie wünschen ou möchten
3 (consentir): **je veux bien** (bonne volonté) gern; (concession) mir aus, na gut; **oui, si on veut** ja, wenn man so will; **veuillez attendre** bitte warten Sie; **veuillez agréer, Madame ou Monsieur, l'expression de mes sentiments distingués** (formule épistolaire) mit freundlichen Grüßen
4: **en vouloir**: **en vouloir à qn** es auf jdn abgesehen haben; **s'en vouloir d'avoir fait qch** sich darüber ärgern, dass man

etw getan hat; **il en veut à mon argent** er ist auf mein Geld aus
5: **vouloir de**: **l'entreprise ne veut plus de lui** die Firma will ihn nicht mehr; **elle ne veut pas de son aide** sie will seine Hilfe nicht
6: **vouloir dire (que)** bedeuten(, dass)
▶ nm: **le bon vouloir de qn** jds guter Wille

voulu, e [vuly] pp de **vouloir** ▶ adj (délibéré) absichtlich; (requis) erforderlich

(MOT-CLÉ)

vous [vu] pron (sujet: pl) ihr; (: forme de politesse: sg et pl) Sie; (objet direct, après préposition gouvernant l'accusatif: pl) euch; (: forme de politesse: sg et pl) Sie; (objet indirect, après préposition gouvernant le datif: pl) euch; (: forme de politesse) Ihnen; (réfléchi, réciproque) euch; (: forme de politesse) sich; **vous pouvez vous asseoir** ihr könnt euch/Sie können sich setzen; **je vous prie de ...** ich bitte euch/Sie, zu ...; **je vous le jure** ich schwöre es euch/Ihnen; **vous-même(s)** Sie selbst; **vous devez y aller vous-même** Sie müssen selbst hingehen
▶ nm: **employer le vous** die Sie-Form benutzen

voûte [vut] nf Gewölbe nt; **la ~ céleste** das Himmelsgewölbe; **~ du palais** (Anat) harter Gaumen m; **~ plantaire** (Anat) Fußgewölbe nt
voûté, e [vute] adj gewölbt; (dos) gekrümmt; (personne) gebeugt
voûter [vute] vt (Archit) wölben; **se voûter** vpr krumm werden
vouvoiement [vuvwamɑ̃] nm Siezen nt
vouvoyer [vuvwaje] vt siezen
voyage [vwajaʒ] nm Reise f; (trajet) Weg m; (course) Fahrt f; (fait de voyager) Reisen nt; **être en ~** auf Reisen sein; **partir en ~** verreisen; **elle aime les ~s** sie ist reiselustig; **les gens du ~** das fahrende Volk; **~ d'affaires** Geschäftsreise f, Dienstreise f; **~ de noces** Hochzeitsreise f; **~ organisé** Gesellschaftsreise f
voyager [vwajaʒe] vi reisen; (marchandises) transportiert werden
voyageur, -euse [vwajaʒœʀ, øz] nm/f Reisende(r) f(m) ▶ adj: **pigeon ~** Brieftaube f
voyagiste [vwajaʒist] nmf Reiseveranstalter(in) m(f)
voyance [vwajɑ̃s] nf Hellsehen nt

voyant, e [vwajɑ̃, ɑ̃t] *adj* grell, schreiend ▶ *nm/f (personne)* Hellseher(in) ▶ *nm (signal)* Warnlicht *nt*
voyelle [vwajɛl] *nf* Vokal *m*
voyou [vwaju] *nm* Rowdy *m*; *(enfant)* Flegel *m*
VPC [vepese] *sigle f* (= *vente par correspondance*) Versandhandel *m*
vrac [vʀak] : **en ~** *adv* (*pêle-mêle*) durcheinander; *(Comm)* lose
vrai, e [vʀɛ] *adj* wahr; *(réel)* echt ▶ *nm* : **le ~** das Wahre; **son ~ nom** sein wirklicher Name; **un ~ comédien/sportif** ein echter Schauspieler/Sportler; **à dire ~, à ~ dire** offen gestanden
vraiment [vʀɛmɑ̃] *adv* wirklich
vraisemblable [vʀɛsɑ̃blabl] *adj (plausible)* einleuchtend; *(probable)* wahrscheinlich
vraisemblance [vʀɛsɑ̃blɑ̃s] *nf* Wahrscheinlichkeit *f*; **selon toute ~** aller Wahrscheinlichkeit nach
V/Réf. *abr* (= *votre référence*) Ihr Zeichen
vrombir [vʀɔ̃biʀ] *vi* dröhnen, brummen
VRP [veɛʀpe] *sigle m* (= *voyageur, représentant, placier*) Vertreter *m*
VTT [vetete] *sigle m* (= *vélo tout terrain*) Mountainbike *nt*
vu, e [vy] *pp de* **voir** ▶ *adj* : **bien/mal vu** gut/schlecht angesehen ▶ *prép* wegen +*gén*, angesichts +*gén*
vue [vy] *nf (fait de voir, spectacle)* Anblick *m*; *(sens)* Sehvermögen *nt*; *(panorama)* Aussicht *f*; *(image)* Ansicht *f*; **vues** *nfpl (idées)* Ansichten *pl*; *(desseins)* Absichten *pl*; **perdre la ~** erblinden; **perdre de ~** aus den Augen verlieren; **à la ~ de tous** vor aller Augen; **hors de ~** außer Sicht(weite); **à première ~** auf den ersten Blick; **connaître qn de ~** jdn vom Sehen kennen; **à ~** *(Comm)* bei Empfang; **tirer à ~** ohne Vorwarnung schießen; **à ~ d'œil** merklich, sichtlich; **avoir ~ sur** (einen) Ausblick haben auf +*acc*; **en ~** *(homme)* angesehen; **avoir qch en ~** etw anvisieren; **en ~ de faire qch** mit der Absicht, etw zu tun
vulgaire [vylgɛʀ] *adj* ordinär, vulgär; *(trivial)* banal; **de ~s chaises de cuisine** ganz ordinäre Küchenstühle
vulgariser [vylgaʀize] *vt (connaissances etc)* allgemein zugänglich machen
vulgarité [vylgaʀite] *nf* Vulgarität *f*
vulnérable [vylneʀabl] *adj (physiquement)* verwundbar; *(moralement)* verletzlich; *(stratégiquement)* ungeschützt
vulve [vylv] *nf* Vulva *f*

W

W, w [dubləve] *nm inv* W, W *nt*
wagon [vagɔ̃] *nm* Wagen *m*; **~ de marchandises** Güterwagen *m*
wagon-citerne [vagɔ̃sitɛʀn] (*pl* **wagons-citernes**) *nm* Tankwagen *m*
wagon-lit [vagɔ̃li] (*pl* **wagons-lits**) *nm* Schlafwagen *m*
wagon-restaurant [vagɔ̃ʀɛstɔʀɑ̃] (*pl* **wagons-restaurants**) *nm* Speisewagen *m*
walkyrie [valkiʀi] *nf* Walküre *f*
wallon, ne [walɔ̃, ɔn] *adj* wallonisch ▶ *nm/f* : **Wallon, ne** Wallone *m*, Wallonin *f*
Wallonie [waloni] *nf* : **la ~** Wallonien *nt*
water-polo [watɛʀpɔlo] *nm* Wasserball *m*
waters [watɛʀ] *nmpl* Toilette *f*
watt [wat] *nm* Watt *nt*
w.-c., WC [vese] *nmpl* WC *nt*, Toilette *f*
web [wɛb] (*pl* **webs**) *nm* : **le ~** das (World Wide) Web
webcam [wɛbkam] *nf* Webcam *f*
webmaster [wɛbmastœʀ], **webmestre** [wɛbmɛstʀ] *nmf* Webmaster(in) *m(f)*
week-end [wikɛnd] (*pl* **week-ends**) *nm* Wochenende *nt*
western [wɛstɛʀn] *nm* Western *m*
whisky [wiski] (*pl* **whiskies**) *nm* Whisky *m*
white-spirit [wajtspiʀit] *nm* Terpentinersatz *m*
widget [widʒɛt] *nm (Inform)* Minianwendung *f*, Widget *nt*
wifi, wi-fi [wifi] *nm inv* Wi-Fi *nt* ▶ *adj inv* kabellos

X y

X, x [iks] nm inv X, x nt; **plainte contre X** (Jur) Klage f gegen Unbekannt
xénophobe [gzenɔfɔb] adj ausländerfeindlich, fremdenfeindlich
xénophobie [gzenɔfɔbi] nf Ausländerfeindlichkeit f
xérès [gzeʀɛs] nm Sherry m
xylographie [gzilɔgʀafi] nf Holzschnitt m
xylophone [gzilɔfɔn] nm Xylofon nt

Y, y¹ [igʀɛk] nm inv Y nt, y nt

(MOT-CLÉ)

y² [i] adv **1** (à cet endroit : situation) da, dort; **nous y sommes restés une semaine** wir blieben eine Woche dort; **nous y sommes** wir sind da
2 (à cet endroit : mouvement) dahin, dorthin; **nous y allons demain** wir fahren morgen dorthin
▸ pron (vérifier la syntaxe du verbe employé) : **j'y pense** ich denke daran; **s'y connaître** sich (da) auskennen; **il y a** voir **avoir**

yacht ['jɔt] nm Jacht f
yaourt ['jauʀt] nm Joghurt m ou nt
yaourtière ['jauʀtjɛʀ] nf Joghurtmaschine f
Yémen ['jemɛn] nm : **le ~** Yemen m
yéménite ['jemenit] adj yemenitisch
yeux [jø] nmpl de **œil**
yoga ['jɔga] nm Yoga m ou nt
yoghourt, yogourt ['jɔguʀt] nm = **yaourt**
yole ['jɔl] nf Skiff nt
yoyo ['jojo] nm Jo-Jo nt
yucca ['juka] nm Yuccapalme f
yuppie ['jupi] nm Yuppie m

Z

Z, z [zɛd] *nm inv* Z, z *nt*
ZAC [zak] *sigle f* (= *zone d'aménagement concerté*) städtisches Entwicklungsgebiet
Zaïre [zaiʀ] *nm* : **le ~** Zaire *nt*
zaïrois, e [zaiʀwa, waz] *adj* zairisch
Zambie [zɑ̃bi] *nf* : **la ~** Sambia *nt*
zapper [zape] *vi* zappen ▶ *vt* (*fam* : *oublier*) vergessen
zapping [zapiŋ] *nm* Zappen *nt*
zèbre [zɛbʀ] *nm* Zebra *nt*
zébré, e [zebʀe] *adj* gestreift
zébrure [zebʀyʀ] *nf* (*gén pl*) Streifen *m*
zèle [zɛl] *nm* Eifer *m*; **faire du ~** übereifrig sein
zélé, e [zele] *adj* eifrig
zénith [zenit] *nm* Zenit *m*
ZEP [zɛp] *sigle f* (= *zone d'éducation prioritaire*) Gebiet für gezielte Erziehungsförderung
zéro [zeʀo] *num* Null *f* ▶ *nm* (*Scol*) ≈ Sechs *f*
zeste [zɛst] *nm* (*Culin*) Schale *f*; (*fig*) : **un ~ de** ein Quäntchen
zézayer [zezeje] *vi* lispeln
ZI [ʒedi] *sigle f* Industriegebiet *nt*
zigouiller [ziguje] (*fam*) *vt* abmurksen
zigzag [zigzag] *nm* Zickzack *m*; (*point*) Zickzackstich *m*
Zimbabwe [zimbabwe] *nm* : **le ~** Zimbabwe *nt*
zimbabwéen, ne [zimbabweɛ̃, ɛn] *adj* Zimbabwisch
zinc [zɛ̃g] *nm* Zink *nt*; (*comptoir*) Theke *f*, Tresen *m*
zipper [zipe] *vt* (*Inform*) zippen
zizanie [zizani] *nf* : **mettre** *ou* **semer la ~** Zwietracht säen
zizi [zizi] (*fam*) *nm* Pimmel *m*
zodiaque [zɔdjak] *nm* Tierkreis *m*; **les signes du ~** die Sternzeichen
zona [zona] *nm* Gürtelrose *f*
zonard [zonaʀ] (*fam*) *nm* Rowdy *m*
zone [zon] *nf* Zone *f*, Gebiet *nt*; **~ à urbaniser en priorité** *Gebiet für städtebauliche Sanierungs- und Entwicklungsmaßnahmen*; **~ bleue** ≈ Kurzparkzone *f*; **~ d'aménagement concerté** städtebauliches Erschließungsgebiet *nt*; **~ d'éducation prioritaire** schulisches Notstandsgebiet *nt*; **~ franche** Freizone *f*; **~ industrielle** Industriegebiet *nt*
zoner [zone] (*fam*) *vt* herumhängen
zoo [zo] *nm* Zoo *m*
zoologie [zɔɔlɔʒi] *nf* Zoologie *f*
zoologique [zɔɔlɔʒik] *adj* zoologisch
zoologiste [zɔɔlɔʒist] *nmf* Zoologe *m*, Zoologin *f*
zoom [zum] *nm* Zoom *m*, Zoomobjektiv *nt*
zootechnicien, ne [zootɛknisjɛ̃, jɛn] *nm/f* Tierzüchter(in)
zootechnique [zootɛknik] *nf* Tierzucht *f*
Zoug [zug] Zug *nt*
zozo [zozo] (*fam*) *nm* Doofi *m*
ZUP [zyp] *sigle f* (= *zone à urbaniser en priorité*) Gebiet für städtebauliche Sanierungs- und Entwicklungsmaßnahmen
Zurich [zyʀik] *n* Zürich *nt*
zut [zyt] *excl* Mist

Perspectives sur l'allemand

Introduction	2
L'Allemagne et ses régions	3
Portrait de l'Allemagne	5
L'Autriche et ses régions	6
La Suisse et ses régions	7
Portraits de l'Autriche et de la Suisse	8
Les variétés d'allemand	9
Les mots allemands du français	10
Les mots français de l'allemand	11
Un peu d'allemand familier	12
Améliorez votre prononciation	13
Exprimez-vous avec plus de naturel	14
La correspondance	16
Les SMS	16
Internet et le courrier électronique	17
La correspondance privée	19
La correspondance commerciale	21
Au téléphone	23
Locutions allemandes	24
Quelques problèmes de traduction courants	26

Introduction

Perspectives sur l'allemand vous propose de découvrir différents aspects de l'Allemagne, de l'Autriche et d'autres régions germanophones. Les pages qui suivent vous offrent la possibilité de faire connaissance avec les pays où l'on parle l'allemand et avec leurs habitants.

Des conseils pratiques sur la langue et des notes abordant les problèmes de traduction les plus fréquents vous aideront à parler l'allemand avec davantage d'assurance. Une partie très utile consacrée à la correspondance vous fournit toutes les informations dont vous avez besoin pour pouvoir communiquer efficacement par écrit.

Nous avons également inclus un certain nombre de liens vers des ressources en ligne qui vous permettront d'approfondir vos connaissances sur l'Europe germanophone et la langue allemande.

Nous espérons que vous prendrez plaisir à consulter votre supplément *Perspectives sur l'allemand*. Nous sommes sûrs qu'il vous aidera à mieux connaître les pays germanophones et à prendre confiance en vous, à l'écrit comme à l'oral.

L'Allemagne et ses régions

L'Allemagne et ses régions

Les dix plus grandes villes allemandes

Ville	Nom des habitants	Population
Berlin	die Berliner	3 375 000
Hamburg	die Hamburger	1 790 756
München	die Münchner	1 458 508
Köln	die Kölner	1 044 555
Frankfurt	die Frankfurter	685 172
Stuttgart	die Stuttgarter	597 939
Dortmund	die Dortmunder	579 012
Düsseldorf	die Düsseldorfer	593 057
Essen	die Essener	572 365
Bremen	die Bremer	550 406

Berlin a été la capitale de l'Allemagne de 1871 à 1945. Après la Seconde Guerre mondiale, et ce jusqu'en 1990, le pays a été divisé en deux : l'Allemagne de l'Ouest et l'Allemagne de l'Est. On retrouvait cette division à Berlin, qu'un mur partageait en secteur ouest et secteur est. L'Allemagne (Berlin compris) s'est réunifiée en 1990 et Berlin est redevenue la capitale de tout le pays en 1999.

L'Allemagne est une république composée de 16 États fédérés (*Länder*) dont beaucoup ont une longue histoire. Trois villes ont le statut de *Land* : Berlin et les villes libres hanséatiques de Brême et de Hambourg. Les treize autres *Länder* sont des régions : le Bade-Wurtemberg, la Bavière, le Brandebourg, la Hesse, le Mecklembourg-Poméranie-Occidentale, la Rhénanie-Westphalie, la Rhénanie-Palatinat, la Sarre, la Saxe, la Saxe-Anhalt, la Basse-Saxe, le Schleswig-Holstein, la Thuringe.

Le chef de l'État allemand est le président (*der Bundespräsident*) et c'est le chancelier (*der Bundeskanzler*) qui est à la tête du gouvernement. La forme féminine de ce mot (*die Bundeskanzlerin*) a été utilisée pour la première fois en 2005, quand une femme est devenue chancelière.

Lien utile:
www.tatsachen-ueber-deutschland.de
Informations sur l'Allemagne.

Portrait de l'Allemagne

- En superficie, l'Allemagne (357 045 km²) est plus petite que la France (549 000 km²).

- Avec 82 millions d'habitants, la population allemande dépasse celle de la France. Son taux de natalité est bas (1,39 enfant par femme).

- L'économie allemande est la première d'Europe et l'une des plus importantes du monde.

- Le Rhin, qui prend sa source en Suisse et se jette dans la mer du Nord en Hollande, fait 1 320 km de long. La majeure partie de ce fleuve imposant coule en Allemagne (865 km).

- L'Allemagne compte autant de catholiques que de protestants.

- La plus haute montagne allemande est la Zugspitze (2 962 m).

- L'Allemagne a des frontières avec neuf autres pays : le Danemark, les Pays-Bas, la Belgique, le Luxembourg, la France, la Suisse, l'Autriche, la République tchèque et la Pologne.

- La bière allemande est réputée pour sa pureté et sa grande qualité. Il existe des centaines de petites brasseries indépendantes qui produisent des bières originales. L'Oktoberfest de Munich, une fête de la bière qui s'étale sur deux semaines, accueille six millions de personnes chaque année.

Quelques liens utiles :
www.destatis.de
Office fédéral de la statistique.
www.muenchen.de
Office du tourisme de Munich.

L'Autriche et ses régions

La Suisse et ses régions

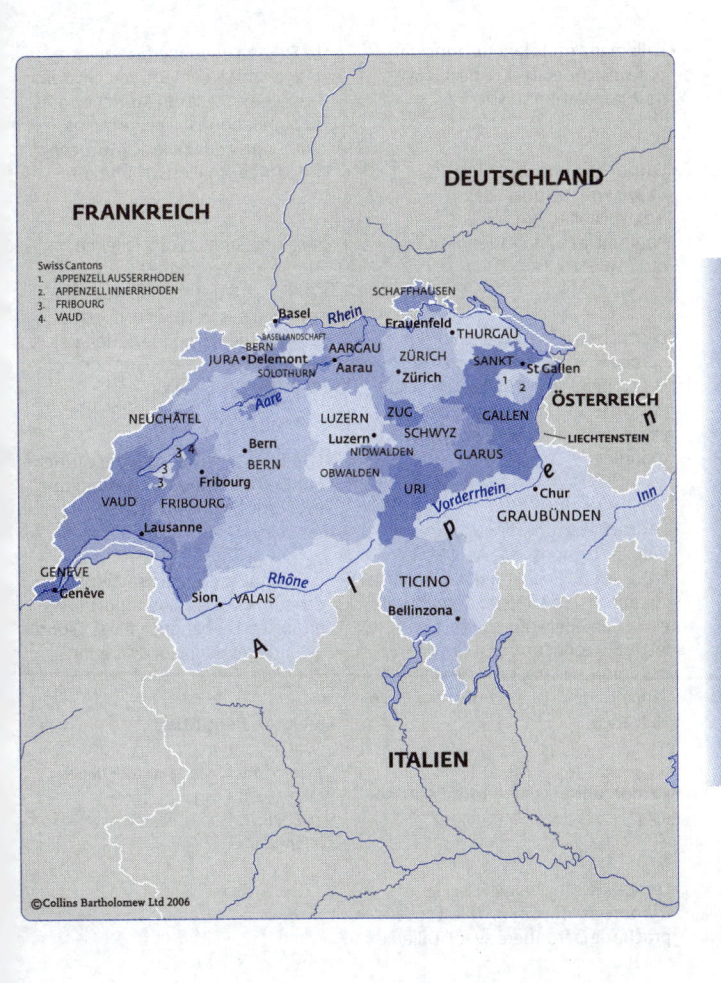

Portraits de l'Autriche et de la Suisse

- L'allemand est la langue principale de l'Autriche et il est parlé par 65% de la population suisse.

- L'Autriche a une superficie de 83 870 km². Un quart des 8,221 millions d'Autrichiens habitent la capitale Vienne (*Wien*) ou ses alentours.

- L'Autriche est membre de l'Union européenne et utilise l'euro, contrairement à la Suisse qui ne fait pas partie de l'Union européenne et a gardé le franc suisse comme monnaie.

- L'Autriche est une république fédérale composée de neuf États. La Suisse, autre État fédéral, compte 26 cantons. Son appellation officielle est la Confédération suisse. Les lettres CH que l'on voit à l'arrière des voitures suisses sont le sigle de l'appellation latine : Confoederatio Helvetica.

- La montagne la plus haute d'Autriche est le Grossglockner (3 797 m).

- Le pic suisse le plus élevé est la Dufourspitze (4 643 m) : il est tout proche de la frontière avec l'Italie.

- La Suisse a une superficie de 41 290 km² seulement, soit environ la moitié de celle de l'Autriche, mais sa population est à peine moins nombreuse que celle de l'Autriche : à peu près 8 millions d'habitants.

- Il y a trois langues officielles en Suisse – l'allemand, le français et l'italien. 21% de la population parle le français et 7% l'italien. Il existe une quatrième langue nationale, le romanche, qui est parlé par moins de 1% de la population.

- La plus grande ville suisse est Zurich (397 698 habitants) mais la capitale est Berne (137 818 habitants).

- La banque est l'un des secteurs économiques les plus importants en Suisse. Les banques suisses sont légendaires pour leur discrétion.

Quelques liens utiles :
www.bfs.admin.ch
Office fédéral suisse de la statistique.
www.austria.org
Service autrichien de presse et d'information.

Les variétés d'allemand

L'allemand que nous apprenons est l'allemand standard ou *Hochdeutsch*.
Les dialectes régionaux sont nombreux en Allemagne, mais il y en a aussi
beaucoup en Autriche et en Suisse, où l'on peut rencontrer un certain nombre de
mots et d'expressions qui ne correspondent pas à ceux de l'allemand standard.
En voici quelques exemples :

Allemand autrichien (*Österreichisch*)	Français	Allemand
die Aschanti	la cacahuète	*die Erdnuss*
das Beisel	le (petit) bar	*das Wirtshaus*
das Best	le prix (récompense)	*der Preis*
die Bim	le tramway	*die Straßenbahn*
der Karfiol	le chou-fleur	*der Blumenkohl*
die Marille	l'abricot	*die Aprikose*
das Obers	la crème	*die Sahne*
der Paradeiser	la tomate	*die Tomate*
die Ribisel	la groseille (rouge)	*die Johannisbeere*

Certains des mots de la liste ci-dessous sont employés aussi bien par les Suisses
qui parlent l'allemand standard que par les locuteurs du *Schweizerdeutsch*. Celui-ci est un dialecte parlé, tandis que l'allemand standard est la langue écrite de la
Suisse germanophone.

Allemand de Suisse (*Schweizerdeutsch*)	Français	Allemand
der Abwart	le concierge	*der Hausmeister*
das Bébé	le bébé	*das Baby*
das Billett	le billet	*die (Fahr)karte*
der Goalie	le gardien de but	*der Torwart*
grüezi!	bonjour !	*guten Tag!*
das Morgenessen	le petit-déjeuner	*das Frühstück*
parkieren	se garer	*parken*
die Serviertochter	la serveuse	*die Kellnerin*
salü!	salut ! (au revoir)	*tschüs(s)!*
das Velo	le vélo	*das Fahrrad*

Les mots allemands du français

Si le français et l'allemand appartiennent à des familles linguistiques distinctes, les échanges entre ces deux langues ont été d'une grande richesse à tous les stades de leurs évolutions respectives. On a souvent tendance à sous-estimer le nombre de mots d'origine germanique que l'on utilise quotidiennement ; « bretelle », « brèche » ou « chope » en font partie depuis très longtemps.

Pour un francophone, il n'est pas difficile de deviner que des mots tels que *ersatz*, *leitmotiv*, *schuss*, *bock* ou même *vasistas* (de *was ist das?*) sont d'origine allemande, car leur orthographe et leur prononciation donnent une indication de leur provenance.

Il existe pourtant de nombreux emprunts à l'allemand d'usage courant et parfois familier qui sont susceptibles de passer inaperçus : c'est le cas de « halte » (du verbe *halten* « s'arrêter »), de « trinquer » (du verbe *trinken* « boire »), ou de « valse » (de *Walzer*).

Certains mots qui sont intimement liés aux représentations les plus répandues de la culture française proviennent également de l'allemand : c'est le cas d' « accordéon » (de *Akkordeon*) et de « croissant », une « viennoiserie » dont on attribue parfois la paternité aux Autrichiens. Ces mots d'origine allemande ont subi des transformations phonétiques et orthographiques qui ont contribué à les franciser. Dans le cas de « jardin d'enfants », on voit que le procédé a consisté à traduire mot à mot *Kindergarten*.

Naturellement, l'engouement pour la littérature allemande ou les avancées de la science outre-Rhin ont favorisé l'afflux de mots allemands en français. Pour les sciences, on retiendra « diesel », de l'inventeur Rudolf Diesel, ou « compteur Geiger », du nom du chercheur en physique nucléaire Hans Geiger.

Les mots français de l'allemand

De nombreux mots français sont entrés dans le vocabulaire allemand et sont d'usage courant, avec, pour certains, une orthographe un peu différente.

Beaucoup ont le même sens en allemand et en français :

das Blouson	*die* Garage
das Budget	*die* Grippe
die Chance	*die* Konfitüre
das Eau de Cologne	*das* Niveau
die Fassade	*das* Parfüm
der Fauxpas	*die* Pommes frites

Méfiez-vous cependant d'autres termes provenant du français, ou d'apparence française, et dont le sens n'est pas celui auquel on pourrait s'attendre :

die Bagage	la canaille
die Balance	l'équilibre
der Etat	le budget
der Intendant	le directeur (*Théât*, TV)
das Parterre	le rez-de-chaussée
das Souterrain	le sous-sol

Un peu d'allemand familier

Il est naturel d'adapter son registre de langue en fonction des situations dans lesquelles on se trouve. Lorsque vous visiterez un pays germanophone, les situations de la vie quotidienne vous donneront certainement l'occasion d'entendre des expressions familières.

Voici quelques exemples de mots familiers allemands :

La langue familière est indiquée très clairement dans le dictionnaire pour que vous puissiez choisir les termes les mieux adaptés à la situation.

Employez avec prudence ce qui est signalé comme « familier » (*fam*) dans votre dictionnaire, et évitez ce qui comporte la mention « vulgaire » (*vulg*).

bescheuert	fou
flennen	pleurer
geil	fantastique
die Glotze	la télévision
das Klo	les toilettes
der Knast	la prison
die Kneipe	le bistrot
die Kohle	l'argent
quatschen	parler
schummeln	tricher
tschüs(s)	salut (au revoir)
der Typ	le type
der Zoff	les ennuis, les problèmes

Améliorez votre prononciation

Il existe différentes méthodes pour améliorer votre prononciation et prendre confiance en vous à l'oral :

- écouter la radio allemande

- regarder des films allemands en version originale

- parler avec des germanophones

Quelques liens utiles :
www.ard.de/radio/
Site d'une des radios allemandes qui donne aussi des informations sur différents événements culturels.
www.dw-world.de
Deutsche Welle est l'équivalent allemand de Radio France Internationale et France 24.

Quelques points à retenir pour une meilleure prononciation

Les lettres qui sont propres à l'allemand :

- **ä** – se prononce comme le *ê* de être.

- **ö** – se prononce comme le *eu* de beurre.

- **ü** – se prononce comme le *u* de salut.

- **ß** – se prononce comme le *s* de sel.

Notez aussi les points suivants :

- **j** – se prononce généralement comme *ill* dans mouillé ou *y* dans yeux.

- **v** – se prononce en général *f*.

- **w** – se prononce *v*.

Exprimez-vous avec plus de naturel

Les mots et expressions de la conversation

En français, nous émaillons nos conversations de mots et de formules comme « donc », « alors », « au fait » pour structurer notre réflexion et souvent aussi pour exprimer un état d'esprit. Les mots allemands ci-dessous jouent le même rôle. En les employant, vous gagnerez en aisance et en naturel.

- **also**
  Kommst du **also** mit (ja oder nein)?
  (= alors, donc)
  Also, wie ich schon sagte, … (= donc)

- **übrigens**
  Übrigens, du schuldest mir zehn Euro.
  (= au fait)
  Ich habe sie **übrigens** gestern getroffen.
  (= au fait, d'ailleurs)

- **schließlich**
  Er hat es mir **schließlich** doch gesagt.
  (= finalement)
  Sie ist **schließlich** erst drei Jahre alt.
  (= après tout)

- **stimmt!, stimmts?**
  Er ist doch in Australien. – **Stimmt!**
  (= voilà !, c'est ça !)
  Du hast mich belogen, **stimmts?**
  (= c'est ça ?)

- **wirklich**
  Bist du mir böse? – Nicht **wirklich**.
  (= vraiment)
  Das hat mich **wirklich** geärgert.
  (= vraiment)

- **jedenfalls**
  Es ist **jedenfalls** schon zu spät.
  (= en tout cas)
  Er hat nichts gesagt, **jedenfalls** nichts Neues. (= en tout cas)

- **eigentlich**
  Wer hat das Spiel **eigentlich** gewonnen?
  (= réellement)
  Bist du müde? – **Eigentlich** nicht.
  (= réellement)

- **nämlich**
  Wir bleiben zu Hause, es ist **nämlich** sehr regnerisch. (= en effet)
  Er ist **nämlich** mein bester Freund.
  (= en effet)

- **überhaupt**
  Hörst du mir **überhaupt** zu?
  (= vraiment)
  Ich habe **überhaupt** keinen Grund dazu.
  (= vraiment)

Exprimez-vous avec plus de naturel

En variant les mots que vous employez pour faire passer une idée, vous contribuerez également à donner le sentiment que vous êtes à l'aise en allemand. À titre d'exemple, vous connaissez déjà *Ich mag diesen Film*, mais pour changer vous pourriez exprimer la même idée avec *Dieser Film gefällt mir*. Voici d'autres suggestions :

Pour dire ce que vous aimez ou n'aimez pas

*Die CD **hat mir sehr gut gefallen***.	J'ai adoré…
*Der Frankreichurlaub **hat uns Spaß gemacht***.	Nous avons bien aimé…
***Ich mag** ihn*.	J'aime bien…
***Ich mag keinen** Fisch*.	Je n'aime pas…
***Ich hasse** Fußball*.	Je déteste…
Ich kann** ihn **nicht ausstehen.	Je ne supporte pas…

Pour exprimer votre opinion

***Ich denke**, wir sollten gehen*.	Je pense que…
***Ich glaube**, er hat richtig gehandelt*.	Je crois que…
***Ich finde**, wir sollten es versuchen*.	Je pense que…
***Ich bin sicher, dass** er gelogen hat*.	Je suis sûr que…
***Meiner Meinung nach** hat er einen Fehler gemacht*.	À mon avis…

Pour exprimer votre accord ou votre désaccord

Du hast recht.	Tu as raison.
Ich stimme Ihnen zu.	Je suis d'accord avec vous.
Ich bin ganz Ihrer Meinung.	Je suis entièrement d'accord avec vous.
Er hat unrecht.	Il a tort.
Ich bin anderer Meinung.	Je ne suis pas de cet avis.

La correspondance

La section suivante sur la correspondance a été conçue pour vous aider à communiquer en toute confiance en allemand, à l'écrit comme à l'oral. Grâce à des exemples de lettres, de courriels, et aux parties consacrées aux SMS et aux conversations téléphoniques, vous pouvez être sûr que vous disposez de tout le vocabulaire nécessaire à une correspondance réussie en allemand.

Les SMS

Abréviation	Allemand	Français
8ung	Achtung	attention
akla	alles klar	OK
bb	bis bald	à bientôt
DaD	denk an dich	je pense à toi
div	danke im Voraus	merci d'avance
GA	Gruß an	bonjour/salutations à
GiE	Ganz im Ernst	sérieusement
GLG	Ganz liebe Grüße	grosses bises
gn8	gute Nacht	bonne nuit
GuK, G&K	Gruß und Kuss	bisous
ild	Ich liebe dich	je t'aime
mediwi	melde dich wieder	donne des nouvelles
mfg	mit freundlichen Grüßen	amitiés
rumian	ruf mich an	appelle-moi
sfh	Schluss für heute	c'est tout pour aujourd'hui
siw	soweit ich weiß	à ma connaissance
sTn	schönen Tag noch	passe une bonne journée
sz	schreib zurück	réponds-moi
vlg	viele Grüße	amitiés
vv	viel Vergnügen	amuse-toi bien

Internet et le courrier électronique

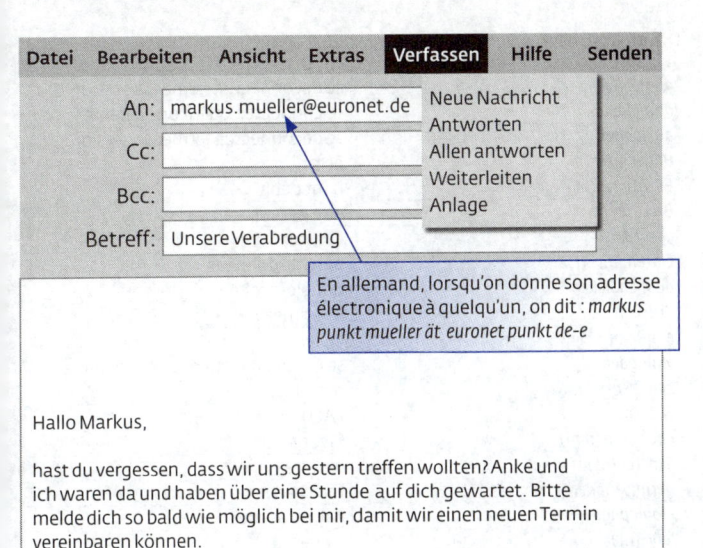

Datei	Bearbeiten	Ansicht	Extras	**Verfassen**	Hilfe	Senden

An:	markus.mueller@euronet.de
Cc:	
Bcc:	
Betreff:	Unsere Verabredung

- Neue Nachricht
- Antworten
- Allen antworten
- Weiterleiten
- Anlage

> En allemand, lorsqu'on donne son adresse électronique à quelqu'un, on dit : *markus punkt mueller ät euronet punkt de-e*

Hallo Markus,

hast du vergessen, dass wir uns gestern treffen wollten? Anke und ich waren da und haben über eine Stunde auf dich gewartet. Bitte melde dich so bald wie möglich bei mir, damit wir einen neuen Termin vereinbaren können.

Viele Grüße

Thomas

Datei (f)	fichier
Bearbeiten	réviser
Ansicht (f)	affichage
Extras (ntpl)	outils
Verfassen	écrire
Hilfe (f)	aide
Senden	envoyer
Neue Nachricht (f)	nouveau message
Antworten	répondre

Allen antworten	répondre à tous
Weiterleiten	transférer
Anlage (f)	pièce jointe
An	à
Cc	cc (copie carbone)
Bcc	cci (copie carbone invisible)
Betreff (m)	objet, sujet
Von	de
Datum (nt)	date

Internet et le courrier électronique

D'autres termes peuvent vous être utiles sur Internet :

abmelden	se déconnecter, fermer sa session
anmelden	se connecter, ouvrir une session
ausloggen	se déconnecter, fermer sa session
Bildschirm (m)	écran
Breitband (nt)	haut débit
Browser (m)	navigateur
chatten	chatter
Datenbank (f)	base de données
doppelklicken	double-cliquer
drucken	imprimer
einfügen	coller
einloggen	se connecter, ouvrir une session
ersetzen	remplacer
FAQ (nt)	FAQ
Favoriten (mpl)	favoris
Fenster (nt)	fenêtre
herunterladen	télécharger
Homepage (f)	page d'accueil
Icon (nt)	icone
Internet (nt)	Internet
Internetprovider (m)	fournisseur d'accès à Internet, FAI
klicken	cliquer
Links (mpl)	liens
Menü (nt)	menu
Ordner (m)	dossier
Papierkorb (m)	corbeille
Pfeiltasten (fpl)	flèches (sur un clavier)
Provider (m)	fournisseur d'accès
speichern	sauvegarder
suchen	rechercher
Suchmaschine (f)	moteur de recherche
(im Internet) surfen	surfer (sur le web)
Tabellenkalkulation (f)	feuille de calcul
Tastatur (f)	clavier
Verzeichnis (nt)	répertoire
Webseite (f)	page web
Website (f)	site web
weiter	page suivante
(WorldWide)Web (nt)	le web
zurück	page précédente

La correspondance privée

> La ville d'où vous écrivez et la date ; on ne donne pas son adresse complète

Köln, 24. September 2014

Liebe Tante Erika,

> Pas de majuscule au début de la lettre

ich möchte mich ganz herzlich für dein tolles Geburtstagsgeschenk bedanken. Diese DVD habe ich mir schon seit langem gewünscht. Harrison Ford war schon immer mein Lieblingsschauspieler und ich habe mir den Film bereits zweimal angesehen.

Den Sommerurlaub habe ich mit meiner Freundin in Frankreich verbracht. Aber in den nächsten Monaten muss ich mich intensiv auf mein Abitur vorbereiten. Ich hoffe, dass ich danach in München Medizin studieren kann. Vielleicht gehe ich aber vorher noch für ein Jahr ins Ausland.

Ich habe gehört, dass Onkel Heinz vor kurzem krank war. Ich hoffe, es geht ihm inzwischen besser, und meine Eltern und ich freuen uns auf unseren Besuch bei euch im Oktober.

Viele Grüße

Jens

La correspondance privée

Autres manières de commencer une lettre personnelle	Autres manières de terminer une lettre personnelle
Liebe Freunde Liebe Anita, lieber Andreas Liebe Eltern	Herzliche Grüße Liebe Grüße Viele Grüße auch von...

Quelques formules utiles

Vielen Dank für deinen Brief.	Merci beaucoup pour ta lettre.
Schön, von dir zu hören.	Ça m'a fait plaisir d'avoir de tes nouvelles.
Tut mir leid, dass ich erst jetzt antworte.	Désolé(e) de ne pas avoir répondu plus tôt.
Bitte grüße Silvia von mir.	Salue Silvia de ma part, s'il te plaît.
Mutti lässt schön grüßen.	Maman te dit bonjour.
Bitte schreib mir bald.	Écris-moi vite, s'il te plaît.

La correspondance commerciale

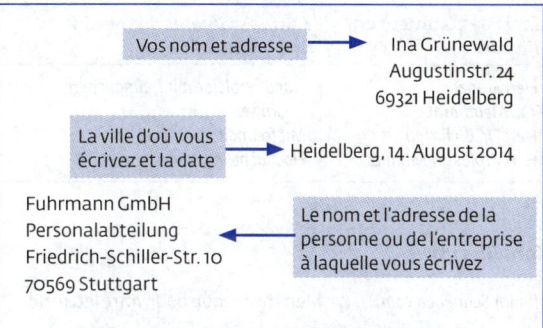

Vos nom et adresse → Ina Grünewald
Augustinstr. 24
69321 Heidelberg

La ville d'où vous écrivez et la date → Heidelberg, 14. August 2014

Fuhrmann GmbH
Personalabteilung ← Le nom et l'adresse de la personne ou de l'entreprise à laquelle vous écrivez
Friedrich-Schiller-Str. 10
70569 Stuttgart

Bewerbung als Fremdsprachenkorrespondentin

Sehr geehrte Damen und Herren,

ich beziehe mich auf Ihr Stellenangebot in der Stuttgarter Zeitung vom 12. August und möchte mich als Fremdsprachenkorrespondentin in Ihrer Firma bewerben.

Ich verfüge über ausgezeichnete Englisch- und Französischkenntnisse sowie Grundkenntnisse in den Sprachen Spanisch und Portugiesisch. Darüber hinaus habe ich gute Erfahrung bei der Texterfassung am PC (ca. 220 Anschläge pro Minute).

Weitere Einzelheiten entnehmen Sie bitte dem beigefügten Lebenslauf.

Mit freundlichen Grüßen

Ina Grünewald

La correspondance commerciale

Autres manières de commencer une lettre officielle	Autres manières de terminer une lettre officielle
Sehr geehrter Herr Franzen *Sehr geehrte Frau Meinhardt* *Sehr geehrter Herr Dr. Bleibtreu* *Sehr geehrter Herr Professor Schmitt*	*...und verbleibe mit freundlichen Grüßen* *Mit freundlichem Gruß* *Hochachtungsvoll*

Quelques formules utiles

Vielen Dank für Ihr Schreiben vom...	Merci beaucoup pour votre lettre du...
Mit Bezug auf...	Suite à...
Anbei schicke ich Ihnen...	Veuillez trouver ci-joint...
Ich würde mich freuen, von Ihnen zu hören.	Dans l'attente de votre réponse...
Ich danke Ihnen im Voraus für...	Merci d'avance pour...

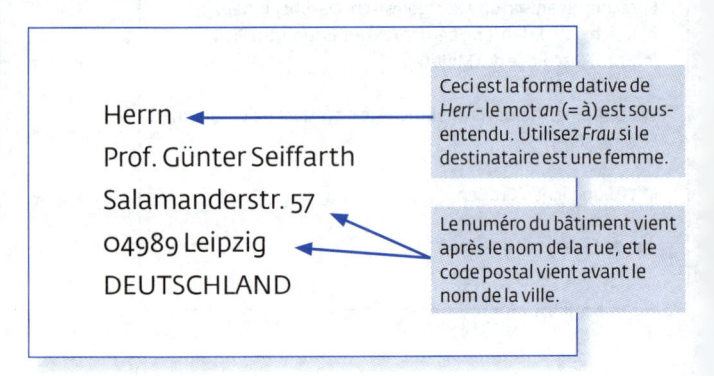

Herrn
Prof. Günter Seiffarth
Salamanderstr. 57
04989 Leipzig
DEUTSCHLAND

Ceci est la forme dative de *Herr* - le mot *an* (= à) est sous-entendu. Utilisez *Frau* si le destinataire est une femme.

Le numéro du bâtiment vient après le nom de la rue, et le code postal vient avant le nom de la ville.

Au téléphone

Pour demander des renseignements

Was ist die Vorwahl für Freiburg?	Quel est l'indicatif de Fribourg ?
Wie bekomme ich eine Amtsleitung?	Qu'est-ce que je dois faire pour avoir la ligne extérieure ?
Können Sie mir die Durchwahl von Herrn Faltermeier geben?	Est-ce que vous pouvez me donner le numéro de poste de monsieur Faltermeier ?

Quand on répond à votre appel

Hallo! Ist Barbara da?	Bonjour ! Est-ce que Barbara est là ?
Kann ich bitte mit Peter Martin sprechen?	Est-ce que je pourrais parler à Peter Martin, s'il vous plaît ?
Spreche ich mit Frau Schuster?	Mademoiselle/Madame Schuster ?
Könnten Sie sie bitten, mich zurückzurufen?	Est-ce que vous pouvez lui demander de me rappeler ?
Ich rufe in einer halben Stunde wieder an.	Je rappellerai dans une demi-heure.
Kann ich bitte eine Nachricht hinterlassen?	Est-ce que je pourrais laisser un message, s'il vous plaît ?

Quand vous répondez au téléphone

Wer spricht bitte?	Qui est à l'appareil ?
Hier ist Marion.	C'est Marion.
Am Apparat.	Lui-même/elle-même.

Ce que vous entendrez peut-être

Wer ist am Apparat?	C'est de la part de qui ?
Ich verbinde Sie mit...	Je vous mets en relation avec.../ Je vous passe...
Bitte bleiben Sie am Apparat.	Ne quittez pas.
Es meldet sich niemand.	Ça ne répond pas.
Es ist besetzt.	La ligne est occupée.
Möchten Sie eine Nachricht hinterlassen?	Est-ce que vous voulez laisser un message ?

En cas de problème

Tut mir leid, ich habe mich verwählt.	Pardon, je me suis trompé(e) de numéro.
Die Verbindung ist sehr schlecht.	La ligne est très mauvaise.
Hier ist kein Netz.	On ne capte pas ici.
Mein Akku ist fast leer.	Je n'ai presque plus de batterie.
Ich kann Sie nicht verstehen.	Je ne vous entends pas.

Pour donner votre numéro de téléphone

Pour donner son numéro de téléphone à quelqu'un en allemand, on regroupe généralement les chiffres par deux. Par exemple :
01 80 45 23 12   *null-eins / achtzig / fünfundvierzig / dreiundzwanzig / zwölf*
Si le nombre de chiffres est impair, c'est le premier que l'on donne séparément :
238 47 32 94
zwei / achtunddreißig / siebenundvierzig / zweiunddreißig / vierundneunzig

Locutions allemandes

En allemand comme dans bien d'autres langues, les gens ont recours à des expressions vivantes qui viennent d'images basées sur leur perception de la vie réelle. Les expressions courantes ci-dessous ont été regroupées en fonction du type d'images qu'elles évoquent. Pour rendre le tout plus amusant, nous vous donnons la traduction mot à mot ainsi que l'équivalent en français.

Les fruits et légumes

für einen Apfel und ein Ei → pour une bouchée de pain
mot à mot : *pour une pomme et un œuf*
Mit ihm ist nicht gut Kirschen essen. → C'est un mauvais coucheur.
mot à mot : *On ne mange pas de cerises avec lui.*
Das macht den Kohl nicht fett. → Ce n'est pas ça qui va nous aider.
mot à mot : *Ce n'est pas ça qui engraissera le chou.*
sich die Radieschen von unten ansehen → manger les pissenlits par la racine
mot à mot : *regarder les radis par en dessous*

Les animaux

Da liegt der Hund begraben. → C'est là que le bât blesse.
mot à mot : *C'est là que le chien est enterré.*
Die Spatzen pfeifen es von den Dächern. → C'est connu comme le loup blanc.
mot à mot : *Les moineaux le chantent sur les toits.*
wo sich Fuchs und Hase gute Nacht sagen → au milieu de nulle part
mot à mot : *là où le renard et le lièvre se disent bonne nuit*
seine Schäfchen ins Trockene bringen → faire sa pelote
mot à mot : *rentrer ses petits moutons au sec*
die Sau rauslassen → se laisser aller
mot à mot : *laisser la truie partir*

Les parties du corps

Hals über Kopf → précipitamment
mot à mot : *le cou par-dessus la tête*
sich kein Bein ausreißen → ne pas se casser la tête
mot à mot : *ne pas s'arracher la jambe*
Es brennt mir auf der Zunge. → Je meurs d'envie de le dire.
mot à mot : *Ça me brûle la langue.*
auf freiem Fuß sein → être libre
mot à mot : *être sur un pied libre*

Locutions allemandes

Le climat

Das ist Schnee von gestern. → C'est vieux comme le monde.
mot à mot : *C'est de la neige d'hier.*

ein Gesicht wie drei Tage Regenwetter → une tête d'enterrement
mot à mot : *une tête comme trois jours de pluie*

Hier ist dicke Luft. → Il y a de l'orage dans l'air.
mot à mot : *L'air est épais ici.*

etwas in den Wind schreiben → faire une croix sur quelque chose
mot à mot : *écrire quelque chose dans le vent*

Es regnet Bindfäden. → Il pleut des cordes.
mot à mot : *Il pleut des bouts de ficelle.*

Les vêtements

Mir ist der Kragen geplatzt. → Là, c'en est trop.
mot à mot : *Mon col a craqué.*

Das ist Jacke wie Hose. → C'est kif-kif bourricot.
mot à mot : *C'est comme la veste et le pantalon.*

jemandem auf den Schlips treten → marcher sur les pieds de quelqu'un
mot à mot : *marcher sur la cravate de quelqu'un*

Das sind zwei Paar Stiefel. → Ce sont deux choses tout à fait différentes.
mot à mot : *Ce sont deux paires de bottes.*

eine weiße Weste haben → n'avoir rien à se reprocher
mot à mot : *avoir un gilet blanc*

Les couleurs

das Blaue vom Himmel versprechen → promettre la lune
mot à mot : *promettre le bleu du ciel*

Sie sind sich nicht grün. → Ils ne se font pas de cadeaux.
mot à mot : *Ils ne sont pas verts l'un pour l'autre.*

Du kannst warten, bis du schwarz wirst. → Tu peux attendre jusqu'à la Saint-Glinglin.
mot à mot : *Tu peux attendre jusqu'à ce que tu deviennes noir.*

eine Fahrt ins Blaue → un voyage surprise
mot à mot : *un voyage dans le bleu*

sich eine goldene Nase verdienen → faire fortune
mot à mot : *gagner un nez en or*

Quelques problèmes de traduction courants

Dans les pages suivantes, nous abordons quelques-unes des difficultés de traduction que vous risquez de rencontrer. Nous espérons que les astuces que nous vous donnons vous permettront d'éviter les pièges classiques de l'allemand écrit et parlé.

Masculin, féminin et neutre

Les mots allemands peuvent appartenir à trois genres différents : le masculin, le féminin ou le neutre. Lorsque vous apprenez un mot, il est important de retenir son genre aussi.

- Les mots masculins prennent l'article **der** :

le père	→ *der Vater*
l'âne	→ *der Esel*
le moteur	→ *der Motor*
le métier	→ *der Beruf*

Parmi eux, on trouve notamment les êtres de sexe masculin, les jours, les mois et les saisons, ainsi que les noms de monnaies.

- Les mots féminins prennent l'article **die** :

la mère	→ *die Mutter*
la soie	→ *die Seide*
la scie	→ *die Säge*
la voix	→ *die Stimme*

Les êtres de sexe féminin, les chiffres, ainsi qu'un grand nombre d'arbres et de fleurs comptent parmi les mots féminins.

- Les mots neutres ont l'article **das** :

la voiture	→ *das Auto*
la maison	→ *das Haus*
le tableau (peinture d'art)	→ *das Bild*
le livre	→ *das Buch*

Parmi les neutres, on retrouve notamment les petits des êtres vivants (l'enfant : *das Kind*) et les noms de couleurs.

Quelques problèmes de traduction courants

- Un mot peut être masculin en français et féminin en allemand, et inversement :

le chat	→ *die Katze*
le nuage	→ *die Wolke*
la volonté	→ *der Wille*
la lune	→ *der Mond*

- Il est d'autant plus important de bien connaître le genre d'un mot qu'il existe des cas où le même mot va prendre des sens différents selon son genre :

der Kiefer	→ la mâchoire
die Kiefer	→ le pin
der See	→ le lac
die See	→ la mer
der Gehalt	→ le contenu
das Gehalt	→ le salaire
der Band	→ le volume (livre)
die Band	→ le groupe (de rock, jazz)
das Band	→ le bandeau

Du et Sie

En allemand, il existe un équivalent du vouvoiement mais qui fonctionne de façon un peu différente.

- Employez ***du*** comme « tu », avec une personne que vous connaissez bien ou un enfant :

    Est-ce que **tu** peux me prêter ce CD ? → *Kannst **du** mir diese CD leihen?*

- Employez ***ihr*** pour vous adresser à un groupe de personnes que vous connaissez bien ou à des enfants par exemple :

    Vous comprenez, les enfants ? → *Versteht **ihr** das, Kinder?*

- Avec une ou plusieurs personnes que vous ne connaissez pas bien, utilisez ***Sie*** :

    Est-ce que **vous** connaissez ma femme ? → *Kennen **Sie** meine Frau?*

Quelques problèmes de traduction courants

Contrairement au français, l'allemand permet de faire la distinction que l'on connaît avec le tutoiement et le vouvoiement au pluriel, grâce au pronom *Sie*. Attention à bien faire la différence entre le **Sie** de politesse, le *sie* singulier (elle) et le *sie* pluriel (ils/elles).

Quelqu'un avec qui vous avez fait connaissance vous demandera peut-être :

Wollen wir uns duzen? → On peut se tutoyer ?

L'ordre des mots dans la phrase

L'ordre des mots dans la phrase est beaucoup plus variable en allemand qu'en français. Par exemple, si une phrase débute par autre chose que le sujet en allemand, l'ordre du sujet et du verbe change :

Aujourd'hui, **nous n'avons** pas cours. → *Heute **haben wir** keinen Unterricht.*
À trois heures, **mon oncle vient** nous rendre visite. → *Um 3 Uhr **kommt mein Onkel** zu Besuch.*

Dans les propositions subordonnées (dans une phrase, la partie qui commence par « que », « si », « parce que » etc.), le verbe se place toujours à la fin de la proposition en allemand :

Je sais qu'elle **est** professeur. → *Ich weiß, dass sie Lehrerin **ist**.*
Je l'aime bien parce qu'il m'**achète** toujours des cadeaux. → *Ich mag ihn, weil er mir immer Geschenke **kauft**.*

L'ordre des mots est également un moyen d'insister sur un aspect ou un autre de la phrase :

Il a donné l'argent à sa sœur. → *Er gab seiner Schwester das Geld.*
C'est à sa sœur qu'il a donné l'argent. → *Er gab das Geld **seiner Schwester**.*
Elle est passée me prendre hier pour aller nager. → *Sie hat mich gestern zum Schwimmen abgeholt.*
C'est hier qu'elle est passée me prendre pour aller nager. → ***Gestern** hat sie mich zum Schwimmen abgeholt.*
C'est pour aller nager qu'elle est passée me prendre hier. → *Sie hat mich gestern abgeholt, **zum Schwimmen**.*
C'est moi qu'elle est passée prendre hier pour aller nager. → ***Mich** hat sie gestern zum Schwimmen abgeholt.*

Quelques problèmes de traduction courants

Traduction de l'article défini

Il existe un certain nombre de cas dans lesquels l'article défini français (« le », « la », « les ») n'est pas traduit en allemand.

- Entre **Herr**, **Frau** (« Monsieur », « Madame/Mademoiselle ») et un titre ou un nom de fonction (« président », « docteur », « directeur ») :

Madame **la** chancelière	→	*Frau Bundeskanzlerin*
Monsieur **le** directeur	→	*Herr Direktor*
Mademoiselle **la** présidente	→	*Frau Präsidentin*

- Avant un titre suivi d'un nom propre :

La chancelière Merkel est en visite à Paris.	→	***Bundeskanzlerin Merkel** ist zu Besuch in Paris.*
La reine Élisabeth a fait un discours.	→	***Königin Elisabeth** hat eine Rede gehalten.*

- Après « tous » (***alle***) :

Tous les enfants de la classe sont venus.	→	***Alle** Schüler der Klasse sind gekommen.*
Ils ont dit oui **tous les** deux.	→	*Sie haben **alle** beide Ja gesagt.*

- Dans les tournures du type « le mois dernier » (***letzte***), « l'année prochaine » (***nächste***) etc. :

Je t'appelle **la** semaine **prochaine**.	→	*Ich rufe dich **nächste** Woche an.*
J'ai vu ce film **l'**année **dernière**.	→	*Ich habe diesen Film **letztes** Jahr gesehen.*

Du, de la, des...

L'article partitif (« du », « de la », « des ») dans les tournures telles que « je voudrais du thé », « j'ai demandé du vin » ne se traduit pas en allemand :

Est-ce que l'on peut avoir **du** pain, s'il vous plaît ?	→	*Könnten wir bitte Brot haben?*
Il y a **de la** neige sur la route.	→	*Auf der Straße liegt Schnee.*
Je suis allé chercher **de la** farine.	→	*Ich bin Mehl holen gegangen.*

Quelques problèmes de traduction courants

- Le « de » de « combien de… ? » (**wie viel**) n'est pas non plus traduit en allemand :

Combien de paquets as-tu achetés ? → **Wie viele** Packungen hast du gekauft?
Combien d'enfants ont-ils ? → **Wie viele** Kinder haben sie?

Traduction de « quand »

Le mot français « quand » se traduit de différentes façons en allemand.

- En tant qu'interrogatif, il se traduit par **wann** :

Quand est-ce que le train arrive ? → **Wann** kommt der Zug an?
Quand viendra-t-elle nous voir ? → **Wann** kommt sie uns besuchen?
Quand es-tu arrivé en Allemagne ? → **Wann** bist du in Deutschland angekommen?

- Quand il évoque une répétition dans le présent ou le passé, il se traduit par **wenn** :

Quand je le vois, il me fait signe de la main. → **Wenn** ich ihn sehe, winkt er mir zu.
Quand je vois cette maison, je pense à lui. → **Wenn** ich dieses Haus sehe, denke ich an ihn.
Quand j'allais à l'école, je passais par ici. → **Wenn** ich zur Schule ging, kam ich hier vorbei.

- Lorsqu'on veut faire référence à un événement unique du passé, on traduit « quand » par **als** :

Quand je l'ai vu, il m'a fait signe de la main. → **Als** ich ihn sah, winkte er mir zu.
Ils sont partis en Allemagne **quand** elle avait cinq ans. → Sie sind nach Deutschland gegangen, **als** sie fünf Jahre alt war.
Quand ils sont arrivés, il faisait nuit. → **Als** sie ankamen, war es dunkel.

Traduction de « il y a »

En allemand, on emploie **es gibt** pour dire « il y a » dans le sens de « quelque chose existe » :

Il y a un problème. → **Es gibt** ein Problem.
Il n'y a pas de Dieu. → **Es gibt** keinen Gott.
Il y a deux raisons à cela. → **Es gibt** zwei Gründe dafür.

Quelques problèmes de traduction courants

Es *gibt* peut aussi s'employer pour décrire le temps qu'il va faire :

Il **va y avoir** de la pluie.	→	*Es **gibt** Regen.*
Il **va y avoir** un orage demain.	→	*Morgen **gibt es** ein Gewitter.*

Dans de nombreux cas cependant, l'allemand va recourir à un verbe beaucoup plus spécifique au contexte que le français, par exemple quand « il y a » signifie « se trouve » :

Il **y a** quelqu'un à la porte.	→	*Jemand **steht** vor der Tür.*
Il **y a** cinq livres sur la table.	→	*Fünf Bücher **liegen** auf dem Tisch.*
Il **y a** encore du pain.	→	*Es **ist** noch Brot **da**.*
Il **y a** un malentendu.	→	*Es **liegt** ein Missverständnis **vor**.*

Traduction de « aller »

« Aller » est, en général, traduit par ***gehen***, mais comme nous l'avons vu plus haut, en allemand on emploie généralement des verbes plus spécifiques qu'en français. Ainsi, les verbes de déplacement varient en fonction du mode de transport.

• Pour les déplacements en voiture, en train ou en bateau, employez le verbe ***fahren*** :

Nous **allons** à Vienne demain.	→	*Morgen **fahren** wir nach Wien.*
Il **va** à Strasbourg toutes les semaines.	→	*Er **fährt** jede Woche nach Straßburg.*
Nous voulons **aller** au Groenland en bateau.	→	*Wir wollen mit dem Schiff nach Grönland **fahren**.*

• Pour les déplacements en avion, utilisez ***fliegen*** :

Cet avion **va** à Toronto.	→	*Dieses Flugzeug **fliegt** nach Toronto.*

Traduction de « mettre »

« Mettre » est un autre exemple de verbe français qui donne lieu à des traductions différentes en allemand.

• Lorsqu'il s'agit de poser quelque chose à plat, employez ***legen*** :

Mets le livre dans le tiroir.	→	***Leg** das Buch in die Schublade.*
Où est-ce que je dois **mettre** mes affaires ?	→	*Wohin soll ich meine Sachen **legen**?*

Quelques problèmes de traduction courants

• Pour un objet posé à la verticale, employez **stellen** :

Mettez le livre sur l'étagère. → ***Stellt** das Buch ins Regal.*
Elle **a mis** le vase sur la table. → *Sie **stellte** die Vase auf den Tisch.*

• Lorsque « mettre » signifie « asseoir » ou « placer », on utilise **setzen** :

Elle **a assis** l'enfant sur la chaise. → *Sie **setzte** das Kind auf den Stuhl.*
Mets la balle rouge derrière la noire. → ***Setz** die rote Kugel hinter die schwarze.*

Faux amis

Un certain nombre de termes allemands et français se ressemblent mais certains n'ont pas du tout le même sens : ce sont des faux amis. Le mot allemand *das Baiser*, par exemple, n'a pas le même sens que le mot « baiser » en français, puisqu'il se traduit par « meringue » (« le baiser » se dit *der Kuss* en allemand). Voici quelques autres exemples de faux amis :

*Der junge **Dirigent** hatte einen Riesenerfolg.* → Le jeune **chef d'orchestre** a fait un triomphe.
Les **dirigeants** se réunissent aujourd'hui. → *Die **Vorsitzenden** treffen sich heute.*

*Der Bräutigam trägt eine weiße **Weste**.* → Le marié porte un **gilet** blanc.
La **veste** est un peu grande pour elle. → *Die **Jacke** ist etwas zu groß für sie.*

*Er stellt seine Bücher in ein **Regal**.* → Il range ses livres sur une **étagère**.
Le gâteau à la cannelle est un vrai **régal** ! → *Der Zimtkuchen ist ein richtiges **Festessen**!*

*Wir müssen dieser **Route** folgen.* → Il faut que l'on suive cet **itinéraire**.
La **route** est inondée. → *Die **Straße** ist überflutet.*

*Der neue Lehrer ist sehr **nett**.* → Le nouveau professeur est très **gentil**.
La photo n'est pas très **nette**. → *Das Foto ist nicht sehr **scharf**.*

DEUTSCH – FRANZÖSISCH
ALLEMAND – FRANÇAIS

a

A, a nt A, a m inv ; (Mus) la m
Aachen (-s) nt Aix-la-Chapelle
Aal (-(e)s, -e) m anguille f
Aas (-es, -e od **Äser**) nt charogne f
Aasgeier m vautour m

SCHLÜSSELWORT

ab präp +Dat dès ; **Kinder ab 12 Jahren** les enfants de plus de 12 ans ; **ab morgen/Montag/Januar** dès demain/lundi/(le mois de) janvier ; **ab sofort** dès maintenant ; **ab Werk** (Écon) départ usine
▶ adv **1** (weg, entfernt) loin ; (herunter): **der Knopf ist ab** le bouton est parti ; **ab ins Bett!** (ouste,) au lit ! ; **links ab** à gauche ; **Hut ab!** (alle Achtung!) chapeau !
2 (zeitlich) : **von da ab** dès ce moment, dès lors ; **von heute ab** dès aujourd'hui, à partir d'aujourd'hui
3 (auf Fahrplänen) : **München ab 12.20** Munich (départ) 12h20 ; **der Zug fährt ab Hauptbahnhof** le train part de la gare principale
4 : **ab und zu** od **an** de temps en temps, parfois

ab|ändern vt modifier ; (Gesetzentwurf) amender ; (Strafe) commuer ; (Urteil) réviser
Abänderung f modification f ; (von Kleid) retouche f ; (von Programm) changement m
Abart f variante f
abartig adj anormal(e)
Abbau (-(e)s) m (Zerlegung) démontage m ; (von Personal, Preisen) réduction f ; (von Kräften) déclin m ; (Mines) exploitation f ; (Chim) décomposition f • **abbaubar** adj : **biologisch ~** biodégradable
ab|bauen vt (zerlegen) démonter ; (verringern) réduire ; (Mines) extraire ; (Chim) décomposer
ab|beißen irr vt : **vom Butterbrot ~** mordre dans une tartine ; **ein Stück von etw ~** mordre un bout de qch
ab|bekommen irr vt recevoir ; (Regen) prendre ; (fam : Farbe, Aufkleber) arriver à enlever ; **etw ~** (beschädigt werden) être abîmé(e) ; (verletzt werden) être blessé(e)
ab|berufen irr vt rappeler
ab|bestellen vt (Zeitung) résilier son abonnement à
ab|bezahlen vt payer
ab|biegen irr vi tourner
Abbiegespur f voie f de sélection
Abbild nt image f • **ab|bilden** vt reproduire • **Abbildung** f reproduction f
ab|binden irr vt (Méd : Arm, Bein etc) poser un garrot à
Abbitte f : **~ leisten** od **tun** demander pardon
ab|blasen irr vt (Staub) enlever en soufflant ; (fam : absagen) annuler
ab|blenden vt : **die Scheinwerfer ~** se mettre en code
Abblendlicht nt feux mpl de croisement
ab|brechen irr vt (Ast, Henkel) casser ; (Beziehungen, Verhandlungen) rompre ; (Spiel) interrompre ; (Gebäude, Brücke) démolir ; (Zelt) démonter ; (Lager) lever ; (Inform) abandonner ▶ vi se casser ; (aufhören) arrêter
ab|brennen irr vt brûler ; (Feuerwerk) tirer ▶ vi brûler
ab|bringen irr vt : **jdn davon ~, etw zu tun** dissuader qn de faire qch
ab|bröckeln vi s'effriter ; (Börsenkurse) être en baisse
Abbruch m rupture f ; (von Gebäude) démolition f ; (Inform) abandon m ; **einer Sache** Dat **keinen ~ tun** (geh) ne pas nuire à qch • **abbruchreif** adj en ruine
ab|brühen vt blanchir
ab|buchen vt prélever
ab|bürsten vt brosser
ab|danken vi démissionner ; (König etc) abdiquer
ab|decken vt (Haus) arracher le toit de ; (Tisch) débarrasser ; (Loch, Beet) couvrir
ab|dichten vt colmater ; (Naut) calfater
ab|drängen vt pousser de côté
ab|drehen vt (abstellen) fermer ; (Film) tourner ▶ vi changer de cap
ab|drosseln vt (Auto : Motor) faire tourner au ralenti
Abdruck (-s, **Abdrücke**) m (Gipsabdruck, Wachsabdruck) moulage m ; (Fingerabdruck) empreinte f
ab|drucken vt publier

ab|drücken vt (Ader) comprimer ; (Waffe) faire partir ▶ vi (beim Schießen) tirer ▶ vr s'imprimer

ab|ebben vi (Wasser) reculer ; (fig) diminuer

Abend (**-s, -e**) m soir m ; **zu ~ essen** dîner ; **heute/gestern/morgen ~** ce/hier/demain soir • **Abendbrot** nt repas m du soir • **Abendessen** nt dîner m • **abendfüllend** adj qui dure toute la od une soirée • **Abendkleid** nt robe f du soir • **Abendkurs** m cours m du soir • **Abendland** nt Occident m • **abendlich** adj du soir • **Abendmahl** nt (Sakrament) communion f • **Abendrot** nt ciel rose le soir

abends adv le soir

Abenteuer (**-s, -**) nt aventure f • **abenteuerlich** adj (gefährlich) risqué(e) ; (seltsam) excentrique • **Abenteuerspielplatz** m aire f de jeux

Abenteurer(in) (**-s, -**) m(f) aventurier(-ière)

aber konj mais ▶ adv : **das ist ~ schön!** que c'est beau ! ; **nun ist ~ Schluss!** ça suffit comme ça !

Aberglaube m superstition f

abergläubisch adj superstitieux(-euse)

ab|erkennen irr vt : **jdm etw ~** priver qn de qch

abermalig adj nouveau(nouvelle)

abermals adv une nouvelle fois

aberwitzig adj insensé(e), absurde

ab|fahren irr vi partir ▶ vt (Schutt) enlever ; (Strecke) parcourir ; (Arm, Bein) arracher ; (Reifen) user ; (Fahrkarte) utiliser ; **voll auf jdn ~** (fam) en pincer pour qn

Abfahrt f départ m ; (Ski) descente f ; (von Autobahn) sortie f

Abfahrtslauf m descente f

Abfahrtstag m jour m du départ

Abfahrtszeit f heure f du départ

Abfall m (Rest) déchets mpl ; (Rückstand) résidus mpl ; (von Leistung) baisse f • **Abfallbeseitigung** f traitement m des déchets • **Abfalleimer** m poubelle f

ab|fallen irr vi tomber ; (übrig bleiben) rester ; **gegen jdn/etw ~** mal supporter la comparaison avec qn/qch

abfällig adj désobligeant(e)

Abfallprodukt nt sous-produit m

ab|fangen irr vt intercepter ; (Auto, Flugzeug) reprendre le contrôle de ; (Aufprall, Stoß) amortir

ab|färben vi déteindre

ab|fassen vt rédiger

ab|fertigen vt (fertig machen) préparer ; (Flugzeug) préparer pour le décollage ; (bedienen) s'occuper de ; **jdn schroff ~** envoyer promener qn

Abfertigung f traitement m ; (von Kunden) service m ; (von Antragstellern) fait de s'occuper de

ab|feuern vt tirer

ab|finden irr vt dédommager ▶ vr : **sich mit etw ~/nicht ~** être/ne pas être satisfait(e) de qch

Abfindung f (von Gläubigern) remboursement m ; (Geld) indemnité f

ab|flachen vt aplatir ▶ vi (fig) être en baisse

ab|flauen vi (Wind, Erregung) tomber ; (Nachfrage) baisser ; (Geschäft) aller moins bien

ab|fliegen irr vi (Flugzeug) décoller ; (Passagier) partir ▶ vt (Gebiet) survoler

ab|fließen irr vi couler ; (Verkehr) passer ; **ins Ausland ~** (Geld) sortir du pays

Abflug m décollage m • **Abflughalle** f salle f d'embarquement • **Abflugzeit** f heure f du départ

Abfluss m (Vorgang) écoulement m ; (Öffnung) voie f d'écoulement

Abfolge f ordre m

ab|fragen vt interroger

Abfuhr (**-, -en**) f enlèvement m ; **sich** Dat **eine ~ holen** (fam) se faire remettre en place

ab|führen vt (Verbrecher) emmener au poste ; (Gelder, Steuern) payer ▶ vi (Méd) avoir des propriétés laxatives ; **von etw ~** (von Thema, Weg) détourner de qch

Abführmittel nt laxatif m

ab|füllen vt (Flaschen) remplir ; (Flüssigkeit) mettre en bouteille

Abgabe f (von Waren) vente f ; (von Wärme) émission f ; (von Prüfungsarbeit, Stimmzettel) remise f ; (von Ball) passe f ; (gew pl: Steuer) impôt m

abgabenfrei adj exonéré(e)

abgabenpflichtig adj soumis(e) à l'impôt

Abgang m départ m ; (Théât) sortie f ; (Méd: von Nierenstein etc) évacuation f ; (: Fehlgeburt) fausse couche f ; (kein pl: der Post, von Waren) expédition f ; **reißenden ~ finden** se vendre comme des petits pains

Abgas nt gaz m inv d'échappement • **abgasarm** adj à gaz d'échappement réduits • **abgasfrei** adv : **~ verbrennen** ne pas produire de gaz toxiques à la combustion

ab|geben irr vt remettre ; (an Garderobe : Erklärung) donner ; (Ball) passer ; (Wärme) émettre ; (Waren) vendre ; (Amt, Vorsitz)

quitter; (Schuss) tirer; (Urteil) rendre ▶ vr: **sich mit jdm/etw ~** s'occuper de qn/qch; **jdm etw ~** (teilen) donner qch à qn
abgebrüht (fam) adj (skrupellos) cynique
abgedroschen adj usé(e); (Witz) éculé(e)
abgefeimt adj perfide
abgegriffen adj usé(e)
ab|gehen irr vi partir; (Théât) quitter la scène; (von der Schule) quitter l'école ▶ vt (Strecke, Weg) parcourir; **ihm geht jedes Taktgefühl ab** (fam: fehlt) il manque vraiment de tact
abgelegen adj éloigné(e)
abgemacht adj: **~!** d'accord!
abgeneigt adj +Dat: **jdm/einer Sache nicht ~ sein** (von der Schule) n'avoir rien contre qn/qch
Abgeordnete(r) f(m) député(e) m/f
Abgesandte(r) f(m) envoyé(e) m/f
abgeschmackt adj (Preis) exorbitant(e)
abgesehen adv: **von ...** à part ...
abgespannt adj épuisé(e)
abgestanden adj (Flüssigkeit) pas frais(fraîche)
abgestorben adj engourdi(e); (Pflanze, Ast, Gewebe) mort(e)
abgetragen adj (Kleidung, Schuhe) usé(e)
ab|gewinnen irr vt: **jdm etw ~** (Geld) faire perdre qch à qn; **einer Sache** Dat **etw/nichts ~ können** trouver qch intéressant/sans intérêt
abgewogen adj (Urteil) équitable; (Worte) bien pesé(e)
ab|gewöhnen vt: **jdm etw ~** faire perdre l'habitude de qch à qn; **sich** Dat **etw ~** perdre l'habitude de qch
ab|gießen irr vt (Flüssigkeit) jeter; (Kartoffeln, Eier) jeter l'eau de
ab|gleiten irr vi glisser
Abgott m idole f
abgöttisch adv: **~ lieben** idolâtrer
ab|grenzen vt séparer; (Pflichten) déterminer; (Bereich) délimiter; (Begriffe) définir ▶ vr prendre ses distances
Abgrund m abîme m
abgründig adj (Lächeln) mystérieux(-euse)
Abguss m (Form) copie f; (Vorgang) fonte f
ab|hacken vt couper (à la hache)
ab|haken vt (auf Papier) cocher
ab|halten irr vt (Versammlung) tenir; (Besprechung) avoir; (Gottesdienst) célébrer; **jdn von etw ~** empêcher qn de faire qch
ab|handeln vt (Thema) traiter; **jdm die Waren ~** conclure un marché avec qn
abhanden|kommen vi s'égarer; **mir ist mein Schirm abhandengekommen** j'ai égaré mon parapluie

Abhandlung f traité m
Abhang m pente f
ab|hängen vt décrocher; (Verfolger) se débarrasser de ▶ vi: **von jdm/etw ~** dépendre de qn/qch
abhängig adj dépendant(e)
• **Abhängigkeit** f dépendance f
ab|härten vt endurcir ▶ vr s'endurcir; **sich gegen etw ~** s'endurcir à qch
ab|hauen irr vt (Kopf, Ast) couper ▶ vi (fam) filer; **hau ab!** fiche le camp!
ab|heben irr vt (Dach, Deckel, Schicht) enlever; (Telefonhörer) décrocher; (Karten) couper; (Masche) glisser; (Geld) prélever ▶ vi (Flugzeug, Rakete) décoller; (Kartenspiel) couper ▶ vr se distinguer; **sich von etw ~** ressortir sur qch
ab|helfen irr vi +Dat (Fehler) réparer
ab|hetzen vr s'épuiser
Abhilfe f secours m
ab|holen vt aller chercher
ab|holzen vt déboiser
ab|horchen vt (Méd) ausculter
ab|hören vt (Vokabeln) faire réciter; (Telefongespräch, Tonband etc) écouter
Abhörgerät nt appareil m d'écoute
Abi nt abk (= Abitur) ≈ bac m
Abitur (-s, -e) nt ≈ baccalauréat m
: L'**Abitur** est un examen équivalent au
: baccalauréat qui sanctionne, après 12
: ans passés sur les bancs de l'école, la fin
: des études secondaires en Allemagne
: et ouvre la porte des études
: universitaires. Seuls les élèves
: fréquentant un Gymnasium peuvent se
: passer.
Abiturient(in) m(f) bachelier(-ière)
Abk. abk (= Abkürzung) abréviation f
ab|kämmen vt (Gegend) passer au peigne fin
ab|kanzeln (fam) vt: **jdn ~** enguirlander qn
ab|kapseln vr se couper du monde, s'isoler
ab|kaufen vt acheter; **jdm alles ~** (fam: glauben) gober tout ce que qn raconte
ab|kehren vt détourner ▶ vr se détourner
ab|klären vt clarifier
Abklatsch (-es, -e) m (fig) pâle imitation f
ab|klingen irr vi diminuer d'intensité
ab|knöpfen vt (Kragen, Bezug) déboutonner; **jdm etw ~** (fam) prendre qch à qn
ab|kochen vt faire bouillir
ab|kommen irr vi (sich frei machen) se libérer; **von der Straße/vom Weg ~** s'égarer; **vom Kurs ~** dévier; **vom Thema ~** s'écarter du sujet
Abkommen (-s, -) nt accord m

abkömmlich *adj* disponible
ab|kratzen *vt (Schmutz, Lack)* gratter ▶ *vi (fam)* crever
ab|kriegen *(fam) vt siehe* **abbekommen**
ab|kühlen *vt (Getränk, Essen)* refroidir ▶ *vr* se rafraîchir ; *(Zuneigung, Beziehung)* se refroidir
ab|kürzen *vt* abréger ; *(Strecke)* raccourcir
Abkürzung *f (Wort)* abréviation *f* ; *(Weg)* raccourci *m*
ab|laden *irr vt* décharger
Ablage *f (Aktenordnung)* classement *m*
ab|lagern *vi (Wein)* se faire ; *(Holz)* sécher ▶ *vr* se déposer
Ablagerung *f* dépôt *m*
ab|lassen *irr vt (Wasser)* vider ; *(Luft)* faire sortir ; *(vom Preis)* remettre
Ablauf *m (Abfluss)* écoulement *m* ; *(von Ereignissen)* déroulement *m* ; *(einer Frist)* expiration *f*
ab|laufen *irr vi (abfließen)* s'écouler ; *(Ereignisse)* se dérouler ; *(Frist)* arriver à échéance ; *(Pass)* expirer ▶ *vt (Sohlen)* user ; **jdm den Rang ~** dépasser qn
ab|legen *vt (Gegenstand)* poser ; *(Kleider)* enlever ; *(Gewohnheit)* perdre ; *(Prüfung)* passer
Ableger (**-s, -**) *m (Bot)* bouture *f*
ab|lehnen *vt (Angebot, Verantwortung, Einladung)* décliner ; *(Hilfe, Amt)* refuser
ablehnend *adj* négatif(-ive) ; *(Geste)* de refus
Ablehnung *f* refus *m*
ab|leiten *vt (Wasser, Rauch, Blitz)* détourner ; *(herleiten)* tirer ; *(Math, Ling)* dériver
Ableitung *f* détournement *m* ; *(Wort)* dérivé *m*
ab|lenken *vt* détourner ; *(Schuss, Strahlen)* dévier ; *(zerstreuen)* distraire ▶ *vi (vom Thema)* changer de sujet
Ablenkung *f* distraction *f*
Ablenkungsmanöver *nt* diversion *f*
ab|lesen *irr vt (Text, Rede)* lire ; *(Messgeräte, Werte)* relever
ab|leugnen *vt* nier (catégoriquement)
ab|liefern *vt (Ware)* livrer ; *(Geld)* remettre ; *(abgeben)* rendre
Ablieferung *f (von Waren)* livraison *f*
ab|liegen *irr vi (entfernt sein, auch fig)* être éloigné(e) *od* loin
ab|lösen *vt (Briefmarke)* décoller ; *(Pflaster, Fleisch)* enlever ; *(im Amt, Methode, System)* remplacer ▶ *vr (abgehen)* se détacher ; *(sich abwechseln)* se relayer
Ablösung *f* relève *f*
ABM *pl abk (= Arbeitsbeschaffungsmaßnahmen) mesures de création d'emplois*
ab|machen *vt (entfernen)* enlever ; *(vereinbaren)* convenir de ; *(in Ordnung bringen)* régler
Abmachung *f (Vereinbarung)* accord *m*
ab|magern *vi* maigrir
Abmagerungskur *f* régime *m* ; **eine ~ machen** suivre un régime
Abmarsch *m* départ *m*
abmarschbereit *adj* prêt(e) *(à partir)*
ab|marschieren *vi* se mettre en marche
ab|melden *vt* annoncer le départ de ; *(Auto)* faire annuler l'immatriculation de ; *(Telefon)* faire couper ▶ *vr* annoncer son départ ; *(im Hotel)* régler sa note ; *(bei Verein)* démissionner ; **sich bei der Polizei ~** annoncer son départ au commissariat
ab|messen *irr vt* mesurer
Abmessung *f* mesure *f*, détermination *f*
ab|montieren *vt* démonter
ab|mühen *vr* se donner beaucoup de peine
ab|nabeln *vt* couper le cordon ombilical de
Abnäher (**-s, -**) *m* pince *f*
Abnahme *f (Verringerung)* baisse *f* ; *(Entfernen)* fait d'enlever ; *(Écon)* achat *m*
ab|nehmen *irr vt* enlever ; *(Bild, Telefonhörer)* décrocher ; *(Führerschein)* retirer ; *(Geld)* prendre ; *(Prüfung)* faire passer ; *(glauben)* croire ; *(Maschen)* diminuer ▶ *vi (schlanker werden)* maigrir
Abnehmer (**-s, -**) *m (Écon)* acheteur *m*
Abneigung *f*: **~ (gegen)** aversion *f* (pour)
abnorm *adj* anormal(e)
ab|nutzen *vt* user
Abnutzung *f* usure *f*
Abo (**-s, -s**) *(fam) nt abk* = **Abonnement**
Abonnement (**-s, -s**) *nt* abonnement *m*
Abonnent(in) *m(f)* abonné(e)
abonnieren *vt* être abonné(e) à
ab|ordnen *vt* déléguer ; **jdn zu einer Konferenz/nach Genf ~** envoyer qn à une conférence/à Genève
ab|packen *vt* emballer
ab|passen *vt* attendre ; *(jdm auflauern)* guetter ; **etw gut ~** bien choisir son moment pour qch
ab|pfeifen *irr vt*: **das Spiel ~** siffler la fin du match ▶ *vi* siffler
Abpfiff *m* coup *m* de sifflet (indiquant la fin du match)
ab|plagen *vr* peiner
ab|prallen *vi (Ball, Geschoss)* rebondir ; **an jdm ~** *(Vorwürfe)* ne pas toucher qn
ab|putzen *vt (Schuhe, Füße)* essuyer
ab|quälen *vr* peiner ; *(Patient)* souffrir ; **sich mit einem Aufsatz ~** peiner sur une rédaction

ab|rackern (fam) vr se mettre en quatre
ab|raten irr vi: **jdm von etw ~** déconseiller qch à qn
ab|räumen vt (Tisch) débarrasser ; (Geschirr) enlever
ab|reagieren vt (Zorn) passer ▶ vr se défouler
ab|rechnen vt (abziehen) déduire ▶ vi (Rechnung begleichen, auch fig) régler ses comptes ; (Rechnung aufstellen) préparer l'addition od la facture ; **mit jdm ~** régler ses comptes avec qn
Abrechnung f (Bilanz) bilan m ; (Rache) vengeance f
ab|regen (fam) vr se calmer
ab|reiben irr vt (Schmutz) frotter ; (Rost) gratter ; (Hände) s'essuyer ; (trocken reiben) essuyer ; **jdn mit einem Handtuch ~** frotter qn avec une serviette
Abreise f départ m
ab|reisen vi partir (en voyage) ; (Rückreise antreten) partir
ab|reißen irr vt (Haus, Brücke) démolir ; (Blatt, Faden, Blumen) arracher ▶ vi (Faden) casser ; (Gespräch) s'arrêter net, être interrompu(e)
ab|richten vt dresser
ab|riegeln vt (Tür) verrouiller ; (Straße, Gebiet) interdire l'accès à
Abriss m (Übersicht) aperçu m
Abruf m: **auf ~** à disposition ; **Ware auf ~ verkaufen** vendre des marchandises à terme
ab|rufen irr vt (Ware) faire livrer
ab|runden vt arrondir ; (Eindruck, Geschmack) parfaire
ab|rüsten vi (Mil) désarmer
Abrüstung f désarmement m
ab|rutschen vi glisser ; (Leistung) baisser
Abs. abk (= Absender) exp. ; (= Absatz) §
Absage f réponse f négative
ab|sagen vt annuler ; (Einladung) décliner ▶ vi dire non
ab|sägen vt scier
ab|sahnen vt écrémer ; **das Beste für sich ~** tirer la couverture à soi
Absatz m (Schuhabsatz) talon m ; (neuer Abschnitt) alinéa m ; (Treppenabsatz) palier m ; (von Ware) ventes fpl • **Absatzflaute** f forte baisse f des ventes • **Absatzgebiet** nt secteur m de vente
ab|schaben vt gratter
ab|schaffen vt (Todesstrafe, Gesetz) abolir ; (Angestellte, Haustier, Auto) se défaire de
Abschaffung f abolition f
ab|schalten (fam) vt éteindre ▶ vi (nicht mehr konzentrieren) décrocher
ab|schätzen vt évaluer

abschätzig adj (Blick) méprisant(e) ; (Bemerkung) peu flatteur(-euse)
Abschaum (-(e)s) m rebut m
Abscheu (-(e)s) m od f dégoût m
• **abscheuerregend** adj dégoûtant(e)
• **abscheulich** adj épouvantable
ab|schicken vt expédier
ab|schieben irr vt (Ausländer) expulser ; **~ auf** +Akk (Verantwortung, Schuld) rejeter sur
Abschied (-(e)s, -e) m adieu m ; (von Armee) retour m à la vie civile ; **~ nehmen** prendre congé ; **zum ~** en guise d'adieu
Abschiedsbrief m lettre f d'adieu
Abschiedsfeier f fête f (à l'occasion d'un départ)
ab|schießen irr vt (Vogel, Geschoss) tirer ; (Pfeil) décocher ; (fam: Minister) se débarrasser de
ab|schirmen vt protéger
ab|schlagen irr vt (wegschlagen) arracher ; (ablehnen) rejeter
abschlägig adj négatif(-ive)
Abschlagszahlung f acompte m
ab|schleifen irr vt raboter ; (Rost) gratter ; (Parkett) poncer
Abschleppdienst m service m de dépannage
ab|schleppen vt remorquer ▶ vr: **sich mit etw ~** traîner qch (à grand-peine)
Abschleppseil nt câble m de remorquage
ab|schließen irr vt fermer à clé ; (beenden, eingehen) conclure ▶ vr (sich isolieren) se couper du monde
abschließend adj de conclusion ▶ adv en conclusion
Abschluss m (Beendigung) fin f ; (Écon: Bilanz) solde m ; (Geschäftsabschluss: von Vertrag) conclusion f • **Abschlussfeier** f distribution f des prix
• **Abschlussrechnung** f décompte m final
ab|schmieren vt (Auto) graisser, lubrifier
ab|schminken vt, vr se démaquiller ; **das kannst du dir gleich ~!** (fam) il n'en est pas question !
ab|schnallen vt détacher ▶ vi (fam: nicht mehr folgen können) décrocher ; (fassungslos sein) être éberlué(e)
ab|schneiden irr vt couper ; (Stadtteil) interdire l'accès à ▶ vi: **bei etw gut/ schlecht ~** (fam) bien/mal réussir qch
Abschnitt m (von Strecke) section f ; (von Buch) passage m ; (Kontrollabschnitt) talon m ; (Zeitabschnitt) époque f
ab|schöpfen vt enlever
ab|schrauben vt dévisser
ab|schrecken vt (Menschen) faire peur à ; (Ei) passer sous l'eau froide

Abschreckung | 372

• **abschreckend** *adj* (*Anblick*) effroyable ; **ein ~es Beispiel** un exemple à ne pas suivre ; **eine ~e Wirkung haben** avoir un effet de dissuasion
Abschreckung *f* (*Mil*) dissuasion *f*
ab|schreiben *irr vt* copier ; (*Écon*) déduire ; (*fam: verloren geben*) mettre une croix sur
Abschreibung *f* déduction *f*
Abschrift *f* copie *f*
Abschuss *m* (*von Rakete*) lancement *m* ; (*von Waffe*) tir *m*
abschüssig *adj* en pente
ab|schütteln *vt* (*Staub*) secouer ; (*Verfolger*) semer ; (*Müdigkeit*) surmonter ; (*Erinnerung*) chasser
ab|schwächen *vt* (*Wirkung*) diminuer ; (*Eindruck, Behauptung, Kritik*) atténuer ▶ *vr* diminuer
ab|schweifen *vi* (*Redner*) s'éloigner du sujet ; (*Gedanken*) errer
Abschweifung *f* digression *f*
ab|schwellen *irr vi* désenfler ; (*Lärm*) diminuer
ab|schwören *irr vi* +*Dat* renoncer à ; (*seinem Glauben*) renier
absehbar *adj* (*Folgen*) prévisible ; **in ~er Zeit** dans un proche avenir
ab|sehen *irr vt* prévoir ▶ *vi*: **von etw ~** renoncer à qch ; (*nicht berücksichtigen*) ne pas tenir compte de qch ; **jdm etw ~** (*erlernen*) apprendre qch de qn ; **es auf jdn/etw abgesehen haben** avoir jeté son dévolu sur qn/qch
abseits *adv* à l'écart ▶ *präp* +*Gen* à l'écart de
Abseits *nt* (*Sport*) hors-jeu *m*
ab|senden *irr vt* envoyer
Absender(in) *m(f)* expéditeur(-trice)
absetzbar *adj* (*Beamter*) qui peut être licencié(e) ; (*Waren*) vendable ; (*von Steuer*) déductible
ab|setzen *vt* poser ; (*aussteigen lassen: König*) déposer ; (*verkaufen*) écouler ; (*abziehen*) déduire ; (*entlassen*) destituer de ses fonctions ; (*hervorheben*) mettre en valeur ▶ *vr* (*fam: sich entfernen*) se tirer ; (*sich ablagern*) se déposer
ab|sichern *vt* protéger ▶ *vr* se couvrir
Absicht *f* intention *f* ; **mit ~** délibérément • **absichtlich** *adj* voulu(e)
ab|sinken *irr vi* (*Wasserspiegel, Temperatur, Leistungen*) baisser ; (*Geschwindigkeit, Interesse*) diminuer
ab|sitzen *irr vt* (*Strafe*) purger ▶ *vi* (*vom Pferd*) descendre
absolut *adj* absolu(e) ▶ *adv* absolument
Absolutismus *m* absolutisme *m*

absolvieren *vt* (*Pensum*) finir ; (*Prüfung*) réussir
absonderlich *adj* étrange
ab|sondern *vt* isoler ; (*ausscheiden*) sécréter ▶ *vr* s'isoler
ab|sparen *vt*: **sich** *Dat* **etw ~** acheter qch avec ses économies
ab|specken (*fam*) *vt* perdre ▶ *vi* maigrir
ab|speichern *vt* (*Inform*) sauvegarder, mémoriser
ab|speisen *vt* (*fig*) consoler
abspenstig *adj*: **~ machen** soutirer
ab|sperren *vt* (*Gebiet*) fermer ; (*Tür*) fermer à clé
Absperrung *f* (*Vorgang*) interdiction *f* d'accès ; (*Sperre*) barrière *f*
ab|spielen *vt* (*Platte, Tonband*) jouer ▶ *vr* se dérouler
Absprache *f* accord *m*
ab|sprechen *irr vt* (*vereinbaren*) convenir de ; **jdm etw ~** (*aberkennen*) priver qn de qch ; **jdm die Begabung ~** contester le talent de qn
ab|springen *irr vi* sauter ; (*Farbe, Lack*) partir ; (*fam: sich distanzieren*) renoncer
Absprung *m* saut *m* ; **den ~ schaffen** (*fam*) arriver à rompre avec le passé
ab|spülen *vt* faire partir ; (*Geschirr*) rincer
ab|stammen *vi* descendre ; (*Wort*) être dérivé(e)
Abstammung *f* origine *f*
Abstand *m* distance *f* ; (*zeitlich*) intervalle *m* ; **von etw ~ nehmen** (*geh*) prendre ses distances par rapport à qch ; **mit ~ der Beste** de loin le meilleur
Abstandssumme *f* compensation *f*
ab|statten *vt* (*Dank*) présenter ; (*Besuch*) rendre
ab|stauben *vt* épousseter ; (*fam: stehlen*) piquer
Abstecher (**-s, -**) *m* détour *m*
ab|stecken *vt* (*Fläche*) délimiter ; (*Saum*) épingler
ab|stehen *irr vi* (*Ohren*) être décollé(e) ; (*Haare*) se dresser sur la tête
Abstellgleis *nt* voie *f* de garage
ab|stempeln *vt* (*Briefmarke*) oblitérer ; (*Menschen*) étiqueter
ab|sterben *irr vi* mourir ; (*Körperteil*) s'engourdir
Abstieg (**-(e)s, -e**) *m* descente *f* ; (*Sport*) relégation *f* ; (*Niedergang*) déclin *m*

ab|stimmen vi voter ▶ vt (Farben) marier ; (Interessen) concilier ; (Termine, Ziele) faire coïncider ▶ vr se mettre d'accord
Abstimmung f (Stimmenabgabe) vote m
abstinent adj abstinent(e)
Abstinenz f abstinence f
Abstinenzler(in) (-s, -) m(f) personne qui ne boit jamais d'alcool, abstinent(e)
ab|stoßen irr vt (fortbewegen, anekeln) repousser ; (beschädigen) abîmer ; (Écon: Ware) écouler
abstoßend adj repoussant(e)
abstrakt adj abstrait(e) ▶ adv d'une manière abstraite
Abstraktion f abstraction f
ab|streifen vt (Asche) faire tomber ; (Schuhe, Füße) essuyer ; (Schmuck) enlever ; (Gegend) passer au peigne fin
ab|streiten irr vt nier
Abstrich m (Méd) frottis m ; **~e machen** (fig) devenir moins exigeant(e)
ab|stufen vt (Hang) arranger en terrasses ; (Farben) arranger en dégradés ; (Gehälter) échelonner
ab|stumpfen vt émousser ; (fig) rendre insensible ▶ vi s'émousser ; (fig) devenir insensible
Absturz m chute f
ab|stürzen vi faire une chute ; (Aviat) s'écraser
ab|suchen vt fouiller
absurd adj absurde
Abszess (-es, -e) m abcès m
Abt (-(e)s, ⸚e) m abbé m
ab|tasten vt palper
ab|tauen vi (Schnee, Eis) fondre ; (Straße) dégeler ▶ vt dégivrer
Abtei f abbaye f
Abteil (-(e)s, -e) nt compartiment m
ab|teilen vt diviser ; (abtrennen) cloisonner
Abteilung f (in Firma, in Krankenhaus) service m ; (in Kaufhaus) rayon m ; (Mil) unité f • **Abteilungsleiter(in)** m(f) chef m de service ; (in Kaufhaus) chef m de rayon
Äbtissin f abbesse f
ab|tragen irr vt (Hügel) aplanir ; (Erde, Geschirr) enlever ; (Kleider) user
abträglich adj : **einer Sache** Dat **~ sein** nuire à qch
ab|treiben irr vt (Boot, Flugzeug) faire dériver ▶ vi (Schiff) dériver ; (Schwimmer) être emporté(e) par le courant ; **(ein Kind) ~** avorter
Abtreibung f avortement m
Abtreibungsbefürworter(in) m(f) partisan(e) de l'avortement

Abtreibungsgegner(in) m(f) opposant(e) à l'avortement
Abtreibungsversuch m tentative f d'avortement
ab|trennen vt (lostrennen) découdre ; (entfernen, abteilen) séparer
ab|treten irr vt (überlassen) céder ▶ vi (Wache) être relevé(e) ; (zurücktreten) démissionner ; (Théât) quitter la scène
ab|trocknen vt essuyer ▶ vi sécher
abtrünnig adj déloyal(e)
ab|tun irr vt (ablegen) enlever ; (fig) rejeter
ab|urteilen vt juger
ab|wägen irr vt peser
ab|wählen vt (Vorsitzenden) ne pas réélire ; (Scol: Fach) arrêter
ab|wandeln vt modifier
ab|wandern vi émigrer ; (Météo: Tief) se déplacer
Abwärme f chaleur f dégagée
ab|warten irr vt, vi attendre ; **~ und Tee trinken** (fam) voir venir
abwärts adv vers le bas
Abwasch (-(e)s) m vaisselle f
abwaschbar adj lavable
ab|waschen irr vt (Schmutz) enlever (en lavant) ; (Geschirr) laver
Abwasser (-s, Abwässer) nt eaux fpl usées
ab|wechseln vi alterner ; (Menschen) se relayer
abwechselnd adv tour à tour
Abwechslung f changement m ; (Zerstreuung) distraction f
abwechslungsreich adj varié(e)
Abweg m : **auf ~e geraten** s'égarer ; **auf ~e führen** détourner du droit chemin
abwegig adj étrange
Abwehr f défense f ; (Schutz) protection f ; (Geheimdienst) contre-espionnage m • **ab|wehren** vt (Feind, Angriff) repousser ; (Neugierige) renvoyer ; (Gefahr) éviter ; (Ball) dégager ; (Verdacht) écarter ; (Vorwurf) répondre à ; **~de Geste** geste m de refus
ab|weichen irr vi (Werte) être différent(e) ; (von Kurs, Straße) s'écarter ; (Meinung) différer
abweichend adj divergent(e)
ab|weisen irr vt (Besucher) renvoyer ; (Bewerber, Hilfe) refuser ; (Klage, Antrag) rejeter
abweisend adj (Haltung) de rejet
ab|wenden irr vt (Blick, Kopf) détourner ; (verhindern) éviter ▶ vr se détourner
ab|werben irr vt : **einer Firma einen Mitarbeiter ~** débaucher un cadre d'une autre entreprise

abwerfen | 374

ab|werfen irr vt (Kleidungsstück) se débarrasser de ; (Reiter) désarçonner ; (Profit) rapporter ; (Ballast, Bomben, Flugblätter) lâcher
ab|werten vt (Fin) dévaluer
abwesend adj absent(e)
Abwesenheit f absence f
ab|wickeln vt (Garn, Verband) dérouler ; (Geschäft) conclure
ab|wiegen irr vt peser
ab|wimmeln (fam) vt (Menschen) se débarrasser de ; (Auftrag) se défiler de
ab|winken vi refuser
ab|wischen vt essuyer ; (Hände) s'essuyer
Abwurf m (von Bomben etc) largage m ; (Fußball, Handball) lancer m
ab|würgen (fam) vt (Motor) caler ; **etw von vornherein ~** étouffer qch dans l'œuf
ab|zahlen vt payer, rembourser
ab|zählen vt compter ; **abgezähltes Fahrgeld** monnaie f pour le ticket
Abzahlung f: **auf ~ kaufen** acheter à tempérament
ab|zäunen vt clôturer
Abzeichen nt insigne m ; (Orden) ordre m
ab|zeichnen vt dessiner ; (unterschreiben) signer ▶ vr se dessiner ; (bevorstehen) se préciser
Abziehbild nt décalcomanie f
ab|ziehen irr vt (entfernen) retirer ; (Tierfell) dépouiller de ; (Bett) défaire ; (subtrahieren) déduire ▶ vi (Rauch) s'échapper ; (Truppen) se retirer, partir ; (fam: weggehen) se tirer
ab|zocken (fam) vt arnaquer
Abzug m retrait m ; (von Waffen) gâchette f ; (Photo) épreuve f ; (gew pl: Steuern, Abgaben) retenue f ; (Rauchabzug) conduit m d'évacuation
abzüglich präp +Gen moins, sans
ab|zweigen vi bifurquer ▶ vt utiliser
Abzweigung f embranchement m
Accessoires pl accessoires mpl
ach interj oh ; **~ ja?** c'est vrai ? ; **mit A~ und Krach** à grand-peine
Achse f axe m ; (Auto) essieu m ; **auf ~ sein** (fam) être en voyage
Achsel (-, -n) f épaule f • **Achselhöhle** f aisselle f • **Achselzucken (-s)** nt haussement m d'épaules
acht num huit ; **~ Tage** huit jours
Acht¹ (-, -en) f huit m inv
Acht² f: **~ geben = achtgeben** ; **sich in ~ nehmen** faire attention ; **etw völlig außer ~ lassen** ne pas tenir compte de qch
achtbar adj (Erfolg, Leistung) remarquable ; (Eltern) honorable
achte(r, s) adj huitième
Achtel nt huitième m
achten vt respecter ▶ vi: **auf etw Akk ~** faire attention à qch ; **darauf ~, dass ...** veiller à ce que ...
ächten vt bannir
Achterbahn f montagnes fpl russes
Achterdeck nt pont m arrière
achtfach adj octuple
acht|geben vi: **~ (auf +Akk)** faire attention (à)
achthundert num huit cent(s)
achtlos adv sans faire attention
achtmal adv huit fois
achtsam adj attentif(-ive)
Achtung f: **~ vor jdm/etw** respect m pour qn/qch ▶ interj: **~!** attention ! ; **„~ Hochspannung!"** « attention, haute tension ! »
achtzehn num dix-huit
achtzig num quatre-vingts
ächzen vi (Mensch) gémir ; (Holz, Balken) craquer
Acker (-s, ⁻) m champ m • **Ackerbau** m agriculture f
ackern vi (Bauer) labourer ; (fam) peiner
Acryl (-s) nt acrylique m, fibre f acrylique
Action (-, -s) f (fam) faction f
Actionfilm m film m d'action
ADAC abk (= Allgemeiner Deutscher Automobil-Club) ≈ Touring Club de France
Adapter m adaptateur m
addieren vt additionner
Addition f addition f
ade interj adieu
Adel (-s) m noblesse f
adelig adj = **adlig**
Ader (-, -n) f veine f ; (Bot) nervure f ; (Mines) filon m ; (fig: Veranlagung) aptitude f
Adjektiv nt adjectif m
Adler (-s, -) m aigle m
adlig adj (Familie) noble
Admiral (-s, -e) m amiral m
adoptieren vt adopter
Adoption f adoption f
Adoptiveltern pl parents mpl adoptifs
Adoptivkind nt enfant m adoptif
Adrenalin (-s) nt adrénaline f
Adressat (-en, -en) m destinataire m
Adresse f adresse f
adressieren vt adresser
Adria f Adriatique f
ADSL abk (= Asymmetric Digital Subscriber Line) ADSL m
Advent (-(e)s, -e) m Avent m
Adventskalender m calendrier m de l'Avent

Adventskranz m couronne f de l'Avent (comportant quatre bougies pour les quatre dimanches de l'Avent)
Adverb nt adverbe m
adverbial adj adverbial(e)
aerodynamisch adj aérodynamique
Affäre f (Angelegenheit) affaire f ; (Verhältnis) aventure f
Affe (**-n, -n**) m singe m
affektiert adj affecté(e)
affenartig adj: **mit ~er Geschwindigkeit** (fam) rapide comme l'éclair
affengeil (fam) adj génial(e)
Affenhitze (fam) f chaleur f tropicale
Affenschande (fam) f scandale m
Affentempo (fam) f: **in** od **mit einem ~** à fond de train; (laufen) à toute allure
affig adj affecté(e)
Afghane (**-n, -n**) m, **Afghanin** f Afghan(e)
afghanisch adj afghan(e)
Afghanistan (**-s**) nt l'Afghanistan m
Afrika (**-s**) nt l'Afrique f
Afrikaner(in) (**-s, -**) m(f) Africain(e)
afrikanisch adj africain(e)
After (**-s, -**) m anus m
AG abk (= Aktiengesellschaft) SARL f
Ägäis f mer f Égée
Agent(in) m(f) (Spion) agent m secret ; (Vertreter) agent m, représentant(e) ; (Vermittler) imprésario m
Agentur f agence f
Aggregat (**-(e)s, -e**) nt (Tech) groupe m
Aggregatzustand m état m
Aggression f agression f ; **seine ~en abreagieren** se défouler
aggressiv adj agressif(-ive)
Aggressivität f agressivité f
Agitation f agitation f
Agrarpolitik f politique f agraire
Agrarstaat m pays m agricole
Ägypten (**-s**) nt l'Égypte f
Ägypter(in) (**-s, -**) m(f) Égyptien(ne)
ägyptisch adj égyptien(ne)
aha interj ah
Aha-Erlebnis nt déclic m
Ahn (**-en, -en**) m ancêtre m
ähneln vi +Dat ressembler à ▶ vr se ressembler
ahnen vt deviner ; (Tod, Gefahr) pressentir ; **nichts Böses ~** ne se douter de rien
ähnlich adj semblable ; **das sieht ihm ~!** (fam) c'est bien de lui ! • **Ähnlichkeit** f ressemblance f
Ahnung f (Vorgefühl) pressentiment m ; (Vermutung) idée f ; **keine ~!** aucune idée !
ahnungslos adv: **er kam ~ herein/an** il est entré/arrivé sans se douter de rien
Ahorn (**-s, -e**) m érable m
Ähre f épi m
Aids nt sida m
aidsinfiziert adj séropositif(-ive)
aidskrank adj atteint(e) du sida
aidspositiv adj séropositif(-ive)
Aidstest m test m de dépistage du sida
Airbag (**-s, -s**) m airbag m
Akademie f établissement d'enseignement supérieur
Akademiker(in) (**-s, -**) m(f) universitaire mf
akademisch adj (Scol) universitaire
akklimatisieren vr s'acclimater
Akkord (**-(e)s, -e**) m (Mus) accord m ; **im ~ arbeiten** travailler à la pièce
• **Akkordarbeit** f travail m à la pièce
Akkordeon (**-s, -s**) nt accordéon m
Akkusativ m accusatif m
Akne f acné f
Akrobat(in) (**-en, -en**) m(f) acrobate mf
Akt (**-(e)s, -e**) m acte m ; (Zeremonie) cérémonie f ; (Art) nu m
Akte f dossier m ; **etw zu den ~n legen** classer qch
Aktenkoffer m attaché-case m
aktenkundig adj notoire ; **das ist ~ geworden** c'est un fait avéré
Aktenschrank m classeur m (meuble)
Aktentasche f serviette f
Aktie f action f
Aktienemission (**-, -en**) f émission f d'actions
Aktienfonds m fonds m social
Aktiengesellschaft f société f à responsabilité limitée
Aktienkurs m cours m des actions
Aktion f action f ; (Polizeiaktion, Suchaktion) opération f ; **in ~** en action
Aktionär(in) (**-s, -e**) m(f) actionnaire mf
aktiv adj actif(-ive) • **Aktiv** (**-s, -e**) nt (Ling) voix f active
Aktiva pl actif msg
aktivieren vt activer
Aktivität f activité f
Aktivurlaub m vacances fpl actives
aktualisieren vt (Inform) mettre à jour
Aktualität f actualité f
aktuell adj (Thema, Problem) actuel(le)
Akupunktur f acupuncture f
Akustik f acoustique f
akut adj (Frage) urgent(e) ; (Gefahr) imminent(e) ; (Méd) aigu (aiguë)
AKW (**-s, -s**) nt abk = **Atomkraftwerk**
Akzent (**-(e)s, -e**) m accent m
akzeptabel adj (Preise) acceptable

akzeptieren vt accepter
Alarm (-(e)s, -e) m alarme f
• **Alarmanlage** f système m d'alarme
• **alarmbereit** adj en état d'alerte
• **Alarmbereitschaft** f état m d'alerte ; **in ~ sein** être prêt(e) à intervenir
alarmieren vt alerter ; (beunruhigen) alarmer
Alaska (-s) nt l'Alaska m
Albaner(in) (-s, -) m(f) Albanais(e)
Albanien (-s) nt l'Albanie f
albanisch adj albanais(e)
albern adj sot(te), idiot(e)
Albtraum m cauchemar m
Album (-s, **Alben**) nt album m
Alge f algue f
Algebra f algèbre f
Algerien (-s) nt l'Algérie f
Algerier(in) (-s, -) m(f) Algérien(ne)
algerisch adj algérien(ne)
Algorithmus (-, -**men**) m algorithme m
alias adv alias
Alibi (-s, -s) nt alibi m
Alimente pl pension fsg alimentaire
alkalisch adj alcalin(e)
Alkohol (-s, -e) m alcool m • **alkoholfrei** adj sans alcool
Alkoholiker(in) (-s, -) m(f) alcoolique mf
alkoholisch adj (Getränke) alcoolisé(e)
Alkoholismus m alcoolisme m
Alkoholverbot nt interdiction f de boire de l'alcool
All (-s) nt univers m
allabendlich adj de tous les soirs

(SCHLÜSSELWORT)

alle(r, s) pron **1** (substantivisch: nt sg): **alles** tout ; **das alles** tout cela ; **alles Gute** mes meilleurs vœux ; **alles in allem** l'un dans l'autre, à tout prendre ; **trotz allem** malgré tout ; **vor allem** avant tout, surtout ; **ist das alles?** (im Geschäft) ce sera tout ? ; **das wäre alles** ce sera tout ; **was hast du alles gesehen?** raconte-moi tout ce que tu as vu ; **sie sind alle nicht gekommen** aucun(e) d'entre eux (elles) n'est venu(e) ; **alle die** tous (toutes) ceux (celles) qui

2 (substantivisch: pl: sämtliche) tous (toutes) ; **alle sind gekommen** tout le monde est venu, ils (elles) sont tous (toutes) venu(e)s ; **alle beide** (tous (toutes)) les deux ; **wir alle** nous tous (toutes) ; **wir alle möchten** nous aimerions tous (toutes) ; **was ist nicht alles gibt!** qu'est-ce qu'il ne faut pas entendre ! ; **wer alles weiß davon?** qui d'autre est au courant ? ; **alles aussteigen!** tout le monde descend !

3 (adjektivisch: sg) tout(e) le (la) ; (pl) tous (toutes) les ; **alles Geld** tout l'argent ; **alle Kinder** tous les enfants ; **trotz aller Bemühungen** malgré tous nos/ses etc efforts ; **ohne allen Zweifel** sans aucun doute

4 (mit Zeit- oder Maßangaben): **alle 10 Minuten** toutes les 10 minutes ; **alle fünf Meter** tous les cinq mètres
▶ adj (fam: aufgebraucht) fini(e) ; **die Milch ist alle** il n'y a plus de lait ; **etw alle machen** finir qch

Allee f allée f
allein adj seul(e) ; **nicht ~** (nicht nur) pas seulement • **alleinerziehend** adj célibataire, seul(e)
• **Alleinerziehende(r)** f(m) parent m seul
• **Alleingang** m: **im ~** tout(e) seul(e)
• **Alleinherrscher(in)** m(f) monarque m
alleinig adj (Erbe) unique ; (Vertreter, Hersteller) exclusif(-ive)
alleinstehend adj célibataire
Alleinstehende(r) f(m) personne f (qui vit) seule
allemal adv (ohne Weiteres) sans problème
allenfalls adv (höchstens) au plus ; (möglicherweise) le cas échéant
allerbeste(r, s) adj de loin le(la) meilleur(e)
allerdings adv (einschränkend) toutefois ; (bekräftigend) bien sûr
Allergie f allergie f
Allergiker(in) (-s, -) m(f): **er ist ~** il est allergique
allergisch adj allergique ; **gegen etw ~ sein** être allergique à qch
allerhand (fam) adj inv toutes sortes de ; **das ist doch ~!** (entrüstet) c'est un comble ! ; **~!** (lobend) bravo !
Allerheiligen nt Toussaint f

: **Allerheiligen** est l'équivalent de la
: Toussaint française. C'est un jour
: chômé dans 5 Länder allemands et en
: Autriche. Allerseelen ou jour des
: défunts, est une fête catholique
: célébrée le 2 novembre. Il est d'usage
: de se rendre au cimetière et de déposer
: des bougies allumées sur les tombes
: des parents et des amis.

allerhöchste(r, s) adj (Berg) le(la) plus haut(e) de tous(toutes) ; **es wird od ist ~ Zeit** od **Eisenbahn, dass ...** il est grand temps que ...
allerhöchstens adv au plus
allerlei adj inv toutes sortes de
allerletzte(r, s) adj tout(e) dernier(-ière)
allerseits adv: **prost ~!** à votre santé à tous !

allerwenigste(r, s) adj : **von uns allen hat er das ~ Geld** de nous tous, c'est lui qui a le moins d'argent
Allesfresser (**-s, -**) m omnivore mf
Alleskleber (**-s, -**) m colle f universelle
Alleswisser (**-s, -**) (péj) m (monsieur m) je-sais-tout m
allgegenwärtig adj omniprésent(e)
allgemein adj général(e) ▶ adv (beliebt, bekannt) de tous ; **das ~e Wahlrecht** le suffrage universel ; **im A~en** en général
• **Allgemeinbildung** f culture f générale
• **allgemeingültig** adj universellement reconnu(e) • **Allgemeinheit** f (Öffentlichkeit) communauté f ; **Allgemeinheiten** pl généralités fpl
• **Allgemeinmedizin** f médecine f générale
Alliierte(r) f(m) allié(e) m/f
alljährlich adj annuel(le)
allmählich adj progressif(-ive) ▶ adv petit à petit
Allradantrieb m : **mit ~** à quatre roues motrices
allseits adv : **sie war ~ beliebt** elle était aimée de tous
Alltag m quotidien m
alltäglich adj quotidien(ne)
alltags adv en semaine
allwissend adj omniscient(e)
allzu adv beaucoup trop
Alm (**-, -en**) f alpage m
Almosen (**-s, -**) nt aumône f
Alpen pl Alpes fpl • **Alpenblume** f fleur f des Alpes • **Alpenvorland** nt Préalpes fpl
Alphabet (**-(e)s, -e**) nt alphabet m
alphabetisch adj alphabétique
alphanumerisch adj alphanumérique
alpin adj alpin(e)
Alptraum m = **Albtraum**

SCHLÜSSELWORT

als konj **1** (zeitlich) au moment où, quand ; **als er merkte, dass** quand il a remarqué que ; **damals als ...** à cette époque, où ... ; **gerade als ...** juste au moment où ...
2 (in der Eigenschaft) en tant que, comme ; **als Clown verkleidet** déguisé(e) en clown ; **als Kind war ich immer sehr ängstlich** quand j'étais petit(e), j'étais très peureux(-euse) ; **als Antwort** en tant que od comme réponse ; **als Beweis** pour od comme preuve
3 (bei Vergleichen) : schöner **als** plus beau (belle) que ; **so viel als möglich** autant que possible ; **so weit als möglich** dans la mesure du possible ; **nichts als Ärger** rien que des ennuis ; **alles andere als** tout sauf
4 : **als ob** od **wenn** comme si ; **als wäre nichts geschehen** comme s'il ne s'était rien passé

also adv donc ; **~ gut** od **schön!** bon, d'accord ! ; **~, so was!** ça alors ! ; **na ~!** tu vois/vous voyez bien !
alt adj vieux(vieille) ; (antik, ehemalig) ancien(ne) ; (Witz) éculé(e) ; **sie ist drei Jahre ~** elle a trois ans ; **alles beim A~en lassen** ne rien changer ; **wie in ~en Zeiten** comme au bon vieux temps ; **~ aussehen** (fam: fig) avoir l'air bête • **Alt** (**-s, -e**) m (Mus) contralto m
Altar (**-(e)s, -äre**) m autel m
Altbau m vieil immeuble m
altbekannt adj bien connu(e)
Altbier nt bière brune allemande
Alteisen nt ferraille f
Alter (**-s, -**) nt âge m ; (letzter Lebensabschnitt) vieillesse f ; **im ~ von** à l'âge de
altern vi vieillir
alternativ adj (Medizin) parallèle, alternatif(-ive) ▶ adv : **~ leben** avoir un mode de vie alternatif
Alternative f solution f de rechange
Alternativmedizin f médecine f douce
altersbedingt adj dû (due) à l'âge
Alterserscheinung f signe m de vieillesse
Altersgrenze f limite f d'âge
Altersheim nt maison f de retraite
Altersrente f retraite f
altersschwach adj (Mensch) invalide ; (Möbel) branlant(e)
Altersversicherung f assurance f vieillesse
Altersversorgung f retraite f
Altertum (**-s**) nt (kein pl : Zeit) antiquité f ; **Altertümer** pl (Gegenstände) antiquités fpl
Altglas nt verre m usagé
Altglascontainer m conteneur m à verre
altklug adj précoce
Altlasten pl déchets mpl toxiques
Altlastsanierung f décontamination f d'un terrain
Altmaterial nt déchets mpl
altmodisch adj démodé(e)
Altöl nt (Auto) huile f de vidange
Altpapier nt vieux papiers mpl
Altstadt f vieille ville f
Altweibersommer m été m indien
Alufolie f papier m aluminium
Aluminium (**-s**) nt aluminium m

Alzheimerkrankheit f maladie f d'Alzheimer
am = **an dem**
Amalgam (**-s, -s**) nt amalgame m
Amateur m, in zW amateur m
Amazonas (-) nt l'Amazone f
Amboss (**-es, -e**) m enclume f
ambulant adj (Méd) ambulatoire
Ameise f fourmi f
Amerika (**-s**) nt l'Amérique f
Amerikaner(in) (**-s, -**) m(f) Américain(e)
amerikanisch adj américain(e)
Amnestie f amnistie f
Ampel (**-, -n**) f (Verkehrsampel) feu(x) m(pl) (de signalisation)
amputieren vt amputer
Amsel (**-, -n**) f merle m
Amt (**-(e)s, -̈er**) nt (Posten) fonction f, poste m ; (Aufgabe) fonction ; (Behörde) office m
amtieren vi être en fonction
amtlich adj officiel(le)
Amtsperson f officiel m
Amtsrichter(in) m(f) juge m au tribunal civil
Amtszeichen nt (Tél) tonalité f
Amtszeit (**-, -en**) f mandature f
amüsant adj amusant(e)
Amüsement (**-s, -s**) nt divertissement m
amüsieren vt amuser ▶ vr s'amuser ; **sich über etw** Akk **~** rire de qch
Amüsierviertel nt quartier m des boîtes (de nuit)

(SCHLÜSSELWORT)

an präp +Dat **1** (räumlich: wo?): **am Bahnhof** à la gare ; **an der Wand** au mur ; **am Fenster** à la fenêtre ; **an diesem Ort** à cet endroit ; **zu nahe an etw** trop près de qch ; **am Fluss** au bord de la rivière ; **Frankfurt am Main** Francfort sur le Main ; **Köln liegt am Rhein** Cologne est située au bord du od sur le Rhin ; **an der Autobahn** près od au bord de l'autoroute ; **sie wohnen Tür an Tür** ils (elles) habitent sur le même palier, ils (elles) sont voisin(e)s
2 (zeitlich: wann?): **am kommenden Sonntag** le dimanche suivant ; **am vergangenen** od **letzten Sonntag** dimanche dernier ; **an diesem Tag** ce jour-là ; **an Ostern** à Pâques ; **am 1. Mai** le 1er mai ; **am Morgen/Abend** le matin/soir
3: **an etw sterben** mourir de qch ; **an Masern erkranken** attraper la rougeole ; **arm an Fett** pauvre en matières grasses ; **an der ganzen Sache ist nichts** ce n'est pas si compliqué que ça ; **jdn an der Hand nehmen** prendre qn par la main ; **an (und für) sich** à vrai dire
4 (als Superlativ): **sie singt am besten** c'est elle qui chante le mieux ; **sie sieht am schönsten aus** c'est elle la plus belle
5 (als Verlaufsform: fam): **ich bin am Arbeiten** je suis en train de travailler
▶ präp +Akk **1** (räumlich: wohin?): **etw an die Wand hängen** accrocher qch au mur ; **an die Wand schreiben** écrire sur le mur ; **er ging an die Tür** il est allé ouvrir la porte ; **sie ging ans Telefon** elle est allée répondre au téléphone ; **sich an die Arbeit machen** se mettre au travail
2 (zeitlich): **bis an sein Lebensende/80. Lebensjahr** jusqu'à la fin de sa vie/à l'âge de 80 ans
3 (gerichtet an): **ein Brief an meine Mutter** une lettre à ma mère ; **einen Brief an jdn schreiben** écrire une lettre à qn ; **ein Päckchen an jdn schicken** envoyer un colis à qn ; **ich habe eine Frage an dich** j'ai une question pour toi ; **an etw denken** penser à qch
▶ adv **1** (ungefähr) environ ; **an die Hundert** environ cent ; **an die 10 Euro/ 3 Stunden** environ 10 euros/trois heures
2 (auf Fahrplänen): **Frankfurt an 18.17** arrivée à Francfort à 18h17
3 (ab): **von dort an** à partir de là ; **von heute an** dorénavant, dès aujourd'hui
4 (angeschaltet, angezogen): **das Licht ist an** la lumière est allumée ; **er hatte einen dunklen Anzug an** il portait un costume sombre ; **sie hatte nichts an** (fam) elle était toute nue

analog adj analogue
Analogie f analogie f
Analogrechner m calculateur m analogique
Analyse f analyse f
analysieren vt analyser
Ananas (**-, -** od **-se**) f ananas m
Anarchie f anarchie f
Anarchist(in) m(f) anarchiste mf
Anatomie f anatomie f
an|baggern (fam) vt draguer
an|bahnen vr (Beziehungen) s'établir
an|bändeln (fam) vi : **~ mit** s'amouracher de
Anbau m (Agr) culture f ; (Gebäude) annexe f
an|bauen vt (Agr) planter ; (Gebäudeteil) ajouter
an|behalten irr vt garder
anbei adv ci-joint

an|beißen irr vi (Fisch) mordre
an|belangen vt: **was mich anbelangt** en ce qui me concerne
an|beraumen vt arranger
an|beten vt être en adoration devant
Anbetracht m: **in ~** +Gen en considération de
an|biedern vr: **sich bei jdm ~** chercher à gagner la faveur de qn
an|bieten irr vt proposer ; (Speise, Getränk) offrir ▶ vr (Mensch) se proposer ; (Gelegenheit) se présenter
an|binden irr vt attacher
Anblick m spectacle m • **an|blicken** vt regarder
an|braten irr vt (Fleisch) faire rissoler
an|brechen irr vt (Vorräte) entamer ▶ vi (Zeitalter) commencer ; (Tag) se lever ; (Nacht) tomber
an|brennen irr vi prendre feu, se mettre à brûler ; (Culin) attacher
an|bringen irr vt (herbeibringen) ramener ; (Bitte) faire ; (Wissen, Witz, Ware) placer ; (festmachen) poser
Anbruch m: **bei ~ der Dunkelheit** à la tombée de la nuit ; **bei ~ des Tages** au lever du jour
an|brüllen (fam) vt engueulander
Andacht (-, -en) f recueillement m ; (Gottesdienst) office m
andächtig adj (Beter) recueilli(e) ; (Zuhörer) captivé(e) ; (Stille) religieux(-euse)
an|dauern vi se poursuivre, durer
andauernd adj continuel(le) ▶ adv continuellement
Anden pl: **die ~** les Andes fpl
Andenken (-s, -) nt souvenir m
andere(r, s) pron autre ; **am ~n Tage** le lendemain ; **ein ~s Mal** une autre fois ; **kein ~r** nul autre ; **von etw ~m sprechen** parler d'autre chose ; **unter ~m** notamment ; **niemand ander(e)s** personne d'autre
andererseits, anderenteils adv d'autre part
andermal adv: **ein ~** une autre fois
ändern vt changer, modifier ▶ vr changer
andernfalls adv sinon, autrement
anders adv autrement ; **irgendwo ~** autre part ; **~ aussehen** avoir l'air od être différent(e)
andersartig adj différent(e)
andersgläubig adj d'une autre confession
andersherum adv dans l'autre sens
anderswo adv ailleurs
anderswoher adv d'ailleurs
anderswohin adv ailleurs
anderthalb adj un(e) et demi(e)
Änderung f changement m, modification f
anderweitig adj autre ▶ adv (anders) à quelqu'un d'autre
an|deuten vt indiquer
Andeutung f (Hinweis) allusion f ; (Spur) ombre f
andeutungsweise adv (als Anspielung) par allusion ; (undeutlich) indistinctement ; (als flüchtiger Hinweis) en passant
Andorra (-s) nt Andorre f
Andrang m afflux m
an|drehen vt (Licht etc) allumer ; **jdm etw ~** (fam) refiler qch à qn
an|drohen vt: **jdm etw ~** menacer qn de qch
an|eignen vt: **sich** Dat **etw ~** s'approprier qch ; (lernen) acquérir qch
aneinander adv (vorbeifahren) l'un(e) à côté de l'autre ; (denken) l'un(e) à l'autre
• **aneinander|fügen** vt joindre
• **aneinander|geraten** vt en venir aux mains • **aneinander|legen** vt poser côte à côte
an|ekeln vt dégoûter
Anemone f anémone f
anerkannt adj reconnu(e) (de tous)
an|erkennen irr vt (Regierung) reconnaître ; (Bemühungen) apprécier
anerkennend adj élogieux(-euse)
anerkennenswert adj louable
Anerkennung f (eines Staates) reconnaissance f ; (Würdigung) appréciation f
an|fahren irr vt (herbeibringen) amener ; (umfahren und verletzen) renverser ; (Ort) aller od se rendre à ; (Kurve) prendre ; (zurechtweisen) remettre à sa place ▶ vi (losfahren) démarrer
Anfall m (Méd) crise f ; (fig) accès m
an|fallen irr vt (angreifen) attaquer ▶ vi (Arbeit) se présenter
anfällig adj: **~ für etw** sujet(te) à qch
Anfang (-(e)s, Anfänge) m début m, commencement m ; **von ~ an** dès le début od départ ; **am** od **zu ~** au début ; **für den ~** pour commencer ; **~ Mai** (au) début (du mois de) mai ; **~ des Monats** au début du mois
an|fangen irr vt commencer ; (machen) faire ▶ vi commencer
Anfänger(in) (-s, -) m(f) débutant(e)
anfänglich adj initial(e)
anfangs adv au début
• **Anfangsbuchstabe** m initiale f
• **Anfangsstadium** nt première phase f

an|fassen vt (ergreifen) prendre ; (berühren) toucher ; (Angelegenheit) aborder ▶ vi (helfen) mettre la main à la pâte
an|fechten irr vt (Urteil) faire appel de ; (Meinung, Vertrag) contester ; (beunruhigen) troubler
an|fertigen vt (Gutachten, Protokoll) rédiger
an|feuern vt (fig) aiguillonner, pousser
an|flehen vt implorer
an|fliegen irr vt (Land) atterrir en ; (Stadt) atterrir à
Anflug m (Aviat) arrivée f ; (Spur) pointe f, touche f
an|fordern vt demander
Anforderung f (Beanspruchung) demande f
Anfrage f demande f ; (Pol) question f
an|fragen vi s'enquérir
an|freunden vr (mit Menschen) se lier d'amitié ; **sich mit etw ~** (fig) se faire à qch
an|fügen vt ajouter
an|fühlen vr : **sich kalt/weich ~** être froid(e)/doux(douce) (au toucher)
an|führen vt (leiten) être à la tête de ; (zitieren) citer
Anführer(in) m(f) meneur(-euse)
Anführungsstriche, Anführungszeichen pl guillemets mpl
Angabe f (Auskunft) indication f ; (Tech) spécification f ; (Prahlerei) vantardise f
an|geben irr vt donner ; (Zeuge) citer ▶ vi (fam) se vanter
Angeber(in) (-s, -) (fam) m(f) vantard(e)
Angeberei (fam) f vantardise f
angeblich adj soi-disant inv ▶ adv apparemment, paraît-il
angeboren adj inné(e) ; (Méd) congénital(e)
Angebot nt offre f ; (Auswahl) choix m
angebracht adj (Bemerkung) judicieux(-euse)
angegriffen adj (Gesundheit, Nerven) fragile
angeheitert adj éméché(e)
an|gehen irr vt (betreffen) regarder ; (Aufgabe, Probleme) s'attaquer à ; (Gegner) attaquer ▶ vi (Radio, Licht) s'allumer ; (fam: beginnen) commencer ▶ vt unpers : **es geht nicht an, dass ...** il est hors de question que ... ; **gegen etw ~** (Missstände) lutter contre qch
angehend adj (Lehrer) futur(e)
an|gehören vi +Dat appartenir à
Angehörige(r) f(m) proche parent(e)
Angeklagte(r) f(m) accusé(e) m/f

Angel (-, -n) f (zum Fischfang) canne f à pêche ; (Türangel, Fensterangel) gond m, charnière f
Angelegenheit f affaire f
Angelhaken m hameçon m
angeln vt, vi pêcher
Angelrute f canne f à pêche
angemessen adj approprié(e)
angenehm adj agréable ; **~!** (bei Vorstellung) enchanté(e) ! ; **es wäre mir sehr ~, wenn ...** je vous serais reconnaissant(e) de ...
angenommen adj : **~, wir ...** supposons que nous ...
angepasst adj conformiste
angesagt (fam) adj tendance inv
angeschrieben (fam) adj : **bei jdm gut/schlecht ~ sein** être bien/mal vu(e) de qn
angesehen adj respecté(e)
angesichts präp +Gen en raison de
angespannt adj tendu(e) ; (Aufmerksamkeit) soutenu(e)
Angestellte(r) f(m) employé(e) m/f
angestrengt adv (nachdenken) très fort ; (arbeiten) dur
angetan adj : **von jdm/etw ~ sein** être séduit(e) par qn/qch ; **es jdm ~ haben** avoir impressionné od séduit qn
angewiesen adj : **auf jdn/etw ~ sein** dépendre de qn/qch
an|gewöhnen vt : **jdm/sich etw ~** habituer qn/s'habituer à qch
Angewohnheit f habitude f
Angler(in) (-s, -) m(f) pêcheur(-euse) (à la ligne)
Angola (-s) nt l'Angola m
an|greifen irr vt attaquer ; (Gesundheit) atteindre
Angreifer(in) (-s, -) m(f) agresseur m
Angriff m attaque f ; **etw in ~ nehmen** s'attaquer à qch
angriffslustig adj agressif(-ive)
angst adj : **ihm ist/wird (es) ~ (und bange)** il a de plus en plus peur • **Angst** (-, ⁻e) f (Furcht) peur f ; (Sorge) crainte f ; **jdm ~ machen** faire peur à qn • **Angsthase** (fam) m poule f mouillée
ängstigen vt faire peur à ▶ vr se faire du souci
ängstlich adj (furchtsam) peureux(-euse) ; (besorgt) inquiet(-ète) • **Ängstlichkeit** f caractère m craintif
an|haben irr vt avoir mis(e) ; **jdm nichts ~ können** ne rien faire à qn
an|halten irr vt (Fahrzeug) arrêter ; (Luft, Atem) retenir ▶ vi s'arrêter ; (andauern) continuer ; **um die Hand eines**

Mädchens ~ demander la main d'une jeune fille ; **jdn zur Arbeit/Pünktlichkeit ~** encourager qn à travailler/à être ponctuel(le)
anhaltend adj (Beifall) interminable ; (Regen) ininterrompu(e)
Anhalter(in) (-s, -) m(f) auto-stoppeur(-euse) ; **per ~ fahren** faire du stop
Anhaltspunkt m: **jdm einen ~ für etw geben** donner une idée à qn sur qch
anhand präp +Gen en se fondant sur
Anhang m (Buch, Vertrag) appendice m ; (von E-Mail) pièce f jointe, fichier m joint ; (Leute) disciples mpl ; (Kinder) enfants mpl
an|hängen vt accrocher ; (anfügen : Inform) ajouter ▶ vr: **sich an jdn ~** suivre qn ; **jdm etw ~** (fam) mettre qch sur le dos de qn ; **eine Datei an eine E-Mail ~** (Inform) joindre un fichier à un mail
Anhänger (-s, -) m (Mensch) partisan m ; (Auto) caravane f ; (am Koffer) étiquette f ; (Schmuck) pendentif m
• **Anhängerschaft** f partisans mpl
anhängig adj (Jur) devant les tribunaux ; **~ machen** intenter
anhänglich adj affectueux(-euse)
Anhänglichkeit f attachement m
Anhängsel (-s, -) nt breloque f
Anhäufung f accumulation f
an|heben irr vt (Gegenstand) soulever ; (Preise, Steuern) augmenter
anheimelnd adj familier(-ière)
anheim|stellen vt: **jdm etw ~** s'en remettre à qn de qch
an|heuern vt engager
Anhieb m: **auf ~** tout de suite
Anhöhe f colline f
an|hören vt écouter ▶ vr s'entendre ; **sich** Dat **etw ~** écouter qch
Animateur m animateur m
animieren vt: **(zu etw) ~** inciter (à qch)
Anis (-(es), -e) m anis m
Ank. abk (= Ankunft) arrivée f
Ankauf m achat m
an|kaufen vt acheter
Anker (-s, -) m ancre f ; **vor ~ gehen** jeter l'ancre
ankern vi mouiller
Ankerplatz m mouillage m
Anklage f accusation f • **Anklagebank** f banc m des accusés
an|klagen vt accuser
Anklang m: **(bei jdm) ~ finden** être bien reçu(e) (par qn)
Ankleidekabine f cabine f
an|klicken vt (Inform) cliquer
an|klopfen vi frapper

an|knüpfen vt attacher, nouer ; (fig : Beziehungen) établir ▶ vi: **~ an** +Dat reprendre
an|kommen irr vi arriver ▶ vi unpers: **es kommt darauf an** ça dépend ; (wichtig sein) c'est ce qui compte ; **bei jdm ~** (Anklang finden) avoir du succès chez qn ; **gegen jdn/etw ~** s'opposer à qn/qch
an|kreuzen vt cocher
an|kündigen vt annoncer
Ankündigung f annonce f
Ankunft f arrivée f
Ankunftszeit f heure f d'arrivée
an|kurbeln vt (Écon, Produktion) relancer
Anlage f (Fabrik, Gebäudekomplex) installations fpl ; (Park) parc m ; (Tech, Mil, Sport etc) équipement m ; (Fin) placement m ; (Begabung, Veranlagung) talent m ; (Beilage) annexe f ; (Veranlagung): **~ zu** tendance f à
Anlass (-es, Anlässe) m (Ursache) cause f ; (Gelegenheit, Ereignis) occasion f ; **aus ~** +Gen à l'occasion de ; **~ zur Besorgnis/Freude geben** être inquiétant(e)/réjouissant(e) ; **etw zum ~ nehmen** profiter de qch
an|lassen irr vt (Motor) mettre en marche, démarrer ; (Mantel etc) garder ; (Licht, Radio etc) laisser allumé(e) ▶ vr commencer
Anlasser (-s, -) m (Auto) démarreur m
anlässlich präp +Gen à l'occasion de
an|lasten vt: **jdm etw ~** imputer qch à qn
Anlauf m (Sport) élan m ; (Versuch) tentative f
an|laufen irr vi (beginnen) commencer ; (Metall) se ternir ; (Fenster) se couvrir de buée ▶ vt (Hafen) faire escale à ;
angelaufen kommen arriver
Anlaufstelle f endroit m où s'adresser
an|läuten vt téléphoner à
an|legen vt (Lineal) placer ; (Maßstab) appliquer ; (Leiter) poser ; (anziehen) revêtir ; (Park, Garten) aménager ; (Liste) établir ; (Kartei, Akte) constituer ; (Geld : investieren) placer ; (: ausgeben) dépenser ; (Gewehr) épauler ▶ vi (Schiff) mouiller ; **es auf einen Streit ~** chercher la bagarre ;
sich mit jdm ~ (fam) chercher noise à qn
Anlegeplatz m mouillage m
Anlegestelle f mouillage m
an|lehnen vt (Leiter, Fahrrad) appuyer ; (Tür, Fenster) entrebâiller ▶ vr s'appuyer ; (an Vorbild) imiter
an|leiern (fam) vt commencer
an|leiten vt: **jdn bei einer Arbeit ~** montrer (comment faire) un travail à qn ; **jdn zu etw ~** encourager qn à qch

Anleitung f instructions fpl
an|liegen irr vi (Kleidung) être moulant(e)
Anliegen (-s, -) nt problème m; (Wunsch) demande f
Anlieger (-s, -) m riverain m
an|lügen irr vt mentir à
an|machen vt (anschalten, anzünden) allumer; (befestigen) fixer; (Salat) assaisonner; **jdn ~** (fam) draguer qn
an|maßen vr: **sich** Dat **etw ~** s'attribuer qch
anmaßend adj arrogant(e)
Anmaßung f suffisance f
Anmeldeformular nt formulaire m d'inscription
an|melden vt (Besucher, Besuch) annoncer; (Radio) payer la redevance pour; (Auto) faire immatriculer ▶ vr s'annoncer; (polizeilich) annoncer son arrivée
Anmeldeschluss m clôture f des inscriptions
Anmeldung f (Büro) réception f
an|merken vt (hinzufügen) ajouter; (anstreichen) noter; **jdm seine Unsicherheit ~** remarquer le manque d'assurance de qn; **sich** Dat **nichts ~ lassen** ne rien laisser paraître
Anmerkung f remarque f
Anmut f charme m
anmutig adj charmant(e)
an|nähen vt coudre
annähernd adj (Wert, Betrag) approximatif(-ive)
Annäherung f rapprochement m
Annäherungsversuch m avance f
Annahme f (Vermutung) supposition f; (von Gesetz, Kind, Namen) adoption f
annehmbar adj acceptable
an|nehmen irr vt accepter; (vermuten) admettre ▶ vr: **sich einer Sache** Gen **~** (sich kümmern um) s'occuper de qch; **angenommen, das ist so** admettons que ce soit vrai
Annehmlichkeit f commodité f
annektieren vt annexer
Annonce f annonce f
annoncieren vt annoncer ▶ vi mettre od insérer une annonce
annullieren vt annuler
Anode f anode f
an|öden (fam) vt casser les pieds à
anonym adj anonyme
Anonymität f anonymat m
Anorak (-s, -s) m anorak m
an|ordnen vt ranger, classer; (befehlen) ordonner
Anordnung f (Befehl) ordre m
anorganisch adj inorganique
an|packen vt (anfassen) saisir; (in Angriff nehmen) s'attaquer à; **mit ~** mettre la main à la pâte
an|passen vt (angleichen) adapter ▶ vr s'adapter
Anpassung f adaptation f
anpassungsfähig adj adaptable
Anpfiff m (Sport) coup m de sifflet (annonçant le début d'un match); (fam: Zurechtweisung) savon m
an|pöbeln (fam) vt s'en prendre à
an|prangern vt dénoncer
an|preisen irr vt recommander (chaleureusement)
Anprobe f essayage m
an|probieren vt essayer
an|rechnen vt compter; (altes Gerät) accorder une remise pour; **jdm etw hoch ~** avoir une haute opinion de qn à cause de qch
Anrecht nt droit m
Anrede f titre m
an|reden vt (ansprechen) s'adresser à; (belästigen) aborder; **jdn mit Frau/ Exzellenz ~** appeler qn « Madame/ Excellence »; **jdn mit „Sie" ~** vouvoyer qn
an|regen vt (stimulieren) stimuler; (vorschlagen) suggérer; **angeregte Unterhaltung** conversation f animée
anregend adj (Mittel) excitant(e); (Luft) qui réveille; (Gespräch) stimulant(e)
Anregung f suggestion f
an|reichern vt (Chim) enrichir; (Culin) rendre plus riche
Anreise f (voyage m d')aller m
an|reisen vi arriver
Anreiz m motivation f
Anrichte f buffet m
an|richten vt (Essen) servir; (Verwirrung) provoquer; (Schaden) faire
anrüchig adj louche
an|rücken vi arriver; (Mil) avancer
Anruf m appel m • **Anrufbeantworter** m répondeur m
an|rufen irr vt (Tél) appeler
an|rühren vt (anfassen) toucher; (mischen) préparer
ans = **an das**
Ansage f annonce f
an|sagen vt (Zeit) donner; (Programm) annoncer ▶ vr annoncer sa visite
Ansager(in) (-s, -) m(f) (Radio, TV) speaker(ine)
an|sammeln vr s'accumuler; (Menschen) se rassembler
Ansammlung f accumulation f, amas m; (Leute) rassemblement m

ansässig adj établi(e)
Ansatz m (Beginn) début m ; (Versuch) tentative f ; (Haaransatz) racine f ; (Rostansatz, Kalkansatz) dépôt m ; (Verlängerungsstück) rallonge f
• **Ansatzpunkt** m point m de départ
an|schaffen vt acquérir, acheter
Anschaffung f acquisition f
an|schalten vt allumer
an|schauen vt regarder
anschaulich adj vivant(e)
Anschauung f (Meinung) opinion f ; **aus eigener ~** par expérience
Anschauungsmaterial nt matériel m documentaire
Anschein m apparence f ; **allem ~ nach** selon toute apparence ; **es hat den ~, dass ...** il semble que ...
anscheinend adv apparemment
Anschlag m (Plakat) affiche f ; (Attentat) attentat m ; (Kostenvoranschlag) devis m ; (auf Klavier) toucher m ; (auf Schreibmaschine) frappe f
an|schlagen irr vt (Zettel) afficher ; (beschädigen: Tasse) ébrécher ; (Akkord) frapper
an|schließen irr vt (Gerät) brancher ; (Sender) relayer ; (Fahrrad etc) enchaîner ; (folgen lassen, hinzufügen) ajouter ▶ vi : **an etw** Akk **~** (räumlich) être contigu(ë) à qch ; (zeitlich) suivre qch ▶ vr : **sich jdm ~** se joindre à qn ; (beipflichten) se ranger à l'avis de qn
anschließend adj (räumlich) contigu(ë) ; (zeitlich) qui suit ▶ adv ensuite
Anschluss m (Élec) branchement m ; (von Wasser etc) branchement m ; (Rail, Aviat) correspondance f ; (Tél : Verbindung) communication f ; (: Apparat) ligne f ; (Inform) connexion f ; **im ~ an** +Akk (immédiatement) après ; **~ finden** se faire des amis
Anschlussflug m correspondance f
anschmiegsam adj (Mensch) câlin(e) ; (Stoff) souple
an|schnallen vr attacher sa ceinture
Anschnallpflicht f : **in Taxis ist jetzt ~** le port de la ceinture (de sécurité) est devenu obligatoire dans les taxis
an|schneiden irr vt entamer
an|schreiben irr vt écrire ; (Behörde etc) écrire à ▶ vi (Kredit geben) faire crédit ; **können Sie es mir ~?** pouvez-vous le mettre sur mon compte ?
an|schreien irr vt crier après
Anschrift f adresse f
an|schwellen irr vi (Körperteil) enfler, gonfler ; (Fluss) être en crue, monter ; (Lärm) s'enfler

an|schwemmen vt charrier
an|schwindeln vt raconter des bobards à
an|sehen irr vt regarder ; **jdm etw ~** lire qch sur le visage de qn ; **jdn/etw als etw ~** considérer qn/qch comme qch
Ansehen (**-s**) nt (Ruf) réputation f
ansehnlich adj (Mensch) de belle apparence od stature ; (Betrag) considérable
an sein (fam) irr vi siehe **an**
an|setzen vt (Wagenheber) mettre, placer ; (Trompete) emboucher ; (anfügen) ajouter ; (Knospen, Frucht) faire, produire ; (Bowle) faire macérer ; (Termin) fixer ; (Kosten) calculer ▶ vi (beginnen) commencer ▶ vr (Rost) se former
Ansicht f (sichtbarer Teil) vue f ; (Meinung) avis m, opinion f ; (Inform) affichage m ; **zur ~** à l'examen ; **meiner ~ nach** à mon avis
Ansichtskarte f carte f postale
Ansichtssache f : **das ist ~** c'est une affaire d'opinion
ansonsten adv à part cela, par ailleurs
an|spannen vt (Tiere, Wagen) atteler ; (Muskel) bander
Anspannung f tension f
Anspiel nt (Spielbeginn) commencement m du match
an|spielen vi (Sport) ouvrir le jeu ; **auf etw** Akk **~** faire allusion à qch
Anspielung f : **~ auf** +Akk allusion f à
Ansporn (**-(e)s**) m stimulation f
Ansprache f allocution f
an|sprechen irr vt (reden mit) adresser la parole à ; (gefallen) plaire ▶ vi (gefallen) plaire ; (reagieren) réagir ; (wirken) faire de l'effet ; **jdn auf etw** Akk **(hin) ~** parler de qch à qn
ansprechend adj charmant(e)
Ansprechpartner m interlocuteur m
an|springen irr vi (Auto) démarrer
Anspruch m (Recht) droit m ; (Forderung) exigence f, revendication f ; **hohe Ansprüche stellen od haben** être très exigeant(e) ; **~ auf etw** Akk **haben** avoir droit à qch ; **etw in ~ nehmen** avoir recours à qch
anspruchslos adj sans prétentions, modeste
anspruchsvoll adj exigeant(e)
an|spucken vt cracher sur
an|stacheln vt inciter, stimuler
Anstalt (**-, -en**) f (Schule, Heim, Gefängnis) établissement m ; (Heilanstalt) maison f de santé ; **~en machen, etw zu tun** se préparer od s'apprêter à faire qch
Anstand m décence f

anständig adj (Mensch, Benehmen) honnête ; (Leistung, Arbeit) satisfaisant(e)
anstandslos adv sans problème
an|starren vt regarder fixement, fixer du regard
anstatt präp +Gen à la place de ▶ konj: **~ etw zu tun** au lieu de faire qch
an|stechen irr vt (Blase, Reifen) crever ; (Fass) mettre en perce
an|stecken vt (Abzeichen, Blume, Ring) mettre ; (Méd) contaminer ; (Pfeife, Kerzen) allumer ; (Haus) mettre le feu à ▶ vr: **ich habe mich bei ihm angesteckt** il m'a contaminé(e) ▶ vi être contagieux(-euse)
ansteckend adj contagieux(-euse)
Ansteckung f contagion f
an|stehen irr vi faire la queue ; (Verhandlungspunkt) être à l'ordre du jour
anstelle, an Stelle präp +Gen: **~ von** à la place de
an|stellen vt (einschalten: Gerät) allumer ; (Wasser) ouvrir ; (anlehnen) poser, placer ; (Arbeit geben) engager ; (vornehmen) faire ▶ vr (Schlange stehen) faire la queue ; **sich dumm/geschickt ~** mal/bien s'y prendre
Anstellung f emploi m
Anstieg (-(e)s, -e) m montée f
an|stiften vt: **jdn zu etw ~** pousser qn à qch
Anstifter(in) m(f) instigateur(-trice)
an|stimmen vt (Lied) entonner ; (Geschrei) pousser
Anstoß m (Impuls) impulsion f ; (Sport) coup m d'envoi ; **~ nehmen an** +Dat être choqué(e) par od de
an|stoßen irr vt pousser ▶ vi (Sport) donner le coup d'envoi ; (mit Gläsern) trinquer ; (sich stoßen) se cogner ; **an etw** Akk **~** (angrenzen) être attenant(e) à qch
anstößig adj choquant(e)
an|streben vt aspirer à
an|streichen irr vt peindre ; (markieren) marquer
Anstreicher(in) (-s, -) m(f) peintre m (en bâtiment)
an|strengen vt (Augen, Person) fatiguer ; (Jur: Prozess) intenter ▶ vr faire des efforts
anstrengend adj fatigant(e)
Anstrengung f effort m
Anstrich m couche f de peinture ; (fig: Note) apparence f
Ansturm m assaut m
Antagonismus m antagonisme m
Antarktis (-) f Antarctique m
antarktisch adj antarctique
an|tasten vt (berühren, angreifen) toucher ; (Recht, Ehre) porter atteinte à

Anteil m (Teil) part f ; **~ an etw** Dat **nehmen** (sich interessieren) s'intéresser à qch
Anteilnahme (-) f (Mitleid) compassion f, sympathie f
Antenne f antenne f
Anthrazit (-s, -e) m anthracite m
Antialkoholiker(in) m(f) personne f qui ne boit jamais d'alcool
antiautoritär adj non autoritaire
Antibiotikum (-s, -biotika) nt antibiotique m
Antiblockiersystem nt (Auto) système m (de freinage) antiblocage
Antiglobalisierung f altermondialisation f
Antihistaminikum nt (-s, **Antihistaminika**) (Méd) antihistaminique m
antik adj ancien(ne)
Antike f antiquité f
Antikörper m anticorps m
Antilope f antilope f
Antipathie f antipathie f
Antiquariat nt librairie f d'occasion
Antiquitäten pl antiquités fpl
• **Antiquitätenhandel** m commerce m d'antiquités • **Antiquitätenhändler(in)** m(f) antiquaire m
Antisemitismus m antisémitisme m
Antiviren- adj (Inform) antivirus
Antivirenprogramm nt (Inform) antivirus m
Antivirensoftware f antivirus m
an|törnen vt (fam) faire flasher, exciter
Antrag (-(e)s, **Anträge**) m (Pol) motion f ; (Gesuch) requête f, demande f ; (Formular) formulaire m ; (Heiratsantrag) demande f en mariage
an|treffen irr vt trouver
an|treiben irr vt pousser ; (Motor) entraîner, faire marcher ; (fig) entraîner
an|treten irr vt (Amt, Regierung, Stellung) prendre ; (Erbschaft) recueillir ; (Strafe) commencer à purger ; (Beweis) fournir ; (Reise, Urlaub) partir en ▶ vi s'aligner
Antrieb m impulsion f ; (Tech) entraînement m ; **aus eigenem ~** de sa propre initiative
an|trinken irr vt (Flasche, Glas) entamer ; **sich** Dat **Mut/einen Rausch ~** boire pour se donner du courage/se soûler ; **angetrunken sein** être en état d'ébriété
Antritt m (Beginn) début m ; (eines Amtes) entrée f en fonction
an|tun irr vt: **jdm etw ~** faire qch à qn ; **sich** Dat **Zwang ~** se faire violence

Antwort (-, -en) f réponse f; **um ~ wird gebeten** répondez s'il vous plaît (= R.S.V.P.)
antworten vi répondre; **jdm ~** répondre à qn
an|vertrauen vt: **jdm etw ~** confier qch à qn ▶ vr: **sich jdm ~** se confier à qn
an|wachsen irr vi augmenter; (*Pflanze*) prendre racine
Anwalt (-(e)s, Anwälte) m avocat m
Anwaltskosten pl frais mpl de justice
Anwandlung f caprice m, passade f; **eine ~ von Furcht/Reue** une peur passagère/un remords passager
Anwärter(in) m(f) candidat(e)
an|weisen irr vt (*zuweisen*) assigner, attribuer; (*befehlen*) ordonner à; (*anleiten*) diriger; (*Fin: überweisen*) virer
Anweisung f (*Zuweisung*) attribution f, assignation f; (*Befehl*) ordre m; (*Anleitung*) mode m d'emploi; (*Postanweisung*) mandat m
anwendbar adj applicable
an|wenden irr vt (*Gerät*) utiliser; (*Mittel, Therapie, Gewalt*) recourir à; (*Gesetz, Regel*): **etw auf etw ~** appliquer qch à qch
Anwender(in) (-s, -) m(f) utilisateur(-trice)
Anwenderprogramm nt (*Inform*) programme m d'application
Anwendung f application f; (*Inform*) application f, appli f
Anwendungsprogramm nt (*Inform*) programme m d'application
anwesend adj présent(e); **die A~en** les personnes présentes
Anwesenheit f présence f
Anwesenheitsliste f liste f de présence
an|widern vt dégoûter
Anwohner(in) (-s, -) m(f) riverain(e)
Anzahl f (*Menge*) quantité f; (*Gesamtzahl*) nombre m
an|zahlen vt (*Betrag*) payer; (*Gekauftes*) payer un acompte pour
Anzahlung f acompte m
an|zapfen vt (*Fass*) mettre en perce; (*Tél*) mettre en écoute; (*fam*): **ich habe ihn um 200 Euro angezapft** je l'ai tapé de 200 euros
Anzeichen nt signe m, indice m
Anzeige f annonce f; (*Messgerät*) affichage m; (*bei Polizei*) dénonciation f; **~ gegen jdn erstatten** dénoncer qn
an|zeigen vt (*Zeit*) indiquer; (*Geburt*) faire part de; (*bei Polizei*) dénoncer
Anzeigenblatt nt journal m de petites annonces
Anzeigenteil m (rubrique f des) annonces fpl

385 | **Appetit**

Anzeiger m (*Tech*) indicateur m
an|zetteln (*fam*) vt tramer
an|ziehen irr vt (*Kleidung*) mettre; (*anlocken*) attirer; (*Schraube, Handbremse*) serrer; (*Seil*) tirer (sur); (*Knie, Beine*) plier; (*Feuchtigkeit*) absorber ▶ vr s'habiller ▶ vi (*Preise, Aktien*) monter, être en hausse; (*sich nähern*) s'approcher; (*Mil*) avancer
anziehend adj attirant(e), attrayant(e)
Anziehung f (*Reiz*) attrait m, charme m
Anziehungskraft f attirance f; (*Phys*) force f d'attraction
Anzug m costume m; **im ~ sein** menacer
anzüglich adj (*Bemerkung*) désobligeant(e); (*Witz*) de mauvais goût • **Anzüglichkeit** f caractère m désobligeant; (*Bemerkung*) allusion f désobligeante
an|zünden vt allumer; (*Haus*) mettre le feu à
Anzünder m allume-gaz m inv
an|zweifeln vt mettre en doute
apart adj chic
Apartment (-s, -s) nt appartement m
Apathie f apathie f
apathisch adj apathique
Apfel (-s, ⸚) m pomme f • **Apfelmus** nt purée f de pommes • **Apfelsaft** m jus m de pommes
Apfelsine f orange f
Apfelwein m cidre m
Apostel (-s, -) m apôtre m
Apostroph (-s, -e) m apostrophe f
Apotheke f pharmacie f

: Une **Apotheke** est une pharmacie où
: l'on vend comme en France,
: principalement des médicaments sur
: ordonnance, mais aussi des produits
: de toilette. Le pharmacien est qualifié
: pour aider et donner des conseils sur
: les médicaments et les traitements à
: suivre.

Apotheker(in) (-s, -) m(f) pharmacien(ne)
App f (*Inform*) appli f
Apparat (-(e)s, -e) m appareil m; **wer ist am ~?** (*Tél*) qui est à l'appareil ?
Apparatur f appareillage m
Appartement (-s, -s) nt appartement m
Appell (-s, -e) m (*Mil*) appel m; (*fig*): **~ (an** +*Akk*) appel (à)
appellieren vi: **~ an** +*Akk* faire appel à
Appenzell-Innerrhoden (-s) nt Appenzell Rhodes-Intérieures m
Appetit (-(e)s, -e) m appétit m; **guten ~!** bon appétit ! • **appetitlich** adj appétissant(e) • **Appetitlosigkeit** f manque m d'appétit

Appetitzügler (**-s, -**) *m* coupe-faim *m*
Applaus (**-es, -e**) *m* applaudissements *mpl*
Applikation *f* (*Inform*) application *f*
Appretur *f* apprêt *m*
Aprikose *f* abricot *m*
April (**-(s), -e**) *m* avril *m*
Aprilwetter *nt* giboulées *fpl* de mars
Aquaplaning (**-(s)**) *nt* aquaplaning *m*
Aquarell (**-s, -e**) *nt* aquarelle *f*
Aquarium *nt* aquarium *m*
Äquator *m* équateur *m*
Araber(in) (**-s, -**) *m(f)* Arabe *mf*
Arabien (**-s**) *nt* l'Arabie *f*
arabisch *adj* (*Géo*) arabe
Arabisch *nt* (*Ling*) arabe *m*
Arbeit (**-, -en**) *f* travail *m* ; (*Klassenarbeit*) devoir *m*
arbeiten *vi* travailler ; (*funktionieren*) fonctionner
Arbeiter(in) (**-s, -**) *m(f)* travailleur(-euse) ; (*ungelernt*) ouvrier(-ière)
• **Arbeiterschaft** *f* ouvriers *mpl*
Arbeitgeber(in) (**-s, -**) *m(f)* employeur(-euse)
Arbeitnehmer(in) (**-s, -**) *m(f)* salarié(e)
arbeitsam *adj* travailleur(-euse)
Arbeitsamt *nt* ≈ Agence *f* nationale pour l'emploi
Arbeitserlaubnis *f* permis *m* de travail
arbeitsfähig *adj* apte au travail
Arbeitsgang *m* phase *f*, opération *f*
Arbeitsgemeinschaft *f* groupe *m* de travail, équipe *f*
Arbeitskraft *f* énergie *f* ; **Arbeitskräfte** *pl* (*Mitarbeiter*) main-d'œuvre *f*
arbeitslos *adj* au chômage
Arbeitslose(r) *f(m)* chômeur(-euse) *m/f*
Arbeitslosengeld *nt* allocation *f* (de) chômage
Arbeitslosenhilfe *f* ≈ allocation *f* de fin de droits
Arbeitslosigkeit *f* chômage *m*
Arbeitsmarkt *m* marché *m* du travail
Arbeitsplatz *m* lieu *m* de travail ; (*Stelle*) emploi *m*
arbeitsscheu *adj* fainéant(e)
Arbeitssuche *f* : **auf ~ sein** être à la recherche d'un emploi
Arbeitstag *m* journée *f* de travail
Arbeitsteilung *f* division *f* od répartition *f* du travail
arbeitsunfähig *adj* inapte au travail
Arbeitszeit *f* temps *m* od heures *fpl* de travail
Arbeitszeitverkürzung *f* réduction *f* du temps de travail
Archäologe (**-n, -n**) *m*, **Archäologin** *f* archéologue *mf*
Architekt(in) (**-en, -en**) *m(f)* architecte *mf*
Architektur *f* architecture *f*
Archiv (**-s, -e**) *nt* archives *fpl*
arg *adj* (*heftig*) terrible ▶ *adv* très
Argentinien (**-s**) *nt* l'Argentine *f*
Argentinier(in) (**-s, -**) *m(f)* Argentin(e)
argentinisch *adj* (*Géo*) argentin(e)
Ärger (**-s**) *m* (*Wut*) colère *f* ; (*Unannehmlichkeit*) ennuis *mpl*
• **ärgerlich** *adj* (*zornig*) en colère, furieux(-euse) ; (*lästig*) fâcheux(-euse), ennuyeux(-euse)
ärgern *vt* fâcher, contrarier ▶ *vr* se fâcher, s'énerver
Ärgernis *nt* contrariété *f* ; (*Anstoß*) scandale *m* ; **Erregung öffentlichen ~ses** attentat à la pudeur
Argument *nt* argument *m*
Argwohn *m* soupçons *mpl*, méfiance *f*
argwöhnisch *adj* soupçonneux(-euse)
Arie *f* aria *f*
Aristokrat(in) (**-en, -en**) *m(f)* aristocrate *mf*
Aristokratie *f* aristocratie *f*
aristokratisch *adj* aristocratique
arithmetisch *adj* arithmétique
Arktis (**-**) *f* (*Géo*) Arctique *m*
arktisch *adj* arctique
arm *adj* pauvre ; **~ an etw sein** être pauvre en qch ; **~ dran sein** (*fam*) être à plaindre
Arm (**-(e)s, -e**) *m* bras *m* ; (*von Leuchter*) branche *f* ; (*von Polyp*) tentacule *m* ; **~ in ~** bras dessus, bras dessous
Armatur *f* (*Élec*) induit *m*
Armaturenbrett *nt* tableau *m* de bord
Armband *nt* bracelet *m* • **Armbanduhr** *f* montre(-bracelet) *f*
Arme(r) *f(m)* pauvre *mf*
Armee *f* armée *f*
Ärmel (**-s, -**) *m* manche *f* ; **etw aus dem ~ schütteln** (*fig*) faire qch en un tour de main
Ärmelkanal *m* Manche *f*
Armenien (**-s**) *nt* l'Arménie *f*
armenisch *adj* arménien(ne)
ärmlich *adj* pauvre
armselig *adj* misérable ; (*schlecht*) minable
Armut (**-**) *f* pauvreté *f*
Armutszeugnis *nt* : **jdm ein ~ ausstellen** montrer l'incompétence de qn ; **sich ein ~ ausstellen** se révéler incompétent
Aroma (**-s, Aromen**) *nt* arôme *m*
Aromatherapie *f* aromathérapie *f*
aromatisch *adj* aromatique
arrangieren *vt* organiser ▶ *vr* s'arranger

Arrest (**-(e)s, -e**) *m* (*Mil*) arrêts *mpl* ; (*Scol*) retenue *f*, colle *f*
arrogant *adj* arrogant(e)
Arroganz *f* arrogance *f*
Arsch (**-es, ⁻e**) (*vulg*) *m* cul *m*
  ▸ **Arschkriecher** (*vulg*) *nt* lèche-cul *m*
Art (**-, -en**) *f* (*Weise*) manière *f*, façon *f* ; (*Sorte*) sorte *f* ; (*Wesen*) caractère *m*, nature *f* ; (*Biol*) espèce *f* ; **Sauerkraut nach ~ des Hauses** (*Culin*) choucroute maison
Artenschutz *m* protection *f* des espèces animales et végétales
Artenschwund *m*, **Artensterben** (**-s**)
  ▸ *nt* disparition *f* des espèces
Artenvielfalt *f* biodiversité *f*
Arterie *f* artère *f*
Arterienverkalkung *f* artériosclérose *f*
artig *adj* (*folgsam*) sage
Artikel (**-s, -**) *m* article *m*
Artischocke *f* artichaut *m*
Arznei *f*, **Arzneimittel** *nt* médicament *m*
Arzt (**-es, ⁻e**) *m* médecin *m* ; **praktischer ~** généraliste *m*
Ärztin *f* (femme *f*) médecin *m*
ärztlich *adj* médical(e)
As *nt* = **Ass**
Asbest (**-(e)s, -e**) *m* amiante *f*
Asche *f* cendre *f*
Aschenbahn *f* (*Sport*) cendrée *f*
Aschenbecher *m* cendrier *m*
Aschenbrödel, **Aschenputtel** (**-s, -**) *nt* Cendrillon *f*
Aschermittwoch *m* mercredi *m* des Cendres
Aserbaidschan, **Aserbeidschan** *nt* l'Azerbaïdjan *m*
Asiat(in) (**-en, -en**) *m(f)* Asiatique *mf*
asiatisch *adj* asiatique
Asien (**-s**) *nt* l'Asie *f*
asozial *adj* asocial(e)
Aspekt (**-(e)s, -e**) *m* aspect *m*
Asphalt (**-s, -e**) *m* asphalte *m*
asphaltieren *vt* asphalter
Asphaltstraße *f* route *f* goudronnée
aß *etc vb siehe* **essen**
Ass (**-es, -e**) *nt* as *m*
Assistent(in) *m(f)* assistant(e)
Assoziation *f* association *f*
Ast (**-(e)s, ⁻e**) *m* branche *f*
Aster (**-, -n**) *f* aster *m*
ästhetisch *adj* esthétique
Asthma (**-s**) *nt* asthme *m*
Asthmatiker(in) (**-s, -**) *m(f)* asthmatique *mf*
Astrologe (**-n, -n**) *m*, **Astrologin** *f* astrologue *m*
Astrologie *f* astrologie *f*

387 | **Atomversuch**

Astronaut(in) (**-en, -en**) *m(f)* astronaute *mf*
Astronom(in) *m(f)* astronome *mf*
Astronomie *f* astronomie *f*
ASU *abk* (= *Abgassonderuntersuchung*) contrôle annuel du niveau de pollution des véhicules automobiles
Asyl (**-s, -e**) *nt* asile *m* ; (*Heim*) hospice *m* ; (*Obdachlosenasyl*) refuge *m* pour les sans-abri
Asylant(in) (**-en, -en**) *m(f)* demandeur(-euse) *m/f* d'asile
Asylantrag *m* demande *f* d'asile
Asylbewerber(in) *m(f)* demandeur(-euse) d'asile
Asylrecht *nt* droit *m* d'asile
Atelier (**-s, -s**) *nt* atelier *m*
Atem (**-s**) *m* (*Luft*) haleine *f*, souffle *m* ; (*Atmen*) respiration *f* ; **außer ~** hors d'haleine ; **jdn in ~ halten** (*fig*) tenir qn en haleine ; **jdm den ~ verschlagen** couper le souffle à qn • **atemberaubend** *adj* (*Spannung*) à vous couper le souffle, incroyable ; (*Tempo*) vertigineux(-euse) ; (*Schönheit*) époustouflant(e) • **atemlos** *adj* (*Mensch*) hors d'haleine • **Atempause** *f* temps *m* d'arrêt • **Atemzug** *m* souffle *m* ; **in einem ~** (*fig*) en même temps
Atheismus *m* athéisme *m*
Atheist(in) *m(f)* athée *mf* • **atheistisch** *adj* athée
Äther (**-s, -**) *m* éther *m*
Äthiopien (**-s**) *nt* l'Éthiopie *f*
äthiopisch *adj* éthiopien(ne)
Athlet(in) (**-en, -en**) *m(f)* athlète *mf*
Athletik *f* athlétisme *m*
Atlantik (**-s**) *m* Atlantique *m*
atlantisch *adj* : **der A~e Ozean** l'océan *m* Atlantique
Atlas (**-ses, Atlanten**) *m* atlas *m*
atmen *vi* respirer
Atmosphäre *f* atmosphère *f*
atmosphärisch *adj* atmosphérique
Atmung *f* respiration *f*
Ätna (**-s**) *m* Etna *m*
Atom (**-s, -e**) *nt* atome *m*
atomar *adj* nucléaire
Atombombe *f* bombe *f* atomique
Atomenergie *f* énergie *f* nucléaire
Atomkraft *f* énergie *f* nucléaire
Atomkraftwerk *nt* centrale *f* nucléaire
Atomkrieg *m* guerre *f* atomique
Atommacht *f* puissance *f* nucléaire
Atommüll *m* déchets *mpl* radioactifs
Atomsperrvertrag *m* (*Pol*) traité *m* de non-prolifération des armes nucléaires
Atomsprengkopf *m* ogive *f* nucléaire
Atomversuch *m* essai *m* nucléaire

Atomwaffen pl armes fpl nucléaires
atomwaffenfrei adj dénucléarisé(e)
Atomzeitalter nt ère f atomique
Attachment (-s, -s) nt (von E-Mail) pièce f jointe, fichier m joint
Attentat (-(e)s, -e) nt attentat m
Attentäter(in) m(f) auteur m d'un attentat
Attest (-(e)s, -e) nt certificat m
attraktiv adj (Mensch) séduisant(e); (Angebot, Beruf) attrayant(e)
Attrappe f imitation f
Attribut (-(e)s, -e) nt (Ling) modificatif m
At-Zeichen nt ar(r)obase f
ätzen vi être caustique od corrosif
ätzend (fam) adj incroyable
Aubergine f aubergine f

(SCHLÜSSELWORT)

auch adv 1 (ebenfalls) aussi; **das ist auch schön** c'est joli aussi; **er kommt — ich auch** il va venir — moi aussi; **nicht nur..., sondern auch...** non seulement..., mais aussi...; **auch nicht** pas non plus; **ich auch nicht** moi non plus; **das habe ich auch vergessen** ça aussi, je l'ai oublié; **oder auch** ou encore; **auch das noch!** il ne manquait plus que ça!
2 (selbst, sogar) même; **auch wenn das Wetter schlecht ist** même s'il fait mauvais temps; **ohne auch nur zu fragen** sans même demander
3 (wirklich): **du siehst müde aus — bin ich auch** tu as l'air fatigué — je le suis; **so sieht es auch aus** ça se voit
4 (auch immer): **was auch geschehen mag** quoi qu'il arrive; **wie dem auch sei** quoi qu'il en soit; **wie sehr er sich auch bemühte, es ging alles schief** malgré tous ses efforts, tout est allé de travers

audiovisuell adj audiovisuel(le)

(SCHLÜSSELWORT)

auf präp +Dat 1 (wo?) sur; **auf dem Tisch** sur la table; **auf der Post** à la poste; **auf der Straße** dans la rue; **auf dem Land** à la campagne; **auf der ganzen Welt** dans le monde entier; **was hat es damit auf sich?** de quoi s'agit-il?
2 (während): **auf der Reise/dem Heimweg** pendant le voyage/voyage de retour
▶ präp +Akk 1 (wohin?) sur; **auf den Tisch** sur la table; **auf die Post gehen** aller à la poste; **auf die Schule gehen** aller à l'école; **aufs Land ziehen** aller habiter à la campagne; **etw auf einen Zettel schreiben** écrire qch sur un billet; **auf den Boden fallen** tomber par terre
2 (mit Zeit- und Maßangaben): **auf Lebenszeit** à vie; **auf 2 Jahre** pour 2 ans; **auf die Sekunde genau** à la seconde près; **jdn auf eine Tasse Kaffee/eine Zigarette(nlänge) einladen** inviter qn à boire un café/ fumer une cigarette; **jdn auf 10 Uhr zu sich bestellen** faire venir qn pour od à 10 heures
3 (als Reaktion): **auf seinen Vorschlag (hin)** suivant son conseil; **auf meinen Brief/meine Bitte hin** en réponse à ma lettre/demande
4: **auf Deutsch** en allemand; **bis auf ihn** sauf od à part lui; **auf einmal** (plötzlich) tout à coup; **zwei auf einmal** deux à la fois; **auf unseren lieben Onkel Albert!** buvons à la santé de notre cher oncle Albert!; **die Nacht (von Montag) auf Dienstag** la nuit de lundi à mardi; **es geht auf Weihnachten** Noël approche; **auf einen Polizisten kommen 1.000 Bürger** il y a un agent de police pour 1000 habitants
▶ adv 1 (offen): **auf sein** (Tür, Geschäft etc) être ouvert(e); **das Fenster ist auf** la fenêtre est ouverte; **Augen auf!** ouvre(z) l'œil!
2 (aufgestanden): **auf sein** (Mensch) être debout; **ist er schon auf?** il est déjà levé?
3: **auf und ab gehen** faire les cent pas; **auf und davon gehen** partir; **auf!** (los!) allons!; **auf nach Rom!** on part pour Rome!
▶ konj: **auf dass** (pour) que; **auf dass wir nie vergessen, wem wir dies zu verdanken haben!** n'oublions jamais à qui nous en sommes redevables!

auf|atmen vi pousser un soupir de soulagement, respirer
auf|bahren vt exposer
Aufbau m (Bauen) construction f; (kein pl: Gliederung, Struktur) structure f; (: Schaffung) création f; (Aut) carrosserie f
auf|bauen vt (Zelt, Maschine, Gerüst) monter; (Stadt) reconstruire; (Vortrag, Aufsatz) structurer; (Gruppe) fonder; (Sportler, Politiker) lancer; (Beziehungen) établir
auf|bauschen vt (fig) gonfler
auf|behalten (fam) irr vt garder
auf|bekommen irr vt (öffnen) réussir à ouvrir; (Hausaufgaben) avoir à faire

auf|bereiten vt (Text etc) préparer
auf|bessern vt (Gehalt) augmenter
auf|bewahren vt garder, conserver
Aufbewahrung f (Gepäckaufbewahrung) consigne f; **jdm etw zur ~ geben** donner qch à garder à qn
auf|bieten irr vt (Kraft, Verstand) rassembler; (Armee, Polizei) mobiliser
auf|blasen irr vt gonfler ▶ vr (fam: péj) faire l'important
auf|bleiben irr vi (Laden, Fenster) rester ouvert(e); (Mensch) rester debout, veiller
auf|blenden vt: **die Scheinwerfer ~** se mettre pleins phares od en phares ▶ vi (Auto) se mettre pleins phares od en phares
auf|blühen vi (Blume) éclore; (Mensch) s'épanouir; (Écon) prospérer
auf|brauchen vt dépenser, épuiser
auf|brausen vi (fig) se mettre en colère, s'emporter
aufbrausend adj emporté(e)
auf|brechen irr vt (Kiste, Auto) ouvrir (en forçant); (Schloss) fracturer ▶ vi (Wunde) se rouvrir; (gehen) partir
auf|bringen irr vt (öffnen) réussir à ouvrir; (in Umlauf setzen: Mode) lancer; (beschaffen) trouver; (ärgern) mettre en colère; (aufwiegeln): **~ gegen** monter contre; **Verständnis für jdn ~** se montrer compréhensif(-ive) envers qn
Aufbruch m départ m
auf|brühen vt faire
auf|bürden vt: **jdm etw ~** charger qn de qch, mettre qch sur le dos de qn
auf|decken vt (Bett) ouvrir; (enthüllen) révéler
auf|drängen vt: **jdm etw ~** imposer qch à qn ▶ vr: **sich jdm ~** (Mensch) imposer sa présence à qn; (Gedanke, Verdacht) ne pas sortir de la tête de qn
aufdringlich adj importun(e)
aufeinander adv l'un(e) sur l'autre; **sich ~ verlassen** compter l'un sur l'autre • **aufeinander|folgen** vi se succéder • **aufeinander|legen** vi mettre l'un(e) sur l'autre • **aufeinander|prallen** vi se heurter
Aufenthalt (**-s, -e**) m séjour m; (Unterbrechung von Fahrt od Flug) arrêt m
Aufenthaltserlaubnis, **Aufenthaltsgenehmigung** f permis m de séjour
Auferstehung f résurrection f
auf|essen irr vt finir (de manger)
auf|fahren irr vi (dicht aufschließen) suivre de très près; (wütend werden) s'emporter; (Auto): **~ auf** +Akk heurter, tamponner

Auffahrt f (Hausauffahrt) allée f; (Autobahnauffahrt) bretelle f d'accès
Auffahrunfall m collision f en chaîne
auf|fallen irr vi se faire remarquer; **jdm fällt etw** Akk **auf** qn remarque qch
auffallend adj remarquable, extraordinaire; (Kleid) voyant(e)
auffällig adj voyant(e), frappant(e)
auf|fangen irr vt (Ball) attraper; (Wasser) recueillir; (Funkspruch) capter; (Preise) arrêter la hausse de
Auffanglager nt camp m od centre m d'accueil
auf|fassen vt (verstehen) comprendre; (auslegen) interpréter
Auffassung f (Meinung) opinion f, avis m; (Auslegung) conception f; (auch: **Auffassungsgabe**) intelligence f
auffindbar adj trouvable
auf|fordern vt (befehlen) exhorter; (bitten) inviter, prier
Aufforderung f (Befehl) exhortation f; (Einladung) invitation f
auf|frischen vt (Farbe, Kenntnisse) rafraîchir; (Erinnerungen) raviver ▶ vi (Wind) fraîchir
auf|führen vt (Théât) jouer; (in einem Verzeichnis) mentionner ▶ vr (sich benehmen) se conduire, se comporter
Aufführung f (Théât) représentation f; (Liste) énumération f
Aufgabe f (Auftrag, Arbeit) tâche f; (Pflicht, Schulaufgabe) devoir m; (Verzicht) abandon m; (von Gepäck) expédition f; (von Post) envoi m, expédition f; (von Inserat) publication f
Aufgabenbereich m ressort m, compétence f
Aufgang m (Sonnenaufgang) lever m; (Treppe) escalier m
auf|geben irr vt (Paket, Telegramm) envoyer, expédier; (Gepäck) expédier; (Bestellung) passer; (Inserat) mettre; (Schularbeit) donner; (verzichten) abandonner; (Verlorenes) renoncer à ▶ vi abandonner
Aufgebot nt mobilisation f; (Eheaufgebot) publication f des bans
aufgedreht (fam) adj (complètement) excité(e)
aufgedunsen adj enflé(e), boursouflé(e)
auf|gehen irr vi (Sonne, Théât: Vorhang) se lever; (Teig, Saat) lever; (sich öffnen) s'ouvrir; (Knospe) éclore; (Math) être divisible; (klar werden): **jdm ~** devenir clair(e) pour qn; **in etw** Dat **~** se consacrer entièrement à qch; **in Flammen ~** être la proie des flammes

aufgeklärt adj éclairé(e) ; (sexuell) qui a reçu une éducation sexuelle
aufgekratzt (fam) adj gai(e)
aufgelegt adj : **gut/schlecht ~ sein** être de bonne/mauvaise humeur ; **zu etw ~ sein** être d'humeur à qch
aufgeregt adj énervé(e), excité(e)
aufgeschlossen adj ouvert(e)
aufgeschmissen (fam) adj fichu(e), cuit(e)
aufgeweckt adj éveillé(e)
auf|gießen irr vt (Wasser) verser ; (Tee) faire
auf|greifen irr vt (Thema, Punkt) reprendre ; (Verdächtige) appréhender
aufgrund, auf Grund präp +Gen (wegen) en raison de
auf|haben irr vt (Hut, Brille) porter ; (Scol) avoir à faire ▶ vi être ouvert(e)
auf|halsen vt : **jdm etw ~** mettre qch sur le dos de qn
auf|halten irr vt arrêter ; (Entwicklung) freiner ; (Katastrophe) empêcher ; (Menschen) retenir ; (Betrieb) perturber ; (Tür, Hand, Sack, Augen) garder od tenir ouvert(e) ▶ vr (bleiben) s'attarder, rester ; (wohnen) séjourner ; **sich über jdn/etw ~** (aufregen) être énervé(e) par qn/qch ; **sich mit etw ~** perdre son temps avec qch
auf|hängen vt accrocher ; (Hörer) raccrocher ; (Menschen) pendre ▶ vr se pendre
Aufhänger (-s, -) m (am Mantel) attache f ; (fig : für Aufsatz, Geschichte) point m de départ
auf|heben irr vt (hochheben) soulever ; (aufbewahren) conserver ; (Sitzung, Belagerung) lever ; (Urteil) casser ; (Gesetz) abroger ▶ vr se compenser ; **bei jdm gut aufgehoben sein** être en de bonnes mains avec qn ; **sich** Dat **etw für später ~** garder qch pour plus tard ; **viel A~(s) machen** faire beaucoup de bruit
auf|heitern vt (Himmel) vi dresser l'oreille ; (Miene) se dérider ; (Stimmung) s'améliorer ▶ vt (Menschen) égayer
auf|hellen vt éclaircir ▶ vr s'éclaircir
auf|hetzen vt : **~ gegen** dresser od monter contre
auf|holen vi rattraper son retard
auf|horchen vi dresser l'oreille
auf|hören vi (enden) s'arrêter
auf|klären vt (Geheimnis, Fall) élucider ; (Irrtum) expliquer ; (sexuell) donner une éducation sexuelle à ▶ vr (Wetter, Geheimnis) s'éclaircir ; (Irrtum) s'expliquer ; **~ über** +Akk mettre au courant de

Aufklärung f (von Geheimnis) éclaircissement m ; (Unterrichtung) information f ; (sexuell) éducation f sexuelle ; (Zeitalter) Siècle m des lumières ; (Mil, Aviat) reconnaissance f
auf|kleben vt coller
Aufkleber (-s, -) m autocollant m
auf|knöpfen vt déboutonner
auf|kommen irr vi (Wind) se lever ; (Zweifel, Gefühl, Mode) naître ; **für jdn/etw ~** prendre qn/qch à sa charge
auf|laden irr vt (Last, Batterie) charger ; (Verantwortung) : **jdm etw ~** charger qn de qch
Auflage f (Buch) édition f ; (von Zeitung etc) tirage m ; (Bedingung) condition f ; **jdm etw zur ~ machen** imposer qch à qn
auf|lassen (fam) irr vt (offen lassen) laisser ouvert(e)
auf|lauern vi : **jdm ~** guetter qn
Auflauf m (Culin) soufflé m ; (Menschenauflauf) attroupement m
auf|leben vi (Mensch) reprendre du poil de la bête ; (Pflanze) se remettre ; (Gespräch) reprendre ; (Interesse) renaître
auf|legen vt mettre ; (Telefonhörer) raccrocher ; (Buch etc) publier
auf|lehnen vr : **sich gegen jdn/etw ~** se révolter contre qn/qch
auf|lesen irr vt ramasser
auf|leuchten vi s'allumer ; (Augen) s'illuminer
auf|liegen irr vi être posé(e) ; (zur Einsicht ausliegen : Zeitung etc) être disponible
auf|lockern vt détendre
auf|lösen vt (in Wasser) diluer, délayer ; (Ehe, Versammlung, Partei, Parlament) dissoudre ; (Geschäft) liquider ▶ vr se dissoudre
auf|machen vt (öffnen) ouvrir ; (gründen) fonder ; (zurechtmachen) arranger ▶ vr (gehen) se mettre en route
Aufmachung f (Kleidung) tenue f ; (Gestaltung) présentation f
aufmerksam adj attentif(-ive) ; (höflich) aimable ; **jdn auf jdn/etw ~ machen** attirer l'attention de qn sur qn/qch • **Aufmerksamkeit** f attention f ; (Höflichkeit) égard m
auf|muntern vt (ermutigen) encourager ; (erheitern) égayer
Aufnahme f (Empfang, Reaktion) accueil m ; (in Verein, Krankenhaus etc) admission f ; (in Liste, Programm etc) insertion f ; (von Beziehungen etc) établissement m ; (Photo) photo f ; (auf Tonband etc) enregistrement m • **aufnahmefähig** adj réceptif(-ive) • **Aufnahmeprüfung** f examen m d'entrée

auf|nehmen irr vt (Kampf, Verhandlungen, Fährte) ouvrir ; (empfangen, reagieren auf) accueillir ; (in Verein, Krankenhaus etc) admettre ; (in Liste etc) insérer ; (erfassen: Eindrücke) assimiler ; (Fin: Geld) emprunter ; (notieren: Diktat) prendre ; (: Unfall) dresser un constat de ; (auf Tonband, Platte) enregistrer ; (fotografieren) prendre en photo ; (Maschen) reprendre ; **es mit jdm ~ können** pouvoir se mesurer à qn
auf|opfern vt sacrifier ▶ vr se sacrifier
aufopfernd adj dévoué(e)
auf|passen vi (aufmerksam sein) faire attention ; **aufgepasst!** attention !
Aufprall (-(e)s, -e) m choc m, impact m
auf|prallen vi : **auf etw** Akk **~** heurter qch
Aufpreis m majoration f
auf|pumpen vt gonfler
auf|putschen vt (aufhetzen) soulever ; (erregen) exciter, stimuler
Aufputschmittel nt stimulant m
auf|raffen (fam) vr : **sich zu einer Arbeit** etc **~** trouver l'énergie pour faire un travail etc
auf|räumen vt, vi ranger
aufrecht adj droit(e)
aufrecht|erhalten irr vt maintenir
auf|regen vt (ärgerlich machen) irriter ; (in Erregung versetzen) exciter ▶ vr s'énerver
aufregend adj excitant(e)
Aufregung f émotion f (forte) ; (Durcheinander) émoi m
auf|reiben irr vt (Haut) écorcher ; (erschöpfen) épuiser ; (Mil) anéantir ▶ vr s'épuiser
aufreibend adj épuisant(e)
auf|reißen irr vt (Umschlag) déchirer ; (Augen) écarquiller ; (Mund) ouvrir grand ; (Tür) ouvrir brusquement
auf|reizen vt exciter
aufreizend adj provocant(e)
auf|richten vt redresser ; (moralisch) remonter ▶ vr se redresser ; (moralisch) reprendre courage
aufrichtig adj sincère • **Aufrichtigkeit** f sincérité f
auf|rücken vi avancer ; (beruflich) être promu
Aufruf m (zur Hilfe, des Namens) appel m
auf|rufen irr vt appeler ; **einen Schüler ~** interroger un élève ; **jds Namen ~** appeler qn
Aufruhr (-(e)s, -e) m (Erregung) émoi m, trouble m ; (Pol) révolte f, insurrection f
auf|runden vt (Summe) arrondir
auf|rüsten vt armer
Aufrüstung f armement m
auf|rütteln vt secouer

aufs = **auf das**
auf|sagen vt (Gedicht) réciter ; **jdm die Freundschaft ~** rompre avec qn
aufsässig adj rebelle
Aufsatz m (auf Schrank etc) dessus m ; (Schulaufsatz) rédaction f, dissertation f
auf|saugen irr vt absorber
auf|schauen vi lever les yeux
auf|scheuchen vt effrayer
auf|schieben irr vt (öffnen) ouvrir ; (verzögern) remettre
Aufschlag m (an Kleidungsstück) revers m ; (Aufprall) choc m ; (Preisaufschlag) supplément m ; (Tennis) service m
auf|schlagen irr vt (Buch, Augen) ouvrir ; (Zelt) dresser, monter ; (Wohnsitz, Lager) installer ; (Ärmel) retrousser ; (Kragen) relever ▶ vi (teurer werden) augmenter ; (Tennis) servir ; (aufprallen) percuter
auf|schließen irr vt ouvrir ▶ vi (aufrücken) se serrer, se pousser
Aufschluss m renseignement m, information f
aufschlussreich adj révélateur(-trice)
auf|schnappen (fam) vt saisir au vol
auf|schneiden irr vt (Knoten, Paket) ouvrir (en coupant) ; (Brot, Wurst) découper ; (Méd) inciser ▶ vi (prahlen) se vanter
Aufschnitt m (Wurstaufschnitt) charcuterie f ; (Käseaufschnitt) fromage m en tranches
auf|schrauben vt (festschrauben) visser ; (lösen) dévisser
auf|schrecken vt faire sursauter ▶ vi sursauter
Aufschrei m cri m
auf|schreiben irr vt noter
auf|schreien irr vi pousser des cris
Aufschrift f inscription f
Aufschub (-(e)s, Aufschübe) m délai m
auf|schwatzen (fam) vt : **jdm etw ~** persuader qn de prendre qch
Aufschwung m (Auftrieb, Elan) élan m, essor m ; (wirtschaftlich) relance f, reprise f
auf|sehen irr vi lever les yeux • **Aufsehen** (-s) nt sensation f • **aufsehenerregend** adj qui fait sensation
Aufseher(in) (-s, -) m(f) surveillant(e) ; (Museumsaufseher, Parkaufseher) gardien(ne)
auf sein (fam) irr vi siehe **auf**
auf|setzen vt (Hut, Brille) mettre ; (Essen) mettre à cuire ; (Fuß) poser ; (Dokument, Schreiben) rédiger (le brouillon de) ▶ vr se redresser ▶ vi (Flugzeug) atterrir
Aufsicht f (Kontrolle) surveillance f ; (Person) garde m, surveillant(e) m/f

Aufsichtsrat m conseil m d'administration

auf|sitzen irr vi (auf Pferd, Motorrad) monter en selle ; **jdm ~** (fam) se faire avoir par qn

auf|sparen vt mettre de côté

auf|sperren vt ouvrir ; (Mund) ouvrir tout(e) grand(e) ; **die Ohren ~** dresser l'oreille

auf|spielen vr se donner de grands airs ; **sich als Chef ~** jouer les chefs

auf|springen irr vi (hochspringen) bondir, sauter ; (Ball) rebondir ; (sich öffnen) s'ouvrir (brusquement) ; (Hände, Lippen) se gercer ; **~ auf** +Akk sauter sur

auf|spüren vt dépister

auf|stacheln vt soulever, exciter

Aufstand m soulèvement m

aufständisch adj séditieux(-euse), rebelle

auf|stechen irr vt (Blase etc) percer

auf|stehen irr vi se lever ; (Tür) être ouvert(e)

auf|steigen irr vi monter ; (Flugzeug) prendre de l'altitude ; (Rauch) s'élever ; (beruflich) monter en grade, être promu(e) ; (Sport) monter, être promu(e)

auf|stellen vt (hinstellen) mettre (en place), poser ; (Gerüst) monter ; (Wachen) poster ; (Heer, Mannschaft) constituer ; (Kandidaten) proposer ; (Programm etc) établir ; (Rekord) battre

Aufstellung f (Sport) composition f ; (Liste) liste f

Aufstieg (-(e)s, -e) m (auf Berg) ascension f ; (Weg) montée f ; (beruflich) avancement m

auf|stoßen irr vt pousser ▶ vi roter ; **jdm ~** (fig) frapper qn

Aufstrich m pâte f à tartiner

auf|stützen vr s'appuyer ▶ vt (Körperteil) appuyer

auf|suchen vt (besuchen) rendre visite à ; (konsultieren) consulter

auf|takeln vt (Naut) gréer ▶ vr (fam) s'attifer

Auftakt m (fig) prélude m

auf|tanken vi, vt (Flugzeug) ravitailler ; (Auto) remplir le réservoir de

auf|tauchen vi émerger, faire surface, apparaître ; (Zweifel, Fragen, Problem) apparaître

auf|tauen vt (Gefrorenes) décongeler ▶ vi (Eis) fondre ; (fig: Mensch) se dégeler

auf|teilen vt répartir ; (Raum) diviser

Aufteilung f répartition f ; (von Raum) division f

auf|tischen vt (Essen) servir ; (péj: Lügen) sortir

Auftrag (-(e)s, **Aufträge**) m (Bestellung) commande f ; (Anweisung) instruction f ; (Aufgabe) tâche f, mission f ; **im ~** +Gen par ordre de, de la part de

auf|tragen irr vt (Farbe, Salbe) mettre, appliquer ; (Essen) servir ▶ vi (dick machen) grossir ; **jdm etw ~** charger qn de qch ; **dick ~** (fig) forcer la dose

Auftraggeber(in) (-s, -) m(f) client(e)

auf|treiben (fam) irr vt dénicher

auf|treten irr vi (erscheinen) se présenter ; (Théât) entrer en scène ; (sich verhalten) se conduire

Auftreten (-s) nt (Vorkommen) existence f ; (Benehmen) conduite f, attitude f

Auftrieb m (Phys) poussée f verticale ; (fig) essor m, impulsion f

Auftritt m scène f ; (von Schauspieler) entrée f en scène

auf|wachen vi s'éveiller, se réveiller

auf|wachsen irr vi grandir

Aufwand (-(e)s) m (an Kraft, Geld etc) dépense f ; (Kosten) frais mpl ; (Luxus) luxe m, faste m

aufwändig adj = **aufwendig**

auf|wärmen vt (Essen) réchauffer ; (alte Geschichten) ressasser

aufwärts adv (in Rangordnung) à partir de • **aufwärts|gehen** vi: **mit seiner Gesundheit geht es aufwärts** il reprend du poil de la bête ; **mit der Wirtschaft geht es aufwärts** l'économie est en pleine reprise

Aufwasch m vaisselle f ; **alles in einem ~** (fam) tout à la fois

auf|wecken vt réveiller

auf|weichen vt faire tremper ; (Boden) détremper ; (System) miner

auf|weisen irr vt montrer

auf|wenden irr vt consacrer ; (Geld) dépenser

aufwendig adj coûteux(-euse)

auf|werfen irr vt (Probleme) soulever ; (Fenster etc) ouvrir (brusquement) ▶ vr: **sich zum Richter ~** s'ériger en juge

auf|werten vt (Fin) réévaluer ; (fig) rehausser

auf|wiegeln vt soulever

auf|wiegen irr vt compenser

Aufwind m vent m ascendant

auf|wirbeln vt soulever (des tourbillons de) ; **Staub ~** (fig) provoquer des remous

auf|wischen vt essuyer

auf|zählen vt énumérer

auf|zeichnen vt dessiner ; (schriftlich) noter ; (auf Band) enregistrer

Aufzeichnung f (schriftlich) note f ; (Tonbandaufzeichnung, Filmaufzeichnung) enregistrement m

auf|zeigen vt montrer

auf|ziehen irr vt (öffnen) ouvrir ; (Uhr) remonter ; (Fest, Unternehmung) organiser ; (Kinder, Tiere) élever ; (fam: necken) taquiner ▶ vi (aufmarschieren) arriver au pas ; (Sturm, Gewitter) se préparer

Aufzug m (Fahrstuhl) ascenseur m ; (Aufmarsch) défilé m ; (Kleidung) accoutrement m ; (Théât) acte m

auf|zwingen irr vt : **jdm etw ~** imposer qch à qn

Augapfel m globe m oculaire ; **jdn/etw wie seinen ~ hüten** tenir à qn/qch comme à la prunelle de ses yeux

Auge (-s, -n) nt œil m ; (aufWürfel) point m ; **ein ~/beide ~n zudrücken** (fam) fermer les yeux ; **das kann leicht ins ~ gehen** (fam) ça risque de mal finir ; **jdm etw vor ~n führen** montrer qch à qn

Augenarzt m ophtalmologue m, oculiste m

Augenblick m instant m
• **augenblicklich** adj (sofort) immédiat(e) ; (gegenwärtig) présent(e), actuel(le)

Augenbraue f sourcil m

Augenschein (geh) m kein pl : **jdn/etw in ~ nehmen** examiner qn/qch de près
augenscheinlich (geh) adj évident(e), apparent(e)

Augentropfen pl (Méd) gouttes fpl pour les yeux

Augenweide f régal m pour les yeux

Augenzeuge m, **Augenzeugin** f témoin m oculaire

August (-(e)s od -, -e) m août m

Auktion f vente f aux enchères

Auktionator m commissaire-priseur m

Aula (-, **Aulen** od -s) f salle f des fêtes

---SCHLÜSSELWORT---

aus präp +Dat **1** (räumlich) de ; **aus dem Zimmer kommen** sortir de la chambre ; **aus dem Garten/der Stadt kommen** venir du jardin/de la ville ; **er ist aus Berlin** il vient de Berlin ; **aus dem Fenster** par la fenêtre
2 (Material) de, en ; **eine Statue aus Marmor** une statue de od en marbre ; **ein Herz aus Stein** un cœur de pierre
3 (auf Ursache deutend) par ; **aus Mitleid** par pitié ; **aus Erfahrung** (wissen) par expérience ; **aus Versehen** par mégarde ; **aus Spaß** pour plaisanter od rire
▶ adv **1** (zu Ende) fini(e) ; **aus sein** (: zu Ende sein) être fini(e) ; (: nicht zu Hause sein) être sorti(e) ; (: nicht brennen, abgeschaltet sein) être éteint(e) ; **es ist aus mit ihm** c'en est fait de lui, il est fichu ; **aus und vorbei** fini(e)
2 : **bei ihr gehen Gerichtsvollzieher aus und ein** c'est un vrai défilé d'huissiers chez elle ; **weder aus noch ein wissen** ne plus savoir que faire ; **auf etw Akk aus sein** viser qch ; **sie ist doch nur auf dein Geld aus** c'est ton argent qui l'intéresse
3 (ausgeschaltet) : **ist der Herd aus?** le four est-il éteint ? ; **ist das Licht aus?** la lumière est-elle éteinte ?
4 (in Verbindung mit von) : **von Rom aus** depuis Rome ; **vom Fenster aus** de la fenêtre ; **von sich aus** (selbstständig) de lui-même/d'elle-même ; **o. k., von mir aus** d'accord (, si tu veux) ; **von ihm aus geht es in Ordnung** il est d'accord

Aus nt (Sport) élimination f ; (fig: Ende) fin f
aus|arbeiten vt élaborer
aus|arten vi dégénérer
aus|atmen vi expirer
aus|baden (fam) vt : **etw ~ müssen** devoir payer les pots cassés pour qch
Ausbau m (Erweitern) agrandissement m
aus|bauen vt (vergrößern, erweitern) agrandir ; (herausnehmen) démonter
ausbaufähig adj (fig) qui peut être développé(e)
aus|bedingen irr vt : **sich** Dat **etw ~** se réserver qch
aus|bessern vt réparer
aus|beulen vt débosseler
Ausbeute f rendement m
aus|beuten vt exploiter
aus|bilden vt former ; (Fähigkeiten) développer ; (Geschmack) cultiver
Ausbilder(in) (-s, -) m(f) formateur(-trice)
Ausbildung f (beruflich) formation f
Ausbildungsplatz m stage m
aus|bitten irr vt : **sich** Dat **etw ~** demander qch
aus|bleiben irr vi (Personen) ne pas venir ; (Ereignisse) ne pas se produire
Ausblick m vue f ; (fig) perspective f
aus|bomben vt bombarder la maison de
aus|brechen irr vi (Gefangener) s'évader ; (Krieg, Feuer) éclater ; (Krankheit) se déclarer ; (Vulkan) entrer en éruption ; **in Tränen ~** fondre en larmes ; **in Gelächter ~** éclater de rire
aus|breiten vt (Waren) étaler ; (Tuch) étendre ; (Karte) déplier ; (Arme) écarter, étendre ; (Flügel) déployer ▶ vr (Nebel, Wärme) se répandre ; (Seuche, Feuer) se propager ; (Ebene, péj : über Thema) s'étendre

aus|brennen irr vi (Haus, Auto) être réduit(e) en cendres ; (zu Ende brennen) finir de brûler, s'éteindre ; **er ist (völlig) ausgebrannt** (fig) il est à bout
Ausbruch m (von Gefangenen) évasion f ; (eines Krieges, einer Epidemie) début m ; (von Vulkan) éruption f ; (Gefühlsausbruch) débordement m ; **zum ~ kommen** se déclarer
aus|brüten vt couver
aus|denken irr vt (zu Ende denken) considérer à fond ; **sich** Dat **etw ~** imaginer qch
aus|buhen vt siffler, huer
aus|bürsten vt brosser
Ausdauer f endurance f, persévérance f
ausdauernd adj persévérant(e), tenace
aus|dehnen vt étendre ; (Gummi) étirer ; (zeitlich) prolonger ▶ vr s'étendre
aus|diskutieren vt discuter dans les moindres détails
aus|drehen vt (Gas) fermer ; (Licht) éteindre
Ausdruck m expression f ; (Inform) sortie f (sur imprimante)
aus|drucken vt (Inform) imprimer
aus|drücken vt exprimer ; (Zigarette) écraser ; (Zitrone, Schwamm) presser ▶ vr s'exprimer
ausdrücklich adj exprès(-esse)
ausdruckslos adj sans expression
Ausdrucksweise f manière f de s'exprimer
auseinander adv (räumlich, zeitlich) : **~ sein** (Paar, Ehe) être séparé(e)
auseinander|gehen irr vi (Menschen) se séparer ; (Meinungen) diverger ; (Gegenstand) tomber en morceaux ; (fam : dick werden) grossir, s'empâter
auseinander|halten irr vt (unterscheiden) distinguer
auseinander|setzen vt (erklären) expliquer ▶ vr (sich verständigen) s'expliquer ; (sich befassen) : **sich mit etw ~** réfléchir à qch, se pencher sur qch ; **Schüler ~** séparer des élèves
Auseinandersetzung f (Diskussion) discussion f ; (Streit) dispute f
auserlesen adj (Wein, Speisen) exquis(e), de choix
ausfahrbar adj (Antenne, Fahrgestell) escamotable
aus|fahren irr vt (spazieren fahren) (aller) promener ; (liefern) (aller) livrer ; (Tech : Fahrwerk) sortir ▶ vi (spazieren fahren) (aller) faire un tour ; (Naut) prendre la mer
Ausfahrt f (Autobahnausfahrt, Garagenausfahrt) sortie f ; (des Zuges etc) départ m ; (Spazierfahrt) tour m

Ausfall m (Wegfall, Verlust) perte f ; (Nichtstattfinden) annulation f ; (Tech) panne f ; (Produktionsstörung) arrêt de la production
aus|fallen irr vi (Zähne, Haare) tomber ; (nicht stattfinden) ne pas avoir lieu ; (wegbleiben : Person) être absent(e) ; (nicht funktionieren) tomber en panne ; **wie ist das Spiel ausgefallen?** qui a gagné ?
ausfallend adj blessant(e)
Ausfallstraße f (route f de) sortie f
aus|feilen vt limer ; (Stil) polir
aus|fertigen vt (Pass) délivrer ; (Urkunde, Rechnung) établir ; **doppelt ~** faire en deux exemplaires
Ausfertigung f (von Pass) délivrance f ; (Exemplar) exemplaire m ; **in doppelter/dreifacher ~** en deux/trois exemplaires
ausfindig adv : **jdn/etw ~ machen** (finir par) trouver qn/qch
aus|fliegen irr vi (Jungvögel) quitter le nid ; **sie war ausgeflogen** (fam) elle était sortie
aus|flippen (fam) vi flipper
Ausflucht (-, **Ausflüchte**) f prétexte m
Ausflug m excursion f
Ausflügler(in) (-s, -) m(f) excursionniste mf
Ausfluss m (Méd) écoulement m
aus|fragen vt interroger
aus|fransen vi s'effilocher
aus|fressen irr vt : **etw ~** (fam : anstellen) faire des bêtises
Ausfuhr (-, **-en**) f exportation f
ausführbar adj (durchführbar) faisable ; (Écon) exportable
aus|führen vt (spazieren führen) sortir, (aller) promener ; (Écon) exporter ; (verwirklichen) réaliser ; (erledigen, gestalten) exécuter ; (erklären) expliquer
ausführlich adj détaillé(e) ▶ adv en détail
Ausführung f (Durchführung) exécution f ; (Modell) modèle m ; (Herstellungsart) version f ; (Erklärung) explication f
aus|füllen vt (Loch) combler ; (Zeit) occuper, employer ; (Platz) occuper ; (Fragebogen etc, Beruf) remplir ; **jdn (ganz) ~** (in Anspruch nehmen) absorber qn (complètement)
Ausgabe f (Geld) dépense f ; (Aushändigung) distribution f ; (Gepäckausgabe) consigne f (où on retire les bagages) ; (Buch) édition f ; (Nummer) numéro m ; (Ausführung) modèle m, version f ; (Inform) sortie f
Ausgang m (Stelle) sortie f ; (kein pl : Ende) fin f ; (: Ausgangspunkt) point m de départ ; (: Ergebnis) issue f ; (Ausgehtag) jour m de sortie ; **kein ~** sortie interdite

Ausgangssperre f consigne f
aus|geben irr vt (Geld) dépenser ; (austeilen) distribuer ▶ vr: **sich für etw/jdn ~** se faire passer pour qch/qn
ausgebucht adj complet(-ète)
ausgedient adj (Soldat) libéré(e) ; (verbraucht) usé(e) ; **~ haben** avoir fait son temps
ausgefallen adj (ungewöhnlich) inhabituel(le), insolite
ausgeglichen adj (Mensch, Temperament) équilibré(e) • **Ausgeglichenheit** f équilibre m
aus|gehen irr vi (weggehen, sich vergnügen) sortir ; (Haare, Zähne) tomber ; (Feuer, Ofen, Licht) s'éteindre ; (Resultat haben) finir ; **von etw ~** se fonder sur qch ; (herrühren) venir de qch ; **gut/schlecht ~** bien/mal finir
ausgelassen adj débordant(e) de gaieté, enjoué(e)
ausgelastet adj surchargé(e)
ausgelernt adj qualifié(e)
ausgemacht adj (vereinbart) convenu(e) ; **ein ~er Dummkopf** un parfait imbécile ; **es gilt als ~, dass …** il est entendu que … ; **es war eine ~e Sache, dass …** c'était chose convenue que …
ausgenommen präp +Gen od Dat sauf ▶ konj sauf si
ausgepowert (fam) adj: **~ sein** être vidé(e), être vanné(e)
ausgeprägt adj marqué(e), prononcé(e)
ausgerechnet adv: **~ heute kommt er** il ne pouvait arriver à un pire moment !
ausgeschlossen adj (unmöglich) exclu(e)
ausgesprochen adj prononcé(e) ▶ adv: **~ schlecht/schön** vraiment très mauvais(e)/beau(belle)
ausgezeichnet adj excellent(e)
ausgiebig adj (Essen) copieux(-euse)
Ausgleich (-(e)s, -e) m (Gleichgewicht) équilibre m ; (Sport) égalisation f ; **zum ~** en compensation
aus|gleichen irr vt (Höhenunterschied) égaliser ; (Unterschied) aplanir, équilibrer ; (Mangel, Verlust) compenser ; (Konto) équilibrer ▶ vr s'équilibrer, se compenser
Ausgleichssport m (exercices mpl de) gymnastique f (pour quelqu'un qui fait un travail sédentaire)
Ausgleichstor nt but m égalisateur
aus|graben irr vt déterrer ; (Leichen) exhumer ; (fig) ressortir
Ausgrabung f (archäologisch) fouilles fpl
aus|grenzen vt exclure
Ausguss m (Spüle) évier m ; (Abfluss) bonde f ; (Tülle) bec m

aus|haben (fam) irr vt (Kleidung) avoir enlevé ; (Buch) avoir fini de (lire) ▶ vi (Schule) sortir (de classe)
aus|halten irr vt (Schmerzen, Hunger, Vergleich) supporter ; (Blick) soutenir ; (péj: Geliebte) entretenir ▶ vi (durchhalten) tenir bon
aus|handeln vt négocier
aus|händigen vt remettre
Aushang m avis m
aus|hängen vt (Meldung) afficher ; (Fenster) décrocher ▶ vi (Meldung) être affiché(e) ▶ vr (Kleidung, Falten) se défroisser
Aushängeschild nt (fig) pub f (ambulante)
aus|harren vi patienter
aus|hecken (fam) vt inventer, élaborer
aus|helfen irr vi +Dat: **jdm ~** donner un coup de main à qn
Aushilfe f aide f
Aushilfskraft f intérimaire mf
aushilfsweise adv à titre provisoire, temporairement
aus|holen vi (zum Schlag, Wurf) lever le bras ; (zur Ohrfeige) lever la main ; (beim Gehen) allonger le pas ; **weit ~** (fig) remonter au déluge
aus|horchen vt faire parler
aus|hungern vt affamer
aus|kennen irr vr s'y connaître
aus|kippen vt vider
aus|klammern vt (Thema) laisser de côté
Ausklang m (von Fest) fin f
aus|klingen irr vi (Ton, Lied) s'éteindre ; (Fest) se terminer
aus|klopfen vt (Teppich) battre ; (Pfeife) débourrer
aus|kochen vt (Wäsche) faire bouillir ; (Knochen) cuire ; (Méd) stériliser
aus|kommen irr vi: **mit jdm (gut) ~** (bien) s'entendre avec qn ; **mit etw ~** se débrouiller avec qch ; **ohne jdn/etw ~** (pouvoir) se passer de qn/qch
• **Auskommen** (-s) nt: **sein ~ haben** avoir de quoi vivre
aus|kosten vt savourer
aus|kugeln vt: **sich Dat den Arm ~** se démettre le bras
aus|kundschaften vt (Gegend) explorer
Auskunft (-, **Auskünfte**) f (Mitteilung) renseignement m ; (Stelle) bureau m de renseignements od d'information ; (Tél) renseignements
aus|kuppeln vi débrayer
aus|kurieren vt guérir complètement
aus|lachen vt se moquer de
aus|laden irr vt décharger ; (Gäste) décommander

Auslage f (Waren) étalage m, éventaire m ; (Schaufenster) vitrine f ; **Auslagen** pl (Kosten) frais mpl
Ausland nt étranger m ; **im ~, ins ~** à l'étranger
Ausländer(in) (**-s, -**) m(f) étranger(-ère)
ausländerfeindlich adj hostile aux étrangers, xénophobe
Ausländerfeindlichkeit f xénophobie f
ausländisch adj étranger(-ère)
Auslandsgespräch m communication f internationale
Auslandskorrespondent(in) m(f) correspondant(e) permanent(e) (à l'étranger)
Auslandsschutzbrief m contrat de garantie automobile pour voyages à l'étranger
aus|lassen irr vt omettre ; (Fett) faire fondre ; (fam: Radio, Heizung) ne pas allumer ; (: Kleidungsstück: nicht anziehen) ne pas mettre ▶ vr: **sich über etw Akk ~** s'étendre sur qch
Auslauf m espace m ; (Ausflussstelle) voie f d'écoulement
aus|laufen irr vi (Flüssigkeit) s'écouler, couler ; (Behälter) fuir ; (Naut) appareiller ; (zu Ende sein) se terminer
Ausläufer m (von Gebirge) contrefort m ; (Pflanze) pousse f
aus|leeren vt vider
aus|legen vt étaler ; (Köder, Schlinge) placer, poser ; (Geld) avancer ; (Zimmer, Boden) revêtir ; (Text etc) interpréter
Auslegung f interprétation f
Ausleihe f prêt m ; (Stelle) salle f de prêt
aus|leihen irr vt (verleihen) prêter ; **sich** Dat **etw ~** emprunter qch
Auslese f (Vorgang) choix m, sélection f ; (Elite) élite f ; (Wein) grand cru m
aus|lesen irr vt (aussondern) trier ; (auswählen) sélectionner ; (fam: zu Ende lesen) finir de lire
aus|liefern vt livrer ▶ vr: **sich jdm ~** se livrer à qn ; **jdm/etw ausgeliefert sein** être à la merci de qn/qch
Auslieferung f livraison f ; (von Gefangenen) extradition f
aus|liegen irr vi (Waren) être exposé(e), être en vitrine ; (Zeitschrift) être à la disposition du public
aus|loggen vi (Inform) se déconnecter
aus|löschen vt éteindre
aus|losen vt tirer au sort
aus|lösen vt (Explosion, Schuss, Alarm) déclencher ; (Reaktion) provoquer ; (Panik) jeter, semer ; (Gefühle, Heiterkeit) susciter ; (Gefangene) racheter ; (Pfand) dégager
Auslöser (**-s, -**) m (Photo) déclencheur m
aus|machen vt (Licht, Feuer) éteindre ; (entdecken) repérer ; (erkennen) distinguer ; (vereinbaren) convenir de, fixer ; (Anteil darstellen, bedeuten) constituer, représenter ; **das macht ihm nichts aus** ça ne lui fait rien ; **macht es Ihnen etw aus, wenn …?** ça vous dérange si …?
aus|malen vt (Bild, Umrisse) colorier ; (schildern) décrire, dépeindre ; **sich** Dat **etw ~** s'imaginer qch
Ausmaß nt (von Katastrophe) ampleur f ; (von Liebe etc) grandeur f
aus|merzen vt supprimer ; (Erinnerung) chasser
aus|messen irr vt mesurer
Ausnahme f exception f ; **mit ~ von** à l'exception de • **Ausnahmefall** m exception f • **Ausnahmezustand** m état m d'exception
ausnahmslos adv sans exception
ausnahmsweise adv exceptionnellement
aus|nehmen irr vt (Tier, Fisch, Nest) vider ; (fam) plumer ▶ vr avoir l'air
ausnehmend adv extrêmement
aus|nutzen vt profiter de
aus|packen vt (Koffer) défaire ; (Kleider, Geschenk) déballer
aus|pfeifen irr vt siffler
aus|plaudern vt révéler
aus|probieren vt essayer
Auspuff (**-(e)s, -e**) m (Auto) échappement m • **Auspuffrohr** nt, **Auspufftopf** m pot m d'échappement
aus|pumpen vt pomper ; **jdm den Magen ~** faire un lavage d'estomac à qn
aus|radieren vt effacer
aus|rangieren (fam) vt mettre au rancart
aus|rasten vi (Tech) se décliqueter ; (fam: durchdrehen) paniquer
aus|rauben vt dévaliser
aus|räumen vt (Dinge) enlever ; (Schrank, Zimmer) vider ; (Bedenken) écarter
aus|rechnen vt calculer ; **sich** Dat **etw ~ können** pouvoir s'imaginer qch
Ausrede f excuse f, prétexte m
aus|reden vi finir (de parler) ▶ vt: **jdm etw ~** dissuader qn de qch
aus|reichen vi suffire
ausreichend adj suffisant(e)
Ausreise f : **bei der ~** en quittant le pays • **Ausreiseerlaubnis** f autorisation f de quitter le territoire
aus|reisen vi sortir du pays
aus|reißen irr vt arracher ▶ vi (Riss bekommen) se déchirer ; (fam: weglaufen) se tirer

aus|renken vt: **sich** Dat **das Knie ~** se déboîter le genou ; **jdm den Arm ~** déboîter le bras de qn
aus|richten vt (Botschaft, Gruß) transmettre ; (in gerade Linie bringen) aligner ; **jdm etw ~** faire savoir qch à qn
aus|rotten vt détruire
aus|rücken vi (Mil) se mettre en marche ; (Feuerwehr, Polizei) sortir ; (fam: weglaufen) décamper
Ausruf m (Schrei) exclamation f ; (Verkünden) proclamation f
aus|rufen irr vt (schreien) crier ; (Stationen, Schlagzeile) annoncer ; (Streik, Revolution) proclamer
Ausrufezeichen nt point m d'exclamation
aus|ruhen vt reposer ▶ vi, vr se reposer
aus|rüsten vt équiper
Ausrüstung f équipement m
aus|rutschen vi glisser, déraper
Aussage f déclaration f ; (Zeugenaussage) déposition f
aus|sagen vt: **viel ~ über** +Akk en dire long sur ▶ vi (Jur) déposer
aus|schalten vt (Maschine) arrêter ; (Licht) éteindre ; (Strom) couper ; (fig: Gegner, Fehlerquelle) éliminer
Ausschank (-(e)s, **Ausschänke**) m vente f ; (Theke) comptoir m
Ausschau f: **~ halten nach** guetter
aus|schauen vi: **nach jdm ~** guetter qn
aus|scheiden irr vt éliminer ; (Méd) excréter, éliminer ▶ vi (nicht in Betracht kommen) ne pas entrer en ligne de compte ; (Sport) être éliminé(e)
aus|schenken vt servir
aus|schimpfen vt gronder
aus|schlachten vt (Auto) démonter (pour récupérer des pièces) ; (fam: Ereignis) exploiter
aus|schlafen irr vi, vr dormir tant qu'on veut
Ausschlag m (Méd) éruption f ; (Pendelausschlag) oscillation f ; (Nadelausschlag) déviation f ; **den ~ geben** être déterminant(e)
aus|schlagen irr vt (Zähne) casser ; (auskleiden) revêtir ; (verweigern) refuser ▶ vi (Pferd) ruer ; (Bot) bourgeonner ; (Zeiger) osciller
ausschlaggebend adj déterminant(e)
aus|schließen irr vt exclure
ausschließlich adj exclusif(-ive) ▶ adv exclusivement ▶ präp +Gen à l'exclusion de
Ausschluss m exclusion f ; **unter ~ der Öffentlichkeit stattfinden** se tenir à huis clos

aus|schmücken vt décorer ; (fig) enjoliver, embellir
aus|schneiden irr vt découper ; (Büsche) élaguer, tailler
Ausschnitt m (Teil) fragment m, morceau m ; (von Kleid) décolleté m ; (Zeitungsausschnitt) coupure f ; (aus Film etc) extrait m
aus|schreiben irr vt (ganz schreiben) écrire en toutes lettres ; (Scheck, Rezept, Rechnung) établir ; (Wettbewerb) annoncer ; (Projekt) lancer un appel d'offre pour ; **eine Stelle ~** faire paraître une annonce pour pourvoir un poste
Ausschreitung f acte m de violence ; **es kam zu ~en** il y a eu des scènes de violence od des excès
Ausschuss m (Gremium) comité m, commission f ; (Écon: auch: **Ausschussware**) articles mpl de second choix
aus|schütten vt (Flüssigkeit) verser ; (: wegschütten, leeren) vider ; (Geld) payer ▶ vr: **sich (vor Lachen) ~** se tordre de rire
ausschweifend adj (Leben) dissolu(e) ; (Fantasie) débordant(e)
Ausschweifung f excès m
aus|schweigen irr vr garder le silence
aus|schwitzen vt (Fieber) exsuder ; (Flüssigkeit) éliminer
aus|sehen irr vi sembler ; **es sieht nach Regen aus** on dirait qu'il va pleuvoir ; **es sieht schlecht aus** ça se présente mal • **Aussehen** (-s) nt apparence f
aus sein (fam) irr vi siehe **aus**
außen adv à l'extérieur, dehors
Außenantenne f antenne f extérieure
Außenbordmotor m (moteur m) hors-bord m
aus|senden irr vt envoyer ; (Signale, Strahlen) émettre
Außendienst m: **im ~ sein** être affecté(e) au service extérieur
Außenhandel m commerce m extérieur
Außenminister m ministre m des Affaires étrangères
Außenministerium nt ministère m des Affaires étrangères
Außenpolitik f politique f extérieure
Außenseite f extérieur m
Außenseiter(in) (-s, -) m(f) (Sport) outsider m
Außenspiegel m rétroviseur m
Außenstände pl (surtout Écon) créances fpl
Außenstehende(r) f(m) observateur(-trice) m/f extérieur(e)
außer präp +Dat (abgesehen von) sauf ; (räumlich) en dehors de ▶ konj

außerdem konj en outre, en plus ; ~ **Gefahr sein** être hors de danger ; **das steht völlig ~ Zweifel** ça ne fait pas l'ombre d'un doute, c'est certain ; ~ **wenn** sauf quand ; ~ **dass** sauf que

außerdem konj en outre, en plus

außerdienstlich adj privé(e)

äußere(r, s) adj extérieur(e) ; **das Äußere** (äußere Erscheinung) les apparences fpl

außerehelich adj extraconjugal(e)

außergewöhnlich adj inhabituel(le) ; (außerordentlich) extraordinaire, exceptionnel(le)

Aussprache f prononciation f ; (Unterredung) discussion f

aus|sprechen irr vt (Wort, Urteil, Strafe) prononcer ; (zu Ende sprechen) finir ; (äußern) exprimer ; (Warnung) donner ▶ vr (sich äußern) s'exprimer ; (sich anvertrauen) se confier, s'épancher ; (diskutieren) s'expliquer ; **sich für/gegen jdn/etw ~** se prononcer en faveur de/ contre qn/qch

außerhalb präp +Gen en dehors de ▶ adv au dehors, à l'extérieur

Außerkraftsetzung f annulation f

äußerlich adj extérieur(e), externe ▶ adv en apparence • **Äußerlichkeit** f formalité f

äußern vt (aussprechen) exprimer ▶ vr (sich aussprechen) s'exprimer ; (sich zeigen) se manifester

außerordentlich adj extraordinaire

außerparlamentarisch adj extraparlementaire

außerplanmäßig adj qui n'était pas prévu(e)

äußerst adv extrêmement

außerstande, außer Stande adv: ~ **sein, etw zu tun** être incapable de faire qch

äußerste(r, s) adj extrême ; (Termin, Preis) dernier(-ière)

äußerstenfalls adv à la rigueur

Äußerung f propos mpl

aus|setzen vt (Kind, Tier) abandonner ; (Boote) mettre à l'eau ; (Belohnung) offrir ; (Urteil, Verfahren) suspendre ▶ vi (Herz) cesser de battre ; (Motor) avoir des ratés, caler ; (Mensch: bei Arbeit) s'interrompre ; (: Pause machen) prendre congé ; **jdn/sich etw** Dat ~ (preisgeben) exposer qn/s'exposer à qch ; **an jdm/einer Sache etw auszusetzen haben** avoir qch à reprocher à qn/qch

Aussicht f (Blick) vue f ; (in Zukunft) perspective f ; **etw in ~ haben** avoir qch en vue

aussichtslos adj sans espoir

Aussichtspunkt m point m de vue

aussichtsreich adj prometteur(-euse)

Aussichtsturm m belvédère m

Aussiedler(in) (-s, -) m(f) émigrant(e)

aus|söhnen vr se réconcilier

Aussöhnung f réconciliation f

aus|sondern vt sélectionner

aus|sortieren vt trier

aus|spannen vt (Tuch) étendre, étaler ; (Netz) étendre, déployer ; (Pferd, Kutsche) dételer ; (fam: Mädchen): **jdm ~ piquer à qn** ▶ vi (sich erholen) se détendre

aus|sparen vt (Platz) ménager, réserver

aus|sperren vt (ausschließen) fermer la porte à ; (Streikende) lock-outer

Aussperrung f lock-out m

aus|spielen vt (Karte) jouer ; (Erfahrung, Wissen) faire valoir ; **jdn gegen jdn ~** se servir de qn contre qn

Ausspruch m mots mpl ; (geflügeltes Wort) adage m

aus|spülen vt rincer

Ausstand m (Streik) grève f

aus|statten vt: **jdn mit etw ~** doter qn de qch

Ausstattung f (Ausstatten) équipement m ; (Aufmachung) présentation f ; (von Zimmer) décoration f ; (von Auto) équipement m

aus|stechen irr vt (Rasenstück) découper ; (Graben) creuser ; (Augen) crever ; (Kekse) découper ; (übertreffen) supplanter

aus|stehen irr vt (ertragen) supporter ▶ vi (noch nicht da sein) ne pas (encore) être arrivé(e), manquer ; **jdn/etw nicht ~ können** ne pas supporter qn/qch ; **etw ist ausgestanden** qch est enfin terminé

aus|steigen irr vi (aus Fahrzeug) descendre ; (fam: aus Geschäft) se retirer

Aussteiger(in) (fam) m(f) marginal(e)

aus|stellen vt (Waren, Bilder) exposer ; (Pass, Zeugnis) délivrer ; (Scheck) émettre, établir ; (Rechnung etc) établir ; (fam: ausschalten) éteindre

Ausstellung f (Kunstausstellung etc) exposition f ; (eines Passes etc) délivrance f ; (einer Rechnung) établissement m

aus|sterben irr vi disparaître

Aussteuer f trousseau m, dot f

Ausstieg (-(e)s, -e) m descente f ; ~ **aus der Gesellschaft** marginalisation f

aus|stopfen vt empailler

aus|stoßen irr vt (Luft, Rauch) émettre ; (Drohungen) proférer ; (Seufzer, Schrei) pousser ; (aus Partei) exclure ; (herstellen) produire

aus|strahlen vt répandre ; (*Radio, TV*) émettre, diffuser ▶ vi (*Radio, TV*) émettre
Ausstrahlung f rayonnement m
aus|strecken vt (*Arme, Beine*) étendre ; (*Fühler*) déployer ▶ vr s'étendre
aus|streichen irr vt rayer, barrer ; (*Falten*) faire disparaître
aus|strömen vi (*Gas*) fuir, s'échapper
aus|suchen vt choisir
Austausch m échange m
• **austauschbar** adj échangeable ; (*gleichwertig*) interchangeable
aus|tauschen vt échanger
Austauschmotor m moteur m de rechange
aus|teilen vt distribuer
Auster (-, -n) f huître f
aus|toben vr (*Kind*) se dépenser ; (*Erwachsene*) se défouler
aus|tragen irr vt (*Poste*) distribuer ; (*Streit etc*) régler ; (*Wettkämpfe*) disputer
Australien (-s) nt l'Australie f
Australier(in) (-s, -) m(f) Australien(ne)
australisch adj australien(ne)
aus|treiben irr vt (*Geister*) exorciser ; **jdm etw ~** faire passer qch à qn
aus|treten irr vi (*aus Verein, Partei*) quitter ; (*herauskommen: Flüssigkeit*) fuir, s'échapper ; (*fam: zur Toilette*) aller aux toilettes ▶ vt (*Feuer*) éteindre (avec les pieds) ; (*Schuhe, Treppe*) éculer
aus|trinken irr vt (*Glas*) finir
Austritt m (*aus Verein, Partei etc*) départ m
aus|trocknen vi se dessécher ; (*Bach*) tarir ▶ vt (*Gläser*) essuyer
aus|üben vt exercer
Ausübung f exercice m, pratique f
Ausverkauf m soldes mpl
aus|verkaufen vt solder ; (*Geschäft*) liquider
ausverkauft adj épuisé(e) ; (*Théât*): **vor ~em Haus spielen** afficher « complet »
Auswahl f choix m, sélection f ; (*Sport*) sélection ; (*Écon: Angebot*) choix
aus|wählen vt choisir
aus|wandern vi émigrer
Auswanderung f émigration f
auswärtig adj étranger(-ère) ; **A~e(s) Amt** ministère m des Affaires étrangères
auswärts adv à l'extérieur ; (*nach außen*) vers l'extérieur • **Auswärtsspiel** nt match m à l'extérieur
aus|wechseln vt remplacer
Ausweg m issue f • **ausweglos** adj sans issue
aus|weichen irr vi: **jdm/etw** Dat **~** éviter qn/qch
ausweichend adj évasif(-ive)

aus|weinen vr pleurer un bon coup
Ausweis (-es, -e) m (*Personalausweis*) carte f d'identité ; (*Mitgliedsausweis, Bibliotheksausweis etc*) carte
aus|weisen irr vt (*aus dem Land weisen*) expulser ▶ vr (*Identität nachweisen*) montrer ses papiers
Ausweispapiere pl papiers mpl (d'identité)
Ausweisung f expulsion f
auswendig adv par cœur
aus|werten vt (*Berichte*) analyser ; (*Daten*) exploiter
Auswertung f analyse f ; (*von Daten*) exploitation f
aus|wirken vr: **sich auf/in etw** Akk **~** se répercuter sur qch
Auswirkung f effet m
aus|wischen vt (*säubern*) essuyer ; (*löschen*) effacer ; **jdm eins ~** (*fam*) rendre la monnaie de sa pièce à qn
Auswuchs m excroissance f ; (*fig*) produit m (monstrueux)
aus|wuchten vt (*Auto: Räder*) équilibrer
aus|zahlen vt payer ▶ vr être payant(e)
aus|zählen vt: **die Stimmen ~** dépouiller le scrutin ; (*Boxen*): **ausgezählt werden** être envoyé(e) au tapis pour le compte
aus|zeichnen vt (*mit Preisschild versehen*) étiqueter ; (*ehren*) décorer ▶ vr se distinguer
Auszeichnung f (*Ehrung*) distinction f ; (*Ehre*) honneur m ; (*Orden*) décoration f ; (*Écon*) étiquetage m ; **mit ~** avec mention
aus|ziehen irr vt (*Kleidung*) enlever ; (*Tisch*) rallonger ; (*Antenne*) sortir ▶ vr se déshabiller ▶ vi (*aus Wohnung*) déménager
Auszubildende(r) f(m) stagiaire mf ; (*als Handwerker auch*) apprenti(e) m/f
Auszug m (*aus Wohnung*) déménagement m ; (*aus Buch etc*) extrait m ; (*Kontoauszug*) relevé m
autistisch adj autiste
Auto (-s, -s) nt voiture f ; **~ fahren** conduire
Autobahn f autoroute f

> **Autobahn** désigne une autoroute en allemand. Le réseau autoroutier est très développé dans tout le pays. On peut noter deux grandes caractéristiques : En général, la vitesse n'est pas limitée sur les autoroutes allemandes. De plus, elles sont gratuites, sauf pour les camions étrangers qui doivent s'acquitter d'un droit de passage.

Autobahndreieck nt échangeur m
Autobahngebühr f péage m

Autobahnkreuz nt échangeur m
Autofahrer(in) m(f) automobiliste mf
Autofahrt f tour m en voiture
Autogas nt gaz m inv de pétrole liquéfié, GPL nt
autogen adj autogène
Autogramm nt autographe m
Autokino nt drive-in m
Automat (**-en, -en**) m distributeur m (automatique)
Automatikwagen m voiture f (à embrayage) automatique
automatisch adj automatique
autonom adj autonome
Autonome(r) f(m) autonomiste mf
Autopsie f autopsie f
Autor(in) m(f) auteur m
Autoradio nt autoradio m
Autoreifen m pneu m (de voiture)
Autoreisezug m train m auto-couchettes
Autorennen nt course f d'automobiles
autorisieren vt autoriser
autoritär adj autoritaire
Autorität f autorité f
Autostopp m: **per ~ fahren** faire du stop
Autounfall m accident m de voiture
Autoverleih m, **Autovermietung** f location f de voitures
Avocado (**-, -s**) f avocat m
Axt (**-, ⸚e**) f hache f
Azoren pl (Géo): **die ~** les Açores fpl
Azubi (**-s, -s**) (fam) m abk / f abk
= **Auszubildende(r)**

b

B, b nt B, b m inv; (Mus: Note) si m
Baby (**-s, -s**) nt bébé m • **Babyklappe** f endroit pour déposer les bébés abandonnés • **Babynahrung** f aliments mpl pour bébé • **Babysitter(in)** (**-s, -**) m(f) baby-sitter mf
Bach (**-(e)s, ⸚e**) m ruisseau m
Backblech nt plaque f à gâteaux
Backbord nt (Naut) bâbord m
Backe f joue f
backen irr vt faire (cuire); (Fisch) faire frire ▶ vi (Person) faire de la pâtisserie
Backenbart m favoris mpl
Backenzahn m molaire f
Bäcker(in) (**-s, -**) m(f) boulanger(-ère)
Bäckerei f boulangerie f
Backform f moule m (à pâtisserie)
Backhähnchen nt poulet m rôti
Backobst nt fruits mpl secs
Backofen m four m
Backpflaume f pruneau m
Backpulver nt levure f (chimique)
Backspacetaste f touche f retour
Backstein m brique f
Bad (**-(e)s, ⸚er**) nt bain m; (Raum) salle f de bains; (Schwimmbad) piscine f; (Kurort) station f thermale; **ein ~ im Meer** un bain de mer
Badeanstalt f piscine f
Badeanzug m maillot m de bain
Badehose f slip m od maillot m de bain
Badekappe f bonnet m de bain
Bademantel m peignoir m
Bademeister m maître nageur m
Bademütze f bonnet m de bain
baden vi se baigner ▶ vt baigner
Baden-Württemberg nt le Bade-Wurtemberg
Badeort m station f balnéaire
Badetuch nt drap m de bain

Badewanne f baignoire f
Badezimmer nt salle f de bains
baff (fam) adj: **~ sein** être sidéré(e)
BAföG, Bafög (-) nt abk
(= Bundesausbildungsförderungsgesetz) bourse d'études

> **Bafög** est un système qui accorde, en fonction des revenus des parents, des bourses d'études aux étudiants des universités et de certaines écoles professionnelles. Une partie du montant octroyé doit être remboursée quelques années après la fin des études.

Bagatelle f bagatelle f
Bagger (-s, -) m excavateur m, pelle f mécanique
baggern vt excaver ▶ vi (Naut) draguer
Baggersee m lac artificiel dans une ancienne gravière
Bahamas pl: **die ~** les Bahamas fpl
Bahn (-, -en) f (Eisenbahn) train m; (Straßenbahn) tram(way) m; (Spur) voie f; (Rennbahn) piste f; (von Gestirn, Geschoss auch) trajectoire f; (Stoffbahn) panneau m
• **bahnbrechend** adj novateur(-trice)
• **BahnCard®** (-, -s) f carte f de réduction
• **Bahndamm** m remblai m
bahnen vt: **sich einen Weg ~** se frayer un chemin; **jdm einen Weg ~** frayer un chemin à qn
Bahnfahrt f voyage m en train
Bahnhof m gare f • **Bahnhofshalle** f hall m de gare • **Bahnhofsrestaurant** nt buffet m de gare
Bahnlinie f ligne f de chemin de fer
Bahnpolizei f police f des chemins de fer
Bahnsteig m quai m
Bahnstrecke f voie f de chemin de fer
Bahnübergang m passage m à niveau
Bahnwärter m garde-barrière m
Bahrain nt Bahrein m
Bahre f brancard m, civière f
Baiser (-s, -s) nt meringue f
Bakterie f bactérie f
Balance f équilibre m
balancieren vt faire tenir en équilibre ▶ vi se tenir en équilibre
bald adv (zeitlich) bientôt; (leicht) vite; (fast, beinahe) presque; **~ ... ~ ...** tantôt ... tantôt ...
baldig adj prompt(e), rapide
baldmöglichst adv le plus tôt possible
Baldrian (-s, -e) m valériane f
Balearen pl: **die ~** les Baléares fpl
Balkan m: **der ~** les Balkans mpl
Balken (-s, -) m poutre f
Balkon (-s, -s od -e) m balcon m

Ball (-(e)s, ⁻e) m ballon m, balle f; (Tanz) bal m
Ballade f ballade f
Ballast (-(e)s, -e) m lest m; (fig) charge f
• **Ballaststoffe** pl (Méd) fibres fpl alimentaires
ballen vt (Papier) mettre en boule; (Faust) serrer ▶ vr s'amonceler; (Industrieanlage) se concentrer
Ballen (-s, -) m balle f; (Anat: an Daumen) thénar m; (: an Zehen) partie antérieure de la plante du pied
Ballett (-(e)s, -e) nt ballet m
• **Balletttänzer(in)** m(f) danseur(-euse) (de ballet)
Balljunge m ramasseur m de balles
Ballkleid nt robe f de bal
Ballmädchen nt ramasseuse f de balles
Ballon (-s, -s od -e) m ballon m
Ballspiel nt jeu m de balle od ballon
Ballung f concentration f
Ballungsgebiet nt, **Ballungsraum** m agglomération f
Ballungszentrum nt centre m
Balsam (-s, -e) m baume m
Balte (-n, -n) m Balte m
Baltikum (-s) nt: **das ~** les pays mpl baltes
Baltin f Balte f
Bambus (-ses, -se) m bambou m
• **Bambusrohr** nt canne f de bambou
• **Bambussprossen** pl pousses fpl de bambou
banal adj banal(e)
Banalität f banalité f
Banane f banane f
Bananenrepublik f république f bananière
Banause (-n, -n) m beauf m
band etc vb siehe **binden**
Band¹ (-(e)s, ⁻e) m (Buchband) volume m
Band² (-(e)s, ⁻er) nt (Stoffband, Ordensband) ruban m; (Fließband) chaîne f; (Tonband) bande f; (Anat) ligament m; **etw auf ~ aufnehmen** enregistrer qch; **am laufenden ~** sans arrêt
Band³ (-(e)s, -e) nt (Freundschaftsband etc) lien m
Band⁴ (-, -s) f (Mus) orchestre m; (Popband) groupe m
bandagieren vt bander
Bandbreite f (Radio) largeur f de bande; (von Meinungen etc) éventail m
Bande f bande f
bändigen vt (Tier) apprivoiser; (Trieb, Leidenschaft) maîtriser
Bandit (-en, -en) m bandit m
Bandmaß nt mètre m à ruban
Bandsäge f scie f à ruban

Bandscheibe f (Anat) disque m intervertébral
Bandwurm m ténia m, ver m solitaire
bange adj angoissé(e); **mir wird es ~** je commence à m'inquiéter; **jdm B~ machen** faire peur à qn
bangen vi: **um jdn/etw ~** se faire du souci pour qn/qch
Bangladesch (-s) nt le Bangladesh
Banjo (-s, -s) nt banjo m
Bank¹ (-, ⸚e) f (Sitzbank, Sandbank) banc m
Bank² (-, -en) f (Geldbank) banque f • **Bankanweisung** f virement m (bancaire)
Bankett (-(e)s, -e) nt (Essen) banquet m; **Bankette** pl (Straßenrand) accotement m
Bankier (-s, -s) m banquier m
Bankkarte f carte f bancaire
Bankkonto nt compte m en banque
Bankleitzahl f code m de la banque
Banknote f billet m de banque
Bankraub m hold-up m inv (d'une banque)
Bankräuber(in) m(f) cambrioleur(-euse) de banque
bankrott adj en faillite • **Bankrott** (-(e)s, -e) m faillite f; **~ machen** faire faillite
Banküberfall m hold-up m inv (d'une banque)
Bankverbindung f identité f bancaire
bannen vt (Gefahr) conjurer; (bezaubern) ensorceler, captiver; (Geister) exorciser
Banner (-s, -) nt bannière f
bar adj (unbedeckt) découvert(e); (offenkundig): **~er Unsinn** folie pure; **etw (in) ~ bezahlen** payer qch comptant od en espèces; **gegen ~ kaufen** acheter (au) comptant
Bar (-, -s) f bar m
Bär (-en, -en) m (Zool) ours m
Baracke f baraque f
Barbados nt la Barbade f
barbarisch adj barbare
barfuß adj pieds nus
barg etc vb siehe **bergen**
Bargeld nt argent m liquide, espèces fpl
bargeldlos adj: **~er Zahlungsverkehr** transaction f par virement
Barhocker m tabouret m de bar
Bariton m baryton m
Barkauf m achat m au comptant
Barkeeper (-s, -) m tenancier m de bar
Barmann (-(e)s, ⸚er) m barman m
barmherzig adj miséricordieux(-euse)
Barmherzigkeit f miséricorde f
Barometer (-s, -) nt baromètre m
Barren (-s, -) m (Sport) barres fpl parallèles; (Goldbarren) lingot m
Barriere f barrière f

Barrikade f barricade f
barsch adj brusque
Barsch (-(e)s, -e) m (Zool) perche f
Barscheck m chèque m non barré
barst etc vb siehe **bersten**
Bart (-(e)s, ⸚e) m barbe f; (Schlüsselbart) panneton m
bärtig adj barbu(e)
Barzahlung f paiement m comptant
Basar (-s, -e) m (Markt) bazar m; (Wohltätigkeitsbasar) vente f de charité
Base f (Chim) base f
Basedow, Basedowsche Krankheit f maladie f de Basedow
Basel nt Bâle
Basel-Stadt (-s) nt Bâle-Ville
basieren vi: **auf etw** Dat **~** se fonder sur qch
Basis (-, **Basen**) f base f
basisch adj (Chim) basique
Baskenland nt pays m basque
Basketball m (Ball) ballon m de basket; (Spiel) basket m, basket-ball m
Bass (-es, ⸚sse) m basse f
Bassin (-s, -s) nt bassin m
Bassist m bassiste m
Bassschlüssel m clé f de fa
Bast (-(e)s, -e) m raphia m
basteln vt, vi bricoler
Bastler (-s, -) m bricoleur m
bat etc vb siehe **bitten**
Batterie f (in Gerät) pile f
Bau (-(e)s) m construction f; (Baustelle) chantier m; (pl: Baue: Tier) terrier m, tanière f; (pl: Bauten: Gebäude) bâtiment m, édifice m; **sich im ~ befinden** être en construction • **Bauarbeiten** pl (Straßenbau) travaux mpl • **Bauarbeiter** m ouvrier m du bâtiment
Bauch (-(e)s, **Bäuche**) m ventre m • **Bauchfell** m (Anat) péritoine m
bauchig adj (Gefäß) ventru(e)
Bauchmuskel m muscle m abdominal
Bauchnabel m nombril m
Bauchredner m ventriloque m
Bauchschmerzen pl mal m au od maux mpl de ventre
Bauchtanz m danse f du ventre
Bauchweh nt mal m au ventre
Bauelement nt élément m préfabriqué; (für Möbel) élément m; (Inform) composant m
bauen vt construire; (Nest) faire; (Mus: Instrumente) fabriquer ▶ vi construire; **auf jdn/etw ~** compter sur qn/qch; **gut gebaut sein** (Mensch) être bien bâti(e); **kräftig gebaut sein** être solidement charpenté(e)

Bauer¹ (**-n** od **-s, -n**) m paysan m ; (péj) rustre m ; (Schach) pion m
Bauer² (**-s, -**) nt od m (Vogelbauer) cage f
Bäuerin f paysanne f, agricultrice f
bäuerlich adj paysan(ne) ; (Art) rustique
Bauernbrot nt pain m paysan
Bauernfängerei f attrape-nigaud m
Bauernhaus nt, **Bauernhof** m ferme f
baufällig adj délabré(e)
Baufälligkeit f délabrement m
Baufirma f entreprise f de construction
Baugelände nt terrain m à bâtir
Baugenehmigung f permis m de construire
Bauherr m maître m d'ouvrage
Baujahr nt année f de construction
Baukasten m jeu m de construction
Baukosten pl coût msg de la construction
Bauland nt terrain m à bâtir
baulich adj : **in gutem/schlechtem ~em Zustand** d'une construction solide/peu solide
Baum (**-(e)s, Bäume**) m arbre m
Baumarkt m magasin m de bricolage
baumeln vi pendre
bäumen vr se cabrer
Baumschule f pépinière f
Baumstamm m tronc m d'arbre
Baumstumpf m souche f
Baumwolle f coton m
Bauplan m plan m
Bauplatz m terrain m à bâtir
Bausch (**-(e)s, Bäusche**) m (Wattebausch) tampon m
bauschen vt gonfler ▶ vr gonfler
bauschig adj bouffant(e)
Bausparkasse f caisse f d'épargne-logement
Bausparvertrag m plan m d'épargne-logement
Baustein m pierre f ; (Spielzeug) cube m ; (fig) composante f
Baustelle f chantier m
Bauteil nt élément m
Bauunternehmer m entrepreneur m
Bauweise f style m de construction
Bauwerk nt édifice m
Bauzaun m clôture f de chantier
Bayer(in) (**-n, -n**) m(f) Bavarois(e)
Bayern nt la Bavière
Bazillus (**-, Bazillen**) m bacille m
beabsichtigen vt : **~, etw zu tun** avoir l'intention de faire qch
beachten vt (befolgen) respecter ; (: Vorfahrt) observer
beachtenswert adj remarquable
beachtlich adj important(e) ; (Leistung) remarquable

Beachtung f (von Regeln etc) respect m
Beamte(r) (**-n, -n**) m fonctionnaire m ; (Bankbeamte) employé m
beängstigend adj (Lage, Zustand) inquiétant(e) ; (Geschwindigkeit) effrayant(e)
beanspruchen vt (Recht, Erbe) revendiquer ; (Zeit, Platz) prendre ; (Benzin) consommer ; (Reifen, Stoff) user
beanstanden vt critiquer ; (Rechnung) contester
beantragen vt demander
beantworten vt répondre à
bearbeiten vt s'occuper de ; (Thema, Chim) traiter ; (Buch, Film) adapter ; (Material) travailler ; (fam: beeinflussen wollen) travailler
Bearbeitung f (von Thema) traitement m ; (von Buch, Film) adaptation f
Bearbeitungsgebühr f frais mpl administratifs
Beatmung f respiration f artificielle
beaufsichtigen vt surveiller
beauftragen vt charger ; **jdn mit etw ~** charger qn de faire qch
bebauen vt (Grundstück) construire sur ; (Agr) cultiver
beben vi trembler
Beben (**-s, -**) nt tremblement m
bebildern vt illustrer
Becher (**-s, -**) m gobelet m ; (für Joghurt) pot m
bechern (fam) vi picoler
Becken (**-s, -**) nt bassin m ; (Waschbecken) lavabo m ; (Mus) cymbale f
bedacht adj réfléchi(e) ; **auf etw** Akk **~ sein** faire attention à qch
bedächtig adj (umsichtig) réfléchi(e) ; (langsam) lent(e), posé(e)
bedanken vr : **sich bei jdm für etw ~** remercier qn de od pour qch
Bedarf (**-(e)s**) m besoin m ; (Écon) demande f ; **je nach ~** selon les besoins ; **bei ~** en cas de besoin ; **~ an etw** Dat **haben** avoir besoin de qch
Bedarfsfall m : **im ~** en cas de besoin
Bedarfsgüter pl biens mpl de consommation
Bedarfshaltestelle f arrêt m facultatif
bedauerlich adj regrettable
bedauern vt regretter ; (bemitleiden) plaindre • **Bedauern** (**-s**) nt regret m ; **zu meinem ~** à mon regret
bedauernswert adj (Zustände) regrettable ; (Mensch) à plaindre
bedecken vt couvrir
bedeckt adj couvert(e)

bedenken irr vt (Folgen) réfléchir à ; **jdn mit etw ~** gratifier qn de qch
• **Bedenken** (-s, -) nt (Überlegen) réflexion f ; (Zweifel) doute m ; (Skrupel) scrupule m
bedenklich adj (besorgt) préoccupé(e) ; (bedrohlich) inquiétant(e), menaçant(e) ; (zweifelhaft) douteux(-euse)
Bedenkzeit f délai m de réflexion
bedeuten vt signifier
bedeutend adj important(e) ; (beträchtlich) considérable
Bedeutung f signification f, sens m ; (Wichtigkeit) importance f
bedeutungslos adj (Wort, Zeichen) dépourvu(e) de sens ; (Mensch, Ereignis) sans importance
bedeutungsvoll adj (vielsagend) éloquent(e) ; (wichtig) important(e)
bedienen vt servir ; (Maschine) faire marcher ▶ vr (beim Essen): **bitte ~ Sie sich!** servez-vous !
bedienerfreundlich adj facile d'emploi ; (Inform) convivial(e)
Bedienung f service m ; (von Maschinen) maniement m ; (Kellnerin) serveuse f
Bedienungsanleitung f mode m d'emploi
bedingen vt (verursachen) causer ; (voraussetzen) exiger
bedingt adj (Richtigkeit, Tauglichkeit) limité(e) ; (Lob) réservé(e) ; (Zusage, Annahme) conditionnel(le) ; (Reflex) conditionné(e)
Bedingung f condition f
bedingungslos adj sans condition
bedrängen vt harceler ; **jdn mit Fragen ~** presser qn de questions
bedrohen vt menacer
bedrohlich adj menaçant(e)
Bedrohung f menace f
bedrucken vt imprimer
bedrücken vt accabler
Bedürfnis nt besoin m ; **ein ~ nach etw haben** avoir besoin de qch
bedürftig adj (arm) dans le besoin
beeilen vr se dépêcher
beeindrucken vt impressionner
beeindruckend adj impressionnant(e)
beeinflussen vt influencer
beeinträchtigen vt (Freude, Genuss) gâcher ; (Sehvermögen, Wert, Qualität) porter préjudice à
beenden, beendigen vt terminer
Beendigung, Beendung f (Ende) fin f
beengen vt (Kleidung) serrer ; (fig: jdn) gêner
beerben vt hériter de
beerdigen vt enterrer

Beerdigung f enterrement m
Beerdigungsunternehmen nt entreprise f de pompes funèbres
Beerdigungsunternehmer(in) m(f) entrepreneur(-euse) de pompes funèbres
Beere f baie f ; (Traubenbeere) grain m
Beet (-(e)s, -e) nt plate-bande f
Befähigung f (Können) compétences fpl
befahl etc vb siehe **befehlen**
befahrbar adj (Straße) carrossable ; (Wasserweg) navigable
befahren irr vt (Straße, Route) emprunter ; (Naut) naviguer sur ▶ adj (Straße) fréquenté(e)
befallen irr vt (Krankheit) frapper ; (Übelkeit, Fieber, Ekel) prendre ; (Angst, Zweifel) saisir ; (Ungeziefer) envahir
befangen adj (schüchtern) intimidé(e) ; (voreingenommen) partial(e) ; **in etw** Dat **~ sein** être immuable dans qch
• **Befangenheit** f (Schüchternheit) gêne f, timidité f ; (Voreingenommenheit) parti m pris
befassen vr: **sich ~ mit** s'occuper de
Befehl (-(e)s, -e) m (Anordnung) ordre m ; (Befehlsgewalt) commandement m ; (Inform) commande f
befehlen irr vt ordonner ; **über jdn/ etw ~** commander qn/qch
Befehlsempfänger m exécutant m
Befehlsform f (Ling) impératif m
Befehlshaber (-s, -) m (Mil) commandant m
Befehlsverweigerung f (Mil) refus m d'obéissance
befestigen vt (anbringen, festmachen) fixer ; (Straße, Ufer) stabiliser, consolider ; (Stadt) fortifier
Befestigung f (das Anbringen) fixation f ; (von Stadt) fortification f
befeuchten vt humecter, mouiller
befinden irr vr se trouver ▶ vt: **jdn für schuldig ~** déclarer qn coupable
Befinden (-s) nt (Zustand) état m de santé ; (Meinung) opinion f
befohlen pp von **befehlen**
befolgen vt suivre
befördern vt (Güter, Gepäck) transporter ; (im Beruf) promouvoir
Beförderung f (von Gütern) transport m ; (beruflich) promotion f
befragen vt interroger ; (um Stellungnahme bitten, Wörterbuch) consulter
Befragung f interrogation f ; (Umfrage) sondage m
befreien vt libérer ; (freistellen) exempter ▶ vr se libérer

Befreiung f libération f; (Erlassen) exemption f
befreunden vr: **sich ~ mit** se lier d'amitié avec; (mit Idee etc) se familiariser avec
befreundet adj ami(e)
befriedigen vt satisfaire
befriedigend adj satisfaisant(e)
Befriedigung f satisfaction f
befristet adj à durée limitée
befruchten vt féconder; (Diskussion, Gedanken) stimuler
Befugnis f pouvoir m
befugt adj autorisé(e), habilité(e)
befühlen vt palper
Befund (-(e)s, -e) m (von Sachverständigen) conclusions fpl; (Méd) diagnostic m; **ohne ~** test m négatif
befürchten vt craindre
Befürchtung f crainte f
befürworten vt (Gesetz, Vorschlag) soutenir; (Neuerung) être favorable à
Befürworter(in) (-s, -) m(f) défenseur m
Befürwortung f (von Gesetz, Vorschlag) soutien m
begabt adj doué(e)
Begabung f don m
begann etc vb siehe **beginnen**
begeben irr vr (gehen) se rendre; (geschehen) se passer • **Begebenheit** f événement m
begegnen vi +Dat rencontrer; (behandeln) traiter; **ihre Blicke begegneten sich** leurs regards se sont rencontrés
Begegnung f rencontre f
begehen irr vt (Straftat, Fehler, Dummheit) commettre; (Feier) célébrer
begehren vt désirer
begehrenswert adj désirable
begehrt adj (Posten) convoité(e); (Reiseziel) en vogue
begeistern vr: **sich an etw** Dat **od für etw ~** s'enthousiasmer pour qch ▶ vt remplir d'enthousiasme
begeistert adj enthousiaste
Begeisterung f enthousiasme m
Begierde f désir m
begierig adj avide
begießen irr vt arroser
Beginn (-(e)s) m commencement m, début m; **zu ~** au commencement od début
beginnen irr vt, vi commencer
beglaubigen vt (Dokument, Abschrift) authentifier; (Echtheit) certifier
Beglaubigung f authentification f
Beglaubigungsschreiben nt lettres fpl de créance

begleichen irr vt régler
begleiten vt accompagner; (zum Schutz) escorter
Begleiter(in) (-s, -) m(f) compagnon (compagne)
Begleiterscheinung f effet m secondaire
Begleitmusik f musique f d'accompagnement
Begleitschreiben nt lettre f jointe
Begleitung f compagnie f; (Mus) accompagnement m
beglückwünschen vt: **jdn zu etw ~** féliciter qn pour od de qch
begnadigen vt gracier
Begnadigung f grâce f
begnügen vr: **sich mit etw ~** se contenter de qch
Begonie f bégonia m
begonnen pp von **beginnen**
begraben irr vt (Toten) enterrer; (Streit) oublier
Begräbnis nt enterrement m
begradigen vt (Straße) refaire en éliminant les tournants
begreifen irr vt (verstehen) comprendre
begreiflich adj compréhensible; **jdm etw ~ machen** expliquer qch à qn
Begrenztheit f limitation f; (von Menschen) étroitesse f d'esprit
Begriff (-(e)s, -e) m notion f, concept m; (Meinung, Vorstellung) idée f; **im ~ sein, etw zu tun** être sur le point de faire qch
begriffsstutzig adj bouché(e)
begründen vt (Tat, Abwesenheit) justifier; (beginnen) fonder
begründet adj justifié(e); (Aussicht) raisonnable
Begründung f justification f
begrüßen vt accueillir • **begrüßenswert** adj bienvenu(e)
Begrüßung f accueil m; **zur ~ der Gäste** pour accueillir les invités
begünstigen vt favoriser
begutachten vt expertiser; (fam: ansehen) examiner
behaart adj poilu(e); (Pflanze) velu(e)
behäbig adj (dick) corpulent(e); (geruhsam) lent(e)
behagen vi: **jd/etw behagt ihm nicht** qn/qch ne lui plaît pas • **Behagen** (-s) nt sensation f de bien-être
behaglich adj (Atmosphäre) douillet(te); (Wärme) agréable • **Behaglichkeit** f bien-être m
behalten irr vt garder; (Mehrheit, Recht) conserver; (im Gedächtnis) retenir; **die Nerven ~** garder son sang-froid

Behälter (-s, -) m récipient m
behandeln vt traiter ; (Méd) soigner
Behandlung f traitement m ; (von Maschine) maniement m
beharren vi : **auf etw** Dat **~** ne pas démordre de qch
beharrlich adj (ausdauernd) résolu(e), persévérant(e) ; (hartnäckig) opiniâtre, tenace • **Beharrlichkeit** f persévérance f ; (Hartnäckigkeit) ténacité f
behaupten vt affirmer ; (Recht, Position) défendre ▶ vr s'affirmer
Behauptung f (Äußerung) affirmation f
Behausung f habitation f ; (armselig) taudis m
beheimatet adj : **diese Pflanze/dieses Tier ist in den Alpen ~** cette plante/cet animal vient des Alpes
beheizen vt chauffer
Behelf (-(e)s, -e) m expédient m
behelfen irr vr : **sich mit etw ~** se débrouiller avec qch
behelfsmäßig adj improvisé(e) ; (vorübergehend) provisoire
behelligen vt importuner
beherbergen vt héberger
beherrschen vt (Volk, Land) gouverner ; (Situation, Markt, Szene, Landschaft) dominer ; (Gefühle) refréner ; (Sprache, Handwerk) posséder ▶ vr se maîtriser
beherrscht adj (Mensch) maître(sse) de soi
Beherrschung f (Selbstbeherrschung) maîtrise f de soi ; **die ~ verlieren** perdre son sang-froid
beherzigen vt prendre à cœur
behilflich adj : **jdm (bei etw) ~ sein** aider qn (à faire qch)
behindern vt (Bewegung, Verkehr) entraver ; (Sicht, Arbeit) gêner
Behinderte(r) f(m) handicapé(e) m/f
behindertengerecht adj adapté(e) aux handicapés ▶ adv (spéciellement) pour les handicapés
Behinderung f (Körperbehinderung) handicap m
Behörde f autorité f
behördlich adj officiel(le)
behüten vt garder, surveiller ; **jdn vor etw** Dat **~** préserver qn de qch
behutsam adv (berühren) doucement

(SCHLÜSSELWORT)

bei präp +Dat **1** chez ; **beim Friseur** chez le coiffeur ; **bei seinen Eltern wohnen** habiter chez ses parents ; **H. Schmitt, bei Neumeier** (in Adresse) H. Schmitt, chez Neumeier ; **bei Collins arbeiten** travailler chez Collins ; **etw bei sich haben** avoir qch sur soi ; **jdn bei sich haben** avoir qn avec soi ; **bei Goethe** chez Goethe ; **beim Militär** à l'armée ; **bei seinem Talent** avec un talent pareil
2 (Zustand, Tätigkeit ausdrückend) : **bei Nacht/Tag** de nuit/jour ; **bei Nebel** par temps de brouillard ; **bei Regen** sous la pluie ; **bei meiner Ankunft** quand je suis arrivé(e), à mon arrivée ; **bei der Arbeit** pendant le travail ; **ich habe ihm bei der Arbeit geholfen** je l'ai aidé dans son travail ; **bei guter Gesundheit sein** être en bonne santé ; **bei offenem Fenster schlafen** dormir avec la fenêtre ouverte ; **bei Gefahr Scheibe einschlagen** en cas de danger, casser la vitre ; **er war gerade beim Essen/Lesen** il était en train de manger/lire

bei|behalten irr vt conserver
bei|bringen irr vt (Beweis, Gründe) fournir ; (Zeugen) produire ; **jdm etw ~** (Wunde, Niederlage) infliger qch à qn ; (Ordnung, Manieren) apprendre qch à qn ; (fam : zu verstehen geben) faire comprendre qch à qn
Beichte f confession f
beichten vt (Sünden) confesser ▶ vi se confesser
Beichtgeheimnis nt secret m de la confession
Beichtstuhl m confessionnal m
beide pron les deux ; **meine ~n Brüder** mes deux frères ; **alle ~** tous(toutes) les deux ; **alles ~s** les deux (choses) ; **wir ~** nous deux ; **einer von ~n** l'un de deux
beiderlei adj : **Menschen ~ Geschlechts** des personnes des deux sexes
beiderseitig adj (Lungenentzündung) double ; **im ~en Einverständnis** d'un commun accord
beiderseits adv : **die Regierungen stimmten ~ zu** les gouvernements ont tous deux donné leur accord ▶ präp +Gen de part et d'autre de
beieinander adv ensemble
Beifahrer(in) m(f) passager(-ère) • **Beifahrersitz** m place f à côté du conducteur
Beifall m applaudissements mpl ; (Zustimmung) approbation f
bei|fügen vt joindre
beige adj beige
bei|geben irr vt (zufügen) ajouter ; (mitgeben) adjoindre ▶ vi : **klein ~** capituler
Beigeschmack m arrière-goût m

Beihilfe f (für Bedürftige) aide f ; (Studienbeihilfe) bourse f ; (Jur) complicité f
bei|kommen irr vi +Dat venir à bout de
Beil (-(e)s, -e) nt hache f
Beilage f (Zeitungsbeilage etc) supplément m ; (Culin) garniture f
beiläufig adj (Bemerkung) fait(e) en passant ▶ adv en passant
bei|legen vt (hinzufügen) joindre ; (beimessen) accorder ; (enden) régler
beileibe adv : ~ **nicht** sûrement pas
Beileid nt condoléances fpl
beiliegend adj ci-joint(e)
beim = **bei dem**
bei|messen irr vt accorder
Bein (-(e)s, -e) nt jambe f ; (von Tier) patte f ; (vom Möbelstück) pied m
beinah, beinahe adv presque
Beinbruch m fracture f de la jambe
beinhalten vt contenir
Beipackzettel m notice f (explicative)
bei|pflichten vi : **jdm/einer Sache** ~ être d'accord avec qn/qch
Beirat m conseil m ; (Körperschaft) comité m consultatif
beirren vt : **sich nicht** ~ **lassen** ne pas se laisser troubler
beisammen adv ensemble
 • **Beisammensein** (-s) nt réunion f
Beischlaf m rapports mpl sexuels
Beisein (-s) nt présence f
beiseite adv de côté ; (Théât) en aparté ; (stehen, gehen) à l'écart
beiseite|legen vt : **etw** ~ (sparen) mettre qch de côté
beiseite|schaffen vt : **jdn/etw** ~ faire disparaître qn/qch
bei|setzen vt enterrer ; (Urne) inhumer
Beisetzung f enterrement m ; (von Urne) inhumation f
Beisitzer(in) (-s, -) m(f) assesseur m
Beispiel (-s, -e) nt exemple m ; **zum** ~ par exemple ; **sich** Dat **an jdm ein** ~ **nehmen** prendre exemple sur qn
 • **beispielhaft** adj exemplaire
 • **beispiellos** adj sans précédent
beispielsweise adv par exemple
beißen irr vt, vi mordre ; (Rauch, Säure) piquer ▶ vr (Farben) jurer
beißend adj piquant(e) ; (Hohn, Spott) mordant(e)
Beißzange f pince f coupante
Beistand (-(e)s, ⁻e) m assistance f ; (Jur) avocat m
bei|stehen irr vi : **jdm** ~ soutenir qn
bei|steuern vt (Geld, Beitrag) donner
Beitrag (-(e)s, ⁻e) m contribution f ; (Mitgliedsbeitrag) cotisation f

bei|tragen irr vt donner ▶ vi : ~ **zu** contribuer à
beitragspflichtig adj soumis(e) à contribution
Beitragssatz m taux m de cotisation
bei|treten irr vi adhérer
Beitritt m adhésion f
Beitrittserklärung f déclaration f d'adhésion
Beiwagen m side-car m
bei|wohnen vi : **einer Sache** Dat ~ assister à qch
Beize f (Culin) marinade f ; (Holzbeize) teinture f
beizeiten adv à temps
bejahen vt (Frage, Vorschlag) répondre par l'affirmative à ; (gutheißen: Leben) approuver
bekämpfen vt combattre ; (Schädlinge, Unkraut, Seuche, Missstände) lutter contre ▶ vr se battre
Bekämpfung f lutte f
bekannt adj connu(e) ; (nicht fremd) : **mit jdm** ~ **sein** connaître qn ; ~ **geben** annoncer ; **jdn mit jdm** ~ **machen** présenter qn à qn ; **das ist mir** ~ je suis au courant ; **es kommt mir** ~ **vor** ça me rappelle qch
Bekannte(r) f(m) connaissance f
Bekanntenkreis m cercle m d'amis
bekannt|geben vt siehe **bekannt**
Bekanntheitsgrad m degré m de célébrité
bekanntlich adv comme chacun sait
bekannt|machen vt siehe **bekannt**
Bekanntmachung f annonce f ; (Anschlag etc) avis m
Bekanntschaft f connaissance f
bekehren vt convertir
Bekehrung f conversion f
bekennen irr vt reconnaître ; (seinen Glauben) affirmer ▶ vr : **sich zu einem Glauben** ~ faire profession d'une od professer une croyance ; **sich schuldig** ~ s'avouer coupable
Bekennerbrief m,
Bekennerschreiben nt lettre f revendiquant un attentat
Bekenntnis nt aveu m ; (Religion) confession f
beklagen vt plaindre ; (Verluste, Toten) déplorer ▶ vr se plaindre
beklagenswert adj (Mensch) à plaindre ; (Situation, Umstände, Zustände) déplorable ; (Unfall) terrible
bekleben vt : **etw mit Bildern/Plakaten** ~ coller des images/des affiches sur qch
bekleiden vt habiller ; (Amt) occuper

Bekleidung f (*Kleidung*) habillement m
beklemmen vt oppresser
beklommen adj angoissé(e)
• **Beklommenheit** f angoisse f
bekommen irr vt recevoir ; (*Angst, Hunger*) avoir (de plus en plus) ; (*Krankheit, Zug*) attraper ; (*Kind, Fieber*) avoir ▶ vi : **jdm ~** convenir à qn ; **jdm gut/schlecht ~** faire du bien/mal à qn ; **Hunger ~** commencer à avoir faim
bekömmlich adj digeste
bekräftigen vt confirmer
bekreuzigen vr se signer
bekümmern vt inquiéter
bekunden vt (*sagen*) exprimer ; (*zeigen*) manifester
belächeln vt sourire de
beladen irr vt charger
Belag (-(e)s, ¨-e) m revêtement m ; (*Zahnbelag*) tartre m ; (*Bremsbelag*) garniture f
belagern vt assiéger
Belagerung f siège m
• **Belagerungszustand** m état m de siège
belämmert (*fam*) adj (*betreten*) hébété(e)
Belang (-(e)s) m : **von/ohne ~ sein** être important(e)/sans importance ; **Belange** pl intérêts mpl
belangen vt (*Jur*) : **jdn gerichtlich ~** poursuivre qn en justice
belanglos adj insignifiant(e)
Belanglosigkeit f futilité f
belassen irr vt laisser ; **es dabei ~** en rester là
Belastbarkeit f (*von Brücke, Aufzug*) charge f admissible ; (*von Menschen, Nerven*) résistance f
belasten vt charger ; (*Organ, Körper*) surmener ; (*Stromnetz*) surcharger ; (*Umwelt*) polluer ; (*fig: bedrücken*) accabler ; (*Konto*) débiter ; (*Haus, Etat, Steuerzahler*) grever ▶ vr (*mit Arbeit, Sorgen*) s'accabler de
belastend adj pénible ; **~es Material** pièces fpl à conviction
belästigen vt harceler
Belästigung f désagrément m ; (*körperlich*) harcèlement m
Belastung f charge f ; (*Gewicht, Sorge*) poids m ; (*Écon*) débit m ; (*Fin*) charges fpl
belaufen irr vr : **sich auf etw** Akk **~** s'élever à qch
belauschen vt écouter, épier
belebt adj animé(e)
Beleg (-(e)s, -e) m (*Écon*) reçu m ; (*Beweis*) pièce f justificative, attestation f ; (*Beispiel*) exemple m

belegen vt (*Boden*) recouvrir ; (*Kuchen, Brot*) garnir ; (*Platz, Zimmer*) occuper ; (*Kurs, Vorlesung*) s'inscrire à ; (*Ausgaben*) justifier ; (*urkundlich beweisen*) prouver ; (*mit Strafe, Zoll*) infliger
Belegschaft f personnel m
belegt adj (*besetzt*) occupé(e) ; (*Zunge*) chargé(e) ; **~e Brote** canapés mpl
belehren vt instruire ; (*informieren*) informer
Belehrung f formation f ; (*Zurechtweisung*) leçon f
beleidigen vt vexer, blesser ; (*Jur*) diffamer
beleidigt adj offensé(e) ; (*gekränkt*) vexé(e) ; **die ~e Leberwurst spielen** (*fam*) prendre la mouche
Beleidigung f insulte f ; (*Jur*) diffamation f
belemmert adj = **belämmert**
belesen adj cultivé(e)
beleuchten vt illuminer ; (*mit Licht versehen*) éclairer ; (*Problem*) éclaircir
Beleuchtung f éclairage m ; (*von Gebäude*) illumination f
Belgien (-s) nt la Belgique
Belgier(in) (-s, -) m(f) Belge mf
belgisch adj belge
belichten vt exposer
Belichtung f (*Photo*) exposition f
Belichtungsmesser (-s, -) m posemètre m
Belieben nt : **nach ~** (*Antwort*) comme vous voulez ; (*Culin*) à volonté
beliebig adj : **ein ~er/eine ~e/ein ~es ...** n'importe quel(le) ..., un(e) ... quelconque ▶ adv : **~ viel** autant qu'il vous etc plaira
beliebt adj populaire ; **sich bei jdm ~ machen** se faire apprécier de qn
• **Beliebtheit** f popularité f
beliefern vt fournir
bellen vi aboyer
belohnen vt récompenser
Belohnung f récompense f
belügen irr vt mentir à
belustigen vt amuser
Belustigung f divertissement m ; **zu meiner ~** à mon grand amusement
bemalen vt peindre ; (*Papier*) peindre sur ; (*verzieren*) décorer
bemängeln vt critiquer
bemannt adj pourvu(e) d'un équipage
bemerkbar adj sensible ; **sich ~ machen** (*Person*) se faire remarquer ; (*Unruhe, Müdigkeit*) se faire sentir
bemerken vt remarquer
bemerkenswert adj remarquable
Bemerkung f remarque f

bemitleiden vt plaindre
bemühen vr (sich Mühe geben) faire des efforts ; (beanspruchen) mettre à contribution ; **sich ~, etw zu tun** s'efforcer de faire qch ; **sich um jdn/etw ~** prendre soin de qn/de qch
Bemühung f (Anstrengung) effort m ; (Dienstleistung) services mpl
bemuttern vt dorloter
benachbart adj voisin(e)
benachrichtigen vt informer
Benachrichtigung f avis m
benachteiligen vt désavantager
benehmen irr vr se comporter
• **Benehmen (-s)** nt comportement m
beneiden vt envier
beneidenswert adj enviable
Beneluxländer pl Benelux m
benennen irr vt (Pflanze, Straße) donner un nom à ; (Täter) nommer ; **etw/jdn nach jdm ~** donner à qch/qn le nom de qn
Bengel (-s, -) m garnement m
benommen adj hébété(e)
benoten vt noter
benötigen vt avoir besoin de
benutzen, benützen vt utiliser ; (Bücherei) fréquenter ; (Zug, Taxi) prendre
Benutzer(in) (-s, -) m(f) (von Gegenstand) utilisateur(-trice) ; (von Bücherei etc) usager(-ère) m(f)
benutzerdefiniert adj (Inform) définissable par l'utilisateur
benutzerfreundlich adj (Inform) convivial(e)
Benutzerkennung f identité f de l'utilisateur
Benutzerkonto nt (Inform) compte m utilisateur
Benutzername m login m
Benutzerpasswort nt mot m de passe
Benutzerprofil nt profil m utilisateur
Benutzung f utilisation f
Benzin (-s, -e) nt (Auto) essence f ; (Reinigungsbenzin) benzine f
• **Benzinkanister** m bidon m d'essence
• **Benzintank** m réservoir m (d'essence)
• **Benzinuhr** f jauge f
• **Benzinverbrauch** m consommation f d'essence
beobachten vt observer ; (überwachen: verdächtige Person) surveiller ; (bemerken) remarquer
Beobachter(in) (-s, -) m(f) observateur(-trice) ; (Presse, TV) correspondant(e)
Beobachtung f observation f ; (polizeilich) surveillance f
bepacken vt charger

bepflanzen vt planter
bequem adj confortable ; (Lösung, Ausrede, Schüler) facile ; (Untergebene) docile ; (träge) paresseux(-euse) ; **machen Sie sich's ~** mettez-vous à l'aise
Bequemlichkeit f confort m ; (Faulheit) paresse f
beraten irr vt conseiller ; (besprechen) débattre ▶ vr tenir conseil ; **gut/schlecht ~ sein** être bien/mal avisé(e)
Berater(in) (-s, -) m(f) conseiller(-ère)
beratschlagen vi délibérer
Beratung (-(e)s, -e) f (Auskunft, Ratschlag) conseils mpl ; (ärztlich) consultation f ; (Besprechung) délibération f
Beratungsstelle f bureau m d'information
berauben vt voler
berechenbar adj calculable ; (Verhalten) prévisible
berechnen vt calculer ; (anrechnen) facturer • **berechnend** adj calculateur(-trice)
Berechnung f calcul m ; (Écon) facturation f
berechtigen vt donner droit à ; (fig) justifier
berechtigt adj justifié(e), fondé(e)
Berechtigung f autorisation f ; (fig) justification f
bereden vt (besprechen) discuter ; (überreden) convaincre
beredt adj éloquent(e)
Bereich (-(e)s, -e) m (Bezirk) région f ; (Sachgebiet) domaine m
bereichern vt enrichir ▶ vr s'enrichir
bereinigen vt (Angelegenheit) régler ; (Missverständnis) dissiper ; (Verhältnis) normaliser
bereisen vt parcourir
bereit adj prêt(e) ; **zu etw ~ sein** être prêt(e) à qch
bereiten vt préparer ; (Kummer, Freude) causer
bereit|halten irr vt avoir sous la main ▶ vr se tenir prêt(e)
bereit|legen vt préparer
bereit|machen vt préparer
bereits adv déjà
Bereitschaft f disponibilité f ; **in ~ sein** être prêt(e) ; (Polizei) être prêt(e) à intervenir ; (Arzt) être de garde
Bereitschaftsdienst m permanence f ; **~ haben** être de permanence
bereit|stehen irr vi être prêt(e)
bereit|stellen vt préparer ; (Truppen, Maschinen) mettre à disposition ; (Geld etc) : **etw für etw ~** affecter qch à qch

bereitwillig adj obligeant(e)
bereuen vt regretter
Berg (**-(e)s, -e**) m montagne f • **bergab** adv: **~ gehen/fahren** descendre • **bergan** adv: **es geht steil ~** la pente est très raide • **Bergarbeiter** m mineur m • **bergauf** adv: **~ gehen/fahren** monter • **Bergbahn** f chemin m de fer de montagne • **Bergbau** m exploitation f minière
bergen irr vt sauver ; (enthalten) contenir
Bergführer m guide m de montagne
Berggipfel m sommet m
bergig adj montagneux(-euse)
Bergkamm m crête f
Bergkette f chaîne f de montagnes
Bergmann (**-(e)s, -leute**) m mineur m
Bergrutsch m glissement m de terrain
Bergschuh m chaussure f de montagne
Bergsteigen (**-s**) nt alpinisme m
Bergsteiger(in) (**-s, -**) m(f) alpiniste mf
Bergung f sauvetage m
Bergwacht f secours m en montagne
Bergwerk nt mine f
Bericht (**-(e)s, -e**) m rapport m • **berichten** vt (schriftlich) faire un rapport sur ▶ vi faire un rapport ; **jdm etw ~** rapporter qch à qn ; **über etw** Akk **~** faire un rapport sur qch • **Berichterstatter(in)** m(f) reporter m ; (im Ausland) correspondant(e) • **Berichterstattung** f rapport m
berichtigen vt corriger
beritten adj: **die ~e Polizei** la police montée
Berlin (**-s**) nt Berlin
Berliner(in) (**-s, -**) m(f) Berlinois(e) ▶ m (Culin) beignet m à la confiture ▶ adj attrib berlinois(e)
Bermudashorts pl bermuda m
Bern (**-s**) nt Berne
Bernstein m ambre m (jaune)
bersten irr vi (Behälter, Mauer) se fendre ; **vor Neugierde ~** brûler de curiosité
berüchtigt adj (Gegend, Lokal) mal famé(e) ; (Verbrecher) notoire
berücksichtigen vt (jdn, Bedürfnisse) prendre en considération
Berücksichtigung f prise f en compte
Beruf (**-(e)s, -e**) m profession f, métier m ; **ohne ~** sans profession ; **von ~** de métier ; **was sind Sie von ~?** que faites-vous dans la vie ?
berufen irr vt nommer ▶ vr: **sich auf jdn ~** se réclamer de qn ; **sich auf etw ~** se prévaloir de qch ▶ adj très compétent(e) ; **sich zu etw ~ fühlen** se sentir destiné(e) à qch

beruflich adj professionnel(le) ; **~ unterwegs sein** être en voyage d'affaires
Berufsausbildung f formation f professionnelle
Berufsberater(in) m(f) conseiller(-ère) d'orientation
Berufsberatung f orientation f professionnelle
Berufsbezeichnung f dénomination f professionnelle
Berufserfahrung f expérience f professionnelle
Berufskrankheit f maladie f professionnelle
Berufsleben nt vie f professionnelle ; **im ~ stehen** travailler
Berufsrisiko nt risques mpl du métier
Berufsschule f école f professionnelle
Berufssoldat m militaire m de carrière
Berufssportler m sportif m professionnel
berufstätig adj: **~ sein** exercer une activité professionnelle, travailler
Berufsverkehr m heures fpl de pointe
Berufswahl f choix m d'une profession
Berufung f nomination f ; (Jur) appel m, recours m ; **~ einlegen** faire appel
beruhen vi: **auf etw** Dat **~** être fondé(e) sur qch ; **eine Sache auf sich ~ lassen** ne pas poursuivre qch
beruhigen vt calmer ; (Gewissen) soulager ▶ vr se calmer ; **beruhigt sein** être rassuré(e)
Beruhigung f (des Gewissens) soulagement m ; **zu Ihrer ~** pour vous rassurer
Beruhigungsmittel nt calmant m
berühmt adj célèbre • **Berühmtheit** f célébrité f
berühren vt toucher ; (flüchtig erwähnen) effleurer ▶ vr se toucher
Berührung f contact m
Berührungsbildschirm m écran m tactile
Berührungspunkt m point m de contact
besagen vt signifier
besänftigen vt apaiser
Besänftigung f apaisement m
Besatz m bordure f
Besatzung f (Mil) armée f d'occupation ; (Naut, Aviat) équipage m
Besatzungsmacht f force f d'occupation
besaufen (fam) irr vr se soûler, prendre une cuite
beschädigen vt endommager, abîmer
Beschädigung f endommagement m ; (Stelle) dégât m

beschaffen vt procurer, fournir ▶ adj: **so ~ sein, dass ...** être tel(le) que ... ; **sich Dat etw ~** se procurer qch
• **Beschaffenheit** f nature f
Beschaffung f acquisition f
Beschaffungskriminalität f délits mpl commis pour se procurer de la drogue
beschäftigen vt occuper ; (beruflich) employer ; (innerlich) préoccuper ▶ vr s'occuper
beschäftigt adj occupé(e) ; (angestellt) employé(e)
Beschäftigung f (Beruf, Arbeitsstelle) emploi m ; (Tätigkeit) occupation f
Beschäftigungstherapie f ergothérapie f
beschämen vt faire honte à
beschämend adj honteux(-euse) ; (Hilfsbereitschaft, Gefühl) gênant(e)
beschämt adj honteux(-euse)
beschatten vt ombrager ; (Verdächtige) surveiller
beschaulich adj (Abend, Leben, Mensch) tranquille ; (Rel) contemplatif(-ive)
Bescheid (-(e)s, -e) m: **~ bekommen** être informé(e) ; (Jur) être notifié(e) ; **~ wissen** être au courant ; **jdm ~ geben** od **sagen** renseigner qn ; **auf ~ der Behörde** par ordre des autorités
bescheiden adj modeste
• **Bescheidenheit** f modestie f
bescheinen irr vt (Sonne) briller sur ; (Licht, Lampe) éclairer
bescheinigen vt attester
Bescheinigung f attestation f ; (Quittung) reçu m
bescheißen (vulg) irr vt rouler
beschenken vt faire un cadeau à
bescheren vt: **jdm etw ~** offrir qch à qn ; **mal sehen, was uns das neue Jahr beschert!** je me demande ce que nous réserve l'année prochaine
Bescherung f distribution f des cadeaux de Noël ; (fam) tuile f ; **da haben wir die ~!** nous voilà dans de beaux draps !
beschildern vt signaliser
beschimpfen vt insulter
Beschimpfung f insulte f
Beschiss (-es) (vulg) m: **das ist ~!** c'est de la triche !
beschissen (vulg) adj chiant(e)
Beschlag m (Metallband) armature f ; (Überzug: auf Metall) ternissure f ; (Hufeisen) fers mpl (à cheval) ; **jdn/etw in ~ nehmen** od **mit ~ belegen** accaparer qn/qch
beschlagen irr vt (Pferd, Schuhe) ferrer ▶ vi, vr (Fenster, Spiegel) se couvrir de buée ; (Metall) se ternir ▶ adj: **in etw** Dat **~ sein** être ferré(e) en qch
beschlagnahmen vt saisir, confisquer
beschleunigen vt accélérer ▶ vi (Auto) accélérer
Beschleunigung f accélération f
beschließen irr vt décider ; (beenden) terminer
Beschluss m décision f
beschmutzen vt salir
beschneiden irr vt (Hecke) tailler ; (Flügel) couper ; (Rel) circoncire ; (jds Rechte, Freiheit) restreindre
beschönigen vt embellir
beschränken vt limiter, restreindre ▶ vr se limiter ; **sich auf etw** Akk **~** s'en tenir à qch
beschrankt adj (Bahnübergang) gardé(e)
beschränkt adj limité(e) ; (Mensch) borné(e) • **Beschränktheit** f (geistig) étroitesse f d'esprit ; (von Raum) exigüité f
Beschränkung f limitation f ; **jdm ~en auferlegen** imposer des restrictions à qn
beschreiben irr vt décrire ; (Papier) écrire sur
Beschreibung f description f
beschriften vt étiqueter
Beschriftung f (das Beschriften) étiquetage m ; (Aufbeschriftung, Unterschrift) inscription f
beschuldigen vt accuser
Beschuldigung f accusation f
beschummeln (fam) vt rouler ▶ vi tricher
beschützen vt: **~ (vor** +Dat**)** protéger (de)
Beschützer(in) (-s, -) m(f) protecteur(-trice)
Beschwerde f plainte f ; (pl: Leiden) souffrance f
beschweren vt rendre plus lourd(e), alourdir ; (fig) peiner ▶ vr se plaindre
beschwerlich adj pénible
beschwichtigen vt apaiser, calmer
beschwindeln vt (betrügen) duper ; (belügen) raconter des bobards à
beschwingt adj gai(e), enjoué(e) ; (Schritt) léger(-ère)
beschwipst adj éméché(e)
beschwören irr vt (Aussage) jurer, affirmer sous serment ; (anflehen) implorer, supplier ; (Geister) conjurer
besehen irr vt regarder (de près)
beseitigen vt se débarrasser de ; (Fehler) supprimer ; (Zweifel) lever ; **jdn ~** supprimer qn
Beseitigung f élimination f
Besen (-s, -) m balai m • **Besenstiel** m manche m à balai

besessen adj obsédé(e)
besetzen vt occuper ; *(Rolle)* attribuer ; *(mit Edelstein, Spitzen)* garnir
besetzt adj occupé(e) • **Besetztzeichen** nt tonalité f occupée
Besetzung f occupation f ; *(Gesamtheit der Schauspieler)* distribution f
besichtigen vt visiter
Besichtigung f visite f
besiegen vt vaincre
Besiegte(r) f(m) vaincu(e) m/f
besinnen irr vr *(nachdenken)* réfléchir ; *(erinnern)*: **sich auf etw** Akk **~** se rappeler de qch
besinnlich adj paisible
Besinnung f *(Bewusstsein)* connaissance f ; **die ~ verlieren** perdre connaissance ; **zur ~ kommen** reprendre connaissance ; *(fig)* revenir à la raison
besinnungslos adj *(bewusstlos)* sans connaissance ; *(fig)* hors de soi
Besitz (-es) m *(das Besitzen)* possession f ; *(Landgut)* propriété f • **besitzanzeigend** adj possessif(-ive)
besitzen irr vt posséder
Besitzer(in) (-s, -) m(f) propriétaire mf
besoffen *(fam)* adj bourré(e)
besohlen vt ressemeler
Besoldung f *(von Beamten)* traitement m ; *(von Soldaten)* solde f
besondere(r, s) adj exceptionnel(le) ; *(ausgefallen, speziell, separat)* particulier(-ière) ; *(Auftrag)* spécial(e) ; **nichts/etw B~s** rien/quelque chose de spécial ; **im B~n** en particulier
Besonderheit f particularité f
besonders adv *(hauptsächlich)* principalement, surtout ; *(nachdrücklich)* expressément ; *(außergewöhnlich)* particulièrement ; *(sehr)* énormément ; *(extra)* séparément ; **nicht ~** pas particulièrement
besonnen adj *(Mensch)* réfléchi(e) ; *(Verhalten, Vorgehen)* sage • **Besonnenheit** f sagesse f
besorgen vt *(beschaffen)* se procurer ; *(erledigen, sich kümmern um)* s'occuper de
Besorgnis f inquiétude f
besorgniserregend adj inquiétant(e)
besorgt adj inquiet(-ète)
Besorgung f acquisition f ; **~en machen** faire des courses
bespitzeln vt espionner
besprechen irr vt discuter ; *(Tonband etc)* enregistrer sur ; *(Buch, Theaterstück)* faire la critique de ▶ vr: **sich mit jdm ~** se concerter avec qn

Besprechung f *(Unterredung)* entretien m, discussion f ; *(von Buch)* critique f
besser komp adj meilleur(e) ▶ adv mieux ; **du hättest ~ ...** tu aurais mieux fait de ... ; **er hält sich für etw B~es** il se croit supérieur ; **~ gesagt ...** ou plutôt ... ; **jdn eines B~en belehren** détromper qn
bessern vt améliorer ▶ vr s'améliorer
Besserung f amélioration f ; **gute ~!** prompt rétablissement !
Besserwisser(in) (-s, -) m(f) bêcheur(-euse)
Bestand (-(e)s, ⸚e) m *(Fortbestehen)* persistance f, continuité f ; *(Kassenbestand)* encaisse f ; *(Vorrat)* stock m ; **~ haben** od **von ~ sein** durer, persister
beständig adj constant(e) ; *(Wetter)* stable ; *(Stoffe)* résistant(e)
Bestandsaufnahme f inventaire m
Bestandteil m *(Einzelteil)* partie f, élément m
bestärken vt: **jdn in etw** Dat **~** confirmer qn dans qch
bestätigen vt confirmer ; *(Empfang)* accuser réception de ; *(anerkennen)* reconnaître ▶ vr se confirmer ; **jdm etw ~** confirmer qch à qn
Bestätigung f confirmation f
bestatten vt inhumer
Bestattung f inhumation f
Bestattungsinstitut nt pompes fpl funèbres
bestäuben vt *(Kuchen)* saupoudrer ; *(Pflanze)* féconder (avec du pollen)
bestaunen vt admirer
beste(r, s) superl adj meilleur(e) ▶ adv : **am ~n** le mieux ; **jdn zum B~n haben** se moquer de qn ; **eine Geschichte zum B~n geben** raconter une histoire ; **aufs B~** au mieux ; **zu jds B~n** pour le bien de qn ; **sie singt am ~n** c'est elle qui chante le mieux ; **am ~n gehst du gleich** il vaut mieux que tu partes tout de suite
bestechen irr vt *(Zeugen)* suborner ; *(Beamte)* corrompre ▶ vi *(Eindruck machen)* séduire
bestechlich adj corruptible, vénal(e) • **Bestechlichkeit** f corruption f
Bestechung f corruption f, subornation f
Besteck (-(e)s, -e) nt couverts mpl ; *(Méd)* instruments mpl
bestehen irr vi *(existieren)* exister ; *(andauern)* durer ▶ vt *(Probe, Prüfung)* réussir ; *(Kampf)* soutenir ; **aus etw ~** se composer de qch ; **auf etw** Dat **~** insister sur qch

bestehlen irr vt voler
besteigen irr vt (Berg) escalader ; (Fahrzeug) monter dans ; (Pferd) monter ; (Thron) accéder à
Bestellbuch nt carnet m de commandes
bestellen vt (Waren) commander ; (reservieren lassen) réserver ; (jdn) faire venir ; (ausrichten) transmettre ; (nominieren) nommer, désigner ; (Acker) cultiver ; **es ist schlecht um ihn bestellt** ça se présente mal pour lui
Bestellnummer f numéro m de commande
Bestellschein m bon m de commande
Bestellung f commande f
bestenfalls adv dans le meilleur des cas
bestens adv parfaitement (bien)
besteuern vt imposer
Bestie f bête f féroce ; (fig) brute f
bestimmen vt (entscheiden, anordnen) décréter, ordonner ; (festsetzen) fixer, déterminer ; (beherrschen, prägen) marquer ; (vorsehen) destiner ; (ernennen) désigner ; (definieren) déterminer
bestimmt adj (feststehend, gewiss) certain(e) ; (entschlossen) décidé(e) ; (Artikel) défini(e) ▶ adv sûrement, certainement • **Bestimmtheit** f (Entschlossenheit) détermination f
Bestimmung f (Verordnung) décret m, ordonnance f ; (Festsetzen) fixation f ; (Verwendungszweck) destination f ; (Schicksal) destin m ; (Definition) définition f
Bestimmungsort m destination f
Bestleistung f record m
bestmöglich adj le(la) meilleur(e) possible
Best.-Nr. abk = **Bestellnummer**
bestrafen vt punir
Bestrafung f punition f
bestrahlen vt (subj) éclairer ; (Méd) traiter par radiothérapie
Bestrahlung f (Méd) séance f de radiothérapie
Bestreben (-s) nt effort m
bestreichen irr vt (Brot) tartiner ; (Oberfläche) enduire
bestreiken vt faire grève dans ; **die Fabrik wird zur Zeit bestreikt** l'usine est en grève
bestreiten irr vt (abstreiten) nier, contester ; (finanzieren) financer
bestreuen vt: **etw mit etw ~** répandre qch sur qch ; (mit Zucker etc) saupoudrer qch sur qch
Bestseller (-s, -) m best-seller m
bestürmen vt (mit Fragen, Bitten etc) assaillir

bestürzen vt bouleverser, consterner
bestürzt adj bouleversé(e), consterné(e)
Bestürzung f consternation f
Besuch (-(e)s, -e) m visite f ; (Teilnahme) fréquentation f ; **einen ~ bei jdm machen** rendre visite à qn ; **~ haben** avoir de la visite od des visites ; **bei jdm auf** od **zu ~ sein** être en visite chez qn
besuchen vt (jdn) rendre visite à ; (Ort, Museum, Patienten, Kunden) visiter ; (Vorstellung, Gottesdienst) assister à ; (Schule, Universität) aller à ; (Kurs) suivre ; **gut besucht** fréquenté(e)
Besucher(in) (-s, -) m(f) visiteur(-euse)
Besuchserlaubnis f autorisation f de visite
Besuchszeit f heures fpl de visite
Betablocker (-s, -) m bêtabloquant m
betagt (geh) adj d'un âge avancé
betasten vt palper
betätigen vt actionner ▶ vr exercer une activité ; **sich politisch/künstlerisch ~** exercer une activité politique/artistique
Betätigung f activité f ; (Tech) actionnement m
betäuben vt (Nerv) endormir ; (durch Narkose) anesthésier ; (durch Schlag) assommer ; (durch Geruch) griser, enivrer
Betäubungsmittel nt anesthésique m
Bete f: **Rote ~** betterave f rouge
beteiligen vr: **sich ~ an** +Dat participer à, prendre part à ▶ vt: **jdn ~ an** +Dat faire participer qn à
Beteiligung f participation f
beten vt, vi prier
beteuern vt déclarer ; (Unschuld) protester de
Beteuerung f déclaration f
Beton (-s, -s) m béton m
betonen vt accentuer ; (bekräftigen) insister sur ; (farblich) faire ressortir
betonieren vt bétonner
Betonung f accentuation f
betr. abk (= betreffend, betreffs) concernant
Betracht m: **(nicht) in ~ kommen** (ne pas) entrer en ligne de compte ; **jdn/etw in ~ ziehen** prendre qn/qch en considération
betrachten vt contempler ; **jdn als etw ~** considérer qn comme qch
Betrachter(in) (-s, -) m(f) observateur(-trice)
beträchtlich adj considérable
Betrag (-(e)s, "-e) m montant m • **betragen** irr vi (ausmachen) s'élever à ▶ vr se comporter
Betragen (-s) nt conduite f

betrauen vt: **jdn mit etw ~** confier qch à qn
betreffen irr vt concerner ; **was mich betrifft** en ce qui me concerne
betreffend adj (erwähnt) mentionné(e) ; (zuständig) compétent(e)
betreffs präp +Gen concernant
betreiben irr vt (Gewerbe) exercer ; (Handel, Studien, Politik) faire
Betreiber(in) m(f) (von Spielhalle, Hotel) tenancier(-ière) ▸ nm (Firma) société f d'exploitation
betreten irr vt (Haus, Baustelle) entrer dans ; (Rasen, Gelände) marcher sur ; (Bühne) entrer en ▸ adj embarrassé(e), gêné(e)
betreuen vt s'occuper de ; (Reisegruppe) accompagner
Betreuung f (Méd) soins mpl (médicaux) ; (: Person) garde-malade mf ; **er wurde mit der ~ der Gruppe beauftragt** on lui a confié le groupe
Betrieb(-(e)s, -e) m (Unternehmen) entreprise f ; (von Maschine) fonctionnement m ; (Treiben, Trubel) animation f ; **außer ~ sein** être hors service ; **in ~ sein/nehmen** être/mettre en service
Betriebsausflug m sortie organisée pour le personnel d'une entreprise
betriebsbereit adj en état de marche
Betriebsferien pl fermeture f annuelle
Betriebsklima nt ambiance f de travail
Betriebskosten pl charges fpl (d'exploitation)
Betriebsrat m comité m d'entreprise
betriebssicher adj fiable
Betriebsstörung f panne f
Betriebssystem nt (Inform) système m d'exploitation
Betriebsunfall m accident m du travail
Betriebswirtschaft f gestion f d'entreprise
betrinken vr s'enivrer
betroffen adj (bestürzt) bouleversé(e)
betrüben vt attrister
betrübt adj affligé(e)
Betrug(-(e)s) m tromperie f ; (Jur) fraude f
betrügen irr vt tromper ▸ vr se faire des illusions
Betrüger(in)(-s, -) m(f) escroc m
betrügerisch adj frauduleux(-euse)
betrunken adj ivre
Bett(-(e)s, -en) nt lit m ; **ins** od **zu ~ gehen** aller se coucher • **Bettbezug** m housse f d'édredon • **Bettdecke** f couverture f ; (Daunenbett) couette f ; (Überwurf) couvre-lit m

bettelarm adj pauvre comme Job
Bettelei f mendicité f
betteln vi mendier
betten vt (Verletzten) coucher ; (Kopf) poser
bettlägerig adj alité(e)
Bettlaken nt drap m
Bettler(in)(-s, -) m(f) mendiant(e)
Bettnässer(-s, -) m enfant m incontinent od énurétique
Bettvorleger m descente f de lit
Bettwäsche f draps mpl
Bettzeug nt literie f (sans matelas)
beugen vt (Körperteil) plier ; (Ling) décliner ; (: Verb) conjuguer ▸ vr (sich lehnen) se pencher
Beule f bosse f
beunruhigen vt inquiéter ▸ vr s'inquiéter
Beunruhigung f inquiétude f
beurkunden vt certifier
beurlauben vt donner un congé à ; (suspendieren) donner son congé à
beurteilen vt juger
Beurteilung f jugement m
Beute(-) f butin m ; (fig: Opfer) victime f
Beutekunst f œuvres fpl d'art spoliées
Beutel(-s, -) m (Tasche) sac m ; (Waschbeutel, Kosmetikbeutel) trousse f ; (Geldbeutel) porte-monnaie m ; (Tabaksbeutel) blague f ; (von Känguru) poche f
bevölkern vt peupler ; (füllen) envahir
Bevölkerung f population f
Bevölkerungsexplosion f explosion f démographique
bevollmächtigen vt autoriser, mandater
Bevollmächtigte(r) f(m) mandataire mf
Bevollmächtigung f procuration f
bevor konj avant de +inf, avant que +sub
• **bevormunden** vt maintenir en tutelle
• **bevor|stehen** irr vi être imminent(e)
• **bevorstehend** adj imminent(e)
bevorzugen vt préférer
Bevorzugung f préférence f
bewachen vt surveiller ; (Schatz) garder
Bewachung f (das Bewachen) surveillance f ; (Leute) garde f
bewaffnen vt armer ▸ vr s'armer
bewaffnet adj armé(e) ; (Überfall) à main armée
Bewaffnung f armement m
bewahren vt garder ; **jdn vor etw ~** préserver qn de qch
bewähren vr (Mensch) faire ses preuves ; (Regelung) se révéler efficace
bewahrheiten vr se vérifier
bewährt adj éprouvé(e)

Bewährung f (Jur) sursis m
Bewährungsfrist f délai m probatoire
bewaldet adj boisé(e)
bewältigen vt surmonter ; (Arbeit, Aufgabe) venir à bout de ; (Strecke) parcourir
bewandert adj : **in etw** Dat **~ sein** s'y connaître en qch
bewässern vt irriguer
Bewässerung f irrigation f
bewegen[1] vt bouger, remuer ; (jdn : rühren) émouvoir, toucher ; (: beschäftigen) préoccuper ▶ vr bouger
bewegen[2] irr vt : **jdn zu etw ~** décider qn à faire qch
Beweggrund m mobile m
beweglich adj mobile ; (flink) agile ; (geistig wendig) vif(vive)
bewegt adj (unruhig : Leben, Vergangenheit) agité(e), mouvementé(e) ; (ergriffen) ému(e)
Bewegung f mouvement m ; (körperliche Betätigung) exercice m ; **keine ~!** pas un geste ! ; **etw in ~ setzen** mettre qch en branle
Bewegungsfreiheit f liberté f de mouvement
bewegungslos adj immobile
Bewegungsmelder (**-s**, **-**) m détecteur m de mouvement
Beweis (**-es**, **-e**) m preuve f ; (Math) démonstration f • **beweisbar** adj que l'on peut prouver
beweisen irr vt prouver ; (Math) démontrer ; (Mut, Geschmack, Charakter) faire preuve de
Beweismittel nt (Jur) preuve f
bewenden vi : **es bei etw ~ lassen** se contenter de qch
bewerben irr vr poser sa candidature
Bewerber(in) (**-s**, **-**) m(f) candidat(e)
Bewerbung f candidature f, demande f d'emploi
Bewerbungsunterlagen pl dossier m de candidature
bewerten vt évaluer ; (Note geben) noter
bewilligen vt accorder
bewirken vt provoquer ; (erreichen) obtenir
bewirten vt régaler
bewirtschaften vt (Hotel) gérer ; (Agr) exploiter
Bewirtung f accueil m
bewohnbar adj habitable
bewohnen vt habiter
Bewohner(in) m(f) habitant(e)
bewölkt adj nuageux(-euse)
Bewölkung f nuages mpl

Bewunderer(in) (**-s**, **-**) m(f) admirateur(-trice)
bewundern vt admirer
bewundernswert adj admirable
Bewunderung f admiration f
bewusst adj (absichtlich) intentionnel(le) ; (geistig wach) conscient(e) ; (bereits erwähnt) nommé(e) ; **sich** Dat **einer Sache** Gen **~ sein/werden** être conscient(e)/prendre conscience de qch ; **sich** Dat **etw ~ machen** se rendre compte de qch • **bewusstlos** adj sans connaissance ; **~ werden** perdre connaissance • **Bewusstlosigkeit** f perte f de connaissance • **Bewusstsein** (**-s**) nt conscience f ; (Méd) connaissance f ; **im ~, dass ...** conscient(e) du fait que ...
bezahlen vt payer ; **etw macht sich bezahlt** qch en vaut la peine ; **bitte ~!** l'addition, s'il vous plaît !
Bezahlung f paiement m
bezähmen vt (Leidenschaft, Neugierde) réfréner
bezaubern vt charmer
bezeichnen vt (kennzeichnen) marquer ; (beschreiben) décrire ; (nennen, bedeuten) désigner ; **jdn als Lügner ~** qualifier qn de menteur
bezeichnend adj caractéristique
Bezeichnung f (kein pl : Markierung, Kennzeichnung) marquage m ; (Benennung) désignation f
bezeugen vt confirmer ; (Jur) attester
beziehen irr vt (Möbel) recouvrir ; (Haus, Wohnung) emménager dans ; (Standpunkt, Position) adopter ; (Zeitung) être abonné(e) à ; (Gehalt) percevoir ▶ vr (Himmel) se couvrir ; (betreffen) : **sich auf jdn/etw ~** concerner qn/qch
Beziehung f (Verbindung) relation f ; (Zusammenhang) rapport m ; (Verhältnis) lien m ; (Hinsicht) sens m ; **~en zu jdm haben** (vorteilhaft) avoir de bonnes relations avec qn
beziehungsweise konj (genauer gesagt) ou plutôt ; (im anderen Fall) ou
Bezirk (**-(e)s**, **-e**) m (Stadtbezirk) quartier m ; (Polizeibezirk) district m
Bezug (**-(e)s**, **ˮe**) m (Überzug) garniture f ; (von Waren) achat m ; (von Zeitung) abonnement m ; (von Rente) perception f ; (Beziehung) rapport m ; **Bezüge** pl (Gehalt) appointements mpl ; **in ~ auf** +Akk en ce qui concerne ; **~ nehmen auf** (förmlich) se référer à
bezüglich präp +Gen concernant ▶ adj concernant ; (Ling) relatif(-ive)

Bezugnahme f: **unter ~ auf Ihr Schreiben** (förmlich) (comme) suite à votre courrier
Bezugspreis m prix m d'achat
Bezugsquelle f source f d'approvisionnement
bezwecken vt avoir pour but ; **was bezweckst du damit?** à quoi veux-tu en venir ?
bezweifeln vt douter de
BH (-s, -(s)) m abk (= Büstenhalter) soutien-gorge m
Bhf. abk = **Bahnhof**
Bibel (-, -n) f Bible f
Biber (-s, -) m castor m
Bibliografie f bibliographie f
Bibliothek (-, -en) f bibliothèque f
Bibliothekar(in) (-s, -e) m(f) bibliothécaire mf
biblisch adj biblique
bieder adj (rechtschaffen) honnête ; (péj) niais(e)
biegen irr vt plier ; (Ast) courber ▶ vr (Ast, Blech) plier ; (Mensch, Körper) ployer ▶ vi (Auto, Straße) tourner ; **auf B~ oder Brechen** coûte que coûte
biegsam adj flexible ; (Körper) souple
Biene f abeille f
Bienenhonig m miel m (d'abeille)
Bienenwachs nt cire f d'abeille
Bier (-(e)s, -e) nt bière f • **Bierbrauer** (-s, -) m brasseur m • **Bierdeckel** m dessous m de verre • **Bierkrug** m chope f
Biest (-s, -er) (fam) nt (Tier) (sale) bête f ; (Mensch) brute f
bieten irr vt présenter ; (Hand) donner ; (Film, Schauspiel, Anblick) présenter ▶ vr se présenter ▶ vi (bei Versteigerung) faire une enchère ; **sich** Dat **etw ~ lassen** accepter qch
Bikini (-s, -s) m bikini m
Bilanz f bilan m
Bild (-(e)s, -er) nt (Gemälde) tableau m ; (Photo) photo f ; (Zeichnung) dessin m ; (Fernsehbild, Metapher) image f ; (Anblick) vue f ; **über etw** Akk **im ~ sein** être au courant de qch • **Bildbericht** m reportage m photographique
bilden vt former ; (Regierung, Verein: sein, ausmachen) constituer ; (modellieren) façonner ▶ vr (entstehen) se former, se développer ; (geistig) s'instruire
Bilderbuch nt livre m d'images
Bilderrahmen m cadre m
Bildfläche f (fig): **auf der ~ erscheinen** apparaître ; **von der ~ verschwinden** disparaître
Bildhauer(in) (-s, -) m(f) sculpteur m

bildhübsch adj ravissant(e)
bildlich adj (Ausdrucksweise) figuré(e) ; (Vorstellung) concret(-ète) ; (Schilderung) vivant(e) ; **sich** Dat **etw ~ vorstellen** se représenter qch (concrètement)
Bildpunkt m pixel m
Bildschirm m écran m
Bildschirmgerät nt visuel m, unité f de visualisation
Bildschirmschoner m (Inform) économiseur m d'écran
Bildschirmtext m ≈ Minitel® m
bildschön adj très beau(belle)
Bildung f (Wissen, Benehmen) éducation f ; (von Wörtern, Sätzen, Schaum, Wolken etc) formation f ; (von Ausschuss, Regierung etc) constitution f
Bildungslücke f lacune f (dans les connaissances)
Bildungspolitik f politique f de l'éducation
Bildungsurlaub m congé-formation m
Bildungsweg m: **auf dem zweiten ~** en cours du soir
Bildungswesen nt enseignement m
Bildverarbeitung f (Inform) traitement m d'images
Billard (-s, -e) nt billard m
Billardball m boule f de billard
billig adj bon marché inv ; (schlecht) mauvais(e) ; (fig) piètre ; (gerecht) justifié(e)
billigen vt approuver
Billiglohnland nt pays m à faibles coûts salariaux
Billigung f approbation f
Billion f billion m
bimmeln vi sonner
Bimsstein m pierre f ponce
binär adj binaire
Binde f (Méd) bandage m ; (Armbinde) brassard m ; (Damenbinde) serviette f (périodique) • **Bindegewebe** nt tissu m conjonctif • **Bindeglied** nt lien m
binden irr vt attacher ; (Blumen) attacher ensemble ; (Buch) relier ; (fesseln) ligoter ; (verpflichten) obliger ▶ vr s'engager ; **sich an jdn ~** s'engager vis-à-vis de qn
Bindestrich m trait m d'union
Bindewort nt conjonction f
Bindfaden m ficelle f
Bindung f (menschliche Beziehung) relation f ; (Verbundenheit) lien m ; (Skibindung) fixation f
Binnenhafen m port m intérieur od fluvial
Binnenhandel m commerce m intérieur
Binnenmarkt m: **der Europäische ~** le marché unique européen

Binnenschifffahrt f navigation f fluviale
Binnensee m lac m intérieur
Binse f jonc m ; **in die ~n gehen** (fam) s'en aller à vau-l'eau
Binsenweisheit f vérité f de La Palice, lapalissade f
Biochemie f biochimie f
Biodiesel m diesel m biologique
biodynamisch adj biologique
Biogas nt biogaz m
Biografie f biographie f
Biokraftstoff m biocarburant m
Biologe m biologiste m
Biologie f biologie f
Biologin f biologiste f
biologisch adj biologique
biometrisch adj biométrique
Biorhythmus m biorythme m
Biosphäre f biosphère f
Biotechnik f biotechnologie f
Biotechnologie f biotechnologie f
Bioterrorismus m bioterrorisme m
Biotonne f container m od conteneur m à compost
Biotop m od nt biotope m
bipolar adj bipolaire
Birke f bouleau m
Birma (-s) nt la Birmanie
Birnbaum m poirier m
Birne f poire f ; (Élec) ampoule f (électrique)
bis präp +Akk jusqu'à ▶ konj : **von … ~ …** de … à ; **~ in die Nacht (hinein)** jusque tard dans la nuit ; **~ bald/gleich** à bientôt/tout à l'heure ; **~ hierher** jusqu'ici ; **~ auf** +Akk (außer) sauf
Bischof (-s, -̈e) m évêque m
bischöflich adj épiscopal(e)
bisexuell adj bisexuel(le)
bisher adv jusqu'à présent
bisherig adj précédent(e)
Biskaya f : **der Golf von ~** le golfe de Gascogne
Biskuit (-(e)s, -s od **-e)** m od nt ≈ biscuit m de Savoie • **Biskuitteig** m ≈ pâte f à biscuit de Savoie
bislang adv jusqu'à présent
biss etc vb siehe **beißen**
Biss (-es, -e) m morsure f
bisschen : **ein ~** adj un peu de ▶ adv un peu ; **kein ~** (fam) pas du tout ; **ein klein(es) ~** un petit peu
Bissen (-s, -) m bouchée f
bissig adj (Bemerkung) acerbe, caustique ; **„Vorsicht, ~er Hund!"** « attention, chien méchant »
Bistum (-s, -̈er) nt évêché m
Bit (-(s), -(s)) nt (Inform) bit m

bitte interj s'il vous/te plaît ; **vielen Dank! — ~ sehr!** merci beaucoup ! — je vous en/t'en prie ! ; **wie ~?** comment ? • **Bitte** f prière f, demande f
bitten irr vt demander ; **jdn zu Tisch/zum Tanz ~** inviter qn à passer à table/à danser • **bittend** adj suppliant(e), implorant(e)
bitter adj amer(-ère) ; (Erfahrung, Wahrheit) cruel(le) ; (Not, Unrecht) extrême • **bitterböse** adj (Mensch) fâché(e) ; (Blick) mauvais(e) • **Bitterkeit** f amertume f
Bizeps (-(e)s, -e) m biceps m
blähen vt gonfler ▶ vr se gonfler ▶ vi (Méd) ballonner
Blähungen pl (Méd) flatulence f
blamabel adj honteux(-euse)
Blamage f honte f
blamieren vr se ridiculiser ▶ vt couvrir de honte
blank adj (glänzend) brillant(e) ; (unbedeckt) nu(e) ; (abgewetzt) lustré(e) ; (sauber) propre ; (offensichtlich) pur(e) ; **~ sein** (fam : ohne Geld) être fauché(e)
blanko adv : **einen Scheck ~ unterschreiben** signer un chèque en blanc
Blankoscheck m chèque m en blanc
Bläschen nt (Méd) petite ampoule f, vésicule f
Blase f bulle f ; (Anat : Harnblase) vessie f ; (Méd) ampoule f
Blasebalg m soufflerie f ; (klein) soufflet m
blasen irr vt souffler ; (Mus : Instrument) jouer de ; (: Melodie) jouer ▶ vi souffler ; (auf Instrument) jouer
blasiert (péj) adj hautain(e)
Blasinstrument nt instrument m à vent
Blaskapelle f orchestre m de cuivres
Blasphemie f blasphème m
blass adj pâle
Blässe (-) f pâleur f
Blatt (-(e)s, -̈er) nt feuille f ; (Seite) page f ; (Zeitung) journal m ; (von Säge, Axt) lame f
blättern vi (Farbe, Verputz) s'écailler ; **in etw** Dat **~** feuilleter qch
Blätterteig m pâte f feuilletée
blau adj bleu(e) ; (Auge) au beurre noir ; (fam : betrunken) noir(e) ; (Culin) au bleu ; **~er Fleck** bleu m
blauäugig adj aux yeux bleus
Blauhelm m casque m bleu
Blaukraut nt chou m rouge
Blaulicht nt gyrophare m
blau|machen vi ne pas aller travailler
Blaustrumpf m bas-bleu m

Blech(**-(e)s, -e**) nt tôle f ; (Backblech) plaque f ; (Mus) cuivres mpl • **Blechdose** f boîte f (en fer-blanc)
blechen (fam) vt cracher ▶ vi casquer
Blechlawine f flot de voitures qui roulent pare-choc contre pare-choc
Blechschaden m (Auto) dégât m matériel mineur
Blei (**-(e)s, -e**) nt plomb m ▶ m (Bleistift) crayon m
Bleibe f gîte m, endroit où loger
bleiben irr vi rester ; (Einstellung nicht ändern): **bei etw ~** persister dans qch ; (umkommen) mourir • **bleiben lassen** irr vt : **etw ~** ne pas faire qch
bleich adj très pâle, blême • **bleichen** vt (Wäsche) blanchir ; (Haare) décolorer
bleiern adj en plomb ; (Schwere, Müdigkeit, Schlaf) de plomb
bleifrei adj (Benzin) sans plomb
Bleistift m crayon m
Bleistiftspitzer m taille-crayon m
Blende f (Photo) diaphragme m
blenden vi éblouir ▶ vt aveugler, éblouir
blendend (fam) adj formidable ; **~ aussehen** avoir très bonne mine
Blick (**-(e)s, -e**) m regard m ; (Aussicht) vue f ; (Urteilsfähigkeit) jugement m ; **einen ~ auf etw werfen** jeter un coup d'œil à qch
blicken vi regarder ; **sich ~ lassen** se montrer
Blickfeld nt champ m visuel
blieb etc vb siehe **bleiben**
blies etc vb siehe **blasen**
blind adj aveugle ; (Spiegel, Glas etc) terni(e) ; **~er Passagier** passager m clandestin ; **~er Alarm** fausse alerte f
Blinddarm m appendice m • **Blinddarmentzündung** f appendicite f
Blindenschrift f braille m
Blindgänger m (Mil) obus m non éclaté ; (fig) nullité f
Blindheit f cécité f
blindlings adv aveuglément
Blindschleiche f orvet m
blind|schreiben irr vi taper au toucher
Bling-Bling nt bling-bling m
blinken vi scintiller ; (Leuchtturm) clignoter ; (Auto) mettre son clignotant
Blinker (**-s, -**) m (Auto) clignotant m
blinzeln vi cligner des yeux
Blitz (**-es, -e**) m éclair m • **Blitzableiter** (**-s, -**) m paratonnerre m • **blitzen** vi (Metall) briller, étinceler ; (Augen) flamboyer ; **es blitzt** il y a des éclairs • **Blitzlicht** nt (Photo) flash m
• **blitzschnell** adj rapide comme l'éclair
Block (**-(e)s, ¨-e**) m bloc m ; (Häuser) pâté m

Blockade f blocus m
Blockflöte f flûte f à bec
blockfrei adj (Pol) non aligné(e)
blockieren vt bloquer ; (Verhandlungen) entraver ▶ vi (Räder) se bloquer
Blockschrift f majuscules fpl d'imprimerie
blöd, blöde adj idiot(e)
blödeln (fam) vi déblioquer
Blödheit f stupidité f
Blödsinn m idiotie f
blödsinnig (fam) adj stupide
Blog (**-s, -s**) m blog m
bloggen vi bloguer
Blogging nt blogging m
blond adj blond(e)
bloß adj nu(e) ; (alleinig, nur) simple ▶ adv uniquement ; **lass das ~!** garde-t'en bien !
Blöße f : **sich** Dat **eine ~ geben** montrer un point faible
bloß|stellen vt couvrir de honte
blühen vi fleurir ; (fig) prospérer ; (fam : bevorstehen) attendre
blühend adj (Pflanze) en fleurs ; (Aussehen) radieux(-euse) ; (Handel) florissant(e)
Blume f fleur f ; (von Wein) bouquet m ; (von Bier) mousse f
Blumenkohl m chou-fleur m
Blumentopf m pot m de fleurs
Blumenzwiebel f bulbe m
Bluse f chemisier m
Blut (**-(e)s**) nt sang m • **blutarm** adj anémique • **blutbefleckt** adj taché(e) de sang • **Blutbuche** f hêtre m pourpre
• **Blutdruck** m tension f (artérielle)
Blüte f fleur f ; (fig : Blütezeit) apogée m
Blutegel m sangsue f
bluten vi saigner
Blütenstaub m pollen m
Bluter (**-s, -**) m (Méd) hémophile mf
Bluterguss m hématome m
Blütezeit f floraison f ; (fig) apogée m
Blutgruppe f groupe m sanguin
blutig adj sanglant(e)
blutjung adj tout jeune
Blutkonserve f sang provenant des donneurs, conservé en sachet ou flacon
Blutprobe f prise f de sang
Blutspender(in) m(f) donneur(-euse) de sang
Bluttransfusion f transfusion f (sanguine)
Blutung f saignement m
Blutvergiftung f septicémie f
Blutwurst f boudin m
Blutzuckerspiegel m taux m de glycémie

BLZ *abk* = **Bankleitzahl**
BND(**-s, -**) *m abk*
= **Bundesnachrichtendienst**
Bö(**-, -en**) *f* rafale *f*
Bob(**-s, -s**) *m* bob(sleigh) *m*
Bock(**-(e)s, ⸚e**) *m* (*Rehbock*) cerf *m* ; (*Ziegenbock*) bouc *m* ; (*Gestell*) tréteau *m* ; **total/keinen ~ auf Arbeit haben** (*fam*) avoir très envie/ne pas avoir envie de bosser
Boden(**-s, ⸚**) *m* terrain *m* ; (*Fußboden*) sol *m*, plancher *m* ; (*unterste Fläche*) fond *m* ; (*Dachboden, Speicher*) grenier *m*
• **bodenlos** *adj* (*Freiheit*) incroyable
• **Bodensatz** *m* (*Wein*) lie *f* ; (*Kaffee*) marc *m* • **Bodenschätze** *pl* ressources *fpl* naturelles
Bodensee *m* : **der ~** le lac de Constance
Bodenturnen *nt* gymnastique *f* au sol
Bodybuilding *nt* body-building *m*
Böe(**-, -n**) *f* = **Bö**
bog *etc vb siehe* **biegen**
Bogen(**-s, -**) *m* (*Biegung*) courbe *f* ; (*Archit, Math, Mil*) arc *m* ; (*Mus*) archet *m* ; (*Papier*) feuille *f* • **Bogengang** *m* arcade *f*
• **Bogenschütze** *m* archer *m*
Bohle *f* madrier *m*
Böhmen *nt* la Bohême
Bohne *f* haricot *m* ; (*Kaffeebohne*) grain *m* (de café)
Bohnenkaffee *m* café *m* (en grains)
Bohnerwachs *nt* cire *f* à parquet
bohren *vt* (*Loch*) percer ; (*Brunnen*) creuser ; (*mit Bohrer, Maschine*) forer ; (*hineinbohren*) : **~ in** +*Akk* enfoncer dans ▶ *vi* (*mit Werkzeug*) forer ; (*Zahnarzt*) passer la roulette ; **in der Nase ~** se mettre les doigts dans le nez
Bohrer(**-s, -**) *m* perceuse *f* ; (*von Zahnarzt*) fraise *f*
Bohrinsel *f* plate-forme *f* de forage
Bohrmaschine *f* perceuse *f*
Bohrturm *m* derrick *m*
Boiler(**-s, -**) *m* chauffe-eau *m inv*
Boje *f* balise *f*
Bolivianer(in) *m(f)* Bolivien(ne)
bolivianisch *adj* bolivien(ne)
Bolivien *nt* la Bolivie
Bolzen(**-s, -**) *m* boulon *m*
bombardieren *vt* bombarder
Bombe *f* bombe *f*
Bombenangriff *m* raid *m* aérien
Bombenanschlag *m* attentat *m* à la bombe
Bombenerfolg (*fam*) *m* succès *m* fou
Bonbon(**-s, -s**) *m od nt* bonbon *m*
Bonus(**-, -se**) *m* (*Écon*) bonification *f* ; (*von Versicherung*) bonus *m*

Boom(**-s, -s**) *m* boom *m*
Boot(**-(e)s, -e**) *nt* bateau *m* ; **in einem** *od* **im gleichen ~ sitzen** être logé(e) à la même enseigne
booten *vt, vi* (*Inform*) booter
Bootsektor *m* (*Inform*) secteur *m* de démarrage *od* de boot
Bord(**-(e)s, -e**) *m* (*Naut*) : **an ~** à bord ▶ *nt* (*Brett*) étagère *f* ; **über ~ gehen** passer par-dessus bord ; **von ~ gehen** débarquer
Bordell(**-s, -e**) *nt* bordel *m*
Bordfunk *m*, **Bordfunkanlage** *f* radio *f* de bord
Bordkarte *f* carte *f* d'embarquement
Bordstein *m* bord *m* du trottoir
borgen *vt* : **jdm etw ~** prêter qch à qn ; **sich** *Dat* **etw ~** emprunter qch
Borke *f* écorce *f*
borniert *adj* borné(e)
Börse *f* (*Fin*) Bourse *f* ; (*Geldbörse*) porte-monnaie *m*
Börsenkrach *m* krach *m* (boursier)
Börsenkurs *m* cours *m* de la Bourse
Borste *f* soie *f* (*de porc ou de sanglier*)
Borte *f* bordure *f*
bösartig *adj* méchant(e) ; (*Geschwulst*) malin(-igne)
Böschung *f* (*Straßenböschung, Bahndamm*) talus *m* ; (*Uferböschung*) berge *f*
böse *adj* mauvais(e) ; (*schlimm: Krankheit*) grave ; **~ werden** se fâcher
boshaft *adj* méchant(e)
Bosheit *f* méchanceté *f*
Bosnien *nt* la Bosnie
Bosnien-Herzegowina(**-s**) *nt* la Bosnie-Herzégovine
Bosnier(in)(**-s, -**) *m(f)* Bosniaque *mf*
bosnisch *adj* bosnien(ne)
böswillig *adj* malveillant(e)
bot *etc vb siehe* **bieten**
Botanik *f* botanique *f*
botanisch *adj* botanique
Bote(**-n, -n**) *m* messager *m* ; (*Laufbursche*) garçon *m* de courses
Botschaft *f* message *m* ; (*Pol*) ambassade *f* • **Botschafter(in)**(**-s, -**) *m(f)* ambassadeur(-drice)
Bottich(**-(e)s, -e**) *m* cuve *f*, baquet *m*
Bouillon(**-, -s**) *f* bouillon *m*
Bowle *f* punch *m*
boxen *vi* boxer
Boxer(**-s, -**) *m* boxeur *m*
Boxershorts *pl* boxer-short *m*
Boxhandschuh *m* gant *m* de boxe
Boxkampf *m* match *m* de boxe
Boykott(**-(e)s, -s**) *m* boycott *m*
boykottieren *vt* boycotter

brach etc vb siehe **brechen**
brachte etc vb siehe **bringen**
Branche f (Geschäftszweig) succursale f
Branchenverzeichnis nt ≈ pages fpl jaunes
Brand (-(e)s, ⁻e) m incendie m ; (Méd) gangrène f
branden vi (Meer) déferler
Brandenburg nt le Brandebourg
brandmarken vt (fig) stigmatiser
Brandsalbe f pommade f pour brûlures
Brandstifter m incendiaire mf, pyromane mf
Brandstiftung f incendie m criminel
Brandung f ressac m
Brandwunde f brûlure f
brannte etc vb siehe **brennen**
Branntwein m eau-de-vie f, spiritueux m
Brasilianer(in) (-s, -) m(f) Brésilien(ne)
brasilianisch adj brésilien(ne)
Brasilien nt le Brésil
braten irr vt rôtir ; (in Pfanne) (faire) frire
Braten (-s, -) m rôti m
Brathähnchen, **Brathuhn** nt poulet m rôti
Bratkartoffeln pl pommes fpl de terre sautées
Bratpfanne f poêle f (à frire)
Bratrost m gril m
Bratsche f alto m
Bratspieß m broche f
Bratwurst f (zum Braten) saucisse f (à griller) ; (gebraten) saucisse grillée
Brauch (-(e)s, Bräuche) m coutume f
brauchbar adj utilisable ; (Vorschlag) utile ; (Mensch) capable
brauchen vt avoir besoin de ; (benutzen) utiliser ; (verbrauchen) consommer
Braue f sourcil m
brauen vt brasser
Brauerei f brasserie f
braun adj brun(e), marron inv ; (von Sonne) bronzé(e) ; **~ gebrannt** bronzé(e)
Bräune f (Sonnenbräune) hâle m
bräunen vt (Culin) faire revenir, faire rissoler ; (Sonne) hâler, bronzer
Brause f (Dusche) douche f ; (von Gießkanne) pomme f (d'arrosoir) ; (Getränk) limonade f
brausen vi (Wind, Wellen) rugir ; (schnell fahren) foncer
Brausetablette f comprimé m effervescent
Braut (-, Bräute) f mariée f ; (Verlobte) fiancée f
Bräutigam (-s, -e) m marié m
Brautjungfer f demoiselle f d'honneur
Brautpaar nt mariés mpl

brav adj (artig) sage
bravo interj bravo
BRD f abk (= Bundesrepublik Deutschland) RFA f

: **Bundesrepublik Deutschland** est le nom officiel de la République fédérale d'Allemagne. La fédération comprend 16 Länder (voir Land). Jusqu'à la réunification, il y avait 11 Länder dans la fédération (10 en Allemagne de l'Ouest plus Berlin-Ouest), auxquels vinrent s'ajouter le 3 octobre 1990 les 5 nouveaux Länder formés à partir de l'Allemagne de l'Est (l'ex-RDA).

Brecheisen nt levier m
brechen irr vt (zerbrechen) casser ; (Licht) réfracter ; (Widerstand, Trotz) vaincre ; (Schweigen, Vertrag, Versprechen) rompre ; (Rekord) battre ; (Blockade) forcer ; (speien) vomir ▶ vi (zerbrechen: Rohr etc) crever ; (speien) vomir ▶ vr (Strahlen) être réfracté(e) ; (Brandung) se briser ; **sich den Arm/das Bein ~** se casser le bras/la jambe
Brecher (-s, -) m brisant m
Brechreiz m nausée f
Brei (-(e)s, -e) m pâte f ; (für Kinder, Kranke) bouillie f
breit adj large ; (Lachen) gras(se) ; **10 m ~ sein** avoir 10 mètres de large ; **die ~e Masse** les masses fpl • **Breitband** nt (Inform) haut-débit m
Breite f largeur f ; (Géo) latitude f
breiten vt: **etw über jdn/etw ~** étendre qch sur qn/qch
Breitengrad m latitude f
breit|machen (fam) irr vr s'étaler
breit|treten (fam) irr vt rabâcher
Breitwandfilm m film m en cinémascope
Bremen nt Brême
Bremsbelag m garniture f de frein
Bremse f frein m ; (Zool) taon m
bremsen vi freiner ▶ vt freiner ; (jdn) arrêter
Bremsflüssigkeit f liquide m de freins
Bremslicht nt feu m (de) stop
Bremspedal nt pédale f de frein
Bremsspur f trace f de dérapage
Bremsweg m distance f de freinage
brennbar adj combustible
Brennelement nt élément m combustible
brennen irr vi brûler ▶ vt brûler ; (Ziegel, Ton) (faire) cuire ; (Branntwein) distiller ; (Kaffee) torréfier ; **darauf ~, etw zu tun** brûler (d'envie) de faire qch ; **es brennt!** au feu !
Brennmaterial nt combustible m

Brennnessel f ortie f
Brennpunkt m foyer m ; (*Mittelpunkt*) centre m
Brennspiritus m alcool m à brûler
Brennstab m (barre f de) combustible m nucléaire
Brennstoff m combustible m
brenzlig adj (*Geruch*) de brûlé ; (*Situation*) qui sent le roussi
Brett (**-(e)s, -er**) nt planche f ; (*Bücherbrett*) étagère f ; (*Spielbrett*) plateau m ; **Bretter** pl (*Skier*) skis mpl ; **Schwarze(s) ~** tableau m d'affichage
Bretterzaun m palissade f
Brezel (**-, -n**) f bretzel m
Brief (**-(e)s, -e**) m lettre f • **Briefbeschwerer** (**-s, -**) m pressepapiers m inv • **Briefbombe** f lettre f piégée • **Brieffreund(in)** m(f) correspondant(e) • **Briefkasten** m boîte f aux lettres • **brieflich** adv par écrit • **Briefmarke** f timbre m • **Brieföffner** m coupe-papier m • **Briefpapier** nt papier m à lettres • **Brieftasche** f portefeuille m • **Briefträger(in)** m(f) facteur m • **Briefumschlag** m enveloppe f • **Briefwechsel** m correspondance f
briet etc vb siehe **braten**
brillant adj (*ausgezeichnet*) excellent(e) • **Brillant** m brillant m
Brille f lunettes fpl ; (*WC-Brille*) lunette f
bringen irr vt apporter ; (*mitnehmen*) emporter ; (*begleiten*) emmener ; (*einbringen*) rapporter ; (*veröffentlichen*) sortir ; (*Théât, Ciné*) donner ; (*Radio, TV*) passer ; (*fam: tun können, schaffen*) arriver à (faire) ; **jdn dazu ~, etw zu tun** convaincre qn de faire qch ; **jdn nach Hause ~** ramener qn ; **jdn um etw ~** faire perdre qch à qn ; **es zu etw ~** réussir ; **jdn auf eine Idee ~** donner une idée à qn ; **er bringt es nicht** (*fam*) il n'y arrive pas
Brise f brise f
Brite m, **Britin** f Britannique mf
britisch adj britannique ; **die B~en Inseln** les îles fpl Britanniques
bröckelig adj friable
Brocken (**-s, -**) m (*Stückchen*) morceau m ; (*Bissen*) bouchée f ; (*Felsbrocken*) fragment m
Brokat (**-(e)s, -e**) m brocart m
Brokkoli pl brocoli m
Brombeere f mûre f
Bronchien pl bronches fpl
Bronchitis f bronchite f
Bronze f bronze m • **Bronzemedaille** f médaille f de bronze

Brosame f miette f
Brosche f broche f
Broschüre f brochure f
Brot (**-(e)s, -e**) nt pain m ; (*belegtes Brot*) tartine f
Brötchen nt petit pain m
brotlos adj (*Mensch*) sans travail ; (*Arbeit etc*) peu lucratif(-ive)
browsen vi (*Inform*) surfer od naviguer sur le Net
Browser m (*Inform*) navigateur m
Bruch (**-(e)s, ⁻e**) m cassure f ; (*Vertragsbruch: zwischen Menschen, Ländern*) rupture f ; (*Méd: Eingeweidebruch*) hernie f ; (: *Beinbruch etc*) fracture f ; (*Math*) fraction f • **Bruchbude** (*fam*) f taudis m
brüchig adj (*Material*) cassant(e), fragile ; (*Stein*) friable
Bruchlandung f atterrissage m forcé (*avec des dégâts*)
Bruchstrich m (*Math*) barre f de fraction
Bruchstück nt fragment m
Bruchteil m fraction f
Brücke f pont m ; (*Zahnbrücke*) bridge m ; (*Naut*) passerelle f ; (*Teppich*) petit tapis m
Bruder (**-s, ⁻**) m frère m
brüderlich adj fraternel(le) ; **~ teilen** partager fraternellement
Brüderschaft f fraternité f ; **~ trinken** boire à une nouvelle amitié
Brühe f bouillon m ; (*péj: Getränk*) lavasse f ; (: *Wasser*) eau f sale
Brühwürfel m bouillon m cube
brüllen vi (*Mensch*) hurler ; (*Ochse*) mugir ; (*Löwe*) rugir
brummen vi grogner ; (*Insekt*) bourdonner ; (*Motor*) vrombir, ronfler ; (*murren*) ronchonner ▶ vt (*Antwort, Worte*) grommeler ; (*Lied*) chantonner ; **jdm brummt der Kopf** qn a mal au crâne
Brunei (**-s**) nt (l'État m de) Brunéi
brünett adj brun(e)
Brunft (**-, ⁻e**) f frut m
Brunnen (**-s, -**) m fontaine f ; (*tief*) puits m ; (*natürlich*) source f • **Brunnenkresse** f cresson m de fontaine
brüsk adj brusque
Brüssel (**-s**) nt Bruxelles
Brust (**-, ⁻e**) f poitrine f ; (*weibliche Brust*) sein m
brüsten vr se vanter
Brustfellentzündung f pleurésie f
Brustkasten m coffre m
Brustschwimmen nt brasse f
Brüstung f balustrade f
Brustwarze f mamelon m

Brut(-, -en) f (Tiere) couvée f ; (Brüten) incubation f ; (péj: Gesindel) engeance f
brutal adj brutal(e) • **Brutalität** f brutalité f
Brutapparat m couveuse f
brüten vi (Vogel) couver ; **über etw** Dat ~ (fig) ruminer qch ; **~de Hitze** chaleur f accablante
Brüter(-s, -) m: **Schneller ~** surgénérateur m
Brutkasten m couveuse f
brutto adv brut • **Bruttogehalt** nt salaire m brut • **Bruttogewicht** nt poids m brut • **Bruttolohn** m salaire m brut • **Bruttosozialprodukt** nt produit m national brut, P.N.B. m
Btx abk = **Bildschirmtext**
Bubikopf m ≈ coupe f au carré
Buch(-(e)s, ⸚er) nt livre m ; (Écon) livre de comptes • **Buchbinder(-s, -)** m relieur m • **Buchdrucker** m imprimeur m
Buche f hêtre m
buchen vt réserver, retenir ; (Betrag) inscrire
Bücherbrett nt étagère f (de bibliothèque)
Bücherei f bibliothèque f
Bücherregal nt bibliothèque f (rayonnage)
Bücherschrank m bibliothèque f (armoire)
Buchfink m pinson m
Buchführung f comptabilité f
Buchhalter(in)(-s, -) m(f) comptable mf
Buchhandel m marché m du livre ; **im ~ erhältlich** (disponible) en librairie
Buchhändler(in) m(f) libraire mf
Buchhandlung f librairie f
Buchse f (Élec) prise f (femelle)
Büchse f boîte f (de conserve) ; (Gewehr) fusil m
Büchsenfleisch nt viande f en conserve
Büchsenöffner m ouvre-boîtes m
Buchstabe(-ns, -n) m lettre f (de l'alphabet)
buchstabieren vt épeler
buchstäblich adv (geradezu, regelrecht) littéralement
Bucht(-, -en) f baie f ; (Parkbucht) place f de stationnement
Buchung f (Reservierung) réservation f ; (Écon) écriture f
Buckel(-s, -) (fam) m (Rücken) dos m
bücken vr se baisser
Bückling m (Culin) hareng m saur ; (Verbeugung) courbette f
Buddhismus m bouddhisme m
Bude f baraque f
Budget(-s, -s) nt budget m
Büfett(-s, -s) nt (Anrichte) buffet m ; **kaltes ~** buffet froid

Büffel(-s, -) m buffle m
Bug(-(e)s, -e) m (Naut) proue f
Bügel(-s, -) m (Kleiderbügel) cintre m ; (Steigbügel) étrier m ; (Brillenbügel) branche f ; (Griff) poignée f • **Bügel-BH** m soutien-gorge m à armatures • **Bügelbrett** nt planche f à repasser • **Bügeleisen** nt fer m à repasser • **Bügelfalte** f pli m (de pantalon)
bügeln vt, vi repasser
Buggy m poussette f
Bühne f (Podium) estrade f ; (Théât) scène f
Bühnenbild nt décor m
Buhruf m huée f
Bulgare m Bulgare m
Bulgarien nt la Bulgarie
Bulgarin f Bulgare f
bulgarisch adj bulgare
Bulimie(-) f boulimie f
Bulldogge f bouledogue m
Bulldozer(-s, -) m bulldozer m
Bulle(-n, -n) m taureau m
Bummel(-s, -) m balade f ; (Schaufensterbummel) lèche-vitrine m
bummeln vi (gehen) se balader, flâner ; (trödeln) lambiner ; (faulenzen) se la couler douce
Bummelstreik m grève f du zèle
Bummelzug m tortillard m
Bummler(in)(-s, -) m(f) (langsamer Mensch) lambin(e) ; (Faulenzer) flemmard(e)
bumsen vi (schlagen, stoßen) cogner ; (vulg: koitieren) baiser
Bund¹(-(e)s, ⸚e) m (Vereinigung) alliance f ; (Pol) fédération f ; (Hosenbund, Rockbund) ceinture f
Bund²(-(e)s, -e) nt (Strohbund, Spargelbund etc) botte f
Bündchen nt (Kragenbündchen) col m ; (Ärmelbündchen) poignet m
Bündel(-s, -) nt paquet m ; (von Papieren) liasse f ; (Strahlenbündel) faisceau m
Bundesbank f banque f nationale (allemande)
Bundesbürger m citoyen m allemand
Bundeskanzler(in) m(f) chancelier(-ière) allemand(e), ≈ premier ministre m

: Le chancelier fédéral **Bundeskanzler**
: ou la chancelière fédérale
: **Bundeskanzlerin** est le chef du
: gouvernement allemand pour une
: période de 4 ans qui peut être
: reconduite sans limite. Il est élu par le
: Parlement (à la majorité absolue) sur
: proposition officielle du président
: allemand (Bundespräsident).

Bundesland nt land m, État m
Bundesliga f (Sport) ligue f nationale
Bundesnachrichtendienst m services mpl secrets allemands
Bundespräsident m président m
: Le **Bundespräsident** est à la tête de la République fédérale d'Allemagne. Il est élu pour cinq ans par les membres du *Bundestag* (parlement) et par les délégués du *Landtage* (assemblées régionales). Bien qu'il soit le chef de l'État, son rôle n'est pas politique, mais essentiellement moral et honorifique. Il représente l'Allemagne à l'intérieur du pays et à l'étranger. Son mandat ne peut être renouvelé qu'une fois.

Bundesrat m conseil m fédéral
: La Chambre haute du Parlement allemand, le **Bundesrat**, est constituée de 68 membres nommés par les gouvernements des *Länder*. Elle légifère essentiellement pour les lois fédérales et la juridiction des *Länder*, mais peut intervenir dans d'autres projets de lois. Dans ce cas, elle peut être mise en minorité par le *Bundestag*.

Bundesregierung f gouvernement m fédéral (d'un État)
Bundesrepublik f République f fédérale d'Allemagne
Bundesstaat m État m fédéral
Bundesstraße f route f nationale
Bundestag m Parlement m allemand, Bundestag m
: La Chambre basse du Parlement allemand, le **Bundestag**, est élue au suffrage universel direct. Elle se compose de 646 membres : la moitié est élue au vote majoritaire (*Erststimme*), et l'autre moitié à la représentation proportionnelle selon la liste régionale parlementaire (*Zweitstimme*). Ses attributions sont législatives et politiques : il contrôle le travail du gouvernement. De plus, il décide du budget, de l'intervention ou non de l'armée allemande *Bundeswehr* à l'étranger et élit le chancelier ou la chancelière.

Bundestagswahl f élections fpl parlementaires
Bundesverfassungsgericht nt cour f suprême
Bundeswehr f armée f allemande
: La **Bundeswehr** désigne les forces armées allemandes. Établie en 1955, elle fut tout d'abord composée de volontaires, mais depuis 1956 elle accueille aussi les appelés du contingent, le service militaire étant obligatoire pour les hommes de 18 ans et plus (voir *Wehrdienst*). En temps de paix, le Ministre de la Défense dirige la **Bundeswehr** mais en temps de guerre, le *Bundeskanzler* la prend en charge. La **Bundeswehr** est placée sous la juridiction de l'OTAN.

bündig adj (kurz) concis(e), succint(e)
Bündnis (-ses, -se) nt alliance f
Bundweite f taille f
Bungalow (-s, -s) m bungalow m
Bunker (-s, -) m bunker m
bunt adj aux couleurs variées ; **jdm wird es zu ~** c'en est trop pour qn • **Buntstift** m crayon m de couleur • **Buntwäsche** f linge m de couleur
Burg (-, -en) f (Festung) château m fort
Bürge (-n, -n) m, **Bürgin** f garant(e)
bürgen vi : **für jdn/etw ~** se porter garant pour qn/de qch
Bürger(in) (-s, -) m(f) (von Ort, Stadt) citoyen(ne) ; (Sociologie) bourgeois(e) • **Bürgerinitiative** f initiative f populaire • **Bürgerkrieg** m guerre f civile • **bürgerlich** adj (Rechte) civique ; (Klasse: péj) bourgeois(e) • **Bürgermeister(in)** m(f) maire m • **Bürgerrechte** pl droits mpl civils • **Bürgerrechtler(in)** (-s, -) m(f) défenseur m des droits civils • **Bürgerschaft** f citoyens mpl • **Bürgersteig** m trottoir m • **Bürgertum** (-s) nt bourgeoisie f
Bürgin f siehe **Bürge**
Bürgschaft f caution f
Burgund (-(s)) nt la Bourgogne
Burkina Faso nt le Burkina-Faso
Büro (-s, -s) nt bureau m • **Büroangestellte(r)** f(m) employé(e) m/f de bureau • **Büroautomatisierung** f bureautique f • **Büroklammer** f trombone m • **Bürokommunikation** f bureautique f
Bürokrat (-en, -en) m bureaucrate m
Bürokratie f bureaucratie f
bürokratisch adj bureaucratique
Bursche (-n, -n) m garçon m, gars m
burschikos adj (Mädchen) garçon manqué inv ; (unbekümmert) désinvolte
Bürste f brosse f
bürsten vt brosser
Bus (-ses, -se) m (auto)bus m
Busbahnhof m gare f routière
Busch (-(e)s, ⸚e) m buisson m ; (in Tropen) brousse f
Büschel (-s, -) nt (Gras, Haar) touffe f
buschig adj touffu(e)

Busen (-s, -) m poitrine f
- **Busenfreund(in)** m(f) ami(e) intime

Buslinie f ligne f de bus

Bussard (-s, -e) m buse f

Buße f pénitence f; (Geldbuße) amende f

büßen vi: **für etw ~** expier qch ▶ vt payer

Bußgeld nt amende f

Bußgeldbescheid m contravention f

Büste f buste m

Büstenhalter (-s, -) m soutien-gorge m

Butter f beurre m • **Butterblume** f bouton m d'or • **Butterbrot** nt tartine f (beurrée) • **Butterbrotpapier** nt papier m sulfurisé • **Butterdose** f beurrier m
- **Buttermilch** f babeurre m
- **butterweich** adj très tendre, fondant(e); (fam: fig) mou(molle)

b. w. abk (= bitte wenden) TSVP

Bypassoperation f pontage m

Byte (-s, -s) nt (Inform) octet m

bzgl. abk (= bezüglich) concernant

bzw. abk (= beziehungsweise) resp.

C

C, c nt C, c m inv; (Mus) do m

ca. abk (= circa) env.

CAD (-) nt abk (= Computer Aided Design) CAO f

Café (-s, -s) nt salon m de thé

Cafeteria (-, -s) f cafétéria f

Callboy (-s, -s) m call-boy m

Callcenter nt centre m d'appels

Camcorder (-s, -) m caméscope m

campen vi faire du camping

Camper(in) (-s, -) m(f) campeur(-euse)

Camping (-s) nt camping m
- **Campingbus** m camping-car m
- **Campingkocher** m réchaud m de camping, camping-gaz® m
- **Campingplatz** m (terrain m de) camping m

Canyoning (-s) nt canyoning m

Cape (-s, -) nt cape f

Caravan (-s, -s) m caravane f

Carsharing (-s) nt covoiturage m

Carving (-s) nt carve m

Cäsium nt césium m

CD f abk (= Compact Disc) CD m • **CD-Brenner** m graveur m de CD • **CD-Player** (-s, -) m platine f laser • **CD-ROM** (-, -s) f CD-ROM m • **CD-Spieler** m lecteur m laser

CDU f abk (= Christlich-Demokratische Union (Deutschlands)) parti chrétien-démocrate allemand

Celebrity (-s, -s) f pipole mf

Celebrity- in zW pipole

Cellist(in) m(f) violoncelliste mf

Cello (-s, -s od **Celli**) nt violoncelle m

Celsius adj Celsius

Cent (-s, -s) m (Untereinheit des Euro) cent m, centime m; (Untereinheit des Dollar) cent m

Chamäleon (-s, -s) nt caméléon m

Champagner(-s, -) m champagne m
Champignon(-s, -s) m champignon m de Paris
Chance f chance f
Chancengleichheit f égalité f des chances
Chaos(-) nt chaos m
Chaot(in)(-en, -en) (péj) m(f) personne f désordonnée ; (Pol) ≈ anarchiste mf
chaotisch adj chaotique
Charakter(-s, -e) m caractère m
• **charakterfest** adj qui a du caractère
charakterisieren vt caractériser
Charakteristik f description f
charakteristisch adj caractéristique
charakterlich adj de caractère
charakterlos adj sans caractère
Charakterlosigkeit f manque m de caractère
Charakterschwäche f faiblesse f de caractère
Charakterstärke f force f de caractère
Charakterzug m trait m de caractère
Charisma nt charisme m
charmant adj charmant(e)
Charme(-s) m charme m
Charterflug m vol m charter
Charterflugzeug nt charter m
Chassis(-, -) nt châssis m
Chat(-s, -s) m (Inform) chat m
Chatprogramm nt programme m de causeries en ligne directe
Chatroom(-s, -s) m salon m de conversation
chatten vi chatter
Chauffeur m chauffeur m
Chauvi(-s, -s) (fam) m macho m
Chauvinismus m (Pol) chauvinisme m ; **männlicher ~** machisme m
Chauvinist m chauvin m
chauvinistisch adj (Pol) chauvin(e) ; (männlich chauvinistisch) phallocrate
checken vt (überprüfen) vérifier ; (fam: verstehen) piger
Check-in(-s, -s) m enregistrement m
Check-in-Schalter m guichet m d'enregistrement
Chef(in)(-s, -s) m(f) patron(ne)
• **Chefarzt** m chef m de clinique
• **Chefredakteur(in)** m(f) rédacteur(-trice) en chef
Chemie(-) f chimie f • **Chemiefaser** f fibre f synthétique
Chemikalie f produit m chimique
Chemiker(in)(-s -) m(f) chimiste mf
chemisch adj chimique ; **~e Reinigung** nettoyage m à sec
Chemotherapie f chimiothérapie f

chic adj inv chic
Chicorée(-s) m od f chicorée f
Chiffon(-s, -s) m mousseline f (de soie)
Chiffre f chiffre m
Chile(-s) nt le Chili
Chilene(-n, -n) m, **Chilenin** f Chilien(ne) m/f
chilenisch adj chilien(ne)
China(-s) nt la Chine
Chinese(-n, -n) m, **Chinesin** f Chinois(e) m/f
chinesisch adj chinois(e)
Chinin(-s) nt quinine f
Chip(-s, -s) m (Inform) puce f ; **~s** (Kartoffelchips) chips fpl
Chipkarte f carte f à puce
Chirurg(in)(-en, -en) m(f) chirurgien(ne)
Chirurgie f chirurgie f
chirurgisch adj chirurgical(e)
Chlor(-s) nt chlore m
Chloroform(-s) nt chloroforme m
chloroformieren vt chloroformer
Chlorophyll(-s) nt chlorophylle f
Choke(-s, -s) m (Auto) starter m
Cholera(-) f choléra m
cholerisch adj colérique
Cholesterin(-s) nt cholestérol m
Chor(-(e)s, -̈e) m chœur m
Choreograf(in) m(f) chorégraphe mf
Choreografie f chorégraphie f
Chorgestühl nt stalles fpl du chœur
Chorknabe m petit chanteur m
Christ(-en, -en) m chrétien m
• **Christbaum** m arbre m de Noël
Christenheit f chrétienté f
Christentum(-s) nt christianisme m
Christkind nt ≈ père m Noël ; (Jesus) enfant m Jésus
christlich adj chrétien(ne)
Christrose f rose f de Noël
Christus(**Christi**) m le Christ
Chrom(-s) nt chrome m
Chromosom(-s, -en) nt chromosome m
Chronik f chronique f
chronisch adj chronique
chronologisch adj chronologique
Chrysantheme(-, -n) f chrysanthème m
circa adv environ
clever adj malin(-igne), rusé(e)
Clique f bande f
Clou(-s, -s) m clou m
Cloud f: **die ~** le nuage
Clown(-s, -s) m clown m
CO_2-Bilanz f bilan m carbone
Cockerspaniel(-s, -s) m cocker m
Cocktail(-s, -s) m cocktail m
• **Cocktailkleid** nt robe f de cocktail
• **Cocktailparty** f cocktail m

Code (-s, -s) m code m
Cola (-, -s) (fam) f od nt coca® m
Comic (-s, -s) m bande f dessinée, bédé f, BD f
Compact Disc, Compact Disk (-s, -s) f disque m compact
Compiler (-s, -) m (Inform) compilateur m
Computer (-s, -) m ordinateur m
 • **Computerarbeitsplatz** m poste m de travail informatisé
 • **computergesteuert, computergestützt** adj assisté(e) par ordinateur • **Computergrafik, Computergraphik** f dessin m fait par infographie • **Computernetz** nt réseau m informatique • **Computerspiel** nt jeu m informatique • **Computerspieler(in)** m(f) joueur(-euse) (de jeux vidéo)
 • **Computertomografie, Computertomographie** f tomographie f • **Computervirus** m virus m informatique
Conférencier (-s, -s) m animateur m
Container (-s, -s) m conteneur m, container m
Controltaste f touche f Contrôle
Cookie (-s, -s) nt (Inform) cookie m
cool (fam) adj cool
Copyshop (-s, -s) m copyshop m
Cord (-(e)s, -e) m velours m côtelé
Cordsamt m velours m côtelé
Costa Rica nt le Costa Rica
Couch (-, -es od -en) f canapé m
Countdown, Count-down (-s, -s) m compte m à rebours
Coupé (-s, -s) nt (Auto) coupé m
Coupon (-s, -s) m coupon m
Cousin(e) (-s, -s) m(f) cousin(e)
Creme (-, -s) f crème f ; (Schuhcreme) cirage m • **cremefarben** adj crème inv
Creutzfeldt-Jakob-Krankheit f maladie f de Creutzfeldt-Jakob
CSU f abk (= Christlich-Soziale Union) équivalent bavarois du parti chrétien-démocrate
Cup (-s, -s) m (Sport) coupe f
Currywurst f saucisse f au curry
Cursor (-s) m (Inform) curseur m
Cutter(in) (-s, -) m(f) monteur(-euse)
Cybercafé nt cybercafé m
Cyberspace m cyberespace m

d

D, d nt D, d m inv ; (Mus) ré m

SCHLÜSSELWORT

da adv 1 (örtlich) là ; (hier) ici ; **das Stück Kuchen da!** ce morceau de gâteau-là ! ; **da sein** (anwesend) être là, être présent(e) ; **wieder da sein** être de retour ; **noch da sein** être encore là ; (übrig bleiben) rester ; **ist Post/sind Briefe für mich da?** y a-t-il du courrier/des lettres pour moi ? ; **es ist noch Suppe da** il reste de la soupe ; **so etw ist noch nie da gewesen** ça ne s'est jamais vu ; **ist er schon da?** est-il arrivé ? ; **da draußen** là dehors ; **da bin ich** me voici ; **ich bin schon 2 Stunden da** ça fait deux heures que je suis ici ; **da, wo** (là) où ; **ist noch Milch da?** il reste du lait ? ; **da hast du dein Geld!** voilà ton argent !
2 (dann) alors, là ; **da sagte sie ...** alors elle a dit ...
3 : **da haben wir aber Glück gehabt** là, nous avons vraiment eu de la chance ; **da kann man nichts machen** il n'y a rien à faire ; **es war niemand im Zimmer, da habe ich ...** il n'y avait personne dans la pièce, alors j'ai ... ; **was gibts denn da zu lachen?** qu'est-ce qui vous fait rire ? ; **was hast du dir denn da gedacht?** qu'es-tu allé(e) imaginer ?
▶ konj (weil) comme ; **da er keine Zeit hatte, fuhren wir gleich nach Hause** comme il était pressé, nous sommes rentrés tout de suite

da|behalten irr vt (Kranken, Besuch) garder
dabei adv (räumlich) à côté ; (zeitlich) en même temps ; (obwohl, obgleich) pourtant ; **~ sein** (anwesend) assister ;

(*beteiligt*) participer ; **~ sein, etw zu tun** être en train de faire qch ; **was ist schon ~?** et alors ? ; **es ist doch nichts ~, wenn ...** qu'est-ce que cela peut faire que ... ? ; **ich finde gar nichts ~** moi, ça ne me dérange pas ; **es bleibt ~** un point c'est tout • **dabei|stehen** *irr vi* être présent(e)
Dach (**-(e)s, ⸚er**) *nt* toit *m* • **Dachboden** *m* grenier *m* • **Dachdecker** (**-s, -**) *m* couvreur *m* • **Dachfenster** *nt* lucarne *f*
• **Dachpappe** *f* carton *m* bitumé
• **Dachrinne** *f* gouttière *f*
Dachs (**-es, -e**) *m* (*Zool*) blaireau *m*
dachte *etc vb siehe* **denken**
Dachziegel *m* tuile *f*
Dackel (**-s, -**) *m* basset *m*
dadurch *adv* (*durch diesen Umstand*) de ce fait ; (*aus diesem Grund*) ainsi ; (*räumlich*) à travers ▶ *konj* **~, dass** du fait que
dafür *adv* pour (cela) ; (*als Ersatz*) en échange ; **~, dass er ...** quand on pense qu'il ... ; **er kann nichts ~, dass ...** ce n'est pas de sa faute si ... ; **~ sein** (*zustimmen*) être d'accord ; (*gerne haben*) être pour *od* favorable ; **~ sein, dass ...** (*der Meinung sein*) être d'avis que ...
• **Dafürhalten** (**-s**) *nt*: **nach meinem ~** à mon avis
dagegen *adv* contre (cela) ; (*im Vergleich*) par contre ▶ *konj* par contre ; **ich habe nichts ~** je ne suis pas contre (cela) ; **ich war ~** j'étais contre
daheim *adv* à la maison • **Daheim** (**-s**) *nt* foyer *m*
daher *adv* de là ▶ *konj* (*deshalb*) c'est pourquoi ; **~ kommt es, dass ...** c'est pour cela que ... ; **~ rühren unsere Probleme** voilà l'origine de nos difficultés ; **~ die Schwierigkeiten** d'où les difficultés
dahin *adv* (*räumlich*) vers cet endroit ; **ich fahre heute ~** j'y vais aujourd'hui ; **sich ~ einigen, dass ...** être d'accord sur le fait que ... ; **~ gehend** en ce sens ; **sich ~ gehend einigen, dass ...** trouver un accord en ce sens que ... ; **~ sein** être perdu(e) • **dahingestellt** *adv*: **~ bleiben** rester en suspens ; **etw ~ sein lassen** passer qch sous silence
dahinten *adv* (*weit entfernt*) là-bas
dahinter *adv* derrière ; **~ kommen** découvrir le pot aux roses ; (*langsam verstehen*) finir par comprendre ; **~ stecken** se cacher derrière
Dahlie *f* dahlia *m*
da|lassen *irr vt* laisser (ici)
damalig *adj* d'alors

damals *adv* à cette époque ; **~ und heute** autrefois et aujourd'hui
Damast (**-(e)s, -e**) *m* damas *m*
Dame *f* dame *f* ; (*Schach*) reine *f* ; **meine ~n und Herren!** mesdames et messieurs !
Damenbinde *f* serviette *f* hygiénique
damenhaft *adj* distingué(e)
Damenwahl *f*: **bei ~** quand c'est aux dames d'inviter les messieurs
Damespiel *nt* jeu *m* de dames
damit *adv* avec cela ; (*begründend*) de ce fait ▶ *konj* pour que + *sub* ; **was ist ~?** qu'en est-il ? ; **genug ~!** (*fam*) ça suffit comme ça !
dämlich (*fam*) *adj* idiot(e)
Damm (**-(e)s, ⸚e**) *m* (*Staudamm*) barrage *m* ; (*Hafendamm*) quai *m* ; (*Bahndamm, Straßendamm*) remblai *m*
dämmerig, dämmrig *adj* (*Zimmer*) sombre ; (*Licht*) faible
dämmern *vi* (*Tag*) se lever ; (*Abend*) tomber ; **es dämmert schon** (*Morgen werden*) le jour se lève ; (*Abend werden*) la nuit tombe
Dämmerung *f* (*Morgendämmerung*) aube *f* ; (*Abenddämmerung*) crépuscule *m*
dämmrig *adj* = **dämmerig**
Dämon (**-s, -en**) *m* démon *m*
dämonisch *adj* démoniaque
Dampf (**-(e)s, ⸚e**) *m* vapeur *f* • **dampfen** *vi* fumer
dämpfen *vt* (*Culin*) cuire à la vapeur ; (*bügeln*) repasser (à la vapeur) ; (*Lärm*) étouffer
Dampfer (**-s, -**) *m* bateau *m* à vapeur
Dampfkochtopf *m* cocotte-minute *f*
Dampfmaschine *f* machine *f* à vapeur
Dampfschiff *nt* bateau *m* à vapeur
Dampfwalze *f* rouleau *m* compresseur
danach *adv* (*räumlich*) derrière ; (*in Richtung*) vers cela ; **er griff ~** il tendit la main pour s'en emparer ; **~ kann man nicht gehen** on ne peut pas s'y fier ; **ich werde mich ~ richten** je m'y conformerai ; **mir ist nicht ~** je n'en ai pas envie ; **er sieht auch ~ aus** il en a bien l'air
Däne (**-n, -n**) *m* Danois *m*
daneben *adv* à côté ; (*im Vergleich damit*) en comparaison ; (*außerdem*) en outre
• **daneben|benehmen** *irr vr* se conduire de façon inadmissible
• **daneben|gehen** *irr vi* (*Ziel verfehlen*) manquer la cible
Dänemark (**-s**) *nt* le Danemark
Dänin *f* Danoise *f*
dänisch *adj* danois(e)

dank präp +Dat od Gen grâce à • **Dank** (**-(e)s**) m remerciement m ; **vielen** od **schönen** od **besten** od **herzlichen ~** merci beaucoup • **dankbar** adj reconnaissant(e) ; (lohnend) qui en vaut la peine • **Dankbarkeit** f gratitude f

danke interj merci ; **~ schön** od **sehr!** merci beaucoup !

danken vi dire merci ▶ vt (geh) savoir gré à ; **jdm für etw ~** remercier qn de qch ; **ich danke** merci ; **niemand wird dir das ~** personne ne t'en sera reconnaissant

dankenswert adj (Aufgabe, Arbeit) qui en vaut la peine ; (Bemühung) louable

dann adv alors ; (außerdem) en outre ; **~ und wann** de temps en temps

daran adv à cela, y ; **im Anschluss ~** ensuite ; **~ zweifeln** en douter ; **das liegt ~, dass ...** c'est parce que ... ; **mir liegt viel ~** j'y tiens beaucoup ; **das Dümmste ~ ist, dass ...** le pire od ce qui est bête, c'est que ... ; **ich war nahe ~, zu ...** j'étais sur le point de ... ; **er ist ~ gestorben** il en est mort • **daran|setzen** vt mettre en œuvre ; **er hat alles darangesetzt, von dort wegzukommen** il a tout mis en œuvre pour quitter cet endroit

darauf adv (räumlich) dessus ; (danach) ensuite ; **es kommt ganz ~ an, ob sie mitmacht** cela dépend si elle participe ; **ich komme nicht ~** cela m'échappe ; **die Tage ~** les jours suivants ; **~ folgend** suivant(e) ; **am Tag ~** le lendemain • **daraufhin** adv (aus diesem Grund) en conséquence ; **wir müssen es ~ prüfen, ob ...** nous devons l'examiner pour savoir si ...

daraus adv en ; **was ist ~ geworden?** qu'en est-il advenu ? ; **~ geht hervor, dass ...** il en ressort que ... ; **mach dir nichts ~!** ne t'en fais pas !

Darbietung f spectacle m

darin adv là-dedans, y ; (in dieser Beziehung) en cela

dar|legen vt présenter

Darlehen (**-s, -**) nt prêt m

Darm (**-(e)s, ⸚e**) m intestin m ; (für Saiten, Schläger, Wurstdarm) boyau m • **Darmsaite** f corde f (en boyau)

dar|stellen vt représenter ; (beschreiben, schildern) décrire ▶ vr se présenter

Darsteller(in) (**-s, -**) m(f) interprète mf

Darstellung f représentation f ; (Beschreibung, Geschichte) description f

darüber adv au-dessus ; (direkt auf etw) par-dessus ; (in Bezug auf Thema) à ce sujet ; **~ sprechen** en parler ; **er hat sich ~ geärgert/gefreut** cela l'a irrité/réjoui ; **~ geht nichts** il n'y a rien de mieux

darum adv (räumlich) autour ; (hinsichtlich einer Sache) pour cela ▶ konj c'est pourquoi ; **wir bitten ~** nous vous le demandons ; **ich bemühe mich ~** je m'y efforce ; **es geht ~, dass ...** voici ce dont il s'agit : ... ; **er würde viel ~ geben, wenn** od **dass ...** il donnerait beaucoup pour que ...

darunter adv dessous ; (dazwischen, dabei) parmi eux(elles) ; (weniger, niedriger) au-dessous ; **was verstehen Sie ~?** qu'entendez-vous par là ?

das art, pron siehe **der**

Dasein (**-s**) nt existence f ; (Anwesenheit) présence f

da sein irr vi siehe **da**

dass konj que ; (damit) pour que ; **ausgenommen** od **außer ~ ...** sauf que ... ; **ohne ~ ...** sans que ... ; **zu teuer, als ~ ...** trop cher(chère) pour que ...

dasselbe pron siehe **derselbe**

da|stehen irr vi (Mensch) rester ; (in Situation, Lage befinden) se trouver ; (fig) : **gut/schlecht ~** être en bonne/mauvaise posture

Datei f fichier m • **Dateimanager** m gestionnaire m de fichiers • **Dateiname** m nom m de fichier

Daten pl (Inform) données fpl • **Datenaustausch** m échange m des données • **Datenautobahn** f autoroute f de l'information • **Datenbank** f banque f de données • **Datenbestand** m ensemble m des données • **Datendiebstahl** m vol m de données • **Datenerfassung** f saisie f (des données) • **Datenfluss** m flux m de données • **Datenmissbrauch** m fraude f informatique • **Datenschutz** m protection f des données • **Datenschutzbeauftragte(r)** f(m) personne f chargée de la protection des données • **Datenträger** m support m de données • **Datenübertragung** f transfert m de données • **Datenverarbeitung** f traitement m de données • **Datenverwaltung** m gestion f de données

datieren vt dater ▶ vi : **von ... ~** dater de ...

Dativ m datif m

Dattel (**-, -n**) f datte f

Datum (**-s, Daten**) nt date f

Dauer (**-, -n**) f durée f ; **auf die ~** à la longue • **Dauerauftrag** m prélèvement m automatique • **Dauerbeschäftigung**

dauerhaft adj durable • **Dauerkarte** f emploi m stable od permanent abonnement m • **Dauerlauf** m course f de fond

dauern vi durer ; **es hat sehr lange gedauert, bis er …** il lui a fallu beaucoup de temps pour …

dauernd adj constant(e) ; (andauernd) permanent(e) ▶ adv constamment

Dauerregen m pluie f incessante

Dauerwelle f permanente f

Dauerwurst f ≈ saucisson m sec

Dauerzustand m état m permanent

Daumen(**-s, -**) m pouce m ; **~ lutschen** sucer son pouce • **Daumenlutscher**(péj) m enfant qui suce son pouce

Daune f duvet m

Daunendecke f édredon m

davon adv (von dieser Stelle entfernt, weg von) de là, en ; (dadurch) à cause de cela, en ; (Trennung, Teil, Material, Thema) de cela ; **die Hälfte/das Doppelte ~** la moitié/le double de cela ; **das kommt ~!** c'est bien fait ! ; **~ abgesehen** à part cela ; **~ wissen** être au courant ; **das hast du nun ~!** tu vois le résultat ! ; **was habe ich ~?** à quoi cela m'avance ? • **davon|kommen** irr vi s'en tirer ; **mit dem Schrecken ~** en être quitte pour la peur • **davon|laufen** irr vi se sauver • **davon|tragen** irr vt (Sieg) remporter ; **eine Verletzung ~** être blessé(e)

davor adv devant ; (zeitlich) auparavant, avant ; **das Jahr ~** l'année précédente ; **~ warnen** mettre en garde (contre cela) ; **Angst ~ haben** en avoir peur

dazu adv (dabei, damit) avec cela ; (zu diesem Zweck, dafür) pour cela ; (zum Thema, darüber) sur cela ; **sich ~ äußern** donner son opinion (sur cela) ; **und ~ noch** et en plus ; **~ fähig sein** en être capable ; **~ bereit sein, etw zu tun** être prêt(e) à faire qch • **dazu|gehören** vi en faire partie • **dazu|kommen** irr vi (eintreffen, erscheinen) survenir

dazwischen adv (räumlich) au milieu ; (zeitlich) entre-temps ; (dabei) dans le tas, parmi eux/elles ; (bei Maß-, Mengenangaben) entre les deux • **dazwischen|kommen** irr vi : **es ist etw dazwischengekommen** il y a eu un contretemps • **dazwischen|reden** vi (unterbrechen) interrompre

DDR(-) f abk (= Deutsche Demokratische Republik) RDA f

: La **DDR** (Deutsche Demokratische
: Republik) était le nom de l'ancienne
: République démocratique allemande,
: fondée en 1949 à partir de la zone
: d'occupation soviétique. L'érection du
: mur de Berlin en 1961 scella la partition
: de l'Allemagne en deux pays ennemis
: et ancra la **DDR** dans le bloc
: communiste. À la fin des années 1980,
: des mouvements d'opposition et
: notamment d'importantes
: manifestations en 1989
: réclamant la démocratisation du
: régime provoquèrent l'ouverture des
: frontières le 9 novembre 1989, ce qu'on
: appelle couramment « chute du mur
: de Berlin ». La **DDR** disparut le jour de
: la réunification de l'Allemagne, le 3
: octobre 1990.

deaktivieren vt (Inform) désactiver

Dealer(in)(**-s, -**) (fam) m(f) dealer m

Debatte f débat m

Deck(**-(e)s, -s** od **-e**) nt pont m • **Deckbett** nt édredon m

Decke f couverture f ; (Tischdecke) nappe f ; (Zimmerdecke) plafond m ; **unter einer ~ stecken** être de mèche

Deckel(**-s, -**) m couvercle m ; (Buchdeckel) couverture f

decken vt couvrir ; (Sport) marquer ▶ vi (Farbe) être suffisamment épais(se) ▶ vr (Meinung, Interesse) être semblable(s) ; (Math) coïncider ; **den Tisch ~** mettre le couvert

Deckmantel m : **unter dem ~ von** sous le couvert de

Deckname m pseudonyme m

Deckung f (Schutz) abri m ; (Sport : von Gegner) marquage m ; (von Meinung) accord m ; (Math) coïncidence f ; (Fin) couverture f ; **in ~ gehen** se mettre à l'abri ; **zur ~ seiner Schulden** pour couvrir ses dettes

deckungsgleich adj (Ansichten) qui coïncide ; (Math) congruent(e)

Decoder(**-s, -**) m décodeur m

defekt adj (Maschine etc) défectueux(-euse) • **Defekt**(**-(e)s, -e**) m défaut m

defensiv adj défensif(-ive)

definieren vt définir

Definition f définition f

definitiv adj définitif(-ive)

Defizit(**-s, -e**) nt déficit m

deftig adj (Essen) consistant(e) ; (Witz) grossier(-ière)

Degen(**-s, -**) m épée f

degenerieren vi dégénérer ; (Sitten) se corrompre

degradieren vt dégrader

dehnbar adj extensible, élastique

dehnen vt (Stoff, Glieder) étirer ; (Vokal) allonger ▶ vr (Stoff) s'étirer, prêter ; (Mensch) s'étirer ; (Strecke) s'étendre
Dehnung f (von Stoff) élasticité f ; (von Vokal) allongement m
Deich (-(e)s, -e) m digue f
Deichsel (-, -n) f timon m
deichseln (fam) vt: **wir werden es schon ~!** nous allons arranger ça !
dein(e) pron (possessiv) ton(ta)
deine(r, s) pron le(la) tien(ne) ; **der/die/ das D~** le(la) tien(ne) ; **die D~n** (Angehörige) les tiens
deiner pron (Gen von du) de toi
deinerseits adv de ton côté
deinesgleichen pron les gens comme toi
deinetwegen adv pour toi ; (wegen dir) à cause de toi
deinstallieren vt (Programm) désinstaller
dekadent adj décadent(e)
Dekadenz f décadence f
Dekan (-s, -e) m doyen m
Deklination f déclinaison f
deklinieren vt décliner
Dekolleté, Dekolletee (-s, -s) nt décolleté m
Dekorateur(in) m(f) étalagiste mf
Dekoration f décoration f
dekorativ adj décoratif(-ive)
dekorieren vt décorer
Delegation f délégation f
delegieren vt: **~ an** +Akk (Aufgaben) déléguer à
Delfin (-s, -e) m dauphin m
delikat adj délicat(e) ; (Essen) délicieux(-euse)
Delikatesse f (Feinkost) mets m exquis ; (geh: Zartgefühl) délicatesse f
• **Delikatessengeschäft** nt épicerie f fine
Delikt (-(e)s, -e) nt délit m
Delle (fam) f bosse f
Delphin (-s, -e) m = **Delfin**
Delta (-s, -s) nt delta m
dem art, pron siehe **der**
Demagoge (-n, -n) m démagogue m
dementieren vt démentir
dementsprechend adj conforme à cela ▶ adv conformément à cela ; (demnach) en conséquence
demgemäß adv = **dementsprechend**
demnach adv donc
demnächst adv (bald) sous peu
Demo (-s, -s) (fam) f manif f
Demokrat(in) m(f) démocrate mf
Demokratie f démocratie f
demokratisch adj démocratique
demokratisieren vt démocratiser
demolieren vt démolir

Demonstrant(in) m(f) manifestant(e)
Demonstration f (Protestkundgebung) manifestation f ; (Zurschaustellung) démonstration f
demonstrativ adj démonstratif(-ive)
demonstrieren vi manifester ▶ vt (vorführen) faire une démonstration de ; (guten Willen) manifester
Demoskopie f sondage m d'opinion
Demut f humilité f
demütig adj humble
demütigen vt humilier ▶ vr: **sich ~ vor** +Dat s'humilier devant
Demütigung f humiliation f
demzufolge adv par conséquent
den art, pron siehe **der**
denen Dat von die pl pron (demonstrativ) à ceux-ci (celles-ci) ; (relativ) auxquels (auxquelles)
Denglisch (-) nt allemand anglicisé à l'extrême
Den Haag (-s) nt La Haye
denkbar adj concevable ▶ adv (äußerst) extrêmement
denken irr vi penser ▶ vt penser ; (glauben, vermuten) croire ; **gut/schlecht über jdn/etw ~** penser du bien/mal de qn/qch ; **an jdn/etw ~** penser à qn/qch ; **denke daran!** penses-y !
Denken (-s) nt (Überlegen) réflexion f ; (Denkfähigkeit) pensée f
Denker(in) (-s, -) m(f) penseur(-euse)
Denkfähigkeit f intelligence f
denkfaul adj à l'esprit paresseux
Denkfehler m faute f de raisonnement
Denkmal (-s, ¨er) nt monument m
• **Denkmalschutz** m: **etw unter ~ stellen** classer qch monument historique
denkwürdig adj mémorable
Denkzettel m: **jdm einen ~ verpassen** donner une leçon à qn
denn konj car ; **es sei ~(, dass)** à moins que +sub ▶ adv: **wann/wer/wie/wo ~?** quand/qui/comment/où donc ? ; **mehr/ besser ~ je** plus/mieux que jamais
dennoch konj pourtant, cependant ▶ adv: **und ~, ...** et pourtant ...
Denunziant(in) m(f) dénonciateur(-trice)
Deo (-s, -s), **Deodorant** (-s, -e od -s) nt déodorant m
Deospray nt od m spray m déodorant
Deponie f décharge f
deponieren vt déposer
Depot (-s, -s) nt dépôt m
Depression f dépression f
depressiv adj dépressif(-ive)

deprimieren vt déprimer

SCHLÜSSELWORT

der (f **die**, nt **das**, Gen **des, der, des**, Dat **dem, der, dem**, Akk **den, die, das**, pl **die, der, den, die**) art le (la) ; **der Tisch** la table ; **das Haus** la maison ; **die Blume** la fleur ; **die Fenster/Kinder** les fenêtres fpl/enfants mpl ; **der Rhein** le Rhin ; **der Klaus** (fam) Klaus
▶ pron (relativ: Subjekt) qui ; (: Akk) que ; (: Dat) à qui ; **die Frau, die hier wohnt** la femme qui habite ici ; **der Mann, den ich gesehen habe** l'homme que j'ai vu ; **das Kind, dem ich das Buch gegeben hatte** l'enfant à qui j'avais donné le livre
▶ pron (demonstrativ) celui-ci (celle-ci) ; (: jener, dieser) celui-là (celle-là) ; (: pl) ceux-ci (celles-ci) ; (: jene) ceux-là (celles-là) ; **der/die war es** c'est celui-ci (celle-ci) ; (Mensch) c'est lui (elle) ; **der mit der Brille** celui avec les lunettes ; **ich will den (da)** j'aimerais celui-ci (celle-ci) ; **unser Chef? der ist schon weg!** le patron ? il est déjà parti ! ; **der und der** un tel ; **wie dem auch sei** quoi qu'il en soit

derart adv tellement ; **er hat sich ~ geärgert** il s'est tellement fâché • **derartig** adj tel(le), pareil(le)
derb adj (Kost) fruste ; (Mensch, Spaß) grossier(-ière)
deren Gen von die pron (relativ: sg) dont, duquel(de laquelle) ; (: pl) dont, desquels(desquelles)
dergleichen pron inv (adjektivisch) tel(le)
derjenige (f **diejenige**, nt **dasjenige**) pron celui(celle) ; **diejenigen, die** ceux(celles) qui
dermaßen adv tellement
derselbe (f **dieselbe**, nt **dasselbe**) pron le(la) même
derzeit adv (jetzt) en ce moment
derzeitig adj (jetzig) actuel(le) ; (damalig) de l'époque
des art, pron siehe **der**
Deserteur m déserteur m
desertieren vi déserter
desgleichen adv (ebenso) de même
deshalb adv pour cette raison
Design (-s, -s) nt style m ; (als Fach) design m, stylisme m
Designer(in) m(f) styliste mf
Designerdroge f drogue f de synthèse
Desinfektion f désinfection f
Desinfektionsmittel nt désinfectant m
desinfizieren vt désinfecter

Desinteresse (-s) nt: **~ an** +Dat manque m d'intérêt pour
Desktop-Publishing, Desktoppublishing (-, -(s)) nt publication f assistée par ordinateur
dessen Gen von der, das pron (relativ) dont, duquel(de laquelle) ; **~ ungeachtet** néanmoins
Dessert (-s, -s) nt dessert m
Destillation f distillation f
destillieren vt distiller
desto konj d'autant ; **~ besser!** tant mieux !
deswegen adv pour cette raison
Detail (-s, -s) nt détail m
detaillieren vt détailler
Detektiv(in) m(f) détective mf
Detektor m (Tech) détecteur m
deuten vt interpréter ▶ vi: **~ auf** +Akk indiquer
deutlich adj clair(e) ; (Unterschied) net(te)
▶ adv: **jdm etw ~ machen** faire comprendre qch à qn • **Deutlichkeit** f netteté f
deutsch adj allemand(e) • **Deutsch** (-(s)) nt (Ling) (l')allemand m ; **sie spricht fließend D~** elle parle couramment l'allemand ; **ins D~e übersetzen** traduire en allemand • **Deutsche** nt (Ling) allemand m • **Deutsche(r)** f(m) (Géo) Allemand(e) m/f • **Deutschland** nt l'Allemagne f
Deutung f interprétation f
Devise f devise f ; **Devisen** pl (Fin) devises fpl
Devisenkurs m cours m du change
Dezember (-(s), -) m décembre m
dezent adj discret(-ète)
dezentral adj décentralisé(e)
dezimal adj décimal(e)
Dezimalbruch m fraction f décimale
Dezimalsystem nt système m décimal
DGB m abk (= Deutscher Gewerkschaftsbund) fédération des syndicats allemands
d. h. abk (= das heißt) c.-à-d.
Dia (-s, -s) nt diapo(sitive) f
Diabetes m diabète m
Diabetiker(in) m(f) diabétique mf
Diagnose f diagnostic m
diagonal adj diagonal(e)
Diagonale f diagonale f
Diagramm nt diagramme m
Dialekt (-(e)s, -e) m dialecte m • **dialektisch** adj dialectique
Dialog (-(e)s, -e) m dialogue m
Dialyse (-, -n) f (Méd) dialyse f
Diamant m diamant m
Diapositiv nt diapositive f

Diät(-, -en) f régime m; **~ halten** suivre un régime; **Diäten** pl indemnité f parlementaire; **~ leben** suivre un régime

dich Akk von du pron te; (vor Vokal, stummem h) t'; (nach präp) toi

dicht adj (Nebel, Haar, Wald) épais(se); (Gewebe) serré(e); (Dach) étanche ▶ adv: **~ an/bei** tout près de; **~ bevölkert** à forte densité de population

dichten vt (Leitung, Dach, Leck) rendre étanche; (Naut) calfater ▶ vi (reimen) écrire des poèmes

Dichter(in) (-s, -) m(f) poète m
• **dichterisch** adj poétique

dicht|halten (fam) vi irr la boucler

dicht|machen (fam) vt (schließen) boucler

Dichtung f (Tech, Auto) joint m; (Gedichte) poésie f; (Prosa) œuvre f littéraire

dick adj épais(se); (Mensch) gros(se); **miteinander durch ~ und dünn gehen** se tenir les coudes

Dicke f épaisseur f

dickfellig (péj) adj blindé(e)

dickflüssig adj visqueux(-euse)

Dickicht(-s, -e) nt fourré m

Dickkopf m tête f de mule

dickköpfig adj cabochard(e)

Dickmilch f lait m caillé

die art, pron siehe **der**

Dieb(in) (-(e)s, -e) m(f) voleur(-euse)
• **diebisch** adj voleur(-euse); (fam: Vergnügen) malin(-igne) • **Diebstahl (-(e)s, :-e)** m vol m

diejenige pron siehe **derjenige**

Diele f (Brett) planche f (de plancher); (Flur) entrée f

dienen vi servir

Diener(-s, -) m domestique m

Dienst(-(e)s, -e) m service m; **außer ~** à la retraite; **im ~** en service; **~ haben** être de service; **~ habend** od **tuend** de service; **der öffentliche ~** le service public

Dienstag m mardi m; **am ~** mardi

dienstags adv le mardi

Dienstbote m domestique m

diensteifrig adj empressé(e)

dienstfrei adj: **~ haben** avoir congé

Dienstgeheimnis nt secret m professionnel

Dienstgespräch nt communication f de service

Dienstgrad m grade m

diensthabend adj de garde

Dienstleistung f (prestation f de) service m

Dienstleistungsgewerbe nt (secteur m) tertiaire m

Dienstleistungssektor m secteur m tertiaire

dienstlich adj officiel(le)

Dienstmädchen nt bonne f

Dienstreise f voyage m d'affaires

Dienststelle f service m

Dienstvorschrift f règlement m (de service)

Dienstweg m voie f hiérarchique

Dienstzeit f heures fpl de travail

dies pron ceci; **~ sind meine Eltern** voici od voilà mes parents

diesbezüglich adj à ce sujet

diese(r, s) pron (adjektivisch) ce(cette); (substantivisch) celui-là (celle-là)

Diesel m (Kraftstoff) gazole m, gas-oil m; (Fahrzeug) diesel m

diesig adj brumeux(-euse)

diesjährig adj de cette année

diesmal adv cette fois-ci

diesseits präp +Gen de ce côté de

Diesseits nt: **das ~** ce monde m

Dietrich(-s, -e) m crochet m

Differenz(-, -en) f différence f; **Differenzen** pl (Meinungsverschiedenheit) différend m

Differenzialgetriebe nt engrenage m différentiel

Differenzialrechnung f calcul m différentiel

differenzieren vt différencier ▶ vi faire la différence

digital adj numérique • **Digitalanzeige** f affichage m numérique
• **Digitalfernsehen** nt télévision f numérique • **digitalisieren** vt numériser • **Digitalkamera** f appareil m (photo) numérique • **Digitalrechner** m calculateur m numérique
• **Digitaluhr** f montre f à affichage numérique

Diktat nt dictée f; (von Mode etc) tyrannie f

Diktator m dictateur m • **diktatorisch** adj dictatorial(e)

Diktatur f dictature f

diktieren vt dicter

Dilemma(-s, -s od **-ta)** nt dilemme m

Dilettant(in) m(f) dilettante mf

dilettantisch adj de dilettante

Dimension f dimension f

Ding(-(e)s, -e) nt chose f

Dings (fam) nt machin m, truc m

Dingsbums (fam) nt siehe **Dings**

Dinosaurier m dinosaure m

Diözese f diocèse m

Diphtherie f diphtérie f

Diplom(-(e)s, -e) nt diplôme m

Diplomat (**-en, -en**) m diplomate m
Diplomatie f diplomatie f
diplomatisch adj diplomatique
Diplom-Ingenieur m ingénieur m diplômé
dir Dat von du pron te; (vor Vokal, stummem h) t'; (nach präp) toi; **mit ~** avec toi
direkt adj direct(e) ▶ adv (regelrecht) vraiment; **~ fragen** demander franchement • **Direktbank** f banque f directe • **Direktflug** m vol m direct
Direktor(in) m(f) directeur(-trice)
Direktübertragung f émission f en direct
Dirigent(in) m(f) chef m d'orchestre
dirigieren vt diriger
Dirne f prostituée f
Discjockey, Diskjockey (**-s, -s**) m disc-jockey m
Disco (**-s, -s**) f discothèque f, boîte f
Diskette f disquette f
Diskettenlaufwerk nt lecteur m de disquettes
Diskont (**-s, -e**) m (Fin) escompte m
Diskontsatz m (Fin) taux m d'escompte
Diskothek (**-, -en**) f discothèque f
Diskrepanz f divergence f
diskret adj discret(-ète)
Diskretion f discrétion f
diskriminieren vt faire de la discrimination contre
Diskriminierung f discrimination f
Diskussion f discussion f; **(nicht) zur ~ stehen** (ne pas) être à l'ordre du jour
diskutabel adj discutable
diskutieren vt discuter ▶ vi: **~ über** +Akk discuter de
Display (**-s, -s**) nt afficheur m
disqualifizieren vt disqualifier
dissen (fam) vt débiner
Dissertation f thèse f (de doctorat)
Distanz f distance f; **~ halten** garder ses distances
distanzieren vr: **sich von jdm/etw ~** prendre ses distances par rapport à od avec qn/qch
Distel (**-, -n**) f chardon m
Disziplin f discipline f
divers adj: **~e** plusieurs; **„D~es"** «divers»; **wir haben noch D~es vor** on a encore pas mal de choses à faire
Dividende f dividende m
dividieren vt: **etw ~ (durch)** diviser qch (par)
DM f abk (Hist: = Deutsche Mark) DM m
DNS f abk (= Desoxyribo(se)nukleinsäure) ADN m

SCHLÜSSELWORT

doch adv 1 (dennoch, trotzdem) malgré tout, quand même; (sowieso) de toute façon; **er kam doch noch** finalement, il est quand même venu; **es war doch ganz interessant** finalement, c'était assez intéressant; **und doch** et pourtant; **also doch!** (tatsächlich) c'était donc vrai!
2 (als bejahende Antwort) si; **das ist nicht wahr — doch!** ce n'est pas vrai — si!
3 (auffordernd): **komm doch!** viens donc!; **lass ihn doch** mais laisse-le donc tranquille!; **nicht doch!** mais non!
4 (zur Betonung): **sie ist/war doch noch so jung** (mais) elle est/était si jeune; **Sie wissen doch, wie das ist** vous savez ce que c'est; **wenn doch** si seulement
▶ konj (aber) pourtant; **es war schon spät, doch er kam noch** il était déjà tard, mais il est venu quand même; **und doch hat er es getan** il l'a fait malgré tout

Docht (**-(e)s, -e**) m mèche f
Dock (**-s, -s** od **-e**) nt dock m, bassin m
Dogge f dogue m
Dogma (**-s, Dogmen**) nt dogme m
dogmatisch adj dogmatique
Doktor (**-s, -en**) m (akademischer Grad) docteur m; (Arzt) docteur m
Doktorand(in) (**-en, -en**) m(f) candidat(e) au doctorat
Doktorarbeit f thèse f de doctorat
Doktortitel m titre m de docteur
Dokument nt document m
Dokumentarbericht m (émission f) documentaire m
Dokumentarfilm m documentaire m
dokumentarisch adj documentaire
dokumentieren vt documenter
Dolch (**-(e)s, -e**) m poignard m
Dollar (**-s, -**) m dollar m
dolmetschen vt interpréter, traduire ▶ vi servir d'interprète
Dolmetscher(in) (**-s, -**) m(f) interprète mf
Dolomiten pl: **die ~** les Dolomites fpl
Dom (**-(e)s, -e**) m cathédrale f
Domain (**-s, -s**) nt domaine m
Domain-Name m nom m de domaine
Domäne f domaine m
dominieren vt, vi dominer
Dominikanische Republik f République f dominicaine
Dompfaff (**-en, -en**) m bouvreuil m
Dompteur m, **Dompteuse** f dompteur(-euse) m/f

Donau f: **die ~** le Danube
Döner (Kebab) (-s, -) m kebab m
Dongle m dongle m
Donner (-s, -) m tonnerre m
donnern vi unpers tonner
Donnerstag m jeudi m • **donnerstags** adv le jeudi
Donnerwetter nt (fig) engueulade f ▶ interj (verärgert) bon sang!; (überrascht) ça alors!
doof (fam) adj idiot(e)
dopen vt doper
Doping (-s) nt dopage m
Dopingkontrolle f contrôle m antidopage
Doppel (-s, -) nt double m • **Doppelbett** nt grand lit m • **Doppelgänger(in)** (-s, -) m(f) sosie m • **Doppelklick** (-s, -s) m double-clic m • **doppelklicken** vi (Inform): **~ (auf** Akk) double-cliquer (sur) • **Doppelpunkt** m deux points mpl • **Doppelstecker** m prise f double
doppelt adj double; (Buchführung) en partie double ▶ adv: **die Karte habe ich ~** cette carte, je l'ai en double; **in ~er Ausführung** en deux exemplaires; **sich ~ freuen** se réjouir doublement
Doppelverdiener mpl foyer m à deux salaires
Doppelzimmer nt chambre f pour deux personnes
Dorf (-(e)s, ⸚er) nt village m • **Dorfbewohner(in)** m(f) villageois(e)
Dorn¹ (-(e)s, -en) m (Bot) épine f
Dorn² (-(e)s, -e) m (an Schnalle) ardillon m
dornig adj épineux(-euse)
Dornröschen nt la Belle au bois dormant
dörren vt (faire) sécher
Dörrobst nt fruits mpl secs
Dorsch (-(e)s, -e) m jeune morue f
dort adv (da) là; **~ drüben/oben/hinten** là-bas/-haut/-derrière • **dorther** adv de là • **dorthin** adv là-bas • **dortig** adj de là-bas
Dose f boîte f
dösen (fam) vi somnoler
Dosenbier nt bière f en boîte
Dosenöffner m ouvre-boîte m
Dosenpfand nt consigne f sur les canettes et les bouteilles jetables
Dosis (-, **Dosen**) f dose f
Dotter (-s, -) m od nt jaune m d'œuf
Download (-s, -s) m (Inform) téléchargement m
downloaden vt, vi (Inform) télécharger
Downsyndrom, Down-Syndrom (-(e)s, -e) nt (Méd) trisomie f 21

Dozent(in) m(f): **~ für** ≈ maître m de conférences en
Drache (-n, -n) m dragon m
Drachen (-, -) m (Spielzeug) cerf-volant m; (Sport) deltaplane m; (péj: fam: Frau) dragon m • **Drachenfliegen** nt (Sport) deltaplane m, vol m libre
Draht (-(e)s, ⸚e) m fil m de fer; **auf ~ sein** (fam) ouvrir l'œil
drahtig adj (Mann) sportif(-ive)
Drahtseil nt câble m métallique
Drahtseilbahn f funiculaire m
drall adj robuste; (Busen) ferme
Drama (-s, **Dramen**) nt drame m
Dramatiker(in) (-s, -) m(f) dramaturge mf
dramatisch adj dramatique
dran (fam) siehe **daran** adv: **jetzt bin ich ~!** c'est mon tour!; **früh/spät ~ sein** être en avance/en retard
drang etc vb siehe **dringen**
Drang (-(e)s, ⸚e) m (Antrieb) impulsion f; (Druck) pression f
drängeln (péj) vt presser ▶ vi pousser
drängen vt presser ▶ vi presser; **auf etw** Akk **~** insister sur qch
drastisch adj (Maßnahme) draconien(ne); (Schilderung) cru(e)
drauf (fam) adv siehe **darauf**
Draufgänger(in) (-s, -) m(f) fonceur(-euse)
draußen adv dehors
Dreck (-(e)s) m saleté f
dreckig adj sale; (Bemerkung) grossier(-ière); (Witz) cochon(ne)
Dreharbeiten pl tournage m
Drehbank f tour m
drehbar adj rotatif(-ive)
Drehbuch nt (Ciné) scénario m
drehen vt tourner; (Zigaretten) rouler ▶ vi tourner ▶ vr tourner; (Mensch) se tourner; **es dreht sich darum, dass ...** voici ce dont il s'agit: ...
Drehorgel f orgue m de Barbarie
Drehtür f tambour m
Drehung f (Rotation) rotation f; (Umdrehung, Wendung) tour m
Drehwurm m: **den ~ haben/bekommen** avoir/attraper le tournis
Drehzahl f nombre m de tours
drei num trois • **Dreieck** nt triangle m • **dreieckig** adj triangulaire • **dreieinhalb** num trois et demi(e) • **Dreieinigkeit** f Trinité f
dreierlei adj inv trois sortes de
dreifach adj triple
dreihundert num trois cents
Dreikönigsfest nt Épiphanie f, fête f des Rois

dreimal *adv* trois fois
drein|reden *vi*: **jdm ~** (*dazwischenreden*) interrompre qn ; (*sich einmischen*) se mêler des affaires de qn
dreißig *num* trente
dreist *adj* impudent(e)
Dreistigkeit *f* impudence *f*
drei viertel *num* trois quarts
Dreiviertelstunde *f* trois quarts *mpl* d'heure
dreizehn *num* treize
dreschen *irr vt* (*Getreide*) battre ; **Phrasen ~** (*fam*) débiter de belles phrases
Dresden *nt* Dresde
dressieren *vt* dresser
dribbeln *vi* dribbler
Drillbohrer *m* perceuse *f*
Drilling *m* triplé *m*
drin (*fam*) *adv* siehe **darin**
dringen *irr vi* pénétrer ; **auf etw** *Akk* **~** insister sur qch ; **in jdn ~** (*geh*) presser qn
dringend *adj* urgent(e), pressant(e) ; (*Verdacht*) fort(e)
Dringlichkeit *f* urgence *f*
Drink (**-s, -s**) *m* drink *m*
drinnen *adv* à l'intérieur, dedans
dritt *adv*: **zu ~** à trois ; **wir kommen zu ~** nous serons trois
dritte(r, s) *adj* troisième ; **die D~ Welt** le tiers monde • **Dritte(r)** *f(m)* troisième *mf*
Drittel (**-s, -**) *nt* tiers *m*
drittens *adv* troisièmement
droben *adv* là-haut
Droge *f* drogue *f*
drogenabhängig *adj* toxicomane
Drogenabhängige(r) *f(m)* toxicomane *mf*
Drogenhandel *m* narcotrafic *m*
Drogensüchtige(r) *f(m)* toxicomane *mf*
Drogenszene *f* milieu *m* de la drogue
Drogentote(r) *f(m)* victime *f* de la drogue
Drogerie *f* droguerie *f*
  : Une **Drogerie** est un supermarché où l'on trouve des produits d'entretien, des cosmétiques, de la parfumerie et des articles de toilette, ainsi que des médicaments en vente libre. Il existe plusieurs chaînes de drogueries en Allemagne et en Autriche.

Drogist(in) *m(f)* droguiste *mf*
drohen *vi* menacer ; **jdm (mit etw) ~** menacer qn (de qch)
dröhnen *vi* (*Motor*) vrombir ; (*Stimme, Musik*) retentir
Drohung *f* menace *f*
drollig *adj* drôle
drosch *etc vb siehe* **dreschen**
Droschke *f* fiacre *m*

435 | **Duft**

Drossel (**-, -n**) *f* grive *f*
drüben *adv* de l'autre côté
drüber (*fam*) *adv* siehe **darüber**
Druck¹ (**-(e)s, ¨-e**) *m* pression *f*
Druck² (**-(e)s, -e** *od* **-s**) *m* (*Typo*) impression *f* ; **im ~ sein** être sous presse • **Druckbuchstabe** *m* caractère *m* d'imprimerie
Drückeberger (**-s, -**) *m* tire-au-flanc *m inv*
drucken *vt, vi* imprimer
drücken *vt* (*herabsetzen*) baisser ; (*wehtun: Schuhe, Rucksack*) faire mal à ; (*Hand*) serrer ; (*Klinke*) tourner ; (*Knopf*) appuyer sur ; (*bedrücken*) oppresser ▶ *vi* (*Schuhe etc*) faire mal ▶ *vr*: **sich vor etw** *Dat* **~** s'esquiver devant qch
drückend *adj* (*Hitze, Armut*) accablant(e) ; (*Last, Steuern*) écrasant(e)
Drucker (**-s, -**) *m* (*Inform*) imprimante *f*
Drücker (**-s, -**) *m* (*Türdrücker*) poignée *f* ; (*Gewehrdrücker*) détente *f*
Druckerei *f* imprimerie *f*
Druckerschwärze *f* encre *f* d'imprimerie
Druckertreiber *m* (*Inform*) driver *m*, pilote *m* d'imprimante
Druckfehler *m* faute *f* d'impression
Druckknopf *m* bouton-pression *m*
Druckmittel *nt* moyen *m* de pression
Drucksache *f* imprimé *m*
Druckschrift *f* caractères *mpl* d'imprimerie
drunten *adv* (*im Tal*) en bas ; (*auf der Erde*) sur terre
Drüse *f* glande *f*
Dschungel (**-s, -**) *m* jungle *f*
DSD *nt abk* (= *Duales System Deutschland*)
  : Le **DSD** (*Duales System Deutschland*) désigne la formation par alternance, c'est à dire l'apprentissage durant lequel le jeune bénéficie à la fois d'un enseignement théorique au lycée professionnel *Berufsschule* et d'une formation en entreprise. Ce système est très développé en Allemagne où il jouit d'une forte reconnaissance sociale.

du *pron* tu ; **du hast es mir gesagt** c'est toi qui me l'as dit
Duales System *nt* système *de tri et de recyclage des emballages*
ducken *vr* se baisser ; (*fig*) courber l'échine
Duckmäuser (**-s, -**) *m* lâche *m*
Dudelsack *m* cornemuse *f*
Duell (**-s, -e**) *nt* duel *m*
Duett (**-(e)s, -e**) *nt* duo *m*
Duft (**-(e)s, ¨-e**) *m* parfum *m* ; (*von Parfüm*) senteur *f*

duften vi sentir bon
duftig adj (Stoff, Kleid) léger(-ère)
Duftnote f senteur f
dulden vt (zulassen) tolérer ; (leiden) endurer ▶ vi souffrir
duldsam adj patient(e)
dumm adj bête, stupide ; **das wird mir zu ~!** j'en ai marre ! ; **der D~e sein** être le dindon de la farce • **dummdreist** adj insolent(e)
dummerweise adv bêtement
Dummheit f bêtise f, stupidité f
Dummkopf m imbécile m
dumpf adj (Ton) sourd(e) ; (Luft) étouffant(e) ; (Erinnerung, Schmerz) vague
Düne f dune f
Dung m = **Dünger**
düngen vt fertiliser, amender
Dünger (**-s, -**) m engrais m
dunkel adj sombre ; (Farbe) foncé(e) ; (Stimme) grave ; (Ahnung) vague ; (verdächtig) louche ; **im D~n tappen** (fig) tâtonner
Dünkel (**-s**) m suffisance f
dünkelhaft adj prétentieux(-euse)
Dunkelheit f obscurité f
Dunkelkammer f chambre f noire
Dunkelziffer f cas mpl non enregistrés
dünn adj mince ; (Haar, Bevölkerung) clairsemé(e) ; (Suppe, Kaffee) clair(e) ; **~ gesät** clairsemé(e) • **dünnflüssig** adj fluide
Dunst (**-es, ⸚e**) m brume f ; (durch Abgase, Zigaretten, Essen) (nuage m de) fumée f
dünsten vt cuire à l'étuvée
dunstig adj (Herbstmorgen) brumeux(-euse) ; (Luft, Raum) enfumé(e)
Duplikat nt duplicata m
Dur (**-, -**) nt (Mus) majeur m

SCHLÜSSELWORT

durch präp +Akk **1** (hindurch) par, à travers ; **durch die ganze Welt reisen** faire le tour du monde
2 (mittels) par ; **Tod durch Herzschlag/den Strang** mort par crise cardiaque/pendaison ; **durch seine Ablehnung ist das Projekt gescheitert** le projet a dû être enterré à cause de son refus ; **durch seine Bemühungen** grâce à son intervention, par son entremise
3 (Math): **8 durch 4 = 2** 8 (divisé) par 4 = 2
▶ adv **1** (hindurch): **die ganze Nacht durch** toute la nuit ; **den Sommer durch** tout l'été ; **durch und durch verfault** complètement pourri(e)
2 (durchgebraten): **(gut) durch** bien cuit(e)
3 (fam: **durch sein** (fam: durchgekommen sein: Gesetz, Schüler bei Prüfung) avoir passé ; (fertig sein) avoir fini ; **bei jdm unten durch sein** ne plus avoir la cote auprès de qn

durch|arbeiten vt (Akten, Buch) étudier à fond ; (ausarbeiten: Text) travailler ▶ vi (ohne Pause arbeiten) travailler sans interruption ▶ vr: **sich durch etw ~** se frayer un chemin à travers qch ; (fig) venir à bout de qch
durchaus adv (unbedingt: als Antwort) absolument ; **das lässt sich ~ machen** c'est tout à fait possible
durch|beißen irr vt couper avec les dents ▶ vr (fig) se débrouiller
durch|blättern vt feuilleter
Durchblick m vue f ; **den (vollen) ~ haben** être au clair ; **keinen ~ haben** (fam) rien (y) piger • **durch|blicken** vi regarder ; (fam: verstehen): **bei etw ~** piger qch ; **etw ~ lassen** laisser entendre qch
durchbohren vt insép (mit Bohrer) percer ; (mit Kugel) transpercer
durch|brechen irr vt (in zwei Teile brechen) casser en deux
durch|brennen irr vi (Draht) fondre ; (Sicherung) sauter ; (fam: weglaufen): **~ mit** filer avec
durch|bringen irr vt (Kranken) tirer d'affaire ; (Familie) nourrir ; (Antrag) faire accepter ; (vergeuden) dilapider
durchdacht adj réfléchi(e)
durchdenken irr vt insép considérer dans tous ses détails
durch|diskutieren vt discuter à fond
durch|drehen vt (Fleisch) hacher ▶ vi (fam) craquer
durcheinander adv pêle-mêle ; **~ sein** ne pas s'y retrouver ; (Zimmer) être en désordre • **Durcheinander** (**-s**) nt (Verwirrung) confusion f ; (Unordnung) désordre m • **durcheinanderbringen** vt déranger, mettre en désordre ; (verwechseln) confondre
• **durcheinanderreden** vi parler (tous)(toutes)) en même temps
Durchfahrt f passage m ; (Durchreise) traversée f ; **auf der ~ sein** être de passage
Durchfall m (Méd) diarrhée f
durch|fallen irr vi tomber (à travers) ; (in Prüfung) échouer

durch|fragen vr demander son chemin
durch|führbar adj réalisable
durch|führen vt (ausführen) réaliser ; (hindurchleiten) guider
Durchführung f (von Plan, Experiment) exécution f ; (von Kurs, Reise) organisation f
Durchgang m passage m ; (Phase) phase f ; (Sport) partie f ; (bei Wahl) tour m (de scrutin) ; **„~ verboten!"** « passage interdit ! »
Durchgangslager nt camp m volant
Durchgangsverkehr m circulation f (de passage)
durchgefroren adj (Mensch) transi(e) (de froid)
durch|gehen irr vt (gründlich besprechen) examiner point par point ▶ vi passer ; (Zug) être direct(e) ; (Pferd) s'emballer ; (Mensch) filer ; **~ durch** (durch Haus, Stadt etc : Flüssigkeit, Lärm etc) traverser ; (durch Kontrolle) passer ; **mein Temperament ging mit mir durch** je me suis emporté(e) ; **jdm etw ~ lassen** laisser passer qch à qn
durchgehend adj (Zug) direct(e) ▶ adv (geöffnet) sans interruption
durch|greifen irr vi intervenir (énergiquement)
durch|halten irr vi tenir bon ▶ vt supporter
durch|hecheln (fam) vt éreinter
durch|kommen irr vi passer ; (Nachricht) parvenir ; (auskommen) y arriver ; (bestehen im Examen) être reçu(e) ; (überleben) s'en tirer
durchkreuzen vt insép (Plan) contrarier
durch|lassen irr vt laisser passer ; **jdm etw ~** passer qch à qn
Durchlauf m (Inform) passage m
Durchlauferhitzer (-s, -) m chauffe-eau m inv
durchleben vt insép vivre
durch|lesen irr vt lire d'un bout à l'autre
durchleuchten vt insép radiographier
durchlöchern vt insép trouer ; (mit Kugeln) cribler ; (fig) miner
durch|machen vt (Leiden) endurer ; **wir machen die Nacht durch** nous allons passer une nuit blanche, nous allons faire la fête toute la nuit
Durchmesser (-s, -) m diamètre m
durch|nehmen irr vt traiter
durch|nummerieren vt numéroter (en continu)
durch|pausen vt calquer
durchqueren vt insép traverser
Durchreiche f passe-plat m

Durchreise f passage m ; **auf der ~ sein** être de passage
durch|ringen irr vr : **sich zu einem Entschluss ~** se résoudre à prendre une décision
durch|rosten vi rouiller complètement
durchs = **durch das**
Durchsage f communiqué m
durch|schauen vt insép (jdn) ne pas se laisser tromper par
durch|scheinen irr vi (Sonne) briller (à travers les nuages) ; (Schrift, Untergrund) se voir
durchscheinend adj transparent(e)
Durchschlag m (Doppel) copie f
durch|schlagen irr vt (entzweischlagen) casser en deux ▶ vr se débrouiller
durchschlagend adj (Erfolg) retentissant(e)
durch|schneiden irr vt couper
Durchschnitt m moyenne f ; **im ~** en moyenne • **durchschnittlich** adj moyen(ne) ▶ adv en moyenne
Durchschnittsgeschwindigkeit f vitesse f moyenne
Durchschnittsmensch m : **der ~ ist ja kein Millionär** la plupart des gens ne sont pas millionnaires
Durchschnittswert m valeur f moyenne
Durchschrift f copie f
durch|sehen irr vt (flüchtig ansehen) parcourir ; (prüfen) examiner ▶ vi : **durch etw ~** voir à travers qch
durch|setzen vt imposer ▶ vr s'imposer ; **seinen Kopf ~** arriver à ses fins
Durchsicht f examen m
durchsichtig adj (Stoff) transparent(e) ; (Lügen) évident(e) • **Durchsichtigkeit** f transparence f ; (von Manöver) manque m de subtilité
durch|sickern vi suinter ; (fig) s'ébruiter
durch|sprechen irr vt discuter (à fond)
durch|stehen irr vt endurer
durchstöbern vt fouiller
durch|streichen irr vt barrer, rayer
durchsuchen vt insép fouiller ; (Jur) perquisitionner ; **~ nach** fouiller pour trouver
Durchsuchung f perquisition f
Durchsuchungsbefehl m mandat m de perquisition
durchtrieben adj rusé(e)
durchwachsen adj (Speck) maigre ; (fam : mittelmäßig) mi-figue, mi-raisin inv
Durchwahl f (Tél) automatique m ; (Anschluss) appel m direct
durchweg adv complètement

durch|zählen vt faire le compte de ▶ vi compter

durch|ziehen irr vt faire passer ▶ vi passer

Durchzug m (Luft) courant m d'air ; (von Truppen, Vögeln) passage m

durch|zwängen vt: **~ durch** faire passer de force à travers ▶ vr: **sich ~ durch** se frayer un passage à travers

(SCHLÜSSELWORT)

dürfen (pt **dürfte**, pp **gedurft** od (als Hilfsverb) **dürfen**) vi **1** (Erlaubnis haben): **ich darf das** j'ai le droit ; **darf ich?** je peux ? ; **darf ich ins Kino (gehen)?** je peux aller au cinéma ? ; **du darfst** d'accord ; **es darf geraucht werden** on peut fumer ; **das darf nicht geschehen** il faut l'éviter à tout prix
2 (in Höflichkeitsformeln): **darf ich Sie bitten, das zu tun?** auriez-vous l'amabilité de faire cela ? ; **was darf es sein?** et pour Monsieur/Madame ?
3 (können): **das dürfen Sie mir glauben** vous pouvez me croire
4 (Möglichkeit): **das dürfte genug sein** ça devrait suffire ; **es dürfte Ihnen bekannt sein, dass ...** vous savez sans doute que ... ; **das darf doch nicht wahr sein!** ce n'est pas possible ! ; **da darf sie sich nicht wundern** c'est bien fait pour elle

dürftig adj (ärmlich) misérable ; (unzulänglich) insuffisant(e)
dürr adj (Ast) mort(e) ; (Land) aride ; (mager) décharné(e)
Dürre f sécheresse f
Durst (**-(e)s**) m soif f
durstig adj assoiffé(e)
Dusche f douche f
duschen vi, vr se doucher, prendre une douche
Duschgel nt gel m pour la douche
Duschvorhang m rideau m de douche
Düse f (Flugzeugdüse) réacteur m
Düsenantrieb m propulsion f par réacteur
Düsenflugzeug nt avion m à réaction
Düsenjäger m chasseur m à réaction
Dussel (**-s, -**) (fam) m crétin m
düster adj sombre • **Düsterkeit** f obscurité f
Dutzend (**-s, -e**) nt douzaine f ; **im ~** à la douzaine ; **~(e) Mal** des dizaines de fois • **dutzendweise** adv par douzaines
duzen vt tutoyer
DVD f abk (= Digital Versatile Disc) DVD m

DVD-Brenner m graveur m de DVD
DVD-Spieler m lecteur m de DVD
Dynamik f dynamique f ; (von Mensch) dynamisme m
dynamisch adj dynamique
Dynamit (**-s**) nt dynamite f
Dynamo (**-s, -s**) m dynamo f
D-Zug m train m direct

e

E, e nt E, e m inv ; (Mus) mi m
Ebbe f marée f basse
eben adj plat(e) ▶ adv (gerade) juste ; (bestätigend) justement ; **sie ist ~ erst angekommen** elle vient d'arriver ; **das ist ~ so** c'est comme ça
ebenbürtig adj: **jdm (an od in** Dat**) ~ sein** égaler qn (en)
Ebene f plaine f ; (fig) niveau m ; (Math, Phys) plan m
ebenerdig adj (Wohnung) au rez-de-chaussée
ebenfalls adv également ; **danke, ~!** merci, moi de même !
Ebenheit f (von Land, Fläche) aspect m plat
ebenso adv de la même manière ; **~ gut/ schön wie** aussi bien/beau que
Eber(-s, -) m verrat m
E-Bike (fam) nt VAE f (= vélo à assistance électrique)
ebnen vt aplanir, niveler ; **jdm/etw den Weg ~** (fig) aplanir le terrain pour qn/qch
E-Book (-s, -s) nt e-book m, livre m électronique, livre m numérique
E-Card (-, -s) f carte f électronique
Echo (-s, -s) nt écho m
echt adj vrai(e) • **Echtheit** f authenticité f • **Echtzeit** f (Inform) temps m réel
EC-Karte f Carte f Bleue®
Eckball m corner m
Ecke f coin m ; (von Kragen) pointe f ; (Sport) corner m
eckig adj anguleux(-euse) ; (Bewegung) gauche
Eckzahn m canine f
E-Commerce (-) m commerce m électronique
Ecuador (-s) nt l'Équateur m
edel adj (Holz) précieux(-euse) ; (Wein) fin(e) ; (Pferd) de race ; (Tat, Mensch) noble
• **Edelmetall** nt métal m précieux
• **Edelstein** m pierre f précieuse
editieren vt (Inform) éditer
Editor (-s, -en) m (Inform) éditeur m (de texte)
Edutainment nt éducation et information par le divertissement
EDV f abk (= elektronische Datenverarbeitung) traitement m électronique des données
EEG (-) nt abk (= Elektroenzephalogramm) électroencéphalogramme m
Efeu (-s) m lierre m
Effekt (-s, -e) m effet m
Effekten pl (Fin) titres mpl, valeurs fpl
Effektenbörse f Bourse f des valeurs
Effekthascherei f: **das ist reine ~** c'est du vent
effektiv adj effectif(-ive)
effizient adj efficace
EG f abk (= Europäische Gemeinschaft) CE f
egal adj égal(e) ; **das ist mir ganz ~** ça m'est complètement égal
Egoismus m égoïsme m
Egoist(in) m(f) égoïste mf
egoistisch adj égoïste
egozentrisch adj égocentrique
ehe konj avant que +sub
Ehe f mariage m • **Ehebrecher(in)** m(f) homme(femme) adultère • **Ehebruch** m adultère m • **Ehefrau** f épouse f, femme f
• **Ehekrise** f crise f conjugale • **Eheleute** pl époux mpl • **ehelich** adj (Beziehungen) conjugal(e) ; (Kind) légitime
ehemalig adj ancien(ne)
ehemals adv autrefois
Ehemann m époux m, mari m
Ehepaar nt couple m (marié)
eher adv (früher) plus tôt ; (lieber, mehr) plutôt
Ehering m alliance f
Ehescheidung f divorce m
Eheschließung f mariage m
eheste(r, s) adj: **am ~n Termin** le plus tôt possible ▶ adv: **am ~n** (am liebsten) de préférence
ehrbar adj (Person) honnête ; (Beruf) honorable
Ehre f honneur m ; **zu ~n von** en l'honneur de
ehren vt (Sieger) récompenser
Ehrengast m invité m d'honneur
ehrenhaft adj honorable
Ehrenmann m homme m d'honneur
Ehrenmitglied nt membre m honoraire
Ehrenplatz m place f d'honneur
ehrenrührig adj diffamatoire
Ehrenrunde f (Sport) tour m d'honneur

Ehrensache f affaire f d'honneur
ehrenvoll adj honorable
Ehrenwort nt parole f d'honneur
Ehrfurcht f (profond) respect m
Ehrgefühl nt sens m de l'honneur
Ehrgeiz m ambition f
ehrgeizig adj ambitieux(-euse)
ehrlich adj honnête ; **es ~ meinen** avoir des intentions honnêtes ; **~ gesagt** à vrai dire
Ehrlichkeit f honnêteté f
Ehrung f honneur m, hommage m
ehrwürdig adj vénérable
ei interj tiens
Ei (-(e)s, -er) nt œuf m
Eibe f if m
Eiche f chêne m
Eichel (-, -n) f (Bot, Anat) gland m
eichen vt étalonner ; **auf etw geeicht sein** (fam : fig) s'y connaître en qch
Eichhörnchen nt écureuil m
Eichmaß nt étalon m
Eichung f étalonnage m
Eid (-(e)s, -e) m serment m ; **unter ~ stehen** être sous serment od assermenté(e) ; **eine Erklärung an ~es statt abgeben** faire une déclaration solennelle
Eidechse f lézard m
eidesstattlich adj : **~e Erklärung** déclaration f solennelle (tenant lieu de serment)
Eidgenosse m confédéré m ; (Schweizer) Suisse m
eidlich adj sous (la foi du) serment
Eidotter m od nt jaune m d'œuf
Eierbecher m coquetier m
Eierkuchen m crêpe f
Eierschale f coquille f d'œuf
Eierstock m ovaire m
Eieruhr f sablier m
Eifer (-s) m zèle m • **Eifersucht** f jalousie f • **eifersüchtig** adj : **(auf jdn/etw) ~** jaloux(-ouse) (de qn/qch)
eifrig adj zélé(e) ; (Anhänger) fervent(e)
Eigelb nt jaune m d'œuf
eigen adj propre (vorgestellt) ; (Meinung) personnel(le) ; (typisch) particulier(-ière) ; (eigenartig) étrange ; **mein/sein ~es Fahrrad** mon/son propre vélo ; **sich** Dat **etw zu ~ machen** faire sien(ne) qch • **Eigenart** f particularité f • **eigenartig** adj étrange, bizarre • **Eigenbedarf** m besoins mpl personnels • **Eigengewicht** nt (Tech) poids m mort ; (Nettogewicht) poids net • **eigenhändig** adj autographe • **Eigenheim** nt maison f dont on est propriétaire • **Eigenheit** f particularité f • **Eigenlob** nt éloge m de soi-même • **eigenmächtig** adj (selbstherrlich) autoritaire ▶ adv : **~ entscheiden** décider de son propre chef • **Eigenname** m nom m propre
eigens adv exprès
Eigenschaft f (Merkmal) qualité f, propriété f ; **in seiner ~ als** en (sa) qualité de
Eigenschaftswort nt adjectif m
Eigensinn m obstination f
eigensinnig adj têtu(e)
eigentlich adj (Grund) vrai(e) ; (Bedeutung) propre ▶ adv en fait ; (überhaupt) au fait
Eigentor nt but m contre son propre camp
Eigentum nt propriété f
Eigentümer(in) (-s, -) m(f) propriétaire mf
eigentümlich adj bizarre, étrange
Eigentümlichkeit f (Kennzeichen) propriété f ; (Besonderheit) particularité f
Eigentumswohnung f appartement m dont on est propriétaire
eignen vr : **sich ~ (für/als)** convenir (pour/comme)
Eignung f aptitude f
Eilbote m : **per** od **durch ~n** (en) exprès od par Chronopost®
Eilbrief m lettre f envoyée (en) exprès od par Chronopost®
Eile f hâte f, précipitation f ; **es hat keine ~** ça ne presse pas
eilen vi (Mensch) se presser, se dépêcher ; (dringend sein) être urgent(e)
Eilgut nt colis m exprès
eilig adj (in Eile, schnell) pressé(e) ; (dringlich) urgent(e) ; **es ~ haben** être pressé(e)
Eilzug m train m rapide
Eimer (-s, -) m seau m
ein adv : **nicht ~ noch aus wissen** ne plus savoir quoi faire od à quel saint se vouer ; **er geht bei uns ~ und aus** il vient très souvent à la maison
ein(e) num, indéf art un(e)
einander pron l'un(e) l'autre
ein|arbeiten vt : **jdn in etw** Akk **~** apprendre qch à qn ; **sich** Akk **~** apprendre le métier
einarmig adj manchot(e)
ein|atmen vt respirer ▶ vi inspirer
einäugig adj borgne
Einbahnstraße f (rue f à) sens m unique
Einband m couverture f, reliure f
einbändig adj en un volume

ein|bauen vt (Schrank etc) encastrer ; (Küche) (faire) installer
Einbauküche f cuisine f à éléments
Einbaumöbel pl meubles mpl encastrés
ein|berufen irr vt (Versammlung) convoquer ; (Soldaten) appeler sous les drapeaux
Einberufung f convocation f ; (Mil) appel m (sous les drapeaux)
Einbettzimmer nt (in Krankenhaus) chambre f particulière
ein|beziehen irr vt inclure
ein|biegen irr vi tourner
ein|bilden vr : **sich** Dat **etw ~** s'imaginer qch ; (stolz sein) : **sich** Dat **viel auf etw** Akk **~** être très fier(fière) de qch
Einbildung f imagination f ; (Dünkel) suffisance f • **Einbildungskraft** f imagination f
ein|binden irr vt (Buch) relier
ein|bläuen (fam) vt : **jdm etw ~** faire entrer qch dans la tête de qn
ein|blenden vt insérer
Einblick m aperçu m, idée f ; **jdm ~ in etw** Akk **gewähren** permettre à qn de consulter qch
ein|brechen irr vi (Einbruch verüben) cambrioler, faire un cambriolage ; (Nacht) tomber ; (Winter) arriver ; (einstürzen) s'effondrer ; (durchbrechen : in Eis) passer à travers la couche de glace
Einbrecher (-s, -) m cambrioleur m
ein|bringen irr vt (Geld, Vorteil) rapporter ; (Ernte) rentrer ; (Kapital, Kenntnisse) apporter ; **das bringt nichts ein** (fig) ça ne sert à rien
Einbruch m (Hauseinbruch) cambriolage m ; (des Winters) arrivée f ; (Einsturz : finanziell) effondrement m ; **bei ~ der Dunkelheit** à la tombée de la nuit
einbruchssicher adj (Schloss) incrochetable ; (Haus) muni(e) d'un système d'alarme
ein|bürgern vt naturaliser ▶ vr : **das hat sich so eingebürgert** c'est entré dans les mœurs
Einbuße f perte f
ein|büßen vt (verlieren) perdre ▶ vi : **an etw** Dat **~** perdre de qch
ein|checken vt enregistrer
ein|cremen vt enduire de crème
ein|decken vr : **sich (mit etw) ~** s'approvisionner (en qch)
eindeutig adj (Beweis) incontestable ; (Absage) clair(e)
ein|dringen irr vi : **~ in** +Akk pénétrer dans ; **auf jdn ~** attaquer qn ; (mit Bitten) presser qn

eindringlich adj (Bitte) pressant(e)
Eindringling m intrus m
Eindruck m impression f
eindrucksvoll adj impressionnant(e)
eine(r, s) pron un(une) ; **~r von uns** l'un d'entre nous
eineiig adj : **~e Zwillinge** des vrais jumeaux/vraies jumelles
eineinhalb num un(e) et demi
Eineltern(teil)familie f famille f monoparentale
ein|engen vt restreindre
einerlei adj (gleichartig) le(la) même
Einerlei (-s) nt monotonie f
einerseits adv : **~ ... andererseits** d'une part ... d'autre part
einfach adj simple ▶ adv simplement ; **etw ~ tun** faire qch (sans hésiter) ; **~ großartig** vraiment extraordinaire • **Einfachheit** f simplicité f
ein|fädeln vt enfiler ; (fig) tramer, manigancer ▶ vr (Auto) prendre la bonne file
ein|fahren irr vt (Ernte, Antenne) rentrer ; (Barriere) enfoncer, emboutir ; (Auto) roder ▶ vi (Zug) entrer en gare
Einfahrt f entrée f ; (Weg) entrée
Einfall m (Idee) idée f ; (von Licht) incidence f ; (Mil) invasion f • **ein|fallen** irr vi (einstürzen) s'écrouler ; (Licht) entrer, tomber ; (einstimmen) joindre sa voix ; **~ in** +Akk (Mil) envahir ; **etw fällt jdm ein** qn pense (soudain) à qch ; **das fällt mir gar nicht ein!** il n'en est pas question ! ; **sich** Dat **etw ~ lassen** trouver une solution
einfallsreich adj ingénieux(-euse)
einfältig adj niais(e)
Einfamilienhaus nt maison f individuelle
ein|fangen irr vt attraper ; (Stimmung) rendre
einfarbig adj d'une seule couleur ; (Stoff etc) uni(e)
ein|fassen vt (Beet) entourer ; (Stoff) border ; (Edelstein) enchâsser
Einfassung f bordure f
ein|fetten vt (Backblech) beurrer ; (Hände) enduire de crème ; (Leder, Schuhe) cirer
ein|finden irr vr arriver
ein|fliegen vt acheminer par avion ; (neues Flugzeug) faire un vol d'essai sur
ein|fließen irr vi (Wasser) couler ; (Luft) arriver ; (beiläufig bemerken) : **etw ~ lassen** mentionner qch en passant
ein|flößen vt : **jdm etw ~** faire prendre qch à qn ; (fig : Angst etc) inspirer qch à qn

Einfluss m influence f • **Einflussbereich** m zone f d'influence • **einflussreich** adj influent(e)
einförmig adj monotone • **Einförmigkeit** f monotonie f
ein|frieren irr vi geler ▶ vt (Lebensmittel) congeler
ein|fügen vt insérer; (zusätzlich) ajouter
Einfühlungsvermögen nt capacité f à se mettre à la place des autres
Einfuhr f importation f
ein|führen vt introduire; (importieren) importer; (Mensch) présenter; (in Arbeit, Idee): **jdn in etw** Akk ~ initier qn à qch
Einführung f introduction f; (von Mensch) présentation f; (in Amt) installation f
Einführungspreis m prix m de lancement
Eingabe f (Gesuch) requête f; (Inform) entrée f
Eingabetaste f (Inform) touche f Entrée
Eingang m entrée f; (Wareneingang, Posteingang) arrivée f; (Erhalt) réception f
eingangs adv au début ▶ präp +Gen au début de
Eingangsbestätigung f accusé m de réception, récépissé m
Eingangshalle f hall m d'entrée
ein|geben irr vt (Arznei) administrer; (Inform) entrer; (Gedanken) inspirer
eingebildet adj (Krankheit) imaginaire; (Mensch, Benehmen) vaniteux(-euse), prétentieux(-euse)
Eingeborene(r) f(m) indigène mf
Eingebung f inspiration f
eingefallen adj (Gesicht) creux(creuse)
eingefleischt adj invétéré(e); **~er Junggeselle** célibataire m endurci
ein|gehen irr vi (Eingang finden) entrer; (eintreffen) arriver; (sterben) mourir; (Firma) faire faillite; (Stoff) rétrécir; **auf jdn/etw ~** prêter attention à qn/qch; **auf einen Vorschlag ~** accepter une proposition ▶ vt (Vertrag) conclure; (Risiko) prendre
eingehend adj détaillé(e)
Eingemachte(s) nt conserves fpl
ein|gemeinden vt: **~ in** +Akk rattacher à
eingenommen adj: **von jdm/etw ~ sein** être séduit(e) par qn/qch; **gegen jdn/ etw ~ sein** être prévenu(e) contre qn/qch
eingeschrieben adj (Brief) recommandé(e)
eingespielt adj: **aufeinander ~ sein** bien s'entendre
Eingeständnis nt aveu m

ein|gestehen irr vt avouer
eingestellt adj: **fortschrittlich/ ausländerfeindlich ~ sein** avoir des idées progressistes/xénophobes
eingetragen adj (Verein) reconnu(e) (par les autorités); **~es Warenzeichen** marque f déposée
Eingeweide(-s, -) nt (gew pl) viscères mpl
Eingeweihte(r) f(m) initié(e) m/f
ein|gewöhnen vr: **sich ~ in** +Akk s'habituer à
ein|gießen irr vt verser
eingleisig adj à voie unique; **er denkt sehr ~** il est très étroit d'esprit
ein|graben irr vt (Pflanze) mettre en terre; (Pfahl) enfoncer ▶ vr (Tier) se terrer
ein|greifen irr vi intervenir
Eingreiftruppe f: **schnelle ~** force f d'intervention rapide
Eingriff m intervention f; (Operation) intervention (chirurgicale)
ein|haken vt accrocher ▶ vr: **sich bei jdm ~** prendre le bras de qn ▶ vi (sich einmischen) mettre son grain de sel
Einhalt m: **jdm ~ gebieten** (geh) arrêter qn; **etw** Dat **~ gebieten** mettre un terme à qch
ein|halten irr vt suivre; (Frist) respecter
einhändig adv d'une (seule) main
ein|hängen vt (Tür) monter; (Telefon) raccrocher; **sich bei jdm ~** prendre le bras de qn
einheimisch adj (Ware) du pays; (Bevölkerung) indigène, autochtone • **Einheimische(r)** f(m) autochtone mf
Einheit f unité f • **einheitlich** adj (Kleidung, Gestaltung) uniformisé(e); (Preis) unique; (genormt) standard
Einheitspreis m prix m unique
einhellig adj unanime; **~ ablehnen** rejeter à l'unanimité
ein|holen vt (aufholen) rattraper; (Rat, Erlaubnis) demander; (Tau) haler; (Netz, Segel, Fahne) amener ▶ vi (fam: einkaufen) faire les courses
Einhorn nt licorne f
einhundert num cent
einig adj (vereint) uni(e); **(sich** Dat**) ~ sein** être d'accord; **~ werden** tomber d'accord
einige(r, s) pron (etw: adjektivisch) un peu de; (: substantivisch) un peu; **~ Mal(e)/ Tage** plusieurs fois/jours; **es gibt noch ~s zu regeln** il reste encore plusieurs questions à régler
einigen vt unir ▶ vr: **sich ~ auf** +Akk se mettre d'accord sur
einigermaßen adv assez, plutôt

Einigkeit f unité f ; (Übereinstimmung) accord m
Einigung f (Übereinstimmung) accord m ; (von Ländern) unification f
einjährig adj d'un an
ein|kalkulieren vt prévoir, inclure dans ses calculs
Einkauf m achat m
ein|kaufen vt acheter ▶ vi faire les courses od des achats
Einkaufsbummel m : **einen ~ machen** faire du shopping
Einkaufsgutschein m bon m d'achat
Einkaufsnetz nt filet m à provisions
Einkaufspreis m prix m d'achat
Einkaufswagen m caddie m
Einkaufszentrum nt centre m commercial
ein|kerben vt (Stock) entailler ; (Zeichen) graver
ein|klammern vt mettre entre parenthèses
Einklang m harmonie f ; **in ~ bringen** harmoniser
ein|kleiden vt habiller ; (Gedanken) formuler ▶ vr : **sich ~** se constituer une garde-robe
ein|klemmen vt coincer
ein|knicken vt casser (à demi) ; (Papier) corner ▶ vi fléchir
ein|kochen vt (Marmelade) faire ; (Obst) faire des conserves de
Einkommen(-s, -) nt revenu m
einkommensschwach adj à faible revenu
einkommensstark adj à revenu élevé
Einkommenssteuer f impôt m sur le revenu
ein|kreisen vt encercler
Einkünfte pl revenus mpl
ein|laden irr vt (Person) inviter ; (Gepäck) charger
Einladung f invitation f
Einlage f (Programmeinlage) intermède m ; (Spareinlage) dépôt m ; (in Schuh) support m ; (Zahneinlage) plombage m provisoire
ein|lagern vt (Kartoffel) entreposer, mettre en réserve ; (Möbel) mettre en dépôt
Einlass(-es, ⁼e) m admission f ; **jdm ~ gewähren** laisser entrer qn
ein|lassen irr vt (Mensch) laisser entrer ; (Wasser) faire couler ; (einsetzen : Platte) encastrer ▶ vr : **sich auf etw** Akk **~** s'aventurer dans qch ; **sich mit jdm ~** se commettre avec qn
Einlauf m arrivée f ; (Méd) lavement m

ein|laufen irr vi arriver ; (in Hafen) entrer dans le port ; (Wasser) couler ; (Stoff) rétrécir ▶ vt (Schuhe) porter pour s'y habituer, faire ▶ vr (Sport) s'échauffer ; (Motor, Maschine) se roder
ein|leben vr s'acclimater
Einlegearbeit f marqueterie f
ein|legen vt (Blatt) insérer ; (Culin : Gurken, Heringe) mariner ; (in Holz etc) incruster, appliquer ; (Fin : einzahlen) déposer ; (Pause) faire ; (Protest) formuler ; (Veto) opposer ; (Berufung) faire, interjeter ; **ein gutes Wort für jdn ~** intercéder en faveur de qn
Einlegesohle f semelle f orthopédique
ein|leiten vt (Feier, Rede) commencer ; (Geburt) provoquer
Einleitung f introduction f
ein|leuchten vi : **(jdm) ~** paraître évident(e) (à qn)
einleuchtend adj convaincant(e)
ein|liefern vt livrer ; **jdn ins Krankenhaus ~** hospitaliser qn
ein|loggen vi (Inform) ouvrir une session
ein|lösen vt (Scheck) encaisser ; (Schuldschein, Pfand) retirer ; (Versprechen) tenir
ein|machen vt mettre en conserve
einmal adv (ein einziges Mal) une (seule) fois ; (später, irgendwann) un jour ; (früher, vorher) jadis, une fois ; **nehmen wir ~ an** supposons ; **erst ~** (tout) d'abord ; **noch ~** encore une fois ; **nicht ~** même pas ; **auf ~** tout à coup ; **es war ~** il était une fois
Einmaleins nt tables fpl de multiplication
einmalig adj unique
Einmannbetrieb m entreprise f individuelle
Einmarsch m (Mil) invasion f ; (von Sportlern) entrée f
ein|marschieren vi (Truppen) : **~ (in** +Akk**)** envahir ; (Sportler) faire son entrée (dans)
ein|mischen vr : **sich ~ in** +Akk se mêler de
ein|münden vi : **~ in** +Akk (Fluss) se jeter dans ; (Straße) déboucher sur
einmütig adj unanime
Einnahme f (Geld) recette f, revenu m ; (von Medizin) absorption f ; (Mil) prise f
• **Einnahmequelle** f source f de revenu
ein|nehmen irr vt (Geld) gagner ; (Medizin, Mahlzeit, Mil : Stadt) prendre ; (Raum, Platz) occuper ; **jdn für/gegen jdn/etw ~** prévenir qn en faveur de/contre qn/qch
einnehmend adj (Wesen) charmant(e)
ein|nicken vi piquer un petit somme
ein|nisten vr (fig) s'incruster

Einöde f désert m
ein|ordnen vt (Karteikarten etc) classer ▶ vr (sich anpassen) s'intégrer ; (Auto) prendre la bonne file
ein|packen vt (Geschenke) emballer ; (in Koffer, Paket) mettre
ein|parken vt garer ▶ vi se garer
ein|pendeln vr se stabiliser
ein|pferchen vt parquer
ein|pflanzen vt planter
ein|planen vt prévoir
ein|prägen vt (Zeichen) graver ; (beibringen) : **jdm ~** inculquer à qn ▶ vr (Spuren) s'imprimer ; (Erlebnisse) rester gravé(e) dans la mémoire ; **sich** Dat **etw ~** mémoriser qch
einprägsam adj facile à retenir
ein|rahmen vt encadrer
ein|rasten vi s'enclencher
ein|räumen vt (ordnen) ranger ; (überlassen) laisser, céder ; (zugestehen) concéder
ein|rechnen vt comprendre ; (berücksichtigen) tenir compte de
ein|reden vt : **jdm/sich etw ~** persuader qn/se persuader de qch
ein|reiben irr vt frictionner
ein|reichen vt présenter
Einreise f entrée f
• **Einreisebestimmungen** pl dispositions relatives à l'entrée dans un pays
• **Einreiseerlaubnis**, **Einreisegenehmigung** f visa m d'entrée
ein|reisen vi (in ein Land) entrer
ein|reißen irr vt (Papier) déchirer ; (Gebäude) raser ▶ vi se déchirer ; (Gewohnheit werden) s'enraciner
ein|richten vt (Wohnung) aménager ; (eröffnen) ouvrir ; (arrangieren) arranger ▶ vr (in Haus) s'installer ; (sich anpassen) se débrouiller ; **es (sich** Dat**) so ~, dass …** s'arranger pour que …
Einrichtung f (Wohnungseinrichtung) aménagement m ; (Laboreinrichtung, Praxiseinrichtung) équipement m ; (öffentliche Anstalt) institution f ; (Dienste) service m
ein|rosten vi rouiller ; (fig) se rouiller
ein|rücken vt (Zeile, Text) renfoncer, faire commencer en retrait ▶ vi (in Land) entrer
eins num un(e) ; **es ist mir alles ~** ça m'est égal • **Eins** (-, **-en**) f un m
ein|salzen vt saler
einsam adj seul(e), solitaire • **Einsamkeit** f solitude f
ein|sammeln vt (Geld) recueillir ; (Hefte) ramasser

Einsatz m (Koffereinsatz) compartiment m amovible ; (Stoffeinsatz) empiècement m ; (Spieleinsatz) mise f, enjeu m ; (Bemühung) effort m ; (Risiko) risque m ; (Mil) opération f ; (Mus) entrée f
• **einsatzbereit** adj (Maschine) opérationnel(le) ; (Helfer) disponible
ein|schalten vt (Radio, Licht etc) allumer ; (Pause) faire ; (Anwalt) faire appel à ▶ vr (dazwischentreten) intervenir
ein|schärfen vt : **jdm etw ~** inculquer qch à qn
ein|schätzen vt juger ; (Situation, Arbeit) évaluer ▶ vr se juger
ein|schenken vt verser
ein|schicken vt envoyer
ein|schieben irr vt mettre ; (Sonderzug etc) ajouter ; (Patienten) prendre (entre deux) ; (Diskussion) avoir le temps pour ; **eine Pause ~** faire une pause
ein|schiffen vt embarquer ▶ vr s'embarquer
ein|schlafen irr vi s'endormir ; (Glieder) s'engourdir
einschläfernd adj (Méd) narcotique ; (langweilig) ennuyeux(-euse)
ein|schlagen irr vt (Nagel) enfoncer ; (Fenster, Zähne) casser ; (Schädel) fracasser ; (Auto: Räder) braquer ; (Ware) emballer ; (Weg, Richtung) prendre ; (Laufbahn) suivre, embrasser ▶ vi (sich einigen) toper ; (Anklang finden) avoir du succès ; (Blitz, Bombe) : **~ (in** +Akk**)** tomber (sur)
einschlägig adj (Geschäft) spécialisé(e) ; (Literatur) concernant ce sujet
ein|schleichen irr vr (in Haus) s'introduire (subrepticement) ; (Fehler) se glisser ; **sich in jds Vertrauen ~** s'insinuer dans la confiance de qn
ein|schließen irr vt (Kind, Häftling) enfermer ; (Gegenstand) mettre sous clef ; (Mil) encercler ; (einbegreifen) inclure, comprendre
einschließlich adv, präp +Gen y compris
ein|schmeicheln vr : **sich ~ bei** s'insinuer dans les bonnes grâces de
ein|schnappen vi (Tür) se fermer ; (fam: beleidigt sein) se vexer ; **eingeschnappt sein** avoir pris la mouche
einschneidend adj (Veränderung) profond(e) ; (Bedeutung) primordial(e)
Einschnitt m découpure f ; (Méd) incision f
ein|schränken vt réduire ; (Freiheit, Rechte, Begriff) limiter, restreindre ; (Behauptung) nuancer ▶ vr (sich bescheiden) réduire ses dépenses

Einschränkung f (von Freiheit) limitation f, restriction f; (von Kosten) réduction f; **nur mit/ohne ~** sous/sans réserve
ein|schreiben irr vt inscrire; (Poste) recommander ▶ vr s'inscrire
Einschreiben nt envoi m recommandé
ein|schreiten vi intervenir
Einschub (-s, ⸚e) m insertion f
ein|schüchtern vt intimider
ein|schweißen vt (in Plastik) emballer sous plastique
ein|sehen irr vt (hineinsehen in, verstehen) voir; (prüfen) examiner •**Einsehen** (-s) nt: **ein/kein ~ haben** se montrer compréhensif(-ive)/intransigeant(e)
ein|seifen vt savonner; (fig) embobiner
einseitig adj (Lähmung) partiel(le); (Erklärung, Pol) unilatéral(e); (Ausbildung) trop spécialisé(e); (Darstellung) peu objectif(-ive) •**Einseitigkeit** f (von Beurteilung, Bericht) partialité f; (von Ausbildung) caractère m trop spécialisé
ein|senden irr vt envoyer
Einsender(in) m(f) expéditeur(-trice)
Einsendung f envoi m
ein|setzen vt (einfügen) mettre, poser; (in Amt) nommer; (verwenden) avoir recours à ▶ vi (Kälte) arriver; (Fieber) se déclarer ▶ vr (bemühen) payer de sa personne; **sich für jdn/etw ~** se battre pour qn/qch
Einsicht f (Einblick) aperçu m; (Verständnis) compréhension f; **zu der ~ kommen, dass …** en arriver à la conclusion que …
einsichtig adj (vernünftig) compréhensif(-ive)
Einsiedler (-s, -) m ermite m
einsilbig adj (fig) laconique
Einsilbigkeit f (fig) laconisme m
ein|sinken irr vi s'enfoncer; (Boden) s'affaisser
Einsitzer (-s, -) m monoplace m
ein|spannen vt (Papier) mettre; (Pferde) atteler; (fam: Person) embringuer
ein|sperren vt enfermer
ein|spielen vr s'échauffer ▶ vt (Film: Geld) rapporter; **gut eingespielt** (Team) soudé(e)
einsprachig adj monolingue
ein|springen irr vi (aushelfen): **für jdn ~** remplacer qn au pied levé
ein|spritzen vt injecter
Einspritzmotor m moteur m à injection
Einspruch m objection f
Einspruchsrecht nt droit m d'appel
einspurig adj à une (seule) voie
einst adv autrefois, jadis; (zukünftig) un jour

Einstand m (Tennis) égalité f; (Antritt) entrée f en fonction
ein|stecken vt (Gerät) brancher; (mitnehmen in Tasche etc) prendre; (Prügel, Niederlage) encaisser
ein|stehen irr vi: **~ für** (+Akk) se porter garant(e) (de); **für einen Schaden ~** réparer un dommage
ein|steigen irr vi (sich beteiligen) participer; **~ in** +Akk (in Fahrzeug) monter dans; (in Schiff) s'embarquer sur
Einsteiger(in) (-s, -) (fam) m(f) débutant(e), novice mf
einstellbar adj réglable
ein|stellen vt (Arbeit) arrêter; (Zahlungen) cesser, suspendre; (Geräte, Kamera) régler, mettre au point; (Radio) allumer; (unterstellen) entreposer ▶ vr (erscheinen) se manifester; **sich auf jdn/etw ~** s'adapter à qn/qch
Einstellung f (von Arbeitskräften) embauche f; (das Regulieren) réglage m, mise f au point; (das Aufhören) arrêt m, cessation f; (Haltung, Ansicht) attitude f
Einstieg (-(e)s, -e) m (das Einsteigen) montée f; (fig) entrée f
einstig adj ancien(ne)
ein|stimmen vi (mitmachen) se mettre de la partie ▶ vt (in Stimmung bringen) mettre dans l'ambiance
einstimmig adj unanime •**Einstimmigkeit** f unanimité f
einstmalig adj ancien(ne)
einstmals adv autrefois
einstöckig adj (Haus) à un (seul) étage
ein|studieren vt (Rolle) apprendre; (Lied) répéter
einstündig adj d'une heure
ein|stürmen vi: **auf jdn mit Fragen/ Eindrücken ~** assaillir qn de questions/ d'impressions
Einsturz m (von Gebäude) effondrement m
ein|stürzen vi s'effondrer, s'écrouler
Einsturzgefahr f danger m d'effondrement
einstweilen adv en attendant
einstweilig adj provisoire
eintägig adj d'un jour
ein|tauchen vt (in Flüssigkeit) tremper ▶ vi plonger
ein|tauschen vt échanger
eintausend num mille
ein|teilen vt (in Teile) diviser; (sinnvoll aufteilen) répartir
einteilig adj (Badeanzug) une pièce inv
eintönig adj monotone •**Eintönigkeit** f monotonie f
Eintopf m plat m unique

Eintracht f concorde f, harmonie f
einträchtig adv en (bonne) harmonie
Eintrag (**-(e)s, ⁻e**) m inscription f; **amtlicher ~** enregistrement m
ein|tragen irr vt (einschreiben, einzeichnen) inscrire ; (einbringen) rapporter ▸ vr (in Liste): **sich ~ (in +Akk)** s'inscrire (sur) ; **jdm etw ~** valoir qch à qn
einträglich adj lucratif(-ive)
ein|treffen irr vi (ankommen) arriver ; (wahr werden) se réaliser
ein|treten irr vi entrer ; (sich ereignen) se produire ; **für jdn/etw ~** intervenir en faveur de qn/qch
Eintritt m entrée f; **bei ~ der Dunkelheit** à la tombée de la nuit
Eintrittsgeld nt prix m du billet
Eintrittskarte f billet m
Eintrittspreis m prix m du billet
ein|trocknen vi se dessécher
ein|üben vt étudier ; (Théât) répéter
ein|verleiben vt incorporer ; **sich** Dat **etw ~** (Land, Gebiet) annexer qch
Einvernehmen (**-s, -**) nt accord m
einverstanden interj d'accord ▸ adj: **~ sein (mit)** être d'accord (avec)
Einverständnis (**-ses**) nt accord m
Einwand (**-(e)s, ⁻**) m objection f
Einwanderer m immigrant m, immigré m
ein|wandern vi: **~ (in +Akk od nach)** immigrer (en)
Einwanderung f immigration f
Einwanderungsland nt pays m d'immigration
einwandfrei adj (Ware) impeccable, sans défaut ; (Benehmen) irréprochable ; (Beweis) irréfutable
einwärts adv vers l'intérieur
ein|wecken vt mettre en conserve
Einwegflasche f bouteille f non consignée
Einwegspritze f seringue f jetable
Einwegverpackung f emballage m jetable
ein|weichen vt faire tremper
ein|weihen vt (Brücke, Gebäude) inaugurer ; (fam: zum ersten Mal benutzen) étrenner ; **jdn in etw** Akk **~** initier qn à qch
Einweihung f inauguration f
ein|weisen irr vt (in Amt) installer ; (in Arbeit) initier ; **~ (in +Akk)** (in Anstalt, Krankenhaus) envoyer od faire admettre (à od dans)
Einweisung f (in Amt) installation f; (in Arbeit) initiation f; (in Krankenhaus) hospitalisation f
ein|wenden irr vt objecter

ein|werfen irr vt (Brief) mettre à la boîte, poster ; (Münze) introduire ; (Sport: Ball) remettre en jeu ; (Fenster) casser ; (äußern) objecter
ein|wickeln vt (Ware) emballer
ein|willigen vi: **~ (in +Akk)** consentir (à)
Einwilligung f consentement m
ein|wirken vi: **auf jdn/etw ~** influer sur qn/qch ; **etw ~ lassen** (Méd) attendre l'effet de qch
Einwirkung f influence f; (Méd) effet m
Einwohner(in) (**-s, -**) m(f) habitant(e)
  • **Einwohnermeldeamt** nt en Allemagne, administration chargée d'enregistrer les changements de domicile
  • **Einwohnerschaft** f population f, habitants mpl
Einwurf m (Einwand) objection f; (Sport) remise f en jeu ; (Öffnung) ouverture f
Einzahl f singulier m
ein|zahlen vt (Geld) verser
Einzahlung f versement m
ein|zäunen vt clôturer
ein|zeichnen vt inscrire
Einzel (**-s, -**) nt (Tennis) simple m
  • **Einzelbett** nt lit m à une place
  • **Einzelfahrschein** m billet m simple
  • **Einzelfall** m cas m isolé
  • **Einzelgänger(in)** m(f) solitaire mf
  • **Einzelhaft** f régime m cellulaire
  • **Einzelhandel** m commerce m de détail, petit commerce • **Einzelheit** f détail m
  • **Einzelkind** nt enfant mf unique
einzeln adj seul(e), unique ; (vereinzelt) isolé(e) ▸ adv: **~ angeben** spécifier ; **der/die E~e** l'individu m ; **ins E~e gehen** entrer dans les détails
Einzelteil nt pièce f détachée
Einzelzimmer nt (in Hotel) chambre f à un lit
ein|ziehen irr vt (Kopf) baisser ; (Fühler) rétracter ; (Zwischenwand) dresser ; (Steuern) percevoir ; (Erkundigungen) prendre ; (Rekruten) appeler (sous les drapeaux) ▸ vi (in Wohnung) emménager ; (in Land, Stadion etc) entrer ; (Friede, Ruhe) s'établir ; (Flüssigkeit, Salbe) pénétrer
einzig adj unique, seul(e) ; (ohnegleichen) unique ▸ adv (nur) seulement
  • **einzigartig** adj unique, extraordinaire
Einzug m (in Haus) emménagement m
Eis (**-es, -**) nt glace f • **Eisbahn** f patinoire f
  • **Eisbär** m ours m blanc • **Eisbecher** m coupe f glacée • **Eisbein** nt jarret m de porc • **Eisberg** m iceberg m
  • **Eisbergsalat** m batavia f • **Eisblumen** pl cristaux mpl de glace • **Eisdecke** f couche f de glace • **Eisdiele** f glacier m

Eisen(-s, -) nt fer m
Eisenbahn f chemin m de fer
• **Eisenbahner**(-s, -) m cheminot m
• **Eisenbahnschaffner** m contrôleur m des chemins de fer
• **Eisenbahnübergang** m passage m à niveau • **Eisenbahnwagen** m wagon m, voiture f (de chemin de fer)
Eisenerz nt minerai m de fer
eisenhaltig adj ferrugineux(-euse)
eisern adj de fer ▶ adv tenacement, avec ténacité
Eisfach nt freezer m
eisfrei adj (Straße) non verglacé(e)
Eishockey nt hockey m sur glace
eisig adj glacial(e)
eiskalt adj (Wasser) glacé(e) ; (Miene, Typ) glacial(e)
Eiskunstlauf m patinage m artistique
Eislauf m patinage m
Eispickel m piolet m
Eisschießen nt curling m
Eisschrank m frigidaire® m
Eiswürfel m glaçon m
Eiszapfen m glaçon m
Eiszeit f période f glaciaire
eitel adj (Mensch) vaniteux(-euse) ; (Freude) pur(e) • **Eitelkeit** f vanité f
Eiter(-s) m pus m
eitern vi suppurer
Eiweiß(-es, -e) nt blanc m d'œuf ; (Chim) albumine f
Eizelle f ovule m
Ekel[1] (-s) m dégoût m
Ekel[2] (-s, -) (fam) nt (Mensch) individu m répugnant
ekelerregend adj dégoûtant(e)
ekelhaft, **ek(e)lig** adj dégoûtant(e)
ekeln vt dégoûter ▶ vr: **sich vor etw** Dat **~** trouver qch dégoûtant od répugnant
EKG(-) nt abk (= Elektrokardiogramm) électrocardiogramme m
Ekstase f extase f
Ekzem(-s, -e) nt eczéma m
Elan(-s) m enthousiasme m
elastisch adj élastique ; (Bewegung) souple
Elastizität f élasticité f
Elbe f Elbe f
Elch(-(e)s, -e) m élan m
Elefant m éléphant m
elegant adj élégant(e)
Eleganz f élégance f
Elektriker(-s, -) m électricien m
elektrisch adj électrique
elektrisieren vt électriser ▶ vr recevoir une décharge électrique
Elektrizität f électricité f

Elektrizitätswerk nt centrale f électrique
Elektroartikel m appareil m électroménager
Elektroauto nt voiture f électrique
Elektrode f électrode f
Elektrofahrrad nt VAE f (= vélo à assistance électrique)
Elektroherd m cuisinière f électrique
Elektrokardiogramm nt électrocardiogramme m
Elektrolyse f électrolyse f
Elektromotor m moteur m électrique
Elektron(-s, -en) nt électron m
Elektronik f électronique f
elektronisch adj électronique
Elektrorasierer m rasoir m électrique
Elektrosmog m émissions fpl électromagnétiques
Elektrotechnik f électrotechnique f
Element(-s, -e) nt élément m ; **in seinem ~ sein** être dans son élément
elementar adj élémentaire
elend adj misérable ; (krank) malade ; (fam: Hunger) terrible ▶ adv: **~ aussehen** avoir très mauvaise mine ; **es war ~ kalt** il faisait un froid de loup ; **mir ist ganz ~** je ne me sens vraiment pas bien • **Elend** (-(e)s) nt misère f
elendiglich adv misérablement
Elendsviertel nt bidonville m
elf num onze • **Elf**(-, -en) f (Sport) onze m
Elfe f elfe m, lutin m
Elfenbein nt ivoire m • **Elfenbeinküste** f: **die ~** la Côte d'Ivoire
Elfmeter m (Sport) penalty m
Elfmeterschießen(-s) nt tir m au but
eliminieren vt éliminer
Elite f élite f
Elixier(-s, -e) nt élixir m
Ellbogen m = Ellenbogen
Elle f (Maßeinheit, Messstab) aune f
Ellenbogen, **Ellbogen** m coude m
Ellipse f ellipse f
Elsass nt (-): **das ~** l'Alsace f
Elsässer(in) m(f) Alsacien(ne)
Elster(-, -n) f pie f
elterlich adj des parents, parental(e)
Eltern pl parents mpl • **Elternhaus** nt maison f familiale • **elternlos** adj sans parents • **Elternzeit** f ≈ congé m parental d'éducation
Email(-s, -s) nt émail m
E-Mail(-) f courrier m électronique, e-mail m
E-Mail-Adresse f adresse f e-mail, adresse f électronique
emaillieren vt émailler

Emanze | 448

Emanze f féministe f
Emanzipation f émancipation f
emanzipieren vt émanciper ▶ vr s'émanciper
Embargo (**-s, -s**) nt embargo m
Embryo (**-s, -s** od **-nen**) m embryon m
Embryonenforschung f recherche f embryons
Emigrant(in) m(f) émigré(e)
Emigration f émigration f
emigrieren vi émigrer
Emoticon (**-s, -s**) nt icône f émotive
emotional adj émotif(-ive)
empfahl etc vb siehe **empfehlen**
empfand etc vb siehe **empfinden**
Empfang (**-(e)s, ⁻e**) m (Radio, TV) réception f; (Begrüßung) accueil m; **ein Päckchen in ~ nehmen** prendre livraison d'un colis; **nach** od **bei ~ zahlbar** payable à la livraison
empfangen irr vt recevoir ▶ vi (schwanger werden) concevoir
Empfänger(in) (**-s, -**) m(f) (von Brief, Paket etc) destinataire mf
empfänglich adj: **~ (für)** sensible (à)
Empfängnis (**-, -se**) f conception f • **Empfängnisverhütung** f contraception f
Empfangsbestätigung f accusé m de réception
Empfangsdame f réceptionniste f
Empfangsschein m reçu m
empfehlen irr vt recommander; **es empfiehlt sich ...** il est recommandé de ...
empfehlenswert adj à recommander
Empfehlung f recommandation f
Empfehlungsschreiben nt lettre f de recommandation
empfinden irr vt ressentir, éprouver
empfindlich adj (Stelle, Gerät) sensible; (Stoff) fragile; (leicht beleidigt) susceptible; (hart, schmerzlich) sensible • **Empfindlichkeit** f sensibilité f; (leichte Reizbarkeit) susceptibilité f
empfindsam adj sensible
Empfindung f sensation f; (Seelenempfindung) sentiment m
empfindungslos adj insensible
empfing vb siehe **empfangen**
empfohlen pp von **empfehlen**
empor adv vers le haut
empören vt indigner
empörend adj scandaleux(-euse)
empor|kommen vi s'élever; (vorankommen) réussir
Emporkömmling m parvenu m
Empörung f indignation f

emsig adj (Mensch) affairé(e)
Endbahnhof m (gare f) terminus m
Ende (**-s, -n**) nt fin f; (Stelle, wo etw aufhört) bout m, extrémité f; **am ~** à la fin; **am ~ sein** être au bout du rouleau; **~ Dezember** fin décembre; **zu ~ gehen** toucher à sa fin, prendre fin; **der Film/die Pause ist (gleich) zu ~** le film/la récréation est (presque) terminé(e); **ich bin mit meiner Geduld am ~** je suis à bout de patience
enden vi finir, se terminer
endgültig adj définitif(-ive)
Endivie f chicorée f
Endlager nt centre m de stockage définitif
Endlagerung f stockage m des déchets radioactifs
endlich adj (Math, Philos) fini(e) ▶ adv enfin, finalement
endlos adj sans fin; (langwierig) interminable
Endlospapier nt papier m en continu
Endspiel nt finale f
Endspurt m sprint m final
Endstation f terminus m
Endung f terminaison f
Energie f énergie f • **Energiebedarf** m besoins mpl énergétiques • **Energiekrise** f crise f de l'énergie • **energielos** adj sans énergie • **energiesparend** adj qui consomme peu d'énergie
Energiewende f voir article
: **Energiewende** désigne la politique du
: gouvernement fédéral destinée à
: renoncer peu à peu aux énergies
: fossiles, et surtout au nucléaire afin
: d'atteindre une énergie produite à 35%
: par des énergies renouvelables d'ici
: 2020. Elle vise également des
: économies d'énergie, notamment
: d'électricité qui devrait réussir à être
: produite à 80% par des énergies
: renouvelables d'ici à 2050. Néanmoins,
: certains s'interrogent sur le coût de
: cette politique.

Energiewirtschaft f secteur m de la production d'énergie
energisch adj énergique
eng adj étroit(e); (fig: Horizont) limité(e)
Engadin nt: **das ~** l'Engadine f
Engagement (**-s, -s**) nt (von Künstler) engagement m; (Einsatz) engagement (personnel)
engagieren vt (Künstler) engager ▶ vr s'engager
Enge f étroitesse f; (Meerenge) détroit m; **jdn in die ~ treiben** acculer qn

Engel (-s, -) m ange m • **engelhaft** adj angélique
engherzig adj mesquin(e)
England nt l'Angleterre f
Engländer(in) (-s, -) m(f) Anglais(e)
englisch adj anglais(e) • **Englisch** nt (Ling) l'anglais m
Engpass m (Versorgungsschwierigkeiten) difficultés fpl d'approvisionnement ; (Verkehr) rétrécissement m
en gros adv en gros
engstirnig adj (Mensch) borné(e) ; (Entscheidung) d'un esprit borné
Enkel (-s, -) m petit-fils m • **Enkelin** f petite-fille f • **Enkelkind** nt : **meine ~er** mes petits-enfants
en masse adv en masse
enorm adj énorme
Ensemble (-s, -s) nt (Théât) troupe f ; (Mus, Kleidung) ensemble m
entarten vi dégénérer
entbehren vt se passer de
entbehrlich adj superflu(e)
Entbehrung f privation f
entbinden irr vt (Méd) accoucher ▶ vi (Méd) accoucher ; **~ (von)** dispenser (de)
Entbindung f (Méd) accouchement m
Entbindungsheim nt clinique f obstétrique
entblößen vt dénuder ▶ vr se déshabiller
entdecken vt découvrir
Entdecker(in) (-s, -) m(f) découvreur(-euse)
Entdeckung f découverte f
Ente f canard m
entehren vt déshonorer
enteignen vt exproprier
enteisen vt (auftauen) dégivrer
enterben vt déshériter
entfachen vt attiser
entfallen irr vi (wegfallen, ausfallen) être supprimé(e) ; **jdm ~** (vergessen) échapper à qn ; **auf jdn ~** revenir à qn
entfalten vt déployer ; (Karte auch) déplier ▶ vr s'épanouir ; (Talente) se développer
entfernen vt : **~ (aus** od **von)** enlever (de) ▶ vr s'éloigner
entfernt adj éloigné(e) ; **weit (davon) ~ sein, etw zu tun** être loin de faire qch
Entfernung f (Abstand) distance f ; (Wegschaffen) enlèvement m
Entfernungsmesser m (Photo) télémètre m
entfesseln vt déclencher
entfremden vt (+Dat) éloigner (de) ▶ vr : **sich jdm/einer Sache ~** se détacher de qn/qch

Entfremdung f aliénation f
entfrosten vt dégivrer
Entfroster (-s, -) m (Auto) dégivreur m
entführen vt enlever ; (Flugzeug) détourner
Entführer(in) m(f) ravisseur(-euse) ; (von Flugzeug) pirate m de l'air
Entführung f enlèvement m, rapt m ; (von Flugzeug) détournement m
entgegen präp +Dat contre ▶ adv : **neuen Ufern ~!** en avant vers de nouveaux rivages ! • **entgegen|bringen** irr vt : **jdm etw ~** faire preuve de od témoigner de qch envers qn • **entgegen|gehen** irr vi +Dat aller à la rencontre de • **entgegengesetzt** adj opposé(e), contraire ; (widersprechend) contradictoire • **entgegen|halten** irr vt (fig) objecter • **entgegen|kommen** irr vi +Dat venir à la rencontre de ; (Zugeständnisse machen) accéder à • **Entgegenkommen** (-s) nt (Freundlichkeit) prévenance f ; (Zugeständnis) concession f • **entgegenkommend** adj obligeant(e) • **entgegen|nehmen** irr vt recevoir, accepter • **entgegen|sehen** irr vi : **einer Sache** Dat **~** attendre qch • **entgegen|treten** irr vi +Dat (sich in den Weg stellen) s'opposer à ; (einem Vorurteil) combattre • **entgegen|wirken** vi +Dat contrecarrer
entgegnen vt, vi (antworten) répliquer
Entgegnung f riposte f
entgehen irr vi +Dat échapper à ; **sich** Dat **etw ~ lassen** manquer qch
entgeistert adj hébété(e)
Entgelt (-(e)s, -e) nt rémunération f
entgelten irr vt : **jdm etw ~** récompenser qn de od pour qch
entgleisen vi dérailler
Entgleisung f déraillement m
entgleiten irr vi échapper
entgräten vt enlever les arêtes de
Enthaarungscreme f dépilatoire m
enthalten irr vt contenir ▶ vr s'abstenir ; **sich der Stimme ~** s'abstenir
enthaltsam adj sobre ; (sexuell) chaste • **Enthaltsamkeit** f sobriété f ; (sexuell) chasteté f
enthemmen vt, vi désinhiber
enthüllen vt dévoiler
Enthüllung f révélation f
Enthusiasmus m enthousiasme m
enthusiastisch adj enthousiaste
entkernen vt dénoyauter
entkommen irr vi réussir à s'échapper
entkorken vt déboucher

entkräften vt (Mensch) épuiser; (Argument) réfuter

entladen irr vt décharger ▶ vr (Élec) se décharger; (Gewitter, Ärger etc) éclater

entlang präp (+Akk od Dat) le long de
• **entlang|gehen** irr vi marcher le long de ▶ vi: **an etw** Dat ~ longer qch

entlarven vt (Betrüger) démasquer; (Absicht) dévoiler

entlassen irr vt (Arbeiter) licencier

Entlassung f (von Arbeiter) licenciement m

entlasten vt décharger; (Verkehr) délester; (Angeklagten) disculper; (Konto) créditer

Entlastung f (von Arbeit) décharge f; (des Verkehrs) délestage m; (des Angeklagten) disculpation f; (des Vorstandes) approbation f

Entlastungszeuge m témoin m à décharge

entledigen vr +Gen (einer Person) se débarrasser de; (eines Auftrags) s'acquitter de

entlegen adj (Ort) isolé(e)

entlocken vt: **jdm etw ~** arracher qch à qn

entlüften vt aérer, ventiler; (Heizung etc) purger

entmachten vt destituer

entmenscht adj déshumanisé(e)

entmündigen vt (Jur) frapper d'incapacité

entmutigen vt décourager

Entnahme f prélèvement m

entnehmen irr vt: **~ (aus)** (Waren) prendre (dans); (folgern) conclure; **wie ich Ihren Worten entnehme, ...** d'après ce que vous venez de dire, ...

entpacken vt (Inform) décompacter

entpuppen vr: **sich als etw ~** s'avérer être qch

entrahmen vt écrémer

entreißen irr vt arracher

entrichten vt acquitter

entrosten vt débarrasser de sa rouille

entrüsten vt indigner ▶ vr: **sich ~ (über +Akk)** s'indigner (de)

entrüstet adj indigné(e)

Entrüstung f indignation f

entsagen vi +Dat renoncer à

entschädigen vt: **~ (für)** dédommager (de)

Entschädigung f dédommagement m, indemnité f

entschärfen vt désamorcer

Entscheid (-(e)s, -e) m décision f

entscheiden irr vt décider ▶ vr se décider; **sich für/gegen jdn/etw ~** se décider pour/contre qn/qch

entscheidend adj décisif(-ive); (Unterschied) capital(e)

Entscheidung f décision f

Entscheidungsspiel nt belle f

Entscheidungsträger(in) m(f) décideur(-euse)

entschieden adj (Gegner) résolu(e); (Meinung) catégorique; (klar, entschlossen) net(te); **das geht ~ zu weit** cela dépasse vraiment les bornes
• **Entschiedenheit** f détermination f

entschlacken vt (Méd) débarrasser de ses toxines

entschließen irr vr se décider

entschlossen adj décidé(e)
• **Entschlossenheit** f résolution f

Entschluss m décision f

entschlüsseln vt (Text) déchiffrer; (Geheimnachricht, Funkspruch) décoder

entschlussfreudig adj qui se décide facilement

Entschlusskraft f résolution f

entschuldbar adj pardonnable

entschuldigen vt excuser ▶ vr: **sich ~ für** s'excuser de

Entschuldigung f excuse f; **jdn um ~ bitten** demander pardon à qn

entsetzen vt horrifier • **Entsetzen** (-s) nt (von Mensch) horreur f

entsetzlich adj effroyable

entsetzt adj horrifié(e)

entsichern vt armer

entsinnen irr vr: **sich (einer Sache** Gen od **an etw** Akk**) ~** se souvenir (de qch), se rappeler (qch)

entsorgen vt éliminer les déchets produits par

Entsorgung f élimination f des déchets

entspannen vt détendre ▶ vr se détendre

Entspannung f détente f

Entspannungspolitik f politique f de détente

Entspannungsübungen pl exercices mpl de relaxation

entsprechen irr vi +Dat correspondre à; **den Anforderungen** Dat **~** répondre od satisfaire aux exigences; **den Wünschen** Dat **~** correspondre aux désirs

entsprechend adj (angemessen) correspondant(e) ▶ adv en conséquence

entspringen irr vi (Fluss) prendre sa source; (sich aus etw erklären lassen) être dû (due) à

entstehen irr vi naître; (Unruhe) se produire; (Kosten) être occasionné(e)

Entstehung f origine f
entstellen vt (Mensch) défigurer ; (Bericht, Wahrheit) déformer
entstören vt (Radio, Tél) déparasiter ; (Auto) munir d'un dispositif antiparasite
enttäuschen vt décevoir
Enttäuschung f déception f
entwaffnen vt désarmer • **entwaffnend** adj désarmant(e)
Entwarnung f fin f d'alerte
entwässern vt drainer, assainir
Entwässerung f drainage m
entweder konj: **~ ... oder ...** soit ... soit ..., ou (bien) ... ou (bien) ...
entweichen irr vi fuir
entweihen vt profaner
entwenden vt dérober
entwerfen irr vt (Zeichnung) esquisser ; (Modell) concevoir ; (Plan) dresser ; (Gesetz) rédiger
entwerten vt dévaluer ; (Fahrschein) composter
Entwerter (-s, -) m composteur m
entwickeln vt développer ▶ vr se développer
Entwickler (-s, -) m révélateur m
Entwicklung f développement m
Entwicklungshelfer(in) m(f) coopérant(e)
Entwicklungshilfe f aide f au développement
Entwicklungsjahre pl puberté f
Entwicklungsland nt pays m en voie de développement
entwirren vt démêler, débrouiller
entwöhnen vt sevrer ; (Süchtige) désintoxiquer
Entwöhnung f sevrage m
entwürdigend adj dégradant(e)
Entwurf m (Zeichnung) croquis m ; (Konzept, Vertragsentwurf) projet m
entwurzeln vt déraciner
entziehen irr vt +Dat (Führerschein, Erlaubnis, Unterstützung) retirer (à) ▶ vr: **sich jdm/einer Sache ~** échapper à qn/à qch ; **sich der Pflicht/ Verantwortung ~** se dérober à ses obligations/son devoir
Entziehungskur f cure f de désintoxication
entziffern vt déchiffrer
entzücken vt ravir • **Entzücken** (-s) nt ravissement m
entzückend adj ravissant(e) ; (Kind) adorable
Entzug (-(e)s) m (einer Lizenz etc) retrait m ; (Méd) désintoxication f
Entzugserscheinung f symptôme m de manque

451 | **Erdachse**

entzünden vt (Fackel, Feuer) allumer ; (Begeisterung) déchaîner ; (Streit) déclencher ▶ vr s'enflammer
Entzündung f (Méd) inflammation f
entzwei adv cassé(e) • **entzwei|brechen** irr vt casser (en deux) ▶ vi se casser
entzweien vt (Familie) désunir ; (Freunde) brouiller ▶ vr (Familie) être désuni(e) ; **sich mit jdm ~** se brouiller avec qn
entzwei|gehen irr vi se casser ; (Freundschaft) se briser
Enzian (-s, -e) m gentiane f
Enzyklopädie f encyclopédie f
Enzym (-s, -e) nt enzyme m
Epidemie f épidémie f
Epilepsie f épilepsie f
Epileptiker(in) (-s, -) m(f) épileptique mf
episch adj épique
Episode f épisode m
Epoche f époque f
Epos (-, **Epen**) nt épopée f
er pron il
erachten (geh) vt: **etw als/für etw ~** considérer qch comme qch
erbarmen vr +Gen avoir pitié de
• **Erbarmen** (-s) nt pitié f
erbärmlich adj (Zustände) lamentable, déplorable ; (gemein) misérable
Erbärmlichkeit f (von Zuständen) état m lamentable ; (Gemeinheit) bassesse f
erbarmungslos adj sans pitié
erbarmungswürdig adj pitoyable ; (Mensch) digne de pitié
erbauen vt (Stadt) bâtir ; (fig) édifier ▶ vr: **sich an etw** Dat **~** être édifié(e) par qch
Erbauer (-s, -) m bâtisseur m
erbaulich adj édifiant(e)
Erbauung f: **etw zur ~ lesen/hören** lire/écouter qch pour son édification
Erbe¹ (-n, -n) m héritier m
Erbe² (-s) nt héritage m
erben vt, vi hériter (de)
erbeuten vt prendre
Erbfaktor m facteur m héréditaire
Erbfolge f ordre m de succession
Erbin f héritière f
erbittert adj acharné(e)
erblassen vi pâlir
erblich adj héréditaire
Erbmasse f (Jur) masse f successorale ; (Biol) génotype m
erbrechen irr vt, vr vomir
Erbrecht nt droit m successoral
Erbschaft f héritage m
Erbse f petit pois m
Erbstück nt objet m hérité
Erbteil nt (Jur) part f d'héritage
Erdachse f axe m de la terre

Erdapfel (Österr) m pomme f de terre
Erdbahn f orbite f terrestre
Erdbeben nt tremblement m de terre
Erdbeere f fraise f
Erdboden m sol m
Erde f terre f; (Boden) sol m • **erden** vt (Élec) relier à la terre
erdenkbar adj imaginable; **sich** Dat **alle ~e Mühe geben** se donner toutes les peines du monde
erdenklich adj = erdenkbar
Erderwärmung f réchauffement m de la planète
Erdgas nt gaz m inv naturel
Erdgeschoss nt rez-de-chaussée m inv
Erdkunde f géographie f
Ednuss f cacahuète f
Erdoberfläche f surface f de la terre
Erdöl nt pétrole m
erdreisten vr: **sich ~, etw zu tun** avoir l'audace de faire qch
erdrosseln vt étrangler
erdrücken vt écraser; (fig) accabler
Erdrutsch m glissement m de terrain
Erdteil m continent m
erdulden vt endurer
eifern vr: **sich über etw ~** Akk od **wegen einer Sache** Gen **~** s'exciter à cause de qch
ereignen vr se produire, survenir
Ereignis nt événement m • **ereignisreich** adj mouvementé(e)
erfahren irr vt apprendre; (erleben) éprouver ▶ adj expérimenté(e)
Erfahrung f expérience f
erfahrungsgemäß adv par expérience
erfassen vt saisir; (einbeziehen) comprendre; (registrieren) recenser
erfinden irr vt inventer
Erfinder(in) m(f) inventeur(-trice)
erfinderisch adj inventif(-ive)
Erfindung f invention f
Erfindungsgabe f imagination f
Erfolg (**-(e)s, -e**) m succès m; **~ versprechend** (Versuch, Unternehmen) prometteur(-euse)
erfolglos adj (Mensch) qui n'a pas de succès; (Versuch, Unternehmen) infructueux(-euse)
Erfolglosigkeit f (von Mensch) manque m de succès; (von Versuch, Unternehmen) échec m
erfolgreich adj (Mensch) qui a du succès; (Versuch, Unternehmen) couronné(e) de succès
Erfolgserlebnis nt succès m
erfolgversprechend adj siehe **Erfolg**

erforderlich adj nécessaire; (Kenntnisse) requis(e)
erfordern vt demander, requérir
Erfordernis nt exigence f
erforschen vt (Land) explorer; (Problem) étudier
Erforscher(in) m(f) explorateur(-trice)
Erforschung f exploration f
erfragen vt demander
erfreuen vr: **sich an etw ~** se réjouir de qch ▶ vt faire plaisir à; **sich bester Gesundheit** Gen etc **~** être en parfaite santé etc
erfreulich adj (Ergebnis) qui fait plaisir
erfreulicherweise adv heureusement
erfrieren irr vi (Mensch) mourir de froid; (Pflanzen) geler
erfrischen vt rafraîchir ▶ vr se rafraîchir
Erfrischung f rafraîchissement m
Erfrischungsraum m buvette f
Erfrischungstuch nt serviette f rafraîchissante
erfüllen vt remplir; (Bitte) satisfaire; (Erwartung) répondre à ▶ vr se réaliser
Erfüllung f (von Wunsch) réalisation f; **in ~ gehen** se réaliser, devenir réalité; **~ finden** s'épanouir
ergänzen vt compléter ▶ vr se compléter
Ergänzung f complément m; (Zusatz) supplément m
ergattern (fam) vt réussir à avoir
ergaunern (fam) vt se procurer de manière malhonnête
ergeben irr vt (Betrag, Summe) rapporter; (Bild) donner ▶ vr (kapitulieren) se rendre; (folgen) s'ensuivre, en résulter ▶ adj dévoué(e) • **Ergebenheit** f dévouement m
Ergebnis nt résultat m • **ergebnislos** adj sans résultat
ergehen irr vi (Befehl) être donné(e); (Gesetz) paraître ▶ vi unpers: **es erging ihm gut/schlecht** cela s'est bien/mal passé pour lui; **etw über sich ~ lassen** supporter od subir qch patiemment
ergiebig adj (Quelle) abondant(e); (Untersuchung) fructueux(-euse); (Boden) fertile
Ergonomie f ergonomie f
ergonomisch adj ergonomique
Ergotherapie f ergothérapie f
ergreifen irr vt saisir; (Täter) arrêter; (Beruf) embrasser; (Maßnahmen) prendre; (innerlich rühren) toucher
ergreifend adj émouvant(e)
ergriffen adj: **~ sein** être ému(e) ▶ pp von **ergreifen**

erhaben adj en relief ; (*Anblick*) sublime ; **über etw** Akk **~ sein** être au-dessus de qch
erhalten irr vt recevoir ; (*bewahren*) conserver ▶ adj: **gut ~** bien conservé(e)
erhältlich adj (*Ware*) disponible, en vente
Erhaltung f (*Bewahrung*) maintien m ; (: *von Gebäude, Energie*) conservation f
erhängen vt pendre
erhärten vt durcir ; (*Behauptung*) confirmer
erheben irr vt lever ; (*rangmäßig: Protest*) élever ; (*Klage*) porter ▶ vr (*aufstehen, ausbrechen*) se lever ; (*Frage*) se poser ; (*sich auflehnen*) se soulever ; **Anspruch auf etw** Akk **~** revendiquer qch
erheblich adj considérable
erheitern vt égayer
Erheiterung f amusement m ; **zur allgemeinen ~** à la grande joie de tous
erhellen vt (*Zimmer*) éclairer ; (*Geheimnis*) éclaircir ▶ vr s'éclaircir ; (*Gesicht*) s'illuminer
erhitzen vt chauffer ; (*erregen*) échauffer ▶ vr chauffer ; (*fig*) s'exciter
erhoffen vt espérer ; **was erhoffst du dir davon?** qu'est-ce que tu espères y gagner ?
erhöhen vt (*Mauer, Gebäude*) réhausser ; (*Steuern, Geschwindigkeit, Risiko*) augmenter
Erhöhung f (*von Gehalt, Risiko*) augmentation f
erholen vr (*von Krankheit*) se remettre ; (*entspannen*) se reposer
erholsam adj reposant(e)
Erholung f (*Gesundheit*) rétablissement m ; (*Entspannung*) repos m
erholungsbedürftig adj qui a besoin de repos
Erholungsgebiet nt région f de villégiature
Erholungsheim nt maison f de repos
erhören vt exaucer
Erika (-, **Eriken**) f bruyère f
erinnern vt: **~ (an** +Akk) rappeler ▶ vr: **sich ~ (an** +Akk) se souvenir (de)
Erinnerung f souvenir m ; **Erinnerungen** pl (*Litt*) mémoires mpl ; **zur ~ an** +Akk en souvenir de
Erinnerungstafel f plaque f commémorative
erkälten vr prendre froid
erkältet adj enrhumé(e) ; **~ sein** être enrhumé(e)
Erkältung f rhume m, refroidissement m
erkennbar adj reconnaissable

erkennen irr vt reconnaître ; (*Krankheit*) diagnostiquer ; (*wahrnehmen*) distinguer
erkenntlich adj: **sich für etw** Akk **~ zeigen** exprimer sa reconnaissance pour qch • **Erkenntlichkeit** f reconnaissance f ; (*Geschenk*) marque f de reconnaissance
Erkenntnis f reconnaissance f ; **zu der ~ kommen** od **gelangen, dass ...** en arriver à la conclusion que ...
Erkennung f reconnaissance f
Erkennungsmarke f plaque f d'identité
Erker (**-s, -**) m encorbellement m • **Erkerfenster** nt oriel m
erklärbar adj explicable
erklären vt expliquer
erklärlich adj explicable ; (*verständlich*) compréhensible
Erklärung f explication f ; (*Mitteilung*) déclaration f
erklecklich adj considérable
erklingen irr vi retentir
erkranken vi tomber malade
Erkrankung f maladie f
erkunden vt (*bes Mil: Gelände*) reconnaître ; (*herausfinden*) apprendre
erkundigen vr: **sich nach etw ~** se renseigner sur od s'informer de qch
Erkundigung f demande f de renseignements
Erkundung f reconnaissance f
erlahmen vi (*Kräfte*) diminuer ; (*Interesse*) faiblir ; (*Eifer*) fléchir
erlangen vt (*Vorteil, Mehrheit*) obtenir ; (*Bedeutung*) prendre ; (*Gewissheit*) acquérir
Erlass (**-es, ⸚e**) m décret m ; (*von Strafe*) remise f
erlassen irr vt (*verkünden*) publier ; (*aufheben: Strafe*) remettre ; **jdm etw ~** faire grâce de qch à qn
erlauben vt permettre ▶ vr se permettre ; **jdm etw ~** permettre qch à qn ; **sich** Dat **etw ~** se permettre qch
Erlaubnis (**-, -se**) f permission f
erläutern vt expliquer
Erläuterung f explication f
Erle f aune m, aulne m
erleben vt (*erfahren*) avoir ; (*durchleben*) vivre ; (*miterleben*) voir
Erlebnis nt expérience f
erledigen vt (*Arbeit*) faire, exécuter ; (*fam: erschöpfen*) épuiser ; (: *ruinieren*) ruiner ; (: *umbringen*) liquider ; **das** od **die Sache ist erledigt** c'est chose faite
erlegen vt tuer
erleichtern vt (*Arbeit, Leben*) faciliter ; (*Last*) alléger ; (*Mensch*) soulager

erleichtert *adj* soulagé(e); (*Seufzer*) de soulagement
Erleichterung *f* soulagement *m*
erleiden *irr vt* subir; (*Schmerzen*) endurer
erlernbar *adj* qui peut s'apprendre
erlernen *vt* apprendre
erlesen *adj* (*Speisen*) exquis(e); (*Publikum*) choisi(e)
erleuchten *vt* éclairer
Erleuchtung *f* inspiration *f*
Erlös (**-es, -e**) *m* produit *m*
erlöschen *vi* (*Feuer*) s'éteindre; (*Interesse*) faiblir; (*Vertrag, Recht*) expirer; **ein erloschener Vulkan** un volcan éteint
erlösen *vt* (*Mensch*) délivrer; (*Rel*) sauver
Erlösung *f* délivrance *f*; (*Rel*) rédemption *f*
ermächtigen *vt* autoriser, habiliter
Ermächtigung *f* autorisation *f*
ermahnen *vt* exhorter
Ermahnung *f* exhortation *f*
ermäßigen *vt* (*Gebühr*) accorder une réduction sur
Ermäßigung *f* réduction *f*
ermessen *irr vt* se rendre compte de
Ermessen (**-s**) *nt* jugement *m*; **in jds ~ liegen** être à la discrétion de qn
ermitteln *vt* (*Wert*) calculer; (*Täter*) retrouver ▶ *vi*: **gegen jdn ~** faire une enquête sur qn
Ermittlung *f* (*Polizeiermittlung*) enquête *f*
ermöglichen *vt* rendre possible, permettre
ermorden *vt* assassiner
Ermordung *f* assassinat *m*
ermüden *vt* fatiguer ▶ *vi* se fatiguer
ermüdend *adj* fatigant(e)
Ermüdung *f* fatigue *f*
Ermüdungserscheinung *f* effet *m* de la fatigue
ermuntern *vt* (*ermutigen*) encourager; (*beleben*) vivifier; (*aufmuntern*) remonter le moral à
ermutigen *vt* encourager
ernähren *vt* nourrir ▶ *vr*: **sich ~ von** se nourrir de
Ernährer(in) (**-s, -**) *m(f)* soutien *m* de famille
Ernährung *f* (*das Ernähren*) alimentation *f*; (*Nahrung*) nourriture *f*; (*Unterhalt*) entretien *m*
ernennen *irr vt* nommer
Ernennung *f* nomination *f*
erneuern *vt* (*Reifen, Verband*) changer; (*Vertrag, Pass*) renouveler; (*Gebäude*) rénover
Erneuerung *f* (*von Gebäude*) rénovation *f*; (*von Teil*) remplacement *m*
erneut *adj* nouveau(nouvelle) ▶ *adv* à *od* de nouveau
erniedrigen *vt* (*Preise, Druck*) baisser; (*demütigen*) humilier
ernst *adj* sérieux(-euse); (*bedrohlich*) grave • **Ernst** (**-es**) *m* sérieux *m*; **das ist mein ~** je parle sérieusement; **im ~** sérieusement; **mit etw ~ machen** mettre qch à exécution • **Ernstfall** *m*: **im ~** en cas d'urgence • **ernsthaft** *adj* sérieux(-euse) • **Ernsthaftigkeit** *f* sérieux *m*; (*von Krankheit*) gravité *f* • **ernstlich** *adj* sérieux(-euse)
Ernte *f* récolte *f* • **Erntedankfest** *nt* fête *f* des moissons
ernten *vt* récolter
ernüchtern *vt* dégriser; (*fig*) désillusionner
Ernüchterung *f* désillusion *f*
Eroberer (**-s, -**) *m* conquérant *m*
erobern *vt* conquérir
Eroberung *f* conquête *f*
eröffnen *vt* ouvrir ▶ *vr* (*Möglichkeiten*) se présenter
Eröffnung *f* ouverture *f*; (*Mitteilung*) déclaration *f*
Eröffnungsansprache *f* discours *m od* allocution *f* d'ouverture
Eröffnungsfeier *f* cérémonie *f* d'ouverture
erogen *adj* (*Zone*) érogène
erörtern *vt* (*Vorschlag*) discuter
Erörterung *f* discussion *f*
Erotik *f* érotisme *m*
erotisch *adj* érotique
erpicht *adj*: **~ (auf +Akk)** avide (de)
erpressen *vt* (*Geld etc*) extorquer; (*Mensch*) faire chanter
Erpresser(in) (**-s, -**) *m(f)* maître *m* chanteur
Erpressung *f* chantage *m*
erproben *vt* mettre à l'essai
erraten *irr vt* deviner
erregbar *adj* (*reizbar*) irritable
Erregbarkeit *f* irritabilité *f*
erregen *vt* (*hervorrufen*) susciter; (*aufregen, sinnlich erregen*) exciter ▶ *vr*: **sich ~ (über +Akk)** s'énerver (à cause de)
Erreger (**-s, -**) *m* (*von Krankheit*) agent *m*
Erregtheit *f* excitation *f*
Erregung *f* excitation *f*
erreichbar *adj* (*Ziel*) que l'on peut atteindre; **in ~er Nähe bleiben** rester à proximité; **er ist jederzeit telefonisch ~** on peut le joindre au téléphone à n'importe quel moment
erreichen *vt* atteindre; (*Zug*) attraper; (*sich in Verbindung setzen mit*) joindre

errichten vt (Gebäude) ériger, construire ; (gründen) fonder
erringen irr vt remporter
erröten vi rougir
Errungenschaft f conquête f ; (fam: Anschaffung) acquisition f
Ersatz (-es) m remplacement m ; (Schadensersatz) dédommagement m
• **Ersatzbefriedigung** f: **eine ~ sein** combler un manque affectif
• **Ersatzdienst** m (Mil) service m civil
• **Ersatzmann** m remplaçant m
• **Ersatzreifen** m roue f de secours
• **Ersatzteil** nt pièce f de rechange
ersaufen (fam) irr vi se noyer
ersäufen vt noyer
erschaffen irr vt créer
erscheinen irr vi (sich zeigen) apparaître ; (auftreten) se présenter ; (veröffentlicht werden) paraître ; **das erscheint mir vernünftig** cela me paraît raisonnable
Erscheinung f (das Erscheinen, Geist) apparition f ; (Gestalt) personnage m ; (äußere Erscheinung) aspect m
erschießen irr vt tuer (d'un coup de revolver od de fusil)
erschlagen irr vt assommer
erschöpfen vt épuiser
erschöpfend adj (ausführlich) exhaustif(-ive) ; (ermüdend) épuisant(e)
erschöpft adj épuisé(e)
Erschöpfung f épuisement m
erschrak etc vb siehe **erschrecken**
erschrecken vt effrayer, faire peur à ▶ vi s'effrayer
erschreckend adj effrayant(e)
erschrocken adj effrayé(e)
erschüttern vt ébranler ; (ergreifen) bouleverser
Erschütterung f (von Gebäude) ébranlement m ; (von Mensch) bouleversement m
erschweren vt rendre (plus) difficile
erschwinglich adj abordable
ersetzbar adj remplaçable
ersetzen vt remplacer ; (erstatten) rembourser
ersichtlich adj (Grund) apparent(e)
ersparen vt (Geld) économiser ; **jdm etw ~** épargner qch à qn
Ersparnis f économie f ; **~ an** +Dat économie de
ersprießlich adj (fruchtbar) fructueux(-euse) ; (angenehm) agréable

(SCHLÜSSELWORT)

erst adv 1 d'abord ; (anfänglich) au début ; **mach erst einmal deine Hausaufgaben, ehe du spielen gehst** fais tes devoirs avant d'aller jouer ; **wenn du das erst mal hinter dir hast, dann geht schon alles leichter** une fois que tu l'auras fait, tout ira mieux ; **da gings erst richtig los** ça ne faisait que commencer

2 (nicht früher als) pas avant ; **erst gestern** pas plus tard qu'hier ; **erst morgen** pas avant demain ; **erst als** seulement quand, ce n'est que quand ; **wir fahren erst später** nous partons plus tard (que prévu) ; **gerade erst** tout juste ; **er ist (gerade) erst angekommen** il vient (seulement od tout juste) d'arriver

3 : **wäre er doch erst zurück!** si seulement il pouvait être de retour ! ; **damit fange ich erst gar nicht an!** ça ne vaut même pas la peine de commencer ! ; **jetzt erst recht!** à plus forte raison !

erstarren vi (vor Kälte) s'engourdir ; (vor Furcht) se figer ; (Materie) se solidifier
erstatten vt (Unkosten) rembourser ; **Anzeige (gegen jdn) ~** porter plainte (contre qn) ; **Bericht ~** faire un rapport
Erstaufführung f première f
erstaunen vt étonner • **Erstaunen** (-s) nt étonnement m
erstaunlich adj étonnant(e)
Erstausgabe f première édition f
erstbeste(r, s) adj premier(-ière) venu(e)
erste(r, s) adj premier(-ière) ; **der E~ des Monats** le premier du mois ; **das ~ Mal** la première fois
erstechen irr vt poignarder
ersteigen irr vt escalader
erstellen vt (Gebäude) construire ; (Gutachten) établir
erstens adv premièrement, primo
erstere(r, s) pron le(la) premier(-ière)
ersticken vt étouffer ▶ vi : **an etw** Dat **~** s'étouffer avec qch
Erstickung f étouffement m
erstklassig adj (Ware) de premier choix ; (Hotel) de première classe ; (Essen) de première qualité
Erstkommunion f première communion f
erstmalig adj premier(-ière)
erstmals adv pour la première fois
erstrebenswert adj enviable
erstrecken vr s'étendre
Erststimme f première voix donnée à un candidat local lors d'une élection au parlement fédéral

> Le système de l'**Erststimme** et de la *Zweitstimme* (premier et deuxième vote) est utilisé pour l'élection des membres du *Bundestag*. Chaque électeur est pourvu de deux voix. La première lui sert à choisir un candidat dans sa circonscription électorale, le candidat qui obtient la majorité des voix est élu membre du Parlement. La deuxième permet de choisir un parti. L'ensemble des deuxièmes voix est comptabilisé dans chaque *Land*, aboutissant à une représentation proportionnelle de chaque parti pour le *Bundestag*.

Ersttagsstempel m oblitération f «premier jour»
ersuchen vt solliciter
ertappen vt surprendre
erteilen vt donner
Ertrag(**-(e)s, ¨-e**) m (*Ergebnis von Arbeit*) rendement m ; (*Gewinn*) bénéfice m, revenu m
ertragen irr vt supporter
erträglich adj supportable
ertränken vt noyer
erträumen vt: **sich** Dat **etw ~** rêver qch
ertrinken irr vi se noyer • **Ertrinken**(**-s**) nt noyade f
erübrigen vt (*Geld*) économiser, épargner ; (*Zeit*) trouver ▶ vr être inutile
erwachsen adj adulte
Erwachsene(r) f(m) adulte mf
Erwachsenenbildung f formation f continue
erwägen irr vt (*Plan*) examiner ; (*Möglichkeiten*) considérer
Erwägung f considération f ; **etw in ~ ziehen** prendre qch en considération
erwähnen vt mentionner • **erwähnenswert** adj digne d'être mentionné(e)
Erwähnung f mention f
erwärmen vt chauffer ▶ vr: **sich für jdn/etw ~** commencer à trouver qn sympathique/à s'intéresser à qch
erwarten vt (*warten auf*) attendre ; **etw kaum ~ können** attendre qch avec impatience
Erwartung f attente f
erwartungsgemäß adv comme il fallait s'y attendre
erwartungsvoll adj plein(e) d'espoir
erwecken vt éveiller ; **den Anschein** od **Eindruck ~** donner l'impression ; **etw zu neuem Leben ~** faire revivre qch
erweichen vt attendrir ; **sich nicht ~ lassen** être inexorable

Erweis(**-es, -e**) m preuve f
erweisen irr vt (*Ehre, Dienst*) rendre ▶ vr: **sich als etw ~** s'avérer être qch ; **es hat sich erwiesen, dass …** il s'est avéré que …
erweitern vt élargir ; (*Geschäft*) agrandir ; (*Méd*) dilater ; (*Kenntnisse*) approfondir ; (*Macht*) étendre
Erweiterung f élargissement m ; développement m ; dilatation f ; extension f
Erwerb(**-(e)s, -e**) m (*Kauf*) acquisition f ; (*Beruf*) travail m
erwerben irr vt acquérir
erwerbslos adj sans emploi
Erwerbsquelle f source f de revenus, ressource f
erwerbstätig adj actif(-ive)
erwerbsunfähig adj invalide
erwidern vt répondre ; (*Besuch*) rendre ; **er erwidert ihre Gefühle** c'est un amour partagé
Erwiderung f réponse f
erwischen (*fam*) vt attraper, choper
erwünscht adj (*Gelegenheit*) rêvé(e)
erwürgen vt étrangler
Erz(**-es, -e**) nt minerai m
erzählen vt raconter
Erzähler(in)(**-s, -**) m(f) narrateur(-trice)
Erzählung f récit m
Erzbischof m archevêque m
Erzengel m archange m
erzeugen vt produire ; (*Angst*) provoquer
Erzeugnis nt produit m
Erzeugung f production f
Erzgebirge nt Erzgebirge m, monts mpl Métallifères
erziehen irr vt (*Kind*) élever ; (*bilden*) éduquer
Erzieher(in)(**-s, -**) m(f) éducateur(-trice)
Erziehung f éducation f
Erziehungsberechtigte(r) f(m) personne qui a l'autorité parentale
Erziehungsheim nt centre m d'éducation surveillée
Erziehungsurlaub m congé m parental d'éducation
erzielen vt (*Ergebnis*) obtenir
erzwingen irr vt forcer, obtenir de force
es pron (*Subjekt*) il (elle) ; (*Objekt*) le (la) ; (*unpersönlich*) il ; **es regnet/schneit** il pleut/neige
Esche f frêne m
Esel(**-s, -**) m âne m
Eselsbrücke f (*Gedächtnishilfe*) moyen m mnémotechnique
Eselsohr (*fam*) nt (*in Buch*) corne f
Eskalation f escalade f

Eskimo(**-s, -s**) m Esquimau m
Espresso(**-(s), -s** od **Espressi**) m express m
essbar adj mangeable ; (Pilz) comestible
essen irr vt, vi manger • **Essen**(**-s, -**) nt repas m
Essensmarke f ticket-repas m
Essenszeit f heure f du repas
Essig(**-s, -e**) m vinaigre m • **Essiggurke** f cornichon m (au vinaigre)
Esskastanie f marron m
Esslöffel m cuiller f od cuillère f à soupe
Esstisch m table f
Esswaren pl aliments mpl
Esszimmer nt salle f à manger
Estland nt l'Estonie f
estnisch adj estonien(ne)
etablieren vr s'établir
Etage f étage m
Etagenbett nt lits mpl superposés
Etagenwohnung f appartement qui fait tout un étage
Etappe f étape f
Etat(**-s, -s**) m budget m
etepetete (fam) adj guindé(e)
Ethik f éthique f
ethisch adj éthique
ethnisch adj ethnique ; **~e Säuberung(saktionen** pl) f purification f ethnique
Etikett(**-(e)s, -e**) nt étiquette f
Etikette f étiquette f
etikettieren vt étiqueter
etliche pron (sg) considérable ; **~s** pas mal de choses
Etui(**-s, -s**) nt étui m
etwa adv (ungefähr) environ ; (zum Beispiel) par exemple ; (möglicherweise, vielleicht) par hasard ; **nicht ~** non pas
etwaig adj éventuel(le)
etwas pron quelque chose ▶ adv un peu ; **noch ~ Kaffee/Wein?** encore un peu de café/vin ?
Etymologie f étymologie f
EU(**-**) f abk (= Europäische Union) UE f
euch Akk, Dat von ihr pron vous
euer pron (possessiv) votre ; **eure Bücher** vos livres
euere(r, s) pron = **eure(r, s)**
EU-Erweiterung f élargissement m de l'UE
Eule f chouette f, hibou m
euphorisch adj euphorique
eure(r, s) pron le(la) vôtre ▶ pron (possessiv) =
eurerseits adv de votre côté
euresgleichen pron des gens comme vous

euretwegen adv (für euch) pour vous ; (wegen euch) à cause de vous
Euro m euro m
Eurocent m euro-cent m, euro centime m
Eurokrat(**-en, -en**) m eurocrate m
Euroland (fam) nt zone f euro
Europa nt l'Europe f
Europaabgeordnete(r) f(m) eurodéputé(e) m/f
Europäer(in)(**-s, -**) m(f) Européen(ne)
europäisch adj européen(ne) ; **E~e Union** Union f européenne ; **das E~e Parlament** le Parlement européen ; **E~er Gerichtshof** Cour f de justice de l'Union européenne
Europameister m champion m d'Europe
Europaparlament nt Parlement m européen
Europarat m Conseil m de l'Europe
Europawahl f élections fpl européennes
Eurozone f Euroland m
Euter(**-s, -**) nt pis m
evakuieren vt évacuer
evangelisch adj protestant(e)
Evangelium nt évangile m
eventuell adj éventuel(le) ▶ adv éventuellement
ewig adj éternel(le) • **Ewigkeit** f éternité f
EWS nt abk (= Europäisches Währungssystem) SME m
EWU(**-**) f abk (= Europäische Währungsunion) UME f
exakt adj (Zahl) exact(e) ; (Arbeit) précis(e)
Examen(**-s, -** od **Examina**) nt examen m
Exempel(**-s, -**) nt : **um ein ~ zu statuieren** pour l'exemple
Exemplar(**-s, -e**) nt exemplaire m • **exemplarisch** adj exemplaire
exerzieren vi être à l'entraînement
Exhibitionist(in) m(f) exhibitionniste mf
Exil(**-s, -e**) nt exil m
Existenz f existence f
Existenzkampf m lutte f pour la survie
Existenzminimum nt minimum m vital
existieren vi exister
exklusiv adj (Bericht) exclusif(-ive) ; (Gesellschaft) chic
exklusive präp +Gen non compris(e), sans
exotisch adj exotique
Expansion f expansion f
Expedition f expédition f ; (Écon) service m des expéditions
Experiment nt expérience f
experimentell adj expérimental(e)
experimentieren vi faire une expérience od des expériences
Experte(**-n, -n**) m, **Expertin** f expert m

Expertensystem *nt* (*Inform*) système *m* expert
explodieren *vi* exploser
Explosion *f* explosion *f*
explosiv *adj* explosif(-ive) ; (*Mensch*) d'un tempérament explosif
Exponent *m* (*Math*) exposant *m*
Export (**-(e)s, -e**) *m* exportation *f*
Exporteur *m* exportateur *m*
Exporthandel *m* commerce *m* d'exportation
exportieren *vt* exporter
Exportland *nt* pays *m* exportateur
Expressgut *nt* ≈ colis *m* express
extra (*fam*) *adj inv* (*gesondert*) à part ; (*besondere*) spécial(e) ▶ *adv* (*gesondert*) à part ; (*speziell*) spécialement ; (*absichtlich*) exprès • **Extra** (**-s, -s**) *nt* option *f* • **Extraausgabe** *f* édition *f* spéciale
Extrakt (**-(e)s, -e**) *m* extrait *m*
Extrawurst (*fam*) *f* : **er will immer eine ~ (gebraten haben)** il ne veut jamais faire comme tout le monde
extrem *adj* extrême
extremistisch *adj* extrémiste
Extremitäten *pl* extrémités *fpl*
exzentrisch *adj* excentrique
Exzess (**-es, -e**) *m* excès *m*
EZB *f abk* (= *Europäische Zentralbank*) BCE *f*
E-Zigarette *f* cigarette *f* électronique ; **eine ~ rauchen** *od* (*fam*) **dampfen** vapoter

f

F, f *nt* F, f *m inv* ; (*Mus*) fa *m*
Fabel (**-, -n**) *f* fable *f* • **fabelhaft** *adj* extraordinaire
Fabrik *f* usine *f*
Fabrikant *m* (*Hersteller*) fabricant *m* ; (*Besitzer*) industriel *m*
Fabrikarbeiter(in) *m(f)* ouvrier(-ière) (*d'usine*)
Fabrikat *nt* produit *m*
Fabrikbesitzer(in) *m(f)* propriétaire *mf* d'usine
Fabrikgelände *nt* terrain *m* industriel ; (*einer bestimmten Fabrik*) terrain *m* de l'usine
Fabrikverkauf *m* vente *f* d'usine
Fach (**-(e)s, -er**) *nt* rayon *m* ; (*Schulfach*) matière *f*, discipline *f* • **Facharbeiter(in)** *m(f)* ouvrier(-ière) spécialisé(e) • **Facharzt** *m*, **Fachärztin** *f* spécialiste *mf* (*médecin*) • **Fachausdruck** *m* terme *m* technique
Fächer (**-s, -**) *m* éventail *m*
Fachfrau *f* spécialiste *f*
Fachhochschule *f* ≈ institut *m* universitaire de technologie (= I.U.T.)
fachkundig *adj* expert(e)
fachlich *adj* professionnel(le)
Fachmann (**-(e)s, -leute**) *m* spécialiste *m*
fachmännisch *adj* de spécialiste
Fachschule *f* école *f* professionnelle
fachsimpeln (*fam*) *vi* parler boutique *od* métier
Fachwerk *nt* colombage *m*
Fachwerkhaus *nt* maison *f* à colombage
Fackel (**-, -n**) *f* flambeau *m*
fad, fade *adj* fade
Faden (**-s, ̈**) *m* fil *m* ; **der rote ~** le fil conducteur • **Fadennudeln** *pl* vermicelle *msg* • **fadenscheinig** *adj* (*Lüge, Ausrede*) cousu(e) de fil blanc

fähig adj capable ; **zu allem ~ sein** être capable de tout • **Fähigkeit** f capacité f
Fähnchen nt fanion m
fahnden vi : **~ nach** rechercher
Fahndung f recherches fpl
Fahndungsliste f liste f des personnes recherchées par la police
Fahne f (Flagge) drapeau m ; **eine ~ haben** (fam) empester l'alcool
Fahrausweis m titre m de transport
Fahrbahn f chaussée f
fahrbar adj : **~er Untersatz** bagnole f
Fähre f bac m ; (Autofähre) ferry(-boat) m
fahren irr vt (lenken) conduire ; (: Rad, Motorrad) faire de ; (befördern) transporter ▶ vi aller ; (fahren können) conduire ; (abfahren) partir ; **mit dem Zug/Auto ~** aller en train/en voiture ; **mit der Hand über den Tisch ~** passer la main sur la table ; **ein Gedanke fuhr ihm durch den Kopf** une idée lui passa par la tête
Fahrer(in) (-s, -) m(f) conducteur(-trice) • **Fahrerflucht** f délit m de fuite
Fahrgast m passager(-ère) m/f
Fahrgeld nt prix m du billet
Fahrgestell nt châssis m ; (Aviat) train m d'atterrissage
Fahrkarte f billet m
Fahrkartenausgabe f guichet m
Fahrkartenautomat m distributeur m de billets od de tickets
Fahrkartenschalter m guichet m
fahrlässig f négligent(e)
Fahrlässigkeit f négligence f
Fahrlehrer(in) m(f) moniteur(-trice) d'auto-école
Fahrplan m horaire m
fahrplanmäßig adj, adv à l'heure prévue
Fahrpreis m prix m du billet
Fahrprüfung f examen m du permis de conduire
Fahrrad nt bicyclette f, vélo m
Fahrradweg m piste f cyclable
Fahrschein m ticket m
Fahrscheinautomat m distributeur m automatique, billeterie f
Fahrscheinentwerter m composteur m
Fahrschule f auto-école f
Fahrschüler(in) m(f) apprenti(e) conducteur(-trice)
Fahrstuhl m ascenseur m
Fahrt (-, -en) f voyage m ; **in voller ~** à toute vitesse ; **in ~ kommen** (fam) se mettre en train
Fährte f piste f
Fahrtkosten pl frais mpl de déplacement
Fahrtrichtung f sens m de la marche

Fahrverbot nt retrait m du permis de conduire
Fahrzeug nt véhicule m
Fahrzeugbrief m ≈ carte f grise
Fahrzeughalter (-s, -) m propriétaire m d'un véhicule
Fahrzeugschein m ≈ carte f grise
fair adj équitable
faktisch adj effectif(-ive), réel(le)
Faktor m facteur m
Faktum (-s, **Fakten**) nt fait m
Fakultät f faculté f
Falke (-n, -n) m faucon m
Fall (-(e)s, ⸚e) m (Sturz, Untergang) chute f ; (Sachverhalt, Ling, Méd) cas m ; (Jur) affaire f ; **auf jeden ~, auf alle Fälle** en tout cas ; **gesetzt den ~** od **für den ~, dass ...** au cas où ... ; **auf keinen ~!** il n'en est pas question !
Falle f piège m
fallen irr vi tomber ; (Bemerkung) être fait(e) ; (Tor) être marqué(e) ; **~ lassen** (Bemerkung) laisser échapper ; (Plan) renoncer à
fällen vt (Baum) abattre ; (Urteil) rendre
fällig adj (Wechsel, Zinsen) dû(due), arrivé(e) à échéance ; (Bus, Zug) attendu(e)
Fälligkeit f (Écon) échéance f
Fallobst nt fruits mpl tombés
Fallout (-s, -s) m retombées fpl radioactives
falls konj au cas où
Fallschirm m parachute m
Fallschirmspringer(in) m(f) parachutiste mf
Falltür f trappe f
falsch adj faux(fausse)
fälschen vt contrefaire
Fälscher(in) (-s, -) m(f) faussaire mf
Falschfahrer(in) m(f) automobiliste mf circulant à contresens
Falschgeld nt fausse monnaie f
Falschheit f fausseté f
fälschlich adj faux(fausse), erroné(e)
fälschlicherweise adv par erreur
Fälschung f contrefaçon f
fälschungssicher adj infalsifiable
Faltblatt nt dépliant m
Faltboot nt canot m pliant
Fältchen nt petite ride f
Falte f pli m ; (in Haut) ride f
falten vt plier ; (Hände) joindre
Falter (-s, -) m papillon m
faltig adj (Hände, Haut) ridé(e) ; (Rock) froissé(e)
familiär adj de famille ; (Ton, Atmosphäre, Verhältnis) familier(-ière)

Familie | 460

Familie f famille f
Familienkreis m cercle m de famille
Familienmitglied nt membre m de la famille
Familienname m nom m de famille
Familienplanung f planning m familial
Familienstand m état m civil
Familienvater m père m de famille
Fan (**-s, -s**) m fan m
Fanatiker(in) (**-s, -**) m(f) fanatique mf
fanatisch adj fanatique
Fanatismus m fanatisme m
fand etc vb siehe **finden**
Fang (**-(e)s, ⸚e**) m capture f ; (Beute) prise f ; **Fänge** pl (Zähne) crocs mpl ; (Krallen) serres fpl
fangen irr vt attraper ▶ vr (nicht fallen) retrouver son équilibre ; (seelisch) se reprendre
Fantasie f imagination f • **fantasielos** adj sans imagination
fantasieren vi fantasmer ; (Méd) délirer
fantasievoll adj plein(e) d'imagination
fantastisch adj fantastique
Farbabzug m tirage m couleur
Farbaufnahme f photo f en couleurs
Farbband nt ruban m encreur
Farbdrucker m imprimante f couleur
Farbe f couleur f ; (Malerfarbe) peinture f
farbecht adj grand teint
färben vi déteindre ▶ vt teindre ▶ vr (Blätter) jaunir
farbenblind adj daltonien(ne)
Farbfilm m film m en couleur
Farbfoto nt photo f en couleur
Farbfotografie f photographie f en couleur
farbig adj (bunt) coloré(e) ; (Mensch) de couleur
Farbige(r) f(m) homme(femme) m/f de couleur
Farbkasten m boîte f de couleurs
farblos adj incolore ; (fig) terne
Farbstift m crayon m de couleur
Farbstoff m colorant m
Farbton m ton m
Färbung f coloration f ; (fig: Tendenz) tendance f
Farn (**-(e)s, -e**) m fougère f
Fasan (**-(e)s, -e(n)**) m faisan m
Fasching (**-s, -e** od **-s**) m carnaval m
Faschismus m fascisme m
Faschist(in) m(f) fasciste mf
faschistisch adj fasciste
faseln vi (Unsinn reden) radoter
Faser (**-, -n**) f fibre f
fasern vi s'effilocher
Fass (**-es, ⸚er**) nt tonneau m

Fassade f façade f
fassbar adj (begreifbar) compréhensible
Fassbier nt bière f à la pression
fassen vt (ergreifen, angreifen, begreifen) saisir ; (Verbrecher) arrêter ; (enthalten) contenir ; (Beschluss, Vertrauen) prendre ; (Plan) concevoir ▶ vr se ressaisir
fasslich adj compréhensible
Fassung f (Umrahmung, Einfassung) monture f ; (bei Lampe) douille f ; (Textversion) version f ; (Beherrschung) contenance f ; **jdn aus der ~ bringen** faire perdre contenance à qn
fassungslos adj consterné(e)
Fassungsvermögen nt (bei Behälter) contenance f ; (bei Mensch) compréhension f
fast adv presque
fasten vi jeûner • **Fasten** (**-s**) nt jeûne m • **Fastenzeit** f carême m
Fastnacht f carnaval m
faszinieren vt fasciner
fatal adj fatal(e)
fauchen vi (Katze) feuler
faul adj (Person) paresseux(-euse) ; (Essen, Obst etc) pourri(e) ; (péj : Witz, Ausrede) mauvais(e)
faulen vi pourrir
faulenzen vi paresser
Faulenzer(in) (**-s, -**) m(f) paresseux(euse)
Faulheit f paresse f
faulig adj putride
Fäulnis f putréfaction f
Faust (**-, Fäuste**) f poing m ; **auf eigene ~** de sa propre initiative
Fausthandschuh m moufle f
Favorit(in) (**-en, -en**) m(f) favori(-ite)
Fax (**-es, -e**) nt fax m
faxen vt, vi faxer
Fazit (**-s, -s**) nt bilan m
FCKW (**-s, -s**) m abk (= Fluorchlorkohlenwasserstoff) CFC m
FDP f abk (= Freie Demokratische Partei) le parti libéral allemand
Februar (**-(s), -e**) m février m
fechten irr vi (kämpfen) se battre ; (Sport) faire de l'escrime
Feder (**-, -n**) f plume f ; (Tech) ressort m • **Federball** m volant m ; (Spiel) badminton m • **Federbett** nt édredon m • **Federhalter** m porte-plume m • **federleicht** adj léger(-ère) comme une plume
federn vi (nachgeben) faire ressort ▶ vt (Auto) équiper d'une suspension ; (Sessel) monter sur ressorts ; **das Bett ist gut gefedert** le lit a un bon sommier

Federung f (bei Auto) suspension f; (bei Bett, Polster) ressorts mpl
Fee f fée f
Fegefeuer nt purgatoire m
fegen vt balayer
fehl adj: **~ am Platz** od **Ort sein** être déplacé(e)
fehlen vi manquer; (Mensch) être absent(e); **du fehlst mir** tu me manques; **jdm etw** Dat **~** manquer de qch; **was fehlt Ihnen?** qu'est-ce qui ne va pas?
Fehler (-s, -) m faute f, erreur f; (Mangel, Schwäche) défaut m • **Fehlerbeseitigung** f (Inform) débogage m • **fehlerfrei** adj irréprochable, impeccable • **fehlerhaft** adj défectueux(-euse) • **Fehlermeldung** f (Inform) message m d'erreur
Fehlgeburt f fausse couche f
Fehlgriff m erreur f
Fehlkonstruktion f: **eine ~ sein** être mal conçu(e)
Fehlschlag m échec m
fehl|schlagen irr vi échouer
Fehlschluss m conclusion f erronée
Fehlstart m (Sport) faux départ m
Fehltritt m faux pas m
Fehlzündung f (Auto) raté m
Feier (-, -n) f fête f • **Feierabend** m fin f du travail; **~ machen** avoir fini sa journée de travail; **bei mir** od **damit ist ~!** (fam) ça suffit comme ça!
feierlich adj solennel(le) • **Feierlichkeit** f solennité f
feiern vt, vi fêter
Feiertag m jour m férié
feig, feige adj lâche
Feige f figue f
Feigheit f lâcheté f
Feigling m lâche m
Feile f lime f
feilen vt, vi limer
feilschen vi marchander
fein adj fin(e); (vornehm) distingué(e); **~!** très bien!
Feind(in) (-(e)s, -e) m(f) ennemi(e) • **Feindbild** nt idée f préconçue de l'ennemi • **feindlich** adj hostile • **Feindschaft** f inimitié f • **feindselig** adj hostile • **Feindseligkeit** f hostilité f
feinfühlig adj sensible
Feingefühl nt délicatesse f, tact m
Feinheit f finesse f
Feinkostgeschäft nt épicerie f fine
Feinschmecker (-s, -) m gourmet m
Feinwäsche f linge m fin
feist adj (Gesicht) replet(-ète)

Feld (-(e)s, -er) nt (Acker) champ m; (Gebiet) domaine m; (auf Formular, bei Brettspiel, Schach) case f; (Sport) peloton m • **Feldblume** f fleur f des champs • **Feldherr** m commandant m en chef • **Feldsalat** m mâche f
Feldwebel (-s, -) m sergent m
Feldweg m sentier m
Feldzug m campagne f
Felge f jante f
Felgenbremse f frein m sur jante
Fell (-(e)s, -e) nt poil m, pelage m; (von Schaf) toison f; (verarbeitetes Fell) fourrure f
Fels (-en, -en) m = **Felsen**
Felsen (-s, -) m rocher m
felsenfest adj ferme, inébranlable
Felsenvorsprung m saillie f rocheuse
felsig adj rocheux(-euse)
Felsspalte f anfractuosité f
feminin adj féminin(e)
Feminismus m féminisme m
Feministin f féministe f
feministisch adj féministe
Fenchel (-s) m fenouil m
Fenster (-s, -) nt fenêtre f • **Fensterladen** m volet m • **Fensterputzer** (-s, -) m laveur m de carreaux • **Fensterscheibe** f vitre f
Ferien pl vacances fpl; **~ haben** être en vacances; **~ machen** prendre des vacances • **Ferienhaus** nt maison f de vacances • **Ferienkurs** m cours m d'été od de vacances • **Ferienlager** nt colonie f de vacances • **Ferienreise** f voyage m de vacances • **Ferienwohnung** f appartement m (pour les vacances) • **Ferienzeit** f temps m des vacances
Ferkel (-s, -) nt porcelet m
fern adj lointain(e) ▶ präp +Gen loin de; **~ von hier** loin d'ici • **Fernbedienung** f télécommande f
Ferne f lointain m
ferner konj (außerdem) en outre
Ferngespräch nt communication f interurbaine
ferngesteuert adj téléguidé(e)
Fernglas nt jumelles fpl
fern|halten irr vt: **(sich) ~** (se) tenir à l'écart
Fernheizung f chauffage m urbain
Fernkopie f télécopie f
Fernkopierer m télécopieur m
Fernlenkung f téléguidage m
fern|liegen irr vi: **es liegt mir fern, das zu tun** loin de moi, la pensée de faire cela
Fernrohr nt longue-vue f
Fernsehapparat m poste m de télévision

fern|sehen irr vi regarder la télévision • **Fernsehen (-s)** nt télévision f; **im ~** à la télévision
Fernseher m télé f
Fernsehgebühr f redevance f
Fernsehgerät nt téléviseur m
Fernsehüberwachungsanlage f télévision f en circuit fermé
Fernsehzeitschrift f programme m télé
Fernsprecher m téléphone m
Fernsprechzelle f cabine f téléphonique
Fernsteuerung f télécommande f
Fernstraße f ≈ route f nationale
Fernstudium nt voir article

: **Fernstudium** désigne l'enseignement
: universitaire à distance. Les étudiants
: ne vont pas à l'université mais suivent
: leurs cours en ligne. Le premier
: téléenseignement vit le jour en 1974.
: Ce système permet ainsi de concilier
: des études avec une carrière
: professionnelle ou des enfants.

Fernverkehr m trafic m longue distance
Fernweh m virus m des voyages
Ferse f talon m
fertig adj prêt(e) ; (beendet, vollendet) fini(e) ; (fam: ausgebildet) qui a fini sa formation ; **~ machen** (beenden) terminer ; **sich ~ machen** se préparer ; **mit jdm ~ sein** (fam) avoir rompu avec qn ; **mit jdm/etw ~ werden** venir à bout de qn/qch ; **mit den Nerven ~ sein** être à bout de nerfs • **Fertigbau** m construction f en préfabriqué • **fertig|bringen** irr vt: **es ~, etw zu tun** arriver à faire qch
Fertiggericht nt plat m cuisiné
Fertigkeit f adresse f, dextérité f
fertig|machen (fam) vt (ermüden) épuiser ; (abkanzeln) démolir
fertig|stellen vt achever
fesch (fam: Südd, Österr) adj (hübsch) séduisant(e)
Fessel (-, -n) f lien m
fesseln vt (Gefangenen) ligoter ; (fig) captiver
fesselnd adj captivant(e)
fest adj ferme ; (Nahrung, Stoff) solide ; (Schuhe) bon(ne) ; (Preis, Wohnsitz, Anstellung) fixe ; (Bindung) sérieux(-euse) ; (Schlaf) profond(e) ; **~ anstellen** CDIser ; **~ angestellt** qui a un emploi fixe
Fest (-(e)s, -e) nt fête f
Festbeleuchtung f illumination f
fest|binden irr vi attacher
fest|bleiben irr vi rester inébranlable
Festessen nt banquet m
fest|fahren irr vr s'enliser

fest|halten irr vt (Gegenstand) tenir ; (Ereignis) immortaliser ▸ vi: **an etw** Dat **~** (Meinung, Glauben) ne pas démordre de qch ▸ vr: **sich an etw** Dat **~** s'accrocher à qch
festigen vt consolider, renforcer ▸ vr (Beziehung) se consolider ; (Gesundheit) s'améliorer
Festiger m fixateur m
Festigkeit f (Entschlossenheit) fermeté f
Festival (-s, -s) nt festival m
fest|klammern vr: **sich ~ an** +Dat s'accrocher à
Festland nt continent m
fest|legen vt fixer ▸ vr (sich entscheiden) se décider
festlich adj de fête
fest|machen vt fixer
Festnahme f arrestation f
fest|nehmen irr vt arrêter
Festplatte f (Inform) disque m dur
Festrede f discours m solennel
fest|setzen vt fixer
Festspiele pl festival m sg
fest|stehen irr vi être fixé(e)
fest|stellen vt constater
Festung f forteresse f
fett adj gras(se) ; **~ gedruckt** en caractères gras
Fett (-(e)s, -e) nt graisse f
fettarm adj pauvre en graisse
fetten vt graisser
Fettfleck m tache f de gras
Fettgehalt m teneur f en graisse
fettig adj gras(se)
Fettnäpfchen nt: **ins ~ treten** mettre les pieds dans le plat
Fetzen (-s, -) m lambeau m
feucht adj humide • **Feuchtigkeit** f humidité f • **Feuchtigkeitscreme** f crème f hydratante
Feuer (-s, -) nt feu m ; **~ fangen** prendre feu ; (fig) s'enflammer ; **~ und Flamme sein (für)** être tout feu tout flamme (pour) • **Feueralarm** m alerte f au feu • **Feuereifer** m enthousiasme m • **feuerfest** adj (Geschirr) allant au four • **Feuergefahr** f danger m d'incendie • **feuergefährlich** adj inflammable • **Feuerleiter** f échelle f d'incendie • **Feuerlöscher (-s, -)** m extincteur m • **Feuermelder (-s, -)** m avertisseur m d'incendie
feuern vi (schießen) tirer ; (heizen): **mit Öl/Holz ~** se chauffer au fioul/au bois ▸ vt (schleudern) balancer ; (entlassen) virer ; **jdm eine ~** (fam) donner une baffe à qn
feuersicher adj à l'épreuve du feu

Feuerstein m silex m, pierre f à briquet
Feuerwehr(-, **-en**) f sapeurs-pompiers mpl
Feuerwehrauto nt voiture f de pompiers
Feuerwehrmann m pompier m
Feuerwerk nt feu m d'artifice
Feuerzeug nt briquet m
feurig adj (Liebhaber) passionné(e)
Fichte f épicéa m
ficken (vulg) vt, vi baiser
fidel (fam) adj joyeux(-euse)
Fieber(-**s**, -) nt fièvre f • **fieberhaft** adj fiévreux(-euse)
Fieberthermometer nt thermomètre m (médical)
fiel etc vb siehe **fallen**
fies (fam) adj dégoûtant(e)
Figur(-, **-en**) f (Körperform) silhouette f, stature f; (Mensch) personnage m; (Spielfigur) pion m; (: Schachfigur) pièce f
Filiale f succursale f
Film(-(**e**)**s**, -**e**) m (Spielfilm) film m; (Photo) pellicule f • **Filmaufnahme** f prise f de vue
filmen vt filmer
Filmkamera f caméra f
Filter(-**s**, -) m filtre m
filtern vt filtrer
Filterpapier nt papier-filtre m
Filtertüte f filtre m
Filterzigarette f cigarette f à bout filtre
Filz(-**es**, -**e**) m feutre m
filzen vt (fam: durchsuchen) fouiller ▶ vi (Wolle) feutrer
Filzschreiber, **Filzstift** m feutre m, stylo-feutre m
Finale(-**s**, -(**s**)) nt finale f
Finanzamt nt perception f
Finanzbeamte(**r**) m agent m du fisc
Finanzen pl finances fpl
finanziell adj financier(-ière)
finanzieren vt financer
Finanzminister m ministre m des Finances
finden irr vt trouver; **ich finde nichts dabei, wenn ...** je ne trouve rien de mal à ce que ...
Finder(in)(-**s**, -) m(f) celui(celle) qui trouve • **Finderlohn** m récompense f
findig adj ingénieux(-euse)
fing etc vb siehe **fangen**
Finger(-**s**, -) m doigt m; **lass die ~ davon!** (fam) ne t'en mêle pas!; **jdm auf die ~ sehen** avoir qn à l'œil
• **Fingerabdruck** m empreinte f digitale
• **Fingerhandschuh** m gant m
• **Fingerhut** m dé m à coudre; (Bot) digitale f • **Fingernagel** m ongle m
• **Fingerring** m bague f • **Fingerspitze** f bout m du doigt • **Fingerspitzengefühl** nt doigté m • **Fingerzeig**(-(**e**)**s**, -**e**) m signe m
fingieren vt feindre
fingiert adj fictif(-ive)
Fink(-**en**, -**en**) m pinson m
Finne(-**n**, -**n**) m, **Finnin** f Finnois(e) m/f, Finlandais(e) m/f
finnisch adj finnois(e), finlandais(e)
Finnland nt la Finlande
finster adj sombre; (unheimlich) sinistre
• **Finsternis** f obscurité f
Finte f ruse f
Firewall(-, -**s**) f (Inform) pare-feu m
Firma(-, **Firmen**) f entreprise f
Firmenschild nt enseigne f
Firmenzeichen nt marque f de fabrique
Firnis(-**ses**, -**se**) m vernis m
Fisch(-(**e**)**s**, -**e**) m poisson m; **Fische** pl (Astrol) Poissons mpl
fischen vt, vi pêcher
Fischer(-**s**, -) m pêcheur m
Fischerei f pêche f
Fischfang m pêche f
Fischgeschäft nt poissonnerie f
Fischgräte f arête f
Fischstäbchen nt bâtonnet m de poisson
Fischzucht f pisciculture f
fit adj en forme
Fitness(-) f forme f physique
• **Fitnesscenter** nt centre m de remise en forme • **Fitnesstrainer(in)** m(f) professeur mf de fitness
fix adj (flink) rapide; (gleichbleibend) fixe; **~ und fertig** (völlig fertig) tout(e) prêt(e); (fam: erschöpft) complètement crevé(e)
fixen (fam) vi (Drogen spritzen) se shooter
Fixer(in)(-**s**, -) m(f) drogué(e) (qui se shoote)
fixieren vt fixer
flach adj plat(e)
Flachbildschirm m écran m plat
Fläche f surface f, superficie f
flächendeckend adj (Telefonnetz, Verkehrsnetz) qui couvre l'ensemble du territoire
Flächeninhalt m superficie f
Flachheit f aspect m plat
Flachland nt plaine f
flackern vi vaciller
Fladen(-**s**, -) m galette f
Fladenbrot nt pain m plat
Flagge f pavillon m
flagrant adj flagrant(e); siehe auch **in flagranti**
flämisch adj flamand(e)

Flamme f flamme f; **in ~n stehen** être en flammes
Flandern nt la Flandre, les Flandres fpl
Flanell (**-s, -e**) m flanelle f
Flanke f flanc m; (Sport) aile f
Flasche f bouteille f; (fam: Versager) cloche f
Flaschenbier nt bière f en bouteille od canette
Flaschenöffner m ouvre-bouteilles m, décapsuleur m
Flaschenpfand nt consigne f
Flaschenzug m palan m
flatterhaft adj volage
flattern vi voleter; (Wäsche) flotter au vent
flau adj (schwach: Brise) faible; (Écon, Fin) stagnant(e); **jdm ist ~** qn se sent mal
Flaum (**-(e)s**) m duvet m
flauschig adj duveteux(-euse)
Flausen pl (Unsinn) bêtises fpl
Flaute f calme m (plat); (Écon) stagnation f
Flechte f tresse f, natte f; (Bot) lichen m; (Méd) lichen m (dermatose à pellicules ou à croûtes)
flechten irr vt tresser
Fleck (**-(e)s, -e**) m tache f; (fam: Ort, Stelle) endroit m; **nicht vom ~ kommen** ne pas avancer
fleckenlos adj sans tache; (fig) immaculé(e)
Fleckenmittel nt détachant m
fleckig adj (schmutzig) taché(e)
Fledermaus f chauve-souris f
Flegel (**-s, -**) m (Mensch) mufle m
flegelhaft adj grossier(-ière)
Flegeljahre pl âge msg ingrat
flegeln vr se vautrer
flehen vi: **um Gnade ~** implorer l'indulgence
flehentlich adj suppliant(e)
Fleisch (**-(e)s**) nt (Culin) viande f; (Anat) chair f • **Fleischbrühe** f bouillon m (gras)
Fleischer (**-s, -**) m boucher m
Fleischerei f boucherie f
fleischig adj charnu(e)
fleischlich adj charnel(le)
Fleischwolf m hachoir m (à viande) (appareil)
Fleischwunde f blessure f ouverte
Fleiß (**-es**) m application f
fleißig adj assidu(e) ▶ adv: **~ studieren/arbeiten** bien travailler
flektieren vt décliner; (Verb) conjuguer
flennen (fam) vi pleurnicher
fletschen vt (Zähne) montrer
flexibel adj flexible, souple

Flexibilität f flexibilité f, souplesse f
flicken vt raccommoder, rapiécer
Flicken (**-s, -**) m pièce f
Flieder (**-s, -**) m lilas m
Fliege f mouche f; (Querbinder) nœud m papillon
fliegen irr vi voler; (fam: herausgeworfen werden) être viré(e); (: hinfallen) s'étaler ▶ vt (Flugzeug) piloter; (Menschen) transporter (par avion); **auf jdn/etw ~** (fam) avoir un faible pour qn/qch
Fliegenpilz m tue-mouches m
Flieger (**-s, -**) m (Pilot) aviateur m • **Fliegeralarm** m alerte f aérienne
fliehen irr vi fuir; **vor etw** Dat **~** fuir (devant) qch
Fliese f carreau m
Fließband nt chaîne f (de montage)
fließen irr vi couler
fließend adj (Wasser, Rede, Deutsch) courant(e) ▶ adv: **sie spricht ~ Deutsch** elle parle couramment l'allemand
Fließheck nt arrière m profilé
flimmern vi scintiller; **das Bild flimmert** (TV, Ciné) l'image est mal réglée
flink adj agile, vif(vive)
Flinte f fusil m
Flirt (**-s, -s**) m flirt m
flirten vi flirter
Flitterwochen pl lune fsg de miel
flitzen (fam) vi filer (comme une flèche)
flocht etc vb siehe **flechten**
Flocke f flocon m
flog etc vb siehe **fliegen**
floh etc vb siehe **fliehen**
Floh (**-(e)s, ⁻e**) m puce f; **jdm einen ~ ins Ohr setzen** donner des idées à qn
Flohmarkt m marché m aux puces
Flop (**-s, -s**) m (Misserfolg) flop m
Florenz nt Florence
florieren vi prospérer
Floskel (**-, -n**) f formule f (toute faite)
floss etc vb siehe **fließen**
Floß (**-es, ⁻e**) nt radeau m
Flosse f (Fischflosse, Robbenflosse) nageoire f; (Taucherflosse) palme f
Flöte f flûte f
flöten vi jouer de la flûte; **~ gehen** (fam) être perdu(e) od paumé(e)
Flötist(in) m(f) flûtiste mf
flott adj (schnell) rapide; (Musik) entraînant(e); (chic) chic, élégant(e); (Naut) à flot
Flotte f flotte f, marine f
Fluch (**-(e)s, ⁻e**) m juron m
fluchen vi jurer; **auf jdn/über etw ~** pester contre qn/qch

Flucht (-, -en) f fuite f ; **auf der ~ sein** être en fuite
fluchtartig adj précipité(e)
flüchten vi fuir ▶ vr (Schutz suchen) se réfugier
flüchtig adj (oberflächlich) superficiel(le) ; (kurz: Blick, Besuch) rapide ; (geflohen) en fuite • **Flüchtigkeit** f (Unkonzentriertheit) inattention f • **Flüchtigkeitsfehler** m faute f d'inattention
Flüchtling m réfugié(e) m/f
Flüchtlingslager nt camp m de réfugiés
Flug (-(e)s, ⸚e) m vol m • **Flugabwehr** f défense f aérienne • **Flugbegleiter(in)** m(f) steward m, hôtesse f de l'air • **Flugblatt** nt tract m
Flügel (-s, -) m aile f ; (Fensterflügel, Türflügel) battant m ; (Konzertflügel) piano m à queue
Fluggast m passager(-ère) m/f
flügge adj (Vogel) prêt(e) à quitter le nid ; (Mensch) capable de voler de ses propres ailes
Fluggeschwindigkeit f vitesse f de vol
Fluggesellschaft f compagnie f aérienne
Flughafen m aéroport m
Flughöhe f altitude f de vol
Flugkarte f billet m d'avion
Fluglotse m aiguilleur m du ciel
Flugnummer f numéro m de vol
Flugplan m horaire m des vols
Flugplatz m aérodrome m
Flugschein m billet m d'avion ; (des Piloten) brevet m de pilote
Flugschreiber m boîte f noire
Flugsimulator m simulateur m de vol
Flugsteig m salle f d'embarquement
Flugstrecke f itinéraire m (de vol)
Flugticket nt billet m d'avion
Flugverkehr m trafic m aérien
Flugzeug nt avion m • **Flugzeugentführer(in)** m(f) pirate mf de l'air • **Flugzeugentführung** f détournement m d'avion • **Flugzeughalle** f hangar m • **Flugzeugträger** m porte-avions m inv
Flunder (-, -n) f flet m
flunkern vi raconter des bobards
Fluor (-s) nt fluor m
Flur¹ (-(e)s, -e) m (Wohnungsflur) corridor m
Flur² (-, -en) (geh) f campagne f, champs mpl
Flussdiagramm nt organigramme m
flüssig adj liquide ; (Verkehr) fluide ; (Stil) coulant(e) • **Flüssigkeit** f liquide m ; (von Metall, Stil) fluidité f • **flüssig|machen** vt (Geld) débloquer
flüstern vi, vt chuchoter
Flüsterpropaganda f bouche à oreille m
Flut (-, -en) f (Gezeiten) marée f haute ; (Wassermassen, fig) flot m
fluten vi : **in etw** Akk ~ (Wasser, Menschen) envahir qch
Flutlicht nt projecteurs mpl
focht etc vb siehe **fechten**
Fohlen (-s, -) nt poulain m
Föhn (-(e)s, -e) m (Wind) foehn m ; (Haartrockner) sèche-cheveux m inv
föhnen vt sécher (au sèche-cheveux)
Föhre f pin m (sylvestre)
Folge f (Reihenfolge) série f ; (Auswirkung, Ergebnis) suite f ; **etw zur ~ haben** entraîner qch ; **~n haben** avoir des conséquences ; **einer Sache** Dat **~ leisten** donner suite à qch • **Folgeerscheinung** f conséquence f, effet m
folgen vi +Dat suivre ; (gehorchen) obéir
folgend adj suivant(e)
folgendermaßen adv de la manière suivante
folgenschwer adj lourd(e) de conséquences
folgerichtig adj logique
folgern vt conclure à
Folgerung f conclusion f
folglich adv en conséquence, par conséquent
folgsam adj obéissant(e)
Folie f film m, pellicule f
Folter (-, -n) f torture f
foltern vt torturer
Fonds (-, -) m fonds m
Fondue (-s, -s od -, -s) nt od f fondue f
Fontäne f jet m d'eau
foppen vt faire marcher
Förderband nt tapis m roulant
Förderkorb m cage f d'extraction
förderlich adj +Dat bon(ne) pour
fordern vt exiger
fördern vt (Mensch, Talent, Neigung) encourager ; (Plan) favoriser ; (Kohle) extraire
Forderung f exigence f
Förderung f encouragement m ; (von Kohle) extraction f
Forelle f truite f
Form (-, -en) f forme f ; (Gussform, Backform) moule m ; **in ~ sein** être en forme ; **in ~ von** sous forme de ; **die ~ wahren** respecter les convenances
formal adj formel(le) ; (Grund) de forme ▶ adv sur le papier

formalisieren vt formaliser
Formalität f formalité f
Format nt format m ; (fig: Niveau) niveau m
formatieren vt formater
Formation f formation f
formbar adj malléable
Formel f formule f
formell adj formel(le)
formen vt former
Formfehler m faux pas m ; (Jur) vice m de forme
förmlich adj (offiziell) officiel(le) ▶ adv (fam: geradezu) pratiquement
• **Förmlichkeit** f formalité f ; (Benehmen) cérémonie f
formlos adj informe ; (Antrag, Brief) tout(e) simple, sans (aucune) formalité
Formular(-s, -e) nt formulaire m
formulieren vt formuler
Formulierung f formulation f
forsch adj résolu(e), énergique
forschen vi (wissenschaftlich) faire de la recherche
forschend adj scrutateur(-trice)
Forscher(in)(-s, -) m(f) chercheur(-euse)
Forschung f recherche f
Forschungsreise f voyage m d'étude
Forschungssatellit m satellite m d'observation
Forst(-(e)s, -e) m forêt f
Forstarbeiter m employé m des eaux et forêts
Förster(in)(-s, -) m(f) garde m forestier
Forstwirtschaft f sylviculture f
fort adv (weg) loin ; **und so ~** et ainsi de suite ; **in einem ~** sans s'arrêter
• **fort|bestehen** irr vi persister, survivre
• **fort|bewegen** vt déplacer ▶ vr se déplacer • **fort|bilden** vr poursuivre sa formation • **Fortbildung** f: **berufliche ~** formation f professionnelle
• **fort|bleiben** irr vi ne pas revenir
• **fort|bringen** irr vt (Person) emmener ; **etw ~** emporter qch • **Fortdauer** f prolongation f • **fort|fahren** irr vi (wegfahren) partir ; (weitermachen, fortsetzen) continuer • **fort|führen** vt (Arbeit etc) poursuivre ; (wegführen) emmener • **fort|gehen** irr vi s'en aller, partir • **fortgeschritten** adj avancé(e)
• **fort|kommen** irr vi (wegkommen) parvenir à s'en aller ; (vorankommen) progresser ; (verloren gehen) disparaître
• **fort|können** irr vi pouvoir s'en aller
• **fort|lassen** irr vt: **jdn ~** (weggehen lassen) laisser partir qn • **fort|müssen** irr vi devoir partir • **fort|pflanzen** vr se reproduire • **Fortpflanzung** f reproduction f • **fort|schreiten** irr vi (Krankheit) progresser ; (Alter, Arbeit) avancer
Fortschritt m progrès m
• **fortschrittlich** adj progressiste
fort|setzen vt continuer
Fortsetzung f continuation f, suite f ; **~ folgt** à suivre
fortwährend adj constant(e), continuel(le)
fort|ziehen irr vt tirer ▶ vi (umziehen) déménager
Foto(-s, -s) nt photo f • **Fotoapparat (-s, -s)** m appareil-photo m
• **Fotograf(in)(-en, -en)** m(f) photographe mf • **Fotografie** f photographie f • **fotografieren** vt photographier ▶ vi faire de la photo
• **Fotokopie** f photocopie f
• **fotokopieren** vt photocopier
• **Fotokopierer** m photocopieuse f
Foul(-s, -s) nt faute f
Fracht(-s, -en) f chargement m ; (Naut) cargaison f
Frachter(-s, -) m cargo m
Frachtgut nt fret m
Frack(-(e)s, ̈-e) m frac m, habit m
Frage f question f ; **jdm eine ~ stellen** poser une question à qn ; siehe auch **infrage** • **Fragebogen** m questionnaire m
fragen vt interroger ▶ vi demander
• **Fragezeichen** nt point m d'interrogation
fraglich adj (zweifelhaft) incertain(e) ; (betreffend) en question
fraglos adv incontestablement
Fragment nt fragment m
fragmentarisch adj fragmentaire
fragwürdig adj douteux(-euse)
Fraktion f (Pol) groupe m parlementaire
Franken(-, -) m (Schweizer Franken) franc m (suisse)
Frankfurt(-s) nt Francfort
frankieren vt affranchir
franko adv (Poste) franco
Frankreich nt la France
Franse f frange f
fransen vi s'effranger, s'effilocher
Franzose(-n, -n) m, **Französin** f Français(e) m/f
französisch adj français(e)
• **Französisch** nt (Ling) français m
fraß etc vb siehe **fressen**
Fratze f (Grimasse) grimace f
Frau(-, -en) f femme f ; (Anrede) Madame f ; **~ Doktor** Docteur m
Frauenarzt m gynécologue m

Frauenbewegung f mouvement m de libération de la femme
frauenfeindlich adj misogyne
Frauenhaus nt centre m d'hébergement pour femmes battues
Fräulein nt demoiselle f ; (Anrede) Mademoiselle f
fraulich adj féminin(e)
Freak(-s, -s) (fam) m enragé(e) m/f, mordu(e) m/f
frech adj insolent(e) ; (keck) coquin(e) • **Frechdachs** m petit impertinent m • **Frechheit** f insolence f
Fregatte f frégate f
frei adj libre ; (Arbeitsstelle) vacant(e), à pourvoir ; (Mitarbeiter) indépendant(e), free-lance inv ; (Aussicht) dégagé(e) ; **von etw ~ sein** être sans qch ; **im F~en** en plein air ; **~ von Komplexen** décomplexé(e) • **Freibad** nt piscine f en plein air • **frei|bekommen** irr vt : **jdn ~** obtenir la libération de qn ; **einen Tag ~** obtenir un jour de congé • **freiberuflich** adj indépendant(e) • **Freibetrag** m dégrèvement m fiscal
freigebig adj généreux(-euse)
Freigebigkeit f générosité f
frei|halten irr vt (für jdn bezahlen) régaler
freihändig adv (fahren) sans tenir le guidon
Freiheit f liberté f • **freiheitlich** adj libéral(e)
Freiheitsstrafe f peine f de prison
Freikarte f billet m gratuit
frei|kommen irr vi être libéré(e)
frei|lassen irr vt (Gefangenen) libérer ; (Tier) remettre en liberté
Freilauf m (von Fahrrad) roue f libre
frei|legen vt mettre à jour, dégager
freilich adv cependant ; **ja ~!** mais certainement !
Freilichtbühne f théâtre m en plein air
frei|machen vt (Poste) affranchir ▶ vr (entkleiden, beim Arzt) se déshabiller ; (freie Zeit erübrigen) se libérer
freimütig adj franc(franche)
frei|nehmen irr vt : **sich** Dat **einen Tag ~** prendre un jour de congé
Freisprechanlage f (Tél) kit m mains libres
frei|sprechen irr vt : **jdn (von etw) ~** acquitter od décharger qn (de qch)
Freispruch m acquittement m
frei|stellen vt : **jdm etw ~** laisser qn décider qch
Freistoß m coup m franc
Freitag m vendredi m
freitags adv le vendredi

freiwillig adj volontaire
Freiwillige(r) f(m) volontaire mf
Freizeichen nt (Tél) tonalité f
Freizeit f temps m libre
Freizeitgestaltung f organisation f des loisirs
Freizeithemd nt chemise f sport
Freizeitpark m parc m de loisirs, parc m d'attractions
freizügig adj (unbürgerlich) libre ; (mit Geld) généreux(-euse)
fremd adj étranger(-ère) ; **sich ~ fühlen** se sentir dépaysé(e) • **fremdartig** adj étrange
Fremde(r) f(m) étranger(-ère) m/f
fremdenfeindlich adj hostile aux étrangers
Fremdenführer(in) m(f) guide m
Fremdenlegion f légion f étrangère
Fremdenverkehr m tourisme m
Fremdenverkehrsamt nt office m du tourisme
Fremdenzimmer nt : „~" « chambres à louer »
fremd|gehen (fam) irr vi être infidèle
Fremdkörper m corps m étranger
fremdländisch adj étranger(-ère)
Fremdling m étranger(-ère) m
Fremdsprache f langue f étrangère
fremdsprachig adj attrib de langue étrangère ; (Unterricht) en langue étrangère ; (Literatur) étranger(-ère)
Fremdwort nt mot m étranger
Frequenz f fréquence f
fressen irr vt (subj: Tier) manger ; (: Mensch: fam) bouffer
Freude f joie f ; **~ an etw** Dat **haben** trouver plaisir à qch ; **jdm eine ~ machen** od **bereiten** faire plaisir à qn
freudig adj joyeux(-euse)
freudlos adj triste
freuen vt unpers faire plaisir à ▶ vr être content(e) od enchanté(e), se réjouir ; **es freut mich, dass ...** je suis heureux(-euse) que ... ; **sich auf etw** Akk **~** attendre qch avec impatience
Freund(-(e)s, -e) m ami m • **Freundin** f amie f • **freundlich** adj (Mensch, Miene) aimable ; (Wohnung, Gegend) accueillant(e) ; (Farbe, Wetter) agréable ; **würden Sie bitte so ~ sein und das tun?** auriez-vous l'amabilité de faire cela ? • **freundlicherweise** adv aimablement • **Freundlichkeit** f amabilité f • **Freundschaft** f amitié f • **freundschaftlich** adj amical(e)
Frevel(-s, -) m offense f ; (fig) crime m
frevelhaft adj coupable

Frieden (-s, -) m paix f; **im ~** en temps de paix
Friedensbewegung f mouvement m pour la paix
Friedensschluss m conclusion f de la paix
Friedenstruppe f force f d'interposition
Friedensverhandlungen pl négociations fpl de paix
Friedensvertrag m traité m de paix
Friedenszeit f temps m de paix
friedfertig adj pacifique
Friedhof m cimetière m
friedlich adj paisible
frieren irr vi avoir froid ▶ vi unpers geler; **ich friere, es friert mich** j'ai froid
Fries (-es, -e) m (Archit) frise f
frigid, frigide adj frigide
Frikadelle f boulette f de viande hachée
Frisbee (-, -s) nt frisbee m
frisch adj frais(fraîche); **~ gestrichen!** peinture fraîche!; **sich ~ machen** faire un brin de toilette
Frische f fraîcheur f
Frischhaltefolie f film m alimentaire
Friseur (-s, -e) m, **Friseuse** f coiffeur(-euse)
frisieren vt coiffer; (Abrechnung) truquer; (Motor) trafiquer ▶ vr se coiffer
Frisiersalon m salon m de coiffure
Frisör m = **Friseur**
Frist (-, -en) f délai m; (Termin) date f limite
fristen vt: **ein kümmerliches Dasein ~** mener une existence misérable
fristlos adj sans préavis
Frisur f coiffure f
frittieren vt (faire) frire
frivol adj frivole; (Witz) léger(-ère)
Frl. abk (= **Fräulein**) Mlle
froh adj joyeux(-euse); **ich bin ~, dass ...** je suis content(e) que ...
fröhlich adj joyeux(-euse), gai(e) • **Fröhlichkeit** f gaieté f
frohlocken vi exulter
Frohsinn m enjouement m
fromm adj pieux(-euse); **ein ~er Wunsch** un vain espoir
Frömmigkeit f piété f
frönen vi +Dat s'adonner à
Fronleichnam (-(e)s) m Fête-Dieu f
Front (-, -en) f (von Gebäude) façade f; (Mil) front m
frontal adj, adv de plein fouet, de front
fror etc vb siehe **frieren**
Frosch (-(e)s, ̈e) m grenouille f; (Feuerwerk) pétard m • **Froschmann** m homme-grenouille m • **Froschschenkel** m cuisse f de grenouille

Frost (-(e)s, ̈e) m gel m • **Frostbeule** f engelure f
frösteln vi frissonner; **es fröstelt mich** j'ai des frissons
frostig adj glacial(e)
Frostschutzmittel nt antigel m
Frottee (-(s), -s) nt od m tissu m éponge
frottieren vt frictionner
Frottierhandtuch, Frottiertuch nt serviette f éponge
Frucht (-, ̈e) f fruit m • **fruchtbar** adj fertile; (Frau, Tier) fécond(e); (fig) fructueux(-euse) • **Fruchtbarkeit** f fertilité f; (von Frau, Tier) fécondité f
fruchten vi porter ses fruits
fruchtig adj fruité(e)
Fruchtsaft m jus m de fruit
früh adj (Winter, Tod, Obst) précoce ▶ adv tôt, de bonne heure; **in ~er Kindheit** dès la prime enfance; **heute ~** ce matin • **Frühaufsteher** (-s, -) m lève-tôt m inv
Frühe f (Morgen) matin m; **in aller ~** de bonne heure
früher adj ancien(ne) ▶ adv autrefois
frühestens adv au plus tôt
Frühgeborene(s) nt prématuré(e) m/f
Frühgeburt f naissance f avant terme; (Kind) prématuré(e) m/f
Frühjahr nt printemps m
Frühjahrsmüdigkeit f fatigue f de printemps
Frühling m printemps m; **im ~** au printemps
Frühlingsrolle f pâté m impérial; (klein) nem m
frühreif adj précoce
Frührentner(in) m(f) préretraité(e)
Frühstück nt petit déjeuner m
frühstücken vi prendre le petit déjeuner
Frühstücksbüfett nt buffet m pour le petit déjeuner
frühzeitig adj précoce ▶ adv (rechtzeitig) de bonne heure; (vorzeitig) prématurément
Frust (-(e)s) (fam) m frustration f
frustrieren vt frustrer
Fuchs (-es, ̈e) m renard m
fuchsen (fam) vt énerver, agacer ▶ vr en faire une jaunisse
Füchsin f renarde f
fuchsteufelswild adj furieux(-euse)
fuchteln vi gesticuler
Fuge f interstice m; (Mus) fugue f
fügen vt (setzen) joindre ▶ vr (+Dat) se soumettre (à), se plier (à); **sich in sein Schicksal ~** se résigner à son sort
fügsam adj docile
fühlbar adj sensible

fühlen vt sentir ; *(abtasten)* tâter ▶ vi sentir ▶ vr se sentir ; **mit jdm ~** comprendre les sentiments de qn
Fühler (**-s, -**) m antenne f
fuhr *etc vb siehe* **fahren**
Fuhre f *(Ladung)* cargaison f
führen vt *(leiten)* être à la tête de ; *(begleiten, beeinflussen)* conduire ; *(als Fremdenführer)* guider ; *(Geschäft, Haushalt, Liste)* tenir ; *(Waren)* avoir, vendre ; *(Name)* porter ▶ vi mener ▶ vr *(sich benehmen)* se conduire ; **etw mit sich ~** avoir qch sur soi
Führer(in) m(f) *(von Land, Gruppe)* leader m ; *(Fremdenführer)* guide m • **Führerschein** m permis m de conduire
Führung f conduite f ; *(eines Unternehmens)* direction f ; *(Mil)* commandement m ; *(Besichtigung mit Führer)* visite f guidée
Führungskraft (**-, ̈-e**) f cadre m supérieur
Führungszeugnis nt certificat m de bonne vie et mœurs *od* de moralité
Fuhrwerk nt char m
Fülle f *(Menge, Vielfalt)* abondance f, masse f
füllen vt remplir ; *(Zahn)* plomber ; *(Culin)* farcir ▶ vr: **sich mit etw ~** se remplir de qch
Füller (**-s, -**) m stylo m à plume *od* à encre
füllig adj rondelet(te)
Füllung f remplissage m ; *(Culin)* farce f
fummeln *(fam)* vi: **an etw** *Dat* **~** tripoter qch
Fund (**-(e)s, -e**) m trouvaille f, découverte f
Fundament nt *(von Gebäude)* fondations fpl ; *(Grundlage, Basis)* fondement m • **fundamental** adj fondamental(e)
Fundamentalismus m fondamentalisme m
Fundbüro nt bureau m des objets trouvés
Fundgrube f *(fig)* mine f
fundieren vt fonder
fundiert adj *(Wissen)* approfondi(e), solide
fünf num cinq • **fünfhundert** num cinq cent(s) • **fünfjährig** adj de cinq ans • **Fünfprozentklausel** f clause f des cinq pour cent • **Fünftagewoche** f semaine f de cinq jours
fünfte(r, s) adj cinquième
Fünftel (**-s, -**) nt cinquième m
fünfzehn num quinze
fünfzig num cinquante
fungieren vi: **als etw ~** faire fonction de qch
Funk (**-s**) m radio f

Funke (**-ns, -n**) m étincelle f ; *(Funken sprühen)* lancer des étincelles
funkeln vi étinceler
funken vi *(durch Funk)* transmettre par radio ▶ vt envoyer (par radio)
Funken (**-s, -**) m = **Funke**
Funker (**-s, -**) m opérateur m radio
Funkgerät nt poste m de radio
Funkhaus nt maison f de la radio
Funkspruch m message m radio
Funkstation f station f (de) radio
Funkstreife f voiture f de police *(munie d'une radio)*
Funktaxi nt radio-taxi m
Funktion f fonction f
Funktionär(in) m(f) fonctionnaire mf
funktionieren vi fonctionner
funktionsfähig adj capable de fonctionner
Funktionstaste f touche f de fonction
für präp +Akk pour ; **~ sich leben** *(allein)* vivre seul(e) ; **was ~ ein/eine ...?** quelle sorte de ... ? ; **was ~ eine Frechheit!** *(fam)* quelle impertinence ! ; **das hat etw ~ sich** cela a du bon ; **~s Erste** pour le moment ; **Schritt ~ Schritt** pas à pas ; **Tag ~ Tag** jour après jour • **Für** nt: **das ~ und Wider** le pour et le contre • **Fürbitte** f intercession f
Furche f sillon m
furchen vt sillonner
Furcht f crainte f • **furchtbar** adj terrible, effroyable ; *(fam: schrecklich)* affreux(-euse)
fürchten vt craindre ▶ vr: **sich (vor jdm/etw) ~** avoir peur (de qn/qch)
fürchterlich adj terrible
furchtlos adj sans peur, intrépide
furchtsam adj craintif(-ive)
füreinander adv l'un(e) pour l'autre
Furnier (**-s, -e**) nt placage m
furnieren vt plaquer
fürs = **für das**
Fürsorge f *(persönlich)* soins mpl ; *(Sozialfürsorge)* assistance f
Fürsorger(in) (**-s, -**) m(f) travailleur(-euse) social(e)
Fürsorgeunterstützung f prestations fpl sociales
fürsorglich adj plein(e) de sollicitude
Fürsprache f recommandation f
Fürsprecher(in) m(f) défenseur m
Fürst (**-en, -en**) m prince m
Fürstentum nt principauté f
fürstlich adj princier(-ière)
Furt (**-, -en**) f gué m
Furunkel (**-s, -**) nt *od* m furoncle m
Fürwort nt pronom m

Furz (**-es**, **⸚e**) (vulg) m pet m
furzen (vulg) vi péter
Fusion f fusion f
Fuß (**-es**, **⸚e**) m pied m ; (von Tier) patte f ; **zu ~** à pied ; **(festen) ~ fassen** (re)prendre pied • **Fußball** m football m ; (Ball) ballon m de football • **Fußballplatz** m terrain m de football • **Fußballspiel** nt match m de football • **Fußballspieler** m footballeur m • **Fußboden** m plancher m • **Fußbremse** f (Auto) pédale f de frein
fußen vi : **auf etw** Dat **~** reposer od être fondé(e) sur qch
Fußende nt pied m (d'un lit)
Fußgänger(in) (**-s**, **-**) m(f) piéton(ne)
Fußgängerzone f zone f piétonne
Fußnote f note f (en bas de page)
Fußpfleger(in) m(f) pédicure mf
Fußspur f trace f (de pas)
Fußtritt m coup m de pied
Fußweg m (Pfad) sentier m
Futter (**-s**, **-**) nt nourriture f (pour animaux), fourrage m ; (Stoff) doublure f
Futteral (**-s**, **-e**) nt étui m
futtern (fam) vt, vi bouffer
füttern vt donner à manger à
Fütterung f : **die nächste ~ der Raubtiere findet um 17 Uhr statt** le prochain repas des fauves est à 17 heures
Futur (**-s**, **-e**) nt futur m

g

G, g nt G, g m inv ; (Mus) sol m
gab etc vb siehe **geben**
Gabe f don m
Gabel (**-**, **-n**) f (Essgabel) fourchette f ; (Mistgabel, Heugabel, Astgabel) fourche f
gabeln vr bifurquer
Gabelung f bifurcation f
Gabun nt le Gabon m
gackern vi caqueter
gaffen vi regarder bouche bée
Gage f cachet m
gähnen vi bâiller
Gala f gala m
galant adj galant(e)
Galavorstellung f représentation f de gala
Galerie f galerie f
Galgen (**-s**, **-**) m (zur Todesstrafe) potence f • **Galgenfrist** f répit m • **Galgenhumor** m humour m noir
Galle f (Organ) vésicule f biliaire
Gallenstein m calcul m biliaire
Galopp (**-s**, **-s** od **-e**) m galop m
galoppieren vi galoper
galt etc vb siehe **gelten**
galvanisieren vt galvaniser
Gambia nt la Gambie
Gamer(in) (**-s**, **-**) m(f) (Inform) joueur(-euse) (de jeux vidéo)
Gameshow (**-**, **-s**) f jeu m télévisé
gammeln (fam) vi (Mensch) glander
Gämse (**-**, **-n**) f chamois m
gang adj : **~ und gäbe sein** être courant
Gang (**-(e)s**, **⸚e**) m (Gangart) démarche f ; (Ablauf, Verlauf) cours m ; (in Haus, Zug) couloir m ; (Auto) vitesse f ; **in ~ bringen** (Motor, Maschine) mettre en marche ; (Sache, Vorgang) lancer ; **in ~ kommen** démarrer ; **in ~ sein** (Sache) être en cours

Gangart f allure f ; **eine härtere ~ einschlagen** prendre des mesures (plus sévères)
gangbar adj (Weg) praticable ; (Methode) habituel(le)
gängeln vt tenir en laisse
gängig adj courant(e) ; (Methode, Meinung) répandu(e)
Gangschaltung f (an Fahrrad) dérailleur m
Gangway (-, -s) f passerelle f
Ganove (-n, -n) (fam) m truand m
Gans (-, ⸚e) f oie f ; **dumme ~** (fam) sotte f
Gänseblümchen nt pâquerette f
Gänsebraten m oie f rôtie
Gänsefüßchen pl guillemets mpl
Gänsehaut f : **eine ~ haben** od **bekommen** avoir la chair de poule
Gänsemarsch m : **im ~** à la file indienne
Gänserich m jars m
ganz adj : **der/die ~e ...** tout(e) le(la) ... ; (vollständig, auch Zahl) entier(-ière) ; (nicht kaputt) intact(e) ▶ adv (ziemlich) assez ; (völlig) complètement ▶ ; **sein ~es Geld** tout son argent ; **die ~e Stadt/ Wahrheit** toute la ville/vérité ; **eine ~e Menge** beaucoup (de) ; **~e fünf Wochen** (so lange) pendant cinq (longues) semaines ; (nur) cinq semaines en tout et pour tout ; **sie ist ~ die Mutter** elle est tout le portrait de sa mère ; **~ und gar** complètement ; **~ und gar nicht** absolument pas
gänzlich adv complètement
ganztags adv (arbeiten) à plein temps
Ganztagsschule f école f toute la journée
gar adj (durchgekocht) cuit(e) ▶ adv : **~ nicht/nichts** pas/rien du tout ; **~ keiner** personne ; **~ nicht schlecht** pas mal du tout ; **er wäre ~ zu gern noch länger geblieben** il aurait bien aimé rester ; **oder ~** ou même
Garage f garage m
Garantie f garantie f
garantieren vt garantir ▶ vi : **für etw ~** garantir qch
Garbe f gerbe f
Garde f garde f ; **die alte ~** la vieille garde
Garderobe f (Kleidung) garde-robe f, vestiaire m
Garderobenständer m portemanteau m
Gardine f rideau m
gären irr vi (Wein) fermenter ; **es gärt im Volk** le peuple est en effervescence
Garn (-(e)s, -e) nt fil m

Garnele f crevette f
garnieren vt garnir
Garnison (-, -en) f garnison f
Garnitur f (Satz) ensemble m
garstig adj épouvantable
Garten (-s, ⸚) m jardin m • **Gartenarbeit** f jardinage m • **Gartenbau** m horticulture f • **Gartenfest** nt garden-party f • **Gartengerät** nt outil m de jardinage • **Gartenhaus** nt pavillon m • **Gartenkresse** f cresson m • **Gartenlokal** nt restaurant m avec jardin • **Gartenschere** f sécateur m
Gärtner(in) (-s, -) m(f) jardinier(-ière)
Gärtnerei f établissement m horticole
gärtnern vi jardiner
Gärung f fermentation f
Gas (-es, -e) nt gaz m inv ; **~ geben** (Auto) accélérer
gasförmig adj gazeux(-euse)
Gasherd m cuisinière f à gaz
Gasleitung f conduite f de gaz
Gasmaske f masque m à gaz
Gaspedal nt accélérateur m
Gasse f ruelle f
Gast (-es, ⸚e) m (in Familie) invité(e) m/f, hôte m/f ; (in Lokal) client(e) m/f ; (in Land) visiteur(-euse) m/f ; **bei jdm zu ~ sein** être l'hôte de qn • **Gastarbeiter(in)** m(f) travailleur(-euse) immigré(e)
Gästebuch nt livre m d'or
Gästezimmer nt chambre f d'ami(s)
gastfreundlich adj hospitalier(-ière)
Gastgeber(in) (-s, -) m(f) hôte(hôtesse)
Gasthaus nt, **Gasthof** m auberge f
gastieren vi donner une représentation od des représentations en vedette américaine
gastlich adj hospitalier(-ière)
Gastronomie f (Gaststättengewerbe) hôtellerie f
gastronomisch adj gastronomique
Gastspiel nt (Théât) représentation f (au cours d'une tournée) ; (Sport) match m à l'extérieur
Gaststätte f auberge f
Gastwirt(in) m(f) patron(ne)
Gastwirtschaft f auberge f
Gasvergiftung f intoxication f par le gaz
Gaswerk nt usine f à gaz
Gaszähler m compteur m à gaz
Gatte (-n, -n) m époux m
Gatter (-s, -) nt (Zaun) barrière f
Gattin f épouse f
Gattung f (bei Tieren, Pflanzen) espèce f ; (Art, Literaturgattung) genre m
GAU abk (= größter anzunehmender Unfall) problème le plus grave envisageable pour

lequel des mesures de sécurité ont été prises (lors de la construction d'une centrale nucléaire)

Gaul (**-(e)s, Gäule**) *m* canasson *m*, cheval *m*

Gaumen (**-s, -**) *m* palais *m*

Gauner (**-s, -**) *m* escroc *m*, filou *m*

Gaunerei *f* escroquerie *f*

Gaze *f* gaze *f*

geb. *abk* = **geboren**

Gebäck (**-(e)s, -e**) *nt* pâtisserie *f*

gebacken *pp von* **backen**

Gebälk (**-(e)s**) *nt* charpente *f*

gebar *etc vb siehe* **gebären**

Gebärde *f* geste *m*

gebärden *vr* se conduire, se comporter

gebären *irr vt* mettre au monde

Gebärmutter *f* utérus *m*

Gebäude (**-s, -**) *nt* bâtiment *m*
• **Gebäudekomplex** *m* ensemble *m od* complexe *m* immobilier

Gebell (**-(e)s**) *nt* aboiement *m*

geben *irr vt* donner ; *(schicken)* mettre ; *(in Obhut, zur Aufbewahrung)* confier ▶ *vi unpers* : **es gibt** il y a ▶ *vr (sich verhalten)* se conduire ; *(aufhören)* cesser ; **jdm etw ~** donner qch à qn ; **jdm etw zu essen ~** donner qch à manger à qn ; **dem werde ich es ~** *(fam)* il va voir ce qu'il va voir ; **darauf kann man nichts ~** on ne peut pas tabler là-dessus ; **etw verloren ~** faire une croix sur qch ; **5 plus 3 gibt 8** 5 plus 3 font *od* égalent 8 ; **er gäbe alles darum, sie noch einmal wiederzusehen** il donnerait tout pour la revoir ; **etw von sich ~** *(Laute etc)* émettre qch ; **~ Sie mir Herrn Braun** *(Tél)* passez-moi Monsieur Braun ; **was gibts?** qu'est-ce qu'il y a ? ; **was gibt es zu Mittag?** qu'y a-t-il pour le déjeuner *od* à manger ce midi ? ; **es wird Frost ~** il va geler ; **das gibt es nicht!** c'est impossible ! ; **das gibts doch nicht!** c'est pas vrai ! ; **das wird sich ~** cela va s'arranger

Gebet (**-(e)s, -e**) *nt* prière *f*

gebeten *pp von* **bitten**

Gebiet (**-(e)s, -e**) *nt* région *f* ; *(Hoheitsgebiet)* territoire *m* ; *(Fachgebiet)* domaine *m*

gebieten *irr vt (befehlen)* ordonner ; *(Lage etc)* exiger

gebieterisch *adj* impérieux(-euse)

Gebilde (**-s, -**) *nt* structure *f*

gebildet *adj* cultivé(e)

Gebirge (**-s, -**) *nt* montagne *f*

gebirgig *adj* montagneux(-euse)

Gebiss (**-es, -e**) *nt (von Mensch, Tier)* denture *f* ; *(künstlich)* dentier *m*

gebissen *pp von* **beißen**

Gebläse (**-s, -**) *nt (Auto)* compresseur *m*

geblasen *pp von* **blasen**

geblieben *pp von* **bleiben**

geblümt *adj* fleuri(e)

gebogen *pp von* **biegen**

geboren *pp von* **gebären** ▶ *adj* né(e) ; **Anna Müller, ~e Schulz** Anna Müller, née Schulz ; **er ist der ~e Musiker** c'est un musicien-né

geborgen *pp von* **bergen** ▶ *adj* : **sich (bei jdm) ~ fühlen** se sentir en sécurité (auprès de qn)

geborsten *pp von* **bersten**

Gebot (**-(e)s, -e**) *nt (Rel)* commandement *m*

geboten *pp von* **bieten**

Gebr. *abk (= Gebrüder)* frères *mpl*

gebracht *pp von* **bringen**

gebrannt *pp von* **brennen**

gebraten *pp von* **braten**

Gebräu (**-(e)s, -e**) *nt* breuvage *m*

Gebrauch (**-(e)s, Gebräuche**) *m (Benutzung)* utilisation *f*, usage *m* ; *(Sitte)* coutume *f*

gebrauchen *vt* employer, utiliser ; **etw gut ~ können** avoir grand besoin de qch

gebräuchlich *adj* courant(e)

Gebrauchsanweisung *f* mode *m* d'emploi

Gebrauchsartikel *m* article *m* utilitaire

gebrauchsfertig *adj* prêt(e) à l'emploi

Gebrauchsgegenstand *m* objet *m* d'usage courant

gebraucht *adj* usagé(e)
• **Gebrauchtwagen** *m* voiture *f* d'occasion

Gebrechen (**-s, -**) *nt* infirmité *f*

gebrechlich *adj (Mensch)* infirme, invalide

gebrochen *pp von* **brechen**

Gebrüder *pl* frères *mpl*

Gebrüll (**-(e)s**) *nt* hurlements *mpl* ; *(von Löwe)* rugissement *m*

Gebühr (**-, -en**) *f* tarif *m* ; **über ~** *(fig)* exagérément, outre mesure

gebühren *vi* : **jdm ~** être dû (due) à qn ▶ *vr* : **das gebührt sich nicht** ça ne se fait pas ; **wie es sich gebührt** comme il faut

gebührend *adj* dû (due)

Gebühreneinheit *f (Tél)* unité *f* (Télécom)

Gebührenerlass *m* exonération *f od* exemption *f* des taxes

Gebührenermäßigung *f* réduction *f* *(accordée sur les tarifs)*

gebührenfrei *adj* franco de port, en franchise

gebührenpflichtig adj soumis(e) à la taxe, payant(e); **~e Verwarnung** (Jur) amende f
gebunden pp von **binden**
Geburt (-, -en) f naissance f
Geburtenkontrolle f contrôle m des naissances
Geburtenrückgang m baisse f de la natalité
geburtenschwach adj (Jahrgang) à faible natalité
gebürtig adj originaire; **sie ist ~e Schweizerin** elle est d'origine suisse
Geburtsanzeige f faire-part m inv de naissance
Geburtsdatum nt date f de naissance
Geburtshelfer(in) m(f) accoucheur m, sage-femme f
Geburtsjahr nt année f de naissance
Geburtsort m lieu m de naissance
Geburtstag m anniversaire m; (auf Formularen) date f de naissance
Geburtsurkunde f acte m de naissance
Gebüsch (-(e)s, -e) nt buissons mpl, broussailles fpl
gedacht pp von **denken**
Gedächtnis nt (Erinnerungsvermögen) mémoire f; (Andenken) souvenir m
• **Gedächtnisfeier** f commémoration f
• **Gedächtnisschwund** m pertes fpl de mémoire • **Gedächtnisverlust** m amnésie f
Gedanke (-ns, -n) m idée f; (Denken) pensée f; **sich über etw** Akk **~n machen** se faire du souci pour qch
Gedankenaustausch m échange m d'idées od de vues
gedankenlos adv sans réflexion
Gedankenlosigkeit f étourderie f
Gedankenstrich m tiret m
Gedankenübertragung f transmission f de pensée, télépathie f
gedankenverloren adj perdu(e) dans ses pensées, absent(e)
Gedeck (-(e)s, -e) nt (Teller und Besteck) couvert m; (Menü) menu m (à prix fixe)
gedeihen irr vi (Pflanze) bien pousser; (Mensch, Tier) grandir; (Werk etc) (bien) avancer
gedenken irr vi +Gen (geh: denken an) penser à; **~, etw zu tun** compter faire qch, avoir l'intention de faire qch
Gedenkfeier f commémoration f
Gedenkminute f minute f de silence
Gedenkstätte f monument m (commémoratif)
Gedenktag m anniversaire m
Gedicht (-(e)s, -e) nt poème m; **das ist ein ~** (fig) quelle merveille!

gediegen adj (Schulwerk, Verarbeitung, Kenntnisse) solide; (Metall) pur(e); (Arbeit, Charakter) sérieux(-euse); (rechtschaffen) honnête
gedieh etc vb siehe **gedeihen**
gediehen pp von **gedeihen**
Gedränge (-s) nt (das Drängeln) bousculade f; (Menschen, Menge) foule f, cohue f
gedrängt adj (Übersicht) concis(e); **~ voll** bondé(e)
gedroschen pp von **dreschen**
gedrückt adj (Stimmung, Miene) déprimé(e)
gedrungen pp von **dringen**
Geduld f patience f
gedulden vr patienter
geduldig adj patient(e)
Geduldsprobe f: **das stellte ihn auf eine harte ~** cela a mis sa patience à rude épreuve
gedurft pp von **dürfen**
geehrt adj: **Sehr ~e Damen und Herren!** Mesdames et Messieurs
geeignet adj (Mittel, Methode) approprié(e); **für etw/jdn ~ sein** être bon (bonne) pour qch/qn
Gefahr (-, -en) f danger m; **~ laufen, etw zu tun** risquer de faire qch; **auf eigene ~** à ses risques et périls
gefährden vt (Mensch) mettre en danger; (Plan, Fortschritt etc) compromettre
Gefährdung f menace f
gefahren pp von **fahren**
Gefahrenquelle f facteur m de risque
Gefahrenzulage f prime f de risque
gefährlich adj dangereux(-euse); (Krankheit) grave
Gefährte (-n, -n) m, **Gefährtin** f compagnon(compagne) m/f
Gefälle (-s, -) nt (Neigungsgrad) inclinaison f, pente f; (soziales Gefälle) disparités fpl
gefallen irr pp von **gefallen**; **fallen** ▶ vi: **jdm ~** plaire à qn; **er/es gefällt mir** il/ça me plaît; **sich** Dat **etw ~ lassen** endurer qch
Gefallen¹ (-s, -) m (Gefälligkeit) service m; **jdm einen ~ tun** rendre service à qn
Gefallen² (-s) nt: **an etw** Dat **~ finden** trouver od prendre plaisir à qch
gefällig adj (hilfsbereit) serviable; (ansprechend) agréable
Gefälligkeit f (Hilfsbereitschaft) obligeance f; **etw aus ~ tun** faire qch pour rendre service
gefälligst adv: **warten Sie ~, bis Sie an der Reihe sind** attendez votre tour, s'il vous plaît

gefangen pp von **fangen** ▶ adj: **~ halten** détenir; **~ nehmen** faire prisonnier(-ière)
Gefangene(r) f(m) (Verbrecher) détenu(e) m/f; (Kriegsgefangene) prisonnier(-ière) m/f (de guerre)
Gefangenenlager nt camp m de prisonniers
Gefangennahme f capture f
Gefangenschaft f (Haft) détention f; (Kriegsgefangenschaft) captivité f
Gefängnis nt prison f • **Gefängnisstrafe** f peine f de prison • **Gefängniswärter** m gardien m de prison
Gefasel (**-s**) nt radotage m
Gefäß (**-es, -e**) nt récipient m; (Blutgefäß) vaisseau m (sanguin)
gefasst adj (beherrscht) calme; **auf etw** Akk **~ sein** s'attendre à qch
Gefecht (**-(e)s, -e**) nt combat m
gefeit adj: **gegen etw ~ sein** être à l'abri de qch
Gefieder (**-s, -**) nt plumage m
gefiedert adj à plumes
gefiel etc vb siehe **gefallen**
gefleckt adj tacheté(e), moucheté(e)
geflissentlich adv volontairement
geflochten pp von **flechten**
geflogen pp von **fliegen**
geflohen pp von **fliehen**
geflossen pp von **fließen**
Geflügel (**-s**) nt volaille f
gefochten pp von **fechten**
Gefolge (**-s, -**) nt suite f
Gefolgschaft f (Anhänger) partisans mpl; (Gefolge) suite f
Gefolgsmann (**-(e)s, -leute**) m partisan m
gefragt adj (très) demandé(e)
gefräßig adj vorace
Gefreite(r) m (Mil) caporal m
gefressen pp von **fressen**
gefrieren irr vi geler
Gefrierfach nt freezer m
Gefrierfleisch nt viande f congelée
gefriergetrocknet adj lyophilisé(e)
Gefrierpunkt m point m de congélation
Gefrierschrank m congélateur-armoire m
Gefriertruhe f congélateur m
gefroren pp von **frieren**; **gefrieren**
Gefüge (**-s, -**) nt structure f
gefügig adj docile
Gefühl (**-(e)s, -e**) nt (physisch) sensation f; (seelisch) sentiment m • **gefühllos** adj insensible
gefühlsbetont adj émotif(-ive)
Gefühlsduselei (fam) f sensiblerie f

gefühlsmäßig adj instinctif(-ive)
gefüllt adj (Culin) farci(e); (: Pralinen) fourré(e)
gefunden pp von **finden**
gegangen pp von **gehen**
gegeben pp von **geben**
gegebenenfalls adv le cas échéant

(SCHLÜSSELWORT)

gegen präp +Akk **1** contre; **gegen einen Baum fahren** rentrer dans od percuter un arbre; **X gegen Y** (Sport, Jur) X contre Y; **gegen den Wind** contre le vent; **nichts gegen jdn haben** n'avoir rien contre qn; **ein Mittel gegen Schnupfen** un remède contre od pour le rhume
2 (in Richtung auf) vers; **gegen Osten** vers l'est
3 (ungefähr) vers; **gegen 3 Uhr** vers 3 heures; **gegen Abend** vers le soir
4 (gegenüber) envers; **gerecht gegen alle** juste envers tous
5 (im Austausch für) contre, pour; **einen alten Wagen gegen einen neuen austauschen** échanger une vieille voiture contre une neuve; **gegen bar kaufen** payer cash
6 (verglichen mit) par rapport à, à côté de

Gegenangriff m contre-attaque f
Gegenbeweis m preuve f du contraire
Gegend (**-, -en**) f région f
Gegendarstellung f (Presse) réponse f
gegeneinander adv l'un(e) contre l'autre
Gegenfahrbahn f voie f opposée
Gegenfrage f autre question f
Gegengewicht nt contrepoids m
Gegengift nt antidote m
Gegenleistung f contrepartie f, compensation f
Gegenlichtaufnahme f photographie f à contre-jour
Gegenmaßnahme f contre-mesure f
Gegenprobe f contre-épreuve f
Gegensatz m (bei Begriff, Wort) contraire m; (bei Meinung etc) contradiction f
gegensätzlich adj opposé(e), contraire
Gegenschlag m contre-attaque f
Gegenseite f (Gegenpartei) partie f adverse
gegenseitig adj (Einverständnis, Abmachung) commun(e); **sich ~ helfen** s'entraider
Gegenseitigkeit f réciprocité f
Gegenspieler(in) m(f) adversaire mf; (Sport) homologue m
Gegenstand m objet m; (Thema) sujet m

gegenständlich adj (Art) figuratif(-ive)
Gegenstimme f (bei Abstimmung) non m
Gegenstück nt (passendes Stück bei Paar) pendant m; (gegensätzliches Stück) contraire m
Gegenteil nt contraire m; **im ~!** au contraire!
gegenteilig adj contraire
gegenüber präp +Dat (räumlich) en face de; (angesichts) vis-à-vis de; (im Vergleich zu) par rapport à ▶ adv en face; **allen Fragen ~ aufgeschlossen** très ouvert(e); **jdm ~ freundlich sein** être aimable envers od avec qn; **du bist ihm ~ im Nachteil** tu es désavantagé(e) par rapport à lui • **Gegenüber** (-s, -) nt (Mensch, der gegenüber sitzt) vis-à-vis m inv • **gegenüber|liegen** irr vr se faire face • **gegenüber|stehen** irr vr s'affronter • **gegenüber|stellen** vt (Menschen) confronter; (zum Vergleich) comparer • **Gegenüberstellung** f confrontation f; (von Begriffen, Vergleich) comparaison f • **gegenüber|treten** irr vi +Dat: **jdm ~** se présenter devant qn, affronter qn
Gegenverkehr m circulation f en sens inverse
Gegenvorschlag m contre-proposition f
Gegenwart f (Ling) présent m; (Anwesenheit) présence f
gegenwärtig adj actuel(le), présent(e); (anwesend) présent(e) ▶ adv actuellement
Gegenwert m équivalent m
Gegenwind m vent m contraire
Gegenwirkung f réaction f
gegen|zeichnen vt contresigner
Gegenzug m riposte f; (Rail) train m en sens inverse
gegessen pp von **essen**
geglichen pp von **gleichen**
geglitten pp von **gleiten**
geglommen pp von **glimmen**
Gegner(-s, -) m adversaire m; (militärisch) ennemi m • **gegnerisch** adj adverse • **Gegnerschaft** f opposition f
gegolten pp von **gelten**
gegoren pp von **gären**
gegossen pp von **gießen**
gegraben pp von **graben**
gegriffen pp von **greifen**
gegrillt adj grillé(e)
Gehabe (-s) (fam) nt manières fpl
gehabt pp von **haben**
Gehackte(s) nt viande f hachée
Gehalt¹ (-(e)s, -e) m (Inhalt) contenu m; (Anteil) teneur f
Gehalt² (-(e)s, ⸚er) nt (Bezahlung) salaire m, traitement m

gehalten pp von **halten**
Gehaltsabrechnung f bulletin m de paie
Gehaltsempfänger(in) m(f) salarié(e)
Gehaltserhöhung f augmentation f (de salaire)
Gehaltszulage f augmentation f (de salaire)
gehangen pp von **hängen**
geharnischt adj (fig) énergique
gehässig adj malveillant(e) • **Gehässigkeit** f méchanceté f, malveillance f
gehauen pp von **hauen**
Gehäuse (-s, -) nt (von Wecker, Radio) boîtier m; (von Apfel etc) trognon m
Gehege (-s, -) nt (im Zoo) enclos m; (Jagd) réserve f; **jdm ins ~ kommen** (fig) marcher sur les plates-bandes de qn
geheim adj secret(-ète); **~ halten** ne pas révéler; **im G~en** en secret • **Geheimdienst** m services mpl secrets
Geheimnis nt secret m • **Geheimniskrämer** m (petit) cachottier m • **geheimnisvoll** adj mystérieux(-euse)
Geheimnummer f (Tél) numéro m confidentiel od inscrit sur liste rouge
Geheimpolizei f police f secrète
Geheimschrift f code m
Geheimzahl f (für Geldautomat) code m confidentiel
geheißen pp von **heißen**
gehemmt adj complexé(e)
gehen irr vi aller; (zu Fuß gehen) marcher; (funktionieren) marcher; (weggehen) s'en aller; (abfahren) partir; (Teig) lever; (florieren) bien marcher; (dauern) durer ▶ vt parcourir ▶ vi unpers: **wie geht es Ihnen?** comment allez-vous?; **~ lassen** laisser partir; **sich ~ lassen** se laisser aller; **mit einem Mädchen ~** sortir avec une (jeune) fille; **das Zimmer geht nach Süden** la chambre donne sur le sud; **mir/ihm geht es gut** je vais/il va bien; **geht das?** c'est possible?; **es geht um etw** il s'agit de qch
geheuer adj: **nicht ~** inquiétant(e)
Geheul (-(e)s) nt hurlements mpl
Gehilfe (-n, -n) m, **Gehilfin** f assistant(e) m/f
Gehirn (-(e)s, -e) nt cerveau m • **Gehirnerschütterung** f commotion f cérébrale • **Gehirnwäsche** f lavage m de cerveau
gehoben pp von **heben** ▶ adj (Position) supérieur(e)
geholfen pp von **helfen**
Gehör (-(e)s) nt (Hörvermögen) ouïe f; **kein musikalisches ~ haben** ne pas

avoir d'oreille ; **jdm ~ schenken** écouter qn
gehorchen vi +Dat: **jdm ~** obéir à qn
gehören vi (als Eigentum) appartenir ; **das gehört mir/Gisela** c'est à moi/à Gisela ; **er gehört ins Bett** il devrait être couché ; **zu etw ~** faire partie de qch ; **dazu gehört Mut** cela demande du courage
gehörig adj (gebührend) convenable ; (stark) gros(se) ; **zu etw ~** appartenant à qch ; **jdm ~** appartenant à qn
gehorsam adj obéissant(e) • **Gehorsam** (-s) m obéissance f
Gehsteig, Gehweg m trottoir m
Geier (-s, -) m vautour m
Geige f violon m
Geiger(in) (-s, -) m(f) violoniste mf
Geigerzähler m compteur m Geiger
geil adj excité(e) ; (fam: gut) super
Geisel (-, -n) f otage m • **Geiselnahme** f prise f d'otage(s) • **Geiselnehmer(in)** (-s, -) m(f) preneur(-euse) d'otage(s)
Geißel (-, -n) f fouet m ; (fig) fléau m
geißeln vt flageller ; (fig) fustiger
Geist (-(e)s, -er) m esprit m
Geisterfahrer (fam) m automobiliste qui a pris l'autoroute à contresens
geisterhaft adj fantomatique
geistesabwesend adj distrait(e)
Geistesblitz m idée f géniale
Geistesgegenwart f présence f d'esprit
geistesgegenwärtig adv avec beaucoup de présence d'esprit
geisteskrank adj atteint(e) d'une maladie mentale
Geisteskranke(r) f(m) malade mf mental(e)
Geisteskrankheit f maladie f mentale
Geisteswissenschaften pl sciences fpl humaines
Geisteszustand m état m mental
geistig adj (intellektuell) intellectuel(le) ; (Psych) mental(e) ; **~ behindert** handicapé(e) mental(e)
geistlich adj spirituel(le) ; (religiös) religieux(-euse) • **Geistliche(r)** m ecclésiastique m • **Geistlichkeit** f clergé m
geistlos adj stupide
geistreich adj spirituel(le)
geisttötend adj abrutissant(e)
Geiz (-es) m avarice f
geizen vi: **(mit etw) ~** être avare (de qch)
Geizhals m avare m
geizig adj avare
Geizkragen m grigou m
gekannt pp von **kennen**
geklungen pp von **klingen**
gekniffen pp von **kneifen**
gekommen pp von **kommen**
gekonnt adj habile, adroit(e) ▶ pp von **können**
Gekritzel (-s) nt gribouillage m
gekrochen pp von **kriechen**
gekünstelt adj affecté(e)
Gel (-s, -e) nt gel m
Gelächter (-s, -) nt rires mpl
geladen pp von **laden** ▶ adj chargé(e) ; (fam: wütend) furax
Gelage (-s, -) nt beuverie f
gelähmt adj paralysé(e)
Gelände (-s, -) nt terrain m • **Geländefahrzeug** nt véhicule m tout terrain • **geländegängig** adj tout-terrain inv • **Geländelauf** m cross-country m
Geländer (-s, -) nt balustrade f ; (Treppengeländer) rampe f
gelang etc vb siehe **gelingen**
gelangen vi: **~ an** +Akk od **zu** arriver à, atteindre ; (erwerben) acquérir ; **in jds Besitz ~** tomber entre les mains de qn
gelangweilt adj qui s'ennuie
gelassen pp von **lassen** ▶ adj calme • **Gelassenheit** f calme m
Gelatine f gélatine f
gelaufen pp von **laufen**
geläufig adj courant(e)
gelaunt adj: **schlecht/gut ~** de mauvaise/bonne humeur
gelb adj jaune ; (Ampellicht) orange • **gelblich** adj jaunâtre
Gelbsucht f jaunisse f
Geld (-(e)s, -er) nt argent m • **Geldanlage** f placement m • **Geldautomat** m distributeur m automatique de billets • **Geldbeutel** m porte-monnaie m • **Geldbörse** f porte-monnaie m • **Geldbuße** f amende f • **Geldeinwurf** m introduction f de la monnaie • **Geldgeber** (-s, -) m bailleur m de fonds • **geldgierig** adj cupide • **Geldmittel** pl moyens mpl financiers • **Geldschein** m billet m de banque • **Geldschrank** m coffre-fort m • **Geldstrafe** f amende f • **Geldstück** nt pièce f de monnaie • **Geldwechsel** m change m
Gelee (-s, -s) nt od m gelée f
gelegen pp von **liegen** ▶ adj situé(e) ; (passend) opportun(e) ; **das kommt mir sehr ~** ça m'arrange
Gelegenheit f occasion f ; **bei jeder ~** à tout propos ; **bei ~** à l'occasion
Gelegenheitsarbeit f travail m intermittent
Gelegenheitsarbeiter m travailleur m temporaire

Gelegenheitskauf m occasion f
gelegentlich adj qui a lieu de temps en temps ▶ adv (ab und zu) de temps en temps ; (bei Gelegenheit) à l'occasion
gelehrig adj qui apprend facilement, intelligent(e)
gelehrt adj savant(e), érudit(e)
• **Gelehrte(r)** f(m) érudit(e) m/f
• **Gelehrtheit** f érudition f
Geleit (-s, -e) nt escorte f ; **freies** od **sicheres ~** sauf-conduit m
geleiten vt escorter, accompagner
Geleitschutz m escorte f
Gelenk (-(e)s, -e) nt (von Mensch) articulation f ; (von Maschine) joint m
gelenkig adj souple
gelernt adj qualifié(e)
gelesen pp von **lesen**
Geliebte(r) f(m) amant m, maîtresse f
geliehen pp von **leihen**
gelind, gelinde adv: **~ gesagt** c'est le moins qu'on puisse dire
gelingen irr vi réussir ; **die Arbeit gelingt mir nicht** je n'arrive pas à faire ce travail ; **es ist mir gelungen, etw zu tun** j'ai réussi od je suis arrivé(e) à faire qch
gelitten pp von **leiden**
geloben vt, vi promettre (solennellement) ; **sich** Dat **etw ~** prendre la résolution de faire qch
gelogen pp von **lügen**
gelten irr vi être valable ▶ vi unpers: **es gilt, etw zu tun** il s'agit de faire qch ▶ vt (wert sein) valoir ; **das gilt nicht!** ce n'est pas de jeu ! ; **jdm ~** être destiné(e) à qn ; **als** od **für etw ~** (angesehen werden als) passer pour qch
geltend adj en vigueur ; (Meinung) répandu(e) ; **etw ~ machen** faire valoir qch ; **sich ~ machen** se manifester
Geltung f : **~ haben** être valable ; **etw** Dat **~ verschaffen** imposer qch ; **sich** Dat **~ verschaffen** s'imposer ; **etw zur ~ bringen** mettre qch en valeur
Geltungsbedürfnis nt besoin m de se faire valoir
Gelübde (-s, -) nt vœu m
gelungen pp von **gelingen** ▶ adj réussi(e) ; (witzig) drôle
gemächlich adj tranquille
Gemahl (-(e)s, -e) m époux m
gemahlen pp von **mahlen**
Gemälde (-s, -) nt tableau m
gemäß präp +Dat (zufolge) conformément à, selon ▶ adj: **jdm/einer Sache ~ sein** convenir à qn/qch ; **~ den Bestimmungen** selon le règlement

477 | Gemütszustand

gemäßigt adj modéré(e) ; (Klima) tempéré(e)
gemein adj (niederträchtig) ignoble ; (allgemein) commun(e) ; **etw ~ haben (mit)** avoir qch en commun (avec)
Gemeinde f commune f ; (Pfarrgemeinde) paroisse f • **Gemeinderat** m conseil m municipal ; (Mitglied) conseiller m municipal • **Gemeindeverwaltung** f administration f municipale
• **Gemeindezentrum** nt foyer m municipal ; (Rel) centre m paroissial
gemeingefährlich adj (Verbrecher) qui constitue un danger public
Gemeingut nt domaine m public
Gemeinheit f méchanceté f
gemeinsam adj commun(e) ; **etw ~ tun** faire qch ensemble
Gemeinschaft f communauté f ; **~ Unabhängiger Staaten** Communauté des États indépendants
gemeinschaftlich adj = **gemeinsam**
Gemeinschaftsarbeit f travail m d'équipe
Gemeinwohl nt bien m public
Gemenge (-s, -) nt (Handgemenge) bagarre f
gemessen pp von **messen** ▶ adj (Schritt, Bewegung) mesuré(e)
Gemetzel (-s, -) nt carnage m
gemieden pp von **meiden**
Gemisch (-es, -e) nt mélange m
gemischt adj mélangé(e) ; (Gesellschaft, Gruppe) hétérogène ; (Gefühle) mitigé(e)
gemocht pp von **mögen**
gemolken pp von **melken**
Gemse (-, -n) f = **Gämse**
Gemunkel (-s) nt ragots mpl
Gemüse (-s, -) nt légumes mpl
• **Gemüsegarten** m potager m
• **Gemüsehändler(in)** m(f) marchand(e) de fruits et légumes
gemusst pp von **müssen**
gemustert adj à motifs
Gemüt (-(e)s, -er) nt (seelisch, von Mensch) nature f ; **sich** Dat **etw zu ~e führen** (fam) se régaler de qch
gemütlich adj (Haus, Lokal) où on se sent bien, accueillant(e) ; (Abend) très agréable ; (Tempo, Spaziergang) tranquille ; (Mensch) sympathique
• **Gemütlichkeit** f confort m ; (Behaglichkeit) tranquillité f
Gemütsbewegung f émotion f
Gemütsmensch m père m peinard
Gemütsruhe f calme m
Gemütszustand m état m d'âme, disposition f d'esprit

gemütvoll *adv* avec beaucoup de sensibilité
Gen (-s, -e) *nt* gène *m*
genannt *pp von* **nennen**
genas *etc vb siehe* **genesen**
genau *adj* exact(e), précis(e) ▶ *adv* avec précision ; (*sorgfältig*) soigneusement ; **er kam ~, als ...** il est arrivé juste au moment où ... ; **das reicht ~** il y en a juste assez ; **etw ~ nehmen** prendre qch au sérieux ; **~ genommen** à strictement parler
Genauigkeit *f* (*Exaktheit*) exactitude *f* ; (*Sorgfältigkeit*) soin *m*
genauso *adv* de la même manière *od* façon ; **~ gut** aussi bien
genehm *adj* : **jdm ~ sein** convenir à qn
genehmigen *vt* autoriser ; **sich** *Dat* **etw ~** s'offrir qch
Genehmigung *f* autorisation *f*
geneigt *adj* : **~ sein, etw zu tun** être prêt(e) à faire qch ; **jdm ~ sein** être bien disposé(e) envers qn
General (-s, -e *od* ⸚e) *m* général *m*
• **Generaldirektor** *m* P.D.G. *m*
• **Generalkonsulat** *nt* consulat *m* général • **Generalprobe** *f* (répétition *f*) générale *f* • **Generalstreik** *m* grève *f* générale • **generalüberholen** *vt* effectuer une révision générale de
Generation *f* génération *f*
Generationskonflikt *m* conflit *m* de générations
Generator *m* générateur *m*
generell *adj* général(e)
genesen *irr vi* se rétablir
Genesung *f* guérison *f*
genetisch *adj* génétique
Genf *nt* Genève
genial *adj* génial(e), de génie
Genialität *f* génie *m*
Genick (-(e)s, -e) *nt* nuque *f*
Genie (-s, -e) *nt* génie *m*
genieren *vr* se gêner ; **~ Sie sich nicht!** ne vous gênez pas !
genießbar *adj* mangeable ; (*trinkbar*) buvable
genießen *irr vt* aimer (beaucoup) ; (*Essen, Trinken*) savourer ; (*erhalten: Erziehung, Bildung*) jouir de, avoir ; **das ist nicht zu ~** c'est immangeable
Genießer(in) (-s, -) *m(f)* épicurien(ne), bon(ne) vivant(e) • **genießerisch** *adv* avec délectation
Genitiv *m* génitif *m*
Genlebensmittel *nt* aliments *mpl* transgéniques
Genmanipulation *f* manipulation *f* génétique

genmanipuliert *adj* génétiquement modifié(e)
Genom (-s, -e) *nt* génome *m*
genommen *pp von* **nehmen**
Genoss *etc vb siehe* **genießen**
Genosse (-n, -n) *m* camarade *m*
genossen *pp von* **genießen**
Genossenschaft *f* coopérative *f*
Genossin *f* camarade *f*
Gentechnik *f* génétique *f*
gentechnisch *adj* génétique ;
~ verändert génétiquement modifié(e)
Gentechnologie *f* génie *m* génétique
gentrifizieren *vt* se boboïser
genug *adv* assez, suffisamment ; **ich habe ~ (davon)** j'en ai assez
Genüge *f* : **etw zur ~ kennen** (*abwertend*) connaître qch par cœur
genügen *vi* (*ausreichen*) suffire ; (*Anforderungen*) satisfaire ; **das genügt** ça suffit
genügend *adj* suffisant(e)
genügsam *adj* modeste
Genügsamkeit *f* modestie *f*
Genugtuung *f* satisfaction *f*
Genuss (-es, ⸚e) *m* (*kein pl*) consommation *f* ; (*Vergnügen*) plaisir *m* ; **in den ~ einer Sache** *Gen* **kommen** bénéficier de qch
genüsslich *adv* avec délectation
Genussmittel *pl* alimentation fine, confiserie, tabac etc
geöffnet *adj* ouvert(e)
Geograf (-en, -en) *m* géographe *m*
Geografie *f* géographie *f*
geografisch *adj* géographique
Geologe (-n, -n) *m* géologue *m*
Geologie *f* géologie *f*
geologisch *adj* géologique
Geometrie *f* géométrie *f*
Georgien (-s) *nt* la Géorgie
Gepäck (-(e)s) *nt* bagages *mpl*
• **Gepäckabfertigung** (*Aviat*) enregistrement *m* des bagages
• **Gepäckaufbewahrung** *f* consigne *f*
• **Gepäckausgabe** *f* (*Aviat*) livraison *f* des bagages • **Gepäcknetz** *nt* filet *m*
• **Gepäckschein** *m* bulletin *m* de consigne • **Gepäckschließfach** *nt* consigne *f* automatique • **Gepäckträger** *m* porteur *m* ; (*beim Fahrrad*) porte-bagage *m* • **Gepäckwagen** *m* fourgon *m*
Gepard (-(e)s, -e) *m* guépard *m*
gepfiffen *pp von* **pfeifen**
gepflegt *adj* soigné(e) ; (*Park*) bien entretenu(e)
Gepflogenheit *f* coutume *f*
Geplapper (-s) *nt* babillage *m*

Geplauder (-s) nt bavardage m
gepriesen pp von **preisen**
gequollen pp von **quellen**

SCHLÜSSELWORT

gerade adj (nicht krumm, aufrecht) droit(e); **eine gerade Zahl** un chiffre pair
▶ adv **1** (genau) justement; (speziell): **gerade deshalb** précisément pour cela; **das ist es ja gerade!** justement!; **warum gerade ich?** pourquoi moi?; **jetzt gerade nicht!** pas maintenant!; **nicht gerade schön** pas précisément beau(belle); **da wir gerade von Geld sprechen** à propos d'argent
2 (nicht krumm, aufrecht): **gerade biegen** redresser; **gerade stehen** se tenir droit(e)
3 (eben, soeben): **er wollte gerade aufstehen** il allait justement se lever; **gerade erst** tout juste; **gerade noch** tout juste; **gerade weil** justement od précisément parce que

Gerade f (Math) droite f
geradeaus adv tout droit
geradeheraus adv franchement
geradeso adv de la même manière od façon; **~ dumm** etc (tout) aussi bête etc; **~ wie** (tout) comme
geradezu adv pour ainsi dire
gerann etc vb siehe **gerinnen**
gerannt pp von **rennen**
Gerät (-(e)s, -e) nt appareil m; (landwirtschaftliches Gerät) machine f; (Werkzeug) outil m; **die ~e** (Sport) les agrès mpl
geraten pp von **raten**; **geraten** ▶ vi irr (gelingen) réussir; (mit präp: zufällig gelangen) se retrouver; **gut/schlecht ~** bien/ne pas réussir; **an jdn ~** tomber sur qn; **in etw** Akk **~** se retrouver dans qch; **in Angst ~** prendre peur; **nach jdm ~** ressembler à qn; **außer sich** Dat **~** être hors de soi
Geratewohl nt: **aufs ~** au hasard
geräuchert adj fumé(e)
geraum adj: **seit ~er Zeit** depuis un certain temps
geräumig adj spacieux(-euse)
Geräusch (-(e)s, -e) nt bruit m
• **geräuschlos** adj silencieux(-euse)
• **geräuschvoll** adj bruyant(e)
Gerber (-s, -) m tanneur m
Gerberei f tannerie f
gerecht adj juste, équitable; **jdm/etw ~ werden** apprécier qn/qch à sa juste valeur

Gerechtigkeit f justice f
Gerede (-s) nt bavardage m
geregelt adj régulier(-ière); (Leben) réglé(e)
gereizt adj irrité(e), énervé(e)
• **Gereiztheit** f irritation f
Gericht (-(e)s, -e) nt (Jur) tribunal m; (Essen) plat m; **das Letzte** od **Jüngste ~** le Jugement dernier • **gerichtlich** adj judiciaire
Gerichtsbarkeit f juridiction f
Gerichtshof m cour f (de justice)
Gerichtskosten pl frais mpl de justice
Gerichtssaal m salle f du od de tribunal
Gerichtsverfahren nt procédure f judiciaire
Gerichtsverhandlung f procès m
Gerichtsvollzieher m huissier m
gerieben pp von **reiben**
geriet etc vb siehe **geraten**
gering adj (Entfernung, Höhe) faible; **~es Interesse** peu d'intérêt; **~e Bedeutung/Zeit/Kosten** peu d'importance/de temps/de frais
• **geringfügig** adj insignifiant(e); **~ Beschäftigte** ≈ travailleurs à temps partiel • **geringschätzig** adj méprisant(e) • **Geringschätzung** f mépris m, dédain m
geringste(r, s) adj moindre; **nicht im G~n** pas le moins du monde
gerinnen irr vi (Milch) cailler; (Blut) se coaguler
Gerinnsel (-s, -) nt (Blutgerinnsel) caillot m
Gerippe (-s, -) nt squelette m; (von Schiff, Gebäude) carcasse f
gerissen pp von **reißen** ▶ adj rusé(e)
geritten pp von **reiten**
Germanistik f: **~ studieren** faire des études d'allemand
gern(e) adv: **jdn/etw ~ haben** od **mögen** aimer bien qn/qch; **etw ~ tun** (mögen) aimer faire qch; **~!** volontiers!, avec plaisir!; **~ geschehen!** il n'y a pas de quoi!
Gernegroß (-, -e) m frimeur m
gerochen pp von **riechen**
Geröll (-(e)s, -e) nt éboulis mpl
geronnen pp von **gerinnen**; **rinnen**
Gerste f orge f
Gerstenkorn nt (in Auge) orgelet m
Gerte f baguette f
gertenschlank adj très mince
Geruch (-(e)s, ⁼e) m odeur f • **geruchlos** adj inodore
Gerücht (-(e)s, -e) nt rumeur f
geruchtilgend adj désodorisant(e)
gerufen pp von **rufen**

geruhen (geh) vi daigner
geruhsam adj tranquille
Gerümpel (-s) nt bric-à-brac m inv
gerungen pp von **ringen**
Gerüst (-(e)s, -e) nt échafaudage m ; (von Plan) grandes lignes fpl
gesalzen pp von **salzen**
gesamt adj: **der/die/das ~e ...** tout(e) le(la) ..., le(la) ... tout(e) entier(-ière) ; **die ~en Kosten** l'ensemble des frais • **Gesamtausgabe** f édition f complète • **Gesamteindruck** m impression f d'ensemble • **Gesamtheit** f ensemble m
Gesamthochschule f voir article
: Une **Gesamthochschule** est une
: institution regroupant différents
: organismes d'enseignement supérieur
: comme une université, un institut de
: formation des maîtres et un institut
: des sciences appliquées, par exemple.
: Les étudiants peuvent préparer
: plusieurs diplômes dans la même
: matière et les changements
: d'orientation se font plus aisément que
: dans les institutions individuelles.
Gesamtschule f voir article
: La **Gesamtschule** est un
: établissement polyvalent
: d'enseignement secondaire,
: accueillant des élèves de 10 à 18 ans.
: Traditionnellement les élèves
: allemands fréquentent un *Gymnasium*,
: une *Realschule* ou une *Hauptschule*
: selon leurs aptitudes. La
: **Gesamtschule** a été créée par
: opposition au système sélectif des
: lycées classiques, les *Gymnasien*, mais
: ces établissements restent très
: controversés en Allemagne où
: beaucoup de parents préfèrent le
: système traditionnel.
gesandt pp von **senden**
Gesandte(r) f(m) représentant m (permanent)
Gesandtschaft f représentation f diplomatique
Gesang (-(e)s, ⸚e) m chant m • **Gesangbuch** nt (Rel) recueil m de cantiques • **Gesangverein** m chorale f
Gesäß (-es, -e) nt derrière m, postérieur m
gesch. abk (= geschieden) divorcé(e)
geschaffen pp von **schaffen**
Geschäft (-(e)s, -e) nt affaire f ; (Laden) magasin m ; (fam) boulot m ; (Aufgabe) tâche f
Geschäftemacher m affairiste m
Geschäftsessen nt repas m d'affaires
geschäftig adj affairé(e)

geschäftlich adj d'affaires, commercial(e) ▶ adv pour affaires ; **~ unterwegs** en voyage d'affaires
Geschäftsbericht m rapport m de gestion
Geschäftsfrau f femme f d'affaires
Geschäftsführer(in) m(f) gérant(e) ; (von Klub) directeur(-trice)
Geschäftsjahr nt exercice m
Geschäftslage f situation f financière
Geschäftsleitung f direction f, gestion f
Geschäftsmann (-(e)s, -leute) m homme m d'affaires
geschäftsmäßig adj sec(sèche)
Geschäftspartner(in) m(f) associé(e)
Geschäftsreise f voyage m d'affaires
Geschäftsschluss m heure f de fermeture
Geschäftssinn m sens m des affaires
Geschäftsstelle f bureau m, agence f
geschäftstüchtig adj habile en affaires
Geschäftszeiten pl heures fpl d'ouverture
geschah etc vb siehe **geschehen**
geschehen irr vi arriver, se produire ; **etw geschieht jdm** qch arrive à qn ; **das geschieht ihm (ganz) recht** c'est bien fait pour lui ; **es war um ihn ~** c'en était fait de lui
gescheit adj intelligent(e)
Geschenk (-(e)s, -e) nt cadeau m • **Geschenkgutschein** m chèque-cadeau m • **Geschenkpackung** f emballage-cadeau m
Geschichte f histoire f
Geschichtenerzähler (-s, -) m conteur m
geschichtlich adj historique
Geschichtsschreiber m historien m
Geschick (-(e)s, -e) nt (Geschicklichkeit) adresse f ; (geh: Schicksal) destin m, sort m
Geschicklichkeit f adresse f
geschickt adj habile, adroit(e) ; (beweglich) agile
geschieden adj divorcé(e) ▶ pp von **scheiden**
geschienen pp von **scheinen**
Geschirr (-(e)s, -e) nt vaisselle f ; (für Pferd) harnais m • **Geschirrspüler** m lave-vaisselle m
• **Geschirrspülmaschine** f lave-vaisselle m • **Geschirrtuch** nt torchon m
geschlafen pp von **schlafen**
geschlagen pp von **schlagen**
Geschlecht (-(e)s, -er) nt sexe m ; (Generation) génération f ; (Familie) famille f ; (Ling) genre m
• **geschlechtlich** adj sexuel(le)

Geschlechtskrankheit f maladie f sexuellement transmissible
Geschlechtsorgan nt organe m sexuel
Geschlechtsteil nt od m organe m sexuel
Geschlechtsverkehr m rapports mpl sexuels
Geschlechtswort nt (Ling) article m
geschlichen pp von **schleichen**
geschliffen pp von **schleifen**
geschlossen pp von **schließen**
geschlungen pp von **schlingen**
Geschmack (-(e)s, ̈e) m goût m; **nach jds ~** au goût de qn; **auf den ~ kommen** y prendre goût • **geschmacklos** adj (fig) de mauvais goût • **Geschmackssinn** m goût m
geschmackvoll adj de bon goût ▶ adv avec goût
geschmeidig adj souple; (Haut) doux(douce)
geschmissen pp von **schmeißen**
geschmolzen pp von **schmelzen**
geschnitten pp von **schneiden**
geschoben pp von **schieben**
gescholten pp von **schelten**
Geschöpf (-(e)s, -e) nt créature f
geschoren pp von **scheren**
Geschoss (-es, -e) nt (Mil) projectile m; (Stockwerk) étage m
geschossen pp von **schießen**
Geschrei (-s) nt cris mpl; (Aufhebens) histoires fpl
geschrieben pp von **schreiben**
geschritten pp von **schreiten**
geschunden pp von **schinden**
Geschütz (-es, -e) nt pièce f d'artillerie; **schwere ~e auffahren** employer les grands moyens
geschützt adj protégé(e)
Geschwader (-s, -) nt escadre f
Geschwafel (-s) nt verbiage m
Geschwätz (-es) nt bavardage m
geschwätzig adj bavard(e)
geschweige adv: **~ (denn)** et encore moins
geschwiegen pp von **schweigen**
geschwind adj rapide
Geschwindigkeit f vitesse f
Geschwindigkeitsbegrenzung, Geschwindigkeitsbeschränkung f limitation f de vitesse
Geschwindigkeitskontrolle f contrôle m de vitesse
Geschwindigkeitsmesser m (Auto) compteur m
Geschwindigkeitsüberschreitung f excès m de vitesse
Geschwister pl frères mpl et sœurs fpl

geschwollen pp von **schwellen** ▶ adj enflé(e); (Redeweise etc) ampoulé(e)
geschwommen pp von **schwimmen**
geschworen pp von **schwören**
Geschworene(r) f(m) juré(e) m/f; **die ~n** les membres mpl du jury
Geschwulst (-, ̈e) f tumeur f
geschwunden pp von **schwinden**
geschwungen pp von **schwingen**
Geschwür (-(e)s, -e) nt ulcère m
gesehen pp von **sehen**
Geselle (-n, -n) m (Handwerksgeselle) compagnon m; (Bursche) type m
gesellig adj (Mensch, Wesen) sociable; **~es Beisammensein** rencontre f informelle • **Geselligkeit** f sociabilité f
Gesellschaft f société f; (Begleitung) compagnie f
Gesellschafter(in) (-s, -) m(f) associé(e)
gesellschaftlich adj social(e)
gesellschaftsfähig adj sortable
Gesellschaftsordnung f structures fpl sociales
Gesellschaftsschicht f couche f sociale
gesessen pp von **sitzen**
Gesetz (-es, -e) nt loi f • **Gesetzbuch** nt code m • **Gesetzentwurf** m projet m de loi
gesetzgebend adj législatif(-ive)
Gesetzgeber m législateur m
Gesetzgebung f législation f
gesetzlich adj légal(e)
gesetzlos adj (Zustände) anarchique
gesetzmäßig adj légal(e); **eine ~e Entwicklung** une évolution naturelle
gesetzt adj posé(e)
gesetzwidrig adj illégal(e)
ges. gesch. abk (= gesetzlich geschützt) marque déposée
Gesicht (-(e)s, -er) nt visage m; (Miene) mine f; **ein langes ~ machen** faire triste od grise mine
Gesichtsausdruck m expression f
Gesichtsfarbe f teint m
Gesichtspunkt m point m de vue
Gesichtswasser nt démaquillant m
Gesichtszüge pl traits mpl (du visage)
Gesindel (-s) nt canaille f
gesinnt adj: **jdm böse/gut ~ sein** être mal/bien disposé(e) envers qn
Gesinnung f (Ansichten) opinions fpl
Gesinnungsgenosse m: **jds ~** personne qui pense comme qn
Gesinnungslosigkeit f manque m de principes
Gesinnungswandel m volte-face f inv
gesittet adj bien élevé(e)
gesoffen pp von **saufen**

gesogen pp von **saugen**
gesonnen pp von **sinnen**
Gespann (**-(e)s, -e**) nt attelage m ; (fam) tandem m
gespannt adj (voll Erwartung) impatient(e), curieux(-euse) ; (einem Streit nahe) tendu(e) ; **ich bin ~, ob ...** j'aimerais bien savoir si ..., je me demande si ... ; **auf etw/jdn ~ sein** attendre qch/l'arrivée de qn avec impatience
Gespenst (**-(e)s, -er**) nt fantôme m
gespensterhaft adj fantomatique
Gespiele (**-n, -n**) m, **Gespielin** f partenaire mf
gespien pp von **speien**
gesponnen pp von **spinnen**
Gespött (**-(e)s**) nt moqueries fpl ; **zum ~ werden** se couvrir de ridicule
Gespräch (**-(e)s, -e**) nt (Unterhaltung) conversation f ; (Anruf) appel m
gesprächig adj bavard(e), loquace
• **Gesprächigkeit** f loquacité f
Gesprächspartner m interlocuteur m
Gesprächsstoff m, **Gesprächsthema** nt sujet m de conversation
gesprochen pp von **sprechen**
gesprungen pp von **springen**
Gespür (**-s**) nt flair m
gest. abk (= gestorben) décédé(e)
Gestalt (**-, -en**) f (von Personen) stature f, apparence f ; (Form) forme f ; **in ~ von** sous forme de ; **~ annehmen** prendre corps
gestalten vt (Kunstwerk) créer ; (Einrichtung) agencer ; (organisieren) organiser ▶ vr se révéler
Gestaltung f organisation f
gestanden pp von **stehen**
geständig adj : **~ sein** avouer
Geständnis nt aveu m
Gestank (**-(e)s**) m puanteur f
gestatten vt permettre ; **~ Sie?** vous permettez ? ; **sich** Dat **~, etw zu tun** se permettre de faire qch
Geste f geste m
gestehen irr vt avouer
Gestein (**-(e)s, -e**) nt roche f
Gestell (**-(e)s, -e**) nt support m ; (Fahrgestell) châssis m
gestern adv hier ; **~ Abend/Morgen** hier soir/matin
gestiegen pp von **steigen**
gestikulieren vi gesticuler
Gestirn (**-(e)s, -e**) nt astre m ; (Sternbild) constellation f
gestochen pp von **stechen**
gestohlen pp von **stehlen**
gestorben pp von **sterben**
gestört adj perturbé(e)
gestoßen pp von **stoßen**
Gesträuch (**-(e)s, -e**) nt branchages mpl
gestreift adj rayé(e), à rayures
gestrichen pp von **streichen**
gestrig adj d'hier
gestritten pp von **streiten**
Gestrüpp (**-(e)s, -e**) nt broussailles fpl
gestunken pp von **stinken**
Gestüt (**-(e)s, -e**) nt haras m
gestylt adj chic
Gesuch (**-(e)s, -e**) nt (Antrag) demande f, requête f
gesucht adj demandé(e) ; (Verbrecher, Ausdrucksweise) recherché(e)
gesund adj (körperlich) en bonne santé
Gesundheit f santé f ; **~ !** à tes od vos souhaits ! • **gesundheitlich** adj de santé ▶ adv pour ce qui est de la santé ; **wie geht es Ihnen ~?** comment va la santé ?
gesundheitsschädlich adj mauvais(e) pour la santé
Gesundheitswesen nt (services mpl de la) santé f publique
Gesundheitszustand m état m de santé
gesund|schreiben irr vt : **jdn ~** déclarer qn en bonne santé
gesungen pp von **singen**
gesunken pp von **sinken**
getan pp von **tun**
Getöse (**-s**) nt vacarme m
getragen pp von **tragen**
Getränk (**-(e)s, -e**) nt boisson f
Getränkeautomat m distributeur m de boissons
Getränkekarte f (in Restaurant) carte f des vins ; (in Café) liste f des boissons
getrauen vr oser
Getreide (**-s, -**) nt céréales fpl
• **Getreidespeicher** m silo m (à céréales)
getrennt adj séparé(e) ; **~ leben** être séparés
getreten pp von **treten**
Getriebe (**-s, -**) nt (Auto) boîte f de vitesses ; (Leute) foule f
getrieben pp von **treiben**
Getriebeöl nt huile f de graissage
getroffen pp von **treffen**
getrogen pp von **trügen**
getrost adv en toute tranquillité
getrunken pp von **trinken**
Getue (**-s**) (péj) nt chichis mpl
geübt adj expert(e)
Gewächs (**-es, -e**) nt (Méd) tumeur f ; (Pflanze) plante f
gewachsen pp von **wachsen** ▶ adj : **etw** Dat **~ sein** être à la hauteur de qch ; **jdm ~ sein** être capable de tenir tête à qn

Gewächshaus nt serre f
gewagt adj osé(e) ; (Unternehmen) risqué(e)
gewählt adj (Sprache) châtié(e)
Gewähr f garantie f ; **keine ~ übernehmen für etw** ne pas répondre de qch ; **ohne ~** sans garantie
gewähren vt (Wunsch) accéder à ; (bewilligen) accorder
gewährleisten vt garantir
Gewahrsam (-s) m : **in ~ bringen** mettre en lieu sûr ; (Polizeigewahrsam) placer en détention préventive ; **etw in ~ nehmen** se voir confier qch
Gewährsmann (-(e)s, -leute) m source f
Gewalt (-, -en) f (Macht) pouvoir m ; (Kontrolle) contrôle m ; (Gewalttaten) violence f ; **~ über etw** Akk **haben** contrôler qch ; **~ über etw** Akk **verlieren** perdre le contrôle de qch
• **Gewaltanwendung** f recours m à la force
gewaltfrei adj non-violent(e)
Gewaltherrschaft f dictature f
gewaltig adj (groß) énorme ; (mächtig) puissant(e) ▶ adv (fam) sacrément
Gewaltmarsch m marche f forcée
gewaltsam adj violent(e)
gewalttätig adj violent(e)
Gewaltverbrechen nt crime m violent
Gewaltverzicht m non-agression f
Gewand (-(e)s, ⁼er) nt vêtement m
gewandt adj agile ; (Stil) élégant(e) ; (Auftreten) sûr(e) de soi ▶ pp von **wenden**
• **Gewandtheit** faisance f
gewann etc vb siehe **gewinnen**
gewaschen pp von **waschen**
Gewässer (-s, -) nt eau f
Gewebe (-s, -) nt tissu m
Gewehr (-(e)s, -e) nt fusil m
• **Gewehrlauf** m canon m de fusil
Geweih (-(e)s, -e) nt bois mpl
Gewerbe (-s, -) nt métier m ; **Handel und ~** le commerce et l'industrie
• **Gewerbegebiet** nt zone f industrielle
• **Gewerbeschule** f école f professionnelle • **Gewerbesteuer** f ≈ taxe f professionnelle
gewerblich adj commercial(e)
gewerbsmäßig adj professionnel(le)
Gewerkschaft f syndicat m
gewerkschaftlich adj : **wir haben uns ~ organisiert** nous sommes syndiqué(e)s
Gewerkschaftsbund m confédération f syndicale
gewesen pp von **sein**
gewichen pp von **weichen**
Gewicht (-(e)s, -e) nt poids m

Gewohnheitsmensch

gewichtig adj important(e)
gewieft adj futé(e)
gewiesen pp von **weisen**
gewillt adj : **~ sein, etw zu tun** être décidé(e) à faire qch
Gewimmel (-s) nt fourmillement m
Gewinde (-s, -) nt (von Schraube) pas m de vis
Gewinn (-(e)s, -e) m (Écon) bénéfice m ; (Preis) lot m ; (fig) gain m ; **etw mit ~ verkaufen** vendre qch à profit
• **Gewinnbeteiligung** f participation f aux bénéfices • **gewinnbringend** adj lucratif(-ive)
gewinnen irr vt gagner ; (Kohle, Öl) extraire ▶ vi gagner ; **jdn (für etw) ~** obtenir le soutien de qn (pour qch) ; **an Zuversicht/Weisheit ~** gagner en assurance/sagesse
gewinnend adj charmant(e)
Gewinner(in) (-s, -) m(f) vainqueur m, gagnant(e)
Gewinnspanne f marge f bénéficiaire
Gewinnsucht f cupidité f
Gewinnung f (von Kohle etc) extraction f ; (von Energie, Zucker etc) production f
Gewirr (-(e)s, -) nt enchevêtrement m ; (von Straßen) dédale m
gewiss adj certain(e) ▶ adv (sicherlich) sûrement
Gewissen (-s, -) nt conscience f ; **ein gutes/schlechtes ~ haben** avoir bonne/mauvaise conscience
• **gewissenhaft** adj consciencieux(-euse)
• **Gewissenhaftigkeit** f minutie f
• **gewissenlos** adj sans scrupules
Gewissensbisse pl remords mpl
Gewissensfrage f cas m de conscience
Gewissenskonflikt m cas m de conscience
gewissermaßen adv en quelque sorte
Gewissheit f certitude f
Gewitter (-s, -) nt orage m
gewittern vi unpers : **es gewittert** il y a de l'orage
gewitzt adj futé(e)
gewoben pp von **weben**
gewogen pp von **wiegen** ▶ adj : **jdm ~ sein** être bien disposé(e) envers qn ; **etw** Dat **~ sein** être favorable à qch
gewöhnen vt : **jdn an etw** Akk **~** habituer qn à qch ▶ vr : **sich an etw** Akk **~** s'habituer à qch
Gewohnheit f habitude f ; **aus ~** par habitude ; **zur ~ werden** devenir une habitude
Gewohnheitsmensch m esclave mf de ses habitudes

Gewohnheitstier (fam) nt esclave mf de ses habitudes
gewöhnlich adj (durchschnittlich, normal) ordinaire, banal(e) ; (ordinär) vulgaire ▶ adv: **wie ~** comme d'habitude
gewohnt adj habituel(le) ; **etw ~ sein** avoir l'habitude de qch
Gewöhnung f habitude f ; (Sucht) accoutumance f
Gewölbe (-s, -) nt (Decke) voûte f ; (Kellerraum) cave f voûtée
gewonnen pp von **gewinnen**
geworben pp von **werben**
geworden pp von **werden**
geworfen pp von **werfen**
gewrungen pp von **wringen**
Gewühl (-(e)s) nt (Gedränge) cohue f
gewunden pp von **winden**
Gewürz (-es, -e) nt épice f • **Gewürzgurke** f cornichon m • **Gewürznelke** f clou m de girofle
gewusst pp von **wissen**
Gezeiten pl marées fpl
gezielt adj ciblé(e)
geziert adj affecté(e)
gezogen pp von **ziehen**
Gezwitscher (-s, -) nt gazouillis m
gezwungen adj forcé(e) ▶ pp von **zwingen**
gezwungenermaßen adv: **etw ~ tun** être obligé(e) de faire qch
ggf. abk = **gegebenenfalls**
Ghana nt le Ghana m
Gibraltar (-s) nt Gibraltar
Gicht f goutte f
Giebel (-s, -) m pignon m • **Giebeldach** nt toit m en pente • **Giebelfenster** nt fenêtre f au dernier étage d'une maison à pignon
Gier f cupidité f
gierig adj avide
gießen irr vt verser ; (Blumen, Garten) arroser ; (Metall) couler ▶ vi unpers: **es gießt (in Strömen)** (fam) il pleut à verse
Gießerei f fonderie f
Gießkanne f arrosoir m
Gift (-(e)s, e) nt poison m
giftig adj toxique ; (Pflanze, Pilz) vénéneux(-euse) ; (Schlange, fig) venimeux(-euse)
Giftmüll m déchets mpl toxiques
Giftstoff m produit m toxique
Giftzahn m crochet m à venin
Gigabyte nt giga-octet m
gigantisch adj gigantesque ; (Erfolg) immense
Gilde f corporation f
ging etc vb siehe **gehen**
Ginster (-s, -) m genêt m

Gipfel (-s, -) m sommet m ; **das ist der ~ der Unverschämtheit!** c'est un comble !
gipfeln vi: **in etw** Dat **~** se terminer par qch
Gipfeltreffen nt (conférence f au) sommet m
Gips (-es, -e) m plâtre m • **Gipsabdruck** m moulage m en plâtre
gipsen vt plâtrer
Gipsfigur f plâtre m
Gipsverband m plâtre m
Giraffe f girafe f
Girlande f guirlande f
Giro (-s, -s) nt virement m • **Girokonto** nt compte m courant
Gischt (-(e)s, -e) m od f écume f
Gitarre f guitare f
Gitter (-s, -) nt grille f ; (für Pflanzen) treillage m • **Gitterbett** nt lit m d'enfant • **Gitterfenster** nt fenêtre f à barreaux • **Gitterzaun** m clôture f
Glacéhandschuh m gant m de chevreau ; **jdn mit ~en anfassen** prendre des gants avec qn
Gladiole f glaïeul m
Glanz (-es) m éclat m ; (fig) splendeur f
glänzen vi briller
glänzend adj brillant(e)
Glanzleistung f brillante performance f
glanzlos adj terne
Glanzzeit f apogée m
Glas (-es, ⸚er) nt verre m • **Glasbläser** (-s, -) m souffleur m (de verre) • **Glaser** (-s, -) m vitrier m
gläsern adj de od en verre
glasieren vt (Tongefäß) vernisser ; (Gebäck) glacer
glasig adj (Blick, Augen) vitreux(-euse)
Glasscheibe f vitre f
Glasur f vernis m ; (Culin) glaçage m
glatt adj lisse ; (rutschig) glissant(e) ; (Absage) catégorique ; (Lüge) évident(e) ; **das habe ich ~ vergessen** j'ai complètement oublié
Glätte f (von Fläche) aspect m lisse ; (Schneeglätte, Eisglätte) état m glissant
Glatteis nt verglas m
Glätteisen nt lisseur m
glätten vt lisser ▶ vr (Wogen, Meer) se calmer
Glatze f calvitie f ; **eine ~ bekommen** devenir chauve
glatzköpfig adj chauve
Glaube (-ns, -n) m (Rel) foi f ; (Überzeugung) croyance f
glauben vt, vi +Dat croire ; **an etw** Akk **~** croire à qch ; **an Gott ~** croire en Dieu ; **jdm aufs Wort ~** croire qn sur parole

Glaubensbekenntnis nt profession f de foi

glaubhaft adj crédible

gläubig adj (Rel) croyant(e); (vertrauensvoll) confiant(e) • **Gläubige(r)** f(m) (Rel) croyant(e) m/f; **die ~n** les fidèles mpl

Gläubiger(in) (-s, -) m(f) créancier(-ière)

glaubwürdig adj crédible; **~ sein** (Mensch) être digne de foi

Glaubwürdigkeit f crédibilité f

gleich adj: **der/die/das ~e ... (wie)** le(la) même ... (que) ▶ adv (ebenso) tout aussi; (sofort, bald) tout de suite; **das bleibt sich doch ~!** ça revient au même!; **~ gesinnt** qui a les mêmes idées; **es ist mir ~** ça m'est égal; **2 mal 2 ist ~ 4** 2 fois 2 font od égalent 4; **~ groß** de la même taille • **gleichaltrig** adj du même âge
• **gleichartig** adj semblable
• **gleichbedeutend** adj synonyme
• **gleichberechtigt** adj égal(e)
• **Gleichberechtigung** f égalité f
• **gleichbleibend** adj constant(e)

gleichen irr vi: **jdm/etw ~** ressembler à qn/qch ▶ vr se ressembler

gleichfalls adv pareillement

Gleichförmigkeit f uniformité f

gleichgeschlechtlich adj de même sexe (famille, couple)

Gleichgewicht nt équilibre m

gleichgültig adj indifférent(e); (belanglos) sans intérêt; **das ist mir ~** ça m'est égal

Gleichgültigkeit f indifférence f

Gleichheit f égalité f

gleich|kommen irr vi +Dat correspondre à; **jdm an etw Akk ~** égaler qn en qch

Gleichmacherei f nivellement m (par le bas)

gleichmäßig adj régulier(-ière)

Gleichmut m égalité f d'humeur

Gleichnis nt (in der Bibel) parabole f

gleich|sehen irr vi +Dat ressembler à

gleich|stellen vt: **jdn jdm ~** (rechtlich etc) assimiler qn à qn

Gleichstrom m courant m continu

Gleichung f équation f

gleichwertig adj équivalent(e)

gleichzeitig adj simultané(e)

Gleis (-es, -e) nt (Schiene) voie f (ferrée), rails mpl; (Bahnsteig) quai m

gleiten irr vi glisser

Gleitflug m vol m plané

Gleitschirmfliegen (-s) nt parapente m

Gleitzeit f horaire m flexible od à la carte

Gletscher (-s, -) m glacier m
• **Gletscherspalte** f crevasse f

glich etc vb siehe **gleichen**

Glied (-(e)s, -er) nt (Körperglied, Penis) membre m; (einer Kette) maillon m

gliedern vt structurer; (Arbeit) organiser

Gliederung f organisation f

Gliedmaßen pl membres mpl

glimmen irr vi (Feuer, Asche) rougeoyer

Glimmer (-s, -) m mica m

Glimmstängel (fam) m clope f

glimpflich adj (nachsichtig) clément(e); **~ davonkommen** s'en tirer à bon compte

glitschig adj glissant(e)

glitt etc vb siehe **gleiten**

glitzern vi scintiller

global adj (weltweit) mondial(e); (ungefähr, pauschal) général(e); **~e Erwärmung** réchauffement m de la planète

Globalisierung f globalisation f

Globalisierungsgegner(in) m(f) altermondialiste mf

Globus (- od -ses, **Globen** od -se) m mappemonde f

Glocke f cloche f; **etw an die große ~ hängen** crier qch sur les toits

Glockenspiel nt carillon m

Glockenturm m clocher m

glomm etc vb siehe **glimmen**

Glosse f commentaire m

Glotze (fam) f télé f

glotzen (fam) vi regarder bêtement

Glück (-(e)s) nt (guter Zufall) chance f; (Freude, Zustand) bonheur m; **~ haben** avoir de la chance; **viel ~!** bonne chance!; **zum ~!** heureusement!; **auf gut ~** au petit bonheur

glücken vi réussir

gluckern vi (Bach, Wasser) clapoter

glücklich adj heureux(-euse)
• **glücklicherweise** adv heureusement

Glücksbringer m porte-bonheur m

Glücksfall m coup m de chance

Glückskind nt personne qui a de la chance

Glückssache f: **das ist ~** c'est une question de chance

Glücksspiel nt jeu m de hasard

Glücksstern m bonne étoile f

Glückwunsch m félicitations fpl; **herzlichen ~ zum Geburtstag!** bon anniversaire!

Glühbirne f ampoule f (électrique)

glühen vi (Draht, Kohle) rougeoyer; (vor Begeisterung) brûler d'enthousiasme

glühend adj brûlant(e); (Metall) chauffé(e) au rouge; (Hass) implacable

Glühwein m vin m chaud

Glühwürmchen nt ver m luisant

Glut (-, -en) f (Feuersglut) braise f; (Hitze) chaleur f torride; (von Leidenschaft, Liebe) ardeur f
GmbH (-, -s) f abk (= Gesellschaft mit beschränkter Haftung) SARL f
Gnade f (Gunst) faveur f; (Erbarmen, Rel) grâce f
Gnadenfrist f délai m de grâce
Gnadengesuch nt recours m en grâce
gnadenlos adj sans pitié
Gnadenstoß m coup m de grâce
gnädig adj clément(e); **~e Frau** (Anrede) chère Madame
Gold (-(e)s) nt or m • **golden** adj d'or
• **Goldfisch** m poisson m rouge
• **Goldgrube** f mine f d'or
goldig adj adorable
Goldmedaille f médaille f d'or
Goldregen m cytise m
Goldschmied m orfèvre m
Goldschnitt m dorure f sur tranche
Golf¹ (-(e)s, -e) m (Géo) golfe m
Golf² (-s) nt (Sport) golf m • **Golfplatz** m terrain m de golf • **Golfschläger** m club m
• **Golfspieler** m joueur m de golf
Golfstrom m Gulf Stream m
Gondel (-, -n) f (Boot) gondole f; (bei Seilbahn) cabine f
gondeln (fam) vi: **durch die Welt ~** rouler sa bosse
gönnen vt: **jdm etw ~** trouver que qn a mérité qch; **sich** Dat **etw ~** s'accorder qch
Gönner (-s, -) m bienfaiteur m
gönnerhaft adj condescendant(e)
Gönnerin f bienfaitrice f
Gönnermiene f air m condescendant
googeln vt googler
gor etc vb siehe **gären**
goss etc vb siehe **gießen**
Gosse f caniveau m; (fig) rue f
Gott (-es, "-er) m dieu m; (als Name, Anruf) Dieu m; **~ sei Dank!** Dieu merci!, Dieu soit loué!; **grüß ~!** (gew Südd, Österr) bonjour!; **um ~es willen!** mon Dieu!; **leider ~es** malheureusement
Gottesdienst m (katholisch) messe f; (evangelisch) culte m
Gotteshaus nt maison f de Dieu
Gotteskrieger(in) m(f) terroriste mf religieux(-euse)
Göttin f déesse f
göttlich adj divin(e)
gottlos adj athée; (verwerflich) impie
Gottvertrauen nt foi f
Götze (-n, -n) m idole f
GPS (-) f abk (= Grüne Partei der Schweiz) parti écologiste suisse ▶ nt abk (= Global Positioning System) GPS m

Grab (-(e)s, "-er) nt tombe f
graben irr vt, vi creuser; **nach etw ~** creuser pour trouver qch
Graben (-s, ") m fossé m; (Mil) tranchée f
Grabrede f oraison f funèbre
Grabstein m pierre f tombale
Grad (-(e)s, -e) m degré m; (Rang) grade m; (akademischer Grad) titre m
Gradeinteilung f graduation f
gradweise adv graduellement
Graf (-en, -en) m comte m
Graffiti pl graffiti mpl
Grafik f (Kunst, Technik) arts mpl graphiques
Grafiker(in) (-s, -) m(f) graphiste mf
Grafikkarte f (Inform) carte f graphique
Gräfin f comtesse f
grafisch adj graphique
Gram (-(e)s) m chagrin m
grämen vr être rongé(e) de chagrin
Gramm (-s, -) nt gramme m
Grammatik f grammaire f
grammatisch adj grammatical(e)
Granat (-(e)s -e) m (Stein) grenat m
Granatapfel m grenade f
Granate f (Mil) grenade f
Granit (-s, -e) m granit m; **auf ~ beißen** se heurter à un mur
Graphik f = **Grafik**
Gras (-es, "-er) nt herbe f • **grasen** vi (Tiere) paître • **Grashalm** m brin m d'herbe
grasig adj herbeux(-euse)
Grasnarbe f gazon m
grassieren vi (Gerücht) courir; (Virus, Grippe) sévir
grässlich adj terrible
Grat (-(e)s, -e) m arête f
Gräte f arête f
gratis adv gratuitement • **Gratisprobe** f échantillon m gratuit
Gratulation f félicitations fpl
gratulieren vi: **jdm (zu etw) ~** féliciter qn (de qch); **ich gratuliere!** (toutes mes) félicitations!
Gratwanderung f: **sich auf einer ~ befinden** (fig) être sur la corde raide
grau adj gris(e); **~ meliert** grisonnant(e)
Gräuel (-s, -) m horreur f • **Gräueltat** f atrocité f
grauen¹ vi (Tag) se lever
grauen² vi unpers: **es graut jdm vor etw** qn frémit à l'idée de qch ▶ vr: **sich** Dat od Akk **vor etw ~** frémir à l'idée de qch
Grauen (-s) nt horreur f
grauenhaft adj horrible
grauhaarig adj aux cheveux blancs
grausam adj (Mensch, Tat, Sitten) cruel(le)
• **Grausamkeit** f cruauté f
gravieren vt graver

gravierend adj déterminant(e)
Grazie f grâce f
graziös adj gracieux(-euse)
Greencard (-, -s) f permis m de travail
greifbar adj tangible ; **in ~er Nähe** à portée de main
greifen irr vt saisir ; (auf Musikinstrument) jouer ▶ vi (mit der Hand) tendre la main ; (Reifen) adhérer ; **nach etw ~** tendre la main pour prendre od saisir qch ; **um sich ~** (Panik, Feuer, Seuche) se propager
Greis (-es, -e) m vieillard m
Greisenalter nt vieillesse f
Greisin f vieille femme f
grell adj (Licht) aveuglant(e) ; (Farbe) criard(e) ; (Stimme, Ton) strident(e)
Gremium nt commission f
Grenzbeamte(r) m douanier m
Grenze f frontière f ; (fig) limite f ; **sich in ~n halten** être limité(e)
grenzen vi : **an etw** Akk **~** être voisin(e) de qch
grenzenlos adj infini(e) ; (Frechheit) qui dépasse les bornes
Grenzfall m cas m limite
Grenzlinie f ligne f de démarcation ; (Sport) limite f du terrain
Grenzübergang m poste-frontière m
Grenzwert m valeur f limite
Greuel etc (-s, -) m = **Gräuel** etc
Grieche m Grec m
Griechenland nt la Grèce
Griechin f Grecque f
griechisch adj grec(grecque)
griesgrämig adj grincheux(-euse)
Grieß (-es, -e) m semoule f
griff etc vb siehe **greifen**
Griff (-(e)s, -e) m (an Tür, Topf, Koffer) poignée f
griffbereit adj : **etw ~ haben** avoir qch à portée de main
Griffel (-s, -) m crayon m d'ardoise ; (Bot) style m
Grill (-s, -s) m gril m
Grille f grillon m
grillen vt griller
Grimasse f grimace f
Grimm (-(e)s) m courroux m
grimmig adj furieux(-euse) ; (Kälte) terrible
grinsen vi sourire ; (höhnisch) ricaner
Grippe f grippe f
grob adj grossier(-ière) ; (Netz) à grosses mailles ; (nicht exakt) approximatif(-ive)
• **Grobheit** f grossièreté f
Grobian (-s, -e) m brute f
Grog (-s, -s) m grog m
grölen vt brailler
Groll (-(e)s) m ressentiment m

grollen vi (Donner) gronder ; (geh) être de mauvaise humeur
Grönland nt le Groenland
groß adj grand(e) ; **im G~en und Ganzen** dans l'ensemble ; **er ist 1,80 m ~** il mesure 1,80 m ; **die ~e Zehe** le gros orteil ; **~er Lärm** beaucoup de bruit
• **großartig** adj remarquable
• **Großaufnahme** f gros plan m
• **Großbritannien** nt la Grande-Bretagne
Größe f taille f ; (von Haus auch) dimensions fpl ; (Math) valeur f ; (von Ereignis) importance f
Großeinkauf m : **~ machen** faire ses achats mpl de la semaine
Großeltern pl grands-parents mpl
Größenordnung f ordre m de grandeur
großenteils adv en grande partie
Größenunterschied m différence f de taille
Größenwahn m mégalomanie f
Großformat nt grand format m
Großhandel m commerce m de gros
Großhändler m grossiste m
großherzig adj magnanime
Großmacht f grande puissance f
Großmaul nt grande gueule f
Großmut f magnanimité f
großmütig adj magnanime
Großmutter f grand-mère f
Großraumbüro nt bureau m paysager
Großraumwagen m voiture f à couloir central (sans compartiments)
Großrechner m gros ordinateur m
großspurig adj (Mensch) qui se donne de grands airs
Großstadt f grande ville f
größte(r, s) adj (superl von **groß**) le(la) plus grand(e)
größtenteils adv pour la plupart
Großvater m grand-père m
groß|ziehen irr vt élever
großzügig adj généreux(-euse) ; (Stadt, Anlage) vaste
grotesk adj grotesque
Grotte f grotte f (artificielle)
grub etc vb siehe **graben**
Grübchen nt fossette f
Grube f fosse f ; (Mines) mine f
grübeln vi ruminer ; **über etw** Akk **~** ruminer qch
Grubengas nt grisou m
Grübler (-s, -) m personne f soucieuse
grüblerisch adj soucieux(-euse), sombre
Gruft (-, ¨e) f tombe f
grün adj vert(e) ; (unreif) qui manque de maturité ; **die G~en** (Pol) les verts mpl od écologistes mpl ; **G~er Punkt** voir article

> Le **Grüner Punkt** est un symbole représentant un point vert. On le trouve sur certains emballages qui doivent être séparés des ordures ménagères pour être recyclés par le système *DSD* (*Duales System Deutschland*). Les fabricants financent le recyclage des emballages en achetant des licences à la *DSD* et répercutent souvent le coût sur les consommateurs.

Grünanlage f espace m vert
Grund (**-(e)s, ̈e**) m (von Gewässer, Gefäß) fond m ; (Motiv, Ursache) raison f ; **im ~e (genommen)** au fond ; **einer Sache** Dat **auf den ~ gehen** essayer d'élucider qch ; siehe auch **zugrunde**
- **Grundausbildung** f formation f de base
- **Grundbedeutung** f sens m premier
- **Grundbesitz** m propriété f foncière
- **Grundbuch** nt registre m foncier
- **grundehrlich** adj foncièrement honnête

gründen vt fonder ▶ vr: **sich auf etw** Akk **~** se fonder sur qch
Gründer(in) (**-s, -**) m(f) fondateur(-trice)
grundfalsch adj complètement faux(fausse)
Grundgebühr f taxe f de base
Grundgedanke m idée f fondamentale
Grundgesetz nt (Verfassung) constitution f allemande
Grundkurs m (Scol) cours m de base
Grundlage f base f
grundlegend adj fondamental(e)
gründlich adj (Mensch, Arbeit) consciencieux(-euse) ; (Vorbereitung) minutieux(-euse) ; (Kenntnisse) approfondi(e) ▶ adv (fam) complètement
grundlos adj sans fondement
Grundmauer f fondation f
Grundregel f règle f de base
Grundriss m plan m ; (fig) aperçu m
Grundsatz m principe m
grundsätzlich adj fondamental(e) ▶ adv en principe
Grundschule f école f primaire

> En Allemagne, l'école primaire, **Grundschule**, dure 4 ans, sauf à Berlin où sa durée est de 6 ans. A l'âge de 10 ans, les enfants sont orientés selon leurs résultats scolaires et la volonté des parents dans les trois types de collèges et lycées existant : *Hauptschule*, *Realschule* et *Gymnasium*. L'entrée à l'école primaire marque une césure dans la vie des enfants car le jardin d'enfants *Kindergarten* (de 3 à 6 ans) ne dispense pas d'enseignement scolaire.

Grundstein m première pierre f
Grundsteuer f taxe f foncière
Grundstück nt terrain m
Gründung f fondation f
grundverschieden adj fondamentalement différent(e)
Grundwasser nt nappe f phréatique
Grundzug m trait m fondamental ; **etw in seinen Grundzügen darstellen** présenter les grandes lignes de qch
Grüne(s) nt: **im ~n wohnen** vivre à la campagne ; **ins ~ fahren** aller à la campagne ; siehe auch **grün**
Grünkohl m chou m frisé
Grünschnabel m blanc-bec m
Grünspan m vert-de-gris m
Grünstreifen m terre-plein m central
grunzen vi grogner
Gruppe f groupe m
Gruppenarbeit f travail m d'équipe
Gruppenreise f voyage m organisé
gruppenweise adv en groupes
gruppieren vt regrouper ▶ vr se regrouper
Gruselfilm m film m d'horreur
gruselig adj qui donne des frissons
gruseln unpers vi: **es gruselt jdm vor etw** qch donne des frissons à qn ▶ vr avoir des frissons
Gruß (**-es, ̈e**) m salutations fpl, salut m ; **Grüße an** +Akk (bien le) bonjour à ; **viele** od **liebe Grüße** amitiés fpl ; **mit freundlichen Grüßen** veuillez agréer, Monsieur/Madame, l'expression de mes sentiments distingués
grüßen vt saluer ; **jdn von jdm ~** saluer qn de la part de qn ; **jdn ~ lassen** envoyer ses amitiés à qn
Guatemala nt le Guatemala
gucken vi regarder
Guinea nt la Guinée
Gulasch (**-(e)s, -e**) nt goulasch m
gültig adj valable, valide • **Gültigkeit** f validité f • **Gültigkeitsdauer** f durée f de validité
Gummi (**-s, -s**) nt od m caoutchouc m
- **Gummiband** nt élastique m
- **Gummibärchen** nt bonbon à la gélatine en forme d'ours

gummieren vt gommer
Gummiknüppel m matraque f
Gummireifen m pneu m
Gummistiefel m botte f en caoutchouc
Gummistrumpf m bas m à varices
Gunst f faveur f
günstig adj favorable ; (Angebot, Preis) avantageux(-euse)
Gurgel (**-, -n**) f gorge f

gurgeln vi (Mensch) se gargariser ; (Wasser) gargouiller
Gurke f concombre m ; **saure ~** cornichon m
Gurt (-(e)s, -e) m ceinture f
Gürtel (-s, -) m ceinture f • **Gürtelreifen** m pneu m à carcasse radiale • **Gürtelrose** f zona m • **Gürteltier** nt tatou m
GUS f abk (= Gemeinschaft Unabhängiger Staaten) CEI f
Guss (-es, ⸚e) m fonte f ; (Regenguss) averse f ; (Culin) glaçage m
Gusseisen nt fonte f

SCHLÜSSELWORT

gut adj bon(ne) ; **alles Gute** meilleurs vœux ; **das ist gut gegen Husten** (fam) c'est bon contre od pour la toux ; **sei so gut (und) gib mir das Buch** passe-moi le livre, s'il te plaît ; **das ist alles gut und schön, aber ...** c'est bien joli, mais ... ; **du bist gut!** (fam) tu en as de bonnes ! ; **das ist so gut wie fertig** c'est pratiquement terminé ; **ich sags dir im Guten!** je t'avertis !
▶ adv bien ; **es geht ihm/uns gut** il va/ nous allons bien ; **das ist noch einmal gut gegangen** on l'a échappé belle (une fois de plus) ; **es wird schon alles gut gehen** ne vous faites pas de souci ; **gut gehend** qui marche bien, florissant(e) ; **gut gelaunt** de bonne humeur ; **gut gemeint** qui part d'une bonne intention ; **gut schmecken** être bon(ne) ; **gut unterrichtet** bien informé(e) ; **also gut** bon, d'accord ; **gut, aber ...** d'accord, mais ... ; **(na) gut, ich komme** bon, d'accord, je viens ; **du hast es gut!** tu as de la chance ! ; **gut und gern** en tout cas ; **gut drei Stunden** trois bonnes heures ; **das kann gut sein** c'est bien possible ; **lass es gut sein** ça ira comme ça ; **machs gut!** (fam) bonne chance ! ; siehe auch **guttun**

Gut (-(e)s, ⸚er) nt (Landgut) propriété f ; (Besitz) bien m ; (Ware) marchandise f
Gutachten (-s, -) nt expertise f
Gutachter (-s, -) m expert m
gutartig adj (Méd) bénin(bénigne)
gutbürgerlich adj bourgeois(e)
Gutdünken nt : **nach ~** à sa etc guise
Güte f (charakterlich) bonté f ; (Qualität) qualité f
Güterabfertigung f expédition f des marchandises
Güterbahnhof m gare f de marchandises
Güterwagen m wagon m de marchandises
Güterzug m train m de marchandises
gutgläubig adj crédule
gut|haben irr vt avoir à son crédit
Guthaben (-s, -) nt avoir m
gut|heißen irr vt approuver
gutherzig adj qui a bon cœur
gütig adj bon(bonne), gentil(le)
gütlich adj, adv à l'amiable
gutmütig adj facile à vivre
Gutmütigkeit f bonhomie f
Gutsbesitzer m propriétaire m foncier
Gutschein m bon m
gut|schreiben irr vt créditer
Gutschrift f inscription f au crédit
gut|tun irr vi : **jdm ~** faire du bien à qn
gutwillig adj plein(e) de bonne volonté
Guyana (-s) nt la Guyane
Gymnasiallehrer(in) m(f) professeur m de lycée
Gymnasium nt lycée m

: Le **Gymnasium** est une école
: secondaire d'enseignement général où
: sont orientés les meilleurs élèves du
: primaire. Au bout de huit ans, les
: élèves y passent l'*Abitur*, diplôme qui
: permet l'accès à l'université.

Gymnastik f gymnastique f
Gynäkologe (-n, -n) m, **Gynäkologin** f gynécologue mf
G-20 f abk (Pol) G20 m

H

H, h nt H, h m inv ; (Mus) si m

Haar (-(e)s, -e) nt (Kopfhaar) cheveu m ; (von Tier, Pflanze, Brusthaar, Schamhaar) poil m ; **sie hat schöne ~e** elle a de beaux cheveux ; **um ein ~** à un cheveu près • **Haarbürste** f brosse f à cheveux

haaren vi, vr perdre ses poils

Haaresbreite f: **um ~** à un cheveu près

Haarfestiger m fixateur m

haargenau adv (übereinstimmen) exactement ; (erklären) jusque dans les moindres détails ; **das trifft ~ zu** c'est très juste

Haarglätter m lisseur m

haarig adj poilu(e) ; (fam) difficile

Haarklemme f pince f à cheveux

Haarnadel f épingle f à cheveux

Haarnadelkurve f virage m en épingle à cheveux

haarscharf adj (Beobachtung) très attentif(-ive) ▶ adv : **~ danebengehen** (Schuss) passer de justesse à côté

Haarschnitt m coupe f de cheveux

Haarschopf m tignasse f

Haarspalterei f ergotage m

Haarspange f barrette f

Haarspray nt laque f

haarsträubend adj à faire dresser les cheveux sur la tête

Haarteil nt postiche m

Haartrockner (-s, -) m sèche-cheveux m

Haarwaschmittel nt shampooing m

Habe (-) f biens mpl

haben irr aux, vt avoir ▶ vr (fam: sich zieren) faire des chichis ▶ vr unpers : **und damit hats sich!** un point, c'est tout ! ; **was hast du denn?** qu'as-tu donc ? ; **es im Hals/am Herzen ~** avoir mal à la gorge/ des ennuis cardiaques ; **zu ~ sein** (erhältlich) être disponible ; (Mädchen, Mann) être libre ; **für etw zu ~ sein** (begeistert sein) être amateur de qch ; **etw von jdm ~** avoir obtenu qch de qn

Haben (-s, -) nt (Écon) avoir m

Habgier f cupidité f

habgierig adj cupide

Habicht (-(e)s, -e) m faucon m

Habseligkeiten pl affaires fpl

Hachse f (Culin) jarret m

Hacke f pioche f ; (Ferse, Absatz) talon m

hacken vi piocher ; (Vogel) picorer ▶ vt (Erde) piocher ; (Holz) couper (à la hache) ; (Fleisch) hacher ; **ein Loch ~ in** +Akk faire un trou dans

Hacker (-s, -) m (Inform) pirate m

Hackfleisch nt viande f hachée

hadern vi : **mit etw ~** s'en prendre à qch

Hafen (-s, ¨) m port m • **Hafenarbeiter** m docker m • **Hafenstadt** f ville f portuaire

Hafer (-s, -) m avoine f • **Haferflocken** pl flocons mpl d'avoine • **Haferschleim** m bouillie f d'avoine

Haft (-) f détention f • **haftbar** adj : **für jdn/etw ~ sein** être responsable de qn/ qch • **Haftbefehl** m mandat m d'arrêt

haften vi : **für jdn/etw ~** (Jur) se porter garant(e) de qn/qch ; (verantwortlich sein) être responsable de qn/qch ▶ vi (kleben) : **(an etw** Dat**) ~** coller (à qch)

Häftling m détenu m

Haftpflicht f responsabilité f civile

Haftpflichtversicherung f assurance f responsabilité civile

Haftung f responsabilité f

Hagebutte f cynorhodon m

Hagel (-s) m grêle f

hageln vi unpers grêler ▶ vt unpers (fig) pleuvoir

hager adj décharné(e)

Häher (-s, -) m geai m

Hahn (-(e)s, ¨e) m coq m ; (Wasserhahn, Gashahn) robinet m

Hähnchen nt poulet m

Haiti nt Haïti m

Häkchen nt agrafe f

häkeln vt faire au crochet ▶ vi faire du crochet

Häkelnadel f crochet m

Haken (-s, -) m crochet m ; (Angelhaken) hameçon m ; (Nachteil) hic m
• **Hakenkreuz** nt croix f gammée
• **Hakennase** f nez m crochu

halb adj demi(e) ▶ adv (nur teilweise) à moitié, à demi ; **~ eins** midi et demie ; **eine ~e Stunde** une demi-heure ; **ein ~es Jahr** six mois ; **ein ~es Dutzend** une demi-douzaine ; **~ offen** entrouvert(e) ; **~ voll** à moitié plein(e) ; **mit jdm ~e-~e**

machen couper la poire en deux ; **~ ... ~** moitié ... moitié ..., mi-... mi-... ; **~ und ~** moitié-moitié • **Halbdunkel** nt pénombre f
halber präp +Gen pour (cause de)
Halbfinale nt demi-finale f
Halbheit f demi-mesure f
halbieren vt partager en deux
Halbinsel f presqu'île f
Halbjahr nt semestre m
halbjährlich adv tous les six mois
Halbkreis m demi-cercle m
Halbkugel f hémisphère f
halblaut adj, adv à mi-voix
Halbleiter m semi-conducteur m
halbmast adv: **auf ~ stehen** être en berne
Halbmond m croissant m (de lune) ; (von Islam) croissant m
Halbschuh m chaussure f basse
halbstündlich adj, adv toutes les demi-heures
halbtags adv: **~ arbeiten** travailler à mi-temps
Halbtagsarbeit f travail m à mi-temps
Halbwaise f orphelin(e) m/f de père od de mère
halbwegs (fam) adv (einigermaßen) plus ou moins
Halbwertzeit f demi-vie f
Halbwüchsige(r) f(m) adolescent(e) m/f
Halbzeit f mi-temps f
Halde f (Schlackenhalde) terril m ; (Schutthalde) tas m, amas m
half etc vb siehe **helfen**
Hälfte f moitié f
Halfter¹ (**-s, -**) nt od m (für Tiere) licou m
Halfter² (**-, -n** od **-s, -**) f od nt (für Pistole) étui m
Halle f hall m ; (für Flugzeuge) hangar m ; (Sporthalle) salle f
hallen vi résonner
Hallenbad nt piscine f couverte
hallo interj (zur Begrüßung) salut ; (Ruf: überrascht) hé ; (am Telefon) allô
Halluzination f hallucination f
Halm (**-(e)s, -e**) m tige f, brin m
Halogenlampe f lampe f (à) halogène
Hals (**-es, ⁼e**) m cou m ; (innen auch) gorge f ; (von Flasche) col m ; (von Instrument) manche m ; **~ über Kopf** précipitamment • **Halsband** nt collier m
• **Halsentzündung** f angine f
• **Halskette** f collier m
• **Hals-Nasen-Ohren-Arzt** m oto-rhino(-laryngologiste) mf
• **Halsschlagader** f carotide f
• **Halsschmerzen** pl mal m sg à la gorge

491 | **Hamster**

• **halsstarrig** adj obstiné(e) • **Halstuch** nt foulard m • **Halsweh** nt mal m à la gorge • **Halswirbel** m vertèbre f cervicale
halt interj stop • **Halt** (**-(e)s, -e**) m (kurzes Anhalten) arrêt m ; (für Füße, Hände) prise f ; (fig) appui m, soutien m ; **keinen inneren ~ haben** manquer d'équilibre ; **~ machen** = **haltmachen** • **haltbar** adj (Material) résistant(e) ; (Lebensmittel) longue conservation inv ; (fig) tenable
• **Haltbarkeit** f (von Lebensmitteln) conservation f • **Haltbarkeitsdatum** nt date f limite de consommation
halten irr vt tenir ; (Rede) prononcer ; (Takt: in bestimmten Zustand) garder ; (verteidigen) défendre ; (zurückhalten) retenir ; (Haustiere, Angestellte) avoir ▶ vi tenir ; (frisch bleiben) se garder ; (stoppen) s'arrêter ▶ vr (frisch bleiben) se garder ; (Wetter) durer, tenir ; (sich behaupten) tenir bon ; **viel auf etw** Akk **~** attacher beaucoup d'importance à qch ; **viel auf jdn ~** avoir une haute opinion de qn ; **jdn/etw für jdn/etw ~** considérer qn/qch comme qn/qch ; **davon halt(e) ich nichts** ça n'est pas une bonne idée ; **an sich** Akk **~** (sich beherrschen) se retenir ; **sich rechts/links ~** tenir sa droite/gauche ; **sich an jdn ~** (richten nach) s'en remettre à qn ; (wenden an) s'adresser à qn ; **sich an etw ~** (an Regel, Vorschrift) respecter qch
Haltestelle f arrêt m
Halteverbot nt: **absolutes ~** stationnement m strictement interdit, arrêt m interdit
haltlos adj (Mensch) instable ; (Behauptung) sans fondement
Haltlosigkeit f (Schwäche) caractère m instable
halt|machen vi s'arrêter ; **vor nichts ~** ne reculer devant rien
Haltung f (Körperhaltung) posture f ; (Einstellung) attitude f ; (Selbstbeherrschung) maîtrise f de soi
Hamburg (**-s**) nt Hambourg
Hamburger (**-s, -**) m (Culin) hamburger m
hämisch adj méchant(e)
Hammel (**-s, ⁼** od **-**) m mouton m
• **Hammelfleisch** nt mouton m
Hammer (**-s, ⁼**) m marteau m
hämmern vt (Metall) marteler ▶ vi (Herz, Puls) battre (fort)
Hämoglobin (**-s**) nt hémoglobine f
Hampelmann m pantin m
Hamster (**-s, -**) m hamster m

hamstern vi faire des provisions ▶ vt faire des stocks de

Hand (-, ⸚e) f main f ; **zu Händen von** à l'attention de ; **freie Hand haben** avoir carte blanche • **Handarbeit** f travail m manuel ; (*Nadelarbeit*) travaux mpl d'aiguille • **Handball** m handball m
• **Handbesen** m balayette f
• **Handbremse** f frein m à main
• **Handbuch** nt manuel m

Händedruck m poignée f de main

Handel (-s) m commerce m ; **der Faire ~** le commerce équitable

handeln vi (*tätig werden*) agir ; **~ von** traiter de ▶ vr unpers: **es handelt sich um jdn/etw** il s'agit de qn/qch ; **mit etw ~** (*Handel treiben*) faire commerce de qch

Handelsbilanz f balance f commerciale

handelseinig adj: **mit jdm ~ werden/sein** conclure/avoir conclu une affaire avec qn

Handelsgesellschaft f société f commerciale

Handelskammer f chambre f de commerce

Handelsmarine f marine f marchande

Handelsrecht nt droit m commercial

Handelsreisende(r) f(m) représentant(e) m/f

Handelsschule f école f de commerce

handelsüblich adj standard ; **~e Preise** prix mpl courants

Handelsvertreter m représentant(e) (de commerce)

Handfeger (-s, -) m balayette f

handfest adj (*Mahlzeit*) nourrissant(e) ; (*Ideen, Pläne*) solide, fondé(e)

handgearbeitet adj fait(e) (à la) main

Handgelenk nt poignet m

Handgemenge nt mêlée f

Handgepäck nt bagages mpl à main

handgeschrieben adj manuscrit(e)

handgreiflich adj: **~ werden** en venir aux mains

Handgriff m (*Gegenstand*) poignée f ; (*Handhabung, Bewegung*) geste m

handhaben vt (*Maschine*) manipuler, se servir de ; (*Gesetze, Regeln*) appliquer

Handkuss m baisemain m

Händler(in) (-s, -) m(f) commerçant(e)

handlich adj maniable

Handlung f action f ; (*Geschäft*) magasin m

Handlungsbevollmächtigte(r) f(m) fondé m de pouvoir

Handlungsweise f manière f d'agir

Handpflege f soins mpl des mains

Handschelle f menotte f

Handschlag m: **per** od **mit ~** par une poignée de main

Handschrift f écriture f ; (*Text*) manuscrit m

Handschuh m gant m

Handschuhfach nt boîte f à gants

Handtasche f sac m à main

Handtuch nt serviette f de toilette ; **das ~ werfen** od (fam) **schmeißen** jeter l'éponge

Handvoll f poignée f

Handwerk nt métier m

Handwerker (-s, -) m ouvrier m

Handwerkszeug nt outils mpl

Handy (-s, -s) nt portable m

Hanf (-(e)s) m chanvre m

Hang (-(e)s, ⸚e) m (*Berghang*) pente f ; **einen ~ zu etw haben** (*Vorliebe*) avoir un penchant pour qch

Hängebrücke f pont m suspendu

Hängematte f hamac m

hängen irr vi (*befestigt sein*) être accroché(e) ; (*gehenkt werden*) être pendu(e) ▶ vt (*aufhängen*) accrocher ; **an etw** Dat **~** être accroché(e) à qch ; **an jdm/etw ~** (*abhängig sein von*) dépendre de qn/qch ; (*gernhaben*) tenir à qn/qch ; **~ bleiben (an** +Dat**)** rester accroché(e) (à) ; (*im Gedächtnis*) rester gravé(e) (dans)

Hannover (-s) nt Hanovre

hänseln vt taquiner

Hansestadt f ville f hanséatique

Hantel (-, -n) f haltère m

hantieren vi s'affairer ; **mit etw ~** manier qch

hapern vi unpers: **es hapert an etw** Dat on manque de qch

Happen (-s, -) m bouchée f

Hardware (-, -s) f hardware m, matériel m

Harfe f harpe f

Harke f râteau m

harken vt, vi ratisser

harmlos adj inoffensif(-ive) ; (*Krankheit*) bénin(bénigne) ; (*Vergnügen, Bemerkung*) innocent(e)

Harmlosigkeit f (*eines Medikaments*) caractère m inoffensif ; (*einer Krankheit*) bénignité f

Harmonie f harmonie f

harmonieren vi (*Farben, Töne*) s'harmoniser ; (*Menschen*) bien s'entendre

Harmonika (-, -s) f (*Ziehharmonika*) accordéon m

harmonisch adj harmonieux(-euse)

Harmonium (-s, -nien od -s) nt harmonium m

Harn (-(e)s, -e) m urine f • **Harnblase** f vessie f

Harnisch (-(e)s, -e) *m* armure *f*; **jdn in ~ bringen** mettre qn en colère; **in ~ geraten** se mettre en colère
Harpune *f* harpon *m*
harren *vi*: **auf jdn/etw ~** attendre qn/qch
hart *adj* dur(e); (*Währung*) fort(e); (*Winter, Gesetze*) rigoureux(-euse); (*Aufprall*) violent(e) ▶ *adv*: **~ gekocht** (*Ei*) dur(e); **das ist ~ an der Grenze (des Erlaubten)** c'est à la limite de ce qui est permis
Härte *f* dureté *f*
härten *vt* durcir ▶ *vr* s'endurcir
hartgesotten *adj* dur(e) à cuire
hartherzig *adj* dur(e)
hartnäckig *adj* (*Mensch*) obstiné(e); (*Husten*) persistant(e)
Hartz IV *f voir article*

: **Hartz IV** appartient aux mesures
: Hartz prises entre 2003 et 2005, sous
: le gouvernement Schröder. Elles
: constituent une réforme du marché du
: travail. Le dispositif **Hartz IV** fusionne
: les indemnités du chômage et l'aide
: sociale et réduit ainsi les allocations
: chômage *Arbeitslosengeld* lors d'un
: chômage de longue durée, poussant
: les chômeurs à accepter des emplois
: souvent mal payés et les obligeant à
: chercher du travail pour ne pas voir
: leurs indemnités fondre.

Harz (-es, -e) *nt* résine *f*
Haschee (-s, -s) *nt* hachis *m*
haschen *vt* attraper
Haschisch (-) *nt od m* haschisch *m*
Hase (-n, -n) *m* lièvre *m*
Haselnuss *f* noisette *f*
Hasenfuß *m* poule *f* mouillée
Hasenscharte *f* bec-de-lièvre *m*
Hass (-es) *m* haine *f*
hassen *vt* haïr, détester; **etw wie die Pest ~** (*fam*) ne pas pouvoir sentir qch
hässlich *adj* laid(e); (*gemein*) méchant(e)
Hässlichkeit *f* laideur *f*
Hast (-) *f* hâte *f*
hastig *adj* (*Schritte*) pressé(e); (*Bewegung*) nerveux(-euse)
hätscheln *vt* chouchouter; (*zärtlich*) câliner
hatte *etc vb siehe* **haben**
Haube *f* (*Kopfbedeckung*) coiffe *f*; (*von Nonne*) cornette *f*, bonnet *m*; (*Auto*) capot *m*; (*Trockenhaube*) casque *m* (*séchoir*)
Hauch (-(e)s, -e) *m* souffle *m*; (*leichter Duft*) vague odeur *f*; (*fig*) soupçon *m* • **hauchdünn** *adj* (*Scheiben*) très mince od fin(e) • **hauchen** *vi* souffler • **hauchfein** *adj* (*Schleier, Nebel*) très fin(e); (*Scheibe*) très mince; (*Schokolade*) en fines lamelles
Haue *f* (*Hacke*) pioche *f*; (*fam: Schläge*) raclée *f*
hauen *irr vt* (*fam: schlagen*) frapper; (*verprügeln*) rosser; (*Stein*) tailler ▶ *vi* (*fam: schlagen*) frapper; **ein Loch in etw** Akk **~** faire un trou dans qch; **jdm auf die Schulter ~** taper sur l'épaule de qn
Haufen (-s, -) *m* tas *m*; (*Leute*) foule *f*; **ein ~ Leute/Bücher** (*fam*) un tas de gens/ bouquins; **auf einem ~** ensemble; **etw über den ~ werfen** chambouler qch
häufen *vt* accumuler ▶ *vr* s'accumuler
haufenweise *adv* en masse
häufig *adj* fréquent(e) ▶ *adv* fréquemment • **Häufigkeit** *f* fréquence *f*
Haupt (-(e)s, Häupter) *nt* (*Kopf*) tête *f*; (*Oberhaupt*) chef *m* ▶ *in zW* principal(e)
Hauptbahnhof *m* gare *f* centrale
hauptberuflich *adv* à plein temps
Hauptbuch *nt* (*Écon*) grand livre *m*
Hauptdarsteller(in) *m(f)* acteur(-trice) principal(e)
Haupteingang *m* entrée *f* principale
Hauptfach *nt* matière *f* principale
Hauptfilm *m* long métrage *m*
Hauptgeschäftszeit *f* heures *fpl* d'affluence
Hauptgewinn *m* gros lot *m*
Häuptling *m* chef *m*
Hauptmann (-(e)s, -leute) *m* (*Mil*) capitaine *m*
Hauptperson *f* personnage *m* principal
Hauptpostamt *nt* poste *f* centrale
Hauptquartier *nt* quartier *m* général
Hauptrolle *f* rôle *m* principal
Hauptsache *f* essentiel *m*
hauptsächlich *adv* surtout
Hauptsaison *f* haute saison *f*
Hauptsatz *m* proposition *f* principale
Hauptschlagader *f* aorte *f*
Hauptschule *f* premier cycle de l'enseignement secondaire (5e à 9e année)

: La **Hauptschule** est un établissement
: secondaire d'enseignement général
: avec une orientation technique qui
: accueille les élèves en difficulté après
: l'école primaire, la *Grundschule*. Les
: élèves restent cinq ans dans une
: **Hauptschule**, y passent un examen
: équivalent au Brevet des Collèges et la
: majorité d'entre eux commence
: ensuite un apprentissage.

Hauptspeicher *m* (*Inform*) mémoire *f* centrale
Hauptstadt *f* capitale *f*

Hauptstraße f grand-route f; (in Stadt) rue f principale
Hauptverkehrszeit f heures fpl de pointe
Hauptwort nt substantif m, nom m
Haus (-es, Häuser) nt maison f; (von Schnecke) coquille f; (Théât) salle f; **nach ~e** à la maison; **zu ~e** à la maison; **~ halten** (sparen) être économe; **mit den Kräften ~ halten** ménager ses forces • **Hausapotheke** f pharmacie f • **Hausarbeit** f travaux mpl ménagers; (Scol) devoirs mpl • **Hausarzt** m, **Hausärztin** f médecin m de famille • **Hausaufgabe** f (Scol) devoir m • **Hausbesetzer(in)** (-s, -) m(f) squatter m • **Hausbesetzung** f squat m • **Hausbesitzer(in)** m(f) propriétaire mf • **Hauseigentümer(in)** m(f) propriétaire mf
hausen vi (wohnen) nicher; (fam: wüten) faire des dégâts
Häuserblock m pâté m de maisons
Häusermakler m agent m immobilier
Hausfrau f ménagère f, femme f au foyer
Hausfreund m ami m de la maison; (fam: Liebhaber) ami m de madame
Hausfriedensbruch m violation f de domicile
hausgemacht adj maison inv
Haushalt m ménage m; (Pol, Écon) budget m
haus|halten irr vi (sparen) être économe
Haushälterin f gouvernante f
Haushaltsgeld nt argent m du ménage
Haushaltsgerät nt appareil m ménager
Haushaltsplan m budget m
Hausherr(in) m(f) maître(maîtresse) de maison; (Vermieter) propriétaire mf
haushoch adv: **~ verlieren** être battu(e) à plate couture
hausieren vi faire du porte à porte
Hausierer(in) (-s, -) m colporteur m
häuslich adj (Pflichten) familial(e); (Mensch) casanier(-ière) • **Häuslichkeit** f vie f de famille
Hausmann (-(e)s, -männer) m homme m au foyer
Hausmeister(in) m(f) concierge mf
Hausnummer f numéro m (de la maison)
Hausordnung f règlement m intérieur
Hausputz m nettoyage m
Hausratversicherung f assurance f multirisque habitation
Hausschlüssel m clé f de la maison
Hausschuh m pantoufle f
Haussuchung f perquisition f
Haustier nt animal m domestique
Haustür f porte f de la maison od d'entrée
Hausverwalter(in) m(f) gérant(e) d'immeuble(s)
Hauswirt(in) m(f) propriétaire mf
Hauswirtschaft f économie f domestique
Haut (-, **Häute**) f peau f; (von Zwiebel) pelure f • **Hautarzt** m, **Hautärztin** f dermatologue m
häuten vt (Tier) dépouiller ▶ vr (Schlange) muer
hauteng adj collant(e)
Hautfarbe f couleur f de (la) peau
Haxe f = **Hachse**
Hbf. abk = **Hauptbahnhof**
HDTV abk (= high-definition television) TVHD f
Hebamme f sage-femme f
Hebel (-s, -) m levier m
heben irr vt soulever; (Arm, Hand, Augen) lever; (Niveau, Stimmung) améliorer ▶ vr (Vorhang) se lever; (Wasserspiegel) s'élever; (Stimmung) s'améliorer
hecheln vi haleter
Hecht (-(e)s, -e) m brochet m; (Schwimmen: Hechtsprung) plongeon m droit
Heck (-(e)s, -e) nt arrière m
Hecke f haie f
Heckenrose f églantine f
Heckenschütze m franc-tireur m
Heckklappe f hayon m (arrière)
Heckmotor m (Auto) moteur m à l'arrière
Heckscheibe f lunette f arrière, vitre f arrière
Heer (-(e)s, -e) nt armée f; (Unmenge) foule f
Hefe f levure f
Heft¹ (-(e)s, -e) nt (Schreibheft) cahier m; (Zeitschrift) numéro m
Heft² (-(e)s, -e) nt (von Messer) manche m
heften vt (befestigen) épingler; (nähen) bâtir ▶ vr: **sich an jds Fersen ~** ne pas lâcher qn d'une semelle; **~ an** +Akk fixer à
Hefter (-s, -) m classeur m
heftig adj violent(e); (Worte) dur(e) • **Heftigkeit** f violence f
Heftklammer f agrafe f
Heftmaschine f agrafeuse f
Heftpflaster nt sparadrap m
Heftzwecke f punaise f
hegen vt (Wild, Bäume) protéger; (Wunsch, Misstrauen) caresser
Hehl m od nt: **kein(en) ~ aus etw** Dat **machen** ne pas faire mystère de qch
Hehler(in) (-s, -) m(f) receleur(-euse)
Heide¹ (-n, -n) m (Rel) païen m

Heide² f (Gebiet) lande f; (Heidekraut) bruyère f • **Heidekraut** nt bruyère f
Heidelbeere f myrtille f
Heidentum nt paganisme m
Heidin f païenne f
heidnisch adj païen(ne)
heikel adj délicat(e); (wählerisch) difficile
heil adj (nicht kaputt) intact(e); (unverletzt) sain(e) et sauf(sauve)
Heil (**-(e)s**) nt (Glück) bonheur m; (Rel) salut m
Heiland (**-(e)s, -e**) m Sauveur m
heilbar adj guérissable
heilen vt, vi guérir
heilfroh adj ravi(e)
heilig adj saint(e); siehe auch **heiligsprechen** • **Heiligabend** m veille f od réveillon m de Noël
Heilige(r) f(m) saint(e) m/f
Heiligenschein m auréole f
Heiligkeit f sainteté f
heilig|sprechen irr vt canoniser
Heiligtum nt (Ort) lieu m saint
heillos adj épouvantable
Heilmittel nt remède m
Heilpraktiker(in) m(f) guérisseur(-euse)
heilsam adj (fig) salutaire
Heilsarmee f armée f du Salut
Heilung f guérison f
heim adv à la maison, chez moi/soi etc
Heim (**-(e)s, -e**) nt foyer m, chez soi m; (Altersheim) maison f (de retraite); (Kinderheim) maison pour enfants
Heimat (**-, -en**) f (von Mensch) patrie f; (von Tier, Pflanze) pays m d'origine • **Heimatland** nt pays m natal • **heimatlich** adj du pays; (Gefühle) nostalgique; (Klänge) qui rappelle le pays natal • **heimatlos** adj sans patrie • **Heimatort** nt lieu m d'origine • **Heimatvertriebene(r)** f(m) réfugié(e) m/f
heim|begleiten vt raccompagner
Heimcomputer m ordinateur m familial
heimelig adj où l'on se sent chez soi
heim|fahren irr vi rentrer chez soi
Heimfahrt f retour m
heim|gehen irr vi rentrer chez soi
heimisch adj régional(e), local(e); **sich ~ fühlen** se sentir chez soi
Heimkehr (**-, -en**) f retour m
heim|kehren vi rentrer
heimlich adj secret(-ète) • **Heimlichkeit** f secret m
Heimreise f (voyage m de) retour m
Heimspiel nt match m à domicile
heim|suchen vt frapper
Heimtrainer m home-trainer m
heimtückisch adj insidieux(-euse); (Tat, Blick) sournois(e)
heimwärts adv (vers) chez soi
Heimweg m (chemin m du) retour m
Heimweh nt mal m du pays
Heimwerker(in) m(f) bricoleur(-euse)
heim|zahlen vt: **jdm etw ~** se venger de qch sur qn
Heirat (**-, -en**) f mariage m • **heiraten** vi se marier ▶ vt épouser
Heiratsantrag m demande f en mariage
heiser adj enroué(e) • **Heiserkeit** f enrouement m
heiß adj chaud(e); (Kampf, Diskussion) acharné(e); (leidenschaftlich) passionné(e); (aufreizend) excitant(e) • **heißblütig** adj passionné(e), ardent(e)
heißen irr vi (Namen haben) s'appeler; (lauten) être ▶ vt (nennen) appeler; (befehlen) dire à ▶ vi unpers: **es heißt, dass ...** on dit que ...; **das heißt** c'est-à-dire
Heißhunger m faim f de loup
heiß|laufen irr vi, vr chauffer
Heißluftherd m four m à chaleur tournante
Heißwasserbereiter (**-s, -**) m chauffe-eau m inv
heiter adj (Wetter) clair(e); (fröhlich) gai(e) • **Heiterkeit** f gaieté f
heizen vt, vi chauffer
Heizer (**-s, -**) m chauffeur m (de chaudière)
Heizkörper m radiateur m
Heizmaterial nt combustible m
Heizöl nt mazout m
Heizung f chauffage m
Heizungsanlage f chauffage m
Hektar (**-s, -**) nt od m hectare m
hektisch adj fébrile
Held (**-en, -en**) m héros m
heldenhaft adj héroïque
helfen irr vi +Dat aider ▶ vi unpers: **es hilft nichts, du musst ...** il n'y a rien à faire, il faut que tu ...; **sich** Dat **zu ~ wissen** savoir s'y prendre, se débrouiller
Helfer(in) (**-s, -**) m(f) aide mf; (Mitarbeiter) assistant(e)
Helfershelfer m complice m
Helgoland nt petite île rocheuse de la mer du Nord
hell adj clair(e); (fam: Aufregung, Wahnsinn, Freude) énorme ▶ adv (sehr) absolument • **hellblau** adj bleu clair inv • **hellblond** adj blond pâle
hellhörig adj (Wohnung) mal insonorisé(e); **~ werden** dresser l'oreille
Helligkeit f clarté f
Hellseher(in) m(f) voyant(e)

hellwach | 496

hellwach adj bien éveillé(e)
Helm (**-(e)s, -e**) m casque m
Hemd (**-(e)s, -en**) nt chemise f; (*Unterhemd*) gilet m • **Hemdbluse** f chemisier m
Hemdenknopf m bouton m de chemise
hemmen vt entraver; (*Menschen*) inhiber
Hemmung f(*Psych*) complexe m
hemmungslos adj (*Mensch*) sans aucune retenue; (*weinen*) sans retenue
Hengst (**-es, -e**) m étalon m
Henkel (**-s, -**) m anse f
henken vt pendre
Henker (**-s, -**) m bourreau m
Henne f poule f
Hepatitis (**-, Hepatitiden**) f hépatite f

---SCHLÜSSELWORT---

her adv **1** (*Richtung*): **komm her** viens ici; **komm her zu mir** viens vers moi; **von England her** d'Angleterre; **von weit her** de loin; **wo bist du her?** d'où viens-tu od es-tu?; **her damit!** donne!; **wo hat er das her?** où a-t-il trouvé ça?; **wo ist das her?** d'où est-ce que ça vient?; **hinter jdm her sein** (*fam*) courir après qn; **hinter etw** *Dat* **her sein** être à la recherche de qch; **es ist nicht weit her mit jdm/etw** qn/qch n'est vraiment pas extraordinaire
2 (*Blickpunkt*): **von der Form her** du point de vue de la forme
3 (*zeitlich*): **das ist 5 Jahre her** ça s'est passé il y a cinq ans

herab adv: **er kam den Hügel/die Treppe ~** il descendait la colline/l'escalier • **herab|hängen** *irr vi* pendre
• **herab|lassen** *irr vr*: **sich ~, etw zu tun** s'abaisser à faire qch • **herablassend** adj condescendant(e) • **Herablassung** f attitude f condescendante
• **herab|sehen** *irr vi*: **~ auf** +*Akk* regarder (d'en haut); (*fig*) regarder de haut
• **herab|setzen** vt (*Preise*) baisser; (*Geschwindigkeit*) réduire
• **Herabsetzung** f (*von Preisen, Kosten*) baisse f • **herab|würdigen** vt rabaisser
heran adv: **näher ~!** approche-toi!, approchez-vous! • **heran|bilden** vt former • **heran|fahren** *irr vi* s'approcher
• **heran|kommen** *irr vi*: **(an jdn/etw) ~** s'approcher (de qn/qch); **alle Probleme an sich** *Akk* **~ lassen** avoir une attitude attentiste • **heran|machen** vr: **sich an jdn ~** entreprendre qn • **heran|wachsen** *irr vi* grandir • **heran|ziehen** *irr vt* tirer à soi; (*Pflanzen*) cultiver; (*Nachwuchs*) former; (*Sachverständige*) faire appel à; **jdn zur Hilfe/Unterstützung ~** demander l'aide/le soutien de qn

herauf adv: **er kam die Treppe ~** il a monté l'escalier • **herauf|beschwören** *irr vt* (*Unheil*) provoquer; (*Erinnerung*) évoquer • **herauf|bringen** *irr vt* monter
• **herauf|ziehen** *irr vt* tirer (à soi) ▶ vi (*Sturm, Gewitter*) se préparer; (*nach oben umziehen*) déménager à l'étage supérieur

heraus adv: **~ sein** (*aus Stadt, Land etc*: *Buch, Briefmarke etc*) être sorti(e); (*Gesetz*) être promulgué(e) od publié(e); **aus etw ~ sein** (*überstanden haben*) avoir surmonté qch; **es ist noch nicht ~** (*entschieden*) ce n'est pas encore décidé;
~ damit! donne!; **~ mit der Sprache!** parle! • **heraus|arbeiten** vt (*Problem, Wesentliches*) souligner; (*Arbeitszeit*) rattraper • **heraus|bekommen** *irr vt* (*Wechselgeld*) recevoir; (*erfahren*) réussir à découvrir; (*lösen können*) trouver la solution de • **heraus|bringen** *irr vt* sortir; (*Geheimnis*) découvrir; **jdn/etw ganz groß ~** faire beaucoup de battage autour de qn/qch • **heraus|finden** *irr vt* découvrir • **heraus|fordern** vt provoquer
• **Herausforderung** f provocation f
• **heraus|geben** *irr vt* (*zurückgeben*) rendre; (*veröffentlichen*) publier
• **Herausgeber(in)** m(f) éditeur(-trice)
• **heraus|gehen** *irr vi*: **aus sich ~** sortir de sa coquille • **heraus|halten** *irr vt*: **sich aus etw ~** ne pas se mêler de qch
• **heraus|holen** vt sortir; (*Ergebnis*) arriver à obtenir; (*Sieg*) remporter
• **heraus|kommen** *irr vi* sortir; (*Gesetz*) être publié(e) od promulgué(e)
• **heraus|nehmen** *irr vt* (*entfernen*) sortir
• **heraus|reißen** *irr vt* arracher
• **heraus|rücken** vt: **Geld ~** casquer ▶ vi: **mit etw ~** (*sagen*) révéler od dire qch
• **heraus|rutschen** vi: **das ist mir leider herausgerutscht!** ça m'a échappé!
• **heraus|schlagen** *irr vt* (*Nagel*) arracher; (*Staub*) enlever; (*fam: Vorteile, Geld*) se procurer • **heraus|stellen** vr (*sich zeigen*) s'avérer; **sich als etw ~** se révéler qch
• **heraus|wachsen** *irr vi* (*aus Kleidern*) devenir trop grand(e) pour, ne plus pouvoir mettre • **heraus|ziehen** *irr vt* tirer; (*Zahn*) arracher; (*Splitter*) enlever
herb adj (*Geschmack, Duft*) âcre; (*Wein*) sec (sèche); (*Enttäuschung*) amer(-ère); (*Verlust*) douloureux(-euse); (*Worte, Kritik*) acerbe; (*Gesicht, Schönheit*) austère
herbei adv ici
Herberge f auberge f

Herbergsmutter f mère f aubergiste
Herbergsvater m père m aubergiste
her|bitten irr vt inviter
her|bringen irr vt apporter ; (jdn) amener
Herbst (-(e)s, -e) m automne m
• **herbstlich** adj automnal(e)
• **Herbstzeitlose** f colchique m
Herd (-(e)s, -e) m cuisinière f
Herde f troupeau m
herein adv: **er kam ins Zimmer ~** il est entré dans la pièce ; **~!** entrez !
• **herein|bitten** irr vt prier d'entrer
• **herein|brechen** irr vi (Krieg) éclater ; **die Dunkelheit brach herein** la nuit est tombée ; **über jdn ~** s'abattre sur qn
• **herein|bringen** irr vt apporter ; (jdn) amener • **herein|fallen** (fam) irr vi (getäuscht werden) se faire avoir ; **auf jdn/etw ~** être dupé(e) par qn/qch
• **herein|kommen** irr vi entrer
• **herein|lassen** irr vt laisser entrer
• **herein|legen** (fam) vt (betrügen) rouler
• **herein|platzen** vi arriver à l'improviste
Herfahrt f trajet m
her|fallen irr vi: **über etw** Akk **~** se précipiter sur qch ; **über jdn ~** se jeter sur qn
Hergang m déroulement m des faits
her|geben irr vt (übergeben) donner ; (zurückgeben) rendre ; **sich zu etw ~** prêter son nom à qch
hergebracht adj: **in ~er Weise** selon la coutume
her|gehen irr vi: **hinter jdm ~** suivre qn ; **es geht hoch/laut her** il y a de l'ambiance/du bruit
her|halten irr vt tendre, rapprocher ▶ vi: **(für jdn/etw) ~ müssen** payer (pour qn/qch)
her|hören vi écouter
Hering (-s, -e) m hareng m
her|kommen irr vi (näher kommen) s'approcher ; (herrühren) venir
herkömmlich adj conventionnel(le)
Herkunft (-, -künfte) f origine f
her|laufen irr vi: **hinter/neben jdm ~** suivre/accompagner qn
her|leiten vt (Rechte etc) faire découler
her|machen vr: **sich über jdn/etw ~** attaquer qn/qch
hermetisch adj hermétique
Heroin (-s) nt héroïne f
heroisch adj héroïque
Herr (-(e)n, -en) m (Herrscher) seigneur m ; (Mann) monsieur m ; (Rel) Seigneur m ; (vor Namen) Monsieur ; **meine ~en!** Messieurs !
Herrenbekanntschaft f ami m

Herrendoppel nt double m messieurs
Herreneinzel nt simple m messieurs
Herrenhaus nt maison f de maître
herrenlos adj sans maître
her|richten vt (Essen, Kleid) préparer ; (Bett) faire
Herrin f maîtresse f
herrisch adj autoritaire
herrlich adj merveilleux(-euse)
Herrlichkeit f splendeur f
Herrschaft f pouvoir m ; (Herr und Herrin) maîtres mpl ; **meine ~en!** Mesdames et Messieurs !
herrschen vi régner
Herrscher(in) (-s, -) m(f) souverain(e)
her|rühren vi: **von etw ~** provenir de qch
her|stellen vt fabriquer
Hersteller(in) (-s, -) m(f) fabricant(e), producteur(trice)
Herstellung f fabrication f, production f
Herstellungskosten f frais mpl de production
herüber adv: **hier ~, bitte!** par ici, je vous prie !
herum adv: **um etw ~** autour de qch
• **herum|ärgern** vr s'énerver
• **herum|führen** vt: **jdn in der Stadt ~** faire faire le tour de la ville od un tour de ville à qn ▶ vi: **die Autobahn führt um die Stadt herum** l'autoroute contourne la ville • **herum|gehen** irr vi (auf und ab gehen) faire les cent pas ; (vergehen) passer ; **um etw ~** faire le tour de qch ; **etw ~ lassen** faire passer qch
• **herum|irren** vi errer • **herum|kommen** irr vi (vermeiden) arriver à éviter ; **viel/wenig ~** voir beaucoup/peu de monde
• **herum|kriegen** (fam) vt (überreden) convaincre • **herum|lungern** vi traînasser • **herum|sprechen** irr vr s'ébruiter • **herum|treiben** irr vr se traîner • **herum|werfen** irr vt (Gegenstände) lancer ; (Kopf) tourner brusquement ; (Steuer) donner un brusque coup de ; (Hebel) tirer brusquement • **herum|ziehen** irr vi se déplacer
herunter adv: **~ (mit euch)!** descendez ! ; **vom Himmel ~** du (haut du) ciel
• **heruntergekommen** adj (Mensch) dans un triste état ; (Haus) délabré(e)
• **herunter|kommen** irr vi descendre ; (gesundheitlich) s'affaiblir ; (moralisch) se laisser aller ; (Firma) péricliter
• **herunterladbar** adj (Inform) téléchargeable • **herunter|laden** irr vt (Inform) télécharger
hervor|bringen irr vt produire

hervor|gehen irr vi (als Sieger) sortir ; (als Resultat) résulter ; **aus dem Brief/daraus geht hervor, dass ...** il ressort de cette lettre/il en ressort que ...
hervor|heben irr vt souligner
hervorragend adj (ausgezeichnet) excellent(e)
hervor|rufen irr vt (bewirken) provoquer
hervor|treten irr vi sortir ; (Adern) saillir
hervor|tun irr vr: **sich mit etw ~** se distinguer par qch
Herz (-ens, -en) nt cœur m • **Herzanfall** m crise f cardiaque
Herzenslust f: **nach ~** à cœur joie
Herzfehler m malformation f cardiaque
herzhaft adj (Essen) nourrissant(e) ; (Lachen) joyeux(-euse)
Herzinfarkt m infarctus m (du myocarde)
Herzklopfen nt palpitations f pl
herzkrank adj cardiaque
herzlich adj chaleureux(-euse) ; **~en Glückwunsch!** tous mes vœux ! ; **~e Grüße** amitiés
Herzlichkeit f gentillesse f
herzlos adj sans cœur
Herzog(in) (-(e)s, ⁼e) m(f) duc(duchesse)
herzoglich adj ducal(e)
Herzogtum nt duché m
Herzschlag m battement m de cœur ; (Méd) rythme m cardiaque
Herzschrittmacher m stimulateur m cardiaque
herzzerreißend adv à fendre l'âme
Hessen (-s) nt (Géo) la Hesse
heterogen adj hétérogène
heterosexuell adj hétérosexuel(le)
Heterosexuelle(r) f(m) hétérosexuel(le) m/f
Hetze f (Eile) hâte f, précipitation f ; (Verleumdung) campagne f de calomnie
hetzen vt (jagen) traquer ▶ vr (sich eilen) se dépêcher
Hetzerei f = **Hetze**
Heu (-(e)s) nt foin m • **Heuboden** m grenier m à foin
Heuchelei f hypocrisie f
heucheln vt simuler, feindre ▶ vi être hypocrite
Heuchler(in) (-s, -) m(f) hypocrite mf • **heuchlerisch** adj hypocrite
heuer (Südd, Österr, Schweiz) adv cette année
Heugabel f fourche f à foin
heulen vi hurler ; **das ~de Elend bekommen** avoir le cafard
heurig (Südd, Österr, Schweiz) adj de cette année

Heuschnupfen m rhume m des foins
Heuschrecke f sauterelle f
heute adv aujourd'hui ; **~ Abend** ce soir ; **~ früh** od **Morgen** ce matin
heutig adj d'aujourd'hui ; (Problem) actuel(le)
heutzutage adv de nos jours
Hexe f sorcière f
hexen vi avoir des pouvoirs magiques ; **ich kann doch nicht ~!** je ne peux pas faire de miracles !
Hexenmeister m sorcier m
Hexenschuss m (Méd) lumbago m
Hexerei f sorcellerie f
hieb etc vb siehe **hauen**
Hieb (-(e)s, -e) m coup m
hielt etc vb siehe **halten**
hier adv ici
hierauf adv là-dessus
hier|behalten irr vt garder
hierbei adv ce faisant ; **~ handelt es sich um ...** il s'agit (ici) de ...
hier|bleiben irr vi rester (ici)
hierdurch adv ainsi ; (örtlich) par ici
hierher adv ici
hier|lassen irr vt laisser ici
hiermit adv avec cela
hiernach adv (später) plus tard ; (folglich) en conséquence
hiervon adv de cela
hierzulande, hier zu Lande adv par ici
hiesig adj d'ici
hieß etc vb siehe **heißen**
Hi-Fi-Anlage f chaîne f hi-fi
Hilfe f aide f ; **Erste ~** premiers secours mpl od soins mpl ; **~!** à l'aide ! • **Hilfeleistung** f assistance f ; **unterlassene ~** (Jur) non-assistance f à personne en danger
hilflos adj perdu(e)
Hilflosigkeit f air m perdu
hilfreich adj serviable
Hilfsaktion f opération f de secours
Hilfsarbeiter(in) m(f) ouvrier(-ière) spécialisé(e)
hilfsbedürftig adj (schwach) invalide ; (Not leidend) dans le besoin
hilfsbereit adj serviable
Hilfskraft f assistant(e) m/f
Hilfsorganisation f organisation f humanitaire
Himbeere f framboise f
Himmel (-s, -) m ciel m • **himmelangst** adj: **es ist mir ~** j'ai des sueurs froides • **himmelblau** adj bleu(e) ciel
Himmelfahrt f Ascension f
himmelschreiend adj (Ungerechtigkeit) criant(e) ; (Dummheit) consternant(e)

Himmelsrichtung f direction f ; **die vier ~en** les quatre points mpl cardinaux
himmlisch adj céleste, divin(e)

(SCHLÜSSELWORT)

hin adv **1** (räumlich): **bis zur Mauer hin** jusqu'au mur ; **nach Westen hin** vers l'ouest ; **geh doch zu ihr hin** va vers elle ; **er summte eine Melodie vor sich hin** il fredonnait une mélodie ; **wo ist er hin?** (fam) où est-il passé ? ; **einmal Basel, hin und zurück** Bâle, aller (et) retour ; **hin und her gehen** faire les cent pas ; **etw hin und her überlegen** tourner et retourner qch dans son esprit ; **hin und wieder** de temps en temps ; **Regen hin, Regen her** qu'il pleuve ou non
2: **auf ... hin**: **auf meine Bitte hin** à ma demande ; **auf seinen Rat hin** sur son conseil ; **auf meinen Brief hin** suite à ma lettre ; **nichts wie hin!** (fam) allons-y ! ; **nach außen hin** (fig) en apparence
3: **hin sein** (fam: kaputt sein) être fichu(e) ; **mein Glück ist hin** c'en est fait de mon bonheur

hinab|gehen irr vi descendre
hinab|sehen irr vi regarder (vers le bas)
hinauf adv vers le haut • **hinauf|arbeiten** vr gravir les échelons (de la hiérarchie) • **hinauf|steigen** irr vi monter
hinaus adv dehors ; **~ mit dir!** dehors ! • **hinaus|befördern** vt: **jdn (zur Tür) ~** jeter qn dehors • **hinaus|gehen** irr vi sortir ; **das geht über meine Kräfte hinaus** c'est au-delà de mes forces • **hinaus|laufen** irr vi sortir ; **~ auf** +Akk (fig) revenir à • **hinaus|schieben** irr vi remettre • **hinaus|werfen** irr vt (Gegenstand) jeter (dehors) ; (Person) mettre dehors od à la porte • **hinaus|wollen** irr vi vouloir sortir ; **worauf wollen Sie damit hinaus?** où voulez-vous en venir ? • **hinaus|ziehen** irr vt faire durer ▶ vr (ne cesser d')être remis(e)
Hinblick m: **in** od **im ~ auf** +Akk eu égard à
hinderlich adj: **einer Sache** Dat **~ sein** faire obstacle à qch
hindern vt gêner ; **jdn an etw** Dat **~** empêcher qn de faire qch
Hindernis nt obstacle m
hin|deuten vi: **auf etw** Akk **~** (schließen lassen) indiquer
Hinduismus m hindouisme m

hindurch adv: **durch den Wald ~** à travers la forêt ; **die ganze Nacht ~** toute la nuit
hinein adv: **in etw** Akk **~** dans qch ; **bis in die Nacht ~** jusqu'à la tombée de la nuit • **hinein|fallen** irr vi: **in etw** Akk **~** tomber dans qch • **hinein|gehen** irr vi: **~ in** +Akk entrer dans • **hinein|passen** vi entrer, aller • **hinein|reden** vi: **jdm in etw** Akk **~** donner des conseils à qn au sujet de qch • **hinein|stecken** vt (Schlüssel) mettre ; (investieren) consacrer • **hinein|steigern** vr: **sich in eine Hysterie ~** devenir complètement hystérique ; **sich in ein Problem ~** être accaparé(e) par un problème • **hinein|versetzen** vr: **sich in jds Lage** od **jdn ~** se mettre à la place de qn
hin|fahren irr vi (mit Fahrzeug) se rendre ▶ vt conduire
Hinfahrt f aller m
hin|fallen irr vi tomber
hinfällig adj (Mensch) frêle, invalide ; (Argument) non valable ; (Pläne) tombé(e) à l'eau
Hinflug m aller m
hing etc vb siehe **hängen**
Hingabe f dévouement m
hingegen konj par contre
hin|gehen irr vi (Mensch) y aller
hin|halten irr vt (Gegenstand) tendre ; (vertrösten, warten lassen) faire attendre
hinken vi (Mensch) boiter ; (Vergleich) être boiteux(-euse)
hin|kommen irr vi (an Ort) y arriver ; **wo ist das hingekommen?** où diable est-il/ elle ? ; **wo kämen wir da hin?** ce serait un comble ! ; **mit den Vorräten ~** avoir suffisamment de provisions
hinlänglich adv suffisamment
hin|legen vt (aus der Hand legen) poser ; (Person) coucher ; (bezahlen) sortir ▶ vr se coucher
hin|nehmen irr vt (fig) accepter
Hinreise f aller m
hin|reißen irr vt (begeistern) enthousiasmer ; **sich ~ lassen, etw zu tun** se laisser entraîner à faire qch
hin|richten vt exécuter
Hinrichtung f exécution f
hin|setzen vt s'asseoir
hinsichtlich präp +Gen en ce qui concerne
Hinspiel nt match m aller
hin|stellen vt poser, mettre ▶ vr se mettre ; **jdn/etw als etw ~** présenter qn/qch comme qch
hintan|stellen vt mettre au second plan

hinten *adv* derrière ; *(am Ende)* à la fin ; **das reicht ~ und vorn nicht** cela ne suffit en aucun cas • **hintenherum** *adv* par derrière

hinter *präp +Dat* derrière ; *(nach)* après ▶ *präp +Akk* derrière ; **etw ~ sich** *Dat* **haben** avoir qch derrière soi ; **etw ~ sich** *Akk* **bringen** se débarrasser une bonne fois pour toutes de qch ; **~ die Wahrheit/ein Geheimnis kommen** découvrir la vérité/un secret
• **Hinterachse** *f* essieu *m* arrière
• **Hinterbliebene(r)** *f(m)*: **die ~n** la famille du défunt

hintere(r, s) *adj (von der Rückseite)* arrière *inv* ; *(am Ende)* dernier(-ière)

hintereinander *adv (räumlich)* l'un(e) derrière l'autre ; *(zeitlich)* l'un(e) après l'autre

Hintergedanke *m* arrière-pensée *f*

hintergehen *irr vt insép* tromper

Hintergrund *m* fond *m* ; *(von Bühne)* arrière-plan *m* ; *(Zusammenhang)* antécédents *mpl*

Hinterhalt *m* embuscade *f*

hinterhältig *adj* sournois(e)

hinterher *adv (hinter jdm)* derrière ; *(danach)* ensuite

Hinterhof *m* arrière-cour *f*

Hinterkopf *m* occiput *m*

hinterlassen *irr vt insép* laisser ; *(nach Tod)* léguer

Hinterlassenschaft *f* héritage *m*

hinterlegen *vt insép* déposer

Hinterlist *f* ruse *f*

hinterlistig *adj* trompeur(-euse), sournois(e)

Hintermann **(-(e)s, -männer)** *m* instigateur *m* ; **mein ~** la personne derrière moi

Hintern (-s, -) *m* postérieur *m*

Hinterrad *nt* roue *f* arrière

Hinterradantrieb *m* roues *fpl* arrière motrices

hinterrücks *adv* par derrière

Hinterteil *nt* postérieur *m*

Hintertreffen *nt*: **ins ~ kommen** être en perte de vitesse

hintertreiben *irr vt* faire échouer

Hintertür *f (fig)* porte *f* de sortie

hinterziehen *irr vt insép*: **Steuern ~** frauder le fisc

hinüber *adv* de l'autre côté
• **hinüber|gehen** *irr vi*: **~ über** +*Akk (Straße)* traverser ; **ich geh schnell mal hinüber** j'y vais deux minutes

hinunter *adv*: **jdn bis ~ begleiten** accompagner qn jusqu'en bas
• **hinunter|bringen** *irr vt* descendre
• **hinunter|schlucken** *vt* avaler
• **hinunter|steigen** *irr vi* descendre

Hinweg *m* aller *m*

hinweg *irr vi*: **jdm über etw** *Akk* **~** aider qn à surmonter qch

hinweg|setzen *vr*: **sich ~ über** +*Akk* passer outre à

Hinweis (-es, -e) *m* indication *f* ; *(Anhaltspunkt)* indice *m*

hin|weisen *irr vi*: **auf etw** *Akk* **~** *(zeigen)* indiquer qch ▶ *vt*: **jdn auf etw** *Akk* **~** *(aufmerksam machen)* attirer l'attention de qn sur qch

hin|ziehen *irr vt (lange dauern)* traîner en longueur ; *(sich erstrecken)* s'étendre

hinzu *adv* en plus • **hinzu|fügen** *vt* ajouter • **hinzu|kommen** *irr vi (Mensch)* s'y joindre ; *(Umstand)* s'y ajouter
• **hinzu|ziehen** *irr vt* faire appel à

Hirn (-(e)s, -e) *nt* cerveau *m* ; *(Culin)* cervelle *f* • **Hirngespinst** *nt* chimère *f*
• **hirnverbrannt** *adj* complètement fou(folle)

Hirsch (-(e)s, -e) *m* cerf *m*

Hirse *f* millet *m*

Hirt(in) (-en, -en) *m(f)* berger(-ère)

hissen *vt* hisser

Historiker(in) (-s, -) *m(f)* historien(ne)

historisch *adj* historique

Hit (-s, -s) *m (Mus)* tube *m* ; *(fig) (gros)* succès *m* • **Hitparade** *f* hit-parade *m*

Hitze (-) *f* chaleur *f* • **hitzebeständig** *adj* résistant(e) à la chaleur • **Hitzefrei** *nt*: **~ haben** avoir congé à cause de la canicule • **Hitzewelle** *f* vague *f* de chaleur

hitzig *adj (Mensch, Temperament)* fougueux(-euse) ; *(Debatte)* houleux(-euse)

Hitzkopf *m* tête *f* brûlée

Hitzschlag *m* coup *m* de chaleur

HIV (-(s), -(s)) *nt abk (= Human Immunodeficiency Virus)* HIV *m*

HIV-negativ *adj* séronégatif(-ive)

HIV-positiv *adj* séropositif(-ive)

H-Milch *f* lait *m* longue conservation *od* UHT

hob *etc vb siehe* **heben**

Hobby (-s, -s) *nt* hobby *m*

Hobel (-s, -) *m* rabot *m* • **Hobelbank** *f* établi *m*

hobeln *vt (Holz)* raboter ; *(Gurken etc)* couper en tranches

Hobelspäne *pl* copeaux *mpl*

hoch *(attrib* **hohe(r, s))** *adj* haut(e) ; *(Preis, Besucherzahl, Gewicht)* élevé(e) ; *(Fieber)* fort(e) ; *(Offizier)* supérieur(e) ; *(Bildung)* grand(e) ▶ adv haut ; (sehr) très ; **~ dotiert** bien rémunéré(e) ; **das ist mir zu ~** (fam) ça me dépasse ; **Hände ~!** haut les mains ! ; **Kopf ~!** courage ! ; **acht Mann ~** à huit

Hoch (-s, -s) nt (Ruf) vivat m ; (Météo) anticyclone m
Hochachtung f considération f
hochachtungsvoll adv (Briefschluss) veuillez agréer, Monsieur/Madame, mes salutations distinguées
Hochamt nt grand-messe f
hoch|arbeiten vr réussir à force de travail
hochbegabt adj extrêmement doué(e)
hochbetagt adj très âgé(e)
Hochbetrieb m activité f intense
hoch|bringen irr vt monter
Hochburg f (fig) fief m
Hochdeutsch nt haut allemand m
Hochdruck m (Météo) haute pression f
Hochebene f haut plateau m
hoch|fahren irr vi (erschreckt) sursauter ▶ vt (Inform) amorcer, initialiser
hochfliegend adj (fig) ambitieux(-euse)
Hochform f pleine forme f
Hochgebirge nt haute montagne f
hochgradig adj extrême
hoch|halten irr vt tenir en l'air ; (fig) tenir en haute estime
Hochhaus nt tour f (d'habitation)
hoch|heben irr vt soulever
Hochkonjunktur f boom m
hoch|laden irr vt (Inform) télécharger
Hochland nt régions fpl montagneuses
hoch|leben vi : **jdn ~ lassen** porter un toast à la santé de qn
Hochleistungssport m sport m de haut niveau
Hochmut m arrogance f
hochmütig adj arrogant(e)
hochnäsig adj prétentieux(-euse)
Hochofen m haut-fourneau m
hochprozentig adj (Alkohol) fort(e)
Hochrechnung f extrapolation f
Hochsaison f haute saison f
Hochschätzung f haute estime f
Hochschulabschluss m diplôme m de fin d'études supérieures
Hochschule f établissement m d'enseignement supérieur
hochschwanger adj en état de grossesse avancée
Hochsicherheitstrakt m bâtiment m de haute sécurité
Hochsommer m plein été m
Hochspannung f haute tension f
Hochspannungsleitung f ligne f à haute tension

hoch|springen irr vi sauter
Hochsprung m saut m en hauteur
höchst adv extrêmement
Hochstapler (-s, -) m imposteur m
höchste(r, s) adj le(la) plus haut(e) ; **aufs H~ erstaunt/erfreut** extrêmement étonné(e)/content(e)
höchstens adv (tout) au plus, au maximum
Höchstform f : **in ~** au top de sa etc forme
Höchstgeschwindigkeit f vitesse f maximum od maximale
höchstpersönlich adv en personne
Höchstpreis m prix m maximum
höchstwahrscheinlich adv (très) vraisemblablement
hochtrabend adj pompeux(-euse)
Hochverrat m haute trahison f
Hochwasser nt (Flut) marée f haute ; (Überschwemmung) inondation f
hochwertig adj de très bonne qualité
Hochzahl f exposant m
Hochzeit (-, -en) f mariage m
• **Hochzeitsreise** f voyage m de noces
Hocke f (Stellung) position f accroupie ; (Sport) saut m fléchi
hocken vi être accroupi(e)
Hocker (-s, -) m tabouret m
Höcker (-s, -) m bosse f
Hockey (-s) nt hockey m
Hoden (-s, -) m testicule m
Hof (-(e)s, ⁻e) m cour f ; (von Mond) halo m
hoffen vi, vt espérer ; **auf jdn/etw ~** compter sur qn/qch
hoffentlich adv : **~ regnet es morgen** j'espère qu'il pleuvra demain
Hoffnung f espoir m
hoffnungslos adj désespéré(e)
Hoffnungslosigkeit f caractère m désespéré
Hoffnungsschimmer m lueur f d'espoir
hoffnungsvoll adj plein(e) d'espoir
höflich adj poli(e) • **Höflichkeit** f politesse f
hohe(r, s) adj attrib siehe **hoch**
Höhe f hauteur f ; (von Mieten, Gehalt, Preisen) montant m
Hoheit f (Pol) souveraineté f ; (Titel) altesse f
Hoheitsgebiet nt territoire m national
Hoheitsgewässer pl eaux fpl territoriales
Hoheitszeichen nt emblème m national
Höhenangabe f indication f de l'altitude ; (auf Karte) cote f
Höhenmesser (-s, -) m altimètre m
Höhensonne f lampe f à rayons ultraviolets

Höhenunterschied *m* différence *f* d'altitude
Höhenzug *m* chaîne *f* de montagnes
Höhepunkt *m* apogée *m*
höher *adj* plus haut(e) ▶ *adv* plus haut
hohl *adj* creux(-euse)
Höhle *f* grotte *f*, caverne *f*; (*Zool, fig*) antre *m*, tanière *f*
Hohlmaß *nt* mesure *f* de capacité
Hohn (-(e)s) *m* dérision *f*
höhnen *vt, vi* railler
höhnisch *adj* méprisant(e)
holen *vt* aller chercher; **Atem** *od* **Luft ~** reprendre son souffle; **sich** *Dat* **Rat/Hilfe/Erlaubnis ~** demander conseil/de l'aide/la permission; **sich** *Dat* **eine Lungenentzündung ~** attraper une pneumonie; **jdn/etw ~ lassen** envoyer chercher qn/qch
Holland *nt* la Hollande
Holländer(in) (-s, -) *m(f)* Hollandais(e)
holländisch (-s, -e) *adj* hollandais(e)
Hölle *f* enfer *m*
höllisch *adj* infernal(e)
Holocaust (-(s), -s) *m* holocauste *m*
Hologramm (-s, -e) *nt* hologramme *m*
holperig *adj* cahoteux(-euse); (*Vortrag*) hésitant(e)
holpern *vi* (*Wagen, Rad*) cahoter
Holunder (-s, -) *m* sureau *m*
Holz (-es, ⸚er) *nt* bois *m*
hölzern *adj* en bois; (*fig*) gauche
Holzfäller (-s, -) *m* bûcheron *m*
holzig *adj* (*Spargel*) filandreux(-euse)
Holzklotz *m* billot *m*; (*Spielzeug*) cube *m* en bois
Holzkohle *f* charbon *m* de bois
Holzscheit *nt* bûche *f*
Holzschuh *m* sabot *m*
Holzweg *m*: **auf dem ~ sein** se tromper
Holzwolle *f* copeaux *mpl* de bois
Holzwurm *m* ver *m* du bois
Homepage *f* page *f* d'accueil
Homöopathie *f* homéopathie *f*
homöopathisch *adj* homéopathique
Homosexualität *f* homosexualité *f*
homosexuell *adj* homosexuel(le)
Homosexuelle(r) *f(m)* homosexuel(le) *m/f*
Honig (-s, -e) *m* miel *m* • **Honigmelone** *f* melon *m* d'hiver *od* d'Antibes • **Honigwabe** *f* rayon *m* de miel
Honorar (-s, -e) *nt* honoraires *mpl*
honorieren *vt* (*bezahlen*) rétribuer; (*anerkennen*) honorer
Hopfen (-s, -) *m* houblon *m*
hopsen *vi* sautiller
hörbar *adj* audible

horchen *vi* écouter
Horde *f* horde *f*
hören *vt* entendre; (*anhören, reden lassen*) écouter ▶ *vi* entendre; (*erfahren*) apprendre; **auf jdn/etw ~** écouter qn/qch; **von jdm ~** avoir des nouvelles de qn • **Hörensagen** *nt*: **vom ~** par ouï-dire
Hörer(in) (-s, -) *m(f)* (*Zuhörer, Rundf*) auditeur(-trice) ▶ *m* (*Telefonhörer*) écouteur *m*
Hörgerät *nt, f* appareil *m* acoustique
Horizont (-(e)s, -e) *m* horizon *m*
horizontal *adj* horizontal(e)
Hormon (-s, -e) *nt* hormone *f*
Horn (-(e)s, ⸚er) *nt* corne *f*; (*Mus*) cor *m*
Hornhaut *f* callosité *f*
Hornisse *f* frelon *m*
Horoskop (-s, -e) *nt* horoscope *m*
Hörrohr *nt* (*Méd*) stéthoscope *m*
Horror *m*: **einen ~ vor jdm/etw haben** avoir horreur de qn/qch
Horrorfilm *m* film *m* d'horreur
Hörsaal *m* amphithéâtre *m*
Hörspiel *nt* pièce *f* radiophonique
Hort (-(e)s, -e) *m* (*Scol*) garderie *f* • **horten** *vt* stocker, amasser
Hose *f* pantalon *m*; (*Unterhose*) slip *m*; **in die ~ gehen** (*fam*) foirer
Hosenanzug *m* tailleur-pantalon *m*
Hosenrock *m* jupe-culotte *f*
Hosentasche *f* poche *f* de pantalon
Hosenträger *pl* bretelles *fpl*
Hostie *f* hostie *f*
Hotel (-s, -s) *nt* hôtel *m*
Hotelier (-s, -s) *m* hôtelier *m*
Hotline (-, -s) *f* hotline *f*
Hotspot (-s, -s) *m* borne *f* wifi, hotspot *m*
HTML (-) *nt abk* (= *Hypertext Markup Language*) HTML *m*
Hub (-(e)s, ⸚e) *m* (*Tech*) course *f*
hüben *adv*: **~ und drüben** des deux côtés
Hubraum *m*: **ein Auto mit 1600 cm3 ~** une voiture de 1600 cm3 de cylindrée
hübsch *adj* joli(e)
Hubschrauber (-s, -) *m* hélicoptère *m*
Huf (-(e)s, -e) *m* sabot *m* • **Hufeisen** *nt* fer *m* à cheval
Hüfte *f* hanche *f*
Hüfthalter *m* gaine *f*
Hügel (-s, -) *m* colline *f*; (*Erdhügel*) monticule *m*
hügelig *adj* vallonné(e)
Huhn (-(e)s, ⸚er) *nt* poule *f*
Hühnerauge *nt* cor *m* (au pied)
Hühnerbrühe *f* bouillon *m* de poule
Hülle *f* enveloppe *f*; **in ~ und Fülle** en abondance
hüllen *vt*: **~ in** +*Akk* envelopper dans

Hülse f (von Pflanze, Erbse etc) gousse f; (von Geschoss) douille f; (Behälter, Etui) étui m
Hülsenfrucht f légumineuse f
human adj humain(e)
humanitär adj humanitaire
Humanität f humanité f
Hummel (-, -n) f bourdon m
Hummer (-s, -) m homard m
Humor (-s, -e) m humour m
• **Humorist(in)** m(f) humoriste mf
• **humoristisch** adj humoristique
• **humorlos** adj sans humour
• **humorvoll** adj plein(e) d'humour
humpeln vi boiter
Humpen (-s, -) m hanap m
Hund (-(e)s, -e) m chien m
Hundehütte f niche f
Hundekuchen m biscuit m pour chien
hundemüde (fam) adj crevé(e)
hundert num cent
Hundertjahrfeier f centenaire m
hundertmal adv cent fois
hundertprozentig adj à cent pour cent
Hündin f chienne f
Hunger (-s) m faim f; **~ haben** avoir faim
• **Hungerlohn** m salaire m de misère
hungern vi souffrir de la faim; **nach etw ~** avoir soif de qch
Hungersnot f famine f
Hungerstreik m grève f de la faim
hungrig adj affamé(e)
Hupe f klaxon m
hupen vi klaxonner
Hüpfburg f château en structure gonflable pour enfants
hüpfen vi sautiller
Hürde f (Sport) haie f; (fig) obstacle m
Hürdenlauf m course f de haies
Hure f putain f
huschen vi passer furtivement
husten vi tousser • **Husten** (-s) m toux f
• **Hustenanfall** m quinte f de toux
• **Hustenbonbon** nt od m pastille f contre la toux • **Hustensaft** m sirop m contre la toux
Hut¹ (-(e)s, ¨e) m chapeau m
Hut² (-) f garde f; **vor etw** Dat **auf der ~ sein** prendre garde à qch
hüten vt garder ▶ vr: **sich vor etw** Dat **~** prendre garde à qch; **sich ~, etw zu tun** se garder de faire qch
Hütte f cabane f; (im Gebirge) refuge m; (Eisenhütte) usine f sidérurgique
Hüttenschuh m chausson m
Hüttenwerk nt usine f métallurgique
hutzelig adj ridé(e)
Hyäne f hyène f
Hyazinthe f jacinthe f
Hydrant m bouche f d'incendie
hydraulisch adj hydraulique
Hygiene (-) f hygiène f
hygienisch adj hygiénique
Hymne f hymne m
hyper- préf hyper-
Hyperlink m hyperlien m, lien m hypertexte
Hypertext m hypertexte m
Hypnose f hypnose f
hypnotisch adj hypnotique
Hypnotiseur m hypnotiseur m
hypnotisieren vt hypnotiser
Hypothek (-, -en) f hypothèque f
Hypothese f hypothèse f
hypothetisch adj hypothétique
Hysterie f hystérie f
hysterisch adj hystérique

I, i nt I, i m inv
i. A. abk (= im Auftrag) p.p.
IC (-) m abk (= Intercity-Zug) rapide m
ICE (-) m abk (= Intercityexpresszug) ≈ TGV m
ich pron je ; (vor Vokal od stummem h) j' ; **~ bins!** c'est moi ! • **Ich** (-(s), -(s)) nt moi m
Icon (-s, -s) nt (Inform) icône f
ideal adj idéal(e) • **Ideal** (-s, -e) nt idéal m
Idealismus m idéalisme m
Idealist(in) m(f) idéaliste mf
idealistisch adj idéaliste
Idee f idée f ; **eine ~** (ein bisschen) un peu
ideell adj idéel(le)
identifizieren vt identifier
identisch adj : **mit jdm/etw ~ sein** être identique à qn/qch
Identität f identité f
Identitätsdiebstahl m vol m d'identité
Ideologe (-n, -n) m idéologue m
Ideologie f idéologie f
ideologisch adj idéologique
idiomatisch adj idiomatique
Idiot(in) (-en, -en) m(f) idiot(e)
idiotisch adj idiot(e)
idyllisch adj idyllique
IG f abk (= Industriegewerkschaft) syndicat m
Igel (-s, -) m hérisson m
ignorieren vt (jdn) ignorer ; (etw) ne pas tenir compte de
IHK f abk (= Industrie- und Handelskammer) ≈ CCI f
ihm Dat von er, es pron lui ; (nach präp) lui (elle) ; **ich habe es ~ gesagt** je le lui ai dit ; **mit ~** avec lui
ihn Akk von er pron le (la) ; **ich schreibe an ~** je lui écris
ihnen Dat von sie pl pron leur ; (nach präp) eux (elles) • **Ihnen** Dat von Sie pron vous, à vous ; (nach präp) vous

(SCHLÜSSELWORT)

ihr pers pron **1** (2. Person pl nom, Akk, Dat **euch**) vous ; **ihr schlaft** vous dormez
2 (3. Person f sg Dat) lui ; (: nach präp) lui (elle) ; **mit ihr** avec elle

(SCHLÜSSELWORT)

ihr(e) poss pron **1** (3. Person sg f) son(sa) ; **ihr Hund** son chien ; **ihr Auto** sa voiture ; **ihre Mutter** sa mère ; **ihre Schuhe** ses chaussures
2 (3. Person pl) leur ; **ihr Leben** leur vie ; **ihre Freude** leur joie ; **ihre Schuhe** leurs chaussures

Ihr(e) poss pron votre
ihre(r, s) pron (sg) le(la) sien(ne) ; (pl) les siens (siennes) ; (von mehreren) le(la) leur ; (: pl) les leurs ; **der/die/das I~** le(la) sien(ne) ; **sie tat das I~** (geh) elle a fourni sa part d'effort • **Ihre(r, s)** pron le(la) vôtre ; (pl) les vôtres
ihrer Gen von Sie pron : **wir gedenken ~** (geh) nous pensons à elle ; (pl) nous pensons à eux/elles
Ihrer Gen von Sie pron : **wir gedenken ~** (geh) nous pensons à vous
ihrerseits adv (sg) de son côté ; (pl) de leur côté
Ihrerseits adv de votre côté
ihresgleichen pron des gens comme elle ; (von mehreren) des gens comme eux (elles)
ihretwegen adv (für sie sg) pour elle ; (für sie pl) pour eux (elles) ; (wegen ihr) à cause d'elle ; (wegen ihnen) à cause d'eux (elles)
Ikone f icône f
illegal adj illégal(e)
Illusion f illusion f
illusorisch adj illusoire
illustrieren vt illustrer
Illustrierte f illustré m, magazine m
Iltis (-ses, -se) m putois m
im = **in dem**
IM (-s, no pl) nt abk (= instant messaging) MI f, messagerie f instantanée
Image (-(s), -s) nt image f de marque
imaginär adj imaginaire
Imam m imam m
Imbiss (-es, -e) m casse-croûte m
Imbisshalle, Imbissstube f snack(-bar) m
imitieren vt imiter
Imker (-s, -) m apiculteur m
Immatrikulation f inscription f
immatrikulieren vr s'inscrire
immer adv toujours ; (jeweils) chaque fois ; **~ vier zusammen** quatre par quatre ; **~ wieder** toujours, constamment ; **~ noch** toujours,

encore ; **~ noch nicht** (ne ...) toujours pas ; **für ~** pour toujours, à tout jamais ; **~ wenn ich ...** chaque fois que je ... ; **~ schöner/trauriger** de plus en plus beau(belle)/triste ; **was (auch) ~ geschieht** quoi qu'il arrive ; **wer (auch) ~ kommt** peu importe qui viendra
• **immerhin** adv tout de même
• **immerzu** adv sans arrêt, continuellement

Immobilien pl biens mpl immobiliers
immun adj immunisé(e)
Immunität f immunité f
Immunschwäche f immunodéficience f
Immunsystem nt système m immunitaire
Imperativ m impératif m
Imperfekt nt imparfait m
imperialistisch adj impérialiste
impfen vt vacciner ; **jdn gegen etw ~** vacciner qn contre qch
Impfpass m carnet m de vaccination
Impfstoff m vaccin m
Impfung f vaccination f
Impfzwang m vaccination f obligatoire
implizieren vt impliquer
imponieren vi: **jdm ~** impressionner qn
Import (**-(e)s, -e**) m importation f
importieren vt importer
imposant adj imposant(e)
impotent adj impuissant(e)
Impotenz f impuissance f
imprägnieren vt (wasserdicht machen) imperméabiliser
Improvisation f improvisation f
improvisieren vt, vi improviser
Impuls (**-es, -e**) m impulsion f
impulsiv adj impulsif(-ive)
imstande adj: **~ sein, etw zu tun** (in der Lage) être en mesure de faire qch ; (fähig) être capable de faire qch

(SCHLÜSSELWORT)

in präp +Akk **1** (räumlich: wohin?) dans ; **etw in eine Schublade legen** mettre qch dans un tiroir ; **in den Garten gehen** aller dans le jardin ; **in die Stadt** en ville ; **in die Schule gehen** aller à l'école

2 (zeitlich): **bis ins 20. Jahrhundert** jusqu'au XXe siècle

▶ präp +Dat **1** (räumlich: wo?) dans ; **in einer Schublade liegen** être dans un tiroir ; **im Garten sitzen** être assis(e) dans le jardin ; **in der Stadt** en ville ; **in der Schule sein** être à l'école ; **es in sich haben** (fam: Text) être coriace ; (: Whisky) être corsé(e) ; **er handelt in Holz** il est dans le commerce du bois

2 (zeitlich: wann?): **in diesem Jahr** cette année ; **in jenem Jahr** cette année-là ; **heute in zwei Wochen** dans quinze jours

3 (als Verlaufsform): **etw im Liegen/ Stehen tun** faire qch couché(e)/debout
▶ adj: **in sein** (fam) être in

Inanspruchnahme f +Gen: **im Falle einer ~ der Arbeitslosenunterstützung** en cas de recours aux allocations de chômage
Inbegriff m incarnation f
inbegriffen adv y compris
Inbetriebnahme f (von Maschine) mise f en service ; (von Gebäude, U-Bahn etc) inauguration f
inbrünstig adj fervent(e)
indem konj (dadurch, dass) grâce au fait que ; (während) pendant que ; **~ man etw macht** en faisant qch
Inder(in) m(f) Indien(ne)
Indianer(in) (**-s, -**) m(f) Indien(ne) (d'Amérique)
indianisch adj indien(ne)
Indien (**-s**) nt l'Inde f
Indikativ m indicatif m
indirekt adj indirect(e)
indisch adj indien(ne) ; **der I~e Ozean** l'océan m Indien
indiskret adj indiscret(-ète)
Indiskretion f indiscrétion f
indiskutabel adj hors de question
Individualist(in) m(f) individualiste mf
Individualität f individualité f
individuell adj individuel(le)
Individuum (**-s, Individuen**) nt individu m
Indiz (**-es, -ien**) nt indice m
Indizienbeweis m preuve f indirecte
Indochina nt l'Indochine f
indoktrinieren vt endoctriner
Indonesien (**-s**) nt l'Indonésie f
indonesisch adj indonésien(ne)
industrialisieren vt industrialiser
Industrie f industrie f • **Industriegebiet** nt zone f industrielle
industriell adj industriel(le)
Industrie- und Handelskammer f Chambre f de commerce et d'industrie
Industriezweig m branche f od secteur m de l'industrie
ineinander adv: **~ verliebt sein** être amoureux (l'un de l'autre)
Infanterie f infanterie f
Infarkt (**-(e)s, -e**) m infarctus m
Infektion f infection f

Infektionskrankheit f maladie f infectieuse
Infinitiv m infinitif m
infizieren vt infecter ▶ vr: **sich ~ (bei)** être infecté(e) (par)
in flagranti adv en flagrant délit
Inflation f inflation f
inflationär adj inflationniste
Inflationsrate f taux m d'inflation
Info (-s, -s) nt documentation f
infolge präp +Gen à la suite de
• **infolgedessen** adv par conséquent
Informatik f informatique f
• **Informatiker(in)** m(f) informaticien(ne)
Information f information f
Informationstechnik f technique f de l'information
Informationstechnologie f technologies fpl de l'information
informieren vt informer ▶ vr: **sich ~ über** +Akk s'informer de
Infotainment nt programme m d'information
infrage adv: **etw ~ stellen** remettre qch en question ; **~ kommend** possible ; **das kommt nicht ~!** il n'en est pas question !
Infrarotbestrahlung f traitement m aux infrarouges
Infrastruktur f infrastructure f
Infusion f perfusion f
Ingenieur(in) m(f) ingénieur m
• **Ingenieurschule** f école f d'ingénieurs
Ingwer (-s) m gingembre m
Inhaber(in) (-s, -) m(f) (von Rekord, Genehmigung, Konzession, Titel, Lizenz) détenteur(-trice) ; (von Pass, Führerschein) titulaire mf ; (von Restaurant, Hotel) propriétaire mf ; (von Scheck) porteur(-euse)
inhaftieren vt incarcérer
inhalieren vt (Méd) inhaler ; (beim Rauchen) avaler ▶ vi faire des inhalations
Inhalt (-(e)s, -e) m contenu m ; (Volumen) volume m ; (von Wort) contenu m ; (von Leben) sens m • **inhaltlich** adv en ce qui concerne le contenu
Inhaltsangabe f résumé m
inhaltslos adj creux(creuse)
inhaltsreich adj très intéressant(e)
Inhaltsverzeichnis nt indication f du contenu ; (in Buch) table f des matières
inhuman adj inhumain(e)
Initiative f initiative f
Injektion f injection f
inklusive präp +Gen y compris
inkognito adv incognito
inkompetent adj incompétent(e)
inkonsequent adj inconséquent(e)
inkorrekt adj incorrect(e)
Inkrafttreten (-s) nt entrée f en vigueur
Inland nt intérieur m (des terres) ; (Pol) intérieur (du pays) ; **im ~ und Ausland** ici od dans le pays et à l'étranger
Inlandsporto nt tarif m postal intérieur
Inline-Skates fpl rollers mpl (en ligne)
Inlineskating (-s) nt patin m en ligne
inmitten präp +Gen au milieu de ▶ adv: **~ von** au milieu de
inne|haben irr vt (Amt) exercer ; (Titel) porter ; (Rekord) détenir
innen adv à l'intérieur ; **nach ~** vers l'intérieur • **Innenarchitekt(in)** m(f) décorateur(-trice) • **Innenaufnahme** f (prise f en) intérieur m
• **Inneneinrichtung** f aménagement m intérieur • **Innenminister** m ministre m de l'Intérieur • **Innenpolitik** f politique f intérieure • **innenpolitisch** adj de politique intérieure • **Innenstadt** f centre-ville m • **Innentasche** f poche f intérieure
innere(r, s) adj intérieur(e) ; (Méd) interne
Innere(s) nt intérieur m
Innereien pl abats mpl
innerhalb adv: **~ von** (räumlich) à l'intérieur de ; (zeitlich) en ▶ präp +Gen (räumlich) à l'intérieur de ; (zeitlich) en
innerlich adj intérieur(e), interne ; (geistig) profond(e)
innerste(r, s) adj central(e) ; (Gedanken, Gefühle) le(la) plus profond(e)
Innerste(s) nt fond m de soi-même ; (von Land) centre m
innig adj (Freundschaft) profond(e)
innovativ adj innovateur(-trice)
inoffiziell adj non officiel(le)
ins = in das
Insasse (-n, -n) m, **Insassin** f (von Anstalt) pensionnaire mf ; (von Auto) passager(-ère)
insbesondere adv en particulier
Inschrift f inscription f
Insekt (-(e)s, -en) nt insecte m
Insel f île f ; (Verkehrsinsel) refuge m (pour piétons)
Inserat (-(e)s, -e) nt (petite) annonce f
Inserent m annonceur m
inserieren vi passer une annonce ▶ vt passer une annonce pour
insgeheim adv en secret
insgesamt adv en tout
insofern adv sur ce point ; (deshalb) dans cette mesure ▶ konj (wenn) dans la mesure où, si ; **~ als** dans la mesure où
insoweit adv = **insofern**

Installateur m (Wasserinstallateur) plombier m ; (Elektroinstallateur) monteur m électricien
Installation f (Inform) installation f
installieren vt installer
Instandhaltung f entretien m
Instandsetzung f remise f en état ; (eines Gebäudes) restauration f
Instant Messaging (-, -) nt messagerie f instantanée
Instanz f instance f
Instanzenweg m voie f hiérarchique
Instinkt (-(e)s, -e) m instinct m
instinktiv adj instinctif(-ive)
Institut (-(e)s, -e) nt institut m
Institution f institution f
Instrument nt instrument m
Insulin (-s) nt insuline f
inszenieren vt mettre en scène ; (fig) orchestrer
Inszenierung f mise f en scène
Integration f intégration f
integrieren vt intégrer ; **integrierte Gesamtschule** établissement m secondaire polyvalent
intellektuell adj intellectuel(le)
intelligent adj intelligent(e)
Intelligenz f intelligence f ; (Gruppe, Schicht) intelligentsia f
Intendant m directeur m
Intensität f intensité f
intensiv adj intense ; (Gespräch) approfondi(e) • **Intensivkurs** m cours m intensif • **Intensivmedizin** f médecine f intensive • **Intensivstation** f service m de réanimation
interaktiv adj interactif(-ive)
Intercity (-s, -s) m Intercité m
Intercityzug m rapide m
interessant adj intéressant(e)
interessanterweise adv curieusement
Interesse (-s, -n) nt intérêt m ; **~ haben an** +Dat être intéressé(e) par
Interessent(in) m(f) personne f intéressée
interessieren vt intéresser ▶ vr : **sich ~ (für)** s'intéresser (à) ; **jdn für etw ~** intéresser qn à qch ; **an jdm/etw interessiert sein** s'intéresser à qn/qch
Internat nt internat m
international adj international(e)
Internet nt : **das ~** l'Internet m ; **ins ~ stellen** mettre od poster sur Internet • **Internetadresse** f adresse f Internet • **Internetanschluss** m connexion f Internet • **Internetcafé** nt cybercafé m • **Internethandy** nt smartphone m • **Internetzugang** m accès m à Internet

internieren vt interner
Internist(in) m(f) spécialiste mf en médecine interne
Interpretation f interprétation f
interpretieren vt interpréter
Interpunktion f ponctuation f
Interrailkarte f carte f Inter-Rail
Intervall (-s, -e) nt intervalle m
intervenieren vi intervenir
Interview (-s, -s) nt interview f
interviewen vt interviewer
intim adj intime
Intimität f intimité f
intolerant adj intolérant(e)
Intranet nt intranet m
intransitiv adj intransitif(-ive)
Intrige f intrigue f
introvertiert adj introverti(e)
Intuition f intuition f
Invalide (-n, -n) m invalide m
Invasion f invasion f
Inventar (-s, -e) nt inventaire m
Inventur f : **~ machen** faire l'inventaire
investieren vt investir
Investition f investissement m
Investmentfonds m fonds m d'investissement
In-vitro-Fertilisation f fécondation f in vitro
inwiefern, inwieweit adv, konj dans quelle mesure
inzwischen adv entre-temps
iPod® m iPod® m
Irak (-s) m : **der ~** l'Irak m, l'Iraq m
irakisch adj irakien(ne)
Iran (-s) m : **der ~** l'Iran m
iranisch adj iranien(ne)
irdisch adj terrestre
Ire (-n, -n) m Irlandais m
irgend adv : **~ so ein Vertreter/Bettler** un de ces représentants/mendiants ; **ich tue, was ich ~ kann** je vais faire tout mon possible • **irgendein(e)** adj un(e) (quelconque) • **irgendeine(r, s)** pron quelqu'un ; (ein Beliebiger) n'importe qui • **irgendeinmal** adv (fragend) jamais • **irgendetwas** pron quelque chose • **irgendjemand** pron quelqu'un • **irgendwann** adv un jour • **irgendwer** pron quelqu'un ; **er ist nicht ~, er ist der Bundeskanzler** ce n'est pas n'importe qui, c'est le premier ministre • **irgendwie** adv d'une façon ou d'une autre • **irgendwo** adv quelque part ; (verneinend) nulle part • **irgendwohin** adv quelque part ; (verneinend) n'importe où
Irin f Irlandaise f

irisch *adj* irlandais(e)
Irland *nt* l'Irlande *f*
Ironie *f* ironie *f*
ironisch *adj* ironique
irre *adj* fou(folle) ; **~ gut** (*fam*) super
Irre(r) *f(m)* fou(folle) *m/f*
irre|führen *vt* induire en erreur
irre|machen *vt* rendre fou(folle)
irren *vi* (*umherirren*) errer ▶ *vr* se tromper ; **wenn ich mich nicht irre** si je ne m'abuse ; **sich in jdm/etw ~** se tromper sur le compte de qn/sur qch • **Irrenanstalt** *f* asile *m* d'aliénés
irrig *adj* erroné(e)
Irrsinn *m* folie *f*
irrsinnig *adj* fou(folle)
Irrtum (**-s, -tümer**) *m* erreur *f*
irrtümlich *adj* erroné(e)
ISBN *f abk* (= *Internationale Standardbuchnummer*) ISBN *m*
Ischias (**-**) *f od nt* sciatique *f*
ISDN *nt abk* (= *Integrated Services Digital Network*) *f* RNIS *m*
Islam (**-s**) *m* islam *m*
islamisch *adj* islamique
Islamisierung *f* islamisation *f*
Island *nt* l'Islande *f*
Isländer(in) (**-s, -**) *m(f)* Islandais(e)
isländisch *adj* islandais(e)
Isolation *f* =**Isolierung**
Isolator *m* isolant *m*
Isolierband *nt* ruban *m* isolant
isolieren *vt* isoler ▶ *vr* s'isoler
Isolierstation *f* (*Méd*) salle *f* des contagieux
Isolierung *f* isolement *m*
Isomatte *f* tapis *m* de sol
Israel (**-s**) *nt* Israël *m*
Israeli (**-(s), -s**) *f od m* Israélien(ne) *m/f*
israelisch *adj* israélien(ne)
Italien (**-s**) *nt* l'Italie *f*
Italiener(in) (**-s, -**) *m(f)* Italien(ne)
italienisch *adj* italien(ne)
IWF *m abk* (= *Internationaler Währungsfonds*) FMI *m*

J, j *nt* J, j *m inv*

(SCHLÜSSELWORT)

ja *adv* **1** oui ; **ich glaube ja** je crois que oui ; **Ja und Amen zu allem sagen** (*fam*) dire amen à tout

2 (*fragend*): **ich habe gekündigt — ja?** j'ai donné ma démission — c'est vrai ?

3 (*unbedingt*): **sei ja vorsichtig** fais bien attention ; **tu das ja nicht!** ne le fais surtout pas !

4 (*schließlich*): **Sie wissen ja, dass …** vous n'êtes pas sans savoir que … ; **sie ist ja erst fünf** (n'oubliez pas qu')elle n'a que cinq ans

5 (*feststellend*): **ich habe es ja gewusst** j'en étais sûr(e) ; **das sag ich ja!** c'est bien ce que je disais !

6 (*vergewissernd*): **du kommst doch, ja?** tu ne viens pas ?

7 (*verstärkend*): **das ist ja schlimm** c'est vraiment grave ; **ja, also ich gehe dann mal!** bon, eh bien je vais partir ; **ja, also so geht das nicht** non, non, ça ne va pas comme ça

Jacht (**-, -en**) *f* yacht *m*
Jacke *f* veste *f*
Jackett (**-s, -s** *od* **-e**) *nt* veston *m*
Jackpot (**-s, -s**) *m* jackpot *m*
Jagd (**-, -en**) *f* chasse *f* • **Jagdbeute** *f* tableau *m* de chasse • **Jagdflugzeug** *nt* avion *m* de chasse • **Jagdgewehr** *nt* fusil *m* de chasse
jagen *vi* chasser ; (*rennen, schnell fahren*) aller à toute vitesse ▶ *vt* chasser ; (*verfolgen*) poursuivre
Jäger(in) (**-s, -**) *m(f)* chasseur(-euse)
jäh *adj* subit(e) ; (*steil*) abrupt(e)
Jahr (**-(e)s, -e**) *nt* année *f*, an *m* ; **im ~e**

2014 en 2014 ; **mit dreißig ~en** à trente ans ; **mit den ~en** avec le temps
jahrelang adv pendant des années
Jahresabonnement nt abonnement m annuel
Jahresabschluss m bilan m annuel
Jahresausgleich m péréquation f des impôts
Jahresbericht m rapport m annuel
Jahrestag m anniversaire m
Jahreswechsel m nouvel an m
Jahreszahl f date f
Jahreszeit f saison f
Jahrgang m année f
Jahrhundert nt siècle m
Jahrhundertwende f tournant m du siècle
jährlich adj annuel(le) ▶ adv chaque année
Jahrmarkt m foire f
Jahrtausend nt millénaire m
Jahrzehnt nt décennie f
Jähzorn m rage f
jähzornig adj colérique
Jalousie f persiennes fpl
Jamaika (-s) nt la Jamaïque
Jammer (-s) m (Klagen) lamentations fpl ; (Elend) misère f ; **es ist ein ~, dass ...** c'est vraiment dommage que ...
jämmerlich adj misérable ; (Weinen, Geschrei) de douleur
jammern vi se lamenter ▶ vt unpers: **es jammert jdn** qn est pris de pitié
jammerschade (fam) adj: **das ist ~** c'est vraiment dommage
Januar (-s, -e) m janvier m
Japan (-s) nt le Japon
Japaner(in) (-s, -) m(f) Japonais(e)
japanisch adj japonais(e)
Jargon (-s, -s) m jargon m
jäten vt sarcler
jauchzen vi pousser des cris de joie
Jauchzer (-s, -) m cri m de joie
jaulen vi hurler
Jause (Österr) f ≈ goûter m
jawohl adv oui
Jawort nt: **jdm das ~ geben** (bei Trauung) dire « oui »
Jazz (-) m jazz m
je adv (jemals) jamais ▶ konj: **je nach ...** selon le/la ... ; **sie zahlten je 5 Euro** ils ont payé chacun 5 euros ; **je nachdem** selon ; **je nachdem, ob ...** selon que ... ; **je eher, desto besser** le plus tôt possible
Jeans pl jean m
jede(r, s) pron chacun(e) ; **~s Mal** chaque fois ; **ohne ~n Zweifel** sans aucun doute
jedenfalls adv de toute manière
jedermann pron tout le monde

jederzeit adv à tout moment
jedoch adv, konj cependant, pourtant
jeher adv: **von** od **seit ~** depuis toujours
jemals adv jamais
jemand pron quelqu'un
Jemen (-s) m: **der ~** le Yémen
jene(r, s) pron (adjektivisch) ce(cette) ; (substantivisch) celui-là (celle-là)
jenseits adv de l'autre côté ▶ präp +Gen de l'autre côté de, au-delà de
jetzig adj actuel(le)
jetzt adv maintenant
jeweilig adj respectif(-ive)
jeweils adv chaque fois
Job (-s, -s) m boulot m
jobben (fam) vi faire des petits boulots
Joch (-(e)s, -e) nt joug m
Jockey, Jockei (-s, -s) m jockey m
Jod (-(e)s) nt iode m
jodeln vi iodler
joggen vi faire du jogging
Jogger(in) (-s, -) m(f) adepte mf du jogging
Jogging (-s) nt jogging m
Joghurt, Jogurt (-s, -s) m od nt yaourt m
Johannisbeere f groseille f (rouge) ; **Schwarze ~** cassis m
johlen vi brailler
Joint (-s, -s) m joint m
Jolle f yole f
jonglieren vi: **~ mit** jongler avec
Jordanien (-s) nt la Jordanie
jordanisch adj jordanien(ne)
Journalismus m journalisme m
Journalist(in) m(f) journaliste mf
journalistisch adj journalistique
Joystick (-s, -s) m (Inform) manche m à balai
Jubel (-s) m cris mpl de joie
jubeln vi pousser des cris de joie
Jubiläum (-s, Jubiläen) nt anniversaire m
jucken vi démanger ; **es juckt mich am Arm** mon bras me démange
Juckreiz m démangeaisons fpl
Jude (-n, -n) m juif m
Judentum nt judaïsme m
Judenverfolgung f persécution f des juifs
Jüdin f juive f
jüdisch adj juif(juive)
Judo (-(s)) nt judo m
Jugend (-) f jeunesse f • **Jugendherberge** f auberge f de jeunesse • **Jugendkriminalität** f délinquance f juvénile • **jugendlich** adj jeune • **Jugendliche(r)** f(m) adolescent(e) m/f, jeune mf • **Jugendrichter** m juge m pour enfants

Jugoslawe (**-n, -n**) *m* Yougoslave *m*
Jugoslawien (**-s**) *nt* la Yougoslavie
Jugoslawin *f* Yougoslave *f*
jugoslawisch *adj* yougoslave
Juli (**-(s), -s**) *m* juillet *m*
jung *adj* jeune
Junge (**-n, -n**) *m* garçon *m*
Junge(s) *nt* petit *m*
jünger *adj* plus jeune
Jünger (**-s, -**) *m* disciple *m*
Jungfer (**-, -n**) *f*: **alte ~** vieille fille *f*
Jungfernfahrt *f* premier voyage *m*
Jungfrau *f* vierge *f*; (*Astrol*) Vierge *f*;
 ~ sein (*sexuell*) être vierge
Junggeselle *m* célibataire *m*
Jüngling *m* jeune homme *m*
jüngste(r, s) *adj* le(la) plus jeune ;
 (*neueste*) dernier(-ière)
Juni (**-(s), -s**) *m* juin *m*
Junior (**-s, -en**) *m* (*humoristique: Kind*)
 rejeton *m* ; (*Sport*) junior *m*
Junkfood (**-s**) *nt* bouffe *f* industrielle
Junkie (**-s, -s**) *m* junkie *mf*
Jura *m* droit *nm* ; **~ studieren** faire du
 droit
Jurist(in) *m(f)* juriste *mf* • **juristisch** *adj*
 juridique
Jury (**-, -s**) *f* jury *m*
Justiz (**-**) *f* justice *f* • **Justizbeamte(r)** *m*
 fonctionnaire *m* au tribunal
 • **Justizirrtum** *nt* erreur *f* judiciaire
Jute (**-**) *f* jute *m*
Juwel (**-s, -en**) *nt od m* bijou *m*, joyau *m*
Juwelier (**-s, -e**) *m* joaillier *m*, bijoutier *m*
 • **Juweliergeschäft** *nt* bijouterie *f*
Jux (**-es, -e**) *m* blague *f* ; **nur aus ~** juste
 pour rigoler

K

K, k *nt* K, k *m inv*
Kabarett (**-s, -e** *od* **-s**) *nt* cabaret *m*
 • **Kabarettist(in)** *m(f)* chansonnier *m*
Kabel (**-s, -**) *nt* câble *m* • **Kabelfernsehen**
 nt (télévision *f* par) câble *m*
Kabeljau (**-s, -e** *od* **-s**) *m* morue *f*
kabellos *adj* (*Inform*) sans fil, wifi, wi-fi *inv*
Kabine *f* cabine *f*; (*in Flugzeug*)
 carlingue *f*
Kabinett (**-s, -e**) *nt* (*Pol*) cabinet *m*
Kachel (**-, -n**) *f* carreau *m*
kacheln *vt* carreler
Kachelofen *m* poêle *m* en faïence
Kadaver (**-s, -**) *m* charogne *f*
Kadett (**-en, -en**) *m* élève *m* officier
Käfer (**-s, -**) *m* coléoptère *m*
Kaff (**-s, -s** *od* **-e**) (*péj*) *nt* patelin *m*
Kaffee (**-s, -s**) *m* café *m* ;
 (*Nachmittagskaffee*) ≈ goûter *m*
 • **Kaffeebohne** *f* grain *m* de café
 • **Kaffeehaus** *nt* café *m* • **Kaffeekanne** *f*
 cafetière *f* • **Kaffeeklatsch** *m*: **sich zum
 ~ treffen** se retrouver pour papoter
 autour d'un café • **Kaffeekränzchen** *nt*:
 sich zum ~ treffen se retrouver
 régulièrement pour papoter autour d'un
 café • **Kaffeelöffel** *m* cuiller *f* à café,
 petite cuiller • **Kaffeemaschine** *f*
 cafetière *f* électrique • **Kaffeemühle** *f*
 moulin *m* à café • **Kaffeepause** *f*
 pause-café *f* • **Kaffeesatz** *m* marc *m* de
 café
Käfig (**-s, -e**) *m* cage *f*
kahl *adj* chauve ; (*Landschaft*) désolé(e) ;
 (*Raum*) vide ; **~ geschoren** tondu(e)
 • **Kahlheit** *f* calvitie *f* • **kahlköpfig** *adj*
 chauve
Kahn (**-(e)s, ̈e**) *m* barque *f*; (*Lastkahn*)
 péniche *f*, chaland *m*
Kai (**-s, -s**) *m* quai *m*

Kaiser (**-s, -**) *m* empereur *m* • **Kaiserin** *f* impératrice *f* • **kaiserlich** *adj* impérial(e) • **Kaiserreich** *nt* empire *m* • **Kaiserschnitt** *m* césarienne *f*
Kajüte *f* cabine *f*
Kakao (**-s, -s**) *m* cacao *m*
Kaktee (**-, -n**) *f,* **Kaktus** (**-, -se** *od* **-n**) *m* cactus *m inv*
Kalb (**-(e)s, ̈-er**) *nt* veau *m*
kalben *vi* vêler
Kalbfleisch *nt* veau *m* (viande)
Kalbsleder *nt* vachette *f*
Kalender (**-s, -**) *m* calendrier *m* ; (*Taschenkalender*) agenda *m*
Kali (**-s, -s**) *nt* potasse *f*
Kaliber (**-s, -**) *nt* calibre *m*
Kalk (**-(e)s, -e**) *m* (*zum Tünchen*) chaux *f* ; (*im Körper*) calcium *m*
Kalkstein *m* calcaire *m*
Kalkulation *f* calcul *m*
kalkulieren *vt* calculer
Kalorie *f* calorie *f*
kalorienarm *adj* pauvre en calories, (à) basses calories
kalt *adj* froid(e) ; **mir ist (es) ~** j'ai froid ; **~ bleiben** (*fig*) rester impassible • **kaltblütig** *adj* (*Mensch*) sans pitié ; (*Tat*) commis(e) de sang-froid • **Kaltblütigkeit** *f* sang-froid *m*
Kälte (**-**) *f* froid *m* ; (*fig*) froideur *f* • **Kälteeinbruch** *m* forte chute *f* de la température • **Kältegrad** *m* degré *m* au-dessous de zéro • **Kältewelle** *f* vague *f* de froid
kaltherzig *adj* froid(e)
kaltschnäuzig (*fam*) *adj* froid(e)
kalt|stellen *vt* (*fig*) écarter
Kalzium (**-s**) *nt* calcium *m*
kam *etc vb siehe* **kommen**
Kambodscha (**-s**) *nt* le Cambodge
Kamel (**-(e)s, -s**) *nt* chameau *m*
Kamera (**-, -s**) *f* caméra *f*
Kamerad(in) (**-en, -en**) *m(f)* camarade *mf* • **Kameradschaft** *f* camaraderie *f* • **kameradschaftlich** *adj* amical(e)
Kameraführung *f* prises *fpl* de vue
Kamerahandy *nt* téléphone *m* avec appareil photo
Kameramann (**-(e)s, -männer**) *m* cameraman *m*
Kamerun (**-s**) *nt* le Cameroun
Kamille *f* camomille *f*
Kamillentee *m* (infusion *f* de) camomille *f*
Kamin (**-s, -e**) *m* cheminée *f* • **Kaminfeger** (**-s, -**), **Kaminkehrer** (**-s, -**) *m* ramoneur *m*
Kamm (**-(e)s, ̈-e**) *m* peigne *m* ; (*Bergkamm, Hahnenkamm*) crête *f*
kämmen *vt* peigner
Kammer (**-, -n**) *f* chambre *f* ; (*Herzkammer*) ventricule *m* • **Kammerton** *m* la *m* du diapason
Kampf (**-(e)s, ̈-e**) *m* combat *m*, lutte *f* • **kampfbereit** *adj* prêt(e) au combat
kämpfen *vi* se battre ; **mit dem Schlaf ~** lutter contre le sommeil ; **mit jdm/sich selbst ~** lutter contre qn/soi-même ; **um etw ~** se battre pour qch
Kampfer (**-s**) *m* camphre *m*
Kämpfer(in) (**-s, -**) *m(f)* combattant(e) ; (*in Wettkampf*) concurrent(e)
Kampfhandlung *f* opération *f*
kampflos *adv* sans combattre
kampflustig *adj* bagarreur(-euse)
Kampfrichter *m* arbitre *m*
kampieren *vi* camper
Kanada (**-s**) *nt* le Canada
Kanadier(in) (**-s, -**) *m(f)* Canadien(ne)
kanadisch *adj* canadien(ne)
Kanal (**-s, Kanäle**) *m* canal *m* ; (*für Abwässer, zur Entwässerung*) égout *m* ; **der ~** (*Ärmelkanal*) la Manche • **Kanalinseln** *pl* les îles *fpl* anglo-normandes
Kanalisation *f* égouts *mpl*
kanalisieren *vt* canaliser
Kanaltunnel *m* tunnel *m* sous la Manche
Kanarienvogel *m* canari *m*
Kandidat(in) (**-en, -en**) *m(f)* candidat(e)
Kandidatur *f* candidature *f*
kandidieren *vi* poser sa candidature
Känguru (**-s, -s**) *nt* kangourou *m*
Kaninchen *nt* lapin *m*
Kanister (**-s, -**) *m* bidon *m*
Kännchen *nt* (*für Kaffee*) petite cafetière *f*
Kanne *f* cruche *f* ; (*Kaffeekanne*) cafetière *f*
Kannibale (**-n, -n**) *m,* **Kannibalin** *f* cannibale *mf*
kannte *etc vb siehe* **kennen**
Kanon (**-s, -s**) *m* canon *m*
Kanone *f* (*Waffe*) canon *m* ; (*fam: Könner*) as *m*
Kante *f* bord *m* ; (*Webkante*) lisière *f* ; (*Rand, Borte*) bord
kantig *adj* (*Holz*) équarri(e) ; (*Gesicht*) anguleux(-euse)
Kantine *f* cantine *f*
Kanton (**-s, -e**) *m* canton *m*
Kanu (**-s, -s**) *nt* canoë *m*
Kanzel (**-, -n**) *f* (*in Kirche*) chaire *f* ; (*Aviat*) cockpit *m*
Kanzlei *f* chancellerie *f* ; (*Büro eines Anwalts*) étude *f*
Kanzler(in) (**-s, -**) *m(f)* chancelier(-ière)
Kap (**-s, -s**) *nt* cap *m* ; **das ~ der Guten Hoffnung** le cap de Bonne Espérance

Kapazität f capacité f ; (Fachmann) sommité f
Kapelle f chapelle f ; (Mus) (petit) orchestre m
Kaper f câpre f
kapieren (fam) vt, vi piger
Kapital (-s, -e od -ien) nt capital m • **Kapitalanlage** f placement m
Kapitalismus m capitalisme m
Kapitalist m capitaliste m
kapitalistisch adj capitaliste
kapitalkräftig adj riche
Kapitalmarkt m marché m monétaire
Kapitän (-s, -e) m capitaine m ; (von Flugzeug) commandant m
Kapitel (-s, -) nt chapitre m
Kapitell (-s, -e) nt chapiteau m
Kapitulation f capitulation f
kapitulieren vi capituler
Kaplan (-s, Kapläne) m vicaire m
Kappe f (Mütze) bonnet m ; (auf Füllfederhalter) capuchon m ; (auf Flasche) capsule f
kappen vt couper
Kapsel (-, -n) f capsule f
kaputt adj cassé(e) ; (erschöpft) crevé(e) ; ~ **machen** (Gegenstand) casser ; siehe auch **kaputtmachen** • **kaputt|gehen** irr vi (Auto, Gerät) se détraquer ; (Schuhe, Stoff) s'abîmer ; (Firma) faire faillite ; ~ **an** +Dat crever de • **kaputt|lachen** vr mourir de rire • **kaputt|machen** (fam) vt siehe **kaputt** ▶ vr se tuer (au travail)
Kapuze f capuchon m
Karaffe f carafe f
Karambolage f carambolage m
Karamell (-s) m caramel m
Karaoke (-(s)) nt karaoké m
Karat nt carat m
Karate (-s) nt karaté m
Karawane f caravane f
Kardinal (-s, Kardinäle) m cardinal m • **Kardinalzahl** f nombre m cardinal
Karfiol (-s) (Österr) m chou-fleur m
Karfreitag m vendredi m saint
karg adj (Landschaft, Boden) ingrat(e) ; (Lohn, Vorräte) maigre ; (Mahlzeit) frugal(e)
kärglich adj misérable
Karibik (-) f: **die ~** la mer des Antilles
kariert adj (Stoff, Kleidungsstück) à carreaux ; (Papier) quadrillé(e)
Karies (-) f carie f
Karikatur f caricature f • **Karikaturist(in)** m(f) caricaturiste mf
karikieren vt caricaturer
kariös adj carié(e)
karitativ adj charitable

Karneval (-s, -e od -s) m carnaval m
: **Karneval** est une tradition encore très
: vivante dans les régions catholiques en
: Allemagne. Les gens se retrouvent
: pour chanter, danser, manger, boire et
: s'amuser avant le début du carême. La
: veille de Mardi gras, *Rosenmontag*,
: marque l'apogée du **Karneval** dans la
: région rhénane. La plupart des
: entreprises chôment ce jour pour
: permettre à leurs employés d'admirer
: les défilés et de prendre part aux
: festivités. Dans le sud de l'Allemagne,
: cette période s'appelle *Fasching* ou
: *Fastnacht*.

Kärnten (-s) nt la Carinthie
Karo (-s, -s) nt carreau m
Karosserie f carosserie f
Karotte f carotte f
Karpfen (-s, -) m carpe f
Karren (-s, -) m charrette f
Karriere f carrière f • **Karrieremacher(in)** (-s, -) (péj) m(f) arriviste mf
Karte f carte f ; (Eintrittskarte, Fahrkarte) billet m ; (Karteikarte) fiche f
Kartei f fichier m • **Karteikarte** f fiche f
Kartell (-s, -e) nt cartel m
Kartenhaus nt château m de cartes
Kartenspiel nt jeu m de cartes
Kartentelefon nt téléphone m à carte
Kartenvorverkauf m location f
Kartoffel (-, -n) f pomme f de terre • **Kartoffelbrei** m purée f (de pommes de terre) • **Kartoffelchips** pl chips mpl • **Kartoffelpuffer** m pommes de terre râpées rissolées • **Kartoffelpüree** nt purée f (de pommes de terre) • **Kartoffelsalat** m salade f de pommes de terre
Karton (-s, -s) m carton m
kartoniert adj cartonné(e)
Karussell (-s, -s) nt manège m
Karwoche f semaine f sainte
Karzinom (-s, -e) nt carcinome m
Kaschemme (péj) f bouge m
kaschieren vt dissimuler
Käse (-s, -) m fromage m ; (fam: Unsinn) bêtises fpl • **Käseblatt** (fam) nt feuille f de chou • **Käsekuchen** m tourte au fromage blanc
Kaserne f caserne f
Kasernenhof m cour f de caserne
Kasino (-s, -s) nt (Mil) mess m ; (Spielkasino) casino m
Kasper (-s, -) m guignol m
Kasse f caisse f ; (Krankenkasse) caisse d'assurance-maladie ; (Sparkasse) caisse d'épargne ; **getrennte ~ machen** od

haben payer séparément ; **gut bei ~ sein** avoir des sous
Kassenarzt m ≈ médecin m conventionné
Kassenbestand m encaisse f
Kassenpatient m patient m membre d'une caisse d'assurance-maladie
Kassenprüfung f vérification f des comptes
Kassensturz m: **~ machen** faire les comptes
Kassenzettel m ticket m de caisse
Kasserolle f casserole f
Kassette f cassette f, chargeur m ; (*Bücherkassette*) coffret m ; (*Archit*) caisson m
kassieren vt (*Geld*) encaisser ; (*wegnehmen*) confisquer ▶ vi : **darf ich ~?** puis-je encaisser ?
Kassierer(in) (**-s, -**) m(f) caissier(-ière) ; (*von Klub*) trésorier(-ière)
Kastanie f (*Baum: Rosskastanie*) marronnier m ; (: *Edelkastanie*) châtaignier m ; (*Frucht*) marron m ; (*Edelkastanie, Esskastanie*) châtaigne f
Kastanienbaum m châtaignier m ; (*Rosskastanienbaum*) marronnier m
Kästchen nt coffret m
Kaste f caste f
Kasten (**-s, ⸚**) m caisse f ; (*Briefkasten*) boîte f (aux lettres) • **Kastenwagen** m camionnette f
kastrieren vt châtrer
Katalog (**-(e)s, -e**) m catalogue m
katalogisieren vt cataloguer
Katalysator m pot m catalytique
Katapult (**-(e)s, -e**) m od nt fronde f ; (*für Flugzeug*) catapulte f
Katar nt le Qatar
Katarrh, Katarr (**-s, -e**) m catarrhe m
katastrophal adj catastrophique
Katastrophe f catastrophe f
Katastrophenschutz m ≈ plan m ORSEC
Kategorie f catégorie f
kategorisch adj catégorique
kategorisieren vt classer par catégories
Kater (**-s, -**) m matou m ; (*fam*) gueule f de bois
Katheder (**-s, -**) nt (*Univ*) chaire f
Kathedrale f cathédrale f
Kathode f cathode f
Katholik(in) (**-en, -en**) m(f) catholique mf
katholisch adj catholique
Katholizismus m catholicisme m
Kätzchen nt chaton m
Katze f chat m ; (*weiblich*) chatte f

Katzenauge nt (*Auto*) catadioptre m
Katzenjammer (*fam*) m déprime f
Katzensprung m : **es ist nur ein ~** c'est à deux pas
Katzenwäsche f brin m de toilette
Kauderwelsch (**-(s)**) nt charabia m
kauen vt, vi mâcher
kauern vi être accroupi(e) ▶ vr s'accroupir
Kauf (**-(e)s, Käufe**) m achat m ; **ein günstiger ~** une affaire ; **etw in ~ nehmen** s'accommoder de qch
kaufen vt acheter ▶ vi faire des achats
Käufer(in) (**-s, -**) m(f) acheteur(-euse)
Kauffrau f commerçante f
Kaufhaus nt grand magasin m
Kaufkraft f pouvoir m d'achat
Kaufladen m (*Spielzeug*) épicerie f (*jeu*)
käuflich adj achetable, à acheter ; (*bestechlich*) vénal(e), corruptible
kauflustig adj désireux(-euse) d'acheter
Kaufmann (**-(e)s, -leute**) m commerçant m
kaufmännisch adj commercial(e)
Kaufvertrag m contrat m de vente
Kaugummi m od nt chewing-gum m
Kaukasus m : **der ~** le Caucase
Kaulquappe f têtard m
kaum adv à peine, (ne …) presque pas ; **~ dass** à peine
Kaution f caution f
Kautschuk (**-s, -e**) m caoutchouc m
Kauz (**-es, Käuze**) m (*Zool*) chat-huant m ; (*Mensch*) excentrique m
Kavalier (**-s, -e**) m (*höflicher Mann*) gentleman m
Kavaliersdelikt nt peccadille f
Kavallerie f cavalerie f
Kaviar m caviar m
keck adj (*Antwort, Benehmen*) effronté(e) ; (*Hut*) pimpant(e) ; (*Frisur*) coquet(te) • **Keckheit** f impertinence f
Kegel (**-s, -**) m cône m ; (*Spielfigur*) quille f • **Kegelbahn** f bowling m • **kegelförmig** adj conique
kegeln vi jouer au quilles
Kehle f gorge f
Kehlkopf m larynx m
Kehre f virage m ; (*Sport*) demi-tour m dorsal
kehren vt (*drehen*) tourner ; (*mit Besen*) balayer ; **jdm den Rücken ~** tourner le dos à qn
Kehricht (**-s**) m od nt balayures fpl
Kehrmaschine f balayeuse f
Kehrreim m refrain m
Kehrseite f (*einer Münze*) côté m pile ; (*fig*) désavantage m
kehrt|machen vi faire demi-tour

keifen vi crier
Keil (-(e)s, -e) m coin m ; (Auto) cale f
Keilriemen m courroie f du ventilateur
Keim (-(e)s, -e) m germe m ; **etw im ~ ersticken** étouffer qch dans l'œuf
keimen vi germer
keimfrei adj stérile, stérilisé(e)
keimtötend adj antiseptique
Keimzelle f (fig) point m de départ
kein(e) pron pas de ; **ich habe ~e Kinder/~en Hund** je n'ai pas d'enfants/ de chien
keine(r, s) pron aucun(e) ; (niemand) personne
keinerlei adj attrib (ne ...) aucun(e)
keinesfalls adv (ne ...) en aucun cas
keineswegs adv (ne ...) pas du tout
keinmal adv (ne ...) pas une seule fois
Keks (-es, -e) m od nt biscuit m
Kelch (-(e)s, -e) m (Glas) coupe f ; (Rel, Bot) calice m
Kelle f (Schöpfkelle) louche f ; (Maurerkelle) truelle f ; (Signalstab) bâton m (de contractuel)
Keller (-s, -) m cave f
Kellerwohnung f appartement m en sous-sol
Kellner(in) (-s, -) m(f) serveur(-euse)
Kelte (-n, -n) m, **Keltin** f Celte mf
keltern vt presser
keltisch adj celtique
Kenia (-s) nt le Kenya
kennen irr vt connaître ; (Sprache, jds Alter) savoir
kennen|lernen vt (jdn) faire la connaissance de ▶ vr faire connaissance ; (zum ersten Mal treffen) être présentés(-ées)
Kenner(in) (-s, -) m(f) connaisseur(-euse)
kenntlich adj : **etw ~ machen** marquer qch
Kenntnis f connaissance f ; **etw zur ~ nehmen** prendre note de qch ; **von etw ~ nehmen** prendre connaissance de qch ; **jdn in ~ setzen** informer qn
Kennwort nt (Chiffre) code m ; (Losungswort) mot m de passe
Kennzeichen nt caractéristique f, signe m distinctif ; (Markierung) marque f ; **(amtliches** od **polizeiliches) ~** (Auto) numéro m d'immatriculation
kennzeichnen vt caractériser
Kennziffer f code m ; (Écon) référence f
kentern vi chavirer
Keramik (-, -en) f céramique f
Kerbe f encoche f
Kerbel (-s, -) m cerfeuil m
Kerbholz nt : **etw auf dem ~ haben** avoir qch à se reprocher

Kerker (-s, -) m cachot m
Kerl (-s, -e) m (Mann) type m ; **sie ist ein netter ~** elle est sympa
Kern (-(e)s, -e) m noyau m ; (von Apfel, Orange, Zitrone) pépin m ; (fig : von Problem) cœur m, fond m • **Kernenergie** f énergie f nucléaire • **Kernforschung** f recherche f (en physique) nucléaire • **Kernfrage** f question f essentielle • **Kerngehäuse** nt trognon m • **kerngesund** adj en parfaite santé
kernig adj robuste ; (Ausspruch) piquant(e)
Kernkraft f énergie f nucléaire
Kernkraftwerk nt centrale f nucléaire
kernlos adj sans pépins
Kernphysik f physique f nucléaire
Kernpunkt m point m essentiel
Kernseife f savon m de Marseille
Kernspaltung f fission f de l'atome
Kerze f bougie f
kerzengerade adj droit(e) comme un i
Kerzenständer m bougeoir m ; (mit mehreren Kerzen) chandelier m
kess adj (Mädchen) joli(e)
Kessel (-s, -) m (Wasserkessel) bouilloire f ; (Mulde) cuvette f ; (von Lokomotive etc) chaudière f
Ketchup, Ketschup (-(s), -s) m od nt ketchup m
Kette f chaîne f
ketten vt enchaîner
Kettenfahrzeug nt véhicule m à chenilles
Kettenreaktion f réaction f en chaîne
Ketzer(in) (-s, -) m(f) hérétique mf
ketzerisch adj hérétique
keuchen vi haleter
Keuchhusten m coqueluche f
Keule f massue f ; (Culin) cuisse f ; (: von Wild) cuissot m
keusch adj chaste
Keuschheit f chasteté f
Kfz (-(s), -(s)) nt abk = **Kraftfahrzeug**
Kfz-Steuer f taxe f sur les véhicules à moteur
kichern vi glousser ; (boshaft) ricaner
kidnappen vt kidnapper
Kiebitz (-es, -e) m (Zool) vanneau m
Kiefer[1] (-s, -) m (Anat) mâchoire f
Kiefer[2] (-, -n) f (Bot) pin m
Kiefernzapfen m pomme f de pin
Kieferorthopäde m orthodontiste m
Kiel (-(e)s, -e) m (Naut) quille f • **Kielwasser** nt sillage m
Kieme f branchie f
Kies (-es, -e) m gravier m
Kiesel (-s, -) m caillou m • **Kieselstein** m caillou m

Kiesgrube f gravière f
Kiesweg m allée f de gravier
kiffen (fam) vt fumer de l'herbe
Kilo (-s, -(s)) nt kilo m • **Kilobyte** nt kilo-octet m • **Kilogramm** nt kilogramme m
Kilometer m kilomètre m • **Kilometerzähler** m compteur m
Kimme f (an Gewehr) cran m de mire
Kind (-(e)s, -er) nt enfant mf; **von ~ auf** dès l'enfance; **sich bei jdm lieb ~ machen** se faire bien voir de qn
Kinderarzt m pédiatre m
Kinderbett nt lit m d'enfant
Kinderbuch nt livre m pour enfant
Kinderei f enfantillage m
kinderfeindlich adj qui n'aime pas les enfants; (Architektur, Planung) peu adapté(e) aux besoins de l'enfant
Kindergarten m jardin m d'enfants, école f maternelle

: Un **Kindergarten** est un jardin
: d'enfants pour les enfants de 3 à 6 ans.
: L'enseignement n'y est pas scolaire
: mais ludique (chants, activités
: manuelles, etc.). Ces établissements
: sont financés non par l'État, mais par
: la ville ou par les églises, ainsi que par
: les parents.

Kindergärtner(in) m(f) jardinier(-ière) d'enfants
Kindergeld nt allocations fpl familiales
Kinderkrankheit f maladie f infantile
Kinderkrippe f crèche f
Kinderlähmung f polio(myélite) f
kinderleicht adj enfantin(e)
kinderlos adj sans enfant
Kindermädchen nt nurse f
kinderreich adj (Familie) nombreux(-euse)
Kindersicherung f verrou m de sécurité enfants
Kinderspiel nt: **das ist ein ~** c'est un jeu d'enfant
Kinderstube f: **eine gute ~ haben** être bien élevé(e)
Kindertagesstätte f crèche f (à plein temps)
Kinderwagen m landau m
Kinderzimmer nt chambre f d'enfants
Kindesalter nt: **im ~** dans l'enfance
Kindesbeine pl: **von ~n an** depuis la plus tendre enfance
Kindheit f enfance f
kindisch adj puéril(e)
kindlich adj d'enfant, enfantin(e)
Kinn (-(e)s, -e) nt menton m • **Kinnhaken** m crochet m (à la mâchoire) • **Kinnlade** f mâchoire f inférieure

Kino (-s, -e) nt cinéma m • **Kinobesucher(in)** m(f) spectateur(-trice) • **Kinoprogramm** nt programme m de cinéma
Kiosk (-(e)s, -e) m kiosque m
Kippe (fam) f (Zigarettenstummel) mégot m; **auf der ~ stehen** être tangent(e)
kippen vt faire basculer; (Fenster) faire pivoter ▶ vi se renverser
Kippschalter m interrupteur m à bascule
Kirche f église f
Kirchendiener m sacristain m
Kirchenlied nt cantique m
Kirchensteuer f impôt m ecclésiastique
Kirchgänger(in) (-s, -) m(f) pratiquant(e)
Kirchhof m cimetière m
kirchlich adj (Trauung, Beerdigung) religieux(-euse); (Amt) ecclésiastique
Kirchturm m clocher m
Kirchweih (-, -en) f fête f villageoise
Kirschbaum m cerisier m
Kirsche f cerise f
Kirschwasser nt kirsch m
Kissen (-s, -) nt coussin m; (Kopfkissen) oreiller m • **Kissenbezug** m taie f d'oreiller
Kiste f caisse f
Kita f abk (= Kindertagesstätte) halte-garderie f; (für Kleinkinder) crèche f

: Une **Kita** désigne une
: Kindertagesstätte, dans la plupart des
: cas, un lieu de garde pour les petits
: avant 3 ans. Depuis 2013, un loi prévoit
: d'assurer une place ou de trouver une
: solution financière de garde pour tous
: les petits afin de permettre aux
: femmes de continuer à travailler si
: elles le désirent.

Kitsch (-(e)s) m kitsch m
kitschig adj kitsch inv
Kitt (-(e)s, -e) m mastic m
Kittchen (fam) nt taule f
Kittel (-s, -) m blouse f
kitten vt recoller; (Ehe etc) replâtrer
Kitz (-es, -e) nt chevreau m; (Rehkitz) faon m
kitzelig adj chatouilleux(-euse); (fig) délicat(e)
kitzeln vt chatouiller
Kiwi (-, -s) f kiwi m
KKW (-s, -s) nt abk = **Kernkraftwerk**
klaffen vi bâiller
kläffen vi japper
Klage f plainte f
klagen vi (jammern) se lamenter; (sich beschweren) se plaindre; (Jur) porter plainte

Kläger(in) (**-s**, -) *m(f)* plaignant(e) ; (*in Scheidung*) demandeur(-deresse)
kläglich *adj* (*Ton, Stimme*) plaintif(-ive) ; (*Gesichtsausdruck*) pitoyable
klamm *adj* (*Finger*) engourdi(e) ; (*Wäsche*) humide et froid(e)
Klamm (**-**, **-en**) *f* gorge *f*
Klammer (**-**, **-n**) *f* (*Wäscheklammer*) pince *f* (à linge) ; (*in Text, Math*) parenthèse *f* ; (*Büroklammer*) trombone *m* ; (*Heftklammer*) agrafe *f* ; (*Zahnklammer*) appareil *m* (dentaire) ; (*Inform*) arobase *f* • **Klammeraffe** *m*
klammern *vr* : **sich an etw** *Akk* **~** se cramponner à qch ; **sich an jdn ~** se cramponner à qn
klang *etc vb siehe* **klingen**
Klang (**-(e)s**, **¨e**) *m* son *m* • **klangvoll** *adj* (*Stimme*) harmonieux(-euse)
Klappe *f* clapet *m* ; (*Herzklappe*) valve *f* ; **eine große ~ haben** (*fam*) être grande gueule
klappen *vt* : **nach oben/unten ~** (*Sitz*) soulever/rabattre ▶ *vi* (*gelingen*) marcher
Klapper (**-**, **-n**) *f* hochet *m*
klappern *vi* claquer, mit den Zähnen klappern ; **claquer des dents**
Klapperschlange *f* serpent *m* à sonnettes
Klapperstorch *m* cigogne *f*
Klappmesser *nt* couteau *m* de poche
Klapprad *nt* vélo *m* pliant
Klappstuhl *m* chaise *f* pliante
Klaps (**-es**, **-e**) *m* tape *f*
klar *adj* clair(e) ; (*Naut, Mil*) prêt(e) ; **(na) ~!** bien sûr ! ; **sich** *Dat* **über etw** *Akk* **im K~en sein** être tout à fait conscient(e) de qch
Kläranlage *f* station *f* d'épuration
klären *vt* (*Problem*) résoudre ; (*Missverständnis*) dissiper ▶ *vr* (re)devenir clair(e)
Klarheit *f* clarté *f*
Klarinette *f* clarinette *f*
klar|kommen *irr vi* : **mit jdm ~** arriver à s'entendre avec qn ; **mit etw ~** venir à bout de qch
klar|legen (*fam*) *vt* (bien) expliquer
klar|machen *vt* : **jdm etw ~** faire comprendre qch à qn
Klarsichtfolie *f* cellophane® *f*
klar|stellen *vt* éclaircir
Klärung *f* (*von Abwässern*) épuration *f* ; (*von Frage, Problem*) éclaircissement *m*
klasse (*fam*) *adj* super
Klasse *f* classe *f* ; (*Warenklasse, Qualitätsklasse: Sport*) catégorie *f*
Klassenarbeit *f* interrogation *f* (écrite)
Klassenbewusstsein *nt* conscience *f* de classe
Klassengesellschaft *f* société *f* de classes
Klassenkampf *m* lutte *f* des classes
Klassenlehrer(in) *m(f)* professeur *m* principal
klassenlos *adj* sans classes
Klassensprecher(in) *m(f)* délégué(e) de classe
Klassentreffen *nt* réunion *f* d'anciens élèves
Klassenzimmer *nt* salle *f* de classe
klassifizieren *vt* classer
Klassifizierung *f* classification *f*
Klassik (-) *f* (*Epoche*) époque *f* classique ; (*Antike*) Antiquité *f* classique • **Klassiker** (**-s**, -) *m* classique *m*
klassisch *adj* classique
Klatsch (**-(e)s**, **-e**) *m* (*Gerede*) potins *mpl*, ragots *mpl* • **Klatschbase** *f* commère *f*
Klatsche *f* (*Fliegenklatsche*) tapette *f*
klatschen *vi* (*applaudieren*) applaudir ; (*péj : reden*) cancaner
Klatschmohn *m* coquelicot *m*
klatschnass *adj* trempé(e)
Klatschspalte *f* chronique *f* mondaine
Klaue *f* (*von Raubvogel*) serre *f* ; (*fam : Schrift*) gribouillis *m*
klauen (*fam*) *vt* piquer, faucher
Klausel (**-**, **-n**) *f* clause *f*
Klausur *f* (*Rel*) clôture *f* ; (*Abgeschlossenheit*) isolement *m* ; (*Univ*) examen *m* écrit • **Klausurarbeit** *f* examen *m* écrit
Klaviatur *f* clavier *m*
Klavier (**-s**, **-e**) *nt* piano *m*
Klebemittel *nt* colle *f*
kleben *vt* coller ▶ *vi* coller ; **an etw** *Akk* **~** coller *od* adhérer à qch
klebrig *adj* collant(e)
Klebstoff *m* colle *f*
Klebstreifen *m* papier *m* collant
kleckern *vi* faire des taches
Klecks (**-es**, **-e**) *m* tache *f*
klecksen *vi* faire des taches
Klee (**-s**) *m* trèfle *m* • **Kleeblatt** *nt* feuille *f* de trèfle ; (*drei Personen*) trio *m* ; (*vier Personen*) quatuor *m*
Kleid (**-(e)s**, **-er**) *nt* robe *f* ; **Kleider** *pl* (*Kleidung*) vêtements *mpl*
kleiden *vt* habiller ▶ *vr* s'habiller
Kleiderbügel *m* cintre *m*
Kleiderbürste *f* brosse *f* à habits
Kleiderschrank *m* armoire *f*
Kleidung *f* vêtements *mpl*
Kleidungsstück *nt* vêtement *m*
Kleie *f* son *m*

klein adj petit(e) ▶ adv: **ein ~ wenig** un petit peu ; **~ anfangen** partir de rien ; **~ hacken** hacher menu(e) ; **~ schneiden** couper en petits morceaux
- **Kleinanzeige** f petite annonce f
- **Kleinasien** nt l'Asie f Mineure
- **Kleine(r)** f(m) petit(e) • **Kleine(s)** nt petit m

Kleinformat nt petit format m
Kleingedruckte(s) nt clauses fpl
Kleingeld nt monnaie f
kleingläubig adj défaitiste
klein|hacken vt siehe **klein**
Kleinholz nt petit bois m ; **~ aus jdm machen** réduire qn en bouillie
Kleinigkeit f petite chose f ; (Einzelheit) détail m
Kleinkind nt petit enfant m
Kleinkram m babioles fpl
kleinlaut adj penaud(e)
kleinlich adj mesquin(e)
Kleinlichkeit f mesquinerie f
klein|schneiden vt siehe **klein**
Kleinstadt f petite ville f
kleinstädtisch adj provincial(e)
kleinstmöglich adj: **der/die/das ~e ...** le(la) plus petit(e) ... possible
Kleister (-s, -) m colle f
kleistern vt coller
Klemme f pince f ; (Haarklemme) pince crocodile ; (schwierige Situation) pétrin m
klemmen vt (festhalten) coincer ; (quetschen) pincer ▶ vi (Tür, Schloss) être bloqué(e) od coincé(e) ▶ vr: **sich hinter jdn ~** tenter d'obtenir le soutien de qn ; **sich hinter etw** Akk **~** se mettre (sérieusement) à qch
Klempner (-s, -) m plombier m
Kleptomanie f cleptomanie f
Klerus (-) m clergé m
Klette f bardane f ; (fam: Mensch) pot m de colle
Kletterer (-s, -) m, **Kletterin** f grimpeur(-euse) m/f
klettern vi grimper
Kletterpflanze f plante f grimpante
Klettverschluss m fermeture f velcro
Klick (-s, -s) m clic m
klicken vi (Inform) cliquer
Klient(in) (-en, -en) m(f) client(e)
Klima (-s, -s od -te) nt climat m
- **Klimaanlage** f climatisation f
- **Klimaschutz** m protection f de climat

klimatisieren vt climatiser
Klimaveränderung f modification f climatique
Klimawandel m changement m climatique
Klimawechsel m changement m d'air
klimpern vi (auf Klavier) pianoter ; (mit Gitarre) gratter sa guitare ; **mit Münzen/ Schlüsseln ~** faire cliqueter des pièces de monnaie/des clés
Klinge f lame f
Klingel (-, -n) f sonnette f
- **Klingelbeutel** m bourse f de la quête

klingeln vi sonner
Klingelton m (Telefon, Handy) sonnerie f
klingen irr vi (Glocken) sonner ; (Gläser) tinter ; **seine Stimme klingt ruhig** sa voix est calme
Klinik f clinique f
klinisch adj clinique
Klinke f poignée f
Klinker (-s, -) m brique f recuite
Klippe f (im Meer) écueil m, récif m ; (fig) écueil
klirren vi (Ketten, Waffen) cliqueter ; (Gläser) tinter ; **~de Kälte** froid m de canard
Klischee (-s, -s) nt cliché m
- **Klischeevorstellung** f stéréotype m

Klo (-s, -s) (fam) nt toilettes fpl
Kloake f cloaque m
klobig adj (Gegenstand) massif(-ive)
Klon (-s, -e) m clone m
klonen vt cloner
klopfen vi frapper ; (Herz) battre ; (Motor) cogner ▶ vt battre ; (Fleisch) attendrir ; **es klopft** on frappe ; **jdm auf die Schulter ~** taper sur l'épaule de qn
Klopfer (-s, -) m (Teppichklopfer) tapette f ; (Türklopfer) heurtoir m
Klöppel (-s, -) m (von Glocke) battant m
klöppeln vi faire de la dentelle
Klops (-es, -e) m boulette f de viande
Klosett (-s, -e od -s) nt W.-C. mpl
Kloß (-es, ⁻e) m (Culin) boulette f (de pâte) ; (im Hals) boule f
Kloster (-s, ⁻) nt couvent m
Klotz (-es, ⁻e) m (aus Holz) bloc m ; (Spielzeug) cube m ; (Mensch) rustre m ; **jdm ein ~ am Bein sein** être un boulet pour qn
Klub (-s, -s) m club m • **Klubsessel** m (fauteuil m) club m
Kluft (-, ⁻e) f (Spalt) fissure f ; (fig: Gegensatz) fossé m ; (kein pl: Kleidung: fam) attirail m ; (: Uniform) uniforme m
klug adj (intelligent, schlau) intelligent(e) ; (weise) sage ; **aus jdm nicht ~ werden** ne pas savoir que penser de qn
- **Klugheit** f intelligence f ; (von Entscheidung) sagesse f

Klümpchen nt petit morceau m
klumpen vi (Culin) faire des grumeaux

Klumpen (-s, -) *m* (*Erdklumpen*) motte *f* ; (*Blutklumpen*) caillot *m* ; (*Goldklumpen*) pépite *f* ; (*Culin*) grumeau *m*
Klumpfuß *m* pied *m* bot
knabbern *vt* grignoter ▶ *vi*: **an etw** *Dat* **zu ~ haben** (*fam*) ne pas être au bout de ses peines avec qch
Knabe (-n, -n) *m* garçon *m*
knabenhaft *adj* de garçon
Knäckebrot *nt* galette *f* suédoise
knacken *vt* (*Nüsse*) casser ; (*Tresor, Autos*) cambrioler ▶ *vi* craquer ; (*Radio*) grésiller
Knacks (-es, -e) *m* (*Laut*) craquement *m* ; (*Sprung*) fêlure *f* ; **einen ~ weghaben** (*fam*) ne plus être le même
Knall (-(e)s, -e) *m* (*von Explosion*) détonation *f* ; (*von Aufprall*) fracas *m* ; (*Peitschenknall*) claquement *m* ; **einen ~ haben** (*fam*) être fêlé(e) ; **~ und Fall** (*fam*) sur-le-champ • **Knallbonbon** *nt od m* diablotin *m* (*pétard*) • **Knalleffekt** *m*: **einen ~ haben** faire l'effet d'une bombe • **knallen** *vi* (*Schuss*) partir ; (*Tür, Peitsche*) claquer ; (*Korken*) sauter ▶ *vt* (*werfen*) flanquer ; (*schießen*) tirer ; **gegen etw ~** (*Auto*) percuter qch • **knallhart** *adj* (*schonungslos*) très dur(e) • **knallrot** *adj* rouge vif *inv*
knapp *adj* (*Kleidungsstück*) juste ; (*Portionen*) maigre ; (*Sprache, Bericht*) concis(e) ; (*Sieg*) remporté(e) de justesse ; (*Mehrheit*) faible ; **eine ~e Stunde** une petite heure ; **ein ~es Meter** à peine un mètre ; **meine Zeit ist ~ bemessen** j'ai très peu de temps ; **~ neben/unter** juste à côté de/sous • **knapp|halten** *irr vt*: **jdn ~** (*mit Geld*) donner peu d'argent à qn • **Knappheit** *f* (*von Geld, Vorräten*) pénurie *f* ; (*von Zeit*) manque *m* ; (*von Kleidungsstück*) étroitesse *f* ; (*von Ausdrucksweise*) concision *f*
knarren *vi* craquer
Knast (-(e)s) (*fam*) *m* taule *f*
knattern *vi* (*Motorrad*) pétarader ; (*Maschinengewehr*) crépiter
Knäuel (-s, -) *m od nt* (*Wollknäuel*) pelote *f* ; (*Menschenknäuel*) grappe *f*
Knauf (-(e)s, Knäufe) *m* pommeau *m* ; (*Türknauf*) bouton *m*
knauserig *adj* radin(e)
knausern (*péj*) *vi* être radin(e)
knautschen *vt* froisser ▶ *vi* se froisser
Knebel (-s, -) *m* bâillon *m*
knebeln *vt* bâillonner
Knecht (-(e)s, -e) *m* valet *m* de ferme
Knechtschaft *f* servitude *f*
kneifen *irr vt* pincer ▶ *vi* (*Kleidung*) serrer ; **vor etw ~** esquiver qch

Kneipe (*fam*) *f* bistro *m*
Knete (*fam*) *f* pognon *m*
kneten *vt* (*Teig*) pétrir ; (*Muskeln*) masser
Knetmasse *f* pâte *f* à modeler
Knick (-(e)s, -e) *m* pli *m* ; (*in Blume*) cassure *f* ; (*Kurve, Biegung*) coude *m*
knicken *vt* (*brechen*) casser ; (*falten*) plier ▶ *vi* (se) casser ; **geknickt sein** (*fig*) être déprimé(e)
Knicks (-es, -e) *m* révérence *f*
knicksen *vi* faire la révérence
Knie (-s, -) *nt* genou *m* ; (*in Rohr*) coude *m* ; **etw übers ~ brechen** décider qch à la va-vite • **Kniebeuge** *f* flexion *f* (du genou) • **Kniefall** *m* génuflexion *f* • **Kniegelenk** *nt* articulation *f* du genou • **Kniekehle** *f* jarret *m*
knien *vi* être à genoux ▶ *vr* se mettre à genoux, s'agenouiller ; **sich in die Arbeit ~** se plonger dans son travail
Kniescheibe *f* rotule *f*
Kniestrumpf *m* chaussette *f* (montante)
kniff *etc vb siehe* **kneifen**
Kniff (-(e)s, -e) *m* (*Falte*) pli *m* ; (*fig*) truc *m*
knipsen *vt* (*Fahrkarte*) poinçonner ; (*fotografieren*) prendre en photo ▶ *vi* prendre des photos
Knirps (-es, -e) *m* (*kleiner Junge*) petit bonhomme *m* ; (*kleiner Mensch*) nabot *m* ; **~®** (*Schirm*) parapluie *m* téléscopique *od* pliant
knirschen *vi* crisser ; **mit den Zähnen ~** grincer des dents
knistern *vi* (*Feuer*) crépiter ; **mit Papier ~** froisser du papier
knitterfrei *adj* infroissable
knittern *vi* se froisser
Knoblauch *m* ail *m* • **Knoblauchpresse** *f* presse-ail *m* • **Knoblauchzehe** *f* gousse *f* d'ail
Knöchel (-s, -) *m* (*Fingerknöchel*) jointure *f* (des doigts) ; (*Fußknöchel*) cheville *f*
Knochen (-s, -) *m* os *m* • **Knochenbau** *m* ossature *f* • **Knochenbruch** *m* fracture *f* • **Knochengerüst** *nt* squelette *m* • **Knochenmark** *nt* moelle *f*
knöchern *adj* en os
knochig *adj* osseux(-euse)
Knödel (-s, -) *m* boulette *f* de pâte cuite dans du potage
Knolle *f* bulbe *m*
Knopf (-(e)s, ¨e) *m* bouton *m*
knöpfen *vt* boutonner
Knopfloch *nt* boutonnière *f*
Knorpel (-s, -) *m* cartilage *m*
knorpelig *adj* nerveux(-euse)
knorrig *adj* noueux(-euse)
Knospe *f* bourgeon *m*

knospen vi bourgeonner
knoten vt nouer
Knoten (**-s, -**) m nœud m; (*Méd, Bot*) nodosité f; (*Haarknoten*) chignon m • **Knotenpunkt** m (*im Verkehr*) carrefour m
Know-how (**-(s)**) nt savoir-faire m
Knüller (**-s, -**) (*fam*) m succès m fou; (*Reportage*) scoop m
knüpfen vt nouer; **Hoffnungen an etw** *Akk* ~ fonder des espoirs sur qch; **Bedingungen an etw** *Akk* ~ faire qch à certaines conditions
Knüppel (**-s, -**) m bâton m; (*Polizeiknüppel*) matraque f; (*Aviat*) manche m à balai • **Knüppelschaltung** f vitesses fpl au plancher
knurren vi (*Hund*) gronder; (*Mensch*) grogner; (*Magen*) gargouiller
knutschen (*fam*) vi, vr se peloter
k. o. adj (*Boxe*) K.-O. m; ~ **sein** être K.-O.
Koalition f coalition f
Kobalt (**-s**) nt cobalt m
Kobold (**-(e)s, -e**) m lutin m
Kobra (**-, -s**) f cobra m
Koch (**-(e)s, ⁼e**) m cuisinier m • **Kochbuch** nt livre m de cuisine
kochen vt (faire) cuire; (*Kaffee, Tee*) faire; (*Wasser, Wäsche*) faire bouillir ▶ vi (*Essen bereiten*) faire la cuisine; (*wütend sein*) bouillir
Kocher (**-s, -**) m réchaud m
Köcher (**-s, -**) m carquois m
Kochgelegenheit f possibilité f de faire la cuisine
Köchin f cuisinière f
Kochlöffel m cuiller f de *od* en bois
Kochnische f coin-cuisine m
Kochplatte f plaque f de cuisson
Kochsalz nt sel m de cuisine
Kochtopf m casserole f
Kochwäsche f linge m à bouillir
Kode (**-s, -s**) m code m
Köder (**-s, -**) m appât m
ködern vt appâter
Koexistenz f coexistence f
Koffein (**-s**) nt caféine f • **koffeinfrei** adj décaféiné(e)
Koffer (**-s, -**) m valise f • **Kofferkuli** m chariot m à bagages • **Kofferradio** nt transistor m • **Kofferraum** m coffre m
Kognak (**-s, -s**) m cognac m
Kohl (**-(e)s, -e**) m chou m
Kohle f charbon m; **wie auf glühenden ~n sitzen** être sur des charbons ardents • **Kohlehydrat** (**-(e)s, -e**) nt hydrate m de carbone • **Kohlekraftwerk** nt centrale f électrique au charbon

Kohlendioxid (**-(e)s, -e**) nt gaz m carbonique
Kohlenmonoxid nt oxyde m de carbone
Kohlensäure f acide m carbonique; **ein Getränk mit/ohne ~** une boisson gazeuse/non gazeuse
Kohlenstoff m carbone m
Kohlepapier nt papier m carbone
Kohlestift m fusain m
Kohlrabi (**-s, -s**) m chou m rave
kohlschwarz adj noir(e) comme du jais; (*Hände*) très sale
Koje f (*Nische*) alcôve f; (*Bett*) pieu m
Kokain (**-s**) nt cocaïne f
kokett adj coquet(te)
kokettieren vi (*flirten*) flirter
Kokosnuss f noix f de coco
Kokospalme f cocotier m
Koks (**-es, -e**) m coke m
Kolben (**-s, -**) m (*Gewehrkolben*) crosse f; (*Tech*) piston m; (*Maiskolben*) épi m; (*Chim*) cornue f
Kolik f colique f
Kollaps (**-es, -e**) m grave malaise m cardiovasculaire
Kolleg (**-s, -s** *od* **-ien**) nt cours m
Kollege (**-n, -n**) m, **Kollegin** f collègue mf
Kollegium nt (*Lehrerkollegium*) corps m enseignant
Kollekte f (*in der Kirche*) quête f
kollektiv adj collectif(-ive)
kollidieren vi entrer en collision; (*zeitlich*) se chevaucher
Köln (**-s**) nt Cologne
Kölnischwasser nt eau f de Cologne
kolonial adj colonial(e)
Kolonie f colonie f
kolonisieren vt coloniser
Kolonne f colonne f; (*von Fahrzeugen*) convoi m
Koloss (**-es, -e**) m colosse m
kolossal adj (*riesig*) gigantesque ▶ adv: ~ **reich** extrêmement riche
Kölsch (**-(s)**) nt (*Culin*) bière blonde et forte de Cologne
Kolumbianer(in) m(f) Colombien(ne)
Kolumbien nt la Colombie
kolumbisch adj colombien(ne)
Koma (**-s, -s** *od* **-ta**) nt coma m
Kombi (**-s, -s**) m break m
Kombination f combinaison f; (*Vermutung*) raisonnement m; (*Hose und Jackett, Kleid mit Jacke*) ensemble m
kombinieren vt combiner ▶ vi (*schlussfolgern, vermuten*) réfléchir
Kombiwagen m break m
Kombizange f pince f universelle
Komet (**-en, -en**) m comète f

Komfort (-s) m confort m
Komik (-) f comique m • **Komiker** (-s, -) m comique m
komisch adj (lustig) drôle ; (merkwürdig) bizarre
Komitee (-s, -s) nt comité m
Komma (-s, -s od -ta) nt virgule f
Kommandant, Kommandeur m commandant m
kommandieren vt, vi commander
Kommando (-s, -s) nt commandement m ; (Truppeneinheit) commando m ; **auf ~** sur commande
kommen irr vi venir ; (ankommen, näher kommen, eintreffen, geschehen) arriver ; (Blumen) apparaître ; (Zähne) percer ; **in die Schule ~** commencer sa scolarité ; **ins Krankenhaus ~** être hospitalisé(e) ; **ihm ~ die Tränen** il (en) a les larmes aux yeux ; **jetzt kommt er an die Reihe** c'est (à) son tour ; **wie kommt es, dass du ...?** comment se fait-il que tu ... ? ; **und so kam es dann auch** ça n'a pas manqué ; **nichts auf jdn/etw ~ lassen** n'admettre aucune critique au sujet de qn/qch ; **um etw ~** perdre qch ; **hinter etw Akk ~** (entdecken) découvrir qch ; **(wieder) zu sich ~** (Bewusstsein wiedererlangen) reprendre connaissance
Kommen (-s) nt venue f
kommend adj prochain(e) ; (Generationen, Ereignisse) futur(e)
Kommentar m commentaire m ; **kein ~** je n'ai rien à dire • **kommentarlos** adj sans commentaire
Kommentator m commentateur m
kommentieren vt commenter
kommerziell adj commercial(e)
Kommilitone (-n, -n) m, **Kommilitonin** f camarade mf d'université
Kommiss (-es) m armée f
Kommissar(in) m(f) (Polizeikommissar) commissaire m
Kommission f (Ausschuss) commission f ; **etw in ~ geben** confier qch à un commissionnaire
Kommode f commode f
Kommune f commune f
Kommunikation f communication f
Kommunion f communion f
Kommuniqué (-s, -s) nt communiqué m
Kommunismus m communisme m
Kommunist(in) m(f) communiste mf • **kommunistisch** adj communiste
kommunizieren vi (Rel) communier ; (geh) communiquer

Komödiant(in) m(f) comédien(ne)
Komödie f comédie f
Kompagnon (-s, -s) m associé m
kompakt adj compact(e)
Kompanie f compagnie f
Komparativ m comparatif m
Kompass (-es, -e) m boussole f
kompatibel adj compatible
Kompatibilität f compatibilité f
kompetent adj compétent(e)
Kompetenz f compétence f
komplett adj complet(-ète)
komplex adj complexe • **Komplex** (-es, -e) m complexe m ; (Zusammengehöriges) ensemble m
Komplikation f complication f
Kompliment nt compliment m
Komplize (-n, -n) m, **Komplizin** f complice mf
komplizieren vt compliquer
kompliziert adj compliqué(e)
Komplizin f siehe **Komplize**
Komplott (-(e)s, -e) nt complot m
komponieren vt composer
Komponist(in) m(f) compositeur(-trice)
Komposition f composition f
Kompost (-(e)s, -e) m compost m • **Komposthaufen** m tas m de compost
Kompott (-(e)s, -e) nt compote f
Kompresse f compresse f
Kompressor m compresseur m
komprimiert adj comprimé(e)
Kompromiss (-es, -e) m compromis m • **kompromissbereit** adj conciliant(e) • **Kompromisslösung** f compromis m
kompromittieren vt compromettre
Kondensation f condensation f
Kondensator m condensateur m
kondensieren vt condenser
Kondensmilch f lait m concentré
Kondensstreifen m traînée f de condensation
Kondenswasser nt condensation f
Kondition f (Bedingung) condition f ; (Sport) condition physique, forme f
Konditor(in) m(f) pâtissier(-ière)
Konditorei f pâtisserie f
kondolieren vi : **jdm ~** présenter ses condoléances à qn
Kondom (-s, -e) nt préservatif m
Konfektion f confection f
Konferenz f conférence f • **Konferenzschaltung** f multiplex m
Konfession f confession f • **konfessionell** adj confessionnel(le)
konfessionslos adj sans confession
Konfessionsschule f école f libre
Konfetti (-(s)) nt confettis mpl

Konfiguration f configuration f
Konfirmand(in) (**-en, -en**) m(f) confirmand(e)
Konfirmation f confirmation f
konfirmieren vt confirmer
konfiszieren vt confisquer
Konfitüre f confiture f
Konflikt (**-(e)s, -e**) m conflit m
konform adj identique ; **mit jdm (in etw Dat) ~ gehen** od **sein** être entièrement d'accord avec qn (sur qch)
konfrontieren vt confronter
konfus adj confus(e)
Kongo (**-s**) m Congo m
Kongress (**-es, -e**) m congrès m
Kongruenz f congruence f
König (**-es, -e**) m roi m
Königin f reine f • **Königinpastete** f bouchée f à la reine
königlich adj royal(e)
Königreich nt royaume m
Königtum (**-(e)s, -tümer**) nt royauté f
konisch adj conique
Konjugation f conjugaison f
konjugieren vt conjuguer
Konjunktion f conjonction f
Konjunktiv m subjonctif m
Konjunktur f conjoncture f
konkav adj concave
konkret adj concret(-ète)
Konkurrent(in) m(f) concurrent(e)
Konkurrenz f concurrence f
• **konkurrenzfähig** adj compétitif(-ive)
• **Konkurrenzkampf** m concurrence f
konkurrieren vi être en concurrence
Konkurs (**-es, -e**) m faillite f ; **~ machen** faire faillite

(SCHLÜSSELWORT)

können (pt **konnte**, pp **gekonnt** od (als Hilfsverb) **können**) vt, vi **1** (vermögen) pouvoir ; **ich kann nichts dafür** je n'y peux rien

2 (wissen, beherrschen) savoir ; **was können Sie?** que savez-vous faire ? ; **können Sie Deutsch?** vous parlez l'allemand ? ; **können Sie Auto fahren?** vous savez conduire ? ; **sie kann keine Mathematik** elle n'est pas douée en math

3 (dürfen) pouvoir ; **kann ich gehen?** je peux partir ? ; **könnte ich ...?** (est-ce que) je pourrais ... ? ; **kann ich mit?** (fam) je peux venir ? ; **du kannst mich (mal)!** (vulg) va te faire foutre !

4 (möglich sein) : **das kann sein** c'est possible ; **kann sein** (fam) c'est possible, peut-être

Können (**-s**) nt capacités fpl
konsequent adj (logisch) logique ; (unbeirrbar) résolu(e), inébranlable
Konsequenz f (Unbeirrbarkeit) détermination f ; (Folge) conséquence f
konservativ adj conservateur(-trice)
Konservatorium nt conservatoire m
Konserve f conserve f
Konservenbüchse f boîte f de conserve
konservieren vt conserver
Konservierung f conservation f
Konservierungsmittel nt agent m conservateur
Konsonant m consonne f
konstant adj constant(e), obstiné(e)
Konstellation f (fig) situation f ; (Astron) constellation f
konstruieren vt construire ; (fig) imaginer
Konstrukteur(in) m(f) constructeur(-trice)
Konstruktion f construction f
konstruktiv adj constructif(-ive) ; (Tech) de construction
Konsul (**-s, -n**) m consul m
Konsulat nt consulat m
konsultieren vt consulter
Konsum (**-s, -s**) m consommation f
• **Konsumartikel** m bien m de consommation
Konsument m consommateur m
Konsumgesellschaft f société f de consommation
konsumieren vt consommer
Kontakt (**-(e)s, -e**) m contact m
• **kontaktarm** adj qui a du mal à se faire des amis • **kontaktfreudig** adj sociable
• **Kontaktmann** (**-(e)s, -männer**) m contact m
kontern vi contre-attaquer
Konterrevolution f contre-révolution f
Kontinent (**-(e)s, -e**) m continent m
Kontingent (**-(e)s, -e**) nt quota m ; (Mil) contingent
kontinuierlich adj continu(e), constant(e)
Kontinuität f continuité f
Konto (**-s, Konten**) nt compte m ; **das geht auf mein ~** (fam: ich bin schuldig) c'est de ma faute • **Kontoauszug** m relevé m de compte • **Kontoinhaber(in)** m(f) titulaire mf d'un compte
• **Kontonummer** f numéro m de compte
• **Kontostand** m position f od solde m d'un compte
Kontra (**-s, -s**) nt : **jdm ~ geben** (fam) contredire qn • **Kontrabass** m contrebasse f

Kontrahent m adversaire m
kontraproduktiv adj nuisible, néfaste
Kontrapunkt m contrepoint m
Kontrast (-(e)s, -e) m contraste m
Kontrolle f contrôle m
Kontrolleur m (Fahrkartenkontrolleur) contrôleur m
kontrollieren vt contrôler
Kontur f contour m
Konvention f convention f
konventionell adj conventionnel(le)
Konversation f conversation f
Konversationslexikon nt encyclopédie f
konvertieren vi convertir
konvex adj convexe
Konvoi (-s, -s) m convoi m
Konzentrat nt concentré m
Konzentration f concentration f
Konzentrationslager nt camp m de concentration
konzentrieren vt concentrer ▶ vr se concentrer
konzentriert adj concentré(e) ▶ adv attentivement
Konzept (-(e)s, -e) nt plan m, programme m ; (Entwurf, Rohfassung) brouillon m ; **jdn aus dem ~ bringen** faire perdre le fil à qn
Konzern (-s, -e) m consortium m
Konzert (-(e)s, -e) nt concert m
konzertiert adj concerté(e)
Konzertsaal m salle f de concert
Konzession f concession f, licence f
Konzil (-s, -e od -ien) nt concile m
konzipieren vt concevoir ; (Aufsatz, Rede) ébaucher
Kooperation f coopération f
koordinieren vt coordonner
Kopf (-(e)s, ⸚e) m tête f ; **pro ~** par tête od personne ; **sich** Dat **(über etw** Akk**) den ~ zerbrechen** se creuser la tête (à propos de qch) ; **den ~ hängen lassen** baisser les bras ; **etw aus dem ~ wissen** savoir qch par cœur ; **im ~ rechnen** calculer de tête • **Kopfbedeckung** f couvre-chef m
köpfen vt (Person) décapiter ; (Ei) ouvrir ; (Flasche) déboucher ; **den Ball ~** faire une tête
Kopfhaut f cuir m chevelu
Kopfhörer m écouteurs mpl
Kopfkissen nt oreiller m
kopflos adj paniqué(e)
Kopfsalat m laitue f
Kopfschmerzen pl mal m à la tête
Kopfsprung m plongeon m
Kopfstand m poirier m
Kopftuch nt foulard m
kopfüber adv la tête la première
Kopfweh nt mal m de tête
Kopfzerbrechen nt : **jdm ~ machen** être un souci pour qn
Kopie f copie f
kopieren vt copier ; (Person) imiter
Kopierer (-s, -) m, **Kopiergerät** nt photocopieuse f
Kopierschutz m (Inform) protection f contre copie
koppeln vt (Tech) coupler ; (Unternehmungen) combiner
Koppelung f couplage m
Koppelungsmanöver nt arrimage m
Koralle f corail m
Korallenriff nt récif m de corail
Koran (-s) m Coran m
Korb (-(e)s, ⸚e) m panier m ; **jdm einen ~ geben** (fig) rembarrer qn • **Korbball** m basket-ball m • **Korbstuhl** m chaise f de rotin
Kord m = **Cord**
Kordel (-, -n) f cordelette f
Kordsamt m = **Cordsamt**
Korea (-s) nt la Corée
Koreaner(in) (-s, -) m(f) Coréen(ne)
koreanisch adj coréen(ne)
Korfu (-s) nt Corfou f
Kork (-(e)s, -e) m (Material) liège m
Korken (-s, -) m bouchon m
• **Korkenzieher** (-s, -) m tire-bouchon m
Korn (-(e)s, ⸚er) nt grain m ; (Getreide) blé m ; (von Gewehr) guidon m
Kornblume f bleuet m
Körnchen nt petit grain m
Kornkammer f grenier m
Körper (-s, -) m corps m • **Körperbau** m physique m • **körperbehindert** adj handicapé(e) physique • **Körpergeruch** m odeur f (corporelle) • **Körpergewicht** nt poids m • **Körpergröße** f taille f
• **Körperhaltung** f maintien m
• **körperlich** adj physique
• **Körperpflege** f hygiène f corporelle
• **Körperschaft** f personne f morale
• **Körperteil** m partie f du corps
Korps (-, -) nt (Mil) corps m ; (Univ) corporation f d'étudiants
korpulent adj corpulent(e)
korrekt adj correct(e) • **Korrektheit** f correction f
Korrektor(in) m(f) correcteur(-trice)
Korrektur f correction f
Korrespondent(in) m(f) (von Zeitung) correspondant(e)
Korrespondenz f correspondance f
korrespondieren vi correspondre
Korridor (-s, -e) m corridor m
korrigieren vt corriger

Krankenhaus

Korrosion f corrosion f
korrumpieren vt corrompre
Korruption f corruption f
Korsett (**-(e)s, -e**) nt corset m
Korsika (**-s**) nt la Corse
Koseform f diminutif m
Kosename m petit nom m
Kosewort nt mot m tendre
Kosmetik f soins mpl de beauté
kosmetisch adj cosmétique ; (Chirurgie) esthétique, plastique
kosmisch adj cosmique
Kosmonaut(in) (**-en, -en**) m(f) cosmonaute mf
Kosmopolit(in) (**-en, -en**) m (personne f) cosmopolite m
kosmopolitisch adj cosmopolite
Kosmos (**-**) m cosmos m
Kosovo (**-s**) nt le Kosovo
Kost (**-**) f (Nahrung) nourriture f ; (Verpflegung) pension f ; **er bekommt ~ und Logis frei** il est nourri et logé gratuitement
kostbar adj précieux(-euse)
Kostbarkeit f valeur f ; (Wertstück) objet m de valeur
kosten vt (Preis haben) coûter ▶ vi (versuchen) déguster ; **jdn Zeit ~** prendre du temps à qn
Kosten pl coût msg ; (Ausgaben) frais mpl ; **auf jds ~** (von jds Geld) aux frais de qn ; (zu jds Nachteil) au détriment de qn
• **kostenlos** adj gratuit(e)
• **Kostenvoranschlag** m devis m
köstlich adj (Essen) délicieux(-euse) ; (Geschichte, Einfall) très amusant(e) ; **sich ~ amüsieren** beaucoup s'amuser
Kostprobe f échantillon m
kostspielig adj coûteux(-euse)
Kostüm (**-s, -e**) nt costume m ; (Damenkostüm auch) tailleur m
• **Kostümfest** nt bal m costumé
kostümieren vr se déguiser
Kostümverleih m location f de costumes
Kot (**-(e)s**) m excréments mpl
Kotelett (**-s, -s**) nt côtelette f
Koteletten pl (Bart) favoris mpl
Köter (**-s, -**) m clebs m
Kotflügel m aile f
kotzen (vulg) vi dégobiller
Krabbe f crabe m
krabbeln vi ramper
Krach (**-(e)s, -̈e**) m fracas m ; (andauernd) bruit m ; (fam: Streit) dispute f
krachen vi (brechen) craquer ; **gegen etw ~** se cogner contre qch
krächzen vi (Vogel) croasser ; (Mensch) parler d'une voix rauque

kraft präp +Gen en vertu de
Kraft (**-, -̈e**) f force f ; (Arbeitskraft) travailleur(-euse) m/f ; **außer ~ sein** (Jur) ne plus être valable ; **in ~ treten/sein** entrer/être en vigueur ; **mit vereinten Kräften werden wir ...** tous ensemble, nous ... • **Kraftausdruck** m gros mot m
Kraftfahrer(in) m(f) automobiliste mf
Kraftfahrzeug nt voiture f
• **Kraftfahrzeugbrief, Kraftfahrzeugschein** m ≈ carte f grise
• **Kraftfahrzeugsteuer** f impôt sur les automobiles, ≈ vignette f
• **Kraftfahrzeugversicherung** f assurance-auto(mobile) f
kräftig adj fort(e) ; (Suppe, Essen) nourrissant(e) ▶ adv (gebaut) solidement
kräftigen vt fortifier
kraftlos adj sans force, faible
Kraftprobe f épreuve f de force
Kraftrad nt moto(cyclette) f
kraftvoll adj vigoureux(-euse)
Kraftwagen m automobile f
Kraftwerk nt centrale f (électrique)
Kragen (**-s, -**) m (von Kleidung) col m
• **Kragenweite** f encolure f
Krähe f corneille f
krähen vi (Hahn) chanter ; (Säugling) gazouiller
krakeelen (fam) vi brailler
Kralle f (von Tier) griffe f ; (Vogelkralle) serre f
krallen vt, vr: **die Finger in etw Akk ~, sich an etw Akk ~** s'agripper à qch
Kram (**-(e)s**) m (Plunder, Sachen) fourbi m
kramen vi: **in etw Dat ~** fouiller dans qch ; **nach etw ~** fouiller pour trouver qch
Kramladen (péj) m petit magasin m
Krampf (**-(e)s, -̈e**) m crampe f
• **Krampfader** f varice f
krampfhaft adj convulsif(-ive) ; (Versuche) désespéré(e)
Kran (**-(e)s, -̈e**) m grue f ; (Wasserkran) robinet m
Kranich (**-s, -e**) m grue f
krank adj malade
Kranke(r) f(m) malade mf ; (Patient) patient(e) m/f
kränkeln vi être souffreteux(-euse)
kranken vi: **an etw Dat ~** souffrir de qch
kränken vt blesser
Krankenbericht m bulletin m de santé
Krankengeld nt prestations fpl de l'assurance maladie
Krankengeschichte f passé m médical
Krankengymnastik f kinésithérapie f
Krankenhaus nt hôpital m

Krankenkasse f caisse f (d'assurance-)maladie
Krankenpfleger m infirmier m
Krankenschein m ≈ feuille f de maladie
Krankenschwester f infirmière f
Krankenversicherung f assurance-maladie f
Krankenwagen m ambulance f
krank|feiern vi être soit-disant malade
krankhaft adj maladif(-ive)
Krankheit f maladie f
Krankheitserreger m agent m pathogène
kränklich adj souffreteux(-euse)
krank|melden vr se faire porter malade
krank|schreiben vt mettre qn en arrêt-maladie
Kränkung f offense f, insulte f
Kranz (-es, ⸚e) m couronne f
Kränzchen nt petite couronne f; (fig) groupe de femmes qui se réunissent régulièrement pour bavarder autour d'une tasse de café
Krapfen (-s, -) m beignet m
krass adj grossier(-ière)
Krater (-s, -) m cratère m
Kratzbürste f (fig) mégère f
kratzen vt (mit Nägeln, Krallen) griffer; (einritzen) graver; (fam: stören) turlupiner ▶ vi (Katze) griffer
Kratzer (-s, -) m (Wunde) égratignure f; (Werkzeug) grattoir m
kraulen vi (schwimmen) nager le crawl, crawler ▶ vt (streicheln) caresser
kraus adj (Haar) crêpu(e); (Stirn) plissé(e); (verworren) confus(e)
Krause f (Halskrause) fraise f
kräuseln vt (Haar) friser; (Stoff) froncer; (Stirn) plisser; (Wasser) rider ▶ vr (Haar) friser; (Stirn) se plisser; (Wasser) se rider
Kraut (-(e)s, Kräuter) nt (Blätter) fane f; **Kräuter** pl (Culin) fines herbes fpl; (Heilkraut) herbes médicinales
Krawall (-s, -e) m émeute f; (Lärm) tapage m
Krawatte f cravate f
kreativ adj créatif(-ive)
Kreatur f créature f
Krebs (-es, -e) m (Zool) écrevisse f; (Méd) cancer m; (Astrol) Cancer m; **~ sein** (Astrol) être Cancer • **krebserregend** adj cancérigène • **Krebsvorsorge** f dépistage m du cancer
Kredit (-(e)s, -e) m crédit m
• **Kreditkarte** f carte f de crédit
• **kreditwürdig** adj solvable
Kreide f craie f • **kreidebleich** adj blanc(blanche) comme un linge

kreieren vt créer
Kreis (-es, -e) m cercle m; (Verwaltungskreis) circonscription f, district m; **im ~ gehen** tourner en rond
kreischen vi (Vogel) piailler; (Mensch) pousser des cris perçants
Kreisel (-s, -) m toupie f; (Verkehrskreisel) rond-point m
kreisen vi tourner; (herumgereicht werden) passer de main en main; **~ um** tourner autour de
kreisförmig adj circulaire
Kreislauf m (Méd) circulation f; (der Natur etc) cycle m
Kreislaufstörungen pl troubles mpl circulatoires
Kreissäge f scie f circulaire
Kreißsaal m salle f d'accouchement
Kreisstadt f chef-lieu m de circonscription od de district
Kreisverkehr m sens m giratoire
Krem f = **Creme**
Krematorium nt crématorium m
Kreml (-s) m: **der ~** le Kremlin
Krempe f bord m (d'un chapeau)
Krempel (-s) m (fam: péj) m bazar m
Kren (-(e)s) (Österr) m raifort m
krepieren vi (fam: sterben) crever; (Bombe) éclater
Krepp (-s, -s od -e) m crêpe m
• **Krepppapier** nt papier m crêpé
• **Kreppsohle** f semelle f de crêpe
Kresse f cresson m
Kreta (-s) nt la Crète
Kreuz (-es, -e) nt croix f; (Mus) dièse m; (Anat) reins mpl; (Cartes) trèfle m
kreuzen vt croiser ▶ vr (Linien) se couper; (Meinungen, Ansichten etc) s'opposer ▶ vi (Naut) croiser
Kreuzfahrt f croisière f
Kreuzfeuer nt: **ins ~ geraten/im ~ stehen** être attaqué(e) de toutes parts
Kreuzgang m cloître m
kreuzigen vt crucifier
Kreuzigung f crucifixion f
Kreuzotter f vipère f
Kreuzung f croisement m
Kreuzverhör nt contre-interrogatoire m
Kreuzweg m carrefour m; (Rel) chemin m de croix
Kreuzworträtsel nt mots mpl croisés
Kreuzzeichen nt signe m de croix
Kreuzzug m croisade f
kriechen irr vi ramper; (Verkehr) rouler au pas
Kriecher (-s, -) m lèche-botte m
Kriechspur f (auf Autobahn) voie pour véhicules lents

Kriechtier nt reptile m
Krieg (-(e)s, -e) m guerre f
kriegen (fam) vt (Hunger, Angst etc) avoir (de plus en plus) ; (erwischen) attraper
Krieger (-s, -) m guerrier m • **kriegerisch** adj guerrier(-ière) ; (Aktion) militaire
Kriegführung f stratégie f
Kriegsbemalung f peinture f de guerre ; **in voller ~** (fam) peinturluré(e)
Kriegsdienstverweigerer m objecteur m de conscience
Kriegserklärung f déclaration f de guerre
Kriegsfuß m: **mit jdm auf (dem) ~ stehen** être fâché(e) avec qn ; **mit etw** Dat **auf (dem) ~ stehen** avoir des problèmes avec qch
Kriegsgefangene(r) f(m) prisonnier(-ière) m/f de guerre
Kriegsgefangenschaft f captivité f
Kriegsgericht nt cour f martiale
Kriegsschiff nt navire m de guerre
Kriegsverbrechen m crime m de guerre
Kriegsverbrecher m criminel m de guerre
Kriegsversehrte(r) f(m) mutilé(e) m/f de guerre
Kriegszustand m état m de guerre
Krim f: **die ~** la Crimée
Krimi (-s, -s) (fam) m polar m
Kriminalbeamte(r) m inspecteur m de la police judiciaire
Kriminalität f criminalité f
Kriminalpolizei f police f judiciaire
Kriminalroman m roman m policier
kriminell adj criminel(le)
Kriminelle(r) f(m) criminel(le) m/f
Krimskrams (-es) (fam) m camelote f
Kripo (-) (fam) f abk = **Kriminalpolizei**
Krippe f (Futterkrippe) mangeoire f ; (Rel, Kinderkrippe) crèche f
Krise f crise f
kriseln vi unpers: **es kriselt** il y a de l'eau dans le gaz
Krisengebiet nt point m chaud
Krisenherd m foyer m de crise
Krisenstab m cellule f de crise
Kristall (-s, -e) m od nt cristal m
Kriterium nt critère m
Kritik f critique f ; **unter jeder** od **aller ~ sein** être en-dessous de tout
Kritiker(in) (-s, -) m(f) critique mf
kritiklos adj dénué(e) d'esprit critique
kritisch adj critique
kritisieren vt critiquer
kritzeln vt, vi griffonner
Kroate (-n, -n) m, **Kroatin** f Croate mf
Kroatien (-s) nt la Croatie

kroatisch adj croate
kroch etc vb siehe **kriechen**
Krokodil (-s, -e) nt crocodile m
Krokus (-, - od -se) m crocus m
Krone f couronne f
krönen vt couronner
Kronkorken m capsule f
Kronleuchter m lustre m
Kronprinz m prince m héritier
Kronprinzessin f princesse f héritière
Krönung f couronnement m
Kropf (-(e)s, ⁼e) m (Méd) goitre m ; (von Vogel) jabot m
Kröte f (Zool) crapaud m
Krücke f béquille f
Krug (-(e)s, ⁼e) m cruche f ; (Bierkrug) chope f
Krümel (-s, -) m miette f
krümeln vi s'émietter
krumm adj (gebogen) tordu(e) ; (kurvig) courbe, courbé(e) ; (zwielichtig) louche • **krummbeinig** adj aux jambes torses
krümmen vt (Finger, Rücken) plier ; (Draht) tordre ▶ vr (Straße) tourner ; (Rücken) se courber ; **sich vor Schmerzen/Lachen ~** se tordre de douleur/rire
krumm|lachen (fam) vr se tordre de rire
krumm|nehmen (fam) irr vt: **jdm etw ~** en vouloir à qn de qch
Krümmung f (das Krümmen) torsion f ; (von Fluss) boucle f ; (von Weg) virage m ; (Math) courbe f ; (Méd) déviation f
Krüppel (-s, -) m infirme m
Kruste f croûte f
Kruzifix (-es, -e) nt crucifix m
Krypta (-, **Krypten**) f crypte f
Kuba (-s) nt Cuba f
Kubaner(in) m(f) Cubain(e)
kubanisch adj cubain(e)
Kübel (-s, -) m seau m
Kubikmeter m mètre m cube
Küche f cuisine f
Kuchen (-s, -) m gâteau m
• **Kuchenblech** nt plaque f à gâteaux
• **Kuchenform** f moule m à pâtisserie
• **Kuchengabel** f fourchette f à gâteaux od à dessert
Küchenherd m cuisinière f
Küchenmaschine f robot m
Küchenschabe f cafard m, blatte f
Küchenschrank m buffet m de cuisine
Kuchenteig m pâte f à gâteau
Kuckuck (-s, -e) m (Zool) coucou m
Kufe f (Fass) cuve f ; (Schlittenkufe) patin m
Kugel (-, -n) f (Körper) boule f ; (Math) sphère f ; (Erdkugel) globe m ; (Gewehrkugel) balle f • **kugelförmig** adj sphérique • **Kugelkopf** m boule f

- **Kugellager** nt roulement m à billes
- **kugelrund** adj rond(e) comme un ballon ; (fam: Mensch) grassouillet(te)
Kugelschreiber m stylo m à bille
kugelsicher adj pare-balles
Kugelstoßen (-s) nt lancer m du poids
Kuh (-, ¨e) f vache f ; (péj: Frau) chameau m
- **Kuhhandel** m marchandage m
kühl adj frais(fraîche) ; (leicht abweisend, nüchtern) froid(e) • **Kühlanlage** f système m frigorifique
Kühle f fraîcheur f
kühlen vt refroidir, rafraîchir
Kühler (-s, -) m (Auto) radiateur m
- **Kühlerhaube** f capot m
Kühlhaus nt entrepôt m frigorifique
Kühlraum m chambre f froide
Kühlschrank m réfrigérateur m
Kühltruhe f congélateur m
Kühlturm m tour f de refroidissement
Kühlung f (das Kühlen) réfrigération f, refroidissement m
Kühlwasser nt (Auto) eau f de refroidissement
kühn adj (mutig) hardi(e) ; (gewagt) audacieux(-euse)
Küken (-s, -) nt poussin m
kulant adj arrangeant(e)
Kuli (-s, -s) m coolie m ; (fam: Kugelschreiber) bic® m
Kulisse f coulisse f ; (Rahmen) cadre m
kullern vi rouler
Kult (-(e)s, -e) m culte m ; **mit etw einen ~ treiben** avoir le culte de qch
kultivieren vt cultiver
kultiviert adj cultivé(e)
Kultur f culture f • **Kulturbeutel** m trousse f de toilette
kulturell adj culturel(le)
Kultusminister m ministre m de la Culture
Kultusministerium nt ministère m de la Culture
Kümmel (-s, -) m cumin m
Kummer (-s) m chagrin m
kümmerlich adj misérable ; (schwächlich) chétif(-ive)
kümmern vt regarder ▶ vr: **sich um jdn/etw ~** s'occuper de qn/qch ; **das kümmert mich nicht** ça m'est égal
Kumpan(in) (-s, -e) m(f) copain(copine) ; (Kerl, Mittäter) complice mf
Kumpel (-s, -) m (fam: Freund) copain m ; (Bergmann) mineur m
kündbar adj résiliable
Kunde (-n, -n) m client m
Kundendienst m service m après-vente
kund|geben irr vt annoncer

Kundgebung f manifestation f
kundig adj expérimenté(e) ; (Rat, Blick) d'expert ; **sich ~ machen** se mettre à jour
kündigen vi (Arbeitnehmer) démissionner ▶ vt (Wohnung) résilier le bail de ; (Mietvertrag, Sparvertrag) résilier
Kündigung f (durch Arbeitgeber) licenciement m ; (durch Arbeitnehmer, Vermieter) congé m
Kündigungsfrist f préavis m (de congé)
Kundin f cliente f
Kundschaft f clientèle f
künftig adj futur(e) ▶ adv désormais, à l'avenir
Kunst (-, ¨e) f art m ; **das ist (doch) keine ~** ça n'est pas compliqué
- **Kunstakademie** f (école f des) beaux-arts mpl • **Kunstdruck** m reproduction f • **Kunstdünger** m engrais m chimique • **Kunstfaser** f fibre f synthétique • **Kunstfehler** m faute f professionnelle (d'un médecin)
- **Kunstfertigkeit** f adresse f, habileté f
- **Kunstgeschichte** f histoire f de l'art
- **Kunstgewerbe** nt arts mpl décoratifs
- **Kunstgriff** m truc m • **Kunsthändler** m marchand m d'objets d'art
- **Kunsthandwerk** nt artisanat m
- **Kunstharz** nt résine f synthétique
Künstler(in) (-s, -) m(f) artiste mf
- **künstlerisch** adj artistique
- **Künstlername** m pseudonyme m
künstlich adj artificiel(le) ; **~e Intelligenz/Befruchtung** intelligence f/insémination f artificielle
Kunstsammler m collectionneur m d'objets d'art
Kunstseide f soie f artificielle
Kunststoff m plastique m
Kunststopfen (-s) nt stoppage m
Kunststück nt (von Zauberer) tour m de magie ; **das ist kein ~** ce n'est vraiment pas difficile
Kunstturnen nt gymnastique f
kunstvoll adj réussi(e)
Kunstwerk nt œuvre f d'art
kunterbunt adj (farbig) bariolé(e) ▶ adv (durcheinander) pêle-mêle
Kupfer (-s, -) nt cuivre m
kupfern adj de od en cuivre
Kupferstich m taille-douce f
Kuppe f (Bergkuppe) sommet m ; (Fingerkuppe) bout m
Kuppel (-, -n) f coupole f
Kuppelei f (Jur) proxénétisme m
kuppeln vi (Auto) embrayer
Kuppler(in) m(f) proxénète mf

Kupplung f (Auto) embrayage m
Kur (-, -en) f cure f
Kür (-, -en) f (Sport) figures fpl libres
Kurbel (-, -) f manivelle f
Kurbelwelle f vilebrequin m
Kürbis (-ses, -se) m citrouille f, potiron m
Kurgast m curiste mf
Kurier (-s, -e) m (Bote) messager m
Kurierdienst m service m de messageries
kurieren vt guérir
kurios adj curieux(-euse)
Kuriosität f curiosité f
Kurort m station f thermale
Kurpfuscher (péj) m charlatan m
Kurs (-es, -e) m (Richtung) route f; (Lehrgang, Finanz) cours m; **hoch im ~ stehen** (fig) être très en vogue
• **Kursbuch** nt indicateur m od horaire m (des chemins de fer)
kursieren vi (Banknoten) être en circulation; (Gerüchte) courir
kursiv adj (Schrift) italique
Kurswagen m voiture f directe
Kurtaxe f taxe f de séjour
Kurve f (Math etc) courbe f; (Straßenkurve) virage m; (von Frau) rondeur f
kurvenreich adj: „**~e Strecke**" « attention, virages (dangereux) »
kurz adj court(e); (knapp) bref(brève); (unfreundlich) sec(sèche); **zu ~ kommen** être défavorisé(e); **den Kürzeren ziehen** perdre au change
Kurzarbeit f chômage m partiel

: **Kurzarbeit** désigne une semaine de
: travail courte imposée par un manque
: de travail. Ce type de semaine a été
: introduit comme alternative au
: licenciement. La semaine de travail
: courte doit recueillir l'approbation de
: l'agence pour l'emploi, équivalent
: allemand du pôle emploi, qui verse
: alors une compensation financière aux
: salariés.

Kürze f brièveté f; (Unfreundlichkeit) sécheresse f
kürzen vt raccourcir; (Gehalt etc) diminuer, réduire
kurzerhand adv brusquement
Kurzfassung f version f abrégée
kurzfristig adj (ohne Vorankündigung) brusque; (für kurze Zeit) à court terme
Kurzgeschichte f nouvelle f
kurz|halten irr vt tenir la bride haute à
kurzlebig adj éphémère
kürzlich adv récemment
Kurzschluss m court-circuit m
Kurzschrift f sténographie f
kurzsichtig adj myope

Kurzwaren pl (articles mpl de) mercerie f
Kurzwelle f ondes fpl courtes
kuscheln vr se blottir
Kusine f cousine f
Kuss (-es, ⸚e) m baiser m
küssen vt embrasser; **jdm die Hand ~** baiser la main de qn
Küste f côte f
Küster (-s, -) m sacristain m
Kutsche f diligence f
Kutscher (-s, -) m cocher m
Kutte f froc m
Kuvert (-s, -e od -s) nt enveloppe f
Kuwait (-s) nt le Koweït
Kybernetik f cybernétique f
kybernetisch adj cybernétique
kyrillisch adj cyrillique
KZ (-s, -s) nt abk = **Konzentrationslager**

L, l nt L, l m inv
labil adj (Méd: Konstitution) fragile ; (: Kreislauf) mauvais(e), instable
Labor (**-s, -e** od **-s**) nt laboratoire m
Laborant(in) m(f) laborantin(e)
Laboratorium nt laboratoire m
laborieren vi : **an einer Bronchitis ~** (fam) traîner une bronchite
Labyrinth (**-s, -e**) nt labyrinthe m
Lache¹ f (von Flüssigkeit) flaque f ; (Blutlache) mare f
Lache² f (Gelächter) rire m
lächeln vi sourire • **Lächeln** (**-s**) nt sourire m
lachen vi rire ; **~ über** +Akk rire de ; **das wäre doch gelacht, wenn ...** ce serait ridicule si ...
Lachen (**-s**) nt rire m ; **dir wird das ~ schon noch vergehen!** rira bien qui rira le dernier
lächerlich adj ridicule ; **jdn ~ machen** ridiculiser qn
Lachgas nt gaz m hilarant
lachhaft adj ridicule
Lachs (**-es, -e**) m saumon m
Lack (**-(e)s, -e**) m laque f, vernis m ; (von Auto) peinture f
lackieren vt (Möbel) vernir ; (Auto) refaire la peinture de
Lackleder nt cuir m verni
laden irr vt charger ; (einladen) inviter ; (Jur) citer
Laden (**-s, ⸚**) m (Geschäft) magasin m ; (Fensterladen) volet m • **Ladenbesitzer** m propriétaire m (de magasin) • **Ladendieb** m personne qui fait du vol à l'étalage
• **Ladendiebstahl** m vol m à l'étalage
• **Ladenhüter** (**-s, -**) m rossignol m
• **Ladenpreis** m prix m de vente
• **Ladenschluss** m heure f de fermeture
• **Ladentisch** m comptoir m ; **unter dem ~** sous le manteau
Laderaum m cale f
lädieren vt endommager
Ladung f charge f ; (Naut, Aviat) cargaison f ; (das Beladen) chargement m ; (fam: große Menge) paquet m
lag etc vb siehe **liegen**
Lage f situation f ; (Position) position f ; (Schicht) couche f ; **in der ~ sein, etw zu tun** être en mesure de faire qch
lagenweise adv par couches
Lager (**-s, -**) nt camp m ; (Écon) entrepôt m ; (Schlaflager) lit m ; (Tech) palier m ; (von Bodenschätzen) gisement m
• **Lagerarbeiter** m magasinier m
• **Lagerbestand** m stock m • **Lagerhaus** nt entrepôt m
lagern vt stocker ; (betten) mettre ▶ vi (Vorräte) être entreposé(e) ; (Menschen) camper ▶ vi (rasten) faire une halte, s'arrêter ; „**kühl ~**" « conserver au frais »
Lagerstätte f gisement m
Lagerung f (von Waren) entreposage m
Lagune f lagune f
lahm adj paralysé(e) ; (langsam, langweilig) mou(molle) ; (Ausrede) mauvais(e)
• **lahmen** vi traîner la jambe
lähmen, lahmlegen vt paralyser
Lähmung f paralysie f
Laib (**-s, -e**) m : **ein ~ Brot** une miche de pain, un pain
Laich (**-(e)s, -e**) m frai m • **laichen** vi frayer
Laie (**-n, -n**) m profane m ; (Rel) laïc m
laienhaft adj de profane
Lakai (**-en, -en**) m laquais m
Laken (**-s, -**) nt (Betttuch) drap m
lallen vi (Betrunkener) bafouiller ; (Baby) gazouiller
Lamelle f lamelle f ; (von Jalousie) lame f
Lametta (**-s**) nt guirlande de Noël en papier d'argent
Lamm (**-(e)s, ⸚er**) nt agneau m
• **Lammfell** nt agneau m • **lammfromm** adj doux(douce) comme un agneau
• **Lammwolle** f lambswool f
Lampe f lampe f
Lampenfieber nt trac m
Lampenschirm m abat-jour m
Lampion (**-s, -s**) m lampion m
Land (**-(e)s, ⸚er**) nt (Festland) terre f ; (Gelände, Erdboden) terrain m ; (nicht Stadt) campagne f ; (Staatsgebiet, Nation) pays m ; (Bundesland) land m ; **auf dem ~(e)** à la campagne

: Un **Land** (au pluriel *Länder*) est un état
: membre de la BRD. La BRD est formée
: de 16 *Länder* : Bade-Wurtemberg,

Basse-Saxe, Bavière, Berlin, Brandebourg, Brême, Hambourg, Hesse, Mecklembourg-Poméranie-Occidentale, Rhénanie-du-Nord-Westphalie, Rhénanie-Palatinat, Sarre, Saxe, Saxe-Anhalt, Schleswig-Holstein, Thuringe. Chaque *Land* a son assemblée et sa constitution.

Landbesitz *m* propriété *f* foncière
Landebahn *f* piste *f* d'atterrissage
landeinwärts *adv* vers l'intérieur du pays *od* des terres
landen *vi* (*Flugzeug*) atterrir ; (*Schiff*) accoster ; (*Passagier*) débarquer ; (*fam: geraten*) atterrir
Ländereien *pl* terres *fpl*
Landesfarben *pl* couleurs *fpl* nationales
Landesinnere(s) *nt* intérieur *m* du pays
Landesregierung *f* gouvernement *m* de/du *Land*
Landessprache *f* langue *f* nationale
Landestracht *f* costume *m* national
landesüblich *adj* (*Tracht*) du pays ; **das ist dort ~** c'est la coutume là-bas *od* dans ce pays
Landesverrat *m* haute trahison *f*
Landeswährung *f* monnaie *f* nationale
Landhaus *nt* maison *f* de campagne
Landkarte *f* carte *f* (géographique)
Landkreis *m* district *m* (administratif)
landläufig *adj* courant(e)
ländlich *adj* rural(e)
Landmine *f* mine *f* terrestre
Landschaft *f* paysage *m* ; (*Landstrich*) région *f*
landschaftlich *adj* du paysage ; (*Besonderheiten*) régional(e)
Landsmann (**-(e)s, -leute**) *m*, **Landsmännin** *f* compatriote *mf*
Landstraße *f* route *f* départementale
Landstreicher(in) (**-s, -**) *m(f)* vagabond(e)
Landstrich *m* contrée *f*, région *f*
Landtag *m* parlement *m* (d'un *Land*)
Landtagswahlen *pl* élections *fpl* au landtag
Landung *f* (*von Flugzeug*) atterrissage *m* ; (*von Schiff*) accostage *m*
Landungsboot *nt* péniche *f* de débarquement
Landungsbrücke *f* débarcadère *m*
Landvermesser *m* arpenteur(-géomètre) *m*
Landwirt(in) *m(f)* agriculteur(-trice)
Landwirtschaft *f* agriculture *f*
Landzunge *f* langue *f* de terre
lang *adj* long(ue) ; (*fam: Mensch*) grand(e) ; **sein Leben ~** toute sa vie • **langatmig** *adj* interminable

lange *adv* longtemps
Länge *f* longueur *f* ; (*Géo*) longitude *f* ; **sich in die ~ ziehen** tirer en longueur
langen *vi* (*ausreichen*) suffire ; (*sich erstrecken*) s'étendre, aller ; (*fassen*) tendre la main ; **es langt mir!** (*fam*) j'en ai assez !
Längengrad *m* longitude *f*
Längenmaß *nt* unité *f* de longueur
Langeweile (**-**) *f* ennui *m*
langfristig *adj*, *adv* à long terme
Langlauf, Langlaufski *m* ski *m* de fond
langlebig *adj* qui vit longtemps
länglich *adj* long(longue)
Langmut (**-**) *f* patience *f*
langmütig *adj* patient(e)
längs *präp* (+*Gen od Dat*) le long de ▶ *adv* dans le sens de la longueur
langsam *adj* lent(e) ▶ *adv* (*allmählich*) peu à peu • **Langsamkeit** *f* lenteur *f*
Langschläfer(in) *m(f)* lève-tard *mf*
längst *adv* depuis longtemps
Languste *f* langouste *f*
langweilen *vt* ennuyer
langweilig *adj* ennuyeux(-euse)
Langwelle *f* grandes ondes *fpl*
langwierig *adj* prolongé(e)
Langzeitarbeitslose *pl* chômeurs *mpl* de longue durée
Lanze *f* lance *f*
Laos *nt* le Laos
lapidar *adj* lapidaire
Lappalie *f* bagatelle *f*
Lappen (**-s, -**) *m* chiffon *m*
läppisch *adj* puéril(e)
Lappland *nt* la Laponie
Lapsus (**-, -**) (*geh*) *m* lapsus *m*
Laptop (**-, -**) *m* (*Inform*) portable *m*
Lärche *f* mélèze *m*
Lärm (**-(e)s**) *m* bruit *m* • **lärmen** *vi* faire du bruit
Lärmschutz *m* protection *f* contre le bruit
Larve *f* larve *f*
las *etc vb siehe* **lesen**
lasch *adj* (*schlaff*) mou (molle) ; (*Behandlung, Einstellung*) laxiste ; (*Geschmack*) fade
Lasche *f* (*Schuhlasche*) languette *f* ; (*Tech*) élément *m* de raccord
Laser (**-s, -**) *m* laser *m* • **Laserdrucker** *m* imprimante *f* laser
Laserstrahl *m* rayon *m* laser

(SCHLÜSSELWORT)

lassen (*pt* **ließ**, *pp* **gelassen** *od* (*als Hilfsverb*) **lassen**) *vt* **1** (*unterlassen*) arrêter ; **lass das (sein)!** arrête ! ;

lässig | 530

lassen wir das! arrêtons !, ça suffit comme ça ! ; **er kann das Trinken nicht lassen** il n'arrive pas à arrêter de boire ; **tu, was du nicht lassen kannst!** fais-le, si tu ne peux pas t'en empêcher!
2 (*zurücklassen*) laisser ; **etw zu Hause lassen** laisser qch à la maison
3 (*überlassen*): **jdm etw lassen** laisser qch à qn
4 (*zugestehen*): **das muss man ihr lassen, sie ist eine tolle Hausfrau** il faut reconnaître qu'elle est une ménagère accomplie
▶ *vi*: **lass mal, ich mache das schon** laisse, je m'en occupe
▶ *Hilfsverb* **1** (*veranlassen*): **etw machen lassen** faire faire qch ; **sich** *Dat* **etw schicken lassen** se faire envoyer qch ; **jdn etw wissen lassen** faire savoir qch à qn
2 (*zulassen, belassen*): **jdn gewinnen lassen** laisser qn gagner ; **ich lasse mich nicht beleidigen!** je ne supporterai pas cet affront ! ; **das Licht brennen lassen** laisser la lumière allumée ; **jdn ins Haus lassen** laisser entrer qn ; **jdn warten lassen** faire attendre qn ; **lass es dir gut gehen!** bonne chance !
3: **lass uns gehen** partons !
4 (*möglich sein*): **die Tür lässt sich nicht schließen** la porte ne ferme pas ; **das lässt sich machen** c'est possible

lässig *adj* décontracté(e) • **Lässigkeit** *f* décontraction *f*
Last (-, -en) *f* (*Gegenstand*) fardeau *m*, charge *f* ; (*Naut, Aviat*) cargaison *f* ; (*Gewicht*) poids *m* ; **jdm zur ~ fallen** importuner qn
lasten *vi*: **auf jdm/etw ~** peser sur qn/qch
Laster (-s, -) *nt* vice *m* ▶ *m* (*fam: Lkw*) poids lourd *m*
lasterhaft *adj* dépravé(e)
lästerlich *adj* calomniateur(-trice)
lästern *vi*: **über jdn/etw ~** médire de qn/qch ▶ *vt* (*Gott*) blasphémer
Lästerung *f* médisance *f* ; (*Gotteslästerung*) blasphème *m*
lästig *adj* importun(e) ; **jdm ~ werden** importuner qn
Lastkahn *m* péniche *f*
Lastkraftwagen *m* poids lourd *m*
Lastschrift *f* inscription *f* au débit ; **per ~ bezahlen** payer par prélèvement automatique/bancaire
Lasttier *nt* bête *f* de somme
Lastwagen *m* camion *m*
Latein (-s) *nt* latin *m*

Lateinamerika (-s) *nt* l'Amérique *f* latine
lateinisch *adj* latin(e)
latent *adj* latent(e)
Laterne *f* lanterne *f* ; (*Straßenlaterne*) réverbère *m*
Laternenpfahl *m* lampadaire *m*
Latrine *f* latrines *fpl*
Latsche *f* pin *m* nain
latschen (*fam*) *vi* (*lässig gehen*) se traîner
Latte *f* latte *f* ; (*Foot*) barre *f* transversale
Lattenzaun *m* clôture *f* à claire-voie
Latz (-es, -e) *m* (*für Säugling*) bavette *f* ; (*an Kleidungsstück, Hosenlatz*) plastron *m*
• **Lätzchen** *nt* bavoir *m*
Latzhose *f* salopette *f*
lau *adj* tiède ; (*Wetter, Wind, Nacht*) doux (douce)
Laub (-es) *nt* feuillage *m*, feuilles *fpl*
• **Laubbaum** *m* arbre *m* à feuilles caduques
Laube *f* tonnelle *f*
Laubfrosch *m* rainette *f*
Laubsäge *f* scie *f* à chantourner
Lauch (-(e)s, -e) *m* poireau *m*
Lauer *f*: **auf der ~ sein** *od* **liegen** être aux aguets
lauern *vi*: **auf jdn/etw ~** épier qn/qch
Lauf (-(e)s, Läufe) *m* cours *m* ; (*das Laufen, Sport*) course *f* ; (*Gewehrlauf*) canon *m* ; **einer Sache** *Dat* **ihren ~ lassen** laisser qch suivre son cours • **Laufbahn** *f* carrière *f*
laufen *irr vi* marcher ; (*rennen*) courir ; (*fließen*) couler ; (*gültig sein*) être valide ; (*gezeigt werden: Film*) passer ; (*im Gang sein*) être en cours ▶ *vt* (*Strecke*) parcourir ; (*Rennen*) participer à ; **auf jds Namen** *Akk* **~** être au nom de qn ; **sich** *Dat* **Blasen ~** attraper des ampoules en marchant
laufend *adj* (*ständig*) continuel(le) ; (*gegenwärtig*) courant(e), en cours ; **auf dem L~en sein/halten** être/tenir au courant (des derniers développements) ; **am ~en Band** sans arrêt ; **~e Nummer** dernier numéro *m* ; (*von Konto*) numéro d'ordre ; **~e Kosten** frais *mpl* d'exploitation
Läufer (-s, -) *m* (*Sport*) coureur *m* ; (*Schach*) fou *m* ; (*Teppich*) chemin *m*
Läuferin *f* (*Sport*) coureuse *f*
Laufkundschaft *f* clientèle *f* de passage
Laufmasche *f* maille *f* filée
Laufpass *m*: **jdm den ~ geben** (*fam*) plaquer qn
Laufstall *m* parc *m* (*pour bébés*)
Laufsteg *m* passerelle *f*
Laufwerk *nt* (*Inform*) lecteur *m* de CD-ROM *od* de DVD

Lauge f (Chim) solution f alcaline; (Seifenlauge) eau f savonneuse
Laune f humeur f; (Einfall) caprice m
launenhaft adj lunatique
launisch (péj) adj lunatique
Laus (-, **Läuse**) f pou m • **Lausbub** m petit garnement m
lauschen vi écouter
lauschig adj tranquille
lausen vt épouiller
lausig (fam) adj minable; (Kälte, Zeit) épouvantable
laut adj bruyant(e); (Stimme) fort(e) ▶ präp +Gen d'après; **~ werden** (bekannt) se faire jour
Laut (-(e)s, -e) m son m
Laute f luth m
lauten vi: **wie lautet das englische Original?** que dit l'original anglais?; **wie lautet das Urteil?** quel est le verdict?
läuten vi, vt (Glocke) sonner; **es hat geläutet** on a sonné
lauter adj pur(e); (aufrichtig) sincère ▶ adv: **das sind ~ Lügen** c'est un tissu de mensonges
läutern vt purifier
lauthals adv (lachen) à gorge déployée; (schreien) à tue-tête
lautlos adj silencieux(-euse)
lautmalend adj onomatopéique
Lautschrift f transcription f phonétique
Lautsprecher m haut-parleur m
Lautsprecherwagen m voiture f (à) haut-parleur
lautstark adj très fort(e)
Lautstärke f (Radio) volume m
lauwarm adj tiède
Lava (-, **Laven**) f lave f
Lavendel (-s, -) m lavande f
Lawine f avalanche f
Lawinengefahr f danger m d'avalanches
lax adj relâché(e)
Layout, Lay-out (-s, -s) nt mise f en page
Lazarett (-(e)s, -e) nt hôpital m militaire
LCD-Anzeige f, **LCD-Display** nt afficheur m LCD
leasen vt louer (à bail)
Leasing (-s, -s) nt leasing m
leben vi vivre; **von etw ~** vivre de qch
Leben (-s, -) nt vie f
lebend adj vivant(e)
lebendig adj vivant(e); (lebhaft auch) plein(e) de vie • **Lebendigkeit** f vivacité f
Lebensart f mode m de vie; **seine ~ haben** manquer de savoir-vivre
Lebenserfahrung f expérience f de la vie
Lebenserwartung f espérance f de vie
lebensfähig adj viable
Lebensgefahr f danger m de mort; **in ~ schweben** od **sein** être entre la vie et la mort od dans un état critique
lebensgefährlich adj très dangereux(-euse); (Verletzung, Krankheit) grave
Lebenshaltung f coût m de vie
Lebenshaltungskosten pl coût msg de la vie
Lebensjahr nt: **mit dem vollendeten 18. ~** à 18 ans révolus
Lebenslage f situation f
lebenslänglich adj à perpétuité
Lebenslauf m curriculum m vitae
lebenslustig adj heureux(-euse) de vivre
Lebensmittel pl aliments mpl
Lebensmittelgeschäft nt épicerie f
lebensmüde adj las(se) de vivre
Lebensqualität f qualité f de (la) vie
Lebensretter(in) m(f) sauveteur(-euse)
Lebensstandard m niveau m de vie
Lebensstellung f situation f pour la vie
Lebensunterhalt m subsistance f
Lebensversicherung f assurance-vie f
Lebenswandel m vie f
Lebensweise f mode m de vie
lebenswichtig adj vital(e)
Lebenszeichen nt signe m de vie
Lebenszeit f: **auf ~** à vie
Leber (-, -n) f foie m • **Leberfleck** m grain m de beauté • **Lebertran** m huile f de foie de morue • **Leberwurst** f saucisse f au pâté de foie
Lebewesen nt être m vivant
lebhaft adj vif(vive); (Straße) animé(e); (Verkehr) dense
Lebhaftigkeit f vivacité f
Lebkuchen m pain m d'épice
leblos adj inanimé(e)
lechzen vi: **nach etw ~** être avide de qch
leck adj (Boot) qui prend l'eau; (Rohr) qui fuit • **Leck** (-(e)s, -s) nt fuite f
lecken[1] vi (Loch haben) fuir
lecken[2] vt (schlecken) lécher
lecker adj délicieux(-euse)
• **Leckerbissen** m délice m • **Leckermaul** nt (petit(e)) gourmand(e) m/f
led. abk = **ledig**
Leder (-s, -) nt cuir m • **Lederhose** f (von Tracht) culotte f de cuir
ledern adj en od de cuir
Lederwaren pl articles mpl de maroquinerie
ledig adj célibataire • **lediglich** adv uniquement, ne ... que
leer adj vide; (Seite) blanc (blanche); **~ stehend** vide
Leere (-) f vide m

leeren vt vider
Leergewicht nt poids m à vide
Leergut nt emballages mpl à recycler
Leerlauf m point m mort
Leertaste f barre f d'espacement
Leerung f vidage m ; (Poste) levée f
Leerzeichen nt blanc m, espace f
legal adj légal(e) • **legalisieren** vt légaliser • **Legalität** f légalité f
Legasthenie f dyslexie f
Legebatterie f batterie f (pour l'élevage de poules pondeuses)
legen vt (tun) mettre, poser ; (in flache Lage) coucher ; (Kabel, Schienen) poser ; (Ei) pondre ; (Haare) mettre en pli ▶ vr (Mensch) s'allonger ; (Betrieb, Interesse) baisser ; (Schmerzen, Sturm) se calmer
Legende f légende f
leger adj décontracté(e)
legieren vt (Metalle) allier
Legierung f alliage m
Legislative f législatif m
Legislaturperiode f législature f, mandature f
legitim adj légitime • **Legitimation** f légitimation f • **legitimieren** vt légitimer ▶ vr prouver son identité • **Legitimität** f légitimité f
Lehm (-(e)s, -e) m terre f glaise • **lehmig** adj glaiseux(-euse)
Lehne f (Rückenlehne) dossier m ; (Armlehne) accoudoir m
lehnen vt: **etw an etw** Akk **~** appuyer qch contre qch ▶ vr: **sich an etw** Akk**/auf etw** Akk **~** s'appuyer contre/à qch
Lehnstuhl m fauteuil m
Lehramt nt enseignement m
Lehrbuch nt manuel m
Lehre f (Ausbildung) apprentissage m ; (Gedankenlehre, Glaubenssystem) doctrine f ; (Gesetzmäßigkeit) théorie f ; (Erfahrung) leçon f ; (Tech) jauge f, calibre m
lehren vt (unterrichten) enseigner
Lehrer(in) (-s, -) m(f) professeur mf ; (Grundschullehrer) instituteur(-trice) • **Lehrerzimmer** nt salle f des professeurs
Lehrgang m cours m
Lehrjahre pl années fpl d'apprentissage
Lehrkraft f enseignant(e) m/f
Lehrling m apprenti m
Lehrplan m programme m (scolaire)
lehrreich adj instructif(-ive)
Lehrsatz m théorème m
Lehrstelle f place f d'apprentissage
Lehrstuhl m chaire f
Lehrzeit f apprentissage m
Leib (-(e)s, -er) m corps m
Leibeserziehung f éducation f physique

leibhaftig adj en chair et en os ; (Teufel) incarné(e)
leiblich adj (Sohn) vrai(e)
Leiche f cadavre m
Leichenbeschauer (-s, -) m médecin m légiste
Leichenwagen m corbillard m
Leichnam (-(e)s, -e) m dépouille f
leicht adj léger(-ère) ; (nicht schwierig) facile ▶ adv (schnell) facilement ; **es jdm ~ machen** faciliter les choses à qn • **Leichtathletik** f athlétisme m • **leicht|fallen** irr vi: **jdm ~** être facile pour qn • **leichtfertig** adj irréfléchi(e) • **leichtgläubig** adj crédule • **Leichtgläubigkeit** f crédulité f • **leichthin** adv à la légère
Leichtigkeit f (Mühelosigkeit) facilité f
leichtlebig adj insouciant(e)
Leichtmetall nt métal m léger
leicht|nehmen irr vt prendre à la légère
Leichtsinn m légèreté f
leichtsinnig adj imprudent(e)
leid adj: **etw ~ haben** od **sein** en avoir assez de qch ; siehe auch **leidtun**
Leid (-(e)s) nt peine f
leiden irr vt souffrir de ▶ vi souffrir ; **jdn/etw nicht ~ können** ne pas pouvoir souffrir qn/qch ; **unter etw** Dat **~** souffrir de qch • **Leiden** (-s, -) nt (Krankheit) maladie f
Leidenschaft f passion f • **leidenschaftlich** adj passionné(e)
leider adv malheureusement
leidig adj fâcheux(-euse)
leidlich adj passable ▶ adv à peu près
Leidtragende(r) f(m) (Opfer) victime f
leid|tun irr vi: **es tut mir leid** je suis désolé(e) ; **er tut mir leid** il me fait pitié
Leidwesen nt: **zu jds ~** au grand regret de qn
Leier (-, -n) f lyre f ; **immer die alte ~!** (fam) c'est toujours la même rengaine !
Leierkasten m orgue m de Barbarie
Leihbibliothek f bibliothèque f de prêt
leihen irr vt prêter ; **sich** Dat **etw ~** emprunter qch
Leihgabe f prêt m
Leihgebühr f frais mpl de location
Leihhaus nt mont-de-piété m
Leihwagen m voiture f de location
Leim (-(e)s, -e) m colle f • **leimen** vt coller
Leine f corde f ; (Hundeleine) laisse f
Leinen (-s, -) nt toile f
Leintuch nt drap m
Leinwand f toile f ; (Ciné) écran m
leise adj (Stimme) bas (basse) ; (Geräusch, Wind, Regen, Zweifel) léger(-ère)

Leiste f bordure f; (Zierleiste) garniture f; (Anat) aine f
leisten vt faire; (vollbringen) accomplir; **sich** Dat **etw ~ können** pouvoir se permettre qch; **sich** Dat **eine Frechheit ~** être insolent(e)
Leistenbruch m hernie f (inguinale)
Leistung f (Geleistetes) performance f; (Kapazität) rendement m; (von Motor, Maschine) puissance f; (finanziell) prestations fpl
Leistungsdruck m obligation f de réussir
leistungsfähig adj performant(e)
Leistungsfähigkeit f capacité f, efficacité f
Leistungsgesellschaft f méritocratie f
Leistungssport m sport m de compétition
Leistungszulage f prime f de rendement
Leitartikel m éditorial m
Leitbild nt modèle m
leiten vt être à la tête de; (Firma, Orchester etc) diriger; (Gas, Wasser) amener; (Wärme, Strom) conduire; **sich von jdm/ etw ~ lassen** suivre qn/qch • **leitend** adj (Stellung) de cadre, à responsabilité; (Gedanke, Idee) directeur(-trice); **~er Angestellter** cadre m supérieur
Leiter[1] **(-s, -)** m (Direktor) directeur m
Leiter[2] **(-, -n)** f échelle f
Leiterin f directrice f
Leitfaden m précis m
Leitfähigkeit f conductibilité f
Leitmotiv nt leitmotiv m
Leitplanke f glissière f de sécurité
Leitung f (Führung, die Leitenden) direction f; (für Wasser, Gas, Strom) conduite f; (Kabel) câble m; (Telefonleitung) ligne f; **eine lange ~ haben** (fig) avoir la comprenette un peu dure
Leitungsrohr nt conduite f
Leitungswasser nt eau f du robinet
Leitwerk nt (Aviat) empennage m
Lektion f leçon f; **jdm eine ~ erteilen** faire la leçon à qn
Lektor(in) m(f) lecteur(-trice)
Lektüre f lecture f
Lende f reins mpl; (Culin) filet m
Lendenbraten m filet m rôti
lenken vt (Fahrzeug) conduire; (Kind) guider; (Blick, Aufmerksamkeit) tourner
Lenkrad nt volant m
Lenkstange f (Fahrradlenkstange) guidon m
Leopard (-en, -en) m léopard m
Lepra (-) f lèpre f
Lerche f alouette f
lernbegierig adj studieux(-euse)

lernbehindert adj attardé(e)
lernen vt apprendre; (Handwerk) faire un apprentissage de ▶ vi travailler; (in der Ausbildung sein) suivre une formation
Lernprogramm nt, **Lernsoftware** f didacticiel m
lesbar adj lisible
Lesbe (-, -n) f (fam), **Lesbierin** f lesbienne f
lesbisch adj lesbien(ne)
Lese f (Weinlese) vendanges fpl
Lesebrille f lunettes fpl pour lire
Lesebuch nt livre m de lecture
lesen irr vt (Text) lire; (ernten) récolter; (auslesen) trier ▶ vi lire; (Univ) donner un cours
Leser(in) (-s, -) m(f) lecteur(-trice)
Leserbrief m lettre f de lecteur; **„~e"** « courrier des lecteurs »
leserlich adj lisible
Lesesaal m salle f de lecture
Lesezeichen nt signet m
Lesotho nt le Lesotho
Lesung f lecture f
lettisch adj letton(ne)
Lettland nt la Lettonie
letzte(r, s) adj dernier(-ière); **zum ~n Mal** pour la dernière fois
letztens adv récemment; (zuletzt) finalement
letztere(r, s) adj ce (cette) dernier(-ière)
letztlich adv en fin de compte
Leuchte f lampe f; (kluger Kopf) lumière f
leuchten vi briller; (mit Lampe) éclairer
Leuchter (-s, -) m chandelier m
Leuchtfarbe f couleur f fluorescente
Leuchtfeuer nt balise f
Leuchtkugel f balle f traçante
Leuchtreklame f enseigne f lumineuse
Leuchtröhre f tube m fluorescent
Leuchtturm m phare m
Leuchtzifferblatt nt cadran m lumineux
leugnen vt, vi nier
Leukämie f leucémie f
Leumund (-(e)s) m réputation f
Leumundszeugnis nt certificat m de bonne vie et mœurs
Leute pl gens mpl; (Personal) subordonnés mpl; (Mil) hommes mpl
Leutnant (-s, -s od **-e)** m lieutenant m
leutselig adj bienveillant(e)
• **Leutseligkeit** f affabilité f
Lexikon (-s, Lexiken od **Lexika)** nt (Konversationslexikon) encyclopédie f; (Wörterbuch) dictionnaire m
Libanese (-n, -n) m, **Libanesin** f Libanais(e) m/f
Libanon (-s) m: **der ~** le Liban

Libelle f libellule f
liberal adj libéral(e)
Liberalisierung f libéralisation f
Liberia nt le Libéria, la Liberia
Libero (**-s, -s**) m arrière m volant
Libyen (**-s**) nt la Libye
Licht (**-(e)s, -er**) nt lumière f ; (*Kerze*) bougie f
Lichtbild nt (*Passbild*) photo f d'identité
Lichtblick m (*Hoffnung*) lueur f d'espoir
lichtempfindlich adj sensible à la lumière
lichten vt (*Wald*) éclaircir ; (*Anker*) lever
  ▶ vr (*Nebel*) se lever ; (*Reihen*) s'éclaircir
lichterloh adv: **~ brennen** flamber
Lichtgriffel m crayon m optique
Lichthupe f appel m de phares
Lichtjahr nt année-lumière f
Lichtmaschine f dynamo f
Lichtmess nt la Chandeleur
Lichtschalter nt interrupteur m
Lichtschutzfaktor m indice m de protection
Lichtung f clairière f
Lid (**-(e)s, -er**) nt paupière f • **Lidschatten** m fard m à paupières
lieb adj gentil(le) ; (*artig*) sage ; (*willkommen*) bienvenu(e) ; (*geliebt*) cher (chère) ; **L~e Anne, ~er Klaus!** Chère Anne, cher Klaus ... ; **würden Sie so ~ sein** auriez-vous l'amabilité ; **~ gewinnen** se mettre à aimer ; **~ haben** aimer beaucoup
liebäugeln vi: **mit dem Gedanken ~, etw zu tun** caresser l'idée de faire qch
Liebe f amour m • **liebebedürftig** adj: **~ sein** avoir besoin d'affection
lieben vt aimer
liebenswert adj très sympathique
liebenswürdig adj aimable
liebenswürdigerweise adv aimablement
Liebenswürdigkeit f amabilité f
lieber adv: **etw ~ tun** préférer faire qch ; **ich gehe ~ nicht** je préfère ne pas y aller
Liebesbrief m lettre f d'amour
Liebesdienst m faveur f
Liebeskummer m: **~ haben** avoir un chagrin d'amour
Liebespaar nt amoureux mpl
liebevoll adj affectueux(-euse)
Liebhaber(in) (**-s, -**) m(f) amant m ; (*Kenner*) amateur(-trice)
Liebhaberei f violon m d'Ingres
liebkosen vt insép câliner
lieblich adj (*Landschaft*) charmant(e) ; (*Duft, Wein*) doux(douce)
Liebling m (*von Eltern, Publikum*) préféré(e) m/f ; (*Anrede*) chéri(e) m/f

Lieblings- in zW préféré(e)
lieblos adj sans cœur
Liebschaft f aventure f
Liechtenstein (**-s**) nt le Liechtenstein
Lied (**-(e)s, -er**) nt chanson f ; (*Kirchenlied*) chant m
Liederbuch nt recueil m de chansons ; (*Rel*) recueil m de chants
liederlich adj (*unordentlich*) négligé(e) ; (*unmoralisch*) dissolu(e)
Liedermacher m auteur-compositeur m
lief etc vb siehe **laufen**
Lieferant m fournisseur m
liefern vt (*Waren*) livrer ; (*Rohstoffe*) produire ; (*versorgen mit*) fournir
Lieferschein m bon m de livraison
Liefertermin m délai m de livraison
Lieferung f livraison f
Lieferwagen m voiture f de livraison
Liege f divan m
liegen irr vi (*waagerecht sein*) être couché(e) ; (*sich befinden*) se trouver ; **jdm schwer im Magen ~** peser sur l'estomac de qn ; **an etw** Dat **~** (*Ursache*) tenir à qch ; **mir liegt viel daran** j'y tiens beaucoup ; **Sprachen ~ mir nicht** je ne suis pas doué(e) pour les langues ; **~ bleiben** (*nicht aufstehen*) rester couché(e) ; (*nicht ausgeführt werden*) rester en plan ; **~ lassen** (*vergessen*) oublier • **Liegenschaft** f terrain m
Liegesitz m siège m à dossier réglable
Liegestuhl m chaise f longue
Liegewagen m wagon-couchette m
lieh etc vb siehe **leihen**
ließ etc vb siehe **lassen**
Lift (**-(e)s, -e** od **-s**) m ascenseur m
Likör (**-s, -e**) m liqueur f
lila adj mauve
Lilie f lis m
Liliputaner(in) (**-s, -**) m(f) nain(e)
Limo f = **Limonade**
Limonade f limonade f
lind adj doux(douce)
Linde f tilleul m
lindern vt soulager
Linderung f soulagement m
Lineal (**-s, -e**) nt règle f
Linguistik f linguistique f
Linie f ligne f
Linienblatt nt transparent m
Linienflug m vol m de ligne
Linienrichter m juge m de touche
linieren vt régler
Link m (*Inform*) lien m
linke(r, s) adj gauche ; (*auf der Innenseite*) : **die ~ Seite** l'envers m ; **~ Masche** maille f à l'envers
Linke f (*Hand*) main f gauche ; (*Pol*) gauche f

linkisch *adj* gauche
links *adv* à gauche ; (*verkehrt herum*) à l'envers ; (*mit der linken Hand*) de la main gauche ; **~ von mir** à ma gauche ; **~ vom Eingang** à gauche de l'entrée
• **Linksaußen** (**-s, -**) *m* (*Sport*) ailier *m* gauche • **Linkshänder(in)** (**-s, -**) *m(f)* gaucher(-ère) • **Linkskurve** *f* virage *m* à gauche • **linksradikal** *adj* d'extrême gauche • **Linksverkehr** *m* circulation *f* à gauche
Linoleum (**-s**) *nt* linoléum *m*
Linse *f* lentille *f*
Lippe *f* lèvre *f*
Lippenbekenntnis *nt* engagement *m* purement verbal
Lippenstift *m* rouge *m* à lèvres
liquidieren *vt* liquider
lispeln *vi* zézayer
List (**-, -en**) ruse *f*
Liste *f* liste *f*
listig *adj* rusé(e)
Litanei *f* litanie *f*
Litauen (**-s**) *nt* la Lituanie
Litauer(in) (**-s, -**) *m(f)* Lituanien(ne)
litauisch *adj* lituanien(ne)
Liter (**-s, -**) *m od nt* litre *m*
literarisch *adj* littéraire
Literatur *f* littérature *f* • **Literaturpreis** *m* prix *m* littéraire
Litfaßsäule *f* colonne *f* Morris
Lithografie *f* lithographie *f*
litt *etc vb siehe* **leiden**
Liturgie *f* liturgie *f*
liturgisch *adj* liturgique
Litze *f* cordon *m* ; (*Élec*) fil *m*
live *adj, adv* (*Radio, TV*) en direct
Livree *f* livrée *f*
Lizenz *f* licence *f*
Lkw, LKW (**-(s), -(s)**) *m abk* = **Lastkraftwagen**
Lob (**-(e)s**) *nt* éloge *m*
loben *vt* faire l'éloge de, louer
lobenswert *adj* louable
Loch (**-(e)s, ̈-er**) *nt* trou *m* ; (*péj: Wohnung*) taudis *m*
lochen *vt* (*Papier*) perforer ; (*Fahrkarte*) poinçonner
Locher (**-s, -**) *m* perforatrice *f*
löcherig *adj* troué(e)
Locke *f* boucle *f*
locken¹ *vt* (*herbeilocken*) attirer
locken² *vt* (*Haare*) boucler
Lockenwickler *m* bigoudi *m*
locker *adj* (*Schraube*) desserré(e) ; (*Zahn*) qui branle ; (*Band etc*) lâche ; (*nicht streng*) relâché(e) ; (*fam*) cool • **locker|lassen** *irr vi*: **nicht ~** ne pas céder (d'un pouce)

lockern *vt* desserrer ; (*Vorschriften etc*) assouplir
lockig *adj* bouclé(e)
Lockruf *m* cri *m*
Lockung *f* attrait *m*
Lockvogel *m* leurre *m*
Lodenmantel *m* loden *m*
lodern *vi* flamber
Löffel (**-s, -**) *m* cuillère *f*, cuiller *f*
löffeln *vt* manger à la cuillère
löffelweise *adv* par cuillerées
log *etc vb siehe* **lügen**
Logarithmentafel *f* table *f* de logarithmes
Logarithmus *m* logarithme *m*
Loge *f* loge *f*
Logik *f* logique *f*
Log-in *nt* (**-s, -s**) (*Inform*) identifiant *m*
logisch *adj* logique
Logo (**-s, -s**) *nt* logo *m*
Lohn (**-(e)s, ̈-e**) *m* récompense *f*, salaire *m*
• **Lohnarbeit** *f* main-d'œuvre *f*
• **Lohnausfall** *m* perte *f* de salaire
• **Lohnausgleich** *m* compensation *f* de salaire • **Lohnempfänger(in)** *m(f)* salarié(e)
lohnen *vr* en valoir la peine ; **es lohnt sich nicht, das zu tun** ça ne vaut pas la peine de le faire
lohnend *adj* qui en vaut la peine
Lohnforderung *f* revendication *f* salariale
Lohnfortzahlung *f* droit au salaire en cas de maladie, accident etc
Lohnpolitik *f* politique *f* salariale
Lohnsteuer *f* impôt *m* sur le revenu
Lohnsteuerjahresausgleich *m* demande de remboursement de trop-perçu (au fisc)
Lohnsteuerkarte *f* carte *f* de contribuable
Lohnstreifen *m* fiche *f* de paie
Lohntüte *f* enveloppe *f* de paie
Loipe *f* piste *f* de ski de fond
lokal *adj* local(e)
Lokal (**-(e)s, -e**) *nt* (*Gaststätte*) café *m* ; (*Restaurant*) restaurant *m*
lokalisieren *vt* localiser
Lokalisierung *f* localisation *f*
Lokomotive *f* locomotive *f*
Lokomotivführer *m* conducteur *m* de locomotive
lol *abk* (= *laugh(ing) out loud*) (*Internet, Tél*) LOL, MDR
London (**-s**) *nt* Londres
Lorbeer (**-s, -en**) *m* laurier *m*
• **Lorbeerblatt** *nt* feuille *f* de laurier
Lore *f* truc *m*
los *adj* (*nicht befestigt*) détaché(e) ▶ *adv*: **~!** (*vorwärts*) en avant ! ; (*Beeilung*) allons ! ;

was ist ~? qu'est-ce qu'il y a ? ; **was ist (denn) mit ihm ~?** qu'est-ce qu'il a ? ; **mit ihm ist nichts ~** (er taugt nichts) ce n'est vraiment pas une lumière ; **dort ist nichts ~!** c'est un trou ! ; **jdn/etw ~ sein** être débarrassé(e) de qn/qch
Los (-es, -e) nt (Schicksal) sort m, destin m ; (Lotterielos) billet m de loterie
los|binden irr vt détacher
löschen vt (Feuer, Licht) éteindre ; (Durst) étancher ; (Datei, Tonband) effacer ; (Fracht) décharger ▶ vi (Feuerwehr) éteindre l'incendie
Löschfahrzeug nt voiture f de pompiers
Löschgerät nt extincteur m
Löschpapier nt papier m buvard
Löschtaste f touche f d'effacement
Löschung f (von Fracht) déchargement m
lose adj (Knopf) qui se décout ; (Schraube) desserré(e) ; (Blatt) volant(e) ; (nicht verpackt) en vrac ; (moralisch) dissolu(e)
Lösegeld nt rançon f
losen vi tirer au sort
lösen vt (abtrennen) détacher ; (Rätsel, Problem) résoudre ; (Fahrkarte) acheter ▶ vr (aufgehen) se défaire ; (Zucker etc) se dissoudre
los|fahren irr vi (Fahrzeug) démarrer, partir
los|gehen irr vi (beginnen) commencer ; (aufbrechen: Bombe, Gewehr) partir ; **auf jdn ~** se jeter sur qn
los|kaufen vt payer une rançon pour
los|kommen irr vi : **von jdm ~** arriver à se détacher de qn
los|lassen irr vt lâcher
los|legen (fam) vi : **nun leg mal los und erzähl(e) ...** vas-y, raconte ...
löslich adj soluble
los|machen vt détacher ; (Boot) démarrer
los|sagen vr : **sich von jdm/etw ~** rompre avec qn/qch
Losung f slogan m ; (Kennwort) mot m de passe
Lösung f solution f ; (von Verlobung) rupture f
Lösungsmittel nt solvant m
los|werden irr vt se débarrasser de ; (verkaufen) écouler
Lot (-(e)s, -e) nt (Senkblei) fil m à plomb ; (Math), perpendiculaire f ; **(nicht) im ~ sein** (ne pas) être d'aplomb ; (Sachen) (ne pas) être en ordre
löten vt souder
Lothringen (-s) nt la Lorraine
Lötkolben m fer m à souder
Lotse (-n, -n) m (Naut) pilote m ; (Aviat) aiguilleur m du ciel

lotsen vt piloter, diriger ; (fam) : **jdn ins Kino/in die Stadt ~** traîner qn au cinéma/en ville
Lotterie f loterie f
Lotto (-s, -s) nt loto m • **Lottozahlen** pl numéros mpl gagnants (à la loterie)
Löwe (-n, -n) m lion m ; (Astrol) Lion m ; **~ sein** être Lion
Löwenanteil m part f du lion
Löwenzahn m pissenlit m
Löwin f lionne f
loyal adj loyal(e)
Loyalität f loyauté f
LP (-, -s) f abk (= Langspielplatte) 33-tours m
Luchs (-es, -e) m lynx m
Lücke f (in Zaun) brèche f ; (in Wissen, Gesetz) lacune f
Lückenbüßer (-s, -) m bouche-trou m
lückenhaft adj (Wissen, Beweise) incomplet(-ète) ; (Versorgung) intermittent(e)
lückenlos adj complet(-ète)
lud etc vb siehe **laden**
Luder (-s, -) (péj) nt (Frau) garce f
Luft (-, ⸚e) f air m ; (Atem) souffle m ; **in die ~ fliegen** exploser ; **jdn wie ~ behandeln** ignorer qn ; **hier ist dicke ~** (fam : fig) il y a de l'orage dans l'air • **Luftangriff** m attaque f aérienne • **Luftballon** m ballon m • **Luftblase** f bulle f d'air • **Luftbrücke** f pont m aérien • **luftdicht** adj hermétique • **Luftdruck** m pression f atmosphérique
lüften vt aérer ; (Geheimnis) révéler ▶ vi aérer
Luftfahrt f aviation f
luftgekühlt adj à refroidissement par air
luftig adj (Zimmer) (bien) aéré(e) ; (Kleider) léger(-ère)
Luftkissenfahrzeug nt aéroglisseur m
Luftkurort m station f climatique
luftleer adj : **~er Raum** vide m
Luftlinie f : **100 km ~** 100 km à vol d'oiseau
Luftloch nt trou m d'air
Luftmatratze f matelas m pneumatique
Luftpirat m pirate m de l'air
Luftpost f poste f aérienne
Luftröhre f trachée f
Luftschlange f serpentin m
Luftschutz m défense f antiaérienne
Luftschutzkeller m abri m antiaérien
Luftsprung m galipette f ; **einen ~ machen** sauter de joie
Lüftung f aération f
Luftverkehr m trafic m aérien
Luftverschmutzung f pollution f atmosphérique

Luftwaffe f armée f de l'air
Luftzug m courant m d'air
Lüge f mensonge m ; **jdn ~n strafen** accuser qn de mentir ; **eine Behauptung ~n strafen** démentir une affirmation
lügen irr vi mentir
Lügner(in) (**-s, -**) m(f) menteur(-euse)
Luke f lucarne f
lukrativ adj lucratif(-ive)
Lümmel (**-s, -**) m vaurien m
lümmeln (péj) vr se vautrer
Lump (**-en, -en**) m gredin m
lumpen vt : **sich nicht ~ lassen** faire les choses comme il faut
Lumpen (**-s, -**) m chiffon m
lumpig adj (gemein) ignoble ; (wenig) minable ; **~e 10 Euro** seulement 10 euros
Lunge f poumon m ; **eiserne ~** poumon d'acier
Lungenentzündung f pneumonie f
lungenkrank adj malade des poumons
Lungenkrebs m cancer m du poumon
Lunte f mèche f ; **ich rieche ~** ça sent le roussi
Lupe f loupe f ; **jdn/etw unter die ~ nehmen** examiner qn/qch de très près
Lupine f lupin m
Lust (**-, ⸚e**) f (Freude, auch sexuell) plaisir m ; (Begierde, auch sexuell) désir m ; (Neigung) envie f ; **~ haben zu** od **auf etw** Akk**/etw zu tun** avoir envie de qch/de faire qch
lüstern adj lascif(-ive), lubrique
Lustgefühl nt plaisir m
lustig adj (komisch) drôle ; (fröhlich) gai(e)
lustlos adj sans enthousiasme
Lustspiel nt comédie f
lutschen vt sucer ▶ vi : **am Daumen ~** sucer son pouce
Lutscher (**-s, -**) m sucette f
Luxemburg (**-s**) nt le Luxembourg
Luxemburger(in) (**-s, -**) m(f) Luxembourgeois(e)
luxemburgisch adj luxembourgeois(e)
luxuriös adj luxueux(-euse)
Luxus (**-**) m luxe m • **Luxusartikel** m article m de luxe • **Luxussteuer** f taxe f de luxe
Lymphe f lymphe f
lynchen vt lyncher
Lyrik f poésie f lyrique • **Lyriker(in)** (**-s, -**) m(f) poète m lyrique
lyrisch adj lyrique

m

M, m nt M, m m inv
Machart f façon f
machbar adj faisable, réalisable
Mache (**-**) (fam) f (Vortäuschung) frime f ; **etw in der ~ haben** travailler à qch

(SCHLÜSSELWORT)

machen vt **1** (tun) faire ; **was machen Sie (beruflich)?** qu'est-ce que vous faites dans la vie ? ; **was macht die Arbeit?** comment va le travail ?, et le travail, ça marche ? ; **das lass ich nicht mit mir machen!** ça, je ne le tolérerai pas ! ; **Schluss machen** arrêter
2 (herstellen, anfertigen, richten) faire ; **Essen machen** faire od préparer à manger ; **sein Bett machen** faire son lit ; **ein Foto machen** faire od prendre une photo ; **aus Holz gemacht** en bois ; **etw machen lassen** (herstellen lassen) faire faire qch ; (reparieren lassen) faire réparer qch
3 (ablegen : Examen, Abitur) passer
4 (teilnehmen) : **einen Kurs machen** suivre un cours ; **eine Reise machen** faire un voyage
5 (verursachen, bereiten) : **jdm Angst/Freude machen** faire peur/plaisir à qn ; **das macht die Kälte** c'est dû au froid ; **jdn lachen machen** faire rire qn
6 (ausmachen, schaden) faire ; **macht nichts!** ça ne fait rien ! ; **die Kälte/der Rauch macht mir nichts** le froid/la fumée ne me dérange pas
7 (mit Präpositionen) : **jdn zum Sklaven/zu seiner Frau machen** faire de qn un esclave/sa femme ; **aus jdm etw machen** faire qch de qn
8 (Math) : **wie viel macht das?** ça fait combien ? ; **3 und 5 macht 8** 3 plus 5

Machenschaften | 538

égalent 8 ; **das macht 15 Euro** ça fait 15 euros

9 (fam: Kindersprache): **groß/klein machen** (Kindersprache) faire la grosse/petite commission ; **Pipi/Aa machen** (Kindersprache) faire pipi/caca

▶ vi : **mach schnell!** dépêche-toi ! ; **mach schon** od **schneller!** (fam) plus vite que ça ! ; **mach, dass du wegkommst!** ouste, va-t'en ! ; **machs gut!** bonne chance ! ; **das macht müde** ça fatigue ; **das macht hungrig/durstig** ça donne faim/soif ; **das macht dick** ça fait grossir ; **er macht in Politik** (fam) il fait de la politique ; **lass mich mal machen** (fam) laisse-moi faire

▶ vr : **sich an etw Akk machen** (beginnen) se mettre à qch ; **sich Dat viel aus jdm/etw machen** tenir (beaucoup) à qn/qch ; **mach dir nichts daraus** ne t'en fais pas ; **sich auf den Weg machen** se mettre en route ; **das macht sich gut** c'est bien ; **sich wichtig machen** faire l'important(e)

Machenschaften pl intrigues fpl
Macher(in) (-s, -) (fam) m(f) battant(e)
Macht (-, ¨e) f pouvoir m • **Machthaber** (-s, -) m dirigeant m
mächtig adj puissant(e) ; (ungeheuer) énorme
machtlos adj impuissant(e) ; (hilflos) désarmé(e)
Machtprobe f épreuve f de force
Machtwort nt : **ein ~ sprechen** faire acte d'autorité
Machwerk nt travail m bâclé
Madagaskar (-s) nt Madagascar m od f
Mädchen nt jeune fille f ; (Kind) petite fille f • **mädchenhaft** adj de petite fille • **Mädchenname** m nom m de jeune fille
Made f asticot m
madig adj (Obst) véreux(-euse)
madig|machen vt : **jdm etw ~** (fam) gâcher qch à qn
Magazin (-s, -e) nt magazine m
Magd (-, ¨e) f servante f
Magen (-s, - od ¨) m estomac m • **Magengeschwür** nt ulcère m de od à l'estomac • **Magenschmerzen** pl maux mpl d'estomac
mager adj maigre • **Magerkeit** f maigreur f • **Magersucht** f anorexie f
Magie f magie f
Magier (-s, -) m magicien m
magisch adj magique
Magnet (-s od -e, -en) m aimant m • **Magnetband** nt bande f magnétique • **magnetisch** adj magnétique

magnetisieren vt aimanter
Magnetnadel f aiguille f aimantée
Magnetstreifen m piste f magnétique
Mahagoni (-s) nt acajou m
Mähdrescher (-s, -) m moissonneuse-batteuse f
mähen vt (Rasen) tondre ; (Gras) faucher
Mahl (-(e)s, -e) nt repas m
mahlen vt moudre
Mahlzeit f repas m ▶ interj bon appétit
Mahnbrief m rappel m
Mähne f crinière f
mahnen vt (warnend) avertir ; (wegen Schuld) mettre en demeure
Mahnmal nt mémorial m
Mahnung f avertissement m ; (mahnende Worte) exhortation f
Mai (-(e)s, -e) m mai m • **Maiglöckchen** nt muguet m • **Maikäfer** m hanneton m
Mail (-, -s) f (Inform) e-mail m, courrier m électronique
Mailbox (-, -en) f boîte f aux lettres
mailen vt (Inform) : **jdm etw ~** envoyer qch à qn par mail
Mailprogramm nt logiciel m de courrier électronique
Main (-(e)s) m Main m
Mainz nt Mayence
Mais (-es, -e) m maïs m • **Maiskolben** m épi m de maïs
Majestät f majesté f
majestätisch adj majestueux(-euse)
Majo (-, -s) f = **mayonnaise**
Majonäse (-, -n) f mayonnaise f
Majoran (-s, -e) m marjolaine f
makaber adj macabre
Makel (-s, -) m défaut m ; (moralisch) tare f
makellos adj sans défaut ; (Sauberkeit) immaculé(e) ; (Vergangenheit) irréprochable
mäkeln vi : **an jdm/etw ~** trouver à redire à qn/qch
Make-up (-s, -s) nt maquillage m
Makkaroni pl macaronis mpl
Makler(in) (-s, -) m(f) (Fin) courtier(-ière) m
Makrele f maquereau m
Makrone f macaron m
mal adv (Math) fois ; (fam) siehe **einmal**
Mal (-(e)s, -e) nt (Zeitpunkt, Anlass) fois f ; (Zeichen) marque f
Malaria (-) f paludisme m
Malawi (-s) nt le Malawi
Malaysia (-s) nt la Malaysia
Malediven pl : **die ~** les Maldives fpl
malen vt, vi peindre
Maler(in) (-s, -) m(f) peintre m
Malerei f peinture f

malerisch *adj* pittoresque
Malkasten *m* boîte *f* de couleurs
Mallorca (**-s**) *nt* Majorque *f*
mal|nehmen *irr vt, vi* multiplier
Malta (**-s**) *nt* Malte *f*
maltesisch *adj* maltais(e)
Malz (**-es**) *nt* malt *m* • **Malzkaffee** *m* succédané de café à base de malt grillé
Mama (**-, -s**), **Mami** (**-, -s**) (*fam*) *f* maman *f*
Mammut (**-s, -e** *od* **-s**) *nt* mammouth *m*
man *pron* on
Management (**-s, -s**) *nt* management *m*; (*Führungskräfte*) cadres *mpl* supérieurs
managen *vt* gérer; (*Sportler*) être le manager de; **das werden wir schon ~!** on se débrouillera !
Manager(in) *m(f)* chef *m*
manche(r, s) *pron* plus d'un(e); **~ (Leute)** certains
mancherlei *pron inv* (*adjektivisch*) toutes sortes de; (*substantivisch*) toutes sortes de choses
manchmal *adv* parfois
Mandant(in) *m(f)* (*Jur*) mandant(e)
Mandarine *f* mandarine *f*
Mandat *nt* mandat *m*
Mandel (**-, -n**) *f* amande *f*; (*Anat*) amygdale *f* • **Mandelentzündung** *f* amygdalite *f*
Manege *f* (*im Zirkus*) piste *f*; (*in einer Reitschule*) manège *m*
Mangel¹ (**-, -n**) *f* (*für Wäsche*) calandre *f*
Mangel² (**-s, ¨**) *m* (*Fehler*) défaut *m*; **~ (an** +*Dat*) (*Knappheit*) manque *m* (de)
Mangelerscheinung *f* maladie *f* de carence
mangelhaft *adj* (*ungenügend*) insuffisant(e); (*Material*) défectueux(-euse)
mangeln *vi unpers*: **es mangelt jdm an etw** *Dat* qn manque de qch ▶ *vt* (*Wäsche*) calandrer
mangels *präp* +*Gen* à défaut de, faute de
Mango (**-, -s**) *f* mangue *f*
Manie *f* obsession *f*
Manier (**-**) *f* manière *f*; (*péj*) affectation *f*; **Manieren** *pl* manières *fpl*
manierlich *adj* bien élevé(e); (*ordentlich*) correct(e)
Manifest (**-es, -e**) *nt* manifeste *m*
Maniküre *f* soins *mpl* des mains
manikÜren *vt* faire les mains *od* les ongles *mpl*
Manipulation *f* manipulation *f*
manipulieren *vt* manipuler
Manko (**-s, -s**) *nt* défaut *m*; (*Écon*) déficit *m*

Mann (**-(e)s, ¨er**) *m* homme *m*; (*Ehemann*) mari *m*; **seinen ~ stehen** être à la hauteur, se débrouiller
Männchen *nt* petit homme *m*; (*Tier*) mâle *m*
Mannequin (**-s, -s**) *nt* mannequin *m*
mannigfaltig *adj* (*Erlebnisse, Eindrücke*) varié(e)
männlich *adj* mâle; (*Ling*) masculin(e)
Mannschaft *f* (*Sport*) équipe *f*; (*Naut, Aviat*) équipage *m*; (*Mil*) homme *m* (de troupe)
Manöver (**-s, -**) *nt* manœuvre *f*
manövrieren *vt, vi* manœuvrer
Mansarde *f* mansarde *f*
Manschette *f* manchette *f*
Manschettenknopf *m* bouton *m* de manchette
Mantel (**-s, ¨-**) *m* manteau *m*; (*Tech*) gaine *f*
Manuskript (**-(e)s, -e**) *nt* manuscrit *m*
Mappe *f* (*Aktenordner*) classeur *m*; (*Aktentasche*) serviette *f*
Maracuja (**-, -s**) *f* fruit *m* de la passion
Märchen *nt* conte *m* (de fées); (*Lüge*) histoire *f* • **märchenhaft** *adj* fabuleux(-euse); (*wunderschön*) merveilleux(-euse) • **Märchenprinz** *m* prince *m* charmant
Marder (**-s, -**) *m* martre *f*
Margarine *f* margarine *f*
Marienkäfer *m* coccinelle *f*
Marihuana (**-s**) *nt* marijuana *f*
Marille (*Österr*) *f* abricot *m*
Marine *f* marine *f*
marinieren *vt* mariner
Marionette *f* marionnette *f*
Mark¹ (**-, -**) *f* (*Hist: Münze*) mark *m*
Mark² (**-(e)s**) *nt* (*Knochenmark*) moelle *f*; **das geht mir durch ~ und Bein** je trouve ça insupportable
markant *adj* (*Gesicht, Erscheinung*) marquant(e); (*Stil*) caractéristique
Marke *f* (*Warensorte, Fabrikat*) marque *f*; (*Rabattmarke, Briefmarke*) timbre *m*; (*Essensmarke*) ticket *m*; (*aus Metall etc*) jeton *m*
Markenname *m* nom *m* de marque
Marker (**-s, -**) *m* marqueur *m*
Marketing (**-s**) *nt* marketing *m*
markieren *vt* (*kennzeichnen*) marquer; (*fam*) simuler ▶ *vi* (*fam*: *sich verstellen*) faire semblant
Markierung *f* marque *f*
markig *adj* (*Person*) énergique; (*Stil, Worte*) vigoureux(-euse)
Markise *f* store *m*
Markt (**-(e)s, ¨-e**) *m* marché *m*
• **Marktanteil** *m* part *f* de marché

- **Marktforschung** f étude f de marché
- **Marktplatz** m place f du marché
- **Marktwirtschaft** f économie f de marché

Marmelade f confiture f
Marmor (**-s, -e**) m marbre m
marmorieren vt marbrer
Marokkaner(in) (**-s, -**) m(f) Marocain(e)
marokkanisch adj marocain(e)
Marokko (**-s**) nt le Maroc
Marone (**-, -n** oder **Maroni**) f marron m
Marotte f marotte f
marsch interj: **~ ins Bett!** ouste, au lit!
Marsch (**-(e)s, ¨e**) m marche f
- **Marschbefehl** m ordre m de marche
- **marschbereit** adj (Truppe etc) prêt(e) à partir

marschieren vi marcher
Märtyrer(in) (**-s, -**) m(f) martyr(e)
März (**-(es), -e**) m mars m
Marzipan (**-s, -e**) nt massepain m
Masche f maille f; **das ist die neueste ~** (fam) c'est le dernier cri
Maschendraht m treillis m métallique
Maschine f machine f
maschinell adj automatique
Maschinenbau m construction f mécanique
Maschinenbauer m ingénieur m mécanicien
Maschinengewehr nt mitrailleuse f
maschinenlesbar adj (Inform) exploitable par ordinateur
Maschinenpistole f mitraillette f
Maschinenraum m salle f des machines; (Naut) machinerie f
Maschinenschaden m panne f
Maschinenschlosser m ajusteur-mécanicien m
Maschinenschrift f dactylographie f
Maschinist m mécanicien m
Maser (**-, -n**) f (von Holz) fibre f
Masern pl (Méd) rougeole f sg
Maserung f fibres fpl
Maske f masque m
Maskenball m bal m masqué
Maskerade f déguisement m
maskieren vt (verkleiden) déguiser; (fig) cacher ▸ vr se déguiser
Maskulinum (**-s, Maskulina**) nt masculin m
maß vb siehe **messen**
Maß¹ (**-es, -e**) nt mesure f; **~ halten** = **maßhalten**
Maß² (**-, -(e)**) f (Bier) ≈ litre m (de bière)
Massage f massage m
Massaker (**-s, -**) nt massacre m
Maßanzug m complet m sur mesure

Maßarbeit f (fig) travail impeccable
Masse f masse f
Massenartikel m article m fabriqué en série
Massengrab nt fosse f commune
massenhaft adj en masse
Massenkarambolage f carambolage m
Massenmedien pl mass media mpl
Massenvernichtungswaffen pl armes fpl de destruction massive
Masseur(in) m(f) masseur(-euse)
Masseuse f masseuse f
maßgebend adj compétent(e)
maßgeblich adj prépondérant(e) ▸ adv: **an etw ~ beteiligt sein** jouer un rôle prépondérant dans qch
maßgeschneidert adj (Anzug) fait(e) sur mesure
maß|halten irr vi être modéré(e)
massieren vt masser
massig adj massif(-ive) ▸ adv (fam: massenhaft) en masse
mäßig adj (Preise) modéré(e); (Qualität etc) moyen(ne) ▸ adv: **~ trinken/essen** boire/manger avec modération
- **mäßigen** vt modérer ▸ vr se modérer
- **Mäßigkeit** f modération f; (Mittelmäßigkeit) médiocrité f

massiv adj massif(-ive); (Beleidigung) grossier(-ière) • **Massiv** (**-s, -e**) nt massif m
Maßkrug m chope f d'un litre
maßlos adj (unmäßig) excessif(-ive); (äußerst) énorme
Maßnahme f mesure f
Maßstab m (Géo) échelle f; (Richtlinie, Norm) norme f
maßvoll adj modéré(e)
Mast (**-(e)s, -e(n)**) m mât m; (Élec) pylône m
mästen vt (Tier) engraisser
Material (**-s, -ien**) nt (Stoff, Rohstoff) matière f; (Hilfsmittel, Ausrüstung) matériel m • **Materialfehler** m défaut m
Materialismus m matérialisme m
Materialist(in) m(f) matérialiste mf
materialistisch adj matérialiste
Materie f matière f
materiell adj matériel(le); **~ eingestellt sein** être matérialiste
Mathematik f mathématiques fpl
- **Mathematiker(in)** (**-s, -**) m(f) mathématicien(ne)

mathematisch adj mathématique
Matjeshering m (jeune) hareng m
Matratze f matelas m
Matrixdrucker m imprimante f matricielle

Matrose (-n, -n) m marin m
Matsch (-(e)s) m boue f; (*Schneematsch*) neige f fondante od fondue
matschig adj boueux(-euse); (*Schnee*) fondu(e); (*Obst*) blet(te)
matt adj (*Schimmer*) faible; (*Photo*) mat(e); (*Lächeln*) faible; (*Schach*) mat inv
Matte f (*an der Tür*) paillasson m; (*Sport*) tapis m
Mattscheibe f (*TV*) écran m; **~ haben** (*fam*) être dans les vapes
Matura (-) (*Österr, Schweiz*) f (*Abitur*) ≈ baccalauréat m
Mauer (-, -n) f mur m
mauern vt maçonner, construire ▶ vi faire de la maçonnerie; (*Sport*) bétonner
Mauerwerk nt murs mpl; (*Stein*) maçonnerie f
Maul (-(e)s, Mäuler) nt gueule f • **maulen** (*fam*) vi râler • **Maulesel** m mulet m • **Maulkorb** m muselière f • **Maultier** nt mulet m • **Maul- und Klauenseuche** f fièvre f aphteuse
Maulwurf m (*Zool*) taupe f
Maulwurfshaufen m taupinière f
Maurer (-s, -) m maçon m
Mauretanien nt la Mauritanie
Mauritius nt l'île f Maurice
Maus (-, Mäuse) f (*auch Inform*) souris f
mäuschenstill adj: **~ sein** ne pas piper mot
Mausefalle f souricière f
mausern vr (*Vogel*) muer; (*fam*) faire peau neuve
mausetot (*fam*) adj raide mort(e)
Mausklick m clic m sur la souris
Maustaste f bouton m de la souris
Maut f péage m
maximal adj maximum
Maxime f maxime f
maximieren vt (*Gewinn, Nutzen etc*) maximiser
Mayonnaise (-, -n) f mayonnaise f
Mazedonien (-s) nt la Macédoine
Mechanik f mécanique f
Mechaniker(in) (-s, -) m(f) mécanicien(ne)
mechanisch adj mécanique
Mechanismus m mécanisme m
meckern vi (*Ziege*) chevroter; (*fam*) râler
Medaille f médaille f
Medaillon (-s, -s) nt médaillon m
Medien pl von **Medium**
Medikament nt médicament m
Meditation f méditation f
meditieren vi méditer
Medium nt (*Phys*) milieu m; **die Medien** les média(s) fpl

Medizin (-, -en) f (*Wissenschaft*) médecine f
medizinisch adj médical(e)
Meer (-(e)s, -e) nt mer f • **Meerbusen** m golfe m • **Meerenge** f détroit m
Meeresspiegel m niveau m de la mer
Meerrettich m raifort m
Meerschweinchen nt cobaye m
Mega- in zW méga
Megabyte nt mégaoctet m
Megafon (-s, -e) nt mégaphone m
Mehl (-(e)s, -e) nt farine f
mehlig adj (*Hände, Schürze*) couvert(e) de farine; (*Obst, Kartoffeln*) farineux(-euse)
Mehlspeise (*Österr*) f (*Culin*) entremets m
mehr pron plus de ▶ adv plus • **Mehraufwand** m dépense f supplémentaire • **mehrdeutig** adj (*Wort*) ambigu(ë)
mehrere pron plusieurs
mehreres pron plusieurs choses
mehrfach adj (*Hinsicht*) divers(e); (*wiederholt*) répété(e)
Mehrfamilienhaus nt petit immeuble m
Mehrheit f majorité f
mehrheitlich adj majoritaire ▶ adv à la majorité
mehrmalig adj répété(e)
mehrmals adv plusieurs fois
mehrsprachig adj polyglotte
mehrstimmig adj, adv à plusieurs voix
Mehrwertsteuer f taxe f sur la valeur ajoutée, TVA f
Mehrzahl f (*Ling*) pluriel m; **die ~ (von)** (*größerer Teil*) la majorité (de)
Mehrzweck- in zW à usages multiples, polyvalent(e)
meiden irr vt éviter
Meile f mille m
Meilenstein m borne f; (*fig*) événement m marquant
meilenweit adv très loin
mein(e) poss pron mon(ma); (*pl*) mes
meine(r, s) pron le (la) mien(ne)
Meineid m parjure m
meinen vt (*der Ansicht sein*) penser; (*sagen*) dire; (*sagen wollen*) vouloir dire; **das will ich ~!** je pense bien!
meiner (*geh*) Gen von ich pron: **erinnert ihr euch ~?** vous souvenez-vous de moi?
meinerseits adv pour ma part
meinesgleichen pron des gens comme moi
meinetwegen adv (*mir zuliebe*) pour moi; (*wegen mir*) à cause de moi; **~!** si tu veux!
Meinung f opinion f; **jdm die ~ sagen** dire ses quatre vérités à qn
Meinungsaustausch m échange m de vues

Meinungsfreiheit f liberté f d'opinion
Meinungsumfrage f sondage m d'opinion
Meinungsverschiedenheit f divergence f de vues
Meise f mésange f
Meißel (-s, -) m ciseau m
meißeln vt (Stein) tailler
meist adv généralement
meiste(r, s) adj: **die ~n Leute** la plupart des gens
meistens adv la plupart du temps
Meister(in) (-s, -) m(f) maître m; (Sport) champion(ne) • **meisterhaft** adj (Arbeit) parfait(e); (Können) magistral(e)
meistern vt maîtriser; **sein Leben ~** bien se débrouiller dans la vie
Meisterschaft f maîtrise f; (Sport) championnat m
Meisterstück, Meisterwerk nt chef-d'œuvre m
Melancholie f mélancolie f
melancholisch adj mélancolique
Meldefrist f délai m
melden vt annoncer, signaler; (registrieren) déclarer ▶ vr s'annoncer; (Scol) lever la main; (freiwillig) se porter volontaire; (auf etw, am Telefon) répondre; **sich zu Wort ~** demander la parole
Meldepflicht f déclaration f obligatoire
Meldestelle f bureau m
Meldung f avis m; (Bericht) information f
meliert adj (Haar) grisonnant(e); (Wolle) chiné(e)
melken irr vt traire
Melodie f mélodie f
melodisch adj mélodieux(-euse)
Melone f melon m; (Hut) (chapeau m) melon m
Membran, Membrane f membrane f
Memoiren pl mémoires mpl
Menge f quantité f; (Menschenmenge) foule f; (große Anzahl) masse f, tas m
mengen vt mélanger ▶ vr: **sich in etw** Akk **~** (fam) se mêler de qch; **sich unter eine Gruppe ~** se mêler à un groupe
Mengenlehre f (Math) théorie f des ensembles
Mengenrabatt m remise f sur la quantité
Menorca nt Minorque f
Mensa (-, -s od **Mensen)** f restaurant m universitaire
Mensch¹ (-en, -en) m homme m, être m humain; **kein ~** personne
Mensch² (-(e)s, -er) (fam) nt salope f
Menschenfeind m misanthrope m
menschenfreundlich adj bienveillant(e)
Menschenkenner m fin psychologue m
Menschenliebe f amour m du prochain
menschenmöglich adj humainement possible
Menschenrechte pl droits mpl de l'homme
menschenscheu adj farouche
menschenunwürdig adj dégradant(e)
Menschenverstand m: **gesunder ~** bon sens m
Menschheit f humanité f
menschlich adj humain(e)
Menschlichkeit f humanité f
Menstruation f règles fpl
Mentalität f mentalité f
Menü (-s, -s) nt (Culin, Inform) menu m • **menügesteuert** adj (Inform) guidé(e) par le menu
Menüleiste, Menüzeile f barre f de menu
Merkblatt nt notice f
merken vt remarquer ▶ vr: **sich** Dat **jdn/etw ~** ne pas oublier qn/qch
merklich adj visible
Merkmal nt caractéristique f
merkwürdig adj étrange
messbar adj mesurable
Messbecher m verre m gradué
Messbuch nt missel m
Messe f (Ausstellung) foire f; (Rel) messe f; (Mil) mess m • **Messegelände** nt parc m des expositions
messen irr vt mesurer ▶ vr: **sich ~ mit** se mesurer à
Messer (-s, -) nt couteau m
• **Messerspitze** f pointe f du couteau; (in Rezept) pointe f de couteau
Messestand m stand m
Messgerät nt appareil m de mesure
Messgewand nt chasuble f
Messing (-s) nt laiton m
Metall (-s, -e) nt métal m
metallen adj métallique
Metaphysik f métaphysique f
Metastase f (Méd) métastase f
Meteor (-s, -e) m météore m
Meter (-s, -) m od nt mètre m • **Metermaß** nt mètre m
Methode f méthode f
methodisch adj méthodique
Metropole f métropole f
Metzger (-s, -) m boucher m
Metzgerei f boucherie f
Meuchelmord m assassinat m
Meute f meute f
Meuterei f mutinerie f
Meuterer (-s, -) m mutin m
meutern vi se mutiner

Mexikaner(in) (**-s**, **-**) *m(f)* Mexicain(e)
mexikanisch *adj* mexicain(e)
Mexiko (**-s**) *nt* le Mexique
MHz *abk* (= *Megahertz*) MHz
miauen *vi* miauler
mich *Akk von ich pron* me ; (*nach präp*) moi
mied *etc vb siehe* **meiden**
Miene *f* mine *f*
mies (*fam*) *adj* mauvais(e)
Miesmuschel *f* moule *f*
Mietauto *nt* voiture *f* de location
Miete *f* loyer *m* ; **zur ~ wohnen** être locataire
mieten *vt* louer
Mieter(in) (**-s**, **-**) *m(f)* (*von Wohnung*) locataire *mf*
Mietshaus *nt* immeuble *m* de rapport
Mietvertrag *m* contrat *m* de location
Mietwagen *m* voiture *f* de location
Mietwohnung *f* logement *m* en location
Migräne *f* migraine *f*
Mikrobe *f* microbe *m*
Mikrochip *m* puce *f*
Mikrocomputer *m* micro-ordinateur *m*
Mikrofon (**-s**, **-e**) *nt* microphone *m*
Mikroprozessor *m* microprocesseur *m*
Mikroskop (**-s**, **-e**) *nt* microscope *m*
mikroskopisch *adj* microscopique
Mikrowelle *f* micro-onde *f*
Mikrowellenherd *m* four *m* à micro-ondes
Milch (**-**) *f* lait *m* • **Milchglas** *nt* verre *m* dépoli
milchig *adj* laiteux(-euse)
Milchkaffee *m* café *m* au lait
Milchmixgetränk *nt* milk-shake *m*
Milchpulver *nt* lait *m* en poudre
Milchstraße *f* voie *f* lactée
Milchzahn *m* dent *f* de lait
mild *adj* doux(douce) ; (*Gabe*) charitable
Milde *f* douceur *f* ; (*Güte*) bienveillance *f*
mildern *vt* atténuer ; **~de Umstände** circonstances *fpl* atténuantes
Milieu (**-s**, **-s**) *nt* milieu *m*
• **milieugeschädigt** *adj* victime de son milieu
militant *adj* militant(e)
Militär (**-s**) *nt* armée *f* • **Militärgericht** *nt* tribunal *m* militaire • **militärisch** *adj* militaire
Militarismus *m* militarisme *m*
militaristisch *adj* militariste
Militärpflicht *f* service *m* militaire obligatoire
Milliardär(in) *m(f)* milliardaire *mf*
Milliarde *f* milliard *m*
Millimeter *m od nt* millimètre *m*
Million (**-**, **-en**) *f* million *m*

Millionär(in) *m(f)* millionnaire *mf*
Milz (**-**, **-en**) *f* rate *f*
Mimik *f* mimique *f*
Mimose *f* mimosa *m* ; (*fig*) hypersensible *mf*
minder *adj* (*Qualität, Ware*) inférieur(e)
▶ *adv* moins
Minderheit *f* minorité *f*
minderjährig *adj* mineur(e)
Minderjährigkeit *f* minorité *f*
mindern *vt*, *vr* diminuer
Minderung *f* (*von Wert, Qualität*) baisse *f*
minderwertig *adj* (*Ware*) de qualité inférieure
Minderwertigkeitsgefühl *nt* sentiment *m* d'infériorité
Minderwertigkeitskomplex *m* complexe *m* d'infériorité
Mindestalter *nt* âge *m* minimum
Mindestbetrag *m* montant *m* minimum
mindeste(r, s) *adj* le(la) plus petit(e) possible ; (*nach Verneinung*) le(la) moindre
mindestens *adv* au moins
Mindestlohn *m* salaire *m* minimum
Mindestmaß *nt* minimum *m*
Mine *f* mine *f* ; (*Kugelschreibermine*) cartouche *f*
Minenfeld *nt* champ *m* de mines
Mineral (**-s**, **-e** *od* **-ien**) *nt* minéral *m*
• **mineralisch** *adj* minéral(e)
• **Mineralölsteuer** *f* taxe *f* sur les produits pétroliers • **Mineralwasser** *nt* eau *f* minérale
Miniatur *f* miniature *f*
minimal *adj* minimal(e), minimum
Minimum (**-s**, **-ma**) *nt* minimum *m*
Minirock *m* mini-jupe *f*
Minister(in) (**-s**, **-**) *m(f)* ministre *mf*
ministeriell *adj* ministériel(le)
Ministerium *nt* ministère *m*
Ministerpräsident(in) *m(f)* Premier ministre *m*
minus *adv*, *präp* +*Gen* moins • **Minus** (**-**, **-**) *nt* déficit *m* • **Minuspol** *m* (*Élec*) pôle *m* négatif • **Minuszeichen** *nt* signe *m* moins
Minute *f* minute *f*
Minutenzeiger *m* aiguille *f* des minutes
mir *Dat von ich pron* (à) moi ; (*nach präp*) moi ; (*reflexiv*) me
Mischehe *f* mariage *m* mixte
mischen *vt* mélanger ▶ *vr* (*Menschen*) se mêler
Mischling *m* métis *m*
Mischpult *nt* table *f* de mixage
Mischung *f* mélange *m*
miserabel *adj* (*Essen, Film*) minable ; (*Gesundheit*) pitoyable ; (*Benehmen*) lamentable

missachten vt insép ne pas tenir compte de
Missachtung f mépris m
Missbehagen nt malaise m
Missbildung f malformation f
missbilligen vt insép désapprouver
Missbilligung f désapprobation f
Missbrauch m abus m
missbrauchen vt insép abuser de
Misserfolg m échec m
Missetat f méfait m
Missetäter(in) m(f) coupable mf
missfallen irr vi insép (+Dat) déplaire à
Missfallen (-s) nt mécontentement m, déplaisir m
Missgeburt f monstre m
Missgeschick nt mésaventure f
missglücken vi insép (Versuch) échouer
Missgriff m erreur f
Missgunst f ressentiment m
missgünstig adj (Mensch, Blick, Worte) plein(e) de ressentiment
misshandeln vt maltraiter
Misshandlung f maltraitance f, mauvais traitements mpl
Mission f mission f
Missionar(in) m(f) missionnaire mf
Missklang m dissonance f; (Unstimmigkeit) désaccord m
Misskredit m discrédit m
misslingen irr vi (Experiment etc) échouer
Missmanagement nt mauvaise gestion f
Missmut nt mauvaise humeur f
missmutig adj maussade
missraten irr vi insép (Essen) rater ▸ adj (Essen) raté(e); (Kind) qui a mal tourné
Missstand m anomalie f
Missstimmung f mésentente f
misstrauen vi insép (+Dat) se méfier de
Misstrauen (-s) nt: ~ **gegenüber** méfiance f à l'égard de
Misstrauensantrag m (Pol) motion f de censure
Misstrauensvotum nt (Pol) adoption f d'une motion de censure
misstrauisch adj méfiant(e)
Missverhältnis nt disproportion f
Missverständnis nt malentendu m
missverstehen irr vt insép mal comprendre
Mist (-(e)s) m fumier m; (fam) bêtises fpl; ~! c'est de la foutaise !
Mistel (-, -n) f gui m
Misthaufen m tas m de fumier
mit präp +Dat avec ▸ adv (außerdem, auch) aussi; ~ **der Bahn/dem Flugzeug** en train/avion; ~ **dem nächsten Flugzeug/Bus kommen** venir par le prochain avion/car; ~ **10 Jahren sollte man das wissen** à 10 ans il devrait le savoir; ~ **Tinte schreiben** écrire à l'encre; **willst du ~?** (fam) tu viens avec nous ?; **er ist ~ der Beste in der Gruppe** il est l'un des meilleurs du groupe
Mitarbeit f collaboration f
• **mit|arbeiten** vi: ~ **(an** Dat od **bei)** collaborer (à); **seine Frau arbeitet mit** sa femme travaille aussi
Mitarbeiter(in) m(f) collaborateur(-trice); **Mitarbeiter** pl (Personal) collaborateurs mpl; **freier/ständiger ~** collaborateur m indépendant/engagé à titre permanent
Mitbestimmung f participation f
mit|bringen irr vt (Mensch) amener; **(jdm) etw ~** apporter qch (à qn)
Mitbringsel (-s, -) nt petit cadeau m
Mitbürger(in) m(f) concitoyen(ne)
mit|denken vi réfléchir
miteinander adv ensemble
mit|erleben vt assister à; (als Zeitgenosse) vivre
Mitesser (-s, -) m point m noir
mit|fahren irr vi venir od y aller aussi; **er fährt nach Norwegen und ich fahre mit** il va en Norvège et je l'accompagne
Mitfahrgelegenheit f place f dans une voiture
mit|geben irr vt: **jdm etw ~** donner qch (à emporter) à qn
Mitgefühl nt compassion f
mit|gehen irr vi venir; **überall wo ich hingehe, geht er mit** il m'accompagne od me suit partout où je vais
mitgenommen adj: ~ **sein/aussehen** (Mensch) être/avoir l'air épuisé(e); (Möbel, Auto etc) endommagé(e)
Mitgift f dot f
Mitglied nt membre m
Mitgliedsbeitrag m cotisation f
Mitgliedschaft f affiliation f
mit|halten irr vi suivre
mit|helfen irr vi aider, donner un coup de main
Mithilfe f concours m
mit|hören vt, vi écouter
mit|kommen irr vi venir; (mithalten, verstehen) suivre
Mitläufer(in) m(f) suiveur m; (Pol) sympathisant(e)
Mitleid nt pitié f
Mitleidenschaft f: **jdn/etw in ~ ziehen** toucher qn/qch
mitleidig adj compatissant(e)
mitleidslos adj impitoyable

mit|machen vt prendre part à ▶vi participer
Mitmensch m prochain m
mit|nehmen irr vt (Person) emmener ; (Sache) emporter ; (anstrengen) épuiser
mitsamt präp +Dat avec
Mitschuld f complicité f
mitschuldig adj: **an etw** Dat **~ sein** être complice de qch ; (an Unfall) participer à la responsabilité de qch
Mitschuldige(r) f(m) complice mf
Mitschüler(in) m(f) camarade mf d'école
mit|spielen vi prendre part au jeu ; (fig) être de la partie
Mitspieler(in) m(f) autre joueur(-euse)
Mitspracherecht nt droit m d'intervention
Mittag (-(e)s, -e) m midi m ; **(zu) ~ essen** déjeuner ; **gestern/heute/Sonntag ~** hier/aujourd'hui/dimanche à midi • **Mittagessen** nt déjeuner m
mittags adv à midi • **Mittagspause** f pause f de midi ; (in Geschäften) ≈ fermeture f entre midi et deux heures • **Mittagsschlaf** m sieste f
Mittäter(in) m(f) complice mf
Mitte f milieu m ; **einer aus unserer ~** l'un d'entre nous
mit|teilen vt: **jdm etw ~** annoncer qch à qn
mitteilsam adj communicatif(-ive)
Mitteilung f communication f ; (Nachricht) nouvelle f
Mittel (-s, -) nt moyen m ; (Méd) remède m ; (Math) moyenne f • **Mittelalter** nt moyen âge m • **mittelalterlich** adj médiéval(e) ; (Zustände) moyenâgeux(-euse) • **Mittelamerika** nt l'Amérique f centrale • **mittelbar** adj indirect(e) • **Mitteleuropa** (-s) nt l'Europe f centrale • **Mittelfinger** m majeur m • **mittellos** adj sans argent • **mittelmäßig** adj moyen(ne) • **Mittelmäßigkeit** f médiocrité f • **Mittelmeer** nt Méditerranée f • **Mittelpunkt** m centre m
mittels präp +Gen au moyen de
Mittelstand m classes fpl moyennes
Mittelstreckenrakete f fusée f de moyenne portée
Mittelstreifen m bande f médiane
Mittelstürmer m avant-centre m
Mittelweg m moyen terme m
Mittelwelle f (Radio) ondes fpl moyennes
Mittelwert m moyenne f
mitten adv au milieu ; **~ auf der Straße/ in der Nacht** en pleine rue/nuit
Mitternacht f minuit m
mittlere(r, s) adj du milieu ; (durchschnittlich) moyen(ne) ; **~ Reife** voir article

: La **mittlere Reife** est un diplôme
: obtenu après dix années d'études à
: l'école. Lorsqu'un élève a de bons
: résultats dans plusieurs matières, il est
: autorisé à rejoindre un Gymnasium
: pour préparer l'Abitur.

mittlerweile adv entre-temps
Mittwoch (-(e)s, -e) m mercredi m
mittwochs adv le mercredi
mitunter adv de temps en temps
mitverantwortlich adj (Mensch) coresponsable
mit|wirken vi: **~ (bei** od **an** +Dat**)** collaborer (à) ; (Théât) participer (à)
Mitwirkung f collaboration f ; **unter ~ von** avec le concours de
Mitwisser m complice m
Mixer (-s, -) m (Küchenmixer) mixer m
Mobbing (-s) nt harcèlement m moral
Möbel (-s, -) nt meuble m • **Möbelwagen** m camion m de déménagement
mobil adj mobile ; (fam: munter) alerte ; **~es Internet** Internet m mobile
Mobilfunk m téléphonie f mobile
Mobilfunknetz nt réseau m de téléphonie mobile
Mobiliar (-s, -e) nt mobilier m
möblieren vt meubler ; **möbliert wohnen** habiter un appartement meublé
Moçambique (-s) nt = **Mosambik**
mochte etc vb siehe **mögen**
Mode f mode f
Model (-s, -s) nt (Mannequin) mannequin m
Modell (-s, -e) nt modèle m ; (Mannequin) mannequin m
modellieren vt modeler
Modem (-s, -s) nt (Inform) modem m
Modenschau f défilé m de mode
Moderator(in) m(f) (Radio, TV) présentateur(-trice) m(f)
modern adj moderne ; (Kleid, Frisur) à la mode
modernisieren vt moderniser
Modeschmuck m bijou m fantaisie
Modewort nt mot m à la mode
modisch adj à la mode
Modul (-s, -e) nt module m
Modus (-, **Modi**) m mode m
Mofa (-s, -s) nt mobylette f
mogeln (fam) vi tricher

mögen | 546

SCHLÜSSELWORT

mögen (pt **mochte**, pp **gemocht** od (als Hilfsverb) **mögen**) vt, vi **1** (gernhaben): **ich mag ihn** je l'aime bien ; **ich mag Blumen/Schokolade** j'aime les fleurs/le chocolat ; **ich mag (es) nicht, wenn man mir immer widerspricht** je n'aime pas qu'on me contredise constamment ; **ich mag nicht mehr** (ich habe genug) j'en ai assez ; (ich kann nicht mehr) je n'en peux plus
2 (wollen): **möchtest du einen Drink?** (aimerais-tu quelque chose à boire ?) ; **ich möchte nicht, dass du nach 10 Uhr draußen spielst** je ne veux pas que tu joues dehors après 10 heures du soir
▶ Hilfsverb **1** (Wunsch: wollen): **möchtest du etw essen?** aimerais-tu manger quelque chose ? ; **ich möchte nach Rom reisen** j'aimerais aller à Rome ; **ich möchte das gern haben** j'aimerais od je voudrais bien l'avoir ; **man möchte meinen, dass ...** on dirait que ... ; **sie mag** od **möchte nicht bleiben** elle n'a pas envie de rester ; **das mag wohl sein** c'est bien possible ; **was mag das (wohl) heißen?** qu'est-ce que ça signifie ?
2 (Aufforderung: sollen): **sag ihr, sie möchte zu Hause anrufen** dis-lui de téléphoner à la maison

möglich adj possible
möglicherweise adv peut-être
Möglichkeit f possibilité f ; **nach ~** si possible
möglichst adv dans la mesure du possible
Mohn (-(e)s, -e) m pavot m ; (Klatschmohn) coquelicot m
Möhre (-, -n) f carotte f
mokieren vr: **sich über jdn/etw ~** se moquer de qn/qch
Moldawien nt la Moldavie
Mole f môle m
Molekül (-s, -e) nt molécule f
molk etc vb siehe **melken**
Molkerei f laiterie f
Moll (-, -) nt (Mus) mode m mineur
mollig adj douillet(te) ; (dicklich: Figur) potelé(e)
Moment[1] (-(e)s, -e) m moment m ; **im ~** en ce moment
Moment[2] (-(e)s, -e) nt (Umstand) facteur m
momentan adj (augenblicklich) actuel(le)
▶ adv actuellement
Monaco (-s) nt Monaco
Monarch(in) (-en, -en) m(f) monarque m
Monarchie f monarchie f

Monat (-(e)s, -e) m mois m
monatelang adv pendant des mois
monatlich adj mensuel(le)
Monatsgehalt nt: **das dreizehnte ~** le treizième mois
Monatskarte f (carte f d')abonnement m mensuel
Mönch (-(e)s, -e) m moine m
Mond (-(e)s, -e) m lune f
Mondfähre f module m lunaire
Mondfinsternis ~ f éclipse f de lune
mondhell adj éclairé(e) par la lune
Mondlandung f alunissage m
Mondschein m clair m de lune
Mondsonde f sonde f lunaire
monegassisch adj monégasque
monetarisieren vt monétiser
Mongole (-n, -n) m Mongol m
Mongolei f: **die ~** la Mongolie
Mongolin f Mongole f
mongolisch adj mongol(e)
mongoloid adj mongolien(ne)
Monitor m moniteur m
Monolog (-s, -e) m monologue m
Monopol (-s, -e) nt monopole m
monopolisieren vt monopoliser
monoton adj monotone
Monotonie f monotonie f
Monster (-s, -) nt monstre m
Monsun (-s, -e) m mousson f
Montag m lundi m
Montage f montage m
montags adv le lundi
Monteur(in) m(f) installateur(-trice)
montieren vt monter
Monument nt monument m
monumental adj monumental(e)
Moor (-(e)s, -e) nt marécage m
Moos (-es, -e) nt mousse f
Moped (-s, -s) nt vélomoteur m, mobylette f
Mopp (-s, -s) m balai m à franges
Mops (-es, ̈-e) m carlin m
Moral (-, -en) f morale f • **moralisch** adj moral(e)
Moräne f moraine f
Morast (-(e)s, -e) m bourbier m
morastig adj boueux(-euse)
Mord (-(e)s, -e) m meurtre m
• **Mordanschlag** m attentat m
Mörder(in) (-s, -) m(f) meurtrier(-ière)
Mordkommission f ≈ brigade f criminelle
Mordsglück (fam) nt chance f inouïe
mordsmäßig (fam) adj énorme
Mordsschreck (fam) m peur f bleue
Mordverdacht m: **unter ~ stehen** être soupçonné(e) de meurtre

Mordwaffe f arme f du crime
morgen adv demain ; **~ früh** demain matin • **Morgen** (**-s, -**) m matin m • **Morgenmantel, Morgenrock** m robe f de chambre • **Morgenröte** f aurore f
morgens adv le matin
morgig adj de demain ; **der ~e Tag** demain
Morphium nt morphine f
morsch adj (Holz) pourri(e) ; (Knochen) fragile
Morsealphabet nt (alphabet m) morse m
morsen vt envoyer en morse ▶ vi envoyer un message en morse
Mörtel (**-s, -**) m mortier m
Mosaik (**-s, -en** od **-e**) nt mosaïque f
Mosambik (**-s**) nt le Mozambique
Moschee f mosquée f
Mosel f Moselle f
Moskau (**-s**) nt Moscou
Moskito (**-s, -s**) m (Zool) moustique m (tropical) • **Moskitonetz** nt moustiquaire f
Moslem (**-s, -s**) m, **Moslime** f musulman(e) m/f
Most (**-(e)s, -e**) m moût m ; (Apfelwein) cidre m
Motel (**-s, -s**) nt motel m
Motiv nt motif m
Motivation f motivation f
motivieren vt motiver
Motor (**-s, -en**) m moteur m • **Motorboot** nt bateau m à moteur • **Motorhaube** f capot m
motorisieren vt motoriser
Motorrad nt moto f
Motorradfahrer(in) m(f) motocycliste mf
Motorroller m scooter m
Motorschaden m panne f de moteur
Motorsport m sport m automobile
Motte f mite f
Mottenkugel f boule f de naphtaline
Motto (**-s, -s**) nt devise f
Mountainbike (**-s, -s**) nt V.T.T. m, vélo tout-terrain m
Möwe f mouette f
MP3 (**-**) nt MP3 m
MP3-Spieler (**-s, -**) m lecteur m MP3
MS abk = **multiple Sklerose**
Mücke f moustique m
Mucken pl : **seine ~ haben** avoir des sautes d'humeur ; (Sache) clocher
Mückenstich m piqûre f de moustique
mucksen vr : **sich nicht ~** ne pas bouger ; (Laut geben) ne pas piper mot
müde adj fatigué(e) ; **einer Sache** Gen **~ sein** od **werden** être las(se) de qch

547 | mündlich

Müdigkeit f fatigue f
Muff (**-(e)s, -e**) m manchon m
Muffel (**-s, -**) (fam) m grognon m
muffig adj qui sent le renfermé
Mühe f peine f ; **mit ~ und Not** à grand-peine ; **sich** Dat **~ geben** se donner de la peine • **mühelos** adv sans peine
muhen vi meugler
mühevoll adj pénible
Mühle f moulin m
Mühsal (**-, -e**) f tribulations fpl
mühsam adj pénible
Mulatte (**-n, -n**) m, **Mulattin** f mulâtre(-esse) m/f
Mulde f petite cuvette f
Mull (**-(e)s, -**) m gaze f
Müll (**-(e)s**) m ordures fpl • **Müllabfuhr** f ramassage m des ordures ; (Leute) voirie f • **Müllabladeplatz** m décharge f publique
Mullbinde f bande f de gaze
Mülldeponie f décharge f publique
Mülleimer m poubelle f
Müller (**-s, -**) m meunier m
Müllhaufen m tas m d'ordures
Müllkippe f décharge f
Müllschlucker (**-s, -**) m vide-ordures m inv
Mülltonne f poubelle f
Müllverbrennungsanlage f usine f d'incinération
Müllwagen m camion m de la voirie
mulmig adj (Gefühl) bizarre ; **ihm ist ~** (leicht übel) il se sent mal
Multi (**-s, -s**) m multinationale f
multikulturell adj multiculturel(le), pluriculturel(le)
multiple Sklerose f sclérose f en plaques
multiplizieren vt multiplier
Mumie f momie f
Mumm (**-s**) (fam) m cran m
Mumps (**-**) m od f oreillons mpl
München (**-s**) nt Munich
Mund (**-(e)s, ̈er**) m bouche f • **Mundart** f dialecte m
Mündel (**-s, -**) nt pupille mf
münden vi : **~ in** +Akk se jeter dans
mundfaul adj peu loquace
Mundfäule f (Méd) stomatite f
Mundgeruch m mauvaise haleine f
Mundharmonika f harmonica m
mündig adj majeur(e) • **Mündigkeit** f majorité f
mündlich adj (Absprache) verbal(e) ; (Prüfung) oral(e) ▶ adv : **alles Weitere ~!** je t'expliquerai le reste de vive voix !

Mundstück nt (von Instrument) embouchure f; (von Zigarette) bout m
mundtot adj: **jdn ~ machen** réduire qn au silence
Mündung f embouchure f; (von Gewehr) gueule f
Mundwasser nt bain m de bouche
Mundwerk (fam) nt: **ein großes ~ haben** avoir une grande gueule
Mundwinkel m commissure f des lèvres
Munition f munitions fpl
Munitionslager nt dépôt m de munitions
munkeln vt, vi chuchoter
Münster (**-s, -**) nt cathédrale f
munter adj (unbekümmert) gai(e); (wach) éveillé(e) • **Munterkeit** f gaîté f
Münze f pièce f de monnaie
münzen vt (Metall) monnayer; (Geldstück) battre, frapper; **auf jdn/etw gemünzt sein** viser qn/qch
mürb, mürbe adj (Holz) pourri(e); (Gebäck) friable • **Mürbeteig** m pâte f brisée
murmeln vt, vi murmurer
Murmeltier nt marmotte f
murren vi grogner
mürrisch adj grincheux(-euse)
Mus (**-es, -e**) nt compote f
Muschel (**-, -n**) f coquillage m; (Telefonmuschel) écouteur m
Muse f muse f
Museum (**-s, Museen**) nt musée m
Musik f musique f
musikalisch adj (Mensch) musicien(ne); (Verständnis) musical(e)
Musiker(in) (**-s, -**) m(f) musicien(ne)
Musikhochschule f conservatoire m (de musique)
Musikinstrument nt instrument m de musique
musizieren vi jouer de la musique
Muskat m muscade f
Muskel (**-s, -n**) m muscle m • **Muskelkater** m: **einen ~ haben** être courbaturé(e)
Muskulatur f musculature f
muskulös adj musclé(e)
Müsli (**-s, -**) nt muesli m
Muslim m (**-s, -s**), **Muslimin** f musulman(e) m/f
Muss nt nécessité f
Muße (**-**) f loisir m
müssen (pt **musste**, pp **gemusst** od (als Hilfsverb) **müssen**) vi devoir; **ich muss es tun** je dois le faire; **er hat gehen ~** il a dû partir
müßig adj (untätig) oisif(-ive); (zwecklos) vain(e)

Müßiggang m oisiveté f
musste etc vb siehe **müssen**
Muster (**-s, -**) nt modèle m; (Dessin) motif m; (Probe) échantillon m • **mustergültig** adj exemplaire
mustern vt (betrachten) dévisager; (Truppen) passer en revue
Musterschüler(in) m(f) élève mf modèle
Musterung f (Mil) inspection f
Mut m courage m; **nur ~!** courage!; **jdm ~ machen** encourager qn
mutig adj courageux(-euse)
mutlos adj découragé(e)
mutmaßlich adj (Täter) présumé(e)
Mutprobe f épreuve f de courage
Mutter (**-, -̈**) f mère f; (Tech) écrou m
mütterlich adj maternel(le)
mütterlicherseits adv du côté de ma etc mère
Mutterliebe f amour m maternel
Muttermal nt envie f
Mutterschaft f maternité f
Mutterschutz m dispositions légales visant à protéger les femmes enceintes et les enfants en bas âge
mutterseelenallein adj absolument seul(e)
Muttersprache f langue f maternelle
Muttersprachler(in) (**-s, -**) m(f) locuteur(-trice) natif(-ive)
Muttertag m fête f des mères
Mutti (**-, -s**) (fam) f maman f
mutwillig adj (Zerstörung) intentionnel(le)
Mütze f (Wollmütze) bonnet m; (mit Schirm) casquette f
MwSt, Mw.-St. abk (= Mehrwertsteuer) ≈ T.V.A. f
mysteriös adj mystérieux(-euse)
Mystik f mystique f
Mystiker(in) (**-s, -**) m(f) mystique mf
Mythos (**-, Mythen**) m mythe m

N, n *nt* N, n *m inv*
na *interj* eh bien
Nabel (**-s, -**) *m* nombril *m* • **Nabelschnur** *f* cordon *m* ombilical

(SCHLÜSSELWORT)

nach *präp* +*Dat* **1** (*örtlich*) à ; **nach Köln fahren/umziehen** aller/déménager à Cologne ; **nach links/rechts** à gauche/droite ; **etw nach oben ziehen/schieben** tirer/pousser qch vers le haut ; **etw nach hinten schieben** pousser qch en arrière ; **von A nach B** de A à B
2 (*zeitlich*) après ; **zehn (Minuten) nach drei** trois heures dix ; **immer schön einer nach dem anderen!** ne poussez pas ! ; **bitte nach Ihnen!** après vous !
3 (*gemäß*) selon ; **nach dem Gesetz** selon la loi ; **die Uhr nach dem Radio stellen** régler sa montre d'après la radio ; **jdn/etw nur dem Namen nach kennen** ne connaître qn/qch que de nom ; **ihrer Sprache nach (zu urteilen)** d'après *od* à en juger par la manière dont elle s'exprime ; **nach allem, was ich weiß** d'après ce que je sais
▶ *adv* : **nach und nach** peu à peu, progressivement ; **ihm nach!** suivons-le !, suivez-le ! ; **nach wie vor** toujours

nach|äffen *vt* singer
nach|ahmen *vt* imiter
Nachahmung *f* imitation *f*
Nachbar(in) (**-s, -n**) *m(f)* voisin(e)
• **Nachbarhaus** *nt* maison *f* voisine
• **nachbarlich** *adj* (*Beziehung*) de bon voisinage • **Nachbarschaft** *f* voisinage *m* • **Nachbarstaat** *m* État *m* voisin

nach|bestellen *vt* faire une seconde commande de
Nachbestellung *f* commande *f* renouvelée
nach|bilden *vt* faire une copie de
Nachbildung *f* reproduction *f*, copie *f*
nach|blicken *vi* +*Dat* suivre des yeux
nach|datieren *vt* postdater
nachdem *konj* après que ; (*weil*) puisque, comme
nach|denken *irr vi* : **~ über** +*Akk* réfléchir à
nachdenklich *adj* pensif(-ive)
Nachdruck *m* insistance *f* ; (*Typo*) réimpression *f* ; **etw mit ~ sagen** insister sur qch
nachdrücklich *adj* explicite
nach|eifern *vi* +*Dat* imiter
nacheinander *adv* l'un(e) après l'autre
nach|empfinden *irr vt* ressentir ; **das kann ich (Ihnen) ~** je comprends ce que vous ressentez
Nacherzählung *f* compte *m* rendu
Nachfolge *f* succession *f*
nach|folgen *vi* : **jdm ~** (*hinterherkommen*) suivre qn ; (*in Amt etc*) succéder à qn ; **etw** *Dat* **~** suivre qch
Nachfolger(in) (**-s, -**) *m(f)* successeur *m*
nach|forschen *vi* faire des recherches
Nachforschung *f* recherche *f*
Nachfrage *f* demande *f*
nach|fragen *vi* se renseigner
nach|fühlen *vt* = **nachempfinden**
nach|füllen *vt* (*Behälter*) remplir ; (*Flüssigkeit etc*) rajouter
nach|geben *irr vi* céder
Nachgebühr *f* surtaxe *f*
Nachgeburt *f* placenta *m*
nach|gehen *irr vi* (*Uhr*) retarder ; **jdm/etw ~** (*folgen*) suivre qn/qch ; **einer Sache** *Dat* **~** se renseigner sur qch
Nachgeschmack *m* arrière-goût *m*
nachgiebig *adj* (*Mensch, Haltung*) indulgent(e) ; (*Boden, Material etc*) mou (molle)
nachhaltig *adj* (*Eindruck*) durable ; (*Widerstand*) tenace
nachhause *adv* à la maison
nach|helfen *irr vi* (+*Dat*) aider
nachher *adv* (*anschließend*) ensuite
Nachhilfeunterricht *m* cours *mpl* particuliers
Nachholbedarf *m* : **einen ~ (an etw** *Dat*) **haben** avoir un retard (en qch) à combler
nach|holen *vt* (*Versäumtes*) rattraper
Nachkomme (**-n, -n**) *m* descendant *m*
nach|kommen *irr vi* (+*Dat*) suivre ; (*einer Verpflichtung*) ne pas manquer à

Nachkommenschaft f descendance f
Nachkriegs- in zW d'après-guerre
Nachkriegszeit f après-guerre m od f
Nachlass (**-es, -lässe**) m (Écon) remise f; (Erbe) héritage m
nach|lassen irr vt (Strafe, Schulden) remettre; (Summe) rabattre; (Preis) diminuer ▶ vi (Sturm) se calmer; (Gehör, Gedächtnis, Augen) baisser, se détériorer; (Leistung) devenir moins bon (bonne)
nachlässig adj (Arbeit) bâclé(e); (Mensch) négligent(e)
Nachlässigkeit f laisser-aller m
nach|laufen irr vi +Dat courir après
nach|lösen vi (Zuschlag) acheter un supplément (dans le train)
nach|machen vt (Person, Gebärde) imiter; (Geld) contrefaire; (Fotos) faire refaire; **jdm alles ~** imiter tout ce que fait qn
Nachmittag m après-midi m od f; **am ~** l'après-midi
nachmittags adv l'après-midi
Nachnahme f: **per ~** contre remboursement
Nachname m nom m de famille
Nachporto nt surtaxe f
nach|prüfen vt vérifier
nach|rechnen vt (Zahlen) vérifier
Nachrede f: **üble ~** diffamation f
Nachricht (**-, -en**) f nouvelle f; **Nachrichten** pl informations fpl
Nachrichtenagentur f agence f de presse
Nachrichtendienst m (Geheimdienst) service m secret od de renseignements
Nachrichtensprecher(in) m(f) présentateur(-trice)
Nachrichtentechnik f télécommunications fpl
nach|rücken vi avancer; **auf einen Posten ~** accéder à un poste
Nachruf m nécrologie f
nach|rüsten vt moderniser ▶ vi se moderniser
Nachrüstung f (von Gerät, Auto) équipement m supplémentaire od ultérieur; (Mil) armement m additionnel od complémentaire
nach|sagen vt: **jdm etw ~** (wiederholen) répéter qch après qn; (vorwerfen) reprocher qch à qn
nach|schicken vt = **nachsenden**
nach|schlagen irr vt (Wort, Sache) vérifier ▶ vi: **jdm ~** tenir de qn; **in einem Wörterbuch ~** consulter un dictionnaire
Nachschlagewerk nt ouvrage m de référence
Nachschlüssel m double m (d'une clé)
Nachschub m ravitaillement m
nach|sehen irr vi +Dat (hinterherblicken) suivre du regard; (kontrollieren) vérifier ▶ vt vérifier; **jdm etw ~** (nicht übel nehmen) passer qch à qn
nach|senden irr vt faire suivre
Nachsicht f indulgence f
nachsichtig adj indulgent(e)
nach|sitzen vi être en retenue
Nachspeise f dessert m
Nachspiel nt suites fpl
nach|sprechen irr vt: **jdm etw ~** répéter qch après qn
nächstbeste(r, s) adj attrib premier(-ière) venu(e)
nächste(r, s) adj suivant(e); (Verwandte) proche
Nächste(r) f(m) prochain(e) m/f
Nächstenliebe f amour m du prochain
nächstens adv prochainement
nächstliegend adj (Grundstück) voisin(e); (Antwort, Grund) évident(e)
nächstmöglich adj: **zum ~en Termin** le plus tôt possible
Nacht (**-, ⁻e**) f nuit f
Nachteil m inconvénient m, désavantage m
nachteilig adj défavorable
Nachthemd nt chemise f de nuit
Nachtigall (**-, -en**) f rossignol m
Nachtisch m (Culin) = **Nachspeise**
Nachtleben nt vie f nocturne
nächtlich adj nocturne
Nachtmahl (Österr) nt dîner m
Nachtrag (**-(e)s, -träge**) m supplément m
nach|tragen irr vt (ergänzen) compléter; **jdm etw ~** (übel nehmen) garder rancune de qch à qn
nachtragend adj rancunier(-ière)
nachträglich adj (später) ultérieur(e); (verspätet: Glückwünsche) tardif(-ive) ▶ adv ultérieurement
nach|trauern vi: **jdm/etw ~** regretter qn/qch
Nachtruhe f: **angenehme ~!** bonne nuit!
nachts adv la nuit
Nachtschicht f poste m de nuit
nachtsüber adv (pendant) la nuit
Nachttarif m tarif m de nuit
Nachttisch m table f de chevet
Nachtwächter m veilleur m de nuit
Nachuntersuchung f contrôle m médical
nach|wachsen irr vi repousser
Nachwehen pl tranchées fpl utérines; (fig) suites fpl fâcheuses

Nachweis (-es, -e) m preuve f
• **nachweisbar** adj (Schuld, Tat) qui peut être prouvé(e) • **nach|weisen** irr vt prouver ; **jdm etw ~** (Zimmer) trouver qch pour qn ; (Straftat) prouver que qn a commis qch
nach|wirken vi avoir un effet prolongé
Nachwirkung f séquelles fpl
Nachwort nt postface f
Nachwuchs m (Kinder) progéniture f ; (beruflich etc) nouvelles recrues fpl
nach|zahlen vt, vi payer
nach|zählen vi recompter, vérifier
Nachzahlung f (zusätzlich) supplément m
Nachzügler (-s, -) m retardataire mf ; (Nachkömmling) enfant mf venu(e) sur le tard
Nacken (-s, -) m nuque f
nackt adj nu(e) ; (Fels) vif(vive) ; (Tatsachen) cru(e) • **Nacktheit** f nudité f
Nadel (-, -n) f aiguille f ; (Stecknadel) épingle f • **Nadelbaum** m conifère m
• **Nadelkissen** nt pelote f à épingles
• **Nadelöhr** nt chas m • **Nadelwald** m forêt f de conifères
Nagel (-s, ⸚) m clou m ; (Fingernagel) ongle m ; **Nägel mit Köpfen machen** (fam) ne pas faire les choses à moitié
• **Nagelbürste** f brosse f à ongles
• **Nagelfeile** f lime f à ongles
• **Nagelhaut** f cuticule f • **Nagellack** m vernis m à ongles • **Nagellackentferner** (-s, -) m dissolvant m
nageln vt (Kiste etc) clouer ; (benageln) clouter
nagelneu adj flambant neuf (neuve)
Nagelschere f ciseaux mpl à ongles
nagen vt ronger ▶ vi: **~ an** +Dat ronger
Nagetier nt rongeur m
nah adj, adv = **nahe**
Nahaufnahme f gros plan m
nahe adj proche ▶ adv (tout) près ▶ präp +Dat près de ; **jdm zu ~ treten** (fig) blesser qn
Nähe (-) f proximité f ; (Umgebung) environs mpl ; **in der ~** tout près ; **aus der ~** de près
nahebei adv à proximité
nahe|gehen irr vi +Dat (fig) bouleverser
nahe|legen vt: **jdm etw ~** suggérer qch à qn
nahe|liegen irr vi (fig: Verdacht, Gedanke) s'imposer • **naheliegend** adj (Grund) évident(e)
nahen vi approcher
nähen vt coudre ; (Wunde) recoudre ▶ vi coudre

näher adj plus proche ; (Erklärung, Auskünfte) plus précis(e)
Nähere(s) nt détails mpl
Naherholungsgebiet nt région de villégiature à proximité d'une grande ville
Näherin f couturière f
näher|kommen (fig) irr vr se rapprocher
nähern vr s'approcher
Näherungswert m valeur f approximative
nahe|stehen (fig) irr vi: **jdm ~** être proche de qn • **nahestehend** adj (Freund) intime
nahezu adv presque
Nähgarn nt fil m (à coudre)
Nähkasten m boîte f à couture od à ouvrage
nahm etc vb siehe **nehmen**
Nähmaschine f machine f à coudre
Nähnadel f aiguille f
nähren vt nourrir ▶ vr se nourrir
nahrhaft adj nourrissant(e)
Nährstoffe pl substances fpl nutritives
Nahrung f nourriture f
Nahrungsmittel nt aliment m, denrée f alimentaire
Nahrungsmittelindustrie f industrie f agro-alimentaire
Nahrungssuche f recherche f de nourriture
Nährwert m valeur f nutritive
Naht (-, ⸚e) f couture f ; (Méd) suture f ; (Tech) soudure f • **nahtlos** adj sans couture ; (Tech) sans soudure
Nahverkehr m trafic m urbain
Nahverkehrszug m train m de banlieue
Nahziel nt but m od objectif m immédiat
naiv adj naïf(naïve)
Naivität f naïveté f
Name (-ns, -n) m nom m ; **im ~n von** au nom de
namens adv du nom de ▶ präp +Gen (förmlich) au nom de
Namenstag m fête f
namentlich adj (Abstimmung) nominal(e) ▶ adv (besonders) surtout
namhaft adj (berühmt) connu(e) ; (beträchtlich) considérable ; **jdn ~ machen** identifier qn
Namibia nt la Namibie
nämlich adv à savoir ; (denn) en effet
nannte etc vb siehe **nennen**
nanu interj eh bien
Napf (-(e)s, ⸚e) m écuelle f
Narbe f cicatrice f
narbig adj couvert(e) de cicatrices
Narkose f anesthésie f
Narr (-en, -en) m fou m • **narren** vt duper, berner

närrisch *adj* fou(folle)
Narzisse *f* narcisse *m*; *(gelbe)* jonquille *f*
naschen *vt* *(Schokolade etc)* grignoter
naschhaft *adj* gourmand(e)
Nase *f* nez *m*; **(von jdm/etw) die ~ vollhaben** en avoir ras le bol (de qn/qch)
Nasenbluten *nt* saignement *m* de nez
Nasenloch *nt* narine *f*
Nasentropfen *pl* gouttes *fpl* pour le nez
naseweis *adj* effronté(e), impertinent(e); *(neugierig)* curieux(-euse)
Nashorn *nt* rhinocéros *m*
nass *adj* mouillé(e)
Nässe (-) *f* humidité *f*
nässen *vi* *(Wunde)* suinter
nasskalt *adj* froid(e) et humide
Nassrasur *f* rasage *m* mécanique
Nation *f* nation *f*
national *adj* national(e)
• **Nationalfeiertag** *m* fête *f* nationale
• **Nationalhymne** *f* hymne *m* national
nationalisieren *vt* nationaliser
Nationalismus *m* nationalisme *m*
nationalistisch *adj* nationaliste
Nationalität *f* nationalité *f*
Nationalmannschaft *f* équipe *f* nationale
Nationalpark *m* parc *m* national
Nationalsozialismus *m* national-socialisme *m*, nazisme *m*
NATO *f abk* (= *North Atlantic Treaty Organization*) OTAN *f*
Natrium *nt* sodium *m*
Natron (-s) *nt* bicarbonate *m* de soude
Natter (-, -n) *f* vipère *f*
Natur *f* nature *f*
Naturalien *pl*: **in ~ bezahlt werden** être payé(e) en nature
Naturalismus *m* naturalisme *m*
Naturerscheinung *f* phénomène *m* naturel
naturgemäß *adj* naturel(le)
Naturgesetz *nt* loi *f* de la nature
Naturkatastrophe *f* catastrophe *f* naturelle
natürlich *adj* naturel(le) ▶ *adv* naturellement
natürlicherweise *adv* naturellement
Natürlichkeit *f* naturel *m*
Naturmedizin *f* médecine *f* naturelle
Naturpark *m* parc *m* naturel
Naturprodukt *nt* *(Rohstoff)* matière *f* première; *(landwirtschaftliches Erzeugnis)* produit *m* naturel
naturrein *adj* naturel(le)
Naturschutz *m*: **unter ~ stehen** être une espèce protégée
Naturschutzgebiet *nt* réserve *f* naturelle

Naturwissenschaftler(in) *m(f)* scientifique *mf*
Naturzustand *m* état *m* naturel
nautisch *adj* nautique
Navelorange *f* orange *f* navel
Navigation *f* navigation *f*
Navigationsinstrumente *pl* instruments *mpl* de navigation
Navigationssystem *nt* système *m* de navigation
Nazi (-s, -s) *m* nazi *m*
n. Chr. *abk* (= *nach Christus*) apr. J.-C.
Neapel (-s) *nt* Naples
Nebel (-s, -) *m* brouillard *m*
nebelig *adj* de brouillard
Nebelleuchte, Nebelschlussleuchte *f* (feu *m*) antibrouillard *m* arrière
Nebelscheinwerfer *m* (phare *m*) antibrouillard *m*
Nebelschlussleuchte *f* = **Nebelleuchte**
neben *präp +Dat (räumlich)* à côté de; *(außer)* à côté de • **nebenan** *adv* à côté
• **Nebenanschluss** *m* *(Tél)* ligne *f* supplémentaire • **nebenbei** *adv* en outre; *(beiläufig)* en passant
• **Nebenbeschäftigung** *f* activité *f* secondaire • **Nebenbuhler(in)** (-s, -) *m(f)* rival(e) • **nebeneinander** *adv* l'un(e) à côté de l'autre • **nebeneinanderher** *adv* l'un(e) à côté de l'autre, côte à côte
• **nebeneinander|legen** *vt* poser l'un(e) à côté de l'autre • **Nebeneingang** *m* entrée *f* latérale • **Nebenerscheinung** *f* effet *m* secondaire • **Nebenfach** *nt* matière *f* secondaire • **Nebenfluss** *m* affluent *m* • **Nebengeräusch** *nt* parasites *mpl*, interférences *fpl*
• **nebenher** *adv* *(zusätzlich)* en plus; *(gleichzeitig)* en même temps; *(daneben)* à côté • **nebenher|fahren** *irr vi* rouler à côté • **Nebenkosten** *pl* charges *fpl*
• **Nebenprodukt** *nt* sous-produit *m*
• **Nebenrolle** *f* rôle *m* secondaire
• **Nebensache** *f* chose *f* secondaire
• **nebensächlich** *adj* insignifiant(e)
• **Nebensaison** *f* basse saison *f*
• **Nebensatz** *m* (proposition *f*) subordonnée *f* • **Nebenstraße** *f* rue *f* latérale • **Nebenzimmer** *nt* pièce *f* voisine
neblig *adj* = **nebelig**
Necessaire (-s, -s) *nt* *(Reisenecessaire)* trousse *f* de voyage *od* de toilette; *(Nagelnecessaire)* trousse *f* de manucure
necken *vt* taquiner
Neckerei *f* taquinerie *f*
neckisch *adj* *(Spielchen, Kleidungsstück)* espiègle

Neffe (-n, -n) *m* neveu *m*
negativ *adj* négatif(-ive) • **Negativ** *nt* négatif *m*
negieren *vt* nier
nehmen *irr vt* prendre ; **etw an sich** *Akk* ~ garder qch ; **~ Sie doch bitte** servez-vous, je vous en prie ; **sich ernst ~** se prendre au sérieux
Neid (-(e)s) *m* jalousie *f*
Neider(in) (-s, -) *m(f)* jaloux(-ouse), envieux(-euse)
neidisch *adj* envieux(-euse)
neigen *vt* incliner ▶ *vi* : **zu etw ~** avoir tendance à qch
Neigung *f* (*des Geländes*) inclinaison *f* ; (*Zuneigung*) affection *f* ; **~ zu** (*Tendenz*) tendance f à ; (*Vorliebe*) penchant *m* pour
Neigungswinkel *m* angle *m* d'inclinaison
nein *adv* non
Nektarine *f* nectarine *f*
Nelke *f* (*Bot*) œillet *m* ; (*Culin*) clou *m* de girofle
nennen *irr vt* (*Kind*) appeler ; (*angeben: Namen, Betrag, Sache*) indiquer
nennenswert *adj* notable
Nenner (-s, -) *m* (*Math*) dénominateur *m*
Nennung *f* : **ohne ~ von Namen** sans mentionner personne
Nennwert *m* (*Fin*) valeur *f* nominale
Neon (-s) *nt* néon *m*
Neonazi *m* néonazi(e) *m/f*
Neonlicht *nt* éclairage *m* au néon
Neonröhre *f* tube *m* au néon *od* fluorescent
Nepal *nt* le Népal
Nerv (-s, -en) *m* nerf *m* ; **jdm auf die ~en gehen** *od* **fallen** énerver qn
nerven (*fam*) *vt* taper sur les nerfs de
nervenaufreibend *adj* éprouvant(e) (pour les nerfs)
Nervenbündel *nt* paquet *m* de nerfs
Nervenheilanstalt *f* maison *f* de santé
Nervenklinik *f* clinique *f* psychiatrique ; (*Neurologie*) clinique *f* neurologique
nervenkrank *adj* (*geistig*) atteint(e) d'une maladie mentale ; (*körperlich*) qui souffre d'une maladie du système nerveux
Nervensäge (*fam*) *f* casse-pied *m/f*
Nervenschwäche *f* neurasthénie *f* ; (*fam: schwache Nerven*) nerfs *mpl* fragiles
Nervensystem *nt* système *m* nerveux
Nervenzusammenbruch *m* dépression *f* nerveuse
nervig (*fam*) *adj* musclé(e)
nervös *adj* nerveux(-euse)
Nervosität *f* nervosité *f*
nervtötend *adj* abrutissant(e)
Nerz (-es, -e) *m* vison *m*

Nessel (-, -n) *f* ortie *f*
Nessessär (-s, -s) *nt* = **Necessaire**
Nest (-(e)s, -er) *nt* nid *m* ; (*fam: kleiner Ort*) trou *m* ; (*von Dieben etc*) repaire *m*
Netiquette (-, -) *f* nétiquette *f*
nett *adj* joli(e) ; (*Abend*) sympathique ; (*freundlich*) gentil(le)
netterweise *adv* gentiment
netto *adv* net (nette)
Netz (-es, -e) *nt* filet *m* ; (*Spinnennetz*) toile *f* ; (*System, Strom*) réseau *m* • **Netzanschluss** *m* raccordement *m* au réseau • **Netzhaut** *f* rétine *f* • **Netzkarte** *f* abonnement *m*
Netzwerk *nt* réseau *m*
Netzwerken *nt* réseaux *mpl* sociaux
Netzwerkkarte *f* adaptateur *m* de réseau
neu *adj* nouveau(nouvelle) ; (*noch nicht gebraucht*) neuf (neuve) ; (*Sprachen, Geschichte*) moderne ▶ *adv* : **~ schreiben** réécrire ; **~ machen** refaire ; **seit Neuestem** depuis peu • **Neuanschaffung** *f* nouvelle acquisition *f* • **neuartig** *adj* inédit(e) • **Neuauflage** *f* réédition *f* • **Neuausgabe** *f* nouvelle édition *f* (*revue*) • **Neubau** *m* maison *f* neuve
Neue(r) *f(m)* nouveau(nouvelle)
neuerdings *adv* (*seit Kurzem*) depuis peu ; (*von Neuem*) de nouveau
Neuerung *f* innovation *f*
Neufundland *nt* Terre-Neuve *f*
Neugier *f* curiosité *f*
neugierig *adj* curieux(-euse)
Neuguinea *nt* la Nouvelle-Guinée
Neuheit *f* nouveauté *f*
Neuigkeit *f* nouvelle *f*
Neujahr *nt* nouvel an *m*
neulich *adv* l'autre jour
Neuling *m* novice *mf*, débutant(e) *m/f*
Neumond *m* nouvelle lune *f*
neun *num* neuf • **Neun** (-, -en) *f* : **ach du grüne ~e!** (*fam*) ça alors ! • **neunte(r, s)** *adj* neuvième • **Neuntel** (-s, -) *nt* neuvième *m* • **neunzehn** *num* dix-neuf • **neunzig** *num* quatre-vingt-dix
neureich (*péj*) *adj* nouveau riche *inv*
Neurose *f* névrose *f*
Neurotiker(in) (-s, -) *m(f)* névrosé(e)
neurotisch *adj* névrosé(e)
Neuseeland (-s) *nt* la Nouvelle-Zélande
Neuseeländer(in) (-s, -) *m(f)* Néo-Zélandais(e)
neuseeländisch *adj* néo-zélandais(e)
neutral *adj* neutre
neutralisieren *vt* neutraliser
Neutralität *f* neutralité *f*
Neutron (-s, -en) *nt* neutron *m*

Neutrum (-s, -a od -en) nt neutre m
Neuwert m valeur f à l'état neuf
neuwertig adj à l'état neuf
Neuzeit f temps mpl modernes
neuzeitlich adj moderne
Nicaragua (-s) nt le Nicaragua
nicaraguanisch adj nicaraguayen(ne)

(SCHLÜSSELWORT)

nicht adv 1 (Verneinung) ne ... pas ; **nicht amtlich** non officiel(le) ; **nicht rostend** inoxydable ; **er raucht nicht** il ne fume pas ; **er hat nicht geraucht** il n'a pas fumé ; **ich auch nicht** moi non plus ; **noch nicht** pas encore ; **nicht mehr** plus ; **nicht mehr als** pas plus de
2 (Bitte, Verbot): **nicht!** non ! ; **bitte nicht berühren!** (prière de) ne pas toucher ! ; **nicht rauchen** défense de fumer ; **nicht doch!** arrête(z) !
3 (rhetorisch): **du bist müde/das ist schön, nicht (wahr)?** tu es fatigué(e)/c'est beau, n'est-ce pas ?
4: **was du nicht sagst!** ça alors !

Nichtangriffspakt m pacte m de non-agression
Nichte f nièce f
nichtig adj (ungültig) nul(le) ; (wertlos) vain(e) ; (belanglos) futile • **Nichtigkeit** f nullité f ; (Sinnlosigkeit) futilité f
Nichtraucher(in) m(f) non-fumeur(-euse)
nichtrostend adj siehe **nicht**
nichts pron rien ; **~ ahnend** qui ne se doute de rien ; **~ sagend** = **nichtssagend** • **Nichts** (-es) nt néant m ; (péj: Person) nullité f
Nichtschwimmer m: **er ist ~** il ne sait pas nager
nichtsdestoweniger adv néanmoins
nichtsnutzig adj (Mensch) bon(ne) à rien
nichtssagend adj (Gesicht) sans expression ; (Worte) creux (creuse)
Nichtstun nt oisiveté f
Nichtzutreffende(s) nt: **~s (bitte) streichen!** rayer les mentions inutiles
Nick m pseudo m
Nickel (-s) nt nickel m
nicken vi faire un signe de tête affirmatif
Nickerchen (fam) nt roupillon m
Nickname m pseudo m
nie adv jamais ; **~ wieder** od **mehr** jamais plus, plus jamais ; **~ und nimmer** jamais de la vie
nieder adj bas (basse) ▶ adv: **~ mit den Tyrannen!** à bas les tyrans !

• **Niedergang** m déclin m
• **nieder|gehen** irr vi (Sonne) se coucher ; (Regen) s'abattre • **niedergeschlagen** adj abattu(e), découragé(e)
• **Niedergeschlagenheit** f abattement m • **Niederlage** f défaite f
Niederlande pl: **die ~** les Pays-Bas mpl
Niederländer(in) (-s, -) m(f) Néerlandais(e)
niederländisch adj néerlandais(e)
nieder|lassen irr vr s'établir
Niederlassung f (Écon) filiale f
nieder|legen vt poser ; (Arbeit) cesser ; (Amt) démissionner de
Niederösterreich nt la Basse-Autriche
Niedersachsen nt la Basse-Saxe
Niederschlag m (Chim) précipité m ; (Météo) précipitations fpl
nieder|schlagen irr vt (Gegner) terrasser ; (Aufstand) réprimer ; (Augen) baisser ▶ vr (Chim) former un précipité ; **das Verfahren wurde niedergeschlagen** l'affaire a été classée ; **sich in etw** Dat **~** s'exprimer dans qch
niederträchtig adj ignoble, vil(e)
Niederung f (Senke) cuvette f
niedlich adj mignon(ne), adorable
niedrig adj bas (basse) ; (Geschwindigkeit) faible
niemals adv jamais
niemand pron personne
Niemandsland nt no man's land m
Niere f rein m
Nierenentzündung f néphrite f
nieseln vi unpers: **es nieselt** il bruine
niesen vi éternuer
Niete f (Tech) rivet m ; (Los) numéro m perdant ; (fam: Mensch) raté(e) m/f
• **nieten** vt riveter
Niger nt (Land) le Niger
Nigeria (-s) nt le Nigéria
Nihilismus m nihilisme m
Nihilist m nihiliste mf
nihilistisch adj nihiliste
Nikolaus (-, -e od (humoristique : fam) **Nikoläuse**) m saint Nicolas m
Nikotin (-s) nt nicotine f • **nikotinarm** adj pauvre en nicotine
Nil (-s) m Nil m • **Nilpferd** nt hippopotame m
Nimmersatt (-(e)s, -e) m glouton(ne) m/f
nippen vt, vi siroter
nirgends adv nulle part
nirgendwo adv nulle part
nirgendwohin adv nulle part
Nische f niche f
nisten vi nicher

Nitrat nt nitrate m
Niveau (**-s, -s**) nt niveau m
Nixe f sirène f
Nizza (**-s**) nt Nice

(SCHLÜSSELWORT)

noch adv 1 (*weiterhin, wie zuvor*) encore, toujours ; **noch nicht** pas encore ; **noch nie** encore jamais ; **noch immer, immer noch** toujours ; **bleiben Sie doch noch** restez encore un peu ; **ich möchte gern(e) noch bleiben** j'aimerais bien rester (encore un moment) ; **ich gehe kaum noch aus** je ne sors presque plus
2 (*irgendwann*) encore ; **das kann noch passieren** ça peut encore arriver ; **er wird noch kommen** il va venir
3 (*nicht später als*): **noch vor einer Woche** il y a seulement une semaine ; **noch am selben Tag** le jour-même ; **noch im 19. Jahrhundert** encore au XIXe siècle ; **können Sie das heute noch erledigen?** pouvez-vous le faire aujourd'hui ? ; **gerade noch** tout juste
4 (*zusätzlich*): **wer noch?** qui d'autre ? ; **was noch?** quoi encore ? ; **noch (ein)mal** encore une fois ; **noch dreimal** encore trois fois ; **noch einen Tee?** encore une tasse de thé ? ; **noch einer** encore un(e) ; **und es regnete auch noch** pour tout arranger, il a plu
5 (*zuerst*): **ich muss erst noch (etw) essen** il faut d'abord que je mange quelque chose
6 (*bei Vergleichen*): **noch größer** encore plus grand(e) ; **das ist noch besser** c'est encore mieux ; **und wenn es noch so schwer ist** même si c'est très difficile
7: **Geld noch und noch** (*fam*) un tas d'argent, de l'argent à la pelle ; **das ist noch (lange) kein Grund!** ce n'est pas une raison !
▶ *konj*: **weder A noch B** ni A ni B

nochmal adv siehe **noch**
nochmalig adj nouveau(nouvelle)
nochmals adv encore une fois
Nockenwelle f arbre m à cames
Nominalwert m valeur f nominale
Nominativ m nominatif m
nominell adj nominal(e)
Nonne f religieuse f
Nonnenkloster nt couvent m (de religieuses)
Nordamerika nt l'Amérique f du Nord
norddeutsch adj d'Allemagne du Nord

Norddeutschland nt l'Allemagne f du Nord
Norden (**-s**) m nord m
Nordirland nt l'Irlande f du Nord
nordisch adj nordique
Nordkorea nt la Corée du Nord
nördlich adj du nord, septentrional(e) ▶ *präp* +Gen au nord de ; **~ von** au nord de
Nordosten m nord-est m ; (*Region*) Nord-Est m
Nordpol m pôle m Nord
Nordrhein-Westfalen (**-s**) nt la Rhénanie-Westphalie
Nordsee f mer f du Nord
Nordwesten m nord-ouest m ; (*Region*) Nord-Ouest m
Nörgelei f récriminations fpl, remarques fpl continuelles
nörgeln vi ronchonner
Nörgler(in) (**-s, -**) m(f) ronchonneur(-euse)
Norm (**-, -en**) f norme f
normal adj normal(e)
normalerweise adv normalement
normalisieren vt (*Lage*) normaliser ▶ vr revenir à la normale
normen vt standardiser
Norwegen (**-s**) nt la Norvège
Norweger(in) (**-s, -**) m(f) Norvégien(ne)
norwegisch adj norvégien(ne)
Not (**-, ⸚e**) f détresse f ; (*Mangel*) misère f, dénuement m ; (*Sorge, Mühe*) peine f ; (*Notwendigkeit*) nécessité f ; **zur ~** à la rigueur ; **~ leidend** nécessiteux(-euse)
Notar(in) m(f) notaire m • **notariell** adj notarié(e)
Notarzt m médecin m urgentiste
Notausgang m sortie f de secours
Notbehelf m moyen m de fortune, expédient m
Notbremse f signal m d'alarme
Notdienst m service m d'urgence
notdürftig adj (*kaum ausreichend*) piètre ; (*behelfsmäßig*) provisoire ▶ adv: **sich ~ verständigen** se débrouiller
Note f note f ; (*Banknote*) billet m (de banque) ; (*Gepräge*) touche f
Notebook (**-(s), -s**) nt (*Inform*) ordinateur m portable, portable m
Notenbank f banque f d'émission
Notenblatt nt partition f
Notenschlüssel m clef f
Notenständer m pupitre m (à musique)
Notfall m: **im ~** en cas d'urgence
notfalls adv au besoin, si besoin est
notgedrungen adv: **etw ~ machen** être contraint(e) de faire qch
notieren vt noter ; (*Fin*) coter

Notierung f (Fin) cotation f
nötig adj nécessaire ; **etw ~ haben** avoir besoin de qch
nötigen vt obliger
nötigenfalls adv au besoin, si besoin est
Notiz (-, -en) f note f ; **~ von jdm/etw nehmen** prêter attention à qn/qch
• **Notizblock** m bloc-notes m
• **Notizbuch** nt calepin m, carnet m
• **Notizzettel** m bout m de papier
Notlage f situation f critique, détresse f
notlanden vi faire un atterrissage forcé
Notlandung f atterrissage m forcé
Notlösung f solution f provisoire
Notlüge f pieux mensonge m
notorisch adj notoire
Notruf m appel m d'urgence
Notrufsäule f téléphone réservé aux appels d'urgence
Notstand m état m d'urgence
Notstandsgesetz nt loi en vigueur lors d'un état d'urgence
Notunterkunft f logement m od hébergement m provisoire
Notverband m pansement m provisoire
Notwehr (-) f légitime défense f
notwendig adj nécessaire ; (zwangsläufig) inéluctable
Notwendigkeit f nécessité f
Notzucht f viol m
Novelle f nouvelle f ; (Jur, Pol) amendement m
November (-(s), -) m novembre m
Nr. abk (= Nummer) n°, N°
Nu m : **im Nu** en un clin d'œil
Nuance f nuance f ; (Kleinigkeit) soupçon m
nüchtern adj (nicht betrunken) pas ivre ; (ohne Essen : Person) à jeun ; (Einrichtung) sobre ; (Urteil) objectif(-ive)
• **Nüchternheit** f sobriété f
Nudeln pl pâtes fpl
null num zéro ; **~ und nichtig** nul(nulle) et non avenu(e) • **Null** (-, -en) f zéro m
Nullpunkt m (point m) zéro m
Nulltarif m gratuité f (des transports en commun)
numerisch adj numérique
Nummer (-, -n) f numéro m
nummerieren vt numéroter
Nummernkonto nt compte m numéroté
Nummernscheibe f cadran m
Nummernschild nt (Auto) plaque f minéralogique
nun adv maintenant ▶ interj alors
nur adv seulement
Nürnberg (-s) nt Nuremberg
Nuss (-, ⁻e) f noix f ; (Haselnuss) noisette f
Nussbaum m noyer m
Nussknacker (-s, -) m casse-noix m inv ; (für Haselnüsse) casse-noisette m
Nüster (-, -n) f naseau m
Nutte f putain f
nutzbar adj (Boden) cultivable ; **etw ~ machen** exploiter qch
Nutzbarmachung f exploitation f
nutzbringend adj profitable ▶ adv : **etw ~ anwenden** mettre qch à profit
nütze adj : **zu nichts ~ sein** n'être bon (bonne) à rien
nutzen vi (Maßnahme etc) être utile, servir ▶ vt exploiter ; (Gelegenheit) profiter de ; **es nutzt nichts** ça ne sert à rien
• **Nutzen** (-s) m utilité f
nützen vt, vi = **nutzen**
nützlich adj utile • **Nützlichkeit** f utilité f
nutzlos adj inutile
Nutzlosigkeit f inutilité f
Nutznießer(in) (-s, -) m(f) bénéficiaire mf
Nutzung f (Gebrauch) utilisation f ; (das Ausnutzen) exploitation f
Nymphe f nymphe f

O

O, o nt O, o m inv
Oase f oasis f
ob konj si ; **ob das wohl wahr ist?** je me demande si c'est vrai ; **und ob!** et comment !
OB (**-s, -s**) m abk (= Oberbürgermeister) maire m
Obacht f: **(auf jdn/etw) ~ geben** faire attention (à qn/qch)
ÖBB f abk (= Österreichische Bundesbahnen) chemins de fer autrichiens
Obdach nt abri m, refuge m
obdachlos adj sans-abri
Obdachlose(r) f(m) sans-abri m/f
Obduktion f autopsie f
obduzieren vt autopsier
O-Beine pl jambes fpl arquées
oben adv en haut ; **nach ~** vers le haut ; **~ erwähnt, ~ genannt** mentionné(e) ci-dessus ; **~ ohne** les seins nus ; **Befehl von ~** ordre d'en haut • **obenan** adv tout en haut • **obenauf** adv dessus ; (munter) en forme • **obendrein** adv par-dessus le marché
Ober (**-s, -**) m (Kellner) serveur m
Oberarm m avant-bras m inv
Oberarzt m chef m de clinique
Oberaufsicht f surveillance f générale
Oberbefehl m haut commandement m
Oberbefehlshaber m commandant m en chef
Oberbegriff m terme m générique
Oberbekleidung f vêtements mpl (de dessus)
Oberbett nt couette f
Oberbürgermeister m maire m
Oberdeck nt (Schiff) pont m supérieur ; (Bus) impériale f
obere(r, s) adj supérieur(e)
Oberfläche f surface f
oberflächlich adj superficiel(le)
Obergeschoss nt étage m
oberhalb adv: **~ von Köln** au-dessus de Cologne ▶ präp +Gen au-dessus de
Oberhaupt nt chef m
Oberhaus nt Chambre f haute
Oberhemd nt chemise f
Oberherrschaft f suprématie f
Oberin f (Rel) mère f supérieure
Oberkellner m maître m d'hôtel
Oberkiefer m mâchoire f supérieure
Oberkommando nt haut commandement m
Oberkörper m haut m du corps
Oberleitung f direction f générale ; (Élec) câble m aérien
Oberlippe f lèvre f supérieure
Oberösterreich nt la Haute-Autriche
Oberschenkel m cuisse f
Oberschicht f couches fpl supérieures (de la société)
Oberschule f lycée m
Oberschwester f (Méd) infirmière f en chef
Oberst (**-en** od **-s, -en** od **-e**) m colonel m
oberste(r, s) adj (Knopf, Regal) du haut ; (Stockwerk) dernier(-ière) ; (Befehlshaber, Gesetz, Prinzip) suprême ; (Klasse) supérieur(e)
Oberstufe f second cycle m
Oberteil nt partie f supérieure
Oberwasser nt: **wieder ~ haben/ bekommen** avoir repris/reprendre le dessus
Oberweite f tour m de poitrine
obgleich konj bien que +sub
Obhut (**-**) f garde f
obig adj ci-dessus
Objekt (**-(e)s, -e**) nt objet m
objektiv adj objectif(-ive)
Objektiv nt objectif m
Objektivität f objectivité f
obligatorisch adj obligatoire
Oboe f hautbois m
Obrigkeit f autorité f ; (Behörden, Rel) autorités fpl
obschon konj quoique +sub
Observatorium nt observatoire m
obskur adj obscur(e) ; (verdächtig) louche
Obst (**-(e)s**) nt fruits mpl • **Obstbau** m arboriculture f fruitière • **Obstbaum** m arbre m fruitier • **Obstgarten** m verger m • **Obsthändler** m marchand m de fruits • **Obstkuchen** m tarte f aux fruits • **Obstsalat** m salade f de fruits
obszön adj obscène
Obszönität f obscénité f
obwohl konj bien que +sub

Ochse (-n, -n) m bœuf m
Ochsenschwanzsuppe f soupe f à la queue de bœuf
Ochsenzunge f langue f de bœuf
öd, öde adj (karg) inculte ; (verlassen) désert(e) ; **öd und leer** désolé(e)
Öde f solitude f ; (fig) ennui m
oder konj ou
Ofen (-s, ¨) m (Heizofen) poêle m ; (Backofen) four m ; (Hochofen) haut fourneau m • **Ofenrohr** nt tuyau m de poêle
offen adj ouvert(e) ; (Stelle) vacant(e) ; (aufrichtig) franc (franche) ▶ adv: **~ gesagt** à vrai dire ; **~ bleiben** (Fenster) rester ouvert(e) ; **~ lassen** (Tür etc) laisser ouvert(e) ; **~ stehen** (Tür etc) être ouvert(e)
offenbar adj manifeste, évident(e) ▶ adv apparemment
offenbaren vt révéler
Offenbarung f révélation f
offen|bleiben irr vi (fig: Frage, Entscheidung) rester en suspens
Offenheit f franchise f, sincérité f
offenherzig adj (Mensch, Bekenntnis) sincère ; (Kleid) décolleté(e)
offenkundig adj manifeste
offen|lassen irr vt (Frage) laisser en suspens
offensichtlich adj manifeste
offensiv adj offensif(-ive)
Offensive f offensive f
offen|stehen (fig) irr vi: **es steht Ihnen offen, es zu tun** vous êtes libre de le faire
öffentlich adj public(-ique)
Öffentlichkeit f public m ; **in aller ~** en public ; **an die ~ dringen** transpirer
Offerte f offre f
offiziell adj officiel(le)
Offizier (-s, -e) m officier m
Offizierskasino nt mess m
offline adj (Inform) hors ligne
öffnen vt, vi ouvrir ▶ vr s'ouvrir
Öffner (-s, -) m (Büchsenöffner) ouvre-boîte m ; (Türöffner) ouvre-porte m
Öffnung f ouverture f
Öffnungszeiten pl heures fpl d'ouverture
oft adv souvent
öfter, öfters adv assez souvent
OHG abk (= offene Handelsgesellschaft) société f en nom collectif
ohne präp +Akk sans ▶ konj: **~ dass** sans que ; **das ist nicht (so) ~** (fam) ce n'est pas si simple ; **~ Weiteres** sans aucune difficulté ; (sofort) sans hésiter
• **ohnedies** adv de toute façon
• **ohnegleichen** adv sans pareil(le)
• **ohnehin** adv de toute façon
Ohnmacht f évanouissement m ; (Machtlosigkeit) impuissance f ; **in ~ fallen** s'évanouir
ohnmächtig adj évanoui(e) ; (fig) impuissant(e)
Ohr (-(e)s, -en) nt oreille f ; (Gehör) oreille f
Öhr (-(e)s, -e) nt chas m
Ohrenarzt m oto-rhino(-laryngologiste) m
ohrenbetäubend adj assourdissant(e)
Ohrenschmalz nt cérumen m
Ohrenschmerzen pl mal msg à l'oreille od aux oreilles
Ohrenschützer pl cache-oreilles msg inv
Ohrfeige f gifle f
ohrfeigen vt gifler
Ohrläppchen nt lobe m de l'oreille
Ohrwurm m perce-oreille m ; (Mus) mélodie f entêtante
oje interj hélas
okkupieren vt occuper
Ökologie f écologie f
ökologisch adj écologique ; **~er Fußabdruck** empreinte f écologique
ökonomisch adj économique
Ökopax (-en, -en) m écolo m (pacifiste)
Ökostrom m électricité f verte
Ökosystem nt écosystème m
Oktave f octave f
Oktober (-(s), -) m octobre m
Oktoberfest nt voir article

: La fête de la bière ou **Oktoberfest** a lieu tous les ans de fin septembre à début octobre à Munich, dans un grand champ où l'on installe tentes à bière, montagnes russes et autres attractions. Les participants prennent place le long de grandes tables de bois, boivent de la bière dans d'énormes chopes d'un litre et savourent des bretzels tout en écoutant des orchestres de cuivre. Cette grande fête est un succès aussi bien auprès des touristes que des gens du pays.

ökumenisch adj œcuménique
Öl (-(e)s, -e) nt huile f ; (Erdöl) pétrole m
• **Ölbaum** m olivier m
ölen vt (Tech) lubrifier
Ölfarbe f peinture f à l'huile
Ölfeld nt gisement m de pétrole
Ölfilm m pellicule f d'huile
Ölfilter m filtre m à huile
Ölheizung f chauffage m au mazout
ölig adj (ölhaltig) oléagineux(-euse) ; (schmierig) huileux(-euse) ; (Stimme) mielleux(-euse)

Olive f olive f
Ölmessstab m jauge f (de niveau d'huile)
Ölpest f marée f noire
Ölsardine f sardine f à l'huile
Ölscheich (fam) m prince m du pétrole
Ölteppich m nappe f de pétrole
Ölung f lubrification f ; **die Letzte ~** (Rel) l'extrême-onction f
Ölwechsel m vidange f
Olympiade f olympiade f
Olympiasieger(in) m(f) champion(ne) olympique
Olympiateilnehmer(in) m(f) sportif ou sportive qui participe aux jeux olympiques
olympisch adj olympique
Ölzeug nt ciré m
Oma (-, -s) (fam) f mamie f, mémé f
Oman nt Oman m
Omelett (-(e)s, -s) nt, **Omelette** f omelette f
Omen (-s, - od **Omina**) nt présage m
Omnibus m (auto)bus m
onanieren vi se masturber
Onkel (-s, -) m oncle m
online adj (Inform) en ligne
Onlinebanking nt système m de banque en ligne
Onlinedienst m service m en ligne
Opa (-s, -s) (fam) m papy m, pépé m
Opal (-s, -e) m opale f
Oper f opéra m
Operation f opération f
Operationssaal m salle f d'opération
operieren vt, vi opérer ; **sich ~ lassen** être opéré(e)
Opernglas nt jumelles fpl de théâtre
Opernhaus nt opéra m
Opernsänger(in) m(f) chanteur(-euse) m/f d'opéra
Opfer (-s, -) nt (Gabe) offrande f ; (Verzicht) sacrifice m ; (bei Unfall) victime f ; (Loser) bolos mf
opfern vt sacrifier
Opferstock m tronc m (boîte)
Opferung f sacrifice m
Opium nt opium m
opponieren vi : **(gegen jdn/etw) ~** s'opposer (à qn/qch)
opportun adj opportun(e)
Opportunismus m opportunisme m
Opportunist(in) m(f) opportuniste mf
Opposition f opposition f
oppositionell adj d'opposition
Optik f optique f
Optiker(in) (-s, -) m(f) opticien(ne)
optimal adj optimal(e)
optimieren vt optimiser
Optimismus m optimisme m

Optimist(in) m(f) optimiste mf
• **optimistisch** adj optimiste
Option f option f
optisch adj optique
Orakel (-s, -) nt oracle m
orange adj orange inv • **Orange** (-, -n) f orange f
Orangeade f orangeade f
Orangeat nt écorce f d'orange confite
Orangenmarmelade f marmelade f d'orange
Orangensaft m jus m d'orange
Orangenschale f écorce f d'orange
Orchester (-s, -) nt orchestre m
Orchidee f orchidée f
Orden (-s, -) m (Rel) ordre m ; (Mil etc) décoration f
Ordensschwester f religieuse f
ordentlich adj (ordnungsliebend) ordonné(e) ; (geordnet) (bien) rangé(e) ; (anständig) honnête ; (fam: annehmbar) pas mal inv ▶ adv (fam: sehr) vraiment
• **Ordentlichkeit** f (von Mensch) caractère m ordonné ; (von Zimmer) aspect m rangé
Ordinalzahl f nombre m ordinal
ordinär adj (vulgär) vulgaire ; (alltäglich, gewöhnlich) ordinaire
ordnen vt (Papiere, Bücher etc) ranger ; (Gedanken) mettre de l'ordre dans
Ordner (-s, -) m (Mensch) membre m du service d'ordre ; (Aktenordner) classeur m
Ordnung f ordre m ; (Ordnen) rangement m
ordnungsgemäß adj (Erledigung) réglementaire ; (Verhalten) correct(e)
ordnungshalber adv pour la forme
Ordnungsliebe f goût m de l'ordre
Ordnungsstrafe f amende f
ordnungswidrig adj non réglementaire
Ordnungszahl f nombre m ordinal
Organ (-s, -e) nt organe m
Organisation f organisation f
Organisationstalent nt talent m d'organisateur ; (Person) organisateur(-trice) m/f de premier ordre
Organisator(in) m(f) organisateur(-trice)
organisatorisch adj (Talent) d'organisateur(-trice) ; (Aufgabe) d'organisation
organisch adj organique
organisieren vt organiser ▶ vr s'organiser
Organismus m organisme m
Organist(in) m(f) organiste mf
Organspender(in) m(f) donneur(-euse) d'organe
Organverpflanzung f greffe f d'organe
Orgasmus m orgasme m

Orgel f orgue m • **Orgelpfeife** f tuyau m d'orgue ; **wie die ~n stehen** être alignés(-ées) par ordre de grandeur
Orgie f orgie f
Orient (-s) m Orient m
Orientale (-n, -n) m, **Orientalin** f Oriental(e) m/f
orientalisch adj oriental(e)
orientieren vt (unterrichten) informer, mettre au courant ▶ vr : **sich an** od **nach etw** Dat **~** se servir de qch pour s'orienter ; **sich über etw** Akk **~** (sich erkundigen) se mettre au courant de qch
Orientierung f orientation f ; (Unterrichtung) information f
Orientierungssinn m sens m de l'orientation
Orientierungsstufe f cycle m d'orientation
: **Orientierungsstufe** est le nom donné
: aux deux premières années de collège,
: équivalant au CM2 et à la 6ème en
: France. Durant ces deux années, l'élève
: est évalué sur ses capacités et peut, au
: bout de ces deux ans, passer dans un
: type d'école qui lui correspond mieux :
: Gymnasium, Realschule ou Hauptschule.

original adj original(e) • **Original (-s, -e)** nt original m • **Originalfassung** f version f originale
Originalität f (Echtheit) authenticité f ; (von Idee, Mensch) originalité f
originell adj original(e)
Orkan (-(e)s, -e) m ouragan m
Ornament nt ornement m
ornamental adj ornemental(e)
Ort¹ (-(e)s, -e) m endroit m, lieu m ; (Ortschaft) endroit m ; **an ~ und Stelle** sur place
Ort² (-(e)s, ⸚er) m : **vor ~** (Mines) au fond ; (fig) sur place
orten vt repérer
orthodox adj orthodoxe
Orthografie f orthographe f
orthografisch adj orthographique
Orthopäde (-n, -n) m, **Orthopädin** f orthopédiste m
Orthopädie f orthopédie f
orthopädisch adj orthopédique
örtlich adj local(e) • **Örtlichkeit** f endroit m ; **die Örtlichkeiten** pl (humoristique) les toilettes pl ; **sich mit den ~en vertraut machen** se familiariser avec les lieux
Ortsangabe f indication f du lieu
ortsansässig adj (Mitarbeiter, Familie) qui habite à proximité ; (Industrie) local(e)
Ortschaft f localité f ; **geschlossene ~** agglomération f
ortsfremd adj étranger(-ère) ; **ich bin hier ~** je ne suis pas d'ici
Ortsgespräch nt communication f locale
Ortsname m nom m de lieu
Ortsnetz nt réseau m local od urbain
Ortssinn m sens m de l'orientation
Ortszeit f heure f locale
Ortung f repérage m
Öse f œillet m
Ossi m voir article
: **Ossi** est un terme familier et
: irrespectueux désignant un Allemand
: de l'ancienne DDR.

Ostblock m pays mpl de l'Est
Osten (-s) m est m ; **der Ferne ~** l'Extrême-Orient m ; **der Mittlere ~** le Moyen-Orient ; **der Nahe ~** le Proche-Orient ; **im ~** à l'est
ostentativ adj ostensible
Osterei nt œuf m de Pâques
Osterfest nt Pâques fpl
Osterglocke f jonquille f
Osterhase m lapin m de Pâques
Ostermontag m lundi m de Pâques
Ostern (-, -) nt Pâques nt
Österreich (-s) nt l'Autriche f
Österreicher(in) (-s, -) m(f) Autrichien(ne)
österreichisch adj autrichien(ne)
Ostersonntag m dimanche m de Pâques
östlich adj de l'est ▶ adv : **~ von Hamburg/der Elbe** à l'est de Hambourg/l'Elbe
Ostsee f : **die ~** la Baltique
Ostwind m vent m d'est
OSZE f abk (= Organisation für Sicherheit und Zusammenarbeit in Europa) OSCE f
oszillieren vi osciller
Otter¹ (-s, -) m (Marder) loutre f
Otter² (-, -n) f (Schlange) vipère f
Ouvertüre f ouverture f
oval adj oval(e)
Overall (-s, -s) m combinaison f (de travail)
Overheadprojektor m rétroprojecteur m
ÖVP (-) f abk (= Österreichische Volkspartei) parti conservateur autrichien
Ovulation f ovulation f
Oxid (-(e)s, -e) nt oxyde m
oxidieren vt oxyder ▶ vi s'oxyder
Ozean (-s, -e) m océan m • **Ozeandampfer** m paquebot m (transatlantique)
ozeanisch adj océanien(ne)
Ozon (-s) nt od m ozone m • **Ozonloch** nt trou m dans la couche d'ozone • **Ozonschicht** f couche f d'ozone

P

P, p nt P, m p m inv
paar adj inv: **ein ~** quelques ; **ein P~ mal** plusieurs fois • **Paar** (**-(e)s, -e**) nt paire f ; (Ehepaar) couple m
paaren vt (Tiere) accoupler ▶ vr (Tiere) s'accoupler ; (fig) s'allier
Paarlauf m patinage m par couples
Paarung f (von Tieren) accouplement m ; (fig) combinaison f
paarweise adv par couples, deux par deux
Pacht (**-, -en**) f bail m • **pachten** vt louer
Pächter(in) (**-s, -**) m(f) tenancier(-ière)
Pack¹ (**-(e)s, -e** od **¨e**) m pile f ; (zusammengeschnürt) liasse f
Pack² (**-(e)s**) (péj) nt racaille f
Päckchen nt petit paquet m ; (Zigaretten) paquet
packen vt (Koffer, Paket) faire ; (fassen) saisir ; (Inform) tasser ; (fam: schaffen) arriver à faire ▶ vi faire ses bagages
Packen (**-s, -**) m pile f ; (fig: Menge) tas m
Packesel (fig) m bête f de somme
Packpapier nt papier m d'emballage
Packung f paquet m ; (Pralinenpackung) boîte f ; (Méd) compresse f
Pädagoge m pédagogue m
Pädagogik f pédagogie f
pädagogisch adj pédagogique
Paddel (**-s, -**) nt pagaie f • **Paddelboot** nt canoë m
paddeln vi pagayer
paffen (fam) vt, vi cloper
Page (**-, -n**) m (in Hotel) groom m
Pagenkopf m coiffure f à la Jeanne d'Arc
Paillette f paillette f
Paket (**-(e)s, -e**) nt paquet m ; (Postpaket auch) colis m • **Paketkarte** f récépissé m (pour l'envoi d'un colis) • **Paketpost** f service m des colis postaux
• **Paketschalter** m guichet m des colis

Pakistan (**-s**) nt le Pakistan
pakistanisch adj pakistanais(e)
Pakt (**-(e)s, -e**) m pacte m
Palast (**-es, ¨e**) m palais m
Palästina (**-s**) nt la Palestine
Palästinenser(in) (**-s, -**) m(f) Palestinien(ne)
palästinensisch adj palestinien(ne)
Palette f (zum Malen, Ladepalette) palette f ; (fig) gamme f
Palme f palmier m
Palmsonntag m dimanche m des Rameaux
Pampelmuse f pamplemousse m
pampig (fam) adj (frech) insolent(e)
Panama (**-s**) nt le Panama
Panamakanal m canal m de Panama
Pandemie f pandémie f
panieren vt paner
Paniermehl nt chapelure f
Panik f panique f
panisch adj (Angst) panique ; **in ~er Eile** pris(e) de panique
Panne f (Auto) panne f ; (Missgeschick) problème m
Pannendienst m, **Pannenhilfe** f service m de dépannage
Panorama (**-s, -men**) nt panorama m
panschen vi patauger ▶ vt (Wein etc) couper (d'eau)
Pantoffel (**-s, -n**) m pantoufle f
• **Pantoffelheld** (fam) m mari dominé par sa femme
Pantomime f pantomime f
Panzer (**-s, -**) m (von Schildkröte etc) carapace f ; (Fahrzeug) char m (d'assaut)
• **Panzerglas** nt verre m pare-balles
panzern vt blinder ▶ vr (fig) se blinder
Panzerschrank m coffre-fort m
Papa (**-s, -s**) (fam) m papa m
Papagei (**-s, -en**) m perroquet m
Paparazzi pl paparazzi mpl
Papaya (**-, -s**) f papaye f
Papier (**-s, -e**) nt papier m ; (Wertpapier) titre m
Papierfabrik f usine f de papeterie
Papiergeld nt billets mpl de banque
Papierkorb m corbeille f à papier ; (Inform) corbeille f
Papierkrieg m démêlés mpl avec la bureaucratie
Papiertaschentuch nt kleenex® m
Papiertüte f sac m en papier
Pappbecher m gobelet m en carton
Pappdeckel m carton m
Pappel f peuplier m
Pappenstiel m: **keinen ~ wert sein** valoir que dalle ; **etw für einen ~**

bekommen avoir qch pour une bouchée de pain

papperlapapp interj n'importe quoi
pappig adj poisseux(-euse)
Pappmaschee, Pappmaché (**-s, -s**) nt papier m mâché
Pappteller m assiette f en carton
Paprika (**-s, -(s)**) m (Gewürz) paprika m ; (Paprikaschote) poivron m
Papst (**-(e)s, ⁼e**) m pape m
päpstlich adj papal(e)
Papua-Neuguinea nt la Papouasie-Nouvelle-Guinée
Parabel f parabole f
Parabolantenne f antenne f parabolique
Parade f (Mil) défilé m ; (Fechten) parade f
• **Paradeschritt** m pas m de l'oie
Paradies (**-es, -e**) nt paradis m
• **paradiesisch** adj paradisiaque
paradox adj paradoxal(e)
Paradox (**-es, -e**) nt paradoxe m
Paragraf (**-en, -en**) m paragraphe m ; (Jur) article m
Paraguay (**-s**) nt le Paraguay
Paraguayer(in) (**-s, -**) m(f) Paraguayen(ne)
paraguayisch adj paraguayen(ne)
parallel adj parallèle
Parallele f parallèle f
Parameter m paramètre m
paramilitärisch adj paramilitaire
Paranuss f noix f du Brésil
paraphieren vt parapher
Parasit (**-en, -en**) m parasite m
parat adj prêt(e)
Pärchen nt couple m (d'amoureux)
Parfüm (**-s, -s** od **-e**) nt parfum m
Parfümerie f parfumerie f
Parfümflasche f flacon m de parfum
parfümieren vt parfumer ▶ vr se parfumer
parieren vt parer ▶ vi obéir
Paris nt Paris
Pariser (**-s, -**) (fam) m (Kondom) capote f
Parität f (von Währung) parité f
Park (**-s, -s**) m parc m
Parka (**-(s), -s**) m parka m od f
Park-and-ride-System nt parkings situés à la périphérie des grandes villes, permettant aux banlieusards de se rendre au centre par les transports en commun
Parkanlage f parc m
parken vt garer ▶ vi se garer
Parkett (**-(e)s, -e**) nt parquet m ; (Théât) orchestre m
Parkhaus nt parking m couvert
Parklücke f place f de stationnement
Parkplatz m parking m

Parkscheibe f disque m de stationnement
Parkuhr f parcmètre m
Parkverbot nt interdiction f de stationner
Parlament nt parlement m
Parlamentarier(in) (**-s, -**) m(f) parlementaire mf
parlamentarisch adj parlementaire
Parlamentsmitglied nt membre m du parlement
Parmesan (**-(s)**) m parmesan m
Parodie f : **~ (auf** +Akk**)** parodie f (de)
• **parodieren** vt parodier
Parodontose f déchaussement m des dents
Parole f mot m de passe ; (Wahlspruch) slogan m
Partei f parti m ; **für jdn ~ ergreifen** prendre parti pour qn
Parteiführung f direction f du parti
parteiisch adj partial(e)
parteilos adj non inscrit(e)
Parteimitglied nt membre m du parti
Parteinahme f prise f de position
Parteitag m congrès m du parti
Parteivorsitzende(r) f(m) dirigeant(e) m/f du parti
Parterre (**-s, -s**) nt rez-de-chaussée m inv ; (Théât) orchestre m
Partie f partie f ; (Écon) lot m ; **mit von der ~ sein** en être ; **eine gute/schlechte ~ sein** être/ne pas être un beau parti
Partikel (**-, -n**) f particule f
Partisan(in) (**-s** od **-en, -en**) m(f) partisan(e)
Partitur f partition f
Partizip (**-s, -ien**) nt participe m
Partner(in) (**-s, -**) m(f) associé(e) ; (Spielpartner) partenaire mf
• **Partnerschaft** f association f
• **partnerschaftlich** adj d'égal à égal ; **~es Verhalten** égard(s) m(pl) pour les autres • **Partnerstadt** f ville f jumelée
Party (**-, -s**) f fête f
Parzelle f parcelle f (de terrain)
Pass (**-es, ⁼e**) m (Ausweis) passeport m ; (Bergpass) col m
passabel adj acceptable
Passage f passage m
Passagier (**-s, -e**) m passager(-ère) m/f
• **Passagierdampfer** m paquebot m
• **Passagierflugzeug** nt avion m (affecté au transport de passagers)
Passamt nt service m des passeports
Passant(in) m(f) passant(e)
Passbild nt photo f d'identité

passen vi aller (bien) ; (auf Frage, beim Kartenspiel) passer ; **Sonntag passt uns nicht** dimanche ne nous convient pas ; **zu etw** Dat **~** aller bien avec qch

passend adj (in Farbe, Stil) assorti(e) ; (genehm, angemessen) approprié(e)

passierbar adj (Weg) praticable ; (Fluss, Kanal) franchissable

passieren vt passer ▶ vi (geschehen) se passer, arriver

Passierschein m laissez-passer m inv

Passion f passion f ; (Rel) Passion f

passioniert adj passionné(e)

Passionsspiel nt mystère m de la Passion

passiv adj passif(-ive) • **Passiv** (-s, -e) nt passif m

Passiva pl passif msg

Passivität f passivité f

Passkontrolle f contrôle m des passeports

Passstraße f route passant par un col

Passwort nt (Inform) mot m de passe • **Passwortschutz** m accès m codé

Paste f pâte f

Pastell (-(e)s, -e) nt (Bild) pastel m

Pastete (-(e)s, -n) f (Leberpastete etc) pâté m ; (Pastetchen) vol-au-vent m

pasteurisieren vt pasteuriser

Pastor(in) m(f) pasteur m

Pate (-n, -n) m parrain m

Patenkind nt filleul(e) m/f

patent adj (Mensch) super

Patent (-(e)s, -e) nt brevet m • **Patentamt** nt ≈ Institut m national de la propriété industrielle

patentieren vt (Erfindung) breveter

Patentinhaber m détenteur(-trice) m,f d'un brevet

Patentschutz m droit m d'exploitation exclusif

Pater (-s od **Patres**) m père m

pathetisch adj pathétique

Pathologe (-n, -n) m, **Pathologin** f pathologiste mf

pathologisch adj pathologique

Pathos (-) nt pathétique m

Patient(in) m(f) patient(e)

Patin f marraine f

Patina (-) f patine f

Patriarch (-en, -en) m patriarche m

patriarchalisch adj patriarcal(e)

Patriot(in) (-en, -en) m(f) patriote mf

patriotisch adj patriotique

Patriotismus m patriotisme m

Patron(in) (-s, -e) m(f) (Rel) saint(e) patron(ne)

Patrone f cartouche f

Patrouille f patrouille f

patrouillieren vi patrouiller

Patsche (fam) f (Notlage) pétrin m

patschen vi (im Wasser) patauger

patschnass (fam) adj trempé(e)

patzig (fam) adj insolent(e)

Pauke f timbale f ; **auf die ~ hauen** (fam) faire la bringue

pauken vt, vi bûcher

Pauker (-s, -) (fam) m prof mf

pausbäckig adj joufflu(e)

pauschal adj forfaitaire ; (fig : Urteil) hâtif(e)

Pauschale f (Einheitspreis) forfait m

Pauschalreise f voyage m organisé

Pauschalsumme f forfait m

Pause f pause f ; (Scol) récréation f

pausen vt décalquer

pausenlos adj ininterrompu(e)

Pausenzeichen nt (Radio) indicatif m

Pauspapier nt papier-calque m

Pavian (-s, -e) m babouin m

Pay-TV (-s, -s) nt télévision f payante

Pazifik (-s) m Pacifique m

Pazifist(in) m(f) pacifiste mf

pazifistisch adj pacifiste

PC abk = **Personal Computer**

Pech (-s, -e) nt poix f ; (fig) malchance f ; **~ haben** ne pas avoir de chance • **pechschwarz** adj (Haar) noir(e) comme jais ; (Nacht) noir(e) • **Pechsträhne** (fam) f série f noire • **Pechvogel** (fam) m : **er ist ein ~** il n'a vraiment pas de chance

Pedal (-s, -e) nt pédale f

Pedant m personne f pointilleuse

Pedanterie f minutie f excessive

pedantisch adj (Mensch) pointilleux(-euse) ; (Arbeit) minutieux(-euse)

Peddigrohr nt rotin m

Pegel (-s, -) m indicateur m de niveau • **Pegelstand** m niveau m de l'eau

peilen vt sonder ; **die Lage ~** sonder le terrain

Pein (-) f tourments mpl

peinigen vt tourmenter

peinlich adj (unangenehm) gênant(e) ▶ adv : **~ genau** avec une précision méticuleuse

Peitsche f fouet m

peitschen vt, vi fouetter

Peking (-s) nt Pékin

Pelikan (-s, -e) m pélican m

Pelle f (von Wurst, Kartoffel) peau f

pellen vt (Wurst) peler ; (Kartoffel) éplucher

Pellkartoffeln pl pommes fpl de terre en robe des champs

Pelz (-es, -e) m fourrure f

Pendel (-s, -) *nt* pendule *m*
pendeln *vi* faire la navette
Pendelverkehr *m* (*von Bus etc*) navette *f*
Pendler(in) (-s, -) *m(f)* banlieusard(e) (*qui se rend à son travail par les transports en commun*)
penetrant *adj* (*Geruch*) fort(e) ; (*péj: Person*) envahissant(e)
Penis (-, -se *od* **Penes**) *m* pénis *m*
pennen (*fam*) *vi* (*schlafen*) pioncer
Penner (*fam*) *m* (*Landstreicher*) clochard *m* ; (*verschlafener Mensch*) endormi *m*
Pension *f* pension *f* ; (*Ruhestand*) retraite *f*
Pensionär(in) *m(f)* (fonctionnaire *mf*) retraité(e)
pensionieren *vt* mettre à la retraite
pensioniert *adj* retraité(e)
Pensionierung *f* départ *m* à la retraite
Pensionsgast *m* pensionnaire *m*
Pensum (-s, Pensen) *nt* tâche *f* ; (*Scol*) programme *m*
per *präp +Akk* par ; (*bis*) d'ici à
perfekt *adj* parfait(e)
Perfekt (-(e)s, -e) *nt* passé *m* composé
Perfektionismus *m* perfectionnisme *m*
perforieren *vt* perforer
Pergament *nt* parchemin *m*
 • **Pergamentpapier** *nt* papier *m* sulfurisé
Periode *f* période *f* ; (*Méd*) règles *fpl*
periodisch *adj* périodique
Peripherie *f* périphérie *f*
 • **Peripheriegerät** *nt* (*Inform*) périphérique *m*
Perle *f* perle *f*
perlen *vi* (*Sekt, Wein*) pétiller ; (*Schweiß*) perler
Perlmutt (-s) *nt* nacre *f*
perplex *adj* perplexe
Persianer (-s, -) *m* astrakan *m*
Persien (-s) *nt* la Perse
persisch *adj* persan(e)
Person (-, -en) *f* personne *f* ; **ich für meine ~** quant à moi
Personal (-s) *nt* personnel *m*
 • **Personalabteilung** *f* service *m* du personnel • **Personalausweis** *m* carte *f* d'identité • **Personal Computer** *m* P.C. *m*
Personalien *pl* : **die ~ feststellen** faire un contrôle d'identité
Personalpronomen *nt* pronom *m* personnel
Personenaufzug *m* ascenseur *m*
Personenkraftwagen *m* voiture *f* de tourisme
Personenkreis *m* groupe *m* de personnes
Personenschaden *m* victime(s) *f(pl)*
Personenwaage *f* pèse-personne *m*

Personenzug *m* train *m* de voyageurs
personifizieren *vt* personnifier
persönlich *adj* personnel(le) ▶ *adv* (*erscheinen*) en personne ; **jdn ~ angreifen** attaquer qn sur le plan personnel • **Persönlichkeit** *f* personnalité *f*
Perspektive *f* perspective *f*
Peru (-s) *nt* le Pérou
Peruaner(in) (-s, -) *m(f)* Péruvien(ne)
peruanisch *adj* péruvien(ne)
Perücke *f* perruque *f*
pervers *adj* pervers(e) • **Perversität** *f* perversité *f*
Pessimismus *m* pessimisme *m*
Pessimist(in) *m(f)* pessimiste *mf*
pessimistisch *adj* pessimiste
Pest (-) *f* peste *f*
Pestizid (-s, -e) *nt* pesticide *m*
Petersilie *f* persil *m*
Petrodollar *m* pétrodollar *m*
Petroleum (-s) *nt* pétrole *m*
petzen *vi* rapporter
Pfad (-(e)s, -e) *m* sentier *m*, chemin *m*
 • **Pfadfinder(in)** *m(f)* scout *m*, guide *f*
Pfahl (-(e)s, ̈e) *m* poteau *m* • **Pfahlbau** *m* bâtiment *m* sur pilotis
Pfalz (-) *f* Palatinat *m*
Pfand (-(e)s, ̈er) *nt* gage *m* ; (*Flaschenpfand*) consigne *f* • **Pfandbrief** *m* (*Fin*) obligation *f*
pfänden *vt* hypothéquer ; (*Mensch*) saisir les biens de
Pfänderspiel *nt* jeu de société avec des gages
Pfandleiher (-s, -) *m* prêteur *m* sur gages
Pfandschein *m* reconnaissance *f* (*de dépôt de gage*)
Pfändung *f* saisie *f*
Pfanne *f* poêle *f*
Pfannkuchen *m* crêpe *f* ; (*Berliner*) beignet *m*
Pfarrei *f* paroisse *f*
Pfarrer (-s, -) *m* curé *m* ; (*evangelisch, von Freikirchen*) pasteur *m*
Pfarrhaus *nt* presbytère *m*
Pfau (-(e)s, -en) *m* paon *m*
Pfauenauge *nt* paon-de-jour *m*, paon-de-nuit *m*
Pfeffer (-s, -) *m* poivre *m* • **Pfefferkorn** *nt* grain *m* de poivre • **Pfefferkuchen** *m* pain *m* d'épice • **Pfefferminz** (-es, -e) *nt* bonbon *m* à la menthe • **Pfefferminze** *f* menthe *f* • **Pfeffermühle** *f* moulin *m* à poivre
pfeffern *vt* poivrer ; (*fam: werfen*) balancer ; **gepfefferte Preise** des prix exorbitants

Pfeife f (Tabakpfeife) pipe f ; (von Schiedsrichter etc) sifflet m ; (Orgelpfeife) tuyau m
pfeifen vt, vi siffler
Pfeil (-(e)s, -e) m flèche f
Pfeiler (-s, -) m pilier m ; (Brückenpfeiler) pile f
Pfennig (-(e)s, -e) m (Hist) pfennig m
Pferd (-(e)s, -e) nt cheval m
Pferderennen nt courses fpl de chevaux
Pferdeschwanz m queue f de cheval
Pferdestall m écurie f
pfiff etc vb siehe **pfeifen**
Pfiff (-(e)s, -e) m coup m de sifflet ; (besonderer Reiz) touche f (originale)
Pfifferling m chanterelle f
pfiffig adj futé(e)
Pfingsten (-, -) nt Pentecôte f
Pfingstrose f pivoine f
Pfirsich (-s, -e) m pêche f
Pflanze f plante f
pflanzen vt planter
Pflanzenfett nt graisse f végétale
pflanzlich adj végétal(e)
Pflanzung f plantation f
Pflaster (-s, -) nt pansement m ; (von Straße) chaussée f • **pflastermüde** (fam) adj fatigué(e) (d'avoir trop marché)
pflastern vt paver
Pflasterstein m pavé m
Pflaume f prune f
Pflege f (von Mensch, Tier) soins mpl ; (von Maschine) entretien m ; **in ~ sein** (Kind) être chez des parents nourriciers • **pflegebedürftig** adj qui a besoin de soins • **Pflegeeltern** pl parents mpl nourriciers • **Pflegekind** nt enfant placé dans une famille d'accueil ou chez des parents nourriciers • **pflegeleicht** adj d'entretien facile • **Pflegemutter** f mère f nourricière
pflegen vt soigner ; (Kleidung, Auto, Beziehungen) entretenir ▶ vi (gewöhnlich tun): **ich pflege mittags ein Stündchen zu schlafen** j'ai l'habitude de faire une sieste d'une petite heure l'après-midi
Pfleger (-s, -) m, **Pflegerin** f aide-soignant(e) m/f
Pflegevater m père m nourricier
Pflegeversicherung f assurance f dépendance
Pflicht (-, -en) f devoir m ; (Sport) figures fpl imposées • **pflichtbewusst** adj consciencieux(-euse) • **Pflichtfach** nt matière f obligatoire • **Pflichtgefühl** nt sens m du devoir • **pflichtgemäß** adj consciencieux(-euse) ▶ adv consciencieusement • **pflichtvergessen** adj oublieux(-euse) de ses devoirs • **Pflichtversicherung** f assurance f obligatoire
Pflock (-(e)s, ⸚e) m pieu m
pflücken vt cueillir
Pflug (-(e)s, ⸚e) m charrue f
pflügen vt (Feld) labourer
Pforte f porte f
Pförtner(in) (-s, -) m(f) concierge mf, portier(ière)
Pfosten (-s, -) m (senkrechter Balken) montant(ière)
Pfote f patte f
Pfropf (-(e)s, -e) m (in Rohr) bouchon m (accidentel) ; (Blutpfropf) caillot m (de sang)
pfropfen vt (stopfen) boucher ; (Baum) greffer
Pfropfen (-s, -) m = **Propf**
pfui interj pouah
Pfund (-(e)s, -e) nt livre f
pfuschen (fam) vi (liederlich arbeiten) faire du travail bâclé ; **jdm in etw** Akk **~** se mêler des affaires de qn
Pfuscher(in) (-s, -) (fam: péj) m(f) bousilleur(-euse) ; (Kurpfuscher) charlatan m
Pfuscherei (fam) f travail m bâclé
Pfütze f flaque f (d'eau)
Phänomen (-s, -e) nt phénomène m
phänomenal adj (Erfindung) génial(e) ; (Gedächtnis) phénoménal(e)
Phantasie etc f = **Fantasie** etc
Phantombild nt portrait-robot m
Pharmaindustrie f industrie f pharmaceutique
Pharmazeut(in) (-en, -en) m(f) pharmacien(ne)
Phase f phase f
Philanthrop (-en, -en) m philanthrope m
philanthropisch adj philanthropique
Philippinen pl Philippines fpl
philippinisch adj philippin(e)
Philologe (-n, -n) m philologue m
Philologie f philologie f
Philosoph(in) (-en, -en) m(f) philosophe mf
Philosophie f philosophie f
philosophisch adj philosophique ; (besinnlich) contemplatif(-ive)
Phishing nt hameçonnage m
Phlegma (-s) nt apathie f
phlegmatisch adj apathique
Phonetik f phonétique f
phonetisch adj phonétique
Phosphat nt phosphate m
phosphatfrei adj sans phosphate(s)
Phosphor (-s) m phosphore m

Photo nt = **Foto**
pH-Wert m pH m
Physik f physique f
physikalisch adj physique
Physiker(in) (**-s, -**) m(f) physicien(ne)
Physiologe (**-n, -n**) m physiologiste m
Physiologie f physiologie f
Physiologin f physiologiste f
physisch adj physique
Pianist(in) m(f) pianiste mf
picheln (fam) vi picoler
Pickel (**-s, -**) m (auf der Haut) bouton m ; (Werkzeug) pioche f ; (Eispickel) piolet m
pickelig adj boutonneux(-euse)
picken vt, vi picorer
Picknick (**-s, -e** od **-s**) nt pique-nique m ; **~ machen** pique-niquer
piepen vi (Vogel) piailler
piesacken (fam) vt tourmenter
Pietät f respect m
pietätlos adj irrévérencieux(-euse)
Pigment nt pigment m
Pik¹ (**-s, -s**) nt (Cartes) pique m
Pik² (**-s, -e** od **-s**) m: **einen ~ auf jdn haben** (fam) avoir une dent contre qn
pikant adj (Speise) épicé(e), relevé(e) ; (Geschichte) piquant(e)
pikiert adj froissé(e)
Piktogramm nt pictogramme m
Pilger(in) (**-s, -**) m(f) pèlerin(e)
 • **Pilgerfahrt** f pèlerinage m
Pille f pilule f
Pilot(in) (**-en, -en**) m(f) pilote m
Pils (**-, -**) nt bière blonde à fort goût de houblon
Pilz (**-es, -e**) m champignon m
 • **Pilzkrankheit** f mycose f
Pimmel (**-s, -**) (fam) m queue f
PIN (**-, -s**) f abk (= personal identification number) code m confidentiel
pingelig (fam) adj pinailleur(-euse)
Pinguin (**-s, -e**) m pingouin m
Pinie f pin m
pink adj rose bonbon
pinkeln (fam) vi pisser
Pinnwand f panneau m d'affichage
Pinsel (**-s, -**) m pinceau m
Pinzette f pincettes fpl
Pionier (**-s, -e**) m pionnier m
Pirat (**-en, -en**) m pirate m
Piratensender m émetteur m pirate
Pirsch (**-**) f traque f
Piste f piste f
Pistole f pistolet m
Pixel (**-s, -s**) nt (Inform) pixel m
Pizza (**-, -s**) f pizza f
Pkw (**-(s), -(s)**) m abk (= Personenkraftwagen) voiture f de tourisme

Plackerei (fam) f boulot m épuisant
plädieren vi plaider
Plädoyer (**-s, -s**) nt plaidoyer m
Plage f fléau m ; (Mühe) soucis mpl
 • **Plagegeist** m plaie f
plagen vt tourmenter ▶ vr peiner, trimer
Plakat nt affiche f
Plakette f badge m ; (an Wänden) plaque f
Plan (**-(e)s, ⸚e**) m plan m
Plane f bâche f
planen vt (Haus) concevoir ; (Entwicklung) planifier ; (Mord) préméditer
Planer(in) (**-s, -**) m(f) urbaniste mf
Planet (**-en, -en**) m planète f
Planetenbahn f orbite f (planétaire)
planieren vt aplanir, niveler
Planierraupe f bulldozer m
Planke f (Brett) poutre f
Plankton (**-s**) nt plancton m
planlos adj, adv sans méthode, sans but
planmäßig adj (nach Fahrplan od Flugplan) à l'heure ▶ adv à l'heure
Planschbecken nt pataugeoire f
planschen vi barboter
Plansoll nt objectif m de production
Planstelle f poste prévu au budget
Plantage f plantation f
Plantschbecken nt = **Planschbecken**
plantschen vi = **planschen**
Planung f planification f
Planwagen m chariot m bâché
Planwirtschaft f économie f planifiée
plappern vi jacasser
plärren vi (Mensch) brailler ; (Radio) beugler
Plasma (**-s, Plasmen**) nt (Méd) plasma m (sanguin)
Plastik¹ f (Art) sculpture f
Plastik² (**-s**) nt (Kunststoff) plastique m
 • **Plastikbeutel** m sac m en plastique
 • **Plastikfolie** f film m plastique
 • **Plastiktüte** f sac m en plastique
Plastilin (**-s**) nt pâte f à modeler
plastisch adj plastique, malléable ; **stell dir das ~ vor!** imagine la scène !
Platane f platane m
Platin (**-s**) nt platine m
platonisch adj (Liebe) platonique ; (von Plato) platonicien(ne)
platsch interj flac
platschen vi (Regen etc) tambouriner ; (fallen) tomber (bruyamment)
plätschern vi (Wasser) clapoter
platschnass adj trempé(e)
platt adj plat(e) ; (Reifen) à plat ; **~ sein** (fam: völlig überrascht) être ébahi(e)
 • **plattdeutsch** adj en bas allemand
Platte f plaque f ; (Schallplatte) disque m ; (Steinplatte) bloc m ; (Servierteller) plat m

plätten vt, vi repasser
Plattenspieler m tourne-disque m
Plattenteller m platine f
Plattfuß m pied m plat ; (*Reifenpanne*) crevaison f
Plattitüde f platitude f
Platz (**-es, ¨e**) m place f ; (*Sportplatz*) terrain m ; **jdm ~ machen** faire de la place à qn ; **~ nehmen** prendre place • **Platzangst** f agoraphobie f ; (*fam*) claustrophobie f • **Platzanweiser(in)** (**-s, -**) m(f) placeur m, ouvreuse f
Plätzchen nt (*Gebäck*) biscuit m
platzen vi éclater ; (*aufplatzen*) craquer ; **vor Wut ~** (*fam*) être furax
platzieren vt placer ▶ vr (*Sport*) se placer ; (: *Tennis*) se placer en tête de série
Platzkarte f réservation f
Platzmangel m manque m de place
Platzpatrone f cartouche f à blanc
Platzregen m averse f
Platzwunde f plaie f béante
Plauderei f bavardage m
plaudern vi bavarder
plausibel adj plausible
Play-back, **Playback** (**-s, -s**) nt play-back m inv
Playboy m play-boy m
plazieren vt, vr = **platzieren**
pleite adj : **~ sein** (*Firma*) avoir fait faillite ; (*Person*) être fauché(e) • **Pleite** f faillite f ; (*Reinfall*) bide m
Plenum (**-s, Plenen**) nt assemblée f plénière
Pleuelstange f bielle f
Plissee (**-s, -s**) nt plissé m
Plombe f plomb m ; (*Zahnplombe*) plombage m
plombieren vt plomber
Plotter (**-s -s**) m traceur m de courbes
plötzlich adj soudain(e) ▶ adv soudain
plump adj (*Mensch*) lourdaud(e) ; (*Hände, Körper*) épais(se), lourd(e) ; (*Bewegung*) gauche
plumpsen (*fam*) vi tomber (comme une masse)
Plunder (**-s**) (*fam*) m camelotte f
plündern vt, vi piller
Plünderung f pillage m
Plural (**-s, -e**) m pluriel m
pluralistisch adj pluraliste
plus konj, präp +Gen, adv plus • **Plus** (**-, -**) nt excédent m ; (: *Gewinn*) bénéfice m ; (*Vorteil*) avantage m
Plüsch (**-(e)s, -e**) m peluche f • **Plüschtier** nt (animal m en) peluche f
Pluspol m pôle m positif
Pluspunkt (fig) m avantage m

Plusquamperfekt nt plus-que-parfait m
Plutonium nt plutonium m
PLZ f abk (= *Postleitzahl*) code m postal
Po (**-s, -s**) (*fam*) m postérieur m
Pöbel (**-s**) m populace f
Pöbelei f grossièreté f
pöbelhaft adj vulgaire
pochen vi frapper ; (*Herz*) battre ; **auf etw** Akk **~** (*fig*) insister sur qch
Pocken pl (*Méd*) variole f sg
Podcast (**-s, -s**) m podcast m
Podium nt estrade f
Podiumsdiskussion f débat m public
Poesie f poésie f
Poet (**-en, -en**) m poète m • **poetisch** adj poétique
Pointe f chute f
Pokal (**-s, -e**) m coupe f • **Pokalspiel** nt match m de coupe
Pökelfleisch nt viande f salée (*par salaison*)
pökeln vt saler (*pour conserver*)
Pol (**-s, -e**) m pôle m
polar adj polaire
Polarkreis m cercle m polaire
Pole (**-n, -n**) m Polonais m
Polemik f polémique f
polemisch adj polémique
polemisieren vi polémiquer
Polen (**-s**) nt la Pologne
Police f police f (d'assurance)
Polier (**-s, -e**) m chef m d'équipe
polieren vt (*Boden, Möbel*) cirer ; (*Silber*) astiquer
Poliklinik f policlinique f
Polin f Polonaise f
Politik f politique f
Politiker(in) (**-s, -**) m(f) homme m/femme f politique
politisch adj politique
politisieren vi faire de la politique ▶ vt politiser
Politur f (*Mittel*) encaustique f
Polizei f police f • **Polizeibeamte(r)** m agent m de police • **polizeilich** adj policier(-ière) ; (*Anordnung*) de police ; **~es Kennzeichen** plaque f minéralogique • **Polizeirevier** nt secteur m ; (*Polizeiwache*) commissariat m • **Polizeistaat** m État m policier • **Polizeistunde** f heure f de fermeture légale des cafés etc • **polizeiwidrig** adj illégal(e)
Polizist(in) m(f) agent m de police
Pollen (**-s, -**) m pollen m
polnisch adj polonais(e)
Polohemd nt polo m
Polster (**-s, -**) nt (*Polsterung*) rembourrage m ; (*in Kleidung*) épaulette f ; (*fig: Geld*)

matelas *m* financier • **Polsterer** (**-s, -**) *m* tapissier *m* • **Polstermöbel** *pl* meubles *mpl* rembourrés
polstern *vt* rembourrer
Polsterung *f* rembourrage *m*
Polterabend *m* fête, la veille d'un mariage, où l'on casse de la vaisselle pour porter bonheur aux mariés
poltern *vi* (*Krach machen*) faire du vacarme ; (*schimpfen*) gronder
Polygamie *f* polygamie *f*
Polynesien (**-s**) *nt* la Polynésie
Polyp (**-en, -en**) *m* (*Zool*) polype *m* ; (*fam: Polizist*) flic *m* ; **Polypen** *pl* végétations *fpl*
Pomade *f* brillantine *f*
Pommern (**-s**) *nt* la Poméranie
Pommes frites *pl* frites *fpl*
Pomp (**-(e)s**) *m* faste *m*
pompös *adj* somptueux(-euse)
Pony (**-s, -s**) *nt* (*Zool*) poney *m* ▸ *m* (*Frisur*) frange *f*
Popcorn (**-s**) *nt* pop-corn *m*
Popmusik *f* musique *f* pop
Popo (**-s, -s**) (*fam*) *m* postérieur *m*
poppig *adj* (*Farbe*) criard(e)
populär *adj* (*Mensch, Lied*) populaire ; (*Ort*) en vogue ; (*Methode*) à la portée de tous
Popularität *f* popularité *f*
populärwissenschaftlich *adj* de vulgarisation
Pore *f* pore *m*
Pornografie *f* pornographie *f*
porös *adj* poreux(-euse)
Porree (**-s, -s**) *m* poireau *m*
Portal (**-s, -e**) *nt* portail *m*
Portemonnaie (**-s, -s**) *nt* porte-monnaie *m*
Portier (**-s, -s**) *m* portier *m*
Portion *f* portion *f* ; (*fig: Menge*) dose *f*
Porto (**-s, -s** *od* **Porti**) *nt* port *m*, affranchissement *m* • **portofrei** *adj* franco inv de port
Porträt (**-s, -s**) *nt* portrait *m*
porträtieren *vt* faire le portrait de
Portugal (**-s**) *nt* le Portugal
Portugiese (**-n, -n**) *m*, **Portugiesin** *f* Portugais(e) *m/f*
portugiesisch *adj* portugais(e)
Porzellan (**-s, -e**) *nt* porcelaine *f*
Posaune *f* trombone *m*
Pose *f* pose *f*
posieren *vi* poser (pour la galerie)
Position *f* position *f* ; (*beruflich*) situation *f* ; (*auf Liste*) poste *m*
positionieren *vt* (*Inform*) positionner
Positionierung *f* (*Inform*) positionnement *m*

Positionslichter *pl* feux *mpl* de position
positiv *adj* positif(-ive) • **Positiv** (**-s, -e**) *nt* (*Photo*) épreuve *f* positive
Positur *f* pose *f* ; **sich in ~ setzen** *od* **stellen** prendre une attitude étudiée, poser pour la galerie
possessiv *adj* possessif(-ive)
possierlich *adj* comique
Post (**-, -en**) *f* poste *f* ; (*Briefe*) courrier *m* • **Postamt** *nt* bureau *m* de poste • **Postanweisung** *f* mandat *m* postal, mandat-poste *m* • **Postbote** *m*, **Postbotin** *f* facteur(-trice) *m/f*
posten *vt* poster (*sur Internet*)
Posten (**-s, -**) *m* poste *m* ; (*Warenmenge*) lot *m* ; (*auf Liste*) article *m* ; (*Mil*) sentinelle *f*
Poster (**-s, -(s)**) *nt* poster *m*
Postf. *abk* (= *Postfach*) B.P.
Postfach *nt* boîte *f* postale
Postkarte *f* carte *f* postale
postlagernd *adj* en poste restante
Postleitzahl *f* code *m* postal
postmodern *adj* postmoderne
Postscheckkonto *nt* compte *m* chèque postal
Postsparkasse *f* Caisse *f* nationale d'épargne
Poststempel *m* cachet *m* de la poste
postwendend *adv* par retour de courrier
potent *adj* viril(e)
Potenz *f* (*Math*) puissance *f* ; (*eines Mannes*) virilité *f*
Potenzial (**-s, -e**) *nt* potentiel *m*
potenziell *adj* potentiel(le), possible
PR *abk* (= *Public Relations*) relations *fpl* publiques
Pracht (**-**) *f* splendeur *f*
prächtig *adj* magnifique, superbe
Prachtstück *nt* merveille *f*
prachtvoll *adj* magnifique
Prädikat *nt* (*Bewertung*) mention *f* ; (*Ling*) prédicat *m* ; **Wein mit ~** vin *m* de qualité
Präfix (**-es, -e**) *nt* préfixe *m*
Prag (**-s**) *nt* Prague
prägen *vt* (*Münze*) frapper ; (*Ausdruck*) créer ; (*Charakter*) forger
prägnant *adj* concis(e)
Prägnanz *f* concision *f*
Prägung *f* (*von od auf Münzen*) frappe *f* ; (*des Charakters*) formation *f* ; (*auf Leder*) empreinte *f* (gaufrée) ; (*Eigenart*) caractère *m*
prahlen *vi* se vanter
Prahlerei *f* vantardise *f*
prahlerisch *adj* fanfaron(ne)
Praktik *f* pratique *f*
praktikabel *adj* réaliste

Praktikant(in) *m(f)* stagiaire *mf*
Praktikum (**-s, Praktika** *od* **Praktiken**) *nt* stage *m*
praktisch *adj* pratique ; **~er Arzt** généraliste *mf*
praktizieren *vt* (*Methode, Idee*) mettre en pratique ▶ *vi* exercer
Praline *f* chocolat *m*
prall *adj* (*Sack*) rebondi(e) ; (*Ball*) bien gonflé(e) ; (*Segel*) tendu(e) ; (*Arme*) dodu(e) ; **in der ~en Sonne** en plein soleil
prallen *vi* : **~ gegen** *od* **auf** +*Akk* heurter
Prämie *f* prime *f*
prämieren *vt* (*belohnen*) primer ; (*auszeichnen*) donner un prix à
Pranger (**-s, -**) *m* pilori *m*
Pranke *f* patte *f*
Präparat *nt* préparation *f*
Präposition *f* préposition *f*
Präsens (**-**) *nt* présent *m*
präsentieren *vt* présenter
Präservativ *nt* préservatif *m*
Präsident(in) *m(f)* président(e)
• **Präsidentschaft** *f* présidence *f*
• **Präsidentschaftskandidat** *m* candidat *m* à la présidence
Präsidium *nt* (*Vorsitz*) présidence *f* ; (*Polizeipräsidium*) ≈ préfecture *f* de police
prasseln *vi* (*Feuer*) crépiter ; (*Regen, Hagel*) tambouriner
prassen *vi* festoyer
Pratze *f* patte *f*
Praxis (**-, Praxen**) *f* pratique *f* ; (*von Arzt*) cabinet *m* ; (*von Anwalt*) étude *f*
Präzedenzfall *m* précédent *m*
präzis *adj* précis(e)
Präzision *f* précision *f*
predigen *vt, vi* prêcher
Prediger (**-s, -**) *m* prédicateur *m*
Predigt (**-, -en**) *f* sermon *m*
Preis (**-es, -e**) *m* prix *m* ; **um keinen/jeden ~** à aucun/tout prix
• **Preisausschreiben** *nt* concours *m*
Preiselbeere *f* airelle *f*
preisen *irr vt* louer
preis|geben *irr vt* (*aufgeben*) abandonner ; (*ausliefern*) livrer ; (*verraten*) révéler
preisgekrönt *adj* couronné(e)
Preisgericht *nt* jury *m*
preisgünstig *adj* avantageux(-euse)
Preislage *f* gamme *f* de prix
preislich *adj* (*Lage*) des prix ; (*Unterschied*) de prix
Preisrichter *m* membre *m* du jury
Preisschild *nt* étiquette *f*
Preissturz *m* chute *f* des prix
Preisträger(in) *m(f)* lauréat(e)
preiswert *adj* avantageux(-euse)
prekär *adj* précaire
Prellbock *m* (*Rail*) butoir *m* ; **als ~ dienen** (*fam*) servir de tampon
prellen *vt* (*stoßen*) heurter ; (*betrügen*) escroquer
Prellung *f* contusion *f*
Premiere *f* première *f*
Premierminister(in) *m(f)* Premier ministre *m*
Presse *f* (*für Obst*) presse-citron *m* ; (*kein pl : Zeitungen etc*) presse *f* • **Pressefreiheit** *f* liberté *f* de la presse • **Pressekonferenz** *f* conférence *f* de presse
• **Pressemeldung** *f* communiqué *m* de presse
pressen *vt* presser
Pressluft *f* air *m* comprimé
• **Pressluftbohrer** *m* marteau-piqueur *m*
Prestige (**-s**) *nt* prestige *m*
Preußen (**-s**) *nt* la Prusse
preußisch *adj* prussien(ne)
prickeln *vi* (*Haut*) démanger ; (*Sekt*) pétiller
pries *etc vb siehe* **preisen**
Priester(in) (**-s, -**) *m(f)* prêtre(-esse)
prima *adj inv* de première qualité ; (*fam*) super
primär *adj* (*wesentlich*) primordial(e) ; (: *ursprünglich*) initial(e) ; (: *Ursache*) principal(e)
Primel (**-, -n**) *f* primevère *f*
primitiv *adj* primitif(-ive)
Prinz (**-en, -en**) *m* prince *m*
Prinzessin *f* princesse *f*
Prinzip (**-s, -ien**) *nt* principe *m*
prinzipiell *adj* de principe ▶ *adv* par principe
prinzipienlos *adj* sans principes
Priorität *f* priorité *f* ; **~en setzen** fixer des priorités
Prise *f* pincée *f*
Prisma (**-s, Prismen**) *nt* prisme *m*
privat *adj* privé(e)
Privatpatient(in) *m(f)* patient(e) du secteur privé
Privatschule *f* école *f* privée *od* libre
Privatsender *m* chaîne *f* privée
Privileg (**-(e)s, -ien**) *nt* privilège *m*
pro *präp* +*Akk* par
Pro (**-s**) *nt* pour *m*
Probe *f* essai *m* ; (*Teststück*) échantillon *m* ; (*Théât*) répétition *f* ; **jdn auf die ~ stellen** mettre qn à l'épreuve • **Probeexemplar** *nt* échantillon *m* • **Probefahrt** *f* essai *m* sur route
proben *vt* répéter
probeweise *adv* à l'essai

Probezeit f période f d'essai
probieren vt, vi essayer ; (*Wein, Speise*) goûter
Problem (**-s, -e**) nt problème m
Problematik f problématique f
problematisch adj problématique
problemlos adj, adv sans problèmes
Produkt (**-(e)s, -e**) nt produit m
Produktion f production f
produktiv adj productif(-ive)
Produktivität f productivité f
Produzent(in) m(f) producteur(-trice)
produzieren vt produire
professionell adj professionnel(le)
Professor(in) m(f) professeur mf
Professur f : **~ (für)** chaire f (de)
Profi (**-s, -s**) m pro mf
Profil (**-s, -e**) nt (*Seitenansicht*) profil m ; (*fig*) personnalité f ; (*von Reifen*) (dessin m de la) bande f de roulement
profilieren vr se distinguer
Profit (**-(e)s, -e**) m profit m
profitieren vi : **von etw ~** profiter de qch
Prognose (**-, -n**) f pronostic m
Programm (**-s, -e**) nt programme m ; (*Sender*) chaîne f
programmieren vt (*Inform*) programmer
Programmierer(in) (**-s, -**) m(f) programmeur(-euse)
Programmiersprache f langage m de programmation
Programmkino nt cinéma m d'art et d'essai
programmmäßig adj selon le programme
Programmzeitschrift f programme m
progressiv (*geh*) adj progressiste
Projekt (**-(e)s, -e**) nt projet m
Projektor m projecteur m
projizieren vt projeter
proklamieren vt proclamer
Prolet (**-en, -en**) m prolo m
Proletariat nt prolétariat m
Proletarier (**-s, -**) m prolétaire m
Prolog (**-(e)s, -e**) m prologue m
Promenade f promenade f
Promi nf pipole mf
Promi- in ZW pipole
Promille (**-(s), -**) nt alcoolémie f
• **Promillegrenze** f taux m maximum légal d'alcoolémie
prominent adj important(e)
Prominenz f personnalités fpl
Promotion f (obtention f du) doctorat m
promovieren vi obtenir son doctorat
prompt adj rapide ▶ adv (*wie erwartet*) évidemment
Pronomen (**-s, -**) nt pronom m

Propaganda (**-**) f propagande f
Propeller (**-s, -**) m hélice f
Prophet(in) (**-en, -en**) m(f) prophète (prophétesse)
prophezeien vt prédire
Prophezeiung f prophétie f
Proportion f proportion f
proportional adj proportionnel(le)
• **Proportionalschrift** f espacement m proportionnel
Prosa (**-**) f prose f
prosaisch adj (*Mensch*) prosaïque
prosit interj à la vôtre ; **~ Neujahr!** bonne année !
Prospekt (**-(e)s, -e**) m prospectus m
prost interj à la vôtre/tienne, santé
Prostituierte (**-n, -n**) f prostituée f
Prostitution f prostitution f
Protein (**-s, -e**) nt protéine f
Protest (**-(e)s, -e**) m protestation f
Protestant(in) m(f) protestant(e)
• **protestantisch** adj protestant(e)
protestieren vi protester
Protestkundgebung f manifestation f
Prothese f prothèse f ; (*Zahnprothese*) dentier m
Protokoll (**-s, -e**) nt procès-verbal m ; (*diplomatisch*) protocole m ; **etw zu ~ geben** (*bei Polizei*) signaler qch
protokollieren vt (*Sitzung*) rédiger le procès-verbal de
Proton (**-s, -en**) nt proton m
Prototyp m prototype m
Protz (**-en, -e(n)**) (*fam*) m (*Mensch*) frimeur m
protzen (*fam*) vi se frimer ; **mit etw ~** faire étalage de qch
protzig adj tape-à-l'œil inv ; (*neureich*) ▶ adj bling-bling inv
Proviant (**-s, -e**) m provisions fpl
Provider (**-s, -**) m (*Inform*) fournisseur m d'accès
Provinz (**-, -en**) f province f
provinziell adj provincial(e)
Provision f (*Écon*) commission f
provisorisch adj provisoire
Provokation f provocation f
provozieren vt provoquer
Prozedur f procédure f ; (*péj*) histoires fpl
Prozent (**-(e)s, -e**) nt : **5 ~** 5 pour cent
• **Prozentrechnung** f calcul m du pourcentage • **Prozentsatz** m pourcentage m • **prozentual** adj : **~e Beteiligung** pourcentage m
Prozess (**-es, -e**) m (*Jur*) procès m ; (*Vorgang*) processus m
prozessieren vi : **~ (mit** od **gegen)** être en procès (avec)

Prozession f procession f
Prozesskosten pl frais mpl de justice
Prozessor (**-s, -en**) m (Inform) processeur m
prüde adj prude
Prüderie f pruderie f
prüfen vt (Kandidat) faire passer un examen à ; (Gerät) tester ; (nachprüfen) vérifier
Prüfer(in) (**-s, -**) m(f) examinateur(-trice)
Prüfling m candidat(e) m/f
Prüfung f examen m ; (Heimsuchung) épreuve f
Prüfungskommission f jury m (d'examen)
Prüfungsordnung f règlement m (d'un examen)
Prügel pl raclée fsg
Prügelei f bagarre f
Prügelknabe m bouc m émissaire
prügeln vt battre ▶ vr se battre
Prügelstrafe f châtiment m corporel
Prunk (**-(e)s**) m faste m (excessif)
prunkvoll adj fastueux(-euse)
PS abk (= Pferdestärke) CV ; (= Postskript(um)) P-S
Psalm (**-s, -en**) m psaume m
pseudo- in zW pseudo-
Psychiater(in) (**-s, -**) m(f) psychiatre mf
Psychiatrie f psychiatrie f
psychisch adj psychologique, psychique
Psychoanalyse f psychanalyse f
Psychologe m psychologue m
Psychologie f psychologie f
Psychologin f psychologue f
psychologisch adj psychologique
Psychotherapeut(in) m(f) psychothérapeute mf
Psychotherapie f psychothérapie f
Pubertät f puberté f
Publikum (**-s**) nt public m ; (Sport) spectateurs mpl
publizieren vt (Buch etc) publier
Pudding (**-s, -e** od **-s**) m ≈ flan m
Pudel (**-s, -**) m caniche m
Puder (**-s, -**) m poudre f • **Puderdose** f poudrier m
pudern vt poudrer
Puderzucker m sucre m glace
Puff¹ (**-(e)s, ⁻e**) (fam) m (Stoß) gnon m
Puff² (**-(e)s, -e**) m (Wäschepuff) panier m à linge (capitonné) ; (Sitzpuff) pouf m
Puff³ (**-s, -s**) (fam) nt od m (Bordell) bordel m
Puffer (**-s, -**) m (Rail, Inform) tampon m • **Pufferspeicher** m (Inform) mémoire f tampon od intermédiaire • **Pufferstaat** m État m tampon
Pulli (**-s, -s**) m pull m

Puls (**-es, -e**) m pouls m • **Pulsader** f artère f
pulsieren vi battre ; (fig) vibrer
Pult (**-(e)s, -e**) nt pupitre m ; (Schaltpult) pupitre m de commande
Pulver (**-s, -**) nt poudre f
pulverig adj poudreux(-euse)
pulverisieren vt pulvériser
Pulverschnee m poudreuse f
pummelig adj rondelet(te)
Pumpe f pompe f
pumpen vt pomper ; (fam: leihen) prêter ; (: entleihen) emprunter
Punkt (**-(e)s, -e**) m point m
punktieren vt (Méd) ponctionner ; **eine punktierte Linie** des pointillés mpl
pünktlich adj ponctuel(le)
 • **Pünktlichkeit** f ponctualité f
Punktsieg m victoire f aux points
Punktzahl f score m
Pupille f pupille f
Puppe f poupée f ; (Marionette) marionnette f ; (Insektenpuppe) chrysalide f
Puppenspieler(in) m(f) marionnettiste mf
Puppenstube f maison f de poupée
Puppenwagen m landau m de poupée
pur adj pur(e)
Püree (**-s, -s**) nt purée f
Purzelbaum (fam) m culbute f
purzeln vi tomber
Puste (-) (fam) f souffle m
Pustel (**-, -n**) f bouton m (sur la peau)
pusten vi souffler
Pute f dinde f
Puter (**-s, -**) m dindon m
Putsch (**-(e)s, -e**) m putsch m, coup m d'État • **putschen** vi faire un putsch
 • **Putschist(in)** m(f) putschiste mf
Putz (**-es**) m (Mörtel) crépi m
putzen vt nettoyer ; (Schuhe) cirer ▶ vr faire sa toilette
Putzfrau f femme f de ménage
putzig adj mignon(ne)
Putzlappen m chiffon m
Putztag m jour m de nettoyage
Putzzeug nt matériel m de nettoyage
Puzzle (**-s, -s**) nt puzzle m
Pyjama (**-s, -s**) m pyjama m
Pyramide f pyramide f
Python (**-s, -s**) m python m

q

Q, q nt Q, q m inv
Quacksalber (**-s, -**) (fam) m charlatan m
Quader (**-s, -**) m pierre f de taille
Quadrat nt carré m • **quadratisch** adj carré(e) ; (Gleichung) du second degré
• **Quadratmeter** m mètre m carré
quaken vi (Frosch) coasser ; (Ente) cancaner
quäken (fam) vi brailler
Qual f torture f ; (seelisch) tourment m
quälen vt torturer ; (mit Bitten) harceler ▶ vr (sich abmühen) peiner ; (geistig) se tourmenter
Quälerei f (das Quälen) torture f
Quälgeist (fam) m casse-pieds m/f
Qualifikation f qualification f
qualifizieren vt qualifier ▶ vr se qualifier
Qualität f qualité f
Qualitätskontrolle f contrôle m de qualité
Qualitätsware f produit m de qualité
Qualle f méduse f
Qualm (**-(e)s**) m épaisse fumée f
qualmen vi fumer ; (fam: Mensch) fumer comme un sapeur
qualvoll adj atroce
Quantentheorie f théorie f quantique od des quanta
Quantität f quantité f
quantitativ adj quantitatif(-ive)
Quantum (**-s, Quanten**) nt (Phys) quantum m ; (Anteil) quota m
Quarantäne f quarantaine f
Quark (**-s**) m (Culin) sorte de fromage blanc ; (fam) foutaise f
Quartal (**-s, -e**) nt trimestre m
Quartier (**-s, -e**) nt logement m ; (Mil) quartiers mpl
Quarz (**-es, -e**) m quartz m
Quarzuhr f montre f à quartz

quasi adv quasiment, quasi
quasseln (fam) vi jacasser
Quatsch (**-es**) m bêtises fpl
quatschen vi papoter
Quatschkopf (fam) m (Schwätzer) moulin m à paroles
Quecksilber nt mercure m
Quelle f source f
quellen irr vi (hervorquellen) jaillir ; (schwellen) gonfler
Quellensteuer f retenue f à la source
Quengelei (fam) f pleurnicheries fpl
quengelig (fam) adj pleurnichard(e)
quengeln (fam) vi pleurnicher
quer adv (der Breite nach) en travers ; (rechtwinklig) transversalement ; **~ durch den Wald** à travers la forêt
• **Querbalken** m poutre f transversale
querfeldein adv à travers champs
Querflöte f flûte f traversière
Querformat nt format m oblong
Querkopf m empêcheur m de tourner en rond
Querschiff nt transept m
Querschnitt m coupe f od section f transversale ; (repräsentative Auswahl) échantillon m
querschnittsgelähmt adj paraplégique
Querstraße f rue f transversale
Quertreiber (**-s, -**) m empêcheur m de tourner en rond
Querverbindung (fig) f lien m
quetschen vt presser, écraser ; (Finger etc) écraser, meurtrir
Quetschung f contusion f
quieken vi (Schwein) couiner ; (Mensch) pousser des cris perçants
quietschen vi grincer ; (Mensch) pousser des cris
Quintessenz f quintessence f
Quintett (**-(e)s, -e**) nt quintette m
Quirl (**-(e)s, -e**) m (Küchengerät) fouet m (électrique)
quitt adj : (**mit jdm**) **~ sein** être quitte (envers qn)
Quitte f coing m
quittieren vt donner un reçu pour ; (Dienst) quitter
Quittung f quittance f, reçu m
Quiz (**-, -**) nt jeu-concours m (télévisé ou radiophonique)
quoll etc vb siehe **quellen**
Quote f proportion f, taux m

R

R, r *nt* R, r *m inv*
Rabatt (-(e)s, -e) *m* rabais *m*, remise *f*
Rabatte *f* plate-bande *f*
Rabe (-n, -n) *m* corbeau *m*
Rabenmutter *f* marâtre *f*
rabiat *adj* furieux(-euse)
Rache *f* vengeance *f*
Rachen (-s, -) *m* gorge *f*
rächen *vt* venger ▶ *vr* se venger; (*Leichtsinn, Faulheit*) coûter cher
Rachitis (-) *f* rachitisme *m*
rachsüchtig *adj* vindicatif(-ive)
Rad (-(e)s, ⁻er) *nt* roue *f*; (*Fahrrad*) vélo *m*; **~ fahren** faire du vélo
Radar (-s) *m od nt* radar *m* • **Radarfalle** *f* contrôle-radar *m* • **Radarkontrolle** *f* contrôle-radar *m*
Radau (-s) (*fam*) *m* boucan *m*
Raddampfer *m* bateau *m* à vapeur
radebrechen *vt, vi* baragouiner
radeln (*fam*) *vi* faire du vélo; **zur Post ~** aller à la poste *od* en vélo
Rädelsführer *m* meneur *m*
Radfahrer(in) *m(f)* cycliste *mf*
Radfahrweg *m* piste *f* cyclable
radieren *vt, vi* gommer, effacer
Radiergummi *m* gomme *f*
Radierung *f* (*Art*) gravure *f*; (*Abdruck*) eau-forte *f*
Radieschen *nt* radis *m*
radikal *adj* (*extrem*) extrémiste; (*Maßnahme*) radical(e)
Radikale(r) *f(m)* extrémiste *mf*
Radio (-s, -s) *nt* radio *f* • **radioaktiv** *adj* radioactif(-ive) • **Radioaktivität** *f* radioactivité *f* • **Radioapparat** *m* poste *m* de radio
Radiowecker *m* radio-réveil *m*
Radium *nt* radium *m*
Radius (-, Radien) *m* rayon *m*

Radkappe *f* enjoliveur *m*
Radler(in) *m(f)* cycliste *mf*
Radrennbahn *f* vélodrome *m*
Radrennen *nt* course *f* cycliste
Radsport *m* cyclisme *m*
Radweg *m* piste *f* cyclable
RAF (-) *f abk* (= *Rote-Armee-Faktion*) Fraction *f* armée rouge
raffen (-) *vt* (*Besitz, Geld*) amasser; (*Stoff*) froncer
Raffinade *f* sucre *m* raffiné
raffinieren *vt* raffiner
raffiniert *adj* (*Mensch, Trick*) subtil(e), astucieux(-euse); (*Kleid*) chic
ragen *vi* s'élever
Rahm (-s) *m* crème *f*
rahmen *vt* encadrer
Rahmen (-s, -) *m* cadre *m*; **im ~ des Möglichen** dans le domaine du possible
Rakete *f* fusée *f*
RAM (-(s), -(s)) *nt* (*Inform*) mémoire *f* vive
rammen *vt* (*Pfahl*) enfoncer; (*Schiff*) heurter; (*Auto*) emboutir
Rampe *f* rampe *f*
Rampenlicht *nt* feux *mpl* de la rampe
ramponieren (*fam*) *vt* esquinter
Ramsch (-(e)s, -e) *m* camelote *f*
ran (*fam*) *adv* = **heran**
Rand (-(e)s, ⁻er) *m* bord *m*; (*von Wald*) lisière *f*; (*von Stadt*) périphérie *f*; (*auf Papier*) marge *f*; (*unter Augen*) cerne *f*; **außer ~ und Band** déchaîné(e); **am ~e bemerkt** soit dit en passant
randalieren *vi* faire du tapage
Randbemerkung *f* note *f* en marge; (*fig*) remarque *f* en passant
Randerscheinung *f* phénomène *m* secondaire
rang *etc vb siehe* **ringen**
Rang (-(e)s, ⁻e) *m* rang *m*; (*Wert*) calibre *m*; (*Théât*) balcon *m*
Rangierbahnhof *m* gare *f* de triage
rangieren *vt* (*Rail*) aiguiller ▶ *vi* (*fig*) se classer
Rangiergleis *nt* voie *f* de garage
Rangordnung *f* ordre *m* hiérarchique
Ranke *f* vrille *f*
rann *etc vb siehe* **rinnen**
rannte *etc vb siehe* **rennen**
Ranzen (-s, -) *m* cartable *m*; (*fam: Bauch*) panse *f*
ranzig *adj* (*Butter*) rance
Rap (-(s), -s) *m* (*Mus*) rap *m*
rapid *adj* rapide
Rappe (-n, -n) *m* (*Pferd*) cheval *m* noir
Rappen (-s, -) *m* (*Schweiz*) centime *m* (suisse)
Rapper(in) (-s, -) *m(f)* (*Mus*) rappeur(-euse)

Raps (-es, -e) m colza m
rar adj rare
Rarität f rareté f
rasant adj très rapide
rasch adj rapide
rascheln vi : **das Laub raschelt im Wind** on entend le vent dans les feuilles ; **mit der Zeitung ~** faire du bruit en tournant les pages du journal
rasen (fam) vi (schnell fahren) foncer ; **vor Zorn ~** être fou(folle) de colère
Rasen (-s, -) m gazon m, pelouse f
rasend adj (Eifersucht) fou(folle) ; (Entwicklung, Tempo) très rapide ; **~e Kopfschmerzen** de violents maux de tête
Rasenmäher (-s, -) m tondeuse f (à gazon)
Rasenplatz m pelouse f
Raserei f (Wut) fureur f ; (Schnelle) vitesse f folle
Rasierapparat m rasoir m
Rasiercreme f crème f à raser
rasieren vt raser ▶ vr se raser
Rasierklinge f lame f de rasoir
Rasiermesser nt rasoir m
Rasierpinsel m blaireau m
Rasierseife f savon m à barbe
Rasierwasser nt lotion f après-rasage
Rasse f race f • **Rassehund** m chien m de race
Rassel (-, -n) f crécelle f ; (für Baby) hochet m
rasseln vi (Wecker) sonner ; **~ mit** faire tinter
Rassenhass m racisme m
Rassentrennung f ségrégation f raciale
Rassismus m racisme m
Rassist(in) (-, -) m(f) raciste mf
rassistisch adj raciste
Rast (-, -en) f arrêt m • **rasten** vi s'arrêter
Rasthaus nt, **Rasthof** m (an Autobahn) aire f de repos équipée, relais m d'autoroute
rastlos adj (unermüdlich) infatigable ; (unruhig) agité(e)
Rastplatz m (an Autobahn) aire f de repos
Raststätte f = **Rasthaus**
Rasur f rasage m
Rat (-(e)s, -schläge) m conseil m ; (pl Räte : Ratsversammlung) conseil m ; (: Mitglied) conseiller m ; **(sich Dat) keinen ~ wissen** ne savoir que faire ; siehe auch **zurate**
Rate f acompte m ; **auf ~n kaufen** acheter à crédit
raten irr vt deviner ; **jdm ~** (empfehlen) conseiller qn

ratenweise adv à tempérament
Ratenzahlung f paiement m par acomptes
Ratgeber (-s, -) m conseiller m ; (Buch) manuel m
Rathaus nt mairie f
ratifizieren vt ratifier
Ratifizierung f ratification f
Ration f ration f
rational adj rationnel(le)
rationalisieren vt rationaliser
rationell adj rationnel(le)
rationieren vt rationner
ratlos adj perplexe
Ratlosigkeit f perplexité f
ratsam adj indiqué(e)
Ratschlag m conseil m
Rätsel (-s, -) nt devinette f ; (Geheimnis) énigme f • **rätselhaft** adj mystérieux(-euse)
Ratskeller m restaurant m de l'hôtel de ville
Ratte f rat m
rattern vi (Maschinengewehr) crépiter ; (Auto) pétarader
rau adj rêche, rugueux(-euse) ; (Stimme) rauque ; (Hals) enroué(e) ; (Klima) rude
Raub (-(e)s) m (von Gegenstand) vol m (à main armée) ; (von Mensch) enlèvement m ; (Beute) proie f • **Raubbau** m exploitation f abusive
rauben vt (wegnehmen) voler ; (entführen) enlever
Räuber (-s, -) m voleur m, brigand m • **räuberisch** adj (Bande) de malfaiteurs ; (Tier) prédateur(-trice) ; **in ~er Absicht** avec l'intention de voler
Raubkopie f piratage m
Raubmord m vol m avec homicide
Raubtier nt prédateur m
Raubüberfall m attaque f à main armée
Raubvogel m rapace m
Rauch (-(e)s) m fumée f
rauchen vt, vi fumer
Raucher(in) (-s, -) m(f) fumeur(-euse) • **Raucherabteil** nt compartiment m fumeurs
räuchern vt (Fleisch) fumer
Rauchfang m (Rauchabzug) hotte f
Rauchfleisch nt viande f fumée
rauchig adj (Geschmack) fumé(e) ; (Zimmer, Luft) enfumé(e)
Rauchmelder (-s, -) m détecteur m de fumée
Rauchverbot nt interdiction f de fumer
räudig adj galeux(-euse)
rauf (fam) adv siehe **herauf**
Raufasertapete f papier m peint ingrain

Raufbold (-(e)s, -e) m brute f
raufen vt (Haar) arracher ▶ vi, vr se bagarrer
Rauferei f bagarre f
rauflustig adj bagarreur(-euse)
rauh adj = **rau**
Raum (-(e)s, Räume) m (Zimmer) pièce f; (Platz) place f; (Gebiet) région f; (Weltraum) espace m
räumen vt (Wohnung) quitter; (Platz, Stadt, Gebiet) évacuer; (Schnee, Schutt) enlever
Raumfähre f navette f spatiale
Raumfahrt f astronautique f
Rauminhalt m (Math) volume m
räumlich adj (Darstellung) en relief • **Räumlichkeiten** pl locaux mpl
Raummangel m manque m de place
Raummeter m mètre m cube
Raumschiff nt vaisseau m spatial
Raumstation f station f spatiale
Räumung f fait de quitter; (unter Zwang) évacuation f
Räumungsverkauf m liquidation f des stocks
raunen vt, vi murmurer
Raupe f chenille f
Raupenschlepper m véhicule m à chenilles
Raureif m givre m
raus (fam) adv = **heraus**; **hinaus**
Rausch (-(e)s, Räusche) m ivresse f
rauschen vi (Wasser) murmurer; (Bäume) bruire
rauschend adj (Fest) éblouissant(e); **~er Beifall** une salve d'applaudissements
Rauschgift nt drogue f • **Rauschgiftsüchtige(r)** (f)m drogué(e) m/f
räuspern vr se racler la gorge
Raute f losange m
rautenförmig adj en (forme de) losange
Razzia (-, Razzien) f rafle f
Reagenzglas nt éprouvette f
reagieren vi réagir; **~ auf** +Akk réagir à
Reaktion f réaction f
reaktionär adj réactionnaire
Reaktionsgeschwindigkeit f vitesse f de réaction
Reaktor m réacteur m • **Reaktorkern** m cœur m du réacteur
real adj réel(le); (wirklichkeitsbezogen) réaliste
realisieren vt réaliser
Realismus m réalisme m
Realist(in) m(f) réaliste mf • **realistisch** adj réaliste
Realität f réalité f

Realschule f école f secondaire, collège m
: La **Realschule** est un établissement secondaire d'enseignement général dans lequel les élèves de niveau moyen peuvent être orientés après le primaire. Après six années d'études, ils obtiennent un diplôme, correspondant à un niveau de fin de Seconde, la *mittlere Reife*. La majorité d'entre eux entre alors en apprentissage pour des métiers du tertiaire, et une minorité essaie de passer au *Gymnasium* pour essayer d'obtenir l'*Abitur* et de faire des études supérieures.

Rebe f vigne f
Rebell(in) (-en, -en) m(f) rebelle mf
Rebellion f rébellion f
rebellisch adj rebelle
Rebhuhn nt perdrix f
Rebstock m vigne f
rechen vt, vi ratisser
Rechen (-s, -) m râteau m
Rechenaufgabe f problème m d'arithmétique
Rechenfehler m erreur f de calcul
Rechenmaschine f calculatrice f
Rechenschaft f comptes mpl; **jdm über etw** Akk **~ ablegen** rendre compte de qch à qn; **~ verlangen** demander des comptes • **Rechenschaftsbericht** m rapport m
Rechenschieber m règle f à calcul
Rechenzentrum nt centre m informatique
rechnen vt calculer; (einberechnen, veranschlagen) compter ▶ vi calculer; (Haus halten) compter; **jdn/etw zu** od **unter etw** +Akk **~** compter qn/qch parmi qch; **mit etw ~** s'attendre à qch; **auf jdn/etw ~** compter sur qn/qch • **Rechnen** nt calcul m
Rechner (-s, -) m calculatrice f; (Inform) ordinateur m
Rechnung f calcul m; (von Waren) facture f; (in Restaurant etc) addition f; **jdm/etw ~ tragen** tenir compte de qn/qch
Rechnungsjahr nt exercice m
Rechnungsprüfer m vérificateur m
Rechnungsprüfung f vérification f des comptes
recht adj juste; (echt) vrai(e) ▶ adv (vor adj) vraiment; **das ist mir ~** cela me convient; **jetzt erst ~** plus que jamais; **~ haben** avoir raison; **jdm ~ geben** donner raison à qn
Recht (-(e)s, -e) nt droit m; **~ auf** +Akk droit à; **~ sprechen** rendre la justice; **mit** od **zu ~** à bon droit

rechte(r, s) *adj* droit(e)
Rechte (**-n, -n**) *f* (*Pol*) droite *f*
Rechteck (**-s, -e**) *nt* rectangle *m*
rechteckig *adj* rectangulaire
rechtfertigen *vt* justifier ▶ *vr*: **sich ~ (vor)** se justifier (devant)
Rechtfertigung *f* justification *f*
rechthaberisch *adj* qui veut toujours avoir raison
rechtlich *adj* (*gesetzlich*) légal(e)
rechts *adv* à droite ▶ *präp +Gen*: **~ der Straße** sur le côté droit de la rue ; **~ stricken** faire du point à l'endroit
• **Rechtsanwalt** *m*, **Rechtsanwältin** *f* avocat(e) *m/f* • **Rechtsaußen** (**-, -**) *m* (*Sport*) ailier *m* droit • **Rechtsbeistand** *m* conseiller *m* juridique
rechtschaffen *adj* droit(e), honnête
Rechtschreibprüfung *f* (*Inform*) vérification *f* d'orthographe
Rechtschreibreform *f* réforme *f* de l'orthographe
Rechtschreibung *f* orthographe *f*
Rechtsextremist *m* extrémiste *m* de droite
Rechtsfall *m* (*Jur*) affaire *f*
Rechtsfrage *f* problème *m* juridique
Rechtshänder(in) (**-s, -**) *m(f)* droitier(-ière)
rechtskräftig *adj* (*Urteil*) irrévocable
Rechtskurve *f* virage *m* à droite
Rechtsprechung *f* juridiction *f*
rechtsradikal *adj* d'extrême droite
Rechtsstreit *m* litige *m*
Rechtsverkehr *m* circulation *f* à droite
Rechtsweg *m* voie *f* judiciaire
rechtswidrig *adj* illégal(e)
rechtwinklig *adj* à angle droit ; (*Dreieck*) rectangle
rechtzeitig *adv* à temps
Reck ((**e)s, -e**) *nt* barre *f* fixe
recken *vt* (*Hals*) tendre ▶ *vr* s'étirer
recycelbar *adj* recyclable
recyceln *vt* recycler
Recycling (**-s**) *nt* recyclage *m*
Redakteur(in) *m(f)* rédacteur(-trice)
Redaktion *f* rédaction *f*
Rede *f* discours *m* ; **jdn zur ~ stellen** demander des explications à qn
• **Redefreiheit** *f* liberté *f* d'expression
• **redegewandt** *adj* éloquent(e)
reden *vi* parler ▶ *vt* dire ▶ *vr*: **sich heiser ~** s'enrouer à force de parler ; **sich in Wut ~** s'énerver de plus en plus
Redensart *f* manière *f* de parler
Redewendung *f* expression *f*
redlich *adj* honnête
Redner(in) *m(f)* orateur(-trice)
redselig *adj* bavard(e)
reduzieren *vt* réduire
Reede *f* mouillage *m*
Reeder (**-s, -**) *m* armateur *m*
Reederei *f* compagnie *f* de navigation
reell *adj* (*ehrlich*) honnête ; (*tatsächlich*) véritable ; (*Math*) réel(le)
Referat *nt* (*Vortrag*) exposé *m* ; (*Verwaltung*) service *m*
Referent(in) *m(f)* (*Vortragender*) conférencier(-ière) ; (*Sachbearbeiter*) expert(e)
Referenz *f* référence *f*
referieren *vi*: **~ über** +*Akk* faire un compte-rendu de
reflektieren *vt* réfléchir ▶ *vi* réfléchir la lumière ; **~ auf** +*Akk* viser
Reflex (**-es, -e**) *m* réflexe *m*
reflexiv *adj* réfléchi(e)
Reform (**-, -en**) *f* réforme *f*
Reformation *f* Réformation *f*
Reformator(in) *m(f)* réformateur(-trice)
reformatorisch *adj* réformateur(-trice)
Reformhaus *nt* magasin *m* de produits diététiques
reformieren *vt* réformer
Refrain (**-s, -s**) *m* refrain *m*
Regal (**-s, -e**) *nt* étagère *f*
Regatta (**-, Regatten**) *f* régate *f*
rege *adj* (*lebhaft*) animé(e) ; (*wach, lebendig*) vif(vive)
Regel (**-, -n**) *f* règle *f* ; (*Méd*) règles *fpl*
• **regelmäßig** *adj* régulier(-ière) ▶ *adv*: régulièrement ; **er kommt ~ zu spät** il arrive régulièrement en retard
• **Regelmäßigkeit** *f* régularité *f*
regeln *vt* régler ▶ *vr* se régler
regelrecht *adj* (*Verfahren*) en règle ; (*fam*: *Frechheit etc*) sacré(e)
Regelung *f* (*Vereinbarung*) règlement *m* ; (*das Regeln*) régulation *f*
regelwidrig *adj* (*Verhalten*) contraire au règlement
regen *vr* (*bewegen*) bouger ; (*Widerspruch*) se faire sentir
Regen (**-s, -**) *m* pluie *f*
Regenbogen *m* arc-en-ciel *m*
• **Regenbogenhaut** *f* iris *m*
• **Regenbogenpresse** *f* presse *f* à sensation
Regenguss *m* averse *f*
Regenmantel *m* imperméable *m*
Regenschauer *m* averse *f*
Regenschirm *m* parapluie *m*
Regent(in) *m(f)* (*Stellvertreter*) régent(e)
Regentag *m* jour *m* de pluie
Regentschaft *f* régence *f*

Regenwald m forêt f tropicale
Regenwurm m ver m de terre
Regenzeit f saison f des pluies
Regie f (Film etc) réalisation f; (Théât) mise f en scène; (fig) direction f
regieren vt gouverner ▶ vi régner
Regierung f gouvernement m
Regierungswechsel m changement m de gouvernement
Regierungszeit f: **während seiner ~** lorsqu'il était au pouvoir; (von König) pendant son règne
Regime (**-s, -**) nt régime m
Regiment (**-s, -er**) nt (Mil) régiment m
Region f région f
regional adj régional(e)
Regisseur(in) m(f) (Ciné) réalisateur(-trice); (Théât) metteur(-euse) en scène
Register (**-s, -**) nt (Verzeichnis) répertoire m; (Stichwortverzeichnis) index m
Registratur f (Raum) archives fpl; (Schrank) fichier m
registrieren vt enregistrer
Registrierkasse f caisse f enregistreuse
Regler (**-s, -**) m régulateur m
regnen vi unpers: **es regnet** il pleut
regnerisch adj pluvieux(-euse)
regulär adj (Arbeitszeit) normal(e); (Preis) courant(e)
regulieren vt régler; (Fluss) régulariser
Regung f mouvement m; (Gefühl auch) sentiment m
regungslos adj immobile
Reh (**-(e)s, -e**) nt chevreuil m
Reha (**-, -s**) f (Méd) rééducation f
rehabilitieren vt (Kranken etc) rééduquer; (Ruf, Ehre) réhabiliter
Rehbock m chevreuil m
Reibe f, **Reibeisen** nt râpe f
Reibekuchen m pommes de terre râpées rôties
reiben irr vt (scheuern) frotter; (Culin) râper ▶ vr (Flächen etc) frotter; **sich** Dat **die Hände/Augen ~** se frotter les mains/les yeux
Reibfläche f frottoir m
Reibung f frottement m; (fig) friction f
reibungslos (fig) adj sans heurts
reich adj riche
Reich (**-(e)s, -e**) nt empire m; (fig) royaume m; **das Dritte ~** le troisième Reich
reichen vi (sich erstrecken) s'étendre, aller; (genügen) suffire ▶ vt (hinhalten) tendre; (bei Tisch) passer; (anbieten) offrir
reichhaltig adj (Auswahl) très grand(e); (Essen) riche

reichlich adj (Geschenke) à profusion ▶ adv largement; **~ Zeit** largement assez de temps
Reichstag m (Gebäude, Regierungssitz) Reichstag m
Reichtum (**-s, -tümer**) m richesse f
Reichweite f portée f; **etw ist in ~** qch est à portée de main
reif adj mûr(e)
Reif (**-(e)s, -e**) m (Raureif) givre m; (Ringreif) anneau m
Reife (**-**) f maturité f; **mittlere ~** (Scol) ≈ brevet m de collèges
reifen vi, vt mûrir
Reifen (**-s, -**) m (Fahrzeugreifen) pneu m; (von Fass) cercle m • **Reifenpanne** f crevaison f • **Reifenschaden** m crevaison f
Reifeprüfung f baccalauréat m
Reihe f rangée f; (von Menschen) rang m; (von Beispielen etc: Serie) série f; **der ~ nach** à tour de rôle; **er ist an der od kommt an die ~** c'est son tour
reihen vt (Perlen) enfiler; (beim Nähen) faufiler ▶ vr: **B reiht sich an A** B suit A
Reihenfolge f ordre m; **alphabetische ~** ordre m alphabétique
Reihenhaus nt maison attenante aux maisons voisines
Reiher (**-s, -**) m héron m
Reim (**-(e)s, -e**) m rime f
reimen vr rimer
rein adj pur(e); (sauber) propre ▶ adv (fam) = **herein; hinein**; **~ gar nichts** vraiment rien du tout; **etw ins R~e bringen** tirer qch au clair
Rein- in zW (Écon) net/nette
Reinemachefrau f femme f de ménage
Reinfall (fam) m échec m
Reingewinn m bénéfice m net
Reinheit f pureté f; (von Wäsche) propreté f
reinigen vt nettoyer
Reinigung f (Geschäft) teinturerie f; **chemische ~** nettoyage m à sec
reinlich adj propre
Reinlichkeit f propreté f
reinrassig adj de race
Reinschrift f copie f au propre
Reis[1] (**-es, -e**) m (Culin) riz m
Reis[2] (**-es, -er**) nt (Zweig) brindille f
Reise f voyage m • **Reiseandenken** nt souvenir m (de voyage) • **Reisebüro** nt agence f de voyages • **reisefertig** adj prêt(e) pour le départ • **Reiseführer** m guide m • **Reisegepäck** nt bagages mpl • **Reisegesellschaft** f groupe m de touristes • **Reisekosten** pl frais mpl de

déplacement • **Reiseleiter(in)** *m(f)* guide *mf* • **Reiselektüre** *f* livres *mpl* à lire en voyage
reisen *vi* voyager
Reisende(r) *f(m)* voyageur(-euse) *m/f*
Reisepass *m* passeport *m*
Reisepläne *pl* projets *mpl* de voyage
Reiseproviant *m* casse-croûte *m*
Reisescheck *m* chèque *m* de voyage
Reisetasche *f* sac *m* de voyage
Reiseveranstalter *m* voyagiste *m*
Reiseverkehr *m* circulation *f* (*des départs en vacances od des rentrées de vacances*)
Reiseversicherung *f* assurance *f* voyage
Reisewetter *nt* temps *m* de vacances
Reiseziel *nt* destination *f*
Reißaus *m*: **~ nehmen** prendre la poudre d'escampette
Reißbrett *nt* planche *f* à dessin
reißen *irr vi* (*Stoff*) se déchirer ; (*Seil*) casser ; (*zerren*) tirer ▶ *vt* (*ziehen*) tirer ; (*Witz*) faire ; **etw an sich ~** *Akk* s'emparer de qch ; **sich um jdn/etw ~** s'arracher qn/qch
reißend *adj* (*Fluss*) impétueux(-euse) ; **~en Absatz finden** partir comme des petits pains
reißerisch (*péj*) *adj* tape-à-l'œil
Reißleine *f* poignée *f* d'ouverture (*pour parachute*)
Reißnagel *m* punaise *f*
Reißschiene *f* té *m*
Reißverschluss *m* fermeture *f* éclair
Reißzeug *nt* matériel *m* de dessin (industriel)
Reißzwecke *f* = **Reißnagel**
reiten *irr vt* monter ▶ *vi*: **(auf einem Pferd) ~** monter (à cheval) ; **Schritt/Trab ~** aller au pas/trot
Reiter(in) (**-s, -**) *m(f)* cavalier(-ière)
Reithose *f* culotte *f* de cheval
Reitpferd *nt* cheval *m* de selle
Reitstiefel *m* botte *f* d'équitation
Reitzeug *nt* équipement *m* d'équitation
Reiz (**-es, -e**) *m* stimulation *f* ; (*Verlockung*) charme *m* ; **Reize** *pl* (*von Frau etc*) charmes *mpl*
reizbar *adj* (*aufbrausend*) irritable
reizen *vt* stimuler ; (*verlocken*) attirer ; (*Aufgabe, Angebot*) intéresser ; (*irritieren, ärgern*) irriter
reizend *adj* charmant(e)
reizlos *adj* peu attrayant(e)
reizvoll *adj* (*Anblick*) charmant(e) ; (*Angebot*) alléchant(e)
Reizwäsche *f* lingerie *f* sexy
rekeln *vr* s'étirer ; (*lümmeln*) se prélasser
Reklamation *f* réclamation *f*

Reklame *f* publicité *f*
reklamieren *vt* se plaindre de ; (*zurückfordern*) réclamer ▶ *vi* se plaindre
rekonstruieren *vt* (*Gebäude*) reconstruire ; (*Vorfall*) reconstituer
Rekonvaleszenz *f* convalescence *f*
Rekord (**-es, -e**) *m* record *m* • **Rekordleistung** *f* record *m*
Rekrut (**-en, -en**) *m* recrue *f*
rekrutieren *vt* recruter ▶ *vr*: **sich ~ aus** (*Team*) être recruté(e) parmi
Rektor(in) *m(f)* (*Univ*) recteur *m* ; (*Scol*) directeur(-trice)
Rektorat *nt* (*Univ*) rectorat *m* ; (*Scol*) directorat *m*
Relais (**-, -**) *nt* relais *m*
relativ *adj* relatif(-ive) • **Relativität** *f* relativité *f*
relaxen *vi* se relaxer
relevant *adj* pertinent(e)
Relief (**-s, -s**) *nt* relief *m*
Religion *f* religion *f*
Religionsunterricht *m* instruction *f* religieuse
religiös *adj* religieux(-euse)
Relikt (**-(e)s, -e**) *nt* vestige *m*
Reling (**-, -s**) *f* bastingage *m*
Reliquie *f* relique *f*
Remoulade *f* frémoulade *f*
Ren (**-s, -s** *od* **-e**) *nt* renne *m*
Rendezvous (**-, -**) *nt* rendez-vous *m inv*
Rendite *f* rapport *m*
Rennbahn *f* (*Pferderennbahn*) champ *m* de courses ; (*Radrennbahn*) vélodrome *m* ; (*Auto*) circuit *m* automobile
rennen *vi, vt* courir • **Rennen** (**-s, -**) *nt* course *f*
Renner (**-s, -**) *m* (*Verkaufsschlager*) gros succès *m*
Rennfahrer *m* coureur *m*
Rennpferd *nt* cheval *m* de course
Rennplatz *m* champ *m* de courses
Rennrad *nt* vélo *m* de course
Rennwagen *m* voiture *f* de course
renovieren *vt* rénover
Renovierung *f* rénovation *f*
rentabel *adj* rentable, lucratif(-ive)
Rentabilität *f* rentabilité *f*
Rente *f* retraite *f*, pension *f*
Rentenalter *nt* âge *m* de la retraite
Rentenempfänger(in) *m(f)* retraité(e)
Rentenversicherung *f* assurance *f* retraite
Rentier *nt* renne *m*
rentieren *vr* être rentable
Rentner(in) (**-s, -**) *m(f)* retraité(e)
Reparatur *f* réparation *f* • **reparaturbedürftig** *adj* en mauvais

état • **Reparaturwerkstatt** f atelier m de réparation ; (Auto) garage m
reparieren vt réparer
Repertoire (**-s, -s**) nt répertoire m
Reportage f reportage m
Reporter(in) (**-s, -**) m(f) reporter m
Repräsentant(in) m(f) représentant(e)
repräsentativ adj représentatif(-ive) ; (beeindruckend) de prestige
repräsentieren vt représenter
Reproduktion f reproduction f
reproduzieren vt reproduire
Reptil (**-s, -ien**) nt reptile m
Republik f république f
Republikaner(in) (**-s, -**) m(f) républicain(e) ; **die ~** un parti d'extrême droite en Allemagne
republikanisch adj républicain(e)
Reservat nt (Gebiet) réserve f
Reserve f réserve f ; **etw/jdn in ~ haben/halten** avoir/garder qch/qn en réserve • **Reserverad** nt roue f de secours • **Reservespieler** m remplaçant m • **Reservetank** m réservoir m de secours
reservieren vt réserver
Reservist m réserviste m
Reservoir (**-s, -e**) nt réservoir m
Residenz f résidence f
Resignation f résignation f
resignieren vi se résigner
resolut adj résolu(e)
Resolution f résolution f
Resonanz f résonance f
• **Resonanzboden** m table f d'harmonie
resozialisieren vt réinsérer dans la société
Resozialisierung f réinsertion f sociale
Respekt (**-(e)s**) m respect m
respektabel adj respectable
respektieren vt respecter
respektlos adj irrespectueux(-euse)
Respektsperson f personne f importante
respektvoll adj respectueux(-euse)
Ressort (**-s, -s**) nt : **in jds ~ fallen** être du ressort de qn
Ressourcen pl ressources fpl
Rest (**-(e)s, -e**) m reste m ; (von Stoff) coupon m ; (Essensreste) restes mpl
Restaurant (**-s, -s**) nt restaurant m
restaurieren vt restaurer
Restbetrag m solde m
restlich adj qui reste
restlos adv complètement
Restmüll m déchets mpl non recyclables
Resultat nt résultat m
Retorte f cornue f

Retortenbaby nt bébé-éprouvette m
retten vt sauver ▶ vr se sauver
Retter(in) m(f) sauveur m
Rettich (**-s, -e**) m radis m
Rettung f (das Retten) sauvetage m ; (Hilfe) secours m ; **jds letzte ~ sein** être le dernier espoir de qn
Rettungsboot nt canot m de sauvetage
Rettungsgürtel m bouée f (de sauvetage)
Rettungsinsel f radeau m de sauvetage
Rettungsring m bouée f (de sauvetage)
Rettungswagen m ambulance f
retuschieren vt retoucher
Reue (**-**) f remords mpl
reuen (geh) vt : **es reut ihn** il le regrette
reuig adj (Sünder) repentant(e) ; (Miene) contrit(e)
Revanche f revanche f
revanchieren vr : **sich für etw ~** (sich rächen) se venger de qch ; (erwidern) revaloir qch
Revers (**-, -**) m od nt revers m
revidieren vt (abändern, korrigieren) réviser ; (überprüfen) vérifier
Revier (**-s, -e**) nt (Territorium) territoire m ; (Jagdrevier) (terrain m de) chasse f ; (Polizeidienststelle) commissariat m
Revision f (von Ansichten etc) révision f ; (Écon) vérification f ; (Jur) appel m
Revolte f révolte f
Revolution f révolution f
revolutionär adj révolutionnaire
Revolutionär(in) (**-s, -e**) m(f) révolutionnaire mf
revolutionieren vt révolutionner
Revolver (**-s, -**) m revolver m
Rezensent(in) m(f) critique mf (littéraire)
rezensieren vt faire un compte-rendu de
Rezension f critique f
Rezept (**-(e)s, -e**) nt recette f ; (Méd) ordonnance f • **rezeptfrei** adj délivré(e) sans ordonnance
Rezeption f réception f
rezeptpflichtig adj délivré(e) uniquement sur ordonnance
Rezession f récession f
rezitieren vt réciter
Rhabarber (**-s**) m rhubarbe f
Rhein (**-(e)s**) m Rhin m
Rheinland-Pfalz nt la Rhénanie-Palatinat
Rhesusfaktor m facteur m rhésus
Rhetorik f rhétorique f
rhetorisch adj rhétorique
Rheuma nt (**-s**) rhumatisme m
Rhinozeros (**- od -ses, -se**) nt rhinocéros m

Rhodos (-) *nt* Rhodes
rhythmisch *adj* rythmique
Rhythmus (-) *m* rythme *m*
richten *vt* (*lenken*) diriger; (*einstellen*) régler; (*instand setzen*) réparer; (*zurechtmachen*) préparer; (*bestrafen*) juger ▶ *vi* (*urteilen*): **~ über** +*Akk* juger ▶ *vr*: **sich nach jdm ~** faire comme cela convient à qn
Richter(in) (-s, -) *m(f)* juge *mf* • **richterlich** *adj* du juge
richtig *adj* bon (bonne); (*echt, ordentlich*) vrai(e) ▶ *adv* (*korrekt*) correctement, juste; **das R~e** ce qu'il faut • **Richtigkeit** *f* (*von Antwort*) exactitude *f*; (*von Verhalten*) justesse *f* • **Richtigstellung** *f* correction *f*
Richtlinie *f* directive *f*
Richtpreis *m* prix *m* indicatif
Richtung *f* direction *f*; (*Tendenz*) tendance *f*
Richtungstaste *f* touche *f* directionnelle
rieb *etc vb siehe* **reiben**
riechen *irr vt, vi* sentir; **ich kann das/ihn nicht ~** je ne peux sentir ça/le sentir; **an etw** *Dat* **~** sentir *od* renifler qch; **es riecht nach Gas** ça sent le gaz
rief *etc vb siehe* **rufen**
Riege *f* équipe *f*
Riegel (-s, -) *m* (*Schieber*) verrou *m*; (*von Schokolade*) barre *f*
Riemen (-s, -) *m* (*Treibriemen*) courroie *f*; (*Band*) ceinture *f*
Riese (-n, -n) *m* géant *m*
rieseln *vi* (*Wasser*) couler; (*Schnee, Staub*) tomber doucement
Riesenerfolg *m* succès *m* fou
riesengroß *adj* énorme, gigantesque
Riesenrad *nt* grande roue *f*
riesig *adj* énorme
Riesin *f* géante *f*
riet *etc vb siehe* **raten**
Riff (-(e)s, -e) *nt* récif *m*
Rille *f* rainure *f*
Rind (-(e)s, -er) *nt* bœuf *m*
Rinde *f* (*Baumrinde*) écorce *f*; (*Brotrinde, Käserinde*) croûte *f*
Rinderbraten *m* rôti *m* de bœuf
Rindfleisch *nt* viande *f* de bœuf
Rindsbraten *m* rôti *m* de bœuf
Rindvieh *nt* bétail *m*; (*fam*) imbécile *m*
Ring (-(e)s, -e) *m* anneau *m*; (*Schmuck*) bague *f*; (*Kreis, Vereinigung*) cercle *m*; (*Boxring*) ring *m* • **Ringbuch** *nt* classeur *m*
Ringelnatter *f* couleuvre *f*
ringen *irr vi* lutter; **~ um** lutter pour • **Ringen (-s)** *nt* lutte *f*
Ringfinger *m* annulaire *m*
ringförmig *adj* circulaire
Ringkampf *m* lutte *f*
Ringrichter *m* arbitre *m*
rings *adv* tout autour; **~ um das Haus standen Bäume** il y avait des arbres tout autour de la maison
ringsherum *adv* tout autour
Ringstraße *f* boulevard *m* périphérique
Rinne *f* rigole *f*
rinnen *irr vi* (*Gefäß*) fuir; (*Flüssigkeit*) couler
Rinnsal (-s, -e) *nt* filet *m* d'eau
Rinnstein *m* caniveau *m*
Rippchen *nt* côte *f* de porc
Rippe *f* côte *f*
Rippenfellentzündung *f* pleurésie *f*
Risiko (-s, -s *od* **Risiken)** *nt* risque *m*
riskant *adj* risqué(e)
riskieren *vt* risquer
riss *etc vb siehe* **reißen**
Riss (-es, -e) *m* (*in Mauer etc*) fissure *f*; (*in Haut*) gerçure *f*; (*in Papier, Stoff*) déchirure *f*
rissig *adj* (*Mauer*) fissuré(e); (*Hände*) gercé(e)
ritt *etc vb siehe* **reiten**
Ritt (-(e)s, -e) *m* chevauchée *f*
Ritter (-s, -) *m* chevalier *m* • **ritterlich** *adj* chevaleresque • **Rittertum** *nt* chevalerie *f* • **Ritterzeit** *f* âge *m* de la chevalerie
rittlings *adv* à cheval
Ritus (-, Riten) *m* rite *m*
Ritze *f* fissure *f*
ritzen *vt* graver
Rivale (-n, -n) *m*, **Rivalin** *f* rival(e) *m/f*
Rivalität *f* rivalité *f*
Rizinusöl *nt* huile *f* de ricin
Robbe *f* phoque *m*
Robe *f* (*Festkleid*) robe *f* de soirée
Roboter (-s, -) *m* robot *m*
roch *etc vb siehe* **riechen**
röcheln *vi* respirer bruyamment; (*Sterbender*) râler
Rock (-(e)s, ⁻e) *m* jupe *f*; (*Jackett*) veston *m*
Rockgruppe *f* groupe *m* de rock
Rockmusik *f* rock *m*
Rodel (-s, -) *m* luge *f* • **Rodelbahn** *f* piste *f* de luge
rodeln *vi* luger
roden *vt* déboiser; (*Bäume*) abattre
Rogen (-s, -) *m* œufs *mpl* de poisson
Roggen (-s, -) *m* seigle *m* • **Roggenbrot** *nt* pain *m* de seigle
roh *adj* (*ungekocht*) cru(e); (*unbearbeitet*) brut(e); (*grob*) grossier(-ière) • **Rohbau** *m* gros œuvre *m* • **Roheisen** *nt* fonte *f* • **Rohling** *m* (*Mensch*) brute *f* • **Rohöl** *nt* pétrole *m* brut

Rohr (-(e)s, -e) nt tuyau m ; (Bot) roseau m
• **Rohrbruch** m tuyau m crevé
Röhre f tube m ; (für Wasser) tuyau m ; (Backröhre) four m
Rohrleitung f conduite f
Rohrstock m canne f
Rohrstuhl m chaise f en osier
Rohrzucker m sucre m de canne
Rohseide f soie f grège
Rohstoff m matière f première
Rokoko (-(s)) nt rococo m
Rollbrett nt skate(board) m
Rolle f rouleau m ; (Garnrolle etc) bobine f ; (unter Möbeln etc) roulette f ; (Théât) rôle m ; **eine ~ spielen** jouer un rôle ; **das spielt keine ~** ça n'a pas d'importance
rollen vt, vi rouler
Rollenbesetzung f distribution f des rôles
Rollenspiel nt jeu m de rôles
Rollentausch m permutation f des rôles
Roller (-s, -) m (für Kinder) trottinette f ; (Motorroller) scooter m
Rollfeld nt piste f
Rollladen m store m
Rollmops m rollmops m
Rollschuh m patin m à roulettes
Rollstuhl m fauteuil m roulant
rollstuhlgerecht adj accessible aux fauteuils roulants
Rolltreppe f escalator m, escalier m roulant
Rom (-s) nt Rome
Roman (-s, -e) m roman m
Romantik f romantisme m
Romantiker(in) (-s, -) m(f) romantique mf
romantisch adj romantique
Romanze f romance f ; (Liebelei) histoire f d'amour
Römer(in) (-s, -) m(f) Romain(e)
römisch adj romain(e) • **römisch-katholisch** adj catholique romain(e)
röntgen vt radiographier
• **Röntgenaufnahme** f radio(graphie) f
• **Röntgenstrahlen** pl rayons mpl X
rosa adj inv rose
Rose f rose f
Rosé (-s, -s) m (Wein) rosé m
Rosenkohl m choux mpl de Bruxelles
Rosenkranz m chapelet m
Rosenmontag m lundi m de carnaval
Rosette f (Fenster) rosace f ; (aus Papier) rosette f
rosig adj rose
Rosine f raisin m sec
Rosmarin (-s) m romarin m
Ross (-es, -e) nt cheval m
Rosskastanie f marronnier m ; (Frucht) marron m
Rost (-(e)s, -e) m rouille f ; (Gitter) grille f ; (Bettrost) sommier m • **Rostbraten** m rôti cuit sur le gril
rosten vi rouiller
rösten vt griller
rostfrei adj inoxydable
Rösti pl rösti mpl
rostig adj rouillé(e)
Rostschutz m (Mittel) antirouille m
rot adj rouge
Rotation f rotation f
rotbäckig adj aux joues rouges
rotblond adj blond roux
Röte (-) f rougeur f
Röteln pl rubéole fsg
röten vt, vr rougir
rothaarig adj roux (rousse)
rotieren vi tourner ; (fam: sich aufregen) paniquer
Rotkäppchen nt le petit chaperon rouge
Rotkehlchen nt rouge-gorge m
Rotstift m crayon m rouge
Rotwein m vin m rouge
Rotz (-es, -e) (fam) m morve f • **rotzfrech** (fam) adj effronté(-e)
Roulade f paupiette f
Route f itinéraire m
Routine f expérience f ; (Gewohnheit) routine f
Rowdy (-s, -s) m voyou m
rubbeln vt, vi frotter
Rübe f: **Gelbe ~** carotte f ; **Rote ~** betterave f (rouge)
Rübenzucker m sucre m de betterave
Rubin (-s, -e) m rubis m
Rubrik f (Kategorie) rubrique f ; (Spalte) colonne f
Ruck ((e)s, -e) m secousse f ; **sich** Dat **einen ~ geben** se secouer
Rückantwort f réponse f
rückbezüglich adj réfléchi(e)
Rückblende f flash-back m
rückblickend adv avec le recul
rücken vt (Möbel) déplacer ; (Spielfiguren) jouer ▶ vi bouger, se déplacer ; (Platz machen) se pousser ; **an jds Stelle ~** prendre la place de qn
Rücken (-s, -) m dos m ; (Nasenrücken) arête f ; (Bergrücken) crête f
Rückendeckung f soutien m
Rückenlehne f dossier m
Rückenmark nt moelle f épinière
Rückenschwimmen nt nage f sur le dos
Rückenwind m vent m arrière
Rückerstattung f remboursement m
Rückfahrkarte f billet m aller-retour

Rückfahrt f retour m
Rückfall m (von Patient) rechute f; (von Verbrecher) récidive f
rückfällig adj (Kranker) qui fait une rechute; (Verbrecher) récidiviste; **~ werden** récidiver
Rückflug m (vol m de) retour m
Rückfrage f demande f de précisions
Rückgabe f (von Dingen) restitution f
Rückgang m baisse f
rückgängig adj: **etw ~ machen** annuler qch
Rückgrat (-(e)s, -e) nt colonne f vertébrale
Rückgriff m: **~ auf** +Akk recours à
Rückhalt m (Unterstützung) soutien m; (Einschränkung) réserve f
rückhaltlos adj (Offenheit) total(e)
Rückhand f revers m
Rückkehr (-, -en) f retour m
Rückkoppelung f rétroaction f
Rücklage f (Reserve) réserve f
rückläufig adj (Entwicklung) régressif(-ive); (Preise) en baisse
Rücklicht nt feu m arrière
rücklings adv par derrière
Rücknahme f reprise f
Rückporto nt port m pour la réponse
Rückreise f (voyage m de) retour m
Rückruf m rappel m
Rucksack m sac m à dos
Rückschau f rétrospective f
Rückschluss m conclusion f
Rückschritt m régression f
rückschrittlich adj rétrograde
Rückseite f dos m; (von Papier) verso m; (von Münze etc) revers m
Rücksicht f considération f; **~ auf jdn/etw nehmen** tenir compte de qn/qch
rücksichtslos adj (Mensch) qui manque d'égards; (Fahren) imprudent(e); (unbarmherzig) impitoyable
rücksichtsvoll adj prévenant(e)
Rücksitz m siège m arrière
Rückspiegel m rétroviseur m
Rückspiel nt match m retour
Rücksprache f entretien m
Rückstand m (Außenstände) arriéré m; **im ~ sein** être en retard
rückständig adj (Methoden) dépassé(e); (Zahlungen) dû (due)
Rückstoß m (von Gewehr) recul m
Rückstrahler (-s, -) m catadioptre m
Rücktaste f touche f retour
Rücktritt m démission f
Rücktrittbremse f frein m à rétropédalage
Rückvergütung f remboursement m

rückwärts adv en arrière
Rückwärtsgang m marche f arrière
Rückweg m retour m
rückwirkend adj rétroactif(-ive)
Rückwirkung f effet m rétroactif; **eine Gesetzesänderung mit ~ vom ...** un amendement avec effet rétroactif à compter du ...
Rückzahlung f remboursement m
Rückzieher m: **einen ~ machen** se défiler
Rückzug m retraite f
Rucola (-) f roquette f
rüde adj brutal(e)
Rüde (-n, -n) m (Zool) mâle m (du chien, du loup etc)
Rudel (-s, -) nt (von Wölfen) bande f; (von Hirschen) troupeau m
Ruder (-s, -) nt rame f; (Steuer) gouvernail m • **Ruderboot** nt bateau m à rames • **Ruderer** (-s, -) m rameur(-euse) m/f
rudern vt (Boot) faire avancer (en ramant) ▶ vi ramer
Ruf (-(e)s, -e) m cri m; (Ansehen) réputation f
rufen irr vt appeler ▶ vi appeler, crier; **nach jdm/etw ~** appeler qn/qch
Rufname m prénom m (usuel)
Rufnummer f numéro m de téléphone
Rufzeichen nt (Tél) tonalité f
Rüge f réprimande f
rügen vt réprimander
Ruhe (-) f calme m; (Schweigen) silence m; (Ausruhen, Stillstand) repos m; (Ungestörtheit) tranquillité f; **~!** silence!; **sich zur ~ setzen** prendre sa retraite • **ruhelos** adj agité(e)
ruhen vi (ausruhen) se reposer; (begraben sein) reposer
Ruhepause f pause f
Ruhestand m retraite f
Ruhestätte f: **letzte ~** dernière demeure f
Ruhestörung f atteinte f à la tranquillité; **nächtliche ~** tapage m nocturne
Ruhetag m jour m de repos
ruhig adj calme; (Wochenende, Leben) tranquille; **kommen Sie ~ herein** mais entrez donc!
Ruhm (-(e)s) m gloire f
rühmen vt louer, vanter ▶ vr se vanter
rühmlich adj glorieux(-euse)
ruhmlos adj sans gloire
ruhmreich adj glorieux(-euse)
Ruhr (-) f (Méd) dysenterie f
Rührei nt œufs mpl brouillés

rühren vt remuer ; (Gemüt bewegen) toucher ▶ vr bouger ; **von etw ~** provenir de qch ; **~ an** +Akk toucher à
rührend adj touchant(e)
Ruhrgebiet nt Ruhr f
rührig adj actif(-ive)
rührselig adj sentimental(e)
Rührung f émotion f
Ruin (**-s, -e**) m ruine f
Ruine f ruine f
ruinieren vt (Person) ruiner ; (Stoff) abîmer
rülpsen (fam) vi roter
Rum (**-s, -s**) m rhum m
Rumäne (**-n, -n**) m Roumain m
Rumänien (**-s**) nt la Roumanie
Rumänin f Roumaine f
rumänisch adj roumain(e)
Rummel (**-s**) (fam) m tapage m ; (Jahrmarkt) foire f • **Rummelplatz** m champ m de foire
rumoren vi faire du bruit
Rumpelkammer f débarras m
rumpeln vi (Donner) gronder ; (Wagen) cahoter
Rumpf (**-(e)s, ̈-e**) m tronc m ; (Aviat) fuselage m ; (Naut) coque f
rümpfen vt froncer
rund adj rond(e) ▶ adv (ungefähr) environ ; **~ um die Welt reisen** faire le tour du monde • **Rundbogen** m arc m en plein cintre • **Rundbrief** m circulaire f
Runde f (Rundgang) ronde f ; (in Rennen) tour m ; (Gesellschaft) cercle m ; (von Getränken) tournée f
runden vt arrondir ▶ vr (fig) se préciser
runderneuert adj rechapé(e)
Rundfahrt f circuit m
Rundfunk m radio f ; **im ~** à la radio
• **Rundfunkanstalt** f station f de radio
• **Rundfunkempfang** m réception f
• **Rundfunkgebühr** f redevance f radio
• **Rundfunkgerät** nt radio f
• **Rundfunksendung** f émission f de radio
rundlich adj rondelet(te) ; (Gesicht) rond(e)
Rundreise f circuit m
Rundschreiben nt circulaire f
Rundung f (von Gewölbe) courbure f ; (von Wange) rondeur f
runter (fam) adv = **herunter**; **hinunter**
Runzel (**-, -n**) f ride f
runzelig adj ridé(e)
runzeln vt plisser ; **die Stirn ~** froncer les sourcils
Rüpel (**-s, -**) m mufle m • **rüpelhaft** adj grossier(-ière)
rupfen vt (Huhn) plumer ; (Federn, Gras, Unkraut) arracher
Rupfen (**-s, -**) m (toile f de) jute m
ruppig adj (unhöflich) brusque
Rüsche f ruche f
Ruß (**-es**) m suie f
Russe (**-n, -n**) m Russe m
Rüssel (**-s, -**) m trompe f
rußen vi fumer
rußig adj couvert(e) de suie
Russin f Russe f
russisch adj russe
Russland nt la Russie
rüsten vi (Mil) s'armer ▶ vr se préparer
rüstig adj alerte • **Rüstigkeit** f vigueur f
Rüstung f armement m ; (Ritterrüstung) armure f
Rüstungskontrolle f contrôle m des armements
Rüstungswettlauf m course f à l'armement
Rüstzeug nt outils mpl ; (Wissen) connaissances fpl
Rute f baguette f
Rutsch (**-(e)s, -e**) m: **~ nach links/rechts** (Pol) glissement m à gauche/droite • **Rutschbahn** f toboggan m
rutschen vi glisser ; (ausrutschen, Auto) déraper
rutschfest adj antidérapant(e)
rutschig adj glissant(e)
rütteln vt secouer

S

S, s nt S, s m inv
Saal (**-(e)s, Säle**) m salle f
Saarland nt: **das ~** la Sarre
Saat (**-, -en**) f (Pflanzen) semis mpl; (Säen) semailles fpl
sabbern (fam) vi baver
Säbel (**-s, -**) m sabre m
Sabotage f sabotage m
sabotieren vt saboter
Sachbearbeiter(in) m(f) spécialiste mf; (Beamter) responsable mf
sachdienlich adj utile
Sache f affaire f; (Ding) chose f; (Thema) sujet m; **zur ~!** venons-en au fait!
sachgemäß adj adéquat(e)
sachkundig adj compétent(e)
Sachlage f circonstances fpl
sachlich adj objectif(-ive)
sächlich adj neutre
Sachschaden m dommage m matériel
Sachsen (**-s**) nt la Saxe
Sachsen-Anhalt nt la Saxe-Anhalt
sächsisch adj saxon(ne)
sacht, sachte adv doucement; (allmählich) peu à peu
Sachverständige(r) f(m) expert(e) m/f
Sack (**-(e)s, ̈e**) m sac m
Sackgasse f cul-de-sac m
Sadismus m sadisme m
Sadist(in) m(f) sadique mf
sadistisch adj sadique
säen vt, vi semer
Safe (**-s, -s**) m od nt coffre-fort m
Saft (**-(e)s, ̈e**) m jus m; (Bot) sève f
saftig adj juteux(-euse); (Ohrfeige) retentissant(e); (Rechnung) salé(e)
saftlos adj sans jus
Sage f légende f
Säge f scie f • **Sägemehl** nt sciure f
sagen vt, vi dire

sägen vt scier
sagenhaft adj légendaire; (fam: Glück etc) incroyable
Sägewerk nt scierie f
sah etc vb siehe **sehen**
Sahara f Sahara m
Sahne (**-**) f crème f; **saure ~** crème f fraîche
Saison (**-, -s**) f saison f
Saisonarbeiter(in) m(f) saisonnier(-ière)
Saite f corde f
Saiteninstrument nt instrument m à cordes
Sakko (**-s, -s**) m od nt veste f
Sakrament nt sacrement m
Sakristei f sacristie f
Salat (**-(e)s, -e**) m salade f; (Kopfsalat auch) laitue f • **Salatsoße** f vinaigrette f
Salbe f pommade f
Salbei (**-s** od **-**) m od f sauge f
salbungsvoll adj onctueux(-euse)
Saldo (**-s, Salden**) m solde m
Salmiak (**-s**) m chlorure m d'ammonium
• **Salmiakgeist** m ammoniaque f
Salmonellen pl salmonelles fpl
Salon (**-s, -s**) m salon m
salopp adj (Kleidung, Manieren) décontracté(e); (Ausdrucksweise, Sprache) familier(-ière)
Salpeter (**-s**) m salpêtre m
• **Salpetersäure** f acide m nitrique
Salut (**-(e)s, -e**) m salut m
salutieren vt saluer
Salve f salve f
Salz (**-es, -e**) nt sel m
Salzburg nt Salzbourg
salzen vt saler
salzig adj salé(e)
Salzkartoffeln pl pommes fpl de terre à l'eau
Salzsäure f acide m chlorhydrique
Salzstange f pâtisserie salée, semblable au bretzel, mais de forme allongée
Salzstreuer m salière f
Salzwasser nt (Meerwasser) eau f de mer
Sambia (**-s**) nt la Zambie
Samen (**-s, -**) m (Bot) graine f; (Sperma) sperme m
Sammelband m anthologie f
Sammelbecken nt réservoir m; (fig) ramassis m
Sammelbegriff m terme m générique
Sammelbestellung f commande f groupée
sammeln vt (Beeren) ramasser; (Geld) collecter; (Unterschriften) recueillir; (Truppen) rassembler; (als Hobby) collectionner ▶ vr se rassembler; (konzentrieren) se concentrer

Sammlung f (das Sammeln) collecte f; (das Gesammelte) collection f; (Konzentration) concentration f
Samstag m samedi m
samstags adv le samedi
samt präp +Dat avec ▶ adv: **~ und sonders** tous sans exception
Samt (-(e)s, -e) m velours m
Sand (-(e)s, -e) m sable m
Sandale f sandale f
Sandbank f banc m de sable
Sandelholz nt bois m de santal
sandig adj (Boden) sablonneux(-euse)
Sandkasten m bac m à sable
Sandkuchen m ≈ gâteau m de Savoie
Sandpapier nt papier m de verre
Sandstein m grès m
sandstrahlen vt décaper à la sableuse
Sandstrand m plage f de sable
sandte etc vb siehe **senden**
Sanduhr f sablier m
sanft adj doux (douce) • **sanftmütig** adj doux (douce)
sang etc vb siehe **singen**
Sänger(in) (-s, -) m(f) chanteur(-euse)
sanieren vt (Stadt, Haus) rénover; (Betrieb) remettre à flot ▶ vr (Unternehmen) se remettre à flot
Sanierung f (von Stadt) rénovation f; (von Betrieb) renflouement m
sanitär adj sanitaire; **~e Anlagen** (installations fpl) sanitaires mpl
Sanitäter (-s, -) m secouriste mf
sank etc vb siehe **sinken**
Sanktion f sanction f
sanktionieren vt sanctionner
sann etc vb siehe **sinnen**
Saphir (-s, -e) m saphir m
Sardelle f anchois m
Sardine f sardine f
Sarg (-(e)s, ¨e) m cercueil m
Sarkasmus m sarcasme m
sarkastisch adj sarcastique
SARS, Sars abk (= Schweres Akutes Respiratorisches Syndrom) SRAS m
saß etc vb siehe **sitzen**
Satellit (-en, -en) m satellite m
Satellitenfernsehen nt télévision f par satellite
Satellitenfoto nt photo f satellite
Satellitenstadt f cité-satellite f
Satellitenübertragung f transmission f par satellite
Satire f satire f
satirisch adj satirique
satt adj (Farbe) vif(vive); **jdn/etw ~ sein** (fam) en avoir marre de qn/qch; **sich ~ essen** manger à sa faim

Sattel (-s, ¨-) m selle f • **sattelfest** adj (fig): **in etw Dat ~ sein** être ferré(e) en qch
satteln vt seller
sättigen vt rassasier; (Chim) saturer
Satz (-es, ¨e) m phrase f; (Lehrsatz) principe m; (Math) théorème m; (der gesetzte Text) composition f; (Mus) mouvement m; (von Töpfen, Briefmarken etc) série f; (Sport) set m; (Kaffeesatz) marc m; (großer Sprung) bond m
• **Satzgegenstand** m sujet m
• **Satzlehre** f syntaxe f • **Satzteil** m syntagme m
Satzung f statuts mpl
satzungsgemäß adj conforme aux statuts
Satzzeichen nt signe m de ponctuation
Sau (-, Säue) f truie f; (vulg: schmutzig) cochon(ne) m/f
sauber adj propre; (anständig) honnête; (ironisch) joli(e) • **Sauberkeit** f propreté f
säuberlich adv soigneusement
Saubermann m homme qui prétend être honnête
säubern vt nettoyer; (Pol etc) purger
Sauce f = **Soße**
Saudi-Arabien (-s) nt l'Arabie f saoudite
sauer adj acide; (Wein) aigre; (Milch) caillé(e); (fam: verdrießlich) fâché(e); **saurer Regen** pluies fpl acides
Sauerei (fam) f cochonnerie f
Sauerkraut nt choucroute f
säuerlich adj (Geschmack) aigrelet(te); (Gesicht) vexé(e)
Sauermilch f lait m caillé
Sauerstoff m oxygène m
Sauerstoffgerät nt (im Flugzeug) masque m à oxygène
Sauerteig m levain m
saufen irr vt boire ▶ vi s'abreuver; (fam: viel trinken) picoler
Säufer(in) (-s, -) (fam) m(f) ivrogne mf
Sauferei (fam) f (Saufgelage) beuverie f
saugen irr vt (Flüssigkeit) sucer, aspirer ▶ vi: **~ an** +Dat (Pfeife) tirer sur
säugen vt allaiter
Sauger (-s, -) m (auf Flasche) tétine f
Säugetier nt mammifère m
Säugling m nourrisson m
Säule f colonne f, pilier m
Saum (-(e)s, Säume) m (von Kleid etc) ourlet m
säumen vt (Kleid) ourler; (umgeben) border
Sauna (-, -s) f sauna m
Säure (-, -n) f (Chim) acide m; (Geschmack) acidité f • **säurebeständig** adj résistant(e) aux acides

säurehaltig adj acide
säuseln vi (Wind) murmurer; (sprechen) susurrer
sausen vi mugir; (Ohren) bourdonner; (fam: eilen) foncer
Saustall (fam) m porcherie f
Saxofon, Saxophon (-s, -e) nt saxophone m
S-Bahn f abk (= Schnellbahn, Stadtbahn) train m de banlieue
scannen vt (Inform) scanner
Scanner (-s, -) m (Inform) scanner m
Schabe f blatte f, cafard m
schaben vt gratter; (reiben, scheuern) racler
Schabernack (-(e)s, -e) m farce f
schäbig adj miteux(-euse); (gemein) infect(e)
Schablone f pochoir m; (fig) stéréotype m
schablonenhaft adj stéréotypé(e)
Schach (-s, -s) nt échecs mpl; (Stellung) échec m • **Schachbrett** nt échiquier m
Schachfigur f pièce f d'échecs
schachmatt adj échec et mat
Schachpartie f partie f d'échecs
Schacht (-(e)s, ¨e) m puits m; (für Aufzug) cage f
Schachtel (-, -n) f boîte f
schade adj: **das ist ~** c'est dommage; **für etw zu ~ sein** être trop beau(belle) pour qch; **sich** Dat **für etw zu ~ sein** ne pas s'abaisser à faire qch
Schädel (-s, -) m crâne m • **Schädelbruch** m fracture f du crâne
schaden vi nuire
Schaden (-s, ¨) m dommages mpl, dégâts mpl; (körperlich) lésion f; (Nachteil) perte f
Schadenersatz m dommages et intérêts mpl
schadenersatzpflichtig adj tenu(e) de payer des dommages et intérêts
Schadenfreiheitsrabatt m bonus m
Schadenfreude f joie f malveillante
schadenfroh adj qui se réjouit du malheur des autres
schadhaft adj endommagé(e)
schädigen vt nuire à
schädlich adj (Stoffe) dangereux(-euse), nocif(-ive); (Tier) nuisible
Schädlichkeit f (von Stoffen) nocivité f
Schädling m animal m nuisible
Schädlingsbekämpfungsmittel nt pesticide m
schadlos adj: **sich ~ halten an** +Dat se venger sur
Schadstoff m substance f toxique • **schadstoffarm** adj qui contient peu de substances nocives

Schaf (-(e)s, -e) nt mouton m; (Mutterschaf) brebis f • **Schafbock** m bélier m
Schäfchen nt agneau m; **sein ~ ins Trockene bringen** (fig) faire sa pelote
Schäfchenwolken pl nuages mpl moutonnés
Schäfer(in) (-s, -) m(f) berger(-ère) • **Schäferhund** m berger m allemand
schaffen[1] irr vt (Werk) créer; (Ordnung) rétablir; **sich** Dat **Feinde ~** se faire des ennemis
schaffen[2] vt (bewältigen) arriver à faire; (: Prüfung) réussir; (transportieren) transporter
Schaffensdrang m impulsion f créatrice
Schaffenskraft f créativité f
Schaffner(in) (-s, -) m(f) contrôleur(-euse)
Schaffung f création f
Schaft (-(e)s, ¨e) m (von Werkzeug etc) manche m; (von Gewehr) crosse f; (von Stiefel) tige f
Schaftstiefel m botte f haute
Schakal (-s, -e) m chacal m
schäkern (fam) vi (scherzen) blaguer
schal adj (Geschmack) pas frais(fraîche)
Schal (-s, -e od -s) m écharpe f
Schälchen nt coupelle f
Schale f (Kartoffelschale, Obstschale) peau f; (: abgeschält) pelure f; (Nussschale, Muschelschale, Eischale) coquille f; (Schüssel) coupe f
schälen vt (Kartoffeln, Obst) éplucher ▶ vr (Haut) peler
Schall (-(e)s, -e) m son m • **Schalldämpfer** m (Auto) pot m d'échappement; (an Gewehr) silencieux m • **schalldicht** adj insonorisé(e)
schallen vi résonner
schallend adj (Ton) sonore; (Ohrfeige) retentissant(e)
Schallplatte f disque m
Schalotte f échalote f
schalt etc vb siehe **schelten**
Schaltbild nt schéma m des circuits
Schaltbrett nt tableau m de commande
schalten vt mettre ▶ vi (Auto) changer de vitesse; (fam: begreifen) piger; **ein Gerät auf ein/aus ~** mettre en marche/arrêter un appareil; **~ und walten** faire à sa guise
Schalter (-s, -) m (Élec) interrupteur m; (bei Post, Bank: Fahrkartenschalter) guichet m • **Schalterbeamter** m guichetier(-ière) m/f • **Schalterstunden** pl heures fpl d'ouverture (des guichets)
Schaltfläche f (Inform) bouton m

Schalthebel m levier m de commande; (Auto) levier m (de changement) de vitesse
Schaltjahr nt année f bissextile
Schaltkreis m circuit m intégré
Schaltung f (Élec) circuit m; (Auto) changement m de vitesse
Scham (-) f honte f; (Organe) parties fpl génitales
schämen vr avoir honte; **sich jds/einer Sache** od **für jdn/etw ~** avoir honte de qn/qch
Schamhaare pl poils mpl du pubis
schamhaft adj honteux(-euse)
schamlos adj éhonté(e)
Schande (-) f honte f
schänden vt (Frau, Kind) violer; (Grab) profaner; (Namen, Ansehen) souiller
schändlich adj honteux(-euse)
Schandtat f infamie f; (fam) folie f
Schändung f (von Frau, Kind) viol m; (von Grab) profanation f; (von Namen) discrédit m
Schankerlaubnis f licence f (de débit de boissons)
Schanktisch m comptoir m
Schanze f (Sprungschanze) tremplin m
Schar (-, -en) f (von Personen) foule f; (von Vögeln) volée f; **in ~en** en grand nombre
scharen vr s'assembler, se rassembler
scharenweise adv en grand nombre
scharf adj (Klinge) tranchant(e); (Wind, Kälte) glacial(e); (Ton) aigu(ë); (Essen) épicé(e); (Worte) dur(e); (Kritik) acerbe; (Vorgesetzter, Maßnahmen) sévère; (Hund) méchant(e); (Auge) perçant(e); (Ohr) fin(e); (Verstand) vif(vive); (Photo) net(te); **~ nachdenken** bien réfléchir; **auf etw** Akk **~ sein** (fam) être fou(folle) de qch
Scharfblick m (fig) perspicacité f
Schärfe f tranchant m; (Strenge) dureté f, sévérité f
schärfen vt aiguiser
Scharfrichter m bourreau m
Scharfschütze m tireur m d'élite
Scharfsinn m perspicacité f
scharfsinnig adj (Mensch) perspicace; (Überlegung) fin(e)
Scharnier (-s, -e) nt charnière f
Schärpe f écharpe f
scharren vt, vi gratter
Scharte f entaille f
schartig adj (Klinge) ébréché(e)
Schaschlik (-s, -s) m od nt brochette f
Schatten (-s, -) m ombre f
• **Schattenbild** nt silhouette f
• **Schattenseite** f (Nachteil) revers m de la médaille

schattieren vt ombrer
Schattierung f nuance f
schattig adj ombragé(e)
Schatulle f coffret m; (Geldschatulle) cassette f
Schatz (-es, ⁻e) m trésor m • **Schatzamt** nt Trésor m (public)
schätzbar adj évaluable
Schätzchen nt petit trésor m
schätzen vt estimer; **~ lernen** apprécier de plus en plus
Schätzung f estimation f, évaluation f
schätzungsweise adv approximativement
Schätzwert m valeur f estimée
Schau (-) f spectacle m; (Ausstellung) exposition f; **etw zur ~ stellen** faire étalage de qch • **Schaubild** nt diagramme m
Schauder (-s, -) m frissons mpl
schauderhaft adj épouvantable
schaudern vi frissonner; **es schaudert mich vor etw** qch me donne des frissons
schauen vi regarder
Schauer (-s, -) m (Regenschauer) averse f; (vor Schreck) frisson m
• **Schauergeschichte** f histoire f épouvantable • **schauerlich** adj épouvantable
Schaufel (-, -n) f pelle f
schaufeln vt (Sand etc) pelleter; (Schnee) enlever à la pelle
Schaufenster nt vitrine f
• **Schaufensterauslage** f étalage m
• **Schaufensterbummel** m lèche-vitrine m • **Schaufensterdekorateur(in)** m(f) étalagiste mf
Schaugeschäft nt show-business m
Schaukasten m vitrine f
Schaukel (-, -n) f balançoire f
schaukeln vi se balancer
Schaukelpferd nt cheval m à bascule
Schaukelstuhl m fauteuil m à bascule
Schaulustige(r) f(m) badaud(e) m/f
Schaum (-(e)s, Schäume) m écume f; (Seifenschaum: von Getränken) mousse f
schäumen vi mousser; **er schäumte vor Wut** il écumait (de rage)
Schaumgummi m caoutchouc m mousse®
Schaumkrone f (auf Bier) mousse f
Schaumschlägerei f fanfaronnade f
Schaumwein m mousseux m
Schauplatz m scène f
schaurig adj épouvantable
Schauspiel nt spectacle m; (Théât) pièce f
Schauspieler(in) m(f) acteur(-trice)

schauspielern vi jouer la comédie
Scheck (-s, -s) m chèque m
• **Scheckbuch**, **Scheckheft** nt carnet m de chèques, chéquier m
scheckig adj pie
Scheckkarte f carte f d'identité bancaire
scheel adv : **jdn ~ ansehen** regarder qn de travers
scheffeln vt amasser
Scheibe f disque m ; (Brot, Wurst, Zitrone etc) tranche f ; (Glasscheibe) vitre f ; (Schießscheibe) cible f
Scheibenbremse f frein m à disque
Scheibenwaschanlage f lave-glace m
Scheibenwischer m essuie-glace m
Scheich (-s, -e od -s) m cheik m
Scheide f (Anat) vagin m ; (für Schwert etc) gaine f
scheiden irr vt séparer ; (Ehe) dissoudre ▶ vi partir
Scheidung f (Ehescheidung) divorce m ; **die ~ einreichen** demander le divorce
Scheidungsgrund m motif m du divorce
Scheidungsklage f demande f de divorce
Schein (-(e)s, -e) m (Licht) lumière f ; (Anschein) apparence f ; (Geldschein) billet m ; (Bescheinigung) attestation f ; **den ~ wahren** sauver les apparences ; **etw nur zum ~ tun** faire semblant de faire qch
• **scheinbar** adv apparemment
scheinen irr vi briller ; **mir scheint ...** il me semble ...
scheinheilig adj hypocrite
Scheintod m mort f apparente
Scheinwerfer (-s, -) m projecteur m ; (Auto) phare m
Scheiße (-) (vulg) f merde f
scheißen (vulg) vi chier
Scheit (-(e)s, -e od -er) nt bûche f
Scheitel (-s, -) m (von Kurve etc) sommet m ; (Haarscheitel) raie f
scheiteln vt : **jdm das Haar ~** faire une raie dans les cheveux de qn
Scheitelpunkt m (einer Kurve) sommet m ; (einer Karriere) tournant m décisif
scheitern vi échouer
Schellfisch m églefin m
Schelm (-(e)s, -e) m farceur(-euse) m/f
schelmisch adj espiègle
Schelte f réprimande f
schelten irr vt gronder
Schema (-s, -s od -ta) nt plan m ; (Darstellung) schéma m ; **nach ~ F** comme d'habitude
schematisch adj schématique ; (mechanisch) machinal(e)
Schemel (-s, -) m tabouret m

Schenkel (-s, -) m cuisse f ; (von Winkel) côté m ; (von Zirkel) branche f
schenken vt offrir ; **sich** Dat **etw ~** (fam) se dispenser de qch ; **das ist geschenkt!** (billig) c'est vraiment donné !
Schenkung f donation f
Scherbe f tesson m, débris m ; **Scherben** pl débris mpl
Schere f ciseaux mpl ; (groß) cisailles fpl ; (Zool) pince f
scheren[1] irr vt (Schaf etc) tondre
scheren[2] vr (sich kümmern) se préoccuper ; **sich nicht um jdn/etw ~** ne pas se soucier de qn/qch
Schererei f tracasserie f
Scherflein nt obole f
Scherz (-es, -e) m plaisanterie f
scherzen vi plaisanter
Scherzfrage f devinette f
scherzhaft adj (Antwort) drôle
scheu adj (ängstlich) craintif(-ive) ; (schüchtern) timide
Scheu f (Angst) crainte f ; **~ vor** +Dat (Ehrfurcht) respect m de
scheuchen vt chasser
scheuen vr : **sich vor etw** Dat **~** craindre qch ▶ vt (Gefahr) reculer devant ; (Anstrengung, Öffentlichkeit) éviter ; (Aufgabe) se dérober à ▶ vi (Pferd) s'emballer
Scheuerbürste f brosse f (à carrelage)
Scheuerlappen m serpillière f
Scheuerleiste f plinthe f
scheuern vt (putzen) récurer ; (reiben) frotter
Scheuklappe f œillère f
Scheune f grange f
Scheusal (-s, -e) nt monstre m
scheußlich adj épouvantable
• **Scheußlichkeit** f (von Anblick) laideur f ; (von Verbrechen) atrocité f
Schi m = **Ski**
Schicht (-, -en) f couche f ; (in Fabrik etc) poste m • **Schichtarbeit** f travail m posté od par roulement • **schichten** vt empiler
schick adj chic
schicken vt envoyer ; **sich ~ in** +Akk (fügen) se faire à, accepter ; **das schickt sich nicht** ce n'est pas convenable
schicklich adj convenable
Schicksal (-s, -e) nt destin m
Schicksalsschlag m coup m du destin
Schiebedach nt toit m ouvrant
schieben irr vt pousser ; (fam: handeln mit) faire du trafic de ; **die Schuld auf jdn ~** rejeter la responsabilité sur qn
Schieber (-s, -) m (Riegel) loquet m
Schiebetür f porte f coulissante

Schiebung f (Parteilichkeit) favoritisme m
schied etc vb siehe **scheiden**
Schiedsgericht nt tribunal m d'arbitrage ; (bei Sport, Wettbewerb) commission f d'arbitrage
Schiedsrichter m arbitre m
schiedsrichtern vt arbitrer
Schiedsspruch m décision f du tribunal d'arbitrage
schief adj (Ebene) en pente, incliné(e) ; (Turm) penché(e) ▶ adv de travers ; **jdn ~ ansehen** regarder qn de travers ; **auf die ~e Bahn geraten** od **kommen** s'écarter du droit chemin ; **ein ~es Bild der Wirklichkeit zeichnen** donner une image fausse de od déformer la réalité ; siehe auch **schiefgehen; schiefliegen**
Schiefer (-s, -) m ardoise f
Schieferdach nt toit m d'ardoise
Schiefergas nt gaz m de schiste
Schiefertafel f ardoise f
schief|gehen (fam) irr vi mal tourner
schief|lachen (fam) vr se tordre de rire
schief|liegen (fam) irr vi se tromper
schielen vi loucher ; **nach etw ~** lorgner qch
schien etc vb siehe **scheinen**
Schienbein nt tibia m
Schiene f rail m ; (Méd) attelle f
schienen vt éclisser
Schienenstrang m ligne f de chemin de fer
schier adj pur(e) ; (Fleisch) maigre ▶ adv presque
Schießbude f stand m de tir
Schießbudenfigur (fam) f: **du bist die reinste ~** tu es complètement ridicule
schießen irr vt, vi tirer ; (Flüssigkeit) jaillir ; (Salat) monter en graine
Schießerei f fusillade f
Schießplatz m champ m de tir
Schießpulver nt poudre f à canon
Schießscharte f meurtrière f
Schießstand m stand m de tir
Schiff (-(e)s, -e) nt bateau m ; (Kirchenschiff) nef f • **schiffbar** adj navigable • **Schiffbau** m construction f navale • **Schiffbruch** m naufrage m • **schiffbrüchig** adj naufragé(e)
Schiffchen nt (Weben) navette f
Schiffer (-s, -) m batelier m
Schifffahrt f navigation f
Schifffahrtslinie f ligne f maritime
Schiffsjunge m mousse m
Schiffsladung f cargaison f
Schikane f tracasserie f ; **mit allen ~n** (fam) avec tous les gadgets
schikanieren vt brimer

589 | **Schlachthaus**

Schild[1] (-(e)s, -e) m (Schutz) bouclier m ; (von Tier) carapace f ; (Mützenschild) visière f ; **etw im ~e führen** tramer qch
Schild[2] (-(e)s, -er) nt écriteau m ; (Verkehrsschild) panneau m ; (Etikett) étiquette f
Schildbürger m béotien m
Schilddrüse f thyroïde f
schildern vt décrire
Schilderung f description f
Schildkröte f tortue f
Schilf (-(e)s, -e), **Schilfrohr** nt roseau m
schillern vi chatoyer, miroiter
schillernd adj chatoyant(e) ; (Charakter) énigmatique
Schilling m schilling m
Schimmel (-s, -) m moisissure f ; (Pferd) cheval m blanc
schimmelig adj moisi(e)
schimmeln vi moisir
Schimmer (-s) m lueur f
schimmern vi (Kerze) jeter une faible lueur
Schimpanse (-n, -n) m chimpanzé m
schimpfen vi pester ▶ vt (nennen) appeler ; **mit jdm ~** gronder qn
Schimpfwort nt gros mot m
Schindel (-, -n) f bardeau m
schinden irr vt maltraiter ▶ vr (sich abmühen) peiner
Schinderei f corvée f
Schindluder nt: **mit jdm ~ treiben** malmener qn ; **mit seiner Gesundheit ~ treiben** détruire sa santé
Schinken (-s, -) m jambon m
Schippe f pelle f
schippen vt pelleter
Schirm (-(e)s, -e) m (Regenschirm) parapluie m ; (Sonnenschirm) parasol m ; (Bildschirm, Wandschirm) écran m ; (Lampenschirm) abat-jour m ; (Mützenschirm) visière f ; (von Pilz) chapeau m • **Schirmbildaufnahme** f radiographie f • **Schirmherr(in)** m(f) patron(ne) • **Schirmherrschaft** f patronage m • **Schirmmütze** f casquette f • **Schirmständer** m porte-parapluie m
schizophren adj schizophrène ; (absurd, widersprüchlich) absurde
Schlacht (-, -en) f bataille f
schlachten vt (Tier) tuer
Schlachtenbummler m supporter d'une équipe jouant à l'extérieur
Schlachter (-s, -) m boucher m
Schlachtfeld nt champ m de bataille
Schlachthaus nt, **Schlachthof** m abattoir m

Schlachtplan m plan m de bataille
Schlachtruf m cri m de guerre
Schlachtschiff nt cuirassé m
Schlachtvieh nt animaux mpl de boucherie
Schlacke f scorie f
Schlaf (-(e)s) m sommeil m
• **Schlafanzug** m pyjama m
Schläfchen nt (petite) sieste f
Schläfe f tempe f
schlafen irr vi dormir ; **~ gehen** aller se coucher • **Schlafengehen** nt coucher m ; **vor dem ~** avant d'aller me/se etc coucher
Schlafenszeit f: **es ist ~** c'est l'heure d'aller se coucher
Schläfer(in) (-s, -) m(f) dormeur(-euse)
schlaff adj (Haut) flasque ; (erschöpft) épuisé(e) ; (péj: energielos) mou(molle)
• **Schlaffheit** f (von Haut, Muskeln) flaccidité f ; (Erschöpftheit) épuisement m
Schlafgelegenheit f endroit m où dormir
Schlaflied nt berceuse f
schlaflos adj: **eine ~e Nacht** une nuit blanche
Schlaflosigkeit f insomnie f
Schlafmittel nt somnifère m
schläfrig adj (Mensch) qui a sommeil ; (Stimmung) soporifique
Schlafsaal m dortoir m
Schlafsack m sac m de couchage
Schlaftablette f somnifère m
schlaftrunken adj ensommeillé(e)
Schlafwagen m wagon-lit m
schlafwandeln vi être somnambule
Schlafzimmer nt chambre f à coucher
Schlag (-(e)s, ¨e) m (Hieb) coup m ; (Méd: Hirnschlag) attaque f (d'apoplexie) ; (Stromschlag) secousse f ; (Blitzschlag) foudre f ; (Schicksalsschlag) coup m du destin ; (Österr: Schlagsahne) chantilly f ; (fam: Portion) portion f ; (Art) type m, espèce f ; **Schläge** pl (Tracht Prügel) raclée fsg ; **mit einem ~** tout d'un coup
• **Schlagabtausch** m (Boxe) échange m de coups ; (fig) joute f oratoire • **Schlagader** f artère f • **Schlaganfall** m attaque f (d'apoplexie) • **schlagartig** adj brusque
• **Schlagbaum** m barrière f
Schlägel (-s, -) m (Trommelschlägel) baguette f
schlagen irr vt battre ; (einschlagen) enfoncer ; (Kreis, Bogen) décrire, faire ; (Schlacht) livrer ▶ vi battre ; (Uhr) sonner ▶ vr se battre ; **sich geschlagen geben** s'avouer battu(e) ; **gegen etw** ~ heurter qch ; **um sich ~** se débattre ; **nach jdm ~** (geraten) ressembler à qn

schlagend adj (Beweis) concluant(e)
Schlager (-s, -) m (Mus) tube m ; (Erfolg) succès m
Schläger (-s, -) m (Tennisschläger) raquette f ; (Hockeyschläger) crosse f ; (Golfschläger) club m
Schlägerei f bagarre f
Schlagersänger(in) m(f) chanteur(-euse) de variété
schlagfertig adj qui a de la repartie
Schlagfertigkeit f repartie f
Schlaginstrument nt instrument m à percussion
Schlagloch nt nid m de poules
Schlagobers (Österr) nt = **Schlagsahne**
Schlagrahm m, **Schlagsahne** f crème f fouettée, chantilly f
Schlagseite f (Naut) bande f ; **~ haben** donner de la bande
Schlagwort nt slogan m
Schlagzeile f manchette f
Schlagzeug nt batterie f
Schlagzeuger(in) (-s, -) m(f) batteur(-euse)
Schlamassel (-s, -) (fam) m od nt pagaille f
Schlamm (-(e)s, -e) m boue f
schlammig adj boueux(-euse)
Schlampe(r) (péj: fam) f(m) souillon f
schlampen (fam) vi bâcler
Schlamperei (fam) f (Unordnung) pagaille f ; (schlechte Arbeit) travail m bâclé
schlampig (fam) adj (Mensch) débraillé(e) ; (Arbeit) bâclé(e)
schlang etc vb siehe **schlingen**
Schlange f serpent m ; (Menschenschlange) queue f ; (von Autos) file f ; **~ stehen** faire la queue
schlängeln vr (Schlange) ramper ; (Fluss, Weg) serpenter
Schlangenbiss m morsure f de serpent
Schlangengift nt venin m
Schlangenlinie f ligne f sinueuse
schlank adj mince • **Schlankheit** f minceur f • **Schlankheitskur** f cure f d'amaigrissement
schlapp adj (erschöpft) épuisé(e) ; (fam: energielos) mou(molle)
Schlappe (fam) f veste f
Schlappheit f mollesse f
Schlapphut m chapeau m mou
schlapp|machen (fam) vi flancher
Schlaraffenland nt pays m de cocagne
schlau adj (Mensch) malin(-igne) ; (Plan) astucieux(-euse)
Schlauch (-(e)s, Schläuche) m tuyau m ; (in Reifen) chambre f à air ; (fam: Anstrengung) corvée f • **Schlauchboot** nt canot m pneumatique

schlauchen (*fam*) *vt* pomper
schlauchlos *adj* sans chambre à air
Schläue (-) *f* ruse *f*
Schlaukopf (*fam*) *m* petit malin *m*
schlecht *adj* mauvais(e); (*verdorben*) avarié(e) ▶ *adv* mal; (*kaum*) difficilement; **jdm geht es ~** = (*gesundheitlich*) qn va mal; (*wirtschaftlich*) qn est dans le besoin; **jdm ist (es) ~** qn se sent mal; **~ und recht** tant bien que mal
schlechthin *adv* tout simplement; **der Dramatiker ~** le type même du dramaturge
Schlechtigkeit *f* méchanceté *f*
schlecht|machen *vt* calomnier
schlecken *vt* lécher ▶ *vi* manger des sucreries
Schlegel (-s, -) *m* (*Culin*) cuisse *f*
schleichen *irr vi* se glisser; (*heimlich*) marcher à pas de loup
schleichend *adj* (*Krankheit, Gift*) insidieux(-euse)
Schleichwerbung *f* publicité *f* indirecte
Schleier (-s, -) *m* voile *m* • **schleierhaft** *adj*: **jdm ~ sein** échapper à qn
Schleife *f* boucle *f*; (*auf Schuh auch, im Haar*) nœud *m*
schleifen[1] *vt* traîner ▶ *vt* (*ziehen*) traîner; (*niederreißen*) raser
schleifen[2] *vt irr* (*Messer*) aiguiser; (*Edelstein*) tailler
Schleifstein *m* pierre *f* à aiguiser
Schleim (-(e)s, -e) *m* (*Méd*) mucosité *f*; (*Culin*) gruau *m* • **Schleimhaut** *f* muqueuse *f*
schleimig *adj* visqueux(-euse)
schlemmen *vi* festoyer
Schlemmer(in) *m(f)* gourmand(e)
Schlemmerei *f* festins *mpl* (*continus*)
schlendern *vi* flâner
Schlendrian (-(e)s) (*fam*) *m* laisser-aller *m*
schlenkern *vt* balancer
Schleppe *f* traîne *f*
schleppen *vt* traîner; (*Auto, Schiff*) remorquer ▶ *vr* se traîner
schleppend *adj* (*Gang*) traînant(e); (*Bedienung, Abfertigung*) très lent(e)
Schlepper (-s, -) *m* (*Schiff*) remorqueur *m*
Schlepplift *m* remonte-pente *m*
Schlepptau *nt* câble *m* de remorquage; **jdn ins ~ nehmen** (*fam*) prendre qn sous son aile
Schlesien (-s) *nt* la Silésie
Schleswig-Holstein *nt* le Schleswig-Holstein
Schleuder (-, -n) *f* (*Steinschleuder*) fronde *f*; (*Wäscheschleuder*) essoreuse *f*; (*Zentrifuge*) centrifugeuse *f* • **schleudern** *vt* lancer; (*Wäsche*) essorer ▶ *vi* (*Auto*) déraper
Schleuderpreis *m* prix *m* sacrifié
Schleudersitz *m* siège *m* éjectable
Schleuderware *f* marchandise *f* bradée
schleunigst *adv* au plus vite
Schleuse *f* écluse *f*
Schleusenwärter *m* éclusier *m*
schlich *vb siehe* **schleichen**
Schlich (-(e)s, -e) *m* truc *m*; **jdm auf die ~e kommen** comprendre le petit jeu de qn
schlicht *adj* simple
schlichten *vt* (*Streit*) régler
Schlichter(in) (-s, -) *m(f)* médiateur(-trice)
Schlichtung *f* conciliation *f*
Schlick (-(e)s, -e) *m* vase *f*
schlief *etc vb siehe* **schlafen**
Schließe *f* fermeture *f*
schließen *irr vt* fermer; (*Sitzung*) clore; (*Lücke*) boucher; (*Frieden*) conclure; (*Ehe*) conclure, contracter; (*Vertrag*) passer ▶ *vr* se fermer; (*enden*) se terminer ▶ *vi* se fermer; (*folgern*) conclure
Schließfach *nt* consigne *f* automatique
schließlich *adv* finalement; (*immerhin*) après tout
schliff *etc vb siehe* **schleifen**
Schliff (-(e)s, -e) *m* taille *f*; (*fig*) savoir-vivre *m*
schlimm *adj* mauvais(e); (*Zeiten*) difficile • **schlimmer** *adj* pire • **schlimmste(r, s)** *adj* pire
schlimmstenfalls *adv* au pire
Schlinge *f* boucle *f*; (*Falle*) collet *m*; (*als Verband*) écharpe *f*
Schlingel (-s, -) *m* vaurien *m*
schlingen *irr vt* (*binden*) mettre, attacher ▶ *vi* (*essen*) s'empiffrer
schlingern *vi* tanguer
Schlips (-es, -e) *m* cravate *f*
Schlitten (-s, -) *m* luge *f*; (*Pferdeschlitten*) traîneau *m* • **Schlittenfahren** (-s) *nt* luge *f*
schlittern *vi* patiner
Schlittschuh *m* patin *m* à glace • **Schlittschuhbahn** *f* patinoire *f* • **Schlittschuhläufer(in)** *m(f)* patineur(-euse)
Schlitz (-es, -e) *m* fente *f*; (*Hosenschlitz*) braguette *f* • **schlitzäugig** *adj* aux yeux bridés • **schlitzen** *vt* ouvrir • **Schlitzohr** (*fam*) *nt* filou *m*
schlohweiß *adj* (*Haar*) blanc (blanche) comme neige
schloss *etc vb siehe* **schließen**

Schloss (-es, ⁻er) nt (Bau) château m ; (Vorrichtung) serrure f
Schlosser (-s, -) m (für Schlüssel) serrurier m
Schlosserei f (in Fabrik) atelier m de métallurgie
Schlot (-(e)s, -e) m cheminée f
schlottern vi (vor Angst) trembler ; (Kleidung) flotter
Schlucht (-, -en) f gorge f
schluchzen vi sangloter
Schluck (-(e)s, -e) m gorgée f
Schluckauf (-s) m hoquet m
schlucken vt, vi avaler
schludern vi bâcler
schlug etc vb siehe **schlagen**
schlummern vi faire un petit somme ; (fig) être caché(e)
Schlund (-(e)s, ⁻e) m gosier m
schlüpfen vi se glisser ; (Küken, Vogel etc) éclore
Schlüpfer (-s, -) m culotte f, slip m
Schlupfloch nt cachette f ; (fig) refuge m
schlüpfrig adj glissant(e) ; (péj) obscène • **Schlüpfrigkeit** f surface f glissante ; (péj) obscénité f
schlurfen vi traîner les pieds, se traîner
schlürfen vt (Suppe) manger bruyamment ▶ vi boire bruyamment
Schluss (-es, ⁻e) m fin f ; (Schlussfolgerung) conclusion f ; **am ~** à la fin ; **~ machen** arrêter ; (Freundschaft beenden) rompre
Schlüssel (-s, -) m clé f, clef f ; (Lösungsheft) corrigé m • **Schlüsselbein** nt clavicule f • **Schlüsselblume** f primevère f • **Schlüsselbund** m trousseau m de clés • **Schlüsseldienst** m serrurerie f express • **Schlüsselkind** nt enfant qui rentre à la maison avant ses parents • **Schlüsselloch** nt trou m de la serrure • **Schlüsselposition** f position f clé
Schlussfolgerung f conclusion f
schlüssig adj (folgerichtig) concluant(e) ; **sich** Dat **(über etw** Akk**) ~ sein** être sûr(e) (de qch)
Schlusslicht nt feu m arrière
Schlussstrich m: **einen ~ unter etw** Akk **ziehen** tirer un trait sur qch
Schlussverkauf m soldes mpl
Schlusswort nt conclusion f
Schmach (-) f honte f, ignominie f
schmachten vi languir ; **nach jdm/etw ~** languir loin de qn/après qch
schmächtig adj frêle
schmachvoll adj honteux(-euse)
schmackhaft adj (Essen) délicieux(-euse) ; **jdm etw ~ machen** faire un tableau flatteur de qch à qn

schmählich adj honteux(-euse)
schmal adj étroit(e) ; (Person, Buch etc) mince ; (karg) maigre
schmälern vt (Ertrag, Lohn) diminuer ; (Ruf, Verdienst) rabaisser
Schmalfilm m film m de format réduit (8 mm)
Schmalspur f (Rail) voie f étroite
Schmalz (-es, -e) nt graisse f (fondue) ; (Schweineschmalz) saindoux m
schmalzig adj (Lied etc) à l'eau de rose
schmarotzen vi (Bot) être parasite ; (fig) vivre en parasite
Schmarotzer (-s, -) m parasite m
Schmarren (-s, -) m crêpe sucrée coupée en morceaux ; (fam: fig) idioties fpl
schmatzen vi manger bruyamment
Schmaus (-es, Schmäuse) m festin m
schmausen vi se régaler
schmecken vt goûter ▶ vi (Essen) être bon(ne) ; **schmeckt es (Ihnen)?** vous aimez ?
Schmeichelei f flatterie f
schmeichelhaft adj flatteur(-euse)
schmeicheln vi +Dat flatter
schmeißen (fam) irr vt jeter, balancer
Schmeißfliege f mouche f bleue
schmelzen irr vt faire fondre ▶ vi fondre
Schmelzpunkt m point m de fusion
Schmelzwasser nt neige f fondue
Schmerz (-es, -en) m douleur f ; (Trauer) chagrin m • **schmerzempfindlich** adj sensible
schmerzen vt faire mal à ; (fig) blesser
Schmerzensgeld nt dommages mpl et intérêts mpl
schmerzhaft adj douloureux(-euse)
schmerzlich adj douloureux(-euse)
schmerzlindernd adj calmant(e), analgésique
schmerzlos adj indolore
Schmerzmittel nt analgésique m
schmerzstillend adj analgésique
Schmerztablette f calmant m
Schmetterling m papillon m
schmettern vt (werfen) lancer, projeter ; (singen) chanter à tue-tête
Schmied (-(e)s, -e) m forgeron m
Schmiede f forge f
Schmiedeeisen nt fer m forgé
schmieden vt forger
schmiegen vt (Kopf) poser ▶ vr (Mensch) se blottir ; **sich ~ an** +Akk (Stoff) épouser la forme de
schmiegsam adj flexible, souple
Schmiere f graisse f
schmieren vt étaler ; (Aufstrich, Butter) tartiner ; (ölen, fetten) graisser ; (fam:

bestechen) graisser la patte à ; (*schreiben*) griffonner ▶ *vi* (*Kuli, Scheibenwischer*) couler ; (*schreiben*) griffonner
Schmierfett *nt* lubrifiant *m*
Schmierfink *m* (*schmutziges Kind*) petit(e) cochon(ne) *m/f*
Schmiergeld *nt* pot-de-vin *m*
schmierig *adj* (*Hände*) gras(se) ; (*fig: eklig*) obséquieux(-euse)
Schmiermittel *nt* lubrifiant *m*
Schmierseife *f* savon *m* noir
Schminke *f* maquillage *m*
schminken *vt* maquiller ▶ *vr* se maquiller
schmirgeln *vt* poncer
Schmirgelpapier (**-s**) *nt* papier *m* émeri
schmiss *etc vb siehe* **schmeißen**
Schmöker (**-s, -**) (*fam*) *m* (gros) bouquin *m*
schmökern *vi* bouquiner
schmollen *vi* bouder
schmollend *adj* boudeur(-euse)
schmolz *etc vb siehe* **schmelzen**
Schmorbraten *m* rôti *m* braisé
schmoren *vt* braiser ▶ *vi* cuire à feu doux
Schmuck (**-(e)s, -e**) *m* (*Ringe etc*) bijoux *mpl* ; (*Verzierung*) décoration *f*
schmücken *vt* décorer
schmucklos *adj* (*Kleid*) sobre ; (*Raum*) dépouillé(e)
Schmucksachen *pl* bijoux *mpl*
Schmuggel (**-s**) *m* contrebande *f*
schmuggeln *vt* passer en contrebande ▶ *vi* faire de la contrebande
Schmuggler(in) (**-s, -**) *m(f)* contrebandier(-ière)
schmunzeln *vi* sourire
Schmusen *vi* se faire des câlins
Schmutz (**-es**) *m* saleté *f* • **schmutzen** *vi* (*Stoff*) être salissant(e) • **Schmutzfink** *m* souillon *f* • **Schmutzfleck** *m* tache *f*
schmutzig *adj* sale ; (*Witz*) cochon(ne) ; (*Geschäfte*) louche
Schnabel (**-s, ⸚**) *m* bec *m*
Schnake *f* (*Insekt*) cousin *m* ; (*Stechmücke*) moustique *m*
Schnalle *f* boucle *f*
schnallen *vt* attacher ; **den Gürtel enger ~** se serrer la ceinture
schnalzen *vi*: **mit etw ~** faire claquer qch
Schnäppchen (*fam*) *nt* bonne affaire *f*
schnappen *vt* saisir ▶ *vi*: **nach etw ~** essayer d'attraper qch ; **wollen wir noch frische Luft ~?** on va prendre l'air ?
Schnappschloss *nt* cadenas *m*
Schnappschuss *m* instantané *m*
Schnaps (**-es, ⸚e**) *m* eau-de-vie *f*
schnarchen *vi* ronfler
schnattern *vi* (*Gänse: fam: schwatzen*) jacasser ; (*vor Kälte*) frissonner
schnaufen *vi* haleter
Schnauzbart *m* moustache *f*
Schnauze *f* museau *m* ; (*Ausguss*) bec *m* ; (*fam*) gueule *f*
schnäuzen *vr* se moucher
Schnecke *f* escargot *m* ; (*Nacktschnecke*) limace *f*
Schneckenhaus *nt* coquille *f*
Schneckentempo *nt*: **im ~** au ralenti
Schnee (**-s**) *m* neige *f* ; **das ist ~ von gestern** c'est de l'histoire ancienne
• **Schneeball** *m* boule *f* de neige
• **Schneeflocke** *f* flocon *m* de neige
• **Schneegestöber** *nt* tempête *f* de neige
• **Schneeglöckchen** *nt* perce-neige *m od f*
• **Schneekette** *f* chaîne *f* • **Schneemann** *m* bonhomme *m* de neige • **Schneepflug** *m* chasse-neige *m* • **Schneeschmelze** *f* fonte *f* des neiges • **Schneeverwehung** *f* congère *f* • **Schneewittchen** *nt* Blanche-Neige *f*
Schneid (**-(e)s**) (*fam*) *m* cran *m*
Schneide *f* tranchant *m*
schneiden *irr vt* couper ▶ *vr* se couper ; **Gesichter scheiden** faire des grimaces
schneidend *adj* (*Wind*) cinglant(e) ; (*Spott*) mordant(e)
Schneider(in) (**-s, -**) *m(f)* tailleur *m*, couturière *f*
schneidern *vt, vi* coudre
Schneidezahn *m* incisive *f*
schneidig *adj* fringant(e) ; (*mutig*) qui a du cran
schneien *vi unpers*: **es schneit** il neige
Schneise *f* laie *f*
schnell *adj* rapide ; **machen Sie ~!** faites vite !
schnellen *vi* bondir ; (*Preise*) faire un bond
Schnellhefter *m* chemise *f* (*classeur*)
Schnelligkeit *f* rapidité *f*
Schnellimbiss *m* snack *m*
schnellstens *adv* au plus vite
Schnellstraße *f* voie *f* rapide
Schnellzug *m* (train *m*) rapide *m*
schneuzen *vr* = **schnäuzen**
Schnickschnack (**-(e)s**) (*fam: péj*) *m* (*Überflüssiges*) camelote *f*
schnippisch *adj* insolent(e)
schnitt *etc vb* = **schneiden**
Schnitt (**-(e)s, -e**) *m* coupure *f*, (*Schnittpunkt*) intersection *f* ; (*Durchschnitt*) moyenne *f* ; (*Schnittmuster*) patron *m* ; (*von Gesicht*) forme *f* ; (*fam: Gewinn*) bénéfice *m* • **Schnittblumen** *pl* fleurs *fpl* coupées
Schnitte *f* tranche *f*
Schnittfläche *f* coupe *f*
Schnittlauch *m* ciboulette *f*

Schnittmuster nt patron m
Schnittpunkt m intersection f
Schnittstelle f (Inform) interface f
Schnittwunde f coupure f
Schnitzel (-s, -) nt (Papierschnitzel) petit morceau m ; (Culin) escalope f
schnitzen vt sculpter
Schnitzer (-s, -) (fam) m (Fehler) gaffe f
Schnitzerei f sculpture f (sur bois)
schnoddrig (fam) adj sans-gêne inv
schnöde adj (Behandlung) ignoble ; (Gewinn) méprisable
Schnorchel (-s, -) m tuba m
schnorcheln vi faire de la plongée (avec un tuba)
Schnorcheln (-s) nt nage f sous l'eau avec un tuba
Schnörkel (-s, -) m fioriture f
schnorren vt taper
schnüffeln vi flairer, renifler ; (fam: spionieren) fouiner ; **an etw** Dat ~ renifler qch
Schnüffler (-s, -) m (Spion) espion m ; (fam: von Klebstoff etc) sniffeur m
Schnuller (-s, -) m tétine f
Schnupfen (-s, -) m rhume m
schnuppern vi : **an etw** Dat ~ renifler qch
Schnur (-, ⁻e) f ficelle f ; (Élec) fil m
schnüren vt (Paket) ficeler ; (Schuhe) lacer
schnurgerade adj tout(e) droit(e)
schnurlos adj sans fil ; **~es Telefon** téléphone m sans fil
Schnurrbart m moustache f
schnurren vi ronronner
Schnürschuh m chaussure f à lacets
Schnürsenkel m lacet m
schnurstracks (fam) adv tout droit
schob etc vb siehe **schieben**
Schock (-(e)s, -s) m choc m
schocken vt, **schockieren** (fam) vt choquer
Schöffe (-n, -n) m juré m
Schöffengericht nt tribunal composé d'un juge et d'assesseurs non-professionnels
Schöffin f jurée f
Schokolade f chocolat m
Schokoriegel m barre f chocolatée
Scholle f (Erdscholle) motte f de terre ; (Eisscholle) glace f flottante ; (Fisch) plie f

(SCHLÜSSELWORT)

schon adv **1** (bereits) déjà ; **schon vor 100 Jahren** il y a cent ans déjà ; **warst du schon einmal in Paris?** tu es déjà allé(e) à Paris ? ; **ich war schon einmal da** (früher) j'y suis déjà allé(e) ; **das war schon immer so** ça a toujours été comme ça ; **wartest du schon lange?** il y a longtemps que tu attends ? ; **schon oft** (déjà) souvent ; **wie schon so oft** comme déjà souvent ; **schon immer** toujours ; **was, schon wieder?** quoi, encore ? ; **ich habe das schon mal gehört** j'ai déjà entendu ça quelque part ; **hast du schon gehört?** tu as entendu la nouvelle ? ; **er wollte schon die Hoffnung aufgeben, als …** il avait presque renoncé quand …
2 (bestimmt) : **du wirst schon sehen** tu verras bien ; **das wird schon noch gut** ça va (sûrement) s'arranger
3 (bloß) : **allein schon der Gedanke an …** rien que de penser à … ; **wenn ich das schon höre** rien que d'entendre des choses pareilles ; **hör schon auf damit!** arrête ! ; **was macht das schon, wenn …?** qu'est-ce que ça peut bien faire que … ?
4 (einschränkend) : **ja schon, aber …** d'accord, mais …
5 : **(das ist) schon möglich** c'est bien possible ; **schon gut!** bon(, d'accord) ! ; **du weißt schon** tu sais bien ; **komm schon!** allez, viens ! ; **und wenn schon!** et alors ?

schön adj beau(belle) ; **~e Grüße** meilleures salutations ; **~e Ferien!** bonnes vacances ! ; **~en Dank!** merci beaucoup !
schonen vt ménager ▶ vr se ménager
schonend adj (Behandlung) doux(douce) ▶ adv : **jdm etw ~ beibringen** annoncer qch à qn avec ménagement
Schöngeist m bel esprit m
Schönheit f beauté f
Schönheitsfehler m imperfection f
Schönheitsoperation f opération f de chirurgie esthétique
Schonung f (Nachsicht) égards mpl ; (von Gegenstand) ménagement m ; (Forst) pépinière f
schonungslos adj impitoyable
Schonzeit f période f de fermeture de la chasse
schöpfen vt (Flüssigkeit) puiser ; (Mut, Luft) prendre
Schöpfer (-s, -) m créateur m
schöpferisch adj créateur(-trice)
Schöpfkelle f, **Schöpflöffel** m louche f
Schöpfung f création f
schor etc vb siehe **scheren**
Schorf (-(e)s, -e) m croûte f
Schornstein m cheminée f
• **Schornsteinfeger** (-s, -) m ramoneur m
schoss etc vb siehe **schießen**

Schoß (-es, ⁻e) m (von Rock) basque f; **auf jds ~** sur les genoux de qn
Schoßhund m chien m d'appartement
Schote f (Bot) cosse f
Schotte (-n, -n) m Écossais m
Schotter m cailloutis m; (Rail) ballast m
Schottin f Écossaise f
schottisch adj écossais(e)
Schottland nt l'Écosse f
schraffieren vt hachurer
schräg adj (Wand: schief, geneigt) penché(e); (Linie) oblique; **etw ~ stellen** mettre qch de biais
Schräge f inclinaison f
Schrägschrift f italique m
Schrägstreifen m biais m
Schrägstrich m barre f oblique
Schramme f éraflure f
schrammen vt érafler
Schrank (-(e)s, ⁻e) m placard m; (Kleiderschrank) armoire f • **Schranke** f barrière f • **Schrankenwärter** m garde-barrière m
Schrankkoffer m malle f penderie
Schraube f vis f; (Schiffsschraube) hélice f
schrauben vt visser
Schraubenschlüssel (-s, -) m clé f à molette
Schraubenzieher (-s, -) m tournevis m
Schraubstock m étau m
Schraubverschluss m capsule f vissée
Schrebergarten m jardin m ouvrier
Schreck (-(e)s, -e) m frayeur f
Schreckgespenst nt spectre m
schreckhaft adj craintif(-ive)
schrecklich adj épouvantable
Schreckschuss m coup m en l'air
Schrei (-(e)s, -e) m cri m
Schreibblock m bloc-notes m
Schreibdichte f (von Diskette) densité f
schreiben irr vt, vi écrire • **Schreiben** (-s, -) nt lettre f
Schreiber(in) (-s, -) m(f) auteur m
schreibfaul adj trop paresseux(-euse) pour écrire
Schreibfehler m faute f d'orthographe
Schreibkraft f dactylo f
Schreibmaschine f machine f à écrire
Schreibpapier nt papier m
Schreibschutz m (Inform) protection f d'écriture
Schreibtisch m bureau m
Schreibung f orthographe f
Schreibwaren pl fournitures fpl de bureau
Schreibweise f orthographe f; (Stil) style m
Schreibzeug nt matériel m (pour écrire)

schreien irr vi, vt crier
schreiend adj (Ungerechtigkeit) criant(e); (Farbe) criard(e)
Schreiner (-s, -) m (von Möbeln) menuisier m; (Zimmermann) charpentier m
Schreinerei f menuiserie f
schreiten irr vi marcher; **zum Angriff/zur Tat ~** passer à l'attaque/l'acte
schrie etc vb siehe **schreien**
schrieb etc vb siehe **schreiben**
Schrift (-, -en) f écriture f; (Buch, Gedrucktes) écrit m • **Schriftart** f (Handschrift) écriture f; (Typo) caractères mpl • **Schriftbild** nt écriture f
• **Schriftdeutsch** nt bon allemand m
• **Schriftführer(in)** m(f) secrétaire mf
• **schriftlich** adj écrit(e) ▶ adv par écrit
• **Schriftsetzer(in)** m(f) typographe mf
• **Schriftsprache** f langue f écrite
Schriftsteller(in) (-s, -) m(f) écrivain m
Schriftstück nt document m
schrill adj (Stimme) perçant(e); (Ton) aigu(ë) • **schrillen** vi (Stimme) être perçant(e); (Telefon) retentir
schritt etc vb siehe **schreiten**
Schritt (-(e)s, -e) m pas m; (Gangart) démarche f; (von Hose) entrejambes m
• **Schrittmacher** m stimulateur m cardiaque • **Schritttempo** nt: **im ~ fahren** rouler au pas
schroff adj brusque; (Felswand) abrupt(e); (Gegensatz) prononcé(e)
schröpfen (fig) vt plumer
Schrot (-(e)s, -e) m od nt (Blei) plomb m; (Getreide) farine f brute • **Schrotflinte** f fusil m (de chasse)
Schrott (-(e)s, -e) m ferraille f
• **Schrotthaufen** m tas m de ferraille
• **schrottreif** adj bon(ne) pour la casse
schrubben vt frotter
Schrubber (-s, -) m balai-brosse m
Schrulle f lubie f
schrumpfen vi (Apfel, Mensch) se ratatiner; (Kapital) fondre
Schubkarren m brouette f
Schublade f tiroir m
schüchtern adj timide
• **Schüchternheit** f timidité f
schuf etc vb siehe **schaffen**¹
Schuft (-(e)s, -e) m canaille f
schuften (fam) vi bosser
Schuh (-(e)s, -e) m chaussure f
• **Schuhband** nt lacet m • **Schuhcreme** f cirage m • **Schuhgeschäft** nt magasin m de chaussures • **Schuhgröße** f pointure f
• **Schuhlöffel** m chausse-pied m
• **Schuhmacher** m cordonnier m
• **Schuhwerk** nt chaussures fpl

Schulbesuch m fréquentation f de l'école
Schulbuch nt livre m scolaire
schuld adj: **(an etw** Dat**) ~ sein** être responsable (de qch) • **Schuld** (-, -en) f responsabilité f; (Verschulden) faute f
schulden vt devoir • **schuldenfrei** adj (Mensch) qui n'a pas de dettes ; (Besitz) non hypothéqué(e)
Schuldgefühl nt culpabilité f
schuldig adj coupable ; **jdm etw ~ sein** od **bleiben** devoir qch à qn ; **jdm den ~en Respekt erweisen** traiter qn avec le respect qui lui est dû
schuldlos adj innocent(e)
Schuldner(in) (-s, -) m(f) débiteur(-trice)
Schuldschein m reconnaissance f de dette
Schuldspruch m verdict m de culpabilité
Schule f école f
schulen vt former ; (Geist, Ohr) exercer
Schüler(in) (-s, -) m(f) élève mf
• **Schülerausweis** m carte f de lycéen
Schulferien pl vacances fpl scolaires
schulfrei adj: **~er Tag** jour m où il n'y a pas classe ; **~ haben** ne pas avoir cours od classe
Schulfunk m radio f scolaire
Schulgeld nt frais mpl de scolarité
Schulhof m cour f de l'école
Schuljahr nt année f scolaire
Schuljunge m écolier m
Schulmädchen nt écolière f
Schulmedizin f médecine f officielle
schulpflichtig adj (Alter) scolaire ; (Kind) d'âge scolaire
Schulschiff nt navire-école m
Schulstunde f heure f de cours od classe
Schultasche f cartable m
Schulter (-, -n) f épaule f • **Schulterblatt** nt omoplate f
schultern vt (Gewehr) épauler ; (Rucksack) mettre sur ses épaules
Schulung f formation f
Schulzeugnis nt bulletin m (scolaire)
Schund (-(e)s) m camelote f
Schundroman m roman m de gare
Schuppe f (von Fisch, Schlange) écaille f ; **Schuppen** pl (Haarschuppen) pellicules fpl
schuppen vt (Fisch) enlever les écailles de ▶ vr (Haut) peler
Schuppen (-s, -) m remise f
schuppig adj (Haut) qui pèle ; (Haar) pelliculeux(-euse)
Schur (-, -en) f tonte f
schüren vt attiser
schürfen vt (Mines) extraire ; (Haut, Knie) écorcher, égratigner
Schürfung f éraflure f
Schürhaken m tisonnier m
Schurke (-n, -n) m vaurien m

Schürze f tablier m
Schuss (-es, -̈e) m (Gewehrschuss) coup m de feu ; (Foot etc) tir m
Schüssel (-, -n) f saladier m
schusselig (fam) adj distrait(e)
Schusslinie f ligne f de tir
Schussverletzung f blessure f par balles
Schusswaffe f arme f à feu
Schuster (-s, -) m cordonnier m
Schutt (-(e)s) m (Trümmer, Bauschutt) décombres mpl • **Schuttabladeplatz** m décharge f (publique)
Schüttelfrost m frissons mpl
schütteln vt secouer ▶ vr (vor Kälte) frissonner
schütten vt verser ▶ vi unpers pleuvoir à verse
schütter adj (Haar) clairsemé(e)
Schutz (-es) m protection f ; (Zuflucht) abri m ; **jdn in ~ nehmen** prendre la défense de qn • **Schutzanzug** m combinaison f de protection
• **Schutzbefohlene(r)** f(m) protégé(e) m/f • **Schutzblech** nt garde-boue m
• **Schutzbrief** m certificat m d'assurance auto • **Schutzbrille** f lunettes fpl de protection
Schütze (-n, -n) m tireur m ; (Schießsportler) marqueur m ; (Astrol) Sagittaire m
schützen vt protéger ▶ vr se protéger ; **~ vor** +Dat od **gegen** protéger de od contre
Schutzengel m ange m gardien
Schutzgebiet nt (Pol) protectorat m ; (Naturschutzgebiet) parc m naturel
Schutzhaft f détention f préventive
Schutzhelm m casque m
Schutzimpfung f vaccination f préventive
schutzlos adj sans défense
Schutzmann (-(e)s, -leute od -männer) m agent m de police
Schutzmaßnahme f mesure f de sécurité
Schutzpatron(in) m(f) (saint(e)) patron(ne)
Schutzumschlag m jaquette f
Schutzvorrichtung f dispositif m de protection
Schwabe (-n, -n) m Souabe m
Schwaben (-s) nt la Souabe
Schwäbin f Souabe f
schwäbisch adj souabe
schwach adj faible ; (Tee, Gift) léger(-ère) ; (Gedächtnis) mauvais(e)
Schwäche f faiblesse f ; **~ für** +Akk faible m pour

schwächen vt affaiblir
Schwachkopf (fam) m imbécile m
schwächlich adj maladif(-ive), chétif(-ive)
Schwächling (péj) m gringalet m
Schwachsinn m (Méd) débilité f mentale ; (fam: Unsinn) bêtises fpl
schwachsinnig adj débile
Schwachstelle f point m faible
Schwachstrom m courant m de faible intensité
Schwächung f affaiblissement m
Schwaden (-s, -) m nuage m
schwafeln (fam) vi radoter
Schwager (-s, ⁻) m beau-frère m
Schwägerin f belle-sœur f
Schwalbe f hirondelle f
Schwall (-(e)s, -e) m flot m
schwamm etc vb siehe **schwimmen**
Schwamm (-(e)s, ⁻e) m éponge f
schwammig adj spongieux(-euse) ; (Gesicht) bouffi(e)
Schwan (-(e)s, ⁻e) m cygne m
schwand etc vb siehe **schwinden**
schwanen vi unpers : **jdm schwant etw** qn a le pressentiment de qch
schwang etc vb siehe **schwingen**
schwanger adj enceinte
schwängern vt mettre enceinte
Schwangerschaft f grossesse f
Schwangerschaftsabbruch m interruption f de grossesse
Schwank (-(e)s, ⁻e) m farce f ; (Geschichte) histoire f drôle
schwanken vi se balancer ; (Preise, Zahlen, Temperatur) fluctuer ; (taumeln) chanceler ; (zögern) hésiter
Schwankung f fluctuation f, variation f
Schwanz (-es, ⁻e) m queue f
schwänzen (fam) vt sécher ; **die Stunde ~** sécher les cours, faire l'école buissonnière
Schwarm (-(e)s, ⁻e) m essaim m ; (fam) idole f
schwärmen vi : **für jdn/etw ~** adorer qn/qch
schwärmerisch adj (Verehrung) passionné(e) ; (Blick, Worte) d'adoration
Schwarte f couenne f ; (fam: Buch) vieux bouquin m
schwarz adj noir(e) ; **ins S~e treffen** mettre dans le mille • **Schwarzarbeit** f travail m au noir • **Schwarzbrot** nt pain de seigle très noir • **Schwarze(r)** f(m) Noir(e) m/f
Schwärze f noirceur f ; (Druckerschwärze) encre f d'imprimerie
schwärzen vt noircir
schwarz|fahren irr vi resquiller
Schwarzfahrer(in) m(f) resquilleur(-euse)
Schwarzhandel m marché m noir
schwarz|hören vi écouter la radio sans avoir payé sa redevance
Schwarzmarkt m marché m noir
schwarz|sehen vi (TV) regarder la télé sans avoir payé sa redevance ; (fam: Pessimist) tout voir en noir
Schwarzseher m pessimiste mf ; (TV) téléspectateur qui n'a pas payé sa redevance
Schwarzwald m Forêt-Noire f
schwatzen vi, **schwätzen** vi bavarder
Schwätzer(in) (-s, -) (péj) m(f) bavard(e)
schwatzhaft adj bavard(e)
Schwebe f : **in der ~** (fig) en suspens
Schwebebahn f téléphérique m
Schwebebalken m (Sport) poutre f
schweben vi planer ; (aufgehängt sein) être suspendu(e)
Schwede (-n, -n) m Suédois m
Schweden (-s) nt la Suède
Schwedin f Suédoise f
schwedisch adj suédois(e)
Schwefel (-s) m soufre m
schwefelig adj (Säure) sulfureux(-euse) ; (Geruch) de soufre
Schwefelsäure f acide m sulfurique
Schweif (-(e)s, -e) m queue f
Schweigegeld nt pot-de-vin m
schweigen irr vi se taire • **Schweigen** (-s) nt silence m
schweigsam adj silencieux(-euse) • **Schweigsamkeit** f silence m
Schwein (-(e)s, -e) nt cochon m ; (Culin) porc m ; (fam: Glück) bol m
Schweinefleisch nt viande f de porc
Schweinegrippe f grippe f porcine od A
Schweinehund (fam) m salaud m
Schweinerei (fam) f (Gemeinheit) vacherie f ; **so eine ~!** c'est dégoûtant !
Schweinestall m porcherie f
schweinisch adj cochon(ne)
Schweinsleder nt peau f de porc
Schweiß (-es) m sueur f
Schweißbrenner (-s, -) m chalumeau m
schweißen vt souder
Schweißer(in) (-s, -) m(f) soudeur(-euse)
Schweißfüße pl : **~ haben** transpirer des pieds
Schweißnaht f (cordon m de) soudure f
Schweiz f : **die ~** la Suisse
Schweizer (-s, -) m Suisse m • **Schweizerdeutsch** nt suisse m alémanique od allemand • **Schweizerin** f Suisse f, Suissesse f • **schweizerisch** adj suisse

schwelen vi couver
schwelgen vi faire ripaille ; **in Erinnerungen ~** se laisser aller à ses souvenirs
Schwelle f seuil m ; (Rail) traverse f
schwellen irr vi (Méd) enfler ; (Fluss) grossir
Schwellenland nt pays m émergent
Schwellung f (Méd) enflure f
schwenkbar adj pivotant(e)
schwenken vt agiter ▶ vi (Mil) effectuer une conversion
schwer adj lourd(e) ; (schwierig, hart) difficile ; (Gold) massif(-ive) ; (Wein) capiteux(-euse) ; (Schmerzen) fort(e) ; (Gewitter) violent(e) ▶ adv (sehr) vraiment ; **~ erziehbar** difficile ; **jdm etw ~ machen** rendre qch difficile pour qn ; **es sich** Dat **~ machen** se compliquer la vie ; **~ verdaulich** (Speise) indigeste, lourd(e) ; **~ verletzt** grièvement blessé(e) • **Schwerarbeiter** m travailleur m de force
Schwere (-) f gravité f ; (Gewicht) poids m • **schwerelos** adj (Zustand) d'apesanteur • **Schwerelosigkeit** f apesanteur f
schwer|fallen irr vi : **jdm ~** être difficile pour qn
schwerfällig adj lourd(e) ; (Mensch) lourdaud(e)
Schwergewicht (fig) nt accent m
schwerhörig adj dur(e) d'oreille
Schwerindustrie f industrie f lourde
Schwerkraft f pesanteur f
Schwerkranke(r) f(m) grand(e) malade m/f
schwerlich adv difficilement
Schwermetall nt métal m lourd
schwermütig adj mélancolique
schwer|nehmen irr vt mal supporter
Schwerpunkt m centre m de gravité ; (fig) essentiel m
Schwert (-(e)s, -er) nt épée f • **Schwertlilie** f iris m
schwertun irr vr : **sich** Dat od Akk **(mit** od **bei etw) ~** avoir des difficultés (avec qch)
Schwerverbrecher(in) m(f) criminel(le)
schwerwiegend adj (Grund) important(e) ; (Fehler) grave
Schwester (-, -n) f sœur f ; (Krankenschwester) infirmière f • **schwesterlich** adj de sœur
schwieg etc vb siehe **schweigen**
Schwiegereltern pl beaux-parents mpl
Schwiegermutter f belle-mère f
Schwiegersohn m gendre m
Schwiegertochter f belle-fille f
Schwiegervater m beau-père m
Schwiele f cal m

schwierig adj difficile • **Schwierigkeit** f difficulté f
Schwimmbad, Schwimmbecken nt piscine f
schwimmen irr vi nager ; (treiben, nicht sinken) flotter
Schwimmer (-s, -) m nageur m ; (Angeln) flotteur m
Schwimmerin f nageuse f
Schwimmflosse f palme f
Schwimmsport m natation f
Schwimmweste f gilet m de sauvetage
Schwindel (-s) m vertige m ; (Betrug) escroquerie f • **schwindelfrei** adj : **~ sein** ne pas avoir le vertige
schwindeln vi (fam : lügen) mentir ; **jdm schwindelt es** qn a le vertige
schwinden irr vi (Hoffnung) s'évanouir ; (Kräfte) décliner
Schwindler(in) (-s -) m(f) escroc m ; (Lügner) menteur(-euse)
schwindlig adj : **mir ist ~** j'ai le vertige
schwingen irr vt balancer ; (Waffe etc) brandir ▶ vi (Pendel) osciller ; (klingen) résonner ; (vibrieren) vibrer
Schwingtür f porte f battante
Schwingung f (Phys) oscillation f
Schwips (-es, -e) m : **einen ~ haben** être éméché(e)
schwirren vi (Fliegen) bourdonner
schwitzen vi transpirer
schwoll etc vb siehe **schwellen**
schwor etc vb siehe **schwören**
schwören irr vi jurer ▶ vt : **einen Eid ~** prêter serment
schwul (fam) adj homo
schwül adj lourd(e)
Schwule(r) (fam) m homo m
Schwüle (-) f temps m lourd
schwülstig adj pompeux(-euse)
Schwund (-(e)s) m (Abnahme) diminution f
Schwung (-(e)s, ⸚e) m élan m ; (Energie) énergie f ; (fam : Menge) tapée f • **schwunghaft** adj florissant(e) • **schwungvoll** adj (mitreißend) entraînant(e)
Schwur (-(e)s, ⸚e) m serment m • **Schwurgericht** nt ≈ cour f d'assises (avec des jurés)
sechs num six • **Sechseck** nt hexagone m • **sechshundert** num six cents
sechste(r, s) adj sixième
Sechstel (-s, -) nt sixième m
sechzehn num seize
sechzig num soixante
Secondhandladen m magasin m de vêtements d'occasion

See¹ (-s, -n) m lac m
See² f mer f • **Seebad** nt station f balnéaire • **Seefahrt** f navigation f maritime • **Seegang** m mer f houleuse • **Seehund** m phoque m, veau m marin • **Seeigel** m oursin m • **seekrank** adj: **~ sein** avoir le mal de mer • **Seekrankheit** f mal m de mer
Seelachs m colin m
Seele f âme f
seelenruhig adv tranquillement
Seeleute pl von **Seemann**
seelisch adj psychique, psychologique
Seelsorge f soutien m moral
Seelsorger (-s, -) m directeur m de conscience
Seemacht f puissance f maritime
Seemann (-(e)s, -leute) m marin m
Seemeile f mille m marin
Seenot f détresse f (en mer)
Seeräuber m pirate m
Seerose f nénuphar m
Seestern m étoile f de mer
seetüchtig adj (Schiff) en état de naviguer
Seeweg m voie f maritime ; **auf dem ~** par mer
Seezunge f sole f
Segel (-s, -) nt voile f • **Segelboot** nt voilier m • **Segelfliegen** (-s) nt vol m à voile • **Segelflieger(in)** m(f) pilote mf de planeur, vélivole mf • **Segelflugzeug** nt planeur m
segeln vi naviguer ; (Segler) faire de la voile
Segelschiff nt voilier m
Segelsport m voile f
Segeltuch nt toile f
Segen (-s, -) m bénédiction f
Segler (-s, -) m (Person) plaisancier m
segnen vt bénir
sehen irr vt, vi voir ; (in bestimmte Richtung) regarder
sehenswert adj à voir
Sehenswürdigkeiten pl attractions fpl touristiques, choses fpl à voir
Sehfehler m trouble m de la vue
Sehne f tendon m ; (an Bogen, Math) corde f
sehnen vr : **sich ~ nach** (jdm, Heimat) s'ennuyer de ; (etw) avoir très envie de
sehnig adj nerveux(-euse)
sehnlich adj (Wunsch) le(la) plus cher (chère) ▶ adv ardemment
Sehnsucht f désir m ardent ; (nach Vergangenem) nostalgie f
sehnsüchtig adj (Blick, Augen, Wunsch) ardent(e) ▶ adv (erwarten) avec impatience

sehr adv très ; (mit Verben) beaucoup ; **zu ~** trop
seicht adj (Wasser) peu profond(e) ; (fig) superficiel(le)
Seide f soie f
Seidel (-s, -) nt chope f
seiden adj en soie ; (wie Seide) soyeux(-euse)
Seidenpapier nt papier m de soie
seidig adj soyeux(-euse)
Seife f savon m
Seifenlauge f eau f savonneuse
Seifenschale f porte-savon m
Seifenschaum m mousse f (de savon)
seifig adj (Geschmack) de savon ; (Substanz) savonneux(-euse)
seihen vt filtrer, passer
Seil (-(e)s, -e) nt corde f, câble m • **Seilbahn** f téléphérique m • **Seilhüpfen** (-s), **Seilspringen** (-s) nt saut m à la corde • **Seiltänzer(in)** m(f) funambule mf

(SCHLÜSSELWORT)

sein (pt war, pp gewesen) vi **1** être ; **sie ist 20 (Jahre)** elle a 20 ans ; **es ist Mitternacht/16.15 Uhr** il est minuit/16h15
2 : **seien Sie mir bitte nicht böse** il ne faut pas m'en vouloir ; **was sind Sie (beruflich)?** que faites-vous dans la vie ? ; **wenn ich Sie/du wäre** à votre/ta place ; **das wärs** voilà ; (in Geschäft) ce sera tout
3 (Resultat) : **3 und 5 ist 8** 3 plus 5 égalent 8 ; **dem ist nicht so** il n'en est pas ainsi ; **es sei denn, dass ...** à moins que ... ; **wie dem auch sei** quoi qu'il en soit ; **wie wäre es mit einem Kaffee?** que diriez-vous d'un café ? ; **damit ist nichts** (fam : es klappt nicht) ça ne marche pas ; **ach, sei nicht so!** (fam) ne fais pas d'histoires ! ; **ist was?** qu'est-ce qu'il y a ? ; **mir ist kalt** j'ai froid ; **mir ist nicht gut** je ne me sens pas (très) bien ; **mir ist, als hätte ich geträumt** j'ai l'impression d'avoir rêvé ; **mir ist heute nicht nach Alkohol** (fam) je n'ai pas envie d'alcool aujourd'hui, je ne suis pas d'humeur à boire aujourd'hui ; **etw sein lassen** (fam: aufhören) arrêter qch ; (nicht tun) ne pas faire qch ; **lass das sein!** arrête !
4 (Hilfsverb) être ; **er ist angekommen** il est arrivé ; **sie ist angekommen** elle est arrivée ; **er ist jahrelang krank gewesen** il a été malade pendant des années ; **wie ist das zu verstehen?** comment faut-il l'interpréter ?
5 (Anweisung) : **die Frage ist auf einem gesonderten Blatt zu beantworten**

veuillez répondre à cette question sur une feuille séparée

sein(e) poss pron son(sa) ; (pl) ses ; **er ist gut ~e zwei Meter** (fam) il fait bien deux mètres
seine(r, s) pron le(la) sien(ne) ; **die S~n** les siens
seiner pron Gen von **er, es**
seinerseits adv de son côté
seinerzeit adv à cette époque
seinesgleichen pron (Leute) les gens comme lui
seinetwegen adv (für ihn) pour lui ; (von ihm aus) en ce qui le concerne
Seismograf (-en, -en) m sismographe m
seit konj depuis que ▶ präp +Dat depuis ; **~ Langem** depuis longtemps ; **er ist ~ einer Woche hier** cela fait une semaine qu'il est ici • **seitdem** adv depuis ▶ konj depuis que
Seite f côté m ; (von Angelegenheit) aspect m ; (Buchseite) page f
Seitenansicht f vue f de côté
Seitenhieb (fig) m coup m de bec
Seitenruder nt (Aviat) gouvernail m de direction
seitens präp +Gen du côté de
Seitenschiff nt nef f latérale
Seitensprung m infidélité f
Seitenstechen nt point m de côté
Seitenstraße f rue f latérale
Seitenstreifen m bande f latérale
Seitenzahl f numéro m de page ; (Gesamtzahl) nombre m de pages
seither adv depuis
seitlich adj latéral(e)
seitwärts adv de côté
Sekretär m secrétaire m
Sekretariat nt secrétariat m
Sekretärin f secrétaire f
Sekt (-(e)s, -e) m ≈ champagne m
Sekte f secte f
Sektor m secteur m ; (Sachgebiet) domaine m
sekundär adj secondaire
Sekundarschule f (Schweiz) collège m
Sekundarstufe f (Scol) niveau m secondaire
Sekunde f seconde f
selber pron = **SCHLÜSSELWORT**

> SCHLÜSSELWORT

selbst pron 1 : **ich/er selbst** moi/lui-même ; **wir selbst** nous-mêmes ; **sie ist die Tugend selbst** c'est la vertu même od personnifiée ; **wie gehts? — gut, und selbst?** comment ça va ? — bien, et toi/vous ?

2 (ohne Hilfe) tout(e) seul(e) ; **von selbst** de lui-même (d'elle-même) ; (ich) de moi-même ; **sie näht ihre Kleider selbst** elle fait ses vêtements elle-même ; **selbst gebacken** maison inv ; **selbst gemacht** (Kleidung) qu'on a fait soi-même ; (Marmelade etc) maison inv ; **selbst gestrickt** tricoté(e) à la main ; (fam : Methode etc) artisanal(e) ; **selbst verdientes Geld** de l'argent qu'on a gagné soi-même ; **selbst ist der Mann/die Frau!** on n'est jamais mieux servi que par soi-même ! ; **das muss er selbst wissen** c'est à lui de décider
▶ adv même ; **selbst wenn** même si ; **selbst Gott** même Dieu

Selbst (-) nt moi m
Selbstachtung f dignité f personnelle
selbständig etc adj = **selbstständig** etc
Selbstauslöser m (Photo) obturateur m à retardement
Selbstbedienung f self-service m
Selbstbefriedigung f masturbation f
Selbstbeherrschung f maîtrise f de soi
selbstbewusst adj sûr(e) de soi
Selbstbewusstsein nt confiance f en soi
Selbsterhaltung f (instinct m de) survie f
Selbsterkenntnis f connaissance f de soi
selbstgefällig adj suffisant(e)
Selbstgespräch nt monologue m
selbstklebend adj autocollant(e)
Selbstkostenpreis m prix m coûtant od de revient
selbstlos adj (Mensch) altruiste
Selbstmord m suicide m
Selbstmordanschlag m attentat m suicide
Selbstmordattentäter(in) m(f) terroriste mf suicidaire
Selbstmörder(in) m(f) suicidé(e)
selbstmörderisch adj suicidaire
selbstsicher adj sûr(e) de soi
selbstständig adj indépendant(e) ; **~er Einzelunternehmer** auto-entrepreneur mf • **Selbstständige(r)** f(m) travailleur(-euse) m/f indépendant(e) • **Selbstständigkeit** f indépendance f
selbstsüchtig adj égoïste
selbsttätig adj automatique
Selbstversorger m : **~ sein** subvenir à ses propres besoins ; **Urlaub für ~** vacances fpl en appartement etc
selbstverständlich adj évident(e) ▶ adv bien sûr • **Selbstverständlichkeit** f évidence f
Selbstverteidigung f autodéfense f
Selbstvertrauen nt confiance f en soi

Selbstverwaltung f autogestion f
Selbstzweck m fin f en soi
selig adj (glücklich) aux anges ; (Rel) bienheureux(-euse) ; (tot) défunt(e)
• **Seligkeit** f béatitude f
Sellerie (**-s, -(s)**) m céleri(-rave) m
selten adj rare ▶ adv rarement
Seltenheit f rareté f
Selterswasser nt eau f de Seltz
seltsam adj étrange
seltsamerweise adv étrangement
Seltsamkeit f étrangeté f
Semester (**-s, -**) nt semestre m
Semikolon (**-s, -s**) nt point-virgule m
Seminar (**-s, -e**) nt (Institut) département m ; (Kurs) séminaire m
Semmel (**-, -n**) f petit pain m
Senat (**-(e)s, -e**) m sénat m
Sendebereich m zone f d'émission
Sendefolge f série f d'émissions
senden irr vt (Brief etc) envoyer ; (ausstrahlen) émettre ▶ vi (ausstrahlen) émettre
Sender (**-s, -**) m émetteur m
Sendereihe f série f d'émissions
Sendung f (Brief, Paket) envoi m ; (Aufgabe) mission f ; (Radio, TV) émission f
Senegal m le Sénégal
Senf (**-(e)s, -e**) m moutarde f
sengen vt (Haare) brûler légèrement ; (Federn) flamber ▶ vi (Sonne) taper
Senior (**-s, -en**) m (Mensch im Rentenalter) personne f du troisième âge
Seniorenheim nt maison f de retraite
Seniorenpass m ≈ carte f Senior
Senkblei nt fil m à plomb
Senke f cuvette f
Senkel (**-s, -**) m lacet m
senken vt baisser ; (Steuern) diminuer ▶ vr s'affaisser
Senkfuß m pied m plat
senkrecht adj vertical(e)
Senkrechte f perpendiculaire f
Senkrechtstarter m (Aviat) avion m à décollage vertical ; (fig) personne qui a fait une carrière fulgurante, jeune loup m
Senkung f (das Senken) abaissement m
Sensation f sensation f
sensationell adj sensationnel(le)
Sense f faux f
sensibel adj sensible
sensibilisieren vt sensibiliser
Sensibilität f sensibilité f
Sensor m détecteur m
sentimental adj sentimental(e)
Sentimentalität f sentimentalisme m
separat adj indépendant(e) ; (Eingang) particulier(-ière)

September (**-(s), -**) m septembre m ; **im ~** en septembre ; **am 2. ~** le 2 septembre
septisch adj (Wunde) infecté(e)
sequentiell adj = **sequenziell**
Sequenz f série f ; (Ciné, Inform) séquence f
sequenziell adj : **~e Datei** fichier m séquentiel
Serbe (**-n, -n**) m Serbe m
Serbien (**-s**) nt la Serbie
Serbin f Serbe f
serbisch adj serbe
Serie f série f
seriell adj (Inform) série inv
serienweise adv en série
seriös adj sérieux(-euse) ; (anständig) convenable
Serpentine f (Straße) route f en lacets
Serum (**-s, Seren**) nt sérum m
Server (**-s, -**) m (Inform) serveur m
Service (**-(s), -** od **-, -s**) nt od m service m
servieren vt, vi servir
Serviette f serviette f (de table)
Servolenkung f direction f assistée
Sessel (**-s, -**) m fauteuil m • **Sessellift** m télésiège m
sesshaft adj (Leben) sédentaire ; (ansässig) établi(e)
Set (**-s, -s**) nt od m série f ; (Deckchen) set m (de table)
setzen vt poser ; (Gast) asseoir, placer ; (Hoffnung, Segel, Komma) mettre ; (Termin, Frist, Ziel) fixer ; (pflanzen) planter ; (Typo) composer ; (Geld) miser ▶ vr s'asseoir ▶ vi (springen) sauter ; (wetten) miser ; **auf ein Pferd ~** miser sur un cheval
Setzer (**-s, -**) m (Typo) compositeur m
Setzerei f atelier m de composition
Setzkasten m (Typo) casse f ; (an Wand) étagère pour ranger de tout petits bibelots
Setzling m semis m
Seuche f épidémie f
Seuchengebiet nt zone où sévit une épidémie
seufzen vi soupirer
Seufzer (**-s, -**) m soupir m
Sex (**-(es)**) m sexe m
Sexualität f sexualité f
sexuell adj sexuel(le)
sexy adj sexy
Seychellen pl Seychelles fpl
sezieren vt disséquer
Shampoo (**-s, -s**) nt shampooing m
Sherry (**-s, -s**) m xérès m, sherry m
shoppen vi faire du shopping
Shorts pl short msg
sich pron se
Sichel (**-, -n**) f faucille f ; (Mondsichel) croissant m

sicher *adj* sûr(e) ; *(geschützt, ungefährdet)* en sécurité ; *(zuverlässig)* sûr(e) ▶ *adv* certainement ; **~ vor** +*Dat* à l'abri de ; **sich** *Dat* **einer Sache/jds ~ sein** être sûr(e) de qch/qn
sichergehen *irr vi* assurer ses arrières
Sicherheit *f* sécurité *f* ; *(Gewissheit)* certitude *f* ; *(Zuverlässigkeit)* sûreté *f* ; *(Selbstsicherheit)* assurance *f*
Sicherheitsabstand *m* distance *f* de sécurité
Sicherheitsglas *nt* verre *m* sécurit®
Sicherheitsgurt *m* ceinture *f* de sécurité
sicherheitshalber *adv* par mesure de sécurité
Sicherheitsnadel *f* épingle *f* de sûreté *od* à nourrice
Sicherheitsschloss *nt* serrure *f* de sécurité
Sicherheitsverschluss *m* cran *m* de sécurité
Sicherheitsvorkehrung *f* mesure *f* de sécurité
sicherlich *adv* certainement
sichern *vt* (*Tür, Fenster*) bien fermer ; *(Inform)* sauvegarder ; *(Bergsteiger: garantieren)* assurer ; **~ gegen** *od* **vor** +*Dat* protéger contre *od* de ; **sich etw ~** se procurer qch
sicher|stellen *vt* (*Beute*) mettre en sécurité
Sicherung *f* protection *f* ; *(an Waffen)* cran *m* de sécurité ; *(Élec)* plombs *mpl*
Sicherungskopie *f* (copie *f* de) sauvegarde *f*
Sicht *f* vue *f* ; **auf lange** *od* **weite ~** à long terme • **sichtbar** *adj* visible
sichten *vt* apercevoir ; *(durchsehen)* examiner
sichtlich *adj* évident(e)
Sichtverhältnisse *pl* visibilité *fsg*
Sichtvermerk *m* visa *m*
Sichtweite *f* visibilité *f*
sickern *vi* (*Flüssigkeit*) suinter ; *(Nachricht)* transpirer
sie (*Akk* **~**) (*Dat sg* **ihr**) (*Dat pl* **ihnen**) *pron* (*weiblich: sg: Nom*) elle ; (: *Akk*) la ; (*pl: Nom*) elles ; (: *Akk*) les ; (*männlich: Nom*) il ; (: *Akk*) le ; (: *Dat*) lui ; (: *pl: Nom*) ils ; (: *pl: Akk*) les
Sie (*Akk* **Sie**, *Dat* **Ihnen**) *pron* vous
Sieb (-(e)s, -e) *nt* tamis *m* ; *(Gemüsesieb, Teesieb)* passoire *f*
sieben¹ *vt* tamiser ; *(fig)* trier
sieben² *num* sept • **siebenhundert** *num* sept cents • **Siebensachen** *pl* affaires *fpl* • **Siebenschläfer** *m* loir *m*
siebte(r, s) *adj* septième

Siebtel (-s, -) *nt* septième *m*
siebzehn *num* dix-sept
siebzig *num* soixante-dix
sieden *vi* (*Wasser*) bouillir
Siedepunkt *m* point *m* d'ébullition
Siedewasserreaktor *m* réacteur *m* à eau bouillante
Siedlung *f* établissement *m*, agglomération *f* ; *(Neubausiedlung etc)* cité *f*
Sieg (-(e)s, -e) *m* victoire *f*
Siegel (-s, -) *nt* sceau *m* • **Siegellack** *m* cire *f* à cacheter • **Siegelring** *m* chevalière *f*
siegen *vi* remporter la *od* une victoire, vaincre ; **über jdn/etw ~** battre qn/qch
Sieger(in) (-s, -) *m(f)* vainqueur *m*
siegessicher *adj* sûr(e) de réussir
Siegeszug *m* marche *f* victorieuse
siegreich *adj* victorieux(-euse)
siehe *etc vb siehe* **sehen**
Sierra Leone *nt* la Sierra Leone
siezen *vt* vouvoyer
Signal (-s, -e) *nt* signal *m*
signalisieren *vt* signaler
Signatur *f* (*Unterschrift*) signature *f* ; *(Bibliothekssignatur)* cote *f*
signieren *vt* signer
Silbe *f* syllabe *f*
Silber (-s) *nt* argent *m* • **Silberbergwerk** *nt* mine *f* d'argent • **Silberblick** *m* : **einen ~ haben** avoir un léger strabisme
Silbermedaille *f* médaille *f* d'argent
silbern *adj* d'argent ; *(Klang)* argentin(e)
Silhouette *f* silhouette *f*
Silo (-s, -s) *nt od m* silo *m*
Silvester (-s, -) *nt* Saint-Sylvestre *f*

: **Silvester** désigne le réveillon du
: nouvel an en allemand. Bien que ce
: ne soit pas un jour férié officiel, la plupart
: des entreprises finit plus tôt et les
: magasins ferment à midi. La majorité
: des Allemands allume des feux
: d'artifices et fusées à minuit et font la
: fête jusqu'au petit matin.

Simbabwe (-s) *nt* le Zimbabwe
SIM-Karte *f* carte *f* SIM
simpel *adj* très simple
Sims (-es, -e) *m od nt* (*Fenstersims*) rebord *m* (de fenêtre)
Simulant(in) *m(f)* faux(fausse) malade *mf*
simulieren *vt* simuler ▶ *vi* faire semblant
simultan *adj* simultané(e)
Sinfonie *f* symphonie *f*
Singapur (-s) *nt* Singapour
singen *irr vi, vt* chanter
Single (-s, -s) *m* (*Alleinlebender*) célibataire *mf*

Singular *m* singulier *m*
Singvogel *m* oiseau *m* chanteur
sinken *irr vi* (*Schiff*) couler ; (*Sonne*) se coucher ; (*niedriger werden, abnehmen*) baisser ; **den Mut/die Hoffnung ~ lassen** perdre courage/espoir
Sinn (**-(e)s, -e**) *m* sens *m* ; (*Bewusstsein*) conscience *f* ; **~ für etw haben** avoir le sens de qch ; **es hat keinen/wenig ~** ça ne sert à rien/pas à grand-chose ; **das war nicht der ~ der Sache** ce n'est pas ce qui était prévu ; **von ~en sein** avoir tous ses esprits • **Sinnbild** *nt* symbole *m* • **sinnbildlich** *adj* symbolique
sinnen *irr vi* : **auf etw** *Akk* **~** méditer qch
Sinnenmensch *m* épicurien(ne) *m/f*
Sinnestäuschung *f* hallucination *f*
sinngemäß *adj* (*Übersetzung, Wiedergabe*) qui respecte l'esprit plutôt que la lettre, libre
sinnig *adj* (*Verhalten*) raisonnable ; (*Geschenk*) pratique
sinnlich *adj* sensuel(le)
Sinnlichkeit *f* sensualité *f*
sinnlos *adj* (*unsinnig*) insensé(e)
Sinnlosigkeit *f* inutilité *f*
sinnvoll *adj* (*Leben, Arbeit*) qui a un sens
Sintflut *f* déluge *m*
Sinus (**-, -** *od* **-se**) *m* sinus *m*
Siphon (**-s, -s**) *m* siphon *m*
Sippe *f* tribu *f*
Sippschaft (*péj*) *f* (*Verwandtschaft*) tribu *f* ; (*Bande*) équipe *f*
Sirene *f* sirène *f*
Sirup (**-s, -e**) *m* sirop *m*
Sitte *f* (*Gewohnheit*) coutume *f* ; (*Sittlichkeit*) mœurs *fpl*
Sittenpolizei *f* brigade *f* des mœurs
sittlich *adj* moral(e)
Sittlichkeitsverbrechen *nt* crime *m* d'ordre sexuel
Situation *f* situation *f*
Sitz (**-es, -e**) *m* siège *m* ; **der Anzug hat einen guten ~** ce costume lui/vous *etc* va bien
sitzen *irr vi* être assis(e) ; (*Kleidung*) aller (bien) ; (*Bemerkung*) faire de l'effet ; **~ bleiben** rester assis(e) ; (*Scol*) redoubler ; **auf etw** *Dat* **~ bleiben** ne pas arriver à vendre qch ; **~ lassen** (*Mädchen*) laisser tomber ; (*Wartenden*) poser un lapin à ; **etw (nicht) auf sich** *Dat* **~ lassen** (ne pas) encaisser qch
sitzend *adj* (*Tätigkeit*) sédentaire
Sitzgelegenheit *f* siège *m*
Sitzplatz *m* siège *m*
Sitzstreik *m* sit-in *m*
Sitzung *f* séance *f*

sizilianisch *adj* sicilien(ne)
Sizilien (**-s**) *nt* la Sicile
Skala (**-, Skalen**) *f* échelle *f*
Skalpell (**-s, -e**) *nt* scalpel *m*
Skandal (**-s, -e**) *m* scandale *m*
skandalös *adj* scandaleux(-euse)
Skandinavien (**-s**) *nt* la Scandinavie
Skateboard (**-s, -s**) *nt* skate(board) *m*
skateboarden *vi* faire du skate(board)
skaten *vi* (*mit Inlineskates*) faire du roller ; (*mit Skateboards*) faire du skateboard
Skelett (**-(e)s, -e**) *nt* squelette *m*
Skepsis (**-**) *f* scepticisme *m*
skeptisch *adj* sceptique
Ski (**-s, -er**) *m* ski *m* ; **~ laufen** *od* **fahren** faire du ski • **Skifahrer(in)** *m(f)* skieur(-euse) • **Skiläufer(in)** *m(f)* skieur(-euse) • **Skilehrer(in)** *m(f)* moniteur(-trice) de ski • **Skilift** *m* téléski *m*
Skin(head) (**-s, -s**) *m* skin(head) *mf*
Skipass *m* forfait *m* de ski
Skipiste *f* piste *f* de ski
Skispringen *nt* saut *m* à ski
Skistock *m* bâton *m* de ski
Skiurlaub *m* vacances *fpl* de neige
Skizze *f* esquisse *f*
skizzieren *vt* esquisser ; (*Bericht*) rédiger le brouillon de
Sklave (**-n, -n**) *m* esclave *m*
Sklaverei *f* esclavage *m*
Sklavin *f* esclave *f*
Skonto (**-s, -s**) *m od nt* escompte *m*
Skorpion (**-s, -e**) *m* scorpion *m* ; (*Astrol*) Scorpion *m*
Skrupel (**-s, -**) *m* scrupule *m* • **skrupellos** *adj* sans scrupules
Skulptur *f* sculpture *f*
Skype® *nt* Skype® *m*
skypen® *vt* appeler via Skype®
Slalom (**-s, -s**) *m* slalom *m*
Slip (**-s, -s**) *m* slip *m*
Slowake *m* Slovaque *m*
Slowakei *f* Slovaquie *f*
Slowakin *f* Slovaque *f*
slowakisch *adj* slovaque
Slowenien *nt* la Slovénie
Smaragd (**-(e)s, -e**) *m* émeraude *f*
Smartphone *nt* smartphone *m*
Smog (**-(s), -s**) *m* smog *m*
Smoking (**-s, -s**) *m* smoking *m*
SMS (**-, -**) *f abk* (= *Short Message Service*) SMS *m*
Snowboard (**-s, -s**) *nt* snowboard *m*, surf *m* des neiges
snowboarden *vi* faire du snowboard, faire du surf (des neiges)

SCHLÜSSELWORT

so adv 1 (so sehr) tellement ; **das hat ihn so geärgert, dass ...** ça l'a tellement irrité que ... ; **ein so altes Haus** une maison tellement vieille ; **so groß/ schön wie ...** (im Vergleich) aussi grand(e)/beau (belle) que ... ; **so viel** (ebenso viel) autant ; **so viel für heute!** ça suffit pour aujourd'hui ! ; **halb/doppelt so viel** deux fois moins/plus ; **rede nicht so viel** tu parles trop ; **so weit sein** (fam: fertig) être prêt(e) ; **so weit wie** od **als möglich** autant que possible, dans la mesure du possible ; **ich bin so weit zufrieden** en gros, je suis satisfait ; **das ist ja so weit ganz gut** jusqu'ici, ça n'est pas mal ; **es ist bald so weit** ça y est presque ; **so wenig wie möglich** le moins possible

2 (auf diese Weise) ainsi, comme ça ; **mach es nicht so wie ich** ne suis pas mon exemple ; **so oder so** de toute façon ; **und so weiter** etc. ; **oder so was** ou quelque chose du même genre ; **das ist gut so** ça va bien comme ça ; **so ist sie nun einmal** elle est comme ça ; **so genannt = sogenannt** ; **das habe ich nur so gesagt** je plaisantais ; **so gut es geht** ça va comme je peux/ton etc mieux

3 (solch): **so etw ist noch nie passiert!** ça n'est encore jamais arrivé !, c'est la première fois que ça se produit ! ; **so ein Haus habe ich noch nie gesehen** je n'ai jamais vu une maison pareille ; **so ein Gauner/eine Unverschämtheit!** quel escroc/culot ! ; **so jemand wie ich** les gens comme moi ; **so etw Schönes!** que c'est beau ! ; **na so was!** ça alors !

4 (fam: umsonst): **ich habe es so bekommen** je l'ai eu pour rien
▶ konj: **so wie es jetzt ist** dans les circonstances actuelles ; siehe auch **sodass**
▶ interj: **so?** ah oui ? ; **so, das wärs** bon, voilà

sobald konj aussitôt que, dès que
Söckchen nt socquette f
Socke f chaussette f
Sockel (-s, -) m socle m
sodass konj si bien que
Sodawasser nt eau f de Seltz
Sodbrennen nt brûlures fpl d'estomac
soeben adv (vor sehr kurzer Zeit) justement
Sofa (-s, -s) nt canapé m
sofern konj à condition que
soff etc vb siehe **saufen**
sofort adv immédiatement, tout de suite
sofortig adj immédiat(e)
Softeis nt crème f glacée
Softie m tendre m
Software f logiciel m
sog etc vb siehe **saugen**
Sog (-(e)s, -e) m aspiration f
sogar adv même
sogenannt adj attrib soi-disant inv
sogleich adv immédiatement
Sohle f (Fußsohle) plante f (du pied) ; (Schuhsohle) semelle f ; (Talsohle etc) fond m
Sohn (-(e)s, ⁻e) m fils m
Sojasoße f sauce f au soja
solang, solange konj tant que
Solarium nt solarium m
Solbad nt (Kurort) centre m d'hydrothérapie (eau salée)
solch adj inv tel(le)
solche(r, s) adj tel(le) ; **ein ~r Mensch** une telle personne
Sold (-(e)s, -e) m solde f
Soldat (-en, -en) m soldat m • **soldatisch** adj (Haltung) de soldat ; (Disziplin) militaire
Söldner (-s, -) m mercenaire m
solidarisch adj solidaire
solidarisieren vr: **sich ~ mit** se solidariser avec
Solidarität f solidarité f
solide adj (Material) solide ; (Leben, Person) respectable ; (Arbeit, Wissen) approfondi(e)
Solist(in) m(f) soliste mf
Soll (-(s), -(s)) nt (Fin) débit m ; (Arbeitsmenge) objectif m (de production)

SCHLÜSSELWORT

sollen (pt **sollte**, pp **gesollt** od (als Hilfsverb) **sollen**) vi 1 (Pflicht, Befehl) devoir ; **was soll ich tun?** que (dois-je) faire ? ; **du hättest nicht gehen sollen** tu n'aurais pas dû y aller ; **komm, ruf einfach bei ihm an! — soll ich?** allez, appelle-le ! — tu crois ? ; **soll ich dir helfen?** je peux t'aider ? ; **ich soll dich von ihm grüßen** il m'a demandé de bien te saluer ; **du sollst nicht töten** (Bibel) tu ne tueras pas ; **sag ihm, er soll warten** dis-lui d'attendre ; **das sollst du nicht (machen** od **tun)** c'est défendu

2 (Vermutung): **sie soll verheiratet sein** elle serait mariée ; **was soll das (heißen)?** qu'est-ce que ça signifie ? ; **was soll das sein?** qu'est-ce que c'est que ça ? ; **was solls?** et puis zut ! ; **man sollte glauben, dass ...** on dirait presque que ... ; **sollte das passieren, ...**

si cela devait se produire *od* le cas échéant, … ; **mir soll es gleich sein** pour moi, c'est du pareil au même **3** (konjunktivisch): **er sollte sie nie wiedersehen** il ne devait jamais la revoir

Solo (-s, -s *od* **Soli**) *nt* solo *m*
Somalia *nt* la Somalie
somit *konj* donc
Sommer (-s, -) *m* été *m* • **sommerlich** *adj* (Wetter) estival(e) ; (Kleidung) d'été • **Sommerschlussverkauf** *m* soldes *mpl* d'automne • **Sommersprossen** *pl* taches *fpl* de rousseur • **Sommerzeit** *f* été *m*
Sonate *f* sonate *f*
Sonde *f* sonde *f*
Sonder- *in ZW* spécial(e)
Sonderangebot *nt* offre *f* spéciale
sonderbar *adj* étrange
Sonderfahrt *f* excursion *f* spéciale
Sonderfall *m* exception *f*
sondergleichen *adj inv*: **eine Frechheit ~** une impertinence sans pareille
sonderlich *adj* (sonderbar) étrange ▶ *adv* (besonders) particulièrement
Sonderling *m* original *m*
Sondermüll *m* déchets *mpl* spéciaux *od* toxiques
sondern *konj* mais
Sonderzug *m* train *m* spécial
sondieren *vt*, *vi* sonder
Sonett (-(e)s, -e) *nt* sonnet *m*
Sonnabend *m* samedi *m*
Sonne *f* soleil *m*
sonnen *vt* mettre au soleil ▶ *vr* se bronzer
Sonnenaufgang *m* lever *m* du *od* de soleil
sonnen|baden *vi* prendre un bain *od* des bains de soleil
Sonnenblume *f* tournesol *m*
Sonnenbrand *m* coup *m* de soleil
Sonnenbrille *f* lunettes *fpl* de soleil
Sonnencreme *f* crème *f* solaire
Sonnenenergie *f* énergie *f* solaire
Sonnenfinsternis *f* éclipse *f* (de soleil)
Sonnenöl *nt* huile *f* solaire
Sonnenschein *m* soleil *m*
Sonnenschirm *m* parasol *m*
Sonnenschutzcreme *f* crème *f* solaire
Sonnenstich *m* insolation *f*
Sonnenuhr *f* cadran *m* solaire
Sonnenuntergang *m* coucher *m* de *od* du soleil
Sonnenwende *f* solstice *m*
sonnig *adj* ensoleillé(e) ; (Gemüt) heureux(-euse)
Sonntag *m* dimanche *m*
sonntags *adv* le dimanche
Sonntagsfahrer (*péj*) *m* conducteur *m* du dimanche
sonst *adv* (außerdem) sinon ; (zu anderer Zeit) une autre fois ; (gewöhnlich) d'habitude ▶ *konj* sinon ; **wer/was ~?** qui/quoi d'autre ? ; **~ noch etw?** et avec ça ?, ce sera tout ? ; **~ nichts** c'est tout ; **~ woher** de quelque part (d'autre) ; **~ wohin** quelque part
sonstig *adj* autre ; **„~es"** « divers »
sooft *konj* aussi souvent que
Sopran (-s, -e) *m* (voix *f* de) soprano *m* ; (Mensch) soprano *f*
Sopranistin *f* soprano *f*
Sorge *f* souci *m* ; (Fürsorge) soin *m*
sorgen *vi*: **für jdn ~** s'occuper de qn ▶ *vr* se faire du souci ; **dafür ~, dass …** veiller à ce que … ; **für Ruhe ~** rétablir le calme • **sorgenfrei** *adj* sans souci(s) • **Sorgenkind** *nt* enfant *mf* à problèmes • **sorgenvoll** *adj* soucieux(-euse) ; (Worte) plein(e) d'inquiétude
Sorgerecht *nt* droit *m* de garde
Sorgfalt (-) *f* soin *m*
sorgfältig *adj* (Arbeit) soigné(e)
sorglos *adj* sans souci ; (Mensch) insouciant(e)
sorgsam *adj* attentif(-ive)
Sorte *f* sorte *f* ; (Warensorte) variété *f* ; **Sorten** *pl* (Fin) devises *fpl*
sortieren *vt* trier
Sortiment *nt* assortiment *m*
sosehr *konj* malgré le fait que
Soße *f* sauce *f* ; (Salatsoße) vinaigrette *f*
Souffleur *m*, **Souffleuse** *f* souffleur(-euse) *m/f*
soufflieren *vt* souffler ▶ *vi* jouer les souffleurs
Soundkarte *f* (Inform) carte *f* son
souverän *adj* souverain(e) ; (Überlegen) supérieur(e)
soviel *konj* autant que ; **~ ich weiß, …** autant que je sache, …
soweit *konj* (pour) autant que
sowie *konj* (sobald) dès que ; (ebenso, und) ainsi que
sowieso *adv* de toute façon
sowjetisch *adj* soviétique
Sowjetunion *f* Union *f* soviétique
sowohl *konj*: **~ … als** *od* **wie auch …** aussi bien … que …
sozial *adj* social(e) ; **~es Netzwerk** réseau *m* social • **Sozialabgaben** *pl* charges *fpl* sociales • **Sozialarbeiter(in)** *m(f)* travailleur(-euse) social(e) • **Sozialdemokrat** *m* social-démocrate *m* • **sozialdemokratisch** *adj* social(e)-

démocrate • **Sozialhilfe** f aide f sociale, prestations fpl sociales
Sozialismus m socialisme m
Sozialist(in) m(f) socialiste mf
• **sozialistisch** adj socialiste
Sozialpartner m partenaire m social
Sozialpolitik f politique f sociale
Sozialprodukt nt produit m national
Sozialstaat m État-providence m
Sozialversicherung f ≈ Sécurité f sociale
Sozialwohnung f ≈ HLM f
Soziologe (-n, -n) m sociologue m
Soziologie f sociologie f
Soziologin f sociologue f
soziologisch adj sociologique
Sozius (-, -se) m (Écon) associé m
Soziussitz m siège m du passager
sozusagen adv pour ainsi dire
Spachtel (-s, -) m spatule f
Spagetti, Spaghetti pl spaghettis mpl
spähen vi regarder
Spalier (-s, -e) nt (Gerüst) espalier m ; (Leute) haie f
Spalt (-(e)s, -e) m ouverture f ; (fig: Kluft) fossé m
Spalte f fissure f ; (Gletscherspalte) crevasse f ; (in Text) colonne f
spalten vt fendre ; (fig) diviser ▶ vr se fendre ; (Gruppe) se diviser
Spaltung f division f ; (Phys) fission f
Spam (-s, -s) nt (Inform) spam m
Span (-(e)s, ⸚e) m copeau m
Spanferkel nt cochon m de lait
Spange f (Haarspange) barrette f ; (Schnalle) boucle f ; (Armreif) bracelet m
Spanien (-s) nt l'Espagne f
Spanier(in) (-s, -) m(f) Espagnol(e)
spanisch adj espagnol(e)
spann etc vb siehe **spinnen**
Spannbetttuch nt drap-housse m
Spanne f (Zeitspann) intervalle m ; (Differenz) marge f (bénéficiaire)
spannen vt (straffen) tendre ; (Bogen) bander ; (Werkstück) monter, fixer ; (: Briefbogen) mettre ▶ vi (Kleidung) être trop serré(e)
spannend adj passionnant(e)
Spannung f tension f ; (Neugier) suspense m
Sparbuch nt livret m d'épargne
Sparbüchse f tirelire f
sparen vt, vi économiser ; **sich** Dat **etw ~** (Arbeit) éviter qch ; (Bemerkung) garder qch pour soi ; **mit etw ~** économiser (sur) qch, faire des économies de qch ; **an etw** Dat **~** économiser (sur) qch
Sparer(in) (-s, -) m(f) épargnant(e)
Spargel (-s, -) m asperge f
Sparkasse f caisse f d'épargne

Sparkonto nt compte m d'épargne
spärlich adj maigre ; (Haar) rare
Sparmaßnahme f mesure f d'économie
sparsam adj (Mensch) économe ; (Gerät, Auto) économique
Sparsamkeit f sens m de l'économie
Sparschwein nt tirelire f (en forme de petit cochon)
Sparte f secteur m ; (Presse) rubrique f
Spaß (-es, ⸚e) m plaisanterie f ; (Freude) plaisir m ; **jdm ~ machen** amuser qn
• **spaßen** vi plaisanter ; **mit ihm ist nicht zu ~** c'est quelqu'un qui ne plaisante pas
spaßeshalber adv pour rire
spaßhaft adj drôle
Spaßmacher m plaisantin m
Spaßverderber(in) (-s, -) m(f) rabat-joie mf
spät adj tardif(-ive) ▶ adv tard
Spaten (-s, -) m bêche f
später adj ultérieur(e) ▶ adv plus tard
spätestens adv au plus tard
Spätlese f vin vendangé tardivement
Spatz (-en, -en) m moineau m
Spätzle pl pâtes fraîches
spazieren vi se promener ; **~ fahren** (aller) faire un tour ; **~ gehen** aller se promener
Spaziergang m promenade f ; **einen ~ machen** aller se promener
Spazierstock m canne f
Spazierweg m sentier m
SPD f abk (= Sozialdemokratische Partei Deutschlands) parti social-démocrate allemand
Specht (-(e)s, -e) m pic m
Speck (-(e)s, -e) m lard m
Spediteur m transporteur m ; (Möbelspediteur) déménageur m
Spedition f (Speditionsfirma) entreprise f de transports
Speer (-(e)s, -e) m lance f ; (Sport) javelot m
Speiche f rayon m
Speichel (-s) m salive f
Speicher (-s, -) m grenier m ; (Wasserspeicher) réservoir m ; (Inform) mémoire f
Speicherkapazität f (Inform) capacité f de stockage
Speicherkarte f (Inform, Foto) carte f mémoire
speichern vt mettre en réserve, entreposer ; (Wasser) accumuler ; (Inform) enregistrer
Speicherplatz m (Inform) mémoire f disponible ; (auf USB-Stick/Festplatte)

espace m disque ; (bestimmter Ort) logement m
speien irr vt, vi cracher ; (sich übergeben) vomir
Speise f mets m, plat m • **Speiseeis** nt glace f • **Speisekammer** f garde-manger m • **Speisekarte** f menu m, carte f
speisen vi manger ▶ vt (versorgen): **~ mit** alimenter en
Speiseröhre f œsophage m
Speisesaal m salle f à manger
Speisewagen m wagon-restaurant m
Speisezettel m menu m
Spektakel (-s, -) nt (Veranstaltung) spectacle m ▶ m (fam: Lärm) tohu-bohu m, boucan m
Spekulant(in) m(f) spéculateur(-trice)
Spekulation f spéculation f
spekulieren vi (Fin) faire de la spéculation
Spelunke f bouge m
Spende f don m
spenden vt donner ; (Schatten) faire ; (Seife) distribuer
Spender(in) (-s, -) m(f) donateur(-trice) ; (Méd) donneur(-euse) ▶ m (Gerät) distributeur(-trice)
spendieren vt offrir
Spengler (-s, -) m plombier m
Sperling m moineau m
Sperma (-s, **Spermen**) nt sperme m
Sperre f barrière f ; (Verbot) interdiction f ; (Polizeisperre) barrage m
sperren vt fermer ; (verbieten) interdire ; (Konto) bloquer ; (Sport) suspendre ; (einschließen) enfermer ▶ vr: **sich ~ gegen** +Akk s'opposer à
Sperrgebiet nt zone f interdite
Sperrholz nt contre-plaqué m
sperrig adj encombrant(e)
Sperrmüll m encombrants mpl
Sperrsitz m (Théât) fauteuil m d'orchestre
Sperrstunde f heure de fermeture légale des cafés etc, couvre-feu m
Spesen pl frais mpl
Spezial- in zW spécial(e)
spezialisieren vr: **sich auf etw +Akk ~** se spécialiser dans qch
Spezialisierung f spécialisation f
Spezialist(in) m(f): **ein ~ für etw** un spécialiste de qch
Spezialität f spécialité f
speziell adj spécial(e)
spezifisch adj spécifique
Sphäre f sphère f
Sphinx (-, -e) f sphinx m
spicken vt (Culin: Rede) entrelarder ▶ vi (Scol) copier
spie etc vb siehe **speien**

Spiegel (-s, -) m miroir m ; (Wasserstand) niveau m • **Spiegelbild** nt reflet m • **spiegelbildlich** adj inversé(e)
Spiegelei nt œuf m au plat
spiegeln vr se refléter ▶ vi briller ; (blenden) éblouir ; (reflektieren) réfléchir la lumière
Spiegelreflexkamera f appareil m reflex
Spiegelschrift f écriture f inversée
Spiegelung f reflet m
Spiel (-(e)s, -e) nt jeu m ; (Sport) match m ; (Schauspiel) pièce f • **Spieldose** f boîte f à musique
Spielekonsole f console f de jeux
spielen vt, vi jouer
spielend adv avec une grande facilité
Spieler(in) (-s, -) m(f) joueur(-euse)
Spielerei f (nichts Anstrengendes) jeu m d'enfant ; (unwichtiges Extra) gadget m
spielerisch adj enjoué(e) ; **~es Können** (Sport) aisance f, excellent jeu m
Spielfeld nt terrain m
Spielfilm m film m (long métrage)
Spielhalle f salle f de jeux électroniques od d'arcade
Spielplan m (Théât) programme m
Spielplatz m aire f de jeu
Spielraum m jeu m, liberté f
Spielregel f règle f du jeu
Spielsachen pl jouets mpl
Spielverderber (-s, -) m trouble-fête m
Spielwaren pl jouets mpl
Spielzeug nt jouets mpl
Spieß (-es, -e) m lance f ; (Bratspieß) broche f
Spießbürger (péj) m (petit) bourgeois m
Spießer (-s, -) (péj) m (petit) bourgeois m
spießig (péj) adj (petit-)bourgeois(e)
Spikes pl (Sport) chaussures fpl à crampons ; (Auto) pneus mpl à clous
Spinat (-(e)s, -e) m épinards mpl
Spind (-(e)s, -e) m od nt (petite) armoire f
Spinne f araignée f
spinnen irr vt filer ; (Netz) tisser ▶ vi (fam: verrückt sein) dérailler
Spinner(in) (-s, -) (fam) m(f) cinglé(e)
Spinnerei f filature f ; (fam) folie f
Spinnrad nt rouet m
Spinnwebe f toile f d'araignée
Spion (-s, -e) m espion m ; (Guckloch) judas m
Spionage f espionnage m
spionieren vi espionner
Spirale f spirale f ; (Méd) stérilet m
Spirituosen pl spiritueux mpl
Spiritus (-, -se) m alcool m
Spital (-s, ⁻er) nt hôpital m

spitz | 608

spitz adj pointu(e) ; (Winkel) obtus(e) ; (Zunge) bien pendu(e) ; (Bemerkung) acerbe
Spitz (-es, -e) m loulou m (de Poméranie)
Spitzbogen m arc m en ogive
Spitzbube m filou m
Spitze f pointe f ; (vorderer Teil, erster Platz) tête f ; (gew pl: Gewebe) dentelle f ; (Bemerkung) remarque f acerbe
Spitzel (-s, -) m indicateur m (de police)
spitzen vt (Bleistift) tailler ; (Ohren) dresser
Spitzen- in zW (erstklassig, höchste) excellent(e) ; (aus Spitze) en dentelle
Spitzensportler(in) m(f) sportif(-ive) de première catégorie
spitzfindig adj subtil(e)
spitzig adj siehe **spitz**
Spitzname m surnom m
Splitter (-s, -) m éclat m
splitternackt adj nu(e) comme un ver
SPÖ (-) f abk (= Sozialdemokratische Partei Österreichs) parti social-démocrate autrichien
sponsern vt sponsoriser
Sponsor (-s, -en) m sponsor m
spontan adj spontané(e)
Sport (-(e)s, -e) m sport m • **Sportlehrer(in)** m(f) professeur mf d'éducation physique
Sportler(in) (-s, -) m(f) sportif(-ive)
sportlich adj sportif(-ive) ; (Kleidung, Auto) de sport
Sportplatz m terrain m de sport
Sportschuh m chaussure f de sport
Sportverein m club m sportif
Sportwagen m voiture f de sport
Sportzeug nt affaires fpl de sport
Spott (-(e)s) m railleries fpl • **spottbillig** (fam) adj (Ware) donné(e) • **spotten** vi : ~ **über** +Akk se moquer de
spöttisch adj moqueur(-euse)
sprach etc vb siehe **sprechen**
sprachbegabt adj doué(e) pour les langues
Sprache f langue f ; (Sprechfähigkeit) parole f
Sprachfehler m défaut m d'élocution
Sprachführer m manuel m de conversation
Sprachgebrauch m usage m
Sprachgefühl nt sens m linguistique
Sprachkenntnisse pl connaissances fpl linguistiques ; **mit guten englischen ~n** avec de bonnes connaissances d'anglais
Sprachkurs m cours m de langue
Sprachlabor nt laboratoire m de langues
sprachlich adj linguistique

sprachlos adj muet(te) ; (erschrocken) héberlué(e)
Sprachrohr (fig) nt voix f
Sprachwissenschaft f linguistique f
sprang etc vb siehe **springen**
Spray (-s, -s) m od nt spray m • **Spraydose** f aérosol m, spray m
Sprechanlage f interphone m
sprechen irr vi, vt parler ; (jdn) parler à ; **mit jdm ~** parler avec qn ; **das spricht für ihn** c'est tout à son honneur
Sprecher(in) (-s, -) m(f) locuteur(-trice) ; (für Gruppe) porte-parole m ; (Radio, TV) speaker(ine)
Sprechstunde f consultation f
Sprechzimmer nt cabinet m (de consultation)
spreizen vt écarter
sprengen vt (mit Sprengstoff: Spielbank) faire sauter ; (Versammlung) dissoudre ; (Rasen) arroser
Sprengladung f charge f d'explosifs
Sprengstoff m explosif m
Spreu (-) f balle f (de céréales)
Sprichwort nt proverbe m
sprichwörtlich adj proverbial(e)
Springbrunnen m jet m d'eau
springen irr vi sauter ; (zerspringen) se casser, se fêler
Springer (-s, -) m (Schach) cavalier m
Sprit (-(e)s, -e) (fam) m essence f
Spritze f piqûre f
spritzen vt (anspritzen) arroser ; (Méd) faire une piqûre de, injecter ▶ vi (Wasser, heißes Fett) gicler
Spritzpistole f pistolet m
spröde adj (Material) cassant(e) ; (Haut) sec(sèche) ; (Person) austère
Sprosse f barreau m
Sprössling m rejeton m
Spruch (-(e)s, ¨-e) m dicton m ; (Jur) jugement m
Sprudel (-s, -) m eau f minérale gazeuse
sprudeln vi jaillir
Sprühdose f spray m, aérosol m
sprühen vt vaporiser ▶ vi jaillir ; ~ **vor** pétiller de
Sprühregen m petite pluie f fine, bruine f
Sprung (-(e)s, ¨-e) m saut m • **Sprungbrett** nt tremplin m • **sprunghaft** adj (Mensch) qui ne tient pas en place ; (Aufstieg) fulgurant(e) • **Sprungschanze** f tremplin m (de ski)
Spucke (-) f salive f
spucken vt, vi cracher
Spuk (-(e)s, -e) m esprit m ; (fig) horreur f
spuken vi (Geist) hanter les lieux ; **hier spukt es** cet endroit est hanté
Spule f bobine f

Spüle f évier m
spülen vt (Geschirr) laver, faire ; **(die Toilette)** ~ tirer la chasse (d'eau)
Spülmaschine f lave-vaisselle m
Spülmittel nt produit m pour la vaisselle
Spülstein m évier m
Spülung f rinçage m
Spur (-, -en) f trace f ; (Fußspuren, Radspur, Tonbandspur) piste f ; (Fahrspur) voie f
spürbar adj sensible
spüren vt sentir
Spurenelement nt oligo-élément m
Spürhund m chien m policier ; (fig) indicateur m
spurlos adv sans laisser de traces
Spurt (-(e)s, -s od **-e)** m sprint m
sputen vr se dépêcher
Squash (-) nt squash m
Sri Lanka nt le Sri Lanka
Staat (-(e)s, -en) m État m ; **mit etw ~ machen** afficher qch
Staatenbund m confédération f
staatenlos adj apatride
staatlich adj attrib de l'État
Staatsangehörigkeit f nationalité f
Staatsanwalt m ≈ procureur m de la République
Staatsbürger(in) m(f) citoyen(ne)
Staatsdienst m fonction f publique
staatseigen adj étatisé(e)
Staatsexamen nt (Univ) examen dont l'obtention donne accès aux carrières de l'enseignement
staatsfeindlich adj subversif(-ive)
Staatsmann (-(e)s, -männer) m homme m d'État, femme f d'État
Staatsoberhaupt nt chef m de l'État od d'État
Staatssekretär(in) m(f) secrétaire mf d'État
Staatsstreich m coup m d'État
Staatsverschuldung f endettement m public
Stab (-(e)s, -̈e) m bâton m ; (Gitterstab) barreau m ; (von Menschen) équipe f
Stäbchen nt (Essstäbchen) baguette f
Stabhochsprung m saut m à la perche
stabil adj stable ; (Möbel) solide ; (Gesundheit) robuste
stabilisieren vt stabiliser
Stabilität f stabilité f
stach etc vb siehe **stechen**
Stachel (-s, -n) m épine f ; (von Biene etc) dard m • **Stachelbeere** f groseille f à maquereau • **Stacheldraht** m fil m de fer barbelé
stachelig adj (Tier) à piquants ; (Pflanze) épineux(-euse)

Stachelschwein nt porc-épic m
Stadion (-s, Stadien) nt stade m
Stadium nt stade m
Stadt (-, -̈e) f ville f
Städtchen nt bourg m
Städtebau m urbanisme m
Städter(in) m(f) citadin(e)
städtisch adj (Leben) en ville ; (Anlagen) municipal(e)
Stadtmauer f remparts mpl
Stadtmitte f centre-ville m
Stadtplan m plan m (de ville)
Stadtrand m périphérie f
Stadtrundfahrt f tour m de ville
Stadtteil m quartier m
Staffel (-, -n) f (Sport) équipe f (de course de relais)
Staffelei f chevalet m
staffeln vt échelonner
Staffelung f échelonnement m
stahl etc vb siehe **stehlen**
Stahl (-(e)s, -̈e) m acier m • **Stahlhelm** m casque m lourd
Stall (-(e)s, -̈e) m étable f ; (Pferdestall) écurie f ; (Kaninchenstall) clapier m ; (Schweinestall) porcherie f ; (Hühnerstall) poulailler m
Stamm (-(e)s, -̈e) m (Baumstamm) tronc m ; (Volksstamm) tribu f ; (Ling) racine f • **Stammbaum** m arbre m généalogique
stammeln vt, vi bégayer
stammen vi: ~ **von** od **aus** venir de
Stammgast m habitué m
Stammhalter m héritier m (mâle)
stämmig adj trapu(e)
Stammtisch m (Tisch in Gasthaus) table réservée aux habitués d'un café
Stammzelle f cellule f souche
stampfen vi (auf Fuß) taper du pied ; (gehen) marcher d'un pas lourd ▶ vt (zerkleinern) réduire en purée
stand etc vb siehe **stehen**
Stand (-(e)s, -̈e) m (Stehen) position f debout ; (Zustand, Stufe, Pol: Klasse) état m ; (Spielstand) score m ; (Messestand etc) stand m ; (Beruf) profession f
Standard (-s, -s) m norme f
Ständchen nt sérénade f
Ständer (-s, -) m (Kleiderständer) portemanteau m ; (Kerzenständer) bougeoir m ; (Notenständer) pupitre m
Standesamt nt bureau m de l'état civil (à la mairie)
Standesbeamte(r) m officier m de l'état civil
Standesunterschied m différence f de classe
standhaft adj imperturbable

stand|halten irr vi +Dat tenir tête à
ständig adj permanent(e) ▶ adv constamment
Standlicht nt feu m de position
Standort m emplacement m; (Mil) garnison f
Standpunkt m point m de vue
Standspur f (Auto) bande f d'arrêt d'urgence
Stange f barre f; (Zigaretten) cartouche f; **von der ~** (nicht Einzelanfertigung) en prêt-à-porter
Stängel (-s, -) m tige f
Stangenbrot nt baguette f (de pain)
stank etc vb siehe **stinken**
Stanniol (-s, -e) nt papier m aluminium
stanzen vt (Leder) estamper; (Löcher) faire (au poinçon)
Stapel (-s, -) m pile f; (Naut) cale f sèche • **Stapellauf** m (course f de) relais m
stapeln vt empiler
Stapelverarbeitung f traitement m par lots
Star¹ (-(e)s, -e) m (Zool) étourneau m; (Méd) cataracte f
Star² (-s, -s) m star f, vedette f
starb etc vb siehe **sterben**
stark adj fort(e); (mächtig) puissant(e); **dieses Brett ist 15 mm ~** cette planche fait 15 mm d'épaisseur; **er ist ein ~er Raucher** c'est un grand fumeur
Stärke f force f; (von Brille) puissance f; (Culin) amidon m
stärken vt (Mensch) fortifier; (Selbstbewusstsein) renforcer; (Wäsche) amidonner
stark|machen vr: **sich für jdn/etw ~** (fam) tout mettre en œuvre pour qn/qch
Starkstrom m courant m à haute tension
Stärkung f renforcement m; (Essen) en-cas m inv, quelque chose à manger
starr adj rigide; (Haltung) inflexible; (Blick) fixe
starren vi (blicken) regarder fixement; **vor sich** Akk **hin ~** regarder fixement devant soi
Starrheit f rigidité f; (von Blick) fixité f
starrköpfig adj têtu(e)
Starrsinn m obstination f
Start (-(e)s, -e) m départ m; (Aviat) décollage m • **Startautomatik** f starter m automatique • **Startbahn** f piste f d'envol • **starten** vt (Auto) mettre en marche; (Aviat) lancer ▶ vi (Aviat) décoller; (Sport) prendre le départ • **Starter** (-s, -) m starter m • **Starterlaubnis** f autorisation f de décoller • **Starthilfekabel** nt câble m de démarrage • **Startseite** f (im Internet) page f de démarrage • **Startzeichen** nt signal m du départ

Stasi f abk voir article

: **Stasi** est l'abréviation de *Staatssicherheitsdienst*, les services secrets de la DDR, fondés en 1950 et démantelés en 1989. Ces services secrets organisèrent un important réseau d'espionnage de ceux qui occupaient une position de confiance dans la BRD et dans la DDR, ainsi que de surveillance de la population dans le but de prévenir toute tentative d'opposition au régime communiste. Des dossiers sur plus de six millions de personnes avaient été constitués.

Station f (Haltestelle) arrêt m; (Krankenstation) service m; **~ machen** faire halte
stationieren vt (Truppen) cantonner; (Atomwaffen etc) entreposer
Statist(in) m(f) figurant(e)
Statistik f statistique f • **Statistiker(in)** m(f) statisticien(ne)
statistisch adj statistique
Stativ nt trépied m
statt konj au lieu de ▶ präp +Gen od Dat à la place de
stattdessen adv au lieu de cela
Stätte f endroit m
statt|finden irr vi avoir lieu
statthaft adj licite
stattlich adj imposant(e); (Summe) considérable
Statue f statue f
Statur f stature f
Status (-, -) m statut m • **Statussymbol** nt signe m extérieur de richesse
Statuszeile f (Inform) barre f d'état
Stau (-(e)s, -e) m blocage m; (Verkehrsstau) embouteillage m
Staub (-(e)s) m poussière f
stauben vi faire de la poussière
Staubfaden m filet m
staubig adj (Straße) poussiéreux(-euse); (Kleidung) couvert(e) de poussière
staub|saugen vi passer l'aspirateur
Staubsauger (-s, -) m aspirateur m
Staubtuch nt chiffon m (à poussière)
Staudamm m barrage m
Staude f (Bot) arbuste m
stauen vt (Wasser) endiguer; (Blut) arrêter (une effusion de) ▶ vr (Wasser) s'accumuler; (Verkehr) être bloqué(e)
staunen vi s'étonner, être étonné(e) • **Staunen** (-s) nt étonnement m
Stausee m lac m artificiel (d'un barrage)

Stauung f (von Wasser) accumulation f; (von Verkehr) embouteillage m
stdl. abk = **stündlich**
Steak nt steak m
stechen irr vt piquer; (mit Messer) donner un coup de couteau à od dans; (Cartes) prendre; (in Kupfer etc) graver; (Spargel) récolter ▶ vi piquer; (Sonne) taper dur; **in See ~** prendre le large
Stechen (-s, -) nt (Sport) belle f; (Schmerz) douleur f lancinante
stechend adj (Hitze) torride; (Geruch) pénétrant(e)
Stechginster m genêt m (épineux)
Stechpalme f houx m
Stechuhr f pointeuse f
Steckbrief m signalement m
Steckdose f prise f
stecken vt mettre; (Nadel) enfoncer; (beim Nähen) épingler ▶ vi irr être bloqué(e); (Nadeln) être enfoncé(e); (fam: sein) être; **~ bleiben** être immobilisé(e); (fam: beim Reden) avoir un blanc
Steckenpferd nt passe-temps m inv favori
Stecker (-s, -) m (Élec) prise f
Stecknadel f épingle f
Steckplatz m (Inform) emplacement m
Steg (-(e)s, -e) m passerelle f; (Bootssteg) débarcadère m
Stegreif m: **aus dem ~** en improvisant
stehen irr vi (sich befinden) être, se trouver; (stillstehen, angehalten haben) être arrêté(e) ▶ vi unpers: **es steht schlecht um ihn/seine Karriere** ça s'annonce mal pour lui/sa carrière; **wie stehts?** comment ça va?; **zu seinem Wort ~** s'en tenir à sa parole; **wie ~ Sie dazu?** qu'en pensez-vous?; **~ bleiben** s'arrêter; **~ lassen** laisser; (Bart) laisser pousser
stehlen irr vt voler
Stehplatz m place f debout
steif adj raide; (Stoff) rigide; (Gesellschaft) guindé(e) • **Steifheit** f raideur f
Steigbügel m étrier m
Steigeisen nt crampon m
steigen irr vi (klettern) grimper; (Flugzeug, Ballon) monter, prendre de l'altitude
steigern vt (Leistung) améliorer; (Ling) former les degrés de comparaison de ▶ vr (Spannung) augmenter; (Leistung) s'améliorer
Steigerung f augmentation f
Steigung f montée f; (Hang) pente f
steil adj (Abhang) raide; (Fels) escarpé(e)
Stein (-(e)s, -e) m pierre f; (in Uhr) rubis m • **steinalt** adj vieux(vieille) comme Mathusalem • **Steinbock** m (Zool) bouquetin m; (Astrol) Capricorne m • **Steinbruch** m carrière f • **Steinbutt** (-s, -e) m turbot m
steinern adj en od de pierre; (Miene) impassible
Steingut nt grès m
steinhart adj dur(e) comme la pierre
steinig adj rocailleux(-euse)
steinigen vt lapider
Steinkohle f anthracite m
Steinmetz (-es, -e) m tailleur m de pierre
Steiß (-es, -e) m bas m du dos
Stelle f endroit m, emplacement m; (Position) place f; (Abschnitt) passage m; (Arbeit) emploi m; (Amt) poste m
stellen vt mettre; (Bedingungen, Falle) poser; (Antrag, Diagnose) faire; (Dieb) prendre ▶ vr se mettre; (bei Polizei) se livrer; **sich dumm ~** faire l'idiot(e)
Stellenangebot nt offre f d'emploi
Stellenanzeige f (Gesuch) demande f d'emploi; (Angebot) offre f d'emploi
Stellengesuch nt demande f d'emploi
Stellennachweis m,
Stellenvermittlung f ≈ Pôle m emploi
Stellenwert m (fig): **einen hohen ~ haben** être très en vue
Stellung f position f; (Posten) poste m; **~ nehmen zu** prendre position à propos de • **Stellungnahme** f prise f de position
stellvertretend adj attrib remplaçant(e)
Stellvertreter(in) m(f) remplaçant(e)
Stellwerk nt (Rail) poste m d'aiguillage
Stelze f échasse f
Stemmbogen m (Ski) virage m en chasse-neige
stemmen vt (Gewicht) soulever ▶ vr: **sich ~ gegen** (fig) être violemment opposé(e) à
Stempel (-s, -) m tampon m; (Bot) pistil m • **Stempelkissen** nt tampon m encreur
stempeln vt tamponner; (Briefmarke) oblitérer
Stengel m = **Stängel**
Stenografie f sténo(graphie) f
stenografieren vt, vi sténographier
Stenogramm nt texte m en sténo
Stenotypist(in) m(f) sténodactylo mf
Steppdecke f couette f
Steppe f steppe f
steppen vt surpiquer ▶ vi faire des claquettes
Sterbefall m décès m
Sterbehilfe f euthanasie f
sterben irr vi mourir
Sterbeurkunde f acte m de décès
sterblich adj mortel(le)

Sterblichkeit f condition f de mortel
Sterblichkeitsziffer f taux m de mortalité
stereo- in zW stéréo
Stereoanlage f chaîne f stéréo
stereotyp adj (Antwort) tout(e) fait(e) ; (Lächeln) figé(e)
steril adj stérile
Sterilisation f stérilisation f
sterilisieren vt stériliser
Sterilisierung f stérilisation f
Stern (-(e)s, -e) m étoile f • **Sternbild** nt constellation f • **Sternchen** nt (Zeichen) astérisque m • **Sternfahrt** f rallye m • **Sternschnuppe** f étoile f filante • **Sternstunde** f moment m déterminant
stet adj constant(e)
stetig adj continu(e)
stets adv toujours
Steuer[1] (-s, -) nt (Naut) barre f ; (Auto) volant m
Steuer[2] (-, -n) f impôt m
Steuerberater(in) m(f) conseiller(-ère) fiscal(e)
Steuerbord nt tribord m
Steuererklärung f déclaration f d'impôts
Steuerfl ucht f exil m fiscal
Steuerflüchtling m exilé(e) m/f fiscal(e)
Steuergerät nt (Radio) amplificateur m ; (Inform) unité f de contrôle, contrôleur m
Steuerhinterziehung f fraude f fiscale
Steuerklasse f tranche f du barème fiscal
Steuerknüppel m (Flug) manche m à balai
Steuermann (-(e)s, -männer od -leute) m timonier m, barreur m
steuern vt (Auto) conduire ; (Flugzeug) piloter ; (Entwicklung) contrôler ; (Tonstärke) régler ▶ vi se diriger
steuerpfl ichtig adj imposable
Steuerrad nt volant m
Steuerung f (Vorrichtung) direction f ; (Steuervorgang) conduite f ; (Tech, Inform) commande f
Steuerzahler(in) m(f) contribuable mf
Steward (-s, -s) m steward m
Stewardess (-, -en) f hôtesse f de l'air
stibitzen (fam) vt subtiliser
Stich (-e) m (Insektenstich) piqûre f ; (Messerstich) coup m de couteau ; (beim Nähen) point m ; (Cartes) levée f ; (Art) gravure f ; **jdn im ~ lassen** laisser tomber qn
Stichelei f remarques fpl désobligeantes
sticheln vi (fig) faire des remarques désobligeantes
stichhaltig adj concluant(e)

Stichprobe f échantillonnage m
Stichwahl f second tour m
Stichwort nt mot-clé m
Stichwortverzeichnis nt index m (des mots-clés)
sticken vt, vi broder
Sticker (-s, -) m autocollant m
Stickerei f broderie f
stickig adj : **hier ist aber ~e Luft** ça sent vraiment le renfermé ici
Stickstoff m azote m
Stiefel (-s, -) m botte f
Stiefkind nt beau-fils(belle-fille) m/f ; (fig) enfant m mal aimé(e) m/f
Stiefmutter f belle-mère f
Stiefmütterchen nt pensée f
Stiefvater m beau-père m
stieg etc vb siehe **steigen**
Stiel (-(e)s, -e) m (von Gerät) manche m ; (von Glas) pied m ; (Bot) tige f
Stier (-(e)s, -e) m taureau m ; (Astrol) Taureau m
stieren vi regarder fi xement
stieß etc vb siehe **stoßen**
Stift (-(e)s, -e) m (Farbstift, Bleistift) crayon m ; (Metallstift) cheville f ; (Nagel) petit clou m
stiften vt (Orden) fonder ; (Preis) créer ; (Unruhe etc) provoquer ; (Geld) donner
Stifter(in) (-s, -) m(f) donateur(-trice)
Stiftung f (Schenkung) donation f ; (Spende) don m ; (Organisation) fondation f
Stiftzahn m dent f artifi cielle
Stil (-(e)s, -e) m style m • **Stilblüte** f perle f (erreur)
still adj calme ; (Liebe) secret(-ète)
Stille f calme m
stillen vt (Blut) arrêter ; (Schmerzen) calmer ; (Säugling) allaiter
stillgestanden interj halte
still|legen vt (Betrieb) fermer
Stilllegung f fermeture f
Stillschweigen nt silence m absolu
stillschweigend adj tacite
Stillstand m : **zum ~ bringen** arrêter
still|stehen irr vi être arrêté(e) ; (Verkehr) être bloqué(e)
Stimmabgabe f vote m
Stimmbänder pl cordes fpl vocales
stimmberechtigt adj qui a le droit de vote
Stimme f voix f
stimmen vi (richtig sein) être juste od vrai(e) ▶ vt (Mus) accorder ; **für/gegen etw ~** voter pour/contre qch ; **jdn traurig ~** rendre qn triste
Stimmenmehrheit f majorité f (à une élection)

Stimmenthaltung f abstention f
Stimmgabel f diapason m
stimmhaft adj sonore
Stimmlage f registre m
stimmlos adj sourd(e)
Stimmrecht nt droit m de vote
Stimmung f (*Gemütsstimmung*) humeur f ; (*Atmosphäre*) atmosphère f ; (*vorherrschende Meinung*) opinion f publique
stimmungsvoll adj (*Gedicht*) émouvant(e) ; (*Abend*) animé(e)
Stimmzettel m bulletin m de vote
stinken irr vi puer
Stipendium nt bourse f (d'études)
Stirn (-, -en) f front m • **Stirnhöhle** f sinus m (frontal) • **Stirnrunzeln** nt froncement m de sourcils
stöbern vi (*herumsuchen*) fouiner
stochern vi: **in den Zähnen ~** se curer les dents ; **im Essen ~** chipoter
Stock (-(e)s, ⁻e) m bâton m ; (*Etage*: pl - od -werke) étage m
stocken vi s'arrêter ; (*beim Sprechen*) hésiter ; (*Milch*) tourner
stockend adj (*Verkehr*) qui avance au ralenti
stocktaub adj sourd(e) comme un pot
Stockung f (*von Arbeit etc*) interruption f ; (*von Verkehr*) embouteillage m
Stockwerk nt étage m
Stoff (-(e)s, -e) m étoffe f ; (*Substanz, Materie*) matière f ; (*von Buch etc*) sujet m ; (*fam: Rauschgift*) came f
stofflich adj matériel(le), physique ; **die ~e Fülle** la quantité de matière
Stofftier nt animal m en tissu
Stoffwechsel m métabolisme m
stöhnen vi soupirer
stoisch adj (*Ruhe*) olympien(ne)
Stollen (-s, -) m (*Mines*) galerie f ; (*Culin*) sorte de cake de Noël
stolpern vi trébucher
stolz adj fier(fière) • **Stolz** (-es) m (*Hochmut*) orgueil m ; (*große Befriedigung*) fierté f • **stolzieren** vi se pavaner
stopfen vt (*hineinstopfen*) enfoncer ; (*nähen*) raccommoder ▶ vi (*Méd*) constiper
Stopfgarn nt fil m à repriser
Stoppel (-, -n) f chaume m ; (*Bartstoppel*) barbe f de trois jours
stoppen vt arrêter ; (*mit Stoppuhr*) chronométrer ▶ vi s'arrêter
Stoppschild nt stop m
Stoppuhr f chronomètre m
Stöpsel (-s, -) m (*von Waschbecken*) bonde f ; (*für Flasche*) bouchon m

Stör (-(e)s, -e) m esturgeon m
Storch (-(e)s, ⁻e) m cigogne f
stören vt déranger ; (*behindern*) entraver ; (*Radio*) perturber ▶ vr: **sich an etw** Dat **~** prendre ombrage de qch
störend adj (*Geräusch*) désagréable ; **ein ~er Umstand** m od désagrément
Störenfried (-(e)s, -e) m importun m
Störfall m accident m (*dans une centrale nucléaire*)
stornieren vt annuler
störrisch adj récalcitrant(e)
Störsender m brouilleur m
Störung f dérangement m ; (*Radio*) perturbation f ; (*Tech, Inform*) panne f
Stoß (-es, ⁻e) m coup m ; (*Erdstoß*) secousse f ; (*Haufen*) pile f • **Stoßdämpfer** (-s, -) m amortisseur m
stoßen irr vt (*mit Druck*) pousser ; (*mit Schlag*) donner un coup à ; (*mit Fuß*) donner un coup de pied à ; (*mit Hörnern*) donner un coup de corne à ; (*zerkleinern*) piler ; (*anstoßen*): **sich** Dat **(an etw** Dat**) den Kopf ~** se cogner la tête (contre qch) ▶ vr (*fig*) se heurter à ; (*sich verletzen*): **er hat sich** Dat **am Regal gestoßen** il s'est cogné à l'étagère ▶ vi: **~ an** od **auf** +Akk (*finden*) tomber sur ; (*angrenzen*) être à côté de
Stoßstange f pare-chocs m inv
Stotterer (-s, -) m, **Stotterin** f bègue mf
stottern vt, vi bégayer
Stövchen nt chauffe-plat m
Str. abk (= *Straße*) rue f
stracks adv tout droit
Strafanstalt f établissement m pénitentiaire
Strafarbeit f (*Scol*) punition f
strafbar adj punissable
Strafbarkeit f caractère m punissable
Strafe f punition f ; (*Jur*) peine f ; (*Geldstrafe*) amende f
strafen vt punir
straff adj tendu(e) ; (*Stil*) concis(e)
straffen vt tendre ; (*Rede*) rendre plus concis(e)
Strafgefangene(r) f(m) détenu(e) m/f
Strafgesetzbuch nt Code m pénal
Strafkolonie f bagne m
sträflich adj impardonnable
Sträfling m bagnard m
Strafporto nt supplément m d'affranchissement
Strafpredigt f sermon m
Strafraum m (*Sport*) surface f de réparation
Strafrecht nt droit m pénal
Strafstoß m penalty m

Straftat f délit m
Strafzettel m P.-V. m
Strahl (-(e)s, -en) m rayon m ; (Wasserstrahl) jet m
strahlen vi briller ; (Mensch) avoir le visage rayonnant
Strahlenbehandlung f radiothérapie f
Strahlenbelastung f irradiation f
Strahlendosis f dose f de rayonnements
Strahlenkrankheit f mal m des rayons
Strahlentherapie f radiothérapie f
Strahlung f (Phys) radiation f
Strähne f mèche f
stramm adj (Haltung) (bien) droit(e) • **stramm stehen** irr vi être au garde-à-vous
strampeln vi gigoter
Strand (-(e)s, ̈e) m plage f • **Strandbad** nt plage f aménagée
stranden vi échouer
Strandgut nt épaves fpl
Strandkorb m grand fauteuil de plage en osier
Strang (-(e)s, ̈e) m (Strick, Seil) corde f ; (Nervenstrang) cordon m ; (Schienenstrang) ligne f ; **über die Stränge schlagen** dépasser les bornes
Strapaze f épreuve f
strapazieren vt user ; (Mensch, Kräfte) épuiser
strapazierfähig adj solide
strapaziös adj épuisant(e)
Straßburg (-s) nt Strasbourg
Straße f (über Land) route f ; (in Ortschaft, Stadt) rue f
Straßenbahn f tramway m
Straßenbeleuchtung f éclairage m public
Straßenfeger(in) (-s, -) m(f) balayeur(-euse)
Straßenkarte f carte f routière
Straßenkehrer(in) (-s, -) m(f) balayeur(-euse)
Straßensperre f barrage m
Straßenverkehr m circulation f
Straßenverkehrsordnung f code m de la route
Strategie f stratégie f
strategisch adj stratégique
Stratosphäre f stratosphère f
sträuben vr (Haar etc) se hérisser ; (Mensch) : **sich gegen etw ~** s'opposer (avec acharnement) à qch
Strauch (-(e)s, Sträucher) m buisson m • **straucheln** vi trébucher
Strauß¹ (-es, Sträuße) m (Blumenstrauß) bouquet m
Strauß² (-es, -e) m (Zool) autruche f
Strebe f étai m

Strebebalken m étai m
streben vi : **~ nach** aspirer à ; **~ zu** od **nach** (sich bewegen) se diriger vers
Streber (-s, -) m (péj) (Scol) fayot m, carriériste m
strebsam adj (Mensch) travailleur(-euse)
Strecke f trajet m ; (Entfernung) distance f ; (Rail, Math) ligne f
strecken vt (Glieder) étendre ; (Waffen) déposer ; (Culin) allonger ▶ vr s'étirer
Streich (-(e)s, -e) m (Scherz) farce f ; (Schlag) coup m
streicheln vt caresser
streichen irr vt (auftragen) étaler ; (anmalen) peindre ; (durchstreichen) barrer ; (Schulden) annuler ▶ vi (Wind) souffler ; (berühren) : **jdm über die Haare ~** passer la main dans les cheveux de qn
Streicher pl (Mus: Musiker) cordes fpl
Streichholz nt allumette f
Streichinstrument nt instrument m à cordes
Streife f patrouille f
streifen vt effleurer ; (abstreifen) enlever ▶ vi (gehen) errer
Streifen (-s, -) m (Linie) rayure f ; (Stück, auf Fahrbahn) bande f ; (Film) film m • **Streifenwagen** m voiture f de police
Streifschuss m blessure f superficielle (par balle)
Streifzug m expédition f ; (Bummel) tour m ; (kurzer Überblick) tour m d'horizon, aperçu m
Streik (-(e)s, -s) m grève f • **Streikbrecher** (-s, -) m briseur m de grève • **streiken** vi faire la grève • **Streikkasse** f fonds m de solidarité pour grévistes • **Streikposten** m piquet m de grève
Streit (-(e)s, -e) m dispute f
streiten irr vi, vr se disputer
Streitfrage f question f épineuse
streitig adj : **jdm etw ~ machen** contester qch à qn
Streitigkeiten pl conflit msg
Streitkräfte pl belligérants mpl
streitlustig adj querelleur(-euse)
Streitsucht f humeur f querelleuse
streitsüchtig adj querelleur(-euse)
streng adj sévère ; (Vorschrift, Anweisungen) strict(e) ; (Geruch) fort(e)
Strenge f sévérité f
strenggläubig adj strict(e)
Stress (-es, -e) m stress m
stressen vt stresser
stressfrei adj sans stress
stressig adj stressant(e)
Streu f litière f

streuen vt répandre
Streugut nt (Sand) sable m (pour chaussées verglacées)
Streuung f (Phys) dispersion f, diffusion f
strich etc vb siehe **streichen**
Strich (**-(e)s, -e**) m trait m; (von Fell) (sens m du) poil m; **einen ~ durch etw machen** barrer od rayer qch; **das geht mir gegen den ~** (fam) ça me rend malade; **auf den ~ gehen** (fam) se prostituer • **Strichcode** m code m barres
Strichjunge (fam) m jeune prostitué m
Strichmädchen (fam) nt jeune prostituée f
Strichpunkt m point-virgule m
strichweise adv par endroits
Strick (**-(e)s, -e**) m corde f
stricken vi, vt tricoter
Strickjacke f cardigan m
Strickleiter f échelle f de corde
Stricknadel f aiguille f à tricoter
Strickwaren pl lainages mpl
Strieme f marque f de coup
strikt adj (Befehl) formel(le); (Ordnung) méticuleux(-euse)
strippen vi faire un strip-tease
Striptease (**-**) m strip-tease m
stritt etc vb siehe **streiten**
strittig adj (Punkt, Frage) litigieux(-euse)
Stroh (**-(e)s**) nt paille f • **Strohblume** f immortelle f • **Strohdach** nt toit m de chaume • **Strohhalm** m fétu m de paille; (Trinkhalm) paille f • **Strohmann** (**-(e)s, -männer**) m homme m de paille • **Strohwitwe** f femme dont le mari est absent • **Strohwitwer** m homme dont l'épouse est absente
Strolch (**-(e)s, -e**) m chenapan m
Strom (**-(e)s, ⁻e**) m fleuve m; (Strömung, Élec) courant m • **stromabwärts** adv en aval • **stromaufwärts** adv en amont
strömen vi (Wasser) couler (à flots); (Menschen) se précipiter (en masse)
Stromkreis m circuit m (électrique)
stromlinienförmig adj aérodynamique
Stromsperre f coupure f de courant
Stromstärke f intensité f du courant
Strömung f courant m
Strophe f strophe f
strotzen vi: **~ vor** +Dat od **von** déborder de
Strudel (**-s, -**) m tourbillon m; (Culin) strudel (m)
strudeln vi tourbillonner
Struktur f structure f; (von Gewebe) contexture f
strukturell adj de structure
Strumpf (**-(e)s, ⁻e**) m bas m • **Strumpfband** nt jarretière f • **Strumpfhose** f collant m

Strunk (**-(e)s, ⁻e**) m trognon m
struppig adj hirsute
Stube f chambre f
Stubenhocker(in) (fam) m(f) pantouflard(e)
stubenrein adj propre
Stuck (**-(e)s**) m stuc m
Stück (**-(e)s, -e**) nt morceau m; (Einzelteil, Théât) pièce f
Stücklohn m paiement m à la pièce
stückweise adv séparément
Stückwerk nt chose f inachevée
Student(in) m(f) étudiant(e)
Studentenausweis m carte f d'étudiant
Studentenwohnheim nt résidence f universitaire
studentisch adj estudiantin(e)
Studie f étude f
Studienplatz m place f à l'université
studieren vt étudier ▸ vi faire des études
Studio (**-s, -s**) nt atelier m; (TV etc) studio m
Studium nt études fpl
Stufe f marche f; (Entwicklungsstufe) stade m
Stufenleiter f: **die ~ des Erfolgs** le chemin du succès
Stufenplan m plan m étape par étape
stufenweise adv par étapes
Stuhl (**-(e)s, ⁻e**) m chaise f
Stuhlgang m selles fpl
stülpen vt (umdrehen) retourner; **etw über etw** Akk **~** mettre qch sur qch
stumm adj muet(te); (Gebärde) silencieux(-euse)
Stummel (**-s, -**) m bout m; (Zigarettenstummel) mégot m
Stummfilm m film m muet
Stümper (**-s, -**) m incapable m
stümperhaft adj bâclé(e)
stümpern vi faire du travail bâclé, bâcler
stumpf adj (Messer etc) émoussé(e); (Metall, Blick) terne; (Mensch) amorphe; (Winkel) obtus(e)
Stumpf (**-(e)s, ⁻e**) m (Baumstumpf) souche f; (Beinstumpf) moignon m
Stumpfsinn (**-(e)s**) m abrutissement m
stumpfsinnig adj (Arbeit) stupide; (Leben) morne
Stunde f heure f
stunden vt: **jdm etw ~** prolonger un délai de paiement accordé à qn
Stundengeschwindigkeit f vitesse f horaire od à l'heure
Stundenkilometer pl kilomètres mpl à l'heure, kilomètres/heure mpl
stundenlang adv pendant des heures
Stundenlohn m salaire m horaire

Stundenplan m emploi m du temps
stundenweise adv à l'heure
stündlich adv toutes les heures
Stups (-es, -e) (fam) m petit coup m (de coude etc)
Stupsnase f nez m retroussé
stur adj (Mensch) borné(e) ; (Arbeit) stupide
Sturm (-(e)s, ⸚e) m tempête f ; (Mil etc) assaut m
stürmen vi (Wind) tempêter ; (rennen) se précipiter ▶ vt prendre d'assaut ▶ vb unpers : **es stürmt** le vent souffle en tempête
Stürmer (-s, -) m (Sport) avant m
Sturmflut f onde f de tempête ; (Flutwelle) raz m de marée
stürmisch adj (Meer) houleux(-euse) ; (Empfang) enthousiaste ; **~es Wetter** (temps m de) tempête f, gros temps m ; **nicht so ~!** du calme !
Sturmwarnung f avis m de coup de vent
Sturz (-es, ⸚e) m chute f
stürzen vt (werfen, absetzen) faire tomber ▶ vi (fallen) tomber ; (rennen) se précipiter ▶ vr se précipiter
Sturzflug m piqué m
Sturzhelm m casque m de protection
Stute f jument f
Stützbalken m poutre f (de support)
Stütze f support m ; (Hilfe) soutien m
stutzen vt tailler ▶ vi (innehalten) s'arrêter net
stützen vt soutenir ; (Ellbogen, Kinn etc) mettre
stutzig adj : **~ werden** devenir méfiant(e)
Stützmauer f mur m de soutènement
Stützpunkt m base f ; (fig) point m d'appui
Stützungskäufe pl achats mpl de soutien
Styropor® (-s) nt polystyrène m (expansé)
Subjekt (-(e)s, -e) nt sujet m ; (Mensch) personnage m
subjektiv adj subjectif(-ive)
Subjektivität f subjectivité f
Substantiv nt substantif m
Substanz f substance f ; (Kapital) capital m
subtil adj subtile
subtrahieren vt soustraire
Subvention f subvention f
subventionieren vt subventionner
subversiv adj subversif(-ive)
Suche f recherche f
suchen vt, vi chercher ; **~ und ersetzen** (Inform) rechercher-remplacer

Sucher (-s, -) m (Photo) viseur m
Suchmaschine f moteur m de recherche
Sucht (-, ⸚e) f besoin m irrésistible ; (Méd) dépendance f
süchtig adj intoxiqué(e) • **Süchtige(r)** f(m) drogué(e) m/f
Suchtkranke(r) f(m) intoxiqué(e) m/f ; (rauschgiftsüchtig) toxicomane mf ; (drogensüchtig) drogué(e) m/f
Südafrika nt l'Afrique f du Sud
Südamerika nt l'Amérique f du Sud
Sudan (-s) m le Soudan
Sudanese (-n, -n) m, **Sudanesin** f Soudanais(e) m/f
süddeutsch adj d'Allemagne du Sud
Süddeutschland nt l'Allemagne f du Sud
Süden (-s) m sud m ; **im ~ (von)** au sud (de)
Südfrankreich nt le Midi
Südkorea nt la Corée du Sud
südlich adj du sud, méridional(e) ▶ präp +Gen : **~ von** au sud de
Südosten m sud-est m ; (Region) Sud-Est m
Südpol m pôle m Sud
Südsee f Pacifique m (sud)
Südtirol nt le Tyrol italien
Südwesten m sud-ouest m ; (Region) Sud-Ouest m
Sueskanal m canal m de Suez
süffig adj (Wein) qui se laisse boire
süffisant adj suffisant(e)
suggerieren vt : **jdm etw ~** influencer qn à propos de qch
Sühne f pénitence f
sühnen vt expier
Sulfonamid (-(e)s, -e) nt sulfamide m
Sultan (-s, -e) m sultan m
Sultanine f (gros) raisin m sec
Sülze f aspic m
summarisch adj sommaire
Summe f somme f
summen vi bourdonner ▶ vt fredonner
summieren vt additionner ▶ vr s'accumuler
Sumpf (-(e)s, ⸚e) m marais m
sumpfig adj marécageux(-euse)
Sünde f péché m
Sündenbock (fam) m bouc m émissaire
Sündenfall m péché m originel
Sünder(in) m(f) pécheur(-eresse)
super (fam) adj super ▶ adv super bien
Super (-s) nt (Benzin) super m
Superlativ m superlatif m
Supermarkt m supermarché m
Suppe f soupe f
Support (-s, -s) m (technische Unterstützung) support m

Surfbrett nt planche f de surf
surfen vi surfer
Surfer(in) m(f) surfeur(-euse)
suspekt adj suspect(e)
süß adj sucré(e) ; (lieblich) mignon(ne)
Süße (-) f douceur f
süßen vt sucrer
Süßigkeit f (Bonbon etc) sucrerie f
süßlich adj (Geschmack) doucereux(-euse) ; (fig) mièvre
Süßspeise f dessert m
Süßstoff m édulcorant m
Süßwasser nt eau f douce
Swasiland nt le Swaziland
Sweatshirt (-s, -s) nt sweat-shirt m
Symbol (-s, -e) nt symbole m
symbolisch adj symbolique
Symmetrie f symétrie f
Symmetrieachse f axe m de symétrie
symmetrisch adj symétrique
Sympathie f sympathie f
Sympathisant(in) m(f) sympathisant(e)
sympathisch adj sympathique
sympathisieren vi sympathiser
Symptom (-s, -e) nt symptôme m
symptomatisch adj symptomatique
Synagoge f synagogue f
synchron adj synchrone
• **Synchrongetriebe** nt vitesses fpl synchronisées
synchronisieren vt synchroniser
Syndrom (-s, -e) nt syndrome m
synonym adj synonyme • **Synonym** (-s, -e) nt synonyme m
Syntax (-, -en) f syntaxe f
Synthese f synthèse f
synthetisch adj synthétique
Syphilis (-) f syphilis f
Syrer(in) (-s, -) m(f) Syrien(ne)
Syrien (-s) nt la Syrie
System (-s, -e) nt système m
• **Systemanalyse** f analyse f fonctionnelle
systematisch adj systématique
systematisieren vt systématiser
Systemkritiker m personne qui critique le système
Szenario nt scénario m
Szene f scène f ; (Drogenszene etc) milieu m
Szenerie f décor m

t

T, t nt T, t m inv
Tabak (-s, -e) m tabac m
tabellarisch adj graphique
Tabelle f tableau m
Tabellenführer m équipe f en tête du classement
Tabellenkalkulation f (Programm) tableur m
Tabernakel (-s, -) m tabernacle m
Tablet-Computer (-s, -) m (Inform) tablette f (tactile)
Tablette f comprimé m
Tabu (-s, -s) nt tabou m
Tabulator m tabulateur m
Tachometer m od nt compteur m (de vitesse)
Tadel (-s, -) m (Rüge) réprimande f, blâme m ; (Makel) faute f • **tadellos** adj irréprochable
tadeln vt critiquer
tadelnswert adj répréhensible
Tadschikistan nt le Tadjikistan
Tafel (-, -n) f tableau m ; (Anschlagtafel) panneau m d'affichage ; (Schiefertafel) ardoise f ; (Gedenktafel) plaque f ; (Illustration) planche f ; (Schokolade etc) tablette f
täfeln vt lambrisser
Täfelung f lambris mpl, revêtement m
Taft (-(e)s, -e) m taffetas m
Tag (-(e)s, -e) m jour m ; **am ~** pendant la journée ; **bei ~(e)** de jour ; **eines (schönen) ~es** un (beau) jour ; **von ~ zu ~** de jour en jour ; **~ für ~** jour après jour ; **guten ~!** bonjour! ; **an den ~ kommen** se faire jour • **Tagdienst** m service m de jour
Tagebau m exploitation f à ciel ouvert
Tagebuch nt journal m (intime)
Tagedieb m fainéant m

Tagegeld nt indemnité f journalière
tagelang adv des journées entières
tagen vi siéger ▶ vb unpers: **es tagt** le jour se lève
Tagesablauf m journée f
Tagesanbruch m lever m du jour
Tageskarte f carte f journalière ; (Speisekarte) menu m du jour
Tageslicht nt lumière f du jour
Tageslichtprojektor m rétroprojecteur m
Tagesmutter f nourrice f
Tagesordnung f ordre m du jour
Tagessatz m prix m de la journée
Tagesschau f journal m télévisé
Tageszeit f heure f (du jour)
Tageszeitung f quotidien m
tägl. abk = **täglich**
täglich adj quotidien(ne) ▶ adv quotidiennement
tagsüber adv pendant la journée
Tagung f congrès m
Tai-Chi (-) nt taï chi m
Taille f taille f
tailliert adj cintré(e)
Taiwan (-s) nt Taiwan f
takeln vt gréer
Takt (-(e)s, -e) m tact m ; (Mus) mesure f • **Taktfrequenz** f (Inform) fréquence f d'horloge • **Taktgefühl** nt tact m
Taktik (-, -en) f tactique f
taktisch adj tactique
taktlos adj qui manque de tact
Taktlosigkeit f manque m de tact ; (Bemerkung) remarque f blessante
Taktstock m baguette f (de chef d'orchestre)
Taktstrich m barre f de mesure
taktvoll adj plein(e) de tact
Tal (-(e)s, ⸚er) nt vallée f
Talent (-(e)s, -e) nt talent m
talentiert adj talentueux(-euse)
Talg (-(e)s, -e) m suif m
Talgdrüse f glande f sébacée
Talisman (-s, -e) m talisman m
Talkshow (-, -s) f talk-show m
Talsohle f fond m de (la) vallée
Talsperre f barrage m
Tamburin (-s, -e) nt tambourin m
Tampon (-s, -s) m tampon m
TAN f abk (= Transaktionsnummer) numéro m secret de transaction
Tang (-(e)s, -e) m algues f pl
Tangente f tangente f
tangieren vt toucher
Tank (-s, -s) m réservoir m
tanken vi faire le plein (d'essence) ▶ vt prendre

Tanker (-s, -) m pétrolier m
Tankstelle f station-service f
Tanne f sapin m
Tannenzapfen m pomme f de pin
Tansania (-s) nt la Tanzanie
Tante f tante f
Tantieme f part f de bénéfice ; (für Künstler etc) droits m pl d'auteur
Tanz (-es, ⸚e) m danse f
tanzen vi, vt danser
Tänzer(in) (-s, -) m(f) danseur(-euse)
Tanzfläche f piste f (de danse)
Tanzschule f école f de danse
Tapete f papier m peint
Tapetenwechsel m (fig) changement m d'air
tapezieren vt tapisser ▶ vi poser des papiers peints
Tapezierer (-s, -) m tapissier m
tapfer adj courageux(-euse) ▶ adv courageusement • **Tapferkeit** f courage m
tappen vi aller à tâtons ; **im Dunkeln ~** tâtonner
Tarif (-s, -e) m tarif m ; (Lohntarif, Steuertarif) barème m • **Tarifpartner** m: **die ~** les partenaires m pl sociaux • **Tarifverhandlungen** pl négociations f pl salariales • **Tarifvertrag** m convention f collective
tarnen vt camoufler ; (jdn, Absicht) déguiser
Tarnfarbe f peinture f de camouflage
Tarnung f camouflage m
Tasche f (an Kleidung) poche f ; (Handtasche, Einkaufstasche) sac m ; (Aktentasche) serviette f
Taschen- in zW de poche
Taschenbuch nt livre m de poche
Taschendieb m pickpocket m
Taschengeld nt argent m de poche
Taschenlampe f lampe f de poche
Taschenmesser nt canif m
Taschenrechner m calculatrice f de poche, calculette f
Taschentuch nt mouchoir m
Taskleiste f (Inform) barre f des tâches
Tasse f tasse f
Tastatur f clavier m
Taste f touche f
tasten vi tâtonner ▶ vt (Méd) palper ; **nach etw ~** chercher qch à tâtons • **Tastentelefon** nt téléphone m à touches
Tastsinn m (sens m du) toucher m
tat etc vb siehe **tun**
Tat (-, -en) f acte m, action f ; (Verbrechen) méfait m ; **in der ~** en effet ; **jdn auf**

frischer ~ ertappen prendre qn sur le fait
Tatbestand m faits mpl
Tatendrang m besoin m d'agir
tatenlos adv : **~ zusehen** regarder sans rien faire
Täter(in) (-s, -) m(f) coupable mf • **Täterschaft** f culpabilité f
tätig adj actif(-ive) ; **~ sein** (beruflich) travailler
tätigen vt effectuer ; (Geschäft) conclure
Tätigkeit f activité f ; **in ~** (Maschine) en marche
tätlich adj : **~ werden** se livrer à des voies de fait
Tätlichkeit f voie f de fait
tätowieren vt tatouer
Tätowierung f tatouage m
Tatsache f fait m
tatsächlich adj vrai(e) ▶ adv vraiment
Tatze f patte f
Tau¹ (-(e)s, -e) nt cordage m
Tau² (-(e)s) m rosée f
taub adj sourd(e) ; (Körperglied) engourdi(e)
Taube f pigeon m
Taubenschlag m pigeonnier m
Taubheit f surdité f
taubstumm adj sourd(e)-muet(te)
tauchen vi plonger ▶ vt (kurz eintauchen) tremper
Taucher(in) (-s, -) m(f) plongeur(-euse) • **Taucheranzug** m scaphandre m • **Taucherbrille** f lunettes fpl de plongée
Tauchsieder (-s, -) m thermoplongeur m
tauen vi unpers fondre ▶ vi unpers : **es taut** il dégèle
Taufbecken nt fonts mpl baptismaux
Taufe f baptême m
taufen vt baptiser
Taufpate m parrain m
Taufpatin f marraine f
Taufschein m extrait m de baptême
taugen vi convenir ; **~ für** être fait(e) pour
Taugenichts (-es, -e) m vaurien(ne) m/f
tauglich adj (Mil) apte au service ; **~ für etw sein** convenir pour qch • **Tauglichkeit** f aptitude f
Taumel (-s) m vertige m ; (fig) transport m
taumeln vi chanceler
Tausch (-(e)s, -e) m échange m
tauschen vt échanger ▶ vi faire un échange
täuschen vt, vi tromper ▶ vr se tromper
täuschend adj trompeur(-euse)
Tauschhandel m troc m
Täuschung f tromperie f ; (Irrtum) illusion f

tausend num mille • **Tausendfüßler (-s, -)** m millepatte m
Tauwetter nt dégel m
Tauziehen nt lutte f à la corde ; (fig) lutte f acharnée
Taxi (-(s), -(s)) nt taxi m
Taxifahrer(in) m(f) chauffeur m de taxi
Taxistand m station f de taxis
Teakholz nt teck m
Team (-s, -s) nt équipe f • **Teamarbeit** f, **Teamwork (-s)** nt travail m en équipe
Technik f technique f
Techniker(in) (-s, -) m(f) technicien(ne)
technisch adj technique
Technologie f technologie f ; **neue Informations- und Kommunikationstechnologien (NIKT)** NTIC fpl (= nouvelles technologies de l'information et de la communication)
Technologietransfer (-s, -s) m transfert m de technologie
technologisch adj technologique
Teddybär m ours m en peluche
Tee (-s, -s) m thé m ; (aus anderen Pflanzen) tisane f, infusion f • **Teebeutel** m sachet m de thé • **Teekanne** f théière f • **Teelöffel** m ≈ cuillère f à café
Teenager (-s, -) m adolescent m
Teer (-(e)s, -e) m goudron m
teeren vt goudronner
Teesieb nt passe-thé m
Teewagen m table f roulante
Teich (-(e)s, -e) m mare f
Teig (-(e)s, -e) m pâte f
teigig adj (Kuchen) mal cuit(e)
Teigwaren pl pâtes fpl
Teil (-(e)s, -e) m partie f ▶ m od nt (Anteil) part f ▶ nt (Ersatzteil) pièce f ; **zum ~** en partie • **teilbar** adj divisible • **Teilbetrag** m montant m partiel • **Teilchen** nt particule f ; (Gebäckstück) (petit) gâteau m
teilen vt (in zwei oder mehrere Teile: Math) diviser ; (aufteilen, gemeinsam haben) partager ▶ vi : **mit jdm ~** partager avec qn ▶ vr (Vorhang) s'ouvrir ; (Weg) bifurquer ; (Meinungen) diverger ; **sich etw ~** se partager qch
teil|haben irr vi : **~ an** +Dat participer à
Teilhaber(in) (-s, -) m(f) associé(e)
Teilkaskoversicherung f assurance responsabilité civile, vol et incendie
Teilnahme (-) f participation f ; (Interesse) intérêt m ; (Mitleid) sympathie f ; **jdm seine herzliche ~ aussprechen** présenter ses sincères condoléances à qn
teilnahmslos adj indifférent(e)
teil|nehmen irr vi : **~ an** +Dat participer à

Teilnehmer(in) (-s, -) m(f) participant(e)
teils adv en partie
Teilung f partage m
teilweise adv en partie
Teilzahlung f acompte m
Teilzeitarbeit f travail m à temps partiel
Teilzeitbeschäftigung f activité f à temps partiel
Teint (-s, -s) m teint m
Telearbeit m télétravail m
Telefon (-s, -e) nt téléphone m
• **Telefonanruf** m, **Telefonat** nt appel m téléphonique, coup m de fil
Telefonbuch nt annuaire m (du téléphone)
Telefongespräch nt conversation f téléphonique
Telefonhörer m écouteur m
telefonieren vi téléphoner ; **mit jdm ~** téléphoner à qn
telefonisch adj téléphonique ; (Benachrichtigung) par téléphone ▶ adv : **ich bin ~ zu erreichen** je suis joignable par téléphone
Telefonist(in) m(f) standardiste mf
Telefonleitung f ligne f (téléphonique)
Telefonnummer f numéro m de téléphone
Telefonzelle f cabine f téléphonique
Telefonzentrale f standard m
Telegraf (-en, -en) m télégraphe m
Telegrafenleitung f ligne f télégraphique
Telegrafenmast m poteau m télégraphique
telegrafieren vt, vi télégraphier
telegrafisch adj télégraphique
Telegramm (-s, -e) nt télégramme m
• **Telegrammadresse** f adresse f télégraphique • **Telegrammformular** nt formulaire m pour télégramme
Telegraph etc = **Telegraf** etc
Telekolleg nt ≈ télé-enseignement m universitaire
Teleobjektiv nt téléobjectif m
Telepathie f télépathie f
telepathisch adj télépathique
Teleskop (-s, -e) nt télescope m
Telex (-es, -e) nt télex m
Teller (-s, -) m assiette f
Tempel (-s, -) m temple m
Temperafarbe f détrempe f
Temperament nt tempérament m
• **temperamentlos** adj mou(molle)
• **temperamentvoll** adj plein(e) d'entrain
Temperatur f température f
Tempo (-s, -s) nt vitesse f ; (Mus) tempo m

Tempolimit (-s, -s) nt limitation f de vitesse
temporär adj temporaire
Tendenz f tendance f
tendenziös adj tendancieux(-euse)
tendieren vi : **zu etw ~** avoir tendance à qch
Tenne f aire f de battage
Tennis (-) nt tennis m • **Tennisplatz** m court m (de tennis) • **Tennisschläger** m raquette f de tennis • **Tennisspieler(in)** m(f) joueur(-euse) de tennis
Tenor (-s, ¨e) m ténor m
Teppich (-s, -e) m tapis m
• **Teppichboden** m moquette f
• **Teppichkehrmaschine** f balai m mécanique • **Teppichklopfer** (-s, -) m tapette f
Termin (-s, -e) m (Zeitpunkt) date f ; (Arzttermin etc) rendez-vous m inv ; (Jur) audience f ; **den ~ einhalten** être dans les délais
Terminal (-s, -s) nt (Aviat, Inform) terminal m
Termingeschäft nt opération f à terme
Terminkalender m agenda m
Terminologie f terminologie f
Terminplaner m agenda m
Termite f termite m
Terpentin (-s, -e) nt térébenthine f
Terrasse f terrasse f
Terrier (-s, -) m terrier m (chien)
Terrine f terrine f
Territorium nt territoire m
Terror (-s) m terreur f • **Terroranschlag** m attentat m terroriste
terrorisieren vt terroriser
Terrorismus m terrorisme m
Terrorist(in) m(f) terroriste mf
Terz (-, -en) f tierce f
Terzett (-(e)s, -e) nt trio m
Test (-s, -s) m test m
Testament nt testament m
testamentarisch adj testamentaire
Testamentsvollstrecker (-s, -) m exécuteur m testamentaire
Testbild nt (TV) mire f
testen vt tester
Tetanus (-) m tétanos m
• **Tetanusimpfung** f vaccination f antitétanique
teuer adj cher(chère)
Teuerung f hausse f des prix
Teuerungszulage f indemnité f de vie chère
Teufel (-s, -) m diable m ; **pfui ~!** pouah ! ; **dann ist der ~ los** ça va barder
Teufelei f méchanceté f

Teufelsaustreibung f exorcisme m
Teufelskreis m cercle m vicieux
teuflisch adj diabolique
Text (-(e)s, -e) m texte m ; (zu Bildern) légende f ; (Liedertext) paroles fpl ; (Bibeltext) passage m • **texten** vi (Schlagertexte) écrire des chansons ; (Werbetexte) être rédacteur publicitaire
textil adj textile
Textilien pl textiles mpl
Textilindustrie f industrie f textile
Textilwaren pl textiles mpl
Textverarbeitung f traitement m de texte
TH (-, -s) f abk = **technische Hochschule**
Thailand nt la Thaïlande
Theater (-s, -) nt théâtre m ; (fam: Aufregung) cinéma m ; **~ spielen** faire du théâtre, (fig) jouer la comédie ; **(ein) ~ machen** faire des histoires • **Theaterbesucher(in)** m(f) spectateur(-trice) • **Theaterkasse** f guichet m • **Theaterstück** nt pièce f de théâtre
theatralisch adj théâtral(e)
Theke f (Schanktisch) comptoir m, bar m ; (Ladentisch) comptoir
Thema (-s, Themen od **-ta)** nt sujet m ; (Mus) thème m
thematisch adj thématique
Themenpark m parc m à thème
Themse f: **die ~** la Tamise
Theologe (-n, -n) m, **Theologin** f théologien(ne) m/f
Theologie f théologie f
theologisch adj théologique
Theoretiker(in) (-s, -) m(f) théoricien(ne)
theoretisch adj théorique
Theorie f théorie f
Therapeut(in) (-en, -en) m(f) thérapeute mf
therapeutisch adj thérapeutique
Therapie f thérapie f
Thermalbad nt station f thermale
Thermodrucker m imprimante f thermique
Thermometer (-s, -) nt thermomètre m
Thermosflasche® f thermos® m
Thermostat (-(e)s od **-en, -e(n))** m thermostat m
These f thèse f
Thrombose f thrombose f
Thron (-(e)s, -e) m trône m
thronen vi trôner
Thronfolge f succession f au trône
Thunfisch m thon m
Thüringen (-s) nt la Thuringe

Thymian (-s, -e) m thym m
Tibet (-s) nt le Tibet
Tick (-(e)s, -s) m (nervöser) tic m ; (Eigenart, Fimmel) manie f
ticken vi (Uhr) faire tic tac
Ticket (-s, -s) nt billet m
tief adj profond(e) ; (Stimme) grave ▶ adv profondément ; **im ~en Winter** en plein hiver ; **bis ~ in die Nacht** jusque tard dans la nuit ; **das lässt ~ blicken** c'est révélateur ; **~ greifend** profond(e) ; **~ schürfend** approfondi(e) • **Tief (-s, -s)** nt (von Wetter, Stimmung) dépression f • **Tiefdruck** m (Météo) basses pressions fpl
Tiefe f profondeur f
Tiefebene f bassin m
Tiefenpsychologie f psychologie f des profondeurs
Tiefenschärfe f profondeur f de champ
Tiefgang m (Naut) tirant m d'eau ; (geistig) profondeur f
Tiefgarage f garage m souterrain
tiefgekühlt adj surgelé(e)
Tiefkühlfach nt freezer m
Tiefkühlkost f surgelés mpl
Tiefkühltruhe f congélateur m
Tiefland nt plaine f
Tiefpunkt m (fig) creux m de la vague
Tiefschlag m (Boxe) coup m bas
Tiefsee f grands fonds mpl
tiefsinnig adj profond(e)
Tiefstand m niveau m le plus bas
tief|stapeln vi être trop modeste
Tiefstart m départ m accroupi
Tiefstwert m valeur f la plus basse
Tiegel (-s, -) m poêle f ; (Chim) creuset m
Tier (-(e)s, -e) nt animal m • **Tierarzt** m, **Tierärztin** f vétérinaire mf • **Tiergarten** m jardin m zoologique • **tierisch** adj animal(e) ; (péj) bestial(e) ; **mit ~em Ernst** avec le plus grand sérieux • **Tierkreis** m zodiaque m • **Tierkunde** f zoologie f • **Tierquälerei** f cruauté f envers les animaux
Tierschutz m protection f des animaux • **Tierschützer(in) (-s, -)** m(f) protecteur(-trice) des animaux • **Tierschutzverein** m Société f protectrice des animaux
Tierversuch m expérimentation f sur des animaux
Tiger(in) (-s, -) m(f) tigre(tigresse)
tilgen vt effacer ; (Schulden) rembourser
Tilgung f suppression f ; (von Schulden) remboursement m
timen vt choisir le moment de
Tinktur f teinture f
Tinnitus (-) m (Méd) acouphène m

Tinte | 622

Tinte f encre f
Tintenfass nt encrier m
Tintenfisch m seiche f
Tintenstift m crayon m à copier
Tintenstrahldrucker m imprimante f à jet d'encre
Tipp (-s, -s) m tuyau m
tippen vt (auf Schreibmaschine) taper ▶ vi (schreiben) taper ; (raten) : **~ auf** +Akk parier sur
Tippfehler m faute f de frappe
Tippse (fam) f dactylo f
tipptopp (fam) adj impeccable
Tippzettel m grille f de loterie ; (für Fußballtoto) grille f de loto sportif
Tirol (-s) nt le Tyrol
Tisch (-(e)s, -e) m table f ; **bei ~** à table ; **vor/nach ~** avant/après le repas ; **bitte, zu ~!** à table ! ; **unter den ~ fallen** (fig) tomber à l'eau • **Tischdecke** f nappe f
Tischler(in) (-s, -) m(f) menuisier m
Tischlerei f menuiserie f
tischlern vi faire de la menuiserie
Tischrechner m calculatrice f
Tischrede f discours m (lors d'un repas de fête)
Tischtennis nt ping-pong m
Tischtuch nt nappe f
Titel (-s, -) m titre m • **Titelanwärter(in)** m(f) candidat(e) au titre • **Titelbild** nt (auf Zeitschriften) photo f de couverture ; (von Buch) frontispice m • **Titelrolle** f rôle m principal • **Titelseite** f (von Zeitung) couverture f ; (Buchtitel) page f de titre • **Titelverteidiger(in)** m(f) détenteur(-trice) du titre
titulieren vt appeler
Toast (-(e)s, -s od -e) m (Brot) toast m, pain m grillé ; (Trinkspruch) toast m • **Toastbrot** nt pain m de mie
toasten vt (Brot) griller
Toaster (-s, -) m grille-pain m
toben vi (Meer) être très agité(e) ; (Wind) souffler en tempête ; (Kampf) faire rage ; (Kinder, Publikum) être déchaîné(e)
Tobsucht f folie f furieuse
tobsüchtig adj fou(folle) furieux(-euse)
Tobsuchtsanfall m accès m de folie furieuse
Tochter (-, ¨) f fille f • **Tochtergesellschaft** f filiale f
Tod (-(e)s, -e) m mort f ; **jdn/etw auf den ~ nicht leiden können** (fam) ne pas pouvoir sentir qn/qch • **todernst** (fam) adj sérieux(-euse) comme un pape ▶ adv très sérieusement
Todesangst f peur f panique
Todesanzeige f faire-part m inv de décès

Todesfall m décès m
Todeskampf m agonie f
Todesopfer nt victime f (qui trouve la mort dans un accident)
Todesstoß m coup m de grâce
Todesstrafe f peine f de mort
Todestag m anniversaire m de la mort
Todesursache f cause f de la mort
Todesurteil nt condamnation f à mort
Todesverachtung f : **mit ~** avec dégoût
todkrank adj condamné(e)
tödlich adj mortel(le)
todmüde adj mort(e) de fatigue
todschick (fam) adj très chic
todsicher (fam) adj absolument sûr(e) ▶ adv sûrement
Todsünde f péché m mortel
Tofu (-(s)) m tofu m
Toilette f (WC) toilettes fpl, W.C. mpl ; (Körperpflege, Kleidung) toilette f
Toilettenartikel m article m de toilette
Toilettenpapier nt papier m hygiénique
Toilettentisch m coiffeuse f
Toilettenwasser nt eau f de toilette
tolerant adj tolérant(e)
Toleranz f tolérance f
tolerieren vt tolérer
toll (fam) adj (verrückt) fou(folle) ; (ausgezeichnet) super, formidable
Tollkirsche f belladone f
tollkühn adj téméraire
Tollwut f rage f
Tölpel (-s, -) m balourd m
Tomate f tomate f
Tomatenmark nt concentré m de tomate
Ton¹ (-(e)s, -e) m (Erde) argile f
Ton² (-(e)s, ¨-e) m ton m ; (Laut) son m ; (Betonung) accent m • **Tonabnehmer** m pick-up m inv • **tonangebend** adj qui donne le ton • **Tonart** f tonalité f • **Tonband** nt bande f magnétique • **Tonbandgerät** nt magnétophone m
tönen vt (Haare) teindre
Toner (-s, -) m toner m
tönern adj en terre cuite
Tonfall m intonations fpl
Tonfilm m film m parlant
Tonhöhe f ton m
Tonleiter f gamme f
tonlos adj sourd(e)
Tonne (-, -n) f (Fass) tonneau m ; (Maß) tonne f
Tontaube f pigeon m d'argile
Tontaubenschießen nt tir m au pigeon d'argile
Tontechniker(in) m(f) technicien(ne) du son

Tonwaren pl poteries fpl
Top (-s, -s) nt (Kleidungsstück) haut m
Topas (-es, -e) m topaze f
Topf (-(e)s, ⁻e) m pot m; (Kochtopf) marmite f, casserole f • **Topfblume** f fleur f en pot
Topfen (-s, -) (Österr) m sorte de fromage blanc
Töpfer(in) (-s, -) m(f) potier(-ière)
Töpferei f poterie f
töpfern vi faire de la poterie
Töpferscheibe f tour m (de potier)
Topflappen m gant m isolant
topografisch adj topographique
Tor (-(e)s, -e) nt (Tür) portail m; (Stadttor, Skitor) porte f; (Sport) but m • **Torbogen** m (arc m d'un) portail m
Torf (-(e)s) m tourbe f
Torheit f sottise f
töricht adj sot(te)
torkeln vi tituber
torpedieren vt torpiller
Torpedo (-s, -s) m torpille f
Torte f gâteau m
Tortur (fig) f torture f
Torwart (-(e)s, -e) m gardien m de but
tosen vi (Wasser, Wellen, Meer) être très agité(e); **~der Beifall** une tempête d'applaudissements
tot adj mort(e); (Kapital) improductif(-ive); (erschöpft) mort(e) de fatigue; **~ geboren** mort-né(e); **sich ~ stellen** faire le(la) mort(e)
total adj total(e) ▶ adv complètement
totalitär adj totalitaire
Totalschaden m dommages mpl irréparables
tot|arbeiten vr se tuer au travail
tot|ärgern (fam) vr se fâcher tout rouge
Tote(r) f(m) mort(e) m/f
töten vt, vi tuer
Totenbett nt lit m de mort
totenblass adj blême
Totengräber (-s, -) m fossoyeur m
Totenhemd nt linceul m
Totenkopf m tête f de mort
Totenschein m certificat m de décès
Totenstille f silence m de mort
Totentanz m danse f macabre
tot|fahren irr vt écraser (et tuer)
tot|lachen (fam) vr se marrer, être mort(e) de rire
Toto (-s, -s) m od nt loto m sportif • **Totoschein** m ≈ grille f de loto sportif
Totschlag m homicide m volontaire
tot|schlagen irr vt (jdn, Zeit) tuer
Totschläger m meurtrier m; (Waffe) matraque f

tot|schweigen irr vt passer sous silence
Tötung f meurtre m
Touchscreen (-, -s) m écran m tactile
Touchscreen-Handy nt portable m à écran tactile
Toupet (-s, -s) nt postiche m
toupieren vt crêper
Tour (-, -en) f (Ausflug, Reise) tour m, voyage m; (Bergtour) excursion f; **auf ~en kommen** (sich aufregen) s'énerver; **in einer ~** sans arrêt
Tourenzahl f nombre m de tours
Tourenzähler m compte-tour m
Tourismus m tourisme m
Tourist(in) m(f) touriste mf • **Touristenklasse** f classe f touriste
Tournee (-, -s od -n) f tournée f; **auf ~ gehen** partir en tournée
Trab (-(e)s) m (Gangart) trot m; **auf ~ sein** (Mensch) être très occupé(e)
Trabant m (Astron) satellite m
Trabantenstadt f cité-satellite f
traben vi trotter, aller au trot
Tracht (-, -en) f (Kleidung) costume m; **eine ~ Prügel** une volée de coups
trachten vi: **~ nach** aspirer à; **jdm nach dem Leben ~** vouloir attenter aux jours de qn
trächtig adj (Tier) plein(e)
Tradition f tradition f
traditionell adj traditionnel(le)
traf etc vb siehe **treffen**
Tragbahre f brancard m, civière f
tragbar adj (Gerät) portatif(-ive), portable; (Kleidung) mettable; (erträglich) supportable
träge adj (Mensch) mou(molle), léthargique; (Bewegung) indolent(e); (Masse) inerte
tragen irr vt porter; (Brücke, Dach) soutenir; (Unternehmen, Klub) financer; (Folgen, Risiko, Kosten) supporter ▶ vi (schwanger sein) être enceinte
Träger (-s, -) m porteur m; (an Kleidung) bretelle f; (Körperschaft etc) responsable m; (Stahlträger, Holzträger, Betonträger) poutre f • **Trägerrakete** f fusée porteuse • **Trägerrock** m jupe f à bretelles
Tragetasche f sac m
Tragfähigkeit f charge f admissible
Tragfläche f (Aviat) aile f
Tragflügelboot nt hydrofoil m
Trägheit f (von Mensch) indolence f; (von Bewegung) lenteur f; (geistig) paresse f; (Phys) inertie f
Tragik f tragique m
tragisch adj tragique

Tragödie f tragédie f
Tragweite f portée f
Tragwerk nt surface f portante
Trainee (-s, -s) mf stagiaire mf
Trainer(in) (-s, -) m(f) entraîneur m
trainieren vt entraîner ▶ vi s'entraîner
Training (-s, -s) nt entraînement m
Trainingsanzug m survêtement m
Traktor m tracteur m
trällern vt, vi fredonner
trampeln vi trépigner; **über** od **durch das Gras ~** marcher sur la pelouse
trampen vi faire du stop
Tramper(in) (-s, -) m(f) auto-stoppeur(-euse)
Trampolin (-s, -e) nt trampoline m
Tran (-(e)s, -e) m (Öl) huile f de poisson; **im ~ sein** être hébété(e)
Trance f transe f
Tranchierbesteck nt service m à découper
tranchieren vt découper
Träne f larme f
tränen vi larmoyer
Tränengas nt gaz m lacrymogène
trank etc vb siehe **trinken**
Tränke f abreuvoir m
tränken vt (nass machen) imbiber; (Tiere) donner à boire à
Transformator m transformateur m
Transfusion f transfusion f (sanguine)
Transistor m transistor m
Transit m transit m
transitiv adj transitif(-ive)
transparent adj transparent(e) • **Transparent** (-(e)s, -e) nt (Bild) transparent m; (Spruchband) banderole f
transpirieren vi transpirer
Transplantation f greffe f
Transport (-(e)s, -e) m transport m
transportieren vt transporter
Transportkosten pl frais mpl de transport
Transportmittel nt moyen m de transport
Transportunternehmen nt entreprise f de transports
Transvestit (-en, -en) m travesti m
Trapez (-es, -e) nt trapèze m
trat etc vb siehe **treten**
Traube f grappe f; (Beere) raisin m
Traubenlese f vendanges fpl
Traubenzucker m sucre m de raisin
trauen vi +Dat: **jdm ~** faire confiance à qn ▶ vr oser ▶ vt marier; **etw** Dat **~** croire qch; **jdm nicht über den Weg ~** se méfier de qn; **sich ~ lassen** se marier
Trauer (-) f chagrin m; (für Verstorbenen) deuil m • **Trauerfall** m décès m

• **Trauerkleidung** f: **~ tragen** porter le deuil • **Trauermarsch** m marche f funèbre
trauern vi: **~ um** pleurer (la mort de)
Trauerrand m bordure f noire (de faire-part de décès)
Trauerspiel nt tragédie f
Trauerweide f saule m pleureur
Traufe f gouttière f
träufeln vt verser goutte à goutte
Traum (-(e)s, Träume) m rêve m; **das fällt mir nicht im ~ ein** cette idée ne m'effleure même pas
Trauma (-s, -men od -ta) nt traumatisme m
träumen vi, vt rêver; **das hätte ich mir nicht ~ lassen** je ne me le serais jamais imaginé
Träumer(in) (-s, -) m(f) rêveur(-euse)
Träumerei f rêverie f
träumerisch adj rêveur(-euse)
traumhaft adj fantastique
traurig adj triste • **Traurigkeit** f tristesse f
Trauschein m extrait m d'acte de mariage
Trauung f mariage m
Trauzeuge m, **Trauzeugin** f témoin m (de mariage)
treffen irr vi (Geschoss, Hieb) atteindre son but; (Schütze) viser juste ▶ vt toucher; (begegnen) rencontrer; (Entscheidung, Maßnahmen) prendre; (Vorbereitungen, Auswahl) faire ▶ vr se rencontrer; **eine Vereinbarung ~** se mettre d'accord; **ihn trifft keine Schuld** il n'a aucun reproche à se faire; **~ auf** +Akk (in Wettkampf) être opposé(e) à; **es traf sich, dass ...** le hasard voulut que ...; **es trifft sich gut** cela tombe bien; **wie es sich so trifft** comme cela se trouve
Treffen (-s, -) nt rencontre f • **treffend** adj pertinent(e); (Beschreibung) excellent(e)
Treffer (-s, -) m (Schuss etc) tir m réussi od dans le mille; (Foot, Hockey etc) but m; (Los) billet m gagnant
Treffpunkt m lieu m de rendez-vous
Treibeis nt glaces fpl flottantes
treiben irr vt (Tiere, Menschen) mener; (Rad) actionner; (Maschine) faire marcher; (drängen, anspornen) pousser; (Studien, Sport) faire; (Blüten, Knospen) pousser ▶ vi (Pflanzen) pousser; (Culin: aufgehen) lever; (harn-, schweißtreibend wirken) être diurétique; **Unsinn ~** faire des bêtises; **es wild ~** être déchaîné(e); **es zu weit ~** aller trop loin • **Treiben** (-s) nt (Tätigkeit) activité f; (lebhafter Verkehr etc) animation f

Treiber (-s, -) m (Inform) driver m
Treibgas nt gaz m propulseur
Treibhaus nt serre f
Treibhauseffekt m effet m de serre
Treibhausgase pl gaz mpl à effet de serre
Treibjagd f battue f
Treibstoff m carburant m
Trend (-s, -s) m tendance f
trendig, trendy (fam) adj tendance inv
trennbar adj séparable
trennen vt séparer ; (zerteilen) diviser ; (abtrennen, lösen) détacher ; (Begriffe) distinguer ▶ vr se séparer ; (Ideen) différer ; **sich von jdm/etw ~** se séparer de qn/qch
Trennschärfe f (Radio) sélectivité f
Trennung f séparation f ; (von Begriffen) distinction f
Trennwand f cloison f
Tresor (-s, -e) m coffre-fort m ; (Raum) salle f des coffres
Tretboot nt pédalo m
treten irr vi (gehen) marcher ▶ vt (mit Fußtritt) donner un coup de pied à ; (niedertreten) piétiner ; **nach jdm/etw ~** donner un coup de pied à qn/dans qch ; **auf etw** Akk **~** marcher sur qch ; **in etw** Akk **~** marcher dans qch ; **in Verbindung ~** entrer en contact ; **in Erscheinung ~** apparaître
treu adj (Diener, Hund, Ehemann, Dienste) fidèle
Treue (-) f fidélité f
Treuhänder (-s, -) m fidéicommissaire m
Treuhandgesellschaft f société f fiduciaire
treuherzig adj naïf (naïve)
treulich adv fidèlement
treulos adj déloyal(e)
Tribüne f tribune f
Trichter (-s, -) m entonnoir m
Trick (-s, -e od -s) m truc m • **Trickfilm** m dessin m animé
trieb etc vb siehe **treiben**
Trieb (-(e)s, -e) m (instinkthaft) instinct m ; (geschlechtlich) pulsion f ; (Neigung) tendance f ; (an Baum etc) pousse f
• **Triebfeder** f (fig) instigateur(-trice) m/f
• **triebhaft** adj maladif(-ive) • **Triebkraft** f (Tech) force f motrice, (fig) moteur m
• **Triebtäter** m auteur m/f d'un crime

sexuel • **Triebwagen** m autorail m
• **Triebwerk** nt groupe m moteur
triefen vi ruisseler
triftig adj convaincant(e)
Trigonometrie f trigonométrie f
Trikot¹ (-s, -s) nt maillot m
Trikot² (-s) m (Gewebe) jersey m
Triller (-s, -) m (Mus) trille m
trillern vi faire des trilles
Trillerpfeife f sifflet m
trinkbar adj potable
trinken irr vt, vi boire
Trinker(in) (-s, -) m(f) alcoolique mf
Trinkgeld nt pourboire m
Trinkhalm m paille f
Trinkspruch m toast m
Trinkwasser nt eau f potable
trippeln vi trottiner
Tripper (-s, -) m blennorragie f
Tritt (-(e)s, -e) m pas m ; (Fußtritt) coup m de pied • **Trittbrett** nt marchepied m
Triumph (-(e)s, -e) m triomphe m
• **Triumphbogen** m arc m de triomphe
triumphieren vi triompher ; **~ über** +Akk triompher de
trivial adj banal(e)
trocken adj sec (sèche) ; (nüchtern) sobre ; (Humor) pince-sans-rire inv
• **Trockendock** nt cale f sèche
• **Trockenelement** nt pile f sèche
• **Trockenhaube** f casque m (séchoir)
• **Trockenheit** f sécheresse f
• **trocken|legen** vt (Sumpf) assécher ; (Kind) changer • **Trockenmilch** f lait m en poudre
trocknen vt, vi sécher
Trockner (-s, -) m sèche-linge m
Troddel (-, -n) f pompon m
Trödel (-s) m bric-à-brac m inv
• **Trödelmarkt** m marché m aux puces
trödeln (fam) vi traîner
Trödler (-s, -) m (Händler) brocanteur m
trog etc vb siehe **trügen**
Trog (-(e)s, ⸚e) m auge f
Trommel (-, -n) f tambour m ; (Revolvertrommel) barillet m
• **Trommelfell** nt tympan m
trommeln vi jouer du tambour
Trommelwaschmaschine f machine f à laver à tambour
Trommler(in) (-s, -) m(f) tambour m
Trompete f trompette f
Trompeter (-s, -) m trompettiste m
Tropen pl tropiques mpl • **Tropenhelm** m casque m colonial
Tropf (-(e)s, ⸚e) m (Kerl) type m ; (Méd: Infusion) goutte-à-goutte m inv ; **armer ~** pauvre diable m

tröpfeln vi tomber goutte à goutte
▶ vi unpers: **es tröpfelt** il tombe des gouttes
tropfen vi (Regen, Schweiß etc) tomber goutte à goutte ; (Wasserhahn) goutter
▶ vt (Tinktur) verser goutte à goutte
Tropfen (-s, -) m goutte f
tropfenweise adv goutte à goutte
tropfnass adj trempé(e) (jusqu'aux os)
Tropfsteinhöhle f grotte f avec des stalactites
tropisch adj tropical(e)
Trost (-es) m consolation f
trösten vt consoler
Tröster(in) (-s, -) m(f) consolateur(-trice)
tröstlich adj (Worte, Brief) de consolation
trostlos adj (Verhältnisse) affligeant(e) ; (Landschaft) désolé(e)
Trostpflaster nt (piètre) consolation f
Trostpreis m prix m de consolation
Tröstung f réconfort m
Trott (-(e)s, -e) m trot m ; (Routine) train-train m inv
Trottel (-s, -) (fam) m crétin m
trotten vi se traîner
Trottoir (-s, -s od -e) nt (veraltet) trottoir m
trotz präp +Gen od Dat malgré
Trotz (-es) m: **etw aus ~ tun** faire qch par défi ; **jdm zum ~** pour braver qn
• **Trotzalter** nt âge difficile (vers deux ans)
trotzdem adv quand même
trotzig adj (Antwort) provocant(e) ; (Benehmen) obstiné(e)
Trotzkopf m tête f de mule
Trotzreaktion f réaction f de dépit
trüb adj (Augen, Metall) terne ; (Aussichten) sombre ; (Flüssigkeit) trouble ; (Glas) opaque ; (Mensch, Gedanke, Stimmung, Zeiten) triste ; (Tag, Wetter) gris(e)
Trubel (-s) m tumulte m
trüben vt (Flüssigkeit) troubler, ternir ; (Stimmung, Freude) gâter ▶ vr (Flüssigkeit) se troubler ; (Glas, Metall) se ternir ; (Stimmung) se gâter
Trübsal (-, -e) f chagrin m ; **~ blasen** avoir le cafard
trübselig adj triste
Trübsinn m humeur f chagrine
trübsinnig adj d'humeur chagrine
trudeln vi (Aviat) vriller
Trüffel (-, -n) f truffe f
trug etc vb siehe **tragen**
trügen irr vt, vi tromper
trügerisch adj trompeur(-euse)
Trugschluss m idée f fausse, erreur f
Truhe f malle f
Trümmer pl débris mpl ; (Bautrümmer) décombres mpl, ruines fpl
• **Trümmerhaufen** m amas m de décombres
Trumpf (-(e)s, ̈-e) m atout m
Trunk (-(e)s, ̈-e) m breuvage m
trunken adj ivre
Trunkenbold (-(e)s, -e) m ivrogne m
Trunkenheit f ivresse f
Trunksucht f alcoolisme m
Trupp (-s, -s) m groupe m
Truppe f troupe f
Truppenübungsplatz m champ m de manœuvre
Truthahn m dindon m
Tschad (-s) m: **der ~** le Tchad
Tscheche (-n, -n) m, **Tschechin** f Tchèque mf
Tschechien (-s) nt République f tchèque
tschechisch adj tchèque
Tschechische Republik f République f tchèque
tschüss (fam) interj salut, ciao
T-Shirt (-s, -s) nt T-shirt m
TU (-) f abk (= technische Universität) ≈ IUT m
Tube f tube m
Tuberkulose f tuberculose f
Tuch (-(e)s, ̈-er) nt (Stoff) étoffe f ; (Stück Stoff) pièce f de tissu ; (Tischtuch) nappe f ; (Halstuch) foulard m ; (Kopftuch) fichu m ; (Handtuch) serviette f
tüchtig adj (fleißig) travailleur(-euse) ; (fähig, brauchbar) bon (bonne) ; (fam : kräftig) sacré(e) • **Tüchtigkeit** f (Fähigkeit) capacité f ; (Fleiß) zèle m
Tücke f (Arglist, Trick) méchanceté f
tückisch adj (Kurve) dangereux(-euse) ; (Krankheit) pernicieux(-euse)
Tugend (-, -en) f vertu f • **tugendhaft** adj vertueux(-euse)
Tüll (-s, -e) m tulle m
Tulpe f tulipe f
tummeln vr s'ébattre
Tumor (-s, -e) m tumeur f
Tümpel (-s, -) m mare f
Tumult (-(e)s, -e) m tumulte m
tun irr vt (machen) faire ; (legen etc) mettre
▶ vr: **es tut sich etw/viel** il se passe quelque chose/beaucoup de choses ▶ vi: **freundlich ~** prendre un air aimable ; **jdm etw ~** (antun) faire qch à qn ; **das tut es auch** (genügt) cela fera l'affaire ; **was tuts?** qu'est-ce que ça fait ? ; **das tut nichts zur Sache** cela ne change rien à l'affaire ; **so ~, als ob ...** faire comme si ... ; **Sie täten gut daran ...** vous feriez bien ... ; **ich habe zu ~** (bin beschäftigt) j'ai à faire ; **mit wem habe ich zu ~?** à qui ai-je l'honneur ?

Tünche f chaux f
tünchen vt blanchir à la chaux
Tunesien (**-s**) nt la Tunisie
Tunfisch m = **Thunfisch**
Tunke f sauce f
tunken vt tremper
tunlichst adv si possible
Tunnel (**-s, -** od **-s**) m tunnel m
Tunte (péj: fam) f tante f, pédale f
Tüpfelchen nt petit point m ; **das ~ auf dem i** la touche finale
tupfen vt tamponner ; (mit Farbe) moucheter • **Tupfen** (**-s, -**) m point m ; (größer) pois m
Tür (**-, -en**) f porte f
Turbine f turbine f
turbulent adj turbulent(e)
Türke (**-n, -n**) m Turc m
Türkei f: **die ~** la Turquie
Türkin f Turque f
türkis adj turquoise inv • **Türkis** (**-es, -e**) m turquoise f
türkisch adj turc (turque)
Turkmenistan nt le Turkménistan
Turm (**-(e)s, ⸚e**) m tour f ; (Kirchturm) clocher m ; (Sprungturm) plongeoir m
türmen vr (Wolken) s'amonceler ; (Bücher) s'empiler ; (Arbeit) s'accumuler
turnen vi faire de la gymnastique ▶ vt (Übung) faire • **Turnen** (**-s**) nt gymnastique f
Turner(in) (**-s, -**) m(f) gymnaste mf
Turnhalle f salle f de gymnastique
Turnhose f short m
Turnier (**-s, -e**) nt tournoi m
Turnlehrer(in) m(f) professeur mf de gymnastique
Turnschuh m basket f
Turnverein m société f de gymnastique
Turnzeug nt tenue f de gymnastique
Türöffner m portier m automatique
Tusche f encre f de Chine ; (Wimperntusche) mascara m
tuscheln vi chuchoter
Tuschkasten m boîte f de peinture
Tüte f cornet m ; (Tragtüte) sac m
tuten vi (Auto) klaxonner
TÜV (**-**) m abk (= Technischer Überwachungsverein) office chargé du contrôle périodique obligatoire des véhicules
: Le **TÜV** est l'organisme chargé de la
: vérification du bon fonctionnement
: des machines et en particulier des
: véhicules. Les voitures de plus de trois
: ans doivent passer un contrôle
: technique (sécurité et pollution) tous
: les deux ans.
Tweet m tweet m
Twen (**-(s), -s**) m jeune d'une vingtaine d'années
Twitter® nt Twitter® m
twittern vi tweeter
Typ (**-s, -en**) m type m
Type f caractère m ; (fam: Mensch) type m
Typenrad nt marguerite f
Typhus (**-**) m typhus m
typisch adj typique
Tyrann (**-en, -en**) m tyran m
Tyrannei f tyrannie f
tyrannisch adj tyrannique
tyrannisieren vt tyranniser

U, u *nt* U, u *m inv*
u. a. *abk* (= *unter anderem*) entre autres, en particulier
u. A. w. g. *abk* (= *um Antwort wird gebeten*) RSVP
U-Bahn *f* métro *m*
übel *adj* mauvais(e) ; **mir ist ~** je me sens mal ; **~ gelaunt** de mauvaise humeur ; **jdm etw ~ nehmen** en vouloir à qn de qch • **Übel** (**-s, -**) *nt* mal *m* • **Übelkeit** *f* nausée *f*
üben *vt* (*Instrument*) s'exercer à, étudier ; (*Geduld, Gerechtigkeit*) faire preuve de ; **Kritik an etw** *Dat* **~** critiquer qch

(SCHLÜSSELWORT)

über *präp +Dat* **1** (*räumlich*) en dessus de, au-dessus de, par-dessus, sur ; **das Bild hängt über dem Klavier an der Wand** le tableau est suspendu au mur au-dessus du piano ; **wir wohnen über ihnen** nous habitons à l'étage du dessus ; **zwei Grad über null** deux degrés au-dessus de zéro, plus deux (degrés)
2 (*zeitlich: während*) pendant ; **über der Arbeit einschlafen** s'endormir en travaillant ; **über einem Glas Wein alles besprechen** discuter des détails autour d'un verre de vin

▶ *präp +Akk* **1** (*räumlich*) au-dessus de, par dessus, sur ; **hänge das Bild übers Klavier** mets le tableau au-dessus du piano ; **Fehler über Fehler** faute sur faute
2 (*zeitlich*) pour ; **über Weihnachten/die Feiertage wegfahren** partir pour Noël/les fêtes ; **die ganze Zeit über** tout le temps ; **den (ganzen) Sommer über** (pendant) tout l'été ; **über kurz oder lang** tôt ou tard
3 (*mit Zahlen*): **Kinder über 12 Jahren** les enfants de plus de douze ans ; **ein Scheck über 200 Euro** un chèque de 200 euros
4 (*auf dem Wege*) via, par ; **nach Köln über Aachen fahren** aller à Cologne via Aix-la-Chapelle ; **ich habe die Nummer über die Auskunft erfahren** j'ai obtenu le numéro par les renseignements
5 (*betreffend*) sur ; **ein Buch über Bananen** un livre sur les bananes ; **über jdn/etw lachen** rire de qn/qch
6 : **sie liebt ihn über alles** elle l'aime plus que tout

▶ *adv* : **über und über** complètement ; **jdm in etw** *Dat* **über sein** (*fam*) être meilleur(e) que qn en qch

überall *adv* partout ; (*bei jeder Gelegenheit*) toujours
überanstrengen *vt insép* surmener ▶ *vr insép* se surmener
überarbeiten *vt insép* (*Text*) remanier ▶ *vr insép* se surmener
überaus *adv* extrêmement
überbelichten *vt insép* surexposer
überbieten *irr vt insép* (*Angebot*) enchérir sur ; (*Leistung*) dépasser ; (*Rekord*) battre
Überbleibsel (**-s, -**) *nt* reste *m*
Überblick *m* vue *f* d'ensemble ; (*Abriss*) aperçu *m* ; **den ~ verlieren** ne plus être au fait, perdre le nord
überblicken *vt insép* (*Platz, Landschaft*) avoir vue sur ; (*fig*) voir ; (*Sachverhalt, Lage*) comprendre
überbringen *irr vt insép* remettre
Überbringer(in) (**-s, -**) *m(f)* porteur(-euse)
überbrücken *vt insép* (*Fluss*) construire un pont sur ; (*Gegensatz*) concilier ; (*Zeit*) passer
überdenken *irr vt insép* réfléchir à
überdies *adv* en outre
überdimensional *adj* trop grand(e)
Überdosis *f* surdose *f*, overdose *f*
Überdruss (**-es**) *m* dégoût *m* ; **bis zum ~** à satiété
überdrüssig *adj +Gen* las(se) de
übereifrig *adj* trop empressé(e)
übereilen *vt insép* précipiter
übereilt *adj* précipité(e)
übereinander *adv* l'un(e) sur l'autre ; (*sprechen*) l'un(e) de l'autre
übereinander|schlagen *irr vt* (*Beine*) croiser
überein|kommen *irr vi* convenir
Übereinkunft (**-, -künfte**) *f* accord *m*
überein|stimmen *vi* être d'accord ; (*Angaben, Messwerte, Zahlen etc*) correspondre
Übereinstimmung *f* accord *m*

überempfindlich adj hypersensible
über|fahren irr vt insép (Person, Tier) écraser ; (fig) prendre de vitesse
Überfahrt f traversée f
Überfall m (auf Bank etc) attaque f à main armée, hold-up m inv ; (auf Land) attaque
überfallen irr vt insép attaquer ; (besuchen) rendre visite à l'improviste à
überfällig adj en retard
überfliegen irr vt insép survoler
Überfluss m excédent m
Überflussgesellschaft f société f d'abondance
überflüssig adj superflu(e)
überfordern vt insép (Menschen) trop en demander à ; **sich überfordert fühlen** être dépassé(e)
über|führen vt (Leiche etc) transférer
Überführung f (von Leiche) transfert m ; (von Täter) conviction f ; (Brücke) viaduc m ; (: für Fußgänger) passerelle f
überfüllt adj bondé(e)
Übergabe f remise f ; (Mil) reddition f, capitulation f
Übergang m passage m, transition f
Übergangserscheinung f phénomène m transitoire
Übergangslösung f solution f provisoire
Übergangsstadium nt phase f de transition
Übergangszeit f période f de transition ; (Jahreszeit) demi-saison f
übergeben irr vt insép remettre ; (Amt) se démettre de ; (Mil) livrer ▶ vr insép vomir
über|gehen irr vi (Besitz, zum Feind etc) passer
Übergewicht nt (von Gepäck) excédent m ; (größere Bedeutung) prépondérance f
überglücklich adj ravi(e)
über|haben (fam) irr vt en avoir assez de
überhand|nehmen irr vi s'accroître outre mesure ; (Unkraut) se propager outre mesure
überhaupt adv (im Allgemeinen) somme toute ; **~ nicht** pas du tout
überheblich adj présomptueux(-euse)
• **Überheblichkeit** f présomption f
überholen vt insép (Auto) dépasser, doubler ; (Gerät, Maschine) réviser
Überholspur f voie f rapide
überholt adj dépassé(e)
Überholverbot nt interdiction f de dépasser
überhören vt insép ne pas entendre ; (absichtlich) ne pas tenir compte de
überirdisch adj surnaturel(le)
überkompensieren vt insép surcompenser

überladen irr vt insép surcharger
überlassen irr vt insép laisser ; **es jdm ~, etw zu tun** laisser qn faire qch
überlasten vt insép surcharger
über|laufen[1] irr vi (Flüssigkeit) déborder ; **zum Feind ~** passer à l'ennemi
überlaufen[2] irr vt insép (Schauer etc) parcourir ▶ adj (mit Touristen) envahi(e)
Überläufer m déserteur m
überleben vt insép survivre à
• **Überlebende(r)** f(m) survivant(e) m/f
überlegen vt insép réfléchir à ▶ adj : **jdm ~ sein** être supérieur(e) à qn
• **Überlegenheit** f supériorité f
Überlegung f réflexion f
überliefern vt insép (Sitte) transmettre
Überlieferung f tradition f
überlisten vt insép se montrer plus malin(-igne) que
überm = **über dem**
Übermacht f supériorité f
übermächtig adj trop puissant(e) ; (Gefühl etc) irrésistible
übermannen vt insép envahir
Übermaß nt excès m
übermäßig adj excessif(-ive)
Übermensch m surhomme m
übermenschlich adj surhumain(e)
übermitteln vt insép transmettre
übermorgen adv après-demain
Übermüdung f épuisement m
Übermut m exubérance f
übermütig adj exubérant(e) ; **werde nicht gleich ~!** calme-toi !
übernachten vi insép passer la nuit
übernächtigt adj fatigué(e)
Übernachtung f nuit f
Übernahme f réception f ; (von Geschäft) reprise f ; (von Verantwortung, Kosten) prise f en charge
übernehmen irr vt insép (Sendung) recevoir ; (als Nachfolger) reprendre ; (Verantwortung, Amt, Kosten, Haftung) assumer ▶ vr insép se surmener
überprüfen vt insép vérifier
Überprüfung f contrôle m
überqueren vt insép traverser
überraschen vt insép surprendre
Überraschung f surprise f
überreden vt insép persuader
überreichen vt insép remettre
überreizt adj : **nervlich ~** à bout de nerfs
überrumpeln vt insép prendre par surprise
überrunden vt insép dépasser
übers = **über das**
übersättigen vt insép saturer
Überschallflugzeug nt avion m supersonique

Überschallgeschwindigkeit f vitesse f supersonique

überschätzen vt insép surestimer ▸ vr insép se surestimer

über|schäumen vi déborder ; **~des Temperament** vitalité f débordante

Überschlag m (Fin) évaluation f ; (Sport) saut m périlleux

überschlagen irr vt insép (berechnen) estimer ; (Seite) sauter ▸ vr insép (Auto, Flugzeug) faire un tonneau ; (Stimme) se casser ; **sich vor Eifer ~** (fam) se mettre en quatre

über|schnappen vi (Stimme) se casser ; (fam: Mensch) devenir cinglé(e)

überschneiden irr vr insép (Linien) se recouper ; (Pläne, Themen) coïncider

überschreiben irr vt insép (Inform) écraser ; **jdm etw ~** céder qch à qn

überschreiten irr vt insép franchir ; (Gleise) traverser ; (Alter, Höhepunkt, Kraft, Geschwindigkeit) dépasser ; (Gesetz) transgresser ; (Vollmacht) outrepasser

Überschrift f titre m

Überschuss m (Écon) bénéfice m net

überschüssig adj (Ware) excédentaire ; **~e Energie** un trop-plein d'énergie

überschütten vt insép: **jdn mit Vorwürfen ~** accabler qn de reproches

Überschwang m exubérance f

überschwänglich adj (Lob, Begeisterung) excessif(-ive), exubérant(e)

überschwemmen vt insép inonder

Überschwemmung f inondation f

überschwenglich adj = **überschwänglich**

Übersee f: **in** od **nach ~** outre-mer ; **aus** od **von ~** d'outre-mer • **überseeisch** adj d'outre-mer

übersehen irr vt insép (Land) embrasser du regard ; (Folgen) se rendre compte de ; (nicht beachten) ne pas faire attention à

übersenden irr vt insép envoyer

übersetzen vt insép traduire

Übersetzer(in) (**-s, -**) m(f) traducteur(-trice)

Übersetzung f traduction f ; (Tech) transmission f

Übersicht f (Fähigkeit) vue f d'ensemble ; (kurze Darstellung) résumé m • **übersichtlich** adj (Gelände) dégagé(e) ; (Darstellung) clair(e) • **Übersichtlichkeit** f clarté f

überspannt adj exalté(e) ; (Idee) extravagant(e)

überspitzt adj exagéré(e)

überspringen irr vt insép sauter

über|sprudeln vi déborder

überstehen[1] irr vt insép surmonter

überstehen[2] irr vt insép dépasser

übersteigen irr vt insép (Zaun) escalader ; (fig) dépasser

überstimmen vt insép mettre en minorité

überstürzen vt insép précipiter ▸ vr insép (Ereignisse) se précipiter

überstürzt adj précipité(e) ; (Entschluss) hâtif(-ive)

übertölpeln vt insép duper

übertönen vt insép noyer

Übertrag (**-(e)s, -träge**) m report m • **übertragbar** adj transmissible

übertragen irr vt insép (Radio, TV) diffuser ; (übersetzen) traduire ; (Aufgabe, Verantwortung) confier ; (Krankheit, Tech) transmettre ▸ vr insép: **sich ~ auf** +Akk se communiquer à ▸ adj (Bedeutung) figuré(e)

Übertragung f transmission f

übertreffen irr vt insép dépasser

übertreiben irr vt, vi insép exagérer

Übertreibung f exagération f

über|treten irr vt insép (Gebot, Gesetz etc) transgresser

Übertretung f (von Gebot, Gesetz etc) transgression f

übertrieben adj exagéré(e)

übervölkert adj surpeuplé(e)

übervoll adj trop plein(e) ; (Bus) comble

übervorteilen vt insép escroquer

überwachen vt insép surveiller

Überwachung f surveillance f

überwältigen vt insép (Dieb etc) maîtriser ; (subj: Schlaf) envahir

überwältigend adj grandiose

überweisen irr vt insép (Geld) virer ; (Patient) adresser

Überweisung f (Fin) virement m

überwiegen irr vi insép prédominer

überwiegend adv principalement

überwinden irr vt insép surmonter

Überwindung f effort m (sur soi-même)

Überzahl f grande majorité f

überzählig adj excédentaire

überzeugen vt insép convaincre, persuader

überzeugend adj convaincant(e)

Überzeugung f conviction f

Überzeugungskraft f force f de persuasion

überziehen irr vt insép (Kissen, Schachtel) recouvrir ; (Konto) mettre à découvert

Überzug m (Hülle, Bezug) housse f

üblich adj habituel(le)

U-Boot nt sous-marin m

übrig adj restant(e) ; **das Übrige** le reste ; **im Übrigen** sinon ; **~ bleiben** rester ; **~ lassen** laisser

übrigens adv du reste ; (nebenbei bemerkt) d'ailleurs

übrig|haben irr vi : **für jdn viel/etw ~** beaucoup/bien aimer qn

Übung f exercice m

UdSSR f abk (= Union der Sozialistischen Sowjetrepubliken) URSS f

Ufer (-s, -) nt rive f ; (Meeresufer) rivage m

UFO, Ufo (-(s), -s) nt abk (= unbekanntes Flugobjekt) OVNI m

Uganda (-s) nt l'Ouganda m

Uhr (-, -en) f horloge f ; (Armbanduhr) montre f ; **wie viel ~ ist es?** quelle heure est-il ? ; **1 ~** une heure ; **20 ~ 5** vingt heures cinq • **Uhrmacher(in)** (-s, -) m(f) horloger(-ère) • **Uhrwerk** nt mécanisme m (de montre ou d'horloge) • **Uhrzeiger** m aiguille f (d'une montre) • **Uhrzeigersinn** m : **im ~** dans le sens des aiguilles d'une montre ; **entgegen dem ~** dans le sens inverse des aiguilles d'une montre • **Uhrzeit** f heure f

Uhu (-s, -s) m grand duc m

Ukraine f : **die ~** l'Ukraine f

UKW abk = **Ultrakurzwelle**

Ulk (-s, -e) m plaisanterie f

ulkig adj drôle

Ulme f orme m

Ultimatum (-s, Ultimaten) nt ultimatum m

Ultrakurzwelle f onde f ultracourte

Ultraschall m ultrason m

ultraviolett adj ultraviolet(te)

---SCHLÜSSELWORT---

um präp +Akk **1** (um ... herum) autour de ; **er schlug um sich** il se débattait (comme un beau diable)

2 (mit Zeitangabe: ungefähr) : **um Weihnachten** autour de Noël ; **um 8 Uhr herum** autour des 8 heures ; (: genau) : **um 8 (Uhr)** à 8 heures

3 (mit Größenangabe) : **etw um 4 cm kürzen** raccourcir qch de 4 cm ; **sie ist um zwei Jahre älter (als ich)** elle a deux ans de plus (que moi) ; **um 10% teurer** plus cher (chère) de 10 % ; **um vieles besser** nettement mieux ; **um nichts besser** pas mieux

4 (wegen) : **Sorgen um seine Zukunft** des soucis pour son avenir

5 (nach) : **Stunde um Stunde** heure après heure

6 (über) : **es geht um das Prinzip** c'est une question de principe

7 : **der Kampf um den Titel** la lutte pour le titre ; **um Geld spielen** jouer pour de l'argent ; **jdn um etw bringen** faire perdre qch à qn

▶ präp +Gen : **um ... willen** pour l'amour de ... ; **um Gottes willen** pour l'amour de Dieu

▶ konj : **um ... zu** pour ... ; **zu klug, um zu ...** trop intelligent(e) pour ... ; siehe auch **umso**

▶ adv **1** (ungefähr) environ, **um (die) 30 Leute** environ trente personnes **2** (vorbei) : **um sein** (fam) être fini(e) ; **die zwei Stunden sind um** les deux heures sont passées od écoulées

---

um|adressieren vt faire suivre
um|ändern vt (Kleid) transformer ; (Plan) modifier
umarmen vt insép étreindre
Umbau m transformation f
um|bauen vt transformer
um|benennen irr vt rebaptiser
um|biegen irr vt plier ▶ vi tourner
um|bilden vt réorganiser ; (Pol) remanier
um|binden irr vt (Tuch, Krawatte) mettre
um|blättern vt tourner
um|blicken vr regarder autour de soi ; (zurückblicken) regarder derrière soi
um|bringen irr vt tuer
Umbruch m bouleversement m ; (Typo) mise f en pages
um|buchen vt (Flug) changer ; (Reise) changer sa réservation pour
um|denken irr vi changer sa façon de penser
um|drehen vt retourner ▶ vr se retourner
Umdrehung f rotation f, tour m
umeinander adv l'un(e) autour de l'autre ; **sich ~ kümmern** s'occuper l'un(e) de l'autre
um|fahren irr vt renverser
um|fallen irr vi tomber ; (fam: nachgeben) tourner casaque
Umfang m étendue f ; (von Buch) longueur f ; (Reichweite) portée f ; (Fläche) surface f ; (von Kreis) circonférence f • **umfangreich** adj (Buch etc) volumineux(-euse) ; (Wissen) vaste
umfassen vt insép (umgeben) entourer ; (mit Armen) prendre dans ses bras ; (umzingeln) encercler ; (enthalten) comprendre
umfassend adj complet(-ète) ; (Wissen) vaste
Umfeld nt environnement m
Umfrage f sondage m
um|füllen vt transvaser
um|funktionieren vt transformer
Umgang m relations fpl
umgänglich adj (Mensch) facile à vivre
Umgangsformen pl (bonnes) manières fpl

Umgangssprache f langue f familière
umgeben irr vt insép entourer
Umgebung f (Landschaft) environs mpl; (Milieu) environnement m; (Personen) entourage m
um|gehen irr vi: **mit jdm grob ~** traiter qn avec rudesse; **mit Geld sparsam ~** être économe
umgehend adj rapide ▶ adv immédiatement
Umgehungsstraße f route f de contournement
umgekehrt adj inverse ▶ adv inversement; **und ~** et vice versa
um|graben irr vt bêcher
um|gruppieren vt réorganiser
Umhang m cape f
um|hängen vt (Bild) déplacer; **jdm etw ~** mettre qch sur les épaules de qn
Umhängetasche f sacoche f, sac m à bandoulière
um|hauen vt (Baum) abattre; (fig) renverser
umher adv autour, alentours
• **umher|gehen** irr vi aller çà et là, déambuler • **umher|ziehen** irr vi rouler sa bosse
umhin|können irr vi: **ich kann nicht umhin, das zu tun** je suis obligé de le faire
um|hören vr se renseigner
Umkehr (-) f demi-tour m
um|kehren vi faire demi-tour ▶ vt retourner; (Reihenfolge) intervertir
um|kippen vt renverser ▶ vi se renverser; (Meinung ändern) retourner sa veste; (fam: ohnmächtig werden) tomber dans les pommes
Umkleidekabine f cabine f
Umkleideraum m vestiaire m
um|kommen irr vi mourir, périr
Umkreis m environs mpl; **im ~ von 50 km** dans un rayon de 50 km
umkreisen vt insép tourner autour de
um|krempeln vt (mehrmals) retrousser; (von innen nach außen) retourner; (Betrieb) réorganiser
um|laden irr vt (Last) transborder; (Wagen) recharger
Umlage f participation f
Umlauf m (von Geld, Gerüchten, Schreiben) circulation f; (von Planet etc) révolution f
Umlaufbahn f orbite f
Umlaut m inflexion f vocalique; (Laut) voyelle f dotée d'un tréma
um|legen vt (Kosten) ventiler; (fam: töten) descendre
um|leiten vt (Verkehr) dévier; (Fluss) détourner

Umleitung f déviation f
um|lernen vi se recycler; (fig) revoir sa façon de penser
umliegend adj (Ortschaften) environnant(e)
Umnachtung f égarement m
umranden vt insép entourer
um|rechnen vt convertir
Umrechnung f conversion f
Umrechnungskurs m cours m du change
umreißen irr vt insép exposer les grandes lignes de
umringen vt insép entourer
Umriss m contour m
um|rühren vt remuer
ums = um das
um|satteln (fam) vi (Beruf wechseln) se recycler
Umsatz m chiffre m d'affaires
um|schalten vi (Fernsehzuschauer) changer de chaîne, zapper; **die Ampel schaltet auf Rot um** le feu passe au rouge; **„wir schalten jetzt um nach Hamburg"** « nous passons maintenant l'antenne à Hambourg »
Umschalttaste f touche f de majuscule
Umschau f: **~ halten nach** chercher des yeux
um|schauen vr: **sich ~ nach** chercher des yeux
Umschlag m (Briefumschlag) enveloppe f; (Buchumschlag) couverture f; (Méd) compresse f; (von Wetter, Stimmung) changement m (brusque)
um|schlagen irr vi changer brusquement ▶ vt (Ärmel) retrousser; (Seite) tourner; (Waren) transborder
Umschlagplatz m lieu m de transbordement
um|schreiben[1] irr vt (neu schreiben) récrire; **~ auf** +Akk (Haus) céder à
umschreiben[2] irr vt insép (anders ausdrücken) paraphraser
um|schulden vt (Kredit) consolider
um|schulen vt recycler
Umschulung f reconversion f
umschwärmen vt insép voltiger autour de; **von Verehrern umschwärmt werden** avoir une nuée d'admirateurs
Umschweife pl: **ohne ~** sans détours od ambages
Umschwung (fig) m revirement m
um|sehen irr vr regarder autour de soi; **sich nach einer Stelle/Wohnung ~** chercher un emploi/appartement
umseitig adj au verso
umsetzen vt (Waren) écouler; (an anderen Platz) déplacer ▶ vr (Schüler) changer de

place ; **etw in etw** Akk **~** convertir qch en qch ; **etw in die Tat ~** mettre qch en pratique
Umsicht f circonspection f
umsichtig adj circonspect(e)
umso konj (desto) : **~ besser/schlimmer** d'autant mieux/plus grave ; **~ mehr, als ...** d'autant plus que ...
umsonst adv en vain ; (gratis) gratuitement
um|springen irr vi (Wind) tourner ; **mit jdm (grob) ~** être brusque avec qn
Umstand m circonstance f ; **Umstände** pl (Förmlichkeiten) manières fpl ; **mildernde Umstände** circonstances fpl atténuantes ; **in anderen Umständen sein** être enceinte ; **unter Umständen** peut-être ; **das macht wirklich keine Umstände** cela ne me dérange pas du tout
umständlich adj (Mensch) qui complique des choses ; (Methode) (trop) compliqué(e)
Umstandskleid nt robe f de grossesse
Umstandswort nt adverbe m
um|steigen irr vi changer (de train)
um|stellen vt changer de place ; (Hebel, Weichen) actionner ▶ vr: **sich ~ auf** +Akk s'adapter à
Umstellung f changement m ; (Umgewöhnung) adaptation f
um|stimmen vt (jdn) faire changer d'avis
um|stoßen irr vt renverser
umstritten adj controversé(e)
Umsturz m renversement m
um|stürzen vt renverser ▶ vi (Stuhl etc) se renverser
umstürzlerisch adj subversif(-ive)
Umtausch m échange m ; (von Geld) change m
um|tauschen vt échanger ; (Geld) changer
Umtriebe pl manigances fpl
um|tun (fam) irr vr: **sich nach jdm/etw ~** être à la recherche de od chercher qn/qch
um|wandeln vt transformer
um|wechseln vt changer
Umweg m détour m
Umwelt f environnement m
• **Umweltbeauftragte(r)** f(m) délégué(e) m/f à l'environnement
• **Umweltbelastung** f pollution f
• **umweltbewusst** adj conscient(e) des problèmes d'environnement
• **umweltfeindlich** adj polluant(e)
• **umweltfreundlich** adj non polluant(e), qui respecte l'environnement
• **umweltgefährdend** adj nocif(-ive) od dangereux(-euse) pour l'environnement
• **Umweltgift** nt produit m nocif pour l'environnement • **Umweltkatastrophe** f catastrophe f écologique
• **Umweltkriminalität** f crimes mpl contre l'environnement
• **umweltschädlich** adj polluant(e)
• **Umweltschutz** m défense f de l'environnement • **Umweltschützer** m écologiste m • **Umweltsteuer** f écotaxe f
• **Umweltsünder(in)** m(f) pollueur(-euse) • **Umweltverschmutzung** f pollution f • **umweltverträglich** adj moins od non polluant(e)
um|wenden irr vt tourner ▶ vr se retourner
umwerben irr vt insép courtiser
um|werfen irr vt renverser ; (Mantel) jeter sur ses épaules ; (Plan) bouleverser
umwerfend (fam) adj renversant(e)
um|ziehen irr vi déménager ▶ vt (Kind) changer ▶ vr se changer
umzingeln vt insép encercler
Umzug m (Festumzug) procession f ; (Wohnungsumzug) déménagement m
unabänderlich adj irrévocable
unabhängig adj indépendant(e)
Unabhängigkeit f indépendance f
unabkömmlich adj occupé(e)
unablässig adj incessant(e)
unabsehbar adj imprévisible
unabsichtlich adj involontaire
unabwendbar adj inéluctable
unachtsam adj distrait(e)
Unachtsamkeit f distraction f, inattention f
unangebracht adj déplacé(e)
unangemessen adj inadéquat(e)
unangenehm adj désagréable
Unannehmlichkeit f désagrément m ; **Unannehmlichkeiten** pl ennuis mpl
unansehnlich adj insignifiant(e)
unanständig adj grossier(-ière)
Unanständigkeit f grossièreté f
unappetitlich adj (Essen) peu appétissant(e) ; (unhygienisch) dégoûtant(e)
Unart f (Angewohnheit) mauvaise habitude f
unartig adj désobéissant(e)
unauffällig adj discret(-ète)
unauffindbar adj introuvable
unaufgefordert adj (Hilfe) spontané(e) ▶ adv spontanément
unaufhaltsam adj inexorable
unaufhörlich adj incessant(e)
unaufmerksam adj inattentif(-ive)
unaufrichtig adj malhonnête

unausgeglichen *adj (Mensch)* peu équilibré(e)
unaussprechlich *adj* imprononçable ; *(Elend)* indicible
unausstehlich *adj* insupportable
unausweichlich *adj* inévitable
unbändig *adj (Kind)* turbulent(e) ; *(Gefühl)* irrépressible
unbarmherzig *adj* impitoyable
unbeabsichtigt *adj* involontaire
unbeachtet *adj* inaperçu(e)
unbedenklich *adj (Plan)* qui ne présente aucune difficulté ▶ *adv* sans hésiter
unbedeutend *adj (Summe)* insignifiant(e) ; *(Fehler)* futile
unbedingt *adj* absolu(e) ▶ *adv* absolument ; **musst du ~ gehen?** tu dois vraiment partir ?
unbefangen *adj* spontané(e) ; *(unvoreingenommen)* impartial(e)
unbefriedigend *adj* insuffisant(e)
unbefriedigt *adj* insatisfait(e)
unbefugt *adj* non autorisé(e)
unbegabt *adj* peu doué(e)
unbegreiflich *adj* incompréhensible
unbegrenzt *adj* illimité(e)
unbegründet *adj* injustifié(e)
Unbehagen *nt* malaise *m*, gêne *f*
unbehaglich *adj (Wohnung)* inconfortable ; *(Gefühl)* désagréable
unbeholfen *adj* maladroit(e)
unbekannt *adj* inconnu(e)
unbekümmert *adj* insouciant(e)
unbeliebt *adj* impopulaire
• **Unbeliebtheit** *f* impopularité *f*
unbequem *adj (Stuhl)* inconfortable ; *(Mensch)* importun(e)
unberechenbar *adj (Mensch, Verhalten)* imprévisible
unberechtigt *adj* injustifié(e) ; *(nicht erlaubt)* non autorisé(e)
unberührt *adj* intact(e)
unbescheiden *adj (Forderung)* abusif(-ive)
unbeschreiblich *adj* indescriptible
unbesonnen *adj* irréfléchi(e)
unbeständig *adj (Mensch)* inconstant(e) ; *(Wetter, Lage)* instable
unbestechlich *adj* incorruptible
unbestimmt *adj* indéfini(e) ; *(Zukunft)* incertain(e) • **Unbestimmtheit** *f* incertitude *f*
unbeteiligt *adj (desinteressiert)* distant(e) ; **an etw** *Dat* **~ sein** n'avoir rien à voir dans qch
unbeugsam *adj* inébranlable
unbewacht *adj* non gardé(e) ; *(Parkplatz)* sans surveillance

unbeweglich *adj (Gelenk, Gerät)* fixe, immobile
unbewusst *adj* inconscient(e)
unbrauchbar *adj* inutilisable
unbürokratisch *adj, adv* sans formalité administrative excessive
und *konj* et ; **~ so weiter** et cetera
Undank *m* ingratitude *f*
undankbar *adj* ingrat(e)
Undankbarkeit *f* ingratitude *f*
undefinierbar *adj* indéfinissable
undenkbar *adj* inconcevable
undeutlich *adj (Schrift)* illisible ; *(Erinnerung)* vague ; *(Aussprache)* peu clair(e)
undicht *adj* qui fuit ; *(Dach)* qui a des fuites
Unding *nt*: **das ist ein ~** c'est insensé
unduldsam *adj* intolérant(e)
undurchführbar *adj* irréalisable
undurchlässig *adj* étanche
undurchsichtig *adj (Glas)* opaque ; *(fig)* louche
uneben *adj* accidenté(e)
unehelich *adj (Kind)* illégitime
uneigennützig *adj* désintéressé(e)
uneinig *adj* désuni(e), en désaccord
• **Uneinigkeit** *f* désaccord *m*
uneins *adj* en désaccord
unempfindlich *adj* insensible ; *(Stoff)* pratique • **Unempfindlichkeit** *f* insensibilité *f*
unendlich *adj* infini(e) • **Unendlichkeit** *f* infinité *f*
unentbehrlich *adj* indispensable
unentgeltlich *adj* gratuit(e)
unentschieden *adj* indécis(e) ; **~ enden** *(Sport)* se terminer sur un match nul
unentschlossen *adj* indécis(e)
unentwegt *adj* constant(e)
unerbittlich *adj* inflexible
unerfahren *adj* inexpérimenté(e)
unerfreulich *adj* désagréable
unergründlich *adj (Tiefe)* insondable ; *(Wesen)* impénétrable
unerheblich *adj* insignifiant(e)
unerhört *adj (unverschämt)* inouï(e) ; *(Bitte)* sans réponse
unerklärlich *adj* inexplicable
unerlässlich *adj (Bedingung)* sine qua non
unerlaubt *adj* illicite
unermesslich *adj* immense
unermüdlich *adj* infatigable
unersättlich *adj* insatiable
unerschöpflich *adj (Vorräte)* inépuisable ; *(Geduld)* sans limites
unerschütterlich *adj* inébranlable
unerschwinglich *adj* inabordable

unerträglich *adj* insupportable
unerwartet *adj* inattendu(e)
unerwünscht *adj* (*Besuch*) importun(e)
unerzogen *adj* mal élevé(e)
unfähig *adj*: **~ sein, etw zu tun** être incapable de faire qch • **Unfähigkeit** *f* incapacité *f*
unfair *adj* injuste ; (*Sport*) pas correct(e)
Unfall *m* accident *m* • **Unfallflucht** *f* délit *m* de fuite • **Unfallgefahr** *f* danger *m* d'accident • **Unfallstelle** *f* lieu *m* de l'accident • **Unfallversicherung** *f* assurance *f* (contre les) accidents
unfassbar *adj* inconcevable
unfehlbar *adj* infaillible ▶ *adv* à coup sûr
Unfehlbarkeit *f* infaillibilité *f*
unflätig *adj* ordurier(-ière), obscène
unfolgsam *adj* désobéissant(e)
unfrankiert *adj* non affranchi(e)
unfrei *adj* (*Volk*) asservi(e) ; (*Leben*) d'esclave ; (*Paket*) non affranchi(e)
unfreiwillig *adj* involontaire
unfreundlich *adj* (*Mensch*) peu aimable ; (*Wetter*) maussade • **Unfreundlichkeit** *f* manque *m* d'amabilité
unfruchtbar *adj* stérile
Unfruchtbarkeit *f* stérilité *f*
Unfug *m* (*Benehmen*) bêtises *fpl* ; (*Unsinn*) sottises *fpl*
Ungar(in) (**-n, -n**) *m(f)* Hongrois(e)
ungarisch *adj* hongrois(e)
Ungarn (**-s**) *nt* la Hongrie
ungeachtet *präp* +*Gen* malgré
ungeahnt *adj* (*Möglichkeiten*) inespéré(e) ; (*Talente*) insoupçonné(e)
ungebeten *adj* (*Gast*) importun(e)
ungebildet *adj* inculte
ungebräuchlich *adj* inusité(e)
ungedeckt *adj* (*Scheck*) sans provision
Ungeduld *f* impatience *f*
ungeduldig *adj* impatient(e)
ungeeignet *adj* (*Sache, Mensch*) qui ne convient pas ; (*Maßnahmen*) peu approprié(e)
ungefähr *adv* environ, à peu près ▶ *adj* approximatif(-ive)
ungefährlich *adj* sans danger
ungehalten *adj* irrité(e), mécontent(e)
ungeheuer *adj* énorme ▶ *adv* (*fam*) énormément • **Ungeheuer** (**-s, -**) *nt* monstre *m* • **ungeheuerlich** *adj* monstrueux(-euse)
ungehobelt *adj* (*unhöflich*) grossier(-ière)
ungehörig *adj* inconvenant(e)
ungehorsam *adj* désobéissant(e)
Ungehorsam *m* désobéissance *f*
ungeklärt *adj* (*Frage, Rätsel*) non résolu(e)

ungeladen *adj* (*Gewehr, Batterie*) non chargé(e) ; (*Gast*) sans invitation
ungelegen *adj* (*Besuch, Vorschlag*) inopportun(e) ; **jdm ~ kommen** déranger qn
ungelernt *adj*: **~er Arbeiter** ouvrier *m* non spécialisé
ungelogen *adv* honnêtement
ungemein *adv* extrêmement
ungemütlich *adj* (*Wohnung*) peu confortable ; (*Person*) désagréable
ungenau *adj* imprécis(e)
Ungenauigkeit *f* imprécision *f*
ungeniert *adj* sans gêne ▶ *adv* sans se gêner
ungenießbar *adj* (*Essen*) immangeable ; (*fam*) insupportable
ungenügend *adj* insuffisant(e)
ungepflegt *adj* négligé(e)
ungerade *adj* impair(e)
ungerecht *adj* injuste
ungerechtfertigt *adj* injustifié(e)
Ungerechtigkeit *f* injustice *f*
ungern *adv* de mauvaise grâce
ungeschehen *adj*: **etw ~ machen** réparer qch
Ungeschicklichkeit *f* maladresse *f*
ungeschickt *adj* maladroit(e)
ungeschminkt *adj* non maquillé(e) ; (*Wahrheit*) tout(e) nu(e)
ungesetzlich *adj* illégal(e)
ungestempelt *adj* (*Briefmarke*) non oblitéré(e)
ungestört *adj*: **~ arbeiten** travailler en paix
ungestraft *adv* impuni(e)
ungestüm *adv* avec fougue
Ungestüm (**-(e)s**) *nt* impétuosité *f*
ungesund *adj* malsain(e) ; (*Aussehen*) maladif(-ive)
ungetrübt *adj* sans nuage
Ungetüm (**-(e)s, -e**) *nt* monstre *m*
ungewiss *adj* incertain(e)
Ungewissheit *f* incertitude *f*
ungewöhnlich *adj* inhabituel(le)
ungewohnt *adj* inhabituel(le)
Ungeziefer (**-s**) *nt* vermine *f*
ungezogen *adj* (*Kind*) désobéissant(e) • **Ungezogenheit** *f* désobéissance *f*, mauvaise conduite *f*
ungezwungen *adj* détendu(e)
ungläubig *adj* (*Gesicht*) incrédule
unglaublich *adj* incroyable
unglaubwürdig *adj* (*Person*) qui n'est pas digne de foi ; (*Aussage*) peu vraisemblable ; (*Geschichte*) invraisemblable ; **sich ~ machen** se discréditer

ungleich adj inégal(e) ▶ adv infiniment
• **ungleichartig** adj différent(e)
• **Ungleichheit** f inégalité f
Unglück nt malheur m; (Pech) malchance f; (Verkehrsunglück) accident m
• **unglücklich** adj malheureux(-euse); (Zeitpunkt) mauvais(e)
• **unglücklicherweise** adv malheureusement • **unglückselig** adj malheureux(-euse)
Unglücksfall m malheur m
ungültig adj (Pass) périmé(e)
• **Ungültigkeit** f nullité f
ungünstig adj défavorable
ungut adj (Gefühl) désagréable; **nichts für ~!** ne le prenez pas mal!
unhaltbar adj (Zustände) insupportable; (Behauptung) insoutenable
Unheil nt malheur m; **~ anrichten** faire des siennes • **unheilvoll** adj funeste
unheimlich adj (Geschichte, Gestalt) sinistre ▶ adv (fam) vachement
unhöflich adj impoli(e) • **Unhöflichkeit** f impolitesse f
unhygienisch adj pas hygiénique
uni adj uni(e)
Uni (-, -s) f fac f
Uniform f uniforme m
uniformiert adj en uniforme
uninteressant adj inintéressant(e)
Universität f université f
Universum (-s) nt univers m
unkenntlich adj méconnaissable
Unkenntnis f ignorance f
unklar adj (Bild) flou(e); (Text, Rede) peu clair(e); **(sich** Dat**) im U~en sein über** +Akk ne pas être au clair sur • **Unklarheit** f manque m de clarté; (Unentschiedenheit) incertitude f
unklug adj imprudent(e)
Unkosten pl frais mpl
• **Unkostenbeitrag** m participation f aux frais
Unkraut nt mauvaises herbes fpl
Unkrautvernichtungsmittel nt herbicide m, désherbant m
unlängst adv récemment
unlauter adj (Wettbewerb) déloyal(e)
unleserlich adj illisible
unlogisch adj illogique
unlösbar adj insoluble
Unlust f manque m d'enthousiasme
unlustig adj maussade
unmäßig adj démesuré(e), excessif(-ive)
Unmenge f grande quantité f
Unmensch m monstre m
• **unmenschlich** adj inhumain(e)
unmerklich adj imperceptible

unmissverständlich adj (Antwort) catégorique; (Verhalten) sans équivoque
unmittelbar adj (Nähe, Folge) immédiat(e); (Kontakt) direct(e)
unmöbliert adj non meublé(e)
unmöglich adj impossible
• **Unmöglichkeit** f impossibilité f
unmoralisch adj immoral(e)
Unmut m mauvaise humeur f
unnachgiebig adj (Material) rigide; (fig) intransigeant(e)
unnahbar adj d'un abord difficile
unnötig adj inutile • **unnötigerweise** adv inutilement
unnütz adj inutile
UNO f abk (= United Nations Organisation): **die ~** l'ONU f
unordentlich adj (Mensch) désordonné(e); (Arbeit) bâclé(e); (Zimmer) en désordre
Unordnung f désordre m
unparteiisch adj impartial(e)
Unparteiische(r) m personne f neutre; (Foot) arbitre m
unpassend adj (Äußerung) déplacé(e); (Zeit) mal choisi(e)
unpässlich adj: **~ sein, sich ~ fühlen** ne pas se sentir très bien
unpersönlich adj impersonnel(le)
unpolitisch adj apolitique
unpraktisch adj peu pratique; (Mensch) qui manque de sens pratique
unproduktiv adj improductif(-ive)
unproportioniert adj mal proportionné(e)
unpünktlich adj qui n'est pas ponctuel(le)
unrationell adj (Betrieb, Arbeit) peu efficace
unrecht adj (Weg) mauvais(e); **~ haben** avoir tort • **Unrecht** nt injustice f; **zu ~** à tort; **im ~ sein** avoir tort
• **unrechtmäßig** adj (Besitz) illégitime
unregelmäßig adj irrégulier(-ière); (Leben) peu réglé(e) • **Unregelmäßigkeit** f irrégularité f
unreif adj pas mûr(e)
unrentabel adj qui n'est pas rentable
unrichtig adj incorrect(e)
Unruh f (von Uhr) roue f de rencontre
Unruhe f agitation f • **Unruhestifter(in)** (-s, -) m(f) agitateur(-trice)
unruhig adj agité(e); (Gegend) bruyant(e)
uns pron Akk, Dat von wir nous
unsachlich adj subjectif(-ive)
unsagbar adj indicible
unsäglich adj, adv = **unsagbar**
unsanft adj brusque

unsauber *adj* pas très propre, sale ; (*Angelegenheit, Geschäft*) louche
unschädlich *adj* inoffensif(-ive) ; **jdn/etw ~ machen** mettre qn/qch hors d'état de nuire
unscharf *adj* (*Konturen*) peu net(te) ; (*Bild etc*) flou(e)
unscheinbar *adj* modeste
unschlagbar *adj* imbattable
unschlüssig *adj* indécis(e)
Unschuld *f* innocence *f* ; (*Jungfräulichkeit*) virginité *f*
unschuldig *adj* innocent(e)
unser *poss pron* (*adjektivisch*) notre ; **~e Bücher/Häuser** nos livres/maisons
unsere(r, s), unsre(r, s) *pron* le(la) nôtre ; **~ sind rot** les nôtres sont rouges
unsererseits *adv* de notre côté
unseresgleichen *pron* les gens comme nous, nos semblables
unsicher *adj* (*nicht selbstsicher*) qui manque d'assurance ; (*ungewiss*) incertain(e) • **Unsicherheit** *f* (*von Verhalten*) manque *m* d'assurance
unsichtbar *adj* invisible
• **Unsichtbarkeit** *f* invisibilité *f*
Unsinn *m* bêtises *fpl*
unsinnig *adj* (*Gerede*) absurde ; (*Preise*) exorbitant(e) ▶ *adv* (*fam: sehr*) terriblement
Unsitte *f* mauvaise habitude *f*
unsittlich *adj* indécent(e)
• **Unsittlichkeit** *f* indécence *f*
unsportlich *adj* (*Mensch*) qui n'aime pas le sport
unsre(r, s) *pron* = **unsere**
unsterblich *adj* immortel(le)
• **Unsterblichkeit** *f* immortalité *f*
Unstimmigkeit *f* discordance *f* ; (*Streit*) désaccord *m*
unsympathisch *adj* antipathique
untätig *adj* inactif(-ive)
untauglich *adj* (*Mil*) inapte ; **er ist für den Posten ~** il n'est pas fait pour ce poste • **Untauglichkeit** *f* inaptitude *f*
unteilbar *adj* indivisible
unten *adv* en bas ; **nach ~** vers le bas ; **ich bin bei ihm ~ durch** (*fam*) je n'ai plus la cote auprès de lui

SCHLÜSSELWORT

unter *präp +Dat* **1** (*räumlich, zeitlich*) en-dessous de, sous ; **unter dem Tisch sitzen** être assis(e) sous la table ; **das Bild hängt unter dem Kalender** le tableau est en-dessous du calendrier ; **Jugendliche unter 18 Jahren** les jeunes de moins de dix-huit ans ; **unter dem Durchschnitt** en-dessous de la moyenne
2 (*zwischen*) entre ; **sie waren unter sich** ils (elles) étaient entre eux (elles) ; **einer unter ihnen** l'un d'entre eux ; **unter anderem** entre autres, notamment ; **unter der Woche** pendant la semaine
3 : **unter etw leiden** souffrir de qch
▶ *präp +Akk* **1** (*räumlich*) en-dessous de, sous ; **etw unter den Teppich kehren** mettre qch sous le tapis
2 (*zwischen*) : **ich rechne ihn unter meine besten Freunde** je le compte parmi mes meilleurs amis ; **unter der Hand** par la bande ; (*verkaufen*) sous le manteau

Unterabteilung *f* subdivision *f*
Unterarm *m* avant-bras *m inv*
unterbelichten *vt insép* sous-exposer
Unterbewusstsein *nt* subconscient *m*
unterbezahlt *adj* sous-payé(e)
unterbieten *irr vt insép* (*Écon*) vendre moins cher que
unterbinden *irr vt insép* empêcher
Unterbodenschutz *m* (*Auto*) couche *f* antirouille (*sous le chassis*)
unterbrechen *irr vt insép* interrompre ; (*Kontakt*) couper
Unterbrechung *f* interruption *f*
unter|bringen *irr vt* (*verstauen*) arriver à mettre, caser ; (*in Hotel, Heim, bei jdm*) loger ; **~ bei** (*beruflich*) placer *od* caser chez
unterdessen *adv* entre-temps
Unterdruck *m* basse pression *f*
unterdrücken *vt insép* (*Gefühle*) réprimer ; (*Leute*) opprimer
Unterdrückung *f* oppression *f*
untere(r, s) *adj* inférieur(e)
untereinander *adv* (*unter uns/euch/sich*) entre nous/vous/eux *od* elles
unterentwickelt *adj* sous-développé(e)
unterernährt *adj* sous-alimenté(e)
Unterernährung *f* sous-alimentation *f*
Unterführung *f* passage *m* souterrain
Untergang *m* (*von Staat, Kultur*) déclin *m* ; (*von Schiff*) naufrage *m* ; (*von Gestirn*) coucher *m*
untergeben *adj* subordonné(e)
unter|gehen *irr vi* (*Schiff*) couler ; (*Sonne*) se coucher ; (*Staat, Kultur*) être en plein déclin ; (*Volk*) périr ; (*im Lärm*) se perdre
Untergeschoss *nt* sous-sol *m*
untergliedern *vt* subdiviser
Untergrund *m* sous-sol *m* ; (*Pol*) clandestinité *f* • **Untergrundbahn** *f* métro *m* • **Untergrundbewegung** *f* mouvement *m* clandestin

unterhalb *präp +Gen* au dessous de ▶ *adv*: **~ von** au-dessous de
Unterhalt *m* entretien *m*
unterhalten *irr vt insép* entretenir ; (*belustigen*) divertir ▶ *vr insép* (*sprechen*) s'entretenir ; **sich gut ~** se divertir
unterhaltend *adj* divertissant(e)
unterhaltsam *adj* divertissant(e)
unterhaltspflichtig *adj* tenu(e) de payer une pension alimentaire
Unterhaltszahlung *f* pension *f* alimentaire
Unterhaltung *f* entretien *m* ; (*Vergnügen*) distraction *f*
Unterhaltungsindustrie *f* industrie *f* des loisirs
Unterhändler(in) *m(f)* négociateur(-trice)
Unterhemd *nt* maillot *m* de corps
Unterhose *f* slip *m*
unterirdisch *adj* souterrain(e)
Unterkiefer *m* mâchoire *f* inférieure
unter|kommen *irr vi* trouver à se loger ; (*Arbeit finden*) trouver du travail ; **das ist mir noch nie untergekommen** je n'ai encore jamais vu ça
Unterkunft (-, -künfte) *f* logement *m*
Unterlage *f* (*Schreibunterlage*) sous-main *m* ; (*Beleg*) document *m*
unterlassen *irr vt insép* (*versäumen*) omettre (de faire) ; (*sich enthalten*) renoncer à
unterlegen *adj* inférieur(e) ; (*besiegt*) vaincu(e)
Unterleib *m* bas-ventre *m*
unterliegen *irr vi insép* (*besiegt werden*) être vaincu(e) ; (*unterworfen sein*) être soumis(e)
Untermenü *nt* (*Inform*) sous-menu *m*
Untermiete *f* sous-location *f* ; **(bei jdm) zur ~ wohnen** sous-louer (à qn)
Untermieter(in) *m(f)* sous-locataire *mf*
unternehmen *irr vt insép* entreprendre • **Unternehmen** (-s, -) *nt* entreprise *f*
Unternehmensberater *m* conseiller *m* en gestion d'entreprise
Unternehmer(in) (-s, -) *m(f)* chef *m* d'entreprise
unternehmungslustig *adj* entreprenant(e)
Unterredung *f* entretien *m*, entrevue *f*
Unterricht (-(e)s, -e) *m* cours *m* • **unterrichten** *vt insép* (*Unterricht geben*) enseigner ▶ *vi insép* enseigner ▶ *vr insép*: **sich ~ über** +*Akk* se renseigner sur
Unterrichtsfach *nt* matière *f*
Unterrock *m* jupon *m*
untersagen *vt insép* interdire

Untersatz *m* (*für Gläser*) dessous *m* de verre ; (*für Flaschen*) dessous *m* de bouteille
unterschätzen *vt insép* sous-estimer
unterscheiden *irr vt insép* distinguer ▶ *vr insép*: **sich von jdm/etw ~** différer *od* être différent(e) de qn/qch
Unterscheidung *f* distinction *f*
Unterschied (-(e)s, -e) *m* différence *f* ; **im ~ zu** à la différence de, contrairement à • **unterschiedlich** *adj* différent(e)
unterschiedslos *adv* sans distinction, indifféremment
unterschlagen *irr vt insép* (*Geld*) détourner ; (*verheimlichen*) taire
Unterschlagung *f* détournement *m* de fonds
Unterschlupf (-(e)s, -schlüpfe) *m* refuge *m*
unterschreiben *irr vt, vi insép* signer
Unterschrift *f* signature *f*
Unterseeboot *nt* sous-marin *m*
Untersetzer *m* = **Untersatz**
untersetzt *adj* (*Gestalt*) trapu(e)
unterste(r, s) *adj* inférieur(e) ; **die ~ Schublade** le tiroir du bas
unterstehen *irr vi insép* (+*Dat*) être subordonné(e) (à) ▶ *vr insép* oser
unterstellen¹ *vt insép*: **jdm etw ~** (*unterschieben*) accuser qn de qch à tort
unter|stellen² *vt* (*Auto*) mettre à l'abri ▶ *vr se* mettre à l'abri
unterstreichen *irr vt insép* souligner
Unterstufe *f* degré *m* inférieur
unterstützen *vt insép* soutenir ; (*aus öffentlichen Mitteln*) subventionner
Unterstützung *f* soutien *m* ; (*Zuschuss*) subvention *f*
untersuchen *vt insép* examiner ; (*Verbrechen*) enquêter sur
Untersuchung *f* examen *m* ; (*von Verbrechen*) enquête *f*
Untersuchungsausschuss *m* commission *f* d'enquête
Untersuchungshaft *f* détention *f* préventive
Untertan (-s, -en) *m* sujet *m*
untertänig *adj* soumis(e)
Untertasse *f* soucoupe *f* ; **fliegende ~** soucoupe volante
unter|tauchen *vi* plonger ; (*verschwinden*) disparaître
Unterteil *nt od m* partie *f* inférieure, bas *m*
unterteilen *vt insép* subdiviser
Untertitel *m* sous-titre *m*
untertreiben *irr vt insép* minimiser
unterwandern *vt insép* noyauter
Unterwäsche *f* sous-vêtements *mpl*

unterwegs adv en route od chemin
unterweisen irr vt insép instruire
Unterwelt f enfers mpl ; (fig) milieu m
unterwerfen irr vt insép (Volk, Gebiet) soumettre ▶ vr insép se soumettre
unterwürfig adj soumis(e)
unterzeichnen vt insép signer
unterziehen irr vt insép : **sich etw** Dat **~** se soumettre à qch ; (einer Prüfung) passer qch
untreu adj infidèle
Untreue f infidélité f
untröstlich adj inconsolable
Untugend f mauvaise habitude f
unüberlegt adj irréfléchi(e)
unübersehbar adj (Fehler, Schaden) évident(e) ; (Menge) immense
unübersichtlich adj (Gelände) peu dégagé(e) ; (System, Plan) confus(e)
unumgänglich adj inévitable
unumwunden adv sans détour
ununterbrochen adj ininterrompu(e) ▶ adv sans arrêt
unveränderlich adj immuable
unverändert adj inchangé(e)
unverantwortlich adj irresponsable
unverbesserlich adj incorrigible
unverbindlich adv (Écon) sans engagement, sans obligation d'achat
unverblümt adj (Wahrheit) tout(e) nu(e) ▶ adv sans détour
unverdaulich adj indigeste
unverdorben adj intègre
unvereinbar adj incompatible
unverfänglich adj anodin(e)
unverfroren adj effronté(e)
unvergesslich adj inoubliable
unverkennbar adj indubitable, évident(e)
unverkrampft adj décomplexé(e)
unvermeidlich adj inévitable
unvermutet adj inattendu(e)
unvernünftig adj (Mensch, Entscheidung) pas raisonnable, stupide
unverschämt adj (Kerl) effronté(e) ; (Preise) exorbitant(e)
Unverschämtheit f culot m
unversehrt adj intact(e)
unversöhnlich adj irréconciliable
unverständlich adj incompréhensible
unverträglich adj (Essen) indigeste ; (Gegensätze) incompatible, inconciliable
unverwüstlich adj (Material) inusable ; (Humor) imperturbable
unverzeihlich adj impardonnable
unverzüglich adj immédiat(e)
unvollkommen adj imparfait(e)
unvollständig adj incomplet(-ète)
unvorbereitet adj non préparé(e)

639 | **uploaden**

unvoreingenommen adj impartial(e)
unvorhergesehen adj imprévu(e)
unvorsichtig adj imprudent(e)
unvorstellbar adj inimaginable
unvorteilhaft adj peu avantageux(-euse)
unwahr adj faux(fausse)
• **unwahrscheinlich** adj invraisemblable ▶ adv : **~ viel Geld** énormément d'argent
• **Unwahrscheinlichkeit** f invraisemblance f
unweigerlich adj inéluctable ▶ adv immanquablement
Unwesen nt (Unfug) méfaits mpl ; **sein ~ treiben** faire des siennes
unwesentlich adj peu important(e)
Unwetter nt tempête f
unwichtig adj sans importance
unwiderlegbar adj irréfutable
unwiderruflich adj irrévocable
unwiderstehlich adj irrésistible
unwillig adj mécontent(e) ; (widerwillig) récalcitrant(e)
unwillkürlich adj (Reaktion) involontaire ▶ adv involontairement
unwirklich adj irréel(le)
unwirksam adj inefficace
unwirsch adj bourru(e)
unwirtlich adj (Land) inhospitalier(-ière), peu accueillant(e)
unwirtschaftlich adj (Verfahren) peu rentable od économique
unwissend adj ignorant(e)
Unwissenheit f ignorance f
unwissenschaftlich adj peu scientifique
unwohl adj : **mir ist ~, ich fühle mich ~** je ne me sens pas (très) bien
• **Unwohlsein** (**-s**) nt malaise m
unwürdig adj +Gen indigne (de)
unzählig adj innombrable
unzerbrechlich adj incassable
unzerstörbar adj indestructible
unzertrennlich adj inséparable
Unzucht f attentat m aux mœurs od à la pudeur
unzüchtig adj indécent(e)
unzufrieden adj mécontent(e)
Unzufriedenheit f mécontentement m
unzulänglich adj insuffisant(e)
unzulässig adj inadmissible
unzurechnungsfähig adj irresponsable
unzusammenhängend adj incohérent(e)
unzutreffend adj inexact(e)
unzuverlässig adj peu sûr(e) od fiable
unzweideutig adj sans équivoque
Update nt (Inform) mise f à jour
uploaden vt télécharger, uploader

üppig *adj* (*Frau, Busen*) plantureux(-euse); (*Essen*) copieux(-euse); (*Vegetation*) luxuriant(e)
Ur- *in zW* (*erste*) premier(-ière); (*ursprünglich*) originel(le)
Ural (**-s**) *m*: **der ~** l'Oural *m*
uralt *adj* très vieux(vieille)
Uran (**-s**) *nt* uranium *m*
Uraufführung *f* première *f*
Ureinwohner *mpl* premiers habitants *mpl*
Urenkel(in) *m(f)* arrière-petit-fils (arrière-petite-fille)
Urgroßmutter *f* arrière-grand-mère *f*
Urgroßvater *m* arrière-grand-père *mf*
Urheber(in) (**-s, -**) *m(f)* instigateur(-trice); (*Autor*) auteur *m*
urig *adj* (*Mensch*) truculent(e)
Urin (**-s, -e**) *m* urine *f*
urkomisch *adj* très drôle
Urkunde *f* document *m*
Urkundenfälschung *f* faux *m*
urkundlich *adj* écrit(e) ▶ *adv* avec document à l'appui
URL *f abk* URL *f*, adresse *f* web
Urlaub (**-(e)s, -e**) *m* congé *m*, vacances *fpl*; (*Mil etc*) permission *f* • **Urlauber(in)** (**-s, -**) *m(f)* vacancier(-ière)
Urmensch *m* homme *m* préhistorique
Urne *f* urne *f*
Ursache *f* cause *f*
Ursprung *m* origine *f*; (*von Fluss*) source *f*
ursprünglich *adj* (*anfänglich*) initial(e)
Urteil (**-s, -e**) *nt* jugement *m*; (*Jur*) sentence *f*, verdict *m* • **urteilen** *vi* juger
Urteilsspruch *m* sentence *f*
Uruguay (**-s**) *nt* l'Uruguay *m*
Uruguayer(in) *m(f)* Uruguayen(ne)
uruguayisch *adj* uruguayen(ne)
Urwald *m* forêt *f* vierge
Urzeit *f* préhistoire *f*
USA *pl abk* (= *Vereinigte Staaten von Amerika*): **die ~** les USA *mpl*
Usbekistan *nt* l'Ouzbékistan *m*
USB-Stick *m* (*Inform*) clé *f* USB
User(in) (**-s, -**) *m(f)* (*Inform*) utilisateur(-trice)
usw. *abk* (= *und so weiter*) etc.
Utensilien *pl* ustensiles *mpl*
Utopie *f* utopie *f*
utopisch *adj* utopique

V

V, v *nt* V, v *m inv*
vag *adj* = **vage**
vage *adj* vague
Vagina (**-, Vaginen**) *f* vagin *m*
Vakuum (**-s, Vakua** *od* **Vakuen**) *nt* vide *m* • **vakuumverpackt** *adj* emballé(e) sous vide
Vampir (**-s, -e**) *m* vampire *m*
Vandalismus *m* vandalisme *m*
Vanille *f* vanille *f* • **Vanillestange** *f* gousse *f* de vanille
Variable *f* variable *f*
Variation *f* variation *f*
variieren *vt, vi* varier
Vase *f* vase *m*
Vater (**-s, ⸚**) *m* père *m* • **Vaterland** *nt* patrie *f*
väterlich *adj* paternel(le)
väterlicherseits *adv* du côté paternel
Vaterschaft *f* paternité *f*
Vaterunser (**-s, -**) *nt* Notre Père *m*
Vati (**-s, -s**) (*fam*) *m* papa *m*
Vatikan (**-s**) *m* Vatican *m*
v. Chr. *abk* (= *vor Christus*) av. J.-C.
Vegetarier(in) (**-s, -**) *m(f)* végétarien(ne)
vegetarisch *adj* végétarien(ne)
vegetieren *vi* végéter
Veilchen *nt* violette *f*
Velo (**-s, -s**) *nt* (*Schweiz*) vélo *m*
Vene *f* veine *f*
Venedig *nt* Venise
Venezolaner(in) (**-s, -**) *m(f)* Vénézuélien(ne)
venezolanisch *adj* vénézuélien(ne)
Venezuela (**-s**) *nt* le Venezuela
Ventil (**-s, -e**) *nt* valve *f*, soupape *f*
Ventilator *m* ventilateur *m*
verabreden *vt* convenir de, fixer ▶ *vr*: **sich mit jdm ~** prendre rendez-vous avec qn

Verabredung f accord m ; (Treffen) rendez-vous m inv
verabscheuen vt détester
verabschieden vt prendre congé de ; (Gesetz) adopter ▶ vr: **sich (von jdm) ~** prendre congé (de qn)
Verabschiedung f (von Menschen) adieux mpl ; (Feier) réception f d'adieu ; (von Gesetz) adoption f
verachten vt mépriser ; **das ist nicht zu ~** (fam) il ne faut pas cracher dessus
verächtlich adj méprisant(e) ; (verachtenswert) méprisable
Verachtung f mépris m
verallgemeinern vt généraliser
Verallgemeinerung f généralisation f
veralten vi tomber en désuétude ; (Buch, These) être dépassé(e)
veraltet adj vieilli(e), démodé(e)
Veranda (-, **Veranden**) f véranda f
veränderlich adj variable ; (Mensch, Wesen) changeant(e)
Veränderlichkeit f variabilité f
verändern vt transformer ▶ vr changer
Veränderung f changement m
verankern vt (Schiff: fig) ancrer
veranlagt adj: **künstlerisch ~ sein** avoir des talents artistiques
Veranlagung f (körperlich) prédisposition f ; (angeborene Fähigkeit) don m
veranlassen vt: **Maßnahmen ~** faire en sorte que des mesures soient prises ; **sich veranlasst sehen, etw zu tun** se voir dans l'obligation de faire qch
Veranlassung f (Anlass) raison f ; **auf jds ~ (hin)** à l'instigation de qn
veranschaulichen vt illustrer
veranschlagen vt (Kosten) estimer
veranstalten vt organiser ; (Lärm) faire
Veranstalter(in) (-s, -) m(f) organisateur(-trice)
Veranstaltung f (Ereignis) manifestation f
Veranstaltungskalender m calendrier m des manifestations
verantworten vt assumer la responsabilité de ▶ vr: **sich (vor jdm) für etw ~** répondre de qch (devant qn)
verantwortlich adj responsable
Verantwortung f responsabilité f ; **auf eigene ~** à ses risques et périls
verantwortungsbewusst adj responsable
verantwortungslos adj irresponsable
verarbeiten vt travailler ; (bewältigen) assimiler ; **Holz zu Papier ~** transformer du bois en papier
Verarbeitung f (Art und Weise) finition f ; (Bewältigung) assimilation f
verärgern vt irriter
verarzten vt soigner
verausgaben vr (finanziell) se ruiner ; (fig) se donner à fond
veräußern vt céder
Verb (-s, -en) nt verbe m
Verband m (Méd) bandage m ; (Bund) association f
verbannen vt bannir
Verbannung f bannissement m
verbarrikadieren vt barricader ▶ vr se barricader
verbergen irr vt cacher ▶ vr se cacher
verbessern vt (besser machen) améliorer ; (berichtigen) corriger ▶ vr s'améliorer
Verbesserung f amélioration f, correction f
verbeugen vr: **sich ~ vor** +Dat s'incliner devant
Verbeugung f révérence f
verbiegen irr vt tordre
verbieten irr vt interdire
verbilligt adj au rabais, à prix réduit
verbinden irr vt relier ; (Menschen) lier ; (kombinieren) combiner ; (Méd) panser ; (Tél) mettre en communication ▶ vr s'unir ; (Chim) se combiner
verbindlich adj (bindend) obligatoire ; (freundlich) aimable
Verbindlichkeit f (bindender Charakter) caractère m obligatoire ; (Höflichkeit) obligeance f ; **Verbindlichkeiten** pl obligations fpl
Verbindung f (von Orten) liaison f ; (Beziehung) contact m ; (Zugverbindung, Verkehrsverbindung) liaison f ; (Tél: Anschluss) communication f ; (Chim) composé m ; (Studentenverbindung) corporation f
verbissen adj (Kampf, Gegner) acharné(e) ; (Gesichtsausdruck) tendu(e)
verbitten irr vt: **sich Dat etw ~** ne pas tolérer qch
verbittern vt aigrir ▶ vi s'aigrir
verblassen vi s'estomper
Verbleib (-(e)s) m: **sein ~** l'endroit m où il se trouve
verbleiben irr vi rester ; **wir sind so verblieben, dass wir ...** nous sommes convenu(e)s que nous ...
verbleit adj au plomb
Verblendung (fig) f aveuglement m
verblöden vi s'abrutir
verblüffen vt épater
Verblüffung f: **zu meiner ~** à ma (grande) stupéfaction
verblühen vi se faner
verbluten vi mourir d'hémorragie

verbohrt adj obstiné(e)
verborgen adj caché(e)
Verbot (**-(e)s, -e**) nt interdiction f
verboten adj interdit(e), défendu(e) ; **Rauchen ~!** défense de fumer !
verbotenerweise adv en dépit de l'interdiction
Verbotsschild nt panneau m d'interdiction
Verbrauch (**-(e)s**) m consommation f
verbrauchen vt consommer ; (Geld) dépenser ; (Kraft) épuiser
Verbraucher(in) (**-s, -**) m(f) consommateur(-trice)
Verbraucherzentrale f institut m national de la consommation
verbraucht adj usé(e) ; (Luft) vicié(e)
verbrechen irr vt commettre, faire
Verbrechen (**-s, -**) nt crime m
Verbrecher(in) (**-s, -**) m(f) criminel(le)
• **verbrecherisch** adj criminel(le)
verbreiten vt répandre ▶ vr se propager ; **sich über etw** Akk **~** s'étendre sur qch
verbreitern vt élargir
Verbreitung f propagation f
verbrennen irr vt brûler ; (Leiche) incinérer ▶ vi brûler
Verbrennung f (Méd) brûlure f ; (von Leiche, Abfällen) incinération f ; (in Motor, von Papier) combustion f
Verbrennungsmotor m moteur m à explosion
verbringen irr vt passer
verbrüdern vr: **sich mit jdm ~** fraterniser avec qn
Verbrüderung f fraternisation f
verbrühen vr s'ébouillanter
verbuchen vt enregistrer ; (Erfolg) mettre à son actif
Verbund m (Écon) trust m
verbunden adj: **jdm ~ sein** être l'obligé(e) de qn
verbünden vr s'allier
Verbundenheit f attachement m
Verbündete(r) f(m) allié(e) m/f
verbürgen vr: **sich für jdn/etw ~** répondre de qn/qch
verbüßen vt (Strafe) purger
verchromt adj chromé(e)
Verdacht (**-(e)s**) m soupçon m
verdächtig adj suspect(e)
• **verdächtigen** vt +Gen soupçonner de
verdammen vt condamner
verdammt (vulg) adj sacré(e) ▶ adv sacrément ; **~ noch mal!** nom de Dieu !
verdampfen vi s'évaporer
verdanken vt: **jdm etw ~** devoir qch à qn
verdarb etc vb siehe **verderben**

verdauen vt digérer
verdaulich adj: **schwer ~** indigeste ; **leicht ~** très digeste
Verdauung f digestion f
Verdeck (**-(e)s, -e**) nt (Auto) capote f ; (Naut) pont m supérieur
verdecken vt cacher
verdenken irr vt: **jdm etw ~** tenir rigueur de qch à qn
verderben irr vt gâcher ; (moralisch) corrompre, pervertir ▶ vi (Essen) s'avarier ; **sich den Magen ~** se rendre malade ; **sich die Augen ~** s'abîmer les yeux od la vue ; **es sich** Dat **mit jdm ~** se brouiller avec qn
Verderben (**-s**) nt perte f
verderblich adj (Einfluss) nocif(-ive), mauvais(e) ; (Lebensmittel) périssable
verderbt adj corrompu(e)
Verderbtheit f dépravation f
verdeutlichen vt expliquer
verdichten vt (Phys, Tech) comprimer ▶ vr (Nebel) s'épaissir
verdienen vt (Geld) gagner ; (moralisch) mériter
Verdienst (**-(e)s, -e**) m (Einkommen) revenu m ▶ nt mérite m
verdient adj mérité(e) ; (Person) émérite ; **sich um etw ~ machen** servir od aider à qch
verdoppeln vt doubler
verdorben pp von **verderben** ▶ adj (Essen) avarié(e) ; (moralisch) dépravé(e)
verdorren vi se dessécher
verdrängen vt refouler
Verdrängung f refoulement m
verdrehen vt (Augen) rouler ; (Sinn, Wahrheit) fausser ; **jdm den Kopf ~** tourner la tête à qn
verdreifachen vt tripler
verdrießlich adj renfrogné(e), dépité(e)
verdrossen adj morose
verdrücken (fam) vt (essen) engloutir ▶ vr filer
Verdruss (**-es, -e**) m contrariété f
verduften vi s'évaporer ; (fam) se volatiliser
verdummen vt abrutir ▶ vi s'abrutir
verdunkeln vt (Raum) obscurcir ; (Tat) camoufler ▶ vr (Himmel) s'assombrir
verdünnen vt diluer
verdunsten vi s'évaporer
verdursten vi mourir de soif
verdutzt adj déconcerté(e)
verehren vt vénérer ; **jdm etw ~** (fam) faire cadeau de qch à qn
Verehrer(in) (**-s, -**) m(f) admirateur(-trice) ; (Liebhaber auch) soupirant m

verehrt adj honoré(e), vénéré(e) ; **sehr ~es Publikum!** Mesdames et Messieurs !
Verehrung f admiration f ; (Rel) vénération f
vereidigen vt assermenter ; **jdn auf etw** Akk **~** faire prêter serment à qn sur qch
Vereidigung f prestation f de serment
Verein (-(e)s, -e) m association f, société f
• **vereinbar** adj compatible
vereinbaren vt convenir de
Vereinbarung f accord m
vereinen vt unir ; (Prinzipien) concilier ; **die Vereinten Nationen** les Nations fpl unies
vereinfachen vt simplifier
vereinheitlichen vt uniformiser
vereinigen vt réunir ▶ vr se réunir ; **sich ~ mit** s'unir à ; **die Vereinigten Staaten** les États-Unis mpl ; **die Vereinigten Arabischen Emirate** les Émirats mpl Arabes Unis
Vereinigung f union f ; (Verein) association f
vereinsamen vi devenir (de plus en plus) solitaire
vereinzelt adj isolé(e)
vereisen vi geler ▶ vt (Méd) insensibiliser
vereiteln vt (Plan) déjouer
vereitern vi s'infecter
vereitert adj infecté(e)
verenden vi périr
verengen vr rétrécir
vererben vt léguer ; (Biol) transmettre ▶ vr se transmettre
vererblich adj héréditaire
Vererbung f hérédité f, transmission f (héréditaire)
verewigen vt immortaliser
verfahren irr vi (handeln) procéder ▶ vt (Geld) dépenser (en transports) ; (Benzin) consommer ; (Fahrkarte) utiliser ▶ vr se tromper de route ▶ adj (Situation) sans issue
Verfahren (-s, -) nt procédé m ; (Jur) procédure f
Verfall (-(e)s) m déclin m ; (von Gebäude) délabrement m ; (von Gutschein, Garantie, Wechsel) échéance f
verfallen irr vi (Gebäude) tomber en ruine ; (ungültig werden) expirer ▶ adj (Gebäude) délabré(e) ; **~ in** +Akk (Schweigen) tomber dans ; **~ auf** +Akk (Gedanken) avoir ; (neues Projekt) avoir l'idée de ; **jdm völlig ~ sein** être l'esclave de qn ; **einem Laster ~ sein** s'adonner à un vice
Verfallsdatum nt date f d'expiration
verfänglich adj (Frage, Situation) délicat(e)

verfärben vr changer de couleur
verfassen vt rédiger
Verfasser(in) (-s, -) m(f) auteur mf
Verfassung f (auch Pol) constitution f ; (Zustand) état m
Verfassungsgericht nt cour constitutionnelle
verfassungsmäßig adj constitutionnel(le)
Verfassungsschutz m (Aufgabe) protection f de la constitution ; (Amt) office chargé de s'assurer que la constitution est respectée
verfassungswidrig adj anticonstitutionnel(le)
verfaulen vi pourrir
Verfechter(in) (-s, -) m(f) défenseur mf
verfehlen vt manquer, rater
verfeinern vt améliorer
verfilmen vt filmer
verfliegen irr vi (Duft, Ärger) se dissiper ; (Zeit) passer très vite
verflixt (fam) adj fichu(e) ▶ adv bigrement
verflossen adj (Zeiten, Monat) passé(e) ; (fam: Liebhaber) ancien(ne)
verfluchen vt maudire
verflüchtigen vr se volatiliser
verfolgen vt poursuivre ; (Pol) persécuter ; (Spur, Plan, Entwicklung) suivre
Verfolger(in) (-s, -) m(f) poursuivant(e)
Verfolgung f poursuite f ; (Pol) persécution f
Verfolgungswahn m délire f de persécution
verfremden vt appliquer l'effet de distanciation à
verfrüht adj prématuré(e)
verfügbar adj disponible
verfügen vt (anordnen) ordonner ▶ vi : **~ über** +Akk disposer de
Verfügung f (Anordnung) décret m ; **jdm zur ~ stehen** être à la disposition de qn
verführen vt (sexuell) séduire
Verführer(in) m(f) séducteur(-trice)
verführerisch adj (Angebot, Duft, Anblick) tentant(e) ; (Aussehen) séduisant(e)
Verführung f séduction f ; (Versuchung) tentation f
vergammeln (fam) vi se laisser aller ; (Nahrung) devenir immangeable
vergangen adj dernier(-ière), passé(e)
• **Vergangenheit** f passé m
• **Vergangenheitsbewältigung** f fait d'assumer son passé
vergänglich adj passager(-ère)
Vergänglichkeit f caractère m passager
vergasen vt gazéifier ; (töten) gazer

Vergaser (-s, -) m carburateur m
vergaß etc vb siehe **vergessen**
vergeben irr vt (verzeihen) pardonner ; **~ an** +Akk attribuer à ; **sich** Dat **etw/nichts ~** perdre/ne pas perdre la face ; **~ sein** (verlobt, verheiratet) être déjà casé(e)
vergebens adv en vain
vergeblich adj vain(e), inutile
Vergebung f (Verzeihen) pardon m ; **um ~ bitten** demander pardon
vergegenwärtigen vr: **sich** Dat **etw ~** se représenter qch
vergehen irr vi (Zeit) passer ; (Schmerzen) disparaître ▶ vr: **sich gegen ein Gesetz ~** transgresser une loi ; **sich an jdm ~** violer qn ; **ihm vergeht die Lust/der Appetit** il perd l'envie/l'appétit
• **Vergehen** (-s, -) nt délit m
vergelten irr vt: **etw mit etw ~** rendre qch pour qch ; **jdm etw ~** faire payer qch à qn
Vergeltung f vengeance f
Vergeltungsschlag m représailles fpl
vergessen irr vt oublier ▶ vr s'emporter ; **das werde ich ihm nie ~** je m'en souviendrai, je le lui revaudrai
• **Vergessenheit** f: **in ~ geraten** tomber dans l'oubli
vergesslich adj: **~ werden** perdre la mémoire • **Vergesslichkeit** f mauvaise mémoire f
vergeuden vt gaspiller
vergewaltigen vt violer ; (Sprache) faire violence à
Vergewaltigung f viol m ; (fig) violation f
vergewissern vr s'assurer
vergießen irr vt verser
vergiften vt empoisonner
Vergiftung f empoisonnement m
vergilben vi jaunir
Vergissmeinnicht (-(e)s, -e) nt myosotis m
verglasen vt vitrer
Vergleich (-(e)s, -e) m comparaison f ; (Jur) compromis m ; **im ~ mit** od **zu** en comparaison de, par comparaison à
• **vergleichbar** adj comparable
vergleichen irr vt comparer ▶ vr se comparer ; (sich arranger, transiger
vergnügen vr s'amuser • **Vergnügen** (-s, -) nt plaisir m ; **etw macht jdm (großes) ~** qch fait (très) plaisir à qn ; **viel ~!** amusez-vous/amuse-toi bien ! ; **nur zum ~** uniquement pour son etc plaisir
vergnügt adj joyeux(-euse), gai(e)
Vergnügung f divertissement m, amusement m
Vergnügungspark m parc m d'attractions
vergnügungssüchtig adj avide de plaisir
vergolden vt dorer
vergöttern vt adorer
vergraben irr vt (in der Erde) enterrer ; (verbergen) enfouir ▶ vr (in Arbeit etc) se plonger
vergrämt adj contrarié(e)
vergreifen irr vr: **sich an jdm ~** se livrer à des voies de fait sur qn ; **sich an etw** Dat **~** s'approprier qch
vergriffen adj (Buch) épuisé(e)
vergrößern vt agrandir ; (mengenmäßig) augmenter ; (mit Lupe) grossir ▶ vr s'agrandir, augmenter
Vergrößerung f agrandissement m ; (mit Lupe) grossissement m
Vergrößerungsglas nt loupe f
Vergünstigung f (Preisermäßigung) rabais m ; (Vorteil) privilège m
vergüten vt (Arbeit, Leistung) payer ; **jdm etw ~** rembourser qch à qn
Vergütung f paiement m ; (von Unkosten, Auslagen) remboursement m
verh. abk = verheiratet
verhaften vt arrêter
Verhaftete(r) f(m) personne f arrêtée
Verhaftung f arrestation f
verhallen vi (Geräusch) s'éteindre ; (Rufe) se perdre
verhalten irr vr se comporter
• **Verhalten** (-s) nt comportement m
Verhaltensforschung f étude f du comportement, éthologie f
verhaltensgestört adj perturbé(e)
Verhaltensmaßregel f règle f de conduite
Verhältnis nt (Relation) rapport m, relation f ; **Verhältnisse** pl (Umstände) conditions fpl ; (Lage) situation f ; **über seine ~se leben** vivre au-dessus de ses moyens • **verhältnismäßig** adv relativement • **Verhältniswahl** f scrutin m proportionnel
verhandeln vi négocier ▶ vt (Jur) juger ; **(mit jdm) über etw** Akk **~** négocier qch (avec qn)
Verhandlung f négociation f ; (Jur) procès m
verhängen vt (Strafe) prononcer ; (Ausnahmezustand) proclamer
Verhängnis nt fatalité f ; **jdm zum ~ werden, jds ~ sein** être fatal(e) à qn
• **verhängnisvoll** adj fatal(e)
verharmlosen vt minimiser
verharren vi demeurer ; (hartnäckig) persister

verhärten vr (Material, Gewebe) durcir
verhasst adj détesté(e), haï(e)
verheerend adj dévastateur(-trice)
verhehlen vt cacher
verheilen vi guérir
verheimlichen vt cacher
verheiratet adj marié(e)
verheißen irr vt promettre
verhelfen irr vi: **jdm zu etw ~** aider qn à obtenir qch ; **jdm zur Flucht ~** aider qn à s'enfuir
verherrlichen vt glorifier
verhexen vt ensorceler
verhindern vt empêcher
verhöhnen vt se moquer de
Verhör (**-(e)s, -e**) nt interrogatoire m
verhören vt interroger ▶ vr entendre de travers
verhungern vi mourir de faim
verhüten vt empêcher, prévenir
Verhütung f prévention f
Verhütungsmittel nt contraceptif m
verirren vr se perdre
verjagen vt chasser
verjüngen vt rajeunir
verkabeln vt câbler
Verkabelung f câblage m
verkalken vi (Méd) se scléroser ; (fam: senil werden) être sclérosé(e) ; (Wasserkessel) être entartré(e)
verkalkulieren vr se tromper dans ses calculs
verkannt adj méconnu(e)
Verkauf m vente f
verkaufen vt vendre ; **jdn für dumm ~** prendre qn pour un idiot
Verkäufer(in) (**-s, -**) m(f) vendeur(-euse)
verkäuflich adj (zu verkaufen) à vendre ; (absetzbar) vendable
Verkaufsschlager m article m très demandé, succès m commercial
Verkehr (**-s, -e**) m (Straßenverkehr, Umlauf) circulation f ; (Kontakt, Umgang) relations fpl ; (Geschlechtsverkehr) rapports mpl (sexuels) ; **etw aus dem ~ ziehen** retirer qch de la circulation
verkehren vi circuler ▶ vt fausser ; **bei jdm ~** fréquenter qn ; **in einem Café ~** fréquenter un café ; **mit jdm ~** être en contact od en relation avec qn ; **sich ins Gegenteil ~** changer du tout au tout
Verkehrsampel f feux mpl (de circulation)
Verkehrsamt nt office m du tourisme
Verkehrsaufkommen nt densité f de la circulation
verkehrsberuhigt adj (Zone) à circulation réduite
Verkehrsberuhigung f réduction f de la circulation
Verkehrsdelikt nt infraction f au code de la route
Verkehrsinsel f îlot m de circulation
Verkehrsmittel nt moyen m de transport ; **öffentliche ~** transports mpl publics od en commun
Verkehrsschild nt panneau m de signalisation
Verkehrsstau m bouchon m
Verkehrsstockung f gros bouchon m
Verkehrssünder m contrevenant m au code de la route
Verkehrsteilnehmer m usager m de la route
Verkehrsunfall m accident m de la circulation
Verkehrsverbund m transports mpl publics
verkehrswidrig adj (Verhalten) contrevenant au code de la route
Verkehrszeichen nt panneau m de signalisation
verkehrt adj (falsch) faux(fausse) ; (umgekehrt) à l'envers
verkennen irr vt méconnaître
verklagen vt porter plainte contre
verklappen vt déverser en mer
verklären vt transfigurer
verkleiden vr se déguiser ▶ vt (Wand) revêtir
Verkleidung f déguisement m ; (Archit) revêtement m
verkleinern vt réduire
verklemmt adj complexé(e)
verklingen irr vi s'évanouir
verkneifen irr vr: **sich** Dat **etw ~** (sich versagen) se priver de qch
verkniffen adj tendu(e)
verknoten vt nouer
verknüpfen vt (Faden) attacher ; (Gedanken etc) associer
Verknüpfung (fig) f association f
verkohlen vt (fam): **jdn ~** se payer la tête de qn ▶ vi être carbonisé(e)
verkommen irr vi (Garten, Haus etc) être à l'abandon ; (Mensch) se laisser aller ▶ adj (Haus) délabré(e) ; (Mensch) dévoyé(e) • **Verkommenheit** f (moralisch) dépravation f
verkörpern vt incarner
verkrachen (fam) vr se brouiller
verkraften vt supporter
verkriechen irr vr se terrer
verkrümmt adj (Rücken) voûté(e)
Verkrümmung f (Méd) déviation f
verkrüppelt adj estropié(e)

verkrustet adj (Wunde) recouvert(e) d'une croûte
verkühlen vr prendre froid
verkümmern vi (Pflanze) s'étioler ; (Mensch, Tier) dépérir ; (Gliedmaßen) s'atrophier ; (Talent) se perdre
verkünden vt annoncer ; (Urteil) prononcer
verkürzen vt raccourcir ; **verkürzte Arbeitszeit** journée f de travail réduite
Verkürzung f réduction f
verladen irr vt embarquer
Verlag (-(e)s, -e) m maison f d'édition
verlangen vt exiger, demander • **Verlangen** (-s, -) nt: ~ **nach** désir m de ; **auf jds ~ (hin)** à la demande de qn
verlängern vt (länger machen) rallonger ; (zeitlich) prolonger
Verlängerung f prolongation f
Verlängerungsschnur f rallonge f
verlangsamen vt ralentir
Verlass m: **auf jdn/etw ist kein ~** on ne peut pas se fier à qn/qch
verlassen irr vt abandonner ▶ vr: **sich ~ auf** +Akk compter sur ▶ adj abandonné(e)
verlässlich adj sûr(e)
Verlauf m (Ablauf) déroulement m ; (von Kurve) tracé m ; **im ~ von** au cours de
verlaufen irr vi (Feier, Abend, Urlaub) se dérouler ; (Tinte, Farbe) s'étaler ▶ vr (sich verirren) s'égarer ; (sich auflösen) se disperser ; **die Grenze verläuft entlang des Flusses** la frontière longe la rivière
verlauten vi: **etw ~ lassen** révéler qch ; **wie verlautet** comme on l'a annoncé
verleben vt passer
verlebt adj (Gesicht) de fêtard
verlegen vt déplacer ; (Wohnsitz) transférer ; (verlieren) égarer ; (Termin) remettre ; (Leitungen, Kabel, Fliesen etc) poser ; (Buch) éditer ▶ vr: **sich auf etw** Akk **~** recourir à qch ▶ adj embarrassé(e), gêné(e) ; **nicht ~ sein um** ne pas être à court de • **Verlegenheit** f embarras m ; **jdn in ~ bringen** mettre qn dans l'embarras
Verleger (-s, -) m éditeur m
Verleih (-(e)s, -e) m location f
verleihen irr vt: **an jdn ~** (leihweise, Geld) prêter à qn ; (verschaffen) conférer à qn ; (Medaille, Preis) décerner à qn
Verleihung f (von Dingen) prêt m ; (: gegen Gebühr) location f ; (von Medaille, Preis) remise f
verleiten vt: **~ zu** entraîner à
verlernen vt oublier
verlesen irr vt lire à haute voix ; (Beeren, Obst etc) trier ▶ vr mal lire
verletzen vt blesser ; (Gesetz etc) violer ▶ vr se blesser
verletzend adj blessant(e)
verletzlich adj vulnérable
Verletzte(r) f(m) blessé(e) m/f
Verletzung f blessure f ; (Verstoß) violation f
verleugnen vt renier
verleumden vt calomnier
verleumderisch adj calomniateur(-trice)
Verleumdung f calomnie f, diffamation f
verlieben vr: **sich in jdn/etw ~** tomber amoureux(-euse) de qn/qch
verliebt adj amoureux(-euse) • **Verliebtheit** f état m amoureux
verlieren irr vt, vi perdre ▶ vr (Angst, Geruch) se dissiper ; (verschwinden) se perdre ; **an Wert/an Höhe ~** perdre de sa valeur/de l'altitude ; **du hast hier nichts verloren!** tu n'as rien à faire ici !
Verlierer m perdant m
verloben vr: **sich ~ mit** se fiancer à od avec
Verlobte(r) f(m) fiancé(e) m/f
Verlobung f fiançailles fpl
Verlockung f tentation f
verlogen adj menteur(-euse) ; (Kompliment, Versprechungen) mensonger(-ère) • **Verlogenheit** f hypocrisie f
verlor etc vb siehe **verlieren**
verloren pp von **verlieren** ▶ adj perdu(e) ; **jdn/etw ~ geben** considérer qn/qch comme perdu(e) ; **~ gehen** se perdre
verlöschen irr vi s'éteindre
verlosen vt tirer au sort
Verlosung f tirage m au sort
verlottern (fam) vi (Mensch) mal tourner ; (Haus) se délabrer ; (Garten) être à l'abandon
Verlust (-(e)s, -e) m perte f ; (finanziell auch) déficit m
vermachen vt léguer
Vermächtnis nt legs m
Vermählung f mariage m
vermasseln (fam) vt gâcher
vermehren vt augmenter, faire fructifier ▶ vr augmenter ; (sich fortpflanzen) se reproduire
Vermehrung f augmentation f ; (Fortpflanzung) reproduction f
vermeiden irr vt éviter
vermeintlich adj présumé(e)
Vermerk (-(e)s, -e) m remarque f ; (in Ausweis) mention f
vermerken vt noter
vermessen vt (Land) mesurer, arpenter ▶ adj présomptueux(-euse) • **Vermessenheit** f présomption f

Verringerung

Vermessung f (von Land) arpentage m
vermieten vt louer
Vermieter(in) m(f) propriétaire mf
Vermietung f location f
vermindern vt réduire ▶ vr diminuer
Verminderung f réduction f
vermischen vt mélanger ▶ vr se mélanger
vermissen vt (Mensch) s'ennuyer de ; (Gegenstand) avoir perdu ; **als vermisst gemeldet** od **vermisst sein** être porté(e) disparu(e)
vermitteln vi (in Streit) servir de médiateur ▶ vt (Arbeitskräfte) procurer ; (Wissen) transmettre
Vermittler(in) (-s, -) m(f) intermédiaire m ; (Schlichter) médiateur(-trice)
Vermittlung f (Stellenvermittlung) bureau m de placement ; (Tél) central m téléphonique ; (Schlichtung) médiation f
vermodern vi pourrir, se décomposer
Vermögen (-s, -) nt fortune f ; (Fähigkeit) faculté f ; **ein ~ kosten** coûter une fortune
vermögend adj fortuné(e)
vermummen vr s'envelopper
vermuten vt supposer, présumer ; **ich vermute ihn dort** je suppose qu'il y est
vermutlich adj probable ▶ adv probablement
Vermutung f supposition f
vernachlässigen vt négliger
Vernachlässigung f fait m de négliger
vernarben vi se cicatriser
vernehmen irr vt entendre ; (polizeilich) interroger
vernehmlich adj intelligible
Vernehmung f (richterlich) audition f ; (polizeilich) interrogatoire m
vernehmungsfähig adj en état de témoigner
verneigen vr: **sich vor jdm/etw ~** s'incliner devant qn/qch
verneinen vt (Frage) répondre par la négative à ; (ablehnen) refuser ; (Ling) mettre à la forme négative
Verneinung f réponse f négative ; (Ablehnung) refus m ; (Ling) négation f
Vernetzung f connexion f
vernichten vt (Akten, Ernte) détruire ; (Feind) anéantir
vernichtend adj écrasant(e) ; (Kritik) cinglant(e)
Vernichtung f destruction f
verniedlichen vt minimiser
Vernissage f vernissage m
Vernunft (-) f raison f ; **zur ~ kommen** entendre raison
vernünftig adj raisonnable ; (fam: Essen, Arbeit etc) convenable
veröden vi se dépeupler ▶ vt (Krampfadern) procéder à l'ablation de
veröffentlichen vt publier
Veröffentlichung f publication f
verordnen vt (Medikament) prescrire
Verordnung f décret m ; (Méd) ordonnance f
verpachten vt donner à bail
verpacken vt emballer
Verpackung f emballage m
Verpackungsmaterial nt matériau m d'emballage
verpassen vt manquer, rater ; **jdm eine (Ohrfeige) ~** (fam) flanquer une gifle à qn
verpesten vt empester
verpflanzen vt transplanter
Verpflanzung f transplantation f
verpflegen vt nourrir
Verpflegung f nourriture f ; (im Hotel) pension f
verpflichten vt obliger ; (anstellen, vertraglich binden) engager ▶ vr s'engager ▶ vi engager ; **jdm zu Dank verpflichtet sein** être l'obligé(e) de qn
Verpflichtung f (sozial, finanziell etc) obligation f ; (Engagieren) engagement m
verpfuschen (fam) vt bâcler
verplempern (fam) vt gaspiller
verpönt adj mal vu(e)
verprassen vt dilapider
verprügeln vt rosser, battre
Verputz m crépi m
verputzen vt (Haus) crépir ; (fam: Essen) engloutir
verquollen adj gonflé(e), bouffi(e)
Verrat (-(e)s) m trahison f
verraten irr vt trahir ▶ vr se trahir
Verräter(in) (-s, -) m(f) traître(-esse)
• **verräterisch** adj traître
verrechnen vt (Scheck) porter en compte ▶ vr se tromper dans ses calculs ; (fig) se tromper ; **etw mit etw ~** compenser qch avec qch
Verrechnungsscheck m chèque m barré
verregnet adj pluvieux(-euse)
verreisen vi partir en voyage
verreißen irr vt démolir
verrenken vt démettre ; (Méd) luxer ▶ vr: **sich den Knöchel ~** se fouler la cheville
Verrenkung f (Bewegung) contorsion f ; (Méd) luxation f
verrichten vt accomplir
verriegeln vt verrouiller
verringern vt diminuer, réduire ▶ vr diminuer
Verringerung f diminution f, réduction f

verrosten vi rouiller
verrotten vi pourrir, se décomposer
verrücken vt déplacer
verrückt adj fou(folle) ; **auf jdn/etw ~ sein** (fam) être fou(folle) de qn/qch • **Verrückte(r)** f(m) fou(folle) m/f • **Verrücktheit** f folie f
Verruf m : **jdn in ~ bringen** discréditer qn ; **in ~ geraten** tomber en discrédit
verrufen adj mal famé(e)
Vers (**-es, -e**) m vers m ; (in Bibel) verset m
versagen vi (Mensch, Stimme) défaillir ; (Regierung) échouer ; (Maschine, Motor) tomber en panne • **Versagen** (**-s**) nt défaillance f ; **menschliches ~** défaillance humaine
Versager(in) (**-s, -**) m(f) raté(e)
versalzen vt trop saler ; (fam: fig) bousiller
versammeln vt réunir, rassembler ▶ vr se réunir
Versammlung f réunion f, assemblée f
Versand (**-(e)s**) m expédition f ; (Abteilung) service m expédition
Versandhaus nt maison f de vente par correspondance
versauern vi (Mensch) s'encroûter
versäumen vt (verpassen) manquer, rater ; (unterlassen) négliger
Versäumnis f omission f
verschaffen vt : **jdm etw ~** procurer qch à qn
verschämt adj gêné(e)
verschandeln vt gâcher
verschanzen vr : **sich hinter etw** Dat **~** se retrancher derrière qch
verschärfen vt (Strafe, Gesetze) rendre plus sévère ; (Zensur, Kontrollen) intensifier ▶ vr s'aggraver
Verschärfung f intensification f
verschätzen vr se tromper
verschenken vt (Gegenstand) offrir
verscherzen vr : **sich** Dat **etw ~** perdre qch
verscheuchen vt chasser
verschicken vt envoyer
verschieben irr vt (Möbel etc) déplacer ; (zeitlich) remettre ; (Waren, Devisen) faire le trafic de ▶ vr (verrutschen) glisser
verschieden adj différent(e) ; **~ lang/ groß sein** ne pas avoir la même longueur/taille ; **V~es** plusieurs choses ; **„V~es"** (in Zeitung) « faits divers » • **verschiedenartig** adj de nature différente ; **zwei so ~e ...** deux ... tellement différents
Verschiedenheit f différence f
verschiedentlich adv à plusieurs reprises

verschimmeln vi moisir
verschlafen irr vi, vr se réveiller trop tard ▶ vt (Tag) passer à dormir ; (versäumen) oublier ▶ adj endormi(e)
Verschlag m réduit m, cagibi m
verschlampen (fam) vt (verlieren) paumer ▶ vi (Mensch) se laisser aller
verschlechtern vt détériorer ; (Stellung) aggraver ▶ vr empirer
Verschlechterung f aggravation f, dégradation f
Verschleiß (**-es, -e**) m usure f
verschleißen irr vt user ▶ vi s'user
verschleppen vt (Menschen) déporter ; (hinauszögern) faire traîner en longueur
verschleudern vt (Vermögen) gaspiller ; (Waren) brader
verschließbar adj qui ferme à clé
verschließen irr vt (Haus, Tür etc) fermer à clé ▶ vr se fermer ; **sich allem Neuen ~** refuser tout changement
verschlimmern vt aggraver ▶ vr s'aggraver, empirer
Verschlimmerung f aggravation f
verschlingen irr vt engloutir ; (Fäden) nouer
verschliss etc vb siehe **verschleißen**
verschlissen pp von **verschleißen**
verschlossen adj fermé(e) à clé ; (fig) renfermé(e) • **Verschlossenheit** f (von Mensch) caractère m renfermé
verschlucken vt avaler ▶ vr avaler de travers
Verschluss m fermeture f ; (Stöpsel) bouchon m ; **unter ~ halten** garder sous clé
verschlüsseln vt (Nachricht) coder
verschmähen vt dédaigner
verschmelzen irr vt fondre ▶ vi se mêler
verschmerzen vt se consoler de
verschmitzt adj malicieux(-euse)
verschmutzen vt salir ; (Umwelt) polluer
verschneit adj enneigé(e)
verschnupft adj : **~ sein** être enrhumé(e) ; (fam: beleidigt) être vexé(e)
verschollen adj disparu(e)
verschonen vt épargner ; **jdn mit etw ~** épargner qch à qn ; **von etw verschont bleiben** être épargné(e) par qch
verschönern vt embellir
verschreiben irr vt (Méd) prescrire ▶ vr faire une faute ; **sich einer Sache ~** se consacrer à qch
verschreibungspflichtig adj délivré(e) uniquement sur ordonnance
verschroben adj bizarre
verschrotten vt mettre à la ferraille
verschüchtert adj intimidé(e)

verschulden vt causer • **Verschulden** (**-s**) nt faute f ; **ohne mein/sein ~** sans que j'y sois/qu'il y soit pour rien
verschuldet adj endetté(e)
Verschuldung f endettement m
verschütten vt (versehentlich) renverser ; (zuschütten) combler ; (unter Trümmern) ensevelir
verschwand etc vb siehe **verschwinden**
verschweigen irr vt taire ; **jdm etw ~** cacher qch à qn
verschwenden vt gaspiller
Verschwender(in) (**-s, -**) m(f) gaspilleur(-euse)
verschwenderisch adj (Mensch) dépensier(-ière) ; (Aufwand) excessif(-ive)
Verschwendung f gaspillage m
verschwiegen adj (Mensch) discret(-ète) ; (Ort) retiré(e) • **Verschwiegenheit** f discrétion f
verschwimmen irr vi se brouiller
verschwinden irr vi disparaître • **Verschwinden** (**-s**) nt disparition f
verschwitzen vt (Kleidung) tremper de sueur ; (fam: vergessen) oublier
verschwommen adj (Farbe) fondu(e) ; (Bild) flou(e)
verschwören irr vr conspirer
Verschwörer(in) (**-s, -**) m(f) conspirateur(-trice)
Verschwörung f conspiration f
verschwunden pp von **verschwinden**
versehen irr vt (Dienst, Pflicht) accomplir ; (Haushalt) tenir ; **jdm/etw mit etw ~** (ausstatten) munir qn/qch de qch ; **ehe er (es) sich ~ hatte ...** il n'a pas eu le temps de dire ouf que ... • **Versehen** (**-s, -**) nt méprise f ; **aus ~** par mégarde
versehentlich adv par mégarde
Versehrte(r) f(m) invalide mf
versenden irr vt expédier
versengen vt brûler, roussir
versenken vt enfoncer ; (Schiff) couler ▶ vr: **sich ~ in** +Akk se plonger dans
versessen adj: **auf jdn/etw ~** fou(folle) de qn/qch
versetzen vt (an andere Stelle) déplacer ; (dienstlich) muter ; (verpfänden) mettre en gage ; (in Schule) faire passer dans la classe supérieure ; (fam: vergeblich warten lassen) poser un lapin à ▶ vr: **sich in jdn** od **in jds Lage ~** se mettre à la place de qn ; **jdm einen Tritt/Schlag ~** donner un coup de pied/coup à qn ; **jdn in gute Laune ~** mettre qn de bonne humeur
Versetzung f (dienstlich) mutation f ; (in Schule) passage m dans la classe supérieure

verseuchen vt polluer ; (durch radioaktive Stoffe) contaminer
versichern vt assurer ▶ vr +Gen s'assurer de ; **etw ~ gegen** assurer qch contre
Versicherung f assurance f
Versicherungsnehmer(in) (**-s, -**) m(f) (förmlich) assuré(e)
Versicherungspolice f police f d'assurance
Versicherungsprämie f prime f d'assurance
versiegeln vt (Brief) cacheter ; (Parkett) vitrifier
versiegen vi tarir
versinken irr vi s'enfoncer ; (Schiff) couler ; **in etw** Akk **versunken sein** être plongé(e) dans qch
Version f version f
versöhnen vt réconcilier ▶ vr: **sich mit jdm ~** se réconcilier avec qn
Versöhnung f réconciliation f
versorgen vt fournir ; (unterhalten) entretenir ; (sich kümmern um) s'occuper de ▶ vr: **sich ~ mit** se pourvoir de, s'approvisionner en
Versorgung f approvisionnement m ; (Unterhalt) entretien m
verspäten vr être en retard
verspätet adj (Zug, Abflug, Ankunft) en retard ; (Glückwünsche) tardif(-ive)
Verspätung f retard m
versperren vt (Weg) barrer ; (Sicht) boucher ; (Tür) barricader
verspielen vt (Geld) perdre au jeu ; **bei jdm verspielt haben** ne plus être bien vu de qn
verspielt adj joueur(-euse)
verspotten vt se moquer de
versprechen irr vt promettre ▶ vr faire un lapsus ; **sich** Dat **etw von etw ~** attendre qch de qch • **Versprechen** (**-s, -**) nt promesse f
verspüren vt éprouver
verstaatlichen vt nationaliser
Verstand m raison f ; **über jds ~ gehen** dépasser qn
verstandesmäßig adj rationnel(le)
verständig adj raisonnable
verständigen vt avertir, prévenir ▶ vr communiquer ; (sich einigen) se mettre d'accord, s'entendre
Verständigung f (Kommunikation) communication f ; (Benachrichtigung) notification f ; (Einigung) accord m
verständlich adj compréhensible ; **sich ~ machen** se faire comprendre
Verständlichkeit f intelligibilité f

Verständnis nt compréhension f ; **für etw kein ~ haben** ne pas comprendre qch • **verständnislos** adj qui ne comprend pas ; (Blick, Gesichtsausdruck) déconcerté(e) • **verständnisvoll** adj compréhensif(-ive)
verstärken vt renforcer ; (Strom, Spannung, Ton) amplifier ; (erhöhen) augmenter ▶ vr augmenter
Verstärker (-s, -) m (Tech) amplificateur m
Verstärkung f renforcement m ; (von Strom, Spannung, Ton) amplification f ; (Hilfe) renforts mpl
verstauchen vt : **sich** Dat **etw ~** se fouler od se tordre qch
verstauen vt caser
Versteck (-(e)s, -e) nt cachette f ; **~ spielen** jouer à cache-cache
verstecken vt cacher ▶ vr se cacher
versteckt adj caché(e) ; (Lächeln, Blick) furtif(-ive) ; (Vorwürfe, Andeutung) voilé(e)
verstehen irr vt comprendre ▶ vr se comprendre ; (gut auskommen) bien s'entendre ; **etw von Kunst ~** s'y connaître dans le domaine de l'art ; **jdm etw zu ~ geben** laisser entendre qch à qn
versteifen vr (fig) : **sich auf etw** Akk **~** ne pas démordre de qch
versteigern vt vendre aux enchères
Versteigerung f vente f aux enchères
verstellbar adj réglable
verstellen vt (verändern) ajuster ; (falsch einstellen) dérégler ; (richtig einstellen) régler ; (versperren) bloquer ; (Stimme) déguiser ▶ vr (heucheln) jouer la comédie
verstimmen vt (Instrument) désaccorder ; (Mensch) mettre de mauvaise humeur
verstockt adj têtu(e)
verstohlen adj furtif(-ive)
verstopfen vt boucher ; (Innenstadt) embouteiller
Verstopfung f (von Rohr) engorgement m ; (von Straße) embouteillage m ; (Méd) constipation f
verstorben adj décédé(e)
verstört adj (Mensch) troublé(e), perturbé(e)
Verstoß (-es, ¨e) m : **~ gegen** infraction f à
verstoßen irr vt (Mensch) chasser, bannir ▶ vi : **~ gegen** contrevenir à
verstreichen irr vt (Butter, Salbe) étendre ▶ vi (Zeit) s'écouler
verstreuen vt répandre
verstümmeln vt mutiler, estropier ; (fig) estropier

verstummen vi se taire ; (Lärm) cesser
Versuch (-(e)s, -e) m tentative f, essai m ; (wissenschaftlich) expérience f
versuchen vt (Essen) goûter ; (ausprobieren) essayer ; (verführen) tenter ▶ vr : **sich an etw** Dat **~** s'essayer à qch
Versuchskaninchen(in) (péj) nt (fam) cobaye m
versuchsweise adv à titre expérimental
Versuchung f tentation f
versüßen vt : **jdm etw ~** faciliter qch à qn
vertagen vt ajourner
vertauschen vt échanger
verteidigen vt défendre ▶ vr se défendre
Verteidiger(in) (-s, -) m(f) défenseur m ; (Anwalt) avocat(e) ; (Foot, Rugby) arrière m
Verteidigung f défense f
verteilen vt distribuer ; (Salbe etc) étaler ▶ vr se disperser
Verteilung f distribution f
vertiefen vt approfondir ▶ vr : **sich in etw** Akk **~** se plonger dans qch
Vertiefung f creux m
vertikal adj vertical(e)
vertilgen vt (Unkraut, Ungeziefer) détruire ; (fam : essen) engloutir
vertippen vr faire une faute de frappe
vertonen vt (Text) mettre en musique
Vertrag (-(e)s, ¨e) m contrat m ; (Pol) traité m
vertragen irr vt supporter ▶ vr : **sich mit jdm ~** (bien) s'entendre avec qn
vertraglich adj contractuel(le)
verträglich adj conciliant(e) ; (Speisen) digeste ; (Medikament) bien toléré(e) (par l'organisme) • **Verträglichkeit** f digestibilité f
Vertragsbruch m rupture f de contrat
vertragsbrüchig adj qui ne respecte pas les stipulations du contrat
Vertragspartner(in) (-s, -) m(f) contractant(e)
Vertragsspieler m (Foot) joueur m sous contrat
vertragswidrig adj contraire au contrat
vertrauen vi (+Dat) avoir confiance en ; **~ auf** +Akk faire confiance à • **Vertrauen** (-s) nt confiance f ; **~ zu jdm fassen** avoir de plus en plus confiance en qn ; **im ~ (gesagt)** soit dit entre nous
• **vertrauenerweckend** adj qui inspire confiance
Vertrauenssache f (vertrauliche Angelegenheit) affaire f confidentielle ; (Frage des Vertrauens) question f de confiance
vertrauensvoll adj confiant(e)

vertrauenswürdig adj digne de confiance
vertraulich adj confidentiel(le) • **Vertraulichkeit** f caractère m confidentiel ; (*Aufdringlichkeit*) familiarité f excessive
verträumt adj rêveur(-euse) ; (*Ort, Städtchen*) paisible
vertraut adj familier(-ière) • **Vertraute(r)** f(m) confident(e) m/f • **Vertrautheit** f familiarité f
vertreiben irr vt chasser ; (*aus Land*) expulser ; (*Écon*) vendre ; (*Zeit*) passer
Vertreibung f expulsion f
vertretbar adj justifiable, défendable
vertreten irr vt (*Kollegen*) remplacer ; (*Interessen*) défendre ; (*Ansicht*) soutenir ; (*Staat, Firma, Wahlkreis*) représenter ; **sich** Dat **die Beine ~** se dégourdir les jambes
Vertreter(in) m(f) remplaçant(e), suppléant(e) ; (*Verfechter*) défenseur m
Vertretung f représentation f ; (: *von Arzt*) remplaçant(e) m/f ; (*von Firma*) agence f
Vertrieb (**-(e)s, -e**) m vente f
Vertriebene(r) f(m) expulsé(e) m/f, exilé(e) m/f
vertrocknen vi se dessécher
vertrödeln (*fam*) vt (*Zeit*) perdre
vertrösten vt faire attendre
vertun irr vt gaspiller ▶ vr se tromper
vertuschen vt étouffer
verübeln vt : **jdm etw ~** en vouloir à qn de qch
verüben vt commettre
verunglücken vi avoir un accident ; **tödlich ~** se tuer dans un accident
verunreinigen vt salir ; (*Umwelt*) polluer
verunsichern vt semer le doute dans l'esprit de
verunstalten vt défigurer
veruntreuen vt détourner
verursachen vt causer
Verursacher(in) (**-s, -**) m(f) responsable mf ; (*von Umweltverschmutzung*) pollueur(-euse)
verurteilen vt condamner ; **zum Scheitern verurteilt** voué(e) à l'échec
Verurteilung f condamnation f
vervielfältigen vt (*Text*) polycopier
Vervielfältigung f polycopie f
vervollkommnen vt perfectionner ▶ vr : **sich in etw** Dat **~** se perfectionner en qch
vervollständigen vt compléter
verwackeln vt (*Photo*) rendre flou(e)
verwählen vr se tromper de numéro
verwahren vt (*aufbewahren*) conserver ▶ vr : **sich ~ (gegen)** se défendre (de)

verwahrlosen vi être à l'abandon ; (*Mensch*) se négliger
verwahrlost adj négligé(e) ; (*moralisch*) dévoyé(e)
verwaist adj (*Kind*) orphelin(e)
verwalten vt gérer, administrer
Verwalter(in) m(f) administrateur(-trice) ; (*Hausverwalter*) gérant(e)
Verwaltung f administration f
Verwaltungsbezirk m circonscription f administrative
verwandeln vt transformer ▶ vr se transformer ; **jdn/etw in etw** Akk **~** transformer qn/qch en qch
Verwandlung f transformation f
verwandt adj : **mit jdm ~ sein** être apparenté(e) à od parent(e) de qn
Verwandte(r) f(m) parent(e) m/f
Verwandtschaft f parenté f
verwarnen vt donner un avertissement à
Verwarnung f avertissement m ; **gebührenpflichtige ~** contravention f
verwaschen adj délavé(e) ; (*fig*) flou(e)
verwässern vt (trop) diluer
verwechseln vt confondre
Verwechslung f confusion f
verwegen adj téméraire • **Verwegenheit** f témérité f ; (*von Plan*) audace f
Verwehung f (*Schneeverwehung*) congère f
verweichlichen vt affaiblir ▶ vi s'affaiblir
verweichlicht adj affaibli(e)
verweigern vt refuser ; **den Gehorsam/ die Aussage ~** refuser d'obéir/de témoigner
Verweigerung f refus m
Verweis (**-es, -e**) m (*Tadel*) réprimandes fpl, remontrances fpl ; (*Hinweis*) renvoi m
verweisen irr vt renvoyer ▶ vi : **~ auf etw** Akk renvoyer à qch ; **Marie an Paul ~** envoyer Marie chez Paul ; **jdn des Landes ~** expulser qn
verwelken vi se faner
verwenden irr vt utiliser ; (*Mühe, Zeit*) consacrer
Verwendung f emploi m, utilisation f
verwerfen irr vt (*Plan, Klage, Antrag*) rejeter
verwerflich adj (*Tat*) répréhensible
verwerten vt utiliser
Verwertung f utilisation f
verwesen vi se décomposer
Verwesung f décomposition f
verwickeln vt : **jdn in etw** Akk **~** impliquer qn dans qch ▶ vr (*Fäden etc*) s'emmêler ; (*fig*) être mêlé(e) ; **sich in**

verwickelt | 652

Widersprüche ~ se perdre dans des contradictions
verwickelt adj compliqué(e)
verwildern vi (Garten) être à l'abandon ; (Tier) retourner à l'état sauvage
verwinden irr vt surmonter
verwirklichen vt réaliser
Verwirklichung f réalisation f
verwirren vt emmêler ; (jdn) déconcerter
Verwirrung f confusion f
verwittern vi être érodé(e)
verwitwet adj veuf (veuve)
verwöhnen vt gâter
verworfen adj dépravé(e)
verworren adj confus(e)
verwundbar adj vulnérable
verwunden vt blesser
verwunderlich adj surprenant(e)
Verwunderung f étonnement m, surprise f
Verwundete(r) f(m) blessé(e) m/f
Verwundung f blessure f
verwünschen vt maudire
verwüsten vt ravager, dévaster
Verwüstung f dévastation f
verzagen vi se décourager
verzagt adj découragé(e)
verzählen vr faire une erreur de calcul, se tromper
verzaubern vt ensorceler ; (fig) charmer
verzehren vt (essen) manger ; (aufbrauchen) dilapider
verzeichnen vt inscrire ; (Erfolg) mettre à son actif ; (Verlust, Niederlage) essuyer
Verzeichnis nt liste f ; (in Buch) index m ; (Inform) répertoire m
verzeihen irr vt, vi pardonner
verzeihlich adj pardonnable
Verzeihung f pardon m ; ~! pardon ! ; **jdn um ~ bitten** demander pardon à qn
verzerren vt déformer
Verzicht (-(e)s, -e) m: ~ **leisten auf** +Akk renoncer à • **verzichten** vi: ~ **auf** +Akk renoncer à
verziehen irr vt (Kind) mal élever ▶ vr (Holz) travailler ; (verschwinden) disparaître ▶ vi: **„verzogen"** « n'habite plus à l'adresse indiquée » ; **das Gesicht ~** faire la grimace
verzieren vt décorer
Verzierung f décoration f
verzinsen vt payer des intérêts sur
verzögern vt différer ; (verlangsamen) ralentir ▶ vr (Abreise) être remis(e)
Verzögerung f retard m
Verzögerungstaktik f méthodes fpl dilatoires
verzollen vt dédouaner ; **haben Sie etw zu ~?** avez-vous quelque chose à déclarer ?
Verzückung f ravissement m
verzweifeln vi: **an etw** Dat ~ désespérer de qch ; **es ist zum V~!** c'est à désespérer !
verzweifelt adj désespéré(e)
Verzweiflung f désespoir m ; **jdn zur ~ bringen** faire le désespoir de qn
verzweigen vr (Ast) se ramifier ; (Straße) bifurquer
verzwickt (fam) adj embrouillé(e)
Veto (-s, -s) nt veto m ; ~ **einlegen** mettre son veto
Vetter (-s, -) m cousin m
VHS (-) f abk = **Volkshochschule**
Viagra® (-s) nt viagra® m
vibrieren vi vibrer
Video (-s, -s) nt vidéo f • **Videoclip** (-s, -s) m clip m (vidéo) • **Videogerät** nt magnétoscope m • **Videokamera** f caméra f vidéo • **Videokassette** f vidéocassette f, cassette f vidéo • **Videokonferenz** f vidéoconférence f • **Videorekorder** m magnétoscope m • **Videospiel** nt jeu m vidéo • **Videothek** (-, -en) f vidéothèque f • **Videoüberwachung** f vidéosurveillance f
Vieh (-(e)s) nt bétail m • **viehisch** adj bestial(e) ; (Mühe, Arbeit) énorme
viel adj beaucoup de ▶ adv beaucoup ; **~e** (pl: Menschen) beaucoup de gens ; **~ zu wenig** beaucoup trop peu
vielerlei adj inv divers(es)
vielfach adj: **auf ~en Wunsch** à la demande générale
Vielfalt (-) f variété f
vielfältig adj varié(e)
vielleicht adv peut-être ; **du bist ~ ein Idiot!** que tu es bête !
vielmehr adv plutôt ▶ konj au contraire
vielsagend adj éloquent(e)
vielseitig adj (Mensch) polyvalent(e) ; (Interessen) multiple
vielversprechend adj prometteur(-euse)
vier num quatre ; **unter ~ Augen** entre quatre yeux ; **auf allen ~en** à quatre pattes • **Viereck** (-(e)s, -e) nt quadrilatère m • **viereckig** adj quadrilatéral(e) ; (quadratisch) carré(e) • **vierhundert** num quatre cent(s)
viert adj: **wir gingen zu ~** nous étions quatre
Viertaktmotor m moteur m à quatre temps

vierte(r, s) adj quatrième
vierteilen vt écarteler
Viertel (-s, -) nt quart m • **Viertelfinale** nt quart m de finale • **Vierteljahr** nt trimestre m • **vierteljährlich** adj trimestriel(le)
vierteln vt partager en quatre
Viertelnote f (Mus) noire f
Viertelstunde f quart m d'heure
vierzehn num quatorze
vierzehntägig adj de quinze jours
vierzig num quarante
Vietnam (-s) nt le Vietnam, le Viêt-nam
vietnamesisch adj vietnamien(ne)
Vikar m vicaire m
Villa (-, Villen) f villa f
Villenviertel nt quartier m résidentiel
violett adj violet(te)
Violine f violon m
Violinschlüssel m clé f de sol
virtuell adj (Inform) virtuel(le)
Virus (-, Viren) m od nt virus m
Visier (-s, -e) nt (an Helm) visière f; (an Waffe) mire f
Visite f (Méd) visite f
Visitenkarte f carte f de visite
visuell adj visuel(le)
Visum (-s, Visa od **Visen)** nt visa m
vital adj (Mensch) plein(e) de vitalité; (lebenswichtig) vital(e)
Vitamin (-s, -e) nt vitamine f • **Vitaminmangel** m carence f en vitamines
Vizepräsident(in) m(f) vice-président(e)
Vogel (-s, ̈) m oiseau m; **einen ~ haben** (fam) avoir un grain; **jdm den ~ zeigen** (fam) faire signe à qn qu'il est cinglé • **Vogelbauer** nt cage f • **Vogelbeerbaum** m sorbier m (des oiseleurs) • **Vogelgrippe** f grippe f aviaire • **Vogelscheuche** f épouvantail m
Vogesen pl les Vosges fpl
Voicemail f messagerie f vocale
Vokabel (-, -n) f mot m (de vocabulaire)
Vokabular (-s, -e) nt vocabulaire m
Vokal (-s, -e) m voyelle f
Volk (-(e)s, ̈er) nt peuple m; (viele Menschen) foule f
Völkerbund m Société f des Nations
Völkerrecht nt droit m international (public)
völkerrechtlich adj de droit international public
Völkerverständigung f entente f entre les peuples
Völkerwanderung f migration f
Volksbegehren nt initiative f populaire

Volksfest nt fête f populaire
Volkshochschule f université f populaire
: La **Volkshochschule** est un institut de
: formation continue pour adultes. On
: peut y trouver des cours de langue
: divers, notamment d'allemand pour
: étrangers, ainsi que de la formation
: professionnelle et continue.
Volkslied nt chanson f populaire
Volksmund m langage m populaire
Volksrepublik f république f populaire
Volkstanz m danse f folklorique
volkstümlich adj populaire
Volkswirtschaft f économie f nationale
Volkszählung f recensement m
voll adj plein(e); (ganz) entier(-ière); (Farbe, Ton) intense ▶ adv (unterstützen, zustimmen, einsatzfähig) entièrement; (verantwortlich, zurechnungsfähig) pleinement; **eine Hand ~ Nüsse** une poignée de noisettes; **~ sein** (fam: betrunken) être bourré(e); **jdn (nicht) für ~ nehmen** (fam) (ne pas) prendre qn au sérieux
vollauf adv amplement
Vollbart m barbe f
Vollbeschäftigung f plein emploi m
vollblütig adj pur-sang inv
Vollbremsung f: **eine ~ machen** freiner à fond
vollbringen irr vt insép accomplir
vollenden vt insép achever
vollendet adj (vollkommen) accompli(e)
vollends adv entièrement
Vollendung f achèvement m
voller adj +Gen plein(e) de
Volleyball m volley(-ball) m
Vollgas nt: **~ geben** mettre les gaz; **mit ~** (à) pleins gaz
völlig adj complet(-ète) ▶ adv complètement
volljährig adj majeur(e)
Vollkaskoversicherung f assurance f tous risques
vollkommen adj (fehlerlos) parfait(e) ▶ adv complètement
Vollkommenheit f perfection f
Vollkornbrot nt pain m complet
voll machen vt remplir
Vollmacht (-, -en) f procuration f; **jdm ~ geben** donner procuration à qn
Vollmilch f lait m entier
Vollmond m pleine lune f
Vollpension f pension f complète
vollschlank adj rondelet(te)
vollständig adj complet(-ète) ▶ adv complètement
vollstrecken vt insép (Jur) exécuter

voll|tanken vt, vi faire le plein (d'essence)
Volltextsuche f recherche f en texte intégral
Volltreffer m coup m dans le mille ; (fig) gros succès m
Vollversammlung f assemblée f plénière
Vollversion f (Inform) version f complète
Vollwertkost f aliments mpl complets
vollzählig adj complet(-ète)
vollziehen irr vt insép (ausführen) exécuter, accomplir ; (Befehl, Urteil) exécuter ▶ vr insép s'accomplir
Vollzug m (von Urteil) exécution f
Volt (- od **-(e)s, -**) nt volt m
Volumen (-s, - od **Volumina**) nt volume m
vom = von dem

(SCHLÜSSELWORT)

von präp +Dat **1** (Ausgangspunkt) de ; **westlich von Freiburg** à l'ouest de Fribourg ; **von A bis Z** de A à Z ; **von morgens bis abends** du matin au soir ; **von Paris nach Bonn** de Paris à Bonn ; **vom Bus springen** sauter du bus ; **sie ist vom Land** elle vient de la campagne ; **von wann ist dieser Brief?** de quand date cette lettre ? ; **von morgen an** dès demain ; **Ihr Schreiben von vor zwei Wochen** votre lettre d'il y a quinze jours ; **von dort aus kann man die Alpen sehen** de là, on voit les Alpes ; **etw von sich aus tun** faire qch spontanément od de soi-même ; **von mir aus** (fam) si ça vous chante, moi, ça m'est égal
2 (Eigenschaft): **ein Mann von Welt** un homme d'expérience ; **eine Sache von Wichtigkeit** une affaire d'importance
3 (im Passiv, Ursache): **ein Gedicht von Schiller** un poème de Schiller ; **ich bin müde vom Wandern** je suis fatigué(e) après cette randonnée ; **von was bist du müde? du hast doch den ganzen Tag nichts getan!** pourquoi es-tu fatigué(e) ? tu n'as rien fait de toute la journée ! ; **das kommt vom Rauchen!** c'est parce que tu fumes (trop) ! ; **er kauft das von seinem Taschengeld** il l'achète avec son argent de poche ; **das ist nett von dir** c'est gentil de ta part
4 (als Genitiv): **die Königin von Holland** la reine de Hollande ; **ein Freund von mir** un ami à moi ; **jeweils zwei von zehn** deux sur dix
5 (Maße, Größe etc): **zwei Söhne von drei und fünf Jahren** deux fils, un de trois ans et un de cinq ans ; **im Alter von 12 Jahren** à l'âge de douze ans
6 (bei Adelstitel): **die Prinzessin von Wales** la princesse de Galles
7 (über): **er erzählte vom Urlaub** il a parlé de ses vacances
8: **von wegen!** (fam) pas du tout !

voneinander adv l'un(e) de l'autre
vonstatten|gehen irr vi se passer

(SCHLÜSSELWORT)

vor präp +Dat **1** (räumlich, in Gegenwart von) devant ; **vor der Kirche links abbiegen** tourner à gauche devant l'église
2 (zeitlich): **vor 2 Tagen/einer Woche** il y a deux jours/une semaine ; **5 (Minuten) vor 4** 4 heures moins cinq ; **vor Kurzem** il y a peu
3 (Ursache): **vor Wut** de colère ; **vor Hunger sterben** mourir de faim ; **vor lauter Arbeit habe ich deinen Geburtstag vergessen!** je suis tellement débordé(e) de travail que j'ai oublié ton anniversaire !
4: **vor allem, vor allen Dingen** avant tout
▶ präp +Akk (räumlich) devant ; **stell dich vor das Fenster** mets-toi devant la fenêtre
▶ adv: **vor und zurück schaukeln** se balancer en d'avant et arrière

vorab adv tout d'abord
Vorabend m veille f
voran adv en avant • **voran|gehen** irr vi (vorn gehen) marcher en tête ; (Fortschritte machen) progresser ; **einer Sache** Dat ~ précéder qch • **voran|kommen** irr vi avancer
Voranschlag m devis m
Vorarbeiter(in) m(f) contremaître(-esse)
voraus adv devant ; (zeitlich: im Voraus) en avance ; **jdm ~ sein** être meilleur(e) que qn • **voraus|bezahlen** vt payer d'avance • **voraus|gehen** irr vi (vorn gehen) aller devant ; (Ruf, zeitlich) précéder • **voraus|haben** irr vt: **jdm etw ~** avoir l'avantage de qch sur qn • **Voraussage** f prédiction f ; (Wettervoraussage) prévisions fpl • **voraus|sagen** vt prédire • **voraus|sehen** irr vt prévoir • **voraus|setzen** vt supposer ; **vorausgesetzt dass ...** à condition que ... • **Voraussetzung** f (Bedingung) condition f ; (Annahme) supposition f ; **unter der ~, dass ...** à condition que ...

- **Voraussicht** f prévoyance f ; **aller ~ nach** selon toute vraisemblance
- **voraussichtlich** adv probablement, vraisemblablement

vor|bauen vt adjoindre ▶ vi (+Dat) prévenir

Vorbehalt (-(e)s, -e) m réserve f

vor|behalten irr vt : **sich etw ~** réserver qch ; **Änderungen ~** sous réserve de modifications

vorbehaltlos adj, adv sans réserve od restriction

vorbei adv (zeitlich) passé(e) ; (zu Ende) fini(e), terminé(e) ; **damit ist es nun ~** c'est du passé
- **vorbei|gehen** irr vi passer ; **bei jdm ~** (fam) passer voir qn
- **vorbei|kommen** irr vi : **bei jdm ~** passer chez qn

vorbelastet adj (erblich) qui a des antécédents

vor|bereiten vt préparer

Vorbereitung f préparation f

vor|bestellen vt réserver

vorbestraft adj qui a un casier judiciaire

vor|beugen vr se pencher (en avant) ▶ vi : **einer Sache** Dat **~** prévenir qch

vorbeugend adj (Maßnahme) préventif(-ive)

Vorbeugung f prévention f

Vorbild nt modèle m ; **sich** Dat **jdn zum ~ nehmen** prendre exemple sur qn
- **vorbildlich** adj exemplaire

vor|bringen irr vt (Wunsch) exprimer ; (Vorschlag) faire ; (fam: nach vorne) apporter

Vorderachse f essieu m avant

Vorderansicht f vue f de face

vordere(r, s) adj de devant, antérieur(e)

Vordergrund m premier plan m ; **im ~ stehen** être au premier plan

Vordermann (-(e)s, -männer) m : **mein/sein ~** la personne devant moi/lui od qui me/le précède ; **jdn auf ~ bringen** (fam) mettre qn au pas

Vorderrad nt roue f avant

Vorderseite f devant m

vorderste(r, s) adj premier(-ière)

vorehelich adj prénuptial(e)

voreilig adj (Bemerkung) irréfléchi(e)

voreinander adv l'un(e) devant l'autre ; **~ Angst haben** avoir peur l'un de l'autre

voreingenommen adj prévenu(e)
- **Voreingenommenheit** f préjugés mpl, parti m pris

vor|enthalten irr vt : **jdm etw ~** priver qn de qch ; (Nachricht, Brief etc) cacher qch à qn

vorerst adv pour le moment

Vorfahr (-en, -en) m ancêtre m

vor|fahren irr vi (fam: vorausfahren) précéder les autres ; (vors Haus etc) s'arrêter devant (la maison etc)

Vorfahrt f priorité f ; **~ (be)achten!** respecter la priorité !

Vorfahrtsregel f règle f de priorité

Vorfahrtsschild nt panneau m de priorité

Vorfahrtsstraße f route f od rue f prioritaire

Vorfall m incident m

vor|fallen irr vi se passer, arriver

Vorfeld nt (fig) marge f

vor|finden irr vt trouver

Vorfreude f joie f anticipée

vor|führen vt présenter

Vorgabe f (Sport) avantage m ; (an Maßen, Bestimmungen etc) référence f

Vorgang m processus m ; (Akten) dossier m

Vorgänger(in) (-s, -) m(f) prédécesseur m

vor|geben irr vt (vortäuschen) prétendre

vorgefasst adj préconçu(e)

vorgefertigt adj préfabriqué(e)

Vorgefühl nt pressentiment m

vor|gehen irr vi (voraus) aller à l'avance ; (nach vorn) avancer ; (handeln) procéder ; (Vorrang haben) avoir la priorité ; **gegen jdn ~** prendre des mesures contre qn

Vorgehen (-s) nt manière f d'agir

Vorgeschmack m avant-goût m

Vorgesetzte(r) f(m) supérieur(e) m/f

vorgestern adv avant-hier

vor|greifen irr vi : **jdm/einer Sache** Dat **~** devancer qn/qch

vor|haben irr vt projeter ; **hast du schon etw vor?** as-tu déjà quelque chose de prévu ?

Vorhaben (-s, -) nt intention f, projet m

vor|halten irr vt (vorwerfen) reprocher ▶ vi (Vorräte etc) suffire

Vorhaltung f reproche m

Vorhand f (Tennis) coup m droit

vorhanden adj (verfügbar) disponible ; (existierend) présent(e) • **Vorhandensein** (-s) nt existence f

Vorhang m rideau m

Vorhängeschloss nt cadenas m

Vorhaut f prépuce m

vorher adv auparavant
- **vorher|bestimmen** vt prédéterminer
- **vorher|gehen** irr vi précéder

vorherig adj précédent(e), antérieur(e)

Vorherrschaft f prédominance f

vor|herrschen vi prédominer

Vorhersage f prédiction f ; (Wetter) prévisions fpl
vorher|sagen vt prévoir, prédire
vorhersehbar adj prévisible
vorher|sehen irr vt prévoir
vorhin adv tout à l'heure, à l'instant
vorig adj (Woche, Jahr) dernier(-ière) ; (Besitzer) précédent(e)
Vorjahr nt année f passée od dernière
Vorkehrung f précaution f ; **~en treffen** prendre des précautions
vor|kommen irr vi (nach vorn) avancer ; (geschehen, sich ereignen) arriver ; (vorhanden sein, auftreten) se trouver ; (erscheinen) paraître ; **sich** Dat **dumm ~** se trouver bête
Vorkommen (-s, -) nt (von Erdöl etc) gisement m
Vorkommnis nt incident m
Vorkriegs- in zW d'avant-guerre
Vorladung f citation f
Vorlage f (Muster) modèle m ; (Gesetzesvorlage) projet m ; (Fußball) passe f
vor|lassen irr vt (vorgehen lassen) laisser passer devant ; (überholen lassen) laisser doubler ; **bei jdm vorgelassen werden** être reçu(e) par qn
vorläufig adj provisoire
vorlaut adj impertinent(e)
vor|legen vt (zur Ansicht, Prüfung etc) soumettre
Vorleger (-s, -) m (Bettvorleger) descente f de lit
vor|lesen irr vt lire à haute voix, donner lecture de
Vorlesung f (Univ) cours m (magistral)
Vorlesungsverzeichnis nt (Univ) programme m des cours
vorletzte(r, s) adj avant-dernier(-ière)
Vorliebe f préférence f
vorlieb|nehmen irr vi : **~ mit** se contenter de
vor|liegen irr vi (Bericht, Ergebnis) être disponible ; **etw liegt gegen jdn vor** on a qch à reprocher à qn
vorliegend adj présent(e)
vor|machen vt : **jdm etw ~** (zeigen) montrer à qn comment faire qch ; (fig) en faire accroire à qn
Vormachtstellung f suprématie f
Vormarsch m (Mil) progression f
vor|merken vt prendre note de, noter
Vormittag m matinée f ; **heute/Freitag ~** ce/vendredi matin
vormittags adv le matin
Vormund(in) m(f) tuteur(-trice)
vorn adv = **vorne**

Vorname m prénom m
vorne, vorn adv devant ; **nach ~** en avant ; **von ~** de nouveau ; **von ~ anfangen** recommencer à zéro
vornehm adj distingué(e)
vor|nehmen irr vt : **sich** Dat **etw ~** projeter qch ; **sich** Dat **jdn ~** dire ses quatre vérités à qn
vornehmlich adv avant tout
vornherein adv : **von ~** de prime abord, tout de suite
Vorort m faubourg m • **Vorortzug** m train m de banlieue
Vorrang m priorité f, préséance f
vorrangig adj prioritaire
Vorrat m provisions fpl, réserves fpl ; **auf ~ schlafen/arbeiten** dormir/travailler à l'avance
vorrätig adj en magasin od stock
Vorratskammer f garde-manger m
Vorrecht nt privilège m
Vorrichtung f dispositif m
vor|rücken vi, vt avancer
Vorruhestand m préretraite f
vor|sagen vt faire répéter ; (Scol) souffler
Vorsaison f avant-saison f
Vorsatz m résolution f ; **einen ~ fassen** prendre une résolution
vorsätzlich adj (Jur) prémédité(e) ▶ adv avec préméditation
Vorschau f aperçu m des programmes ; (Ciné) bande-annonces fpl
vor|schieben irr vt pousser ; (fig) mettre en avant ; **jdn ~** utiliser qn comme homme de paille
Vorschlag m proposition f
vor|schlagen irr vt proposer
vorschnell adj (Bemerkung) irréfléchi(e)
vor|schreiben irr vt prescrire
Vorschrift f prescription f ; (Anweisungen) instruction f ; **Dienst nach ~** grève f du zèle ; **jdm ~en machen** donner des ordres à qn
vorschriftsmäßig adj réglementaire
Vorschule f enseignement m préscolaire
Vorschuss m avance f
vor|schweben vi : **jdm schwebt etw vor** qn voit qch
vor|sehen irr vt (planen) prévoir ▶ vr : **sich ~ vor** +Dat prendre garde à ; **das ist dafür nicht vorgesehen** ça n'est pas fait pour cela
Vorsehung f Providence f
vor|setzen vt (anbieten) offrir
Vorsicht f prudence f ; **~!** attention ! ; **~, Stufe!** attention à la marche !
vorsichtig adj prudent(e)
vorsichtshalber adv par précaution

Vorsichtsmaßnahme f mesure f de précaution
Vorsilbe f préfixe m
Vorsitz m présidence f
Vorsitzende(r) f(m) président(e) m/f
Vorsorge f précaution f ; **(für etw) ~ treffen** prendre les précautions nécessaires (pour qch)
vor|sorgen vi : **~ für** prévoir
Vorsorgeuntersuchung f (Méd) bilan m de santé
vorsorglich adv par précaution
Vorspeise f entrée f
Vorspiel nt (Mus) prélude m
vor|sprechen irr vt dire (d'abord) ▶ vi : **bei jdm ~** aller voir qn
Vorsprung m saillie f ; (Abstand) avance f
Vorstadt f faubourg m
Vorstand m conseil m d'administration ; (Mensch) directeur(-trice) m/f
vor|stehen irr vi être proéminent(e) ; (als Vorstand) : **einer Sache** Dat **~** (fig) diriger qch
vorstellbar adj imaginable
vor|stellen vt (nach vorne) avancer ; (vor etw) mettre od placer devant ; (bekannt machen, vorführen) présenter ; (darstellen) représenter ; (bedeuten) signifier ▶ vr se présenter ; **sich** Dat **etw ~** se représenter od s'imaginer qch
Vorstellung f (Bekanntmachen) présentation f ; (Théât etc) représentation f ; (Gedanke) idée f
Vorstellungsgespräch nt entretien m
Vorstoß m attaque f ; (Versuch) tentative f
Vorstrafe f condamnation f antérieure
vor|strecken vt avancer
Vorstufe f premier stade m
Vortag m veille f
vor|täuschen vt simuler, feindre
Vorteil (-s, -e) m avantage m ; **im ~ sein (gegenüber)** avoir un avantage (sur) • **vorteilhaft** adj avantageux(-euse)
Vortrag (-(e)s, Vorträge) m conférence f ; **einen ~ halten** faire une conférence
vor|tragen irr vt (Gedicht) réciter ; (Lied) chanter ; (Rede) tenir ; (Plan) présenter
vortrefflich adj excellent(e)
vor|treten irr vi avancer ; (Augen) être globuleux(-euse) ; (Knochen) être saillant(e)
vorüber adv (räumlich) devant ; (räumlich, zeitlich) passé(e) • **vorüber|gehen** irr vi passer ; **an jdm ~** (ignorieren) passer devant qn (en faisant semblant de ne pas le voir) • **vorübergehend** adj temporaire, momentané(e)
Vorurteil nt préjugé m

Vorverkauf m location f
Vorwahl f (Tél) indicatif m
Vorwand (-(e)s, Vorwände) m prétexte m
vorwärts adv en avant • **Vorwärtsgang** m marche f avant • **vorwärts|gehen** irr vi progresser, avancer • **vorwärts|kommen** irr vi progresser
vorweg adv d'avance, à l'avance • **Vorwegnahme** f anticipation f • **vorweg|nehmen** irr vt anticiper sur
vor|weisen irr vt présenter
vor|werfen irr vt (beschuldigen) reprocher ; **sich** Dat **nichts vorzuwerfen haben** n'avoir rien à se reprocher
vorwiegend adj prédominant(e) ▶ adv en grande partie
Vorwitz m impertinence f
vorwitzig adj impertinent(e)
Vorwort (-(e)s, -e) nt préface f
Vorwurf m reproche m
vorwurfsvoll adj (Blick) réprobateur(-trice) ; (Worte) de reproche
Vorzeichen nt (Omen) présage m
vor|zeigen vt montrer
vorzeitig adj prématuré(e)
vor|ziehen irr vt tirer (en avant) ; (Gardinen) tirer ; (lieber haben) préférer
Vorzimmer nt (Büro) réception f
Vorzug m préférence f ; (gute Eigenschaft) mérite m ; (Vorteil) avantage m
vorzüglich adj excellent(e)
vulgär adj vulgaire
Vulkan (-s, -e) m volcan m • **Vulkanausbruch** m éruption f volcanique
vulkanisieren vt vulcaniser

W

W, w nt W, w m inv
Waage f balance f; (Astrol) Balance f
waagerecht adj horizontal(e)
Wabe f rayon m (de miel)
wach adj (r)éveillé(e); (fig) éveillé(e)
Wache f garde f; **~ halten** monter la garde
wachen vi veiller
Wacholder (**-s, -**) m genièvre m
Wachs (**-es, -e**) nt cire f; (Skiwachs) fart m
wachsam adj vigilant(e) • **Wachsamkeit** f vigilance f
wachsen vi irr pousser; (Mensch) grandir; (Kraft, Wut, Mut) augmenter ▶ vt (Skier) farter
Wachstuch nt toile f cirée
Wachstum nt croissance f
Wächter (**-s, -**) m gardien m
Wachtmeister m (Polizist) agent m (de police)
Wachtposten m poste m de garde
wackelig adj (Stuhl) bancal(e)
Wackelkontakt m faux contact m
wackeln vi (Stuhl) être bancal(e); (Position) être instable
wacker adj (tapfer) vaillant(e); (redlich) honnête
Wade f mollet m
Waffe f arme f
Waffel f gaufre f
Waffenschein m permis m de port d'armes
Waffenstillstand m armistice m
Wagemut m goût m du risque
wagen vt oser; (Widerspruch, Behauptung) oser émettre; (riskieren) risquer
Wagen (**-s, -**) m voiture f; (Rail) wagon m
• **Wagenführer** m conducteur m
• **Wagenheber** (**-s, -**) m cric m
Waggon (**-s, -s**) m wagon m

waghalsig adj téméraire
Wagnis nt entreprise f hasardeuse; (Risiko) risque m
Wagon (**-s, -s**) m = **Waggon**
Wahl f choix m; (Pol) élection f
wählbar adj éligible
wahlberechtigt adj qui a le droit de vote
Wahlbeteiligung f participation f au vote
wählen vt choisir; (Pol) élire; (Tél) composer
Wähler(in) (**-s, -**) m(f) électeur(-trice)
• **wählerisch** adj exigeant(e), difficile
• **Wählerschaft** f électorat m
Wahlfach nt matière f à option
Wahlgang m tour m de scrutin
Wahlkabine f isoloir m
Wahlkampf m campagne f électorale
Wahlkreis m circonscription f électorale
Wahllokal nt bureau m de vote
wahllos adv au hasard
Wahlrecht nt droit m de vote
Wahlspruch m slogan m
Wahlurne f urne f
wahlweise adv au choix
Wahlwiederholung f (Tél) rappel m du dernier numéro
Wahn (**-(e)s**) m (Einbildung) illusion f
Wahnsinn m folie f
wahnsinnig adj fou(folle) ▶ adv (fam: sehr) vachement
wahr adj vrai(e); **nicht ~?** n'est-ce pas ?
wahren vt (Rechte) défendre
während präp +Gen pendant ▶ konj pendant que; (wohingegen) alors que
• **währenddessen** adv entre-temps
wahr|haben vt: **etw nicht ~ wollen** ne pas vouloir admettre qch
wahrhaft adv vraiment
wahrhaftig adj sincère ▶ adv vraiment
Wahrheit f vérité f
wahr|nehmen vt irr percevoir, remarquer; (Gelegenheit) profiter de
Wahrnehmung f (Sinneswahrnehmung) perception f
wahrsagen vi prédire l'avenir
Wahrsager(in) (**-s, -**) m(f) voyant(e) (extralucide)
wahrscheinlich adj probable; (Täter) présumé(e) ▶ adv probablement
Wahrscheinlichkeit f vraisemblance f
Währung f monnaie f
Währungseinheit f monnaie f
Währungspolitik f politique f monétaire
Währungsraum m zone f monétaire
Währungsunion f union f monétaire
Wahrzeichen nt emblème m
Waise f orphelin(e) m/f

Waisenhaus nt orphelinat m
Waisenkind nt orphelin(e) m/f
Wal (-(e)s, -e) m baleine f
Wald (-(e)s, ⸚er) m forêt f
Wäldchen nt bois m
waldig adj boisé(e)
Waldsterben nt dépérissement m des forêts
Wales (-) nt le pays de Galles
Walfisch m baleine f
Walkie-Talkie (-(s), -s) nt talkie-walkie m
Wall (-(e)s, ⸚e) m rempart m
Wallfahrer(in) m(f) pèlerin(e)
Wallfahrt f pèlerinage m
Wallis (-) nt Valais m
Walnuss f noix f
Walross nt morse m
Walze f cylindre m; (Gerät) rouleau m; (Fahrzeug) rouleau m compresseur
walzen vt (Boden) cylindrer; (Blech) laminer
wälzen vt rouler; (Bücher) compulser; (Probleme) ruminer ▶ vr (sich vorwärtsschieben) avancer; (vor Schmerzen) se tordre; (im Bett) se tourner et se retourner
Walzer (-s, -) m valse f
Wälzer (-s, -) (fam) m pavé m
wand etc vb siehe **winden**
Wand (-, ⸚e) f paroi f; (von Haus, außen) mur m
Wandel (-s) m changement m
wandeln vt changer ▶ vr changer
Wanderausstellung f exposition f itinérante
Wanderer (-s, -) m, **Wanderin** f randonneur(-euse) m/f
wandern vi faire une randonnée; (Blick, Gedanken) errer
Wanderschaft f: **auf ~ sein** être en voyage
Wanderung f randonnée f
Wandlung f transformation f
Wandschrank m placard m
wandte etc vb siehe **wenden**
Wandteppich m tapisserie f
Wange f joue f
wankelmütig adj versatile
wanken vi chanceler; (sich bewegen) tituber
wann adv quand
Wanne f (Badewanne) baignoire f; (Ölwanne) cuve f; (Trog) auge f
Wanze f (Zool) punaise f; (Abhörgerät) micro m caché
Wappen (-s, -) nt blason m
war etc vb siehe **sein**
warb etc vb siehe **werben**

659 | Waschmaschine

Ware f marchandise f
Warenhaus nt grand magasin m
Warenlager nt entrepôt m
Warenzeichen nt: **(eingetragenes) ~** marque f déposée
warf etc vb siehe **werfen**
warm adj chaud(e); **mir ist ~** j'ai chaud; **~ laufen** (Auto) chauffer; **sich ~ laufen** (Sport) s'échauffer
Wärme f chaleur f
wärmen vt chauffer, réchauffer ▶ vr se réchauffer
Wärmepumpe f thermopompe f
Wärmflasche f bouillotte f
Warmfront f front m chaud
warmherzig adj chaleureux(-euse)
Warmwasserbereiter m chauffe-eau m inv
Warndreieck nt (Auto) triangle m de présignalisation od de détresse
warnen vt: **~ (vor)** mettre en garde (contre)
Warnstreik m grève f d'avertissement
Warnung f avertissement m, mise f en garde
Wartehäuschen nt abribus m
Warteliste f liste f d'attente
warten vi: **~ (auf** +Akk**)** attendre ▶ vt (Auto, Maschine) entretenir
Wärter(in) (-s, -) m(f) gardien(ne)
Warteraum m, **Wartesaal** m salle f d'attente
Warteschlange f file f d'attente
Wartezimmer nt salle f d'attente
Wartung f (von Maschine, Auto) entretien m
warum adv pourquoi
Warze f verrue f
was pron (interrog) (qu'est-ce) que; (: indirekt) ce que; (: nach präp) quoi; (relativ) qui; (fam: etw) quelque chose
waschbar adj lavable
Waschbecken nt lavabo m
Wäsche f linge m; (Bettwäsche) draps mpl
waschecht adj (Stoff) qui résiste au lavage; (fam) pur-sang inv
Wäscheklammer f pince f à linge
Wäscheleine f corde f à linge
waschen irr vt laver ▶ vi faire la lessive ▶ vr se laver; **sich** Dat **die Hände ~** se laver les mains
Wäscherei f blanchisserie f
Wäscheschleuder f essoreuse f
Wäschetrockner m sèche-linge m
Waschküche f buanderie f
Waschlappen m gant m de toilette; (fam) lavette f
Waschmaschine f machine f à laver

Waschmittel nt lessive f
Waschsalon m laverie f automatique
Wasser (**-s**, - od ⸚) nt eau f
wasserdicht adj étanche, imperméable
Wasserfall m chute f d'eau
Wasserfarbe f couleur f pour aquarelle
wassergekühlt adj (Auto) à refroidissement par eau
Wasserhahn m robinet m
wässerig adj = **wässrig**
Wasserkraftwerk nt centrale f hydro-électrique
Wasserleitung f conduite f d'eau
Wassermann m (Astrol) Verseau m
Wassermelone f pastèque f
wässern vt (Culin) faire tremper
Wasserpistole f pistolet m à eau
wasserscheu adj qui a peur de l'eau
Wasserschi, Wasserski nt ski m nautique
Wasserstand m niveau m d'eau
Wasserstoff m hydrogène m
Wasserstoffbombe f bombe f H od à hydrogène
Wasserwaage f niveau m à bulle
Wasserwerfer m canon m à eau
Wasserzeichen nt filigrane m
wässrig adj (Suppe) trop dilué(e) ; (Frucht) sans goût
waten vi patauger
watscheln vi se dandiner
Watt¹ (**-(e)s, -en**) nt (Géo) laisse f
Watt² (**-s, -**) nt (Élec) watt m
Watte f ouate f
Wattestäbchen nt coton-tige® m
wattieren vt (Schultern) rembourrer
Weber(in) (**-s, -**) m(f) tisserand(e)
WC nt abk (= Wasserklosett) W.-C. mpl
Web nt : **das (WorldWide) ~** le Web
Webadresse f adresse f Web, URL f
Webcam f webcam f
Webdesigner(in) m(f) designer mf Web, concepteur(-trice) Web
weben vt tisser
Weber(in) (**-s, -**) m(f) tisserand(e)
Weberei f atelier m de tissage
Weblog m blog m
Webmaster(in) (**-s, -**) m(f) gestionnaire mf Web, administrateur(-trice) de site, webmaster mf, webmestre mf
Webseite, Website (**-, -s**) f page f Web
Webserver m serveur m Internet
Website (**-, -s**) f site m Web
Webstuhl m métier m à tisser
Wechsel (**-s, -**) m changement m ; (Geldwechsel) change m ; (Schuldschein) lettre f de change • **Wechselbeziehung** f corrélation f • **Wechselgeld** nt monnaie f • **wechselhaft** adj variable

• **Wechseljahre** pl ménopause fsg
• **Wechselkurs** m taux m de change
wechseln vt changer de ; (austauschen) échanger ; (Geld) changer ▶ vi changer
Wechselstrom m courant m alternatif
Wechselwirkung f interaction f
Weckdienst m service m de réveil (téléphonique)
wecken vt réveiller
Wecker (**-s, -**) m réveil m
Weckruf m réveil m téléphonique
wedeln vi (Ski) godiller ; **(mit dem Schwanz) ~** remuer la queue ; **mit einem Fächer ~** agiter un éventail
weder konj : **~ ... noch ...** ni ... ni ...
weg adv : **~ sein** être parti(e), ne plus être là ; **er war schon ~** il était déjà parti ; **über etw Akk ~ sein** avoir surmonté qch
Weg (**-(e)s, -e**) m chemin m ; (Mittel) moyen m ; **sich auf den ~ machen** se mettre en route ; **jdm aus dem ~ gehen** éviter qn
weg|bleiben irr vi ne pas od plus venir ; (Satz, Wort) être omis(e)
wegen präp +Gen (fam) à cause de
weg|fahren irr vi partir
Wegfahrsperre f (Auto) : **(elektronische) ~** antidémarrage m (électronique)
weg|fallen irr vi être supprimé(e) od annulé(e) ; **etw ~ lassen** supprimer od annuler qch
weg|gehen irr vi partir
weg|lassen irr vt laisser partir ; (streichen) supprimer
weg|laufen irr vi se sauver
weg|legen vt poser
weg|machen (fam) vt (Flecken) enlever
weg|müssen (fam) irr vi devoir partir
weg|nehmen irr vt enlever ; (Eigentum, Zeit, Platz) prendre
weg|räumen vt ranger
weg|schaffen vt enlever
weg|schnappen vt : **jdm etw ~** souffler qch à qn ; **jdm die Freundin ~** souffler l'amie de qn
wegtun irr vt (aufräumen) ranger ; (wegwerfen) jeter
Wegweiser (**-s, -**) m poteau m indicateur
weg|werfen irr vt jeter
wegwerfend adv dédaigneux(-euse), méprisant(e)
Wegwerfgesellschaft f société f du jetable
weg|ziehen irr vi (umziehen) partir
weh adj (Finger) qui fait mal, douloureux(-euse) ; siehe auch **wehtun**
wehe interj : **~, wenn du ...** gare à toi si tu ...

Wehe f (Geburtswehe) contraction f ; (Schneewehe) congère f
wehen vt, vi (Wind) souffler ; (Fahne) flotter
wehleidig (péj) adj douillet(te)
Wehmut f mélancolie f
wehmütig adj mélancolique
Wehr¹ (-(e)s, -e) nt digue f
Wehr² (-, -en) f: **sich zur ~ setzen** se défendre
Wehrdienst m service m militaire
: **Wehrdienst** désigne le service militaire obligatoire en Allemagne. Tous les hommes de plus de 18 ans reçoivent une convocation et ceux déclarés aptes au service doivent passer neuf mois dans la *Bundeswehr*. Les objecteurs de conscience ont la possibilité de choisir le *Zivildienst*.

Wehrdienstverweigerer m objecteur m de conscience
wehren vr se défendre
wehrlos adj sans défense
Wehrpflicht f service m militaire obligatoire
wehrpflichtig adj assujetti(e) au service militaire od national
weh|tun irr vt faire mal ; **sich** Dat **~** se faire mal
Wehwehchen (fam) nt bobo m
Weib (-(e)s, -er) nt femme f
Weibchen nt femelle f
weibisch adj efféminé(e)
weiblich adj féminin(e)
weich adj mou(molle), souple ; (Sessel, Bett etc) moelleux(-euse) ; (Haut, Pelz, Stoff) doux(douce) ; (Kern, Herz, Gemüse etc) tendre
Weiche f aiguillage m
Weichei (péj) nt chiffe f molle
weichen irr vi +Dat (Platz machen) céder la place (à)
Weichheit f mollesse f, souplesse f ; (von Sessel, Bett etc) moelleux m ; (von Haut, Pelz, Stoff) douceur f
weichlich adj mou(molle)
Weichling m faible m
Weichspüler m adoucissant m (textile)
Weide f (Baum) saule m ; (Wiese) pâturage m
weiden vi paître ▶ vr: **sich an etw** Dat **~** se repaître de qch
weidlich adv largement, beaucoup
weigern vr refuser
Weigerung f refus m
Weihe f consécration f ; (Priesterweihe) ordination f
weihen vt (Priester) ordonner ; (Gebäude) consacrer ; (Kerze) bénir ; (widmen) vouer

Weiher (-s, -) m étang m
Weihnachten (-) nt Noël m
weihnachtlich adj de Noël
Weihnachtsabend m réveillon m de Noël
Weihnachtsbaum m arbre m de Noël
Weihnachtslied nt chant m de Noël
Weihnachtsmann m père m Noël
Weihnachtsmarkt m marché m de Noël
: Les marchés de Noël, **Weihnachtsmarkt**, font partie du paysage germanophone traditionnel de la période de l'Avent. On peut y déguster différentes spécialités, comme du vin chaud et du pain d'épices, et y acheter des cadeaux, des jouets et des décorations de Noël dans une ambiance de fête.

Weihnachtstag m jour m de Noël ; **der zweite ~** le 26 décembre
Weihrauch m encens m
Weihwasser nt eau f bénite
weil konj parce que
Weile (-) f moment m
Wein (-(e)s, -e) m vin m ; (Pflanze) vigne f • **Weinbau** m viticulture f • **Weinbeere** f (grain m de) raisin m • **Weinberg** m vignoble m • **Weinbergschnecke** f escargot m de Bourgogne • **Weinbrand** m eau-de-vie f
weinen vi pleurer
weinerlich adj larmoyant(e)
Weingeist m esprit-de-vin m
Weinglas nt verre m à vin
Weinlese f vendanges fpl
Weinprobe f dégustation f de vins
Weinrebe f vigne f
Weinstein m tartre m
Weinstock m pied m de vigne
Weintraube f (grain m de) raisin m
weise adj sage
Weise f (Art) façon f, manière f ; (Mus) air m
Weise(r) f(m) sage m
weisen irr vt (Weg) indiquer
Weisheit f sagesse f
Weisheitszahn m dent f de sagesse
weiß adj blanc(blanche)
Weißbier nt bière blonde de froment
Weißblech nt fer-blanc m
Weißbrot nt pain m blanc
weißen vt blanchir (à la chaux)
Weißglut f incandescence f ; **jdn bis zur ~ bringen** (fam) faire voir rouge à qn
Weißkohl m chou m blanc
Weißrussland nt la Biélorussie (la Russie blanche)
Weißwandtafel f tableau m blanc ; **interaktive ~** tableau m blanc interactif

Weißwein m vin m blanc
Weisung f directives fpl
weit adj large ; (Entfernung, Reise) long (longue) ▶ adv loin ; **das geht zu ~** c'en est trop • **weitaus** adv de loin
• **Weitblick** m clairvoyance f
• **weitblickend** adj clairvoyant(e)
Weite f largeur f ; (Raum) étendue f
weiten vt élargir ▶ vr se dilater ; (Horizont) s'élargir
weiter adj plus large ; (Entfernung, Reise) plus long(longue), plus grand(e) ; (zusätzlich) supplémentaire, complémentaire ▶ adv plus loin ; (außerdem) autrement ; **~ nichts/niemand** rien/personne d'autre
• **weiter|arbeiten** vi continuer de travailler • **weiter|bilden** vr se recycler
• **Weiterbildung** f formation f (professionnelle) complémentaire
Weitere(s) nt : **alles ~** tout le reste ; **ohne ~s** sans problème
weiter|empfehlen irr vt recommander (à d'autres)
Weiterfahrt f suite f du voyage
Weiterflug m suite f du vol
weiter|gehen irr vi continuer son chemin ; (Leben) continuer
weiterhin adv (immer noch) toujours ; (außerdem) en outre
weiter|leiten vt (Poste) faire suivre ; (Anfrage) transmettre
weiter|machen vt, vi continuer
weiter|reisen vi poursuivre son voyage
weitgehend adj large ▶ adv largement
weitläufig adj (Gebäude) vaste ; (Erklärung) détaillé(e) ; (Verwandter) éloigné(e)
weitschweifig adj (Erzählung) prolixe
weitsichtig adj (Méd) presbyte ; (fig) qui voit loin
Weitsprung m saut m en longueur
weitverbreitet adj très répandu(e)
Weitwinkelobjektiv nt objectif m grand angle
Weizen (**-s, -**) m blé m • **Weizenbier** nt bière à base de froment

(SCHLÜSSELWORT)

welche(r, s) pron **1** (interrog) lequel (laquelle) ; (: pl) lesquels (lesquelles) ; **welcher/welche von beiden?** lequel (laquelle) des deux ? ; **welchen/welche hast du genommen?** lequel (laquelle) as-tu pris ? ; **welch ein Pech!** quelle malchance ! ; **welch eine schöne Kirche!** quelle belle église ! ; **welche Freude!** quel plaisir !

2 (unbestimmt): **es soll ja welche geben die ...** il paraît qu'il y a des gens qui ... ; **ich habe welche** j'en ai ; **haben Sie noch welche?** vous en avez ?
3 (relativ: Subjekt) qui ; (: Akkusativ) que ; (: Dativ) à qui ; (: bei Sachen) auquel (à laquelle)

welk adj flétri(e)
welken vi se faner
Wellblech nt tôle f ondulée
Welle f vague f ; (Tech) onde f
Wellenbereich m gamme f de fréquence
Wellenlänge f longueur f d'onde
Wellenlinie f ligne f ondulée
Wellensittich m perruche f
Wellness (**-**) f bien-être m
Wellpappe f carton m ondulé
Welt f monde m • **Weltall** nt univers m
• **Weltanschauung** f vision f du monde, philosophie f • **weltberühmt** adj de renommée internationale
weltfremd adj sauvage
Weltkrieg m guerre f mondiale
weltlich adj (Freuden) de ce monde ; (Bauwerk) profane
Weltmacht f grande puissance f
weltmännisch adj d'homme du monde
Weltmeister(in) m(f) champion(ne) du monde
Weltmeisterschaft f championnat m du monde
Weltraum m espace m
Weltraumstation f station f spatiale
Weltreise f tour m du monde
Weltrekord m record m du monde
Weltstadt f métropole f
weltweit adj international(e)
Weltwunder nt: **die sieben ~** les sept merveilles fpl du monde
wem pron (Dat) à qui
wen pron (Akk) qui
Wende f tournant m • **Wendekreis** m (Géo) tropique m ; (Auto) rayon m de braquage
Wendeltreppe f escalier m en colimaçon
wenden irr vt tourner, retourner ; (Boot) faire virer de bord ▶ vr (Glück) tourner ▶ vi faire demi-tour ; **bitte ~!** tournez, s'il vous plaît, T.S.V.P. ; **sich an jdn ~** s'adresser à qn
Wendepunkt m tournant m
Wendung f tournure f
wenig adj peu de ▶ adv peu ; **er hat zu ~ Geld** il n'a pas assez d'argent ; **~e** pl peu de gens
Wenigkeit f: **meine ~** mon humble personne

wenigste(r, s) *adj* moindre
wenigstens *adv* au moins

SCHLÜSSELWORT

wenn *konj* (*falls, bei Wünschen*) si ; (*zeitlich*) quand ; **wenn auch ...** même si ... ; **selbst wenn ...** même si ... ; **es ist, als wenn ...** c'est comme si ... ; **wenn ich doch ...** si seulement je ... ; **immer wenn ...** chaque fois que ... ; **außer wenn ...** sauf quand ... ; **wenn wir erst die neue Wohnung haben** une fois que nous aurons notre nouvel appartement

wennschon (*fam*) *adv* : **(na) ~!** et alors ? ; **~, dennschon!** tant qu'à faire !
wer *pron* qui
Werbebanner *nt* message *m* publicitaire
Werbefernsehen *nt* publicité *f* à la télévision
Werbegeschenk *nt* cadeau *m* publicitaire
Werbekampagne *f* campagne *f* publicitaire
werben *irr vt* (*Kunden*) prospecter ; (*Mitglied*) recruter ▶ *vi* faire de la publicité ; **um etw ~** essayer d'obtenir qch ; **um Wähler ~** essayer d'obtenir des voix ; **für eine Firma/ein Produkt ~** faire de la publicité pour une entreprise/ un produit
Werbespot *m* spot *m* publicitaire
werbewirksam *adj* efficace (sur le plan publicitaire)
Werbung *f* publicité *f* ; (*von Mitgliedern*) recrutement *m* ; (*um Frau*) cour *f*
Werdegang *m* parcours *m* ; (*beruflich*) carrière *f*

SCHLÜSSELWORT

werden (*pt* **wurde**, *pp* **geworden** *od* (*bei Passiv*) **worden**) *vi* devenir ; **rot werden** rougir ; **zu Eis werden** geler ; **die Fotos sind gut geworden** les photos sont réussies ; **was willst du (mal) werden?** qu'est-ce que tu veux faire quand tu seras grand(e) ? ; **was ist aus ihm geworden?** qu'est-il devenu ? ; **aus ihr wird nie etw** elle n'arrivera jamais à rien ; **es ist nichts geworden** ça n'a rien donné ; **das ist gut geworden** ça a bien réussi ; **es wird Nacht** la nuit tombe ; **es wird Tag** le jour se lève ; **mir wird kalt** je commence à avoir froid ; **mir wird schlecht** je me sens mal ; **Erster werden** être (classé) premier ; **das muss anders werden** il faut que ça change ; **es wird bald ein Jahr, dass ...** il y a bientôt une année que ... ; **er wird bald 40** il va bientôt avoir 40 ans
▶ *Hilfsverb* **1** (*Futur*) : **er wird es tun** il va le faire ; **es wird gleich regnen** il va bientôt pleuvoir
2 (*Konjunktiv*) : **ich würde weniger essen** je mangerais moins ; **ich würde das nicht so machen** je ne le ferais pas comme ça, je m'y prendrais autrement ; **er würde gern ...** il aimerait bien ... ; **ich würde lieber ...** je préférerais ...
3 (*Vermutung*) : **sie wird (wohl) in der Küche sein** elle est sans doute à la cuisine
4 (*Passiv*) : **gebraucht werden** être utilisé(e), servir ; **mir wurde gesagt, dass ...** on m'a dit que ... ; **es wurde viel gelacht** on a beaucoup ri

werfen *irr vt* lancer ; (*Junge*) accoucher de ▶ *vi* (*Tier*) mettre bas
Werft (-, -en) *f* chantier *m* naval
Werk (-(e)s, -e) *nt* (*Buch, Tätigkeit etc*) œuvre *f* ; (*Fabrik*) usine *f* ; (*Mechanismus*) mécanisme *m* ; **ans ~ gehen** se mettre à l'ouvrage
Werkstatt (-, -stätten) *f* atelier *m* ; (*Auto*) garage *m*
Werkstoff *m* matériau *m*
Werktag *m* jour *m* ouvrable
werktags *adv* les jours ouvrables
werktätig *adj* (*Bevölkerung*) actif(-ive)
Werkzeug *nt* outils *mpl*
Werkzeugkasten *m* boîte *f* à outils
Werkzeugschrank *m* armoire *f* à outils
Wermut (-(e)s) *m* (*Wein*) vermouth *m*
wert *adj* (*geschätzt*) cher (chère) ; **~e Anwesende** Mesdames et Messieurs ; **das ist es/er mir ~** je trouve que ça/qu'il en vaut la peine • **Wert** (-(e)s, -e) *m* valeur *f* ; **~ legen auf** +*Akk* tenir à ; **es hat doch keinen ~** ça ne sert à rien
werten *vt* (*beurteilen*) juger
Wertgegenstand *m* objet *m* de valeur
wertlos *adj* sans valeur ; (*Information*) inutile
Wertlosigkeit *f* absence *f* de valeur ; (*von Information*) inutilité *f*
Wertpapier *nt* titre *m* ; **faule ~e** actifs *mpl* toxiques
wertvoll *adj* précieux(-euse)
Wertzuwachs *m* augmentation *f* de valeur
Wesen (-s, -) *nt* (*Geschöpf*) être *m* ; (*Natur, Charakter*) nature *f*
wesentlich *adj* (*ausschlaggebend*) essentiel(le) ; (*beträchtlich*) considérable
weshalb *adv* pourquoi

Wespe f guêpe f
wessen pron (Gen) de qui, dont
Wessi m abk voir article

: **Wessi** est un terme familier et souvent
: irrespectueux désignant un Allemand
: de l'ancienne BRD. Le terme *Besserwessi*
: désigne un Allemand de l'Ouest qui
: croit tout savoir sur tout.

Weste f gilet m
Westen (**-s**) m ouest m
westeuropäisch adj d'Europe de l'Ouest; **~e Zeit** heure f de Greenwich
westlich adj occidental(e) ▶ präp +Gen à l'ouest de
Westwind m vent m d'ouest
weswegen adv pourquoi
wett adj: **mit jdm ~ sein** être quitte envers qn • **Wettbewerb** m concours m
wettbewerbsfähig adj compétitif(-ive)
Wettbewerbsfähigkeit f compétitivité f
Wette f pari m
Wetteifer m esprit m de compétition
wetten vt, vi parier
Wetter (**-s, -**) nt temps m (qu'il fait) • **Wetterbericht** m bulletin m de la météo • **Wetterdienst** m service m météorologique • **wetterfühlig** adj sensible aux changements de temps • **Wetterlage** f situation f météorologique
Wettervorhersage f prévisions fpl météorologiques
Wetterwarte f station f météorologique
wetterwendisch adj versatile
Wettkampf m compétition f
Wettlauf m course f
wett|machen vt réparer, compenser
Wettstreit m compétition f
wetzen vt (Messer) aiguiser
WEZ abk (= westeuropäische Zeit) heure f de Greenwich
WG abk = **Wohngemeinschaft**
Whisky (**-s, -s**) m whisky m
wich etc vb siehe **weichen**
wichtig adj important(e) • **Wichtigkeit** f importance f
wickeln vt enrouler; (Wolle) rouler en pelote; (Baby) langer
Widder (**-s, -**) m bélier m; (Astrol) Bélier m
wider präp +Akk contre
widerfahren irr vi insép: **jdm ~** advenir de qn
widerlegen vt insép réfuter
widerlich adj repoussant(e)
widerrechtlich adj illégal(e)
Widerrede f contradiction f
Widerruf m: **bis auf ~** jusqu'à nouvel ordre
widerrufen irr vt insép (Aussage, Geständnis) retirer; (Befehl, Anordnung) annuler
widersetzen vr insép: **sich einem Befehl ~** s'opposer à un ordre
widerspenstig adj récalcitrant(e), rebelle • **Widerspenstigkeit** f caractère m rebelle od récalcitrant
wider|spiegeln vt refléter
widersprechen irr vi insép: **jdm/einer Sache ~** contredire qn/qch
widersprechend adj contradictoire
Widerspruch m contradiction f
widerspruchslos adj (Gehorsam) absolu(e) ▶ adv sans discussion
Widerstand m résistance f
Widerstandsbewegung f mouvement m de résistance
widerstandsfähig adj résistant(e)
widerstandslos adj sans résistance
widerstehen irr vi insép: **jdm/einer Versuchung ~** résister à qn/une tentation
widerwärtig adj épouvantable
Widerwille m dégoût m; **~ gegen** aversion f pour
widerwillig adj, adv à contrecœur
Widget nt (Inform) widget m
widmen vt (Buch) dédier; (Zeit) consacrer ▶ vr se consacrer
Widmung f dédicace f
widrig adj (Umstände) adverse

(SCHLÜSSELWORT)

wie adv **1** (in Fragen) comment; **wie schreibt man das?** comment ça s'écrit?; **wie groß?** de quelle grandeur od taille?; **wie groß ist er?** combien mesure-t-il?; **wie schnell?** à quelle vitesse?; **wie wärs mit einem Whisky?** que diriez-vous d'un whisky?; **wie heißt du?** comment t'appelles-tu?; **wie nennt man das?** comment ça s'appelle?; **wie ist er?** comment est-il?; **wie spät ist es?** quelle heure est-il?; **wie viel** combien de; **wie viele Personen?** combien de personnes?; **wie viel kostet das?** combien ça coûte?; **wie viel Uhr ist es?** quelle heure est-il?; **wie bitte?** comment?
2 (in Ausrufen): **wie gut du das kannst!** tu le fais vraiment bien!; **wie schrecklich!** c'est affreux!; **wie schön das ist!** comme od que c'est beau!; **wie schön sie ist!** comme elle od qu'elle est belle!; **und wie!** et comment!
3 (relativ): **die Art, wie sie das macht** la manière dont elle s'y prend

▶ konj **1** (bei Vergleichen): **so schön wie ...** aussi beau (belle) que ... ; **wie du** comme toi ; **wie eine Nachtigall singen** chanter comme un rossignol ; **wie ich schon sagte** comme je l'ai dit ; **ganz wie Sie wünschen, mein Herr!** comme vous voudrez, Monsieur ! ; **wie (zum Beispiel)** comme (par exemple) ; **wie immer** comme toujours
2 (zeitlich): **wie er das hörte, ging er** en entendant cela, il est parti
3 (Art und Weise): **sie sagte mir, wie man das macht** elle m'a dit comment le faire ; **er fragte mich, wie es mir ging** il m'a demandé comment j'allais ; **er fragte mich, wie spät es war** il m'a demandé l'heure qu'il était

wieder adv de od à nouveau ; **~ gesund sein** être guéri(e) ; **gehst du schon ~?** tu repars déjà ? ; **~ ein(e)** encore un(e)
• **Wiederaufbau** m reconstruction f
• **wieder|auf|bereiten** vt retraiter
• **Wiederaufbereitungsanlage** f usine f de retraitement • **wieder|auf|nehmen** irr vt reprendre • **wiederbeschreibbar** adj (CD, DVD) réinscriptible
• **wieder|erkennen** irr vt reconnaître
Wiedergabe f (Bericht) compte rendu m ; (Reproduktion) reproduction f
wieder|geben irr vt rendre ; (Gefühle) exprimer
wiedergut|machen vt réparer
Wiedergutmachung f (Geldbetrag) indemnité f
wiederher|stellen vt (Mensch) guérir ; (Ordnung) rétablir ; (Frieden, Ruhe) ramener ; (Inform) restaurer ; **sobald er** od **seine Gesundheit wiederhergestellt ist** dès qu'il sera rétabli
Wiederherstellung f restauration f ; (von Frieden, Beziehung) rétablissement m
wiederholen vt insép répéter
wiederholt adj répété(e)
Wiederholung f répétition f
Wiederhören nt: **auf ~** au revoir
Wiederkehr f retour m
wieder|sehen irr vt revoir
Wiedersehen nt retrouvailles fpl ; **auf ~!** au revoir !
wiederum adv de od à nouveau ; (andererseits) par contre
wieder|vereinigen vt réunir ; (Pol) réunifier
Wiedervereinigung f (Pol) réunification f
Wiederwahl f réélection f

Wiege f berceau m
wiegen irr vt, vi peser
wiehern vi (Pferd) hennir
Wien (**-s**) nt Vienne
wies etc vb siehe **weisen**
Wiese f pré m
Wiesel (**-s, -**) nt belette f
wieso adv pourquoi
wievielmal adv combien de fois
wievielte(r, s) adj: **zum ~n Mal?** pour la combientième fois ? ; **den W~n haben wir heute?** le combien sommes-nous ? ; **an ~r Stelle?** combientième ?
wieweit adv jusqu'où
Wi-Fi nt wifi m, wi-fi m
wild adj sauvage ; (Volk) primitif(-ive) ; (wütend) furieux(-euse)
Wild (**-(e)s**) nt gibier m
wildern vi braconner
wildfremd adj complètement inconnu(e)
Wildheit f caractère m sauvage
Wildleder nt daim m
Wildnis f région f sauvage
Wildschwein nt sanglier m
Wille (**-ns, -n**) m volonté f
willen präp +Gen: **um ... ~** pour l'amour de ...
willenlos adj sans volonté
willensstark adj qui a de la volonté od du caractère
willig adj de bonne volonté
willkommen adj bienvenu(e) ; **(herzlich) ~!** bienvenue ! • **Willkommen** (**-s, -**) nt bienvenue f
willkürlich adj arbitraire
wimmeln vi: **~ von** fourmiller de
wimmern vi geindre
Wimper (**-, -n**) f cil m
Wimperntusche f mascara m
Wind (**-(e)s, -e**) m vent m • **Windbeutel** m ≈ chou m à la crème
Winde f (Tech) treuil m ; (Bot) volubilis m, liseron m
Windel f couche f (de bébé)
winden¹ vi unpers: **es windet** il vente
winden² irr vt (Kranz) tresser ▶ vr (Weg) serpenter ; (Pflanze) s'enrouler ; (Person) se tordre
Windenergie f énergie f éolienne
Windfarm (**-, -en**) f parc m éolien
Windhose f tourbillon m
Windhund m lévrier m ; (Mensch) écervelé m
windig adj de vent ; (fam: Bursche) louche
Windkraftanlage f centrale f éolienne
Windmühle f moulin m à vent
Windpark m, **Windparkanlage** f parc m d'aérogénérateurs

Windpocken pl varicelle fsg
Windschutzscheibe f pare-brise m inv
Windstärke f force f du vent
Windstille f calme m plat
Windstoß m coup m de vent
Wink (**-(e)s, -e**) m (mit Kopf) signe m (de la tête) ; (mit Hand) signe (de la main) ; (fig) conseil m
Winkel (**-s, -**) m (Ecke) coin m ; (Math) angle m ; (Gerät) équerre f
winken vi faire signe (de la main) ; (fig: Gelegenheit) être en vue ▶ vt: **jdn zu sich ~** faire signe à qn d'approcher
winseln vi geindre
Winter (**-s, -**) m hiver m • **winterlich** adj hivernal(e) • **Winterreifen** m pneu-neige m • **Winterschlaf** m hibernation f • **Winterschlussverkauf** m soldes mpl de printemps • **Wintersport** m sport m d'hiver
Winterzeit f (Uhrzeit) heure f d'hiver
Winzer (**-s, -**) m vigneron m
winzig adj minuscule
Wipfel (**-s, -**) m cime f
wir pron nous ; **alle** nous tous
Wirbel (**-s, -**) m (Anat) vertèbre f ; (in Wasser, Trubel) tourbillon m ; (Aufsehen) remous mpl
wirbeln vi tourbillonner
Wirbelsäule f colonne f vertébrale
Wirbelwind m tourbillon m de vent
wirken vi (tätig sein) agir ; (erfolgreich sein, Wirkung haben) être efficace, agir ; (erscheinen) avoir l'air ▶ vt: **Wunder ~** être très efficace
wirklich adj vrai(e) • **Wirklichkeit** f réalité f
wirksam adj efficace ; **~ werden** (gelten) entrer en vigueur • **Wirksamkeit** f efficacité f
Wirkung f effet m
wirkungslos adj inefficace
wirkungsvoll adj efficace
wirr adj (Haar) emmêlé(e) ; (unklar) confus(e)
Wirren pl troubles mpl
Wirrwarr (**-s**) m confusion f
Wirsing (**-s**), **Wirsingkohl** m chou m frisé
Wirt(in) (**-(e)s, -e**) m(f) (von Gaststätte) patron(ne)
Wirtschaft f (Gaststätte) café m ; (Écon) économie f ; (Haushalt) ménage m ; (fam) pagaille f • **wirtschaftlich** adj économique • **Wirtschaftlichkeit** f rentabilité f
Wirtschaftskrise f crise f économique
Wirtschaftspolitik f politique f économique

Wirtschaftsprüfer(in) m(f) vérificateur m des comptes
Wirtschaftswissenschaft f science f économique
Wirtschaftswunder nt miracle m économique
Wirtshaus nt auberge f
Wisch (**-(e)s, -e**) m papelard m
wischen vt (Boden) laver ; (Staub) essuyer ; (Augen) s'essuyer
Wischer (**-s, -**) m (Auto) essuie-glace m
wispern vt, vi chuchoter
wissbegierig adj curieux(-euse)
wissen irr vt savoir ; **man kann nie ~** on ne sait jamais • **Wissen** (**-s**) nt savoir m
Wissenschaft f science f
Wissenschaftler(in) (**-s, -**) m(f) scientifique mf
wissenschaftlich adj scientifique
wissenswert adj digne d'intérêt
wissentlich adj voulu(e) ▶ adv en toute connaissance de cause
wittern vt (Spur, Gefahr) flairer
Witterung f (Wetterlage) temps m ; (Geruch) fumet m
Witwe f veuve f
Witz (**-es, -e**) m histoire f (drôle) • **Witzblatt** nt journal m humoristique • **Witzbold** (**-(e)s, -e**) m plaisantin m
witzeln vi plaisanter
witzig adj drôle
WM (**-**) f abk (= Weltmeisterschaft) championnat m du monde
wo adv où ; (fam: irgendwo) quelque part ; **im Augenblick, wo ...** au moment où ... ; **die Zeit, wo ...** l'époque où ...
woanders adv ailleurs
wob etc vb siehe **weben**
wobei adv (relativ) à l'occasion de quoi
Woche f semaine f
Wochenende nt week-end m
wochenlang adj qui dure des semaines ▶ adv pendant plusieurs semaines
Wochentag m jour m de la semaine
wöchentlich adj hebdomadaire
Wochenzeitung f hebdomadaire m
Wodka (**-s, -s**) m vodka f
wodurch adv (relativ) grâce à od à cause de quoi ; (interrog) comment
wofür adv (relativ) pour lequel(laquelle) ; (interrog) pour quoi
wog etc vb siehe **wiegen**
Woge f vague f
wogegen adv (relativ, interrog) contre quoi
wogen vi (Meer) être houleux(-euse)
woher adv d'où
wohin adv où

Wörterbuch

SCHLÜSSELWORT

wohl adv **1**: **bei dem Gedanken ist mir nicht wohl** rien que d'y penser, ça me rend malade ; **wohl oder übel** bon gré mal gré ; **wohl gemeint** = **wohlgemeint** ; **sich wohl fühlen** siehe **wohlfühlen**

2 (gründlich): **etw wohl überlegen** bien réfléchir à qch ; **ich habe es mir wohl überlegt** c'est tout réfléchi

3 (wahrscheinlich) probablement ; (gewiss) sûrement ; (vielleicht) sans doute ; (etwa) à peu près ; (durchaus) bien, tout à fait ; **sie ist wohl zu Hause** elle est sans doute chez elle ; **das ist doch wohl ein Witz** od **nicht dein Ernst!** tu plaisantes ! ; **das mag wohl sein** c'est possible ; **ob das wohl stimmt?** je me demande si c'est vrai ; **er weiß das wohl** il le sait sans doute

Wohl (-(e)s) nt: **das ~ seiner Kinder** le bien-être de ses enfants ; **zum ~!** à la tienne/vôtre !
wohlauf adv: **~ sein** bien se porter
Wohlbehagen nt sensation f de bien-être
wohlbehalten adj sain(e) et sauf (sauve) ; (Gegenstand) intact(e)
Wohlfahrt f (Fürsorge) aide f sociale
Wohlfahrtsstaat m État-providence m
wohlfühlen vr se sentir bien
wohlgemeint adj bien intentionné(e)
wohlhabend adj aisé(e)
wohlig adj agréable
wohlschmeckend adj savoureux(-euse)
Wohlstand m aisance f
Wohlstandsgesellschaft f société f d'abondance
Wohltat f bienfait m
Wohltäter(in) m(f) bienfaiteur(-trice)
wohltätig adj (Verein) de bienfaisance
wohlverdient adj (bien) mérité(e)
wohlweislich adv sciemment
Wohlwollen nt bienveillance f
wohlwollend adj bienveillant(e)
wohnen vi habiter
Wohngebiet nt zone f d'habitation
Wohngemeinschaft f communauté f
wohnhaft adj domicilié(e)
Wohnheim nt foyer m
wohnlich adj confortable
Wohnmobil nt camping-car m
Wohnort, Wohnsitz m domicile m
Wohnung f appartement m ; (Unterkunft) logis m
Wohnungsnot f crise f du logement
Wohnwagen m caravane f
Wohnzimmer nt (salle f de) séjour m, living m

Wok (-, -s) m wok m
wölben vr (Brücke) être voûté(e)
Wölbung f voûte f
Wolf (-(e)s, ⸚e) m loup m
Wölfin f louve f
Wolke f nuage m
Wolkenkratzer m gratte-ciel m
wolkig adj (Himmel) nuageux(-euse)
Wolle f laine f

SCHLÜSSELWORT

wollen¹ (pt **wollte**, pp **gewollt** od (als Hilfsverb) **wollen**) vt, vi vouloir ; **ich will nach Hause** je veux rentrer à la maison ; **er will nicht** il ne veut pas ; **etw lieber wollen** préférer qch ; **wenn du willst** si tu veux ; **ganz wie du willst!** c'est comme tu veux ! ; **das hab ich nicht gewollt** ce n'était pas mon intention ; **ich weiß nicht, was er will** je ne sais od comprends pas ce qu'il veut

▶ Hilfsverb **1** (Absicht haben): **wolltest du gehen/etw sagen?** tu voulais partir/dire qch ? ; **ich wollte gerade bei dir anrufen** j'allais justement te téléphoner ; **etw gerade tun wollen** être sur le point de faire qch

2 (müssen): **so ein Schritt will gut überlegt sein** il faut réfléchir soigneusement avant de prendre une telle décision

3 (sollen): **das will nichts heißen** ça ne veut rien dire

4 (in Wunsch): **ich wollte, ich wäre ...** j'aimerais être ...

wollen² adj en laine
wollüstig adj (sinnlich) voluptueux(-euse)
womit adv (relativ) avec quoi, avec lequel(laquelle) ; (interrog) avec quoi
womöglich adv peut-être
wonach adv (relativ: demzufolge) selon lequel(laquelle)
Wonne f délice m
woran adv (relativ) auquel(à laquelle) ; (interrog) à quoi
worauf adv (relativ) sur lequel(à laquelle) ; (interrog) sur quoi
woraus adv (relativ) duquel(de laquelle) ; (interrog) de quoi
worin adv en quoi
Workshop (-s, -s) m atelier m, workshop m
Wort (-(e)s, ⸚er od -e) nt mot m ; **~ halten** tenir parole ; **mit anderen ~en** autrement dit • **wortbrüchig** adj qui manque à sa parole
Wörterbuch nt dictionnaire m

Wortführer m porte-parole m
wortkarg adj laconique
Wortlaut m teneur f ; **im ~** textuellement
wörtlich adj (Übersetzung) mot à mot, littéral(e)
wortlos adj muet(te)
wortreich adj verbeux(-euse)
Wortschatz m vocabulaire m
Wortspiel nt jeu m de mots
Wortwechsel m échange m verbal
worüber adv (relativ) sur lequel(laquelle) ; (interrog) sur quoi
worum adv (relativ) autour duquel(de laquelle) ; (interrog) autour de quoi
worunter adv (relativ) sous lequel(laquelle) ; (interrog) sous quoi
wovon adv (relativ) dont ; (interrog) de quoi
wovor adv (relativ) devant lequel(laquelle) ; (interrog) devant quoi
wozu adv (relativ) pour lequel(laquelle) ; (interrog) pourquoi
Wrack (-(e)s, -s) nt épave f
wringen irr vt tordre
Wucher (-s) m usure f • **Wucherer** (-s, -) m, **Wucherin** f usurier(-ière) m/f • **wucherisch** (péj) adj (Preis) exorbitant(e)
wuchern vi (Pflanzen) proliférer
Wucherung f (Méd) excroissance f
wuchs etc vb siehe **wachsen**
Wuchs (-es) m (Wachstum) croissance f ; (Statur) stature f
Wucht (-) f force f
wuchtig adj (Gestalt) massif(-ive) ; (Schlag) violent(e)
wühlen vi (Tier) fouir ; **in etw ~** fouiller dans qch
Wulst (-es, ¨e) m renflement m ; (an Wunde) boursouflure f
wund adj (Haut) écorché(e)
Wunde f blessure f
Wunder (-s, -) nt miracle m • **wunderbar** adj miraculeux(-euse) ; (herrlich) merveilleux(-euse) • **Wunderkind** nt enfant m prodige • **wunderlich** adj bizarre
wundern vr : **sich ~ über** +Akk s'étonner de ▶ vt étonner
wunderschön adj, **wundervoll** adj merveilleux(-euse)
Wundstarrkrampf m tétanos m
Wunsch (-(e)s, ¨e) m souhait m ; **herzliche** od **alle guten Wünsche zum Geburtstag!** meilleurs vœux pour ton anniversaire !
wünschen vt souhaiter ; **sich** Dat **etw ~** désirer (avoir) qch

wünschenswert adj souhaitable
wurde etc vb siehe **werden**
Würde f dignité f
Würdenträger (geh) m dignitaire m
würdevoll adj digne
würdig adj digne ; **jds/einer Sache ~ sein** être digne de qn/qch
würdigen vt reconnaître ; **jdn keines Blickes ~** ne pas daigner regarder qn
Wurf (-s, ¨e) m lancement m, jet m ; (Junge) portée f
Würfel (-s, -) m dé m ; (Math) cube m • **Würfelbecher** m cornet m à dés
würfeln vi jeter les dés
Würfelspiel nt jeu m de dés
Würfelzucker m sucre m en morceaux
würgen vt étrangler ▶ vi : **~ an** +Dat avoir du mal à avaler
Wurm (-(e)s, ¨er) m ver m
wurmen (fam) vt turlupiner
Wurmfortsatz m appendice m
wurmig adj véreux(-euse)
wurmstichig adj vermoulu(e)
Wurst (-, ¨e) f saucisse f ; (getrocknet) saucisson m ; **das ist mir ~!** (fam) je m'en fiche !
Würstchen nt saucisse f
Würze f épice f
Wurzel (-, -n) f racine f
würzen vt épicer ; (fig) donner du piquant à
würzig adj épicé(e)
wusch etc vb siehe **waschen**
wusste etc vb siehe **wissen**
wüst adj (roh: Kerl) rustre ; (ausschweifend) déchaîné(e) ; (öde) désert(e) ; (fam: heftig) terrible
Wüste f désert m
Wüstling (péj) m débauché m
Wut (-) f colère f, fureur f ; **eine ~ auf jdn/etw haben** être en colère contre qn/qch ; **seine ~ an jdn/etw auslassen** passer sa colère sur qn/qch • **Wutanfall** m accès m de colère
wüten vi (Wind) souffler en tempête
wütend adj furieux(-euse)
WWW nt abk (= World Wide Web) ; **das ~** le Web

X y

X, x *nt* X, x *m inv*
X-Beine *pl* jambes *fpl* cagneuses
x-beliebig *adj* n'importe quel(le)
x-mal *adv* n fois
Xylofon, Xylophon (**-s, -e**) *nt* xylophone *m*

Y, y *nt* Y, y *m inv*
Yen (**-(s), -(s)**) *m* yen *m*
Yoga (**-(s)**) *m od nt* yoga *m*
Ypsilon (**-(s), -s**) *nt* i *m* grec

Z

Z, z *nt* Z, z *m inv*
Zacke *f* pointe *f*; (*Bergzacke: von Gabel, Kamm*) dent *m*
zackig *adj* (*Felsen*) qui présente des aspérités; (*fam: Bursche*) fringant(e); (*Musik, Tempo*) vif(vive)
zaghaft *adj* hésitant(e)
Zaghaftigkeit *f* indécision *f*
zäh *adj* (*Fleisch*) coriace; (*Flüssigkeit*) visqueux(-euse); (*Mensch*) résistant(e); (*schleppend*) pénible • **zähflüssig** *adj* visqueux(-euse); (*Verkehr*) qui avance au ralenti
Zähigkeit *f* résistance *f*; (*Beharrlichkeit*) endurance *f*
Zahl (-, -en) *f* nombre *m*
zahlbar *adj* payable
zahlen *vt, vi* payer; **~ bitte!** l'addition, s'il vous plaît!
zählen *vi, vt* compter; **~ zu** compter parmi; **auf jdn/etw ~** compter sur qn/qch
zahlenmäßig *adj* en nombre
Zahler(in) (-s, -) *m(f)* payeur *m*
Zähler (-s, -) *m* (*Tech*) compteur *m*; (*Math*) numérateur *m*
zahllos *adj* innombrable
zahlreich *adj* nombreux(-euse)
Zahltag *m* jour *m* de paie
Zahlung *f* paiement *m*
zahlungsfähig *adj* solvable
zahlungsunfähig *adj* insolvable
Zahlwort *nt* (adjectif *m*) numéral *m*
zahm *adj* (*Tier*) apprivoisé(e); (*brav*) sage
zähmen *vt* apprivoiser, dompter
Zahn (-(e)s, ̈e) *m* dent *f* • **Zahnarzt** *m*, **Zahnärztin** *f* dentiste *mf* • **Zahnbürste** *f* brosse *f* à dents • **Zahncreme** *f* (pâte *f*) dentifrice *m*
zahnen *vi* faire ses dents
Zahnersatz *m* prothèse *f* dentaire
Zahnfäule (-) *f* carie *f*
Zahnfleisch *nt* gencive(s) *f(pl)*
Zahnpasta, Zahnpaste *f* (pâte *f*) dentifrice *m*
Zahnrad *nt* roue *f* dentée
Zahnradbahn *f* chemin *m* de fer à crémaillère
Zahnschmelz *m* émail *m* (*des dents*)
Zahnschmerzen *pl* maux *mpl* de dents
Zahnseide *f* fil *m* dentaire
Zahnspange *f* appareil *m* (*pour redresser les dents*)
Zahnstein *m* tartre *m*
Zahnstocher (-s, -) *m* cure-dents *m*
Zaire (-s) *nt* le Zaïre
Zange *f* pince *f*; (*Beißzange*) tenailles *fpl*; (*Geburtszange*) forceps *m*
Zangengeburt *f* naissance *f* au forceps
zanken *vi* se disputer ▶ *vr*: **sich mit jdm ~** se disputer avec qn
zänkisch *adj* querelleur(-euse)
Zäpfchen *nt* (*Anat*) luette *f*; (*Méd*) suppositoire *m*
zapfen *vt* tirer
Zapfen (-s, -) *m* (*Tannenzapfen*) pomme *f* de pin; (*Eiszapfen*) glaçon *m*
Zapfenstreich *m* (*Mil*) retraite *f*
Zapfsäule *f* pompe *f* à essence
zappelig *adj* agité(e)
zappeln *vi* frétiller
zappen *vi* (*TV*) zapper
Zar(in) (-s, -en) *m(f)* tsar(ine)
zart *adj* (*Haut, Töne*) doux(douce); (*Farben*) délicat(e); (*Berührung*) léger(-ère); (*Braten*) tendre • **Zartgefühl** *nt* tact *m* • **Zartheit** *f* douceur *f*
zärtlich *adj* tendre • **Zärtlichkeit** *f* tendresse *f*; **Zärtlichkeiten** *pl* (*Worte*) mots *mpl* tendres
Zauber (-s, -) *m* (*Magie*) magie *f*; (*fig*) charme *m*; **fauler ~** (*fam*) attrape-nigaud *m*
Zauberei *f* magie *f*; (*Trick*) tour *m* de passe-passe
Zauberer (-s, -) *m*, **Zauberin** *f* magicien(ne)
zauberhaft *adj* merveilleux(-euse)
Zauberkünstler(in) *m(f)* prestidigitateur(-trice)
zaubern *vi* faire des tours de passe-passe
Zauberspruch *m* formule *f* magique
zaudern *vi* hésiter
Zaum (-(e)s, Zäume) *m* bride *f*; **etw im ~ halten** maîtriser qch
Zaun (-(e)s, Zäune) *m* clôture *f* • **Zaunkönig** *m* roitelet *m* • **Zaunpfahl** *m*: **ein Wink mit dem ~** une allusion très peu subtile

z. B. *abk* (= *zum Beispiel*) par ex.
Zebra (**-s, -s**) *nt* zèbre *m* • **Zebrastreifen** *m* passage *m* piétons
Zeche *f* addition *f*; (*Bergbau*) mine *f*
Zecke *f* tique *f*
Zeh (**-s, -en**) *m*, **Zehe** *f* orteil *m*, doigt *m* de pied; (*Knoblauchzehe*) gousse *f*
zehn *num* dix
Zehnerkarte *f* ≈ carnet *m* de dix tickets
Zehnkampf *m* décathlon *m*
zehnte(r, s) *adj* dixième
Zehntel (**-s, -**) *nt* dixième *m*
Zeichen (**-s, -**) *nt* signe *m*; (*Schild*) écriteau *m* • **Zeichensatz** *m* (*Inform*) jeu *m* de caractères • **Zeichentrickfilm** *m* dessin *m* animé
zeichnen *vi* dessiner ▶ *vt* dessiner; (*kennzeichnen*) marquer; (*unterzeichnen*) signer
Zeichner(in) (**-s, -**) *m(f)* dessinateur(-trice); **technische(r) ~(in)** dessinateur(-trice) industriel(le)
Zeichnung *f* dessin *m*
Zeigefinger *m* index *m*
zeigen *vt* montrer ▶ *vi*: **~ auf** +*Akk* indiquer ▶ *vr* se montrer; **das wird sich ~** on verra; **es zeigte sich, dass ...** il s'est avéré que ...
Zeiger (**-s, -**) *m* aiguille *f*
Zeile *f* ligne *f*
Zeilenabstand *m* interligne *m*
Zeilenumbruch *m* (*Inform*) retour *m* à la ligne automatique
Zeit (**-, -en**) *f* temps *m*; (*Uhrzeit*) heure *f*; (*Augenblick*) moment *m*; **von ~ zu ~** de temps en temps; **mit der ~** avec le temps; **zur rechten ~** au bon moment; **die ganze ~** tout le temps; **in letzter ~** ces derniers temps; **sich** *Dat* **für jdn/etw ~ nehmen** consacrer du temps à qn/qch; **sich** *Dat* **~ lassen** prendre son temps; *siehe auch* **zurzeit** • **Zeitalter** *nt* ère *f* • **Zeitarbeit** *f* travail *m* temporaire • **Zeitgeist** *m* esprit *m* (d'une *od* de l'époque) • **zeitgemäß** *adj* moderne • **Zeitgenosse** *m*, **Zeitgenossin** *f* contemporain(e) *m/f*
zeitig *adv* tôt
zeitlebens *adv* toute ma/sa *etc* vie
zeitlich *adj* (*Reihenfolge*) chronologique
Zeitlupe *f* ralenti *m*
Zeitpunkt *m* moment *m*
Zeitraffer (**-s**) *m* accéléré *m*
zeitraubend *adj* qui prend du *od* beaucoup de temps
Zeitraum *m* période *f*
Zeitrechnung *f*: **vor/nach unserer ~** avant/après J.-C

Zeitschrift *f* revue *f*
Zeitung *f* journal *m*
Zeitverschwendung *f* perte *f* de temps
Zeitvertreib *m* passe-temps *m inv*
zeitweilig *adj* temporaire
zeitweise *adv* de temps en temps
Zeitwort *nt* verbe *m*
Zeitzeichen *nt* (*Radio*) top *m*
Zeitzone *f* fuseau *m* horaire
Zeitzünder *m* détonateur *m* à retardement
Zelle *f* cellule *f*; (*Telefonzelle*) cabine *f*
Zellkern *m* noyau *m* de la *od* d'une cellule
Zellstoff *m* cellulose *f*
Zellteilung *f* division *f* de la cellule
Zelt (**-(e)s, -e**) *nt* tente *f* • **zelten** *vi* camper • **Zeltplatz** *m* (terrain *m* de) camping *m*
Zement *m* ciment *m*
zementieren *vt* cimenter
zensieren *vt* censurer; (*Scol*) marquer
Zensur *f* censure *f*; (*Scol*) note *f*
Zentimeter *m od nt* centimètre *m*
Zentner (**-s, -**) *m* 50 kilos
zentral *adj* central(e)
Zentrale *f* (*von Bank, Partei, Konzern*) siège *m*; (*Tél*) central *m*
Zentraleinheit *f* unité *f* centrale
Zentralheizung *f* chauffage *m* central
zentralisieren *vt* centraliser
Zentralverriegelung *f* (*Auto*) verrouillage *m* central (des portières)
Zentrifugalkraft *f* force *f* centrifuge
Zentrifuge *f* essoreuse *f*
Zentrum (**-s, Zentren**) *nt* centre *m*
Zepter (**-s, -**) *nt od m* sceptre *m*
zerbrechen *irr vt* casser ▶ *vi* se casser
zerbrechlich *adj* fragile
zerbröckeln *vt*, *vi* s'effriter
zerdrücken *vt* écraser
Zeremonie *f* cérémonie *f*
Zerfall *m* (*von Kultur*) déclin *m*; (*von Gesundheit*) détérioration *f* • **zerfallen** *irr vi* (*Gebäude etc*) tomber en ruine
zerfetzen *vt* déchiqueter
zerfließen *irr vi* fondre
zergehen *irr vi* fondre
zerkleinern *vt* réduire en morceaux
zerknittern *vt* froisser
zerlegbar *adj* démontable
zerlegen *vt* démonter; (*Fleisch, Geflügel etc*) découper; (*Satz*) analyser
zerlumpt *adj* déguenillé(e)
zermalmen *vt* écraser
zermürben *vt* (*Mensch*) anéantir
zerquetschen *vt* écraser
Zerrbild *nt* image *f* déformée
zerreden *vt* rabâcher

zerreißen irr vt déchirer ▶ vi (Seil) casser
zerren vt traîner ▶ vi: **~ an** +Dat tirer sur
zerrinnen irr vi (Zeit) passer; (Traum) s'évanouir
zerrissen adj déchiré(e) • **Zerrissenheit** f (Pol) désunion f; (innere) nature f tourmentée
Zerrung f claquage m
zerrüttet adj (Ehe) brisé(e); (Gesundheit) miné(e)
zerschlagen irr vt casser; (mit Gewalt) fracasser ▶ vr (Pläne etc) échouer ▶ adj: **sich ~ fühlen** être épuisé(e)
zerschneiden irr vt couper en morceaux
zersetzen vt (Metall etc) attaquer ▶ vr se décomposer
zerspringen irr vi se fracasser
Zerstäuber (-s, -) m vaporisateur m
zerstören vt détruire
Zerstörung f destruction f
zerstoßen irr vt piler
zerstreiten irr vr se brouiller
zerstreuen vt disperser ▶ vr se disperser; (sich unterhalten) se distraire
zerstreut adj (Mensch) distrait(e)
Zerstreutheit f distraction f
Zerstreuung f (Zeitvertreib) distraction f
zerstückeln vt couper en morceaux
zertreten irr vt écraser
zertrümmern vt fracasser; (Gebäude etc) détruire
Zerwürfnis nt brouille f
zerzausen vt ébouriffer
zetern vi vociférer
Zettel (-s, -) m billet m
Zeug (-(e)s, -e) (fam) nt affaires fpl; **dummes ~** bêtises fpl; **das ~ haben zu etw** avoir l'étoffe de qch; **sich ins ~ legen** (fam) travailler d'arrache-pied
Zeuge (-n, -n) m, **Zeugin** f témoin m
zeugen vt (Kind) procréer ▶ vi témoigner; **das zeugt von …** c'est signe de …
Zeugenaussage f témoignage m
Zeugenstand m barre f (des témoins)
Zeugin f siehe **Zeuge**
Zeugnis nt certificat m; (Scol) bulletin m (scolaire); (Referenz, Arbeitszeugnis) références fpl
Zeugung f procréation f
zeugungsunfähig adj stérile
z. H., z. Hd. abk (= zu Händen) à l'attention de
zickig adj (albern) niais(e)
Zickzack (-(e)s, -e) m zigzag m
Ziege f chèvre f; (fam: Frau) bique f
Ziegel (-s, -) m brique f; (Dachziegel) tuile f
Ziegelei f briqueterie f
Ziegelstein m brique f

Ziegenleder nt chevreau m
ziehen irr vt tirer; (Pflanzen) faire pousser ▶ vi tirer; (umziehen) déménager; (wandern) aller; (Wolke) passer ▶ vi unpers: **es zieht** il y a un courant d'air ▶ vr (Gummi etc) s'étirer; (Grenze etc) s'étendre; **etw nach sich ~** entraîner qch; **Gesichter ~** faire des grimaces; **zu jdm ~** aller habiter avec qn; **jds Aufmerksamkeit auf sich ~** attirer l'attention de qn; **sich (in die Länge) ~** tirer en longueur
Ziehharmonika f accordéon m
Ziehung f (Losziehung) tirage m (au sort)
Ziel (-(e)s, -e) nt but m; (Mil) cible f
zielen vi: **~ auf** +Akk viser
Zielfernrohr nt lunette f de visée
Zielgruppe f groupe m cible
ziellos adj sans but
Zielscheibe f cible f
zielstrebig adj qui a de la suite dans les idées
ziemlich adj considérable ▶ adv plutôt; **~ lange** assez longtemps
zieren vr faire des façons
zierlich adj gracile • **Zierlichkeit** f gracilité f
Zierpflanze f plante f ornementale
Ziffer (-, -n) f chiffre m • **Zifferblatt** nt cadran m
zig (fam) adj je ne sais combien de
Zigarette f cigarette f
Zigarettenanzünder m allume-cigares m
Zigarettenautomat m distributeur m de cigarettes
Zigarettenschachtel f paquet m de cigarettes
Zigarettenspitze f fume-cigarette m
Zigarillo (-s, -s) nt od m cigarillo m
Zigarre f cigare m
Zigeuner(in) (-s, -) m(f) gitan(e)
Zimbabwe (-s) nt le Zimbabwe
Zimmer (-s, -) nt chambre f; „**~ frei**" « chambres à louer » • **Zimmerantenne** f antenne f intérieure • **Zimmerdecke** f plafond m • **Zimmerlautstärke** f: **das Radio auf ~ drehen** baisser la radio (pour ne pas déranger les voisins)
• **Zimmermädchen** nt femme f de chambre • **Zimmermann** (-leute) m charpentier m
zimmern vt faire
Zimmerpflanze f plante f d'appartement
Zimmervermittlung f service m du logement
zimperlich adj douillet(te)

Zimt (-(e)s, -e) m cannelle f • **Zimtstange** f bâton m de cannelle
Zink (-(e)s) nt zinc m
Zinke f dent f
zinken vt (Karten) maquiller
Zinksalbe f pommade f à l'oxyde de zinc
Zinn (-(e)s) nt étain m
zinnoberrot adj vermillon inv
Zinnsoldat m soldat m de plomb
Zinnwaren pl étains mpl
Zins (-es, -en) m intérêt m
Zinseszins m intérêts mpl composés
Zinsfuß m taux m d'intérêt
zinslos adj sans intérêts
Zinssatz m taux m d'intérêt
Zionismus m sionisme m
zionistisch adj sioniste
Zipfel (-s, -) m bout m • **Zipfelmütze** f bonnet m
zippen vt (Inform) zipper
zirka adv environ
Zirkel (-s, -) m (von Personen) cercle m ; (Gerät) compas m • **Zirkelkasten** m boîte f à compas
Zirkus (-, -se) m cirque m
Zirrhose f cirrhose f
zischeln vt marmonner
zischen vi siffler
Zitat nt citation f
zitieren vt citer ; (vorladen, rufen) : **~ vor** +Akk convoquer devant
Zitronat nt écorce f de citron confite
Zitrone f citron m
Zitronenlimonade f limonade f
Zitronensaft m jus m de citron
Zitronenscheibe f tranche f de citron
zittern vi trembler ; **vor etw/jdm ~** trembler devant qch/qn
Zitze f tétine f
zivil adj civil(e) ; (gemäßigt) honnête • **Zivil** (-s) nt : **~ tragen** s'habiller od se mettre en civil • **Zivilbevölkerung** f population f civile • **Zivilcourage** f : **~ haben** avoir le courage de ses opinions
Zivildienst m service m civil

: En Allemagne les objecteurs de
: conscience au service militaire
: peuvent faire neuf mois de **Zivildienst**
: ou de travail d'intérêt général. Le
: service est généralement effectué
: dans un hôpital ou dans une maison de
: retraite. Beaucoup de jeunes
: Allemands choisissent cette
: alternative au *Wehrdienst*.

Zivilisation f civilisation f
Zivilisationskrankheit f maux mpl de civilisation
zivilisieren vt civiliser

Zivilist m civil m
Zivilrecht nt droit m civil
zocken (fam) vi jouer pour de l'argent
Zocker(in) (-s, -) (fam) m(f) grand(e) joueur(-euse)
Zoff (-s) (fam) m pétard m ; **dann gibt's ~** ça va chauffer
zog etc vb siehe **ziehen**
zögern vi hésiter
Zölibat (-(e)s, -e) nt od m (Rel) célibat m
Zoll[1] (-(e)s, ⸚e) m (Behörde) douane f ; (Abgabe) (droit m de) douane f
Zoll[2] (-(e)s, -) m (Maß) pouce m (mesure)
Zollabfertigung f formalités fpl de douane
Zollamt nt (bureaux mpl de) douane f
Zollbeamte(r) m douanier m
Zollerklärung f déclaration f en douane
zollfrei adj exempté(e) od franc(franche) de douane
zollpflichtig adj soumis(e) à des droits de douane
Zone f zone f
Zoo (-s, -s) m zoo m
Zoologe (-n, -n) m, **Zoologin** f zoologue mf
Zoologie f zoologie f
zoologisch adj zoologique
Zoom (-s, -s) nt zoom m
Zopf (-(e)s, ⸚e) m (Haarzopf) tresse f, natte f ; (Culin) tresse f ; **ein alter ~** (péj) une coutume dépassée
Zorn (-(e)s) m colère f
zornig adj en colère
Zote f plaisanterie f grossière
zottig adj (Fell) broussailleux(-euse)
z. T. abk = **zum Teil**

SCHLÜSSELWORT

zu präp +Dat 1 (örtlich): **zum Bahnhof/ Arzt gehen** aller à la gare/chez le médecin ; **zur Schule/Kirche gehen** aller à l'école/à l'église ; **sollen wir zu euch gehen?** on va chez vous ? ; **zum Gebirge hin** vers la montagne ; **zum Fenster herein** par la fenêtre ; **zu meiner Linken** à ma gauche ; **bis zu** jusqu'à ; **darf ich mich zu Ihnen setzen?** je peux m'asseoir à côté de od avec vous ?

2 (zeitlich): **zu Ostern** à Pâques ; **bis zum 1. Mai** jusqu'au 1er mai ; (nicht später als) d'ici au 1er mai ; **zum 1. Mai kündigen** donner sa démission pour le 1er mai ; **zu meiner Zeit** de mon temps

3 (Zusatz): **zu Fisch trinkt man Weißwein** avec le poisson, on boit du vin blanc ; **er muss immer zu allem seine**

Bemerkungen machen il faut toujours qu'il mette son grain de sel ; **zu dem kommt noch, dass …** à cela s'ajoute que …
4 (*Zweck*) pour ; **Wasser zum Waschen** de l'eau pour se laver ; **das ist doch nur zu seinem Besten** c'est pour son bien ; **zu seiner Entschuldigung** comme excuse
5 (*als*) : **jdn zum Vorbild haben** prendre qn pour modèle, prendre exemple sur qn ; **jdn zum Vorsitzenden wählen** élire qn président
6 (*Anlass*) : **ein Geschenk zum Geburtstag** un cadeau d'anniversaire ; **herzlichen Glückwunsch zum Geburtstag!** bon anniversaire ! ; **jdm zu etw gratulieren** présenter ses meilleurs vœux à qn à l'occasion de qch
7 (*Veränderung*) : **zu etw werden** devenir qch ; **jdn zu etw machen** faire qch de qn ; **zu Asche verbrennen** être réduit(e) en cendres
8 (*mit Zahlen*) : **3 zu 2** (*Sport*) 3 à 2 ; **das Stück zu 2 Euro** 2 euros pièce ; **zum ersten/dritten Mal** pour la première/troisième fois
9 : **zu meiner Freude** à ma grande joie ; **zum Glück** heureusement ; **zu Fuß** à pied ; **es ist zum Weinen** c'est triste à pleurer ; **zum Scherz** pour rire ; **zum Beispiel** par exemple ; **zur Probe, zur Ansicht** à l'essai
▶ *konj* pour ; **um besser sehen zu können** pour mieux voir ; **ohne es zu wissen** sans le savoir ; **noch zu bezahlende Rechnungen** factures à payer
▶ *adv* **1** (*allzu*) trop ; **zu klein/dick** trop petit(e)/gros(se) ; **zu sehr** trop ; **zu viel** trop (de) ; **viel zu viel** beaucoup trop ; **da krieg ich zu viel** (*fam*) c'est un comble ! ; **zu wenig** trop peu (de)
2 (*örtlich*) vers ; **er kam auf mich zu** il est venu vers moi
3 (*geschlossen*) : **zu sein** être fermé(e) ; **"auf/zu"** (*Wasserhahn*) « ouvert/fermé » ; **(mach die) Tür zu!** ferme la porte !
4 (*fam*) : **nur zu!** continue(z) ! ; **mach zu!** plus vite !

zuallererst *adv* avant tout
zuallerletzt *adv* en tout dernier
Zubehör (**-(e)s, -e**) *nt* équipement *m*
zu|bekommen (*fam*) *irr vt* arriver à fermer
Zuber (**-s, -**) *m* baquet *m*
zu|bereiten *vt* préparer
zu|billigen *vt* : **jdm etw ~** accorder qch à qn
zu|binden *irr vt* (*Schuh*) lacer ; (*Sack*) fermer
zu|bleiben (*fam*) *irr vi* rester fermé(e)
zu|bringen *irr vt* (*Zeit*) passer ; (*fam: zubekommen*) arriver à fermer
Zubringer (**-s, -**) *m* (*Straße*) (route *f* d')accès *m* • **Zubringerstraße** *f* (route *f* d')accès *m* ; (*von Autobahn*) bretelle *f*
Zucchini *pl* courgettes *fpl*
Zucht (**-, -en**) *f* (*von Tieren*) élevage *m* ; (*von Pflanzen*) culture *f* ; (*Disziplin*) discipline *f*
züchten *vt* (*Tiere*) élever ; (*Pflanzen*) cultiver
Züchter(in) (**-s, -**) *m(f)* (*von Tieren*) éleveur(-euse) ; (*von Pflanzen*) cultivateur(-trice)
Zuchthaus *nt* pénitencier *m*
züchtig *adj* (*Mensch, Benehmen*) bien élevé(e)
züchtigen *vt* corriger
Züchtigung *f* châtiment *m*
zucken *vi* (: *Körperteil*) tressaillir ▶ *vt* : **die Achseln** *od* **Schultern ~** hausser les épaules
zücken *vt* (*Schwert*) brandir ; (*Geldbeutel, Kamera*) sortir
Zucker (**-s, -**) *m* sucre *m* ; (*Zuckerkrankheit*) diabète *m* • **Zuckerdose** *f* sucrier *m*
• **Zuckerguss** *m* glaçage *m*
• **zuckerkrank** *adj* diabétique
zuckern *vt* sucrer
Zuckerrohr *nt* canne *f* à sucre
Zuckerrübe *f* betterave *f* sucrière
Zuckerwatte *f* barbe *f* à papa
Zuckung *f* contraction *f* ; (*leicht*) tic *m*
zu|decken *vt* couvrir
zudem *adv* de plus
zu|drehen *vt* fermer
zudringlich *adj* pressant(e)
zu|drücken *vt* fermer (en poussant) ; **ein Auge ~** fermer les yeux
zueinander *adv* l'un(e) avec l'autre
zueinander|passen *vi* : **sie passen zueinander** ils vont bien ensemble
zuerst *adv* d'abord ; (*als Erste(r)*) le(la) premier(-ière)
Zufahrt *f* accès *m*
Zufahrtsstraße *f* (route *f* d')accès *m* ; (*von Autobahn etc*) bretelle *f*
Zufall *m* hasard *m* ; **durch ~** par hasard
zu|fallen *irr vi* se fermer ; **jdm ~** (*Anteil, Aufgabe*) échoir à qn
zufällig *adj* fortuit(e) ▶ *adv* par hasard
Zuflucht *f* refuge *m*
Zufluss *m* (*Zufließen*) afflux *m* ; (*Géo*) affluent *m* ; (*von Waren, Kapital*) afflux *m*

zufolge präp +Dat selon
zufrieden adj satisfait(e); (Mensch auch) content(e); **er ist mit nichts ~** il n'est jamais content; **mit etw ganz/sehr ~ sein** être satisfait(e)/enchanté(e) de qch
zufrieden|geben irr vr se déclarer od être satisfait(e)
Zufriedenheit f satisfaction f
zufrieden|stellen vt satisfaire
zu|frieren irr vi geler
zu|fügen vt (dazutun) ajouter
Zufuhr (-, -en) f (von Benzin zum Motor) arrivée f; (von Lebensmittel etc) approvisionnement m
zu|führen vt amener; (versorgen mit) fournir ▶ vi: **auf etw** Akk **~** mener à qch
Zug (-(e)s, ⁼e) m train m; (Luftzug) courant m d'air; (Gesichtszug, Schriftzug, Charakterzug) trait m; (Schach etc) coup m; **einen ~ an einer Zigarette machen** tirer sur une cigarette; **etw in vollen Zügen genießen** se délecter de qch; **in den letzten Zügen liegen** être à l'agonie
Zugabe f (Vorgang) ajout m; (in Konzert etc) bis m
Zugabteil nt compartiment m
Zugang m accès m
zugänglich adj accessible
Zugbrücke f pont m ferroviaire
zu|geben irr vt (beifügen) ajouter; (gestehen) admettre
zu|gehen irr vi (fam: schließen) fermer ▶ vi unpers: **es geht dort seltsam zu** il s'y passe des choses étranges; **auf jdn/etw ~** se diriger vers qn/qch; **aufs Ende ~** toucher à sa fin
Zugehörigkeit f: **~ zu** appartenance f à
zugeknöpft (fam) adj fermé(e)
Zügel (-s, -) m rêne f; **die ~ locker lassen** lâcher la bride
zügellos adj débridé(e); (sexuell) débauché(e)
Zügellosigkeit f manque m de retenue
zügeln vt maîtriser
Zugeständnis nt concession f
zu|gestehen irr vt accorder
Zugführer m (Rail) chef m de train
zugig adj (Raum) plein(e) de courants d'air
zügig adj rapide
zugleich adv en même temps
Zugluft f courant m d'air
Zugmaschine f tracteur m
zu|greifen irr vi (schnell nehmen) le(la) saisir; (Angebot, Gelegenheit) sauter dessus; (beim Essen) se servir
Zugriff m (Inform) accès m
Zugriffszeit f (Inform) temps m d'accès

675 | zulegen

zugrunde, zu Grunde adv: **~ gehen** disparaître; (sterben) périr; **etw einer Sache** Dat **~ legen** fonder qch sur qch; **einer Sache** Dat **~ liegen** être à la base de qch; **~ richten** perdre
zugunsten, zu Gunsten präp +Gen od Dat en faveur de
zugute|halten irr vt: **jdm etw ~** retenir qch en faveur de qn
zugute|kommen irr vi: **jdm ~** être utile à qn
Zugverbindung f correspondance f
Zugvogel m oiseau m migrateur
zu|halten irr vt (nicht öffnen) garder fermé(e); (festhalten) bloquer ▶ vi: **auf jdn/etw ~** se diriger vers qn/qch; **sich die Augen ~** se mettre les mains devant les yeux; **jdm die Nase ~** boucher le nez de qn; **jdm den Mund ~** plaquer sa main sur la bouche de qn; **jdm die Augen ~** empêcher qn de regarder (en lui mettant les mains devant les yeux)
Zuhälter (-s, -) m souteneur m
zuhause adv à la maison
Zuhause (-) nt chez-soi m inv
Zuhilfenahme f: **unter ~ von** à l'aide de
zu|hören vi (+Dat) écouter
Zuhörer(in) m(f) auditeur(-trice)
 • **Zuhörerschaft** f auditeurs mpl
zu|jubeln vi: **jdm ~** acclamer qn
zu|kleben vt coller
zu|knöpfen vt boutonner
zu|kommen irr vi: **auf jdn ~** se diriger vers qn; (Aufgabe, Verantwortung) incomber à qn; **jdm etw ~ lassen** accorder qch à qn; **die Dinge auf sich** Akk **~ lassen** attendre de voir l'évolution de la situation; **wir werden in dieser Sache auf Sie ~** nous prendrons contact avec vous en temps utile
Zukunft (-, Zukünfte) f avenir m; (Ling) futur m
zukünftig adj futur(e)
Zukunftsaussichten pl perspectives fpl d'avenir
Zukunftsmusik (fam) f paroles fpl en l'air
Zulage f (Gehaltszulage) augmentation f
zu|lassen irr vt (tolerieren, erlauben) permettre; (Fahrzeug) délivrer la vignette pour; (fam: nicht öffnen) laisser fermé(e); **jdn zu etw ~** admettre qn à qch
zulässig adj autorisé(e)
zu|laufen irr vi: **auf jdn/etw ~** se diriger vers qn/qch; **jdm ~** (Tier) être recueilli(e) par qn; **spitz ~** se terminer en pointe
zu|legen vt (dazugeben) ajouter; **sich** Dat **etw ~** acquérir qch; **Tempo ~** accélérer

zuleide, zu Leide adv: **jdm etw ~ tun** nuire à qn
zuletzt adv (an letzter Stelle) en dernier ; (zum letzten Mal) la dernière fois ; (schließlich) finalement
zuliebe adv: **jdm ~** pour faire plaisir à qn
zum = **zu dem**
zu|machen vt, vi fermer
zumal konj d'autant plus que
zumindest adv du moins
zumutbar adj acceptable
zumute, zu Mute adv: **mir ist wohl ~** je me sens bien
zu|muten vt: **jdm etw ~** demander qch à qn
Zumutung f demande f exagérée ; **so eine ~!** quel culot !
zunächst adv (am Anfang, zuerst) tout d'abord ; (vorerst) pour l'instant
zu|nähen vt coudre
Zunahme f augmentation f
Zuname m nom m de famille
zünden vi (Feuer, fig) prendre ; **bei jdm ~** (begeistern) produire son effet sur qn
zündend adj (Musik) entraînant(e) ; (Rede) qui soulève l'enthousiasme
Zünder (-s, -) m détonateur m
Zündflamme f veilleuse f
Zündholz nt allumette f
Zündkerze f (Auto) bougie f
Zündschlüssel m clé f de contact
Zündschnur f mèche f
Zündstoff m (fig) matière f incendiaire
Zündung f (Auto) allumage m
zu|nehmen irr vi augmenter ; (dicker werden) prendre du poids
Zuneigung f affection f
Zunft (-, ⁻e) f corporation f
zünftig adj (ordentlich, gehörig) bon (bonne)
Zunge f langue f
Zungenbrecher m phrase très difficile à prononcer
zunichte|machen vt anéantir
zunichte|werden irr vi être réduit(e) à néant
zunutze, zu Nutze adv: **sich** Dat **etw ~ machen** tirer profit de qch, se servir de qch
zuoberst adv (tout) en haut
zu|packen vi (bei Arbeit) bosser dur
zupfen vt (Fäden) tirer ; (Augenbrauen) s'épiler ; (Gitarre) jouer de
zur = **zu der**
zurande, zu Rande adv: **mit etw (nicht) ~ kommen** (ne pas) venir à bout de qch
zurate, zu Rate adv: **jdn ~ ziehen** demander conseil à qn ; **etw ~ ziehen** consulter qch

zurechnungsfähig adj sain(e) d'esprit • **Zurechnungsfähigkeit** f responsabilité f
zurecht|finden irr vr s'y retrouver ; (im Leben) se débrouiller
zurecht|kommen irr vi (rechtzeitig kommen) arriver à temps ; (finanziell) arriver à joindre les deux bouts
zurecht|legen vt préparer
zurecht|machen vt préparer ▸ vr se préparer
zurecht|weisen irr vt remettre à sa place
Zurechtweisung f réprimande f
zu|reden vi +Dat (ermutigen) encourager
Zürich (-s) nt Zurich
zu|richten vt (verletzen) maltraiter
zurück adv (nach rückwärts) en arrière ; (im Rückstand) en retard • **zurück|behalten** irr vt garder ; (Schäden, Schock) subir • **zurück|bekommen** irr vt obtenir en retour ; **Sie bekommen noch 50 Cents zurück** je vous dois encore 50 cents • **zurück|bleiben** irr vi rester ; (in Entwicklung) avoir du retard • **zurück|bringen** irr vt rapporter • **zurück|drängen** vt (Gefühle) réprimer ; (Feind) repousser • **zurück|drehen** vt: **den Knopf für die Lautstärke ~** (tourner le bouton pour) baisser le volume ; **die Zeit ~** revenir en arrière • **zurück|erobern** vt reconquérir • **zurück|fahren** irr vi retourner ; (vor Schreck) faire un bond en arrière ▸ vt ramener • **zurück|fallen** irr vi (nach hinten) tomber en arrière ; (in Wettkampf, Leistung) prendre du retard ; **das fällt auf uns** Akk **zurück** ça va retomber sur nous • **zurück|finden** irr vi retrouver son chemin • **zurück|fordern** vt réclamer • **zurück|führen** vt ramener ; **etw auf etw** Akk **~** mettre qch sur le compte de qch • **zurück|geben** irr vt rendre ▸ vi (antworten) répliquer • **zurückgeblieben** adj (geistig) arriéré(e) • **zurück|gehen** irr vi (an Ort) retourner ; (nachlassen) baisser ; (zeitlich): **~ auf** +Akk remonter à • **zurückgezogen** adj retiré(e) • **zurück|halten** irr vt retenir ▸ vr se retenir ; (im Hintergrund bleiben) se tenir sur la réserve • **zurückhaltend** adj réservé(e) • **Zurückhaltung** f réserve f • **zurück|kehren** vi retourner • **zurück|kommen** irr vi revenir ; **auf jdn ~** faire appel à qn ; **auf etw** Akk **~** revenir à qch • **zurück|lassen** irr vt laisser • **zurück|legen** vt (an Platz) remettre ; (Geld) mettre de côté ; (Karten) réserver ; (Strecke) parcourir • **zurück|nehmen** irr

vt reprendre ; *(Bemerkung)* retirer
• **zurück|rufen** *(fam) irr vi (wieder anrufen)* rappeler ; **sich** *Dat* **etw ins Gedächtnis ~** se remémorer qch • **zurück|schrecken** *vi*: **vor nichts ~** n'avoir peur de rien
• **zurück|stecken** *vt* remettre ▶ *vi (fig)* en rabattre • **zurück|stellen** *vt* remettre ; *(Uhr)* retarder ; *(Ware)* mettre de côté ; **persönliche Interessen hinter etw** *Dat* **~** mettre qch avant son intérêt personnel
• **zurück|treten** *irr vi (nach hinten)* reculer ; *(von Amt)* démissionner
• **zurück|weisen** *irr vt (Bewerber)* refuser ; *(Vorwurf, Behauptung)* rejeter
• **zurück|zahlen** *vt* rembourser
• **zurück|ziehen** *irr vt* retirer ▶ *vr* se retirer
zurzeit *adv* en ce moment
Zusage *f* accord *m* ; *(von Einladung etc)* acceptation *f*
zu|sagen *vt (Hilfe, Job)* accorder ▶ *vi (bei Einladung, Stelle)* accepter ; **jdm ~** *(gefallen)* plaire à qn
zusammen *adv* ensemble ; *(insgesamt)* en tout • **Zusammenarbeit** *f* collaboration *f* • **zusammen|arbeiten** *vi* collaborer
• **zusammen|beißen** *irr vt (Zähne)* serrer
• **zusammen|bleiben** *irr vi* rester ensemble • **zusammen|brechen** *irr vi* s'écrouler ; *(Mensch)* s'effondrer ; *(Verkehr)* être immobilisé(e)
• **zusammen|bringen** *irr vt* rassembler ; *(fam: Gedicht)* arriver à sortir ; *(: Sätze)* arriver à aligner • **Zusammenbruch** *m (Nervenzusammenbruch)* dépression *f* (nerveuse) ; *(von Firma: Écon, Pol)* effondrement *m* ; *(von Verhandlungen)* rupture *f* • **zusammen|fahren** *irr vi (Fahrzeug)* entrer en collision ; *(zusammenzucken, erschrecken)* tressaillir
• **zusammen|fassen** *vt (vereinigen)* réunir
• **zusammenfassend** *adj* récapitulatif(-ive) ▶ *adv* en résumé
• **Zusammenfassung** *f* résumé *m*
• **Zusammenfluss** *m* confluent *m*
• **zusammen|gehören** *vi* aller (bien) ensemble ; *(als Paar)* être fait(e) l'un(e) pour l'autre • **zusammengesetzt** *adj* composé(e) • **zusammen|halten** *irr vi (Teile)* tenir ensemble ; *(Menschen)* se serrer les coudes • **Zusammenhang** *m* rapport *m* • **zusammen|hängen** *irr vi (Ursachen)* être lié(e)
• **zusammenklappbar** *adj* pliant(e)
• **zusammen|kommen** *irr vi* se réunir ; *(Geld)* être réuni(e) • **Zusammenkunft** *(-, -künfte)* *f* réunion *f*
• **zusammen|leben** *vi* vivre ensemble
• **zusammen|legen** *vt (falten)* plier ;

(verbinden) réunir ; *(Geld)* rassembler
• **zusammen|nehmen** *irr vt* rassembler
▶ *vr* se ressaisir • **zusammen|passen** *vi* aller (bien) ensemble
• **zusammen|reißen** *irr vr* se ressaisir
• **zusammen|schlagen** *irr vt (fam: Mensch)* tabasser ; *(Dinge)* démolir
• **zusammen|schließen** *irr vr* se réunir
• **Zusammenschluss** *m* fusion *f*
• **zusammen|schreiben** *irr vt* écrire en un seul mot ; *(Bericht)* rédiger
• **Zusammensein** *(-s) nt* réunion *f* de gens • **zusammen|setzen** *vt (Puzzle, Teile)* assembler ▶ *vr*: **sich aus etw ~** être composé(e) de qch
• **Zusammensetzung** *f* composition *f*
• **zusammen|stellen** *vt (Rede, Menü)* composer ; *(Ausstellung)* monter
• **Zusammenstellung** *f (Übersicht)* résumé *m* ; *(Vorgang)* sélection *f*
• **Zusammenstoß** *m* collision *f*
• **zusammen|stoßen** *irr vi (Fahrzeuge)* entrer en collision ; *(Demonstranten)* se trouver face à face • **zusammen|treffen** *irr vi* coïncider ; **mit jdm ~** rencontrer qn
• **Zusammentreffen** *nt* rencontre *f* ; *(Zufall)* coïncidence *f*
• **zusammen|wachsen** *irr vi* se joindre
• **zusammen|zählen** *vt* additionner
• **zusammen|ziehen** *irr vt (Schlinge)* serrer, resserrer ; *(addieren)* additionner
▶ *vi*: **mit jdm ~** emménager avec qn ▶ *vr* se contracter ; *(Wolken)* s'amonceler
• **zusammen|zucken** *vi* tressaillir
Zusatz *m* appendice *m* • **Zusatzantrag** *m (Pol)* amendement *m* • **Zusatzgerät** *nt* accessoire *m*
zusätzlich *adj* supplémentaire
zu|schauen *vi* regarder
Zuschauer(in) *(-s, -)* *m(f)* spectateur(-trice)
zu|schicken *vt*: **jdm etw ~** envoyer qch à qn
zu|schießen *irr vt (Geld)* donner
Zuschlag *m (Rail, Poste)* supplément *m*
zu|schlagen *irr vt (Tür)* claquer ; *(Buch)* fermer d'un coup sec ▶ *vi (Fenster, Tür)* claquer ; *(Mensch)* frapper
Zuschlagkarte *f (Rail)* supplément *m*
zu|schließen *irr vt* fermer à clé
zu|schneiden *irr vt* couper
zu|schnüren *vt (Paket)* ficeler ; *(Schuhe)* lacer
zu|schrauben *vt* visser le couvercle de
zu|schreiben *irr vt*: **jdm etw ~** attribuer qch à qn
Zuschrift *f* lettre *f (de lecteur ou d'auditeur)*

zuschulden, zu Schulden adv: **sich** Dat **etw ~ kommen lassen** se rendre coupable d'une faute
Zuschuss m subvention f
zu|schütten vt boucher
zu|sehen irr vi (+Dat) (zuschauen) regarder ; **~, dass** (dafür sorgen) veiller à ce que
zusehends adv à vue d'œil
zu|senden irr vt: **jdm etw ~** envoyer qch à qn
zu|setzen vt (beifügen) ajouter ▶ vi (geldlich) payer ; **jdm ~** (belästigen) attaquer qn ; (Krankheit) affaiblir qn
zu|sichern vt: **jdm etw ~** assurer qn de qch
zu|spielen vt: **jdm etw ~** (Ball) passer qch à qn ; (Information, Gerüchte) communiquer qch à qn
zu|spitzen vr (Lage) s'aggraver
zu|sprechen irr vt (zuerkennen): **jdm etw ~** accorder qch à qn ▶ vi: **jdm gut ~** essayer de convaincre qn ; **dem Essen ~** manger de bon appétit
Zuspruch m paroles fpl d'encouragement ; **~ finden** avoir du succès
Zustand m état m ; **Zustände** pl (Verhältnisse) conditions fpl
zustande, zu Stande adv: **etw ~ bringen** réussir à obtenir qch ; **~ kommen** (Geschäft, Vertrag) être conclu(e)
zuständig adj responsable, compétent(e) • **Zuständigkeit** f responsabilité f
zu|stehen irr vi: **etw steht jdm zu** qn a droit à qch
zu|stellen vt (versperren) bloquer ; (Post etc) distribuer
zu|stimmen vi +Dat être d'accord (avec)
Zustimmung f accord m ; **allgemeine ~ finden** être bien reçu(e) partout
zu|stoßen irr vi: **jdm ~** arriver à qn
Zustrom m (Menschenmenge, Météo) afflux m
zutage, zu Tage adv: **~ bringen** exposer
Zutaten pl ingrédients mpl
zu|teilen vt attribuer
zutiefst adv profondément
zu|tragen irr vt: **jdm etw ~** (Klatsch, Gerüchte) rapporter qch à qn ▶ vr se produire
zuträglich adj: **jdm ~ sein** être bon (bonne) pour qn
zu|trauen vt: **jdm etw ~** (Aufgabe, Tat) confier qch à qn ; **sich** Dat **etw ~** se sentir capable de (faire) qch • **Zutrauen** (-s) nt confiance f

zutraulich adj confiant(e) • **Zutraulichkeit** f nature f confiante
zu|treffen irr vi être exact(e), être juste ; **~ auf** +Akk od **für** s'appliquer à
zutreffend adj judicieux(-euse) ; **Z~es bitte unterstreichen** veuillez souligner la mention correspondante
Zutritt m accès m, entrée f
Zutun (-s) nt: **ohne mein/sein ~** sans que j'y sois/qu'il y soit pour rien
zuverlässig adj (Mensch) digne de confiance ; (Nachrichtenquelle) sûr(e) ; (Auto) fiable • **Zuverlässigkeit** f fiabilité f
Zuversicht f confiance f • **zuversichtlich** adj confiant(e) • **Zuversichtlichkeit** f confiance f
zu viel adj siehe **zu**
zuvor adv auparavant
zuvor|kommen irr vi +Dat devancer
zuvorkommend adj prévenant(e)
Zuwachs (-es) m accroissement m ; **sie haben ~ bekommen** (fam) la famille s'est agrandie
zu|wachsen irr vi (Wunde) se cicatriser, guérir
Zuwachsrate f taux m de croissance
zuwege, zu Wege adv: **etw ~ bringen** obtenir qch
zuweilen adv de temps en temps, parfois
zu|weisen irr vt: **jdm etw ~** attribuer qch à qn
zu|wenden irr vt (Gesicht, Rücken) tourner ▶ vr: **sich jdm ~** se tourner vers qn ; (widmen) s'occuper de qn ; **sich etw** Dat **~** se tourner vers qch ; (sich widmen) se consacrer à qch
Zuwendung f (finanziell) don m
zu wenig adj siehe **zu**
zu|werfen irr vt (Tür) claquer ; **jdm etw ~** lancer qch à qn
zuwider adv: **jdm ~ sein** dégoûter qn • **zuwider|handeln** vi +Dat aller à l'encontre de ; (einem Gesetz) contrevenir à • **Zuwiderhandlung** f infraction f
zu|winken vi: **jdm ~** saluer qn d'un signe de la main
zu|ziehen irr vt (Vorhang) tirer ; (Knoten etc) serrer ; (Arzt, Experten) consulter ; **sich** Dat **etw ~** (Krankheit) contracter qch ; (Zorn) s'attirer qch
zuzüglich präp +Gen plus
zu|zwinkern vi: **jdm ~** faire un clin d'œil à qn
ZVS (-) f abk (= Zentralstelle für die Vergabe von Studienplätzen) service m d'attribution de places à l'université
zwang etc vb siehe **zwingen**

Zwang (-(e)s, ⁻e) m force f ; **tu dir keinen ~ an** (fam) ne te force pas
zwängen vt forcer
zwanghaft adj compulsif(-ive)
zwanglos adj informel(le) ; (Kleidung, Arbeitsweise) décontracté(e)
Zwanglosigkeit f caractère m informel
Zwangsarbeit f travaux mpl forcés
Zwangsarbeiter(in) m(f) travailleur(-euse) forcé(e)
Zwangsjacke f camisole f de force
Zwangslage f situation f difficile
zwangsläufig adj inévitable
Zwangsmaßnahme f sanction f
zwangsweise adv d'office
zwanzig num vingt
zwar adv : **das ist ~ traurig, aber ...** bien que ce soit triste, ..., c'est (vraiment) triste, mais ... ; **er ist tatsächlich gekommen, und ~ am Sonntag** il est vraiment venu, dimanche ; **er fuhr sofort hin, und ~ so schnell, dass ...** il y est allé tout de suite, et si vite que ...
Zweck (-(e)s, -e) m but m ; (Sinn) sens m
Zwecke f (Reißzwecke, Heftzwecke) punaise f
Zweckentfremdung f détournement m
zwecklos adj inutile
zweckmäßig adj pratique
zwecks präp +Gen en vue de
zwei num deux • **Zweibettzimmer** nt chambre f à deux lits • **zweideutig** adj ambigu(ë) ; (unanständig) à double sens, osé(e)
zweierlei adj : **~ Brot/Stoff** deux sortes de pain/tissu
zweifach adj double
Zweifel (-s, -) m doute m • **zweifelhaft** adj douteux(-euse) • **zweifellos** adv indubitablement
zweifeln vi : **an jdm/etw ~** douter de qn/qch
Zweifelsfall m : **im ~** en cas de doute
Zweig (-(e)s, -e) m branche f
Zweigstelle f succursale f
zweihundert num deux cents
Zweikampf m duel m
zweimal adv deux fois
zweimotorig adj bimoteur
zweischneidig adj à double tranchant
Zweisitzer m voiture f à deux places
zweisprachig adj bilingue
zweispurig adj à deux voies
zweistimmig adj à deux voix
zweit adv : **zu ~** à deux
Zweitaktmotor m moteur m à deux temps
zweitbeste(r, s) adj second(e)
zweite(r, s) adj deuxième, second(e)
zweiteilig adj en deux parties ; (Kleidung) deux-pièces
zweitens adv deuxièmement
zweitgrößte(r, s) adj deuxième od second(e) (par ordre de grandeur)
zweitklassig adj de deuxième classe
zweitletzte(r, s) adj avant-dernier(-ière)
zweitrangig adj (Qualität) de second choix
Zweitwagen m seconde voiture f
Zwerchfell nt diaphragme m
Zwerg(in) (-(e)s, -e) m(f) nain(e)
Zwickel (-s, -) m entrejambes m
zwicken vt, vi pincer
Zwieback (-(e)s, -e od -bäcke) m ≈ biscotte f
Zwiebel (-, -n) f oignon m
Zwiegespräch nt dialogue m
Zwielicht nt pénombre f ; **ins ~ geraten sein** s'être discrédité(e)
zwielichtig adj louche
Zwiespalt m conflit m
zwiespältig adj contradictoire
Zwietracht f discorde f
Zwilling (-s, -e) m jumeau(-elle) m/f ; **Zwillinge** pl (Astrol) Gémeaux mpl
zwingen irr vt forcer ; **jdn zu etw ~** forcer qn à faire qch
zwingend adj (Grund etc) contraignant(e) ; (Schluss) inévitable ; (Beweis) concluant(e)
zwinkern vi cligner des yeux ; (absichtlich) faire un clin od des clins d'œil
Zwirn (-(e)s, -e) m fil m
zwischen präp +Akk, +Dat entre ; (mitten in, mitten unter) parmi, au milieu de
• **Zwischenablage** f (Inform) presse-papier m • **Zwischenbemerkung** f remarque f (faite) en passant
• **Zwischenbilanz** f bilan m intermédiaire
• **zwischen|blenden** vt (TV) insérer
• **Zwischending** nt mélange m
• **zwischendurch** adv (zeitlich) entre-temps • **Zwischenergebnis** nt résultat m provisoire • **Zwischenfall** m incident m • **Zwischenfrage** f question f
• **Zwischenhandel** m commerce m de demi-gros • **Zwischenhändler** m intermédiaire m • **Zwischenlager** nt stockage m provisoire
• **Zwischenlagerung** f entreposage m
• **zwischen|landen** vi faire escale
• **Zwischenlandung** f escale f
• **zwischenmenschlich** adj entre les gens • **Zwischenraum** m espace m
• **Zwischenruf** m interruption f
• **Zwischenspeicher** m (Inform) mémoire

f tampon • **zwischenspeichern** vt (*Inform*) mettre en mémoire tampon • **Zwischenspiel** nt intermède m ; (*Mus*) interlude m • **zwischenstaatlich** adj international(e) • **Zwischenstation** f: ~ **machen** faire halte • **Zwischenstecker** m adapt(at)eur m • **Zwischenzeit** f: **in der** ~ entre-temps
Zwist (**-es, -e**) m conflit m
zwitschern vi (*Vögel*) gazouiller
Zwitter (**-s, -**) m hermaphrodite m
zwölf num douze
Zyklus (**-, Zyklen**) m cycle m
Zylinder (**-s, -**) m cylindre m ; (*Hut*) haut-de-forme m • **zylinderförmig** adj cylindrique
Zylinderkopf m culasse f
Zylinderkopfdichtung f joint m de culasse
Zyniker(in) (**-s, -**) m(f) cynique mf
zynisch adj cynique
Zynismus m cynisme m
Zypern (**-s**) nt Chypre f
Zyprer(in) (**-s, -**), **Zyprier(in)** m(f) = **Zypriot**
Zypresse f cyprès m
Zypriot(in) (**-en, -en**) m(f) Cypriote mf
Zyste f kyste m
zz., z. Zt. abk = **zurzeit**
zzgl. abk = **zuzüglich**

Grammaire allemande

Table des matières

1	Le groupe nominal	2
2	La déclinaison	5
3	L'adjectif	9
4	Les nombres	13
5	Les pronoms	14
6	Les prépositions	16
7	Les conjonctions	18
8	Le verbe	19

1 Le groupe nominal

1.1 Le nom

L'orthographe des noms

Les noms communs s'écrivent tous avec une majuscule :

die Hand
la main

Le genre des noms

Les noms n'ont pas forcément le même genre en français et en allemand. Il existe trois genres en allemand : le masculin, le féminin et le neutre.

der Tisch   **das Bier**
la table   *la bière*
masculin en allemand   neutre en allemand

Bien qu'il n'y ait pas de règle applicable à la totalité des noms, on peut en reconnaître le genre grâce à certains préfixes ou suffixes.

Sont souvent masculins les noms terminés par **-er** ou **-en** :

der Bäcker   **der Regen**
le boulanger   *la pluie*

Sont souvent féminins les noms terminés par **-age**, **-ei**, **-in**, **-keit**, **-schaft**, **-ung** :

die Konditorei   **die Lehrerin**
la pâtisserie   *l'enseignante*

die Schönheit   **die Freundlichkeit**
la beauté   *l'amabilité*

die Mannschaft   **die Wohnung**
l'équipe   *l'appartement*

Sont neutres les diminutifs :

das Brötchen
le petit pain

Le pluriel des noms

Il existe plusieurs marques du pluriel, suivant le genre du nom.
Le pluriel se forme souvent par l'ajout de lettres en fin de mot et par des modifications de certaines voyelles. Il est conseillé d'apprendre les mots courants avec leurs pluriels.

masculin				marque
Garten	jardin	Gärten	jardins	¨
Baum	arbre	Bäume	arbres	¨-e
Hund	chien	Hunde	chiens	-e
Geist	esprit	Geister	esprits	-er
Wald	forêt	Wälder	forêts	¨-er
Bär	ours	Bären	ours	-en
See	lac	Seen	lacs	-n

féminin				marque
Tochter	fille	Töchter	filles	¨
Nacht	nuit	Nächte	nuits	¨-e
Frau	femme	Frauen	femmes	-en
Dame	dame	Damen	dames	-n
Mutti	maman	Muttis	mamans	-s

neutre				marque
Wort	mot	Wörter	mots	¨-er
Wort	parole	Worte	paroles	-e
Licht	lumière	Lichter	lumières	-er
Auge	œil	Augen	yeux	-n
Ohr	oreille	Ohren	oreilles	-en

L'infinitif substantivé

Tout infinitif peut être employé comme un nom. Il s'écrit alors avec une majuscule. Il est neutre et n'a pas de pluriel :

essen   **das Essen**
manger   *le repas*

Les mots composés

Pour former un nom composé, on place devant un nom servant de mot de base, appelé « déterminé », un autre terme qui est le « déterminant ».

C'est le déterminé, donc le dernier terme, qui impose le genre et le nombre au nom composé tout entier. Le déterminant porte l'accent principal.

das Haus + **die Tür** = **die Haustür**
la maison   *la porte*   *la porte de la maison*

1.2 Le déterminant

Le déterminant défini

Les déterminants correspondant aux articles *le*, *la*, *les* sont les suivants :

der	masculin singulier
die	féminin singulier
das	neutre singulier
die	pluriel

Le pluriel (*les*) est **die** pour les trois genres.

Le déterminant indéfini

Les déterminants correspondant aux articles *un* et *une* sont les suivants :

ein	masculin singulier
eine	féminin singulier
ein	neutre singulier

Au pluriel, il n'y a pas d'article correspondant à *des* :

eine Uhr   **Uhren**
une montre   *des montres*

Le déterminant indéfini négatif

Le déterminant indéfini négatif est **kein** (*pas de*), dont le pluriel est **keine** :

kein Regen   **keine Frauen**
pas de pluie   *pas de femmes*

Le déterminant démonstratif

Pour traduire *ce*, *cet*, *cette ... -ci*, on utilise **dieser**, **diese**, **dieses** :

dieser	masculin singulier
diese	féminin singulier
dieses	neutre singulier
diese	pluriel

diese Dame   **dieser Mann**
cette dame   *ce monsieur*

Au pluriel, l'adjectif démonstratif devient **diese** pour les trois genres.

2 La déclinaison

En allemand, les différentes fonctions des groupes nominaux dans la phrase sont signalées par des **cas** qui font partie de la **déclinaison**. Il y a quatre cas :

- le nominatif
- le datif
- l'accusatif
- le génitif

2.1 Le nominatif

Le nominatif correspond au sujet et à l'attribut du sujet :

Eva ist in Paris.
Eva est à Paris.

Sie ist eine gute Schülerin.
Elle est bonne élève.

2.2 L'accusatif

L'accusatif correspond au complément d'objet direct et au complément d'objet indirect introduit par une préposition suivie de l'accusatif :

Ich habe eine Katze.
J'ai un chat.

ohne meinen Bruder
sans mon frère

2.3 Le datif

Le datif correspond au complément d'objet second et au complément d'objet indirect introduit par une préposition suivie du datif :

Ich habe meiner Mutter eine Kette geschenkt.
J'ai offert un collier à ma mère.

Ich bin mit meinem Bruder ins Kino gegangen.
Je suis allé au cinéma avec mon frère.

2.4 Le génitif

Le génitif correspond au complément de nom et au complément d'objet indirect introduit par une préposition suivie du génitif :

das Auto meines Vaters
la voiture de mon père

trotz des Regens
malgré la pluie

2.5 Déclinaison du nom et du déterminant

Déclinaison du nom

Les noms singuliers ne changent qu'au génitif, et les noms pluriels qu'au datif.

Au génitif singulier, on ajoute généralement un **s** (parfois **es**) aux noms masculins et neutres, tandis que les noms féminins restent inchangés :

der Apfel	*la pomme*	**des Apfels**	*de la pomme*
die Schule	*l'école*	**der Schule**	*de l'école*
das Kind	*l'enfant*	**des Kindes**	*de l'enfant*

Au datif pluriel, on ajoute **n** ou **en** à la forme du nominatif pluriel (sauf lorsqu'elle se termine déjà en **-n**) :

die Äpfel	*les pommes*	**den Äpfeln**	*aux pommes*
die Schulen	*les écoles*	**den Schulen**	*aux écoles*
die Kinder	*les enfants*	**den Kindern**	*aux enfants*

Déclinaison de l'article défini et de l'adjectif démonstratif

	masculin	féminin	neutre	pluriel
nominatif	der	die	das	die
accusatif	den	die	das	die
datif	dem	der	dem	den
génitif	des	der	des	der
nominatif	dieser	diese	dieses	diese
accusatif	diesen	diese	dieses	diese
datif	diesem	dieser	diesem	diesen
génitif	dieses	dieser	dieses	dieser

Déclinaison de l'article indéfini

	masculin	féminin	neutre	pluriel
nominatif	ein	eine	ein	
accusatif	einen	eine	ein	
datif	einem	einer	einem	
génitif	eines	einer	eines	
nominatif	kein	keine	kein	keine
accusatif	keinen	keine	kein	keine
datif	keinem	keiner	keinem	keinen
génitif	keines	keiner	keines	keiner

Déclinaison du déterminant possessif

Le déterminant ou l'adjectif possessif porte la marque du cas et celle du genre du nom.

mon	**mein**	
ton	**dein**	
son	**sein**	si le possesseur est masculin (comme *his* en anglais)
	ihr	si le possesseur est féminin (comme *her* en anglais)
notre	**unser**	
votre	**euer**	
leur	**ihr**	

Par exemple, si l'élément possédé est masculin et si le possesseur est la première personne, on utilise **mein**, que l'on décline selon la fonction occupée par le groupe dans la phrase (ici le nominatif) :

Mein Garten ist schön.
Mon jardin est beau.

mein → 1re personne
→ masculin singulier : le mot **Garten** est masculin singulier
→ nominatif : le groupe *mon jardin* est sujet de *est*

Si l'élément possédé (ici **Garten**) est à l'accusatif (complément d'objet direct), le déterminant **mein** se termine par **-en**, qui est la marque de l'accusatif masculin singulier :

Ich liebe meinen Garten.
J'aime mon jardin.

Si l'élément possédé (ici **Eltern**) est pluriel et au nominatif, la terminaison du déterminant est **-e** :

Meine Eltern sind nett.
Mes parents sont gentils.

Si l'élément possédé (ici **Eltern**) est pluriel et au datif, la terminaison du déterminant est **-en** :

Ich gebe meinen Eltern die Zeitung.
Je donne le journal à mes parents.

Et ainsi de suite.

Tableau récapitulatif des déterminants possessifs

Élément possédé masculin singulier

	mon	ton	son	notre	votre	leur
nominatif	mein	dein	sein ihr	unser	euer	ihr
accusatif	meinen	deinen	seinen ihren	unseren	euren	ihren
datif	meinem	deinem	seinem ihrem	unserem	eurem	ihrem
génitif	meines	deines	seines ihres	unseres	eures	ihres + -s ou -es

Élément possédé féminin singulier

	mon	ton	son	notre	votre	leur
nominatif	meine	deine	seine ihre	unsere	eure	ihre
accusatif	meine	deine	seine ihre	unsere	eure	ihre
datif	meiner	deiner	seiner ihrer	unserer	eurer	ihrer
génitif	meiner	deiner	seiner ihrer	unserer	eurer	ihrer

Élément possédé neutre singulier

	mon	ton	son	notre	votre	leur
nominatif	mein	dein	sein ihr	unser	euer	ihr
accusatif	mein	dein	sein ihr	unser	euer	ihr
datif	meinem	deinem	seinem ihrem	unserem	eurem	ihrem
génitif	meines	deines	seines ihres	unseres	eures	ihres + -s ou -es

Élément possédé pluriel pour les trois genres

	mes	tes	ses	nos	vos	leurs
nominatif	meine	deine	seine ihre	unsere	eure	ihre
accusatif	meine	deine	seine ihre	unsere	eure	ihre
datif	meinen	deinen	seinen ihren	unseren	euren	ihren
génitif	meiner	deiner	seiner ihrer	unserer	eurer	ihrer

3 L'adjectif

L'adjectif qualificatif peut avoir deux fonctions :

3.1 L'adjectif attribut

Lorsque l'adjectif est séparé du nom qu'il qualifie par un verbe d'état (*être, sembler, paraître, devenir, rester, être considéré comme*), il est attribut. En allemand, l'adjectif attribut est invariable :

Die Rose ist schön.   **Die Rosen sind schön.**
La rose est belle.   *Les roses sont belles.*

3.2 L'adjectif épithète

L'adjectif épithète est placé directement à côté du nom (*la robe rouge, le gros livre*). En allemand, l'adjectif épithète porte la marque du genre et du cas du nom qu'il qualifie et il varie selon le déterminant qui introduit le nom. Il est placé entre le déterminant et le nom. S'il n'y a pas de déterminant, il est placé avant le nom.

3.3 Déclinaison de l'adjectif

Il existe trois types de déclinaisons :

Déterminant défini + adjectif + nom

	déterminant défini + adjectif + nom masculin singulier *le gentil monsieur*	déterminant défini + adjectif + nom féminin singulier *la gentille dame*
nominatif	der nette Mann	die nette Frau
accusatif	den netten Mann	die nette Frau
datif	dem netten Mann	der netten Frau
génitif	des netten Mannes	der netten Frau

	déterminant défini + adjectif + nom neutre singulier *le gentil enfant*	pluriel : déterminants et adjectifs communs aux 3 genres *les gentils messieurs/gentilles dames/gentils enfants*
nominatif	das nette Kind	die netten Männer/Frauen/Kinder
accusatif	das nette Kind	die netten Männer/Frauen/Kinder
datif	dem netten Kind	den netten Männern/Frauen/Kindern
génitif	des netten Kindes	der netten Männer/Frauen/Kinder

Au datif pluriel, on ajoute **-n** aux noms masculins et neutres s'ils ne sont pas déjà terminés par **-n**.

Déterminant indéfini « ein » + adjectif + nom

	déterminant indéfini + adjectif + nom masculin singulier *un gentil monsieur*	déterminant indéfini + adjectif + nom féminin singulier *une gentille dame*
nominatif	ein netter Mann	eine nette Frau
accusatif	einen netten Mann	eine nette Frau
datif	einem netten Mann	einer netten Frau
génitif	eines netten Mannes	einer netten Frau

	déterminant indéfini + adjectif + nom neutre singulier *un gentil enfant*	pluriel : adjectif + nom pluriel *de gentils messieurs/gentilles dames/ gentils enfants*
nominatif	ein nettes Kind	nette Männer/Frauen/Kinder
accusatif	ein nettes Kind	nette Männer/Frauen/Kinder
datif	einem netten Kind	netten Männern/Frauen/Kindern
génitif	eines netten Kindes	netter Männer/Frauen/Kinder

Les groupes nominaux introduits par **kein** se déclinent suivant le modèle ci-dessus au singulier. Le groupe nominal au pluriel se décline de la façon suivante :

	« kein » + adjectif + nom pluriel
nominatif	keine netten Männer/Frauen/Kinder
accusatif	keine netten Männer/Frauen/Kinder
datif	keinen netten Männern/Frauen/Kindern
génitif	keiner netten Männer/Frauen/Kinder

Les groupes nominaux introduits par les possessifs qui se déclinent au pluriel suivent la déclinaison de **kein**.

Groupe nominal sans déterminant

Lorsque le groupe nominal n'est pas introduit par un déterminant, c'est l'adjectif qui porte la marque du cas et du genre :

	adjectif + nom masculin singulier *du bon vin*	adjectif + nom féminin singulier *de la bonne limonade*
nominatif	guter Wein	gute Limonade
accusatif	guten Wein	gute Limonade
datif	gutem Wein	guter Limonade
génitif	guten Weins	guter Limonade

	adjectif + nom neutre singulier *de la bonne bière*	pluriel : même déclinaison que pour « ein »
nominatif	gutes Bier	gute Weine/Limonaden/Biere
accusatif	gutes Bier	gute Weine/Limonaden/Biere
datif	gutem Bier	guten Weinen/Limonaden/Bieren
génitif	guten Bieres	guter Weine/Limonaden/Biere

3.4 Les degrés de l'adjectif

Le comparatif

Pour former le comparatif de supériorité on ajoute le suffixe **-er** à l'adjectif :

> schön → schöner
> *beau*   *plus beau*

On introduit le 2ᵉ terme de la comparaison à l'aide de **als** :

Er ist schöner als sein Bruder.
Il est plus beau que son frère.

Pour un certain nombre d'adjectifs monosyllabiques, il y a en outre un changement de voyelle :

alt	*vieux*	älter	*plus vieux*
arm	*pauvre*	ärmer	*plus pauvre*
groß	*grand*	größer	*plus grand*
jung	*jeune*	jünger	*plus jeune*
dumm	*bête*	dümmer	*plus bête*
hart	*dur*	härter	*plus dur*

kalt	*froid*	**kälter**	*plus froid*
krank	*malade*	**kränker**	*plus malade*
kurz	*court*	**kürzer**	*plus court*
lang	*long*	**länger**	*plus long*
nah	*près, proche*	**näher**	*plus près, plus proche*
scharf	*aiguisé*	**schärfer**	*plus aiguisé*
schwach	*faible*	**schwächer**	*plus faible*
stark	*fort*	**stärker**	*plus fort*
warm	*chaud*	**wärmer**	*plus chaud*

Si on compare deux qualités d'un même objet ou d'une même personne, on utilise **mehr... als** :

Er ist mehr höflich als freundlich.
Il est plus poli qu'aimable.

Le comparatif d'infériorité se traduit à l'aide de **weniger** (*moins*) et le comparatif d'égalité à l'aide de **so** (*aussi*) :

Er ist weniger freundlich als du.   **Er ist so groß wie ich.**
Il est moins aimable que toi.   *Il est aussi grand que moi.*

Le superlatif

Pour former le superlatif, on ajoute le suffixe **-st** à l'adjectif :

der schönste Tag   **Ich habe den schönsten Garten.**
la plus belle journée   *J'ai le plus beau jardin.*

Le superlatif d'adverbe est précédé par **am** et prend le suffixe **-sten** :

Er läuft am schnellsten.
Il court le plus vite.

Irrégularités

adjectif	comparatif	superlatif
gut (*bon*)	**besser**	**der beste, am besten** (*le meilleur, le mieux*)
nah (*proche*)	**näher**	**der nächste** (*le prochain*), **am nächsten** (*le plus proche*)
hoch (*haut*)	**höher**	**der höchste** (*le plus élevé*), **am höchsten** (*le plus haut*)

4 Les nombres

4.1 Les nombres cardinaux

1	eins	5	fünf	9	neun
2	zwei	6	sechs	10	zehn
3	drei	7	sieben	11	elf
4	vier	8	acht	12	zwölf

De 13 à 19, on écrit d'abord l'unité, puis la dizaine :

13	dreizehn	17	siebzehn (le -en de
14	vierzehn		sieben disparaît)
15	fünfzehn	18	achtzehn
16	sechzehn	19	neunzehn
	(le -s de sechs disparaît)		

Les dizaines :

20	zwanzig	50	fünfzig	80	achtzig
30	dreißig	60	sechzig	90	neunzig
40	vierzig	70	siebzig		

A partir de 21, on écrit l'unité + **und** + la dizaine :

21	einundzwanzig
22	zweiundzwanzig
45	fünfundvierzig
100	hundert
153	hundertdreiundfünfzig
200	zweihundert
1000	tausend
2000	zweitausend
1 000 000	eine Million
3 000 000	drei Millionen

Attention : **eins** garde son **-s** quand il n'est pas suivi d'un nom ou d'un autre nombre :

1	eins	101	hunderteins

4.2 Les nombres ordinaux

Pour former un nombre ordinal, on ajoute **-te** aux nombres jusqu'à 19 et **-ste** à partir de 20 :

der neunte **der einundzwanzigste**
le neuvième *le 21e*

Il existe quelques irrégularités :

der erste **der dritte**
le premier *le troisième*

5 Les pronoms

5.1 Les pronoms personnels

Notons que le génitif est peu usité et que la forme utilisée pour vouvoyer les gens s'écrit obligatoirement avec une majuscule.

Nominatif

singulier			pluriel			vouvoiement
1re pers	2e pers	3e pers	1re pers	2e pers	3e pers	
ich	du	er sie es	wir	ihr	sie	Sie
je	tu	il elle	nous	vous	ils/elles	vous

Ich bin Eva.
Je suis Eva.

Accusatif

singulier			pluriel			vouvoiement
1re pers	2^e pers	3^e pers	1re pers	2^e pers	3^e pers	
mich	dich	ihn sie es	uns	euch	sie	Sie
me	te	le la	nous	vous	les	vous

Ich sehe dich.
Je te vois.

Datif

singulier			pluriel			vouvoiement
1re pers	2e pers	3e pers	1re pers	2e pers	3e pers	
mir	dir	ihm ihr ihm	uns	euch	ihnen	Ihnen
me	te	lui lui	nous	vous	leur	vous

Er gibt mir die Zeitung.
Il me donne le journal.

5.2 Les pronoms réfléchis

À la 3e personne du singulier et du pluriel, le pronom réfléchi est **sich** au datif et à l'accusatif. Ailleurs, il a les mêmes formes que le pronom personnel :

Er freut sich.
Il se réjouit.

Er reibt sich die Augen.
Il se frotte les yeux.

On utilise le pronom **einander** (qui peut se combiner avec une préposition) quand une action est réciproque :

Die Kinder hassen einander.
Les enfants se détestent.

Sie spielen miteinander.
Ils jouent ensemble.

5.3 Les pronoms indéfinis

Les pronoms indéfinis sont :

man	*on*
keiner/keine/keines	*aucun*
einer/eine/eines	*l'un*
jemand	*quelqu'un*
niemand	*personne*
etwas	*quelque chose*
alles	*tout*
jeder	*chacun*
einige	*quelques-uns*
mehrere	*plusieurs*
die meisten	*la plupart de*
viele	*beaucoup de*
wenige	*peu de*

5.4 Les pronoms relatifs

Les formes des pronoms relatifs sont identiques à celles du déterminant défini **der**, **die**, **das**, sauf au génitif singulier et pluriel et au datif pluriel :

	masculin	féminin	neutre	pluriel
nominatif	der	die	das	die
accusatif	den	die	das	die
datif	dem	der	dem	denen
génitif	dessen	deren	dessen	deren

Der Mann, der die Zeitung liest, ist mein Vater.
L'homme qui lit le journal est mon père.

6 Les prépositions

Notez les formes contractées suivantes pour certaines prépositions suivies du déterminant défini :

forme complète	forme contractée
an das	ans
an dem	am
auf das	aufs
bei dem	beim
in das	ins
in dem	im
um das	ums

Pour les différents sens de toutes ces prépositions, consultez le dictionnaire.

6.1 Les prépositions suivies de l'accusatif

durch	à travers par	**durch den Wald** à travers/par la forêt
für	pour	**für dich** pour toi
gegen	contre	**gegen einen Baum fahren** heurter un arbre
ohne	sans	**ohne Hilfe** sans aide
um	autour de	**um das Haus** autour de la maison

6.2 Les prépositions suivies du datif

aus	en provenance de	**Er ist aus Hamburg.** Il vient de Hambourg.
bei	chez	**Sie wohnt bei meinem Onkel.** Elle habite chez mon oncle.
mit	avec	**Er arbeitet mit meinem Vater.** Il travaille avec mon père.
nach	en	**Ich fahre nach Deutschland.** Je vais en Allemagne.
seit	depuis	**Er arbeitet seit zwei Monaten.** Il travaille depuis deux mois.
von	de	**von Paris nach Berlin** de Paris à Berlin
zu	chez (direction)	**Er geht zum Arzt.** Il va chez le médecin.

6.3 Les prépositions spatiales, avec datif ou accusatif

Les prépositions spatiales (de lieu) sont suivies du datif quand elles introduisent le lieu où l'on est, et de l'accusatif quand elles introduisent le lieu où l'on va :

		datif	accusatif
an	à	Nizza liegt am Meer. *Nice se trouve au bord de la mer.*	Wir fuhren ans Meer. *Nous sommes allés au bord de la mer.*
auf	sur	Die Vase ist auf dem Tisch. *Le vase est sur la table.*	Ich stelle die Vase auf den Tisch. *Je pose le vase sur la table.*
hinter	derrière	Er bleibt hinter dem Haus. *Il reste derrière la maison.*	Er geht hinter das Haus. *Il va derrière la maison.*
in	dans	Er geht im Wald spazieren. *Il se promène dans la forêt.*	Er geht in den Wald. *Il va dans la forêt.*
neben	à côté de	Er sitzt neben dem Tisch. *Il est assis à côté de la table.*	Er setzt sich neben den Tisch. *Il s'assied à côté de la table.*
über	sur	Nebel liegt über der Stadt. *Il y a du brouillard sur la ville.*	Der Vogel fliegt über die Stadt. *L'oiseau survole la ville.*
unter	sous	Der Ball ist unter dem Tisch. *Le ballon est sous la table.*	Er wirft den Ball unter den Tisch. *Il jette le ballon sous la table.*
vor	devant	Er steht vor der Tür. *Il est devant la porte.*	Er setzt sich vor die Tür. *Il s'assied devant la porte.*
zwischen	entre	Die Zeitung ist zwischen den Büchern. *Le journal est entre les livres.*	Er legt die Zeitung zwischen die Bücher. *Il pose le journal entre les livres.*

6.4 Les prépositions suivies du génitif

Les prépositions suivantes sont suivies du génitif :

außerhalb	en dehors de, hors de
innerhalb	à l'intérieur de
jenseits	de l'autre côté de
längs	le long de
trotz	malgré
während	pendant
wegen	à cause de

während des Sommers
pendant l'été

7 Les conjonctions

7.1 Les principales conjonctions de coordination

aber	mais
denn	car
nämlich	en effet
oder	ou
und	et
sondern	mais
entweder... oder	ou... ou
weder... noch	ni... ni

7.2 Les principales conjonctions de subordination

als	lorsque, au moment où
anstatt dass	au lieu que
bevor	avant que
bis	jusqu'à ce que
da	comme, puisque, étant donné que
damit	afin que
dass	que
indem	tandis que, en
nachdem	après que
ob	si (interrogatif)
obgleich	quoique, bien que
obwohl	quoique, bien que
ohne dass	sans que
seit	depuis que
seitdem	depuis ce moment-là
sobald	aussitôt que
sodass	si bien que
solange	aussi longtemps que
während	pendant que
weil	parce que
wenn	si (conditionnel)
wenn	quand, lorsque
wie	comme

8 Le verbe

8.1 Typologie des verbes

Les auxiliaires de temps

Les auxiliaires de temps sont les verbes suivants :

sein
être

haben
avoir

werden
devenir

Les verbes faibles, forts et mixtes

Les verbes faibles sont les verbes réguliers et les verbes forts sont les verbes irréguliers.

Les verbes mixtes subissent des transformations au prétérit et au participe passé :

	infinitif	présent	prétérit	participe passé
brûler	brennen	ich brenne	ich brannte	gebrannt
apporter	bringen	ich bringe	ich brachte	gebracht
penser	denken	ich denke	ich dachte	gedacht
connaître	kennen	ich kenne	ich kannte	gekannt
nommer	nennen	ich nenne	ich nannte	genannt
courir	rennen	ich renne	ich rannte	gerannt
envoyer	senden	ich sende	ich sandte	gesandt
tourner	wenden	ich wende	ich wandte	gewandt

8.2 L'infinitif

L'infinitif des verbes allemands se termine par **-en** ou **-n** :

bringen
apporter

dauern
durer

8.3 Les particules

Les verbes peuvent avoir une particule séparable ou inséparable qui modifie leur sens. Lorsque ces verbes sont conjugués dans une phrase ou dans une proposition, la particule séparable se retrouve en dernière place dans la proposition. La particule inséparable reste avec le verbe :

machen	**aufmachen**	**Ich mache die Tür auf.**
faire	*ouvrir*	*J'ouvre la porte.*
suchen	**besuchen**	**Er besucht seine Tante.**
chercher	*visiter*	*Il rend visite à sa tante.*

Les particules inséparables sont les suivantes :

be	**er**	**ver**
emp	**ge**	**zer**
ent	**miss**	

Les principales particules séparables sont les suivantes :

ab	**entgegen**	**nieder**
an	**fort**	**vor**
auf	**her**	**weg**
aus	**hin**	**zu**
bei	**los**	**zurück**
ein	**nach**	**zusammen**

Les particules suivantes sont mixtes (tantôt séparables, tantôt inséparables, selon le sens du verbe) :

durch	**um**	**wider**
hinter	**unter**	**wieder**
über	**voll**	

8.4 Le présent de l'indicatif

Notez que lorsque l'on s'adresse à une personne que l'on vouvoie, on utilise une forme identique à la 3ᵉ personne du pluriel, à la seule différence que le pronom personnel s'écrit avec une majuscule :

Sie sind	**Sie haben**
vous êtes	*vous avez*

Le présent des auxiliaires de temps

	sein *être*	haben *avoir*	werden *devenir*
ich	bin	habe	werde
du	bist	hast	wirst
er/sie/es	ist	hat	wird
wir	sind	haben	werden
ihr	seid	habt	werdet
sie/Sie	sind	haben	werden

Le présent des verbes faibles ou réguliers

Pour former le présent des verbes faibles, on ajoute les terminaisons suivantes au radical :

singulier	pluriel
-e	-en
-st	-t
-t	-en

	machen → radical **mach**	*faire*
ich	mache	*je fais*
du	machst	*tu fais*
er/sie/es	macht	*il/elle fait*
wir	machen	*nous faisons*
ihr	macht	*vous faites*
sie	machen	*ils/elles font*
Sie	machen	*vous faites* (vouvoiement)

Pour certains verbes terminés par **-ten**, **-den**, ou un groupe de consonnes difficiles à prononcer, on ajoute un **e** aux 2ᵉ et 3ᵉ personnes du singulier, et à la 2ᵉ personne du pluriel :

singulier	pluriel
-e	-en
-est	-et
-et	-en

	arbeiten → radical **arbeit**		*travailler*
ich	arbeite	wir	arbeiten
du	arbeitest	ihr	arbeitet
er/sie/es	arbeitet	sie/Sie	arbeiten

Le présent des verbes forts ou irréguliers

Le présent des verbes forts se forme de la même manière que celui des verbes faibles mais aux 2e et 3e personnes du singulier, les verbes forts en **a** ou en **e** subissent une petite transformation :

singen → radical sing			chanter
ich	singe	wir	singen
du	singst	ihr	singt
er/sie/es	singt	sie/Sie	singen

Certains verbes forts terminés par **-ten**, **-den**, ou un groupe de consonnes difficiles à prononcer, ont un **e** supplémentaire aux 2e et 3e personnes du singulier, et à la 2e personne du pluriel. On ajoute les terminaisons suivantes :

singulier	pluriel
-e	-en
-est	-et
-et	-en

finden → radical find			trouver
ich	finde	wir	finden
du	findest	ihr	findet
er/sie/es	findet	sie/Sie	finden

Les verbes forts en **a** subissent une inflexion aux 2e et 3e personnes du singulier :

schlafen → radical schlaf			dormir
ich	schlafe	wir	schlafen
du	schläfst	ihr	schlaft
er/sie/es	schläft	sie/Sie	schlafen

Les verbes forts en **e** subissent un changement de voyelle aux 2e et 3e personnes du singulier :

geben → radical geb			donner
ich	gebe	wir	geben
du	gibst	ihr	gebt
er/sie/es	gibt	sie/Sie	geben

Le présent des verbes prétérito-présents

Les verbes dits prétérito-présents sont les auxiliaires de mode.

	können *pouvoir*	dürfen *avoir le droit de*	müssen *devoir*	sollen *devoir*
ich	kann	darf	muss	soll
du	kannst	darfst	musst	sollst
er/sie/es	kann	darf	muss	soll
wir	können	dürfen	müssen	sollen
ihr	könnt	dürft	müsst	sollt
sie/Sie	können	dürfen	müssen	sollen

	wollen *vouloir*	mögen *aimer bien*	wissen *savoir*
ich	will	mag	weiß
du	willst	magst	weißt
er/sie/es	will	mag	weiß
wir	wollen	mögen	wissen
ihr	wollt	mögt	wisst
sie/Sie	wollen	mögen	wissen

Le présent des verbes réfléchis

	sich setzen	*s'asseoir*	
ich	setze mich	wir	setzen uns
du	setzt dich	ihr	setzt euch
er/sie/es	setzt sich	sie/Sie	setzen sich

8.5 L'impératif

Pour de nombreux verbes, la 2ᵉ personne du singulier de l'impératif est identique au radical de l'infinitif.

nett sein   **sei nett!**
sois gentil !

ein Wort sagen   **sag ein Wort!**
dis un mot !

Si un verbe se transforme à la 2ᵉ personne du singulier du présent, l'impératif subit aussi cette transformation :

du liest den Text   **lies den Text!**
lis le texte !

L'impératif de la 2ᵉ personne du pluriel est identique à la 2ᵉ personne du pluriel du présent, sans le pronom :

ihr kommt   **kommt!**
venez !

On utilise la 3ᵉ personne pour le vouvoiement :

setzen Sie sich!
asseyez-vous !

8.6 Le futur

En allemand, le futur est composé : il est formé de l'auxiliaire **werden** (conjugué au présent) et de l'infinitif du verbe :

je travaillerai → **ich werde arbeiten**
tu travailleras → **du wirst arbeiten**

Lorsque l'idée du futur est déjà exprimée par un adverbe de temps, on utilise le présent :

Ich komme morgen.
Je viendrai demain.

8.7 Le prétérit

Le prétérit remplace l'imparfait ou le passé simple français : selon le contexte.

Le prétérit des auxiliaires de temps

	sein	haben	werden
ich	war	hatte	wurde
du	warst	hattest	wurdest
er/sie/es	war	hatte	wurde
wir	waren	hatten	wurden
ihr	wart	hattet	wurdet
sie/Sie	waren	hatten	wurden

Le prétérit des auxiliaires de mode et de « wissen »

	können	dürfen	müssen	sollen
ich	konnte	durfte	musste	sollte
du	konntest	durftest	musstest	solltest
er/sie/es	konnte	durfte	musste	sollte
wir	konnten	durften	mussten	sollten
ihr	konntet	duftet	musstet	solltet
sie/Sie	konnten	durften	mussten	sollten

	wollen	mögen	wissen
ich	wollte	mochte	wusste
du	wolltest	mochtest	wusstest
er/sie/es	wollte	mochte	wusste
wir	wollten	mochten	wussten
ihr	wolltet	mochtet	wusstet
sie/Sie	wollten	mochten	wussten

Le prétérit des verbes faibles ou réguliers

On ajoute au radical les terminaisons suivantes :

singulier	pluriel
-te	-ten
-test	-tet
-te	-ten

lernen → radical **lern** *apprendre*			
ich	lernte	wir	lernten
du	lerntest	ihr	lerntet
er/sie/es	lernte	sie/Sie	lernten

Si le verbe se termine par **-ten**, **-den**, ou un autre groupe de consonnes difficiles à prononcer, il faut ajouter un **e** à toutes les personnes :

singulier	pluriel
-ete	-eten
-etest	-etet
-ete	-eten

arbeiten → radical **arbeit** *travailler*			
ich	arbeitete	wir	arbeiteten
du	arbeitetest	ihr	arbeitetet
er/sie/es	arbeitete	sie/Sie	arbeiteten

Le prétérit des verbes forts ou irréguliers

Le radical des verbes forts est modifié au prétérit et on utilise les terminaisons suivantes :

singulier	pluriel
–	-en
-(e)st	-(e)t
–	-en

singen → radical sang		chanter	
ich	sang	wir	sangen
du	sangst	ihr	sangt
er/sie/es	sang	sie/Sie	sangen

Si le verbe fort se termine par **-den** ou **-ten**, on ajoute un **e** :

finden → radical fand		trouver	
ich	fand	wir	fanden
du	fandest	ihr	fandet
er/sie/es	fand	sie/Sie	fanden

8.8 Le « perfekt » et le participe passé

Le « perfekt » est l'équivalent du passé composé français.

Choix de l'auxiliaire

On utilise **sein** avec les verbes **sein** (*être*), **werden** (*devenir*) et **bleiben** (*rester*) :

Er ist krank gewesen.　　**Er ist groß geworden.**
Il a été malade.　　*Il est devenu grand.*

gewesen, **geworden** et **geblieben** sont les participes passés de **sein**, **werden** et **bleiben** : on les place à la fin de la phrase dont le verbe est au passé composé.

On utilise aussi **sein** avec les verbes intransitifs (sans complément d'objet direct) qui expriment un changement de lieu ou d'état :

Er ist nach Spanien gefahren.
Il est parti en Espagne en voiture.

On emploie l'auxiliaire **haben** avec les autres verbes :

Er hat den Bus gefahren.
Il a conduit le bus.

Formation du participe passé

Voici quelques règles de base :

Le participe passé des verbes faibles se forme en ajoutant un **t** au radical. Si le radical se termine par **d** ou **t** ou par un groupe de consonnes difficiles à prononcer, on le fait précéder du préfixe **ge** :

verbe		radical	participe passé
sagen	dire	sag	gesagt
lernen	apprendre	lern	gelernt
antworten	répondre	antwort	geantwortet
rechnen	calculer	rechn	gerechnet

Le participe passé des verbes forts se termine en **-en**. Le radical de l'infinitif subit souvent des modifications au participe passé. On ajoute **ge** avant ce radical transformé :

verbe		radical : infinitif	radical : participe passé	participe passé
trinken	boire	trink	trunk	getrunken
schreiben	écrire	schreib	schrieb	geschrieben

Certains verbes forts ne subissent pas de modification du radical :

lesen	*lire*	**gelesen**	*lu*
geben	*donner*	**gegeben**	*donné*
kommen	*venir*	**gekommen**	*venu*

Lorsque le verbe (faible ou fort) commence par une particule séparable, on intercale le préfixe **ge** entre la particule séparable et le radical du participe passé :

aufmachen	*ouvrir*	**aufgemacht**	*ouvert*
ankommen	*arriver*	**angekommen**	*arrivé*

Lorsque le verbe (faible ou fort) commence par une particule inséparable (**zer**, **be**, **er**, **ge**, **miss**, **ent**, **emp**, **ver**), on n'ajoute pas le préfixe **ge** :

besuchen	*visiter*	**besucht**	*visité*
bekommen	*recevoir*	**bekommen**	*reçu*

Certains verbes d'origine étrangère terminés par **-ieren** à l'infinitif n'ont pas le préfixe **ge** au participe passé :

reparieren	*réparer*	**repariert**	*réparé*
studieren	*étudier*	**studiert**	*étudié*

8.9 Le plus-que-parfait

Pour former le plus-que-parfait, on utilise les auxiliaires **sein** et **haben** au prétérit et le participe passé du verbe.

Le choix de l'auxiliaire se fait de la même façon que pour le parfait et la formation du participe passé reste la même :

Ich hatte gearbeitet.
J'avais travaillé.

8.10 Le subjonctif

Formation du subjonctif I

- Subjonctif I

Pour former le subjonctif I, on utilise le radical de l'infinitif auquel on ajoute les désinences suivantes :

singulier	pluriel
-e	-en
-est	-et
-e	-en

	lernen → **lern** *apprendre*	**sein** → **sei** *être*	**geben** → **geb** *donner*
ich	**lerne**	sei	gebe
du	**lernest**	seiest	gebest
er/sie/es	**lerne**	sei	gebe
wie	**lernen**	seien	geben
ihr	**lernet**	seiet	gebet
sie/Sie	**lernen**	seien	geben

Formation du subjonctif II

Le présent du subjonctif II des verbes faibles est identique au prétérit de l'indicatif.

Le présent du subjonctif II des verbes forts et des verbes auxiliaires se forme avec le radical du prétérit de l'indicatif, auquel on ajoute les désinences **-e**, **-est**, **-e**, **-en**, **-et**, **-en**, plus une inflexion lorsque le radical du prétérit comporte un **a**, un **o** ou un **u**.

	sein être	haben avoir	werden devenir	lernen apprendre
ich	wäre	hätte	würde	lernte
du	wärest	hättest	würdest	lerntest
er/sie/es	wäre	hätte	würde	lernte
wir	wären	hätten	würden	lernten
ihr	wäret	hättet	würdet	lerntet
sie/Sie	wären	hätten	würden	lernten

	geben donner	schlafen dormir	kommen venir
ich	gäbe	schliefe	käme
du	gäbest	schliefest	kämest
er/sie/es	gäbe	schliefe	käme
wir	gäben	schliefen	kämen
ihr	gäbet	schliefet	kämet
sie/Sie	gäben	schliefen	kämen

La condition

Voici quelques règles pour exprimer la condition en allemand :

- Si la condition est réalisable, on utilise l'indicatif dans la proposition principale et dans la proposition subordonnée :

  Wenn sie krank ist, geht sie nicht in die Schule.
  Si elle est malade, elle n'ira pas à l'école.

- Si la réalisation de la condition est hypothétique, on utilise le présent du subjonctif II dans les deux propositions :

  Wenn sie krank wäre, ginge sie nicht in die Schule.
  Si elle était malade, elle n'irait pas à l'école.

- On emploie le subjonctif II dans la proposition principale pour montrer que l'action qui y est exprimée est réalisable si les conditions formulées dans la subordonnée le sont :

  Wenn ich Geld hätte, würde ich eine Reise nach Asien machen.
  Si j'avais de l'argent, je ferais un voyage en Asie.

Le souhait

Pour exprimer un souhait que l'on pense réalisable ou un regret, on emploie le subjonctif I :

Es lebe der König!
Vive le roi !

Pour exprimer un souhait non réalisable ou un regret, on emploie le subjonctif II.

Wenn ich nur reich wäre!
Si seulement j'étais riche !

Le discours indirect

Quand on rapporte les paroles de quelqu'un, on emploie le discours indirect et on utilise le subjonctif I.

Discours direct	Discours indirect
Ich mache eine Reise nach Asien.	Er sagt, er mache eine Reise nach Asien.
Ich habe eine Reise nach Asien gemacht.	Er sagt, er habe eine Reise nach Asien gemacht.

Si la forme du subjonctif I se confond avec la forme du temps équivalent de l'indicatif, on emploie le subjonctif II :

Wir haben eine Reise gemacht.   **Sie sagen, sie hätten eine Reise gemacht.**
Nous avons fait un voyage.   *Ils disent qu'ils ont fait un voyage.*

8.11 Les questions

Les interrogations

Il existe deux types de phrases interrogatives, qui peuvent toutes deux être au discours direct ou indirect :

Les interrogations totales sont celles auxquelles on répond par « oui » ou par « non ». Pour une interrogation totale, on commence la phrase par le verbe, suivi de son sujet et de ses compléments ; au discours indirect, ces questions sont introduites par **ob** (toujours précédé par une virgule) :

Ist dein Auto rot?   **Er fragt ihn, ob das Auto rot ist.**
Ta voiture est-elle rouge ?   *Il lui demande si la voiture est rouge.*

Les interrogations partielles sont celles qui commencent par un mot interrogatif (*que, qui, pourquoi, quand… ?*).

Les mots interrogatifs

Voici les principaux mots interrogatifs :

wie	*comment ?*	**Wie geht es dir?** *Comment vas-tu ?*
wann	*quand ?*	**Wann kommt ihr?** *Quand venez-vous ?*
was	*que ? quoi ?*	**Was hast du gesagt?** *Qu'as-tu dit ?*
wer	*qui ?* (sujet : nominatif)	**Wer kommt?** *Qui vient ?*
wen	*qui ?* (COD : accusatif)	**Wen siehst du?** *Qui vois-tu ?*
wem	*à qui ?* (COI : datif)	**Wem gibst du die Zeitung?** *À qui donnes-tu le journal ?*
wessen	*de qui ?* (complément du nom : génitif)	**Wessen Buch ist das?** *C'est le livre de qui ? À qui est ce livre ?*
welcher, welche, welches	*quel/quelle ?*	**Welches Haus?** *Quelle maison ?*
welche	*quels/quelles ?*	**Welche Bücher?** *Quels livres ?*
warum	*pourquoi ?*	**Warum ist er nicht gekommen?** *Pourquoi n'est-il pas venu ?*
wo	*où ?* (lieu où l'on se trouve)	**Wo bist du?** *Où es-tu ?*
wohin	*où ?* (lieu où l'on va)	**Wohin gehst du?** *Où vas-tu ?*
woher	*d'où ?* (provenance)	**Woher kommst du?** *D'où viens-tu ?*
wie	*comment ?*	**Wie macht er das?** *Comment (le) fait-il ?*
wie + adjectif qualificatif	*comment ?*	**Wie alt bist du?** *Quel âge as-tu ?*
wie viel	*combien ?*	**Wie viel kostet es?** *Combien ça coûte ?*
was für ein	*quelle sorte de ?*	**Was für eine Frau ist sie?** *Quelle sorte de femme est-elle ?*

Tous ces mots peuvent s'utiliser au discours indirect (précédés d'une virgule) :

Ich möchte wissen, wann Ihr kommt.
J'aimerais savoir quand vous viendrez.

8.12 La forme passive

On forme le passif à l'aide de l'auxiliaire **werden** et du participe passé du verbe. Aux temps composés, le participe passé **geworden** se réduit à **worden**.

Le complément du passif (complément d'agent) est introduit par **von** s'il s'agit d'une personnne et par **durch** s'il s'agit d'une chose :

Passif présent	**Er wird von seinem Vater angerufen.**	*Il est appelé par son père.*
Passif prétérit	**Er wurde von seinem Vater angerufen.**	*Il fut appelé par son père.*
Passif « perfekt »	**Er ist von seinem Vater angerufen worden.**	*Il a été appelé par son père.*
Passif futur	**Er wird von seinem Vater angerufen werden.**	*Il sera appelé par son père.*
Passif futur subjonctif II	**Er würde von seinem Vater angerufen.**	*Il serait appelé par son père.*